lonely planet

Spanien

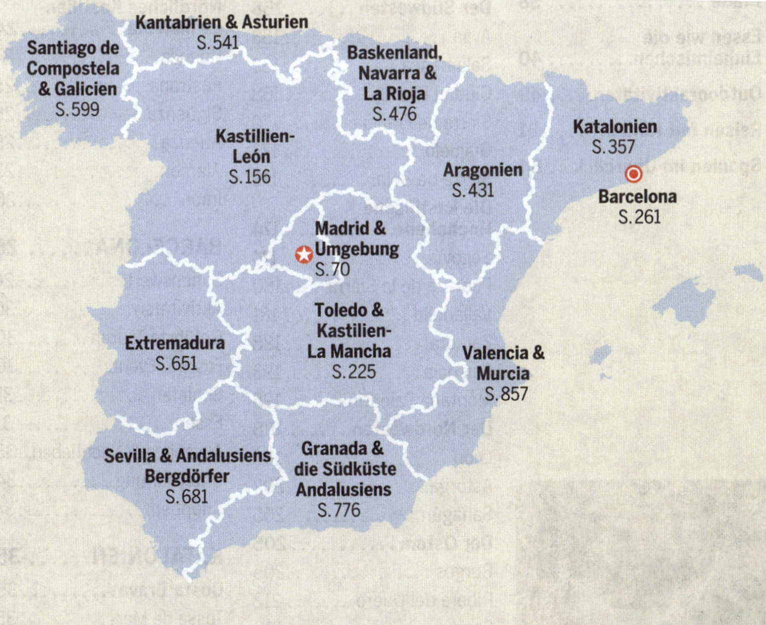

Gregor Clark, Sally Davies, Duncan Garwood, Anthony Ham, Catherine Le Nevez, Isabella Noble, John Noble, Josephine Quintero, Brendan Sainsbury, Regis St Louis, Andy Symington

REISEPLANUNG

AITOR MUÑOZ MUÑOZ / 500PX ©

PARQUE NATURAL SIERRAS DE CAZORLA S. 845

REISEZIELE IN SPANIEN

Inhalt

PLAZA DE ESPAÑA, SEVILLA
S. 698

REISEZIELE IN SPANIEN

MAXX-STUDIO / SHUTTERSTOCK ©

ALBARRACÍN, ARAGONIEN
S. 473

Inhalt

SPANIEN VERSTEHEN

PRAKTISCHE INFORMATIONEN

SPECIALS

Willkommen in Spanien

Leidenschaft, Kultur und Lust am Leben – Spanien präsentiert sich einerseits als fleischgewordenes Klischee, andererseits überrascht es mit einem enormen Facettenreichtum.

Episches Land

Spaniens vielfältige Landschaften ziehen jeden in ihren Bann. Die Pyrenäen und die Picos de Europa zählen zu den beeindruckendsten Gebirgen und die Sierra Nevada ragt mit ihren schneebedeckten Gipfeln mitten aus den trockenen Ebenen Andalusiens empor. Wanderer dürfen sich also über traumhafte Bedingungen freuen. Die fantastischen wilden Felsformationen am Atlantik im Nordwesten sind ein toller Kontrast zu den malerischen Buchten des Mittelmeers. Doch ganz egal, welches Reiseziel man hat, überall entdeckt man unverwüstliche Dörfer von zeitloser Schönheit.

Ein kulinarisches Fest

Essen und Wein sind quasi spanisches Kulturgut – und das aus gutem Grund. Der Grundstock der spanischen Küche ist erstaunlich simpel: Sie setzt sich aus einer reichhaltigen Auswahl, traditionellen Gerichten, die von Generation zu Generation weitergegeben werden, und der ungebremsten Lust auf Neues zusammen. Unvergessliche Geschmackserlebnisse können dabei sowohl urig-gesellige Tapas-Bars als auch schicke Sternerestaurant gefeierter Meisterköche bieten. Ohne Zweifel wird der Facettenreichtum der spanischen Küche jeden Traveller beeindrucken und zum Highlight jedes Trips werden.

Kunst im Alltag

Windgepeitschte römische Ruinen, prächtige Kathedralen und einzigartige maurische Bauten erzählen vom Aufstieg und Niedergang bedeutender Hochkulturen. Blickt man auf die Neuzeit, fallen rebellische, einfallsreiche Geister wie Salvador Dalí, Pablo Picasso oder Antoni Gaudí ins Auge, die wohl in keinem anderen Land eine solch umfassende Integration ins öffentliche Leben erfahren hätten. Eindrucksvolle Monumente früherer Zeiten erheben sich neben architektonischen Gebäuden von derartiger Kühnheit, dass man sich um Spaniens Zukunft in puncto Originalität keine Sorgen machen muss: Sie wird der Vergangenheit sicherlich in nichts nachstehen.

Fiestas & Flamenco

In der Zwischenzeit genießen die Einheimischen ihr Leben in vollen Zügen. Es gibt einen guten Grund, warum *fiesta* zu den bekanntesten spanischen Wörtern gehört: Hier ist das ganze Leben eine Fiesta und alle sind eingeladen. Das merkt man z. B., wenn man sich weit nach Mitternacht auf der Straße unter das feiernde Volk mischt oder von einer Flamenco-Aufführung ganz tief im Herzen berührt wird. Irgendwann auf seiner Reise spürt man es jedenfalls ganz bestimmt: *Das* ist Spanien.

Warum ich Spanien liebe

Anthony Ham, Autor

Das Leben, das hier durch die Straßen fließt, gibt mir immer das Gefühl, dass in diesem Land einfach alles möglich ist. Die Leidenschaften der Spanier sind zugleich ihr Lebensinhalt, es ist ein Land mit Rhythmus im Blut, einer Vorliebe für gutes Essen und wilde Landschaften und einem besonderen Talent dafür, das Leben voll auszukosten. Spanien ist für mich zur Heimat geworden. Etwas, dass mir sowohl in der nächtlichen Stille eines kastilischen Dorfes als auch mitten in Madrids Straßen voller Lebensfreude bewusst wird.

Mehr über unsere Autoren siehe S. 1002

Oben: Picos de Europa (S. 587), Nordspanien

Spanien

Picos de Europa
Spaniens rauste Felsspitze bewundern (S. 587)
Bilbao
Das Beste der baskischen Kultur erleben (S. 478)
Salamanca
Höhepunkte der Renaissance-Architektur (S. 162)
Madrid
In drei der weltbesten Kunstgalerien stöbern (S. 70)
Toledo
Spuren der multireligiösen Vergangenheit finden (S. 227)
Córdoba
Erstaunliche islamische Architektur (S. 760)
Sevilla
Andalusiens Herz und streng katholische Seele (S. 684)
Granada
Die Perfektion der Alhambra bewundern (S. 777)
Las Alpujarras
Antike maurische Dörfer entdecken (S. 802)
Sierra Nevada
Im Sommer wandern, im Winter Ski fahren (S. 800)
10°W
9°W
8°W
7°W
6°W
5°W
4°W
44°N
43°N
42°N
41°N
40°N
39°N
38°N
37°N
36°N
ATLANTISCHER OZEAN
Costa da Morte
Ferrol
A Coruña
Parque Natural Fragas do Eume
Avilés
Gijón
Oviedo
Parque Nacional de los Picos de Europa
Santander
Torrelavega
Bilbao (Bilbo)
Torre Cerredo (2648 m)
Cordillera Cantábrica
Parque Natural de Somiedo
Lugo
Santiago de Compostela
Río Miño
León
Miranda de Ebro
Pontevedra
Vigo
Rías Baixas
Ourense
Río Esla
Burgos
Benavente
Palencia
Valladolid
Aranda de Duero
Río Duero
Zamora
Porto
Salamanca
Segovia
Cordillera Central
Ávila
Guadalajara
MADRID
Sierra de Gredos
Pico de Almanzor (2592 m)
Plasencia
Aranjuez
PORTUGAL
Río Tajo
Toledo
Cáceres
Río Guadiana
Badajoz
Mérida
Ciudad Real
LISSABON
Zafra
Sierra Morena
Parque Natural Sierra Norte
Córdoba
Jaén
Cordillera Bética
Sevilla
Huelva
Parque Nacional de Doñana
Granada
Mulhacén (3479 m)
Jerez de la Frontera
Arcos de la Frontera
Parque Natural Los Alcornocales
Cádiz
Málaga
Marbella
Costa del Sol
Costa de la Luz
Algeciras
Gibraltar (GB)
Straße von Gibraltar
Ceuta (Spanien)
Tanger
MAROKKO

0
200 km
FRANKREICH
Golf von Biscaya
Die Pyrenäen
Durch das spektakuläre Hochland wandern (S. 522)
Toulouse
Montpellier
Bayonne
Irún
San Sebastián
Pyrenees
Mt. Perdido (3355 m)
Pico de Aneto (3404 m)
Golfe du Lion
Perpignan
Pamplona (Iruña)
ANDORRA
Logroño
Parque Nacional de Ordesa y Monte Perdido
Parc Nacional d'Aigüestortes i Estany de Sant Maurici
ANDORRA LA VELLA
Figueres
Girona
Huesca
Costa Brava
Blanes
Saragossa
Lleida
Barcelona
Río Ebro
Tarragona
Costa Daurada
La Rioja
Spaniens führende Weinregion genießen (S. 531)
Barcelona
In die Stilhochburg Spaniens eintauchen (S. 261)
Costa del Azahar
Menorca
Maó
Teruel
Cuenca
Castellón de la Plana (Castelló de la Plana)
Palma de Mallorca
Valencia
Golf von Valencia
Mallorca
Balearen (Islas Baleares)
Ibiza
Albacete
Ibiza Stadt
Formentera
Alicante (Alicant)
Costa Blanca
Elche (Elx)
Murcia
Torrevieja
MITTELMEER
Cartagena
Costa Cálida
1°E
2°E
3°E
4°E
HÖHE
2000 m
1500 m
1250 m
1000 m
800 m
600 m
400 m
200 m
100 m
0
ALGIER
Parque Natural de Cabo de Gata-Níjar
0° (Greenwich)
1°W
2°W
ALGERIEN
Oran

Spaniens Top 18

1

Barcelona

1 Barcelona (S. 261), das mit bahnbrechender Architektur, erstklassigen Restaurants und pulsierendem Nachtleben aufwartet, ist seit Langem eines der verlockendsten Reiseziele Europas. Tagsüber spaziert man durch die Gassen des Barri Gòtic, sonnt sich am Strand oder bewundert Gaudís Meisterwerke. Nachts ist Barcelona ein einziger Rausch aus erlesenen Cocktail-Bars, vergoldeten Konzertsälen, kreativen Restaurants und Clubs, in denen bis zum frühen Morgen gefeiert wird. Zudem gibt's farbenfrohe Märkte, ehrwürdige Stadien (wie das Camp Nou des FC Barcelona) und viele traditionelle katalanische Feste. *Castellers* (menschliche Türme; S. 424) treten auf der Plaça del Pi auf

Sevilla

2 Kein anderer Ort verkörpert Spanien so sehr wie Sevilla (S. 684), eine Stadt voller Launen und Geheimnisse, die bei der Entwicklung des Flamenco, des Stierkampfs, der Barockkunst und der Mudejar-Architektur eine große Rolle spielte. Die Stadt, die das ganze Jahr von der Sonne verwöhnt wird und mit energiegeladenen Festivals aufwartet, strahlt eine sinnliche Atmosphäre aus, die zahlreiche Ästheten des 19. Jhs. dazu verleitete, Sevilla zur Kulisse ihrer romantischen Werke zu machen. Auch Carmen und Don Juan haben hier ihre Heimat. Casa de Pilatos (S. 696)

MICH SEIXAS / 500PX ©

2

MAYLAT / SHUTTERSTOCK ©

Die Alhambra

3 Der Palastkomplex in Granada (S. 777) ist ein nahezu perfektes architektonisches Meisterwerk, das vielleicht eindrucksvollste Beispiel islamischer Baukunst weltweit und das beständigste Symbol für die 800-jährige Herrschaft der Mauren im damaligen Al-Andalus. Seine roten Festungstürme vor der Kulisse der schneebedeckten Gipfel der Sierra Nevada dominieren das Stadtbild. Vervollständigt wird es von den herrlichen Gärten und vom Palacio Nazaríes. Kurz gesagt: Es handelt sich um das schönste Baudenkmal Spaniens. Palacio del Partal (S. 784), Alhambra

Madrids Golden Art Triangle

4 Madrid , eine der Kunsthauptstädte der Welt, besticht mit einem außergewöhnlichen „Dreieck" von Kunstmuseen, die sich alle im Stadtzentrum (S. 75) konzentrieren. Das Museo del Prado (Bild oben; S. 96) beherbergt Werke von Goya, Velázquez, El Greco und anderen europäischen Meistern und ist das Aushängeschild. Auch nicht weit entfernt sind das Centro de Arte Reina Sofía mit Picassos *Guernica* und das Museo Thyssen-Bornemisza, in dem alle großen Namen aus verschiedenen Epochen und Stilen vertreten sind.

Pintxos en San Sebastián

5 Hiesige Küchenchefs haben die Kneipenkost zur Kunstform erhoben. Die auch als „gehobene Küche im Mini-Format" bezeichneten *pintxos* (baskische Tapas) sind kleine Gourmet-Häppchen, die oft auf einer Scheibe Baguette serviert werden. Beim Betreten einer Bar in San Sebastián (Bild oben; S. 496) kann einen die Auswahl entlang der Theke fast erschlagen. Kurz gesagt, es ist Spaniens beeindruckendste kulinarische Erfahrung. Und obwohl hier immer eine lockere Atmosphäre herrscht, nimmt man Geschmacksexperimente sehr ernst, was jede neue Kreation noch köstlicher macht.

Córdobas Mezquita

6 Erst Kirche, dann Moschee und schließlich wieder Kirche: Córdobas atemberaubende Mezquita (Bild oben; S. 762) zeigt die Entwicklung westlicher und islamischer Architektur über 1300 Jahre hinweg. Zu den innovativsten Elementen zählen frühe Hufeisenbogen, ein kunstvoller Mihrab (Gebetsnische) und ein „Wald" aus 856 Säulen, viele davon aus römischen Ruinen. Ihre Größe spiegelt Córdobas ehemalige Stellung als kultivierteste Stadt im Europa des 10. Jhs. wider. Zudem diente der Prachtbau als Inspiration für andere herausragende Bauten, etwa in Sevilla und Granada.

La Sagrada Família

7 Auch mehr als 90 Jahre nach dem Tod des Architekten Antoni Gaudí wartet sein Modernisme-Geniestreich La Sagrada Família (Bild oben; S. 288) noch immer auf seine Fertigstellung. Das fantasievolle, vielschichtige Bauwerk ist von Mutter Natur inspiriert und dem gotischen Stil zum Trotz ausschweifend gestaltet. Es wirkt gleichermaßen majestätisch und verspielt und die Abkehr von architektonischen Konventionen mit schrägen Winkeln und Ecken lässt einen ungläubig den Kopf schütteln. Man kann Stunden damit zubringen, die verschnörkelten Elemente zu betrachten.

Camino de Santiago

8 Jedes Jahr kommen Zehntausende Pilger und Wanderer nach Nordspanien. Ihr Ziel, Santiago de Compostela (S. 601), ist für Christen ein unglaublich bedeutender Ort, doch der Weg (S. 51) ist nicht nur für Gläubige reizvoll. Zahlreiche Routen führen von Ausgangspunkten auf der ganzen iberischen Halbinsel nach Santiago, und es gibt kaum eine schönere Möglichkeit, die Freuden und Launen der spanischen Natur hautnah zu erleben. Selbst wer nur einen kleinen Abschnitt läuft, wird die Erfahrung ein Leben lang nicht vergessen. Wanderer auf dem Camino de Santiago

7

8

ALEX SEGRE / 500PX ©

SHEBEKO / SHUTTERSTOCK ©

A La Playa

9 Es ist kein Geheimnis, dass Spaniens Strände Europas beliebtester Sommerspielplatz sind, aber auch unter Spaniern sind die Strände im Sommer, wenn das ganze Land Richtung Küste pilgert, ein beliebtes Reiseziel. Doch es gibt so viel mehr an Spaniens Küste zu entdecken als die überfüllten Strände von Benidorm: Die zerklüfteten Buchten der Costa Brava oder das Cabo de Gata (S. 852) in Andalusien kommen dem mediterranen Ideal nahe, während die Atlantikstrände von Tarifa bis zur portugiesischen Grenze und die Küstenlinie im Nordwesten Spaniens absolut spektakulär sind.

Costa Brava (S. 359)

Madrider Nächte

10 Tolle Ausgehmöglichkeiten gibt's natürlich auch in anderen europäischen Metropolen, doch das Nachtleben in der spanischen Hauptstadt gilt als besonders intensiv (S. 128). Ernest Hemingway beschrieb es so: „In Madrid geht keiner ins Bett, bevor er die Nacht zum Tage gemacht hat." Hier reiht sich eine Kneipe an die nächste, außerdem locken kleine Clubs, Livebühnen, Cocktailbars und Discos, die zahlreiche A-Promis anziehen. Die Auswahl ist riesig, besonders in den *barrios* (Stadtvierteln) Huertas, Malasaña, Chueca oder La Latina.

Tapas kosten

11 Tapas sind einer der größten kulinarischen Genüsse der Welt. Die kleinen Häppchen sind aber nicht nur Lebensart, sondern auch Spaniens zugänglichste kulinarische Superstars. Die mundgerechten Kneipensnacks sind untrennbar verbunden mit ausufernden Partynächten und scheinbar in grenzenlosen Variationen erhältlich. In Andalusien (S. 796) findet man den besten *jamón* (Schinken) und köstliche spanische Oliven. In San Sebastián und im restlichen Baskenland sind die Tapas – hier *pintxos genannt* – eine aufwendige Form der Kochkunst. Auch in Madrid und Zaragoza findet man ausgezeichnete Tapas.

Wandern in den Pyrenäen

12 Spanien bietet vielfältige Wandermöglichkeiten, doch einzigartig sind wohl die Pyrenäen in Navarra (S. 522), Aragonien und Katalonien. Aragoniens Parque Nacional de Ordesa y Monte Perdido (S. 455) ist (im wahrsten Sinn) einer der Höhepunkte der Pyrenäen. Auf der anderen Seite der Landesgrenze liegt Kataloniens Parc Nacional d'Aigüestortes i Estany de Sant Maurici (S. 402). Es ist ein raues, aber lohnenswertes Terrain, eine Welt aus Steinwänden und Gletscherkesseln, in der scheue Tiere leben.

Bilbao: Die nördliche Perle Spaniens

13 Nur ein Bauwerk, das Museo Guggenheim (Bild rechts; S. 478), war nötig, um Bilbao von einer verfallenen Industriestadt in ein bedeutendes Zentrum europäischer Kultur zu verwandeln. Das weltberühmte Museum ist zwar der Besuchermagnet, doch was die Stadt so faszinierend macht, ist ihre von harter Arbeit geprägte Seele. Und es gibt viele Highlights: Promenaden am Flussufer, ratternde Seilbahnen, tolle *pintxos*-Bars, einen berühmten Fußballclub, lohnende Museen und, na gut, einen schimmernden Titanfisch.

Flamenco

14 Der Flamenco (S. 945), die Musik des leidenschaftlichsten Landes Europas, reißt seine Zuhörer aus ihrer Lethargie und berührt deren Seele. Er lässt einen scheinbar am Schmerz unzähliger Generationen vertriebener Außenseiter teilhaben und öffnet die Tür zu einer geheimen Welt musikalischer Geister und andalusischer Seelen. Flamenco kann aber auch überraschend lustig und ironisch sein. Man muss ihn unbedingt live hören, am besten in seinen Heimatstädten Sevilla, Jerez und Cádiz, auf jeden Fall aber in Andalusien.

15

16

Semana Santa

15 Spaniens mittelalterliche christliche Wurzeln zeigen sich bei den aufwendigen Osterfeierlichkeiten. Religiöse Bruderschaften tragen kunstvolle *pasos* (Figuren) von Christus und der Jungfrau Maria durch die Straßen. Die berühmteste Prozession ist die *madrugada* (früher Morgen) am Karfreitag: Sie vereint Prunk, Feierlichkeit und tiefen Glauben auf exotische und überwältigende Weise. Die außergewöhnlichsten Prozessionen finden in Kastilien-León, Kastilien-La Mancha und Andalusien statt; wer nur eine besuchen kann, sollte sich jedoch für Sevilla (Bild oben links; S. 701) entscheiden.

Costa Brava

16 Die Costa Brava (S. 359) in Katalonien ist von ganz Eurpopa aus leicht auf dem Luft- und Landweg zu erreichen. Eins der schönsten Fleckchen des Mittelmeerraums ist übersät mit Dörfern und Stränden, die Nordeuropas Sommerbesessenheit von der spanischen Küste hervorbrachten. Darüberhinaus verleiht der Geist von Salvador Dalí der Costa Brava eine ganz eigene Persönlichkeit und studierte Exzentrik, von seinem ehemaligen Zuhause in Port Lligat bei Cadaqués bis zu den Dalí-orientierten Stätten von Figueres und Castell de Púbol. Calella de Palafrugell (S. 360)

17

18

Picos de Europa

17 Die Picos de Europa (S. 587) erheben sich hinter der zerklüfteten Küste Kantabriens und Asturiens. Sie bestehen aus drei Kalksteinmassiven – einzigartig in Spanien, aber geologisch verwandt mit den Alpen – und sind von spannenden Wanderwegen durchzogen. Die Gipfel und Täler bilden den zweitgrößten Nationalpark Spaniens und bieten eine der spektakulärsten Berglandschaften des Landes – kein geringer Anspruch mit den Pyrenäen und der Sierra Nevada als Konkurrenten. Aber die Picos de Europa gehören zu Recht zu dieser elitären Truppe. Lagos de Covadonga (S. 591)

Renaissancearchitektur in Salamanca

18 Die elegante Plaza Mayor (S. 162; Bild) ist der wahrscheinlich hübscheste Hauptplatz in ganz Spanien, doch Salamanca wartet noch mit viel mehr Sehenswürdigkeiten auf: Vor allem seine Architektur ist kaum zu überbieten. Hier befindet sich eine der ältesten und angesehensten Universitäten Europas, außerdem sorgen die zahlreichen Studenten für ein tolles Nachtleben. Salamanca ist schön und dynamisch und deshalb die erklärte Lieblingsstadt vieler Besucher – und wer will das bestreiten?

Gut zu wissen

Weitere Informationen siehe Praktische Informationen (S. 951)

Währung
Euro (€)

Sprache
Spanisch (Kastilisch). Außerdem Katalanisch, Baskisch und Galicisch.

Einreise
Deutsche, Österreicher und Schweizer benötigen für die Einreise einen gültigen Personalausweis oder einen Reisepass.

Geld
Geldautomaten sind weit verbreitet. Die meisten Hotels und Restaurants akzeptieren Kreditkarten.

Handys
In Spanien bekommt man problemlos lokale SIM-Karten. Oder man informiert sich vorab bei seinem Netzanbieter über Auslandsoptionen.

Zeit
Mitteleuropäische Zeit (MEZ), plus eine Stunde im Sommer (MESZ)

Reisezeit

Hauptsaison
(Juni–Aug., Ferien & Feiertage)

- Unterkünfte sind oft ausgebucht. Preise steigen bis zu 50 %.
- Nachsaison in Teilen des Landesinneren.
- Es ist warm, trocken und sonnig und in Küstengebieten etwas feuchter.

Zwischensaison
(März–Mai, Sept. & Okt.)

- Traveller können sich auf mildes, klares Wetter freuen
- Während regionaler Feste schießen die Preise häufig in die Höhe.
- Weniger Wanderer auf den Wegen, allerdings unvorhersehbares Wetter.

Nachsaison
(Nov.–Feb.)

- In Zentralspanien kalt, Regen im Norden und Nordwesten.
- In Andalusien und an der Mittelmeerküste herrschen milde Temperaturen.
- Hauptsaison in den Skigebieten.
- Viele Strandhotels sind geschlossen und in den Küstenregionen purzeln die Preise.

Nützliche Websites

Lonely Planet (www.lonelyplanet.com/spain) Infos zu Reisezielen und Hotels sowie Reiseforen und mehr.

Fiestas.net (www.fiestas.net) Liste von Festivals im ganzen Land.

Tour Spain (www.tourspain.org) Kultur- und Restauranttipps sowie Links zu Hotels und Verkehrsmitteln & -wegen.

Turespaña (www.spain.info) Seite der spanischen Touristeninformation.

Paradores (www.parador.es) Die traumhaftesten Hotels Spaniens.

Renfe (Red Nacional de los Ferrocarriles Españoles; www.renfe.com) Internetseite der spanischen Bahn.

Wichtige Telefonnummern

Landesvorwahl für Spanien	☎34
Vorwahl für internationale Gespräche	☎00
Auslandsauskunft	☎11825
Inlandsauskunft	☎11818
Notruf	☎112

Wechselkurse

Schweiz	1 SFr	0,89 €
US	1 US$	0,85 €

Akutelle Wechselkurse unter www.xe.com.

Tagesbudget

Günstig: unter 80 €

- Bett im Schlafsaal: 20–30 €
- Doppelzimmer im *hostal* (Budget-Hotel): 50–65 € (60–75 € in Madrid, Barcelona und auf den Balearen)
- Im Supermarkt einkaufen; mittags ein *menú del día* (Tagesgericht): 10–15 €

Mittelteuer: 80–175 €

- Doppelzimmer im Mittelklassehotel: 65–140 € (75–200 € in Madrid, Barcelona und auf den Balearen)
- Mittag- und/oder Abendessen im Restaurant: 20–40 €
- Mietwagen: ab 25 € pro Tag

Teuer: mehr als 175 €

- Doppelzimmer im Luxushotel: 140–200 € und mehr
- Mittag- und/oder Abendessen in gehobenen Restaurants: 150–250 €
- Doppelzimmer im *parador*: 120–200 €

Öffnungszeiten

Banken Mo–Fr 8.30–14 Uhr; einige sind auch Do 16–19 und Sa 9–13 Uhr geöffnet

Hauptpostämter Mo–Fr 8.30–21.30 Uhr; Sa 8.30–14 Uhr (die meisten anderen Filialen Mo–Fr 8.30–14.30, Sa 9.30–13 Uhr)

Läden 10–14 und 16.30–19.30 oder Mo–Fr oder Sa 17–20 Uhr; große Supermärkte und Kaufhäuser in der Regel Mo–Sa 10–22 Uhr

Nachtclubs 24 oder 1 bis 5 oder 6 Uhr

Restaurants mittags 13–16, abends 20.30–23 oder 24 Uhr

Ankunft in Spanien

Aeropuerto Adolfo Suárez Madrid-Barajas (Madrid) Die Metro (4,50–5 €, 30 Minuten ins Zentrum) fährt von 6.05–1.30 Uhr. Der Exprés Aeropuerto Bus (30–40 Minuten, 5 €) fährt rund um die Uhr zwischen Flughafen und der Bahnstation Puerta de Atocha oder Plaza de Cibeles.Es gibt auch private Minibusse und Taxis (30€).

Aeroport del Prat (Barcelona) Busse kosten 5,90 € und fahren alle 5–10 Minuten von 6.10–1.05 Uhr. Die Fahrt ins Zentrum dauert 30–40 Minuten. Bahnen (4,10 €, 25–30 Minuten ins Zentrum) fahren von 5.42–23.38 Uhr alle 30 Minuten. Taxis kosten 25–30 € und brauchen 30 Minuten.

Unterwegs vor Ort

Das System öffentlicher Verkehrsmittel in Spanien ist eines der besten in Europa. Es gibt Schnellzüge und Hochgeschwindigkeitszüge, zahlreiche nationale Flugverbindungen, ein gut gewartetes Straßennetz und Busverbindungen bis in die abgelegensten Dörfer.

Auto Von Madrid aus führt ein weit verzweigtes Schnellstraßennetz in alle Teile des Landes. Die kleineren Nebenstraßen sind oft landschaftlich reizvoller.

Bus Schnelle schicke Expressbusse und Busse, die von Dorf zu Dorf fahren und an jeder Ecke halten, sorgen für gute Verkehrsverbindungen.

Zug Züge gibt's in allen Varianten von langsamen Regionalzügen bis zu modernsten Hochgeschwindigkeitszügen. Jedes Jahr wird das Eisenbahnnetz um neue Strecken ergänzt.

Mehr zum Thema **Unterwegs vor Ort** auf S. 967

Spanien für Einsteiger

Siehe auch Allgemeine Informationen (S. 952)

Checkliste

- Weil die Preise von Flugtickets enorm schwanken, alle Linien checken.
- Prüfen, wie hoch die Roaminggebühren des Mobilfunkanbieters sind (falls welche anfallen).
- Für die erste Nacht eine Unterkunft buchen, um die Reise entspannt zu beginnen.
- Überlegen, welche Veranstaltungen man besuchen oder umgehen möchte.
- Eine Reiseversicherung abschließen.
- Bank oder Kreditkartenunternehmen über die Reisepläne informieren.

Reisegepäck

- Personalausweis (EU-Bürger) oder Pass; sollte man bei sich tragen.
- Spanisch-Sprachführer.
- Geldgürtel und Schloss für den Koffer/Rucksack.
- Ohrstöpsel für laute spanische Nächte.
- App der Renfe (spanische Bahn) und eine Wander-App aufs Smartphone laden.

Die besten Tipps für die Reise

- Am besten stellt man seine innere Uhr nach der Ankunft auf die spanischen Gepflogenheiten um. Eh man sich versieht, isst man um 14.30 Uhr zu Mittag und um 21 Uhr zu Abend.
- Ein paar Worte Spanisch können sehr helfen. Viele Spanier, aber nicht alle, sprechen Englisch, nur wenige Deutsch.
- Essen ist eine spanische Leidenschaft – dabei viel Zeit lassen und immer nach der lokalen Spezialität fragen, sonst verpasst man was.
- Auf keinen Fall zu viel vornehmen! Spanien ist ein großes Land und man konzentriert sich besser auf ein paar ausgewählte Reiseziele.
- Um das Land besser kennenzulernen, sollte man mindestens ein Mal in einem kleinen Dorf übernachten
- Autobahnen lieber umgehen und die landschaftlich schönen Nebenstraßen fahren.
- Worauf man sich einstellen sollte: Weniger Privatsphäre, dafür lautstarke Gespräche um einen herum.

Trinkgeld

Meist ist es dem Kunden überlassen, ob er ein Trinkgeld gibt.

- **Restaurants** Viele Spanier geben etwas Kleingeld, andere bis zu 5 % (gilt als großzügig).
- **Taxis** Nach Belieben; Einheimische runden in der Regel auf den nächsten Euro auf.
- **Bars** In einer Bar gibt man selten Trinkgeld (selbst wenn das Wechselgeld auf einem kleinen Teller gebracht wird).

Kleidung

Seit den 1950er-Jahren, als Touristinnen für das Tragen eines Bikinis des Strandes verwiesen wurden, hat sich viel verändert. Alles ist heute möglich und man wird sich aufgrund der Klamottenwahl kaum unwohl fühlen. In Nordspanien und im Landesinneren kann es im Winter bitterkalt werden, deshalb genügend warme Sachen einpacken. Wer in den Nordwesten reist, sollte Regenkleidung dabeihaben. Viele Spanier sind modebewusst und kleiden sich sportlich-elegant.

Essen

Spanien ist einer der kulinarischen Hotspots Europas, ein absolutes Feinschmeckerparadies. Viele Zutaten der spanischen Küche (von Tapas und Paella, über *jamón* und *churros* bis zu spanischen Weinen und Olivenölen) findet man mittlerweile auf der ganzen Welt. Aber ein Besuch in Spanien führt einen zu den Wurzeln spanischer Kochkunst und man kann sie in ihrer unendlichen Vielfalt genießen.

Feilschen

Auf einigen Märkten kann man feilschen, und manche Läden geben vielleicht einen kleinen Rabatt, wenn man sehr viel Geld ausgibt. Ansonsten gelten immer die ausgewiesenen Preise.

Umgangsformen

➡ **Begrüßung** Spanier begrüßen Fremde wie Freunde fast immer mit einem Wangenkuss, Männer untereinander aber nur, wenn sie eng befreundet sind. Zur Begrüßung, auch in Geschäften oder Bars, sagt man „Hola, buenos días", nachmittags oder abends „Hola, buenas tardes"; zum Abschied heißt es „Hasta luego".

➡ **Essen und Trinken** Spanische Kellner erwarten nicht, dass man sich jedes Mal bedankt, wenn sie einem etwas bringen. In formloseren Bars und Restaurants sollte man sein Besteck zwischen den Gängen behalten.

➡ **Kirchen besichtigen** Der Kirchenbesuch von Touristen während der Messe und anderer Gottesdienste gilt als unhöflich.

➡ **Rolltreppen** Immer rechts stehen, damit andere links an einem vorbeigehen können.

JUSTIN FOLKES / LONELY PLANET ©

Pintxo (Baskische Tapas; S. 486), San Sebastián

Schlafen

Unterkünfte in Spanien erfüllen allgemein einen hohen Standard zu vernünftigen Preisen – vor allem außerhalb der großen Städte.

➡ **Hotels** Die ganze Bandbreite vom Boutique-Hotel bis zum familiengeführten Hotel, mit einer ebenso großen Preisspanne.

➡ **Hostales** Kleinere, einfachere Unterkünfte im Stil eines Hotels; die Zimmer haben oft eigene Bäder.

➡ **Casas rurales** Landhäuser mit meist einfachen rustikalen Zimmern, die einzeln oder alle gleichzeitig gebucht werden können.

➡ **Paradors** Staatliche Hotels, oft in edlen historischen Gebäuden; teilweise überraschend günstig, besonders in der Nebensaison.

➡ **Hostels** Die Qualität kann sehr unterschiedlich sein, aber es sind immer tolle und günstige Orte, um andere Leute zu treffen.

➡ **Campingplätze** Übers ganze Land verteilt, oft inmitten einer wundervollen Umgebung.

Reservierungen

Unterkünfte und Fernzüge sollte man während der spanischen Hauptferienzeiten – während der Semana Santa (Karwoche), im Juli und August oder rund um gesetzliche Feiertage – unbedingt im Vorfeld reservieren.

Was gibt's Neues

Kochkunst in Katalonien
Seit der Schließung des weltbekannten Restaurants elBulli an der Costa Brava im Jahre 2011 machten sich Ferrán Adriás Kochschüler in der Region mit innovativen Projekten einen eigenen Namen. Ein gutes Beispiel ist das Compartir in Cadaqués (S. 383).

Public Art in Valencia
Valencias große Anziehungskraft nimmt von Jahr zu Jahr zu, da die Stadt immer mehr in die Kunst investiert. Das Bombas Gens (S. 875) im Art-déco-Stil wurde in eine Galerie für Fotografie und zeitgenössische Kunst umgewandelt, die prachtvoll bemalte Decke der Iglesia de San Nicolás (S. 860) wurde restauriert und das Museo de la Seda (S. 864) beschäftigt sich mit Seide.

Lorcas Wiedergeburt
Nach dem verheerenden Erdbeben im Jahre 2011 hat sich Lorca wieder berappelt, Optimismus liegt in der Luft und das Stadtzentrum ist wieder schön. Die majestätische Colegiata de San Patricio (S. 909) ist endlich wieder geöffnet und ein wunderbares Symbol für die Wiederauferstehung der Stadt.

Ein neues Weinmuseum
Die weniger bekannte Weinregion Toro in Kastilien-León erhebt mit Weinen bester Qualität und dem Weinmuseum Pagos del Rey (S. 187) Anspruch auf Anerkennung.

Tabancos in Jerez
Die Tabanco-Szene in Jerez de la Frontera (S. 739) hat sich durchgesetzt. Neue Besitzer haben die alten Sherrytavernen übernommen und mit Tapas, Sherry und manchmal sogar Live-Flamenco wieder zum Leben erweckt.

Vejer im Boutique-Stil
Eine ständig wachsende Anzahl an Boutique-Pensionen machen Vejer de la Frontera weiterhin zu einem der attraktivsten (und beliebtesten) Zwischenstopps in Andalusien. Casa Shelly (S. 753) und La Fonda Antigua (S. 753) sind zu den bereits zahlreichen Optionen hinzugekommen.

Vegetarisch auf Katalanisch
In den letzten Jahren ist die Zahl der speziell vegetarischen und veganen Restaurants stark gestiegen, die Kataloniens reiche Gaben nutzen, um alle möglichen fleischlosen Gerichte zu zaubern. El Vergel (S. 423) in Tarragona und das vegane B12 (S. 375) in Girona sind die wichtigsten Vertreter.

Casa Vicens
Gaudís allererster Auftrag, die Casa Vicens (S. 296), wurde umgestaltet und ist nun endlich zum ersten Mal das ganze Jahr über für die Öffentlichkeit zugänglich.

Toledo Hammam
Toledo hat sich lange als die Stadt vermarktet, in der Muslime, Christen und Juden früher harmonisch zusammenlebten. Das türkische Bad Medina Mudéjar (S. 232) fängt den Geist dieser Zeit wunderbar ein.

Stufen & Leitern
Kletterrouten mit Stahltreppen, Leitern und Seilen werden in den Pyrenäen immer beliebter, kommen in Andalusien aber erst so langsam an. Die Via Ferrata La Mocha (S. 844) steigt 130 m den steilen Felskegel La Mocha bei Cazorla hinauf.

Die aktuellsten Tipps und Empfehlungen gibt's im Internet unter lonelyplanet.com/Spain

Wie wär's mit ...

Unglaubliche Kunstschätze

Spaniens Kunsttradition – von lokalen Meistern bis zu weltberühmten Malern, die von der spanischen Krone gefördert wurden – zählt zu den vielfältigsten Europas. Die Werke füllen beeindruckende Kunstmuseen.

Museo del Prado Eines der hochkarätigsten Kunstmuseen der Welt (S. 96).

Centro de Arte Reina Sofia Picassos *Guernica*, Dalí und Miró (S. 89).

Museo Thyssen-Bornemisza Gemälde von zahlreichen europäischen Meistern (S. 88).

Museo Picasso Málaga Über 200 Werke von Picasso, der in Málaga geboren wurde (S. 811).

Museu Picasso Konkurrenzlose Sammlung aus Picassos jungen Jahren (S. 280).

Museu Nacional d'Art de Catalunya Die riesige Sammlung zeigt auch erstaunliche Fresken aus romanischer Zeit (S. 301).

Teatre-Museu Dalí So skurril und wundervoll wie Dalí (S. 384).

Museo Guggenheim Bilbao Architektur und zeitgenössische Kunst von Weltrang (S. 478).

Museo de Bellas Artes Goya, Velázquez, El Greco, Sorolla – und weitere; in Valencia. (S. 865)

Spanische Küche

Für Spanier ist das Essen eine echte Leidenschaft. Restaurantbesucher probieren gern etwas Neues, achten aber wie die Küchenchefs darauf, sich nie zu weit von der kulinarischen Tradition zu entfernen.

Pintxos in San Sebastián Spaniens Gourmethauptstadt hat die besten *pintxos* (baskische Tapas) und mehr Michelin-Sterne als Paris (S. 502).

Paella in Valencia Im Geburtsort der Paella gibt's die authentischste Version mit Hühnchen, Bohnen und Kaninchen (S. 872).

Katalanische Küche in Barcelona Barcelona ist die Heimat der legendären katalanischen Küche und der besten Märkte des Landes (S. 316).

Tapas in La Latina, Madrid In diesem *barrio* (Stadtviertel) gibt's die leckersten Tapas Spaniens (S. 121).

Meeresfrüchte in Galicien Oktopus und andere Atlantikbewohner (Lust auf Entenmuscheln?) sind ein kulinarisches Vergnügen (S. 624).

Gegrilltes aus dem Landesinneren *Cochinillo asado* (Spanferkel) und *cordero asado lechal* (gegrilltes Lamm) sind berühmte Gerichte (S. 178).

El Celler de Can Roca Geronas feinste Adresse bekam schon zweimal einen Platz in *The World's 50 Best Restaurants* (S. 376).

Maurische Architektur

Spanien wurde fast 800 Jahre von Muslimen beherrscht, die hier die schönste islamische Architektur in ganz Europa hinterlassen haben. Bedeutende Zeugnisse aus dieser Zeit entdeckt man im einst von den Mauren regierten Al-Andalus (Andalusien), vor allem in den UNESCO-Welterbestätten Granada, Córdoba und Sevilla.

Alhambra Außergewöhnliches Denkmal der Extravaganz von Al-Andalus (S. 780).

Mezquita Eines der schönsten architektonischen Zeugnisse von Al-Andalus (S. 762).

Real Alcázar Exquisite Details in einem perfekt proportionierten Ganzen in Sevilla (S. 690).

Giralda Das frühere Minarett ist eines der höchsten Bauwerke Sevillas (S. 685).

Aljafería Ein seltenes maurisches Juwel im Norden (S. 436).

Alcazaba Málagas palastartige Festung aus dem 11. Jh. (S. 811).

Teruel Ein herrlicher, wenig bekannter Ort mit Monumenten im Mudejarstil, die vom maurischen Einfluss zeugen (S. 469).

Alcazaba Eine wunderbar erhaltene Festung über Almería (S. 847).

Outdoor-Aktivitäten

Das Angebot an Aktivitäten in der Natur wird in Spanien jedes Jahr größer und die Beliebtheit von Abenteuersportarten steigt rapide.

Alquézar Das aragonesische Dorf eignet sich hervorragend zum Canyoning (S. 463).

Tarifa Der südlichste Ort auf dem spanischen Festland ist der nationale Hotspot zum Kite- und Windsurfen (S. 756).

Zamora Natural Kajakfahren ist im Westen von Kastilien und León nur eine Möglichkeit (S. 191).

Aínsa Die schöne Gebirgsstadt in Aragonien entwickelt sich zum Mountainbike-Zentrum (S. 459).

Baqueira-Beret-Bonaigua bietet für viele die besten Schneebedingungen der Pyrenäen (S. 409).

Sierra Nevada Europas südlichstes Skigebiet lockt mit 106 km Piste (S. 800).

Mundaka Einer der besten Surfspots Europas. (S. 493).

Musik

Ob leidenschaftliche Flamenco-Klänge oder dynamische Musikfestivals – Spanien pulsiert im Rhythmus der Musik und das Land bietet etwas für jeden Musikgeschmack.

Jerez de la Frontera Mitreißender Live-Flamenco in der Wiege dieses Genres (S. 740).

Sevilla Eine der renommiertesten Flamenco-Bühnen (S. 707).

Córdoba Sagenhafte Festivals wie das Festival de la Guitarra de Córdoba und die Noche Blanca del Flamenco (S. 769).

Café Central Berühmteste Adresse für Jazz in Madrid (S. 137).

Oben: Mountainbiken in den aragonesischen Pyrenäen (S. 446)

Unten: Palau de la Música Catalana (S. 279), Barcelona

Palau de la Música Catalana Fantastische Klassikkonzerte an einem ganz besonderen Ort in Barcelona (S. 279).

Casa das Crechas Jamsessions galicischer Volksmusik mit Dudelsack, Geige und Akkordeon, mittwochabends in Santiago de Compostela (S. 609).

Sónar Electronic-Festival von Weltrang in Barcelona. Es lohnt sich, eine Reise rund um diesen Termin zu planen (S. 309).

Strände

Spaniens Strände sind im Sommer sehr gut besucht, aber es ist nach wie vor möglich, ursprüngliche, einsame Ecken zu entdecken. Man muss nur wissen, wo man suchen muss.

Cabo de Gata Die Schönheit des Cabo de Gata erinnert an die einstige Wildheit der andalusischen Küste (S. 852).

Costa de la Luz Ein unberührter Sandstreifen an dem herrlichen Küstenabschnitt zwischen Tarifa und Cádiz (S. 752).

Playa de la Concha Einer der tollsten Stadtstrände der Welt (S. 496).

Costa Brava Rauer Küstenabschnitt mit vom Wind umpeitschten Klippen, unberührten versteckten Buchten und weiten Sandstränden (S. 359).

Rías Baixas Spektakuläre lange Meeresarme und Inseln, viele gesäumt von feinen weißen Sandstränden (S. 627).

Nachtleben

Scheinbar endlose Nächte sind Teil des spanischen Lebens. Für Partygänger gibt's viel Auswahl, von schicken Cocktailbars über Strand-*chiringuitos* (Bars) bis zu Clubs und Freiluft-*terrazas* (Bars mit Tischen und Stühlen draußen)

Madrid Bars, Clubs, Livemusik und Party ohne Ende (S. 128).

Valencia Die Atmosphäre im Barrio del Carmen und die Nächte von Russafa sind in ganz Spanien berühmt (S. 875).

Barcelona Glamouröse und lässige Ausgehmöglichkeiten (S. 334).

Saragossa In dieser Stadt mit Tapas-Bars und Kneipen, die nach Mitternacht erst so richtig aufdrehen, schlägt das Herz Aragoniens (S. 439).

Sevilla Lange Nächte, in denen die andalusische Leidenschaft zum Leben erwacht (S. 706).

Sitges Homosexuell geprägt, aber hetero-freundlich. Sitges ist die Partystadt der katalanischen Küste (S. 415).

Kathedralen

Der Katholizismus ist ein wichtiger Aspekt der spanischen Identität. Kathedralen im Stilmix mehrerer Epochen bilden den architektonischen und spirituellen Mittelpunkt vieler spanischer Städte.

La Sagrada Família Gaudís unvollendetes Meisterwerk ragt über Barcelona auf wie ein Fantasiebild (S. 288).

Catedral de Santiago de Compostela Einer der heiligsten (und schönsten) Kirchenbauten des Landes mit einem romanischen Portal (S. 602).

Catedral de Burgos Ein Höhepunkt der Gotik, umrankt von Legenden des El Cid, der über die Altstadt herrschte (S. 205).

Catedral de Toledo Extravagantes Bauwerk und Symbol des katholischen Spaniens (S. 227).

Catedral de Sevilla Große und sehr schöne gotische Kathedrale mit dem beeindruckenden Glockenturm Giralda (S. 685).

Catedral de León Das raffinierte gotische Bauwerk aus dem 13. Jh. hat landesweit die wohl schönsten Kirchenfenster mit Glasmalereien (S. 197).

Wildtiere

Spanien bietet herausragende Gelegenheiten zur Wildtierbeobachtung, z.B. charakteristische Raubtiere, hübsche rosa Flamingos und eine in Europa einzigartig vielfältige Vogelwelt.

Doñana Hirsche und Wildschweine, über 300 Vogelarten und Iberische Luchse bevölkern die Feuchtgebiete des Guadalquivir in Andalusien (S. 716).

Parque Natural Sierra de Andújar Hier ist die Chance am größten, Iberische Luchse zu beobachten, ebenso wie Mönchsgeier, Schwarzstörche und Spanische Kaiseradler (S. 839).

Parque Natural de Somiedo Hoch oben in den Bergen Asturiens kann man Braunbären beobachten (S. 585).

Sierra de la Culebra Die Heimat des Iberischen Wolfs und der beste Ort, um in Europa Wölfe zu sehen (S. 191).

Tarifa Walen und Delfinen beim Durchqueren der Meerenge von Gibraltar zusehen (S. 755).

Parque Nacional de Monfragüe Raubvögel kreisen hoch oben über einer spektakulären Schlucht (S. 669).

Laguna de Gallocanta Tausende *grullas* (Kraniche) überwintern in Aragonien (S. 469).

Parque Natural Sierras de Cazorla, Segura y Las Villas Hirsche und Damwild, Steinböcke, Wildschweine, Mufflons, rotschwänzige Eichhörnchen, Gänsegeier und Steinadler lassen sich hier beobachten (S. 845).

Monat für Monat

TOP-EVENTS

Semana Santa (Karwoche), März oder April

Las Fallas de San José, März

Bienal de Flamenco, September

Carnaval, Februar oder März

Feria de Abril, April

Januar

In den Skigebieten der Pyrenäen und der Sierra Nevada nahe Granada herrscht im Januar Hochbetrieb. Der Schnee in Katalonien ist in der zweiten Januarhälfte meistens besser. Die Schulferien dauern etwa bis 8. Januar

Heilige Drei Könige

El Día de los Reyes Magos (Dreikönigstag), auch einfach Reyes genannt, am 6. Januar ist der Lieblingstag der Kinder. Am Vorabend verkleiden sich vielerorts Politiker als die Weisen des Morgenlandes und führen den Umzug (Cabalgata de Reyes) durch das Ortszentrum an, bei dem Süßigkeiten verteilt werden.

Februar

Oft der kälteste Monat des Jahres. Vor allem im Norden und im Inland nähern sich die Temperaturen dem Gefrierpunkt. Zu Karneval muss man für Unterkünfte in Cádiz, Sitges und Ciudad Rodrigo mit Preisaufschlägen rechnen.

Messe für Zeitgenössische Kunst

Madrids Feria Internacional de Arte Contemporánea (www.ifema.es) ist eine der größten Veranstaltungen für Zeitgenössische Kunst und zieht Galeristen und und Aussteller aus der ganzen Welt an.

Karneval

Der Carnaval endet 47 Tage vor Ostersonntag und ist ein verrücktes Vergnügen mit Paraden sowie verschiedenen Festivitäten. Am wildesten geht's in Cádiz (S. 728), Sitges (S. 416), Badajoz (S. 680) und Ciudad Rodrigo (S. 169) zu. Weitere ungewöhnliche Feierlichkeiten gibt's in Vilanova i la Geltrú und Solsona.

Vögel in der Extremadura

Der Parque Nacional de Monfragüe ist ein großer Anziehungspunkt für Vogelbeobachter aus ganz Europa, aber die meisten kommen Ende Februar oder Anfang März zur Extremadura Birdwatching Fair (www.fioextremadura.es). Es werden Seminare, Wanderungen und andere sportliche Aktivitäten angeboten.

März

Im Frühling steigen die Temperaturen und das Land schüttelt seine Winterdepression ab (wenn es denn eine hatte). Nun träumen die Spanier von einem Sommer am Strand.

Flamenco in Jerez

Eines der wichtigsten Flamenco-Festivals des Landes findet Ende Februar oder Anfang März im Kernland dieses Genres statt. (S. 737)

Las Fallas de San José

Bei diesem außergewöhnlichen Fest wird mehrere Nächte hindurch getanzt und getrunken. Vom 15. bis 19. März gibt's zudem erstklassige Feuerwerke und Prozessionen. Wichtigster Veranstaltungsort ist Valencia. Dort gipfeln die Feiern in der rituellen Verbrennung von Figuren. (S. 870)

April

Im Frühling sprießen die Wildblumen, und Spanien feiert ein beeindruckendes Osterfest. Aufgrund der Schulferien in diesem Monat sollte man im Voraus buchen. Dafür handelt es sich um eine wunderbare Zeit, um das Land zu besuchen.

Semana Santa (Karwoche)

Zu Ostern (das Datum variiert) gibt's Umzüge mit *pasos* (Heiligenfiguren), verhüllten Büßern und Menschenmassen. Besonders extravagant wird in Sevilla (S. 701), Málaga (S. 815), Ávila (S. 160), Cuenca (S. 252), Lorca (S. 912) und Zamora (S. 189) gefeiert.

Katalanisches Essen

Die zentral in Katalonien gelegene Stadt Vic stellt das Essen ins Zentrum ihrer Osterfeierlichkeiten – der Mercat de Ram (www.vicfires.cat) ist ein Nahrungsmittel- und Landwirtschaftsmarkt und ein großes Spektakel.

Totentanz

Die Dansa de la Mort (Totentanz) am Gründonnerstag im katalanischen Dorf Verges ist ein schauriges Erlebnis. Im Zentrum der österlichen Feierlichkeiten steht der nächtliche Tanz der als Skelette verkleideten Gestalten.

Los Empalaos

Villanueva de la Vera im Nordosten der Extremadura wird am Gründonnerstag zum Schauplatz einer außergewöhnlichen Darbietung österlicher Selbstaufopferung. Vielen Zuschauern stockt angesichts der Hingabe und der selbst zugefügten Leiden der barfüßigen Büßer der Atem. (S. 666)

Feria de Abril

Andalusiens größtes Volksfest ist eine einwöchige Party, die in der zweiten Aprilhälfte in Sevilla gefeiert wird. Viele *sevillanos* kleiden sich in Trachten, reiten auf Pferden oder fahren in aufwendig geschmückten Kutschen und tanzen bis in die Nacht. (S. 701)

Moros y Cristianos (Mauren & Christen)

Farbenfrohe Paraden und Schaukämpfe zwischen christlichen und muslimischen „Armeen" machen dieses Ende April in Alcoy stattfindende Fest zu einem der spektakulärsten Events in den Provinzen Valencia und Alicante. In anderen Orten finden ähnliche Veranstaltungen statt, allerdings zu anderen Zeiten. (S. 902)

Romería de la Virgen

Am letzten Sonntag im April pilgern Hunderttausende zum Santuario de la Virgen de la Cabeza unweit von Andújar in der Provinz Jaén. Unter leidenschaftlicher Anteilnahme wird eine kleine Statue der Jungfrau Maria zur Schau gestellt. (S. 839)

Mai

In dieser herrlichen Zeit ist das Land mit Teppichen aus Wildblumen bedeckt, und man merkt dem Wetter schon an, dass der Sommer vor der Tür steht.

Feria del Caballo (Horse Fair)

Das farbenfrohe Spektakel in Jerez de la Frontera, Andalusiens Hauptstadt der Pferde, ist eines der prächtigsten Feste des ganzen Landes. Zu diesem Anlass gibt's Paraden, Pferdeshows sowie jede Menge Musik und Tanz. (S. 738)

Öffnung von Córdobas Innenhöfen

Viele der schönen privaten Innenhöfe Córdobas sind während des Fiesta de Los Patios de Córdoba zwei Wochen lang öffentlich zugänglich. Eine seltene Gelegenheit, die verborgene Seite der Stadt zu sehen. (S. 769)

Fiesta de San Isidro

Madrids größte Fiesta lässt den Schutzheiligen der Stadt mit Stierkämpfen, Umzügen und Konzerten hochleben. Die Einwohner tragen traditionelle Kleidung, und manche Ereignisse wie die Stierkämpfe dauern einen ganzen Monat. (S. 114)

Internationales Festival für Puppentheater Titirimundi

Während dieses wunderbaren Festivals Mitte Mai gibt in Segovia das Puppentheater den Ton an und in der ganzen Stadt finden alle möglichen Veranstaltungen auf der Straße statt. (S. 177)

World Music in Cáceres

Jährlich findet in Cáceres das Womad statt, ein tolles World-Music-Festival. Es zieht regelmäßig erstklassige Musiker aus aller Welt an, die auf den mittelalterlichen Plätzen der Stadt Konzerte spielen. (S. 655)

Juni

Nun schüttelt auch der Norden die Winterkälte ab und der Jakobsweg füllt sich. Im Süden wird es wärmer und die Badeorte an der Küste rüsten sich für den sommerlichen Ansturm.

Romería del Rocío

An Pfingsten, dem siebten Wochenende nach Ostern, ziehen bis zu einer Million Gläubige in einem festlichen Pilgerzug zum Schrein der Jungfrau in El Rocío. Hier zeigt sich die katholische Tradition Andalusiens von ihrer faszinierendsten Seite. (S. 718)

Primavera Sound

Das Primavera Sound ist eines der größten Musikfestivals in Spanien. Es findet Ende Mai oder Anfang Juni für drei Tage statt und lockt viele DJs und Musiker nach Barcelona. (S.309)

Fronleichnam

Am neunten Donnerstag nach Ostern (im Mai oder Juni) finden in Toledo und andernorts religiöse Prozessionen und Feiern statt. Die wohl seltsamste ist das traditionelle Babyspringen in Castrillo de Murcia. (S. 232)

Electronica Festival

Barcelonas zweitägiges Sónar-Festival steht ganz im Zeichen der elektronischen Musik und zieht jede Menge Künstler und Zuschauer aus der ganzen Welt an. Die Termine variieren. (S.309)

Noche Blanca del Flamenco

Das Flamenco-Fest mit erstklassigen Sängern, Gitarristen und Tänzern findet an malerischen Orten in ganz Córdoba statt, meist an einem Samstagabend um den 20. Juni herum. Alle Veranstaltungen sind gratis. (S. 769)

Feuer & Feuerwerke

Während der Fiesta de San Juan (24. Juni, Dia de Sant Joan) gibt's Mitsommernachtsfeuer, Feuerwerke, umherlaufende Riesen und großartige Reitkunst bei den Paraden an der Mittelmeerküste zu bestaunen, vor allem in Barcelona und in Ciutadella, Menorca. (S.309)

Weinschlacht

Am 29. Juni findet in Haro, einer der führenden Weinstädte in La Rioja, die Batalla del Vino statt. Dabei wird in einem chaotischen Schaukampf reichlich Wein verschüttet. Eine Pause gibt's nur, um gelegentlich einen Schluck des edlen Rebensafts zu trinken. (S.536)

Juli

Die Temperaturen in Andalusien und Teilen des Landesinneren können ins schier Unerträgliche steigen, doch für den Strand ist jetzt genau die richtige Zeit. Der Juli ist einer der besten Monate für eine Wanderung in den Pyrenäen.

Gitarrenfestival von Córdoba

Córdobas Beitrag zu dem beeindruckenden Angebot an Musikevents in Spanien. Auf diesem ausgezeichneten internationalen Gitarrenfestival in Córdoba reicht das Spektrum von Flamenco über Klassik bis Rock und Blues. Die Spitzenkünstler spielen abends in den Theatern der Stadt. (S. 769)

Stierlauf

Bei der einwöchigen Fiesta de San Fermín in Pamplona wird rund um die Uhr gefeiert. Im Mittelpunkt steht der tägliche *encierro* (Stierlauf). Zwei Tage früher organisiert PETA (www.peta.org.uk) aufsehenerregende Protestaktionen. (S. 520)

Keltische Tradition

Selbst aus dem weit entfernten Nova Scotia reisen Gruppen nach Galicien, um ihre keltischen Wurzeln mit den *gallegos* (Galicier) beim Festival Ortigueira mit jeder Menge Dudelsack- und Geigenmusik zu feiern. (S. 611)

Día de la Virgen del Carmen

Um den 16. Juli herum wird in den meisten Küstenstädten, vor allem in El Puerto de Santa María und Nerja, das Bild der Schutzpatronin der Fischer ins Wasser getragen oder bei einer Flottille mit kleinen Fischerbooten über das Meer gefahren. (S. 730)

Benicàssim Muskfestival

Vor allem im Sommer gibt's Open-Air-Musikfestivals, die große Namen aus dem In- und Ausland anlocken. Das in Benicàssim, Provinz Valencia, zählt zu den ältesten und besten. (S. 884)

Sommerfestival in Santander

Die Semana Grande im nordspanischen Santander (um den 25. Juli herum) ist ein großes Sommerfestival mit Musik, Shows und Party rund um die Uhr. (S. 546)

Fiestas del Apóstol Santiago

Der Día de Santiago (25. Juli) ist der Tag des spanischen Nationalheiligen und wird in Santiago de Compostela spektakulär gefeiert. In der Stadt, die nun die beiden festlichsten Wochen des Jahres erlebt, wimmelt es jetzt von Pilgern. (S. 606)

August

Spanier aus allen Teilen des Landes und Europäer strömen in Scharen ans Mittelmeer. Der Nordwesten bietet einen abwechslungsreicheren Sommer, wobei das Wetter hier unvorhersehbar sein kann.

Klassisches Drama in Mérida

In Mérida, Extremadura, werden im einzigartigen römischen Theater sowie im Amphitheater klassische Stücke der Antike und gelegentlich auch „jüngerer" Autoren wie William Shakespeare gespielt. Die Aufführungen sind vor allem an Abenden im Juli und August zu sehen. (S. 674)

Galicischer Wein

Die guten galicischen Weine sind Anlass für die Fiesta del Albariño in Cambados am dritten Augustwochenende, die fünf Tage Musik, Feuerwerk und jede Menge des fruchtigen Weißweins Galiciens bietet. (S. 628)

Verrückt nach Kanufahren

Zehntausende Menschen sind verrückt nach dem Descenso Internacional del Sella, einem Kanurennen zwischen Arriondas und Ribadesella, das am ersten Wochenende im August in Asturien stattfindet. (S. 575)

Galicischer Tintenfisch

Galiciens Leidenschaft für Tintenfisch gipfelt am zweiten Sonntag im August in der Festa do Pulpo de O Carballiño. Zehntausende Menschen versammeln sich in der kleinen Stadt Carballiño, um so viel wie möglich davon zu essen. (S. 642)

Straßenfest in Barcelona

Die Bewohner der Stadt konkurrieren während der einwöchigen Festa Major de Gràcia, die um den 15. August herum stattfindet, um die am schönsten geschmückte Straße. Menschen strömen herbei, um Bands in den Straßen und auf den Plätzen zuzuhören und an den zahllosen Straßenständen zu essen und zu trinken. (S. 309)

Cipotegato

Während der Cipotegato in der ruhigen Stadt Tarazona in Aragonien lassen die Einheimischen am 27. August eine lokale Tradition wiederaufleben, bei der ein Gefangener einst seine Freiheit gewinnen konnte, indem er versuchte, einer Steine (heute Tomaten) werfenden Menge zu entkommen. (S. 442)

Cidre-Festival

Die Fiesta de la Sidra Natural in Gijón verleiht der asturischen Leidenschaft für *sidra* Ausdruck. Neben Konzerten gibt's einen jährlichen Weltrekordversuch für die größte Zahl an Personen, die gleichzeitig an einem Ort Cidre trinken. (S. 571)

La Tomatina

Die gewaltige Tomatenschlacht Ende August in Buñol dürfte wohl eines der glitschigsten Events des ganzen Landes sein: Tausende Teilnehmer bewerfen sich mit rund 100 Tonnen Tomaten! (S. 880)

September

In diesem Monat kehren die Spanier nach einem scheinbar endlosen Sommer zur Arbeit zurück. Meist bleibt es noch bis mindestens Ende September angenehm warm, was zahlreiche Festivals zu nutzen wissen.

Fiesta de la Virgen de Guadalupe

Das malerische Guadalupe in Extremadura feiert seine ganz eigene Jungfrau Maria während der Fiesta de la Virgen de Guadalupe. Am Abend des 6. Septembers und dann erneut am 8. September, dem Feiertag der Region Extremadura, wird eine Statue durch die Straßen getragen. (S. 663)

Bienal de Flamenco

Flamenco-Festivals finden in Spanien das ganze Jahr über statt, doch dieses ist zweifellos das berühmteste. In den geraden Jahren wird es in Sevilla veranstaltet und in den ungeraden in Málaga. Es bringt die berühmtesten Künstler des Genres auf die Bühne. (S. 701)

Römer & Karthager

Während der Fiesta Carthagineses y Romanos in der zweiten Septemberhälfte verkleiden sich Cartagenas Einwohner, um eine Schlacht der Antike nachzuspielen. Dies ist einer der vielen Schaukämpfe in Spanien, die an die Vergangenheit erinnern. (S. 906)

Menschentürme in Tarragona

Tarragonas Festival de Santa Tecla ist eine tolle Gelegenheit, um Kataloniens *castells* (Menschentürme) in all ihrer Pracht zu erleben. Verschiedene Teams aus Menschenturmbauern steigen auf die Schultern ihrer Unterleute, um einen bis zu neunstöckigen Turm zu errichten. (S. 424)

Filmfestival in San Sebastián

Es ist vielleicht nicht gerade Cannes, doch dieses zweiwöchige Event in San Sebastián gilt als eines der wichtigsten europäischen Filmfestivals. Bereits seit 1957 wird es jedes Jahr in der zweiten Septemberhälfte ausgerichtet. (S. 501)

Weinlese in La Rioja

Logroño ehrt den Gedenktag des heiligen Matthäus (Fiesta de San Mateo) sowie die jährliche Weinlese mit Zeremonien des Traubentretens und einer Menge Gelegenheiten, die edlen Tropfen zu kosten. (S. 532)

Barcelonas große Party

Barcelonas zweite Schutzheilige, die Jungfrau von Mercè, wird bei den viertägigen Festes de la Mercè im September mit viel Leidenschaft gefeiert. Die Stadt veranstaltet Sonderausstellungen und kostenlose Konzerte, und überall treten Straßenkünstler auf. (S. 309)

Oktober

Im Herbst kann es in Spanien wunderschön sein, denn die Temperaturen sind meist im ganzen Land noch mild. In den zentralen und nördlichen Landesteilen kündigt sich aber manchmal schon der Winter an.

Internationales Filmfestival von Sitges

Anfang Oktober findet an der katalonischen Küste das weltweit berühmteste Festival für Fantasy- und Horrorfilme statt (www.sitgesfilmfestival.com). Aktuellste Science-Fiction- und Gruselfilme werden in der ganzen Stadt gezeigt.

Fiesta de Santa Teresa

Hinter den mittelalterlichen Stadtmauern von Ávila wird der Personenkult um die berühmteste Tochter der Stadt zum Leben erweckt. Das zehntägige Fest rund um den Gedenktag der Schutzheiligen ehrt Teresa mit Prozessionen, Konzerten und Feuerwerk. (S. 160)

Fiestas del Pilar

Am 12. Oktober mischen sich in Saragossa Gläubige mit Hedonisten, um das Festival zu Ehren der Heiligen Jungfrau der Säule zu feiern. Der Höhepunkt der Feierlichkeiten ist die Ofrenda de Flores (Blumenniederlegung), bei der Blumen um die Jungfrau auf dem Plaza de Pilar gelegt werden. (S. 436)

November

Der November ist kühl und ruhig – nun bleibt der Veranstaltungskalender recht leer. Je nach Jahr wird allerdings bereits die Skisaison in den Pyrenäen und in der Sierra Nevada eröffnet.

Vogelwanderung

An Kataloniens Costa Daurada erreichen Wasservögel in Scharen Spaniens wichtigste Sumpfgebiete – das Delta de l'Ebre, wo der Ebro ins Mittelmeer fließt. Ein Highlight sind die Flamingos, von denen viele schon im Oktober ankommen, aber im November ist das Spektakel garantiert. (S. 426)

Dezember

Das Wetter kühlt sich ab, aber dafür steht Navidad (Weihnachten) vor der Tür. Jetzt finden jede Menge Weihnachtsmärkte statt und es gibt *turrón* (Nougat). Der Monat beginnt mit einem langen Wochenende und läutet damit eine Festzeit ein, die bis Anfang Januar dauert.

Navidad

In Spanien wird Weihnachten in erster Linie am 24. Dezember (Noche Buena) mit der ganzen Familie gefeiert. Obwohl spanische Familien inzwischen sowohl den 1. Weihnachtsfeiertag (an dem Papa Noel Geschenke bringt) als auch die Heiligen Drei Könige am 6. Januar feiern, war ursprünglich der letztere Termin Anlass für Geschenke.

Noche Vieja

An Silvester schalten um Mitternacht alle den Fernseher an, wenn die zwölf Glockenschläge von Madrids Puerta del Sol übertragen werden, und versuchen, zu jedem Glockenschlag eine Traube zu essen.

Reiserouten

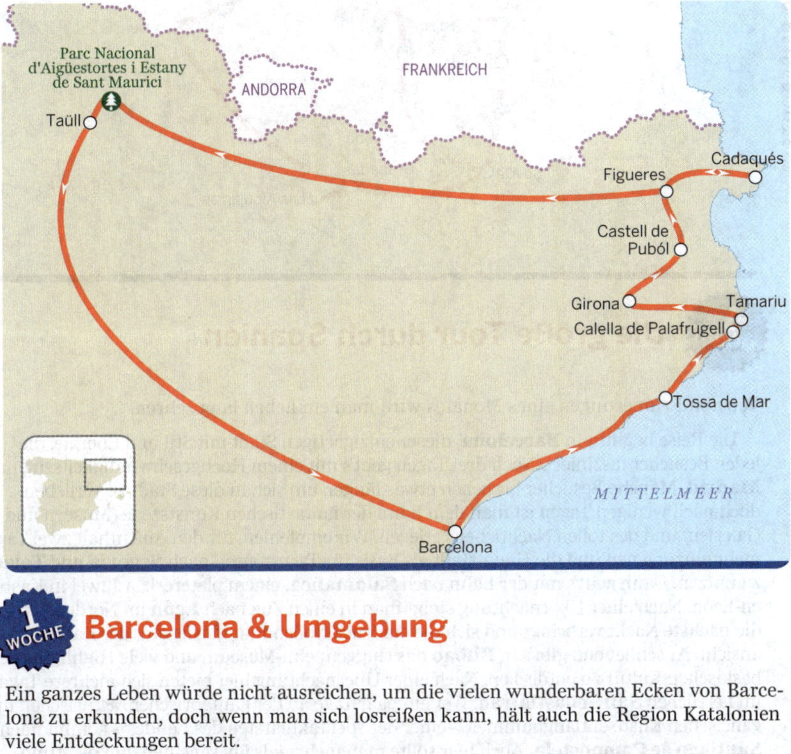

1 WOCHE Barcelona & Umgebung

Ein ganzes Leben würde nicht ausreichen, um die vielen wunderbaren Ecken von Barcelona zu erkunden, doch wenn man sich losreißen kann, hält auch die Region Katalonien viele Entdeckungen bereit.

Zwei Tage in **Barcelona** sind *mindestens* notwendig, um Gaudí und die kulinarischen Highlights zu genießen und einen Altstadtbummel zu machen. Danach fährt man mit einem Mietwagen Richtung Norden durch **Tossa de Mar**, über dessen Bucht eine Burg thront. Über die beiden schön gelegenen Küstendörfer **Calella de Palafrugell** und **Tamariu** geht's weiter ins Landesinnere, wo man im wundervollen **Girona** übernachtet. Der nächste Tag ist ganz dem Sightseeing rund um Salvador Dalí gewidmet, von seinem Fantasieschloss **Castell de Púbol** über das bemerkenswerte Theatermuseum in **Figueres** bis zu seinem einstigen Heimatort, dem bezaubernden Küstenort **Cadaqués**. Am nächsten Morgen kehrt man dem Mittelmeer den Rücken und startet gen Westen zum Fuß der Pyrenäen. Zur Belohnung für die lange Fahrt gönnt man sich mehrere Übernachtungen in **Taüll**, dem Tor zum fantastischen **Parc Nacional d'Aigüestortes i Estany de Sant Maurici**. Ein Bogen Richtung Süden führt über Lleida zurück nach Barcelona, wo man am Nachmittag des letzten Tages ankommt.

1 MONAT

Die große Tour durch Spanien

Von den Erinnerungen eines Monates wird man ein Leben lang zehren.

Die Reise beginnt in **Barcelona**, dieser einzigartigen Stadt mit Stil und Energie, die jeden Besucher fasziniert. Nach drei Tagen geht's mit einem Hochgeschwindigkeitszug nach **Madrid**. Manche Besucher brauchen etwas länger, um sich in diese Stadt zu verlieben, doch nach wenigen Tagen ist man dem Bann der fantastischen Kunstszene (Museen und Galerien) und des tollen Nachtlebens erlegen. Wir empfehlen, für den Aufenthalt zwei Tage mehr einzuplanen und die Hauptstadt als Basis für Tagestouren nach **Segovia** und **Toledo** zu nutzen. Dann geht's mit der Bahn nach **Salamanca**, einem plateresken Juwel in Kastilien-León. Nach einer Übernachtung steigt man in einen Zug nach **León** im Norden, wo man die nächste Nacht verbringt und sich die eindrucksvollen Buntglasfenster der Kathedrale ansieht. Anschließend gibt's in **Bilbao** das Guggenheim-Museum und viele Highlights der baskischen Kultur zu entdecken. Nach einer Übernachtung hier bieten sich mehrere Tage im herrlichen **San Sebastián** an. Wer ein paar Tage an der kantabrischen, asturischen und galicischen Küste entlangbummelt – einer der spektakulärsten des Landes – kommt nach **Santiago de Compostela**. Auch hier sollte man mehrmals übernachten, um die Atmosphäre der Pilgerstadt intensiver zu erleben. Zwischen San Sebastián und Santiago im Norden lohnt es sich überall, die Gastronomie in den Mittelpunkt der Reise zu stellen.

Mit dem Zug geht's wieder nach Madrid und dann mit dem Hochgeschwindigkeitszug nach **Córdoba** (für 2 Übernachtungen) und **Sevilla** (für 2 Übernachtungen). Da man schon mal in der Gegend ist, lohnt sich ein Abstecher per Bus oder Zug nach Norden zu den römischen Ruinen von **Mérida** (für 1 Übernachtung), in die Altstadt von **Cáceres** (für eine weitere Übernachtung) und ins mittelalterliche **Trujillo** (für eine dritte Übernachtung). Dann zurück nach Sevilla und sofort weiter nach **Granada** (2 Übernachtungen). Wer noch ein paar Tage anhängt und ein Auto mietet, kann die hübschen Dörfer der **Alpujarras** besuchen. Das Mietauto oder der Zug bringen einen von Granada nach **Valencia**, wo man einige Tage die Architektur, die Paella und die Vitalität genießt. Am Ende der Reise bleibt vor der Rückfahrt nach Madrid noch kurz Zeit für einen Abstecher mit dem Hochgeschwindigkeitszug in das auf Felsklippen thronende **Cuenca** (für eine Übernachtung).

10 TAGE Andalusisches Abenteuer

Auf dieser Route reist man in drei legendäre Städte und einige der schönsten Dörfer der Region. Der Ausgangspunkt ist **Málaga**, dessen Flughafen aus vielen Ecken Europas angesteuert wird. Hier kann man sich gut einen Tag lang beschäftigen. Zu einer Andalusien-Reise gehört auch eine Übernachtung im unvergleichlichen **Granada** mit der Alhambra, der goldenen Capilla Real und dem mittelalterlichen maurischen Viertel Albayzín. Mit einem Mietwagen erreicht man die Täler der **Alpujarras** mit Berglandschaft und den im nordafrikanischen Stil erbauten Dörfern. Wer den Mietwagen behält, kann dann für drei Tage über Nebenstraßen Richtung Westen fahren und einige sehenswerte andalusische Dörfer und Städte besuchen. Das im Mudejarstil errichtete **Antequera**, das spektakuläre **Ronda**, das weiß getünchte **Tarifa**, das bezaubernde **Vejer de la Frontera** und **Arcos de la Frontera** zählen zu den berühmtesten *pueblos blancos* (weißen Dörfern) Andalusiens. Bleiben noch drei Tage ohne Auto. Eine Nacht verbringt man in **Jerez de la Frontera**, um die Sherry-Bodegas zu besuchen. Dann geht's mit dem Zug in die Flamenco-Stadt **Sevilla**, für viele der Inbegriff Andalusiens.

2 WOCHEN Spaniens Quintessenz

Wer verstehen möchte, warum sich viele Besucher in dieses Land verlieben, findet in den vibrierenden und leidenschaftlichen Städten die Antwort. Auf dieser Route erlebt man das Beste, was Spanien zu bieten hat.

Viele Traveller beginnen ihre Reise in **Barcelona**, der zweitgrößten Stadt Spaniens. Hier heißt es Architektur entdecken und Küche genießen, bevor es per Bahn hinunter an die Küste nach **Valencia** geht, wo eine weitere Dosis Paella, Nachtleben und die Wunder des 21. Jhs. in der Ciudad de las Artes y las Ciencias warten. Der Hochgeschwindigkeitszug bringt einen ins Landesinnere zur Hauptstadt **Madrid**, die mit einem unwiderstehlich dynamischen Straßenleben, schönen Plätzen und der weltweit höchsten Konzentration an Kunstmuseen bezaubert. Anschließend nimmt man einen Hochgeschwindigkeitszug nach **Córdoba**, das Tor ins Herz Andalusiens. Als Highlight wartet hier die Mezquita aus dem 8. Jh. Von Córdoba ist es eine kurze Fahrt nach **Sevilla**, doch das Beste kommt zum Schluss: **Granada** beherbergt die Alhambra, den Albayzín und eine Gastro- und Partyszene, die die kulinarische Kultur Spaniens in ihrer ganzen Vielfalt widerspiegelt.

2 WOCHEN Kastilien & Aragonien

Diese Route erfüllt vielleicht nicht das Klischee von Sonne, Sand und Sangría, bietet aber eine tolle Mischung aus weniger bekannten Städten und schönen Dörfern.

Von **Madrid** geht's zu einigen hübschen Städten im spanischen Inland: Für **Segovia** mit der Burg und dem römischen Aquädukt, das von Mauern umgebene **Ávila** und das lebhafte **Salamanca** sollte man insgesamt etwa vier Tage einplanen. Alle drei Städte liegen nur kurze Zugfahrten voneinander entfernt. Züge fahren auch nach **León** und **Burgos**, die zwei der bedeutendsten Kathedralen Spaniens beherbergen. In beiden kann man sich gut einen Tag aufhalten. Wer eine zusätzliche Nacht in Burgos verbringt, kann einen Tagesausflug in die mittelalterlichen Dörfer **Covarrubias** und **Santo Domingo de Silos** machen. Danach wartet **Saragossa** mit historischer Architektur und Tapas – zwei Tage sind ein Muss. Mit einem Mietwagen geht's in die Berge nach **Sos del Rey Católico**, das an eine toskanische Stadt erinnert. Nun fährt man nach Süden und übernachtet in **Daroca**, dann geht's nach **Teruel** mit seinen Mudejar-Juwelen. Ein schöner Abschluss für die Reise ist das spektakuläre Dorf **Albarracín**.

10 TAGE Nordspanien

Viele Besucher zieht es eher ans Mittelmeer, doch die Nordküste von San Sebastián bis Santiago ist eine der spektakulärsten Europas.

Es gibt keine bessere Basis für eine Tour durch den Norden Spaniens als **San Sebastián** mit seiner sensationellen Küche. Zweimal sollte man hier mindestens übernachten. Mit dem Zug geht's westlich von San Sebastián weiter nach **Bilbao**, das für sein Guggenheim-Museum berühmt ist und mindestens eine Übernachtung lohnt. Um vom Rest der Küste möglichst viel zu sehen, braucht man ein Auto. Kantabriens **Santillana del Mar** mit seinen Kopfsteinpflastergassen, die Felsmalereien in **Altamira** und das Dorf **Ribadesella** sind ein tagfüllendes Programm und einen weiteren Tag kann man für die Täler der **Picos de Europa** einplanen. Nach der dritten Übernachtung im unwiderstehlichen **Oviedo** geht's an Galiciens Küste, eine eindrucksvolle Naturlandschaft mit Fischerdörfern und steilen Klippen. Nicht versäumen darf man **Cabo Ortegal**, das dynamische **A Coruña** und die **Costa da Morte**. Die letzten beiden Nächte verbringt man in **Santiago de Compostela**, einer galicischen Stadt mit feiner Küche und einer wichtigen Kathedrale.

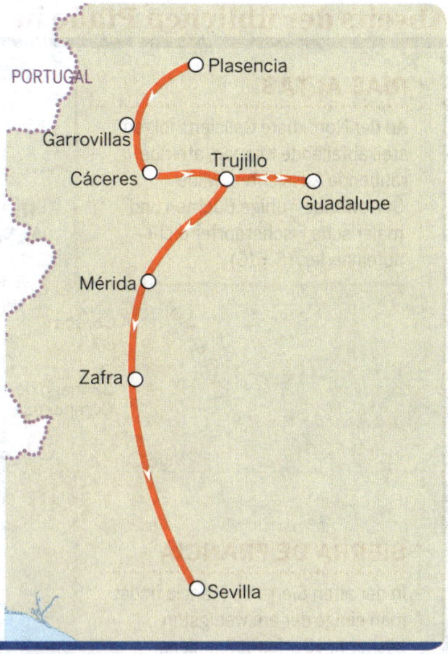

2 WOCHEN Vom Mittelmeer in die Berge

Diese Route führt von der Mittelmeerküste zu den Tälern der Pyrenäen. Um sie in zwei Wochen zu bewältigen, benötigt man ein Auto. Belohnt wird man mit einigen der weniger bekannten Juwelen im Nordwesten Spaniens. Von **Valencia** geht's Richtung Nordosten. Nach einem Stopp im flamingoreichen **Delta de l'Ebre** erreicht man **Tarragona**, eine zu Unrecht selten besuchte katalanische Stadt mit römischen Ruinen. Von Tarragona fährt man auf der **Zisterzienser-Route** ins Landesinnere. Dann durchquert man Aragonien und verbringt ein paar Tage im lebhaften historischen **Saragossa**. Anschließend übernachtet man in der faszinierenden Provinzhauptstadt **Logroño**. Weiter geht's Richtung Westen durch die schönen Klosterstädte **Santo Domingo de la Calzada** und **San Millán de Cogolla** und dann weiter nach La Rioja, dem führenden Weinanbaugebiet Spaniens, mit **Laguardia** als wunderbarem Ausgangspunkt. In den östlichen Ausläufern von Navarra liegen die hinreißenden Festungsstädte **Olite** und **Ujué,** danach geht's ins malerische **Pamplona**. Von hier kann man die **Pyrenäen in Navarra** besuchen, vor allem die wunderschönen Täler Valle del Baztán und Valle del Roncal.

10 TAGE Ganz im Westen

Extremadura ist eine eher unbekannte Ecke Spaniens – Grund genug für einen Besuch.

Die Tour beginnt mit einer Übernachtung im Norden der Extremadura, in **Plasencia** mit seinen Monumenten, Kirchen und Klöstern. Von dort nimmt man den Bus nach **Cáceres**, das mit dem mittelalterlichen Stadtkern der Ciudad Monumental aufwartet. Hier sollte man sich zwei Übernachtungen und einen Halbtagesausflug nach **Garrovillas** gönnen. Regelmäßig verkehrende Busse brauchen eine Stunde bis **Trujillo**, ein kleineres, aber ebenso bezauberndes Überbleibsel aus dem Mittelalter. Hier kann man zwei Nächte verbringen: Am ersten Tag erkundet man das Labyrinth aus Kopfsteinpflastergassen, am zweiten mietet man ein Auto für einen Tagesausflug in den Berg- und Pilgerort **Guadalupe**. Von Trujillo geht's mit dem Bus gen Süden nach **Mérida**, das mit beeindruckenden römischen Ruinen aufwartet. Dafür benötigt man zwei Übernachtungen. Jenseits der trockenen Ebenen im Süden liegt das weiß getünchte **Zafra**, das kulturell, geografisch und architektonisch ein Vorbote Andalusiens ist. Nach einer Übernachtung in Zafra führt kein Weg am magischen **Sevilla** vorbei.

Abseits der üblichen Pfade in Spanien

RÍAS ALTAS

An der Nordküste Galiciens folgen steil abfallende Klippen, atemberaubende Aussichten, wilde Surfstrände, ruhige Buchten und malerische Fischerdörfer dicht aufeinander. (S. 616)

ZAMORA & UMGEBUNG

Zamora ist ein wenig besuchtes romanisches Kleinod. Nicht weit weg liegen das atemberaubende mittelalterliche Dorf Puebla de Sanabria und die Sierra de la Culebra. Der beste Ort in ganz Europa, um Wölfe zu beobachten. (S. 188)

SIERRA DE FRANCIA

In der alten Sierra de Francia findet man einige der am wenigsten besuchten Dörfer in Spaniens Hinterland. Meist fällt die Wahl auf La Alberca, aber auch San Martín del Castañar ist absolut verführerisch. (S. 170)

SIERRAS SUBBÉTICAS

Eine überraschend ländliche Oase mit grünen Hügeln, hübschen Dörfern, guten Wandermöglichkeiten sowie ausgezeichneten Hotels und Restaurants im Zentrum Andalusiens – mit Granada, Córdoba und Málaga in unmittelbarer Nähe. (S. 774)

CAZORLA

Diese lebendige historische Stadt, wo Olivenhaine auf schroffe Berge treffen, ist der perfekte Ausgangspunkt, um den großen wunderschönen Parque Natural Sierras de Cazorla, Segura y Las Villas zu erkunden. (S. 843)

VALLES DE HECHO & ANSÓ

Unter den unbekanntesten, aber schönsten der Rückzugsorte in den Pyrenäen strotzen diese beiden Täler nur so vor herrlichen Wanderungen, gemütlichen Unterkünften und tollen Mahlzeiten. (S. 447)

ZISTERZIENSER-ROUTE

Die Zisterzienserroute schlängelt sich zwischen drei ehrwürdigen Klöstern, einige der schönsten Bauwerke Kataloniens – und auch die stilvolle Weinregion Priorat ist in der Nähe. (S. 426)

ALBARRACÍN

In einem abgelegenen Tal bewahrt der rosafarbene Albarracín die Aura des Mittelalters wie kaum ein anderes Dorf in Spanien, mit bemerkenswerten Denkmälern und wunderbaren Plätzen zum Verweilen, Essen und Trinken. (S. 473)

CABO DE GATA & ALMERÍA

Das von Strand und Klippen gesäumte Cabo de Gata ist dramatisch, wild und ein Gegenmittel gegen übermäßig ausgebaute Ufer. Almería, das Tor zu diesem Vorgebirge, ist eine sehr angenehme kleine Stadt. (S. 852)

CARTAGENA

Mit seiner hübschen Uferpromenade und einem wunderbaren natürlichen Hafen, der seit Jahrtausenden genutzt wird, ist dieser Hafen ein ausgezeichneter Überraschungsstopp an der Mittelmeerküste. (S. 905)

Tap

Reiseplanung

Essen wie die Einheimischen

Für Spanier ist gutes Essen ein ganz wichtiger Bestandteil eines guten Lebens. Dieses Kapitel enthält jede Menge Tipps, um so viel wie möglich von der kulinarischen Kultur des Landes zu erleben – von der richtigen Art, Tapas zu bestellen, bis zu einer Einführung in die vielen regionalen Spezialitäten, die Spaniens Küche zu bieten hat.

Das kulinarische Jahr

Südspaniens relativ mildes Klima sorgt dafür, dass Obst und Gemüse hier ganzjährig angebaut werden können, was in Europa ungewöhnlich ist.

Winter (Dez.–Feb.)

Auf dem Festland werden im Winter gern Eintöpfe (z. B. *cocido* oder *fabada*) und gebratenes Fleisch serviert, vor allem *cochinillo* (Spanferkel) und *cordero* (Frühjahrslamm).

Winter und Frühjahr (Nov.–April)

Katalanen essen gern *calçots*, große Frühlingszwiebeln, am liebsten aus der Hand und mit einem *bib* und *romesco*, einer reichhaltigen Soße aus roten Paprikaschoten und Mandeln). In Galicien ist zu dieser Zeit die *pulpo*-Saison (gekochte Krake).

Sommer (Juni–Aug.)

Kalte Suppen wie Gazpacho und *salmorejo*, (Sommerspezialitäten aus Andalusien) gibt's nur in dieser Zeit. Am Mittelmeer sind sommerliche Reisgerichte ebenfalls sehr typisch.

Herbst (Sept.–Nov.)

In September beginnt in La Rioja die Weinernte. Die Fiesta de San Mateo in Logroño (21. Sept.) bringt Leben in die beste Weinregion Spaniens.

Kulinarische Erlebnisse

Unvergessliche Gerichte

Arzak (S. 504) In dem Restaurant in San Sebastián kocht Spaniens berühmtestes Vater-Tochter-Team.

El Celler de Can Roca (S. 376) Das Lokal in Girona gehört zu den besten Beispielen für die Vorzüge der innovativen katalanischen Küche.

Tickets (S. 333) Das Restaurant in Barcelona wird von Albert Adrià geführt. Er ist der jüngere Bruder von Ferran Adrià, dem meistprämierten Küchenchef Spaniens.

La Terraza del Casino (S. 124) Das madrilenische Restaurant ist landesweit bekannt als Tempel für innovative Küche aus dem Labor.

Quique Dacosta (S. 893) In Denia ist die Molekularküche am Mittelmeer angekommen.

DiverXo (S. 128) Madrids einziges Restaurant mit drei Michelínsternen.

Essens- & Weinfestivals

Feria del Queso (S. 660) April oder Anfang Mai steigt in Trujillo diese Käseorgie mit Probierhäppchen und Wettbewerben.

Feria do Viño do Ribeiro (S. 643) Am ersten Maiwochenende findet im Süden Galiciens in Ribadavia das größte Weinfest der Region statt.

Batalla del Vino (S. 536) Am 29. Juni gibt's in Haro in der Region La Rioja einen chaotischen Weinkampf.

Festa do Pulpo de O Carballiño (S. 642) 70 000 Besucher strömen jedes Jahr am zweiten Augustsonntag nach Carballiño in Galicien zum Pulpo-Massengelage.

Fiesta de la Sidra Natural (S. 571) Zu diesem Fest im August in Gijón gehört ein Weltrekordversuch, bei dem sich so viele Leute wie möglich gleichzeitig Cidre eingießen.

Fiesta de San Mateo (S. 532) Die Weinernte von La Rioja wird im September mit Weinproben und Zeremonien gefeiert, bei denen man Trauben zerstampft.

Preiswerte Snacks

Tapas oder pintxos Die vielleicht genialste Form des Snackens. Das Viertel La Latina in Madrid, El Tubo in Saragossa und die meisten andalusischen Städte bieten vielfältige Tapas, aber eine *pintxo*-(baskische Tapas)Tour durch San Sebastiáns Parte Vieja ist ein unvergessliches kulinarisches Erlebnis.

Chocolate con churros Das frittierte Schmalzgebäck, das in dickflüssige heiße Schokolade getaucht wird, ist ein beliebtes spanisches Frühstück und wird nachmittags zum Tee oder am frühen Morgen nach einer langen Partynacht gegessen. Am besten probiert man es in Madrids Chocolatería de San Ginés (S. 129).

Bocadillos Sandwiches mit *jamón* (Schinken) oder anderem geräucherten Fleisch, Käse, Tortilla oder (in Madrid) gebratenen Tintenfischringen.

Pa amb tomàquet Mit Tomaten, Koblauch und Olivenöl eingeriebenes Brot – beliebt in Katalonien und in anderen Landesteilen.

Kochkurse

Alambique (S. 113) Kochkurse in Madrid mit spanischen und internationalen Themen.

Apunto (S. 113) Hervorragende Schule in Madrid, ein breites Spektrum an Kochstilen.

L'Atelier (S. 804) Vegetarische Kochkurse in den andalusischen Las Alpujarras.

Annie B's Spanish Kitchen (S. 753) Kurse für anspruchsvolles Kochen, die spanische oder die marokkanische Küche sowie für die Zubereitung von Meeresfrüchten in Vejer de la Frontera.

Mut zum Probieren

Oreja Auf dem Grill zubereitete Schweineohren. Der Geschmack erinnert ein wenig an knusprigen Schinkenspeck.

Callos Eine Spezialität aus Madrid: In einem Sud mit Tomaten, Paprika, Knoblauch und Kräutern gekochte Innereien.

Rabo de toro Stierschwanz oder Stierschwanzeintopf. Eine besondere Delikatesse während der Stierkampfsaison in Madrid und Andalusien, dann werden frische Stierschwänze aus der Stierkampfarena verwendet.

Percebes Entenmuscheln aus Galicien. Der erste Mensch, der sie probiert hat, muss ein Abenteurer gewesen sein, aber die Nachwelt dankt ihm dafür.

Garrotxa Der wundervolle katalanische Käse macht seinem Namen alle Ehre.

Caracoles Meeresschnecken. Beliebt in Katalonien, Mallorca und Aragonien.

Morcilla Blutwurst. Wird in Burgos mit Reis gemischt und in Asturien mit Zwiebeln.

Criadillas Stierhoden. Werden in Andalusien gegessen.

Botillo Die spanische Variante von Haggis. Aus der Region Bierzo in Kastilien & Leon.

JAMÓN

Das beliebteste Nahrungsmittel der spanischen Küche ist der geräucherte Schinken vom Hochland.

Jamón serrano wird aus weißen Schweinen hergestellt und macht etwa 90 % des Räucherschinkens in Spaniens aus. Er durchläuft einen einjährigen Räucherungs- und Trocknungsprozess in einer klimageregelten Hütte.

Jamón ibérico gilt als Elite der spanischen Schinken, er wird aus den schwarzen Schweinen hergestellt, die auf der iberischen Halbinsel zu den indigenen Tierarten gehören. Der Schinken gilt deshalb als etwas Besonderes, weil bei den Schweinen Fett in das Muskelgewebe eingelagert wird, wodurch ein besonders schön marmoriertes Fleisch entsteht. Üblicherweise wird er als Vorspeise oder *ración* (große Tapa) gegessen. Ihn zu schneiden ist eine eigene Kunstform: Er sollte in hauchdünne, fast transparente Scheiben geschnitten werden.

Lokale Spezialitäten

Essen

Spanier reisen liebend gern in ihrem Land umher und suchen dabei immer nach perfekt zubereiteten Speisen. Erzählt man einem Einheimischen von einem bestimmten Reiseziel, das man vor Augen hat, wird ihm wahrscheinlich direkt beim Gedanken an die lokalen Spezialitäten das Wasser im Mund zusammenlaufen. Und er kann einem mit Sicherheit auch ein Restaurant empfehlen, wo man diese genießen kann.

Baskenland & Katalonien

Das Zusammentreffen von Bergen und Meer beschert dem Baskenland wunderbare Köstlichkeiten. Meeresfrüchte und Steaks sind die Grundpfeiler der traditionellen baskischen Küche. Insbesondere San Sebastián steht für Kreativität, Vielfalt und Attraktivität der regionalen Küche, denn dort entstand die *nueva cocina vasca* (baskische Nouvelle Cuisine), mit der Spanien sich als Land der Hochgenüsse etablieren konnte.

In Kataloniens Küche mischen sich regionale Aromen mit einer Offenheit für Einflüsse aus anderen europäischen Ländern. Alle Arten von Meeresfrüchten, Paella, Reis und Pastagerichte sowie Klassiker der Pyrenäenküche gehören auf den hiesigen Speisekarten zum Standard. Auf Soßen wird mehr Wert gelegt als anderswo in Spanien.

Das Landesinnere

Den besten *jamón ibérico* gibt's in der Extremadura, in Salamanca und Teruel.

Percebes (Entenmuscheln)

Cordero asado lechal (Milchlammbraten) sowie *cochinillo asado* (Spanferkel) sind typische Wintergerichte. Ungekrönter König der Eintöpfe ist *cocido*, zubereitet mit Nudelbrühe, Karotten, Kohl, Kichererbsen, Huhn, *morcilla* (Blutwurst), Rindfleisch und Speck. *Migas* (Brotkrumen, oft mit geräuchertem Fleisch gebraten und mit Trauben serviert) sind ebenfalls ein Standardgericht.

Käse ist hier auch eine Spezialität, von der cremigen Torta del Casar aus der Extremadura bis zum *queso manchego* (Weichkäse aus Schafsmilch) aus Kastilien-La Mancha.

Galicien & der Nordwesten

Galicien ist für seine erstaunliche Vielfalt an Meeresfrüchten bekannt. Das Highlight ist *pulpo á feira* (scharfer, gekochter Oktopus; in anderen Teilen Spaniens *pulpo a la gallega* oder *pulpo gallego* genannt). Die Zutaten, Oktopus, Öl, Paprika und Knoblauch, erscheinen simpel, aber die Zubereitung ist sehr schwierig.

Die Nachbarn Asturien und Kantabrien erzeugen die besten *anchoas* (Anchovis) Spaniens. Im dortigen Hochgebirge kommen die meisten Zutaten von Bergwiesen und aus dem Wasser. Neben Flussfischen ist Käse begehrt, vor allem die rohe Kuhmilchvariante namens *queso de Cabrales*. Asturianos (Asturier) essen auch sehr gern *fabada asturiana* (einen Eintopf aus Schweinefleisch, Blutwurst und weißen Bohnen) mit *sidra* (Cidre) direkt vom Fass.

Valencia, Murcia & Balearen

Diese Regionen haben sehr viel mehr zu bieten als Orangen und Paella, doch ihre Markenzeichen verkörpern auch das Wesen der mediterranen Küche. In Spanien kommt man zwar so gut wie überall in den Genuss des Nationalgerichts, aber für ein wirklich tolles Geschmackserlebnis sollte man eines der Restaurants in Valencias Strandviertel Las Arenas oder in La Albufera besuchen. Auf den Balearen isst man gerne Paella, Reisgerichte und Meeresfrüchte.

Die Küstenregion Murcia wird auch als „La Huerta" (der Garten) bezeichnet. Bereits zu maurischen Zeiten war sie eine der fruchtbarsten Anbaugebiete für Obst und Gemüse.

Andalusien

Überall an der Küste dominieren Meeresbewohner die Speisekarten. Andalusier

DAS GEHEIMNIS DER PAELLA

Die vielen Zutaten traditioneller valencianischer Reisspezialitäten richten sich nach Region und Saison, nicht fehlen dürfen jedoch Rundkornreis, Knoblauch, Olivenöl und Safran. Der beste Reis nennt sich Bomba. Seine Körner öffnen sich beim Kochen wie eine Ziehharmonika, nehmen viel Flüssigkeit auf und bleiben dabei bissfest. Eine Paella sollte in einer großen flachen Pfanne zubereitet werden, sodass möglichst viele Körner den Geschmack am Boden aufsaugen können. Fürs authentische i-Tüpfelchen sorgt die knusprig-leckere Kruste, *socarrat* genannt, die unten (und nur dort!) entsteht.

Restaurants benötigen für die Zubereitung von Reisgerichten rund 20 Minuten. Meistens gibt's Paellas nur ab zwei Personen, manche Restaurants servieren sie auf Nachfrage jedoch auch als Einzelportion.

sind besonders für ihren *pescaito frito* (Bratfisch) berühmt. Der frittierte Fisch nach andalusischer Art, eine besondere Spezialität aus Cádiz, wird in Kichererbsen- und Weizenmehl gewälzt, dann geschüttelt, um die Überreste zu entfernen, und anschließend kurz in Olivenöl angebraten, bis sich eine goldene Kruste bildet.

In einer Region mit so heißen Sommern muss man regelmäßig für Abkühlung sorgen. Dies gelingt wohl am besten mit einer *gazpacho andaluz,* einer kalten Suppe, die es in zahlreichen Varianten gibt. Sie besteht aus Tomaten, Gurken, Essig und Olivenöl.

Wein

In allen autonomen Regionen Spaniens, außer in Asturien und Kantabrien, gibt's renommierte Weinanbaugebiete.

La Rioja im Norden ist Spaniens bekanntestes Weinanbaugebiet. Sein wichtigster Wein heißt Tempranillo, angeblich eine Variante des Pinot Noir. Er schmeckt weich, fruchtig und nur selten so trocken wie sein französisches Pendant. Tropfen mit einem „DO Rioja"-Siegel schmecken meist gut.

Die Anbaugebiete Ribera del Duero (in Kastilien-León), Navarra, Somontano (in Aragonien) sowie die Valdepeñas-Region im südlichen Kastilien-La Mancha, sind zwar eher für Masse als Klasse bekannt, bieten dafür aber gute Preise und populäre Weine.

Unter den Weißweinen haben sich die Ribeiros aus Galicien einen guten Namen gemacht. Aus derselben Gegend stammt auch der Albariño. Der herb-trockene erfrischende Weißwein ist ungewöhnlich gut und sein Name leitet sich nicht von der Region, sondern von der Rebsorte ab.

Das katalonische Anbaugebiet Penedès produziert Weiß- und Schaumweine wie den *cava,* ein traditionelles sektähnliches Getränk zum Anstoßen, das sich besonders an Weihnachten großer Beliebtheit erfreut.

Wein-Klassifizierung

Für spanische Weine gilt ein kompliziertes Klassifizierungssystem. Anbaugebiete, die strenge Vorschriften zur Anpflanzung, Kultivierung und Alterung befolgen, erhalten das Siegel Denominación de Origen (DO; Herkunftsbezeichnung). In Spanien gibt's über 60 als DO anerkannte Weinanbaugebiete.

Für herausragende Anbaugebiete gibt's die begehrte Denominación de Origen Calificada (DOC). Diese Qualitätsbezeichnung ist jedoch umstritten, denn Teile der Weinwirtschaft vertreten die Meinung, sie solle nur einzelnen Weinen verliehen werden und nicht einem ganzen Anbaugebiet. Derzeit sind die einzigen DOC-Gebiete La Rioja in Nordspanien und das kleine Gebiet Priorat in Katalonien.

Die besten Weine tragen oft die Bezeichnung *crianza* (ein Jahr lang im Eichenfass gereift), *reserva* (zwei Jahre gereift, mindestens eins im Eichenfass) und *gran reserva* (zwei Jahre im Eichenfass und drei Jahre in der Flasche gereift).

Sherry

Sherry, der einzigartige Starkwein aus Andalusien, ist eine Art spanisches Nationalgetränk. Ihn gibt's in nahezu jeder Bar, jeder *tasca* und jedem Restaurant. Trockener Sherry, der sogenannte *fino*, ist ein ganz gewöhnlicher Weißwein aus der Palomino-Traube, der allerdings mit Weinbrand verstärkt wird. Das stoppt den Gärungsprozess und verleiht dem Wein Geschmacks- und Geruchsbestandteile, die ihn zu etwas Einzigartigem heranreifen lassen. Getrunken wird er als *aperitivo* (Aperitif) oder Tafelwein zu Meeresfrüchten.

Amontillado und *oloroso* sind süßere Sherry-Sorten, die man vor allem nach dem Essen genießt. Manzanilla gibt's nur in Sanlúcar de Barrameda an der Küste Südwestandalusiens. Er entwickelt eine leicht salzige, appetitanregende Geschmacksnote. In Sanlúcar, Jerez de la Frontera und El Puerto de Santa María kann man Bodegas (Weinkellereien) besuchen.

Tipps für den Genuss

Dürfte man nur wenige Regeln nennen, wie man aus der reinen Nahrungsaufnahme ein echtes Highlight macht, wären das folgende: Stets nach der lokalen Spezialität fragen; sich vor der Wahl nie scheuen zu schauen, was andere bestellt haben; den Kellner um eine Empfehlung bitten und das Essen zum Tagesmittelpunkt machen.

Essenszeiten

Frühstück

Das *desayuno* (spanisches Frühstück) wird meistens im Vorübergehen in einer Bar auf dem Weg zur Arbeit eingenommen. Es besteht typischerweise aus einem *café con leche* (halb Kaffee, halb Milch) und einem *bollo* (Gebäckstück) oder Croissant. Üblich ist es auch, zum Frühstück *tostada* zu bestellen, ein einfacher Toast mit Butter.

In Hotels wird meist bereits von 6.30 und bis 10 Uhr Frühstück serviert (am Wochenende oft etwas länger).

Mittagessen

Das Mittagessen (*comida* oder *almuerzo*) ist die Hauptmahlzeit des Tages. In der Woche haben nur wenige Spanier Zeit, zum Mittagessen nach Hause zu gehen, deswegen essen sie meist in Restaurants. Die *menús del día* kommen einem zu Hause zubereiteten Gericht am nächsten, ohne das Budget zu sprengen. Am Wochenende oder im Sommer sitzen Spanier gern stundenlang mit Freunden und Familie beim Essen zusammen. Vor 14 Uhr essen sie selten zu Mittag (Restaurantküchen sind in der Regel von 13.30 bis 16 Uhr geöffnet).

Abendessen

Das Abendessen (*cena*) ist meist eine leichtere Mahlzeit, am Wochenende gibt's gern auch mehr. Viele Städter nehmen abends gern auswärts ein Getränk und ein paar Tapas zu sich. In den meisten Regionen sind Restaurants von 20.30 Uhr bis Mitternacht geöffnet, am Wochenende länger.

Vegetarier & Veganer

Spanier – ganz besonders die älteren Generationen – lieben Fleisch und Fisch so sehr, dass sie das Konzept von Vegetarismus gar nicht richtig verstehen. Dementsprechend gibt's immer noch recht wenige Optionen ohne Fleisch oder Fisch, zumindest außerhalb der größeren Städte.

Doch obwohl Vegetarier es nach wie vor schwer haben – und Veganer noch mehr – und einige Gerichte mit gebratenem Gemüse auch Schinken enthalten, ändern sich die Essgewohnheiten der Spanier langsam. Es gibt immer mehr vegetarische Restaurants im ganzen Land, wobei Barcelona und Madrid natürlich die Vorreiter sind.

Ansonsten sind Salate in Spanien sehr beliebt und können oft eine reguläre Mahlzeit ersetzen. Hier und da ist auch vegetarische Paella im Angebot, oder aber Gerichte wie *verduras a la plancha* (gegrilltes Gemüse); *garbanzos con espinacas* (Kichererbsen und Spinat); und Kartoffelgerichte wie *patatas bravas* (Kartoffelstückchen in einer leicht scharfen Tomatensoße) und *tortilla de patatas* (ein Omelett mit Kartoffeln und Zwiebeln). Hülsenfrüchte sind allgegenwärtig und damit auch *lentejas* (Linsen) und *judías* (Bohnen). *Pan* (Brot), *queso* (Käse), *alcachofas* (Artichoken) und *aceitunas* (Oliven) gibt's auch praktisch überall. *Tascas* (Tapas-Bars) bieten meist mehr vegetarische Optionen als Restaurants.

EINE GUTE WAHL – DAS MENÚ DEL DÍA

Dank des dreigängigen *menú del día* mit Wasser, Brot und Wein kommen Traveller montags bis freitags in den Genuss eines preisgünstigen Mittagessens. Menüs gibt's schon ab 10 €, rechnen muss man jedoch eher mit mindestens 12 €. Auswählen kann man aus fünf bis sechs Vorspeisen, ebenso vielen Hauptgerichten und ein paar Desserts; man darf auch zwei Vorspeisen bestellen, aber nicht zwei Hauptspeisen.

Spaniens kulinarische Highlights

GALICIEN

Alles rund um Meeresfrüchte – der tägliche Fang aus dem Atlantik bietet hier landesweit die größte Auswahl an leckeren Meerestieren. (S. 624)

RIBERA DEL DUERO

In der am meisten unterschätzten Weinregion findet man Weltklasseweine und Weingüter, ergänzt durch Feines aus der Küche des Landesinneren. (S. 212)

SEGOVIA

Das Inland liebt Fleischgerichte und das köstliche *cochinillo asado* (gebratenes Spanferkel) ist der Höhepunkt dieser Leidenschaft. (S. 174)

GUIJUELO

Südlich von Salamanca liegt die Schinken produzierende Gegend: Die trockene Luft sorgt für den perfekten Geschmack. (S. 172)

MADRID

Die lokale Küche ist eher uninteressant, dafür gibt's hier Leckerbissen aus allen Regionen des Landes sowie das älteste Restaurant der Welt. (S. 119)

MONESTERIO

Hier bekommt man einen der besten *jamón ibérico* im Land und kann tief im Süden der Extremadura sogar ein *jamón*-Museum besuchen. (S. 677)

SEVILLA

Klassische andalusische Tapas-Gegend mit gefliesten Bars, Oliven in rauen Mengen und Tapas aller Art ohne viel Schnickschnack. (S. 703)

JEREZ DE LA FRONTERA

Die geistige Heimat der spanischen Liebe zum Sherry. In unzähligen Bodegas und Bars kann man den lokalen *fino* probieren. (S. 739)

0
200 km
SAN SEBASTIÁN
Keine Stadt hat mehr Michelin-Sterne pro Kopf und die Altstadt bietet eine unvergleichliche Auswahl an *pinxto* (baskische Tapas). (S. 502)
LA RIOJA
Spaniens berühmteste Weinregion liegt im Nordosten und ist besonders bekannt für hochwertige Rotweine. (S. 531)
SAN SEBASTIÁN
FRANKREICH
Bilbao
Vitoria-Gasteiz
Pamplona
ANDORRA
Logroño
ANDORRA LA VELLA
Huesca
LA RIOJA
Girona
Soria
Saragossa
Lleida
BARCELONA
Tarragona
Golf von Valencia
Teruel
Menorca
Cuenca
Mallorca
Maó
Palma de Mallorca
VALENCIA
Balearen (Islas Baleares)
Ibiza
Albacete
Ibiza-Stadt
Formentera
Alicante
BARCELONA
Großartige Stadt mit außergewöhnlich reicher Gastronomie-Szene und ein Paradebeispiel für die Vielfalt der katalanischen Küche. (S. 316)
Murcia
Cartagena
MITTELMEER
Almería
ALGIER
VALENCIA
Für die beste Paella des Landes – ob traditionell mit Bohnen, Kaninchen und Hühnchen oder mit Meeresfrüchten – muss man sich auf den Weg in ihre Heimat machen. (S. 870)
ALGERIEN

TAPAS BESTELLEN

Im Baskenland sowie in vielen Bars in Madrid, Barcelona, Saragossa und anderswo wird eine Vielzahl verschiedener Tapas auf der Theke angerichtet. Gäste nehmen sich entweder einen kleinen Teller und bedienen sich selbst oder zeigen auf die Gerichte, die sie gerne hätten.

Zahlreiche Lokale haben auch Tapas-Karten oder eine Tafel hinter der Bar mit dem aktuellen Angebot.

Eine andere Art, Tapas zu bestellen, sind *raciones* (Portionen; große Portion Tapas) oder *media raciones* (halbe Portionen). Nach ein paar *raciones* ist man ziemlich sicher satt. In manchen Lokalen bekommt man eine kleine (kostenlose) Tapa dazu, wenn man ein Getränk bestellt.

Wenn sich Vegetarier unter Spaniern schon wie Außenseiter fühlen, kommen sch Veganer vor wie eine andere Spezies. Um sicherzugehen, dass man nichts Falsches bestellt, sollte man immer fragen, ob ein Gericht *huevos* (Eier) oder *productos lácteos* (Milchprodukte) enthält.

Alkohol

Wo auch immer Sie in Spanien sind, in der Nähe gibt's immer eine oder mehrere Bars. Diese sind nicht nur Orte zum Trinken, sondern dienen vor allem als Zentren des gesellschaftlichen Lebens. Spanier trinken oft und scheinen einem Drink zu keiner Tages- oder Nachtzeit grundsätzlich abgeneigt zu sein, aber sie wahren dabei in der Regel das Maß. Trinken ist selten ein Selbstzweck, sondern vielmehr eine Begleitung zu guten Gesprächen, Essen oder Musik. Wahrscheinlich haben sie gelernt, dass Zurückhaltung der Schlüssel ist, um bis zum Morgengrauen durchzuhalten – auf diese Weise kann man das meiste aus einer spanischen Nacht herausholen.

Wohin zum Essen & Trinken

asador Rein auf Fleisch vom Grill spezialisiertes Restaurant.

bar de copas Bar für harte Getränke, öffnet gegen Mitternacht.

casa de comidas einfaches Restaurant mit preiswerter Hausmannskost.

cervecería Hier wird vor allem *cerveza* (Bier) vom Fass serviert.

horno de asador Restaurant mit Grill und Holzfeuerofen.

marisquería Meeresfrüchterestaurant.

restaurante Restaurant.

taberna Normalerweise ein rustikales Restaurant für Tapas und *raciones* (große Tapas).

tasca Tapasbar.

terraza Bar mit Tischen und Stühlen im Freien, wo man Getränke und Tapas bestellen kann.

vinoteca Weinbar, die offene Weine serviert.

Die Speisekarte verstehen

a la parrilla gegrillt

asado gebraten oder überbacken

bebidas Getränke

carne Fleisch

carta Speisekarte

casera hausgemacht

ensalada Salat

entrada Vorspeise

entremeses kleine Vorspeise, Amuse-Bouche

frito frittiert

menú Menü mit mehreren Gängen

menú de degustación Degustationsmenü

pescado Fisch

plato combinado Hauptgericht mit drei Gemüsebeilagen

postre Nachtisch

raciones große Portion Tapas auf einem großem Teller

sopa Suppe

Wildwasserrafting (S. 446), Aragonien

Reiseplanung

Outdoor-aktivitäten

Spaniens Landschaften warten mit einer unheimlichen Weite und Vielfalt auf und dienen als Kulisse für einige der besten Wanderwege Europas, darunter der legendäre Jakobsweg. Zu den vielen attraktiven Outdoor-Aktivitäten zählen außerdem Skifahren, Wassersport, Rafting und das Beobachten von Tieren.

Highlights für Wanderer

Aragonien
Parque Nacional de Ordesa y Monte Perdido (Juni–August): die Pyrenäen von ihrer prächtigsten Seite und die besten Wanderwege.

Katalonien
Parc Nacional d'Aigüestortes i Estany de Sant Maurici (Juli–September): Gletscherseen und Berggipfel prägen die wilde Szenerie.

Kantabrien & Asturien
Picos de Europa (Juni–August): Spaniens zweites schönes Wandergebiet.

Andalusien
Sierra Nevada (Juli–Mitte September): abgeschiedene Gipfel und schneeweiße Dörfer in den Tälern der Alpujarras.

Pilgerreise
Der Jakobsweg (Camino Francés; Mai–September): einer der beliebtesten Pilgerwege der Welt durch Nordspanien von Roncesvalles bis nach Santiago de Compostela.

Von Küste zu Küste
GR11 (Senda Pirenáica; Juli & August): verbindet den Atlantik mit den Pyrenäen und der Mittelmeerküste.

Küstenwanderungen
Camiño dos Faros (Mai–September): ein abenteuerlicher 200-km-Pfad entlang Galiciens legendärer Costa da Morte (Todesküste) von Malpica de Bergantiños bis Cabo Fisterra.

Wandern

Von den alpinen Wiesen der Pyrenäen bis zum heißen Küstenweg Cabo de Gata in Andalusien: In ganz Spanien sind Berge und Hügel von großartigen Wanderwegen durchzogen. Wer möchte, kann zudem den höchsten Gipfel des Landes, den Mulhacén (3479 m) in der Sierra Nevada hoch über Granada, erklimmen, in der Extremadura den Fußspuren von Karl V. folgen oder Galiciens Costa da Morte entdecken. Und dann wartet da noch die weltbekannte Pilgerroute zur Kathedrale von Santiago de Compostela in Galicien.

Reisezeit

Spanien umfasst eine Reihe verschiedener Klimazonen, sodass man hier das ganze Jahr über wandern kann. In Andalusien herrschen von März bis Juni sowie im September und Oktober die besten Bedingungen, im Juli und August sind die Temperaturen dagegen in weiten Teilen der Region unerträglich (wobei sie als ideale Monate für die Sierra Nevada gelten). Abgesehen vom Hochgebirge bleiben die meisten Wege von Dezember bis Februar geöffnet.

Wer in den Sommermonaten wandern will, sollte es den Einheimischen gleichtun, die zu dieser Zeit traditionell in den Norden flüchten. Für Trekkingtouren von Juni bis September eignen sich vor allem das Baskenland, Asturien, Kantabrien und Galicien. Die Pässe der Pyrenäen sind normalerweise von Mitte Juni bis in den Oktober zugänglich. Am vollsten ist es im August. Wenn man beliebte Nationalparks besuchen und in *refugios* (hier: Wildniscamps) übernachten möchte, sollte man im Voraus buchen.

Trekkingtouren im Norden können im September und Anfang Oktober herrlich sein – die Menschenmassen sind verschwunden, doch die Sonne scheint noch genug, um die wunderbaren Herbstfarben erstrahlen zu lassen, und in den *refugios* ist nun viel Platz.

Wanderziele

Pyrenäen

Zu Recht gelten die Pyrenäen als Spaniens beliebtestes Wanderziel. Die Gebirgskette zwischen Spanien und Frankreich ist traumhaft schön und im Vergleich mit anderen europäischen Höhenzügen relativ ursprünglich. Insbesondere die Höhenlagen sind wild und kahl. Hier erstrecken sich zwei herrliche Nationalparks: der Aigüestortes i Estany de Sant Maurici (S. 402) und der Ordesa y Monte Perdido (S. 455). Ersterer schließt den malerischen Carros de Foc (S. 404) ein, einen Rundweg über neun größere *refugios*.

Darüber hinaus führt der spektakuläre GR11 (Senda Pirenáica) durch das Gebirge und verbindet den Atlantik (bei Hondarribia im Baskenland) mit dem Mittelmeer (Cap de Creus in Katalonien). Die komplette 35- bis 50-tägige Wandertour ist eine einmalige Herausforderung, aber man kann in den Nationalparks und anderswo ebenfalls gut Tagesausflüge unternehmen.

Picos de Europa

Bei Spaniens erstem Nationalpark (www.picosdeeuropa.com) handelt es sich um ein atemberaubend schönes Kalksteinmassiv mit zerklüfteten Gipfeln, das sich auf dem Gebiet der Provinzen Kantabrien, Asturien und León erstreckt. Es zieht jede Menge Kletterer an und genießt den Ruf, Spaniens beste Gegend für Wanderer zu sein.

Die Wanderroute **El Anillo de Picos** verbindet die wichtigsten *refugios* auf mehreren schönen Rundwegen. Mehr dazu auf der Website www.elanillodepicos.com.

Andere Regionen

Für eine Trekkingtour durch die Bergdörfer sollte man die Alpujarras (S. 802) nahe dem Parque Nacional Sierra Nevada in Andalusien ansteuern. Dort findet man auch die eindrucksvollen Sierras de Cazorla (S. 854) und Sierra de Grazalema (S. 744). Der Fernwanderweg GR7 führt durch die beiden Regionen – je nach Zeitplan und Fitness läuft man die ganze Route oder nur einen Abschnitt.

Es gibt viele tolle Küstenrouten, sogar in den eher überlaufenen Gebieten im Süden.

Eine erlebnisreiche Tour in Galicien ist der 200 km lange Camiño dos Faros (S. 613), der sich entlang der pittoresken Costa da Morte von Malpica de Bergantiños bis Cabo Fisterra (bei Redaktionsschluss nur in eine Richtung begehbar) windet. Andere tolle Wanderwege in Galicien sind die Ruta Cañón do Río Mao (S. 645), eine feine Tagestour durch die Region Ribeira Sacra im Landesinneren, und der Camino Natural de la Ruta del Cantábrico (S. 626), eine Wander- und Fahrradstrecke, die 154 km entlang der Nordküste von Ribadeo bis nach Ría de Ortigueira verläuft. Der Camino Natural kommt an der berühmten Praia As Catedrais vorbei.

Katalonien wartet mit einem weiteren beliebten Trekkinggebiet auf, dem Parc Natural de la Zona Volcànica de la Garrotxa (S. 391) mit tollen Vulkanlandschaften.

Noch ein schöner Küstenweg ist der Camí de Ronda (S. 360), der bis hinauf zur Costa Brava führt.

ÍÑIGO FDZ DE PINEDO / GETTY IMAGE ©

Wandern in den Aragonischen Pyrenäen (S. 446)

Praktische Informationen

Details zu den Wanderpfaden in allen Nationalparks Spaniens unter www.mapama.gob.es/es/red-parques-nacionales/nuestros-parques.

Auf dem deutschsprachigen Buchmarkt gibt's eine Vielzahl von Wanderführern, z. B. von MairDumont (www.mairdumont.com), Kompass (www.kompass.at) und dem Bergverlag Rother (www.rother.de).

Zahlreiche Läden in Spanien verkaufen Karten und Reiseführer. Zu den besten Verlagen für Reiseführer zählen *Prames* und *Adrados*, während *Editorial Alpina* ein gutes Kartenwerk herausgibt.

Jakobsweg

Die Tür steht allen offen, ob krank oder gesund, Katholik, Heide, Jude, Ketzer oder Vagabund.

So beschreibt ein Gedicht aus dem 13. Jh. den Pilgerweg nach Santiago. 800 Jahre später bleibt das Motto unverändert. Seit über 1000 Jahren begeben sich die Menschen mit den traditionellen Symbolen – Jakobsmuschel und Stab – auf den Jakobsweg (Camino de Santiago), um zum Grab des

Pilger auf dem Jakobsweg

Apostels Jakobus in Santiago de Compostela (S. 601) zu pilgern, das im äußersten Nordwesten der Iberischen Halbinsel liegt.

Heute ist der Camino Francés der beliebteste Weg nach Santiago de Compostela. Er führt über 775 km vom nordspanischen Roncesvalles (S. 523) an der französischen Grenze bis nach Santiago de Compostela in Galicien und zieht Wanderer jeglichen Alters und Hintergrunds aus aller Herren Länder an. Kein Wunder, wartet er doch mit zahlreichen kulturellen, historischen und landschaftlichen Attraktionen auf. Er ist nicht nur Europas erster Kulturweg und gehört zum UNESCO-Welterbe, sondern hat auch eine ebenso große Bedeutung wie der Pilgerweg nach Jerusalem. Wer den Jakobsweg zurückgelegt hat, muss nicht um sein Seelenheil besorgt sein und somit das Fegefeuer nicht fürchten.

Der Weg kann dabei vieles sein, egal ob man nun Nordspaniens Vielfalt mit allen Sinnen aufnehmen möchte, ihn als sportliche Herausforderung ansieht oder als einmalige Möglichkeit nutzt, um Einblicke in Dörfer und Städte zu bekommen sowie faszinierende Mitwanderer kennenzulernen. „Die Tür steht allen offen…" – also hinein!

Geschichte

Laut der Überlieferungen folgte im 9. Jh. ein religiöser Einsiedler namens Pelayo einem leuchtenden Stern und stieß so auf das Grab des Apostels Jakobus (auf Spanisch: Santiago). Die Echtheit der Gebeine wurde zunächst vom örtlichen Bischof, dann vom asturischen König und später sogar vom Papst bestätigt. Nachdem sich die Nachricht der Entdeckung ausgebreitet hatte, reisten bald ganze Hundertschaften von Christen auf der Suche nach Absolution zum Fundort.

Compostela wurde nun nach Rom und Jerusalem zum bedeutendsten Pilgerziel der Christenheit. Seine Beliebtheit stieg noch mehr, nachdem der Papst im 11. Jh. das Heilige Jahr einführte, in dem Pilgern die vollständige Absolution – also der Freispruch von allen ihren Sünden für das ganze Leben – gewährt wurde. In einem solchen Jahr (das nächste ist 2021) fällt der 25. Juli, der Tag des Apostels Jakobus, auf einen Sonntag.

Die Blütezeit des Pilgerwegs war im 11. und 12. Jh. Während der Reformation stellte man die katholischen Wallfahrten jedoch in Frage und im 19. Jh. verlor der Jakobsweg fast völlig seine Bedeutung. Ende des 20. Jh. begann dann ein überraschendes Revival, das bis heute andauert. Inzwischen kommen die Leute eher aus persönlich-spirituellen als aus religiösen Gründen.

Routen

In Spanien gibt's zahlreiche *caminos* (Wege) nach Santiago, darunter der beliebte Camino Francés: Er beginnt in Frankreich, überquert die Pyrenäen in Roncesvalles und verläuft 775 km Richtung Westen durch die Regionen Navarra, La Rioja, Kastilien-León und Galicien. Die mit vielen gelben Pfeilen und Jakobsmuscheln beschilderte Route ist eine Mischung aus miteinander verbundenen Forstwegen, asphaltierten Nebenstraßen und Pfaden. Von Roncesvalles aus brauchen Radfahrer für den Camino Francés zwei und Fußgänger fünf Wochen.

Daneben gibt's noch viele Alternativrouten, die einige Wanderer wegen des großen Ansturms auf den Camino Francés im Sommer gerne in Anspruch nehmen: 2005 wählten noch fast 85 % der Wanderer den Camino Francés, 2016 nur noch 63 %, und vier alternative Routen wurden neu ins UNESCO-Weltkulturerbe Camino de Santiago aufgenommen. Zunehmend beliebt sind u. a. diese Routen:

Camino de la Costa/Camino del Norte Von Irún entlang der Küste durchs Baskenland, Kantabrien und Asturien und dann über Galicien nach Santiago.

Camino Vasco-Riojano Ein alternativer Ausgangspunkt für den Camino Francés mit Start in Irún.

Camino Primitivo Verbindet den Camino del Norte (von Oviedo) mit Melide am Hauptweg des Camino Francés.

KLETTERN

Spanien bietet viele Möglichkeiten, Berge und Schluchten aus einer vertikalen Perspektive zu sehen. Immer mehr Klettersteige werden angelegt, die sich in Spanien zunehmender Beliebtheit erfreuen. Eine gute Informationsquelle (nur auf Spanisch) ist die Website http://deandar.com.

Einen Überblick kann man sich mithilfe der Spanien-Kategorien von Rockfax (www.rockfax.com) und Climb Europe (www.climb-europe.com) verschaffen. Auf beiden Websites findet man Infos zu den besten Kletterspots. Rockfax gibt zudem Führer zu Spanien heraus.

Camino Lebaniego Von Santander oder San Vicente Barquera zum prächtigen Monasterio de Santo Toribio de Liébana in Kantabrien; eigentlich ist dies keine Route des Jakobswegs, steht aber dennoch auf der UNESCO-Welterbeliste.

Camino Portugués Richtung Norden durch Portugal nach Santiago.

Vía de la Plata Von Andalusien nach Norden durch die Extremadura, Kastilien und León und weiter nach Galicien.

Viele Pilger legen nur die letzten 100 km von Sarria in Galicien nach Santiago zu Fuß zurück. Bei dieser Entfernung handelt es sich um die erforderliche Mindeststrecke, die man bewältigen muss, um in der Kathedrale von Santiago de Compostela ein Zertifikat für den Jakobsweg zu bekommen.

Jakobsweg

TONO BALAGUER / SHUTTERSTOCK ©

Oben: Mountainbiken, Sierra Nevada (S. 800)
Unten: Hinweisschilder am Jakobsweg

Gut Trainierte können von Santiago noch 88 km weiter zu dem Außenposten Fisterra (Finisterre), dem „Ende der Welt" laufen, oder bis nach Muxia (weitere 30 km entfernt), das bei Pilgern als heilig gilt, denn hier soll die Jungfrau (in einem steinernen Boot) Jakob erschienen sein.

Praktische Informationen

Infos zum Credencial (eine Art Pass für den Jakobsweg, der an verschiedenen Stellen entlang der Route abgestempelt wird) und zum „Compostella-Zertifikat" bekommt man auf der Website des Centro Internacional de Acogida al Peregrino (S. 610).

In Santiago bietet das Museo das Peregrinacións e de Santiago (S. 605) neben der Kathedrale faszinierende Einblicke in das Phänomen der Stadt und des Heiligen Santiago im Lauf der Jahrhunderte.

Es gibt mehrere exzellente Websites zum Jakobsweg, u. a.:

Camino de Santiago (http://santiago-compostela.net) Umfassende Informationen zum Jakobsweg und Karten.

Mundicamino (www.mundicamino.com) Exzellente ausführliche Beschreibungen und Karten.

Jakobusinfo (www.jakobus-info.de) Private Website mit verschiedenen Infos.

Wanderzeit

Wanderer und Radfahrer sind das ganze Jahr auf dem Jakobsweg unterwegs. Im Mai und im Juni zeigt sich die Landschaft von ihrer besonders schönen Seite, denn dann sieht man überall Wildblumen und scheinbar endlose Getreidefelder, deren Farbe sich von Grün in Goldgelb ändert. Der Juli und der August bringen scharenweise Sommerurlauber sowie drückende Hitze, vor allem in Kastilien-León. Im September herrscht weniger Gedränge und das Wetter ist meist gut. Von November bis Mai kommen weniger Urlauber, da die Jahreszeit von Schnee, Regen und scharfen Winden geprägt ist. Den Tag des heiligen Jakobus (25. Juli) nutzen viele Pilger für einen Besuch Santiago de Compostelas.

National- & Naturparks

Ein Großteil von Spaniens spektakulärer und ökologisch bedeutsamer Landschaft – ca. 40 000 km^2 bzw. 8 % des Landes inklusive der nationalen Jagdgebiete – steht offiziell unter Naturschutz und ist teilweise für Wanderer und Naturfreunde geöffnet. Schutzgrad und Zugänglichkeit variieren. Die *parques nacionales* sind für den Naturschutz sehr wichtig und zählen zu den am strengsten überwachten Gebieten des Landes. Es gibt insgesamt 15 in Spanien: zehn auf dem Festland, vier auf den Kanarischen Inseln und einen auf den Balearen. Hunderte weiterer Schutzgebiete, von 100 m^2 großen Felsen vor den Balearen bis zum 2099 km^2 großen Parque Natural de Cazorla in Andalusien, werden in mindestens 16 Kategorien eingeordnet. Nähere Informationen gibt's auf der Website www.mapama.gob.es/es/red-parques-nacionales/nuestros-parques.

Radfahren

Spanien bietet alles von Familienausflügen bis zu anspruchsvollen zweiwöchigen Radtouren. Außerhalb der Städte, in denen das Radfahren ziemlich nervenaufreibend sein kann, findet man gute Bedingungen vor. Autofahrer sind daran gewöhnt, die Landstraßen mit Scharen von in Lycra gehüllten Radlern zu teilen. Dank einem hervorragenden Netz aus Nebenstraßen mit ausreichend breiten Seitenstreifen werden die Trips zu einem echten Vergnügen.

PILGERHERBERGEN

Mehr als 300 *refugios* (hier: schlichte Hostels) liegen am Camino Francés und noch viel mehr an den anderen *caminos*. Sie gehören den Gemeinden, „Freunden des Wegs", Vereinen, Privatleuten, Rathäusern oder der jeweiligen regionalen Regierung. Früher wurden sie mit Spendengeldern betrieben und boten kaum mehr als warmes Wasser sowie eine Schlafgelegenheit. Heute zahlen die Übernachtungsgäste oft 5 bis 10 € und dürfen sich dafür auf eine Dusche, eine Küche und eine Waschmaschine freuen. Manches hat sich dennoch nicht geändert: Die *refugios* funktionieren immer noch nach dem Motto „Wer zuerst kommt, mahlt zuerst" und sind nur für Pilger gedacht.

Skigebiet La Molina (S. 57), Katalonien

In allen Regionen findet man geeignete Strecken für Mountainbikes (auf Spanisch: BTT, von *bici todo terreno*) ebenso wie für einfache Räder. Mit Ersteren kann man sich fast zu jeder *sierra* (Bergkette) aufmachen und die zahlreichen *pistas forestales* (Forst- und Waldwege) nutzen.

In Aragonien stechen die Täler, Berge und Schluchten der Sobrarbe-Region rings um Aínsa in den Ausläufern der Pyrenäen als Paradies für Mountainbiker hervor: 500 km Geländepisten, viele davon ausgeschildert. Das Projekt *Zona Zero* (S. 459) liefert Unmengen an Informationen dazu und bietet eine Plattform für Dienstleister wie radsportfreundliche Unterkünfte, Reparaturwerkstätten, Guides und Radtransportdienste. Die meisten bringen ihr eigenes Fahrrad, aber Aínsa beherbergt auch einige Verleihfirmen.

In Galiciens ländlichen Regionen gibt's mehrere „Centros BTT", die Räder und Helme verleihen, und ausgeschilderte lokale Radwege, darunter einen in der sehr reizvollen Region Ribeira Sacra. Nähere Infos gibt's auf www.turismo.gal/que-facer/centros-btt.

Eine empfehlenswerte und anspruchsvolle Route führt durch die verschneite Sierra Nevada. Zu den klassischen Langstreckentouren zählen der Jakobsweg, die Ruta de la Plata und der 600 km lange Camino del Cid, der den Spuren des epischen Helden El Cid von Burgos nach Valencia folgt. Zu all diesen Strecken gibt's spanische Wanderführer in gedruckter Form und online.

Wer nach einer weniger fordernden Fahrradroute sucht, macht sich am besten nach Senda del Oso auf, einer beliebten Strecke in Asturien. Auch Mallorca ist populär bei Sportlern, vom Hobbyradler bis zu Bradley Wiggins, der 2012 die Tour de France gewonnen hat und auf den Bergpfaden der Serra de Tramuntana trainiert.

Praktische Informationen

Bike Spain (S. 113) in Madrid gehört zu den besseren Veranstaltern von Radtouren.

Es gibt viele Tourenführer, darunter:

- *España en bici* von Paco Tortosa und María del Mar Fornés. Ein guter Überblick, ist aber nur schwer zu bekommen.
- *Radatlas Mallorca* vom Verlag Esterbauer, der zudem verschiedene andere Radführer bietet.

Surfer, Costa de la Luz (S. 752)

Skifahren & Snowboarden

Spanische Skifahrer, darunter auch die Königsfamilie, steuern am liebsten die Pyrenäen in Aragonien und Katalonien an. Außerhalb der Hauptzeiten (Anfang Dezember, 20. Dezember bis 6. Januar, Karneval und Semana Santa) sind die bekanntesten Wintersportorte des Landes im Vergleich mit der Konkurrenz in den Alpen ruhig, billig und warm.
Die Skisaison dauert von Dezember bis April, aber Januar und Februar sind meist am besten und schneesichersten. In den letzten Jahren war der Schneefall jedoch manchmal etwas schwer vorherzusagen.

Formigal (S. 449) und Candanchú (S. 449) sind zwei beliebte Skigebiete in Aragonien. Candanchú oberhalb des Ortes Jaca verfügt über 60 km unterschiedlicher Pisten (plus 35 km Langlaufloipen) und 25 Skilifte. In Katalonien zieht **La Molina** (www.lamolina.cat; Tagespass Erw./Kind 38/30 €; ⏲Mitte Nov.–April), Spaniens erste Wintersportadresse, zahlreiche Skifans an. Es eignet sich besonders für Familien und Anfänger. Ganz in der Nähe befindet sich **Masella**, ein weiteres prima Skigebiet, das von einem Lift mit La Molina verbunden ist. **Espot** (☎973 62 40 58; www.espotesqui.cat; Espot; Tagespass Erw./Kind 32/26 €; ⏲Dez.–März) und Nuria (S. 395) sind zwei kleinere Wintersportorte in Katalonien. Den besten Schnee in den Pyrenäen bietet wohl das 72-Pisten-Gebiet Baqueira-Beret-Bonaigua (S. 409), das zudem mit über 30 modernen Skiliften und 104 km Abfahrtsstrecken in allen Schwierigkeitsgraden aufwartet.

Die Sierra Nevada (S. 800) bei Granada ist das zweite spanische Wintersportgebiet und das südlichste Skigebiet Europas. Auf den insgesamt 80 km langen Pisten drängeln sich im März besonders viele Leute. Die Hänge eignen sich hervorragend für Familien, Anfänger und mittelgute Skifahrer.

Surfen

In vielen spanischen Küstenregionen ist der Ritt auf den Wellen sowohl für Anfänger als auch für Könner ein Highlight. Nordspanien gilt als Surfmekka des europäischen Festlandes.

Die Nordküste ist die wichtigste Surfregion und wartet mit vielen erstklassigen Spots auf. Andalusiens Atlantikküste ist vor allem im Winter ein gutes Ziel. Im Sommer kommen Surfer von überallher mit ihren Kleinbussen ins Land, dabei sind die Wellen eigentlich von Herbst bis Frühling am besten (Topmonat: Oktober).

VÍAS VERDES

In Spanien gibt's ein ständig wachsendes Netz an Vías Verdes (wörtlich „grüne Wege"), ein außergewöhnliches Netz stillgelegter Bahnstrecken, die in Fahrrad- oder Wanderwege umgebaut wurden. Meistens sind es fantastische Routen mit sanften Anstiegen, die durch reizvolle Landschaften führen, und oft kann man unterwegs an verschiedenen Stellen Räder leihen. Insgesamt existieren (nach letzter Zählung) 111 Routen mit zusammen 2400 km Länge im ganzen Land, die zwischen 1,2 und 128 km lang sind. Nähere Infos gibt's auf der Seite www.viasverdes.com.

SPANIENS BESTE PARKS

PARK	MERKMALE	AKTIVITÄTEN	BESTE BESUCHSZEIT
Parc Nacional d'Aigüestortes i Estany de Sant Maurici (S. 402)	schöne Seenregion in den Pyrenäen	Wandern, Wildtiere beobachten	Juni–Sept.
Parque Nacional de Doñana (S. 716)	Lebensraum für Vögel und Säugetiere im Guadalquivir-Delta	Jeeptouren, Wandern, Wildtiere beobachten, Reiten	ganzjährig
Parque Nacional de Ordesa y Monte Perdido (S. 455)	Gebiet in den Pyrenäen mit Gämsen, Raubvögeln und vielfältiger Vegetation	Wandern, Klettern, Vögel beobachten	Mitte Jun–Juli & Mitte Aug.–Sept.
Parque Nacional de los Picos de Europa (S. 587)	reizvolles Gämsen-Schutzgebiet in den Bergen mit einigen Wölfen und Bären	Wandern, Klettern	Mai–Juli & Sept.
Parques Nacional & Natural Sierra Nevada (S. 800)	höchstes Gebirge des spanischen Festlands mit Steinböcken, 60 endemischen Pflanzenarten und den Tälern der Alpujarras an den Südhängen	Wandern, Klettern, Mountainbiken, Skifahren, Reiten	ganzjährig, abhängig von der Aktivität
Parque Natural Sierras de Cazorla, Segura y Las Villas (S. 845)	reiche Tierwelt, 2300 Pflanzenarten und schöne Berglandschaft	Wandern, Autotouren, Mountainbiken, Wildtiere beobachten, Jeeptouren	April–Okt.
Parque Natural Sierra de Grazalema (S. 744)	hübsche grüne Berglandschaft mit zahlreichen Vogelarten	Wandern, Höhlenexkursionen, Canyoning, Vögel beobachten, Gleitschirmfliegen, Klettern	Sept.–Juni
Parc Natural del Cadí-Moixeró (p376)	steile Vorgebirgskette der Pyrenäen	Klettern, Wandern	Juni–Sept.
Parc Natural de la Zona Volcànica de la Garrotxa (S. 391)	schöne bewaldete Region mit 30 Vulkankratern	Wandern	April–Okt.
Parque Natural de Somiedo (S. 585)	spektakulärer Teil der Cordillera Cantábrica	Wandern	Juli–Sept.
Parque Natural de Cabo de Gata-Níjar (S. 852)	Sandstrände, Vulkanklippen, Flamingokolonien und Halbwüstenvegetation	Schwimmen, Vögel beobachten, Wandern, Reiten, Tauchen, Schnorcheln	ganzjährig
Parque Natural de los Valles Occidentales (S. 447)	herrliche Pyrenäenlandschaft mit Tälern und Bergen	Wandern, Klettern, Canyoning	Juni–Sept.
Parque Natural Posets-Maladeta (S. 461)	tolle Berg- und Tal-Szenerie inkl. der zwei höchsten Gipfel der Pyrenäen	Wandern, Klettern	Juni–Sept.

Beeindruckend ist die Bandbreite an unterschiedlichen Spots. In den Sommermonaten steuert man am besten offene, ungeschützte Strände an, während in der kälteren, stürmischeren Jahreszeit an den Riffen und Landspitzen gute Bedingungen herrschen.

Als Spaniens berühmteste Welle gilt der Lefthander an der Flussmündung in Mundaka (S. 493). Er ist zwar nicht sehr beständig, aber an guten Tagen besteht dennoch kein Zweifel, dass es sich um eine der besten Wellen Europas handelt! Dann ist hier allerdings die Hölle los, und es kann sehr ungemütlich werden.

Im Baskenland herrschen überall gute Bedingungen, aber man findet auch in den benachbarten Regionen Kantabrien und Asturien eine Reihe toller Spots, darunter

Rodiles (S. 573) in Asturien und Liencres in Kantabrien. Auch die Playa de Somo (S. 546) in Santander eignet sich gut zum Surfen.

Die Strände Galiciens erfreuen sich bei Surfern zunehmender Beliebtheit. Für alle, die ihre Ruhe haben möchten: Einige abgelegene Strände an der schönen galicischen Costa da Morte (S. 611) bleiben dennoch selbst im Sommer menschenleer. In den Rías Altas gibt's an der Praia de Pantín (S. 622) unweit von Cedeira einen beliebten Righthander; Hier findet Ende August oder Anfang September der Pantín Classic statt, ein Qualifizierungswettkampf der World Surf League. In der Gegend öffnen im Sommer auch einige Surfschulen.

Während der Wintermonate gibt's im Südwesten Andalusiens etliche Strände mit kräftiger Brandung, besonders zwischen Tarifa und Cádiz; der beste befindet sich bei El Palmar (S. 755) nordwestlich vom Cabo de Trafalgar. Bei Conil de la Frontera ein Stück weiter die Küste entlang kann es unter der Woche herrlich einsam sein.

Praktische Informationen

Im Sommer reicht ein kurzer Neoprenanzug (bzw. Boardshorts im Baskenland). Eine Ausnahme bildet die galicische Küste, weil sie im Einflussbereich der kühlen Kanarenströmung liegt. Hier braucht man einen leichten Ganzkörperanzug.

In den beliebten Surfgegenden gibt's zahlreiche Shops inklusive Ausrüstungsverleih. Wer einen Kurs belegt, sollte seinen Lehrer darum bitten, die Regeln genau zu erklären und die Übungsstunden in sicherer Entfernung von den Profis abzuhalten.

Es gibt einige gute Surfguides für Spanien:

- Lonely Planet Autor Stuart Butlers englischsprachiger *Big Blue Surf Guide: Spanien*.
- Low Pressures großartiger englischsprachiger *Stormrider Guide: Europe – the Continent*.

Kitesurfen & Windsurfen

Rund um Tarifa (S. 735) gibt's jede Menge Surfspots. Verantwortlich dafür ist der kräftige Wind, der angeblich schon so manch einen in den Wahnsinn getrieben hat und an der ehemals sehr hohen Selbstmordrate des Ortes schuld sein soll. Ob das stimmt, sei dahingestellt. Eines ist aber sicher: Die 10 km langen Sandstrände und die ganzjährig erstklassigen Windverhältnisse haben Tarifa den Status der europäischen Windsurferhauptstadt beschert. In der Stadt wimmelt es nur so von Windsurf- und Kitesurf-Läden und -Schulen und Scharen von durchreisenden Surfern. Der Wind zieht zwar viele begeisterte Surfer an, doch seinetwegen ist Tarifa kein idealer Ort, um das Wind- und Kitesurfen zu lernen. Das nahegelegene Los Caños de Meca (S. 755) ist ein guter Spot zum Kitesurfen.

NICK STUBBS / SHUTTERSTOCK ©
Kitesurfer bei Tarifa (S. 755), Andalusien

Von März bis Juli herrschen auch im weniger bekannten katalonischen Empuriabrava gute Bedingungen. Apropos Katalonien: Hier lässt sich's auch im Gebiet um das Delta de L'Ebre und in Castelldefels gut kitesurfen. Weiter südlich bieten sich das Familienresort Oliva bei Valencia und das Mar Menor in Murcia an. Wer auf Wellen aus ist, sollte es in Galicien an der Nordwestküste Spaniens versuchen, die manchmal fantastische Bedingungen bietet.

Praktische Informationen

Ein toller Führer für Surf- und Kitesurfspots ist der bei Stoked Publications erschienene *The Kite and Windsurfing Guide: Europe*.

Die spanischsprachige Website www.windsurfesp.com informiert über die un-

ANDERE AKTIVITÄTEN

Immer nur Wandern, Radfahren, Kajakfahren oder Surfen ist zu langweilig? Hier sind ein paar Ideen, für alle, die mal was Neues ausprobieren wollen.

Alquézar (S. 463) in Aragonien ist eines der besten europäischen Reiseziele für **Canyoning**. Weitere Locations dafür sind die Gegend um Torla (Aragonien) und Cangas de Onís (Picos de Europa), die Sierra de Grazalema in der Provinz Cádiz und das Gebiet Pallars Sobirà in den Katalanischen Pyrenäen.

Oder man segelt mit einem Gleitschirm durch die Lüfte. Ideal dafür sind Castejón de Sos (S. 461) in Aragonien und El Yelmo im andalusischen Parque Natural Sierras de Cazorla, Segura y Las Villas. Real Federación Aeronáutica España (www.rfae.es) gibt eine Übersicht über Vereine und Events. Auch Algodonales am Rand der Sierra de Grazalema in Andalusien ist ein erstklassiges Ziel. Eine Übersichtskarte (www.paraglidingmap.com) informiert über die aktuellen Bedingungen in den Fluggebieten.

Spanien kann zwar nicht mit warmen, tropischen Tauchspots dienen, doch es tummelt sich so einiges an Leben in seinen Meeren und nebenbei gibt's Wracks und lange Höhlen unter Wasser zu erkunden. Zahlreiche Tauchzentren am Mittelmeer sind auf ausländische Besucher ausgerichtet. Guter Startpunkt ist das Meeresschutzgebiet Illes Medes (S. 378) vor L'Estartit nahe Girona. Im Süden von Spanien hält Cabo de Gata in Andalusien die schönsten Tauch- und Schnorchelplätze bereit, gefolgt von Cabo de Palos in Murcia. Anbieter am Atlantik (in San Sebastián, Santander und A Coruña) haben sich eher auf Einheimische spezialisiert. Wer die Sprache beherrscht, kann in den kälteren Gewässern allerdings tolle Erfahrungen machen.

Wer lieber auf statt unter dem Wasser unterwegs ist, stellt sich auf ein Board und los geht's! Stehpaddeln (auch SUP – Stand-Up-Paddling) hat sich in Santander, entlang der katalanischen Küste (Sitges, Costa Brava) und auf den Balearen zur Trendsportart entwickelt. Auch die andalusische Küste hat unzählige geeignete Spots, wo die meisten Surfschulen inzwischen Stehpaddeln anbieten, und es gibt sogar Stehpaddel-Yoga!

terschiedlichen Gebiete, Bedingungen und Schulen in ganz Spanien.

Kajakfahren, Kanufahren & Rafting

Spaniens 1800 Flüsse und Bäche laden zu vergnüglichen Wildwasserabenteuern ein. Viele werden zur Energiegewinnung irgendwo aufgestaut, und Kanu- bzw. Kajakfahrer dürfen auf den meisten Stauseen herumpaddeln (Ausrüstung kann man leihen).

Mai und Juni eignen sich gut für Kajak-, Kanu- und Raftingtouren sowie für Hydrospeed-Fahrten (dabei wird man liegend auf einem schlittenähnlichen Gerät durchs Wasser gezogen). Zu den besten Wildwasserflüssen gehören Kataloniens Noguera Pallaresa, der Gállego und der Ésera in Aragonien, der Carasa in Kantabrien und der Miño in Galicien.

Zamora Natural (S. 191) ist für seine Walbeobachtungstouren bekannt und veranstaltet auch Kajaktrips in den Parque Natural Arribes del Duero (nördlich von Ciudad Rodrigo) und Raftingtouren im Parque Natural Lago de Sanabria (nordwestlich von Puebla de Sanabria). Das Highlight seines Programms ist aber die acht- oder neuntägige Fahrt den Río Duero (auf der portugiesischen Seite der Grenze heißt er Rio Douro) hinunter, die nahe Zamora beginnt und bis ins portugiesische Porto an der Atlantikküste führt. Unterwegs zeltet man am Flussufer. Bei ausreichender Nachfrage ist die Fahrt zwischen Juni und Oktober möglich. Sie kostet nur 680 € pro Person. Der Anbieter hat für diese Expedition eine eigene Website: www.douroexpediciones.com.

In den Katalanischen Pyrenäen hat sich Pallars Sobirà einen Namen als Abenteuersport-Destination für Rafting, Kajakfahren, Canyoning, Reiten, Klettern und Kanufahren gemacht.

Ein Spaß ist das Kanurennen Descenso Internacional del Sella (S. 505) am ersten Augustwochenende, das über 22 km von Arriondas in Asturien nach Ribadesella führt.

Im Nationalpark Picos de Europa ist Kajak- und Kanufahren auf den Flüssen Sella (Asturien) und Deva (Kantabrien) beliebt.

Reiseplanung

Mit Kindern reisen

Spanien ist ein familienfreundliches Reiseziel mit hervorragenden Verkehrsverbindungen und einem breiten Angebot an Unterkünften, einer Küche, die auch das wählerischste Kind glücklich macht, und einer Vielfalt an Sehenswürdigkeiten, die Groß und Klein Spaß machen. Eine Reise mit der Familie muss sorgfältig geplant werden, jedoch nicht mehr als bei jedem anderen europäischen Urlaubsland.

Spanien für Kinder

Es gibt in Spanien unzählige Burgen, Pferdeshows, Fiestas, interaktive Museen, Flamenco-Vorführungen und Prozessionen zur Semana Santa (Karwoche), um nur einige der vielen Highlights zu nennen.

Spanien hat außerdem zahlreiche abenteuerliche Aktivitäten zu bieten, darunter Kajakfahren, Rafting, Canyoning und Mountainbiking. Viele davon kann man auf Anfängerniveau auch mit Kindern machen, doch sollte man vor der Buchung schauen, ob ein Mindestalter gefordert ist. Auch Surf- und Skischulen bieten Kurse für Kinder an.

Highlights für Kinder

Strände

Spaniens Strände, vor allem die Sandstreifen an der Mittelmeerküste, sind wie geschaffen für Kinder. Viele wie die an der Costa Brava liegen in geschützten Buchten, die anderen locken mit ruhigem Wasser. Ja, im Hochsommer kann es überfüllt sein, doch wer sich ein wenig umschaut, findet immer noch zahlreiche beschauliche Ecken.

Die besten Regionen für Kinder

Das mediterrane Spanien

Spaniens Küste ist mit vielen Klischees behaftet, eignet sich jedoch hervorragend für einen Familienurlaub im Sommer. Von Katalonien im Norden bis Andalusien im Süden ist das Meer an den meisten Stränden ruhig, außerdem gibt's für den Nachwuchs zahlreiche Sehenswürdigkeiten und Aktivitäten, die von Wasserparks bis zu Wassersport für ältere Kinder reichen.

Barcelona

Themenparks, ein Wachsmuseum, ein Schokoladenmuseum, allerlei Einrichtungen mit interaktiven Ausstellungsstücken, Strände, Gärten: Barcelona ist eine der familienfreundlichsten Städte Spaniens – sogar die Architektur scheint der Fantasie eines Kindes entsprungen zu sein.

Das Inland

Wenn man einen Familienurlaub plant, kommt einem meist nicht als Erstes das spanische Inland in den Sinn, aber die vielen Burgen, winzigen Dörfer und faszinierenden, leicht zu erkundenden Städte machen es zu einem lohnenden Reiseziel.

Playa de la Concha, San Sebastián (S. 496) Der am leichtesten zugängliche Stadtstrand Spaniens befindet sich in San Sebastián.

Aiguablava & Fornells (S. 367) Geschützte schöne Buchten an der Costa Brava.

Zahara de los Atunes Ein makelloser Sandstrand in der Provinz Cádiz.

Fantasievolle Attraktionen

Einige der architektonischen Wahrzeichen Spaniens sehen aus wie wahr gewordene Kinderfantasien. Viele von ihnen, wie die Alhambra und die meisten Kunstmuseen, verfügen zudem über spezielle Führungen für Kinder. Darüber hinaus locken Flamenco-Shows – etwas, das jedes Kind erlebt haben sollte.

Alcázar, Segovia (S. 175) Lieferte die Inspiration für das Schloss in Walt Disneys „Dornröschen".

Park Güell (S. 296) und Casa Batlló (S. 286) Gaudís verrückte Kreationen in Barcelona.

Castillo de Loarre, Aragón (S. 444) Typische Burg mit Türmen in Aragonien.

Casas Colgadas, Cuenca (S. 250) Diese Häuser in Cuenca hängen an einem Felsplateau.

Estadio Santiago Bernabéu (S. 108) und Camp Nou (S. 346) Fußball, Fußball, Fußball.

Museo Guggenheim Bilbao (S. 478) Hier bekommen die Kids den Mund vor Staunen nicht mehr zu.

Themenparks & Pferdeshows

Die Anzahl an Vergnügungsparks ist in den letzten Jahren sprunghaft angestiegen. Es gibt Parks für jeden Geschmack, von der Dinosaurierzeit über den Wilden Westen bis zu traditionelleren Einrichtungen mit Karussells und Tieren.

Dinópolis, Teruel (www.dinopolis.com; Poligano Los Planos; Erw./Kind 28/22 €; ⏲Juni–Sept. tgl. 10–19 Uhr, in den übrigen Monaten nur Sa & So; P 👪) Mischung aus Jurassic Park und Jahrmarkt.

PortAventura (www.portaventuraworld.com; Erw./Kind 47/40 €, inkl. Ferrari Land 55/47 €; ⏲10–19 oder 20 Uhr, Juli–Mitte Sept. bis 24 Uhr; P 👪) Toller Freizeitpark in der Nähe von Tarragona.

Terra Mítica, Benidorm (S. 896) Disneyland trifft Mittelmeer.

Oasys Mini Hollywood, Almería (S. 852) Wildwestfilmsets in der Wüste von Almería.

Zoo Aquarium de Madrid (S. 104) Spaniens wohl bester Zoo.

Parc d'Atraccions, Barcelona (S. 297) Tolle Fahrgeschäfte und ein Marionettenmuseum in Barcelona.

ESSEN GEHEN

Die Spanier lieben Essen und Kinder gleichermaßen. Das Essen ist selten scharf und schmeckt den meisten Kleinen.

Dementsprechend sind sie in der Regel überall willkommen, egal ob im Restaurant oder in überfüllten Bars. Tatsächlich wird man nur selten schief angesehen, wenn die Kinder herumschreien. Dennoch gilt auch in Spanien: Je formeller das Lokal, desto unwohler fühlt man sich mit lauten Kids. Im Sommer kann man auf den unzähligen Terrassen ideal im Freien essen, verliert den Nachwuchs allerdings im Trubel schnell mal aus den Augen.

Viele Lokale haben *tronas* (Hochstühle), wobei es oft kaum mehr als einen (oder maximal ein paar) gibt, deshalb sollte man bei der Reservierung um einen Stuhl bitten.

Nur sehr wenige Lokale (oder öffentliche Einrichtungen) besitzen Wickelstationen.Immer mehr Restaurants bieten ein *menú infantil* (Kindermenü), das aus einem Hauptgang (Hamburger, Hähnchen-Nuggets, Pasta u. Ä.), einem Getränk und Nachtisch wie Eis oder Milchshake besteht.

Nicht ganz so einfach ist es, sich an die hiesigen Essenszeiten anzupassen, aber wenn die Kleinen zwischendurch Hunger haben, kann man in der nächsten *tasca* (Tapas-Bar) einen Snack bestellen, zudem gibt's in den meisten Städten an allen Ecken Süßigkeitenläden. Trotzdem ist es empfehlenswert, immer etwas zu essen dabeizuhaben, falls gerade alles zuhat.

Real Escuela Andaluza del Arte Ecuestre (☎956 31 80 08; www.realescuela.org; Avenida Duque de Abrantes; Trainingseinheiten Erw./Kind 11/6,50 €, Ausstellungen Erw. 21–27 €, Kind 13–17 €; ⏲Trainingseinheiten Mo, Mi & Fr 11–13 Uhr, Ausstellungen Di & Do abends) Andalusische Pferdeshows vom Feinsten.

Caballerizas Reales (S. 768) In Córdoba wird diese hervorragende Pferdeshow gezeigt.

Reiseplanung

Infos liefert der englischsprachige Lonely Planet *Travel with Children* (2015) oder die Websites www.kidsaway.de und http://www.travelisto.net/spanien-reisen-mit-kindern.

Unterkunft

Viele Hotels (jedoch wenige Budgetbleiben) bieten Gitterbetten (*cunas*) für Kleinkinder. Die meisten haben aber maximal eine Handvoll, deshalb muss man das Bett bei der Zimmerreservierung gleich mitbuchen. Dabei sollte man auch um ein größeres Zimmer bitten, da viele Räume in Hotels und *hostales* eher klein ausfallen. Manchmal kosten Kinderbetten einen Aufpreis.

Spitzenklassehotels warten teils mit Kinderbetreuung auf und mancherorts kümmern sich kinderfreundliche Agenturen um die Sprösslinge von Touristen. Einige Luxusbleiben – vor allem Resorts, aber auch *paradores* (staatliche Luxushotels) – verfügen über Spielbereiche, Kinderspielplätze und Pools.

Was man mitnehmen sollte

Für den Notfall (oder Sonntage, wenn Apotheken und Supermärkte zu sind) sollte man einen kleinen Vorrat an Dingen mitnehmen, die man benötigt (v. a. Babyprodukte), sonst bekommt man in Spanien aber wohl alles, was man so braucht.

➡ Babynahrung (flüssig oder Pulver) sowie Sterilisatoren sind in *farmacias* (Apotheken) erhältlich. *Pañales* (Einwegwindeln) werden in fast allen Supermärkten und *farmacias* verkauft. Frischmilch in Kartons und Plastikflaschen findet man in Supermärkten großer Städte, in kleineren Orten gibt's oft nur H-Milch.

Verkehrsmittel & -wege

Spaniens Verkehrsnetz ist erstklassig. Lange Strecken zwischen großen Städten relativieren sich, wenn man mit dem Hochgeschwindigkeitszug AVE fährt – und welches Kind ist nicht davon begeistert, mit beinahe 300 km/h durch die Gegend zu brausen?

In öffentlichen Verkehrsmitteln reisen Kids bis zu einem Alter von zwölf Jahren vergünstigt. Kinder unter vier Jahren können meist kostenlos mitfahren.

Fast alle Autovermietungen verleihen gegen eine zusätzliche Gebühr Kindersitze (*sillas infantiles*), die man allerdings im Voraus buchen sollte, vor allem während der spanischen Schulferien, Navidad (Weihnachten) und der Semana Santa (Karwoche).

Taxis haben nur in den seltensten Fällen Kindersitze. Sofern man nicht seinen eigenen Sitz mitgebracht hat, sitzt das Kind meist auf dem Schoß eines Elternteils und wird zusammen mit diesem angeschnallt.

Reisezeit

Die beste Jahreszeit für einen Strandurlaub sind die Sommermonate, besonders Juli und August. Allerdings pilgern dann auch die Spanier scharenweise an die Küste, sodass man rechtzeitig vorab buchen muss. Zudem kann man jetzt wunderbar in die Berge (Pyrenäen, Sierra Nevada) reisen. Im Inland wird es dagegen oft unerträglich heiß: In Sevilla und Córdoba steigt die Temperatur regelmäßig auf fast 50 °C.

Unsere Autoren kommen am liebsten im Frühjahr und Herbst, vor allem im Mai, Juni, September und Oktober. Außer im Oktober ist es dann häufig warm genug, um an den Strand zu gehen. Generell herrscht in dieser Zeit ein mildes, angenehmes Klima.

Im Winter wird es in weiten Teilen bitterkalt. Das ist aber kein Problem, wenn man entsprechend vorbereitet ist, und sogar noch besser, wenn man in den Schnee möchte.

Spanien im Überblick

Madrid & Umgebung

Kunst
Nachtleben
Essen

Goldene Kunstmeile

Mit dem Museo del Prado, Centro de Arte Reina Sofía und Museo Thyssen-Bornemisza ist Madrid eine der internationalen Kunstadressen. Die drei Gebäude liegen jeweils nur einen kurzen Fußmarsch voneinander entfernt. Und das ist nur der Anfang.

Die Nacht zum Tage machen

Clubs, in denen erst ab 3 Uhr morgens so richtig gefeiert wird, schicke Cocktailbars, in denen man neben Promis Mojitos schlürfen kann, und eine dynamische Livemusikszene mit Flamenco, Jazz und allen nur erdenklichen Musikrichtungen. Willkommen in einer der europäischen Hauptstädte des Nachtlebens!

Tapas & traditionelle Küche

Das älteste Restaurant der Welt und die beste regionale Küche Spaniens garantieren unvergessliche kulinarische Erfahrungen, auch wenn die traditionellen Gerichte Madrids nicht gerade umwerfend sind. Mit einer besonders tollen Auswahl an Tapas-Bars wartet das Viertel La Latina auf.

S. 70

Kastilien-León

Mittelalterstädte
Dörfer
Essen

Eine Stadt als Kunstwerk

Die wunderschönen Städte des alten Kastilien sind reich an Geschichte, Kathedralen und Denkmälern. Zu entscheiden, welche man besuchen will, kann schwierig sein. Wir würden unbedingt Salamanca, das märchenhafte Segovia und das zauberhafte León empfehlen.

Abgelegene Dörfer

Von der Sierra de Francia ganz im Südwesten bis zu mittelalterlichen Orten wie Pedraza de la Sierra, Covarrubias, Puebla de Sanabria und Calatañazor erinnert in Kastilien-León alles an das Spanien vor dem Massentourismus und an die Zeit, als die moderne Welt noch nicht an der iberischen Küste angekommen war.

Herzhafte Küche

Das Fleisch schmeckt hier so gut, dass Spanier im Winter aus dem ganzen Land extra in die Region kommen. *Jamón* (luftgetrockneter Schinken) und Pökelfleisch aus Guijuelo sind beliebte Leckereien der Einheimischen.

S. 156

Toledo & Kastilien-La Mancha

Geschichte
Literatur
Dörfer & Burgen

Stadt der drei Religionen

Im Mittelalter zählte Toledo zu den weltoffensten Städten Spaniens. Davon zeugen faszinierende Baudenkmäler wie die Moschee, jüdische Stätten und eine Kathedrale mit Werken von El Greco, Zurbarán und Velázquez.

Kampf gegen Windmühlen

Der Don-Quichotte-Weg durch Kastilien-La Mancha bietet eine seltene Gelegenheit, auf den Spuren der exzentrischen literarischen Figur zu wandeln. Windmühlen und weite Ebenen erwecken Cervantes' Geschichte zum Leben. Fast rechnet man damit, Sancho Panza zu begegnen.

Schöne Dörfer

In La Mancha kann man nahezu ungehindert bis zum Horizont schauen. Nur selten rücken hübsche Örtchen ins Blickfeld. Cuenca, Almagro und Sigüenza sind unsere Favoriten. Weitere Highlights sind die vielen Burgen um Toledo.

S. 225

Barcelona

Architektur
Essen
Kunst & Geschichte

Moderne Meisterwerke

Von Gaudís unvollendetem Meisterwerk, der wundervollen Sagrada Família, bis zu Domènech i Montaners himmlischem Palau de la Música Catalana: Katalanische Visionäre machten Barcelona zu einem der großen Modernismezentren Europas.

Gaumenfreuden

Meeresfrüchte am Mittelmeer, Tapas auf dem großartigen Boqueria-Markt oder der Besuch eines der gefeierten Sternerestaurants: All das macht das kulinarische Barcelona aus.

Schätze der Vergangenheit

Als einst bedeutende Siedlung des alten Roms birgt Barcelona in seinen Gassen über 2000 Jahre Geschichte. Im gotischen Zentrum stößt man auf Kirchen aus dem 14. Jh. sowie auf mittelalterliche Villen mit moderneren Schätzen wie einer Picasso-Sammlung oder präkolumbischen Meisterwerken.

S. 261

Katalonien

Essen
Strände
Wandern

Katalanische Küche

Katalonien und das Baskenland konkurrieren um den ersten Platz in Sachen höchste Pro-Kopf-Rate an Sterneköchen. So ist die Region eine Pilgerstätte für Feinschmecker. Allerorts werden Zutaten aus dem Meer und aus dem Garten miteinander kombiniert, aber selbst bei innovativen Ansätzen hält man immer der kulinarischen Tradition die Treue.

Die Küste

Entlang der Costa Brava und der Costa Daurada erstrecken sich hübsche Dörfer und Strände, an denen weniger los ist als an südlicher gelegenen Sandstreifen. Zudem kann man sich auf den Spuren von Salvador Dalí zu römischen Stätten und Orten aufmachen.

Die Pyrenäen

Der Norden wird von den Pyrenäen geprägt, einem der besten Wandergebiete des Landes, mit imposanten Gipfeln und stillen Tälern.

S. 357

Aragonien

Gebirge
Dörfer
Geschichte

Auf in die Hügel

Die wohl hübscheste Ecke der Pyrenäen befindet sich im Norden Aragoniens. Dort wechseln sich hohe Gipfel und tiefe Täler ab, die von unzähligen Wanderwegen durchzogen sind. Der Parque Nacional de Ordesa y Monte Perdido ist eines der malerischsten Naturschutzgebiete Spaniens.

Steinerne Dörfer

In der Region gibt's einige Anwärter auf den Titel „schönstes Dorf des Landes", etwa Aínsa, Sos del Rey Católico und Albarracín. Viele liegen vor dem Hintergrund schneebedeckter Gipfel in den Vorbergen der Pyrenäen.

Römer, Mauren & Christen

Aragonien war früher eines der bedeutendsten Königreiche des Landes und wartet deshalb mit Relikten großer Zivilisationen aus antiker und mittelalterlicher Zeit auf. Besonders schöne Beispiele dafür sind Saragossa und Teruel.

S. 431

Baskenland, Navarra & La Rioja

Essen
Wein
Dörfer

Kulinarische Hauptstadt

Wer verstehen möchte, warum die spanische Küche so beliebt ist, sollte San Sebastián besuchen, die *pintxo*- (baskische Tapas) und Sternekochhochburg des Landes. Konkurrenten für die Stadt sind Bilbao, Logroño, Vitoria und Pamplona.

Edle Tropfen

Wenn das Baskenland als Gourmetparadies gilt, muss man La Rioja mit seinen vielen Weingütern, -proben und -museen als Himmel für Weinliebhaber bezeichnen. Der edle Traubensaft wird zu jeder Mahlzeit genossen.

Hübsche Dörfer

Die traumhaft schönen Siedlungen im Baskenland, in La Rioja und den Hochtälern von Navarra können es spielend mit den hübschesten Orten Frankreichs und Spaniens aufnehmen.

S. 476

Kantabrien & Asturien

Küstenlandschaft
Berge
Essen & Trinken

Malerische Küste

Wilde Felswände umgeben die wunderschöne Sandbucht der Playa del Silencio. Sie ist nur einer von Hunderten Stränden entlang der zerklüfteten smaragdgrünen asturischen Küste, hinter der sich zauberhafte Dörfer und herrliche Berglandschaften erheben.

Picos de Europa

Die Picos de Europa zählen zu den schönsten Wanderregionen Spaniens. Schwindelerregende Steilhänge fallen in die beeindruckende Schlucht Garganta del Cares ab, während der Gipfel El Naranjo de Bulnes über den hohen Bergpässen lockt.

Käse & Cidre

Cidre zu trinken ist das beliebteste Hobby der Asturier, besonders entlang Oviedos *bulevar de la sidra*. Der köstliche Queso Cabrales zählt zu den besten Käsesorten Spaniens. Er wird in den Ausläufern der Picos de Europa hergestellt.

S. 541

Santiago de Compostela & Galicien

Küstenlandschaft
Essen
Geschichte

Die wildeste Küste

Kaum eine europäische Küste ist so wild und schön wie die galicische: Am Rías Altas ragen hohe Klippen aus dem wogenden Atlantik und bieten malerischen Fischerdörfern sowie einsamen Sandstränden Schutz.

Früchte des Meeres

In Galicien gibt's einige der besten Meeresfrüchte der Welt, aber auch edles Fleisch von den üppigen Weiden des Landes. Auf dem belebten Markt von Santiago de Compostela, dem Mercado de Abastos, bekommt man das Beste von beidem und kann es in einem der Restaurants direkt vor Ort genießen.

Religiöse Tradition

An wenigen Orten ist die Vergangenheit so lebendig wie in Santiago de Compostela. Seine prachtvolle Kathedrale, die Kirchen, Straßen und Plätze repräsentieren 1300 Jahre Geschichte und sind das Ziel des großen Pilgerwegs Camino de Santiago.

S. 599

Extremadura

Mittelalterstädte
Römische Ruinen
Essen

Mittelalterliche Schauplätze

In Spanien gibt's eine Menge wunderbar erhaltener Städte aus dem Mittelalter. Zu den hübschesten zählen Cáceres und Trujillo. Ein Spaziergang durch die kopfsteingepflasterten Gassen ist wie eine Reise in die Vergangenheit.

Römisches Mérida

Das schönste römische Theater, die längste Brücke aus römischer Zeit, ein wunderbares Museum und zahlreiche faszinierende Ruinen – all das bietet Emerita Augusta, das heutige Mérida. Auch die großartige Brücke von Alcántara lohnt einen Besuch.

Schinken & Käse

Der leckerste *jamón* Spaniens kommt aus der Extremadura, vor allem aus Montánchez und Monesterio, wo sich auch das beste *jamón*-Museum des Landes befindet. Der Käse Torta del Casar, der nördlich von Cáceres hergestellt wird, ist ein weiteres kulinarisches Highlight.

S. 651

Sevilla & Andalusiens Bergdörfer

Musik
Geschichte & Architektur
Essen & Wein

Wiege des Flamenco

Im westlichen Andalusien wurde der moderne Flamenco quasi erfunden. Vor allem drei Städte stehen im Mittelpunkt: Jerez mit den *bulerías*, Cádiz mit den *alegrías* und Sevilla mit den *soleares*, die in lokalen *tablaos* (Flamenco-Shows) und *peñas* (Flamenco-Clubs) aufgeführt werden.

Weiße Dörfer

In Andalusien gibt's viele der berühmten weißen Dörfer mit auf Bergen gelegenen Burgen, mit Blumenkästen und kleinen Kirchen. Arcos, Jimena, Grazalema und Vejer gehören zu den Wächtern einer einst bewegten Grenze, die zwei Kulturen geteilt hat.

Fisch & Sherry

Wo der Atlantik auf das Mittelmeer trifft, fängt man guten Fisch, den die Andalusier traditionell in Olivenöl frittieren, um *pescaíto frito* zuzubereiten. Dann gibt's noch den Sherry, der aus Trauben von der Küste hergestellt wird – beide passen perfekt zusammen.

S. 681

Granada & die Südküste Andalusiens

Architektur
Strände
Wanderwege

Abwechslungsreiches Granada

Eine berühmte Nasriden-Palastfestung, ein maurisches Bergviertel, opulente *cármenes* (große Häuser mit kunstvollen Gärten) und eine Barock-Renaissance-Kathedrale – Granada bietet eine wilde, wundervolle Mischung aus fast jedem Architekturstil Europas.

Südliche Strände

An den Stränden der Südküste lassen die Touristen mehr Geld als im gesamten Rest der Region. Man kann je nach Budget und Hipster-Faktor zwischen Estepona, Marbella, Torremolinos, Málaga, Nerja und Almuñécar wählen.

Wilde Regionen

An der felsigen Küste des Cabo de Gata entlangwandern, auf dem Fernstreckenweg GR7 in Las Alpujarras trampen oder auf den Pfaden im Hochland östlich von Cazorla Wildtiere beobachten. Andalusien hat auch eine ungezähmte Seite – man muss nur wissen, wo.

S. 776

Valencia & Murcia

Fiestas
Essen
Strände

Stiere, Feuer & Ritter

Die größte und lauteste Party des Landes, Las Fallas, wird im März in Valencia gefeiert. Daneben hat fast jedes *pueblo* eine eigene Fiesta mit Feuerwerk und oftmals auch Stierkämpfen. Die Semana Santa von Lorca kann sich mit der Andalusiens messen lassen.

Leckerer Reis

Spaniens erste Paella wurde in Valencia zubereitet. Reisgerichte bekommt man überall. Sie enthalten Fisch und Meeresfrüchte aus dem Mittelmeer sowie frisches Gemüse von der fruchtbaren Küste bis nach Murcia.

Strände & Buchten

Hier findet man auf jeden Fall einen Platz für sein Badetuch, egal, ob man nun eine der zahlreichen Felsenbuchten, kilometerlange Strände, die Sandstreifen von Denia oder Benidorm oder Murcias Costa Cálida (Heiße Küste) ansteuert.

S. 857

Reiseziele in Spanien

Madrid & Umgebung

3,17 MIO. EW

Inhalt ➡

Gut essen

- Restaurante Sobrino de Botín (S. 120)
- DiverXo (S. 128)
- Estado Puro (S. 124)
- Bazaar (S. 125)
- Mercado de San Miguel (S. 119)

Schön übernachten

- Central Palace Madrid (S. 114)
- Hotel Silken Puerta América (S. 119)
- Praktik Metropol (S. 116)
- Hotel Orfila (S. 119)
- ApartoSuites Jardines de Sabatini (S. 119)

Auf nach Madrid!

Energiegeladen und leidenschaftlich spanisch! Madrid ist eine betörende Stadt mit einer ganz einfachen Botschaft: Genieße das Leben! Vielleicht hat Madrid nicht den Charme von Paris, Roms monumentale Bauwerke oder Barcelonas Lässigkeit, doch wenn man erst einmal eine Weile hier verbracht hat und die Vielfalt sowie die gegensätzlichen Impulse in den unterschiedlichen Vierteln kennenlernen durfte, lässt einen die Metropole – die stellvertretend für das leidenschaftliche Land steht – nicht mehr los. Heute gilt die Stadt als einer der wichtigsten Trendsetter Spaniens und wartet mit hervorragenden Kunstmuseen, einem pulsierenden Nachtleben, zahlreichen guten Restaurants und Tapas-Bars sowie einer Bevölkerung auf, die extrem viel Lebensfreude versprüht. Madrid hat wirklich eine ganze Menge zu bieten.

Reisezeit

Madrid

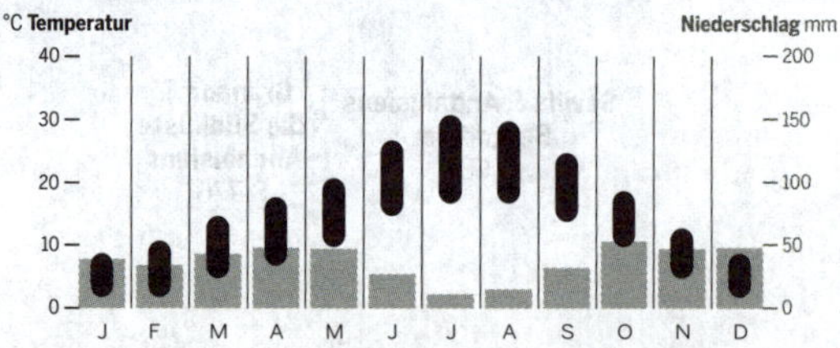

Jan.–Feb. Im Winter ist es kalt in Madrid, bei sonnigem Wetter jedoch wunderschön.

März–April Das wärmere Frühlingswetter lockt die *madrileños* (Einwohner Madrids) hinaus in ihre *terrazas*.

Sept. Die Stadt wirft ihre Sommertracht ab und bietet häufig schönes Herbstwetter.

Geschichte

Als die iberischen Christen ihre Reconquista (722 n. Chr.) starteten – den mehrere Jahrhunderte dauernden Feldzug gegen die muslimische Herrschaft auf der Iberischen Halbinsel –, errichteten die Muslime von Al-Andalus eine Reihe von Festungsanlagen. Eine davon baute Mohammed I., der Emir von Córdoba, 854 an dem Ort, der später einmal Madrid werden sollte. Die neue Siedlung wurde Mayrit oder Magerit genannt, abgeleitet von *majira* (arabisch für „Wasserlauf").

Eine würdige Hauptstadt?

Aufgrund ihrer strategisch günstigen Lage im Zentrum der Halbinsel war die neue Siedlung heiß begehrt und fiel immer wieder in andere Hände. Doch erst 1309 tagte hier schließlich der wandernde Cortes (Königshof und Parlament). Obwohl sie mehr und mehr in den Blickpunkt des Königshauses geriet, blieb die mittelalterliche Stadt doch bettelarm und winzig klein: „In Madrid ist nichts – außer dem, was man selbst mitbringt", urteilte ein Schriftsteller im 15. Jh. Der Ort hielt damals keinem Vergleich mit anderen großen spanischen – geschweige denn mit europäischen – Städten stand.

Als Philipp II. 1556 den spanischen Thron bestieg, war Madrid von Mauern mit über 130 Wachttürmen und sechs steinernen Eingangstoren umgeben. Die Bauten bestanden allerdings größtenteils aus Lehm und hatten eher eine abschreckende Wirkung, als dass sie einen nennenswerten Schutz boten. Trotzdem erkor Philipp Madrid 1561 zur Hauptstadt Spaniens.

Die Stadt brauchte viele Jahrhunderte, um in ihre neue Rolle hineinzuwachsen. Trotz einer Handvoll eleganter Kirchen, dem imposanten Alcázar und einigen Adelssitzen bestand sie größtenteils aus einfachen weiß getünchten Häuschen. Der monumentale Paseo del Prado, der Madrid heute sein großstädtisches Flair verleiht, war damals nur eine schmale Gasse.

Im 17. Jh. sah Madrid dann allmählich wie eine richtige Hauptstadt aus und bot 175 000 Menschen eine Heimat. Damit war es die fünftgrößte Stadt Europas (nach London, Paris, Konstantinopel und Neapel).

Karl III. (reg. 1759–1788) galt als relativ besonnener Herrscher. Nach einer grundlegenden Säuberung der Stadt gab er den Palacio Real in Auftrag, weihte den Real Jardín Botánico ein und veranlasste noch eine Reihe weiterer öffentlicher Baumaßnahmen. Dadurch erwarb er sich seinen Ruf als Madrids bester „Bürgermeister" aller Zeiten.

Als Napoleon 1805 zuerst die Stadt und anschließend auch das Land besetzte, waren die *madrileños* natürlich alles andere als begeistert. Am 2. Mai 1808 griffen sie die französischen Truppen rund um den Palacio Real und die heutige Plaza del Dos de Mayo an, doch die aussichtslose Rebellion wurde von Napoleons Schwager Joachim Murat und einigen mächtigen militärischen Führern niedergeschlagen.

Krieg, Franco & Terrorismus

Auch danach blieb Madrid vom Pech verfolgt. Den Karlskriegen im 19. Jh. folgte eine zweieinhalbjährige Belagerung durch Francos Nationalisten, während der die Hauptstadt dauerhaft von der Casa de Campo abgetrennt war.

Nach Francos Tod 1975 und der anschließenden Demokratisierung des Landes entwickelte sich die Metropole zum Inbegriff des neuen Spaniens, vor allem dank des Bürgermeisters Enrique Tierno Galván. Der sozialistische Professor setzte besonders bei jungen Leuten eine schier unbändige Energie frei. Während der Jahre der *movida* wurde die Stadt von einer Art Nonstop-Party sowie einer Welle von Kreativität und Toleranz überrollt, die teilweise bis heute anhält.

Am 11. März 2004, nur drei Tage vor den Parlamentswahlen, wurde Madrid von zehn Bomben erschüttert, die zur Hauptverkehrszeit in vier Nahverkehrszügen auf dem Weg zum städtischen Atocha-Bahnhof explodierten. Sie stammten von Terroristen mit Verbindungen zu al-Qaida; der Grund war wohl, dass Spanien den von den USA geführten Irak-Krieg unterstützte. 191 Menschen starben und 1755 wurden verletzt, viele davon schwer. Die Stadt stand unter Schock, und für mehr als 24 Stunden wurde es hier sehr still. Doch dann, 36 Stunden nach den Anschlägen, gingen mehr als drei Millionen Einwohner auf die Straße, um während der bislang größten Demonstration in Madrids Geschichte gegen die Anschläge zu protestieren. Dadurch wurde trotz des tief sitzenden Traumas ein Heilungsprozess in Gang gesetzt. Inzwischen hat die Metropole wieder zur Normalität zurückgefunden.

Vor einigen Jahren wurde Madrid beinahe zum Austragungsort der Olympischen Sommerspiele ernannt: Für 2012 musste es sich London und Paris geschlagen geben,

Highlights

1 **Museo del Prado** (S. 96) In dem weltberühmten Museum die Meisterwerke von Velázquez und Goya bewundern.

2 **El Rastro** (S. 83) Auf dem riesigen sonntäglichen Flohmarkt nach Schätzen suchen und sich im Parque del Buen Retiro unter die Leute mischen.

3 **Plaza de Santa Ana** (S. 86) Auf dem wunderschönen Platz den Trubel bei einer *caña* (kleines Bier) oder bei spanischem Rotwein beobachten.

4 **La Latina** (S. 121) Im mittelalterlichen *barrio* (Viertel) La Latina durch die Tapas-Bars ziehen.

5 **Chocolatería de San Ginés** (S. 129) Frühmorgens *chocolate con churros* (frittiertes Schmalzgebäck, das in heiße Schokolade getaucht wird) bestellen.

6 **Estadio Santiago Bernabéu** (S. 138) Eine sportliche Pilgerreise unternehmen und den Stars von Real Madrid zujubeln.

7 **Teatro Joy Eslava** (S. 129) In den weltberühmten Nachtclubs der Stadt die ganze Nacht hindurch tanzen.

8 **Café de la Iberia** (S. 153) Im überaus charmanten Chinchón Lammbraten genießen.

C de María de Molina
Gregorio Marañón
6 Estadio Santiago Bernabéu
Intercambiador de Avenida de América
Av de América
C de Francisco Silvela
Paseo del General Martínez Campos
Glorieta de Emilio Castelar
CASTELLANA
Iglesia
CHAMBERÍ
Estación de Chamberí
Paseo de Eduardo Dato
Rubén Darío
Núñez de Balboa
C de Juan Bravo
Diego de León
Bilbao
C de Luchana
C de Santa Engracia
ALMAGRO
Paseo de la Castellana
SALAMANCA
C del Príncipe de Vergara
Núñez de Balboa
Lista
C de Sagasta
Alonso Martínez
Museo Taurino (960 m): Plaza de Toros Monumental de Las Ventas (960 m)
Tribunal
Colón
Serrano
RECOLETOS
Velázquez
C de Goya
Goya
C de Alcalá
Goya
GOYA
C de Hortaleza
Chueca
CHUECA
Paseo de los Recoletos
Recoletos
Recoletos
Príncipe de Vergara
C de O'Donnell
JUSTICIA
Gran Vía
Gran Vía
Banco de España
siehe Karte Salamanca (S. 106)
Ibiza
Sevilla
Monument to Alfonso XII
Parque del Buen Retiro
Paseo del Prado
RETIRO
Fuente Egipcia
Plaza de Santa Ana
3
Palacio de Velázquez
1 Museo del Prado
Palacio de Cristal
Jardines del Arquitecto Herrero Palacios
Av de Menéndez Pelayo
siehe Karte Sol, Santa Ana & Huertas (S. 90 f.)
El Ángel Caído
La Rosaleda (Rosengarten)
Plaza del Niño Jesús
La Rosaleda
Plaza de Lavapiés
Atocha
Puerta de Dante
LAVAPIÉS
Lavapiés
Café de la Iberia 8
siehe Karte El Retiro & die Kunstmuseen (S. 94)
Atocha Renfe
Paseo de la Reina Cristina
Av de Menéndez Pelayo
Av del Mediterráneo
Ronda de Valencia
Av de la Ciudad de Barcelona
Real Fábrica de Tapices
C de Cavanilles
Embajadores
Estación de Atocha
Menéndez Pelayo
C de Embajadores
Paseo de Santa María de la Cabeza
Paseo de las Delicias
C de Méndez Álvaro
Palos de la Frontera
C de Ancora
Pacífico
C del Doctor Esquerdo

Stadtviertel im Überblick

❶ Plaza Mayor & das königliche Madrid (S. 76)

Im pulsierenden mittelalterlichen Zentrum der Stadt nahm die Geschichte Madrids ihren Anfang. Hier wurde die Stadt zum Sitz der königlichen Macht und hier strahlte die Pracht des imperialen Spaniens am prunkvollsten mit seinen Palästen, Kirchen, Plätzen und Klöstern. Architektonisch hat diese Gegend am meisten zu bieten. Dazu gibt's jede Menge Einkaufsmöglichkeiten und Kulinarisches zu entdecken.

❷ La Latina & Lavapiés (S. 82)

La Latina vereint die besten Tapas-Bars, Boutiquen und eine mittelalterliche Straßenlandschaft mit eleganten Kirchen. Die Calle de la Cava Baja gehört zu den beliebtesten Straßen der Stadt, wenn es um Tapas geht. Lavapiés ist eines der ältesten *barrios* (Viertel) und das Zentrum des multikulturellen Madrids. Über beide Viertel erstreckt sich der Flohmarkt El Rastro, der immer sonntags stattfindet.

❸ Sol, Santa Ana & Huertas (S. 86)

Die engen und belebten Straßen sind für ihr pulsierendes Nachtleben bekannt, das nie zu enden scheint. Auf der herrlichen Plaza de Santa Ana im Barrio de las Letras an der Grenze zu Sol schlägt Madrids Herz. Hier findet sich alles, was für Madrid typisch ist: tolle Einkaufs-, Essens- und Ausgehmöglichkeiten.

❹ El Retiro & die Kunstmuseen (S. 88)

Im Norden der Plaza de la Cibeles, entlang des Paseo del Prado, reihen sich Madrids beliebteste Sehenswürdigkeiten aneinander. Die Tempel der Hochkultur, wie das Museo del Prado, Museo Thyssen-Bornemisza und Centro de Arte Reina Sofía, gehören zu den angesehensten Kunstgalerien der Welt. Auf dem Hügel östlich davon erstrecken sich die staatlichen Gärten des Parque del Buen Retiro; sie machen diese Gegend zu einer der schönsten in ganz Madrid, wo man gern ein paar Stunden verbringt.

❺ Salamanca (S. 104)

Das *barrio* Salamanca ist das exklusivste Viertel der Stadt. Nirgendwo sonst in der Hauptstadt findet man solche stattlichen Villen, die sich den Platz mit lokalen und internationalen Designer-Boutiquen teilen. Darüber hinaus gibt's zahlreiche gute Restaurants, Designer-Tapas-Bars sowie kleinere Museen und Galerien.

❻ Malasaña & Chueca (S. 105)

Die beiden innerstädtischen *barrios* Malasaña und Chueca repräsentieren das volksnahe Madrid, denn hier lernt man eher das Alltagsleben der *madrileños* (Leute aus Madrid) kennen, anstatt eine Liste der typischen Sehenswürdigkeiten abzuarbeiten. Die zwei *barrios* sind persönlichere Orte, in denen man wunderbar feiern, shoppen, Restaurants besuchen und in das wahre Leben der Stadt eintauchen kann.

❼ Parque del Oeste & im Norden der Stadt (S. 108)

Im Norden findet man einige der attraktivsten *barrios der Stadt, darunter* Chamberí. Wer hier unterwegs ist, entflieht dem Stadtzentrum für eine Weile und erlebt, wie die Einheimischen das Leben in ihrer Stadt genießen. Das Estadio Santiago Bernabéu ist ein Highlight für Sportfans und der Parque del Oeste eine wunderschöne, weitläufige grüne Oase. Darüber hinaus tragen faszinierende Sehenswürdigkeiten – von Fresken von Goya bis zu einem ägyptischen Tempel – zum Reiz dieser Gegend bei.

für 2016 Rio, und für 2020 rangierte es unter „ferner liefen". Als das spanische Fußballteam im Juli 2010 den Weltmeisterpokal nach Hause holen konnte, war die Stadt zudem Schauplatz eines der größten Feste in der spanischen Geschichte. Ähnlich ausgelassen ging es zwei Jahre später zu, als die spanische Nationalmannschaft auch die EM 2012 gewann und damit die dringend nötige gute Laune in die stark von der Wirtschaftskrise gebeutelte Metropole brachte.

Sehenswertes

Madrids Sehenswürdigkeiten sind vielfältig und zahlreich, viele der Highlights drehen sich aber um die Kunst. Die Galerien der Stadt sind weltbekannt und man kann locker eine Woche damit zubringen, sie zu entdecken. Ausgezeichnete Museen, wunderschöne Parks, ein beeindruckender Königspalast und einige der schönsten Plätze Europas lassen Besucher tief in das Lebensgefühl der Stadt eintauchen.

Plaza Mayor & das königliche Madrid

Wie man es vom Zentrum des alten Madrid erwarten würde, beherbergt dieses Gegend zahllose Sehenswürdigkeiten der Stadt: den Königspalast, prunkvolle Gärten (Jardines de Sabatini und der Campo del Moro), opulente Klöster und berühmte Plätze (Plaza Mayor, Plaza de la Villa, selbst die Plaza de la Puerta del Sol), deren Architektur so betörend ist wie das pulsierende Leben auf der Straße. Eine Kathedrale, die diesen Namen verdient, gibt's nicht. Wer sich für die religiöse Vergangenheit der Stadt interessiert, findet aber in den kleineren Kirchen, darunter zwei der ältesten von Madrid, genügend Anlaufpunkte.

★ Palacio Real — PALAST

(Karte S. 78 f.; ☎ 914548800; www.patrimonionacional.es; Calle de Bailén; Erw./ermäßigt 11/6 €, Führer/Audioguide 4/3 €, EU-Bürger Mo–Do letzte 2 Std. frei; ⏲ April–Sept. bis 18 Uhr, Okt.–März 10–18 Uhr; Ⓜ Ópera) Der prunkvolle Palacio Real ist ein echtes Schmuckstück, wird aber nur gelegentlich für royale Zeremonien genutzt. Die Königsfamilie zog schon vor Jahren in den bescheideneren Palacio de la Zarzuela um.

Als der *alcázar* Weihnachten 1734 niederbrannte, beschloss Philipp V., der erste der Bourbonenkönige, einen Palast zu errichten, der seine europäischen Gegenstücke in den Schatten stellen sollte. Allerdings starb er vor der Fertigstellung des Bauwerks. Vielleicht ist das der Grund, warum der Barockkoloss im italienischen Stil „nur" 2800 Räume hat – gerade mal ein Viertel so viel wie ursprünglich geplant.

Der Rundgang (mit Führer oder Audioguide möglich) führt durch 50 Zimmer, in denen eine ganz passable Auswahl an Gemälden von Goya sowie 215 überreich verzierte Uhren und fünf Stradivaris hängen, die bei Konzerten und Bällen genutzt werden. Die **Haupttreppe** ist ein grandioses Bekenntnis zur imperialen Macht. Sie führt in den Salon der Leibgarde und in den prunkvollen **Salón del Trono** (Thronsaal), dessen Wände mit scharlachrotem Samt bespannt sind und dessen Decke von Tiepolo gestaltet wurde. Direkt dahinter liegt der **Salón de Gasparini** mit einer erlesenen Stuckdecke und einer Wandbespannung aus bestickter Seide.

Einen Besuch lohnt auch die **Farmacia Real** (Karte S. 78 f.; Palacio Real) am Südende des Patios, der als **Plaza de la Armería** (oder Plaza de Armas) bekannt ist. Auf der Westseite des Platzes befindet sich die **Armería Real** (Königliche Waffensammlung; Karte S. 78 f.; www.patrimonionacional.es; Plaza de la Armería, Palacio Real; Eintritt inkl. Palacio Real; ⏲ April–Sept. 10–20 Uhr, Okt.–März bis 18 Uhr), eine glänzende Sammlung von Rüstungen und Waffen. Viele Exponate stammen aus dem 16. und 17. Jh.

Plaza de Oriente — PLATZ

(Karte S. 78 f.; Plaza de Oriente; Ⓜ Ópera) Ein Königspalast, der einst im Stil eines spanischen Versailles errichtet wurde, elegante Cafés mit darüberliegenden teuren Apartments, das Opernhaus Teatro Real (S. 136), eines der kulturellen Highlights des Landes, dazu ein herrlicher Ausblick bei Sonnenuntergang: Willkommen auf der Plaza de Oriente, der dynamischen, lebendigen Verkörperung des imperialen Madrids.

Mitten auf dem Platz vor dem Palast befindet sich die von Velázquez entworfene **Reiterstatue von Philipp IV.** (Karte S. 78 f.; Ⓜ Ópera). Von hier aus genießt man eine tolle Aussicht in alle Himmelsrichtungen. Viele Menschen erstaunt, dass die schwere Figur nur auf zwei Beinen steht und trotzdem das Gleichgewicht behält. Das funktioniert deshalb, weil die stützenden Hinterbeine des Pferdes massiv sind und die Vorderläufe hohl. Die Idee stammt von Galileo Galilei. In der Nähe verteilen sich rund 20 Marmorstatuen von früheren Monarchen und Adli-

HIGHLIGHT
PLAZA MAYOR

Es ist nicht schwer, sich auf der Plaza Major in diese Stadt zu verlieben. Hier schlägt Madrids gewaltiges Herz und hier fanden die wichtigsten historischen Ereignisse statt. Madrids grenzenlose allgegenwärtige Energie wabert über das Kopfsteinpflaster unter den ockerfarbenen Fassaden, schmiedeeisernen Balkonen, Fresken und herrschaftlichen Türmen.

NICHT VERSÄUMEN

- Türme & Schieferdächer
- Real Casa de la Panadería
- Märkte

PRAKTISCH & KONKRET

- Karte S. 78 f.
- Ⓜ Sol

Eine bedeutende Vergangenheit

Welch ein geschichtsträchtiger Ort! Die Plaza wurde 1619 eingeweiht und entsprechend bedeutungsvoll war die erste öffentliche Zeremonie: Man sprach hier San Isidro Labrador (Isidor der Bauer), Madrids Schutzpatron, selig. Danach schien der Platz kontrovers diskutierte Ereignisse geradezu magisch anzuziehen. Bis 1878 fanden vor bis zu 50 000 dicht gedrängten Zuschauern und unter den Augen des Königshauses auf den Balkonen immer wieder Stierkämpfe statt, oft anlässlich royaler Hochzeiten oder Geburten. Noch viel grausamer ging es allerdings bei den *auto-da-fés* (rituelle Verurteilungen Andersgläubiger während der Spanischen Inquisition) mit anschließenden Hinrichtungen zu. An der Nordseite des Platzes wurden die Verbrennungen auf dem Scheiterhaufen und die Exekutionen mit der Garrotte vorgenommen, an der Südseite stand der Galgen.

Eine weniger bedeutende Vergangenheit

Nicht alle Ereignisse auf der Plaza waren bedeutungsvoll; so wie er heute von Geschäften umgeben ist, war er einst von Essensverkäufern bevölkert. 1673 erließ König Karl II. einen Erlass, der es den Händlern erlaubte, Planen über ihre Stände zu spannen. So konnten sie ihre Waren und sich selbst vor dem Müll und Abwasser schützen, das die Anwohner von oben aus ihren Fenstern kippten! Bis weit ins 20. Jh. hinein fuhr die Straßenbahn über die Plaza Mayor.

Real Casa de la Panadería

Die kunstvollen Fresken der **Real Casa de la Panadería** (Royal Bakery; Karte S. 78 f.; Plaza Mayor 27) aus dem 17. Jh. gehören zu den schönsten Sehenswürdigkeiten der Stadt. Die heutigen Fresken stammen von 1992 und sind das Werk des Künstlers Carlos Franco, dessen Darstellungen von Sternzeichen und Göttern (z. B. Kybele) eine eindrucksvolle Kulisse schaffen. Die Fresken wurden im selben Jahr fertiggestellt, als Madrid Europäische Kulturhauptstadt war. Heute befindet sich in dem Gebäude die zentrale Touristeninformation der Stadt.

Türme & Schieferdächer

Im 17. Jh. entwarf Juan Gómez de Mora die Plaza im damals vorherrschenden Herrera-Stil (benannt nach dem Baumeister der spanischen Renaissance, Juan de Herrera). Die Türme und Schieferdächer zeigen diesen typischen Madrider Stil am deutlichsten; die dunklen Schattierungen werden durch die warmen ockerfarbenen Wohnhäuser mit ihren 237 schmiedeeisernen Balkonen gut ausgeglichen.

Plaza Mayor & das königliche Madrid

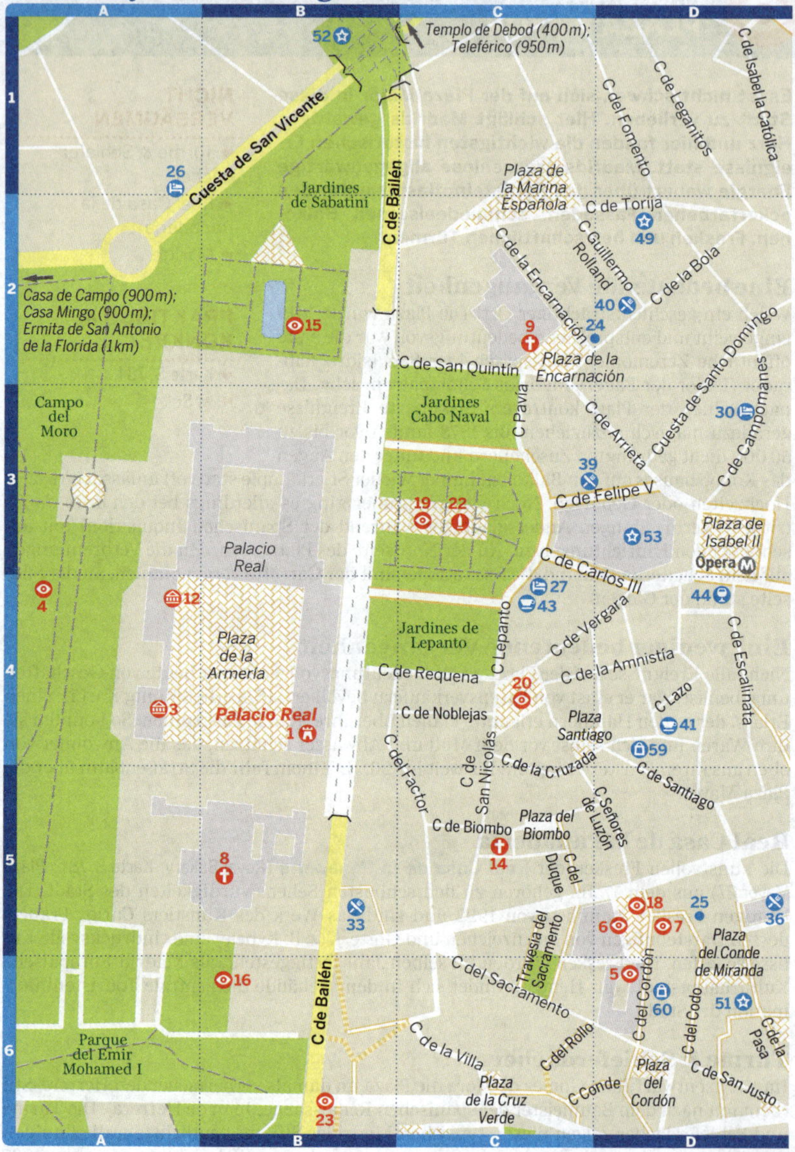

gen. Eine Legende besagt, dass sie nachts von ihren Sockeln steigen und sich die Beine vertreten, wenn niemand zusieht.

Die angrenzenden **Jardines Cabo Naval** sind ein toller Ort, um den Sonnenuntergang zu genießen.

Jardines de Sabatini GÄRTEN

(Karte S. 78 f.; ⏲ Mai–Sept. 9–22 Uhr, Okt.–April bis 21 Uhr; Ⓜ Ópera) GRATIS Die französisch inspirierten Jardines de Sabatini liegen nördlich des Palacio Real, eines Palasts mit opulenten Parkanlagen.

Catedral de Nuestra Señora de la Almudena

KATHEDRALE

(Karte S. 78 f.; ☎ 915 42 22 00; www.catedraldelaalmudena.es; Calle de Bailén; Kathedrale & Krypta gegen Spende, Museum Erw./Kind 6/4 €; ⏲ Mo–Sa 9–20.30 Uhr, Museum Mo–Sa 10–14.30 Uhr; Ⓜ Ópera) Paris hat die Notre Dame und Rom den Petersdom: Tatsächlich besitzt fast jede europäische Stadt, die etwas auf sich hält, eine Kathedrale als Markenzeichen und pompöses Denkmal ihrer glorreichen christlichen Vergangenheit. Nicht so Madrid. Zwar harmoniert die Fassade der Catedral de Nuestra Señora de la Almudena mit dem angrenzenden Palacio Real, im Inneren ist sie jedoch verwinkelt und wenig reizvoll. Auch die moderne farbige Deckengestaltung dient nicht gerade dazu, dem Gebäude etwas von der altertümlichen Würde zu verleihen, die für andere große Kirchen typisch ist.

Muralla Árabe

STADTMAUER

(Karte S. 78 f.; Cuesta de la Vega; Ⓜ Ópera) Hinter der Apsis der Kathedrale in der Cuesta de la Vega ist ein kurzer Abschnitt der originalen „arabischen Mauer" zu sehen, die von Madrids frühmittelalterlichen maurischen Herrschern errichtet wurde. Ein Teil davon stammt noch aus dem 9. Jh., als die ursprüngliche maurische Festung entstand. Andere Teile datieren ins 12. und 13. Jh., als die Stadt bereits in christlicher Hand war.

Plaza de la Villa

PLATZ

(Karte S. 78 f.; Plaza de la Villa; Ⓜ Ópera) Diese intime kleine Plaza ist eine der hübschesten der Stadt. Sie wird an drei Seiten von wunderschön erhaltenen Beispielen der *barroco madrileño* des 17. Jhs. (Madrider Barock – eine ansprechende Mischung aus Backsteinen, freiliegendem Mauerwerk und Schmiedeeisen) gesäumt. Der Stadtrat residierte hier bereits im Mittelalter, ist inzwischen jedoch in den großen Palacio de Cibeles auf der Plaza de la Cibeles umgezogen (S. 95).

An der Westseite des Platzes befindet sich die ehemalige Stadthalle aus dem 17. Jh. (Karte S. 78 f.; Ⓜ Ópera), ein typisches Gebäude des Habsburger Barock mit schiefergedeckten Turmspitzen im Herrera-Stil. Gegenüber liegt die eher gotisch geprägte **Casa de los Lujanes** (Karte S. 78 f.; Ⓜ Ópera). In dem Ziegelsteinturm soll der französische Monarch Franz I. nach seiner Gefangennahme in der Schlacht bei Pavia (1525) eingesperrt gewesen sein. Als der berühmte Häftling bei seinem Gang die Calle Mayor hinab vorgeführt wurde, beeindruckte der prachtvoll gekleidete Franzose der Legende nach die Schaulustigen mehr als sein etwas farbloser Kontrahent, der spanisch-habsburgische Kaiser Karl V., sehr zu dessen Leidwesen. Die **Casa de Cisneros** (Karte S. 78 f.; Plaza de la Villa; Ⓜ Ópera) im plateres-

Plaza Mayor & das königliche Madrid

ken Stil (spanischer Barock des 15. und 16. Jhs.) wurde 1537 erbaut und später im Renaissancestil umgestaltet. Sie ist ein echter Blickfang.

Palacio Gaviria MUSEUM

(Karte S. 90 f.; ☎ 902 044 226; Calle del Arenal 9; Erw./Kind 12 €/frei; ⏲ So–Do 10–20, Fr & Sa bis 21 Uhr; Ⓜ Sol) Bis vor Kurzem war der italienisch inspirierte Palast aus dem 19. Jh. ein Club. Seit dem gelungenen Umbau in ein dynamisches Kunstzentrum finden hier bedeutende zeitgenössische Ausstellungen statt, darunter in der Vergangenheit eine Escher-Retrospektive und die Werke von Alphonse Mucha. Der Renaissance-Palast mit seinen außergewöhnlichen Fresken, in Kombination mit qualitativ hochwertigen Ausstellungen, ist eine der spannenderen Ergänzungen zu Madrids künstlerischem Portfolio.

Campo del Moro GRÜNANLAGE

(Karte S. 78 f.; ☎ 91 454 88 00; Paseo de la Virgen del Puerto; ⏲ April–Sept. 10–18 Uhr, Okt.–März bis 18 Uhr; Ⓜ Príncipe Pío) GRATIS Die Grünanlage unterhalb des Palacio Real ist den Gärten rund um das Schloss Versailles nachempfunden. Besonders gut ist dies mit der von Ost nach West verlaufenden **Pradera** gelungen, einem üppig mit Gras bewachsenen Areal vor der Kulisse des Palacio Real. Herzstück der Anlage ist der elegante **Fuente de las Conchas** (Muschelspringbrunnen). Er befindet sich auf halber Höhe der Pradera und wurde von Ventura Rodríguez entworfen, dem Goya der madrilenischen Architekturszene des 18. Jhs. Der einzige Eingang liegt am Paseo de la Virgen del Puerto.

Convento de las Descalzas Reales KLOSTER
(Kloster der Königlichen Barfüßerinnen; Karte S. 78 f.; www.patrimonionacional.es; Plaza de las Descalzas 3; 6 €, inkl. Convento de la Encarnación 8 €; Di–Sa 10–14 & 16–18.30, So 10–15 Uhr; M Ópera, Sol) Die gefängnisähnlichen Mauern des Convento de las Descalzas Reales lassen nicht vermuten, dass sich hinter der Platereskfassade ein prachtvolles Kloster verbirgt. Bei der obligatorischen Führung (auf Spanisch) gelangen Teilnehmer über ein mit farbenfrohen Fresken verziertes Renaissance-Treppenhaus zum oberen Teil des Kreuzgangs. Das Gewölbe wurde von Claudio Coello bemalt, einem der wichtigsten Künstler der Madrider Schule des 17. Jhs. Seine Werke zieren außerdem San Lorenzo de El Escorial.

Iglesia de San Ginés KIRCHE
(Karte S. 78 f.; Calle del Arenal 13; Mo–Sa 8.45–13 & 18–21, So 9.45–14 & 18–21 Uhr; M Sol, Ópera) GRATIS Nördlich der Plaza Mayor erhebt sich eine weitere alte Kirche, die im 14. Jh. errichtete Iglesia de San Ginés. Seine heutige Form erhielt das Gebäude 1645, allerdings musste es nach einem Brand im Jahre 1824 weitgehend rekonstruiert werden. Innen befinden sich einige wertvolle Gemälde wie El Grecos *Vertreibung der Geldwechsler aus dem Tempel* (1614), das wunderschön in Szene gesetzt ist. Zwischen Glas und Leinwand liegen nur 6 mm, um Reflexionen zu vermeiden.

Schon seit Jahrhunderten spielt die Kirche eine wichtige Rolle im Leben Madrids. Man nimmt an, dass vor der Ankunft der Christen im Jahr 1085 eine mozarabische Gemeinschaft (Christen in einem von Muslimen bevölkerten Gebiet) an dem Fluss lebte, an dem später die Calle del Arenal gebaut wurde, und dass ihre Gemeindekirche genau an diesem Ort stand. Spaniens wichtigster Theaterautor Lope de Vega hat hier geheiratet und der Schriftsteller Francisco de Quevedo wurde hier getauft.

Convento de la Encarnación KLOSTER
(Karte S. 78 f.; www.patrimonionacional.es; Plaza de la Encarnación 1; 6 €, inkl. Convento de las Descalzas Reales 8 €; Di–Sa 10.30–14 & 16–18.30, So 10–15 Uhr; M Ópera) Kaiserin Margarete von Österreich gründete dieses in einem Herrenhaus aus dem 17. Jh. im Madrider Barockstil (einer attraktiven Mischung aus Ziegel, unverputztem Stein und Schmiedeeisen) untergebrachte Kloster. Nach wie vor leben dort einige Nonnen des Augustinerordens. Die umfassende Kunstsammlung stammt größtenteils aus dem 17. Jh. Zu den vielen Silber- und Goldreliquien zählt eine mit dem Blut des heiligen Pantaleón, das sich angeblich jedes Jahr am 27. Juni verflüssigt. Das Kloster liegt an dem hübschen Platz in der Nähe des Palacio Real.

Iglesia de San Nicolás de los Servitas KIRCHE
(Karte S. 78 f.; 91 559 40 64; Plaza de San Nicolás 6; Mo 8–13.30 & 17.30–20.30, Di–Sa 8–9.30 & 18.30–20.30, So & Feiertage 9.30–14 & 18.30–21 Uhr; M Ópera) Von der Calle Mayor ein Stück den Berg hinauf versteckt sich diese intime kleine Kirche und ist das älteste noch erhaltene Gotteshaus der Stadt. Angeblich entstand sie an dem Standort der zweiten Moschee des muslimischen Mayrit. Auffälligstes Merkmal ist der restaurierte Glockenturm aus dem 12. Jh. im Mudejarstil, große Teile der heutigen Konstruktion gehen auf das 15. Jh. zurück. Das Gewölbe stammt aus der Spätgotik, die hübsche Holzdecke, die 1936 einen Brand überstand, etwa aus derselben Zeit. Die Öffnungszeiten können variieren.

Plaza de España PLATZ
(Karte S. 110 f.; M Plaza de España) Man weiß nicht so recht, was man von diesem eigenartig unscheinbaren Platz halten soll. Sein Herzstück ist eine 1927 aufgestellte Statue von Cervantes und – zu Füßen des Schriftstellers – eine Bronzestatue seiner weltberühmten Figuren Don Quichotte und Sancho Panza. Das 1953 erbaute **Edificio de España** (Gebäude Spaniens) an der Nordseite zeugt von Francos totalitärem Minimalismus und erinnert an den schmucklosen sowjetischen Monumentalismus. Nördlich davon steht der 35 Stockwerke hohe **Torre de Madrid** (Turm von Madrid).

Palacio de Santa Cruz HISTORISCHE GEBÄUDE
(Karte S. 78 f.; Plaza de la Provincia; M Sol) Das barocke Gebäude mit seinen auffälligen grauen Schiefertürmen an der südöstlichen Ecke der Plaza Mayor herrscht über die Plaza de Santa Cruz und beherbergt das **Ministerio de Asuntos Exteriores** (Außenministerium), weshalb es nur von außen bewundert werden kann. Es wurde 1643 erbaut und diente ursprünglich als Gerichtsgefängnis.

La Latina

La Latina & Lavapiés

Auch wenn es Ausnahmen gibt, bieten diese zwei *barrios* (Viertel) eher Erlebniskultur als traditionelle Sehenswürdigkeiten. La Latina wartet aber mit einigen hübschen Kirchen und einem der hübschesten Plätze Madrids auf, der Plaza de la Paja. In den verwinkelten Gassen von La Morería reist man in die ferne Vergangenheit – und dann gibt es da noch El Rastro, Madrids Vorzeige-Flohmarkt und Ausgangspunkt für einige der unterhaltsamsten Traditionen Madrids.

★ Basílica de San Francisco El Grande

KIRCHE

(Karte S. 82; Plaza de San Francisco 1; Erw./ermäßigt 5/3 €; ⌚ Gottesdienst Mo–Sa 8–10.30 Uhr, Museum Sept.–Juni Di–So 10.30–12.30 & 16–18 Uhr, Juli & Aug. Di–So 10.30–12.30 & 17–19 Uhr; Ⓜ La Latina, Puerta de Toledo) Über der südwestlichen Ecke von La Latina thront diese imposante barocke Basilika, eine der prachtvollsten alten Kirchen Madrids. Ihre mit extravaganten Fresken geschmückte Kuppel soll mit 56 m Höhe und 33 m Durchmesser die größte Spaniens und die viertgrößte der Welt sein.

Angeblich errichtete Franz von Assisi 1217 hier eine Kapelle. Der jetzige Bau stammt von Francesco Sabatini, der auch die Puerta de Alcalá (S. 103) entwarf und den Palacio Real vollendete. Sein Grundriss für die Kirche ist außergewöhnlich: Das runde Kirchenschiff wird von Kapellen gesäumt, über denen imposante Marmorstatuen der zwölf Apostel wachen. Darüber, am Sockel der Kuppel, thronen zwölf Propheten aus Holz. Jede der von Fresken gezierten Kapellen ist in einem anderen historischen Stil gestaltet, allerdings machen sich die meisten Besucher direkt zur Capilla de San Bernardino im neoplateres-

La Latina

Highlights

1 Basílica de San Francisco El Grande ... A3
2 El Rastro ... D4

Sehenswertes

3 Basílica de Nuestra Señora del Buen Consejo ... D1
4 Capilla del Obispo ... B2
5 Iglesia de San Andrés ... B2
6 Iglesia de San Pedro El Viejo ... C1
7 Jardín del Príncipe Anglona ... B1
8 Jardines de Las Vistillas ... A1
9 La Morería ... A1
10 Museo de San Isidro ... B2
11 Plaza de la Paja ... B1

Schlafen

12 Posada del Dragón ... C1
13 Posada del León de Oro ... C1

Essen

14 Almacén de Vinos ... B4
15 Almendro 13 ... C1
16 Bar Santurce ... D3
17 Casa Lucas ... C2
18 Casa Lucio ... C2
19 Enotaberna del León de Oro ... C1
20 Juana La Loca ... B2
21 La Chata ... C1
22 La Musa Latina ... B1
23 Malacatín ... D3
24 Posada de la Villa ... C1
25 Taberna Matritum ... C2
26 Taberna Txakolina ... C1
27 Txirimiri ... B2

Ausgehen & Nachtleben

28 Boconó Specialty Coffee ... D3
29 Café del Nuncio ... C1
30 Delic ... B1
31 El Bonanno ... B2
32 Taberna El Tempranillo ... C2

Unterhaltung

33 ContraClub ... A1
34 Corral de la Morería ... A1

Shoppen

35 Aceitunas Jiménez ... D3
36 Botería Julio Rodríguez ... B3
37 De Piedra ... C3
38 El Rastro ... D4
39 Helena Rohner ... C1

ken Stil auf, deren zentrales Fresko Goya in einer frühen Phase seiner Karriere malte. Ungewöhnlich ist die Tatsache, dass Goya selbst Teil der Szene ist (rechts im gelben Hemd).

Die Gänge hinter dem Hochaltar, die nur im Rahmen einer Führung zugänglich sind, säumen Kunstwerke aus dem 17. bis 19. Jh. Zu den Highlights gehören ein Gemälde von Francisco Zurbarán und ein weiteres von Francisco Pacheco, dem Schwiegervater und Lehrer von Velázquez. In der Sakristei sollte man seinen Blick auf die hübsche *sillería* (kunstvolle Walnussholzsitze, auf denen die Würdenträger der Kirche zusammenkamen) im Renaissancestil richten.
Zu den Öffnungszeiten gibt es Folgendes zu beachten: Während der Gottesdienste muss man keinen Eintritt zahlen, allerdings ist das Museum zu der Zeit geschlossen und die Lichter in der Capilla de San Bernardino, die Goyas Werk anstrahlen, sind nicht eingeschaltet. Zu anderen Zeiten müssen sich Besucher einer spanischsprachigen Führung (im Eintrittspreis inbegriffen) anschließen. Freitagnachmittags und samstags finden manchmal Hochzeiten statt; auch in solchen Fällen muss man sich auf geänderte Öffnungszeiten einstellen.

★ El Rastro — MARKT

(Karte S. 82; Calle de la Ribera de los Curtidores; So 8–15 Uhr; M La Latina) Es ist in Madrid Tradition, den Sonntagmorgen auf dem Rastro zu verbringen, der den Hügel hinab und in zahlreichen umliegenden Straßen veranstaltet wird. Die vielen Verkäufer haben z. B. billige Kleidung, Taschen, alte Flamenco-Platten und alte Fotografien der Stadt im Angebot, außerdem gibt's jede Menge gefälschte Designertaschen, schmuddelige T-Shirts sowie Haushalts- und Elektrowaren. Wer gut sucht, entdeckt manchmal sogar echte Schätze wie ein verlorenes Meisterwerk oder eine Underwood-Schreibmaschine.

Im 17. und 18. Jh. war der quirlige sonntägliche El Rastro vor allem ein Fleischmarkt (*rastro* bedeutet „Spur" und bezieht sich auf die Blutspur, die bei dem Transport von Tieren den Berg hinunter entstand). An die Schlachter-Vergangenheit erinnert die durch den Markt führende Straße Calle de la Ribera de los Curtidores, die „Gerberallee". Sonntagmorgens tummelt sich hier die ganze Stadt auf der Suche nach einem Schnäppchen.

Achtung: Taschendiebe fühlen sich auf dem Flohmarkt sehr wohl, deshalb sollte man seine Habseligkeiten eng am Körper tragen und Wertsachen sicher aufbewahren.

Plaza de la Paja PLATZ

(Strohplatz; Karte S. 82; Ⓜ La Latina) Hinter der Iglesia de San Andrés fällt die hübsche Plaza de la Paja in das Gassengewirr ab, das einst Madrids maurisches Viertel beherbergte. Im 12. und 13. Jh. fand auf dem Platz der größte Markt der Stadt statt. Am oberen Ende thront die **Capilla del Obispo** (Karte S. 82; ☎ 91 559 28 74; reservascapilladelobispo@archimadrid.es; Plaza de la Paja; 2 €; ⊙ Mo & Mi 18–20.30, Di & Do 12–13.30 & 18–20.30, Fr 12–13.30 & 18–21.30, Sa 12–13.30 & 20–22, So 12–14 & 18.45–20.30 Uhr; Ⓜ La Latina), während sich unten (an der Nordseite) der ummauerte **Jardín del Príncipe Anglona** (Karte S. 82; Plaza de la Paja; ⊙ April–Okt. 10–22 Uhr, Nov.–März bis 18.30 Uhr; Ⓜ La Latina), ein idyllischer Garten aus dem 18. Jh., erstreckt.

Matadero Madrid KULTURZENTRUM

(☎ 91 252 52 53; www.mataderomadrid.com; Paseo de la Chopera 14; Ⓜ Legazpi) GRATIS Das beeindruckende, vielseitig genutzte Kulturzentrum für zeitgenössische Kunst liegt südlich des Stadtzentrums in den Gebäuden des ehemalige Viehmarkts und Schlachthofs von Arganzuela. Der Matadero erstreckt sich über 148 300 Quadratmeter und bietet verschiedenste Veranstaltungen: moderne Theater-, Musik- und Tanzaufführungen sowie Ausstellungen zu Architektur, Mode, Literatur und Kino. Der lebhafte Ort in der Nähe des landschaftlich neu angelegten Flussufers bietet eine gute nicht-touristische Alternative zum Sightseeing in Madrid und vor allem die perfekte Gelegenheit, die neusten avantgardistischen Theaterstücke und Ausstellungen zu sehen.

La Morería STADTVIERTEL

(Karte S. 82; Ⓜ La Latina) Das Gebiet nordwestlich der Iglesia de San Andrés bis zum Viadukt war das Herz der *morería* (maurisches Viertel). Das Labyrinth aus gewundenen Straßen und hügeligen Gassen verströmt noch immer einen Hauch der Atmosphäre einer nordafrikanischen Medina. Hier lebte Magerits maurische Gemeinde, nachdem die Stadt im 11. Jh. von den Christen zurückerobert worden war.

Viadukt & Calle de Segovia HISTORISCHE STÄTTE

(Karte S. 78 f.; Ⓜ Ópera) Hoch über der Calle de Segovia verbindet das Viadukt La Morería mit der Kathedrale und dem Königspalast. Es wurde im 19. Jh. erbaut und 1942 durch einen neueren Bau ersetzt. Die Absperrungen aus Plastik entstanden Ende der 1990er-Jahre, um Suizidsprünge zu verhindern. Vor Fertigstellung des Viadukts musste man bis zur Calle de Segovia hinunter- und auf der anderen Seite wieder hochlaufen, wenn man die Straße oder den Fluss überqueren wollte.

Jardines de Las Vistillas GRÜNANLAGE

(Karte S. 82; Ⓜ Ópera) Von La Morería westlich über die Calle de Bailén erstrecken sich die *terrazas* (Freiluftcafés) der Jardines de Las Vistillas. Wer Lust auf einen Drink hat, findet hier die schönsten Ausblicke der Stadt gen Sierra de Guadarrama vor. Im Bürgerkrieg bombardierten Nationalisten Las Vistillas von der Casa de Campo; die Republikaner reagierten von ihrem Bunker aus mit Granatfeuer.

Iglesia de San Andrés KIRCHE

(Karte S. 82; Plaza de San Andrés 1; ⊙ Mo–Sa 9–13 & 18–20, So 10–13 Uhr; Ⓜ La Latina) Die stolze Kirche ist eher imposant als schön. Im Bürgerkrieg wurde sie stark beschädigt, danach jedoch umfassend restauriert. Strenge dunkle Säulen mit Blattgold-Kapitellen an der Rückwand erstrecken sich bis zur Decke in Rosa-, Gelb- und Grüntönen mit kunstvollen floralen Motiven und Cherubim, die in jeder Ecke und in jedem Winkel lauern.

Museo de San Isidro MUSEUM

(Museo de los Origenes; Karte S. 82; ☎ 91 366 74 15; www.madrid.es; Plaza de San Andrés 2; ⊙ Mitte Juni–Mitte Sept. Di–So 10–19 Uhr, sonst Di–So 9.30–20 Uhr, Ⓜ La Latina) GRATIS Das interessante Museum steht dort, wo San Isidor Labrador, der Schutzheilige von Madrid, um das Jahr 1172 seine letzten Tage verlebte. Ein besonderes Highlight ist das große Modell, das auf Pedro Teixeiras berühmtem Madrider Stadtplan von 1656 basiert. Historisch sehr interessant (wenn auch optisch nicht besonders beeindruckend) ist der „Wunder-Brunnen“: Hier ließ der Heilige das Wasser sprudeln, um den Durst seines Herrn zu stillen. Ein anderes Wunder erzählt davon, wie der Sohn des Herrn des Heiligen in einen Brunnen fiel. Isidro betete daraufhin so lange, bis das Wasser stieg und den Sohn hinauf in die Sicherheit hob.

Basílica de Nuestra Señora del Buen Consejo KIRCHE

(Catedral de San Isidro; Karte S. 82; ☎ 91 369 20 37; Calle de Toledo 37; ⊙ 7.30–13 & 18–21 Uhr; Ⓜ Tirso de Molina, La Latina) Über dem nördlichen Ende der pulsierenden Calle de Toledo, und durch die Torbögen der

MADRID IN …

… einem Tag

Ausgangspunkt ist die **Plaza Mayor** (S. 77) oder ein Frühstück mit *chocolate con churros* (Kakao mit frittiertem Schmalzgebäck) in der nahegelegenen **Chocolatería de San Ginés** (S. 129). Von da aus geht's weiter zur **Plaza de la Villa** (S. 79) und zur **Plaza de Oriente** (S. 76) auf einen Kaffee oder Wein im **Cafe de Oriente** (S. 129) und einen Besuch des **Palacio Real** (S. 76). Danach ein Mittagessen auf dem **Mercado de San Miguel** (S. 119), einem der innovativsten Orte zum Essen in Madrid. Den größten Teil des Nachmittags sollte man im **Museo del Prado** (S. 96) verbringen. Wenn man genug von der grandiosen Sammlung spanischer und europäischer Meisterwerke gesehen hat, geht's weiter zur **Iglesia de San Jerónimo El Real** (S. 103) und zum **Caixa Forum** (S. 103). Den Abend läutet man am besten mit einer Flamenco-Show im **Teatro Flamenco Madrid** (S. 137) ein, um danach ganz entspannt etwas im **Café del Real** (S. 129) oder im **Anticafé** (S. 129) zu trinken. Wer Lust auf eine lange Nacht hat, geht ins **Teatro Joy Eslava** (S. 129), eine Institution des Madrider Nachtlebens.

… zwei Tagen

Früh starten zum **Centro de Arte Reina Sofía** (S. 89), um dem großen Andrang zu entgehen. Danach geht's die ruhigen Straßen hinauf für ein paar entspannte Stunden im **Parque del Buen Retiro** (S. 93). Dann wieder hinab zur bewundernswerten **Plaza de la Cibeles** (S. 95). Nach dem Mittagessen im **Estado Puro** (S. 124), einer der kreativsten Tapas-Bars der Stadt, mit der Metro quer durch Madrid zu den Fresken von Goya in der **Ermita de San Antonio de la Florida** (S. 108). Von da aus zum **Templo de Debod** (S. 109) und zum **Parque del Oeste** (S. 109); beide sind wunderbare Orte für einen Spaziergang. Den Abend beginnt man am besten auf der **Plaza de Santa Ana** (S. 86) mit einem oder mehreren Getränken an einem Tisch im Freien, wenn das Wetter es zulässt. Nach einem weiteren Drink im **La Venencia** (S. 130) folgt Live-Jazz-Musik im wunderschönen **Café Central** (S. 137). Danach trinkt man mal wieder etwas im **El Imperfecto** (S. 130). Die Nacht ist immer noch jung – im **Costello Café & Niteclub** (S. 137) ist man richtig, wenn man Lust aufs Tanzen hat, und im **La Terraza del Urban** (S. 131), wenn man Lust auf Cocktails hat.

… drei Tagen

Den Vormittag des dritten Tages beginnt man in einer der weltberühmten Kunstgalerien Madrids, dem **Museo Thyssen-Bornemisza** (S. 88). Die Sammlung ist so groß, dass man leicht den ganzen Vormittag hier verbringen kann. Wer noch etwas Zeit übrig hat, sollte zum Prado oder Reina Sofía gehen. Danach Mittagessen im **Platea** (S. 125) für eine der aufregendsten kulinarischen Erfahrungen in Madrid. Von da aus geht's weiter Richtung Stierkampfarena **Plaza de Toros** (S. 104), bevor man dem **Museo Lázaro Galdiano** (S. 105) einen Besuch abstattet. Den restlichen Nachmittag kann man in der Calle de Serrano, der Calle de José Ortega y Gasset und den umliegenden Straßen shoppen gehen. Wenn der Abend hereinbricht, auf nach La Latina, wo man sich am besten so lange wie möglich in den Tapas-Bars in der **Calle de la Cava Baja** aufhält. Auch wer keinen Hunger hat, sollte bei einem Bier oder Wein die Atmosphäre genießen. Ein Wein in der **Taberna El Tempranillo** (S. 129) und ein Mojito (ein auf Rum basierender Cocktail) draußen auf der Plaza de la Paja at **Delic** (S. 129) sind ein guter Start in die bevorstehende Nacht.

Plaza Mayor sichtbar, thront diese imposante Kirche. Bis zur Fertigstellung der Catedral de Nuestra Señora de la Almudena (S. 79) im Jahr 1992 diente sie als Kathedrale der Stadt. Einheimische nennen die schlichte barocke Basilika, die im 17. Jh. als Hauptsitz der Jesuiten errichtet wurde, immer noch Catedral de San Isidro.

Die Basilika beherbergt die sterblichen Überreste von San Isidro, dem Schutzheiligen der Stadt (in der dritten Kapelle links vom Eingang). Sein wohl gut erhaltener Körper wird nur zu wenigen Gelegenheiten von hier weggebracht, z. B. 1896 und 1947, als er – in der Hoffnung, er würde Regen bringen – bei einer Parade durch die Stadt getragen wurde (1947 hat er das immerhin geschafft).

Auf die offiziellen Öffnungszeiten ist nicht immer Verlass.

Plaza de Lavapiés PLATZ

(Ⓜ Lavapiés) Die dreieckige Plaza de Lavapiés ist eine der wenigen Freiflächen dieser Gegend und ein Magnet für alles, was gut (ein aufregendes kulturelles Leben) und schlecht (Drogen und eine große Polizeipräsenz) im *barrio ist.* In den letzten Jahren wurde sie ein bisschen aufgehübscht und das **Teatro Valle-Inclán** (☎ 91 505 88 01; www.cdn.mcu.es; Plaza de Lavapiés; Eintritt ab 5 €; Ⓜ Lavapiés) an der Südseite der Plaza ist eine beeindruckende Zugabe zum abwechslungsreichen Straßenbild von Lavapiés.

Iglesia de San Pedro El Viejo KIRCHE

(Karte S. 82; ☎ 91 365 12 84; Costanilla de San Pedro; ⏲ Mo–Do & Sa 9–12.30 & 17–20, Fr 7–21, So 9–12.30 Uhr; Ⓜ La Latina) Die hübsche alte Kirche ist mit ihrem Glockenturm aus Backstein im Mudejarstil (maurischer Architekturstil) aus dem 14. Jh einer der wenigen verbliebenen Zeugen des postmaurischen Madrids. Sie ist für Besucher nicht zugänglich, beeindruckt jedoch vor allem mit ihrer Fassade und dem Eingang im Renaissancestil von 1525. Wer einen Blick ins Innere wagt, erblickt ein Kirchenschiff aus dem 15. Jh. Der übrige Innenraum hingegen ist größtenteils das Ergebnis von Renovierungsarbeiten im 17. Jh.

Sol, Santa Ana & Huertas

Die Real Academia de Bellas Artes de San Fernando und die Plaza de Santa Ana stehen sinnbildlich für zwei der beständigsten Reize Madrids: außergewöhnliche Kunstmuseen und die unwiderstehliche Energie in den Straßen. Der Zauber und der Sinn für Geschichte im Barrio de las Letras bieten ganz andere Perspektiven auf das Leben der Stadt, sie sind aber ebenso reizvolle Bestandteile eines Madridbesuchs.

★ Real Academia de Bellas Artes de San Fernando MUSEUM

(Karte S. 90 f.; ☎ 91 524 08 64; www.realacademiabellasartessanfernando.com; Calle de Alcalá 13; Erw./Kind 8 €/frei, Mi Eintritt frei; ⏲ Sept.–Juli Di–So 10–15 Uhr; Ⓜ Sol, Sevilla) Die Real Academia de Bellas Artes, Madrids anderes großes Kunstmuseum, spielt seit Jahrhunderten eine zentrale Rolle für das künstlerische Leben der Stadt. Die Königliche Akademie der Schönen Künste fördert lokale Talente und steht somit in der royalen Tradition, großartigen internationalen Künstlern ihrer Zeit ein Forum zu bieten. Die Liste ehemaliger Schüler liest sich wie ein Who's Who der spanischen Kunstszene und die Sammlung, die mittlerweile ihre Wände schmückt, ist dementsprechend hochwertig.

★ Plaza de Santa Ana PLATZ

(Karte S. 90 f.; Plaza de Santa Ana; Ⓜ Sevilla, Sol, Antón Martín) Die Plaza mit ihrer fantastischen Verbindung von eleganter Architektur und unbändiger Energie im Herzen von Huertas beherrscht den oberen Teil des Barrio de las Letras (S. 87). Dieser „literarische Charakter" zeigt sich in den Statuen des im 17. Jh. wirkenden Schriftstellers Calderón de la Barca und von Federíco García Lorca und im **Teatro Español** (Karte S. 90 f.; ☎ 91 360 14 84; www.teatroespanol.es; Calle del Príncipe 25; Ⓜ Sevilla, Sol, Antón Martín) am östlichen Ende der Plaza. Überdies dient der Platz auch als guter Ausgangspunkt für eine lange Partynacht in Huertas.

Die Plaza wurde 1810 während der umstrittenen Regentschaft von Joseph Bonaparte (dem älteren Bruder von Napoleon) angelegt, um dem bis dahin besonders eng gebauten Viertel Raum zum Atmen zu geben. Schnell entwickelte sie sich zum Zentrum des intellektuellen Lebens, so trafen sich in den rundum gelegenen Cafés Schriftsteller, Dichter und Künstler zu endlosen *tertulias* (literarischen und philosophischen Diskussionen).

★ Círculo de Bellas Artes KULTURZENTRUM, AUSSICHTSPUNKT

(La Azotea; Karte S. 90 f.; ☎ 91 360 54 00; www.circulobellasartes.com; Calle de Alcalá 42; Eintritt zur Dachterrasse 4 €; ⏲ Dachterrasse Mo–Do 21–2, Fr bis 3, Sa 23–3, So 23–2 Uhr; Ⓜ Banco de España, Sevilla) Wer einen der besten Ausblicke Madrids genießen will, nimmt den Aufzug in den siebten Stock des „Kunstvereins". Die prächtige Kuppel des Edificio Metrópolis kann man fast berühren und ansonsten den Blick über die Schönheiten der Stadt schweifen lassen, sogar auf die Berge in der Ferne. Es gibt zwei Bars, Lounge-Musik und Plätze zum Entspannen. Im Zentrum selbst werden Ausstellungen, Konzerte sowie Lesungen veranstaltet und Kurzfilme gezeigt. Im Erdgeschoss gibt's ein hübsches Belle-Époque-**Café** (Karte S. 90 f.; ☎ 915216942; Calle de Alcalá 42; ⊙ So–Do 9–1, Fr & Sa bis 3 Uhr; Ⓜ Banco de España, Sevilla).

Barrio de las Letras STADTVIERTEL

(Literaturviertel; Karte S. 90 f.; Ⓜ Antón Martín) Die Gegend rund um die Plaza de Santa Ana wird oft Barrio de las Letras (Literaturviertel) genannt, da hier während des goldenen Zeitalters in Spanien im 16. und 17. Jh. zahlreiche Schriftsteller lebten. Miguel de Cervantes Saavedra (1547–1616), der Autor von *Don Quichotte,* verbrachte einen Großteil seines Lebens in Madrid. Er wohnte und starb in der **Calle de Cervantes 2** (Karte S. 90 f.; Ⓜ Antón Martín); über der Haustür hängt noch bis heute die 1834 angebrachte Gedenktafel.

Cervantes wurde im nahe gelegenen **Convento de las Trinitarias** (Karte S. 90 f.; Calle de Lope de Vega 16; Ⓜ Antón Martín) bestattet, der ebenfalls mit einer Gedenktafel aufwartet. Weil dort nach wie vor Nonnen leben, ist das Kloster nicht für die Öffentlichkeit zugänglich. 2015 fanden Archäologen endlich Cervantes' sterbliche Überreste. Im Gedenken an ihn wird jedes Jahr an seinem Todestag am 23. April eine Messe abgehalten. Ein weiteres bedeutendes Bauwerk, die **Casa de Lope de Vega** (Karte S. 90 f.; ☎ 914299216; www.casamuseolopedevega.org; Calle de Cervantes 11; ⊙ Führungen alle 30 Min., Di–So 10–18 Uhr; Ⓜ Antón Martín GRATIS), wurde von Félix Lope de Vega (1562–1635), dem berühmtesten Dramatiker Spaniens, bewohnt. Inzwischen beherbergt sie ein Museum mit Erinnerungsstücken an den Dichter.

Plaza de la Puerta del Sol PLATZ

(Karte S. 90 f.; Ⓜ Sol) Spaniens offizielles Zentrum ist ein anmutiger betriebsamer halbrunder Platz mit eleganten Häusern und ein wichtiger Verkehrsknotenpunkt – egal ob man nun zu Fuß, mit der Metro (drei Linien kreuzen sich unter der Plaza) oder mit dem Bus (viele Linien starten oder halten hier) unterwegs ist. Es ist heute nur schwer zu glauben, doch in Madrids Anfangstagen diente die Puerta del Sol (Sonnentor) als Eingang im Osten.

Im größten Gebäude am Platz befindet sich der Sitz der Regionalregierung der Comunidad de Madrid, die **Casa de Correos** (Karte S. 90 f.; Ⓜ Sol). Ursprünglich wurde sie 1786 als Hauptpost der Stadt erbaut, 1856 wurde die Uhr hinzugefügt. An Silvester wimmelt der Platz nur so von Menschen, die ungeduldig darauf warten, dass die Uhr Mitternacht schlägt. Ist es dann endlich so weit, wird bei jedem Gong eine Weintraube geschluckt, was gar nicht so einfach ist! Am Fußweg vor der Casa de Correos markiert eine Plakette den spanischen **Kilometer Null**, den Punkt, von dem aus das spanische Straßennetz gemessen wird.

Die halbrunde Kreuzung verdankt ihr heutiges Aussehen teilweise dem Bourbonenkönig Karl III. (reg. 1759–1788), dessen **Reiterstatue** (Karte S. 90 f.; Ⓜ Sol) inklusive seiner unverkennbaren Nase in der Mitte steht. Am östlichen Ende der Plaza entdeckt man die **Statue eines Bären** (Karte S. 90 f.; Ⓜ Sol), der an einem *madroño* (Erdbeerbaum) knabbert – das offizielle Symbol der Stadt.

INSIDERWISSEN

PEDRO ALMODÓVARS MADRIDER DREHORTE

- Plaza Mayor – *La Flor de mi secreto* (Mein blühendes Geheimnis; 1995)
- El Rastro – *Laberinto de pasiones* (Labyrinth der Leidenschaften; 1982)
- Villa Rosa – *Tacones lejanos* (High Heels; 1991)
- Café del Circulo de Bellas Artes – *Kika* (1993)
- Viaducto de Segovia – *Matador* (1986)
- Museo del Jamón (Calle Mayor) – *Carne Trémula* (Live Flesh – Mit Haut und Haar; 1997)

Casa Museo de Ratón Perez MUSEUM

(Karte S. 90 f.; ☎ 915226968; www.casamuseoratonperez.com; EG, Calle de Arenal 8; 3 €; ⊙ Mo 17–20, Di–Fr 11–14 & 17–20, Sa 11–15 & 16–20 Uhr; Ⓜ Sol) Die spanische Version der Zahnfee ist eine niedliche Maus namens „El Ratón Perez", und das kleine Museum in der Nähe der Sol entführt seine Besucher in einen Nachbau ihres Zuhauses. Besichtigungen sind nur mit Führungen und auf Spanisch möglich, es ist aber trotzdem einen Besuch wert; immerhin sieht man eine Geheimtür, einen Nachbau des Zuhauses in einer Keksdose und viele weitere kleine Exponate. Der Eingang ist auf der gegenüberliegenden Seite des Durchgangs mit dem Schild „Centro Comercial Arenal 8" zu finden.

GÜNSTIG INS MUSEUM

Viele Museen (darunter das Museo del Prado und das Centro de Arte Reina Sofía) bieten zu bestimmten Zeiten freien Eintritt. Einzelheiten dazu finden sich überall in diesem Kapitel bei den Öffnungszeiten. Allerdings sollte man beachten, dass es dann in den Museen extrem voll sein kann.

Mit dem **Paseo del Arte** Kombiticket für 29,60 € kann man gleich drei Museen einen Besuch abstatten: dem Museo del Prado, dem Museo Thyssen-Bornemisza und dem Centro de Arte Reina Sofía; es gilt für je einen Besuch innerhalb von 12 Monaten. Einzeltickets würden 36 € kosten.

El Retiro & die Kunstmuseen

Einige von Madrids denkwürdigsten Sehenswürdigkeiten sind in diesem *barrio* versammelt, die meisten von ihnen direkt am oder in Laufdistanz zum Paseo del Prado. Die drei weltberühmten Museen (Prado, Thyssen und Reina Sofía) bekommen die meiste Aufmerksamkeit, und das auch zu Recht. Der Parque del Buen Retiro – prächtig grün und gespickt mit ergreifenden Denkmälern – ist eine wunderschöne Oase der Ruhe mitten im Herzen der Stadt. Zusammen mit einem halben Dutzend anderer Museen und einem beeindruckenden Ausstellungsort (Caixa Forum) hat man Gründe genug, zwei oder drei Tage alleine nur in diesem Viertel zu verbringen.

★ Museo Thyssen-Bornemisza MUSEUM

(Karte S. 94; ☎ 902 760 511; www.museothyssen.org; Paseo del Prado 8; Erw./Kind 12 €/frei, Mo Eintritt frei; ⏲ Di–So 10–19, Mo 12–16 Uhr; Ⓜ Banco de España) Das Thyssen ist eine der außergewöhnlichsten Privatsammlungen der Welt mit vorrangig europäischen Werken. Während man im Prado und im Reina Sofía das Werk eines bestimmten Künstlers studieren kann, überzeugt das Museo Thyssen-Bornemisza mit einer atemberaubenden Bandbreite an Stilen. Alle großen Namen sind vertreten, teilweise allerdings mit nur einem Gemälde. Es ist ein besonderes Geschenk der Familie Thyssen an Madrid und das kunstliebende Publikum, sie alle unter einem Dach zu vereinen.

Man beginnt den Rundgang ganz oben und arbeitet sich nach unten vor.

➡ Zweite Etage

Die 2. Etage widmet sich vorwiegend der mittelalterlichen Kunst und zeigt religiöse Malereien sowie Triptychen aus dem 13. und 14. Jh. von italienischen, deutschen und flämischen Meistern. Hier gibt's ein paar echte Schätze zu entdecken. Raum 5, in dem Arbeiten des Italieners Piero della Francesca (1410–92) und das unverkennbare Meisterwerk *Heinrich VIII.* von Hans Holbein dem Jüngeren (1497–1543) zu finden sind, ist auch für Laien interessant. Raum 10 beherbergt das aufrüttelnde *Massaker an den Unschuldigen* (1586) von Lucas Van Valckenborch. Raum 11 ist El Greco (drei Bilder) und seinen venezianischen Zeitgenossen Tintoretto und Tizian gewidmet, Raum 12 Caravaggio und dem Spanier José de Ribera. Die beiden Zimmer dahinter beherbergen jeweils ein Gemälde der Spanier Murillo und Zurbarán. Ebenso wenig verpassen sollte man die außergewöhnlichen Venedig-Bilder von Canaletto (1697–1768).

Das Beste auf diesem Stockwerk ist allerdings der Anbau (Räume A–H) mit der Sammlung von Carmen Thyssen-Bornemisza. In Raum C hängen Gemälde von Canaletto, Constable und Van Gogh, in Raum H Bilder von Monet, Sisley, Renoir, Pissarro und Degas.

Bevor es nach unten geht, sollten Bewunderer holländischer und flämischer Meister des 17. Jhs. noch einen Abstecher zu den Räumen 19 bis 21 unternehmen. Dort sind u. a. Anton van Dyck, Jan Breughel der Ältere, Rubens und Rembrandt (ein Bild) zu sehen.

➡ Erste Etage

Auch wenn das alles schon sehr beeindruckend ist, zeigt sich erst eine Etage weiter unten die ganze Klasse des Museums. In Raum 28 hängt beispielsweise ein Gainsborough, in Raum 31 ein Goya. Wer bisher alles eher oberflächlich gestreift hat, sollte sich für Raum 32 viel Zeit nehmen. Van Goghs *Les Vessenots* ist ein Meisterwerk für sich, doch das gilt auch für Manets *Frau in Reitkleidung*, Monets *Tauwetter in Véthueil*, Renoirs *Frau mit Schirm im Garten* und das typisch pariserische *Rue Saint-Honoré am Nachmittag* von Pissarro. Raum 33 mit Cézanne, Gauguin, Toulouse-Lautrec und Degas ist ebenfalls sehr beeindruckend. Die großen Meister findet man in den Räumen 34 (Picasso, Matisse und Modigliani) und 35 (Edvard Munch und Egon Schiele).

Im Anbau (Räume I–P) sprechen die Namen für sich. Raum K wartet mit Arbeiten von Monet, Pissaro, Sorolla und Sisley auf, Raum L widmet sich Gauguin (darunter auch seine *Mata Mua*), Degas und Toulouse-Lautrec. Die Räume M (Munch), N (Kandinsky), O (Matisse und Georges Braque) und P (Picasso, Matisse, Edward Hopper und Juan Gris) präsentieren eine vielseitige Sammlung alter Meister. Auf dem Weg zur Treppe sieht man Edward Hoppers *Hotelzimmer*.

➡Erdgeschoss

Das Erdgeschoss verfügt über eine erlesene Gemäldeauswahl des 20 Jhs., von Kubismus bis Pop Art.

In Raum 41 stößt man auf drei große Namen des Kubismus: Picasso, Georges Braque und den *madrileño* Juan Gris. Aber auch andere Zeitgenossen dieser Künstler sind hier vertreten. Kandinsky ist die Hauptattraktion von Raum 43 und in Raum 44 hängen ein früher Salvador Dalí sowie Werke von Max Ernst und Paul Klee. Picasso taucht erneut in Raum 45 auf. Zu den größten Schätzen gehören Arbeiten von Marc Chagall und Dalís halluzinatorisches Gemälde *Traum,* verursacht durch den Flug einer Biene um einen Granatapfel, eine Sekunde vor dem Erwachen.

Raum 46 bietet ebenfalls viel Interessantes: Joan Mirós *Katalanischer Bauer mit Gitarre,* die verrückten Farbklecksereien eines Jackson Pollock *(Braun und Silber I)* und das vermeintlich simple *Grün auf Kastanie* von Mark Rothko. In den Räumen 47 und 48 erreicht die Thyssen-Ausstellung schließlich ihren beeindruckenden Höhepunkt mit Francis Bacon, Roy Lichtenstein, Henry Moore und Lucian Freud (Sigmund Freuds in Berlin geborener Enkel).

★Centro de Arte Reina Sofía MUSEUM

(Karte S. 94; ☎ 91 774 10 00; www.museoreinasofia.es; Calle de Santa Isabel 52; Erw./ermäßigt 10 €/frei, So 13.30–19, Mo & Mi–Sa 19–21 Uhr Eintritt frei, Eintrittskarten sind günstiger, wenn man sie online kauft; ⌚Mo & Mi–Sa 10–21, So bis 19 Uhr; Ⓜ Atocha) Im Centro de Arte Reina Sofía kann man die besten zeitgenössischen Kunstwerke in ganz Madrid bewundern. Neben Picassos *Guernica,* Spaniens wohl bekanntestem Bild, und vielen weiteren Gemälden Picassos gehören Arbeiten von Salvador Dalí und Joan Miró zu den Highlights des Hauses. Die Sammlung umfasst in erster Linie Werke vom 20. Jh. bis in die 1980er-Jahre. Außerdem ist der ein oder andere ausländische Künstler vertreten (darunter Francis Bacon mit *Liegende Figur;* 1966), der Großteil der Bilder stammt jedoch von der Halbinsel.

Die Dauerausstellung befindet sich im 2. und 4. Stock des Hauptflügels, dem Edificio

WO LIEGEN SIE BEGRABEN?

Andere Länder haben Friedhöfe und die Grabstätten ihrer berühmten Söhne und Töchter in Touristenattraktionen verwandelt, in Spanien ist das noch nicht der Fall. Vielleicht liegt das ein bisschen daran, dass sich um die letzten Ruhestätten von Spaniens berühmtesten historischen Gestalten Mysterien ranken.

Diego Velázquez (1599–1660) Laut den historischen Aufzeichnungen fand Spaniens berühmter Maler in der Iglesia de San Juanito seine letzte Ruhestätte. Die Kirche wurde allerdings zu Beginn des 19. Jh. von Joseph Bonaparte zerstört, um Platz für die spätere **Plaza de Ramales** (Karte S. 78 f.; Ⓜ Ópera) zu schaffen. Bei Ausgrabungen im Jahr 2000 entdeckte man zwar die Krypta der ehemaligen Kirche, Velázquez jedoch wurde nicht gefunden.

Francisco Goya (1746–1828) 1919, 91 Jahre nach Goyas Tod in Bordeaux (Frankreich) fanden seine sterblichen Überreste in der Ermita de San Antonio de la Florida (S. 108) ihre letzte Ruhestätte. In der kleinen Kapelle befinden sich immer noch die berühmtesten Fresken Goyas. Sein Kopf wurde allerdings nie gefunden.

Miguel de Cervantes Saavedra (1547–1616) Cervantes, der Autor von *Don Quichotte*, verbrachte den Großteil seines Lebens in Madrid. Nach seinem Tod wurde seine Leiche im Convento de las Trinitarias (S. 87) im Barrio de las Letras begraben. In den folgenden Jahrhunderten gingen seine Überreste irgendwie verloren und erst 2015 verkündeten Archäologen die Entdeckung seiner Knochen in einer Krypta des Klosters. Dort leben immer noch Nonnen und das Kloster ist außer zu Messen für die Öffentlichkeit nicht zugänglich.

Sol, Santa Ana & Huertas

SOL
BARRIOS DE LAS LETRAS
HUERTAS
LAVAPIÉS
Plaza de Santa Ana
Plaza de las Cortes
Plaza de Jesús
Plaza del Ángel
Plaza de Matute
Plaza de Antón Martín
Plaza de Jacinto Benavente
Plaza de Tirso de Molina
Plaza de Santa Cruz
Plaza de Lavapiés (300m)
Antón Martín
Tirso de Molina
Carrera de San Jerónimo
C del Duque de Medinaceli
C de Jesús
C de Fúcar
C del Gobernador
Costanilla de los Desamparados
C de San Agustín
C de Lope de Vega
C de San José
C de Moratín
C Santa Polonia
C de Cervantes
C Quevedo
C de Santa Catalina
C del Prado
C de las Huertas
C de Santa María
C del Amor de Dios
C del Duque de Fernán Núñez
C de Atocha
C de León
C del Infante
C de Ventura de la Vega
C de Echegaray
C de Santa Isabel
C de la Torrecilla del Leal
C del Príncipe
C de Manuel Fernández y González
C del Ave María
C de la Magdalena
C de la Cabeza
C del Olmo
C de Núñez de Arce
Callejón de Álvarez Gato
C de San Sebastián
C de Cañizares
C del Olivar
C de la Cruz
C de Espoz y Mina
C de Luiz Vélez de Guevera
C de Cádiz
C de Barcelona
C del Calvario
C de los Relatores
C de Lavapiés
C de Carretas
C del Doctor Cortezo
C de San Pedro Mártir
Tirso de Molina
C de la Paz
C de Jesús y María
C de la Espada
C del Marqués Viudo de Pontejos
C de la Bolsa
C de la Concepción Jerónima
C del Conde de Romanones
C de Mesón de Paredes
C de Esparteros
C de San Tomás
C de la Colegiada
C del Duque de Alba
C de San Cristóbal
5
6
7
8
A
B
C
D
E
F
G
1
2
3
5
7
10
12
18
19
20
21
22
23
26
28
29
30
31
32
33
36
37
39
41
42
43
45
47
48
49
50
54
55
57
58
60
61
62
66
68
71
72
73
76
77

Sol, Santa Ana & Huertas

Highlights
1 Círculo de Bellas Artes G2
2 Edificio Metrópolis F2
3 Plaza de Santa Ana D6
4 Real Academia de Bellas Artes de San Fernando D3

Sehenswertes
5 Barrio de las Letras G6
6 Bären-Statue C4
7 Calle de Cervantes 2 .... E6
8 Reiterstatue von Karl III. B4
9 Casa de Correos B4
10 Casa de Lope de Vega F6
11 Casa Museo de Ratón Perez A4
12 Convento de las Trinitarias F7
13 Edificio Grassy F2
14 Gran Vía B1
15 Palacio Gaviria A4
16 Plaza de la Puerta del Sol B4
17 Telefónica-Gebäude C1

Ativitäten, Kurse & Touren
18 Academia Amor de Dios E8
Fundación Conservatorio Casa Patas .... (siehe 62)
19 Hammam al-Andalus B6

Schlafen
20 Catalonia Las Cortes E6
21 Cat's Hostel C7
Hostal Adria Santa Ana .... (siehe 22)
22 Hostal Adriano C5
23 Hostal Fonda Horizonte C7
24 Hostal Luis XV C1
25 Hostal Madrid A4
26 Hotel Alicia D6
27 Hotel Urban E4
28 Hotel Vincci Soho F5
29 Lapepa Chic B&B G5
30 Mad Hostel C8
31 Me Melía Reina Victoria D6
32 Mola! Hostel B6
33 NH Collection Palacio de Tepa C6
34 Praktik Metropol C1
35 The Principal Madrid F2
36 Westin Palace G5

Essen
37 Casa Alberto D6
38 Casa Labra A3
39 Casa Toni C5
40 Gourmet Experience A1
41 La Casa del Abuelo C5
42 La Finca de Susana D5
43 La Mucca de Prado E6
44 La Terraza del Casino E3
45 Las Bravas C5
46 Lhardy D4
47 Los Gatos G7
48 Maceiras G7
49 Maceiras G7
50 Vinos González E6
51 Yakitoro by Chicote F1

Ausgehen & Nachtleben
52 Bar Cock E1
Café del Círculo de Bellas Artes .... (siehe 1)
53 Del Diego E1
54 El Imperfecto E7
Glass Mar .... (siehe 27)
La Terraza del Urban .... (siehe 27)
55 La Venencia E5
56 Museo Chicote E1
57 Radio D6
58 Salmón Gurú E5
59 Taberna Alhambra C4
60 Taberna La Dolores G6
Tartân Roof .... (siehe 1)

Unterhaltung
61 Café Central C6
62 Casa Patas C7
63 Costello Café & Niteclub D2
64 Sala El Sol D2
65 Teatro de la Zarzuela F4
66 Teatro Español D6
67 Torres Bermejas B1
68 Villa Rosa D5

Shoppen
69 Casa de Diego B3
70 Casa de Diego B2
Gourmet Experience .... (siehe 40)
71 Justo Algaba B5
72 Librería Desnivel E7
73 Licores Cabello E5
74 Loewe F1
75 Real Madrid Store B3
76 Santarrufina B5
77 The Corner Shop E6
78 Tienda Real Madrid B1

Sabatini. *Guernica* hängt an einem festen Platz in Raum 206 in der 2. Etage, doch abgesehen davon ist die Aufteilung bestimmter Gemälde teils etwas verwirrend. Das Museum folgt einem thematischen Ansatz. Aus diesem Grund verteilen sich beispielsweise Werke von Picasso oder Miró auf zwei Stockwerke. Wer etwas Bestimmtes sucht, sollte sich am Infoschalter gleich außerhalb vom Haupteingang die aktuelle Ausgabe des Raumplans namens *Planos de Museo* besorgen, auf dem aufgelistet ist, in welchen Räumen die Werke aller Künstler hängen (aber nicht die einzelnen Bilder).

Neben *Guernica*, das schon alleine den Eintrittspreis wert ist, werden rund um den Raum 206 Picassos zeichnerische Entwürfe präsentiert; diese geben faszinierende Einblicke in den Entstehungsprozess des bahnbrechenden Werks. Wenn man den kubistischen Stil des Künstlers liebt, mag man meist auch die Arbeiten des *madrileño* Juan Gris (1887–1927) sowie von Georges Braque (1882–1963).

Joan Mirós (1893–1983) Werke sind von fröhlichen, hellen Grundfarben gekennzeichnet, zudem besitzt das Museum einige seiner skurrilen Skulpturen. 1992 dienten Mirós Bilder als Symbol der Olympischen Spiele in Barcelona. Seitdem erhalten seine Arbeiten die internationale Anerkennung, die sie verdienen. Das Museum gibt einen guten Überblick über das innovative Schaffen des Künstlers.

In der Reina Sofía werden rund 20 Werke von Salvador Dalí (1904–89) gezeigt, darunter das extravagante surrealistische Gemälde *El Gran Masturbador* (1929). Zu seinen weiteren Arbeiten zählt eine eigenartige Büste einer gewissen *Joelle*, die Dalí mit seinem Freund Man Ray (1890–1976) schuf. Ebenfalls lohnenswert sind die Bilder von Max Ernst (1891–1976), dem bekannten surrealistischen Maler.

Besuchern, die sich von den großen Namen losreißen können, bietet das Zentrum tolle Möglichkeiten, auch weniger bekannte Künstler des 20. Jhs. kennenzulernen, etwa Miquel Barceló (geb. 1957); den *madrileño* José Gutiérrez Solana (1886–1945); den baskischen Maler Ignazio Zuloaga (1870–1945); Benjamín Palencia (1894–1980), dessen Arbeiten die Turbulenzen Spaniens in den 1930er-Jahren einfangen; den aus Barcelona stammenden Maler Antoni Tàpies (1923–2012) und den Pop-Art-Künstler Eduardo Arroyo (geb. 1937). Darüber hinaus entdeckt man abstrakte Maler wie Eusebio Sempere (1923–85) und Mitglieder der Gruppe Equipo 57 (1957 von spanischen Künstlern während ihres Exils in Paris gegründet), z. B. Pablo Palazuelo (1916–2007). Obwohl er besser als Poet und Bühnenautor bekannt war, verfügt das Museum über einige Zeichnungen von Federico García Lorca (1898–1936).
Unter den Bildhauern ist vor allem Pablo Gargallo (1881–1934) zu nennen. Zu seinen Bronzeskulpturen gehört auch eine Picasso-Büste. Sehenswert sind auch die Werke der baskischen Bildhauer Jorge Oteiza (1908–2003) und Eduardo Chillida (1924–2002).

★ **Parque del Buen Retiro** GRÜNANLAGE
(Karte S. 94; Plaza de la Independencia; ⏱ Mai–Sept. 6–24 Uhr, Okt.–April bis 23 Uhr; Ⓜ Retiro, Príncipe de Vergara, Ibiza, Atocha) In den prächtigen Gärten von El Retiro mit Marmordenkmälern, aufwendig gestalteten Rasenflächen, zahlreichen Pflanzen und ein paar eleganten Gebäuden (besonders schön ist der Palacio de Cristal) geht's unter der Woche eher ruhig und beschaulich zu, doch am Wochenende erwachen sie zum Leben. Diese Grünanlage ist definitiv einer unserer Lieblingsplätze in Madrid.

Einst war der im 17. Jh. von Philipp IV. errichtete Park der Königsfamilie und ihrem Hofstaat vorbehalten. 1868 wurde er dann für die Öffentlichkeit zugänglich gemacht. Seitdem strömen bei gutem Wetter und an den Wochenenden *madrileños* aus der ganzen Stadt herbei, um spazieren zu gehen, im Schatten der Bäume die Sonntagszeitung zu lesen, Bootsausflüge zu unternehmen oder ein kühles Getränk auf einer der zahlreichen Freiluft-*terrazas* zu genießen.

Das Herz der Anlage bildet der künstliche *estanque* (See). An seinem Ostufer thront das massive, reich verzierte und von Marmorlöwen bewachte **Monument to Alfonso XII** (Parque del Buen Retiro, Plaza de la Independencia; Ⓜ Retiro). Im Sommer tummeln sich dort am frühen Abend jede Menge Besucher, Bongo-Klänge durchziehen den Park und manchmal wird auch getanzt. Am Nordufer kann man Ruderboote (Karte S. 94; 45 Min. pro Boot Wochentage/Wochenende 6/8 €; ⏱ April–Sept. 10–20.30 Uhr, Okt.–März 10–17.45 Uhr; Ⓜ Retiro) leihen – für viele gehört das zum Pflichtprogramm. An der Südseite befindet sich der mit Sphingen verzierte **Fuente Egipcia** (Ägyptischer Springbrunnen; Parque del Buen Retiro, Plaza de la Independencia; ⏱ Mai–Sept. 6–24 Uhr, Okt. –April bis 22 Uhr; Ⓜ Retiro). Der Legende nach hat Philipp IV. Mitte des 18. Jhs. in der Nähe des Brunnens einen gewaltigen Schatz vergraben. Südlich des Sees liegt hinter Bäumen versteckt der **Palacio de Cristal** (☎ 91 574 66 14; www.museoreinasofia.es; Parque del Buen Retiro, Plaza de la Independencia; ⏱ April–Sept. 10–22 Uhr, Okt. bis 19 Uhr, Nov.–März bis 18 Uhr; Ⓜ Retiro), eine interessante Stahl-Glas-Konstruktion und eines der schönsten architektonischen Monumente der Gärten. Er wurde 1887 als Wintergarten für exotische Blumen erbaut. Heute dient er als Standort für Wechselausstellungen vom Centro de Arte Reina Sofía. Nördlich davon

El Retiro & die Kunstmuseen

stößt man auf den 1883 errichteten **Palacio de Velázquez** (www.museoreinasofia.es; Parque del Buen Retiro, Plaza de la Independencia; Eintritt variiert; ⌚ Mai–Sept. 10–22 Uhr, Okt. bis 19 Uhr, Nov.–April bis 18 Uhr), der ebenfalls für Wechselausstellungen genutzt wird.

Am südlichen Ende des Parks, unweit von **La Rosaleda** (Rosengarten; Parque del Buen Retiro, Plaza de la Independencia; Ⓜ Retiro, Atocha) mit über 4000 Rosen, erhebt sich der **El Ángel Caído** (Parque del Buen Retiro, Plaza de la Independencia; Ⓜ Retiro) (der gefallene En-

El Retiro & die Kunstmuseen

gel). Interessanterweise befindet er sich genau 666 m über dem Meeresspiegel… Die **Puerta de Dante** (Parque del Buen Retiro, Plaza de la Independencia; Ⓜ Retiro) an der äußeren südöstlichen Ecke des Parks wird von einem geschnitzten **Wandgemälde von Dantes Inferno** bewacht. Große Teile des südwestlichen Abschnitts bedeckt der **Jardín de los Planteles** (Karte S. 94; Parque del Buen Retiro, Plaza de la Independencia; Ⓜ Retiro), eine der am wenigsten besuchten Ecken des Retiro mit ruhigen Fußwegen unter einem dichten Blätterdach. Westlich davon erstreckt sich der bewegende **Bosque del Recuerdo** (Garten der Erinnerung; Karte S. 94; Calle de Alfonso XII; ⌚ 6–22 Uhr; Ⓜ Retiro), eine weithin unterschätzte Gedenkstätte für die 191 Opfer der Bombenanschläge auf die Madrider Züge am 11. März 2004. Für jeden Toten wurde ein Olivenbaum oder eine Zypresse gepflanzt. Weiter nördlich steht direkt an der Puerta de Felipe IV. der angeblich **älteste Baum Madrids** (Karte S. 94; Parque del Buen Retiro, Plaza de la Indepencia; Ⓜ Retiro), eine 1633 gepflanzte mexikanische Konifere *(ahuehuete)*.

Im Nordosten liegen die schönen Überreste der **Ermita de San Isidro** (Karte S. 106; Paseo del Quince de Mayo 62; Ⓜ Retiro), einer kleinen Landkapelle, die als eines der wenigen, wenn auch einfachen Beispiele romanischer Architektur in der Metropole gilt. Als sie errichtet wurde, war Madrid noch ein kleines 2 km entferntes Dorf.

Plaza de la Cibeles PLATZ

(Karte S. 94; Ⓜ Banco de España) Von allen großen Verkehrsinseln des Paseo del Prado erinnert die Plaza de la Cibeles wohl am meisten an den Glanz der Kolonialzeit. Ihr Prunkstück ist der eindrucksvolle Palacio de Comunicaciones (S. 103). Zu den bemerkenswerten Gebäuden rund um die Plaza gehören außerdem der **Palacio de Linares und die Casa de América** (Karte S. 94; ☎ 91 595 48 00, Ticketreservierung unter 902 221 424; www.casamerica.es; Plaza de la Cibeles 2; Erw./Student & Senior/Kind 8/5 €/frei; ⌚ Führungen Sept.–Juli Sa & So 11, 12 & 13 Uhr, im Aug. kürzere Öffnungszeiten, Ticketbüro Mo–Fr 10–15 & 16–20 Uhr; Ⓜ Banco de España), der **Palacio Buenavista** (Karte S. 94; Plaza de la Cibeles; Ⓜ Banco de España) und die Nationalbank **Banco de España** (Karte S. 94; Calle de Alcalá 48). Toll anzusehen ist auch der spektakuläre **Springbrunnen der Göttin Kybele** in der Mitte des Platzes.

Seit er 1780 von Ventura Rodríguez erbaut wurde, gehört er zu den Lieblingsbrunnen Madrids. Carlos III. fand ihn so schön, dass er ihn in die königliche Parkanlage Granja de San Ildefonso an der Straße nach Segovia bringen lassen wollte. Die *madrileños* protestierten aber so heftig dagegen, dass er sich geschlagen geben musste.

Von der Plaza de la Cibeles hat man einen tollen Blick Richtung Osten zur Puerta de Alcalá oder, was noch spektakulärer ist, Richtung Westen zum Edificio Metrópolis (S. 107).

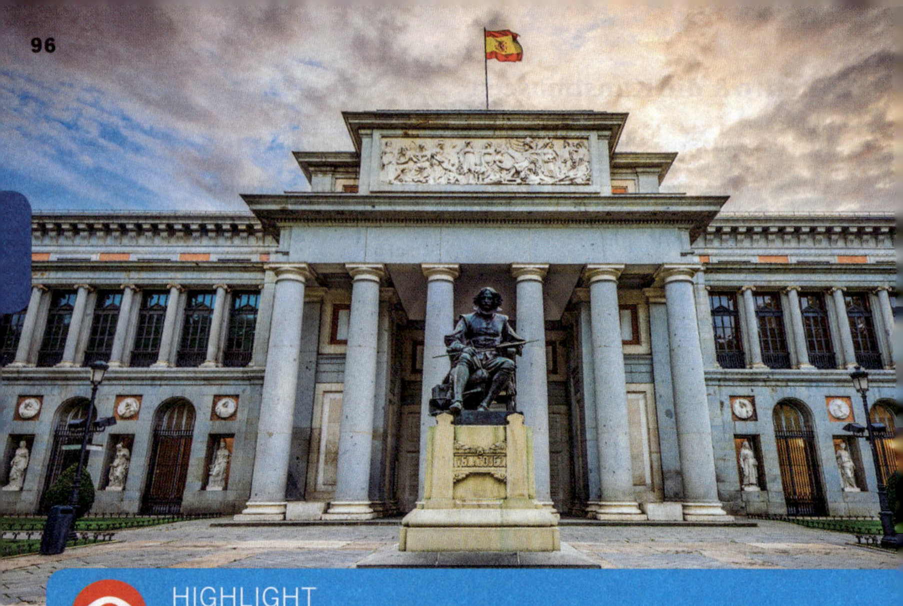

HIGHLIGHT
MUSEO DEL PRADO

Willkommen in einem der besten Kunstmuseen der Welt! Die Sammlung des Museo del Prado ist wie ein historisches Spiegelbild der spanischen Seele: Großartig und erhaben wirken die Königsbilder von Velázquez, aufwühlend finster die *Pinturas negras* von Goya und weltgewandt die hervorragenden Werke aus ganz Europa.

Casón del Buen Retiro

Dieses Gebäude (Karte S. 94; ☎ 902 107 077; Calle de Alfonso XII 28; ⏲ wechselnde Öffnungszeiten; Ⓜ Retiro) mit Blick auf den Parque del Buen Retiro beherbergt eine wissenschaftliche Bibliothek und wird vom Museo del Prado geleitet. Das Museum bietet Führungen durch die Botschafterhalle an, die mit dem beeindruckenden Deckenfresko *Die Apotheose der spanischen Monarchie* von Luca Giordano aus dem Jahr 1697 geschmückt ist.

Edificio Jerónimos

Der Ostflügel (Edificio Jerónimos) zum beeindruckenden modernen Anbau des Prado. Hier sind die Wechselausstellungen (meist mit Meisterwerken aus dem Prado, die wegen Platzmangels über Jahrzehnte eingelagert wurden), ein gut ausgestatteter Buchladen und ein Café untergebracht. Als besonders beeindruckend gelten die 1672 errichteten Kreuzgänge im 2. Stock. Sie bestehen aus lokalem Granit und befanden sich bis vor Kurzem in der nahe gelegenen Iglesia de San Jerónimo El Real, waren jedoch in einem schlechten Zustand (S. 103).

NICHT VERSÄUMEN

- Goya
- Velázquez
- Flämische Meister
- *Der Garten der Lüste*
- El Greco
- *Kaiser Karl V. nach der Schlacht bei Mühlberg*
- Edificio Villanueva
- Edificio Jerónimos
- Casón del Buen Retiro

PRAKTISCH & KONKRET

- Karte S. 92
- www.museodelprado.es
- Paseo del Prado
- Erw./Kind 15 €/frei, Mo–Sa 18–20 & So 17–19 Uhr Eintritt frei, Audioguide 3,50 €, Eintritt inkl. offiziellem Museumsführer 24 €
- ⏲ Mo–Sa 10–20, So bis 19 Uhr
- Ⓜ Banco de España

Edificio Villanueva

Das Edificio Villanueva, der Westflügel des Prado, und der neoklassische Palacio de Villanueva wurden 1785 fertiggestellt. Zwischen 1808 und 1813 diente es als Kavalleriekaserne für Napoleons Truppen. 1814 beschloss Ferdinand VII., den Palast in ein Museum zu verwandeln. Fünf Jahre später wurde der Ausstellungsbereich mit 311 spanischen Gemälden eröffnet.

El Greco

Der in Griechenland geborene Künstler (daher der Name) gilt als bester im Prado ausgestellter Maler der spanischen Renaissance. Die eindringlichen, fast surrealen Werke des Meisters und Wahlspaniers aus dem 16. Jh., dessen Figuren mager und gequält wirken, sind perfekt präsentiert. Die Sammlung umfasst mehr als 30 Gemälde, zwei davon – *Die Verkündigung* und *Die Flucht nach Ägypten* – schuf der Künstler in Italien, bevor er nach Spanien kam. *Heilige Dreifaltigkeit* und *Der Edelmann mit der Hand auf der Brust* gelten als seine wichtigsten Werke.

Kaiser Karl V. nach der Schlacht bei Mühlberg (Tizian)

Das Werk aus dem 16. Jh. ist wohl eines der besten Reiter- und Königsporträts der Kunstgeschichte und ein Vorbild für ähnliche Gemälde von Diego Rodríguez de Silva Velázquez ein Jahrhundert später. Tizian (1488–1576) war einer der großen Meister der Renaissance und läutete mit diesem Bild, das als eines seiner Meisterwerke gilt, seine erfolgreichste Schaffensphase ein.

Nur in Madrid

Madrid ist sicher die einzige Stadt der Welt, in der eine Kunstaustellung fast zu Unruhen führte. John Hooper erzählt in seinem Buch *The New Spaniards* die Geschichte, wie der Prado 1990 eine beispiellose Anzahl von Velázquez' Werken aus den Lagerbeständen holte und ausstellte, um sie der Öffentlichkeit zugänglich zu machen. Die Ausstellung war so erfolgreich, dass mehr als eine halbe Million Besucher sie sehen wollte. Kurz vor Ende der Ausstellung verkündete der Prado, dass die Türen so lange offen bleiben wie noch Besucher vor der Tür stehen Als sich die Türen dann doch um 21 Uhr abends schlossen, warteten noch immer Menschen im Regen davor. Sie skandierten, schrien und hämmerten mit ihren Regenschirmen an die Türen. Die Galerie wurde erneut geöffnet, aber es bildeten sich immer wieder Schlangen. Um 22.30 Uhr war dann endgültig Schluss, was zu Auseinandersetzungen zwischen wütenden Kunstliebhabern und der Polizei führte. Um Mitternacht riefen immer noch 50 Wartende „Wir wollen rein".

EINTRITTSKARTEN

In den Prado gelangt man über die im Osten liegende Puerta de los Jerónimos; Eintrittskarten gibt's an der Kasse (Puerta de Goya; Karte S. 94; www.museodelprado.es; Calle de Felipe IV; ⏲ Mo–Sa 9.45–19.30, So bis 18.30 Uhr; Ⓜ Banco de España) an der Nordseite des Gebäudes gegenüber dem Hotel Ritz und unterhalb der Puerta de Goya.

Der kostenlose Übersichtsplan zum Prado (am oder direkt hinter dem Eingang erhältlich) listet auf, wo alle 50 Meisterwerke des Prado zu finden sind, und enthält alle Raumnummern der wichtigsten Künstler. Auch online erhältlich.

Goya

Francisco Goya wird oft als erster großer spanischer Meister bezeichnet. Seine Werke finden sich auf allen drei Etagen des Prado. Am besten beginnt man den Rundgang jedoch am Südende des Erdgeschosses. Goyas *El dos de mayo* und *El tres de mayo* in den Räumen 64 und 65 zählen zu Madrids besonders symbolträchtigen Gemälden. Die angrenzenden Räume 67 und 68 beherbergen einige der finstersten und verstörendsten Arbeiten: *Las pinturas negras*. Das *Saturno devorando a su hijo* (Saturn verschlingt seinen Sohn) ist ebenfalls sehr verstörend und *La romería de San Isidro* und *Aquelarre* oder *El gran cabrón* (Hexensabbat) werden beherrscht von den Gesichtern verdammter Seelen. Eine interessante Fußnote zu *Pinturas negras* ist *El coloso*, das neben den *Pinturas negras* hängt. Es erinnert an Goya und galt lange als dessen Werk, bis Experten des Prado 2008 das Gegenteil bewiesen.

Im ersten Obergeschoss finden sich weitere Meisterwerke wie das faszinierende *La família de Carlos IV*, auf dem die spanische Königsfamilie im Jahr 1800 porträtiert ist; Goya malte sich selbst im Hintergrund, wie Velázquez in *Las meninas*. Des Weiteren sind *La maja vestida* (Die bekleidete Maja) und *La maja desnuda* (Die nackte Maja) zu sehen. Die Porträts zeigen eine unbekannte Frau, bei der es sich angeblich um die Duquesa de Alba (wahrscheinlich Goyas Geliebte) handelt. Sie sind fast identisch, allerdings ist die Frau auf dem zweiten Werk unbekleidet.

Weitere Meisterwerke

Egal, wie viel Zeit man im Prado verbringt, es gibt immer noch mehr zu entdecken, darunter Werke von Dürer, Rafael, Tintoretto, Sorolla, Gainsborough, Fra Angelico, Tiepolo ...

Flämische Malerei

Zur beeindruckenden Sammlung flämischer Malerei gehören auch die fleischigen Körper und pummeligen Putten von Peter Paul Rubens (1577–1640). Zu den bedeutendsten Bildern des Künstlers gehören *Las tres gracias* (Die drei Grazien) und *Adoración de los reyes magos*. Ganz in der Nähe stößt man auf weitere tolle Arbeiten wie *Der Triumph des Todes* von Pieter Breughel und die Gemälde Anton Van Dycks.

Van Der Weydens Gemälde *El descendimiento* (Kreuzabnahme) aus dem Jahr 1435 ist schon wegen seiner Größe ungewöhnlich und auch wegen der Armbrustformen in den oberen Ecken, die sich in den Körpern von Maria und Christus wiederfinden (das Gemälde wurde von Armbrustherstellern in Auftrag gegeben). Es entstand als Mittelteil eines Triptychons und ist voller Drama und leuchtender Farben.

Nicht verpassen sollte man Hieronymus Boschs (1450–1516) bizarres, aber wunderbares Werk *Der Garten der Lüste* (Raum 56A). Bisher konnte niemand das halluzinatorische Gemälde erklären, obwohl viele es versucht haben. Je genauer man hinschaut, umso weniger kann man sich des Gedankens erwehren, dass er unter starken Drogen gestanden haben muss.

Judith beim Bankett von Holofernes, das einzige Gemälde von Rembrandt im Prado, wurde 1634 fertiggestellt; bemerkenswert ist die Signatur des Künstlers auf der Armlehne des Stuhls. Das Gemälde zeugt von einem Maler auf dem Höhepunkt seines Schaffens – mit der meisterhaften Verwendung des Chiaroscuro-Stils und einer erstaunlichen Detailtreue bei Kleidung und Gesicht.

Museo del Prado

Velázquez

Durch Velázquez' Rolle als Hofmaler gewähren seine Arbeiten einen faszinierenden Einblick in das höfische Leben im 17. Jh. Der Prado verfügt über die größte Sammlung seiner Werke. Trotz der vielen Gemälde kommen die meisten Besucher, um *Las meninas* (Die Hoffräulein; Raum 12) zu sehen. Es wurde 1656 fertiggestellt und ist besser bekannt unter dem Namen *La família de Felipe IV* (Die Familie von Felipe IV.). Es zeigt Velázquez selbst, links im Bild, und die Infantin Margarita. Tatsächlich porträtiert der Künstler sich dabei, wie er den König und die Königin malt. Laut einiger Experten sind diese in Spiegeln hinter Velázquez zu sehen. Sein meisterhafter Einsatz von Licht und Farben wird nirgendwo deutlicher als in diesem Gemälde. Ein interessantes Detail – zusätzlich zur Frechheit, sich selbst in königlicher Gesellschaft zu malen – ist das Kreuz des Santiago-Ordens auf seinem Wams. Der Künstler war offensichtlich davon besessen, einen Adelstitel verliehen zu bekommen. Er erhielt ihn kurz vor seinem Tod, auf diesem Ölgemälde verschaffte er ihn sich aber schon Jahre zuvor!

In den Räumen neben *Las meninas* (Räume 14 und 15) hängen noch mehr großartige, sehr realistisch wirkende Darstellungen diverser Mitglieder des Königshauses, viele von ihnen auf einem Pferd. Ebenfalls nicht weit davon trifft man auf sein Werk *La rendición de Breda* (Die Übergabe von Breda) und auf andere sehenswerte spanische Maler, darunter Bartolomé Esteban Murillo, José de Ribera und auf die Figuren von Francisco de Zurbarán.

Museo del Prado

„SCHLACHTPLAN“

Los geht's im ersten Stock mit dem Bild **1 Las meninas** von Velázquez. Dieses Gemälde allein rechtfertigt bereits den Eintrittspreis und stimmt einen hervorragend auf das goldene Zeitalter der spanischen Kunst, das 17. Jh., ein. In der Nähe hängen noch mehr von Velázquez' prächtigen Bildern sowie Arbeiten von Zurbarán und Murillo. Auf derselben Etage sind auch Goyas **2 La maja vestida und La maja desnuda** sowie weitere frühe Werke zu finden. Im Erdgeschoss, am südlichen Ende des Prado, zeugen **3 El dos de mayo und El tres de mayo** von Goyas Zorn. Den Qualen seiner späten Jahre verlieh der Künstler mit den **4 Las pinturas negras** Ausdruck. Darüber hinaus ist im Erdgeschoss Hieronymus Boschs **5 Der Garten der Lüste** untergebracht, eines der Highlights des Museums. Zurück in der ersten Etage sollte man El Grecos **6 Verehrung der Hirten** sowie Peter Paul Rubens' **7 Las tres gracias** würdigen; Letzteres wird als Kernstück der hier präsentierten Arbeiten flämischer Meister angesehen. Eventuell befindet sich das Bild jetzt im zweiten Obergeschoss, wo man auch auf ein paar unbekanntere Goyas stößt. Zum Schluss sollte man die Kreuzgänge im **8 Edificio Jerónimos** und den hervorragenden Buchladen besuchen.

TIPPS

- Wer online Tickets kauft, spart 1 € und muss nicht warten (www.museodelprado.es).
- Beste Zeit: direkt nach der Öffnung.
- Auf der Website (www.museodelprado.es/coleccion/que-ver) findet man Leitfäden für ein- bis dreistündige Besuche.
- Zu Madrids besten Kunstmuseen gehören noch das Museo Thyssen-Bornemisza und das Centro de Arte Reina Sofía.

Las meninas (Velázquez)

Das wunderbare Gemälde zeigt Velázquez und die Prinzessin Margarita. Einige Fachleute glauben, dass in den Spiegeln hinter dem Künstler der König und die Königin zu sehen sind.

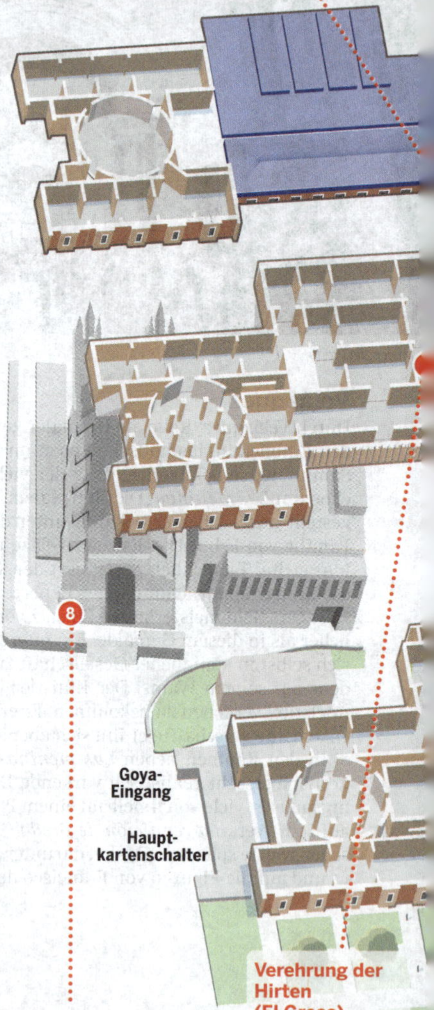

Edificio Jerónimos

Im 2007 eröffneten Anbau sind wechselnde Meisterwerke aus dem Prado zu sehen, die jahrzehntelang aus Platzmangel eingelagert waren. Die herrlichen Granitkreuzgänge im 2. Stock stammen aus dem Jahr 1672.

Verehrung der Hirten (El Greco)

Ein besonders eindringliches Bild. El Grecos verzerrte Darstellung menschlicher Körper sollte auch viele seiner späteren Werke prägen.

Las tres gracias (Rubens)

Rubens' spätes Meisterwerk porträtiert die Zeus-Töchter Aglaia, Euphrosyne und Thalia. Es ist ein klassischer und meisterlicher Ausdruck dafür, wie sich der Künstler mit dem Thema Sinnlichkeit auseinandersetzte.

La maja vestida & La maja desnuda (Goya)

Diese rätselhaften Bilder verursachten einen Skandal. Damals wurde heiß über die Identität der Frau diskutiert und die Spanische Inquisition war erbost.

DEA PICTURE LIBRARY / GETTY IMAGES ©

DEA / G. DAGLI ORTI / GETTY IMAGES ©

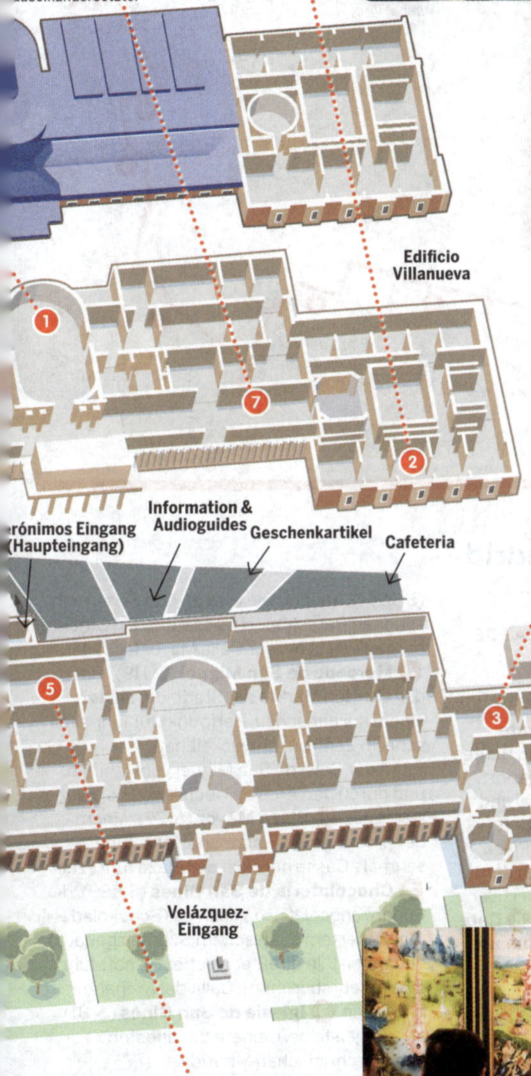

El dos de mayo & El tres de mayo (Goya)

Kaum ein Bild steht so sehr für das Selbstverständnis einer Stadt wie Goyas Darstellungen des mutigen, aber erfolglosen Madrider Aufstands gegen die Franzosen 1808 (oben abgebildet: *El dos de mayo*).

Las pinturas negras (Goya)

Goyas düsterste Werke. *Saturno devorando a su hijo* ist ein verstörendes Zeugnis der gequälten Menschheit; *La romería de San Isidro* und *El akelarre* erschüttern ebenfalls.

Der Garten der Lüste (Bosch)

Das fantastische Tryptichon zeigt den Garten Eden und die laut Beschreibung des Prado „düsteren Vorhöfe der Hölle" auf brillant detaillierte Weise.

KRZYSZTOF DYDYNSKI / GETTY IMAGES ©

Stadtspaziergang
Historisches Madrid

START PLAZA DE ORIENTE
ZIEL CONVENTO DE LAS DESCALZAS REALES
LÄNGE/DAUER 2 KM; 2 STD.

Startpunkt ist die 1 **Plaza de Oriente** (S. 76), die mit ihren Grünflächen und Bauten zu den schönsten Plätzen Madrids gehört. Inmitten von Gärten, des Palacio Real und des Teatro Real tummelt sich eine bunte Mischung aus *madrileños*. Über der Plaza thront der 2 **Palacio Real** (S. 76), in dem das spanische Königshaus jahrhundertelang residierte. Quasi nebenan steht die 3 **Catedral de Nuestra Señora de la Almudena** (S. 79). Sie lässt das altehrwürdige Flair anderer spanischer Kathedralen vermissen, ist jedoch ein hübscher Teil des Stadtbildes.

Von der Kathedrale geht's hinab zur 4 **Muralla Árabe** (S. 79), ein kurzer Abschnitt der originalen "arabischen Mauer", dann hinauf zur Calle Mayor. Unterwegs bewundert man die letzten Ruinen von Madrids erster Kathedrale, Santa María de la Almudena, bevor die 5 **Plaza de la Villa** (S. 79) auftaucht. Sie wird an drei Seiten von schönen Barockbauten gesäumt. Ein Stück bergaufwärts bei der Calle Mayor lockt der 6 **Mercado de San Miguel** (S. 119), einer der ältesten Märkte der Stadt, der sich zu einem kulinarischen Treffpunkt für Einheimische im Zentrum entwickelt hat.

An der Cava de San Miguel geht's hinab und durch den Arco de Cuchilleros bergaufwärts zur 7 **Plaza Mayor** (S. 77), einem der prächtigsten Plätze Spaniens. Eine schmale Gasse nördlich der Plaza führt zur 8 **Chocolatería de San Ginés** (S. 129), die für ihre *chocolate con churros* (Schokolade mit frittiertem spanischem Schmalzgebäck) bekannt ist. In direkter Nachbarschaft führt die verkehrsberuhigte Calle del Arenal zur hübschen 9 **Iglesia de San Ginés** (S. 81) aus Ziegelsteinen, einem der ältesten Zeugen des christlichen Madrids.

Nach einem kurzen Anstieg nach Norden beeindruckt das Kloster 10 **Convento de las Descalzas Reales** (S. 81) mit seinem reich verzierten Inneren. Es liegt mitten im Zentrum und ist somit der perfekte Abschluss.

CentroCentro KULTURZENTRUM
(Karte S. 94; 91 480 00 08; www.centrocentro.org; Plaza de la Cibeles 1; Di–So 10–20 Uhr; M Plaza de España) GRATIS Das CentroCentro im prachtvollen Palacio de Comunicaciones ist eines der eher überraschenden und vielfältigeren Kunstzentren Madrids. Dort gibt's auf 5000 Quadratmetern und vier Stockwerken (1., 3., 4. und 5. Etage) topaktuelle Ausstellungen; außerdem findet man hier ruhige Lesesäle und eine beeindruckende Architektur, vor allem im Antiguo Patio de Operaciones mit seinen hohen Decken im 2. Stock. In der 8. Etage befindet sich der Mirador de Madrid.

Mirador de Madrid AUSSICHTSPUNKT
(Karte S. 94; www.centrocentro.org; 8. OG, Palacio de Comunicaciones, Plaza de la Cibeles; Erw./Kind 2/0,50 €; Di–So 10.30–13.30 & 16–19 Uhr; M Banco de España) Der Blick vom oberen Stock des Palacio de Comunicaciones ist einer der besten Madrids: Er reicht von der Plaza de la Cibeles den Hügel hinauf zum prächtigen Edificio Metrópolis und bis zu den Bergen. Eintrittskarten erhält man am Eingang die Treppe hinauf, dann geht's mit dem Fahrstuhl in die 6. Etage, wo die Türen alle 30 Minuten geöffnet werden. Von hier aus kann man mit einem anderen Fahrstuhl weiterfahren oder die Treppe in die 8. Etage nehmen.

Puerta de Alcalá STADTTOR
(Karte S. 94; Plaza de la Independencia; M Retiro) Das imposante Siegestor war einst der Haupteingang der Stadt und wurde von den Stadtmauern gesäumt. Der Name geht darauf zurück, dass die Straße darunter nach Alcalá de Henares führte. Mit dem Tor kontrollierte die städtische Regierung den Zugang zur Hauptstadt und erhob Zölle.

Caixa Forum MUSEUM, ARCHITEKTUR
(Karte S. 94; 91 330 73 00; https://obrasocial lacaixa.org/en/cultura/caixaforum-madrid/que-hacemos; Paseo del Prado 36; Erw./Kind 4 €/frei; 10–20 Uhr; M Atocha) Das außergewöhnliche Bauwerk gehört zu Madrids auffälligsten architektonischen Wahrzeichen. Es scheint über dem Boden zu schweben und trägt eine faszinierende Kuppel aus rostigem Eisen. Gleich daneben erhebt sich der *jardín colgante* (hängender Garten), eine mit üppigem Grün bewachsene, wenn auch zunehmend lichter werdende vertikale Fläche. Auf den vier Stockwerken finden zwischen Edelstahl und hoch aufragenden Decken regelmäßig lohnenswerte Ausstellungen (z. B. zu den Themen Fotografie und zeitgenössische Bilder) und Multimediashows statt.

Der Museumsshop des Caixa Forum (vorwiegend Bücher) ist großartig. Hier kommt man auch rein, ohne Eintritt zu bezahlen.

Real Jardín Botánico BOTANISCHER GARTEN
(Königlicher Botanischer Garten; Karte S. 94; 91 420 04 38; www.rjb.csic.es; Plaza de Bravo Murillo 2; Erw./Kind 4 €/frei; Mai–Aug. 10–21 Uhr, April & Sept. bis 20 Uhr, März & Okt. bis 19 Uhr, Nov. –Feb. bis 18 Uhr; M Atocha) Madrids botanischer Garten ist zwar nicht so groß und beliebt wie der Parque del Buen Retiro, dennoch dient er ebenfalls als grüne Oase in der Innenstadt. Auf gerade mal 8 ha drängen sich hier rund 30 000 verschiedene Arten. Der Garten lädt eher zu einem gemütlichen Spaziergang als zu einem Nickerchen unter den Bäumen ein, wobei man sich auf den vielen Bänken gut ausruhen kann.

Iglesia de San Jerónimo El Real KIRCHE
(Karte S. 94; 91 420 35 78; Calle de Ruiz de Alarcón; 10–13 & 17–20.30 Uhr; M Atocha, Banco de España) GRATIS Hinter dem Museo del Prado versteckt sich eine überaus reich verzierte, einst von der spanischen Königsfamilie bevorzugt genutzte Kapelle. Nach dem Tod Francos wurde dort 1975 König Juan Carlos I. gekrönt. Die teils nüchterne, teils üppige pseudo-isabellinische Inneneinrichtung stammt aus dem 19. Jh. und ist von der Iglesia de San Juan de los Reyes in Toledo inspiriert worden. Während des Unabhängigkeitskriegs wurde fast die gesamte Originaleinrichtung zerstört. Die Überreste der früheren Kreuzgänge sind im Museo del Prado zu sehen.

Antigua Estación de Atocha SEHENSWERTES GEBÄUDE
(Alter Bahnhof von Atocha; Karte S. 94; Plaza del Emperador Carlos V; M Atocha Renfe) 1992 wurde der Nordwestflügel der Antigua Estación de Atocha wunderschön restauriert. Die prachtvolle Fassade aus Eisen und Glas aus dem 19. Jh. blieb erhalten, während das Innere kunstvoll in einen von Licht erfüllten tropischen Garten mit über 500 Pflanzenarten verwandelt wurde. Verantwortlicher Architekt war Rafael Moneo, der Mann hinter der Erweiterung des Museo del Prado und dem Museo Thyssen-Bornemisza. Seine große Leistung bestand darin, im Inneren des prächtigen Eisen- und Glasbaus aus dem 19. Jh. einen durch und durch modernen Ort zu schaffen, der mit den grandiosen europä-

ABSTECHER

CASA DE CAMPO

Manche bezeichnen die 17 km² große Anlage **Casa de Campo** (Ⓜ Batán) westlich des Río Manzanares als grüne Lunge der Stadt. Es gibt sicherlich hübschere und zentraler gelegene Parks in Madrid, wegen des vielfältigen Angebots lohnt sich dennoch ein Besuch. Jedes Wochenende lockt der Komplex rund eine halbe Mio. *madrileños* an. Zu verdanken haben sie dies der republikanischen Regierung, die während ihrer kurzen Amtszeit in den 1930er-Jahren den Park öffentlich zugänglich machte (zuvor war er ausschließlich der Königsfamilie vorbehalten).

Madrileños, denen für längere Exkursionen die Zeit oder Lust fehlt, finden hier Natur in direkter Stadtnähe, auch wenn sich auf den Wegen durch den Park jede Menge Radfahrer, Spaziergänger und Picknicker tummeln. Es gibt Tennisplätze, einen Swimmingpool, das **Zoo Aquarium de Madrid** (☎ 902 345014; www.zoomadrid.com; Casa de Campo; Erw./Kind 23/19 €; ⏲ Juli & Aug. So–Do 10.30–22, Fr & Sa 10.30–24 Uhr, Sept.–Juni verkürzte Öffnungszeiten; 🚌 37 ab dem Intercambiador de Príncipe Pío, Ⓜ Casa de Campo) und den **Parque de Atracciones** (☎ 91 463 29 00; www.parquedeatracciones.es; Casa de Campo; Erw./Kind 32/25 €; ⏲ Juli & Aug. 12–24 Uhr, Sept.–Juni wechselnde Öffnungszeiten; 🚌 37 ab dem Intercambiador de Príncipe Pío, Ⓜ Batán). Wer mit dem **Teleférico** (☎ 91 541 11 18; www.teleferico.com; Ecke Paseo del Pintor Rosales & Calle de Marqués de Urquijo; einfach/hin & zurück 4,20/5,90 €; ⏲ Mai–Aug. 12–21 Uhr, Sept.–April verkürzte Öffnungszeiten; Ⓜ Argüelles) hierherkommt, wird mit einer hübschen Aussicht belohnt. Am Südende der Parkanlage haben sich Restaurants angesiedelt, die auf Hochzeitsempfänge spezialisiert sind, so sieht man oft Brautpaare, die nach einem freien Stück Grünfläche suchen, um sich fotografieren zu lassen. Auf dem Gelände befindet sich außerdem Batán, eine Ranch im andalusischen Stil. Hier sind die Stiere untergebracht, die sich den blutigen Kämpfen bei den Fiestas de San Isidro Labrador stellen müssen.

ischen Bahnhofsgebäuden aus einer anderen Epoche harmoniert.

Real Fábrica de Tapices WANDTEPPICHFABRIK
(Königliche Wandteppichfabrik; ☎ 91 434 05 50; www.realfabricadetapices.com; Calle de Fuenterrabía 2; Erw./Kind 5/3,50 €; ⏲ Sept.–Juli Mo–Fr 10–14 Uhr, Führungen stündl.; Ⓜ Atocha Renfe, Menéndez Pelayo) Wenn ein madrilenischer Adliger sein Umfeld beeindrucken wollte, kam er zur Real Fábrica de Tapices. Hier gab das Königshaus die Stücke in Auftrag, die ihre Paläste und Privathäuser schmückten. Die Regierung und die Königsfamilie Spaniens sowie der Vatikan waren die größten Förderer des Wandteppichgeschäfts: Allein Spanien soll 4 Mio. Wandteppiche gesammelt haben. Angesichts solch exklusiver Klientel klingelte die Kasse und auch heute, 300 Jahre nach ihrer Gründung, hält der Erfolg der Fabrik an.

Salamanca

Im *barrio* Salamanca mischt sich der alte Geldadel friedlich unter die Neureichen Spaniens. Hier putzt sich jeder fein raus, egal, was man vorhat, denn es geht vor allem darum, dass man gesehen wird. Sehenswürdigkeiten sind eher dünn gesät, aber sie sind es wert, aufgespürt zu werden. Der Fokus liegt auf Kunst, Architektur und der spanischen Leidenschaft für den Stierkampf.

★ **Plaza de Toros** STIERKAMPFARENA
(☎ 91 356 22 00; www.las-ventas.com; Calle de Alcalá 237; ⏲ 10–17.30 Uhr; Ⓜ Ventas) GRATIS Östlich der Innenstadt liegt die Plaza de Toros Monumental de Las Ventas (Las Ventas), die bedeutendste und prestigeträchtigste Stierkampfarena der Welt. Sie bietet Besuchern interessante Einblicke in die urtypische spanische Tradition. Lohnenswert ist auch das **Museo Taurino** (☎ 91 725 18 57; www.las-ventas.com; Calle de Alcalá 237; ⏲ 10–17.30 Uhr; Ⓜ Ventas) GRATIS Die Architektur wird auch diejenigen beeindrucken, die sich nicht für *la corrida* (Stierkampf) interessieren. Während der Stierkampfsaison, die etwa von Mitte Mai bis September andauert, werden hier noch immer regelmäßig Stierkämpfe veranstaltet.

Las Ventas ist eine der größten Stierkampfstätten der Welt mit einer prächtigen Außenfassade im Mudejarstil und einer kolossemsartigen Arena, die den großen Sandring umgibt. Sie wurde 1931 eröffnet; drei Jahre später fand der erste Stierkampf statt. Auf den vierstöckigen Rängen finden 25 000 Zuschauer Platz und, wie alle Stierkampfarenen, verströmt auch diese eher den Charakter eines Theaters als eines Sportstadions. Konzerte werden hier auch veranstaltet.

Es ist der Traum jedes *toreros* (Stierkämpfer), auf den Schultern der Fans durch die prächtige maurische Puerta de Madrid – umgangssprachlich „Tor des Ruhmes" genannt – getragen zu werden. Wenn man es in die Las Ventas geschafft hat, hat man den Gipfel der Stierkampfwelt erreicht. Während der Führungen (auf Englisch und Spanisch) darf man auf den Sand und in die Königsloge; sie müssen vorab über **Las Ventas Tour** (☎ 687 739032; www.lasventastour.com; Erw./Kind 13/10 €; ⏲ 10–17.30 Uhr, an Stierkampftagen 10–13.30 Uhr; Ⓜ Ventas) gebucht werden.

Das Museo Taurino war zur Zeit unserer Recherche wegen Renovierungs- und Erweiterungsarbeiten geschlossen. Bis zur Wiedereröffnung soll es einen neuen Bereich geben, der der Stierkampflegende Manolete gewidmet ist; außerdem eine interessante Sammlung von Stierkampfzubehör, Kostümen (die *traje de luces*, Tracht des Lichts, ist eine der berühmtesten Stierkampfutensilien), Fotos und andere Stierkampfdevotionalien in der obersten Etage über einem der zwei Innenhöfe neben dem Ring. Man bekommt einen faszinierenden Einblick in die Subkultur des Stierkampfes.

Die Gegend um die Plaza de Toros wird Las Ventas genannt, weil es hier in vergangenen Zeiten mehrere Tavernen (*ventas*) und Gebäude mit schlechtem Ruf gab.

★Museo Lázaro Galdiano MUSEUM

(Karte S. 106; ☎ 91 561 60 84; www.flg.es; Calle de Serrano 122; Erw./ermäßigt/Kind 6/3 €/frei, letzte Stunde Eintritt frei; ⏲ Di–Sa 10–16.30, So bis 15 Uhr; Ⓜ Gregorio Marañón) Der imposante Steinbau im italienischen Stil in geschützter Lage abseits der Straße gehörte einst Don José Lázaro Galdiano (1862–1947), einem erfolgreichen Geschäftsmann und leidenschaftlichen Förderer der Künste. Seine eindrucksvolle Privatsammlung, die er nach seinem Tod der Stadt vermachte, umfasst 13 000 Kunstwerke und Kunstobjekte. Ein Viertel davon ist jeweils ausgestellt.

Museo al Aire Libre SKULPTUREN

(Karte S. 106; Paseo de la Castellana; ⏲ 24 Std.; Ⓜ Rubén Darío) GRATIS Diese faszinierende Sammlung umfasst 17 abstrakte Skulpturen, die von dem renommierten baskischen Künstler Eduardo Chillida, dem katalanischen Meister Joan Miró, Eusebio Sempere und Alberto Sánchez, einem bedeutenden spanischen Bildhauer des 20. Jhs., angefertigt wurden. Die Kunstwerke stehen unter der Überführung, in deren Nähe sich der Paseo de Eduardo Dato und der Paseo de la Castellana kreuzen, wobei sie der Verkehrslärm und der Taubendreck noch interessanter machten. Bis auf eines befinden sich alle auf der Ostseite des Paseo de la Castellana.

Museo Arqueológico Nacional MUSEUM

(Karte S. 106; ☎ 91 577 79 12; www.man.es; Calle de Serrano 13; Eintritt 3 €, Sa 14–20 & So 9.30–12 Uhr Eintritt frei; ⏲ Di–Sa 9.30–20, So 9.30–15 Uhr; Ⓜ Serrano) Salamancas Vorzeigeobjekt, das Nationale Archäologiemuseum, wartet hinter seiner gewaltigen Fassade mit beeindruckenden Artefakten auf. Im mutig gestalteten Inneren widmet es sich Spaniens Frühgeschichte. Zu der großen Sammlung gehören Mosaiken aus römischen Villen, aufwendiges Kunsthandwerk im muslimischen und im Mudejarstil und kleine Skulpturen wie die *Dama de Ibiza* und die *Dama de Elche*. Neben Beispielen romanischer und gotischer Architektur wird auch eine unvollständige Kopie der prähistorischen Höhlenmalereien von Altamira (Cantabria) gezeigt.

Malasaña & Chueca

In Malasaña und Chueca gibt's mehr zu erleben als zu sehen. Einige architektonische Highlights (das Antiguo Cuartel de Conde Duque, das Museo de Historia, die Sociedad General de Autores y Editores und Gran Vías

GOYA IN MADRID

Madrid verfügt über die weltweit beste Sammlung von Werken Goyas. Hier befinden sie sich:

Museo del Prado (S. 96)

Real Academia de Bellas Artes de San Fernando (S. 86)

Ermita de San Antonio de la Florida (S. 108)

Museo Lázaro Galdiano (S. 105)

Basílica de San Francisco El Grande (S. 82)

Museo Thyssen-Bornemisza (S. 88)

Salamanca

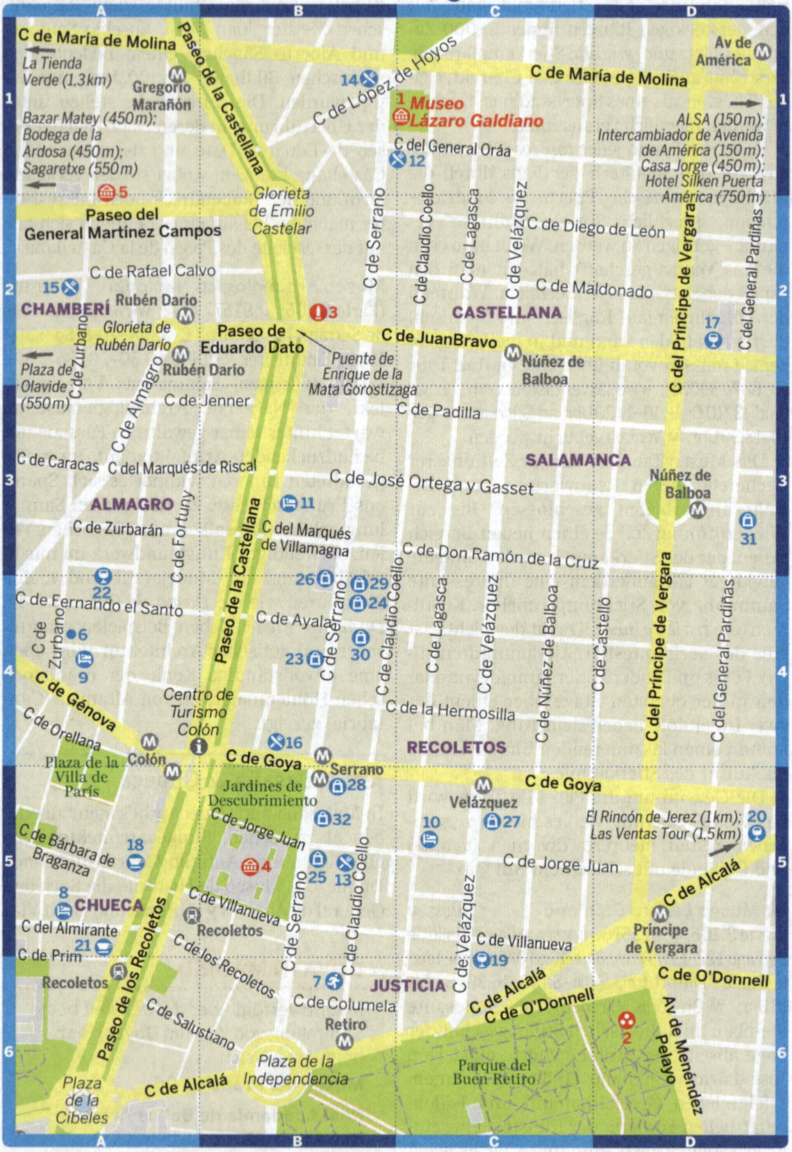

prächtige Fassaden) bieten dennoch genug fürs Auge, während man von den Bars in die Geschäfte und wieder zurück in die Bars schlendert. Die Plätze der Viertel – vor allem die Plaza Dos de Mayo – bieten beim Spaziergang durch die engen und vollen Straßen ausreichend Platz zum Durchatmen.

Gran Vía STRASSE

(Karte S. 90 f.; Ⓜ Gran Vía, Callao) Madrid ohne die Gran Vía ist kaum vorstellbar. Der prächtige, von hohen Belle-Époque-Fassaden gesäumte Boulevard führt von der Plaza de España hinauf ins Zentrum und wieder hinab zur Calle de Alcalá. Er existiert erst

Salamanca

Highlights
1 Museo Lázaro Galdiano C1

Sehenswertes
2 Ermita de San Isidro D6
3 Museo al Aire Libre B2
4 Museo Arqueológico Nacional B5
5 Museo Sorolla A1

Aktivitäten, Kurse & Touren
6 International House A4
7 Lab Room Spa B6

Schlafen
8 60 Balconies Recoletos A5
9 Hotel Orfila A4
10 Petit Palace Art Gallery C5
11 Villa Magna B3

Essen
12 Astrolabius C1
13 Biotza B5
14 José Luis B1
15 Las Tortillas de Gabino A2
16 Platea B4

Ausgehen & Nachtleben
17 Almonte D2
18 Café-Restaurante El Espejo A5
19 Gabana 1800 .... C6
20 Geographic Club D5
21 Gran Café de Gijón A5
22 La Vaquería Montañesa A4

Shoppen
23 Agatha Ruiz de la Prada B4
24 Bombonerías Santa B4
25 Camper B5
26 De Viaje B4
27 Akseption & Eks C5
28 Loewe B5
29 Manolo Blahnik B4
30 Mantequería Bravo B4
31 Oriol Balaguer D3
32 Purificación García B5

seit 1910, als er wie eine Schneise durch ein verschlungenes Labyrinth von alten Gassen geschlagen wurde. 14 Straßen und 311 Häuser verschwanden damals von der Karte, darunter eines, in dem Goya einmal lebte. Bei unserem letzten Besuch 2018 zeugten Baustellen von dem Umbau der Gran Vía in eine große Fußgängerzone.

Die ersten Pläne für den Bau des Boulevards gehen auf das Jahr 1862 zurück. Die berühmte *zarzuela* (spanische Kombination aus Theater, Musik und Tanz) *La Gran Vía*, die 1886 Premiere feierte, war eine Reaktion auf die fortwährenden Verzögerungen und machte sich über die verantwortlichen städtischen Bauherren lustig. Die Gran Vía mag ganze *barrios* zerstört haben, dennoch gilt sie als eines der erfolgreichsten Beispiele für städtische Planung im Zentrum Madrids seit dem späten 19. Jh.

Das kaum zu übersehende **Edificio Carrión** (Karte S. 78 f.; Ecke Gran Vía & Calle de Jacometrezo; Ⓜ Callao) war Madrids erstes Hochhaus-Apartmenthotel in der Zeit vor dem Ersten Weltkrieg. Die Szenerie dominiert außerdem das aus den 1920er-Jahren stammende **Telefónica-Gebäude** (Karte S. 90 f.; Gran Vía; Ⓜ Gran Vía). Es erstreckt sich entlang eines Drittels der Gran Vía und war über Jahre der höchste Bau der Stadt. Als Madrid im Bürgerkrieg von Francos Truppen belagert wurde, nannte man die Straße auch „Howitzer-Allee". Grund dafür waren die Artilleriegeschosse, die auf sie herabregneten; ein bevorzugtes Ziel war das Telefónica-Gebäude.

Zu den interessanteren Gebäuden gehört das 1907 erbaute und eindrucksvolle **Edificio Metrópolis** (Karte S. 90 f.; Gran Vía; Ⓜ Banco de España, Sevilla) im französischen Stil von 1905, das das südliche Ende der Gran Vía markiert. Die Siegesstatue mit Flügeln auf der Kuppel wurde 1975 hinzugefügt und ist am besten von der Calle de Alcalá oder der Plaza de la Cibeles zu bewundern. Ein kleines Stück den Boulevard hinauf steht das **Edificio Grassy** (Karte S. 90 f.; Gran Vía 1; Ⓜ Banco de España, Sevilla) von 1916 mit Rolex-Reklame. Von einem runden „Tempel" bekrönt und mit verschiedenen Bögen und schlanken Säulen geschmückt, zählt es zu den elegantesten Gebäuden an der Gran Vía.

Ansonsten gibt's in der Gran Vía rund doppelt so viele Geschäfte (nach letzter Zählung über 1050) wie Wohnhäuser (knapp 600). Mehr als 13 000 Menschen arbeiten hier und bis zu 60 000 Fahrzeuge passierten vor der Umgestaltung täglich die Straße (darunter zu Hauptverkehrszeiten etwa 185 Busse pro Stunde). An dem Boulevard sind außerdem mehr als 40 Hotels ansässig. Von den 15 Kinos, für welche die Gran Vía einst bekannt war, sind leider jedoch nur noch drei geblieben.

Museo de Historia MUSEUM
(Karte S. 110 f.; ☎ 91 701 16 86; www.madrid.es/museodehistoria; Calle de Fuencarral 78; ⌚ Di–So 10–20 Uhr; Ⓜ Tribunal) GRATIS Das Museo de Historia (früher Museo Municipal genannt) besitzt einen prunkvollen restaurierten Barockeingang, der 1721 von Pedro de Ribera errichtet wurde. Dahinter lockt eine Sammlung, die vorwiegend Gemälde und andere Exponate zur Geschichte Madrids umfasst. Highlights sind Goyas *Allegorie der Stadt Madrid* (EG), die Napoleon-Karikaturen und die Ausstellung zur französischen Besetzung Madrids im frühen 19. Jh. (EG) sowie das Modell, das Madrid im Jahr 1830 zeigt (UG).

Sociedad General de Autores y Editores ARCHITEKTUR
(Gesellschaft der Autoren & Lektoren; Karte S. 110 f.; Calle de Fernando VI 4; Ⓜ Alonso Martínez) Der ausgefallene, an eine leicht verrutschte Zuckerbäckertorte erinnernde Bau ist Madrids größtes Zugeständnis an den Stil von Antoni Gaudí, der den besonderen Reiz Barcelonas ausmacht. Die wunderbar maßlose Ode an den *modernismo* ist einzigartig in der Hauptstadt. Besucher dürfen leider nicht hinein, doch auch der Blick von außen lohnt auf jeden Fall. Die einzige Ausnahme ist der Internationale Tag der Architektur am ersten Montag im Oktober, wenn der Treppenaufgang im Inneren für sich genommen einen Besuch lohnt.

Museo Municipal de Arte Contemporáneo MUSEUM
(Karte S. 110 f.; ☎ 91 588 59 28; www.madrid.es/museoartecontemporaneo; Calle del Conde Duque 9-11; ⌚ Di–Sa 10–14 & 17.30–20.30, So 10.30–14 Uhr; Ⓜ Ventura Rodríguez) GRATIS Die große Sammlung moderner spanischer Kunst umfasst vor allem Gemälde, Grafiken und eine kleinere Sammlung von Fotografien, Skulpturen und Zeichnungen. Zu den Highlights gehören Werke von Eduardo Arroyo und dem baskischen Bildhauer Jorge Oteiza. Außerdem sind kreative Interpretationen von Madrids Stadtbild zu sehen – avantgardistische Farbkleckse und fast schon altmodische Visionen des modernen Madrids werden nebeneinander ausgestellt, darunter eine skurrile Darstellung des Cibeles-Brunnens der Ikone der *movida madrileña* (Madrider Bewegung), Ouka Leele.

Das Museum befindet sich im Inneren des **Antiguo Cuartel del Conde Duque** (Karte S. 110 f.; Calle del Conde Duque 9; Ⓜ Plaza de España, Ventura Rodríguez, San Bernardo).

Parque del Oeste & im Norden der Stadt

Der Norden Madrids hält einige großartige Sehenswürdigkeiten bereit. Die Ermita de San Antoniode la Florida ist einer der kostbarsten Schätze der Stadt und das Estadio Santiago Bernabéu eine Ikone in der Welt des Sports. Ein bisschen problematisch ist nur, dass viele der Sehenswürdigkeiten weit auseinanderliegen und man einige Zeit in der Metro verbringt, um von einer zur nächsten zu gelangen. Eine wunderbar vielfältige Ausnahme davon ist die Ansammlung von Sehenswürdigkeiten im Westen: Parque del Oeste, Faro de Madrid, Museo de América, Templo de Debod und Museo de Cerralbo.

★ **Estadio Santiago Bernabéu** STADION
(☎ Tickets 902 324 324, Führungen 91 398 43 00/70; www.realmadrid.com; Avenida de Concha Espina 1; Führung Erw./Kind 25/18 €; ⌚ Führungen Mo–Sa 10–19, So 10.30–18.30 Uhr, außer an Spieltagen; Ⓜ Santiago Bernabéu) Fußballliebhaber und angehende Madridistas (Real-Madrid-Fans) werden sich eine Pilgerfahrt zum Estadio Santiago Bernabéu, dem Fußballtempel der Extravaganz und des Erfolgs, nicht entgehen lassen. In Eigenregie geht's für Besucher auf die Tribünen mit Panoramablick übers Stadion, zur Präsidentenloge, zum Presseraum, zu den Umkleiden, in die Spielertunnel und schließlich aufs Spielfeld. Die Tour endet mit der eindrucksvollen Exposición de Trofeos (Trophäenausstellung). Stimmungsvoller geht's natürlich beim Besuch eines Spiels mit 80 000 begeisterten Fans zu.

Tickets für Stadiontouren gibt's am Schalter 10 (neben Tor 7).

★ **Ermita de San Antonio de la Florida** GALERIE
(Panteón de Goya; ☎ 91 542 07 22; www.sanantoniodelaflorida.es; Glorieta de San Antonio de la Florida 5; ⌚ Di–Fr 9.30–20 Uhr, Juli & Aug. wechselnde Öffnungszeiten; Ⓜ Príncipe Pío) GRATIS Als echter Geheimtipp gelten die freskenverzierten Decken der Ermita de San Antonio de la Florida. Hier hat man die seltene Gelegenheit, ein Werk von Goya, das der Maler 1798 im Auftrag von Karl IV. schuf, an einem Originalschauplatz zu bestaunen. Einfach atemberaubend!

Die Fresken in der Kuppel zeigen, wie der heilige Antonius einen jungen Mann aus dem Grab auferstehen lässt, damit er seinen

Vater, der zu Unrecht des Mordes an ihm beschuldigt wurde, von dessen Schuld lossprechen kann. Ringsherum tummelt sich eine typische Madrider Menschenmenge.

Goyas Grab findet man vor dem Altar. Die sterblichen Überreste wurden 1919 aus dem französischen Bordeaux, wo er 1828 im selbst gewählten Exil gestorben war, hierher überführt – allerdings ohne den vermissten Kopf.

Führungen werden dienstags bis freitags von 9.30 bis 13 Uhr angeboten, wenn sich genügend Interessenten finden.

★Templo de Debod — RUINEN

(Paseo del Pintor Rosales; ⌚Di–So 10–20 Uhr; Ⓜ Ventura Rodríguez) GRATIS Ja, mitten im Zentrum Madrids steht tatsächlich ein ägyptischer Tempel. Er wurde vor der Überflutung durch den ansteigenden Wasserspiegel des Nassersees im Süden Ägyptens gerettet, als der ägyptische Präsident Gamal Abdel Nasser den Assuan-Staudamm bauen ließ. Nach 1968 wurde Stein für Stein nach Spanien geschickt. Damit wollte man sich bei den spanischen Archäologen in dem UNESCO-Team bedanken, das sich für den Erhalt der Monumente eingesetzt hatte. Ansonsten wären diese für immer verloren gewesen.

Plaza de Olavide — PLAZA

(Ⓜ Bilbao, Iglesia, Quevedo) Die Plaza de Olavide ist eine der attraktivsten öffentlichen Flächen der Stadt, sah aber früher anders aus. Ab 1934 nahm den gesamten Platz eine achteckige Markthalle ein, die jedoch im November 1974 mittels einer spektakulären kontrollierten Explosion abgerissen wurde. Wer die Geschichte des Platzes in Bildern sehen möchte, genehmigt sich in der Bar Méntrida (Nr. 3) einen Drink und sieht sich die Fotos an der Wand an.

Museo Sorolla — GALERIE

(Karte S. 106; ☎ 91 310 15 84; www.mecd.gob.es/msorolla; Paseo del General Martínez Campos 37; Erw./Kind 3 €/frei; ⌚Di–Sa 9.30–20, So 10–15 Uhr; Ⓜ Iglesia, Gregorio Marañón) Der aus Valencia stammende Künstler Joaquín Sorolla hielt in seinen Bildern das klare, mediterrane Licht der Strände seiner Heimatstadt fest. Sein Haus in Madrid, eine ruhige Villa inmitten üppiger von ihm gestalteter Gärten, ist von Eindrücken in Andalusien inspiriert und beherbergt heute die umfangreichste Sammlung von Sorollas Werken.

Estación de Chamberí — MUSEUM

(Andén 0; www.museomadrid.com/tag/anden-0-horario; Ecke Calle de Santa Engracia & Calle de Luchana; ⌚Fr 11–13 & 19–19, Sa & So 10–14 Uhr; Ⓜ Iglesia, Bilbao) GRATIS Die Estación de Chamberí, der seit Langem stillgelegte Geisterbahnhof der Madrider Metro, ist heute ein Museum. Es erweckt die Zeit bei Eröffnung des Bahnhofs im Jahr 1919 wieder zum Leben: mit Werbeanzeigen von damals (darunter Madrids einstige vierstellige Telefonnummern), Fahrkartenschaltern und weiteren, fast 100 Jahre alten Erinnerungsstücken. Eine spannende Reise in die Vergangenheit.

Faro de Madrid — AUSSICHTSPUNKT

(☎ 91 544 81 04; Avenida de los Reyes Católicos; Erw./ermäßigt/Kind 3/1,50 €/frei; ⌚Di–So 9.30–20 Uhr; Ⓜ Moncloa) Nachdem es ein Jahrzehnt lang geschlossen war, wurde das auffällig hässliche Wahrzeichen der Stadt, direkt neben dem Museo de América, 2015 wiedereröffnet. Von hier aus hat man einen atemberaubenden Blick über den Parque del Oeste und den Westen der Stadt. Der Aussichtspunkt wurde zum 500. Jahrestag der Entdeckung Amerikas und zu Madrids Ernennung zur Kulturhauptstadt Europas im Jahr 1992 erbaut. Ein perfekter Ort bei Sonnenuntergang.

Museo de América — MUSEUM

(☎ 91 549 26 41; www.mecd.gob.es/museodeamerica/el-museo.html; Avenida de los Reyes Católicos 6; Erw./ermäßigt 3/1,50 €, So Eintritt frei; ⌚Di, Mi, Fr & Sa 9.30–15, Do 9.30–19, So 10–15 Uhr; Ⓜ Moncloa) Das spanische Kolonialreich weckt nicht nur positive Assoziationen, es machte jedoch über Jahrhunderte die Identität des Landes aus. Spanische Schiffe durchkreuzten auf ihrem Weg zu den Kolonien in Lateinamerika den Atlantik, erlebten Abenteuer und brachten Gold und andere von den indigenen Kulturen erbeutete Schätze zurück in die Heimat. Letztere stehen im Fokus dieses exzellenten Museums. Das einstige Erbe eines anderen Kontinents gewährt faszinierende Einblicke in das imperiale Spanien.

Parque del Oeste — PARK

(Avenida del Arco de la Victoria; Ⓜ Moncloa) Der schmucke Parque del Oeste (Park des Westens) zieht sich hinter der Metrostation Moncloa den Hügel hinunter. Er bietet schattige Ruheplätze unter Bäumen und einen schönen Blick nach Westen in Richtung Casa de Campo. Seit er 1906 angelegt wurde, erfreut er sich bei den *madrileños* ungebrochener Beliebtheit.

Malasaña & Chueca

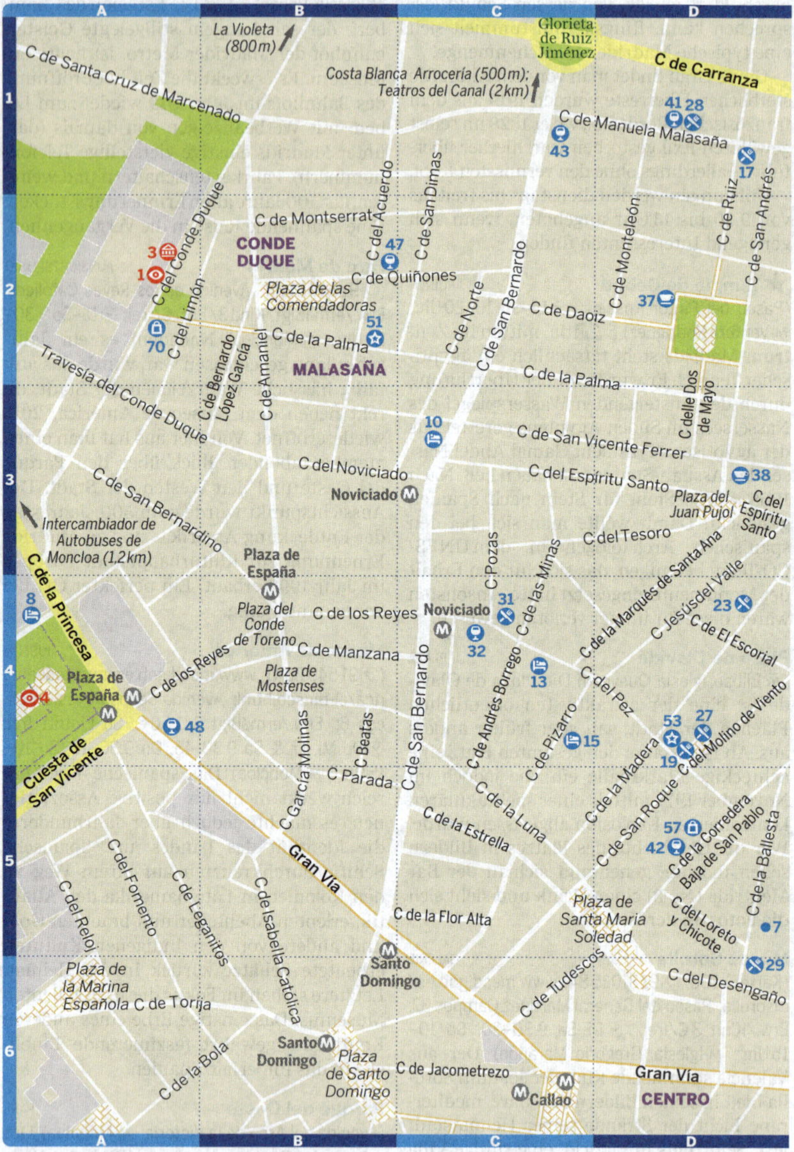

Aktivitäten

Lab Room Spa SPA

(Karte S. 106; ☎ 91 431 21 98; www.thelabroom.com; Calle de Claudio Coello 13; ⏱ Mo–Fr 11–20, Sa bis 19 Uhr; Ⓜ Retiro) Das exklusive Spa mit Schönheitssalon wurde in der Vergangenheit u. a. von Penélope Cruz, Jennifer Lopez, Gwyneth Paltrow und Gael García Bernal besucht. Männliche wie weibliche Kundschaft kann sich auf ein ultimatives Verwöhnprogramm freuen. Zur Auswahl stehen Schminksitzungen, Massagen sowie Ge-

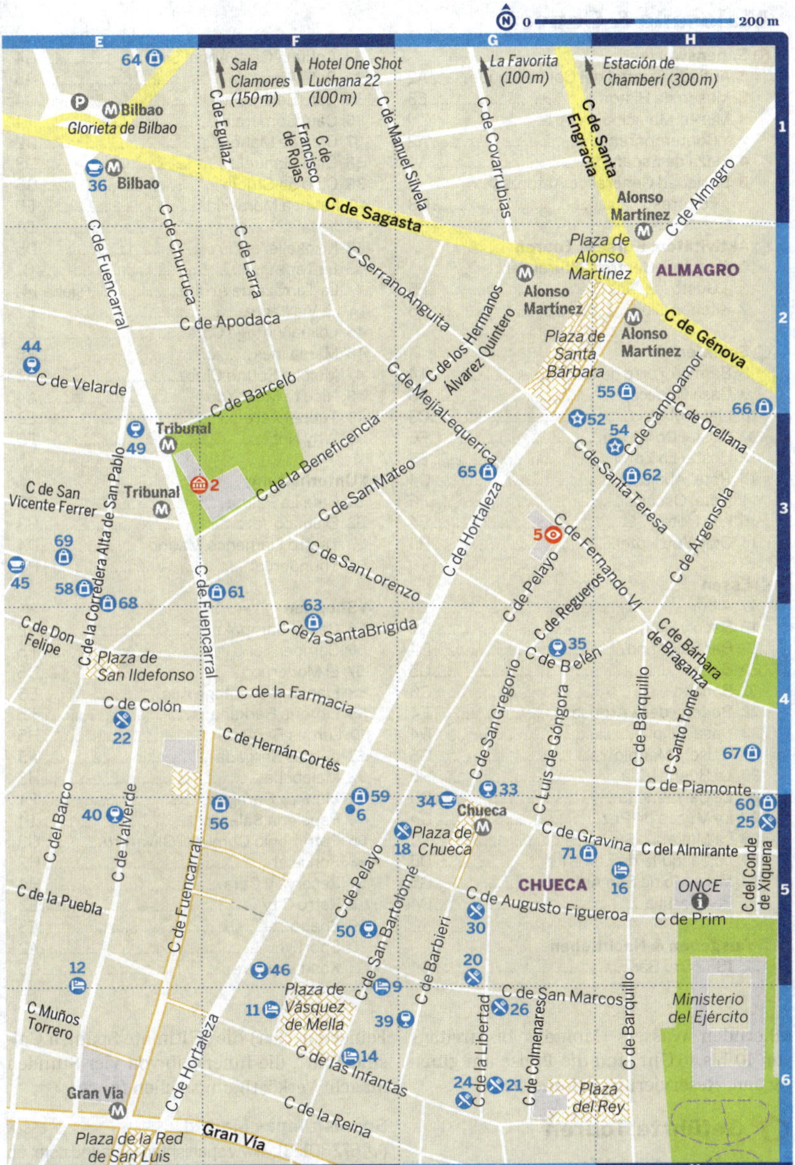

sichts- und Körperbehandlungen; die Preise sind teils erstaunlich erschwinglich.

Hammam Al-Andalus SPA

(Karte S. 90 f.; ☎ 91 429 90 20; http://madrid.hammamalandalus.com; Calle de Atocha 14; Behandlungen 33–115 €; ⏲ 10–24 Uhr; Ⓜ Sol) Der Nachbau eines traditionellen arabischen Bades ist in einem ausgegrabenen Kellergewölbe in der Altstadt Madrids untergebracht. Hier gibt's Massagen und Aromatherapien unter prächtigen Bögen zu den Klängen plät-

Malasaña & Chueca

Sehenswertes
- 1 Antiguo Cuartel del Conde Duque A2
- 2 Museo de Historia E3
- 3 Museo Municipal de Arte Contemporáneo A2
- 4 Plaza de España A4
- 5 Sociedad General de Autores y Editores G3

Aktivitäten, Kurse & Touren
- 6 Apunto – Centro Cultural del Gusto F5
- 7 Kitchen Club D5

Schlafen
- 8 Barceló Torre de Madrid A4
- 9 Casa Chueca F6
- 10 Flat 5 Madrid C3
- 11 Hostal Don Juan F6
- 12 Hostal La Zona E5
- 13 Hotel Abalú C4
- 14 Hotel Óscar F6
- 15 Life Hotel C4
- 16 Only You Hotel H5

Essen
- 17 Albur D1
- 18 Baco y Beto G5
- 19 Bar Palentino D4
- 20 Bazaar G5
- 21 Bocaito G6
- 22 Bodega de la Ardosa E4
- 23 Casa Julio D4
- 24 Celso y Manolo G6
- 25 La Buena Vida H5
- 26 La Carmencita G6
- 27 La Mucca de Pez D4
- 28 La Musa D1
- 29 La Tasquita de Enfrente D6
- 30 Mercado de San Antón G5
- 31 Pez Tortilla C4

Ausgehen & Nachtleben
- 32 1862 Dry Bar C4
- 33 Antigua Casa Ángel Sierra G4
- 34 Café Acuarela G5
- 35 Café Belén G4
- 36 Café Comercial E1
- 37 Café de Mahón D2
- 38 Café Manuela D3
- 39 Club 54 Studio G6
- 40 Fábrica Maravillas E5
- 41 Irreale D1
- 42 Kikekeller D5
- 43 La Tape C1
- La Terraza de Arriba .... (siehe 14)
- 44 La Vía Láctea E2
- 45 Lolina Vintage Café E3
- 46 Mamá Inés F5
- 47 Moloko Sound Club B2
- 48 Nice to Meet You A4
- 49 Tupperware E3
- 50 Why Not? F5

Unterhaltung
- 51 Café La Palma B2
- 52 El Junco Jazz Club G3
- 53 Teatro Flamenco Madrid D4
- 54 Thundercat H3

Shoppen
- 55 Cacao Sampaka H2
- 56 Camper F5
- 57 El Moderno D5
- 58 Flamingos Vintage Kilo E3
- 59 Librería Berkana F5
- 60 Lurdes Bergada H5
- 61 Lurdes Bergada F3
- 62 Malababa H3
- 63 Monkey Garage F4
- 64 Papelería Salazar E1
- 65 Patrimonio Comunal Olivarero G3
- 66 Poncelet H2
- 67 Reserva y Cata H4
- 68 Retro City E3
- 69 Snapo E3
- 70 Sportivo A2
- 71 Xoan Viqueira G5

schernden Wassers. Montags bis freitags von 10 bis 16 Uhr sind die Preise am günstigsten; Reservierung erforderlich.

Geführte Touren

Devour Madrid Food Tour ESSEN

(☎ 695 111 832; www.madridfoodtour.com; geführte Touren 50–130 €) Mit fünf verschiedenen Touren für unterschiedliche Geschmäcker und Budgets bietet Devour Madrid spanisches Essen und Wein vom Besten im Zentrum der Stadt. Jede Tour ist themenbezogen: Wein und Tapas, Flamenco, authentische regionale Märkte, Geschichte oder (für Feinschmecker) die „Ultimate Spanish Cuisine Tour", die innerhalb von vier Stunden an acht Verköstigungsstellen führt.

Spanish Tapas Madrid ESSEN

(☎ 672 301 231; www.spanishtapasmadrid.com; ab 70 € pro Pers.) Der Madrilene Luis Ortega veranstaltet Touren durch einige bekannte Tapas-Bars der Stadt, Ausflüge in die Altstadt und ins Prado sowie Flamenco-Exkursionen.

Adventurous Appetites STADTSPAZIERGANG

(☎ 639 331 073; www.adventurousappetites.com; 4-stündige Touren 50 €; ⌚ Mo–Sa 20–24 Uhr) Englischsprachige Tapas-Touren durch das

Stadtzentrum. Im Preis ist das erste Getränk inbegriffen, das Essen muss man dagegen extra bezahlen.

Insider's Madrid STADTSPAZIERGANG
(☎ 91 447 38 66; www.insidersmadrid.com; geführte Touren ab 70 €) Eindrucksvolle Auswahl an individuellen Exkursionen, darunter Spaziergänge, Shopping-, Mode-, Kunst-, Tapas-, Flamenco- und Stierkampftouren.

Wellington Society STADTSPAZIERGANG
(☎ 609 143203; www.wellsoc.org; geführte Touren ab 95 €) Bietet eine Handvoll skurriler historischer Touren, die von dem einzigartigen Stephen Drake-Jones geleitet werden.

Bike Spain RADFAHREN
(Karte S. 78 f.; ☎ 91 559 06 53; www.bikespain.info; Calle del Codo; Fahrradverleih halber/ganzer Tag ab 12/18 €, geführte Touren ab 30 €; ⏲ März–Okt. Mo–Fr 10–14 & 16–19 Uhr, Nov.–Feb. Mo–Fr 10–14 & 15–18 Uhr; Ⓜ Ópera) Fahrradverleih sowie Stadtführungen per Rad auf Englisch tagsüber oder (freitag)abends sowie längere Touren.

Visitas Guiadas Oficiales GEFÜHRTE TOUREN
(Offizielle Führungen; Karte S. 78 f.; ☎ 902 221424; www.esmadrid.com/programa-visitas-guiadas-oficiales; Plaza Mayor 27; ⏲ Do & Fr 16, Sa & So 12 Uhr; Ⓜ Sol) GRATIS Die offiziellen Führungen der Stadt sind lohnenswert, wenn sie auch stark reduziert wurden. Zwei davon (donnerstags und freitags) thematisieren Madrids wichtigste Denkmäler, empfehlenswert sind aber vor allem „Madrid und Cervantes" (samstags) und „Frauen in der Geschichte Madrids" (sonntags). Die Führungen dauern zwei Stunden und werden nur auf Spanisch angeboten.

Um einen Platz zu bekommen, sollte man vorab montags gegen 9 Uhr ins Tourismusbüro (S. 147) an der Plaza Mayor gehen oder dort anrufen.

Kurse

Flamenco

Fundación Conservatorio Casa Patas TANZEN
(Karte S. 90 f.; ☎ 91 429 84 71; www.fundacioncasapatas.com; Calle de Cañizares 10; 1-stündige Kurse ab 40 €; Ⓜ Antón Martín, Tirso de Molina) Flamenco-Kurse, z. B. Tanz-, Gitarren- und Gesangsunterricht. Die Fundación befindet sich über dem Flamenco-Laden Casa Patas.

Academia Amor de Dios TANZEN
(Centro de Arte Flamenco y Danza Española; Karte S. 90 f.; ☎ 91 360 04 34; www.amordedios.com; 1. OG, Calle de Santa Isabel 5; Ⓜ Antón Martín) Die Flamenco-Kurse sind die bekanntesten der Stadt, dementsprechend schwierig ist es, einen Platz zu ergattern. Hierher kommen in erster Linie angehende Profis (davon zeugt die Liste ehemaliger Absolventen) und nur wenige spontane Urlauber. Für diese gibt's jedoch den typischen *cursillo* (kleinen Kurs), der einen Tag oder länger dauert. Die Tanzschule befindet sich im oberen Stock des Mercado de Antón Martín.

Auch wenn man nichts mit Flamenco am Hut hat, lohnt sich ein Besuch.

Kochen

Alambique KOCHEN
(Karte S. 78 f.; ☎ 91 547 42 20; www.alambique.com; Plaza de la Encarnación 2; pro Pers. ab 45 €; Ⓜ Ópera, Santo Domingo) Ein Großteil der Kurse dauert 2½ bis 3½ Stunden und deckt verschiedene Themenfelder ab. Die meisten werden auf Spanisch abgehalten, manche auch auf Englisch und Französisch.

Kitchen Club KOCHEN
(Karte S. 110 f.; ☎ 91 522 62 63; www.kitchenclub.es; Calle de Ballesta 8; Ⓜ Gran Vía, Callao) In den verschiedenen Kursen des Kitchen Club hinter der Gran Vía im Stadtzentrum geht's international zu. Besonders beliebt sind die Spanischkochkurse auf Spanisch. Nach jedem Kurs bleibt Zeit, um die zubereiteten Speisen zu kosten.

Apunto – Centro Cultural del Gusto KOCHEN
(Karte S. 110 f.; ☎ 91 702 10 41; www.apuntolibreria.com; Calle de Hortaleza 64; pro Pers. ab 55 €.; Ⓜ Chueca) In der schönen kleinen Buchhandlung werden unterhaltsame und dennoch professionelle Kochkurse angeboten, die verschiedene Themengebiete abdecken.

Sprache

Universidad Complutense SPRACHE
(☎ 91 394 53 25; www.ucm.es/ccee/informacion; Secretaria de los Cursos para Extranjeros, Facultadole Filologia, Universidad Complutense; Ⓜ Cuidad Universitaria) Hier werden das ganze Jahr über Kurse zu Sprache und Kultur angeboten. Sie reichen von 120 Stunden (12 Std. pro Woche) bis zu 200 Stunden (20 Std. pro Woche).

International House SPRACHE
(Karte S. 106; ☎ 902 141517; www.ihmadrid.es; Calle de Zurbano 8; Ⓜ Alonso Martínez) Die Intensivkurse dauern zwei/vier Wochen und kosten ab 420/740 € (20 Std. pro Woche) bis zu 540/1040 € (30 Std. pro Woche). Eine Unterbringung bei Familien ist möglich.

Feste & Events

Festival Flamenco FLAMENCO
(www.deflamenco.com; Mai) Fünf Tage tolle Flamenco-Musik in einem der Theater der Stadt. In den letzten Jahren nahmen Größen wie Enrique Morente, Carmen Linares und Diego El Cigala an dem Festival teil. Termin kann variieren.

Fiestas de San Isidro Labrador KULTUR
(www.esmadrid.com; Mai) Madrids Schutzpatron wird ab dem 15. Mai mit einer Woche Dauerprozessionen, Partys und Stierkämpfen geehrt. Überall in der Stadt gibt's kostenlose Konzerte. Außerdem ist das Fest der offizielle Auftakt der Stierkampfsaison.

Suma Flamenca FLAMENCO
(www.madrid.org/sumaflamenca; Juni) Ein herrlich stimmungsvolles Flamenco-Festival, das einige der größten Namen des Genres in die Teatros del Canal und in einige der bekannteren *tablaos* (Flamenco-Veranstaltungsstätten) wie das Casa Patas, die Villa Rosa und das Corral de la Morería lockt.

Día del Orgullo de Gays, Lesbianas y Transexuales LGBT-PARADE
(www.orgullolgtb.org; Juni) Dieses kunterbunte Fest ist ein ohrenbetäubendes Vergnügen: Die schrille LGBT-Parade beginnt frühabends am letzten Samstag im Juni an der Puerta de Alcalá und endet viele Stunden später an der Puerta del Sol.

Veranos de la Villa SOMMERFEST
(www.veranosdelavilla.com; Juli & Aug.) Das Rathaus organisiert eine Reihe kultureller Events, Shows und Ausstellungen, die auch als „Summers in the City" bekannt sind.

DCode MUSIK
(www.dcodefest.com; Sept.) Das großartige Musikfestival findet im September an Madrids Universität Complutense statt und wird jedes Jahr besser. Franz Ferdinand, Liam Gallagher, Amaral und Kings of Convenience waren schon Headliner bei diesem Festival mit lokalen und internationalen Künstlern.

Jazz Madrid MUSIK
(www.festivaldejazzmadrid.com; Nov.) Das jährliche Jazzfestival lockt angesehene Künstler aus der ganzen Welt in die Stadt und wird immer wichtiger innerhalb der Jazzszene. Die Veranstaltungsorte variieren, von den traulichen Jazzclubs der Stadt bis hin zu größeren Theaterbühnen in ganz Madrid.

Schlafen

Madrid bietet hochwertige Unterkünfte zu Preisen, von denen man in anderen europäischen Hauptstädten nur träumen kann. Stilvolle Fünf-Sterne-Häuser und eine Handvoll lebendiger Hostels ergänzen die fabelhafte Auswahl an Mittelklassehotels, die größtenteils originelle Kreativität mit viel Komfort und unkonventioneller Ästhetik verbinden.

Plaza Mayor & das königliche Madrid

Hostal Madrid HOSTAL, APARTMENT €
(Karte S. 90 f.; 91 522 00 60; www.hostal-madrid.info; Calle de Esparteros 6; EZ/DZ/DZ Apt. 35–75/45–115/45–150 €; ; M Sol) Die 24 Zimmer in diesem gut geführten *hostal* haben freigelegtes Mauerwerk, renovierte Bäder und eine Optik, die viele Drei-Sterne-Häuser alt aussehen lässt. Daneben gibt's großartige Apartments (unterschiedlich gut in Schuss); sie sind zwischen 33 und 200 m² groß und haben voll ausgestattete Küchen, eigene Sitzbereiche und Bäder.

Hotel JC Rooms Puerta del Sol HOTEL €
(Karte S. 78 f.; 91 559 40 14; www.jchoteles-puertadelsol.com; Calle de la Flora; Zi. 40–62 €; @; M Ópera) Die farbenfrohen Zimmer mit ihren großen Fotografien von Madrids Sehenswürdigkeiten sind schon Grund genug, hier zu übernachten. Das Hotel liegt zentral und ist unglaublich günstig. Einige der Zimmer sind etwas klein, ansonsten ist das Hotel aber sehr zu empfehlen.

★ **Central Palace Madrid** HOTEL €€
(Karte S. 78 f.; 91 548 20 18; www.centralpalacemadrid.com; Plaza de Oriente 2; DZ ohne/mit Ausblick 90/160 €; ; M Ópera) Dieses Hotel ist außergewöhnlich. Schon die Ausblicke rechtfertigen eine Übernachtung und lohnen zweifellos den Aufpreis (die Unterkünfte mit Balkon überblicken den Palacio Real und die Plaza de Oriente). Die Zimmer sind hübsch und haben geschmackvolle Möbel in antiker Optik, gemütliche Betten, Parkettboden und viel Platz.

The Hat Madrid HOTEL, HOSTEL €€
(Karte S. 78 f.; 91 772 85 72; www.thehatmadrid.com; Calle Imperial 9; B/Zi./Apt. ab 20/65/110 €; @; M Sol, La Latina) The Hat Madrid, nur einen kurzen Weg von der Plaza Mayor hinunter, ist eine ausgezeichnete Wahl für jeden Geldbeutel. Die Schlafsäle sind hübsch und lichtdurchflutet und

man kommt sich überhaupt nicht wie ein Besucher zweiter Klasse vor. Auch die Zimmer und Apartments haben einen hübschen frischen Look. Der freundliche Service rundet den wunderbaren Aufenthalt in einem Hotel ab, das nicht zentraler liegen könnte.

Hotel Meninas BOUTIQUE-HOTEL €€
(Karte S. 78 f.; ☎ 91 541 28 05; www.hotelmeninas.com; Calle de Campomanes 7; EZ/DZ ab 85/95 €; ❄ 📶; Ⓜ Ópera) Ein stilvoll-cooles Hotel. Die vorherrschenden Farben sind Schwarz, Weiß und Grau, es gibt dunkle Holzböden und Elemente aus Fuchsia und Limonengrün. Jedes Zimmer verfügt über Flachbildfernseher sowie moderne Bäder und in manchen gibt's sogar Laptops. Alles zusammen ergibt ein stimmiges Erscheinungsbild aus klaren Linien und neuester Technik. Zu den bisherigen Übernachtungsgästen gehören Viggo Mortensen und Natalie Portman. Manche Zimmer sind etwas klein.

Barceló Torre de Madrid HOTEL €€€
(Karte S. 110 f.; ☎ 91 524 23 99; www.barcelo.com; Plaza de España 18; DZ 180–310 €; @ 📶 🏊; Ⓜ Plaza de España) Auf fünf Etagen des Torre de Madrid, einem der symbolträchtigsten Gebäude der Stadt, befindet sich dieses Fünf-Sterne-Hotel. Die modernen und großzügigen Zimmer sowie Suiten mit Blick auf den Königspalast und die Gran Vía sind genau das Richtige für anspruchsvolle Reisende. Gäste können im Spa entspannen und in der hellen und einladenden Bar in der Lobby kann jeder etwas trinken.

La Latina & Lavapiés

Mola! Hostel HOSTEL €
(Karte S. 90 f.; ☎ 663 624143; www.molahostel.com; Calle de Atocha 16; Zi./DZ 15–20/ab 53 €; ❄ @ 📶; Ⓜ Sol, Tirso de Molina) Brandneues Hostel mit Blick auf die Plaza de Jacinto Benavente im Zentrum der Stadt und richtig gutem Preis-Leistungs-Verhältnis. Die farbenfrohen Zimmer sind liebevoll eingerichtet und haben eine gute Größe, und auch die Schlafsäle (mit vier bis zehn Betten) sind ziemlich schick. Die Atmosphäre ist freundlich und die Angestellten geben sich Mühe, die Gäste miteinander in Kontakt zu bringen und ihnen einen schönen Aufenthalt in Madrid zu bereiten.

Hostal Fonda Horizonte HOSTAL €
(Karte S. 90 f.; ☎ 91 369 09 96; www.hostalhorizonte.com; 2. OG, Calle de Atocha 28; EZ/DZ 45/62 €, mit Gemeinschaftsbad 33/50 €; 📶; Ⓜ Antón Martín) Das sehr gut geführte Hostal Horizonte bezeichnet sich selbst als ein von Travellern für Traveller geführtes *hostal*. In den Zimmern mit ihren hohen Decken, gewollt altmodischen Möbeln und modernen Bädern herrscht mehr Charakter als in einem durchschnittlichen *hostal*. Besonders hübsch ist das König-Alfonso-XII-Zimmer.

Mad Hostel HOSTEL €
(Karte S. 90 f.; ☎ 91 506 48 40; www.madhostel.com; Calle de la Cabeza 24; B inkl. Frühstück 24–30 €; ❄ @ 📶; Ⓜ Antón Martín) Das Mad Hostel ist ähnlich lebendig wie das **Cat's Hostel** (Karte S. 90 f.; ☎ 91 369 28 07; www.catshostel.com; Calle de Cañizares 6; B 12–27 €; ❄ @ 📶; Ⓜ Antón Martín) derselben Betreiber. Der Hof im ersten Obergeschoss mit ausfahrbarem Dach ist einer alten, für Madrid typischen *corrala* nachempfunden und lädt zu entspannten Stunden ein. Die Zimmer für vier bis acht Personen sind klein, aber sauber, und es gibt eine kleine Bar auf dem Dach.

★ **Posada del León de Oro** BOUTIQUE-HOTEL €€
(Karte S. 82; ☎ 91 119 14 94; www.posadadelleondeoro.com; Calle de la Cava Baja 12; DZ/Suite ab 102/155 €; ❄ 📶; Ⓜ La Latina) Diese restaurierte Unterkunft punktet mit gedämpften Farben und (meist) recht großen Zimmern. Herzstück ist eine *corrala* (traditioneller Innen- oder Gemeinschaftshof). Die durchweg modernen Zimmer liegen an einer der beliebtesten Straßen Madrids. Die Bar im unteren Stock ist fabelhaft.

Posada del Dragón BOUTIQUE HOTEL €€
(Karte S. 82; ☎ 91 119 14 24; www.posadadeldragon.com; Calle de la Cava Baja 14; EZ/DZ ab 73/85 €; ❄ 📶; Ⓜ La Latina) Endlich gibt's auch mitten in La Latina ein Boutique-Hotel. Der restaurierte *posada* aus dem 19. Jh. liegt an einer unserer Lieblingsstraßen Madrids. Die Zimmer bieten Blick auf die Straße oder einen hübschen Innenhof und sind meist etwas klein, aber extrem komfortabel und mit kräftigen Farben und Designerelementen eingerichtet. Im Erdgeschoss befindet sich ein großartiges Bar-Restaurant.

Sol, Santa Ana & Huertas

Hostal Adriano HOSTAL €
(Karte S. 90 f.; ☎ 91 521 13 39; www.hostaladriano.com; 4. OG, Calle de la Cruz 26; EZ/DZ ab 50/60 €; ❄ 📶; Ⓜ Sol) Besser kann man es kaum erwischen als in diesem hellen freundlichen Hostel an der Grenze zwischen Sol und Huertas. Die meisten Zimmer haben eine gute Größe

und jedes verfügt über eine individuelle farbliche Gestaltung. Hier hat sich jemand mehr Gedanken über die Gestaltung der Zimmer gemacht als in einem durchschnittlichen *hostal*, angefangen von den Bettüberwürfen bis hin zu den Bildern an den Wänden.

Auf derselben Etage führen die Besitzer noch das etwas teurere **Hostal Adria Santa Ana** (Karte S. 90 f.; ☎ 915211339; www.hostaladriasantaana.com; 4. OG, Calle de la Cruz 26; EZ/DZ 65/75 €; ❄ 📶; Ⓜ Sol) mit etwas mehr Stil und Komfort. Beide *hostales* sind im Sommer günstiger.

Hostal Luis XV HOSTAL €

(Karte S. 90 f.; ☎ 915221021; www.hrluisxv.net; 8. OG, Calle de la Montera 47; EZ/DZ/3BZ 58/73/88 €; ❄ 📶; Ⓜ Gran Vía) Alles in dem familiengeführten hostal – besonders die geräumigen Zimmer und der Blick fürs Detail – erweckt den Eindruck, teuer zu sein, doch die Preise sprechen eine andere Sprache. Die Zimmer an der Außenseite bieten Balkone mit wahrhaft traumhafter Aussicht (vor allem das Dreibettzimmer mit der Nr. 820) und aufgrund der Höhe dringt kaum Lärm hinein.

★ Praktik Metropol BOUTIQUE-HOTEL €€

(Karte S. 90 f.; ☎ 915212935; www.praktikmetropol.com; Calle de la Montera 47; EZ/DZ ab 90/100 €; ❄ 📶; Ⓜ Gran Vía) Vermutlich ist das Preis-Leistungs-Verhältnis des kürzlich renovierten Hotels eines der besten Europas. Die frischen, modernen Zimmer haben weiße Holzmöbel und teils einen Traumblick auf die Gran Vía und die ganze Stadt (das gilt vor allem für die Eckzimmer). Das Hotel geht über sechs Etagen und es gibt eine Dachterrasse, falls man ein Zimmer ohne Aussicht hat.

★ Hotel Alicia BOUTIQUE-HOTEL €€

(Karte S. 90 f.; ☎ 913896095; www.room-matehoteles.com; Calle del Prado 2; DZ/Suite 125–175/ab 200 €; ❄ 📶; Ⓜ Sol, Sevilla, Antón Martín) Eines der beeindruckendsten Häuser der Room-Mate-Kette. Das Designhotel wartet mit wunderschönen, geräumigen Zimmern und einem Blick auf die Plaza de Santa Ana auf. Sein Stil (eine Arbeit des Designers Pascua Ortega) ist etwas bescheidener als der der anderen Room-Mate-Hotels, doch dafür überzeugt es mit einem supermodernen Erscheinungsbild, einer coolen Bar im Erdgeschoss und jungen, eifrigen Angestellten.

Catalonia Las Cortes HOTEL €€

(Karte S. 90 f.; ☎ 913896051; www.hoteles-catalonia.es; Calle del Prado 6; EZ/DZ ab 150/175 €; ❄ 📶; Ⓜ Antón Martín) Das elegante Hotel ist in einem Palast aus dem 18. Jh. untergebracht und in historisch authentischem Stil renoviert. Die großartige Unterkunft im Herzen von Huertas wirkt inmitten der lauten Straßen des *barrio* wie eine Oase. Der Service ist diskret und aufmerksam und die vielen Stammgäste sprechen für sich.

NH Collection Palacio de Tepa HOTEL €€

(Karte S. 90 f.; ☎ 913896490; www.nh-collection.com; Calle de San Sebastián 2; DZ ab 175 €; ❄ 📶; Ⓜ Antón Martín) Das Vorzeigeobjekt der angesehenen Hotelkette NH ist in einem Palast aus dem 19. Jh. untergebracht und nur einen Steinwurf von der Plaza de Santa Ana entfernt. Die modernen Zimmer mit Holzfußböden sind in gedämpften Farben gehalten. Der Service ist professionell, der Standort großartig. Vor allem die Premium-Zimmer und die Junior-Suiten sind erstklassig.

Hotel Vincci Soho HOTEL €€

(Karte S. 90 f.; ☎ 911414100; www.vinccihoteles.com; Calle del Prado 18; DZ ab 145 €; ❄ 📶; Ⓜ Sevilla, Antón Martín) Alles an diesem Hotel wirkt einfach unglaublich stilvoll, von den raffiniert beleuchteten Gemeinschaftsbereichen bis hin zu den Zimmern, die dezente Zen-Optik mit blutroten Bädern kombinieren. Ein idealer Ausgangsort für den Besuch der Museen am Paseo del Prado und das rege Treiben in der Innenstadt. Hier passt einfach alles.

Hotel Urban LUXUSHOTEL €€€

(Karte S. 90 f.; ☎ 917877770; www.derbyhotels.com; Carrera de San Jerónimo 34; Zi. ab 230 €; ❄ 📶 🏊; Ⓜ Sevilla) Dieser hoch aufragende Glasbau gilt als Inbegriff des kunstvollen Luxus. Er wartet mit Originalkunstwerken aus Afrika und Asien, dunklen Holzfußböden und dunklen Wänden auf, die durch viel Licht aufgehellt werden, und die glänzenden Bäder haben eine wundervolle Designerausstattung (man beachte die grandiosen Waschbecken). Auf dem Dach erstreckt sich einer der besten Swimmingpools der Stadt, außerdem gibt's hier eine zauberhafte Terrasse, die an Sommerabenden mit Kerzen beleuchtet wird.

Me Melía Reina Victoria LUXUSHOTEL €€€

(Karte S. 90 f.; ☎ 917016000; www.melia.com; Plaza de Santa Ana 14; Zi. ab 175 €; ❄ 📶; Ⓜ Sol, Antón Martín) Einst sind im legendären Gran-Victoria-Hotel viele berühmte Stierkämpfer abgestiegen, heute gilt die Unterkunft jedoch als neues und kühnes Wahrzeichen ganz anderer Art. Das Luxushotel am westlichen Rand der Plaza de Santa Ana ist in minimalistischem Weiß gehalten und mit allem Komfort ausgestattet.

El Retiro & die Kunstmuseen

★ Lapepa Chic B&B B&B €

(Karte S. 90 f.; ☎ 648 474742; www.lapepa-bnb.com; 7. OG, Plaza de las Cortes 4; EZ/DZ ab 58/64 €; ❄ 📶; Ⓜ Banco de España) Das hübsche kleine B&B mit Jugendstileinrichtung, einen Steinwurf vom Paseo del Prado entfernt, verfügt über schöne Zimmer im modernen, klaren Stil. Die typisch robusten *hostal*-Möbel sucht man hier vergeblich, stattdessen lockt jede Menge Persönlichkeit in Form von moderner Kunst und Betten mit von Flamenco-Schuhen geschmückten Kopfenden. Es lohnt sich, etwas mehr für ein Zimmer mit Ausblick zu bezahlen.

★ 60 Balconies Atocha APARTMENTS €€

(Karte S. 94; ☎ 91 755 39 26; www.60balconies.com; Plaza del Emperador Carlos V 11; Apt. 125–255 €; ❄ 📶; Ⓜ Atocha) Das 60 Balconies ist ein aufregendes neues Hotel und das Projekt eines dynamischen jungen Architektenteams. Es liegt in der Nähe des Bahnhofs Atocha sowie der größten Kunstgalerien, und auch der Rest der Stadt ist gut zu Fuß oder mit der Metro zu erreichen. Die Apartments reichen von 31 m² großen Studios bis zu 103 m² großen Apartments mit drei Schlafzimmern. Alle sind schick, geräumig und eine echte Alternative zu einem Hotel.

Eine ähnlich tolle Unterkunft gibt's in Chueca (S. 118).

Westin Palace LUXUSHOTEL €€€

(Karte S. 90 f.; ☎ 91 360 80 00; www.westinpalacemadrid.com; Plaza de las Cortes 7; DZ/Suite ab 200/470 €; ❄ 📶; Ⓜ Banco de España, Antón Martín) Ein alter Klassiker der Metropole. Der ehemalige Palast Duque de Lerma wurde 1911 als Hotel eröffnet und war damals Spaniens zweites Luxushotel. Seitdem blickt es wie ein verschmähter Liebhaber über die Plaza de Neptuno zu seinem Konkurrenten hinüber, dem Ritz. Es ist zwar nicht so weltberühmt wie das Ritz, es wird aber auch nicht umsonst Palast genannt.

Salamanca

VP El Madroño BOUTIQUE-HOTEL €€

(☎ 91 198 30 92; www.madrono-hotel.com; Calle del General Díaz Porlier 101; DZ/3BZ ab 105/125 €; ❄ 📶; Ⓜ Diego de León) Hier ist man weit vom touristischen Trubel der Stadt entfernt, aber nicht weit weg von der Stierkampfarena – und genau darin liegt der Reiz dieses Hotels. Alle Zimmer wurden renoviert, entweder im klassischen oder im modernen Design. Es gibt auch Familienzimmer und einen wunderschönen Garten hinter dem Hotel.

Petit Palace Art Gallery HOTEL €€

(Karte S. 106; ☎ 91 435 54 11; www.petitpalaceartgallerymadrid.com; Calle de Jorge Juan 17; DZ ab 90 €; ❄ 📶; Ⓜ Serrano) Das Vorzeigeobjekt der Hotelkette Petit Palace befindet sich in einem Gebäude aus dem 19. Jh., ist ein hübsches Designhotel und verbindet Hightech-Ausstattung mit künstlerischer Ästhetik; es gibt viele Originale in den Gemeinschaftsbereichen und sogar in einigen Zimmern. Hydromassage-Duschen, Laptops und Heimtrainer in vielen Zimmern sind nur einige der Extras, und das Hotel liegt ideal für einen tollen Salamanca-Aufenthalt.

Villa Magna HOTEL €€€

(Karte S. 106; ☎ 91 587 12 34; www.villamagna.es; Paseo de la Castellana 22; DZ/Suite 335–420/ab 450 €; Ⓟ ❄ 📶; Ⓜ Rubén Darío) Mit seiner unwiderstehlichen Eleganz und dem hervorragenden Service ist dieses Hotel Salamancas erste Adresse. Der Look ist frischer und heller, als man erwarten würde angesichts der Empire-Stühle, den Bauhaus-Details und chinesischen Paravents. Die ausreichend großen Zimmer sind liebevoll und klassisch mit sehr bequemen Möbeln eingerichtet. Bei den Suiten im Dachgeschoss wurden keine Kosten und Mühen gescheut.

Malasaña & Chueca

★ Hostal Main Street Madrid HOSTAL €

(Karte S. 78 f.; ☎ 91 548 18 78; www.mainstreetmadrid.com; 5. OG, Gran Vía 50; Zi. ab 55 €; ❄ 📶; Ⓜ Callao, Santo Domingo) Gäste schwärmen vom exzellenten Service und die modernen, in ruhigen Grautönen gehaltenen Räume zählen zu den besten *hostal*-Zimmern im Zentrum. Wegen des ausgezeichneten Gesamtpakets ist das Hostal oft ausgebucht, deswegen sollte man lange vorher reservieren.

Hostal La Zona HOSTAL €

(Karte S. 110; ☎ 91 521 99 04; www.hostallazona.com; 1. OG, Calle de Valverde 7; EZ/DZ 38–58/50–70 €, alle inkl. Frühstück; ❄ 📶; Ⓜ Gran Vía) Eine schicke Bleibe, die vor allem schwule Gäste anzieht und durch freigelegte Backsteinmauern, abgestimmte Farbkombinationen sowie Holzbalken besticht. Ihr besonderes Plus: Ausschlafen ist ausdrücklich erlaubt, denn man kann von 9 bis 12 Uhr frühstücken. Sie ist also genau das Richtige für alle, die Madrids Nachtleben auskosten möchten. Arnaldo und Vincent sind freundliche Gastgeber.

Flat 5 Madrid HOSTAL €

(Karte S. 110 f.; ☎ 91 127 24 00; www.flat5madrid.com; 5. OG, Calle de San Bernardo 55; EZ/DZ mit eigenem Bad 55/70 €, Zi. mit Gemeinschaftsbad ab 48 €; ❄ 📶; Ⓜ Noviciado) Anders als viele charmant-abgenutzt wirkende *hostales* in der Stadt hat das Flat 5 Madrid einen eher frischen und klaren Look mit seinen hellen Farben, Flachbildschirmen und Blumenkästen auf den Fensterbänken. Selbst die Zimmer, die auf den Innenhof hinausgehen, haben zum Teil einen Ausblick über die Dächer der angrenzenden Häuser. Wenn die Zimmer ein bisschen geräumiger wären, würden wir sogar dauerhaft einziehen.

Life Hotel HOTEL €

(Karte S. 110 f.; ☎ 91 531 42 96; www.hotellifemadrid.es; Calle de Pizarro 16; EZ/DZ ab 42/58 €; ❄ 📶; Ⓜ Noviciado) Wären doch nur alle Unterkünfte so gut! Das Hotel befindet sich in einem historischen Gebäude von Malasaña, die Zimmer sind aber modern und hübsch eingerichtet und verfügen über Designbäder. Es liegt einen Steinwurf von der Calle del Pez, einer der belebtesten Straßen von Malasaña, den Hügel hinauf. Das Preis-Leistungs-Verhältnis ist außerordentlich gut, auch wenn die Preise langsam steigen.

Casa Chueca HOSTAL €

(Karte S. 110 f.; ☎ 91 523 81 27; www.casachueca.com; 2. OG, Calle de San Bartolomé 4; EZ/DZ ab 45/62 €; 📶; Ⓜ Gran Vía) Wenn man kein Problem damit hat, sein Gepäck in die zweite Etage zu schleppen, ist das Casa Chueca eine ausgezeichnete Wahl. Die Zimmer sind modern, farbenfroh und etwas besser eingerichtet als in einem durchschnittlichen *hostal*. Wie das *barrio*, in dem es liegt, ist auch das Casa Chueca sehr schick. Dazu noch der ungezwungene und freundliche Service – man findet kaum ein besseres Preis-Leistungs-Verhältnis im Zentrum von Madrid.

Hostal Don Juan HOSTAL €

(Karte S. 110 f.; ☎ 91 522 31 01; www.hostaldonjuan.net; 2. OG, Plaza de Vázquez de Mella 1; EZ/DZ/3BZ 40/56/75 €; ❄ 📶; Ⓜ Gran Vía) Günstig bedeutet hier nicht, dass man nicht wie ein König behandelt wird. Das elegante zweistöckige *hostal* ist voller Kunstwerke und antiker Möbel, die eines Königspalasts würdig wären, vor allem in den Gemeinschaftsbereichen. Die Zimmer sind geräumig und einfach, aber hell; die meisten haben einen Balkon mit Blick auf die Straße.

Die Lage ist gut; Chueca und Gran Vía treffen nicht weit von hier aufeinander.

★ 60 Balconies Recoletos APARTMENTS €€

(Karte S. 106; ☎ 91 755 39 26; www.60balconies.com; Calle del Almirante 17; Apt. 132–212 €; ❄ 📶; Ⓜ Chueca) Die Architekten-Apartments in einem noblen Teil von Chueca sind 45 bis 130 m² groß, sehr schick und geben einem das Gefühl, als wäre man in Madrid zu Hause. Sie gehören zu den besten Apartments der Stadt, das Preis-Leistungs-Verhältnis entspricht dem des 60 Balconies Atocha (S. 117).

Only You Hotel BOUTIQUE-HOTEL €€

(Karte S. 110 f.; ☎ 91 005 22 22; www.onlyyouhotels.com; Calle de Barquillo 21; DZ 200–280 €; ❄ @ 📶; Ⓜ Chueca) Eine Villa aus dem 19. Jh. bietet den optimalen Rahmen für dieses großartige Boutique-Hotel in Chueca. Die edle und moderne Unterkunft ist ein Projekt des renommierten Innendesigners Lázaro Rosa Violán. Nette Extras sind ein Frühstück à la carte, das den ganzen Tag über erhältlich ist, und ein tragbarer Router, mit dem man rund um die Uhr in jedem Winkel der Stadt online sein kann.

Hotel Abalú BOUTIQUE-HOTEL €€

(Karte S. 110 f.; ☎ 91 531 47 44; www.hotelabalu.com; Calle del Pez 19; DZ/Suite 75–120/ab 150 €; ❄ 📶; Ⓜ Noviciado) Malasañas ureigenes Boutique-Hotel ist in die Jahre gekommen und angeblich nicht mehr das, was es mal war. Wir wissen, was damit gemeint ist, die Zimmer sind aber immer noch gut, es liegt an der trendigen Calle del Pez und jedes der (teils etwas kleinen) Zimmer ist nach der Vorstellung des Designers Luis Delgado gestaltet.

Hotel Óscar BOUTIQUE-HOTEL €€

(Karte S. 110 f.; ☎ 91 701 11 73; www.room-mate-hoteles.com; Plaza de Vázquez de Mella 12; DZ/Suite 90–195/ab 150 €; ❄ 📶; Ⓜ Gran Vía) Das Hotel Óscar gehört zu der höchst originellen Hotelkette Room Mate und zeichnet sich durch Designerzimmer mit jeder Menge Stil und Eleganz aus. Manche haben Wandbilder vom Boden bis zur Decke, außerdem ist die Beleuchtung irre und die Farbpalette reicht von Pink bis Zitronengrün, Orange und minimalistischem Schwarz-Weiß.

The Principal Madrid HOTEL €€€
(Karte S. 90 f.; ☎ 91 521 87 43; www.theprincipalmadridhotel.com; Calle Marqués de Valdeiglesias 1; Zi./Suite 210–360/ab 460 €; ❄ @ 📶; Ⓜ Sevilla) Am hübschen Ende der Gran Vía und in Sichtnähe eines der schönsten Wahrzeichen der Stadt, dem Edificio Metrópolis, liegt das Principal, eine schöne sowie zentral gelegene Unterkunft. Einige der Standardzimmer sind eher klein für ein Fünf-Sterne-Hotel, die Zimmer mit Blick auf die Gran Vía sind aber großartig. Die tragbaren Router sind eine nette Beigabe.

Parque del Oeste & im Norden der Stadt

★ **ApartoSuites Jardines de Sabatini** APARTMENTS €€
(Karte S. 78 f.; ☎ 91 198 32 90; www.jardinesdesabatini.com; Cuesta de San Vicente 16; Studio ohne/mit Ausblick ab 85/110 €, Suite ohne/mit Ausblick ab 125/150 €; ❄ 📶; Ⓜ Plaza de España, Príncipe Pío) Moderne geräumige Studios und Suiten sind nicht alles, was die großartige Anlage von der Plaza de España bergabwärts zu bieten hat. In jedem Fall lohnt sich der Aufpreis für ein Zimmer mit Ausblick und die Studios mit direkter Aussicht über die hübschen Jardines de Sabatini bis zum Palacio Real – einfach traumhaft. Der Campo del Moro liegt direkt auf der anderen Straßenseite.

★ **Hotel One Shot Luchana 22** HOTEL €€
(☎ 91 292 29 40; www.hoteloneshotluchana22.com; Calle de Luchana 22; Zi. 105 €; ❄ 📶; Ⓜ Bilbao) Die stilvollen, modernen Zimmer in einem neoklassizistischen Palast aus dem frühen 20. Jh. in der Nähe der Plaza de Olavide in Chamberí sind eine attraktive Alternative zu den Unterkünften in der Innenstadt. Das Innside Loft mit Rundum-Balkon ist wunderbar hell und hat ein modernes Himmelbett.

★ **Hotel Orfila** HOTEL €€€
(Karte S. 106; ☎ 91 702 77 70; www.hotelorfila.com; Calle de Orfila 6; Zi. ab 225 €; P ❄ 📶; Ⓜ Alonso Martínez) Das Orfila ist eines der besten Hotels der Stadt und erfüllt die Erwartungen an ein Fünf-Sterne-Haus (z. B. mit wunderbar komfortablen Zimmern). Eigentliches Highlight ist jedoch der persönliche Service: Stammgäste bekommen Bademäntel mit eingestickten Initialen. Historische Eleganz dominiert das Dekor, und die ruhige Lage sowie der geschützte Garten sind ideal für einen erholsamen Abend.

★ **Hotel Silken Puerta América** LUXUSHOTEL €€€
(☎ 91 744 54 00; www.hoteles-silken.com; Avenida de América 41; DZ/Suite ab 140/275 €; P ❄ 📶; Ⓜ Cartagena) Angesichts der Lage ihres Hotels auf halbem Weg zwischen Stadt und Flughafen wussten die Besitzer, dass sie sich etwas Besonderes einfallen lassen mussten. Ihr Ziel: eine innovative Luxuswelt zu erschaffen, die man am liebsten nie mehr verlassen möchte. Ihre Idee: jedes Stockwerk von 22 der kreativsten Architekten (z. B. Zaha Hadid, Norman Foster, Ron Arad, David Chipperfield, Jean Nouvel) gestalten lassen.

Das Ergebnis ist ein extravaganter Stilmix, von kuriosen 1980er-Jahre-Schick-Zusammenstellungen bis hin zu grellroten Bädern mit dem Flair einer Filmstar-Garderobe. Sogar die Bar („ein Tempel für die Freuden des Genusses"), das Restaurant, die Außenfassade, der Garten, die Außenbeleuchtung und der Parkplatz hatten alle einen eigenen Architekten. Ein sehr außergewöhnlicher und verblüffender Ort.

Essen

Madrid hat sich zu einer kulinarischen Hauptstadt Europas entwickelt, nicht zuletzt, weil es schon lange Menschen (und mit ihnen Kochtraditionen) aus ganz Spanien anzieht. Bei einem Besuch spanischer Dörfer stellt man schnell fest, dass jedes seine eigenen Spezialitäten hat; vereinigt findet man diese wiederum in Madrid.

Plaza Mayor & das königliche Madrid

★ **Mercado de San Miguel** TAPAS €
(Karte S. 78 f.; ☎ 91 542 49 36; www.mercadodesanmiguel.es; Plaza de San Miguel; Tapas ab 1,50 €; 🕒 So–Mi 10–24, Do–Sa bis 2 Uhr; Ⓜ Sol) Dieser Markt ist einer der ältesten und schönsten Madrids. Innerhalb der Glasmauern aus dem 20. Jh. eröffnet sich ein einladender Bereich mit (meist überfüllten) Tischen. An den meisten Thekenbars werden Tapas und Gehaltvolleres serviert. Fazit: Hier erwartet die Gäste ein großartiges Angebot (von Kaviar bis Schokolade) in Kombination mit einer lebendigen Atmosphäre. Der Markt gehört mit zum Schönsten, was man in Madrid erleben kann.

INSIDERWISSEN

WAS ISST MAN IN MADRID?

Cocido a la madrileña (Madrider Eintopf mit Fleisch und Kichererbsen) in der Taberna La Bola, im Lhardy (S. 124) und im Malacatín

Cordero o cochinillo asado (gebratenes Lamm oder Spanferkel) im Restaurante Sobrino de Botín

Sopa de ajo (Knoblauchsuppe) in der Posada de la Villa

Callos a la madrileña (Kutteln nach Madrider Art) in der Taberna La Bola

Huevos rotos (Spiegeleier mit Kartoffeln und *jamón*) in der Casa Lucio (S. 122) oder im Almendro 13 (S. 123)

Alle Stände sind herausragend, beginnen könnte man aber mir den wunderbaren *pintxos* mit Fisch (baskische Tapas) auf Mini-Toasts bei **La Casa de Bacalao** (Stände 16–17), dann *jamón oder* anderes geräuchertes Fleisch bei **Carrasco Guijuelo** (Stand 18), gefolgt von verschiedenen Käsesorten an den Ständen 20–21, vielfältig eingelegten Waren an Stand 22 oder den Gourmet-Tapas bei **Lhardy** (Stände 61–62). Stände, an denen man Wein oder asturischen Cidre bekommt, gibt es ebenfalls genügend. An Stand 24, The Sherry Corner (S. 129), verkostet man den Sherry zusammen mit Tapas.

★ Gourmet Experience

LEBENSMITTELABTEILUNG €€

(Karte S. 90 f.; www.elcorteingles.es; 9. OG, Plaza del Callao 2; Hauptgerichte 8–20 €; ⏲ 10–22 Uhr; Ⓜ Callao) Mit dem Fahrstuhl geht's hinauf in den 9. Stock des Warenhauses El Corte Inglés. Hinter den Aufzugtüren wartet eines der kulinarischen Highlights des Stadtzentrums. Das Essen ist exzellent und die Palette reicht von erstklassigen Tapas bis zu Gourmet-Hamburgern. Die Aussicht ist fabelhaft, besonders in den Lokalen mit Blick über die Plaza del Callao und hinab zur Gran Vía.

El Pato Mudo

SPANISCH €€

(Karte S. 78; ☎ 91 559 48 40; elpatomudo@hotmail.es; Calle Costanilla de los Ángeles 8; Hauptgerichte 13–24 €; ⏲ Mi–So 13–16 & 20–23.30 Uhr; Ⓜ Ópera) El Pato Mudo ist zwar nicht das berühmteste Paella-Restaurant der Stadt, bei Einheimischen aber sehr beliebt wegen seiner großen Auswahl an tollen Reisgerichten und den angemessenen Preisen. Spezialitäten sind schwarzer Reis mit Tintenfisch, Reissuppe, authentische *paella valenciana* und die Meeresfrüchte-Paella. Die Gerichte für zwei oder mehr Personen werden direkt aus der Pfanne heraus serviert und passen hervorragend zu den Weinen aus der Region.

Taberna del Alabardero

SPANISCH €€

(Karte S. 78 f.; ☎ 91 547 25 77; www.grupolezama.es; Calle de Felipe V 6; raciones an der Bar/Hauptgerichte im Restaurant 6–26/20–28 €; ⏲ 12–1 Uhr; Ⓜ Ópera) Diese wunderbare alte Madrider *taberna* (Taverne) ist berühmt für ihre Kroketten, den guten *jamón, montaditos de jamón* (kleine Röllchen aus geräuchertem Schinken) und *montaditos de bonito* (kleine Röllchen aus geräuchertem Thunfisch) an der Bar und im hinteren Teil für die eher klassischen Gerichte wie *rabo de toro estofado* (Ochsenschwanz mit Honig, Zimt, Kartoffelpüree und Pastete mit Kräutern).

Taberna La Bola

SPANISCH €€

(Karte S. 78 f.; ☎ 91 547 69 30; www.labola.es; Calle de la Bola 5; Hauptgerichte 8–25 €; ⏲ Mo–Sa 13.30–16.30 & 20.30–23, So 13.30–16.30 Uhr, im Aug. geschl.; Ⓜ Santo Domingo) Die 1870 gegründete und nun bereits in der sechsten Generation von der Verdasco-Familie geführte Taberna La Bola, ist eine sehr populäre Bastion der traditionellen Madrider Küche. Wer in Madrid *cocido a la madrileña* (Fleisch-Kichererbsen-Eintopf, 21 €) essen möchte, sollte es hier tun. Das Restaurant ist quirlig, laut und typisch für die Stadt.

El Anciano Rey de los Vinos

SPANISCH €€

(Karte S. 78 f.; ☎ 91 559 53 32; www.elancianoreydelosvinos.es; Calle de Bailén 19; Hauptgerichte 9–20 €; ⏲ Mi–Mo 8.30–24 Uhr; Ⓜ Sol) Im Außenbereich der Bar, mit einem grandiosen Blick auf die Kathedrale, genießt man hier seit der Eröffnung im Jahre 1909 den einzigartigen Hauswein (eher süßlich und dem Moskatel ähnlich). Auf der Speisekarte stehen *cazuela del anciano* (Eintopf aus Schalentieren wie Oktopus und Garnelen) und *regalitos de toro* (knuspriger Blätterteig, gefüllt mit Ochsenschwanz und roter Paprika).

★ Restaurante Sobrino de Botín

KASTILISCH €€€

(Karte S. 78 f.; ☎ 91 366 42 17; www.botin.es; Calle de los Cuchilleros 17; Hauptgerichte 18–27 €; ⏲ 13–16 & 20–24 Uhr; Ⓜ La Latina, Sol) Wann hat man schon die Möglichkeit, im ältesten

Restaurant der Welt (1725 eröffnet und offiziell vom *Guinness-Buch der Rekorde* als solches anerkannt) zu speisen? Das Geheimnis seiner jahrelangen Beliebtheit sind in Holzfeueröfen zubereitetes *cochinillo asado* (Spanferkel) und *cordero asado* (gebratenes Lamm). Ein Essen in dem Gewölbekeller ist ein wahrer Genuss.

Restaurante Sandó MODERN SPANISCH €€€
(Karte S. 78 f.; ☎ 91 547 99 11; www.restaurantesando.es; Calle de Isabel la Católica 2; Hauptgerichte/ Probiermenü 16–28/49 €; ⏲ Di–Sa 13–16 & 20–23 Uhr; Ⓜ Santo Domingo) Juan Mari Arzak, einer der berühmtesten Köche Spaniens, hat endlich ein Restaurant in Madrid eröffnet – und das direkt an der Plaza de Santo Domingo. Er verbindet baskische innovative Gerichte mit lokaler Tradition. Auf der Karte steht z. B. Thunfisch mit Ingwer und Hibiskus. Wenn man sich nicht entscheiden kann, sollte man sich für das *menú de degustación* entscheiden oder sich etwas an der Tapas-Bar um die Ecke aussuchen.

La Latina & Lavapiés

La Latina ist das beste *barrio* für Tapas und es gibt zudem ein paar gute Restaurants mit Sitzplätzen. Wer nur eine einzige Tapas-Tour in der Stadt plant, sollte das unbedingt hier in der Calle de la Cava Baja und den angrenzenden Straßen tun.

Lavapiés ist vielseitig und multikulturell. Man könnte sagen, je weiter man den Hügel hinabsteigt, umso besser wird es, besonders entlang der Calle de Argumosa.

Bar Melo's TAPAS €
(☎ 91 527 50 54; www.facebook.com/barmelosla vapies; Calle del Ave María 44; Hauptgerichte ab 7,50 €; ⏲ Di–Sa 13.30–1.30 Uhr, im Aug. geschl.; Ⓜ Lavapiés) Eine Kebab-Laden-Tradition für mitternächtliche Heißhungerattacken gibt es nicht in der Stadt, aber es gibt Melo's. Die typisch spanische Bar, die man normalerweise übersehen würde, ist berühmt für ihre *zapatillas* – tolle riesige *bocadillos* (belegte Brötchen) mit *lacón* (geräucherte Schweineschulter) und Käse.

Bar Santurce SPANISCH €
(Karte S. 82; ☎ 646 238303; www.barsanturce.com; Plaza General Vara del Rey 14; Bocadillos/ raciones ab 2,50/4,50 €; ⏲ Di & Mi 12–16, Do–Sa 12–16 & 19.30–22.30, So 9–16 Uhr; Ⓜ La Latina) Die einfache Bar ist für ihre *sardinas a la plancha* (gegrillte Sardinen) und *pimientos de padrón* (scharfe grüne Paprika) bekannt. Sonntags, wenn der Markt El Rastro stattfindet, ist sie sehr beliebt und man hat schon Schwierigkeiten, nur in die Nähe der Bar zu kommen. Die *media ración* (halbe Portion) mit sechs Sardinen für 2,50 € ist das beste Schnäppchen der Stadt.

★ **Taberna Matritum** MODERN SPANISCH €€
(Karte S. 82; ☎ 91 365 82 37; www.tabernamatritum.es; Calle de la Cava Alta 17; Hauptgerichte 13–19,50 €; ⏲ Mi–So 13.30–16 & 20.30–24, Mo & Di 20.30–24 Uhr; Ⓜ La Latina) Das kleine Juwel ist Grund genug für einen Abstecher von der beliebteren Calle de la Cava Baja in direkter Nähe hierher. Die saisonale Speiseauswahl umfasst großartige Tapas, Salate und kreative Gerichte – empfehlenswert sind die katalanische Pastete mit Würstchen und Garnelen oder die *calçots* (lange Frühlingszwiebeln) aus Katalonien, die es im Winter gibt. Die raffinierte, unprätentiöse Weinkarte bietet Hunderte Sorten.

La Musa Latina MODERN SPANISCH €€
(Karte S. 82; ☎ 91 354 02 55; www.grupolamusa.com/restaurante-lamusalatina; Costanilla de San Andrés 1; Tapas/Hauptgerichte 3–7/11–17 €; ⏲ Mo–Mi 11–1, Do bis 1.30, Fr & Sa bis 2, So bis 1 Uhr; Ⓜ La Latina) Der Speisebereich und die gute Küche des entspannten La Musa Latina erfreuen sich anhaltend großer Beliebtheit. Bei warmem Wetter bieten sich die Außentische an, charmant ist aber auch die Bar unten im ehemaligen Weinkeller mit Tischtennisplatte und Tischfußball. Wie beim „Schwesterrestaurant" in Malasaña stehen kreative Tapas und internationale Interpretationen auf der Speisekarte.

Almacén de Vinos TAPAS €€
(Casa Gerardo; Karte S. 82; ☎ 91 221 96 60; Calle de la Calatrava 21; Tapas/raciones ab 3/8,50 €; ⏲ So–Do 11–16 & 20.30–24, Fr & Sa 13–17 & 20.30–0.30 Uhr; Ⓜ La Latina) Traditioneller als hier geht es nicht in La Latina – mit den Fliesen und der Bar aus Marmor, den *tostas* (z. B. Toast mit *bacalao*), *raciones* (wie *jamón ibérico* mit Waldpilzen) und dem Wermut vom Fass. Wenn es voll ist, herrscht hier die unvergleichliche Atmosphäre einer bei Einheimischen beliebten Bar, die den Standpunkt vertreten: „Wieso etwas verändern, das so gut ist?".

Enotaberna del León de Oro SPANISCH €€
(Karte S. 82; ☎ 91 119 14 94; www.posadadelleondeoro.com; Calle de la Cava Baja 12; Tapas ab 6 €, Hauptgerichte 13–23 €; ⏲ 13–16 & 20–24 Uhr;

Ⓜ La Latina) Mit der so wunderbar restaurierten Posada del León de Oro (S. 115) hielt auch ein tolles Bar-Restaurant in La Latina Einzug. Dieses bietet sorgfältig ausgewählte Weine, kreative Gerichte (z. B. Babytintenfisch mit Kartoffelemulsion und Rucolapesto), eine lässige Atmosphäre und eine große Gin-Auswahl. Eine sehr überzeugende Kombination.

Malacatín SPANISCH €€

(Karte S. 82; ☎ 91 365 52 41; www.malacatin.com; Calle de Ruda 5; Hauptgerichte 11–15 €; ⏲ Mo–Mi & Sa 11–17.30 & Do & Fr 20.15–23 Uhr, im Aug. geschl.; Ⓜ La Latina) Wo und wie lassen sich *madrileños* (Einwohner Madrids) ihre heimische Küche schmecken? Wer das erleben will, findet keinen besseren Ort. Im überfüllten, gefliesten und mit Stierkampf-Andenken geschmückten Speiseraum erklingt das Stimmengewirr lebhafter Gespräche. Die Spezialität des Malacatín ist *cocido* (Fleisch-Kichererbsen-Eintopf), soviel man essen kann (21 €).

★ Casa Lucio SPANISCH €€€

(Karte S. 82; ☎ 91 365 32 52, 91 365 82 17; www.casalucio.es; Calle de la Cava Baja 35; Hauptgerichte 18–29 €; ⏲ 13–16 & 20.30–24 Uhr, im Aug. geschl.; Ⓜ La Latina) Das Casa Lucio ist ein Klassiker und begeistert die *madrileños* bereits seit 1974 mit seinen leichten Gerichten, hochwertigen Zutaten und lokaler Hausmannskost, darunter eine große Auswahl an Eispeisen (eine Spezialität des Hauses) und Braten. Während der Fiestas de San Isidro Labrador kommt auch *rabo de toro* (Ochsenschwanz) auf den Tisch, und gegen den Durst gibt's reichlich Rioja.

Posada de la Villa SPANISCH €€€

(Karte S. 82; ☎ 91 366 18 80; www.posadadelavilla.com; Calle de la Cava Baja 9; Hauptgerichte 21–32,50 €; ⏲ Mo–Sa 13–14 & 20–24 Uhr, im Aug. geschl.; Ⓜ La Latina) Diese wundervoll restaurierte *posada* (Gasthof) aus dem 17. Jh. ist eine Art Wahrzeichen der Gegend. Die Atmosphäre ist formell, das Dekor dunkel und traditionell (schweres Holz- und Mauerwerk) und die Küche deutlich lokal beeinflusst, so gibt's z. B. Braten, *cocido (muss vorbestellt werden)*, *callos* (Kutteln) und *sopa de ajo* (Knoblauchsuppe).

Sol, Santa Ana & Huertas

Casa Toni SPANISCH €

(Karte S. 88; ☎ 91 532 25 80; casatoni2@hotmail.com; Calle de la Cruz 14; Hauptgerichte 6–13 €; ⏲ 12–16.30 & 19–24 Uhr; Ⓜ Sol) Die Einheimischen strömen in Scharen in die Casa Toni, eine der ältesten spanischen Bars der Stadt, wegen der einfachen, ehrlichen und frischen Küche. Auf der Speisekarte stehen Tintenfisch, Gazpacho und Innereien; das knusprige Schweinsohr ist einfach göttlich. Man sollte unbedingt einen der regionalen Weine probieren. Die Preise sind super und der alte Madrider Charme ist unvergleichlich.

Vinos González TAPAS, FEINKOST €

(Karte S. 90 f.; ☎ 91 429 56 18; www.casagonzalez.es; Calle de León 12; Tapas ab 3,50 €, raciones 9–15 €; ⏲ Mo–Do 9.30–24, Fr & Sa bis 1, So 11–18 Uht; Ⓜ Antón Martín) Schon mal von einem Feinkostladen geträumt, in dem man sich hinsetzen und köstliche Häppchen probieren kann? Das findet man in Spanien normalerweise nicht, hier kann man das aber. Auf der Karte stehen jede Menge lokale und internationale Käsesorten und andere typisch spanische Delikatessen. Die Atmosphäre ist zwanglos. Hier sollte man ein bisschen verweilen.

La Finca de Susana SPANISCH €

(Karte S. 90 f.; ☎ 91 429 76 78; www.grupandilana.com; Calle del Príncipe 10; Hauptgerichte 8–14 €; ⏲ So–Mi 13–15.45 & 20.30–23.30, Do–Sa 13–15.45 & 20.15–24 Uhr; 📶; Ⓜ Sevilla) Eine bessere Kombination von Preis, Qualitätsküche und eleganter Atmosphäre gibt's in Huertas kaum. Der sanft beleuchtete Speiseraum wirkt sehr edel und das teils innovative, teils traditionelle Essen lockt ein hippes junges Publikum an. Hier gibt's Leckereien wie Entenconfit mit Pflaumen, Steckrübe und Couscous. Reservieren kann man nicht.

★ Casa Alberto TAPAS €€

(Karte S. 90 f.; ☎ 91 429 93 56; www.casaalberto.es; Calle de las Huertas 18; Tapas/raciones/Hauptgerichte 3,25–10/7–16,50/16–19 €; ⏲ Restaurant Di–Sa 13.30–16 & 20–24, So 13.30–16 Uhr, Bar Di–Sa 12.30–1.30, So 12.30–16 Uhr, im Juli & Aug. So geschl.; Ⓜ Antón Martín) Die Casa Alberto, eine der atmosphärischsten alten *tabernas* Madrids, wurde bereits 1827 eröffnet und ist in einem Haus untergebracht, in dem Cervantes angeblich eines seiner Bücher geschrieben hat. Das Geheimnis ihrer langjährigen Beliebtheit ist offensichtlich, kommt man doch in den Genuss exzellenter Tapas (an der Bar) und köstlicher Gerichte.

TAPAS-TOUR DURCH MADRID

La Latina & Lavapiés

Madrids erste Adresse für Tapas ist La Latina, vor allem entlang der Calle de la Cava Baja und in den nahe liegenden Straßen. Hervorragende traditionelle spanische Häppchen bekommt man beispielsweise im **Almendro 13** (Karte S. 82; ☎ 91 365 42 52; www.almendro13.com; Calle del Almendro 13; Hauptgerichte 7–15 €; ⏰ So–Do 13–16 & 19.30–24, Fr & Sa 13–17 & 20–1 Uhr; Ⓜ La Latina). Zu den Spezialitäten des Hauses gehören Räucherfleisch, Käse, Tortillas und *huevos rotos* (wörtlich „zerbrochene Eier"). Die Calle de la Cava Baja herunter bietet die **Taberna Txakolina** (Karte S. 82; ☎ 91 366 48 77; www.tabernatxacoli.com; Calle de la Cava Baja 26; Tapas ab 4 €; ⏰ Di 20–24, Mi–Sa 13–16 & 20–24, So 13–16 Uhr; Ⓜ La Latina) hohe baskische Kochkunst; runtergespült wird mit *txacoli*, einem scharfen baskischen Weißen. Sehr beliebt sind auch die Lokale **Casa Lucas** (Karte S. 82; ☎ 91 365 08 04; www.casalucas.es; Calle de la Cava Baja 30; Tapas/raciónes ab 5/12 €; ⏰ Do–Di 13–15.30 & 20–24, Mi 13–15.30 Uhr; Ⓜ La Latina) und **La Chata** (Karte S. 82; ☎ 91 366 14 58; www.lachatacavabaja.com; Calle de la Cava Baja 24; Hauptgerichte 9–23 €, Tapas ab 3,70 €; Menüs 18 € ⏰ Do–Mo 13–16 & 20.30–24, Di & Mi 20.30–24 Uhr; Ⓜ La Latina). Ganz in der Nähe serviert das **Juana La Loca** (Karte S. 82; % 91 366 55 00; www.juanalalocamadrid.com; Plaza de la Puerta de Moros 4; Tapas ab 4 €, Hauptgerichte 10–24 €; ⏰ Di–So 13.30–17.30, Sa–Mi 19–24, Do–Fr bis 1 Uhr; Ⓜ La Latina) herrliche *tortilla de patatas* (Omelett mit Kartoffeln und Zwiebeln), ebenso wie das **Txirimiri** (Karte S. 82; ☎ 91 364 11 96; www.txirimiri.es; Calle del Humilladero 6; Tapas ab 3 €; ⏰ 12–16.30 & 20.30–24 Uhr; Ⓜ La Latina).

Plaza Mayor, Sol & Huertas

Wer *bacalao* (Kabeljau) mag, sollte die 1860 eröffnete **Casa Labra** (Karte S. 90 f.; ☎ 91 532 14 05; www.casalabra.es; Calle de Tetuán 11; Tapas ab 1 €; ⏰ 11.30–15.30 & 18–23 Uhr; Ⓜ Sol) ansteuern. Sie war einst das Lieblingslokal des Poeten Federico García Lorca. Viele *madrileños* essen Kabeljau jedoch nur in der **Casa Revuelta** (Karte S. 78 f.; ☎ 91 366 33 32; Calle de Latoneros 3; Tapas ab 2,80 €; ⏰ Di–Sa 10.30–16 & 19–23, So 10.30–16 Uhr, im Aug. geschl.; Ⓜ Sol, La Latina), weil der Besitzer hier morgens wirklich jede einzelne Fischgräte entfernt.

La Casa del Abuelo (Karte S. 90 f.; ☎ 902 027334; www.lacasadelabuelo.es; Calle de la Victoria 12; raciónes ab 9 €; ⏰ So–Do 12–24, Fr & Sa bis 1 Uhr; Ⓜ Sol) in Huertas ist berühmt für ihre *gambas a la plancha* (gegrillte Garnelen) und *gambas al ajillo* (brutzelnde Garnelen in Knoblauch auf kleinen Keramikplatten). Zum Herunterspülen gibt's ein *chato* (kleines Glas) des schweren süßen Rotweins El Abuelo. Tolle *patatas bravas* (Bratkartoffeln in würziger Tomatensoße) bekommt man im **Las Bravas** (Karte S. 90 f.; ☎ 91 522 85 81; www.lasbravas.com; Callejón de Álvarez Gato 3; raciónes 4–13 €; ⏰ 12.30–16.30 & 19.30–0.30 Uhr; Ⓜ Sol, Sevilla). Dank seines luxuriösen Dekors und der wundervollen Kanapees ist auch das **Los Gatos** (Karte S. 90 f.; ☎ 91 429 30 67; Calle de Jesús 2; Tapas ab 3,75 €; ⏰ 11–14 Uhr; Ⓜ Antón Martín) am Fuß des Hügels in Huertas eine gute Wahl.

El Retiro, die Kunstmuseen & Salamanca

Auf dem Paseo del Prado befindet sich nur ein einziges Tapas-Lokal, das dafür aber das beste der Stadt ist: das Estado Puro(S. 124). In Salamanca serviert das **Biotza** (Karte S. 106; ☎ 91 781 03 13; Calle de Claudio Coello 27; pintxos/raciones/Menüs 2.80–3,40/ab 6/ab 18 €; ⏰ Mo–Sa 13–16.30 & 20.30–24 Uhr; Ⓜ Serrano) kreative baskische *pintxos* (Tapas) in stilvollem Ambiente.

Chueca

Ein weiteres gutes *barrio* (Stadtviertel) für Tapas ist Chueca. Unbedingt probieren sollte man den andalusischen *jamón* (Schinken) und die Meeresfrüchte im Bocaito (S. 127). Die Bodega de La Ardosa (S. 126) ist für ihre *salmorejo, croquetas, patatas bravas* und *tortilla de patatas* bekannt, und in der Casa Julio (S. 125) werden die besten *croquetas* der Stadt zubereitet. Zu den weiteren empfehlenswerten Adressen gehört das Baco y Beto (S. 126).

La Mucca de Prado SPANISCH, INTERNATIONAL €€ (Karte S. 90 f.; ☎ 915210000; www.lamuccacompany.com/lamucca-de-prado; Calle del Prado 16; Hauptgerichte 9–16 €; ⊙ So–Mi 13–1.30, Do bis 2, Fr & Sa bis 2.30 Uhr; Ⓜ Antón Martín) In diesem unglaublich beliebten Gegenstück zum ebenso coolen La Mucca in Malasaña gibt's zwar tolle lokale Gerichte wie *jamón*-(Schinken-)Platten, hauptsächlich stehen aber internationale Gerichte wie Pizza, Burger und Salate, meist mit spanischem Touch, auf der Speisekarte. Das Essen ist sehr gut und durch die tolle Atmosphäre schmeckt alles noch mal besser.

Maceiras GALICISCH €€ (Karte S. 90 f.; ☎ 914295818; www.tabernamaceira.com; Calle de las Huertas 66; Hauptgerichte 6–14 €; ⊙ Mo–Do 13.15–16.15 & 20–24, Fr & Sa 13.30–16.45 & 20.30–1, So 13.30–16.45 & 20–24 Uhr; Ⓜ Antón Martín) Galicische Tapas (z. B. mit Tintenfisch oder grünen Paprikas) haben noch nie so köstlich geschmeckt wie in dieser gemütlichen rustikalen Bar am Fuße der Hügel von Huertas, besonders wenn man dazu einen frischen weißen Ribeiro trinkt. Die einfachen Holztische, einheimische Gäste, galicische Musik im Hintergrund und eine tolle Lage machen die Bar zum perfekten Ort vor oder nach dem Museumsbesuch am Paseo del Prado.

Eine weitere Zweigstelle (Karte S. 90 f.; www.tabernamaceira.com; Calle de Jesús 7; Hauptgerichte 6–14 €; ⊙ Mo–Fr 13.15–16.15 & 20.30–0.15, Sa 13.30–16.30 & 20.30–1, So 13.30–16.30 & 20.30–24 Uhr; Ⓜ Antón Martín) befindet sich direkt um die Ecke.

★ **La Terraza del Casino** MODERN SPANISCH €€€ (Karte S. 90 f.; ☎ 915321275; www.casinodemadrid.es; Calle de Alcalá 15; Hauptgerichte/Menüs 44–56/79–185 €; ⊙ Mo–Sa 13–16 & 21–24 Uhr; Ⓜ Sevilla) Dieser Tempel der Haute Cuisine in der obersten Etage des prunkvollen Casino de Madrid ist stolzer Besitzer zweier Michelin-Sterne und wird von dem berühmten Koch Paco Roncero geleitet. Hauptaugenmerk liegt auf kulinarischer Experimentierfreude und die Speisekarte ändert sich, sobald neue Ideen aus dem Labor in der Küche umgesetzt werden. Das *menú de degustación* (148 €) ist eine einzigartige Geschmacksexplosion.

★ **Lhardy** SPANISCH €€€ (Karte S. 90 f.; ☎ 915213385; www.lhardy.com; Carrera de San Jerónimo 8; Hauptgerichte 24–36 €; ⊙ Mo–Sa 13–15.30 & 20.30–23, So 13–15.30 Uhr, im Aug. geschl.; Ⓜ Sol, Sevilla) Im unteren Stock dieses 1839 eröffneten Urgesteins warten ein eleganter Speiseraum und Gourmet-Tapas, während in den sechs Essbereichen im Obergeschoss Edelvariationen traditioneller madrilenischer Gerichte mit französischem Touch kredenzt werden. Zu den Spezialitäten des Hauses gehören *cocido a la madrileña* (Fleisch-Kichererbsen-Eintopf), Fasan und Wildente mit Orange. Die Qualität und der Service sind grandios.

El Retiro & die Kunstmuseen

★ **Estado Puro** TAPAS €€ (Karte S. 94; ☎ 913302400; www.tapasenestadopuro.com; Plaza de Neptuno/Plaza de Cánovas del Castillo 4; Tapas/Hauptgerichte 4,50–12,50/14–20 €; ⊙ 12–24 Uhr; Ⓜ Banco de España, Atocha) Die schicke, aber legere Tapas-Bar kredenzt fantastische Tapas, darunter die in einem Glas servierte *tortilla española siglo XXI.* (spanisches Omelett des 21. Jhs.), Wachtelei in Sojasoße oder Schweinshaxe mit Tintenfischnudeln. Paco Roncero, Chef der **La Terraza del Casino** (S. 124) und ehemaliger Lehrling des Meisterkochs Ferran Adrià, leitet die Küche.

Palacio de Cibeles SPANISCH €€€ (Karte S. 94; ☎ 915231454; www.palaciodecibeles.com; 6. OG, Plaza de la Cibeles 1; Hauptgerichte/Menüs 16–39/38,50–55 €; ⊙ 13–16 & 20–24 Uhr; Ⓜ Banco de España) Hoch oben im symbolträchtigen Palacio de Comunicaciones an der Plaza de la Cibeles liegt dieses äußerst beliebte Restaurant von Adolfo Muñoz. Er verwendet spanische Grundnahrungsmittel, fügt etwas Castilla-La-Mancha-Region hinzu und schaut, wohin ihn das führt. Auf der Speisekarte können Gerichte wie Reis mit Safran, Gemüse und *manchego*-Käse oder mit Zwiebeln und Waldpilzen gefüllte Schweinshaxe stehen.

Salamanca

★ **Astrolabius** FUSION-KÜCHE €€ (Karte S. 106; ☎ 915620611; www.astrolabiusmadrid.com; Calle de Serrano 118; Hauptgerichte 10–25 €; ⊙ Di–Sa 13–16 & 20.30–24 Uhr, im Aug. geschl.; Ⓜ Núñez de Balboa) Das ausgezeichnete familiengeführte Restaurant im Norden Salamancas hat eine einfach Philosophie: Großmutters Rezepte mit der Fantasie der Enkel abändern. Das Ergebnis ist eine verlockende Kombination aus Aromen wie z. B.

die Jakobsmuscheln mit Knoblauch oder der Krabbencocktail. Die Atmosphäre ist modern, aber leger im besten Madrider Sinn.

★ **Platea** SPANISCH €€
(Karte S. 106; ☎ 91 577 00 25; www.plateamadrid.com; Calle de Goya 5-7; ⌚ So–Mi 12.30–0.30, Do–Sa bis 2.30 Uhr; Ⓜ Serrano, Colón) Das schmucke Carlos-III-Kino gegenüber der Plaza de Colón wurde kunstvoll in einen dynamischen Gastronomiebereich mit Hang zum Burlesken verwandelt. Es gibt zwölf Restaurants, drei Feinkostläden und Cocktailbars.

Das Konzept bezieht das Original-Theaterdekor mit ein: Auf mehrere Stockwerke verteilen sich verschiedene separate Restaurants, die durch den hohen offenen zentralen Bereich miteinander verbunden sind und Blick auf die Bühne bieten, auf der Vorführungen im Kabarettstil oder aus den 1930ern sowie Kochshows für eine glamouröse Kulisse sorgen. Hier trifft Food-Court auf Haute Cuisine in einer gewagten Kombination aus Mittags- und Abendlokalen sowie ab und zu Vorstellungen, die ohne die sonst übliche Förmlichkeit auskommen.

José Luis SPANISCH €€
(Karte S. 106; ☎ 91 563 09 58; www.joseluis.es; Calle de Serrano 89; Tapas ab 5 €; ⌚ Mo–Fr 8.30–1, Sa 9–1, So 12.30–1 Uhr; Ⓜ Gregorio Marañón) In und um Madrid verteilen sich weitere Filialen dieses Restaurants, das für seine traditionellen spanischen Rezepte bekannt ist. Viele Gäste halten die *tortilla de patatas* (spanisches Kartoffelomelett) für die beste in der ganzen Stadt, daneben gibt's leckere *croquetas* und *ensaladilla rusa* (russischen Salat). Dieser etwas spießige Außenposten lässt einen an junge Herren in Anzügen denken und ist somit typisch für Salamanca.

Malasaña & Chueca

★ **Pez Tortilla** TAPAS €
(Karte S. 110 f.; ☎ 653 919984; www.peztortilla.com; Calle del Pez 36; Tapas ab 4 €; ⌚ So 12–24, Mo–Mi 18.30–2, Do 12–2, Fr & Sa 12–2.30 Uhr; Ⓜ Noviciado) Immer, wenn wir herkommen, ist der Laden brechend voll, was keine Überraschung ist, wenn man sich seine Philosophie und die tollen Tortillas (15 verschiedene!), köstlichen *croquetas* (Kroketten) und Craft-Biere (über 70 Sorten, neun vom Fass) ansieht. Die schwarzen *croquetas* mit Tintenfisch oder die Tortilla mit Trüffel-Brie und *jamón* (Schinken) sind nur zwei von vielen Spezialitäten.

INSIDERWISSEN

BOCADILLO DE CALAMARES

Das *bocadillo de calamares* – ein baguetteartiges, üppig mit frittierten Calamares gefülltes Brötchen – gehört zu den weniger bekannten kulinarischen Spezialitäten Madrids. Den perfekten Snack für unterwegs gibt's zum Preis von ca. 2,70 € in vielen Bars in den Straßen rund um die Plaza Mayor sowie Bars in der Calle de los Botaderos, nahe der Südostecke der Plaza Mayor, darunter **La Ideal** (Karte S. 78 f.; ☎ 91 365 72 78; Calle de Botoneras 4; bocadillos ab 2,90 €; ⌚ So–Do 9–23, Fr & Sa bis 24 Uhr; Ⓜ Sol) oder **La Campana** (Karte S. 78 f.; ☎ 91 364 29 84; Calle de Botoneras 6; bocadillos ab 2,90 €; ⌚ So–Do 9–23, Fr & Sa bis 24 Uhr; Ⓜ Sol).

★ **Casa Julio** SPANISCH €
(Karte S. 110 f.; ☎ 91 522 72 74; Calle de la Madera 37; 6/12 croquetas 6/12 €; ⌚ Sept.–Juli Mo–Sa 13–15.30 & 18.30–23 Uhr; Ⓜ Tribunal) Bei einer stadtweiten Umfrage nach den besten *croquetas* in Madrid stimmte die Hälfte aller Befragten für die Casa Julio – die restlichen nannten einen anderen Laden, weil sie die Casa Julio schlicht noch nicht besucht hatten. Hier schmecken die Kroketten so gut, dass Promis und Normalsterbliche aus der ganzen Stadt hergelockt werden, um die große Auswahl an traditionellem *jamón* (Schinken) oder kreativere Versionen wie Spinat mit Gorgonzola zu probieren.

Die Bar erlangte große Berühmtheit, als die Band U2 sie vor ein paar Jahren für ein Fotoshooting auswählte.

★ **Bazaar** MODERN SPANISCH €
(Karte S. 108; ☎ 91 523 39 05; www.restaurantbazaar.com; Calle de la Libertad 21; Hauptgerichte 7,50–13 €; ⌚ So–Mi 13.45–16 & 20.30–23.30, Do–Sa 13.15–16 & 20.15–24 Uhr; 📶; Ⓜ Chueca) Bei den reichen Bewohnern Chuecas erfreut sich das Bazaar ungebrochener Beliebtheit. Obwohl die makellose weiße Designeinrichtung mit Theaterbeleuchtung und Panoramafenstern jede Menge Leute anzieht, die aussehen, als wären sie direkt der Zeitschrift *¡Hola!* entsprungen, ist das Essen äußerst günstig sowie innovativ und die Atmosphäre locker.

Reservierungen werden nur fürs Abendessen (Sonntag bis Donnerstag) angenommen. Zu den übrigen Zeiten sollte man früh

ABSTECHER

CASA JORGE

Madrids bestes katalanisches Restaurant, die elegante **Casa Jorge** (☎914 16 92 44; www.casajorge.com; Calle de Cartagena 104; Hauptgerichte 16–22 €; ⏲Mo–Do 13.30–16 & 21–24, Fr & Sa bis 1, So 13.30–16 Uhr; Ⓜ Cartagena) serviert exquisite Spezialitäten aus dem Nordwesten Spaniens, darunter *caracoles* (Schnecken), himmlische Reisgerichte und, während der Saison (etwa Dezember bis März oder April), *calçots con salsa romescu* (lange Frühlingszwiebeln mit einer Tomaten- und Roten-Paprika-Soße); sie werden mit Lätzchen gegessen und sind ein außerordentlicher Genuss.

kommen oder sich auf Wartezeiten einstellen, egal, ob man berühmt ist oder nicht. Die Cocktailkarte ist lang und die Preise starten schon bei 5 €!

Bar Palentino TAPAS €
(Karte S. 110 f.; ☎91 532 30 58; Calle del Pez 8; bocadillos 2,50 €; ⏲Mo–Sa 7–14 Uhr; Ⓜ Noviciado) Formica-Tische, keine Dekoration und trotzdem … In der zeitlosen Bar in Malasaña bekommt man eine Lektion in typischer spanischer Esstradition: sich nicht vom äußeren Erscheinungsbild täuschen lassen. Die Bar Palatino ist beliebt bei Jung und Alt und versprüht einen unwiderstehlichen Charme, das liegt zum Großteil an ihren Besitzern María Dolores (die sich als „Spezialität des Hauses" bezeichnet) und Casto.

Und das Essen? Einfache traditionelle Tapas und *bocadillos* (belegte Brötchen), die in der ganzen Stadt berühmt sind, und das sicher nicht nur wegen der günstigen Preise.

Baco y Beto TAPAS €
(Karte S. 110 f.; ☎91 522 84 41; Calle de Pelayo 24; Tapas ab 4 €; ⏲Mo–Fr 20–1, Sa 14–16.30 & 20.30–1 Uhr; Ⓜ Chueca) Gäste erwarten hier die leckersten Tapas der Stadt, z. B. Tapas mit Wachtelei mit *salmorejo cordobés* (kalte Tomatensuppe aus Córdoba) oder *raciones* (größere Tapas) mit Aubergine und Parmesan. Die Klientel ist überwiegend schwul.

Bodega de la Ardosa TAPAS €
(Karte S. 108; ☎91 521 49 79; www.laardosa.es; Calle de Colón 13; Tapas & raciones 4–12 €; ⏲Mo–Fr 8.30–2, Sa & So 12.45–2.30 Uhr; Ⓜ Tribunal) Die charmante holzvertäfelte Bar Bodega de la Ardosa erfreut sich schon seit 1892 großer Beliebtheit. Hier nicht die *salmorejo* (kalte Tomatensuppe mit Brot, Öl, Knoblauch und Essig), die *croquetas* oder *tortilla de patatas* (Kartoffel- und Zweiebelomelett) zu probieren wäre ein Verbrechen. Am Wochenende kann man sich vor lauter Leuten kaum bewegen.

★ **Yakitoro by Chicote** JAPANISCH, SPANISCH €€
(Karte S. 90 f.; ☎91 737 14 41; www.yakitoro.com; Calle de la Reina 41; Tapas 3–8 €; ⏲13–24 Uhr; Ⓜ Banco de España) Das sehr beliebte Yakitoro basiert auf der Idee eines japanischen Gasthofs, ist außerdem sehr innovativ und kombiniert spanische und japanische Aromen in Perfektion. Abgesehen von den Salaten werden alle Gerichte an Spießen über dem Holzfeuer gegart – leckere Kombinationen aus Gemüse, Fisch-und Meeresfrüchten und Fleisch.

★ **La Carmencita** SPANISCH €€
(Karte S. 110 f.; ☎91 531 09 11; www.tabernalacarmencita.es; Calle de la Libertad 16; Hauptgerichte 13–27 €; ⏲9–2 Uhr; Ⓜ Chueca) Die Bar La Carmencita gibt's seit 1854 und der Dichter Pablo Neruda war hier früher Stammgast. Die Besitzer bringen 75 ihrer spanischen Lieblingsrezepte auf den Tisch. Einige von ihnen wurden verbessert, die meisten aber nicht, da sie schon perfekt sind.

★ **Albur** TAPAS €€
(Karte S. 110 f.; ☎91 594 27 33; www.restaurantealbur.com; Calle de Manuela Malasaña 15; Hauptgerichte 13–18 €; ⏲Mo–Do 12.30–17 & 19.30–24, Fr 12.30–17 & 19.30–1.30, Sa 13–1.30, So 13–24 Uhr; 📶; Ⓜ Bilbao) Eines der besten Lokale in Malasaña besteht aus einer unheimlich beliebten Tapas-Bar und einem schicken, jedoch legeren Restaurant im hinteren Bereich. Die Kellner scheinen niemals die Contenance zu verlieren, eigentliches Highlight sind jedoch die äußerst günstigen Reisgerichte, wobei hier eigentlich alles gut schmeckt.

Celso y Manolo TAPAS, SPANISCH €€
(Karte S. 110 f.; ☎91 531 80 79; www.celsoymanolo.es; Calle de la Libertad 1; raciones 7,50–12 €; ⏲13–16.30 & 20–2 Uhr; Ⓜ Banco de España) Das Celso y Manolo ist eine der besten Bars in Chueca. Als Snack werden *tostadas* gereicht und für alle, die es traditionell mögen, Ochsenschwanz und eine große Auswahl an Gerichten aus dem Norden und Nordwesten Spaniens. Es gibt gute Weine, guten Kaffee, noch bessere Cocktails und eine liebvolle Inneneinrichtung.

Bocaito TAPAS €€
(Karte S. 110 f.; ☎ 91 532 12 19; www.bocaito.com; Calle de la Libertad 4-6; Tapas 2,50–8 €, Hauptgerichte 11–28 €; ⊙ Mo–Sa 13–16 & 20.30–24 Uhr; Ⓜ Chueca, Sevilla) Filmemacher Pedro Almodóvar beschrieb dieses traditionelle Bar-Restaurant einst als „das perfekte Antidepressivum". Das Restaurant, obwohl sehr angesehen, ist zu vernachlässigen. Viel besser ist die Bar, in der man, Schulter an Schulter mit anderen Gästen, ein paar andalusische *raciones* bestellen kann. Die spült man mit einem fuseligen Rotwein oder einer *caña* (kleines Glas Bier) runter.

La Mucca de Pez TAPAS €€
(Karte S. 110 f.; ☎ 91 521 00 00; www.lamucca.es; Plaza Carlos Cambronero 4; Hauptgerichte 9–16 €; ⊙ So–Mi 12–1.30, Do 13–2, Fr & Sa 13–2.30 Uhr; Ⓜ Callao) Ein überaus angenehmer Ort, um einen Nachmittag dort zu verbringen, deswegen scheint es manchmal unmöglich, einen Tisch zu ergattern. Eine umfangreiche Weinkarte ergänzt die tollen Salate, kreativen Pizzas und den guten Mix aus Hauptgerichten mit Fleisch und Meeresfrüchten. Und bei der Atmosphäre schmeckt alles gleich noch viel besser!

Mercado de San Antón TAPAS €€
(Karte S. 110 f.; ☎ 91 330 07 30; www.mercadosananton.com; Calle de Augo Figueroa 24; Tapas/Hauptgerichte ab 1,50/5–20 €; ⊙ 10–24 Uhr; Ⓜ Chueca) Spaniens Märkte sind eine interessante Alternative zu den Bars und Restaurants. Viele wurden so umgestaltet, dass sie alle kulinarischen Bedürfnisse auf einmal erfüllen. Im unteren Bereich gibt's frische Produkte und im oberen eine große Auswahl an Tapas aus Japan, von den Kanaren und aus anderen Gegenden des Landes oder der Welt.

La Musa SPANISCH, FUSION-KÜCHE €€
(Karte S. 110 f.; ☎ 91 448 75 58; www.grupolamusa.com; Calle de Manuela Malasaña 18; Tapas/Hauptgerichte 3–7/11–17 €; ⊙ Mo–Do 9–1, Fr bis 2, Sa 13–2, So 13–1 Uhr; Ⓜ San Bernardo) Gemütlich, laut und unprätentiös: La Musa bietet Designdekor, Lounge-Musik sowie kreative Gerichte. Es gibt drei verschiedene Typen von Tapas: spanische, internationale und jene aus dem Holzofen. Unbedingt die *degustación de tapas* (30 €) für zwei Personen probieren.

★ **La Buena Vida** SPANISCH €€€
(Karte S. 110 f.; ☎ 91 531 31 49; www.restaurantelabuenavida.com; Calle del Conde de Xiquena 8; Hauptgerichte 25–28 €; ⊙ Di–Do 13–16 & 21–23.30, Fr & Sa 13.30–16 & 21–0.30 Uhr; Ⓜ Chueca, Colón) Das prestigeträchtige Lokal in Chueca ist eine Mischung aus Pariser Bistro und traditionellem exklusivem Madrider Restaurant – und sehr beliebt bei gut betuchten Feinschmeckern. Die Speisekarte ist saisonal und eher klassisch spanisch, Gerichte wie Roter Thunfisch mit Guacamole und Sesamkörnern sind aber ein Hinweis darauf, dass die Köche auch verspielteren Kreationen nicht abgeneigt sind. Das La Buena Vida gilt als eines der besten Restaurants der Stadt.

★ **La Tasquita de Enfrente** MODERN SPANISCH €€€
(Karte S. 110 f.; ☎ 91 532 54 49; Calle de la Ballesta 6; Hauptgerichte/Menüs 16–32/45–70 €; ⊙ Mo–Sa 13.30–16.30 & 20.30–24 Uhr; Ⓜ Gran Vía) Wie beliebt dieses Restaurant bei Kennern der Madrider Gourmetszene ist, kann kaum in Worte gefasst werden. Das saisonale Menü des Küchenchefs Juanjo López hält immer wieder Überraschungen bereit, bietet aber auch originelle Interpretationen einfacher spanischer Klassiker. Das *menú de degustación* (Probiermenü; 50 €) und das *menú de Juanjo* (65 €) sind besonders empfehlenswert für alle, die hier zum ersten Mal speisen. Reservierung erforderlich.

Parque del Oeste & im Norden der Stadt

Bodega de la Ardosa TAPAS €
(☎ 91 446 58 94; Calle de Santa Engracia 70; raciones ab 7,50 €; ⊙ Do–Di 9–15 & 18–23.30 Uhr; Ⓜ Iglesia) Das etwas versteckt gelegene hübsche Relikt liegt in einer angesagten Gegend von Chamberí und hat eine extravagante geflieste Fassade mit Granatsplitterlöchern aus dem Spanischen Bürgerkrieg. Einheimische kommen schon seit Jahrzehnten hierher, um schon am Morgen etwas zu trinken oder die besten typisch spanischen *patatas bravas* (frittierte Kartoffeln mit scharfer Tomatensoße) der Stadt zu essen. Es gibt auch Wermut vom Fass.

Casa Mingo ASTURISCH €
(☎ 91 547 79 18; www.casamingo.es; Paseo de la Florida 34; raciones/gegrilltes Hähnchen 2,70–11/11 €; ⊙ 11–24 Uhr; Ⓜ Príncipe Pío) Die 1888 eröffnete Casa Mingo ist ein bekanntes asturisches Cidre-Haus, das ein wenig an eine Grotte erinnert. Hier mag man es einfach und konzentriert sich hauptsächlich auf die Spezialität des Hauses, *pollo asado* (geviertteltes Brathähnchen). Dazu gibt's eine Fla-

sche Cidre. Zu den Favoriten zählen *chorizo a la sidra* (in Cidre gekochte Chorizo), *queso cabrales* (Blauschimmelkäse aus Asturien) und im Winter unter der Woche *cocido a la madrileña* (Fleisch-Kichererbsen-Eintopf) zum Mittagessen.

Die Ermita de San Antonio de la Florida liegt direkt nebenan.

★ Mama Campo SPANISCH €€

(91 447 41 38; www.mamacampo.es; Plaza de Olavide; Hauptgerichte 7–15 €; Di–Sa 13.30–16 & 20.30–24, So 13.30–16 Uhr; Bilbao, Iglesia, Quevedo) Das Mama Campo bringt frischen Wind in die eintönige Barszene rund um die Plaza de Olavide und bezeichnet sich selbst als umweltbewusste Variante einer spanischen *taberna* (Taverne). Inmitten des hübschen weißen Dekors kommen hier spanische Klassiker aus frischen biologischen Zutaten auf den Tisch. Es gibt auch Tische auf der Plaza, die zu unseren Favoriten zählt.

★ La Favorita SPANISCH €€

(91 448 38 10; www.restaurantelafavorita.com; Calle de Covarrubias 25; Hauptgerichte/Menüs 12–26/50–70 €; Mo–Fr 13.30–16 & 21–24, Sa 21–24 Uhr; Alonso Martínez) Das La Favorita liegt in einer hübschen alten Villa und ist berühmt für seine Arien am Abend, die von professionellen, als Opernsänger verkleideten Kellnern gesungen werden. Der Garten ist wunderschön an Sommerabenden und die Musik und das Essen (hauptsächlich aus der Region Navarra im Nordosten Spaniens) sind erstklassig.

Costa Blanca Arrocería SPANISCH €€

(91 448 58 32; Calle de Bravo Murillo 3; Hauptgerichte 11–23 €; Mo 13.30–16, Di–Fr 13.30–16 & 20.30–23.30, Sa & So 14–16 & 20.30–23.30 Uhr; Quevedo) Auch wer nicht plant, nach Chamberí zu kommen, sollte wissen, dass dieses Bar-Restaurant mit hervorragenden Reisgerichten überzeugt und deshalb den Weg durch die Stadt lohnt. Die Qualität ist hoch und die Preise gehören zu den niedrigsten der Stadt. Am besten beginnt man mit *almejas a la marinera* (Babymuscheln) und bestellt als Hauptspeise *paella de marisco* (Paella mit Meeresfrüchten).

Sagaretxe TAPAS €€

(91 446 25 88; www.sagaretxe.com; Calle de Eloy Gonzalo 26; Tapas/Menüs 2,20/15,50–31 €; 12–17 & 19–24 Uhr; Iglesia) Das Sagaretxe ist eine der besten *pintxos*-Bars (baskische Tapas) Madrids und sorgt für Stressfreiheit beim Tapasessen. 20 verschiedene Tapas sind auf der Bar aufgereiht (und mehr als 100 können auf Anfrage in der Küche zubereitet werden). Einfach auswählen, dann werden sie auf einem Teller hübsch angerichtet.

Las Tortillas de Gabino SPANISCH €€

(Karte S. 106; 91 319 75 05; www.lastortillasdegabino.com; Calle de Rafael Calvo 20; Tortillas/Hauptgerichte 10,50–15,50/14–22 €; Mo–Sa 13.30–16 & 21–23.30; Iglesia) Nur mutige Küchenchefs wagen sich an eine Neuinterpretation der heiligen *tortilla de patatas* (Kartoffelomelett), doch das Ergebnis in diesem Restaurant kann sich sehen lassen. Das Gericht wird mit vielen überraschenden Zutaten zubereitet wie Tortilla mit Tintenfisch. Darüber hinaus erhält das Tortillas de Gabino gute Bewertungen für seine *croquetas*. Der Service ist exzellent und der helle, elegante Essbereich ergänzt die kulinarischen Erfahrungen, die man hier macht, auf wunderbare Weise.

★ DiverXo MODERN SPANISCH €€€

(91 570 07 66; www.diverxo.com; Calle de Padre Damián 23; Menüs 195–250 €; Di–Sa 14–15.30 & 21–22.30 Uhr, im Aug. drei Wochen geschl.; Cuzco) Madrids einziges Restaurant mit drei Michelin-Sternen, das DiverXo im Norden der Stadt, zählt zu den ungewöhnlichsten Gastrobetrieben Spaniens. Küchenchef David Muñoz ist noch keine 40 Jahre alt und eine Art Enfant terrible der spanischen Kochszene. Er steht für eine „brutale" Art des Kochens: Während der Gast isst, taucht das Küchenteam auf, um das Gericht mit überraschenden neuen Zutaten zu verfeinern.

Highlight der sorgfältig choreografierten kulinarischen Erlebnisse sind die kurzen (2½ Std., sieben Gänge) und langen (4 Std., 11 Gänge) Menüs sowie die „Wow"- und „Glutton Wow"-Menüs, die nicht viel mit formelleren Luxusrestaurants gemein haben. Die unauffällige vorstädtische Kulisse und die beengten Räumlichkeiten (manchmal fügen die Köche die letzten Details im Gang hinzu) runden das originelle Gesamtkonzept ab. Man muss bis zu sechs Monate im Voraus buchen.

Ausgehen & Nachtleben

Madrider Nächte sind legendär. Schon unter der Woche geht's meist lang und laut zu, zum Wochenende hin steuert das Ganze dann seinem feucht-fröhlichen Höhepunkt entgegen.

Plaza Mayor & das königliche Madrid

★ The Sherry Corner WEINBAR
(Karte S. 78 f.; ☎ 681007700; www.sherry-corner.com; Stand 24, Mercado de San Miguel, Plaza de San Miguel; ⊙ 10–21 Uhr; Ⓜ Sol) The Sherry Corner im Mercado de San Miguel bietet einen exzellenten Sherry-Crashkurs. Für 30 € gibt's sechs kleine Gläser mit hochwertigem Sherry, zu denen jeweils verschiedene Tapas gereicht werden. Begleitet wird das Ganze von einem Audioguide in acht Sprachen

★ Teatro Joy Eslava CLUB
(Joy Madrid; Karte S. 78 f.; ☎ 91 366 37 33; www.joy-eslava.com; Calle del Arenal 11; Eintritt 12–15 €; ⊙ 23.30–6 Uhr; Ⓜ Sol) Auf zwei Dinge kann man sich in diesem Club, der in einem Theater aus dem 19. Jh. untergebracht ist, verlassen: Er platzt stets aus allen Nähten und ist immer geöffnet (angeblich war er in den vergangenen 29 Jahren jeden Tag in Betrieb). Musik und Klientel sind gemischt, so finden sich in den langen Warteschlangen Einheimische, Touristen und der eine oder andere *famoso* (Promi).

★ Chocolatería de San Ginés CAFÉ
(Karte S. 78 f.; ☎ 91 365 65 46; www.chocolateriasangines.com; Pasadizo de San Ginés 5; ⊙ 24 Std.; Ⓜ Sol) Das Café, in dem man sich das berühmte *chocolate con churros* schmecken lassen kann, zählt zu den großen Urgesteinen des Madrider Nachtlebens. Tagsüber zieht es jede Menge Urlauber an, Einheimische stärken sich hier dagegen meist erst auf dem Heimweg von einem Club in den frühen Morgenstunden. Ein echtes Original!

Bodegas Ricla BAR
(Karte S. 78 f.; ☎ 91 365 20 69; Calle Cuchilleros 6; ⊙ Mi–Sa & Mo 13–16 & 19–24, So 13–16 Uhr; Ⓜ Tirso de Molina) Die Bodegas Ricla ist so winzig, dass man seinen Wein Schulter an Schulter mit anderen Gästen trinkt. Seit über 100 Jahren gibt's hier köstliche authentische Tapas und Rot-, Weiß- und Roséweine aus der Region, *cavas* und Wermut. In den letzten Jahrzehnten hat sich in dieser Bar mit ihren alten Fässern und mit den Stierkampfbildern an den Wänden nur wenig verändert.

Anticafé CAFÉ
(Karte S. 78 f.; www.anticafe.es; Calle de la Unión 2; ⊙ Di–So 17–2 Uhr; Ⓜ Ópera) Bohème-Kitsch im besten Sinne ist hier das Gebot der Stunde. Das gilt für das Dekor und die regelmäßigen kulturellen Veranstaltungen (Dichterlesungen und Konzerte). Das mag nicht jedermanns Sache sein, sorgt jedoch in der Barszene der Innenstadt für dringend nötige Abwechslung.

Cafe de Oriente CAFÉ
(Karte S. 78 f.; ☎ 91 541 39 74; Plaza de Oriente 2; ⊙ Mo–Do 8.30–1.30, Fr & Sa 9–2.30, So 9–1.30 Uhr; Ⓜ Ópera) Die Tische im Außenbereich des renommierten Cafés gehören zu den beliebtesten in der Stadtmitte, da man an ihnen in erster Reihe an der wunderschönen Plaza de Oriente mit dem Palacio Real als Kulisse sitzt. Das Gebäude selbst gehörte früher zu einem Kloster aus dem 17. Jh. und die Inneneinrichtung wirkt wie eine Kulisse aus Mitteleuropa.

Café del Real BAR
(Karte S. 78 f.; ☎ 91 547 21 24; Plaza de Isabel II 2; ⊙ Mo–Do 8–1, Fr bis 2.30, Sa 9–2.30, So 10–23.30 Uhr; Ⓜ Ópera) Intimes kleines Bar-Café mit kreativen Kaffeegetränken und ein paar Cocktails (die Mojitos sind ausgezeichnet) zu ruhiger Chill-Out-Musik. Am schönsten ist der Sitzbereich im oberen Stock mit niedrigen Decken, Holzgebälk und Lederstühlen, der zu einem gemütlichen Nachmittag mit Freunden einlädt.

La Latina & Lavapiés

★ Taberna El Tempranillo WEINBAR
(Karte S. 82; ☎ 91 364 15 32; Calle de la Cava Baja 38; ⊙ Mo 13–16, Di–So 13–16 & 20–24 Uhr; Ⓜ La Latina) Im Taberna Tempranillo erwarten einen Tapas und hervorragende offene Weine. Die Auswahl ist besser als in vielen anderen spanischen Bars. Zwar ist die Taverne kein Ziel für späte Stunden, am frühen Abend und sonntags nach dem El-Rastro-Markt aber sehr belebt. Viele Weine werden auch glasweise ausgeschenkt.

★ Delic BAR
(Karte S. 82; ☎ 91 364 54 50; www.delic.es; Costanilla de San Andrés 14; ⊙ So & Di–Do 11–2, Fr & Sa bis 2.30 Uhr; Ⓜ La Latina) Wir könnten viel über diese langlebige Bar schreiben, reduzieren es aber auf das Wesentliche: Es ist ein wahrer Genuss, die hervorragenden Mojitos zu probieren; vor allem, wenn man an einem warmen Sommerabend draußen auf dem schönen Altstadtplatz sitzt.

Bocono Specialty Coffee CAFÉ
(Karte S. 82; ☎ 91 040 20 19; www.bocono.es; Calle de los Embajadores 3; Kaffee 1,60–3 €;

⏲Mo–Do 8.30–20.30, Fr & Sa bis 21, So 9.30–20.30 Uhr; 📶; Ⓜ La Latina) Seine Liebe zum Detail macht das Boconó einzigartig. Der Kaffee wird an Ort und Stelle geröstet und Kaffeeliebhaber haben jede Menge Auswahl: darunter Espresso, AeroPress und Chemex. Der Kaffee wird vor dem Brühen abgewogen und das Wasser auf den Millimeter genau dosiert. Das Dekor ist minimalistisch, mit Altholz und Backsteinen, das WLAN schnell und der Service freundlich.

El Eucalipto COCKTAILBAR
(☎ 91 527 27 63; www.facebook.com/eeucalipto; Calle de Argumosa 4; ⏲So–Do 17–2, Fr & Sa bis 3 Uhr; Ⓜ Lavapiés) Die hübsche kleine Bar ist voll und ganz Kuba gewidmet – von der Musik über die Kundschaft bis hin zu den karibischen Cocktails (auch alkoholfreie). Die Mojitos an diesem reizvollen, entspannten Ort sind etwas teurer als üblich, aber die Säfte und Daiquiris erfreuen sich großer Beliebtheit.

El Bonanno WEINBAR
(Karte S. 82; ☎ 91 366 68 86; www.elbonanno.com; Plaza del Humilladero 4; ⏲12–2 Uhr; Ⓜ La Latina) Das Bonanno ist genau richtig für die Leute, denen das Nachtleben in der Stadt zu spät beginnt. Zwar hat es sich einen guten Ruf als Cocktailbar erworben, die meisten Gäste kommen aber wegen der großartigen Weine her. Junge Berufstätige tummeln sich hier ab den frühen Abendstunden. Wer einen Platz an der Bar ergattern will, muss damit rechnen, sehr gedrängt zu stehen.

Café del Nuncio BAR
(Karte S. 82; ☎ 91 366 08 53; www.cafedelnuncio.es; Calle de Segovia 9; ⏲11–1 Uhr; Ⓜ La Latina) An der Treppe zur Calle de Segovia gelegen. Getränke gibt's drinnen und im Sommer auch im Außenbereich, den ein einheimischer Gast einmal als „kleines Stück von Rom" beschrieben hat. Tagsüber ist das Nuncio ein stilvolles Café, wo man tollen Kaffee bekommt, und nachts eine der besten einfachen Bars im *barrio*.

Sol, Santa Ana & Huertas

★ **La Venencia** BAR
(Karte S. 88; ☎ 91 429 73 13; Calle de Echegaray 7; ⏲12.30–15.30 & 19.30–1.30 Uhr; Ⓜ Sol, Sevilla) Die typische *barrio*-Bar wartet mit *manzanilla* (kamillefarbenem Sherry) aus Sanlúcar und Sherry aus Jeréz auf, der aus angestaubten Holzfässern kommt, begleitet von einer kleinen Auswahl an Tapas mit andalusischem Touch. Es gibt weder eine musikalische Untermalung noch überflüssiges Dekor. Stattdessen geht's ums Wesentliche – *fino* (Sherry) und gute Freunde.

Salmón Gurú COCKTAILBAR
(Karte S. 90 f.; ☎ 91 000 61 85; http://salmonguru.es; Calle de Echegaray 21; ⏲Mi–So 17–2.30 Uhr; Ⓜ Antón Martín) Als Sergi Arolas Imperium zusammenbrach und die beliebte Cocktailbar Le Cabrera mit ihm, verlor Madrid einen seiner besten Cocktail-Maestros, Diego Cabrera. Zum Glück ist er wieder da mit dieser wunderbaren und facettenreichen Bar und einer meisterhaften Getränkeauswahl. Für den Anfang sollte man sich unbedingt durch die 25 Cabrera-*clasicos* trinken.

Tartân Roof LOUNGE
(La Azotea; Karte S. 90 f.; www.azoteadelcirculo.com; 7. OG, Calle Marqués de Casa Riera 2; Eintritt 4 €; ⏲Mo–Do 9–2, Fr bis 2.30, Sa & So 11–2.30 Uhr) Einen Cocktail bestellen, sich auf die Kissen legen und den Blick von dieser großartigen Dachterrasse genießen. Es ist ein perfekter Ort zum Entspannen, die beste Aussicht bietet sich kurz vor Sonnenuntergang.

El Imperfecto COCKTAILBAR
(Karte S. 90 f.; Plaza de Matute 2; ⏲Mo–Do 17–2.30, Fr & Sa 15–2.30 Uhr; Ⓜ Antón Martín) Anders als der Name suggeriert, ist das Imperfecto keineswegs unvollkommen, sondern eine richtig tolle Bar. Gelegentlich werden Jazzkonzerte veranstaltet und es gibt eine wunderbare Getränkekarte mit Cocktails (7 € oder 2 Mojitos für 10 €), Schnäpsen, Milchshakes, Tee und vielen Kaffeesorten. Die Piña Colada zählt zu den besten, die wir je probiert haben, und die Atmosphäre ist angenehm gesellig und locker.

Taberna La Dolores BAR
(Karte S. 90 f.; ☎ 91 429 22 43; Plaza de Jesús 4; ⏲11–1 Uhr; Ⓜ Antón Martín) Alte Flaschen und Bierkrüge stehen auf den Regalen hinter der Bar in dieser Madrider Institution (1908) mit blau-weiß gefliester Fassade. Unter den Mitdreißigern, die die Taberna frequentieren, findet sich auch der eine oder andere *famoso* (Promi). Sie bezeichnet sich selbst als „berühmteste Bar Madrids", und da sie fast immer voll besetzt ist, wollen wir diese Behauptung nicht in Frage stellen.

Taberna Alhambra BAR
(Karte S. 90 f.; ☎ 91 521 07 08; Calle de la Victoria 9; ⏲So–Mi 11–1, Do bis 2, Fr & Sa bis 2.30 Uhr; Ⓜ Sol)

Die Bars zwischen Sol und Huerta können etwas gleichförmig wirken, und gerade deshalb sticht diese schöne alte *taberna* heraus. Ihre beeindruckende Fassade und die hübschen Fliesen im Inneren sind außergewöhnlich. Trotzdem ist die Bar ganz und gar nicht langweilig, sondern modern, locker und immer proppenvoll. Es gibt leckere Tapas und später am Abend tolle Flamenco-Musik.

La Terraza del Urban COCKTAILBAR

(Karte S. 90 f.; ☎ 917 877 770; Carrera de San Jerónimo 34, Urban Hotel; ⌚ Mitte Mai–Sept. So & Mo 12–20, Di–Sa bis 3 Uhr; Ⓜ Sevilla) Die idyllische Terrasse auf dem Fünf-Sterne-Urban-Hotel zählt zu den besten Dachbars Madrids. Fünf Sterne gibt's auch für die Aussicht und die Preise, wobei die Terraza jeden Cent wert ist. Nur bei warmem Wetter geöffnet.

Wer unter Höhenangst leidet, sollte der ebenso erstklassigen **Glass Bar** (Karte S. 90 f.; Carrera de San Jerónimo 34, Hotel Urban; ⌚ 12–3 Uhr; Ⓜ Sevilla) unten einen Besuch abstatten.

Radio COCKTAILBAR

(Karte S. 90 f.; ☎ 917 016 020; www.memadrid.com; 7. OG, Plaza de Santa Ana 14; ⌚ Mo–Do 19–2, Fr 17–3, Sa 13–3, So 13–2 Uhr; Ⓜ Antón Martín, Sol) Hoch über der Plaza de Santa Ana bietet diese hedonistische Open-Air-Cocktailbar einen großartigen Ausblick auf Madrids Dächer. Der hohe Eintrittspreis soll das niedere Volk abschrecken, denn dies ist ein Ort für kultivierte Leute mit Entspannungsbereichen voller Kissen, tollen DJs und einem Dresscode.

El Retiro & die Kunstmuseen

Teatro Kapital CLUB

(Karte S. 94; ☎ 914 202 906; www.grupo-kapital.com; Calle de Atocha 125; Eintritt ab 17 €; ⌚ Do–Sa 24–6 Uhr; Ⓜ Atocha) Der siebenstöckige Club bietet für jeden etwas: Cocktails, Tanzmusik, Karaoke, Salsa, Hip-Hop, ruhigere Räume und eine Dachterrasse. Es gibt sogar einen „Kissing Room". Die Türsteher sind streng, und wer frech ist, wird nicht reingelassen.

Der Club ist so groß, dass sich der Querschnitt durch die Madrider Gesellschaft (bei Promis und echten Madrilenen gleichermaßen beliebt) nicht in die Quere kommt.

Salamanca

Gabana 1800 CLUB

(Karte S. 106; ☎ 915 751 846; www.gabana.es; Calle Velázquez 6; Eintritt 15 €; ⌚ Mi–Sa 24–5.30 Uhr; Ⓜ Retiro) Mit seinen hippen Gästen, darunter unvermeidlicherweise auch einige *famosos* (Promis), ist das Gabana 1800 typisch für Salamanca. Dass es den Club im Gegensatz zu vielen anderen schon sehr lange gibt, liegt an der tollen Auswahl an Getränken, den wechselnden erstklassigen DJs und der strengen Türpolitik – also schick machen!

Almonte CLUB

(Karte S. 106; ☎ 915 632 504; www.almontesalarociera.com; Calle de Juan Bravo 35; ⌚ So–Fr 23–5, Sa 22–6 Uhr; Ⓜ Núñez de Balboa, Diego de León) Flamenco-Fans, die nicht nur Zuhörer sein möchten, sollten sich zum Almonte aufmachen. Die stimmungsvollen Live-Vorführungen sind eine Hommage an seine andalusischen Flamenco-Wurzeln im tiefen Süden. Die jungen schicken Gäste haben die *sevillana* (Flamenco-Tanzsstil) im Blut.

Geographic Club BAR

(Karte S. 106; ☎ 915 780 862; www.thegeographicclub.es; Calle de Alcalá 141; ⌚ So–Do 13–2, Fr & Sa bis 3 Uhr; Ⓜ Goya) Mit seinen kunstvollen Buntglasfenstern, den schicken Ethno-Objekten aus aller Welt und der entspannten Atmosphäre ist der Geographic Club eine tolle Wahl, um den Abend zu beginnen – wie wär's mit einem der über 30 tropischen Cocktails? Uns haben es vor allem der Tisch rund um den Korb eines Heißluftballons und der höhlenartige Raum unten angetan.

Malasaña & Chueca

★ **Museo Chicote** COCKTAILBAR

(Karte S. 90 f.; ☎ 915 326 737; www.grupomercadodelareina.com/en/museo-chicote-en; Gran Vía 12; ⌚ Mo–Do 19–3, Fr & Sa bis 4, So 16–1 Uhr; Ⓜ Gran Vía) Angeblich hat der Gründer des symbolträchtigen Museo Chicote mit seiner 1930er-Jahre-Einrichtung über 100 Cocktails erfunden, die bereits Berühmtheiten wie Ernest Hemingway, Ava Gardner, Grace Kelly, Sophia Loren und Frank Sinatra begeisterten.

★ **Café Belén** BAR

(Karte S. 110 f.; ☎ 913 082 747; www.elcafebelen.com; Calle de Belén 5; ⌚ Di–Do 15.30–3, Fr & Sa bis 3.30, So bis 24 Uhr; 📶; Ⓜ Chueca) Stilvolle Bar mit coolen Extras. Die lässigen Gäste entspannen zu Lounge- und Chill-out-Klängen, die Beleuchtung ist schummrig und die Getränke sind vielfältig (die Mojitos schmecken besonders gut). Eine unserer Lieblingsbars in Chueca.

La Tape CRAFT-BIER
(Karte S. 110 f.; ☎ 915930422; www.latape.com; Calle de San Bernardo 88; ⏲ 10–2 Uhr; Ⓜ Bilbao, San Bernardo) Lange bevor Craft- oder handgemachte Biere in Madrid in Mode kamen, hat sich das La Tape diesen schon gewidmet. Auf der Karte stehen 22 spanische und internationale sowie eine gute Auswahl an glutenfreien Bieren; viele gibt's vom Fass. Ein Paradies für Bierliebhaber.

Café Comercial CAFÉ
(Karte S. 110 f.; ☎ 910882525; www.cafecomercialmadrid.com; Glorieta de Bilbao 7; ⏲ Mo–Fr 7.30–24, Sa & So 20.30–24 Uhr; 📶; Ⓜ Bilbao) Das älteste Café der Stadt ist ein ganz besonderer Ort für viele *madrileños*. Es ist über 100 Jahre alt und noch immer voller Leben. An jedem Tag der Woche fühlt man sich hier an einem der Marmortische bei einem Kaffee oder Gericht als Teil der Literatur- und Kulturszene.

Nice to Meet You BAR
(Karte S. 110 f.; ☎ 638908559; www.dearhotelmadrid.com/en/nice-to-meet-you; Gran Vía 80, 14. OG, Dear Hotel; ⏲ 7.30–2 Uhr; Ⓜ Plaza de España) Die Dachbar in der obersten Etage des Dear Hotel bietet einen spektakulären Blick über die Plaza España und Malasaña. Zu jeder Tageszeit empfehlenswert; einfach einen Cocktail trinken oder etwas essen und den grandiosen Ausblick genießen. Zu den Spezialitäten gehören mediterrane Gerichte wie Kabeljau und Rindersteak.

1862 Dry Bar COCKTAILBAR
(Karte S. 110 f.; ☎ 609531151; www.facebook.com/1862DryBar; Calle del Pez 27; ⏲ Mo–Do 13.30–2, Fr & Sa bis 2.30, So bis 22.30 Uhr; Ⓜ Noviciado) Großartige Cocktails, gedecktes Dekor des frühen 20. Jhs. und kultiviertes Ambiente: Dieser Laden gehört zu unseren Lieblingsbars am Südende von Malasaña. Die Preise sind fair, die Cocktailkarte ist lang und jeden Monat gibt's neue Kreationen.

Café-Restaurante El Espejo CAFÉ
(Karte S. 106; ☎ 913082347; Paseo de los Recoletos 31; ⏲ 8–24 Uhr; Ⓜ Colón) Früher einmal war dieses architektonische Juwel, eine Mischung aus modernistischem und Art-déco-Stil, ein Treffpunkt für Literaten und Intellektuelle. Das Interieur mit all seinen Spiegeln, Kronleuchtern und dem altmodischen Service aus einer anderen Zeit kann einen fast überwältigen. Dementsprechend herrscht drinnen eine ruhige und kultivierte Atmosphäre. Unser Lieblingsplätzchen ist der elegante Glaspavillon draußen am Paseo de los Recoletos.

Gran Café de Gijón CAFÉ
(Karte S. 106; ☎ 915215425; www.cafegijon.com; Paseo de los Recoletos 21; ⏲ 7–1.30 Uhr; Ⓜ Chueca, Banco de España) In dem 1888 eröffneten einstigen Lieblingslokal der Madrider Literaten werden Kaffee und Speisen serviert. Hierher kamen sämtliche großen spanischen Schriftsteller des 20. Jhs., um bei einem Kaffee über ihre eigenen und über andere Werke und Philosophie zu diskutieren (*tertulias*). Das heutige Publikum ist sehr unterschiedlich und besteht aus Intellektuellen, konservativen Franco-Anhängern und jungen *madrileños*, die in Ruhe etwas trinken wollen.

Irreale BAR
(Karte S. 110 f.; ☎ 911722802; www.facebook.com/irrealemadrid; Calle de Manuela Malasaña 20; ⏲ So–Mi 18–1, Do bis 2, Fr & Sa 13–2.30 Uhr; Ⓜ Bilbao) Es ist noch gar nicht lange her, da bestellte man in einer Madrider Bar *una cerveza* (ein Bier) und bekam immer nur eine Sorte. Mittlerweile gibt's Craft-Biere und das Irreale hat eine besonders gute Auswahl davon. Auf der wechselnden Karte stehen etwa zehn Biersorten vom Fass und Dutzende aus der Flasche. Ein toller Ort, um einen Abend in Malasaña zu beginnen.

José Alfredo COCKTAILBAR
(Karte S. 78 f.; ☎ 915214960; www.josealfredobar.com; Calle de Silva 22; Cocktails ab 9 €; ⏲ So–Do 19–3, Fr & Sa bis 3.30 Uhr; Ⓜ Callao) Die Cocktailbar im amerikanischen Stil an der Gran Vía ist eine Institution. Es gibt Indie-Musik und fabelhafte Cocktails – unbedingt den „Lazy Bitch" (Rum, Bananenlikör, Zimtlikör und Limettensaft) oder den „José Alfredo" (Tequila, Curaçao, Grenadine, Limetten, Ananas- und Orangensaft) probieren.

Kikekeller BAR
(Karte S. 110 f.; ☎ 915228767; www.kikekeller.com; Calle de la Corredera Baja de San Pablo 17; ⏲ Do–Sa 19–2.30 Uhr; Ⓜ Callao) *Bares clandestinos* (geheime Bars) sind ein kleiner, aber stetig wachsender Trend im Madrider Nachtleben. Es klingt vielleicht illegal, ist aber alles ganz offiziell – Geschäfte bei Tage verwandeln sich

nach Sonnenuntergang einfach in coole Bars. Am besten gefällt uns der Kikekeller, ein Laden für avantgardistische Möbel und Inneneinrichtung. Hier öffnet die Bar schon, bevor das Geschäft geschlossen hat.

Einer der originelleren Orte, um das Madrider Nachtleben zu genießen.

Fábrica Maravillas BRAUEREI

(Karte S. 110 f.; ☎ 91 521 87 53; www.fmaravillas.com; Calle de Valverde 29; ⏲ Mo–Mi 18–24, Do bis 1, Fr bis 2, Sa 12.30–2, So 12.30–24 Uhr; Ⓜ Tribunal, Gran Vía) Spanien hat eine Weile gebraucht, ehe es den weltweiten Trend der handwerklich gebrauten Biere und der Biere aus Kleinbrauereien erkannt hat, doch jetzt geht's endlich los. Bestes Beispiel dafür in Madrid ist die Fábrica Maravillas, eine für ihr „Malasaña Ale" bekannte Kleinbrauerei.

Tupperware BAR, CLUB

(Karte S. 110 f.; ☎ 91 446 42 04; www.tupperwareclub.com; Calle de la Corredera Alta de San Pablo 26; ⏲ Mo–Mi 21–3, Do–Sa 20–3.30, So 20–3 Uhr; Ⓜ Tribunal) Ein echtes Urgestein und Topanwärter auf den Titel der Bar, die das *rockero*-Feeling von Malasaña am besten einfängt. Im Tupperware tanzt ein Publikum über 30 zu Indie, gewürzt mit einer Prise Soul und Klassikern der 1960er- und 1970er-Jahre. Die Einrichtung frönt unverhohlen dem Kitsch (Augäpfel an der Decke, Plastikfernseher mit Action-Figur-Dioramen hinter der Bar).

Die Einheimischen sprechen den Namen übrigens „Tapperwärrie" aus.

Café de Mahón CAFÉ

(Karte S. 110 f.; ☎ 91 532 47 56; www.facebook.com/cafedemahon; Plaza del Dos de Mayo 4; ⏲ Mo–Do 12–1.30, Fr–So bis 3 Uhr; Ⓜ Bilbao) Müssten wir wählen, welches „Scheibchen" wir uns am liebsten von Malasaña abschneiden würden, dann wäre es vielleicht dieses bezaubernde kleine Café. *Famosos* (Berühmtheiten) wie Einheimische setzen sich gern an einen der Tische an der Plaza del Dos de Mayo, um gemütlich mit Freunden etwas zu trinken. Es gibt zwar offizielle Öffnungszeiten, dieser variieren aber manchmal, je nach Lust und Laune.

Antigua Casa Ángel Sierra TAVERNA

(Karte S. 110 f.; ☎ 91 531 01 26; http://tabernadeangelsierra.es; Calle de Gravina 11; ⏲ 12–1 Uhr; Ⓜ Chueca) Die historische alte *taberna* (Taverne) steht im krassen Gegensatz zum modernen Chueca-Schickimicki-Stil. Hier sieht es noch fast genauso aus wie 1917, dem Jahr der Eröffnung. Das Bier ist gut gezapft, wie der Spanier sagt. Auch Wermut gibt's vom Fass. Die Lage an der Plaza de Chueca verspricht viel Trubel an den Abenden am Wochenende. Dann tummeln sich die Gäste auch auf der Plaza.

Moloko Sound Club BAR, CLUB

(Karte S. 110 f.; ☎ 626 529967; www.molokosoundclub.com; Calle de Quiñones 12; ⏲ Mi–Sa 22.30–3.30 Uhr; Ⓜ San Bernardo) Das Moloko mit seinen Konzertflyern und Art-House-Filmpostern (z. B. Uhrwerk Orange) an den Wänden ist die perfekte Wahl für einen Abend in der Conde-Duque-Gegend im Westen von Malasaña. Die Musik – Indie, Rock, Soul, Garage und 60er-Jahre – ist immer gut; deshalb kommen die Leute auch immer wieder hierher.

Café Manuela CAFÉ

(Karte S. 110f.; ☎ 91 531 70 37; www.facebook.com/CafeManuela; Calle de San Vicente Ferrer 29; ⏲ So–Do 16–2, Fr & Sa bis 2.30 Uhr; Ⓜ Tribunal) An einer der schmuddeligeren Straßen von Malasaña würde man einen derartigen Schatz gar nicht vermuten! Wie so viele Cafés in der Hauptstadt ist auch dieses sorgsam restaurierte Relikt aus den 1950er-Jahren überraschend facettenreich: Es gibt Cocktails, köstliche Milchshakes sowie Brettspiele auf den Marmortischen.

Lolina Vintage Café CAFÉ

(Karte S. 110 f.; ☎ 91 523 58 59; www.lolinacafe.com; Calle del Espíritu Santo 9; ⏲ So–Do 9–24, Fr & Sa bis 2.30 Uhr; Ⓜ Tribunal) Das Lolina Vintage Café scheint den Charakter des *barrio* auf engstem Raum einzufangen, dafür sorgt der durchaus beabsichtigte Retrolook (gemütliche, altmodische Stühle und Sofas, vergoldete Spiegel und Tapeten aus den 1970er-Jahren). Das Lolina ist unprätentiös und vom Frühstück bis zum Ladenschluss proppenvoll. Es gibt Salate und Cocktails.

La Terraza de Arriba LOUNGE

(Splash Óscar; Karte S. 110 f.; Plaza de Vázquez de Mella 12; ⏲ Mai–Sept. So & Mo 12–20, Di–Sa 12–3 Uhr; Ⓜ Gran Vía) Die idyllische Terrasse auf dem Dach des Hotel Óscar (S. 118) zählt zu den besten Dachbars Madrids. Die Aussicht ist toll und es gibt einen kleinen Swimmingpool. Ein Rückzugsort für A-Promis.

Bar Cock COCKTAILBAR

(Karte S. 90 f.; ☎ 91 532 28 26; www.barcock.com; Calle de la Reina 16; ⏲ So–Do 19–3, Fr & Sa bis 3.30 Uhr; Ⓜ Gran Vía) Mit seinem eleganten, klassischen Ambiente erinnert der „Hahn" an einen altmodischen Herrenclub, tatsächlich setzt sich die Kundschaft aber aus A-Promis, Möchtegern-A-Promis und kultivierten Personen jenseits der 30 zusammen. Sie lieben die lebendige Atmosphäre und die genialen Cocktails.

An den Wochenenden scheinen immer alle Tische reserviert zu sein. Mit Berühmtheiten darf also gerechnet werden.

La Vía Láctea BAR, CLUB

(Karte S. 110 f.; ☎ 914467581; www.facebook.com/lavialacteabar; Calle de Velarde 18; ⌚ So–Do 20–3, Fr & Sa bis 3.30 Uhr; Ⓜ Tribunal) Dieses beliebte, wunderbar grungige Relikt der *movida madrileña* (Madrider Szene) ist für ein lockeres Publikum, das noch in den 1980er-Jahren zu leben scheint, einer der Favoriten in Malasaña. Hier bekommt man Rock, Pop, Garage, Rockabilly und Indie zu hören. Außerdem gibt's eine große Auswahl an Drinks. Samstagnachts ist quasi alles möglich. An den Wochenenden muss man mit langen Schlangen rechnen.

Del Diego COCKTAILBAR

(Karte S. 90 f.; ☎ 915233106; www.deldiego.com; Calle de la Reina 12; ⌚ Mo–Do 19–3, Fr & Sa bis 3.30 Uhr; Ⓜ Gran Vía) Sie ist eine der beliebtesten Cocktailbars der Stadt. Das Dekor verbindet historische Eleganz mit New-Yorker-Stil und die Musik ist nie so laut, dass man sich nicht unterhalten könnte. Obwohl 75 verschiedene Cocktails auf der Karte stehen, würden wir uns immer für den „El Diego" (Wodka, Eierlikör, Aprikosenschnaps und Limette) entscheiden.

Parque del Oeste & im Norden der Stadt

La Violeta BAR

(☎ 667058644; www.lavioletavermut.com; Calle Vallehermoso 62; ⌚ Di–Do 19–1, Fr 13–16.30 & 19–2, Sa 13–2, So 13–17 Uhr; Ⓜ Canal) Eine luftige kleine Bar in Chamberí mit vielen Vorzügen, darunter die großartige Musik und die Atmosphäre einer typisch alten Madrider Nachbarschaftskneipe. Uns gefallen aber vor allem die 20 verschiedenen Sorten *vermut* (Wermut), übrigens eines der beliebtesten Getränke Madrids. Die Angestellten empfehlen gerne die perfekten Tapas zur jeweiligen Sorte.

La Vaquería Montañesa BAR

(Karte S. 106; ☎ 911387106; www.lavaqueriamontanesa.es; Calle de Blanca de Navarra 8; ⌚ Fr & Sa 13–1 Uhr; Ⓜ Alonso Martínez) La Vaquería Montañesa befindet sich in einer ehemaligen alten Molkerei und liegt wie ein verstecktes Madrider Juwel in einer weniger belebten Ecke von Chamberí. Es gibt ausgezeichnetes Essen und auch der Wermut, der in einem Martini-Glas serviert wird, ist großartig. Das Dekor ist eher in Weiß gehalten, stilvoll und modern.

The Dash COCKTAILBAR

(☎ 687949064; www.facebook.com/thedashmadrid; Calle de Murillo 5; ⌚ Di–Do 16–2, Fr & Sa bis 2.30, So 13–23 Uhr; Ⓜ Iglesia) Die bei Anwohnern beliebte Cocktailbar erinnert mit ihrer großen Marmortheke an eine typische Madrider Cocktailbar vergangener Zeiten. Ein entspannter und bescheidener Ort. Es gibt eine tolle Cocktailauswahl mit wenigen Überraschungen, aber alle werden ausgezeichnet gemixt.

Real Café Bernabéu BAR

(☎ 914583667; www.realcafebernabeu.es; Gate 30, Estadio Santiago Bernabéu, Avenida de Concha Espina; ⌚ 10–2 Uhr; Ⓜ Santiago Bernabéu) Die trendige Cocktailbar mit Blick auf einen der bekanntesten Fußballplätze der Welt wird Fußballfans begeistern. Auch wer sich gerne unter die Schönen und Reichen mischt, ist hier richtig. Die Aussicht ins Stadion ist phänomenal, allerdings schließt die Bar zwei Stunden vor Anpfiff und öffnet erst wieder eine Stunde nach Spielende. Es gibt auch ein gutes Restaurant.

Unterhaltung

Madrid wartet mit einer lebendigen Livemusik-Szene auf, was es vor allem seiner Rolle als Kulturhauptstadt der spanischsprachigen Welt verdankt. Zur Auswahl stehen Flamenco, erstklassiger Jazz und Künstler, von denen man eventuell noch nie gehört hat, die jedoch bald zu Spaniens großen Namen zählen könnten. Für kulturell Interessierte gibt's außerdem Oper und *zarzuela* (ein spanischer Mix aus Theater, Musik und Tanz).

Plaza Mayor & das königliche Madrid

Las Tablas FLAMENCO

(Karte S. 78 f.; ☎ 915420520; www.lastablasmadrid.com; Plaza de España 9; Eintritt inkl. Getränk ab 29 €; ⌚ Shows 20 & 22 Uhr; Ⓜ Plaza de España) Mit seinen hochwertigen Flamenco-Vorstellungen und den fairen Preisen zählt

MADRID FÜR LGBT-REISENDE

Madrid ist eine der schwulenfreundlichsten Städte in Europa. Im innerstädtischen *barrio* (Viertel) Chueca fühlen sich Homosexuelle besonders wohl, denn die ehemals heruntergekommene Gegend strotzt nur so vor Lebensfreude und zieht ein bunt gemischtes Publikum an. Ein besonders guter Termin für einen Besuch der Stadt ist der letzte Samstag im Juni, wenn die Schwulen- und Lesbenparade **Día del Orgullo de Gays, Lesbianas y Transexuales** (S. 114) stattfindet. Eine tolle Unterkunft ist das **Hostal La Zona** (S. 117).

Librería Berkana (Karte S. 110 f.; ☎ 91 522 55 99; www.libreriaberkana.com; Calle de Hortaleza 62; ⏲ Mo–Fr 10.30–21, Sa 11.30–21, So 12–14 & 17–21 Uhr; Ⓜ Chueca) Die Librería Berkana, einer der wichtigsten Buchläden für Schwule und Lesben, verkauft Bücher, Filme, Magazine, Musik und Kleider. Zudem gibt's verschiedene kostenlose Publikationen zum Nachtleben und zu anderen Aktivitäten für Schwule und Lesben in Madrid und ganz Spanien.

Mamá Inés (Karte S. 110 f.; ☎ 91 523 23 33; www.mamaines.com; Calle de Hortaleza 22; ⏲ So–Do 9–1.30, Fr & Sa bis 2.30 Uhr; Ⓜ Chueca) Café-Bar und Schwulentreff, der alles andere als anrüchig daherkommt. Tagsüber geht's hier entspannt zu, abends eher romantisch. Neben Frühstück und leckerem Gebäck gibt's Tipps zu angesagten Clubs. Den ganzen Tag über herrscht reges Treiben und am späten Abend werden die Lichter heruntergedreht.

Café Acuarela (Karte S. 110 f.; ☎ 91 522 21 43; www.cafeacuarela.es; Calle de Gravina 10; ⏲ So–Do 11–2, Fr & Sa bis 3 Uhr; Ⓜ Chueca) Ein kleines Stück oberhalb der Plaza de Chueca liegt das Café Acuarela, seit Langem ein Herzstück des schwulen Madrid. Den Eingang des netten, dezent beleuchteten Salons, der auch mit religiösen Bildern geschmückt ist, bewacht die riesige Statue eines nackten männlichen Engels. Hier kann man sich wunderbar in Ruhe unterhalten und bekommt nebenbei noch mit, was andere Gäste so fürs Wochenende planen, wenn sie sich in die glamouröseren Clubs der Gegend aufmachen.

Club 54 Studio (Karte S. 106; www.studio54madrid.com; Calle de Barbieri 7; ⏲ Mi–So 11–3.30 Uhr; Ⓜ Chueca) Der Nachtclub ist dem berühmten New Yorker Club Studio 54 nachempfunden. Er zieht überwiegend Schwule an, zielt aber auf ein gehobeneres Publikum als die meisten Clubs im *barrio*. Im Gegensatz zu anderen Madrider Nachtclubs, wo bezahlte Tänzer schnell für Stimmung sorgen, bestimmen hier die Gäste das Tempo.

Why Not? (Karte S. 110 f.; ☎ 91 521 80 34; Calle de San Bartolomé 7; Eintritt 10 €; ⏲ 22.30–6 Uhr; Ⓜ Chueca) Das unterirdische, enge und brechend volle Why Not? ist die Art von Club, in dem die Gäste nichts der Fantasie überlassen und – ob schwul oder nicht – sehr amourös gesinnt sind. Es ist fast jeden Abend voll. Gespielt werden in erster Linie Pop und die aktuellen Charts, und die bunt gemischte Tanzmeute weiß, wie man feiert.

Wir sind keine großen Fans der Türsteher, aber sobald man an ihnen vorbei ist, hat man jede Menge Spaß.

das Las Tablas zu den besten *tablaos* der Stadt. In den meisten Nächten werden klassische Shows mit kehligem Gesang und ausdrucksstarken Tänzern geboten. Antonia Moya und Marisol Navarro, die führenden Stars der Szene, treten hier regelmäßig auf.

La Coquette Blues LIVEMUSIK

(Karte S. 78 f.; ☎ 91 530 80 95; Calle de las Hileras 14; ⏲ Di–Do 20–3, Fr & Sa bis 3.30, So 19–3 Uhr; Ⓜ Ópera) Madrids beste Blues-Bar ist seit den 1980er-Jahren im Geschäft. Die sonntägliche Jam-Session um 20 Uhr ist legendär und von Dienstag bis Donnerstag gibt's um 22.30 Uhr Livekonzerte. Coole Atmosphäre.

Torres Bermejas FLAMENCO

(Karte S. 90 f.; ☎ 91 532 33 22; www.torresbermejas.com; Calle de los Mesoneros Romanos 11; Eintritt inkl. Getränk ab 35 €; ⏲ Shows 19 & 21 Uhr;

Ⓜ Callao) Jahrzehntelang war das Torres Bermejas die Madrider Bühne für die Flamenco-Legende Camarón de la Isla. Nach einem Qualitätsabfall, der einige Jahre dauerte, ist es nun wieder ein guter Ort, um sich Flamenco anzusehen. Das geflieste Interieur sorgt für eine tolle Atmosphäre.

Café Berlin JAZZ
(Karte S. 78 f.; ☎ 91 559 74 29; www.berlincafe.es; Costanilla de los Ángeles 20; 5–20 €; ⏰ Di–Do 21–3, Fr & Sa bis 5 Uhr; Ⓜ Santo Domingo) Für manch einen Jazzfan ist das in den 1950er-Jahren gegründete El Berlín der authentischste Club der Stadt, doch seit einer Renovierung erklingen hier auch Flamenco (mittwochs gibt's eine Flamenco-Jamsession), R&B, Soul, Funk und Fusion. Die Hauptkonzerte finden um 23 Uhr statt. Manchmal geht's jedoch schon um 21 Uhr los, deswegen lohnt sich ein Blick auf die Website.

Las Carboneras FLAMENCO
(Karte S. 78 f.; ☎ 91 542 86 77; www.tablaolascarboneras.com; Plaza del Conde de Miranda 1; Show inkl. Getränk/Gericht 35/70 €; ⏰ Mo–Do Shows 20.30 & 22.30 Uhr, Fr & Sa 20.30 & 23 Uhr; Ⓜ Ópera, Sol, La Latina) Wie in den meisten *tablaos* der Stadt sind auch hier die Touristen den Einheimischen zahlenmäßig überlegen, dennoch ist die Qualität exzellent. Düstere, emotionale Spontaneität sucht man hier vergeblich, dennoch erhält man eine tolle Einführung in das Genre. Das Carboneras zählt außerdem zu den wenigen Adressen, an denen selbst Flamenco-Kenner nichts auszusetzen haben.

Café de Chinitas FLAMENCO
(Karte S. 78 f.; ☎ 91 547 15 02; www.chinitas.com; Calle de Torija 7; Eintritt inkl. Getränk/Gericht 36/50 €; ⏰ Shows Mo–Sa 20.15 & 22.30 Uhr; Ⓜ Santo Domingo) Die illustre Gästeliste des Café de Chinitas, einer der renommiertesten *tablaos* (Flamenco-Veranstaltungsstätten) in Madrid, reicht von der spanischen Königsfamilie bis zu Bill Clinton. Vor eleganter Kulisse treten hier erstklassige Künstler auf. Es kommen zwar viele Touristen, doch auch echte Flamenco-Kenner sind begeistert. Eine Reservierung ist sehr zu empfehlen.

Teatro Real OPER
(Karte S. 78 f.; ☎ 902 244848; www.teatro-real.com; Plaza de Oriente; Ⓜ Ópera) Nach über 100 Mio. € teuren Umbauarbeiten kann sich das Teatro Real von der technischen Ausstattung her mit jedem anderen Konzertsaal in Europa messen. Es handelt sich um Madrids beste Bühne für große Opern, Ballett und Klassikkonzerte. Die günstigsten Plätze sind so weit hinten, dass man ein Teleskop braucht, der Klang ist jedoch überall gut.

☆ La Latina & Lavapiés

★ Casa Patas FLAMENCO
(Karte S. 90 f.; ☎ 91 369 04 96; www.casapatas.com; Calle de Cañizares 10; Eintritt inkl. Getränk 38 €; ⏰ Shows Mo–Do 22.30, Fr & Sa 20 & 22.30 Uhr; Ⓜ Antón Martín, Tirso de Molina) Eine der besten Flamenco-Bühnen der Stadt. Die Vorführungen sind von unschlagbarer Qualität und eignen sich wunderbar als Einführung in diese Kunstform. Leider verhält sich das Personal nicht besonders freundlich, besonders wenn man nur wegen der Show herkommt. Darüber hinaus herrscht ein ziemliches Gedränge.

★ Corral de la Morería FLAMENCO
(Karte S. 82; ☎ 91 365 84 46; www.corraldelamoreria.com; Calle de la Morería 17; Eintritt inkl. Getränk ab 45 €; ⏰ 19–0.15 Uhr, Shows 20.30 & 22.20 Uhr; Ⓜ Ópera) Eine angesehene Adresse mit einem rustikalen Ambiente und eng beieinanderstehenden Tischen. Der Laden blickt auf eine 50-jährige Flamenco-Tradition zurück und bietet zumeist sehr gute Vorstellungen. Menüs ab 45 € (zusätzlich zum Eintritt).

ContraClub LIVEMUSIK
(Karte S. 82; ☎ 91 365 55 45; www.contraclub.es; Calle de Bailén 16; Eintritt 3–15 €; ⏰ Mi–Sa 22–6 Uhr; Ⓜ La Latina) Im ContraClub gibt's Livemusik (darunter Pop, Rock, Indie, Singer-Songwriter und Blues). Nach den Konzerten (ab 22 Uhr) legen DJs eine ebenso vielfältige Mischung auf (Indie, Pop, Funk und Soul), damit die Gäste auch ja nicht woanders hingehen.

☆ Sol, Santa Ana & Huertas

★ Sala El Sol LIVEMUSIK
(Karte S. 90 f.; ☎ 91 532 64 90; www.elsolmad.com; Calle de los Jardines 3; Eintritt inkl. Getränk 10 €, Konzertkarten 6–30 €; ⏰ Juli–Sept. Di–Sa 0–5.30 Uhr; Ⓜ Gran Vía) Dieser beliebte Schuppen wurde 1979 eröffnet – genau rechtzeitig zur sogenannten *movida madrileña* (Madrider Szene) – und etablierte sich anschließend schnell zu der führenden Bühne für damalige Ikonen, darunter Nacha Pop und Alaska y los Pegamoides.

★Villa Rosa FLAMENCO
(Karte S. 90 f.; ☎ 915213689; www.reservas.tablaoflamencovillarosa.com; Plaza de Santa Ana 15; Eintritt inkl. Getränk Erw./Kind 35/17 €; ⊙ Mo–Sa 23–6 Uhr, Shows 20.30 & 22.45 Uhr; Ⓜ Sol) Die Villa Rosa ist bereits seit 1914 gut im Geschäft, allerdings in wechselnder Form: Einen Namen machte sie sich ursprünglich als Flamenco-Bühne, und vor Kurzem kehrte sie mit recht günstigen Shows und bezahlbarem Essen zu ihren Wurzeln zurück.

Die außergewöhnliche geflieste Fassade (1928) ist das Werk von Alfonso Romero, der auch für die Fliesenarbeiten an der Plaza de Toros verantwortlich war, und ist an sich schon eine Touristenattraktion. Der schon lange existierende Club kam sogar im Film *Tacones lejanos* (High Heels, 1991) von Pedro Almodóvar vor.

★Café Central JAZZ
(Karte S. 90 f.; ☎ 913694143; www.cafecentralmadrid.com; Plaza del Ángel 10; Eintritt 12–18 €; ⊙ Mo–Do 12.30–2.30, Fr bis 3.30, Sa 11.30–3.30 Uhr, Vorstellungen 21 Uhr; Ⓜ Antón Martín, Sol) 2011 nahm das renommierte Jazzmagazin *Down Beat* diese Art-déco-Bar in die Liste der weltweit besten Jazzclubs auf. Die Auszeichnung ist quasi mit einem Michelin-Stern gleichzusetzen und wurde sonst keinem Club in Spanien verliehen. Mittlerweile ist die Bandbreite des Ladens mit über 1000 Konzerten riesig.

Internationale Größen wie Chano Domínguez, Tal Farlow und Wynton Marsalis traten hier schon auf, und es gibt alles von Latin Jazz und Fusion bis hin zu Tango und klassischem Jazz. Die Künstler treten meist eine Woche lang am Stück auf, bevor sie weiterziehen. Außer an den Wochenenden sollte es also kein Problem sein, an Karten zu kommen. Die Konzerte beginnen ab 21 Uhr, Karten sind ab 18 Uhr erhältlich. Telefonische Vorbestellung möglich.

★Teatro de la Zarzuela THEATER
(Karte S. 90 f.; ☎ 915245400; www.teatrodelazarzuela.mcu.es; Calle de Jovellanos 4; Tickets 5–60 €; ⊙ Kartenverkauf Mo–Fr 12–18, Sa & So 15–18 Uhr; Ⓜ Banco de España, Sevilla) Die beste Adresse für *zarzuela (spanische Mischung aus Theater, Musik und Tanz).* In dem 1856 errichteten Theater finden auch klassische Konzerte und Opernaufführungen sowie Auftritte der innovativen Compañía Nacional de Danza statt.

WAS IST LOS IN MADRID?

EsMadrid Magazine (www.esmadrid.com) Monatlich erscheinender Veranstaltungskalender der Touristeninformation.

Guía del Ocio (www.guiadelocio.com) Das Wochenmagazin für 1 € gibt's bei Zeitungsständen.

In Madrid (www.in-madrid.com) Kostenlose monatlich erscheinende Publikation, die von Einwanderern herausgegeben wird.

Metropoli (www.elmundo.es/metropoli) Freitagsbeilage der Zeitung *El Mundo.*

La Noche en Vivo (www.lanocheenvivo.com) Veranstaltungskalender für Livemusik.

Costello Café & Niteclub LIVEMUSIK
(Karte S. 90 f.; ☎ 915221815; www.costelloclub.com; Calle del Caballero de Gracia 10; 8–20 €; ⊙ Di 20–2.30, Mi & Do bis 3, Fr & Sa bis 3.30 Uhr; Ⓜ Gran Vía) In diesem coolen Club mit der seidenweichen Atmosphäre und einer an Andy Warhol erinnernden Einrichtung werden Pop, Rock und Fusion gespielt. Jeden Abend (außer sonntags und montags) gibt's um 21.30 Uhr Livemusik (Pop und Rock, meist mit Indie-Touch), und den Rest der Woche halten einen DJs bis zum frühen Morgen auf Trab.

☆ Malasaña & Chueca

★Teatro Flamenco Madrid FLAMENCO
(Karte S. 110 f.; ☎ 911592005; www.teatroflamencomadrid.com; Calle del Pez 10; Erw./Student & Senioren/Kind 25/16/12 €; ⊙ 18.45 & 20.15 Uhr; Ⓜ Noviciado) Die tolle neue Flamenco-Veranstaltungsstätte bietet ein tolles Preis-Leistungs-Verhältnis. Der Fokus liegt eher auf qualitativ hochwertigem Flamenco (Tanz, Gesang und Gitarre) als bei den eher förmlichen Essen- und Show-Paketen der *tablaos* (choreografierte Flamenco-Shows). Zu den Gästen gehören sowohl Einheimische als auch Touristen und bei den einstündigen Shows herrscht eine tolle Atmosphäre. Die Preise sind etwas günstiger als sonst üblich.

Thundercat LIVEMUSIK
(Karte S. 110 f.; ☎ 654511457; www.thundercatclub.com; Calle de Campoamor 11; ⊙ Do–Sa 22–6 Uhr; Ⓜ Alonso Martínez) Klassischer Rock ist das einfache Erfolgsrezept des Thundercat.

Livekonzerte beginnen nach Mitternacht und dauern die ganze Nacht an. Donnerstags um 23.30 Uhr gibt's eine tolle Jamsession.

El Junco Jazz Club JAZZ
(Karte S. 110 f.; ☎ 91 319 20 81; www.eljunco.com; Plaza de Santa Bárbara 10; 6–15 €; ⌚ Di–Do 23–5.30, Fr & Sa bis 6 Uhr; Ⓜ Alonso Martínez) Dank der erstklassigen Livegigs spanischer und internationaler Jazzbands, gefolgt von DJs, die Funk, Soul, Nu Jazz, Blues und innovative Groove-Klänge auflegen, hat sich das Junco einen festen Platz in der hiesigen Nachtclubszene erkämpft. Außerdem stehen Jamsessions auf dem Programm: dienstags Jazz, sonntags Blues (jeweils um 23 Uhr).

Der Fokus liegt auf Musik aus den Südstaaten. Die Atmosphäre ist kultiviert, aber locker.

Café La Palma LIVEMUSIK, TANZ
(Karte S. 110 f.; ☎ 91 522 50 31; www.cafelapalma.com; Calle de la Palma 62; frei–15 €; ⌚ So, Mi & Do 17–3, Fr & Sa bis 3.30 Uhr; Ⓜ Noviciado) Es ist beeindruckend, wie viel Unterhaltung das Palma bietet. Liveshows angesagter lokaler Bands finden im hinteren Bereich statt, während sich weiter vorne DJs austoben.

☆ Parque del Oeste & im Norden der Stadt

★ Estadio Santiago Bernabéu FUSSBALL
(☎ 902 324324; www.realmadrid.com; Avenida de Concha Espina 1; Tickets ab 40 €; Ⓜ Santiago Bernabéu) Real Madrid spielen zu sehen ist eines der tollsten Erlebnisse für Fußballfans, man kommt aber nur schwer an Karten. Tickets gibt's online, telefonisch oder beim Kartenverkauf an Tor 42 an der Av de Concha Espina. Man sollte auf jeden Fall ein paar Tage vor dem Spiel kommen. Es gibt unzählige Kartenvorverkäufe im Internet. Oder man lässt sich auf den Schwarzmarkt ein.

Die Saison dauert von September (oder vom letzten Augustwochenende) bis Mai. Kurz vor Weihnachten bis Anfang des neuen Jahres gibt's eine zweiwöchige Pause.

Sala Clamores LIVEMUSIK
(☎ 91 445 79 38; www.clamores.es; Calle de Alburquerque 14; Eintritt frei–15 €; ⌚ So–Do 18.30–2, Fr & Sa bis 5.30 Uhr; Ⓜ Bilbao) Das einstige klassische Jazz-Café hat sich zu einer der facettenreichsten Livemusikbühnen Madrids entwickelt. Der Fokus liegt noch immer auf Jazz, ergänzt wird dieser nun jedoch durch Flamenco, Blues, Weltmusik, Liedermacher, Pop und Rock. Die Auftritte beginnen teilweise am Wochenende schon um 19 Uhr, nehmen aber oft erst ab 1 Uhr so richtig Fahrt auf.

Shoppen

In Sachen Shopping punktet die Stadt vor allem mit ihren kleinen Boutiquen und originellen Läden. Die Familienbetriebe werden von Generation zu Generation weitergegeben und stellen sich mit Mode, altmodischer Keramik, Espadrilles mit Natursohlen oder spanischen Spezialitäten und Weinen der Überkommerzialisierung und der Massenvermarktung spanischer Kultur entgegen.

Plaza Mayor & das königliche Madrid

★ Antigua Casa Talavera KERAMIK
(Karte S. 78 f.; ☎ 91 547 34 17; www.antiguacasatalavera.com; Calle de Isabel la Católica 2; ⌚ Mo–Fr 10–13.30 & 17–20, Sa 10–13.30 Uhr; Ⓜ Santo Domingo) Hinter der außergewöhnlichen gefliesten Fassade dieses alten Ladens verbirgt sich ein Paradies voller Tonwaren aus ganz Spanien. Hier bekommt man keine Massenprodukte für Touristen, sondern Einzelstücke von kleinen Familientöpfereien aus Andalusien und Toledo. Es gibt eine große Auswahl an dekorativer Keramik (Fliesen) und praktischen Dingen (Teller, Tassen und andere Küchenutensilien). Das ältere Betreiberpärchen ist sehr freundlich.

★ El Arco Artesanía KUNSTHANDWERK
(Karte S. 78 f.; ☎ 91 365 26 80; www.artesaniaelarco.com; Plaza Mayor 9; ⌚ 11–22 Uhr; Ⓜ Sol, La Latina) Der originelle Shop in der südwestlichen Ecke der Plaza Mayor verfügt über eine riesige Auswahl an hausgemachten Designsouvenirs: Von Stein-, Keramik- und Glasarbeiten bis zu Schmuck und Wohnaccessoires ist alles dabei. Die Figuren aus Pappmaché sind zauberhaft, doch auch sonst gibt's jede Menge zu sehen. Im Winter schließt der Shop manchmal früher.

Maty FLAMENCO
Karte S. 78 f.; ☎ 91 531 32 91; www.maty.es; Calle del Maestro Victoria 2; ⌚ Mo–Fr 10–13.45 & 16.30–20, Sa 10–14 & 16.30–22 Uhr, jeden 1. Sa & 1. So im Monat 11–14.30 & 16.30–22 Uhr; Ⓜ Sol) Bei einem Spaziergang durch das Stadtzentrum entsteht der Eindruck, dass es nur noch nachgemachte Flamenco-Kleider für Touristen gibt. Genau deswegen sind Geschäfte wie das Maty wichtig. Hier bekommt man Kleider, Schuhe und alle anderen Accessoires

rund ums Thema Flamenco für Kinder und Erwachsene. Die Sachen sind zwar nicht gerade billig, überzeugen aber durch Qualität und bieten sich als Geschenke an.

Casa Hernanz SCHUHE
(Karte S. 78 f.; ☎ 91 366 54 50; www.alpargateriahernanz.com; Calle de Toledo 18; ⌚ Mo–Fr 9–13.30 & 16.30–20, Sa 10–14 Uhr; Ⓜ La Latina, Sol) Die bequemen strickbesohlten *alpargatas* (Espadrillos), traditionelle spanische Schuhe, werden von vielen Einheimischen getragen, sogar vom König. In dieser Werkstatt werden sie seit Generationen von Hand hergestellt. Entweder kauft man eines der vorhandenen Paare oder gibt eines in Auftrag. Die Preisspanne reicht dabei von 6 bis 40 €. Sobald das Wetter wärmer wird, bilden sich hier die ersten Schlangen.

Atlético de Madrid Store SPORT & OUTDOOR
(Karte S. 78 f.; ☎ 902 260403; www.en.atleticodemadrid.com/shop; Gran Vía 47; ⌚ Mo–Do 10–21.30, Fr & Sa bis 22, So 11–20 Uhr; Ⓜ Santo Domingo) Atlético de Madrid hat eine Art Fan-Kult in der Stadt heraufbeschworen und war in den letzten Jahren sehr erfolgreich. Der Shop in der Innenstadt verkauft sämtliche Fanartikel des Clubs. Theoretisch bekommt man hier auch Karten für die Spiele, meistens sind sie jedoch bereits ausverkauft.

Así SPIELZEUG
(Karte S. 78 f.; ☎ 91 521 97 55; www.tiendas-asi.com; Calle del Arenal 20; ⌚ Mo–Sa 10–20.30, So 12–15.30 & 16.30–20 Uhr; Ⓜ Ópera) Wunderschöne handgefertigte Puppen sind ein hübsches Geschenk oder Madrid-Mitbringsel für die Kleinen. Sie stammen nicht aus Massenproduktion und es gibt auch passende hübsche Puppenkleidung.

La Madrileña ESSEN
(Karte S. 78 f.; ☎ 91 522 34 36; www.fiambreslamadrilena.com; Calle del Arenal 18; ⌚ Mo–Fr 9.30–14 & 17.30–20.30, Sa 10–14 Uhr; Ⓜ Sol) Seit 1909 gibt's im La Madrileña Schinken, geräuchertes Fleisch und Würste. Die weißen Würste sind perfekt zum Grillen geeignet und es gibt *sobrasada:* eine Pastete aus Mett und Paprika, die köstlich auf einem Stück Baguette schmeckt. Eine weitere Spezialität sind die *conservas* – qualitativ hochwertiger Fisch, Gemüse und Hülsenfrüchte in Dosen oder Einmachgläsern.

Sombrerería Medrano MODE & ACCESSOIRES
(Karte S. 78 f.; ☎ 91 366 42 34; www.sombrereriamedrano.com; Calle Imperial 12; ⌚ Mo–Fr 10–14.30 & 16.30–20, Sa 10–14 Uhr; Ⓜ Sol) Schon seit 1832 werden hier Hüte gefertigt und obwohl Zugeständnisse an die aktuelle Mode gemacht wurden, sind die meisten noch immer von der eher klassischen Art. Ein wunderschöner alter Laden, in dem die Qualität an oberster Stelle steht. Es gibt Hüte und Handschuhe für Männer, Frauen und Kinder.

Gourmet Experience ESSEN & GETRÄNKE
(Karte S. 90 f.; ☎ 91 379 80 00; www.elcorteingles.es; 9. OG, Plaza del Callao 9; ⌚ Mo–Sa 10–22 Uhr; Ⓜ Callao) Der Food Court (S. 120) hoch über der Plaza del Callao mit einem grandiosen Blick auf die Gran Vía bietet eine fabelhafte Auswahl spanischer Produkte wie Käse, Weine, geräuchertes Fleisch und spanisches Craft-Bier.

El Jardín del Convento ESSEN
(Karte S. 78 f.; ☎ 91 541 22 99; www.eljardindelconvento.net; Calle del Cordón 1; ⌚ Di–Sa 11–14.30 & 17.30–20.30 Uhr; Ⓜ Ópera) Der ansprechende kleine Laden in einer ruhigen Gasse gleich südlich der Plaza de la Villa verkauft hausgemachte Süßigkeiten, die von Nonnen in Klöstern und Abteien in ganz Spanien gebacken werden.

El Flamenco Vive FLAMENCO
(Karte S. 78 f.; ☎ 91 547 39 17; www.elflamencovive.es; Calle Conde de Lemos 7; ⌚ Mo–Fr 10–13.45 & 17–21, Sa 10–14 Uhr; Ⓜ Ópera) In diesem Flamenco-Tempel findet man Gitarren, Liederbücher und preiswerte CDs, gepunktete Kostüme, Schuhe, bunten Plastikschmuck und themenbezogene Literatur. Der Laden zieht sowohl Neugierige als auch eingefleischte Fans dieser Kunstform an. Wer will, kann sogar Flamenco-Gitarren-Unterricht nehmen.

La Latina & Lavapiés

★ **Botería Julio Rodríguez** KUNSTHANDWERK
(Karte S. 82; ☎ 91 365 66 29; www.boteriajuliorodriguez.es; Calle del Águila 12; ⌚ Mo–Fr 9.30–14 & 16.30–20, Sa 10–13.30 Uhr; Ⓜ La Latina) Die Botería Julio Rodríguez ist einer der letzten Hersteller traditioneller spanischer Weinschläuche und gibt Einblicke in ein aussterbendes Handwerk. Die Schläuche sind tolle Geschenke und spielen natürlich in einer ganz anderen Liga als die günstigen Varianten, die Souvenirläden in ganz Madrid verkaufen.

1

2

DANNY LEHMAN/GETTY IMAGES ©

1. Mercado de San Miguel (S. 119) 2. El-Rastro-Flohmarkt (S. 83) 3. Flamenco-Tänzer

Das Madrid der Einheimischen

Anders als viele spanische Städte braucht Madrid oft ein bisschen Zeit, bis es einen Neuankömmling voll in seinen Bann gezogen hat. Aber wenn es einmal so weit ist, wird die Geduld gebührend belohnt. Ein wenig Wissen über die Stadt zahlt sich aus.

Sonntag in Madrid

Für Madrileños (Einwohner Madrids) gibt's nichts Schöneres, als sonntagmorgens auf den El-Rastro-Flohmarkt (S. 83) zu gehen und gegen 13 Uhr entlang der Calle de la Cava Baja (S. 123) in La Latina einzukehren, um Tapas und Wermut zu genießen. Danach geht's in den Parque del Buen Retiro (S. 93) am anderen Ende der Stadt, wo sie den Ausklang des Tages tanzend im Rhythmus der Trommelschläge verbringen.

Gourmet-Highlights

Das Feinschmecker-Paradies Madrid bietet jede Menge Schätze, die Besuchern den Geschmack der Stadt nahebringen. Auf dem Mercado de San Miguel (S. 119) gibt's abwechslungsreiche Küche in lebhafter Atmosphäre, und die nahegelegene Casa Revuelta (S. 123) sieht etwas rustikal aus, ist aber bei Einheimischen sehr beliebt.

Ungezwungener Flamenco

Madrid hat zahlreiche tolle Flamenco-Bühnen, doch die meisten sind sehr förmlich. In der oberen Etage des **Candela** (☎91 467 33 82; www.candelaflamenco.com; Calle del Olmo 3; 10 €; ⏲22.30 Uhr–open end) ist das genauso, aber die Bar ein Stockwerk tiefer richtet sich an echte Fans und lädt zum spontanen Tanz ein. Der ist dann zwar nicht immer elegant, aber auch das gehört zur Magie des Flamenco.

Das Leben im Barrio

Nördlich des Zentrums erobern die Einheimischen ihre Stadt zurück. Die Plaza de Olavide (S. 109) ist das Herzstück von Chamberí. Viel zu sehen gibt's hier eigentlich nicht, aber von den Cafés rund um den Platz kann man den ruhigen Alltag beobachten und einen faszinierenden Einblick in das Leben der Barrio-Bewohner erhalten.

★ Helena Rohner SCHMUCK
(Karte S. 82; ☎ 913657906; www.helenarohner.com.es; Calle del Almendro 4; ⌚ Mo–Fr 9–20.30, Sa 12–14.30 & 15.30–20, So 12–15 Uhr; Ⓜ La Latina, Tirso de Molina) Helena Rohner, eine der kreativsten Schmuckdesignerinnen der Welt, betreibt in La Latina eine große Boutique. Ihre innovativen Stücke bestehen aus Silber, Edelsteinen, Porzellan, Holz und Muranoglas und werden regelmäßig auf den Pariser Laufstegen präsentiert. Mit ihren Kreationen möchte die Künstlerin laut eigener Aussage „die Magie von Florenz, die Vitalität Londons und die Leuchtkraft Madrids" einfangen.

El Rastro MARKT
(Karte S. 82; Calle de la Ribera de Curtidores; ⌚ So 8–15 Uhr; Ⓜ La Latina, Puerta de Toledo, Tirso de Molina) Herzlich willkommen auf Europas sogenanntem größten Flohmarkt. Groß ist auch die Anziehungskraft der vielen Antiquitätengeschäfte, die sich bei Nuevas Galerías und Galerías Piquer konzentrieren. Die meisten Geschäfte öffnen montags bis samstags von 10 bis 14 und von 17 bis 20 Uhr, aber nicht alle während des Flohmarkts El Rastro.

Aceitunas Jiménez ESSEN
(Karte S. 82; ☎ 913654623; Plaza del General Vara del Rey 14; ⌚ Mo–Do 10.30–14.30 & 15.30–20, Fr & Sa 10.30–14.30, So 10.30–15 Uhr; Ⓜ La Latina) Der winzige Laden ist ein regelrechter Pflichtstopp während eines Sonntagsspaziergangs über El Rastro. Zur Auswahl stehen in Plastikbechern servierte eingelegte Oliven in den verschiedensten Varianten sowie Auberginen, Knoblauch und alles andere, das man in jeder Menge Öl und/oder Essig einlegen kann.

De Piedra SCHMUCK
(Karte S. 82; ☎ 913659620; www.depiedracreaciones.com; Calle de la Ruda 19; ⌚ Mo–Sa 11–14 & 17–20.30, So 12–15 Uhr; Ⓜ La Latina) In diesem wunderschönen Shop gibt's Halsketten, Ohrringe, Armbänder und Einrichtungsgegenstände von lokalen Designern. Silber und Halbedelsteine sind das Kerngeschäft.

Sol, Santa Ana & Huertas

Casa de Diego MODE & ACCESSOIRES
(Karte S. 90 f.; ☎ 915226643; www.casadediego.com; Plaza de la Puerta del Sol 12; ⌚ Mo–Sa 9.30–20 Uhr; Ⓜ Sol) Der traditionelle 1858 eröffnete Laden fertigt, verkauft und repariert spanische Fächer, Schals, Regenschirme und Spazierstöcke. Der Service ist von der alten Schule und manchmal etwas mürrisch, doch die Fächer sind klassische Kunstwerke. In der Nähe gibt's eine zweite **Filiale** (Karte S. 90 f.; ☎ 915310223; www.casadediego.com; Calle del los Mesoneros Romanos 4; ⌚ Mo–Sa 9.30–13.30 & 16.45–20 Uhr; Ⓜ Callao, Sol).

Licores Cabello WEIN
Karte S. 90 f.; ☎ 914296088; Calle de Echegaray 19; ⌚ Mo–Sa 10–15 & 17.30–22 Uhr; Ⓜ Sevilla, Antón Martín) Wenn doch alle Weinläden wie dieser wären ... Die Inhaber des familiengeführten Eckladens sind echte Kenner, zudem hat sich die Deko mit den Holzregalen und den verblichenen Malereien an der Decke seit 1913 kaum verändert. Das Angebot umfasst etwa 500 edle Tropfen (meist spanische, aber auch ein paar ausländische Sorten), die entweder im Laden ausgestellt oder im hinteren Teil versteckt sind.

The Corner Shop BEKLEIDUNG
(Karte S. 90 f.; ☎ 917375802; www.thecornershop.es; Calle de las Huertas 17; ⌚ Mo–Fr 10.30–21.30, Sa & So 11–21.30 Uhr; Ⓜ Antón Martín) Der schöne Laden in Huertas führt eine sorgfältig ausgewählte Kollektion an Herren- und Frauenbekleidung, darunter Marken wie Scotch Soda, Blue Hole, Andy and Lucy. Von Marken einmal ganz abgesehen, ist die lässig-modische und teils ausgefallene Street Wear im Corner Shop immer einen Blick wert.

Justo Algaba GESCHENKE & SOUVENIRS
(Karte S. 90 f.; ☎ 915233717; www.justoalgaba.com; Calle de la Paz 4; ⌚ Mo–Fr 10.30–14 & 17–20, Sa 10.30–14 Uhr; Ⓜ Sol) Hier lassen sich Spaniens *toreros* (Stierkämpfer) ihren aufwendigen *traje de luces* (Lichteranzug, die traditionelle Stierkämpferrobe) anfertigen.

Tienda Real Madrid SPORT & OUTDOOR
(Karte S. 90 f.; ☎ 917554538; www.realmadrid.com; Gran Vía 31; ⌚ Mo–Sa 10–21, So 11–21 Uhr; Ⓜ Gran Vía, Callao) Der Fanshop von Real Madrid verkauft T-Shirts, Poster, Mützen und zahlreiche andere Dinge, die mit dem Club-Logo geschmückt sind. Im Zentrum gibt's noch eine kleinere **Filiale** (Tienda Real Madrid; Karte S. 90 f.; ☎ 915217950; www.realmadrid.com; Calle del Carmen 3; ⌚ Mo–Sa 10–21, So 11–20 Uhr; Ⓜ Sol), im Norden der Stadt außerdem das Stadiongeschäft (S. 146).

Santarrufina DEVOTIONALIEN
(Karte S. 90; ☎ 915222383; www.santarrufina.com; Calle de la Paz 4; ⌚ Mo–Fr 10–14 & 16.30–20,

Sa 10–14 Uhr; Ⓜ Sol) Diesen goldenen Stützpunkt des spanischen Katholizismus muss man gesehen haben! Zur Kundschaft des überwältigenden Geschäfts auf drei Etagen gehören Kirchen, Priester und Klöster. Von einfachen Rosenkränzen über imposante Heiligenstatuen bis zu einer Sänfte, auf der die Jungfrau bei Prozessionen getragen wird, gibt's kaum etwas, was es nicht gibt.

El Retiro & die Kunstmuseen

Librería la Central — BÜCHER

(Karte S. 94; ☎ 91 787 87 82; www.lacentral.com/museoreinasofia; Ronda de Atocha 2; ⏲ Mo & Mi–Sa 10–21, So bis 14.30 Uhr; Ⓜ Atocha) Das La Central gehört zum Centro de Arte Reina Sofía und ist wahrscheinlich die beste Museumsbuchhandlung der Stadt – mit einer großen Auswahl an Postern, Postkarten, Schreibwaren und großen Bereichen zu zeitgenössischer Kunst, Design, Architektur und Fotografie. Die meisten, aber nicht alle Bücher sind auf Spanisch.

Bücherstände an der Cuesta de Claudio Moyano — BÜCHER

(Karte S. 94; Cuesta de Claudio Moyano; ⏲ wechselnde Öffnungszeiten; Ⓜ Atocha) Die Stände mit gebrauchten Büchern sind Madrids Antwort auf die Buchhändler entlang der Seine in Paris und mittlerweile fester Bestandteil des Stadtbilds. Die meisten Bände sind auf Spanisch, es gibt jedoch auch ein paar Ausgaben in anderen Sprachen. Die Öffnungszeiten variieren von Stand zu Stand; manche schließen zur Mittagszeit.

Salamanca

★ Agatha Ruiz de la Prada — MODE & ACCESSOIRES

(Karte S. 106; ☎ 91 319 05 01; www.agatharuizdelaprada.com; Calle de Serrano 27; ⏲ Mo–Sa 10–20.30 Uhr; Ⓜ Serrano) Diese Boutique muss man einfach gesehen haben: Wohin man auch schaut, erblickt man Pink-, Gelb- und Orangetöne. Viele Stücke sind lustig und übertrieben, aber keineswegs nur für Kids interessant, denn es gibt auch anspruchsvolle und höchst originelle Mode. Agatha Ruiz de la Prada gilt als eine der größten Ikonen während Madrids kreativer Hochphase, der *movida madrileña* in den 1980er-Jahren.

Bombonerías Santa — ESSEN & GETRÄNKE

(Karte S. 106; ☎ 91 576 76 25; www.bombonerias-santa.com; Calle de Serrano 56; ⏲ Mo 10–14 & 17–20.30, Di–Sa 10–20.30 Uhr, im Juli & Aug. verkürzte Öffnungszeiten; Ⓜ Serrano) Wer an den Stil so hohe Ansprüche stellt wie an den Geschmack, wird von den exquisiten Schokoladen in diesem winzigen Geschäft begeistert sein. Die Verpackung ist ebenso schön wie die *bombones* (Pralinen), allerdings hat das seinen Preis: Pro Kilo Schokolade muss man etwa 60 € zahlen.

Oriol Balaguer — ESSEN

(Karte S. 106; ☎ 91 401 64 63; www.oriolbalaguer.com; Calle de José Ortega y Gasset 44; ⏲ Mo–Fr 9–20.30, Sa 10–20.30, So 10–14.30 Uhr; Ⓜ Núñez de Balboa) Der katalanische Konditormeister Oriol Balaguer hat einen beeindruckenden Lebenslauf. Er arbeitete mit Ferran Adrià in Katalonien zusammen und erhielt den Preis für das weltbeste Dessert (die „Seven Textures of Chocolate") und die Croissants wurden offiziell zu den besten Spaniens erklärt. Sein Schokoladengeschäft erinnert an eine Kunstgalerie, mit exquisiten Schokoladen und Torten als Ausstellungsstücke.

Mantequería Bravo — ESSEN & GETRÄNKE

(Karte S. 106; ☎ 91 575 80 72; www.bravo1931.com; Calle de Ayala 24; ⏲ Mo–Fr 9.30–14.30 & 17.30–20.30, Sa 9.30–14.30 Uhr; Ⓜ Serrano) Hinter der schönen alten Fassade verbirgt sich ein Feinschmeckerparadies voller lokaler Käse- und Kaffeesorten, Würsten sowie Weinen. Viele Produkte geben tolle Geschenke ab – wenn man sich dazu durchringen kann, sie nicht selbst zu verputzen. Kürzlich gewann die Mantequería Bravo den Preis für den besten Feinkostladen Madrids.

Manolo Blahnik — SCHUHE

(Karte S. 106; ☎ 91 575 96 48; www.manoloblahnik.com; Calle de Serrano 58; ⏲ Mo–Sa 10–14 & 16–20 Uhr; Ⓜ Serrano) Nichts anzuziehen zur Verleihung der Oscars? Dann sollte man es den Hollywoodstars gleichtun und dieses Schuhgeschäft ansteuern. Im exklusiven Verkaufsraum wird jeder Treter wie ein echtes Kunstwerk präsentiert.

Ekseption & Eks — MODE & ACCESSOIRES

(Karte S. 106; ☎ 91 361 97 76; www.ekseption.es; Calle de Velázquez 28; ⏲ Mo–Sa 10.30–14.30 & 16.30–20.30 Uhr; Ⓜ Velázquez) Der elegante Laden gibt den Ton an, was die neuesten Trends angeht, und führt jede Menge Mode, die direkt vom Laufsteg kommt: leger, aber immer hochwertig. Hauptaugenmerk liegt auf urbanem Chic und auf Designermarken wie Balenciaga, Givenchy, Marc Jacobs und Dries van Noten.

Das Eks nebenan wurde zur Zeit unserer Recherche renoviert und hat eher die jüngeren, legereren Marken im Angebot sowie eine grandiose Jeansauswahl.

Wen's interessiert: Victoria Beckham war regelmäßige Kundin hier, als sie noch in Madrid lebte.

Camper SCHUHE
(Karte S. 106; ☎ 915782560; www.camper.com; Calle de Serrano 24; ⏲ Mo–Sa 10–21, So 12–20 Uhr; Ⓜ Serrano) Spanische Mode ist nicht immer gleichbedeutend mit Haute Couture. Diese weltbekannte originelle Trend-Schuhmarke aus Mallorca kombiniert Bowlingschuh-Schick mit farbenfrohen, kreativen Designs, Qualität und Tragekomfort. Weitere Zweigstellen verteilen sich auf die ganze Stadt, darunter eine in **Malasaña** (Karte S. 110 f.; ☎ 915312347; www.camper.com; Calle de Fuencarral 42; ⏲ Mo–Sa 10–20 Uhr; Ⓜ Gran Vía, Tribunal) – die Adressen gibt's auf der Website.

Purificación García MODE & ACCESSOIRES
(Karte S. 106; ☎ 914358013; www.purificaciongarcia.com; Calle de Serrano 28; ⏲ Mo–Sa 10–20.30 Uhr; Ⓜ Serrano) Die Modetrends kommen und gehen, doch das Puri ist mit seinem eleganten, gereiften Stil für Männer und Frauen, der genauso ins Büro passt wie auf eine Hochzeit, der Konkurrenz immer eine Nasenlänge voraus.

Malasaña & Chueca

Loewe MODE & ACCESSOIRES
(Karte S. 90 f.; ☎ 915226815; www.loewe.com; Gran Vía 8; ⏲ Mo–Sa 10–20.30, So 11–20 Uhr; Ⓜ Gran Vía) Loewe erblickte 1846 in Madrid das Licht der Welt und gilt als *die* spanische Luxusmodelinie. Die Vorzeigefiliale an der Gran Vía zählt zu den berühmtesten und elegantesten Geschäften in der Hauptstadt. Im Mittelpunkt stehen Handtaschen und Accessoires zu mitunter exorbitanten Preisen, aber selbst, wenn man nichts kaufen will, lohnt sich ein Abstecher.

Es gibt eine weitere Filiale in **Salamanca** (Karte S. 106; ☎ 914263588; www.loewe.com; Calle de Serrano 26 & 34; ⏲ Mo–Sa 10–20.30 Uhr; Ⓜ Serrano).

Patrimonio Comunal Olivarero ESSEN
(Karte S. 110 f.; ☎ 913080505; www.pco.es; Calle de Mejía Lequerica 1; ⏲ Sept.–Juni Mo–Fr 10–14 & 17–20, Sa 10–14 Uhr, Juli Mo–Sa 9–15 Uhr; Ⓜ Alonso Martínez) Spanien ist der weltweit größte Produzent von Olivenöl – und das Patrimonio Comunal Olivarero der perfekte Laden, um einige Sorten kennenzulernen. Angeboten wird eine schier unüberschaubare Palette von *extra-vergine*-Sorten aus dem ganzen Land. Die Angestellten kennen sich gut aus und helfen gern weiter, wenn man etwas Spanisch spricht.

El Moderno EINRICHTUNGSGEGENSTÄNDE
(Karte S. 110 f.; ☎ 913483194; www.facebook.com/elmodernoconceptstore; Calle de la Corredera de San Pablo 19; ⏲ So–Mi 11–21 Uhr; Ⓜ Callao, Gran Vía) Der Concept-Store am Ende der Gran Vía in Malasaña ist der Inbegriff des guten Stils, aber nicht so retro wie in Malasaña üblich. Er hat sich eher dem neuen, klaren Look Madrids verschrieben. Wer Innendesign liebt, findet im weiträumigen Verkaufsraum Designer-Haushaltswaren, ungewöhnliche Geschenke und formschöne Möbel.

Xoan Viqueira MODE & ACCESSOIRES
(Karte S. 110 f.; ☎ 911737029; www.xoanviqueira.com; Calle de Gravina 22; ⏲ Mo–Fr 11–14 & 17–20.30, Sa 11–14 Uhr; Ⓜ Chueca) Wir lieben die Verspieltheit des Designerstores in Chueca, in dem der Siebdruckkünstler Xoan Viqueira seine Kreativität in *alpargatas* (traditionelle mit Pflanzenfasern besohlte Schuhe) sowie Kleidung und Einrichtungsgegenstände fließen lässt. Homosexuelle Männer mit Bärten tauchen als Motiv immer wieder auf, aber eher spielerisch und spitzbübisch als aufdringlich.

Sportivo BEKLEIDUNG
(Karte S. 110 f.; ☎ 915425661; www.sportivostore.com; Calle del Conde Duque 20; ⏲ Mo–Sa 10–21, So 12–16 Uhr; Ⓜ Plaza de España) Kaum ein Geschäft in Madrid konzentriert sich nur auf Männermode, das Sportivo aber schon. Marken wie Carven, YMC und Commune of Paris ziehen eine dankbare metro- und lumbersexuelle Kundschaft an und außerdem jeden, der Stil zu schätzen weiß.

Monkey Garage MODE & ACCESSOIRES
(Karte S. 110 f.; ☎ 911377398; www.facebook.com/monkeygarage11; Calle de la Santa Brigida 11; ⏲ Mo–Do 12–21.30, Fr & Sa 12.30–22 Uhr; Ⓜ Tribunal) In diesem trendigen Shop in einer ehemaligen Werkstatt bekommt man schlichte skandinavische Mode, Designerschmuck und moderne Kunst – eine wunderbare Zusammenstellung an einem kunstvoll umgestalteten Ort.

Flamingos Vintage Kilo VINTAGE
(Karte S. 110 f.; ☎ 649877198; www.vintagekilo.com; Calle del Espíritu Santo 1; ⏲ Mo–Sa 11–21 Uhr;

Ⓜ Tribunal) Das Flamingos hat Vintage-Kleidung für Männer und Frauen im Angebot, darunter alte Jeans, Cowboy-Stiefel, Lederjacken, Hawaii-Hemden und noch vieles mehr. Manche Stücke haben einen Festpreis, andere werden pro Kilo verkauft. Es ist der erste Laden dieser Art in Madrid und ein toller Ort, wenn man nach cooler und ausgefallener Kleidung aus den 1970er-, 1980er- und 1990er-Jahren sucht.

Malababa MODE & ACCESSOIRES

(Karte S. 110 f.; ☎ 91 203 59 51; www.malababa.com; Calle de Santa Teresa 5; ⏲ Mo–Do 10.30–20.30, Fr & Sa bis 21 Uhr; Ⓜ Alonso Martínez) Diese Ecke Chuecas zählt zu Madrids attraktivsten Einkaufsrevieren für stilbewusste Shopper, die individuelle Boutiquen mit Persönlichkeit großen Geschäften vorziehen. Dazu gehört dieser helle Laden, der elegante, wunderschön ausgestellte Accessoires aus ganz Spanien verkauft, darunter Schmuck, Handtaschen, Schuhe, Geldbeutel und Gürtel.

Cacao Sampaka ESSEN

(Karte S. 110 f.; ☎ 91 319 58 40; www.cacaosampaka.com; Calle de Orellana 4; ⏲ Mo–Sa 10–21 Uhr; Ⓜ Alonso Martínez) Wer gedacht hat, dass sich mit Schokolade nichts Ausgefalleneres anfangen lässt, als sie mit Früchten und Nüssen aufzupeppen, der muss sich in dieser Gourmet-Chocolaterie eines Besseren belehren lassen. Hier wird sie mit mehr Zutaten kombiniert, als man sich vorstellen kann. Das angeschlossene Café lädt zum Mittagessen ein.

Lurdes Bergada MODE & ACCESSOIRES

(Karte S. 110 f.; ☎ 91 531 99 58; www.lurdesbergada.es; Calle del Conde de Xiquena 8; ⏲ Mo–Sa 10–14.30 & 16.30–20.30 Uhr; Ⓜ Chueca) Die Designer Lurdes Bergada und Syngman Cucala, Mutter und Sohn aus Barcelona, fertigen elegante sowie originelle Männer- und Damenmode in neutralen Farben aus naturbelassenen Stoffen. Ihre Designs sind Kult. Geradezu unvorstellbar, dass man beim Stöbern nicht irgendetwas findet, was man einfach haben *muss*! Es gibt eine weitere Filiale in **Malasaña** (Karte S. 110 f.; ☎ 91 521 88 18; www.lurdesbergada.es; Calle de Fuencarral 70; ⏲ Mo–Sa 10.30–20.30 Uhr; Ⓜ Tribunal).

Poncelet ESSEN

(Karte S. 110 f.; ☎ 91 308 02 21; www.poncelet.es; Calle de Argensola 27; ⏲ Mo–Do 10.30–14.30 & 17–20.30, Fr & Sa 10.30–20.30 Uhr; Ⓜ Alonso Martínez) Dieser feine Käsehandel zählt zu den besten Madrids und offeriert eine hervorragende Auswahl von 80 Sorten aus Spanien und 240 aus dem restlichen Europa. Das Personal kennt sich sehr gut aus.

Reserva y Cata WEIN

(Karte S. 110 f.; ☎ 91 319 04 01; www.reservaycata.com; Calle del Conde de Xiquena 13; ⏲ Mo–Fr 11–14 & 17.30–20.30, Sa 11–14 Uhr; Ⓜ Colón, Chueca) In dem altmodischen Fachhandel lagert eine tolle Auswahl an lokalen Weinen. Das sachkundige Personal hilft gern beim Aussuchen für die nächste Dinnerparty oder als Mitbringsel. Spezialität sind hochwertige spanische Tropfen, die das Kaufhaus El Corte Inglés und Co. nicht im Sortiment haben. Häufig darf man den Wein auch vorm Kauf verkosten.

Snapo MODE & ACCESSOIRES

(Karte S. 110 f.; ☎ 91 017 16 72; www.snaposhoponline.com; Calle del Espíritu Santo 6; ⏲ Mo–Sa 11–14 & 17–20.30 Uhr; Ⓜ Tribunal) Snapo ist die rebellische Ader Malasañas in Ladenform und zeigt den Feinheiten braver Mode eine lange Nase. Wen wundert's – immerhin heißt eine der Kollektionen Fucking Bastardz Inc. Zum Sortiment gehören Jeans, Kappen und Jacken, der Verkaufsschlager sind aber T-Shirts. Die gibt's auch für die Sprösslinge superhipper Eltern.
Im Lauf der Jahre ist uns alles Mögliche untergekommen, vom „National Pornographic"-Schriftzug bis zu einem Druck von Papst Johannes Paul II. mit erhobener Faust und der aussagekräftigen Zeile „Vatican 666" darunter. Müssen wir noch mehr sagen?

Retro City BEKLEIDUNG

(Karte S. 110 f.; Calle de Corredera Alta de San Pablo 4; ⏲ Mo–Sa 12–14.30 & 17.30–21 Uhr; Ⓜ Tribunal) Das ist Malasaña, wie es leibt und lebt, vom Scheitel bis hinunter zu den Doc Martens. Der Laden geht ganz in den bunten 1970er- und 1980er-Jahren auf und formuliert seine Philosophie als „Vintage für die Massen". Ähnliche Geschäfte im *barrio* blicken wütend auf die moderne Gesellschaft hinab, hier blickt man voller Nostalgie zurück.

Parque del Oeste & im Norden der Stadt

Papelería Salazar BÜCHER, SCHREIBWAREN

(Karte S. 110 f.; ☎ 91 446 18 48; www.papeleriasalazar.es; Calle de Luchana 7-9; ⏲ Mo–Fr 9.30–13.30 & 16.30–20, Sa 10–13.30 Uhr; Ⓜ Bilbao) Die 1905 eröffnete Papelería Salazar ist der älteste Schreibwarenladen Madrids und wird mittlerweile in vierter Generation von der Familie Salazar geführt. Das bemerkenswerte Sortiment umfasst sowohl Artikel, die nur für Einheimische interessant sind (altmodische spanische Exlibris, Einladungskarten zur Erstkommunion), als auch allgemein Nützliches wie Kulis und Bleistifte von Faber Castell, Stadtpläne, Notizbücher und Zeichenbedarf.

Ein unschätzbarer Vertreter eines in Madrid langsam aussterbenden Geschäftsmodells.

Relojería Santolaya ANTIQUITÄTEN
(☎ 91 447 25 64; www.relojeriasantolaya.com; Calle Murillo 8; ⏲ Mo–Fr 10–13 & 17–20 Uhr; Ⓜ Quevedo, Iglesia, Bilbao) Die Reparaturwerkstatt für Uhren bei der Plaza de Olavide öffnete 1867 und ist in Spanien offiziell für die Instandsetzung von königlichen und historischen Stücken zuständig. Es wird nicht viel verkauft, dafür kann man durch das Schaufenster in die winzige Werkstatt blicken und die aussterbende Kunst der Uhrenreparatur bewundern. Digitale Exemplare sucht man hier vergeblich.

Bazar Matey GESCHENKE & SOUVENIRS
(☎ 91 446 93 11; www.matey.com; Calle de la Santísima Trinidad 1; ⏲ Mo–Sa 9.30–13.30 & 16.30–20 Uhr, Juli & Aug. samstags geschlossen; Ⓜ Iglesia, Quevedo) Der wunderbare Laden spricht Sammler von Modelleisenbahnen, -flugzeugen und -autos an, zudem gibt's verschiedenes Zubehör. Das bemerkenswerte Sortiment beinhaltet fast perfekte Miniaturmodelle von alten Renfe-Zügen, Flugzeugen obskurer internationaler Linien und von vielem mehr. Die Preise haben es teils in sich, scheinen die vielen Sammler, die samstags aus ganz Madrid hierherströmen, jedoch nicht abzuschrecken.

Calzados Cantero SCHUHE
(☎ 91 447 07 35; Plaza de Olavide 12; ⏲ Mo–Fr 9.45–14 & 16.45–20.30, Sa 9.45–14 Uhr; Ⓜ Iglesia) Das charmante altmodische Schuhgeschäft verkauft eine Auswahl an Schuhen zu äußerst günstigen Preisen. Bekannt ist es vor allem für seine *alpargatas* (Espadrilles) mit Sohlen aus Pflanzenfasern, die es ab 8 € gibt. Der Laden ist aus dem *barrio* nicht mehr wegzudenken – hierher kommen Eltern mit ihren Kindern, so wie es deren Eltern eine Generation zuvor getan haben.

Tienda Real Madrid SPORT & OUTDOOR
(☎ 91 458 72 59; www.realmadrid.com; Gate 55, Estadio Santiago Bernabéu, Av de Concha Espina 1; ⏲ Mo–Sa 10–21, So 11–19.30 Uhr; Ⓜ Santiago Bernabéu) Im Fanshop von Real Madrid gibt's die gesamte Palette an Fußball-Fanartikeln. Das Schaufenster bietet Blick ins Stadion.

ℹ Praktische Informationen

GEFAHREN & ÄRGERNISSE

Madrid ist generell eine sichere Stadt, wie in jeder anderen großen europäischen Stadt sollte man jedoch seine Habseligkeiten im Auge behalten und gesunden Menschenverstand walten lassen.

➡ El Rastro, die Gegend rund um das Museo del Prado und die Metro, sind beliebte Reviere von Taschendieben, ebenso wie alle anderen Orte mit großer Touristendichte.

Parkanlagen wie den Parque del Buen Retiro sollte man nicht nach Einbruch der Dunkelheit ansteuern.

➡ Bei Taxifahrten ist es ratsam, das Taxameter im Auge zu behalten und zu versuchen, die Route nachzuvollziehen, um teure Umwege zu vermeiden.

INTERNETZUGANG

Die meisten mittel- und hochpreisigen Hotels sowie einige Cafés und Restaurants verfügen über einen WLAN-Zugang. Eine Liste mit WLAN-Hotspots gibt's unter www.madridmemata.es/madrid-wifi.

In Madrid gibt's nur noch wenige Internetcafés, dafür jedoch jede Menge kleine *locutorios* (Läden, die Telefonkarten verkaufen und günstige Telefonate anbieten), die häufig auch über ein paar Computer verfügen.

MEDIZINISCHE VERSORGUNG

Jeder Ausländer hat das gleiche Recht wie ein Spanier auf medizinische Notfallversorgung in einem öffentlichen Krankenhaus. EU-Bürger haben Anspruch auf die vollständige sowie kostenlose medizinische Versorgung in öffentlichen Krankenhäusern, müssen aber ihre Europäische Krankenversicherungskarte (EHIC) vorlegen, die man bei seiner Krankenkasse vor Abreise beantragen sollte. Auch wer nicht versichert ist, wird in einem Notfall behandelt; die Behandlungskosten im öffentlichen Gesundheitswesen liegen zwischen kostenlos bis zu 150 € für eine Basisberatung. Nicht-EU-Bürger müssen für jede Behandlung – außer bei einem Notfall – bezahlen, was ein guter Grund für den Abschluss einer Reiseversicherung ist. Wer gesundheitliche Probleme hat, sollte vor seiner Abreise alle nötigen Informationen über die Behandlung einholen.

Unidad Medica (Anglo American; ☎ 91 435 18 23, 24 Std. 916 56 90 57; www.

unidadmedica.com; Calle del Conde de Aranda 1; ⏲ Sept. –Juli Mo–Fr 9–20, Sa 10–13 Uhr, Aug. Mo–Fr 10–17, Sa 10–13 Uhr; Ⓜ Retiro) Breit aufgestellte Privatklinik; die Ärzte sprechen alle Spanisch und Englisch, teilweise auch Deutsch und Französisch. Pro Behandlung sind rund 125 € fällig.

Hospital General Gregorio Marañón (☎ 91 586 80 00; Calle del Doctor Esquerdo 46; Ⓜ Sáinz de Baranda, O'Donnell, Ibiza) Eines der größten Krankenhäuser der Stadt in recht zentraler Lage.

NOTFALL

Diebstähle und andere Straftaten meldet man am besten beim **Servicio de Atención al Turista Extranjero** (Hilfsdienst für ausländische Touristen; ☎ 91 548 85 37, 91 548 80 08; www.esmadrid.com/informacion-turistica/sate; Calle de Leganitos 19; ⏲ 9–24 Uhr; Ⓜ Plaza de España, Santo Domingo) in der zentralen *comisaría* (Polizeiwache) der Nationalpolizei. Hier arbeiten speziell ausgebildete Beamte mit Vertretern des Tourismusministeriums zusammen. Sie helfen auch bei der Sperrung von Kreditkarten und beim Kontaktieren der Botschaft oder der Familie.

Straftaten kann man bei einer zentralen Telefonnummer (902 102112; Englisch & Spanisch 24 Std., andere Sprachen 8–24 Uhr) melden.

Es gibt eine **comisaría** (☎ 913 22 10 21; Calle de las Huertas 76; Ⓜ Antón Martín) am unteren Ende von Huertas, in der Nähe des Paseo del Prado.

Internationale Vorwahl	☎ 00
Ländervorwahl	☎ 34
EU-weiter Notruf	☎ 112
Krankenwagen	☎ 061
Feuerwehr (Bomberos)	☎ 080
Ortspolizei (Policía Municipal)	☎ 092
Militärpolizei (Guardia Civil) Bei Verkehrsunfällen.	☎ 062
Policía Nacional	☎ 091
Teléfono de la Víctima, Hotline für Opfer rassistischer oder sexueller Gewalt.	☎ 902 180995

POST

Correos, der nationale Postdienst, ist grundsätzlich zuverlässig, wenn auch manchmal etwas langsam. Die Hauptpost (Karte S. 94; ☎ 91 523 06 94; www.correos.es; Paseo del Prado 1; ⏲ Mo–Fr 8.30–21.30, Sa bis 14 Uhr; Ⓜ Banco de España) befindet sich im prunkvollen Palacio de Comunicaciones an der Plaza de la Cibeles.

Sellos (Briefmarken) sind in den meisten *estancos* (Tabakläden, erkennbar am gelben Schriftzug *Tabacos* auf braunem Untergrund) und Postämtern erhältlich.

Eine Postkarte oder ein Brief mit einem Gewicht bis zu 20 g kosten 1,25 € in andere europäische Länder und 1,35 € in den Rest der Welt. Eine Preisliste für *certificado* (Einschreiben) und *urgente* (Eilbrief) findet man unter www.correos.es (auf „Tarifas" klicken).

Zustellungszeiten sind unvorhersehbar, aber meist dauert normale Post in andere westeuropäische Länder bis zu einer Woche, nach Nordamerika bis zu 10 Tage und nach Australien und Neuseeland zwischen einer und drei Wochen.

TOURISTENINFORMATION

Centro de Turismo de Madrid (☎ 010, 91 578 78 10; www.esmadrid.com; Plaza Mayor 27; ⏲ 9.30–20.30 Uhr; Ⓜ Sol) Das Centro de Turismo der städtischen Regierung in der Real Casa de la Panadería an der Nordseite der Plaza Mayor ist großartig. Besucher haben freien Zugang zu der ausgezeichneten Website und der Datenbank mit Infos zu Madrid und können die Metrokarte kostenlos auf ihr Smartphone herunterladen. Hilfsbereites Personal.

Centro de Turismo Colón (Karte S. 106; www.esmadrid.com; Plaza de Colón 1; ⏲ 9.30–20.30 Uhr; Ⓜ Colón) Die kleine unterirdisch gelegene Touristeninformation ist über die Treppen an der Ecke Calle de Goya/Paseo de la Castellana zugänglich.

Punto de Información Turística Plaza de Callao (Karte S. 90 f., www.esmadrid.com; Plaza de Callao; ⏲ 9.30–20.30 Uhr; Ⓜ Callao)

Punto de Información Turística CentroCentro (Karte S. 94; ☎ 91 578 78 10; www.esmadrid.com; Plaza de la Cibeles 1; ⏲ Di–So 10–20 Uhr; Ⓜ Banco de España)

Punto de Información Turística del Paseo del Prado (Karte S. 94; ☎ 91 578 78 10; www.esmadrid.com; Plaza de Neptuno; ⏲ 9.30–20.30 Uhr; Ⓜ Atocha)

Punto de Información Turística Adolfo Suárez Madrid-Barajas T2 (www.esmadrid.com; between Salas 5 & 6; ⏲ 9–20 Uhr)

Punto de Información Turística Adolfo Suárez Madrid-Barajas T4 (www.esmadrid.com; Salas 10 & 11; ⏲ 9–20 Uhr)

ℹ An- & Weiterreise

AUTO & MOTORRAD

Die Stadt ist von zwei großen Ringstraßen umgeben, der äußeren M40 und der inneren M30. Zusätzlich gibt's noch zwei partielle Ringstraßen, die M45 und die weiter entfernte M50. Die R5 und die R3 gehören zu einer Reihe von Mautstraßen und wurden gebaut, um Staus zu umgehen. In Madrid haben alle bekannten Autovermietungen Filialen und Schalter am Flughafen sowie teilweise auch in den Bahnhöfen Atocha und Chamartín.

BUS

Die Estación Sur de Autobuses (☎ 91 468 42 00; Calle de Méndez Álvaro 83; Ⓜ Méndez Álvaro) gleich südlich der Ringstraße M30 ist der wichtigste Busbahnhof der Stadt. Von hier aus werden viele Ziele im Süden und zahlreiche andere Landesregionen bedient. Fast alle Busgesellschaften haben vor Ort Büros, selbst wenn ihre Fahrzeuge von anderen Busbahnhöfen starten.

Der unterirdische Intercambiador de Autobuses de Moncloa (Plaza de la Moncloa; Ⓜ Moncloa) im Nordwesten der Stadt hat Anschluss an die Metrolinien 1 und 3. Von hier fahren Busse in die Dörfer der Umgebung und in die Vorstädte nördlich und westlich der Innenstadt. Zu den großen Busunternehmen gehören:

ALSA (☎ 902 422242; www.alsa.es) Einer der größten Anbieter Spaniens mit vielen Verbindungen. Die meisten Busse fahren an der Estación Sur ab, daneben gibt's gelegentliche Verbindungen vom T4 des Madrider Flughafens und von anderen Haltestellen in der Stadt.

Avanzabus (☎ 902 020052; www.avanzabus.com) Verbindungen in die Extremadura (z. B. nach Cáceres).

FLUGZEUG

Der Flughafen **Adolfo Suárez Madrid-Barajas** (☎ 902 404704; www.aena.es; Ⓜ Aeropuerto T1, T2 & T3, Aeropuerto T4) liegt 15 km nordöstlich der Stadt. Mit einem jährlichen Passagieraufkommen von fast 50 Mio. ist er der sechstwichtigste Europas.

Es gibt vier Terminals. Terminal 4 (T4) wird vor allem von Iberia und ihren Partnern bedient, alle anderen starten an den miteinander verbundenen Terminals T1, T2 und T3; Letzterer wird nur selten frequentiert. Welches Terminal von welcher Fluglinie angeflogen wird, ist unter www.aena.es nachzulesen. Dafür auf „Adolfo Suárez Madrid-Barajas" und dann auf „Airlines" klicken.

Passagiere können in den Abflugterminals und teilweise auch in der Metrostation Nuevos Ministerios einchecken (*facturación;* einfach bei der jeweiligen Fluggesellschaft erkundigen).

Am T1, T2 und T4 gibt's Autovermietungen, Geldautomaten, Geldwechselbüros, Apotheken, Touristeninformationen, Gepäckaufbewahrungsstationen und Parkplätze.

ZUG

Madrid hat zwei Hauptbahnhöfe. Am südlichen Ende des Stadtzentrums liegt der größere von beiden, **Puerta de Atocha** (www.renfe.es; Av de la Ciudad de Barcelona; Ⓜ Atocha Renfe), während der kleinere, **Chamartín** (☎ 902 432343; Paseo de la Castellana; Ⓜ Chamartín), im Norden der Stadt zu finden ist. Viele innerspanische Züge fahren von Atocha los, vor allem die Richtung Süden. Internationale Züge starten bzw. enden zumeist in Chamartín. Reservierungen können über **Renfe** (S. 971) vorgenommen werden.

Der Hochgeschwindigkeitszug **Tren de Alta Velocidad Española** (AVE) verbindet Madrid mit Albacete, Barcelona, Burgos, Cádiz, Córdoba, Cuenca, Huesca, León, Lerida, Málaga, Palencia, Salamanca, Santiago de Compostela, Seville, Valencia, Valladolid, Zamora und Zaragoza. In den kommenden Jahren wird die Strecke Madrid–Bilbao in Betrieb genommen, wodurch sich

ℹ TICKETS FÜR METRO & BUS

Wenn man mit Madrids Metro und Bussen fährt, hat man drei Optionen, was die Tickets angeht. Zwei davon sind für Traveller von Nutzen.

Tarjeta Multi

Ab dem 1. Januar 2018 brauchen Besucher der Stadt eine Tarjeta Multi, eine aufladbare Karte, die im Gegensatz zu ihrem Pendant für die Bewohner der Stadt nicht personengebunden ist (weder Name noch Foto sind auf der Karte), wenn man die öffentlichen Verkehrsmittel nutzen möchten. Sie ist an Automaten in allen Metro-Stationen, *estancos* (Tabakläden) und anderen zugelassenen Verkaufsstellen erhältlich.

Wie die Oyster Card in London lädt man sein Konto an Automaten in allen Metro-Stationen und *estancos auf* und hält sie bei jeder Fahrt vor das Lesegerät. Man kann 10 Fahrten (Bus und Metro) für 12,20 € oder eine einfache Fahrt für 1,50 € aufladen.

Tarjeta Turística

Mit der praktischen Tarjeta Turística (Touristenkarte) können Touristen unbegrenzt mit den öffentlichen Verkehrsmitteln in der Comunidad de Madrid (Autonome Gemeinschaft Madrid) fahren. Die Tickets sind in jeder Metro-Station erhältlich; man muss seinen Reisepass oder Personalausweis vorzeigen. Die Karte ist für 1/2/3/5/7 Tage für 8,40/14,20/18,40/26,80/35,40 erhältlich.

die Fahrzeiten nach Galicien verkürzen werden. Das Gleiche gilt für Madrid–Granada und Madrid–Badajoz.

ℹ Unterwegs vor Ort

Madrid hat ein exzellentes öffentliches Verkehrssystem. Am praktischsten ist dabei die Metro mit 13 Linien in der ganzen Stadt. Unabhängig davon, wo man sich gerade befindet, ist die nächste Metrostation nie weit entfernt. Für das ähnlich umfassende Busnetz gilt dasselbe Tarifsystem, allerdings ist die riesige Anzahl an Routen (rund 200!) für Erstbesucher ziemlich unübersichtlich. Die vielen Taxis in Madrid sind im europäischen Vergleich recht günstig.

VOM/ZUM FLUGHAFEN

Bus

Der **Exprés Aeropuerto** (Airport Express; www.emtmadrid.es; pro Pers. 5 €; ⏲ 24 Std.; 📶) bedient die Strecke zwischen dem Bahnhof Puerta de Atocha und dem Flughafen. Von 23.30 bis 6 Uhr erfolgen die Abfahrten an der Plaza de Cibeles, nicht am Bahnhof. Die Busse verkehren alle 13 bis 20 Minuten ab dem Bahnhof und nachts alle 35 Minuten ab der Plaza de Cibeles.

Alternativ verkehrt der Bus 200 zwischen T1, T2 und T3 sowie dem **Intercambiador de Avenida de América** (Ⓜ Av de América), der Verkehrsknotenpunkt an der Avenida de América. Eine Einzelfahrkarte kostet 4,50 €, einschließlich 3 € Flughafenzuschlag. Die erste Abfahrt am Flughafen erfolgt um 5.10 Uhr (T1, T2 & T3), die letzte um 23.30 Uhr; Busse fahren alle 12 bis 20 Minuten.

Ein kostenloser Bus verbindet alle vier Terminals miteinander.

Metro

Einer der schnellsten Wege vom Flughafen in die Stadt ist die Metrolinie 8 zum Verkehrsknotenpunkt Nuevos Ministerios mit Anschluss zu den Linien 10 und 6 sowie zu den *cercanías* (Regionalbahnen, die Vororte und umliegende Städte anfahren). Sie verkehrt von 6.05 bis 1.30 Uhr. Eine Einzelfahrkarte kostet 4,50 € inklusive 3 € Flughafenaufschlag. Wer seine Karte für den öffentlichen Nahverkehr mit einem Metrobús-Ticket für zehn Fahrten (12,20 €) aufladen und zum Flughafen fahren möchte (bzw. in umgekehrter Richtung), muss den Aufpreis von 3 € bezahlen. Die Fahrt zur Haltestelle Nuevos Ministerios dauert rund 15 Minuten, ab dem T4 etwa 25 Minuten.

Minibus

AeroCITY (☎ 91 747 75 70, 902 151654; www.aerocity.com; pro Pers. ab 18 €, Expressservice pro Minibus ab 35 €; ⏲ 24 Std.) ist ein privater Kleinbusdienst, der Passagiere vom Flughafen zu einem beliebigen Punkt im Zentrum bringt und umgekehrt (T1 vor dem Ankunftsgate 2, T2 zwischen Gate 5 & 6 und Ankunftshalle des T4). Neben einem einzelnen Platz kann man auch den gesamten Kleinbus buchen und als Taxi nutzen.

Taxi

Für eine Fahrt ins Zentrum (je nach Verkehr ca. 30 Min.; 35–40 Min. ab T4) gilt ein Pauschalpreis von 30 €, solange das Ziel innerhalb der Ringstraße M30 (das Gebiet schließt die ganze Innenstadt ein) liegt. Der Mindesttarif beträgt 20 €, auch wenn man nur in ein Flughafenhotel möchte.

BUS

Empresa Municipal de Transportes de Madrid (EMT; ☎ 902 507850; www.emtmadrid.es) bedient zwischen 6.30 und 23.30 Uhr fast die gesamte Stadt. Von 23.45 bis 5.30 Uhr verkehren 26 Nachtlinien (*búhos* – Eulen), die alle an der Plaza de la Cibeles starten.

Intercambiador de Autobuses de Moncloa bietet Busfahrten in viele Dörfer in der Comunidad de Madrid an.

FAHRRAD

Viele fahren auf *motos* (Mopeds) durch die Stadt und es finden sich immer mehr Fahrradspuren im Stadtzentrum. Es gibt sie aber noch nicht so lange und einige Autofahrer müssen sich noch daran gewöhnen, auf Radfahrer zu achten.

Man darf sein Fahrrad samstags und sonntags den ganzen Tag und montags bis freitags fast den ganzen Tag – außer von 7.30 bis 9.30, 14 bis 16 und 18 bis 20 Uhr – in der Metro transportieren. In *cercanías* (Regionalzüge in die Vororte) kann man sie jederzeit mitnehmen.

METRO

Madrids moderne Metro (www.metromadrid.es), Europas zweitgrößtes U-Bahn-Netz, ist schnell, effizient, sicher und unkomplizierter als Busse. Es gibt neben den elf farblich gekennzeichneten Linien noch das moderne MetroSur-System sowie Verbindungen nach Osten zu den größeren Vororten Pozuelo und Boadilla del Monte. Farbige Netzpläne findet man in jeder Station oder online. Die Metro verkehrt zwischen 6.05 und 1.30 Uhr.

TAXI

Der Grundpreis beträgt tagsüber 2,40 € in Madrid und von 21 bis 7 Uhr sowie samstags und sonntags den ganzen Tag über werden 2,90 € fällig. Jeder Kilometer kostet je nach Uhrzeit 1,05 bis 1,20 €. Dazu können diverse Zuschläge kommen, die normalerweise am Armaturenbrett des Taxis ausgehängt sind. Dazu gehören eine Gebühr von 5,50 € für Fahrten vom/zum Flughafen (es sei denn, man zahlt den Pauschaltarif), 3 € für die Abfahrt an Taxiständen vor Bahnhöfen und Busbahnhöfen, 3 € ab/zu dem Parque Ferial Juan Carlos I sowie 6,70 € an Silvester und Heiligabend zwischen 22 und 6 Uhr. Für Gepäckstücke wird kein Zuschlag erhoben.

Zu den Taxiunternehmen, die rund um die Uhr fahren, gehören **Tele-Taxi** (☎ 91 371 21 31; www.tele-taxi.es; ⏲ 24 Std.) und **Radio-Teléfono Taxi** (☎ 91 547 82 00; www.radiotelefono-taxi.com; ⏲ 24 Std.).

Leuchtet das grüne Licht auf dem Autodach, ist das Taxi *libre* (frei). Meist wird auch ein entsprechendes Schild im unteren Bereich der Windschutzscheibe auf der Beifahrerseite platziert.

Es ist nicht üblich, Taxifahrern Trinkgeld zu geben, die meisten Besucher runden den jeweiligen Betrag jedoch auf.

RUND UM MADRID

Flächenmäßig ist sie zwar die kleinste von Spaniens *comunidades*, es gibt aber trotzdem viel zu sehen in Madrids Hinterland. San Lorenzo de El Escorial und Aranjuez verbinden königliche Grandezza mit tollem Essen, während Alcalá de Henares voller Überraschungen steckt mit seinen tollen Denkmälern, einem echten Sinn für Geschichte und dem pulsierenden Nachtleben. In Chinchón befindet sich eine der schönsten *plazas mayores* (Hauptplätze) des Landes und in der Sierra de Guadarrama und der Sierra Pobre gibt's ruhige Bergstraßen, verschlafene Dörfer, schöne Landschaften und gute Skimöglichkeiten im Winter.

San Lorenzo de El Escorial

18 038 EW.

San Lorenzo de El Escorial ist ein beeindruckender Palast- und Klosterkomplex auf den untersten Gipfeln des Bergzugs, der Madrid nach Norden und Westen hin abschirmt. Früher diente er als Ausflugsziel für Könige, heute beherbergt er zahlreiche originelle Geschäfte, Restaurants und Hotels für die zahlreichen Wochenendausflügler aus der nahegelegenen Metropole. Die frische, kühle Luft zieht bereits Besucher an, seit der Komplex im 16. Jh. von Philipp II. in Auftrag gegeben wurde. Viele Traveller kommen für einen Tagesausflug her.

Geschichte

Nachdem Philipp II. in der Schlacht von St. Quentin am 10. August 1557 – dem Laurentiustag – einen entscheidenden Sieg gegen die Franzosen errungen hatte, gab er zum Dank den Bau des Komplexes in Auftrag, der heute den Namen des heiligen Laurentius trägt und über dem Dörfchen El Escorial thront. Um Platz für das riesige Kloster, den Königspalast und das Mausoleum von Philipps Eltern Karl I. und Isabella zu schaffen, mussten einige Ortschaften plattgewalzt werden – alles streng bewacht vom Architekten Juan de Herrera, einem der bedeutendsten Baumeister der spanischen Renaissance.

Das Palastkloster wurde zu einem wichtigen intellektuellen Zentrum mit einer ausgedehnten Bibliothek und Kunstsammlung. Es gab sogar ein Labor, in dem Wissenschaftler ihre alchimistischen Experimente durchführen konnten. Philipp starb hier am 13. September 1598. 1854 mussten die Mönche des Hieronymus-Ordens, die ursprünglich in dem Kloster gelebt hatten, ihr Heim wegen einer Konfiszierungswelle von religiösem Eigentum durch den spanischen Staat verlassen. 30 Jahre später zog hier der Augustinerorden ein.

Sehenswertes

★ Real Monasterio de San Lorenzo KLOSTER, PALAST

(☎ 91 890 78 18; www.patrimonionacional.es; Erw./ermäßigt 10/5 €, Guide/Audioguide 4/3 €, EU-Bürger Mi & Do 3 Std. Eintritt frei; ⏲ April–Sept. 10–20 Uhr, Okt.–März bis 18 Uhr, Mo geschl.) Der Komplex aus dem 16. Jh. zieht sowohl Madrilenen wie auch Touristen aus dem Ausland an.

Der Haupteingang des Klosters befindet sich im Westen. Über dem Tor hält eine Statue des heiligen Laurentius Wache, die ein Folterinstrument in der Hand hat (einen Eisenrost, auf dem der Heilige bei lebendigem Leib gegrillt wurde). Von dort aus geht's als Erstes in den Patio de los Reyes (Innenhof der Könige) mit den Denkmälern von sechs biblischen Königen.

Direkt davor befindet sich die düstere Basilika mit einer ungewöhnlich niedrigen Gewölbedecke über dem Chorgestühl. In der Kirche selbst biegt man links ab, um zu der von Benvenuto Cellini geschaffenen Statue des gekreuzigten Christus aus weißem Carrara-Marmor (1576) zu gelangen. Die Überreste des Erdgeschosses beherbergen mehrere Schätze, darunter auch einige Wandteppiche und ein beeindruckendes Gemälde von El Greco. Letzterer hat jedoch nicht den gesamten Komplex gestaltet, auch wenn dies sein großer Traum war. Treppabwärts kommt man in den nordöstlichen Teil des Komplexes.

Nun passiert man das Museo de Arquitectura und das Museo de Pintura. Das Architekturmuseum erzählt von der Entstehungsgeschichte des Komplexes (auf Spanisch) und in der Gemäldegalerie gibt's eine Auswahl italienischer, spanischer und flämischer Kunst aus dem 16. und 17. Jh.

Wenn man die Treppe hinaufgeht, gelangt man in eine weitere Galerie rund um den östlichen Anbau, den Palacio de Felipe II. bzw. Palacio de los Austrias. Unten befindet sich der Panteón de los Reyes (Königsgruft) aus dem 17. Jh., Ruhestätte fast aller spanischen Monarchen und deren Ehefrauen seit Karl I. Ein kleines Stück zurück stößt man auf den Panteón de los Infantes (Gruft der Prinzen, Prinzessinnen und Königinnen, deren Kinder keine Herrscher wurden).

Vom Patio de los Evangelistas (Hof der Evangelisten) führen Stufen zu den Salas Capitulares (Kapitelsälen) in der Südostecke des Klosters. Diese hellen, luftigen Räume mit freskenverzierten Decken bewahren eine kostbare kleine Sammlung an Werken von El Greco, Tizian, Tintoretto, José de Ribera und Hieronymus Bosch (für die Spanier „El Bosco").

Unmittelbar südlich des Klosters liegt der **Jardín de los Frailes** (Mönchsgarten; April–Sept. 10–20 Uhr, Okt.–März bis 18 Uhr, Mo geschl.), der nach El Escorial bzw. zum Bahnhof hinunterführt. Dort befindet sich die **Casita del Príncipe** (www.patrimonionacional.es; 5 €; April–Sept. 10–20 Uhr, Okt.–März bis 18 Uhr, Mo geschl.), ein neoklassizistisches Kleinod des Architekten Juan de Villanueva, das unter Karl III. für seinen Thronfolger errichtet wurde.

Essen

La Cueva SPANISCH €€€
(91 890 15 16; www.mesonlacueva.com; Calle de San Antón 4; Hauptgerichte 19–33 €; 13–16 & 21–23 Uhr) Nur einen Block hinter der Klosteranlage liegt dieses Restaurant. Dass es bereits 1768 seinen Betrieb aufnahm, merkt man an den schweren Holzbalken und der herzhaften traditionellen kastilischen Küche. Der Schwerpunkt liegt auf Braten und Steaks, zudem gibt's ein paar Fischgerichte.

Montia SPANISCH €€€
(91 133 69 88; www.montia.es; Calle de Calvario 4; Menüs 45–65 €; So & Di–Do 13.30–15.30, Fr & Sa 13.30–15.30 & 21–23 Uhr) Die Warteliste für einen Platz am Wochenende ist über zwei Monate lang – und das überrascht uns nicht. Die köstlichen Menüs sprühen nur so vor Kreativität und die saisonalen Gedecke enthalten Köstlichkeiten wie Wildschwein-Fleischbällchen oder Starkbier-Eis …

Restaurante Charolés MADRILENISCH €€€
(91 890 59 75; www.charolesrestaurante.com; Calle Floridablanca 24, San Lorenzo de El Escorial; Hauptgerichte 17–24 €, cocido pro Pers. 30 €; 13–16 & 21–24 Uhr) Das Charolés ist eines der beliebtesten Restaurants unter *madrileños*, die im Hinterland unterwegs sind. Berühmt ist es für seinen *cocido* (Fleisch- und Kichererbsen-Eintopf), das perfekte Gericht an einem kalten Wintertag. Außerdem gibt's perfekt gegrillte und gebratene Fleischgerichte.

Praktische Informationen

Touristeninformation (91 890 53 13; www.sanlorenzoturismo.org; Calle de Grimaldi 4, El Escorial; Di–Sa 10–14 & 15–18, So 10–14 Uhr) Direkt gegenüber dem Kloster.

An- & Weiterreise

San Lorenzo de El Escorial liegt 59 km nordwestlich der Hauptstadt und ist in 40 Autominuten zu erreichen. Dafür nimmt man die A6 bis zur M600 und folgt dann den Ausschilderungen nach El Escorial.

Alle 15 Minuten (an Wochenenden alle 30 Minuten) starten die Busse 661 und 664 nach El Escorial (3,35 €, 1 Std.). Los geht's von Plattform 30 im Intercambiador de Autobuses de Moncloa in Madrid.

Täglich verkehren zahlreiche C8-*cercanías (Regionalzüge)* von **Renfe** (91 232 03 20; www.renfe.es) von den Madrider Bahnhöfen Atocha und Chamartín nach El Escorial (1,50 €, 1 Std., regelmäßig).

Aranjuez

57 932 EW.

Aranjuez wurde abseits der Hektik in Madrid als Vergnügungsort für spanische Könige gegründet. Heute ist der Ort eine Oase für alle, die gerne dem Großstadtleben entfliehen möchten. Das Schloss beeindruckt, aber uns haben vor allem die frische Luft und der ausgedehnte Park begeistert.

Sehenswertes

Palacio Real PALAST
(91 891 07 40; www.patrimonionacional.es; palace Erw./ermäßigt 9/4 €, Guide/Audioguide 4/3 €, EU-Bürger Mi & Do 3 Std. Eintritt frei, Gärten Eintritt frei; Palast April–Sept. 10–20 Uhr, Okt.–März bis 18 Uhr, Gärten Mitte Juni–Mitte Aug. 8–21.30 Uhr, Mitte Aug.–Mitte Juni verkürzte Öff-

nungszeiten) Bis mehrere Monarchen im 18. Jh. viel Geld in das Schloss steckten und sich dabei vom französischen Versailles inspirieren ließen, diente die Anlage als eine der bescheideneren Sommerresidenzen von Philipp II. Der ausgedehnte schachtelförmige Palast beherbergt mehr als 300 Räume und eine Fülle von Zierrat. Von allen Herrschern, die sich hier aufhielten, waren Karl III. und Isabella II. am prägendsten.

Einblicke in die Geschichte des Gebäudes und die Kunstwerke gewährt die Führung in spanischer Sprache. Verschiedene Spazierwege verlaufen durch die üppigen Gärten, die mit einer bunten Mischung aus endemischen und exotischen Pflanzen aufwarten – die Samen wurden von spanischen Botanikern und Entdeckungsreisenden im 19. Jh. aus aller Welt mitgebracht – und vom Palast aus ein paar Kilometer weit reichen. Mitten im Park stößt man auf die **Casa de Marinos** mit dem **Museo de Falúas** (⌚ Okt.–März 10–17.15 Uhr, April–Sept. bis 18.15 Uhr), einer Ausstellung königlicher Segelboote vergangener Zeiten. Die im 18. Jh. errichtete neoklassische Casa de Labrador **Casa del Labrador** (☎ 91 891 03 05; 5 €; ⌚ April–Sept. 10–20 Uhr, Okt.–März bis 18 Uhr) ist ebenfalls einen Besuch wert. Weiter weg, in Richtung Chinchón, erstreckt sich der **Jardín del Príncipe**, eine Erweiterung der riesigen Anlage.

Essen

Casa Pablete TAPAS €€
(☎ 91 891 03 81; Calle de Stuart 108; Tapas/Hauptgerichte ab 3/12–22 €; ⌚ Mi–So 13.30–16 & 20.30–23, Mo 13.30–16 Uhr) Seit 1946 hat diese lässige Tapas-Bar eine treue Kundschaft, die auch von außerhalb anreist. Am beliebtesten sind die *croquetas* (Kroketten) und der gefüllte Tintenfisch. Hier dreht sich alles um exquisite traditionelle Speisen ohne allzu viele Schnörkel.

Carême SPANISCH €€€
(☎ 91 892 64 86; www.caremejesusdelcerro.com; Avenida de Palacio 2; Hauptgerichte/Menüs 16–25/55 €; ⌚ Mo–Sa 13–16 & 21–24 Uhr, So 13–16 Uhr) Das Carême liegt direkt gegenüber den Parkanlagen des Königspalasts. Hier wirkt Jesús del Cerro, der in der Gegend sehr angesehen ist und traditionell spanisch mit besonderem Touch kocht. Unbedingt die *solomillo con foie gras* (Rinderhüfte mit Gänseleber) probieren.

★ **Casa José** SPANISCH €€€
(☎ 91 891 14 88; www.casajose.es; Calle de Abastos 32; Hauptgerichte/Menüs 14–29/75 €; ⌚ Sept–Juli Di–Sa 11.45–15.30 & 21–23.30, So 13.45–15.30 Uhr) Die Casa José versprüht ruhige Eleganz. Am Wochenende kommen viele *madrileños*, um die leckeren Fleischgerichte, regionalen Spezialitäten und überraschenden Innovationen zu kosten. Teuer,

NICHT VERSÄUMEN

DER ERDBEERZUG

Zwar kann man auch mit dem normalen Zug von Madrid nach Aranjuez fahren, Romantiker sollten aber unbedingt den **Tren de la Fresa** (Erdbeerzug; ☎ 902 240202; www.museodelferrocarril.org/trendelafresa; Hin-/Rückfahrt Erw. 23–30 €, Kind 9–15 €; ⌚ Mai–Okt. Sa & So 9.50 Uhr) nehmen. Seit 1985 fährt der Erdbeerzug als Erinnerung an die Route von Madrid nach Aranjuez – Madrids erste und Spaniens dritte Eisenbahnlinie, die in den 1850er-Jahren eingeweiht wurde – und versetzt einen in die Zeit zurück, in der die Mitglieder der spanischen Königsfamilie der Sommerhitze entflohen und sich auf den Weg zum Königspalast in Aranjuez machten.

Von Anfang Mai bis Ende Oktober beginnt die Reise samstags und sonntags um 9.50 Uhr mit der antiken Dampflok Mikado 141F-2413. Sie startet an Madrids Museo del Ferrocarril und zieht vier Waggons aus den Anfängen des 20. Jhs. mit ihren altmodischen Balkonen vorne und hinten hinter sich her. Während der 50-minütigen Fahrt verteilt das Bahnpersonal in originalgetreuen Kostümen Erdbeeren aus der Region; der Zug diente damals auch dazu, die Königsfamilie die Erdbeeren aus den Obstgärten Aranjuez' probieren zu lassen.

Im Ticketpreis inbegriffen sind – nach der Ankunft in Aranjuez – eine Führung durch den Palacio Real, das Museo de Falúas und andere Sehenswürdigkeiten des Ortes, ganz zu schweigen von noch mehr Erdbeeren. Um 18.55 Uhr geht's wieder von Aranjuez nach Madrid.

jedoch jeden Cent wert. Im unteren Bereich gibt's kreative Tapas, oben wird gehobener gespeist.

Praktische Informationen

Touristeninformation (☎ 91 891 04 27; www.turismoenaranjuez.com; Plaza de San Antonio 9; ⏲ Di–So 10–14 & 16–18 Uhr) Mitten im Stadtzentrum, einige hundert Meter südwestlich des Palacio Real.

An- & Weiterreise

Wer mit dem Auto von Madrid aus anreist, nimmt die NIV nach Süden bis zur M305, die ins Ortszentrum führt.

Die Buslinie 423 der Busgesellschaft **AISA** (☎ 90 2198788; www.aisa-grupo.com) startet etwa alle 15 Minuten von Madrids Estación Sur nach Aranjuez (4,20 €, 45 Min.).

Von Madrids Bahnhof Atocha starten alle 15 bis 20 Minuten C3-*cercanías*-Züge nach Aranjuez (3,40 €, 45 Min.).

Chinchón

5294 EW.

Chinchón liegt nur 45 km von Madrid entfernt, scheint aber aus einer völlig anderen Welt zu stammen. Obwohl es über seine alten Grenzen hinausgewachsen ist, bedeutet ein Besuch des alten Dorfkerns noch immer eine Zeitreise in eine längst vergessene Ära. Aus diesem Grund lohnt es sich, für eine Nacht zu bleiben. Außerdem sollte man sich unter keinen Umständen ein Mittagessen in einem der schönen *méson*-(tavernen-)artigen Restaurants rund um den Hauptplatz entgehen lassen.

Sehenswertes

Chincóns Ortskern ist einzigartig: Schmiedeeiserne Balkone umgeben die fast kreisförmige **Plaza Mayor**, einen wunderbar stimmungsvollen Platz – vielleicht sogar der schönste in Spanien. Im Sommer verwandelt er sich in eine Stierkampfarena und an Ostern dient er als Bühne für das Passionsspiel.

Es gibt zwar nicht viele historische Gebäude, aber die **Iglesia de la Asunción** an der Plaza Mayor und das etwas außerhalb des Ortes im Süden liegende **Castillo de los Condes** im Renaissancestil, beide aus dem 16. Jh., lohnen trotzdem einen Blick. Die Burg ist bereits seit dem 18. Jh. nicht mehr bewohnt und wurde zuletzt als Spirituosenfabrik genutzt. In der Touristeninformation nach den Öffnungszeiten fragen.

Schlafen

Hostal Chinchón HOSTAL €
(☎ 91 893 53 98; www.hostalchinchon.com; Calle Grande 16; DZ/3BZ 55/70 €; ❄ 📶 🏊) Die öffentlichen Bereiche sind schöner als die kleinen sauberen, aber abgenutzten Zimmer. Der Dachpool mit Blick auf die Plaza Mayor ist ein überraschendes Highlight.

Parador de Chinchón LUXUSHOTEL €€
(☎ 91 894 08 36; www.parador.es; Avenida Generalísimo 1; DZ ab 142 €; ❄ 📶) Der Parador Nacional, der frühere Convento de Agustinos (Augustinerkloster), gilt als eines der wichtigsten historischen Gebäude des Ortes. Wer hier unterkommt, kann sich auf puren Luxus freuen. Ein Besuch lohnt sich auch für einen kurzen Abstecher zum Essen oder auf einen Kaffee.

Essen

In Chinchón gibt's zahlreiche traditionelle Tavernen, in denen *cordero asado* (Lammbraten) zubereitet wird. Wer Appetit auf etwas Leichteres hat, kann auf der Plaza Mayor einkehren, um ein paar Tapas und Drinks zu genießen.

★ **Café de la Iberia** SPANISCH €€
(☎ 91 894 08 47; www.cafedelaiberia.com; Plaza Mayor 17; Hauptgerichte 14–26 €; ⏲ 12.30–16.30 & 20–22.30 Uhr) Unser Favorit unter den verschiedenen *mesones* (rustikale Restaurants) an der Plaza Mayor. Sämtliche Gerichte, darunter saftiger Lammbraten, sind einfach wunderbar, der Service ist zuvorkommend und das Ambiente hervorragend. Gäste essen im lichtdurchfluteten Innenhof (den schon Goya besucht haben soll) oder – wenn sie einen Tisch ergattern – draußen auf dem Balkon.

Mesón Cuevas del Vino SPANISCH €€
(☎ 91 894 02 06; www.cuevasdelvino.com; Calle Benito Hortelano 13; Hauptgerichte 12–23 €; ⏲ Mo & Mi–Fr 12–16.30 & 20–23, Sa 12–24, So 12–20 Uhr) Hier ist einfach alles unvergesslich – von den riesigen Ziegenfellbeuteln voll Wein über die Fässer mit Autogrammen bis zum atmosphärischen Keller. Außerdem schmeckt das Essen einfach toll.

Praktische Informationen

Touristeninformation (☎ 91 893 53 23; www.ciudad-chinchon.com; Plaza Mayor 6; ⏲ Di–So 10–14 & 17–18 Uhr) Kleines Büro mit hilfsbereiten Angestellten.

An- & Weiterreise

Chinchón liegt nur 45 km südöstlich von Madrid und ist problemlos mit dem Auto zu erreichen. Man nimmt die Autobahn NIV und biegt auf die M404 ab, die direkt zum Zielort führt.

La Veloz (☎ 91 409 76 02; www.samar.es/empresa/samar/laveloz; Avenida del Mediterráneo 49; Ⓜ Conde de Casal) bietet Busse (Buslinie 337) nach Chinchón (3,35 €, 50 Min., alle 30 Min.) an. Los geht's an der Avenida del Mediterráneo 100 m östlich der Plaza del Conde de Casal.

Alcalá de Henares

195 907 EW.

Diese östlich von Madrid gelegene Stadt bietet einiges an Überraschungen: jede Menge historische Sandsteingebäude, ein paar schöne, sonnige Plätze und eine Universität. Alles in allem handelt es sich um einen tollen Ort, um der trubeligen Metropole ein paar Stunden zu entfliehen.

Sehenswertes

Museo Casa Natal de Miguel de Cervantes MUSEUM
(☎ 91 889 96 54; www.museocasanataldecervantes.org; Calle Mayor 48; ⏲ Di–So 10–18 Uhr) GRATIS Weil viele glauben, dass der bedeutende Autor Miguel de Cervantes Saavedra aus dieser Stadt stammt, wird sie von den meisten Spaniern verehrt. Genau an der Stelle, wo Cervantes das Licht der Welt erblickt haben soll, wurde ein aufschlussreiches Museum gebaut. Es liegt an der schönen von Säulen gesäumten Calle Mayor.

Universidad de Alcalá UNIVERSITÄT
(☎ 91 883 43 84; www.uah.es; Führungen 4 €; ⏲ 9–21 Uhr) GRATIS Die 1486 von Kardinal Cisneros gegründete Universität ist bis heute eine der bedeutendsten Hochschulen Spaniens. Auf einer Führung erfährt man Spannendes über die Kapelle im Mudejarstil und das beeindruckende Auditorium Paraninfo, wo der König und die Königin jedes Jahr den Preis „Premio Cervantes" verleihen.

Schlafen & Essen

Parador de Alcalá de Henares HOTEL €€
(☎ 91 888 03 30; www.parador.es; Calle de los Colegios 8; Zi. ab 120 €; P ❄ 📶) Im Gegensatz zum wunderschönen historischen Restaurant (S. 154) auf der gegenüberliegenden Straßenseite ist dieses Luxushotel einer der neuen *paradors* (luxuriöse Hotels in Staatsbesitz) Spaniens, im klassischen und durch und durch modernen Look.

Barataría TAPAS €€
(☎ 91 888 59 25; www.facebook.com/baratarialainsula; Calle de los Cerrajeros 18; Hauptgerichte 15–28 €; ⏲ Mo–Di & Do–So 12–16 & 20–24, So 12–16 Uhr) Weinschenke, Tapas-Bar und Restaurant in einem. Die Spezialität dieses wunderbaren Lokals ist allerdings das Grillfleisch. Rippchen mit Honig zählen zu den Favoriten der Einheimischen.

★ **Hostería del Estudiante** KASTILISCH €€
(Santo Tomás; ☎ 91 888 03 30; www.parador.es; Calle de los Colegios 3; Menüs ab 34 €; ⏲ 13.30–16 & 20.30–23 Uhr) Das charmante Lokal liegt direkt gegenüber des *parador* und serviert köstliche kastilische Küche. Die Gäste speisen in einem mit Artefakten aus der illustren Geschichte der Stadt geschmückten Raum.

Praktische Informationen

Touristeninformation (☎ 91 881 06 34; www.turismoalcala.es; Callejón de Santa María 1; ⏲ 10–20 Uhr) Samstags und sonntags um 17.30 Uhr kostenlose Führungen durch Alcalá of Cervantes; es gibt auch Informationen über die Stadt.

An- & Weiterreise

Alcalá de Henares liegt nur 35 km östlich von Madrid in Richtung Zaragoza an der A2.

Von Madrids Intercambiador de Avenida de América fahren regelmäßig Busse hierher (2,99 €, etwa 1 Std., alle 15 Min.).

Außerdem wird der Ort täglich von den *cercanías*-Zügen C2 und C7 von **Renfe** (☎ 91 232 03 20; www.renfe.es) angesteuert (2,65 €, 50 Min.).

Sierra de Guadarrama

Das beliebte Wintersportgebiet nördlich von Madrid wartet mit einigen hübschen Städtchen auf. In **Manzanares El Real** kann man z. B. das kleine im 15. Jh. errichtete **Castillo de los Mendoza** (☎ 91 853 00 08; Manzanares El Real; Führung 4 €; ⏲ Di–Fr 10–17, Sa & So bis 19.30 Uhr) erkunden, ein Märchenschloss mit Rundtürmen und einem gotischen Innenhof.

Cercedilla gilt als idealer Ausgangspunkt für Wanderer und Mountainbiker. Hier erstrecken sich gleich mehrere ausgeschilderte Trekkingwege, darunter die Hauptroute **Cu-**

erda Larga, auch bekannt als **Cuerda Castellana**. Diese wunderbare Waldstrecke führt vom Puerto de Somosierra im Norden über 55 Berggipfel bis zum Puerto de la Cruz Verde im Südwesten.

Überschaubare Skiresorts wie **Valdesqui** (902 886446; www.valdesqui.es; Puerto de Cotos; Tages-/Nachmittagspass 40/24 €; 9–16 Uhr) und **Navacerrada** (902 882328; www.puertonavacerrada.com; Skipass 28–35 €; 9.30–17 Uhr) ziehen in erster Linie Wintersportler aus der Hauptstadt an.

Praktische Informationen

Centro de Información Valle de la Fuenfría (91 852 22 13; www.parquenacionalsierraguadarrama.es; Carretera de las Dehesas; Juli & Aug. 9–20 Uhr, Juni & Sept. Mo–Fr 9–16.30, Sa & So 9–20 Uhr, Okt. –Mai 9–16.30 Uhr) Das Infozentrum befindet sich 2 km vor Cercedilla an der M614.

Die Touristeninformation Navacerrada (91 856 00 06; www.aytonavacerrada.org; Paseo de los Españoles; Juli & Aug. Di–Fr 6–21, Sa & So 11–14 & 18–21 Uhr, Sept.–Mai 11–14 & 16–19 Uhr)

An- & Weiterreise

Wer mit dem Wagen von Madrid aus anreist, nimmt die Autobahn A6 nach Cercedilla.

Bus 724 fährt von der Plaza de Castilla in Madrid nach Manzanares El Real (3,15 €, 45 Min.). Am Intercambiador de Autobuses de Moncloa geht's mit der Buslinie 691 nach Navacerrada (3,95 €, 1 Std.) und mit der 684 nach Cercedilla (3,95 €, 1 Std.).

Vom Bahnhof Chamartín bestehen Verbindungen nach Cercedilla (*cercanías* C2; 3,40 €, 1 Std. 20 Min., 15-mal tgl.) und Puerto de Navacerrada (*cercanías* C8B, 6 €, 2 Std. mit Umstieg in Cercedilla, 4-mal tgl.).

Buitrago & Sierra Pobre

Die verschlafene Sierra Pobre ist eine abgemilderte Version ihres eleganteren westlichen Nachbarn, der Sierra de Guadarrama. Besonders großer Beliebtheit erfreut sich die Gegend bei Wanderern und anderen Naturfreunden, die nicht viel Schnickschnack brauchen. Gegenüber der Tourismusindustrie der angrenzenden Gebiete hat die „Arme Sierra" noch einiges aufzuholen.

Sehenswertes

In Buitrago, dem größten Ort in der Region, kann man sich die Stadtmauer sowie die Iglesia de Santa María del Castillo (15. Jh.) im Mudejar- und romanischen Stil ansehen. Das kleine **Picasso Museum** (91 868 00 56; www.madrid.org/museopicasso; Plaza de Picasso 1; Di–Fr 11–13.45 & 16–18, Sa 10–14 & 16–19, So 10–14 Uhr) GRATIS zeigt eine Reihe von Werken, die der Künstler seinem früheren Friseur, Eugenio Arias, vermachte. Darüber hinaus stößt man in der Gegend auf viele Dörfer. Einige davon, etwa das Puebla de la Sierra und El Atazar, bieten sich als Ausgangspunkte für Bergwanderungen an.

Essen

El Arco SPANISCH €€€
(91 868 09 11; www.elarcodebuitrago.es; Calle del Arco 6, Villavieja del Lozoya; Hauptgerichte 17–36 €; Mitte Sept.–Mitte Juni Fr–So 13–16 Uhr, Mitte Juni–Mitte Sept. Di–Sa 13–16 & 20.30–22.30, So 13–16 Uhr) Das beste Restaurant der Region liegt in Villavieja del Lozoya, unweit von Buitrago, und ist für seine frische, kreative Küche bekannt, die auf lokalen saisonalen Zutaten und traditionellen nordspanischen Gerichten wie dem baskischen Klassiker *bacalao al pil-pil* (gepökeltem Kabeljau und Knoblauch in Olivenölemulsion) basiert.

Praktische Informationen

Touristeninformation von Buitrago (91 868 16 15; Calle de Tahona 19; Di–Fr 10–12 & 16–18, Sa 10–14 & 16–19, So 10–14 Uhr) Nur wenige Informationen über die Stadt.

An- & Weiterreise

Wer mit dem Auto aus Madrid anreist, nimmt die NI nach Buitrago.

Busse (Buslinie 191) fahren stündlich von der Plaza de la Castilla in Madrid hierher (5,25 €, 1½ Std.).

Kastilien-León

Inhalt ➡

Gut essen

- Restaurante El Fogón Sefardí (S. 178)
- Restaurante Cocinandos (S. 200)
- La Cocina de Toño (S. 167)
- Cervecería Morito (S. 209)
- Restaurante Las Termas (S. 203)

Schön übernachten

- Posada Real La Cartería (S. 193)
- Hostal de San Marcos (S. 200)
- Santa Cruz (S. 192)
- Don Gregorio (S. 166)
- Hotel Tres Coronas (S. 212)

Auf nach Kastilien-León!

Kastilien-León mit seinen weiten Ebenen, spektakulären Berggipfeln und mittelalterlichen Städten und Dörfern steht für das echte Spanien ohne die üblichen Klischees. Hier locken Orte wie Salamanca mit seiner lebhaften Studentenatmosphäre und Segovia, dessen Märchenburg Vorbild für das Dornröschenschloss in Disneyland war. Ebenso sehenswert sind die Stadtmauer von Ávila mit ihren vielen Türmen und die Kathedralen von León und Burgos. Wie in den meisten Teilen Spaniens ist auch hier die Leidenschaft fürs Essen groß. In der Region bekommt man den besten *jamón* (Schinken) sowie die leckersten Lammbraten und Spanferkel des Landes.

Die Geschichte der Gegend erzählen aber auch stille Landstraßen sowie winzige Dörfer mit Fachwerkhäusern und imposanten Burgen. Von der Sierra de Francia über Covarrubias und Calatañazor bis nach Medinaceli wartet ein verborgenes Spanien, von dessen Existenz viele Traveller nichts ahnen.

Reisezeit

León

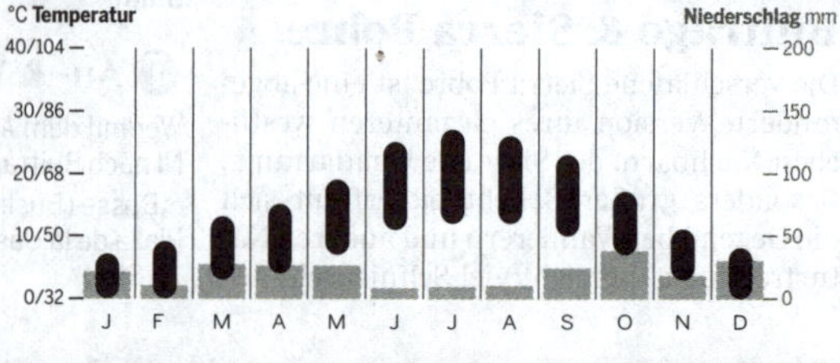

März–April Blühende Landschaften und aufwühlende Semana-Santa-Prozessionen.

Juni Während der jährlichen Fiesta-Zeit in Burgos, Soria und Segovia in Urlaubsstimmung kommen.

Sept. & Okt. Die Herbstfarben, weniger Touristen und das (meist) milde, klare Wetter genießen.

Highlights

1 Salamanca (S. 162) So viel Zeit wie möglich inmtten der architektonischen Eleganz verbringen

2 León (S. 196) Eintauchen ins Licht in Leóns Kathedrale.

3 Santo Domingo de Silos (S. 211) Eine Zeitreise ins Mittelalter machen und gregorianischen Gesängen lauschen.

4 Pedraza de la Sierra (S. 180) In Bergdörfern *cordero asado* (Lammbraten) essen.

5 Medinaceli (S. 222) In einem historischen Dorf der Stadthektik entfliehen.

6 Segovia (S. 174) Sich irgendwo zwischen altem Rom und Disneyland bewegen.

7 Sierra de la Culebra (S. 191) Bei Puebla de Sanabria Wölfe entdecken.

8 Sierra de Francia (S. 170) In abgelegenen Dörfern jegliches Zeitgefühl verlieren.

9 Guijuelo (S. 172) Spaniens besten *jamón* direkt beim Erzeuger probieren.

DER SÜDWESTEN

Man kann leicht eine oder mehr Wochen im südwestlichen Kastilien und Leôn verbringen, einer der bezauberndsten Ecken der Region. Salamanca, Ciudad Rodrigo und Avila sind drei der attraktivsten Städte in Zentralspanien, aber die wunderschöne Sierra de Gredos und die von der Zeit gezeichneten Dörfer der Sierra de Francia und der Sierra Béjar versprechen faszinierende Pausen vom Stadtleben.

Ávila

58 083 EW. / 1130 M

Rund um die Altstadt erstreckt sich eine der besterhaltenen mittelalterlichen Bastionen des Landes: Ávilas Mauer beeindruckt mit acht gewaltigen Toren, 88 Wachttürmen und mehr als 2500 Erkern. Im Winter kauert sich der Ort regelrecht dahinter zusammen, als suche er Schutz vor dem unwirschen Klima. Wenn die Mauer nachts angestrahlt wird, fühlen sich jedoch viele Besucher wie in einer fernen Märchenwelt. Seit Jahrhunderten zieht die Kultstätte der heiligen Teresa mit ihren zahlreichen Kirchen, Klöstern und Palästen Pilger an. Ávila ist die Seele Kastiliens und der Inbegriff des alten Spanien.

Sehenswertes

★Los Cuatro Postes AUSSICHTSPUNKT

Nordwestlich der Stadt an der Straße nach Salamanca gelegen, bietet Los Cuatro Postes die beste Aussicht auf Ávila's Mauern. Sie bildet auch die Stelle, an der Santa Teresa und ihr Bruder beim Versuch, von zu Hause fortzulaufen, von ihren Onkel aufgegriffen wurden (sie hofften auf ein Martyrium durch die Muslime). Die besten Aussichten bieten sich nachts.

Nordwestlich der Stadt, vom Aussichtspunkt Los Cuatro Postes an der Straße nach Salamanca, genießt man den schönsten Blick auf die Stadtmauer, insbesondere abends. Hier griff Teresas Onkel sie und ihren Bruder auf, als sie von zu Hause fortlaufen wollten, um im Kampf gegen die Muslime als Märtyrer zu sterben.

VISITÁVILA CARD

Wenn man die meisten wichtigen Sehenswürdigkeiten von Ávila sehen möchte, lohnt sich die **Visitávila Card** (13 € pro Pers., www.avilaturismo.com/en/organize-your-visit/visitavila-tourist-card, pro Pers./Familie 13/25 €). Sie gilt 48 Stunden lang und beinhaltet den Eintritt zu den Hauptsehenswürdigkeiten der Stadt.

★Murallas STADTMAUERN

(www.muralladeavila.com; Erw./Kind unter 12 Jahren 5 €/frei; ⌚April–Okt. 10–20 Uhr, Nov.–März bis 18 Uhr; 👪) Ávilas im 12. Jh. errichtete Stadtmauer ist bis zu 12 m hoch und eine der besterhaltenen mittelalterlichen Verteidigungsanlagen der Welt. Sie erstreckt sich über eine Länge von etwa 2,5 km auf den Überresten früherer römischer und muslimischer Festungsmauern. Zwei Abschnitte der Mauer sind begehbar – eine 300 m lange Strecke, zu der man durch die **Puerta del Alcázar** hinaufsteigen kann, außerdem ein längerer Abschnitt von 1300 m, der sich entlang der nördlichen Eingrenzung der Stadt ab der **Puerta de los Leales** erstreckt.

★Catedral del Salvador KATHEDRALE

(☎920 211641; Plaza de la Catedral; Eintritt mit Audioguide 5 €; ⌚April–Sept. Mo–Fr 10–19, Sa 10–20, So 12–18.30 Uhr, Okt.–März Mo–Fr 10–17, Sa 10–18, So 12–17 Uhr) Die Kathedrale aus dem 12. Jh. ist ein Haus Gottes und gleichzeitig eine raffinierte Festung: Die gedrungene Apsis aus Granit bildet das mittlere Bollwerk der historischen Stadtmauer. Die düstere Fassade im gotischen Stil verbirgt ein prachtvolles Inneres mit einem exquisiten **Altarfries** aus dem frühen 16. Jh., der das Leben Christi darstellt, sowie Chorstühlen mit Schnitzereien aus der Renaissancezeit. Es gibt außerdem ein **Museum** mit einem Gemälde von El Greco und einer kunstvollen Silbermonstranz von Juan de Arfe. (Auf Knopfdruck geht über dem Altar und dem Chorgestühl das Licht an).

Monasterio de Santo Tomás KLOSTER, MUSEUM

(☎920 220400; www.monasteriosantotomas.com; Plaza de Granada 1; 4 €; ⌚Juli & Aug. 10.30–21 Uhr, Sept.–Juni 10.30–14 & 15.30–19.30 Uhr) Das Kloster wurde von den Reyes Católicos (den Katholischen Königen) Ferdinand und Isabella in Auftrag gegeben und 1492 fertiggestellt. Es gilt als herausragendes Beispiel isabellinischer Architektur. Drei miteinander verbundene Kreuzgänge führen zur Kirche, in der sich das **Alabastergrabmal von Don Juan**, dem einzigen Sohn des Königspaars, befindet. Im Eintrittspreis inbegriffen sind auch zwei Museen: das beein-

Ávila

Ávila

Highlights
1 Catedral del Salvador C3
2 Murallas C4

Sehenswertes
3 Basílica de San Vicente D2
4 Convento de Santa Teresa A3
5 Iglesia de San Juan Bautista B3
6 Iglesia de San Pedro D4
7 Iglesia de Santo Tomé El Viejo D3
8 Puerta de Los Leales C3
9 Puerta del Alcázar C4

Schlafen
10 Hostal Arco San Vicente C2
11 Hotel El Rastro A3
12 Hotel Las Leyendas B4
13 Hotel Palacio de Monjaraz B2
14 Hotel Palacio Valderrábanos C3

Essen
15 Hostería Las Cancelas C3
16 Mesón del Rastro A3
17 Posada de la Fruta B3
18 Soul Kitchen B3

Ausgehen & Nachtleben
19 La Bodeguita de San Segundo C3

druckende **Museo Oriental** (Orientalisches Museum), das in elf Zimmern Kunstwerke aus dem Nahen Osten zeigt, sowie das etwas bescheidenere **Museo de Historia Natural** (Naturhistorisches Museum).

Iglesia de Convento de Santa Teresa KIRCHE, MUSEUM
(☎ 920 211 030; www.teresadejesus.com; Plaza de la Santa; Kirche & Reliquienraum frei, Museum 2 €; ⊙ Di–So 9.30–13.30 & 15.30–20 Uhr) Das

1636 über dem Geburtsort der Hl. Teresa errichtete Kloster ist das Zentrum ihrer Verehrung. Hier gibt's gleich drei Sehenswürdigkeiten: die Kirche, einen Reliquienraum und das Museum. Highlights sind die goldverzierte **Kapelle** (gebaut um den Raum, in dem Teresa das Licht der Welt erblickte), der **Barockaltar** und einer von Teresas Fingern samt Ring – Franco soll die grausige **Reliquie** während seiner Regierungszeit im eigenen Nachttisch aufbewahrt haben.

Der kunstvolle Barockaltar mit einer Statue der Heiligen stammt von Gregorio Fernández. Im Untergeschoss widmet sich ein Museum der Heiligen. Zugänglich ist es über die Calle Aizpuru.

Santo Tomé El Viejo KIRCHE
(Plaza de Italia; Eintritt inkl. Museo Provincial 1,20 €, Sa & So frei; ⌚Juli–Sept. Di–Sa 10–14 & 17–18, So 10–14 Uhr; Okt.–Juni Di–Sa 10–14 & 16–19, So 10–14 Uhr) Von der Kanzel dieser Kirche aus dem 13. Jh. wurde die hl. Teresa am heftigsten für ihre Reform gegeißelt Die Kirche wurde restauriert, um hier hauptsächlich römische Fundamentsteine und ein fantastisches **Fußbodenmosaik** unterzubringen.

Basílica de San Vicente KIRCHE
(☎920 25 52 30; www.basilicasanvicente.es; Plaza de San Vicente; Eintritt mit Audioguide 2,30 €; ⌚Mo–Sa 10–18.30, So 16–18, April–Okt. Mo–Sa 10–13.30 & 16–18 Uhr, Nov.–März So 16–18 Uhr) Diese anmutige Kirche ist ein Meisterwerk romanischer Einfachheit: Vom warmen Sandstein des Originalgebäudes heben sich mehrere zumeist gotische Umbauten in nüchternem Granit ab. Die Arbeiten in der Basilika begannen im 11. Jh. angeblich an der Stelle, wo drei Märtyrer, San Vicente und seine beiden Schwestern Sabina und Cristeta, Anfang des 4. Jhs. von den Römern ermordet wurden. Ihr von einem Baldachin überdachtes **Ehrengrab** gilt als grandioses Zeugnis romanischen Stils mit gotischen Zügen.

Monasterio de la Encarnación KLOSTER
(☎920 21 12 12; Calle de la Encarnación; Kirche frei, Museum 2 €; ⌚Mai–Sept. Mo–Fr 9.30–13 & 16–19, Sa & So 10–13 & 14–19 Uhr, Okt.–April Mo–Fr 9.30–13.30 & 15.30–18, Sa & So 10–13 & 16–18 Uhr) Ganze 27 Jahre lebte Teresa in diesem schmucklosen Renaissancekloster nördlich der Stadtmauer. Eines der drei Hauptzimmer ist öffentlich zugänglich: Dort soll die Heilige eine Vision des Jesuskinds gehabt haben. Heute findet man darin Reliquien wie ein Stück Holz, das Teresa als Kissen diente, und den Stuhl, auf dem Johannes vom Kreuz seine Beichten ablegte.

Iglesia de San Pedro KIRCHE
(Plaza de Santa Teresa; 1,50 €; ⌚Ostern–Mitte Okt. Do & Fr 6–18 Uhr; Mitte Okt.–Ostern Do & Fr 11–12 Uhr, Sa 13–14 & 18–20 Uhr). Als eine der schönsten Kirchen der Stadt, bildet das leichte Sandstein-Äußere der aus dem 12. oder 13. Jh. stammenden Iglesia de San Pedro eine erfreuliche Ergänzung zur granitenen Nüchternheit, die innerhalb der Stadtmauern herrscht.

Iglesia de San Juan Bautista KIRCHE
(Plaza de la Victoria; ⌚Messe Mo–Sa 10 & 19.30, So 12 Uhr) GRATIS Diese ruhige Pfarrkirche stammt aus dem 16. Jh. und beherbergt den Brunnen, in dem die hl. Teresa am 4. April 1515 getauft wurde. Die Kirche kann jeweils vor und nach der Messe besichtigt werden.

Feste & Events

Semana Santa KIRCHLICH
(Karwoche; ⌚März/April; 👪) Ávila ist einer der besten Orte in Kastilien-León, um einer feierlichen Osterprozession beizuwohnen. Los geht's am Gründonnerstag, die atmosphärischste Veranstaltung ist die Prozession am Karfreitag. Sie beginnt frühmorgens (gegen 5 Uhr) und führt rund um die Stadtmauer.

Fiesta de Santa Teresa KULTURELL
(⌚Oktober; 👪) In der zweiten Oktoberwoche wird jedes Jahr die Schutzheilige der Stadt mit Prozessionen, Konzerten und Feuerwerk geehrt.

Schlafen

★ **Hotel El Rastro** HISTORISCHES HOTEL €
(☎920 35 22 25; www.elrastroavila.com; Calle Cepedas; EZ/DZ 38/60 €; ❄📶) Diese stimmungsvolle Unterkunft liegt in einem ehemaligen Palast aus dem 16. Jh., der mit seinen Steinwänden, freiliegendem Mauerwerk und einer Palette natürlicher warmer Erdtöne eine ruhige, subtile Eleganz ausstrahlt. Jedes Zimmer sieht anders aus, doch die meisten haben hohe Decken und bieten viel Platz. Die Inhaber führen auch noch ein etwas billigeres, gleichnamiges *hostal* (preiswerte Pension) um die Ecke.

Hostal Arco San Vicente HOSTAL €
(☎920 22 24 98; www.arcosanvicente.com; Calle de López Núñez 6; EZ/DZ inkl. Frühstück 40/60 €;

WER WAR DIE HEILIGE TERESA?

Teresa de Cepeda y Ahumada wurde am 28. März 1515 als eines von zehn Kindern einer Kaufmannsfamilie geboren und ist vermutlich die bedeutendste Frau (nach der Jungfrau Maria natürlich) in der Geschichte der katholischen Kirche in Spanien. Nach dem Tod ihrer Mutter wurde sie von Augustinernonnen aufgezogen und trat im Alter von 20 Jahren dem Karmeliterorden bei. Kurze Zeit später erlag sie beinahe einer mysteriösen Krankheit, die ihre Beine für drei Jahre lähmte. Nachdem sie einige Zeit als Nonne gelebt hatte, führte ihr 1560 eine Vision von der Hölle ein neues Ziel vor Augen: die Reformation der Karmeliten.

Teresas Pläne standen im krassen Gegensatz zum Prunk der spanischen Kirche im 16. Jh. und bedeuteten eine Rückkehr zu den Wurzeln, also zum Leiden und schlichten Lebensstil Jesu Christi. Karmeliter forderten absolute Frömmigkeit und geißelten sich, um für ihre Sünden zu büßen. Bei der breiten Masse kam das natürlich nicht so gut an. Mihilfe vieler Anhänger gründete Teresa in Spanien zahlreiche Klöster, und ihre schriftlichen Aufzeichnungen waren äußerst beliebt. Teresa starb 1582 in Alba de Tormes. 1622 sprach Papst Gregor XV sie heilig.

❄📶) Das *hostal* verfügt über kleine, mit blauem Teppich und schmiedeeisernen Betten ausgestattete Zimmer. Die im zweiten Stock haben Dachfenster und Klimaanlage, im ersten Stock gehen einige zur Puerta de San Vicente raus; besonders geräumig und schön ist Eckzimmer Nr. 109.

★ Hotel Palacio de Monjaraz HOTEL €€
(☎ 920 33 20 70; www.palaciodemonjaraz.com; Calle de Bracamonte 6; EZ 55–110 €, DZ 65–137 €; ❄📶) Fantastische Räume in einem wunderbar umgewandelten Stadthaus des 16. Jh. machen dieses Hotel zu einem unserer Lieblingsorte in der Stadt. Die Zimmer sind groß mit hohen Decken und die Extravaganz der Ausstattung ändert sich von einem Zimmer zum nächsten. Einige sind mit Perserteppichen und Himmelbetten ausgestattet, während andere freiliegende Ziegelmauern und zahlreiche originale Ausstattungsobjekte aufweisen.

★ Hotel Palacio Valderrábanos HISTORISCHES HOTEL €€
(☎ 920 21 10 23; www.hotelpalaciovalderrabanos.com; Plaza de la Catedral 9; Zi. 55–115 €) Der edle, zu einem Hotel umgewandelte Palast aus dem 14. Jh. liegt nur einen Steinwurf vom Eingang der Kathedrale entfernt und strahlt mit hohen Decken, polierten Böden und beruhigenden Farben eine harmonische Eleganz aus. Einige Zimmer haben sogar Blick zur Kathedrale.

Hotel Las Leyendas HISTORISCHES HOTEL €€
(☎ 920 35 20 42; www.lasleyendas.es; Calle de Francisco Gallego 3; EZ 45–55 €, DZ 60–85 €; ❄📶) Im Haus einer Adelsfamilie aus dem 16. Jh. ist dieses gemütliche Hotel untergebracht. Der alte Stil wurde belassen und mit zeitgemäßen Annehmlichkeiten ergänzt. Manche Zimmer bieten einen Blick in die Ebene, andere gehen auf den Innengarten hinaus. Das Innendekor variiert zwischen Holzbalken und angedeutetem Mauerwerk sowie moderneren, in Erdtönen gehaltenen Zimmern. Das Frühstück ist etwas karg.

✕ Essen

★ Soul Kitchen KASTILISCH €€
(☎ 920 21 34 83; www.soulkitchen.es; Calle de Caballeros 13; Hauptgerichte 9–23 €; ⌚ Mo–Fr 10–24, Sa 11–2, So 11–24 Uhr) Das Restaurant hat die Art Energie, die andernorts fehlt. Die vielseitige Speisekarte wechselt regelmäßig und reicht von Salaten (mit Dressings wie Marone und Feige) bis hin zu Hamburgern mit *setas*-Soße (Austernpilze). Leichtere Gerichte sind z. B. *bruschetta* mit leckerem Belag. Im Sommer gibt's Livemusik, Poesielesungen und dergleichen.

Mesón del Rastro KASTILISCH €€
(☎ 920 35 22 25; www.elrastroavila.com; Plaza del Rastro 1; Hauptgerichte 11–24 €; ⌚ 13–16 & 21–23 Uhr) Dank der dunklen Holzbalken im Inneren erkennt man sofort, dass man in einer Bastion der typisch kastilischen Küche gelandet ist – sie ist schon seit 1881 in Betrieb. Hier werden köstliche Hauptgerichte aus der Region wie *judías del barco de Ávila* (weiße Bohnen, oft mit Chorizo, in einer dicken Soße) und *cordero asado* (Lammbraten) sowie herrliche leichte Salate serviert. Leider erfreut sich der Laden bei

Reisebusgesellschaften großer Beliebtheit. Besonders lecker ist das *menú de degustacón* für zwei Personen (39 €), das man nur schafft, wenn man wirklich Hunger hat.

Hostería Las Cancelas KASTILISCH €€
(☎920 21 22 49; www.lascancelas.com; Calle de la Cruz Vieja 6; Hauptgerichte 15–24 €; ⊙13–16 & 19.30–23 Uhr) In diesem Restaurant in einem bezaubernden Innenhof aus dem 15. Jh. werden traditionelle Speisen mit viel Liebe zum Detail zubereitet. Auf den Tisch kommen typische Gerichte aus Ávila, z.B. Steaks, Lammbraten und Spanferkel. Abends und an den Wochenenden ist eine Reservierung empfehlenswert.

Posada de la Fruta KASTILISCH, INTERNATIONAL €€
(☎920 25 47 02; www.posadadelafruta.com; Plaza de Pedro Dávila 8; kleine Gerichte 5–13 €, Bar Hauptgerichte 8–11 €, Restaurant Hauptgerichte 13–22, Gedecke € 14–25; ⊙13–16 & 19.30–24 Uhr) Im lichtdurchfluteten überdachten Innenhof gibt's einfaches, leckeres Bar-Essen, im *comedor* (Speisesaal) dagegen dreht sich alles um herzhafte Fleischgerichte mit frischen Beilagensalaten.

Ausgehen & Nachtleben

★ **La Bodeguita de San Segundo** WEINBAR
(☎920 25 73 09; Calle de San Segundo 19; ⊙Mi–Mo 11–24 Uhr) Eine hervorragende Weinbar ist in der Casa de la Misericordia aus dem 16. Jh. untergebracht. An den meisten Abenden platzt sie aus allen Nähten, sodass viele Gäste stehen müssen. Nachmittags geht's ruhiger zu. Die Weinkarte mit über 1000 Weinen ist in ganz Spanien bekannt, dazu werden als perfekte Beilage tapasähnliche kreative Käse- und Fleischhäppchen gereicht.

NICHT VERSÄUMEN

DIE SCHÖNSTEN DÖRFER KASTILIEN-LEÓNS

- Covarrubias (S. 210)
- Pedraza de la Sierra (S. 180)
- Medinaceli (S. 222)
- San Martín del Castañar (S. 170)
- Mogarraz (S. 170)
- Puebla de Sanabria (S. 192)
- La Alberca (S. 171)
- Calatañazor (S. 221)
- Yanguas (S. 222)
- Santo Domingo de Silos (S. 211)

Praktische Informationen

Centro de Recepción de Visitantes
(☎920 35 40 00, ext 370; www.avilaturismo.com; Avenida de Madrid 39; ⊙April–Sept. 9–20 Uhr, Okt.–März bis 17.15 Uhr) Städtische Touristeninformation.

Touristeninformation Kastilien-León
(☎920 21 13 87; www.turismocastillayleon.com; Casa de las Carnicerías, Calle de San Segundo 17; ⊙Juli–Mitte Sept. Mo–Sa 9.30–14 & 17–20, So 9.30–17 Uhr, Sept.–Mitte Juli Mo–Sa 9.30–14 & 16–19, So 9.30–17 Uhr)

An- & Weiterreise

Auto & Motorrad Von Madrid aus liegt die Fahrtzeit bei etwa 1 Std., die Maut beträgt 9,35 €.

Bus Ab dem **Busbahnhof** (☎920 25 65 05; Avenida de Madrid 2) fahren häufig Busse nach Segovia (6,80 €, 1 Std.), Salamanca (7,95 €, 1½ Std., 5-mal tgl.) und Madrid (11 €, 1½ Std.). Zudem steuern täglich ein paar Linien die wichtigsten Städte in der Sierra de Gredos an.

Zug Renfe (☎902 240 202; www.renfe.es) betreibt Züge nach Madrid (ab 12,25 €, 1¼–2 Std.), bis zu 17-mal täglich, Salamanca (ab 12 €, 1¼ Std., 8-mal täglich) und León (ab 21,90 €, 3–4 Std., 5-mal tgl.).

Unterwegs vor Ort

Bus Die örtliche Buslinie 1 fährt hinter dem Bahnhof bis zur Plaza de la Catedral

Salamanca

144.949 EW.

Ob im abendlichen Scheinwerferlicht oder in der späten Nachmittagssonne – Salamanca ist einfach ein magisches Reiseziel. Die Stadt bezaubert mit einer seltenen Schönheit, die von goldenen Sandsteingebäuden mit ockerfarbenen Andeutungen lateinischer Inschriften bis zu wunderbaren Bauwerken im Platereskstil und Renaissancestil reicht. Es gibt zahlreiche schöne Flecken wie die außergewöhnliche Plaza Mayor, die nachts beleuchtet wird und einen unvergesslichen Anblick bietet. Darüber hinaus ist Salamanca Kastiliens lebendigste Stadt, denn die vielen spanischen und ausländischen Studenten, die nachts auf ihren Straßen feiern, verleihen ihr Vitalität.

Sehenswertes

★ **Plaza Mayor** PLATZ
Die zwischen 1729 und 1755 angelegte einzigartige Plaza Mayor gilt als Spaniens schönster Platz. Besonders bezaubernd sieht sie in

der abendlichen Beleuchtung (bis Mitternacht) aus. Entworfen von Alberto Churriguera, bildet sie ein außergewöhnlich harmonisches und maßvolles Barockensemble. Rund um den Platz angebrachte Medaillons zeigen Porträtbüsten berühmter Persönlichkeiten.

Nach Jahren des Streits wurde eine Büste des früheren Diktators Franco im Juni 2017 endgültig entfernt. Bis weit ins 19. Jh. hinein fanden auf dem Platz auch Stierkämpfe statt, die letzte zeremonielle *corrida* (Stierkampf) 1992.

★Universidad Civil HISTORISCHES GEBÄUDE
(☎ 923 29 44 00, Durchwahl 1150; www.salamanca.es; Calle de los Libreros; Erw./erm. 10/5 €, Audioguide 2 €; ⏲ Mo–Sa 10–18.30, So 10–13.30 Uhr) Aus dem 1218 gegründeten sogenannten Estudio General wurde schließlich die Universität, die ihre größte Bedeutung im 15. und 16. Jh. erlangte. Die Eingangsfassade ist ein wahrer Augenschmaus. Sie besteht aus Sandstein und ist über und über mit Darstellungen mythischer Helden, religiöser Szenen sowie Wappen versehen. Ihre Mitte schmücken die Büsten von Ferdinand und Isabella. Zwischen ein paar ansonsten recht bescheidenen Räumen im Obergeschoss erwartet Besucher ein weiteres Highlight: die außergewöhnliche **Universitätsbibliothek**, Europas älteste Bibliothek.

★Catedral Nueva KATHEDRALE
(☎ 923 21 74 76; www.catedralsalamanca.org; Plaza de Anaya; Erw./Kind mit Audioguide & Eintritt in die Catedral Vieja 4,75/3 €; ⏲ April–Sept. 10–20 Uhr, Okt.–März 10–18 Uhr) Der Turm der spätgotischen Neuen Kathedrale beherrscht Salamancas Zentrum. Die imposante Kuppel im Stil des *Churrigueresco* (schnörkelhafter Barockstil) ist von fast überall zu sehen. Gleichermaßen beeindruckt der Innenraum mit dem reich verzierten Chorgestühl, der Hauptkapelle und dem Retrochor, die wir dem überaus produktiven José Churriguera zu verdanken haben. Außergewöhnlich sind auch die Deckengewölbe. Am meisten stechen aber die Renaissanceportale hervor, besonders die **Puerta del Nacimiento** in der Westfassade – eines der sieben aus dem Sandstein der Stadt geschnitzten Wunder.

★Catedral Vieja KATHEDRALE
(☎ 923 28 10 45; www.catedralsalamanca.org; Plaza de Anaya; Erw./Kind mit Audioguide & Eintritt in die Catedral Nueva 4,75/3 €; ⏲ April–Sept. 10–20 Uhr, Okt.–März 10–18 Uhr) Die vorwiegend romanische Vorgängerin der Catedral Nueva wartet mit einem exquisiten **Retabel** aus dem 15. Jh. auf, dessen 53 Tafeln Szenen aus dem Leben Christi und Mariä zeigen und das von einer Darstellung des Jüngsten Gerichts gekrönt wird. Vom Kreuzgang ist seit dem Erdbeben 1755 nicht mehr viel übrig, doch dafür sieht man in der **Capilla de Anaya** ein extravagantes Alabastergrab und eine der ältesten Orgeln der Welt, ein Mudejar-Kunstwerk aus dem 16. Jh.

★Convento de San Esteban KLOSTER
(☎ 923 21 50 00; Plaza del Concilio de Trento; Erw./erm./Kind 3,50 €/2,50 €/frei; ⏲ 10–13.15 & 16–19.15 Uhr) Gleich unterhalb der Kathedrale steht die stattliche Kirche des Convento de San Esteban. Ihre ungewöhnliche altarähnliche Fassade zeigt als zentrales Motiv die Steinigung von San Esteban (hl. Stephanus). Innen warten ein gut gestaltetes Museum, das sich den Dominikanern widmet, ein herrlicher Kreuzgang mit gotischen und Renaissance-Elementen und die schöne Kirche in Form eines lateinischen Kreuzes. Ihr überwältigender **Altar** stammt von José Churriguera aus dem 17. Jh.

★Museo de Art Nouveau y Art Decó MUSEUM
(Casa Lis; ☎ 923 12 14 25; www.museocasalis.org; Calle de Gibraltar; Erw./Kind unter 12 J. 4 €/frei, Do vormittags frei; ⏲ April–Okt. Di–So 11–20, Sa & So 11–20 Uhr, im Aug. Mo 11–20 Uhr, Okt.–März Di–Fr 11–14 & 16–19 Uhr, Sa & So 11–20 Uhr; 👪) Unter Salamancas Museen fällt dieses völlig aus dem Rahmen. Die beeindruckende Sammlung an Skulpturen, Malerei und Art-déco-sowie Jugendstil-Kunstwerken nimmt einen beeindruckenden lichtdurchfluteten Bau im Modernismestil (katalanischer Jugendstil) ein. Hier sind eine Fülle von Buntglas, Exponate aus Lalique-Glas, Spielzeuge von Steiff (Erfinder des Teddybären), Limoges-Porzellan, Fabergé-Uhren sowie edle Figuren aus Bronze und Marmor zu sehen. Es gibt auch eine umfassende Kinderpuppen-Sammlung aus dem 19. Jahrhundert (einige sehen seltsam makaber aus), die besonders Kindern gefallen wird. Außerdem findet man hier ein Café und einen exzellenten Geschenkeladen.

Real Clericía de San Marcos KIRCHE, TURM
(San Marcos; ☎ 923 27 71 14, 923 27 71 00; www.torresdelaclerecia.com; Calle de la Compañia; San Marcos 3 €, Scala Coeli 3,75 €, Kombi-Ticket 6 €; ⏲ San Marcos Mo–Fr 10.30–12.45 & 17–18.30, Sa

Salamanca

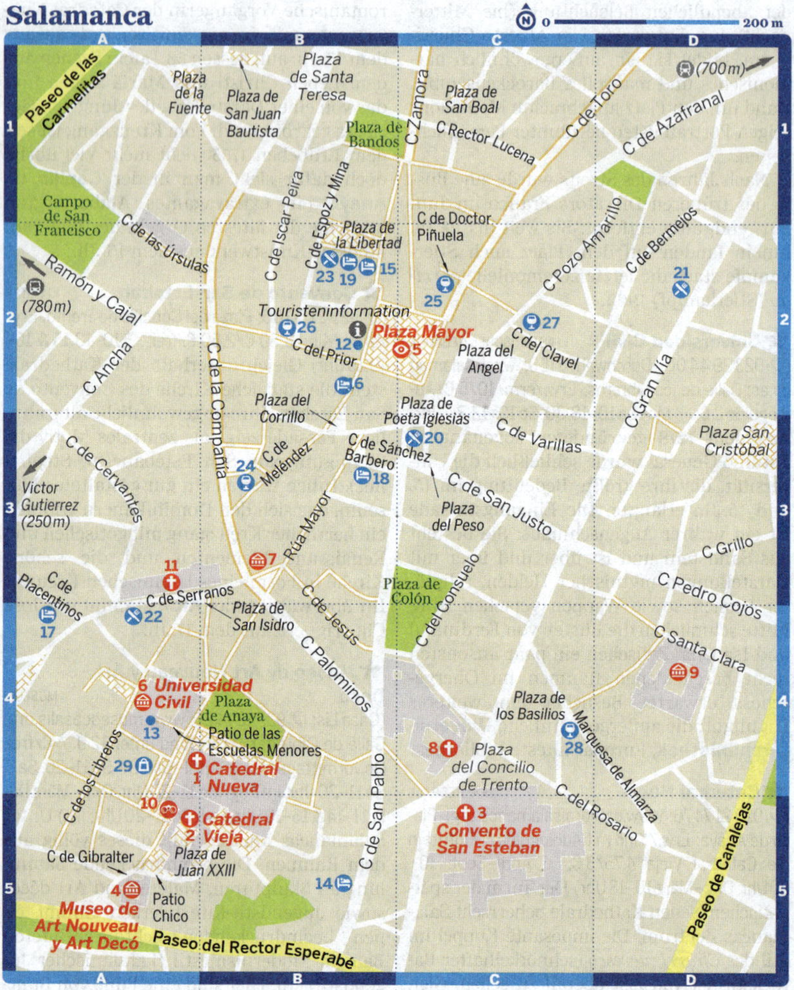

9–15 & 16–19, So 10–14 & 16–19 Uhr, Scala Coeli 10–19.15 Uhr) Ein Besuch der riesigen Barockkirche und der angrenzenden katholischen Universität ist nur im Rahmen von **geführten Rundgängen** (auf Spanisch) möglich, die alle 45 Minuten stattfinden. Man kann auch die 166 Stufen auf die **Scala Coeli** (Turm, 3,75 €, Di 10–14 Uhr frei) hochsteigen, wo die Glockenstube zu sehen ist und sich ein herrlicher Panoramablick eröffnet.

Puerta de la Torre — AUSSICHTSPUNKT

(Ieronimus; www.ieronimus.es; Plaza de Juan XXIII; 3,75 €; ⏲10–19 Uhr) Wer einen schönen Blick über die Altstadt genießen möchte, sollte sich zur Puerta de la Torre an der südwestlichen Fassade der Catedral Nueva begeben. Von dort führen Treppen hoch in den Turm. Vorbei an einer labyrinthischen, aber gut präsentierten Ausstellung zur Geschichte der Kathedrale geht's – ein echter Pluspunkt – durch die Innengalerie der Altarbereiche von Neuer und Alter Kathedrale und hinaus auf die Außengalerie. In der Catedral Vieja gibt's einen weiteren Zugang. Abendführungen um 20, 20.30 und 22 Uhr (pro Person 6 €).

Casa de las Conchas — HISTORISCHES GEBÄUDE

(Haus der Muscheln; ☎ 923 26 93 17; Calle de la Compañía 2; ⏲ Mo–Fr 9–21, Sa 9–15 & 16–19 Uhr,

Salamanca

Highlights
1 Catedral Nueva ... A4
2 Catedral Vieja ... A5
3 Convento de San Esteban ... C5
4 Museo de Art Nouveau y Art Decó ... A5
5 Plaza Mayor ... C2
6 Universidad Civil ... A4

Sehenswertes
7 Casa de las Conchas ... B3
8 Convento de las Dueñas ... C4
9 Convento de Santa Clara ... D4
10 Puerta de la Torre ... A5
11 Real Clerecía de San Marcos ... A3

Aktivitäten, Kurse & Touren
12 Geführte Touren ... B2
13 Universidad de Salamanca ... A4

Schlafen
14 Don Gregorio ... B5
15 Hostal Concejo ... B2
16 Hostal Plaza Mayor ... B2
17 Microtel Placentinos ... A4
18 Rúa Hotel ... B3
19 Salamanca Suite Studios ... B2

Essen
20 El Pecado ... C3
21 La Cocina de Toño ... D2
22 Mandala Café ... A4
23 Zazu Bistro ... B2

Ausgehen & Nachtleben
24 Café El Corrillo ... B3
25 Doctor ... C2
26 Garamond ... B2
27 Tío Vivo ... C2
28 Vinodiario ... C4

Shoppen
29 Mercatus ... A4

So 10–14 & 16–19 Uhr) GRATIS Dieses Gebäude, eines der charmantesten der Stadt, wurde nach den 300 Jakobsmuscheln an seiner Fassade benannt. Der ursprüngliche Besitzer Dr. Rodrigo Maldonado de Talavera war Arzt an Isabellas Hof und Mitglied des Jakobsordens, als dessen Symbol die Muschel dient. Heute befindet sich hier die **Stadtbibliothek**. Man betritt sie über einen reizenden mit Säulen bestandenen Innenhof, den zudem ein schöner Brunnen und kunstvolle Steinmuster schmücken.

Convento de Santa Clara MUSEUM
(☎ 660 10 83 14; Calle Santa Clara 2; Erw./Senior/Kind 3/2 €/frei; ⊙ Mo–Fr 9.30–12.45 & 16.25–18.10, Sa & So 9.30–14.10 Uhr) Das ursprünglich romanische, später aber mehrfach umgebaute Kloster beherbergt heutzutage ein kleines Museum mit hübschen Fresken. Wer die Treppen hinaufsteigt, kann die hölzerne Kassettendecke im Mudejarstil aus dem 14. und 15. Jh. aus der Nähe bewundern. Ein Besuch ist nur im Rahmen einer 50-minütigen **Führung** (auf Spanisch) möglich, die etwa stündlich beginnt.

Convento de las Dueñas KLOSTER
(☎ 923 21 54 42; Gran Vía; 2 €; Eintritt 2 €; ⊙ Mo–Sa 11.30–12.45 & 16.30–19.15 Uhr) In diesem sehenswerten Dominikanerkloster befindet sich der schönste Kreuzgang der Stadt mit einigen ziemlich makabren Reliefs in den Kapitellen.

Kurse

Universität Salamanca SPRACHKURSE
(Cursos Internacionales, Universidad Civil; ☎ 923 29 44 18; www.cursosinternacionales.usal.es/en; Patio de las Escuelas Menores) Salamanca ist ein beliebter Ort, um Spanisch zu lernen, und die Universität die angesehenste Sprachschule. Ihre Kurse reichen von drei Wochen mit täglich drei Stunden Unterricht (565 €) bis zu zehn Wochen mit 25 Wochenstunden (2035 €). Unterkünfte sind verfügbar.

Geführte Touren

Geführte Touren STADTFÜHRUNG
(☎ 622 52 46 90; visitasplaza@hotmail.es; Führung 8–15 € pro Pers.; ⊙ auf Spanisch Mitte Juli–Sept. Mo–Fr 11, 20 & 20.30, Sa & So 20 & 20.30 Uhr, Okt.–Mitte Juli Mo–Fr 11 Uhr, auf Englisch Mitte März–Dez. Mo–Fr 11.30 Uhr, Jan.–Mitte März Fr. 11, 11.30 & 20 Uhr, Sa 10.30, 11.30, 16.30, 17 & 18 Uhr, So 10.30 Uhr) Bei der Touristeninformation an der Plaza Mayor starten zweistündige Stadtführungen. Mit Variationen führen sie tagsüber zu Salamancas Hauptsehenswürdigkeiten. Freitags und samstags um 8 Uhr gibt's Führungen, die sich lokalen Legenden und Kuriositäten widmen. Tickets gibt's vorab bei der Touristeninformation (S. 162).

Schlafen

Hostal Concejo HOSTAL €
(☎ 923 21 47 37; www.hconcejo.com; Plaza de la Libertad 1; EZ 28–50 €, DZ 37–70 €; P ❄ 📶) Mit

NICHT VERSÄUMEN

WO IST DER FROSCH?

Die Suche nach dem Frosch in der Fassade der Universidad Civil (S. 163) ist ein Muss für alle Salamanca-Besucher. Einmal entdeckt, drängt er sich geradezu ins Blickfeld, doch Uneingeweihte sind mit der Suche eine Weile beschäftigt. Aber warum das Ganze? Es heißt, dass der Frosch Leuten, die ihn ohne Hilfe aufspüren, innerhalb eines Jahres Glück und sogar die Hochzeit bringt. So manch ein Student hofft allerdings eher auf ein bestandenes Examen. Achtung, Spoiler, wenn man der Legende glaubt, sollte man hier nicht weiterlesen! Wer dagegen Hilfe braucht, schaut zu den Büsten von Ferdinand und Isabella und von dort zur größten Säule ganz außen rechts an der Vorderseite. Etwas oberhalb befindet sich eine Reihe von Schädeln, und auf dem äußersten links sitzt unser kleiner amphibischer Freund – bzw. das, was die Erosion von ihm übrig gelassen hat.

seinen polierten Holzböden, der geschmackvollen Möblierung, lichtdurchfluteten Zimmern und der zentralen Lage ist das stilvolle Concejo einen Tick besser als ein typisches *hostal*. Man sollte versuchen eines der Eckzimmer (z. B. Nr. 104) zu bekommen, da sie über traditionelle verglaste Balkone samt Tisch und Stühlen verfügen und einen guten Blick auf das Treiben unten bieten.

Hostal Plaza Mayor HOSTAL €
(☎ 923 26 20 20; www.hostalplazamayor.es; Plaza del Corrillo 20; EZ 32–45 €, DZ 37–70; ❄ @ 📶) Nahe der Plaza Mayor gelegen, bietet dieses familiengeführte *hostal* einfache, aber gepflegte in Pfirsichfarben gehaltene Zimmer mit dunklen Holzmöbeln und bei einigen mit Holzbalken. Drei der Außenzimmer besitzen Balkone, gut um das Getümmel zu beobachten, aber zu laut, um zu schlafen. Die Zimmer innen sind viel ruhiger.

★ **Salamanca Suite Studios** APARTMENTS €€
(☎ 923 27 24 65; www.salamancasuitestudios.com; Plaza de la Libertad 4; Zi. 60–125 €; ❄ 📶) Die hervorragende und noch recht neue Unterkunft bietet elegante zeitgenössisch-moderne Suiten und Apartments mit Küche; einige davon mit Nespresso-Kaffeemaschinen. Die weiß und türkis geprägte Farbgebung lässt sie überaus stilvoll erscheinen. Schöne und zentrale Lage sowie diskreter, aber sehr aufmerksamer Service. Man sollte nach einem zur Plaza hin gelegenen Zimmer fragen – die Doppelverglasung funktioniert prima.

★ **Microtel Placentinos** BOUTIQUE-HOTEL €€
(☎ 923 28 15 31; www.microtelplacentinos.com; Calle de Placentinos 9; EZ/DZ inkl. Frühstück So–Do 57/73 €, Fr & Sa 88/100 €; ❄ 📶) Eines der besten Boutique-Hotels von Salamanca liegt versteckt in einer ruhigen Straße. Hier warten Zimmer mit freigelegtem Mauerwerk und Holzbalken. Der Service ist tadellos, die Atmosphäre intim. Alle Bäder sind mit Duschen oder Hydromassagewannen ausgestattet. Im Sommer ist der Außen-Whirlpool in Betrieb.

Rúa Hotel HOTEL €€
(☎ 923 27 22 72; www.hotelrua.com; Calle de Sánchez Barbero 11; EZ/DZ. ab 74/80 €; ❄ @ 📶) Die früheren Apartments wurden in geräumige Zimmer mit Sofas und Kühlschränken umgewandelt und zeichnen sich durch helle Holzböden, pastellfarbene Wände und Kunstdrucke aus. Die Lage könnte nicht zentraler sein.

Don Gregorio BOUTIQUE-HOTEL €€€
(☎ 923 21 70 15; www.hoteldongregorio.com; Calle de San Pablo 80; Zi/Suite inkl. Frühstück ab 165/280 €; P ❄ 📶) Ein palastartiges Hotel mit einem Teil der römischen Altstadtmauer im Garten. Die Zimmer sind in Milchkaffeetönen gehalten und mit makelloser Bettwäsche und extravaganten Extras ausgestattet: privaten Saunen, Espressomaschinen sowie einer Minibar, Kingsize-Betten und riesigen Massagebadewannen. Die öffentlichen Bereiche sind mit kunstvollen Antiquitäten und mittelalterlichen Tapeten dekoriert.

Essen

Mandala Café MEDITERRAN €
(☎ 923 12 33 42; www.mandalasalamanca.com; Calle de Serranos 9–11; Menü 12,90 €; ⏲ 8–23 Uhr; 👪) Für das Mandala sollte man viel Appetit mitbringen, denn das coole und lässige Restaurant serviert ein Drei-Gänge-Menü (ungewöhnlicherweise mittags *und* abends) mit Gerichten wie schwarzem Reis mit Meeresfrüchten und Gemüselasagne. Man kann aber auch heiße Schokolade in 18 Geschmacksrichtungen, 52 verschiedene Milchshakes, 56 Saftkombinationen und unendlich viele Teesorten bestellen.

★ **La Cocina de Toño** TAPAS €€
(☎ 923 26 39 77; www.lacocinadetoño.es; Calle Gran Via 20; Tapas ab 2 €, Menüs 17–38 €, Hauptgerichte 18–23 €; ⏲ Di–Sa 12–16.30 & 20–23.30, So 12–16.30 Uhr, 📶) Ihre treuen Anhänger verdankt diese Bar kreativen *pinchos* (tapasähnliche Snacks) und halben Portionen von Gerichten wie Gänsestopfleber mit gerösteten Äpfeln an Passionsfruchtgelee. Im Restaurant wird der Einrichtung entsprechend traditionellere Küche serviert, doch die Bar ist eins der gastronomischen Highlights in Salamanca. Sie liegt etwas abseits von der Altstadt und zieht vor allem spanische Besucher an.

Zazu Bistro ITALIENISCH €€
(www.restaurantezazu.com; Plaza de la Libertad 8; Hauptgerichte 11–18 €; ⏲ 14–16 & 20.30–24 Uhr) Hier genießt man eine romantische, intime Atmosphäre sowie italienisch inspirierte Speisen, z. B. Risottto mit Spargel, Hackfleisch und Käse oder Farfalle mit Tomaten, Schinken, Wodka und Parmesan. Die kulinarischen Überraschungen schließen auch den Nachtisch mit ein, so gibt's einen typisch britischen klebrigen Toffeepudding zum Dessert. Jedes Gericht ist perfekt zubereitet. Am besten schnappt man sich einen Tisch am Fenster mit Blick auf den ruhigen Platz.

El Pecado MODERN SPANISCH €€
(☎ 923 26 65 58; www.elpecadorestaurante.es; Plaza del Poeta Iglesias 12; Hauptgerichte €16–19, menú de degustación 25 €; ⏲ 13.30–16 & 20.30–23.30 Uhr) Als trendiges Restaurant, das regelmäßig Berühmtheiten und gut betuchte Einheimische anzieht, bietet das El Pecado (Die Sünde) einen intimen Speiseraum mit einer schrulligen, kreativen Speisekarte. Gütesiegel sind der frische Geschmack, ein großartiger Mangel an Überheblichkeit, faszinierende Kombinationen und regelmäßig wechselnde Gerichte, abhängig vom Tagesangebot auf dem Markt. Das *menú de degustación* ist herausragend. Reservierung wird empfohlen.

★ **Victor Gutierrezzt** MODERN SPANISCH €€€
(☎ 923 26 29 73; www.restaurantevictorgutierrez.com; Calle de Empedrada 4; Menüs 65–95 €; ⏲ Di–Do 13.30–16 & 20.30–23.30, Fr & Sa 13.30–16 & 21–23.30, So 14–16 Uhr; 📶) Das Restaurant ist immer noch das beste der Stadt. Küchenchef Victor Gutierrez besitzt einen Michelin-Stern. In seinem zu Recht als exklusiv geltenden Lokal setzt er den Schwerpunkt auf innovative Speisen mit farbenfrohen Akzenten. Neben regulären Gerichten gibt's stets variierende Menüs. Eine Reservierung ist unbedingt notwendig

Ausgehen & Nachtleben

★ **Tío Vivo** MUSIKBAR
(☎ 923 215 768; www.tiovivosalamanca.com; Calle del Clavel 3–5; ⏲ 15.30 Uhr–open end) Hier nippt man Drinks bei Kerzenlicht und genießt die skurrile Dekoration mit Karussellpferden und allen möglichen Antiquitäten. Dazu läuft Musik der 1980er-Jahre. Dienstags bis donnerstags gibt's ab Mitternacht Livemusik. Manchmal kostet es 5 € Eintritt.

★ **Doctor** COCKTAILBAR
(☎ 923 26 31 51; Calle del Doctor Piñuela 5; ⏲ 16 Uhr–open end) Hervorragende Cocktails, freundliches Barpersonal und coole Gäste bilden in dieser Bar nördlich der Plaza Mayor eine gute Mischung. Man kann von der kreativen Cocktailkarte wählen und es gibt 30 verschiedene Sorten Gin, die mit besonders gutem Tonic serviert werden.

Café El Corrillo BAR
(☎ 923 27 19 17; www.cafecorrillo.com; Calle de Meléndez; ⏲ 8.30–3 Uhr) Das Bier und die Tapas in diesem Laden schmecken wirklich immer. Sonntags und donnerstags kommt man ab 22 Uhr in den Genuss von Livemusik (insbesondere Jazz und Singer-Songwriter). Auch an anderen Abenden gibt's ab und zu Konzerte. An warmen Sommerabenden ist die *terraza* (Terrasse) im hinteren Bereich einfach fantastisch.

Vinodiario WEINLOKAL
(☎ 923 61 49 25; www.vinodiario.com; Plaza de los Basilios 1; So–Do 10–1 Uhr, Fr & Sa bis 1.30 Uhr) Abseits der Massen in der Altstadt, arbeitet an der Bar dieses ruhigen, aber schicken in der Nachbarschaft gelegenen Weinlokals fachkundiges Personal Das Lokal wird von den Einheimischen geliebt, die im Sommer die Tische im Außenbereich besetzen, um sich einen frühabendlichen Drink zu gönnen. Die Tapas sind gut und die Preise für offenen Wein beginnen ab 2,50 €.

Garamond CLUB
(☎ 923 26 88 98; www.garamondsalamanca.es; Calle del Prior 24; ⏲ 21 Uhr–open end) Alteingesessener Club mit mittelalterlich anmutender Einrichtung. Die Musik orientiert sich eher am Mainstream und eignet sich prima zum Tanzen. Eintritt frei.

Shoppen

★ Mercatus SOUVENIRS

(☎ 923 29 46 48; www.mercatus.usal.es; Calle de Cardenal Pla y Deniel; ⏲ Mo–Sa 10–20.15, So 10.15–14 Uhr) Im Universitätsshop gibt's ein beeindruckendes Angebot an Schreibwaren, ledergebundenen Büchern und anderen sorgfältig ausgewählten Erinnerungsstücken.

Praktische Informationen

Touristeninformation (☎ 923 21 83 42; www.salamanca.es; Plaza Mayor 32; ⏲ Mo–Fr 9–14 & 16.30–20, Sa 10–20, So 10–14 Uhr, Ostern–Mitte Okt. Mo–Fr 9–14 & 16.30, Sa 10–18.30 Uhr, Mitte Okt.–Ostern So 10–14 Uhr) Die Städtische Touristeninformation teilt sich auf der Plaza Mayor seinen Platz mit der Regionalen Touristeninformation. Ein Audioguide zu den Sehenswürdigkeiten der Stadt ist für das Smartphone verfügbar unter www.audioguiasalamanca.es.

An- & Weiterreise

Von der Plaza Mayor sind es zehn Gehminuten zum Busbahnhof und 15 Gehminuten zum Bahnhof.

Bus Busverbindungen bestehen u. a. zu folgenden Zielen: Madrid (regulär/Express 17/24,50 €, 2½–3 Std., stdl.), Ávila (7,95 €, 1½ Std., 5-mal tgl.), Segovia (16 €, 2½ Std., 4-mal tgl.) und Valladolid (9,20 €, 1½ Std., 8-mal tgl.). Kleinere Orte werden seltener angesteuert. Nach La Alberca (5,50 €, ca. 1½ Std.) verkehrt täglich außer sonntags ein Bus, der unterwegs in Dörfern der Sierra de Francia wie Mogarraz und San Martín del Castañar hält.

Zug Regelmäßige Abfahrten zum Bahnhof Chamartín in Madrid (ab 16 €, 1½ bis 4 Std.), nach Ávila (12,25 €, 1¼ Std.) und nach Valladolid (ab 10.45 €, 1½ Std.).

Ciudad Rodrigo

12.896 EW.

Unweit der portugiesischen Grenze und abseits ausgetretener Touristenpfade liegt das verschlafene Ciudad Rodrigo, einer der hübscheren Orte im westlichen Kastilien-León. Er ist ein prima Ziel für einen einfachen Tagesausflug vom 80 km entfernten Salamanca aus. Wer länger bleibt und innerhalb der schützenden Mauern des Städtchens übernachtet, kann den mittelalterlichen Charme der Stadt besser genießen

Sehenswertes

Murallas STADTMAUERN

GRATIS Eine lange Treppe führt auf die verfallende, zwischen dem 12. und 15. Jh. errichtete Befestigungsmauer rund um die Altstadt. Hier kann man 2,2 km um die Stadt herumwandern und die Aussicht auf die umliegenden Ebenen genießen.

Catedral de Santa María KATHEDRALE

(www.catedralciudadrodrigo.com; Plaza de San Salvador 1; Erw./erm. 3/2,50 €, So 16–18 Uhr frei, Turm 2 €; ⏲ Kirche & Museum Mo 11–14, Di–Sa 11–14 & 16–19, So 12–14 & 16–18 Uhr) Über der Altstadt thront die schöne verwitterte Kathedrale aus Sandstein, mit deren Bau 1165 begonnen wurde. Besonders sehenswert sind die **Puerta de las Cadenas**, deren prächtige gotische Reliefs Figuren aus dem Alten Testament zeigen, der elegante **Pórtico del Perdón** und im Inneren das mit exquisiten Schnitzereien verzierte Chorgestühl aus Eichenholz. Um den besten Blick auf Rodrigo zu genießen, kann man samstags und sonntags um 13.15 Uhr den **Turm** erklimmen. Zur Zeit unserer Recherche war der Turm unregelmäßig geöffnet; am besten erkundigt man sich bei der Touristeninformation.

★ Plaza Mayor PLATZ

Die lange, abschüssige Plaza Mayor ist das Herzstück der hübschen Stadt. Oben auf dem Hügel thront die **Casa Consistorial** mit ihren beeindruckenden zweistöckigen Bogen, doch das schönste Gebäude am Hauptplatz ist zweifellos die **Casa del Marqués de Cerralbo**, ein Stadthaus aus dem frühen 16. Jh. mit einer wundervollen Fassade. Leider ist das Parken auf dem Platz erlaubt, was seinen Charme etwas beeinträchtigt.

Iglesia de San Pedro & San Isidro KIRCHE

(Plaza de Cristobal de Castillo; ⏲ vor und nach der Messe) Die Verbindung romanischer Mudejar-Elemente des 12. Jh. mit späteren Veränderungen der Gotik lohnen einen Besuch dieser Kirche. Im Kloster sollte man die Säulengänge nicht versäumen. 1994 wurden bei umfangreichen Restaurierungsarbeiten jüngere Hinzufügungen an die Kirche entdeckt: Die Reliefs einer römischen Königin, eines arabischen Königs und eines katholischen Bischofs spiegeln die über die Jahre hinweg vorhandenen verschiedenen Kulturen dieser Region wider.

Casa de los Vázquez HISTORISCHES GEBÄUDE

(Correos; Calle de San Juan 12, Plaza Cristóbal Castillejo 16; ⏲ Mo–Fr 8.30–14.30, Sa 9.30–13 Uhr) Auch wer nichts zu verschicken hat, sollte mal bei der *correos* (Post) vorbeischauen, um den herrlichen *artesonado* (hölzernes Mudejar-Deckengewölbe), die Buntglasfenster und die gefliesten Bilderfriese im mittelalterlichen Stil zu bewundern.

Museo del Orinal MUSEUM
(Nachttopf-Museum; ☎ 952 38 20 87; www.museodelorinal.es; Plaza Herrasti; Erw./Kind unter 10 J. 2 €/frei; ⏲ Mo–Sa 11–14 & 16–19, So 11–14 Uhr;) Nachttöpfe, Toilettenstühle, Bettpfannen – Ciudad Rodrigos Museo del Orinal befindet sich zwar gegenüber der Kathedrale, aber seine Exponate sind definitiv eher irdisch. Es ist das einzige Museum in Spanien, das sich dem Nachttopf widmet. Die Privatsammlung des früheren Einwohners José Maria del Arco umfasst unglaubliche 1300 Exponate aus 27 Ländern, darunter sogar historische Stücke.

Palacio de los Ávila y Tiedra HISTORISCHES GEBÄUDE
(Plaza del Conde 3; ⏲ Mo–Sa 9–19 Uhr) GRATIS Der Palacio de los Ávila y Tiedra aus dem 16. Jh. verfügt über eine der attraktivsten Platereskfassaden des Orts und die schönste rund um die Plaza del Conde. Während die meisten Gebäude nicht öffentlich zugänglich sind, kann man dieses betreten, um den schönen kleinen Innenhof zu bewundern, der von Säulen umgeben ist.

Geführte Touren

Geführte Touren STADTSPAZIERGANG
(☎ 680 42 67 07; www.viveciudadrodrigo.com; Führungen bei Tag/Nacht 6/7 €; ⏲ Sa 12, 16.30 & 20, So 12 Uhr) Die zweistündigen Stadtspaziergänge tagsüber werden von der Touristeninformation angeboten (S. 170) und führen zu den Hauptsehenswürdigkeiten von Ciudad Rodrigo. Der 90-minütige Stadtspaziergang am Samstagabend dreht sich um lokale Legenden.

Feste & Events

Carnaval KARNEVAL
(www.carnavaldeltoro.es; ⏲ Feb;) Zum Karneval im Februar wird besonders ausgelassen gefeiert. Besucher können alle möglichen Kostüme bestaunen sowie beim farbenfrohen *encierro* (Stierrennen) und den *capeas* (Amateurstierkämpfe) zuschauen – oder sogar selbst mitmachen.

Schlafen

★ **Hospedería Audiencia Real** HISTORISCHES HOTEL €€
(☎ 923 49 84 98; www.audienciareal.com; Plaza Mayor 17; DZ 45–85 €;) Direkt an der Plaza Mayor liegt ein schöner Gasthof aus dem 16. Jh. Er wurde reizvoll umgebaut und hat mit freigelegtem Mauerwerk und schmiedeeisernen Möbeln sein historisches Flair spürbar bewahrt. Einige Zimmer haben einen schmalen Balkon zur Plaza hin; das beste hat einen verglasten Alkoven mit einem Tisch für zwei, ideal um hier morgens Zeitung zu lesen.

★ **Parador Enrique II** HISTORISCHES HOTEL €€
(☎ 923 46 01 50; www.parador.es; Plaza del Castillo 1; Zi. 120–185 €;) Als erste Adresse in Ciudad Rodrigo gilt dieses vornehme Kastell aus dem 14. Jh., das in die westliche Stadtmauer integriert ist. 1931 umgebaut, ist es Spaniens drittältester *parador* (staatliches Luxushotel). Der Ausblick ist herrlich, die Zimmer haben viel Charakter und das Restaurant ist mit Abstand das beste der Stadt. Der schöne terrassierte Garten hinter dem Haus bietet Blick auf den Rio Agueda.

Essen

★ **Zascandil** TAPAS €
(☎ 665 63 58 84; Correo Viejo 5; Pinchos 3 €, Tostas 5,50–8 €; ⏲ 13–16 & 19.30–23 Uhr) Ein schickes Lokal im Art-déco-Stil, das zudem bildschöne Tapas serviert, darunter Sashimi und kleine Gourmetburger. Das Biogemüse kommt aus der *huerta* (Marktgarten) des Besitzers, der auch Bioweine serviert. Im Sommer gibt's Livemusik.

El Sanatorio TAPAS €€
(☎ 923 46 10 54; Plaza Mayor 14; raciones & Hauptgerichte 5–16 €; ⏲ 11 Uhr–open end) Aus dem Jahr 1937 stammend, funktioniert das Innere gleichzeitig als faszinierende Sozialgeschichte der Stadt. Die Wände sind vom Boden bis zur Decke mit S/W-Fotografien tapeziert, hauptsächlich vom alljährlichen Karneval und von Stierkämpfen. Die Tapas und *raciones* sind gut: man sollte nach dem *farinato* fragen (eine fette, lokale, mit allen

NICHT VERSÄUMEN

DIE SCHÖNSTEN PLÄTZE DER STADT

- Salamanca (S. 162)
- Segovia (S. 174)
- La Alberca (S. 171)
- Pedraza de la Sierra (S. 180)
- Peñafiel (S. 214)
- Medinaceli (S. 222)

möglichen Gewürzen hergestellte Schweinswurst) – in dieser Version findet sich ein Wachtelei.

★ **Parador Enrique II** SPANISCH €€€
(☎ 923 46 01 50; www.parador.es; Plaza del Castillo 1; Hauptgerichte 17,50–25 €, Tagesmenüs ab 26 €; ⊙13–16 & 20–23.30 Uhr) Als Ciudad Rodrigo's meistgefeiertes Restaurant tischt das eher förmliche Parador exquisite lokale Küche auf. Wir empfehlen jedoch eines der Tagesmenüs zu bestellen, um aus einer breiten Geschmackspalette probieren zu können. Gebratene Fleischwaren sind ein wiederkehrendes Thema ohne grundlegende Innovationen – wenn die lokalen Spezialitäten so gut sind, warum an der Tradition etwas ändern?

Praktische Informationen

Für Online-Informationen zur Stadt: www.turismociudadrodrigo.com.

Touristeninformation Ciudad Rodrigo (☎ 923 49 84 00; www.aytociudadrodrigo.es; Plaza Mayor 27; ⊙April–Sept. Sa & So 10–13.30 & 16–19 Uhr, Okt.-Mai variierende Öffnungszeiten)

Touristeninformation Kastilien-León (☎ 673 57 37 98; www.turismocastillayleon.com; Plaza de Amayuelas 5; ⊙Mo–Fr 9–14 & 17–19, Sa 10–14 & 17–20, So 10–14 Uhr)

An- & Weiterreise

Vom **Busbahnhof** (☎ 923 46 10 36; Calle del Campo de Toledo) bestehen täglich bis zu 13 Verbindungen (am Wochenende weniger) nach Salamanca (6,80 €, 1 Std.). Wer die Sierra de Francia zum Ziel hat, muss ebenfalls über Salamanca fahren.

Sierra de Francia

In einer abgelegenen Ecke des südwestlichen Kastilien-León verbirgt sich die für lange Zeit gottverlassenste Gegend Spaniens, die heute zu Kastiliens gut gehüteten Geheimnissen zählt: die bewaldete Sierra de Francia mit hübschen Dörfern aus Stein und Holz. Ruhige Bergstraßen verbinden Ortschaften, die man am liebsten tagelang erkunden möchte, Hier scheint das Tempo des Lebens kaum von der Moderne berührt zu sein.

Sehenswertes

Das bedeutendste touristische Zentrum der Sierra de Francia ist **La Alberca**. Wer ein Auto hat, kann in die Atmosphäre friedlicher Dörfer wie **Mogarraz** östlich von La Alberca eintauchen. Es ist für seine stimmungsvollen alten Häuser und seine *embutidos* (Räucherfleischwaren) sowie die Porträts von über 400 früheren und jetzigen Bewohnern des Dorfes bekannt. Sie wurden vor einiger Zeit vom ortsansässigen Künstler Florencio Maíllo gemalt und hängen vor den Familienhäusern aus. Die Geschichte dieses außergewöhnlichen Projekts begann in den 1960er-Jahren, als die Armut um sich griff und viele Einheimische nach Arbeit suchten, vor allem in Südamerika. Sie benötigten Ausweise, die später zu diesen Porträts inspirierten.

Ähnlich interessant ist **Miranda del Castañar**, das noch etwas weiter östlich auf einem schmalen Kamm liegt. Am schönsten ist **San Martín del Castañar** mit seinen Fachwerkhäusern, den vor Blumen überquellenden Balkonkästen und dem sprudelnden Bach. Eine kleine dörfliche Stierkampfarena steht neben einer renovierten Burgruine mit historischem Friedhof und einem Besucherzentrum.

Villanueva del Conde ist ebenfalls ein hübsches Örtchen.

Die Hauptattraktion der Region ist der höchste Gipfel vor Ort, die **Peña de Francia** (1732 m). Nach einer kurvenreichen 12 km langen Anfahrt, die in der Nähe von La Alberca beginnt, erreicht man das Kloster auf dem Gipfel. Von diesem beeindruckenden Ort reicht der Blick nach Osten bis zur Sierra de Gredos, nach Süden bis zur Extremadura und nach Westen bis nach Portugal.

Versos Microbodega WEINGUT
(☎ 923 20 81 31, 696 33 41 68; www.versosmicrobodega.com; Calle del Cementerio 3–13, San Martín del Castañar) Dieses exzellente kleine Weingut stellt einige wunderbare Rotweine und einen fesselnden Weißwein her. Bei Voranmeldung wird für Weinproben und Führung durch das im Jahr 1846 gegründete Weingut geöffnet, in dem es auch ein exzellentes Restaurant gibt (*menú de degustación* 25 €).

Schlafen

Hostal Las Madras HOSTAL €
(☎ 627 45 52 90; www.gruposierrarural.es; Plaza Juan José Hidalgo Acera 21, Villanueva del Conde; DZ ab 42 €; 📶) Die Zimmer des sehr guten und preiswerten *hostal* in dem hübschen kleinen Dorf Villanueva del Conde haben offene Ziegelsteinwände. Auch das Restaurant ist hervorragend.

Abadía de San Martín HOTEL €€
(☎ 923 43 73 50; www.abadiadesanmartin.com; Calle Paipérez 24, San Martín del Castañar; DZ 65–75 €, Suiten 75–95 €;) Hübsche moderne Zimmer in einem umgebauten alten Wohnhaus in einem der schönsten Dörfer der Sierra de Francia. Zum Haus gehört auch ein renommiertes Restaurant – was könnte man sich sonst noch wünschen?

Hotel Spa Villa de Mogarraz HOTEL €€
(www.hotelspamogarraz.com; Calle Miguel Ángel Maíllo 54, Mogarraz; Zi. 48–130 €;) Am Fußgängereingang zum herrlichen Mogarraz bietet das kunstvoll umgebaute Spa-Hotel geräumige Zimmer, teils mit Holzbalken, teils mit offenen Steinwänden. Uns gefiel ganz besonders der Blick auf die kopfsteingepflasterte Hauptstraße vom Zimmer Nr. 125 aus. Das Hotelrestaurant überzeugt ebenfalls.

Praktische Informationen

In der Sierra de Francia gibt's keine Touristeninformationen. Ein paar Auskünfte über die Region bekommt man in den Touristeninformationen von Salamanca (S. 167) und Ciudad Rodrigo.

An- & Weiterreise

Von Ciudad Rodrigo (SA220), Salamanca (CL512 und SA210) und Béjar (SA220) führen Straßen in die Sierra de Francia. Ein bis zwei Busse ab Salamanca sind die einzigen öffentlichen Verkehrsmittel.

Spektakulär ist die Fahrt nach Süden Richtung Extremadura durch das traumhafte Valle de las Batuecas. Gleich hinter La Alberca öffnet sich ein weites Panorama niedriger Bergketten. Zunächst geht's auf der kurvigen Straße hinab ins Valle de las Batuecas und dann durch eine Landschaft, deren Schönheit schon von diversen Dichtern sowie dem Schriftsteller und Gelehrten Miguel de Unamuno gepriesen wurde. Am besten kommt man im Frühling her, wenn die Hügel mit purpurfarbenem Heidekraut und leuchtend gelbem Raps bedeckt sind.

Unterwegs vor Ort

Mindestens ein Bus pro Tag fährt montags bis samstags von Salamanca aus durch einige Dörfer der Sierra de Francia, aber er eignet sich nur für die Anreise in die Region. Für Erkundungen und zur Fortbewegung braucht man ein eigenes Fahrzeug.

La Alberca

1125 EW. / 1048 M

La Alberca ist eines der größten und am besten erhaltenen Dörfer der Sierra de Francia, ein historisches, harmonisches Gewirr enger Gassen mit Häusern aus Stein, Holzbalken und Mörtel. Über den Türen sind die Jahreszahlen ihres Baus ins Holz geschnitzt (häufig Ende des 18. Jhs.). An Ständen werden lokale Produkte wie *jamón*, aber auch Körbe und die unvermeidlichen kitschigen Souvenirs verkauft. Das Zentrum sieht aus wie eine **Plaza Mayor** aus dem Bilderbuch; samstagmorgens findet hier ein Markt statt.

Schlafen

Hostal La Alberca HOSTAL €
(☎ 923 41 51 16; Plaza Padre Arsenio; EZ/DZ/3BZ 30/37/53 €;) Über einem Restaurant in einem der meist beeindruckendsten Fachwerkhäuser in La Alberca untergebracht, bietet dieses angenehme Hostal renovierte Zimmer. Von den Balkonen hat man einen Blick auf einen kleinen Platz am Dorfeingang.

★ **Hotel Doña Teresa** HOTEL €€
(☎ 923 41 53 08; www.hoteldeteresa.com; Carretera de Mogarraz; EZ/DZ ab 60/90 €;) Doña Teresa verkörpert den dörflichen Charme der alten Welt in seiner modernisierten Variante. Die geräumigen, atmosphärischen Zimmer mit Holzbalken und freiliegendem Mauerwerk bieten alle wichtigen Annehmlichkeiten; einige blicken auf den Garten. Die Inhaber führen 1,5 km weiter auch ein Spa, das Hausgästen verschiedene Behandlungen zu reduzierten Preisen anbietet.

★ **Abadia de los Templarios** HOTEL €€
(☎ 923 42 31 07; www.abadiadelostemplarios.com; Ctra SA201 (Salamanca–La Alberca) Km 76; DZ/Suiten/Villas ab 95/112/121 €;) Das hervorragende Hotel hat große Zimmer mit Holzböden und offenen Holzbalken. Die große Anlage in der Nähe des Hauptortseingangs an einem schönen grünen Hang ist der Fachwerkarchitektur von La Alberca nachempfunden. Ein Spa und ein Swimmingpool gehören zum Gelände. Einziges Manko: Es ist oft von Reisegruppen lokaler Veranstalter belegt.

Essen

Restaurante El Encuentro SPANISCH €€
(☎ 923 41 53 10; www.restauranteelencuentro.es; Calle de Tablado 8; Di–Do 13–16 & 20.30–23 Uhr) Die stets guten Berichte von Reisenden haben uns aufhorchen lassen und auf dieses Restaurant aufmerksam gemacht. Die Ausstattung ist ziemlich durchschnittlich, aber

das Essen exzellent, angefangen von den Fleischbällchen *albóndigas de ternera* bis hin zum Ochsenschwanz, den Schweinefüßen und dem Fasan. Spanier lieben diesen Ort wegen seiner urspünglichen Küche und dem sachlichen und fachkundigen Service. Wir mögen's auch.

Entrevinos SPANISCH €€
(☎ 618 47 94 89; Calle de la Iglesia 37; Hauptgerichte 12–18 €; ⏲ 13–16 & 20.30–23 Uhr) La Albercas kreativste Küche hält an der Leidenschaft für traditionelle Fleischgerichte fest, bietet aber auch raffinierte Varianten wie in Rotwein zubereitete Rinder-Medaillons mit Himbeeren und Kaviar. Die moderne Einrichtung und die jungen Besitzer bilden einen willkommenen Kontrast zu den ansonsten überwiegend dunklen holzgetäfelten Restaurants mit grummeligen Kellnern.

An- & Weiterreise

An Werktagen verkehren täglich zwei Busse zwischen La Alberca und Salamanca (5,90 €, ca. 1–1½ Std.). Samstags und sonntags gibt's je eine Verbindung.

Guijuelo

5630 EW.

Guijuelo ist vielleicht nicht die schönste Stadt in Kastilien-León (es ist sogar ziemlich hässlich), aber das stört die Einheimischen nicht, denn schließlich zählt der Ort zu den kulinarischen Highlights des Landes. Viele Kenner sind sich einig, dass Spaniens bester *jamón* (Schinken) aus Guijuelo und Umgebung stammt und dass es kaum Orte im Land gibt, die die köstliche und typisch spanische Delikatesse in vergleichbarer Qualität bieten.

Sehenswertes

Museo de la Industria Chacinera MUSEUM
(☎ 923 59 19 01; Calle Nueva 1; Erw./Kind 2/1 €; ⏲ Mo–Sa 10–14 Uhr) Trotz seines recht funktionalen Namens ist dieses interaktive Museum einzig und ausschließlich dem *jamón* gewidmet. Im ersten Raum zeigen Videos die Herstellung von *jamón* und anderen *embutidos* (Räucherfleichwaren), für die Guijuelo bekannt ist. Der zweite Raum präsentiert die besonderen *cerdos ibéricos* (Iberische Schweine), auf denen die lokale Wirtschaft basiert. Der dritte und letzte Raum ist nichts für Zartbesaitete, denn er widmet sich dem Schlachten. Tafeln und Videos nur auf Spanisch.

Geführte Touren

Einige *jamón*-Produzenten aus Guijuelo bieten Führungen durch ihre Fabriken an, eine gute Gelegenheit, sich mit der lokalen Leidenschaft für Schinken vertraut zu machen. Feste Zeiten gibt's nicht: Man braucht nur anzurufen oder eine Mail zu schreiben, um herauszufinden, wann man sich einer Gruppenführung anschließen kann. Die Touristeninformation hat ebenfalls eine Liste der Produzenten, die Führungen anbieten, und kann einen Besuch arrangieren, aber wir empfehlen, sich im Voraus darum zu kümmern. Wer sich erst vor Ort erkundigt, kann vielleicht nicht mehr am selben Tag an einer Führung teilnehmen.

★ **Alma de Ibérico** ESSEN & TRINKEN
(☎ 923 58 09 44; www.almadeiberico.com; Calle de Alfonso XIII 18; Führung pro Pers. 20–30 €; ⏲ Laden Mo–Fr 10–19.30, Sa & So 10.30–15.30 Uhr, Führungen Sa 12 Uhr, andere Zeiten nach Voranmeldung) Dieser örtliche Produzent von *jamón* bietet 45-minütige Fabrikbesichtigungen an, bei denen man von Tausenden hängenden Schinkenkeulen umgeben ist und am Ende eine Mahlzeit bekommt, die vorwiegend aus Schinken besteht. Das meiste wird auf Spanisch erklärt, aber auch wenn man nichts versteht, ist die Führung ein Erlebnis. Entweder man mailt vorab oder geht in den Laden in Guijuelo, um sich für die Führung anzumelden (Reservierung erforderlich).

Simón Martín ESSEN & TRINKEN
(☎ 923 58 01 29; www.simonmartin.es; Calle de Filiberto Villalobos; Führung pro Pers. 20–30 €; ⏲ nach Voranmeldung) Der renommierte Schinkenproduzent aus Guijuelo bietet einstündige Führungen durch seine Fabrik an, bei denen man einen Überblick über die Produktion, das Trocknen, Salzen und alle weiteren Vorgänge der Schinkenherstellung bekommt. Vorher per Mail oder Telefon einen Termin vereinbaren.

Essen

★ **Alma de Ibérico** JAMÓN €
(☎ 923 58 09 44; www.almadeiberico.com; Calle de Alfonso XIII 18; Tapas ab 3 €; ⏲ Mo–Fr 10–19.30, Sa & So 10.30–15.30 Uhr) Dieser nette Ort ist zugleich Laden, Zentrum der Schinkenverkostung und kleine Bar. Uns gefällt besonders, dass man hier verschiedene Räu-

cherfleischwaren probieren oder auch eine *ración* des besten *jamón* und ein Glas guten lokalen Wein bestellen kann.

El Pernil Ibérico SPANISCH €€
(☎ 923 58 14 02; Calle de Chinarral 6; Tapas ab 3,50 €, Hauptgerichte 12–24 €; ⌚ 9–24 Uhr) Hier dominiert die gute und traditionelle spanische Küche. Zudem gibt's hervorragenden *jamón* und ein empfehlenswertes *menú de degustación*. Auch die Tapas sind hervorragend – es gibt keinen besseren Ort um eine *ración* vom besten Guijelo zu bestellen.

Shoppen

Sabor Guijuelo KULINARISCHES
(☎ 923 58 12 87; Calle Fragua 2; ⌚ 10–18.30 Uhr) In der Stadt verkaufen viele Läden gute *embutidos (Räucherfleischwaren)* aber dieser hervorragende kleine Ort liegt noch dazu ganz in der Nähe der Plaza Mayor und der Touristeninformation. Wer hier einen geschnittenen, verpackten *jamón ibérico de bellota en lonchas* (Schinken von mit Ahorn gefütterten Schweinen) für um die 10 € kauft, dem wird schnell klar, worum solch ein Aufhebens gemacht wird

Praktische Informationen

Touristeninformation (☎ 923 58 04 72; www.guijuelo.es; Plaza Mayor 21; ⌚ Mo & Fr 9–15 & 16–19, Di–Do 9–15 & 16–20 Uhr, Sa 9–14 Uhr) Im Zentrum ausgeschildert und auch im Museo de la Industria Chacinera vertreten. Listen mit den lokalen Schinkenherstellern sind hier verfügbar und Betriebsführungen können arrangiert werden. Auch die nützliche Website sollte zu Rate gezogen werden (www.saboraguijuelo.com).

An- & Weiterreise

Guijuelo liegt direkt an der A66/E803, ca. 50 km südlich von Salamanca bzw. 20 km nördlich von Béjar. Jeden Tag fahren ein paar Busse auf dem Weg nach Salamanca (4,25 €, 30 Min.) oder Béjar (2,60 €, 15 Minuten) durch den Ort.

Sierra de Béjar

Zwischen der Sierra de Francia und der Sierra de Gredos erstreckt sich die Sierra de Béjar, die mit noch mehr pittoresken Dörfern und schneebedeckten Gipfeln bis weit nach Ostern aufwartet. Die Gegend eignet sich hervorragend für alle möglichen Outdoor-Aktivitäten. Von zahlreichen Ausgangspunkten führen ausgeschilderte Wanderwege in die Berge. Obgleich Madrid nicht weit entfernt ist, so ist es doch weit genug entfernt, um am Wochenende nicht von Wanderern erdrückt zu werden.

Sehenswertes

Béjar bildet das Zentrum der Region. Die teilweise von einer Mauer umgebenen alten, etwas vernachlässigten Viertel des Orts reihen sich am Westende eines hohen Kamms aneinander. Wenn man von der A 66 aus in die Stadt kommt, bietet sich ein spektakulärer Blick.

Gleich östlich der Berge liegt **El Barco de Ávila** am Río Tormes. Es wird von einer trutzigen, aber verfallenen Burg überragt.

Das schönste Dorf in dieser Gegend ist das kleine **Candelario** (934 Ew.), 5 km von Béjar. Es schmiegt sich an einen steilen Berghang. Die aus Sandstein und Holz gebauten Häuser stehen dicht gedrängt, um der harschen Witterung im Winter zu trotzen. Lokaltypisch sind die halbhohen Türen aus Holz vor den Eingängen zu vielen Häusern. Béjar ist eine beliebte Sommerfrische und ein großartiger Ausgangspunkt für Wanderungen.

Schlafen

Casa de la Sal PENSION €€
(☎ 923 41 30 51; www.casadelasal.com; Calle de la Fuente Perales 1, Candelario; Zi. 75–90 €; 📶) Schöne rustikale und geschmackvolle neu eingerichtete Zimmer in dezenten Farben, geschmückt mit attraktiven Kunstwerken, machen das freundliche Haus zu einer hervorragenden Basis in Candelario. Einige Zimmer verfügen über Sitzecken.

Posada Puerta Grande PENSION €€
(☎ 923 41 32 45; www.posadapuertagrande.com; Plaza del Humilladero 1, Candelario; Zi. ab 75 €; 📶) Offene Steinwände, Holzbalken und geflieste Böden – die Zimmer dieser Unterkunft am Fuße des Hangs, der zur Altstadt hinaufführt, sind attraktiv. Es gibt auch ein Restaurant sowie weitere Bar-Restaurants in der Nähe.

Praktische Informationen

Touristeninformation (☎ 923 41 30 11; Calle del Parque, Candelario; ⌚ Sa 10.30–14.30 & 17–19, So 10.30–14.30 Uhr) Am unteren Teil des Hügels am Eingang zur Altstadt. Geöffnet ist manchmal auch Dienstag bis Freitag von 17–19 Uhr, zeitgleich mit der lokalen Bücherei im selben Gebäude.

An- & Weiterreise

Béjar liegt an der Strecke zwischen Salamanca (6,50 €, 45 Min.) und Plasencia (8 €, 1 Std.) und täglich fahren mehrere Busse von der Autobahn ab in die Stadt. Ab und zu fahren Busse von Salamanca nach Candelario.

DIE KASTILISCHE HOCHEBENE

Das Hochland (*meseta*) mit seinem scheinbar endlosen Horizont hat etwas Ergreifendes an sich. Aus der Ebene erheben sich jedoch die wunderschönen Städte des Kastilischen Kernlandes – das magische Segovia, das dynamische Valladolid, die romanischen Herrlichkeiten Zamoras und die einzigartige Kathedrale in Palencia. Gibt man noch ein wenig reizvolle Berglandschaft in der Montaña Palentina hinzu, die Chance, Wölfe in der Sierra de la Culebra zu sehen sowie das verführerische Dorf Puebla de Sanabria, wird man in der Region so viel Zeit wie möglich verbringen wollen.

Segovia

52 257 EW. / 1002 M

Die UNESCO-Welterbestätte hatte schon immer etwas Mystisches an sich. Wahrscheinlich nicht zuletzt, weil Segovia von Herkules oder dem Sohn Noahs gegründet worden sein soll. Ein Grund könnte natürlich auch sein, dass nirgendwo sonst in Spanien ein römisches Bauwerk – der riesige Aquädukt – von solch einmaliger Erhabenheit mitten im Herzen einer pulsierenden, modernen Stadt erhalten ist. Vielleicht liegt es aber auch daran, dass Sehenswürdigkeiten der Stadt als Motiv in der Kunst aufgegriffen wurden: Angeblich hat Walt Disney sein Disneyland-Dornröschenschloss dem Alcázar nachempfunden. Was immer es genau sein mag: Segovia ist einfach wunderbar – in warmen Terrakotta- und Sandsteintönen erhebt sich die Stadt mitten in

NICHT VERSÄUMEN

DIE SCHÖNSTEN BURGEN IN KASTILIEN-LEÓN

Während das disneyartige Alcázar in Segovia und die wunderbaren Festungsmauern in Ávila (S. 158) wahrscheinlich alle Aufmerksamkeit bekommen, sind die einsamen auf Bergspitzen gelegenen Burgen eine regionale Besonderheit. Zu den Hochkarätern gehören folgende Anlagen:

Coca (☎ 617 57 35 54; www.castillodecoca.com; Coca; Führungen 2,70 €; ⏲ Führungen Mo–Fr 10.30–13 & & 16.30–18 Uhr, Sa & So 11–13 & 16–18 Uhr) Ein ganz aus Ziegeln errichtetes Meisterwerk der gotischen Mudejararchitektur 50 km nordwestlich von Segovia.

Ponferrada (☎ 987 40 22 44; Avenida del Castillo; Erw./erm. 6/4 €, Mi frei; ⏲ Anf. Juni-Sept. tägl. 9–21 Uhr, Okt. –Anf. Juni 10–14 & 16–18 Uhr) Von den Tempelrittern im 13. Jh. erbautes Festungskloster.

Peñafiel (S. 214) Eine der längsten Burganlagen in Spanien, jetzt Weinmuseum.

Castillo de Gormaz (Fortaleza Califal de Gormaz; Gormaz; ⏲ 24 Std.) GRATIS Eine während der muslimischen Zeit errichtete Festung mit 21 Türmen, 14 km südlich von El Burgo de Osma.

Castillo de Pedraza (S. 180) Eine ungewöhnlich intakte Außenmauer nordöstlich von Segovia.

Turégano (☎ 634 46 02 15; €2; ⏲ Juli & Aug. 11–14 & 17–20 Uhr, variierende Öffnungszeiten während des restlichen Jahres) Ein einzigartiger Kirchenburgkomplex des 15. Jh.; 30 km nördlich von Segovia.

Wenn man lieber ein paar andere auf eigene Faust erkunden will: wie wär's mit denjenigen in **San Felices de San Gallego** (nördlich von Ciudad Rodrigo), **Ampudia** (südwestlich von Palencia), **Simancas** (südöstlich von Valladolid) oder in **Medina de Pomar** (nordöstlich von Burgos). Zu diesen und anderen Vorschlägen sollte man zum Büchlein *turismo cultural* greifen, das es in jeder regionalen Touristeninformation gibt und das mehr als 100 Burgen in ganz Kastilien und León aufführt.

den Hügeln Kastiliens vor dem Hintergrund der Sierra de Guadarram.

Sehenswertes

★ Acueducto WAHRZEICHEN

Wichtigstes Wahrzeichen der Stadt und zudem ein Wunder der Ingenieurskunst ist der 894 m lange Aquädukt, der wie ein riesiger in den Ort gesteckter Kamm aussieht. Er wurde von den Römern aus über 20 000 unebenen Granitblöcken und ohne einen einzigen Klecks Mörtel gebaut, hat 163 Bogen und misst an seinem höchsten Punkt an der Plaza del Azoguejo ganze 28 m.

Ursprünglich war der Aquädukt Teil eines komplexen Systems von Aquädukten und unterirdischen Kanälen, durch die man Wasser aus den über 15 km entfernten Bergen geleitet hat. Sein guter Zustand ist einem großen Restaurierungsprojekt in den 1990er-Jahren zu verdanken. Um sich das Ganze von oben anzusehen, steigt man hinter der Touristeninformation die Treppen neben dem Aquädukt hinauf.

★ Catedral KATHEDRALE

(☎ 921 46 22; www.turismodesegovia.com; 05; Plaza Mayor; Erw./erm. 3/2 €, So vormittags frei, Turmführung 5 €; ⏲ April–Okt. Mo–Sa 9–21 Uhr, So 13.15–21 Uhr; Nov.–März Mo–Sa 9.30–17.30, So–13.15–17.30; Turmführung ganzjährig 10.30 & 12.30 Uhr, April–Okt. 16.30, Nov.–März 16 Uhr) 1525 begann man am Standort einer früheren Kapelle mit der Errichtung der Kathedrale, einem wahrhaft prächtigen Werk gotischer Architektur. Ihre Vollendung dauerte fast 200 Jahre. Den strengen dreischiffigen Kirchenraum schließen ein beeindruckender Chor und 20 Kapellen ab, darunter die **Capilla del Cristo del Consuelo** mit ihrem großartigen romanischen Portal, während die **Capilla de la Piedad** einen wichtigen Altar von Juan de Juni beherbergt. Wer an einer einstündigen Führung teilnimmt, kann auf den Turm steigen und den herrlichen Ausblick genießen.

★ Alcázar BURG

(☎ 921 46 07 59; www.alcazardesegovia.com; Plaza de la Reina Victoria Eugenia; Erw./erm./Kind unter 6 J. 5,50/3 €/frei, Turm 2,50 €; Audioguides 3 € ⏲ Okt.–März 10–18.30 Uhr, April–Sept. bis 19.30 Uhr; 👪) Rapunzeltürme, von Hexenhüten aus Schiefer gekrönte Türmchen und ein tiefer Graben auf der Rückseite machen das Bauwerk zum Urtypus einer Märchenburg: Kein Wunder also, dass es Walt Disney zu seinem Dornröschenschloss inspiriert haben soll. Der Name der seit der Römerzeit befestigten Burg stammt vom arabischen Wort für Festung, *al-qasr*. Im 13. und 14. Jh. wurde der Alcázar wiederaufgebaut, aber 1862 durch ein Feuer vollständig zerstört. Was man heute sieht, ist eine fantasievolle Rekonstruktion. Zu den Höhepunkten gehören die **Sala de las Piñas** mit ihren 392 ananasförmigen „Stalaktiten" und die **Sala del Reyes** mit ihrem dreidimensionalen Fries aus 52 Skulpturen der Könige, die während der Reconquista kämpften. Die Aussichten von der höchsten Stelle der Torre de Juan II. sind wahrlich einzigartig.

> NICHT VERSÄUMEN
>
> **DER BESTE BLICK AUF DIE STADT**
>
> Um ein besonders tolles Foto von Segovia zu schießen, sollte man einen Punkt ungefähr 2 km nördlich der Stadt in Richtung Cuéllar aufsuchen. Hier entfaltet sich eine geradezu magische filmreife Aussicht mit dem Aquädukt „in der Hauptrolle".

Plaza Mayor PLATZ

Die schattige Plaza Mayor ist das pulsierende Zentrum des alten Segovia. Den Platz säumen verschiedene vielseitige Gebäude, Arkaden und Cafés; in der Mitte steht ein offener Pavillon. Hier befinden sich auch die Kathedrale und die regionale Touristeninformation (S. 179).

Museo Gastronómico MUSEUM

(☎ 921 46 01 47; www.museogastronomicodesegovia.es; Calle de Daoiz 9; 1 €, mit Verkostung 3 €; ⏲ April–Mitte Okt. Mo–Fr 11–15, Sa & So 11–20 Uhr, Mitte Okt.–März Mo-Fr 11–15, Sa & So 11–19 Uhr) Das hübsche kleine Museum entführt seine Besucher in die wundervolle Welt der spanischen Küche mit Schwerpunkt auf Spezialitäten aus der Region Segovia. So gibt's Bereiche zu lokalen Käsesorten, Weinen, Räucherfleischwaren, *ponche segoviano* und auch der lokale Whisky DYC wird präsentiert. Die Videos werden auf Spanisch gezeigt und die Exponate sind auf Spanisch erläutert, aber fast überall im Museum stehen auch englische Zusammenfassungen.

Centro Didáctico de la Judería MUSEUM

(☎ 921 46 23 96; www.juderia.tursimodesegovia.com; Calle de la Judería Vieja 12; €2, Mi frei; ⏲ Mo

Segovia

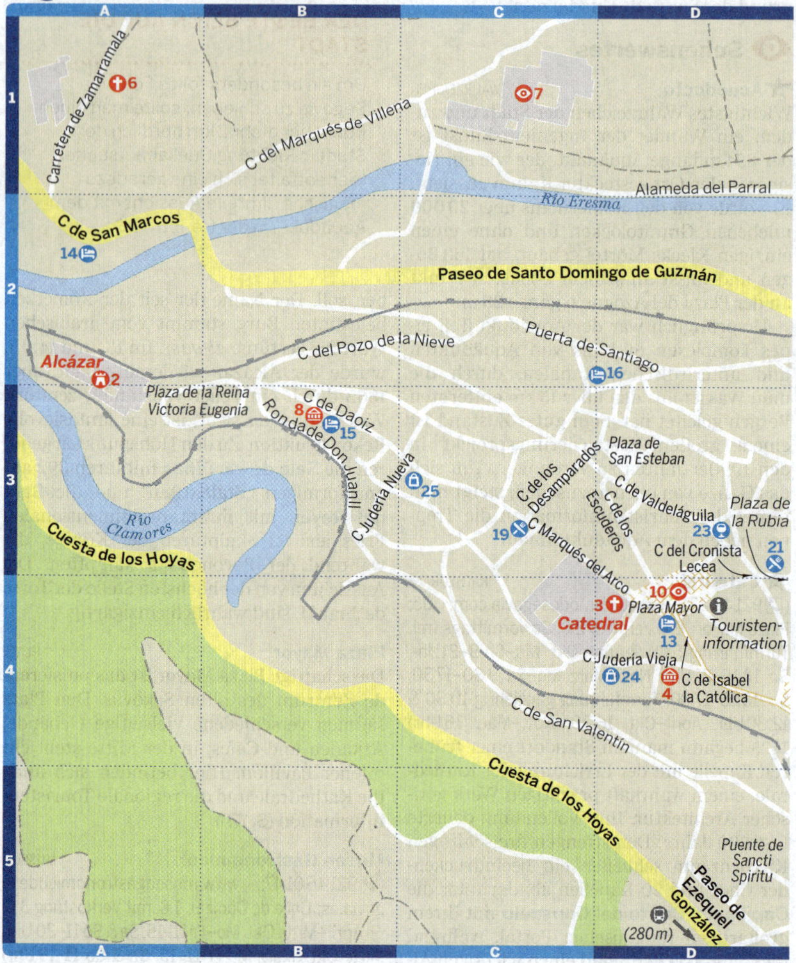

& Di 10–14, Mi & Fr 10–14 &15–18, Do & Sa 10–13 & 15–18, So 10–13 Uhr, Führungen Do, Sa & So 13 Uhr) Dieses Besucherzentrum und Museum bietet eine faszinierende Geschichte der jüdischen Gemeinde in Segovia. Es nimmt den ehemaligen Platz des aus dem 15. Jh. stammenden Hauses eines der wichtigsten Gemeindemitglieder, Abraham Seneor ein. Die benachbarte **Iglesia de Corpus Cristi** steht an der Stelle von Segovias alter Synagoge.

Monasterio de Santa María del Parral — KLOSTER

(✆ 921 43 12 98; Calle Del Marqués de Villena; auf Spendenbasis; ⏲ Mi–So 11–17 Uhr) Wer einen Teil des Kreuzgangs und der Kirche sehen möchte, muss am Portal klingeln. Sonntags um 12 Uhr und im Sommer täglich um 13 Uhr kommen Besucher des Gotteshauses – ein stolzer Bau im gotischen Flamboyantstil – in den Genuss einer von den Mönchen gesungenen gregorianischen Messe.

Iglesia de Vera Cruz — KIRCHE

(✆ 921 43 14 75; Carretera de Zamarramala; 2 €; ⏲ April–Sept. Di–So 10.30–13.30 & 16–19 Uhr, Okt.–März Di 16–18, Mi–So 10.30–13.30 & 16–18 Uhr) Dieses zwölfseitige Gebäude ist eines der besterhaltenen seiner Art in ganz Europa. Tempelritter errichteten es im 13. Jh. nach dem Vor-

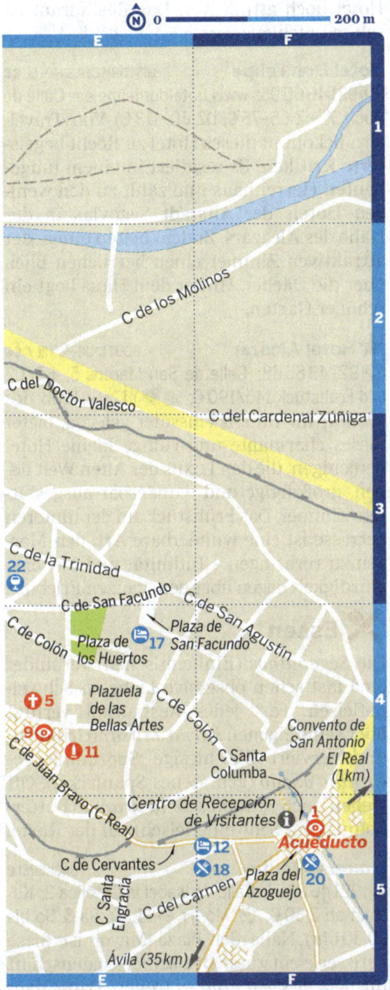

Segovia

Highlights
1 Acueducto F5
2 Alcázar A2
3 Catedral D4

Sehenswertes
4 Centro Didáctico de la Judería D4
5 Iglesia de San Martín E4
6 Iglesia de Vera Cruz A1
7 Monasterio de Santa María del Parral C1
8 Museo Gastronómico B3
9 Plaza de San Martín E4
10 Plaza Mayor D4
11 Torreón de Lozoya E4

Schlafen
12 Häb Urban Hostel F5
13 Hospedería La Gran Casa Mudéjar D4
14 Hotel Alcázar A2
15 Hotel Don Felipe B3
16 Hotel Exe Casa de Los Linajes D2
17 Hotel Palacio San Facundo E4

Essen
18 Casa Duque F5
19 La Almuzara C3
Limón y Menta .... (siehe 13)
20 Mesón de Cándido F5
21 Mesón José María D3
Restaurante El Fogón Sefardí .... (siehe 13)

Ausgehen & Nachtleben
22 Canavan's Theatre E3
23 La Tasquina D3

Shoppen
24 Artesanía La Gárgola D4
25 Montón de Trigo Montón de Paja C3

bild der Grabeskirche in Jerusalem, und einst barg es ein Stück des *Vera Cruz* (Wahres Kreuz), das sich jetzt in der Kirche des nahegelegenen Dorfes Zamarramala befindet und nur zu Ostern gezeigt wird.

In der zweistöckigen Kammer des runden Hauptschiffs hielten die Tempelritter ihre geheimen Riten ab.

Plaza de San Martín PLATZ

Die kleine Plaza de San Martin ist eines der am meisten fesselnden Fleckchen in Segovia. Der Platz wird beherrscht von einer Statue von Juan Bravo, dem **Torreón de Lozoya** (☎ 921 46 24 61; Plaza de San Martín 5; ⌚ Di–Fr 17–21, Sa & So 12–14 & 17–21 Uhr) GRATIS, aus dem 14. Jh., einem Turm, in dem wechselnde Ausstellungen stattfinden, und der **Iglesia de San Martín** (⌚ vor & nach der Messe), die mit ihrem Mudejarturm und den Arkadengängen ein wahres Glanzstück der Romanik darstellt.

Feste & Events

Titirimundi International Puppet Festival THEATER

(www.titirimundi.es; ⌚ Mitte Mai, 👪) Das einwöchige Festival findet Mitte Mai statt und feiert das Marionetten- und Puppentheater mit Shows und Straßenevents in ganz Segovia.

Fiestas de San Juan y San Pedro KIRCHLICH
(⏲24.–29. Juni; 👪) Am Tag des hl. Johannes (29. Juni) pilgern die Einheimischen zu einer Einsiedelei außerhalb der Stadt. Während der sechstägigen Feierlichkeiten vom 24. bis zum 29. Juni finden Umzüge, Konzerte und Stierkämpfe statt

Schlafen

Hotel Exe Casa de Los Linajes HOTEL €
(☎921 41 48 10; www.exehotels.com; Calle del Doctor Valesco 9; Zi. 44–78 €; P ❄ 📶) Eine kürzliche Grunderneuerung hat dieses exzellente Hotel noch besser gemacht. Die Zimmer sind groß und erfüllt von einem zeitgemäßen Stil, die öffentlichen Bereiche vom Charme der Alten Welt. Von allen Zimmern sieht man auf die Berge, von vielen auch auf die Kathedrale und/oder den Alcázar.

Häb Urban Hostel HOSTAL €
(☎921 46 10 26; www.habhostel.com; Calle de Cervantes 16; Zi. 50–80 €, ❄ 📶) Dieses helle und einladende *hostal* verfügt – trotz seines Namens – über mehr Doppelzimmer mit Bad als Schlafsäle mit Etagenbetten. Die Lage ist sehr gut, genau dort, wo die Fußgängerzone in die Altstadt hinaufführt. Einige Zimmer sind klein, aber die Einrichtung ist hell und modern.

★**Hotel Palacio San Facundo** HISTORISCHES HOTEL €€
(☎921 46 30 61; www.hotelpalaciosanfacundo.com; Plaza San Facundo 4; EZ/DZ inkl. Frühstück 95/130 €; ❄ @ 📶) Segovias Hotels sind sehr geschickt darin, die jahrhundertealte Architektur mit stilvoll eingerichteten, modernen Zimmern in Einklang zu bringen. Hier ist eines der besten Beispiele dafür – das Hotel verfügt über einen mit Säulengängen versehenen Innenhof, warme Farbgebung, schickes Raumdekor und zentrale Lage. Das Frühstücksbüfett ist großzügiger als üblich.

★**Hospedería La Gran Casa Mudéjar** HISTORISCHES HOTEL €€
(☎921 46 62 50; www.lacasamudejar.com; Calle de Isabel la Católica 8; Zi. 55–105 €; ❄ @ 📶) In manchen Zimmern der beiden wunderbar renovierten Hotelgebäude treffen echte geschnitzte Mudejardecken aus dem 15. Jh. auf modernste Annehmlichkeiten. Im neueren Flügel bieten die Räume der oberen Etage einen herrlichen Blick über die Dächer des alten jüdischen Viertels hinweg in die Berge. Ein kleiner Wellnessbereich macht das Hotel noch attraktiver. Das Restaurant ist sehr empfehlenswert.

Hotel Don Felipe HISTORISCHES HOTEL €€
(☎921 46 60 95; www.hoteldonfelipe.es; Calle de Daoiz 7; EZ 55–75 €, DZ 60–113 €) Von Travellern bekommt dieses Hotel zu Recht begeisterte Kritiken. Es residiert in einem umgebauten Herrenhaus und zählt zu den wenigen Hotels der Altstadt Segovias in der Nähe des Álcazars. Zudem bieten einige der attraktiven Zimmer einen herrlichen Blick über die Dächer. Hinter dem Haus liegt ein schöner Garten.

★**Hotel Alcázar** BOUTIQUE-HOTEL €€€
(☎921 43 85 68; Calle de San Marcos 5; EZ/DZ inkl Frühstück 145/190 €; ❄ 📶) Unterhalb des Alcázar im Tal am Flussufer gelegen, bietet dieses charmante und ruhige kleine Hotel denjenigen, die den Luxus der Alten Welt lieben, großzügige und wunderbar ausgestattete Zimmer. Das Frühstück auf der hinteren Terrasse ist eine wunderbare Art, den Morgen zu verbringen – Intimität und Liebenswürdigkeit liegen über dem ganzen Erlebnis.

Essen

Die *Segovianos* (Einheimischen) verbindet eine fast schon obsessive Liebe zu Schweinefleisch. Fast jedes Restaurant verfügt über seine eigenen *horno de asar* (Grillöfen) und serviert die hiesige Spezialität *cochinillo asado* (gebratenes Spanferkel). Oft stehen auch *judiones de la granja* (Butterbohnen mit Schweinefleisch) auf der Karte.

Limón y Menta BÄCKEREI €
(☎921 46 22 57; Calle de Isabel la Católica 2; Kuchen ab 2,50 €; ⏲ Mo–Fr 9–21.30, Sa & So bis 20.30 Uhr) Nahe der Plaza Mayor ist diese Patisserie ein guter Ort, seiner Leidenschaft für *ponche segoviano* zu frönen. Dabei handelt es sich um einen schweren Biskuitkuchen mit Zitrone und Marzipanglasur, auf die Puderzucker in einem markanten Zick-Zack-Muster aufgetragen wird.

★**Restaurante El Fogón Sefardí** JÜDISCH €€
(☎921 46 62 50; www.lacasamudejar.com; Calle de Isabel la Católica 8; Tapas ab 2,50 €, Hauptgerichte 12–26 €, Menüs 19–25 €; ⏲13.30–16.30 & 19.30–23.30 Uhr) Eines der originellsten Lokale der Stadt. Das Restaurante El Fogón Sefardi ist in der Hospedería La Gran Casa Mudéjar untergebracht und bietet sephardisch-jüdische Gerichte an, die entweder im kleinen Patio oder im prächtigen Speisesaal mit originalen Mudejarverzierungen

aus dem 15. Jh. serviert werden. Vielfältige Köstlichkeiten gibt's auch in der Bar. Man sollte die preisgekrönten Tapas probieren und vorher reservieren.

★ **Mesón José María** KASTILISCH €€
(☎ 921 46 11 11; www.restaurantejosemaria.com; Calle del Cronista Lecea 11; Hauptgerichte 14–26 €; ⏰ Restaurant So–Do 13–16 & 20–23.30 Uhr, Bar 9–13, Fr & Sa 10–14 Uhr; 👪) In der edlen Bar gibt's leckere Tapas, während in den fünf Speisesälen hervorragendes *cochinillo asado* und andere lokale Spezialitäten kredenzt werden. Die meisten Gerichte – auch das Spanferkel – sind im Fenster ausgestellt. In der Bar kann man nur mittags im Stehen essen.

La Almuzara ITALIENISCH €€
(☎ 921 46 06 22; Calle Marqués del Arco 3; Hauptgerichte 7–16 €; ⏰ Mi–So 12.30–16 & 20–24 Uhr, Di 20.30–24 Uhr; 🥕 👪) Wenn man Vegetarier ist, muss man sich in dieser Stadt, in der ganz entschieden Fleisch gegessen wird, nicht als Ausgestoßener fühlen. La Almuzara bietet ein eigenes vegetarisches Gericht ebenso an wie Pizzen, Pasta und 17 innovative Salate. An Nachspeisen wird auch nicht gegeizt, wobei einige leckere Alternativen täglich wechseln. Das Ambiente ist herzlich und künstlerisch.

Mesón de Cándido GRILLGERICHTE €€
(☎ 921 42 81 03; www.mesondecandido.es; Plaza del Azoguejo 5; Hauptgerichte 12–26 €) In einem reizvollen Gebäude des 18. Jh. im Schatten des Aquädukts untergebracht, ist das Mesón de Cándido berühmt für seine *cochinillo asado* (Spanferkel) und Gerichte wie Fasan. Reservierung empfohlen.

★ **Casa Duque** SPANISCH €€€
(☎ 921 46 24 87; www.restauranteduque.es; Calle de Cervantes 12; Hauptgerichte 19,50–24 €, Menüs 35–40 €; ⏰ 12.30–16.30 & 20.30–23.30 Uhr) In diesem stimmungsvollen *mesón* (Taverne) wird bereits seit den 1890er-Jahren *cochinillo asado* (Spanferkel) serviert. Neulinge sollten mit dem *menú de degustación* (40 €) starten. In der zwanglosen *cueva* (Höhle) im Untergeschoss gibt's Tapas (Snacks) und reichhaltige *cazuelas* (Eintöpfe). Reservierung empfohlen.

Ausgehen & Nachtleben

Canavan's Theatre CLUB
(Plaza de la Rubia; ⏰ Do–Sa 24–6.30 Uhr) Es handelt sich nicht um eine kitschige Disco – das exquisite Dekor mit edlen Friesen, beflockter Tapete und Kerzenleuchtern sorgt für eine extravagante Theateratmosphäre. Es ist eher übertrieben, genau so, wie ein großartiger Abend sein sollte.

La Tasquina WEINBAR
(☎ 921 46 39 14; Calle de Valdeláguila 3; ⏰ 21 Uhr–open end) Die zahlreichen Gäste dieser Weinbar füllen den ganzen Bürgersteig davor, wo sie gute Weine, *cavas* (Sekte) und Käse verkosten.

SÜSSE LECKERBISSEN

Wer zu denen gehört, die immer gleich das Marzipan von der Torte naschen, der wird Segovias Spezialität lieben: *ponche segoviano* (wörtlich: Segovia-Punsch). Dabei handelt es sich nicht um ein Getränk, sondern um eine reichhaltige Biskuittorte mit Zitronengeschmack und Marzipanüberzug, die mit charakteristischen Mustern aus Puderzucker verziert ist. Besonders leckeren *ponche* gibt's in der Patisserie Limón y Menta.

Shoppen

Montón de Trigo Montón de Paja ACCESSOIRES, SOUVENIRS
(☎ 921 46 07 69; www.montondetrigomontondepaja.com; Plaza de la Merced 1; ⏰ Mo–Fr 11.30–14 & 15.30–19.30, Sa & So 11–14.30 & 16–19.30 Uhr, im Sommer länger) Ein idealer Laden für kreative Geschenke, z. B. handgearbeitete Handtaschen, Schmuck, Kunstdrucke und weitere Erzeugnisse örtlicher Kunsthandwerker.

Artesanía La Gárgola KUNST & KUNSTHANDWERK
(☎ 921 46 31 84; www.gargolart.com; Calle de la Judería Vieja 4; ⏰ Juli & Aug. Mo–Sa 10–20 Uhr, Sept.–Juni Di–Sa 11.30–14.30 Uhr) Hier bekommt man außergewöhnlich hochwertiges Kunsthandwerk sowie Souvenirs aus Keramik, Holz und Textilien.

Praktische Informationen

Centro de Recepción de Visitantes
(☎ 921 46 67 21; www.turismodesegovia.com; Plaza del Azoguejo 1; ⏰ April–Sept. Mo–Sa 10–20, So bis 19 Uhr, Okt.–März Mo–Sa 10–18.30, So bis 17 Uhr) Segovias Haupttouristeninformation bietet täglich mindestens zwei Führungen (10–17 € pro Pers.) durch die sehenswerte Altstadt an. In der Regel beginnen

NICHT VERSÄUMEN

VERSAILLES AUF SPANISCH

Die fantastische und kunstvolle Barockgartenanlage **La Granja de San Ildefonso** (www.patrimonionacional.es; Sierra de Guadarrama; Garten frei, Palacio Real Erw./Kind 9/4 €, Brunnen Erw./Kind 4/2 €, EU-Bürger frei Okt.–März 15–18 Uhr, April–Sept. 17–20 Uhr ⌚April–Sept. Di–So 10–20 Uhr, Okt.–März Di–So 10–18 Uhr; P), bekannt für ihre 28 extravaganten Springbrunnen, die antike Mythen darstellen, wurde ab 1720 errichtet, als französische Architekten und Gärtner mit italienischer Unterstützung begannen, sie zu planen. Zur Anlage gehört auch ein Labyrinth. Der etwa 300 Räume umfassende **Palacio Real** mit dem farbenprächtigen **Museo de Tapices** (Tapisseriemuseum) war einst die bevorzugte Sommerresidenz der spanischen Könige. Der nach einem Feuer 1918 restaurierte Palast ist sehr beeindruckend.

Erbaut wurde er für den Bourbonenkönig Philipp V., der diesen Ort in den Ausläufern der Sierra de Guadamarra auswählte, um seine Miniversion von Versailles, dem Palast seines französischen Großvaters Ludwig XIV., errichten zu lassen. Am besten kommt man mittwochs, samstags oder sonntags um 17.30 Uhr, denn dann sind die **Brunnen** in Betrieb.

Ab Segovia fahren täglich bis zu 12 Busse (2,20 €, 20 Min.) nach La Granja.

sie um 10.30 und 16.30 Uhr, aber die Zeiten können variieren. Vorab reservieren.

Touristeninformation (☎921 46 60 70; www.segoviaturismo.es; Plaza Mayor 10; ⌚Juli–Mitte Sept. Mo–Sa 9.30–14 & 17–20, So 9.30–17 Uhr, Mitte Sept.–Juni Mo–Sa 9.30–14 & 16–19, So 9.30–17 Uhr) Informationen zur weiteren Region.

An- & Weiterreise

Auto & Motorrad Von den zwei Hauptstraßen hinunter zur AP 6, die Madrid und Galicien verbindet, ist die N603 die schönere.

Bus Der Busbahnhof liegt beim Paseo Ezequiel González. Busse von **La Sepulvedana** (☎902 119699; www.lasepulvedana.es) fahren im Halbstundentakt von Segovia zur Haltestelle Paseo de la Florida in Madrid (7,89 €, 1½ Std.). Außerdem gibt's Verbindungen nach Ávila (6,80 €, 1 Std., 8-mal tägl.) und Salamanca (16 €, 2½ Std., 4-mal tägl.) sowie zu anderen Zielen.

Zug Renfe (☎902 240202; www.renfe.es) bietet ein paar Zugverbindungen an: Jeden Tag verkehren drei reguläre Züge von Madrid nach Segovia (8,25 €, 2 Std.). Sie halten 2,5 km vom Aquädukt entfernt am Hauptbahnhof. Mit dem Hochgeschwindigkeitszug Avant (12,90 €, 28 Min.), der nur den neueren Bahnhof Segovia-Guiomar 5 km vom Aquädukt ansteuert, kommt man um einiges schneller an.

Unterwegs vor Ort

Bus 9 fährt eine Runde durch die Altstadt, Bus 8 zum Bahnhof von Segovia und Bus 11 zum Bahnhof Segovia-Guiomar. Alle Fahrten kosten 1,30 € und starten neben dem Aquädukt.

Rund um Segovia

Pedraza de la Sierra

414 EW.

In dem faszinierenden ummauerten Dorf 37 km nordöstlich von Segovia geht's unter der Woche ruhig zu. Die vielen Restaurants, Kneipen und Geschäfte erwachen erst durch die Schwärme von Wochenendbesuchern zum Leben. Das pittoreske Dorf zählt zu den schönsten des Landes.

Sehenswertes

Plaza Mayor PLATZ

Die eindrucksvolle Plaza Mayor aus dem 14. Jh. ist für ihre zahlreichen alten Säulenarkaden berühmt. Es gibt so viele nette Ecken, um das perfekte Foto zu machen, aber nur eine perfekte Zeit: eine oder zwei Stunden vor Sonnenuntergang nehmen die Bauwerke die Farbe von Honig an.

Castillo de Pedraza BURG

(Castillo de Ignazio Zuluaga; ☎607 66 16 18; Plaza del Castillo, Pedraza de la Sierra; Erw/erm. 6/4 €; ⌚Mitte April–Okt. Mi–So 10–14 & 17–20 Uhr, Okt.–Mitte April Mi–So 11–14 & 16–19 Uhr) Am nordwestlichen Ende des Orts, wo es nicht mehr weitergeht und sich das Tal öffnet, erhebt sich das einsame Castillo de Pedraza, dessen Außenmauer außergewöhnlich gut erhalten ist. Die Burg wurde ab dem 13. Jh. über wesentlich älteren Befestigungsanlagen errichtet.

Feste & Events

Concierto de las Velas MUSIK
(☎921 50 99 60; www.pedraza.net/concierto-de-las-velas/; Eintritt frei, Konzerte 49–79 €; ⊙Juli) In Pedraza finden seit 1993 am ersten und zweiten Sonntag im Juli die stimmungsvollen Conciertos de las Velas statt. Dann treten in dem nur von Kerzen beleuchteten Dorf Livebands auf. Besucher können die Stadt kostenlos im Kerzenschein erleben. Die Konzerte selbst kosten Eintritt.

Schlafen

★**Hospedería de Santo Domingo** PENSION €€
(☎921 50 99 71; www.hospederiadesantodomingo.com; Calle Matadero 3; EZ 85–110, DZ 95–130 €; Suite 110–155 €) Die hervorragende *hospedería* hat tolle Zimmer in warmen Ocker- und Erdfarben. Viele davon verfügen über eine große Terrasse mit Ausblick auf niedrige Hügel, die kreuz und quer von Trockenmauern durchzogen sind. An den Wochenenden ist es deutlich teurer.

El Hotel de la Villa HOTEL €€
(☎921 50 86 51; www.elhoteldelavilla.com; Calle de Calzada 5; EZ/DZ ab 80/110 €) Das gute Hotel wartet mit einer erstaunlichen Bandbreite an Zimmern auf. Die Einrichtung variiert – von gefliesten Böden und schmiedeeisernen Möbeln über schmucke Himmelbetten bis zu Holzdielen und leuchtenden Farbtönen. Welches Zimmer man auch wählt, alle bieten gehobene Qualität und sehr guten Service.

Essen

El Yantar de Pedraza SPANISCH €€
(☎921 50 98 42; www.elyantardepedraza.com; Plaza Mayor; Hauptgerichte 12–23 €; ⊙Mi–So 13–16.30 Uhr) Das El Yantar, bekannt für nahezu perfekte *cordero asado* (Lammbraten) und *cochinillo* (Spanferkel), hat die wohl schönste Lage des Orts. Von den oberen Balkonen blickt man auf die Plaza Mayor. Stammgäste schwärmen von der Qualität der Küche. Die Menüs haben ein hervorragendes Preis-Leistungs-Verhältnis, aber auch die Gerichte von der Karte, z. B. leichte Salate, hausgemachte *croquetas* (Kroketten) und lokaler Schafskäse, sind köstlich.

El Soportal SPANISCH €€
(☎921 50 98 26; www.restaurantesdepedraza.com; Plaza Mayor 3; Hauptgerichte 10–18 €, Degustationsmenü ab 30 €; ⊙Di–Do 13–16 & 21–23.30, Mi 13–16 Uhr) Das El Soportal verbirgt sich hinter den Säulengängen einer eleganten Stadtvilla aus dem 16. Jh. und zählt zu Pedrazas beliebtesten Restaurants für *cordero asado* (Lammbraten). Populär ist auch die ganztägig geöffnete Bar (das Restaurant ist abends an Wochentagen nur zu den offziellen Öffnungszeiten zugänglich). Auf dem Platz stehen ein paar kleine Holztische. Am Wochenende unbedingt reservieren.

La Olma de Pedraza SPANISCH €€
(☎921 50 99 81; www.laolma.com; Plaza del Álamo 1; Hauptgerichte 12–23 €; ⊙So–Do 13.30–16, Fr & Sa 13.30–16 & 21–23 Uhr) Auf einem kleinen Platz westlich der Plaza Mayor verströmt dieses kleine Lokal mit jeder Pore, dass es eine ländliche Bastion der traditonellen Küche ist, und empfängt seine Gäste sehr herzlich. Neben dem in der Regel perfekt zubereiteten Fleisch empfehlen wir die *croquetas de setas* (Kroketten mit Wildpilzen). Auch die Kellner beraten hier gut.

Praktische Informationen

Touristeninformation (☎921 50 86 66; www.pedraza.info; Calle Real 3; ⊙Di 16–19.30, Mo–Fr 11–13.30 & 15.30–19.30 Uhr, Sa & So 11–14 & 15.30–20 Uhr) Bietet um 12.30 und um 17 Uhr spanische **Stadtführungen** (3 € pro Pers., tägl. außer Mo), wenn sich genügend Teilnehmer einfinden.

An- & Weiterreise

Allenfalls sporadisch fahren Busse nach Pedraza. Von Segovia gibt's ein paar Verbindungen pro Woche. Pedraza liegt nördlich an der N110.

Valladolid

301,876 EW.

Valladolid ist eine lebhafte spanische Provinzstadt und ein bequemer Ausgangspunkt für eine Reise durch Nordspanien. Die attraktive Stadt ist durch und durch spanisch. Zahlreiche Baudenkmäler, die schöne Plaza Mayor und hervorragende Museen gehören zu ihren Attraktionen. Abends, wenn die vielen Studenten in die lauten Kneipen der Stadt strömen, erwacht Valladolid zum Leben.

Sehenswertes

★**Museo Nacional de Escultura** MUSEUM
(☎983 25 03 75; www.mecd.gob.es/mnescultura/inicio.html; Calle de San Gregorio 2; Erw./erm. 3/1,50 €, So & Sa 16–19.30 Uhr frei; ⊙Di–Sa 10–14 & 16–19.30, So 10–14 Uhr) Spaniens wichtigstes Museum für polychrome Holzskulpturen

Valladolid

befindet sich im ehemaligen **Colegio de San Gregorio** (1496), einem auffälligen Beispiel isabellinischer Gotik. Die Ausstellungsräume reihen sich um einen herrlichen, von Galerien gesäumten zweistöckigen Innenhof. Als Highlights gelten die Werke von Alonso de Berruguete, Juan de Juní und Gregorio Fernández. In Raum 15 steht eine schmerzlich realistische Skulptur des toten Christus, ebenfalls von Fernández. Sehenswert ist auch das Chorgestühl in Raum 8. Hin und wieder sollte man unbe-

Valladolid

Highlights

Sehenswertes

Aktivitäten, Kurse & Touren

Schlafen

Essen

Ausgehen & Nachtleben

dingt nach oben schauen, denn einige Decken sind fantastisch.

★ Casa-Museo de Colón MUSEUM

(☎ 983 29 13 53; Erw./Kind 2 €/frei, Mi Erw. 1 €; ⌚ Di–So 10–14 & 17–20.30 Uhr; 👪) Über vier Etagen erstrecken sich die interaktiven Ausstellungen dieses hervorragenden Museums. Wunderbare alte Karten nehmen Besucher mit auf Christoph Kolumbus' (auf Spanisch: Cristóbal Colón) Reise nach Amerika. In der oberen Etage wird gezeigt, wie Valladolid zur Zeit des großen Entdeckers aussah, der hier 1506 starb. Leider gibt's nur spanischsprachige Beschriftungen.

★ Plaza de San Pablo PLATZ

Diesen offenen Platz dominiert die schöne **Iglesia de San Pablo** (☎ 983 351 748; ⌚ Mo–Sa 7.30–13.30 & 19–21.30 Uhr, So 8–4 & 18–21.30 Uhr) die eine der außergewöhnlichsten Kirchenfassaden Nordspaniens aufweist. Hier befindet sich auch der **Palacio de Pimentel** (⌚ Di–Sa 10–14 & 17–19 Uhr) GRATIS, der Geburtsort von Felipe II.

Catedral KATHEDRALE

(☎ 983 30 43 62; Calle Arribas 1; Museum Erw./erm. 3/1,50 €; ⌚ Di–Fr 10–13.30 & 16.30–19, Sa 10–14 Uhr, So 11.45–13.30 Uhr Führungen alle 45 Min.) Valladolids im 16. Jh. erbaute Kathedrale ist zwar nicht die schönste Kastiliens, aber dafür birgt sie einen kunstvollen Hochaltar von Juan de Juní und eine Prozessionsmonstranz von Juan de Arfe im angeschlossenen **Museo Diocesano y Catedralicio** (Calle Arribas 1; Erw./erm. 3/1,50 €; ⌚ Di–Fr 10–14.30 & 16.30–19, Sa & So 10–14 Uhr). Die Führungen (Erw./erm. 5/4 €) durch die Katedrale und den Glockenturm dauern 45 Minuten und der Ausblick ist herrlich. In Kombination mit einem Museumsbesuch (Erw./erm. 8/6 €) braucht man zwei Stunden. (Die Kathedrale und das Museum kann man auch auf eigene Faust besichtigen, aber den Turm nicht.). Die aus dem 13. Jh. stammenden **Ruinen der Stiftskirche** (Calle del Arzobispo Gandásegui), auf denen die Kathedrale errichtet wurde, sind nordöstlich davon zu sehen.

Casa de Cervantes MUSEUM
(☎ 983 30 88 10; www.mecd.gob.es/museocasacervantes; Calle del Rastro; Erw./Kind unter 12 J. 3 €/frei, So frei; ⌚ Di–Sa 9.30–15, So 10–15 Uhr) Cervantes war für kurze Zeit in Valladolid inhaftiert. Sein Haus ist glücklicherweise noch hinter einem ruhigen kleinen Garten erhalten. Man kann ein Kombiticket (Erw. 5 €) kaufen, das auch den Eintritt für das Museo Nacional de Escultura (S. 181) beinhaltet.

Museo Patio Herreriano KUNSTMUSEUM
(☎ 983 36 29 08; www.museopatioherreriano.org; Calle de Jorge Guillén 6; Erw./Kind 3/2 €, Mi 1 €; ⌚ Di–Fr 11–14 & 17–20, Sa 11–20, So 10–15 Uhr) GRATIS Das erstaunliche Museum widmet sich der spanischen Kunst nach dem Ersten Weltkrieg und zeigt in den Kreuzgängen eines ehemaligen Klosters Arbeiten von Salvador Dalí, Joan Miró, dem baskischen Bildhauer Eduardo Chillida, Jorge Oteiza, Antoni Tápies und Esteban Vicente.

DIE VALLADOLID CARD

Mit der **Valladolid Card** (www.valladolid.com/valladolidcard: Erw./Kind 7/5 €) lässt sich einiges an Geld sparen, denn sie gewährt für 24 Stunden freien Eintritt zu etlichen Museen, darunter das Museo Nacional de Escultura, die Casa-Museo de Colón, die Casa de Cervantes, das Museo Patio Herreriano sowie die Kathedrale und ihr Museum. Sie beinhaltet auch die freie Fahrt mit dem **Bus Turístico de Valladolid** (☎ 983 33 03 59;www.; Acera de Recoletos; Erw./Kind 7/5 €; ⌚ April–Sept. Fr stündl. 17–20, Sa & So 12–14 & 17–20 Uhr, Okt.–März Fr stündl. 17–19, Sa & So 12–14 & 17–19 Uhr). Die Karte kann man in beiden Touristeninformationen kaufen.

Schlafen

★ **Hotel Mozart** HOTEL €
(☎ 983 29 77 77; www.hotelmozart.net; Calle Menéndez Pelayo 7; EZ/DZ 58/69 €; ❄ 📶) Angesichts der renovierten und hochwertigen Zimmer und der Lage ist das Hotel extrem preisgünstig. Geboten werden Kingsizebetten, luxuriöse Möbel in Erdtönen, polierte Parkettböden, schicke Marmorbäder und genug Platz für gemütliche Sessel. Der Eingangsbereich hat einen Hauch von Glamour, was den Überraschungseffekt des Budgetpreises noch verstärkt.

Hostal París HOSTAL €
(☎ 983 37 06 25; www.hostalparis.com; Calle de la Especería 2; EZ/DZ ab 50/55 €; ❄ 📶) Mit ihren hellen Pastellfarben, auffälligen Kunsttafeln, großen Schreibtischen und Flachbildfernsehern bieten die Zimmer dieser sehr nahe an der Plaza Mayor gelegenen Budgetunterkunft definitiv eine gelungene Kombination aus Komfort und stilvoller Atmosphäre.

★ **Hotel Gareus** BOUTIQUE-HOTEL €€
(☎ 983 21 43 33; www.hotelgareus.com; Calle de Colmenares 2; Zi. ab 75 €; ❄ 📶) Polierte Böden, warme Farben und kreative Beleuchtung – die Zimmer gehören zu den besten, die in Valladolid zu finden sind. Der Service ist ebenfalls herzlich und gastfreundlich und das Haus verströmt ruhige Eleganz. Es hat eine hervorragende Lage, nur 10 Minuten Fußweg von der Plaza Mayor entfernt.

Essen

El Corcho TAPAS €
(Calle de Correos 2; tostas ab 1,75 € , Gedeck 18 €; ⌚ 13–16 & 20–23.30 Uhr) Diese einfache Kneipe, die oberhalb der besten Straße für Tapas liegt, gewinnt nach Meinung der Öffentlichkeit den Preis für seine exzellente Auswahl an *tostas* (Toasts) mit leckeren Belägen.

★ **Martín Quiroga** KASTILISCH €€
(☎ 605 78 71 17; Calle San Ignacio 17; Hauptgerichte 15–21 €; ⌚ Mo–Sa 12–16 & 20–24 Uhr) Bei nur vier Tischen und einer typischen Warteliste, auf die man sich mindestens einen Monat im Voraus setzen lassen muss, erwartet man, dass diese außergewöhnlich hochwertige Gastrobar auch entsprechend teuer ist. Das ist sie aber nicht. Es gibt keine Speisekarte – die Gerichte basieren auf Saisonprodukten, die gerade frisch auf dem Markt erhältlich

sind, aber die Auswahl ist dennoch groß. Gäste mit speziellem Ernährungsplan können sich vorher mit dem Lokal absprechen. Eine Reservierung ist erforderlich.

Los Zagales de Abadía KASTILISCH €€
(☎ 983 38 08 92; www.loszagales.com; Calle de la Pasión 13; Hauptgerichte 9–19 €, Menüs 25–35 €; ⏲ Mo–Sa 13–16 & 19–23, So 13–16 Uhr) In der Bar hängen jede Menge lokale Fleischprodukte von der Decke, die sich in den auf der Theke präsentierten preisgekrönten Tapas wiederfinden. Die Tapas-Bar erzielte nicht nur bei regionalen, sondern auch bei landesweiten Wettbewerben immer wieder Erfolge. Dies lässt sich leicht nachvollziehen, wenn man z. B. das Menú Maridaje probiert: Für 34,95 € beinhaltet es neun der preisgekrönten Tapas des Hauses. Die Portionen sind großzügig und die Qualität ist sehr gut. Reservierung empfohlen.

El Caballo de Troya SPANISCH €€
(Restaurante Santi; ☎ 983 33 93 55; www.restaurantesanti.es; Calle de Correos 1; Restaurant Hauptgerichte 18–25 €, Bar Hauptgerichte 8–22 €, Menu 25 €; ⏲ Mo–Sa 13.30–15.30 & 21–23.30, So 14–16 Uhr) Das „Trojanische Pferd" ist ein hübsches Lokal mit einem fantastischen Innenhof im Renaissancestil. Die Auswahl an leckeren Gerichten im Restaurant mit klassischem Speiseraum kann sich ebenfalls sehen lassen. Wir empfehlen das *solomillo con roquefort* (Rindfleich mit Roquefort). Die *taberna* (Taverne) im Untergeschoss serviert hervorragende *raciones*. Für das Restaurant ist besonders am Wochenende eine Reservierung erforderlich.

Ausgehen & Nachtleben

Die Stadtmitte Valladolids quillt nur so über von Bars und Cafés. Die meisten findet man in den Karrees westlich der Plaza Mayor.

Café de la Comedia COCKTAILBAR
(☎ 983 34 00 80; Plaza de Martí y Monsó 4; ⏲ 15.30 Uhr–open end) Die Einrichtung ist sehr komödiantisch, mit Laurel und Hardy auf dem Bildschirm und Bildern von Charlie Chaplin (und anderen Stummfilmstars) an den Wänden. Die außergewöhnliche, zuverlässige und hochbeliebte Bar serviert gute Cocktails und offene Weine.

Praktische Informationen

Touristeninformation (☎ 983 21 93 10; www.info.valladolid.es; Acera de Recoletos; ⏲ Juli–Mitte Sept. Mo–Sa 9.30–14 & 17–20, So 9.30–15 Uhr; Mitte Sept. –Juni Mo-Sa 9.30–14 & 16–19 Uhr, So 9.30–15 Uhr)

Touristeninformation (☎ 983 33 08 93; www.info.valladolid.es; Plaza de Fuente Dorada; ⏲ Di–Sa 11–13.30 & 15–19, So 11–13.30 Uhr)

An- & Weiterreise

Flugzeug Ryanair (www.ryanair.com) und Vueling (www.vueling.com) fliegen nach Barcelona.

Zug Über ein Dutzend AVE-Hochgeschwindigkeitszüge verkehren täglich zwischen Valladolid und Madrid (ab 23,30 €, 1 Std.); es gibt aber auch langsamere Verbindungen (3 Std.) für 19,30 €. Des Weiteren fahren regelmäßig Züge nach León (ab 16,40 €, 1¼ bis. 2 Std.), Burgos (ab 6,85 €, ca. 1½ Std.) und Salamanca (ab 8,35 €, 1½ Std.).

Unterwegs vor Ort

Bus Die Buslinien 2 und 10 fahren auf ihrem Weg zur Plaza de España am Bahnhof und am Busbahnhof vorbei.

Flugzeug Valladolids **Flughafen** (☎ 983 41 55 00www.aena.es/es/aeropuerto-valladolid/index.html; Carretera Adanero-Gijón) liegt 10 km nordwestlich des Zentrums. Busse von Linecar (www.linecar.es) steuern ihn bis zu fünfmal täglich von Valladolid aus an (einfach/hin und zurück 3,50/5,50 €).

Rund um Valladolid

Medina de Rioseco

4803 EW.

Noch immer verströmt die einst wohlhabende Handelsstadt Medina de Rioseco eine spürbare mittelalterliche Atmosphäre. Sie ist ein historisches Juwel, obwohl sie heute – man sieht es an den vielen mit Brettern verschlagenen Häuserfronten in der ganzen Stadt – leider nicht mehr so reich ist wie früher. Sehenswert ist die Calle Mayor mit ihren Arkaden, die von uralten hölzernen Säulen getragen werden. Mittwochmorgens werden unter den Säulen Marktstände aufgebaut.

Sehenswertes

Iglesia de Santa María de Mediavilla KIRCHE
(Calle de Santa María; 2 €; ⏲ Mitte März-Okt. Di–So 11–12 & 16–19 Uhr, kürzere Zeiten während der restlichen Monate) Ein großartiges Bauwerk der isabellinischen Gotik mit drei von Sterngewölben überdachten Kirchenschiffen und der berühmten **Capilla de los Benavente**. Diese enthält einen extravagan-

KOMBITICKETS

Falls man mit dem Gedanken spielt, alle vier Hauptsehenswürdigkeiten in Medin de Rioseco zu besuchen, empfiehlt sich der Kauf eines Komitickets zum Preis von 7/5 € Erw./Kind. Es kann an jeder der vier Sehenswürdigkeiten erworben werden und man spart 3,50 €. Zwischen April und September ist dieses Kombiticket nur an den Wochenenden erhältlich.

ten von Juan de Juní gestalteten Altar, der ab 1543 in über acht Jahren Schnitzarbeit entstand. Es wird manchmal als „Kastiliens Sixtinische Kapelle" bezeichnet und ist mit Sicherheit eines der schönsten Beispiele sakraler Kunst aus dem renaissancezeitlichen Spanien. Führungen auf Spanisch.

Museo de San Francisco KIRCHE, MUSEUM
(☎ 983 70 00 20; www.museosanfrancisco.es; Paseo de San Francisco 1; Erw./Kind 3/1 €; ⊙ Mai–Aug. Di–So Führungen 11–14 & 17–20 Uhr, Mai–Sept. Di–So 11–13 & 17–19 Uhr, Sept.–April Di–So 11–14 & 16–19 Uhr) Dieses ehemalige Kloster aus dem 16. Jh. birgt einen extravaganten *retablo* (Altaraufsatz) von Fray Jacinto de Sierra und eine breit gefächerte Sammlung sakraler Kunst. Führungen auf Spanisch.

Museo de Semana Santa MUSEUM
(Calle de Lázaro Alonso; Erw./erm./Kind 3,50/2,50/1 €; ⊙ Mitte Juni–Mitte Sept. Di–So 11–14 & 17–20 Uhr, Okt.–März, kürzere Zeiten während der restlichen Monate) Medina de Rioseco ist für seine Osterprozessionen berühmt. Wer den Ort nicht in der Karwoche besucht, bekommt im Museum einen Einblick in die Feierlichkeiten. Ebenso wie das Schwestermuseum in Zamora (S. 189) widmet es sich den *pasos* (tischförmige Konstruktionen, die eine Marienstatue oder eine Szene des Kreuzwegs mit Jesusstatue zeigen und während der Prozessionen getragen werden) sowie einer großen Auswahl an weiterem Osterzubehör.

Schlafen & Essen

Vittoria Colonna HOTEL €
(☎ 983 72 50 87; www.hotelvittoriacolonna.es; Calle de San Juan 2B; EZ/DZ/Suiten 33/58/79 €; ❄ 📶) Das elegante, moderne Drei-Sterne-Hotel mit himberroter Fassade bietet geräumige, gut ausgestattete Zimmer und ist nur einen kurzen Fußweg von den Sehenswürdigkeiten von Medina de Rioseco entfernt. Manche Zimmer sind schöner als andere, doch alle haben schicke grau-weiße Bäder.

Casa Manolo KASTILISCH €€
(Calle de Las Armas 4; Hauptgerichte 9–14 €; ⊙ Fr–Mi 8–24 Uhr) Das beste von mehreren Restaurants in dieser Seitenstraße im historischen Zentrum. Man kann im Innenhof sitzen und herzhafte kastilische Küche genießen.

Praktische Information

Touristeninformation (☎ 983 72 03 19; www.medinaderioseco.com; Paseo de San Francisco 1; ⊙ Di–Sa 10–14 & 16–18, So 10–14 Uhr) Neben dem Museo de San Francisco.

An- & Weiterreise

Jeden Tag fahren bis zu acht Busse nach León (8,25 €, 1¼ Std.) und bis zu zehn Busse nach Valladolid (4 €, 30 Min.).

Tordesillas

8905 EW.

Das schöne kleine Städtchen auf einem Hügel am Nordufer des Río Duero hat eine historische Bedeutung, die nicht seiner jetzigen Größe entspricht. Als römische Siedlung gegründet, spielte es später eine wichtige Rolle in der Weltgeschichte: Hier setzten sich Isabella und Ferdinand 1494 mit den Portugiesen zusammen, um den berühmten Vertrag auszuhandeln, der die Einflusssphären beider Länder in Lateinamerika absicherte. Portugal erhielt Brasilien, Spanien fast den ganzen Rest. Das diesem Ereignis gewidmete Museum und ein beeindruckendes Kloster sind die wichtigsten Gründe hierherzukommen.

Sehenswertes

Real Convento de Santa Clara KLOSTER
(☎ 983 77 00 71; www.patrimonionacional.es; Calle de Alonso Castillo Solorzano 21; Erw./Kind 6 €/frei, EU-Bürger Mi & Do 16–18.30 Uhr frei; ⊙ Di–Sa 10–14 & 16–18.30, So 10.30–15 Uhr) In diesem Kloster leben nach wie vor einige Franziskanernonnen in völliger Abgeschiedenheit. Das 1340 im Mudejarstil erbaute Gebäude diente als Palast für Alfons XI., außerdem wurde hier 1494 der Vertrag von Tordesillas unterzeichnet. Bei der 50-minütigen Führung (auf Spanisch) sieht man u. a. einen Innenhof im Mudejarstil und die Kirche mit einem fantastischen *techumbre* (Dach).

Ebenso sehenswert sind die Mudejartür, die gotischen Bogen, die arabischen Inschriften und die arabischen Bäder.

Museo del Tratado de Tordesillas MUSEUM
(☎983 77 10 67; Calle de Casas del Tratado; ⌚Juni–Sept. Di–Sa 10–13.30 & 17–19.30, So 10–14 Uhr, Okt.–Mai Di–Sa 10–13.30 & 16–18.30, So 10–14 Uhr) GRATIS Das Museum ist dem 1494 geschlossenen Vertrag von Tordesillas gewidmet, der die Welt in einen spanischen und einen portugiesischen Einflussbereich aufteilte. Informative Ausstellungen mit prächtigen alten Karten zeigen, wie die Welt vor und nach dem Vertrag aussah. Außerdem gibt's eine mehrsprachige Videopräsentation.

Schlafen & Essen

Hostal San Antolín HOSTAL €
(☎983 79 67 71; www.hostalsanantolin.com; Calle San Antolín 8; EZ/DZ/3BZ 25/40/50 €;) Die modernen Zimmer dieser Altstadtbleibe unweit der Plaza Mayor sind in hellen Pastelltönen gestrichen und sind sehr ästhetisch eingerichtet. Der Fokus liegt auf dem zugehörigen Restaurant (Hauptgerichte 12–20 €): In der Bar im Untergeschoss bekommt man *raciones*, außerdem gibt's einen schönen mit Blumen geschmückten Innenhof und eine gehobene Speisekarte.

Parador de Tordesillas LUXUSHOTEL €€
(☎983 77 00 51; www.parador.es; Carretera de Salamanca 5; Zi. ab 75–169 €; P) Tordesillas' vornehmstes Hotel. Der niedrige ockerfarbene, von Pinien umgebene *parador* außerhalb der Stadt bietet einige Zimmer mit Himmelbetten. Alle sind geräumig und haben Blick in den ruhigen Garten hinaus. Zum Parador gehören ein Café und ein hervorragendes Restaurant für lokale Spezialitäten.

Don Pancho SPANISCH €€
(☎983 77 01 74; www.restaurantedonpancho.com; Plaza Mayor 10; Hauptgerichte 7–18 €; ⌚13–16 & 20.30–24 Uhr) Das beste Restaurant in der Altstadt ist Don Pancho mit seiner gefliesten Bar und Hausmacherkost, dazu zählt im Holzofen gebratenes Fleisch.

Praktische Information

Touristeninformation (☎983 77 10 67; www.tordesillas.net; Calle de Casas del Tratado ⌚Juni–Sept. Di–Sa 10–13.30 & 17–19.30, So 10–14 Uhr, Okt.–April Di–Sa 10–13.30 & 16–18.30, So 10–14 Uhr) Nahe der Casas del Tratado und der Iglesia de San Antolín.

An- & Weiterreise

Ab dem **Busbahnhof** (☎983 77 00 72; Avenida de Valladolid) regelmäßige Busverbindungen nach Valladolid (2,80 €, 30 Min.) und Zamora (5,90 €, 1 Std.).

Toro

9115 EW.

Mit einem Namen, der spanischer nicht sein könnte, und einer bewegten Geschichte, die seine Gegenwart überschattet, ist Toro ein typisch kastilischer Ort. Ferdinand und Isabella zementierten hier in der Schlacht von 1476 ihre Herrschaft über das christliche Spanien. Die Stadt, die auf einer Anhöhe hoch über dem Nordufer des Río Duero thront, hat ein charmantes historisches Zentrum mit Fachwerkhäusern und romanischen Kirchen.

Sehenswertes

Colegiata Santa María La Mayor KIRCHE
(Plaza de la Colegiata; Kirche frei, Sakristei 4 €; April-Okt. Di–So 10.30–14 & 17–19.30, Nov.–März Di–So 10–14 & 16.30–18.30 Uhr) Die Kirche aus dem 12. Jh. erhebt sich über der Stadt und weist die wunderbare romanisch-gotische **Pórtico de la Majestad** auf. Zu den Schätzen im Inneren gehören das berühmte, im 15. Jh. entstandende Gemäde *Virgen de la mosca* (Jungfrau der Fliege) in der Sakristei; vielleicht schafft man es, die Fliege auf dem Kleid der Jungfrau zu entdecken. Der Eintritt zur eigentlichen Kirche ist frei, für die Sakristei wird um eine Spende gebeten.

ABSTECHER

PAGOS DEL REY

Dieses schöne moderne **Weinmuseum** (☎980 69 67 63; www.pagosdelreymuseodelvino.com; Avenida de los Comuneros 90; geführte/ungeführte Tour inkl. Weinprobe 6/4 €; ⌚April–Okt. Di–Sa 11–14 & 16–20, So 11–14 Uhr, Nov. & Dez. Di–Sa 11–14 & 16–19, So 11–14 Uhr, Jan.–März geschlossen) ist für den Weintourismus in Kastilien-León eine willkommene Ergänzung. Geboten werden faszinierende Einblicke in die Weinbauregion Toro, wobei sich viele Gelegenheiten bieten, regionale Weine zu probieren (und zu kaufen). Man findet es in Morales de Toro, 8 km östlich von Toro.

Monasterio Sancti Spiritus KLOSTER
(Calle del Canto 27; 4 €; ⌚April–Sept. Di–So 10.30–14 & 16–19.30 Uhr, Okt. –März Di–So 10–14 & 16.30–18.30) Südwestlich des Zentrums liegt dieses Kloster mit einem schönen Renaissancekreuzgang und dem auffallenden Alabastergrabmal von Beatrix von Portugal, der Gattin von Juan I.

Schlafen

Zaravencia HOTEL €
(☎980 69 49 98; www.hotelzaravencia.com; Plaza Mayor 17; EZ/DZ inkl. Frühstück ab 44/55 €; ❄📶) Dieses gastfreundliche Hotel mit Blick auf die Plaza Mayor verfügt über große Räume, die etwas blutarm mit hellen Kiefernmöbeln und cremefarbenen Wänden eingerichtet sind. Unten befindet sich ein Bar-Restaurant. Ein Zimmer mit Balkon und Blick auf den Platz kostet 10 € mehr – es lohnt sich, allerdings kann es am Wochenende laut werden.

Hotel Juan II HOTEL €€
(☎980 69 03 00; www.hotelesentoro.es; Paseo del Espolón 1; EZ 50–70 €, DZ 52–85 €; P ❄ 📶 ✕) Trotz der modernen Fassade aus roten Ziegeln sind die Zimmer sehr charmant eingerichtet und mit warmen Terrakottafliesen, dunklen Holzmöbeln und großen Terrassen ausgestattet. Wer Zimmer 201 bezieht, hat einen umwerfenden Blick auf den Río Duero auf der einen und die Colegiata Santa María La Mayor auf der anderen Seite. Auf der Speisekarte des Restaurants (Hauptgerichte 15–21 €), einem der besten des Orts, stehen viele herzhafte Fleischgerichte.

Essen

La Esquina de Colas TAPAS €
(☎980 69 31 31; Plaza Mayor 24; Tapas ab 3 €; ⌚Di–Do 11–16 & 20–24 Uhr) Auf der Theke sind kunstvoll gestaltete Tapas aufgereiht (wir empfehlen die marinierten Sardinen). Zudem gibt's eine große Auswahl köstlich belegter Toasts. Toros beste Adresse für Tapas.

Asador Castilla SPANISCH €€
(☎980 69 02 11; Plaza Bollos de Hito; Hauptgerichte 14–22 €; ⌚Di–So 13–16 & 20.30–24 Uhr) Hervorragender Service, leckere Braten – *cabrito* (gebratenes Zicklein) ist eine Spezialität – und ein schöner moderner Speisesaal sprechen für dieses Restaurant. Es ist nur 50 m von der Plaza Mayor entfernt.

Praktische Informationen

Touristeninformation (☎980 69 47 47; www.turismotoro.com; Plaza Mayor 6; ⌚Di–Sa 10–14 & 16–19, So 10–14 Uhr)

An- & Weiterreise

Es gibt regelmäßige Busverbindungen nach Valladolid (5,25 €, 1 Std.) und Zamora (3,20 €, 30 Min.). Darüber hinaus fahren an Werktagen zwei Direktbusse nach Salamanca (6,50 €, 1½ Std.).

Zamora

63 217 EW.

Wie in so vielen spanischen Städten fällt wahrscheinlich auch im provinziellen Zamora der erste Blick auf nichtssagende Apartmentblöcke. Davon sollte man sich jedoch nicht abschrecken lassen, denn der *casco historico* (die Altstadt) ist einfach unvergesslich schön. Die prächtigen mittelalterlichen Bauwerke brachten Zamora den Spitznamen „Romanisches Museum" ein. Der Ort erinnert an die monumentale Pracht Salamancas. Als besonders tolle Zeit für einen Besuch gilt die Semana Santa (Karwoche).

Sehenswertes

Catedral KATHEDRALE
(☎980 53 19 33; Plaza de la Catedral; Erw./erm. 5 €/frei; April–Sept. 10–19 Uhr, Okt.–März 10–14 & 17–20 Uhr) Die im 12. Jh. errichtete, größtenteils romanische Kathedrale von Zamora weist einen quadratischen Glockenturm und eine ungewöhnliche, von Türmchen umgebene Kuppel im byzantinischen Stil sowie die reich geschmückte **Puerta del Obispo** auf. Die Hauptattraktion ist aber das **Museo Catedralicio** mit einer Sammlung flämischer Bildteppiche aus dem 15. Jh. Ein wahres Meisterwerk der Kathedrale ist das Chorgestühl aus der Frührenaissance, das z. B. Geistliche, Tiere und eine nicht jugendfreie Begegnung zwischen einem Mönch und einer Nonne abbildet. Ein weiteres Highlight ist die beeindruckende **Capilla de San Ildefonso** mit ihren großartigen gotischen Fresken.

Castillo BURG
(Parque del Castillo; ⌚April–Sept. Di–So 10–14 & 19–22 Uhr, Okt.–März Di–So 10–14 & 16–18.30 Uhr; 👪) GRATIS In dieser schönen, ästhetisch restaurierten Burg aus dem 11. Jh. sind Skulpturen aus der Region ausgestellt. Besucher können den Turm besteigen und auf der Be-

festigungsmauer entlanggehen. Der umliegende Park eignet sich toll zum Picknicken.

Museo Etnográfico MUSEUM
(☎ 980 53 17 08; www.museo-etnografico.com; Plaza Viriato; Erw./Kind 3 €/frei; ⏲ Di–So 10–14 & 17–20 Uhr) Das hervorragende Museum gibt einen Einblick in die Kulturgeschichte von Kastilien-León. Ausgestellt sind Artefakte aus dem Alltagsleben verschiedener Epochen und es widmet sich auch lokalen Legenden und Festen. Zudem zeigt es Wechselausstellungen und bietet etliche Workshops und Vorführungen an. Dienstags bis donnerstags von 19–20 Uhr und sonntags von 17–20 Uhr ist der Eintritt frei.

Iglesia de la Magdalena KIRCHE
(Rúa de los Francos; ⏲ April–Sept Mo & Mi–Sa 10–14 & 17.30–20, So 10–14 Uhr, Okt.–März Mo & Mi–Sa 10–14 & 16.30–19, So 10–14 Uhr) Das Südportal dieser Kirche, das an der Hauptstraße der Altstadt liegt, gilt wegen seiner Fülle an floralen Motiven als schönstes der Stadt.

Iglesia de San Juan de Puerta Nueva KIRCHE
(Plaza Mayor; ⏲ April–Sept. Di–Sa 10–14 & 17.30–20, So 10–14 Uhr, Okt.–März Di–Sa 10–14 & 16.30–19, So 10–14 Uhr) GRATIS Die Iglesia de San Juan de Puerta Nueva ist das romanische Herzstück der Plaza Mayor im Zentrum. Die Statue davor stellt die Büßer der Karwoche mit ihren Kapuzen dar.

Iglesia de Santa María La Nueva KIRCHE
(Calle de Carniceros; ⏲ April–Sept. Di–Sa 10–14 & 17.30–20, So 10–14 Uhr, Okt.–März Di–Sa 10–14 & 16.30–19, So 10–14 Uhr) Diese hübsche Kirche ist eigentlich ein mittelalterlicher Nachbau einer Kirche aus dem 7. Jh., die 1158 bei einem Brand zerstört wurde.

Museo de Semana Santa MUSEUM
(☎ 980 53 22 95; www.semanasantadezamora.com; Plaza de Santa María La Nueva; Erw./Kind 4/1,50 €; ⏲ Di–Sa 10–14 & 17–20, So 10–14 Uhr) Das Museum bringt Besuchern die seltsam-wunderbaren Osterrituale der Spanier näher. Es präsentiert geschnitzte und bemalte *pasos (Figuren)*, die während der herrlich farbenfrohen Prozessionen durch die Stadt getragen werden. Die verhüllten Figuren sehen erschreckend echt aus.

Geführte Touren

Zamoras Touristeninformation bietet zweistündige Führungen durch die Altstadt an. Diese finden zwischen März und Dezember täglich um 11 Uhr statt. Die **Führungen** (Erw./Kind 8€/frei) beginnen an der Plaza de Viriato, im Preis nicht eingeschlossen ist der Eintritt in die Kathedrale. Man sollte auch nach **Abendführungen** (ab 8 € bis 12 €) fragen, die je nach Saison um 20 oder 21 Uhr beginnen. Für Gehbehinderte gibt's einen spielzeugähnlichen *tren turístico* (Touristenbahn), der an der Plaza Mayor abfährt und mit dem man zwischen April und September eine Rundfahrt um die Altstadt machen kann.

NICHT VERSÄUMEN

ZAMORAS SCHÖNSTE AUSSICHT

Zamora bietet zahlreiche aufsehenerregende Aussichtspunkte, viele von ihnen von hochgelegenen Stellen in der Altstadt – beispielsweise von den Wallanlagen des Castillo oder vom **Mirador del Troncoso** hinter der städtischen Touristeninformation. Um aber das Panorama von Zamoras Altstadt in all seiner Herrlichkeit zu sehen, sollte man hinunter zum Flussufer und zu der schönen, vielbogigen **Puente de Piedra**. Wenn man über die Brücke geht und sich entlang des Flussufers nach Südwesten wendet, dabei den kleinen, sandigen Flussstrand **Playa de los Pelambres** passiert, gelangt man zur modernen **Puente de los Poetas**. Um hierherzukommen, macht man nicht nur einen schönen Spaziergang, man wird auch mit einer schönen Aussicht auf die Altstadt und den Fluss im Vordergrund belohnt.

Feste & Events

Semana Santa KIRCHLICH
(Karwoche; ⏲ März oder April) Wer in der Karwoche (die Woche vor Ostersonntag) in Spanien weilt, sollte einen Besuch dieser Stadt in Erwägung ziehen, die für ihre aufwendigen Feierlichkeiten und Prozessionen berühmt ist. Wenn die verhüllten Büßer durch die historischen Straßen ziehen, herrscht oft absolute Stille – eine unvergessliche Erfahrung.

Schlafen

★ **Hostal Chiqui** HOSTAL €
(☎ 980 53 14 80; www.hostalchiqui.es; 2. OG, Calle de Benavente 2; EZ/DZ ab 35/45 €) Dieses Haus beherbergt eines der besten städti-

schen *hostales* von Kastilien-León, das regelmäßig begeisterte Kritiken von Stammgästen bekommt. Jedes Zimmer ist völlig anders, aber alle sind stilvoll und farbenfroh eingerichtet. Die Besitzer orientieren sich an den Bedürfnissen von Travellern. Alles in allem bietet es ein sehr gutes Preis-Leistungs-Verhältnis.

NH Palacio del Duero HOTEL €€
(☎ 980 50 82 62; www.nh-hotels.com; Plaza de la Horta 1; Zi. ab 80 €; P ❄ @ 📶) In das moderne, neben einer reizenden romanischen Kirche gelegene Gebäude wurden geschickt ein Teil des früheren Klosters sowie bizarrerweise ein Kraftwerk aus den 1940er-Jahren integriert. Der hohe gemauerte Schornstein ist erhalten geblieben. Wie man von der gehobenen Hotelkette erwarten kann, sind alle Zimmer stilvoll eingerichtet und der Service ist aufmerksam.

Parador Condes de Alba y Aliste HISTORISCHES HOTEL €€€
(☎ 980 51 44 97; www.parador.es; Plaza Viriato 5; Zi. 100–175 €; ❄ @ 📶 ≋) In diesem prächtigen Palast aus dem 15. Jh. trifft heutiger Luxus auf historische Details, besonders in den öffentlichen Bereichen. Hinter dem Haus gibt's einen Pool, und im Gegensatz zu vielen anderen *paradores* befindet sich diese Unterkunft direkt im Zentrum. Leider können hier höchstens acht Autos parken. Das Restaurant bietet vorhersehbare *parador*-Qualität (*menú del día* 35 €).

Essen

De Picoteo TAPAS, SPANISCH €
(☎ 980 03 21 55; Rúa los Notarios 3; tapas ab 1.50 €, raciones 8–14 €; ⏰ Di–So 12–16 & 20–24 Uhr) Etwas abseits in einer ruhigen Seitenstraße der Altstadt gelegen, bietet das De Picoteo eine leckere *arroz a la zamorano* als Bestandteil seines täglichen *menú del día* (12 €) ebenso an wie einige exzellente und preisgünstige Tapas. Der Service ist freundlich.

La Rua KASTILISCH €€
(☎ 980 53 40 24; Rúa de los Francos 21; Hauptgerichte 9–19 €; ⏰ So–Fr 13–16, Fr & Sa 13–16 & 20.30–23.30 Uhr) Das Restaurant widmet sich der heimischen Küche aus Zamora. Es hat eine zentrale Lage und ist die richtige Adresse, um *arroz a la zamorana* (Reis mit Schweinefleisch und Schinken oder Chorizo) zu probieren. Allerdings wird dieses Gericht nur für zwei Personen serviert. Im Winter manchmal dienstags geschlossen.

El Rincón de Antonio KASTILISCH €€€
(☎ 980 53 53 70; www.elrincondeantonio.com; Rúa de los Francos 6; Tapas ab 1,90 €, Hauptgerichte 15–35 €, Menüs 35,50–60 €; ⏰ Mo–Sa 13.30–16 & 20.30–23.30, So 13.30–16.30 Uhr) In dem edlen Restaurant bekommt man Tapas an der Bar – es gibt 17 verschiedene *raciones* Käse aus der Gegend um Zamora – sowie komplette Mahlzeiten im stilvollen, sanft beleuchteten Speiseraum. Im Restaurant gibt's einige Probiermenüs und klassische Gerichte mit modernem Einfluss – so sollte man beispielsweise die Muscheln mit Limettenjoghurt, Petersilien-Senf und getrockneten Tomaten probieren. Reservierung empfohlen.

Shoppen

Westlich der Plaza Mayor findet man ein halbes Dutzend Feinkost- und Delikatessenläden, die Käse, geräucherte Fleischwaren, Wein und lokale Backwaren anbieten.

La Despensa ESSEN
(☎ 699 56 91 52; Calle de Ramos Carrión 6; ⏰ 10–14.30 & 17–21 Uhr) Anders als andere Lebensmittelläden in diesem Straßenabschnitt westlich der Plaza Mayor ist La Despensa ein Feinkostgeschäft, das sich auf *jamón* und andere geräucherte Fleischwaren spezialisiert – wenn man ein Picknick plant, sollte man hier etwas vom *jamón* aus Guijuelo mitnehmen.

La Buena Jera ESSEN & TRINKEN
(www.facebook.com/LaBuenaJera/; Calle de Ramos Carrión 12; ⏰ 10–14 & 17–20.30 Uhr) Als einer der zahlreichen Feinkostläden in diesem Straßenabschnitt verfügt das La Buena Jera ebenso über ein hervorragendes Angebot an lokalen Käsen und Weinen aus Toro wie an lokalen Backwaren, Honigen und anderen Delikatessen.

Praktische Informationen

Städtische Touristeninformation
(☎ 980 53 36 94; www.zamora-turismo.com; Plaza de Arias Gonzalo 6; ⏰ April–Sept. Mo–Sa 10–14 & 17–20, So 10–14 Uhr, Okt.–März Mo–Sa 10–14 & 16–19.30, So 10–14 Uhr)

Regionale Touristeninformation
(☎ 980 53 18 45; www.turismocastillayleon.com; Avenida Príncipe de Asturias 1; ⏰ März–Okt. 10–14 & 16.30–20.30 Uhr, Nov.–Feb. 10–14 & 16–19 Uhr)

Touristeninformation der Provinz
(☎ 980 53 64 95; Plaza Viriato; ⏰ März–Okt. 10–14 & 16.30–20.30 Uhr, Nov.–Feb. 10–14 & 16–19 Uhr)

An- & Weiterreise

Bus Fast jede Stunde fahren Busse von/nach Salamanca (ab 5,30 €, 1 Std., 5- bis 13-mal tgl.), am Wochenende verkehren sie seltener. Zudem gibt's regelmäßige Verbindungen nach León (9,75 €, 1½ Std.), Valladolid (7,65 €, 1½ Std.) und Burgos (16,80 €, 4½ Std.)

Zug Zamora hat eine Hochgeschwindigkeitsverbindung, die die Reisezeit nach Madrid (ab 15,30 €, 2¼ Std., 4-mal tägl.) stark verkürzt. Züge fahren auch nach Valladolid (12,45 €, 1½ Std., 1-mal tägl.) und Puebla de Sanabria (ab 9,25 €, 1¼ Std. 4-mal tägl.).

Rund um Zamora

Sierra de la Culebra

Die Sierra de la Culebra, die sich zwischen Puebla de Sanabria und Zamora entlang der spanisch-portugiesischen Grenze erstreckt, besteht aus einer hübschen hügeligen Landschaft und bezaubernden Dörfern aus Steinhäusern. Ausländische Touristen verschlägt es selten hierher. Dabei kann man in dieser Gegend wild lebende Wölfe beobachten – besser geht's in ganz Europa nicht.

Sehenswertes

Centro de Lobo Ibérico de Kastilien-León MUSEUM, ZOO

(☎ 980 56 76 38; www.centrodellobo.es; Robledo; mit/ohne Führung 8/6 €; ⏲ Fr–So 10–14 & 16–19.30 Uhr, Di–Do nach Vereinbarung) Das hervorragende, dem Iberischen Wolf gewidmete Besucherzentrum eröffnete 2015. Seine Form entspricht dem traditionellen runden Pferch, den die Bauern der Gegend nutzten, um ihr Vieh vor den Raubtieren zu schützen. Das Zentrum zeigt in einer Ausstellung Legenden über Wölfe und ihre Rolle in der örtlichen Kultur. Es präsentiert auch wissenschaftliche Erkenntnisse über Wölfe. Auf dem Hügel hinter dem Hauptgebäude leben sieben Wölfe in großen Gehegen. Eine gute Möglichkeit, die Tiere zu fotografieren, wenn man in der freien Wildbahn keine gesehen hat.

Aktivititäten

Wild Wolf Experience TIERE & PFLANZEN

(☎ 636 03 14 72; www.wildwolfexperience.com; Ausflug 5 Nächte, 4 Tage pro Person 995 £) Der Engländer John Hallowell bietet sehr gute Ausflüge in die Sierra de la Culebra an, bei denen man Wölfe (und Vögel) beobachten kann. Er ist ein kenntnisreicher Führer und stellt Pauschalangebote zusammen, die am Flughafen in Madrid oder Oviedo beginnen und enden. Zudem ist eine Kombination mit einem Ausflug zum Bärenbeobachten in Asturien möglich.

Zamora Natural TIERE & PFLANZEN

(☎ 655 82 18 99; www.zamoranatural.com; 50 € pro Pers.) Wer in der Sierra de la Culebra gern den einen oder anderen Wolf zu Gesicht bekommen möchte, wendet sich am besten an Zamora Natural. Das Unternehmen bietet ganzjährig Ausflüge an, bei denen man zu Sonnenauf- und -untergang an einem Aussichtspunkt in einem Gebiet verweilt, in dem sich regelmäßig Wölfe aufhalten. Es gibt keine Garantie, dass man wirklich welche sieht, aber die Wahrscheinlichkeit liegt zwischen 20 und 40 %. Die besten Chancen hat man in der Zeit von Oktober bis Mai oder im Juni.

Feste & Events

Festival Territorio Lobo KULTURELL

(www.festivalterritoriolobo.com; Villardeciervos; ⏲ Anfang Aug.) Ein lustiges, dem Wolf gewidmetes Fest mit Livemusik, großartiger lokaler Küche, Vorträgen über den Iberischen Wolf und Ausflügen in die Sierra.

EINE DER ÄLTESTEN KIRCHEN SPANIENS

Die einsam gelegene, aus dem 7. Jh. stammende Kirche **San Pedro de la Nave** (☎ 660 23 39 95, 696 29 24 00; Calle Larga, Campillo; ⏲ April–Sept. Di–So 10.30–13.30 & 17–20, Fr & Sa 10–13.30 & 16.30–18.30 Uhr, Okt.–März So 10–13.30 Uhr), 24 km nordwestlich von Zamora, ist ein seltenes und außergewöhnliches Beispiel westgotischer Architektur mit keltischen, germanischen und byzantinischen Elementen. Besonders ihre fein gearbeiteten Kapitelle sind beeindruckend. Als 1930 der Stausee Esla nordwestlich von Zamora angelegt wurde, hat man die Kirche zu ihrem heutigen Standort in Campillo transportiert. Von Zamora aus nimmt man die N122 und folgt dann den Schildern nach Campillo.

Schlafen

★ Santa Cruz PENSION €
(☎ 619 85 00 10; www.loscuerragos.com; Santa Cruz de los Cuérragos; VP 30 € pro Person; P 📶) Etwas ganz Besonderes! Dass dieses bezaubernde Dorf aus Steinhäusern wieder zum Leben erwacht ist, verdankt es größtenteils Fernando und Carmen. Sie haben ihr hübsches Zuhause sehr schön restauriert und mit offenen Steinwänden, polierten Böden und komfortablen Betten ausgestattet. Nun strahlt es eine heimelige Wärme aus – es ist die Art von Ort, an dem man länger als geplant verweilen möchte. Nur Barzahlung.

Hotel Remesal HOTEL €
(☎ 980 65 49 11; www.hotelruralremesal.com; Calle de Mediodía 25, Villardeciervos; EZ/DZ 38/55 €; P 📶) Das hervorragende Drei-Sterne-Hotel in Villadeciervos hat zehn hübsche Zimmer mit offenen Steinwänden und guter Heizung. Es liegt an der Hauptstraße durch den Ort und eignet sich gut als Basis für Ausflüge in die Sierra. In der Nähe gibt's zahlreiche Anbieter von Touren, um Wölfe zu beobachten.

Essen

La Enredadera SPANISCH €€
(☎ 980 59 31 21; Calle de Arriba 26, Ferreras de Arriba; Hauptgerichte 8–15 €, Mittagsmenü 13 € ⊙ Di–Do 13.30–16 & 20.30–22 Uhr) Eine echte Entdeckung! In dem ansonsten unscheinbaren Dorf Ferreras de Arriba liegt, in der Nähe einiger hervorragender Beobachtungspunkte für Wölfe, das an ein cooles urbanes Café erinnernde La Enredadera. Das Essen wird ideenreich angerichtet, die Bedienung ist freundlich und zu den Spezialitäten des Hauses gehören *bacalao* (Kabeljau) und *carnes a la brasa* (gegrilltes Fleisch).

Hotel Remesal SPANISCH €€
(☎ 980 65 49 11; www.hotelruralremesal.com; Calle de Mediodía 25, Villardeciervos; Hauptgerichte 8–17 €, Mittagsmenü Wochentage/Wochenende 10/13 €; ⊙ 13–16 & 20.30–23 Uhr) Durch die an Wochentagen geöffnete Hotelbar gelangt man in das lichtdurchflutete Restaurant, wo die Kellner herzhafte Fleischgerichte servieren. Das Mittagsmenü (*menú del día*) ist großzügig portioniert.

An- & Weiterreise

Die N631, die Zamora mit Puebla de Sanabria verbindet, verläuft parallel zur Sierra de la Culebra. Zahlreiche Seitenstraßen führen in die Berge hinauf. Das größte Dorf der Gegend ist Villardeciervos. Robledo mit dem Wolfs-Besucherzentrum Centro de Lobo liegt am nordwestlichen Ende der Gebirgskette und ist von Puebla de Sanabria aus zu erreichen.

Puebla de Sanabria

1460 EW.

Unweit der portugiesischen Grenze erstreckt sich dieser faszinierende Weiler voller mittelalterlicher Sträßchen, die sich um eine öffentlich zugängliche Burg aus dem 15. Jh. und bergab winden. Das Dorf ist eines der schönsten Spaniens und durchaus eine Übernachtung wert: In den ruhigen Gassen mit Kopfsteinpflaster fühlt man sich um Jahrhunderte in der Zeit zurückversetzt.

Sehenswertes

Castillo BURG
(Erw./Kind unter 12 J. 3 €/frei; ⊙ 11–14 & 16–20 Uhr P 👪) Pueblas Burg ist der höchste Punkt des Ortes und ragt, kilometerweit sichtbar, in den Himmel empor. In der Burg selbst sind interessante Ausstellungsstücke zur Geschichte der Region, Flora und Fauna, eine Diashow über die Kultur und Geschichte des Dorfes sowie eine Camera Obscura zu sehen. Ein Highlight für Kids ist, dass sie Teile der Rüstung anlegen dürfen. Der Blick von den Festungsmauern ist in alle Richtungen traumhaft.

Plaza Mayor PLATZ
Den hübschen Marktplatz im oberen Teil des Dorfes umringen schöne historische Gebäude. Eine reizvolle Fassade mit Bogen schmückt das *ayuntamiento* (Rathaus) aus dem 17. Jh. Gegenüber erhebt sich die **Iglesia de Nuestra Señora del Azogue** (⊙ Fr 12–14 & 16–18, Sa & So 11–14 & 16–19 Uhr), eine sehenswerte Dorfkirche, die auf das 12. Jh. zurückgeht.

Schlafen

Hostal Carlos V. HOSTAL €
(☎ 980 62 01 61; www.hostalcarlosv.es; Avenida Braganza 6; Zi. ab 50 €; ❄ 📶) Das Carlos V. bietet das beste Preis-Leistungs-Verhältnis der Stadt. Die angenehmen Zimmer sind mit schicken weißen Bettdecken, extra flauschigen Handtüchern, festen Matratzen, Regenduschen und hochwertigen Toiletten ausgestattet. Ein gutes Café-Restaurant findet man am Fuß des Hügels am Eingang zur Altstadt.

★ Posada Real La Cartería HISTORISCHES HOTEL €€
(☎ 980 62 03 12; www.lacarteria.com; Calle de Rúa 16; Zi. ab 90–155 €; ❄ @ 📶) Das wunderschöne alte Gasthaus ist eins der besten Hotels in dieser Region, verfügt über hübsche, geräumige Zimmer mit Steinmauern und Holzbalken und kombiniert auf nette Weise modernen Komfort mit der altmodischen Atmosphäre des Ortes. Die Bäder haben Whirlpool-Badewannen, und es gibt sogar einen kleinen Fitnessraum (als ob die Wanderungen durch das hügelige Dorf nicht schon anstrengend genug wären!).

La Hoja de Roble HISTORISCHES HOTEL €€
(☎ 980 62 01 90; www.lahojaderoble.com; Calle Constanilla 13; EZ/DZ ab 65/75 €, ❄ 📶) Am Fuß des Hügels, auf dem die Altstadt liegt, steht dieses herausragende Hotel. Das Gebäude aus dem 17. Jh. birgt sehr geschichtsträchtige Zimmer (mit freigelegtem Mauerwerk und Original-Holzbalken), ohne allzu prunkvoll zu wirken. Es gibt auch eine Weinbar und ein gutes Restaurant.

Essen

★ Posada Real La Cartería KASTILISCH €€
(☎ 980 62 03 12; www.lacarteria.com; Calle de Rúa 16; Hauptgerichte 9–21 €; ⏲ 13–16 & 21–24 Uhr) Die Speisekarte dieses Restaurants zeigt die regionale Leidenschaft für Waldpilze (*setas und boletus*) und *trucha* (Forelle), die im Fluss unterhalb des Dorfes gefangen wird. Ansonsten ist eine stimmungsvolle Alternative in einem der zauberhaftesten alten Gebäude des Dorfes.

La Posada de Puebla de Sanabria KASTILISCH €€
(☎ 980 62 03 47; www.laposadadelavilla.com; Plaza Mayor 3; Hauptgerichte 10–16 €; ⏲ Di–Do 13.30–16 & 20.30–23 Uhr) Das hervorragende Restaurant direkt an der Plaza Mayor verfügt über elegantes Flair und weiße Decken auf den Tischen. Serviert werden Steaks aus der Region und Waldpilze, für die die Gegend bekannt ist. Wird beides gemischt, ist das Ergebnis hervorragend, was z. B. das Gericht *tenera estofada con boletus*, eine Art Eintopf aus Rindfleisch mit wilden Pilzen, beweist.

Praktische Informationen

Touristeninformation (☎ 980 62 07 34; www.turismosanabria.es; ⏲ 11–14 & 16–20 Uhr) In der Burg. Im Hochsommer ist manchmal bis 22 Uhr geöffnet, aber man kann sich nicht darauf verlassen.

An- & Weiterreise

Von Zamora aus bestehen sporadische Busverbindungen nach Puebla de Sanabria (ab 8,50 €, 1¼ Std.).

Palencia

79 137 EW.

In der ruhigen Stadt erhebt sich eine riesige gotische Kathedrale; man trifft auf einige hübsche Plätze, eine von Kolonnaden und Geschäften gesäumte Fußgängerpromenade (Calle Mayor) und eine Reihe weiterer Kirchen. Palencia ist eine hübsche Kleinstadt und eine der gemütlicheren Provinzhauptstädte. Die meisten Urlauber besuchen die Gegend auf einem Tagesausflug vom nahen Valladolid aus.

Sehenswertes

★ Catedral KATHEDRALE
(☎ 979 70 13 47; www.catedraldepalencia.org; Calle Mayor Antigua 29; Erw./Kind 5/1 €; ⏲ Mai–Sept. Mo–Fr 10–13.30 & 16–19.30, Sa 10–14 & 16–19.30, So 16.30–20 Uhr, Okt.–März Mo–Fr 10–13.30 & 16–18, Sa 10–13.30 & 16–17.30, So 16–19 Uhr) Hinter dem nüchternen Äußeren dieses riesigen Gotteshauses, einem der größten in Kastilien und weithin unter der Bezeichnung *La Bella Desconocida* (Unbekannte Schönheit) bekannt, versteckt sich ein außerordentlich prachtvoller Innenbereich. Das Highlight an der Fassade ist die **Puerta del Obispo** (Bischofstür). Innen sollte man sich die **Capilla El Sagrario** ansehen. Ihr bis zur Decke aufragender Hochaltar erzählt die Geschichte Jesu in Dutzenden meisterhaft geschnitzten und gemalten Feldern. Das Steingitter hinter dem Chorgestühl ist ein Meisterwerk des Flachreliefs, es wird Gil de Siloé zugeschrieben.

Museo Diocesano MUSEUM
(☎ 979 70 69 13; Calle de Mayor Antigua; Führungen auf Spanisch 4 €; ⏲ Führungen Juli–Sept. Di–So 10.30, 11.30, 12.30, 16.30, 17.30 & 18.30 Uhr, kürzere Zeiten während des restlichen Jahres) Untergebracht im aus dem 18. Jh. stammenden **Palacio Episcopal**, präsentiert das Museum Kunst vom Mittelalter bis zur Renaissance. Einen Ehrenplatz nehmen Arbeiten von Pedro de Berruguete und ein Altarbild der Jungfrau (Diego de Siloé zugeschrieben) ein.

Iglesia de San Miguel KIRCHE
(☎ 979 74 07 69; Calle de Mayor Antigua; ⏲ Mo–Sa 9.30–13.30 & 18.30–19.30, So 9.30–13.30 &

18.30–20 Uhr) Die Kirche fällt durch ihren hohen gotischen Turm mit festungsartiger Mauerkrone ins Auge. Innen ist sie schmucklos und von strenger Schönheit. Der Legende nach wurde hier El Cid mit seiner Doña Jimena verlobt.

Schlafen

Eurostars Diana Palace BUSINESSHOTEL €€
(☎ 979 01 80 50; www.eurostarsdianapalace.com; Avenida de Santander 12; EZ/DZ inkl. Frühstück ab 55/60 €; P ❄ 📶) Moderner, komfortabler Hotelblock, von dem man das Stadtzentrum schnell zu Fuß erreicht. Das Erscheinungsbild ist modern, die Gäste sind überwiegend Geschäftsleute.

Hotel Colón 27 HOTEL €
(☎ 979 74 07 00; www.hotelcolon27.com; Calle de Colón 27; EZ 35–55 €, DZ 40–70 €; ❄ 📶) Die gemütlichen, wenn auch recht dunklen Zimmer des Zwei-Sterne-Hotels sind mit Teppichboden, hellen Kiefernmöbeln, festen Matratzen sowie kleinen Flachbildfernsehern ausgestattet und bieten ein recht gutes Preis-Leistungs-Verhältnis.

Essen

Gloria Bendita KASTILISCH €€
(☎ 979 10 65 04; Calle de la Puebla 8; Hauptgerichte 14–26 €; ⏰ Mo–Sa 13.30–16 & 21–24, So 13.30–16 Uhr; 📶) Die unschöne Umgebung aus modernen Apartmentblocks sollte man einfach ignorieren – Gloria Bendita zählt zu den neuesten eleganten Restaurants Palencias und serviert gehobene kastilische Küche mit modernem Einfluss. Im Vordergrund stehen Fleisch- und Fischgerichte, darunter Klassiker wie Rinderschmorbraten mit Austernpilzen. Es gibt nur eine Handvoll Tische in intimer Umgebung. Eine Reservierung ist empfehlenswert.

★ **Lucio Asador Gastrobar** KASTILISCH €€
(☎ 979 74 81 90; www.restaurantecasalucio.com; Calle de Don Sancho 2; Hauptgerichte 20–26 €; raciones 4,50–18 € ⏰ Mo–Sa 10–24, So 10–16 Uhr) Diese Institution in Palencia kombiniert seit Kurzem einen *asador* (ein auf Braten spezialisiertes Restaurant) mit einer schicken neuen Gastrobar. Das traditionelle Ambiente ist dem Sinn für Kreativität gewichen, der in der Küche herrscht. Die kastilische Spezialität *cordero asado* (39 € für 2 Pers.) wird hier immer noch besonders gut zubereitet, aber auch die kreativen Tapas sollte man sich nicht entgehen lassen.

Praktische Informationen

Patronato de Turismo (☎ 979 70 65 23; www.turismocastillayleon.com; Calle Mayor 31; ⏰ Juli–Mitte Sept. Mo–Sa 9.30–14 & 16–20, So 9.30–17 Uhr, Mitte Sept.–Juni Mo–Sa 9.30–14 & 16–19, So 9.30–17 Uhr) Informationen zur Provinz und zur Stadt Palencia. Umfasst sowohl die städtische als auch die regionale Touristeninformation.

An- & Weiterreise

Bus Vom **Busbahnhof** (☎ 979 74 32 22; Carerra del Cementerio) geht's regelmäßig nach Valladolid (4,55 €, 45 Min.), Madrid (ab 9,34 €, 3½ Std.) und Aguilar de Campóo (8,15 €, 1½ Std.).

Zug Der Hochgeschwindigkeitszug AVE verbindet jetzt Palencia mit Madrid (16,30 bis 33,10 €, 1½ bis 3 Std.) und León (ab 11,75 €, 45 Min.). Weitere Züge fahren u. a. nach Burgos (ab 7,35 €, 45 Min.) und Valladolid (ab 4,25 €, 30 Min.).

Rund um Palencia

Im Vergleich zu anderen Provinzhauptstädten ist das Gebiet um Palencia relativ klein, aber es gibt drei kleine Kirchen – eine der ältesten in Spanien, die beiden anderen zählen zu Spaniens schönsten ländlichen Kirchen – die definitiv einen Besuch wert sind.

Sehenswertes

Iglesia de Santa María La Blanca KIRCHE
(☎ 979 88 08 54; Villalcázar de Sirga; 1.50 €; ⏰ Juni–Mitte Sept. täglich 11–14 & 17–20 Uhr, Mitte Sept.–April Sa & So 10.30–14 & 16–18 Uhr) Diese außergewöhnliche Festungskirche, ein bedeutendes Pilgerziel auf dem Jakobsweg, erhebt sich eindrucksvoll aus der kastilischen Hochebene zwischen Frómista und Carrión de los Condes am ruhigen P980. Sie wurde vom 12. bis zum 14. Jh. erbaut und ist von romanischen und gotischen Stilelementen geprägt. Das große, hohe Portal mit den feinen Steinmetzarbeiten lohnt eine eingehende Betrachtung. Zu den Highlights im Inneren zählen die königlichen Grabstätten sowie ein extravaganter *retablo mayor* (Altaraufsatz).

Iglesia de San Martín KIRCHE
(☎ 979 81 01 44; Avenida del Ejército Español, Frómista; Erw./erm./Kind 1,50/1 €/frei; ⏰ April–Sept 9.30–14 & 16.30–20 Uhr, Okt.–März 10–14 & 15.30–18.30 Uhr) Das wunderbar proportionierte Gebäude aus dem Jahr 1066 wurde im frühen 20. Jh. restauriert und in eine der

schönsten romanischen Kirchen im ländlichen Spanien verwandelt. Direkt unter dem Dachgesims zieren zahlreiche menschliche Figuren und Tiere die Fassade. Das Innere ist sehr einfach gehalten, bis auf die reich geschmückten Kapitelle.

Von Palencia (3,50 €, 30 Min.) gibt's täglich zwei Busverbindungen, aber die meisten Besucher legen hier auf dem Weg zwischen Palencia und dem Norden des Landes einen Zwischenstopp ein.

Basílica de San Juan KIRCHE
(☎ 628 72 08 85; Baños de Cerrato; 2 €, Mi frei; ⌚ April–Sept. Di–So 10.30–14 & 16.50–20 Uhr, Okt.–März Di–So 11–14 & 16–18 Uhr) In Baños de Cerrato, in der Nähe des unglaublich hässlichen Bahnknotenpunkts Venta de Baños, liegt die älteste Kirche Spaniens, die Basílica de San Juan aus dem 7. Jh. Sie wurde im Jahr 661 von den Westgoten erbaut und seither viele Male verändert. Ihre Fassade aus Stein und Ton mit einer Alabasterskulptur von Johannes dem Täufer aus dem 14. Jh. strahlt eine angenehme strenge Schlichtheit aus.

Schlafen

★ **Hotel Monasterio Real San Zoilo** HISTORICHES HOTEL €€
(☎ 979 880 049; www.sanzoilo.com; Carrión de los Condes; EZ/DZ ab 55 €/75; P ❄ 📶) Zum Teil in ein aus dem 11. Jh. stammende Kloster eingefügt, besitzen die reizvollen Zimmer dieses schönen Hotels Holzbalken, freigelegte Ziegelwände und ockerfarbene Wände. Einige der Zimmer liegen auch rings um das Kloster, und ein gutes Restaurant gibt's auch.

Praktische Informationen

Touristeninformation Frómista
(☎ 979 810 180; www.turismocastillayleon.com; Calle de Ingeniero Rivera; ⌚ Mo–Fr 10–14 & 16–19 Uhr, Sa & So 10–14 Uhr) Hilfsbereites Tourismusbüro.

An- & Weiterreise

Um einen Großteil der Gegend erkundigen zu können, sollte man selber über ein Fortbewegungsmittel verfügen. Obwohl täglich zwei Busse von Frómista nach Palencia fahren, könnte man sich, wenn man weiterfahren will, gestrandet vorkommen.

Montaña Palentina

Diese Bergregion im hohen Norden von Kastilien-León bietet einen angenehmen Vorgeschmack auf die Cordillera Cantábrica, die Kastilien von Spaniens Regionen am Nordatlantik trennt. Hier kann man einige der schönsten Autotouren der gesamten Gegend unternehmen. Dabei trifft man auf in Vergessenheit geratene romanische Kirchen und unglaublich stille Nebenstraßen, auf denen eher Traktoren für Entschleunigung sorgen, als dass man sich über Ausflugsbusse ärgen müsste.

Aguilar de Campóo

6979 EW.

Aguilar de Campóo ist eine lebendige Stadt mit einigen interessanten Baudenkmälern. Vor allem aber ist es der Ausgangspunkt, um die schöne Landschaft und die romanischen Kirchen der Montaña Palentina zu besuchen und auf dem Weg zwischen Palencia und Santander eine Pause einzulegen.

Sehenswertes

Ermita de Santa Cecilia KIRCHE
(☎ 979 18 14 24; Calle de Santa Cecilia; Eintritt 1,50 €; ⌚ April–Sept. Di–So 11–14 & 17–20 Uhr, Okt.–März Di–So 11–14 & 16–18 Uhr) Oberhalb der Stadt thronen das Castillo aus dem 12. Jh. und die elegante romanische Ermita de Santa Cecilia. Diese hübsche und einfache Wallfahrtskapelle dient als Auftakt für

ABSTECHER

SCHÖNE RÖMISCHE VILLA

Okay, Pompeji ist es nicht, aber immerhin eine der interessantesten und am besten erhaltenen römischen Villen auf der Iberischen Halbinsel. Die **Villa Romana La Olmeda** (☎ 979 14 20 03; www.villaromanalaolmeda.com; in der Nähe der CL615; Erw./erm./Kind unter 12 J. 5/3 €/frei, Di 15–18.30 Uhr frei; ⌚ Di–So 10.30–18.30 Uhr; P 🚻) ist von fruchtbaren Ebenen umgeben und liegt hinter einem futuristisch aussehenden Gebäude, das nicht hierherzupassen scheint. Wer sie betritt, wird dennoch ins 4. Jh. vor Chr. versetzt. Die Villa gehörte einst einem reichen Adligen und Landbesitzer. Das Landgut umfasst rund 1000 m² und birgt eines der schönsten Mosaiken, die in Europa je in einem privaten Haus gefunden wurden.

ABSTECHER

ROMANISCHE RUNDFAHRT

Nicht weniger als 55 romanische Kirchen stehen in der kühlen, hügeligen Landschaft rund um Aguilar de Campóo. Man kann mühelos einen ganzen Tag damit verbringen, auf ruhigen Landstraßen durch die Gegend zu fahren und sie ausfindig zu machen.

In **Olleros de Pisuerga** wurde eine kleine Kirche in den Fels gebaut; sie ist als „Ermita Rupestre" ausgeschildert. In der Bar Feli an der Hauptstraße durch den Ort kann man darum bitten, dass jemand das Gotteshaus aufschließt.

Weiter südlich entdeckt man an einer ruhigen Nebenstraße das **Monasterio de Santa María de Mave** (☎ 620 13 70 55, 979 12 36 11; wechselnde Öffnungszeiten), ein Benediktinerkloster mit einer interessanten romanischen Kirche aus dem 13. Jh. Sie ist das einzige Gebäude des Komplexes, das man besuchen kann; im benachbarten Café nach dem Schlüssel fragen. Das Kloster liegt rund 8 km südlich von Aguilar de Campoo der Hauptstraße. Ein echtes romanisches Schmuckstück stellt auch das nahegelegene **Monasterio de San Andrés de Arroyo** (www.sanandresdearroyo.es; Führungen 5 €; ⏲ 11, 12, 12.30, 16, 17 & 18 Uhr, Mitte Dez.-März & Ostern geschl.) dar, insbesondere sein Kreuzgang aus dem 13. Jh. Stündlich finden Führungen auf Spanisch statt.

die nahegelegenen Juwelen der Romanik in der Provinz.

Monasterio de Santa María la Real KLOSTER

(☎ 979 12 30 53; www.santamarialareal.org; Carretera de Cervera; Erw./Kind 5/3 €; ⏲ Juli–Sept. 10.30–14 & 16.30–20 Uhr, Di–Fr 16–19.30 Uhr, Okt.–Juni Sa & So 10.30–14 & 16.30–19.30 Uhr) Gleich außerhalb der Stadt stößt man an der Straße nach Cervera de Pisuerga auf das hervorragend restaurierte romanische Monasterio de Santa María la Real. Sein gotischer Kreuzgang aus dem 13. Jh. mit kunstvollen Kapitellen ist ein wahres Meisterwerk. Man kann die Kirche zwar auch ohne Führer besichtigen, aber um den Rest zu sehen, sollte man sich einer Führung anschließen. Die Zeiten werden auf der Website aufgeführt.

Schlafen & Essen

Posada Santa María La Real HISTORISCHES HOTEL €€

(☎ 979 12 20 00; www.posadasantamarialareal.com/EN/hotel.html; Carretera de Cervera; EZ/DZ ab 54/81 €; P ❄ ☕) In einem Teil des gleichnamigen romanischen, aber modern runderneuerten Klosters befindet sich diese sehr charmante *posada* (Landhaus), die wahrscheinlich atmosphärischste Unterkunft der ganzen Region. Einige Zimmer haben Wände mit freigelegten Steinen, andere verteilen sich über zwei Etagen, aber alle sind komplett holzverkleidet. Im Restaurant bekommt man ein mittelalterliches Abendessen sowie mehrere festgelegte Menüs (ab 16 €).

Mesón Añejo SPANISCH €€

(☎ 979 12 29 71; www.mesonanejo.wixsite.com/anejo; Calle Comercio 10; Hauptgerichte 12–18 €; ⏲ Do–Mo 13.30–15.30 & 21–23.30 Uhr, Di 13–15.30 Uhr) In einem aus Ziegeln und Holzbalken bestehenden Gebäude untergebracht, fällt unsere Wahl unter den Restaurants der Stadt auf das Mesón Añejo. Zu den Spezialitäten gehören *carpaccio de solomillo relleno de foie* (Carpaccio aus der Lende gefüllt mit Gänseleberpastete) oder *chuletón a la piedra* (auf heißen Steinen zubereitetes Steak). Regionale Produkte sind ein wiederkehrendes Thema.

Praktische Informationen

Touristeninformation (☎ 979 12 36 41; www.aguilardecampoo.com/turismo/; Paseo de la Cascajera 10; ⏲ Di–Sa 10–13.45 & 16–17.45, So 10–13.45 Uhr)

An- & Weiterreise

Mindestens einmal täglich fahren Busse nach Burgos, Palencia und Santander. Bis zu 5 Züge täglich verkehren zwischen Aguilar de Campoo und Palencia (ab 8,85 €, 1 Std.), der Bahnhof liegt allerdings 4 km westlich der Stadt.

DER NORDWESTEN

León

126 192 EW. / 837 M

León ist eine wunderbare Stadt mit faszinierenden historischen Bauwerken und einer schier unbändigen Energie. Die Kathedrale zählt zu den schönsten Gotteshäusern des ganzen Landes und es gibt hier noch viel mehr zu entdecken. Tagsüber zeigt sich Besuchern ein tief in Nordkastilien verwurzelter Ort mit großartigen Bauten und einer starken Bindung zur katholischen Kirche und zu seiner Rolle als wichtiges Pilgerziel auf dem Jakobsweg. Abends herrscht in León bis tief in die Nacht eine Feststimmung, die die engen Straßen und Plätze der malerischen Altstadt, des Barrio Húmedo, überflutet. Eine fantastische Mischung.

Sehenswertes

Man sollte früh genug losziehen, um sicher zu sein alle Attraktionen in León zu sehen. Einfach bei der städtischen Touristeninformation vorbeischauen und nach dem *Horarios de Museos y Monumentos de León,* einer Liste mit den aktuellen Öffnungszeiten, fragen. Die wichtigste Fußgängerzone ist die Calle Ancha. Im Haus Nr. 3 sollte man die berühmte **Farmacia Alonso Nuñez** (Mo–Fr 9.30–14 & 16.30–20 Uhr, Sa 9.30–13.30 Uhr) nicht verpassen. Sie stammt aus dem Jahr 1827, wobei sich, neben den ausgestellten Antifaltencremes und Kondomen, das üppige Interieur und die verzierten Decken in keinster Weise verändert haben.

★Catedral KATHEDRALE

(987 87 57 70; www.catedraldeleon.org; Plaza de Regia; Erw./erm./unter 12 J. 6/5 €/frei, Kombiticket mit Claustro & Museo Catedralicio-Diocesano 8/6 €/frei; Juni–Sept. Mo–Fr 9.30–13.30 & 16–20, Sa 9.30–12 & 14–18, So 9.30–11 & 14–20 Uhr, Okt.–Mai Mo–Sa 9.30–13.30 & 16–19, So 9.30–14 Uhr) Leóns Kathedrale aus dem 13. Jh. gilt mit ihren hoch aufragenden Türmen, dem mächtigen Strebewerk und ihrem atemberaubenden Inneren als spirituelles Herz der Stadt. Ob im wunderbaren Sonnenlicht des Nordens gebadet oder abends in Scheinwerferlicht getaucht – Spaniens vielleicht schönstes gotisches Meisterwerk zeichnet sich durch eine enorme Strahlkraft aus. An der außergewöhnlichen Fassade sieht man eine **Fensterrose**, drei reich verzierte Portale und zwei eindrucksvolle Türme. Das Hauptportal schmückt eine Darstellung des Abendmahls. Im Inneren erwarten zahlreiche *vidrieras* (Buntglasfenster) die Besucher. Sie sind französisch inspiriert und stammen größtenteils aus dem 13. bis 16. Jh.; das bunte Licht schafft einen tollen Kontrast zu dem ansonsten düsteren Innenraum. Es gibt hier insgesamt 128 Fenster mit einer Gesamtfläche von 1800 m^2 – allerdings können Zahlen die ätherische, lichtdurchflutete Atmosphäre, die diese Kathedrale durchdringt, kaum beschreiben.

Zu den weiteren Schätzen gehört eine Silberurne von Enrique de Arfe mit den sterblichen Überresten des heiligen Froilán, des Schutzheiligen von León; sie steht auf dem Altar. Bemerkenswert ist auch das großartige **Chorgestühl.**

Den Besuch der Kathedrale kombiniert man am besten mit einer Besichtigung des **Claustro & Museo Catedralicio-Diocesano** (Plaza de Regia; Erw./erm./Kind unter 12 J. 5/4 €/frei; Juni–Sept. Mo–Fr 9.30–13.30 & 16–20, Sa 9.30–12 & 14–18, So 9.30–11 & 14–20 Uhr, Okt.–Mai Mo–Sa 9.30–13.30 & 16–19, So 9.30–14 Uhr) direkt um die Ecke. Der friedvolle, lichtdurchflutete *claustro* mit Fresken aus dem 15. Jh. ist eine perfekte Ergänzung zum Chorraum der Kirche und das Museum präsentiert eine beeindruckende Sammlung frühromanischer Holzstatuen der Jungfrau Maria sowie erstklassige Werke von Juní und Gaspar Becerra.

★Museo de Arte Contemporáneo GALERIE

(Musac; 987 09 00 00; www.musac.es; Avenida de los Reyes Leóneses 24; Erw./erm. /Kind 3/2/1 €, So 17–21 & Di–Do 19–20 Uhr frei; Di–Fr 11–14 & 17–20, Sa & So 11–15 & 17–21 Uhr, Führungen 13 & 16 Uhr) Leóns Vorzeigeobjekt, das Museum für zeitgenössische Kunst, hat eine berühmte Fassade aus farbigem Glas in 37 Schattierungen: Die Farben greifen in einzelnen „Pixeln" die der Buntglasfenster in der Kathedrale von León auf. Das Museum ist einer der dynamischsten Kunsträume des Landes. In der luftigen Galerie werden Wechselausstellungen mit zeitgenössischer spanischer und internationaler Fotografie, Videoinstallationen und ähnlichen Kunstformen gezeigt. Das Museum verfügt aber auch über eine ständige Sammlung. Vor Ort finden regelmäßig Konzerte statt.

★Panteón Real HISTORISCHES GEBÄUDE

(www.turismoleon.org; Plaza de San Isidoro; Erw./Kind 5 €/frei; Mo–Sa 10–14 & 16–19, So 10–14 Uhr) Das an die Real Basílica de San Isidoro (S. 189) angeschlossene Panteón Real beherbergt die königlichen Sarkophage. Sie ruhen unter einem Baldachin aus wunderschönen romanischen Fresken. Die Gewölbe und Bogen dieses einzigartigen Saales – getragen von Marmorsäulen mit fein verzierten Kapitellen – sind durchgehend mit farbigen Bibelszenen überzogen.

León

Im Pantheon befindet sich auch ein kleines **Museum**. Hier kann man den Schrein des heiligen Isidors, einen mumifizierten Finger(!) des Heiligen und andere Kleinode bewundern.

★ Real Basílica de San Isidoro KIRCHE

(987 87 61 61; Plaza de San Isidro; 7.30–23 Uhr) GRATIS Noch älter als die gotische Kathedrale von León ist ihr auffälliges romanisches Gegenstück, die Real Basílica de San Isidoro.

Ferdinand I. und Doña Sancha ließen sie 1063 als Aufbewahrungsort für die sterblichen Überreste des Heiligen, ihrer selbst und 21 anderer Herrscher errichten. Trotz der Plünderung durch Napoleons Truppen Anfang des 19. Jhs. birgt die Kirche immer noch genug Bestaunenswertes.

Convento de San Marcos KLOSTER

(Plaza de San Marcos; Di–Sa 10–14 & 16–19, So 10–14 Uhr GRATIS Um dieses palastartige frühere Kloster richtig bewundern zu können, muss man im Hostal de San Marcos (S. 200) einchecken, wobei der historische Kapitelsaal und der prachtvolle Kreuzgang auch öffentlich zugänglich sind. Man beachte die außergewöhnliche Platereskfassade, die mit schlanken Säulen sowie feinen Medaillons

León

Highlights
1 Catedral C2
2 Panteón Real A1
3 Real Basílica de San Isidoro A1

Sehenswertes
4 Casa Botines B3
5 Claustro & Museo Catedralicio-Diocesano D2
6 Farmacia Alonso Nuñez C3
7 Iglesia de Santa María del Mercado C5
8 Altes Rathaus C4
9 Palacio de los Guzmanes B3
10 Plaza Mayor D3

Schlafen
11 Hospedería Monástica Pax C5
12 Hostal San Martín B2
13 La Posada Regia B3

Essen
14 La Trébede B2
15 Restaurante Zuloaga C2
16 Taberna La Piconera C5

Ausgehen & Nachtleben
17 Camarote Madrid B2
18 Four Lions Brewery C2

Unterhaltung
19 La Lola B2

Shoppen
20 El Escribano B1

und Friesen aus dem Jahr 1513 geschmückt ist. Besonders bezaubernd ist das Kloster, wenn es abends angestrahlt wird.

Casa Botines HISTORISCHES GEBÄUDE
(☎ 987 35 32 47; www.casabotines.es; Plaza de San Marcos 6; Erw./Kind 5 €/frei; ⌚ Mo, Di & Do–Sa 11–14 & 17–21 Uhr, Mi 17–21 Uhr, So 11–14 Uhr) Antoni Gaudís Beitrag zur Skyline von León ist die neogotische Casa de Botines (1893), allerdings erscheint die Verrücktheit des berühmten Architekten aus Barcelona im nüchternen León ziemlich gedämpft. Eine Statue von Gaudi befindet sich seitlich auf einer Bank.

Palacio de los Guzmanes PALAST
(☎ 987 292 204; Plaza de San Marcelo 6; Erw./Kind 2/1 €; ⌚ Mi–So 11–17 Uhr) Das in León immer wiederkehrende Thema der Renaissance findet seinen Ausdruck im prachtvollen Palacio de los Guzmanes (1560), bei dem die Fassade und der Innenhof herausragen. Dieser kann jedoch nur bei einer **kostenlosen Führung** besichtigt werden.

Plaza Mayor PLATZ
Am nordöstlichen Ende der Altstadt befindet sich die wunderbare vom Zahn der Zeit gezeichnete Plaza Mayor aus dem 17. Jh. Der verschlafene Platz, der auf drei Seiten von Arkaden eingerahmt wird, ist mittwochs und samstags Schauplatz eines lebhaften **Lebensmittelmarkts**. An der Westseite sieht man das barocke **alte Rathaus** aus dem 17. Jh.

Iglesia de Santa María del Mercado KIRCHE
(Plaza de Santa María del Camino; ⌚ Mitte Juni–Mitte Sept. Di–So 10–13.30 & 17–20 Uhr, Mitte Sept.–Mitte Juni Mo–Sa 11–12 & 19–20 Uhr) Hügelabwärts erhebt sich die verhärmte romanische Steinkirche Iglesia de Santa María del Mercado über einem schönen kopfsteingepflasterten kastilischen Dorfplatz. Die Öffnungszeiten können variieren, am reizvollsten sind jedoch die Fassade und das Umfeld.

Geführte Touren

Visitas Guiadas León GEFÜHRTE TOUREN
(☎ 688 94 14 03; www.visitasguiadasoficiales.com; frei bis 20 €; ⌚ Di–Do 11, 12.15 & 17.15 Uhr) Diese geführten Besichtigungen dauern zwischen 1 und 3 Std. und umfassen eine Reihe von Möglichkeiten, darunter (manchmal) eine ab 20 Uhr stattfindende Abendführung. Am Ende der Gratisführung wird eine Spende nach eigenem Ermessen erwartet. Die meisten Führungen beginnen vor dem Eingang der Kathedrale.

Feste & Events

Semana Santa KIRCHLICH
(Karwoche, ⌚ März/April) In der Karwoche erlebt man hier feierliche Prozessionen kapuzenverhüllter Büßer mit den Denkmälern der Stadt als mitreißender Kulisse.

Fiestas de San Juan y San Pedro FIESTA
(⌚ Juni; 👪) An der Schwelle zum Sommer tobt sich die Stadt zwischen dem 21. Juni und 30. Juni bei Konzerten, an Straßenständen und in allgemeiner Fröhlichkeit aus.

Schlafen

Pensión Blanca B&B PENSION €
(☎ 987 25 19 91; www.pensionblanca.com; Calle de Villafranca 2; DZ/3BZ 45/60 €, EZ/DZ ohne Bad

30/40 €; (wifi)) Als über dem Durchschnitt liegende *pensión* und mühelos eine der besten preisgünstigen Alternativen in León, gibt's in der in guter Lage zwischen Bus-/Eisenbahnhöfen und der Kathedrale liegenden Pensión Blanca reizvolle knallbunte Zimmer. Die Kathedrale ist fußläufig in 10 Min. entlang der Haupteinkaufsstraße zu erreichen.

Hostal San Martín HOSTAL €
(☎ 987 87 51 87; www.sanmartinhostales.es; 2. OG, Plaza de Torres de Omaña 1; EZ/DZ 30/43 €, ohne Bad 20/30 €; (wifi)) Die gute altmodische Budgetunterkunft in einem Gebäude aus dem 18. Jh. liegt wunderbar zentral. Die hellen und luftigen bonbonfarbenen Zimmer haben kleine Terrassen. Weitere Pluspunkte sammelt das Hotel mit kräftigen Duschen, Badewannen sowie einer gemütlichen Sitzecke. Der freundliche Besitzer steht seinen Gästen gerne mit Rat und Tat zur Seite und verteilt bei Bedarf auch Stadtpläne.

★ **La Posada Regia** HISTORISCHES HOTEL €€
(☎ 987 21 31 73; www.regialeon.com; Calle de Regidores 9–11; Zi. mit Frühstück 54–70 €, DZ 59–130 €; (wifi)) Trotz der Lage im Stadtzentrum verströmt das Hotel die Atmosphäre einer *casa rural* (ländliches oder dörfliches Gästehaus), denn das fantastisch restaurierte Gebäude aus dem 14. Jh. ist mit Holzbalken, angedeutetem Mauerwerk und antiken Möbeln ausgestattet. Alle Zimmer sind individuell gestaltet und verfügen über komfortable Betten und Bäder. Wie überall im Barrio Húmedo kann es auch hier an den Wochenenden nachts recht laut werden.

Hospedería Monástica Pax HOSTAL €€
(☎ 987 34 44 93; www.hospederiapax.com; Plaza de Santa María del Camino; Zi. 51–80 €; (Klimaanlage)(wifi)) Die hervorragende Unterkunft an einem der schönsten Plätze in León befindet sich in einem restaurierten ehemaligen Kloster. Die meisten der stilvoll eingerichteten Zimmer sind sehr groß. Sofern man keinen leichten Schlaf hat, wählt man am besten ein Zimmer mit Blick über den Platz.

★ **Hostal de San Marcos** HISTORISCHES HOTEL €€€
(☎ 987 23 73 00; www.parador.es; Plaza de San Marcos 7; DZ inkl. Frühstück ab 110 €; (P)(Klimaanlage)(@)(wifi)) Trotz des verwirrenden *hostal* im Namen ist das Hotel mit seinen palastartigen Räumen und dem Luxus und Dekor der alten Welt eines der Vorzeigehotels der *parador*-Kette und eine der besten Unterkünfte Spaniens. Wie zu erwarten, sind der Service und die Liebe zum Detail überragend. Darüber hinaus beherbergt das Haus das Convento de San Marcos (S. 198), ein Wahrzeichen des Orts.

Essen

La Trébede TAPAS €
(☎ 637 25 91 97; Plaza de Torres de Omaña; Tapas ab 2,50 €, raciones ab 7 €; ⊙ Mo–Sa 12–16 & 20–24 Uhr) Das Trébede ist nicht nur gut für Tapas (toll: die Kroketten), sondern auch für Drinks (offene Weine ab 1,50 € das Glas). Entsprechend ist es immer voll. Zur bunt gemischten Einrichtung gehören Hirschgeweihe, historische Radios und eine Waage der Gerechtigkeit – und das Schild vor der Tür mit der Aufschrift „Santiago 350 km“ verleitet einen womöglich dazu, dem Jakobsweg noch für ein Weilchen fernzubleiben und lieber hier zu verweilen.

Taberna La Piconera TAPAS, SPANISCH €€
(☎ 987 26 34 56; Plaza Santa María del Camino 2; Tapas ab 2,50 €, raciones 9–17 €, Hauptgerichte 15–18 €; ⊙ Di–So 13–24 Uhr) Hier werden exzellente Fleischgerichte gepaart mit frischen Salaten, angeboten. Wir lieben das Lokal jedoch wegen seiner Lage an einem von Leóns schönsten Plätzen. Man sollte einen Tisch draußen ergattern und zum Essen bleiben, während man am Wein nippt und die Aussicht geniesst.

★ **Restaurante Cocinandos** MODERN SPANISCH €€€
(☎ 987 07 13 78; www.cocinandos.com; Calle de las Campanillas 1; Menü 43 €; ⊙ Di–Sa 13.45–15.30 & 21.30–23 Uhr) Das Cocinandos kann den einzigen Michelin-Stern von León vorweisen. Es bietet eine Speisekarte, die sich wöchentlich ändert, und eine kreative Küche aus saisonalen Produkten vom Markt. Das Ambiente ist ein wenig formell, also schick anziehen und im Voraus reservieren. Ein junges Team sorgt dafür, dass sich die Gäste wohlfühlen, und das Essen ist außergewöhnlich (neue spanische Küche mit verrücktem Touch).

Ausgehen & Nachtleben

★ **Camarote Madrid** WEINBAR
(www.camarotemadrid.com; Calle de Cervantes 8; ⊙ 10–16 & 20–0.30 Uhr) Im Fenster dieser beliebten Weinbar hängen die Schinkenkeulen so eng aneinandergereiht, dass sie an die Tänzerbeine im Broadway-Musical *A Chorus Line* erinnern. Sie ist bekannt für ihre Tapas – richtiggehend berühmt ist der

kleine Tontopf mit *salmorejo* (einer kalten Suppe auf der Basis von Tomaten). Doch der absolute Hit ist die Weinkarte. Rund um die Bar schart sich ein fröhliches Publikum.

Four Lions Brewery BAR
(☎ 619 89 19 02; www.fourlionsbrewery.com; Calle Sierra Pambley 6; ⊙ Mo–Sa 13–17 & 20–24 Uhr, So 13–24 Uhr) Wir mögen diese Bar wegen ihrer hochwertigen Biere und der angenehmen Atmosphäre. Sechs eigene Biere werden hier produziert, darunter Lager, Ale und ein Stout. Das Essen erhält ausgesprochen gemischte Besprechungen.

☆ Unterhaltung

La Lola LIVEMUSIK
(☎ 987 22 43 03;www.papaquijano.com; Calle de Ruiz de Salazar 22; ⊙ Mi–Sa 9–17 Uhr, Mi & Do Livemusik ab Mitternacht, Fr & Sa ab 1 Uhr) Hier kann man Papa Quijano hören, einen legendären Latino-Schlagersänger, der etliche Alben aufgenommen und eine große Fangemeinde hat. Er betreibt diese urige Bar seit den 1970er-Jahren. Mit ihrer schummerigen Beleuchtung und einem Alkoven, der einen Teil der alten römischen Stadtmauer einbezieht, ist sie nicht jedermanns Geschmack, aber auf jeden Fall faszinierend.

Shoppen

La Vianda de León ESSEN
(☎ 987 24 03 70; www.laviandadeleon.com; Gran Vía de San Marcos 47; ⊙ Mo–Fr 10.30–15 & 17.30–21 Uhr, Sa. 10–15 Uhr) Exzellenter Feinkostladen im neueren Teil der Stadt. Hier gibt's alles von Käse, Weinen und gepökelten Fleischwaren bis hin zu lokalen Backwaren.

El Escribano KUNST & KUNSTHANDWERK
(☎ 987 07 32 22; www.elescribano.com; Calle de Fernando Regueral 6; ⊙ Mo–Fr 11.30–13.30 & 18–20 Uhr) Wunderbare Radierungen und Reproduktionen mittelalterlicher Kunst gehören zu den Attraktionen dieses edlen Ladens.

Praktische Informationen

Touristeninformation Kastilien-León
(☎ 987 23 70 82; www.turismocastillayleon.com; Plaza de la Regla 2; ⊙ April–Sept. Mo–Sa 9.30–14 & 17–20 Uhr,So 9.30–17 Uhr., Okt.–März Mo–Sa 9.30–15 & 16–19 Uhr, So 9.30–17 Uhr) Hier gibt's auch allgemeine Infos zu Kastilien und León.

Touristeninformation León (☎ 987 87 83 27; www.turismoleon.org; Plaza de San Marcelo 1; ⊙ 9–20 Uhr) Informationen zur Stadt und ihrer Umgebung.

ABSTECHER

MONASTERIO DE SAN MIGUEL DE ESCALADA

In der nördlichen Ebene von Kastilien erhebt sich dieser sehr schöne und einfache **Schatz** (€2; ⊙ Mai–Okt. Di–So 10–14.30 & 16.30–1930, März & April Fr–So 10–14.30 Uhr). Es wurde im 9. Jh. von aus Córdoba geflüchteten Mönchen auf den spärlichen Überresten eines westgotischen Gotteshauses erbaut, das dem Erzengel Michael geweiht war. Die Kirche ist für ihre hübschen, schlichten Hufeisenbogen bekannt, die man so weit im Norden Spaniens sonst nur selten zu sehen bekommt.

Der anmutige Säulenportikus draußen findet seine Entsprechung in den beeindruckenden Marmorsäulen drinnen. Der Eingang stammt aus dem 11. Jh. Um herzukommen fährt man auf die N601 südöstlich von León. Nach 14 km fährt man auf der engen LE213 nach Osten, die Kirche findet man 16 km nach der Abzweigung.

An- & Weiterreise

Bahnhof und Busbahnhof liegen am Westufer des Río Bernesga am westlichen Ende der Avenida de Ordoño II.

Auto & Motorrad Parkplätze (9–16 € für 12 Std.) findet man in den Straßen rund um die Plaza de Santo Domingo. Alternativ sollte man nach kostenlosen Stellplätzen auf dem unüberdachten Parkplatz außerhalb der Junta de Castilla y León suchen. Er liegt westlich der Stadtmitte nahe des Hostal San Marco.

Bus Vom **Busbahnhof** (☎ 987 21 10 00; Paseo del Ingeniero Sáez de Miera) fahren Busse nach Madrid (24 €, 3½ Std., 8-mal tägl.), Astorga (3,95 €, 1 Std., 17-mal tägl.), Ponferrada (9,25 €, 2 Std., bis zu 12-mal tägl.), Burgos (ab 5,20 €, 2 Std., 3-mal tägl.) und Valladolid (11,30 €, 2 Std., 9-mal tägl.).

Zug León ist inzwischen an das Netz des AVE-Hochgeschwindigkeitszugs angeschlossen, was die Fahrzeit von/nach Valladolid (ab 16,40 €, 1¼ Std. bis 2 Std.) und Madrid (ab 27 €, 2¼ Std. bis 5 Std.) erheblich verkürzt hat. Von anderen Gesellschaften wird auch Burgos (ab 9,90 €, 2 Std.) angefahren.

Unterwegs vor Ort

Autofahrer sollten beachten, dass die Tiefgaragen in der Stadtmitte privat betrieben werden und teurer (pro Std. 1,50 €) sind als die meisten anderen. Nachts gibt's ungewöhnlicherweise keinen Preisnachlass. Daher sollte man stattdessen ein Hotel mit Privatparkplatz in Betracht ziehen.

Astorga

11 264 EW. / 870 M

Astorga liegt auf einem Hügel an der Grenze zwischen den kargen Ebenen Nordkastiliens und den Bergen, die sich im Westen Richtung Galicien erheben. Die faszinierende Stadt hat eine bemerkenswerte Auswahl an Attraktionen zu bieten, die in keinem Verhältnis zu ihrer Größe stehen. Neben der schönen Kathedrale wartet sie mit einem von Gaudí entworfenen Palast und ein paar römischen Ruinen auf. Auch der Jakobsweg prägt den Charakter des Orts. Sehr viel Spaß macht hier auch ein Besuch im Schokoladenmuseum.

Sehenswertes

Palacio Episcopal MUSEUM, ARCHITEKTUR

(Museo de los Caminos; Calle de Los Sitios; Erw./Kind 3 €/frei, ⌚ März–Sept. Di–Sa 10–14 & 16–20, So 10–14 Uhr, Okt.–Feb. Di–Sa 11–14 & 16–18, So 10–14 Uhr) Der katalanische Architekt Antoni Gaudí hinterließ deutliche Spuren in Astorga, wo er für den Palacio Episcopal märchenhafte Türme und eine verschnörkelte Fassade entwarf. Der Palast wurde ab Ende des 19. Jhs. errichtet und beherbergt mittlerweile das **Museo de los Caminos** mit einer bunt zusammengewürfelten Sammlung. Im Untergeschoss sieht man römische Gegenstände und Münzen, in der oberen Etage zeitgenössische Malerei und im Erdgeschoss sowie im ersten Stock mittelalterliche Skulpturen, gotische Grabmäler und Silberkreuze. Das absolute Highlight des Prachtbaus ist die **Kapelle** mit ihren faszinierenden Wandgemälden und Buntglasfenstern.

Museo del Chocolate MUSEUM

(☎ 987 61 62 20; www.museochocolateastorga.com; Avenida de la Estación 16; Erw./Kind 2,50 €/frei, inkl. Museo Romano Erw./Kind 4 €/frei; ⌚ Di–Sa 10.30–14 & 16.30–19, So 10.30–14 Uhr; 👪) Das skurrile Privatmuseum ist der Beweis dafür, dass Astorga nicht nur ein Pilgerziel ist. Der Handel mit Schokolade war für die Wirtschaft der Stadt im 18. und 19. Jh. überaus wichtig. Die vielfältige Sammlung alter Maschinen, bunter Werbeplakate und interessanter Lithografien ist in einem schönen alten Herrenhaus in Fußnähe zum Zentrum untergebracht. Und am Ende des Besuchs gibt's sogar Kostproben gratis!

Catedral KATHEDRALE

(Plaza de la Catedral; inkl. Museum & Kloster 5 €, ⌚ April–Okt. Mo–Sa 10–20.30, So 11–11.15 & 13–20.30 Uhr, Nov.–März Mo–Sa 10.30–19, So. 13–19 Uhr) Die auffällige platereske Südfassade der Kathedrale besteht aus karamellfarbenem Sandstein, der mit kunstvollen bildhauerischen Details geschmückt ist. 1471 begannen die Arbeiten an dem Gebäude; dass sie sich über die folgenden drei Jahrhunderte hinzogen, hatte eine Mischung verschiedener Stile zur Folge. Das Innere mit hoch aufstrebenden Decken ist überwiegend gotisch und besticht mit einem großartigen Altaraufsatz von Gaspar Becerra aus dem 16. Jh. Das zugehörige **Museo Catedralicio** (☎ 987 61 58 20; 3 €, inkl. Kathedrale & Kloster 5 €; ⌚ März–Sept. Di–Sa 10–14 & 16–20, So 10–14 Uhr, Okt.–Febr. Di–Sa 11–14 & 16–18, So 10–14 Uhr) zeigt die für eine Kathedrale typischen sakralen Kunstgegenstände, Dokumente und Objekte.

Museo Romano MUSEUM

(☎ 987 61 68 38; Plaza de San Bartolomé 2; Erw./Kind 3 €/frei, Kombiticket mit dem Museo del Chocolate 4 €; ⌚ Juni–Sept. Di–So 10.30–14 & 16.30–19 Uhr, Okt.–Mai Di–Sa 10.30–14 & 16–18, So 10.30–14 Uhr 👪) In der römischen *ergástula* (Sklavenunterkunft) zeigt das Museo Romano eine kleine Sammlung an Artefakten und zeigt auf einer großen Leinwand eine interessante Diashow zum römischen Astorga.

Geführte Touren

Ruta Romana FÜHRUNG

(☎ 987 61 69 37; rutaromana@ayuntamientodeastorga.com; 4 € pro Pers., inkl. Museo Romano 5 €; ⌚ Di–Sa 11 & 17, So 11 Uhr) Die 1¾-stündige Führung zu Astorgas römischen Überresten (einige sind nur bei einer Führung zu besichtigen) ist eine hervorragende Gelegenheit, sich mit der römischen Vergangenheit der Stadt vertraut zu machen. Die Führungen sind auf Spanisch, aber an den meisten Ausgrabungsstätten gibt's englische Infotafeln.

Feste & Events

Festividad de Santa Marta KIRCHLICH

(⌚ Ende Aug; 👪) In der letzten Augustwoche feiert Astorga seinen Schutzheiligen bei einem rauschenden kirchlichen und weltlichen Fest mit Feuerwerken und Stierkämpfen.

Schlafen

Hotel Vía de la Plata HOTEL €€

(☎ 987 61 90 00; www.hotelviadelaplata.es; www.hotelviadelaplata.es; Calle Padres Redentoristas 5;

DZ/Suite inkl. Frühstück 80/100 €; ❄ @ 📶) Dieses Spa-Hotel ist in einem schönen ehemaligen Kloster, wenige Schritte von der Plaza España weg, untergebracht. Gäste bekommen hohe Rabatte für die Spabehandlungen, zu denen auch eine köstlich dekadent klingende *chocoterapia* (Schokoladentherapie) gehört. Die Zimmer sind schick- sie sind in modernen Braun- und Cremetönen eingerichtet und verfügen über riesige Badewannen und Duschen.

El Descanso de Wendy APARTMENTS €€
(☎ 987 617 854; www.eldescansodewendy.com; Calle de Matadero Viejo 11; EZ/DZ ab 64/90 €) Am westlichen Rand der Altstadt gelegen ist von hier aus alles Sehenswerte leicht zu Fuß zu erreichen. Das El Descanso de Wendy bietet eine vielseitige Ausstattung, die vom Einfachen bis zum Extravaganten reicht. Auf den freundlichen Service wird von Reisenden regelmäßig ein Loblied gesungen.

Hotel Astur Plaza HOTEL €€
(☎ 987 61 89 00; www.hotelasturplaza.es; Plaza de España 2; EZ/DZ/Suite ab 55/75/110 €; ❄ @ 📶) Besonders empfehlenswert sind die unglaublich gemütlichen Zimmer, die zur Plaza de España hinausgehen. An Wochenenden sollte man sich aber lieber für ein ruhigeres nach hinten hinaus entscheiden. Die Suiten verfügen über Hydromassage-Badewannen, und es gibt drei VIP-Zimmer mit „Super-Kingsizebetten“, aber auch die Standardzimmer in diesem Hotel sind gut.

Essen

Restaurante Las Termas KASTILISCH €€
(☎ 987 60 22 12; www.restaurantelastermas.com; Hauptgerichte 9,50–20 €; ⏲ Di–So 13–16 Uhr; 👪) Im Restaurant des charmanten Chefs Santiago (in dieser Gegend ein häufiger Name) ist die Küche berühmt für ihren qualitativ hochwertigen *cocido maragata* (22 €) und die *ensalada maragata* (Salat mit Kichererbsen und Kabeljau). Es ist einer der Orte, an denen man sich sofort nach Betreten willkommen fühlt. Das Essen ist unangefochten super.

Casa Maragata SPANISCH €€
(☎ 987 61 88 80; www.casamaragata.com; Calle de Húsar Tiburcio 2; cocido 22 € pro Pers.; ⏲ Mi–Mo 13.30–16 Uhr) Eines der besseren (und entsprechend beliebten) Restaurants, das auf *cocido maragato* spezialisiert ist und auch nicht viele andere Gerichte anbietet. Eine glutenfreie Variante gibt's auch. Und

COCIDO MARAGATO

Die örtliche Spezialität in Astorga und den umliegenden Dörfern ist das *cocido maragato*. Seine einzelnen Bestandteile unterscheiden sich nicht vom normalen *cocido*, wie er in Madrid und im Kerngebiet Kastiliens geliebt wird – es handelt sich um einen aus verschiedenen Fleischsorten (manche sagen sieben), Kartoffeln, Kichererbsen und einer Nudelsuppe bestehenden Eintopf. Er unterscheidet sich vom *cocido* aus anderen Gegenden dadurch, dass verschiedene Bestandteile in umgekehrter Reihenfolge serviert werden: zuerst das Fleisch, dann das Gemüse und anschließend die Suppe.

Über die Ursprünge dieser Tradition wird viel diskutiert. Manche sagen, dass sie aus einer Zeit stammt, als diejenigen, die Waren mit dem Esel von und nach Las Médulas transportierten, sich dafür entschieden, die festen Lebensmittel zuerst zu essen, da sie am leichtesten zu essen waren, während man auf Achse war. Eine andere Geschichte besagt, dass es in der Gegend viele Banditen gab und dass, falls eine Mahlzeit unterbrochen werden musste, wenigstens diejenigen,die gerade beim Essen waren, ihren Magen mit Fleisch gefüllt hatten. Eher prosaisch heißt es, dass örtliche Farmarbeiter ihren *cocido* deshalb auf diese Weise gegessen hätten, da an der freien Luft das Fleisch bis zum Zeitpunkt, an dem sie einen normalen *cocido* bereitet hätten, kalt geworden wäre. Was auch immer der Grund ist, die Portionen sind groß, sodass eine Bestellung für zwei Personen reicht. Auch wird er nur als Mittagsgericht erachtet (ein Grund, warum die meisten Restaurants in Astorga nicht einmal in Erwägung ziehen, abends zu öffnen). Zwei der besten Örtlichkeiten ihn zu versuchen sind das Restaurante Las Termas (S. 203) und die Casa Maragata (S. 203). Am Wochenende unbedingt reservieren.

ABSTECHER

LAS MÉDULAS

Die antiken römischen Goldminen in Las Médulas, ca. 20 km südwestlich von Ponferrada, dienten einst als wichtigste Goldquelle für das gesamte Römische Reich – die Gesamtausbeute belief sich auf drei Millionen Kilogramm. Die besonders bei Sonnenuntergang erstaunlich schöne Landschaft gehört zu den bizarrsten des ganzen Landes. Der beste Blick bietet sich vom Mirador de Orellán, während vom Dorf Las Médulas ein paar herrliche Wanderungen beginnen.

Sein bizarres Aussehen verdankt Las Médulas nicht der Natur. Vielmehr durchbohrte eine Armee von Sklaven die Gegend mit Kanälen und Tunneln (einige sind 40 km lang), durch die das Wasser gepumpt wurde, um den Fels aufzusprengen und ihm das wertvolle Edelmetall zu entnehmen.

Um hierher zu gelangen, nimmt man die N536 südwestlich von Ponferrada und folgt dann im Dorf Carucedo der beschilderten Abzweigung. Am Rand von Carucedo gabelt sich die Straße. Links geht's zu dem hübschen Steindorf Orellán (weitere 2,8 km), das sich unten in einem Tal erstreckt, und dann weiter zum Parkplatz des Mirador de Orellán. Vom Parkplatz führt ein steiler 750 m langer Aufstieg zum Aussichtspunkt mit atemberaubendem Blick.

Die rechte Straße an der Gabelung führt ins Dorf Las Médulas (weitere 3 km). Nachdem man das Auto am Eingang zum Dorf geparkt hat, bietet sich ein Zwischenstopp in der **Aula Arqueológica** (☎ 987 42 28 48; www.ieb.org.es; Erw./Kind 2 €/frei; ⏲ April–Sept. So–Fr 10–13.30 & 16–20, So–Fr 10–14 Uhr, Okt.–März Sa 10–13.30 & 15.30–19 Uhr) an, einem Besucherzentrum mit interessanten Exponaten zur Geschichte der Minen. Man bekommt hier auch Informationen über die Spazierwege, die zwischen Kastanienbäumen zu den Höhlen, Steinbrüchen und bizarren Formationen führen, die die Goldgräber hinterließen. Wer sich fit fühlt, kann von hier aus den 5,1 km langen Wanderweg zum Mirador de Orellán (hin/zurück 3/4½ Std.) hinaufgehen, aber es gibt viele kürzere Wanderwege ins Herz von Las Médulas. Auch Ausritte werden in diesem Gebiet angeboten.

Am Wochenende kann es in Las Médulas zu einem Besucheransturm kommen, unter der Woche geht's hier wesentlich ruhiger zu. Falls man hier länger verweilen möchte: Im Dorf Las Médulas gibt's ein paar Restaurants und *casas rurales* (ländliche Gästehäuser).

falls es hier voll sein sollte, findet sich noch eine Filiale in der Stadt.

Restaurante Serrano MODERN SPANISCH €€
(☎ 987 61 78 66; www.restauranteserrano.es; Calle de la Portería 2; Hauptgerichte 13–23 €; ⏲ Di–So 12–16 & 20–23.30 Uhr) Auf der Speisekarte des gehobenen Serrano stehen Gerichte mit Gourmet-Anklängen, etwa Vorspeisen wie *ensalada de mango y centollo* (Mango-Krabben-Salat) mit Himbeer-Vinaigrette, innovative Fleisch- und Fischgerichte und verführerische Schokoladendesserts. Auch *cocido* und andere regionale Speisen kommen auf den Tisch. Reservierung empfohlen.

Shoppen

Confitería Mantecadas Velasco ESSEN
(☎ 987 61 59 35; www.mantecadasvelasco.com; Plaza Eduardo de Castro 1; ⏲ 10.30–14 & 16.30–19.30 Uhr) Unter den Einheimischen, die sich auskennen, gilt es als sicher, dass die Confitería Mantecadas Velasco einige der besten *mantecadas* und andere Feingebäcke in Astorga serviert. Wir haben sie probiert und müssen sagen: Sie gehören zwingend zum Erfahrungsschatz eines Liebhabers der Küche Kastilien-Leóns.

Praktische Informationen

Touristeninformation (☎ 987 61 82 22; www.turismocastillayleon.com; Glorieta Eduardo de Castro 5; ⏲ April–Sept. 10–14 & 16–20 Uhr, Okt.–März 10–14 & 16–18 Uhr) Hilfreiche Touristeninformation gegenüber vom Palacio Episcopal.

An- & Weiterreise

Busse verbinden Astorga mit León (3,95 €, 1 Std., 17-mal tgl.) und Madrid (ab 25 €, 4½ Std., 3-mal tgl.). Der Bahnhof liegt ungünstig einige Kilometer nördlich der Stadt.

Sahagún

2645 EW. / 807 M

Früher einmal war das bescheidene, aber malerische Sahagún Sitz einer der mächtigsten Abteien Spaniens, heute bleibt es ein wichtiger Zwischenstopp für Pilger auf dem Weg nach Santiago.

Sehenswertes

Santuario de La Peregrina KLOSTER
(☎ 987 78 10 15; abseits der Avenida Fernando de Castro; 3 €; ⏲ Juli–Mitte Sept. Di–So 10.30–14 & 16.30–20 Uhr, Mitte Sept.–Mitte Juni Mi–So 11–14 & 16–18.30, Di 16–18.30 Uhr) Das ehemalige Kloster aus dem 13. Jh. wurde aufwendig restauriert, es zeigt noch Fresken aus dem 13. Jh. und außergewöhnliche Mudejarstuckarbeiten im islamischen Stil des 17. Jhs.; Letztere findet man in der Kapelle rechts vom Hauptschiff. Darüber hinaus gibt's auch zeitgenössische Kunst zu entdecken und in dem modernen Anbau sind einige hervorragende Miniaturmodelle von Sahagúns wichtigsten Denkmälern zu sehen.

Iglesia de San Tirso KIRCHE
(Plaza de San Tirso; ⏲ Mi–Sa 10–14 & 15–17.50, So 10–14 Uhr) GRATIS Eine bedeutende Station auf dem Jakobsweg bildet die Iglesia de San Tirso aus dem frühen 12. Jh. am westlichen Stadteingang. Sie ist bekannt für ihren unverfälschten romanischen Stil sowie den Glockenturm im Mudejarstil mit Rundbogen.

Schlafen

La Bastide du Chemìn HOSTAL €
(☎ 987 78 11 83; www.labastideduchemin.es; Calle del Arco 66; EZ/DZ 28/40 €; 📶) Das 2013 eröffnete kleine gemütliche *hostal* gegenüber der Albergue de Peregrinos (Pilgerherberge) bietet angenehme, rustikale Zimmer mit Balkendecken.

San Facundo KASTILISCH €€
(☎ 987 78 02 76; Avenida de la Constitución 97–99; Hauptgerichte 14–26 €; ⏲ 13–16 & 20–23 Uhr; 📶 👪) Dieses traditionelle Restaurant gehört zum **Hostal La Codorniz** (www.hostallacodorniz.com; EZ/DZ 40/50 €; Frühstück € 4,50; ❄ 📶) und hat eine beeindruckende geschnitzte Mudejardecke. Es ist auf üppige Fleischgerichte spezialisiert.

Praktische Informationen

Touristeninformation (☎ 987 78 21 17; www.sahagun.org; Calle del Arco 87; ⏲ Mo–Do 12–14 & 18–21, Fr–So 11–14 & 16–21 Uhr) Ist in der Pilgerherberge Albergue de Peregrinos untergebracht.

An- & Weiterreise

Von León (ab 5,75 €, 40 Min.) und Palencia (ab 5,75 €, 35 Min.) fahren den ganzen Tag über Züge nach Sahagún.

DER OSTEN

Burgos

176 608 EW. / 861 M

Die außergewöhnliche gotische Kathedrale, deren Silhouette hoch über die Stadt hinausragt, gilt als eine der schillerndsten Perlen der sakralen Architektur Spaniens. Auf den ersten Blick scheint das konservative Burgos mit seiner strengen grauen Steinarchitektur, der herzhaften Küche der *meseta* (Hochebene) und dem extremen Klima alle Stereotypen nordspanischer Ortschaften zu verkörpern. Doch die Stadt ist eine genauere Erkundung wert: Hier gibt's gute Restaurants, und wenn die Sonne scheint, bietet sich ein schönes Straßenbild. Zudem liegt unter den majestätischen Türmen der Kathedrale Burgos' meistgeliebter und schalkhaftester Sohn El Cid begraben.

Sehenswertes

★ **Catedral** KATHEDRALE
(☎ 947 20 47 12; www.catedraldeburgos.es; Plaza del Rey Fernando; Erw./unter 14 J. mit Audioguide 7/2 €, Di ab 16.30 Uhr frei; ⏲ April–Sept. 9.30–19.30, Okt.–März bis 18.30 Uhr) Diese UNESCO-Welterbestätte ist ein wahres Meisterwerk. Aufbauend auf den Ursprüngen einer kleinen romanischen Kirche, begannen 1221 umfangreiche Bauarbeiten. 40 Jahre später war bereits ein großer Teil der Kathedrale im Stil der französischen Gotik fertiggestellt. Von der Plaza de Santa María aus kann man die Kathedrale kostenlos betreten und hat Zugang zur **Capilla del Santísimo Cristo**, in der ein von vielen Gläubigen verehrtes, mit Büffelleder überzogenes Kreuz aus dem 13. Jh. hängt, sowie zur **Capilla de Santa Tecla** mit ihrer einzigartigen Decke. Wir empfehlen jedoch, die Kathedrale vollständig zu besichtigen.

Ihre reich geschmückten Zwillingstürme, beide im 15. Jh. errichtet und 84 m hoch, ragen wie ein wahr gewordener Traum der

Gotik aus einem Meer ähnlich kunstvoller Türmchen empor. Als Haupteingang für Besucher dient die **Puerta del Sarmental**, das wahrscheinlich beeindruckendste Portal der Kathedrale. Allerdings könnte auch die **Puerta de la Coronería** auf der Nordwestseite, die einen von den Evangelisten umgebenen Christus zeigt, diese Ehre für sich beanspruchen.

Vom Hauptraum gehen zahlreiche Kapellen ab, darunter die luftige **Capilla de la Presentación** und die **Capilla de la Concepción** mit ihrem vergoldeten Altar aus dem 15. Jh. sowie die **Capilla de Santa Ana** mit einem fantastischen *retablo* (Altaraufsatz). Die **Capilla del Condestable** hinter dem Hauptaltar stammt aus dem 15. Jh. und verbindet gotische Details sowie Platereskstilelemente. Zu ihren Highlights zählen drei Altäre unter einem ungewöhnlichen Sterngewölbe in der Kuppel. Echte Meisterstücke der Steinbildhauerei aus dem 15. und 16. Jh. sind die dem Kapelleneingang zugewandten Skulpturen; sie stellen die Passion, den Tod, die Auferstehung und die Himmelfahrt Christi dar.

Der Hauptaltar ist ein typisch überbordendes Stück goldverzierter Eleganz. Direkt unter dem Sterngewölbe der Vierung befindet sich **El Cids Grab.** Da so viele Details die Aufmerksamkeit auf sich lenken, ist die wundervolle Hauptkuppel hoch über dem Hauptaltar leicht zu übersehen. Sie ist ein Meisterwerk des Platereskstils, durchsetzt von ein paar gotischen Elementen.

Als weiteres Highlight gilt die herrliche **Escalera Dorada** (Goldene Treppe) an der Nordwestseite der Kathedrale, eine Arbeit von Diego de Siloé.

Ebenfalls sehenswert ist der friedliche Kreuzgang mit den kunstvoll geformten mittelalterlichen Grabmälern. Hier zweigt die **Capilla de Corpus Cristi** ab, wo hoch oben an der Nordwestwand der Sarg von El Cid hängt. Jedenfalls der Legende zufolge, denn über die wahre Zuordnung bestehen noch Zweifel. Das benachbarte **Museo Catedralicio** präsentiert eine Vielzahl von Ölgemälden, Tapisserien sowie reich verzierten Kelchen. Im Kreuzgang eine Etage tiefer erfährt man alles Wichtige über die Entwicklung der Kathedrale, u. a. mithilfe eines maßstabsgetreuen Modells.

★Museo de la Evolución Humana MUSEUM
(MEH; ☎ 902 02 42 46; www.museoevolucionhumana.com; Paseo Sierra de Atapuerca; Erw./erm./Kind 6/4 €/frei, Mi 16.30–20, Di & Do 19–20 Uhr frei; ⏲ Di–Fr 10–14.30 & 16.30–20, Sa & So 10–20 Uhr) Das außergewöhnliche Museum liegt direkt gegenüber der Altstadt am anderen Flussufer und erzählt auf fantastische Weise die Geschichte der Entwicklung der Menschheit. Beeindruckend ist die Ausstellung zu Atapuerca (S. 209) im Untergeschoss, einer archäologischen Stätte nördlich von Burgos, wo 2007 die ältesten fossilen menschlichen Überreste gefunden wurden. Noch mehr zum Staunen bringen einen die Ausstellung zu Charles Darwin und die hervorragende Abteilung zur menschlichen Evolution im Erdgeschoss im mittleren Bereich. Auf keinen Fall verpassen, selbst wenn man sich nie besonders für das Thema interessiert hat!

Museo del Retablo MUSEUM
(Altar-Museum; Calle de Pozo Seco; Eintritt inkl. Kirche 2 €, Di 17–20 Uhr frei, Di–So 10–14 & 17–

Jakobsweg in Kastilien-León

Burgos

0 200 m

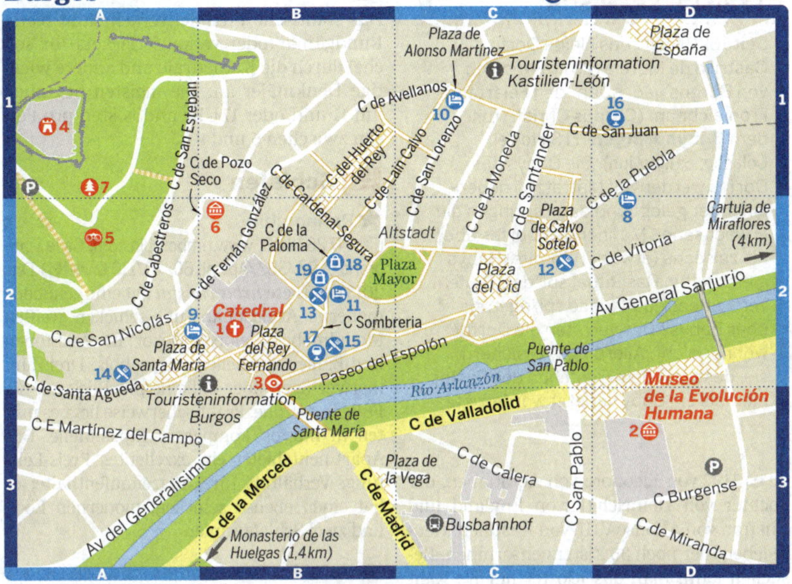

Burgos

Highlights
- 1 Catedral B2
- 2 Museo de la Evolución Humana D3

Sehenswertes
- 3 Arco de Santa María B2
- 4 Castillo de Burgos A1
- 5 Mirador A2
- 6 Museo del Retablo B2
- 7 Parque de Castillo A1

Schlafen
- 8 Hotel Cuéntame La Puebla D2
- 9 Hotel Mesón del Cid A2
- 10 Hotel Norte y Londres C1
- 11 Rimbombín B2

Essen
- 12 Casa Ojeda C2
- 13 Cervecería Morito B2
- 14 El Huerto de Roque A2
- 15 Mari Castaña B2

Ausgehen & Nachtleben
- 16 El Bosque Encantado D1
- 17 Vermutería Victoria B2

Shoppen
- 18 Casa Quintanilla B2
- 19 Jorge Revilla B2

20 Uhr) Direkt im Westen der Kathedrale zeigt das Museo del Retablo in der **Iglesia de San Esteban** um die 18 Altäre aus der Zeit vom 15. bis zum 18. Jh.

Cartuja de Miraflores KLOSTER

(☎ 947 25 25 86; www.cartuja.org; Spende erbeten; ⏲ Mo–Sa 10.15–15 & 16–18, So 11–15 & 16–18 Uhr) GRATIS In einem friedlichen Wald 4 km östlich vom Stadtzentrum stößt man auf dieses Kloster mit drei Meisterwerken von Gil de Siloé aus dem 15. Jh., der auch viele der besonders schönen Elemente in der Kathedrale von Burgos schuf. Der Spaziergang entlang des Río Arlanzón hierher dauert etwa eine Stunde. Man folgt dem parallel zum Fluss verlaufenden Paseo de la Quinta Richtung Norden; ab hier ist das Kloster ausgeschildert.

Monasterio de las Huelgas KLOSTER

(☎ 947 20 16 30; www.monasteriodelashuelgas.org; Calle de Alfonso XIII; 6 €, Mi & Do 16–17.30 frei; ⏲ Di–Sa 10–13 & 16–17.30, So 10.30–14 Uhr) Das Monasterio de las Huelgas liegt 30 Gehminuten westlich vom Zentrum am südlichen Flussufer und zählte einst zu den bedeutendsten Klöstern Spaniens. Gegründet wur-

TYPISCH SPANISCH

Seit 1620 feiert das kleine Dorf Castrillo de Murcia (25 km westlich von Burgos) jedes Jahr den Feiertag Fronleichnam (Corpus Christi) mit dem **Babyspringen** (El Salto del Colacho; ⌚ Mai/Jun). Die Babys des Dorfes werden auf Matratzen nebeneinander gelegt und dann springen die erwachsenen Männer des Dorfes über bis zu sechs (etwas erstaunte) Babys gleichzeitig. Das Ritual soll den Teufel vertreiben. Doch wieso springen sie über Babys? Das verraten die Dorfbewohner nicht. Allerdings versichern sie, dass seit dem Bestehen des Festes niemals ein Baby verletzt worden ist.

de es 1187 von Eleonore von Aquitanien, der Tochter von Heinrich II. von England und Ehefrau von Alfonso VIII. von Kastilien. Heute leben hier noch 35 Zisterzienserinnen. Besuchen kann man das Kloster nur im Rahmen von einstündigen Führungen, über deren Termine jedoch erst kurz vor jeder Saison entschieden wird. Am besten erkundigt man sich telefonisch.

Arco de Santa María TOR
(☎ 947 28 88 68; ⌚ Di–Sa 11–13.50 & 17–21, So 11–13.50 Uhr) GRATIS Der prächtige Arco de Santa María war einst das Haupttor in die Altstadt und ein Teil der Stadtmauer aus dem 14. Jh. Heute beherbergt er Wechselausstellungen, aber seinen wahren Reiz entfaltet er als Hintergrundkulisse der Brücke Puente de Santa María bzw. der Fußgängerzone Paseo de Espolón.

Castillo de Burgos BURG
(☎ 947 20 38 57; Erw. /Kind unter 14 J. 3,70/2,60 €; ⌚ Sa & So 11–14.30 Uhr; 👪) Den höchsten Punkt des baumreichen **Parque de Castillo** krönen die massiven Befestigungsanlagen des wiederaufgebauten Castillo de Burgos. Die Burg aus dem 9. Jh. hat eine bewegte Geschichte. 1736 wurde sie von einem Feuer heimgesucht und 1813 von Napoleons Truppen zerstört. Ein kleines Museum widmet sich der Geschichte der Stadt und es sind einige Fundamente der Festung zu sehen. Südlich vom Parkplatz befindet sich ein **mirador** mit großartigem Ausblick zur Kathedrale und über die Stadt.

Geführte Touren

Das städtische Fremdenverkehrsamt bietet Rundgänge (oder verkauft Tickets für solche) durch die Kathedrale und andere wichtige Denkmäler an. Die meisten beginnen um 11 und/oder 17 Uhr und kosten pro Person zwischen 5 und 8 €.

Schlafen

★ **Rimbombín** HOSTAL €
(☎ 947 26 12 00; www.rimbombin.com; Calle Sombrería 6; DZ/3BZ/Apt. ab 60/70/110 €; ❄ 📶) Das 2013 eröffnete *urban hostal* hat eine gehobene moderne Atmosphäre mit schicken weißen Modulmöbeln, einem Dekor in Weißtönen und Balken aus hellem Pinienholz. Drei Zimmer verfügen über Balkone mit Blick auf die Fußgängerzone. Praktischerweise liegt es mitten in Burgos' kompakter Tapas-Meile. Das Apartment bietet ein exzellentes Preis-Leistungs-Verhältnis für Langzeitaufenthalte; es hat einen ebenso schicken, modernen Look und zwei Schlafzimmer.

★ **Hotel Norte y Londres** HISTORISCHES HOTEL €
(☎ 947 26 41 25; www.hotelnorteylondres.com; Plaza de Alonso Martínez 10; EZ/DZ ab 38/40 €; P @ 📶) Wer sich für das schöne familiengeführte Hotel in einem umgebauten Palast aus dem 16. Jh. entscheidet, kann sich über geräumige Zimmer mit antiken Möbeln, polierten Holzfußböden, hübschen Balkonen und ausgesprochen großen Bädern freuen. Die Räume in der vierten Etage sind am modernsten und der Service arbeitet außerordentlich effizient.

Hotel Cuéntame La Puebla BOUTIQUE-HOTEL €€
(☎ 947 25 09 00; www.hotelescuentame.com; Calle de la Puebla 20; DZ/3BZ ab 48/65 €; ❄ @ 📶) Diese hübsche Unterkunft bereichert die hiesige Hotelszene. Die Räume sind nicht groß und bieten auch keine tolle Aussicht, punkten aber mit dezenter Beleuchtung, schönem Design und außerordentlichem Komfort. Weitere Vorteile: Man kann Fahrräder und Extrakissen ausleihen. Leider haben sich einige unserer Leser über den Straßenlärm beschwert.

Hotel Mesón del Cid HISTORISCHES HOTEL €€
(☎ 947 20 87 15; www.mesondelcid.es; Plaza de Santa María 8; DZ/Suite ab 60/115 €; P 📶) Ein jahrhundertealtes Gebäude gegenüber der Kathedrale beherbergt das Meson del Cid. Die Zimmer sind im Regency-Stil mit burgunder- und cremefarbenen Stoffen ausstaffiert, die passend mit dunklen Holzmöbeln

und Terrakottafliesen kombiniert wurden. Einige von ihnen sind ein Logenplatz vor der Kathedrale (sie kosten 10 € extra).

Essen

★ Cervecería Morito TAPAS €
(☎ 947 26 75 55; Calle de Diego Porcelos 1; Tapas/raciones ab 4/6 €, ⏱12.30–15.30 & 19–23.30 Uhr) Weil die Cervecería Morito als der unumstrittene Star unter den hiesigen Tapas-Bars gilt, platzt der Laden verdientermaßen fast immer aus allen Nähten. Zu den typischen Gerichten gehören *alpargata* (geräucherter Schinken mit Brot, Tomaten und Olivenöl) und – schon für sich eine ganze Mahlzeit – *revueltos Capricho de Burgos* (Rührei mit Kartoffeln, Blutwurst, roten Paprika, kleinen Aalen und Pilzen).

★ El Huerto de Roque KASTILISCH €€
(☎ 947 27 87 93; www.facebook.com/ElHuertoDeRoque/; Calle de Santa Águeda 10; Hauptgerichte 11–15 €, Menü 16 €; ⏱ Restaurant Di–Sa 13–16 Uhr, Gastrobar Do 21–24.30, Fr & Sa 21–1.30 Uhr; ✎) Hier gibt's eine breite Auswahl an preisgünstigen Mittagsgerichten. Im Vordergrund stehen Bioprodukte, außerdem variiert die Speisekarte je nach Saison und enthält stets frische und gute Produkte vom örtlichen Markt. El Huerto ist ein lässig-rustikales Restaurant mit Originalkacheln, Holzmöbeln und einem Dekor aus trendigen Kunstwerken. Der benachbarte Gastropub serviert ähnliche Gerichte, nur im Tapas-Stil.

Mari Castaña MODERN SPANISCH €€
(☎ 947 20 61 55; www.facebook.com/maricastanaBU; Paseo del Espolón 10; Hauptgerichte 8–18 €; ⏱8.30–23 Uhr) Das helle Restaurant peppt überaus erfolgreich althergebrachte Rezepte wieder auf. Das alte Schlachtross *plato combinado* (Fleisch und drei Gemüsesorten) wird traditionsgemäß wie eine Mahlzeit auf einem einzigen Teller serviert, aber mit frischen Zutaten aufgewertet und modern zubereitet. Zudem gibt's Frühstück, Platten für mehrere Personen und ein paar sehr verführerische Menüs, manchmal mit fantastischen Pilzgerichten.

Casa Ojeda KASTILISCH €€
(☎ 947 20 90 52; www.grupojeda.com; Calle de Vitoria 5; Hauptgerichte 16–25 €, Menü 32 €; ⏱ Mo–Sa 13–15.30 & 20–23, So 13–16 Uhr) Diese Institution in Burgos stammt aus dem Jahr 1912, ist ganz in dunklem Holz gehalten und hat herrliche Fenster. Sie zählt zu den besten Restaurants der Stadt, in denen man *cordero asado* oder *morcilla de Burgos* essen kann, serviert aber auch Überraschendes wie *solomillo*-(Rinds-)Medaillons mit Gänsestopfleber und Himbeergeist. Oben im Speisesaal kommt man in den Genuss von ausgezeichneten Gerichten und einem tadellosen Service. Reservierung empfohlen.

Ausgehen & Nachtleben

★ Vermutería Victoria BAR
(☎ 947 11 58 75; Plaza del Rey San Fernando 4; ⏱12–16 & 19.30–23 Uhr) In Burgos ist diese sehr beliebte Bar ein perfekter Klassiker, um sich einen ersten Drink zu gönnen. Die altehrwürdige spanische Tradition eines *vermut* (Wermut oder Martini) vor dem Essen tritt hier in einer neuen Variante in Erscheingung – jeden Abend um 22 Uhr beginnt die versammelte Menge Burgos' inoffizielle Hymne anzustimmen. Der Wermut ist preisgekrönt, mild und, wie die Spanier so gerne sagen, perfekt eingeschenkt.

El Bosque Encantado BAR
(☎ 947 26 12 66; www.facebook.com/cafe.pub.elbosqueencantado.burgos/; Calle de San Juan 31; ⏱16.30–1 Uhr) „Der Verzauberte Wald" schwelgt in seinem kitschigen Dekor und eignet sich gut für Drinks am frühen Abend. Im Umkreis gibt's noch reichlich andere Bars, um den Abend in Gang zu halten.

ABSTECHER

DER ÄLTESTE EUROPÄER

Die zum UNESCO-Welterbe gehörende archäologische Ausgrabungsstätte **Atapuerca** (☎ 902 02 42 46; www.atapuerca.org; Führungen auf Spanisch 6 €; hFührungen nach Voranmeldung; P) rund 15 km westlich von Burgos fasziniert seit Langem Studenten der menschlichen Urgeschichte. Ihre größte Entdeckung machten Archäologen im Juli 2007, als sie einen Kieferknochen und die Zähne des vermutlich ältesten Europäers entdeckten: Er hat 1,2 Millionen Jahre auf dem Buckel und ist somit rund 500 000 Jahre älter als alle anderen Fragmente, die in Westeuropa gefunden wurden. Die Ausgrabungen sind noch im Gange und die Stätte ist nur für Besucher mit vorheriger Reservierung zugänglich.

Shoppen

Casa Quintanilla KULINARISCHES
(☎ 947 20 25 35; www.casaquintanilla.es; Calle de la Paloma 22; ⏰ Mo–Sa 10–14 & 17–20.30, So 10–14 Uhr) Das beste der vielen Geschäfte im Zentrum, die lokale Produkte (z. B. für ein Picknick oder als Mitbringsel) verkaufen.

Jorge Revilla SCHMUCK
(☎ 947 274 040; www.jorgerevilla.com; Calle de la Paloma 29; ⏰ Mo–Fr 10–14 & 17–20, Sa 10–14 Uhr) Der Schmuckdesigner Jorge Revilla aus Burgos ist weithin für exquisiten und raffinierten Silberschmuck berühmt.

Praktische Informationen

Touristeninformation Burgos (☎ 947 28 88 74; www.aytoburgos.es/turismo; Plaza de Santa María; ⏰ Juni–Sept. tägl. 9–20 Uhr, Okt.–Mai Mo–Sa 9.30–14 & 16–19, So 9.30–17 Uhr) Hier gibt's 24-, 48-, und 72-Stunden-Stadtführer für Burgos. Diese hilfreichen Vorschläge für Stadtrundgänge kann man auch als PDFs im Internet herunterladen.

Touristeninformation Kastilien-León (☎ 902 20 30 30; www.turismocastillayleon.com; Plaza de Alonso Martínez 7; ⏰ Mo–Sa 9.30–14 & 16–19, So 9–17 Uhr) Informationen zu Kastilien-León.

An- & Weiterreise

Bus Der **Busbahnhof** (☎ 947 26 55 65; Calle de Miranda 4) liegt südlich vom Fluss im neuen Teil der Stadt. Regelmäßig fahren Busse nach Madrid (ab 12,25 €, 3 Std., bis zu 20-mal tägl.), Bilbao (6,25–13,30 €, 2 Std., 8-mal tägl.) und León (ab 5,20 €, 2 Std., 3-mal tägl.).

Zug Den Bahnhof erreicht man nach einem relativ weiten Fußweg. Er liegt vom Zentrum aus in nordöstlicher Richtung. Bus 2 (1,30 €) verbindet die Plaza de España mit dem Busbahnhof. **Renfe**, die spanische Bahngesellschaft, betreibt im Zentrum ein Ticketbüro (☎ 947 20 91 31; www.renfe.com; Calle de la Moneda 21; ⏰ Mo–Fr 9.30–13.30 & 17–20 Uhr, Sa 9.30–13.30 Uhr). Zugverbindungen gibt's u. a. nach Madrid (ab 25,85 €, 2½–4½ Std., 6-mal tgl.), Bilbao (ab 13,85 €, 3 Std., 4-mal tgl.), León (ab 9,90 €, 2 Std.,4-mal täglich) und nach Salamanca (ab 14,40 €, 2½ Std., 7-mal tgl.).

Rund um Burgos

In dem bezaubernden Hinterland von Burgos kann man wunderbar ruhige kastilische Dörfer erkunden. Zwei von ihnen sind dabei ganz besonders sehenswert – Covarrubias und Santo Domingo de Silos. An den überaus gemütlichen Landstraßen lassen sich zudem zahlreiche versteckte Schätze und Kirchen an teilweise unerwarteten Orten entdecken.

Covarrubias

578 EW. / 975 M

Das malerische Mittelalterdorf an den schattigen Ufern des Río Arlanza ist eines der versteckten Kleinode Kastilien-Leóns. Es zeichnet sich durch auffällige arkadengesäumte Fachwerkhäuser aus, die kleine kopfsteingepflasterte Plätze umstehen.

Ein guter Zeitpunkt für den Besuch in Covarrubias ist das zweite Juliwochenende, denn dann finden im Dorf der Mercado de la Cereza und das Kirschenfest statt.

Sehenswertes

★ **Colegiata de San Cosme y Damián** KIRCHE
(2,50 €; ⏰ Führungen Mo & Mi–Sa 11, 12, 13, 16.30 & 17.30 Uhr, So 13 & 16.30 Uhr) Die gotische Kirche aus dem 15. Jh. verströmt die getragene Atmosphäre einer Mini-Kathedrale. Hier befinden sich Kastiliens älteste noch funktionierende Kirchenorgel, ein prachtvoller Altar, vor dem einige römische Steingräber zu sehen sind, sowie das Grabmal von Fernán González, der Kastilien im 10. Jh. gründete. Man beachte die schönen Kreuzgänge sowie die *sacristia* (Sakristei) mit den leuchtenden Gemälden von Van Eyck (15. Jh.) und des Triptychon *Adoración de los Magis*. Eintritt ist nur im Rahmen einer Führung möglich – daher in der Touristeninformation erkundigen, ob auch Führungen stattfinden.

Feste & Events

Mercado de la Cereza ESSEN & TRINKEN
(www.covarrubias.es; ⏰ Juli) Ein guter Zeitpunkt, Covarrubias zu besuchen, ist das zweite Juliwochenende, denn dann feiert das Dorf den Mercado de la Cereza und das Kirschenfest.

Schlafen

Hotel Rural Princesa Kristina HOTEL €
(☎ 947 40 65 43; www.hotelprincesakristina.com; Calle de Fernan Gonzalez 5; EZ/DZ ab 38/50 €; ❄ 📶) Abgelegen in einer ruhigen Seitenstraße ohne viel Fußgängerverkehr und trotzem im Herzen des Dorfes besitzt das Hotel Princesa Kristina reizende Zimmer mit Holzbalken und Fensterrahmen aus Holz, farbigen Akzenten und frischen Blumen. Herausragend!

EL CID: DER HELDENHAFTE SÖLDNER

Nur wenige Namen der spanischen Geschichte haben einen solchen Klang wie der von El Cid, einem Glücksritter und Abenteurer aus dem 11. Jh., dessen Biografe von den turbulenten Jahren zeugt, als das Land in muslimische und christliche Herrschaftsgebiete aufgeteilt war. Dass El Cid zur romantischen, idealisierten historischen Figur wurde, die für unverbrüchliche Loyalität und übermenschliche Stärke steht, ist hauptsächlich dem 1961 gedrehten Film mit Charlton Heston und Sophia Loren zu verdanken. Die Realität sah jedoch anders aus.

El Cid (vom arabischen „*sidi*" für „Herr") wurde 1043 als Rodrígo Díaz in Vivar geboren, einem Dorf 10 km nördlich von Burgos. Nach dem Tod Ferdinands I. tauchte er in die dunkle Welt der Erbfolgekämpfe ab, was 1076 zu seiner Verbannung aus Kastilien führte. Er hatte kaum Skrupel, seine Dienste den unterschiedlichsten Herrschern anzubieten, egal ob Christen oder Muslimen, und wurde mit jeder Schlacht mächtiger und reicher.

Man weiß nicht, ob er plötzlich eine Loyalität zum christlichen Königtum entwickelte oder einfach die Zeichen der Zeit erkannte, die Spanien eine christliche Zukunft verhießen. Als er jedenfalls hörte, dass die Mauren Valencia erobert und die Einwohner vertrieben hatten, marschierte er dorthin und wurde nach einer erfolgreichen, aber verheerenden Belagerung 1094 Oberhaupt der Stadt. Auf dem Höhepunkt seiner Macht und seines Ansehens setzte sich der auch als El Campeador (Champion) bekannte Söldner zur Ruhe, um seinen Lebensabend in Valencia zu verbringen, wo er 1099 starb. Seine sterblichen Überreste wurden nach Burgos gebracht, wo er in der Kathedrale (S. 205) neben seiner Frau Jimena begraben liegt.

Hotel Rey Chindasvinto HOTEL €
(☎ 947 40 65 60; www.hotelreychindasvinto.com; Plaza del Rey Chindasvinto 5; EZ/DZ inkl. Frühstück 36/55 €; ❄ 📶) Das beste Hotel der Stadt hat hübsche geräumige Zimmer mit Holzbalken und unverputzten Mauern sowie ein gutes Restaurant. Die Besitzer sind freundlich, der Service könnte aber manchmal etwas besser sein.

✖ Essen

Restaurante Tiky KASTILISCH €€
(☎ 947 40 65 05; www.restaurantetiky.com; Plaza de Doña Urraca 9; Hauptgerichte 6–14 €, Menüs 12–21 €; ⏱ Fr–Mi 13–16 & 21–23.30 Uhr) Im Herzen der Stadt ist das Restaurant eine gute Wahl. Angeboten werden neben allen bekannten kastilischen Spezialiäten – geräuchertes, gegrilltes und gedünstetes Fleisch – aber auch eine Anzahl kreativer Menüs. Daneben gibt's auch eine ungezwungene Bar (*raciones* ab 5,25 €) mit Tischen auf dem Platz.

Restaurante de Galo KASTILISCH €€
(www.degalo.com; Calle Monseñor Vargas 10; Hauptgerichte 9–18 €, Menü 19 €; ⏱ Do & So–Di 13.30–16, Fr & Sa 9–23 Uhr) Das edle Restaurant im Herzen Covarrubias' serviert traditionelle Holzofengerichte, z. B. die regionale Spezialität *cordero asado* (Lammbraten). Zudem gibt's eine gute *olla podrida* (fauler Topf), einen mittelalterlichen kastilischen Eintopf mit roten Bohnen, Rippchen und Blutwurst. Es schmeckt besser, als es klingt, und ist ein beliebtes Wintergericht

ℹ Praktische Informationen

Touristeninformation (☎ 947 40 64 61; www.ecovarrubias.com; Calle de Monseñor Vargas; April–Sept. Mo–Fr 10–14 & 17–18, Sa & So 10–15 & 17–20 Uhr, Okt.–März Mo–Fr 10–14 & 16–19, Sa & So 10–15 & 16–19 Uhr). Die Touristeninformation befindet sich unter den Bogen des beeindruckenden Nordtors. Sie bietet an den meisten Wochenenden um 12 Uhr Führungen an.

ℹ An- & Weiterreise

An Wochentagen pendeln zwei Busse zwischen Burgos und Covarrubias, samstags einer (4,10 €, 1 Std.). Auf der Freifläche am nordwestlichen Rand der Altstadt kann man umsonst parken.

Santo Domingo de Silos

297 EW.

Das hübsche ruhige Dorf liegt eingebettet in die welligen Hügel südlich von Burgos und kann sich eines ungewöhnlichen Grunds für seine Bekanntheit rühmen: Mitte der 1990er-Jahre stürmten die Mönche des hiesigen Klosters mit Aufnahmen ihrer gregorianischen Gesänge die internationalen Hitparaden. Das Kloster ist eines der berühmtesten in Zentralspanien und vor allem wegen des fantastischen Kreuzgangs bekannt. Die landschaftlich schöne Umgebung und die große Ruhe machen es zu einem Ort, an dem man gern ein oder zwei Tage verweilt.

Sehenswertes

Abadía de Santo Domingo de Silos KLOSTER
(☎ 947 39 00 49; www.abadiadesilos.es; Calle de Santo Domingo 2; Erw./Kind 3,50 €/frei; ⌚ Di–Sa 10–13 & 16.30–18, Sa 12–13 & 16–18 Uhr) Der Kreuzgang und das Museum des altehrwürdigen Klosters ist ein zweigeschossiges Schatzkästchen mit einigen von Spaniens fantasievollsten Objekten romanischer Kunst. Die Gesamtwirkung ist spektakulär und die Kapitelle sind von besonders exquisiter Schönheit. Zwischen den floralen und geometrischen Motiven sind Löwen zu sehen. Bei der Führung kann man die **botica** (Apotheke) aus dem 17. Jh. sowie ein kleines **Museum** mit sakraler Kunst, flämischen Gobelins und einigen mittelalterlichen Sarkophagen besichtigen. Führungen gibt's nur auf Spanisch. Wer auf eigene Faust loszieht, kann sich in der Regel freier bewegen.

Basílica de San Sebastián KIRCHE
(⌚ 6–14 & 16.30–22 Uhr, Andachten mit Gesang 6, 7.30, 9, 13.45, 19 & 21.30 Uhr) In dieser angenehm schlichten romanischen Kirche mit einer mehrfach überkuppelten Decke kann man sechsmal am Tag den Andachten der Mönche lauschen. Im Jahr 2000 bekam die Kirche per Dekret des Papstes den Status einer Basilika.

> **ABSTECHER**
>
> **MONASTERIO DE SAN PEDRO DE ARLANZA**
>
> Diese eindrucksvollen **Ruinen** (BU-905; Erw./Kind 2 €/frei; ⌚ Apr.–Sept. Mi–So 11–13.55 & 16–19.50, Okt.–März Mi–So 10.30–17 Uhr) auf einer Anhöhe über dem Río Arlanza zeigt Reste sowohl gotischer als auch romanischer Elemente. Was einem jedoch bleibt nach einem Besuch, ist das Gefühl für eine freiwillige Aufgabe. Als Einsiedelei im 10. Jh. gegründet, dehnte es sich in den folgenden Jahrhunderten aus, um eines der wichtigsten Klöster in Kastilien zu werden. Es wurde 1835 aufgegeben, als der Staat viele Kirchen und Klöster im ganzen Land schloss. Man findet es an der ruhigen BU-905 zwischen Covarrubias und Hortigüela.

Schlafen & Essen

Hotel Santo Domingo de Silos HOTEL, HOSTAL €
(☎ 947 39 00 53; www.hotelsantodomingodesilos.com; Calle Santo Domingo 14; EZ 38–54 €, DZ 45–72 €, Apt. 75–125 €; P ❄ 📶 ≋) Gegenüber dem Kloster befinden sich ein einfaches *hostal* und ein Drei-Sterne-Hotel mit großen gemütlichen Zimmern (einige mit Whirlpool-Badewannen). Zum Santo Domingo gehören außerdem drei große Apartments ganz in der Nähe sowie ein Pool und ein unterirdisches Parkhaus. Das dazugehörige Restaurant (Hauptgerichte 7–17 €) ist recht gut und serviert eine einfache und herzhafte Küche.

★ **Hotel Tres Coronas** HISTORISCHES HOTEL €€
(☎ 947 39 00 47; www.hoteltrescoronasdesilos.com; Plaza Mayor 6; EZ inkl. Frühstück 57–73 €, DZ inkl. Frühstück 71–93 €; P ❄ 📶) Das in einem ehemaligen Palast aus dem 17. Jh. untergebrachte, sehr schöne Hotel versprüht jede Menge Flair. Altmodischen Charme besitzen auch die Zimmer mit ihren dicken Steinmauern, einige davon sogar mit Aussicht auf die Plaza. Ritterrüstungen und antike Möbel prägen die öffentlichen Bereiche.

Hotel Tres Coronas KASTILISCH €€
(☎ 947 390 047; www.hoteltrescoronasdesilos.com; Plaza Mayor 6; Hauptgerichte 10–21 €; ⌚ 13–16 & 20–23 Uhr) Das stimmungsvolle Restaurant ist auf Braten aus dem Holzofen spezialisiert und das beste und gemütlichste der Stadt.

Praktische Informationen

Touristeninformation (☎ 947 39 00 70; www.turismocastillayleon.com; Calle de Cuatro Cantones 10; ⌚ Di–So 10–13.30 & 16–18 Uhr)

An- & Weiterreise

Montag bis Samstag fährt täglich ein Bus von Burgos nach Santo Domingo de Silos (6,75 €, 1½ Std.).

Ribera del Duero

Prägnante Burgruinen und hübsche Kleinstädte wie El Burgo de Osma und Lerma reihen sich an den Ufern des Río Duero. Der

Fluss bahnt sich den Weg durch zwei spektakuläre Schluchten, den Cañón del Río Lobos und den Hoz del Duratón. Zudem ist Ribera del Duero eines der renommiertesten Weingebiete Spaniens, was dazu beiträgt, dass man sich hier ohne Weiteres eine ganze Woche aufhalten könnte.

Lerma

2652 EW. / 827 M

Auf der landschaftlich eher uninteressanten Strecke zwischen Burgos und Madrid ist Lerma für viele eine echte Ablenkung. Die uralte Siedlung erlangte im 17. Jh. unerwartete Bekanntheit, als Großherzog Don Francisco de Rojas y Sandoval, ein Minister unter Philipp II., das ehrgeizige Projekt startete, ein zweites Escorial zu schaffen. Seine Pläne schlugen fehl, doch die kopfsteingepflasterten Straßen und reizenden Plätze der Altstadt können noch heute bewundert werden.

Sehenswertes

Wer den Ort etwas genauer erkunden möchte, sollte die Hauptstraße nach Burgos verlassen und durch den **Arco de la Cárcel** (Gefängnistor) sowie die lange Calle del General Mola zur großen **Plaza Mayor** hinaufschlendern. Hier erhebt sich der übergroße **Palacio Ducal**, heute ein *parador* mit bemerkenswerten Innenhöfen und 210 Balkonen. Rechts vom Platz liegt außerdem das **Convento de San Blas**, ein Dominikanerinnenkloster, das im Rahmen einer Führung der Touristeninformation besichtigt werden kann.

Etwas nordwestlich der Plaza verläuft eine hübsche Gasse zum **Mirador de los Arcos** mit Blick auf den Río Arlanza. Bogen führen vom Aussichtspunkt zum **Convento de Santa Teresa** aus dem 17. Jh.

Schlafen

Posada La Hacienda de Mi Señor HISTORISCHES HOTEL €€

(☎ 947 17 70 52; www.lahaciendademisenor.com; Calle del Barco 6; EZ/DZ inkl. Frühstück 48/70 €; ❄ @ 📶) Das hübsche und skurrile Mittelklassehotel in der Nähe des höchsten Punkts der Stadt (ein paar Häuserblocks hügelabwärts vom Platz) ist das beste vor Ort und verfügt über riesige Zimmer in einem renovierten historischen Gebäude. Die Bonbonfarben stören allerdings mit der Zeit; nach Zimmer 205 fragen, das in gedeckteren Tönen gehalten ist.

ABSEITS DER ÜBLICHEN PFADE

RELLO

Etwa 17 km südlich von Berlanga de Duero ist in dem Dorf Rello oben auf dem Hügel noch ein Großteil der mittelalterlichen Stadtmauer zu besichtigen. Zwischen den Steinhäusern kommt es einem vor, als sei die Zeit stehen geblieben. Der Ausblick von der Südflanke des Dorfes ist fantastisch. Wer Frieden und Ruhe sucht, findet hier mindestens eine *casa rural* zum Übernachten.

★ **Parador de Lerma** HISTORISCHES HOTEL €€€

(☎ 947 17 71 10; www.parador.es; Plaza Mayor 1; Zi. 90–180 €; P ❄ @ 📶) Ohne Zweifel ist dieser *parador* im renovierten Palacio Ducal die eleganteste Unterkunft im ganzen Dorf, aber er ist nicht so protzig eingerichtet (Ritterrüstungen etc.) wie andere Unterkünfte seiner Art. Auch wer hier nicht übernachtet, sollte sich den prachtvollen Innenhof anschauen. Die Zimmer quellen vor Luxus nur so über, der Service ist tadellos.

Essen

Lerma ist sozusagen das Herz der kastilischen Holzofenregion. Rund um die Plaza Mayor gibt's einige erstklassige Restaurants, in denen *cordero asado* auf der Speisekarte steht (40 € für zwei Personen ist ein guter Preis).

Asador Casa Brigante KASTILISCH €€

(☎ 947 17 05 94; www.casabrigante.com; Plaza Mayor 5; Hauptgerichte 14–23 €, Lammbraten 40 € für 2 Pers.; ⏲ 13.30–16 Uhr) Unser Lieblings-*asador* der Stadt ist der hervorragende Asador Casa Brigante – hier wird der beste Lammbraten weit und breit serviert. Da die Gefahr besteht, dass man so viel isst, dass man sich nicht mehr bewegen kann, nach Unterkünften in der Nähe fragen!

Praktische Informationen

Touristeninformation (☎ 947 17 70 02; www.citlerma.com; Calle de la Audiencia 6; Casa Consistorial; ⏲ April–Sept. tägl. 10–14 & 16–20 Uhr, Okt.–März Di–So 10–14 & 16–19 Uhr). Bietet zwischen April und September täglich bis zu drei Führungen (Dauer jew. 1¼ Std., 4 €) durch die Stadt und zu deren Baudenkmälern an.

An- & Weiterreise

Zwischen Burgos (4,20 €, 30 Min.) und Lerma verkehren täglich acht Busse, samstags und sonntags nur vier. Darüber hinaus kommen auch einige Busse aus Aranda de Duero und Madrid durch den Ort. Die meisten halten allerdings am Fuß des Hügels, sodass man den weiten Weg bis nach oben hinaufgehen muss.

Peñafiel

5327 EW.

Peñafiel ist das Tor zum Weinanbaugebiet Ribera del Duero und daher auch ein hervorragender Ausgangspunkt, um die berühmten Weine der Region kennenzulernen. Außerdem warten eine sehenswerte Burg und ein Weinmuseum. Dem Ort selbst verleiht einer der berühmten Plätze der Gegend seinen ganz eigenen Charme.

Sehenswertes

★ Plaza del Coso

PLATZ

Kamera startklar für einen der ungewöhnlichsten Plätze Spaniens! Die rechteckige Plaza del Coso aus dem 15. Jh. wurde als eine der ersten mit einem Sandboden tatsächlich als Platz angelegt und gilt als Vorläufer der spanischen *plazas mayores*. Noch heute wird sie für Stierkämpfe und feierliche Anlässe genutzt. An der Plaza stehen Gebäude mit schönen Fachwerkfassaden und auf einem Hügel im Hintergrund thront die Burg.

★ Castillo de Peñafiel

BURG

(Museo Provincial del Vino; ☎ 983 88 11 99; Peñafiel; Burg Erw./Kind 3,30 €/frei, inkl. Museum 6,60 €/frei; ⏱ Apr.–Sept., Di–So 10.30–14 & 16–20 Uhr, Okt.-März Di–So 10.30–14 & 18 Uhr) Auf einer Anhöhe oberhalb von Peñafiel beeindruckend angelegt, beherbergt diese Burg das moderne **Museo Provincial del Vino**. Neben einer zusammengefassten Weinbaugeschichte der Region, gibt's in diesem Museum interaktive Darstellungen, Dioramen und PC-Termials. Der Rest dieser schmalen Burg kann nur in einer 40-minütigen **Führung** besichtigt werden bei der man die mit Zinnen versehenen Mauern und Türme, die sich bei einer zwischen den Mauern vorhandenen Breite von nur 20 m über eine Länge von 200 m erstrecken, würdigen kann. Sie wurden ab dem 10. Jh. errichtet und im Verlauf von mehr als 400 Jahren immer wieder verändert.

Convento de Las Claras

WEINGUT

(☎ 983 88 01 50; www.bodegasconventodelasclaras.com; Carretera Pesquera de Duero, Km 1,5; Führung & Weinprobe 12 €; ⏱ Führungen stündl. Mo–Fr 10–13, Sa 12.30, So 11.30 Uhr) Bietet in der Nähe von Peñafiel hervorragende Führungen und Weinproben an. Besonderer Stolz des Weinguts sind die Rotweine und auch der Rosé von 2012 verdient eine besondere Erwähnung.

Legaris

WEINGUT

(☎ 983 87 80 88; www.legaris.es; Curiel de Duero; Führung & Weinprobe 10 €; ⏱ Führungen Mo–Fr 11, 13 & 16.30, Sa & So 11.30 & 13 Uhr) Nur fünf Minuten von Peñafiel entfernt lädt dieses Weingut zu interessanten Führungen ein. In einem eindrucksvollen Gebäude lockt zudem eine Weinbar. Die Rotweine haben einen guten Ruf, sie werden bis zur Reife in einem bemerkenswerten System aus 20 verschiedenen sorgfältig ausgewählten Fässern ausgebaut. Für Führungen bitte vorher anrufen.

Matarromera

WEINGUT

(☎ 983 10 71 00; www.bodegamatarromera.es; Valbuena de Duero; Führung & Weinprobe ab 25 €; ⏱ Mo–Sa 10–14 & 15–19 Uhr) Dies ist eines der größten Weingüter der Ribera del Duero – mehrere weitere Güter in der Region gehören dazu. Produziert werden hervorragende Rotweine der *Tempranillo-Rebsorte*, die im Weingebiet Ribera de Duero am weitesten verbreitet ist.

Protos

WEINGUT

(☎ 983 87 80 11; www.bodegasprotos.com; Calle Bodegas Protos 24–28; geführte Touren 10 €; ⏱ Führungen Di–Fr 10, 11.30, 13, 16.30 & 18, Sa & So 10, 11, 12, 13, 16.30, 17.30 & 18.30 Uhr) Das moderne Weingut im Schatten der Burg produziert einen der bekannteren Weine des Anbaugebietes Ribera del Duero. Von diesem Gut stammen Rot- und Weißweine, die in Geschäften und Restaurants in ganz Spanien verkauft werden.

Schlafen & Essen

Hotel Convento Las Claras

HISTORISCHES HOTEL €€

(☎ 983 87 81 68; www.hotelconventolasclaras.com; Plaza de los Comuneros 1; Zi. 83–133 €, P ❄ 📶 🏊) Eine unerwartete Entdeckung im kleinen Peñafiel ist dieses coole, elegante Hotel. Es ist in einem ehemaligen Kloster untergebracht und bietet dezente, luxuriöse Zimmer, ein Spa mit Thermalbädern sowie ein exzellentes Restaurant mit sorgfältig zusammengestellter Weinkarte. In der Cafétería bekommt man leichtere Mahlzeiten.

Hotel Castillo de Curiel HISTORISCHES HOTEL €€
(☎ 983 88 04 01; www.castillodecuriel.com; Curiel de Duero; EZ/DZ/Suite ab 81/90/132 € P) Nördlich des Dorfes gibt's in Curiel de Duero mit diesem Hotel eine weitere nette Unterkunft. Das renovierte Hotel liegt in einer der ältesten Burgen (9. Jh.) der Region und ist eine tolle Wahl für Romantiker. Gäste kommen in schönen Zimmern voller Antiquitäten und mit traumhaftem Ausblick unter. Das dazugehörige Restaurant hat einen guten Ruf.

Asados Alonso SPANISCH €€
(☎ 983 88 08 34; www.facebook.com/restauranteasadosalonso/; Calle de Derecha al Coso 14; Hauptgerichte 14–21 €; ⏲ So & Di–Do 13–16.30, Fr & Sa 13–16.30 & 20.30–23.30 Uhr) In diesem alteingesessenen *asador* halten es die Kellner einfach: Serviert wird Frühlingslammbraten aus dem Holzofen mit Salat.

Shoppen

Vinos Ojos Negros WEIN
(☎ 983 88 00 68; www.vinosojosnegros.com; Plaza de San Miguel de Reoyo 1; ⏲ Mo–Fr 9–14 & 17–20.30, Sa 9–14.30 & 16–20.30 Uhr) Eines der besseren Weingeschäfte der Stadt. Es ist nicht weit vom Fluss entfernt.

Ánagora WEIN
(☎ 983 88 18 57; Calle Derecha al Coso 31; ⏲ Mo, Di, Do & Fr 10.30–14 & 17–20, Sa 11–14 & 17–20, Do 11–14 Uhr) Hervorragender Weinladen mitten in der Altstadt.

Praktische Information

Touristeninformation (☎ 983 88 15 26; www.turismopenafiel.com; Plaza del Coso 31–32; ⏲ April–Sept. Di–So 10.30–14.30 & 17–20 Uhr, Okt.–März Di–So 10.30–14 & 16.30–19 Uhr) Bietet dienstags bis sonntags um 13.30 Uhr Führungen (4 €) an und vermietet Fahrräder (halber/ganzer Tag 3/5 €). Führt auch auf der Website eine Liste der Weingüter, die man besichtigen kann.

Touristeninformation (Castillo de Peñafiel; ⏲ April–Sept. Sa & So 11–14.30 & 17–20 Uhr, Okt.–März Sa & So 11.30–14 & 16.30–19 Uhr) Am Eingang zur Burg hoch über der Stadt.

An- & Weiterreise

Vier bis fünf Busse fahren täglich ins 60 km westlich gelegene Valladolid (5,50 €, 45 Min.).

Sepúlveda

1122 EW / 1313 M

Mit den Häusern, die sich an die Schlucht des Río Duratón schmiegen, sowie den hervorragend zubereiteten Gerichten *cordero asado* und *cochinillo* ist Sepúlveda ein beliebtes Wochenendziel der *madrileños* (Einwohner von Madrid). Mittwochs ist Markttag.

Schlafen & Essen

Die warmen, im toskanischen Stil gehaltenem Töne von Sepúlveda's Gebäuden, die der zentralen Plaza de España gegenüberstehen, bilden ein hervorragendes Umfeld für einen heißen Braten am Sonntag. Genau genommen sind diejenigen, die hier essen, so gesättigt, dass es schwierig wird, viele Lokale zu finden, die abends geöffnet haben.

Hospedería de los Templarios BOUTIQUE-HOTEL €€
(☎ 921 54 00 89; www.hotelruralsepulveda.es; Plaza de España 19–20; Zi. 70–95 €;) Ein sehr ästhetisch renoviertes Hotel mit schönen Zimmern voller Antikmöbel. Die Atmosphäre ist jedoch ganz und gar nicht altmodisch: Die Räume verfügen über stilvolle Bäder, sind in warmen Farbtönen gehalten und mit trendigen Kunstwerken dekoriert. Von den kleinen Terrassen hat man eine tolle Aussicht.

Fogón del Azogue KASTILISCH €€
(☎ 690 20 27 72; Calle de San Millán 6; Hauptgerichte 14–23 €; ⏲ 13.30–16 & 21–23 Uhr) Als eines von Sepúlvedas besten Restaurants hat das Fogón del Azogue seinen kulinarischen Ruf auf dem traditionellen Braten aufgebaut. Für Abwechslung sorgt ein sich mit den Jahreszeiten änderndes Menü.

Asador El Panadero KASTILISCH €€
(☎ 921 54 03 78; www.asadorelpanadero.es; Calle del Conde de Sepúlveda 4; Hauptgerichte 13–21 €, Menüs 30–36 €) Für Lammbraten und Spanferkel eine der zuverlässigeren Adressen in der Stadt. Es gelten die für Sepúlveda üblichen Hinweise – am Wochenende im Voraus buchen oder man hungert.

Restaurante Figón Zute el Mayor KASTILISCH €€
(☎ 921 54 01 65; www.figondetinin.com; Calle de Lope Tablada 6; Hauptgerichte 11–25 €; ⏲ 13.30–16.30 Uhr) Äußerst empfehlenswertes Restaurant. An Winterwochenenden ist es unglaublich voll, dann sollte man vorher reservieren. Das Restaurant gibt's seit 1850 – so gut ist es.

Praktische Informationen

Centro de Interpretación (☎ 921 54 05 86; www.miespacionatural.es; Calle del Conde de Sepúlveda 34; ⏲ 10–19 Uhr;) Dieses hervorragende Besucherzentrum zeigt eine aufschlussreiche Dauerausstellung zu allen Themen rund um den nahegelegenen Parque Natural del Hoz del Duratón, inklusive dessen Flora und Fauna. Es ist in einem Teil der Iglesia de Santiago untergebracht.

An- & Weiterreise

Mindestens zwei Busse verkehren täglich zwischen Sepúlveda und Madrid (8,75 €, 2 Std.).

Parque Natural del Cañón del Río Lobos

15 km nördlich von Burgos erstreckt sich ein schöner Naturpark mit schroffen Felslandschaften und einer großartigen tiefen Flussschlucht, der eine Vielzahl von Geiern und anderen Raubvögeln beherbergt.

Sehenswertes

Ermita de San Bartolomé KIRCHE
Diese schöne Wallfahrtskapelle aus dem frühen 13. Jh. bietet einen wunderbaren einsamen Anblick und präsentiert einen Stilmix aus Spätromanik und Frühgotik, obwohl nur weniges davon von außen zu erkennen ist. Der Innenraum ist nur selten geöffnet, aber die Lage der Kirche lohnt wirklich einen Besuch. 4 km abseits der Straße gelegen, nimmt man die ausgeschilderte Abzweigung am Fuß der Serpentinenstraße und fährt zum Parkplatz. Von dort läuft man den letzten Kilometer.

ABSTECHER

UXAMA

Direkt vor den Toren von El Burgo de Osma liegen versprenkelt in den Hügeln die Ruinen von **Uxama** (24 Std.) GRATIS, die von verschiedenen historischen Epochen zeugen. Die ursprünglich kelto-iberische Siedlung geriet 99 v. Chr. unter römische Herrschaft und entwickelte sich zu einer bedeutenden Stadt, die schließlich im 8. Jh. von den Mauren erobert wurde. Tief liegende Überreste eines ehemaligen Hauses und weitere Fragmente werfen die Frage auf, was sich sonst noch unter der Erde verbirgt und auf seine Ausgrabung wartet. Geht man etwas weiter in die Stätte hinein, trifft man auf den **Atalaya** (Wachturm) aus dem 9. Jh. Von hier ist der Blick in die Umgebung herrlich, insbesondere nach Nordosten Richtung El Burgo de Osma und zum Castillo de Osma.

Schlafen

Camping Cañón del Río Lobos CAMPINGPLATZ €
(975 36 35 65; www.campingriolobos.es; Stellplatz pro Pers./Zelt & Auto 5,50/13,50 €; Ostern–Mitte Sept.;) Dieser Campingplatz mit sehr gutem Ruf liegt nördlich von Ucero. Von der Serpentinenstraße, die Richtung Norden die Schlucht hinaufführt, hat man einen wunderbaren Ausblick in Richtung Ucero. Eine herrliche Flusslandschaft mit gutem Restaurant und viel Schatten.

Posada Los Templarios PENSION €€
(649 65 63 13; www.posadalostemplarios.com; Plaza de la Iglesia; EZ 48–55 €, DZ 62–80 €, Suite 92–102 €;) In Ucero am Südeingang zum Parque Natural del Cañón del Río Lobos, wenn man aus El Burgo de Osma kommt, findet man diese schöne Pension in einem Haus aus dem 17. Jh. Sie bietet attraktive Zimmer mit Steinwänden und ein gutes Restaurant.

An- & Weiterreise

Es gibt keine öffentlichen Verkehrsmittel zum Park, d. h. man braucht ein eigenes Fahrzeug. Die Anfahrt erfolgt über die SO920, die zwischen El Burgo de Osma und San Leonardo de Yagüe verläuft.

El Burgo de Osma

5005 EW. / 943 M

El Burgo de Osma zählt zu den am meisten unterschätzten mittelgroßen Städten in Kastilien-León. Es war einst so bedeutend, dass es eine eigene Universität hatte. Die Stadt ist teilweise von einer Stadtmauer umgeben und ihre wenigen eleganten Straßenzüge werden von einer bemerkenswerten Kathedrale überragt. Die Ortschaft liegt auch im Herzen eines faszinierenden Landes.

Sehenswertes

Catedral KATHEDRALE
(975 34 03 19; Plaza de San Pedro de Osma; Erw./Kind 2.50/frei €; Juli–Sept. 10.30–13 & 16–19.30 Uhr, Okt.–Juni Di–Fr 10.30–13 & 16–18, Sa 10.30–13.30 & 16–19 Uhr) Die Kathedrale wurde im 12. Jh. erbaut und vereint gotische und barocke Elemente – Letztere sind vor

ABSEITS DER ÜBLICHEN PFADE

SEHENSWERTES UM EL BURGO DE OSMA

Etwa 8km südöstlich von Berlanga de Duero befindet sich die **Ermita de San Baudelio** (1 €; ⌚Mi–So 10–14 & 16–20, So 10–14 Uhr), deren schlichtes Äußeres ein bemerkenswertes mozarabisches Inneres aus dem 11. Jh. verbirgt. In der Mitte des einschiffigen Bauwerks öffnet sich eine große Säule wie eine Palme, um in schönen hufeisenförmigen Bögen auszulaufen. Es handelt sich um einen der überraschendsten Funde im ländlichen Kastilien.

In keltiberischer Zeit datiert der **Yacimiento Arqueologico de Tiermes** (☎639 18 59 05; www.museodetiermes.es; Eintritt frei, geführte Besichtigung Erw./Kind 5 €/frei; ⌚Apr-Sept. DiSa 10–14 & 16–20, So 10–14, Okt. –März So 10–14 Uhr) in das 1. Jh. n. Chr. und ist eine der wichtigsten Fundstellen aus römischer Zeit in Kastilien und León. Die schöne, im 12. Jh. erbaute romanische Iglesia de Nuestra Señora de Tiermes, die über die Fundstelle wacht, zeugt von deren Nutzung durch die Jahrtausende. Spuren der römischen Stadt sind noch vorhanden, darunter Reste von Häusern, Mosaikböden, das Forum un d ein Aquädukt. All das lohnt einen Besuch. Die Fundstelle liegt 7 km südöstlich von Montejo de Tiermes.

Castillo de Berlanga de Duero (Berlanga de Duero; ⌚10–14 & 16–20 Uhr) wird beherrscht von einer ungewöhnlichen Burgruine, die durch umlaufende Wehrmauern am Fuß des Burghügels vergrößert wurde. Der älteste Abschnitt der Burg stammt aus dem 15. Jh., aber der Großteil des Außenbereiches wurde im 16. Jh. erbaut.Die **Touristeninformation** (☎975 34 34 33; www.berlangadeduero.es; Plaza de Nuestra Señora del Mercado 5, Berlanga de Duero; ⌚Sa & So 10–14 & 16–20 Uhr), am Fuß der Burg direkt neben dem Tor, führt an den Wochenenden kostenlose Führungen durch. Falls bei einem Besuch der Eingang verschlossen ist, im Rathaus an der Plaza Mayor nach dem Schlüssel fragen.

Als Fernando das Castillo de Gormaz (S. 174) im Jahr 1059 von seinen islamischen Verteidigern eroberte, war im folgenden Jahr eine seiner ersten Handlungen der Bau der **Ermita de San Miguel de Gormaz** (☎975 34 09 02; Gormaz; 1.50 €; ⌚Juni–Mitte Juli Sa 11–14 & 17–20, So 11–14 Uhr, Mai–Juli variierende Öffnungszeiten), einer kleinen Kapelle an den Hängen hinter der Burg. Während die Außenseite nicht wirklich sehenswert ist, sind die Fresken im Innenraum atemberaubend und eines der bestgehüteten Geheimnisse der Region. Die Kirche befindet sich außerhalb vom Dorf Gomaz an der hoch zur Burg führenden Straße.

allem am trutzigen Turm erkennbar. Im Innern sind Kunstschätze wie der **Hauptaltar** aus dem 16. Jh. zu sehen sowie der **Beato de Osma** – ein wertvoller Kodex (Manuskript) aus dem 11. Jh. in der **Capilla Mayor**. Ebenso interessant sind die lichtdurchflutete **Capilla de Palafox**, ein seltenes Beispiel des Klassizismus in dieser Region, und der schöne **Kreuzgang** mit original erhaltenen romanischen Merkmalen.

Schlafen & Essen

Hotel Il Virrey HOTEL €
(☎975 34 13 11; www.virreypalafox.com; Calle Mayor 2; Zi. 50–60 €, Suite 95–105 €; ❄📶) Kürzlich hat dieses Hotel eine neue Inneneinrichtung bekommen und lockt nun mit einer verrückten Mischung aus altem spanischen Charme und modernem Flair. Die Gemeinschaftsbereiche werden dominiert von goldüberzogenem Mobiliar, Porzellanputten, Lüstern und der geschwungenen Treppe. Im Februar und März gehen die Preise in die Höhe, denn dann kommen scharenweise Besucher zum rituellen Schlachten *(matanza)* der Schweine und den anschließenden All-you-can-eat-Gelagen.

Mesón Marcelino SPANISCH €€
(☎975 34 12 49; Calle Mayor 71; Hauptgerichte 12–32 €; ⌚13–16.30 & 20.30–23.30 Uhr) Das Mesón Marcelino, eine verlässliche Adresse an der Hauptstraße, ist eine Institution in einer Stadt, die sich unverhohlen für Fleisch begeistert. Alles hier dreht sich um *cordero* und *cochinillo asado* – Lammbraten und Spanferkel. Zudem gibt's Steaks, Wild und alle weiteren typischen Fleischgerichte aus El Burgo de Osma. Dass man Salat als Bei-

ABSTECHER

CARACENA

Die ruhigen Nebenstraßen südlich von El Burgo de Osma waren schon immer bekannt für ihre schönen Burgen (in Gormaz und Berlanga de Duero) und abgelegenen ruhigen schönen Dörfer (wie Rello). Ein winziges Dorf, auf das beides zutrifft ist, Caracena, etwa 24 km südlich von El Burgo de Osma an der SO-4123. Dieses Dörfchen (16 Einwohner) erklimmt die Hänge am Ende eines langen Flusstales, eine Ansammlung schöner Stein-und Terrakottahäuser. Hier gibt's ebenso zwei romanische Kirchen aus dem 12. Jh. (die **Iglesia de San Pedro** ist die beeindruckendere von beiden), wie die **Ermita de La Virgen del Monte**, eine schlichte Barockkapelle etwa 1 km nördlich des Ortes und am dritten Sonntag im Juni Schauplatz einer kleinen Prozession. Auf einer Kuppe wenige hundert Meter oberhalb des Dorfs scheint das **Castillo de Caracena** mit den Felsen der Umgebung zu verschmelzen. Am späten Nachmittag ist die Stimmung wunderbar – für die beste Aussicht muss man allerdings ein ziemliches Stück in die eine oder andere Richtung laufen. Die Burg wurde im 12. Jh. erbaut, erhielt seine gegenwärtige Gestalt aber durch Restaurierungsarbeiten im 15. Jh.

Um hier herzukommen, von El Burgo de Osma nach Süden Richtung La Rasa (5 km) fahren und dann auf den letzten 19 km den Schildern folgen.

lage bestellt, versteht sich von selbst. Nebenan betreibt das Restaurant auch eine sehr gute Tapas-Bar.

Praktische Informationen

Touristeninformation (☎ 975 36 01 16; www.sorianitelaimaginas.com; Plaza Mayor 9; ⏲ Mi–So 10–14 & 16–19 Uhr) Hier sollte man sich ein Exemplar der hervorragenden Broschüre *Tierra del Burgo* geben lassen, die bei der Orientierung hilfreich ist.

An- & Weiterreise

Busse verbinden El Burgo mit Soria (4,20 €, 50 Min., 2-mal tgl., So 1-mal) und Valladolid (11,25 €, 2 Std., 3-mal tgl.).

Parque Natural del Hoz del Duratón

Nordwestlich von Sepúlveda wurde ein beträchtliches Stück Land zum Naturpark erklärt, dessen Gegenstück der **Hoz del Duratón** (Duratón Gorge) ist. Der Parque Natural del Hoz del Duratón ist am Wochenende ein beliebtes Ausflugsziel – einige Leute fahren bis nach **Burgomillodo**, um sich von dort mit dem Kajak in die Fluten der Schlucht zu stürzen. Wenn man auch so etwas machen will, bitte **Situral** (☎ 656 904 303; www.situral.com; Sebúlcor) kontaktieren.

5 km westlich des Dörfchens Villaseca führt ein Feldweg zur **Ermita de San Frutos**. Jetzt eine Ruine, wurde die Eremitage im 7. Jh. von San Frutos und seinen Geschwistern, San Valentín and Santa Engracia, gegrüdnet. Sie sind in einer winzigen Kapelle in der Nähe bestattet. Es ist ein magischer Ort von dem man auf eine der vielen Serpentinenkurven in der Schlucht sieht und über dem Schwärme von Bussarden und Adlern aufsteigen.

In Sepúlveda gibt's ein exzellentes Besucherzentrum (S. 215) mit einer informativen Dauerausstellung zum Park sowie seiner Flora und Fauna.

An- & Weiterreise

Es gibt keine öffentlichen Verkehrsmittel zum oder vom Park, d. h. man braucht ein eigenes Fahrzeug, um ihn zu erkunden.

Soria

39 171 EW. / 1055 M

Soria ist eine der kleineren Provinzhauptstädte des Landes. Mit einem ansprechenden und kompakten alten Ortskern, einer Reihe von beeindruckenden Baudenkmälern in der Stadt und am Fluss sowie der schönen Lage im Herzen des kastilischen Hinterlandes am Río Duero eignet es sich wunderbar, um dem touristischen Spanien zu entfliehen. Um alles zu sehen, was es hier gibt, sollte man einen ganzen Tag einplanen.

Sehenswertes

★ **Ermita de San Saturio**

HISTORISCHES GEBÄUDE

(☎ 975 18 07 03; Paseo de San Saturio; ⏲ Juli–Aug. Di–Sa 10.30–14 & 16.30–20.30, So 10.30–14 Uhr, April–Juni, Sept. & Okt. Di–Sa 10.30–14 & 16.30–19.30 Uhr, Nov.-März Di–Sa 10.30–14 &

16.30–18.30, So. 10.30–14 Uhr) GRATIS Ein schöner, 2,3 km langer Spaziergang vom Monasterio de San Juan de Duero am Fluss entlang gen Süden führt vorbei an der Kirche der einstigen Tempelritter aus dem 13. Jh., dem Monasterio de San Polo (nicht öffentlich zugänglich). Später kommt man dann zur reizvollen barocken Ermita de San Saturio. Die Einsiedelei zählt zu den am schönsten gelegenen Bauwerken in ganz Kastilien-León. Dieses achteckige Gebäude thront hoch oben über dem Flussufer und über der Höhle, in der der Schutzheilige von Soria einen Großteil seines Lebens verbracht hat.

★ Monasterio de San Juan de Duero KLOSTERRUINE

(☎ 975 23 02 18; Camino Monte de las Ánimas; 1 €, Sa & So frei; ⌚ Juni–Sept. Di–Sa 10–14 & 16–20, So 10–14 Uhr, Feb.–Juni & Okt. Di–Sa 10–14 & 16–19 Uhr, Nov.–Jan. Di–Sa 10–14 & 16–18, So. 10–14 Uhr) Die auffallendste Sehenswürdigkeit Sorias ist dieses wunderbar atmosphärische und teilweise in Ruinen liegende Kloster, dessen freistehende und auf graziöse Weise miteinander verwobene Bogen kunstvoll Mudejar- und romanische Einflüsse miteinander verbinden. Jedes Kapitell sieht anders aus. Im Innern sollte man sich die Schnitzereien mit ihrer intensiven Bildersprache unbedingt genauer ansehen. Die Anlage liegt von der Altstadt aus hügelabwärts am Ufer des Flusses.

Iglesia de Santo Domingo KIRCHE

(☎ 975 21 12 39; Calle de Santo Tomé Hospicio; ⌚ 7–21 Uhr) GRATIS Die schönste Kirche von Soria ist die romanische Iglesia de Santo Domingo. Ihr kleines, kunstvoll verziertes Portal ist etwas ganz Besonderes, vor allem bei Sonnenuntergang, wenn der rote Stein zu leuchten beginnt.

Palacio de Los Condes Gomara HISTORISCHES GEBÄUDE

(Calle de Aguirre) Einen Block nördlich der Plaza Mayor liegt der majestätische Palacio de los Condes Gomara, der im 16. Jh. aus Sandstein errichtet wurde. Nur von außen zu besichtigen.

Museo Numantino MUSEUM

(Paseo del Espolón 8; 1 €, Sa & So frei; ⌚ Juli–Sept. Di–Sa 10–14 & 17–20, So 10–14 Uhr, Okt.–Juni Di–Sa 10–14 & 16–19, So 10–14 Uhr) Archäologiefans mit passablen Spanischkenntnissen werden hier ihre Freude haben, denn das gut sortierte Museum widmet sich Funden aus antiken Stätten in der Provinz Soria (insbesondere den römischen Ruinen aus Numancia). Die Exponate reichen von Mammutknochen bis zu Keramik und Schmuck. Begleitet werden sie von detaillierten Beschreibungen der historischen Entwicklun-

DAS RÖMISCHE SORIA

Wer sich für römische Zeugnisse auf der Iberischen Halbinsel interessiert, findet in der Gegend um Soria besonders sehenswerte Ziele.

Römische Ruinen Numancia (☎ 975 25 22 48; www.numanciasoria.es; Numancia; Erw./erm./Kind unter 13 J. 5/3 €/frei; ⌚ Juni–Sept. Di–Sa 10–14 & 16–20, So 10–14 Uhr, Okt.–März variierende Öffnungszeiten) Die vorwiegend römischen Ruinen von Numancia direkt vor dem Dorf Garray (8 km nördlich von Soria) sind alles, was von einer Stadt übrig geblieben ist, die sich der römischen Herrschaft mit am beharrlichsten widersetzte. Schließlich hungerte Scipio, der Karthago erobert hatte, die Stadt aus, sodass sie sich 134 v. Chr. doch noch unterwerfen musste. Im römischen Reich war sie eine wichtige Station auf dem Weg von Caesaraugustus (Zaragoza) nach Astúrica Augusta (Astorga).

Villa Romana La Dehesa (Magna Mater; ☎ 626 99 25 49; www.villaromanaladehesa.es; Las Cuevas de Soria; 2 €, Audioguide 2 €; ⌚ Juli–Sept. Di–Sa 11–20 & So 11–14.30 Uhr, Okt.–Juni variierende Öffnungszeiten) Dieses Besucherzentrum liegt über der Ausgrabungsstätte einer alten römischen Villa, in der beeindruckende Bodenmosaike freigelegt wurden. Der Besuch beginnt mit einem Video (auf Spanisch) zur Geschichte der Villa und führt dann in ein kleines Museum mit Artefakten, die hier gefunden wurden. Zum Abschluss geht man über Stege mit Blick auf die Überreste der Mosaike. Das spektakulärste der Mosaike befindet sich heute in Madrid's Museo Arqueológico (S. 105). Das Haus mit einst 4000 m² Fläche wurde erstmals in den 1930er-Jahren ausgegraben.

gen in verschiedenen wichtigen keltiberischen und römischen Siedlungen.

Feste & Events

Fiestas de San Juan y de la Madre de Dios KIRCHLICH
(www.sanjuaneando.com; Juni) In der zweiten Junihälfte und manchmal bis in den Juli hinein feiern Sorias zwölf *barrios* (Stadtviertel) bereits seit dem 13. Jh. die Fiestas de San Juan y de la Madre de Dios. Am wichtigsten Tag, dem *Jueves* (Donnerstag) *La Saca*, präsentiert jeder Bezirk einen Stier, gegen den am nächsten Tag gekämpft wird.

Schlafen

Hostería Solar de Tejada BOUTIQUE-HOTEL €
(975 23 00 54; www.hosteriasolardetejada.es; Calle de Claustrilla 1; EZ/DZ 50/55 €;) Ein attraktives Boutique-Hotel in der Fußgängerzone der Altstadt. Die individuell gestalteten, aber kleinen Zimmer sind gemütlich und knallbunt eingerichtet. Einige verfügen über Balkone mit Blick auf die belebte Fußgängerzone.

★ **Parador de Soria** HOTEL €€
(975 24 08 00; www.parador.es; Calle de Fortún López, Parque del Castillo; Zi. 65–155 €; @) Die Zimmer dieses modernen, hoch über der Stadt gelegenen Parador haben zwar nicht viel Charakter, sind aber äußerst bequem. Der Service ist beispielhaft und die Aussichten sind atemberaubend. Auch das Restaurant ist es wert, hier zu verweilen.

★ **Apolonia** BOUTIQUE-HOTEL €€
(975 23 90 56; www.hotelapoloniasoria.com; Puertas de Pro 5; EZ/DZ ab 60/66 €; @) Das smarte Hotel hat eine moderne urbane Atmosphäre. Die Zimmer sind in Grau-, Braun- und Cremetönen gehalten, mit viel Glas ausgestattet und mit abstrakten Kunstwerken dekoriert. In vier Räumen sind zwischen dem Wohnbereich und der großen ebenerdigen Dusche – gut für frisch verliebte Paare – interessante Farblichteffekte zu sehen. Die jungen Inhaber können auch Ausflüge arrangieren, z. B. das Suchen von Trüffeln.

Essen

Crepería Lilot Du Ble Noir FRANZÖSISCH €
(651 49 53 17; www.creperialilot.com; Calle Fueros de Soria 12; Crêpes 6,60–12 €; 13–16.30 & 21–24 Uhr) Diese reizvolle kleine französische Crêperie ergänzt die kulinarische Szene in Soria um eine dringend benötigte Variante. Zu den würzigen Varianten gehören Hackfleisch mit Camembert und Pilzen oder Schweinefleisch mit Reisnudeln, Teriyaki-Soße und Birne-Pfirsich-Chtuney. Süße Crêpes und Salate gibt's ebenso wie ein englisches Menü. Die begeisterten Kritiken sowohl von Reisenden wie auch von Einheimischen überraschen nicht.

★ **Baluarte** KASTILISCH €€
(975 21 36 58; www.baluarte.info; Calle de los Caballeros 14; Hauptgerichte 12–25 €, menú de degustación 48 €; Di–Sa 13.30–16 & 20.45–22.45, So 13.30–16 Uhr) Oscar Garcia ist einer der innovativsten spanischen Küchenchefs, und in diesem relativ neuen Restaurant präsentiert er seine kulinarischen Talente auf angemessene Weise. Die Gerichte basieren auf klassischen kastilischen Zutaten, die aber so kreativ zubereitet werden, dass sie sowohl aufregend als auch köstlich schmecken, ohne dabei allzu übertrieben zu wirken. Besonders lohnenswert sind die saisonalen Menüangebote. Reservierung notwendig.

Fogon del Salvador KASTILISCH €€
(975 23 01 94; www.fogonsalvador.com; Plaza de El Salvador 1; Hauptgerichte 13–22 €; 13.30–16 & 21–24 Uhr;) Ein gastronomischer Klassiker mit einer beliebten Bar davor. Die Weinkarte ist schier endlos und im großartigen Holzofen werden perfekte Fleischgerichte zubereitet, z. B. *cabrito al ajillo* (Zicklein mit Knoblauch) sowie eine große Auswahl prächtiger blutiger Steaks.

Praktische Informationen

Touristeninformation (975 22 27 64; www.soria.es; Plaza Mariana Granados; Di–Sa 10–14 & 16–19, So 10–14 Uhr) Bietet am Wochenende (und im Sommer häufiger) zweistündige Führungen (5 €) durch das historische Zentrum und zu den Sehenswürdigkeiten am Río Duero an. Im Voraus reservieren.

Touristeninformation (975 21 20 52; www.turismocastillayleon.com; Calle de Medinaceli 2; Mo–Sa 9.30–14 & 16–19, So 9.30–17 Uhr) Informiert sowohl über die Stadt als auch über die Region Kastilien-León.

An- & Weiterreise

Bus Der **Busbahnhof** (975 22 51 60; Avenida de Valladolid) liegt etwa 15 Gehminuten westlich vom Zentrum. Von hier fahren regelmäßig Busse nach Burgos (12, 50 €, 2½ Std.), Madrid (16,80 €, 2½ Std.), Valladolid (15,80 €, 3 Std.) und in größere Provinzstädte.

Zug Der **Bahnhof** (☏ 912 320 320; www.renfe.com; Carretera de Madrid) befindet sich 2,5 km südwestlich vom Zentrum. Zwischen Soria und Madrid (22,15 €, 3 Std., 3-mal tgl.) verkehren mehrere Züge, ansonsten gibt's allerdings kaum Direktverbindungen.

Unterwegs vor Ort

In der möglicherweise billigsten Parkmöglichkeit ganz Spaniens, der Tiefgarage **Aparcamiento Plaza del Olivo** (Plaza del Olivo; 2,95 € für 24 Std.; 24 Std.) im Stadtzentrum, kosten 24 Std. nur 2,95 €.

Rund um Soria

Calatañazor

56 EW. / 1071 M

Calatañazor, ein äußerst romantisches Hügeldorf in Kastilien-León, bietet sich für einen schönen Abstecher an. Von der nur etwa 1 km entfernten Fernstraße kann man die Siedlung nicht sehen. Sie hat den Charme eines zerfallenden mittelalterlichen Örtchens. Besucher betreten die verwinkelten Pflastersträßchen durch ein Tor und wandern durch enge Gassen, die von ockerfarbenen Häusern aus Stein und Lehmziegeln mit rot geziegelten Dächern und konischen Schornsteinen gesäumt werden. Hier wurden Szenen des Films *Doktor Schiwago* gedreht.

Sehenswertes

Castillo de Calatañazor RUINEN

Über dem Ort thront die Ruine der früheren maurischen Festung, die Calatañazor seinen Namen gab – dieser stammt ab vom arabischen *Qala'at an-Nassur*, wörtlich „Zitadelle des Geiers". Die Aussicht von den Mauern und Türmen der heutigen Ruine ist einzigartig, sowohl nach unten auf die Dächer als auch nach Norden über ein endloses Feld, das Valle de la Sangre (Tal des Blutes).

Schlafen & Essen

El Mirador de Almanzor PENSION €

(☏ 975 18 36 42; www.elmiradordealmanzor.com; Calle Puerta Vieja 4; Zi. 55–65 €;) Die Unterkunft am oberen Ende des Dorfes in einem Fachwerkhaus aus dem 15. Jh. ist eine gute Wahl in Calatañazor. In den Zimmern mit offenen Steinwänden und sanfter Beleuchtung stehen schmiedeeiserne Möbel.

> **ABSEITS DER ÜBLICHEN PFADE**
>
> **CHAORNA**
>
> In einer Ecke im äußersten Osten von Kastilien-León gelegen und fast gänzlich von Kastilien-La Mancha umgeben, ist das kleine Chaorna eines der bestgehüteten Geheimnisse der Region. Angelegt in den Spalten und Windungen einer engen Schlucht, ist das Dorf so ganz anders als andere in Kastilien-León. Seine zum Großteil gut erhaltenen Steingebäude werden von der **Iglesia de San Miguel** und einem **Turm** gekrönt, der in islamische Zeit datiert. Für die spektakulärste Aussicht sollte man aussteigen und zum oberen Ende der Schlucht laufen, wo man von einem Aussichtspunkt auf das Dorf hinabblicken kann. Chaorna liegt 9 km südlich abseits der A2 – die Abzweigung befindet sich 15 km nordöstlich von Medinaceli.

Casa del Cura de Calatañazor PENSION €€

(☏ 975 18 36 42; www.posadarealcasadelcura.com; Calle Real 25; Zi. 65–75 €;) Die Unterkunft liegt auf halbem Weg den Hügel hinauf an der kopfsteingepflasterten Hauptstraße durch das Dorf und bietet die stilvollsten Zimmer, die man in Calatañazor finden kann. Sie haben polierte Fußböden, Stühle mit Zebrafell-Polstern und offene Holzbalken. Das Restaurant (Hauptgerichte ab 13 €, *menú de degustación* 27 €) zählt ebenfalls zu den besten im Dorf. Den Ausblick in die Schlucht sollte man genießen.

An- & Weiterreise

Öffentliche Verkehrsmittel fahren nicht nach Calatañazor. Das Dorf liegt ca. 1 km nördlich der N122 – die gut ausgeschilderte Abfahrt befindet sich ca. 29 km westlich von Soria und ca. 27 km nordöstlich von El Burgo de Osma.

Sierra de Urbión & Laguna Negra

In der Sierra de Urbión nordwestlich von Soria erstreckt sich die wunderschöne, wie ein schwarzer Spiegel glänzende Laguna Negra (Schwarzer See). Der kleine Gletschersee liegt am Fuß mächtiger Felswände in einer teilweise bewaldeten Bergregion und befindet sich etwa 18 km nördlich vom Dorf **Vinuesa**. Er ist über eine kurvenreiche, landschaftlich reizvolle und manchmal holprige Straße zu erreichen; öffentliche Verkehrsmittel gibt's hier allerdings nicht. Der etwas holprige Weg endet an einer kleinen **Touristeninformation** (⌚Juni–Okt. 10–14 & 16–18.30 Uhr). Zum See sind es weitere 2 km, entweder zu Fuß oder mit einem Shuttlebus (hin & zurück 1,50 €, Abfahrt Juni–Okt. 10–14 & 16–18.30 Uhr, alle 30 Min.), der 300 m vom Ufer entfernt hält. Vom See führt ein steiler Pfad hoch zur **Laguna de Urbión** in La Rioja bzw. zum Gipfel des **Pico de Urbión** oberhalb des Dorfes Duruelo de la Sierra sowie zu einer Reihe weiterer winziger Gletscherseen.

An- & Weiterreise

Hierher fahren keine öffentlichen Verkehrsmittel, man braucht daher ein eigenes Fahrzeug.

Yanguas

104 EW.

Das winzige Dorf Yanguas liegt dort, wo das hügelige Kastilien-León an La Rioja grenzt und zählt zu den schönsten Dörfern in Sorias Tierras Altas (Hochland). Yanguas ist an allen Seiten von Schluchten und Bergen umgeben und bezaubert mit Steinhäusern und Kopfsteinpflastergassen. Man erreicht es durch einen mittelalterlichen Steinbogen.

Schlafen

Los Cerezos de Yanguas PENSION €

(☎975 39 15 36; www.loscerezosdeyanguas.com; Paseo San Sebastián 6; EZ/DZ 48/58 €, Apt. mit 2 Schlafzimmern 130 €; P ❄ 📶) In der Nähe des Ortseingangs ist diese familienbetriebene *casa rural* (ländliches Gästehaus) in einem für Yanguas typischen Steinhaus untergebracht. Die Zimmer mit Bettkopfteilen aus Holz und mit Fliesen- oder Parkettböden sind altmodisch eingerichtet, aber recht gemütlich. Auch die Hausmacherkost spricht dafür, sich hier einzuquartieren.

El Rimero de la Quintina PENSION €

(☎625 48 58 74; www.elrimerodelaquintina.net; Calle de la Iglesia 4; DZ/3BZ. 55/75 €; ❄ 📶) Am oberen Ende des Dorfes in einer Seitenstraße der Plaza de la Constitución bietet diese schöne *casa rural* attraktive Zimmer mit Holzbalken, gefliesten Böden und Pastellfarbtönen. Ein Plus ist auch der schöne Garten hinter dem Haus.

An- & Weiterreise

Nach Yanguas fahren keine öffentlichen Verkehrsmittel. Das Dorf liegt 47 km nordwestlich von Soria an der SO615.

Südlich von Soria

Medinaceli

741 EW. / 1210 M

Medinaceli ist eines der schönsten *pueblos* (Dörfer) in Kastilien-León und erstreckt sich auf einem hohen, windgepeitschten Kamm in der Nähe der Autobahn A2. Seine Mischung aus römischen Ruinen, kopfsteingepflasterten Gassen und wunderschönen Unterkünften machen es zu einem hervorragenden Ausgangspunkt für Streifzüge durch diese traumhafte Gegend von Kastilien-León.

Unterhalb der Altstadt, ein weites Stück den Hügel hinab, liegt das moderne Medinaceli an einer rutschigen Straße nördlich der Autobahn A2. Es ist die heutige Variante eines Kuhdorfes.

Sehenswertes

Durch ruhige Gassen mit Kopfsteinpflaster zu wandern macht Medinaceli's Charme ebenso aus wie die schönen Steinhäuser, die einen an die Adelsfamilien denken lassen, die hier lebten, nachdem die Stadt im Jahr 1124 an die Reconquista gefallen war. Rings um das Dorf gibt's auch vereinzelte römische Ruinen.

Plaza Mayor PLATZ

Die teilweise von Säulenarkaden umgebene Plaza Mayor ist das hübsche Herzstück des Dorfes. Das älteste Gebäude des Dorfes und das einzige auf dem Platz mit zweistöckiger Kolonnade ist die **Alhóndiga** aus dem 16. Jh.

Arco Romano RUINEN

Über dem Ortseingang wacht Medinacelis römischer Triumphbogen Arco Romano aus dem 1. Jh. vor Chr. Er ist bei der Anfahrt schon von Weitem zu sehen, zählt zu den besterhaltenen Spaniens und ist auch der einzige im ganzen Land, der drei erhaltene Bögen aufweist.

Puerta Árabe TOR

Das Tor auf der Westseite des Dorfes wurde zwar im Laufe der Jahrhunderte baulich verändert, diente jedoch anfänglich als eines von vier Zugangstoren zu der römischen Siedlung und spielte auch während der Besatzung durch die Mauren eine wichtige Rolle. Es steht an einer bezaubernden Stelle, denn hier treffen die engen Gassen von Medinaceli zusammen und es bietet sich ein weiter Blick auf die kastilische Hügellandschaft.

Palacio Ducal PALAST
(Palacio del Duque de Medinaceli; ☎ 975 32 64 98; Plaza Mayor; 2 €; ⏲ Do–Mo 10–14 & 16–19 Uhr) Dieser größtenteils aus dem 17. Jh. stammende Palast blickt auf die Plaza Mayor. In den rund um den zweistöckigen Hof aus der Renaissancezeit verteilten Räumen gibt's regelmäßig hochwertige Ausstellungen moderner Kunst zu sehen. In einem der Räume wird ein **römisches Mosaik** aus dem 2. Jh. gezeigt und es gibt Infotafeln zu Mosaiken, die in der Umgebung von Medinaceli gefunden wurden. Die Fassade des Gebäudes stammt von Juan Gómez de Mora, der auch die Plaza de Mayor in Madrid entworfen hat.

Colegiata de Santa María KIRCHE
(Plaza de la Iglesia; by donation; ⏲ Juli & Aug. Di–So 11–14 & 16–18 Uhr, Sept.–Nov. & Ostern–Juni Sa & So 11–14 & 16–18 Uhr. Dez.–Ostern geschlossen.) Diese mäßig interessante gotische Kirche wurde 1561 an der Stelle einer früheren Synagoge oder Moschee erbaut. Den spätgotischen Turm des 17. Jhs. sieht man von überall in der Stadt, während die Höhepunkte im Innenraum der aus dem 18. Jh. stammende Cristo de Medinaceli (Christus von Medinaceli) und die romanische Krypta sind. Die Öffnungszeiten sind unzuverlässig.

Feste & Events

Festival Ópera Medinaceli MUSIK
(☎ 913 08 46 35; ⏲ Juli–Aug.) Am letzten Juliwochenende und in den ersten beiden Augustwochen wird Medinacelis Palacio Ducal (S. 222) zur Kulisse für hochkarätige Opernaufführungen.

Festival Internacional de Música MUSIK
(http://festivalmusicamedinaceli.blogspot.com.es) An Samstagen und/oder Sonntagen im Juli finden in der Colegiata de Santa María (Plaza de la Iglesia; auf Spendenbasis; ⏲ Juli & Aug. Di–So 11–14 & 16–20, So 11–14 & 16–18 Uhr, Sept.–Nov. & Ostern–Juni Sa & So 11–14 & 16–18 Uhr, Dez.–Ostern geschl.) größtenteils klassische Konzerte mit internationalen musikalischen Gästen statt.

Schlafen

★ **Medina Salim** BOUTIQUE-HOTEL €€
(☎ 975 32 69 74; www.hotelmedinasalim.com; Calle Barranco 15; EZ/DZ inkl. Frühstück ab 60/80 €; P ❄ 📶) Das einladende Boutique-Hotel verfügt über große, luftige Zimmer mit Kühlschränken und Terrassen, die entweder auf das schöne Tal oder das mittelalterliche Kopfsteinpflaster blicken. Die Einrichtung mit hellen Holzmöbeln ist modern und leicht, und die Bäder sind hervorragend. Zu den Extras zählen ein kleines Spa und ein hübscher Frühstücksraum mit Blick auf einen Teil der alten römischen Mauer. Hier wird das beste Frühstück von Medinaceli serviert.

Hostal Rural Bavieca BOUTIQUE-HOTEL €€
(☎ 975 32 61 06; www.bavieca.net; Calle del Campo de San Nicolás 6; EZ/DZ ab 40/58 €; P ❄ 📶) Die kräfigen Farben und die Gestaltung der Räume mögen nicht jedermanns Geschmack sein, aber es handelt sich eindeutig um ein Boutique-Hotel, bei dem die angebotenen hochwertigen Zimmer und das Ambiente zusammenpassen. Ein gutes **Restaurant** (Hauptgerichte 12 bis 25 €) gibt's hier auch.

La Ceramica HOTEL €€
(☎ 975 32 63 81; Calle de Santa Isabel 2; EZ/DZ/3BZ inkl. Frühstück 45/65/89 €, DZ inkl. Frühstück & Abendessen 88 €; ⏲ Febr.–Mitte Dez.; 📶) Mitten in der Altstadt gelegen. Die Zimmer sind gemütlich und haben ordentlich rustikalen Charme; Nr. 22 im Dachgeschoss ist hinreißend und im Apartment CR2 mit vier Betten fühlt man sich wie zu Hause. Manchmal beträgt der Mindestaufenthalt zwei Nächte.

ABSTECHER

SANTA MARÍA DE LA HUERTA

Das wunderbare **Zisterzienserkloster** (☎ 975 327 002; www.monasteriohuerta.org; 3 €; ⏲ Mo–Sa 10–13 & 16–18, So 10–11.15 & 16–18 Uhr) wurde 1162 gegründet, 1835 enteignet und 1930 dem Orden zurückgegeben. Heute leben hier 20 Zisterziensermönche. Bevor man das Gebäude betritt, lohnt sich ein Blick auf die beeindruckende Fassade der Kirche mit der großartigen Fensterrose. Im Klosterinneren ist der **Claustro de los Caballeros** der schönere der beiden Kreuzgänge. Abseits des Kreuzgangs liegt der *refectorio* (Speisesaal) aus dem 13. Jh. Auffällig ist das Fehlen von Säulen, die das Gewölbe tragen.

Essen

In Medinaceli gibt's drei gute Restaurants. Ab Oktober kann man sich auf die abendlichen Öffnungszeiten nicht mehr verlassen – wir waren an einem Dienstag im Oktober hier und kein einziges Restaurant in der Altstadt hatte abends geöffnet. Wir mussten deshalb runter in die Neustadt fahren.

Asador de la Villa El Granero KASTILISCH €€
(☎ 975 32 61 89; www.asadorelgranero.es; Calle de Yedra 10; Hauptgerichte 13–21 €; ⏲ Mai–Sept. 13.30–16 & 21–23 Uhr, Okt.–April variierende Öffnungszeiten) Das gut ausgeschilderte Restaurant mit einem Verkauf lokaler Produkte gilt als das beste im Ort. Die *setas de campo* (Waldpilze) sind eine hiesige Spezialität, ansonsten dominieren nicht überraschend gegrillte und gebratene Fleischgerichte die Speisekarte dieser Bastion der herzhaften kastilischen Küche. Am Wochenende sollte man reservieren und nicht erwarten, dass im Winter während der Woche abends geöffnet ist.

La Bavieca SPANISCH €€
(☎ 975 32 61 06; www.bavieca.net; Calle del Campo de San Nicolás 6; Hauptgerichte 12–22 €, Menüs ab 17 €; ⏲ Mai-Sept. Di–Do 13–16 & 21–23 Uhr, Okt.–April variierende Öffnungszeiten) Als eine der kreativeren Küchen in Medinaceli serviert La Bavieca traditionelle Spezialitäten wie Lammkoteletts, aber auch einen großartigen Hamburger vom Schweinefilet. Und warum nicht mal die Wachteleier mit Trüffeln und Wildpilzen in einer Entensoße mit Brandy als Vorspeise probieren? Der Service ist aufmerksam und der Speiseraum elegant. Es gibt auch eine gute Weinkarte.

La Ceramica SPANISCH €€
(☎ 975 32 63 81; Calle de Santa Isabel 2; Hauptgerichte 9–19 €, Menü 16–25 €; ⏲ 13–15.30 & 21–23 Uhr, Mitte Dez.–Jan. geschl.) Bei einem Abendessen im La Ceramica geht's intim, aber locker zu. Serviert werden hervorragende lokale Spezialitäten, darunter *migas del pastor* (Brotkrumen nach Schäfer Art) und *ensalada de codorniz* (Wachtelsalat), aber auch die üblichen Fleischgerichte.

Praktische Informationen

Touristeninformation (☎ 975 32 63 47; www.medinaceli.es; Calle del Campo de San Nicolás; ⏲ Mi–So 10–14 & 16–19 Uhr) Am Ortseingang, ganz in der Nähe des Triumphbogens.

An- & Weiterreise

ALSA Vom *ayuntamiento* im modernen Ortsteil fahren täglich bis zu vier Busse von ALSA (www.alsa.es; Plaza del Ayuntamiento) von/nach Soria (5,50 €, 45 Min.) oder 3-mal täglich von/nach Madrid (10,70 €, 1¾ Std.). Zwischen dem alten und dem modernen Ort fahren keine Busse und der Weg ist lang und steil.

Toledo & Kastilien-La Mancha

Inhalt ➡

Gut essen

- Raff San Pedro (S. 254)
- Cenador de las Monjas (S. 256)
- Alfileritos 24 (S. 236)
- Calle Mayor (S. 257)
- El Bodegón (S. 253)

Schön schlafen

- Casa Rural Tia Pilar (S. 244)
- Antiguo Palacio de Atienza (S. 259)
- Posada de San José (S. 253)
- Casa de Cisneros (S. 234)
- Hotel Albamanjón (S. 248)

Auf nach Toledo & Kastilien-La Mancha!

Kastilien-La Mancha ist eine von Spaniens am dünnsten besiedelten Regionen. Die Landschaft auf dem windumtosten fruchtbaren Plateau besteht aus welligen Ebenen mit hennafarbenem Boden, auf dem sich fein säuberlich aufgereiht Olivenhaine und Weinreben bis zum Horizont erstrecken. Dies ist das Land, in dem Cervantes die fiktiven Reisen des Don Quichotte ansiedelte, quichottische Erinnerungen gibt's überall: von abgeschiedenen Windmühlen hin zu jeder Menge (meist verfallener) Burgen.

Die bekannteste Stadt der Region ist Toledo, Spaniens geistige Hauptstadt, während Cuenca scheinbar von seinem Adlerhorst hoch über einer Schlucht herabzustürzen droht.

Dies ist auch der Ort, an dem Safran angebaut wird, und es ist die Hauptstadt von Spaniens Manchego-Käse. Dieser passt ideal zu den lokalen Weinen – in La Mancha werden mehr Rebsorten angebaut als in jeder anderen Region weltweit.

Reisezeit

Toledo

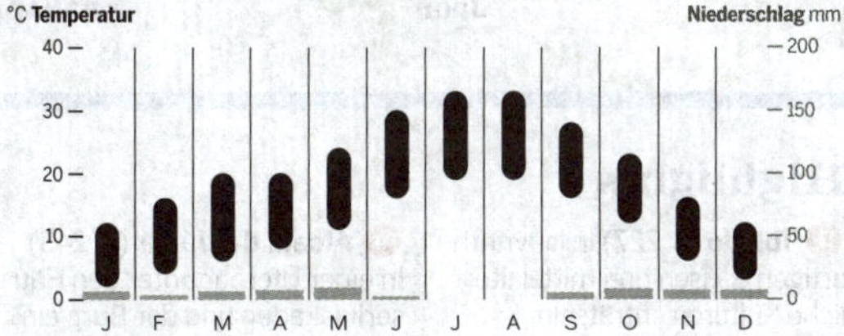

März & April Gänsehautstimmung bei der Semana-Santa-Parade in Cuenca.

April & Mai Bunte Wildblumen bilden einen herrlichen Kontrast zur grünen Landschaft.

Sept. & Okt. Eine tolle Zeit für Wandertouren durch Naturparks und Dörfer.

Highlights

1 **Toledo** (S. 227) In labyrinthartigen Gassen drei mittelalterliche Kulturen enträtseln.

2 **Atienza** (S. 258) Auf einem südlichen Pfad des Camino de Santiago zur mittelalterlichen Stadt Atienza wandern.

3 **Consuegra** (S. 239) In Consuegra das ultimative Windmühlenfoto schießen.

4 **Alcalá del Júcar** (S. 245) In einer Uferbar unter den Häuserkaskaden und der Burg ein erfrischendes Bier genießen.

5 **Cuenca** (S. 249) Die hängenden Häuser und den weitläufigen mittelalterlichen Kern Cuencas besuchen.

6 **Almagro** (S. 241) Zauberhafte Stadt mit wunderschöner Plaza und historischem Theater.

7 **Oropesa** (S. 238) Sich wie ein König fühlen in einem *parador*.

8 **Sigüenza** (S. 256) Das atmosphärische mittelalterliche Zentrum des oft unterschätzten Sigüenza entdecken.

TOLEDO

85 593 EW. / 655 M

Toledo ist wahrhaftig eine der schönsten Städte Spaniens. Im Mittelalter war Toledo, dramatisch oben über der Schlucht mit Blick auf den Río Tajo gelegen, als „Stadt der drei Kulturen" bekannt: Der Legende nach lebten hier Christen, Moslems und Juden in Frieden miteinander. Es überrascht nicht, dass eine der Hauptattraktionen des modernen Toledo das Wiederentdecken der Spuren dieser einmaligen kulturellen Synthese ist. Moscheen mit Hufeisenbögen, sephardische Synagogen und eine der schönsten gotischen Kathedralen Spaniens drängen sich alle im engen historischen Zentrum zusammen. Doch die Wurzeln der Stadt reichen noch tiefer, bis hin zu den Westgoten und Römern. Toledos andere Stärke ist die Kunst, vor allem die eindringlichen Gemälde von El Greco, dem einflussreichen Maler, der in keine Kategorie passt und der quasi synonym mit Toledo ist. Obwohl die Stadt zu Recht bei Tagesausflüglern sehr beliebt ist, sollte man doch übernachten, um sie in all ihrer eindringlichen Pracht würdigen zu können.

Sehenswertes

★Catedral de Toledo KATHEDRALE

(www.catedralprimada.es; Plaza del Ayuntamiento; Erw./Kind 12,50 €/frei, inkl. Museo de Textiles y Orfebrería; ⌚ Mo–Sa 10–18, So 14–18 Uhr) Toledos berühmte Hauptkirche ist eine der zehn schönsten Kathedralen Spaniens. Im gigantischen Innenraum dieses beeindruckenden Beispiels gotischer Architektur des Mittelalters finden sich alle klassischen Charakteristika des Baustils: Rosettenfenster, Strebepfeiler, Rippengewölbe und Spitzbögen. Die Sakristei ist eine Kunstgalerie der alten Meister mit Werken von Velázquez, Goya und natürlich El Greco.

Bereits in den ersten Tagen der westgotischen Besiedlung befand sich an dieser Stelle ein Sakralbau. Während der muslimischen Herrschaft erhob sich hier Toledos zentrale Moschee, die 1085 zu einer Kirche konvertiert und 140 Jahre später zerstört wurde. Die heutige Kathedrale entstand ab den 1220er Jahren und wurde von Grund auf neu erbaut mit einem ganzen Schmelztiegel an Stilen, etwa aus dem Mudejarstil und der Renaissance. Aus der Zeit der Westgoten blieb der bis heute praktizierte einzigartige mozarabische Ritus erhalten. Diese Liturgie des 6. Jhs. durfte weiterbestehen, nachdem Kardinal Francisco Jiménez de Cisneros ihre Berechtigung auf die Probe gestellt hatte, indem er in einem Glaubensfeuer Messbücher verbrennen ließ; sie überstanden es mehr oder weniger unversehrt. Der Ritus wird montags bis samstags um 9 Uhr und sonntags um 9.45 Uhr in der Capilla Mozarabe vollzogen.

Meisterstück des Hauptaltars in der extravaganten **Capilla Mayor** ist der *retablo* (Altaraufsatz) mit bemalten Holzskulpturen, die Szenen aus dem Leben Jesu und der Jungfrau Maria darstellen; er wird flankiert von Königsgräbern. Die älteste der großartigen Glasmalereien in der Kathedrale ist die Fensterrose oberhalb der Puerta del Reloj. Hinter dem Hauptaltar befindet sich das **Transparente**, ein hypnotisierendes Werk aus dem 18. Jh. im Stil des Churrigueresco (aufwendiger Barockstil), das von einem kunstvoll in die Kuppel darüber gemeißelten Oberlicht beleuchtet wird.

In der Mitte des Langschiffs prägen Skulpturen und ein reich verziertes Gestühl den *coro* (Chor). Der untere Teil aus dem 15. Jh. zeigt mehrere Phasen von Granadas Eroberung.

Der *tesoro* imponiert mit glitzernder Pracht. Sein bedeutendstes Kunstwerk, die **Custodia de Arfe**, besteht aus 18 kg reinem Gold und 183 kg Silber. 260 Statuetten schmücken die Monstranz aus dem 16. Jh. Ihren großen Tag hat sie an Fronleichnam, wenn sie bei der Prozession durch die Straßen der Stadt getragen wird.

Bemerkenswert sind auch der einfache Kreuzgang mit der **Capilla de San Blas** und ihren gotischen Gräbern und imposanten Fresken, die vergoldete **Capilla de Reyes Nuevos** sowie die *sala capitular* (der Kapitelsaal) mit dem über 500 Jahre alten *artesonado* (eine Mudejarkassettendecke aus Holz) und den Porträts aller Erzbischöfe von Toledo.

Das Highlight bildet die *sacristía* (Sakristei), in der sich eine Galerie mit Gemälden von Meistern wie El Greco, Zurbarán, Caravaggio, Tizian, Raphael, Velázquez und anderen befindet. Die dicht gehängten, spärlich beleuchteten Gemälde kommen nicht optimal zur Geltung, geben aber auf kleinstem Raum eine erstaunliche Sammlung ab. In einer Nebenkammer sollte man sich die spektakuläre maurische Standarte ansehen, die 1340 in der Schlacht von Salado erobert wurde.

Für 3 € extra hat man Zutritt zum Obergeschoss des Kreuzgangs und zum Glocken-

Toledo

turm, der einen herrlichen Blick über Toledos historisches Zentrum bietet.

★ Alcázar

FESTUNG, MUSEUM

(Museo del Ejército; ☎ 925 22 30 38; Calle Alféreces Provisionales; Erw./Kind 5 €/frei, So frei; ⏲ Do–Di 10–17 Uhr) An der höchsten Stelle der Stadt erhebt sich der imposante Alcázar. Franco ließ ihn wiederaufbauen, und vor Kurzem eröffnete darin ein riesiges Militärmuseum. Zu sehen gibt's die üblichen Uniformen und Medaillen, doch das Beste ist die umfassen-

de historische Abteilung. Auf Spanisch und Englisch vermittelt sie einen detaillierten Überblick über Spaniens Geschichte. Die Ausstellung ist riesig, doch wie bei einem erfolgreichen Marathon lohnt sich die körperliche (und geistige) Anstrengung.

Abd ar-Rahman III. errichtete hier im 10. Jh. eine *al-qasr* (Festung), die später von Christen umgebaut wurde. Die Architekten Alonso Covarrubias und Juan de Herrera verwandelten sie für Karl I. in eine königliche Residenz, aber dann zog der Hof nach

Toledo

Highlights
1 Alcázar ... G4
2 Catedral de Toledo ... E5
3 Sinagoga del Tránsito ... B6

Sehenswertes
4 Convento de Santo Domingo El Antiguo ... B3
5 Iglesia de Santo Tomé ... B5
6 Iglesia San Ildefonso ... D4
7 Monasterio San Juan de los Reyes ... A4
8 Museo de los Concilios y la Cultura Visigoda ... C4
9 Museo de Santa Cruz ... G3
10 Museo de Textiles y Orfebrería ... F6
11 Museo del Greco ... B6
Museo Sefardí ... (siehe 3)
12 Plaza de Zocodover ... F3

Aktivitäten, Kurse & Touren
13 Medina Mudéjar ... B4
14 Rutas de Toledo ... F5

Schlafen
15 Casa de Cisneros ... E5
16 Casa de los Mozárabes ... E3
17 Hacienda del Cardenal ... C2
18 Hostal Santo Tomé ... C5
19 Hotel Abad ... E2
20 Hotel Santa Isabel ... D6
21 La Posada de Manolo ... F5
22 Oasis Backpackers Hostel ... E3

Essen
23 Adolfo ... E4
24 Alfileritos 24 ... E3
25 Asador Palencia de Lara ... D4
26 Bar Ludeña ... F4
27 Casa Aurelio ... E6
28 Casa Aurelio ... E4
Hostal del Cardenal ... (siehe 17)
29 Kumera ... D4
30 La Abadía ... E3
31 Madre Tierra ... F6
32 Palacios ... D4
33 Taberna El Botero ... D6

Ausgehen & Nachtleben
34 Libro Taberna El Internacional ... D6

Shoppen
35 Casa Cuartero ... E5
36 Santo Tomé ... F3
37 Simón ... D4

Madrid und das Gebäude wurde letztendlich in eine Militärakademie umgewandelt. Zu Beginn des Spanischen Bürgerkriegs 1936 wurde der Alcázar bei der Belagerung durch republikanische Milizen stark beschädigt. Der erbitterte Widerstand der Soldaten und die berühmte Weigerung des Kommandeurs Moscardó, der selbst im Tausch gegen das Leben seines Sohnes nicht aufgeben wollte, machten die Festung zum mächtigen nationalistischen Symbol.

Das Makaberste ist die Nachbildung von Moscardós Büro mit Einschusslöchern. Weitere Highlights sind der monumentale zentrale Innenhof mit Habsburger Wappen und archäologische Überreste aus maurischer Zeit in der Nähe des Eingangs.

★ Sinagoga del Tránsito — SYNAGOGE, MUSEUM

(☎ 925 22 36 65; http://museosefardi.mcu.es; Calle Samuel Leví; Erw./Kind 3/1,50 €, Sa nach 14 Uhr & So ganztags frei; ⊙ März–Okt. Di–Sa 9.30–19.30 Uhr; Nov.-Feb. Di–Sa bis 16 Uhr, So ganzjährig 10–15 Uhr) 1355 wurde die prachtvolle Synagoge mit Sondergenehmigung von Peter I. errichtet. Heute befindet sich hier das Museo Sefardí (S. 230). Die riesige Hauptgebetshalle wurde fachkundig restauriert und fesselt mit Mudejarornamenten sowie kunstvoll geschnitzter Holzdecke. In der Ausstellung vermitteln archäologische Funde, ein Gedenkgarten, Kleidungsstücke und zeremonielle Gegenstände Einblicke in die Geschichte jüdischen Lebens in Spanien.

Toledos frühere *judería* (Judenviertel) beherbergte einst zehn Synagogen und nahm etwa 10 % des Gebiets innerhalb der Stadtmauer ein. Nach der Vertreibung der Juden aus Spanien 1492 wurde die Synagoge als Priorat, Klause und Kaserne genutzt.

Museo Sefardí — MUSEUM

(☎ 925 22 36 65; http://museosefardi.mcu.es; Sinagoga del Tránsito, Calle Samuel Leví; ⊙ Mo–Sa 9.30–18, So 10–15 Uhr) In der prachtvollen Sinagoga del Tránsito (S. 230) untergebracht, bietet dieses Museum einen selten und wichtigen Einblick in die sephardische Kultur in Spanien. Der Eintrittspreis ist beim Besuch der Synogage eingeschlossen.

Museo de Santa Cruz — MUSEUM

(Calle de Cervantes 3; Erw./Kind 5 €/frei; ⊙ Mo–Sa 9.45–18.15, So 10–14.30 Uhr) Man kann sich kaum noch vorstellen, dass dieses Gebäude aus dem 16. Jh. mal ein Krankenhaus war. Wenn doch nur moderne Krankenhäuser auch so reich geschmückte platereske Säulenhallen hätten wie jene, die einen in diesem wunderschönen Kunst- und Keramikmuseum willkommen heißen! Das Meisterstück ist allerdings die große kreuzförmig angelegte Galerie im Erdgeschoss. Die verschiedenen Kunst- und Skulpturenausstellungen haben interessante Beschriftungen, die jedes Werk in den historischen Kontext setzen.

Museo del Greco
MUSEUM, GALERIE

(☎ 925 22 44 05; www.mecd.gob.es/mgreco; Paseo del Tránsito; Erw./Kind 3/1,50 €, Sa ab 14 Uhr & So ganztags frei; ⊙ März–Okt. Di–Sa 9.30–19.30 Uhr, Nov.–Feb. bis 18 Uhr, So 10–15 Uhr) Im frühen 20. Jh. erwarb ein Aristokrat das Haus in dem Glauben, es habe El Greco gehört, und restaurierte es lobenswert im Stil der Epoche. Zwar irrte er, denn El Greco hat dort nie gewohnt, das Museum lohnt dennoch unbedingt einen Besuch. Neben dem Haus selbst gibt's hier faszinierende ausgegrabene Keller eines Palastes aus dem Judenviertel sowie eine erkleckliche Zahl Gemälde, darunter eine Serie der Apostel von El Greco, ein Zurbarán sowie Werke von El Grecos Sohn und verschiedenen Schülern. Besucher erhalten gute Infos zu Leben und Zeit des Malers.

Museo de Textiles y Orfebrería
MUSEUM

(Wandteppich- und Textilmuseum; ☎ 925 22 22 41; Plaza del Colegio de Infantes 11; Eintritt 2 €, im Eintritt zur Kathedrale inkl.; ⊙ 10–18 Uhr) 2014 eröffnet, gibt's in diesem aus dem 17. Jh. stammenden Kolleg für Chorknaben einige herausragende Bildteppiche zu sehen, die bis in das 15. Jh. zurückreichen. Die meisten behandeln religiöse Themen, wobei der größte über 10 m lang ist. Jedes Jahr an Fronleichnam werden die Wandteppiche zum Auslüften außerhalb der Kathedrale aufgehängt (trotz der offensichtlich schädlichen Einflüsse der Elemente). Im Untergeschoss des Museums gibt's eine interessante Ausstellung zum Kolleg, zusammen mit audiovisuellem Material sowie bewegender, auf Band aufgenommener Chormusik.

Mirador del Valle
AUSSICHTSPUNKT

(Carretera Circunvalación) Wer das ultimative Foto von Toledo machen will, überquert den Río Tajo und begibt sich auf der anderen Seite zu diesem strategischen Aussichtspunkt hinauf. Man kann entweder von Puente Nuevo de Alcántara die Straße hochgehen oder von der Plaza de Zocodover in die Trainvision (S. 238) steigen, die hier auf ihrer malerischen 30-minütigen Rundfahrt hält. Die Aussicht ähnelt sehr dem berühmten Landschaftsbild von El Greco, *Vista de Toledo* (1596–1600).

Museo de los Concilios y la Cultura Visigoda
MUSEUM

(☎ 925 22 78 72; Calle de San Román; Erw./Kind 1 €/frei; ⊙ Di–Sa 10–14.30 & 16–18.30, So 10–14.30 & 16–18.30 Uhr) Wegen ihres diffusen mittelalterlichen Erbes manchmal etwas herablassend als die „Invisigoths" bezeichnet, nehmen die Westgoten zwischen den Römern und Mauren ein wenig bekanntes Kapitel der spanischen Geschichte ein. Informationen über sie zu erhalten ist oft schwierig, bis man nach Toledo kommt, ihre faktische Hauptstadt im 6. und 7. Jh. n. Chr. Die Geschichte dieser Zeit kann teilweise in diesem schlichten, aber wichtigen Museum, das in der schattigen, aus dem 13. Jh. stammenden Kirche San Román untergebracht ist, nachgelebt werden.

Iglesia del Salvador
KIRCHE

(☎ 925 25 60 98; Plaza del Salvador; Eintritt 2,80 €; ⊙ Sa–Do 10–18.45, Fr. 10–14.45 & 16–18.45 Uhr) In dieser wenig besuchten, aber höchst interessanten Kirche werden viele historische Ebenen auf eine für Toledo typische Weise sichtbar. Ursprünglich eine westgotische Kirche, wurde sie 1150 in eine Moschee umgewandelt. Eines der faszinierendsten Objekte hier ist eine reich verzierte westgotische Säule, die von späteren Bauherren geplündert und als Dachstütze genutzt wurde.

DIE BESTEN AUSSICHTEN AUF TOLEDO

Um in den Genuss herrlicher Aussichten auf die Stadt zu kommen, sollte man sich über die Puente de Alcántara auf die andere Seite des Río Tajo begeben und der rechter Hand ansteigenden Straße folgen (Bürgersteig!), wo die Aussicht mit jedem Schritt schöner wird. Wer übernachten möchte, findet an dieser Straße das **Parador de Toledo**, das unübertreffliche Aussichten bietet, ebenso wie das Restaurant La Ermita (S. 237), das eine kurze hochkarätigen Speisekarte mit raffinierter spanischer Küche offeriert.

Im Stadtzentrum kann man auch die Türme an der **Iglesia San Ildefonso** (Iglesia de los Jesuitas; ☎ 925 25 15 07; Plaza Juan de Mariana 1; Erw./Kind 2,80 €/frei; ⊙ April–Sept. 10–18.45 Uhr, Okt.–März bis 17.45 Uhr) besteigen, von wo man aus nächster Nähe auf die Kathedrale und den Alcázar blickt.

Iglesia de Santo Tomé KIRCHE
(www.santotome.org; Plaza del Conde; Erw./Kind 2,50 €/frei; ⊙ Mitte März–Mitte Okt. 10–18.45 Uhr, Mitte Okt.–Mitte März 10–17.45 Uhr) In der Iglesia de Santo Tomé hängt El Grecos Meisterwerk *El entierro del Conde de Orgaz* (Das Begräbnis des Grafen Orgaz), der Zugang erfolgt über einen separaten Eingang an der Plaza del Conde. Als der Graf 1322 beerdigt wurde, sollen die Heiligen Augustinus von Hippo und Stephanus vom Himmel herabgestiegen sein, um der Bestattung beizuwohnen. In El Grecos Version zählen außerdem er selbst, sein Sohn und Cervantes zu den Trauergästen.

Aktivitäten

★ Senda Ecológica WANDERN
Dieser erstaunlich abwechslungsreiche Wanderweg entlang des Río Tajo führt durch eine Schlucht mit steilen Felswänden, in der man sich fühlt, als hätte man die Stadt weit hinter sich gelassen – dabei tobt das urbane Leben nur wenige Meter über einem. Der Weg erstreckt sich zwischen den Brücken Azarquiel und San Martín, außerdem gibt's relativ wilde Strecken, auf denen Holzstege auf dem Fels befestigt wurden.

Fly Toledo ABENTEUERSPORT
(☎ 693 464845; www.flytoledo.com; Puente de San Martin 2; 1 Sprung 10 €; ⊙ 10.30–18.30 Uhr) Wem die Beine vom Laufen durch die Museen schmerzen, findet hier Erleichterung: Bei diesem Hochseilakt sausen Todesmutige mit der längsten *tirolina* (Zipline) in einer europäischen Stadt über die Schlucht des Río Tajo. Die Fahrt startet und endet in der Nähe der Brücke San Martín im Westen der Stadt.

Medina Mudéjar HAMAM
(☎ 925 22 93 14; www.medinamudejar.com; Calle Santa Eulalia 1; 27 €, inkl. Massage 45 €; ⊙ Mo–Fr 10–22, Sa bis 23, So bis 20 Uhr) In diesem entspannenden Hamam mit seinen warmen ockerfarbenen Wänden, Bogen, freigelegten Steinen und gewölbten Ziegelsteindecken kann man sich verwöhnen und es sich so richtig gut gehen lassen. Die heißen, warmen und kalten Bäder, Dampfbäder und Angebote verschiedener Massagen machen diesen Ort ideal für eine Pause von den Besichtigungen. Mit einem marokkanischen Tee lässt man das Ganze ausklingen.

Geführte Touren

Verschiedene Unternehmen bieten geführte (und zumeist themenbezogene) Stadtspaziergänge an. Zu den Themen gehören „Drei Kulturen" (muslimisch, christlich und jüdisch) sowie „El Greco". Es gibt auch Abendführungen, die lokale Legenden zum Thema haben.

Rutas de Toledo STADTSPAZIERGÄNGE
(☎ 630 709338; www.rutasdetoledo.es; Calle de Sixto Ramón Parro 9; pro Pers. 6–20 €; ⊙ 10.30–14 & 17.30–20 Uhr) Eine gute Mischung aus Standard- (El Greco, die sephardisch-jüdische Kultur) und kreativeren Abendführungen, zu denen auch eher theatralische mit Schauspielern in traditionellen Kostümen gehören.

Feste & Events

Corpus Christi RELIGION
Fronleichnam fällt immer auf den Donnerstag 60 Tage nach Ostersonntag. Die Feiern in Toledo gehören zweifellos zu den schönsten in ganz Spanien. Mehrere Tage voller Festlichkeiten gipfeln in der Prozession, bei der auch die Custodia de Arfe zum Einsatz kommt.

Schlafen

Oasis Backpackers Hostel HOSTEL €
(☎ 925 22 76 50; www.hostelsoasis.com; Calle de las Cadenas 5; B 18 €, DZ 34-44 €; @ 📶) Eines von vier Oasis-Hostels in Spanien; in diesem relativ neuen Hostel werden die typischen Markenzeichen der Kette geboten: entspannter, aber erfrischend gut organisierter Service und eine lebendige Atmosphäre, die nie laut oder nervig ist. Wer nicht im Schlafsaal übernachten will, kann auch ein Privatzimmer buchen, außerdem gibt's jede Menge kostenlose Infos zu allen Attraktionen der Stadt.

Hotel Santa Isabel HOTEL €
(☎ 925 25 31 20; www.hotelsantaisabeltoledo.es; Calle de Santa Isabel 24; EZ/DZ 40/50 €; 📶) Für einen Aufenhalt in Toledo empfiehlt sich das Santa Isabel nicht nur, weil es sicher und billig ist, sondern es ist außerdem auch sauber, zentral gelegen und freundlich. In einem alten, edlen Haus umgeben die einfachen Zimmer zwei Höfe. Von einigen Zimmern hat man einen Blick auf die Kathedrale, zusätzlich zur zauberhaften, über eine Wendeltreppe zu erreichenden Dachterrasse. Die vorhandene Cafeteria bietet gegen einen geringen Aufpreis ein einfaches Frühstück an.

Stadtspaziergang
Streifzug durch die Geschichte

START PLAZA DE ZOCODOVER
ZIEL MONASTERIO SAN JUAN DE LOS REYES
LÄNGE/DAUER 2 KM, 1½–2½ STD.

Der Spaziergang startet an der zentralen 1 **Plaza de Zocodover** (S. 235), jahrhundertelang Marktplatz der Stadt, Arena für Stierkämpfe und Standort der Scheiterhaufen während der Inquisition. An der Ostseite des Platzes unterquert man den 2 **Arco de la Sangre** und bewundert die Fassade des 3 **Museo de Santa Cruz** (S. 230). Auf dem Hügel im Süden erhebt sich Toledos Wahrzeichen, der 4 **Alcázar** (S. 228). Nun folgt man der Cuesta de Carlos V entlang der Westmauer des Alcázar und geht dann links die Calle de General Moscardó hinunter. Hier eröffnet sich ein toller 5 **Ausblick auf den Río Tajo.** Mit der gebieterischen Lage des Alcázar und dem herrlichen Ausblick war Toledo ein perfekter Standpunkt für mittelalterliche Verteidigungsbauten.

In Richtung Kathedralentürme geht's vorbei an den Überresten der Moschee 6 **Mezquita de las Tornerías** und bergab gen Westen zur 7 **Catedral** (S. 227), dem spirituellen Zentrum des katholischen Spanien. Nun steuert man das nordwestlich gelegene 8 **Centro Cultural San Marcos** in der San-Marcos-Kirche an. Unter der eindrucksvollen Kuppel mit Deckenfresken werden zeitgenössische Kunstwerke präsentiert.

Bergab erreicht man den Kern des alten jüdischen Viertels. In den Läden der 9 **Calle de San Juan de Dios** kann man Schwerter bewundern, und hinter der 10 **Sinagoga del Tránsito** (S. 230) bietet sich wieder ein herrlicher Blick von der Klippe über den Fluss. Setzt man den Rundgang durch die Calle de los Reyes Católicos fort, kommt man zum prächtigen 11 **Monasterio San Juan de los Reyes**. Spaniens katholische Könige hofften, dass diese Kirche zum Symbol des Triumphes ihrer Religion über alle anderen werden würde. Sie ist ein guter Endpunkt des Spaziergangs, man kann aber auch noch hinuntergehen zum Fußweg am Fluss, der im Halbkreis um die Altstadt führt und in der Nähe des Startpunkts endet (weitere 2 km).

Albergue San Servando HOSTEL €
(☎ 925 22 45 58; www.reaj.com; Subida del Castillo; B unter/über 30 J. 15/18 €; ❄ @ ☎ ≋) In dieser Burg aus dem 14. Jh., die von den Tempelrittern erbaut wurde, befindet sich statt eines *parador* (luxuriöses, staatliches Hotel) überraschenderweise eine ungewöhnliche Jugendherberge. Schlafsäle haben entweder zwei einzelne oder zwei Etagenbetten; eine Cafeteria sorgt für das Leibeswohl, außerdem gibt's einen Sommerpool. Wer kein HI-Mitglied ist, kann vor Ort beitreten.

★ **Hacienda del Cardenal** HISTORISCHES HOTEL €€
(☎ 925 22 49 00; haciendadelcardenal.com; Paseo de Recaredo 24; 90–135 €; ❄ ☎) Alle Wände, die maurisch inspirierten Bogen und imposanten Säulen des wunderbaren ehemaligen Kardinalssitzes aus dem 18. Jh. sind in hellen Ockertönen gestrichen. Einige Zimmer sind pompös, andere eher spartanisch ausgestattet, aber alle warten mit dunklem Mobiliar, vornehmen Stoffen sowie Parkettböden auf. Manche gehen auf die wunderschönen gestuften Gärten hinaus. Eine Tiefgarage gibt's in der Nähe (15 € pro Tag).

★ **Casa de Cisneros** BOUTIQUE-HOTEL €€
(☎ 925 22 88 28; www.hospederiacasadecisneros.com; 12 Calle del Cardenal Cisneros; EZ/DZ 40/66 €; ❄ ☎) Gegenüber der Kathedrale gelegen, wurde dieses verführerische Hotel an der Stelle eines aus dem 11. Jh. stammenden maurischen Palastes errichtet, der am besten bei einem Besuch des im Keller be-

EL GRECO IN TOLEDO

Von allen alten spanischen Meistern ist El Greco der mit dem größten Wiedererkennungswert. Man braucht keinen Abschluss in Kunstgeschichte, um den markanten Stil des Griechen bei seinen religiösen Bildern mit den hageren Figuren in grellen, lebendigen Farben zu erkennen. Sie sind in allen Museen und Kirchen Toledos zu finden und springen einen quasi an.

1541 auf Kreta als Doménikos Theotokópoulos geboren, wird sein Name immer fest mit Toledo verbunden sein, das er 1577 mit 36 Jahren als unangepasster Rebell der Kunstszene erreichte. Er hat sich nie sonderlich um Beliebtheit bemüht und hatte bereits während seiner Lehrjahre in Italien eine Kontroverse losgetreten, indem er die Arbeiten von Michelangelo kritisierte. Seine Ankunft in Spanien sollte sich als gleichermaßen heikel herausstellen. Behindert durch seine kaum verhohlene Arroganz und sein Beharren auf unkonventionellen Malmethoden (die heute geradezu revolutionär sind) scheiterte El Greco daran, sich beim Hof von König Philipp II. einzuschmeicheln. Stattdessen zog es ihn nach Toledo, wo er eine künstlerische Zuflucht fand und daran arbeitete, seinen Stil zu verbessern und einen Ruf aufzubauen.

Obwohl er während seiner Lebenszeit ein gewisses Maß an Beachtung erwarb, wurde El Greco in den Jahren nach seinem Tod größtenteils ignoriert. Tatsächlich fanden seine prophetischen Werke erst Anfang des 20. Jhs. neue Wertschätzung, als er von Künstlern wie Picasso wiederentdeckt wurde. In dessen „Blauer Periode" finden sich Echos der Melancholie einiger früher Arbeiten von El Greco.

Toledo präsentiert die großartigsten Werke von El Greco außerhalb des Prado in Madrid. In der Iglesia de Santo Tomé (S. 232) findet sich sein großes Werk *El entierro del conde de Orgaz* (Das Begräbnis des Grafen Orgaz). Es zeigt die Beerdigung des Grafen im Jahr 1322. Unter den Gästen sind sowohl El Greco wie auch Cervantes. Im nahegelegenen Museum del Greco (S. 231) befindet sich ebenfalls eine solide Sammlung von El Grecos Werken.

Eines der ältesten Klöster der Stadt, das **Convento de Santo Domingo El Antiguo** (☎ 925 22 29 30; Plaza de Santo Domingo el Antiguo; Erw./Kind 2,50 €/frei; ⏲ Mo–Sa 11–13.30 & 16–19, So 16–19 Uhr), birgt frühe Auftragsarbeiten von El Greco, weitere Gemälde und unterschriebene Verträge des Künstlers. Durch ein Loch im Boden kann man in der Krypta El Grecos Holzsarg sehen.

Weitere Bilder sind im Museo de Santa Cruz (S. 230), in der *sacristía* (Sakristei) der Kathedrale (S. 227) und im **Hospital de Tavera** (☎ 925 22 04 51; Calle Duque de Lerma 2; Hof & Kapelle/komplett 4/6 €; ⏲ Mo–Sa 10–14.30 & 15–18.30, So 10–14.30 Uhr) zu sehen.

findlichen Restaurants wahrgenommen werden kann. Im Vergleich dazu ist dieses Gebäude aus dem 16. Jh. ein Youngster, mit hübschen Zimmern, hölzernen Deckenbalken und besonders modischen Badezimmern. Von der Dachterrasse hat man eine herrliche Aussicht auf die Kathedrale und darüber hinaus. Hervorragendes Preis-Leistungs-Verhältnis.

Hostal Santo Tomé HOSTEL €€
(☎ 925 22 17 12; www.hostalsantotome.com; Calle de Santo Tomé 13; EZ/DZ 55/72 €; P ❄ 📶) Oberhalb eines Andenkenladens im stimmungsvollen Judenviertel gelegen, verfügt das preisgünstige Hostel über größere Zimmer als üblich, die mit Fussböden und Möbeln aus hellem Holz ausgestattet sind. Die dazugehörigen Badezimmer der Fünf-Sterne-Kategorie besitzen Badewannen (und auch Duschen) und Haartrockner. Parkgebühren 12 €.

Hotel Abad HOTEL €€
(☎ 925 28 35 00; www.hotelabad.com; Calle Real del Arrabal 1; Zi./Suite/Apt. ab 80/120/75 €; P ❄ 📶) Kompakt, nett und ansprechend liegt dieses preisgünstige Hotel am sanften Hang der Altstadt. In den Zimmmern wird sehr erfolgreich moderner Komfort mit freiliegendem altem Mauerwerk verbunden, einige haben kleine Balkone. Die Zimmer im hinteren Bereich sind jedoch deutlich ruhiger. In einem benachbarten Gebäude gibt's, ungewöhnlicherweise ohne Mindestaufenthaltsdauer, auch Apartments mit 2 bis 4 Schlafzimmern.

Casa de los Mozárabes APARTMENTS €€
(☎ 925 21 17 01; www.casadelosmozarabes.com; Callejón de Menores 10; Apt. 90–150 €; ❄ 📶) Die hervorragenden Apartments in historischem Haus an einer ruhigen Straße sind mit modernen Möbeln eingerichtet, die gut zu den offenen Ziegelwänden und originalen Elementen des Gebäudes passen. Im gemeinschaftlichen Loungebereich stehen ein Billardtisch und einige Gewichte.

La Posada de Manolo BOUTIQUE-HOTEL €€
(☎ 925.28 22 50; www.laposadademanolo.com; Calle de Sixto Ramón Parro 8; EZ ab 55 €, DZ 77–88 €; ❄ 📶) Jede Etage dieses Hotels spiegelt mit seiner Einrichtung und dem Dekor die drei in Toledo vorhandenen Kulturen wider: die christliche, die islamische und die jüdische. Die Zimmer variieren in Größe und Preis, abhängig davon, ob sie innen oder außen liegen, und einige haben Balkons. Von der

NICHT VERSÄUMEN

MARZIPAN

Kein Marzipanfan? Darüber sollte man nochmal nachdenken. So gut wie hier schmeckt es wahrscheinlich nirgendwo sonst. Toledo ist berühmt für dieses wunderbare Konfekt auf Mandelbasis (*mazapán* auf Spanisch), das offensichtlich jeder Laden zu verkaufen scheint. Die Marzipanmarke Santo Tomé ist hoch angesehen und hat in der Stadt einige Outlets, darunter eines an der **Plaza de Zocodover** (☎ 925 22 11 68; www.mazapan.com; Plaza de Zocodover 7; ⏲ 9–22 Uhr). Sogar die örtlichen Nonnen mischen beim Marzipanhandel mit, die meisten der Klöster verkaufen die Süßigkeiten.

Terrasse, auf der das Frühstück serivert wird, wenn das Wetter es zulässt, hat man umwerfende Aussichten auf die Altstadt und die Kathedrale.

★ **Parador Conde de Orgaz** HOTEL €€€
(☎ 925 22 18 50; www.parador.es; Cerro del Emperador; Zi. 115–215 €; P ❄ 📶 🏊) Toledos niedriger *parador* (luxuriöses, staatlich geführtes Hotel) hoch über dem Südufer des Río Tajo überzeugt mit eleganter Innenausstattung und einem wundervollen Ausblick auf den Sonnenuntergang. Er ist gut ausgeschildert: Nachdem man die Brücke nordöstlich der Altstadt überquert hat, geht's rechts ab. Um herzukommen, braucht man ein Auto oder muss mit dem Taxi fahren (etwa 8 €)

Essen

Madre Tierra VEGETARISCH €
(☎ 925 22 35 71; www.restaurantemadretierra.com; Bajada de la Tripería 2; Hauptgerichte 9–12 €; ⏲ Mi–Mo 13–16 & 20–23 Uhr; 📶 🌿) In Toledo als einer Oase für *jamón* und Wild können Vegetarier verhungern. Dieses exzellente vegetarische Restaurant hat eine Speisekarte, die von Tofu- und Seitangerichten bis zu eher normalen Pizzas und Pasta reicht. Die Salate sind einfallsreich und großzügig, die Suppen haben einen echten „Wow"-Faktor. Es liegt versteckt in einer ruhigen Seitenstraße hinter der südöstlichen Ecke der Kathedrale.

Bar Ludeña SPANISCH €
(☎ 925 22 33 84; Plaza de Magdalena 10; Hauptgerichte 8–12 €; ⏲ 10.30–16.30 & 20–22.30 Uhr) Ludeña hat sein regionales Image behalten,

obwohl es dicht an Toledos Hauptdurchgangsstraße für Touristen liegt, vor allem dank einer Reihe von Stammgästen, die trotz allem noch immer hierherkommen. Dort kann man sich an der Bar mit einer *caña* (Bier) und der Toledo-Spezialität *carcamusa* (Eintopf mit Schweinefleisch und Gemüse) zu ihnen gesellen. Alternativ dazu sollte man versuchen, einen Platz auf der wunderbar schattigen Terrasse zu ergattern.

Palacios SPANISCH €
(☎ 925 22 34 97; Calle Alfonso X el Sabio 3; Tapas 2 €, Gedecke ab 7,50 €; ⏲ 7–22.30 Uhr) Spaniens unkomplizierte, einfache Tavernen können, was das Essen betrifft, manchmal Top oder Flop sein. Das Palacios jedoch gehört wegen seines superökonomischen menú del día – einem einfachen, aber leckeren Drei-Gänge-Menü (mit Brot und einem Getränk) – in die Top-Kategorie. Es eignet sich ebenso hervorragend für Churros am frühen Morgen wie für Tapas. Die Atmosphäre hier gibt's karaffenweise.

Alfileritos 24 MODERN SPANISCH €€
(☎ 925 23 96 25; www.alfileritos24.com; Calle de los Alfileritos 24; Hauptgerichte 19–20 €, Gerichte an der Bar 4,50–12 €; ⏲ So–Do, 9.30–24, Fr & Sa bis 1 Uhr) Die Pfeiler, Balken und die gewölbte Decke aus dem 14. Jh. sind clever gepaart mit moderner Kunst und lichtdurchfluteten Speiseräumen rund um ein vierstöckiges Atrium. Die Karte verspricht eine Menge kreativer Gerichte wie Grüner Reis mit Wachteln oder Wildlende mit Reinetten-Apfeltaschen.

La Abadía KASTILISCH, TAPAS €€
(www.abadiatoledo.com; Plaza de San Nicolás 3; Hauptgerichte 7–15 €; ⏲ Bar 8–24 Uhr, Restaurant 13–16 & 20.30–24 Uhr) Das atmosphärische Restaurant mit Bar ist in einem Palast aus dem 16. Jh. untergebracht und wartet mit Bogen, Nischen, reihenweise bunten Flaschen als Dekoration und verschachtelten, backsteinverkleideten Räumen auf. Auf der Karte finden sich auch Tapas und leichte Gerichte, aber besonders empfehlenswert ist das dreigängige Menú de Montes de Toledo (20 €) mit wunderbaren Zutaten aus den nahegelegenen Bergen, darunter Rebhuhn, Wildpilze und Mandeln. Ebenso dazu gehört als Dessert der fabelhafte Marzipan-Käse-Kuchen.

Asador Palencia de Lara GRILLRESTAURANT €€
(☎ 925 25 67 46; www.asadorpalenciadelara.es; Calle Nuncio Viejo 6; Tapas 2,50 €, Hauptgerichte 17–20 €; ⏲ Mo-Sa 13–16 & 20.30–23.30, Sa 13–16 Uhr, Juli & Aug. geschl.) Dieses elegante Restaurant besitzt einen Speisesaal in einem überdachten Innenhof und hat sich auf gegrillte Fleischgerichte spezialisiert. Die überteuerten Vorspeisen sollten vermieden und das Essen in der kleinen, leicht businessmäßig angehauchten Bar begonnen werden, wo es eine Reihe köstlicher, preisgünstiger Tapas gibt, um sich anschließend den Hauptgerichten mit Fleisch als Grundlage zuzuwenden. Zu all dem passt gut ein Glas des roten Hausweins.

Taberna El Botero SPANISCH €€
(☎ 925 22 90 88; www.tabernabotero.com; Calle de la Ciudad 5; Hauptgerichte 9–17 €; ⏲ Mi–So 12–16 & 20–24, Mo & Di 12–16 Uhr) Neben der Kathedrale bietet dieses stimmungsvolle Bar-Restaurant kunstvoll vorgelegte, auf traditionellen spanischen Zutaten wie Tintenfisch, Kabeljau und Wild basierende Gerichte. Es gibt auch meisterhaft zubereitete Cocktails und Mixgetränke. Einfach Javier, den Chefbarkeeper nach seinen Empfehlungen fragen.

Kumera MODERN SPANISCH €€
(☎ 925 25 75 53; www.restaurantekumera.com; Calle Alfonso X El Sabio 2; Hauptgerichte 16–20 €, Menü 30 €; ⏲ Mo–Fr 8–2.30, Sa & So 11–2.30 Uhr) Dieses Restaurant präsentiert innovative Herangehensweisen an lokale Gerichte wie *cochinillo* (Spanferkel), *rabo de toro* (Ochsenschwanz) oder *lomo de venado* (Wildfleisch mit Kastaniengnocchi und roten Beeren), dazu kommen weitere kreativ konzipierte Gerichte. Dienigen mit Stopfleber als Herzstück bleiben besonders in Erinnerung. Auf der Terrasse sitzt man in konfessionellem Abstand zur pittoresken Iglesia de San Ildefonso.

★ Adolfo MODERN EUROPÄISCH €€€
(☎ 925 22 73 21; www.adolforestaurante.com; Callejón Hombre de Palo 7; Hauptgerichte 25–28 €; Gedeck 76 € ⏲ Mo–Sa 13–16 & 20–24, So 13–16 Uhr) Toledo erweist dem feinen Dinieren in diesem Tempel der guten Küche und der Marktfrische alle Ehren. Koch Adolfo Muñoz führt das Restaurant – es existiert bereits seit 25 Jahren – und hat es zu einem der besten Gourmet-Restaurants Spaniens gemacht. Rebhuhn ist seine Spezialität. Das Restaurant ist auch bekannt für seinen umfangreichen Weinkeller mit mehr 32 000 Flaschen.

Casa Aurelio SPANISCH €€€
(☎ 925 22 41 05; www.casa-aurelio.com; Calle de la Sinagoga 6; Hauptgerichte 19–22 €; Gedeck 33 € ⏲ Di–Sa 13–16.30 & 20–22.30, Mo 13–16.30 Uhr, 📶) Toledos ältestes Restaurant ist seit 1953

eines der besten, wenn es um traditionelle Küche geht. Wild und Gerichte mit gegrilltem Fleisch sind der Stolz des Hauses, wie man an der Vitrine mit Fleischstücken und gestopften Rebhühnern an der Tür unschwer sehen kann. Unweit der Kathedrale befindet sich eine zweite **Filiale** (Plaza del Ayuntamiento; Hauptgerichte 10–16 €; ⌚ Mo, Mi & So 9.30–18, Fr & Sa 10.30–18 & 20–24 Uhr).

Hostal del Cardenal SPANISCH **€€€**
(☎ 925 22 49 00; www.hostaldelcardenal.com; Paseo de Recaredo 24; Hauptgerichte 18–25 €; ⌚ 13–16 & 20–23 Uhr) Ein herrlicher Ort, um in Toledo draußen zu essen. Das Hotelrestaurant versteckt sich in einem privaten Garten mit eigenem Tor in der Stadtmauer und serviert klassische spanische Küche. Vorwiegend kommt gebratenes Fleisch auf den Tisch. Die beste Wahl sind Spanferkel und Lamm. Es ist zwar etwas touristisch, aber die Lage macht den Besuch an einem milden Sommerabend unvergesslich.

La Ermita SPANISCH **€€€**
(☎ 925 25 31 93; www.laermitarestaurante.com; Carretera de Circunvalación; Hauptgerichte 18–22 €, Degustationsmenü 48 €; ⌚ 13.30–16 & 20.45–23 Uhr) Die Lage. Die Lage. Die Lage. La Ermita liegt gegenüber der Stadt auf der anderen Seite der Schlucht über den Río Tajo. Das heißt, dass einem der verwinkelte mittelalterliche Kern Toledos zuzwinkert, während man die beruhigend kurze Karte mit schön präsentierten spanischen Gerichten studiert. Die Karte wechselt regelmäßig, aber man kann immer mit innovativ zubereitetem Wildschwein, Lachs und Spanferkel rechnen.

Auch für Vegetarier wird liebenswürdigerweise gesorgt.

Ausgehen & Nachtleben

★ **Libro Taberna El Internacional** BAR, CAFÉ
(☎ 925 67 27 65; www.facebook.com/librotabernatoledo; Calle de la Ciudad 15; ⌚ Di–Do 20–1.30, Fr & Sa 12–1.30, So 12–16 Uhr) Wer Toledo eher touristisch als trendy findet, der hat ganz offensichtlich noch nicht den Weg ins coole El Internacional gefunden. Hier gibt's Slow Food, Tische im Shabby-Chic, berstend volle Bücherregale, restaurierte Sessel aus den Siebzigern und, natürlich, Bärte.

Shoppen

Simón KUNST & KUNSTHANDWERK
(☎ 925 22 21 32; Plaza de San Vicente 1; ⌚ 10–16 & 16.30–19.30 Uhr) Seit 1963 hat sich dieser leicht heruntergekommene Laden auf *damasquinados* (Damaszierung) spezialisiert, die Kunst, Stahl mit Gold- und Silberfäden zu verzieren. Er ist einer von nur noch wenigen Läden, die echten handgemachten Schmuck verkaufen. Die Mehrzahl dessen, was heute in Toledo verkauft wird, ist maschinell hergestellt.

> **STAIRWAY TO HEAVEN**
>
> Der **remonte peatonal** (Puerta de Alfonso VI; ⌚ Mo–Fr 7–23, Sa 8–2, So 8–22 Uhr) – mehrere Rolltreppen – fängt in der Nähe der Puerta de Alfonso VI an und geht bis zum Monasterio de Santo Domingo El Antiguo. Erspart den steilen Aufstieg in die historische Altstadt.

Casa Cuartero ESSEN, TRINKEN
(☎ 925 22 26 14; www.casacuartero.com; Calle Hombre de Palo 5; ⌚ Mo–Fr 10–14 & 17–20, Sa 10–15 & 16–20 Uhr) Gleich nördlich der Kathedrale verkauft dieser tolle Lebensmittelladen seit 1920 Marzipan, Räucherfleisch, Wein, Käse und alle möglichen lokalen Spezialitäten aus Kastilien-La Mancha. Ideal als Mitbringsel oder fürs Picknick.

Praktische Informationen

Zentrale Touristeninformation
(☎ 925 25 40 30; www.toledo-turismo.com; Plaza Consistorio 1; ⌚ 10–18 Uhr) In Sichtweite der Kathedrale. Es gibt noch eine **Information** (☎ 925 25 40 30; www.toledo-turismo.com; Plaza de Zocodover; ⌚ 10–19 Uhr) an der **Plaza de Zocodover** sowie eine am **Bahnhof** (☎ 925 25 40 30; www.toledo-turismo.com; Estación de Renfe, Paseo de la Rosa; ⌚ 9.30–15 Uhr).

Regionale Touristeninformation
(☎ 925 22 08 43; www.turismocastillalamancha.es; Puerta de Bisagra; ⌚ Mo–Fr 10–14 & 15–19, Sa 10–15 & 16–18, So 10–15 Uhr) Hier gibt's eine Fülle an Informationen zur Region. Nördlich der Altstadt.

An- & Weiterreise

Zu vielen größeren Zielen muss man über die spanische Hauptstadt Madrid reisen.

Vom hübschen **Bahnhof** (☎ 902 240202; Paseo de la Rosa) fährt der Hochgeschwindigkeitszug Alta Velocidad Española (AVE) etwa einmal in der Stunde nach Madrid (13 €, 30 Min.).

Von Toledos **Busbahnhof** (☎ 925 21 58 50; www.alsa.es; Bajada Castilla La Mancha) verkehren täglich außer sonntags etwa halbstündlich Busse zur Plaza Elíptica in Madrid (ab 5,50 €, 1–1¾ Std.), einige fahren durch, andere halten in verschiedenen Dörfern. Darüber hinaus gibt's Verbindungen nach Cuenca (15 €, 2¼ Std.).

Unterwegs vor Ort

Praktische Verbindungen (1,50 €) bestehen zwischen der Plaza de Zocodover und dem Busbahnhof (Bus 5) sowie dem Bahnhof (Busse 61 und 62).

Der Trolleybus von **Trainvision** (☎ 625 301890; Plaza de Zocodover; Erw./Kind 5,50/2,60 €; ⏲ Mo–Do 10–20.30, Fr & So bis 21, Sa bis 22 Uhr) fährt um die Hauptmonumente herum und hoch zum Mirador del Valle. Er startet jede halbe Stunde von der Plaza Zocodover.

Das Autofahren in der Altstadt ist ein Albtraum, aber es gibt zahlreiche Tiefgaragen. Hotelgäste mit Reservierung bekommen Zugang zu manchen mit Pollern blockierten Bereichen.

TALAVERA DE LA REINA

88 565 EW.

Talavera de la Reina, seit Langem weltweit bekannt für seine Keramik, macht einen entspannten Eindruck. Der Ort ist eindrucksvoll gelegen, umgeben von Bergen und geteilt vom Río Tajo. Drei Brücken, davon eine aus römischer Zeit und ansprechend restauriert, verbinden beide Seiten der Stadt. Aus historischer Sicht ist die Stadt bekannt als Schauplatz der Schlacht von Talavera gegen Napoleon im Jahr 1809, als die französische Armee vom Duke of Wellington aus der Stadt vertrieben wurde.

Sehenswertes

Basílica de Nuestra Señora del Prado — BASILIKA

(Jardines del Prado) Wegen ihres komplizierten Fliesenbelages, in dem die schönsten *azulejos* (Fliesen) der Stadt zu sehen sind, wird die Hauptkirche der Stadt manchmal als „Sixtinische Kapelle der Keramik" bezeichnet. Viele dieser Fliesen sind mit religiösen Darstellungen bemalt. Die Kirche befindet sich inmitten eleganter Gärten direkt neben Talaveras Stierkampfarena, wo bei einer berüchtigten *corrida* (Stierkampf) Spaniens berühmtester Stierkämpfer „Joselito El Gallo" im Mai 1920 tödlich durchbohrt wurde. Eine Statue des gefallenen Helden steht draußen im Garten.

Shoppen

Cerámica San Agustín — KERAMIK

(☎ 925 80 89 16; www.ceramicasanagustin.es; Calle de la Puerta del Río 9; ⏲ Mo–Fr 9–14 & 16–20.30, Sa 9–14 Uhr) Dieses helle familiengeführte Geschäft für Töpferwaren befindet sich nahe der Touristeninformation und ist praktisch, wenn man seine Einkaufstasche nicht zu den Outlets am westlichen Stadtrand schleppen will. Geführt werden alle klassischen Entwürfe der Talavera-Keramik.

Praktische Informationen

Die **Touristeninformation** (☎ 925 82 63 22; www.talavera.org; Ronda del Cañillo 22; ⏲ Mo–Fr 9.30–14 & 17–19, Sa & So 10–14 Uhr) fungiert auch als Galerie, in der – richtig geraten – Keramik ausgestellt wird. Neben der alten römischen Brücke.

An- & Weiterreise

Der Busbahnhof liegt im Stadtzentrum. Busse zwischen Madrid und Badajoz halten regelmäßig in Talavera de la Reina. Die Busse von Autocares Toletum (www.autocarestoletum.es) verkehren nach Toledo (ab 7,15 €, 1½ Std.) Vom Hauptbahnhof am Paseo de la Estación nördlich des Stadtzentrums gibt's auch eine regelmäßige Bahnverbindung nach Madrid (ab 12 €, 1½ Std, 7-mal täglich).

Oropesa

2850 EW.

Das 34 km westlich von Talavera de la Reina gelegen Oropesa bietet von der südlich vorbeiführenden Autobahn N5 gesehen einen verführerischen Anblick und ist berühmt für die dominierende Burg (Erw./Kind 3/1,50 €; ⏲ Di–So 10–14 & 16–18 Uhr) mit den vielen Türmen aus dem 14. Jh., von der man nach Norden über die Ebenen bis hin zur Sierra de Gredos blickt. Teile der alten Stadtmauer sind noch zu sehen. Das Dorf hat eine Handvoll vornehmer Palais und ein paar Kirchen aus der Renaissance zu bieten. Diese lohnen einen Besuch ebenso wie der kleine von Bars und Restaurant flankierte Hauptplatz.

Sehenswertes

Castillo de Oropesa — BURG

(☎ 925 45 00 06; Calle Castillo; Erw./Kind 3/1,50 €; ⏲ Di–So 10–14 & 16–18 Uhr) Die auf Vorgängerbauten errichtete Burg aus dem 14. Jh. blickt nach Norden über die Ebenen hin Richtung der gewaltigen Sierra de Gredos. Von den fünf Türmen können vier bestiegen werden, um auf die Befestigungsmauern zu gelangen und die großartigen Aussichten zu genießen. Das ist jedoch nichts für Leute mit eingeschränkter Bewegungsfreiheit. Ein Teil der Burg dient jetzt als *parador*-Hotel, kann aber separat besichtigt werden.

Schlafen

La Hostería de Oropesa HOTEL €
(☎ 925 43 08 75; Paseo Escolar 5; EZ/DZ 50/65 €; P ❄ 📶) La Hostería direkt unter der Burg von Oropresa verfügt über sehr hübsche, individuell eingerichtete Zimmer und ein beliebtes Restaurant mit einem Innenhof voller schöner Blumen. Hervorragendes Preis-Leistungs-Verhältnis, die Zimmer unterscheiden sich teilweise wesentlich. Daher, falls möglich, bitte vorher prüfen.

Parador de Oropesa HISTORISCHES HOTEL €€
(☎ 925 43 00 00; www.parador.es; Plaza Palacio 1; Zi. 75–145 €; P ❄ 📶) Spaniens zweitältester *parador* aus dem 14. Jh. ist an die Burg auf dem Hügel von Oropesa angeschlossen und punktet im Gegensatz zu vielen anderen *paradores* mit historischer Authentizität. Die Zimmer sind groß, luxuriös und mit schweren Brokatvorhängen sowie Antiquitäten ausgestattet.

An- & Weiterreise

Von Talavera de la Reina fahren drei- oder viermal am Tag Busse (4 €, 40 Min.) nach Oropesa.

SÜDLICHES KASTILIEN-LA MANCHA

Der Süden ist das Gebiet, das für viele Menschen La Mancha ausmacht: die flachen, oft kahlen, bis an den Horizont reichenden Ebenen des kastilischen Hochlands *meseta* (Plateau), gelegentlich durchbrochen von Bauernhöfen oder einer symbolischen Windmühle. Der Südosten jedoch ist überraschenderweise grün und üppig mit Flüssen, Naturparks und einigen der schönsten Dörfer der Provinz.

Consuegra

10 668 EW.

Wer sich die Windmühlen in Kastilien-La Mancha ansehen will, sollte unbedingt nach Consuegra kommen.

Sehenswertes

Castillo de Consuegra BURG
(☎ 925 47 57 31; Cerro Calderico; Erw./Kind 4 €/frei; ⏲ Juni–Sept. Mo–Fr 10–13.30 & 16.30–18.30, Sa & So 10.30–13.30 & 16.30–18.30 Uhr, Okt.–Mai kürzere Öffnungszeiten; P) Dies ist *der* Ort für Anfänger beim Windmühlenspotten, um das klassische Foto von bis zu einem Dutzend *molinos de vientos* (Windmühlen) zu machen, die die aus dem 12. Jh. stammende Burg in Consuegra flankieren. Die hoch gelegene Burg selbst wird noch renoviert, wobei ästhetisch restaurierte Räume mit unberührten Ruinen verschmelzen. Die vielen Treppen und schmalen Durchgänge könnten für manche Personen jedoch eine physische Herausforderung sein.

Molino Rucio WINDMÜHLE
(☎ 925 09 53 39; www.elmolinoquefunciona.es; Carretera del Castillo; Eintritt 2 €; ⏲ 9–18.30 Uhr) Von den zwölf Windmühlen, die einen grasbewachsenen Kamm beiderseits der Burg in Consuegra säumen, ist Rucio die einzige, die voll funktionsfähig ist. Im Innenbereich gibt's eine Ausstellung zum lokalen Anbau von Safran, Details zu den im Mühleninneren befindlichen Maschinen sowie Proben von einigen der hier gemahlenen Mehlsorten. In der Eintrittskarte enthalten ist auch ein Drink im kleinen Laden im Erdgeschoss.

Schlafen

La Vida de Antes HOTEL €€
(☎ 925 48 06 09; www.lavidadeantes.com; Calle de Colón 2; EZ/DZ mit Frühstück 55/75 €; P ❄ @ 📶 🏊 🐾) Die beste Unterkunft in Consuegra erinnert in einem edlen, alten Haus mit Fliesenböden, antiken Möbeln und dem hübschen Patio an längst vergangene Zeiten. Die Doppelzimmer sind besonders gemütlich und im ganzen Gebäude sind zahlreiche interessante Kunstwerke ausgestellt. Zu den jüngeren Veränderungen gehört ein Restaurant im Erdgeschoss, wo in einem schönen offenen Hof traditionelle lokale Spezialitäten serviert werden (nur am Abend geöffnet)

Essen

El Alfar SPANISCH €€
(☎ 925 48 18 07; www.restaurantealfar.com; Calle de Valderribas; Hauptgerichte 16–23 €; ⏲ Fr–So 13–17 & 20–open end, Mo 13–17 Uhr; 📶) Sich auf Spezialitäten aus La Mancha konzentrierend, ist das ehrgeizigste Restaurant von Consuegra auch eine Art Museum. Es liegt in

einer alten Keramikwerkstatt, die auf den Ruinen des römischen Zirkus' der Stadt erbaut wurde. Säulen und Kapitelle stehen inmitten zahlreicher Tongefäße, in einem großen Innenhof erblickt man Pflanzen und Bäume und das Dekor im Inneren wäre auch in einem Museum gut aufgehoben.

Bis das Essen kommt, kann man leicht vergessen, dass man in einem Restaurant sitzt. Das Drei-Gänge-Menü umfasst Gerichte wie Rebhuhn-Salat, *migas* (kleine Brotstückchen, oft mit Chorizo und Trauben serviert) und eine Vielzahl regionaler Weine (aus dem größten Weinbaugebiet der Welt). Reservierung empfohlen.

Praktische Informationen

Touristeninformation (☎ 925 47 57 31; www.consuegra.es; Ronda Molinos 29; ⏲ 9–18 Uhr, Juni–Sept. bis 19 Uhr) Die Touristeninformation ist in der Bolero-Windmühle (sie haben alle Namen), der ersten Mühle hinter der Ortsausfahrt. Erklimmt man die Stufen, kann man die original erhaltene Windmühlen-Maschinerie bestaunen. In der Nähe des Busbahnhofs liegt eine weitere Touristeninformation.

An- & Weiterreise

Zwischen Consuegra und Toledo (5,50 €, 1 Std.) verkehren an Werktagen regelmäßig Busse (am Wochenende drei), dazu gibt's täglich bis zu sieben Verbindungen nach Madrid (10,60 €, 2 Std.). Außerdem gibt's eine tägliche Verbindung nach Ciudad Real (4,75 €, 1 Std.).

Campo de Criptana

14 600 EW.

Einer der beliebtesten Zwischenstopps auf der Don-Quichotte-Route ist Campo de Criptana. Seine zehn Windmühlen sind schon aus kilometerweiter Entfernung zu sehen. Der angesehene Filmregisseur Pedro Almodóvar wurde hier geboren, verließ die Stadt aber, noch bevor er zwanzig war, und zog nach Madrid. Die Stadt ist angenehm, wenn auch nichts Besonderes.

Sehenswertes

Windmill Ticket Office WINDMÜHLE
(www.campodecriptana.es; Besichtigung pro Mühle 2 €; ⏲ Di–Sa 10–14 & 16.30–19 Uhr) Poyatos, eine von 10 Windmühlen am nördlichen Stadtrand, dient als Eintrittskasse für drei weitere Mühlen. Führungen werden auch angeboten.

> ABSTECHER
>
> **PALACIO DE LA SERNA**
>
> Nach einer 20-minütigen Fahrt von der uninteressanten Provinzhauptstadt Ciudad Real nach Süden im schläfrigen Dorf Ballesteros de Calatrava angekommen, erscheint dieses superbe **Hotel** (☎ 926 84 22 08; www.hotelpalaciodelaserna.com; Calle Cervantes 18, Ballesteros de Calatrava; Zi. 90–140 €, Suite 180–220 €; P ❄ 📶 🏊 🐾) wie eine andere Welt. Um einen Innenhof angeordnet, verbindet es ländlichen Komfort mit ansprechendem Design; die modernen Skulpturen des Eigentümers stechen dabei stark heraus. Die Zimmer sind raffiniert und modern mit vielen Spiegeln, Punktstrahlern, hellen Farben und trendigen modernen Gemälden.
>
> Ebenfalls vorhanden ist ein Thermalbad mit Floating-Tank (30 € pro Behandlung) sowie ein gutes Restaurant.

Museo Eloy Teno MUSEUM
(☎ 926 56 22 31; www.campodecriptana.es; Calle Rocinante 39; Erw./Kind 2 €/frei; ⏲ Juni–Sept. Di–Sa 10–14 & 18–21, Okt.–Mai Di–Sa 10–14 & 16–18.30 Uhr, 👪) Dieses kleine familienfreundliche Museum in der Touristeninformation präsentiert Erzeugnisse des lokalen Kunsthandwerks, Modelle von Windmühlen und smarte Kunst aus recyceltem Metall, oft mit Motiven aus *Don Quichotte*.

Schlafen

Casa Rural del Bachiller CASA RURAL **€€**
(☎ 926 55 01 04; www.lacasadelbachiller.es; Calle Bachiller Sansón Carrasco 26; Zi. 95 €; 📶) Ein unerwarteter Zufluchtsort. In diesem ästhetisch umgestalteten historischen Haus mit seinen berauschenden Aussichten auf die Windmühlen und den originalen Höhlen (den ursprünglichen Wohnräumen im Haus) wird *Don Quichotte* regelrecht erlebbar. Die Zimmer besitzen ein zeitlos klassisches Ambiente und eine unaufgeregte Ausstattung, um einen erholsamen Aufenthalt zu gewährleisten. Gäste erhalten gratis Wein aus der Region (was hilft).

Essen

Cueva La Martina SPANISCH **€€**
(☎ 926 56 14 76; www.cuevalamartina.com; Calle Rocinante 13; Hauptgerichte 8–15 €; ⏲ Mo 13.30–

16, Di–So 13.30–16 & 20.30–24 Uhr) Zum Essen geht man am besten in die stimmungsvolle Cueva La Martina gegenüber den Windmühlen. Ihr Speisesaal wurde höhlenartig in den Fels gegraben, oben auf der luftigen Terrasse schweift der Blick über die Stadt. Unbedingt probieren: das supereinfache *asadillo manchego* (langsam geschmortes Gemüse, dominiert von roter Paprika) oder die reichhaltigere Blutwurst nach Burgos-Art.

Beliebt bei Busrundfahrten, daher früh kommen, um einen Tisch zu ergattern.

Praktische Informationen

Touristeninformation (Calle Rocinante 39; Mo–Sa 10–19, So bis 14 Uhr). In einem Flachbau gegenüber der Windmühle Inca Garcilaso untergebracht, teilt es sich den Platz mit dem Museo Eloy Teno (S. 240).

An- & Weiterreise

Vom südlich der Stadtmitte gelegenen Bahnhof an der Calle Agustin de la Fuente fahren Züge nach Madrid zum Hauptbahnhof Atocha (17 €, 1½ Std.,4-mal täglich)

Montags bis freitags verbinden zwei Busse Campo de Criptana mit Ciudad Real (9 €, 1¼ Std.), samstags fährt nur einer.

Almagro

9100 EW.

Das Theater und eingelegte Auberginen sind die ungewöhnlichen Hauptattraktionen von Almagro. Die Stadt bedeutet für das Theater in Spanien das Gleiche wie Sevilla für den Flamenco; es ist das spirituelle Zuhause der Kunst, dank der Bühne aus dem „Goldenen Zeitalter“ (die älteste Spaniens) und einem Theatermuseum. Doch man muss kein begeisterter Theaterfan sein, damit es einem hier gefällt. Die kleine Stadt, die während der Reconquista Bedeutung erlangte, scheint ganz für die Bedürfnisse von Touristen aus dem 21. Jh. entworfen worden zu sein. Alles Wichtige ist vom kopfsteingepflasterten zentralen Kern, der Plaza Mayor, schnell und ohne Verkehr zu erreichen.

Sehenswertes

Corral de Comedias HISTORISCHES GEBÄUDE

(926 88 24 58; www.corraldecomedias.com; Plaza Mayor 18; Erw./Kind inkl. engl. Audioguide 4 €/frei; April–Sept. Mo–Fr 10–14 & 17–20, Sa bis 18, So 10–12.45 & 17–20 Uhr, kürzere Öffnungszeiten in den anderen Monaten) An der Plaza Mayor befindet sich Spaniens älteste Bühne: Der Corral de Comedias aus dem 17. Jh. ist ein faszinierender Tribut an das goldene Zeitalter des spanischen Theaters mit Reihen hölzerner Balkone, von denen man auf die Originalbühne blickt, und mit Ankleideräumen. Einmal am Tag (samstags zweimal) gibt's Führungen mit kostümierten Schauspielern statt mit Audio Guides. Sie kosten 3 € mehr. Von Ende März bis Ende Oktober wird das Theater an Samstagabenden für Aufführungen genutzt. Tickets gibt's online auf der Website.

Die Geschichte des Theaters ist faszinierend. Es wurde 1628 durch einen wohlhabenden Priester gegründet, jedoch nach mehr als einem Jahrhundert mit Vorstellungen im Zuge des harten Durchgreifens Philipps V. gegen die Kultur geschlossen. Danach geriet das Theater so ziemlich in Vergessenheit, bis ein örtlicher Gasthausbesitzer in den 1950er-Jahren ein Spielkartendeck fand. Die nachfolgenden Ausgrabungen führten zur Wiederentdeckung des Theaters, das 1954 für Vorstellungen neu eröffnet wurde. Die aus dem 18. Jh. stammenden Spielkarten werden jetzt im Museo Nacional de Teatro der Stadt gezeigt. Die Öffnungszeiten variieren im Winter und während Festivals.

Museo Nacional de Teatro MUSEUM

(926 26 10 14; http://museoteatro.mcu.es; Calle de Gran Maestre 2; Erw./Kind 3 €/frei, Di–Fr 10–14 & 16–18.30, Sa ab 10.30, So 10–14 Uhr) Ganz egal, wie groß die Theaterbegeisterung ist, in Almagros Museum kann man Stunden damit verbringen, sich nur die Highlights anzusehen. Dazu gehören ein Set handgemalter Spielkarten von 1729, die in der nahegelegenen Corral de Comedias gefunden wurden, ein Modell des römischen Theaters in Mérida, Kostüme und Requisiten für *zarzuela* (Spanische Mischung aus Theater, Musik und Tanz) und ein hübscher Innenhof aus dem 13. Jh., der alles zusammenbringt.

Geführte Touren

Visitas Guiadas a Almagro STADTSPAZIERGANG

(609 79 36 54; www.almagrovisitasguiadas.com; Plaza Mayor 41; pro Pers. 12 €) Neben den normalen zweistündigen Stadtspaziergängen durch Almagro werden von diesem Veranstalter auch Ausflüge nach Calatrava la Nueva, zum Parque Nacional Tablas de Daimiel und nach Lagunas de Ruidera angeboten.

1

Auf der Suche nach Don Quichotte

Nur wenige Autoren prägten die Vorstellung über eine Landschaft so, wie es Miguel de Cervantes mit der Mancha in *El ingenioso hidalgo don Quijote de la Mancha*, besser bekannt als *Don Quijote*, getan hat.

Der Mann aus La Mancha

„An einem Ort der Mancha, an dessen Name ich mich nicht erinnern will, lebte vor nicht langer Zeit ein Hidalgo ...". Der Beginn des Romans begründete den Mythos um das Dorf, in dem der schelmenhafte Protagonist seine Reise gestartet hat. Zum 400. Jubiläum der Veröffentlichung des Buches (1605) befassten sich zehn angesehene spanische Akademiker damit, Cervantes' Hinweisen nachzugehen, und kamen zu dem Ergebnis, dass **Villanueva de los Infantes** (5243 Ew.) im äußersten Süden von Kastilien-La Mancha Don Quichottes Ausgangspunkt war. Heute ist das auffälligste Merkmal der Ortschaft die ockerfarbene, von Balkonen aus Holz und Stein gesäumte Plaza Mayor mit der Iglesia de San Andrés, die aus dem 15. Jh. stammt. Die beste Unterkunft vor Ort ist **La Morada de Juan de Vargas** (S. 249).

Eine ritterliche Bleibe

Über Don Quichottes nächste Station herrscht bis heute Uneinigkeit, und es gibt so viele *rutas de Don Quijote* (Don-Quichotte-Routen) wie Ortschaften der La Mancha, die sich mit dem Cervantes-Prädikat schmücken wollen. Tatsächlich nennt das Buch nur wenige Städte.

TATYANA VYC / SHUTTERSTOCK ©

PANORAMIC IMAGES / GETTY IMAGES ©

DANILOVSKI / SHUTTERSTOCK ©

1. Windmühlen, Campo de Criptana (S. 240)
2. Plaza Mayor und Iglesia de San Andrés, Villanueva de los Infantes (S. 249)
3. Pedro Requejos Statuen von Don Quichotte und Sancho Panza vor dem Museo Casa Natal de Miguel de Cervantes in Alcalá de Henares (S. 154)

Zur erlesenen Gruppe gehört das unauffällige Örtchen Puerto Lápice, das sich südöstlich von Toledo befindet. Hier übernachtete Don Quichotte in einem Gasthof, den er für eine Burg hielt. Nachdem er die Nacht über Wache gehalten hatte, überredete er den Wirt, ihn zum Ritter zu schlagen. El Toboso nordöstlich von Alcázar de San Juan taucht im Buch als Heimatstadt von Dulcinea auf, die Don Quichotte zu seiner imaginären Geliebten erwählt hat, ohne sie jemals getroffen zu haben. Heute findet man hier das **Casa-Museo de Dulcinea** (S. 247) aus dem 16. Jh., des Weiteren die obligatorische Don-Quichotte-Statue und eine interessante Bibliothek mit über 300 Ausgaben des Buches in verschiedenen Sprachen.

Windmühlen

Don Quichotte widmete sich auf seiner Reise vor allem dem Kampf gegen Windmühlen (*molinos de viento*), doch der genaue Standort dieser „monströsen Riesen", gegen die er ehrenvolle Schlachten focht, ist unbekannt. Am schönsten sind wohl die neun Windmühlen in Consuegra (S. 239). Sie thronen auf einem Bergkamm über dem Flachland und sind aus der Ferne zu erkennen. In Mota del Cuervo nordöstlich von Alcázar de San Juan stehen sieben Exemplare, allerdings ist Campo de Criptana (S. 240) Consuegras Hauptrivale. Nur zehn der ursprünglich 32 Windmühlen sind noch erhalten, dafür beeindrucken sie mit ihrer dramatischen Lage über der Stadt. Der Legende nach wurde Cervantes in der dortigen Iglesia de Santa Maria getauft.

NICHT VERSÄUMEN

CASTILLO DE CALATRAVA

Etwa 6 km südlich von Calzada de Calatrava und 30 km südlich von Almagro ragt dieses wundervolle **Burg-Kloster** (☎ 926 850 371; www.castillodecalatrava.com; Ctra de Calzada de Calatrava Km 2.3, Calzada de Calatrava; Erw./Kind 4 €/frei; ⏲ Di–Fr 11–14 & 17.30–20.30, Sa 10–14 & 17.30–20.30, So 10–14 & 17–21 Uhr, sonst kürzere Öffnungszeiten) in den Himmel. Von dieser Position aus hat die Anlage einst die Wege in die Sierra Morena und nach Andalusien beherrscht. Eine steile Steinstraße führt nach oben, wo man abwechselnd die Aussicht bestaunen und dieses außergewöhnliche Burg-Kloster erkunden kann. Zu den Höhepunkten gehören die riesige Basilika und der Kapitelsaal mit seinen Särgen und dem Teil einer Wandmalerei.

Ursprünglich war dieser Komplex Sitz des Ordens von Calatrava, Spaniens ältestem Ritterorden, der 1158 für den Kampf gegen die Mauren auf der Iberischen Halbinsel gegründet worden war. Anfangs hatte der Orden seinen Sitz im 60 km nördlich gelegenen Calatrava La Vieja, einer zweimal auf kühne Art den Mauren entrissene Burg. Nach dem Sieg von König Alfons VIII. in der Schlacht von Las Navas de Tolosa und dem Vordringen der Christen auf maurisches Gebiet, ließ der Orden von Calatrava 1217 diese neue Zitadelle durch Kriegsgefangene errichten. Man kann die Burg auf eigene Faust erkunden oder sich für eine Führung (auf Spanisch) entscheiden, die im Preis inbegriffen ist.

Feste & Events

Festival Internacional de Teatro Clásico THEATER
(www.festivaldealmagro.com; Corral de Comedias; ⏲ Juli) Im Juli findet im Corral de Comedias ein einmonatiges internationales Theaterfest statt, bei dem erstklassige Ensembles vorwiegend klassische Stücke zum Besten geben.

Schlafen

La Posada de Almagro PENSION €
(☎ 926 88 22 44; www.laposadadealmagro.com; Calle Gran Maestre 5; EZ/DZ 44/60 €; ❄ 📶) Nur wenige Gehminuten von der Plaza Mayor entfernt bietet dieser schöne Gasthof einfache, saubere Zimmer mit schmiedeeisernen Betten, umsichtig dekorierten Wänden und gefliesten Bädern. Wer am Wochenende hier übernachtet, sollte Ohrenstöpsel mitbringen, denn der Lärm vom Restaurant kann laut sein und bis spät in die Nacht anhalten.

Casa Rural Tia Pilar PENSION €
(☎ 926 88 27 24; www.tiapilar.com; Calle de los Carrascos 1; EZ/DZ 40/70 €; P ❄ 📶 🏊) Dieses wunderschöne Haus aus dem 18. Jh. ist ein Genuss. Dazu gehören vier Patios, ein Gemeinschaftsraum (mit einer tollen Kaffeemaschine) und ein kleiner, doch eleganter Pool. Die Zimmer sind mit Antiquitäten ausgestattet und für ein altes Haus je nachdem gut beheizt oder gekühlt. Die Besitzer, die hier auch wohnen, bieten herzlichen, doch diskreten Service. Hervorragendes Preis-Leistungs-Verhältnis.

★ **La Casa del Rector** HOTEL €€
(☎ 926 26 12 59; www.lacasadelrector.com; Calle Pedro de Oviedo 8; EZ/DZ 85/100 €; ❄ @ 📶 🏊) Das großartige Rector vereint unter einem Dach moderne Zimmer, Design-Zimmer und historisch-traditionell eingerichtete Räume. Inmitten der drei Innenhöfe mit den eleganten Springbrunnen, Retro-Antiquitäten (Nähmaschinen!) und einem Café gibt es garantiert etwas für jeden Geschmack.

Die Duschen in den Design-Zimmern verfügen über Holzfußböden, dazu gibt's Kaffeemaschinen und elektrische Rollos. Die modernen beigefarbenen Unterkünfte sind standardmäßig. In den traditionellen Räumen wurden viele der Originalbestandteile des Hauses erhalten, so wie Holzbalken und die gekachelten Fußböden. Ein Spa gibt's auch.

Retiro del Maestre HOTEL €€
(☎ 926 26 11 85; www.retirodelmaestre.com; Calle de San Bartolomé 5; EZ 60–80 €, DZ 75–100 €; P ❄ 📶) Umsorgt werden und Stil genießen ohne den Trubel eines großen Hotels. Die Zimmer sind geräumig und in warmen Gelb- und Blautönen gestrichen. Man sollte versuchen, eins im Obergeschoss mit eigenem Balkon zu kriegen. Die Lage, fünf Minuten zu Fuss von der Plaza Mayor, könnte nicht besser sein. Die höheren Preise gelten für die Superiorzimmer mit Kingsize-Betten, Whirlpool und anderen Vorteilen.

Essen

El Patio de Ezequiel SPANISCH €€
(☎926 09 72 03; Calle de San Agustín 4; Hauptgerichte 10–14 €; ⌚12–24 Uhr; 📶) Die romantischste Kulisse in der Stadt für ein Essen oder einen Drink. Die Tische sind in einem sanft beleuchteten Innenhof mit plätscherndem Springbrunnen aufgestellt. Auf der Speisekarte stehen einige hervorragende Salate mit Räucherfisch, Rebhuhn oder Sardinen. Dazu kommen Gerichte auf Eibasis, Grillfleisch und Fisch. Die Portionen sind riesig.

Restaurante Abrasador KASTILISCH €€
(☎926 88 26 56; www.abrasador.es; Calle San Agustín 18; tostas 2 €, Hauptgerichte 12–25 €, Menüs ab 28 €; ⌚11.30–16 & 20.30–23 Uhr) Im hinteren Bereich des Restaurants wird sorgfältig zubereitete Küche – inklusive perfekt gegrilltem Fleisch – serviert (im Winter sollte man sich einen Tisch neben dem offenen Kamin schnappen). Vorn gibt's die wohl kreativsten Tapas Almagros – allen voran die berühmten lokalen Auberginen, die in allen Varianten köstlich sind.

Praktische Informationen

Touristeninformation (☎926 86 07 17; www.ciudad-almagro.com; Calle Ejido de Calatrava; ⌚Di–Fr 10–14 & 17–20, Sa 10–14 & 17–19, So 10–14 Uhr) In dieser gut ausgestatteten Touristeninformation in der Nähe der kleinen Bushaltestelle gibt's hilfsbereite englischsprachige Mitarbeiter. Von November bis März öffnet und schließt das Büro nachmittags eine Stunde früher.

An- & Weiterreise

Busse fahren nach Ciudad Real (4 €, 30 Min., Mo–Sa bis zu 5-mal tgl.).

Parque Nacional Tablas de Daimiel

Dieser kleine Nationalpark in einem Feuchtgebiet, 40 km nördlich von Ciudad Real, eignet sich ideal, um Vögel zu beobachten. Vom Besucherzentrum, das eine Ausstellung über das empfindliche lokale Ökosystem zeigt, führen drei Strecken am Seeufer entlang und über Bohlenstege. Auf dem Weg und auf mehreren Aussichtsplattformen sieht man eine erstaunliche Vielfalt an Wildtieren wie Enten, Gänse, Eisvögel, Flamingos, Reiher und andere Watvögel, Schildkröten und Otter (Fernglas mitbringen!). Am besten kommt man am frühen Morgen oder späten Nachmittag.

Praktische Informationen

Besucherzentrum des Nationalparks (Centro de Visitantes Parque Nacional de Daimiel; ☎926 69 31 18; www.lastablasdedaimiel.com; Carretera a las Tablas de Daimiel; ⌚9–20 Uhr; 📶) Das in der Parkmitte ausgeschilderte Besucherzentrum zeigt eine kleine Ausstellung zu Flora und Fauna des Parque Nacional Tablas de Daimiel. Hier gibt's auch Karten für vorgeschlagene Routen.

An- & Weiterreise

Der Park liegt 10 km nordwestlich von Daimiel, von wo aus regelmäßig Busse nach Ciudad Real fahren. Von Daimiel ab braucht man einen eigenen fahrbaren Untersatz.

Alcalá del Júcar

1300 EW.

Nordöstlich von Albacete macht die tiefe, bewaldete Schlucht des Río Júcar einen erstaunlichen Schlenker. Auf halber Strecke die CM3201 entlang kommt bei der Abfahrt auf den Serpentinen der Ort Alcalá del Júcar ins Blickfeld, der sich gewissermaßen in die Felsen klammert. Über den Häusern (viele in Höhlen), die sich an einer Steilflanke der Júcarschlucht emporziehen, thront die restaurierte **Burg**, die überwiegend aus dem 15. Jh. stammt. Am Fuß des Ortes liegen außerdem noch eine mittelalterliche Brücke mit römischem Ursprung sowie ein schattiger, belebter Dorfplatz. Das große Areal, auf dem keinerlei Autos unterwegs sind, eignet sich für Ausflüge mit kleinen Kindern und bietet in einer Flussschleife sichere Paddelmöglichkeiten.

Sehenswertes

Cuevas del Diablo HÖHLE
(☎967 47 31 02; www.cuevasdeldiablo.com; Calle San Lorenzo 7; Eintritt 3 €; ⌚Mo–Fr 9–21, Sa & So 10–21 Uhr) Riesiger Höhlenkomplex mit Tunneln und einer Privatsammlung von exzentrischen und historischen Gegenständen sowie landwirtschaftlichen Geräten. Ein Gratisgetränk ist im Preis inbegriffen. Der Besitzer Juan José Martínez García ist in der Stadt dank seines extravaganten Schnurrbartes im Stile Dalís leicht zu erkennen.

Castillo de Alcalá de Júcar BURG
(☎967 47 30 90; Calle Laberinto 10; Erw./Kind 2,50/1,50 €; ⌚Mai–Sept. 11–14 & 15–20, Okt.–

April 11–14 & 15–18 Uhr) Alcalá del Júcars markante Burg mit ihrem fünfeckigen Hauptturm ist almohadischen Ursprungs, wobei der Großteil dessen, was heute zu sehen ist, aus dem 15. Jh. stammt. Während des ganzen Jahres gibt's hauptsächlich auf Kunst und Antiquitäten ausgerichtete Wechselausstellungen – und großartige Aussichten von den Wehrmauern.

Geführte Touren

Avenjúcar ABENTEUER

(☎ 967 47 41 34; www.avenjucar.com; Avenida Constitución;) Zu den Abenteueraktivitäten im Raum Alcalá de Júcar gehören das Durchqueren trockener und nasser Schluchten sowie Flussfahrten. Einige Touren dauern zwei oder drei Tage mit einer (oder zwei) Übernachtung(en) in einer ländlichen Unterkunft.

Schlafen

Hostal Rambla HOSTAL €

(☎ 967 47 40 64; www.hostalrambla.es; Paseo de los Robles 2; EZ/DZ 50/55 €;) Es gibt einige preisgünstige Unterkünfte wie das Hostal Rambla an der „römischen" Brücke. Zwar sind die Zimmer klein und fade, doch das Haus ist gastfreundlich und hat eine gute Lage. Das hübsche Restaurant mit großer Terrasse hat sich auf Grillgerichte spezialisiert, die mit grünen Paprika und Kartoffeln serviert werden.

Essen

Fogones el Chato SPANISCH €€

(☎ 622 035 696; Calle Canal 16; Hauptgerichte 10–12 €, Menüs 15 €; ⏲ Do–Mo 12–16 & 20–23, Di 12–16 Uhr) Nahe dem Fluss lädt die sonnenbeschienene, von Gemüsegärten (ja, man kann frische Produkte in den Gerichten erwarten) flankierte Terrasse zum Verweilen ein. Die unkomplizierte Menüauswahl konzentriert sich auf traditionelle, mit Elan zubereitete Gerichte. Das Tagesmenü bietet ein ausgezeichnetes Preis-Leistungs-Verhältnis.

Praktische Informationen

Touristeninformation (☎ 967 47 30 90; www.turismocastillalamancha.com; Paseo de los Robles 1; ⏲ Sa & So 10–14 Uhr) Die kleine Touristeninformation an der Brücke informiert Traveller über *casas rurales* (ländliche Gästehäuser), Schlafplätze in Höhlen und verschiedene Aktivitäten in der Gegend. Außerdem hält sie Karten mit lokalen Wanderwegen bereit. Falls geschlossen, erhält man an der Kasse mit angeschlossenem Souvenirshop in der Burg Auskünfte und einen Stadtplan.

An- & Weiterreise

An Wochentagen verkehrt immer nur ein Bus täglich zwischen Albacete und Alcalá (6,50 €, 1½ Std.). Er gehört zur Flotte des Unternehmens Emisalba (www.emisalba.com).

Belmonte

2010 EW

Etwa 17 km nordöstlich von Mota del Cuervo gelegen und teilweise noch von Befestigungsmauern umgeben, ist das Bemerkenswerteste am kleinen ruhigen Belmonte seine wie einem Märchenbuch entsprungene Burg. Die kleine Stadt wird umgeben von der im 15. Jh. erbauten Stadtmauer, von der noch drei originale Tore erhalten sind. Ein Bummel auch zu anderen Sehenswürdigkeiten, darunter eine schöne gotische Kirche und ein ehemaliges Jesuitenkloster aus dem 17. Jh., in dem jetzt Gerichtshöfe und das Postamt untergebracht sind, lohnt sich.

Sehenswertes

Castillo de Belmonte BURG

(☎ 967 81 00 40; www.castillodebelmonte.com; Calle Eugenia de Montijo; Erw./Kind inkl. Audioguide 9/5 €; ⏲ Juni–Sept. Di–So 10–14 & 16–19, Okt. –Mitte Feb. 10–14 & 15.30–18.30, Mitte Feb.–Mai 10–14 & 16–19 Uhr; P) So sollten Burgen aussehen: mit Türmen, zumeist intakten Mauern und einer von den Wehrmauern aus beherrschenden Lage über den Ebenen von La Mancha. Besucher sind mit einem Aufzug zwischen Erdgeschoss und erstem Stock sowie einem kleinen Café gut versorgt. Die Burg war früher das Zuhause der französischen Kaiserin Eugénie, nachdem ihr Ehemann Napoleon III. 1871 den französischen Thron verloren hatte. Die Räume sind großartig im Stil des 19. Jh. ausgestattet. Die früheren Verliese dienen jetzt als kleine Waffenkammer.

Schlafen

Palacio Buenavista Hospedería BOUTIQUE-HOTEL €€

(☎ 967 18 75 80; www.palaciobuenavista.es; Calle José Antonio González 2; EZ/DZ/Suite inkl. Frühstück 50/80/100 €; P) Das Palacio Buenavista Hospedería ist ein elegantes Boutique-Hotel in einem Palast des 16. Jh. neben der Colegiata. Die stilvollen Zimmer haben Balkons und verteilen sich rings um einen zentralen Innenhof mit historischen Säulen. Nach Möglichkeit sollte man nach einem Zimmer mit Blick auf die Burg fragen. Ein ausgezeichnetes Restaurant und eine schöne Außenterrasse, auf der (je nach Wetter) das Frühstück serviert wird, gibt's auch.

Praktische Informationen

Touristeninformation (☎ 967 17 07 41; www.turismocastillalamancha.es; Estación de Autobuses, Avenida Luis Pinedo Alarcón; 🕘 10–15 & 17–20 Uhr) Bietet Informationen zum Dorf und seiner Umgebung an und hilft auch bei der Unterkunft.

An- & Weiterreise

Tägliche Busverbindungen nach Belmonte von Cuenca (7 €, 1¼ Std.) und Madrid (12 €, 2½ Std.).

El Toboso

1887 EW

Wenn man auf den Spuren Don Quichottes wandelt, ist es geradezu eine Pflicht, im kleinen Dorf El Toboso zu halten. Es ist die Heimat der fiktiven Geliebten des fahrenden Ritters und einer der wenigen im Buch wirklich namentlich erwähnten Orte. Die Legende von Don Quichotte ist hier immer noch so lebendig, dass es heißt, dass sich Napoleons Truppen während des Krieges auf der Iberischen Halbinsel im frühen 19. Jh. geweigert hätten, den Ort abzufackeln.

Im Ort gibt's zwei kleine auf Quichotte bezogene Museen und eine schöne Statue auf dem Marktplatz, die den Don ritterlich vor La Dulcinea kniend zeigt. Von Weinbergen umgeben, bietet der Ort einige gute Bodegas und heimelige Restaurants.

Sehenswertes

Museo Cervantino MUSEUM
(☎ 925 19 74 56; Calle de Daoíz y Velarde 3; Erw./Kind 2/1 €; 🕘 Di–So 10–14 & 16–20 Uhr) Das Museum mit über 300 Büchern desselben Titels (richtig geraten – Don Quichotte) ist interessanter, als es klingt. Zu den übersichtlich angeordneten Exponaten gehören klassische Don-Quichotte-Exemplare in Braille und vielen Sprachen, darunter Baskisch. Vorhanden sind auch von namhaften Persönlichkeiten signierte Exemplare: Man sollte nach Nelson Mandela und – eher erschreckend –nach Adolf Hitler Ausschau halten.

In einem Zimmer im Obergeschoss erzählen zwei Kurzfilme (mit englischen Untertiteln) die Geschichte von Don Quichotte und in welcher Beziehung sie zur Landschaft von La Mancha steht.

Casa-Museo de Dulcinea MUSEUM
(☎ 925 19 72 88; Calle Don Quijote 1; Erw./Kind 3/1,50 €; 🕘 Di–Sa 9.45–13.45 & 15–18.15, So 10–14 Uhr) Da sie eine fiktive Heldin und zum größten Teil ein Fantasiegebilde Don Quichottes war, ist dieses Museum ganz sicher nicht das *echte* Haus der berühmten Dulcinea del Toboso. Vielmehr gehörte es einst Ana Martínez Zarco de Morales, einer mit Cervantes bekannten Frau, die vielleicht das Vorbild für Dulcinea gewesen war. Durch die Präsentation von für diese Ära typischen Gegenständen möchte das Museum den Geist Don Quichottes und des Buches heraufbeschwören.

Auf zwei Stockwerken gruppieren sich verschiedene Räume um einen angemessen ländlichen Innenhof mit freilaufenden Hühnern. Man beachte die charakteristische blauweiße Talavera-Keramik in der Küche.

Bodega Campos de Dulcinea WEINGUT
(☎ 925 56 81 63; www.camposdedulcinea.es; Calle Garay 1; Führungen 6 €; 🕘 Mo–Fr 9–19, Sa 10–14 Uhr; 🅿) Als eines der ältesten Weingüter der Stadt hat das entsprechend benannte Campos de Dulcinea über die Jahre viele Auszeichnungen erhalten. Für einen geplanten Kauf ist der *tempranillo* seit Langem eine gute Empfehlung. Man sollte jedoch beachten, dass Führungen durch das Weingut zusammen mit einer Weinprobe (mit Käse) vorab telefonisch oder online über das Kontaktformular angemeldet werden müssen.

Essen

Mesón La Noria de Dulcinea SPANISCH €€
(☎ 925 56 81 92; www.mesonlanoriatoboso.com; Calle Don Quijote; Hauptgerichte 12–20 €; 🕘 12–16 & 20–23 Uhr) Wie die Art von Gasthaus, die Don Quichotte aufgesucht hätte, auszusehen kann in El Toboso nichts Schlechtes sein. In der hundertprozentig manchagischen Küche des Noria gibt's keine Überraschungen. Man kann ausgezeichnete Interpretationen von *migas*, Lammbraten und Rebhuhn erwarten. Der offene Hof sieht so aus, als ob er direkt Cervantes' Vorstellungskraft entsprungen wäre.

Es werden auch Zimmer im Dorf vermietet.

Praktische Informationen

Touristeninformation (☎ 925 56 82 26; www.eltoboso.es; Calle de Daoíz y Velarde; 🕘 Di–So 10–14 & 16–19 Uhr) Hier gibt' s einen nützlichen

Stadtplan mit den verzeichneten Sehenswürdigkeiten. Liegt am westlichen Stadtrand.

An- und Weiterreise

Es gibt einen von Samar (www.samar.es) betriebenen Bus, der von Montag bis Samstag täglich nach Toledo (10 €, 2¼ Std.) fährt.

Parque Natural de las Lagunas de Ruidera

Dieses Band aus 15 kleinen Seen ist umgeben von üppigen Parklandschaften, Campingplätzen, Picknickzonen und diskret gelegenen Restaurants und Hotels. Wer in Ruidera am Seeufer abbiegt, findet längs dieser Straße einige Stellen, an denen Tretboote, Kanus und Fahrräder vermietet werden oder die einen Ausritt zu Pferd anbieten, um die Gegend zu erkunden.

Schlafen

Camping Los Batanes CAMPINGPLATZ €
(926 69 90 20; www.losbatanes.com; Laguna Redondilla; Stellplatz für 2 Personen, Zelt & Auto 18–35 €, Bungalows 55–130 €; P) Von diesem Campingplatz mit viel Grün überblickt man die Laguna Redondilla, einen der größeren Seen in diesem Gebiet. Geboten werden hervorragende Einrichtungen wie ein kleiner Supermarkt, ein Restaurant, ein Café und ein Kinderspielplatz sowie zwei inmitten von Landschaftsgärten angelegte Pools. Während der Sommermonate gibt's ein Unterhaltungsprogramm für Kinder. Je nach Saison variieren die Preise beträchtlich.

★ **Hotel Albamanjón** HOTEL €€€
(926 69 90 48; www.albamanjon.net; Calle Extramuros 16, Laguna de San Pedro; DZ 120–195 €; P) Ein großartiger Platz, um direkt am Ufer des 10 km südöstlich von Ruidera gelegenen Laguna de San Pedro zu bleiben. Die voneinander abgegrenzten attraktiven Suiten schlängeln sich hinter dem Hauptgebäude den Hügel hoch und besitzen jeweils eine eigene Terrasse mit Seeblick, Holzfeuer für den Winter und meist auch einen Whirlpool.

An- & Weiterreise

Von Montag bis Samstag gibt's täglich nur eine Busverbindung zwischen Albacete und Ruidera (9 €, 1½ Std.). Für die Erkundung des Parks braucht man also ein eigenes Fahrzeug.

Sierra de Alcaraz

Über den südlichen Streifen der Provinz Albacete erstrecken sich die kühlen grünen Gipfel der Sierra de Alcaraz und bieten eine großartige Zuflucht vor den staubigen Ebenen rund um Albacete. Das Tor zur Region, das schläfrige auf einer Bergspitze liegende Alcaraz, besitzt neben der schönen Plaza Mayor aus der Renaissance ein Geflecht von schmalen gepflasterten Straßen. Die malerischste Landschaft findet man entlang der CM412, besonders zwischen Puerto de las Crucetas (Höhe 1300 m) und Elche de la Sierra. Und dann gibt's da noch den großartigen Nacimiento del Río Mundo.

Sehenswertes

Nacimiento del Río Mundo WASSERFALL
(Quelle des Rio Mundo; CM3204; 10 Uhr–Dämmerung; P) Wer ein Foto von sich vor dem Nacimiento del Río Mundo machen lässt und es an die Leute zu Hause schickt, wird den Eindruck erwecken, dass man einen Kurztrip zu den Niagarafällen unternommen habe. Um zu diesem großartigen Wasserfall zu kommen, folgt man für etwa 8 km auf der CM3201 den Schildern bis kurz vor Riópar – vorbei an den amüsanten Bildzeichen „Achtung anfibios (Amphibien)" –, bis man den Eingang und Parkplatz erreicht.

Nach einem kurzen Fußmarsch durch einen Nadelwald kommt man zum Fuß der Fälle, wo das Wasser über diverse Felsenbecken spritzt und jagt. Es gibt zwei Aussichtspunkte: Der erste befindet sich am Fuß der Fälle, wo man sich für einen tollen Blick auf die dramatischen Wasserfälle den Hals verrenken muss, während der zweite über einen steilen Aufstieg zu erreichen ist. Die Anstrengung lohnt sich aber. Auf einer Höhe von etwa 800 m über dem Meeresspiegel, kurz oberhalb der Plattform und fast so nahe, dass man es berühren kann, entspringt das Wasser dem Felsen, um 24 Meter dramatisch in die Tiefe zu stürzen (wobei man eingesprüht wird). Der Wasserfall ist von dichten Wäldern umgeben, die sich bis an einen felsigen Horizont erstrecken – alle Skeptiker, die sagen, dass La Mancha flach und langweilig sei, sollten auf jeden Fall hierherkommen.

Schlafen

Mirador Sierra de Alcaraz HOTEL €
(967 38 00 17; www.alcarazmirador.com; Calle Granada 1, Alcaraz; DZ 48–70 €;) Im Zen-

trum von Alcaraz beherbergt dieses schöne haupsächlich aus dem 16. Jh. stammende Gebäude das Mirador Sierra de Alcaraz mit seinem zentralen, unglaublicherweise aus dem 9. Jh. stammenden maurischen Hof. In den Zimmern finden sich Balkendecken, Betten mit geschnitzten hölzernen Kopfteilen sowie schwere stilechte Vorhänge und Einrichtungsgegenstände. Von allen hat man schöne Aussichten, und einen Parkplatz auf der Straße findet man leicht.

Las Salegas del Maguillo HOTEL €€
(☎ 660 24 96 92; www.lassalegasdelmaguillo.es; Carretera Riópar-Siles Km11; DZ 90 €, 4-/6-Personen-Apt. 150/210 €; P ❄) Hoch oben in den Hügeln oberhalb der Straße, 11 km westlich von Riópar, hinter der Abzweigung zum Nacimiento del Río Mundo, besteht dieses Hotel aus einer Ansammlung hübscher inmitten der Wälder errichteter Steinbauten. Einige der Villen verfügen über einen Kamin, außerdem gibt's einen Pool im Freien. Ländlich, ruhig und gemütlich.

Essen

Restaurante Alfonso VIII. GRILLRESTAURANT €€
(☎ 067 38 04 14; Calle Padre Pareja 1, Alcaraz; Hauptgerichte 10–15 €; ⏲ Di-So 9–24 Uhr) Nur wenige Schritte von der atemberaubenden Plaza Mayor in der Stadt entfernt befindet sich dieses etablierte Lieblingsrestaurant in einem Renaissance-Gebäude. Die Küche ist streng traditionell, mit Betonung auf gegrilltem Fleisch (verschiedene Teilstücke kann man sich in einer Vitrine am Eingang ansehen), serviert mit langsam gebratenen Kartoffeln anstatt mit Pommes frites. Reservierung an Wochenenden wird empfohlen.

An- & Weiterreise

Jeden Tag fahren ein paar Busse von Alcaraz nach Albacete (6.50 €, 1½ Std.).

NORDÖSTLICHES KASTILIEN-LA MANCHA

Das Hinterland dieser Region besteht aus zerklüfteten Bergen und satten grünen Tälern, die mit unverfälschten, hübschen Dörfern übersät sind. Es beheimatet auch einige der bezauberndsten *pueblos* und Städte, darunter die Provinzhaptstadt Cuenca mit ihrer herrlichen mittelalterlichen Altstadt und einem wohltuenden Mangel an Touristen.

ABSTECHER

VILLANUEVA DE LOS INFANTES

Villanueva de los Infantes ist eine attraktive und geschäftige Provinzstadt, die sich durch ihre Barock- und Renaissancearchitektur auszeichnet. Es wird auch gemunkelt, dass von hier aus Don Quichotte zu seinen Streifzügen durch La Mancha aufgebrochen sei. Ein Höhepunkt ist die von ockerfarbenen Häusern mit steinernen und hölzernen Balkons umstandene Plaza Mayor, wo es auch lebhafte Bars und Restaurants gibt. Auf dem Platz steht die Iglesia de San Andrés aus dem 15. Jh., in der der Dichter Francisco de Quevedo im 16. Jh. bestattet wurde. Eine Top-Lage im historischen Zentrum, in unmittelbarer Nähe zum Hauptplatz, nimmt **La Morada de Juan de Vargas** (☎ 926 36 17 69; www.lamoradadevargas.com; Calle Cervantes 3; DZ 60-70 €; ❄ 📶 🐾) ein, das beste von diversen reizvollen ländlichen Hotels, die es in der Stadt gibt. Die Ausstattung hat einen einzigartigen künstlerischen Touch und die Gastgeber sind besondes warmherzig und einladend.

Busse nach Ciudad Real fahren montags bis freitags dreimal täglich (9 €, 2 Std.), samstags einmal.

Cuenca

55 102 EW.

Als Welterbestätte ist Cuenca eine von Spaniens unvergesslichsten Städten, seine Altstadt ein Bühnenbild atmosphärischer mittelalterlicher Bauten, viele davon in hellen Farben angestrichen. Die Altstadt von Cuenca liegt auf einem steilen Felsplateau, unter dem sich zwei tiefe Schluchten treffen. Enge, sich windende Gassen trennen hohe Häuser, deren hölzerne Balkone über die schieren Felswände hinausragen. Trotz ihres Alters und dem Status als Weltkulturerbe der UNESCO ist es Cuenca gelungen, sich als Speerspitze der abstrakten, modernen Kunst zu etablieren. Zwei der typischsten Gebäude, darunter eines der berühmten *casas colgadas* (hängenden Häuser), wurden zu modernen Galerien umgebaut. Dieses Thema setzt sich in vielen Hotels, Museen und Restaurants der Stadt fort.

Cuenca

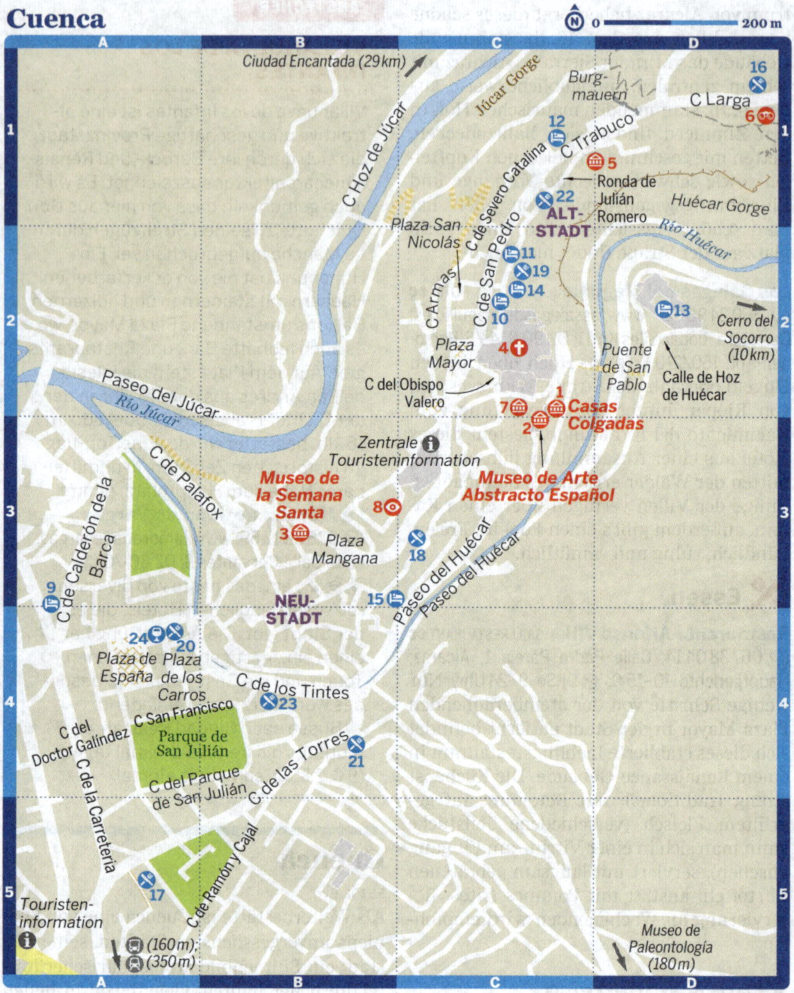

Wie bei vielen anderen Städten Spaniens ist die umgebende Neustadt langweilig und modern. Daher während der Anfahrt Scheuklappen anbehalten – auf dem Hügel liegt eine andere Welt.

Sehenswertes

★ Casas Colgadas HISTORISCHES GEBÄUDE

(Calle Canónigos) Auffälligster Teil der mittelalterlichen Stadt sind die *casas colgadas*, die sich in schwindelerregenden Höhen an die steilen Felshänge oberhalb des Río Huécar schmiegen. Die im 14. Jh. errichteten Gebäude scheinen mit ihren Holzbalken auf mehreren Ebenen wie eine Verlängerung des Gesteins aus dem Fels herauszuwachsen. Der beste Blick auf die *casas colgadas* bietet sich nach Überquerung der **Puente de San Pablo**. Heute befindet sich in den Häusern ein Museum für abstrakte Kunst aus den 1960er-Jahren.

★ Museo de Arte Abstracto Español MUSEUM

(☎ 969 21 29 83; Museum für Abstrakte Kunst; www.march.es/arte/cuenca; Calle Canónigos; Erw./Kind 3 €/frei; ⌚ Di–Fr 11–14 & 16–18, Sa bis 20, So 11–14.30 Uhr) Von außen wirken die be-

Cuenca

rühmten *casas colgadas*, als hätte man sie von einem tibetischen Tempel abgesägt, doch innen wurden sie zu hellen Galerien mit sauberen Linien umgebaut, in denen einige der besten Werke abstrakter Kunst Zentralspaniens zu sehen sind. Hier kann man Stunden damit verbringen, die verschwommenen Werke Fernando Zóbels (Gründer des Museums) zu entschlüsseln, jene des hellen und direkten José Guerrero oder die höchst individuellen Arbeiten des Katalanen Antoni Tàpies.

★ Museo de la Semana Santa — MUSEUM

(969 221956; www.msscuenca.org; Calle Andrés de Cabrera 13; Erw./Kind 3 €/frei; Do–Sa 11–14 & 16.30–19.30, So 11–14 Uhr; Aug. geschl.) Das Museum eignet sich perfekt, um eine der aufregendsten Semanas Santas Spaniens aus erster Hand zu erleben. Auf zwei Etagen bewegt sich die extrem gut gemachte audiovisuelle Show von Raum zu Raum und zeigt mit düsterer Musik im Hintergrund die Prozessionen der lokalen Bruderschaften. Danach kann man sich selbst umsehen und die Kostüme, Kreuze und die religiöse Ikonografie bewundern.

Catedral de Cuenca — KATHEDRALE

(969 224626; Plaza Mayor; Erw./Kind 4,80 €/frei, mit Museo Diocesano Erw./Kind 8 €/frei; 10–19.30 Uhr) Die Fassade sieht beeindruckend alt aus, dabei wurde sie 1902 im neugotischen Stil wiederaufgebaut. Cuencas Kathedrale ist einen Besuch wert. 1177 wurde sie nach der Rückeroberung der Stadt durch Alfons VIII. an der Stelle der Hauptmoschee errichtet. Hier gehören zu den Höhepunkten der zum Kreuzgang führende Torweg aus der Renaissance sowie die in Pastellfarben bemalte *artesonado*-(Holz-)Decke im Kapitelsaal. Die auffallenden abstrakten Buntglasfenster wurden im 20. Jh. hinzugefügt.

Túneles de Alfonso VIII — TUNNEL

(Calle Alfonso VIII; gef. Tour 3,50 €, Mindestteilnehmerzahl 4; wechselnde Öffnungszeiten) Unter Cuenca befindet sich ein Tunnel-Labyrinth. Im Laufe der Jahre haben diese Tunnel unterschiedlichen Zwecken gedient: als Aquädukte, Gruften und zuletzt als Bunker während des Bürgerkriegs. Vor Kurzem wurden die Tunnel restauriert und mit Laufstegen, Licht und erklärenden Tafeln ausgestattet. Besuchen kann man sie nur im Rahmen von (auf Spanisch) geführten Touren, zu buchen bei der zentralen Touristeninformation (S. 255).

Cerro del Socorro — HÜGEL

(Cerro del Socorro) Auf dem Hügel gegenüber der Altstadt, auf der anderen Seite der Río-Huécar-Schlucht, steht eine gigantische, nachts angestrahlte Christusfigur. Ein 3 km langer Weg mit den 14 Kreuzwegstationen führt im Zickzack auf die Spitze. Er beginnt kurz hinter dem Parador de Cuenca.

Fundación Antonio Pérez — GALERIE

(969 230619; www.fundacionantonioperez.es; Calle Julián Romero 20; Erw./Kind 2 €/frei 11–14 & 17–20 Uhr) Die riesige Galerie für moderne Kunst im ehemaligen Convento de las Carmelitas verkörpert die für Cuenca so typische Synthese von Alt und Neu. Die große, aber auch recht stark besuchte Galerie ist randvoll mit Ausstellungen, die verblüffen, inspirieren und manchmal amüsieren können. Antonio Saura wird gut präsen-

INSIDERWISSEN

ABSTRAKTE KUNST IN CUENCA

Diese historische Stadt, die so surreal über zwei dramatischen Schluchten hängt, begeistert vor allem mit der Art und Weise, wie sie Avantgarde mit dem historischen Stadtkern verbindet.

Cuencas Hang zur modernen Kunst fing in den 1950er-Jahren an, als mehrere regionale Künstler sich lose zur „Cuenca-Schule" zusammenfanden. Fernando Zóbel, ein spanisch-philippinischer Maler und Kunstsammler, eröffnete mit Gustavo Torner, einem Ingenieur und Künstler aus Cuenca, 1966 das **Museo de Arte Abstracto** in den berühmten Hängenden Häusern: eine brillante Wahl. In den mittelalterlichen Häusern nutzten wundervoll konzipierte Ausstellungen die neu konfigurierten, minimalistischen Räume. Das Museum lief gut, und so folgten weitere. 1998 eröffnete Antonio Pérez die gleichnamige *fundación* in einem alten Karmeliterkloster und füllte es bis zum Dach mit Arbeiten von Warhol bis Antoni Tàpies. Sieben Jahre später gründete Torner sein eigenes Museum, **Espacio Torner**, im Konvent San Pedro von Cuenca (das Museum ist wegen Finanzierungsproblemen zur Zeit geschlossen).

Aber das Abstrakte geht weit über traditionelle Museen hinaus. Das strahlende Gelb und Orange der Buntglasfenster in der **Kathedrale** aus dem 12. Jh. wurde von Torner in den frühen 1990er-Jahren gefertigt, um so einen skurrilen Hybriden zu erschaffen. Weiter den Hügel hinunter in der Neustadt versprüht das **Museo de Paleontología** mit seinen würfelähnlichen Hallen aus Glas und Beton mehr als nur einen Hauch Avantgarde. Sogar bei den Hotels und Restaurants kann man den abstrakten Einfluss sehen. In den mittelalterlichen Häusern überrascht oft das Interieur im Stil der abstrakten Kunst.

tiert, ebenso wie viele andere Künstler aus den 1950er- und 1960er-Jahren. Zur Sammlung gehören auch zwei Werke des berühmten amerikanischen Pop-Art-Künstlers Andy Warhol.

Mirador Barrio de Castillo AUSSICHTSPUNKT
(Calle Larga) Von oben aus der Altstadt hat man einen tollen Blick über Cuenca und die dramatischen Schluchten. Von der Stadt aus kann man auch mit der in der Nähe haltenden Buslinie 2 fahren.

Museo de Paleontología MUSEUM
(☎ 969 27 17 00; Río Gritos 5; Erw./Kind 3/1,50 €, Mi. nachmittags & So frei; ⊙ Di-Sa 10-14.30 & 16.30-19, So 10-14.30 Uhr; 👪) Cuencas ehemaliges Ars Natura wurde in ein stromlinienförmiges Paläontologisches Museum umgewandelt, das auf einer angemessen kinderfreundlichen Dinosaurier-Ausstellung („Tierra de Dinosaurios") basiert. In den geräumigen modernen Galerien werden vor Ort gefundene Fossilien, Skelette und Schädel gezeigt, dazu kommen Attrappen gigantischer Reptilien aus dem Jura. Es gibt einige witzige audiovisuelle Exponate, und das landschaftlich gestaltete Gelände bietet Platz für weitere vorgeschichtliche Riesen, neben denen Kinder für das ultimative Foto posieren und darüber zu Hause erzählen können.

Museo de Cuenca MUSEUM
(☎ 969 21 30 69; Calle Obispo Valero 12; Erw./Kind 3 €/frei, Mi. nachmittags & Wochenende frei; ⊙ Di-Sa 10–14 & 16–19, So 10–14 Uhr) Das historische Museum der Stadt deckt viele Epochen ab, hat allerdings einen Schwerpunkt in den vormittelalterlichen Perioden. Den Start bildet die Bronzezeit, das Highlight aber ist Saal 7 mit original römischen Statuen (auch von Kaiser Augustus) sowie Säulen und Giebeldreiecke von den archäologischen Stätten in Segóbriga und **Valeria** (www.valeriaromana.es; Erw./Kind 3/1 €; ⊙ April–Okt. 10.30–14 & 17.30–20.30 Uhr, Nov.–März Mo–Sa 10.30–14 & 15–17, So 10–15 Uhr) ganz in der Nähe. Alles nach der Renaissance wird nur knapp behandelt.

Feste & Events

Semana Santa RELIGION
(www.juntacofradiascuenca.es; ⊙ Ostern) Cuencas Feierlichkeiten anlässlich der Karwoche sind in ganz Spanien berühmt, vor allem wegen der unheimlichen Schweigeprozessionen durch die Straßen der Altstadt. Es gibt sogar ein Museum (S. 251) in der Stadt, das ganz diesem jährlichen Event gewidmet ist.

Schlafen

★ **Posada Huécar** HOTEL €
(☎ 969 21 42 01; www.posadahuecar.com; Paseo del Huécar 3; EZ/DZ 35/48 €; P ❄ 📶) Komfort

genießen bei schmalem Budget. Direkt zwischen Alt- und Neustadt gelegen, bietet dieses ansprechende Hotel geräumige Zimmer mit Blick auf den Fluss, rustikaler Einrichtung und Badezimmer mit Wanne und Dusche mit hervorragendem Wasserdruck. Verpackte Frühstücksbackwaren und Kaffee sind im Preis enthalten. Fahrräder kann man mieten (20 € pro Tag), und auf der ganzen Straße gibt's kostenlose Parkmöglichkeiten.

Hostal Tabanqueta HOSTAL €
(969 21 40 76; www.hostaltabanqueta.com; Calle Trabuco 13; DZ 45 €, Apartment 50–100 €; P ❄ 📶) Die gastfreundliche Herberge oberhalb der Plaza Mayor bietet einen schönen Blick über die Stadt und kostenlose Parkplätze gleich in der Nähe. Eine hervorragende Unterkunft mit stilvoll gekachelten Bädern, attraktiven Kunstwerken und Extras wie in einem Hotel, z. B. Toilettenartikel, Espressomaschine und ein Tablett mit Gebäck als Gastgeschenk. Die Eigentümer vermieten auch einige Apartments in der Nähe.

★ **Posada de San José** HISTORISCHES HOTEL €€
(969 21 13 00; www.posadasanjose.com; Ronda de Julián Romero 4; EZ/DZ 60/85 €, DZ mit Aussicht 97 €, EZ/DZ mit Gemeinschaftsbad 32/45 €; ❄ @ 📶) Im Besitz von Antonio und seiner kanadischen Ehefrau Jennifer hat sich diese Unterkunft in einer ehemaligen Chorschule aus dem 17. Jh. mit den labyrinthartig verteilten Räumen, edlen Kunstwerken, unebenen Böden und Originalkacheln ihren klösterlichen Charme bewahrt. Jedes Zimmer ist anders, die günstigeren mit Gemeinschaftbädern sind in den einstigen Priesterklausen untergebracht, die teureren verbinden wohnlichen Komfort mit dem Flair vergangener Zeiten. Manche haben Balkone mit traumhafter Aussicht über die Schlucht. Im Erdgeschoss gibt's ein renommiertes Restaurant.

Convento del Giraldo HISTORISCHES HOTEL €€
(969 23 27 00; www.hotelconventodelgiraldo.com; Calle de San Pedro 12; DZ/Suite 66/125 €; ❄ @ 📶) Das umgebaute Kloster aus dem 17. Jh. punktet mit stilvoller Einrichtung und seiner Lage oberhalb der Kathedrale, auch wenn von dem ursprünglichen Gebäude nur noch wenig erhalten ist. Dennoch haben die attraktiven Zimmer dunkle Holzmöbel, große Bäder und viele protzen mit schönen Aussichten. Online gibt's oft gute Angebote.

CH Victoria Alojamientos HOTEL €€
(620 782 937; www.grupochvictoria.es; Calle Mateo Miguel Ayllón 2; EZ 25–45 €, DZ 50–80 €; P 📶) Hier verschwimmen die Grenzen zwischen *hostal* und Hotel. Die Zimmer dieses tollen Hotels bieten mit ihrer stilvollen Ausstattung, modernen Badezimmern, festen Matratzen und jeder Menge wohlüberlegter Extras jeden Komfort. Eine Rezeption gibt's nicht, daher im Voraus buchen und einen Termin zur Schlüsselübergabe vereinbaren.

Hostal San Pedro HOSTAL €€
(628 407 601, 969 23 45 43; www.hostalsanpedro.es; Calle de San Pedro 34; EZ/DZ 40/70 €; 📶) Die Zimmer dieses preislich und seiner Lage nach hervorragenden *hostal* sind butterfarben gestrichen, haben traditionelle Fliesen, Betten mit schmiedeeisernen Kopfenden sowie rustikale Holzmöbel und -fensterläden. Die Badezimmer sind geräumig und modern. Die Eigentümer betreiben auch das Restaurant Mangana an der Plaza Mayor, daher kann man dort anfragen oder vorher anrufen.

Parador de Cuenca HISTORISCHES HOTEL €€€
(969 23 23 20; www.parador.es; Calle de Hoz de Huécar; EZ/DZ 100–175 €; P ❄ 📶 🏊) Von dem majestätischen ehemaligen Kloster genießen Gäste den wahrscheinlich besten Blick auf die *casas colgadas* auf der anderen Seite der Schlucht. Die renovierten Zimmer warten mit modernem Luxus auf, während die öffentlichen Bereiche, zu denen auch ein alter Kreuzgang gehört, mit riesigen Gobelins und Antiquitäten durch und durch historisch daherkommen.

Essen

★ **El Bodegón** SPANISCH €
(969 21 40 29; Cerrillo de San Roque A1; Hauptgerichte 7–10 €, Menüs 10 €; Di–So 13–16 & 20.30–22.30 Uhr; 📶) Einfach, unkompliziert, tolles Preis-Leistungs-Verhältnis, blitzschneller Service. Die gesellige Bar in einer Gasse der Neustadt könnte zu dem Restaurant in Kastilien-La Mancha werden, an das man sich am längsten erinnert. Perfekt, um mittags ewig zu sitzen und langsam zu genießen. Unbedingt probieren: das exzellente *menú del día*.

Posada de San Julián SPANISCH €
(969 21 17 04; Calle de las Torres 1; Hauptgerichte 7–12 €, Menüs 11 €; Di–Sa 12–15 & 19–22, So 12–15 Uhr) Einfach vom historischen Zentrum den Hügel hinunter kann man in einer

Umgebung aus dem 16. Jh. mit hohen Decken, echten Säulen und knarrenden Böden schwelgen. Das Lokal ist familiengeführt (wenn man früh kommt, sieht man die Oma beim Kartoffelschälen), die Küche ist vielleicht keine Tellerkunst, aber lecker, macht satt und stellt wegen der großen Portionen und frischen Zutaten ein hervorragendes Preis-Leistungs-Verhältnis dar.

Asador María Morena SPANISCH €€
(☎ 969 23 88 25; www.asadormariamorena.com; Calle Larga 31; Hauptgerichte 17–20 €; ⌚ 13–16 & 20–23 Uhr) Das Asador ist perfekt für ein romantisches Essen zu zweit oder für einen entspannten Abend oben in der Altstadt mit Panoramablick auf die Schlucht. Alles von schwarzer Paella (mit Tinte vom Kalmar) bis zu den heimischen *patatas a lo pobre* (Kartoffeln mit Zwiebeln, Knoblauch und Paprika) wird flink und kunstvoll zubereitet.

El Secreto SPANISCH €€
(☎ 678 611301; www.elsecretocuenca.com; Calle de Alfonso VIII 81; Hauptgerichte 10–17 €; ⌚ Mo & Di 11–16.30, Do-So 11–16.30 & 20–24 Uhr; 📶) Ein großes Geheimnis ist das El Secreto nicht. Das üppige Dekor mit bemalten Balken und Wandbildern auf Fliesen, zusammen mit einer freundlichen, entspannten Atmosphäre deuten darauf hin, dass das Restaurant ziemlich gefragt ist. Die Auswahl an Pasta, Salaten und Fleischgerichten, darunter ein unorthodoxer Burger aus Wildfleisch, ist gut. Alles kann im hinteren Speiseraum (mit Aussicht) oder an der schrecklich schmalen Theke im vorderen Bereich genossen werden.

La Bodeguilla de Basilio TAPAS €€
(☎ 969 23 52 74; Calle Fray Luis de León 3; raciones 10-13 €; ⌚ Di-Sa 13–16 & 20–23, So 13–16 Uhr) Man sollte hungrig hierherkommen, da bei der Bestellung eines Drinks eine kostenlose Platte Tapas serviert wird und nicht nur eine Scheibe vertrockneten Käses – typische Schmankerl sind eine Kombination aus Wachteleiern und Bratkartoffeln oder eine Schüssel *caldo* (Brühe auf Fleischbasis). *Zarajos* (gegrilltes Lamm am Spieß), ein in Cuenca traditionelles Gericht, ist hier auch eine Spezialität. Es handelt sich um eine der beliebtesten Tapasbars in der Neustadt, daher früh kommen, um noch einen Platz zu ergattern.

Verständlicherweise wird es hier gerammelt voll, daher sollte man sich für Besonderheiten wie *patatas a lo pobre* oder Lammkoteletts nach hinten ins Restaurant begeben. Die Wände sind mit einem faszinierenden Durcheinander aus alten Fotos von Cuenca oder landwirtschaftlichen Geräten bedeckt.

★ **Raff San Pedro** MODERN SPANISCH €€€
(☎ 969 69 08 55; www.raffsanpedro.es; Ronda de Julian Romero; Hauptgerichte 18–25 €, Menüs 27–36 €; ⌚ Di-Sa 13–16 & 20.30–23, So 13–16 Uhr; 📶) Etwas versteckt in einer schmalen Fußgängerstraße nahe der Kathedrale gelegen, bietet das Raff, dessen innovative kulinarische Überzeugungen tief in lebhaften, frischen Geschmacksrichtungen gründen, Kombinationen wie mit Muschel-Ceviche gefüllte Tomaten oder gefüllte aus Jamwurzel hergestellte Gnocchi. Die Menüs sind eine hervorragende Art, verschiedene zeitgenössische Gerichte zu probieren, obwohl an den großzügigen Portionen nichts „Nouvelle" ist.

★ **Romera Bistrót** INTERNATIONAL €€€
(☎ 626 087832; www.romerabistrot.com; Calle de los Tintes 19; Hauptgerichte 18-25 €; ⌚ Mo–Sa 12–15 & 20–23 Uhr; 📶 🌿) Bikes, Trüffel, Sashimi … Klingt das interessant bis jetzt? Das Romero ist ein Restaurant der neuen Art in Cuenca, mit einer kurzen Speisekarte, die schwer einzuordnen ist: Lachs-Sashimi, schwarze Spaghetti und Gänseleber-Royale. Alles wird perfekt umgesetzt in einem lichtdurchfluteten Raum mit 10 Tischen und dem Flair eines Pariser Bistros. Zur Atmosphäre (und damit vielleicht der Nachhaltigkeit) tragen Motorradmotive bei – einschließlich (manchmal) Pasta in Motorradform.

★ **Figón del Huécar** SPANISCH €€€
(☎ 969 24 00 62; www.figondelhuecar.es; Ronda de Julián Romero 6; Hauptgerichte 13–25 €, Menüs 26–36 €; ⌚ Di–Sa 13.30–15.30 & 21–22.30, So 13.30–15.30 Uhr; 📶) Wegen der romantischen Terrasse mit spektakulärem Panorama zählt das Figón del Huécar zu den Restaurant-Highlights der Altstadt. Gebratenes Spanferkel, Lamm mit einer Füllung aus Wildspargel sowie andere kastilische Spezialitäten werden stilvoll zubereitet und serviert. Früher wohnte hier der spanische Sänger José Luis Perales.

Ausgehen & Nachtleben

La Tasca del Arte BAR
(☎ 969 16 01 95; www.la-tasca-del-arte.es; Calle Fray Luis de León 9; ⌚ 13–2 Uhr) Man sollte diese *tasca* (Tapasbar) aufsuchen, wenn man Live-Flamenco in einer intimen Atmosphäre erleben will und ebenfalls Tapas und Ge-

tränke haben möchte. Darunter befinden sich eine beeindruckende Anzahl von Import- und Craft-Bieren. Vorstellungen finden von Donnerstag bis Samstag ab 21 Uhr statt. Wegen des begrenzten Platzangebots sollte man früh herkommen, um einen Tisch zu ergattern. Das Restaurant erhält auch von Lesern begeisterte Kritiken.

Praktische Informationen

Zentrale Touristeninformation (☎ 969 24 10 51; http://turismo.cuenca.es; Calle de Alfonso VIII 2; ⏲ Mo–Fr 10–14 & 16.30–19.30, Sa & So 10–20 Uhr) Hier kann man Touren durch die mittelalterlichen Túneles de Alfonso VIII buchen, die sich wabenartig unter der Altstadt erstrecken.

Touristeninformation (☎ 969 23 58 15; http://turismo.cuenca.es; Av República Argentina 4; ⏲ Mo–Sa 10–14 & 17–20, So 10–14 Uhr) Cuenca's zweite, etwas kleinere Touristeninformation befindet sich in der Neustadt. Im Winter an den Wochenenden eingeschränkte Öffnungszeiten.

An- & Weiterreise

Cuenca hat zwei Bahnhöfe. Der Schnellzug AVE (nach Valencia und Madrid) nutzt die moderne **Estación de Cuenca-Fernando Zóbel** (☎ 912 43 23 43; www.renfe.com; Avenida Cerro de la Estrella; ⏲ 6.45–22.30 Uhr) 6 km südwestlich der Stadt. Bus 12 (1,25 €, alle 30 Min.) verbindet sie mit dem Stadtzentrum.

Der Regionalbahnhof **Estación de Cuenca** (☎ 912 32 03 20; www.renfe.com; Calle Mariano Catalina 10; ⏲ Fahrkartenschalter 8.30–21.15 Uhr) befindet sich in der Neustadt, südwestlich der Calle de Fermín Caballero und gegenüber dem Busbahnhof.

Neben täglich bis zu neun Bussen nach Madrid (15 €, 2 ¼ Std.) gibt's auch regelmäßige Verbindungen zu anderen Städten in Kastilien-La Mancha, darunter Toledo (14,50 €, 3 ¼ Std.) und Albacete (12 €, 2 ¼ Std.).

Unterwegs vor Ort

Die örtlichen Buslinien 1 und 2 sind auf der Rundstrecke von der Neustadt zur Plaza Mayor unterwegs (1,20 €, alle 30 Minuten) und halten draußen vor der Estación de Cuenca-Fernando Zóbel. Einen großen kostenlosen-Parkplatz findet man an der Calle Larga oberhalb des Bogens im oberen Teil der Altstadt.

Pastrana

1054 EW.

Pastrana sollte man nicht verpassen. Der Ort ist urwüchsig, mit verschlungenen, von honigfarbenen Steinhäusern gesäumten Kopfsteinpflasterstraßen, kleinen familiengeführten Geschäften, guten Restaurants und stimmungsvollen Bars mit Tischen auf dem Pflaster. Pastrana ist nicht nur bekannt für einen berüchtigten Hofskandal im 16. Jh., sondern auch dafür, dass hier großartige flämische Wandteppiche bewahrt werden.

ABSTECHER

SERRANÍA DE CUENCA

Von Cuenca sind es 30 km über die CM2105 bis zur **Ciudad Encantada** Carretera CM2104, Km 19; (Erw./Kind 3 €/frei; ⏲ 10 Uhr–Sonnenuntergang, P). Hier hat natürliche Erosion aus Kalksteinfelsen einzigartige Gebilde geformt. Ein 40-minütiger Rundweg führt durch die Freiluftfelsgalerie inmitten von Kiefernwäldern. Die CM2105 verläuft weiter nordwärts durch das malerische Dorf **Uña**, vorbei am kristallklaren Wasser des **Embalse del Tobar** und an der **Reserva Natural de El Hosquillo**. In dem geschützten Park leben hier wiederangesiedelte Braunbären.

Zurück nach Cuenca gelangt man über die CM210, eine ruhige Landstraße, die mehrere traditionelle Orte wie **Priego** passiert, eine hübsche in einem Tal gelegene Stadt, die von den Römern gegründet wurde. Wer weiter nach Sigüenza möchte, fährt von Beteta aus Richtung Nordosten nach **Molina de Aragón**. Über dem hübschen Städtchen dräut eine der spektakulärsten Burgen Spaniens.

Sehenswertes

Herz und Seele des Ortes ist die große, von Akazien umstandene **Plaza de la Hora** mit dem gedrungenen **Palacio Ducal** an der Stirnseite. Mittwochmorgens findet hier ein geschäftiger Markt statt. 1581 wurde in Pastrana die einäugige Prinzessin von Éboli, Ana Mendoza de la Cerda, wegen ihrer Liebesaffäre mit dem Sekretär des spanischen Königs Philipp II. eingesperrt. Man kann noch das vergitterte Fenster ihrer Zelle sehen, in der sie zehn Jahre später starb, und sich samstags um 11.30 Uhr einem Rundgang (nur auf Spanisch, 6 €) der Touristeninformation (S. 256) anschließen.

Iglesia de Nuestra Señora de la Asunción & Museo Parroquial MUSEUM
(Stiftskirche; ☎ 949 37 00 27; www.museoparroquialdetapicesdepastrana.com; Calle Mayor; Erw./Kind 5 €/frei; ⏲ Di–Fr 11.30–14 & 16.30–19, So 13–14 & 16.30–19 Uhr) Von der Plaza de la Hora führt die Calle Mayor zu dieser wuchtigen Kirche. Sie beherbergt das kleine, aber interessante Museo Parroquial mit den Juwelen der Prinzessin von Éboli, einigen exquisiten, flämischen Tapisserien aus dem 15. Jh. und einem Gemälde von El Greco.

Parque Arqueológico de Recópolis ARCHÄOLOGISCHE STÄTTE
(Römische Ruinen; ☎ 949 37 68 98; www.recopolis.com; Carretera de Almoguera, Zorita de los Canes; Erw./Kind 5/2,50 €; ⏲ Mi–So 10–18 Uhr; P) Bei Recópolis, einer faszinierenden archäologischen Fundstelle, handelt es sich um eine Seltenheit. Sie war eine von wahrscheinlich nur vier Städten, die zur Zeit der Westgoten in Westeuropa errichtet wurden. Im Jahr 578 n. Chr. von König Loevigild gegründet, wurde sie ursprünglich als Konkurrenz zu Konstantinopolis gesehen (dieser Traum platzte jedoch bald). An der Fundstelle gibt's ein Interpretationszentrum, das Führungen durch die Ruinen anbietet. Die Stätte liegt 18 km südlich von Pastrana, ausgeschildert ab der Straße nach Tarancón (direkt nach dem Kernkraftwerk rechts abbiegen).

Schlafen

Hotel Palaterna HOTEL €
(☎ 949 37 01 27; www.hotelpalaterna.com; Plaza de los Cuatro Caños 4; Zi./Suite 65/95 €; ❄ 📶) Das hübsche, moderne Hotel Palaterna blickt auf einen kleinen Platz mit sprudelndem Springbrunnen. Alle Zimmer sind in kühlen Farben gehalten, verfügen über schöne Stoffe und helle Holzmöbel.

Essen

★ **Cenador de las Monjas** SPANISCH €€
(☎ 949 37 01 01; www.cenadordelasmonjas.es; Calle de las Monjas; Hauptgerichte 12-20 €, Menüs 35-40 € ⏲ Fr & Sa 14–16 & 21–23, So 14–16 Uhr; P) 🌿 Der Speiseraum im Kloster San José aus dem 16. Jh. bietet toll zubereitetes spanisches Essen. Man sitzt unter einer Decke mit Holzbalken, von Ölgemälden blicken ernst dreinschauende Adlige herab, und man genießt Wildhackbällchen oder Thunfisch mit Honigglasur. In alter Klostertradition stammen viele Gemüsesorten aus eigenem Anbau.

Praktische Informationen

Touristeninformation (☎ 949 37 06 72; www.pastrana.org; Plaza de la Hora 5; ⏲ Mo–Fr 10–14 & 16–19, Sa 10–14 & 16–20, So 10–14 Uhr)

An- & Weiterreise

Pastrana liegt 42 km südlich der Regionalhauptstadt Guadalajara an der CM200. Wer mit öffentlichen Verkehrsmitteln aus Madrid oder Cuenca anreist, muss einen Bus oder Zug nach Guadalajara nehmen. Dort verkehrt täglich ein Bus von Guadalbus (www.guadalbus.com) nach Pastrana (6 €, 1¼ Std.) und zurück.

Sigüenza

4335 EW.

Das verschlafene historische und von den Geistern einer turbulenten Vergangenheit erfüllte Sigüenza lohnt einen Abstecher. Es nimmt einen vom Río Henares umschlossenen Hügel ein und lockt mit einer Burg, einer Kathedrale und mehreren exzellenten Restaurants in von mittelalterlichen Häusern gesäumten verschlungenen Gassen. Ein guter Ausgangspunkt für einen Stadtbummel ist die wunderschöne Plaza Mayor aus dem 16. Jh. Von Madrid aus ein beliebtes Tagesausflugsziel.

Sehenswertes

★ **Catedral de Santa María de Sigüenza** KATHEDRALE
(☎ 619 362715; www.lacatedraldesiguenza.com; Plaza del Obispo Don Bernardo; ⏲ Di–Sa 9.30–14 & 16–20, So 12–17.30 Uhr) Im Herzen der Altstadt erhebt sich Sigüenzas Prunkstück: die Kathedrale. Baubeginn des ursprünglich romanischen Gebäudes war im Jahr 1130. In den folgenden vier Jahrhunderten wurde es ausgeschmückt und zeigt sich heute größtenteils gotisch, angereichert mit Elementen anderer Bauformen vom Plateresk- über Renaissance- bis zu Mudejarstil. Im Bürgerkrieg wurde die Kirche zwar schwer beschädigt (man beachte die Einschlagspuren von Kugeln und Granaten im Glockenturm), danach jedoch wiederaufgebaut.

Im dunklen Kirchenschiff mit schönen Buntglasfenstern und einem im 15. Jh. errichteten eindrucksvollen Altar (an der Südwand) herrscht eine besinnliche Atmosphäre. Um die Kapellen, die Sakristei und den gotischen Kreuzgang besichtigen zu können, muss man an einer Führung (auf Spanisch, pro Person 7 €, Di–So 12,13, 16.30

Sigüenza

Sigüenza

Highlights
1 Catedral de Santa María de Sigüenza B1

Sehenswertes
2 Castillo de Sigüenza B4

Schlafen
3 El Doncel A1
Parador de Sigüenza .... (siehe 2)

Essen
4 Bodega Sigüenza B3
5 Calle Mayor B3
6 Gurugú de la Plazuela B3
7 Nöla B3

und 17.30 Uhr) teilnehmen. Ein Höhepunkt der Führung ist die **Capilla Mayor**, in der die als *El Doncel* bezeichnete Marmorstatue des seitlich liegenden Don Martín Vázquez de Arce zu sehen ist, der in der Endphase der Reconquista im Kampf gegen die Muslime starb.

Besonders schön ist die **Sacristía de las Cabezas**, deren Decke mit Hunderten von Covarrubias skulptierten Köpfen verziert ist. Der **Durchgang zur Capilla del Espíritu Santo** vereint Plateresk-, Mudejar- und gotischen stil; innen gibt's eine bemerkenswerte Kuppel und eine *Anunciación* von El Greco.

Castillo de Sigüenza BURG
(www.parador.es; Plaza del Castillo; P) Die Calle Mayor führt von der Kathedrale nach Süden den Berg hinauf zu einer großartigen Burg, die ursprünglich von den Römern erbaut wurde und schon als maurische Festung, königlicher Palast, Zufluchtsstätte sowie Kaserne diente. Während des Spanischen Bürgerkriegs wurde sie fast vollständig zerstört und schließlich unter Franco als *parador* wiederaufgebaut.

Nichtgäste können gerne hineinspazieren und die Cafeteria und andere öffentliche Bereiche nutzen, von denen man auf einen wunderschönen Hof blickt.

Schlafen

★ **El Doncel** HOTEL €€
(949 39 00 01; www.eldoncel.com; Paseo de la Alameda 3; DZ 60–70 €;) Warme Farben, Steinwände, indirektes Licht, Kühlschränke (für den *cava*) sowie wunderbar weiche Bettdecken und Kissen entsprechen vor allem dem Geschmack von Paaren aus Madrid, die hier ein romantisches Wochenende verbringen. Das komfortable und attraktive Hotel hat auch ein hervorragendes Restaurant. Unter der Woche sind die Zimmer preiswerter.

Parador de Sigüenza HISTORISCHES HOTEL €€€
(949 39 01 00; www.parador.es; Plaza del Castillo; DZ 110–185 €; P) Der *parador* ist in einer Burg aus dem 12. Jh. mit Blick über die Stadt untergebracht. Im schönen Innenhof lässt sich hervorragend die Zeit vertrödeln. Die Zimmer sind mit Antikmöbeln ausgestattet und haben kleine Fenster – wie in einer Burg üblich –, daher kann es etwas dunkel sein. Um etwas Licht und Aussicht zu genießen, sollte man ein Zimmer mit Balkon nehmen.

Essen

★ **Calle Mayor** SPANISCH €€
(949 39 17 48; www.restaurantecallemayor.com; Calle Mayor 21; Hauptgerichte 12–18 €; 13–15.30 & 20.30–23 Uhr) Das hervorragende Restau-

rant liegt zwischen Kathedrale und Burg. Als Vorspeise sollte man die im Garten des Besitzers angebauten Tomaten bestellen. Die Hauptgerichte wie geröstetes Zicklein und gebratenes Lamm sind eher traditionell, aber auch raffiniertere Kreationen wie mit Garnelen gefüllte Artischocken werden angeboten. Der Service ist liebenswürdig und man spricht Englisch.

Bodega Sigüenza SPANISCH €€

(☎ 949 39 32 46; www.bodegasiguenza.es; Calle Mayor 41; Hauptgerichte 12-14 €, Menüs 27 €; ⏲ Di–So 13.30–16 & 20.30–23 Uhr) In dem kleinen, aber erfreulich intimen Restaurant nahe der Burg bietet die nicht sehr umfangreiche Speisekarte Gerichte nach Rezepten, wie sie für Kastilien-La Mancha typisch sind. Eine Spezialität ist *callos* (Kutteln), aber es gibt auch (für einige) eher bekannte Hauptgerichte wie Burger mit sonnengetrockneten Tomaten und cremigem Manchego-Käse.

Gurugú de la Plazuela TAPAS €€

(☎ 949 39 01 34; www.gurugudelaplazuela.com; Plazuela de la Cárcel; Pilzgerichte 16–19 €; ⏲ Do–Sa 12.30–16 & 20–23, So 12.30–16 Uhr) Mit einem schönen Ausblick auf die kleine atmosphärische Plazuela de la Cárcel bietet diese alte Taverne als Spezialität bis zu 16 verschiedenen Pilzkreationen an. Auf der Karte stehen aber auch andere Gerichte wie Wild. Darüber hinaus werden im traditionell gefliesten Speiseraum regelmäßig Kunst- und Fotoausstellungen gezeigt.

Nöla FUSION, SPANISCH €€€

(☎ 949 39 32 46; www.nolarestaurante.es; Calle Arcedianos 20; Hauptgerichte 15–32 €, Menüs 26 €; ⏲ Do–Sa 13.30–15.30 & 20.30–22.30, So 13.30–15.30 Uhr) Das in einem großartigen Herrenhaus im Gotik- und Mudejarstil untergebrachte Nöla lädt zum Verweilen ein. Die Speisekarte mischt die traditionelle Küche auf höchst erfreuliche und innovative Weise mit Gerichten wie *salmorejo* (Püree aus Brot und Tomaten) mit Seespinne und frischen Bohnensprossen sowie Lammbraten mit Haselnüssen.

ℹ Praktische Informationen

Touristeninformation (☎ 949 34 70 07; www.turismocastillalamancha.es; Calle de Serrano Sanz 9; ⏲ Mo–Do & Sa 10–14 & 16–18, Fr 10–14 & 16–20, So 10–14 Uhr) Am Hügel unter der Kathedrale. Öffnet/schließt im Sommer eine Stunde später.

ℹ An- & Weiterreise

Regionalzüge zum Madrider Bahnhof Chamartín (12 bis 14 €, 1½–1¾ Std., 5-mal täglich.) über Guadalajara; einige fahren in die andere Richtung nach Soria.

Atienza

444 EW.

Wenn man inmitten der Ruinen der sturmerprobten Burg von Atienza steht und auf die trockenen Ebenen und sanften Hügel schaut, dann weiß man, dass es so etwas nur in Spanien gibt. Die kleine Stadt mit ihrer romantischen Atmosphäre sieht nicht viele ausländische Besucher. Am Wochenende (wenn die Museen tatsächlich geöffnet sind!) kann man gut ein wenig durch die Gassen und über die von Fachwerkhäusern gesäumte Plaza Mayor schlendern. Atienza liegt 30 km nordwestlich von Sigüenza und die Burg oben auf dem Hügel ist kilometerweit zu sehen.

◉ Sehenswertes

Über der von Fachwerkhäusern gesäumten **Plaza del Trigo**, die im 16. Jh. ein Marktplatz war, wacht die Renaissancekirche **Iglesia San Juan Bautista** mit einer eindrucksvollen Orgel und üppig vergoldetem *retablo (Altarbild)*. Der Platz ist herrlich, wäre allerdings noch fotogener ohne die hier geparkten Autos. Daneben gibt's drei winzige, doch wuchtige romanische Kirchen mit kleinen Museen (nur am Wochenende geöffnet).

Museo de San Gil MUSEUM

(☎ 949 39 99 04; Plaza de Don Agustín González Martínez Sacerdote 1; 2 €; ⏲ Sa & So 11.30–14 & 16–19 Uhr) Die romanische Iglesia de San Gil beherbergt dieses wundervoll konzipierte Museum. Die Kirche selbst mit ihrer Mudejar-Decke und der plateresken Tür ist vermutlich das „Hauptausstellungsstück". In den Seitenschiffen findet man religiöse Kunst, eine kleine Sammlung über Archäologie (hauptsächlich Pfeilspitzen) und Paläontologie (Fossilien).

Castillo Roquero BURG

(Camino de San Salvador; ⏲ Sonnenaufgang–Sonnenuntergang; 👪) GRATIS Das ist eine richtige Burg! Die romantische Ruine erhebt sich wie eine natürliche Erweiterung aus dem Felsen und hat Vorgängerbauten aus römischer, westgotischer und maurischer Zeit. Der christliche König Alfons VI. konnte sie 1085 von den Mauren zurückerobern, heute

ABSEITS DER ÜBLICHEN PFADE

AUF DEM JAKOBSWEG NACH ATIENZA

Nach Atienza fahren nicht viele Busse, aber mit einer guten Kondition gibt's eine tolle Alternative: auf einem wenig begangenen südlichen Teil des Pilgerweges nach Santiago kommt man durch eine typisch kastilische Landschaft mit ausgedörrten Hügeln, durchquert halbvergessene, teils verlassene Dörfer und erreicht schließlich Atienza.

Eine gut ausgezeichnete 32 km lange Strecke verbindet die zwei historischen Städte Sigüenza und Atienza. Unterwegs passiert man die winzigen, doch atmosphärischen Dörfer Palazuelos, Olmeda de Jadraque und Riofrío del Llano.

Los geht's in Sigüenza am Ortsausgang über Calle Santa Bárbara, vorbei an einem Fußballplatz und über einen Bahnübergang. Danach nimmt man den unbefestigten Weg, der so breit ist wie ein Auto, hügelaufwärts und folgt den blauen und gelben „Camino"-Schildern mit der berühmten Muschel. Der gut gekennzeichnete Weg ist das ganze Jahr über gut begehbar (wenn das Wetter mitspielt), aber ganz egal, zu welcher Jahreszeit man loszieht, man sollte immer genug Wasser und Nahrung mitnehmen, denn in den Dörfern unterwegs wird nur sehr wenig angeboten.

hat man von hier aus eine fabelhafte Aussicht auf die *meseta* (Ebene) der Umgebung.

Schlafen

Hostal El Mirador HOSTEL €
(☎ 949 39 90 38; www.elmiradordeatienza.com; Calle Barruelo; EZ/DZ 30/45 €; P ❄ 📶) Das Mirador bietet tadellose Zimmer zum Schnäppchenpreis. Von der Budgetunterkunft in einem modernen weißgekalkten Gebäude öffnet sich ein großartiger Panoramablick über die Felder darunter. Von dem hervorragenden Restaurant aus hat man dieselbe Aussicht und kann außerdem die kreative Küche sowie typische Gerichte wie *cordero* (Lamm) und *cabrito* (Zicklein) genießen.

★ **Antiguo Palacio de Atienza** HOTEL €€
(☎ 949 39 91 80; www.palaciodeatienza.com; Plaza de Agustín González 1; DZ 55–85 €; P ❄ 📶 🏊) Der ehemalige Palast ist die beste Unterkunft vor Ort. Er bietet schöne Zimmer, die mit kompetent ausgewählten Kunstwerken modernisiert wurden. Die komfortablen Betten und freiliegenden Balken sind gut genug, um die Erwartungen von Prinzen und Prinzessinnen (und Touristen?) aus der heutigen Zeit zu erfüllen. Der Preis variiert abhängig von der Raumgröße und davon, ob die stilvollen Bäder einen Whirlpool haben. Vom Balkon blickt man auf Rasenflächen und den Pool. Es gibt auch ein gutes Restaurant.

La Casa de San Gil CASA RURAL €€
(☎ 626 165 544; www.lacasadesangil.com; Plaza de Don Agustín González Martínez Sacerdote 1; Zi. 70–80 €; P 📶) Dieses traditionelle im 18. Jh. erbaute Landhaus aus Stein liegt im Schatten der Iglesia de San Gil und wurde von seinen *madrileño*-Eigentümern (Einwohner Madrids) liebevoll restauriert. Jeder der fünf Räume ist unterschiedlich, aber alle sind in sanften Erdfarben ausgeschmückt und besitzen rustikalen Charme. Außerdem gibt's noch ein Wohnzimmer mit Kamin und einen hübschen kleinen Garten.

Praktische Informationen

Touristeninformation (☎ 949 39 90 01; www.atienza.es; Calle Héctor Vázquez 2; ⏲ Mo–Fr 11–14 & 16–19, Sa & So 11–14 Uhr). Das hier befindliche kleine Museum zeigt lokale Trachten und alles, was sich auf die Trachten und Feste der Stadt bezieht.

An- & Weiterreise

Busse fahren nur selten. Frühmorgens gibt's einige Busverbindungen nach Madrid (12 €, 2¾ Std.) und Sigüenza (4 €, 45 Min.).

Alarcón

160 EW

Etwa einhundert Kilometer südlich von Cuenca liegt das verführerische mittelalterliche Dorf Alarcón. An drei Seiten vom Río Júcar als natürlichem Graben umgeben, nähert man sich dem Dorf über eine enge Straße, die sich durch drei mittelalterliche Verteidigungsbögen windet. Berühmteste Sehenswürdigkeit ist die im Grundriss dreieckige islamische Burg, die aus dem 8. Jh. stammt und 1184 von den Mauren nach neunmonatiger Belagerung eingenommen wurde. Sie dient jetzt als *parador* – einer der kleinsten in Spanien. Die

Landschaft ringsum ist atemberaubend und für Wanderungen sehr beliebt.

Schlafen & Essen

★ **Parador de Alarcón** HISTORISCHES HOTEL €€€
(Marqués de Villena; ☎ 969 33 03 15; www.parador.es; Avenida Amigos de los Castillos 3; DZ ab 195 €; P ❄ 📶) Der Parador de Alarcón gehört zu den großartigen in Burgen eingerichteten *paradores*, die es im ganzen Land gibt. Daher sollte man aufs Ganze gehen und ein Zimmer mit Himmelbett und Chaiselongue buchen. Es mag majestätisch sein, gehört aber mit nur 24 Zimmern zu den kleinsten *paradores* in Spanien. Historisch, aber intim.

La Cabaña de Alarcón SPANISCH €€
(☎ 969 33 03 73; www.restaurantelacabanadealarcon.es; Álvaro de Lara 21; Hauptgerichte 12–16 €, Menüs 18 €; ⏲ Mo–Sa 13–16 & 20.30–23, So 13–16 Uhr; 📶) Mit seinen Panoramafenstern, dem dunkelrosa Anstrich, zeitgenössischen Kunstwerken und den einwandfrei zubereiteten lokalen Gerichten mit Schwerpunkt auf Wild und Fleisch vom Grill ist das La Cabaña de Alarcón das beste Restaurant der Stadt.

Praktische Informationen

Touristeninformation (☎ 969 33 03 01; Calle Posadas 6; ⏲ Di–Sa 10–14 Uhr) Für Wanderkarten des Dorfes und seiner Umgebung einfach hier vorbeischauen. Falls geschlossen, gibt's in der Nähe detaillierte Anzeigetafeln mit Karten.

An- & Weiterreise

Jeden Tag fährt ein von Rubiocar (www.rubiocar.com) betriebener Bus nach Cuenca (4,50 €, 1½ Std.). Am Fuß des Dorfes gibt's einen kostenlosen großen Parkplatz.

Imón

40 EW

Dieses 16 km nordwestlich von Sigüenza liegende Juwel von Dörfchen hat überraschend viel zu bieten. Dazu gehören anspruchsvolle Optionen zum Wohnen und Essen (für die ihr Wochenende hier verbringenden *madrileños*), einen an die Salinas de Imón angegliederten Badekomplex sowie ausgezeichnete Möglichkeiten für Spaziergänge und Vogelbeobachtung.

Sehenswertes

Verpassen sollte man nicht die **Becken zur Salzgewinnung**, die nur einen kurzen Fußmarsch entfernt an der nach Sigüenza führenden Straße liegen; mit den verfallenden Gebäuden in der Umgebung als Hintergrund ergeben sich gute Gelegenheiten für tolle Fotos. Die Pfannen wurden 1996 aufgegeben.

Wem nach einem leichten Spaziergang ist, folgt Don Quichottes Pfad am Ende der nach Norden führenden Hauptstraße (Calle Cervantes). Der 4,5 km lange gemütliche Spaziergang führt durch die Felder zu einer Burg aus dem 15. Jh., **La Riba de Santiuste**, die hoch auf dem Felsen über einem halb verlassenen Dorf desselben Namens hockt. Es ist faszinierend, die halb verfallene Burg zu erforschen.

Imón bildet auch ein wichtiges Reiseziel für viele Zugvogelarten, darunter der Schwarzstorch, der Königsadler und der Gleitaar.

Schlafen

La Botica BOUTIQUE-HOTEL €€
(☎ 949 39 74 15; www.laboticahotelrural.com; Calle Cervantes 40; DZ 70–80 €; ❄ 📶 🏊) La Botica ist eine ehemalige Apotheke mit sechs romantischen Zimmern – nein, „Suiten" –, die mit Whirlpools augestattet sind. Einige besitzen auch Balkons und Kamine. Es gibt ein Schwimmbecken im Außenbereich, eine vornehme Terrasse und ein Restaurant mit exzellentem Frühstück und Abendessen. Ebenfalls vorhanden ist ein kleines Museum, in dem die frühere Gestalt des Gebäudes gewürdigt wird.

Salinas de Imón HISTORISCHES HOTEL €€
(☎ 949 39 73 11; www.salinasdeimon.com; Calle Real 49; DZ 95–145 €, Suite 195 €; P ❄ 📶 🏊) Ein Steingebäude aus der Mitte des 17. Jh. beherbergt das Salinas de Imón. Die 13 Zimmer wurden mit einfühlsamer Integrität und einem Sinn für Geschichte restauriert. Luxuriöse Badezimmer und ein wunderbarer, lauschiger Garten mit Rasen, Laube und einem Schwimmbecken sorgen für zusätzliche Attraktivität. Darüber hinaus gibt's auch ein Spa, in dem Massagen und andere Therapien angeboten werden.

An- & Weiterreise

Imón liegt 16 km nordwestlich von Sigüenza. Es gibt so gut wie keine öffentlichen Verkehrsmittel.

Barcelona

1621090 EW.

Inhalt ➡

Gut essen

- Disfrutar (S. 327)
- Kaiku (S. 324)
- Tickets (S. 333)
- Tapas 24 (S. 325)
- La Cova Fumada (S. 323)
- Restaurant 7 Portes (S. 324)

Schön übernachten

- Casa Gràcia (S. 314)
- Casa Camper (S. 311)
- Cotton House (S. 314)
- Serras Hotel (S. 310)
- DO Reial (S. 311)

Auf nach Barcelona!

Lebenskünstler und Kulturliebhaber fasziniert an Barcelona vor allem die Mischung aus sonnigem mediterranem Charme und europäisch geprägter Architektur. Die katalanische Küche wartet mit köstlichen Gerichten auf und die Bars und Clubs sind das ganze Jahr über ein Anziehungspunkt. Im Sommer strömen zudem zahlreiche Badefans an die stadteigenen und nahegelegenen Strände.

Aus einem mittelgroßen römischen Ort entwickelte sich Barcelona im Mittelalter zu einer wichtigen Handelsmetropole. In der Altstadt befinden sich viele gotische Gebäude, außerdem kann man einige der weltweit kuriosesten Bauten wie Gaudís surreale La Sagrada Família bestaunen. Seit Ende des 19. Jhs. hat Barcelona mit Legenden wie Picasso und Miró sowie modernen Werken immer wieder neue Wege in Sachen Kunst, Architektur und Design beschritten.

Reisezeit

Barcelona

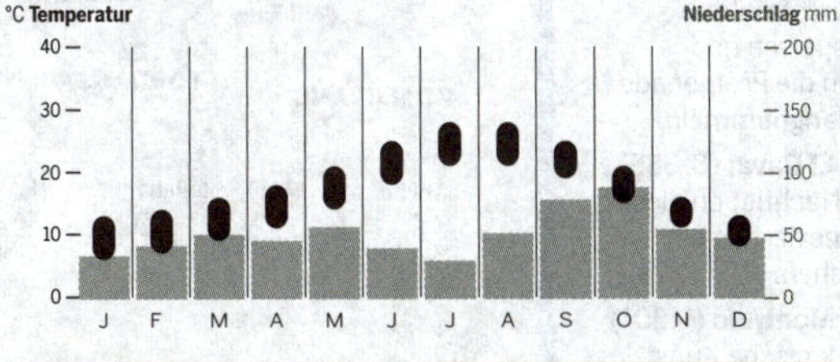

Mai Beim viertägigen Festival Primavera Sound finden auf der Plaça del Fòrum Rock- und Pop-Konzerte statt.

Juni Sónar, Europas größtes Forum für Elektromusik, lockt mit einem Wochenende voller Konzerte.

Sept. Die Festes de la Mercè, die größte Party der Stadt, läuten das Ende des Sommers ein.

Highlights

1. **La Sagrada Família** (S. 288) Antoni Gaudís unvollendetes Meisterwerk bestaunen.
2. **Barri Gòtic** (S. 270) Durch die engen mittelalterlichen Gassen von Barcelonas reizender Altstadt bummeln.
3. **Palau de la Música Catalana** (S. 279) Ein Konzert in einem der extravagantesten Konzertsäle Europas erleben.
4. **Camp Nou** (S. 346) In dem legendären Stadion ein Spiel des FC Barça sehen.
5. **Park Güell** (S. 296) Sich am Ausblick von Gaudís fabelhaftem Werk weiden.
6. **L'Eixample** (S. 286) Restaurants und Kneipen in den reizvollen Straßen erkunden.
7. **Museu Picasso** (S. 280) Pablos frühe Meisterwerke entdecken.
8. **La Barceloneta** (S. 282) Frische Meeresfrüchte verspeisen und dann die Promenade entlangbummeln.
9. **El Raval** (S. 335) Ins Nachtleben dieses Szeneviertels eintauchen.
10. **Montjuïc** (S. 301) Romanische Kunst, eine düstere Burg, schöne Gärten und zahlreiche Werke von Miró kennenlernen.

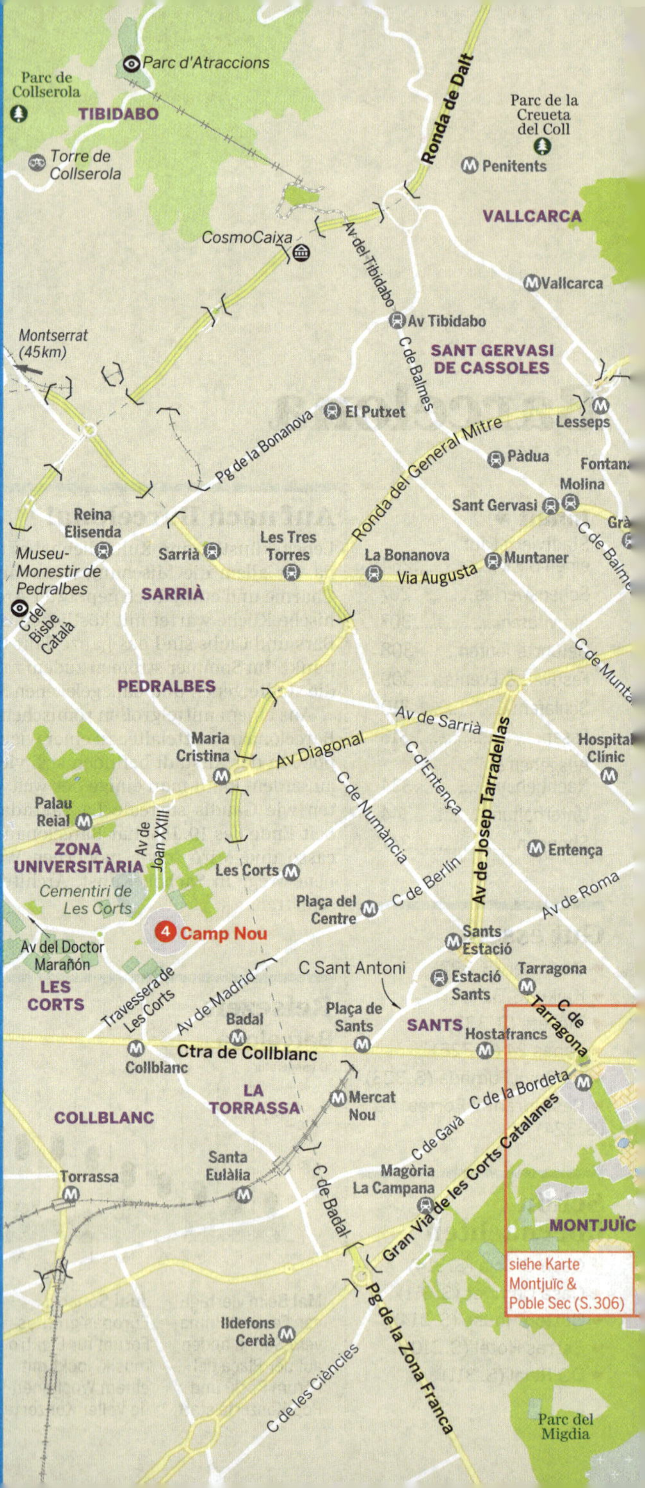

EL GUINARDÓ
Túnel de la Rovira
Turó de la Rovira
Guinardó
Park Güell
EL CARMEL
Gaudí Experience
Travessera de Dalt
Alfons X
Recinte Modernista de Sant Pau
C de Sant Antoni Maria Claret
Camp de l'Arpa
CAMP DE L'ARPA
Sant Pau/ Dos de Maig
Encants
C de Pi i Margall
Travessera de Gràcia
Joanic
C de Còrsega
Sagrada Família
C de Padilla
C d'Aragó
1 La Sagrada Família
C de Sardenya
siehe Karte Gràcia (S. 300)
Pg de Sant Joan
GRÀCIA
Verdaguer
Av Diagonal
Monumental
siehe Karte L'Eixample (S. 292 f.)
Gran Via de les Corts Catalanes
Estació del Nord
Arc de Triomf
EL FORT PIENC
6 L'Eixample
Pg de Gràcia
L'EIXAMPLE
C d'Aragó
Ronda de Sant Pere
3 Palau de la Música Catalana
Universitat
siehe Karte Barri Gòtic, La Rambla & El Raval (S. 268 f.)
C del Comte d'Urgell
Urgell
Ronda de Sant Antoni
El Raval 9
Barri Gòtic 2
Via Laietana
CIUTAT VELLA
La Rambla
Rocafort
SANT ANTONI
Pg de Colom
Av del Paral·lel
POBLE SEC
Marina
PORT VELL
Port Vell
Montjuïc 10
Ronda del Litoral
Cementiri del Sud-Oest
Sitges (38 km)
Sagrera
Av Meridiana
C de Felip II
Navas
C de las Navas Tolosa
Rambla de Prim
Sant Martí
C d'Aragó
Bac de Roda
Gran Via de les Corts Catalanes
C de Pere IV
EL CLOT
Clot
LA VERNEDA
SANT MARTÍ
C de Bac de Roda
Av Diagonal
Glòries
Museu Can Framis
Poblenou
C de Pere IV
Museu de la Música
C dels Almogàvers
Llacuna
EL POBLENOU
C de Pallars
Cementiri de l'Est
Pg de Calvell
Marina
Bogatell
C de la Marina
VILA OLÍMPICA
Ronda del Litoral
Platja de Bogatell
Av del Litoral
Platja de la Nova Icària
Pg de Pujades
Pg de Picasso
siehe Karte La Ribera (S. 278)
7 Museu Picasso
Port Olímpic
Platja de la Barceloneta
LA BARCELONETA
8 La Barceloneta
Platja de Sant Sebastià
Platja de Sant Miquel
siehe Karte La Barceloneta (S. 284)
MITTELMEER
0
1 km

Stadtviertel im Überblick

❶ La Rambla & Barri Gòtic (S. 270)

Auf der La Rambla, der berühmten Fußgängerzone, ist immer was los. Das Publikum besteht aus Straßenmusikern, Händlern, Touristen und Trickbetrügern (aufgepasst!), und Menschen drängen sich in den sonnenbeschienenen Cafés und in den Geschäften entlang des Boulevards. Das angrenzende Barri Gòtic ist eine Schatztruhe voller Relikte aus römischer Zeit, gotischen Kirchen aus dem 14. Jh. und Kopfsteinpflastergassen.

❷ El Raval (S. 277)

Teilweise ist das einst elende Viertel El Raval zwar immer noch zwielichtig, hat aber in den letzten Jahren durch hypermoderne Museen und Kulturzentren wie das Museu d'Art Contemporani de Barcelona von Stararchitekt Richard Meier eine bemerkenswerte Erneuerung erfahren. Weitere Highlights sind das szenige Nachtleben des Viertels und die vielfältigen kulinarischen Genüsse auf dem Mercat de la Boqueria.

❸ La Ribera (S. 277)

In diesem mittelalterlichen Viertel gibt's so ziemlich alles – von edlen Geschäften bis zu den quirligsten Tapas-Bars in ganz Barcelona. Einige der wichtigsten Sehenswürdigkeiten sind das hervorragende Museu Picasso, die Ehrfurcht gebietende gotische Basílica de Santa Maria del Mar und das kunstvoll im Stil des Modernisme gestaltete Konzert-

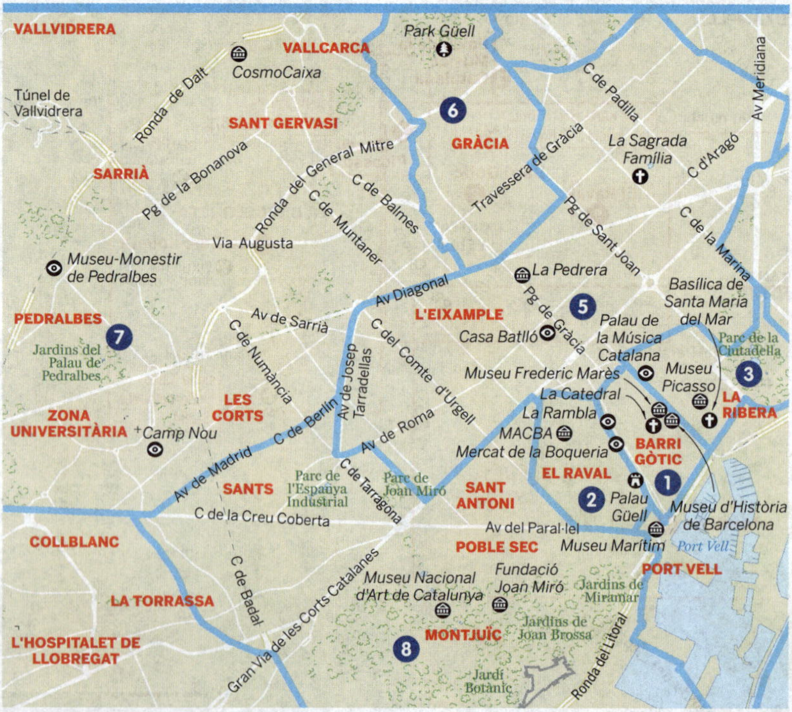

haus Palau de la Música Catalana. Frische Luft schnappen die Einheimischen in den Grünanlagen des Parc de la Ciutadella.

❹ La Barceloneta & das Hafengebiet (S. 282)

Das ehemals industriell geprägte Hafengebiet hat seit Ende des 20. Jhs. eine atemberaubende Verwandlung durchgemacht: Heute gibt's hier saubere Strände, schicke Bars und Restaurants, elegante Skulpturen, eine 4,5 km lange Promenade, ultramoderne Hochhäuser und Marinas voller Yachten. Mit seinem rechtwinkligen Straßennetz bildet der Stadtteil Barceloneta, ein altmodisches Fischerviertel voller traditioneller Meeresfrüchterestaurants, das Tor zum Mittelmeer.

❺ La Sagrada Família & L'Eixample (S. 286)

Mit Antoni Gaudís unfertigem Meisterwerk, der Sagrada Família, ist der elegante verkehrsumtoste Stadtteil L'Eixample eine Hochburg der Modernisme-Architektur. Außerdem beeindruckt L'Eixample mit einer berühmtem kulinarischen Szene sowie edlen Boutiquen und einem äußerst vielfältigen Nachtleben: Neben Studentenkneipen und glitzernden Cocktaillounges findet man in „Gaixample" auch eine muntere Clubszene der Schwulen und Lesben.

❻ Gràcia & Park Güell (S. 296)

Bis in die 1890er-Jahre hinein war Gràcia eine eigenständige Stadt. Seine schmalen Gassen und malerischen Plätze verströmen auch heute noch ein dörfliches Flair. Die alteingesessenen Cafés und Kneipen, Vintage-Läden und Restaurants mit Ethnoküche locken hippe junge Leute aus allen möglichen Ländern an. Auf einem Hügel Richtung Norden erstreckt sich das Modernisme-Freiluftmärchenbuch Park Güell, ein weiteres faszinierendes Werk Gaudís.

❼ Camp Nou, Pedralbes & La Zona Alta (S. 297)

In dem riesigen Gebiet hinter L'Eixample Richtung Nordwesten befinden sich einige der „heiligsten" Stätten der Stadt, z. B. das friedliche mittelalterliche Kloster Pedralbes oder auch der große „Tempel" des katalanischen Fußballs, Camp Nou. Andere Sehenswürdigkeiten sind der Freizeitpark auf dem Tibidabo mit tollem Ausblick, die bewaldeten Wege des Parc de Collserola und ein kinderfreundliches Wissenschaftsmuseum.

❽ Montjuïc, Poble Sec & Sant Antoni (S. 301)

Auf dem Hügel oberhalb des Hafens tummeln sich einige der besten Kunstsammlungen der Stadt: das Museu Nacional d'Art de Catalunya (MNAC), die Fundació Joan Miró und das CaixaForum. Zur hiesigen Kulisse gehören weitere Galerien sowie Gärten und ein imposantes Schloss. Unmittelbar unterhalb des Montjuïc liegt Poble Sec mit seinen lebhaften Tapas-Bars und Restaurants. Das aufblühende Viertel Sant Antoni lockt ein junges und hippes Völkchen an.

Geschichte

Vermutlich wurde die Stadt um 230 v. Chr. von den Karthagern errichtet und nach Hamilkar Barkas, dem Vater Hannibals, benannt. Das römische Barcelona (Barcino) war unbedeutender als das 90 km südwestlich gelegene Tarraco (Tarragona) und bestand aus dem heutigen Barri Gòtic. Nach der muslimischen Besetzung und anschließenden fränkischen Vorherrschaft begründete Wilfried der Haarige (Guifré el Pilós) 878 das Haus der Grafen von Barcelona (Contes de Barcelona). 1137 heiratete Graf Raimund Berengar IV. die Thronerbin von Aragonien, Petronella, und schuf dadurch ein gemeinsames Reich sowie die Voraussetzung für Kataloniens Goldenes Zeitalter. Jakob I. (1213–1276) entriss in den 1230er- bis 1240er-Jahren den Muslimen die Balearen und Valencia. Sein Sohn Peter II. eroberte 1282 Sizilien. Die Thronbesteigung Ferdinands von Aragonien 1479 verhieß für Barcelona nichts Gutes, noch schlimmer war seine Heirat mit Königin Isabella von Kastilien. Katalonien wurde nun tatsächlich zu einem untergeordneten Teil des kastilischen Reichs. Nach dem Spanischen Erbfolgekrieg (1702–1713) fiel die Stadt im September 1714 an den Bourbonenkönig Philipp V.

Modernisme, Anarchie & Bürgerkrieg

Das 19. Jh. brachte die Wiederbelebung der Wirtschaft mit sich. Es entstanden Weinbau, Baumwoll-, Kork- und Eisenindustrie, allerdings gab es auch Armut und Unruhen in der städtischen Arbeiterklasse. Als Barcelona aus allen Nähten zu platzen drohte, wurden 1854 die mittelalterlichen Stadtmauern abgerissen. 1869 begannen die Arbeiten in L'Eixample, einer Ortserweiterung jenseits der Plaça de Catalunya. Das aufstrebende Bürgertum kaufte prunkvolle Häuser, viele im einzigartigen Modernismestil, dessen führender Vertreter Antoni Gaudí war. 1937, während des ersten Jahrs des Spanischen Bürgerkriegs, übernahm die katalanische kommunistische Partei (PSUC; Partit Socialista Unificat de Catalunya) nach heftigen Straßenkämpfen gegen die Anarchisten und Trotzkisten die Kontrolle über die Stadt. George Orwell erinnerte in seinem Klassiker *Mein Katalonien* an diese Zeit. 1939 fiel Barcelona an Franco. Es folgte eine lange Zeit der Unterdrückung.

Von Franco bis zur Gegenwart

Unter Franco erlebte die Stadt einen gewaltigen Zustrom, insbesondere durch andalusische Immigranten. Allein in den 1950er- und 1960er-Jahren kamen über 750 000 Menschen hierher, und fast noch einmal so viele strömten ins restliche Katalonien. Sie lebten häufig unter katastrophalen Bedingungen. 1978, drei Jahre nach Francos Tod, garantierte die neue spanische Verfassung die Autonomie Kataloniens (auf Katalanisch: Catalunya, auf Kastilisch: Cataluña) mit Barcelona als Hauptstadt. Von den Olympischen Spielen 1992 profitierte die Metropole enorm. Unter der umsichtigen Führung des beliebten Bürgermeisters Pasqual Maragall von den katalanischen Sozialisten sorgte ein Bauboom für neues Leben auf dem Montjuïc und im einst heruntergekommenen Hafengebiet.

Beflügelt vom damaligen Erfolg lässt die Stadt auch weiterhin einstmals heruntergekommene Viertel in neuem Glanz erstrahlen. Im teilweise nach wie vor zwielichtigen Raval wurden zahlreiche Bauprojekte durchgeführt, darunter Richard Meiers 1995 eröffnetes ultramodernes MACBA und die 2012 errichtete Filmoteca de Catalunya. Das einst abgewirtschaftete Industrieviertel Poble Nou weiter im Westen erfand sich neu als 22@ (ausgesprochen vint-i-dos arroba), ein Zentrum für Technologie und Design auf einer Fläche von 200 ha. Innovative Unternehmen und futuristische Gebäude (z. B. das Museu del Disseny) verleihen der sich ständig wandelnden Stadtlandschaft immer wieder ein neues Gesicht.

Separatisten auf dem Vormarsch

Die Weltwirtschaftskrise, die 2007 begann, hat die Stabilisierung der Wirtschaft stark in den Fokus gerückt. Die rasant steigende Arbeitslosenquote und der geradezu schmerzhafte Sparkurs, ganz zu schweigen von der schweren Steuerlast, die Katalonien zu tragen hat, ließen die Wut auf die Zentralregierung wachsen und befeuerten die Unabhängigkeitsbestrebungen der Region.

Der dringende Wunsch, eigene Wege zu gehen, ist in Katalonien erst in den letzten paar Jahren aufgekommen. Jüngste Umfragen und die regionalen Wahlen Ende 2017 deuten darauf hin, dass etwa die Hälfte der Katalanen hinter der Idee steht, dass ihre Region ein neuer europäischer Staat wird. Bei Redaktionsschluss hatte Madrid jedoch gerade die Regionalregierung als Reaktion auf Carles Puigdemonts Verkündung der katalanischen Unabhängigkeit entmachtet; dies war nämlich laut Richterspruch ein eindeutiger Verstoß gegen die spanische Verfassung.

BARCELONA IN ...

... einem Tag

Am ersten Tag stromert man vormittags durch die engen mittelalterlichen Gassen des Barri Gòtic und wirft einen Blick in **La Catedral** (S. 271) – auf keinen Fall den von Gänsen bevölkerten Kreuzgang verpassen! Anschließend spaziert man über die hübschen Plätze **Plaça de Sant Josep Oriol** und **Plaça Reial** (S. 76). Im faszinierenden **Museu d'Història de Barcelona** (S. 271) steht die Stadtgeschichte im Mittelpunkt. Vorm Mittagessen steht noch ein Streifzug auf der La Rambla auf dem Programm, wunderbares Terrain zum Leute-Beobachten.

Nachmittags geht's nach La Ribera mit seinen zahlreichen architektonischen Schätzen. Einen Blick lohnt z. B. die majestätische **Basílica de Santa Maria del Mar** (S. 279). Im **Museu Picasso** (S. 280) kann man mehrere Stunden damit zubringen, die frühen Arbeiten eines der bedeutendsten Künstler des 20. Jhs. zu bestaunen. Das Museum nimmt die schönen Räumlichkeiten miteinander verbundener mittelalterlicher Villen ein.

Vor einem späten Abendessen (wie es in Spanien nun mal Brauch ist), empfiehlt sich eine Vorführung im **Palau de la Música Catalana** (S. 279), einem der großen Modernismemeisterwerke Barcelonas. Zum Ausklang des Abends könnte man sich ein paar tropisch angehauchte, leckere Getränke im kerzenbeleuchteten **Rubí** (S. 338) genehmigen.

... zwei Tagen

Tag Nummer zwei startet mit einem Besuch der **Sagrada Família** (S. 288), Gaudís unvollendetem Wunderwerk. Es lohnt sich, in eine Führung (oder einen Audioguide) zu investieren, um die wichtigste Attraktion Barcelonas besser zu verstehen.

Nach dem Mittagessen schaut man sich noch mehr famose Modernismearchitektur an – einfach den **Passeig de Gràcia** in L'Eixample entlangschlendern. Interessant sind z. B. Gaudís **Casa Batlló** (S. 286) und **La Pedrera** (S. 287) ein Stück die Straße hinunter.

Abends steht ein Fußballspiel im **Camp Nou** (S. 346) an, dem Heimatstadion des legendären FC Barcelona. Wenn die Zuschauer in Ekstase geraten, darf man sich auf einen ordentlichen Adrenalinkick freuen – insbesondere, wenn Barça gegen den Erzrivalen Real Madrid spielt.

... drei Tagen

Am dritten Tag in der Stadt widmet man sich dem traumhaften Mittelmeer. Los geht's am Morgen mit einem Spaziergang, einer Runde Joggen oder einer Fahrradtour am Wasser entlang. Unterwegs können Erfrischungen in den Strandrestaurants und -cafés besorgt werden.

Barceloneta lohnt einen Streifzug, um sich im Mercat de la Barceloneta umzusehen, bei **Baluard** (S. 322) gibt's was Süßes. Anschließend lädt das **Museu d'Història de Catalunya** (S. 284) dazu ein, eine interaktive Reise durch die katalanische Geschichte zu unternehmen und Jahrhundert um Jahrhundert in der Vergangenheit zurückzugehen.

Am Abend empfehlen wir Livemusik im gotischen Viertel. Gute Anlaufstellen für Jazz und Weltmusik sind der **Harlem Jazz Club** (S. 344) und **Jamboree** (S. 344). Wer dann noch Energie übrig hat, könnte sich zu Bars ein Stück ab vom Schuss aufmachen, etwa das **L'Ascensor** (S. 334), eine gemütliche Kneipe mit lecker zusammengestellten Cocktails und einem etwas erwachseneren Publikum als in anderen Teilen des Barri Gòtic.

Anfang 2018 fanden sich mehrere katalanische Politiker im Gefängnis wieder – der Volksverhetzung und Rebellion angeklagt!

Sehenswertes

Die historischen Bauwerke findet man vor allem im Barri Gòtic und in Ribera. Zusam-

Barri Gòtic, La Rambla & El Raval

BARCELONA BARRI GÒTIC, LA RAMBLA & EL RAVAL

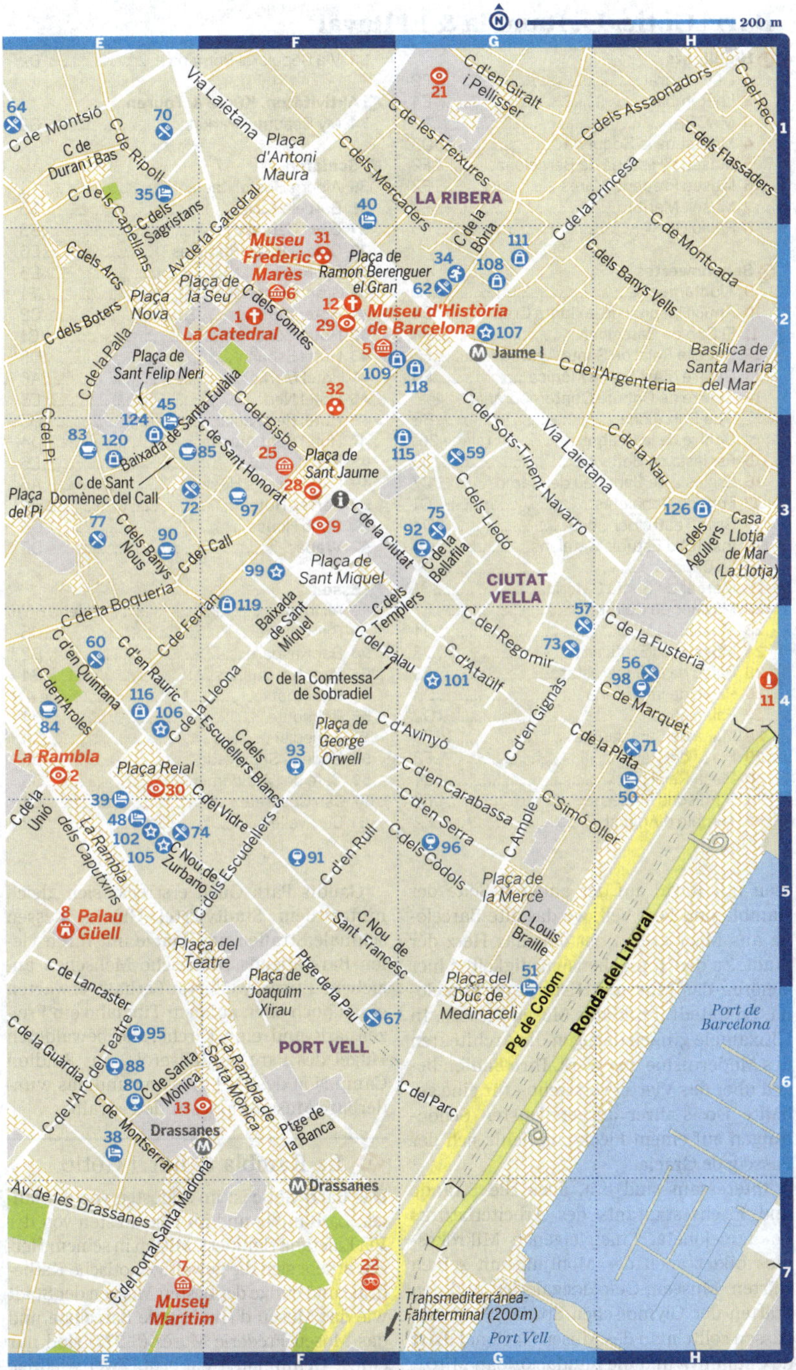
0
200 m
E
F
G
H
1
2
3
4
5
6
7
Via Laietana
Plaça d'Antoni Maura
C de Montsió
C de Duran i Bas
C de Ripoll
C dels Capellans
C dels Sagristans
Av de la Catedral
C dels Arcs
C dels Boters
Plaça Nova
Plaça de la Seu
C dels Comtes
Museu Frederic Marès
La Catedral
Plaça de Ramon Berenguer el Gran
Museu d'Història de Barcelona
Jaume I
C dels Mercaders
LA RIBERA
C de les Freixures
C d'en Giralt i Pellisser
C de la Bòria
C de la Princesa
C dels Assaonadors
C del Rec
C dels Flassaders
C de Montcada
C dels Banys Vells
C de l'Argenteria
Basílica de Santa Maria del Mar
C de la Palla
Plaça de Sant Felip Neri
Baixada de Santa Eulàlia
C del Bisbe
C de Sant Honorat
C del Pi
Plaça del Pi
C de Sant Domènec del Call
C dels Banys Nous
C del Call
Plaça de Sant Jaume
C de la Ciutat
C de la Bellafila
C dels Lledó
C del Sots-Tinent Navarro
C de la Nau
Casa Llotja de Mar (La Llotja)
C dels Agullers
Plaça de Sant Miquel
CIUTAT VELLA
C de la Boqueria
C de Ferran
Baixada de Sant Miquel
C dels Templers
C del Palau
C del Regomir
C de la Fusteria
C d'Ataülf
C de la Comtessa de Sobradiel
C d'en Quintana
C d'en Rauric
C de la Lleona
C d'en Gignàs
C de Marquet
C d'Avinyó
C d'en Arolès
La Rambla
Plaça Reial
C dels Escudellers Blancs
Plaça de George Orwell
C de la Plata
C Simó Oller
C d'en Carabassa
C d'en Serra
C Ample
C de la Unió
La Rambla dels Caputxins
C del Vidre
C Nou de Zurbano
C dels Escudellers
C d'en Rull
C dels Còdols
Plaça de la Mercè
C Louis Braille
Palau Güell
Plaça del Teatre
C Nou de Sant Francesc
C de Lancaster
Plaça de Joaquim Xirau
Ptge de la Pau
Plaça del Duc de Medinaceli
Pg de Colom
Ronda del Litoral
Port de Barcelona
C de la Guàrdia
C de l'Arc del Teatre
C de Santa Mònica
La Rambla de Santa Mònica
PORT VELL
C del Parc
C de Montserrat
Drassanes
Ptge de la Banca
Av de les Drassanes
C del Portal Santa Madrona
Museu Marítim
Transmediterránea-Fährterminal (200 m)
Port Vell

Barri Gòtic, La Rambla & El Raval

Highlights
1 La Catedral ... F2
2 La Rambla ... E4
3 MACBA ... A3
4 Mercat de la Boqueria ... D3
5 Museu d'Història de Barcelona ... F2
6 Museu Frederic Marès ... F2
7 Museu Marítim ... E7
8 Palau Güell ... E5

Sehenswertes
9 Ajuntament ... F3
10 Antic Hospital de la Santa Creu ... C4
11 El Cap de Barcelona ... H4
12 Capella Reial de Santa Àgata ... F2
13 Centre d'Art Santa Mònica ... F6
14 Centre de Cultura Contemporània de Barcelona ... B2
Centre de la Imatge ... (siehe 26)
15 Església de Betlem ... D3
16 Església de Sant Pau del Camp ... C7
17 Font de Canaletes ... C1
18 Gran Teatre del Liceu ... D4
19 Institut d'Estudis Catalans ... C4
20 La Capella ... C4
21 Mercat de Santa Caterina ... G1
22 Mirador de Colom ... F7
23 Mosaïc de Miró ... D4
24 Museu de l'Eròtica ... D3
25 Palau de la Generalitat ... F3
26 Palau de la Virreina ... D3
27 Palau Moja ... D2
28 Plaça de Sant Jaume ... F3
29 Plaça del Rei ... F2
30 Plaça Reial ... E4
31 Römische Mauern ... F2
32 Temple d'August ... F2
33 Via Sepulcral Romana ... D2

Aktivitäten, Kurse & Touren
34 My Beautiful Parking ... G2

Schlafen
35 Alberg Hostel Itaca ... E1
36 Barceló Raval ... C5
37 Casa Camper ... B3
38 Chic & Basic Ramblas ... E6
39 DO Reial ... E5
40 Grand Hotel Central ... F1
41 Hotel 1898 ... C2
42 Hotel Continental ... C1
43 Hotel España ... D5
44 Hotel Market ... A6
45 Hotel Neri ... E3
46 Hotel Peninsular ... D5
47 Hotel Sant Agustí ... D4
48 Kabul ... E5
49 Pars Tailor's Hostel ... A6
50 Serras Hotel ... H4
51 Soho House ... G6
52 Vrabac ... D2

Essen
Alkímia ... (siehe 66)
53 Bar Cañete ... D5
54 Bar Kasparo ... B2
55 Bar Muy Buenas ... B4
Bar Pinotxo ... (siehe 4)
56 Belmonte ... H4
57 Benedict ... G4
58 Bodega Sepúlveda ... B5
59 Café de l'Acadèmia ... G3
60 Can Culleretes ... E4
61 Caravelle ... B3

men mit Raval auf der anderen Seite der Rambla und Port Vell, wo das alte Barcelona ans Meer grenzt, ist dies das Herz der Stadt. Zu den Top-Sehenswürdigkeiten hier gehören das Museu d'Història de Barcelona, La Catedral und das Museu Picasso. In L'Eixample gingen dagegen die Architekten des Modernisme ans Werk. Ihre Bauten liegen über das Viertel verstreut – für eine geballte Dosis ihrer ausgefallensten Schöpfungen auf einem Fleck empfiehlt sich der Passeig de Gràcia.

Interessant sind u.a. auch die Strände und Fischrestaurants des Arbeiterbezirks La Barceloneta. Einen eigenen Mikrokosmos bildet auch der Montjuïc mit seinen Gärten, Museen, Gemäldegalerien und den Stätten der Olympischen Spiele. Nicht verpassen sollte man das Museu Nacional d'Art de Catalunya und die Fundació Joan Miró.

Gaudís Park Güell erstreckt sich gleich hinter dem Stadtviertel Gràcia, dessen schmale Straßen und Plätze mit ihren vielen Bars abends zahlreiche Menschen anziehen. Etwas weiter außerhalb erwarten einen hoch oben auf dem Tibidabo ein Freizeitpark und eine Kirche, die bewaldeten Hügel des Parc de Collserola, das Stadion Camp Nou des FC Barcelona und das wunderbare Museu-Monestir de Pedralbes.

La Rambla & Barri Gòtic

Das Barri Gòtic ist im Südosten von der langen La Rambla und im Nordwesten von der Via Laietana flankiert. Mitten in seinem Herzen erhebt sich die gewaltige gotische Kathedrale und einige der besten Museen der Stadt wie das Museu d'Història de Barcelona und das Museu Frederic Marès (S. 277) sind nur einige Gehminuten entfernt. Zwei wichtige

62 Cat Bar ... G2
63 Elisabets ... C2
64 Els Quatre Gats ... E1
65 Escribà ... A5
66 Fàbrica Moritz ... B5
67 Federal ... F6
68 Flax & Kale ... A1
69 Gats ... C3
70 Koy Shunka ... E1
71 La Plata ... H4
72 La Vinateria del Call ... E3
73 Milk ... G4
74 Ocaña ... E5
75 Pla ... G3
76 Sésamo ... B6
77 Taller de Tapas ... E3

Ausgehen & Nachtleben
78 33|45 ... B4
79 Bar Marsella ... D6
80 Bar Pastís ... E6
81 Betty Ford's ... A2
82 Boadas ... C2
83 Caelum ... E3
84 Café de l'Òpera ... E4
85 Čaj Chai ... E3
86 Casa Almirall ... A3
87 Granja M Viader ... C3
88 Kentucky ... E6
89 La Confitería ... B7
90 La Granja ... E3
91 La Macarena ... F5
92 L'Ascensor ... G3
93 Marula Café ... F4
94 Metro ... B5
95 Moog ... E6
96 Polaroid ... G5
97 Salterio ... F3
98 Sor Rita ... H4

Unterhaltung
99 El Paraigua ... F3
100 Filmoteca de Catalunya ... C5
Gran Teatre del Liceu ... (siehe 18)
101 Harlem Jazz Club ... G4
102 Jamboree ... E5
103 Jazz Sí Club ... B6
104 Renoir Floridablanca ... B6
105 Sala Tarantos ... E5
106 Sidecar Factory Club ... E4
107 Tablao Nervión ... G2

Shoppen
108 Arlequí Màscares ... G2
109 Cereria Subirà ... G2
110 El Corte Inglés ... D1
111 El Rei de la Màgia ... G2
112 Escribà ... D3
113 Fantastik ... A2
114 FNAC ... B1
115 Formatgeria La Seu ... G3
116 Herboristeria del Rei ... E4
117 Holala! Plaza ... A2
118 La Colmena ... G2
119 La Manual Alpargatera ... F3
120 L'Arca ... E3
121 Les Topettes ... A3
122 Mercat de Sant Antoni ... B6
123 Petritxol Xocoa ... D3
124 Sabater Hermanos ... E3
125 Torrons Vicens ... D3
126 Vila Viniteca ... H3

Plätze, an denen man sich gut orientieren kann, sind die Plaça de Sant Jaume mit den Regierungsgebäuden und die hübsche von Bogengängen gesäumte Plaça Reial.

★ La Catedral KATHEDRALE

(Karte S. 268 f.; ☎ 93 342 82 62; www.catedralbcn.org; Plaça de la Seu; „Spendereingang" 7 €, Chor 3 €, Dach 3 €; ⏱ Mo–Fr 8–12.45 & 17.45–19.30, Sa & So 8–20 Uhr, „Spendereingang" Mo 13–17.30, Sa 13–17, So 14–17 Uhr; Ⓜ Jaume I) Barcelonas wichtigste zwischen 1298 und 1460 errichtete Kathedrale bietet einen beeindruckenden Anblick. Ihre reich verzierte Hauptfassade von 1870 ist mit Wasserspeiern und Steinritzungen versehen, wie man sie eher aus der nordeuropäischen Gotik kennt. Damit hebt sie sich von anderen Sakralbauten der Stadt ab. Die übrigen Fassaden muten spartanisch an und auch die achteckigen Türme mit den Flachdächern lassen keinen Zweifel daran, dass die Kathedrale vorrangig die Prinzipien der katalanisch-gotischen Architektur verkörpert.

★ Museu d'Història de Barcelona MUSEUM

(MUHBA; Karte S. 268 f.; ☎ 93 256 21 00; www.museuhistoria.bcn.cat; Plaça del Rei; Erw./erm./Kind 7/5 €/frei, So 15–20 & 1. So im Monat frei; ⏱ Di–Sa 10–19, Mo bis 14, So bis 20 Uhr; Ⓜ Jaume I) Eines der faszinierendsten Museen Barcelonas führt durch die Jahrhunderte zurück bis zur Gründung der römischen Stadt Barcino durch Kaiser Augustus ca. 10 v. Chr. Hier sieht man verfallene Straßen, Abwasserkanäle, Waschanstalten sowie Wein- und Fischfabriken. Beeindruckend ist auch das Gebäude selbst. Es war einst Teil des Palau Reial Major (Großer Königspalast) an der Plaça del Rei (Königsplatz, der einstige Palasthof) und zählte im Mittelalter zu den wichtigsten Stätten fürstlicher Macht in Barcelona.

TAKASHI IMAGES / SHUTTERSTOCK ©

HIGHLIGHT
LA RAMBLA

Barcelonas berühmteste Straße ist nicht nur ein Touristenmagnet, sondern bietet auch Einblicke in die katalanische Kultur – mit Kulturzentren, Theatern und architektonisch interessanten Gebäuden. Auf dem von Platanen gesäumten Fußgängerboulevard drängt sich bis in die frühen Morgenstunden ein schöner Querschnitt durch die Gesellschaft. Es tummeln sich Souvenirverkäufer, Straßenmusikanten, Pflastermaler und lebende Statuen in einer sich stets wandelnden Szenerie.

NICHT VERSÄUMEN

- Palau de la Virreina
- Centre d'Art Santa Mònica
- Església de Betlem
- Palau Moja
- Mosaïc de Miró

PRAKTISCH & KONKRET

- Karte S. 268 f.
- Ⓜ Catalunya, Liceu, Drassanes

Geschichte

Der Name geht zurück auf einen Bach (*ramla* auf Arabisch), der hier einst je nach Jahreszeit floss. Ab dem frühen Mittelalter war er besser bekannt als Cagalell („Strom der Scheiße") und befand sich bis ins 14. Jh. außerhalb der Stadtmauern. Dann, vom 16. bis frühen 19. Jh., entstanden Klostergebäude und Herrenhäuser für die wohlhabenden Stadtbewohner. Inoffiziell ist La Rambla in fünf Abschnitte unterteilt, weshalb Einheimische oft im Plural sprechen (Las Ramblas).

La Rambla de Canaletes

Dieser Teil nördlich der Plaça de Catalunya ist nach dem **Font de Canaletes** benannt, einem Trinkbrunnen aus der Zeit um 1900, der sich angeblich aus den Quellen von Canaletes speist. Einst sagte man, dass wer das Wasser von Les Canaletes trank, ein „richtiger" *barcelonin* war. Heute heißt es, dass jene, die Wasser aus dem Brunnen trinken, nach Barcelona zurückkehren werden – keine schlechte Aussicht! Wenn der FC Barcelona ein Pokalspiel gewinnt oder Meister wird, versammeln sich Fans im Freudentaumel am Brunnen, um zu feiern.

La Rambla dels Estudis

Die Rambla dels Estudis erstreckt sich vom Carrer de la Canuda nach Süden bis zum Carrer de la Portaferrissa. Einst befand sich hier ein von Gezwitscher erfüllter Vogelmarkt – 2010 wurde dieser nach 150 Jahren geschlossen. Gleich nördlich des Carrer del Carme erhebt sich die **Església de Betlem** (☎93 318 38 23; www.mdbetlem.net; Carrer d'en Xuclà 2; ⏲8.30–13.30 & 18–21 Uhr; Ⓜ Liceu), erbaut im späten 17. und frühen 18. Jh. im Barockstil für die Jesuiten. Sie ersetzte eine frühere Kirche, die ein Feuer 1671 zerstört hatte. Einst galt die Kirche als schönste der wenigen Barockbauten Barcelonas, doch linke Brandstifter steckten sie 1936 in Brand.

Die östliche Straßenseite der La Rambla dominiert der **Palau Moja** (☎93 316 27 40; https://palaumoja.com; Carrer de Portaferrissa 1; ⏲10–21 Uhr, Mo–Fr Café 9.30–24, Sa & So 11–24 Uhr; Ⓜ Liceu) GRATIS, ein klassizistisches Bauwerk aus der zweiten Hälfte des 18. Jhs. Von der anderen Straßenseite aus kann man die klaren, klassischen Linien des Palau am besten in Augenschein nehmen. Er birgt vor allem Regierungsbüros, aber auch ein Café und einen großen Andenkenladen.

La Rambla de Sant Josep

Zwischen Carrer de la Portaferrissa und Plaça de la Boqueria befindet sich der offiziell als La Rambla de Sant Josep bekannte Abschnitt. Die vielen Blumenstände zu seinen Seiten haben ihm jedoch einen Spitznamen eingetragen: La Rambla de les Flors, die „Blumen-Rambla". Hier ist das **Museu de l'Eròtica** (Erotikmuseum; Karte S. 268 f.; ☎93 318 98 65; www.erotica-museum.com; 10 €; ⏲10–24 Uhr; Ⓜ Liceu) zu finden.

Der Palau de la Virreina (S. 277) ist eine Rokokovilla aus dem 18. Jh. (mit einigen klassizistischen Elementen), in der inzwischen das **Centre de la Imatge** (☎93 316 10 00; www.ajuntament.barcelona.cat/lavirreina; Palau de la Virreina; ⏲Di–So 12–20 Uhr; Ⓜ Liceu) GRATIS mit wechselnden Fotografieausstellungen residiert.

Südlich des Palau, im El Raval, findet man mit dem Mercat de la Boqueria (S. 277) einen der bestsortierten Frischmärkte Europas, während man an der Plaça de la Boqueria gleich nördlich der Metrostation Liceu über einen echten Miró stolpert – im wahrsten Sinne. Ein farbenfrohes Mosaik (S. 283) ziert den Boden; eine Fliese hat der Künstler signiert.

La Rambla dels Caputxins

La Rambla dels Caputxins ist nach einem früheren Kloster benannt und erstreckt sich von der Plaça de la Boqueria zum Carrer dels Escudellers. An der Westseite erhebt sich das Gran Teatre del Liceu (S. 344), südöstlich liegt der Eingang zur Plaça Reial (S. 276).

La Rambla de Santa Mònica

Der letzte Abschnitt verbreitert sich auf dem Weg zum Mirador de Colom (S. 285) mit Blick über den Port Vell. Benannt ist er nach dem Convent de Santa Mònica, das heute ein Kulturzentrum ist. Das **Centre d'Art Santa Mònica** zeigt moderne Multimedia-Installationen.

BÜRGERKRIEG

Während des Spanischen Bürgerkriegs zog es viele Schriftsteller und Journalisten nach Barcelona. George Orwell – beseelt vom revolutionären Fieber – beschrieb die Rambla in den Anfängen des Kriegs in seinem Buch *Mein Katalonien* auf lebendige Weise.

Eine Querstraße östlich der Rambla dels Estudis, am Carrer de la Canuda, liegt die Plaça de la Vila de Madrid mit einem abgesenkten Garten samt römischen Gräbern. Dies war einst die Via Sepulcral Romana.

TOP-TIPPS

Am schönsten ist es auf der Rambla ganz früh am Morgen, bevor die Kreuzfahrtschiffe ihre Passagiere „ausspucken". Wichtig: Wertgegenstände im Auge behalten und Rucksäcke vor der Brust tragen; für Taschendiebe sind unaufmerksame Touristen das gefundene Fressen.

Der schönste Ort zum Frühstücken oder für einen Kaffee – egal zu welcher Tageszeit – ist das Café de l'Opera (La Rambla 74).

La Rambla

ZEITACHSE

Wer sich nicht von den Straßenkünstlern und vielen Touristen ablenken lässt, erlebt hier ein jahrhundertealtes Stück Barcelona.

13. Jh. Ein gewundener Bach (auf Arabisch *ramla*) fließt vor den Stadtmauern. Als Barcelona wächst, wird er zum Abwasserkanal, bis man ihn schließlich betoniert.

1500–1800 Zu diesem frühen Zeitpunkt stehen entlang der La Rambla nur einige Nonnen- und Mönchsklöster, darunter die barocke **1 Església de Betlem**, die im beginnenden 18. Jh. fertiggestellt wurde.

1835 Barcelona wird von Antiklerikalismus erfasst, und es kommt zu einer Reihe von Aufständen. Viele Kirchenbesitztümer an der La Rambla werden zerstört oder vom Staat beschlagnahmt. Dies ebnet den Weg für die Erbauung des **2 Mercat de la Boqueria** 1840, des **3 Gran Teatre del Liceu** 1847 und der **4 Plaça Reial** 1848.

Teatre Poliorama
1894 als Sitz der Akademie der Künste und Wissenschaften erbaut, diente es später als Kino und sogar als Beobachtungsposten für eine der kommunistischen Fraktionen im Bürgerkrieg.

KIEV.VICTOR/SHUTTERSTOCK ©

Església de Betlem
Von den einst vielen Kirchen an der La Rambla existiert nur noch diese der Heiligen Familie gewidmete. Ihr ehemals opulentes Inneres wurde während des Bürgerkriegs geplündert.

Mercat de la Boqueria
Der offizielle Name der wohl fotogensten Markthalle in ganz Barcelona ist El Mercat de Sant Josep. Er bezieht sich auf den Konvent St. Josep, der hier einst stand.

ALE ARGENTIERI/SHUTTERSTOCK ©

TONO BALAGUER/SHUTTERSTOCK ©

Gran Teatre del Liceu
Das fantastische Opernhaus wurde 1994 bei einem Brand stark beschädigt, 1999 aber aufwendig renoviert. Es gehört weiterhin zu den besten Theatern Europas.

1883 Der Architekt Josep Vilaseca renoviert die **5 Casa Bruno Cuadros**, während die ganze Stadt dem Modernisme huldigt. Er erschafft ein eklektisches Werk aus Glas und Schmiedeeisen, geschmückt mit ägyptischer Bildsprache und japanischen Drucken.

1888 In Barcelona findet die Weltausstellung statt, dafür werden viele städtebauliche Maßnahmen durchgeführt. Ihnen verdankt La Rambla ihre ersten elektrischen Straßenlaternen sowie den **6 Mirador de Colom**.

1936–1939 Während des Spanischen Bürgerkriegs ist La Rambla der Schauplatz brutaler Straßenschlachten. Der britische Autor und Journalist George Orwell versteckt sich während der Kämpfe drei Tage im **7 Teatre Poliorama** und beschreibt die Unruhen später in seinem großartigen Buch *Mein Katalonien*.

2017 Bei einem furchtbaren Terroranschlag wird ein Van in eine Menschenmenge gesteuert. 14 Menschen sterben, viele weitere werden verletzt.

Casa Bruno Cuadros
Das Regenschirmhaus (Casa dels Paraigües), wie die Einheimischen sagen, bewirbt seine Ware mit an der Wand befestigen Sonnenschirmen und einem prunkvollen Chinesischen Drachen.

Plaça Reial
Einer der hübschesten Plätze Barcelonas mit Straßencafés und Bars, Palmen, einem sprudelnden Brunnen und einigen ungewöhnlichen Laternen, die einst vom jungen Antoni Gaudí entworfen wurden.

Mirador de Colom
Dieses Kolumbus-Denkmal wurde 1888 als Teil der Weltausstellung erbaut. Von seiner 60 m hohen Aussichtsplattform hat man einen wirklich großartigen Ausblick über La Rambla.

Gran Teatre del Liceu
ARCHITEKTUR

(Karte S. 268; ☎ 93 485 99 00; www.liceubarcelona.cat; La Rambla 51–59; Führungen Erw./erm./Kind unter 7 J. 45 Min. 9/7,50 €/frei, 25 Min. 6/5 €/frei; ⌚ 45-minütige Führungen stdl. Mo–Fr 14–18, Sa ab 9.30 Uhr, Mo–Sa 25-minütige Führungen 13.30 Uhr; Ⓜ Liceu) Auch wenn man keine Aufführung besuchen möchte, kann man sich in einem der prachtvollsten Opernhäuser Europas umschauen, das die Einheimischen kurz „Liceu" nennen. In dem Saal finden bis zu 2300 Menschen Platz. Damit ist das Liceu kleiner als die Scala in Mailand, aber größer als La Fenice in Venedig.

Plaça del Rei
PLATZ

(Königsplatz; Karte S. 268 f.; Ⓜ Jaume I) Die Plaça del Rei (der „Königsplatz") ist ein malerischer Platz, auf dem das Königspaar Ferdinand und Isabella Christoph Kolumbus nach seiner ersten Reise in die Neue Welt empfangen haben soll. Einst war dies der Hof des Palau Reial Major. Heute ist im Palast ein erstklassiges Geschichtsmuseum untergebracht, unter dem sich ein paar bedeutende römische Ruinen befinden.

Palau de la Generalitat
HISTORISCHES GEBÄUDE

(Karte S. 268 f.; http://presidencia.gencat.cat; Plaça de Sant Jaume; ⌚ 2. & 4. Wochenende im Monat; Ⓜ Jaume I) Der Palau de la Generalitat (frühes 15. Jh.) ist nur selten zugänglich (am 2. und 4. Wochenende im Monat finden einstündige Führungen statt und dann gibt es noch Tage der Offenen Tür). Besonders beeindruckend ist der Saló de Sant Jordi (Saal des Hl. Georg), benannt nach dem katalanischen Schutzheiligen. Die Führungen können auf der Website gebucht werden.

Temple d'August
RUINE

(Karte S. 268 f.; ☎ 93 256 21 22; www.muhba.cat; Carrer del Paradis 10; ⌚ Di–Sa 10–19, So bis 20, Mo bis 14 Uhr; Ⓜ Jaume I) GRATIS Gegenüber vom südöstlichen Ende der Catedral führt der schmale Carrer del Paradis zur Plaça de Sant Jaume. In dem Haus mit der Nr. 10, selbst ein Hingucker mit gotischen und barocken Elementen, sind vier Säulen und der Architrav des wichtigsten römischen Tempels der Stadt zu sehen. Er ist Cäsar Augustus gewidmet und wurde im 1. Jh. v. Chr. gebaut.

Plaça Reial
PLATZ

(Karte S. 268 f.; Ⓜ Liceu) Einer der malerischsten – und lebendigsten – Plätze der Stadt. Zahlreiche Restaurants, Bars und Nachtcafés drängen sich unter den Arkaden der klassizistischen Gebäude aus dem 19. Jh. und so herrscht hier rund um die Uhr reges Treiben.

Ajuntament
ARCHITEKTUR

(Casa de la Ciutat; Karte S. 268 f.; ☎ 93 402 70 00; www.bcn.cat; Plaça de Sant Jaume; ⌚ So 10.30–13.30 Uhr; Ⓜ Jaume I) GRATIS Das Ajuntament, auch unter dem Namen Casa de la Ciutat bekannt, ist schon seit Jahrhunderten ein Zentrum der politischen Macht. Der Consell de Cent (Stadtrat) kam hier im 14. Jh. erstmalig zusammen. Leider ist das Gebäude immer wieder verändert worden, sodass heute nur noch der (inzwischen nicht mehr genutzte) Eingang am Carrer de la Ciutat

RÖMISCHE STÄTTEN

An der Plaça del Rei lohnt sich ein Abstecher nach Nordosten zu den beiden besterhaltenen Abschnitten der **römischen Stadtmauer** (Karte S. 268 f.; Ⓜ Jaume I), die einst 78 Türme hatte (gleichermaßen aus Prestigegründen wie zu Verteidigungszwecken). Ein Mauerabschnitt befindet sich an der Südseite der Plaça Ramon de Berenguer Gran; oben drauf erhebt sich die **Capella Reial de Santa Àgata** (Karte S. 268 f.; MUHBA, Plaça del Rei; ⌚ Di–Sa 10–19, Mo bis 14, So bis 20 Uhr; Ⓜ Jaume I). Den eigentlichen Platz dominiert eine Statue des Grafenkönigs Ramon de Berenguer Gran, erschaffen von Josep Llimona im Jahr 1880. Das andere Stück Mauer liegt etwas weiter südlich, nahe dem nördlichen Ende des Carrer del Sots-Tinent Navarro. Nach den ersten Angriffen germanischer Stämme aus dem Norden verstärkten die Römer diese Mauern im 3. und 4. Jh.

Entlang dem Carrer de la Canuda eine Querstraße östlich des oberen Endes der La Rambla erstreckt sich ein abgesenkter Garten mit mehreren **römischen Gräbern** (Karte S. 268 f.; ☎ 93 256 21 22; www.muhba.cat; Plaça de la Vila de Madrid; Erw./erm./Kind 2/1,50 €/frei; ⌚ Di & Do 11–14, Sa & So bis 19 Uhr; Ⓜ Catalunya). Nahebei werden auf Spanisch und Katalanisch Begräbnisrituale erklärt. Zu den ausgestellten Tonwaren gehört eine Bestattungsamphore mit dem Skelett eines dreijährigen römischen Kinds.

original mit seinen gotischen Verzierungen erhalten ist.

Plaça de Sant Jaume PLATZ
(Karte S. 268 f.; M Liceu, Jaume I) Seit sich die Römer hier vor etwa 2000 Jahren niederließen, ist das Gebiet rund um diesen oftmals umgebauten ehemaligen Marktplatz zum Mittelpunkt des bürgerlichen Lebens der Stadt geworden und noch immer der zentrale Schauplatz für traditionelle Festivitäten. An der Nordseite erhebt sich der Palau de la Generalitat (S. 246) – Sitz der katalanischen Regierung –, an der Südseite das Ajuntament.

Palau de la Virreina ARCHITEKTUR
(Karte S. 268 f.; La Rambla 99; M Liceu) Der Palau de la Virreina ist ein prächtiges Rokoko-Herrenhaus aus dem 18. Jh. mit ein paar klassizistischen Elementen, das ein vom Ajuntament betriebenes Infozentrum zu Kunst/Kultur und Unterhaltung mit Kartenverkauf beherbergt. Es ist eines der wenigen Beispiele für post-barocke Architektur in Barcelona; bei dem Erbauer, Manuel d'Amat i de Junyent, handelt es sich um den korrupten Gouverneur von Chile (damals eine spanische Kolonie, zu der auch die peruanischen Silberminen von Potosí gehörten).

El Raval

★MACBA KUNSTZENTRUM
(Museu d'Art Contemporani de Barcelona; Karte S. 268 f.; ☎ 93 412 08 10; www.macba.cat; Plaça dels Àngels 1; Erw./erm./Kind unter 14 J. 10/8 €/frei; ⌚ Mo & Mi–Fr 11–19.30, Sa 10–21, So & Feiertage 10–15 Uhr; M Universitat) Das 1995 eröffnete Museum wurde von Richard Meier entworfen und hat sich zum führenden Zentrum für moderne Kunst in Barcelona entwickelt. Die fesselnde Dauerausstellung im Erdgeschoss ist der spanischen und katalanischen Kultur ab der zweiten Hälfte des 20. Jhs. gewidmet. Hier werden u. a. Werke von Antoni Tàpies, Joan Brossa und Miquel Barceló gezeigt, internationale Künstler wie Paul Klee, Bruce Nauman und John Cage sind aber ebenfalls vertreten.

★Mercat de la Boqueria MARKT
(Karte S. 268 f.; ☎ 93 318 20 17; www.boqueria.info; La Rambla 91; ⌚ Mo–Sa 8–20.30 Uhr; M Liceu) An der Rambla gibt's wahrscheinlich kein interessanteres Gebäude als dieses. Das liegt nicht allein an seiner vom Modernisme beeinflussten Architektur – es entstand über einen recht langen Zeitraum, von 1840 bis 1914, dort, wo früher das St.-Josephs-Kloster gestanden hatte –, sondern darüber hinaus auch an dem sehr lebendigen Lebensmittelmarkt drinnen.

NICHT VERSÄUMEN

MUSEU FREDERIC MARÈS

Im **Museu Frederic Marès** (Karte S. 268 f.; ☎ 93 256 35 00; www.museumares.bcn.cat; Plaça de Sant Iu 5; Erw./erm./Kind 4,20/2,40 €/frei, So 15–20 Uhr & 1. So im Monat frei; ⌚ Di–Sa 10–19, So 11–20 Uhr; M Jaume I), einem riesigen mittelalterlichen Gebäudekomplex, der einst Teil des Palasts der Fürsten von Barcelona war, ist eine bunte Sammlung historischer Kuriositäten zu sehen, darunter Sakralkunst und jede Menge antiker „Krimskrams". Ein ziemlich ramponiertes Wappen an der Wand deutet darauf hin, dass dies eine Zeitlang auch Sitz der Spanischen Inquisition war. Frederic Marès i Deulovol (1893–1991) war ein wohlhabender Bildhauer, Reisender und fanatischer Sammler.

★Palau Güell PALAST
(Karte S. 268 f.; ☎ 93 472 57 71; www.palauguell.cat; Carrer Nou de la Rambla 3-5; Erw./erm./Kind unter 10 J. inkl. Audioguide 12/9 €/frei, 1. So im Monat frei; ⌚ April–Okt. Di–So 10–20 Uhr, Nov.–März bis 17.30 Uhr; M Drassanes) Der fantastische neugotische Prachtbau gilt als Musterbeispiel für Gaudís fieberhafte architektonische Vorstellungskraft und ist eines der wenigen großen Bauwerke aus dieser Zeit in der Ciutat Vella.

Església de Sant Pau del Camp KIRCHE
(Karte S. 268 f.; ☎ 93 441 00 01; Carrer de Sant Pau 101; Erw./erm./Kind unter 14 J. 3/2 €/frei; ⌚ Mo–Sa 10–13.30 & 16–19.30 Uhr; M Paral·lel) Barcelonas bestes Beispiel für romanische Architektur ist der zierliche kleine Kreuzgang dieser Kirche aus dem 12. Jh. mit einem etwas staubigen Garten. Den Haupteingang schmücken einige detailliert gearbeitete westgotische Skulpturen.

Antic Hospital de la Santa Creu HISTORISCHES GEBÄUDE
(Ehemaliges Hospital des Heiligen Kreuzes; Karte S. 268 f.; www.barcelonaturisme.com; Carrer de l'Hospital 56; ⌚ 9–22 Uhr; M Liceu) GRATIS Hinter La Boqueria steht das Antic Hospital de la Santa Creu, das von 1401 bis in die 1930er-Jah-

La Ribera

re das wichtigste Krankenhaus der Stadt war und im Mittelalter sogar als eines der besten in ganz Europa galt. Hier verstarb Antoni Gaudí im Jahre 1926. Heute befinden sich in dem Gebäude die **Biblioteca de Catalunya** und das **Institut d'Estudis Catalans** (Institut für Katalanische Studien; Karte S. 268 f.; ☎ 93 270 16 20; www.iec.cat; Carrer del Carme 47; ⊙ Sept.–Juli Mo–Fr 8–20 Uhr; Ⓜ Liceu). In der Hospitalkapelle aus dem 15. Jh., **La Capella** (Karte S. 268 f.; ☎ 93 256 20 44; www.bcn.cat/lacapella; ⊙ Di–Sa 12–20, So & Feiertage 11–14 Uhr; Ⓜ Liceu) GRATIS, sind wechselnde Ausstellungen zu sehen.

Centre de Cultura Contemporània de Barcelona KULTURZENTRUM

(CCCB; Karte S. 268 f.; ☎ 93 306 41 00; www.cccb.org; Carrer de Montalegre 5; Erw./erm./Kind unter 12 J. für 1 Ausstellung 6/4 €/frei, für 2 Ausstellungen 8/6 €/frei, So 15–20 Uhr frei; ⊙ Di–So 11–20 Uhr ; Ⓜ Universitat) 1994 eröffnete dieses beeindruckende Zentrum mit verschiedenen Auditorien, Ausstellungsbereichen und Konferenzsälen in der Casa de la Caritat, einem ehemaligen Hospiz aus dem 18. Jh. Eine Seite des spektakulären Hofs besteht vollständig aus Glas. Die Fläche (4500 m²) ist in vier Abschnitte unterteilt und Schauplatz eines

La Ribera

ständig wechselnden Programms (Ausstellungen, Filmreihen etc.).

La Ribera

★ Palau de la Música Catalana

ARCHITEKTUR

(Karte S. 292 f.; ☎ 93 295 72 00; www.palaumusica.cat; Carrer de Palau de la Música 4-6; Erw./erm./Kind unter 10 J. 18/15 €/frei; ⏲ Führungen 10–15.30 Uhr, Ostern, Juli & Aug. bis 18 Uhr; Ⓜ Urquinaona) Dieses Konzerthaus ist ein Höhepunkt der katalanischen Jugendstilarchitektur, eine Sinfonie aus Kacheln, Backstein, gemeißelten Steinen und Buntglas. Domènech i Montaner entwarf den Tempel der katalanischen Renaixença (Renaissance) zwischen 1905 und 1908 im Auftrag des Musikvereins Orfeo Català.

★ Basílica de Santa Maria del Mar

KIRCHE

(Karte S. 278; ☎ 93 310 23 90; www.santamariadelmarbarcelona.org; Plaça de Santa Maria del Mar; 13–17 Uhr 8 €, inkl. Führung; ⏲ Mo–Sa 9–20.30, So 10–20 Uhr; Ⓜ Jaume I) Am südwestlichen Ende des Passeig del Born steht die Apsis der wohl schönsten gotischen Kirche Barcelonas. Das Gebäude aus dem 14. Jh. wurde in einer Rekordzeit von nur 54 Jahren errichtet und fällt durch seine architektonische Harmonie sowie Schlichtheit auf.

Carrer de Montcada

STRASSE

(Karte S. 278; Ⓜ Jaume I) Diese mittelalterliche Hauptstraße ist ein Beispiel für frühe Stadtplanung. Von der Straße, die im 12. Jh. von der Stadtmauer nach Nordosten verlief, führte der Carrer de Montcada Richtung Meer. Er war die begehrteste Adresse der städtischen Kaufmannszunft. Ein Großteil der prachtvollen Gebäude, die noch bis heute erhalten sind, stammt aus dem 14. bis 15. Jh.

Museu de Cultures del Món

MUSEUM

(Karte S. 278; ☎ 93 256 23 00; http://museuculturesmon.bcn.cat; Carrer de Montcada 12; Erw./erm./unter 16 J. 5/3,50 €/frei, Wechselausstellung 2,20/1,50 €/frei, So 15–20 & 1. So im Monat frei; ⏲ Di–Sa 10–19, So bis 20 Uhr; Ⓜ Jaume I) Der Palau Nadal und der Palau Marquès de Lliò, die einst das Museu Barbier-Mueller und das Museu Tèxtil beherbergten, eröffneten 2015 als das Museum der Kulturen der Welt, eine ganz neue Einrichtung. Die Werke aus privaten und öffentlichen Sammlungen, darunter Arbeiten aus dem Museu Etnològic auf dem Montjuïc, entführen die Besucher auf eine Reise zu den alten Kulturen Afrikas, Asiens, Amerikas und Ozeaniens. Ein Kombiticket, das zusätzlich auch für das Museu Egipci (S. 287) und das Museu Etnològic (S. 303) gilt, kostet 12 €.

Mercat de Santa Caterina

MARKT

(Karte S. 268 f.; ☎ 93 319 57 40; www.mercatsantacaterina.com; Avinguda de Francesc Cambó 16;

HIGHLIGHT
MUSEU PICASSO

Schon das Ambiente – fünf aneinandergrenzende Steinhäuser aus dem Mittelalter – macht das Picasso-Museum zu etwas ganz Besonderem. Die Dauerausstellung befindet sich im Palau Aguilar, Palau del Baró de Castellet und Palau Meca, allesamt aus dem 14. Jh. In der Casa Mauri aus dem 18. Jh., die über mittelalterlichen Ruinen errichtet wurde – es wurden sogar einige römische Relikte identifiziert –, und im benachbarten Palau Finestres aus dem 14. Jh. finden Wechselausstellungen statt.

Geschichte des Museums

Angeblich schlug Picasso selbst 1960 seinem Freund und persönlichen Sekretär Jaume Sabartés, der aus Barcelona stammte, die Einrichtung dieses Museums vor. Drei Jahre später wurde die Sabartés-Sammlung eröffnet – ein Museum mit Picassos Namen wäre der Zensur zum Opfer gefallen, da seine Opposition zum Franco-Regime bekannt war. Das heutige Museu Picasso wurde 1983 eröffnet. Ursprünglich waren in ihm nur Sabartés' private Picasso-Sammlung und eine Handvoll von Bildern aus dem Kunstmuseum der Stadt untergebracht. Doch nach und nach wuchs die Sammlung dank Schenkungen von u. a. Salvador Dalí und Sebastià Junyer i Vidal, den größten Teil der Kunstwerke vermachte aber Picasso. Seine Witwe, Jacqueline Roque, stiftete nach Picassos Tod außerdem 41 Keramiken und das Gemälde *La dona de la còfia* (Die Frau mit der Haube).

Sabartés ist ein ganzer Raum gewidmet. Dort hängt u. a. das berühmte Porträt von ihm mit Halskrause, das Picasso in seiner Blauen Periode malte.

NICHT VERSÄUMEN

- *Retrato de la tía Pepa* (Portrait von Tante Pepa)
- *Ciència i caritat* (Wissenschaft und Barmherzigkeit)
- *Terrats de Barcelona* (Dächer von Barcelona)
- *El foll* (Der Verrückte)
- *Las meninas* (Die Hoffräulein)

PRAKTISCH & KONKRET

- Karte S. 278
- www.museupicasso.bcn.cat
- Carrer de Montcada 15-23
- Erw./erm./Kind unter 16 J. alle Sammlungen 14/7,50 €/frei, Dauerausstellung 11/7 €/frei, Wechselausstellungen unterschiedl., Do 18–21.30 Uhr & 1. So im Monat frei
- Di–So 9–19, Do bis 21.30 Uhr
- M Jaume I

Die Sammlung

Zwar konzentriert sich die Ausstellung auf die Entwicklungsjahre des Künstlers, doch es sind auch genügend Werke aus den späteren Jahren vorhanden, sodass man einen guten Eindruck von der Vielseitigkeit und vom Genie Picassos bekommt. Vor allem vermittelt das Museum einem das Gefühl, dass Picasso sich stets selbst einen Schritt voraus war – von anderen Leuten ganz zu schweigen –, stets auf der Suche nach neuen Formen des Ausdrucks. Die Sammlung besteht aus mehr als 3500 Arbeiten, die größtenteils aus der Zeit vor 1904 stammen. Das ist durchaus passend, verbrachte der Meister doch die für seine Kunst prägenden Jahre in Barcelona.

Man darf allerdings nicht erwarten, hier ein Aufgebot von Picassos bekanntesten Werken (oder zumindest unbekanntere aus seinen besten Schaffensperioden) zu sehen zu bekommen. Was diese Sammlung so beeindruckend macht – und einzigartig unter den vielen Picasso-Museen weltweit –, ist, wie sie einen Eindruck von dem schon in so jungen Jahren unglaublichen Talent des Spaniers vermittelt. Schaut man sich beispielsweise die technische Virtuosität von Gemälden wie *Ciència i caritat* (Wissenschaft und Barmherzigkeit) an, kann man sich kaum vorstellen, dass es von einem 15-Jährigen geschaffen wurde! Ein paar Selbstbildnisse und Porträts seiner Eltern von 1896 bezeugen ebenfalls das frühreife Genie des Künstlers.

Picassos Blick durch ein Prisma: Las meninas

Von 1954 bis 1962 war Picasso besessen von der Idee, die großen Meister zu erforschen und „wiederzuentdecken", vor allem Velázquez. 1957 fertigte er einige Versionen von Velázquez' Meisterwerk *Las meninas* (Die Hoffräulein) an, jetzt in den Räumen 12 bis 14 zu sehen. Es scheint, als habe sich Picasso das Originalwerk durch ein Prisma angeschaut, und es sind alle Stile vertreten, in denen er bisher gearbeitet hatte – heraus kam sein eigenes Meisterwerk. Hier bietet sich die wunderbare Gelegenheit, *Las meninas* in ihrer Gänze in einem schönen Rahmen zu erleben.

Keramik

Eine weitere Besonderheit des Picasso-Museums ist, dass hier auch Werke aus anderen Kunstsparten ausgestellt sind, in denen sich der Künstler umtat. Die letzten Räume sind seinen Kupferstichen und rund 40 Keramiken aus den späteren Jahren seines Schaffens gewidmet. Typisch für Picassos Arbeiten in Ton sind die Teller und Schalen mit einfachen Zeichnungen von Fischen, Eulen und anderen Tieren.

DIE SAMMLUNGEN

Die Dauerausstellung ist im Palau Aguilar, Palau del Baró de Castellet und Palau Meca untergebracht, die Casa Mauri und der angrenzende Palau Finestres (14. Jh.) beherbergen die Wechselausstellungen.

Der „Carnet del Museu Picasso" (15 €), die Jahreskarte fürs Picasso-Museum, ist kaum teurer als ein Tagesticket und ermöglicht mehrfache Besuche. Er ist an einem gesonderten Schalter erhältlich.

PAUSE!

Eine der besten Pintxo-Bars in der Stadt, **Euskal Etxea** (S. 319), liegt ebenfalls am Carrer de Montcada.

Ⓞ Mo, Mi & Sa 7.30–15.30, Di, Do & Fr bis 20.30 Uhr, Juli & Aug. nachmittags geschl.; Ⓜ Jaume I) 2005 wurde dieser von Enric Miralles und Benedetta Tagliabue entworfene Markt fertiggestellt und ersetzt seitdem seinen Vorgänger aus dem 19. Jh. Ein besonderer Hingucker ist das geschwungene bunte Dach über den Ständen, Restaurants, Cafés und Bars, das von den schlanken „Zweigen" grauer „Stahlbäume" getragen wird.

Fundació Foto Colectania GALERIE

(Karte S. 278; ☎ 93 217 16 26; www.colectania.es; Passeig de Picasso 14; Erw./erm./Kind unter 14 J. 4/3 €/frei, 1. So im Monat frei; Ⓞ Mo–Sa 11–20, So 11–15 Uhr; Ⓜ Arc de Triomf, Jaume I) Wer sich für Fotografie interessiert, sollte auf jeden Fall bei dieser gemeinnützigen Stiftung vorbeischauen, um sich die neueste Ausstellung mit Fotokunst aus aller Welt anzusehen, die zum Nachdenken anregt. 2016 erfolgte der Umzug von der ursprünglichen Basis in Gràcia in die 500 m^2 große Galerie in El Born. Die Expositionen werden z. T. mit Arbeiten spanischer und portugiesischer Fotografen ab den 1950-Jahren aus dem 3000 Stücke umfassenden Fundus der Stiftung zusammengestellt, noch häufiger handelt es sich aber um Wechselausstellungen.

Parc de la Ciutadella PARK

(Karte S. 284; Passeig de Picasso; Ⓞ Mai–Sept. 8–21 Uhr, Okt.–April bis 19 Uhr; 👪; Ⓜ Arc de Triomf) Der Parc de la Ciutadella ist der ideale Ort, um „runterzukommen". In der zentralen grünen Lunge der Stadt kann man spazieren gehen, picknicken, eine Bootsfahrt auf dem See unternehmen oder sich Kataloniens Regionalparlament ansehen.

Born Centre de Cultura i Memòria HISTORISCHES GEBÄUDE

(Karte S. 278; ☎ 93 256 68 51; http://elbornculturaimemoria.barcelona.cat; Plaça Comercial 12; Zentrum frei, Ausstellungsräume Erw./erm./Kind unter 16 J. 4,40/3 €/frei; Ⓞ März–Okt. Di–So 10–20 Uhr, Nov.–Feb. Di–Sa 10–19, So bis 20 Uhr; Ⓜ Jaume I) Dieses Kulturzentrum im **ehemaligen Mercat del Born**, einem schönen Eisen- und Backsteinbau aus dem 19. Jh., wurde 2013 während der Festlichkeiten zum Jahrestag der katalanischen Niederlage im Spanischen Erbfolgekrieg eröffnet. 2001 brachten Ausgrabungen Reste ganzer Straßenzüge zutage, die für den Bau der verhassten Zitadelle *(ciutadella)* plattgewalzt worden waren – diese sind nun im freigelegten Untergeschoss des Gebäudes zu sehen.

Museu de la Xocolata MUSEUM

(Karte S. 278; ☎ 93 268 78 78; www.museuxocolata.cat; Carrer del Comerç 36; Erw./erm./Kind unter 7 J. 6/5 €/frei; Ⓞ Mo–Sa 10–19, So 10–15 Uhr; 👪; Ⓜ Arc de Triomf) Schokomäuler werden sich schwer tun, in diesem Museum die Contenance zu bewahren, insbesondere, wenn ihnen die Köstlichkeiten auf Kakaobasis im Café am Ausgang förmlich unter die Nase gerieben werden. Das Schokoladenmuseum zeichnet die Herkunft der Schokolade nach, informiert über ihre Ankunft in Europa und greift viele Mythen rund um die süße Versuchung auf. Neben all den Infos und Geräten, die bei der Produktion zum Einsatz kommen, sind auch große Schokomodelle symbolträchtiger Gebäude wie der Sagrada Família und verschiedener Persönlichkeiten von nah und fern ausgestellt.

Zoo de Barcelona ZOO

(Karte S. 284; ☎ 902 457545; www.zoobarcelona.cat; Parc de la Ciutadella; Erw./erm./Kind unter 3 J. 20/12 €/frei; Ⓞ Nov.–März 10–17.30 Uhr, April, Mai, Sept. & Okt. 10–19 Uhr, Juni–Aug. 10–20 Uhr; 👪; Ⓜ Barceloneta) Kinder haben im Zoo de Barcelona auf jeden Fall ihren Spaß. Neben mehr als 400 Tierarten – zu den 7500 Bewohnern gehören u. a. Geckos, Gorillas, Löwen und Elefanten – gibt's Picknickplätze, einen Streichelzoo und einen schönen Abenteuerspielplatz. Außerdem können die Kleinen auf Ponys reiten und in einem Zug über das Gelände fahren. Neuere Gesetze verbieten die Verwendung von Tieren für Aufführungen z. B. in Zirkussen und Stierkampfarenen, deswegen stellte der Zoo Ende 2015 seine Delfinshows ein.

La Barceloneta & das Hafengebiet

Auf dem Weg von Barceloneta zum **Port Olímpic** (Karte S. 284; Moll de Mestral; Ⓜ Ciutadella Vila Olímpica) glitzert Frank Gehrys riesige Skulptur *Peix* (Fisch) kupferfarben im Sonnenlicht. Der Port Olímpic entstand anlässlich der olympischen Segelwettbewerbe 1992. Heute ist der Bootshafen ein touristischer Ort mit vielen Bars und Restaurants. Von hier aus erstrecken sich mehrere beliebte Strände (S. 295) entlang der Küste nach Nordosten zum modernen, aber nicht sehr ansprechenden **El Fòrum** (Ⓜ El Maresme Fòrum), wo ausreichend Platz ist für Konzerte und Jahrmärkte. Spaziergänger, Fahrradfahrer und Skater nutzen den breiten

KUNST IM ÖFFENTLICHEN RAUM

Barcelona ist eine Fundgrube für Kunst im öffentlichen Raum, angefangen bei Mirós **Dona i Ocell** (Karte S. 306; Carrer de Tarragona; Ⓜ Tarragona) („Frau und Vogel"; 1983) in dem Park, der dem Künstler gewidmet ist, oder dem **Peix** (Karte S. 284; Carrer de Ramon Trias Fargas 2; Ⓜ Ciutadella Villa Olímpica) („Fisch"), Frank Gehrys bronzefarben schimmernder Skulptur eines kopflosen Fischs am Port Olímpic. Auf halber Strecke die La Rambla hinunter, an der Plaça de la Boqueria, kann man zudem über ein **Mosaik** (Karte S. 268 f.; Plaça de la Boqueria; Ⓜ Liceu) von Miró laufen.

Auch Picasso hat sich unter freiem Himmel verewigt, u. z. an der Fassade des Col·legi d'Arquitectes de Catalunya gegenüber der Kathedrale im Barri Gòtic. Weitere interessante Kunstwerke sind **El Cap de Barcelona** (Karte S. 268 f.; Passeig de Colom; Ⓜ Barceloneta) („Der Kopf von Barcelona") von Roy Lichtenstein an der Via Laietana (Port Vell) und Fernando Boteros dicke Miezekatze *El Gat* an der Rambla del Raval.

Am Strand in Barceloneta lohnt ein Blick auf Rebecca Horns Hommage an die Hütten, die einst hier standen. Der wackelig anmutende Turm von 1992 trägt den Namen **Homenatge a la Barceloneta** (Karte S. 284; Passeig Marítim; Ⓜ Barceloneta) („Hommage an La Barceloneta"). Etwas weiter südlich befindet sich eine weitere Hommage, dieses Mal an den Schwimmsport: Alfredo Lanz' **Homenatge a la Natació** (Karte S. 284; Plaça del Mar; Ⓜ Barceloneta) von 2003 ist eine abstrakte Darstellung von Schwimmern und Tauchern aus Metall.

Mit Antoni Tàpies' **Homenatge a Picasso** (Karte S. 278; Passeig de Picasso; Ⓜ Arc de Triomf, Jaume I) („Hommage an Picasso) am Passeig de Picasso geht man noch ein Stück weiter zurück in die Vergangenheit, ins Jahr 1983. Bei der Skulptur handelt es sich im Prinzip um einen Glaswürfel in einem Teich, und der Würfel ist voller, nun ja, Zeugs. Antoni Llenas *David i Goliat* (David und Goliath) ist ein riesiges Konstrukt aus Eisenröhren und einem „Dach" im Parc de les Cascades nahe den beiden Hochhäusern des Port Olímpi. Die Skulptur lässt an einen behelfsmäßig zusammengezimmerten Papierdrachen denken. Die Avinguda d'Icària derweil ist gesäumt von den sogenannten *Pergoles* des Architekten Enric Miralles – bizarre, verdrehte Metallkonstruktionen.

Strandboulevard, an dem einige Fischrestaurants stehen, und genießen die Sonnenstrahlen an warmen Sommertagen.

★ Museu Marítim — MUSEUM

(Karte S. 268; ☎ 93 342 99 20; www.mmb.cat; Avinguda de les Drassanes; Erw./Kind 10/5 €, So ab 15 Uhr frei; ⏲ 10–20 Uhr; Ⓜ Drassanes) Auf dem Gelände der gotischen Schiffswerft befindet sich das Schifffahrtsmuseum, ein bemerkenswertes Relikt aus der Zeit, als Barcelona Sitz des spanischen Seefahrtimperiums war. Zu den Highlights gehören eine maßstabsgetreue Replik der Galeere von Don Juan de Austria aus den 1970er-Jahren, Fischerboote, antike Navigationskarten und Dioramen von Barcelonas Hafenviertel.

Museu Can Framis — MUSEUM

(☎ 93 320 87 36; www.fundaciovilacasas.com; Carrer de Roc Boronat 116–126; Erw./Kind 5/2 €; ⏲ Di–Sa 11–18, So bis 14 Uhr; Ⓜ Glòries, Llacuna) In einer ehemaligen Textilfabrik aus dem 18. Jh. präsentiert dieses Museum katalanische Malerei ab den 1960ern. Die rund 300 ausgestellten Werke sind auf raffinierte Art arrangiert: Gemälde verschiedener Künstler, teils aus unterschiedlichen Zeiten, sind so kombiniert, dass faszinierende Wechselbezüge und Widersprüche entstehen.

L'Aquàrium — AQUARIUM

(Karte S. 284; ☎ 93 221 74 74; www.aquariumbcn.com; Moll d'Espanya; Erw./Kind 20/15 €, Tauchgang 300 €, „Sleeping with Sharks" 90 €; ⏲ Juli & Aug. 10–21.30 Uhr, Sept.–Juni kürzere Öffnungszeiten; Ⓜ Drassanes) Wenn ein Hai über einen hinweggleitet und sein Maul aufreißt, läuft es wohl jedem kalt den Rücken herunter. Der 80 m lange Haitunnel ist das Highlight eines der größten Aquarien Europas. Es zeigt die weltweit beste Sammlung an Mittelmeerfischen und dazu viele bunte Tiere aus dem Roten Meer, der Karibik und vom Great Barrier Reef. Insgesamt tummeln sich hier 11 000 Meeresbewohner aus 450 Gattungen, darunter ein Dutzend Haie. Online sind die Eintrittskarten 2 € günstiger zu haben.

La Barceloneta

Museu d'Història de Catalunya MUSEUM (Museum zur Geschichte Kataloniens; Karte S. 284; ☎ 93 225 47 00; www.mhcat.cat; Plaça de Pau Vila 3; Erw./Kind 4,50/3,50 €, Okt.–Juni letzter Di im Monat frei; ⏲ Di & Do–Sa 10–19, Mi bis 20, So bis 14.30 Uhr; Ⓜ Barceloneta) Der **Palau de Mar** (Karte S. 268; Plaça de Pau Vila; Ⓜ Barceloneta) beherbergt ein sehenswertes Museum, das seine Besucher zurück in die Steinzeit versetzt und anhand von zahlreichen Dioramen, Artefakten, Videos, Modellen, Dokumenten und interaktiven Darstellungen

La Barceloneta

Highlights
1 Museu d'Història de Catalunya............A4

Sehenswertes
2 Homenatge a la Barceloneta................C5
3 Homenatge a la Natació......................B6
4 L'Aquàrium......................................A5
Palau de Mar....................................(siehe 1)
5 Parc de la Ciutadella.........................B1
6 Peix-Skulptur...................................D2
7 Platja de la Barceloneta......................C4
8 Platja de Sant Miquel.........................C5
9 Platja de Sant Sebastià.......................B6
10 Port Olímpic....................................D2
11 Zoo de Barcelona..............................B2

Aktivitäten, Kurse & Touren
12 Club Natació Atlètic-Barcelona...........B6

Schlafen
13 Equity Point Sea Hostel.....................B5
14 Hotel 54...B5
15 Pullman Barcelona Skipper Hotel........C2

Essen
16 Baluard Barceloneta..........................B4
17 Bitácora...B3
18 Can Majó..B5
19 Can Maño.......................................B4
20 El Ben Plantat..................................B4
21 Filferro...C4
22 Green Spot......................................D6
23 Isla Tortuga.....................................D6
24 Kaiku...B5
25 La Barra de Carles Abellán.................B4
26 La Bodega La Peninsular....................B4
27 La Cova Fumada................................B4
28 L'Òstia...B4
29 Oaxaca...D5
30 Restaurant 7 Portes...........................D5
31 Vaso de Oro.....................................B3

Ausgehen & Nachtleben
32 Absenta..C4
33 BlackLab...A4
34 Can Paixano.....................................D5
35 Catwalk..D2
36 CDLC...D2
37 Opium..D2
38 Perikete..D6

Unterhaltung
39 Sala Monasterio................................D2
40 Yelmo Cines Icària............................D1

Shoppen
Bestiari..(siehe 1)
41 Maremàgnum....................................A5

bis in die frühen 1980er-Jahre begleitet. Eine unheimlich unterhaltsame Entdeckungsreise durch 2000 Jahre katalanische Geschichte. Die Beschriftung ist allerdings ausschließlich auf Katalanisch und Spanisch.

Museu del Disseny de Barcelona MUSEUM
(☎93 256 68 00; www.museudeldisseny.cat; Plaça de les Glòries Catalanes 37; Dauer-/Wechselausstellung Erw. 6/4,50 €, Kind 4/3 €, Kombiticket Erw./Kind 8/5,50 €, So ab 15 Uhr & 1. So im Monat frei; ⌚Di–So 10–20 Uhr; Ⓜ Glòries) Barcelonas Designmuseum nimmt einen zeitgenössischen Gebäudemonolithen mit geometrischen Fassaden – eine ziemlich „klotzige" Erscheinung – mit dem Spitznamen *la grapadora* („der Hefter") ein. Er birgt eine erstaunliche Sammlung aus Keramik, dekorativer Kunst und Textilien – ein Muss für alle, die sich für Design interessieren.

Museu Blau MUSEUM
(Blue Museum; ☎93 256 60 02; www.museuciencies.cat; Edifici Fòrum, Parc del Fòrum; Erw./Kind 6 €/frei, So ab 15 Uhr & 1. So im Monat frei; ⌚März–Sept. Di–Sa 10–19, So bis 20 Uhr, Okt.–Feb. Di–Fr bis 18, Sa bis 19, So bis 20 Uhr; Ⓜ El Maresme Fòrum) Im futuristischen Edifici Fòrum nimmt einen das Museu Blau mit auf eine Reise quer durch die Naturwissenschaften. Multimediale und interaktive Ausstellungen widmen sich Themen wie der Geschichte der Evolution, der Entstehung der Erde und den bedeutenden Wissenschaftlern, die dazu beigetragen haben, den Horizont der Menschheit zu erweitern. Darüber hinaus sind Exemplare aus der Tier- und Pflanzenwelt sowie Mineralien und Dinosaurier-Skelette zu sehen – und das alles in einem ziemlich eindrucksvollen Ausstellungsbereich, der 9000 m² misst.

Mirador de Colom AUSSICHTSPUNKT
(Kolumbus-Denkmal; Karte S. 268 f.; ☎93 285 38 32; www.barcelonaturisme.com; Plaça del Portal de la Pau; Erw./Kind 6/4 €; ⌚8.30–20.30 Uhr; Ⓜ Drassanes) Hoch oben über dem dichten Verkehr am Kreisel hält Kolumbus Wache auf einer Eisensäule im korinthischen Stil und deutet dabei vage aufs Mittelmeer hinaus. Besucher können mit dem Lift das für die Weltausstellung 1888 errichtete Denkmal hinauffahren und aus 60 m Höhe die Rambla sowie die Häfen aus der Vogelperspektive bestaunen.

ERMÄSSIGUNGEN

Wer im Besitz eines **Bus-Turístic-Tickets** (S. 308) ist, kommt in manche Museen günstiger rein.

Das **Articket** (www.articketbcn.org) ist sechs Monate gültig und gilt in sechs Sehenswürdigkeiten – Museu Picasso, Museu Nacional d'Art de Catalunya, Museu d'Art Contemporani de Barcelona, Fundació Antoni Tàpies, Centre de Cultura Contemporània de Barcelona und Fundació Joan Miró. Es kann in den Touristeninformationen an der Plaça de Catalunya, Plaça de Sant Jaume und im Bahnhof Estació Sants sowie in den Museen selbst besorgt werden (30 €).

Das **Arqueoticket** ist die richtige Wahl für alle, die sich für Archäologie und alte Geschichte interessieren. Es kostet 14,50 € und ist in den teilnehmenden Museen (Museu d'Arqueologia de Catalunya, Museu Egipci, Museu d'Història de Barcelona, Born Centre de Cultura i Memòria) und Touristeninformationen erhältlich.

Angeblich erstattete Kolumbus nach seiner Reise 1492 den Katholischen Königen Isabella und Ferdinand in Barcelona Bericht über seine ersten Entdeckungen auf dem amerikanischen Kontinent. Im 19. Jh. gingen die meisten Einheimischen davon aus, dass Kolumbus einer der illustresten Söhne der Stadt war. Ein paar Historiker behaupten das noch immer.

Cementiri del Poblenou FRIEDHOF
(Poblenou-Friedhof; ☎ 93 225 16 61; www.cbsa.cat; Av d'Icària; ⌚ 8–18 Uhr; Ⓜ Llacuna) GRATIS Gleich neben der Platja de Bogatell nahe dem Carrer del Taulat befindet sich dieser Friedhof von 1773. Wegen der Gesundheitsrisiken wurde er außerhalb der damaligen Stadtgrenzen angelegt; ein Denkmal im Zentrum erinnert z. B. an die Opfer einer Gelbfieberepidemie, die 1821 in Barcelona wütete. Das Gelände wartet mit vielen bombastischen Familiengräbern auf. Ziemlich gruselig ist die Skulptur *El petó de la mort* („Der Kuss des Todes"), die ein geflügeltes Skelett darstellt, das einen jungen Toten auf Knien küsst.

Museu de la Música MUSEUM
(☎ 93 256 36 50; www.museumusica.bcn.cat; Carrer de Lepant 150; Erw./Kind 6/4,50 €, So ab 15 Uhr frei; ⌚ Di, Mi & Fr 10–18, Do bis 21, Sa & So 19 Uhr; Ⓜ Monumental) Etwa 500 Instrumente – das entspricht weniger als einem Drittel des tatsächlichen Bestands – sind im 2. Stock des Verwaltungsgebäudes im **L'Auditori** (☎ 93 247 93 00; www.auditori.cat; Carrer de Lepant 150; Tickets frei–59 €; ⌚ Kartenverkauf Di–Fr 17–21, Sa 10–13 & 17–21 Uhr; Ⓜ Marina) ausgestellt, Barcelonas größter Konzertbühne für klassische Musik.

La Sagrada Família & L'Eixample

Die Hauptsehenswürdigkeiten von L'Eixample sind die Modernisme-Gebäude, besonders die vier am Passeig de Gràcia – La Pedrera, Casa Amatller, Casa Batlló und Casa Lleó Morera. Im Norden des Viertels (am besten nimmt man die Metro oder ein Taxi) findet man die Sagrada Família und den Recinte Modernista de Sant Pau.

★ **Casa Batlló** ARCHITEKTUR
(Karte S. 292 f.; ☎ 93 216 03 06; www.casabatllo.es; Passeig de Gràcia 43; Erw./Kind 28 €/frei; ⌚ 9–21 Uhr, letzter Einlass 20 Uhr; Ⓜ Passeig de Gràcia) Wie kein anderes Gebäude zeigt die Casa Batlló, eines der seltsamsten Wohnhäuser Europas, Gaudís halluzinogene Fantasie. Blaue, violette und grüne Kachelstückchen sprenkeln die Fassade mit den wellenförmigen Fensterrahmen und Balkonen sowie einem unregelmäßigen blau gekachelten Dach und einem einzelnen Turm.

Es ist eines von insgesamt drei Gebäuden (die anderen beiden sind die Casa Amatller (S. 287) von Puig i Cadafalch und die Casa Lleó Morera (S. 294) von Domènech i Montaner), die dem Block zwischen dem Carrer del Consell de Cent und dem Carrer d'Aragó den Namen **Illa de la Discòrdia** (auf Spanisch Manzana de la Discordia, „Zankapfel") eingetragen haben. Sie wurden zwischen 1898 und 1906 renoviert und zeigen anschaulich, wie vielseitig der Modernismestil ist.

Einheimische nennen die Casa Batlló auch *casa dels ossos* (Haus der Knochen) oder *casa del drac* (Haus des Drachen), denn die Balkone sehen aus wie die knochigen Kiefer eines seltsamen Monsters und das Dach steht für Sant Jordi (hl. Georg) und den Drachen. Sogar das Dach selbst wirkt wie der Rücken eines Tieres mit glänzenden Schuppen, und das „Rückgrat" ändert seine Farbe, wenn man umherschlendert. Betrachtet man das Gebäude lange genug, erscheint es beinahe wie ein lebendiges Wesen. Bevor man hineingeht, sollte man den Blick auf den Bürgersteig richten. Die einzelnen Bodenplatten sind mit stilisierten Bildern eines Tintenfischs und eines Seesterns versehen, das Originaldesign, das Gaudí für die Casa Batlló vorgeschwebt hatte.

Als ihm der Umbau des Gebäudes aufgetragen wurde, stellte er das alte Design völlig auf den Kopf. Die Lichtschächte bestückte er mit meerblauen Kacheln. Der Innenbereich ist ohne eine einzige gerade Linie gebaut. Über die gewundene Treppe gelangt man in den ersten (und wichtigsten) Stock mit seinem Salon, der zum Passeig de Gràcia hinausgeht. Alles wellt sich: Die Decke ist ein Strudel rund um die sonnengleiche Lampe, Türen, Fenster und Oberlichter sind wie sanfte Wellen aus Holz und Buntglas. Dieselben Motive dominieren in den übrigen Räumen und auf der überdachten Terrasse. Die Mansarde zieren hyperboloide Bogen – typisch Gaudí – und gewundene gekachelte Kaminrohre auf dem Dach sorgen für eine surreale Note.

★ La Pedrera — ARCHITEKTUR

(Casa Milà; Karte S. 292 f.; ☎ 902 202138; www.lapedrera.com; Passeig de Gràcia 92; Erw./Kind 25/15 €; ⏲ März–Okt. 9–20.30 Uhr, Nov.–Feb. 9–18.30 Uhr; Ⓜ Diagonal) Die Pedrera ist ein weiteres verrücktes Meisterwerk von Gaudí, das zwischen 1905 und 1910 als Büro- und Wohnhaus errichtet wurde. Offiziell heißt das Gebäude Casa Milà – nach dem Geschäftsmann, der den Bau seinerzeit in Auftrag gegeben hatte. Wegen der unebenen grauen Steinfassade, die sich um die Ecke des Carrer de Provença windet, nennen es die meisten Stadtbewohner aber La Pedrera (Steinbruch).

Recinte Modernista de Sant Pau — ARCHITEKTUR

(☎ 93 553 78 01; www.santpaubarcelona.org; Carrer de Sant Antoni Maria Claret 167; Erw./Kind 13 €/frei; ⏲ April–Okt. Mo–Sa 9.30–18.30, So bis 14.30 Uhr, Nov.–März Mo–Sa 9.30–16.30, So bis 14.30 Uhr; Ⓜ Sant Pau/Dos de Maig) Mit diesem Modernismemeisterwerk übertraf sich Architekt und Philanthrop Domènech i Montaner selbst. Seit 2014 trägt das Hospital de la Santa Creu i de Sant Pau den Namen „Recinte Modernista"; zuvor war es lange eines der wichtigsten Krankenhäuser der Stadt gewesen. Als es seinem neuen Zweck zugeführt wurde, entstanden in den verschiedenen Bereichen Kulturzentren und Büros. Insgesamt hat sich der Komplex zu einer Art Baudenkmal gewandelt, das u. a. 16 Pavillons umfasst und mit einer herrlich prunkvollen Einrichtung aufwartet. Zusammen mit dem Palau de la Música Catalana (S. 279) bildet es eine Welterbestätte.

Casa Amatller — ARCHITEKTUR

(Karte S. 278 f.; ☎ 93 461 74 60; www.amatller.org; Passeig de Gràcia 41; Erw./Kind 1-stündige Führung 17/8,50 €, 40-minütige Multimedia-Führung 14/7 €, mit 20-minütiger Schokoladenverkostung 17/10 €; ⏲ 11–18 Uhr; Ⓜ Passeig de Gràcia) Eine der auffälligsten Modernismefantasien von Puig i Cadafalch kombiniert gotische Fensterrahmen mit einem von niederländischen Bürgerhäusern entlehnten Stufengiebel. Die Büsten und Reliefs von Drachen, Rittern und anderen Charakteren an der Hauptfassade sind allerdings reine Capricen.

Das Säulenfoyer und das Treppenhaus erhalten ihr Licht durch Buntglasfenster und wirken wie das Innere einer romantischen Burg. Das Gebäude wurde 1900 für den Schokoladenbaron und Philanthropen Antoni Amatller (1851–1910) umgebaut.

Fundació Antoni Tàpies — KUNSTMUSEUM

(Karte S. 292 f.; ☎ 93 487 03 15; www.fundaciotapies.org; Carrer d'Aragó 255; Erw./Kind 7/5,60 €; ⏲ Di–So 10–19 Uhr; Ⓜ Passeig de Gràcia) In einem bahnbrechenden 1885 errichteten Bauwerk des Modernisme ist die größte Sammlung des führenden katalanischen Künstlers aus dem 20. Jh. untergebracht. 2012 verstarb der für seine esoterischen Arbeiten bekannte Tàpies 88-jährig und hinterließ zahlreiche Malereien sowie eine Stiftung zur Förderung moderner Künstler. Im Eintrittspreis ist ein Audioguide enthalten.

Museu Egipci — MUSEUM

(Karte S. 292 f.; ☎ 93 488 01 88; www.museuegipci.com; Carrer de València 284; Erw./Kind 11/5 €; ⏲ Mitte Juni–Anfang Okt. & Dez. Mo–Sa 10–20, So bis 14 Uhr, Jan.–Mitte Juni & Anfang Okt.–Nov. Mo–Fr 10–14 & 16–20, Sa 10–20, So 10–14 Uhr; Ⓜ Passeig de Gràcia) Der Hotelmagnat Jordi Clos verbrachte einen Großteil seines Lebens damit, antike ägyptische Artefakte aus aller Welt zusammenzutragen. Die interessanten vielseitigen Stücke sind in diesem privaten Museum zu sehen und in thematische Bereiche (Pharaonen, Religion, Bestattungspraktiken, Mumifizierung, Handwerk etc.) aufgeteilt.

Sala Fundación MAPFRE — GALERIE

(Karte S. 292 f.; ☎ 93 401 26 03; www.fundacionmapfre.org; Carrer de la Diputació 250; Erw./Kind

HIGHLIGHT
LA SAGRADA FAMÍLIA

Wenn die Zeit in Barcelona nur für eine einzige Sehenswürdigkeit reicht, dann sollte es diese sein. Die Sagrada Família ist Ehrfurcht gebietend in ihrer Größe und Wucht und ganz im Stil vieler mittelalterlicher Kathedralen (denen Gaudís Werk im Übrigen nacheifert) noch immer nicht vollendet – dabei war der Baubeginn schon 1882! Man hofft, dass sie 2026 endlich fertig sein wird, 100 Jahre nach dem Tod ihres berühmten Architekten.

NICHT VERSÄUMEN

- Apsis, Säulen und Buntglasfenster
- Geburtsfassade
- Passionsfassade (siehe Bild oben)
- Museu Gaudí

PRAKTISCH & KONKRET

- ✆ 93 208 04 14
- www.sagradafamilia.org
- Carrer de Mallorca 401
- Erw./Kind 15 €/frei
- ⌚ April–Sept. 9–20 Uhr, März & Okt. bis 19 Uhr, Nov.–Feb. bis 18 Uhr
- Ⓜ Sagrada Família

In göttlicher Mission

Antoni Gaudí war besessen vom Temple Expiatori de la Sagrada Família (Sühnetempel der Heiligen Familie). Er betrachtete seine Vollendung als eine göttliche Mission und ersann ein Gebäude, über dessen Querschiff ein Turm 170 m in die Höhe ragen und Christus verkörpern sollte. Außerdem hatte Gaudí weitere 17 Türme von 100 m Höhe eingeplant, zwölf über den drei Hauptfassaden für die Apostel und fünf für die Jungfrau Maria und die Evangelisten. Charakteristisch für Gaudí ist seine Abneigung gegenüber geraden Linien, deshalb sind die Türme rundlich und erinnern an die Gipfel des heiligen Berges Montserrat. Die Bildhauerarbeiten an den Außenseiten wirken wie Auswüchse aus Stein.

Bei Gaudís Tod waren nur die Krypta, die Wände der Apsis, ein Portal und ein Turm fertiggestellt. 1936 zerstörten Anarchisten das Innere sowie die Baupläne und -modelle. Kritiker sind der Auffassung, dass die auf den wenigen erhaltenen Aufzeichnungen basierenden Computermodelle den Originalplänen nicht gerecht werden.

Innenraum & Apsis

Die Decke wird von einem Wald aus Säulen mit außergewöhnlichen Neigungswinkeln getragen, die am oberen Ende auseinanderfächern wie die Äste einer Baumkrone. Sonnenlicht flutet durch die Fenster und fällt durch die dichten „Wipfel". Die Säulen bestehen aus vier Sorten Stein. Sie sind verschieden gefärbt und unterschiedlich hart (die Montjuïc-Steinsäulen entlang der Seitengänge sind eher weich, manche Säulen bestehen aus Granit und dunkelgrauem Basalt und die tragenden Säulen am Übergang zwischen Haupt- und Querschiff sind aus burgunderfarbenem iranischem Porphyr). Bei gutem Wetter lassen die Sonnenstrahlen das Buntglas in unterschiedlichen Rot-, Blau-, Grün- und Ockertönen leuchten und schaffen eine magische Atmosphäre.

Geburtsfassade

Das künstlerische Glanzlicht der Sagrada Família ist die nordöstliche Geburtsfassade, die größtenteils unter Gaudís persönlicher Aufsicht gefertigt wurde. Besucher können mittels Aufzügen und schmalen Wendeltreppen teils in den vier Türmen nach oben steigen. Drei Bereiche des Portals verkörpern (von links nach rechts) die Hoffnung, die Barmherzigkeit und den Glauben. Im Skulpturenwald auf dem Barmherzigkeitsportal sieht man ganz unten die Krippe mit einem Ochsen, einem Esel, den Hirten, Königen und musizierenden Engeln. Rechts der Fassade verläuft ein gotischer Minikreuzgang, das Claustre del Roser, an der Außenseite der Kirche. Hat man den Kreuzgang betreten, sollte man zurückblicken, um die Verzierung am Eingang zu bestaunen. Rechts davon fällt die Skulptur eines reptilgleichen Teufels auf, der einem Terroristen eine Bombe überreicht – in den Jahrzehnten vor dem Bürgerkrieg war Barcelona immer wieder Schauplatz von Bombenanschlägen.

Passionsfassade

Die südwestliche Passionsfassade mit Motiven aus den letzten Tagen sowie vom Tod Christi umfasst vier Türme und ein großes, skulpturengeschmücktes Portal. Von 1986 bis 2006 arbeitete der Bildhauer Josep Subirachs an der Dekoration und schuf dabei umstrittene kantige Figuren. Die wichtigsten Skulpturenserien sind s-förmig angeordnet, beginnend mit dem Abendmahl unten links und endend mit Christi Begräbnis oben rechts.

Glorienfassade

Die Glorienfassade wird wie die anderen Fassaden von vier Türmen gekrönt sein. Gaudí plante sie als prächtigsten Bestandteil der Kirche. Dahinter wird dann der Narthex liegen, ein Foyer aus 16 „Laternen", einer Reihe von hyperboloiden Strukturen, gekrönt von Kegeln. Weitere Dekorationen werden das ganze Gebäude zu einem symbolischen Mikrokosmos der christlichen Kirche machen, wobei ein 170 m hoher Turm Christus selbst und die fünf anderen Türme die Jungfrau Maria und die Evangelisten symbolisieren sollen.

DAS VERSTECKTE BILDNIS

Wer die Passionsfassade genau anschaut, stellt fest, dass Bildhauer Josep Subirachs sich etwas ausgedacht hat, um Gaudí zu ehren. Die zentrale Skulpturengruppe (unter dem ans Kreuz geschlagenen Jesus) zeigt, von rechts nach links, Jesus mit dem Kreuz, Veronika mit dem Schweißtuch und Gesichtsabdruck Christi, zwei Soldaten und einen „Zuschauer", den sogenannten Evangelisten. Subirachs schuf dessen Züge basierend auf einem der wenigen Fotos von Gaudí, ein paar Jahre vor dessen Tod aufgenommen.

Obwohl die Sagrada Família eine Baustelle ist, kommen jedes Jahr über 4,5 Millionen Menschen, um sie zu sehen. Damit ist sie das meistbesuchte Monument Spaniens. Papst Benedikt XVI. weihte sie im November 2010 mit einem feierlichen Hochamt zur Basilika.

MUSEU GAUDÍ

Das Museu Gaudí im Untergeschoss hat dieselben Öffnungszeiten wie die Kirche und zeigt neben zahlreichen Modellen und Fotos der Sagrada Família interessantes Material zu Gaudís Leben sowie seinen anderen Werken.

La Sagrada Família

ZEITACHSE

1882 An einer neogotischen Kirche von Paula del Villar y Lozano beginnen Umbauarbeiten.

1883 Antoni Gaudí übernimmt die Rolle als leitender Architekt und plant ein neues Gebäude mit Platz für 13 000 Gläubige.

1926 Gaudí stirbt; die Arbeiten werden unter Domènec Sugrañes i Gras weitergeführt. Ein Großteil der **Apsis** ❶ und der **Geburtsfassade** ❷ ist vollendet

1930 Die **Glockentürme** ❸ der Geburtsfassade stehen.

1936 Bauunterbrechung aufgrund des Spanischen Bürgerkriegs; Anarchisten zerstören die Baupläne.

1939–40 Der Architekt Francesc de Paula Quintana i Vidal stellt die Krypta wieder her und baut viele von Gaudís verlorenen Modellen detailliert nach; einige sind heute im **Museum** ❹ zu sehen.

1976 Fertigstellung der **Passionsfassade** ❺.

1986–2006 Der Bildhauer Josep Subirachs bringt an der Passionsfassade plastische Details an, darunter Tafeln mit der Geschichte von den letzten Tagen Christi.

2000 Fertigstellung des **Mittelschiffs** ❻.

2010 Die Überdachung steht und Papst Benedikt XVI. weiht die Kirche. Baubeginn des Tunnels für einen Hochgeschwindigkeitszug neben der **Fassade der Herrlichkeit** ❼.

2020er–2040er-Jahre Voraussichtlicher Abschluss der Bauarbeiten.

TIPPS

➡ Spätnachmittags fällt durch die Buntglasfenster der Passionsfassade das beste Licht ins Kircheninnere.

➡ Wer unter der Woche herkommt, umgeht die Besuchermassen.

➡ Am besten genießt man die Aussicht von den Glockentürmen der Geburtsfassade, denn vor den Türmen der Passionsfassade bilden sich meist lange Schlangen.

KIEVVICTOR / SHUTTERSTOCK ©

Geburtsfassade
Für seine Skulpturen setzte Gaudí Anwohner und sogar den einen oder anderen Verstorbenen aus dem Leichenschauhaus als Modelle ein.

Langhaus
Das 15 m breite Langhaus wird durch vier 7,5 m breite Seitenschiffe ergänzt, was eine Gesamtbreite von 45 m ergibt. Das zentrale Gewölbe reicht 65 m in die Höhe.

Apsis
Unmittelbar nach Errichtung der Krypta entstand die Apsis im neogotischen Stil. Die Spitztürme zeugen von Gaudís Genie, das während des Baus immer mehr zur Geltung kam.

STEFAN CIOATA / GETTY IMAGES ©

Glockentürme

Die Türme der drei Fassaden sollen die zwölf Apostel repräsentieren. Acht davon sind fertiggestellt. In jeweils einem Turm der Geburts- und der Passionsfassade gibt's einen Fahrstuhl, mit dem man nach oben fahren kann.

NIKADA / GETTY IMAGES ©

Die fertige Kirche

Neben der Fassade der Herrlichkeit und ihren vier Türmen sind noch sechs weitere Türme in Bau, Symbole für die vier Evangelisten, Maria und Jesus. Letzterer wird mit 170 m das Querschiff und alle anderen überragen.

Fassade der Herrlichkeit

Dies wird einmal die fantasievollste Fassade von allen sein. Dahinter will man eine Vorhalle mit 16 von Kegeln gekrönten Hyperboloid-Laternen errichten, die aussehen sollen wie eine Orgel aus schmelzendem Speiseeis.

Museu Gaudí

Alte Fotos, Zeichnungen und Gipsmodelle erzählen von dem Leben des Architekten. Das Museum beherbergt auch ein ungewöhnliches Lotgerät, mit dem Gaudí seine Konstruktionen berechnete.

Krypta

Die größtenteils im neogotischen Stil gestaltete Krypta wurde zuerst fertiggestellt und liegt unter dem Querschiff. Vom Museu Gaudí aus kann man darin das Grab Gaudís sehen.

FOTOKON / SHUTTERSTOCK ©

Passionfassade

In einer S-förmigen Folge vom Boden bis zur Decke sind die letzten Tage Christi vom Abendmahl bis zur Grablegung zu sehen. Wer die Ziffern auf der Zahlentafel addiert, bekommt als Ergebnis immer die 33, das Alter Jesu bei seinem Tod.

YURY DMITRIENKO / SHUTTERSTOCK ©

L'Eixample

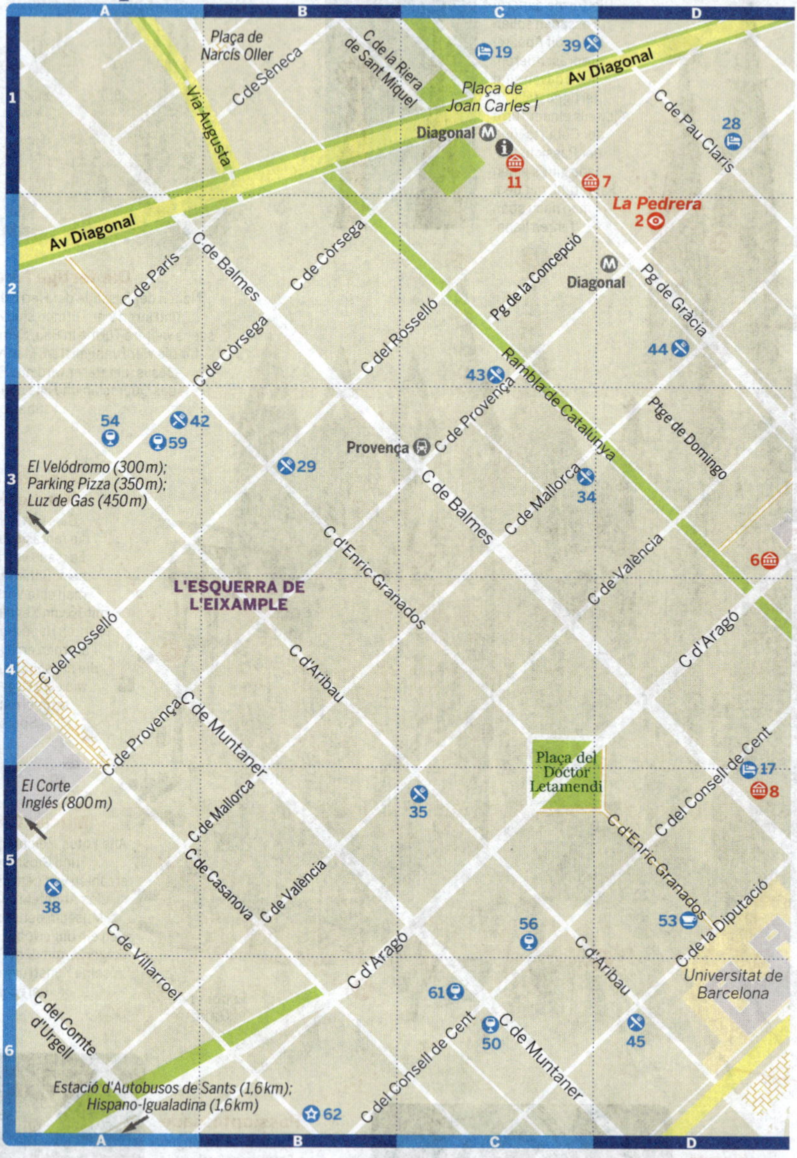

3 €/frei, Mo frei; ⌚ Mo 14–20, Di–Sa 10–20, So 11–19 Uhr; Ⓜ Passeig de Gràcia) In diesem atemberaubenden, liebevoll restaurierten Modernismegebäude war einst die Fundación Francisco Godia ansässig. Ende 2015 zog hier die Wohltätigkeitsabteilung des spanischen Versicherungsgiganten MAPFRE ein: Sie nutzt das Haus jetzt für Kunst- und Fotoausstellungen. Ursprünglich wurde die Casa Garriga i Nogués von 1902 bis 1905 von Enric Sagnier für eine reiche Bankiersfamilie errichtet.

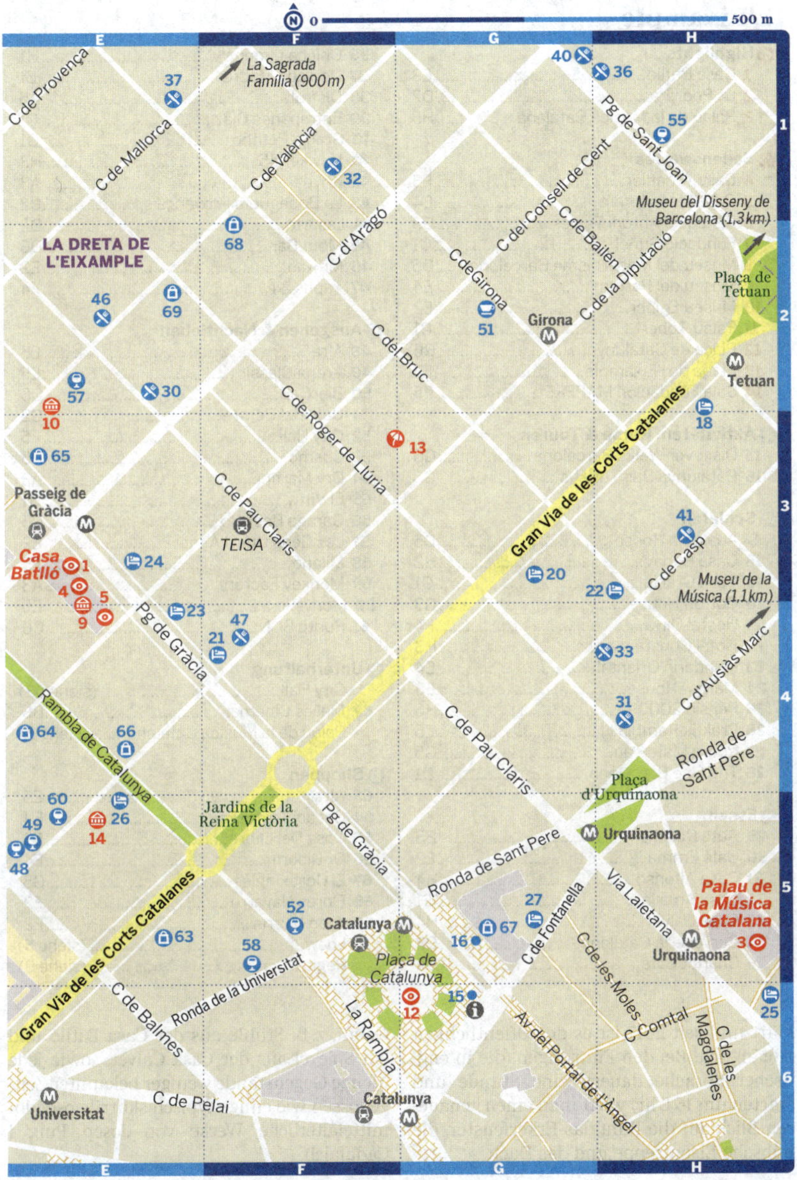

Casa de les Punxes

ARCHITEKTUR

(Casa Terrades; Karte S. 300; ☎ 93 016 01 28; www.casadelespunxes.com; Avinguda Diagonal 420; Erw./Kind Audioguide-Tour 12,50/11,25 €, Führung 20/17 €; ⏲ 9–20 Uhr; Ⓜ Diagonal) Wegen ihrer markanten spitzen Türme ist Puig i Cadafalchs Casa Terrades besser bekannt als Casa de les Punxes (Haus der Spitzen). Das 1905 vollendete Wohnhaus sieht wie ein mittelalterliches Schloss aus und steht als einziges Gebäude in L'Eixample vollkommen frei. 1976 wurde es zum nationalen Denkmal er-

L'Eixample

Highlights
1 Casa Batlló ... E3
2 La Pedrera ... D2
3 Palau de la Música Catalana ... H5

Sehenswertes
4 Casa Amatller ... E3
5 Casa Lleó Morera ... E4
6 Fundació Antoni Tàpies ... D3
7 Fundació Suñol ... C1
8 Museu del Modernisme Barcelona ... D5
9 Museu del Perfum ... E4
10 Museu Egipci ... E2
11 Palau Robert ... C1
12 Plaça de Catalunya ... G6
13 Platja de l'Eixample ... F3
14 Sala Fundación MAPFRE ... E5

Aktivitäten, Kurse & Touren
15 Discover Walks Barcelona ... G6
16 Catalunya Bus Turístic ... G5

Schlafen
17 Anakena House ... D5
18 Casa Bonay ... H2
19 Casa Gràcia ... C1
20 Cotton House ... G3
21 Hostal Oliva ... F4
22 Hotel Constanza ... H3
23 Mandarin Oriental ... E4
24 Margot House ... E3
25 Pensió 2000 ... H6
26 Praktik Rambla ... E5
27 Room Mate Pau ... G5
28 The One Barcelona ... D1

Essen
29 Auto Rosellon ... B3
30 Café Emma ... E2
31 Casa Alfonso ... H4
32 Casa Amalia ... F1
33 Casa Calvet ... H4
34 Cerveseria Catalana ... C3
35 Charlot Café ... C5
36 Chicha Limoná ... H1
37 De Tapa Madre ... E1
38 Disfrutar ... A5
39 Entrepanes Díaz ... C1
40 Granja Petitbo ... G1
41 Hawker 45 ... H3
42 Koyuki ... A3
43 La Bodegueta Provença ... C2
44 Lasarte ... D2
45 Mont Bar ... D6
46 Mr Kao ... E2
47 Tapas 24 ... F4

Ausgehen & Nachtleben
48 Aire ... E5
49 Arena Classic ... E5
50 BierCaB ... C6
51 Café del Centre ... G2
52 City Hall ... F5
53 Cosmo ... D5
54 Dry Martini ... A3
55 El Viti ... H1
56 Garage Beer Co ... C5
57 Les Gens Que J'Aime ... E2
58 Milano ... F5
59 Monkey Factory ... A3
60 Monvínic ... E5
61 Punto BCN ... C6

Unterhaltung
City Hall ... (siehe 52)
62 Méliès Cinemes ... B6
Palau de la Música Catalana ... (siehe 3)

Shoppen
63 Altaïr ... E5
64 Cacao Sampaka ... E4
65 Casa Del Llibre ... E3
66 Dr Bloom ... E4
67 El Corte Inglés ... G5
68 Flores Navarro ... F2
69 Joan Múrria ... E2
Loewe ... (siehe 5)
Regia ... (siehe 9)

klärt und seit 2017 ist es der Öffentlichkeit zugänglich. Bei den Führungen (die in englischer Sprache dauern eine Stunde und starten um 16 Uhr) wirft man einen genaueren Blick auf die Buntglas-Erkerfenster, die hübsche Eisentreppe und das Dach.

Museu del Modernisme Barcelona MUSEUM
(Karte S. 292 f.; ☎ 93 272 28 96; www.mmbcn.cat; Carrer de Balmes 48; Erw./Kind 10/5 €; ⌚ Di–Sa 10.30–19, So bis 14 Uhr; Ⓜ Passeig de Gràcia) Wer sich für Möbel im katalanischen Jugendstil interessiert, sollte das Erdgeschoss dieses Museums besuchen. Zur umfangreichen Sammlung gehören Exponate von Antoni Gaudí, z. B. Stühle aus der Casa Batlló und ein Spiegel aus der Casa Calvet, sowie jede Menge Gegenstände weniger bekannter Zeitgenossen wie einige typisch skurrile pseudomittelalterliche Werke von Josep Puig i Cadafalch.

Casa Lleó Morera ARCHITEKTUR
(Karte S. 292 f.; Passeig de Gràcia 35; Ⓜ Passeig de Gràcia) Domènech i Montaners Beitrag zur Illa de la Discordia aus dem Jahr 1905 besticht mit Verzierungen im katalanischen Jugendstil an der Außenseite und einer hellen gefliesten Lobby samt Blumenmotiven und ist das wohl „normalste" der drei

„Zankapfel"-Bauten. Hier befindet sich auch das edle Modehaus **Loewe** (Karte S. 292 f.; ☎ 93 216 04 00; www.loewe.com; Passeig de Gràcia 35; ⌚ Mo–Sa 10–20.30 Uhr; Ⓜ Passeig de Gràcia).

Palau Robert AUSSTELLUNGEN
(Karte S. 292 f.; ☎ 93 238 80 91; http://palau robert.gencat.cat; Passeig de Gràcia 107; ⌚ Mo–Sa 9–20, So bis 14.30 Uhr; Ⓜ Diagonal) GRATIS Das katalanische Tourismusbüro (S. 353) dient auch als Stätte für Ausstellungen, vor allem zu katalanischen Themen. Im Sommer finden im idyllischen Garten hinter dem Gebäude (1903) oder in der Haupthalle manchmal Konzerte statt.

Fundació Suñol GALERIE
(Karte S. 292 f.; ☎ 93 496 10 32; www.fundaciosu nol.org; Passeig de Gràcia 98; Erw./Kind 4 €/frei; ⌚ Mo–Fr 11–14 & 16–20, Sa 16–20 Uhr; Ⓜ Diagonal) Eine weitere interessante private Kunstsammlung, die größtenteils aus Werken des 20. Jhs. besteht (insgesamt um die 1200 Stücke). In den Wanderausstellungen wurden schon Man Rays Fotografien und Skulpturen von Alberto Giacometti gezeigt. Der Schwerpunkt liegt auf spanischen Künstlern von Picasso bis Jaume Plensa, es sind aber auch einige internationale Künstler vertreten.

Museu del Perfum MUSEUM
(Karte S. 292 f.; ☎ 93 216 01 21; www.museudel perfum.com; Passeig de Gràcia 39; Erw./Kind 5 €/frei; ⌚ Mo–Fr 10.30–20, Sa 11–14 Uhr; Ⓜ Passeig de Gràcia) Im hinteren Teil der **Parfümerie Regia** (Karte S. 292 f.; ☎ 93 216 01 21; www.regia.es; Passeig de Gràcia 39; ⌚ Mo–Fr 9.30–20.30, Sa 10.30–20.30 Uhr; Ⓜ Passeig de Gràcia) gibt's alles von antiken ägyptischen und römischen Duftbehältern (Letztere v.a. aus dem 1.–3. Jh. n. Chr.) bis zu klassischen Flakons zu sehen. Insgesamt besteht die Sammlung aus rund 5000 Flaschen in allen Größen, Formen und mit verschiedensten Geschichten. Hinzu kommen noch allerlei Gegenstände von antiken etruskischen Bronzepinzetten über kleine Potpourrischalen aus feinem Sèvres-Porzellan (frühes 19. Jh.) bis zu alten Katalogen und Werbeplakaten.

Platja de l'Eixample „STRAND"
(Karte S. 292 f.; ☎ 93 423 43 50; Carrer de Roger de Llúria 56; 1,55 €; ⌚ Ende Juni–Sept. 10–20 Uhr; Ⓜ Girona) In einem versteckten Garten in einem ganz typischen Gebäudeblock von L'Eixample steht ein alter Wasserturm; dort gibt es einen urbanen „Strand", die Platja de l'Eixample. Tatsächlich handelt es sich dabei um einen knietiefen Swimmingpool (60 cm an der tiefsten Stelle), umgeben von Sand – eine super Sache für Kinder! Hier sind sogar Bademeister im Einsatz.

Plaça de Catalunya PLATZ
(Karte S. 292 f.; Ⓜ Catalunya) An der Kreuzung zwischen der Altstadt und L'Eixample befindet sich die Plaça de Catalunya, ein großer Platz mit mehreren beeindruckenden Springbrunnen und eleganten Statuen. Sie ist das Verkehrsdrehkreuz für Busse und Züge im Stadtzentrum und eignet sich daher sehr gut als Treffpunkt, ein Ort zum Verweilen ist dies aber nicht: Ringsum verlaufen mehrspurige Straßen.

DIE BESTEN STRÄNDE

Barcelona verfügt über kilometerweite Strände. Hier einige der schönsten:

Platja de la Barceloneta (Karte S. 284; http://lameva.barcelona.cat; Ⓜ Barceloneta) Gleich östlich des namensgebenden Viertels. Sonnenanbeter lieben den goldenen Sandstrand von Barceloneta und finden, wenn sie eine Erfrischung benötigen, reichlich Restaurants und Bars nur ein kleines Stück landeinwärts.

Platja de Sant Miquel (Karte S. 284; http://lameva.barcelona.cat; Ⓜ Barceloneta) Benannt nach der Kirche aus dem 18. Jh. im nahen Barceloneta. Auch dieser Strand füllt sich bei schönem Wetter mit Menschen – aufgrund der Nähe zur Altstadt, ist hier gewöhnlich mehr Volk unterwegs als an den Stränden weiter nördlich.

Platja de Sant Sebastià (Karte S. 284; http://lameva.barcelona.cat; Ⓜ Barceloneta) Praktisch am Rande von Barceloneta gelegen ist dieser Strand, die richtige Adresse für ein paar Sonnenminuten oder Wellen (Surfen!) unweit der Altstadt.

El Poblenou Platges (http://lameva.barcelona.cat; Ⓜ Ciutadella Vila Olímpica, Llacuna, Poblenou, Selva de Mar) Eine Reihe breiter (größtenteils künstlich aufgehäufter) Strände erstreckt sich nordöstlich vom Jachthafen des Port Olímpic. Im Sommer zieht es immer Massen von Strandfans und Schwimmern hierher.

Gràcia & Park Güell

★ Park Güell PARK

(☎ 93 409 18 31; www.parkguell.cat; Carrer d'Olot 7; Erw./Kind 8/5,60 €; ⌚ Mai–Aug. 8–21.30 Uhr, April, Sept. & Okt. bis 20.30 Uhr, Nov.–März bis 18.30 Uhr; 🚌 24, 92, Ⓜ Lesseps, Vallcarca) Nördlich von Gràcia erstreckt sich diese Welterbestätte der UNESCO. Im Park Güell versuchte sich Antoni Gaudí als Landschaftsarchitekt. In der hinreißenden Grünanlage konnte er seine Leidenschaft für natürliche Formen richtig ausleben – das Künstliche erscheint einem fast natürlicher als das Natürliche selbst!

Das Gelände ist enorm beliebt: Jährlich kommen rund 4 Millionen Besucher hierher und im Halbstundentakt wird immer nur eine begrenzte Personenanzahl eingelassen. Daher ist es sinnvoll, Tickets vorab online zu buchen, was zudem etwas billiger ist (man spart einen Euro gegenüber dem regulären Eintritt).

Entstanden ist der Park 1900, als Graf Eusebi Güell ein baumbewachsenes Hügelgrundstück kaufte (damals außerhalb der Stadt) und Gaudí damit beauftragte, dort eine Ministadt für die Reichen zu entwerfen. Das Projekt war ein kommerzieller Flop und wurde 1914 aufgegeben, allerdings waren bis dahin bereits 3 km Straßen und Wege, ein Platz sowie zwei Torpavillons in dem für Gaudí typischen Stil entstanden. 1922 erwarb die Stadt das Gelände; es sollte als öffentlicher Park dienen.

Gleich hinter dem Haupteingang im Carrer d'Olot befindet sich der Pavelló de Consergeria, den man sofort an seinen zwei Knusperhäuschen-Torpavillons erkennt. In ihm ist das **Centre d'Interpretació** des Parks mit einer Ausstellung zu Gaudís Bauweise und zur Geschichte des Parks untergebracht. Vom Obergeschoss des ehemaligen Pförtnerhauses genießt man einen schönen Blick.

Am Eingang beginnt eine Treppe, die von einem mit Mosaiksteinen besetzten Drachen/Salamander bewacht wird (diese Figur wird in zahlreichen Souvenirshops im Zentrum verkauft). Sie führt zur **Sala Hipóstila** (auch bekannt als der dorische Tempel) hinauf, einem „Wald" aus 86 Steinsäulen. Manche davon neigen sich leicht wie gewaltige Baumstämme. Ursprünglich war dieser Bereich als Markt konzipiert worden. Linker Hand befindet sich eine Galerie, deren gewundene Steinsäulen und das Dach an einen Kreuzgang unter Baumwurzeln denken lassen – dieses Motiv taucht an mehreren Stellen im Park auf. Über der Sala Hipóstila öffnet sich ein weiter offener Bereich mit der **Banc de Trencadís** als Highlight. Die gekachelte Bank erstreckt sich um die komplette Halle und wurde von einem engen Kollegen Gaudís, Josep Maria Jujol (1879–1949), entworfen. Wie so oft bei Gaudí gibt's auch hier einen Clou, der nicht auf den ersten Blick ersichtlich ist: Dieser große Bereich dient als Auffangbecken für das Regenwasser, das den Hang hinabläuft. Es sickert durch eine Schicht aus Stein und Sand und läuft an den Säulen hinab in eine unterirdische Zisterne.

Das mit einem Eckturm ausgestattete Gebäude rechts darüber ist die **Casa-Museu Gaudí** (☎ 93 219 38 11; www.casamuseugaudi.org; Park Güell, Carretera del Carmel 23a; Erw./Kind 5,50 €/frei; ⌚ April–Sept. 9–20 Uhr, Okt.–März 10–18 Uhr; 🚌 24, 92, 116, Ⓜ Lesseps). Dort verbrachte der Architekt einen Großteil der verbleibenden 20 Jahre seines Lebens (1906–1926). In dem Haus stehen seine Möbel (einige hatten zuvor in La Pedrera, der Casa Batlló und der Casa Calvet ihr Zuhause) und andere Erinnerungsstücke. Francesc Berenguer i Mestres entwarf das Museu Gaudí 1904. Es war der Prototyp für die mehr als 60 Häuser, die eigentlich hier hochgezogen werden sollten.

Ein Großteil des von Spazierwegen durchzogenen Parks ist bewaldet. Den schönsten Ausblick hat man vom **Turó del Calvari** im Südwesten, den ein Kreuz krönt.

Das ganze Jahr über finden Führungen in verschiedenen Sprachen statt (1 Std.). Sie kosten 7 € (zzgl. Eintritt); vorab online reservieren.

Der Weg zum Park ist ab der Metrohaltestelle Lesseps ausgeschildert. Die Strecke von der Haltestelle Vallcarca ist etwas kürzer und Rolltreppen erleichtern den Aufstieg. Die Buslinien 24 und 92 halten an einem Eingang im oberen Teil der Anlage.

Casa Vicens MUSEUM

(☎ 93 348 42 58; www.casavicens.org; Carrer de les Carolines 18–24; Erw./Kind 16/14 €, Führung zusätzl. 3 € pro Pers.; ⌚ 10–20 Uhr, letzte Führung 19.30 Uhr; Ⓜ Fontana) Die Casa Vicens, eine weitere Welterbestätte der UNESCO, wurde der Öffentlichkeit erstmals 2017 regelmäßig zugänglich gemacht. Das 1885 fertiggestellte private Wohnhaus des Börsen- und Devisenmaklers Manuel Vicens i Montaner ist eine mit Türmen versehene Angelegenheit – die erste Auftragsarbeit des damals gerade 30-jährigen Antoni Gaudí. Das Gebäude steht ein Stück westlich von Gràcias Hauptstraße und besticht durch seine reich verzierte Fassade mit bunten, unterschiedlich geformten Keramikkacheln. Besucher dürfen sich in Ruhe umschauen (kostenlos). Wer gern ein paar Hintergrundinfos hätte, sollte die 30-minütige Führung mitnehmen (auch auf Englisch).

Gaudí Experiència MUSEUM

(☎ 93 285 44 40; www.gaudiexperiencia.com; Carrer de Larrard 41; Erw./Kind 9/7,50 €; ⏲ April–Sept. 10.30–19 Uhr, Okt.–März bis 17 Uhr; Ⓜ Lesseps) Nur einen Katzensprung vom Park Güell entfernt bietet das „Gaudí-Erlebnis" einen unterhaltsamen Blick auf Leben und Werk des beliebtesten Sohnes der Stadt. Zu sehen sind Modelle seiner Bauten sowie viele interaktive Exponate und Touchscreens. Das Highlight der Ausstellung ist aber die schwindelerregende 4D-Vorführung im winzigen Filmsaal – für Besucher mit empfindlichem Magen und Kinder unter sechs Jahren nicht zu empfehlen.

Camp Nou, Pedralbes & La Zona Alta

★ Camp Nou Experience MUSEUM

(☎ 902 189900; www.fcbarcelona.com; Tor 9, Avinguda de Joan XXIII; Erw./Kind 25/20 €; ⏲ April–Sept. 9.30–19.30 Uhr, Okt.–März Mo–Sa 10–18.30, So bis 14.30 Uhr; Ⓜ Palau Reial) Camp Nou (S. 297) ist eine Pilgerstätte für Fußballfans aus aller Welt und ein Muss für alle Barça-Fans. Auf diesem Rundgang erhält man einen guten Einblick in die Geschichte und Kultur des Vereins: Los geht's mit einem Besuch des Museums mit Multimedia-Exponaten, Trophäen und historischen Ausstellungen, gefolgt von einer Führung durchs Stadion. Insgesamt sollte man 2½ Stunden einplanen.

★ Museu-Monestir de Pedralbes KLOSTER

(☎ 93 256 34 34; http://monestirpedralbes.bcn.cat; Baixada del Monestir 9; Erw./Kind 5 €/frei, So ab 15 Uhr frei; ⏲ April–Sept. Di–Fr 10–17, Sa bis 19, So bis 20 Uhr, Okt.–März Di–Fr 10–14, Sa & So bis 17 Uhr; 🚌 63, 68, 75, 78, H4, 🚆 FGC Reina Elisenda) 1983 öffnete das friedliche alte Kloster (gegr. 1326) seine Tore erstmals für die Öffentlichkeit und beherbergt heute ein Museum zum klösterlichen Leben (die wenigen verbleibenden Nonnen sind in moderne Häuser in der Nähe umgezogen). Es steht am oberen Ende der Avinguda de Pedralbes in einem Wohngebiet, das bis ins 20 Jh. noch sehr ländlich war und nach wie vor als eine himmlisch ruhige Ecke in der sonst so geschäftigen Stadt gilt.

★ CosmoCaixa MUSEUM

(Museu de la Ciència; ☎ 93 212 60 50; www.cosmocaixa.com; Carrer d'Isaac Newton 26; Erw./Kind 4 €/frei, Führungen ab 2 €, Planetarium 4 €; ⏲ Di–So 10–20 Uhr; 🚌 60, 196) Kinder (und Junggebliebene) lieben dieses naturwissenschaftliche Museum. Highlight ist das 1 km² große Stück von überflutetem **Amazonasregenwald** (der Bosc Inundat). In diesem einzigartigen lebenden Diorama sind mehr als 100 Arten der Amazonas-Flora und -fauna zu Hause, darunter Anakondas, knallbunte giftige Frösche und Kaimane. Sogar einen tropischen Regenguss kann man live miterleben!

Tibidabo BERG

Am nördlichen Ende der Stadt erhebt sich der waldbedeckte Tibidabo, mit 512 m der höchste Gipfel der Serra de Collserola. Abgesehen davon, dass man oben eine tolle Aussicht hat, wartet der Tibidabo mit dem 8000 ha großen Parc de Collserola (S. 301), einem altmodischen Freizeitpark (siehe unten), einem **Funkturm** (☎ 93 406 93 54; www.torredecollserola.com; Carretera de Vallvidrera al Tibidabo; Erw./Kind 5,60/3,30 €; ⏲ Öffnungszeiten variieren, Jan. & Feb. geschl.; 🚌 111, 🚆 Funicular de Vallvidrera) samt Aussichtsplattform und einer **Kirche** (Temple Expiatori del Sagrat Cor; ☎ 93 417 56 86; www.templotibidabo.es; Plaça de Tibidabo; Standseilbahn 3,50 €; ⏲ 11–19 Uhr; 🚌 T2A, 🚆 Funicular del Tibidabo) GRATIS auf, die vielerorts in der Stadt gesehen werden kann.

Parc d'Atraccions FREIZEITPARK

(☎ 93 211 79 42; www.tibidabo.cat; Plaça de Tibidabo 3–4; Erw./Kind 28,50/10,30 €; ⏲ Jan. & Feb. geschl.; 🚌 T2A, 🚆 Funicular del Tibidabo) Dieser Vergnügungspark nahe der Bergstation der Seilbahn ist der Grund, warum die meisten *barcelonins* den Tibidabo ansteuern. Neben schnellen Fahrgeschäften und einem 4-D-Kino gibt's hier auch altmodische Klassiker: einen alten Dampfzug und das Museu d'Autòmats mit mechanischen Puppen, deren Entstehung teilweise bis ins Jahr 1880 zurückgeht. Die saisonal unterschiedlichen Öffnungszeiten stehen auf der Website.

Jardins del Laberint d'Horta PARK

(☎ 93 413 24 00; http://lameva.barcelona.cat; Passeig del Castanyers 1; Erw./Kind 2,23/1,42 €,

Das Genie Gaudí

Der Name Gaudí ist inzwischen fast untrennbar mit Barcelona verknüpft, und sein einzigartiges architektonisches Werk ist einer der wichtigsten Besuchermagneten der Stadt.

Katholik & Katalane

Antoni Gaudí i Cornet (1852–1926), in Reus geboren und gelernter Schmied, verkörperte und beflügelte die Modernisme-Bewegung, die im Barcelona der Jahrhundertwende für einen innovativen Paukenschlag sorgte. Gaudí war gläubiger Katholik und katalanischer Nationalist. Seine Werke sind ein bewusster Ausdruck seiner katalanischen Identität und teilweise auch Bekenntnis seiner tiefen Religiosität.

Gaudís Meisterwerke

Seine späten Lebensjahre widmete Gaudí einem Wahrzeichen Barcelonas, der unvollendeten Sagrada Família. Vor allem ließ er sich von der Gotik inspirieren, bildete jedoch auch die Harmonie der Natur ab, indem er kurvige Formen klaren Linien vorzog.

Gaudí führte seine Berechnungen mit komplexen, an Ketten aufgehängten Modellen durch. Beispiele zeigt das Minimuseum im Dachgeschoss von La Pedrera.

Das Werk des Architekten zeichnet sich durch geschwungene Formen mit traumhaftem, surrealem Charakter aus. Das private Wohnhaus Casa Batlló ist ein gutes Beispiel und wirkt auf wilde Weise unnatürlich natürlich – oder natürlich unnatürlich. Neben dem Verzicht auf klare Formen verschwimmen die Grenzen zwischen Realem und Surrealem,

1. Park Güell **2.** Geburtsfassade, La Sagrada Família

Nüchternheit und Traum, Vernunft und Verspieltheit. Je nach Perspektive entdeckt man an der Fassade den Drachentöter Georg oder eine Reihe fleischloser Seemonster.

Seinen besonderen Spaß hatte Gaudí offenbar mit Dächern. Vor allem die von La Pedrera und dem Palau Güell schmücken alle möglichen fantastischen, farbenfrohen Keramikfiguren, so ähneln die Schornsteinaufsätze z. B. Pilzen aus *Alice im Wunderland* oder den Sturmtruppen von *Star Wars*.

Der heilige Gaudí?

Ähnlich wie seine Sagrada Família ist auch Gaudís Geschichte noch nicht vollendet. Im März 2000 leitete der Vatikan ein Seligsprechungsverfahren für ihn ein und schon heute erweisen Pilger dem Meister in der Krypta ihre Ehre. Der Japaner Etsuro Sotoo, einer der wichtigsten in der Kirche tätigen Bildhauer, konvertierte wegen seiner Gaudí-Leidenschaft zum Katholizismus.

GAUDÍS BEKANNTESTE WERKE

- La Sagrada Família (S. 288), eine Sinfonie religiöser Hingabe.
- La Pedrera (S. 287), wegen seiner unregelmäßigen Fassade auch „Steinbruch" genannt.
- Casa Batlló (S. 286), ein surrealer Drache.
- Park Güell (S. 296), ein Park im Modernisme-Stil.
- Palau Güell (S. 277), eines von Gaudís frühesten Auftragswerken.

Gràcia

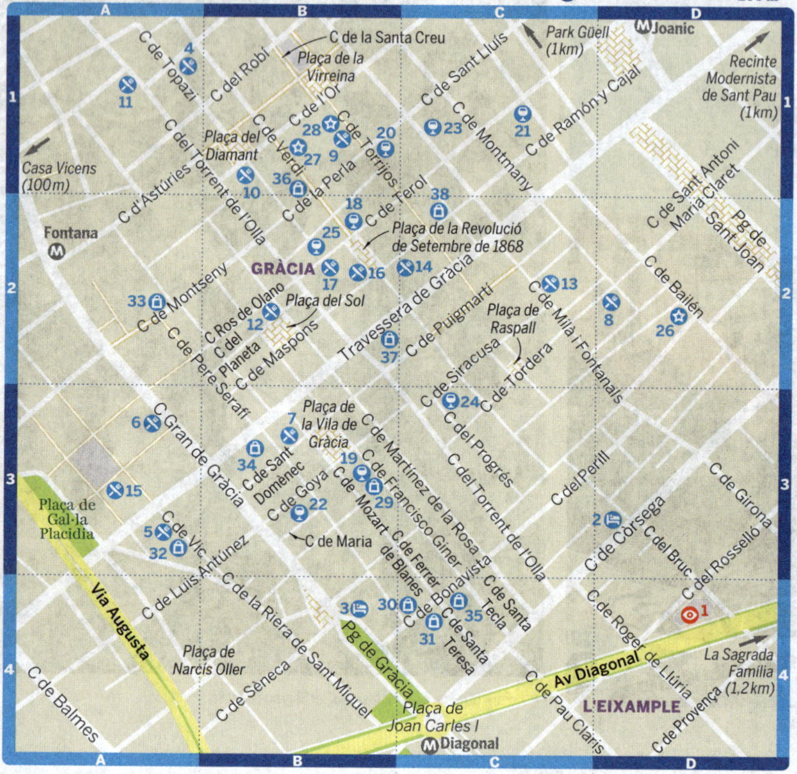

Mi & So frei; April–Okt. 10–20 Uhr, Dez.–März bis 19 Uhr; Ⓜ Mundet) Ende des 18. Jhs. legte Antoni Desvalls, der Marquis von Alfarràs und Llupià, diesen sorgfältig gestalteten Garten an, der bis in die 1970er-Jahre ein privat genutztes Familienidyll blieb – dann erst machte man ihn der Öffentlichkeit zugänglich. Der Begriff *laberint* („Labyrinth" auf Katalanisch) bezieht sich auf den Irrgarten im Zentrum. Wege führen an einem netten künstlichen See, an Wasserfällen, einem klassizistischen Pavillon und einem (falschen) Friedhof vorbei. Letzterer ist von der Romantik des 19. Jhs. inspiriert.

Parc de la Creueta del Coll PARK
(Passeig de la Mare de Déu del Coll 77; April–Okt. 10–21 Uhr, Nov.–März bis 19 Uhr; 92, 129, N5, Ⓜ Penitents) Sehr beliebt bei Familien ist dieser öffentliche Park mit einem großen mäandernden Pool sowie Schaukeln, Duschen und einem Imbiss. Der Pool ist nur im Sommer geöffnet, die übrigen Einrichtungen ganzjährig. Der Park liegt in einem tiefen Kessel; dies war viele Jahre ein Steinbruch. Auf einer Seite „schwebt" die riesige Betonskulptur *Elogio del agua* (Huldigung des Wassers) von Eduardo Chillida.

Zugang hat man über den Carrer Mare de Déu del Coll, 1 km östlich der Metrohaltestelle Penitents.

Bellesguard ARCHITEKTUR
(93 250 40 93; www.bellesguardgaudi.com; Carrer de Bellesguard 16; Erw./Kind 9 €/frei; Di–So 10–15 Uhr; FGC Avinguda Tibidabo) Dieses Meisterwerk Gaudís wurde aus dem Verborgenen geborgen und 2013 der Öffentlichkeit zugänglich gemacht. Die Privatresidenz, gebaut zwischen 1900 und 1909, ist noch immer im Besitz der Familie Guilera und sieht mit seinen zinnenbewehrten Stein- und Ziegelmauern, den schmalen Buntglasfenstern, den kunstvollen Schmiedearbeiten und einem hoch aufragenden Türmchen, gekrönt von einem Gaudí-

Gràcia

Sehenswertes

1 Casa de les Punxes D4

Schlafen

2 Generator Hostel D3
3 Hotel Casa Fuster B4

Essen

4 .IT A1
5 Bar Bodega Quimet A3
6 Botafumeiro A3
7 Café Godot B3
8 Cal Boter D2
9 Cantina Machito B1
10 Casa Portuguesa B1
11 Chivuo's A1
12 Envalira B2
13 Himali C2
14 La Nena C2
15 La Pubilla A3
16 Pepa Tomate B2
17 Taverna La Llesca B2

Ausgehen & Nachtleben

18 Bar Canigó B2
19 Bobby Gin B3
20 Chatelet B1
21 La Vermuteria del Tano C1
22 Musical Maria B3
23 Rabipelao C1
24 Raïm C3
25 Viblioteca B2

Unterhaltung

26 Cine Texas D2
27 Verdi B1
28 Verdi Park B1

Shoppen

29 Amalia Vermell B3
30 Be C4
31 Bodega Bonavista C4
32 Colmillo de Morsa A3
33 Hibernian A2
34 Lady Loquita B3
35 Mushi Mushi C4
36 Picnic B1
37 Tintin Shop B2
38 Vinil Vintage C2

Kreuz, wie ein Schloss aus. Das faszinierende Bauwerk vereint gotische und Modernisme-Elemente.

Parc de Collserola — PARK

(☎ 93 280 35 52; www.parcnaturalcollserola.cat; Carretera de l'Església 92; ⏲ Centre d'Informació 9.30–15 Uhr, Can Coll So & Feiertage 9.30–14.30 Uhr, Ende Juni & Anfang Sept. geschl.; F-GC Baixador de Vallvidrera, Funicular de Vallvidrera) *Barcelonins*, die eine Fluchtmöglichkeit aus der Stadt suchen, ohne zu weit hinausfahren zu müssen, kommen gern in diesen 80 km² großen Park in den Hügeln. Hier kann man wunderbar spazieren gehen, Fahrrad fahren sowie in Cafés und Imbissen einkehren. Karten sind in den Informationszentren erhältlich, z. B. in der Carretera de l'Església 92 nicht weit vom FGC-Bahnhof Baixador de Vallvidrera.

Montjuïc, Poble Sec & Sant Antoni

Wegen all der wunderbaren Museen, Galerien und Parks liegt die große Herausforderung in dieser Gegend vor allem in der Planung: Die vielen Attraktionen kann man nicht in einen einzigen Tag packen und die Distanzen sind z. T. groß.

★ Museu Nacional d'Art de Catalunya — MUSEUM

(MNAC; Karte S. 306; ☎ 93 622 03 76; www.museunacional.cat; Mirador del Palau Nacional; Erw./Kind 12 €/frei, Sa ab 15 Uhr & 1. So im Monat frei, nur Zugang zum Dach (Aussicht) 2 €; ⏲ Mai–Sept. Di–Sa 10–20, So bis 15 Uhr, Okt.–April Di–Sa bis 18 Uhr; 55, Ⓜ Espanya) Schon von Weitem sieht man die bombastische neobarocke Silhouette des Palau Nacional an den Hängen des Montjuïc. Der Palast wurde 1929 für die Weltausstellung gebaut und 2005 restauriert. Er beherbergt eine große Sammlung größtenteils katalanischer Kunstwerke vom Mittelalter bis ins frühe 20. Jh. Der Höhepunkt sind jedoch die phänomenalen romanischen Fresken.

★ Fundació Joan Miró — MUSEUM

(Karte S. 306; ☎ 93 443 94 70; www.fmirobcn.org; Parc de Montjuïc; Erw./Kind 12 €/frei; ⏲ Di, Mi, Fr & Sa 10–20, Do bis 21, So bis 15 Uhr; 55, 150, Paral·lel) Barcelonas bekanntester Künstler des 20. Jhs. hinterließ seiner Heimatstadt 1971 zahlreiche Werke, die von schüchternen ersten Zeichnungen bis zu Malereien aus seinen letzten Lebensjahren reichen und der Öffentlichkeit in lichtdurchdrungenen Gebäuden präsentiert werden. Der Entwurf für die Bauten stammt von Mirós engem Freund, dem Architekten Josep Lluís Sert, der auch die Studios des Künstlers auf Mallorca errichtete.

Telefèric de Montjuïc SEILBAHN

(Karte S. 306; ☎ 93 328 90 03; www.telefericdemontjuic.cat; Avinguda de Miramar 30; Erw./Kind einfache Fahrt 8,20/6,50 €; ⏲ Juni–Sept. 10–21 Uhr, März–Mai & Okt. 10–19 Uhr, Nov.–Feb. 10–18 Uhr; 🚌 55, 150) Die Seilbahn verkehrt vom Estació Parc Montjuïc über den *mirador* (Aussichtspunkt) bis zum Castell de Montjuïc.

Teleférico del Puerto SEILBAHN

(Karte S. 306; ☎ 93 430 47 16; www.telefericodebarcelona.com; Avinguda de Miramar; einfache Fahrt/hin & zurück 11/16,50 €; ⏲ Juni–Mitte Sept. 10.30–20 Uhr, März–Mai & Mitte Sept.–Okt. 10.30–19 Uhr, Nov.–Feb. 11–17.30 Uhr; 🚌 150) Es gibt keine schnellere Verbindung zwischen Strand und Berg als diese Seilbahn, die zwischen dem Torre de Sant Sebastiá in La Barceloneta und der Haltestelle Miramar auf dem Montjuïc pendelt. Vom Estació Parc Montjuïc befördert der Telefèric de Montjuïc Fahrgäste über den *mirador* (Aussichtspunkt) zum Castell de Montjuïc.

Museu d'Arqueologia de Catalunya MUSEUM

(MAC; Karte S. 306; ☎ 93 423 21 49; www.mac.cat; Passeig de Santa Madrona 39–41; Erw./Kind 5,50 €/frei; ⏲ Di–Sa 9.30–19, So 10–14.30 Uhr; 🚌 55, Ⓜ Poble Sec) Dieses Archäologiemuseum widmet sich Katalonien und anderen spanischen Kulturen. Zu den Exponaten gehören Kopien von Schädeln aus der Zeit vor den Neandertalern, bildhübsche karthagische Halsketten und mit Edelsteinen besetzte westgotische Kreuze. Das Gebäude diente während der Weltausstellung von 1929 als Palast für Graphische Kunst.

MUHBA Refugi 307 HISTORISCHE STÄTTE

(Karte S. 306; ☎ 93 256 21 22; http://ajuntament.barcelona.cat/museuhistoria; Carrer Nou de la Rambla 175; Erw./Kind inkl. Führung 3,40 €/frei; ⏲ Führungen auf Englisch So 10.30 Uhr; Ⓜ Paral·lel) Dieser Bunker aus der Zeit des spanischen Bürgerkriegs gehört zum Museu d'Història de Barcelona (MUHBA). Während dieses Kriegs erduldete keine Stadt mehr Luftangriffe als Barcelona, weshalb es mehr als 1300 Schutzbunker gab. Das Refugi 307 gruben Einwohner im März 1937 in den Montjüic. Der Bunker ist nur im Rahmen von Führungen zugänglich (nur So; auf Englisch um 10.30 Uhr, auf Spanisch um 11.30 Uhr und auf Katalanisch um 12.30 Uhr). Reservieren; die Anzahl der Plätze ist begrenzt.

Font Màgica SPRINGBRUNNEN

(Karte S. 306; ☎ 93 316 10 00; Avinguda de la Reina Maria Cristina; ⏲ alle 30 Min. Juni–Sept. Mi–So 19.30–22.30 Uhr, April, Mai & Okt. Do–Sa 21–22 Uhr, Nov.–Anfang Jan. & Mitte Feb.–März Do–Sa 20–21 Uhr; Ⓜ Espanya) GRATIS Ein prächtiger Springbrunnen ziert den langen Abschnitt der Avinguda de la Reina Maria Cristina, die zum stattlichen Palau Nacional führt. Er trägt den Namen Font Màgica und bietet ein einmaliges Farbspiel. Manchmal erinnert das Wasser an ein Feuerwerk, manchmal an einen bunten Zaubertrank, der in einem Kessel vor sich hin blubbert.

Castell de Montjuïc FESTUNG

(Karte S. 306; ☎ 93 256 44 45; http://ajuntament.barcelona.cat/castelldemontjuic; Carretera de Montjuïc 66; Erw./Kind 5/3 €, So ab 15 Uhr & 1. So im Monat frei; ⏲ April–Okt. 10–20 Uhr, Nov.–März bis 18 Uhr; 🚌 150, 🚡 Telefèric de Montjuïc, Castell de Montjuïc) Das unwirtliche Castell de Montjuïc (*castell* bedeutet Burg oder Festung) dominiert den Südosthang des Montjuïc und gewährt einen fantastischen Blick aufs Mittelmeer. Seine heutige Form hat es seit dem späten 17. bzw. 18. Jh. Die meiste Zeit seiner düsteren Geschichte über wurde es als Wachtposten über die Stadt, politisches Gefängnis und Hinrichtungsstätte genutzt.

Poble Espanyol FREILICHTMUSEUM

(Karte S. 306; www.poble-espanyol.com; Avinguda de Francesc Ferrer i Guàrdia 13; Erw./Kind 14/7 €; ⏲ Mo 9–20, Di–Do & So bis 24, Fr bis 3, Sa bis 4 Uhr; 🚌 13, 23, 150, Ⓜ Espanya) Willkommen in Spanien! Ganz Spanien! Das zur Weltausstellung 1929 errichtete „Spanische Dorf" ist ein interessantes Sammelsurium einheimischer Architektur. Innerhalb weniger Stunden kann man von Andalusien auf die Balearen schlendern und erstaunlich gute Nachbauten typisch spanischer Gebäude bewundern. Unter den 117 Gebäuden sind 17 Restaurants, Cafés und Bars, 20 Kunsthandwerksläden und Werkstätten (für Glaskünstler und andere Kunsthandwerker) sowie Souvenirgeschäfte.

CaixaForum GALERIE

(Karte S. 306; ☎ 93 476 86 00; www.caixaforum.es; Avinguda de Francesc Ferrer i Guàrdia 6–8; Erw./Kind 4 €/frei, 1. So im Monat frei; ⏲ 10–20 Uhr; Ⓜ Espanya) Die Bausparkasse Caixa rühmt sich ihres Einsatzes für die Künste (und besitzt eine große Sammlung mit Werken aus aller Welt), insbesondere für alles, was modern ist. In ihrem Ausstellungsbereich in Barcelona ist ein Teil der Sammlung zu sehen. Das fantastische Modernista-Gebäude aus Ziegelsteinen, die Fàbrica Casaramona, ist eine vollständig generalüberholte ehemalige Fabrik und wurde von Puig i Cadafalch gestaltet. Von 1940 bis 1993 war hier noch die Erste Reiterstaffel der Polizei untergebracht – mit insgesamt 120 Pferden!

Museu Etnològic MUSEUM
(Karte S. 306; ☎ 93 424 68 07; http://ajuntament.barcelona.cat/museuetnologic; Passeig de Santa Madrona 16–22; Erw./Kind 5 €/frei, So 16–20 Uhr & 1. So im Monat frei; ⏲ Di–Sa 10–19, So bis 20 Uhr; 🚌 55) Barcelonas Ethnologiemuseum präsentiert eine faszinierende ständige Sammlung, die tief ins Erbe Kataloniens eintaucht. In den Ausstellungen werden Ursprungsmythen, religiöse Feste, Volkskultur und die Vermengung von Heiligem und Weltlichem behandelt – zum letzten Thema sollte man sich auch auf jeden Fall die Weihnachtskrippe mit der urigen katalanischen Figur *el caganer* anschauen, dem „Scheißer".

Jardí Botànic GARTEN
(Karte S. 306; www.museuciencies.cat; Carrer del Doctor Font i Quer 2; Erw./Kind 3,50 €/frei, So nach 15 Uhr & 1. So im Monat frei; ⏲ April–Sept. 10–19 Uhr, Okt.–März bis 17 Uhr; 🚌 55, 150) In dem botanischen Garten zur Fauna der Mittelmeerregion wachsen 40 000 Pflanzen bzw. 1500 Arten, die vielfach aus Ländern mit einem ähnlichen Klima wie dem der Mittelmeerregion stammen. Neben den Kanarischen Inseln und Nordafrika zählen dazu auch Australien, Kalifornien, Chile und Südafrika.

Estadi Olímpic Lluís Companys STADION
(Karte S. 306; ☎ 93 426 20 89; www.estadiolimpic.cat; Passeig Olímpic 15–17; ⏲ Mai–Sept. 8–20 Uhr, Okt.–April 10–18 Uhr; 🚌 13, 150) GRATIS Das Estadi Olímpic war der wichtigste Austragungsort der Olympischen Sommerspiele von Barcelona 1992. Für alle, die sich die Spiele im Fernsehen angeschaut haben: Das Stadion, das 60 000 Besucher fasst, wird einem vielleicht überraschend klein vorkommen. Das gilt auch für die Haltevorrichtung für die olympische Fackel, die bei der Eröffnungsfeier der Olympiade von einem Bogenschützen mit einem brennenden Pfeil entzündet wurde – ein spektakulärer Schuss. Das Stadion, ursprünglich eingeweiht im Jahre 1929, ließ man für die Sommerspiele restaurieren.

Cementiri del Sud-Oest FRIEDHOF
(Cementiri Nou; ☎ 93 484 19 99; www.cbsa.cat; Carrer de la Mare de Déu de Port 56–58; ⏲ 8–18 Uhr; 🚌 21, 107) GRATIS Auf dem Hügel südlich der Anella Olímpica erstreckt sich dieser riesige, 1883 eröffnete Friedhof die südliche Flanke hinunter. Dort sind sowohl von Architekten aufwändig gestaltete Grabstätten für reiche Familien zu sehen als auch kleine Nischen für die weniger Wohlhabenden. Auf dem Friedhof haben zahlreiche katalanische Künstler und Politiker ihre letzte Ruhestätte gefunden. Am Südeingang kann man einen Blick auf die Col·lecció de Carrosses Fúnebres (S. 304) werfen: eine Sammlung von Leichenwagen (aber in Kutschenform!). Sonntags und an öffentlichen Feiertagen fährt Buslinie 107 sogar direkt durch den Friedhof durch. Montags bis samstags kann man mit Linie 21 bis zum Haupteingang gelangen.

Museu Olímpic i de l'Esport MUSEUM
(Karte S. 306; ☎ 93 292 53 79; www.museuolimpicbcn.cat; Avinguda de l'Estadi 60; Erw./Kind 5,80 €/frei; ⏲ April–Sept. Di–Sa 10–20, So bis 14.30 Uhr, Okt.–März Di–Sa 10–18, So bis 14.30 Uhr; 🚌 55, 150) Mit der Antike beginnend, werden in dem interaktiven Museum viele multimediale Exponate zur Geschichte des Sports und der Olympischen Spiele gezeigt. Nach dem Ticketkauf geht's die Rampe hinunter – die Ausstellung ist (räumlich, nicht inhaltlich betrachtet) unterirdisch.

Pavelló Mies van der Rohe ARCHITEKTUR
(Karte S. 306; ☎ 93 215 10 11; www.miesbcn.com; Avinguda de Francesc Ferrer i Guàrdia 7; Erw./Kind 5 €/frei; ⏲ März–Okt. 10–20 Uhr, Nov.–Feb. 10–18 Uhr; Ⓜ Espanya) Der Pavelló Mies van der Rohe ist ein Werk von kunstvoller Schlichtheit und ein Sinnbild für die Modernisme-Bewegung. Oft ist das Gebäude Gegenstand von Studien gewesen und auf verschiedene Arten interpretiert worden; Generationen von Architekten fühlten sich durch den Baustil inspiriert. Wer jedoch nicht wirklich für Architektur brennt, muss nicht unbedingt hineingehen; das meiste sieht man bereits von außen.

Col·lecció de Carrosses Fúnebres MUSEUM
(☎ 93 484 19 99; www.cbsa.cat; Carrer de la Mare de Déu de Port 56–58; ⏲ Sa & So 10–14 Uhr; 🚌 21, 107) GRATIS Wer sich für Leichenwagen – in

Montjuïc

EINE TAGESTOUR DURCH BARCELONA

Auf dem Montjuïc gab es möglicherweise schon vor den Römern eine Siedlung. Heute ist der Hügel die grüne Lunge Barcelonas. Zwischen den Gärten liegen beachtliche Kunstsammlungen, eine Burg, das Olympia-Stadion und mehr. Für den Besuch sollte man sich einen Tag Zeit nehmen.

Von der Metrostation Espanya geht's Richtung **1 CaixaForum** mit kostenlosen hochwertigen Ausstellungen. In der Nähe befindet sich der **2 Pavelló Mies van der Rohe**, ein futuristisches Gebäude aus den 1920er-Jahren. Auf dem Hügel findet man eine romanische Kunstsammlung im **3 Museu Nacional d'Art de Catalunya**. Mittags kann man im angeschlossenen Restaurant essen. Rolltreppen führen hinauf zum **4 Estadi Olímpic**, dem Schauplatz der Olympischen Sommerspiele von 1992. Dann geht's nach Osten zur **5 Fundació Joan Miró**, wo die Kreativität des surrealistischen Meisters zum Ausdruck kommt, sowie zum **6 Museu d'Arqueologia de Catalunya**. Anschließend gönnt man sich eine wohlverdiente Pause in den friedlichen **7 Jardins de Mossèn Cinto Verdaguer** und gondelt später mit der Seilbahn zum **8 Castell de Montjuïc**. Wer zum richtigen Zeitpunkt da ist, erlebt hier die farbenfrohe Licht- und Musikshow an der **9 La Font Màgica**. Ausklingen lässt man den Tag in einem Open-Air-Club im **10 Poble Espanyol**.

TIPPS

- Der Transbordador Aeri ab La Barceloneta auf den Montjuïc bezaubert mit einem herrlichen Ausblick. Überboten wird dies nur noch durch die Fahrt mit der Seilbahn Teleféric de Montjuïc zur Burg.
- Das Castell de Montjuïc lockt im Sommer mit Open-Air-Kino und Konzerten (http://salamontjuic.org).
- Die farbenfrohen ruhigen Jardins de Mossèn Cinto Verdaguer lohnen einen Besuch.

TONIFLAP/SHUTTERSTOCK ©

CaixaForum
Diese frühere Fabrik und Kaserne stammt von Josep Puig i Cadafalch und ist ein hervorragendes Zeugnis modernistischer Architektur sowie eine Art Lego-Fantasie aus Ziegelsteinen.

Poble Espanyol
Mitten in der Vielfalt traditioneller spanischer für die Weltausstellung 1929 erschaffener Bauten wartet die Fundació Fran Daurel mit einigen Kunstwerken auf.

CATARINA BELOVA/SHUTTERSTOCK ©

Pavelló Mies van der Rohe
Der, für die Weltausstellung 1929 errichtete avantgardistische Pavillon zeigt den Einfallsreichtum des großartigen deutschen Architekten Ludwig Mies van der Rohe.

a Font Màgica

m besten kommt man an einem lauen Sommer-
ɔend hierher, um die einzigartige 15 Minuten
auernde Licht- und Tonperformance zu erleben.

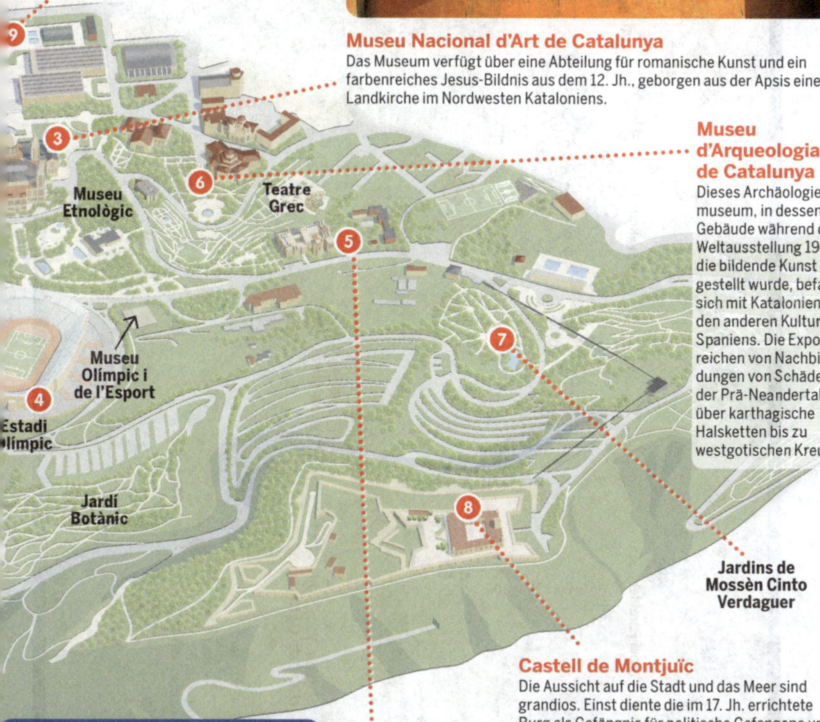

Museu Nacional d'Art de Catalunya

Das Museum verfügt über eine Abteilung für romanische Kunst und ein farbenreiches Jesus-Bildnis aus dem 12. Jh., geborgen aus der Apsis einer Landkirche im Nordwesten Kataloniens.

Museu d'Arqueologia de Catalunya

Dieses Archäologiemuseum, in dessen Gebäude während der Weltausstellung 1929 die bildende Kunst ausgestellt wurde, befasst sich mit Katalonien und den anderen Kulturen Spaniens. Die Exponate reichen von Nachbildungen von Schädeln der Prä-Neandertaler über karthagische Halsketten bis zu westgotischen Kreuzen.

Castell de Montjuïc

Die Aussicht auf die Stadt und das Meer sind grandios. Einst diente die im 17. Jh. errichtete Burg als Gefängnis für politische Gefangene und war lange ein Symbol der Unterdrückung.

Fundació Joan Miró

Hier sieht man einige von Joan Mirós riesigen fröhlichen Gemälden. In der Sala Joan Prats und der Sala Pilar Juncosa hängen weniger bekannte Werke aus der Anfangszeit des Künstlers.

Montjuïc & Poble Sec

Montjuïc & Poble Sec

Kutschenform – aus dem späten 18. Jh. bis Mitte des 20. Jhs. interessiert, sollte unbedingt in diesem Museum auf dem Gelände des Cementiri del Sud-Oest (S. 303) vorbeischauen, der vielleicht schrägsten Sehenswürdigkeit der Stadt. Hier kann man sich einen Begriff von dem Pomp machen, den manche Erdenbürger auf ihrer letzten Reise auf Erden genossen haben. Das Bestattungsinstitut behauptet, dies sei das größte Museum seiner Art weltweit.

Aktivitäten

Base Nautica Municipal WASSERSPORT

(☎ 93 221 04 32; www.basenautica.org; Avinguda de Litoral; 2-stündiger Unterricht ab 40 €, Leihausrüstung ab 20 € pro Std., Neoprenanzug 10 € pro Tag; ⏲ 10–19 Uhr; Ⓜ Poblenou) Gleich hinter der Platja de la Mar Bella kann man bei Base Nautica Municipal die Grundlagen des Kajakfahrens, Windsurfens, Katamaransegelns oder SUP (Stehpaddeln) erlernen. Leihausrüstung kann man sich ebenfalls dort besorgen. Die Unterrichtspreise sind günstiger, wenn man sich mit anderen zusammentut. Außerdem im Angebot: längerfristige Kurse von acht bis zwölf Stunden über mehrere Tage.

Aire De Barcelona WELLNESS

(Karte S. 278; ☎ 93 295 57 43; www.airedebarcelona.com; Passeig de Picasso 22; Thermalbäder & Aromatherapie Mo–Do 36 €, Fr–So 39 €; ⏲ So–Do 9–23, Fr & Sa bis 24 Uhr; Ⓜ Arc de Triomf) Mit seiner schummrigen Beleuchtung und den entspannenden Düften ist dieses Spa im Untergeschoss der perfekte Ort, um den Tag wunderschön ausklingen zu lassen. Heiße, warme und kalte Becken, Dampfbäder und verschiedene Massagen, u.a. auf heißem Marmor, sorgen für eine köstlich entspannende Stunde. Vorausbuchen und Badesachen mitbringen!

Club Natació Atlètic-Barcelona SCHWIMMEN

(Karte S. 284; ☎ 93 221 00 10; www.cnab.cat; Plaça del Mar; Tageskarte Erw./Kind 12,55/7,15 €; ⏲ Mo–Fr 7–23, Sa bis 22, So bis 20 Uhr; 🚌 V15, 39, 59, 64, Ⓜ Barceloneta) Dieser Schwimm- und Sportclub ist seit 1907 in Betrieb; er verfügt über ein Innen- und zwei Außenbecken.

Von den beiden Letzteren ist eines zum Bahnenschwimmen im Winter beheizt. Im Eintritt inbegriffen ist die Nutzung des Fitnessbereichs, des Spas und des Privatstrands.

Piscines Bernat Picornell SCHWIMMEN
(Karte S. 306; ☎ 93 423 40 41; www.picornell.cat; Avinguda de l'Estadi 30–38; Erw./Kind 11,90/7,30 €, FKK 6,55/4,70 €; ⌚ Mo–Fr 6.45–24, Sa 7–21, So 7.30–16 Uhr; 🚌 13, 150) Der Eintritt zum offiziellen olympischen Schwimmbecken auf dem Montjuïc umfasst auch den Zutritt zum Fitnessstudio, der Sauna, dem Whirlpool und dem Dampfbad. Samstagabends von 21 bis 23 Uhr wird der Pool zum FKK-Bereich (Zugang zur Sauna und zum Dampfbad inkl.). Von Oktober bis Mai gibt es einen weiteren Termin für Nacktbader, und zwar sonntags von 16.15 bis 18 Uhr (Innenbecken).

My Beautiful Parking RADFAHREN
(Karte S. 268 f.; ☎ 93 510 8724; www.mybeautifulparking.com; Carrer de la Bòria 17; Leihfahrrad 2 Std./24 Std. 5/14 €; ⌚ Mo–Sa 10.30–20 Uhr, April–Sept. auch So; Ⓜ Jaume I) Netter Laden mit drei Arten von Fahrrädern – in der Klappversion, als „Track"- oder „City"-Rad. Ab 5 € für zwei Stunden.

Geführte Touren

Bus Turístic BUS
(☎ 93 298 70 00; www.barcelonabusturistic.cat; Erw./Kind 1 Tag 29/16 €, 2 Tage 39/16 €; ⌚ 9–20 Uhr) Dieser Hop-on-hop-off-Bus steuert auf drei verschiedenen Routen 44 Haltestellen an und verbindet so ziemlich alle Hauptsehenswürdigkeiten miteinander. In den Touristeninformationen, Niederlassungen der TMB-Verkehrsbetriebe und vielen Hotels findet man Broschüren, die das System erklären. Für die beiden Hauptrouten sollten jeweils etwa zwei Stunden einkalkuliert werden. Die dritte führt vom Port Olímpic zum El Fòrum und ist nicht ganz so interessant. Sie wird nur von April bis September befahren.

Mit dem Bus-Turístic-Ticket kommt man in manche Museen günstiger hinein.

Barcelona Walking Tours STADTFÜHRUNG
(Karte S. 292 f.; ☎ 93 285 38 34; www.barcelonaturisme.com; Plaça de Catalunya 17; Ⓜ Catalunya) Die **Oficina d'Informació de Turisme de Barcelona** (Touristeninformation Barcelona; Karte S. 292 f.; ☎ 93 285 38 34; www.barcelonaturisme.com; Plaça de Catalunya 17–S, unterirdisch; ⌚ 8.30–21 Uhr; Ⓜ Catalunya) organisiert verschiedene einstündige geführte Stadtspaziergänge (auch auf Englisch) durch das Barri Gòtic (Erw./Kind 16 €/frei), zum Thema Modernisme (€16/frei) oder man wandelt auf den Spuren Picassos (22/7 €). Die zweistündige kulinarische Tour für Feinschmecker (22/7 €) umfasst Verkostungen. Darüber hinaus werden unterschiedliche Street-Art-Führungen und Radtouren (ab 17 €) angeboten. Wer online bucht, bekommt 10 % Rabatt auf sämtliche Führungen.

Devour Barcelona KULINARISCHE TOUREN
(☎ 695 111832; www.devourbarcelonafoodtours.com; Touren 49–99 €) Kundige Guides führen Touristen durch Gràcia, die Altstadt und

REISEN MIT KINDERN

Barcelona ist ein tolles Reiseziel für größere Kinder und Teenager. Dank der mediterranen Mentalität sind sie ganz selbstverständlich Teil vieler Aktivitäten, die auf den ersten Blick Erwachsenen vorbehalten sind – z. B. Essengehen zu später Stunde. Die Spanier sind sehr kinderlieb und schenken Babys und Kleinkindern viel Aufmerksamkeit.

Babysitting Babysitter können über Tender Loving Canguros (https://tlcanguros.wordpress.com) oder **5 Serveis** (☎ 93 412 56 76; www.5serveis.com; Carrer de Pelai 50; Ⓜ Catalunya) angefragt werden.

Utensilien Windeln, Nuckis, Babysalben-, -cremes und -nahrung gibt's z. B. in Apotheken. Windeln besser in Supermärkten kaufen (günstiger).

Metro Die Metrohaltestellen sind auch mit Kinderwagen zugänglich. Achtung: Hier sind Taschendiebe am Werk.

Mit dem Kinderwagen Die Ciutat Vella ist mit ihrem unvorhersehbaren Verkehr und den Kopfsteinpflasterstraßen weniger kinderwagenfreundlich als die anderen Stadtviertel.

Barceloneta und gehen dabei gleichermaßen auf die hiesige Küche und die Geschichte ein. Die Stationen, die für Verkostungen angesteuert werden, sind vor allem im Besitz kleiner einheimischer Produzenten und Familien. Die meisten Führungen dauern drei bis vier Stunden.

My Favourite Things FÜHRUNGEN
(☎ 637 265 405; www.myft.net; Führung ab 26 €) Führungen mit höchstens zehn Teilnehmern zu unterschiedlichen Themen – z. B. Street Art oder Shoppen – sowie Spaziergänge für Gourmets oder Musical- bzw. Film-Fans und durch in Vergessenheit geratene Viertel. Weitere Aktivitäten sind Flamenco- oder Salsa-Unterricht, Kochworkshops sowie Radtouren in und außerhalb von Barcelona. Etwas ungewöhnlichere Angebote sind teurer. Die Zeiten variieren.

Bike Tours Barcelona RADFAHREN
(Karte S. 292 f.; ☎ 93 268 21 05; www.biketoursbarcelona.com; Carrer de l'Esparteria 3; 25 € pro Pers.; ⌚ 10–19 Uhr; Ⓜ Jaume I) Einer von mehreren Anbietern, die täglich dreistündige Führungen durchs Barri Gòtic, Hafengebiet, die Sagrada Família und zu anderen Meilensteinen Gaudís organisieren. Treffpunkt ist die Touristeninformation an der Plaça de Sant Jaume; die Zeiten und Details zu den Weingut-Touren sind auf der Website nachzulesen. Für ein Leihrad bezahlt man 5 € pro Stunde.

Feste & Events

Festes de Santa Eulàlia KULTUR
(http://lameva.barcelona.cat/santaeulalia; ⌚ Feb.) Um den 12. Februar herum feiert Barcelona seine Schutzheilige mit einem einwöchigen großen Winterfest mit Umzügen von *gegants* (Riesen), Kunstinstallationen unter freiem Himmel, Theater, *correfocs* (Feuerläufe) und *castells* (Menschentürme).

Dia de Sant Jordi KULTUR
(⌚ 23. April) Am 23. April ist der Tag des Schutzheiligen Kataloniens sowie der Tag des Buches: Man schenkt einander Bücher und Rosen und zahlreiche Verlage stellen neue Titel vor. Auf der Rambla, der Plaça de Sant Jaume und vielen anderen Plätzen bzw. Straßen im Zentrum findet man nun jede Menge Buch- und Blumenstände.

Primavera Sound MUSIK
(www.primaverasound.com; ⌚ Mai & Juni) Ende Mai oder Anfang Juni verwandelt sich der Parc del Fòrum drei Tage lang in die Hauptbühne für ein tolles Aufgebot an internationalen DJs und Musikern.

Sónar MUSIK
(www.sonar.es; ⌚ Juni) Das gewöhnlich Mitte Juni stattfindende Sónar ist Barcelonas großes Fest der elektronischen Musik, mit DJs, Ausstellungen, Soundlabs, Schallplattenbörsen und Kunst im städtischen Raum. Die Orte ändern sich jedes Jahr.

La Revetlla de Sant Joan KULTUR
(Nit de Sant Joan, Verbenas de Sant Joan; http://santjoan.bcn.cat; ⌚ Juni) Am 23. Juni feiern die Einheimischen mit Alkohol und Tanz, Freudenfeuern und Feuerwerk entweder auf den Straßen oder zu Hause die Revetlla de Sant Joan (Johannisnacht).

Pride Barcelona LGBT
(www.pridebarcelona.org; ⌚ Ende Juni–Anfang Juli) Das einwöchige Gay-Pride-Fest Ende Juni oder Anfang Juli wartet mit unzähligen kulturellen und musikalischen Programmpunkten sowie am Sonntag mit einer Schwulenparade auf.

Festa Major de Gràcia KULTUR
(www.festamajordegracia.org; ⌚ Aug.) Bei diesem beliebten einwöchigen Fest rund um den 15. August konkurrieren die Bewohner von Gràcia um die Auszeichnung für die am schönsten geschmückte Straße. Außerdem gibt's kostenlose Freiluftkonzerte, Straßenmärkte und andere Veranstaltungen.

Festes de la Mercè KULTUR
(www.bcn.cat/merce; ⌚ Sept.) Die größte Party der Stadt rund um den 24. September dauert vier Tage und umfasst Konzerte, Tanz, *castells* („Menschentürme"), ein Feuerwerk, das auf die Montjuïc-Springbrunnen abgestimmt ist, sowie Tänze kostümierter Riesen am Samstag und *correfocs* (ein Umzug feuerspeiender Monster und Dämonen) am Sonntag.

Reis/Reyes KULTUR
(⌚ 6. Jan.) Die Epifanía (Epiphanienfest) am 6. Januar ist auch bekannt als Dia dels Reis Mags/Día de los Reyes Magos (Dreikönigstag). Am Abend zuvor nehmen die Kinder an der Cavalcada dels Reis Mags (Dreikönigsumzug) teil, einer farbenfrohen Parade mit Umzugswagen und Musik. Dabei „regnen" tonnenweise Süßigkeiten auf die Kids – und gar nicht wenige Erwachsene.

Schlafen

La Rambla & Barri Gòtic

Alberg Hostel Itaca HOSTEL €

(Karte S. 268 f.; ☎ 93 301 97 51; www.itacahostel.com; Carrer de Ripoll 21; B 15–27 €, DZ ohne Bad 76 €; ❄ 📶; Ⓜ Jaume I) Helles, ruhiges Hostel in der Nähe der Kathedrale. Die geräumigen Schlafsäle (6–10 Pers.) haben Parkettböden und sind in fröhlichen Farben gehalten. Außerdem gibt's zwei Doppelzimmer. Für die gesellige Atmosphäre sorgen auch tolle Aktivitäten wie Kneipentouren, Flamenco-Konzerte oder tägliche kostenlose Stadtführungen. Prima Option für Alleinreisende.

Kabul HOSTEL €

(Karte S. 268 f.; ☎ 93 318 51 90; www.kabul.es; Plaça Reial 17; B ab 11 €; ❄ 📶; Ⓜ Liceu) Die Mehrbettzimmer sind klein und beengt, der Service ist mitunter kratzbürstig, und wer einen leichten Schlaf hat, wird unter Garantie vor 4 Uhr morgens keine Ruhe finden. Wer aber gern um die Häuser zieht, ist im zentral gelegenen Kabul genau an der richtigen Adresse. Dank der angebotenen Aktivitäten (Kneipentouren, Club-Nächte) und der netten Gemeinschaftsbereiche (darunter eine Lounge mit Billardtisch und eine Dachterrasse) lernt man schnell andere Traveller kennen.

Hotel Continental HOTEL €€

(Karte S. 268 f.; ☎ 93 301 25 70; www.hotelcontinental.com; La Rambla 138; EZ/DZ ab 110/116 €; ❄ 📶; Ⓜ Catalunya) 1937 übernachtete George Orwell hier, nach seiner Rückkehr von der Front (er kämpfte im Spanischen Bürgerkrieg). Die Zimmer zeigen deutliche Gebrauchsspuren und sind ziemlich spartanisch eingerichtet, dennoch fehlt es nicht an romantischen Details wie Deckenventilatoren, Bettgestellen aus Messing und rüschiger Bettwäsche. Für einen Aufschlag von 20 € bekommt man ein Zimmer mit kleinem Balkon und Blick auf die Rambla. Das Büfett (24 Std.) ist kostenlos.

Vrabac B&B €€

(Karte S. 268 f.; ☎ 663 494029; https://vrabacguesthouse.wordpress.com; Carrer de la Portaferrissa 14; EZ/DZ inkl. Frühstück 65/85 €; ❄ 📶; Ⓜ Liceu) Sorgsam restauriertes, denkmalgeschütztes Haus in zentraler Lage unweit der Rambla. Im Innern warten reich verzierte Decken sowie unverputzte Sandsteinwände, außerdem setzen große Ölgemälde Akzente. Die Ausstattung der unterschiedlich geschnittenen Zimmer variiert – die schönsten warten mit eleganten Keramikfliesen auf, haben großzügige Balkons und En-suite-Bäder, die günstigeren sind hingegen klein, sehr schlicht und ohne Bad, sprich: nicht wirklich zu empfehlen. Ausschließlich Barzahlung.

Soho House BOUTIQUE-HOTEL €€€

(Karte S. 268; ☎ 93 220 46 00; www.sohohousebarcelona.com; Plaça del Duc de Medinaceli 4; Zi. ab 300 €; ❄ 📶 🏊; Ⓜ Drassanes) Dies ist ein eleganter Ableger des legendären in London gegründeten Soho House. Die Zimmer sind luxuriös aufgemacht, in der exklusiven Bar tummeln sich Berühmtheiten und am Dachpool eröffnet sich ein genialer Ausblick aufs Meer. Selbst wenn man nicht hier übernachtet, lohnt sich ein Abstecher ins Cecconi's, das italienische Restaurant im Erdgeschoss.

Serras Hotel BOUTIQUE-HOTEL €€€

(Karte S. 268 f.; ☎ 93 169 18 68; www.hoteltheserrasbarcelona.com; Passeig de Colom 9; Zi. ab 266 €; ❄ 📶 🏊; Ⓜ Barceloneta) Obwohl das frische und funkige Fünf-Sterne-Hotel jeden erdenklichen Komfort bietet, darunter eine Dachbar mit kleinem Pool und umwerfendem Ausblick auf den Hafen, wirkt es nie spießig. Die Zimmer nach vorn raus sind heller und haben einen besseren Ausblick – in einigen Fällen sogar von der Badewanne –, dafür bleibt den Zimmern an der Seite der Verkehrslärm erspart.

Hotel Neri DESIGNERHOTEL €€€

(Karte S. 268 f.; ☎ 93 304 06 55; www.hotelneri.com; Carrer de Sant Sever 5; DZ 362 €; ❄ 📶; Ⓜ Liceu) Stilles Hotel in einem schön umgebauten jahrhundertealten Gebäude, das mit seiner Rückseite an die Plaça de Sant Felip Neri grenzt. Die Sandsteinmauern und Holzeinrichtung verleihen dem Ganzen ein historisches Flair, während die Zimmer mit modernster Technologie wie Plasma-TVs und Infrarotlicht in den steinverkleideten Designerbädern beeindrucken. Gäste können aus verschiedenen Bettdecken und Kissen wählen und sich auf der Dachterrasse sonnen.

Hotel 1898 LUXUSHOTEL €€€

(Karte S. 268 f.; ☎ 93 552 95 52; www.hotel1898.com; La Rambla 109; DZ 189–221 €; ❄ 📶 🏊; Ⓜ Liceu) Das ehemalige Gebäude der Compañía de Tabacos Filipinas (die erste private Tabakfirma der Philippinen) ist zu einem Luxushotel umfunktioniert worden, samt idyllischer Dachbar mit Pool. Ein paar Zimmer sind eher klein, die Deluxe-Variante und die Suiten warten allerdings mit privaten Terrassen auf. Allen Räumlichkeiten gemein ist die Kombination aus Komfort und Eleganz (Holzböden, geschmackvolles Mobiliar).

DO Reial BOUTIQUE-HOTEL €€€
(Karte S. 268 f.; ☎ 93 481 36 66; www.hoteldoreial.com; Plaça Reial 1; EZ/DZ inkl. Frühstück ab 288/360 €; ❄📶🏊; Ⓜ Liceu) Direkt an der bildschönen Plaza verfügt das DO über 18 attraktiv designte Zimmer mit Balkendecken und Hartholzböden. Die Schallisolierung ist super, und auch der Service lässt keine Wünsche offen. Hinzu kommen tolle Extras wie Dachterrasse (im Sommer inkl. Bar), Pool, Solarium und Spa. Die hervorragenden Restaurants, in denen die Zutaten frisch vom Markt kommen, sind vielen Gourmets ein Begriff.

El Raval

Hotel Peninsular HOTEL €
(Karte S. 268 f.; ☎ 93 302 31 38; www.hotelpeninsular.net; Carrer de Sant Pau 34; EZ/DZ 53/80 €; ❄📶; Ⓜ Liceu) Eine kleine Oase am Rand des nicht ganz so netten Barri Xino. Früher war es ein Konvent, der über einen Tunnel mit der Església de Sant Agustí verbunden war. Das pflanzenüberwucherte Atrium erstreckt sich über die gesamte Höhe und beinahe die gesamte Länge des Gebäudes. Die 60 einfachen weiß getünchten Zimmer haben Fliesenböden, sind geräumig und gut in Schuss. In der Nebensaison locken Schnäppchentarife.

★ **Barceló Raval** DESIGNERHOTEL €€
(Karte S. 268 f.; ☎ 93 320 14 90; www.barcelonaraval.com; Rambla del Raval 17–21; Zi. ab 144 €; ❄📶; Ⓜ Liceu) Dieser zylindrische Designerhotelturm ist Teil des Masterplans, den Bezirk El Raval „aufzuhübschen" und ins 21. Jh. zu katapultieren. Seine Dachterrasse bietet einen tollen Ausblick über das Viertel, und das quirlige hauseigene Bar-Restaurant B-Lounge ist top in Sachen Essen und Cocktails. Die schicken Zimmer (Weiß mit Akzenten in Limettengrün oder Rubinrot) sind mit Nespresso-Maschinen und iPod-Ladestationen ausgestattet.

Chic & Basic Ramblas DESIGNERHOTEL €€
(Karte S. 268 f.; ☎ 93 302 71 11; www.chicandbasicramblashotel.com; Passatge Gutenberg 7; Zi. 156–208 €; ❄📶; Ⓜ Drassanes) Man sollte sich nicht von dem Namen in die Irre führen lassen, denn das Hotel befindet sich tatsächlich im Raval. Es ist der neueste Ableger der Chic & Basic-Kette ist zugleich der (bislang) überbordendste: Die originelle, bunte Einrichtung beginnt schon im Foyer, in dem ein Seat-600-Oldtimer steht.

Die Zimmer zollen andeutungsweise bestimmten Aspekten des Alltags im Barcelona der 1960er-Jahre Tribut, verfügen über Balkone und sehr einfache Küchen.

Hotel Sant Agustí HOTEL €€
(Karte S. 268 f.; ☎ 93 318 16 58; www.hotelsa.com; Plaça de Sant Agustí 3; Zi. 115–152 €; ❄📶; Ⓜ Liceu) 1840 wurde dieses ehemalige Kloster aus dem 18. Jh. zu einem Hotel umfunktioniert – und ist damit die älteste Unterkunft in der Stadt. An einem urigen Platz nicht weit von der Rambla wartet es mit blitzsauberen, oft geräumigen und hellen Zimmern auf. Das Mansardenzimmer hat eine Schräge und bietet einen tollen Ausblick.

Casa Camper DESIGNERHOTEL €€€
(Karte S. 268 f.; ☎ 93 342 62 80; www.casacamper.com; Carrer d'Elisabets 11; EZ/DZ 277/297 €; ❄📶; Ⓜ Catalunya) Das riesige Foyer erinnert ein wenig an ein Museum für moderne Kunst, doch der eigentliche Kracher sind die Zimmer. Sie sind in Rot, Schwarz und Weiß gehalten und verfügen jeweils über einen Schlafbereich und ein Bad, von wo aus man den „hängenden Garten" vor dem Fenster betrachten kann: Auf der anderen Seite des Flurs befindet sich ein separater, abgeschlossener Wohnbereich mit Balkon, TV und Hängematte.

Wer gern ein wenig mehr Privatsphäre hätte, sollte sich ein Zimmer mit „City-View" nehmen; dort hängen Schlaf- und Wohnbereich zusammen. Auf dem Dach eröffnet sich ein fantastischer Rundumblick über die Stadt.

Hotel España HOTEL €€€
(Karte S. 268 f.; ☎ 93 550 00 00; www.hotelespanya.com; Carrer de Sant Pau 9-11; Zi. 261–282 €; ❄📶🏊; Ⓜ Liceu) In den edlen, modernen Zimmern des Hotels ist immer noch ein Hauch von der Geschichte des Gebäudes zu spüren. Bekannt ist es für die wunderschöne Jugendstileinrichtung in den Speisesälen und der Bar; hier haben sich der Architekt Domènech i Montaner, der Bildhauer Eusebi Arnau und der Maler Ramon Casas ausgetobt. Das Dach wartet mit einer Bar, einem Pool und einem Sonnendeck auf.

Im Restaurant La Fonda im Erdgeschoss gibt's katalanische Küche zu vertretbaren Preisen.

La Ribera

Pensió 2000 PENSION €

(Karte S. 292 f.; ☎ 93 310 74 66; www.pensio2000.com; Carrer de Sant Pere més Alt 6; DZ 70–80 €; ; Urquinaona) Gegenüber dem prächtigen Palau de la Música Catalana beherbergt die familienbetriebene Bleibe im ersten Stock sieben große Doppelzimmer mit Mosaikfliesen auf dem Boden. Sämtliche Räume warten mit Privatbädern auf. Gefrühstückt wird im kleinen Hof.

Pensión Francia PENSION €

(Karte S. 278; ☎ 93 319 03 76; www.milisa.com/P.Francia; Carrer de Rera Palau 4; DZ 90 €; ; Barceloneta) Niedliche kleine *pensión* unweit des Strands, des Parc de la Ciutadella und der Bars von El Born, in dem der anheimelnde Duft von frischer Wäsche in der Luft hängt. Die elf einfachen Zimmer sind makellos sauber und ziemlich nüchtern eingerichtet; die mit Balkonen sind lichtdurchflutet und bekommen kaum Lärm ab.

Hotel Banys Orientals BOUTIQUE-HOTEL €€

(Karte S. 278; ☎ 93 268 84 60; www.hotelbanysorientals.com; Carrer de l'Argenteria 37; EZ/DZ 72/120 €; ; Jaume I) Um ein Plätzchen in diesem wahnsinnig beliebten Designerhotel zu ergattern, muss man wirklich weit im Voraus buchen. Kühle Blau- und Aquamarintöne in Verbindung mit dunklen Böden verleihen dem Hotel mit den klaren Linien einen ruhigen Charme. Die kleinen Zimmer blicken auf die Straße oder Gassen. In zwei weiteren nahegelegenen Gebäuden gibt's geräumigere Suiten.

Grand Hotel Central DESIGNERHOTEL €€€

(Karte S. 268 f.; ☎ 93 295 79 00; www.grandhotelcentral.com; Via Laietana 30; DZ 218 €; P ; Jaume I) Mit seinen superschallgedämpften Zimmern – keins kleiner als 21 m² – und seinem Dachpool zählt dieses Designhotel zu den Top-Adressen an der Via Laietana. Die Zimmer sind stilvoll mit hohen Decken, gedämpften Farben, dunklen Holzböden und subtiler Beleuchtung ausgestattet.

Barceloneta & das Hafengebiet

Equity Point Sea Hostel HOSTEL €

(Karte S. 284; ☎ 93 231 20 45; www.equity-point.com; Plaça del Mar 1–4; B 20–34 €; @; V15, 39, Barceloneta) In dem Backpackerhostel in einem ziemlich unansehnlichen Hochhaus geht es zu wie in einem Taubenschlag. Der Geräuschpegel in den einfachen, beengten Zimmern ist hoch (Ohrstöpsel einpacken!), dafür ist die Lage top – man wird kaum eine Unterkunft finden, die noch näher am Wasser ist – und es gibt eine Gästeküche. Alkohol ist nicht erlaubt.

Bed & Beach PENSION €€

(☎ 630 528156; www.bedandbeachbarcelona.com; Pasaje General Bassols 26; DZ 75–130 €, EZ/DZ ohne Bad 40/70 €; ; Bogatell) Nur 200 m westlich vom Strand in einer ruhigen, schmalen Straße steht diese Pension mit acht sauberen, komfortablen Gästezimmern in verschiedenen Aufmachungen. Manchen fehlt es an natürlichem Licht, andere sind derweil schön hell. Sie sind mit einfachen modernen Möbeln und eigener Küche ausgestattet. Darüber hinaus gibt's eine Gemeinschaftsküche für Selbstversorger. Auf der Dachterrasse kann man sich nachmittags (z. B.) wunderbar einen Drink genehmigen.

Da im Haus keine Schuhe getragen werden sollen, stehen Slipper für die Gäste zur Verfügung.

Poblenou Bed & Breakfast PENSION €€

(☎ 93 221 26 01; www.hostalpoblenou.com; Carrer del Taulat 30; EZ/DZ ab 55/88 €; @; Llacuna) Ein Stück abseits vom Strand und nur wenige Schritte von den Restaurants an der Rambla del Poblenou entfernt haben Traveller in diesem Gebäude aus den 1930er-Jahren (hohe Decken, wunderschön geflieste Böden) die Wahl zwischen sechs netten Zimmern, benannt nach spanischen Künstlern und ausgestattet mit gemütlichen Betten. Das Dekor ist von hellen Farben geprägt, die Atmosphäre ist frisch und unverbraucht. Ein paar der individuell gestalteten Unterkünfte haben kleine Balkone. Von Mai bis November gilt ein Mindestaufenthalt von zwei Nächten.

Hotel 54 HOTEL €€

(Karte S. 284; ☎ 93 225 00 54; www.hotel54barceloneta.es; Passeig de Joan de Borbó 54; EZ/DZ ab 135/155 €; @; Barceloneta) Für das Hotel 54 spricht ganz eindeutig seine Lage. Dank des Ausblicks auf die Marina und den Sonnenuntergang sind die modernen Zimmer mit dunklen gefliesten Böden und Designerbädern besonders beliebt. Aus anderen Zimmern sieht man hinunter auf die Gassen von Barceloneta und auf der Dachterrasse bietet sich ein Rundumblick über Stadt und Hafen.

Pullman Barcelona Skipper Hotel HOTEL €€€
(Karte S. 284; ☎ 93 221 65 65; www.pullmanhotels.com; Avinguda del Litoral 10; DZ/Suite ab 212/475 €; P ❄ @ ᯤ ≋; M Ciutadella Vila Olímpica) Vom Infinitypool auf dem Dach sowie von ein paar der 241 Zimmer dieses Fünf-Sterne-Hotels genießt man einen sensationellen Ausblick auf Frank Gehrys schimmernde Skulptur Peix (S. 282). In den Unterkünften (manche mit Zugang zu einer Terrasse) fallen vor allem die edlen Holzelemente ins Auge. Im Hof unten gibt es noch einen zweiten Swimmingpool. Familien werden die Durchgangszimmer, den Babysitter-Service und die Zustellbetten zu schätzen wissen.

W Barcelona HOTEL €€€
(☎ 93 295 28 00; www.w-barcelona.com; Plaça de la Rosa del Vents 1; DZ/Suite ab 314/554 €; P ❄ @ ᯤ ≋; 🚌 V15, 39, M Barceloneta) Der wie ein Spinnaker geformte glitzernde Glasturm ist ein Wahrzeichen an der Küste. Er geht auf das Konto des Architekten Ricardo Bofill, ein Sohn der Stadt, und wurde 2009 eröffnet. Die 473 Zimmer und 67 Suiten sind der Inbegriff von zeitgenössischem Schick und die Gäste haben Zugang zu einem Fitnessstudio, einem Infinitypool mit angrenzender Cocktailbar und einem Spa. Im Gourmet-Restaurant schwingt Starkoch Carles Abellán das Zepter.

La Sagrada Família & L'Eixample

Urbany Barcelona HOSTEL €
(☎ 93 245 84 14; www.urbanyhostels.com; Avinguda Meridiana 97; B/EZ/2BZ ab 29,50/118/126 €; ❄ @ ᯤ; M Clot, Encants) Das riesige Hostel mit 400 Betten befindet sich in der Nähe von El Poblenou. Es ist ein prima Ort, um andere Reisende zu treffen, z. B. in der Bar und der großen Lounge inmitten von Kunst im Graffiti-Stil. Außerdem gibt's eine große Terrasse mit Blick auf die schimmernde Torre Glòries von Jean Nouvel. Die Einzel- und Zwei-Bett-Zimmer verfügen über En-suite-Bäder und kleine Kühlschränke. Selbstversorger können sich in der Küche so richtig austoben.

Die Gäste haben überdies Zugang zu einem Pool und einem Fitnessstudio in der Nähe.

★ **Praktik Rambla** BOUTIQUE-HOTEL €€
(Karte S. 292 f.; ☎ 93 343 66 90; www.hotelpraktikrambla.com; Rambla de Catalunya 27; EZ/DZ/3BZ ab 119/140/165 €; ❄ ᯤ; M Passeig de Gràcia) In diesem Modernismeschmuckstück verbirgt sich ein prächtiges kleines Boutique-Hotel. Die hohen Decken und ein Großteil der Originalfliesenböden sind erhalten, die 43 Zimmer trumpfen aber zudem mit gewagten Keramikelementen, Strahlern und moderner Kunst auf. Weiterhin gibt's einen entspannten Lesebereich und eine Lounge-Terrasse. Ein Plus ist auch die günstige Lage an einer baumbestandenen Allee.

Das Praktik Rambla ist das „Mutterhotel"; Ableger in demselben Viertel sind das Praktik Bakery (mit – wie der Name erahnen lässt – hauseigener Bäckerei), das Praktik Garden (mit jeder Menge Pflanzen) und das Praktik Vinoteca (in dem sich alles um Wein dreht).

Hotel Constanza BOUTIQUE-HOTEL €€
(Karte S. 292 f.; ☎ 93 270 19 10; www.hotelconstanza.com; Carrer del Bruc 33; EZ/DZ/FZ ab 85/135/190 €; ❄ ᯤ; M Urquinaona) An diese Schönheit von einem Hotel mit 46 Zimmern haben viele Barcelona-Besucher ihr Herz verloren. Sie besticht durch zahllose Designelemente, zudem sorgen kleine Details wie Blumen in den Bädern für zusätzlichen Charme. Auf der Terrasse mit Blick auf die Dächer von L'Eixample kann man herrlich – und mit Stil – auf weißen Sofas entspannen. Die zur Straße liegenden Unterkünfte haben Balkone.

Die Familienzimmer sind derweil mit Ausziehcouches (und, auf Wunsch, Beistellbetten) ausgestattet. Ein paar Räumlichkeiten sind barrierefrei und für Rollstuhlfahrer geeignet.

Anakena House HOTEL €€
(Karte S. 292 f.; ☎ 93 467 36 15; www.anakenahouse.com; Carrer del Consell de Cent 276; DZ ab 157 €; ❄ ᯤ; M Passeig de Gràcia) Der erste Stock dieses Modernismebaus aus der Feder des katalanischen Architekten Enric Sagnier i Villavecchia wurde zu einem eleganten Hotel mit persönlicher Atmosphäre umfunktioniert. Dessen acht Zimmer (eines mit Blick in den Hof, der Rest mit Aussicht auf die Straße) mit Designer-Leuchten sind in Olivtönen gehalten, das Mobiliar ist antik.

Casa Bonay HOTEL €€
(Karte S. 292 f.; ☎ 93 545 80 70; www.casabonay.com; Gran Via de les Corts Catalanes 700; DZ/FZ ab 150/234 €; ❄ ᯤ; M Tetuan) Die Zimmer der hippen Casa Bonay sind sparsam dekoriert und haben schicke Bodenfliesen. Manche bieten mit Glas eingefasste Balkone,

andere Terrassen und Außenduschen. Die Bar auf der Dachterrasse ist im Sommer geöffnet. Das Alleinstellungsmerkmal des Hotels sind allerdings die Geschäfte, Bars und Restaurants treppab, darunter ein Spezialitäten-Café, ein vietnamesisches Grillrestaurant und eine Saftbar.

Room Mate Pau HOTEL €€
(Karte S. 292 f.; ☎ 93 343 63 00; www.room-matehotels.com; Carrer de Fontanella 7; DZ/Suite ab 192/252 €; ❄ 📶; Ⓜ Catalunya) Einen kurzen Fußmarsch von der Plaça de Catalunya entfernt liegt diese Unterkunft, die irgendwo zwischen Nobelhostel und Boutique-Hotel angesiedelt ist. Die 66 Zimmer sind clever aufgemacht und gut ausgestattet (Designer-Möbel, TVs mit USB-Anschlüssen, bequeme Matratzen), die tolle Terrasse mit Bar und vertikalem Garten auf der Innenseite zieht ein junges, hippes Publikum an. Die teureren Zimmer und Suiten verfügen über eigene Terrassen.

In demselben Viertel befinden sich noch vier weitere, aber ähnlich umwerfende Room Mate-Hotels: Anna, Emma, Carla und Gerard.

Hostal Oliva HOSTAL €€
(Karte S. 292 f.; ☎ 93 488 01 62; www.hostaloliva.com; Passeig de Gràcia 32; EZ/DZ ab 79/89 €, ohne Bad ab 64/74 €; ❄ @ 📶; Ⓜ Passeig de Gràcia) Mit einem hübschen alten Fahrstuhl geht's hinauf in den vierten Stock zu einer tollen, sehr günstigen Bleibe in einem der teuersten Viertel der Stadt. Einige Einzelzimmer haben kaum genug Platz für ein Bett, aber die Doppelzimmer sind recht geräumig, hell und luftig (teils mit Fliesenböden, andere mit Parkett).

Von Zimmer 5 raten wir ab; es ist gleich neben dem Eingang und nachts hört man den Türöffner.

★ **The One Barcelona** DESIGNERHOTEL €€€
(Karte S. 292 f.; ☎ 93 214 20 70; www.hotelstheone.com; Carrer de Provença 277; DZ/Suite ab 230/330 €; Ⓜ Diagonal) Das fantastische Fünf-Sterne-Hotel mit 89 lichtdurchfluteten Zimmern (darunter 25 Suiten) ist seit 2017 in Betrieb. In den Unterkünften und Gemeinschaftsbereichen sind die Arbeiten des chilenischen Künstlers Fernando Prats ausgestellt. Die Panoramaterrasse (Mai–Okt.) mit Bar, Restaurant und Pool und das Spa mit Innenbecken, finnischer Sauna und Fitnessstudio (24 Std.) sind nur ein paar der topmodernen Einrichtungen.

Margot House BOUTIQUE-HOTEL €€€
(Karte S. 292 f.; ☎ 93 272 00 76; www.margothouse.es; Passeig de Gràcia 46; DZ/Suite ab 202/310 €; ❄ @ 📶; Ⓜ Passeig de Gràcia) Auf halber Strecke den Passeig de Gràcia hinauf steht dieses elegante Boutique-Hotel mit neun Zimmern (davon fünf Suiten), perfekt geeignet für alle, die gern „mittendrin" sein und dennoch ihre Ruhe haben wollen. Es gibt z. B. einen großen, friedlichen Salon voller Bücher und einer Bar. Wir empfehlen die Zimmer vorn, sie bekommen mehr natürliches Licht ab. Im Übernachtungspreis inbegriffen ist ein geniales Schlemmer-Frühstücksbüfett.

Cotton House HOTEL €€€
(Karte S. 292 f.; ☎ 93 450 50 45; www.hotelcottonhouse.com; Gran Via de les Corts Catalanes 670; DZ/3BZ/Suite ab 240/340/490 €; ❄ 📶; Ⓜ Urquinaona) Im ehemaligen Hauptsitz der Baumwollhändlergilde residiert dieses prächtige Luxushotel. Die Innenausstattung spielt unverhohlen auf die Geschichte des Gebäudes an, sei es mit großen Baumwollkapseln in der Lobby oder mit den Zimmernamen (Damast, Taft etc.). Neben der Bibliothek kann man sich in einem Raum sogar Stoffe aussuchen und ein Hemd schneidern lassen.

Mandarin Oriental DESIGNERHOTEL €€€
(Karte S. 292 f.; ☎ 93 151 88 88; www.mandarinoriental.com/barcelona; Passeig de Gràcia 38–40; DZ/Suite ab 625/1350 €; P ❄ 📶 🏊; Ⓜ Passeig de Gràcia) Die 98 Zimmer in dem beeindruckenden Bauwerk, ehemals Sitz einer Bank, bestechen durch zeitgenössisches Design, gekennzeichnet durch klare Linien, reichlich Weiß und andernfalls gedeckte Farben. Viele der Standardzimmer, die nicht kleiner als 32 m² sind, sind mit tiefen Wannen ausgestattet. Der Blick aus den Fenstern fällt entweder auf den Passeig de Gràcia oder in einen gepflegten Garten auf der Innenseite des Gebäudes. Zu den Einrichtungen gehören weiterhin ein Spa mit großem Schwimmbecken, ein Fitnessbereich und ein Restaurant mit Michelin-Stern.

Gràcia & Park Güell

★ **Casa Gràcia** HOSTEL €
(Karte S. 292 f.; ☎ 93 174 05 28; www.casagraciabcn.com; Passeig de Gràcia 116; B/EZ/DZ/3BZ/Apt. ab 31/106/120/147/194 €; ❄ @ 📶; Ⓜ Diagonal) Das etwas andere Hostel: In puncto Budgetübernachtungen legt die hippe Casa

Gràcia die Messlatte ein Stück höher. Sie verfügt über einladende Gemeinschaftsbereiche, etwa eine Terrasse, eine Bücherecke, eine voll ausgestattete Gästeküche und eine kunstvoll eingerichtete Lounge – ganz zu schweigen vom Restaurant und einer DJ-Bar. Außer Schlafsälen stehen Privatzimmer und Apartments mit eigener Terrasse zur Verfügung.

Die Räume sind in frischem Weiß mit kräftigen Farbakzenten gestaltet. Am Wochenende werden viele unterschiedliche Aktivitäten und Events geboten, z. B. Cocktail-Workshops, Yogaunterricht, Weinproben und Fernsehabende mit ausländischen Filmen bzw. Spielen des FC Barcelona. Der Fernseher hat einen großen Bildschirm.

Generator Hostel HOSTEL €
(Karte S. 300; ☎ 93 220 03 77; www.generatorhostels.com; Carrer de Còrsega 373; B/DZ/4BZ/Penthouse ab 20/109/186/329 €; Ⓜ Diagonal) Als Teil der designorientierten Generator-Gruppe wartet dieses stylische Hostel mit allerlei Besonderheiten auf, wie einer originellen Bar aus recyceltem Holz und recycelten Aufzugsteilen, geschmückt mit zahllosen Papierlaternen. Die Zimmer selbst sind recht einfach, aber angemessen eingerichtet – oder man bucht das Penthouse-Zimmer mit Terrasse und Panoramablick über die Stadt.

★ **Hotel Casa Fuster** HISTORISCHES HOTEL €€€
(Karte S. 300; ☎ 93 255 30 00; www.hotelcasafuster.com; Passeig de Gràcia 132; DZ/Suite ab 287/396 €; P ❄ @ 📶 🏊; Ⓜ Diagonal) Zwischen 1908 und 1911 entstand dieses opulente Modernismegebäude, das heute eines der luxuriösesten Hotels Barcelonas beherbergt. Die Standardzimmer sind edel, aber klein. Man hat keine Kosten gescheut, um die historischen Elemente zu bewahren, und hat diese durch Wassermassage-Badewannen, Plasma-TV und große Doppelbetten ergänzt. Von der Dachterrasse mit Pool eröffnet sich ein spektakulärer Blick.

Camp Nou, Pedralbes & La Zona Alta

Alberg Mare de Déu de Montserrat HOSTEL €
(☎ 93 210 51 51; www.xanascat.cat; Passeig de la Mare de Déu del Coll 41–51; B 24 €; P 📶; 🚌 87, Ⓜ Vallcarca) Das Hauptgebäude dieses Hostels mit 197 Betten ist ein traumhaftes Herrenhaus mit einer Lobby im Mudejarstil. In den Schlafsälen finden sechs bis zwölf Personen Platz und die Gemeinschaftsbereiche sind groß und haben eine entspannte Atmosphäre. Einziges Manko: Wegen der dicken Mauern ist der WLAN-Empfang mal so, mal so. Die Unterkunft 4 km nördlich vom Zentrum liegt nordöstlich der Bushaltestelle Móra d'Ebre–Sant Eudald 100 m den Hügel hinauf.

Anita's Bed & Breakfast B&B €€
(☎ 670 064258; www.anitasbarcelona.com; Carrer d'August Font 24; DZ inkl. Frühstück ab 95 €; @ 📶; 🚌 124) In den drei großzügig geschnittenen Zimmern dieses B&B am Hang genießt man eine spektakuläre Aussicht über die Stadt und das Meer. Außerdem darf man sich auf Wohnbereiche und En-suite-Bäder freuen. Das Frühstücksbüfett ist inbegriffen und kann auf der Gemeinschaftsterrasse eingenommen werden. Auch dort eröffnet sich ein schöner Ausblick.

Fairmont Rey Juan Carlos I LUXUSHOTEL €€€
(☎ 93 364 40 40; www.fairmont.com/barcelona; Avinguda Diagonal 661–671; DZ/Suite ab 229/389 €; P ❄ @ 📶 🏊; Ⓜ Zona Universitària) Wie ein ultramoderner Leuchtturm wacht dieses gewaltige Edelhotel über den südwestlichen Zugang zur Stadt. In den Glastürmen sind mehr als 400 geräumige Zimmer untergebracht, die meisten gewähren einen sensationellen Ausblick. Der riesige Garten rings um das Gebäude gehörte einst zu dem Bauernhaus, das noch bis weit ins 20. Jh. hinein an dieser Stelle stand. Weitere Extras sind die beiden Außenpools, ein See, ein Fitnessstudio und fünf Restaurants.

Wer es schafft, sich von all dem Luxus loszureißen, läuft zur Metro (ganz in der Nähe) und ist in ca. 20 Minuten im Stadtzentrum.

Montjuïc, Poble Sec & Sant Antoni

Pars Tailor's Hostel HOSTEL €
(Karte S. 268 f.; ☎ 93 250 56 84; www.parshostels.com; Carrer de Sepúlveda 146; B 25–33 €; ❄ 📶; Ⓜ Urgell) Dieses beliebte Hostel ist wie eine Schneiderei aus der Mitte des 20. Jhs. eingerichtet – die Zimmer haben verschiedene Stoffe als Motto – und in den Gemeinschaftsbereichen erwarten die Besucher alte Nähmaschinen, liebevoll eingerahmte BHs und Vintage-Ausstattungselemente. Darüber hinaus können sie eine Partie auf einem alten Billardtisch spielen, in der gemütlichen Lounge andere Reisende treffen und ge-

meinsam in der gut ausgerüsteten Küche kochen oder sich einer der vielen angebotenen Aktivitäten anschließen.

Das Hostelmanagement organisiert Tagesausflüge und Kneipentouren, vermietet Fahrräder, arrangiert Kochunterricht (z. B. mit Schwerpunkt Paella) und veranstaltet Tapas-Abende mit Getränken. Die netten Mitarbeiter kennen die Stadt in- und auswendig und geben ihr Wissen gern weiter.

Sant Jordi Mambo Tango HOSTEL €
(Karte S. 306; ☎ 93 442 51 64; www.hostelmambotango.com; Carrer del Poeta Cabanyes 23; B/DZ ab 33/104 €, DZ mit Gemeinschaftsbad ab 74 €; ❄ @ ᯤ; Ⓜ Paral·lel) Ein internationales Hostel mit großem Spaßfaktor ist das Mambo Tango mit seinen einfachen Schlafsälen (4–9 tendenziell harte Betten) und seiner einladenden, wenn auch leicht chaotischen Atmosphäre. Wer einen leichten Schlaf hat, sollte Ohrstöpsel mitbringen. Jeden Abend wird Programm geboten, z. B. Kneipentouren, sodass man hier schnell in Kontakt mit anderen Travellern kommt.

★ Hotel Brummell BOUTIQUE-HOTEL €€
(Karte S. 306; ☎ 93 125 86 22; www.hotelbrummell.com; Carrer Nou de la Rambla 174; DZ ab 160 €; ❄ ᯤ ≋; Ⓜ Paral·lel) Seit seiner Eröffnung 2015 zieht das durchgestylte Brummell, ein durchdacht eingerichtetes Hotel mit einer kreativen Seele und einer tollen Atmosphäre, die Blicke auf sich. Seine 20 hellen Zimmer sind minimalistisch eingerichtet und die besten verfügen über recht große Terrassen mit Ausblick und Badewannen im Freien. Allerdings wirken die kleinsten („Poolside Classic") etwas beengt.

Die Unterkünfte machen aber nur einen kleinen Teil des Charmes dieses Hotels aus: Vor Ort gibt's nämlich ein tolles Restaurant-Café, Brummell Kitchen (der Wochenend-Brunch ist ein echtes Erlebnis), eine Terrasse mit einem kleinen Pool und liebenswürdiges Personal, das Gästen sehr gern etwas über die weniger bekannten Attraktionen seiner Stadt erzählt. Ein kleines Highlight sind die Automaten auf dem Gang, an denen man Weinflaschen und Gourmet-Snacks ziehen kann. Yoga- und Sportkurse sind kostenlos.

Hotel Market BOUTIQUE-HOTEL €€
(Karte S. 268 f.; ☎ 93 325 12 05; www.hotelmarketbarcelona.com; Carrer del Comte Borrell 68; DZ/Suite ab 158/186 €; ❄ @ ᯤ; Ⓜ Sant Antoni) In einer engen Gasse gleich nördlich des prächtigen alten Sant-Antoni-Markts wartet dieses schicke Hotel in einem renovierten Bauwerk mit 68 schwarz-weißen Zimmern auf. Sie bestechen durch ihre Plankenböden, großen Kleiderschränke, farbenfrohen Kunstdrucke und schön designten Bäder mit Steinwaschbecken und Regenduschen. Einige Zimmer haben klitzekleine Balkone, auf denen zwei Leute sitzen können, die Suiten trumpfen mit Terrassen auf.

Das ausgezeichnete Restaurant mit Bar verfügt über Sitzplätze im Freien, an der Gasse. Außerhalb der Hauptsaison sind Übernachtungen hier sehr viel günstiger.

Essen

Barcelona beeindruckt mit einer berühmten kulinarischen Szene, die sich durch ihre Top-Köche, fantasievolle Rezepte und großartige Zutaten direkt vom Bauernhof oder aus dem Meer auszeichnet. Katalanische Meisterköche wie Ferran und Albert Adrià und Carles Abellán sind zu internationalen Stars geworden und haben die Welt der Haute Cuisine neu erfunden. Aber auch klassische katalanische Rezepte stoßen in den Restaurants und Tapas-Bars der Stadt auf große Gegenliebe.

La Rambla & Barri Gòtic

Federal CAFÉ €
(Karte S. 268 f.; ☎ 93 280 81 71; www.federalcafe.es; Passatge de la Pau 11; Hauptgerichte 7–10 €; ⏲ Mo–Do 9–23, Fr & Sa bis 23.30, So 9–17 Uhr; ᯤ; Ⓜ Drassanes) Vom Industriechic, dem Meer offener MacBooks und dem Stapel Designzeitschriften sollte man sich nicht abschrecken lassen – dieser Ableger der Federal-Hauptniederlassung in Poble Sec ist unglaublich einladend und bietet gesundes, herzhaftes und preisgünstiges Essen. Man wähle z. B. einen Salat mit Beilagen (pochierte Eier, Hühnchenstreifen) oder ein gelbes Curry und anschließend vielleicht ein Stück Möhrenkuchen.

La Plata TAPAS €
(Karte S. 268 f.; ☎ 93 315 10 09; www.barlaplata.com; Carrer de la Mercè 28; Tapas 2,50–5 €; ⏲ Mo–Sa 9–15.30 & 18.30–23.30 Uhr; Ⓜ Jaume I) Versteckt in einer schmalen Gasse liegt diese bescheidene, aber beliebte *bodega* mit nur drei Gerichten: *pescadito frito* (kleine gebratene Sardinen), *butifarra* (Wurst) und Tomatensalat. Dazu gibt's sehr erschwinglichen und trinkbaren Wein (1,20 € pro Glas) – und fertig ist ein tolles Tapas-Lokal.

Milk INTERNATIONAL €
(Karte S. 268 f.; ☎ 93 268 09 22; www.milkbarcelona.com; Carrer d'en Gignàs 21; Hauptgerichte 9–12 €; ⏲ Do–Mo 9–2, Fr & Sa bis 3 Uhr; 📶; Ⓜ Jaume I) Zwar ist das von Iren geführte Milk auch als einladende Cocktailbar bekannt, seine Hauptaufgabe besteht jedoch darin, nach durchfeierten Nächten für einen stärkenden Brunch (bis 16.30 Uhr) zu sorgen. In dem kleinen, aber gemütlichen Lokal mit Ziertapeten, gerahmten Drucken an den Wänden und Sitzbänken mit Kissen werden dann Pfannkuchen, Eier Benedikt und andere Katerspeisen gereicht. Interessant ist auch die Musik im Hintergrund.

Benedict BRUNCH €
(Karte S. 268 f.; ☎ 93 250 75 11; www.benedictbcn.com; Carrer d'en Gignás 23; Hauptgerichte 10–11 €; ⏲ Mo 9–16, Di–Fr 9–16 & 19–2, Sa & So 9–2.30 Uhr; 📶; Ⓜ Jaume I) Die wichtigste Mahlzeit im netten kleinen Benedict ist der Brunch. Eier werden auf jede erdenkliche Weise zubereitet, und wer mag, kann sich hier mit dem warmen englischen Frühstück die volle Dröhnung geben. Darüber hinaus kann man verschiedene hausgemachte Burger und Clubsandwiches bestellen und abends werden neben Zwiebelringen, frittiertem Brie, Chicken Wings und anderen amerikanischen Favoriten diverse Tapas serviert.

Taller de Tapas KATALANISCH €
(Karte S. 268 f.; ☎ 93 301 80 20; www.tallerdetapas.com; Plaça de Sant Josep Oriol 9; Hauptgerichte 7–10 €; ⏲ Mai–Sept. 12–1 Uhr, Okt.–April 12–24 Uhr; 📶; Ⓜ Liceu) Die „Tapas-Werkstatt" hat eine super Lage mit Sitzplätzen an der Plaça de Sant Josep Oriol. Die Tapas-Auswahl ist umfangreich. Es werden auch substanziellere Gerichte serviert.

★ **La Vinateria del Call** SPANISCH €€
(Karte S. 268 f.; ☎ 93 302 60 92; www.lavinateriadelcall.com; Carrer de Sant Domènec del Call 9; raciones 7–12 €; ⏲ 19.30–1 Uhr; 📶; Ⓜ Jaume I) Dieses winzige Juwel im alten jüdischen Viertel kredenzt leckere iberische Gerichte (galicischen Oktopus, in Cidre gekochte Chorizo und katalanische *escalivada* – gebratene Paprika, Aubergine und Zwiebeln – mit Anchovis). Die Portionen sind klein und zum Teilen geeignet, zudem ist die Auswahl an Weinen gut und bezahlbar.

★ **Cafè de l'Acadèmia** KATALANISCH €€
(Karte S. 268 f.; ☎ 93 319 82 53; Carrer dels Lledó 1; Hauptgerichte 15–20 €; ⏲ Mo–Fr 13–15.30 & 20–23 Uhr; 📶; Ⓜ Jaume I) Hier gibt's eine Mischung aus traditionellen katalanischen Gerichten mit dem gelegentlich kreativen Kniff. Mittags bestellen Mitarbeiter aus den Rathausbüros das *menú del día* (Tagesmenü; 15,75 €). Abends geht's romantischer zu, wenn die schummrige Beleuchtung die Gemütlichkeit hervorhebt, die durch die Holzbalken und die Steinwände entsteht. An warmen Tagen locken die Sitzplätze auf dem hübschen Platz.

Belmonte TAPAS €€
(Karte S. 268 f.; ☎ 93 310 76 84; Carrer de la Mercè 29; Tapas 4–10 €, Hauptgerichte 13–14 €; ⏲ Juli–Sept. Di–Fr 20–24, Sa 13–15.30 & 20–24 Uhr, Okt.–Juni Di–Do 19.30–24, Fr & Sa 13–15.30 & 19.30–24 Uhr; 📶; Ⓜ Jaume I) Diese winzige Tapas-Bar am Südrand des Barri Gòtic zaubert schöne kleine Gerichte wie eine ausgezeichnete *truita* (Tortilla), sättigende *patatons a la sal* (gesalzene neue Kartoffeln mit *romesco*-Soße) und zartes *carpaccio de pop* (Tintenfisch-Carpaccio). Dazu passt der hausgemachte *vermut* (Wermut).

Ocaña INTERNATIONAL €€
(Karte S. 268 f.; ☎ 93 676 48 14; www.ocana.cat; Plaça Reial 13; Hauptgerichte 9,50–16 €; ⏲ So–Do 12–2, Fr & Sa bis 2.30 Uhr; 📶; Ⓜ Liceu) Ein großspuriges, elegant designtes Lokal mit hohen Decken, Kronleuchtern und edlem Mobiliar. Das Ocaña vereint Nachtschwärmerei und feinste Küche für Feierfreudige und Feinschmecker. Die spanischen und katalanischen Speisen zeichnen sich durch eine kreative, ausgesprochen erfolgreiche Note aus. Für Abwechslung sorgen donnerstag-, freitag- und samstagabends hervorragende mexikanische Gerichte.

In der maurisch angehauchten Bar Apotheke treppab und auf der Terrasse zur Plaça Reial bekommt man unverändert seinen Cocktail, es wäre aber wirklich schade, sich das kulinarische Erlebnis entgehen zu lassen.

Can Culleretes KATALANISCH €€
(Karte S. 268 f.; ☎ 93 317 30 22; www.culleretes.com; Carrer d'en Quintana 5; Hauptgerichte 10–18 €; ⏲ Di–Sa 13.30–15.45 & 20–22.45, So 13.30–15.45 Uhr; 📶; Ⓜ Liceu) Barcelonas ältestes Restaurant, gegründet 1786, hat noch nichts von seinem Schwung eingebüßt: Touristen wie auch Einheimische zieht es hierher, um inmitten einer altmodischen Einrichtung voller Kacheln riesige Portionen traditioneller katalanischer Kost zu verschlingen, u. a. frische Meeresfrüchte und dicke Eintöpfe. Dienstags bis freitags wird ein Mittagsmenü für 14,50 € serviert.

Pla FUSION-KÜCHE €€
(Karte S. 268 f.; ☎ 93 412 65 52; www.restaurantpla.cat; Carrer de la Bellafila 5; Hauptgerichte 17–23 €; ⌚ So–Do 13.30–17.30 & 19–23.30, Fr & Sa bis 24 Uhr; 📶; Ⓜ Jaume I) Das Pla ist eine der langjährigen Lieblingsadressen im Gòtic, ein stilvoller, romantisch beleuchteter mittelalterlicher Speisesaal, in dem die Kellner verführerische Kreationen wie in Rotwein geschmorten Ochsenschwanz, sautierten Thunfisch mit Paprika aus dem Ofen und Polenta mit saisonalen Pilzen servieren.

Koy Shunka JAPANISCH €€€
(Karte S. 268 f.; ☎ 93 412 79 39; www.koyshunka.com; Carrer de Copons 7; Probiermenü 89–132 €; ⌚ Di–Sa 13.30–15 & 20.30–23, So 13.30–15 Uhr; Ⓜ Urquinaona) In einer schmalen Gasse nördlich der Kathedrale liegt das Koy Shunka, in dem man exquisite Speisen des Ostens bekommt: Sushi, Sashimi, scharf angebratenes Wagyu-Rind und geschmacksintensive Algensalate. Da läuft einem das Wasser im Mund zusammen! Auch die fantasievollen Fusion-Gerichte sind klasse, es gibt z. B. gedämpfte Muscheln mit Sake oder Muschel-Tempura und Riesengarnelen mit japanischen Pilzen. Nicht verpassen: die Spezialität des Hauses, zarter *toro* (Thunfischbauch).

Die meisten Gäste nehmen an der rundumlaufenden Theke Platz, an der man die Künste der Köche aus nächster Nähe mitverfolgen kann. Die mehrgängigen Menüs sind teuer, lohnen sich aber für alle, die ein wirklich denkwürdiges kulinarisches Erlebnis haben wollen.

Els Quatre Gats KATALANISCH €€€
(Karte S. 268 f.; ☎ 93 302 41 40; www.4gats.com; Carrer de Montsió 3; Hauptgerichte 23–29 €; ⌚ 13–16 & 19–1 Uhr; Ⓜ Urquinaona) Einst ein beliebter Treffpunkt der hiesigen Modernismekünstler, ist das Els Quatre Gats mit seinen farbenprächtigen Fliesen, dem geometrischen Ziegelwerk und den Holzelementen ein beeindruckendes Beispiel für diesen Stil – innen wie außen. Das Restaurant ist nicht ganz so umwerfend wie das Ambiente; alternativ bestellt man sich einfach einen Kaffee und ein Croissant im Café vorn (9–1 Uhr).

El Raval

Sésamo VEGETARISCH €
(Karte S. 268 f.; ☎ 93 441 64 11; Carrer de Sant Antoni Abat 52; Hauptgerichte 9–13 €; ⌚ Di–So 19–24 Uhr; 📶 ✍; Ⓜ Sant Antoni) Gilt gemeinhin als das beste vegetarische Restaurant der Stadt (zugegebenermaßen in diesen Breiten nicht eben ein Ritterschlag), außerdem ist es gemütlich und hat eine lockere Atmosphäre. Tapas dominieren die Speisekarte, und die meisten Gäste entscheiden sich für das siebengängige Tapas-Menü (25 € inkl. Wein), aber es gibt auch Gerichte mit mehr „Substanz". Nett sind das Brot und die Kuchen aus eigener Herstellung.

Bar Muy Buenas KATALANISCH €
(Karte S. 268 f.; ☎ 93 807 28 57; Carrer del Carme 63; Hauptgerichte 9–13 €; ⌚ So–Do 13–15.30 & 20–23, Fr & Sa 13–16 & 20–23.30 Uhr; Ⓜ Liceu) Nach ein paar Jahren Funkstille ist dieser Modernismeklassiker, der ab 1924 als Bar diente, nun wieder voll da, mit neuem Inhaber und sorgfältig restauriert. Die umwerfenden kurvenreichen Schmuckelemente aus Holz, Ätzglasfenster und die Marmorbar sehen wieder aus wie neu. Inzwischen ist das Muy Buenas mehr Restaurant als Bar, die Cocktails sind dennoch beeindruckend.

Die Küche ist nur zu den oben angegebenen Zeiten geöffnet (zu essen gibt's traditionell Katalanisches), das Lokal hingegen den ganzen Tag bis 2 Uhr nachts (freitags und samstags noch länger). Montags bis freitags wird ein zweigängiges *menú del día* (Tagesmenü) für 13 € angeboten.

Caravelle INTERNATIONAL €
(Karte S. 268 f.; ☎ 93 317 98 92; www.caravelle.es; Carrer del Pintor Fortuny 31; Hauptgerichte 10–13 €; ⌚ Mo 9.30–17, Di–Do 9.30–24, Fr & Sa 10–1, So 10–17 Uhr; Ⓜ Liceu) Helles kleines Lokal, heiß und innig geliebt von El Ravals Hipster-Gemeinde und allen Feinschmeckern. Im Caravelle gibt's Tacos, wie man sie noch nie zuvor gegessen hat (z. B. mit Kabeljau, Limetten-Aioli und Rettich oder Pulled Pork, geröstetem Mais und Avocado), ein erstklassiges Steaksandwich auf hausgemachtem Brioche mit eingelegtem Sellerie und jede Menge Gerichte für die Seele.

Die Getränke sind mindestens genauso fantasievoll. Zu empfehlen: das selbstgemachte Ingwerbier und das Grapefruit-Soda.

Bar Kasparo CAFÉ €
(Karte S. 268 f.; ☎ 93 302 20 72; www.kasparo.es; Plaça de Vicenç Martorell 4; Hauptgerichte 7–11 €; ⌚ Di–Sa 9–23 Uhr, Juni–Sept. bis 24 Uhr; 📶; Ⓜ Catalunya) Das nette Freiluftcafé mit Blick auf einen verkehrsberuhigten Platz samt Spielplatz steht bei Familien aus der Ge-

gend hoch im Kurs. Auf der Karte stehen Säfte, Tapas und Salate sowie substanziellere Gerichte aus aller Welt.

Elisabets KATALANISCH €
(Karte S. 268 f.; ☎ 93 317 58 26; Carrer d'Elisabets 2–4; Hauptgerichte 8–10 €; ⏲ Mo–Do & Sa 7.30–23.30 Uhr, Sept.–Juli Fr bis 1.30 Uhr; Ⓜ Catalunya) Das alteingesessene Restaurant, ein Treffpunkt im Viertel, ist für seine unprätentiöse, preiswerte Hausmannskost bekannt. An den Wänden hängen alte Radios und das *menú del día* (Tagesmenü; 12 €) wechselt täglich. Wer es gern *a la carta* (von der Karte) hätte, sollte das *ragú de jabalí* (Wildschweineintopf) kosten und als Dessert noch ein *mel i mató* (katalanisches Dessert aus Käse und Honig) verspeisen.

★ **Bar Pinotxo** TAPAS €€
(Karte S. 268 f.; ☎ 93 317 17 31; www.pinotxobar.com; Mercat de la Boqueria; Hauptgerichte 9–17 €; ⏲ Mo–Sa 7–16 Uhr; Ⓜ Liceu) Dies ist die wohl beste Tapas-Bar des Boqueria-Markts (und vielleicht sogar von ganz Barcelona). Juanito, der beliebte Besitzer, tischt Kichererbsen in Pinienkern-Rosinen-Soße, einen weichen Mix aus Kartoffeln und Spinat, bestreut mit Salzkörnern, zarten Tintenfisch mit Cannellinibohnen und süßen Schweinebauch auf.

Gats FUSION-KÜCHE €€
(Karte S. 268 f.; ☎ 93 144 00 44; www.encompaniadelobos.com; Carrer d'en Xuclà 7; Hauptgerichte 9–19 €; ⏲ 12–24 Uhr; 📶; Ⓜ Liceu) Noch relativ neu im *barri* ist das Gats, das förmlich wie eine Bombe eingeschlagen ist – die Terrasse ist durchgehend voll besetzt. Das Speisenangebot ist herrlich frisch und unverbraucht, es gibt Baba Ghanoush und Grünes Curry nach thailändischer Art, aber auch reichlich Lokaltypisches, wie z. B. die „Berg-Paella" mit Wurst oder die geräucherten Sardinen mit Honig und Trüffeln. Die Küche ist den ganzen Tag geöffnet.

Flax & Kale VEGETARISCH €€
(Karte S. 268 f.; ☎ 93 317 56 64; www.teresacarles.com; Carrer dels Tallers 74; Hauptgerichte 13–18 €; ⏲ Mo–Fr 9.30–23.30, Sa & So ab 10 Uhr; 📶 🖊; Ⓜ Universitat) Mit den vegetarischen Restaurants von früher hat das Flax & Kale wenig gemein; es schlägt einen ganz neuen Weg ein (gemessen an der Szene in Barcelona zumindest) und das Motto dazu lautet, dass fleischlose Küche nicht gleichbedeutend ist mit eingeschränkten Wahlmöglichkeiten und einem Mangel an Kreativität oder Klasse. Auf der Karten stehen glutenfreie und vegane Optionen und man kann Tacos mit Guacamole, Aubergine und Sour-Cashew-Cream oder rotes Penang-Curry bestellen.

Bar Cañete TAPAS €€
(Karte S. 268 f.; ☎ 93 270 34 58; www.barcanete.com; Carrer de la Unió 17; Tapas ab 4,50 €; ⏲ Mo–Sa 13–24 Uhr; 📶; Ⓜ Liceu) Dies ist eines von mehrere Lokalen, die dem Trend einer traditionellen Bar, „nur edler" – mit dem dazu passenden Speiseangebot – folgen. Ein langer, schmaler Speisesaal beherbergt eine offene Küche, entlang derer eine Holzbar verläuft. Dort sitzen die Gäste und können einfach auf das gewünschte Gericht deuten oder erst die lange Liste klassischer Tapas und *platillos* (Portionen zum Teilen) studieren.

Viele Kreationen (so z. B. die Muscheln mit Zitrusdressing) haben eine moderne Note.

La Ribera

Paradiso/Pastrami Bar RÄUCHEREI, COCKTAILBAR €
(Karte S. 278; ☎ 639 310671; www.rooftopsmokehouse.com; Carrer de Rera Palau 4; Hauptgerichte 7–9 €; ⏲ Mo–Do 19–2, Fr & Sa bis 3 Uhr; 📶; Ⓜ Barceloneta) Im vorderen Teil des Paradiso befindet sich eine schneeweiße Räumlichkeit, nicht viel größer als ein Kleiderschrank. Dort gibt's Pastrami-Sandwiches, Pulled Pork und andere selbstgeräucherte Köstlichkeiten. Das ist jedoch bloß der Anfang: Hinter der großen hölzernen Kühlschranktür befindet sich eine glamouröse Cocktailbar, versteckt wie eine Flüsterkneipe, bei deren Anblick selbst die Augenbrauen erfahrener Traveller, die schon alles gesehen haben, erstaunt nach oben schnellen.

Euskal Etxea TAPAS €
(Karte S. 278; ☎ 93 310 21 85; www.euskaletxeataberna.com; Placeta de Montcada 1; Tapas 2,10 €; ⏲ So–Do 10–0.30, Fr & Sa bis 1 Uhr; 📶; Ⓜ Jaume I) In Barcelona gibt's zahlreiche baskische und pseudobaskische Tapas-Bars, aber diese verkörpert das Wesen von San Sebastián besser als die meisten neueren Konkurrenten. Die Gäste wählen sich ihre *pintxos* (baskische Tapas auf Brotscheiben) aus, schlürfen *txakoli* (baskischen Weißwein) und bewahren die Zahnstocher aus ihren Tapas auf, damit das Personal sie am Ende zusammenzählen und die Rechnung präsentieren kann.

Koku Kitchen Buns ASITISCHN €

(Karte S. 278; ☎ 93 269 65 36; www.kokukitchen.es; Carrer del Comerç 29; Hauptgerichte 9–11 €; ⌚ 13–16 & 19.30–23.30 Uhr; 📶; Ⓜ Barceloneta) Hier sind gedämpfte Brötchen gefüllt mit Rind- oder Schweinefleisch und Koriander, Erdnüssen, eingelegtem Fenchel und Sake-Soße der absolute Renner, doch die Vorspeisen, Beilagen und auch die hervorragende selbstgemachte Limonade sind ebenfalls zu empfehlen. Das gilt genauso für die kreativen Cocktails. Das preisgünstige *menú del día* (mittags) kostet 13 €.

Cat Bar VEGAN €

(Karte S. 268 f.; www.catbarcat.com; Carrer de la Bòria 17; Hauptgerichte 6–9 €; ⌚ Do–Mo 13–22 Uhr; 📶 🥬; Ⓜ Jaume I) Das winzig kleine Lokal bietet vegane Küche, eine tolle Auswahl traditionelle gebrauter lokaler Biere und Livemusik. Zu essen gibt's verschiedene Burger sowie ein glutenfreies Tagesgericht, Tapas und Hummus. Die Biersorten wechseln regelmäßig, ein Weizenbier, ein Dunkles, eines ohne Gluten und ein IPA sind jedoch immer dabei.

Bormuth TAPAS €

(Karte S. 278; ☎ 93 310 21 86; Carrer del Rec 31; Tapas 4–10 €; ⌚ So–Do 12–1.30, Fr & Sa bis 2.30 Uhr; 📶; Ⓜ Jaume I) Das Bormuth schwimmt auf der „Oldschool-Tapas"-Welle – jedoch mit modernem Service und Dekor. Es gibt die alten Klassiker, von *patatas bravas* (Kartoffeln mit pikanter Tomatensoße) über *ensaladilla* (russischer Salat) bis hin zur Tortilla, und dazu einige weniger typische, aber nicht minder gekonnt zubereitete Leckerbissen wie rote Paprika vom Holzkohlegrill mit Blutwurst.

Der Speisesaal (mit Zwischengeschoss) brummt zu jeder Tageszeit. Wer mit einer Gruppe herkommt, kann in dem weniger wuseligen Bereich mit dem einzelnen langen Tisch Platz nehmen.

En Aparté FRANZÖSISCH €

(☎ 93 269 13 35; www.enaparte.es; Carrer de Lluís el Piadós 2; Hauptgerichte 8–13 €; ⌚ Mo–Do 10–1, Fr & Sa bis 2, So bis 0.30 Uhr; 📶; Ⓜ Arc de Triomf) Eine tolle unprätentiöse Adresse gleich neben der ruhigen Plaça de Sant Pere für qualitativ hochwertige französische Küche. Das kleine Restaurant hat eine gute Raumaufteilung und ist mit Schreibmaschinentischen eingerichtet. Durch die großen Fenster (vom Boden bis zur Decke) fällt am frühen Nachmittag wunderbar warmes Licht. Auffällig sind auch die Vintage-Details.

Eine hervorragende Wahl ist das Mittagsmenü (13 €) mit einem Salat (z. B. Rote Bete, Apfel und Walnuss) und einer Quiche oder einem anderen Gericht, etwa gefüllten Paprika mit Kartoffelgratin. Am Wochenende wird ein Brunch aufgefahren, mit „Armem Ritter", pochierten Eiern und Müsli mit Joghurt.

★ Casa Delfín KATALANISCH €€

(Karte S. 278; ☎ 93 319 50 88; www.facebook.com/Casa-Delfin-326525620764565/; Passeig del Born 36; Hauptgerichte 10–17 €; ⌚ So–Do 8–0, Fr & Sa bis 1 Uhr; 📶; Ⓜ Jaume I) Bei diesem gastronomischen Highlight gibt's alles, was man sich von der lokalen (und von der mediterranen) Küche wünscht. Zum Auftakt bieten sich scharf-süße *calçots* (Frühlingszwiebeln; nur von Februar bis März) oder mit Salz bestreute *pimientos de padrón* (kleine grüne Paprikaschoten) an. Im Anschluss schmecken gegrillte Sardinen mit Petersilie, bevor man sich an den saftigen in Weißwein und Knoblauch gegarten Seeteufel heranwagt.

Alternativ löffelt man ein paar Muscheln aus ihrer Schale und knuspert dazu *coca catalana*, eine Art katalanische Focaccia, die hier formvollendet zubereitet und mit Tomaten und Olivenöl bestrichen wird. Als Nachtisch empfehlen wir das Eton Mess (die einzige Speise, mit der Besitzerin Kate ihrer englischen Heimat huldigt) – ein hohes Glas mit Sahne, Baiser und Beerenfrüchten.

Nakashita JAPANISCH €€

(☎ 93 295 53 78; www.nakashitabcn.com; Carrer del Rec Comtal 15; Hauptgerichte 12–22 €; ⌚ Mo–So 13.30–16 & 20.30–24 Uhr; 📶; Ⓜ Arc de Triomf) In der Küche schwingt ein Brasilianer den Kochlöffel – Brasiliens spezielle Einwanderergeschichte hat zur Folge, dass erstklassige japanische Küche eine lange Tradition in dem Land hat – und zaubert hervorragendes Sashimi, Maki-Rollen, Weichpanzerkrebse und *kakiage* (eine Art Tempura) auf die Teller. Einer der besten Japaner in der Stadt mit nur einer Handvoll Tische; falls möglich, reservieren.

Bar del Pla TAPAS €€

(Karte S. 278; ☎ 93 268 30 03; www.bardelpla.cat; Carrer de Montcada 2; Hauptgerichte 12–16 €; ⌚ Mo–Do 12–23, Fr & Sa bis 24 Uhr; 📶; Ⓜ Jaume I) Fröhlich und manchmal auch laut ist die Bar del Pla, ein zwangloses Lokal mit wunderschönen katalanischen Fliesen, einer Gewölbedecke und Weinflaschen entlang der Wände. Auf den ersten Blick sind die Tapas typisch spanisch, tatsächlich wird aber auch auf gekonnte Weise improvisiert. Wir empfehlen z. B. die Schinken-Kroketten, den Wagyu-Burger, das T-Bone-Steak und den marinierten Lachs mit Joghurt und Senf.

Ginette FRANZÖSISCH €€
(☎ 93 280 95 03; www.ginette.es; Carrer del Rec Comtal 12; Hauptgerichte 16–18 €; ⏲ Sept.–Juni Di–So 8.30–2 Uhr, Juli & Aug. Mo–Sa 18–2 Uhr; Ⓜ Arc de Triomf) 2017 eröffnete dieses Restaurant unter Führung eines Pariser Kochs. Optisch vereint es skandinavischen und lokaltypischen Schick, die Karte ist aber eindeutig französisch. Es gibt z. B. Stockfisch *meunière* (Müllerinart) mit Haselnüssen oder Enten-*magret* (Brust) mit Orange. Darüber hinaus kann man Tapas bestellen – darunter ist sogar ein *croque monsieur* (französisches Sandwich) mit Comté-Käse!

El Chigre TAPAS €€
(Karte S. 278; ☎ 93 782 63 30; http://elchigre1769.com; Carrer dels Sombrerers 7; Hauptgerichte 10–17 €; ⏲ 12–23.45 Uhr, Nov.–März Mo–Fr ab 13 Uhr; Ⓜ Jaume I) Das El Chigre tritt als Mischung aus asturischer Cider-Bar und katalanischer *vermuteria* (eine Bar, die auf Wermut spezialisiert ist; dieser wird auf Eis mit einer Orangenscheibe und einer grünen Olive serviert) auf und verwöhnt die Gäste mit gekonnt zubereiteten Leibspeisen aus diesen beiden Regionen. Zu empfehlen sind der leckere Salat mit Tomatengelee und Thunfisch oder auch die Puffcorn-*tortos* mit Lammeintopf.

Santagustina TAPAS €€
(Karte S. 278; ☎ 93 315 79 04; www.santagustina.com; Plaça Sant Agustí Vell 9; Hauptgerichte 9–14 €; ⏲ So–Do 12–1, Fr & Sa bis 3 Uhr; 📶; Ⓜ Arc de Triomf) Ein Tapas-Bar-Restaurant mit Tischen im Freien, an einem netten kleinen Platz. Die Menüs tragen kirchlich inspirierte Namen wie „Gesegnete Tapas", „Göttliche Tapas", „Unbefleckte Tapas" oder „Verführungen" und die spanischen und katalanischen Gerichte wie Ochsenschwanzeintopf, „Omas Fleischbällchen" oder gegrillter Oktopus sind formvollendet zubereitet und werden in kleinen Portionen serviert – zum Teilen. Die Kellner könnten etwas aufmerksamer sein.

Barceloneta & das Hafengebiet

El 58 TAPAS €
(Le cinquante huit; Rambla del Poblenou 58; Tapas 3,50–12 €; ⏲ Di–Sa 13.30–23, So bis 16 Uhr; Ⓜ Llacuna) In diesem französisch-katalanischen Lokal bekommt man schön zubereitete, kreative Tapas-Gerichte à la Stockfischbällchen mit Romesco-Soße, Jakobsmuschel-Ceviche, *tartiflette* (Auflauf aus Käse, Schinken und Kartoffeln) und Lachs-Tatar. Wer alleine unterwegs ist, kann sich vorne an der Marmortheke niederlassen. Im Speiseraum hinten mit Backsteinmauern, Industrielampen und Arbeiten lokaler Künstler lässt sich eine ausgedehnte Mahlzeit in lebendiger Atmosphäre genießen.

L'Òstia TAPAS
(Karte S. 284; ☎ 93 221 47 58; www.facebook.com/barceloneta; Plaça de la Barceloneta 1; Tapas 2,50–8 €, Hauptgerichte 11–19 €; ⏲ 10–23.45 Uhr; 📶; Ⓜ Barceloneta) An einem versteckten Platz liegt die nette Bar mit Terrasse gegenüber der wunderschönen Barockkirche von Barceloneta, der Església de Sant Miquel del Port. Das Tapas-Angebot zeugt von den lokalen Traditionen, eine Prise Fusion ist aber auch dabei, z. B. bei Gerichten wie den mit Szechuanpfeffer bestäubten Sardinen oder dem spanischen Omelett mit Ente und Trüffeln. Die Weine kommen in erster Linie aus Katalonien und die Sangria ist die so ziemlich beste in der Gegend.

Im Winter wird auf der Terrasse ein beheiztes Zelt aufgebaut.

La Bodega La Peninsular TAPAS €
(Karte S. 284; ☎ 93 221 40 89; www.tabernaycafetin.es; Carrer del Mar 29; Tapas 3,50–9 €; ⏲ 11.30–24 Uhr; Ⓜ Barceloneta) 🍃 Eine traditionelle Bodega, in der mehr als drei Dutzend verschiedene Tapas-Gerichte zu katalanischen Weinen und hausgemachtem Wermut aufgetischt werden. Weinfässer dienen als Tische (an den meisten Abenden gibt's keine Sitz-, sondern ausschließlich Stehgelegenheiten). Gemäß den Werten der Slow-Food-Bewegung finden nur saisonale, regionale Bio-Zutaten Verwendung; wir können die *mojama* (gesalzener, luftgetrockneter Thunfisch) oder die legendären pikanten *bombas* (Kroketten aus Fleisch und Kartoffeln) mit scharfer Aioli empfehlen.

Timesburg Poblenou BURGER €
(www.timesburg.com; Carrer de Pujades 168; Burger 6–13 €; ⏲ 13–16.30 & 20.30–24 Uhr; 📶; Ⓜ Poblenou) Eine Erfolgsstory made in Barcelona ist das Timesburg mit gleich mehreren Filialen. Diese hier liegt in El Poblenou, ist groß und verfügt über ein Zwischengeschoss. In der Küche werden 16 verschiedene Burger zubereitet, z. B. La Massimo (Rind-

fleisch, Parmesan, sonnengetrocknete Tomaten, Sonnenblumenkerne und rote Zwiebeln) und Balear (mallorquinische Wurst, Mahón-Käse, Kapern und Honigmayonnaise). Die selbstgemachten Pommes frites werden doppelt in Olivenöl frittiert, die Burger-Brötchen sind mit dem Timesburg-Logo versehen.

Més De Vi TAPAS €
(☎ 93 007 91 51; www.mesdvi.cat; Carrer de Marià Aguiló 123; Tapas 8–13 €; ⏲ Mo 19–23, Di–Sa 13–16 & 19–23 Uhr; Ⓜ Poblenou) Der Laden brummt ... In diesem Weinlokal gibt's zu katalanischen Tropfen leckere, einfallsreiche Tapas-Kreationen à la Zucchini-Pesto und Burrata-Salat, mit in gelbem Chili aus Peru eingelegten roten Thunfisch, Räuchermakrele mit Auberginenkaviar und Lammnacken mit gebackenem Rübenpüree. Ziegelsteinwände, Böden und Tische aus Hartholz sowie genietete Chesterfield-Sofas sorgen für Gemütlichkeit.

Cal Cuc ASIATISCH €
(☎ 93 000 28 37; www.mosquitotapas.com/calcuc; Carrer del Taulat 109; Tapas 4–8 €; ⏲ Mo–Do 18–24, Fr–So 13–1 Uhr; 📝; Ⓜ Poblenou) In dem schnieken Lokal bekommt man Tapas, die an asiatisches Street Food denken lassen, z. B. Bang-Bang-Aubergine in scharfer Soße wie in China, japanische *gyoza* (Teigtaschen aus der Pfanne), Kimchi (eingelegter Kohl) nach koreanischer Art, laotisches Tofu-*larb* (marinierter Tofu) und *takoyaki* (Oktopus im Teigmantel) aus Japan. Dazu werden Craft-Biere von hiesigen Brauereien getrunken, z. B. BeerCat, Guineu und Les Clandestines.

Filferro TAPAS €
(Karte S. 284; ☎ 93 221 98 36; Carrer de Sant Carles 29; Tapas 5–8 €, Hauptgerichte 7–12 €; ⏲ 10–1 Uhr; 📶 📝; Ⓜ Barceloneta) Eine der wenigen Anlaufstellen in Barceloneta, in der Meeresfrüchte nicht die erste Geige spielen. Filferro hat eine loyale Stammkundschaft, denn das Preis-Leistungs-Verhältnis für Tapas, *bocadillos* (belegte Brötchen), Salate und Nudelgerichte ist super. Die Innenausstattung ist warm beleuchtet und vielseitig eingerichtet, wer mag, kann aber auch an einem der Tische auf dem Platz draußen sitzen – die sind begehrt bei Familien, da gleich nebenan ein Spielplatz ist.

Aguaribay VEGETARISCH €
(☎ 93 300 37 90; www.aguaribay-bcn.com; Carrer del Taulat 95; Hauptgerichte 7–13 €; ⏲ Mo–Mi 13–16, Do–Sa 13–16 & 20.30–23, So 13–16.30 Uhr; 📝; Ⓜ Llacuna) 🍃 Abends gibt's im aufpolierten Aguaribay ein paar gekonnt zubereitete Gerichte à la carte, darunter „Fleisch"-Bällchen aus Miso und Räuchertofu, Soba-Nudeln mit Shiitake-Pilzen und saisonales Gemüse mit schwarzem Reis. Dazu passen die Craft-Biere und biodynamischen Weine. Mittags lohnt sich ein Zwischenstopp, um die Mittagsgerichte zum Fixpreis zu bestellen; das Angebot wechselt täglich. Sämtliche Zutaten tragen das Prädikat „Bio" und auch Veganer und Leute mit Glutenunverträglichkeit haben hier reichlich Auswahl.

Guingueta de la Barceloneta SPANISCH €
(www.carlesabellan.com; Platja de la Barceloneta; Gerichte 6–16 €; ⏲ März–Nov. 9–24 Uhr; Ⓜ Barceloneta) Dieses zu den Seiten hin offene Restaurant am Strand gehört zu Carles Abelláns Gastronomie-Imperium und überzeugt mit Salaten, Sandwiches (darunter ein Tortilla-Sandwich) und Tapas (z. B. Stockfisch-Kroketten, marinierten Anchovis und Herzmuscheln mit Tomaten-*salsa*). Zu trinken gibt's frisch gepresste Säfte und klassische Cocktails mit individueller Note (Napoleon Sour, Cubano Loco etc.). Ein tolles Extra ist der Blick aufs Meer.

Baluard Barceloneta BÄCKEREI €
(Karte S. 284; Carrer del Baluard 38; Backwaren 1–3,50 €; ⏲ Mo–Sa 8–21 Uhr; Ⓜ Barceloneta) Diese Bäckerei hat das wohl beste (frisch gebackene) Brotsortiment der Stadt und belegte Baguettes auf Lager, die man prima für ein Strandpicknick einpacken kann. In der Backstube entstehen überdies verführerische süße Sachen wie z. B. *xuiuixo* (frittiertes Gebäck mit Puddingfüllung aus Girona), *bunyols* (sehen aus wie Donuts und sind mit Käse oder Marmelade gefüllt) und Torten mit Feigen oder wilden Beeren.

El Ben Plantat INTERNATIONAL €
(Karte S. 284; ☎ 93 624 38 32; Carrer de Sant Carles 21; Tapas 5–10 €, Mittagsgerichte 9 €; ⏲ Mi–Mo 13–16 & 20.30–23.30 Uhr; 📝; Ⓜ Barceloneta) Ein wunderbares Fundstück im meeresfrüchteverliebten Barceloneta ist das El Ben Plantat, in dem die Kellner kleine Gerichte von der abwechslungsreichen Karte auftragen. Die Auswahl für Vegetarier ist top (Hummus, Guacamole und Pommes frites, Tofu-Pâté, gefüllte marinierte Pilze). An Wochentagen ist auch das preiswerte mehrgängige Mittagsmenü eine gute Option – z. B. mit Muscheln und Kartoffeln, hausge-

machten Falafeln, Ratatouille mit Wurst und Gemüsekroketten.

La Cova Fumada TAPAS €

(Karte S. 284; ☎ 93 221 40 61; Carrer del Baluard 56; Tapas 4–12 €; ⏲ Mo–Mi 9–15.15, Do & Fr 9–15.15 & 18–20.15, Sa 9–13 Uhr; Ⓜ Barceloneta) Diese winzige unauffällige Tapas-Bar ohne Schild ist ein Familienbetrieb, der konsequent aus allen Nähten platzt. Das Geheimnis? Aus der offenen Küche kommen göttlicher *pulpo* (Oktopus), Calamares, Sardinen, *bombas* (Fleisch-und-Kartoffel-Kroketten mit Aioli) und gegrillte *carxofes* (Artischocken) und man kann sich darauf verlassen, dass alles schön frisch ist.

Bitácora TAPAS €

(Karte S. 284; ☎ 93 319 11 10; Carrer de Balboa 1; Tapas 4–12,50 €; ⏲ Mo–Fr 9–2.30, Sa & So ab 10 Uhr; Ⓜ Barceloneta) Das Bitácora ist eines der Lieblingslokale im Viertel, weil das Ambiente gesellig ist und die Tapas-Teller (ordentliche Portionen!) gute Preise haben. Hinten versteckt sich eine kleine Terrasse. Unsere Favoriten sind das *ceviche de pescado* (Fisch-Ceviche), *chipirones* (Baby-Tintenfische) und *gambas a la plancha* (gegrillte Garnelen). Nur Barzahlungen.

Eine weitere Filiale ist in **El Poblenou** (☎ 93 277 87 12; www.facebook.com/bitacorapoblenou; Plaça de la Unió 24; Tapas 2–8 €, ein-/zwei-/dreigängiges Mittagsmenü 5/7/10 €; ⏲ 9–1 Uhr; Ⓜ Poblenou) angesiedelt.

Can Maño FISCH- & MEERESFRÜCHTE €

(Karte S. 284; Carrer del Baluard 12; Hauptgerichte 7–15 €; ⏲ Mo 20–23, Di–Fr 8.30–16 & 20–23, Sa 8.30–16 Uhr; Ⓜ Barceloneta) Dieses familienbetriebene Lokal mag aussehen wie eine Spelunke, es kann aber gut sein, dass man warten muss, bevor ein Plätzchen frei wird. Dann steht einem ein lauter Abend mit *raciones* (große Tapas-Portion) und galizischem Turbio (Weißwein) bevor. Es gibt jede Menge Fisch und Meeresfrüchte, erstklassigen Tintenfisch, Garnelen und mehr zu supergünstigen Preisen.

Vaso de Oro TAPAS €

(Karte S. 284; ☎ 93 319 30 98; www.vasodeoro.com; Carrer de Balboa 6; Tapas 4–12 €; ⏲ 11–24 Uhr; Ⓜ Barceloneta) Die schmale Bar ist stets vollgestopft mit gut gelaunten Gästen, die es wegen der fantastischen Tapas herzieht. Zu Scherzen aufgelegte Kellner in weißen Jacken servieren gegrillte *gambes* (Garnelen), *foie a la plancha* (Leberpastete vom Grill) und *solomillo*-(Filet-)Stücke. Wer Lust hat, mal was anderes zu trinken, könnte eine *flauta cincuenta* bestellen, halb helles, halb Dunkelbier.

El Tío Ché CAFÉ €

(www.eltioche.es; Rambla del Poblenou 44; Gerichte 2–6 €; ⏲ So–Do 10–22, Fr & Sa bis 1 Uhr; Ⓜ Poblenou) Eine Ikone. Das Café gibt es schon seit 1912 (damals befand es sich noch in El Born); es ist berühmt für seine *horchata*, ein süßes und erfrischendes, etwas körniges Getränk aus Erdmandelmilch. Die einen lieben es, die anderen nicht ganz so. Letztere können sich einfach einen anderen hausgemachten Drink bestellen – und dazu Sandwiches und Eiscreme verdrücken.

★ **Isla Tortuga** TAPAS €€

(Karte S. 284; ☎ 93 198 40 74; www.encompaniadelobos.com/en/isla-tortuga; Carrer de Llauder 1; Tapas 3–9,50 €, Hauptgerichte 11–18 €; ⏲ 12–24 Uhr; 📶; Ⓜ Barceloneta) Naturholz, nackte Ziegel und die namensgebende *tortuga* (Schildkröte) über der Bar schaffen ein rustikal-schickes Flair. Auf der saisonal wechselnden Speisekarte stehen mehr als 20 moderne Tapas-Kreationen (z. B. in Wodka gedämpfte Muscheln, Rochen mit schwarzer Butter, gegrillter Oktopus mit Kalamata-Oliven-Tapenade, Padrón-Paprikaschoten mit Kimchi-Füllung) sowie Tacos (Peking-Ente, Garnelen, marinierte Rippchen etc.) und Paella-Variationen.

★ **Can Recasens** KATALANISCH €€

(☎ 93 300 81 23; www.facebook.com/canrecasens; Rambla del Poblenou 102; Hauptgerichte 8–21 €; ⏲ Mo 8.30–13.30 & 17–23.45, Di–Do bis 1, Fr bis 3, Sa 9–13 & 21–3, So 21–1 Uhr; Ⓜ Poblenou) Eines der romantischsten Lokale von Poblenou. Es gibt verwinkelte Räume voller Ölgemälde, flackernde Kerzen, Lichterketten und Obstkörbe. Das Essen ist erstklassig, eine Mischung aus Salaten, Fondues, geräuchertem Fleisch und Sandwiches, belegt mit Leckereien wie wilden Pilzen und Brie, *escalivada* (Grillgemüse) und Gruyère oder scharfer Chorizo.

Jeden zweiten Mittwoch gibt's Livejazz.

Green Spot VEGETARISCH €€

(Karte S. 284; ☎ 93 802 55 65; www.encompaniadelobos.com/en/the-green-spot; Carrer de la Reina Cristina 12; Hauptgerichte 10–15 €; ⏲ Mo–Fr 12.30–24, Sa & So ab 13 Uhr; 🖉; Ⓜ Barceloneta) Salat aus violetten Möhren mit Papaya und Feta, Tacos mit Auberginen und Zucchini, Spätzle aus Buchweizen und Spinat, Süßkartoffel-Gnocchi mit schwarzen Trüffeln und

Hanfpizza mit Cashew-Käse und Spargel sind nur ein paar der fantasievollen vegetarischen, veganen und glutenfreien Gerichte, die in dem stilvollen, minimalistischen Speisesaal mit den Gewölbebededecken auf dem Teller landen. Dienstagabends wird Flamenco (live) geboten.

Kaiku FISCH- & MEERESFRÜCHTE €€

(Karte S. 284; ☎ 93 221 90 82; www.restaurantkaiku.cat; Plaça del Mar 1; Hauptgerichte 13–19 €; ⌚ Di–Sa 13–15.30 & 19–22.30, So 13–15.30 Uhr; Ⓜ Barceloneta) Das am Südende von Barceloneta am Wasser gelegene Kaiku verwendet Zutaten vom nahen Fischmarkt in Gerichten wie Krebs mit Minze, Schwertfisch-Carpaccio mit Avocado und getrockneten Tomaten, mit Chili eingeriebenem Thunfisch mit grünem Apfel und Pilzen sowie in Reisgerichten für zwei Personen.

★ Oaxaca MEXIKANISCH €€€

(Karte S. 284; ☎ 93 018 06 59; www.oaxacacuinamexicana.com; Pla de Palau 19; Hauptgerichte 22–32 €; ⌚ 13–16 & 20–24 Uhr; ✎; Ⓜ Barceloneta) Joan Bagur ist in Mexiko zehn Jahre lang bei traditionellen Köchen in die Lehre gegangen und hat seinen eigenen Garten voller mexikanischer Pflanzen, aus dem er sich bedient, um Gerichte wie *coyoacán* (gerösteter Mais mit Chili-Asche) und *cochinita pibil* (Tacos mit schonend gegartem Schweinefleisch) zuzubereiten. Die bulligen Tische bestehen aus mexikanischen Hölzern und an der Wand hängt Kunst aus Bagurs Heimatland. Draußen unter den Arkaden sitzt es sich nett.

Die benachbarte Bar La Mezcalería d'Oaxaca bewacht ein holzgeschnitzter *calaca* (Tag-der-Toten-Skelett). Dort bekommt man mehr als 200 Arten Mezcal in einem außergewöhnlichen Ambiente mit Stühlen aus Rindsleder, mexikanischen Schwarz-Weiß-Stummfilmen und ausgestopften Vögeln.

★ La Barra de Carles Abellán FISCH- & MEERESFRÜCHTE €€€

(Karte S. 284; ☎ 93 760 51 29; www.carlesabellan.com/mis-restaurantes/la-barra; Passeig Joan de Borbó 19; Tapas 5–8,50 €, Hauptgerichte 24–36 €; ⌚ 13.30–16 & 20–23 Uhr; Ⓜ Barceloneta) In dem atemberaubenden Restaurant des katalanischen Kochs Carles Abellán werden Meeresfrüchte mit Tapas wie eingelegter Oktopus, Tortilla mit Mini-Anchovis oder gebratene Austern mit Lachsrogen zelebriert. Noch beeindruckender sind die Hauptgerichte à la gegrillte Schwertmuscheln mit *ponzu*-Zitrussoße, Tintenfisch mit einer Füllung aus pikantem pochiertem Eigelb, Seegurke aus der Pfanne und Hummer-Paella mit geräucherten Garnelen.

Videoleinwände erlauben den Gästen mitzuverfolgen, wie es in der Küche zugeht. Glasierte Kacheln zieren die Wände. Die meisten Sitzplätze sind an langen Gemeinschaftstheken – nett für „Alleinspeisende"!

Restaurant 7 Portes FISCH- & MEERESFRÜCHTE €€€

(Karte S. 284; ☎ 93 319 30 33; www.7portes.com; Passeig d'Isabel II 14; Hauptgerichte 19–32 €; ⌚ 13–1 Uhr; 📶; Ⓜ Barceloneta) 1836 als Café eröffnet und 1929 zu einem Restaurant umfunktioniert, verfügt das 7 Portes über eine schöne Lage unter Arkaden. Es verströmt mit seiner Holzverkleidung, den Kacheln, Spiegeln und Tafeln, auf denen die Namen bedeutender Koryphäen à la Orson Welles stehen, die irgendwann einmal hier vorbeigeschaut haben, das Flair längst vergangener Zeiten. Spezialität des Hauses ist die Paella, zu empfehlen ist aber auch der *gran plat de marisc* („Große Meeresfrüchteplatte").

Els Pescadors FISCH- & MEERESFRÜCHTE €€€

(☎ 93 225 20 18; www.elspescadors.com; Plaça de Prim 1; Hauptgerichte 18–42 €; ⌚ 13–15.45 & 20–23.30 Uhr; 📶; Ⓜ Poblenou) Dieses niedliche familiengeführte Restaurant steht an einem malerischen Platz, der von niedrigen Häusern und alten südamerikanischen Bäumen gesäumt wird. Nach wie vor bekommt man hier den besten gegrillten Fisch und Meeresfrüchte-Reis der Stadt. Drinnen befinden sich drei Speisebereiche, zwei recht moderne und einer, der sich das Flair einer altmodischen Taverne bewahrt hat. In lauen Nächten sollte man jedoch versuchen, einen Platz draußen zu ergattern.

Can Majó FISCH- & MEERESFRÜCHTE €€€

(Karte S. 284; ☎ 93 221 54 55; www.canmajo.es; Carrer del Almirall Aixada 23; Hauptgerichte 15–36 €; ⌚ Di–Sa 13–16 & 20–23.30, So 13–16 Uhr; Ⓜ Barceloneta) An einem Platz gegenüber der Strandpromenade hat sich das Can Majó mit Tischen im Freien und Heizpilzen im Winter schon vor Langem einen guten Ruf für seine leckeren Meeresfrüchte erworben, insbesondere die Kreationen mit Reis und die reichhaltigen *suquets* (Fischeintöpfe). Die Bouillabaisse ist herrlich saftig.

La Sagrada Família & L'Eixample

★ Tapas 24 TAPAS €

(Karte S. 292 f.; ☎ 93 488 09 77; www.carlesabellan.com; Carrer de la Diputació 269; Tapas 2,20–12 €; ⏲ 9–24 Uhr; 📶; Ⓜ Passeig de Gràcia) Starkoch Carles Abellan leitet dieses Tapas-Paradies im Untergeschoss, das bekannt ist für seine Gourmetvarianten klassischer Favoriten. Zu den Spezialitäten des Hauses gehören der *bikini* (getoastetes Sandwich mit Schinken und Käse – wobei der Schinken geräuchert ist und Trüffeln den besonderen Geschmackskick liefern) sowie pikante die *boquerones al limón* (in Zitrone marinierte Anchovis). Reservieren? Pustekuchen. Aber es lohnt sich, auf einen Tisch zu warten.

Als Nachtisch empfehlen wir *xocolata amb pa, sal i oli* (Schokobällchen in Olivenöl mit einer Prise Salz in einer Waffel) – köstlich!

Hawker 45 ASIATISCH €

(Karte S. 292 f.; ☎ 93 763 83 15; Carrer de Casp 45; Hauptgerichte 8,50–16 €; ⏲ Mo–Fr 13–16 & 20–23, Sa 12.30–16 & 20–23.30, So 12.30–16 Uhr; Ⓜ Tetuan) Dieser Laden, inspiriert von den Street-Food-Märkten (Hawker Centres) in Asien, verwöhnt die Gäste mit aromatischen Leckereien wie pikanter malaysischer Tintenfisch-Laksa, indonesischem Lamm-Satay, koreanischen Galbi-Schweinerippchen mit Reiskuchen, thailändischem Crying-Tiger-Rind-Salat und grünem Mango-Sambal mit gedämpftem Krebsfleisch nach singapurischer Art. Das sechsgängige Probiermenü (35 €) kombiniert man am besten mit Craft-Bieren (42 €) oder asiatisch inspirierten Cocktails (60 €).

Zum Essen setzt man sich an die lange rote Bar mit Blick auf die offene Küche oder geht hinten durch in den verwinkelten, postindustriell aufgemachten Speisebereich samt nackten Balken und Ventilationsrohren.

Copasetic CAFÉ €

(☎ 93 532 76 66; www.copaseticbarcelona.com; Carrer de la Diputació 55; Hauptgerichte 6–13,50 €; ⏲ Di & Mi 10.30–24, Do bis 1, Fr & Sa bis 2, So bis 17.30 Uhr; 📶 ✎; Ⓜ Rocafort) Ein nettes neues, mit altmodischen Möbeln eingerichtetes Café, in dem es für jeden Geschmack etwas gibt: Eier Benedict, Obsttörtchen oder einen fettigen Burger. Auch für Vegetarier, Bio-Fans oder Menschen mit Glutenunverträglichkeit ist die Auswahl reichlich. Mittags-*menús* (Di–Fr) kosten zwischen 9,50 und 12 € und am Wochenende wird ein toller (und preiswerter) Brunch aufgebaut.

Charlot Cafè CAFÉ €

(Karte S. 292 f.; ☎ 93 451 15 65; Carrer d'Aribau 67; Gerichte 6,50–13,50 €; ⏲ Küche Mo–Fr 8.30–22, Sa 7–22 Uhr, Bar Fr & Sa bis 3 Uhr; 📶 ✎; 🚆 FGC Provença) Poster und Aufnahmen aus Filmen von *Frühstück bei Tiffany's* bis *Pulp Fiction* zieren die Wände und unter den Augen der Stars kann man mit einer Tortilla oder Eiern mit iberischem Schinken in den Tag starten. Mittags gibt's sautierten Quinoa-Salat oder Burger mit selbstgemachten Pommes, abends Ente mit Brombeersoße. Die Craft-Biere und Cocktails werden den ganzen Tag über serviert.

Cantina Mexicana MEXIKANISCH €

(☎ 93 667 66 68; www.cantinalamexicana.es; Carrer de València 427; Hauptgerichte 7–13 €; ⏲ 13–24 Uhr; ✎; Ⓜ Sagrada Família) Das schlicht aufgemachte Restaurant ist gerade eben weit genug von der Sagrada Família entfernt, dass man um die Besuchermassen herumkommt. In der Küche werden authentische Gerichte gekocht, darunter mehr als 20 verschiedene Mais- oder Weizenmehl-Tacos (z. B. mit sautierten Krabben und Bohnen), *cochinita pibil* (langsam gegartes Schweinefleisch, verfeinert mit Annatto-Samen) und vier Arten Ceviche. Für Vegetarier ist die Kürbisblüten-Quesadilla zu empfehlen.

Granja Petitbo MEDITERRAN €

(Karte S. 292 f.; ☎ 93 265 65 03; www.granjapetitbo.com; Passeig de Sant Joan 82; Sandwiches 4–8 €, Hauptgerichte 8–12 €; ⏲ Mo–Mi 9–23, Do & Fr 9–23.30, Sa 10–23.30, So 10–17 Uhr; 📶; Ⓜ Girona) Hohe Decken, mitgenommene Armsessel aus Leder und aufwendige Blumenarrangements setzen Akzente in diesem sonnigen kleinen Eckcafé, das besonders bei den Hipstern aus der Gegend und jungen Familien beliebt ist. Abgesehen von selbstgebackenen Kuchen (den ganzen Tag über erhältlich), frisch gepressten Säften und erstklassigem Kaffee bekommt man hier auch Burger, Salate und Pastagerichte sowie Brunch am Wochenende.

Koyuki JAPANISCH €

(Karte S. 292 f.; ☎ 93 237 84 90; http://koyuki.eltenedor.rest; Carrer de Còrsega 242; Hauptgerichte 8–12 €; ⏲ Di–So 13–15.30 & 20–23 Uhr; 🚆 FGC Provença) Das unauffällige Lokal im Untergeschoss ist ein echter Rohdiamant! Wer hier etwas von der Speisekarte – bebildert, dem japanischen Besitzer sei Dank – bestellt, wird auf keinen Fall enttäuscht. Das *sashimi moriawase* ist großzügig portioniert und immer frisch. Bei den *tempura udon* handelt es sich um ein besonders herzhaftes Nudelgericht mit panierten Krabben.

★ Auto Rosellon INTERNATIONAL €€
(Karte S. 292 f.; ☎ 93 853 93 20; www.autorosellon.com; Carrer de Rosselló 182; Hauptgerichte 12–18 €; ⌚ Mo–Mi 8–1, Do & Fr 8–2, Sa 9–2, So 9–24 Uhr; 📶 ✎; FGC Provença) Kornblumenblau gestrichen und jede Menge frische Lebensmittel ... Im Auto Rosellon werden hauptsächlich Biozutaten von kleinen Produzenten bzw. aus dem eigenen Garten verwendet. Daraus entstehen dann in der Küche Eier Benedict, Lachstatar mit Avocado, Ricotta-Gnocchi mit Confit-Tomaten und Thymian sowie Tacos mit schonend gegartem Schwein. Die hausgemachten Säfte und die Rosenlimonade sind hervorragend. Außerdem: tolle Cocktails und Craft-Biere.

Mr Kao DIM SUM €€
(Karte S. 292 f.; ☎ 93 445 25 88; www.misterkao.com; Carrer de València 271; Dim Sum 2,80–4 €, Hauptgerichte 11–28 €; ⌚ Di–Sa 12.30–15.30 & 20.30–23.30, So 12.30–15.30 Uhr; M Passeig de Gràcia) Das elegante Dim-Sum-Restaurant im prächtigen Hotel Claris sieht aus wie seine Pendants in Shanghai und trumpft mit superleckeren Teigtaschen auf. Die sind zwar nicht günstig, aber dafür ist jeder Bissen eine Wonne; besonders zu empfehlen: die *jiao zi* mit Schweinefüßen und die *siu mai* mit Kaisergranat und Forellenrogen. Zu den substanzielleren Gerichten gehören die Peking-Ente und die Nudeln mit wilden Pilzen, pochiertem Ei und Trüffeln.

Entrepanes Díaz SANDWICHES €€
(Karte S. 292 f.; ☎ 93 415 75 82; Carrer de Pau Claris 189; Sandwiches 6–10 €, Tapas 3–10 €; ⌚ 13–24 Uhr; M Diagonal) Die hiesigen Highlights sind noble Gourmet-Sandwiches – etwa mit gebratenem Rindfleisch, Spanferkel oder knusprigem Tintenfisch mit Aioli – und Portionen spanischer Spezialitäten wie Seeigel und frittierte Garnelen oder Blutwurstkroketten zum Teilen. In der exzellenten altmodischen Bar arbeiten nur erfahrene Kellner über 50 – das verleiht dem Ganzen eine gewisse Klasse und garantiert eine besonders charmante Bedienung.

Die Wände zieren Schwarz-Weiß-Fotos von Barcelona.

Parking Pizza PIZZA €€
(☎ 93 633 96 45; www.parkingpizza.com; Carrer de Londres 98; Pizza 9,50–14,50 €; ⌚ Mo–Sa 13–16 & 20–23, So 13–16 Uhr; FGC Provença) Der Laden sieht aus wie eine Garage. Eventuell wird man an einem langen, unlasierten Holztisch mit anderen Gästen sitzen – auf einem Stuhl aus Karton. Die „erzwungene" Nähe wird durch die Pizza vom Holzfeuer mehr als wettgemacht. Auch durch die Vorspeisen, darunter sahniger Burrata *„stracciatella"* und ein roter Quinoa-Salat mit Guacamole und einem pochierten Ei.

Chicha Limoná MEDITERRAN €€
(Karte S. 292 f.; ☎ 93 277 64 03; www.chichalimona.com; Passeig de Sant Joan 80; Hauptgerichte 12–17 €; ⌚ Di–Do 9.30–1, Fr & Sa bis 2, So bis 17 Uhr; 📶; M Tetuan) Der Passeig de Sant Joan ist ein Hipster-Hotspot – und die gehen gern in das helle, lebhafte Chicha Limoná, um dort Steak-Tatar mit Yuzu-Dressing, Tacos mit Kaninchen, in Joghurt marinierten Lachs und das Sorbet aus Tequila, Mango und Chili oder auch eine Pizza zu essen. Das Angebot auf der Karte wechselt häufig; Menüs gibt's für 13,90 €.

Cerveseria Catalana TAPAS €€
(Karte S. 292 f.; ☎ 93 216 03 68; Carrer de Mallorca 236; Tapas 3–4 €; ⌚ 9–1.30 Uhr; FGC Provença) Die „katalanische Brauerei" ist den ganzen Tag über eine schöne Anlaufstelle. Zum Frühstück kann man Kaffee und Croissants bestellen, mittags und abends hat man die Qual der Wahl zwischen Tapas und *montaditos* (Canapés) und kann sich dazu eine Sangria genehmigen. Sitzplätze befinden sich an der Bar, auf der Terrasse auf dem Bürgersteig oder im Restaurant hinten. Die vielen warmen Tapas, die Salate und anderen Snacks ziehen ein gut gekleidetes Publikum an. Keine Reservierungen.

Cafe Emma BISTRO €€
(Karte S. 292 f.; ☎ 93 215 12 16; www.cafe-emma.com; Carrer de Pau Claris 142; Hauptgerichte 14–25,50 €; ⌚ Mo–Fr 8–22.30, Sa & So 9–22.30 Uhr; 📶; M Passeig de Gràcia) Das französisch angehauchte Emma vereint lokale wie internationale Einflüsse, die Weine kommen ausschließlich aus Frankreich. Es ist eine tolle Wahl; man kann den ganzen Tag auf der Terrasse, im Speisesaal oder an der Bar sitzen und etwas essen. Superlecker sind z. B. die *tartines* (belegte Brote), etwa mit Zie-

genkäse, Roter Bete und Roastbeef. Nicht versäumen: die frischen Austern mit einem Glas eisgekühltem Weißwein der Saison.

La Bodegueta Provença TAPAS €€

(Karte S. 292 f.; ☎ 93 215 17 25; www.provenca.labodegueta.cat; Carrer de Provença 233; Tapas 6–15 €, Hauptgerichte 9,50–16 €; ⏲ Mo–Fr 7–1.45, Sa 8–1.45, So 13–0.45 Uhr; 📶; Ⓡ FGC Provença) Der „kleine Weinkeller" versorgt die Gäste mit klassischen Tapas, die stilvoll angerichtet werden. Es gibt *calamares a la andaluza* (Tintenfischringe im dünnen Teigmantel) und *cecina* (getrocknetes Kalbsfleisch), die Spezialität des Hauses sind *ous estrellats* (wörtlich übersetzt „geplatzte Eier"), eine Mischung aus gequirltem Eiweiß, Eigelb, Kartoffeln und weiteren Zutaten von Foie gras bis *morcilla* (Blutwurst).

El Velódromo TAPAS, MEDITERRAN €€

(☎ 93 430 60 22; www.moritz.com; Carrer de Muntaner 213; Tapas 2,50–10,50 €, Hauptgerichte 9,50–24 €; ⏲ Küche 13–1 Uhr, Bar 24 Std.; 📶; Ⓜ Hospital Clínic) Seit der Renovierung ist diese geschichtsträchtige literarische Taverne der hiesigen Brauerei Moritz wieder wunderbar stimmungsvoll. Es hat hohe Decken und ein Großteil der originalen Jugendstilelemente ist erhalten. Man könnte auf einen Aperitif und Tapas oder auch substanziellere Gerichte wie Lachs mit karamellisiertem Kohl oder Kalbsfleischbällchen mit frischen Tomaten und Mozzarella vorbeischauen.

Casa Alfonso SPANISCH €€

(Karte S. 292 f.; ☎ 93 301 97 83; www.casaalfonso.com; Carrer de Roger de Llúria 6; Tapas & Sandwiches 4–15 €, Hauptgerichte 13–23 €; ⏲ Mo–Fr 8–1, Sa 13–1 Uhr; 📶; Ⓜ Urquinaona) Die mit Holz vertäfelte und mit alten Fotos, Postern und von der Decke baumelnden Schinken dekorierte Casa Alfonso gibt es schon seit 1934. Sie eignet sich prima für einen Kaffee am Morgen oder ein paar Tapas an der langen Marmorbar. Zu jeder Tageszeit schneien die treuen Stammkunden herein und bestellen *flautas* (dünne Baguettes mit verschiedenen Füllungen), Schinken, Käse, warme Gerichte und selbstgemachte Desserts.

Es gibt auch „richtige" Mahlzeiten; meist beinhalten diese gegrilltes Fleisch. Als Abschluss bietet sich ein *alfonsito* (Irish Coffee im Miniformat) an.

Casa Amalia KATALANISCH €€

(Karte S. 292 f.; ☎ 93 458 94 58; www.casamaliabcn.com; Passatge del Mercat 4–6; Hauptgerichte 9–20 €; ⏲ Di–Sa 13–15.30 & 21–22.30, So 13–15.30 Uhr; Ⓜ Girona) Das Restaurant mit dem Zwischengeschoss hat sehr viel Lokalkolorit und ist beliebt wegen der deftigen katalanischen Küche. Die frischen Lebensmittel stammen von dem betriebsamen Markt nebenan. Donnerstagabends im Winter gibt's den Klassiker aus den Bergen, *escudella* (katalanischer Eintopf). Alternativ bestellt man Varianten lokaler Rezepte, z. B. *bacallà al allioli de poma* (Stockfisch in einer Aioli auf Apfelbasis). Das dreigängige *menú del día* ist für 15,50 € ein echtes Schnäppchen.

De Tapa Madre KATALANISCH €€

(Karte S. 292 f.; ☎ 93 459 31 34; www.detapamadre.com; Carrer de Mallorca 301; Tapas 4–7,50 €, Hauptgerichte 14–25,50 €; ⏲ 11.30–24 Uhr; Ⓜ Verdaguer) Jenseits der Tür herrscht eine lebendige Atmosphäre. Am Fenster stehen ein paar winzige Tische (man kann aber auch auf der Terrasse draußen sitzen), die Treppe hoch auf der Galerie, die über dem Tapas-Sortiment an der Bar zu schweben scheint, ist weit mehr Platz. Sehr zu empfehlen: *arròs amb llamàntol*, ein herzhaftes Reisgericht mit Hummer.

★ Lasarte MODERN EUROPÄISCH €€€

(Karte S. 292 f.; ☎ 93 445 32 42; www.restaurantlasarte.com; Carrer de Mallorca 259; Hauptgerichte 52–58 €; ⏲ Di–Sa 13.30–15.30 & 20.30–22.30 Uhr, 1. drei Wochen im Aug. geschl.; Ⓜ Diagonal) Eines der Toprestaurants in Barcelona – und das erste in der Stadt, das sich mit drei Michelin-Sternen brüsten kann! In der Küche hat der viel gepriesene Martín Berasategui das Kommando und sorgt dafür, dass ausgesprochen raffinierte Gerichte wie Füße vom Duroc-Schwein mit Quitten oder Tintenfischtatar mit Kaffernlimetten-Consommé auf den Tellern landen. Das Ambiente ist ultramodern und die professionellen Kellner schaffen eine Wohlfühlatmosphäre.

★ Disfrutar MODERN EUROPÄISCH €€€

(Karte S. 292 f.; ☎ 93 348 68 96; www.en.disfrutarbarcelona.com; Carrer de Villarroel 163; Probiermenüs 120–185 €; ⏲ Di–Sa 13–14.45 & 20–21.45 Uhr; Ⓜ Hospital Clínic) „Disfrutar" bedeutet so viel wie „genießen" und der Name ist Programm: Dies ist eines der edelsten Restaurants der Stadt, ausgezeichnet mit zwei Michelin-Sternen. Hier schwingen Köche den Kochlöffel, die in Ferran Adriàs inzwischen geschlossenem, aber wegweisenden Restaurant El Bulli gearbeitet haben, und nichts ist so, wie es scheint: Bei den schwarzen und grünen Oliven handelt es sich z. B. tatsächlich um Schokoladen-Ganache mit Orangenblütenwasser.

★ Mont Bar BISTRO €€€
(Karte S. 292 f.; ☎ 93 323 95 90; www.montbar.com; Carrer de la Diputació 220; Tapas 2–13 €, Hauptgerichte 12,50–26,50 €; ⏲ 12–15.30 & 19–24 Uhr; Ⓜ Universitat) Benannt nach der Heimatstadt des Besitzer im Val d'Aran, präsentiert sich das Mont Bar als stylische Weinbar mit schwarz-weißen Böden und mit Flaschen bedeckten Wänden. Die Küche ist wie vom anderen Stern: Erst gibt's exquisite Tapas (Schweinefüße mit Baby-Krabben, Plankton-Baiser mit Seeanemonen und Mascarpone), gefolgt von Hauptgerichten auf „kleinen Tellern" (Thunfischbauch mit Pinienkern-Emulsion) und umwerfenden Desserts (Schafsmilch-Eiscreme mit schwarzer Johannisbeerenlikörsoße). Nur mit Reservierung.

Casa Calvet KATALANISCH €€€
(Karte S. 292 f.; ☎ 93 412 40 12; www.casacalvet.es; Carrer de Casp 48; Hauptgerichte 27–35 €; ⏲ Mo–Sa 13–15.30 & 20–22.30 Uhr; Ⓜ Urquinaona) Das frühe Meisterwerk von Gaudí mit seinen typischen Rundungen beherbergt ein elegantes Restaurant (rechts neben dem Haupteingang). Gut gekleidet diniert man in einer lauschigen *taula cabina* (holzgetäfelte Nische). Eine gute Wahl sind mit Jakobsmuscheln und Garnelen gefüllte Artischocken, der Auflauf mit Rebhuhn und Kastanien oder auch Kalb mit Entenlebersoße.

Gràcia & Park Güell

Chivuo's BURGER €
(Karte S. 300; ☎ 93 218 51 34; www.chivuos.com; Carrer del Torrent de l'Olla 175; Burger 7–9 €; ⏲ Mo–Sa 13–17 & 19–24 Uhr; Ⓜ Fontana) Burger und Craft-Biere – eine feine Kombination! Vor allem Einheimische zieht es in diesen gut besuchten Laden, in dem die Burger groß sind und mit hausgemachten Soßen serviert werden. Das Fleisch wird *rare* (blutig) gebraten, wenn man den Kellnern keine andere Info gibt. Am besten bestellt man dazu fluffige, golden gebratene *fritas* (Pommes frites). Aus den acht Zapfanlagen laufen wechselnde Biere, meist katalanische und spanische Sorten, z. B. von Edge Brewing, Napar und Garage Beer mit Sitz in Barcelona.

.IT ITALIENISCH €
(Karte S. 300; ☎ 93 461 92 71; Carrer del Topazi 26; Hauptgerichte 6,50–12 €; ⏲ Mo–Fr 9.30–24, Sa 12–16 & 19–24 Uhr, Aug. geschl.; 📶 ✎; Ⓜ Fontana) Die Pizzaböden von .IT (steht für „Italienische Tradition") werden aus Caputo-Mehl gemacht und ruhen 48 Stunden, bevor sie bei 400 °C im Holzofen gebacken werden. Klassische Zutatenkombinationen halten z. B. die Veneto (Gorgonzola, Mozzarella, Radicchio und Walnüsse) und Abruzzo (frische Tomaten, Scamorza-Käse, Pistazien-Mortadella und Basilikum bereit). Die frischen Salate sind eine vollständige Mahlzeit, die Pastaauswahl wechselt täglich.

Casa Portuguesa BÄCKEREI €
(Karte S. 300; ☎ 93 021 88 03; www.acasaportuguesa.com; Carrer de l'Or 8; Gerichte 2–8 €; ⏲ 10.30–21 Uhr; Ⓜ Fontana) Die wunderbare Bäckerei mit Blick über die Plaça del Diamant versorgt die Kundschaft mit lauter Leckerbissen, etwa köstlichen *pasteis de belém* (Puddingtörtchen nach portugiesischer Art). Darüber hinaus bekommt man hier Obsttorten, täglich andere Bio-Salate, guten Kaffee und portugiesischen Wein. Lust auf einen Kurzen? Hier gibt's *ginjinha* (Kirsch-Brandy).

Bar Bodega Quimet TAPAS €
(Karte S. 300; ☎ 93 218 41 89; Carrer de Vic 23; Tapas 3–11,50 €; ⏲ Mo–Fr 10–23.30, Sa & So 12–23.30 Uhr; Ⓜ Fontana) Ein Relikt aus längst vergangenen Zeiten. Die Bar Bodega Quimet ist eine herrlich atmosphärische Bar, in der alte (Zier-)Flaschen die Wände säumen. Die Tische bestehen aus Marmor, die Bar aus poliertem Holz. Die Tapas- und Meeresfrüchtekarte ist umfassend. Eine weitere Spezialität des Hauses sind *torrades* – große getoastete Weißbrotscheiben, belegt mit geräuchertem Fleisch, frischen Anchovis und Sardinen.

La Pubilla KATALANISCH €
(Karte S. 300; ☎ 93 218 29 94; Plaça de la Llibertat 23; Hauptgerichte 8–13,50 €; ⏲ Mo 8.30–17, Di–Sa bis 24 Uhr; Ⓜ Fontana) Neben dem Mercat de la Llibertat liegt versteckt dieses Restaurant, das sich auf deftige *esmorzars de forquilla* (Gabel-Frühstücke) spezialisiert hat. Die sind sowohl bei den Leuten, die auf dem Markt arbeiten, als auch bei den Anwohnern heiß begehrt. Das tägliche Drei-Gänge-Tagesmenü (*menú del día*) kostet 16 € und umfasst katalanische Speisen wie gebackenen Stockfisch oder Schweinebäckchen aus dem Ofen

mit Kichererbsen. Früh da sein, dann gibt's vielleicht noch einen freien Tisch!

La Nena CAFÉ €

(Karte S. 300; ☎ 93 285 14 76; www.facebook.com/chocolaterialanena; Carrer de Ramon i Cajal 36; Gerichte 2–4,50 €; ⌚ Mo–Fr 8.30–22.30, Sa & So 9–22.30 Uhr; 👪; Ⓜ Fontana) Ein sympathisch-chaotischer Laden, in dem zu den *suïssos* (dickflüssige heiße Schokolade) ein Teller schwerer frisch geschlagener Sahne und *melindros* (saftige, süße Löffelbiskuits), leckere Desserts oder auch herzhafte Speisen (z. B. Crêpes) serviert werden. Überall stehen Bücher und man kann sich bei den Brettspielen auf den Regalen bedienen.

Himali NEPALISCH €

(Karte S. 300; ☎ 93 285 15 68; www.restaurantehimalibcn.com; Carrer de Milà i Fontanals 60; Hauptgerichte 7,50–13 €; ⌚ 12–23.30 Uhr; Ⓜ Joanic) Ein schlichtes Restaurant, in dem nepalesische Gebetsflaggen gespannt sind. Auf der Karte stehen Lamm-Curry, Grillgerichte mit Reis und Naan-Brot und *momo* (Teigtaschen) mit Lamm und Gemüse.

Pepa Tomate TAPAS €€

(Karte S. 300; ☎ 93 210 46 98; www.pepatomategrup.com; Plaça de la Revolució de Setembre de 1868 17; Platten zum Teilen 7–17 €; ⌚ Mo 20–24, Di–Fr ab 9, Sa ab 10, So ab 11 Uhr; 👪; Ⓜ Fontana) Entspannte Tapas-Bar an der Plaça de la Revolució de Setembre de 1868, beliebt zu jeder Tageszeit. Im Mittelpunkt stehen frische Produkte und die umfassende Speisekarte ist gespickt mit Leckerbissen wie gebratenen grünen Tomaten, andalusischem Baby-Tintenfisch, Tandoori-Lamm-Tacos, iberischem Schwein oder Pilzen, Kroketten und (im Sommer) Karotten-Gazpacho.

Café Godot INTERNATIONAL €€

(Karte S. 300; ☎ 93 368 20 36; www.cafegodot.com; Carrer de Sant Domènec 19; Hauptgerichte 10–18,50 €; ⌚ Mo–Fr 10–1, Sa & So 11–2 Uhr; Ⓜ Fontana) Ein stylischer Ort mit unverputzten Ziegeln, Holzbalken und Fliesen. Hinten befindet sich ein Garten, das Flair ist relaxt. Auf der umfangreichen Karte stehen Gerichte wie in Weißwein gedämpfte Muscheln und Jakobsmuscheln mit grünem Curry nach thailändischer Art sowie Enten-Confit mit Linsen und Spinat. Der Brunch ist amerikanisch angehaucht: Es gibt Eier, knusprig gebratenen Bacon und fluffige Pancakes.

Cantina Machito MEXIKANISCH €€

(Karte S. 300; ☎ 93 217 34 14; Carrer de Torrijos 47; Hauptgerichte 9,50–16,50 €; ⌚ 13–16 & 19–1 Uhr; Ⓜ Fontana, Joanic) An einer baumbestandenen Straße steht das farbenfrohe Machito, in dem sich immer viele Einheimische drängen. Das Lokal zieren jede Menge Bilder von Frida Kahlo, an den Tischen draußen kann man prima bis spät abends sitzen, essen und trinken. Zum Auftakt gibt's eine *michelada* (pikanter Beerencocktail), anschließend mexikanische Leibspeisen à la Quesadillas, Tacos und Enchiladas. Das erfrischende Wasser mit Eis ist mit Honig und Limette oder Minze und Obst aromatisiert.

La Panxa del Bisbe TAPAS €€

(☎ 93 213 70 49; Carrer del Torrent de les Flors 158; Tapas 8,50–15 €, Probiermenüs 28–36 €; ⌚ Di–Sa 13.30–15.30 & 20.30–24 Uhr; Ⓜ Joanic) Im schummrig beleuchteten und kunstvoll-minimalistisch eingerichteten „Bischofsbauch" werden kreative Tapas serviert, die eine zumeist einheimische Gästeschar begeistern, darunter mit Garnelen gefüllte Zucchiniblüten, gegrillter Oktopus mit grünem Chili und Wassermelone und langsam gegartes Lamm mit Minz-Couscous. Dazu empfehlen wir eine Flasche Wein, z. B. einen weißen Albariño aus Galizien (offene Weine sind nicht ganz so zahlreich).

Cal Boter KATALANISCH €€

(Karte S. 300; ☎ 93 458 84 62; www.restaurantcalboter.com; Carrer de Tordera 62; Hauptgerichte 8–15 €; ⌚ Di–Sa 13–16 & 21–24, So & Mo 13–16 Uhr; Ⓜ Joanic) Familien und laute Freundesgruppen laben sich in diesem klassischen Lokal an *cargols a la llauna* (in einer Dose sautierte Schnecken), *filet de bou amb salsa de foie* (dicke Scheibe zartes Rindfleisch in Orangen-Foie-gras-Soße) und anderen katalanischen Spezialitäten.

Envalira KATALANISCH €€

(Karte S. 300; ☎ 93 218 58 13; Plaça del Sol 13; Hauptgerichte 13–21 €; ⌚ Di–Sa 13.30–16 & 21–24, So 13.30–17 Uhr; Ⓜ Fontana) Vielleicht verpasst man den unauffälligen Eingang dieser alteingesessenen Adresse in Gràcia erst mal. Ernste Kellner tragen Meeresfrüchte- und Reisgerichte an die Tische, *arròs a la milanesa* (Reis mit Hähnchen und Schweinefleisch, mit etwas Käse überbacken) z. B. oder *bullit de lluç* (Seehecht, gekocht mit Kräuterreis und ein paar Muscheln).

Taverna La Llesca KATALANISCH €€
(Karte S. 300; ☎ 93 285 02 46; www.tavernala llesca.com; Carrer de Terol 6; Hauptgerichte 10–18 €; ⏲ 13.30–16 & 20.30–24 Uhr; Ⓜ Fontana) Eine Taverne der alten Schule. Wermutfässer zieren die Bar und zu essen gibt's ordentliche Portionen Fleisch. Das Ganze spült man mit einem spanischen Rotwein runter.

Can Travi Nou KATALANISCH €€€
(☎ 93 428 03 01; www.gruptravi.com; Carrer de Jorge Manrique 8; Hauptgerichte 15,50–30 €; ⏲ 13–16 & 20–23 Uhr; Ⓜ Montbau) Der Speisebereich erstreckt sich über zwei Geschosse dieses weitläufigen Herrenhauses aus dem 18. Jh. Die warmen Farben, die Standuhr und das rustikale Flair schaffen ein magisches Ambiente und der Gaumen wird mit katalanischen Spezialitäten wie schonend gegartem Schwein und Lamm sowie Meeresfrüchteaufläufen verwöhnt. Vorab reservieren.

Botafumeiro FISCH- & MEERESFRÜCHTE €€€
(Karte S. 300; ☎ 93 218 42 30; www.botafu meiro.es; Carrer Gran de Gràcia 81; Hauptgerichte 22–59 €; ⏲ 12–1 Uhr; Ⓜ Fontana) Ein Tempel für galizische Krustentiere, der schon lang zielstrebig von VIPs auf Barcelona-Besuch angesteuert wird. Um die Ausgaben möglichst gering zu halten, könnte man ein paar *medias raciones* (große Tapas-Platten) zum Teilen bestellen. So kommt man auch in den Genuss verschiedener Leckerbissen aus dem Meer. Zu empfehlen: Seespinnenpastete, mit Tintenfischtinte gefärbte Paella und gegrillte Langusten.

Außerdem ist das Botafumeiro ein prima Ort, um *percebes* zu kosten, jene seltsam verdrehten Entenmuscheln, die an den Felsen entlang der galizischen Atlantikküste „geerntet" werden. Viele Spanier halten sie für die ultimative Meeresfrüchtedelikatesse.

Camp Nou, Pedralbes & La Zona Alta

La Fermata de Sarrià PIZZA €
(☎ 93 315 84 02; www.lafermata.es; Carrer Major de Sarrià 2–4; Pizza 14–28 € pro kg; ⏲ 12.30–16 & 19.30–23 Uhr; 🚌 66,130, 🚆 FGC Sarrià) In der kleinen Pizzeria, betrieben von einem Koch, der in Rom gelernt hat, gibt's rechteckige Pizzastücke mit klassischen und katalanisch inspirierten Belägen (insgesamt 150 Varianten, die allerdings nicht alle gleichzeitig verfügbar sind). Der Preis wird *al taglio* (nach Gewicht) berechnet. Eine super Adresse für einen Snack zum Mitnehmen, es bestehen aber auch Sitzgelegenheiten an der Theke und an einer Handvoll Tische auf dem Bürgersteig.

Mitja Vida TAPAS €
(www.morrofi.cat; Carrer de Brusi 39; Tapas 3–7 €; ⏲ Mo–Do 18–23, Fr & Sa 12–16 & 18–23, So 12–16 Uhr, Aug. geschl.; 🚆 FGC Sant Gervasi) Ein junges, feierfreudiges, hauptsächlich einheimisches Publikum versammelt sich rund um die Edelstahl-Tapas-Theke des winzigen Mitja Vida, einem geselligen Fleck, um etwas zu essen oder auch nur zu trinken. Anchovis, Calamares, Räucherhering, Käse und *mojama* (in Salz eingelegter Thunfisch) werden in substanziellen Portionen serviert, der „Hausdrink" ist traditionell Wermut.

Santamasa KATALANISCH €
(☎ 93 676 35 74; www.santamasarestaurant.com; Carrer Major de Sarrià 97; Gerichte 6,50–13 €; ⏲ Mo–Fr 8–24, Sa & So 9–24 Uhr; 🚆 FGC Reina Elisenda) Gleich neben der hübschen Kirche Sant Vicenç de Sarrià (18. Jh.) liegt dieses charmante Lokal, zu jeder Tageszeit die richtige Anlaufstelle für eine leichte Mahlzeit. Das Speisenangebot ist vielfältig und setzt sich aus kreativ belegten *pizzete* (kleine Pizzas), Salaten, offenen Sandwiches, Fondue, Burgern, Quesadillas und tollen Vorspeisen zum Teilen (Hummus, Guacamole) zusammen.

★ **Acontraluz** MEDITERRAN €€
(☎ 93 203 06 58; www.acontraluz.com; Carrer del Milanesat 19; Hauptgerichte 15–27 €; ⏲ Mo–Sa 13.30–16 & 20.30–24, So 13.30–16 Uhr; 🚆 FGC Les Tres Torres) Das romantischste Fleckchen in diesem zauberhaften Restaurant ist der Garten voller Bougainvilleen und Bäumen. Hervor stechen Gerichte wie Seeteufel in Olivenkruste mit karamellisiertem Fenchel, schwarze Paella mit Tintenfisch und Muscheln und Spanferkel mit Feigenmarmelade. Zum Nachtisch empfehlen wir den in Rum getränkten Möhrenkuchen mit Kardamomeis.

★ **Aspic** CAFÉ, DELI €€
(☎ 93 200 04 35; www.aspic.es; Avinguda de Pau Casals 24; Gerichte 9–19,50 €; ⏲ Café Di–Sa 11–13.30 & 18–20.30, So 11–16 Uhr, Deli Di–Sa 9–20, So bis 16 Uhr, Bar Di–Sa bis 24, So bis 16 Uhr; 📶 ✍; 🚋 T1, T2, T3 Francesc Macià) In der Flaggschiff-Filiale dieser lokalen Café-Kette kommen nur Edelzutaten wie Räucherlachs, hochwertiger Aufschnitt und feinste Käse, bestes Olivenöl und ausgewählte spa-

nische Weine in die umwerfenden Gerichte à la Scholle mit Herzmuschelschaum und Brokkolipüree. Im angrenzenden Deli gibt's alles, was man für ein Gourmetpicknick in den nahen Jardins del Poeta Eduard Marquina braucht.

Bangkok Cafe THAILÄNDISCH €€
(☎ 93 339 32 69; Carrer d'Evarist Arnús 65; Hauptgerichte 10–14 €; ⌚ Mo–Mi 20–23, Do–So 13–15.45 & 20–23 Uhr; Ⓜ Plaça del Centre) Lust auf Thailändisch? Dann lohnt sich die Anfahrt zum Bangkok Cafe, das mit pikantem grünen Papayasalat, *tam yam kung* (scharfe Garnelensuppe), knusprigen Garnelen in Pflaumensoße, roten Currys und anderen Leibspeisen aufwartet.

Es ist ein kleines, wuseliges Lokal mit einer offenen Küche und einem überdimensionierten Kronleuchter. Fotos der thailändischen Königsfamilie zieren die Wände, auf einer Tafel stehen Tagesgerichte. Der Eingang ist in der Seitenstraße.

El Asador de Aranda SPANISCH €€
(☎ 93 417 01 15; www.asadordearanda.net; Avinguda del Tibidabo 31; Tapas 6–16,50 €, Hauptgerichte 15–22,50 €; ⌚ 13–16.30 & 20–23.30 Uhr; 📶; Ⓡ FGC Avinguda Tibidabo) In dem auffälligen Modernismebau samt Buntglasfenstern, Steinbogen im maurischen Stil und aufwendig gearbeiteten Decken befinden sich die begehrtesten Sitzplätze auf der gepflegten Terrasse. Die Gäste können aus einem feinen Tapas-Angebot wählen, das Highlight ist aber das Fleisch (Lammbraten, Spareribs, Rind) aus dem Holzofen.

★ **La Balsa** MEDITERRAN €€€
(☎ 93 211 50 48; www.labalsarestaurant.com; Carrer de la Infanta Isabel 4; Hauptgerichte 20–28 €; ⌚ Di–Sa 13.30–15.30 & 20.30–22.30, So 13.30–15.30 Uhr; 📶; Ⓡ FGC Avinguda Tibidabo) Eines der schicksten Restaurants der Stadt zeichnet sich durch seine prächtige Decke und den duftenden Garten rund um die Terrasse (den Hauptspeisebereich) aus. La Balsa hat eine saisonal wechselnde Karte, die Gerichte sind traditionell katalanisch bis kreativ: Spanferkel mit Melone, Stockfisch-Confit mit Zwetschgenkompott) etc. Los geht's mit einem Cocktail an der Bar, dann wird man zum Tisch geleitet.

★ **Via Veneto** GEHOBENE KÜCHE €€€
(☎ 93 200 72 44; www.viaveneto.es; Carrer de Ganduxer 10; Hauptgerichte 28–52,50 €; ⌚ Mo–Fr 13–16 & 20–23.45, Sa 20–23.45 Uhr, Aug. geschl.; Ⓡ FGC La Bonanova) Nach der Eröffnung 1967 war Dalí regelmäßig in diesem Promirestaurant zu Gast – wer mag, kann sich an seinen Lieblingsplatz setzen, den gibt's nämlich noch. Die ovalen Spiegel, die orangerosafarbene Tischdecken, die Lederstühle und das feine Besteck schaffen das passende Ambiente für aufwendig zubereitete Gerichte wie geräucherte Austern mit zerhacktem Schwarzbrot oder Rotbarben mit Zwiebelgrün vom Kohlegrill.

Can Cortada KATALANISCH €€€
(☎ 93 427 23 15; www.cancortada.com; Avinguda de l'Estatut de Catalunya; Hauptgerichte 21.50-29; ⌚ 13–16 Uhr & 20–23 Uhr; Ⓜ Mundet) Der Abstecher zu diesem Anwesen aus dem 11. Jh. samt den Überresten eines Verteidigungsturms lohnt sich wegen des freundlichen Empfangs und der Ausstattung. Die Karte dominiert Grillfleisch, die Köche bereiten aber auch saisonale Speisen wie auf dem Grill gegarte Artischocken und *calçots* (Frühlingszwiebeln) zu. Wir empfehlen die Tische im früheren Weinkeller oder auf der Gartenterrasse.

Montjuïc, Poble Sec & Sant Antoni

Spice CAFÉ €
(Karte S. 306; ☎ 93 624 33 59; www.spicecafe.es; Carrer de Margarit 13; Gerichte 3,50–5 €; ⌚ Di–Do 16–21, Fr–So 11–21 Uhr; 📶; Ⓜ Poble Sec) Ein wunderbares Café, das sich mit leckeren hausgemachten Desserts eine treue Stammkundschaft aufgebaut hat. Es gibt z. B. Ricotta-und-Zimt-Käsekuchen oder ein glutenfreies Orangen-Kardamom-Brot. Das Getränkeangebot umfasst neben exzellentem Kaffee (lose) Tees und selbstgemachte Limonaden. Die Mitarbeiter sind freundlich und sprechen Englisch.

Federal CAFÉ €
(Karte S. 306; ☎ 93 187 36 07; www.federalcafe.es; Carrer del Parlament 39; Hauptgerichte 9–12 €; ⌚ Mo–Do 8–23, Fr 8–1, Sa 9–1, So 9–17.30 Uhr; 📶 ✏; Ⓜ Sant Antoni) An einer Straße, an der sich inzwischen gleich mehrere Cafés tummeln, war das Federal unter australischer Leitung der Wegbereiter. Es bietet guten Kaffee (auch einen brauchbaren Flat White) und hervorragenden Brunch. Später am Tag können die Gäste gesunde und leckere Snacks wie Garnelentoast und Polenta-Pommes mit Gorgonzola sowie größere Gerichte wie Gemüseburger oder gegrillten Lachs mit Soba-Nudeln verspeisen. Auf der Dachterrasse weht eine angenehme Brise.

Escribà BACKWAREN €

(Karte S. 268 f.; ☎ 93 454 75 35; www.escriba.es; Gran Via de les Corts Catalanes 546; Backwaren 2–6,50 €; ⏲ 8.30–20.30 Uhr; Ⓜ Urgell) Antoni Escribà setzt eine 1906 begonnene Familientradition fort: Er bringt die Herzen der *barcelonins* mit tollen Backwaren und Schokoladenkreationen zum Schmelzen. Saisonale Leckerbissen sind die *bunyols de xocolata* (kleine runde Gebäckkugeln gefüllt mit Schokocreme) zu Ostern. An der Rambla gibt's noch eine Filiale (S. -303) im Modernismeambiente.

Horchateria Sirvent EISCREME €

(Karte S. 306; ☎ 93 441 27 20; www.turronessirvent.com; Carrer del Parlament 56; Eiscreme 1,60–3 €, Horchata 2,20–3,90 €; ⏲ 9–22 Uhr; Ⓜ Sant Antoni) In dem altmodischen Eissalon (seit 1926 in Betrieb) wird neben Eiscreme, *granissat* (Erfrischungsgetränk aus zerstoßenem Eis mit Fruchtgeschmack) und *turrón* (weißer Nougat) auch das Lieblingsgetränk der *barcelonins* ausgeschenkt: die *orxata/horchata* (Erdmandelmilch) – besser schmeckt sie eigentlich nur in Valencia, wo sie herkommt. Auch zum Mitnehmen.

★ **Agust Gastrobar** BISTRO €€

(Karte S. 306; ☎ 93 162 67 33; www.agustbarcelona.com; Carrer del Parlament 54; Hauptgerichte 12,50–24 €; ⏲ Küche Mo–Do 19–24, Fr–So 14–24 Uhr, Bar bis 2 Uhr; Ⓜ Poble Sec) Zwei französische Köche haben das Agust – einen tollen Laden mit Zwischengeschoss – ins Leben gerufen; einer von ihnen ist bei Gordon Ramsay in die Lehre gegangen. Die Innenausstattung prägen Holzbalken, unverputzte Ziegelsteine und strukturierte Metrofliesen. Kleine Jakobsmuscheln mit Algenbutter und Avocado-Cannelloni mit Garnelenfüllung sind Vorzeigegerichte, zum Nachtisch lockt der ungewöhnliche el cactus (ein Boden aus Schoko-Crumble, eine Mojito-Mousse und Feigenkaktus-Sorbet), serviert in einem Blumentopf aus Terrakotta.

★ **Quimet i Quimet** TAPAS €€

(Karte S. 306; ☎ 93 442 31 42; Carrer del Poeta Cabanyes 25; Tapas 4–10 €, montaditos 2,80–4 €; ⏲ Mo–Fr 12–16 & 19–22.30, Sa 12–16 Uhr, Aug. geschl.; Ⓜ Paral·lel) Familienbetrieb, der von Generation zu Generation weitergereicht wird. In der winzigen, von Flaschen gesäumten Tapas-Bar mit Stehplätzen (ausschließlich!) kann man sich zwar kaum umdrehen, aber die Geschmacksknopsen erwartet ein wahres Fest: Die *montaditos* (Tapas auf einer Scheibe Brot) werden frisch zubereitet.

Mano Rota BISTRO €€

(Karte S. 306; ☎ 93 164 80 41; www.manorota.com; Carrer de la Creu dels Molers 4; Hauptgerichte 15–22 €; ⏲ Mo 20–23.30, Di–Sa 13–15.30 & 20–23.30, So 13–15.30 Uhr; Ⓜ Poble Sec) Mano Rota bedeutet wörtlich übersetzt „gebrochene Hand", tatsächlich handelt es sich aber um eine Redewendung, die das genaue Gegenteil meint: formvollendetes Können. Nackte Ziegel, Aluminiumröhren, Industrielampen und recyceltes Holz sind verantwortlich für das hippe, zeitgenössische Flair dieses Lokals, in dem fantasievolle Bistrogerichte auf die Teller kommt: Asiatische, südamerikanische und mediterrane Einflüsse verbinden sich in Speisen wie dem knusprigen Tintenfisch mit Yuzu-Aioli oder der Dorade mit Pak-Choy-Pesto.

Lascar 74 PERUANISCH €€

(Karte S. 306; ☎ 93 017 98 72; www.lascar.es; Carrer del Roser 74; Hauptgerichte 12–15 €; ⏲ Mo–Do 19–23.30, Fr–So 14–17 & 19–23.30 Uhr; Ⓜ Paral·lel) Eine selbsterklärte „Ceviche- und Pisco-Bar". Oyster Shooters mit *leche de tigre* (der traditionellen Ceviche-Marinade) werden zu exquisiten peruanischen Ceviches und Variationen aus Thailand, Japan und Mexiko serviert. Die Pisco Sours sind herrlich authentisch, mit schaumigem Eiweiß und allem Pipapo.

Malamén KATALANISCH €€

(Karte S. 306; ☎ 93 252 77 63; www.malamen.es; Carrer de Blai 53; Hauptgerichte 12–24 €; ⏲ Di–So 20–24 Uhr; Ⓜ Poble Sec) Bars und Restaurants säumen den Carrer de Blai, doch das Malamén hebt sich von der Masse ab – das elegante Jugendstildesign macht's möglich, ebenso wie der tadellose Service und auch die Gourmetküche, die katalanischen Klassikern das gewisse Etwas verpasst. Das Angebot ist übersichtlich: Thunfisch-Confit, Dill- und Kapernsalat, saftiges Steak mit sahnigen Pilzen und Blauschimmelkäsekroketten. Auch die Weinkarte ist kurz und knapp.

Bodega 1900 TAPAS €€

(Karte S. 306; ☎ 93 325 26 59; www.bodega1900.com; Carrer de Tamarit 91; Tapas 6–15 €; ⏲ Di–Sa 13–22.30 Uhr, Aug. geschl.; Ⓜ Poble Sec) Das Projekt der weltberühmten Adrià-Brüder ist eingerichtet wie eine altmodische Tapas- und Wermutbar. Doch vom Äußeren sollte man sich nicht täuschen lassen, denn die Tapas sind vom Allerfeinsten, davon zeugen z. B. die *mollete de calamars* – wahrscheinlich das beste Tintenfisch-Sandwich der Welt – heiß aus der Pfanne und serviert mit Chipotle-Mayonnaise, Kimchi und Zitronenzeste, oder die „sphärisierten" falschen Oliven.

Casa Xica FUSION-KÜCHE €€
(Karte S. 306; ☎ 93 600 58 58; Carrer de la França Xica 20; Platten zum Teilen 5–15 €; ⏲ Mo 20.30–23, Di–Sa 13.30–23 Uhr; Ⓜ Poble Sec) Im Salongeschoss eines alten Hauses vermählt dieses lockere, aber kunstvoll gestaltete Restaurant Elemente des Fernen Ostens mit frischen katalanischen Zutaten – das Eigentümerpaar Marc und Raquel hat in Asien gelebt und gearbeitet.

Casa de Tapas Cañota TAPAS €€
(Karte S. 306; ☎ 93 325 91 71; www.casadetapas.com; Carrer de Lleida 7; Tapas 5–14 €; ⏲ Di–Sa 13–16 & 19.30–24, So 13–16 Uhr; Ⓜ Poble Sec) Eine nette, schnörkellose Option zwischen Poble Sec und der Plaça d'Espanya mit erschwinglichen, hübsch präsentierten Tapas-Platten. Die Spezialität sind Meeresfrüchte – köstliche Scheidenmuscheln, Knoblauchgarnelen und zarter Oktopus. Dazu empfehlen wir eine Flasche erfrischenden *albariño*, einen galizischen Weißwein.

Fàbrica Moritz GASTROPUB €€
(Karte S. 268 f.; ☎ 93 426 00 50; www.moritz.com; Ronda de Sant Antoni 41; Sandwiches 6,50–11 €, Hauptgerichte 8–19,50 €; ⏲ 9–3 Uhr; Ⓜ Sant Antoni) In einem Gebäude, das Stararchitekt Jean Nouvel umgestaltet hat, bietet das Restaurant der Moritz-Brauerei paneuropäische Gastropub-Küche: Gourmet-Sandwiches, *moules-frites* (Muscheln mit Pommes frites), Steaktatar, Brathähnchen (ein ganzes!), Fish 'n' Chips (im Backteig frittiertes Fischfilet mit Pommes). Frankfurter Würstchen mit Sauerkraut und Elsässer Flammkuchen. Die Karte stammt von Jordi Vilà, einem Koch des mit einem Michelin Stern gekürten Alkímia (siehe rechts; ebenfalls auf dem Gelände).

Bodega Sepúlveda KATALANISCH €€
(Karte S. 268 f.; ☎ 93 323 59 44; www.bodegasepulveda.net; Carrer de Sepúlveda 173; Hauptgerichte 11–21 €; ⏲ Mo–Fr 13.30–16.30 & 20–1, Sa 20–1 Uhr; Ⓜ Universitat) Die altehrwürdige Taverne existiert schon seit 1952. Das erstaunliche Aufgebot an Speisen umfasst Traditionelles (katalanische Leibspeisen wie *cap i pota* – ein Eintopf aus Teilen vom Kalb, über die man besser nicht genauer nachdenkt) und Ungewöhnlichere wie *carpaccio de calabacín con bacalao y parmesán* (schmale Kürbisstreifen mit Stockfisch und Parmesan).

★ **Enigma** GEHOBENE KÜCHE €€€
(Karte S. 306; ☎ 616 696322; www.enigmaconcept.es; Carrer de Sepúlveda 38–40; Probiermenü 220 €; ⏲ Di–Fr 13–16 & 16.30–22.30, Sa 12–17.30 & 18–22.30 Uhr; Ⓜ Espanya) Das Restaurant der legendären Adrià-Brüder lässt an eine dreidimensionale Kunstinstallation denken. In sechs verschiedenen Speisebereichen werden 40 bahnbrechende Gänge vom Feinsten serviert - eine kulinarische Meisterleistung. Das Festessen dauert 3½ Stunden und umfasst zum jeweiligen Gang passende Cocktails (man kann natürlich auch weitere Getränke dazu bestellen). Es müssen sich immer mindestens zwei Gäste anmelden (und zwar Monate im Voraus). Bei der Reservierung müssen 100 € Pfand hinterlegt werden!

★ **Tickets** TAPAS, GEHOBENE KÜCHE €€€
(Karte S. 306; ☎ 93 292 42 50; www.ticketsbar.es; Avinguda del Paral·lel 164; Tapas 3–26 €; ⏲ Di–Fr 19–23.30, Sa 13–15.30 & 19–23.30 Uhr, Aug. geschl.; Ⓜ Paral·lel) Eine der spannendsten Adressen der Restaurantwelt ist eine extravagante Angelegenheit – man beachte das „Zirkus-Flair", das sich in Beleuchtung und Einrichtung niederschlägt. Die mit einem Michelin-Stern ausgezeichnete Tapas-Bar wurde von Ferran Adrià, früher im (inzwischen geschlossenen) berühmten El Bulli tätig, und seinem Bruder Albert eröffnet. Man kann nur online buchen (zwei Monate im Voraus) oder sein Glück telefonisch versuchen – vielleicht hat ja gerade jemand abgesagt.

Martínez SPANISCH €€€
(Karte S. 306; ☎ 93 106 60 52; www.martinezbarcelona.com; Carretera de Miramar 38; Hauptgerichte 21,50–32 €; ⏲ 13–23 Uhr; 🚌 21, 🚡 Teleférico del Puerto) Das Martínez sticht mit seinem sensationellen Panoramablick über Stadt und Hafen aus den diversen eher glanzlosen Restaurants auf dem Montjuïc heraus. An warmen Tagen lockt die Terrasse im Freien. Dort kann man sich die Spezialitäten des Hauses bestellen: Reisgerichte und Paella (38–62 € für 2 Pers.). Abgesehen davon gibt's Austern, Calamares, frischen Fisch vom Markt und andere Meeresfrüchteklassiker plus *jamón* (Schinken) und gegrilltes Fleisch.

Alkímia KATALANISCH €€€
(Karte S. 268 f.; ☎ 93 207 61 15; www.alkimia.cat; Ronda de Sant Antoni 41; Hauptgerichte 22–42 €; ⏲ Mo–Fr 13.30–15.30 & 20–22.30 Uhr; Ⓜ Univer-

DIE SCHÖNSTEN CAFÉS IM BARRI GÒTIC

Einige der stimmungsvollsten Cafés liegen versteckt in den Kopfsteinpflastergassen des Barri Gòtic. Hier ein paar unserer Favoriten:

Salterio (Karte S. 268 f.; ☎ 93 302 50 28; Carrer de Sant Domènec del Call 4; ⏲ 12–1 Uhr; 📶; Ⓜ Jaume I) Sehr fotogener kerzenbeschienener Laden in einer winzigen Gasse in El Call. Er ist bekannt für türkischen Kaffee, Original-Minztees und Snacks, die in einem Ambiente aus Steinmauern, Räucherstäbchen und mit nahöstlicher Musik serviert werden. Bei knurrendem Magen schafft *sardo* (gegrilltes Fladenbrot, bestrichen mit Pesto oder belegt, z. B. mit Käse) Abhilfe.

Čaj Chai (Karte S. 268 f.; ☎ 93 301 95 92; www.cajchai.com; Carrer de Sant Domènec del Call 12; ⏲ 10.30–22 Uhr; Ⓜ Jaume I) Innig geliebt von den Einheimischen. Vorbild für dieses gut besuchte Café im Herzen des alten jüdischen Viertels sind die Prager Bohemien-Teesalons. Es ist ein wahres Paradies für Teeliebhaber, mit um die 200 Sorten aus China, Indien, Korea, Japan, Nepal, Marokko etc.

Caelum (Karte S. 268 f.; ☎ 93 302 69 93; Carrer de la Palla 8; ⏲ Mo–Fr 10–20.30, Sa & So bis 21 Uhr; 📶; Ⓜ Liceu) Spanische jahrhundertealte gastronomische Tradition geballt in einem exquisiten mittelalterlichen Lokal im Herzen der Stadt. Das Café ist ein wunderbarer Ort, um sich über opulente Kuchen und Gebäck herzumachen. In der „Kammer" mit den nackten Steinwänden und flackernden Kerzen im Untergeschoss hat man derweil das Gefühl, mitten im 14. Jh. gelandet zu sein.

Cafè de l'Òpera (Karte S. 268 f.; ☎ 93 317 75 85; www.cafeoperabcn.com; La Rambla 74; ⏲ 8–2 Uhr; 📶; Ⓜ Liceu) Gegenüber dem Gran Teatre del Liceu liegt das traditionellste Café der Rambla. Es ist seit 1929 in Betrieb und unverändert beliebt bei Operngängern. Zudem ist es ein angenehmer Ort für Drinks am frühen Abend oder einen Kaffee mit Croissant am Vormittag. Das obere Stockwerk bietet interessante Ausblicke auf den belebten Boulevard. Sehr zu empfehlen ist der verführerische *cafè de l'Òpera* – ein Kaffee mit Schokoladenmousse.

La Granja (Karte S. 268 f.; ☎ 93 302 69 75; Carrer dels Banys Nous 4; ⏲ 9–21 Uhr; 📶; Ⓜ Jaume I) Ein alteingesessenes Café, in dem dickflüssige, gehaltvolle Trinkschokoladen in verschiedenen „Ausführungen" serviert werden – aber keine hausgemachten Churros; die bekommt man ein paar Häuser weiter in der der Xurreria. Sie dürfen mit ins La Granja gebracht werden, so ergibt sich die perfekte Mischung aus süßem Fettgebackenem und Schokolade. Hinten raus ist ein Stück römische Mauer zu sehen.

sitat) In der Brauerei Fàbrica Moritz (S. 333) kreiert der „kulinarische Alchimist" Jordi Vilà raffinierte katalanische Gerichte mit besonderer Note, die ihm einen Michelin-Stern eingetragen haben. Es gibt Zucchiniblüten mit Austernfüllung, Hasenbraten mit Roter Bete oder kandiertes Zitronen-Soufflé mit Eiscreme aus eingelegten Pflaumen). Die Menüs liegen preislich zwischen 98 und 155 €.

Ausgehen & Nachtleben

La Rambla & Barri Gòtic

L'Ascensor COCKTAILBAR
(Karte S. 268 f.; ☎ 93 318 53 47; Carrer de la Bellafila 3; ⏲ Mo–Do 18–2.30, Fr–So bis 3 Uhr; 📶; Ⓜ Jaume I) Als Eingang dienen Aufzugstüren, daher kommt auch der Namen dieser eleganten Bar mit Backstein-Gewölbedecken, alten Spiegeln und Marmortheke. Ihre altmodischen Cocktails und das gesellige Ambiente locken ein treues Publikum an, im Hintergrund laufen Jazz und Funk.

Sor Rita BAR
(Karte S. 268 f.; ☎ 93 176 62 66; www.sorritabar.es; Carrer de la Mercè 27; ⏲ So–Do 19–2.30, Fr & Sa bis 3 Uhr; 📶; Ⓜ Jaume I) Ein herrlich kitschiger Genuss fürs Auge: Die Tapete hat ein Leopardenmuster, an der Decke kleben hochhackige Schuhe und auch das restliche Dekor ist einfach total schräg – und erinnert an die Filme von Pedro Almodóvar. Das Ganze verströmt ein gut gelauntes Flair und außerdem wird ein buntes Programm geboten. Montags ist Tarot-Abend, dienstags wird ein Snackbuffet aufgebaut (All-You-Can-Eat für 7 €), donnerstags gibt's Karaoke.

Polaroid BAR

(Karte S. 268 f.; ☎ 93 186 66 69; www.polaroidbar.es; Carrer dels Còdols 29; ⏲ So–Do 19.30–2.30, Fr & Sa bis 3 Uhr; 📶; Ⓜ Drassanes) Hier leben die 1980er-Jahre wieder auf: An den Wänden hängen jede Menge alte Filmplakate und Videokassetten, auf den Tischen liegen Comichefte, und im ganzen Lokal wimmelt es von Actionfiguren und anderem Kitsch. Das fröhliche, unprätentiöse Publikum erfreut sich an billigen *cañas* (Bier vom Fass), Mojitos und kostenlosem Popcorn.

Marula Café BAR

(Karte S. 268 f.; ☎ 93 318 76 90; www.marulacafe.com; Carrer dels Escudellers 49; Eintritt bis 10 €; ⏲ Mo–Do & So 23–5, Fr 23.30–6, Sa 21.30–6 Uhr; Ⓜ Liceu) Dank dem Besten aus Funk und Soul fühlt man sich in dieser fantastischen Bar mitten im Barri Gòtic in die 1970er-Jahre zurückversetzt – James-Brown-Fans werden sich im Himmel wähnen. Das heißt aber nicht, dass die Anlage auf diese Musikrichtungen beschränkt ist: Gelegentlich legen DJs Breakbeat, House, Samba und andere brasilianische Tanzrhythmen auf.

La Macarena CLUB

(Karte S. 268 f.; ☎ 93 301 30 64; www.macarenaclub.com; Carrer Nou de Sant Francesc 5; Eintritt 5–10 €; ⏲ So–Do 0–5, Fr & Sa bis 6 Uhr; Ⓜ Drassanes) Dass dies einst eine kachelverputzte andalusische Flamenco-Bar war, kann man kaum glauben, denn jetzt ist das Macarena ein dunkler Tanzschuppen von der Sorte, in der man an der Bar sitzen, Leute kennenlernen und zwischendurch eine Runde zu den Elektro- und House-Sounds der DJs abzappeln kann – und das alles auf einer Fläche von vielleicht fünf Quadratmetern!

Boadas COCKTAILBAR

(Karte S. 268 f.; ☎ 93 318 95 92; www.boadascocktails.com; Carrer dels Tallers 1; ⏲ Mo–Do 12–2, Fr & Sa bis 3 Uhr; Ⓜ Catalunya) Eine der ältesten Cocktailbars der Stadt, die vor allem für ihre Daiquiris berühmt ist. Seit Miguel Boadas den Laden 1933 eröffnete, servieren Kellner mit Fliege einzigartige Kreationen. Schon Joan Miró und Ernest Hemingway haben hier gebechert. Miguel wurde in Havanna geboren, dort war er der erste Barkeeper im legendären La Floridita.

🍷 El Raval

In den vergangenen zwei Jahrzehnten haben immer mehr Bars und Clubs entlang der schattigen Seitenstraßen des Raval aufgemacht. Obwohl das Viertel seine Ecken und Kanten hat, kann man hier super ausgehen. Abgesehen von angesagten Adressen finden sich hier auch wunderbar altmodische Tavernen, die brummen – in ein paar Lokalen trifft sich schon seit Picassos Zeiten die städtische Bohemien-Szene. Das untere Ende des El Raval hat keinen so guten Ruf und die Gegend um den Carrer de Sant Pau hat sich sein zwielichtiges Flair bewahrt: Dort tummeln sich Dealer, Diebe und Prostituierte nebst Nachtschwärmern. Wer sich Letzteren anschließt, sollte die Augen offenhalten und wachsam bleiben.

★ La Confitería BAR

(Karte S. 268 f.; ☎ 93 140 54 35; Carrer de Sant Pau 128; ⏲ Mo–Do 19–2.30, Fr & Sa 18–3, So 17–2.30 Uhr; 📶; Ⓜ Paral·lel) Ein Besuch hier ist wie eine Zeitreise ins 19. Jh. Bis in die 1980er-Jahre war dieser Laden noch eine Konditorei, und selbst wenn mittlerweile Schnapsflaschen in den Originalvitrinen stehen, hat sich der Look doch im Großen und Ganzen nur wenig verändert. Auch die kürzliche Renovierung des Hinterzimmers hat den Originalentwurf des Ladens respektiert, das Flair ist aber durch und durch Marke quirlige Cocktailbar.

Später am Abend schauen Besucher der nahen Konzerthäuser BARTS (S. 346) und Sala Apolo (S. 346) vorbei.

Bar Pastís BAR

(Karte S. 268 f.; www.barpastis.es; Carrer de Santa Mònica 4; ⏲ Di–Do & So 20–2, Fr & Sa bis 3 Uhr; 📶; Ⓜ Drassanes) Die winzige vollgestopfte Bar im Stil einer französischen Kleinkunstbühne ist ein Klassiker mit jeder Menge Piaf im Hintergrund. Mit einigen kurzen Unterbrechungen ist sie schon seit dem Ende des Zweiten Weltkriegs im Geschäft. Wer gern einen Sitzplatz hätte oder in die Nähe der Theke vordringen will, muss vor 21 Uhr eintrudeln. An manchen Abenden wird Livemusik gespielt – in der Regel französische Chansons.

Bar Marsella BAR

(Karte S. 268 f.; ☎ 93 442 72 63; Carrer de Sant Pau 65; ⏲ Mo–Do 22–2.30, Fr & Sa bis 3 Uhr; Ⓜ Liceu) Die Bar Marsella existiert bereits seit 1820. Hier sind schon Größen wie Hemingway eingekehrt, der sich gern mal an einem *absenta* (Absinth) festgehalten hat. Noch heute ist „die grüne Fee" die Spezialität des Hauses, ein Getränk, das mit Vorsicht zu genießen ist.

Stadtspaziergang: **Essen & Trinken mit Modernismeflair in El Raval**

START CASA ALMIRALL
ENDE LA CONFITERÍA
LÄNGE/DAUER 2 KM; 1 STD.

Die 1 **Casa Almirall** (S. 337) am Carrer de Joaquín Costa war lange im Besitz der gleichnamigen Familie, die die Taverne in der Mitte des 19. Jhs. eröffnete, und hat sich ihr Modernismedekor bewahrt. Besonders prächtig sind die großen Fenster zur Straße, die Theke und die Vitrine.

Ähnlich schön ist die 2 **Bar Muy Buenas** (S. 318) am Carrer del Carme, die Ende des 19. Jhs. als Milchbar diente. Heute ist das Lokal ein gemütlicher Ort für ein Getränk oder ein Mittagessen. Die Originalausstattung ist weitgehend erhalten.

Der ursprüngliche 3 **Mercat de la Boqueria** (S. 277) datiert aus dem 13. Jh. (!), wurde aber erst 1840 offiziell eingeweiht. Seit 1914 hat er ein Metalldach und das schmiedeeiserne Eingangsschild im Modernismestil samt farbenfrohem Buntglas. Der Markt wartet mit ca. einem halben Dutzend unauffälliger Imbisse auf.

Die 4 **Hotel España** (S. 311) ist vor allem für seine Speisesäle bekannt, die nach den Plänen von Domènech i Montaner von 1903 gestaltet wurden. Die Sala Arnau (Arnau-Saal) wartet mit einem Alabasterkamin von Eusebi Arnau auf. Es werden erschwingliche katalanische Gerichte serviert.

Wenn man eh schon im Raval unterwegs ist, darf man den 5 **Palau Güell** (S. 277) nicht verpassen, eine der frühen Auftragsarbeiten von Gaudí. Das Gebäude hat zwar nicht den für ihn typischen Modernismestil, trägt jedoch die Handschrift des legendären Architekten, z. B. die Kamine aus Kachelbruchstücken auf der Dachterrasse.

Auf dem Carrer de Sant Pau sollte man an der romanischen Kirche vorbei zur 6 **La Confitería** (S. 335) laufen. Der frühere Barbiersalon diente später als Zuckerbäckerei, dann erfolgte eine sorgfältige Restaurierung. Seit 1998 beherbergt der Laden nun wieder eine Bar. Fassade, Bartheke und Vitrinen sind Originale, das Hinterzimmer wurde komplett renoviert, der Stil orientiert sich aber an den Ursprüngen der Confitería.

Granja M Viader CAFÉ

(Karte S. 268 f.; ☎ 93 318 34 86; www.granjaviader.cat; Carrer d'en Xuclà 6; ⏲ Mo–Sa 9–13 & 17–21 Uhr; Ⓜ Liceu) Seit über 100 Jahren verschlägt es Einheimische, die es nach heißer Schokolade mit Schlagsahne (nach *suís* fragen) gelüstet, in diese typisch katalanische Milchbar. Die Viader-Familie hat 1931 „Cacaolat" erfunden, ein Kakaogetränk aus der Flasche mit einem Label, das jeder kennt. Das Interieur ist herrlich retro und die Stimmung stets lebendig und fröhlich.

Casa Almirall BAR

(Karte S. 268 f.; ☎ 93 318 95 92; www.casaalmirall.com; Carrer de Joaquín Costa 33; ⏲ Mo–Mi 17.30–2, Do–Sa 12–2.30, So 12–0.30 Uhr; 📶; Ⓜ Universitat) Diese Bar existiert schon seit den 1860er-Jahren – und hat sich seither kaum verändert. Dunkel und faszinierend zieht sie ein gemischtes Publikum an. Das Modernismedekor umfasst ein paar bildschöne Originaleinrichtungsgegenstände, z. B. die Marmortheke und eine gusseiserne Statue von der Muse der Weltausstellung, die 1888 in Barcelona stattfand.

33|45 BAR

(Karte S. 268 f.; ☎ 93 187 41 38; www.3345.struments.com; Carrer de Joaquín Costa 4; ⏲ So & Mo 13–2, Fr & Sa bis 3 Uhr; 📶; Ⓜ Universitat) Diese Bar ist total angesagt, und das will an dieser Straße etwas heißen. Die Mojitos sind klasse, das Publikum liegt voll im Trend und die Wände dienen als Ausstellungsfläche für häufig wechselnde Kunstwerke. An den meisten Abenden legen DJs auf, und wenn man genug getanzt hat, kann man ermattet auf eines der Sofas oder in einen Armsessel sinken.

Moog CLUB

(Karte S. 268 f.; ☎ 93 319 17 89; www.masimas.com/moog; Carrer de l'Arc del Teatre 3; Eintritt 5–10 €; ⏲ So–Do 0–5, Fr & Sa bis 6 Uhr; Ⓜ Drassanes) Cooler winziger Dauerbrenner in der Innenstadt. Auf der Haupttanzfläche legen DJs House, Techno und Electro auf, oben laufen Indie und gelegentlich Pop. Der Eintritt kostet 5 €.

Betty Ford's BAR

(Karte S. 268 f.; ☎ 93 304 13 68; Carrer de Joaquín Costa 56; ⏲ Di–Sa 13–2.30, So & Mo ab 17 Uhr; 📶; Ⓜ Universitat) Die zauberhafte Eckbar ist eine von mehreren guten Anlaufstellen entlang des Carrer de Joaquín Costa, einer erklärten „Studentenmeile". Die Barkeeper mixen nette Cocktails, das Publikum besteht zu gleichen Teilen aus Einheimischen und Ausländern. Viel älter als 30 Jahre sind hier nur wenige. Zu essen gibt's eine ganz gute Auswahl an Burgern sowie Suppen.

Kentucky BAR

(Karte S. 268 f.; Carrer de l'Arc del Teatre 11; ⏲ Mi–Sa 22–4 Uhr; Ⓜ Drassanes) Einst ein beliebter Treffpunkt von Angehörigen der US Navy auf der Durchreise ist diese Institution, oft (inoffiziell) bis in die frühen Morgenstunden geöffnet. Das Kentucky ist eine Lektion in Sachen amerikanischer Kitsch und der perfekte Ort, um den Abend ausklingen zu lassen – sofern man noch hineinpasst! –, denn der Laden ist gewissermaßen ein Schmelztiegel für alle möglichen Charaktere aus dem *barri* und darüber hinaus.

🍷 La Ribera

Guzzo COCKTAILBAR

(Karte S. 278; ☎ 93 667 00 36; www.guzzoclub.es; Plaça Comercial 10; ⏲ Mo–Do 18–2.30, Fr & Sa bis 3, So 12–3 Uhr; 📶; Ⓜ Jaume I) Die schicke, aber zwanglose Cocktailbar wird vom beliebten einheimischen DJ Fred Guzzo geführt, der hier auch oft seine tolle Mischung aus Funk, Soul und seltenen Grooves auflegt. Außerdem finden hier regelmäßig sehr gute Konzerte statt und es herrscht fast immer eine flippige Atmosphäre.

La Vinya del Senyor WEINBAR

(Karte S. 278; ☎ 93 310 33 79; Plaça de Santa Maria del Mar 5; ⏲ Mo–Do 12–1, Fr & Sa bis 2, So bis 24 Uhr; 📶; Ⓜ Jaume I) Entweder entspannt man sich auf der netten *terraza* im Schatten der Basílica de Santa Maria del Mar oder mischt sich in der winzigen Bar unter die Leute. Die Weinkarte ist so lang wie *Krieg und Frieden*. Treppauf steht übrigens ein Tisch für diejenigen, die lieber in Ruhe, fernab des wuseligen Menschenauflaufs, etwas trinken wollen.

Bar del Convent CAFÉ

(Karte S. 278; ☎ 93 256 50 17; www.bardelconvent.com; Plaça de l'Acadèmia; ⏲ Di–Sa 10–21 Uhr; 👪; Ⓜ Arc de Triomf) Unter den erhaltenen gotischen Kreuzgangbogen des Klosters Sant Agusti erstreckt sich diese nette Café-Bar, eine super Anlaufstelle für Familien mit Kindern – die spielen häufig Fußball auf dem Gelände, können ihre Nasen aber auch in die Kinderbücher stecken oder sich ein Spielzeug schnappen. Zugang hat man auch am Carrer del Comerç 36 durch die Lichtskulptur von James Turrell.

Rubí BAR

(Karte S. 278; ☎ 647 737 707; Carrer dels Banys Vells 6; ⏲ So–Do 19.30–2.30, Fr & Sa bis 3 Uhr; 📶; Ⓜ Jaume I) Schmale und gemütliche Bar mit Beleuchtung wie in einem Boudoir und mit spottbilligen Mojitos. Hier versammeln sich die „Eingeweihten" aus El Born für einen Schlummertrunk – oder gleich mehrere. Wer sich in den hinteren Bereich durchschlängeln kann, ergattert vielleicht sogar einen der heiß begehrten Tische, um sich an der sehr guten Barküche zu laben. Von vietnamesischen Frühlingsrollen bis zu traditionelleren Kleinigkeiten wie Käse und Schinken ist alles dabei.

El Born Bar BAR

(Karte S. 278; ☎ 93 319 53 33; www.elbornbar.com; Passeig del Born 26; ⏲ Mo–Do 10–2, Fr & Sa bis 3, So 12–2.30 Uhr; 📶; Ⓜ Jaume I) Moosgrün gestrichen und mit Marmortischen und einem schwarz-weißen Fliesenboden im Schachbrett-Look ausgestattet, mutet diese beliebte kleine Café-Bar zeitlos an. Eine schmiedeeiserne Wendeltreppe windet sich zu dem ruhigeren Raum oben hinauf, dort wird man allerdings nicht am Tisch bedient (und heiße Getränke dürfen auch nicht mitgenommen werden).

El Xampanyet WEINBAR

(Karte S. 278; ☎ 93 319 70 03; Carrer de Montcada 22; ⏲ Di–Sa 12–15.30 & 19.–23.15, So 12–15.30 Uhr; 📶; Ⓜ Jaume I) Eine der bekanntesten *cava*-(Wein-)Bars der Stadt. Hier hat sich seit Jahrzehnten nichts mehr verändert. Die Gäste suchen sich ein Plätzchen an der Bar oder einen Tisch an den hübsch gekachelten Wänden und bestellen ein Glas (oder auch zwei) von dem günstigen Haus-*cava* zu ein paar Tapas. Wie wär's z. B. mit *boquerones en vinagre* (Anchovis in Essig).

Miramelindo BAR

(Karte S. 278; ☎ 93 310 37 27; www.barmiramelindobcn.com; Passeig del Born 15; ⏲ Mo–Do 20–2.30, Fr & Sa bis 3.30, So 19–2.30 Uhr; 📶; Ⓜ Jaume I) Eine geräumige Taverne in einem gotischen Bauwerk, unverändert ein Klassiker am Passeig del Born, wenn einem der Sinn nach Cocktails steht. Im Hintergrund laufen Jazz und Soul. Am besten sucht man sich einen gemütlichen Sitzplatz an einem der Tische weiter hinten, bevor es zu voll wird. An diesem Abschnitt des Passeig gibt es noch ein paar ähnlich große Lokale.

Mudanzas BAR

(Karte S. 278; ☎ 93 319 11 37; Carrer de la Vidrieria 15; ⏲ Mo–Fr 8–2.30, Sa & So 10–2.30 Uhr; 📶; Ⓜ Jaume I) Eine der ersten Bars in El Born, die nach wie vor eine treue Fangemeinde anzieht und sich dafür anbietet, den Abend einzuläuten. Mit seinem Schachbrettboden und seinen Marmortischen handelt es sich beim Mudanzas um eine schöne, muntere Adresse für ein Bier und vielleicht ein Sandwich oder eine Tapa. Und die Auswahl an Rum und Whiskey ist natürlich auch nicht zu verachten.

Barceloneta & das Hafengebiet

★ Perikete WEINBAR

(Karte S. 284; www.gruporeini.net/perikete; Carrer de Llauder 6; ⏲ 11–1 Uhr; Ⓜ Barceloneta) Seit der Eröffnung 2017 platzt diese fantastische Einheimischenbar zuverlässig aus allen Nähten. Schinken baumeln von der Decke, Wermutfässer hängen über der Bar und Weinflaschen besetzen so ziemlich jedes Fleckchen auf den Regalen – mehr als 200 Sorten sind verfügbar (offen oder in der Flasche). Dazu gibt's mehr als 50 Tapas. Abends „schwappt" die Kundschaft bis vor die Tür.

BlackLab KLEINBRAUEREI

(Karte S. 284; ☎ 93 221 83 60; www.blacklab.es; Plaça de Pau Vila 1; ⏲ 12–1.30 Uhr; Ⓜ Barceloneta) Im historischen Palau de Mar (S. 284) befindet sich Barcelonas erstes Brauhaus, das 2014 eröffnet wurde. Unter den 18 hausgemachten Sorten vom Fass sind saisonale Gerstensäfte, Doppel-IPAs und trockene Stouts und die Braumeister experimentieren ständig mit neuen Aromen, saurer Berliner Weiße mit feurig-scharfen Jalapeños z. B. Bei einstündigen Führungen (So 17 Uhr; 12 €) bietet sich die Gelegenheit, den Braumeistern bei der Arbeit zuzuschauen und sich vier Kostproben ihrer Bierkunst angedeihen zu lassen.

Absenta BAR

(Karte S. 284; ☎ 93 221 36 38; www.absenta.bar; Carrer de Sant Carles 36; ⏲ Mo–Do 18–2, Fr & Sa 11–3, So 18–1 Uhr; Ⓜ Barceloneta) Als Deko dienen alte Gemälde, Retro-Lampen und wunderliche Kunstwerke, darunter eine baumelnde Schmetterlingsfrau. Insgesamt eine skurrile und kreative Bar, die sich auf Absinth spezialisiert hat (mehr als 20 Sorten). Aber Vorsicht: Mit ihren 50 bis 90 % Alkohol haben es diese Spirituosen echt in sich!

Wer kein Fan der „grünen Fee“ ist, könnte den hausgemachten Wermut kosten.

Can Paixano WEINBAR

(Karte S. 284; ☎ 93 310 08 39; www.canpaixano.com; Carrer de la Reina Cristina 7; ⏲ Mo–Sa 9–22.30 Uhr; Ⓜ Barceloneta) Vornehme *cava*-Bar, die ein echtes Erfolgsrezept kreiert hat: Ein Großteil der Gäste trinkt aus eleganten kleinen Gläsern schäumenden Rosé, dazu werden kleine *bocadillos* (belegte Baguettes) und Tapas gereicht. Die auch La Xampanyeria genannte Bar ist immer sehr voll, und sich mithilfe seiner Ellbogen einen Weg zur Theke freizuräumen kann zu einem echten Kampf ausarten.

Madame George LOUNGE

(www.madamegeorgebar.com; Carrer de Pujades 179; ⏲ Mo–Do 18–2, Fr & Sa bis 3, So bis 0.30 Uhr; Ⓜ Poblenou) Eine theatralische, schon beinahe übertrieben opulente Eleganz kennzeichnet die Ausstattung dieser kleinen von Kronleuchtern erhellten Lounge gleich neben der Rambla del Poblenou. Gewandte Barkeeper mixen ausgewogene Cocktails, z. B. „Litschi-*tinis*“ (Wodka mit Vanillearoma, frischen Litschis, Litschilikör und Zitronensaft), die in Retro-Gläsern serviert werden, während im Hintergrund ein DJ Platten auflegt (vor allem Soul und Funk).

Balius COCKTAILBAR

(☎ 93 315 86 50; www.baliusbar.com; Carrer de Pujades 196; ⏲ Di & Mi 18–2, Do–Sa 17–3, So bis 1 Uhr; Ⓜ Poblenou) Dieser Cocktailbar in El Poblenou haftet eine altmodische Unbeschwertheit an. Die Mitarbeiter bereiten klassische Drinks zu und servieren verschiedene Sorten Wermut, zu essen gibt's eine kleine Tapas-Auswahl (bis 22.30 Uhr). Sonntags wird ab ca. 19.30 Uhr Livejazz geboten.

Guingueta del Bogatell BAR

(Platja del Bogatell; ⏲ Mai–Sept. 9–22.30 Uhr; Ⓜ Llacuna) Nur im Sommer geöffnet. Hier heißt es Zehen in den Sand graben und ein Kaltgetränk, z. B. einen Cocktail oder eine fruchtige Sangría, schlürfen, während man den Wellen zuschaut.

Catwalk CLUB

(Karte S. 284; ☎ 93 224 07 40; www.clubcatwalk.net; Carrer de Ramon Trias Fargas 2–4; Eintritt 15–20 €; ⏲ 23.30–6 Uhr; Ⓜ Ciutadella Vila Olímpica) Einer der größten Clubs in der Gegend um den Port Olímpic ist das Catwalk am Strand, mit einer Kapazität von 1000 Gästen auf seinen beiden Etagen. Die Klientel ist gut gekleidet und kommt wegen der guten House-Musik, manchmal „abgemildert“ durch Electro, R&B, Hip-Hop und Funk. Treppauf von der Tanzfläche befindet sich ein Chillout-Bereich mit gemütlichen Sitzgelegenheiten. Vor 1 Uhr ist der Eintritt gewöhnlich frei. Online das Programm checken.

Opium CLUB

(Karte S. 284; ☎ 93 225 91 00; www.opiumbarcelona.com; Passeig Marítim de la Barceloneta 34; Eintritt 10–20 €; ⏲ Club So–Do 22–5, Fr & Sa bis 6 Uhr, Restaurant ab 12 Uhr; Ⓜ Ciutadella Vila Olímpica) Der Tanzclub am Wasser verfügt über eine große Tanzfläche, die sich erst gegen 3 Uhr morgens zu füllen beginnt. Am schönsten ist es hier in Sommernächten, wenn man sich auf die Terrasse mit Blick auf den Strand begeben kann.

CDLC LOUNGE

(Carpe Diem Lounge Club; Karte S. 284; ☎ 93 224 04 70; www.cdlcbarcelona.com; Passeig Marítim de la Barceloneta 32; ⏲ 12–5 Uhr; Ⓜ Ciutadella Vila Olímpica) Der ideale Ort zum „Vorglühen“, bevor es in einen der nahen Clubs geht. Der „Carpe Diem Lounge Club“ hat ein asiatisch inspiriertes Dekor und liegt zum Strand. Die asiatische Fusion-Küche (Sushi & Co.) ist ganz gut, aber teuer. Alternativ lässt man sich bis Mitternacht Zeit, dann werden die Tische weggeräumt und DJs und Partyvolk übernehmen das Ruder.

La Sagrada Família & L'Eixample

★ Monvínic WEINBAR

(Karte S. 292 f.; ☎ 93 272 61 87; www.monvinic.com; Carrer de la Diputació 249; ⏲ Di–Fr 13–23, Mo & Sa 19–23 Uhr; Ⓜ Passeig de Gràcia) Dieses Lokal ist gewissermaßen eine Ode an den Wein: Auf der digitalen Karte stehen mehr als 3000 internationale Weinsorten, die man nach dem Herkunftsort, dem Abfülljahr und der Rebsorte suchen kann. Etwa 50 sind offen und können glasweise bestellt werden – aber natürlich auch als ganze Flasche. Das Management legt Wert auf Erschwinglichkeit, wer mag, kann jedoch auch tief in die Taschen greifen und sich ein paar wunderbare alte Jahrgänge gönnen.

★ Milano COCKTAILBAR

(Karte S. 292 f.; ☎ 93 112 71 50; www.camparimilano.com; Ronda de la Universitat 35; ⏲ 12–3 Uhr; Ⓜ Catalunya) Ein absolutes Juwel unter den

Ausgeh-Geheimtipps der Stadt ist diese altmodische Keller-Cocktailbar mit Samtsitzbänken und Glasschränken, alles von der Straßenebene komplett unsichtbar. Die Kellner sind in weiße Jacken gewandet und jeden Abend finden Konzerte statt – kubanische Klänge, Jazz, Blues, Flamenco und Swing. Nach 23 Uhr übernimmt ein DJ. Unter den tollen Cocktails sind z. B. der Picasso (Tequila, Honig, Absinth und Zitrone) und sechs verschiedene Bloody Marys.

★ Les Gens Que J'Aime BAR

(Karte S. 292 f.; ☎ 93 215 68 79; www.lesgensquejaime.com; Carrer de València 286; ⏲ So–Do 18–2.30, Fr & Sa 19–3 Uhr; Ⓜ Passeig de Gràcia) Die lauschige alte Kellerbar stammt noch aus den 1960er-Jahren und hat eine schöne Atmosphäre. Im Hintergrund läuft entspannter Jazz, Flohmarkt-Lampen sorgen für minimale Beleuchtung und gemütliche rote Samtsofas verteilen sich rund um winzige Tische.

BierCaB CRAFT-BIER

(Karte S. 292 f.; ☎ 644 689045; www.biercab.com; Carrer de Muntaner 55; ⏲ Bar Mo–Do 12–24, Fr & Sa 12–2, So 17–24 Uhr, Geschäft Mo–Sa 15.30–22 Uhr; 📶; Ⓜ Universitat) Unter einer Kunstinstallation – einer Decke, die an einen Wald aus riesigen Streichhölzern erinnert – werden um die 30 Biere aus aller Welt ausgeschenkt; auf den Fässern laufen wechselnde Sorten. Die Burger, die dazu gereicht werden, sind mit Wagyu-Rind gemacht und nach Stadtvierteln benannt. Im Laden nebenan stehen noch mal 500 verschiedene Flaschenbiere in den Kühlschränken.

Monkey Factory COCKTAILBAR

(Karte S. 292 f.; ☎ 93 681 78 93; Carrer de Còrsega 234; ⏲ Di & Mi 18.30–2, Do–Sa bis 3 Uhr; Ⓡ FGC Provença) Eine gut gelaunte Stimmung herrscht in dieser Bar, in der fast jeden Abend ordentlich was los ist. An den Wochenenden legen DJs auf. Zur fantasievollen Cocktailauswahl, die hinter der neongrün beleuchteten Bar gemixt wird, gehören der „Funky Monkey“ (Triple Sec, Gin, Limette und Eiweiß), „Chimpa Sour“ (Pisco Sour mit Kardamom-Note) und „Chita“ (Passionsfruchtmus, Wodka, Zimtsirup und Ingwer).

Garage Beer Co CRAFT-BIER

(Karte S. 292 f.; ☎ 93 528 59 89; www.garagebeer.co; Carrer del Consell de Cent 261; ⏲ Mo–Do 17–24, Fr 17–2.30, Sa 12–3, So 14–24 Uhr; Ⓜ Universitat) Dies war eine der ersten Craft-Bier-Bars in Barcelona. Im Garage werden sogar eigene Sorten gebraut und die Gäste haben immer die Wahl zwischen um die zehn verschiedenen Bieren – immer dabei sind das „Garage“ (ein köstliches Session IPA) und das „Slinger“ (ein robusteres IPA).

Dry Martini BAR

(Karte S. 292 f.; ☎ 93 217 50 80; www.drymartiniorg.com; Carrer d'Aribau 162–166; ⏲ Mo–Fr 13–2.30, Sa & So 18.30–2.30 Uhr; Ⓡ FGC Provença) Die Kellner geben gute Empfehlungen ab, das „Getränk des Hauses“ ist aber auch immer eine gute Wahl. Man sitzt an der Bar oder auf einem der netten grünen Ledersofas. Der Gin Tonic wird in gigantisch großen Gläsern kredenzt – einer reicht fast für den gesamten Abend.

El Viti BAR

(Karte S. 292 f.; ☎ 93 633 83 36; www.elviti.com; Passeig de Sant Joan 62; ⏲ So–Do 12–24, Fr & Sa bis 1 Uhr; 📶; Ⓜ Tetuan) Diese Bar am angesagten Passeig de Sant Joan bietet alles, was das Herz begehrt: hohe Decken, Wände aus unbehandelten und glasierten Ziegeln, schwarz gekleidete Kellner, ein nette Tapas-Auswahl und ein Fass mit traditionell hergestelltem Wermut an der Bar …

City Hall CLUB

(Karte S. 292 f.; ☎ 93 238 07 22; www.cityhallbarcelona.com; Rambla de Catalunya 2–4; Eintritt ab 10 €; ⏲ Mo 22–6, Di–So 0.30–6 Uhr; Ⓜ Catalunya) Ein langer Flur führt zur Tanzfläche dieses altehrwürdigen, beliebten Clubs, einem ehemaligen Theater. Musikalisch wird jeden Abend ein anderer Stil geboten, von House und anderen Electro-Sounds bis hin zu Funk. Das Programm ist online nachzulesen. Ein Getränk ist im Eintritt inbegriffen.

Cosmo CAFÉ

(Karte S. 292 f.; ☎ 93 105 79 92; www.galeriacosmo.com; Carrer d'Enric Granados 3; ⏲ 10–22 Uhr; Ⓜ Universitat) An einer verkehrsberuhigten Straße hinter der Universität stößt man auf diese coole Café-Galerie, in der ein Fahrrad an der Wand hängt. Die Räumlichkeiten sind hoch, die Wände sind weiß gestrichen und mit farbenfrohen Bildern bemalt. Hier dient selbst der Feuerwehrschlauch als Deko. Außer frischen Säften, heißer Schokolade, Tee, Backwaren und Snacks können auch Bier und Wein bestellt werden.

Cafè del Centre CAFÉ

(Karte S. 292 f.; ☎ 93 488 11 01; Carrer de Girona 69; ⏲ Mo–Fr 9–23, Sa 11–23 Uhr; 📶; Ⓜ Girona) In dem 1873 gegründeten Café fühlt man sich in längst vergangene Zeiten zurückversetzt. Die Mahagonibar zieht sich auf der rechten Seite entlang und davor stehen eine Handvoll Marmortischchen und Holzstühle. Trotz der tagsüber fast melancholischen Stimmung füllt sich das Café am Abend. Die Bar hat 50 Biere vorrätig sowie 15 lose Tees.

Gràcia & Park Güell

★ Bobby Gin COCKTAILBAR

(Karte S. 300; ☎ 93 368 18 92; www.bobbygin.com; Carrer de Francisco Giner 47; ⌚ So–Mi 16–2, Do bis 2.30, Fr & Sa bis 3 Uhr; Ⓜ Diagonal) Dieses Lokal mit weiß getünchten Steinwänden ist das Paradies für Gin-Liebhaber – hier gibt's mehr als 60 verschiedene Sorten! Zu empfehlen sind die aromatisierten Mischungen (etwa Hendrick's mit Rosenteearoma, Erdbeeren und Limette oder Tanqueray 10 mit Tangerinenaroma, Agavennektar und Kamille) oder Cocktails wie Santa Maria (Chardonnay, Mariendistelsirup, Thymian und Zitrone).

Dazu gibt's Fusion-Tapas à la Gin-Tonic-Lachs sowie Krabben im grünen Puffreismantel und Wan Tan mit Rindfleisch und Shiitake-Pilzen.

★ Rabipelao COCKTAILBAR

(Karte S. 300; ☎ 93 182 50 35; www.elrabipelao.com; Carrer del Torrent d'En Vidalet 22; ⌚ So–Do 19–1.30, Fr & Sa bis 3, So 13–16.30 Uhr; Ⓜ Joanic) Ein Mittelpunkt des Nachtlebens von Gràcia ist diese Partylocation mit funkelnder Discokugel und DJs, die Salsa spielen. Hinter den mit roter Samttapete verkleideten Wänden laufen in einer Ecke Stummfilme und über der Theke ist ein in kräftigen Farben gehaltenes Wandbild zu sehen. Toll sind auch die tropischen Cocktails (Mojitos und Caipirinhas) und südamerikanischen Snacks wie *arepas* (gebratene Maismehlfladen mit Fleischfüllung) und Ceviche.

Auf der überdachten Veranda hinten stehen zahlreiche Tische. Manchmal treten Band auf.

La Vermuteria del Tano BAR

(Karte S. 300; ☎ 93 213 10 58; Carrer Joan Blanques 17; ⌚ Mo–Fr 9–21, Sa & So 12–16 Uhr; Ⓜ Joanic) In dieser Wermutbar mit Fässern an den Wänden, alten Kühlschränken mit Holztüren, Vintage-Uhren und Marmortischen hat sich seit Jahrzehnten kaum mehr etwas verändert. Sie ist nach wie vor ein beliebter Treffpunkt. Die Spezialität des Hauses, Peruchi, wird traditionell gereicht: mit einem Glas Sprudelwasser. Auch die Tapas sind traditionell und beinhalten meist Zutaten aus Büchsen: Anchovis, geräucherte Muscheln, eingelegten Oktopus ...

Chatelet COCKTAILBAR

(Karte S. 300; ☎ 93 284 95 90; Carrer de Torrijos 54; ⌚ Mo–Fr 18–2.30, Sa & So ab 12 Uhr; Ⓜ Joanic) Eine beliebte Adresse im Viertel. Das Chatelet hat große Fenster, durch die man die vorüberflanierenden Passanten wunderbar beobachten kann, und ein quirliges Interieur voller Kunst, in dem sich ein bunter Querschnitt durch die Einwohnerschaft von Gràcia tummelt. Im Hintergrund laufen Blues und altmodischer amerikanischer Soul. Die Cocktails sind exzellent, die Preise fair (vor 22 Uhr trinkt man günstiger).

Viblioteca WEINBAR

(Karte S. 300; ☎ 93 284 42 02; www.viblioteca.com; Carrer de Vallfogona 12; ⌚ 19–24 Uhr; Ⓜ Fontana) Schon beim Eintreten in das kleine, weiße, clever designte Lokal zieht einem der „Duft" aus einer Vitrine mit über 50 reifen Käsesorten in die Nase, die eigentliche Spezialität ist aber Wein. Man hat die Wahl zwischen 150 größtenteils lokalen Tropfen, darunter viele offene Flaschen.

Bar Canigó BAR

(Karte S. 300; ☎ 93 213 30 49; www.barcanigo.com; Carrer de Verdi 2; ⌚ Mo–Do 10–2, Fr 10–3, Sa 20–3 Uhr; Ⓜ Fontana) Inzwischen in der dritten Generation in Familienbesitz, überblickt diese lebendige Eckbar die Plaça de la Revolució de Setembre de 1868. Die Gäste kommen, um den Wermut des Hauses oder ein Estrella (-Bier) an den wackeligen alten Marmortischen zu trinken, wie es die Klientel bereits seit 1922 tut.

Tagsüber lohnt es sich auch absolut, auf einen Kaffee vorbeizuschauen.

Musical Maria BAR

(Karte S. 300; ☎ 93 501 04 60; Carrer de Maria 5; ⌚ So–Do 21–2.30, Fr & Sa bis 3 Uhr; 📶; Ⓜ Diagonal) Selbst die Musik hier hat sich nicht verändert, seit dieser Laden in den späten 1970er-Jahren eröffnet wurde. Wem es also nach Rock'n'Roll gelüstet, kann hier alten Hits lauschen und dazu ein paar Bierchen kippen. Hinten steht ein Billardtisch und die Bar serviert mehr oder weniger alle Varianten des heimischen Gebräus Estrella Damm.

Raïm BAR

(Karte S. 300; Carrer del Progrés 48; ⌚ Di–Do 20–2, Fr & Sa bis 3 Uhr; Ⓜ Diagonal) Die Wände des Raïm zieren Schwarz-Weiß-Aufnahmen von Kubanern bzw. der Insel Kuba sowie prächtige alte Spiegel mit Holzrahmen, und verwitterte alte Stühle aus einer anderen Zeit reihen sich um die Marmortische. Das Publikum ist freundlich und gesprächig und macht sich über die wunderbaren Mojitos und die hervorragenden Rumsorten her.

Camp Nou, Pedralbes & La Zona Alta

El Maravillas COCKTAILBAR
(☎ 93 360 73 78; www.elmaravillas.cat; Plaça de la Concòrdia 15; ⌚ Mo & Di 12–24, Mi bis 1 Uhr, Do bis 2, Fr–So bis 3 Uhr; Ⓜ Maria Cristina, T1, T2, T3 Numància) Besonders, wenn man gerade den vollen Gassen der *Ciutat Vella* (Altstadt) entkommen ist, wirkt das El Maravillas an der friedvollen Plaça de la Concòrdia wie ein versteckter Zufluchtsort. In der Bar stehen nur ein paar Tische, weitere bei entsprechendem Wetter auf dem Platz. Kreative Cocktails, guter spanischer Rotwein und süffiger Wermut sind hier die bevorzugten Getränke.

Dō Bar BAR
(☎ 93 209 18 88; www.do-bcn.com; Carrer de Santaló 30; ⌚ Di–Do 19–24, Fr & Sa 20–1 Uhr; ; FGC Muntaner) Eine warme und einladende Einrichtung zeichnet diese reizvolle Bar aus. An Holztischen genießen Einheimische ausgezeichneten Gin Tonic, ein Glas Wein oder ein Craft-Bier. Dazu werden schöne kleine Teller mit z. B. Sardellen, Muscheln, Tacos oder Wurst gereicht. Bei gutem Wetter sind die Tische draußen schnell belegt. Der Eingang ist über den Carrer de l'Avenir.

Mirablau BAR
(☎ 93 418 58 79; www.mirablaubcn.com; Plaça del Doctor Andreu; ⌚ Mo–Mi 11–3.30, Do 11–16.30, Fr & Sa 10–5, So 10–2.30 Uhr; 196, FGC Avinguda Tibidabo) Vom Balkon des privilegiert gelegenen Restaurants an der Basisstation des Funicular del Tibidabo genießt man einen Ausblick über die gesamte Stadt. Die Bar ist für ihre Gin-Auswahl bekannt

BARCELONA FÜR LGBT-REISENDE

Barcelona hat eine lebendige LGBT-Szene, die sich auf ein inoffizielles Viertel mit dem Spitznamen „Gaixample" (ein Kofferwort aus *gay* und dem Viertelnamen L'Eixample) konzentriert: fünf oder sechs Häuserblocks rund um den Carrer del Consell de Cent, südwestlich vom Passeig de Gràcia, mit einer netten Auswahl an Restaurants, Bars und Clubs.

Aire (Sala Diana; Karte S. 292 f.; ☎ 93 487 83 42; www.grupoarena.com; Carrer de la Diputació 233; Eintritt Fr & Sa 5/6 €; ⌚ Do–Sa 23–2.30 Uhr; Ⓜ Passeig de Gràcia) Eine beliebte Lesbenbar mit großer Tanzfläche. Gewöhnlich legen DJs Hymnen der 80er und 90er, Latin Music oder Techno auf. Theoretisch dürfen Männer nur dann rein, wenn sie in Begleitung von Frauen kommen, in der Praxis ist das Publikum aber immer recht bunt gemischt.

Arena Classic (Karte S. 292 f.; ☎ 93 487 83 42; www.grupoarena.com; Carrer de la Diputació 233; Eintritt Fr & Sa 6/12 €; ⌚ Fr & Sa 2.30–6 Uhr; Ⓜ Passeig de Gràcia) Hier läuft vor allem Techno und die schwulen Besucher sind gut gelaunt und haben jede Menge Energie. Im Eintritt ist ein Getränk inbegriffen.

Metro (Karte S. 268 f.; ☎ 93 323 52 27; www.metrodiscobcn.com; Carrer de Sepúlveda 185; Eintritt vor/nach 2 Uhr ab 8/20 €; ⌚ So–Do 0.15–5.30, Fr & Sa bis 6.45 Uhr; Ⓜ Universitat) Das Metro zieht mit seinen zwei Tanzflächen, drei Bars und dem Dark Room (der in der Tat sehr dunkel ist) ein feierfreudiges schwules Publikum an. Die Veranstaltungen und Partys reichen von Modelparaden bis zu Bingo-Abenden (immer donnerstags; teils mit guten Preisen). Manchmal wird auch Striptease geboten.

Punto BCN (Karte S. 292 f.; ☎ 93 451 91 52; www.grupoarena.com; Carrer de Muntaner 65; ⌚ So–Do 18–2.30, Fr & Sa bis 3 Uhr; Ⓜ Universitat) Schon lange mit dabei, aber immer noch gut. Die Bar erstreckt sich über zwei Ebenen, die Gäste sind schon etwas älter. Freitags und samstags platzt der Laden dank einer Mischung aus spanischem Pop und Dance aus allen Nähten – eine nette erste Anlaufstelle für eine lange (schwule) Ausgehnacht. Einen Billardtisch gibt's auch.

(30 Sorten!). Unten wird auf der engen Tanzfläche getanzt (öffnet um 23.30 Uhr). Im Sommer kann man auf der noch winzigeren Terrasse frische Luft schnappen.

Bikini CLUB
(☎ 93 322 08 00; www.bikinibcn.com; Avinguda Diagonal 547; Eintritt ab 12; ⏲ Do–Sa 0–6 Uhr; 🚌 6, 7, 33, 34, 63, 67, L51, L57, 🚊 T1, T2, T3 L'Illa) Einer der großen Stars des hiesigen Nachtlebens ist das Bikini. Seit 1953 gibt es hier Unterhaltung für die Massen. Musikalisch wird je nach Abend und Tanzfläche die komplette Palette geboten, von Latino- und brasilianischer Musik bis zu Discomucke aus den 1980er-Jahren.

Montjuïc, Poble Sec & Sant Antoni

★ Abirradero BRAUEREI
(Karte S. 306; ☎ 93 461 94 46; www.abirradero.com; Carrer Vila i Vilà 77; ⏲ Mo–Do 17–1, Fr & Sa 12–2, So 12–1 Uhr; 📶; Ⓜ Paral·lel) In Barcelona gibt es eine Reihe von Craft-Bier-Brauereien; diese hier ist hell und hat abwechselnd 20 eigene Sorten vom Fass, darunter „IPAral·lel“ (ein Doppel-IPA), „Excuse Me While I Kiss My Stout“ und „Tripel du Poble Sec“. Kein Wunder, dass der Laden brummt. In der Küche werden wunderbare Tapas, Portionen zum Teilen und Burger gezaubert. Ab und an werden auch Livejazz und -Blues geboten.

★ La Caseta del Migdia BAR
(☎ 617 956 572; www.lacaseta.org; Mirador del Migdia; ⏲ April–Sept. Mi–Fr 20–1, Sa & So 12–1 Uhr, Okt.–März Sa & So 12 Uhr–Sonnenuntergang; 🚌 150) Es ist nicht ganz leicht, zu diesem simplen *chiringuito* (zusammengezimmerte Café-Bar) zu gelangen, doch der Aufwand lohnt sich. Tagsüber genießen die Gäste bei einem Bier oder Kaffee den Blick aufs Meer, bei Sonnenuntergang wechselt die Musik zu Reggae, Samba und Funk und erfüllt die Luft über dem Hang. Zu den Drinks können die Gäste auch Gegrilltes genießen.

La Terrrazza CLUB
(Karte S. 306; ☎ 687 969 825; www.laterrrazza.com; Avinguda de Francesc Ferrer i Guàrdia; Eintritt ab 15 €; ⏲ Mai–Sept. Do–Sa 24–6.30 Uhr; 🚌 13, 23, 150, Ⓜ Espanya) Im Sommer füllt sich das La Terrrazza mit jeder Menge schöner Menschen – Einheimische und Touristen gleichermaßen –, die eine Nacht lang mit ein paar Cocktails Vollgas zu House, Techno und Electronica geben wollen, und das teilweise unterm Sternenzelt. Zu finden im Poble-Espanyol-Komplex (S. 302).

El Rouge BAR
(Karte S. 306; ☎ 666 251 556; Carrer del Poeta Cabanyes 21; ⏲ Do 12–2, Fr & Sa 22–3, So 11–2 Uhr; 📶; Ⓜ Poble Sec) Sehr dekadent wirkende Cocktailbar in Bordellrot. Im Hintergrund laufen z. B. Acid Jazz und Drum and Bass, an den Wänden hängen schummrige Lampen, Spiegel sowie Gemälde in dicken Rahmen, und keine zwei Stühle sind gleich. Manchmal legen hier DJs auf, es gibt Dichter-Soireen, Varietévorführungen und Tangoabende.

Pervert Club @ The One LGBT-CLUB
(Karte S. 306; ☎ 93 453 05 10; http://pervert-club.negocio.site; Avinguda Francesc Ferrer i Guàrdia 13; Eintritt ab 18 €; ⏲ Sa 0–6 Uhr; 🚌 13, 23, 150, Ⓜ Espanya) Diese wöchentliche Party findet im Club The One im Poble-Espanyol-Komplex (S. 302) statt. Die DJs legen vor allem Electro auf. Obwohl erst um 6 Uhr Schluss ist, ist der Pervert Club für viele Partygänger erst der Anfang des „Abends“. Zu rechnen ist mit reichlich gebräunten und durchtrainierten Fitnessstudio-Körpern – vielfach oben ohne.

La Cambicha BAR
(Karte S. 306; ☎ 93 187 25 13; Carrer del Poeta Cabanyes 43; ⏲ Mo–Mi 18–2, Do–So 13–2 Uhr; Ⓜ Paral·lel) Eine Bar im Schuhkarton-Format. Die Wände sind mit Zeitungen „tapeziert“, Laternen spenden Licht – ein wenig kommt man sich vor wie in einer einsamen Hütte mitten im Wald. Sobald man sich hinter einen der winzigen Tische geklemmt hat, kann man sich wie die junge Soul und Blues liebende Klientel über günstige Empanadas und Wermut hermachen. Hin und wieder geben sich Bands die Ehre.

Redrum BAR
(Karte S. 306; ☎ 670 269 126; Carrer de Margarit 36; ⏲ Mo–Do 18–1, Fr 18–2, Sa 14–2, So 18–0.30 Uhr; Ⓜ Poble Sec) Zu den Craft-Bieren und Cocktails gibt's mexikanisches Streetfood (inkl. exzellenten Tacos und Ceviche). Die Innenräume sind farbenfroh gestaltet, die Angestellten sind sehr nett. Happy Hour von 18 bis 20 Uhr.

Tinta Roja BAR
(Karte S. 306; ☎ 93 443 32 43; www.tintaroja.cat; Carrer de la Creu dels Molers 17; ⏲ Mi 20.30–0.30, Do bis 2, Fr & Sa bis 3 Uhr, Aug. geschl.; Ⓜ Poble Sec) Die Sitznischen und -ecken, ausstaffiert mit Flohmarktschätzen und schummerig

beleuchtet in Violett-, Rot- und Gelbtönen, machen das Tinta Roja zu einem lauschigen Platz für ein Craft-Bier, einen Cocktail oder ein Glas argentinischen Wein. Und hinten finden manchmal Vorführungen statt, von Schauspiel bis Akrobatik.

☆ Unterhaltung

☆ La Rambla & Barri Gòtic

Gran Teatre del Liceu THEATER, LIVEMUSIK

(Karte S. 268 f.; ☎ 93 485 99 00; www.liceubarcelona.cat; La Rambla 51–59; ⏲ Kasse Mo–Fr 9.30–19.30, Sa & So bis 17.30 Uhr; Ⓜ Liceu) Barcelonas prächtiges altes Opernhaus, eines der technisch bestausgestatteten der Welt, wurde nach einem Brand 1994 restauriert. Wenn man im Prachtsaal Platz nimmt, fühlt man sich ins 19. Jh. zurückversetzt – allerdings mit hypermoderner Akustik.

Die Eintrittskarten kosten ab 10 € für einen günstigen Sitzplatz hinter einer Säule bis hin zu 200 € für einen Topspot bei einer Opernnacht.

El Paraigua LIVEMUSIK

(Karte S. 268 f.; ☎ 93 302 11 31; www.elparaigua.com; Carrer del Pas de l'Ensenyança 2; ⏲ So–Mi 12–2, Do bis 1, Fr & Sa bis 3 Uhr; Ⓜ Liceu) GRATIS Schon seit den 1960er-Jahren existiert der „Regenschirm", der an eine winzige Pralinenschachtel erinnert und sich in dunklen Modernismetönen präsentiert. Die Jugendstilausstattung stammt aus einem Laden aus dem Viertel, der abgerissen wurde: Die Einrichtung wurde am alten Standort ab- und hier wieder aufgebaut – fertig war das gemütliche Lokal.

Sidecar Factory Club LIVEMUSIK

(Karte S. 268 f.; ☎ 93 302 15 86; www.sidecarfactoryclub.com; Plaça Reial 7; ⏲ Mo–Do 19–5, Fr & Sa bis 6 Uhr; Ⓜ Liceu) Hinein in die rot ausgeleuchteten Gewölbe – die „Eingeweide" – des Sidecar, denn dort wird fast jeden Abend Livemusik gespielt. Vom Genre her kann einem hier so ziemlich alles unterkommen, angefangen bei britischem Indie bis hin zu Country Punk. Besonders häufig gibt's aber Rock und Pop. Die meisten Shows starten gegen 22 Uhr, ab 0.30 Uhr sind DJs dran. Treppauf, im Erdgeschoss, bekommt man bis Mitternacht etwas zu essen und Drinks (bis 3 Uhr) .

Jamboree LIVEMUSIK

(Karte S. 268 f.; ☎ 93 319 17 89; www.masimas.com/jamboree; Plaça Reial 17; Tickets 5–20 €; ⏲ 20–6 Uhr; Ⓜ Liceu) Seit über 50 Jahren erfreut das Jamboree Barcelonas Livemusikfans mit hochkarätigen Jazz-Trios, Blues- und Latinoklängen, Afrobeats und Big Bands. Fast jeden Abend gibt's zwei Konzerte (um 20 & 22 Uhr), gegen Mitternacht wandelt sich das Jamboree in einen Club mit DJ-Beschallung. WTF-Jam-Sessions immer montags (Eintritt: 5 €).

Harlem Jazz Club JAZZ

(Karte S. 268 f.; ☎ 93 310 07 55; www.harlemjazzclub.es; Carrer de la Comtessa de Sobradiel 8; Tickets 7–10 €; ⏲ So & Di–Do 20–3, Fr & Sa bis 5 Uhr; Ⓜ Liceu) In der Altstadt befindet sich eine der besten Adressen der Stadt für Jazz, Latinomusik, Blues, Gypsy-Jazz und Funk. Der enge Club zieht ein buntes Publikum an, das sich während der Konzerte aus Respekt sehr ruhig verhält. Die meisten Veranstaltungen fangen gegen 22 Uhr an. Wer einen Sitzplatz vor der Bühne möchte, sollte früh da sein.

Sala Tarantos FLAMENCO

(Karte S. 268 f.; ☎ 93 304 12 10; www.masimas.com/tarantos; Plaça Reial 17; Tickets 15 €; ⏲ Vorführungen Okt.–Juni 19.30, 20.30 & 21.30 Uhr, Juli–Sept. auch 22.30 Uhr; Ⓜ Liceu) Seit 1963 gilt das Kellerlokal als *die* Bühne für aufstrebende Flamencogruppen, die in Barcelona gastieren. Heute bedient das Tarantos vorwiegend Touristen: Dreimal am Abend finden halbstündige Vorstellungen statt. Trotz allem ist dies eine gute Einführung in den Flamenco und auch ein recht nettes Plätzchen für einen Drink.

☆ El Raval

★ Filmoteca de Catalunya KINO

(Karte S. 268 f.; ☎ 93 567 10 70; www.filmoteca.cat; Plaça de Salvador Seguí 1–9; Erw./erm. 4/3 €; ⏲ Vorführungen 17–22 Uhr, Kasse Di–So 10–15 & 16–21.30 Uhr; Ⓜ Liceu) Die Filmoteca de Catalunya – Kataloniens Nationalkino – befindet sich in einem modernen 6000 m² großen Gebäude mitten im zwielichtigsten Teil des Raval. Bei den Filmen, die gezeigt werden, handelt es sich um eine super Mischung aus Klassikern und neueren Produktionen. Häufig gibt es Reihen zu einem bestimmten Thema. Eine Zehnerkarte kostet unfassbare 20 €.

Jazz Sí Club LIVEMUSIK

(Karte S. 268 f.; ☎ 93 329 00 20; www.tallerdemusics.com/en/jazzsi-club; Carrer de Requesens 2; Eintritt inkl. Getränk 6–10 €; ⏲ Di–Sa 20.30–23, So 18.30–22 Uhr; Ⓜ Sant Antoni) Freitag- und samstagabends findet auf der Bühne der kleinen Bar des Taller de Músics (Musiker-Workshop) ein vielfältiges Programm von Jazz bis Flamenco statt. Donnerstags gibt's kubanische Musik, dienstags und sonntags Rock. Darüber hinaus kann man sich auf Jazz- und/oder Blues-Sessions freuen. Konzerte beginnen um 21 Uhr, die Jam Sessions mitunter auch etwas früher.

☆ La Ribera

★ Palau de la Música Catalana KLASSIK
(Karte S. 292 f.; ☎ 93 295 72 00; www.palaumusica.cat; Carrer de Palau de la Música 4–6; Tickets ab 18 €; ⌚ Kasse Mo–Sa 9.30–21, So 10–15 Uhr; Ⓜ Urquinaona) Dieses Modernismehighlight ist ein echter Augenschmaus. In dem traditionellen Konzerthaus werden klassische Musik und Chormusik aufgeführt, es steht aber auch noch anderes auf dem Programm, z. B. Flamenco-, Pop- und besonders Jazzmusik. Allein einmal in diesen Räumlichkeiten gewesen zu sein ist schon ein Erlebnis – am besten vor dem Konzert ein kleines Getränk zwischen den gekachelten Säulen im Foyer schlürfen und die Atmosphäre genießen!

Tablao Nervión TANZ
(Karte S. 268 f.; ☎ 93 315 21 03; www.restaurantenervion.com; Carrer de la Princesa 2; Vorführung inkl. 1 Getränk 18 €, Vorführung & Menü 30 €; ⌚ Vorführungen Mi–So 20–22 Uhr; Ⓜ Jaume I) Im Untergeschoss dieser unauffälligen Bar werden Flamenco-Darbietungen angeboten, zugegebenermaßen auf Touristen zugeschnitten. Die Shows sind günstig. Weitere Infos auf der Website.

☆ Barceloneta & das Hafengebiet

Sala Monasterio LIVEMUSIK
(Karte S. 284; ☎ 616 287 197; www.facebook.com/sala.monasterio; Moll de Mestral 30; Tickets unterschiedl.; ⌚ So–Do 22–5, Fr & Sa bis 6 Uhr; Ⓜ Ciutadella Vila Olímpica) Die kleine Musikbühne mit Blick auf die Masten und schlanken Palmen am Port Olímpic heißt ein abwechslungsreiches Aufgebot an Bands willkommen, die Jazz, *forró* (Musikstil aus dem Nordosten Brasiliens), Blues und Rock spielen.

Razzmatazz LIVEMUSIK
(☎ 93 320 82 00; www.salarazzmatazz.com; Carrer de Pamplona 88; Tickets ab 17 €; ⌚ 21–4 Uhr; Ⓜ Bogatell) Bands von nah und fern sorgen gelegentlich für emotionale Ausbrüche in diesem Laden, einer der Topadressen für Livemusik und lange Clubnächte. Die Konzerte finden an unterschiedlichen Tagen zu unterschiedlichen Zeiten statt (siehe Website). An den Wochenenden legen DJs tanzbare Beats auf.

Yelmo Cines Icària KINO
(Karte S. 284; ☎ 902 220 922; www.yelmocines.es; Carrer de Salvador Espriu 61; Tickets Erw./Kind 9,90/7,30 €; Ⓜ Ciutadella Vila Olímpica) In dem großen Kinokomplex werden Filme in der Originalsprache auf 15 Leinwänden gezeigt; man hat also reichlich Auswahl. Das gilt auch für die Restaurants, Bar und mehr.

☆ La Sagrada Família & L'Eixample

City Hall LIVEMUSIK
(Karte S. 292 f.; ☎ 93 238 07 22; www.cityhallbarcelona.com; Rambla de Catalunya 2–4; Ⓜ Catalunya) In einem ehemaligen Theater mit perfekter Größe für Livemusik – 500 Leute passen rein – ist auch ein Club (S. 340) untergebracht. Die Akustik ist klasse und dank der Form des Theaters hat jeder einen guten Blick auf die Bühne.

Méliès Cinemes KINO
(Karte S. 292 f.; ☎ 93 451 00 51; www.meliescinemes.com; Carrer de Villarroel 102; Tickets 4–7 €; Ⓜ Urgell) Ein gemütliches Kino mit zwei Leinwänden, auf denen die besten neuen Filme aus Hollywood und Europa gezeigt werden.

☆ Gràcia & Park Güell

Cine Texas KINO
(Karte S. 300; ☎ 93 348 77 48; www.cinemestexas.cat; Carrer de Bailèn 205; Ⓜ Joanic) Auf den vier Leinwänden des modernen Kinos laufen ausschließlich Filme in der Originalversion (mit katalanischen Untertiteln). Gezeigt werden neben Programmkino auch die neuesten Kassenschlager aus Hollywood. Streifen in katalanischer Sprache sind auf Englisch untertitelt.

Verdi Park KINO
(Karte S. 300; ☎ 93 238 79 90; www.cines-verdi.com; Carrer de Torrijos 49; Ⓜ Fontana) Das Verdi Park ist ein seit jeher beliebtes Programmkino mit vier Leinwänden. Fast alle Filme laufen im Original.

Verdi KINO
(Karte S. 300; ☎ 93 238 79 90; www.cines-verdi.com; Carrer de Verdi 32; Ⓜ Fontana) Im Herzen

Gràcias liegt dieses Kino mit fünf Sälen, in denen Arthouse-Filme und Blockbuster in der Originalsprache, aber auch katalanische und spanische Produktionen vorgeführt würden. In der Nähe sind viele lokale Restaurants und Bars.

☆ Camp Nou, Pedralbes & La Zona Alta

Camp Nou FUSSBALL
(☎ 902 189 900; www.fcbarcelona.com; Carrer d'Arístides Maillol; Ⓜ Palau Reial) Das gewaltige Fußballstadion Camp Nou, Katalanisch für „neues Feld", ist die Heimat des legendären FC Barcelona. Sich ein Spiel umgeben von jubelnden Fans anzusehen ist ein absolut unvergessliches Erlebnis. Die Fußballsaison dauert in Spanien von September bis Mai. Wer keine Karten ergattern kann bzw. außerhalb der Saison nach Barcelona reist, könnte alternativ die Camp Nou Experience (S. 297) mit interaktiven Ausstellungen und einem Stadionrundgang buchen.

EIN SPIEL VON BARÇA SEHEN

Karten für Spiele des FC Barcelona sind im Camp Nou, über die offizielle Website des Vereins und an verschiedenen Vorverkaufsstellen in der Stadt erhältlich. Auch in Touristeninformationen werden sie verkauft, z. B. in der **Hauptfiliale** (S. 308) an der Plaça de Catalunya im Zentrum, außerdem in den FC-Botiga-Läden. Die Karten kosten je nach Spiel und Platz zwischen 39 und über 250 €. An den Spieltagen selbst sind die Kartenschalter bei den **Toren 9** (Tor 9, Avinguda de Joan XXIII; ⏱ Mo–Sa 10–18, So bis 14.15, an Spieltagen 9.15 Uhr bis zum Anstoß; Ⓜ Palau Reial) und 15 ab 9.15 Uhr bis zum Anpfiff geöffnet. Spiele gegen Real Madrid sind gewöhnlich schon Jahre im Voraus ausverkauft.

Wer Karten ergattert hat, sollte möglichst früh im Stadion sein, um in Ruhe seinen Platz suchen (das Gelände ist riesig!) und die Atmosphäre ausgiebig genießen zu können.

In der Regel lungern bei den Kartenschaltern Schwarzhändler herum. Bei ihnen handelt es sich oft um Vereinsmitglieder, die einen teils erheblich günstiger ins Stadion lotsen können. Aber nicht bezahlen, bis man seinen Sitzplatz sicher hat!

Luz de Gas LIVEMUSIK
(☎ 93 209 77 11; www.luzdegas.com; Carrer de Muntaner 246; ⏱ Do–Sa 0–6 Uhr; 🚌 6, 7, 27, 32, 33, 34, H8, 🚋 T1, T2, T3 Francesc Macià) Mehrere Nächte in der Woche finden in diesem Club, einem prächtigen ehemaligen Theater, Konzerte statt – Rock, Soul, Salsa, Jazz und Pop, alles ist dabei. Los geht's meist erst gegen 1 Uhr; ab ca. 2 Uhr vollzieht sich dann die Metamorphose zum Club. Das Publikum ist gut gekleidet, der Musikstil variiert. Auf der Website findet man das aktuelle Programm.

☆ Montjuïc, Poble Sec & Sant Antoni

BARTS KONZERTBÜHNE
(Barcelona Arts on Stage; Karte S. 306; ☎ 93 324 84 92; www.barts.cat; Avinguda del Paral·lel 62; Ⓜ Paral·lel) Das BARTS hat einen guten Ruf in Sachen innovative Tanzensembles, Electro-Swing, Psychedelic Pop und ähnlich abwechslungsreicher Kost. Das smarte Design vereint ein komfortables mittelgroßes Auditorium und eine hervorragende Akustik. Öffnungszeiten und Eintrittspreise variieren; online kann man sich über das Programm erkundigen.

Gran Bodega Saltó LIVEMUSIK
(Karte S. 306; ☎ 93 441 37 09; www.bodegasalto.net; Carrer de Blesa 36; ⏱ Mo–Do 19–2, Fr & Sa 12–3, So 12–24 Uhr; Ⓜ Paral·lel) Die Fässer und der Name weisen unmissverständlich darauf hin, dass diese Bar einmal als bodenständige Bodega diente. In Folge eines kleinen „psychedelischen Umstylings" mit schrägen Lampen, Figürchen und alter chinesischer Bierwerbung zieht es jetzt ein buntes, freundliches und trinkfreudiges Publikum an. Wenn Livemusik ansteht, ist immer viel los.

Sala Apolo LIVEMUSIK
(Karte S. 306; ☎ 93 441 40 01; www.sala-apolo.com; Carrer Nou de la Rambla 113; Club ab 15 €, Konzerte unterschiedl.; ⏱ Konzerte ab 20 Uhr, Club ab 0 Uhr; Ⓜ Paral·lel) Schönes altes Theater, in dem roter Samt dominiert und man das Gefühl hat, als befände man sich am Filmset. Die „Nasty Mondays" (fiese Montage) und „Crappy Tuesdays" (miese Dienstage) sind wie gemacht für unverwüstliche Duracell-Tänzer. Im Clubeintritt ist ein Ge-

tränk inbegriffen. Am frühen Abend heißt es gewöhnlich Bühne frei für lokale Bands, Burleske-Shows, bekannte internationale Künstler etc. (die Palette ist breit gefächert) – entweder hier oder im „La 2", einem kleineren Saal treppab.

Teatre Mercat De Les Flors TANZ
(Karte S. 306; ☎ 93 256 26 00; www.mercatflors.cat; Carrer de Lleida 59; ⏲ Kasse Mo–Fr 11–14 & 16–19 Uhr sowie 1 Std. vor Showbeginn; 🚌 55) Neben dem **Teatre Lliure** (Karte S. 306; ☎ 93 289 27 70; www.teatrelliure.com; Plaça de Margarida Xirgu 1; ⏲ Kasse 9–20 Uhr, plus 2 Std. vor Showbeginn; 🚌 55) befindet sich das Teatre Mercat de Les Flors (gemeinsam als Ciutat de Teatre (Theaterstadt) bekannt) mit einer großen modernen Bühne. Es ist die beste Lokalität für zeitgenössischen Tanz einheimischer und internationaler Gruppen.

Renoir Floridablanca KINO
(Karte S. 268 f.; ☎ 91 542 27 02; www.cinesrenoir.com; Carrer de Floridablanca 135; Ⓜ Sant Antoni) Dieses Kino mit sieben Sälen zeigt eine Mischung aus hochwertigen Arthouse-Streifen und Kassenschlagern in der Originalsprache mit spanischen Untertiteln. Es liegt direkt am Raval-Viertel, fürs Post-Film-Unterhaltungsprogramm ist also gesorgt.

Shoppen

La Rambla & Barri Gòtic

Torrons Vicens LEBENSMITTEL
(Karte S. 268 f.; ☎ 93 304 37 36; www.vicens.com; Carrer del Petritxol 15; ⏲ Mo–Sa 10–20.30, So 11–20 Uhr; Ⓜ Liceu) Torrons Vicens versorgt Naschkatzen schon seit 1775 das ganze Jahr über mit *turrón* (Nougat) und anderem Süßkram.

Sabater Hermanos KOSMETIK
(Karte S. 268 f.; ☎ 93 301 98 32; www.sabaterhermanos.es; Plaça de Sant Felip Neri 1; ⏲ 10.30–21 Uhr; Ⓜ Jaume I) Dieser duftumhüllte kleine Laden wartet mit handgefertigten Seifen aller Art auf. Manche wie Feige, Zimt, Grapefruit oder Schokolade riechen so gut, dass man sie glatt verspeisen könnte, während andere wie Sandelholz, Magnolie, Minze, Zeder oder Jasmin jedem Badezimmer einen würzigen Hauch Exotik verleihen.

Formatgeria La Seu LEBENSMITTEL
(Karte S. 268 f.; ☎ 93 412 65 48; www.formatgerialaseu.com; Carrer de la Dagueria 16; ⏲ Sept.–Juli Di–Sa 10–14 & 17–20 Uhr; Ⓜ Jaume I) Handwerklich gefertigten Käse aus ganz Spanien verkauft dieses kleine Fachgeschäft. Geführt wird es von der sehr sachkundigen Katherine McLaughlin, die nur das Allerberste aus kleinen Käsereien einkauft und ihr Angebot ständig verändert. Großen Spaß machen auch die Wein- und Käseverkostungen.

Escribà LEBENSMITTEL & GETRÄNKE
(Karte S. 268 f.; ☎ 93 301 60 27; www.escriba.es; La Rambla 83; ⏲ 9–21.30 Uhr; 📶; Ⓜ Liceu) Hinter der Modernismefassade mit hübschen Mosaiken können Pralinen, neckische Backwaren und köstlicher Kuchen verzehrt oder auch mitgenommen werden. Dieser Barcelona-Klassiker gehört der Familie Escribà, deren Name für sündhaft gute Süßwaren steht. Und der Laden verleiht der Rambla außerdem einen Touch Authentizität.

El Corte Inglés WARENHAUS
(Karte S. 268 f.; ☎ 93 306 38 00; www.elcorteingles.es; Av del Portal de l'Àngel 19-21; ⏲ Okt.–Mai Mo–Sa 9.30–21 Uhr, Juni–Sept. 9.30–22.15 Uhr; Ⓜ Catalunya) Diese Filiale des einzigen verbleibenden spanischen Warenhauses hat Elektro- und Schreibwaren, Kleidung und Sportartikel auf Lager.

L'Arca VINTAGE, BEKLEIDUNG
(Karte S. 268 f.; ☎ 93 302 15 98; www.larca.es; Carrer dels Banys Nous 20; ⏲ Mo–Sa 11–14 & 16.30–20.30 Uhr; Ⓜ Liceu) Dieser bezaubernde Laden ist auf bildschöne historische Kleidungsstücke spezialisiert, darunter bestickte Seidenwesten aus dem 18. Jh., traumhafte Seidenkimonos sowie Hochzeitskleider und Schals aus den 1920er-Jahren. Es verwundert kaum, dass ein paar der Kostüme aus *Titanic*, *Sprich mit ihr* und *Das Parfum – Die Geschichte eines Mörders* von hier stammen.

Herboristeria del Rei KOSMETIK
(Karte S. 268 f.; ☎ 93 318 05 12; www.herboristeriadelrei.com; Carrer del Vidre 1; ⏲ Di–Do 14.30–20.30, Fr & Sa 10.30–20.30 Uhr; Ⓜ Liceu) Alle möglichen seltsamen Kräuter, Gewürze und Heilpflanzen gibt's bei dem früheren Hoflieferant von Königin Isabella II. zu kaufen. Das Geschäft existiert seit 1823 und wurde seit den 1860er-Jahren kaum verändert. Aber bei den Produkten hat sich einiges getan und heute gibt's hier alles Mögliche von Duftseifen bis zu Massageölen.

Tom Tykwer drehte hier einige Szenen seines Films *Das Parfum*.

Cereria Subirà HAUSHALTSWAREN
(Karte S. 268 f.; ☎ 93 315 26 06; http://cereriasubira.net; Calle de la Llibreteria 7; ⌚ Mo–Do 9.30–13.30 & 16–20, Fr 9.30–20, Sa 10–20 Uhr; Ⓜ Jaume I) Auch wer kein Interesse an bunten Kerzen hat, sollte sich den ältesten Laden Barcelonas mit seinem barocken Ambiente anschauen. Er existiert seit 1761 und befindet sich seit dem 19. Jh. an diesem Ort mit seiner stattlichen Treppe im Stil von *Vom Winde verweht.*

La Colmena LEBENSMITTEL
(Karte S. 268 f.; ☎ 93 315 13 56; www.pastisserialacolmena.com; Plaça de l'Angel 12; ⌚ 9–21 Uhr; Ⓜ Jaume I) In der Patisserie gibt's viele kleine Köstlichkeiten, z. B. mit Pinienkernen ummantelte *panellets* (süße Mandelkuchen), aromatisierte Baisers und federleichte *ensaïmadas* (weiche, süße Brötchen mit Puderzucker) aus Mallorca.

La Manual Alpargatera SCHUHE
(Karte S. 268 f.; ☎ 93 301 01 72; www.lamanualalpargatera.es; Carrer d'Avinyó 7; ⌚ Mo–Fr 9.30–13.30 & 16.30–20, Sa ab 10 Uhr; Ⓜ Liceu) Schon Salvador Dalí und Jean Paul Gaultier haben in diesem berühmten Geschäft ein Paar *espadrilles* (Stoffschuhe mit Jutesohle) bestellt. Der Laden wurde kurz nach dem Spanischen Bürgerkrieg gegründet, das schlichte Schuhdesign ist aber schon Hunderte von Jahren alt: Es stammt aus den katalanischen Pyrenäen.

Petritxol Xocoa LEBENSMITTEL
(Karte S. 268 f.; ☎ 93 301 82 91; www.xocoa-bcn.com; Carrer del Petritxol 11–13; ⌚ 9.30–21 Uhr; Ⓜ Liceu) An der „Schokoladenstraße", dem Carrer del Petritxol, findet man diesen Laden, der Zuckerschnuten (und deren Zahnschmelz) im Innersten aufwühlen wird – drinnen erwartet sie Reihe um Reihe ausgefallener Schokoladentafeln in umwerfendem Look, Pralinen mit süßer Füllung, saftig-weiche Backwaren und mehr. Es gibt noch mehr Filialen in der Stadt.

El Raval

★ Les Topettes KOSMETIK
(Karte S. 268 f.; ☎ 93 500 55 64; www.lestopettes.com; Carrer de Joaquín Costa 33; ⌚ Di–Sa 11–14 & 16–21, Mo 16–21 Uhr; Ⓜ Universitat) Es ist ein Zeichen der Zeit, dass solch ein schicker Tempel der Seife und des Parfüms sich in El Raval halten kann. Die Auswahl verdankt sich nicht allein der Qualität des jeweiligen Produkts, sondern auch des Designs der Verpackung, sodass man hier toll verpackte Düfte, Kerzen und Cremes von z. B. Diptyque, Cowshed und L'Artisan Parfumeur findet.

Fantastik KUNST & KUNSTHANDWERK
(Karte S. 268 f.; ☎ 93 301 30 68; www.fantastik.es; Carrer de Joaquín Costa 62; ⌚ Mo–Fr 11–14 & 16–20.30, Sa 11–15 & 16–21 Uhr; Ⓜ Universitat) Dieser bunte Laden hat mehr als 400 Produkte aus Mexiko, Indien, Bulgarien, Russland, dem Senegal und 20 weiteren Ländern vorrätig, etwa eine mexikanische Totenkopfrassel, kleine Monderkundungsroboter aus China und recycelte Plastikzebras aus Südafrika. Hier bekommt man lauter Dinge, die man nicht braucht und trotzdem unbedingt haben will!

Holala! Plaza MODE & ACCESSOIRES
(Karte S. 268 f.; www.holala-ibiza.com; Plaça de Castella 2; ⌚ Mo–Sa 11–21 Uhr; Ⓜ Universitat) Ein Import aus Ibiza, der von der langen (und ziemlich kommerzialisierten) Hippie-Tradition der Insel getragen wird und ein abwechslungsreiches Ausstellungs- und Aktivitätenprogramm bietet: Die Rückseite am Carrer de Valldonzella beherbergt einen Galeriebereich mit wechselnden Kunstausstellungen, davon abgesehen gibt es Vintage-Kleidung.

La Ribera

El Rei de la Màgia ZAUBEREI
(Karte S. 268 f.; ☎ 93 319 39 20; www.elreydelamagia.com; Carrer de la Princesa 11; ⌚ Mo–Sa 10.30–14 & 16–19.30 Uhr; Ⓜ Jaume I) Schon seit mehr als hundert Jahren erstaunen und amüsieren die Betreiber dieses Geschäfts ihre Kunden. Wer sich in Barcelona als Zauberer niederlassen möchte, kann sich hier schwebende Besen, Gläser mit verschwindender Milch und magische Kartenspiele besorgen.

Vila Viniteca WEIN
(Karte S. 268 f.; ☎ 93 777 70 17; www.vilaviniteca.es; Carrer dels Agullers 7; ⌚ Mo–Sa 8.30–20.30 Uhr; Ⓜ Jaume I) Eine der besten Weinhandlungen in ganz Barcelona – und es gibt nicht gerade wenige in dieser Stadt –, die schon seit 1932 nach den besten spanischen und ausländischen Rebensäften fahndet. An zwei Abenden im November veranstaltet das Geschäft auf dem Carrer dels Agullers und in umliegenden Gassen eine fast schon tumulthafte Weinverkostung, bei der Weingüter aus allen Ecken Spaniens ihre jungen neuen Weine vorstellen.

Casa Gispert LEBENSMITTEL
(Karte S. 278; ☎ 93 319 75 35; www.casagispert.com; Carrer dels Sombrerers 23; ⏲ Mo–Sa 10–20.30 Uhr; Ⓜ Jaume I) Die wundervolle, mit viel Flair gesegnete und holzverkleidete Casa Gispert röstet bereits seit 1851 Nüsse und verkauft zudem alle möglichen Trockenfrüchte. Die Töpfe und Gläser in den Regalen enthalten eine endlose Vielfalt knuspriger Leckereien, teils geröstet, teils mit Honig ummantelt. Wie in einem Geschäft vergangener Zeiten wird die Bestellung samt Preis zur Kasse hinübergerufen.

El Magnífico KAFFEE
(Karte S. 278; ☎ 93 319 60 81; www.cafeselmagnifico.com; Carrer de l'Argenteria 64; ⏲ Mo–Sa 9.30–20 Uhr; Ⓜ Jaume I) Seit dem frühen 20. Jh. wird hier Kaffee geröstet. Das Angebot an verschiedenen Kaffee- und Teesorten ist wirklich bemerkenswert – schon am Eingang wird man von den Aromen umgarnt. Auf der anderen Straßenseite betreiben dieselben Leute den exquisiten Teeladen **Sans i Sans** (Karte S. 278; ☎ 93 310 25 18; www.sansisans.com; Carrer de l'Argenteria 59; ⏲ Mo–Sa 10–20 Uhr; Ⓜ Jaume I).

Coquette MODE & ACCESSOIRES
(Karte S. 278; ☎ 93 310 35 35; www.coquettebcn.com; Carrer de Bonaire 5; ⏲ Mo–Fr 11–15 & 17–21, Sa 11.30–21 Uhr; Ⓜ Barceloneta) Elegantes Geschäft für Damenbekleidung. Die Designer stammen aus aller Welt, aber in erster Linie aus Spanien.

Loisaida BEKLEIDUNG, ANTIQUITÄTEN
(Karte S. 278; ☎ 93 295 54 92; www.loisaidabcn.com; Carrer dels Flassaders 42; ⏲ Mo–Sa 11–21, So 11–14 & 16–20 Uhr; Ⓜ Jaume I) Schon das Gebäude selbst – ein ehemaliges Kutschenhaus samt Stallungen der Königlichen Münzprägeanstalt – ist einen Besuch wert. Loisaida ist das „spanglische" Wort für „Lower East Side" (ein Viertel im südöstlichen Teil Manhattans) und bezeichnet ein großes Kaufhaus voller bunter, adretter Retro-Kleidung für Frauen und Männer, Schmuck, Musik aus den 40er- und 50er-Jahren und ein paar zauberhafter Antiquitäten. Es gibt einen ganzen Bereich nur für Jeans.

Arlequí Màscares KUNST & KUNSTHANDWERK
(Karte S. 268 f.; ☎ 93 268 27 52; www.arlequimask.com; Carrer de la Princesa 7; ⏲ Mo 11.30–20, Di–Fr 10.30–20, Sa 11–20, So 11.30–19 Uhr; Ⓜ Jaume I) Masken – als Teil von Kostümen und als Schmuck – sind die Spezialität dieser wunderbaren kleine Oase der Originalität. Einige der Stücke sind wirklich herausragend. Außerdem werden Schmuckkästchen zu katalanischen Themen und einige altmodische Marionetten geführt.

Hofmann Pastisseria LEBENSMITTEL
(Karte S. 278; ☎ 93 268 82 21; www.hofmann-bcn.com; Carrer dels Flassaders 44; ⏲ Mo–Sa 9–14 & 15.30–20, So 9–14.30 Uhr; Ⓜ Barceloneta) Mit ihren bemalten Holzschränken verströmt diese klitzekleine Feinschmecker-Patisserie, die mit der renommierten Kochschule Hoffmann verbandelt ist, ein zeitloses Flair. Kunden haben die Qual der Wahl zwischen leckerer Schokolade, den berühmten, in verschiedenen Variationen erhältlichen Croissants des Hauses, verführerischen Backwaren sowie allerlei Kuchen und Süßigkeiten.

Barceloneta & das Hafengebiet

Vernita KINDERBEKLEIDUNG
(☎ 625 092341; www.facebook/vernitastudioshop; Carrer del Joncar 27; ⏲ Di–Fr 10–13.30 & 17–20, Sa 10–14 & 17–20 Uhr; Ⓜ Poblenou) Drei Mütter, Neli, Laura und Nacha, designen und nähen in ihrer hellen Boutique mit Werkstatt Kinderbekleidung und Accessoires wie Kissen mit Tieraufdrucken, Taschen, Kinderschmuck, Fliegen, Handtücher (u. a. mit quietschsüßen Dinosaurier-Designs) und waschmaschinentaugliche Windeln sowie weiche, knuddelige Spielsachen. Abends bieten die drei Frauen Nähkurse und Origami-Workshops für Kinder an (auch auf Englisch).

Ultra-Local Records MUSIK
(☎ 661 017638; www.ultralocalrecords.com; Carrer de Pujades 113; ⏲ Mo–Fr 16–20.30, Sa 11–20.30 Uhr; Ⓜ Llacuna) In einer ziemlich „leeren" Ecke von El Poblenou verkauft dieser kleine, gut sortierte Laden vor allem Second-Hand-Schallplatten (plus die eine oder andere Wiederveröffentlichung und Alben von angesagten Indie-Rock-Stars) katalanischer, spanischer, französischer, amerikanischer und britischer Künstler. Abgesehen von Vinyl bekommt man auch CDs (kleineres Sortiment), Magazine und mehr. Vor dem Laden gibt's eine „Wühlkiste" mit Schnäppchen für 1 €.

Bestiari BÜCHER, GESCHENKE
(Karte S. 284; www.bestiari.net; Plaça de Pau Vila 3; ⏲ Di & Do–Sa 10–19, Mi bis 20, So bis 14.30 Uhr; Ⓜ Barceloneta) Im Erdgeschoss des Museu d'Història de Catalunya (S. 284) ist dieser

Laden untergebracht, in dem Bücher in englischer, katalanischer und spanischer Sprache (alt und neu) sowie Katalonien-Souvenirs verkauft werden: CDs, T-Shirts, Regenschirme, Umhängetaschen, Schachspiele, Tassen und Spielzeug (gotische/Gaudí-Bauwerke zum Selbstzusammenbauen).

Els Encants Vells MARKT

(Fira de Bellcaire; ☎ 93 246 30 30; www.encantsbcn.com; Plaça de les Glòries Catalanes; ⏲ Mo, Mi, Fr & Sa 9–20 Uhr; Ⓜ Glòries) In einem glitzernden offenen Komplex bei der Plaça de les Glòries Catalanes befindet sich der Flohmarkt „Die alten Reize" – der größte Barcelonas. Über 500 Händler verhökern unter riesigen spiegelähnlichen Paneelen ihre Waren, von antiken Möbeln bis zu Secondhandkleidung. Viel davon ist Ramsch, doch hin und wieder stößt man auf eine *ganga* (Schnäppchen).

Maremàgnum EINKAUFSZENTRUM

(Karte S. 284; ☎ 93 225 81 00; www.maremagnum.es; Moll d'Espanya 5; ⏲ 10–22 Uhr; Ⓜ Drassanes) Aus größtenteils brachliegenden Hafenkais ist ein gut besuchtes Einkaufszentrum mit 59 Geschäften, 19 Restaurants, Bars und Kinos entstanden. Besonders beliebt ist es sonntags, wenn die meisten Läden in der Stadt zu sind. Unter den Geschäften sind die spanische Kette Mango und Desigual mit seinen auffälligen Designs (das Unternehmen hat seinen Sitz in Barcelona). Fußballfans wird es ins FC Botiga ziehen.

La Sagrada Família & L'Eixample

★ Joan Múrria LEBENSMITTEL & GETRÄNKE

(Karte S. 292 f.; ☎ 93 215 57 89; www.murria.cat; Carrer de Roger de Llúria 85; ⏲ Di–Fr 10–20.30, Sa 10–14 & 17–20.30 Uhr; Ⓜ Girona) Ramon Casas entwarf die Modernisme-Reklametafeln von 1898, die dieses Feinschmeckerparadies mit Köstlichkeiten aus Katalonien und der ganzen Welt schmücken. Das Sortiment umfasst u. a. traditionell hergestellte Käsesorten, iberische Schinken, Kaviar, Leckerbissen aus der Konserve, Räucherfisch, *cavas* und Weine, Kaffee und lose Tees.

★ Flores Navarro BLUMEN

(Karte S. 292 f.; ☎ 93 457 40 99; www.floristeriasnavarro.com; Carrer de València 320; ⏲ 24 Std.; Ⓜ Girona) Man weiß ja nie, wann man mal Blumen braucht – praktisch, dass dieser riesige Blumenhandel (seit 1960 in Betrieb) rund um die Uhr geöffnet ist. Ein Besuch lohnt sich schon allein wegen der Farben und des herrlichen Dufts.

Cacao Sampaka LEBENSMITTEL

(Karte S. 292 f.; ☎ 93 272 08 33; www.cacaosampaka.com; Carrer del Consell de Cent 292; ⏲ Mo–Sa 9–21 Uhr; Ⓜ Passeig de Gràcia) Schokoholiker wähnen sich hier im Himmel: Der Laden bietet eine Vielzahl an Schokoprodukten und die Bar lockt mit einer traditionellen *xocolata* (heiße Schokolade) sowie Schokoladenkuchen, Gebäck, Eiscreme, Pralinen und Sandwiches – alles köstlich! Ein besonders schönes Geschenk sind die Bonbons.

Altaïr BÜCHER

(Karte S. 292 f.; ☎ 93 342 71 71; www.altair.es; Gran Via de les Corts Catalanes 616; ⏲ Mo–Sa 10–20.30 Uhr; 📶; Ⓜ Catalunya) Ein wahres Mekka für Globetrotter ist diese große Buchhandlung: Hier gibt's Reiseführer und andere Reiseliteratur, Karten sowie alle möglichen anderen Bücher, die garantiert Fernweh auslösen. Darüber hinaus findet man hier ein Schwarzes Brett für Traveller und unten ein Café.

Dr Bloom MODE & ACCESSOIRES

(Karte S. 292 f.; ☎ 93 292 23 27; www.drbloom.es; Rambla de Catalunya 30; ⏲ Mo–Sa 10–21 Uhr; Ⓜ Passeig de Gràcia) Kleider, Tops, Schals und mehr … Jeden Monat kommt eine neue Kollektion heraus, das Warenangebot wechselt also ständig. Das Modelabel made (und designt) in Barcelona betont kräftige Farben und auffällige Drucke, ganz gleich, welche Jahreszeit gerade ist.

El Corte Inglés WARENHAUS

(Karte S. 292 f.; ☎ 93 306 38 00; www.elcorteingles.es; Plaça de Catalunya 23; ⏲ Mo–Sa 9.30–21 Uhr; Ⓜ Catalunya) Die einzige verbleibende spanische Warenhauskette bietet alles, was das Herz begehrt – von Computern über Sofakissen bis hin zu Haute Couture und Haushaltswaren. Im Restaurant im obersten Stock eröffnet sich ein super Blick auf die Stadt. Eine weitere Filiale steht in der nahen **Avinguda Diagonal 471–473** (☎ 93 493 48 00; www.elcorteingles.es; Avinguda Diagonal 471–473; ⏲ Mo–Sa 9.30–21 Uhr; Ⓜ Hospital Clínic).

Casa Del Llibre BÜCHER

(Karte S. 292 f.; ☎ 902 026 407; www.casadellibro.com; Passeig de Gràcia 62; ⏲ Mo–Sa 9–21.30, So 11–21.30 Uhr; Ⓜ Passeig de Gràcia) „Das Haus des Buches" hat Niederlassungen in ganz Spanien und ist eine gut sortierte Buchhandlung mit Abteilungen für englisch-, französisch- und anderssprachige Literatur sowie einer guten Auswahl an Reiseführern.

FNAC ELEKTRONIK, BÜCHER
(Karte S. 268 f.; ☎ 902 100 632; www.fnac.es; El Triangle, Plaça de Catalunya 4; ⏰ 9.30–21 Uhr Mo–Sa; Ⓜ Catalunya) In der Stadt gibt's mehrere Niederlassungen des französischen Kaufhauses für Bücher, Musik und Elektrowaren, doch dies ist die größte.

Gràcia & Park Güell

★ **Colmillo de Morsa** MODE & ACCESSOIRES
(Karte S. 300; ☎ 645 206 365; www.facebook.com/colmillodemorsa; Carrer de Vic 15–17; ⏰ Mo 16.30–20.30, Di–Sa 11–14.30 & 16.30–20.30 Uhr; FGC Gràcia) Das Designergespann Javier Blanco und Elisabet Vallecillo hat auf der Cibeles Fashion Week in Madrid und auf der Pariser Modemesse Who's Next für Furore gesorgt. Hier, in ihrem Flagship-Store, zeigen die beiden ihre in Barcelona gefertigte Damenbekleidung. In den lichtdurchfluteten Räumlichkeiten stellen auch aufstrebende lokale Nachwuchsdesigner ihre Labels vor. Darüber hinaus finden hier Ausstellungen (Kunst, Grafikdesign, Fotografie) und Modeschauen statt.

Hibernian BÜCHER
(Karte S. 300; ☎ 93 217 47 96; www.hibernianbooks.com; Carrer de Montseny 17; ⏰ Mo 16–20.30, Di–Sa 11–20.30 Uhr; Ⓜ Fontana) Der größte Anbieter von gebrauchten englischsprachigen Büchern in Barcelona hat mehr als 1000 Titel zu allen möglichen Themen auf Lager, von Kochen bis hin zu Kinderbuchklassikern. Es gibt auch eine kleinere Auswahl an neuen Büchern.

Amalia Vermell SCHMUCK
(Karte S. 300; ☎ 655 754 008; www.amaliavermell.com; Carrer de Francisco Giner 49; ⏰ Mo–Sa 11–14 & 17–21 Uhr; Ⓜ Diagonal) Die geometrischen Schmuckstücke aus hochwertigen Materialien wie Sterlingsilber sind echte Hingucker – Anhänger, Ketten, Armreifen und Ringe. Amalia Vermell persönlich stellt sie vor Ort, in ihrem Atelier, her. Wer mag, kann Unterricht bei ihr nehmen (2 Std. für 65 €, auch auf Englisch).

Vinil Vintage MUSIK
(Karte S. 300; ☎ 93 192 39 99; Carrer de Ramón y Cajal 45–47; ⏰ Di–Sa 10.30–14 & 17–20.30 Uhr; Ⓜ Joanic) Wer gern Schnäppchenkisten durchstöbert, wird seine wahre Freude an der hiesigen Plattenauswahl mit massenweise Rock, Pop und Jazz haben. Es ist auch reichlich spanische Musik dabei. Ebenfalls im Sortiment: Mischpulte und Boxen.

Lady Loquita BEKLEIDUNG
(Karte S. 300; ☎ 93 217 82 92; www.ladyloquita.com; Travessera de Gràcia 126; ⏰ Mo–Sa 11–14 & 17–20.30 Uhr; Ⓜ Fontana) Lady Loquita ist ein hipper kleiner Laden mit leichten, lokal gefertigten Sommerkleidern von Tiralahilacha, Abendgarderobe von Japamala und handgefertigtem Schmuck vom örtlichen Designlabel Klimbim. Dazu kommt noch kunterbunt Zusammengewürfeltes wie Teller mit Hundemenschenporträts und digitale Drucke auf Holz von About Paola.

Tintin Shop GESCHENK & SOUVENIRS
(Karte S. 300; ☎ 93 289 25 24; www.tintinshopbcn.com; Travessera de Gràcia 176; ⏰ Mo–Fr 10.30–14.30 & 17–20.30, Sa 11–14.30 Uhr; Ⓜ Fontana) Liebhaber der belgischen Comic-Helden Tim und Struppi (Tintin und Milou im Original) sollten sich diesen Laden in Gràcia nicht entgehen lassen. Hier gibt's nämlich Tim-und-Struppi-T-Shirts, Poster, Action-Figuren, Schultaschen, Armbanduhren, Federmäppchen und sogar einen weichen, unwiderstehlichen Struppi – und natürlich die Bücher, die den Zeichner Hergé berühmt gemacht haben, auf Katalanisch, Spanisch und Französisch.

Picnic BEKLEIDUNG
(Karte S. 300; ☎ 93 016 69 53; www.picnicstore.es; Carrer de Verdi 17; ⏰ Mo–Fr 11–21, Sa 11–15 & 16–21 Uhr; Ⓜ Fontana) Die winzige, hübsch aufgemachte Boutique birgt mannigfaltige Verführungen: stylische Sneakers der lokalen Marke Meyba, gestreifte Pullis des baskischen Labels Loreak Mendian und Rucksäcke von Mödernaked mit auffälligen Mustern. Weitere Fundstücke sind Tonwaren mit Tierdrucken, kleinformatige Kunstdrucke und Modemagazine.

Be GESCHENKE & SOUVENIRS
(Karte S. 300; ☎ 93 218 89 49; www.bethestore.com; Carrer de Bonavista 7; ⏰ Mo–Sa 10.30–21 Uhr; Ⓜ Diagonal) Hier kann man nach originellen Accessoires und Geschenken suchen. Das Sortiment besteht aus „auf Alt gemachten" Ranzen, Lederhandtaschen, coolen (reflektierenden) „Happy Socks", tragbaren Plattenspielern, Turnschuhen (Vans, Pumas, altmodische Nikes) und allerlei Gerätschaften à la Mini-Lautsprecher in bunten Farben von Pantone oder Digitalkameras von Polaroid.

Bodega Bonavista WEIN
(Karte S. 300; ☎ 932188199; Carrer de Bonavista 10; ⌚ Mo–Fr 10–14.30 & 17–21, Sa 12–15 & 18–21, So 12–15 Uhr; Ⓜ Fontana) Die ausgezeichnete kleine Bodega durchstöbert den Markt nach tollen Weinen zu vernünftigen Preisen. Katalanische und andere spanische Weine machen den größten Teil des Sortiments aus, aber auch ausgesuchte französische Tropfen sind vertreten. Außerdem ist das Bonavista ein Lebensmittelgeschäft mit einigen besonders guten Käsesorten. An einem der Tische kann man offene Weine probieren und sich dazu Käse und Aufschnitt bestellen.

Mushi Mushi MODE & ACCESSOIRES
(Karte S. 300; ☎ 932922974; www.mushimushicollection.com; Carrer de Bonavista 12; ⌚ Mo–Sa 11–15 & 16.30–20.30 Uhr; Ⓜ Diagonal) Eine bildschöne kleine Modeboutique in einer Gegend, in der es nicht gerade wenige Boutiquen gibt. Die hiesige Spezialität sind ausgefallene, aber elegante Kleidung für Frauen sowie Accessoires. Kleine Labels wie Des Petits Hauts, Sessùn und Orion London sind vertreten, außerdem gibt's Schmuck von Adriana Llorens. Die Kollektion wechselt, es lohnt sich also, in regelmäßigen Abständen vorbeizuschauen.

Camp Nou, Pedralbes & La Zona Alta

Normandie KINDERBEKLEIDUNG
(☎ 932091411; www.normandiebaby.com; Plaça de Sant Gregori Taumaturg; ⌚ Mo–Sa 10.30–14.30 & 16.30–20.30 Uhr; FGC La Bonanova) Graziella Antón de Vez, geboren in Barcelona, ausgebildet in Paris, hat im Jahr 2000 das Modelabel für Babys und Kleinkinder bis sechs Jahre ins Leben gerufen. Sie verwendet ausschließlich zu 100 Prozent natürliche Materialien: Angora- und Baumwolle, Kaschmir und Wolle. Die niedlichen Kleidungsstücke sind inspiriert von der namensgebenden französischen Region; es sind Vintage- und Retrostile dabei.

Ukka MODE & ACCESSOIRES
(☎ 661919710; Carrer de Laforja 122; ⌚ Mo–Fr 10.30–14 & 17–20.30, Sa 11–14 & 17.30–20.30 Uhr; FGC Muntaner) Ukka produziert seine Frauenmode und Accessoires Marke Bohemien (Schals, Hüte, Schmuck) in der Fabrik in Barcelona und verkauft die Waren exklusiv in dieser schicken kleinen Boutique mit dem Terrakottaboden.

Labperfum KOSMETIK
(☎ 932989512; www.labperfum.com; Carrer de Santaló 45; ⌚ Mo–Sa 10–14.30 & 17–20.30 Uhr; FGC Muntaner) Mit seinen Regalen voller hübscher Glasflaschen wirkt dieser Laden wie eine alte Apotheke. Verkauft werden außergewöhnliche Damen- und Herrendüfte, die vor Ort hergestellt und bildhübsch verpackt werden und sich deutlich von dem unterscheiden, was man sonst kaufen kann: So gibt's z. B. Tabak, schwarze Orchidee und Leder. Dazu kommen Duftkerzen, Seifen und Cremes.

L'Illa Diagonal EINKAUFSZENTRUM
(☎ 934440000; www.lilla.com; Avinguda Diagonal 557; ⌚ Mo–Sa 9.30–21 Uhr; Ⓜ Maria Cristina) Eines der besten Einkaufszentren in Barcelona. Ein netter Ort mit schicken Geschäften und tollen Restaurants, in dem man problemlos ein paar Stunden (oder gar Tage?) verbringen kann.

Montjuïc, Poble Sec & Sant Antoni

Popcorn Store MODE & ACCESSOIRES
(Karte S. 306; Carrer Viladomat 30–32; ⌚ Mo–Sa 11–15 & 16.30–20.30 Uhr) Topaktuelle Frauenmodelabels aus Barcelona bekommt man in dieser 2017 eröffneten Boutique, z. B. von Sister Dew – asymmetrische Tops, Jacken, Kleider und mehr – oder Ester Gueroa – mit auffälligen Drucken und Spitze. Für Männer sind stylische Shirts, Hosen und Gürtel aus Italien und von anderen europäischen Designern dabei.

10000 Records MUSIK
(☎ 932927776; www.10000records.es; Carrer de Floridablanca 70; ⌚ Mo 17–20, Di–Fr 10–14 & 17–20, Sa 10–14 Uhr; Ⓜ Poble Sec) Wie der Name ahnen lässt, platzt dieser Plattenladen vor Vinyl (alt und neu) aller Genres, aber besonders aus den Sparten Rock, Pop, Metal und Jazz, förmlich aus allen Nähten. Darüber hinaus kann man hier Retro-Radios, Kassetten und Musikbücher auftun.

Mercat de Sant Antoni MARKT
(Karte S. 268 f.; ☎ 934263521; www.mercatdesantantoni.com; Carrer de Comte d'Urgell 1; ⌚ Mo–Do 7–14.30 & 17–20.30, Fr & Sa 7–20.30 Uhr; Ⓜ Sant Antoni) Unmittelbar jenseits des Westrands von El Raval befindet sich der Mercat de Sant Antoni, eine prächtige alte Markthalle aus Eisen und Backstein, die zwischen 1872 und 1882 entstand. Sonntagvormittags gibt's hier einen Markt für antiquarische Bücher.

Die Markthalle wurde gerade über einen Zeitraum von neun Jahren renoviert. Seit 2018 kann man wieder an 250 Ständen einkaufen.

ℹ Praktische Informationen

GELD

In Barcelona gibt's Banken wie Sand am Meer. Viele verfügen über Geldautomaten – an der Plaça de Catalunya, entlang der Via Laietana und an der Rambla findet man z. B. eine ganze Menge davon. An fast allen Automaten können EC- und Kreditkarten eingesetzt werden, um Euro abzuheben. Vorher gegebenenfalls mit der heimischen Bank abklären, wie hoch die Gebühren für Abhebungen im europäischen Ausland sind.

Geld wechseln kann man bei fast jeder Bank oder in einer Wechselstube (Ausschau halten nach der Beschilderung *canvi/cambio*). Die Wechselstuben entlang der Rambla haben in der Regel länger geöffnet als die Banken, wechseln allerdings zu schlechteren Kursen. Außerdem sollte man die Kommissionsgebühren im Blick behalten.

MEDIZINISCHE VERSORGUNG

- In den öffentlichen Krankenhäusern haben Ausländer und Touristen dasselbe Recht auf medizinische Behandlung wie Spanier. EU-Bürger haben Anspruch auf das komplette Versorgungspaket, müssen allerdings eine Europäische Krankenversicherungskarte vorlegen (gegebenenfalls noch mal bei der heimischen Krankenversicherung nachfragen) und eventuell erst einmal in Vorlage treten.
- Nicht-EU-Bürger müssen für alles zahlen außer für die Notfallversorgung. In vielen Reiseversicherungen ist die Auslandskrankenversicherung inbegriffen.
- Bei kleineren Wehwehchen könnte man erst mal eine *farmàcia* (Apotheke) ansteuern.
- Mitarbeiter der Länderkonsulate in Barcelona können deutschsprachige Ärzte empfehlen.

NOTFALL & NÜTZLICHE TELEFONNUMMERN

Internationale Vorwahl	☎ 00
Ländervorwahl	☎ 34
EU-weiter Notruf	☎ 112
Krankenwagen	☎ 061
Touristenpolizei	☎ 93 256 24 30

POST

Der nationale Postdienstleister Spaniens heißt Correos. Barcelonas Hauptpostamt ist ein wunderschönes Bauwerk mit reichen Fresken gegenüber dem nordöstlichen Ende des Port Vell an der Plaça d'Antonio López. Eine weitere praktisch gelegene Filiale befindet sich unweit des Passeig de Gràcia (Carrer d'Aragó 282), es gibt aber noch viele andere. Die Öffnungszeiten sind üblicherweise montags bis freitags von 8.30 bis 14.30 Uhr und samstags von 9.30 bis 13 Uhr.

Segells/sellos (Briefmarken) sind in den *estancs* (Tabakläden/Kiosks) und natürlich in den Postfilialen erhältlich.

TOURISTENINFORMATION

In Barcelona gibt's mehrere Touristeninformationen. Unter den beiden Telefonnummern ☎ 010 und ☎ 012 kann man allgemeine Informationen einholen. Die erste Nummer gilt für Barcelona und die zweite für ganz Katalonien, betrieben von der Generalitat. Manchmal erwischt man am anderen Ende jemanden, der Englisch spricht, ansonsten spricht das Personal zumeist sowohl Katalanisch als auch Spanisch. Neben den Touristeninformationen gibt's Infostände am Busbahnhof Estació del Nord und am Portal de la Pau, am Fuß des Mirador a Colom an der dem Hafen zugewandten Seite der Rambla. Im Sommer sind weitere Schalter an verschiedenen Stellen in der Stadt zu finden.

Plaça de Catalunya (S. 295)

Plaça Sant Jaume (Karte S. 268 f.; ☎ 93 285 38 34; www.barcelonaturisme.com; Plaça Catalunya 17; ⌚ 8.30–20.30 Uhr; Ⓜ Catalunya)

Estació Sants (☎ 93 285 38 34; www.barcelonaturisme.com; Barcelona Sants; ⌚ 8.30–20.30 Uhr; Ⓡ Sants Estació)

Flughafen El Prat (www.barcelonaturisme.com; ⌚ 8.30–20.30 Uhr)

Regionale Touristeninformation Palau Robert (Karte S. 292 f.; ☎ 93 238 80 91; www.palaurobert.gencat.cat; Passeig de Gràcia 107; ⌚ Mo–Sa 10–20, So bis 14.30 Uhr; Ⓜ Diagonal) Jede Menge Material über Katalonien, audiovisuelle Quellen, ein Buchladen und eine Filiale von Turisme Juvenil de Catalunya (für jugendliche Traveller).

ℹ An- & Weiterreise

BUS

Fernbusse zu Orten in ganz Spanien fahren am **Estació del Nord** (☎ 93 706 53 66; www.barcelonanord.cat; Carrer d'Ali Bei 80; Ⓜ Arc de Triomf) ab. Von hier aus bedienen zahlreiche Unternehmen, von denen viele zu **Alsa** (☎ 902 422242; www.alsa.es) gehören, unterschiedliche Landesteile. Nach anderen Busunternehmen kann man sich am Busbahnhof erkundigen. Es gibt regelmäßige Verbindungen nach Madrid, Valencia und Zaragoza (mind. 20-mal tgl.) sowie nach Burgos, Santiago de Compostela und Sevilla (mehrmals täglich).

Eurolines (www.eurolines.es) ist das größte internationale Busunternehmen; es arbeitet mit verschiedenen lokalen Anbietern in ganz Europa zusammen. Auf der Website findet man Links zu nationalen Betreibern. Am Bahnhof Estació del Nord und am Bahnhof **Estació d'Autobusos de Sants** (☎ 902 432343; www.adif.es; Carrer de Viriat; Ⓜ Sants Estació) neben dem Estació Sants Barcelona bestehen Verbindungen quer durch Europa und bis nach Marokko.

Fast die gesamten Pyrenäen und die komplette Costa Brava sind einzig mit dem Bus zu erreichen. Züge bedienen lediglich wichtige Endbahnhöfe wie Girona, Figueres, Lleida, Ripoll und Puigcerdà.

In der Region sind verschiedene lokale Busanbieter ansässig. Meist nutzen sie den Estació del Nord, nicht so **Hispano-Igualadina** (☎ 93 339 79 29; www.igualadina.com; Carrer de Viriat; Ⓜ Sants Estació) und **TEISA** (Karte S. 292 f.; ☎ 93 215 35 66; www.teisa-bus.com; Carrer de Pau Claris 117; Ⓜ Passeig de Gràcia).

Die Busse von Hispano-Igualadina fahren vom Estació Sants ab, der gleichzeitig der größte Bahnhof Barcelonas ist. TEISA-Busse starten an einer Haltestelle am Carrer de Pau Claris in L'Eixample.

FLUGZEUG

Barcelonas **Flughafen El Prat** (☎ 902 404704; www.aena.es) liegt 17 km südwestlich der Plaça de Catalunya in El Prat de Llobregat. Der Flughafen verfügt über zwei Hauptgebäude: Terminal 1 (T1) und das ältere Terminal 2 (T2), wiederum unterteilt in drei Abschnitte (A, B und C).

Ankunft Am T1 befindet sich der Hauptankunftsbereich im 1. Stock (es gibt verschiedene Abschnitte für Ankünfte aus dem Schengenraum, dem außereuropäischen Ausland und dem Korridor Barcelona–Madrid).

Abflüge Am T1 befinden sich die Boarding Gates im 1. und 3. Stock.

Touristeninformation Die **Haupttouristeninformation** (S. 353) befindet sich im Erdgeschoss von Terminal 2B. Weitere im Erdgeschoss von Terminal 2A und Terminal 1 sind zu denselben Zeiten geöffnet.

SCHIFF/FÄHRE

Ab Barcelona bestehen Fährverbindungen zu den Balearen und nach Italien, das ist allerdings selten die günstigere Transportvariante.

Die Passagier- und Autofähren der **Trasmediterránea** (☎ 902 454645; www.trasmediterra nea.es; Ⓜ Drassanes) zu/von den Balearen legen um den Pier Moll de Barcelona in Port Vell herum ab/an. Informationen und Tickets bekommt man in den Terminalgebäuden entlang des Moll de Sant Bertran, am Moll de Barcelona und in Reisebüros.

Die Fahrtpreise variieren abhängig von der Saison, dem Buchungszeitpunkt (je früher, desto besser) und dem gewünschten Komfort (eigene Kajüte ja/nein) enorm. Ein Ticket für einen Butaca Turista (Sitzplatz) von Barcelona zu einer beliebigen Insel kostet ab ca. 60 € aufwärts. Auf Nachtfähren können auch Kabinen gebucht werden (bis 4 Pers.).

Grandi Navi Veloci (Karte S. 306; www.gnv.it; Ronda del Port; Ⓜ Drassanes) verfügt über luxuriöse Highspeed-Autofähren, die mindestens dreimal pro Woche zwischen Genua und Barcelona verkehren (18 Std.). Die Ticketpreise sind sehr unterschiedlich und hängen von der Saison ab sowie davon, wie weit im Voraus man bucht. Los geht's bei ca. 80 € (einfache Strecke) im Sommer für einen Sitzplatz wie im Flugzeug. Die Tickets bekommt man online oder an den Schaltern von Trasmediterránea. Dasselbe Unternehmen organisiert auch Touren zwischen Barcelona und Tanger in Marokko (26 Std.).

Grimaldi Ferries (Karte S. 306; www.grimaldi-lines.com; Ronda del Port; Ⓜ Drassanes) betreibt eine ähnliche Fähre von Barcelona nach Civitavecchia (in der Nähe von Rom; 20½ Std., 6–7-mal pro Woche), Livorno (Toskana; 19½ Std., 3-mal pro Woche) und Porto Torres (Sardinien; 12 Std., tgl.).

ZUG

Für die Reise von anderen wichtigen spanischen Metropolen wie Madrid und Valencia nach Barcelona ist der Zug das praktischste Überland-Verkehrsmittel. Aus anderen europäischen Ländern mit dem Zug anzureisen kann sehr lange dauern – da ist man mit dem Flugzeug meist schneller und oft auch billiger unterwegs. Der wichtigste Bahnhof von Barcelona heißt **Estació de Sants** (⏲ 8–20 Uhr; Ⓜ Sants Estació). Täglich und häufig verkehren Hochgeschwindigkeitszüge (Tren de Alta Velocidad Española, kurz AVE) zwischen Madrid und Barcelona. Manche brauchen weniger als drei Stunden für die Strecke.

Die meisten Langstreckenzüge (*largo recorrido* oder Grandes Líneas) haben eine 1. und eine 2. Klasse (im Spanischen *preferente* und *turista* genannt). Nach den AVEs, dem Euromed und anderen ähnlich modernen Zügen sind die häufigsten Langstreckenzüge die langsameren (weil jede Haltestelle angefahren wird) Talgos. Als *trenhotel* werden Autozüge mit Schlafwagen bezeichnet, die bis zu drei verschiedene Klassen haben: *turista* (Sitzplatz oder Liegewagen), *preferente* (Schlafwagen) und *gran clase* (für all jene, für die purer Luxus gerade gut genug ist!).

Verschiedene *rodalies/cercanías* verbinden Orte im Umland mit Barcelona und dem Flughafen. Mehr Infos bei **Renfe** (☎ 91 232 03 20; www.renfe.es).

ℹ Unterwegs vor Ort

Für das Herumfahren innerhalb der Stadt bietet Barcelona viele Möglichkeiten. Viele Orte sind mit dem ausgezeichneten U-Bahn-Netz erreichbar, wobei Busse und Straßenbahnen die Lücken füllen. Spät am Abend sind Taxis die beste Wahl.

AUTO & MOTORRAD

Angesichts der guten öffentlichen Verkehrsmittel und der hohen Parkgebühren lohnt es sich kaum, in Barcelona ein Auto zu nutzen. Wenn man jedoch die Umgebung erkunden möchte, dann ist ein eigenes Fahrzeug nicht schlecht.

Avis, Europcar, National/Atesa und Hertz haben Schalter am Flughafen El Prat, am Estació Sants und am Estació del Nord. Einige Autovermietungen in Barcelona:

Avis (☎ 902 110275; www.avis.com; Carrer de Còrsega 293–295; ⏲ Mo–Fr 8–21, Sa bis 17 Uhr, So bis 13 Uhr; Ⓜ Diagonal)

Cooltra (☎ 93 221 40 70; www.cooltra.com; Via Laietana 6; Mietroller 28–35 € pro Tag; ⏲ 10–20 Uhr; Ⓜ Barceloneta) Verleiht Motorroller und organisiert Motorrollertouren.

Europcar (☎ 93 302 05 43; www.europcar.es; Gran Via de les Corts Catalanes 680; ⏲ Mo–Fr 8–14 & 15.30–19.30, Sa 9–14 Uhr; Ⓜ Girona)

Hertz (☎ 902 998707; www.hertz.com; Carrer de Viriat 45; ⏲ Mo–Fr 7–22, Sa & So bis 21 Uhr; Ⓜ Sants Estació)

MondoRent (☎ 93 295 32 68; www.mondorent.com; Passeig de Joan de Borbó 80–84; Mietroller ab 35 € pro Tag; ⏲ 10–20 Uhr; Ⓜ Barceloneta) Verleiht Motorroller und E-Bikes.

Enterprise (☎ 93 323 07 01; www.enterprise.es; Carrer de Muntaner 45; ⏲ Mo–Fr 8–20, Sa 9–13 Uhr; Ⓜ Universitat)

VOM/ZUM FLUGHAFEN

Der A1-**Aerobús** (Karte S. 306; ☎ 902 100104; www.aerobusbcn.com; Plaça d'Espanya; einfache Strecke/hin & zurück 5,90/10,20 €; ⏲ 5.05–0.35 Uhr) fährt von 6.10 bis 1.05 Uhr alle fünf bis zehn Minuten vom Terminal 1 zur Plaça de Catalunya (je nach Verkehrsaufkommen 30 bis 40 Minuten) und passiert unterwegs die Plaça d'Espanya, Gran Via de les Corts Catalanes (Ecke Carrer del Comte d'Urgell) und Plaça de la Universitat. Abfahrt an der Plaça de Catalunya ist zwischen 5.30 und 0.30 Uhr, gehalten wird an der Ecke Carrer de Sepúlveda und Carrer del Comte d'Urgell sowie an der Plaça d'Espanya. Der A2-Aerobús vom Terminal 2 (hält außerhalb der Terminalabschnitte A, B und C) verkehrt zwischen 6 und 1 Uhr im 10- bis 20-Minuten-Takt und folgt derselben Route wie die Linie A1.

Auch langsamere Nahverkehrsbusse bedienen die beiden Flughafenterminals, z. B. die Linie 46 von/zur Plaça d'Espanya und zwei Nachtbuslinien, die N17 und N18, von/zur Plaça de Catalunya. Die Metrolinie L9 steuert den Flughafen an (Spezialticket für 4,60 €), die Fahrt dauert aber länger – nur sinnvoll, wenn man im Norden der Stadt wohnt.

Eine Taxifahrt von den Terminals ins Stadtzentrum dauert, je nach Verkehr, etwa eine halbe Stunde und kostet um die 25 €. Der Preisschlüssel ist im Taxi angeschlagen; darauf achten, dass der Fahrer das Taxameter einstellt.

Die Linie R2 Nord des Zugbetreibers **Renfe** (S. 354) fährt halbstündlich von 5.42 bis 23.38 Uhr vom Terminal 2 zum Hauptbahnhof, Estació Sants, und zum Passeig de Gràcia im Zentrum (unterwegs werden noch mehr Haltestellen angesteuert), danach geht's in nordwestlicher Richtung aus der Stadt hinaus. Erste Abfahrt des Tages vom Passeig de Gràcia ist um 5.08 Uhr, die letzte um 23.07 Uhr. Ca. fünf Minuten später ist der Zug dann am Hbf, dem Estació Sants. Die Fahrtdauer zwischen Flughafen und Passeig de Gràcia liegt bei 25 Minuten. Für die einfache Strecke zahlt man 2,50 €.

ⓘ ACHTUNG TASCHENDIEBE

- Gewaltverbrechen sind eine Seltenheit in Barcelona, Taschendiebstahl stellt hingegen ein echtes Problem dar.
- Ein besonders leichtes Opfer ist man, wenn man mit schwerem Gepäck auf dem Weg zum Hotel oder zum Flughafen (Bahnhof etc.) unterwegs ist. Am besten vorab mit der Route vertraut machen.
- Besonders an belebten Orten die Wertsachen gut im Auge behalten.
- Spät nachts nicht im Raval und am südlichen Ende der La Rambla herumspazieren.
- Generell sollten menschenleere Straße nachts gemieden werden. Lieber ins Taxi steigen.
- Nichts von Wert mit an den Strand nehmen und die Siebensachen dort nicht unbeaufsichtigt herumliegen lassen.

ÖFFENTICHER NAHVERKEHR

Bus

Busse bedienen ab etwa 5 bis 6.30 Uhr bis 22, 23 Uhr fast das gesamte Stadtgebiet und fahren alle paar Minuten. Viele Routen führen an der Plaça de Catalunya und/oder der Plaça de la Universitat vorbei. Von etwa 23 Uhr bis 3 oder 5 Uhr verkehren zumeist alle 30 bis 45 Min. die gelben *nitbusos* (Nachtbusse). Alle *nitbus*-Linien halten an der Plaça de Catalunya.

Metro & FGC

Die einfach zu nutzende Metro hat elf nummerierte und farblich gekennzeichnete Linien. Sie ist von Sonntag bis Donnerstag und an Feiertagen von 5 bis 24 Uhr, freitags und an Tagen vor

Feiertagen von 5 bis 2 sowie samstags von 5 bis 5 Uhr in Betrieb.

Die Vorortzüge der **Ferrocarrils de la Generalitat de Catalunya** (FGC; ☎ 012; www.fgc.net) verkehren auf ein paar ganz praktischen Stadtstrecken. Alle Züge von der Plaça de Catalunya Richtung Norden halten am Carrer de Provença und in Gràcia. Eine dieser Linien (L7) führt zum Tibidabo, eine weitere (L6 nach Reina Elisenda) hat eine Haltestelle beim Monestir de Pedralbes. Die meisten Züge ab der Plaça de Catalunya fahren von Barcelona nach Sant Cugat, Sabadell und Terrassa. Andere FGC-Linien führen von der Plaça d'Espanya Richtung Westen, darunter eine nach Manresa, die praktisch ist für die Fahrt zum Montserrat.

Je nach Linie sind die Züge sonntags bis donnerstags von 5 bis 23 oder 24 Uhr (vor 6 Uhr starten nur zwei oder drei Züge) und freitags bzw. samstags von 5 bis 1 Uhr unterwegs.

Tickets & Pässe

Die Metro, FGC-Züge, *rodalies/cercanías* (Nahverkehrszüge der Renfe) und Busse gehören alle zu einem Nahverkehrsnetz. Eine einfache Fahrt in einem dieser Standardverkehrsmittel innerhalb der Zone 1 kostet 2,15 €.

Targetes heißen die Tickets für mehrere Fahrten und sind an allen Metrostationen im Stadtzentrum erhältlich. Die rechts angegebenen Preise beziehen sich auf Strecken innerhalb der Zone 1. Kinder unter vier Jahren dürfen umsonst mitgenommen werden. Hier ein paar Optionen:

- Targeta T-10 (10,20 €) – 10 Fahrten (jeweils 1¼ Std. gültig) mit der Metro, Bussen, FGC-Zügen und *rodalies*. Umsteigen zwischen den Transportmitteln ist erlaubt und mehrerePassagiere dürfen dieselbe *targeta* benutzen.
- Targeta T-DIA (8,60 €) – unbegrenzte Nutzung des Nahverkehrs für einen Tag.
- Zwei-/Drei-/Vier-/Fünf-Tages-Tickets (15/22/28,50/35 €) – unbegrenzte Nutzung des Nahverkehrs mit Ausnahme des Aerobús; an Metrohaltestellen und in Touristeninformationen erhältlich.
- T-Mes (54 €) – den öffentlichen Nahverkehr 30 Tage lang unbegrenzt nutzen.
- Targeta T-50/30 (43,50 €) – 50 Fahrten innerhalb von 30 Tagen, gültig in allen Transportmitteln.
- T-Trimestre (145,30 €) – den öffentlichen Nahverkehr 90 Tage lang unbegrenzt nutzen.

TAXIS

Wer ein Taxi nimmt, zahlt eine Grundgebühr von 2,10 € plus 1,10 € pro Kilometer (1,30 € von 20–8 Uhr und am Wochenende). Die Fahrt vom/zum Flughafen kostet zusätzlich 3,10 € plus 1 € für jedes Gepäckstück, das größer als 55 x 35 x 35 cm ist. Die Fahrt vom Estació Sants zur Plaça de Catalunya (ca. 3 km) kostet etwa 11 €.

Taxi Amic (☎ 93 420 80 88; www.taxi-amic-adaptat.com) hat sich auf den Transport von Behinderten und Sonderfahrten (z. B. Beförderung sperriger Objekte) spezialisiert. Eine Reservierung 24 Stunden im Voraus ist empfehlenswert.

Katalonien

Inhalt ➡

Schön übernachten

- Mil Estrelles (S. 376)
- Parador de Cardona (S. 413)
- Set Terres (S. 399)
- Palau dels Alemanys (S. 375)

Gut essen

- El Celler de Can Roca (S. 376)
- Les Cols (S. 390)
- Cal Ton (S. 420)
- El Jardinet (S. 411)
- Can Ventura (S. 399)

Auf nach Katalonien!

Eine eigene Sprache, einzigartige Bräuche – Katalonien unterscheidet sich vom Rest Spaniens. Die vier Provinzen bieten auch außerhalb Barcelonas zahlreiche Naturschönheiten. Über Wiesen und glitzernde Seen ragen die Pyrenäen empor, auf den Ebenen stehen Vulkankegel, Sandstrände gehen in Felshöhlen über und windumtoste Kaps verwandeln sich in ruhige Küstenwege und fruchtbare Weinberge.

Der größte Anziehungspunkt der Costa Brava sind die Küstengebiete, doch es locken auch mittelalterliche Architektur, jüdische Geschichte und kulinarische Genüsse in Girona sowie Dalís Theatermuseum in Figueres. Sitges an der Costa Daurada bietet Sommerspaß und Modernista-Villen.

Im Norden durchziehen Wanderwege die Pyrenäen, die auf 3000 m steigen, und in den Dörfern warten romanische Kirchen und Klöster. Die römischen Ruinen von Tarragona und Empúries versetzen Besucher in die Vergangenheit, und das Delta de l'Ebre bietet eine ganz andere Landschaft.

Reisezeit

Tarragona

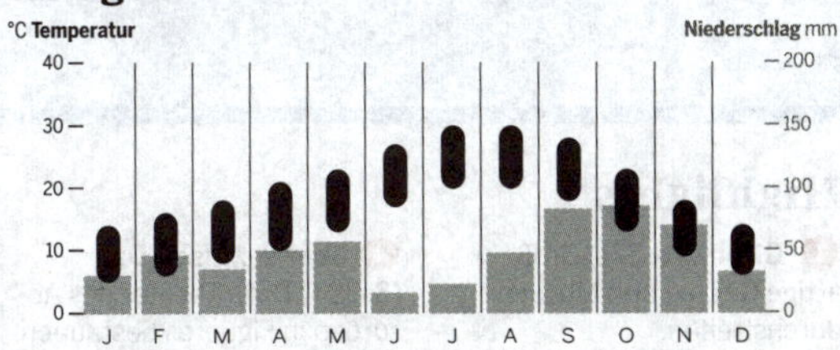

Mai Die Strände und Wanderwege der Costa Brava sind noch nicht überfüllt, aber das Wasser ist kühl.

Sept. Perfekte Wanderbedingungen in den katalanischen Pyrenäen, die in Herbstfarben leuchten; entspannte Rückkehr an die Küste.

Dez.–Feb. Skisaison in den winterlichen Pyrenäen.

Highlights

1 **Girona** (S. 371) Großartige Gassen und Museen durchstreifen.

2 **Begur** (S. 367) Versteckte Buchten entdecken.

3 **Parc Nacional d'Aigüestortes i Estany de Sant Maurici** (S. 402) Hochgelegene Wanderwege im einzigen Nationalpark Kataloniens erkunden.

4 **Teatre-Museu Dalí** (S. 384) Dalís Theater des Absurden in Figueres bestaunen.

5 **Cadaqués** (S. 381) Am Meer entlang zu Dalís Haus und zum Cap de Creus wandern.

6 **Zisterzienser-Route** (S. 426) Eindrucksvolle Klöster auf einer hügeligen Autofahrt bewundern.

7 **Sitges** (S. 415) Ausgiebig feiern in dem schwulenfreundlichen Städtchen.

8 **Delta de l'Ebre** (S. 426) Flamingoschwärme beobachten.

9 **Olot** (S. 389) Spüren, wie in den Hügeln die Erde bebt.

10 **Tarragona** (S. 420) Römische Ruinen in dieser lebhaften Stadt bestaunen.

COSTA BRAVA

Die Costa Brava (die „wilde Küste") erstreckt sich nördlich von Barcelona bis zur spanisch-französischen Grenze und ist zweifellos die schönste der drei wichtigsten Ferienküsten Spaniens. Es gibt zwar jede Menge Touristenhochburgen, aber diese unglaublich reizvolle Region von Katalonien bietet auch unberührte Buchten, spektakuläre Landschaften am Meer, windgepeitschte Landzungen, Wanderwege an der Küste, charmante Küstenstädte mit ausgezeichneten Restaurants und rund um die geschützten Illes Medes eines der besten spanischen Tauchgebiete.

Reizende Dörfer aus Stein und das mächtige romanische Kloster San Pere de Rodes schmiegen sich in das hügelige Hinterland, im Süden umgeben von leuchtend grünen Schirmkieferwäldern. Im Landesinneren liegt die größte Stadt Nordkataloniens, Girona, mit einem stimmungsvollen, erstaunlich gut erhaltenen mittelalterlichen Zentrum und einem der besten Restaurants der Welt. Das benachbarte Figueres ist berühmt für sein bizarres Teatre-Museu Dalí, der führenden von mehreren Einrichtungen über den exzentrischen surrealistischen Künstler, der, wie viele andere, der wilden Naturschönheit des Küstenortes Cadaqués verfiel.

Tossa de Mar

5050 EW.

Tossa de Mar schmiegt sich an eine mit Booten gesprenkelte Bucht, geschützt von einer Landzunge mit eindrucksvollen mittelalterlichen Verteidigungswällen und Türmen. Durch den Tourismus erhielt das malerische Dorf mit den krummen, engen Straßen eine moderne Erweiterung, doch die Altstadt und die Aussicht von den Klippen sind so wunderschön wie eh und je.

Tossa war einer der ersten Orte an der Costa Brava mit ausländischen Besuchern: In den 1930er-Jahren zog es eine kleine Gruppe Künstler und Schriftsteller ins „Blaue Paradies", wie der russisch-französische Maler Marc Chagall die Gegend nannte. Bekanntheit erlangte Tossa durch den Film *Pandora und der fliegende Holländer* von 1951 mit Ava Gardner. Eine Statue des Filmstars ist am Pfad zum Leuchtturm zu sehen.

Im Juli und August ist es fast unmöglich, zum Wasser zu kommen, ohne über die eingölten Körper der zahlreichen Strandbesucher zu stolpern, außerhalb der Hochsaison haben viele Sehenswürdigkeiten und Einrichtungen kürzer oder gar nicht geöffnet.

Sehenswertes

Die ockerfarbenen, märchenhaften Mauern und Türme auf dem mit Pinien bewachsenen **Mont Guardí**, der Landzunge am südlichen Ende des Hauptstrandes von Tossa, wurden vom 12. bis 14. Jh. erbaut. Sie umgeben die **Vila Vella** (Altstadt), die im 15. Jh. ihren glanzvollen Höhepunkt erreichte; heute punktet sie mit steilen Kopfsteinpflasterstraßen und weiß getünchten, blumengeschmückten Häusern. Ein **Leuchtturm** von 1917 (Passeig de Vila Vella, Mont Guardí; 1,50 €; ⏲ Juli & Aug. tgl. 10–14 & 16–20 Uhr, Sept.–Juni Di–So 10–16 Uhr) krönt den Mont Guardí.

Schlafen & Essen

Manà Manà HOSTEL €

(☎ 972 34 25 49; www.manamanahostel.com; Carrer Sant Telm 9; B 20–26 €, DZ 58–92 €; ⏲ Ostern–Okt.; 📶) Das farbenfrohe, gesellige Hostel liegt nur zwei Gehminuten vom Strand entfernt. Das Manà Manà bietet Budgetreisenden Schlafsäle mit vier oder sechs Betten (darunter ein Zimmer nur für Frauen) mit Schließfächern, Gemeinschaftsbädern und lebendiger Dekoration. Zur Verfügung stehen eine Küche, eine Selbstbedienungs-Wäscherei und eine Dachterrasse, wo man gemeinsam essen kann. Die Herberge organisiert Wandertouren und andere Aktivitäten, daher eignet sie sich perfekt für Alleinreisende.

Cap d'Or HOTEL €€

(☎ 972 34 00 81; www.hotelcapdor.com; Passeig del Mar 1; inkl. Frühstück EZ 79–85 €, DZ 119–135 €, 4BZ 172–195 €; ⏲ Ostern–Mitte Okt.; ❄📶) Dieses familiengeführte Haus direkt unter den Stadtmauern geht quasi auf Tuchfühlung mit der Historie des Ortes. Die zehn Zimmer sind hübsch in Pastellfarben gehalten und jedes bietet Vintage-Bilder und kitschige Marinedetails. Die besten bieten Ausblick auf den Strand. Es gibt ein fröhliches Café-Restaurant, das den ganzen Tag geöffnet ist und Meeresfrüchte, Salate, Omeletts und Snacks (7–12 €) sowie einen Ausblick auf den Strand bietet.

La Cuina de Can Simón KATALANISCH €€€

(☎ 972 34 12 69; http://restaurantcansimon.com; Carrer del Portal 24; Hauptgerichte 28–35 €, Degustationsmenüs 68–135 €; ⌚13–15.30 & 20–22.30 Uhr, April–Juli & Sept. Mo geschl., Okt.–März, Sonntagabend, Mo & Di geschl.) Das absolute Highlight unter den vielen Restaurants an der Stadtmauer auf dem Carrer del Portal. In einem Fischerhaus aus Stein aus dem 18. Jh. serviert das mit einem Michelin-Stern ausgezeichnete La Cuina de Can Simón innovative Gerichte, die auf ein zweifaches Erbe zurückgehen: Die Großeltern des Besitzers waren ein Fischer und ein Künstler. Auf den Tisch kommen köstliche saisonale Fusion-Ggerichte wie Sole Meunière mit iberischem Schinken oder Garnelen in *cava* (Sekt).

ℹ Praktische Informationen

Oficina de Turisme de Tossa de Mar
(☎ 972 34 01 08; www.infotossa.com; Avinguda del Pelegrí 25; ⌚Juni–Sept. Mo–Sa 9–21, So 10–14 & 17–20 Uhr, Okt.–Mai Mo–Sa 10–14 & 16–19, So 10–14 Uhr, Nov.–April So geschl.) Neben dem Busbahnhof von Tossa.

ℹ An- & Weiterreise

Von Tossas **Busbahnhof** (Plaça de les Nacions Sense Estat) fahren Busse von **Sarfa** (www.sarfa.com) zur Estació del Nord (12,15 €, 1¼ Std., 5- bis 15-mal tgl.) und zum Flughafen von Barcelona (14,25 €, 2 Std., 2- bis 11-mal tgl.) sowie von Mitte Juni bis Oktober zum Flughafen von Girona (10 €, 55 Min., 2-mal tgl.).

Palafrugell & Umgebung

Auf halbem Weg zwischen Barcelona und der französischen Grenze beginnt ein wunderschöner Küstenabschnitt. Das 4 km landeinwärts gelegene Palafrugell dient als Ausgangspunkt zu herrlichen Stränden. Calella de Palafrugell, Llafranc und Tamariu, alles ehemalige an wunderschönen Buchten gelegene Fischerdörfer, sind reizvolle, ruhige Badeorte.

Begur, 7 km nordöstlich von Palafrugell, ist ein schön erhaltenes, von einer Burg gekröntes Dorf mit einigen weniger erschlossenen Stränden in der Nähe. Einen Besuch lohnen auch der winzige Ort Pals sowie das fabelhafte Dorf Peratallada mit seinem Kopfsteinpflaster im Landesinneren.

Palafrugell

21 050 EW.

An der schönen Teilstrecke der Costa Brava in Richtung Norden zwischen Calella de Palafrugell und Begur, 4 km westlich der Küste, ist Palafrugell der größte Verkehrsknotenpunkt mit den meisten Einkaufsmöglichkeiten und Services. Diese Stadt im Landesinneren ist jedoch mehr als eine reine Durchfahrtsstation auf dem Weg zum Strand. Auf der Plaça Can Mario gibt's künstlerische und kulturelle Schätze zu entdecken – sowie eine der schönsten gotischen Kirchen der Region.

Sant Martí de Palafrugell KIRCHE
(Plaça de l'Església; ⌚wechselnde Öffnungszeiten) Der unvollständige Kirchturm mit mehreren Spitzen dieses schönen gotischen Baus erhebt sich wie eine Krone über dem Zentrum von Palafrugell. Laut alten Dokumenten stand hier bereits seit dem 11. Jh. eine Kirche, aber was man von diesem stattlichen Bauwerk heute sieht, stammt aus dem 17. und 18. Jh.

ℹ Praktische Informationen

Oficina de Turisme Palafrugell
(☎ 972 30 02 28; www.visitpalafrugell.cat; Avinguda de la Generalitat 33; ⌚Juli & Aug.

DER CAMÍ DE RONDA

Der ausgeschilderte 230 km lange, von Klippen, Buchten, felsigen Landzungen und Pinienhainen gesäumte **Camí de Ronda** (auch bekannt als Costa-Brava-Weg) führt von Blanes nach Colliure in Frankreich und gehört – wer hätte es gedacht – zu den besten Wanderrouten Kataloniens. Manche Abschnitte sind leicht zu bewältigen, andere sehr steil und anspruchsvoll. Wer sich die gesamte Strecke vornimmt, sollte sich auf eine fordernde Tour von etwa zehn Tagen einstellen. Größtenteils folgt die Route dem GR92, umfasst jedoch auch verschiedene Umwege entlang der Küste.

Einige der beliebtesten Strecken verbinden Calella de Palafrugell, Llafranc (S. 366), Tamariu (S. 367) und die Gegend um Begur. Eine weitere bevorzugte Route geht von Cadaqués (S. 381) zum Leuchtturm **Cap de Creus** (S. 383), eine recht einfache Strecke (8 km; 2½ Std.), die durch Port Lligat und an mehreren einsamen Stränden vorbeiführt.

Costa Brava

Mo–Sa 10 –20 Uhr, Ostern–Juni & Sept.–Mitte Okt. Mo–Sa 10–13 & 16–19 Uhr, Mitte Okt.–Ostern Mo–Fr 10–17, Sa 10–13 & 16–19 Uhr, ganzjährig So 9.30–13.30 Uhr) Die Touristeninformation befindet sich direkt an der C31 am südwestlichen Stadtrand.

ℹ An- & Weiterreise

Vom **Busbahnhof** (Carrer de Lluís Companys) verbinden **Sarfa**-Busse (www.sarfa.com) Palafrugell mit Barcelona (18,50 €, 2¼ Std., 6- bis 7-mal tgl.) und Girona (6,50 €, 1–1½ Std., 10- bis 21-mal tgl.). Außerdem fahren Busse nach Calel-

1

2

Spaniens schönste Strände

Spanier können stundenlang darüber streiten, welches die schönsten Strände im direkten Umkreis sind – eine Auswahl der besten Flecken entlang der 5000 km langen Küste ist also immer kontrovers. Die sanften, hübschen Strände und Buchten am Mittelmeer bilden einen Kontrast zur rauen Schönheit der Atlantikküste.

Illas Cíes (S. 636) Ein geschütztes Archipel vor Galicien mit Stränden, die einem den Atem verschlagen.

Aiguablava/Fornells (S. 368) Dicht aneinanderliegende Buchten an der Costa Brava nahe Begur. Beide sind so traumhaft, dass wir uns nicht entscheiden mögen.

Cabo de Gata (S. 852) Eine Reihe umwerfender Strände, aber alle unterschiedlich, auf dieser herrlichen Halbinsel in der Provinz Almería.

Playa del Silencio (S. 579) Mit einem natürlichen Amphitheater aus Stein als Hintergrund ist dieses asturische Juwel schwer zu schlagen.

Playa de la Concha (S. 496) Ein muschelförmiger Streifen Sand im Herzen von San Sebastián, und der vielleicht schönste Stadtstrand in ganz Europa.

Praia As Catedrais (S. 626) Zu den unglaublichen Felsformationen an diesem galicischen Strand strömen so viele Menschen, dass nur eine begrenzte Besucherzahl zugelassen ist.

SILVIA GREGORIO ESCOBAR / SHUTTERSTOCK ©

Praia As Catedrais, nahe Ribadeo **2.** Playa de la Concha, San ebastián **3.** La Isleta del Moro, Cabo de Gata

3

KATALONIEN & SPANIEN

Das Königreich Spanien entstand, wie so viele europäische Nationen, aus einer Reihe von Eroberungen und dynastischen Allianzen von und mit einst eigenständigen Ländern. Obwohl die letzte davon mehr als 500 Jahre zurückliegt, identifizieren sich viele Bewohner der Halbinsel noch immer stärker mit dem Dorf ihrer Vorfahren oder ihrer lokalen Region – die *patria chica* („kleines Vaterland") – als mit der Nation als Ganzes. In Teilen gibt es separatistische Bewegungen, und besonders stark sind sie im Baskenland und in Katalonien.

Jenseits von Barcelona und der Costa Brava fühlt man sich in Katalonien wie in einem anderen Land. Es wird wenig Spanisch gesprochen und auf den Balkonen weht die rot-gelbe Flagge. „Katalonien ist nicht Spanien.": Dieser oft an Hauswände gesprühte Satz spiegelt hier das weitverbreitete Lebensgefühl wider.

Kataloniens Anfänge liegen im 8. und 9. Jh., als die Franken unter Karl dem Großen die Mauren bekämpften. Das goldene katalanische Zeitalter begann im frühen 12. Jh., als Raimund Berengar III., der bereits über Katalonien und Teile Südfrankreichs herrschte, die erste seetüchtige Flotte der Region auf den Weg schickte. 1137 wurde sein Nachfolger Raimund Berengar IV. mit der einjährigen Erbin des aragonischen Throns verlobt. So konnte Kataloniens Macht bis ins Mittelmeer erweitert werden, allerdings in Verbindung mit einer anderen Krone. Das moderne Spanien war quasi schon gegründet, als Ferdinand 1479 König von Aragonien wurde und bereits mit Isabella, Königin von Kastilien, vermählt war.

Katalonien war mit seiner neuen untergebenen Rolle gar nicht zufrieden, konnte jedoch wenig dagegen tun. Nachdem Barcelona sich im Spanischen Erbfolgekrieg (1702–14) auf die Seite der Verlierer geschlagen hatte, lehnte es sich gegen die spanische Krone auf, deren Truppen die Stadt von März 1713 bis zum 11. September 1714 besetzten. Der siegreiche Philipp V. schaffte die katalanischen Privilegien ab, verbot das Schreiben und Unterrichten auf Katalanisch und überließ Kataloniens Kolonien anderen europäischen Mächten.

In den folgenden Jahrhunderten blühte der Handel in Barcelona wieder auf. Ende des 19. Jhs. und zu Beginn des 20. Jhs. wurde der Ruf nach mehr Autonomie laut. Allerdings wurde das pro-republikanische Katalonien nach dem Spanischen Bürgerkrieg vom siegreichen General Franco grob misshandelt. Bei Vergeltungsschlägen und politischen Säuberungen wurden mindestens 35 000 Menschen erschossen. Das Katalanische wurde in der Öffentlichkeit verboten, alle Straßen und Ortschaften bekamen spanische Namen und *castellano* (Kastilisch) wurde zur einzig erlaubten Sprache in Schule und Medien. Dieser Stachel sitzt heute noch tief. Dennoch wurde nach Francos Tod 1975 die Selbstverwaltung wiederhergestellt.

In den vergangenen Jahrzehnten hat die katalanische Kultur eine Renaissance erlebt: Traditionelle Feste und Tänze werden wieder praktiziert, katalanische Flaggen werden zunehmend präsenter und in der Öffentlichkeit ist die katalanische Sprache allgegenwärtig. Für die Katalanen stellt ihre Sprache ein wichtiges Identifikationsmoment dar.

Die Unabhängigkeit von Spanien ist seit Jahren ein großes Thema der katalanischen Politik und gewann nach der Wirtschaftskrise in Spanien ab 2008 an Bedeutung und Dringlichkeit. Im September 2015 gewann die für die Unabhängigkeit eintretende Koalition Junts pel Sí („Zusammen für Ja"), angeführt von Carles Puigdemont, bei den katalanischen Parlamentswahlen über 39 % der Stimmen. Mit Unterstützung der linksaußen angesiedelten, unabhängigkeitsorientierten Candidatura d'Unitat Popular (CUP) bildete Junts pel Sí eine Regierung und versprach, ein Referendum über die Unabhängigkeit Kataloniens durchzuführen.

la de Palafrugell, Llafranc und Tamariu (nur im Sommer) an der Küste.

Calella de Palafrugell

670 EW.

Die weiß getünchten Häuser von Calella, dem südlichsten Küstenjuwel von Palafrugell, tummeln sich im ägäischen Stil um eine felsige Bucht mit hübschen kleinen Sandabschnitten und Fischerbooten. Calella, zu Recht für seine wunderschöne Bucht bekannt, ist standhaft geblieben und hat sich nicht vergrößert. Hier herrscht eine angenehm verschlafene Atmosphäre, auch wenn das Dorf im Sommer voller Besucher ist.

Die zentralspanische Regierung in Madrid unter Premierminister Mariano Rajoy der Partido Popular (PP; Volkspartei) betitelte ein solches Referendum als illegal. Die katalanische Regierung erklärte ungerührt, die Befragung am 1. Oktober 2017 durchzuführen. Die spanische Regierung schickte die Policía Nacional (Spaniens Nationalpolizei), um das Referendum zu verhindern, was zu einigen Gewaltszenen in Wahllokalen führte, wobei mehr als 800 Menschen verletzt worden sein sollen. Nach offiziellen Angaben stimmten von den 43 % potenziellen Wählern, die am Referendum teilgenommen haben, 90 % für die Unabhängigkeit. Das spanische Verfassungsgericht hatte das Referendum für illegal erklärt, bevor es stattfand.

Große Menschenmengen, vor allem in Barcelona, protestierten gegen die spanische Polizeiaktion und den Versuch der Zentralregierung, das Referendum zu stoppen. In den folgenden Tagen zog sich aber eine Welle der Unterstützung für die spanische nationale Einheit durch einen Großteil des restlichen Landes und sogar durch Katalonien selbst, einschließlich einer Anti-Unabhängigkeitsdemonstration mit 350 000 Teilnehmern in Barcelona. Vor dem Referendum hatten einige Meinungsumfragen ergeben, dass nur etwa 40 bis 45 % der katalanischen Bevölkerung die Unabhängigkeit unterstützen.

Am 27. Oktober 2017, nach einer Zeit des Schlagabtauschs zwischen Madrid und Barcelona, in der die Hoffnungen auf einen Kompromiss ins Leere gingen, stimmte das katalanische Parlament für die Unabhängigkeit. Das nationale Parlament in Madrid berief sich auf Artikel 155 der spanischen Verfassung (noch nie zuvor angewendet), der es ihm erlaubt, die Autonomie von Regionen unter extremen Umständen aufzuheben und sie unter die direkte Herrschaft Madrids zu stellen. Dies bedeutete die Entlassung von Puigdemont, die Auflösung des katalanischen Parlaments und die Ankündigung neuer Regionalwahlen in Katalonien für den 21. Dezember 2017.

Kurz darauf klagte der spanische Generalstaatsanwalt Puigdemont und 13 seiner Minister wegen Rebellion und Aufruhr an, was mit Höchststrafen von 30 bzw. 15 Jahren belegt werden kann. Doch da waren Puigdemont und vier Minister bereits nach Brüssel geflohen.

Bei den Wahlen am 21. Dezember gewannen die separatistischen Parteien Kataloniens 70 der 135 Parlamentssitze und konnten damit die neue katalanische Regierung bilden. Der im Exil lebende Puigdemont war der Favorit als neuer katalanischer Präsident, aber im März 2018 widerrief er sein Angebot, ins Amt zurückzukehren. Puigdemont sprach sich für Jordi Sànchez als Präsident aus, zusammen mit seiner Partei Junts per Catalunya (die für die Dezemberwahl neu gegründet wurde). Jedoch verweigerte der Oberste Gerichtshof Spaniens, die Freilassung Sànchez' für eine Amtseinführung (Sànchez befand sich seit Oktober 2017 wegen Aufruhrs in Polizeigewahrsam). Ein weiterer Ersatzkandidat sowie der Versuch, Puigdemont in Abwesenheit zum Regionalpräsidenten zu wählen, scheiterten. Im Mai 2018 wurde Quim Torra von der Regionalregierung ins Amt gewählt.

Die Gesamtsituation ist nach wie vor unsicher, doch die die katalanische Unabhängigkeitsbewegung zeigt keine Anzeichen, sich zur Ruhe setzen zu wollen. Nicht wenige Katalanen haben das Gefühl, dass ihre Steuern den Rest von Spanien subventionieren, und die ökonomisch schwierigen Zeiten infolge der Wirtschaftskrise 2008 haben dieses Gefühl noch verstärkt. Aber gerade weil Katalonien ein wertvolles Glied ist, will die spanische Zentralregierung es nicht aufgeben.

Sehenswertes & Aktivitäten

Von Calella kann man auf verträumten **Küstenwegen** – darunter der Fernwanderweg GR92 oder Camí de Ronda – Richtung Nordosten nach Llafranc (30 Min., 1,5 km), nach Tamariu (2–3 Std., ca. 6 km) und weiter oder Richtung Süden zur Platja del Golfet beim Cap Roig (1,5 km, 40 Min.) schlendern.

Jardins de Cap Roig GÄRTEN

(Cap Roig; Erw./Kind 7 €/gratis; April–Sept. 10–20 Uhr, Okt.–März bis 18 Uhr, Jan. & Feb. nur am Wochenende) Auf dem Cap Roig, 2 km südwestlich vom Zentrum von Calella, blühen in diesen schönen botanischen Gärten ungefähr 1000 Blumenarten um den Schlosspalast von Nikolai Voevodsky aus dem frühen

20. Jh. – ein zaristischer Oberst mit erlesenem Geschmack, der nach der russischen Revolution in seiner Heimat in Ungnade fiel.

Schlafen & Essen

Hotel Mediterrani HOTEL €€€
(☎ 972 61 45 00; www.hotelmediterrani.com; Carrer de Lladó 55; inkl. Frühstück EZ 99–150 €, DZ 99–245 €; ⏲ April–Okt.; P ❄ 📶) Frische Zimmer im Boutique-Stil in ruhigen Cremetönen, viele mit ausgezeichnetem Blick auf einen Sandstrand und türkisblaues Meer, machen dieses traditionsreiche und einladende Familienhotel am Südwestende der Stadt fast unschlagbar. Am besten sind die Boudoirs im Obergeschoss mit privaten Sonnendecks.

Tragamar MEERESFRÜCHTE, INTERNATIONAL €€
(☎ 972 62 43 36; www.tragamar.com; Platja del Canadell; Hauptgerichte 12–22 €; ⏲ Juli & Aug. 12–23 Uhr, Ostern–Juni & Sept.–Mitte Okt. 1 Tag in der Woche geschl., Mitte Okt.–Ostern geschl.; 🖉) Kaum einen Meter vom Strand entfernt, mit Tischen und Blick auf die Bucht, liegt dieses Lokal, Calellas Filiale von Barcelonas äußerst erfolgreichem Restaurantimperium Tragaluz. Die Speisekarte ist sehr international gehalten und bietet neben katalanischen Klassikern und Meeresfrüchtegerichten auch asiatisch und mediterran inspirierte Köstlichkeiten wie Edamame mit Salzkruste, Thunfisch-*tataki* mit Guacamole und leckere Salate.

Praktische Informationen

Oficina de Turisme Calella de Palafrugell
(☎ 972 61 44 75; www.visitpalafrugell.cat; Carrer de les Voltes 4; ⏲ Juli & Aug. 10–13 & 17–20 Uhr, Juni & Sept. Mo–Sa 10–13 & 17–20, So 10–13 Uhr, April & Mai nur am Wochenende geöffnet) Das saisonal geöffnete Büro liegt direkt am Strand.

An- & Weiterreise

Busse von **Sarfa/Moventis** (www.sarfa.com; www.moventis.es) verbinden Calella mit Palafrugell (1,70 €, 15 Min., 3- bis 19-mal tgl.) sowie mit Tamariu und Llafranc.

Llafranc

280 EW.

Das exklusive Llafranc liegt knapp 2 km nordöstlich von Calella de Palafrugell, doch allmählich wachsen die Orte an der Küstenstraße zusammen. In der kleinen aquamarinblauen Bucht des Dorfes erstreckt sich ein schöner, langer goldener Sandstreifen mit schroffen pinienbewachsenen Felsen und Küstenstreifen auf beiden Seiten. Im Juli und im August fallen hier die sonnenhungrigen Menschenmassen ein, aber ansonsten ist es ein friedlicher, schöner Ort.

Sehenswertes & Aktivitäten

Der Fernwanderweg GR92 oder Camí de Ronda (S. 360) verbindet Llafranc mit den anderen Küstendörfern in der Nähe, wie Tamariu (1½ Std., ca. 4,5 km) und Calella de Palafrugell (30 Min., 1,5 km), und bietet kurze, spektakuläre Touren. Außerdem gibt's viele Wanderungen, die man in Strandsandalen unternehmen kann. Mehr Informationen erhält man bei der Touristeninformation (S. 367). Kajakfahren, SUP (Stand-up-Paddling) und SUP-Yoga sind weitere beliebte Aktivitäten.

★ Cap de Sant Sebastià AUSSICHTSPUNKT
Das magische Vorgebirge, das das östliche Ende von Llafranc umrahmt, bietet einen fantastischen Blick in beide Richtungen und über das Meer. Der **Leuchtturm** von 1857 (mit einer Sommer-Loungebar), ein **Verteidigungsturm** aus dem 15. Jh. und eine Kapelle aus dem 18. Jh. gehören mittlerweile zu einem Nobelhotel. Es gibt hier auch Ruinen einer vorrömischen iberischen **Siedlung** (mit mehrsprachigen Tafeln). Man läuft 1,2 km (20 Min.) von Llafrancs Stadtkern hierher; Startpunkt ist die Treppe am Hafen. Von dort kann man Richtung Norden nach Tamariu weiterwandern (4 km, ca. 1 Std.).

Schlafen & Essen

Terralet HOTEL €€
(☎ 972 30 64 54; www.terraletllafranc.com; Carrer de Carudo 12-14; DZ 95–125 €, 3BZ 135–155 €, 4BZ 135–175 €; ⏲ März–Okt.; 📶) Das türkisfarbene Terralet liegt nur wenige Schritte vom Strand entfernt und wurde zum Zeitpunkt der Recherche neu eröffnet. Die tadellosen, schlichten weiß-türkisfarbenen Zimmer haben unterschiedliche Formen und Größen: von geschmackvollen Doppelzimmern bis zu Familienbetten mit Lounge, alle schlicht, aber stilvoll eingerichtet. Zudem gibt's eine angenehme Café-Bar im Erdgeschoss sowie Yoga und Meditation auf der Dachterrasse.

Hotel El Far HOTEL €€€
(☎ 972 30 16 39; www.hotelelfar.com; Cap de Sant Sebastià; Zi. inkl. Frühstück 200–300 €; ⏲ Mitte Feb.–Mitte Jan.; P ❄ 📶) Das romantische an abgelegenen Klippen gelegene El Far ist eine

harmonische Kombination aus Luxus und köstlichen Meeresfrüchten aus der Region. Die luxuriösen, maritim anmutenden Zimmer verfügen alle über einen eigenen Balkon, die meisten mit herrlichem Meerblick. Das Restaurant serviert frische Meeresfrüchte und Reisgerichte (Hauptgerichte 17–27 €) sowie darunter eine gute *fideuà* (Nudelgericht mit Meeresfrüchten). Vom Gehweg rund um das Hotel genießt man einen Panoramablick auf die glitzernde Küste Llafrancs, steile 1,2 km (20 Min. zu Fuß) entfernt.

Casamar KATALANISCH **€€€**
(☎ 972 30 01 04; www.hotelcasamar.net; Carrer del Nero 3; Hauptgerichte 21–30 €, Festpreismenü 48–73 €; ⏲ April–Dez. Di–So 13.30–15.30 & 20.30–23 Uhr, Sept.–Dez. & April–Juni So abends geschl.) Dieses erstklassige, mit Michelin-Stern gekrönte Restaurant in einnehmender Lage auf einer Landspitze mit Blick auf Llafrancs Bucht und Hafen serviert in erfrischend herzlicher Atmosphäre klassische Meeresfrüchte und kreative Hauptgerichte aus erlesenen Zutaten. An sonnigen Tagen sitzt man herrlich auf der von Pinien umgebenen Terrasse. Am westlichen Ende des Strandes führt eine Treppe hinauf.

Angeschlossen ist außerdem ein beliebtes **Hotel** (☎ 972 30 01 04; www.hotelcasamar.net; Carrer del Nero 3; Zi. inkl. Frühstück 120–145 €; ⏲ April–Dez.; ❄ 📶) mit 20 gemütlichen, modernen ganz weißen Zimmern, die fast alle Balkone und Meerblick haben.

Praktische Informationen

Oficina de Turisme de Llafranc
(☎ 972 30 50 08; www.visitpalafrugell.cat; Passeig de Cípsela; ⏲ Juli & Aug. 10–13 & 17–20 Uhr, Juni & Sept.–Mitte Okt. Mo–Sa 10–13 & 17–20, So 10–13 Uhr, April & Mai nur am Wochenende) Saisonaler Infokiosk am westlichen Ende des Strandes.

An- & Weiterreise

Busse von **Sarfa/Moventis** (www.sarfa.com; www.moventis.es) fahren von Palafrugell (1,70 €, 20 Min., 3- bis 20-mal tgl.) sowie Tamariu und Calella de Palafrugell nach Llafranc.

Tamariu

130 EW.

4 km nördlich von Llafranc erstreckt sich das kleine, ruhige Tamariu vor einer sagenhaften halbmondförmigen Bucht, durchströmt vom Duft der Pinien und gesäumt von hübschen weiß getünchten Häusern. Das Wasser ist hier klarer als an vielen anderen Sandstreifen der spanischen Mittelmeerküste.

In Tamariu starten schöne **Küstenwanderwege**, meistens entlang der Fernstrecke GR92, dem Camí de Ronda (S. 360); der beliebteste Weg führt südlich über das Cap de Sant Sebastià nach Llafranc (1½ Std., ca. 4,5 km). Außerdem gibt es viele Kajak- und SUP-Verleihe.

Schlafen & Essen

Hotel Tamariu HOTEL **€€**
(☎ 972 62 00 31; www.tamariu.com; Passeig del Mar 2; inkl. Frühstück EZ 84–102 €, DZ 96–168 €; ⏲ Ende Feb.–Anfang Nov.; ❄ 📶) Das fröhliche Hotel Tamariu, eine ehemalige Fischertaverne, wird seit vier Generationen von einer Familie betrieben. Es bietet geräumige Zimmer in Seemannstürkis und -weiß, von denen manche über einen Balkon mit Blick auf den kleinen Küstenort verfügen. Die Besitzer vermieten darüber hinaus Zwei- bis Dreibettapartments in der Nähe.

Das Strandrestaurant **El Clot dels Mussols** (☎ 972 62 00 31; www.tamariu.com; Passeig del Mar 2; Hauptgerichte 16–23 €; ⏲ Mitte Juni–Mitte Sept. 13–22.30 Uhr, Mitte Sept.–Nov. & Ende Feb.–Mitte Juni 13–15.30 & 19–22.30 Uhr) ist bekannt für seine Meeresfrüchtegerichte und seine Festpreismenüs (25–30 €).

Praktische Informationen

Oficina de Turisme de Tamariu
(☎ 972 62 01 93; www.visitpalafrugell.cat; Carrer de la Riera; ⏲ Juli & Aug. 10–13 & 17–20 Uhr, Juni & Sept. Mo–Sa 10–13 & 17–20, So 10–13 Uhr) Die Informationsstelle ist nur im Sommer geöffnet.

An- & Weiterreise

Busse von **Sarfa/Moventis** (www.sarfa.com; www.moventis.es) verbinden Tamariu mit Palafrugell (1,70 €, 15 Min., 3- bis 12-mal tgl.) nur von Mitte Mai bis Mitte Oktober.

Begur & Umgebung

1240 EW.

Von einem Schloss aus dem 11. Jh. dominiert, gehört Begur mit seiner atemberaubenden Küste zu den schönsten und gefragtesten Orten an der Costa Brava. Dieses märchenhafte Städtchen, 8 km nordöstlich von Palafrugell, bietet eine anregende Auswahl an Restaurants, schicken Boutiquen, erholsamen historischen Gasthäusern und Boutique-Hotels und modernistischen Herrenhäusern, die in den Steinstraßen im mittelalterlichen Zentrum für Farbtupfer sorgen. Darüber hinaus winden sich eine Reihe kurvenreicher Straßen hinunter zu verträumten winzigen Buchten, versteckt inmitten von Pinienhainen, wie Aiguablava, Fornells, Sa Tuna, Sa Riera und Aiguafreda.

Sehenswertes & Aktivitäten

Rund um Begur gibt es einige schöne **Wanderwege**, unter anderem zu mehreren attraktiven Stränden, und eine 11,5 km lange Wanderung auf der GR92 Richtung Süden nach Tamariu (5 Std.).

Im Touristenbüro (S. 369) gibt's Prospekte für selbstgeführte historische Wanderungen.

Castell de Begur BURG

(Pujada al Castell; rund um die Uhr) GRATIS Es gibt nicht viel zu erkunden außer den verfallenen Ruinen dieses mittelalterlichen Schlosses. Es ist ungefähr im gleichen Zustand wie 1810, als es von spanischen Truppen zerstört wurde, um den Vormarsch von Napoleons Armee zu verhindern. Vom Zentrum von Begur führt ein steiler ausgeschilderter Weg von 1 km Länge zu den Befestigungsmauern (25 Min.) mit atemberaubendem Blick auf die Hügel, die sich in Richtung Mittelmeer erstrecken.

Església de Sant Pere KIRCHE

(Plaça de l'Església; wechselnde Öffnungszeiten) Die gedrungene Sandsteinkirche von Begur thront über der lebhaften Plaça de la Vila. Ein großer Teil des Gebäudes stammt aus dem 17. Jh., obwohl an dieser Stelle seit 1199 eine Kirche steht.

Schlafen & Essen

Sa Barraca B&B €€

(972 62 33 60; www.sabarraca.com; Carrer Begur–Aiguablava (GIV6532); Zi. 67–85 €; P ❄ 📶) Dieses außergewöhnlich einladende, preiswerte B&B liegt hoch oben auf einem mit Pinien bewachsenen Hügel, 3 km südlich von Begur auf dem Weg zum Strand von Aiguablava, und bietet einige der schönsten Ausblicke auf die Küste. Die reizenden Gastgeber führen das Haus mit nur sieben gemütlichen, geräumigen Zimmern mit offenen Terrassen ganz ausgezeichnet und bereiten frisches Frühstück.

NICHT VERSÄUMEN

BEGEHRTE STRÄNDE BEI BEGUR

Einige der schönsten Strände Spaniens mit winzigen Buchten, die von Pinien und subtropischen Blumen umrahmt und von kristallklarem Wasser umspült werden, befinden sich an der atemberaubenden Küste um Begur. Da sie recht klein und schwer zugänglich ist, sind viele von ihnen noch weitgehend unerschlossen.

Von Mitte Juni bis Mitte September bietet **Sarfa** (www.sarfa.com) Strand*busse* (1 €) von der Plaça de Forgas in Begur nach Sa Tuna, Sa Riera, Fornells und Aiguablava.

Cala d'Aiguafreda (Cala d'Aiguafreda) Etwa 4,5 km nordöstlich von Begur befindet sich diese winzige wunderhübsche Felsenbucht, in der sich von Pinien gesäumte Wege um eine Landzunge winden. Es ist eher ein malerischer Ort für einen Spaziergang als für ein Sonnenbad.

Platja Fonda (Fornells) Direkt nordöstlich vom Parkplatz in Fornells (4 km südlich von Begur) führt eine Steintreppe hinunter zur ausgeschilderten Platja Fonda, einem schiefergrauen Kiesstrand, der Sonnenanbeter anlockt (auch wenn es unruhig sein kann). Ein Weg, ausgeschildert mit „Fornells", zweigt kurz vor den Stufen ab und führt zu einem atemberaubenden Felsvorsprung mit einem natürlichen Pool, wo blaue Wellen gegen die Felsen schäumen.

Cala de Sa Tuna (Sa Tuna) Der Strand mit feinem Kies befindet sich bei einer kleinen Höhle 3 km östlich von Begur, umgeben von umgebauten ehemaligen Fischerhäusern. Es gibt Restaurants und Parkplätze, aber das Wasser kann etwas unruhig sein. Dieser malerische Küstenstreifen wird von einem alten Steinturm bewacht. Auf einem 2,3 km langen Weg kommt man von Begur zu Fuß nach Sa Tuna.

WAS ISST MAN IN KATALONIEN?

Die Cuina Catalana konkurriert mit dem baskischen Pendant um die beste Küche Spaniens und verwendet vor allem Zutaten aus *mar i muntanya* (Meer und Berg). Der Schwerpunkt liegt auf qualitativ hochwertigen lokalen Produkten und Soßen zu Fleisch und Fisch. Es gibt fünf wichtige Varianten: *sofregit* aus gebratenen Zwiebeln, Tomaten und Knoblauch; *samfaina*, bestehend aus *sofregit* mit roter Paprika und Auberginen oder Zucchini (*courgette*); *picada*, auf der Grundlage von gemahlenen Mandeln, zumeist mit Knoblauch, Petersilie, Pinienkernen oder Haselnüssen und gelegentlich auch Brotkrumen; *alioli*, zerstoßener Knoblauch mit Olivenöl, oftmals versehen mit Eigelb, das die Konsistenz geschmeidiger macht; und *romesco*, eine Soße aus Mandeln, Tomaten, Olivenöl, Knoblauch und Essig.

Entlang der Costa Brava genießt man erstklassige Meeresfrüchte, gegrillt oder in *fideuà* (eine Paella auf Nudelbasis). Im Süden sollte man sich im Delta de l'Ebre die Ente mit Reis nicht entgehen lassen.

Im Inland dreht sich alles um Käse, Wurst und Wurzelgemüse. Die *Llonganissa*, eine Wurstspezialität aus Vic, muss man probiert haben. *Calçots* (längliche Frühlingszwiebeln) mit *romesco*-Soße sind eine köstliche Vorspeise, die im Spätwinter/Vorfrühling Saison hat. Die Region La Garrotxa ist berühmt für ihre herzhafte *cuina volcànica* (vulkanische Küche).

Ansonsten scheinen Katalanen sich hauptsächlich von *pa amb tomàquet*, Brotscheiben mit geriebener Tomate, Olivenöl und Knoblauch, zu ernähren.

★ Cluc Hotel BOUTIQUE-HOTEL €€€
(☎ 972 62 48 59; www.cluc.cat; Carrer del Metge Pi 8; Zi. inkl. Frühstück 99–171 €; ❄ 📶) Eines der schicksten, aber auch freundlichsten Hotels in der Altstadt von Begur befindet sich in dieser bezaubernden umgebauten *casa d'indians* (Haus, das von einem zurückgekehrten Kolonisten gebaut wurde) von 1800. Die zwölf Zimmer sind relativ klein, dafür aber im eleganten Vintage-Stil eingerichtet mit restaurierten Möbeln und Fliesenböden. Es gibt eine ordentliche Bar, eine Bibliothek und selbstgemachtes Frühstück auf der reizenden Terrasse. Keine Kinder unter zwölf.

Sa Rascassa HOSTEL €€€
(☎ 972 62 28 45; www.hostalsarascassa.com; Cala d'Aiguafreda; EZ/DZ inkl. Frühstück 128/160 €; ⏲ März–Nov.; ❄ 📶 🐾) In diesem glamourösen und effizient betriebenen *hostal*, das sich in Cala d'Aiguafreda, 4,5 km nordöstlich von Begur, im Pinienwald versteckt, gibt es fünf schnörkellose Zimmer, die alle geschmackvoll in Taubengrau und in Cremetönen gehalten sind und auf den Garten blicken. Es gibt viel Platz im Freien, eine Selbstbedienungsbar und eine Sommer-*xiringuito* (Strandbar), dazu kommt die unschlagbare, abgeschiedene Lage.

Im Garten zaubert das fantastische modern-katalanische **Restaurant** (☎ 972 62 28 45; www.hostalsarascassa.com; Cala d'Aiguafreda; Hauptgerichte 13–21 €; ⏲ März–Nov. 13.30–15.30 & 20.30–23 Uhr, Sept.–Nov. & April–Juni Di geschl., März nur abends; 📶) bei Kerzenlicht köstliche Gerichte mit tagesfrischen Meeresfrüchten und Grillfleisch, knackige Salate, zarten Reis und vieles mehr auf den Tisch.

Aiguaclara HISTORISCHES HOTEL €€€
(☎ 972 62 29 05; www.hotelaiguaclara.com; Carrer Santa Teresa 3; ⏲ Mitte Feb.–Mitte Dez.; ❄ 📶) Das romantische Aiguaclara in einer rosafarbenen *casa d'indians* aus der Mitte des 19. Jhs. strahlt historischen Charme und Boutique-Flair aus. Die schwebenden Originaldecken und die antiken Kacheln harmonieren wunderbar mit der modernen Kunst, dem Retro-Styling, den Farbtupfern und den glänzenden modernen Bädern in den zehn luftigen, ordentlichen Räumen. Der Tag wird mit einem großartigen Frühstück eingeleitet, in dem märchenhaft beleuchteten Garten warten eine Cocktaillounge und ein ausgezeichnetes **Restaurant** (Hauptgerichte 12–19 €; ⏲ Juli & Aug. Mo–Sa 19.30–22.30 Uhr, Sept.–Mitte Dez. & Mitte Feb.–Juni Di–Sa 19.30–22.30 Uhr).

ℹ Praktische Informationen

Oficina de Turisme de Begur (☎ 972 62 45 20; www.visitbegur.com; Avinguda del Onze de Setembre 5; ⏲ Juli–Sept. Mo–Fr 9–21, Sa & So 10–21 Uhr, Okt. & Juni bis 20 Uhr, Nov.–Mai Mo–Fr 9–15 Uhr, wechselnde Öffnungszeiten) Hilfreiches Büro mit Informationen zu Begurs Sehenswürdigkeiten, Wanderungen und Stränden.

NICHT VERSÄUMEN

DALÍS CASTELL DE PÚBOL

Wer vom Künstler Salvador Dalí fasziniert ist, für den stellt das **Castell de Púbol** (www.salvador-dali.org; Plaça de Gala Dalí, Púbol; Erw./erm. 8/6 €; ⌚ Mitte Juni–Mitte Sept. 10–19.15 Uhr, Mitte März–Mitte Juni & Mitte Sept.–Okt. Di–So 10–17.15 Uhr, Nov.–Anf. Jan. Di–So 10–16.15 Uhr) ein wichtiges Stück des Puzzles dar. Das Schloss aus dem 14. Jh. zwischen Girona und Palafrugell (22 km nordwestlich von Letzterem, südlich der C66) war Dalís Geschenk an seine Frau und Muse Gala, die hier begraben liegt. Das gotische Renaissance-Gebäude mit Schlingpflanzen an den Wänden, steinernen Wendeltreppen und einem schattigen Garten wurde ganz nach Galas Geschmack eingerichtet. Aber es gibt auch surrealistische Details wie einen Brunnen mit einem grinsenden Seeteufel und ein Sofa in Form eines Schmollmundes.

Das Leben der Gala Dalí ist schon für sich faszinierend, da sie in der ersten Hälfte des 20. Jhs. mit einigen Schlüsselfiguren involviert war. Gala heiratete 1917 den französischen Dichter Paul Éluard, hatte eine zweijährige Affäre mit dem Pionier des Dadaismus Max Ernst und traf dann 1929 Dalí. Mit Dalís Einverständnis hatte sie weiterhin Geliebte, aber ihre Bindung blieb stark. Die in Russland geborene Gala wurde gleichwohl für ihre Eleganz bewundert wie auch wegen ihres imponierenden Auftretens gefürchtet.

1969 fand Dalí schließlich die ideale Residenz als Galas Rückzugsort. Im Alter von 76 Jahren zog seine Muse es vor, sich hin und wieder Dalís dekadentem Lebensstil zu entziehen. Dalí durfte die Burg nur mit vorheriger schriftlicher Genehmigung besuchen, eine Einschränkung, die für den Künstler eine beachtliche erotische Herausforderung darstellte.

Hierher fährt man mit dem Bus von Girona (3 €, 40 Min., 10- bis 19-mal tgl.) oder Palafrugell (3,05 €, 25 Min., 7- bis 13-mal tgl.) nach Cruilla de la Pera, steigt an der Haltestelle an der C66 aus und läuft 2 km Richtung Süden zum Schloss. Alternativ nimmt man den Zug von Girona nach Flaça (3,30 €, 15 Min., mind. 15-mal tgl.) und fährt die letzten 5 km mit dem Taxi.

An- & Weiterreise

Busse von **Sarfa** (www.sarfa.com) fahren zum Estació del Nord in Barcelona (19,50 €, 2–2½ Std., 2- bis 7-mal tgl.), viele über Palafrugell (1,70 €, 15 Min., 4- bis 16-mal tgl.), und nach Girona (8,35 €, 1¼ Std., wochentags einmal tgl.).

Pals

1040 EW.

Etwa 7 km nordwestlich vom schillernden Begur, auf halbem Weg zum beliebten Peratallada, liegt die wunderbare ummauerte Stadt Pals. Obwohl die meisten der historischen Gebäude nur von außen zu bewundern sind, lohnt es sich, einfach durch die unebenen Kopfsteinpflastergassen zu laufen und die mittelalterlichen Ecken zu erkunden.

Sehenswertes

Im **Touristenbüro** (☎ 972 63 73 80; www.visitpals.com; Plaça Major; ⌚ April–Sept. 10–14.30 & 17–20 Uhr, Okt.–März 10–17 Uhr) gibt es detaillierte Prospekte (katalanisch, spanisch & englisch) für selbst organisierte Spaziergänge durch die Altstadt von Pals.

Torre de les Hores TURM

(Uhrenturm; Carrer de la Torre) Das wichtigste Denkmal der Stadt ist der 15 m hohe, romanische Torre de les Hores, der ursprünglich zu einer Burg gehörte; seine Glocke aus dem 16. Jh. ist noch heute zu hören.

An- & Weiterreise

Busse von **Sarfa** (www.sarfa.com) fahren von Pals zur Estació del Nord in Barcelona (20 €, 2½ Std., 3-mal tgl.) und zum Flughafen (22 €, 3¼ Std., 2-mal tgl.) sowie nach Begur (1,70 €, 10 Min., 4- bis 6-mal tgl.), Palafrugell (1,70 €, 25 Min., 4- bis 6-mal tgl.) und Girona (6,70 €, 1 Std., wochentags tgl.).

Peratallada

130 EW.

Sobald man das herzzerreißend schöne Peratallada, 15 km nordwestlich von Begur, betritt, erübrigt sich die Frage, warum diese befestigte mittelalterliche Stadt sowohl bei Tagesbesuchern aus Barcelona, französischen Touristen und allen anderen so hoch im Kurs steht. Helle Torbögen, gepflasterte Plätze und mit Efeu bedeckte Sandsteinhäuser versetzen einen in eine Märchenwelt, auch wenn die meisten historischen Gebäude nur von außen bewundert werden können. In den Gassen Peratalladas, die sich zwischen den abbröckelnden Mauern und einer Burg aus dem 11. Jh. hindurchwinden, warten Kunsthandwerks- und Modegeschäfte auf die vielen Besucher.

Església de Sant Esteve KIRCHE
(Plaça de l'Església; ⏲ wechselnde Öffnungszeiten) Die anmutige spätromanische Kirche steht am nördlichen Stadtrand nahe dem historischen Zentrums von Peratallada.

El Cau del Papibou HOTEL €€
(☎ 972 63 47 16; http://hotelelcaudelpapibou.com; Carrer Major 10; Zi. 110–130 €; ⏲ Jan.–Nov., Okt.–März Mo & Di geschl.; 📶) In diesem freundlichen, charaktervollen Refugium in einem Gebäude aus dem 12. Jh. im Herzen von Peratallada warten stilvolle, farbenfrohe Zimmer mit Balkendecken, auf alt gemachtem Holzdekor und rustikaler Aussicht auf Gäste. Im Erdgeschoss serviert das Restaurant in einer efeubewachsenen Gasse kreative, lokal inspirierte Tapas (3,80 €) auf Bänken.

La Riera KATALANISCH €€
(☎ 972 63 41 42; www.lariera.es; Plaça de les Voltes 3; Hauptgerichte 13–20 €; ⏲ März–Jan. 13–15.30 & 20–22.30 Uhr) Auf einer blumengeschmückten Terrasse zaubert dieses elegante, aber freundliche Lokal in einem Altstadthaus aus dem 15. Jh. eine hervorragende Auswahl an Reisgerichten, von einfacher Meeresfrüchtepaella über *arròs de llamàntol* (Hummerreis) bis zu herzhaften Fleischgerichten wie Entrecôte in Pilzsoße und Grillente.

Dazu gehört ein beliebtes *hostal* (Doppelzimmer mit Frühstück 80 €).

An- & Weiterreise

Unter der Woche fahren Busse von **Sarfa** (www.sarfa.com) von Palafrugell (4 €, 35–55 Min., 2-mal tgl.), Begur (2,50 €, 20–40 Min., 2-mal tgl.) und Girona (6 €, 55 Min., 1-mal tgl.) nach Peratallada.

Girona

94 300 EW.

Girona, die größte Stadt von Nordkatalonien ist eine Fundgrube an Museen, Galerien und gotischen Kirchen, die in einem Netz aus gepflasterten Gassen verteilt liegen. Die glitzernden Fassaden modernistischer Herrenhäuser spiegeln sich im Riu Onyar, an dessen Ostufer die Altstadt und gegenüber ein modernes Einkaufszentrum liegen.

Die römische Stadt Gerunda lag an der Vía Augusta von Gades (heute Cádiz) bis zu den Pyrenäen. Nachdem die Franken Girona den Muslimen im späten 8. Jh. entrissen hatten, wurde es zur Hauptstadt einer der mächtigen Grafschaften Kataloniens, geriet dann aber Ende des 9. Jhs. unter den Einfluss Barcelonas. Dank des Reichtums von Girona im Mittelalter entstanden viele herrliche romanische und gotische Bauwerke, die wiederholte Angriffe überstanden haben, während eine florierende jüdische Gemeinde hier bis zu ihrer Vertreibung im Jahr 1492 in Girona lebte.

Mit der abwechslungsreichsten Party- und Gastroszene in Katalonien außerhalb Barcelonas stellt Girona ein tolles Ausflugsziel und eine köstliche Abwechslung zur Küste dar.

Sehenswertes

Gironas wunderbar erhaltenes **Call** (Jüdisches Viertel) – ein Labyrinth aus niedrigen Steinbögen und schmalen Kopfsteinstraßen – florierte sechs Jahrhunderte lang um den engen Carrer de la Força herum, bis die Juden durch die unerbittliche Verfolgung der Christen aus Spanien vertrieben wurden.

★ **Catedral de Girona** KATHEDRALE
(www.catedraldegirona.org; Plaça de la Catedral; Erw./Stud. inkl. Basílica de Sant Feliu 7/5 €; ⏲ Juli & Aug. 10–19.30 Uhr, April–Juni, Sept. & Okt. bis 18.30 Uhr, Nov.–März bis 17.30 Uhr) Über 86 Stufen von der Plaça de la Catedral erreicht man Gironas imposante Kathedrale, die viel älter ist, als seine erhabene barocke Fassade vermuten lässt. Ihre Fundamente, die über einem antiken römischen Forum errichtet wurden, stammen zum Teil aus dem 5. Jh. Heute dominiert der gotische Stil aus dem 14. Jh. (der eine romanische Kirche aus dem 11. Jh. bedeckt), doch ein schöner romanischer **Kreuzgang** mit doppelten Säulen stammt noch aus dem 12. Jh. Mit dem zweitgrößten gotischen Kirchenschiff der Welt ist es ein wunderbarer Ort für selbstständige Erkundungen, aber es werden auch Audioguides angeboten.

Besonders sehenswert sind die reich geschnitzten fantastischen Wesen und die biblischen Szenen in der südlichen Galerie des Klosters und ein mit Edelsteinen besetzter silberner Altaraufsatz aus dem

14. Jh. Interessant sind auch der Bischofsthron und das **Museum**, in dem sich der meisterhafte romanische *Tapís de la creació (Wandteppich der Schöpfung)* befindet sowie eine mozarabische illuminierte Beatus-Handschrift von 975. Die Fassade und der Glockenturm wurden erst im 18. Jh. fertiggestellt.

★Museu d'Història dels Jueus MUSEUM

(www.girona.cat/call; Carrer de la Força 8; Erw./Kind 4€/gratis; ⏲ Juli & Aug. Mo–Sa 10–20, So 10–14 Uhr, Sept.–Juni Mo & So 10–14, Di–Sa 10–18 Uhr) Bis 1492 gab es in Girona die zweitwichtigste mittelalterliche jüdische Gemeinde (siehe unten) Kataloniens, nach Barcelona, und eines der schönsten jüdischen Viertel des Landes. Das exzellente Museum ist stolz auf das jüdische Erbe Gironas und geht dabei auch auf düstere Kapitel wie die Verfolgung durch die Inquisition und die Zwangskonvertierungen ein. Zu sehen ist außerdem ein seltenes *miqvé* (Ritualbad) aus dem 11. Jh. und ein jüdisches Haus aus dem 13. Jh.

Museu d'Art de Girona GALERIE

(www.museuart.com; Pujada de la Catedral 12; Eintritt 4,50 €, inkl. Catedral und Basílica de Sant Feliu 10 €; ⏲ Mai–Sept. Di–Sa 10–19 Uhr, Okt.–April bis 18, ganzjährig So 10–14 Uhr) Neben der Kathedrale, im vom 12. bis 16. Jh. errichteten Palau Episcopal, beeindruckt diese Kunstgalerie mit dem Umfang und der Vielfalt seiner Ausstellungen. Die etwa 8500 größtenteils aus der Region stammenden Artefakte reichen von romanischen Holzschnitten und Wandgemälden über modernistische Stadtgemälde der polnisch-französischen Malerin Mela Muter aus dem 20. Jh. und Skulpturen vom einflussreichen katalanischen Architekten Rafael Masó i Valentí aus dem frühen 20. Jh. bis zu Arbeiten des führenden Modernista-Künstlers Santiago Rusiñol.

Basílica de Sant Feliu BASILIKA

(Plaça de Sant Feliu; Erw./Stud. inkl. Catedral 7/5 €; ⏲ Mo–Sa 10–17.30, So 13–17.30 Uhr) Gironas zweitgrößte Kirche und ihr Markenzeichen, der gekappte Glockenturm, befinden sich ein Stück unterhalb der Kathedrale. Das majestätische Hauptschiff beeindruckt mit einem gotischen Rippengewölbe; der hl. Narcissus, der Schutzheilige der Stadt, wird in einer gigantischen, spätbarocken Seitenkapelle aus Marmor und Jaspis verehrt. Rechts von der Kapelle liegt das gotische Grab aus dem Jahr 1328 (in dem zuvor

GIRONAS JÜDISCHE GEMEINDE

Die ersten Aufzeichnungen über die Präsenz von Juden in Girona stammen aus dem 9. Jh., zu ihrer Hochzeit im 13. Jh. war die jüdische Gemeinde von Girona die zweitgrößte in Katalonien (hinter Barcelona), die weitgehend friedlich neben ihren christlichen Nachbarn wohnte. Viele ihrer Mitglieder gelangten außerdem zu Wohlstand und machten sich in den unterschiedlichsten gesellschaftlichen Bereichen, wie Astronomie, Mathematik und Medizin, einen Namen.

Trotzdem sahen sich die jüdischen Gemeinden immer öfter Übergriffen durch Christen ausgesetzt, vor allem im 12. und 13. Jh. Bald entwickelte sich das Call in Girona – ein von einer Steinmauer umgebenes Labyrinth aus engen Gassen – von einer Zufluchtsstätte in ein Getto, da die Juden allmählich in diese kleine Ecke der Stadt verbannt wurden und sich nicht mehr über die westliche Grenze hinaus wagen durften. Besonders schlimm waren die „Dispute", inszenierte Debatten, bei denen wichtige Persönlichkeiten der jüdischen Gemeinde von der vermeintlich überlegenen Logik der Christen öffentlich lächerlich gemacht wurden. Zunächst hieß es, dass diese Debatten zu Massenkonvertierungen geführt hätten. Wahrscheinlicher ist jedoch, dass Juden unter dem großen Druck und aus Angst zum Christentum überwechselten. Die Verleumdungen von Juden wurden immer grotesker, zum Beispiel in Form von Geschichten über ermordete christliche Kinder.

1391 eskalierte die Situation, als ein Mob in das Viertel eindrang und 40 Bewohner massakrierte. Da die Juden noch unter dem Schutz des Königs standen, entsandte dieser Truppen und ließ die Überlebenden (angeblich zu ihrer eigenen Sicherheit) 17 Wochen lang in den Turm des Galligants-Klosters sperren. Bei ihrer Rückkehr waren ihre Häuser zerstört. Viele konvertierten im 15. Jh. zum Christentum, 1492 wurden die verbliebenen Juden aus Spanien ausgewiesen, und so endete eine mehr als 500 Jahre währende Geschichte.

seine sterblichen Überreste aufbewahrt wurden), auf dem seine liegende Gestalt und Szenen aus seinem Leben, darunter die Bekehrung von Frauen, das Märtyrertum und die Vertreibung eines bösen Geistes, abgebildet sind. Audioguides sind im Eintrittspreis enthalten.

Banys Àrabs RUINEN
(www.banysarabs.org; Carrer de Ferran el Catòlic; Erw./Kind 2/1 €; ⌚ März–Okt. Mo–Sa 10–19, So bis 14 Uhr, Nov.–Feb. 10–14 Uhr) Auch wenn die gut erhaltenen Banys Àrabs nach dem Vorbild früherer islamischer und römischer Bäder gebaut wurden, handelt es sich um eine christliche Einrichtung aus dem 12. Jh. im romanischen Stil (im 13. Jh. restauriert). Die Bäder beginnen mit einem *apodyterium* (Umkleideraum) mit einem kleinen achteckigen Becken eingerahmt von schlanken Säulen, gefolgt von einem *frigidarium* und *tepidarium* (mit jeweils kaltem und warmem Wasser) sowie einem *caldarium* (einer Art Sauna), das von einem Ofen unter dem Fußboden beheizt wird.

Passeig Arqueològic STADTMAUER
(Passeig de la Muralla; Carrer de Ferran el Catòlic; ⌚ Sonnenaufgang–Sonnenuntergang) GRATIS Ein Spaziergang entlang Gironas mittelalterlichen Mauern verspricht einen tollen Blick auf die Stadt. Es gibt verschiedene Zugänge, doch am beliebtesten ist der gegenüber den Banys Àrabs (am Nordende der Altstadt), wo Stufen zu herrlichen Gärten führen und sich Stadt und Natur zu einem großartigen Gesamtkunstwerk verbinden. Der südlichste Abschnitt endet nahe der Plaça Catalunya, der Torre de Sant Domènec ist ein fantastischer Aussichtspunkt.

Monestir de Sant Pere de Galligants KLOSTER
(www.mac.cat; Carrer de Santa Llúcia; Erw./Kind inkl. Museu d'Arqueologia de Catalunya a Girona 4,50/3,50 €; ⌚ Okt.–April Di–Sa 10–18 Uhr, Mai–Sept. Di–Sa 10–19 Uhr, ganzjährig So 10–14 Uhr) Vom 11. bis zum 12. Jh. gebaut, bietet dieses schöne romanische Benediktinerkloster einen wunderschönen Glockenturm sowie eine Kirche und ein prachtvolles Kloster mit Doppelsäulen, auf deren 60 Knäufen Fabeltiere und mythische Figuren abgebildet sind.

Über das Kloster verteilt ist das **Museu d'Arqueologia de Catalunya a Girona** (www.mac.cat; Carrer de Santa Llúcia 8; inkl. Monestir de Sant Pere de Galligants Erw./Kind 4,50/3,50 €; ⌚ Okt.–April Di–Sa 10–18 Uhr, Mai–Sept. Di–Sa 10–19 Uhr, ganzjährig So 10–14 Uhr) mit Ausstellungsstücken aus prähistorischen bis mittelalterlichen Zeiten.

Museu d'Història de Girona MUSEUM
(www.girona.cat/museuhistoria; Carrer de la Força 27; Erw./Stud./Kind 4/2 €/gratis; ⌚ Okt.–April Di–Sa 10.30–17.30 Uhr, Mai–Sept. Di–Sa 10.30–18.30 Uhr, ganzjährig So 10.30–13.30 Uhr) Die Lage des Museums in einem Kloster aus dem 18. Jh. stellt einen passenden Rahmen für die Reise vom romanischen Girona über das Mittelalter bis zur heutigen Zeit dar. Zu den Highlights des Museums gehören die Ausstellungen über das Mosaik Can Pau Birol vom 3. bis 4. Jh., das eine lebhafte Zirkusszene mit Wagenlenkern abbildet, sowie der Abschnitt über die Belagerung Gironas durch Napoleons Truppen von 1808 bis 1809. Bei vielen Ausstellungsstücken handelt es sich nicht um Originale, sondern um Kopien. Broschüren auf Spanisch, Englisch und Französisch helfen bei den Anzeigetafeln, die nur auf Katalanisch sind.

Schlafen

Die stimmungsvollsten Übernachtungsmöglichkeiten liegen in der Altstadt Gironas versteckt. Nicht zu verachten ist auch das Westufer des Flusses, das Einkaufsviertel von Girona: Dort gibt es hochwertige Hotels in fußläufiger Entfernung zu den wichtigsten Sehenswürdigkeiten.

★ **Bells Oficis** B&B €€
(☎ 972 22 81 70; www.bellsoficis.com; Carrer dels Germans Busquets 2; Zi. inkl. Frühstück 42–93 €; ❄ 📶) Die liebevoll restaurierte Wohnung aus dem 19. Jh. am südlichen Altstadtrand stellt eine stilvolle und überaus herzliche Basis dar. Es ist das ehemalige Zuhause des katalanischen Künstlers Jaume Busquets i Mollera, wobei in jedem der fünf sehr unterschiedlichen Zimmer (eins mit klitzekleinem Doppelbett) historische Details erhalten wurden. Drei Zimmer teilen sich ein Gemeinschaftsbad; ein Privatzimmer hat keine Badezimmertür.

Casa Cúndaro GÄSTEHAUS €€
(☎ 972 22 35 83; www.casacundaro.com; Pujada de la Catedral 7; DZ 59–79 €, 4BZ & Apt. 99 €; ❄ 📶) Hinter der unauffälligen Fassade eines mittelalterlichen jüdischen Gebäudes verbergen sich fünf charaktervolle Zimmer und vier separate Apartments (für 2–5 Pers.), die offene Originalsteinmauern und antike Türen mit modernem Luxus verbinden. Das

Girona

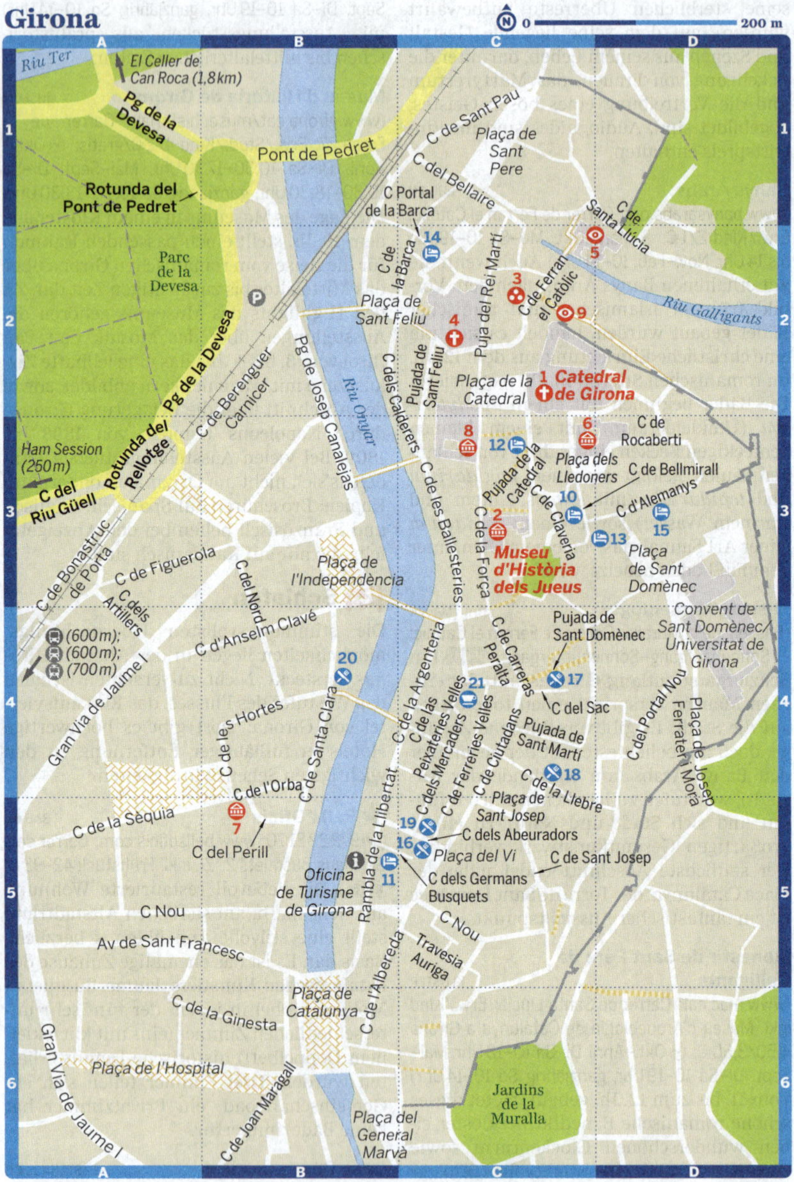

Hotel steht direkt neben der Kathedrale, was Fluch oder Segen sein kann, je nachdem, wie gern man Glockengeläut mag (lange im Voraus reservieren).

Die Besitzer betreiben außerdem das gehobenere **Hotel Històric** (☎ 972 22 35 83; www.hotelhistoric.com; Carrer de Bellmirall 4A; Zi. 90–170 €; ❄ 📶) gleich um die Ecke.

Bellmiral PENSION €€

(☎ 972 20 40 09; http://bellmirall.eu; Carrer de Bellmiral 3; inkl. Frühstück EZ 49–66 €, DZ 83–88 €; 📶) Das Bellmiral ist eine einladende rustika-

Girona

le Pension in einem jahrhundertealten Steinhaus, das sich ganz oben in Gironas historischem Zentrum versteckt und kunstvoll mit Gemälden und hellen Farbakzenten dekoriert ist. Die sieben Zimmer mit offenen Steinmauern, fünf davon mit Blick auf die Altstadt, sind etwas moderner als erwartet.

★ Palau dels Alemanys HISTORISCHES HOTEL €€€

(☎ 618 536852; www.allotjamentsingular.com; Carrer dels Alemanys 10; Zi. inkl. Frühstück 150–250 €) In dieser intimen historischen Boutique-Schönheit eines Altstadthotels gibt es drei exquisite „Suiten" (Mini-Apartments mit Küchenzeile), in Schuss gehalten von einem eifrigen jungen Besitzer. Architektonische Originale, wie gotische Bögen und Steinmauern aus dem 18. Jh., stehen neben Vintagemöbeln und schickem modernen Design. Das Frühstück wird an die Tür gebracht, und ein Stück Mauer aus der Römerzeit schmückt den Innenhof.

Hotel Llegendes de Girona Catedral HOTEL €€€

(☎ 972 22 09 05; www.llegendeshotel.com; Carrer Portal de la Barca 4; Zi. 137–329 €; P ❄ 📶) Die 15 Zimmer in diesem restaurierten Gebäude aus dem 18. Jh. wurden gemäß verschiedener katalanischer Legenden oder Themen eingerichtet. Sie überzeugen durch eine angenehme Mischung aus Antikem und Modernem, darunter komfortable Betten, Regenduschen und kostenloser *cava*. Manche Zimmer bieten einen Blick auf die Kathedrale. Die drei dekadenten, auf Paare ausgerichteten „Eros-Suiten" mit Stühlen in Form von Pobacken und Tantra-Sex-Sofas (inklusive praktischem Anleitungsbuch) sind im Voraus zu buchen.

Essen

★ La Fábrica CAFÉ €

(http://lafabrica.cc; Carrer de la Llebre 3; Gerichte 3–8 €; ⌚ 9–15 Uhr; 📶 📝) 🌿 In diesem deutsch-kanadischen Fahrrad-Café zaubern kulinarische Talente erstklassigen Kaffee und katalanisch inspirierte Buffetklassiker aus lokalen Zutaten. Kissengroße, handgemachte *torrades* (Toasts) – u. a. mit Avocado, Feta und Paprika – werden auf Holzschiebern serviert und mit fachmännisch eingeschenktem Bier von ökologisch bewussten Zulieferern begleitet.

Rocambolesc EIS €

(☎ 972 41 66 67; www.rocambolesc.com; Carrer de Santa Clara 50; Eis 2,90–4,50 €; ⌚ So–Do 11–22, Fr & Sa bis 24 Uhr) Im Rocambolesc, das zum weltberühmten Kochclan El Celler de Can Roca gehört, bekommt man die köstlichste Eiscreme Spaniens. Das bonbongestreifte Dekor bildet die magische Kulisse für coolkreative Zubereitungen wie Bratapfeleis oder Mandarinensorbet mit Passionsfruchtstückchen.

B12 VEGAN, VEGETARISCH €

(☎ 972 01 32 02; Plaça del Vi 11; 3-Gänge-Menü 12,50 €; ⌚ Mo–Mi 11–22, Do & Fr 11–24 Uhr, Sa & So geschl.; 📝) Unter Steinbögen kreiert das zwanglose B12 aus vegetarischen und veganen Bio-Produkten leichte, frische und absolut köstliche Pflanzen-Gerichte, wie z. B. Pasta mit Cashewcreme, Veggie-Burger, würzige Falafel oder Tofu-Salat. Mittags gibt's ein 3-Gänge-Menü. Der Abend ist den Tapas und der anderen Spezialität des Hauses gewidmet – Craft-Bier.

Nu FUSION-KÜCHE €€

(☎ 972 22 52 30; www.nurestaurant.cat; Carrer dels Abeuradors 4; Hauptgerichte 14–20 €; ⏲ Mo 20.15–22.30, Di–Sa 13.15–15.30 & 20.15–22.30 Uhr; 📶) Dieses elegante zeitgenössische Lokal in der Altstadt hat Selbstbewusstsein; ein freundliches Team bereitet hier vor aller Augen erstklassige innovative Gerichte zu. Katalanisch-asiatische Geschmackskombinationen sorgen für ein spannendes kulinarisches Erlebnis: Hier kann man Sashimi mit Rotem Thunfisch und Soja, Rinderfilet in Iberischer-Schinkensoße oder Tintenfischreis mit pochiertem Ei probieren. Angesichts dieser hohen kulinarischen Qualität sind die Preise hier mehr als fair.

Café Le Bistrot KATALANISCH, FRANZÖSISCH €€

(☎ 972 21 88 03; www.lebistrot.cat; Pujada de Sant Domènec 4; Hauptgerichte 7,50–14 €; ⏲ 12–16 & 19–23 Uhr) Die Wände sind in Jasmin gefärbt und die Tische erstrecken sich bis zu einer Treppe, die zu einer Kirche aus dem 17. Jh. hinaufführt – dieses Lokal hat ganz sicher die romantischste Lage in ganz Girona. Die klassische Bistrokarte kombiniert französische und katalanische Küche, d. h. es gibt Crêpes, Pasta, Fleischgerichte, „*pagès*"-Pizza und die unterschiedlichsten Salate, dazu lokale Käsesorten. Drinnen sorgen u. a. die schwarz-weißen Fliesen für ein altmodisches Flair.

★ El Celler de Can Roca KATALANISCH €€€

(☎ 972 22 21 57; www.cellercanroca.com; Carrer Can Sunyer 48; Degustationsmenüs 180–205 €; ⏲ Di 12.30–14, Mi–Sa 12.30–14 & 20–21.30 Uhr, Ende Dez.–Mitte Jan. & 10 Tage Ende Aug. geschl.) Seine wechselnden Avantgarde-Versionen katalanischer Gerichte haben das El Celler de Can Roca weltberühmt gemacht. Mit seinen drei Michelin-Sternen wurde es 2015 von The World's 50 Best zum besten Restaurant der Welt gekürt. Jedes Jahr überrascht es mit neuen Innovationen – von Molekulargastronomie über alle Sinne ansprechende kulinarische Gesamtkunstwerke bis zu Science-Fiction-Dessertwagen – wobei jede Innovation stets auf Mutters Küche basiert.

Das von den drei in Girona geborenen Roca-Brüdern geleitete El Celler liegt in einem renovierten Landhaus 2 km nordwestlich vom Zentrum Gironas. Entweder bucht man 11 Monate im Voraus oder trägt sich auf der Warteliste ein.

🍷 Ausgehen & Nachtleben

Espresso Mafia KAFFEE

(www.espressomafia.cc; Carrer de la Cort Reial 5; ⏲ Mo–Do 9–19, Fr & Sa bis 20, So 10–16 Uhr; 📶) 🍃 Mit schlichtem weißen Dekor und (Nichtraucher-)Tischen unter stimmungsvollen Steinbögen ist das Espresso Mafia ein Muss für Koffeinjunkies in Gironas wachsender Kaffeeszene. Von sanftem Espresso und kunstvoll verziertem Latte bis zum guten alten *café amb llet* (Kaffee mit Milch) – die Kaffeekreationen hier werden aus nachhaltig gewonnenen Bohnen gezaubert und am besten mit einem schönen Stück hausgemachten Kuchen genossen.

ABSTECHER

UNTER DEN STERNEN SCHLAFEN

Sternenbeobachter und Verliebte werden das **Mil Estrelles** (☎ 972 59 67 07; www.milestrelles.com; La Bastida, Borgonyà; DZ 112–236 €; P ❄ 📶) 🍃 lieben – ein einzigartiges vom Besitzer gestaltetes Landrefugium, 16 km nördlich von Girona. Es verbindet auf fabelhafte Art und Weise alte Steine mit modernem Kunststoff und bietet drei schöne rustikale Zimmer in einem eleganten Bauernhaus aus dem 18. Jh. sowie coole, stilvolle Boudoirs (manche mit Badewanne) in durchsichtigen Plastikkugeln, die im Garten verteilt liegen. Sie eignen sich perfekt, um vom Doppelbett aus die Sternkonstellationen zu betrachten.

Alles ist mit Blick auf ökologische Werte und auf Paare ausgelegt. Es gibt keine Badezimmertüren und zu den Angeboten gehören u. a. ein Floatarium, eine Sauna und ein Whirlpool sowie Massagen. Das Abendessen kann man auch in seinem Zimmer genießen.

Das Hotel liegt 1,5 km nordwestlich von Pont-Xetmar (an der C66) und ist gut ausgeschildert.

Ham Session WEINSTUBE
(☎ 682 189023; http://donjamon.cat; Carrer del Riu Güell 18; ⏰ Fr–Sa 21.30–2 Uhr) Wein, späte Öffnungszeiten und unglaublich guter iberischer Schinken sind hier endlich vereint. Für Nachtschwärmer ist diese Gourmet-Weinbar ein wahres Paradies. Sie kombiniert erlesene Weine mit einer schier unendlichen Auswahl an regionalen Käsesorten und frisch geschnittenem Schinken. Vorab buchen, um sich einen Platz auf den Stühlen rund um die Weinfässer zu sichern.

Praktische Informationen

Oficina de Turisme de Girona (☎ 972 22 65 75; www.girona.cat/turisme; Rambla de la Llibertat 1; ⏰ April–Okt. Mo–Fr 9–20, Sa 9–14 & 16–20 Uhr, Nov.–März Mo–Fr 9–19, Sa 9–14 & 15–19 Uhr, ganzjährig So 9–14 Uhr) Mehrsprachige und hilfreiche Touristeninformation am Fluss.

An- & Weiterreise

AUTO & MOTORRAD

Vom Parken in Girona war (wahrscheinlich) schon in der *Apokalypse* von Johannes die Rede. Tiefgaragenparkplätze sind höllisch teuer (häufig 35 €/Tag) und kostenfreie Plätze werden einem vor der Nase weggeschnappt. Rund um den Carrer Josep Morató i Grau, direkt südlich der Altstadt, gibt's ein paar kostenfreie Parkplätze. Oder man greift auf die vielen kostenlosen Parkplätze abseits des Kreisverkehrs des Carrer de Sant Gregori nahe dem El Celler de Can Roca zurück. Sie liegen 3 km (30 Min.) zu Fuß nordwestlich des Zentrums.

BUS

TEISA (www.teisa-bus.com) verkehrt von Girona nach Besalú (4,70 €, 40 Min. bis 1 Std., 8- bis 16-mal tgl.) und Olot (7,45 €, 1–1½ Std., 8- bis 16-mal tgl.). während **Sarfa** (www.sarfa.com) Cadaqués (11 €, 1¾ Std., wochentags 1- bis 2-mal tgl., im Sommer auch am Wochenende) und andere Küstenorte anfährt. Der **Busbahnhof** (☎ 972 21 23 19; Plaça d'Espanya) befindet sich neben dem Bahnhof, 1 km südwestlich der Altstadt.

FLUGZEUG

Der **Aeroport de Girona–Costa Brava** (www.aena.es), 13 km südwestlich des Zentrums von Girona, ist ein Ryanair-Drehkreuz.

ZUG

Girona liegt auf der Zugstrecke zwischen Barcelona (10–31 €, 40 Min. bis 1¼ Std., mind. jede halbe Stunde), Figueres (4,10–6,90 €, 30–40 Min., mind. jede halbe Stunde) an der französischen Grenze (6,15–8,25 €, 1 Std., 11- bis 15-mal tgl.). Es gibt mehrere Direktzüge nach Frankreich und zu weiter entfernten Zielen.

> **MUSEUMSPASS GIRONAMUSEUS**
>
> Der ausgezeichnete Museumspass **Gironamuseus** (www.gironamuseus.cat) umfasst sechs von Gironas Museen: Museu d'Història dels Jueus (S. 372), Museu d'Art de Girona (S. 372), Museu d'Història de Girona (S. 373), Museu d'Arqueologia de Catalunya a Girona (S. 373), Museu del Cinema und Casa Masó. Im ersten Museum zahlt man den vollen Eintrittspreis, bei den übrigen nur die Hälfte. Er ist sechs Monate gültig.

Unterwegs vor Ort

VOM/ZUM FLUGHAFEN

Sagalés (www.sagales.com) verbindet den Flughafen mit Gironas Busbahnhof/Bahnhof (2,75 €, 25 Min., stündl.) und Barcelonas Estació del Nord (hin & zurück 25 €, 1¼ Std.). Es gibt noch andere direkte Buslinien zu verschiedenen Zielen an der Costa Brava, darunter Tossa de Mar (12 €, 55 Min., 2-mal tgl.).

Taxis (☎ 972 22 23 23) ins Zentrum von Girona kosten tagsüber etwa 25 € und nachts 35 €.

L'Estartit & die Illes Medes

L'Estartit liegt etwa 18 km südöstlich von L'Escala und 6 km östlich von Torroella de Montgrí und hat einen langen, breiten, feinsandigen Strand sowie eine glamouröse Saint-Tropez-Atmosphäre auf der von Palmen gesäumten Promenade. Es sind jedoch die fantastischen Tauchreviere dieses schönen Abschnitts der katalanischen Küste, von denen die Traveller angezogen werden. Die geschützten Illes Medes, eine spektakuläre Gruppe von Felseninseln, liegen knapp 1 km vor der Küste und gehören zu Spaniens vielfältigsten maritimen Lebensräumen.

Sehenswertes & Aktivitäten

Die Kioske am Hafen am nördlichen Ende des Strandes L'Estartit bieten Tauchkurse, Schnorcheltrips und Fahrten mit Glasbodenbooten (20 €/90 Min.) zu den Inseln an. Man kann auch zweistündige Kajak- (15 €) oder SUP-Touren (25 €) dorthin unternehmen. Geführte SUP- und Kajakausflüge kosten 30 €.

L'Estartit füllt sich zwischen April und Oktober mit Tauchern. Für qualifizierte Taucher kostet ein zweistündiger Trip normalerweise 35 € pro Person, die volle Ausrüstung schlägt mit 25 € pro Tag zu Buche. Für Anfänger gibt es Schnuppertauchgänge für ca. 65 € oder komplette, fünftägige PADI Open Water Dive-Kurse für etwa 400 €. Ein verlässlicher, langjähriger Anbieter ist **Les Illes** (☎ 972 75 12 39; www.hotellesilles.com; Carrer de les Illes 55, L'Estartit; Einzeltauchgang inkl. Ausrüstung ab 50 €; ⊙ April–Okt.). Zweistündige Schnorcheltouren kosten 30/25 € pro Erwachsenem/Kind.

★ Illes Medes TAUCHPLATZ, INSEL
(☎ 972 75 17 01; www.gencat.cat/parcs/illes_medes; L'Estartit) Unterschiedliche Tiefen (bis zu 50 m), die bunte Unterwasserwelt sowie Unterwasserhöhlen und -tunnel tragen entscheidend zum Reiz der Illes Medes bei. Seit die sieben kleinen Inseln vor dem Strand L'Estartit 1983 zur *reserva natural submarina* erklärt wurden, hat sich die Unterwasserwelt prächtig entwickelt, weshalb die Inselgruppe das beliebteste Reiseziel zum Schnorcheln und Tauchen in Spanien darstellt. Seit 2010 gehören die Inseln zu dem geschützten 80 km² großen **Parc Natural del Montgrí, les Illes Medes i el Baix Ter**.

Schlafen

★ Les Medes CAMPINGPLATZ €
(☎ 972 75 18 05; www.campinglesmedes.com; Paratge Camp de l'Arbre, L'Estartit; Stellplatz 17–34 €, Erw. 7,45–9,30 €, Kind 4,10–6,30 €; P ❄ 📶 ≋) Der freundliche, ganzjährig geöffnete Campingplatz in grüner Lage liegt 2 km südwestlich von L'Estartit und 1 km von der Küste entfernt und ist einer der besten in Katalonien. Es gibt eine Sauna, zwei Pools (einer beheizt), einen Fahrradverleih, Möglichkeiten zum Waschen, eine Tauchschule und sogar einen Massageservice. Zusätzlich kann man schicke, moderne Bungalows für zwei bis vier Personen (Doppel 87–96 €) mieten.

Hotel Les Illes HOTEL €€
(☎ 972 75 12 39; www.hotellesilles.com; Carrer de les Illes 55, L'Estartit; inkl. Frühstück EZ 53–84 €, DZ 106–136 €, 3BZ 159–198 €; ⊙ Mitte März–Mitte Nov.; ❄ 📶) Mit seinem ausgezeichneten Tauchzentrum (siehe oben) ist dieser weiße, helle und familienfreundliche Tauchertreff hinter dem Hafen eine Top-Anlaufstelle für alle, die Abenteuer in den Wellen erleben möchten. Die Zimmer nehmen bis zu vier Gäste auf und sind zweckmäßig, wenn auch unscheinbar, und manche haben Balkone mit Blick aufs Meer.

Praktische Informationen

Oficina de Turisme de l'Estartit
(☎ 972 75 19 10; www.visitestartit.com; Passeig Marítim, L'Estartit; ⊙ Juli & Aug. 9–21 Uhr, Juni & Sept. 9.30–14 & 16–20 Uhr, Mai Mo–Fr 9–13 & 16–19, Sa & So 10–14 & 16–19 Uhr, Okt., März & April Mo–Fr 9–13 & 15–18, So 10–14 Uhr, Nov.–Feb. Mo–Fr 9–17, Sa & So 10–14 Uhr) Hat eine Liste von Tauchzentren und anderen Anbietern von Aktivitäten in L'Estartit..

An- & Weiterreise

Busse von **Ampsa** (www.ampsa.org) verbinden L'Estartit mit Torroella de Montgrí (1,70 €, 10 Min., 9- bis 19-mal tgl.) und Girona (6 €, 1¼ Std., 6- bis 12-mal tgl.). **Sarfa** (www.sarfa.com) fährt zu Barcelonas Estació del Nord (22 €, 2¼ Std., 4-mal tgl.) und zum Flughafen (24 €, 3 Std., 3- bis 4-mal tgl.).

L'Escala

9870 EW.

Am südlichen Ende des 16 km langen Golf de Roses liegt das ausgedehnte L'Escala, ein Urlaubsort der etwas anderen Art. Ja, im Sommer aalen sich Sonnenanbeter an der Küste, schlecken Eis an Sandstränden und prosten sich mit Wein zu. Doch das fröhliche L'Escala ist auch der Ausgangspunkt für die prächtige griechisch-römische Stätte Empúries, die an der nördlichen Ecke des lebhaften Städtchens hinter einem beinahe unberührten Strand am Mittelmeer liegt.

★ Empúries ARCHÄOLOGICSCHE STÄTTE
(☎ 972 77 02 08; www.mac.cat; Carrer Puig i Cadafalch; Erw./Kind 5,50 €/gratis; ⊙ Juni–Sept. 10–20 Uhr, Okt.–Mitte Nov. & Mitte Feb.–Mai bis 18 Uhr, Mitte Nov.–Mitte Feb. bis 17 Uhr & Mo geschl.) Beim Anblick der fantasieanregenden archäologischen Stätte von Empúries, 1,5 km nordwestlich des Stadtzentrums, taucht das Bild eines griechischen und später römischen Handelshafens in strategischer Lage vor dem inneren Auge auf. Dank der interessanten Kommentare des Audioguides (im Preis inbegriffen) kann man im unteren Teil der Stätte in die Geschichte der **griechischen Stadt** eintauchen, bevor man zur **römischen Stadt** mit ihrem wiederaufgebauten Forum aus dem 1. Jh. v. Chr. geführt wird. Das **Museum** stellt die besten

Fundstücke aus, darunter eine Marmorstatue von Asclepius, dem griechischen Gott der Heilkunst aus dem 2. Jh. v. Chr.

Im 6. Jh. v. Chr. siedelten sich Händler aus Phocaea in dem heutigen reizenden Dorf Sant Martí d'Empúries an, das damals eine Insel war. Bald darauf gründeten sie die Festlandkolonie Emporion (Markt), die für die Iberer über Jahrhunderte hinweg ein wichtiges Handelszentrum und eine Verbindung zur griechischen Kultur blieb.

Im Jahre 218 v. Chr. legten römische Legionen an, um Hannibals Versorgungslinien im Zweiten Punischen Krieg abzuschneiden. Um 195 v. Chr. errichteten sie ein Militärlager und um 100 v. Chr. kam eine Stadt hinzu. Ein Jahrhundert später war die römische Stadt mit der griechischen Siedlung verschmolzen. Später standen eine frühchristliche Basilika und ein Friedhof an der Stelle der griechischen Stadt, bevor der ganze Ort für ein Jahrtausend unter Sand verschwand, bis zu seiner Ausgrabung im 20. Jh.

Zu den Sehenswürdigkeiten in den griechischen Ruinen gehören die dicken südlichen **Schutzmauern**, die Stätte des **Asklepieion** (Schrein des Gottes der Heilkunst) mit einer Kopie seiner Statue, und die **Agora** (Stadtplatz), mit Überresten der frühchristlichen **Basilika** (4. bis 7. Jh. n. Chr.) und der griechischen **Stoa** (Marktplatz) daneben.

Die größere römische Stadt umfasst den Palast **Domus 1**, in dem sich viele der schönsten Mosaiken befinden (aus Gründen der Konservierung nur von April bis Oktober zu sehen), und die kürzlich ausgegrabenen **Römischen Bäder**. Außerhalb der Mauern sind die Überreste eines ovalen **Amphitheaters** aus dem 1. Jh. v. Chr. zu sehen.

Hostal Spa Empúries HOTEL €€€

(☎ 972 77 02 07; www.hostalempuries.com; Platja del Portitxol; Zi. 150–300 €; P ❄ 📶) 🍃 Dieses stilvolle Hotel an einem Sandstrand neben den griechisch-römischen Ruinen bietet luftige Zimmer in neutralen Tönen mit Mosaikbädern, die von den Ruinen inspiriert sind; manche mit Meerblick. Die Räume im neueren „Spa"-Flügel mit Regenduschen und riesigen Betten überzeugen durch hohen Komfort. Die beiden Restaurants (Hauptgerichte 17–27 €) sind auf kreative mediterrane Küche sowie Gerichte mit Meeresfrüchten aus frischen lokalen Zutaten spezialisiert.

★ La Gruta FUSION-KÜCHE €€€

(☎ 972 77 62 11; www.restaurantlagruta.com; Carrer de la Casa Gran 1; 2-/3-Gänge-Menü ab 27/32 €; ⏲ Mo–Sa 12.30–15 & 20–22.30 Uhr, Juli–Sept. Mo mittags geschl., Okt.–Dez. & April–Juni Mo geschl.) Dieses innovative Lokal mit Blick auf einen kleinen Strand im Zentrum von L'Escala verzaubert seine Gäste mit einer Mischung aus französischen und spanischen Gerichten, zum Teil nach asiatischer Art gewürzt. Zu den Highlights gehören Rinder-*tataki* mit Auberginenkaviar, getrüffelte *oeuf cocotte* (Eier aus dem Ofen auf französische Art) und Zucchini mit Safran, Muscheln und Garnelen sowie eine bunte Auswahl an selbstgemachten Desserts.

ℹ Praktische Informationen

Oficina de Turisme (☎ 972 77 06 03; www.visitlescala.com; Plaça de les Escoles 1; ⏲ Juni–Sept. Mo–Sa 9–20.30, So 9–13 Uhr, Okt.–Mai Mo–Fr 9–13 & 16–19, Sa 10–13 & 16–19, So 10–13 Uhr) Neben dem Busbahnhof von L'Escala.

ℹ An- & Weiterreise

Sarfa (www.sarfa.com) bietet tägliche Buslinien zum/von Barcelonas Estacó del Nord (22 €, 3 Std., 3-mal tgl.), von Girona (6,40 €, 1 Std., 2- bis 5-mal tgl.) und Figueres (4,95 €, 1 Std., 6-mal tgl.). Bei der Anreise halten die Busse an der Plaça de les Escoles, vor der Touristeninformation.

Castelló d'Empúries

3840 EW.

Die hübsche Stadt war einst das Machtzentrum von Empúries, einer mittelalterlichen katalanischen Grafschaft, die sich bis ins 14. Jh. ein hohes Maß an Unabhängigkeit bewahrte. Im modernen Castelló d'Empúries weht immer noch das erhabene Flair und die historische Atmosphäre einer ehemaligen Hauptstadt, mit den Überresten ihrer einst blühenden mittelalterlichen jüdischen Gemeinde. Heute sind auf den Pflastersteingassen keine Grafen, sondern freundliche Einheimische und vereinzelte Touristen anzutreffen.

Die Stadt gilt auch als hervorragender Ausgangspunkt für Naturliebhaber. Der nahe gelegene Parc Natural dels Aiguamolls de l'Empordà mit mehreren leichten Wander- und Radwegen ist beliebt bei Vogelbeobachtern. Nur 6 km weiter östlich liegen windige (doch ansonsten ziemlich ruhige) Strände.

Sehenswertes

Im **Touristenbüro** (☎ 972 15 62 33; www.castelloempuriabrava.com; Plaça dels Homes; ⌚ Juli & Aug. 10–14 & 16–20 Uhr, Sept., Okt. & März–Juni Mo–Sa 10–14 & 16–19, So 10–14 Uhr, Nov.–Feb. Mo–Do 10–16, Fr & Sa 10–14 & 16–18, So 10–14 Uhr) gibt's eine Broschüre für eine selbstgeführte Tour durch das jüdische Viertel von Castelló d'Empúries.

Parc Natural dels Aiguamolls de l'Empordà PARK

(☎ 972 45 42 22; www.gencat.cat/parcs/aiguamolls_emporda; GIV6216 Sant Pere Pescador–Castelló d'Empúries Km 4,2; Parkplätze Motorrad oder Auto 5 €, Van 10 €; ⌚ El Cortalet Touristeninformation Ostern–Sept. 9–18.30 Uhr, Okt.–Ostern 9–16 Uhr) Die Überreste des gewaltigen Marschlandes, das früher einmal die gesamte Küstenniederung bedeckte, sind in diesem 47 km² großen Naturpark erhalten. Es ist heute noch ein bedeutender Sammelplatz für Zugvögel, direkt südlich von Castelló d'Empúries. Während des Vogelzugs von März bis Mai und August bis Oktober wimmelt es von Watvögeln. Vogelbegeisterte können Flamingos, Purpurreiher, Braunsichler, Löffler, seltene Schwarzstörche und andere der 329 Arten entdecken (82 nisten in der Gegend).

Es gibt so viele Vögel, dass ein Besuch zu jeder Jahreszeit belohnt wird. Das Informationszentrum **El Cortalet** des Parks (ausgeschildert) liegt 1 km östlich der Straße GIV6216 von Sant Pere Pescador nach Castelló d'Empúries, auf halbem Weg zwischen den beiden Städten.

Im Zentrum gibt's Infos über die Tiere, Wanderkarten und zwei Aussichtspunkte, man kann Ferngläser leihen (2,50 €), und es ist der Ausgangspunkt für viele Wander- und Radwege.

Basílica de Santa María BASILIKA

(Plaça Mossèn Cinto Verdaguer; Erw./Kind 2,50 €/gratis; ⌚ Juli–Mitte Sept. 9–21 Uhr, Mitte Sept.–Juni 10–14 & 16–18 Uhr) Diese breite Kirche fällt auf durch ihren romanischen Turm, das aufwendig geschnitzte Portal und eine filigrane Skulptur auf dem Tympanum (über dem Haupteingang) von der Jungfrau Maria, die Jesus umklammert, während die Heiligen Drei Könige bewundernd zusehen. Im Jahr 1064 wurde hier zum ersten Mal eine Kirche geweiht, aber der heutige katalanisch-gotische Bau stammt aus dem 13. bis 15. Jh. Drinnen beeindrucken das Hauptaltarbild aus Alabaster aus dem 15. Jh. und ein Taufbecken aus dem 14. Jh., an dem Juden zum Christentum konvertiert wurden.

Schlafen & Essen

Hostal Casa Clara HOSTEL €€

(☎ 972 25 02 15; www.hostalcasaclara.com; Plaça de les Monges; EZ/DZ inkl. Frühstück 65/85 €; ⌚ März–Dez.; P ❄ 📶) Dank des genialen Service und der gemütlichen Zimmer ist dieses farbenfrohe *hostal* im Herzen der Altstadt von Castelló d'Empúries eine hervorragende Wahl der mittleren Preisklasse. Die acht geräumigen Zimmer bieten alle viel Tageslicht, gemütliche Betten, Wasserflaschen und ein individuelles Farbdesign. Es gibt eine angenehme Lounge mit Büchern, Brettspielen und Infos zur Vogelbeobachtung. Im Restaurant werden leckere und saisonale katalanische Gerichte serviert (3-Gänge-Menü 18–25 €).

Hotel de la Moneda HOTEL €€€

(☎ 972 15 86 02; www.hoteldelamoneda.com; Plaça de la Moneda 8-10; Zi. inkl. Frühstück 99–240 €; ⌚ März–Nov.; P ❄ 📶 🏊) Das Hotel de la Moneda ist ein toller Rückzugsort für Paare und befindet sich in einem schicken und luxuriösen Herrenhaus aus dem 18. Jh., be-

ABSTECHER

SANT MARTÍ D'EMPÚRIES

Das winzige ummauerte **Sant Martí d'Empúries**, 1 km nördlich der **Ruinen von Empúries in L'Escala** (S. 378), beeindruckt mit seiner herrlichen Küste, golden erscheinenden Straßen und der mittelalterlichen Geschichte. Bis 1079 war es der Sitz der Grafschaft Empúries, bevor seine Verteidigungsschwäche bei Piratenangriffen zu einem Machtwechsel führte. Heutzutage bietet es sich von L'Escala, 4 km südlich, oder Castelló d'Empúries (S. 379), 16 km nördlich, als wunderschönes Ausflugsziel an. Sandstrände erstrecken sich gleich hinter dem historischen Zentrum. Am Hauptplatz mit einer großen Sandsteinkirche aus dem 16. Jh. gibt's viele hervorragende Restaurants.

NICHT VERSÄUMEN

MONESTIR DE SANT PERE DE RODES

Wer einen weiten Panoramablick auf das tiefblaue Mittelmeer und die entfernten Gipfel der Pyrenäen verbunden mit spektakulärer romanischer Architektur genießen will, sollte das **Monestir de Sant Pere de Rodes** (☎972 19 42 38; http://monuments.mhcat.cat/conjunt_monumental_de_sant_pere_de_rodes; GIP6041; Erw./Kind 4,50 €/gratis; ⏲Juni–Sept. Di–So 10–19.30 Uhr, Okt.–Mai bis 17 Uhr) ansteuern, ein Kloster in 500 m Höhe in den Bergen, 7 km südwestlich von El Port de la Selva (das 13 km nordwestlich von Cadaqués liegt). Einst war das im 9. Jh. errichtete Bauwerk das mächtigste Kloster in der Grafschaft Empúries. Die prachtvolle dreischiffige Basilika mit Tonnengewölbe wird vom Glockenturm Torre de Sant Miquel aus dem 12. Jh. und einem zweigeschossigen Kreuzgang aus dem 11. und aus dem 20. Jh. flankiert.

Es gibt hier zudem ein **Informationszentrum** (S. 384) für den Naturpark Cap de Creus. Kommt man aus El Port de la Selva, stellt man sein Auto auf dem ausgeschilderten Parkplatz ab und läuft zehn Minuten zum Kloster.

stimmt durch niedrige mittelalterliche Bogengänge, eine verschlafene Atmosphäre vergangener Zeiten und mit elf Zimmern in hellen Grundfarben. Manche haben Bäder mit andalusischen Kacheln und Whirlpools. Es gibt einen kleinen Swimmingpool und sexy Details wie *cava* (Sekt) bei der Ankunft sowie Hausschuhe für die riesigen Zimmer. Die Kinder sollte man zu Hause lassen.

Les Voltes KATALANISCH **€€**
(☎972 25 08 12; www.lesvoltesrestaurant.net; Plaça dels Homes 4; Tapas 2–6 €, Hauptgerichte 10–18 €; ⏲Fr–Mi 12.30–15.30 & 19.30–22.30 Uhr) Für einen *tinto de verano* (Rotwein mit Sprudelwasser) oder ein ausgiebiges Festmahl mit Grillsteak bietet sich das Les Voltes an. Es erstreckt sich von einem riesigen Interieur mit Steinwänden bis zur stimmungsvollen Plaça dels Homes im Zentrum und verfügt über einen netten Service und weiße Tischdecken. Für Tapas und *entrepans* (Sandwiches) eignet sich die Außenterrasse aufgrund der ungezwungeneren Atmosphäre.

An- & Weiterreise

Sarfa-Busse (www.sarfa.com) fahren nach Figueres (1,70 €, 15 Min., 8- bis 29-mal tgl.), Cadaqués (4,20 €, 45 Min., 6- bis 13-mal tgl.) und Barcelonas Estació del Nord (21 €, 2 Std., 1- bis 4-mal tgl.).

Cadaqués

2700 EW.

Cadaqués funkelt über dem kobaltblauen Wasser einer felsigen Bucht am östlichen Ende von Katalonien. Der Reiz dieses entspannten weiß getünchten Dorfes geht zum Teil von den windigen Kiesstränden, den gewundenen Gassen, dem schönen Hafen und der Wildnis das nahegelegenen Cap de Creus aus. Doch im Grunde war es der Künstler Salvador Dalí, der Cadaqués seine magische Anziehungskraft verlieh.

Der surrealistische Künstler verbrachte hier in seiner Jugend die Ferien und lebte später für lange Zeit im nahegelegenen Port Lligat, wo Dalís abgedrehtes Küstenhaus steht. Dank Dalí und anderen Lichtgestalten wie seinem Freund Federico García Lorca zieht Cadaqués auch heute noch prominente Gäste an.

Im Sommer geht's in Cadaqués sehr geschäftig zu. Der Besuch steht und fällt daher mit einer Reservierung im Voraus. Im September ist häufig weniger los, doch die touristischen Einrichtungen schließen ab Mitte Oktober. Zu dieser Jahreszeit kann es auch Seestürme geben, die einem Aufenthalt im Herbst ein abruptes, nassfeuchtes Ende bereiten können.

Sehenswertes & Aktivitäten

★**Casa Museu Dalí** HAUS, MUSEUM
(☎972 25 10 15; www.salvador-dali.org; Port Lligat; Erw./Kind unter 8 J. 11 €/gratis; ⏲Mitte Juni–Mitte Sept. 9.30–21 Uhr, Mitte Sept.–Jan. & Mitte Feb.–Mitte Juni 10.30–18 Uhr, Mitte Jan.–Mitte Feb. geschl., Nov.–Mitte März Mo geschl.) Über einer ruhigen Bucht im kleinen Fischerdorf Port Lligat, 1 km nordöstlich von Cadaqués, diente dieser traumhafte Küstenkomplex dem Künstler Salvador Dalí einst als Zuhause und Zufluchtsstätte, und er lebte hier von 1930 bis 1982 mit seiner Frau Gala. Dieses herrliche weiß getünchte Gebäude ist ein Mix aus Cottages und Sonnenterrassen, die

über enge, verschlungene Gänge miteinander verbunden und mit einer Auswahl an unkonventionellen Möbeln eingerichtet sind. Der Eintritt ist nur mit einer teilweise geführten Tour für acht Personen möglich; unbedingt weit im Voraus buchen, telefonisch oder online.

Das Cottage war ursprünglich nur eine Fischerhütte, wurde jedoch nach und nach verändert und von den Dalí vergrößert. In jeder Ecke stehen neue, ausgefallene Verrücktheiten oder *objets d'art*: ein ausgestopfter, mit Edelsteinen geschmückter Polarbär, ausgestopfte Schwäne (eine Art Obsession des Künstlers) auf Bücherregalen und das widerhallende, uterusähnliche **Ovale Zimmer**. Das **Atelier** des Künstlers mit zwei nicht vollendeten Originalwerken ist besonders interessant. In **Dalís Schlafzimmer** ist ein Spiegel so angebracht, dass der Künstler jeden Morgen als Erster den Sonnenaufgang sehen konnte. Das von Gala dekorierte **Ankleidezimmer** ist mit Fotos des Paares mit hochkarätigen Bekannten wie Picasso, Coco Chanel und sogar Franco gespickt. Nach der Tour kann man die Olivenhaine auf dem Gelände (übersät mit riesigen weißen Eiern) und den Pool mit klarem Wasser (und pinker Bank in Lippenform) auf eigene Faust erkunden.

Museu de Cadaqués MUSEUM

(☎ 972 25 88 77; Carrer de Narcís Monturiol 15; ⏲ ca. Ostern–Okt.) Salvador Dalí ist bei den temporären Ausstellungen meistens stark vertreten – ebenso wie einige seiner Zeitgenossen, die ebenfalls mit Cadaqués verbunden waren, darunter Picasso. Die aktuellen Öffnungszeiten erfährt man im Touristenbüro (S. 383).

Strände

Der Hauptstrand von Cadaqués und andere Strände an der umgebenden Küste sind klein und eher kiesig, doch ihre malerische Lage und das schöne blaue Wasser machen das mehr als wieder wett. Südlich des Dorfkerns liegt das Ferienhaus von Dalís Eltern mit Blick auf die **Platja Llané**. An allen Stränden in der Umgebung ist es sehr windig.

Schlafen

★ **Tramuntana Hotel** BOUTIQUE-HOTEL €€

(☎ 972 25 92 70; www.hotel-tramuntana-cadaques.com; Carrer de la Torre 9; Zi. inkl. Frühstück 125 €; ⏲ März–Sept.; P ❄ 📶) In diesem wunderbaren kleinen Boutique-Refugium in der Altstadt verstecken sich hinter der traditionellen, weiß getünchten Fassade elf schicke, grau-weiße Zimmer mit Balkonen. Das Haus wird von einem sachkundigen einheimischen Ehepaar geführt, das es persönlich im minimalistischen, modernen Stil eingerichtet hat. Die mit Pinien umgebene Terrasse, eine helle Lounge, eine Selbstbedienungsbar und liebevoll zubereitetes Frühstück mit dem eigenen Olivenöl der Besitzer überzeugen einfach.

Hotel Tarongeta HOTEL €€

(☎ 972 25 82 89; hoteltarongeta@telefonica.net; Paratge Tarongeta; Zi. 90–180 €; ⏲ Ostern–Nov.; P ❄ 📶) Ein glänzendes, einladendes Zwei-Sterne-Hotel mit kostenlosen Parkplätzen, für Autofahrer perfekt am nördlichen Stadtrand gelegen. Die Gänge wirken etwas unpersönlich, aber das ist vergessen, sobald man die schicken, modernen Zimmer mit floralen oder nautischen Themen betritt. Die Bäder funkeln und manche Zimmer haben eigene Balkone. Neuere Suiten und „romantische" Zimmer bieten witzige Extras wie Himmelbetten.

Hostal Vehí HOTEL €€

(☎ 972 25 84 70; www.hostalvehi.com; Carrer de l'Església 6; EZ/DZ 40/85 €; ⏲ März–Okt.; ❄ 📶) Im Herzen der Altstadt verfügt diese freundliche familienbetriebene Pension über sorgfältig gestaltete, tipptopp gepflegte Zimmer mit gemütlichen Akzenten wie geblümten Decken, hölzernen Möbeln und natürlichem Licht. Die riesigen Superior-Doppelzimmer bieten einen Blick auf die korallfarbenen Dächer von Cadaqués. Autos dürfen in diesem Teil der Stadt nicht fahren, doch es ist das beste Angebot der Stadt in der mittleren Preisklasse. Im Juli und August lange vorab buchen.

L'Horta d'en Rahola BOUTIQUE-HOTEL €€€

(☎ 972 25 10 49; www.hortacadaques.com; Carrer Sa Tarongeta 1; Zi. 140–205 €; ⏲ Mitte März–Nov.; P ❄ 📶 🏊) Am Kreisel am Nordrand von Cadaqués liegt dieses charakteristische umgebaute Bauernhaus in Familienbesitz aus dem 18. Jh., in dem nur Erwachsene erwünscht sind. Es gibt einen wunderbaren Obst- und Gemüsegarten und einen türkisfarbenen Pool. Die neun individuell eingerichteten modernen Zimmer sind alle hell und frisch mit maritimem Flair. Der persönliche Service ist exzellent, und es wird alles getan, damit man sich willkommen fühlt.

Essen & Ausgehen

Mut KATALANISCH, INTERNATIONAL €
(www.facebook.com/Mutcadaques; Plaça Doctor Pont 12; Tapas 5–7 €, Hauptgerichte 8–12 €; ⌚ Ostern–Sept. 9 Uhr–open end, Okt. nur am Wochenende, wechselnde Öffnungszeiten;) Das modische Mut serviert an seinen vielen Terrassentischen mit Blick auf Port Doguer interessante, innovative Gerichte aus der ganzen Welt, von Chorizo in Cider bis zu Gemüsecurry mit Chili und Linsen-Enten-Mangosalat. Außerdem gibt es hier Tapas wie z. B. Hummus und *patatas mojo picón* (Kartoffeln in pikanter Soße). Oder man schaut einfach auf einen Wermut oder einen Cocktail vorbei.

Lua FUSION-KÜCHE €€
(972 15 94 52; www.facebook.com/lua.cdqs; Carrer Santa Maria 1; Gerichte 8–16 €; ⌚ Mai–Sept. 12–16 & 20–24 Uhr, Okt.–April Mi geschl., Jan.–März eventuell geschl.;) Die gelbe Tür stimmt die Gäste in diesem entspannten Bar-Restaurant mit Bierfasstischen und Bänken in einer Altstadtgasse auf das leckere, kreative mediterran-asiatische „Soul Food" ein. Dieses Lokal ist für Vegetarier gemacht: Veggie-Venus-Schüssel mit schwarzem Reis, Hummus und Baba Ganoush oder leichtere Snacks wie Käseteller, Salate in der Original-Keramikschale und *pa amb tomàquet* (Brot mit Tomate und Olivenöl).

Compartir FUSION-KÜCHE €€€
(972 25 84 82; www.compartircadaques.com; Riera Sant Vicenç; Hauptgerichte 20–26 €; ⌚ 13–15.30 & 20–22.30 Uhr, Juli & Aug. Mo geschl., Okt., Nov., April & Mai Mo & Di geschl., Nov.–März Mo & So geschl.) Ein Trio von elBulli-Schülern leitet dieses Terrassenrestaurant, in dem sich alles um innovative Gourmetgerichte zum Teilen („*compartir*" bedeutet „teilen") dreht, und doch herrscht hier eine (vergleichsweise) entspannte Atmosphäre. Die ständig wechselnde Speisekarte verwandelt traditionelle katalanische Aromen in moderne Köstlichkeiten wie Steinbutt nach Thai-Art oder marinierte Sardinen mit Himbeeren, Roter Bete und Pistazien. In dem 300 Jahre alten Haus muss man vorab reservieren.

Es Baluard FISCH & MEERESFRÜCHTE €€€
(972 25 81 83; www.esbaluard-cadaques.net; Carrer de la Riba Nemesi Llorens; Hauptgerichte 17–27 €; ⌚ März–Sept. 13–15.30 & 20.30–23 Uhr) Eventuell sind auch Rehcarpaccio und gesalzene Grillspargel erhältlich, doch die Familie hinter dem Es Baluard huldigt zweifellos dem Meeresgott Poseidon. Meeresfrüchtegerichte, wie Cadaqués-Sardellen, Seespinnenreis und *suquet de peix* (regionaler Fischeintopf), stehen auf der Speisekarte. Zudem gibt's eine gute Auswahl an Desserts, darunter in Sirup eingelegte Feigen und Frischkäseeis mit Orangenmarmelade.

Bar Boia BAR, CAFÉ
(http://boianit.com; Passeig de Cadaqués; ⌚ Juni–Sept. 8.30–15 Uhr, Okt.–Mai 9–22 Uhr;) Seit 1946 von Künstlern und Intellektuellen bevorzugt, wurde dieser *xiringuito* (Strandbar) im Sand zu einer fantastischen, hochkarätigen Cocktailbar umgemodelt. Die hervorragenden flüssigen Köstlichkeiten (9,50–12 €) – Gin Tonic mit Plankton und Meerfenchel, „Gala Dalí" mit viel *cava* – stammen vom preisgekrönten, bei elBulli ausgebildeten Mixologen Manel Vehí. Die Café-/Tapasterrasse macht früh auf; die *coctelería* Boia Nit erwacht in Sommernächten zum Leben.

Praktische Informationen

Oficina de Turisme (972 25 83 15; www.visitcadaques.org; Carrer del Cotxe 2; ⌚ Juli–Mitte Sept. Mo–Sa 9–21, So 10–13 & 17–20 Uhr, Mitte Sept.–Juni Mo–Sa 9–13 & 15–18, So 10–13 Uhr, Okt.–März So geschl.)

An- & Weiterreise

Sarfa-Busse (www.sarfa.com) verbinden Cadaqués mit dem Estació del Nord (25 €, 2¾ Std., 2- bis 5-mal tgl.) und dem Flughafen (27 €, 3½ Std., 1- bis 2-mal tgl.) in Barcelona, sowie mit Figueres (5,50 €, 1 Std., 4- bis 7-mal tgl.) und Girona (11 €, 1¾ Std., wochentags 1- bis 2-mal, im Sommer auch am Wochenende) über Castelló d'Empúries (4,20 €, 45 Min., 6- bis 13-mal tgl.).

Cap de Creus

Das von gnadenlosen Tramontana-Winden gepeitschte Cap de Creus, das 1998 zum Naturreservat erklärt wurde, ist der östlichste Punkt des spanischen Festlandes und von grandioser wilder Schönheit. An diesem Ort mit steiler Felsenküste und Buchten mit türkisfarbenem Wasser ist es bei Sonnenauf- oder -untergang besonders magisch.

Die bizarr geformten Felsen, kargen Plattformen und verlassenen Küsten, die in Salvador Dalís berühmten Bildern auftauchen, waren nicht nur ein Produkt seiner lebendigen Fantasie: Von Landschaften wie dieser ließ sich der große surrealistische Künstler inspirieren.

Zu dem Kap führt eine 8 km lange einsame Straße, die sich nordöstlich von Cadaqués durch die Mondlandschaft schlängelt. Oder man erreicht es auf einem großartigen 8 km langen Wanderweg von Cadaqués aus (2½ Std.).

Sehenswertes & Aktivitäten

Die Halbinsel Cap de Creus ist wegen der Wanderwege entlang der zerklüfteten Klippen sehr beliebt; Wanderkarten gibt es im Informationszentrum oder im Touristenbüro in Cadaqués. Die Route **Itinerari 17** vom Parkplatz der Paratge de Tudela nach Cala Culop (4 km hin & zurück) schlängelt sich am massiven Felsen Roca Cavallera vorbei, den Dalí in seinem Gemälde *Der große Masturbator* verewigte.

Far Cap de Creus LEUCHTTURM

Der Leuchtturm, der von der Spitze des Kaps strahlt, stammt aus dem Jahr 1853.

Essen

Bar Restaurant Cap de Creus KATALANISCH, INDISCH €€

(☎ 972 19 90 05; www.facebook.com/pg/restaurante.capdecreus; Hauptgerichte 10–15 €; ⊙ Nov.–April So–Do 9.30–20, Fr & Sa bis 24 Uhr, Mai–Okt. tgl. 9.30–24 Uhr, wechselnde Öffnungszeiten) Das ganztägig geöffnete Restaurant auf dem Kap versorgt erschöpfte Wanderer und Strandbesucher mit einer überraschenden Kombination aus katalanischem und indischem Essen. Die Karte bietet eine wohltuende geschmackliche Abwechslung zu den unzähligen gegrillten Meeresfrüchten in Cadaqués; empfehlenswert sind das duftende Lammcurry oder die Gemüsesamosas. Das Küstenpanorama von der luftigen Terrasse ist traumhaft und es gibt oft Livemusik.

BESUCH DES TEATRE-MUSEU DALÍ

Das **Teatre-Museu Dalí** (S. 384) ist außerhalb Madrids das meistbesuchte Museum Spaniens (2016 mehr als 1,1 Mio Besucher). Es lohnt sich, die Öffnungszeiten zu überprüfen (Okt.–Mai Mo geschl.) und im Voraus online zu reservieren. Im August öffnet das Museum abends von 22 bis 1 Uhr (Eintritt 15 €, vorab buchen!). Am besten kommt man möglichst früh her, um langes Anstehen zu vermeiden.

Praktische Informationen

Espai Cap de Creus (http://parcsnaturals.gencat.cat/ca/cap-creus; ⊙ Juli–Mitte Sept. 10–14 & 15–19 Uhr, Mai, Juni & 2. Hälfte Sept. 10–15 Uhr) Das Hauptinformationszentrum des Parks mit Wanderkarten und Ausstellungen zur lokalen Flora und Fauna im Leuchtturm des Kaps.

Centre d'Informació del Parc Natural (☎ 972 19 31 91; http://parcsnaturals.gencat.cat/ca/cap-creus; Palau de l'Abat, Monestir de Sant Pere de Rodes, GIP6041; ⊙ Juli–Sept. 10–14 & 15–18 Uhr, Okt.–Juni 10–15 Uhr) Beim Monestir de Sant Pere de Rodes, 30 km westlich vom Cap de Creus.

Figueres

45 100 EW.

Vierzehn Kilometer landeinwärts vom glitzernden Golf de Roses liegt Figueres, der Geburtsort von Salvador Dalí, wo heute das extravagante Theatermuseum des Künstlers zu finden ist. Obwohl Dalí seine berufliche Laufbahn nach Madrid, Barcelona, Paris und in die USA führte, hatte Figueres immer einen Platz in seinem Herzen. In den 1960er- und 1970er-Jahren schuf er das außergewöhnliche Teatre-Museu Dalí, ein Denkmal des Surrealismus und ein Erbe, das in Sachen Beliebtheit und Extravaganz in der spanischen Künstlerwelt seinesgleichen sucht. Was auch immer man von der komplexen egozentrischen Persönlichkeit halten mag – dieses Museum ist einfach jeden Euro und jede Minute wert.

Neben dieser Hauptattraktion ist das geschäftige Figueres ein lebendiger Ort mit einigen interessanten Museen, guten Restaurants, angenehmen Einkaufsstraßen rund um den Carrer de Peralada und einer kolossalen Burg aus dem 18. Jh. Es lohnt sich, über Nacht zu bleiben: Wenn die Dalí-Tagesbesucher bei Sonnenuntergang wieder in ihren Bussen verschwinden, atmet die Stadt erst richtig auf.

Sehenswertes

★ **Teatre-Museu Dalí** MUSEUM

(www.salvador-dali.org; Plaça de Gala i Salvador Dalí 5; Erw./Kind unter 9 J. 14 €/gratis; ⊙ Juli–Sept. 9–20 Uhr, Okt.–Juni 10.30–18 Uhr, Okt.–Mai Mo geschl., Aug. auch 22–1 Uhr) Beim Anblick des roten burgähnlichen Gebäudes mit Rie-

SALVADOR DALÍ

Salvador Dalí (1904–89), eines der bekanntesten Gesichter des 20. Jhs., hätte das Wort „überlebensgroß" für sich erfinden lassen können. Danach hätte er es wahrscheinlich mit rosa Ananas dekoriert.

Dalí wurde in Figueres geboren, durch seine surrealistische Laufbahn in der oft sehr ernsten spanischen Kulturlandschaft des 20. Jhs. kam er in Kontakt mit Persönlichkeiten wie Pablo Picasso, Luís Buñuel, Federico García Lorca und Franco, und ausländische Promis drängten sich in Scharen, um sich in seiner extravaganten Gesellschaft sehen zu lassen. Dali versuchte sich an so ziemlich allem, sei es Film, Architektur oder auch Literatur.

Der selbstbewusste Exzentriker und die stete Quelle druckreifer Zitate war überraschenderweise auch ein konservativer Mensch und frommer Katholik. Der Besuch des französischen Dichters Paul Éluard und seiner russischen Frau Gala in Cadaqués im Jahre 1929 stellte Dalís Leben auf den Kopf: Er floh mit Gala (die zu seiner lebenslangen Obsession und später seine Frau werden sollte) nach Paris und schloss sich der surrealistischen Bewegung an. Die lange Beziehung zu dieser Frau war die stabile Konstante, um die sein turbulentes Leben herumwirbelte.

Oft lenken seine Prominenz, seine außerordentliche Produktivität und sein (ganz ehrlich) alberner Schnurrbart davon ab, dass er ein absolut herausragender Künstler war. Der Surrealismus in seinen Bildern hat oft weit mehr Tiefe, als es auf den ersten Blick scheint. Die weichen Uhren auf seinem berühmtesten Bild *Die Beständigkeit der Erinnerung* nehmen direkt Bezug auf die Relativität der Zeit nach Einstein. Sein *Christus des hl. Johannes vom Kreuz* verbindet geschickte Komposition und symbolträchtige Renaissance-Bildsprache mit einem nostalgischen, beinahe schwermütigen Blick auf die katalanische Küste, die er so liebte.

Das so genannte Dalí-Dreieck im Nordosten Kataloniens (das 2016 stolze 1,4 Millionen Besucher verzeichnete) umfasst das spektakuläre, verrückte **Teatre-Museu Dalí** (S. 384) in Figueres, das vielschichtige Zuhause des Künstlers in Port Lligat, die **Casa Museu Dalí** (S. 381) bei Cadaqués und das weniger extravagante **Castell de Púbol** (S. 370) nordöstlich von Girona.

seneiern, stilisierten Oscarstatuen und Gipscroissants fällt einem nur ein Name ein: Salvador Dalí. Diese mehr als angemessene letzte Ruhestätte macht den Meister des Surrealismus unsterblich. Die Ausstellungen reichen von riesigen, unübersehbaren Installationen wie *Taxi Plujós* (Regentaxi), einem frühen Cadillac mit Statuen, bis zu diskreteren Bereichen, darunter ein kleiner mysteriöser Raum mit einem verspiegelten Flamingo.

„Theater-Museum" ist eine passende Bezeichnung für diesen Trip durch die unglaublich schöpferische Fantasie eines der großen Showmen des 20. Jhs. Zwischen 1961 und 1974 baute Dalí das ehemalige Stadttheater von Figueres, das 1939 am Ende des Bürgerkriegs durch einen Brand zerstört wurde, in das Teatre-Museu Dalí um. Es ist voll von Illusionen, Tricks und völlig Unerwartetem und beherbergt einen wesentlichen Teil von Dalís Lebenswerk, seine berühmtesten Werke findet man hier allerdings nicht (sie sind über die ganze Welt verstreut).

Selbst draußen erwarten einen Überraschungen, darunter ein Eingang mit mittelalterlichen Rüstungen mit Baguettes auf den Köpfen, bizarre Skulpturen vor dem Eingang an der Plaça de Gala i Salvador Dalí und eine rosafarbene Mauer an der Pujada al Castell und der Carrer Canigó. Im 1983 hinzugefügten **Torre Galatea** verbrachte Dalí seine letzten Lebensjahre.

Die Show eröffnet das *Taxi Plujós*: Eine Münze im Geldschlitz setzt den „Regen" in Gang und Wasser überspült das Innere des Autos. In der **Sala de Peixateries** (Fischladensaal) hängen Gemälde von Dalí, u. a. das berühmte *Autoretrat Tou amb Tall de Bacon Fregit* (Weiches Selbstporträt mit gebratenem Speck) und das *Retrat de Picasso* (Porträt von Picasso). Unter der einstigen Theaterbühne liegt die Krypta mit Dalís schlichtem **Grab**.

Nachdem man sich die bekannteren Highlights wie den **Mae West Room** angesehen hat, kann man Ausschau halten nach der Schildkröte mit einer Goldmünze auf dem Rücken und den Gucklöchern in einen grün beleuchteten Raum, wo ein verspiegelter Flamingo inmitten künstlicher Pflanzen steht. Im **Palau del Vent** (im Saal „Palast der Winde") kann man Dalís himmlische Neuinterpretation der Sixtinischen Kapelle bestaunen.

Gala, Dalís Frau und lebenslange Muse, ist überall präsent, von dem Bild *Gala Nua Mirant el Mar Mediterrani* (Die nackte Gala blickt auf das Mittelmeer) im zweiten Stock, das aus der Ferne wie ein Porträt Abraham Lincolns aussieht (am besten zu sehen von außerhalb des Mae West-Raums), bis zu dem Klassiker *Leda Atòmica* (Atomare Leda).

Ein gesonderter Eingang (gleiche Eintrittskarte und Öffnungszeiten) führt zu den **Dalí Joies**, einer Sammlung mit 37 von Dalí designten, in New York zwischen 1941 und 1970 hergestellten Schmuckstücken. Jedes Stück, vom befremdlichen *Ull del Temps* (Auge der Zeit) über den *Elefant de l'Espai* (Elefant im Weltraum) bis zum *Cor Reial* (Königliches Herz) ist ein Unikat.

Castell de Sant Ferran FESTUNG

(www.lesfortalesescatalanes.info; Pujada del Castell; Erw./Kind 3,50 €/gratis; ⌚Juli–Mitte Sept. 10–20 Uhr, Mitte Sept.–Okt. & April–Juni 10.30–18 Uhr, Nov.–März 10.30–15 Uhr) Figueres' gewaltige Burg aus dem 18. Jh. dominiert die umliegenden Ebenen von einem niedrigen Hügel, 1 km nordwestlich des Zentrums, aus. Der Komplex ist ein Wunder der Militärtechnik: Er erstreckt sich auf 32 ha. Im Inneren konnten sich 6000 Männer aufhalten und in den Militärbaracken übernachten. Im Eintrittspreis inbegriffen sind stockende Audioguides (fast so alt wie das Schloss selbst).

Museu de l'Empordà MUSEUM

(www.museuemporda.org; La Rambla 2; Erw./Kind 4 €/gratis; ⌚Mai–Okt. Di–Sa 11–20 Uhr, Nov.–April Di–Sa 11–19 Uhr, ganzjährig So 11–14 Uhr) Auf vier Etagen verteilt sich dieses Regionalmuseum, in dem man eine Zeitreise von antiken Amphoren über Skulpturen aus dem 7. Jh. bis zu sich drehenden Installationen zeitgenössischer Kunst unternehmen kann. Die Kultur und Geschichte der Region werden nur bruchstückhaft präsentiert, doch die Auswahl hat es in sich. Die religiöse Kunst aus dem 17. Jh. ist besonders beachtenswert. Auf keinen Fall sollte man Dalís farbenprächtigen *Sant Narcís* von 1962 verpassen.

Schlafen & Essen

Hostel Figueres HOSTEL €

(☎630 680575; www.hostelfigueres.com; Carrer dels Tints 22; B/DZ 21/42 €; ❄📶) Das energiegeladene und frische Hostel ist genau die Backpackerunterkunft, die die Stadt nötig hatte. Die Schlafsäle für vier, sechs oder acht Personen sind modern, luftig und lupenrein, haben Ventilatoren und Schließfächer. Die drei klimatisierten Doppelzimmer verfügen über Gemeinschaftsbäder, während das voll ausgestattete Drei-Zimmer-Apartment (ab 65 €) sich gut für Gruppen eignet. Von den Mitarbeitern erhält man jede Menge Tipps, und es gibt eine Gemeinschaftsküche, eine Terrasse, eine Lounge und einen Handtuchverleih (1 €).

Hotel Duran HOTEL €€

(☎972 50 12 50; www.hotelduran.com; Carrer de Lasauca 5; EZ/DZ 80/95 €; P❄📶) Wer voll und ganz in die Legende von Dalí eintauchen will, ist in diesem Hotel aus der Mitte des 19. Jh. genau richtig – der Künstler und seine Frau waren hier häufig zu Gast. In seinem Inneren bietet das Hotel eine harmonische Mischung aus altmodischer Eleganz, zeitgenössischem Design, surrealistischen Akzenten und Fotos von Dalí mit dem ehemaligen Hotelmanager, dessen Nachkommen heute stolz den Laden schmeißen. Die Zimmer sind hell, modern und preiswert. Das Frühstück kostet 10 €, Parken 15 €.

Das glanzvolle **Restaurant** (☎972 50 12 50; www.hotelduran.com; Carrer Lasauca 5; Hauptgerichte 16–25 €; ⌚12.45–16 & 20.30–23 Uhr) bietet die Pracht eines königlichen Bankettsaals sowie einen reibungslosen Service, ein Degustationsmenü (49 €) und leicht kreative katalanische Küche.

El Motel KATALANISCH €€€

(☎972 50 05 62; www.hotelemporda.com; Hotel Empordà, Avinguda Salvador Dalí 170; Hauptgerichte 13–30 €; ⌚12.45–15.45 & 20.30–22.30 Uhr; P📶) Jaume Subirós, Küchenchef und Besitzer dieses pfiffigen Hotel-Restaurant an der Straße, 1 km nördlich des Stadtzentrums, ist maßgeblich mit dafür verantwortlich, dass aus einfachen traditionellen katalanischen Speisen eine perfekt ausgefeilte, innovative Küche wurde. Die Speisekarte besteht ausschließlich aus lokalen, saisonalen Zutaten, aus denen u. a. Highlights wie gesalzene Rosa Geißelgarnelen, mit Ricotta und Parmesan gefüllte Zucchiniblüten und Reis mit Hummer vom Cap de Creus gezaubert werden.

Außerdem gibt's ansprechende, klassische Zimmer, in denen man sich vom Schlemmen erholen kann (DZ 65–105 €, Suite 110–145 €).

Praktische Informationen

Oficina de Turisme Figueres (☎ 972 50 31 55; http://visitfigueres.cat; Plaça de l'Escorxador 2; ⌚ Juli–Sept. Mo–Sa 9–20, So 10–15 Uhr, Okt.–Juni Di–Sa 9.30–14 & 16–18, So & Mo 10–14 Uhr)

An- & Weiterreise

Sarfa-Busse (www.sarfa.com) fahren von Figueres' **Busbahnhof** (Plaça de l'Estació 7) nach Cadaqués (5,50 €, 1 Std., 4- bis 7-mal tgl.) über Castelló d'Empúries (1,70 €, 15 Min., 13- bis 25-mal tgl.).

Vom Bahnhof in Figueres, 800 m südöstlich vom Zentrum, starten halbstündlich Züge von/nach Girona (4,10–5,45 €, 30 Min.) und Barcelona (12–16 €, 1¾–2½ Std.) sowie stündlich Züge von/nach Portbou (3,40 €, 30 Min.) an der Grenze zu Frankreich. Hochgeschwindigkeitszüge nach Girona, Barcelona und Frankreich fahren ab vom Bahnhof Figueres-Vilafant, 1,5 km westlich vom Stadtzentrum.

ABSTECHER

CENTRE DE REPRODUCCIÓ DE TORTUGUES DE L'ALBERA

Diese langjährige kleine **Tierzuchtstation** (☎ 972 55 22 45; www.tortugues.cat; Garriguella; Erw./Kind 6/4,50 €; ⌚ Juli–Mitte Sept. 10–18 Uhr, Mitte März–Juni & Mitte Sept.–Okt. 10–13 Uhr, Nov.–Mitte März geschl.) ist eine Oase für Griechische Landschildkröten und eine Anlaufstelle, in der man sich über diese kleinen bedrohten Panzerwesen der Pyrenäen informieren kann. Es gibt einen Einführungsfilm (auf Katalanisch, Spanisch, Englisch, Französisch oder Deutsch), der über die Gefahren für die Schildkröten in der Region aufklärt, doch am spannendsten ist ein Spaziergang über den Bohlenweg im Freien, wo man zwischen Felsen und Blumenbeeten die 140 Schildkröten sehen kann. Die gut ausgeschilderte Aufzuchtstation liegt direkt nördlich von Garriguella, einem kleinen Städtchen 13 km nordöstlich von Figueres.

Besalú

2400 EW.

Die wunderbar erhaltene, mittelalterliche Stadt Besalú beeindruckt mit ihrer eleganten Pont Fortificat („befestigte Brücke") aus dem 11. Jh., die den Riu Fluvià überspannt und in ein verschlungenes Labyrinth aus engen kopfsteingepflasterten Straßen im historischen Stadtkern führt. Nach Phasen römischer, westgotischer und muslimischer Herrschaft war Besalú im 10. und 11. Jh. Hauptstadt einer unabhängigen Grafschaft, die sich bis nach Cerdanya im Westen ausbreitete, bevor sie 1111 unter Barcelonas Vorherrschaft geriet. Heute ist Besalú von Girona (35 km südlich) und der Region um Olot (20 km westlich) aus ein beliebtes Tagesausflugsziel. Hier trifft man unaufhörlich auf Besucher, die die Befestigungsmauern besichtigen und sich über die jüdische Geschichte der Stadt informieren.

Sehenswertes & Aktivitäten

Die Touristeninformation (S. 388) und **Ars Didàctica** (☎ 607 453531; www.arsdidactica.com; Carrer Major 2; Tour 30 Min./1 Std. 3/4,80 €; ⌚ Touren Mitte Juni–Mitte Sept. tgl., Mitte Sept.–Mitte Juni nur am Wochenende) bieten geführte Rundgänge durch die Altstadt von Besalú an.

★ Pont Fortificat — BRÜCKE

(Carrer del Pont) Die befestigte Steinbrücke Besalús ist sehr alt und birgt etliche Erinnerungen. Im Jahr 1075 wurde die Brücke erstmals urkundlich erwähnt, auch wenn sie sich durch die Verstärkung der Verteidigungsanlagen mit der Zeit veränderte. Sie wurde 1939 während des Spanischen Bürgerkriegs bombardiert und kurz danach repariert. Heute dient die wunderschöne helle Sandsteinbrücke mit ihren zwei von Türmen geflankten Toren und dem schweren Fallgitter als fesselnder Aussichtspunkt mit dem schönsten Blick auf das mittelalterliche Besalú.

Jüdischer Platz — RUINEN

(Baixada de Miqvé; Führungen 2,25–4,80 €) Aufgrund unerbittlicher Verfolgung durch die Christen floh Besalús blühende jüdische Gemeinde 1436 aus dem Ort. Sie hinterließ eine **Mikwe**. Das rituelle Bad am Flussufer stammt aus dem 12. Jh. und ist das einzige seiner Art in Spanien, es wurde erst 1964 entdeckt. Es liegt in einem gewölbten, aus Stein gehauenen Raum, in dessen Nähe 2005 bei Ausgrabungen Überreste einer **Synagoge** aus dem 13. Jh. gefunden wurden. Die *miqvé* kann man im Rahmen einer Führung des Touristenbüros (S. 388) oder

ABSTECHER

MUSEU MEMORIAL DE L'EXILI

Wer Picassos *Guernica* kennt, hat bereits eine Vorstellung von den Schrecken, die die Zivilbevölkerung während des Spanischen Bürgerkriegs erleiden musste. Dieses nachdenklich stimmende **Museum** (www.museuexili.cat; Carrer Major 43-47, La Jonquera; Erw./Kind 4 €/gratis; ⌚Juni–Sept. Di–Sa 10–20 Uhr, Okt.–Mai Di–Sa 10–18 Uhr, ganzjährig So 10–14 Uhr) folgt den Spuren der Katalanen, die in dieser Zeit verfolgt und ins Exil getrieben wurden. Es befindet sich in günstiger Lage in La Jonquera, 20 km nördlich von Figueres und nahe der spanisch-französischen Grenze, über die viele Spanier nach der Niederlage der Republikaner 1939 flohen. Anhand von Fotos, Audioguides (Katalanisch, Spanisch, Englisch od. Französisch) und faszinierenden Kunstinstallationen wird die Vorphase des Spanischen Bürgerkriegs erklärt.

von Ars Didàctica besichtigen, doch den Platz und das Äußere der Ruine kann man unabhängig davon anschauen.

Monestir de Sant Pere KLOSTER
(Plaça Prat de Sant Pere; Spende erwünscht; ⌚wechselnde Öffnungszeiten) Das romanische Kloster stammt aus dem 11. Jh. und hat einen ungewöhnlichen Wandelgang mit Kapitellen mit Blumenmotiven hinter dem Altar.

Schlafen & Essen

3 Arcs HOTEL €€
(☎972 59 16 78; www.hotel3arcs.com; Carrer de Ganganell 15; EZ/DZ/3BZ inkl. Frühstück 81/89/103 €; ❄📶) Wie der Name schon sagt, erkennt man diese Unterkunft an den schmalen Steinbögen, die neben dem eleganten, sanierten Gebäude in der Altstadt stehen. Die zwölf schlichten Zimmer sind kompakt und modern, das Management ist nett, und es gibt eine schönes Café im Erdgeschoss.

Casa Marcial HOTEL €€
(☎608 029427; www.casa-marcial.com; Carrer del Comte Tallaferro 15; inkl. Frühstück EZ 85–90 €, DZ 110–139 €; ❄📶🏊) Teilweise in einem renovierten Herrenhaus von Anfang des 20. Jhs. untergebracht, ist die Casa Marcial eine attraktive Option in der Altstadt mit herzlichem Service, einem kleinen Pool und zwölf adretten, ordentlichen, modernen Zimmern. Nur einige verfügen über Balkone, aber alle sind sehr hell; in den fünf geräumigen „Suiten", einschließlich einer in Familiengröße, kann man Tee und Kaffee zubereiten. Durch einen grünen Garten vorbei an einer Kirche aus dem 12. Jh. läuft man zum Pool.

Amb els 5 Sentits KATALANISCH €€
(☎633 633390; www.facebook.com/ambels5sentitsbesalu; Carrer Abat Zafont 8; Degustationsmenüs 15–19 €; ⌚Mo–Do & So 13–15.30, Fr & Sa 13–15.30 & 21–22.30 Uhr) In diesem intimen, bodega-ähnlichen Lokal mit Natursteinmauern werden saisonale, einheimische Zutaten in coole, fantasievolle, elegant zubereitete Degustationsmenüs verwandelt. In fünf oder sechs kunstvollen Gängen (darunter häufig ein Reisgericht) genießt man Köstlichkeiten wie Paella mit Ente und Kichererbsen, Sardellen von L'Escala, Thunfischtatar mit Mandarine oder *coca* (Gebäck) mit mallorquinischer Wurst und Garrotxa-Käse. Reservierung empfohlen.

Pont Vell KATALANISCH €€
(☎972 59 10 27; www.restaurantpontvell.com; Carrer Pont Vell 24; Hauptgerichte 15–24 €; ⌚Juli & Aug. Mo 13–15.30, Mi–So 13–15.30 & 20.30–22.30 Uhr, Sept.–Juni Mo & So 13–15.30, Mi–Sa 13–15.30 & 20.30–22.30 Uhr, Ende Dez.–Ende Jan. geschl.) Schon die Aussicht auf die alte Brücke, nach der das Restaurant benannt ist, reicht aus, um einen in das umgebaute Haus aus dem 18. Jh. zu locken. Dazu kommt die ausgezeichnete und umfangreiche Speisekarte voller Köstlichkeiten aus lokalen Zutaten wie hausgemachten Pasteten, Girona-Rippensteak in Cabrales-Käse-Soße und Tintenfisch in eigener Tinte mit Pilzfüllung.

Praktische Informationen

Oficina de Turisme (☎972 59 12 40; www.besalu.cat; Carrer del Pont 1; ⌚10–14 & 16–19 Uhr) Auf der Ostseite der Brücke, gegenüber vom Zentrum; bietet 30-minütige bis einstündige Rundgänge an (2,25–4,60 €).

An- & Weiterreise

Teisa-Busse (www.teisa-bus.com) fahren nach Barcelona (15 €, 2 Std., 4-mal tgl.), Olot (3,90 €, 40 Min., 12- bis 25-mal tgl.), Figueres (4 €, 30 Min., 3-mal tgl.) und Girona (4,70 €, 40 Min. bis 1 Std., 8- bis 16-mal tgl.).

DIE KATALANISCHEN PYRENÄEN

Die katalanischen Pyrenäen sind zu jeder Jahreszeit viel mehr als ein reiner Abenteuerspielplatz, und halten – jenseits der großen Resorts – eine raue natürliche Schönheit bereit, die zu Entdeckungen einlädt. Das Val Val d'Aran zieht im Winter Ski- und Snowboardfahrer an und bietet alle möglichen Resorts – von rotem Teppich bis zu familienfreundlich. Im Sommer und Herbst machen sich Scharen von Wanderern zu den juwelenartigen Seen und Tälern des Parc Nacional d'Aigüestortes i Estany de Sant Maurici, dem tief liegenden Gebiet von Cerdanya und dem Bergsteigergebiet Serra del Cadí, auf.

Inmitten der majestätischen Landschaft, der tiefen Täler und der schneebedeckten Gipfel erwartet einen auch ein reiches katalanisches Kulturerbe. In diesen Bergen liegen tausend Jahre alte Klöster – darunter einige der umwerfenden romanischen Bauwerke Spaniens – man begegnet auf den Wanderungen durch die Pyrenäen also nicht nur Talpanoramen, sondern auch Kirchenruinen.

Feinschmecker, die es nach mehr gelüstet als bloßem Wanderproviant, kommen bei der reichhaltigen vulkanischen Gastronomie von Olot und dem Parc Natural de la Zona Volcànica de la Garrotxa auf ihre Kosten.

Olot

24 580 EW. / 443 M

Wenn einem beim Aufenthalt in Olot der Magen rumort, dann liegt das möglicherweise nicht nur an der köstlichen einheimischen *cuina volcànica*. Die lebendige Stadt ist die Regionalhauptstadt von La Garrotxa, eine üppige Landschaft mit kegelförmigen Hügeln, die vor 70 000 Jahren unter weit extremeren geologischen Bedingungen geformt wurde. Heute steht sie als Kataloniens Parc Natural de la Zona Volcànica de la Garrotxa unter Schutz. Der Park schließt Olot vollkommen ein, was die Stadt zu einer guten Ausgangsbasis für Vulkanerkundungen macht.

Die Stadt erstreckt sich über ein großes Gebiet mit breiten, von Bäumen gesäumten Straßen, doch das mittelalterliche Zentrum kann gut zu Fuß besichtigt werden. Es gibt ein paar Museen, große Modernista-Gebäude, ausgezeichnete Restaurants sowie einen lebendigen Montagsmarkt, und ist einen Zwischenstopp absolut wert.

Sehenswertes & Aktivitäten

Im Touristenbüro (S. 390) erhält man eine Broschüre mit Erläuterungen zu Olots **Modernista-Architektur** (darunter Lluís Domènech i Montaners blumengeschmückte Casa Solà Morales von 1916).

Vier Hügel vulkanischen Ursprungs halten am Rand von Olot Wache. Zu den Vulkankratern **Volcà del Montsacopa**, nördlich des Zentrums, führt ein 2 km langer Weg (45 Min.).

Museu dels Volcans MUSEUM

(https://museus.olot.cat; Parc Nou, Avinguda de Santa Coloma; Erw./Kind 3/1,50 €; Di–Sa 10–14 & 15–18, So 10–14 Uhr) Inmitten des grünen Parc Nou (ein botanischer Garten um Olot) bietet dieses schulähnliche Museum detaillierte Informationen über Vulkane, Erdbeben, Eruptionsarten, die vulkanische Geschichte Kataloniens und die Geologie von La Garrotxa. Faszinierende audiovisuelle Ausstellungsstücke beinhalten z. B. einen furchteinflößenden Erdbebensimulator. Zum Museum gehört ein cooles Café.

Schlafen & Essen

Alberg Torre Malagrida HOSTEL €

(972 26 42 00; www.xanascat.cat; Passeig de Barcelona 15; B unter/über 30 J. 13/15 €;) Es ist kaum zu glauben, dass dieses mit Marmorsäulen geschmückte, von einem Garten umgebene Modernista-Gebäude aus dem frühen 20. Jh. mit gekachelten Gängen und Steinlöwen, die den Eingang bewachen, eine Jugendherberge (HI) sein soll. Die schmucklosen, mit Spints ausgestatteten Schlafsäle – für zwei, drei, sechs, acht oder zehn Personen – sind komfortabel, ohne der äußerlichen Pracht gerecht zu werden. Verpflegung und Fahrradverleih möglich.

Can Blanc CASA RURAL €€

(972 27 60 20; www.canblanc.es; Paratges de la Deu; EZ/DZ inkl. Frühstück 67/110 €; P) Das abgelegene, staubig rosafarbene Landhaus in einem grünen Park am Südostende von Olot ist bezaubernd. Bunte, schlichte, modern-rustikale Zimmer in allen Formen und Größen. Pluspunkte gibt's für den angenehmen Garten mit kleinem Pool und das leckere Frühstück.

La Deu KATALANISCH €€

(972 26 10 04; www.ladeu.es; Carretera La Deu; Hauptgerichte 10–23 €; Mo–Sa 13–16 & 20.30–22.30, So 13–16 Uhr; P) Das familiengeführte La Deu an einer von Bäumen gesäumten

ZU FUSS DURCH KATALONIENS PYRENÄEN

Die katalanischen Pyrenäen sind ein großartiges Wandergebiet, in dem man stundenlange Spaziergänge ebenso wie mehrtägige Ausflüge unternehmen kann. Wer in den reizenden Dörfern oder *refugis* (Berghostels oder -hütten) übernachtet, muss noch nicht einmal eine Campingausrüstung mitnehmen.

Die meisten *refugis* werden von den Wandervereinen **Federació d'Entitats Excursionistes de Catalunya** (FEEC; www.feec.cat) und **Centre Excursionista de Catalunya** (CEC; www.cec.cat) betrieben, die zudem Infos zu den Routen bieten. Eine Übernachtung mit Frühstück in einem *refugi* kostet zwischen 18 und 20 €. In der Hochsaison sind manchmal Mahlzeiten zu annehmbaren Preisen (ca. 15–20 €) erhältlich. Es lohnt sich, vorher online oder telefonisch zu reservieren, um sich einen Platz zu sichern (im Sommer kann es in den *refugis* voll werden und in der Nebensaison sind viele geschlossen). **La Central de Refugis** (S. 405) heißt das praktische Buchungsportal.

Der **Fernwanderweg GR11** verläuft von Küste zu Küste durch die gesamten Pyrenäen vom Cap de Creus an der Costa Brava bis nach Hondarribia am Golf von Biskaya. Weitere Höhepunkte sind wagemutige Wanderwege zwischen glitzernden Hochgebirgsseen im Parc Nacional d'Aigüestortes i Estany de Sant Maurici (S. 402) und sanfte Wanderungen durch die üppige Vulkanlandschaft des Parc Natural de la Zona Volcànica de la Garrotxa (S. 391).

Von Ende Juni bis Anfang Oktober ist Wandersaison in den Hochpyrenäen, der ruhigere September bietet die besten Allgemeinbedingungen für alles Mögliche. Man sollte immer darauf vorbereitet sein, dass sich die Wetterbedingungen überall sehr schnell ändern können, egal wann man da ist.

Tipps der Angestellten lokaler Touristeninformationen sowie der Parkwächter, Betreiber der *refugis* und anderer Wanderer sind unbezahlbar, außerdem sollte man nicht auf Karten verzichten; **Editorial Alpina** (www.editorialalpina.com) hat sehr gute.

Darüber hinaus gibt's zahlreiche Möglichkeiten für **Klettertouren**; Pedraforca in der Serra del Cadí (S. 400) wartet z. B. mit einigen herausfordernden Aufstiegen auf. Die stetig wachsende Auswahl an anderen Abenteueraktivitäten in den Pyrenäen umfasst Wildwasser-Rafting, Kajakfahren, Canyoning, *vie ferrate*, Radfahren und mehr, für alles sind die Region Pallars Sobirà (S. 401) und das Val d'Aran (S. 407) am beliebtesten. Die andere Spezialität ist natürlich Skifahren, und das gelingt am besten auf den Pisten **Baqueira-Beret-Bonaigua** (S. 409) im Val d'Aran.

Straße und mit einem Vulkansteinbrunnen auf der Terrasse, der fröhlich vor sich hin plätschert, perfektioniert seit 1885 seine sättigende *cuina volcànica*. Der Service ist bezaubernd effizient, und es gibt eine große Auswahl an Speisen, darunter langsam gegartes Lamm, Schweinefleisch mit Esskastanien, Seehecht aus dem Ofen, Spargel-„Kuchen" mit Basilikumöl sowie die Hausvariante der klassischen *patates d'Olot*.

★ **Les Cols** KATALANISCH €€€

(☎ 972 26 92 09; www.lescols.com; Carretera de la Canya; Degustationsmenü 95 €, inkl. Wein 150 €; ⌚ Mi–Sa 13–15.30 & 20.30–22.30, So 13–15.30 Uhr) Zwei Kilometer nordöstlich von Olot stößt man auf eine ehemalige *masia* (Landhaus) aus dem 19. Jh. Das Les Cols ist die Königin unter den ausgezeichneten Restaurants in La Garrotxa. Innen zeigt sich das Lokal mit seinen Glaswänden und dem golden glitzernden Dekor avantgardistisch schick. Die Gerichte des Zwei-Sterne-Kochs Fina Puigdevall werden aus lokalen Produkten und mit Liebe zubereitet, von Olot-Wurst und Schweinrippen bis zu gegrillten Tempurabohnen.

ℹ Praktische Informationen

Casal dels Volcans (☎ 972 26 60 12; http://parcsnaturals.gencat.cat/ca/garrotxa; Parc Nou, Avinguda de Santa Coloma; ⌚ Di–So 10–14 Uhr) Offizielle Tipps zum Parc Natural de la Zona Volcànica de la Garrotxa.

Oficina de Turisme d'Olot (☎ 972 26 01 41; www.turismeolot.cat; Carrer Doctor Fàbregas 6; ⌚ Mo–Sa 10–14 & 15–19, So 10–14 Uhr) Schickes, modernes Informationsbüro mit mehrsprachigen Mitarbeitern, Karten und Wandertipps für den Park.

An- & Weiterreise

TEISA-Busse (www.teisa-bus.com) pendeln zwischen dem **Busbahnhof** in Olot (Carrer de Tomàs de Lorenzana) und Girona (7,25–8,50 €, 1–1½ Std., 8- bis 30-mal tgl.), manche über Besalú (3,90 €, 40 Min., 12- bis 25-mal tgl.), und von/nach Barcelona (16–19 €, 1½–2½ Std., 9- bis 11-mal tgl.).

Parc Natural de la Zona Volcànica de la Garrotxa

Die grünen Hügel rund um Olot sind vulkanischen Ursprungs und bilden den 150 km² großen Parc Natural de la Zona Volcànica de la Garrotxa (http://parcsnaturals.gencat.cat/garrotxa). Vor rund 350 000 Jahren gab es hier die erste Vulkanaktivität, die letzte vor 11 500 Jahren. Da die Afrikanische und die Eurasische Kontinentalplatte auch weiterhin näher aneinanderrücken (um 2 cm pro Jahr), gibt es in Garrotxa immer noch gelegentlich leichte Erdbeben. Mehr als 100 kleine Beben suchen Katalonien jedes Jahr heim (die meisten sind kaum spürbar). Allerdings schlummern die Vulkane schon lange unter einer Schicht aus Wiesen und Eichenwäldern.

Im Park verteilen sich rund 40 bis zu 160 m hohe und 1,5 km breite Vulkankegel. Zusammen mit der üppigen Vegetation (die dem fruchtbaren Boden und dem feuchten Klima zu verdanken ist), bilden sie eine Landschaft von einzigartiger blühender Schönheit. Der interessanteste Bereich des Parks liegt zwischen Olot und dem schönen Dorf Santa Pau, 10 km südöstlich.

Sehenswertes

Santa Pau DORF

(GI524, Santa Pau) Das mittelalterliche Santa Pau ist mit seinen schmalen Kopfsteingassen, die an blumengeschmückten Ecken und Töpferwerkstätten vorbei zur schönen, von Säulen umgebenen Plaça Major führen, wohl das bezauberndste Dorf in La Garrotxa. Über dem Hauptplatz ragt eine Burg aus dem 13. Jh. empor.

Castellfollit de la Roca DORF

(GI522, Castellfollit de la Roca) Neben den Hügeln ist die Stadt Castellfollit de la Roca (10 km nordöstlich von Olot) eine der bemerkenswertesten geologischen Sehenswürdigkeiten von La Garrotxa. Das Dorf liegt am Rande einer schwarzen Basaltfelswand aus zwei übereinanderliegenden Lavaströmen. Den besten Blick hat man von der Straße unterhalb der Stadt, beim Hostal Mont-Rock.

> **INSIDERWISSEN**
>
> **VULKANISCHE KÜCHE**
>
> In Olot und Umgebung führt eine engagierte Gruppe von Köchen seit 1994 stolz die Tradition der *cuina volcànica* weiter, die auf dem außergewöhnlich fruchtbaren Vulkanboden basiert. Traditionelle Zutaten sind Schwarzrettich, Wildpilze, Santa-Pau-Bohnen, Montserrat-Tomaten, *ratafia* (Likör mit Aromakräutern, manchmal mit Walnussgeschmack) und *piumoc* (getrocknete Schweinswurst), obwohl einige der neusten Kreationen köstlich zeitgemäß sind. Mehr erfährt man unter www.cuinavolcanica.cat.

Monestir de Sant Joan les Fonts KLOSTER

(www.turismesantjoanlesfonts.com; Sant Joan les Fonts; ⏲ Sa & So 12–14 Uhr) GRATIS Das ausgedehnte romanische Kloster aus dem 12. Jh. versteckt sich am nördlichen Ende von Sant Joan les Fonts, 6 km nordöstlich von Olot, an einem Fluss. Man beachte die markante Wölbung, den steinernen Glockenturm und den rosafarbenen Stein aus der Gegend.

Aktivitäten

Es gibt 28 Wanderwege durch den Naturpark, von denen die meisten gut ausgeschildert sind. Olots Casal dels Volcans (S. 390) und das Touristenbüro (S. 390) halten Karten, Informationen und Tipps bereit.

Mehrere einfache Wanderwege führen direkt vom **Parkplatz** nahe Olot und Santa Pau zu den Vulkankegeln. Die Basaltlavaströme nahe **Sant Joan les Fonts** sind ein besonders schöner Ort zum Wandern; die Routen wurden vom Touristenbüro der Stadt ausgeschildert. Eine der beliebtesten Wanderungen im Park geht hoch zum Krater vom **Volcà de Santa Margarida**, wo sich eine romanische Kapelle befindet; der 2 km lange Trail beginnt an einem ausgeschilderten Parkplatz 3 km westlich von Santa Pau an der GI524.

Schlafen

Camping Ecològic Lava CAMPINGPLATZ €

(☎ 972 68 03 58; www.campinglava.com; Carretera Olot-Santa Pau (GI524), Km 7; Auto & Zelt/Erw./Kind 17/8/7 €; P 📶 🐕) Dieser belebte Ganz-

Wandern in den Pyrenäen

Die Pyrenäen sind zwar nicht Europas höchstes Gebirge, auf jeden Fall aber eines der eindrucksvollsten. Die zerklüfteten Giganten erstrecken sich wie ein riesiger Wall vom Golf von Biskaya bis zum Mittelmeer, unterbrochen nur von wenigen schartigen Gebirgspässen – spektakulär aus vielen Gründen, nicht zuletzt wegen der Vielzahl imposanter Wasserfälle, die auf die Wanderer wie Sirenengesang wirken.

GR11

Jeder, der in den spanischen Pyrenäen wandert, wird mit dem Gran Recorrido 11 (GR11) Bekanntschaft machen, dem ausgedehnten Fernwanderweg, der sich entlang der spanischen Flanke von Hondarribia am Golf von Biskaya bis zum Cap de Creus an der Costa Brava erstreckt. Er ist ca. 820 km lang und überwindet dabei eine Höhendifferenz, die fünf Mal dem Mount Everest entspricht. Selbst ohne längere Erholungspausen braucht man etwa 45 Tage. Die meisten Wanderer gehen dieses Abenteuer daher in kurzen Etappen an. Beliebte Teilstücke führen durch das Valle de Ordesa in Aragonien und Estany de Sant Maurici in Katalonien.

Wanderwege und Unterkünfte

Man muss sich auf keine Marathonstrecke einlassen, um die Spanischen Pyrenäen zu genießen. Es gibt jede Menge schöne Tagestouren, die sich gut zu mehrtägigen Wanderungen kombinieren lassen, indem man Unterkünfte in den Dörfern in Anspruch nimmt oder in *refugios* (Berghütten) oder im Zelt übernachtet. Die beiden Nationalparks Ordesa y Monte Perdido in Aragonien und Aigüestortes i Estany de Sant Maurici in Katalonien bieten eine große Zahl spektakulärer Wanderwege. Ersterer lockt etwa mit der Faja-de-Pelay-Wanderung, die in großer Höhe zu einem Wasserfall führt,

GLENN NEVIS / SHUTTERSTOCK ©

DANIMART / 500PX ©

1. Valle de Ordesa im Parque Nacional de Ordesa y Monte Perdido, Aragonien (S. 455)
2. Bergsteiger in den Katalanischen Pyrenäen (S. 389)
3. Wanderer auf dem GR11 (S. 50), Katalonien

MICHAL SZYMANSKI / SHUTTERSTOCK ©

oder der Balcón-de-Pineta-Route zu einem tollen Aussichtspunkt. Fitte Wanderer können den Aigüestortes-Park an einem Tag von Sant Maurici nach Boi durchqueren. Die Strecke ist 22 km lang und passiert Seen, Wasserfälle, grüne Täler und felsige Gipfel mit atemberaubender Aussicht. Für den 55 km langen Rundwanderweg **Carros de Foc** (www.carrosdefoc.com), der alle neun *refugios* des Parks verbindet, benötigt man mehrere Tage.

Gut gelegene Stützpunkte mit netten Unterkünften sind Hecho (S. 448) und Benasque (S. 461) in Aragonien sowie Olot in Katalonien, das ein familienfreundliches Terrain bietet.

Praktisches

Die beste Zeit zum Wandern ist Juni bis Oktober. Bis Mitte Juni und ab Oktober können Pässe und hoch gelegene Täler schneebedeckt sein und das Wetter ist unvorhersehbar, daher sollte man für alle Fälle gerüstet sein. Allerdings ist man nie allzu weit vom nächsten Dorf mit einfachen Unterkünften und Läden entfernt.

Verteilt über die Berge liegen die *refugios* (*refugis* auf Katalanisch), die teilweise bewirtet sind, manchmal aber auch nur als Unterschlupf dienen. In den Ferien sind die bewirteten *refugios* oft überfüllt, man muss also rechtzeitig buchen. In Aragonien geht das über die Website www.alberguesyrefugiosdearagon.com, in Katalonien über das **Federació d'Entitats Excursionistes da Catalunya** (FEEC; www.feec.cat) und das **Centre Excursionista de Catalunya** (CEC; http://cec.cat).

Editorial Alpina (www.editorialalpina.com) und **Prames** (www.prames.com) führen gute Wanderkarten. Als Reiseführer zum GR11 eignet sich *The GR11 Trail – La Senda* von Brian Johnson (2014).

jahrescampingplatz im Grünen, 6 km südöstlich von Olot in Garrotxas *parc natural*, bietet solide Annehmlichkeiten, darunter Möglichkeiten zum Waschen und Warmwasserduschen sowie einen großen Außenbereich, einen Pool (nur im Sommer), ein Restaurant und bequemen Zugang zu Wanderwegen und Aktivitäten wie Reiten. Zudem stehen Bungalows für vier bis zehn Personen zur Verfügung (90 €/4 Pers.).

Cal Sastre BOUTIQUE-HOTEL €€
(☎ 972 68 00 95; www.calsastre.com; Plaça dels Balls, Santa Pau; DZ 120–160 €; ❄ 📶) Versteckt in zwei ausgezeichnet renovierten Häusern aus dem 15. Jh. schaffen es die acht Zimmer des Cal Sastre hinter mittelalterlichen Bögen, die moderne Ausstattung mit einem Hauch altertümlichen Glamours zu verbinden, mit goldgemusterten Kopfteilen an den Betten und freistehenden Badewannen in funkelnden modernen Badezimmern. Das Hotel liegt direkt gegenüber dem Schloss im Herzen des hübschen kleinen Dörfchens Sant Pau, das Familienrestaurant gehört dazu.

Mas La Ferreria BOUTIQUE-HOTEL €€€
(☎ 972 29 13 45; www.hotelmaslaferreria.com; Santa Margarida de Bianya; Zi. inkl. Frühstück 155–200 €; P ❄ 📶 🏊) Die funkelnde Mischung aus historischem Charme, modernem Flair und persönlichem Service verwandelt dieses stilvoll umgebaute Landhaus aus dem 14. Jh., 8 km nordwestlich von Olot, in ein Boutique-Juwel. Sechs individuell gestaltete Zimmer (manche mit Terrassen oder Himmelbetten) zeigen gekonnt die originale Architektur zwischen beruhigenden Farbtönen und freigelegten Steinmauern. Der kleine Salzwasserpool überblickt die vulkanische Wildnis von La Garrotxa.

ℹ An- & Weiterreise

TEISA-Busse (www.teisa-bus.com) fahren von Olot, dem zentralen Verkehrsknotenpunkt von La Garrotxa (7,25–8,50 €, 1–1½ Std., 8- bis 30-mal tgl.), manche über Besalú (3,90 €, 40 Min., 12- bis 25-mal tgl.) und Barcelona (16–19 €, 1½–2½ Std., 9- bis 11-mal tgl.).

ℹ Unterwegs vor Ort

La Garrotxa erkundet man am besten mit dem Auto oder dem Fahrrad, da in der Region nicht viele öffentliche Verkehrsmittel fahren.

TEISA (www.teisa-bus.com) bietet Busse von Olot nach Castellfollit de la Roca (1,70 €, 15 Min., 6- bis 23-mal tgl.) über Sant Joan de les Fonts (1,70 €, 10 Min.).

Ripoll

9270 EW. / 691 M

Im Herzen der sonst eher unscheinbaren Stadt Ripoll steht ein besonders beeindruckendes Kloster. Ein weiteres ist im 10 km nordöstlich gelegenen winzigen Sant Joan de les Abadesses (S. 396) zu finden – ein lohnenswerter Halt für Bewunderer romanischer Kunst.

Ripoll kann mit einiger Berechtigung für sich beanspruchen, die Wiege Kataloniens zu sein. Im 9. Jh. war es der Stützpunkt des hiesigen Machthabers Guifré el Pilós (Wilfried der Haarige), der mehrere Grafschaften der fränkischen Mark an der Südseite der Pyrenäen vereinigen konnte. Guifré wurde schließlich der erste Comte (Graf) von Barcelona. Um die erneute Besiedlung der Pyrenäentäler zu fördern, gründete er das mächtigste Kloster des mittelalterlichen Katalonien, das Monestir de Santa Maria (wo er jetzt begraben liegt).

Ripoll bietet eine erstklassige Lage für die Erkundung des schwindelerregenden Wander- und Skigebietes rund um das Vall de Núria, 13 km nördlich, oder der erloschenen Vulkane von La Garrotxa, 30 km östlich.

★ Monestir de Santa Maria KLOSTER
(www.monestirderipoll.cat; Plaça de l'Abat Oliba; Erw./Kind 5,50/2,75 €; ⏲ April–Sept. 10–14 & 16–19 Uhr, Okt.–März Mo–Sa 10–13.30 & 15.30–18, So 10–14 Uhr) Das 888 n. Chr. geweihte Kloster von Ripoll diente von der Mitte des 10. Jhs. bis zur Mitte des 11. Jhs. als spirituelles und kulturelles Zentrum Kataloniens. Um 1100 wurde eine fünfschiffige **Basilika** errichtet, deren Steinportal zu den Höhepunkten der romanischen Kunst Spaniens zählt. Die restaurierte Basilika bietet im Inneren einen wunderschönen Mosaikboden, ein mehrsprachiges Schaubild über die Bibeln von Ripoll (seltene bebilderte Handschriften, die zwischen 1008 und 1020 erstellt wurden) und das **Grab von Guifré el Pilós**, dem Gründer des Klosters.

La Trobada HOTEL €€
(☎ 972 70 23 53; www.latrobadahotel.com; Passeig del Compositor Honorat Vilamanyà 4; EZ 42–47 €, DZ 70–100 €, 3BZ 88–98 €; P 📶) Die höflichen Mitarbeiter im sauberen, schlichten La Trobada am östlichen Ende der Stadt setzen alles daran, die Besucher zufrieden-

zustellen. Hier gibt's die gemütlichsten Unterkünfte von Ripoll. Von den simplen, aber gepflegten Zimmern bieten viele Blicke auf das Monestir de Santa Maria; die Räume im vorderen Gebäude sind am stilvollsten. Das Restaurant serviert einfache katalanische Küche mit Schwerpunkt auf *carnes a la piedra* (auf heißem Stein gegartes Fleisch).

Praktische Informationen

Oficina de Turisme de Ripoll (☎ 972 70 23 51; www.ripoll.cat/turisme; Plaça del Abat Oliba; ⏲ April–Sept. Mo–Sa 10–14 & 16–19 Uhr, Okt.–März Mo–Sa 10–13.30 & 15–18 Uhr, ganzjährig So 10–14 Uhr) Neben dem Monestir de Santa Maria, mit einem Interpretationszentrum zur Stadt- und Klostergeschichte.

An- & Weiterreise

Täglich fahren (regionale) Rodalies-Züge (Linie R3) von/nach Barcelona (9 €, 2 Std., 11- bis 17-mal tgl.) über Vic (6,15 €, 40 Min.). Nördlich von Ripoll verkehren Züge nach Ribes de Freser (2,50 €, 20 Min., 8-mal tgl.) und Puigcerdà (5 €, 1 Std., 6- bis 7-mal tgl.).

Vall de Núria & Ribes de Freser

Ein Gespann von drei Städtchen liegt im Vall de Ribes und dem Vall de Núria, südöstlich von Cerdanya und nördlich von Ripoll. Pinienwälder, hinabstürzende Täler und zerklüftete Hügel erwarten einen zwischen der Serra Cavallera und der Serra de Montgrony, die sich nach Norden zu den Bergen Capçaleres del Ter i del Freser erstrecken.

In geschützter Lage im Vall de Ribes liegt 13 km nördlich von Ripoll die kleine, gut aufgestellte Stadt **Ribes de Freser**. 6 km weiter nördlich befindet sich das charmante Steindorf **Queralbs** (1180 m) mit einer Kirche aus dem 10. Jh. mit einem wunderschönen romanischen Portikus. Oberhalb davon ist das nur mit der *cremallera* (Zahnradbahn) erreichbare **Núria** (1960 m). Dieses hoch gelegene Tal beherbergt das verehrte Santuari de la Mare de Déu, doch im Winter zieht es genauso viele Wintersportbegeisterte wie Pilger an. Eine Fahrt mit der *cremallera* nach Núria lohnt sich allein schon wegen der Aussicht: Die Bahn rattert vorbei an flechtenbewachsenem Bruchgestein, Miniatur-Wasserfällen, Waldabschnitten und urigen Tälern.

Sehenswertes & Aktivitäten

Im Winter verwandelt sich Núria in ein kleines **Skiresort** (☎ 972 73 20 20; www.valldenuria.cat/hivern; Núria; Tagespass inkl. Zug Erw./Kind 30/23 €; ⏲ Dez.–März; 👪), die Sommermonate locken dynamische Wanderer an.

Das Vall de Núria bietet einige schöne ausgeschilderte **Wanderwege**; das Touristenbüro von Núria (S. 396) hat Karten (4 €). Eine der besten und beliebtesten Routen ist der **Camí Vell**, der durch die Schlucht von Núria nach Queralbs führt (8 km, 2–3 Std.); wenn man aufsteigt, sollte man doppelt so viel Zeit einplanen.

Von Núria kann man auch mehrere 2700 m- bis 2900 m-Gipfel auf dem Hauptkamm der Pyrenäen in ca. 2½ bis vier Stunden zu Fuß erklimmen (jeweils etwa 4 bis 9 km für den einfachen Weg). Der beliebteste ist **Puigmal** (2909 m).

★ Santuari de la Mare de Déu KIRCHE
(www.valldenuria.cat; Núria; ⏲ 8–18 Uhr) GRATIS
Der Höhepunkt der Region (wortwörtlich und im übertragenen Sinn) ist Núrias seltsam strenge Heiligenstätte von 1911, die sich unpassenderweise in einem Gebäude (heute ein Hotel) befindet, das leider an das Ambiente eines Internats erinnert. Ein in Pastellfarben angestrichener und mit goldenen Blättern verzierter Gang führt ins Obergeschoss, wo die **Mare de Déu de Núria** über dem Altar thront. Die Gottesmutter sitzt mit majestätischer Miene in sternenbedeckten Gewändern und umklammert einen erwachsenen Jesus. Die Ikone wurde im romanischen Stil des 12. Jh. angefertigt, wobei Gläubige davon ausgehen, dass sie 700 n. Chr vom hl. Ägidius angefertigt wurde.

Nach den vielen Talpanoramen und düsteren Bergen auf dem Weg nach Núria wirkt das Heiligtum zunächst karg. Aber die Aussicht, die Ikone und die dazugehörige Folklore machen diese Reise zu einem lohnenswerten Erlebnis.

Schlafen & Essen

Alberg Pic de l'Àliga HOSTEL €
(☎ 972 73 20 48; www.xanascat.cat; Núria; B unter/über 30 J. inkl. Frühstück 21/25 €; ⏲ Dez.–Okt.) Lust auf eine günstige Unterkunft in 2120 m Höhe über dem Meeresspiegel?: Die Jugendherberge in einer geräumigen Lodge liegt am oberen Ende der *telecabina* (Seilbahn), die in Núria startet. Die Schlafsäle bieten Platz für drei bis 18 Personen und es gibt ein Café, Brettspiele sowie einen Auf-

ABSTECHER

SANT JOAN DE LES ABADESSES

Wer reitet so spät durch Nacht und Wind am **Sant Joan de les Abadesses** (10 km nordöstlich von Ripoll an der N260 Richtung Olot), in Flammen gehüllt und von gefräßigen schwarzen Hunden begleitet? Der Legende nach ist es der verfluchte Graf Arnau, um dessen Verbindung mit dem romanischen **Monestir de Sant Joan de les Abadesses** (www.monestirsantjoanabadesses.cat; Plaça de l'Abadia; Erw./Kind 3 €/gratis; ⏲ Juli & Aug. 10–19 Uhr, Mai, Juni & Sept. 10–14 & 16–19 Uhr, Okt., März & April 10–14 & 16–18 Uhr, Nov.–Feb. Mo–Fr 10–14, Sa & So 10–14 & 16–18 Uhr) sich seit Jahrhunderten viele Geschichten ranken. Ein Besuch im Kloster, das 887 n. Chr. von Guifré el Pilós gegründet wurde, lohnt sich wegen der architektonischen Schätze und dieser Legende.

Im selben Gebäude wie Sant Joans **Touristeninformation** (☎ 972 72 05 99; www.santjoandelesabadesses.cat; Plaça de l'Abadia 9; ⏲ Mo–Sa 10–14 & 16–19, So 10–14 Uhr) beherbergt das **Palau de l'Abadia** des Klosters aus dem 14. Jh. eine faszinierende **audiovisuelle Ausstellung** (2,50 €), die der Legende des Grafen Arnau auf den Grund geht.

Wer Lust hat, in Sant Joan zu übernachten, dem sei das **Hotelet de St Joan** (☎ 872 59 96 99; www.hoteletdestjoan.com; Carrer del Mestre Josep Maria Andreu 3; Zi. 75–95 €; ❄ 📶) nahegelegt, eine elegant minimalistische Boutique-Option im Industrie-Schick mit gutem Frühstück (8 €) und zehn Zimmern in beruhigenden Grautönen.

TEISA-Busse(www.teisa-bus.com) fahren an Werktagen mindestens stündlich und an Wochenenden alle zwei Stunden von/nach Ripoll (2,20 €, 20 Min.).

enthaltsraum, in dem man andere Traveller kennenlernen kann. Auf der Website nachsehen, ob es saisonbedingt schließt.

★ **Hotel Els Caçadors** HOTEL €€
(☎ 972 72 70 77; www.hotelsderibes.com; Carrer de Balandrau 24-26, Ribes de Freser; EZ/DZ ab 70/88 €; ⏲ Dez.–Okt.; ❄ 📶) Seit 1920 wird diese lokale Institution von einer Familie geführt und verfügt über 37 geräumige Zimmer in drei Farbtönen: Die „bronzenen" sind mit warmen Beigetönen und Holzmöbeln kombiniert, die „silbernen" warten mit Annehmlichkeiten wie Oberlichtern, Balkonen und einer Hydromassagewanne auf; die romantischen „goldenen" Zimmer und Suiten sind am luxuriösesten. Es gibt eine Lounge auf der obersten Etage und eine Terrasse mit Whirlpool und Bergblick.

Das beliebte **Restaurant** (☎ 972 72 70 06; www.hotelsderibes.com; Carrer de Balandrau 24-26, Ribes de Freser; Hauptgerichte 14–19 €; ⏲ Dez.–Okt. Mo–Sa 8–10.30, 13–15.45 & 20.30–22, So 8–10.30 & 13–15.45 Uhr) serviert ausgezeichnete katalanische Speisen wie Tintenfisch-Cannelloni oder gebackenen Seehecht mit Garnelen sowie wochentags dreigängige Mittagsmenüs (17 €).

Hostal les Roquetes HOSTEL €€
(☎ 972 72 73 69; www.hostalroquetes.com; Carretera de Ribes 5, Queralbs; EZ 38 €, DZ 68–78 €; 🅿 📶) Dieses gemütliche Steinhaus befindet sich direkt oberhalb des Bahnhofs in Queralbs, perfekt gelegen für Spaziergänge oder Tagesausfluge mit der *cremallera* hoch nach Núria. Von den geräumigen schlichten und makellosen Zimmern bieten manche einen Balkon mit anregendem Bergblick. Das preiswerte Restaurant setzt auf herzhafte Wanderkost wie *botifarra* (katalanische Wurst), riesige *entrepans* (Sandwiches) und Salate mit Ziegenkäse (Drei-Gänge-Menü 12 €).

ℹ Praktische Informationen

Oficina de Turisme de Núria (☎ 972 73 20 20; www.valldenuria.com; Núria; ⏲ Mo–Fr 9–14 & 15–16.45, Sa & So 9.15–17.45 Uhr) Neben dem Santuari in Núria.

Oficina de Turisme de Ribes de Freser (☎ 972 72 77 28; www.vallderibes.cat; Carretera de Bruguera 2, Ribes de Freser; ⏲ Di–Do 10–14 & 16–18, Fr & Sa 10–14 & 16–19, So 10–14 Uhr) Am südlichen Eingang der Stadt.

ℹ An- & Weiterreise

Es gibt zwei Bahnhöfe in Ribes de Freser. Beide befinden sich an der *cremallera-Linie nach* Núria (die nicht per Auto erreichbar ist).

Ribes–Enllaç befindet sich am südlichen Ende der Stadt und bietet *rodalies*-Züge nach Barcelona (10 €, 2–2½ Std., 7-mal tgl.) und Ripoll (2,50 €, 20 Min., 8-mal tgl.).

Die zentrale *cremallera*-Station Ribes–Vila liegt zwischen Ribes–Enllaç und Queralbs. **Cremallera**-Züge (www.valldenuria.cat; Ribes de Freser–Núria hin & zurück Erw./Kind 25/15 €) fahren in der Hauptsaison alle 50 Minuten zwischen 7.50 und 18.20 Uhr von Ribes de Freser über Queralbs (15–20 Min.) nach Núria (35–40 Min.), in der Nebensaison ist der Fahrplan reduziert. Wer einen Tagesausflug nach Núria mit der *cremallera* unternimmt, kann die Parkplätze in Ribes-Vila und Queralbs nutzen; in der Hauptsaison sind diese allerdings häufig überfüllt.

Cerdanya

Das entzückende Cerdanya besetzt zusammen mit dem französischen Cerdagne jenseits der Grenze ein grünes Hochtal zwischen den höheren Bergzügen der Pyrenäen im Osten und im Westen. Einst waren die beiden Gebiete eine vereinte katalanische Grafschaft, doch 1659 wurden sie aufgrund des Pyrenäenvertrags geteilt. Auf beiden Seiten der Grenze wird Katalanisch gesprochen und der Übergang von Spanien nach Frankreich ist kaum spürbar. Wanderer und Mountainbiker treffen sich im Sommer in Puigcerdà, dem Hauptort der Region, und dem hübschen nahegelegenen Llívia. Im Winter machen Skifahrer und Snowboarder die Pisten von La Molina und Masella unsicher. Cerdanya ist auch ein ausgezeichneter Ausgangspunkt zum Wandern und Klettern in der Serra del Cadí (S. 400) im Südwesten.

Puigcerdà

6800 EW. / 1202 M

Knapp 2 km südlich von Frankreich erstreckt sich das im 12. Jh. gegründete Städtchen Puigcerdá (puh-tscher-*da*). Leider wurde ein Großteil der historischen Gebäude im Bürgerkrieg zerstört. Davor war der Ort ein beliebter Sommertreffpunkt für die katalanische Bourgeoisie im 19. Jh. Heute ist Puigcerdá im Grunde eine Durchgangsstation, aber eine stimmungsvolle, mit guten Läden und Restaurants, einer freundlichen Atmosphäre und einem schönen See, und dient im Winter als Basisstation für Skifahrer, im Sommer tummeln sich hier die Wanderer. Im Umkreis von 45 km gibt's zwölf spanische, andorranische und französische Skiresorts.

Sehenswertes

Església de Santa Maria TURM

(Plaça Santa Maria; Turm Erw./Kind 1,50 €/gratis; ⌚ Mo–Fr 9.30–13 & 16.30–19, Sa 10.15–13 & 17–19.30, So 10.15–13 Uhr) Nur der Turm ist von der Església de Santa Maria aus dem 17. Jh. erhalten geblieben, dennoch dominiert dieses gewaltige romanische Gebäude die lebhafte Plaça Santa Maria. Über eine Treppe im Inneren kann man den Turm auch erklimmen.

Schlafen & Essen

Sant Marc CASA RURAL €€

(☎ 972 88 00 07; www.santmarc.es; Camí de Sant Marc 34; EZ/DZ inkl. Frühstück 70/100 €; P 📶 ≋) In diesem einladenden ländlichen Refugium, 2 km südlich vom Zentrum von Puigcerdà, wird man von weitläufigen grü-

INSIDERWISSEN

DRACHEN, RIESEN & GROSSKÖPFE

Feuer und Feuerwerk spielen zwar auf fast allen Festen in Spanien eine große Rolle, aber in Katalonien setzt man mit dem *correfoc* (Feuerlauf) noch einen drauf: Hier flitzen nämlich Teufels- und Drachenfiguren feuerspeiend durch die vollen Straßen.

Correfocs werden häufig bei der *festa major* veranstaltet, dem jährlichen Hauptfest einer Stadt oder eines Dorfes, normalerweise im Juli oder August. Dazu gehören auch die *sardana* (Kataloniens nationaler Volkskreistanz) und die *gegants*, prachtvoll ausgestattete, 5 m hohe Riesenfiguren, die durch die Straßen marschieren oder auf den Plätzen tanzen. Nahezu jede katalanische Stadt und jedes Dorf hat sein eigenes oder sogar bis zu sechs *gegants* (normalerweise Paare von Mann und Frau). Begleitet werden sie von grotesk anzusehenden „Zwergen“ (*capgrossos* oder „Großköpfe“).

In der **La Nit de Sant Joan** (23. Juni) brennen in einer kombinierten Mittsommer- und Johannisnacht Freudenfeuer mit anschließendem nächtlichem Feuerwerk. Kataloniens größtes Event ist die **La Patum de Berga** (www.lapatum.cat) in Berga, 30 km westlich von Ripoll. Der Abend mit Tanz, feuerspeienden Engeln, Teufeln, maultierähnlichen Monstern, Zwergen, Riesen und in Gras gehüllten Männern gipfelt in einem Massenrausch aus Feuer und Rauch an Fronleichnam (am Donnerstag 60 Tage nach Ostersonntag).

nen Alleen begrüßt und schläft in edlen Betten. Die geräumigen Zimmer mit Holzboden sind elegant in ruhigen Beigetönen eingerichtet, man kann reiten, es gibt einen schönen Pool und ganz viel Platz im Garten. Das leckere frische Frühstück wird in dem von Steinmauern umgebenen Restaurant serviert, das sich auf köstliche Gerichte mit einheimischem Fleisch und Käse spezialisiert hat.

Hotel Parada Puigcerdà BOUTIQUE-HOTEL €€
(☎ 972 14 03 00; www.hotelparadapuigcerda.com; Plaça de l'Estació; EZ/DZ 63/79 €; 📶) Wer hätte gedacht, dass Bahnhöfe so viel Stil haben können? Versteckt in Puigcerdàs rotem Backsteinbahnhof aus dem 20. Jh. hat diese Boutique-Bleibe die schöne ursprüngliche Architektur bewahrt und mit einer durchweg zeitgemäßen Inneneinrichtung kombiniert. Die 28 frischen, schlichten Zimmer sind in stimmungsvolle Grautöne und cooles Weiß getaucht; die Zimmer im Obergeschoss haben schräge Balkendecken. Zu den Besonderheiten gehören ein Whirlpool und manchmal eine Dusche im Zimmer.

La Caixeta TAPAS, INTERNATIONAL €
(☎ 619 202174; www.facebook.com/caixetabistro; Carrer Querol 22; Gerichte 5–14 €; ⏲ Di–Fr 19.30–2, Sa & So 12–16 & 19.30–2 Uhr; 📶) Die lebhafte Café-Bistro-Bar mit Holzblockwänden, zusammengewürfelten Möbeln und künstlerischem Design überquert mit ihren wunderschön präsentierten, kreativen Tapas die spanisch-französische Grenze: von Camembert, selbstgemachter Guacamole und Quiche des Tages bis zu Salaten, Mini-Burgern, *torrades* (belegte Toasts) und katalanischem Schinken und Wurst. Dazu gibt es noch Cupcakes, Cocktails und großzügige Gläser französischen Wein.

TapaNyam KATALANISCH, TAPAS €€
(☎ 972 88 23 60; http://tapanyam.es; Plaça de l'Alguer 2; Tapas 4,50–13 €; ⏲ Mi–So 8–24 Uhr) In diesem freundlichen Restaurant kann man frische katalanische Weine mit einer nicht minder erquickenden Aussicht verbinden. Auf der Terrasse kann man beim Essen das Panorama auf die schiefen Dächer von Puigcerdà und die grünen Wiesen, die sich bis zu den Pyrenäen erstrecken, genießen. Serviert werden regionale Klassiker wie *trinxat* (Kartoffeln und Kohl mit Schweinefleisch als Beilage), gegrillte Schnecken und Girona-Entrecôte in Grüner Pfeffer-Soße, oder Tapas aus Miesmuscheln, Tintenfisch und Bergkäse.

ℹ Praktische Informationen

Oficina de Turisme de la Cerdanya
(☎ 972 14 06 65; N260; ⏲ Mo–Sa 9–13 & 15.30–19, So 10–13 Uhr) An der Hauptstraße, 1 km südwestlich des Zentrums.

Oficina de Turisme de Puigcerdà
(☎ 972 88 05 42; Plaça Santa Maria; ⏲ Mo–Fr 9.30–13.30 & 16.30–19.30, Sa 10–13.30 & 17–20, So 10–13.30 Uhr) Im historischen Turm im Zentrum von Puigcerdà.

ℹ An- & Weiterreise

Die Busse von **ALSA** (www.alsa.es) fahren von/nach Barcelona (20 €, 3¼ Std., 1–2-mal tgl.) und La Seu d'Urgell (6,90 €, 1 Std., 4- bis 6-mal tgl.), mit Halt an der **Plaça de l'Estació** neben dem Bahnhof direkt südwestlich des Zentrums von Puigcerdà sowie an der Plaça Barcelona.

Rodalies-Züge verbinden Puigcerdà mit Barcelona (12 €, 3 Std., 6-mal tgl.) über Ribes de Freser (45 Min.), Ripoll (1 Std.) und Vic (1¾ Std.). Viermal täglich fahren sie weiter über die Grenze nach Latour-de-Carol (Katalanisch: Lo Tor de Querol), wo Anschluss an das französische Schienennetz besteht.

Von Barcelona führt die C16 durch den gebührenpflichtigen Túnel del Cadí (11 €) nach Puigcerdà. Zudem erreicht man den Ort über die malerische N260 ab Ribes de Freser in Richtung Südosten. Der Hauptgrenzübergang nach Frankreich befindet sich bei Bourg-Madame, 1 km östlich von Puigcerdá.

Llívia

1400 EW. / 1224 M

Man muss schon genau auf die Karte sehen, um die winzige katalanische Bastion Llívia mit ihren Schieferdächern oberhalb der spanisch-französischen Hauptgrenze zu erkennen. Sie liegt nur 6 km nordöstlich von Puigcerdà, inmitten von satten Wiesen und kleinen französischen Dörfern. Wegen des Pyrenäenvertrags von 1659 trat Spanien 33 Dörfer an Frankreich ab, doch da Llívia als *vila* (Stadt) galt, blieb es einschließlich seines 13 km² großen Gemeindegebietes in spanischem Besitz. Das Städtchen ist mehr als nur eine kartografische Besonderheit: Es bietet ein umwerfendes mittelalterliches Zentrum, einige lohnende Hotels und mehr hervorragende Restaurants, als man angesichts der Größe erwarten würde. Die meisten Besucher kommen hierher, um im Sommer in den Bergen zu wandern und im Winter zu den Skigebieten in den spanischen und französischen Pyrenäen zu fahren.

Sehenswertes

Llívias wenige Sehenswürdigkeiten liegen in dem winzigen mittelalterlichen Kern auf der Anhöhe (Ostende) der Start.

Castell de Llívia BURG
(24 Std.) GRATIS Auch wenn von Llívias verfallener Burg auf dem Hügel nur noch wenige Mauern erhalten sind, lohnt sich der happige 15-minütige Aufstieg für den wunderschönen Rundblick auf das französische Umland. Bei Restaurierungsarbeiten wurden Teile der Festung aus dem 9. Jh. freigelegt.

Església de Mare de Déu dels Àngels KIRCHE
(wechselnde Öffnungszeiten) Llívias spätgotische Kirche aus dem 16. Jh. ist umgeben von drei Verteidigungstürmen und enthält ein romanisches Taufbecken.

Museu Municipal MUSEUM
(Carrer dels Forns 10; Erw./Kind 3,50/1 €; Mitte Juli–Aug. 10–20 Uhr, Sept.–Mitte Juli Di–Fr 10–14 & 16–18, Sa & So 11–14 & 16–20 Uhr) In der vermeintlich ältesten Apotheke Europas (aus dem Jahr 1415 und bis 1926 in Betrieb) logiert stolz dieses mehrsprachige Multimediamuseum über die Geschichte der Region von der Altsteinzeit bis heute.

Schlafen & Essen

★ **Set Terres** BOUTIQUE-HOTEL €€
(972 89 64 99; www.setterres.com; Carrer Puigcerdà 8; Zi. inkl. Frühstück 90–170 €;) Ein engagiertes Ehepaar hat die Ställe des Familienhauses von 1772 in ein exquisites Boutique-Refugium verwandelt. Es gibt nur sieben Zimmer, die alle unterschiedlich gestaltet und in einem zurückhaltenden, aber heimeligen Landhausstil gehalten sind, mit freigelegten Steinmauern, frischer weißer Deko und, in drei Räumen im obersten Stockwerk, mit schrägen Decken. Es ist ein besonderer, romantischer Ort, mit Frühstück und liebevoll zubereitetem lokalem Büffet.

★ **Can Ventura** KATALANISCH, FUSION-KÜCHE €€
(972 89 61 78; www.canventura.com; Plaça Major 1; Hauptgerichte 14–20 €; 13.30–15.30 & 20–22.30 Uhr, ca. Sept.–Juni So abends, Mo & Do geschl.) Die gekonnt modernisierte katalanische Küche lockt die Gäste in dieses ausgezeichnete modern-rustikale Restaurant, das sich in einem Gebäude aus dem Jahr 1791 befindet. Traditionelle katalanische Gerichte, wie gegrillter Tintenfisch, langsam gegartes Lamm und geräuchertes *trinxat* (Gericht mit Kartoffeln, Kohl und Schweinefleisch), stehen im Vordergrund, doch man schmeckt auch asiatische Einflüsse und französische Aromen heraus. Desserts, wie ein weiches Joghurtmousse mit Beeren oder ein dampfendes glutenfreies Schokoladenfondant, sind ein unwiderstehlicher Ausklang.

Praktische Informationen

Oficina de Turisme (972 89 63 13; www.llivia.org; Carrer dels Forns 10; Mitte Juli–Aug. 10–20 Uhr, Sept.–Mitte Juli Di–Fr 10–14 & 16–18, Sa & So 11–14 & 16–20 Uhr) Im Museu Municipal.

An- & Weiterreise

ALSA-Busse (www.alsa.es) fahren von Puigcerdà nach Llívia (1,70 €, 20 Min., 4- bis 8-mal tgl.).

La Molina & Masella

Die beiden Skigebiete La Molina und Masella liegen auf beiden Seiten der **Tosa d'Alp** (2537 m), 15 km südlich von Puigcerdà, und sind durch den Lift Alp 2500 verbunden. Zusammen bieten die Gebiete 141 km lange Pisten aller Schwierigkeitsgrade in Höhen zwischen 1600 und 2500 m. Einen Skiverleih und Skischulen gibt's in beiden Resorts. La Molina eignet sich besser für Anfänger. Die Liftpässe gelten überall in der Gegend.

Als Spaniens ältestes Skiresort gibt es La Molina schon seit den 1940er-Jahren. Im Sommer locken der Mountainbikepark, Quadfahrten, Schluchtenwanderungen, Open-Air-Yoga und vieles mehr die Aktivurlauber an.

Schlafen & Essen

Hotel Adserà HOTEL €€
(972 89 20 01; www.hoteladsera.com; Carrer Pere Adserà, La Molina; EZ/DZ/3BZ/4BZ inkl. Frühstück 78/130/162/195 €; Dez.–Ostern & Juli–Mitte Sept.;) Im Gegensatz zu vielen anderen Resorts der Region bietet dieses gemütliche Hotel in einem Steingebäude persönliche Akzente und eine Prise historischen Charme. Es liegt nur 2,5 km von den Pisten entfernt und eignet sich dank täglich wechselnder Kinderaktivitäten, einem Spieleraum, einem Garten, einem Pool und einem Restaurant ideal für Familien. Die Zimmer sind schlicht, altmodisch und absolut gemütlich, das Personal hat viele Tipps parat.

ABSEITS DER ÜBLICHEN PFADE

SERRA DEL CADÍ

In der spektakulären **Serra del Cadí** findet sich eine Reihe reizender Steindörfer und zerklüfteter Berge mit exzellenten Wandertouren – für erfahrene Bergsteiger mit entsprechender Ausrüstung. Kataloniens anspruchsvollste Kletterrouten bietet der spektakulärste Gipfel der Gebirgskette, die **Pedraforca** („Steingabel", 2506 m). Im Hauptgebirgszug der Serra del Cadí, die zum 410 km² großen **Parc Natural Cadí-Moixeró** (http://parcsnaturals.gencat.cat/ca/cadi) gehört, gibt es einige *refugis* mit Personal für mehrtätige Ausflüge.

Als Ausgangsbasen für Abstecher in die Umgebung dienen ein paar Orte an den malerischen B400 und C563, zwischen der C16 nach Puigcerdà und der C14 nach La Seu d'Urgell, und zwar **Saldes** (eine beliebte Basis für Wanderer, im Schatten der Pedraforca), **Gósol** (überragt von einer Burgruine aus dem 11. Jh.), **Josa de Cadí** und **Tuixent**. Die besten Informationszentren sind das **Centre del Parc Natural del Cadí-Moixeró** in Bagà (938 24 41 51; http://parcsnaturals.gencat.cat/cadi; Carrer de la Vinya 1, Bagà; Juli–Sept. Mo–Sa 9–13 & 16–19, So 9–13 Uhr, Okt.–Juni Mo–Do 8–15, Fr 8–15 & 16–18.30, Sa 9–13 & 16–20.30, So 9–13 Uhr) und das **Touristenbüro** in Saldes (938 25 80 05; www.elbergueda.cat; Saldes; Di 9–14, Mi–So 9–14 & 16–19 Uhr), die sich beide auf der Ostseite der Serra befinden. Die Fahrt durch das Tal zwischen Puigcerdà und La Seu d'Urgell ist wirklich spektakulär. Diese Strecke ist zwar länger, aber supermalerisch!

An- & Weiterreise

In der Skisaison verkehrt ein Bus nur am Wochende zwischen La Molinas *telecabina* (Seilbahn) und Llívia (1¼ Std.) über Puigcerdà (1 Std.), der in Llívia um 7.40 Uhr startet und um 14.30 Uhr zurückfährt. Außerdem gibt es Busse, die halbstündlich bis stündlich zwischen der Innenstadt von La Molina und den Pisten (2 €) pendeln, Verbindung besteht zu den *rodalies*-Zügen ab Puigcerdà (20 Min., 6-mal tgl.).

La Seu d'Urgell

10 930 EW. / 691 M

Die lebhafte Talstadt La Seu d'Urgell (la *ße*-u dur-*sey*), Spaniens Tor ins 10 km nördlich gelegene Andorra (S. 402), wartet mit einem hübschen Zentrum voller Steinstraßen mit Arkaden auf. Über den Ortskern wacht eine schöne romanische Kathedrale. Nachdem die Franken die Muslime Anfang des 9. Jhs. aus diesem Teil der Pyrenäen vertrieben hatten, machten sie La Seu zur Diözese und Hauptstadt der Grafen von Urgell. Bis heute ist es eine bedeutende Markt- und Domstadt.

Sehenswertes

★ **Catedral de Santa Maria & Museu Diocesà** KATHEDRALE

(Plaça dels Oms; Erw./Kind 4 €/gratis; Juni–Sept. Mo–Sa 10–13.30 & 16–19 Uhr, Okt.–Mai Mo–Sa 10–13.30 & 16–18 Uhr) Über der Altstadt von La Seu d'Urgell erhebt sich die Kathedrale Santa Maria aus dem 12. Jh. Der helle Sandsteinbau gehört zu den außergewöhnlichen romanischen Gebäuden von Katalonien. Sein hübscher Kreuzgang mit drei Originalgalerien ist voller charakteristischer Wasserspeier und verzierter Kapitelle, die sagenhafte Wesen darstellen. Das herausragende **Museum** darin zeigt viele romanische Fresken aus verschiedenen Kirchen sowie eins der nur 25 berühmten **mittelalterlichen illustrierten Beatus-Manuskripte,** die noch existieren.

Neben dem Kloster steht die romanische **Església de Sant Miquel** aus dem 11. Jh., schlicht und angenehm unbearbeitet. Ihre Wandmalereien aus dem 13. Jh. befinden sich jetzt in Barcelonas Museu Nacional d'Art de Catalunya (S. 301).

Schlafen & Essen

Groc Rooms APARTMENT, PENSION €€

(644 966034; Carrer Major 59; DZ 65–77 €, 3BZ 85–135 €, 4BZ 143 €; P) In diesen vier „Boutique-Apartments" in einem wunderschön restaurierten Altstadthaus treffen Vintage-Spiegel, antike Kamine und originalgetreue Fliesenböden auf ein farbenfrohes, zeitgemäßes Styling. Das geräumige Loft mit Küche bietet Platz für vier bis acht Personen, andere wirken eher wie gemütlich-schicke Zimmer. In der Suite gibt's eine Badewanne im Zimmer. Bei Ankunft begrüßen einen hilfsbereite Mitarbeiter.

Parador de La Seu d'Urgell

HISTORISCHES HOTEL €€

(☎ 973 35 20 00; www.parador.es; Carrer de Sant Domènec 6; Zi. 75–125 €; P 📶 🏊) Dieses reizende Hotel ist zwar nicht ganz so prunkvoll wie manche spanische *paradores*, bietet jedoch einfache, moderne Zimmer rund um einen eleganten Renaissance-Kreuzgang, dessen Steintorbögen heute eine Café-Bar beherbergen. Die Gänge sind nachts beleuchtet, es gibt ein gutes Restaurant (Drei-Gänge-Menü 29 €) und einen Indoorpool. Hier wohnt man ganz nah an der Kathedrale von La Seu d'Urgell.

PKtus

KATALANISCH €€

(☎ 973 35 08 46; Carrer de la Creu 14; Gerichte 10–16 €; ⏱ Di–Sa 13–15.30 & 20.30–22.30 Uhr; 📶) Das PKtus ist ein modernes winziges und freundliches Lokal, das sich auf eine begrenzte Auswahl an köstlichen Delikatessen konzentriert: tolle Käsesorten, Pasteten, Kroketten, geräucherter Schinken und ein paar gut zubereitete warme Gerichte wie Fondue und Burger sowie Qualitätsweine. Es werden lokale Zutaten verwendet und die Qualität ist himmelhoch.

Les Tres Portes

KATALANISCH €€

(☎ 973 35 56 58; restaurantlestresportes@gmail.com; Avinguda Joan Garriga i Massó 7; Hauptgerichte 10–20 €; ⏱ Mo–Sa 13.30–15.30 & 20.30–22.30, So 13.30–15.30 Uhr) Hier genießt man frische saisonale Gerichte, kleine Degustationsplatten, wie andalusischer Tintenfisch, *patatas bravas* (Kartoffelecken mit pikanter Tomatensoße), galizischer Oktopus und *percebes* (Entenmuscheln), oder eine herzhafte Auswahl an katalanischen Klassikern wie Grillkaninchen. Das Interieur des Restaurants ist warm und freundlich eingerichtet. Für ein sommerliches Abendessen bietet sich insbesondere der hübsche ruhige Garten an. Es gibt auch ein Drei-Gänge-Menü (19 €).

ℹ Praktische Informationen

Turisme La Seu (☎ 973 35 15 11; www.turismeseu.com; Carrer Major 8; ⏱ Mo–Sa 10–14 & 16–19, So 10–13 Uhr, ca. Okt.–März So geschl.) Das hilfreiche Büro gegenüber der Kathedrale bietet Karten für historische Stadtspaziergänge und Schautafeln zur örtlichen Geschichte.

ℹ An- & Weiterreise

Vom **Busbahnhof** (Carrer Mont) am Nordrand der Altstadt fahren Busse von **ALSA** (www.alsa.es) nach Barcelona (28 €, 3–3½ Std., 8- bis 9-mal tgl.), Puigcerdá (6,90 €, 1 Std., 4- bis 6-mal tgl.) und Lleida (19 €, 2¼ Std., 3- bis 7-mal tgl.).

Pallars Sobirà

Zu beiden Seiten des Riu Noguera Pallaresa, der südlich der Anhöhen vom Val d'Aran fließt, erstreckt sich die unberührte Landschaft der Region Pallars Sobirà. Westlich des Flusses liegt der majestätische **Parc Nacional Aigüestortes i Estany de Sant Maurici** und östlich der 698 km² große **Parc Natural de l'Alt Pirineu** (http://parcsnaturals.gencat.cat/ca/alt-pirineu) mit einsamen romanischen Kirchen, an denen sich Wanderwege vorbeischlängeln.

In die Kleinstädte am Flussufer zieht es Enthusiasten von Wasserportarten wie Wildwasser-Rafting, insbesondere nach **Llavorsí**, **Rialp** und **Sort** (von Nord nach Süd). All diese Orte sind in Bezug auf Unterkünfte, Cafés und Restaurants gut aufgestellt, doch außerhalb der Saison von März bis Oktober ist es sehr ruhig.

Aktivitäten

Neben dem Wildwasser-Rafting bietet dieses Tal eine erstaunliche Vielfalt an abenteuerlichen Sommeraktivitäten, darunter Kajakfahren, Canyoning, Stehpaddeln, Reiten, Klettern, Kanufahren und geführte Wanderungen, im Winter in den höheren Gebieten auch Skifahren. Im Parc Natural de l'Alt Pirineu kann man auch gut unabhängige Wanderungen unternehmen; die Touristeninformationen in **Llavorsí** (Carrer de la Riba, Llavorsí; ⏱ Mo–Fr 9–15, Sa 9.30–17.30, So 9–14 Uhr) und Sort (S. 402) helfen gerne mit Informationen.

Der Riu Noguera Pallaresa ist auf der Schwierigkeitsskala von I bis VI der Kategorie IV zuzuordnen und zieht zwischen Mitte März und Mitte Oktober einen steten Strom von Wildwasserfans an. Im Mai und im Juni sind die Bedingungen am besten, wenn der Schnee von den umgebenden Bergen schmilzt.

Besonders schön sind die 12 km von Llavorsí nach Rialp: Eine zweistündige Raftingtour kostet 40 bis 45 € pro Person. Für Fahrten bis nach Sort oder weiter muss man tiefer in die Tasche greifen. Sort dient auch als Ausgangsbasis für die anspruchsvolleren Flussabschnitte der Kategorie IV. Es gibt in der Regel eine Mindestteilnehmerzahl von vier Personen, aber die Anbieter kombinieren auch kleinere Gruppen. In Llavorsí befinden sich einige verlässliche

ABSTECHER

ANDORRA

Wer erstklassige Wanderrouten oder Skipisten sucht, gern zollfreien Alkohol, Zigaretten, Kosmetika oder Elektronik kaufen will oder einfach nur erzählen möchte, dass er in einem anderen Land war, für den ist der kuriose kleine Staat **Andorra** (78 60 Einwohner), 10 km nördlich von La Seu d'Urgell, eine Fahrt über die Grenze wert. Mit nur 468 km² Gesamtfläche ist Andorra eines der kleinsten Länder Europas. Es hat zwar ein eigenes demokratisch gewähltes Parlament, doch die nominellen Staatsoberhäupter sind zwei Co-Fürsten: der Bischof von Urgell in Spanien und der französische Präsident. Offizielle Sprache ist Katalanisch, aber Spanisch, Französisch und auch Portugiesisch (dank vieler Immigranten) sind weit verbreitet. Neben den Duty-Free-Shops hat die belebte Hauptstadt **Andorra la Vella** einige interessante Sehenswürdigkeiten zu bieten, vor allem die kleinen gepflasterten **Barri Antic** und die **Casa de la Vall** aus dem 16. Jh., bis 2011 Sitz des Consell General d'Andorra.

Stündliche Busse (sonntags seltener) von **Montmantell** (www.montmantell.com) verbinden La Seu d'Urgell mit Andorra la Vella (3,10 €, 45 Min.). Wer mit dem Auto unterwegs ist, sollte unbedingt in Andorra tanken, dort ist es wesentlich billiger. Passkontrollen gibt's selten, allerdings kann es vorkommen, dass man auf dem Rückweg nach Spanien vom Zoll angehalten wird, also die zollfreien Höchstgrenzen nicht überschreiten! Obwohl Andorra nicht in der EU ist, wird mit dem Euro gezahlt.

Raftingveranstalter, darunter **Roc Roi** (☎ 973 62 20 35; www.rocroi.com; Plaça Biuse 8, Llavorsí; 2 Std. Rafting ab 45 €; ⏲ Mitte März–Mitte Okt.) und **Rafting Llavorsí** (☎ 973 62 21 58; http://raftingllavorsi.cat; Carrer Vilanova, Llavorsí; 2 Std. Rafting 41 €; ⏲ ca. März–Sept.); in Sort ist die **LA Rafting Company** (☎ 973 62 14 62; www.laraftingcompany.com; Plaça Caterina Albert 2, Sort; 2 Std. Rafting 45–50 €; ⏲ Mitte März–Mitte Okt.) eine beliebte Option.

Schlafen & Essen

Hostal Noguera HOSTEL €
(☎ 973 62 20 12; www.hostalnoguera.info; Carretera Vall d'Aran, Llavorsí; EZ/DZ inkl. Frühstück 36/68 €; ⏲ März–Dez.; P 📶) Das Steinhaus am Südende der Stadt beherbergt 15 hübsche Zimmer, neun mit Balkonen und Blick über den rauschenden Fluss. Die drei Zimmer mit Holzbalken im obersten Geschoss haben einen Hauch mehr Charme, das Restaurant im Erdgeschoss serviert sättigende regionale Spezialitäten wie Grillfleisch und Spiegeleier in Ratatouille.

Hotel Pessets SPA-HOTEL €€
(☎ 973 62 00 00; www.hotelpessets.com; Avinguda de la Diputació 3, Sort; DZ inkl. Frühstück ab 101 €; ❄ 📶 🏊) In diesem auf Wellness ausgerichteten Hotel reichen die Unterkünfte von schnörkellosen Doppelzimmern in neutralen Farben bis zu eleganten Suiten mit Naturdrucken und holzvertäfelten Decken. Zu den Highlights gehören ein Spa-Bereich mit Pool, ein privater Lounge-Bereich im Freien mit Bergblick und einem saisonalen Außenpool.

Praktische Informationen

Oficina de Turisme del Pallars Sobirà
(☎ 973 62 10 02; http://turisme.pallarssobira.cat; Camí de la Cabanera, Sort; ⏲ Ende Juni–Mitte Sept. Mo–Sa 9–15 & 16–19, So 9–15 Uhr, Mitte Sept.–Anf. Juni Mo–Do & So 10–14, Fr & Sa 10–14 & 16–19 Uhr) Das mehrsprachige Personal der zentralen Touristeninformation des Gebietes gibt viele Karten und Wanderinfos aus. Außerdem gibt es Ausstellungen zur lokalen Geschichte und Kultur.

An- & Weiterreise

Täglich verkehren **ALSA**-Busse (www.alsa.es) von Barcelona über Sort und Rialp nach Llavorsí (36 €, 5 Std., 1-mal tgl.) und Lleida (12 €, 3 Std., 1- bis 2-mal tgl.). Zwischen La Seu d'Urgell und Sort (4 €, 1 Std., 11.15 & 19.30 Uhr) fahren Transportdienste auf Abruf von **Viatges Matí** (☎ 689 495777); einen Tag im Voraus reservieren.

Parc Nacional d'Aigüestortes i Estany de Sant Maurici & Umgebung

Kataloniens einziger Nationalpark erstreckt sich 20 km von Ost nach West und nur 9 km von Nord nach Süd. Aber die zerklüftete Berglandschaft wartet auf dieser kleinen Fläche mit mehr als 200 Seen sowie etlichen Bächen und Wasserfällen auf. Dazu kommen Kiefern- und Tannenwälder, Büsche und Wiesen, die im Frühjahr mit Wildblumen und im Herbst mit scharlachroten Blättern übersät sind.

Der vor über 200 Mio. Jahren durch Gletscherbewegungen entstandene Park umfasst zwei von Osten nach Westen verlaufende Täler in 1600 bis 2000 m Höhe, eingerahmt von 2600 bis 2900 m hohen zerklüfteten Gipfeln aus Granit und Schiefer.

Der Nationalpark selbst ist das Zentrum einer größeren Wildnis, zu deren Außenrand, der *zona periférica*, im Norden und Süden einige großartige Hochlandgebiete gehören.

Die Hauptzufahrten sind **Espot**, 4 km östlich der Ostgrenze des Parks sowie 8 km von **Estany de Sant Maurici**, und das **Vall de Boí** im Westen. Im Juli und (vor allem) im August ist Hochsaison, aber die ruhigeren Monate September und Oktober haben mehr Reiz.

Mit dem eigenen Auto darf man nicht in den Park. Wildes Campen ist verboten, genau wie Schwimmen und andere Wasseraktivitäten in Seen und Flüssen. Die beste Karte des Parks stammt von **Editorial Alpina** (www.editorialalpina.com).

Unterwegs vor Ort

Vier Kilometer westlich von Espot befindet sich ein Parkplatz – näher kommt man an die östliche Seite des Parks nicht heran; an der westlichen Seite ist ein Parkplatz 3 km nördlich von Boí.

Taxis mit Vierradantrieb pendeln zwischen Espot und Estany de Sant Maurici (5,25 € einfach) – auch Fahrten möglich zu einigen höher gelegenen Seen und Hütten – und zwischen Boí und Aigüestortes (5,25 € einfach), was einem 8 km bzw. 10 km Fußweg erspart. Die Startpunkte sind vor der Parkinformation in **Espot** (S. 405) und **Boí** (S. 406) (Juli–Sept. 9–19 Uhr, seltener, wenn nicht Sommer ist, und bei schlechtem Wetter).

Parc Nacional d'Aigüestortes i Estany de Sant Maurici

KATALONIEN PN D'AIGÜESTORTES I ESTANY DE SANT MAURICI

WANDERN: PARC NACIONAL D'AIGÜESTORTES I ESTANY DE SANT MAURICI

Der Park wird von Wanderwegen durchzogen, die von gut markierten bis hin zu gar nicht ausgeschilderten Wegen reichen. In der **Casa del Parc** in **Espot** oder **Boí** erhält man gute Beratung. Auf der offiziellen Website des Nationalparks (www.mapama.gob.es/es/red-parques-nacionales) kann man Wanderrouten herunterladen, häufig nur auf Spanisch.

Ost-West-Traverse

Es ist durchaus möglich, den Park an einem Tag zu durchqueren. Die komplette Route **Espot–Boí** (oder umgekehrt) beträgt ca. 30 km und dauert etwa 9½ Stunden plus Pausen, aber man kann den Weg abkürzen,indem man die Strecke von oder nach Estany de Sant Maurici oder Aigüestortes (4 km südwestlich von Estany Llong) oder beides mit einem Geländetaxi zurücklegt. Von **Espot** (1300 m) nach **Estany de Sant Maurici** (1950 m) sind es 8 km (2 Std.). Dann führt ein Pfad zum **Pass Portarró d'Espot** (2427 m; ca. 2 Std.), von dem aus man einen spektakulären Blick auf die beiden Haupttäler des Parks hat. Vom Pass steigt man ab zum **Estany Llong** (1985 m; von Estany de Sant Maurici ca. 3½ Std.) und zu den **Aigüestortes** (1820 m; von Estany de Sant Maurici 4½ Std.). Von dort läuft man noch 3,5 km bis zum Parkeingang, 4 km zur L500 und 2,5 km Richtung Süden nach **Boí** (1250 m) – insgesamt etwa drei Stunden. Am besten läuft man die Route von Osten nach Westen und beginnt mit einer Fahrt im Geländetaxi (5,25 €) von Espot nach Estany de Sant Maurici, um die 8 km bergauf am Anfang zu vermeiden: Auf diese Weise landet man 700 m tiefer, als man gestartet ist. Für eine Hochgebirgstour geeignete Kleidung tragen.

Carros de Foc

Der **Carros de Foc** (www.carrosdefoc.com) ist ein 55 km langer Rundweg, der neun *refugis* des Parks verbindet und die schönsten der herrlichen Berglandschaften des Nationalparks umfasst – auf Höhen zwischen 1885 und 2395 m. Man verbringt fünf bis sieben Nächte im Park, beginnend bei einem beliebigen *refugi*.

Von Mitte Juni bis September fahren **ALSA**-Busse (www.alsa.es) zweimal täglich (in jede Richtung) zwischen Espot und Taüll (12 €, 2½ Std.) über Boí und Erill la Vall, so dass Wanderer am gleichen/nächsten Tag durch den Park laufen und mit dem Bus zurückfahren können.

Espot

300 EW. / 1300 M

Das malerische kleine Espot ist das Haupttor zum Parc Nacional d'Aigüestortes i Estany de Sant Maurici, der 4 km westlich von der Stadt beginnt. Espot stellt eine ausgezeichnete, gut ausgestattete Basis dar, mit vielen Hotels, Restaurants und charmanten Steinhäusern, und beim Anblick des Bergpanoramas bekommt man nicht wenig Lust, die Wanderschuhe zu schnüren.

Schlafen & Essen

Camping Voraparc CAMPINGPLATZ €
(☎ 973 62 41 08; www.voraparc.com; Prat del Vedat; Zelt/Auto/Erw. 6/6/6 €, Glamping-Zelt 58–90 €; ⏲ Ostern–Mitte Okt.; P) Dieser schattige Campingplatz am Ufer des Flusses, 1,5 km nordwestlich der Stadt, ist der beste in Espot. Es gibt eine Café-Bar, ein Spielzimmer, einen Spielplatz, einen Minimarkt und einen angenehmen Swimmingpool. Hat man kein eigenes Zelt, kann man welche mieten, darunter drei Glamping-Zelte. Zusätzlich dazu besteht die Möglichkeit, sich in einer der drei gemütlichen Glamping-Hütten für zwei (68–82 €) oder für vier (87–112 €) einzumieten.

★ **Roca Blanca** HOTEL €€
(☎ 973 62 41 56; www.hotelrocablanca.com; Carrer Església; inkl. Frühstück DZ 80–90 €, Suite 120–125 €; P) Dieser fröhliche Ort mit seinen 16 glänzenden, beeindruckend geräumigen Zimmern mit modernen Bädern und der polierten Lounge mit Kamin ist das einladendste Hotel der Region. Zeitgenössische Kunstwerke schmücken die Wände, der Service ist aufmerksam und persönlich, und das Frühstück ist ein Festmahl.

Kürzere Wanderungen

Zahlreiche gute Wanderungen von insgesamt drei bis fünf Stunden führen Wanderer vom Estany de Sant Maurici oder von den Aigüestortes in die majestätischen Seitentäler.

Vom östlichen Ende des Estany de Sant Maurici führt ein Weg 2,5 km Richtung Süden hoch ins Monestero-Tal zum **Estany de Monestero** (2171 m; 1½ Std.), vorbei an den zwei Gipfeln des **Els Encantats**. Eine weitere Route windet sich 3 km nordwestwärts vorbei an den Seen **Estany de Ratera** (2190 m; 45 Min.) und Estany d'Obagues de Ratera zum **Estany Gran d'Amitges** (2350 m; 1¾ Std.).

Espots **Geländetaxis** (siehe unten) fahren zu mehreren Zielen, die noch weiter im Inneren des Parks liegen als der Estany de Sant Maurici, wenn man seine Wanderung am Estany Gran d'Amitges, am Estany de Ratera oder am Estany Negre (im Peguera-Tal des Parks) starten will.

Auf der Westseite steigt vom **Planell Gran** (1850 m), 1 km nordöstlich der Aigüestortes das Sant Nicolau-Tal hoch, ein Weg 2,5 km Richtung Südosten hinauf zum **Estany de Dellui** (2370 m). Man kann auch zum **Estany Llong** (1985 m) absteigen, insgesamt sind es etwa 5,5 km oder vier Stunden von Aigüestortes nach Estany Llong.

Unterkunft in einer Berghütte

Ernsthafte Wanderer werden von einem Dutzend *refugis* (Berghütten) im und um den Park versorgt. Die meisten verfügen über große Schlafsäle mit Etagenbetten (Schlafsack oder Laken mitbringen), und sind in der Regel über Ostern und von Anfang oder Mitte Juni bis September besetzt, aber auch einige Wochen in der ersten Jahreshälfte für Skifahrer da. In der restlichen Zeit lassen mehrere Hütten einen Bereich offen, in dem man übernachten kann. Mehr Informationen und Vorabbuchungen (im Sommer unerlässlich) laufen online über die **La Central de Refugis** (✆973 64 16 81; www.lacentralderefugis.com). Meistens kostet es zwischen 20 und 25 € pro Person (inkl. Frühstück), und es gibt Mittag- und Abendessen sowie Picknickzutaten (manchmal auch für Tageswanderer, die weiterlaufen).

Die Unterkunft bietet ein Fitnessstudio, eine Sauna und einen wunderschönen Garten – hier wohnt auch ein verpeilter Bernhardiner namens Homer Simpson.

Cafè & Bistro È Bo KATALANISCH, FRANZÖSISCH €€
(Plaça Doctor Benavent 3; Gerichte 6–15 €; ⌚Aug. 9–22 Uhr, Sept.–Juli 10.30–22 Uhr; ✆) Das entspannte Café-Restaurant mit Tischen auf dem Bürgersteig ist ein lebhafter Ort, um leckere, unkomplizierte katalanisch-französische Gerichte zu genießen. Das quirlige Personal serviert eine gute Auswahl an Salaten, Fondues, Burgern (darunter auch eine Tofuoption) und Crêpes (süß oder herzhaft). Empfehlenswert sind die köstlichen Kartoffeln „auf Bistro-Art" mit cremiger Champignonsoße.

ℹ Praktische Informationen

Casa del Parc d'Espot (✆973 62 40 36; www.gencat.cat/parcs/aiguestortes; Carrer de Sant Maurici 5; ⌚9–14 & 15.30–17.45 Uhr, Sept.–Juni So Nachmittag geschl.) Karten, Wandertipps, Auskunft über Transport, Wettervorhersagen und mehr im Nationalparkbüro in Espot.

ℹ An- & Weiterreise

ALSA-Busse (www.alsa.es) fahren von Barcelona (39 €, 5 Std., tgl.) und Lleida (13 €, 3 Std., 1- bis 2-mal tgl.) nach Esterri d'Áneu und halten an der Abzweigung Espot auf der C13. Von dort läuft man 7 km entlang der LV5004 bergauf Richtung Westen nach Espot.

ℹ Unterwegs vor Ort

Man kann den Parc Nacional d'Aigüestortes i Estany de Sant Maurici mithilfe einer Flotte von **Allradwagen** (✆973 62 41 05; www.taxisespot.com; Carrer de Sant Maurici; einfach Espot–Estany de Sant Maurici Erw./Kind 5,25/3,25 €; ⌚9–19 Uhr) erkunden, mit denen zu festgelegten Preisen Touren zu verschiedenen Haltepunkten im Park angeboten werden. In der Regel muss man warten, bis mindestens vier Leute zusammenkommen, und die Betriebszeiten hängen von den Wetterbedingungen ab.

NICHT VERSÄUMEN

KATALANISCH-ROMANISCHE KIRCHEN IM VALL DE BOÍ

Im **Vall de Boí** an der Westseite des Parc Nacional d'Aigüestortes i Estany de Sant Maurici findet man einige der schönsten romanischen Kirchen Kataloniens – elegante, schlichte Steingebäude inmitten frischer Bergluft. Alle diese vom 11. bis zum 14. Jh. errichteten Bauwerke wurden im Jahr 2000 von der UNESCO zum Weltkulturerbe erklärt.

Zu den schönsten Kirchen zählen die Exemplare in **Boí** (S. 406), **Taüll** (S. 406) und **Erill la Vall** (S. 406); weitere Hingucker sind **Sant Feliu** in Barruera und **La Nativitat** in Durro. Im **Centre del Romànic de la Vall de Boí** in Erill la Vall (☎ 973 69 67 15; www.centreromanic.com; Carrer del Batalló 5, Erill la Vall; 2 €; ⏲ April–Dez. 9–14 & 17–19 Uhr) kann man ihre Geschichte erkunden, geführte Touren buchen und Kombitickets erwerben (3 Kirchen für 7 €).

Boí

220 EW. / 1250 M

Die herrliche Tallage des kleinen Boí, 3 km nordwestlich von Taüll, zieht Wanderer und Wintersportliebhaber an. In der Region gehört der Glockenturm der Stadtkirche zu den Juwelen katalanisch-romanischer Architektur im Vall de Boís.

Sant Joan de Boi KIRCHE
(www.centreromanic.com; Plaça del Treio, Boí; 2 €; ⏲ Sept.–Juni 10–14 & 16–19 Uhr, Juli & Aug. bis 20 Uhr) Diese Kirche aus dem 11. Jh. verleiht dem Dorf Boí mit ihrem eckigen, fünfstöckigen Glockenturm aus Stein, der nach einem Großbrand im 13. Jh. wiederaufgebaut wurde und den man erklimmen kann (alle 75 Stufen), eine romantische Atmosphäre. Die schönen Wandbilder im Inneren sind Kopien von romanischen Originalen, die heute in Barcelonas Museu Nacional d'Art de Catalunya (S. 301) aufbewahrt werden.

Santa Eulàlia d'Erill la Vall KIRCHE
(Erill la Vall; 2 €; ⏲ Sept.–Juni 10–14 & 16–19 Uhr, Juli & Aug. bis 20 Uhr) Der schmale, sechsstöckige Turm der Santa Eulàlia d'Erill la Vall aus dem 12. Jh. wurde einst für die Kommunikation und die Überwachung des Tales genutzt und gilt als der eleganteste der Gegend. Der Kircheninnenraum ist mit Kopien von sieben romanischen Pappelholz-Skulpturen geschmückt, die den Abstieg vom Kreuz darstellen. Die Originale stehen in Barcelona im Museu Nacional d'Art de Catalunya (S. 301) und in Vic im Museu Episcopal (S. 410).

Erill la Vall liegt 2,5 km westlich von Boí.

Hotel-Hostal Pey HOTEL, HOSTEL €€
(☎ 973 69 60 36; www.hotelpey.com; Plaça del Treio 3; inkl. Frühstück DZ 72–98 €, 3BZ 100 €, 4BZ 120 €; 📶) Dieses hübsche, beliebte zweiteilige Hotel im Herzen des winzigen Boí bietet gemütliche, trauliche Zimmer, ein gutes Restaurant (Hauptgerichte 9–14 €), einen Skiverleih, Personal, das Tipps zur Region gibt, und einen schönen Laden mit selbstgemachten Seifen aus den Pyrenäen und katalanischen Weinen. Die eleganteren und moderneren Zimmer befinden sich im Hotelteil. Im Voraus buchen.

ℹ Praktische Informationen

Casa del Parc de Boí (☎ 973 69 61 89; Carrer de les Graieres 2; ⏲ 9–14 & 15.30–17.45 Uhr, Sept.–Juni So Nachmittag geschl.) Informationen zu Trekking und Wintersportarten.

ℹ An- & Weiterreise

ALSA-Busse (www.alsa) von Barcelona (31 €, 4–5 Std., 4- bis 6-mal tgl.) und Lleida (10 €, 2–2¼ Std., 6- bis 10-mal tgl.) nach Vielha halten das ganze Jahr über in El Pont de Suert, 19 km südwestlich von Boí. Von dort gibt es unregelmäßige Fahrten nach Boí.

ℹ Unterwegs vor Ort

Taxis für neun Personen (☎ 973 69 63 14; www.taxisvalldeboi.com; Plaça del Treio 3, Boí; einfach Boí–Estany de Sant Maurici Erw./Kind 5,25/3,25 €; ⏲ 9 –19 Uhr) pendeln zwischen Boí und Aigüestortes (5,25 €), 10 km nordöstlich im Parc Nacional d'Aigüestortes i Estany de Sant Maurici; die Betriebszeiten richten sich nach dem Wetter.

Taüll

250 EW. / 1500 M

Taüll, das drei Kilometer südöstlich (bergauf) von Boí liegt, ist der mit Abstand malerischste Ort, um im westlichen Teil des Parc Nacional d'Aigüestortes i Estany de Sant Maurici zu übernachten. Zudem stehen hier zwei atemberaubende UNESCO-geschützte katalanisch-romanische Kirchen.

Sehenswertes

★ Sant Climent de Taüll KIRCHE
(www.centreromanic.com; Taüll; 5 €; Sept.–Juni 10–14 & 16–19 Uhr, Juli & Aug. bis 20 Uhr) Nicht nur die eleganten einfachen Linien und der schlanke sechsstöckige Glockenturm (den man besteigen kann) machen die Kirche am Rande von Taüll zum Hingucker, sondern auch die Kunst, die einst das Kircheninnere zierte. Die zentrale Apsis birgt die Kopie eines berühmten Freskos von 1123, das nun im Museu Nacional d'Art de Catalunya in Barcelona zu sehen ist (S. 301). Mittelpunkt der Kirche ist ein Pantokrator, dessen prächtige mozarabisch beeinflusste Farbgebung und ausdrucksstarken, gleichwohl übermenschlichen Züge zum Sinnbild katalanisch-romanischer Kunst wurden.

Santa Maria de Taüll KIRCHE
(www.centreromanic.com; Taüll; Sept.–Juni 10–19 Uhr, Juli & Aug. bis 20 Uhr) GRATIS Oben im alten Stadtzentrum von Taüll, am nordwestlichen Stadtrand, steht diese romanische Kirche aus dem 12. Jh. mit einem fünfstöckigen Turm. Wie bei vielen Kirchen im Vall de Boí wurden die Originalkunstwerke nach Barcelona transportiert.

Schlafen & Essen

★ Alberg Taüll HOSTEL €
(645 750600; www.alberguetaull.com; Avinguda Feixanes 5-7, Taüll; B/DZ/Suite inkl. Frühstück 28/45/100 €; P) Genau wie ein Hostel sein sollte: Die stilvollen Zimmer für zwei bis sieben Personen haben große Betten mit orthopädischen Matratzen, die Suite verfügt über eine Badewanne, in kühlen Morgenstunden erfreut eine Fußbodenheizung und in der Lounge hängt eine große Karte des Parks zur Planung von Wanderungen. Familien sind willkommen und man bekommt hilfreiche Tipps für Ausflüge. Bettwäsche und Handtücher kosten 4,50 € extra. Unter der Woche günstiger.

Hotel Santa Maria Relax BOUTIQUE-HOTEL €€
(973 69 62 50; www.taull.com; Plaça Cap del Riu 3, Taüll; Zi. inkl. Frühstück 80–110 €; Nov. eventuell geschl.; P) Ein mächtiger steinerner Bogengang führt in den stillen Innenhof dieser behaglichen Country-Oase mit rosenbehangenen Balkonen und freundlichen Gastgebern. Die vier Zimmer und drei Apartments sind geschmackvoll eingerichtet, mit Antiquitäten und einem Hauch von Boutique-Stil. Das alte Haus hat Steinmauern, Balken und ein Schieferdach. Sonnenbänke und eine Badewanne mit Bergpanorama zieren den Garten.

Sedona INTERNATIONAL €
(973 69 62 54; Les Feixes 2, Taüll; Hauptgerichte 8,50–13 €; 13–16 & 20–23 Uhr;) *Torrades* (Toasts), Salate, gemischte Tapas, Tex-Mex (Quesadillas, Nachos) und schmackhafte veggie-freundliche Köstlichkeiten, wie Gemüsereis aus dem Wok und Spargel mit karamellisiertem Ziegenkäse, entfesseln in diesem Après-Ski-Laden ein Feuerwerk an Aromen aus aller Welt.

An- & Weiterreise

Das ganze Jahr über fahren **ALSA**-Busse (www.alsa.es) von Barcelona (31 €, 4–5 Std., 4- bis 6-mal tgl.) und Lleida (10 €, 2–2¼ Std., 6- bis 10-mal tgl.) mit Halt in El Pont de Suert, dort gibt es unregelmäßige Busverbindungen nach Taüll.

Val d'Aran

Kataloniens nördlichste Region ist für ihre tiefen Täler, Stein- und Schieferdörfer, romanische Kirchen und schneebedeckten Gipfel an der französischen Grenze berühmt und zugleich ein Abenteuerspielplatz. Die Pisten von Baqueira-Beret-Bonaigua und Arties' Luxushotels ziehen die Schickeria des Wintersports an. Darüber hinaus werden Wanderer von charmanten Dörfern wie Salardú mit Blick auf in Wolken gehüllte Berggipfel verzaubert. Von Arans malerischen Seitentälern aus können Trekkingfans in alle Richtungen über die Berge wandern, z. B. gen Süden zum Parc Nacional d'Aigüestortes i Estany de Sant Maurici.

Das Val d'Aran war unzugänglich, bis 1948 ein 5 km langer Tunnel fertiggestellt wurde, der die Talhauptstadt Vielha mit dem Rest Spaniens verband. Aufgrund der abgeschiedenen Lage wird hier offiziell nicht Katalanisch, sondern Aranesisch *(aranés)* gesprochen, ein Dialekt des Okzitanischen bzw. der *langue d'oc*, Südfrankreichs alter romanischer Sprache.

Vielha

3490 EW. / 974 M

Eine Reihe von Stein- und Schieferhäusern, Outdoor-Läden und Ferienwohnungen prägen das hektische Vielha, der „Hauptstadt" des Val d'Aran. Im winzigen Zentrum, das von der außergewöhnlichen Turmspitze der gotischen Kirche Sant Miquèu dominiert wird, wimmelt es vor rustikalen Restaurants, insbesondere am Ufer des rauschenden Riu Garona. Auch wenn Vielha nicht dasselbe Charisma wie die Kleinstädte des Tals ausstrahlt, ist es dank der Geschäfte, der Supermärkte, der lebendigen Restaurantszene und der Übernachtungsmöglichkeiten ein guter Ausgangspunkt für Wanderungen, Skifahrten und andere Abenteuer im Tal. Am besten reist man mit dem eigenen Auto an: Das Wandergebiet des Vall de Boí liegt 20 km südlich und die Skigebiete von Baqueira-Beret-Bonaigua 15 km weiter östlich.

Schlafen & Essen

★ Hotel El Ciervo BOUTIQUE-HOTEL €€
(☎ 973 64 01 65; www.hotelelciervo.net; Plaça de Sant Orenç 3; EZ/DZ inkl. Frühstück 45/70 €; ⌚ Mitte Dez.–Ostern & Mitte Juni–Mitte Okt.; 📶) Das superzentrale familienbetriebene und außergewöhnlich einladende El Ciervo setzt sich klar von der mondänen Skihüttennorm ab. Mit seiner bemalten Fassade voller Waldbewohner und seinem herrlich gemütlichen Interieur voller Blumen, Pastellfarben, Karomuster und anderer dekorativer Ideen wirkt es wie einem Pyrenäen-Märchen entsprungen. Die schönen Zimmer sind alle unterschiedlich, und das Frühstück ist absolut unglaublich. Sehr gutes Preis-Leistungs-Verhältnis.

Parador de Vielha HOTEL €€
(☎ 973 64 01 00; www.parador.es; Carretera del Túnel; Zi. 80–130 €; ⌚ Anfang Dez.–Mitte Okt.; P 🏊) Das weitläufige an der Straße gelegene *parador* über der Stadt ist ein äußerst gemütlicher Ort, um sich nach einem anstrengenden Wander- oder Skitag zu erholen. Erdige Creme- und warme Pastelltöne bestimmen die 118 eleganten Zimmer, die sich um einen familienfreundlichen Komplex anordnen, der auch einen Pool, ein Restaurant, einen Garten und ein Spa bietet. Die „Superior"-Zimmer verwöhnen ihre Gäste mit Balkonen und Tal- oder Bergpanorama.

Woolloomooloo INTERNATIONAL €
(☎ 654 788327; rennyhut@hotmail.com; Carrèr Major 8; Gerichte 5–12 €; ⌚ Do–Di 15–2 Uhr) Eine Überraschung im Zentrum von Vielha: Das violette Woolloomooloo in australisch-italienischer Hand zaubert rustikale, moderne Weltenbummlergerichte und serviert diese (meistens) katalanischen, italienischen und australischen Leckereien an Tischen aus Baumstämmen. Von gegrillten Garnelen, *patatas bravas* (Kartoffeln in scharfer Tomatensoße) und Spinat-Pilz-Kroketten über Frikadellen nach australischer Art bis hin zu hausgemachtem Falafelsalat mit Tzatziki – alles ist einfach ungeheuer köstlich.

Era Móla KATALANISCH, FRANZÖSISCH €€
(Restaurant Gustavo i María José; ☎ 973 64 24 19; www.facebook.com/eramolavielha; Carrèr de Marrèc 14; Hauptgerichte 15–20 €; ⌚ Mo–Fr 20–23, Sa & So 13–15.30 & 20–23 Uhr) Eines der besten Restaurants der Stadt. Das Era Móla ist bekannt für seine sorgfältig zubereiteten regionalen Speisen, die stark französisch inspiriert sind und in einem schönen Steingebäude versteckt in einer Gasse im Zentrum von Vielha aufgetischt werden. Es gibt z. B. *solomillo de cerdo al Calvados* (Schweinefilet in Calvados) und künstlerisch dargereichte Desserts.

Praktische Informationen

Oficina d'Informació Turística Val d'Aran
(☎ 973 64 01 10; www.visitvaldaran.com; Carrèr de Sarriulèra 10; ⌚ 10–13.30 & 16–20 Uhr , Mitte Sept.–Dez. So geschl.) Nahe der Kirche Sant Miquèu.

An- & Weiterreise

Von Vielhas **Busbahnhof** (Carretera N230) am nordwestlichen Ende der Stadt fahren **ALSA**-Busse (www.alsa.es) nach Barcelona (35 €, 5–6 Std., 5- bis 7-mal tgl.) und Lleida (14 €, 2¾ Std., 8- bis 10-mal tgl.) sowie Richtung Osten das Tal hoch bis nach Baqueira (1,10 €, 10- bis 15-mal tgl.) über Arties (1,10 €, 10 Min.) und Salardú (1,10 €, 15 Min.).

Die meisten Reisenden erkunden das Val d'Aran mit dem Auto; Parken kann jedoch schwierig sein. Am südöstlichen Ende der Stadt gibt es einen riesigen kostenlosen Parkplatz, zwei Minuten zu Fuß vom Zentrum.

Die N230 von Lleida und El Pont de Suert gelangt durch den 5 km langen Túnel de Vielha ins Val d'Aran. Von der Region Pallars Sobirà führt die C28 in nordwestlicher Richtung über den Pass Port de la Bonaigua (2072 m) in das obere Aran-Tal und trifft dort bei Vielha auf die N230.

Arties

400 EW. / 1143 M

Dieses reizende Dorf liegt am Zusammenfluss von Garona und Valarties, 7 km östlich von Vielha. Dank der Nähe von Arties zum exklusiven Skigebiet Baqueira-Beret-Bonaigua (6 km östlich) wurden hier viele vornehme Hotels eröffnet. Außerhalb des Hochsommers und der Wintersaison ist das Dorf verschlafen, eignet sich jedoch das ganze Jahr über als Ausflugsziel. Die hübschen Steinhäuser bieten Balkone voller Geranien.

Sehenswertes & Aktivitäten

Església de Santa Maria KIRCHE
(wechselnde Öffnungszeiten) Die romanische Kirche aus dem 12. bis 13. Jh. mit ihrem dreistöckigen Glockenturm und ihren drei Apsiden ragt stolz zwischen Arties' blumengeschmückten Häusern empor.

Banys d'Arties THERMALBÄDER
(C28 Km 28; Sitzung 1 Std. Erw./Kind 3 €/gratis; Juli & Aug. Di–So 10.30–14.30 & 16.30–20 Uhr, Sept.–Juni Di–So 10–17 Uhr, Öffnungszeiten variieren) In den zwei Thermalbecken (eins nur für Erwachsene) kann man bei einem Tauchgang unter freiem Himmel seine erschöpften Gliedmaßen entspannen. Vom westlichen Stadtrand von Arties folgt man dem Pfad 700 m Richtung Westen; mit dem Auto nimmt man den 1,4 km langen Feldweg, der abseits der C28 bei Garòs ausgeschildert ist, 2,5 km westlich von Arties.

Schlafen & Essen

Casa Irene SPA-HOTEL €€
(973 64 43 64; www.hotelcasairene.com; Carrer Major 22; Zi. 75–150 €; Dez.–Ostern & Juli–Sept.; P) 22 Zimmer mit Holzbalken, Marmorbädern und bunten Überwürfen auf den Kingsize-Betten. Die Lounge schafft die Balance zwischen rustikal und schick, die Zimmer sind riesig und stilvoll, manche Suiten haben Hydromassage-Bäder, und zwei mansardenähnliche Doppelhaushälften sind perfekt für Familien. Die Optionen, um seine Muskeln zu entspannen, reichen vom Hamam über eine Sauna bis zum Whirlpool. Das gehobene Restaurant (Hauptgerichte 24–28 €) serviert aufgepeppte katalanische Klassiker.

Urtau KATALANISCH, BASKISCH €
(www.facebook.com/urtau; Plaça Urtau 12; Tapas 4,50–11 €; 8–24 Uhr) Mit Blick auf den Hauptplatz von Arties ist diese selbst ernannte Bergtaverne allseits beliebt für Grillfleisch, herzhaftes Frühstück (Speckomeletts, Schinken-Käse-Rührei) und die Platten mit Käse vom Val d'Aran. Die wahren kulinarischen Stars sind aber die rund 70 Sorten *pintxos* (baskische Tapas), die es ab Mittag an der Bar gibt.

> ABSTECHER
>
> ### TOP-SKIGEBIETE: BAQUEIRA-BERET-BONAIGUA
>
> Kataloniens führendes **Skigebiet** (www.baqueira.es; Tagespass Erw./Kind 51/34 €; Ende Nov.–Anf. April) besteht aus Baqueira, 3 km östlich von Salardú, **Beret**, 8 km nördlich von Baqueira, und **Bonaigua**, auf der Spitze des 2072 m hohen Passes gleichen Namens (9 km südöstlich von Baqueira). Die schimmernden Hänge locken ein gehobenes Publikum an (die spanische Königsfamilie ist Stammgast) und die Unterkünfte sind in der Regel luxuriös. Das hervorragende Liftsystem in 1500 bis 2510 m Höhe bietet Zugang zu Pisten von insgesamt 156 km Länge (mehr als jedes andere spanische Skigebiet).
>
> **ALSA**-Busse (www.alsa.es) fahren von Vielha nach Baqueira (1,10 €, 25 Min., 10- bis 15-mal tgl.) über Arties (1,10 €, 10 Min.) und Salardú (1,10 €, 5 Min.).

An- & Weiterreise

ALSA-Busse (www.alsa.es) fahren von Vielha nach Arties (1,10 €, 20 Min., 10- bis 15-mal tgl.).

Salardú

500 EW. / 1267 M

Das glamouröse Arties liegt 3 km westlich und das schicke Skigebiet 3 km östlich von Salardú, doch der winzige Ort hat sein eigenes raueres Ambiente für Outdoorliebhaber bewahrt und heißt Wanderer mit seinen ordentlichen Unterkünften – von Budget bis mittlere Preiskategorie – willkommen. Noch niedlicher ist das blumengeschmückte Dorf **Bagergue**, 2 km nordöstlich, und zudem ein angenehmer Ausgangspunkt für einsame Wanderungen und herrliche Bergpanoramen.

Església de Sant Andrèu KIRCHE
(Plaça Pica; 10–14 & 16–19 Uhr) GRATIS Innerhalb der mit überaus farbenfrohen Fresken bemalten Mauern dieser Kirche aus dem 12. und 13. Jh. fällt der Blick unweigerlich auf

die erschütternde romanische Figur des Crist de Salardú. Diese ausgemergelte Holzskulptur von Jesus Christus am Kreuz stammt aus dem 13. Jh., Fresken aus der Renaissance-Zeit wurden erst im 20. Jh. entdeckt. Bis 1649 war der gewaltige Glockenturm von Sant Andreu ein Burgverlies, heute sind jedoch nur noch die Kirche und ein paar Ruinen der Schlossmauern erhalten.

Refugi Rosta HOSTEL €

(☎ 973 64 53 08; www.refugirosta.com; Plaça Major 3; B/DZ inkl. Frühstück 27/73 €; P ☎) Die *refugis* in den Pyrenäen sind besondere, gesellige Unterkünfte und dieses knarzende alte Haus (seit 1858 im Geschäft!) hat sehr viel Charakter. Es gibt keinen Luxus, aber jede Menge gute Laune und die Schlafsäle mit typischerweise nebeneinanderstehenden Betten sind ganz bequem. Schlafsack mitbringen oder Bettwäsche und Handtücher ausleihen. Das Restaurant serviert herzhaftes Essen.

Hotel Seixes HOTEL €€

(☎ 973 64 54 06; www.hotelseixes.com; Bagergue; EZ/DZ/3BZ/4BZ 55/80/115/150 €; ⏲ Dez.–März & Juni–Okt.; P ☎) In dieser gut geführten Lieblingsadresse vieler Wanderer hören Gäste das Glockenläuten der Kirche Sant Feliu im kleinen Bagergue, 2 km nordöstlich von Salardú. Die 17 Zimmer sind gemütlich, aber schlicht, und für bis zu fünf Personen geeignet. Besonders Naturliebhaber und alle, die Abgeschiedenheit suchen, spricht diese Lage an. Das Personal gibt Tipps zu den Wanderwegen vor Ort.

An- & Weiterreise

ALSA-Busse (www.alsa.es) fahren von Vielha nach Salardú (1,10 €, 15 Min., 10- bis 15-mal tgl.).

ZENTRALKATALONIEN

Vic

42 640 EW.

Diese lebhafte katalanische Stadt, 70 km nördlich von Barcelona, auf dem Weg in die Pyrenäen, verbindet verträumte mittelalterliche Architektur mit jugendlicher Energie. Kunstvoll restaurierte römische Ruinen, verspielte modernistische Gebäude und eine romanische Brücke aus dem 11. Jh. tragen zur bunten Mischung der Architekturstile bei. All das verteilt sich über die gewundenen Gassen der Altstadt, die von der lebhaften Plaça Major mit ihren ockerfarbenen und ziegelroten Herrenhäusern abzweigen. Trotz seines politisch-resoluten katalanischen Auftretens ist die Stadt sehr multikulturell und voller Studenten.

Ein Tagesausflug von Barcelona reicht aus, um die herausragende Kathedrale von Vic und das Museum sowie ein oder zwei Restaurants zu besuchen, doch bei einem längeren Aufenthalt kann man in Ruhe die Straßenkunst betrachten und durch die mittelalterlichen Gassen schlendern.

Sehenswertes

★ Catedral de Sant Pere KATHEDRALE

(Plaça de la Catedral; Erw./Kind 3 €/gratis; ⏲ 10–13 & 16–19 Uhr) Stile aus verschiedenen Jahrhunderten treffen in Vics eindrucksvoller Kathedrale aufeinander. Die neoklassische Fassade wurde größtenteils im 18. Jh. gebaut, doch der siebenstöckige romanische Glockenturm gehört zu den wenigen Überbleibseln aus dem 11. Jh. Im Inneren stellen gewagte Fresken von Josep Maria Sert aus dem Zweiten Weltkrieg den Kreuzweg dar, und korinthische Säulen schimmern golden in der Dunkelheit. Der Eintritt für die Kathedrale ist kostenfrei – die angegebenen Preise gelten für die gotischen Kreuzgänge aus dem 14. Jh., die Krypta aus dem 11. Jh. und Pere Ollers beeindruckendes Altarbild.

★ Museu Episcopal GALERIE

(www.museuepiscopalvic.com; Plaça Bisbe Oliba 3; Erw./Kind über 10 J. 7/3,50 €; ⏲ April–Sept. Di–Sa 10–19 Uhr, Okt.–März Di–Fr 10–13 & 15–18, Sa 10–19 Uhr, ganzjährig So 10–14 Uhr) Das Museum zeigt eine großartige Sammlung romanischer und gotischer Kunst, die fast ebenso gut ist wie die im Museu Nacional d'Art de Catalunya in Barcelona. Zu den Exponaten aus romanischer Zeit gehören einige wunderbar blutrünstige Bilder, darunter Heilige, die enthauptet oder gefoltert werden, sowie eine schöne Reihe von geschnitzten Bildern aus dem 12. Jh., die die Abnahme vom Kreuz zeigen und aus dem Vall de Boí in den Pyrenäen stammen. Die gotische Sammlung wartet mit Werken bedeutender Künstler wie Lluís Borrassà und Jaume Huguet auf, sowie mit den wunderschönen Originaltüren zum Altarbild von 1420 aus der Kathedrale in Vic, gestaltet von Pere Oller.

Plaça Major PLATZ

Die Plaça Major in Vic, der größte Platz in Katalonien, bietet eine angenehme Mischung aus mittelalterlicher, barocker und modernistischer Architektur. Auf dem Platz locken mehrere Café-Terrassen. Hier findet auch zweimal pro Woche der städtische **Markt** (dienstag- und samstagmorgens) statt.

Temple Romà RÖMISCHE STÄTTE

(Plaça de la Pietat; ⌚ Di–Sa 11–13 & 18–20, So 18–20 Uhr) GRATIS Den römischen Tempel aus dem 1. Jh., der im 19. und 20. Jh. aufwendig restauriert wurde, umgeben die Mauern einer Burg aus dem 11. Jh.

Schlafen & Essen

Seminari Allotjaments PENSION €€

(☎ 938 86 15 55; www.seminarivic.cat; Ronda Francesc Camprodón 2; inkl. Frühstück EZ 49–64 €, DZ 72–75 €, 3BZ 93 €, 4BZ 124 €; P ❄ 📶) Alles läuft wie am Schnürchen in dieser angenehm modernen Pension in einem ehemaligen Priesterseminar, 600 m nördlich der Plaça Major in Vic. Die makellosen Zimmer sind in Grundfarben gehalten und liegen in einem riesigen Komplex rund um einen grasbewachsenen Innenhof. In dem Haus sind auch Studentenwohnungen untergebracht, es herrscht also eine studentische Atmosphäre. Die Mitarbeiter sind hilfsbereit, es gibt Parkplätze an der Unterkunft (6 €), eine rund um die Uhr geöffnete Rezeption und ein Restaurant.

★ **El Jardinet** KATALANISCH €€

(☎ 938 86 28 77; www.eljardinetdevic.com; Carrer de Corretgers 8; Hauptgerichte 15–23 €; ⌚ Di–Sa 13–15.30 & 20.30–23, So 13–15.30 Uhr; 📶) Seit 1980 wird in diesem warm eingerichteten Restaurant katalanische Küche perfektioniert, weshalb es immer gut besucht ist und zu den besten Adressen der Stadt gehört. Es gibt eine gute Auswahl, darunter Ente mit Feigen und Erdbeeren, Salate mit Garnelen, Schinken und Brie sowie künstlerisch dargereichte Desserts. Zudem gibt es ein gutes Drei-Gänge-Menü für 28 €. Man kann entweder im minimalistischen Interieur oder im Außenbereich speisen,

Praktische Informationen

Oficina de Turisme (☎ 938 86 20 91; www.victurisme.cat; Plaça del Pes; ⌚ Mo–Fr 10–14 & 16–20, Sa 10–14 & 16–19, So 10.30–13.30 Uhr) Im Rathaus nahe der Plaça Major beraten einen die freundlichen mehrsprachigen Mitarbeiter dieser Touristeninformation und, geben Audioguides (2 €) und Karten zur Erkundung von Vic aus. Außerdem gibt's eine Ausstellung zur katalanischen Kultur.

An- & Weiterreise

Von/nach Barcelona (6,15 €, 1–1½ Std.) fahren regelmäßig Rodalies-Züge (Linie R3) hierher; der Bahnhof liegt 500 m westlich der Plaça Major.

Montserrat

720 M

Montserrat, 50 km nordwestlich von Barcelona, bildet wegen seines Berges, des Klosters und des Naturparks rund um außergewöhnliche Felsformationen das Herz der katalanischen Identität. Der Berg Montserrat, der über Jahrtausende von Wind und Frost geformt wurde, ist leicht zu erkennen. Seine Felstürme, eine raue Mischung aus Kalkstein und erodierten Fragmenten, ragen wie knorrige Finger von ihrer 1235 m hohen Basis in die Luft. Auf gut der Hälfte der Strecke bergaufwärts liegt das Benediktinerkloster Monestir de Montserrat, die Heimat von La Moreneta („Die kleine Braune" oder „Schwarze Madonna"), einer der meistverehrten Ikonen Spaniens. Von dieser Heiligenstätte erstreckt sich der **Parc Natural de la Muntanya de Montserrat**, ein Wandergebiet der Superlative, wo Bäche in Schluchten stürzen und Aussichtspunkte einen Panoramablick auf Felssäulen gewähren.

Montserrat (womit häufig sowohl das Kloster als auch der Berg gemeint sind) ist von Barcelona aus ein überaus beliebtes Ausflugsziel. Im Kloster tummeln sich die Besucher, doch erhabene Stille findet man immer noch auf den Wanderwegen oder im Rahmen einer Übernachtung.

Sehenswertes

★ **Monestir de Montserrat** KLOSTER

(www.abadiamontserrat.net) Das berühmteste Kloster Kataloniens wurde 1025 gegründet, um den Marienvisionen einiger einheimischer Schäfer zu gedenken, die von himmlischem Licht und einem Chor mit heiliger Musik begleitet wurden. Heute lebt hier eine Gemeinschaft von 55 Mönchen. Der Klosterkomplex besteht aus zwei Blocks: auf der einen Seite die Basilika und das Klostergebäude, und auf der anderen Seite Einrichtungen für Touristen und Pilger. Die erstaunliche Klosterarchitektur auf dem Hauptplatz **Plaça de Santa Maria** umfasst elegante Kreuzgänge aus dem 15. Jh. und eine schimmernde Fassade aus dem späten 19. Jh. mit Reliefs vom hl. Georg und dem hl. Benedikt.

➡ **Cambril de la Mare de Déu**
(⏲ 8–10.30 & 12–18.30 Uhr, Juli–Mitte Sept. zusätzl. 19.30–20 Uhr) Schilder rechts neben dem Eingang zur Hauptbasilika von Montserrat führen zur intimen Cambril de la Mare de Déu, in der man der berühmten **La Moreneta** („Die kleine Braune" oder „Schwarze Madonna") huldigen kann, eine verehrte romanische aus Holz geschnitzte Statue der Gottesmutter aus dem 12. Jh. mit dem Jesuskind auf dem Schoß (seit 1881 ist sie Kataloniens offizielle Patronin).

➡ **Basilika**
(www.abadiamontserrat.net; ⏲ 7.30–10.30 & 12–20 Uhr) GRATIS Der offene Innenhof vor der Basilika mit seinem Marmorboden und den Jugendstilfresken zwischen eleganten Torbögen macht sofort Eindruck. Die Ziegelfassade der 1592 geweihten Basilika enthält Schnitzereien von Christus und den zwölf Aposteln aus dem frühen 20. Jh. Hinter den schweren Türen glitzern im Innenbereich Marmor und Gold in einer Mischung aus Renaissance- und katalanischen Gotik-Stilen.

Museu de Montserrat MUSEUM
(www.museudemontserrat.com; Plaça de Santa Maria; Erw./Kind 7/4 €, inkl. Espai audiovisual (audiovisueller Raum) 10/6 €; ⏲ Mo–Fr 10–17.45, Sa & So 10–18.45 Uhr) Dieses Museum hat hervorragende Ausstellungen, die von einer archäologischen Abteilung mit einer ägyptischen Mumie über gotische Altarbilder bis zu einzigartigen Leinwandgemälden von Caravaggio, El Greco, Picasso und einigen Impressionisten (Monet, Degas) reicht. Zudem gibt's eine umfangreiche Ausstellung katalanischer Kunst aus dem 20. Jh. und ein paar fantastische orthodoxe Ikonen.

Aktivitäten

Abseits des touristischen Trubels am Kloster und an der Basilika von Montserrat kann man auf den Wanderwegen auf dem Berg Ruhe finden. Im Touristenbüro gibt's einfache Karten.

Mit dem **Funicular de Sant Joan** (www.cremallerademontserrat.cat; einfach/hin & zurück 8,10/13 €; ⏲ alle 12–20 Min., Nov.–März 10–16.50 Uhr, Sept., Okt., April & Mai bis 17.50 Uhr, Juli–Mitte Sept. bis 18.50 Uhr, Jan. 3 Wochen geschl.) fährt man in zehn Minuten vom Kloster die ersten 250 m hoch. Alternativ läuft man 45 Minuten auf der Straße zwischen der unteren und der oberen Seilbahnstation. Von der oberen Station verläuft ein (ausgeschilderter) 20-minütiger Spazierweg zur **Ermita de Sant Joan** mit schöner Aussicht gen Westen.

Spannender ist der, 7,5 km lange (2½ Std.) ausgeschilderte Rundweg von der oberen Station des Funicular de Sant Joan Richtung Nordwesten zum höchsten Gipfel des Montserrat, dem **Sant Jeroni** (1236 m), und wieder zurück. Die Route windet sich über den oberen Teil des Bergs und man erlebt ein paar der Felspfeiler aus nächster Nähe.

Unterhaltung

Escolania de Montserrat LIVEMUSIK
(www.escolania.cat; ⏲ Vorführungen Mo–Do 13, So 11, So–Do 18.45 Uhr) Die klaren Stimmen von einem der ältesten Knabenchöre Europas hallen bereits seit dem 14. Jh. durch die Basilika. An den meisten Tagen (außer während der Schulferien) bietet der Chor eine kurze Vorstellung und singt das *Virolai* von Jacint Verdaguer, dem Nationaldichter Kataloniens, oder *Salve Regina*. Die 50 *escolanets* sind zwischen 10 und 14 Jahre alt, gehen auf die Internatsschule von Montserrat und müssen einen zweijährigen Auswahlprozess durchlaufen, um in den Chor aufgenommen zu werden.

Praktische Informationen

Oficina de Turisme (☎ 938 77 77 77; www.montserratvisita.com; ⏲ Ostern–Sept. 9–20 Uhr, Okt.–Ostern bis 17.45 Uhr) Am Eingang zum Kloster mit Informationen zu Wanderwegen.

An- & Weiterreise

Die von den **FGC** (www.fgc.net) betriebene Zuglinie R5 verkehrt halbstündlich bis stündlich zum/vom Bahnhof Plaça d'Espanya in Barcelona. (1 Std.). Die Strecke wird ab 5.16 Uhr bedient, doch am besten nimmt man den Zug um 8.36 Uhr, um Anbindung zu haben an die erste **AERI-Seilbahn** zum Kloster (☎ 938 35 00 05; www.aeridemontserrat.com; einfach/hin & zurück 7/10 €; ⏲ 9.40–19 Uhr alle 15 Min., Nov.–Feb. kürzerer Fahrplan, Mitte–Ende Jan. geschl.). Sie fährt von der Haltestelle Montserrat Aeri.

Alternativ nimmt man von der nächsten Station der R5 (Monistrol de Montserrat) den Zug **Cremallera** (☎ 902 31 20 20; www.cremallerademontserrat.com; einfach/hin & zurück 6/10 €; ⏲ Mitte Sept.–Juni 8.48–18.15 Uhr,

Ostern & Juli–Mitte Sept. bis 20.15 Uhr, alle 20–40 Min.) hoch zum Kloster (20 Min.). Es stehen verschiedene Kombitickets für Zug/ *cremallera* zur Verfügung.

Mit dem Auto folgt man von Barcelona der C16 Richtung Nordwesten, kurz hinter Terrassa der C58 weiter nach Nordwesten und dann der C55 nach Monistrol de Montserrat. Entweder stellt man das Auto auf den kostenfreien Autoparkplätzen ab und fährt mit der *cremallera* zum Gipfel oder man fährt hoch und parkt oben (Autos 6,50 €).

Cardona

3590 EW.

Lange vor der Ankunft erkennt man aus der Ferne hoch über Cardona, 30 km nordwestlich von Manresa, die Umrisse einer uneinnehmbaren Burg aus dem 11. Jh. Einst herrschten hier die selbsternannten „Herren des Salzes", die Cardona durch den Bergbau am Muntanya de Sal („Salzberg") zu Reichtum führten. Heute zieht das Schloss mit den gewaltigen Aussichtstürmen und der romanischen Kirche Touristen an. Abgesehen von dieser herausstechenden Attraktion ist Cardona ein verschlafener Ort, der sich am besten für einen stimmungsvollen Tagesausflug oder als Zwischenstation auf dem Weg von Barcelona in die Pyrenäen eignet – es sei denn, man nächtigt in dem prächtigen *parador,* der sich heute im Schloss befindet.

★ Castell de Cardona BURG

(⏲ Juni–Sept. 10–13 & 15–19 Uhr, Okt.–Mai Di–So 10–13 & 15–17 Uhr) GRATIS Lange, bevor man in Cardona ankommt, sieht man diese Burg, die auf einem Hügel über der modernen Stadt thront. Von dieser strategischen Lage aus hatten Adelige über Jahrhunderte hinweg ein Auge auf Cardonas *Muntanya de Sal* („Salzberg"). Dem „weißen Gold" verdankt Cardona seinen Reichtum. Die Befestigungsmauern bieten einen Panoramablick auf die weite Ebene von Lleida. Der höchste Aussichtspunkt ist der **Torre de la Minyona** aus dem 11. Jh. Die Besichtigung des Schlosses ist kostenfrei, doch die Sehenswürdigkeiten innerhalb des Komplexes kosten Eintritt.

Seit dem 3. Jh. v. Chr. steht an dieser Stelle eine Festung, aber ihren Höhepunkt erreichte die Burg unter den Herren von Cardona, die im 11. Jh. kamen und die Palastgebäude und die elegante romanische **Colegiata de Sant Vicenç** bauten (Castell de Cardona; Erw./Kind 3,50/2,50 €; ⏲ Touren 10.30, 11.30, 12.30, 15.30 & 16.30 Uhr, Okt.–Mai auch 18 Uhr). In den elf Jahrhunderten seiner Geschichte wurde das Castell de Cardona kein einziges Mal erobert.

★ Parador de Cardona HISTORISCHES HOTEL €€

(☎ 938 69 12 75; www.parador.es; Castell de Cardona; Zi. 88–155 €; P ❄ 📶) Die Zimmer liegen in einem angrenzenden modernen Gebäude, doch das tut dem Zauber, sich in diesem *parador* in Cardonas mittelalterlichem Schloss wie ein König gebettet zu fühlen, keinen Abbruch. Die Unterkünfte sind geräumig und gemütlich, in altmodischem Stil gehalten, viele bieten einen außergewöhnlichen Blick auf Cardona. Die Gemeinschaftsbereiche sind mit wunderbaren Antiquitäten und historischer Pracht ausgestattet. Das Highlight ist das Frühstück unter den gotischen Bögen in einem umgebauten Klosterspeisesaal.

★ La Volta del Rector KATALANISCH €€

(☎ 938 69 16 37; http://lavoltadelrector.cat; Carrer de les Flors 4; Hauptgerichte 12–16 €; ⏲ Di–Do & So 8–17, Fr & Sa 8–24 Uhr; 🍷) Steinmauern aus dem 12. Jh. werden im La Volta del Rector, im Herzen des mittelalterlichen Cardona, mit einem ausgefallenen lilafarbenen Dekor kombiniert. Die Atmosphäre ist rustikal, romantisch und modern zugleich. Auch die Gerichte – von Grillfleisch über Wild bis zur Spezialität des Hauses: Bergkartoffeln mit Spiegeleiern von freilaufenden Hühnern und/oder Chorizo – werden mit besonderem Flair zubereitet. Das Personal berät fachmännisch bei der Auswahl aus den besten Weinen der Region.

ℹ Praktische Informationen

Oficina de Turisme (☎ 938 69 27 98; http://cardonaturisme.cat; Avinguda del Rastrillo; ⏲ April–Okt. Mo–Sa 10–14 & 16–20, So 10–14 Uhr, Nov.–März Mo–Fr & So 10–14, Sa 10–14 & 16–19 Uhr) Am Ende der Altstadt, neben dem Weg hoch zur Burg (wo es eine weitere kleine Touristeninformation gibt).

ℹ An- & Weiterreise

ALSA-Busse (www.alsa.es) nach Cardona fahren von Barcelona (13 €, 1¾ Std., 2- bis 4-mal tgl.) und Manresa (4,40 €, 35 Min. bis 1 Std., Mo–Fr stündl., am Wochenende 3-mal tgl.). Die Bushaltestelle befindet sich direkt nördlich vom Touristenbüro an der Avinguda del Rastrillo.

Lleida

131 520 EW.

Lleidas von Kriegen geprägte Geschichte ist nur noch eine blasse Erinnerung, die vom heutigen schnelllebigen Alltag ersetzt wird. Im 14. und 15. Jh. herrschte ein reger Handel im trockenen Lleida im Landesinneren, der auch von der jüdischen und muslimischen Gemeinde angekurbelt wurde. Dank der umliegenden Klöster florierten Kunst und Kultur, und 1300 wurde eine Universität gegründet. Relikte des heiligen Tuchs und der heiligen Dornen machten aus der Kathedrale von Lleida eine beliebte Anlaufstelle für Pilger auf dem Jakobsweg nach Santiago de Compostela.

Im Laufe der katalanischen Geschichte verliefen hier viele Kriegsfronten, wobei Lleida meist auf der Verliererseite stand. Während des Spanischen Erbfolgekriegs wurde die Altstadt dem Erdboden gleichgemacht. Die neue Siedlung der Eroberer wiederum wurde 1812 von den Franzosen geplündert.

Über der Stadt erhebt sich die befestigte Kathedrale La Seu Vella, die an die frühere Pracht Lleidas erinnert. Zudem bieten ein paar Museen und modernistische Gebäude weitere Gründe für einen Besuch.

Sehenswertes

In der Touristeninformation gibt's eine Karte, die Besucher zu den schönsten Altstadthäusern in Lleida führt; das elegante **Antic Hospital de Santa Maria** aus dem 15. Jh. und die **Casa Magí Llorenç** aus dem 20. Jh. mit den bunten modernistischen Deckenfresken sind einen Blick wert.

★ La Seu Vella KATHEDRALE

(www.turoseuvella.cat; Erw./Kind 5 €/gratis, inkl. Castell del Rei 7 €/gratis; Mai–Sept. Di–Sa 10–19.30 Uhr, Okt.–April Di–Fr 10–13.30 & 15–17.30, Sa 10–17.30 Uhr, ganzjährig So 10–15 Uhr) Lleidas alte Kathedrale innerhalb einer später erbauten Burganlage thront in gebieterischer Hügellage über der Stadt. Die Bauarbeiten begannen im Jahr 1203, doch heute stellt das Bauwerk mit seinen gewagten romanischen Formen, gotischen Bögen und dem komplizierten Astwerk ein Meisterwerk dar. Der achteckige, mit gotischen Zierelementen versehene, 60 m hohe **Glockenturm** erhebt sich in der südwestlichen Ecke des gotischen **Kreuzganges** aus dem 14. Jh., einem Wald aus schlanken Säulen mit weitem Blick auf Lleida. Wer die 238 Stufen des Turms erklimmt, wird mit einer wunderbaren Aussicht belohnt.

Església de Sant Llorenç KIRCHE

(Plaça Sant Josep; Mo–Fr 9.30–12.30 & 17–20, Sa & So 10–13.30 & 17–20 Uhr, wechselnde Öffnungszeiten) GRATIS Diese dreischiffige romanische Kirche aus dem 12. Jh. mit achteckigem Glockenturm und Wasserspeiern am Dachvorsprung ist einen Besuch wert.

Museu de Lleida MUSEUM

(www.museudelleida.cat; Carrer del Sant Crist 1; Erw./Kind 5/2,50 €; Juni–Sept. Di–Do & Sa 10–14 & 17–19 Uhr, Okt.–Mai Di–Do & Sa 10–14 & 16–18 Uhr, ganzjährig Fr & So 10–14 Uhr) Artefakte aus verschiedenen Epochen – von der Steinzeit über romanische Überbleibsel und westgotische Reliquien bis zu mittelalterlicher Kunst bis zum 19. Jh. – sind in diesem brillanten, umfangreichen Museum ausgestellt. Zu den Highlights gehören die stimmungsvoll beleuchtete Sammlung religiöser Skulpturen aus dem Mittelalter, die Container des ältesten bekannten Biers auf der iberischen Halbinsel sowie die edlen, vom 1. bis 4. Jh. angefertigten Mosaike aus der römischen Villa El Romeral, eine Zusammensetzung aus Pfauenfedern und Blättern. Die Beschriftungen sind auf Katalanisch, aber es gibt auch Broschüren auf Englisch und Spanisch.

Schlafen & Essen

Parador de Lleida HISTORISCHES HOTEL €€

(973 00 48 66; www.parador.es; Carrer del Cavallers 15; Zi. 80–103 €; P) Der 2017 eröffnete *parador* ist eine charaktervolle und willkommene Ergänzung für die ansonsten wenig ansprechende Unterkunftsszene. Elegant-moderne Zimmer in Creme- und Beigetönen und mit warmem Holz eingerichtet verteilen sich um den eleganten, mit Vorhängen verzierten Kreuzgang des umgebauten Convent del Roser aus dem 17. Jh. Das gehobene Restaurant befindet sich in der Kapelle direkt im historischen Stadtkern von Lleida.

Macao FUSION-KÜCHE, JAPANISCH €€

(973 04 63 08; www.facebook.com/macaolleida; Carrer del Camp de Mart 27; Hauptgerichte 9–15 €; Di–Fr 13–16 & 20.30–23.30, Sa & So 13.30–15 & 20.30–24 Uhr) In diesem stilvollen beliebten Restaurant mit modernem maritimem Flair, 500 m westlich von La Seu Vella, werden aus dem erfolgreichen Mix japanischer, katalanischer und mediterraner Aromen wunderschön präsentierte zeitgenössische Gerichte gezaubert. Man genießt gesal-

KATALONIEN LLEIDA

zene Edamame und wählt aus einem sehr verlockenden Angebot an Gemüsepfannen, Sashimi, *tataki*, *uramaki* und *niguiri*, die alle in der offenen Küche zubereitet werden.

L'estel de la Mercè KATALANISCH, FUSION-KÜCHE **€€€**
(☎ 973 28 80 08; www.lesteldelamerce.com; Carrer Cardenal Cisneros 30; Hauptgerichte 19–25 €; ⌚ Mi–Sa 13–15.30 & 20.30–23.30, Di & So 13–15.30 Uhr) Dieses elegante gehobene Restaurant, etwa 1 km südwestlich von Lleidas Innenstadt entfernt, kreiert Fusion-Gerichte mit frischen saisonalen Zutaten. Hier lässt man sich Kaninchen mit Gemüse und Schnecken (eine Spezialität in Lleida), asiatisch inspirierte Fischgerichte, wie Thunfisch in Ingwer mit *ajo blanco* (weiße Gazpacho-Suppe) und mit Pfeffer flambierte Erdbeeren, auf der Zunge zergehen.

Praktische Informationen

Turisme de Lleida (☎ 973 70 03 19; www.turismedelleida.cat; Carrer Major 31; ⌚ Mo–Sa 10–14 & 16–19, So 10–13.30 Uhr) Auf der zentralen Fußgängerstraße mit Karten und Tipps zur Region.

Oficina de Turisme (☎ 973 23 84 46; La Seu Vella; ⌚ Mai–Sept. Di–Sa 10–19.30, So 10–15 Uhr, Okt.–April Di–Fr 10–13.30 & 15–17.30, Sa 10–17.30, So 10–15 Uhr) Innerhalb des Kathedralenkomplexes; Infos über Lleida und Umgebung.

An- & Weiterreise

Vom zentralen **Busbahnhof** (abseits der Avinguda de Blondel) von Lleida, direkt südwestlich der Altstadt, bietet **ALSA** (www.alsa.es) Verbindungen nach Zaragoza (11 €, 1¾–2½ Std., 2- bis 3-mal tgl.), nach Barcelona Nord (21 €, 2¼ Std., 10-bis 14-mal tgl.), zum Flughafen Barcelona-El Prat (22 €, 2¾–3¼ Std., 2- bis 4-mal tgl.), nach Vielha (14 €, 2¾ Std., 8- bis 10-mal tgl.) und nach La Seu d'Urgell (19 €, 2¼ Std., 3- bis 7-mal tgl.).

Es verkehren regelmäßig Züge von Lleida nach Barcelona (23–52 €, 1 Std.), von denen manche über Zaragoza (15–33 €, 40 Min. bis 1¼ Std.) weiter nach Madrid fahren (73–100 €, 2 Std., 10-mal tgl.).

COSTA DAURADA & UMGEBUNG

Sitges

25 880 EW.

Wenn man von Barcelona nur 35 km in südwestlicher Richtung fährt, gelangt man nach Sitges mit seinem pulsierenden Strandflair, den Nachtclubs und einem beneidenswerten Festivalprogramm. Seit dem 19. Jh. dient Sitges als Kurort und stellte einen wichtigen Ort für die modernistische Bewegung dar, die für Künstler wie Picasso den Weg ebnete. Heutzutage ist es der berühmteste Urlaubsort für Schwule in Spanien. Im Juli und August verwandelt sich Sitges in eine einzige Strandparty, wohingegen der Karneval (S. 416) den hedonistischen Geist Sitges beschwört. Trotz seines ausschweifenden Nachtlebens ist die Stadt weiterhin ein klassisches Reiseziel mit einer für eine Kleinstadt beträchtlichen Anzahl an Galerien und Museen. In der Altstadt mit ihren schicken Boutiquen laden verschiedene gehobene Restaurants zu einem Besuch ein, und das **Filmfestival** (Festival Internacional de Cinema Fantàstic de Catalunya; www.sitgesfilmfestival.com; ⌚ Okt.) im Oktober zieht Kulturliebhaber aus der ganzen Region an. In der Nebensaison geht es in der Stadt ruhiger zu, doch man spürt trotzdem ihren Reiz.

Sehenswertes

Der schönste Teil von Sitges ist die Gegend an der Landspitze, wo rund um die schöne Església de Sant Bartomeu i Santa Tecla noble modernistische Paläste und Herrenhäuser mit dem blauen Meer im Hintergrund die Straßen zieren.

★ **Museu del Cau Ferrat** MUSEUM
(www.museusdesitges.cat; Carrer de Fonollar; inkl. Museu Maricel del Mar Erw./Kind 10 €/gratis; ⌚ Juli–Sept. Di–So 10–20 Uhr, April–Juni & Okt. bis 19 Uhr, Nov.–März bis 17 Uhr) Der katalanische Künstler Santiago Rusiñol, ein Pionier der Modernisme-Bewegung, nutzte dieses Herrenhaus in den 1890er-Jahren als Wohnatelier. Heute sind darin etliche Werke des Künstlers und seiner Zeitgenossen ausgestellt, darunter auch einige seines Freundes Pablo Picasso. Zudem gibt's seine riesige persönliche Sammlung antiker Relikte und Antiquitäten zu sehen. Ein wahrer Genuss für visuelle Menschen – von griechischen Urnen über ein Taufbecken aus dem 15. Jh. bis zu schimmernden unter die blumenbemalte Holzbalkendecke reichenden Fliesen aus dem 18. Jh.

Die Erläuterungen sind alle auf Spanisch und Katalanisch, aber es gibt auch Infoplakate mit einigen Details auf Englisch und Französisch. Dazu gehört noch das **Museu Maricel del Mar** (www.museusdesitges.cat;

Carrer de Fonollar; inkl. Museu del Cau Ferrat Erw./Kind 10 €/gratis; ⌚Juli–Sept. Di–So 10–20 Uhr, April–Juni & Okt. bis 19 Uhr, Nov.–März bis 17 Uhr).

Església de Sant Bartomeu i Santa Tecla KIRCHE
(Plaça de l'Ajuntament; ⌚Messe Mo–Fr 19.30, Sa 20, So 9, 11, 12.30 & 19.30 Uhr, wechselnde Öffnungszeiten) Diese Pfarrkirche aus dem 17. Jh., das eindrucksvollste Wahrzeichen von Sitges, sitzt stolz auf einem vom Meer überspülten Felsvorsprung, der den 2 km langen Hauptstrand im Südwesten von den kleineren Sandstränden im Nordosten trennt.

Strände

Der Hauptstrand von Sitges ist gespickt mit *chiringuitos* (Strandbars) und durch verschiedene Molen in neun Bereiche aufgeteilt. Am Strand entlang führt eine hübsche Promenade, der Passeig Maritim. Die zentralsten Strände sind der belebte **La Fragata**, direkt unterhalb der Kirche Sant Bartomeu, und **La Ribera**, unmittelbar westlich. Etwa 500 m südwestlich des Zentrums bietet **L'Estanyol** *xiringuitos* mit Sonnenliegen; 1,5 km weiter Richtung Südwesten gibt es an den Stränden **Les Anquines** und **Terramar** einen Paddelbootverleih. Nordöstlich des Zentrums liegt der leicht zugängliche Strand **Sant Sebastià**, der geschützte Strand **Balmins** (beliebt bei Nudisten; 1 km nordöstlich der Stadt) und der braunsandige **Aiguadolç** (500 m weiter östlich). Der Strand **Bassa Rodona**, direkt westlich des Zentrums, ist bekannt als Sitges' inoffizieller Schwulenstrand.

Feste & Events

Carnaval KARNEVAL
(www.carnavaldesitges.com; ⌚Feb./März) Der Karneval ist ein einwöchiges feuchtfröhliches Spektakel mit Maskenbällen und extravaganten Schwulenparaden am Sonntag und Dienstag, samt glamourös gekleideter Dragqueens, riesiger Musikanlagen, einer Party für Nachtschwärmer und bis zum Morgen geöffneter Bars. Die Termine sind jedes Jahr anders; mehr Informationen gibt's auf der Website.

Schlafen

Utopia Beach House HOSTEL €
(☎938 11 11 36; www.utopiasitges.com; Carrer Socias 22; B 20–32 €, DZ 50–99 €; 📶) Einen kurzen Spaziergang vom Strand entfernt, 1,5 km westlich vom Stadtzentrum bietet diese quirlige Unterkunft in Pastellfarben gestaltete Schlafsäle für vier, sechs oder zehn Personen (Schließfächer und Handtücher vorhanden) und Doppelzimmer mit eigenen Bädern, manche Zimmer haben große Balkone. Zur Verfügung stehen eine fröhliche Café-Bar inmitten eines grünen Gartens, in dem oft Livemusik gespielt wird, sowie Möglichkeiten zum Waschen (3 €), eine Gemeinschaftsküche und eine farbenfrohe Lounge mit kleiner Bibliothek.

Babalu Sitges Beach Hostel HOSTEL €€
(☎938 94 62 74; www.sitgesbeachhostel.com; Calle Anselm Clavé 9; B 30–40 €, DZ 80–110 €; ❄📶) Ein lebhaftes modernes Hostel in Strandnähe, 1 km westlich vom Zentrum. Die bequemen Schlafsäle mit Schließfächern für vier, sechs, acht oder 14 Personen (mit eigenem Bad) sind teuer, aber man bekommt auch was für sein Geld. Es gibt günstiges Essen, einen Fahrradverleih, eine gesellige Lounge und viel Platz auf den Terrassen.

Parrots Hotel HOTEL €€
(☎938 94 13 50; www.parrotshotel.com; Calle de Joan Tarrida 16; inkl. Frühstück EZ 109 €, DZ 120–160 €; ⌚Feb.–Okt.; ❄📶) Das hellblaue schwulenfreundliche Hotel kann man kaum verpassen. Die freundlichen Mitarbeiter führen einen zu überaus modernen Zimmern in frischem Weiß und Königsblau, von denen die meisten über Balkone oder Terrassen mit Sonnenliegen verfügen. Hier ist man mitten im Geschehen, und es gibt eine dampfende Sauna.

Hotel Platjador HOTEL €€€
(☎938 94 50 54; www.hotelsitges.com; Passeig de la Ribera 35; EZ 110–160 €, DZ 137–200 €; ❄📶🏊) Dieses einladende Hotel am Meer bietet fabelhafte farbenfrohe und moderne Zimmer (viele mit Balkon) mit riesigen gemütlichen Betten und eine Auswahl an verschiedenen Kissen. Ein cooler blauer Pool und eine Dachterrasse mit Meerblick laden zum Entspannen ein. Außerhalb der Hochsaison ist das Preis-Leistungs-Verhältnis absolut unschlagbar, denn die Preise sinken um bis zu 50 %.

Das Team betreibt auch das beliebte **Hotel Galeón** (☎938 94 06 12; www.hotelsitges.com; Carrer de Sant Francesc 46-48; inkl. Frühstück EZ 80–123 €, DZ 123–160 €; ❄📶🏊) mit schlichten, aber eleganten und gemütlichen Zimmern und einem Pool im Grünen.

Sitges

Sitges

Highlights
1 Museu del Cau Ferrat D4

Sehenswertes
2 Església de Sant Bartomeu i Santa Tecla C4
Museu Maricel del Mar .... (siehe 1)
3 Platja de la Fragata B4
4 Platja de la Ribera A4
5 Platja de Sant Sebastià D3

Aktivitäten, Kurse & Touren
6 Sitges SUP B3

Schlafen
7 Hotel Galeón B2
8 Hotel Platjador B3
9 Parrots Hotel A3

Essen
10 33 Sitges C3
11 El Cable C3
12 La Salseta B3
13 Lady Green B3
14 Nem B2

Ausgehen & Nachtleben
15 La Sitgetana B2

Essen

★ El Cable TAPAS €
(☎ 938 94 87 61; www.facebook.com/elcablebarsitges; Carrer de Barcelona 1; Tapas 2–6 €; ⊙ Mo–Fr 19–23.30, Sa & So 12–15.30 & 19–23.30 Uhr)

Das immer gut besuchte bodenständige El Cable muss einfach Sitges' beliebteste Tapasbar sein. Es gibt Klassiker wie *patatas bravas* (häufig als beste der Stadt bezeichnet) neben göttlichen, originellen mundgerechten Kreationen. Empfehlenswert sind das mit Gemüse gefüllte Blätterteiggebäck *saquito* und der preisgekrönte Tintenfisch mit Pilzfüllung und Risotto sowie Mandelpralinen. Die freundlichen Kellner schenken ihren Gästen dazu feine Bio-Penedès-Weine ein.

Nem FUSION-KÜCHE €€
(☎ 938 94 93 32; www.nemsitges.com; Carrer de l'Illa de Cuba 9; Tapas 4,50–7 €; ⊙ Di–Fr 19.30–23, Sa & So 13.30–15.30 & 19.30–23 Uhr, ca. Nov.–April So geschl.; 📶) In diesem gerammelt vollen Tapasladen treffen spanische und asiatische Aromen aufeinander. Auf der kurzen, häufig wechselnden Speisekarte stehen köstliche Kreationen, wie z. B. Seebrassen-Sashimi, zitronige *patatas bravas* und gebackene Rote Beete mit Hüttenkäse. Man speist in einem halboffenen Raum an gemütlichen Ecktischen oder einfach an der Bar. In Sitges gebrautes Craft-Bier und originelle Desserts, wie Schokocreme mit Zitrone und Basilikum, runden das Angebot ab.

Lady Green VEGETARISCH, VEGAN €€
(☎ 931 71 59 14; www.facebook.com/ladygreensitges; Carrer de Sant Pau 11; 2-/3-Gänge-Menü 15/20 €; ⊙ Mo 19–22, Di, Mi & So 13–16 & 19–22, Do–Sa 13–16 & 19–23 Uhr, ca. Nov.–Mai Mo & Di geschl.; 📶 🖉) Pikante mexikanische Gerichte, Veggie-Burger, Falafel mit Quinoa-Taboulé und köstliche vegane amerikanische Cheesecakes – dieses vegetarische Café mit innovativen fleischfreien Gerichten, gewagten Aromen und herrlichen Desserts wird selbst die anspruchsvollsten Gourmets zufriedenstellen. Neben verschiedenen frischen Säften und Smoothies stehen auch vegane und glutenfreie Mahlzeiten zur Auswahl.

La Salseta KATALANISCH €€
(☎ 938 11 04 19; www.lasalseta.com; Carrer de Sant Pau 35; Hauptgerichte 10–20 €; ⊙ Mi–Sa 13.30–15.30 & 20.30–23, Di & So 13.30–15.30 Uhr) 🍃 Slow Food und saisonale Produkte dominieren die Speisekarte dieses gemütlichen, aber eleganten katalanischen Restaurants. Knusprige Schweinsfüße mit Blutwurst und eine Auswahl an Reisgerichten, darunter der cremige *arròs a la sitgetana*, sind die Highlights eines rundum gelungenen Menüs.

🍷 Ausgehen & Nachtleben

Sitges' Nachtleben konzentriert sich auf eine sehr belebte Fußgängerzone direkt am Ufer. Dazu gehören der Carrer 1er de Maig (Calle del Pecado; Sin St), die Plaça de la Indústria und der Carrer del Marquès de Montroig, wobei die meisten Bars bereits um 3.30 Uhr ihre Türen schließen. Nachtschwärmer sind in den Clubs vor den Stadttoren richtig. Die besten wechseln regelmäßig den Namen. Auch Bootspartys sind beliebt.

La Sitgetana CRAFT-BIER
(www.facebook.com/lasitgetanacraftbeer; Carrer de Sant Bartomeu 10; ⊙ Mo–Fr 18.30–23.30, Sa & So 12–15 & 18.30–23.30 Uhr; 📶) In diesem ambitionierten, modern-minimalistischen Craft-Bier-Pub darf man einen Blick in die hauseigene Brauerei riskieren, es gibt sechs Zapfhähne mit selbstgebrautem Gerstensaft (Pint 4,90–6 €). Das Tecla Centennial IPA ist empfehlenswert, man kann auch ein Glas Penedès-Wein schlürfen oder eine Flasche La Sitgetana Pale Ale bestellen. Es gibt Platten mit Schinken, Käse und mehr zum Knabbern (3–9 €).

Sweet Pacha CLUB
(www.facebook.com/sweetpachasitges; Avinguda Port d'Aiguadolç 9; Grundpreis inkl. 2 Drinks 20 €; ⊙ Fr & Sa 0–5.30 Uhr) Man folgt den Klängen von sinnlichem R'n'B und hypnotischem House zu diesem Cocktail-Club, nicht weit vom Hafen von Aiguadolç (20 Minuten zu Fuß östlich vom Zentrum von Sitges). Für ruhigere Nächte gibt es auch ein Meeresfrüchterestaurant. Events werden online oder durch Plakate in der Altstadt angekündigt.

ℹ Praktische Informationen

Oficina de Turisme Sitges (☎ 938 94 42 51; www.sitgestur.cat; Plaça Eduard Maristany 2; ⊙ Mitte Juni–Mitte Okt. Mo–Sa 10–14 & 16–20 Uhr, Mitte Okt.–Mitte Juni Mo–Sa 10–14 & 16–18.30 Uhr, ganzjährig So 10–14 Uhr) Am Bahnhof.

ℹ An- & Weiterreise

Monbus (www.monbus.cat) fährt vom Passeig de Vilafranca nach Barcelona (4 €, 50 Min., alle 15 bis 50 Min.) und zum Flughafen von Barcelona (7 €, 25 Min., halbstündl. bis stündl.), mit Halt am Passeig de Vilanova.

Von 5 bis 22 Uhr fahren regelmäßig Rodalies-Züge der Linie R2 von Barcelonas Passeig de Gràcia und Sants (4,10 €, 45 Min.). Zum Flughafen in Barcelona (4,10 €, 40 Min.) steigt man in El Prat de Llobregat um.

Weinregion Penedès

Einige der besten Weine Spaniens stammen aus den Penedès-Ebenen westlich und südwestlich von Barcelona. Das Städtchen Sant Sadurní d'Anoia liegt 35 km westlich von Barcelona, es ist die Hauptstadt des *cava*. Der Schaumwein erinnert an Champagner und ist nicht nur in ganz Spanien, sondern in aller Welt sehr beliebt. Die hübsche historische Stadt Vilafranca del Penedès, 12 km weiter südwestlich, ist das Herz der Region Penedès Denominación de Origen (D.O., www.dopenedes.cat), aus der beachtenswerte leichte Weißweine und ein paar sehr gute Rotweine stammen.

WEINPROBE IN PENEDÈS

Die enthusiastischeren Weinkellereien der Region Penedès verraten gerne ihre Weinbaugeschichte und zeigen ihre einzigartige Architektur. Bei manchen gehören Erläuterungen zum Herstellungsprozess von Wein und/oder *cava* sowie ein oder zwei Probiergläser dazu. Die Führungen dauern etwa 1½ Stunden, man muss im Voraus buchen. Die meisten sind nur auf Katalanisch, Spanisch oder Englisch, andere Sprachen sind eventuell auch möglich. Mehr Informationen zum Weintourismus sind auf www.dopenedes.es und www.enoturismepenedes.cat zu finden.

Wem es ernst mit den Weinproben ist, **Catalunya Bus Turístic** (Karte S. 292 f.; ☎ 932 85 38 32; www.catalunyabusturistic.cat; Plaça de Catalunya; ⌚ Juni–Sept. 9–20 Uhr, Okt.–Mai bis 19 Uhr; Ⓜ Catalunya) führt von Barcelona aus Tagestouren durch (66–73 €).

Codorníu (☎ 938 91 33 42; www.visitascodorniu.com; Avinguda de Jaume Codorníu, Sant Sadurní d'Anoia; Erw./Kind 12/8 €; ⌚ Führungen Mo–Fr 10–17, Sa & So bis 13 Uhr) Es gibt keinen prachtvolleren Ort, um *cava* zu probieren, als im Gewölbe von Codorníus palastähnlichem modernistischem Hauptsitz, entworfen vom katalanischen Architekten Josep Puig i Cadafalch, kurz hinter dem nordöstlichen Rand von Sant Sadurní d'Anoia. Codorníus Weinanbau soll bis ins 16. Jh. zurückgehen. Josep Raventós war der erste, der im Jahr 1872 spanischen Schaumwein nach Vorbild des Champagners herstellte, während sein Sohn Manuel diesen Weinproduzenten im späten 19. Jh. groß ins Geschäft gebracht haben soll.

Neunzigminütige Führungen finden auf Katalanisch, Spanisch, Englisch und Französisch statt; online findet man die Termine und kann buchen.

Freixenet (☎ 938 91 70 96; www.freixenet.es; Carrer de Joan Sala 2, Sant Sadurní d'Anoia; Erw./Kind 12/8,50 €; ⌚ Führungen Mo–Sa 9–16.30, So bis 13 Uhr) Der größte *cava*-Hersteller ist bequem zu erreichen und liegt gleich neben dem Bahnhof von Sant Sadurní. Die 1½-stündigen Führungen sind vorab zu buchen (auf Katalanisch, Spanisch, Englisch, Französisch, Deutsch oder Japanisch) und beinhalten eine Tour durch den Keller aus den 1920er-Jahren, eine Fahrt mit der Touristenbahn über das Gelände und *cava*-Degustationen. Wer keine Führung bucht, kann dennoch hervorragenden Schampus sowie Schinken- und Häppchenplatten im atmosphärischen Degustationsraum probieren oder auf der herrlichen Terrasse ein Glas genießen.

Torres (☎ 938 17 73 30; www.torres.es; Pacs del Penedès; Weintour Erw./Kind ab 9/6,50 €; ⌚ Mo–Sa 9.15–16, So bis 12 Uhr) Nur 3 km nordwestlich von Vilafranca an der BP2121 ist der beste Winzer der Region zu Hause. Die Tradition der Familie geht auf das 17. Jh. zurück. Ökologische Erzeugung und erneuerbare Energien werden hier groß geschrieben. In den 1960er-Jahren revolutionierte die Kellerei Torres die spanische Weinherstellung, indem sie neue Technologien auf Basis von Temperaturkontrolle und Edelstahlfässern sowie französische Rebsorten verwendete. Heute werden Rot- und Weißweine sowie Schaumweine verschiedenster Qualitätsstufen hergestellt.

Jean León (☎ 938 17 76 90; www.jeanleon.com; Châtеau Leon, Torrelavit; Erw./Kind 10,25 €/gratis; ⌚ Mo–Fr 9–18, Sa & So 9–13 Uhr) Seit 1963 verwendet dieses Weingut Cabernet Sauvignon und andere französische Rebsorten, um verschiedene hochwertige Weine zu kreieren. Neunzigminütige Führungen (auf Katalanisch, Spanisch oder Englisch) durch dieses wunderbar malerische Weingut beinhalten die Verkostung von drei Weinen und müssen vorab gebucht werden.

Sant Sadurní d'Anoia

12 310 EW.

Aufgrund der etwa einhundert umliegenden Weingüter gilt Sant Sadurní als Spaniens Herz des *cava*, ein Schaumwein, der nach derselben Methode wie französischer Champagner hergestellt wird. Abgesehen von den knallenden Korken in der Umgebung ist Sant Sadurni ein verschlafenes Städtchen, obwohl hier erfreulich viele Gourmet- und Weinfestivals stattfinden.

Praktische Informationen

Oficina de Turisme de Sant Sadurní d'Anoia (☎ 938 91 03 25; www.turismesantsadurni.cat; Carrer de l'Hospital 23; ⌚ Di–Fr 9.15–14.45 & 16–18.30, Sa 10–14 & 16.30–19, So 10–14 Uhr) Bucht Weintouren, bietet Karten und beherbergt Sant Sadurnís interaktives *cava*-Informationszentrum.

An- & Weiterreise

Rodalies-Züge fahren von Barcelonas Sants nach Sant Sadurní ((4,10 €, 40 Min., halbstündl.).

Vilafranca del Penedès

39 000 EW.

Wer das Weinanbaugebiet Penedès erleben, sich jedoch weder eine lange Führung geben noch selber fahren will (störend, wenn man etwas trinken möchte), dem dient Vilafranca als Ausgangspunkt. Die Stadt ist lebhafter als das nahegelegene Sant Sadurní und dehnt sich ziemlich aus, während das Zentrum mit erquickender mittelalterlicher und modernistischer Architektur und einer Auswahl an wahrhaft hervorragenden Restaurants mit entsprechend beeindruckender Weinkarte aufwartet. Von hier sind leicht Ausflüge zu Weingütern zu organisieren.

Im Touristenbüro erhält man Broschüren für eine selbstgeführte Tour zu Vilafrancas mittelalterlicher und modernistischer Architektur.

El Convent KATALANISCH, TAPAS €€

(☎ 931 69 43 84; www.facebook.com/elconvent1850; Carrer de la Fruita 12; Gerichte 8–19 €; ⌚ Di–Fr 19–24, Sa 9–15.30 & 20–24 Uhr) In der labyrinthartigen, modern-rustikalen Taverne gibt's hervorragend zubereitete katalanische Spezialitäten wie Entrecôte aus den Pyrenäen, Wildlachs-Carpaccio, Ziegenkäsesalat und eine Auswahl an Fondues für zwei Personen sowie verführerische Platten mit Käse, Hummus und kaltem Braten. Es ist freundlich, zwanglos und sehr beliebt.

★ Cal Ton KATALANISCH €€€

(☎ 938 90 37 41; www.restaurantcalton.com; Carrer Casal 8; Hauptgerichte 16–27 €, Verkostungsmenüs 26–50 €; ⌚ Di & So 13–15.30, Mi–Sa 13–15.30 & 20.30–22.30 Uhr; 📶) Einen Abend voller kulinarischer Genüsse verspricht das Cal Ton, das seit 1982 hoch im Kurs steht. Von leichten Kartoffel- und Garnelenravioli bis zu Tintenfischreis und Rinderfilet mit Trüffelsoße – dieses frische, moderne Restaurant serviert Gerichte der Superlative. Die bescheiden auftretende, doch kompetente Bedienung stellt sicher, dass jedes Gericht vom passenden Wein aus der Region begleitet wird. Das lockere Schokoladenfondant mit Maracuja-Eis sollte man sich nicht entgehen lassen.

Praktische Informationen

Oficina de Turisme de Vilafranca del Penedès (☎ 938 18 12 54; www.turismevilafranca.com; Carrer Hermenegild Clascar 2; ⌚ Mo 15–18, Di–Sa 9.30–13.30 & 15–18, So 10–13 Uhr)

An- & Weiterreise

Rodalies-Züge fahren häufig von Barcelonas Sants nach Vilafranca (4,90 €, 50 Min.).

Tarragona

63 600 EW.

In dieser quirligen Hafenstadt trifft römische Geschichte auf Strände, Bars und eine aktive Gastroszene, weshalb über den Straßen der Duft nach frisch gegrillten Meeresfrüchten liegt. Den größten Anziehungspunkt stellen die vielen Ruinen in Spaniens zweitwichtigster romanischer Stätte dar, darunter ein Museum voller Mosaike und ein Amphitheater am Meer. Eine bunte Mischung aus fantastischen Restaurants erwartet einen im Gassenlabyrinth des schönen mittelalterlichen Stadtkerns mit seiner hoch aufragenden romanisch und gotisch verzierten Kathedrale.

Tarragona dient auch als Ausflugsziel zu den glitzernden Stränden der Costa Daurada und zum nahen Reus (S. 428) mit seiner prachtvollen Architektur des Modernisme.

Geschichte

218 v. Chr. wurde Tarragona von den Römern erobert, die der Stadt den Namen Tarraco gaben. Zuvor hatten sich in dem Gebiet

Iberer angesiedelt, danach Karthager. 27 v. Chr. machte Augustus Tarraco zum Hauptort seiner neuen Provinz Tarraconensis (umfasst ungefähr drei Viertel des Gebietes des modernen Spanien). Er blieb bis 25 v. Chr. und führte Feldzüge an. Während der römischen Blütezeit lebten in Tarragona über 200 000 Menschen. Als die Muslime 714 vordrangen, wurde die Stadt aufgegeben, erwachte aber im 11. Jh. als Sitz des Erzbischofs zu neuem Leben.

Sehenswertes & Aktivitäten

Mehrere private Betreiber bieten Führungen durch die Altstadt von Tarragona an. Im Touristenbüro (S. 424) gibt's eine Liste. Empfehlenswert ist der effiziente langjährige Veranstalter **Itinere** (☎ 977 23 96 57; www.facebook.com/ItinereTarragona; Baixada del Roser 8; Führung 2 Std. 90 €), dessen mehrsprachige Führer detaillierte zwei- oder dreistündige Touren durchführen.

★ Catedral de Tarragona — KATHEDRALE

(www.catedraldetarragona.com; Plaça de la Seu; Erw./Kind 5/3 €; ⏲ Mitte Juni–Mitte Sept. Mo–Sa 10–20 Uhr, Mitte März–Mitte Juni & Mitte Sept.–Okt. Mo–Sa 10–19 Uhr, Nov.–Mitte März Mo–Fr 10–17, Sa 10–19 Uhr) In erhabener Lage über der Stadt weist Tarragonas Kathedrale sowohl romanische als auch gotische Elemente auf, wie an der Hauptfassade zu erkennen ist. Der blumengeschmückte Kreuzgang bietet ein gotisches Gewölbe und romanisch verzierte Kapitelle, darunter eines, auf dem man Ratten bei der Beerdigung einer Katze sieht, die dabei allerdings wieder zum Leben erwacht! In den Räumen nebenan sind die Überreste eines römischen Tempels (2015 entdeckt) und das **Museu Diocesà** mit einer Sammlung untergebracht, die von römischen Haarnadeln bis zu bunten Schnitzarbeiten, welche die Jungfrau darstellen, aus dem 13. und 14. Jh. reichen. Auch die Fresken im Ostschiff aus dem 14. Jh. sollte man sich nicht entgehen lassen.

★ Museu Nacional Arqueològic de Tarragona — MUSEUM

(www.mnat.cat; Plaça del Rei 5; Erw./Kind 4,50 €/gratis; ⏲ Okt.–Mai Di–Sa 9.30–18 Uhr, Juni–Sept. bis 20.30 Uhr, ganzjährig So 10–14 Uhr) Das exzellente Museum widmet sich dem kulturellen und materiellen Reichtum des römischen Tarraco. Die Mosaiksammlung zeigt wechselnde Trends von einfachen Schwarz-Weiß-Mustern bis zu komplexen farbenfrohen Varianten. Zu den Highlights gehören das schöne *Mosaic de la Medusa* aus dem 2. oder 3. Jh. und das riesige, fast vollständig erhaltene *Mosaic dels Peixos de la Pineda* aus dem 3. Jh. mit Fischen und anderen Meeresbewohnern. Die Erklärungen sind auf Katalanisch und Spanisch, doch in den Galerien gibt es Broschüren auf Englisch.

> **MUSEU D'HISTÒRIA DE TARRAGONA**
>
> Das **Museu d'Història de Tarragona** (MHT; www.tarragona.cat/patrimoni/museu-historia; Erw./Kind pro Stätte 3,30 €/gratis, alle Stätten 7,40 €/gratis; ⏲ Stätten Ostern–Sept. Di–Sa 9–21, So 9–15 Uhr, Okt.–Ostern Di–Sa 9–19, So 9–15 Uhr) besteht aus verschiedenen römischen UNESCO- Welterbestätten sowie anderen historischen Gebäuden in der Stadt. Das Kombiticket beinhaltet den Pretori i Circ Romans, das Amfiteatre Romà, den Passeig Arqueològic Muralles und das Fòrum de la Colònia. Auf geht's!

Amfiteatre Romà — RUINEN

(Parc de l'Amfiteatre; Erw./Kind 3,30 €/gratis; ⏲ Ostern–Sept. Di–Sa 9–21, So 9–15 Uhr, Okt.–Ostern Di–Sa 9–19, So 9–15 Uhr) Nahe dem Strand stößt man auf Tarragonas gut erhaltenes Amphitheater aus dem 2. Jh. n. Chr., wo Gladiatoren gegeneinander sowie gegen wilde Tiere kämpften. In der Arena befinden sich die Relikte einer westgotischen Kirche aus dem 6. Jh. und einer romanischen Kirche aus dem 12. Jh., beide errichtet zur Erinnerung an den Märtyrertod des Bischofs Fructuosus und zweier Diakone, die dort 259 n. Chr. lebendig verbrannt worden sein sollen.

Aqüeducte de les Ferreres — BRÜCKE

(Pont del Diable; ⏲ 24 Std.; P) GRATIS In einem Labyrinth aus staubigen Gassen 4 km nördlich vom Stadtzentrum von Tarragona, direkt abseits der Autobahn AP7 (die in der Nähe die N240 kreuzt), liegt dieses großartige Aquädukt. Man kann von einem zum anderen Ende des schmalen zweistufigen Aquädukts (217 m lang und 27 m hoch) laufen. Die Buslinien 5 und 85 (1,50 €, alle 30 Min.) nach Sant Salvador halten an der Plaça Imperial de Tàrraco ganz in der Nähe. Am Fluss entlang sind es 4,6 km in die Stadt zurück (ca. 90 Min. zu Fuß).

Tarragona

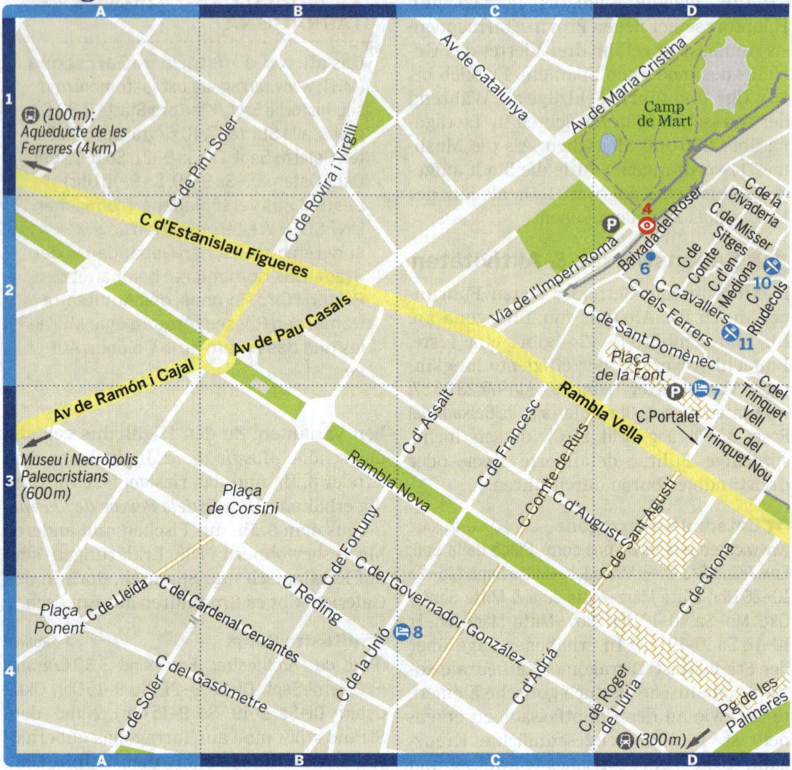

Tarragona

Highlights
- 1 Catedral de Tarragona E2
- 2 Museu Nacional Arqueològic de Tarragona E3

Sehenswertes
- 3 Amfiteatre Romà E4
- 4 Passeig Arqueològic Muralles D2
- 5 Pretori i Circ Romans E3

Aktivitäten, Kurse & Touren
- 6 Itinere D2

Schlafen
- 7 Hotel Plaça de la Font D3
- 8 Tarragona Hostel C4

Essen
- 9 AQ E1
- 10 Arcs Restaurant D2
- 11 Degvsta D2
- 12 El Vergel E2
- 13 Korxo E2

Pretori i Circ Romans RUINEN
(Plaça del Rei; Erw./Kind 3,30 €/gratis; ⌚ Ostern–Sept. Di–Sa 9–21, So 9–15 Uhr, Okt.–Ostern Di–Sa 9–19, So 9–15 Uhr) In diesem großen Komplex mit zwei separaten Eingängen befindet sich ein Teil der Gewölbe von Tarragonas gut erhaltenem **Römischen Zirkus** von Ende des 1. Jhs., wo einst Wagenrennen stattfanden, der **Pretori-Turm** von Plaça del Rei (von oben hat man einen Rundumblick) sowie ein Teil vom **Provinzforum**, dem politischen Herzen der römischen Provinz Tarraconensis. Der über 300 m lange Zirkus, der 30 000 Zuschauer fasste, erstreckte sich von hier bis über die Plaça de la Font im Westen.

Passeig Arqueològic Muralles STADTMAUERN
(Avinguda de Catalunya; Erw./Kind 3,30 €/gratis; ⌚ Ostern–Sept. Di–Sa 9–21, So 9–15 Uhr, Okt.–Ostern Di–Sa 9–19, So 9–15 Uhr) Ein ruhiger Weg zwischen zwei Stadtmauern führt rund um einen Teil der Altstadt. Die Innenmauern sind überwiegend römisch und gehen auf das 3. Jh. v. Chr. zurück, wohingegen die Außenmauern 1709 im Spanischen Erbfolgekrieg von den Briten errichtet wurden. Die ersten Abschnitte sind unglaubliche vier Meter dick. Es gibt auch ein hilfreiches Informationszentrum (Katalanisch, Spanisch & Englisch).

Schlafen

Tarragona Hostel HOSTEL €
(☎ 877 05 58 96; www.tarragonahostel.com; Carrer de la Unió 26; B 14–25 €, 3BZ 50–60 €; 📶) Auf die Bedürfnisse von Backpackern geht das freundliche Innenstadthostel mit munteren Mitarbeitern hevorragend ein. Dazu kommen ein grüner Hof, ein gemütlicher Aufenthaltsraum, eine Gemeinschaftsküche und Möglichkeiten zum Waschen. Man hat die Wahl zwischen zwei Schlafsälen mit acht Betten und einem moderneren Zimmer mit vier Betten (alle mit Klimaanlage und persönlichen Schließfächern) sowie einem privaten Dreierzimmer mit Ventilator.

Hotel Plaça de la Font HOTEL €€
(☎ 977 24 61 34; www.hotelpdelafont.com; Plaça de la Font 26; EZ/DZ/3BZ 63/78/98 €; ❄ 📶) Bequeme, moderne und individuell eingerichtete Zimmer mit Fotos von den örtlichen Wahrzeichen machen dieses fröhliche, zweckmäßige Hotel zu einer von Tarragonas attraktivsten Unterkünften. Die Zimmer nach vorne raus haben kleine Balkone, zudem sind sie gut schallisoliert gegen das Stimmengewirr auf der betriebsamen Plaça de la Font darunter. Das Café mit Tischen direkt auf dem Platz eignet sich perfekt für ein leichtes Frühstück.

Gran Claustre BOUTIQUE-HOTEL €€
(☎ 977 65 15 57; www.granclaustre.com; Carrer del Cup 2, Altafulla; EZ 77–133 €, DZ 90–157 €; P ❄ 📶 ≋) Für einen gehobenen Aufenthalt wählt man dieses wohltuende, blumig duftende Refugium mit Blick auf die Burg aus dem 17. Jh. in der attraktiven Altstadt von Altafulla, 11 km nordöstlich von Tarragona. Ein minimalistischer Stil dominiert die eleganten Zimmer, am meisten Farbe, Charakter und historische Atmosphäre bieten die Räume im Originalgebäude aus dem 18. Jh., in dem sich ein Pool zwischen Steinmauern versteckt. Weitere Pluspunkte: ein Spa, ein Whirlpool und eine schickes Restaurant.

Hotel Sant Jordi HOTEL €€
(☎ 977 20 75 15; www.hotelsantjordi.info; Avinguda Vía Augusta 185; Zi. 68–80 €; ⌚ Mitte Jan.–Mitte Dez.; P ❄ 📶) Das 70er-Jahre-Design der Rezeption weckt keine großen Erwartungen, doch dieses beliebte Hotel an der ansprechenden Platja de la Savinosa, 2,5 km nordöstlich von Tarragonas Stadtmitte, bietet saubere, bequeme Zimmer mit Balkonen und Meerblick. Die Atmosphäre wie in der guten, alten Zeit und der zuvorkommende Service machen es zu weit mehr, als der erste Blick erkennen lässt.

Essen

El Vergel VEGAN €€
(☎ 877 06 48 50; www.elvergeltarragona.com; Carrer Major 13; 3-Gänge-Menü 15–18 €; ⌚ 13–

INSIDERWISSEN

KATALONIENS MENSCHLICHE BURGEN

Eines der kuriosesten Spektakel, die man in Katalonien zu sehen bekommt, sind die *castells*, „Burgen" aus Menschen. Die Tradition stammt aus Valls, 20 km nördlich von Tarragona, geht auf das 18. Jh. zurück und hat sich seitdem auf andere Teile der Region ausgebreitet. Die in Gruppen organisierten *castellers* steigen auf die Schultern ihrer Teamkollegen, wobei ein todesmutiges Kind, das die Menschenpyramide ganz zum Schluss erklimmt, für den Höhepunkt sorgt, bevor das gesamte Konstrukt schließlich elegant aufgelöst wird. Bis zu neun Stockwerke hoch wird der Turm gebaut. Die spektakulärsten *castells* gibt's bei Tarragonas **Festival de Santa Tecla** (⌚ Mitte Sept.) zu sehen.

23 Uhr; 📶 🍸) 🌿 Das fantastische, moderne vegane Lokal serviert kreative pflanzliche Köstlichkeiten in Zwei- oder Drei-Gänge-Menüs zwischen weiß getünchten Mauern, aufgepeppt durch mintgrüne Fensterläden, gemusterte Fliesen und originelle Kunstwerke. Die Karte wechselt häufig: Man hat die Wahl zwischen Leckereien wie Tofu-Eintopf, vegetarischer Pizza, Pilzrisotto, Blumenkohlkroketten und Kokossuppe mit Ingwer, abgerundet mit kaltgepressten Säften, hausgemachtem Wermut und Bio-Weinen.

Degvsta FUSION-KÜCHE, KATALANISCH **€€**
(☎ 977 25 24 28; www.degvsta.com; Carrer Cavallers 6; Hauptgerichte 15–19 €; ⌚ Mo 13.30–16, Di–Sa 13.30–16 & 21–22.30 Uhr) Neben einer stilvollen Lounge-Bar bietet das rustikal-schicke Restaurant in coolen Cremefarben, verziert mit einer Badewanne mit Klauenfüßen, köstliche, fantasievolle Gerichte der modernen katalanischen Küche. Zu den mit Flair servierten Delikatessen gehören Avocado-Gazpacho, mit Zitrusfrüchten angereicherter Seebarsch, beliebtes *pa amb tomàquet* oder Schafskäsesalat mit sanfter Erdbeervinaigrette. Werktags kommen die Leute wegen des dreigängigen Mittagsmenüs (16 €).

AQ MEDITERRAN, FUSION-KÜCHE **€€**
(☎ 977 21 59 54; www.aq-restaurant.com; Carrer de les Coques 7; Hauptgerichte 11–24 €; ⌚ 13.30–15.30 & 20.30–23 Uhr) Das frische Innendesign dieses palmengemusterten Restaurants verspricht gehobene Küche und das AQ hält, was es verspricht. Die köstlichen Fusionsgerichte – von katalanischer, italienischer und asiatischer Küche inspiriert – werden verspielt zubereitet. Die Tintenfischkroketten, die saftigen *patatas bravas*, das gegrillte Wagyu-Steak, Teriyaki mit Kabeljau und Aubergine und die Muscheln aus dem Wok sind wahre Geschmackserlebnisse.

Arcs Restaurant KATALANISCH **€€€**
(☎ 977 21 80 40; www.restaurantarcs.com; Carrer de Misser Sitges 13; Hauptgerichte 17–22 €; ⌚ Di–Sa 13–16 & 20.30–23 Uhr) Im Inneren einer mittelalterlichen Höhle mit heller zeitgenössischer Kunst an den Wänden und originalen gotischen Bögen werden katalanische Gerichte der Saison serviert (manche traditionell, andere modernisiert). Probieren kann man Ente mit Haselnuss-Wermut-Soße, Lachstataki mit Wasabi-*Eis* oder das stets hervorragende Tagesangebot.

ℹ Praktische Informationen

Tarragona Turisme (☎ 977 25 07 95; www.tarragonaturisme.es; Carrer Major 39; ⌚ Ende Juni–Sept. 10–20 Uhr, Okt.– Ende Juni Mo–Fr 10–14 & 15–17, Sa 10–14 & 15–19, So 10–14 Uhr)

ℹ An- & Weiterreise

AUTO & MOTORRAD

Es gibt eine zentrale Tiefgarage (5,50 €/Tag) direkt bei der Via de l'Imperi Romà am westlichen Ende der Altstadt.

BUS

Der **Busbahnhof** (Plaça Imperial Tarraco) liegt 1,5 km westlich der Altstadt auf der Rambla Nova. **ALSA** (www.alsa.es) bedient Ziele wie Barcelona Nord (8,70 €, 1½ Std., 7-mal tgl.) und Valencia (22 €, 3–4½ Std., 6-mal tgl.). **Hispano Igualadina** (www.igualadina.com) fährt nach Lleida (6 €, 1¼–1¾ Std., 1- bis 5-mal tgl.).

FLUGZEUG

Elf Kilometer nordwestlich von Tarragona liegt der **Flughafen Reus** (www.aena.es; abseits der C14, Reus) mit Flügen u. a. nach London, Dublin, Manchester, Brüssel, Eindhoven und Frankfurt-Hahn, vor allem vertreten durch Ryanair.

ZUG

In Tarragona gibt's zwei Bahnhöfe (www.renfe.com). Der **städtische Bahnhof** (Tarragona) nahe dem Strand liegt 10 Minuten zu Fuß südlich der Altstadt mit Fahrten von/nach Barcelona (8,05–21 €, 1–1½ Std., alle 10 bis 30 Min.) und Valencia (17–27 €, 2–4 Std., 15- bis 17-mal tgl.).

Der außerstädtische Bahnhof **Camp de Tarragona** liegt 10 km nördlich des Zentrums (eine 20-minütige Taxifahrt entfernt). Es bestehen häufige Verbindungen mit dem Schnellzug nach Barcelona (12–32 €, 35 Min.) und Lleida (14–26 €, 30 Min.).

Unterwegs vor Ort

ZUM/VOM FLUGHAFEN

Busse (an die Flugzeiten angepasst) verkehren vom/zum **Busbahnhof** Tarragona (S. 424) (4 €, 20 Min., 3- bis 5-mal tgl.) und nach/von Barcelona (15 €, 1¾ Std., 1-mal tgl.).

Weinregionen Priorat & Montsant

Kataloniens Region Priorat, 40 km westlich von Tarragona, erstreckt sich über sanft abfallende, von Weinbergen bewachsende Hügel und produziert bekanntermaßen unter der Bezeichnung Priorat Denominació d'Origen Qualificada (DOQ; www.doqpriorat.org) einige der renommiertesten (und teuersten) spanischen Weine. Es ist eines von nur zwei spanischen Weinanbaugebieten, die mit dieser begehrten Kategorie ausgezeichnet wurden (das andere ist Rioja), und hat sich auf vollmundige Rotweine spezialisiert, besonders aus den Rebsorten *cariñena* (Carignan) und *garnatxa* (Grenache). Die Weinregion Priorat ist fast vollständig von den hügeligen Weinbergen des Gebietes Montsant Denominació d'Origen (www.domontsant.com) umgeben, auch bekannt für seine kernigen Rotweine aus denselben Trauben sowie seine einzigartigen koscheren Weine.

Falset, nördlich der N420, ist die größte Stadt der Region und auch die belebteste, am besten ausgestattete Ausgangsbasis. Ein Alternative ist das reizende **Gratallops** auf einer Bergspitze (10 km nordwestlich von Falset), wo sich einige der berühmtesten Weingüter Priorats befinden.

Clos Mogador WEINGUT

(☎ 977 83 91 71; http://closmogador.com; Camí Manyetes, Gratallops; Tour 30 €; ⏲ wechselnde Öffnungszeiten) Fünf Gehminuten südwestlich von Gratallops liegt eine der herausragenden Weinkellereien Priorats, die 1979 vom französischen Pionier-Winzer René Barbier gegründet wurde. Hier werden zwei aromatische Rotweine, hauptsächlich aus Cariñena- und Garnatxa-Trauben, produziert, sowie ein feiner Weißwein (*garnatxa blanca* & *macabeu*). Die ausführlichen dreistündigen Touren beinhalten eine Autofahrt durch die Weinberge und die anschließende Verkostung der drei Weine.

Catedral del Vi WEINGUT

(Cooperativa Falset-Marça; ☎ 696 545 254; www.etim.cat; Carrer Miquel Barceló 1, Falset; Tour 10 €; ⏲ 11–19 Uhr, April–Dez. Tour Sa & So 12 Uhr) Diese majestätische, mittelalterlich inspirierte Weingut von 1919 mit seinem gewaltigen Innengewölbe kombiniert modernistische und noucentistische Stile und wurde von Gaudís Architekturstudenten Cèsar Martinell entworfen. Die Bodega darin stellt vollmundige Montsant-Rotweine und den ein oder anderen Weiß- und Roséwein sowie Wermut her. Besucher können spontan für simple Gratis-Verkostungen oder für eine der theatralischen Wochenendtouren vorbeikommen. Geführte Touren gibt es zuweilen auch; vorher anrufen oder mailen.

Lotus Priorat BOUTIQUE-HOTEL €€

(☎ 977 83 10 45; www.lotuspriorat.com; Carrer de Baix 33, Falset; Zi. inkl. Frühstück 75–78 €) Diese fabelhafte, von drei Brüdern gekonnt geführte, rustikal-schicke Boutique-Entdeckung befindet sich in einem stilvoll renovierten Stadthaus aus dem 18. Jh. im Zentrum von Falset. Die elf farbenfrohen Zimmer sind fröhlich, gemütlich und zeitgemäß, mit offenen Steinmauern, Holzbalkendecken, Baumstümpfen als Nachttische und antiken Türen als Kopfteile. Viele haben Balkone, andere sind im Apartment-Stil mit Küchenecke.

Das ausgezeichnete **Bar-Restaurant** (☎ 977 83 10 45; www.lotuspriorat.com; Carrer de Baix 33, Falset; Gerichte 7–12 €; ⏲ Mo & Di 19 Uhr–open end, Mi–So 9–15 & 19 Uhr–open end) serviert auf einer Terrasse mit toller Aussicht fantasievolle katalanisch-internationale Happen aus lokalen Zutaten.

Praktische Informationen

Oficina de Turisme del Priorat (☎ 977 83 10 23; www.turismepriorat.org; Plaça de la Quartera 1, Falset; ⏲ Di–Sa 10–14, So 11–14 Uhr)

An- & Weiterreise

Hispano Igualadina (www.igualadina.com) bietet von Montag bis Freitag zwei Busse pro Tag zwischen Falset und Tarragona (50 Min.).

Vom Bahnhof Marçà-Falset, 2,5 km südwestlich von Falset, fahren fünf bis sechs Züge am Tag von/nach Tarragona (5,60 €, 50 Min.) und Barcelona Sants (11,95 €, 2 Std.). Sieben bis acht Busse pendeln täglich zwischen dem Bahnhof und Falset.

NICHT VERSÄUMEN

DIE ZISTERZIENSER-ROUTE

Die **Zisterzienser-Route** (Ruta del Cister; www.larutadelcister.info) schlängelt sich durch das bergige Gebiet zwischen Tarragona und Lleida und verbindet drei spektakuläre Klöster, Sinnbilder der ältesten und schönsten religiösen Architektur Kataloniens: **Santa Maria de Poblet**, **Santes Creus** und **Santa Maria de Vallbona**. Diese Route bietet die Möglichkeit, die hügelige Landschaft der katalanischen Weinbauregion Conca de Barberà im Landesinneren zu erkunden, der Fernwanderweg GR175 verbindet die drei Klöster in einer 104 km langen Schleife.

Man kann die drei Klöster an einem einzigen Tag von Lleida oder praktischer von Tarragona aus besuchen, aber dafür ist eine gute Planung unerlässlich: Zwei der drei Klöster kann man nur im Rahmen von unregelmäßigen Führungen betreten. Man sollte früh starten, um das erste Kloster direkt zur Öffnungszeit um 10 Uhr zu erreichen. Mit einem Kombiticket (12 €; ein Jahr gültig) hat man Zutritt zu allen drei Klöstern.

Wer die Rückkehr in den städtischen Trubel noch ein wenig aufschieben will, für den ist das **Fèlix Hotel** (☎ 977 60 90 90; http://felixhotel.net; Carretera N240, Km 17, Valls; EZ/DZ 54/62 €; P ❄ ≋) eine praktische, gut ausgestattete Option an der Straße südlich von Valls, 17 km nördlich von Tarragona.

Reial Monestir de Santes Creus (☎ 977 63 83 29; www.larutadelcister.info; Plaça de Jaume el Just, Santes Creus; Erw./Sen. & Stud 4,50/3,50 €; ⏲ Juni–Sept. 10–18.30 Uhr, Okt.–Mai 10–17 Uhr) Fährt man auf dieses majestätische Kloster zu, übermannt einen auf der großen Plaça de Sant Bernat Calbó die Ehrfurcht: Seine Mischung verschiedener Architekturstile umfasst sieben Jahrhunderte. Zu sehen ist ein verzierter Brunnen aus dem 18. Jh. Hinter der romanisch-gotischen Fassade verstecken sich ein herrlicher gotischer Kreuzgang aus Sandstein aus dem 14. Jh. (auf den geschnitzten Elefanten und den Affen auf dem Becken aus dem 12. Jh. achten), ein Kapitelsaal aus dem 12. Jh. mit rippenförmigem Gewölbe, eine Kirche, mit deren Bau im 12. Jh. begonnen wurde, und die königlichen Wohnungen für die *comtes-reis* (wörtlich „Graf-Könige"; die Herrscher des gemeinschaftlichen Staates Katalonien und Aragonien).

Die Kirche ist ein erhabener gotischer Bau in französischer Tradition mit ein paar Königsgräbern. Auf der Nordseite des Querschiffes befinden sich seltene Beispiele der zisterziensischen Glasmalerei aus dem 13. Jh. 1160 kamen die ersten Zisterziensermön-

Delta de l'Ebre

Ein unerwartetes Highlight der Region ist das Delta de l'Ebre, ein 20 km langes, durch Schlammablagerungen entstandenes Flussdelta nahe der Südgrenze von Katalonien, das von Wasserstraßen durchzogen wird, die ins Balearenmeer münden. Flamingos und Ibisse stolzieren durch schilfbewachsene Lagunen, über Dünenstrände peitscht der Wind hinweg und auf dem Marschland spiegelt sich der Sonnenuntergang. Dies ist die letzte Windung von Spaniens größtem Fluss, der sich von Fontibre in Kantabrien 900 km südöstlich schlängelt. Diese abgelegene Naturlandschaft mit ihren weiß getünchten Bauernhäusern zwischen knallgrünen Reisfeldern bleibt einem im Gedächtnis.

Auf 78 km² wilder, offener Natur erstreckt sich der **Parc Natural del Delta de l'Ebre**, der wichtigste Lebensraum für Wasservögel in Nordspanien mit 330 Vogelarten. Während der Zugvogelsaison (Okt.–Nov.) halten sich die meisten Vögel im Park auf, doch auch im Winter und Frühling sind hier viele Vögel zu sehen. Das flache Parkgebiet mit Uferwegen eignet sich ideal für Radfahrer und Wanderer sowie alle möglichen Wassersportarten.

Das ungepflegte, großflächige **Deltebre** liegt im Zentrum des Deltas, kleinere Dörfer wie **Riumar**, das Küstendorf am östlichsten Punkt des Deltas, oder **Poblenou del Delta** im Süden des Deltas sind attraktivere Ausgangspunkte.

◉ Sehenswertes

Ecomuseu MUSEUM
(www.facebook.com/PNDeltaEbre; Carrer de Dr Martí Buera 22, Deltebre; 2 €; ⏲ Sept.–Juni Mo–Sa 10–14 & 15–18 Uhr, Juli & Aug. Mo–Sa 10–14 & 16–19 Uhr, ganzjährig So 10–14 Uhr) Dieses anre-

che hierher. Von da an entwickelte sich das Kloster zu einem wichtigen Lernzentrum und einer Anlaufstelle für die Wiederbesiedlung des Umlandes. Audiovisuelle Darstellungen (Katalanisch, Spanisch, Englisch und mehr) geben Hintergrundinformationen. Das Kloster liegt 15 km nordöstlich von Valls und ist gut ausgeschildert.

Reial Monestir de Santa Maria de Poblet (☎ 977 87 12 01; www.poblet.cat; Plaça Corona d'Aragó 11, Poblet; Erw./Stud. 7,50/4,50 €; ⊙ Mo–Sa 10–12.30 & 15–17.55, So 10.30–12.25 & 15–17.25 Uhr) Das größte Kloster der Zisterzienser-Route. Das UNESCO-geschützte Santa Maria de Poblet wurde 1150 von Mönchen aus Südfrankreich gegründet und entwickelte sich schnell zum mächtigsten Kloster Kataloniens. Heute leben hier 28 Mönche. Besonders bemerkenswert sind der größtenteils gotische nach Kräutern duftende zentrale Kreuzgang und die wunderbaren Skulpturen des Panteó Reial (Königliches Pantheon) der Kirche aus dem 12. Jh. In den erhöhten Alabaster-Sarkophagen liegen Größen wie Jakob I. (Eroberer von Mallorca und Valencia) und Peter III.. Der Eintritt ist alle 30 Minuten im Rahmen einer halbgeführten Tour (auf Katalanisch und Spanisch) möglich. Das Kloster ist gut ausgeschildert und liegt 3,5 km südwestlich von L'Espluga de Francolí, direkt abseits der N240, 8,5 km nordwestlich von Montblanc. Wegen der langen Mittagspause sollte man am besten recht früh kommen.

Reial Monestir de Santa Maria de Vallbona (☎ 973 33 02 66; www.monestirvallbona.cat; Carrer Major, Vallbona de les Monges; Erw./Kind 4/1 €; ⊙ März–Okt. Di–Sa 10.30–13.30 & 16.30–18.30, So 12–13.30 & 16.30–18.45 Uhr, Nov.–Feb. Di–Sa 10.30–13.30 & 16.30–17.30, So 12–13.30 & 16.30–17.30 Uhr) Acht *monges* (Nonnen) leben immer noch in dieser Insitution aus dem 12 Jh., dem einzigen Kloster für Frauen auf der Zisterzienser-Route. Nach jahrelangen Restaurierungsmaßnahmen sind die meisten großen Schäden des Bürgerkriegs nicht mehr zu erkennen und ein ruhiger Kreuzgang aus dem 12. bis 16. Jh. ist zu sehen. Die Königin Yolanda von Ungarn, einflussreiche politische Gestalt und königliche Gemahlin von Jakob I. von Aragonien, liegt in der romanisch-gotischen Kirche begraben (siehe die zweisprachige Tafel auf Katalanisch und Ungarisch). Besuche sind im Rahmen einer stündlichen Führung von 40 Minuten (auf Spanisch oder Katalanisch) möglich. Das Kloster liegt 25 km nördlich von Montblanc, 11 km nordwestlich der C14 entlang der LP2335.

gende Freiluftmuseum gibt Einblick in die Ökosysteme und traditionellen Gewerbe im Delta, vor allem Fischerei und Reisanbau. Die Pfade und hölzernen Bohlenwege des Gartens führen vorbei an regionalen Pflanzen, Vögeln, Fischerwerkzeugen und sogar einem *llagut*, einem Boot aus dem frühen 20. Jh., mit dem etwa 350 Säcke Reis gleichzeitig transportiert wurden. Es gibt auch ein Aquarium mit Blick auf die Süßwasserbewohner des Deltas.

Aktivitäten

Vogelbeobachtung

Mit einem Fernglas bewaffnet macht man sich auf zu den Lagunen **L'Encanyissada** und **La Tancada** sowie zur **Punta de la Banya,** die alle im Süden des Deltas zu finden sind. Nach Stand 2017 nisten etwa 2700 Paare größerer Flamingos in den Lagunen und der Punta. Das Delta ist einer von nur wenigen Orten in Europa, an denen sie sich vermehren.

In L'Encanyissada gibt es fünf und in La Tancada zwei frei zugängliche Beobachtungspunkte; weitere günstige Stellen im Park sind auf Karten markiert, die das Centre d'Informació (S. 429) bereithält. Die Punta de la Banya, durch eine schmale 5 km lange Sandbank mit einer Erdstraße verbunden, ist meistens tabu, aber auf der Ostseite kann man bis zu einem Aussichtspunkt gehen. Die beste Zeit, um Vögel zu beobachten, ist frühmorgens oder in der Abenddämmerung.

Bootsfahrten

Creuers Olmos (☎ 645 927 110, 977 07 70 22; Passeig Reinosa, Deltebre; Erw./Kind 11/7 €) und **Creuers Delta de l'Ebre** (☎ 977 48 01 28; https://creuersdeltaebre.com; Carretera Final Goles de l'Ebre, Riumar; Erw./Kind 8,75/6,75 €) bieten Bootsfahrten (45 Min. bis 1½ Std.) zur Mün-

ABSTECHER

REUS' GAUDÍ CENTRE

Der visionäre Architekt Antoni Gaudí wurde 1852 in Reus, 14 km nordwestlich von Tarragona, geboren und wird im **Gaudí Centre** (www.gaudicentre.cat; Plaça del Mercadal 3, Reus; Erw./Kind 9/5 €; ⏲ Juni–Sept. Mo–Sa 10–20 Uhr, Okt.–Mai Mo–Sa 10–14 & 16–19 Uhr, ganzjährig So 10–14 Uhr) geehrt. Obwohl es hier keine Gaudí-Gebäude gibt, ließ er sich von vielen historischen Gebäuden seiner Heimatstadt inspirieren. Das herausragende Gaudí Centre bietet mithilfe von interessanten mehrsprachigen und audiovisuellen Ausstellungen eine gute Einführung in das Leben Gaudís und seinen weltweiten Einfluss. Neben maßstabgetreuen Modellen zum Anfassen werden die Inspiration, die Gaudí in der Natur fand, sowie seine Besonnenheit beleuchtet.

Das Museum dient gleichzeitig als Touristenbüro. Hier gibt es eine Karte, die einen zu Reus' bemerkenswerten modernistischen Gebäuden führt. Regelmäßige Züge verbinden Reus mit Tarragona (2,85 €, 15 Min.).

dung des Ebro und der Spitze des Deltas an. Häufigkeit und Zeiten der Abfahrten hängen von der Saison ab, aber jedes Unternehmen bietet in der Regel mindestens zwei Fahrten täglich und in der Hochsaison bis zu sieben oder acht an. Die großen Boote verscheuchen viele Vögel, darum unbedingt ein Fernglas mitbringen, um einen Blick auf einen weit entfernten Ibis erhaschen zu können.

Radfahren

Radfahren ist eine ausgezeichnete Möglichkeit, das Delta zu erkunden. Die Routen sind 7 km bis zu 43 km lang; das Centre d'Informació (S. 429) hat Karten und auf http://parcsnaturals.gencat.cat kann man mehrsprachige Führer herunterladen. In Deltebre, Riumar und Poblenou del Delta kann man Fahrräder mieten (10 €/Tag).

Schlafen & Essen

Mas del Tancat CASA RURAL €
(☎ 656 901014; masdeltancat@gmail.com; Camí dels Panissos, Amposta; EZ/DZ 43/55 €; P ❄ 📶 🏊) Mas del Tancat, ein umgebautes Bauernhaus inmitten von Reisfeldern, ist eine freundliche, ruhige Zuflucht mit nur fünf Zimmern mit Eisengestellbetten und beruhigenden Farbdesigns. Über das Anwesen streifen Bauernhoftiere, es gibt einen friedlichen Pool und hausgemachtes Abendessen (15 €) und Frühstück (6 €). Von Amposta fährt man auf der TV3405 3 km nach Osten, dann ist es nur noch 1 km nach Süden, den Zeichen folgen.

★ **Hostal Cling 43** B&B €€
(☎ 659 335577; www.hostalcling43.com; Avinguda Colom 43, Deltebre; EZ 40–45 €, DZ 65–80 €, 3BZ 90–100 €; ❄ 📶) Versteckt in einem umgebauten Stadthaus bietet dieses boutiquemäßige B&B gemütlich-stilvolle Zimmer, einen warmen Empfang und ein ausgezeichnetes regionales Frühstück. Die sechs unterschiedlichen Zimmern zieren unverputzte Ziegelmauern mit wunderschönen selbstgemalten Wandbildern von einheimischen Vögeln, Holzbalkendecken und Farbklecksen.

★ **Masia Tinet** CASA RURAL €€
(☎ 977 48 93 89; www.masiatinet.com; Barrio Lepanto 13, Deltebre; DZ inkl. Frühstück 72–80 €; P ❄ 📶 🏊) Die sechs Zimmer in dieser angenehmen familiengeführten Pension sind elegant, aber rustikal, und haben Holzbalken, hohe Decken und unverputzte oder schön gestrichene Ziegelsteinwände. Im Garten gibt es einen kleinen Pool und Liegestühle, von denen man den Sonnenuntergang über dem Marschland, der von den Rufen zahlreicher Vögel begleitet wird, erleben kann. Das Frühstück in Form eines Banketts umfasst hausgemachte Speisen und frische Zutaten. Der Service hat eine persönliche Note.

★ **Mas Prades** KATALANISCH €€
(☎ 977 05 90 84; www.masdeprades.cat; Carretera T340, Km 8, Deltebre; Hauptgerichte 15–22 €; ⏲ 13.30–16 & 20.30–22.30 Uhr, Nov.–März nur am Wochenende; 📶) Feinschmecker nehmen die Anreise von Barcelona auf sich, um die großartige Deltaküche dieses wunderschön umgebauten Landhauses zu genießen. Das dreigängige Mittagsmenü für 20 € bietet eine köstliche Einführung in die regionale Küche, auf der Speisekarte stehen u. a. Babytintenfisch, gegrillte Seezunge, zarte Muscheln in Knoblauchbutter geröstet sowie klassischer Deltareis mit Wildente.

★ **Casa Nuri** FISCH & MEERESFRÜCHTE €€
(☎ 977 48 01 28; www.restaurantnuri.com; Carretera Final Goles de l'Ebre, Riumar; Hauptgerichte 13–25 €; ⏲ 9–22 Uhr, Anfang Jan. geschl.) Bei den Einheimischen erfreut sich das leben-

dige Restaurant am Fluss dank seiner großartigen lokalen Gerichte wie Meeresmuscheln, schwarzer Tintenfischreis, gebackener Seebarsch, Ente mit Orangensoße und Paella in allen Formen und Größen, großer Beliebtheit.

Praktische Informationen

Centre d'Informació (☎ 977 48 96 79, 977 48 90 11; http://parcsnaturals.gencat.cat; Carrer de Dr Martí Buera 22, Deltebre; ⌚ Sept.–Juni Mo–Sa 10–14 & 15–18 Uhr, Juli & Aug. Mo–Sa 10–14 & 16–19 Uhr, ganzjährig So 10–14 Uhr) Im gleichen Komplex wie das regionale Ökomuseum von Deltebre. Karten und Broschüren zu Radwegen sind hier verfügbar.

Casa de Fusta (☎ 977 26 10 22; http://parcs naturals.gencat.cat; Partida Cuixota, Poblenou del Delta; ⌚ Sept.–Juni Mo–Sa 10–14 & 15–18 Uhr, Juli & Aug. Mo–Sa 10–14 & 16–19 Uhr, ganzjährig So 10–14 Uhr)

An- & Weiterreise

Werktags verbinden **Hife**-Busse (www.hife.es) Tortosa mit Deltebre (3,90 €, 50 Min., 7-mal tgl.) und Poblenou del Delta (5,15 €, 1 Std., 2-mal tgl.). Außerdem fahren Busse von Tarragona (12–14 €, 1–2 Std., 4- bis 8-mal tgl.) und Tortosa (2,25–2,70 €, 20–45 Min., alle 30–90 Min.) zu den Deltastädten Amposta und Sant Carles de la Ràpita.

Unterwegs vor Ort

Wer nicht mit dem eigenen Auto im Delta de l'Ebre anreist, kann ein Fahrrad mieten: Das Gebiet bietet eine überaus begrenzte Anbindung an die öffentlichen Verkehrsmittel.

Tortosa

24 100 EW.

Mit einem gewaltigen Schloss, einem unwirklich anmutenden Skulpturengarten und architektonischen Juwelen in allen möglichen Stilen – vom gotischen bis zum modernistischen – erlebt das nüchterne Tortosa gerade eine Art touristische Neuentdeckung. Die verschlafene, leicht gammelige Stadt, 70 km südwestlich von Tarragona, wird immer beliebter als kulturelles Wochenendausflugsziel.

Tortosa war Kampfgebiet zwischen dem christlichen und dem maurischen Spanien des Mittelalters. Im Bürgerkrieg verlief die Front zwischen den Nationalisten und den Republikanern quer durch den Ort (der zwischen 1937 und 1938 unfassbare 86 Luftangriffe erleiden musste). Hier fand eine entscheidende Schlacht statt, bei der das mittelalterliche Zentrum zerstört wurde und über 35 000 Menschen ums Leben kamen. Zudem ist Tortosa von einer langen jüdischen Geschichte geprägt, die bis ins 6. Jh. zurückreicht.

Sehenswertes

Catedral de Santa Maria KATHEDRALE
(Carrer Portal del Palau; Erw./Kind 4/3 €; ⌚ Di–Sa 10–14 & 16–19, So 11–14 Uhr) Die gotische Kathedrale wurde zwischen 1347 und Mitte des 18. Jhs. an der Stelle einer romanischen Vorgängerin erbaut und beeindruckt mit ihren vielen Türmen, etlichen Wasserspeiern an den Dachvorsprüngen und einem nüchternen Kreuzgang aus dem 13. Jh.

Museu de Tortosa MUSEUM
(☎ 977 51 01 44; www.museudetortosa.cat; Rambla Felip Pedrell 3; Erw./Kind 3 €/gratis; ⌚ Mai–Sept. Di–Sa 10–13.30 & 17–20 Uhr, Okt.–April Di–Sa 10–13.30 & 16–19 Uhr, ganzjährig So 11–13.30 Uhr) In einem prachtvollen blauen modernistischen Gebäude mit weißen Schachbrettdesigns liegt Tortosas modernes, minimalistisches Stadtmuseum. Ein Besuch in dem Gebäude von 1908 lohnt sich: Das ehemalige Schlachthaus der Stadt bietet ein Design mit edlen maurischen Elementen. Im Inneren gewährt das Museum einen tollen Einblick in die Geschichte der Region – von den Spu-

ABSTECHER

CASTELL DE MIRAVET

Das schönste **Schloss** im Süden Kataloniens (Miravet; Erw./Kind 3,50/2,50 €; ⌚ Juni–Sept. Di–So 10–19.30 Uhr, März–Mai & Okt.–Mitte Dez. bis 17 Uhr, Mitte Dez.–Feb. bis 15.30 Uhr) wurde im 11. Jh. von den Mauren erbaut, in den 1150er-Jahren von den Christen erobert und an die Templer übergeben, und später während des Bürgerkriegs von nationalistischen Kräften eingenommen. Es verfügt über eine eindrucksvolle Festung mit unglaublich soliden Mauern und thront über einem hübschen Dorf, das sich hinunter zum Ufer des Ebro erstreckt. Miravet liegt 8 km südwestlich der N420 und 70 km westlich von Tarragona. Ein Pfad schlängelt sich vom Eingang der Burg zum Flussufer im alten Miravet hinunter, von wo aus man die beste Aussicht hat.

ren einer frühen iberischen Siedlung bis zur Römerherrschaft, den maurischen Zeiten und dem verheerenden Spanischen Bürgerkrieg. Es gibt Audioguides (1 €).

Castell de la Suda BURG, RUINE

(⏲24 Std.) GRATIS Hoch über der Altstadt thront Tortosas Festung aus dem 10. Jh. – ein Irrgarten aus unvollendeten Treppen, die ins Nichts führen, mit einem erhabenen Blick auf die Stadt. Heute ist die Burg größtenteils von dem luxuriösen Parador de Tortosa belegt. Neben dem Eingang zum *parador* befindet sich ein kleiner islamischer Friedhof aus dem 10. bis 12. Jh.

Schlafen & Essen

Parador de Tortosa HISTORISCHES HOTEL €€

(☎977 44 44 50; www.parador.es; Castell de la Suda; Zi. 85–130 €; P ❄ 📶 🏊) Tortosas prachtvolle Burg beherbergt einen *parador*, wo man in mittelalterlicher Umgebung mit atemberaubendem Stadtblick verweilt. Die gemütlichen Zimmer wirken wie aus alten Zeiten, es gibt ein elegantes Restaurant, einen Pool auf dem Berg und eine exklusive Loungebar mit Terrasse.

Xampu Xampany TAPAS €€

(☎977 50 13 41; www.xampu-xampany.com; Rambla de Catalunya 41; Tapas 3–13 €; ⏲Mo–Fr 11.30–17 & 19 Uhr–open end, Sa 11.30–16 & 19 Uhr–open end; 📶 ☎) Diese geschäftige Bar mit Restaurant am Westufer in Tortosa serviert neben originellen Tapas auch die regionalen Lieblingsspeisen. Hier kann man Schinken, Schafskäse und mit Tomate bestrichenes Brot bestellen, aber auch Hummus-Platten oder Ravioli mit Krabben-Gemüse-Füllung. Alternativ wählt man von der Speisekarte mit schön dargereichten katalanischen Klassikern, begleitet von regionalem Wein.

ℹ Praktische Informationen

Oficina de Turisme de les Terres de l'Ebre (☎977 44 96 48; www.tortosaturisme.cat; Rambla Felip Pedrell 3; ⏲Mai–Sept. Mo–Sa 10–13.30 & 16.30–19.30 Uhr, Okt.–April Mo–Sa 10–13.30 & 15.30–18.30 Uhr, ganzjährig So 10–13.30 Uhr) Beim Museu de Tortosa; deckt auch das Gebiet des Delta de l'Ebre ab.

ℹ An- & Weiterreise

Hife-Busse (www.hife.es) verbinden Tortosa mit Tarragona (12 €, 1–1¾ Std., 4- bis 9-mal tgl.) sowie mit mehreren Städten im Delta de l'Ebre.

Züge nach Tortosa fahren von Tarragona (8,05 €, 1–1½ Std., 9- bis 10-mal tgl.) und Valencia (13,35–15,30 €, 2½–3 Std., 3- bis 4-mal tgl.).

Aragonien

Inhalt ➜

Gut essen

- Casa Pardina (S. 466)
- Restaurante Callizo (S. 460)
- La Tasca de Ana (S. 453)
- Restaurante Gaby (S. 448)
- La Torre del Salvador (S. 472)

Schön übernachten

- Hotel Barosse (S. 453)
- La Casa del Tío Americano (S. 474)
- Hotel Los Siete Reyes (S. 460)
- Parador de Sos del Rey Católico (S. 446)
- Hotel Sauce (S. 436)

Auf nach Aragonien!

Aragonien ist wohl die meistunterschätzte Region Spaniens. Wo man auch hinsieht, gibt's hier Schätze zu entdecken: von Festungen, die an Kreuzritterzeiten erinnern, und romanischen Kirchen im Norden bis hin zur außergewöhnlichen Mudejararchitektur von Teruel im Süden. Die Hauptstadt Saragossa hat ein brodelndes Nachtleben und interessante Kulturangebote (nicht zuletzt die Arbeiten des örtlichen Kunstgenies Francisco de Goya), während sich Dutzende malerische mittelalterliche Dörfer, vom rosa schimmernden Albarracín bis hin zum in Stein gekleideten Sos del Rey Católico, in die felsige Landschaft einfügen. Doch es ist die Erhabenheit, mit der sich die Pyrenäen durch Aragoniens Norden ziehen, die die Region herausstellt. Hier findet man den höchsten und für viele auch schönsten Abschnitt dieser Gebirgskette – ein Abenteuerspielplatz in schöner Natur mit vielen Wander- und Klettermöglichkeiten sowie Plätzen zum Skifahren, Canyoning, Rafting und Gleitschirmfliegen.

Reisezeit

Saragossa

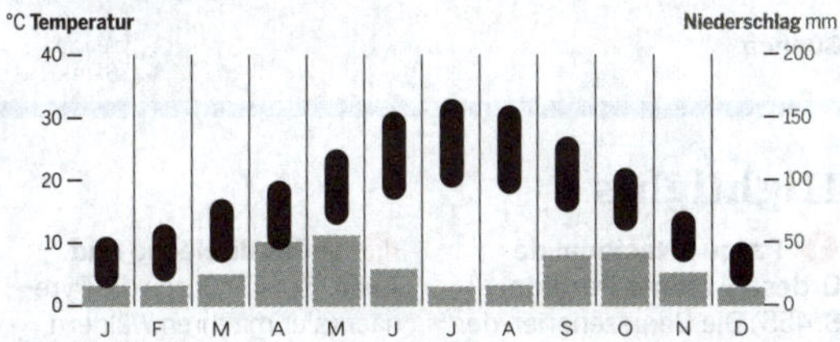

Mai–Juni & Sept.–Okt. Gute Temperaturen für einen Besuch Saragossas und der Ebenen Aragoniens.

Juni–Okt. Die besten Monate zum Wandern in den imposanten Aragonischen Pyrenäen.

Okt. Saragossas Fiestas del Pilar verbinden Sakrales mit der Lust am Feiern.

Highlights

1. **Parque Nacional de Ordesa y Monte Perdido** S. 455) Die Bergszenerien der Pyrenäen durchwandern.
2. **Albarracín** (S. 473) Rosafarbene Häuser und mittelalterliche Geschichte erkunden.
3. **Saragossa** (S. 433) Monumente und eine großartige Tapas-Bar-Szene entdecken.
4. **Valles de Hecho und Ansó** (S. 447) Durch die Pyrenäentäler mit ihren Wäldern und antiken Städtchen streifen.
5. **Teruel** (S. 469) Atemberaubende Mudejararchitektur bestaunen und exquisites Essen genießen.
6. **Alquézar** (S. 463) Sich Schluchten hinabstürzen und durch idyllische Gässchen flanieren.
7. **Benasque** (S. 461) In einem Natursteindorf, das zum höchsten Gipfel der Pyrenäen führt, der Natur nahe sein.
8. **Jaca** (S. 452) In der lebhaften Stadt am Rand der Pyrenäen von einer Tapas-Bar zur nächsten ziehen.

Geschichte

Aragonien war ursprünglich ein winziger christlicher Brückenkopf an der Südflanke der Pyrenäen, als die Muslime die Iberische Halbinsel im 8. Jh. eingenommen hatten. Über die nächsten Jahrhunderte wuchs es zu einem der mächtigsten Königreiche der Halbinsel, dank einer Erweiterung im Süden und der Vereinigung mit der benachbarten Grafschaft Barcelona durch ein royales Verlöbnis 1137. Die verknüpften Territorien waren von da an bekannt als Krone von Aragonien. Die Vermählung des zukünftigen aragonischen Königs Ferdinand II. mit der einflussreichen Isabella von Kastilien begründete 1469 das moderne Spanien, das wir heute kennen.

SARAGOSSA

661 000 EW. / 200 M

Allein der Anblick der Kuppeln der Basílica del Pilar, die sich bei Dämmerung im Río Ebro spiegeln, ist ein Sinnbild für Saragossa, eine der meistunterschätzten regionalen Hauptstädte des Landes. Und hier warten noch viel mehr pittoreske Architektur, wie eine Burg mit vielen Türmen und das Interieur einer kleinen Alhambra, sowie kreativ präsentierte, unterirdische römische Ruinen. Saragossa macht aber viel mehr aus als seine Monumente. Spaniens fünftgrößte Stadt (und Heimat von mehr als der Hälfte der 1,3 Mio. Einwohner Aragoniens) punktet mit einer der besten Tapas-Bar-Szenen des Landes und ist reich an epochalen Kunstwerken aus der Hand Francisco de Goyas, dem genialen Maler, der 1746 ganz in der Nähe geboren wurde.

Das historische Zentrum (zwischen dem Río Ebro, der Calle del Coso und der Avenida César Augusto) ist so gut wie frei von Verkehr, inklusive der weitläufigen 400 m langen Plaza del Pilar mit der berühmten Basilika.

Geschichte

Die Römer gründeten Caesaraugusta (wovon sich „Saragossa" ableitet) im Jahr 14 v. Chr. Nach und nach zogen 25 000 Menschen in den Ort, dessen Binnenschifffahrt die damals bekannte Welt bis an die Ufer des Río Ebro erweiterte. Saragossa blühte fast drei Jahrhunderte lang, doch 472, als die Stadt den Westgoten zufiel, kam ihr Niedergang. Während der maurischen Zeit war es Hauptstadt des Grenzgebiets der Oberen Mark von Al-Andalus. 1118 fiel die Stadt in die Hände von Alfons I., Herrscher des expandierenden christlichen Königreichs Aragonien; er kürte den Ort direkt zu Aragoniens Hauptstadt. In den folgenden Jahrhunderten entwickelte sich Saragossa zu einem der wichtigsten wirtschaftlichen und kulturellen Zentren im Inland und zu einem Ziel katholischer Pilger. Heute ist es Spaniens fünftgrößte Stadt und seit der Expo hat sich die moderne Infrastruktur extrem verbessert.

Sehenswertes

★ Basílica de Nuestra Señora del Pilar
KIRCHE

(www.basilicadelpilar.es; Plaza del Pilar; ⌚ Mo–Sa 6.45–20.30, So bis 21.30 Uhr) Tief durchatmen – und eintauchen in diese barocke Höhle des Katholizismus. Hier soll die Jungfrau Maria am 2. Januar des Jahres 40 auf einer Jaspis-Säule (*pilar*) Santiago (dem Apostel Jakobus) erschienen sein. Die Säule ließ sie als Zeugnis für ihren Besuch zurück. Um die besagte Säule wurde eine Kapelle errichtet und durch immer schönere Bauten ersetzt, die am Ende in der gewaltigen Basilika gipfelten.

Ein **Fahrstuhl** (Turm; Erw. 3 €; Kinder gratis; ⌚ April–Okt. 10–14 & 16–20 Uhr, März–Nov. bis 18 Uhr) befördert die Besucher rasch den Nordwestturm der Basilika hinauf, wo eine Aussichtsplattform grandiose Ausblicke über die Kuppeln der Stadt beschert.

GOYAS SPUREN FOLGEN

Francisco José de Goya y Lucientes, besser bekannt als Meistermaler Goya wurde in Aragonien geboren. Seine Werke sind überall in der Region zu sehen.

- Museo Goya – Colección Ibercaja (S. 435), Saragossa
- Casa Natal de Goya (Goyas Geburtshaus) (S. 441), Fuendetodos
- Museo del Grabado de Goya (S. 441), Fuendetodos
- Museo de Saragossa (S. 436), Saragossa
- Museo de Huesca (S. 443), Huesca
- Basílica de Nuestra Señora del Pilar, Saragossa

Saragossa

Die ursprünglich vom heimischen Architekten Felipe Sánchez y Herrera 1681 konzipierte Basilika wurde im 18. Jh. vom Hofarchitekten Ventura Rodríguez rundum verändert: mit einem Anbau einer üppig barocken **Santa Capilla** am Ostende, dem neuen Zuhause der legendären Säule, und einem Sammelsurium zehn bunt gekachelter Minikuppeln rings um die Hauptkuppel.

Die prominente **Säule** wird von einer gotischen Skulptur der Jungfrau mit Kind aus dem 15. Jh. gekrönt und in einem Silberschrein unter Verschluss gehalten, der wiederum zu Dreiviertel von einem langen Umhang verdeckt ist, in den das Bildnis gekleidet ist (außer am 2., 12. und 20. jedes Monats). Ein kleiner ovalförmiger Teil der Säule ist im Gang an der Außenseite im Westen der Kapelle zu sehen. Hier bildet sich stets eine Traube von Menschen, die ihre Lippen auf die polierte, rissige Wange der Statuette drücken wollen, die auch schon Päpste geküsst haben. Eltern stellen sich von 13.30 bis 14 und von 18.30 bis 19.30 Uhr an, um ihre Babys bei der Jungfrau segnen zu lassen. Neben der Architektur machen diese heiligen Symbole und die Ehrfurcht, mit der man ihnen begegnet, diese Kirche zu seinem besonderen Ort.

Am Nordostpfeiler der Santa Capilla hängen zwei Granaten, die im Bürgerkrieg auf die Kirche geworfen wurden. Sie explodierten nicht. Gläubige sprachen von einem Wunder, Zyniker von typisch tschechischer Munition.

Das größte Kunstwerk in der Basilika ist der von Damián Forment entworfene Alabaster-**Hauptaltar** (*retablo mayor*) aus dem 16. Jh. Er steht in der Mitte der Basilika, gen Westen ausgerichtet. Außerdem gibt's zwei Werke Goyas zu bestaunen: *La Adoración del Nombre del Dios* an der Decke des kleinen Chors (*coreto*) ganz im Osten ist ein frühklassisches Werk von 1772,

Saragossa

Highlights
1 Basílica de Nuestra Señora del Pilar C1
2 La Seo D2
3 Museo Goya – Colección Ibercaja C2

Sehenswertes
4 Alma Mater Museum D2
5 Lift B1
Museo de Tapices .... (siehe 2)

Schlafen
6 Catalonia El Pilar A2
7 Hotel Pilar Plaza C2
8 Hotel Sauce C2
9 The Bridge D3

Essen
10 Café Nolasco C4
11 Casa Lac B4
12 El Limpia B3
13 La Clandestina Café C3
14 Los Xarmientos C2
15 Mercado Central A1

Ausgehen & Nachtleben
16 Café Botánico B2
17 Libertad 6.8 .... B3
18 Rock & Blues Café A3

ganz im Gegensatz zu *Regina Martirum* von 1780 im nördlichen Seitenschiff (dritte Kuppel von rechts). Mit seinen verschwommenen impressionistischen Darstellungen war das Werk höchst kontrovers für damalige Zeiten.

★ La Seo — KATHEDRALE

(Catedral de San Salvador; ☎ 976 29 12 31; www.zaragozaturismo.es; Plaza de la Seo; Erw./Senioren 4/3 €; Kinder gratis; ⏰ Mitte Juni–Mitte Okt. Mo–Do 10–18.30 & 19.45–21, Fr 10–18.30, Sa & So 10–12, 15–18.30 & 19.45–21 Uhr, Mitte Okt.–Mitte Juni 10–14 & 16–18.30 Uhr) Das östliche Ende der Plaza del Pilar wird von Saragossas Paradebeispiel an christlicher Architektur dominiert. Die Katehdrale entstand zwischen dem 12. und 17. Jh. und zeigt einen einzigartigen Stilmix von der Romantik bis zum Barock. Sie steht an der Stelle der einstigen Hauptmoschee (die wiederum den Tempel des römischen Forums ersetzt hatte). Im Eintrittspreis ist ein Besuch des **Museo de Tapices** (dieselben Öffnungszeiten wie die Kathedrale) inbegriffen. Es zeigt eine Sammlung flämischer und französischer Wandteppiche, die weltweit als die beste ihrer Art gilt.

Die Außenmauer im Nordosten der Kathedrale ist ein Meisterwerk der Mudejarkunst: klassische Ziegelarbeiten mit farbenfroher Keramikdekoration in komplexen geometrischen Mustern. Drinnen ziert ein Fächergewölbe die Decke, während die Kapellen aus verkrustetem Mauerwerk den Übergang von der überwältigenden **Capilla de San Marcos** zum goldenen Barockbaldachin der **Capilla del Santo Cristo** schaffen. Das edle **Hochaltarbild** aus Alabaster aus dem 15. Jh. sollte man genauer unter die Lupe nehmen.

Alma Mater Museum — MUSEUM

(☎ 976 39 94 88; www.almamatermuseum.com; Plaza de la Seo 5; 3 €; ⏰ Di–Sa 10–20, So 10–14 Uhr) Kirchliche Museen können teilweise langweilige Lagerhallen für anonyme sakrale Kunst sein – das ist hier jedoch nicht der Fall. Moderne Multimedia-Installationen geben allem einen künstlerischen Touch, der sich im gesamten gut konzipierten Museum fortsetzt. Man wird durch die älteren Elemente des Gebäudes (ehemals königlicher und bischöflicher Palast) geführt und erfährt etwas über römische Foren, die regional verehrte Jungfrau von Pilar sowie die Geschichte Aragoniens (v. a. was die Kirche betrifft). Die obere Etage ist ein Fest der Renaissance mit Gemälden der beiden berühmten Franciscos dieser Region, Goya und Bayeu.

★ Museo Goya – Colección Ibercaja — MUSEUM

(☎ 976 39 73 87; http://museogoya.ibercaja.es; Calle de Espoz y Mina 23; Erw./Senioren 4 €; Kinder gratis, Audioguide oder Tablet 2 €; ⏰ April–Okt. Mo–Sa 10–20, So 10–14 Uhr, Nov.–März 10–14 & 16–20, So 10–14 Uhr) Abgesehen vom Prado in Madrid wird in dem überaus gut strukturierten Museum vermutlich die beste Sammlung eines der berühmtesten Künstler Spaniens präsentiert. Auf jedem der drei Stockwerke liegt ein anderer Fokus, die 2. Etage widmet sich Goyas eigenem Schaffen, darunter vier vollständige Sets seiner Druckgrafiken. Bemerkenswert ist dabei das bahnbrechende, doch manchmal auch groteske Werk *Los Desastres de la Guerra* (die Schrecken des Krieges), ein scharfer Angriff auf die Grausamkeit und Dummheit des Krieges.

RESERVIERUNGEN

Aragonien bietet eine ganze Bandbreite an Unterkünften, von Boutique-Hotels und luxuriösen *paradores* bis hin zu Hostels, Campingplätzen, Berghütten, *hostales* (Budgethotels), Touristenapartments und *casas rurales* (Gasthäuser). In den Pyrenäen wird man selbst in oder um die kleinsten Dörfer fündig.

Im Juli und August und während der Haupturlaubszeit zur Semana Santa und zu örtlichen Feiertagen sind Reservierungen für alle Unterkunftsarten zu empfehlen. Einige Berghütten können da schon mal drei Monate im Voraus ausgebucht sein. Reservierungen unter www.alberguesyrefugiosdearagon.com.

★ Aljafería PALAST

(☎ 976 28 96 83; www.cortesaragon.es; Calle de los Diputados; Erw./Studierende & Senioren 5/1 €; Kinder gratis, So gratis; ⌚ April–Okt. 10–14 & 16.30–20, Nov.–März 10–14 & 16–18.30 Uhr) Die Aljafería gilt als Spaniens schönstes maurisches Bauwerk außerhalb Andalusiens. Ursprünglich wurde sie im 11. Jh. als befestigter Palast für Saragossas maurische Herrscher errichtet. Einige Änderungen erfuhr der Palast, nachdem 1118 die Christen in Saragossa an die Macht kamen. In den 1490er-Jahren ließen sich die Katholischen Könige Ferdinand und Isabella schließlich ihren eigenen Palast bauen. Ab den 1590er-Jahren wurde die Aljafería mehr zu einer Festung umgebaut. Restaurierungen holten sie im 20. Jh. ins Leben zurück, und seit 1987 ist hier das Regionalparlament von Aragonien untergebracht.

Hinter dem Haupteingang führt der Weg über einen eher langweiligen Vorhof in den **Patio de Santa Isabel**, einst das Zentrum des maurischen Palastes. Seine herrlich miteinander verwobenen Bogen sind typisch für den Prunk und die hohe geometrische Formenkunst der islamischen Architektur. Von der beeindruckenden nördlichen Vorhalle gelangt man in einen kleinen achteckigen **oratorio** (Gebetsraum) mit einem prachtvollen hufeisenförmigen Torbogen, der in den Mihrab (die nach Mekka zeigende Gebetsnische) führt. Filigran ziselierte Blumenmotive, arabische Inschriften aus dem Koran und die angenehm schlichte Kuppel sind eindrucksvolle Beispiele islamischer Kunst.

Auf dem Weg nach oben passiert man die Räume des **Palacio Cristiano Medieval**, die insbesondere unter aragonischen Monarchen im 14. Jh. entstanden sind, gefolgt vom **Palacio de los Reyes Católicos** (Palast der Katholischen Könige). Hier lassen sich vor allem im **Salón del Trono** (Thronsaal) einige wirklich wunderbare Kassettendecken im Mudejarstil bewundern, die mit dem muslimischen Glanz der unteren Räume ohne Probleme mithalten können.

Mehrmals pro Tag finden Führungen auf Spanisch statt, und im Juli und August je zwei auf Englisch und Französisch. Außerhalb der Hauptreisezeit ist der Palast meist donnerstags, freitagmorgens und sonntagnachmittags geschlossen.

Museo Origami MUSEUM

(☎ 876 03 45 69; www.emoz.es; Centro de Historias, Plaza San Agustín 2; Erw./Studierende & Senioren 3/2 €; ⌚ Di–Sa 10–14 & 17–21, So 10–14.30 Uhr; 👪) Das Museum thematisiert die Kunst des Papierfaltens und hat sechs Permanent- und zwei Wechselausstellungen von unglaublich hohem Standard. Es zieht weltweit das Interesse von Origami-Kennern auf sich. Auch wer darin nicht so bewandert ist, wird verblüfft sein.

Museo de Saragossa MUSEUM

(www.museodezaragoza.es; Plaza de los Sitios 6; ⌚ Di–Sa 10–14 & 17–20, So 10–14 Uhr) GRATIS 400 m südlich vom Teatro Romano widmet sich das Stadtmuseum der Archäologie und Kunst und stellt Artefakte von der prähistorischen bis zur islamischen Zeit aus. Im Obergeschoss kann man 19 Gemälde und über zwei Dutzend Drucke von Goya bewundern.

Feste & Events

★ Fiestas del Pilar RELIGIÖS

(⌚ Okt.) Als Saragossas größtes Ereignis gelten diese turbulenten einwöchigen Feierlichkeiten (zum Teil religiös). Höhepunkt ist der Día de Nuestra Señora del Pilar am 12. Oktober, wenn Hunderttausende Gläubige in farbenfroher regionaler oder nationaler Tracht einen regelrechten Berg von Blumen rund um das Jungfernbildnis anhäufen.

Schlafen

★ Hotel Sauce HOTEL €

(☎ 976 20 50 50; www.hotelsauce.com; Calle de Espoz y Mina 33; EZ 43–49 €, DZ 46–70 €; ❄ 📶) Das stilvolle kleine Hotel mit großartiger

Lage im Zentrum ist eine tolle Option, nicht nur wegen seiner modernen, fröhlichen Zimmer mit geschmackvollen Farbakzenten, sondern auch wegen des freundlichen, hilfsbereiten Personals. Daneben besticht es mit einem gemütlichen Café, das herrliches Frühstück, Kuchen und Cocktails serviert und rund um die Uhr geöffnet hat, und einem guten Preis-Leistungs-Verhältnis.

The Bridge HOSTEL €
(☎ 627 307932; www.thebridgerooms.es; Calle de San Vicente de Paul 30; EZ 36–45 €, DZ 38–60 €; 📶) Das Bridge öffnete 2017 und bietet ungezwungene Hostelatmosphäre, wobei zu Redaktionsschluss alle Zimmer privat vermietet wurden (ein Schlafsaal und eine Küche waren in Planung). Die rund 10 Zimmer sind mit einem angenehm hellen, funktionalen und flotten Design, Wasserkochern/Kaffeemaschinen, Minibars und individuellen Willkommensgrüßen ausgestattet; die günstigeren Doppelzimmer haben Gemeinschaftstoilette, aber eigene Dusche und Waschbecken.

Albergue de Saragossa HOSTEL €
(☎ 976 28 20 43; http://behostels.com; Calle Predicadores 70; B inkl. Frühstück 16–18 €, DZ/3BZ mit Gemeinschaftsbad 35/45 €; ❄ @ 📶) Das große, beliebte Hostel verfügt über saubere, kleine Zimmer und gemischte Schlafsäle mit Metallstockbetten für 4 bis 10 Personen, allesamt mit Gemeinschaftsbädern. Die Attraktion: das Kellergewölbe, bekannt als La Bóveda, wo mehrmals pro Woche unterschiedliche Livemusik (mit Barbetrieb) geboten wird.

Hotel Pilar Plaza HOTEL €€
(☎ 976 39 42 50; www.hotelpilarplaza.es; Plaza del Pilar 11; EZ 57–72 €, DZ 60–75 €, Frühstück 9 €; ❄ 📶) Das Goya-Museum liegt zwar um die Ecke, aber dieses Hotel mit Blick auf die Basilika zieht avantgardistische Kunst vor, z. B. von Banksy (eine Kopie von seinem *Mädchen mit Ballon* schmückt das Treppenhaus). Die 50 Zimmer sind elegant, bequem, blitzblank und in Weiß-, Schwarz- und Grautönen gehalten, mit ein paar Dekoelementen wie Kronleuchtern.

CAESARAUGUSTA – DIE UNTERIRDISCHE STADT

Unter den Straßen des modernen Saragossa liegt ein Paralleluniversum, von dem Uneingeweihte nichts ahnen. Es erzählt die Geschichte von Caesaraugusta, einer römischen Stadt, die 14 v. Chr. gegründet wurde und einstmals eine von Hispaniens berühmtesten und strategisch wichtigsten Kolonien war.

Während das mittelalterliche Saragossa um Caesaraugusta herum wuchs, fiel die Stadt für die nächsten 1500 Jahre schlicht der Vergessenheit anheim. Erst in den 1980er- und 90er-Jahren wurden die Überreste entdeckt und in vier Museen zu neuem Leben erweckt. Das **Museo del Foro de Caesaraugusta** (☎ 976 72 12 21; www.zaragozaturismo.es; Plaza de la Seo 2; Erw./Studierende 3/2 €, Senioren & Kinder gratis; ⏱ Di–Sa 10–14 & 17–21, So 10–14.30 Uhr) zeigt die ausgehobenen Fundamente des römischen Stadtforums; im **Museo del Puerto Fluvial** (Plaza de San Bruno 8; Erw./Studierende 3/2 €, Senioren & Kinder gratis; ⏱ Di–Sa 10–14 & 17–21, So 10–14.30 Uhr), gibt's eine Flusshafenanlage zu sehen, im **Museo de las Termas Públicas** (römische Bäder; Calle San Juan y San Pedro 3-7; Erw./Studierende 3/2 € Senioren & Kinder gratis; ⏱ Di–Sa 10–14 & 17–21, So 10–14.30 Uhr) warten öffentliche Bäder und zu guter Letzt wird im **Museo del Teatro de Caesaraugusta** (☎ 976 72 60 75; www.zaragozaturismo.es; Calle de San Jorge 12; Erw./Studierende 4/3 €, Senioren & Kinder gratis; ⏱ Di–Sa 10–14 & 17–21, So 10–14.30 Uhr), ein Theater mit 6000 Plätzen präsentiert, das einst das größte in ganz Hispanien war.

Im Vergleich zu den besser erhaltenen römischen Stätten in Mérida und Tarragona sind die Ruinen in Saragossa eben genau das: schlicht und ergreifend Ruinen. Das Genie der Museen liegt jedoch in ihrem Konzept und den kreativen Extras. Gut kurierte Ausstellungsräume kombinieren Nachbauten, um zu zeigen, wie die Dinge einmal ausgesehen haben, und zwar mit smarten Multimedia-Ausstellungen. Der Höhepunkt ist das römische Theater, das von einem riesigen Dach aus Polykarbonat geschützt wird und in das man vom angeschlossenen Museum aus durch Panoramafenster schauen kann.

Es ist eine Eintrittskarte für alle vier Museen erhältlich (Erw./Studierende 7/5 €, Kinder gratis) – eine fantastische Investition. Die Museen liegen alle dicht beieinander und können problemlos an einem Tag besichtigt werden.

WAS ISST MAN IN ARAGONIEN?

In Aragoniens Küche liegt der Schwerpunkt auf Fleischgerichten. Sie werden in zahlreichen Speiselokalen kreativ mit anderen Zutaten kombiniert und zubereitet oder in den traditionelleren Etablissements einfach nach guter alter Manier gegrillt, gebraten oder gekocht.

Der kalte, raue Wind in der Region schafft die idealen Bedingungen zum Räuchern von *jamón* (Schinken), der hier eine beliebte Tapa ist; unter den besten Schinkensorten sind jene aus dem Gebiet um Teruel mit eigener DO (Denominación de Origen; qualitätsgeprüfte Ursprungsbezeichnung). Herzhaftes *ternasco* (Milchlamm) wird meist als Braten oder Rippchen mit Kartoffeln serviert. *Ternasco* kann man in **Los Xarmientos** in Saragossa probieren.

Aragonien zählt 130 heimische Käsesorten – allesamt gut, doch jene von Albarracín, Tronchón und Benasque stehen besonders hoch im Kurs.

Vermutlich ist es wegen der Nähe zu Frankreich keine Überraschung, dass *caracoles* (Schnecken) auch eine aragonische Spezialität sind: Unbedingt probieren!

Die Aragonier lieben ihre Backwaren: Von Saragossa nordwärts sollte man Ausschau nach *trenza de Almudévar* halten, einem länglichen, brotähnlichen Kuchen aus Mehl, Eigelb, Butter, Mandeln, Walnüssen und Rosinen, der zu einem Zopf *(trenza)* geflochten wird.

Für Vegetarier stehen *alubias pochas* (ein leckerer Eintopf aus weißen Bohnen mit Paprikaschoten, Tomaten und Zwiebeln) auf dem Programm – die findet man etwa in **La Cocina del Principal** (S. 447) in Sos del Rey Católico. Veganer werden mit einem Besuch im **Posada Magoría** (S. 450) liebäugeln. Das vegane Gästehaus ist eine Seltenheit in den Pyrenäen und liegt im Dorf Ansó.

Catalonia El Pilar HOTEL €€
(☎ 976 20 58 58; www.hoteles-catalonia.com; Calle de la Manifestación 16; EZ/DZ ab 72/78 €, Frühstück 14 €; ❄ @ 📶) Zehn von zehn Punkten für die Fassade im prachtvollen Modernismestil. In dem kunstvoll renovierten Haus befindet sich ein komfortables modernes Hotel. Seine geräumigen Zimmer in ruhigen Erdtönen haben elegante Marmorbäder. In einigen gibt's Kingsizebetten.

Essen

Im Gassenviertel El Tubo, nördlich der Plaza de España, locken Spaniens vielfältigste Tapas-Bars. Hier lernt man das wahre Saragossa mit seinem unaufhörlich brodelnden Nachtleben kennen. Also rein ins Vergnügen! Viele Barmitarbeiter sprechen Englisch und/oder Französisch.

Café Nolasco CAFÉ €
(www.facebook.com/cafenolasco; Calle San Jorge 18; Frühstücksgerichte & Kuchen 2,50–4,50 €, Menüs Mo–Fr 11 €, Sa 5 €; ⏲ Mo–Do 8.30–23, Fr 8.30–2.30, Sa 10.30–2.30, So 10.30–23 Uhr; 📶) Das schicke Café geht auf eine entzückende alte Plaza hinaus und hat im vorderen Raum eine Wand über und über mit Pflanzen dekoriert. Morgens wird ein großartiges Frühstück serviert, mittags leckeres Essen aufgetischt und abends verwandelt sich die Location in eine Club-Lounge; Kaffee, verführerische Kuchen und WLAN locken den ganzen Tag über.

Birosta VEGETARISCH €
(www.birosta.com; Calle Universidad 3; Gerichte 5–9 €; ⏲ Sept.–Juli Di–Sa 11–23 Uhr, Aug. ab 18.30 Uhr; 📶 🖉) Birosta ist ein makelloses gemeinschaftlich geführtes Café-Bar-Restaurant mit vegetarischer Küche und alternativem Ambiente – wie im Magdalena *barrio* (Stadtviertel) üblich. Von 13.30 bis 16 Uhr wird Mittagessen im schmucken grün-weißen Speisesaal serviert, Abendessen ab 20.30 Uhr. Die Karte listet Pizza, Moussaka, Weinblätter, Reisgerichte, Tofu und Pasta, alles geschmackvoll zubereitet, auf.

El Limpia TAPAS €
(Calle Cuatro de Agosto 17; raciones 5–16 €; ⏲ Mi–So 12–16 & 20–24 Uhr) Im Gewusel an der Bar rufen die Kellner den Gästen zu, wenn ihre Bestellung fertig ist. Der *papapico* (Schweinehackfleisch mit Kartoffeln in würziger *mojo-picón*-Soße) ist himmlisch, aber im Angebot steht noch viel mehr, etwa Wildpilzrisotto, Schinken- und/oder Käse-*tablas* (Platten) oder *tostadas* (Toastbrot) mit Wildschweinpastete.

Los Xarmientos ARAGONISCH €€

(☎ 976 29 90 48; www.facebook.com/xarmientos; Calle de Espoz y Mina 25; Hauptgerichte 12–16 €, Menüs 15–27 €; ⏲ Mi–Sa 13.30–16 & 20.30–23.30, Di & So 13.30–16 Uhr) Die Fleischgerichte Aragoniens sind die Spezialität in diesem kunstvoll designten Restaurant. Es bezeichnet sich selbst als *parrilla*, was bedeutet, dass alles auf dem Grill zubereitet wird. Hier kann man gut das regionale *ternasco* (Lamm) probieren, Aragoniens typisches Gericht, dazu gibt's einen köstlichen *Somontano* und als Vorspeise vielleicht einen Spinat- und Ziegenkäsesalat ... oder vielleicht auch ein paar Schnecken?

Casa Lac TAPAS €€

(☎ 976 39 61 96; www.restaurantecasalac.es; Calle de los Mártires 12; Hauptgerichte 16–27 €, Tapas 1,50–7 €, Menüs 30–41 €; ⏲ Mo–Sa 13–16 & 20–24, So 13–16 Uhr) Die Grande Dame in Saragossas Gastronomieszene wurde 1825 eröffnet und ist angeblich Spaniens ältestes lizensiertes Restaurant. Die Küche heute ist lecker und zeitgenössisch, egal ob Tapa, Menü oder à la Carte. Die Bar im Untergeschoss ist lässig-elegant; Treppen führen in einen formelleren Speisesaal hinauf.

La Clandestina Café CAFÉ €€

(☎ 876 28 11 65; Calle San Jorge 4; Brunch 15 €, leichte Gerichte 6–15 €; ⏲ Di–Fr 10–24, Sa & So ab 11 Uhr; 📶 ✎) Riesige rote Lippen auf einer weißen Ziegelwand springen den Gästen beim Betreten sogleich ins Auge, aber hier geht's gleichermaßen um Essen wie um Stil. Brunch lockt von 11.30 bis 15.30 Uhr, inkl. einem Gläschen *cava,* und dann stehen Kaffee und Kuchen auf dem Programm. Auch die Cocktails sind beliebt, und die frischgepressten kühlen Säfte (wie die Orangen-Limetten-Zitronen-Ingwer-Combo) sind der Hit an heißen Tagen.

Ausgehen & Unterhaltung

Wenn die Tapas-Bars gegen Mitternacht schließen, bestimmen die Bars mit Nachtbetrieb und die Musiklokale das Geschehen. Es gibt eine ganze Reihe davon im historischen Stadtkern. Irgendwo wird so gut wie immer Livemusik aufgespielt, außer vielleicht in den ruhigeren Monaten Juli und August. Am besten wirft man einen Blick in den kostenlosen Eventführer *Go!* (www.laguiago.com).

Café Botánico CAFÉ

(Calle de Santiago 5; ⏲ So–Mi 9–22.30, Do 9–23.30, Fr & Sa 9–3 Uhr; 📶) Das Botánico ist eine Kombination aus Blumenladen und Café, in dem guter Kaffee, Tee, *tostadas* (belegte Toastbrote), Cocktails und wahrhaft leckere Kuchen serviert werden. Teilweise ist es auch der zentralen Lage zu verdanken, dass hier immer etwas los ist.

Rock & Blues Café BAR

(Calle Cuatro de Agosto 5-7; ⏲ 16–2 Uhr) Huldigungen an Rock'n'Roll-Künstler wie Jimi Hendrix und die Beatles bestimmen den Ton in der alteingesessenen Bar. Donnerstags, freitags und sonntags gegen 21.30 Uhr wird meistens Livepop, -rock oder -blues gespielt. Ein beliebter, stimmungsvoller Ort!

ABSTECHER

DIE TRÜMMERSTADT BELCHITE

Das Dorf von Belchite, 45 km südöstlich von Saragossa, lag nach einer unerbittlichen Bürgerkriegsschlacht in Trümmern und wurde auch nach dem Krieg so belassen. Die Ruinen des **Pueblo Viejo de Belchite** (Altes Dorf von Belchite; Belchite; Tour 6 €) sind heute umzäunt. Die **Touristeninformation von Belchite** (☎ 976 83 07 71; http://belchite.es; Calle Becú, Pueblo Nuevo de Belchite; ⏲ Sept.–Juni 10–13 & 15–18 Uhr, Juli & Aug. 10–14 & 16–19 Uhr), gleich neben der Kirche im neuen Dorf, organisiert zwei- oder dreimal täglich begehrte Führungen (auf Spanisch, mit Audioguides für Englisch, Französisch und Deutsch). Von außerhalb des Zauns kann man die Ruinen jederzeit begutachten.

In der Schlacht von Belchite im August 1937 vertrieben die Republikaner die Nationalisten aus dem Dorf. Tausende verloren dabei ihr Leben. Die Nationalisten übernahmen später wieder die Kontrolle über das Dorf (und gewannen den Krieg). Sie beließen die Ruinenstadt, und die republikanischen Gefangenen mussten ein neues Dorf daneben aufbauen. Die Ruinen umfassen vier Kirchen aus dem 18. Jh. oder früher (zwei davon an Klöster angeschlossen, von einem ist außer dem Glockenturm im Mudejarstil kaum noch etwas übrig).

Oasis CLUB
(☎ 976 43 95 34; www.salaoasis.es; Calle de Boggiero 28; Eintritt ab 6 €; ⌚ Fr & Sa 24–6 Uhr) Ein paar Straßen westlich der Altstadt öffnete das Oasis vor langer Zeit seine Pforten als Varietétheater. Derzeit läuft der Clubbetrieb auf Hochtouren. Man kann hier sehr gut weiterfeiern, wenn die Bars gegen 3 oder 4 Uhr zumachen. Hin und wieder gibt's auch Livekonzerte und Themenpartys.

Libertad 6.8 BAR
(www.facebook.com/libertad.terraza; Calle de la Libertad 6-8; ⌚ Di–Do 20–1, Fr & Sa 13–2, So & Mo 13–18 Uhr) Im Viertel El Tubo serviert diese schicke, nur teilweise überdachte Kneipe 20 Ginsorten und unzählige andere Cocktails sowie ein paar Gerichte.

ℹ Praktische Informationen

Städtische Touristeninformation
(☎ 976 20 12 00; www.zaragozaturismo.es; Plaza del Pilar; ⌚ 10–20 Uhr; 📶) Hat mehrere Filialen in der Stadt, u. a. am Bahnhof.

Oficina de Turismo de Aragón
(☎ 976 28 21 81; www.turismodearagon.com; Plaza de España 1; ⌚ 9.30–14.30 & 16.30–19.30 Uhr) Nützlicher Laden mit Broschüren zu ganz Aragonien.

ℹ An- & Weiterreise

Züge und Busse halten an der futuristischen **Estación Intermodal Delicias** (Avenida de Navarra 80), 3 km westlich vom Stadtzentrum.

BUS

Vom **Busbahnhof** (☎ 976 70 05 99; www.estacion-zaragoza.es) in der Estación Intermodal Delicias werden Ziele in ganz Aragonien und Spanien angesteuert.

Alosa (☎ 974 21 07 00; www.avanzabus.com) Mindestens 14 Busse pro Tag nach Huesca (7,80 €, 1¼ std.) und sechs nach Jaca (16 €, 2½ Std.).

ALSA (☎ 902 422242; www.alsa.es) Busse von/nach Madrid (ab 16 €, 3–4 Std., mind. 19-mal tgl.) und Barcelona (ab 16 €, 3¾ Std., mind. 16-mal tgl.).

Autobuses Jiménez (www.autobusesjimenez.com) Täglich steuern mindestens vier Busse Teruel an (11 €, 2¼ Std.).

Conda (www.conda.es) Acht bis neun Busse pro Tag fahren nach Pamplona (16 €, zwei bis 2½ hours).

FLUGZEUG

Saragossa Flughafen (☎ 976 71 23 00; www.Saragossa-airport.com) befindet sich 10 km westlich der Stadt und bietet Flüge mit Ryanair (www.ryanair.com) von/nach London (Stansted), Brüssel (Charleroi), Mailand (Bergamo) und Paris (Beauvais, März bis Oktober) an.

ZUG

Renfe (☎ 91 232 03 20; www.renfe.com) Züge vom Bahnhof **Estación Intermodal Delicias** (Avenida de Navarra 80) bedienen Strecken in ganz Spanien. Ca. 20 Hochgeschwindigkeitszüge AVE sausen täglich nach Madrid (21–55 €, 1½ Std.) und Barcelona (23–60 €, 1¾ Std.). Weitere AVE-Direktzüge steuern Sevilla (59–68 €, 3¾ Std., 2- bis 3-mal tgl.) und Huesca (9–15 €, 45 Min., 1- bis 2-mal tgl.) an. Einige langsamere, meist günstigere Züge steuern auch Barcelona, Madrid und Huesca an. Zwei oder drei der Züge nach Huesca fahren weiter nach Jaca (15 €, 3¼ Std.) und zur Canfranc-Estación (16 €, 4 Std.) in den Pyrenäen. Vier Züge tuckern täglich nach Teruel (15–20 €, 2½ Std.).

ℹ Unterwegs vor Ort

BUS

Bus 501 (☎ 902 30 60 65) verkehrt alle 30 Minuten (sonntags alle 60 Min.) vom Paseo María Agustín 7 via Delicias zum Flughafen (1,85 €, 45 Min.).

Bus 34 (1,35 €) pendelt zwischen der Estación Intermodal Delicias und der Avenida César Augusto beim **Mercado Central** (Zentralmarkt; Avenida de César Augusto; ⌚ Mo–Fr 9–14 & 17–20, Sa 9–14 Uhr). Die Rückfahrt zum Bahnhof nimmt der Bus Richtung Westen an der **Calle Conde Aranda** ca. 100 m westlich von César Augusto auf.

FAHRRAD

Saragossa ist flach und verfügt über ein gutes Radwegnetz und Straßen mit Geschwindigkeitsbeschränkung auf 30 km/h. **La Ciclería** (☎ 876 16 73 56; http://lacicleria.com; Calle Gavín 6; für 2/4/8/24/48 Std. 6/8/12/15/22 €; ⌚ Sept.–Juli Mo–Fr 9–14 & 17–22, Sa 10–22, So 10–17 Uhr, Aug. Mo–Sa 10–14 & 17–21, So 10–20 Uhr) und **Bicicletas La Pomada** (Saragossa en Bici; ☎ 876 03 62 69; www.lapomadabikestore.com; Calle Manifestación 17; für 2/5/12 Std. Mo–Fr 5/6/15 €, Sa 5/6/18 €; ⌚ Mo–Fr 9–14 & 16.30–20.30 Uhr, Sa 10–14 Uhr) verleihen Fahrräder.

ZENTRALARAGONIEN

Das zentrale Aragonien wird von der Flussebene des Río Ebro dominiert, der sich von West nach Ost quer durch die Region schlängelt. Außerhalb Saragossas liegen die wichtigsten Städte im Westen (v. a. Tarazona) und im Süden. Ein Großteil der Siedlungen im zentralen Aragonien ging erst nach jenen im Norden an die christlichen Heere über, es ist also ein stärkerer Mudejareinfluss spürbar. Und es ist auch die Heimat Goyas: Er wurde im Dorf Fuendetodos (45 km südlich von Saragossa) geboren, wo sein Geburtshaus und ein Museum mit einer Sammlung seiner Druckgrafiken zu sehen sind.

Fuendetodos

125 EW.

Casa Natal de Goya MUSEUM
(www.fundacionfuendetodosgoya.org; Plaza de Goya; Erw./Studierende & Senioren inkl. Museo del Grabado de Goya 3/2 €; Kinder gratis; ⌚ Di–So 11–14 & 16–19 Uhr) Goyas bescheidenes Geburtshaus war bis Anfang des 20. Jhs. im Besitz seiner Familie, dann erwarb es der berühmte baskische Maler Ignacio Zuloaga. Das Gebäude wurde im Bürgerkrieg zerstört. Inzwischen zeigt es Möbel und Exponate aus Goyas Lebzeiten.

Im Inneren kann die armselige Küche aus dem 18. Jh. besichtigt werden, in der Goya 1746 zur Welt kam, und an einer großen Wand ist der Familienstammbaum ausgestellt.

Im Haus nebenan, Sala Zuloaga (Eintritt ist im Ticketpreis inkludiert), werden temporäre Ausstellungen von größtenteils grafischer Kunst veranstaltet.

Museo del Grabado de Goya MUSEUM
(www.fundacionfuendetodosgoya.org; Calle Zuloaga 3; Erw./Studierende & Senioren inkl. Casa Natal de Goya 3/2 €; Kinder gratis; ⌚ Di–So 11–14 & 16–19 Uhr) Das Museum, nur hundert Meter von Goyas Geburtshaus entfernt, zeigt eine bedeutende Sammlung von Kupferstichen Goyas. Zu den vier Serien zählen auch das herrlich satirische *Los Caprichos* und *La Tauromaquia* mit dem Stierkampf als Thema.

An- & Weiterreise

Von Saragossa fahren täglich ein oder zwei Busse hierher (6,75 €, 1 Std.).

Tarazona

10 330 EW. / 480 M

Tarazona ist ein netter Zwischenstopp oder Abstecher auf dem Weg von Saragossa ins Baskenland oder nach Kastilien-León. Es belohnt die Neugierigen mit einem bezaubernden Gassengewirr in der Altstadt (deren Zentrum ein mittelalterliches Judenviertel beherrscht), oberhalb des kleinen Río Queiles, einer großen, imposanten Kathedrale im Gotik- und Mudejarstil und dem bizarren Cipotegato-Fest, bei dem sich ein wackerer Einheimischer im Narrenkostüm jeden August von einer fröhlichen Menge mit Tomaten bewerfen lässt.

Sehenswertes

★ Catedral Santa María de la Huerta KATHEDRALE
(www.catedraldetarazona.es; Plaza de la Seo; Erw./Studierende & Senioren 4/3 €; Kinder gratis; ⌚ April–Sept. Di–Sa 11–14 & 16–19, So bis 18 Uhr, Okt.–März Mi–Fr 11–14 & 16–18, Sa bis 19, So bis 14 Uhr) Die prachtvolle Kathedrale geht auf das 13. Jh. zurück, wurde aber in der Folge stark verändert. 2011 öffnete sie nach 30 Jahren Restaurierung wieder ihre Tore. Die Renovierung ist noch nicht abgeschlossen und hat zuvor verborgene Schätze ans Tageslicht gebracht. Der französisch-gotische Ursprung ist deutlich an den Wölbungen und dem Spitzbogen des Hauptschiffs zu erkennen. Das kunstvolle Mauerwerk von Turm und Kuppel zeigt Mudejareinflüsse. Die Capilla Mayor reflektiert kunstvolle Renaissance-Komponenten. Der Baldachin draußen über dem Hauptportal ist der Inbegriff barocker Üppigkeit.

Ayuntamiento ARCHITEKTUR
(Rathaus; Plaza de España) Die Fassade des Rathauses aus dem 16. Jh. ist ein Bilderbuch der Bauplastik. Die größeren Skulpturen stellen mythische Wesen dar (Herkules z. B. ist ganz links). Über die gesamte Länge von 35 m läuft ein Relieffries mit Hunderten von Figuren zu Pferd und zu Fuß, die dem Krönungszug von Karl V. zum Kaiser des Heiligen Römischen Reiches durch den Papst in Bologna 1530 folgen.

Palacio Episcopal PALAST
(Bischofspalast; Plaza Palacio; Erw./Kind 1,50 €/gratis; ⌚ April–Sept. Di–Sa 11.30–14.30 & 16.30–19.30, So 11.30–14.30 & 16.30–18.30 Uhr, Okt.–März Mi–Fr & So 11.30–14.30, Sa 11.30–14.30 & 16.30–19.30 Uhr) GRATIS Auf dem ehemaligen Standort einer muslimischen Zitadelle wurde Mitte des 16. Jh. dieser imposante Bischofspalast fertiggestellt. Sein Bau zog sich weit über 100 Jahre hin. Anschließend diente er mehreren aragonischen Königen als Residenz.

ABSTECHER

DAS FRESKO-FIASKO

Das Städtchen Borja, 23 km südöstlich von Tarazona, zog 2012 die weltweite Aufmerksamkeit auf sich, als die 81-jährige Amateurkünstlerin Cecilia Jiménez in einer Kirche ganz in der Nähe des Dorfes die Restaurierung eines religiösen Gemäldes mit dem Titel *Ecce Homo* aus dem 20. Jh. verpfuschte. Das Ergebnis (als „Kartoffel-Jesus" tituliert) wurde ein viraler Hit im Internet und verhalf der Stadt ironischerweise zu einem willkommenen Tourismusboom. Immer noch strömen scharenweise Besucher heran, um das Kunstwerk zu sehen, das auf Werbebanner reproduziert und von modernen Pop-Art-Künstlern kopiert wurde. Doch davon abgesehen liegt das Heiligtum aus dem 15. Jh, in dem das Gemälde aufbewahrt wird, der **Santuario de la Misericordia** (La Muela Alta de Borja; 2 €; ⏲ April–Sept. 11–14 & 16.30–20 Uhr, Okt.–März 10.30–13.30 & 15.30–19 Uhr), auf einem idyllischen Hang 6 km nordwestlich von Borja. Von dort aus blicken die Besucher ins angrenzende **El Caserón**, ein Hostel aus dem 16. Jh., und man kann ein *Ecce-Homo*-T-Shirt oder -puzzle oder sogar eine Flasche *Ecce-Homo*-Wein (DO Campo de Borja) mitnehmen.

Seine Fassade zeigt eine eindrucksvolle Aneinanderreihung perfekt proportionierter Rundbogen. Das Highlight im Innern sind ein hübscher Renaissance-Patio, Bischofsporträts aus dem 16. Jh. und eine prachtvolle Mudejarkassettendecke (zwei weitere Mudejardecken befinden sich heute nicht mehr in dem Palast – William Randolph Hearst kaufte sie im frühen 20. Jh. für seine kalifornische „Burg").

Judería VIERTEL
Tarazona hat eines der besterhaltenen Judenviertel Spaniens. Es wird von den *casas colgadas* (hängenden Häusern) in der Calle Conde bewacht, die sich über die Straßen unter ihnen recken. Es gibt hier keine Monumente an sich zu erforschen, vielmehr lädt das Viertel zu einem Spaziergang ein – mithilfe eines Stadtplans von der Touristeninformation und/oder der Infotafeln vor Ort.

Mehr als 70 jüdische Familien lebten zwischen dem 12. und dem 15. Jh. in dem dichten Netz aus Straßen rund um die Calle Judería und Rúa Alta de Bécquer.

Feste & Events

Cipotegato KULTUR
(⏲ 27. Aug.) In einem Land, das für seine bizarren Feste berühmt ist, setzt Tarazonas Cipotegato noch eins drauf. Star der Veranstaltung ist ein glückloser Harlekin in einem rot-grün-gelben Kostüm, der am 27. August zu Mittag aus dem Rathaus tritt und dann durch die Straßen rennt, während so ziemlich jeder mit Tomaten auf ihn wirft.

Schlafen & Essen

Hostal Santa Águeda HOSTEL €
(☎ 976 64 00 54; www.santaagueda.com; Calle Visconti 26; EZ inkl. Frühstück 41–50 €, DZ 54–63 €; ❄ 📶) Diese 200 Jahre alte Herberge unweit der Plaza San Francisco hat hübsche Zimmer im alten Stil mit Holzbalken und fröhlichem Dekor. Der kleine Frühstücksraum und die Lobby singen ein Loblied auf Raquel Meller, Aragoniens meistgeliebte Sängerin des frühen 20. Jhs. Man hört sie morgens singen, während man sein Croissant isst.

Hotel Condes de Visconti HOTEL €€
(☎ 976 64 49 08; www.condesdevisconti.com; Calle Visconti 15; Zi. 59–69 €, Suite 79–110 €; ❄ 📶) Schöne Zimmer mit farbenfroher individueller Einrichtung sowie ein Patio im Renaissancestil machen diesen ehemaligen Palast aus dem 16. Jh. zur ersten Wahl. Der Service ist altmodisch und gut, zudem gibt's hier ein Café. Frühstück kommt auf 5,50 €.

Saboya 21 ARAGONISCH €€
(☎ 976 64 24 90; www.restaurantesaboya21.com; Calle Marrodán 34; Hauptgerichte 14–20 €; ⏲ So–Do 13–16, Fr & Sa 13–16 & 21.30–23 Uhr; 📶) Der talentierte Küchenchef José Tazueco vereint in seinen kulinarischen Köstlichkeiten traditionelle Zutaten mit kreativem Flair zu kunstvoll präsentierten Speisen wie Entenbrust mit Lakritz oder Endiviensalat mit Räucherlachs, Kefir und Dill. Das Restaurant liegt über der geschäftigen Cafetería Amadeo I. Eine Reservierung ist zu empfehlen.

Praktische Informationen

Touristeninformation (☎ 976 64 00 74; www.tarazona.es; Plaza San Francisco 1; Führungen 5–8 €; ⏲ April–Sept. 9.30–14.30 & 16–19 Uhr,

Okt.–März Mo–Sa 9.30–14 & 16–19, So 10–18 Uhr) Veranstaltet samstags und sonntags spanischsprachige Führungen durch das historische Zentrum und zu den wichtigsten Sehenswürdigkeiten.

An- & Weiterreise

Mindestens fünf Busse von **Therpasa** (☎ 976 30 00 45; www.therpasa.es) fahren täglich ab/nach Saragossa (7,90 €, 1½ Std.) und Soria (5,90 €, 1¼ Std.).

DIE ARAGONISCHEN PYRENÄEN

Lässt man die ausgedörrten Ebenen von Zentralaragonien hinter sich, färbt sich die Landschaft grün und die mächtigen Gebirge von noch irgendwo weiter weg treten zusehends in Erscheinung. Die Aragonischen Pyrenäen übersteigen locker die 3000 m-Marke und bilden mit ihrem Fortlauf auf französischer Seite das Herzstück der Gebirgskette, das viele wunderschöne Szenerien birgt. Wo man auch hinsieht, erfüllen die zackigen Bergkämme den Horizont gen Norden. Über den grünen Flusstälern liegen märchenhafte alte Dörfer aus Stein und die gesamte Region bildet einen monströsen Abenteuerspielplatz, der von Spaniern und Franzosen und überraschend wenigen anderen Landsleuten frequentiert wird. Nicht nur Wandermöglichkeiten begeistern hier, sondern auch unzählige weitere aufregende Aktivitäten wie Klettern, Skifahren, Wildwasserrafting und Canyoning.

Huesca

51 450 EW / 465 M

Die hart arbeitende Provinzhauptstadt Huesca hält nicht viele Reisende allzu lange auf, aber wer hier bleibt, kann den Staub von Spaniens ältestem Lebensmittelgeschäft pusten und ein vielfältiges Museum entdecken, das Gemälde von Goya neben einem mittelalterlichen Königspalast zeigt. Dazu bieten die zwei Kirchen noch einige Augenöffner über die gotische und romanische Architektur.

Sehenswertes

★ Iglesia de San Pedro El Viejo KIRCHE
(www.sanpedroelviejo.com; Plaza de San Pedro; Erw./Kind 2,50/1,50 €; ⏲ Mo–Sa 10–13.30 & 16.30–18, So 11–12.15 & 13–14 Uhr) Die Kirche von San Pedro ist eine der ältesten und wichtigsten romanischen Bauten in Spanien, sie stammt aus dem frühen 12. Jh. Besonders bemerkenswert sind der sechseckige Turm, der offene Kreuzgang mit 38 wunderschönen romanischen Kapitellen (die teilweise im 19. Jh. nachgebaut wurden), das Mausoleum zweier Könige Aragoniens, der Brüder Alfons I. (reg. 1104–34) und Ramiro II. (reg. 1134–37).

Catedral de Santa María KATHEDRALE
(www.museo.diocesisdehuesca.org; Plaza de la Catedral; Erw./Senioren & Studierende 4/2 €; Kinder gratis; ⏲ Mo–Sa 10.30–14 & 16–19 Uhr) Huescas gotische Kathedrale ist eine der großen Überraschungen Aragoniens. Ihr reich verziertes Hauptportal stammt aus dem Jahr 1300, im angeschlossenen **Museo Diocesano** befinden sich einige außergewöhnliche Fresken und Altargemälde, und das imposante Innere besticht durch einen wunderschönen *retablo* (Altaraufsatz) aus Alabaster aus dem 16. Jh., der von Damián Forment gestaltet wurde und Szenen der Kreuzigung Jesu zeigt. Komplett wird die Besichtigung mit der Besteigung des **Glockenturms** (180 Stufen), von dem sich eine Panoramaaussicht bis hinüber zu den Pyrenäen eröffnet.

Museo de Huesca MUSEUM
(Plaza Universidad 1; ⏲ Di–Sa 10–14 & 17–20, So 10–14 Uhr) GRATIS Das Stadtmuseum mit seinem hübschen Innenhof zeigt eine tolle Sammlung, die von Archäologie bis hin zu früher moderner Kunst reicht. Darunter sind auch acht Arbeiten von Goya. Der Komplex umfasst zudem einen aragonischen Palast aus dem 12. Jh. Der Legende nach soll eine der Kammern (heute mit entsprechend gruseligen Soundeffekten ausgestattet) Schauplatz eines grausamen Ereignisses gewesen sein, das unter *La Campana de Huesca* (Die Glocke von Huesca) bekannt ist. Dabei ließ König Ramiro II. 13 unkooperative Adelige enthaupten.

Schlafen & Essen

La Posada de la Luna BOUTIQUE-HOTEL €
(☎ 974 24 17 38; www.posadadelaluna.com; Calle Joaquín Costa 10; EZ 46–51 €, DZ 46–60 €; P ❄ 📶) Das nette kleine Hotel bietet acht Zimmer und versprüht ein eigenwillig modernes und zugleich historisches Flair. Die Zimmer sind im Zeichen verschiedener Himmelskörper mit jahrhundertealten Bo-

denfliesen und antiken Wandgemälden neben Designerbädern und Massageduschen ausstaffiert. Ein komfortables, charmantes Plätzchen, obwohl ein paar Zimmer etwas klein geraten sind.

Hostal Joaquín Costa HOSTEL €
(Hostal Un Punto Chic; ☎ 974 24 17 74; www.hostaljoaquincosta.com; Calle Joaquín Costa 20; EZ 37–51 €, DZ 42–66 €; ❄ 📶) Die schwarz-weißen Zimmer sind gut in Schuss, eher klein oder mittelgroß, und manche sind mit schmucken Wandbildern und/oder Inschriften aufgeputzt, wie Kiplings *wenn* auf Spanisch an der gläsernen Duschwand. Die modernen Bäder sind in Ordnung; die Location ist angenehm.

★ **Tatau Bistro** TAPAS €€
(☎ 974 04 20 78; www.tatau.es; Calle Azara; Gerichte 5–25 €; ⏲ Di–Sa 13–15.30 & 20–22.45 Uhr; 📶) Das extrem populäre Speiselokal unterstreicht seine Individualität mit Kellnern in Anzug und Krawatte, Deko im Stil der 1950er-Jahre mit gerahmten Pin-ups und Postern sowie typischer Tapas-Bar-Einrichtung mit nur einigen Tischen und Sitzgelegenheiten an der Bar. Die Speisekarte wechselt je nach Saison und offeriert kleine und relativ simple Schmankerl (Fleischkroketten) bis hin zu ausgefeilteren Gaumenfreuden wie Ente mit Birne und Lakritz oder Oktopus-Auberginen-Cannelloni.

El Origen ARAGONISCH €€
(☎ 974 22 97 45; Plaza del Justicia 4; Menü 17–40 €; ⏲ Mo, Di & Do–Sa 13.15–15.30 & 21–23, So 13.15–15.30 Uhr) 🍃 Die ungünstige Lage auf einem grauen modernen Platz sollte man ignorieren – das Restaurant ist eine Oase der Eleganz und der gehobenen Küche. Es serviert Menüs, die von traditionellen aragonischen Gerichten bis hin zu innovativen modernen Speisen reichen. So weit wie möglich wird nur mit nachhaltigen Produkten gearbeitet. Reservierung empfohlen.

ABSTECHER

CASTILLO DE LOARRE

Das kleine Bauerndorf Loarre etwa 30 km nordwestlich von Huesca ist aus einem einzigen Grund so berühmt: Wegen des **Castillo de Loarre** (www.castillodeloarre.es; Erw./Senioren oder Studierende/Kind 4,50/4/3 €; ⏲ Juni–Sept. 10–20 Uhr, März–Mai & Okt. 10–19 Uhr, Nov.–Feb. Di–So 11–17.30 Uhr), einer Burg mit vielen Türmen aus der Zeit der Reconquista, die eine 5 km-Fahrt (oder 2 km-Anstieg zu Fuß) entfernt auf einem Hang über dem Dorf steht.

Die Festung aus dem 11. Jh. erinnert an eine Kreuzritterburg und wurde unter Sancho III. von Navarra erbaut und unter Sancho Ramírez von Aragonien erweitert. Es gibt viel zu sehen, beispielsweise eine romanische Kapelle und Krypta, und Besucher können die Obergeschosse der beiden Haupttürme erklimmen.

Für jene, die hier übernachten möchten, bieten sich ein Hotel aus dem 16. Jh. am Dorfplatz sowie ein beliebter Campingplatz auf halber Strecke zwischen Dorf und Burg an.

Busse von Alosa brechen ein- bis zweimal montags bis freitags von Loarre nach Huesca (3,05 €, 40 Min.) auf. Doch der Fahrplan macht einen Eintagesausflug nach Loarre nicht möglich.

ℹ Praktische Informationen

Touristeninformation (☎ 974 29 21 70; www.huescaturismo.com; Plaza López Allué 1; ⏲ 9–14 & 16–20 Uhr) Der großartige Laden bietet Informationen zu ganz Aragonien. Er organisiert von Juli bis Mitte September täglich Führungen durch die Altstadt von Huesca (Erw./Senioren & Studierende 5/2,50 €; Kinder gratis), zu anderen Zeiten gibt's Führungen an Wochenenden.

ℹ An- & Weiterreise

BUS

Vom Bahnhof **Estación Intermodal** (Calle Gil Cávez 10) betreibt **Alosa** (☎ 974 21 07 00; www.avanzabus.com) Busse nach/von Saragossa (7,80 €, 1¼ Std., mind. 14-mal tgl.), Jaca (7,80 €, 1¼ Std., 6-mal tgl.), Barbastro (4,60 €, 50 Min., mind. 6-mal tgl.), Barcelona (17 €, 4 Std., 5-mal tgl.) und Benasque (13 €, 2¾ Std., sonntags fährt ein Bus, ansonsten zwei).

ZUG

Sechs bis acht Züge schaffen täglich Anbindung an Saragossa: ein bis zwei sind AVE-Hochgeschwindigkeitszüge (ab 7,85 €, 40 Min.), die nach Madrid weiterfahren (ab 22 €, 2¼ Std.); der Rest Regionalzüge (7,15 €, 1–1¼ Std.). Zwei bis drei Regionalzüge steuern Jaca (8,25 €, 2¼ Std.) und den Bahnhof Canfranc-Estación (11 €, 2¾ Std.) an.

Riglos & Umgebung

RIGLOS: 80 EW. / 650 M

Das winzige Riglos, 43 km nordwestlich von Huesca, liegt an den Ausläufern von **Los Mallos de Riglos**, einer Reihe ehrfurchtgebietender Felsformationen, die hoch über dem Dorf emporragen und auch in den Grand Canyon passen würden. Los Mallos sind beliebt bei professionellen Kletterern und einer großen Zahl von Gänsegeiern.

Alle, die lieber soliden Boden unter ihren Füßen behalten, können den etwa 2½-Stunden-Rundweg **Camino del Cielo** nehmen, der von Riglos durch die Höhen von Los Mallos führt.

Das Dorf **Murillo de Gállego** befindet sich 2,5 km südwestlich von Riglos, jenseits des Río Gállego (10 km Fahrt oder 45 Min. Fußmarsch) an der A132, ein quirliger Kreuzungspunkt für Rafting- und Kajaktouren an den Ausläufern von Los Mallos. Zahlreiche Anbieter arrangieren von März bis September Halbtagesexkursionen (pro Pers. ab 40 €).

In beiden Dörfern gibt's einige *casas rurales* (als Touristenunterkunft fungierende Landhäuser) und *hostales* sowie ein ganzjährig geöffnetes Hostel für Kletterer in Riglos.

Riglos liegt an der Zugverbindung Saragossa–Canfranc, zwischen Huesca (3,65 €, 1 Std.) und Jaca (5,45 €, 1¼ Std.). Morgens fährt ein Zug Richtung Norden, am späten Nachmittag einer Richtung Süden. Mit Auto ist man in dieser Gegend deutlich flexibler.

Centro de Interpretación de Aves Arcaz VOGELBEOBACHTUNG
(☎ 974 56 19 10; www.vultouris.net; Riglos; Erw./Kind 2/1 €; ⌚ Juni–Sept. Mi–So 10–14 & 15–19.30 Uhr, April–Mai & Okt. Sa & So 10–14 & 16–18 Uhr) Das Zentrum 1 km südlich von Riglos punktet durch eine gute Ausstellung und Informationen über die Greifvögel in den Pyrenäen sowie durch eine herrliche Aussichtsterrasse, von der man die enorme Gänsegeierkolonie der Los Mallos beobachten kann.

Sos del Rey Católico

500 EW. / 625 M

Seit König Ferdinand II. von Aragonien, Gemahl von Isabella von Kastilien, 1452 im Sada-Palast in Sos del Rey Católico geboren wurde, hat sich nur wenig in seinem Geburtsort verändert. Mal abgesehen vom Autoverkehr und den Touristenmassen im Sommer ist das kleine Dorf, das sich oben auf dem Hügel eng zusammendrängt, seit den Tagen des Königs, der schließlich Spanien vereint hat, fast dasselbe geblieben. Der Legende nach hat Ferdinands Mutter die 14 km von Sangüesa (Navarra) zu Pferd zurückgelegt, als die Wehen bereits eingesetzt hatten, nur um sicherzustellen, dass ihr Sohn in Aragonien geboren wird.

Ganz abgesehen von dem alten Adel kann man in Sos gut das urige Landleben in Aragonien kennenlernen. Wer irgendwann genug davon hat, im Straßenlabyrinth historische Halluzinationen zu bekommen, kann sich auf den moosigen Wanderwegen der Umgebung davon erholen.

Sehenswertes

Casa Palacio de Sada HISTORISCHES GEBÄUDE
(Plaza de la Hispanidad; Erw/Kind 2,90/1,90 €; ⌚ Mo–Fr 10–13 & 16–19, Sa & So 10–14 & 16–19 Uhr, Sept.–Juni Mo geschlossen) Ferdinand II. von Aragonien hat in diesem Gebäude 1452 das Licht der Welt erblickt. Die Villa ist beeindruckend – zu Ferdinands Zeiten fand um 1600 eine umfassende Erweiterung und im 20. Jh. eine Restaurierung statt. Die Infotafeln in den Räumen geben auf Spanisch Auskunft über Ferdinands aufregendes und historisch bedeutsames Leben. Der Palast beherbert auch die **Capilla de San Martín de Tours**, in der ein Film über die Geschichte von Sos und die gotischen Wandbilder der Kapelle aus dem 14. Jh. informiert.

Iglesia de San Esteban KIRCHE
(1 €; ⌚ Mo–Sa 10–13 & 15.30–17.30, So 10–12 Uhr) Die romanisch-gotische Kirche hat ein verwittertes romanisches Portal und eine düstere Krypta mit wunderbaren mittelalterlichen Fresken.

Castillo de la Peña Feliciano BURG
Der Burgfried aus dem 12. Jh. und einige der Gemäuer sind von der Festung noch übrig, die einst die Grenze zwischen den beiden christlichen Königreichen Aragonien und Navarra bewachte. Von der Ruine genießt man die Aussicht aufs Dorf und die ländlichen Gegenden ringsum.

Schlafen

Hostal Las Coronas HOSTEL €
(☎ 948 88 84 08; www.hostallascoronas.com; Calle Pons Sorolla 2; EZ/DZ inkl. Frühstück 40/60 €; ❄ 📶) Der freundliche Fernando führt

dieses *hostal* (Budgethotel) mit einfachen, rustikalen Zimmern. Empfehlenswert ist Zimmer Nr. 3 mit Spadusche und Balkon mit Blick auf die atmosphärische Plaza. Die Bar im Erdgeschoss serviert Tapas, *bocadillos* (3,50–6 €), *raciones* (3–22 €), *platos combinados* (12,50–18,50 €) und das inkludierte Frühstück bei angenehmer klassischer Hintergrundmusik.

★ **Parador de Sos del Rey Católico** HOTEL €€
(☎ 948 88 80 11; www.parador.es; Calle Arquitecto Sainz de Vicuña 1; Zi. 64–156 €; ⊙ Mitte Feb.–Dez.; P ❄ 📶) Das Hotel haust zwar in keinem historischen Gebäude (Baujahr 1970), doch es fügt sich harmonisch ins Stadtbild ein und bietet alles, was man von einem *parador* erwartet. Die Gäste können sich mit einem Buch verstecken, auf der Terrasse Sangria trinken und die weite Aussicht aus den königlich wirkenden Schlafzimmern bewundern. Das erstklassige Restaurant (Menüs 30–38 €) bereitet variierende regionale Spezialitäten zu.

Ruta del Tiempo BOUTIQUE-HOTEL €€
(☎ 948 88 82 95; www.rutadeltiempo.es; Plaza de la Villa; mit Frühstück EZ 50 €, DZ 70–110 €; ❄ 📶) Das Hotel liegt wunderschön unter dem Rundbogen des Hauptplatzes. Die Zimmer im ersten Stock sind aragonischen Königen gewidmet, die mit Sos in Beziehung standen, die im zweiten Stock den Kontinenten. Die Räume sind alle gut, aber „Asien" und „Afrika" sind die größten und besten.

ABENTEUERSPORT IN DEN PYRENÄEN

Die naturbelassene, facettenreiche Landschaft verwandelt Aragonien in einen Abenteuerspielplatz. Höhepunkt sind die atemberaubenden Aragonischen Pyrenäen, unbestreitbar der wildeste und beeindruckendste Abschnitt der Pyrenäen, sowohl auf spanischer als auch französischer Seite. Es gibt unzählige Möglichkeiten, sich die Gipfel und Bergpässe aus der Nähe anzusehen, von Klettern (auch die Zahl der Klettersteige nimmt zu) über Trekkingpfade bis hin zu schneebedeckte Pisten, die das ganze Jahr über den Adrenalinspiegel steigen lassen.

Für professionelle Bergsteiger bietet sich auch der berüchtigte GR11 Küsten-Weitwanderweg an (im Ganzen oder abschnittsweise), während die Sonntagsspaziergänger Pfade in den Ausläufern erkunden können, wie etwa im imposanten Parque Nacional de Ordesa y Monte Perdido mit seinen Wasserfällen, kristallklaren Strömen, Kalksteinklippen und Schluchten. Wasserratten können sich beim Rafting, Kajak- oder Kanufahren in den Flüssen Gállego und Ésera in die Fluten stürzen; wer die Vertikale sucht, kommt zum Rutschen, Springen und Abseilen in die Schluchten, z. B. rund um Alquézar. Gleitschirmflieger erobern die Lüfte rund um Castejón de Sos, während Aínsa das ideale Basislager für Mountainbiker bietet. Nach der körperlichen Betätigung sorgen die über die ganze Region verstreuten Steindörfer dafür, dass der Erholungsfaktor nicht zu kurz kommt.

Montaña Segura (www.montanasegura.com) hat allerhand nützliche Informationen zum Wandern und Klettern in Aragoniens Bergen. Viel davon ist nur auf Spanisch verfügbar, aber es gibt *folletos* (Broschüren) mit zusätzlichen Informationen auf Englisch und Französisch.

Vögel beobachten

Aragonien beherbergt ein ideales Gebiet für Greifvögel in Europa. Vogelliebhaber kommen scharenweise hierher, um Rot- und Schwarzmilane, Schmutz-, Gänse- und die bedrohten Lämmergeier – und zwischen den höchsten Gipfeln den König der Lüfte, den Königsadler – zu erspähen. Und auch jene, die nicht so viel mit Vögel am Hut haben, werden von den tierischen Beobachtungen an der Garganta de Escuaín (Karte S. 456) oder im Centro de Interpretación de Aves Arcaz in Riglos hingerissen sein.

Turismo de Aragón, die regionale Tourismusbehörde, hat detaillierte Informationen zu 16 *rutas ornitológicas* (Vogelflugrouten) über ganz Aragonien (www.turismodearagon.com/es/naturaleza.html). Auch regionale Touristeninformationen bieten sich an, und Vogelbeobachter können einen Blick auf www.birdingpirineos.com (für den Nordwesten Aragoniens) und www.aragonbirding.com werfen.

El Peirón BOUTIQUE-HOTEL €€
(☎ 948 88 82 83; www.elpeiron.com; Calle Fernando el Católico 24; EZ ab 75 €, DZ 85–140 €; ⊙ März–Dez.; ❄ 📶) Das familiengeführte El Peirón ist ein ansprechender Mix aus dicken Steinmauern, Schmiedeeisen, historischer Ausstaffierung (inkl. einiger originalen Türen und Möblagen aus dem 16. und 17. Jh.), zeitgenössischer Kunst, Farbakzenten und geräumigen Bädern. Es umfasst 14 Zimmer, inkl. zwei Suiten, die in einem der alten Stadttore, der Puerta de Saragossa, untergebracht sind.

Essen

Landa Terraza SPANISCH €€
(Calle Fernando el Católico 37; Gerichte 5,50–8,50 €, Menü 13 €; ⊙ 9–24 Uhr) Zünftiges Essen zu sehr guten Preisen und das gutgelaunte Personal locken die Kundschaft in diese relativ kleine Bar mit offener, heller Terrasse. Wie wär's mit einer *ración* oder *media ración* Eiern und Schinken, *longaniza*-Wurst mit *setas* (Waldpilzen), einem schnellen Bissen in Form eines *bocadillo* oder auch dem preiswerten *menú del día*?

La Cocina del Principal ARAGONISCH €€
(☎ 948 88 83 48; www.lacocinadelprincipal.es; Calle Fernando el Católico 13; Hauptgerichte 17–26 €; ⊙ März–Nov. Di–Sa 13.30–15.30 & 20.30–22.30 Uhr, Dez.–Feb. auf Anfrage) Allgemein gilt das La Cocina als das beste Restaurant im Ort. Es verdient Beifall für das *ternasco* (gebratenes Milchlamm), fürs gegrillte Rinderfilet und das Eisbein. Die Stiegen scheinen in einen Keller hinunterzuführen, doch dann tut sich ein Speisesaal mit Steinwänden und Aussichtsterrasse auf, der durch interessante Kunst unterstrichen wird.

Praktische Informationen

Touristeninformation (☎ 948 88 85 24; www.oficinaturismososdelreycatolico.com; Plaza Hispanidad; Touren Erw./Kind 4,40/1,90 €, inkl. Palacio de Sada 6,40/2,90 €; ⊙ Mo–Fr 10–13 & 16–19, Sa & So 10–14 & 16–19 Uhr, Sept.–Juni Mo geschlossen) Befindet sich im Palacio de Sada und veranstaltet täglich zwei oder drei spanischsprachige Führungen durchs Dorf.

An- & Weiterreise

In Sos starten montags bis freitags um 7 Uhr Busse von **Autobuses Cinco Villas** (☎ 976 66 09 80; www.autobusescincovillas.com) nach Saragossa (11 €, 2½ Std.). Um 17 Uhr geht's wieder zurück.

Valles de Hecho & Ansó

Diese reizvollen parallel verlaufenden Täler im hintersten Winkel von Aragoniens Nordwesten ziehen sich durch dichten Mischwald, der von einzelnen in Stein gebauten Dörfern unterbrochen wird, zwischen allmählich höher emporragenden Felswänden, über denen Raubvögel ihre Kreise ziehen, und enden schließlich am Hauptkamm der Pyrenäen an der französischen Grenze. Die Täler Hecho (Echo) und Ansó entstanden durch den Flusslauf des Río Aragón Subordán, von der Gebirgskette gen Süden, und des Río Veral, ein paar Kilometer weiter westlich. Außerhalb von Spanien hat sich noch kaum herumgesprochen, dass die zwei Täler und die Berge ringsum mit ihren Flüssen, Seen, Schluchten und Wasserfällen sowie atemberaubender Landschaft und zahlreichen Unterkünften ein Paradies für Wanderfreunde bereitstellen. Die oberen Abschnitte der Täler gehören zum 270 km² großen Naturpark Valles Occidentales.

Aktivitäten

Diese wunderschöne Naturkulisse wartet mit unzähligen gut markierte Wanderrouten auf – von einstündigen Spazierwegen bis hin zu ganztätigen Gipfelaufstiegen oder Trekkingtouren über mehrere Tage. Das Wetter ist unberechenbar, aber Juni bis Oktober ist im Allgemeinen die beste Zeit dafür. Die beliebtesten Ziele für Gipfelstürmer sind Bisaurín (2670 m), Castiello d'Acher (2384 m) und Meseta d'os Tres Rais (Mesa de los Tres Reyes; 2448 m), die je über einen sieben- oder mehrstündigen Rundweg vom nächstgelegenen Ort zu erreichen sind (1200 bis 1300 m An- und Abstieg).

Die Karte *Valles Occidentales Ansó-Echo* im Maßstab 1:25 000 von Prames ist zu empfehlen.

Die Touristeninformationen vor Ort haben Printmaterial zu den Routen, Tourenbeschreibungen und weitere Details auf Spanisch und Karten gibt's unter www.rutasvalledehecho.com, www.montanasegura.com und http://senderosturisticos.turismodearagon.com.

Anreise & Unterwegs vor Ort

Die A176 ist in gutem Zustand und führt von Puente la Reina an der N240 hinauf zu den Tälern Hecho und Ansó (13 km voneinander entfernt). Auch andere etwas schlechtere Straßen klettern bis zu den Tälern empor, die Asphaltierung reicht bis Selva da Oza im Valle de Hecho und Zuriza im Valle de Ansó.

Montags bis donnerstags und samstags startet ein Bus um 18.20 Uhr von der Haltestelle nach Jaca Hecho (3,50 €, 1¼ Std.) und fährt weiter nach Siresa und Ansó (freitags 19.40 Uhr, Juli und August montags bis samstags; sonntags kein Betrieb). Die Rückfahrt von Ansó ist montags bis samstags um 6.30 Uhr, Halt in Siresa um 6.50 Uhr und in Hecho um 7 Uhr.

Hecho

590 EW. / 820 M

Vermutlich gibt's keinen schöneren Ausgangspunkt für eine Wanderung in die Pyrenäen als Hecho (Echo). Das größte Dorf im Tal besteht aus einem reizenden Labyrinth solider Steinhäuser mit steilen Dächern, hohen Schornsteinen und Balkonen voller hübscher Blumen.

Museo de Arte Contemporáneo BILDHAUEREI
(www.valledehecho.es; Carretera de Oza) GRATIS Ein internationales Kunstsymposium, das hier zwischen 1975 und 1984 alljährlich stattfand, hat Hecho mit einer formidablen Sammlung zeitgenössischer Skulpturen und Gemälde ausgestattet. Über 40 Plastiken, v. a. aus Stein, stehen hinter der Touristeninformation und über das Dorf verteilt. Im Gebäude der Touristeninformation kann man zu den Öffnungszeiten eine Kollektion von 26 Gemälden und neun Holzschnitzereien besichtigen.

Val d'Echo Activa ABENTEUERSPORT
(☎ 974 37 54 21; www.valdechoactiva.com; Carretera de Oza 2; Halbtagesausflug 40–45 € pro Pers.) Dieser Laden in Hecho organisiert Canyoning in der Schlucht Boca del Infierno sowie Klettertouren (mit Stahltreppen, Leitern und Seilen) u. a. in Selva de Oza (mind. 3–4 Pers.).

Casa Blasquico HOSTEL €
(☎ 974 37 50 07; www.casablasquico.es; Plaza La Fuente 1; DZ 55–60 €, 3BZ 75 €; ⊙ März–Dez.; ❄ 📶) Die beste Unterkunft des Ortes, die familiengeführte Casa Blasquico, hat gerade mal sieben Zimmer – am besten im Voraus buchen! Mit ihren Blumenkästen, Giebeln, Stoffen mit floralen Mustern und dem Holzdekor könnte sie auch mitten in den Schweizer Alpen stehen.

★ **Restaurante Gaby** ARAGONISCH €€
(☎ 974 37 50 07; www.casablasquico.es; Plaza La Fuente 1; Hauptgerichte 12–19 €; ⊙ März–Dez. 13.30–15.30 & 20.30–22 Uhr; 📶) Das Restaurant der Casa Blasquico ist ein entzückendes Lokal mit einem in Holz gekleideten Speisesaal plus kleiner Terrasse über einer gepflasterten *plaza*. Auf dem Speiseplan steht simple Hausmannskost aus den Bergen mit erstklassigen Zutaten, die gekonnt aufbereitet werden: Waldpilz-Crêpe, Entenconfit und Entrecôte sind köstlich. Es gibt auch ein umfangreiches Weinangebot. Reservieren nicht vergessen!

Restaurante Canteré SPANISCH €€
(☎ 974 37 52 14; www.cantere.es; Calle Aire 1; Hauptgerichte 14–23 €, Menü 21 €; ⊙ Juli–Sept. 13.30–15.30 & 20.30–22.30 Uhr, Okt.–Juni Do–Di 13.30–15.30 Uhr) Perfekte Kreationen aus klassischen Ingredienzen und ein herzlicher Service sind das Geheimnis des Erfolgs dieses hellen, zeitgenössisch eingerichteten Lokals. Das 4-Gänge-*menú* ist ganz besonders verlockend, wie etwa Karottensuppe mit Kokosschaum, Entrecôte oder Seehecht mit Pilzen gratiniert – und wer will, kostet sich durch die Vorspeisen- und Dessertauswahl durch!

ℹ Praktische Informationen

Touristeninformation (☎ 974 37 55 05, Rathaus 974 37 50 02; www.valledehecho.es; Carretera de Oza; ⊙ Juli–Mitte Sept. 10–13.30 & 17.30–20 Uhr, Mitte Sept.–Juni Sa & So 10–13.30 & 16.30–19 Uhr)

Siresa

125 EW. / 870 M

In dem kleinen, schmucken Dorf, ein paar Kilometer nördlich von Hecho, nahm das mittelalterliche christliche Aragonien seinen Anfang.

Iglesia de San Pedro KIRCHE
(2 €; ⊙ Juli–Sept. 11–13 & 17–20 Uhr, Okt.–Juni nur Sa & So) Die Kirche mit den dicken Mauern ist Siresas Herzstück. Sie entstand im 9. Jh. als Teil eines Klosters, das in frühen Jahren das Zentrum der aufkeimenden Grafschaft von Aragonien bildete. Im 11. Jh. wurde die Kirche im romanischen Stil neu gebaut und im 13. Jh. wie auch in den 1990er-Jahren restauriert. Zu den Kunstschätzen im Inneren zählt eine gotische mehrfarbige Kreuzigungsdarstellung aus Holz, die während der letzten Renovierungsarbeiten zutage trat.

Hotel Usón HOTEL €
(☎ 974 37 53 58; www.hoteluson.com; Carretera Selva de Oza, Km 7; EZ 40–50 €, DZ 50–70 €, Apt. 75–85 €; ⊙ März–Okt.; P 📶) Gemütliche Zim-

mer in einer ruhigen Umgebung 5 km nördlich von Siresa an der Straße zur Selva de Oza. Das Usón ist eine gute Ausgangsbasis zum Wandern und Vögelbeobachten. Das Restaurant serviert anständige Hausmannskost (Frühstück/Abendessen 7/17 €), und das feine Pirineos Bier (Craft-Bier) wird hier gebraut.

Hotel Castillo d'Acher HOTEL €
(☎ 974 37 53 13; www.castillodacher.com; Plaza Mayor; EZ/DZ/3BZ/4BZ 35/55/65/75 €;) Dieses Haus aus Stein hat mit Pinienholz ausgestattete, relativ moderne Zimmer. Die Eigentümer vermieten auch Apartments im Dorf übers Wochenende oder auch für längere Aufenthalte. Im hauseigenen Restaurant wird ein herzhaftes *menú del día* (Tagesmenü) für 15 € angerichtet.

Selva de Oza

Das obere Ende des Hecho-Tals ist besonders schön. Hier verläuft die Route parallel zum Río Aragón Subordán, der sich seinen Weg durch einen dichten Wald bahnt. 7 km von Siresa entfernt zwängt sich die Straße durch die **Boca del Infierno** (Höllentor), und tritt nach ca. 3 km im besonders dichten Wald Selva de Oza wieder zutage. Von hier führt ein unbefestigter Abschnitt weitere 3 km bis zur Verbindungsstelle **A Mina**, wo Täler und Wege einander kreuzen.

Von A Mina starten Tagestouren, etwa entlang einer römischen Straße über die Pyrenäen auf den Bergübergang **Puerto del Palo** an der Grenze zu Frankreich (rund 5 Std. Rundweg, 750 m An- und Abstieg), zum Bergsee **Ibón d'Acherito** (4–5 Std. Rundweg, 660 m An- und Abstieg) und übers Weideland **Aguas Tuertas** zum See **Ibón d'Estanés**. Der letzte Fußmarsch lässt sich durch eine 4,5 km lange Anfahrt mit dem Auto von A Mina gen Osten auf je 3½ Std. (600 m An- und Abstieg) verkürzen.

Einfacher ist der etwa 3½ Std. (520 m An- und Abstieg) lange Rundweg um die Schlucht Boca del Infierno im Hecho-Tal, mit Start an der Brücke Puen de Santana, die über einen anderen Abschnitt der besagten römischen Straße führt.

Bosque de Oza ABENTEUERSPORT
(☎ 974 37 54 21; http://bosquedeoza.com; Erw./Kind 18/16 €; ⏱ Juni–Aug. 11–19 Uhr, März–Mai, Sept. & Okt. nur Sa & So;) Der Erlebnispark inmitten des Baumdickichts der Selva de Oza ist genau das Richtige für Kinder und umfasst acht Parcours aus Ziplines, Kletternetzen, Seilbrücken und Stegen, die gute zwei bis drei Stunden Spaß garantieren.

SKIFAHREN IN ARAGONIEN

Aragonien ist eine bekannte Skiregion in Spanien, und in den Pyrenäen geht die Saison von Dezember bis Mitte April. Im Folgenden die wichtigsten Skigebiete:

Candanchú (☎ 974 37 31 94; www.candanchu.com;) Etwa 30 km nördlich von Jaca (Unterkunftsmöglichkeiten) erstreckt sich Candanchú mit 60 km unterschiedlicher Pisten und einem angenehmen Bergdorfambiente. Beliebt bei Familien und Profis, da es eine der weniger teuren Skidestinationen in Spanien ist.

Astún (☎ 974 37 30 88; www.astun.com) Das neueste Resort in den Pyrenäen ist das eigens fürs Skifahren erbaute (und ziemlich hässliche) Astún mit 40 km Pisten für verschiedenste Anforderungen, 3 km von Candanchú entfernt, mit dem es die Shuttledienste teilt. Es gelten auch dieselben Skipässe.

Panticosa (☎ 974 48 72 48; www.formigal-panticosa.com;) Das kleinste von Aragoniens fünf Resorts in den Pyrenäen ist ein schöner Ausgleich zum größeren Formigal ganz in der Nähe, mit Dorfflair und v. a. roten und blauen Pisten.

Formigal (☎ 974 49 00 00; www.formigal-panticosa.com) Hoch oben im Valle de Tena nördlich von Sabiñánigo liegt Formigal, Aragoniens größes Skiresort mit 137 km abwechslungsreicher Pisten in vier verschiedenen Tälern. Es verfügt über eine gute, moderne Infrastruktur und eine relativ lebhafte Après-Ski-Szene.

Cerler (☎ 974 55 10 12; www.cerler.com) Dieses gut ausgestattete Resort ist eng mit Benasque verbunden, weswegen es jede Menge Restaurants, Übernachtungsmöglichkeiten und Aprés-Ski gibt. Besonders Anfänger und Skifahrer mittleren Niveaus fühlen sich hier auf den 8 km Pisten wohl.

Camping Selva de Oza CAMPINGPLATZ €
(☎ 974 56 55 15; http://camping-selvadeoza.com; ⏲ Erw./Zelt/Caravan 6/6/5,50 €, EZ/DZ/3BZ/4BZ inkl. Frühstück ab 35/60/95/110 €; ⓦ) Der Campingplatz wurde 2017 nach einer Rundumerneuerung wiedereröffnet, nachdem er 20 Jahre lang geschlossen war. Er liegt in hinreißender Umgebung direkt an einem Fluss und bietet einen guten autofreien Zeltplatz unter den Bäumen, ein Restaurant, eine Bar und sieben mit Pinienholz getäfelte Zimmer mit Federkernbetten.

Ansó

410 EW. / 840 M

Ansós Gewirr aus engen Gassen mit herausgeputzten Häusern befindet sich oberhalb des Ostufers des Río Veral und beschert zu allen Seiten herrliche Ausblicke auf Berg und Wald. Orientierungspunkte sind der kompakte Hauptplatz Plaza Domingo Miral und die überraschend große Iglesia de San Pedro aus dem 16. Jh.

Posada Magoría BAUERNHAUS €
(☎ 974 37 00 49; http://posadamagoria.com; Calle Milagros 32; DZ 55–60 €; ⓦ) Gleich unter der Kirche versprüht die entzückende Posada Magoría einen bezaubernden Vintagecharme. Sie wird von einer Familie gehegt und gepflegt, die eine Menge über die Region zu erzählen weiß. In der Küche werden ausgezeichnete vegane Gerichte zubereitet (Abendessen 10–16 €, Frühstück 6 €), v. a. mit Zutaten aus dem eigenen Biogarten. Die Gäste essen gemeinsam an einem langen Tisch. Der Biowein ist eine exquisite Begleitung.

Hostal Kimboa HOSTEL €
(☎ 650 987837; www.hostalkimboa.com; Paseo Chapitel 24; EZ/DZ inkl. Frühstück 45/55 €, inkl. HP Juli & Aug. 50/85 €; ⏲ Semana Santa–Okt.; ⓦ) Das freundliche familienbetriebene *hostal* recht weit oben im Dorf bietet schöne Zimmer mit Pinienholzmöbeln. Das gute Restaurant (*menús* 15–35 €) im Erdgeschoss hat sich auf traditionelle Grillfleischgerichte spezialisiert und verfügt über eine beliebte Bar mit Außenterrasse.

Maiberal ARAGONISCH €
(☎ 974 37 01 74; www.restaurantemaiberal.es; Calle Arrigo 1; Hauptgerichte 8–14 €, Menüs 17–27 €; ⏲ Mitte Juni–Juli & Sept. Mo–Fr 11–16.30 & 19–22.30, Sa–So 10–22.30 Uhr, Aug. 10–22.30 Uhr, Okt.–Mitte Juni Fr 11–16.30 & 19–22.30, Sa–So 10–22.30 Uhr) Ein freundliches authentisches Lokal mit leckeren Gerichten wie gefülltes Lamm, Tagliatelle mit Zucchini in Shrimps-Pilz-Soße oder geschmorter Hirsch in Himbeer-Wein-Soße. Zudem gibt's traumhafte Tapas (1,20 €), *tostas* (belegte Toastbrote), Burger, Shrimpssalat und *huevos rotos* („zerbrochene Spiegeleier") mit Wurst oder Schinken.

ℹ Praktische Informationen

Touristeninformation (☎ 974 37 02 25; www.turismoanso.es; Plaza Domingo Miral; ⏲ Juli & Aug. 10–13 & 17–20 Uhr, Mai, Juni & Sept. nur Sa & So)

Valle de Zuriza

Hinter der Schlucht Foz Veral, 11 km nördlich von Ansó, erstreckt sich das Ansó-Tal zum sogenannten Valle de Zuriza, einem pittoresken Fleckchen aus Wiesen, Wäldern und Flüssen, wo ein paar kleinere Straßen und idyllische Trekkingpfade, inkl. GR11, aufeinandertreffen.

Vom Camping Zuriza geht eine schöne Strecke je ca. drei Stunden auf den **Cuello Petraficha** und zurück, rund 750 Höhenmeter. Der schroffe Bergkamm der Sierra d'Alano ist den Großteil des Weges im Süden zu sehen. Mehr Kondition verlangt der Aufstieg auf den **Achar d'Alano** (2078 m; etwa 7 Std. Rundweg; 845 m An- und Abstieg). Wer mit dem Auto die unbefestigte Straße bis nach A Taxera fährt, erspart sich je eine halbe Stunde Wegzeit.

Hinter Camping Zuriza führt eine nicht asphaltierte Straße 5 km nach Norden zum **Refugio de Linza**, eine der Berghütten am Rundweg Senda de Camille und Ausgangspunkt für den Aufstieg auf die **Meseta d'os Tres Rais** (Mesa de los Tres Reyes; 2448 m), rund sieben Stunden Rundweg mit 1275 m Auf- und Abstieg.

Camping Zuriza CAMPINGPLATZ €
(☎ 620 879572; www.campingzuriza.es; Erw./Zelt/Caravan 5/5/5 €, DZ mit Gemeinschaftsbad/eigenem Bad 45/55 €, Bungalow für 2–4 Pers. 75 €; ⏲ Semana Santa–Anf. Okt.; Ⓟ) Hier wird's manchmal ziemlich voll, aber der Platz bietet etliche Unterkunftsmöglichkeiten, ein einfaches Restaurant und einen Lebensmittelladen in hübscher Umgebung mitten im Tal.

Santa Cruz de la Serós

150 EW. / 780 M

Santa Cruz de la Serós ist ein hübsches Dorf aus Steinbauten, die sich um die romanische Iglesia de Santa María aus dem 11. Jh. scharen, ursprünglich Teil des ältesten Klosters von Aragonien. Der Ort liegt 4 km südlich der N240, westlich von Jaca. Hauptsächlich dient er als Zugang zum wahrscheinlich faszinierendsten Kloster Aragoniens – dem Monasterio de San Juan de la Peña.

Sehenswertes

★ Monasterio de San Juan de la Peña KLOSTER

(Altes Kloster; www.monasteriosanjuan.com; Monasterio Viejo/inkl. 1 Interpretationszentrum/inkl. 2 Interpretationszentren Erw. 7/8,50/12 €, Kind 4,50/5/7 €; ⌚ März–Mai, Sept. & Okt. 10–14 & 15.30–19 Uhr, Juni–Aug. 10–14 & 15–20 Uhr, Nov.–Feb. So–Fr 10–14, Sa 10–17 Uhr; P) Die beiden Klosteranlagen von San Juan de la Peña thronen auf der felsigen Sierra de la Peña hoch über Santa Cruz de la Serós. 1675 veranlasste ein Feuer die Mönche, das **Monasterio Viejo** aus dem 10. Jh. aufzugeben und ein neues Kloster, das **Monasterio Nuevo**, höher in den Bergen zu bauen. Bis Mitte des 19. Jhs. wurden die historischen Klöster aufgegeben. Mittlerweile wurden sie restauriert und lohnen einen Besuch, wenn man an alter Architektur und Skulpturen, Geschichte oder Natur interessiert ist.

Die Straße windet sich von Santa Cruz 7 km bergauf bis zum Monasterio Viejo, das sich an einer Kurve unter den Felsüberhang duckt. Es ist eins der bedeutsamsten mittelalterlichen Klöster in Aragonien, in dem die Grabstätten der ersten drei Könige Aragoniens untergebracht sind – Ramiro I. (1036–64), Sancho Ramírez (1064–1094) und Peter I. (1094–1104) – ebenso wie zwei Kirchen (jene weiter unten zeigt eine eigenwillige mozarabisch-romanische Stilmischung, die weiter oben lässt nur auf romanischen Einfluss schließen). Doch das Glanzstück sind die wundervollen **Säulenkapitelle** aus dem 12. und 13. Jh., auf denen die Genesis und das Leben Jesu dargestellt sind.

Das Monasterio Nuevo ist ein größerer Ziegelbau mit zwei Türmen, 1,5 km weiter die Straße hinauf. Es beherbergt das Centro de Interpretación del Monasterio (Kloster-Interpretationszentrum), das auf den Ruinen des Klosters errichtet wurde und mit Infotafeln auf Spanisch die Geschichte der Klöster und des Königreichs von Aragonien erzählt. Ein Glasfußboden gewährt den Besuchern einen Blick auf möglicherweise etwas kitschige Mönchsfiguren in Lebensgröße und Szenen aus dem Leben der Mönche. Daneben ist das Centro de Interpretación del Reino de Aragón (Interpretationszentrum des Königreichs von Aragonien) in der neu erbauten Hauptkirche des Klosters untergebracht. Hier informiert ein 40-minütiger Film über die frühe Geschichte Aragoniens.

Eintrittskarten für beide Klöster werden im Monasterio Nuevo verkauft und im Sommer (Juni bis August) muss man auch dort parken. Ein Bus fährt alle 15 Minuten zum Monasterio Viejo hinunter und wieder zurück. Die Ticketpreise variieren, je nachdem wie viele Interpretationszentren man besucht.

Aussichtspunkte & Geier

Der **Balcón del Pirineo**, 400 m zu Fuß nördlich vom Monasterio Nuevo, gewährt unbeschreibliche Ausblicke über die Pyrenäen und mit ein bisschen Glück auf einige einheimische Geier, die dort durch die Lüfte gleiten.

Mehr Informationen zu den Vögeln und Naturmerkmalen der Region bietet das **Centro de Interpretación San Juan de la Peña y Monte Oroel** (☎ 974 36 14 76; ⌚ Juli & Aug. Di–So 10–14 & 16–18 Uhr, April–Juni & Sept.–Nov. Sa & So), gleich neben dem Monasterio Nuevo.

Schlafen & Essen

Hostal Santa Cruz HOSTEL €

(☎ 974 36 19 75; www.santacruzdelaseros.com; Calle Ordana; EZ/DZ/3BZ inkl. Frühstück 40/60/80 €; 📶) Eine großartige Unterkunft neben der Kirche in Santa Cruz de la Serós mit acht netten Zimmern, vier davon mit Balkonen zur Kirche hinaus. In der zugehörigen Bar gibt's *bocadillos,* und im Restaurant (montags geschlossen, außer im August) werden Fleischgerichte wie Wildschweinragout und ein gutes *menú del día* (14 €) serviert.

Das Hostel schließt jedes Jahr für ein paar Wochen, am besten auf der Website nachsehen!

An- & Weiterreise

Leider gibt's zum Kloster bzw. generell nach Santa Cruz de la Serós keine öffentlichen Verkehrsmittel. Wanderer müssen einen steilen 4 km langen ausgeschilderten Weg nehmen, der von Santa Cruz zum Monasterio Viejo führt. Die Wanderung, bei der es 350 m bergauf geht, dauert etwa 1½ Stunden.

Jaca

12 000 EW. / 820 M

Jaca ist das Eingangstor zu den westlichen Tälern der Aragonischen Pyrenäen. Das schöne kompakte Zentrum erinnert daran, dass dieser Ort im 11. Jh. die erste Hauptstadt des Königreichs Aragonien war und im 16. Jh. ein wichtiger Stützpunkt zur Abwehr einer möglichen französischen Invasion.

Der Sommertourismus im Juli und August und die Après-Ski-Partytiger an Winterwochenenden sorgen bis spät in die Nacht für ausgelassene Stimmung.

Sehenswertes

Catedral de San Pedro KATHEDRALE

(Plaza de la Catedral; ⌚11–13.30 & 16.15–20 Uhr) Jacas mächtige Kathedrale stammt aus dem 11. Jh. Ihr imposantes Erscheinungsbild gilt als typisch für die robuste Architektur Nordaragoniens. Ursprünglich errichtete man sie im zierlichen Stil der französischen Romanik, aber Zubauten und Veränderungen im Stil der Gotik und Renaissance im 15. und 16. Jh. verliehen ihr ein hybrides Aussehen. Innen lohnt vor allem die Kapelle im nordwestlichen Eckteil einen Besuch. Sie ist der hl. Orosia, der Stadtpatronin, gewidmet: Ihr Martyrium wurde auf einer Reihe geheimnisvoller Wandbilder festgehalten.

★ **Museo Diocesano** MUSEUM

(www.diocesisdejaca.org; Plaza de la Catedral; Erw./Senioren & Studierende/Kind 6/4,50/3 €; ⌚Juli & Aug. 10–14 & 16–20.30 Uhr, Sept.–Juni Mo–Sa 10–13.30 & 16–19, So 10–13.30 Uhr) Das hervorragende Museo Diocesano (in den Räumen rund um den Kreuzgang der Kathedrale, Zugang über die Kathedrale) ist eine Art Miniversion des Museu Nacional d'Art de Catalunya in Barcelona. Das Besondere hier ist eine aus Jacas katholischen Kirchen gerettete Sammlung romanischer und gotischer Kunstwerke. Eine Nachstellung der Kirche im Dorf Bagüés sticht hervor, deren Wandmalereien aus dem 11. Jh. zu den erlesensten Beispielen romanischer Malerei in Europa zählen.

Ciudadela FESTUNG

(Citadel; www.ciudadeladejaca.es; Avenida del Primer Viernes de Mayo; Erw./Senioren & Studierende/Kind 6/5/4 €, inkl. Museo de Miniaturas Militares 10/8/5 €; ⌚Juli–Sept. 10.30–14.30 & 16.30–20.30 Uhr, Okt. & Dez.–Mai Di–So 11–14 & 16–19 Uhr) Die große, sternförmige Zitadelle wurde in den 1590er-Jahren zur Verteidigung gegen eine französische Invasion errichtet und ist eine von nur zwei fünfeckigen Festungsanlagen in Europa. Zu Öffnungszeiten werden stündlich 40-minütige Touren (auf Spanisch, mit Informationsblättern in anderen Sprachen) abgehalten.

Museo de Miniaturas Militares MUSEUM

(Miniaturmilitärmuseum; www.museominiaturasjaca.es; Avenida del Primer Viernes de Mayo, Ciudadela; Erw./Senioren & Studierende/Kind 6/5/4 €; ⌚Juli–Sept. 10.30–14.30 & 16.30–20.30 Uhr, Okt. & Dez.–Mai Di–So 11–14 & 16–19 Uhr) Ein Zinnsoldatenmuseum klingt für die meisten über zehn wahrscheinlich nicht besonders aufregend, aber das sollte man überdenken. Die Schlachtenszenen in 3D, die in den verbundenen Räumen in der Zitadelle gezeigt werden, bebildern eine ganze Geschichtsstunde, die von Steinzeitmenschen mit Speeren bis hin zu Francos faschistischen Panzern reicht.

Feste & Events

Festival Folklórico de los Pirineos MUSIK, TANZ

(www.festivaljaca.es; ⌚Juli/Aug.) Dieses Folklorefestival feiert man in ungeraden Jahren Ende Juli oder Anfang August. Es bringt eine Woche lang lokale, nationale und internationale Musik, Tanz und Kunst an verschiedenen Standorten und auf den Straßen zusammen.

Schlafen

Hostal París HOSTEL €

(☎974 36 10 20; www.hostalparisjaca.com; Plaza de San Pedro 5; EZ/DZ mit Gemeinschaftsbad 32/42 €; 📶) Die freundliche, zentrale Unterkunft in der Nähe der Kathedrale verfügt über hohe Decken, knarrende Holzdielen sowie makellose, geräumige Zimmer – viele mit Blick auf den Platz – und schicke Gemeinschaftsbäder. Ein dürftiges Frühstück ist für 3 € erhältlich.

Hotel Jaqués HOTEL €€

(☎974 35 64 24; www.hoteljaques.com; Calle Unión Jaquesa 4; EZ 40–50 €, DZ 60–70 €; ❄📶) Über der soliden Mittelklasseoption liegt ein Hauch vergangener Noblesse. Das Hotel hat stilvolle, moderne Bäder und ein gutes Café sowie ein paar brandneue Apartmentzimmer zu ähnlichen Preisen in der Calle Obispo, gleich ums Eck.

★ **Hotel Barosse** BOUTIQUE-HOTEL €€€
(☎ 974 36 05 82; www.barosse.com; Calle Estiras 4, Barós; EZ inkl. Frühstück 110–159 €, DZ 138–199 €; 📶) 2 km südlich von Jaca bietet das im ruhigen Dorf Barós gelegene Hotel fünf individuell und liebevoll gestaltete Zimmer mit Natursteinwänden, wohlplatzierten Farbtupfern und schönen Bädern. Das gemütliche Wohn-/Lesezimmer, der prächtige Garten, das Spa, die Minibar und der tolle Ausblick auf die Pyrenäen versprechen einen angenehmen Aufenthalt.

Die Eigentümer José und Gustavo sind wunderbare Gastgeber und zaubern auf Wunsch leckere Abendessen (26–28 €). Nur für Erwachsene.

Essen

★ **La Tasca de Ana** TAPAS €
(Calle de Ramiro I 3; Tapas 1,80–3,50 €, raciones 2,50–14 €; ⏲ Juli–Sept. 12.30–15.30 & 19.30–24 Uhr, Okt.–Juni Mo–Fr 19–23.30, Sa & So 12.30–15.30 & 19–23.30 Uhr; 📶) An der Theke einer der besten Tapas-Bars Aragoniens werden köstliche Versuchungen präsentiert, deswegen kommen auch so viele Gäste. Außerdem gibt's leckere Hauptgerichte und eine preisgünstige Weinkarte. Am besten bestellt man einige der auf der Tafel angeschriebenen *tapas mas solicitados* (beliebteste Tapas). Dazu zählt z. B. die *tostada* (Toast) mit Ziegenkäse, *trigueros* (Spargel) und einem hartgekochten Ei.

★ **La Terapia** TAPAS, ARGENTINISCH €
(☎ 649 088874; Calle Mayor 31; Tapas & raciones 3–12 €, Hauptgerichte 8–24 €; ⏲ Di–Sa 12–16 & 19–24 Uhr) Die gut besuchte Terapia bietet eine Reihe unterschiedlicher Vorspeisen – traditionelle Tapas oder *raciones* Kroketten, Schinken, Wurst oder Meeresfrüchte, verschiedene Salate, frittierten Fisch, argentinisches Grillfleisch – aber das Sahnehäubchen sind die köstlichen *empanadas* (argentinische Blätterteigtaschen) mit Schinken, Käse, Tomaten und Basilikum gefüllt oder *setas* (Waldpilze) mit würzigem Cabrales-Käse.

Restaurante Asador Biarritz ARAGONISCH €€
(☎ 974 36 16 32; www.restaurantebiarritz.com; Avenida Primer Viernes de Mayo 12; Hauptgerichte 16–28 €, Menüs 15–55 €; ⏲ Do–Di 13–16 & 10–23 Uhr) Das Biarritz ist oft *completo* (voll) mit fröhlichen Gästen, die sich die klassische aragonische Küche schmecken lassen. Das Hauptaugenmerk liegt auf gutem, gegrilltem Fleisch und Fisch. Das Restaurant liegt an Jacas grüner Hauptstraße und offeriert Menüs zu unterschiedlichen Preisspannen. Reservierung empfohlen.

Praktische Informationen

Touristeninformation (☎ 974 36 00 98; www.jaca.es; Plaza de San Pedro 11–13; ⏲ Juli & Aug. Mo–Sa 9–21, So 9–15 Uhr, Sept.–Juni Mo–Sa 9–13.30 & 16.30–19.30 Uhr)

An- & Weiterreise

Vom zentralen **Busbahnhof** (☎ 974 35 50 60; Plaza Biscós) fahren täglich mindestens sechs Alosa-Busse (www.avanzabus.com) nach Huesca (7,80 €, 1¼ Std.) und Saragossa (16 €, 2½ Std.). La Burundesa (www.laburundesa.com) fährt ein- bis zweimal täglich Pamplona (7,80 €, 1¾ Std.) an.

Zweimal täglich verkehren Züge Richtung Süden nach Huesca (8,25 €, 2 Std.) und Saragossa (15 €, 3¼ Std.) sowie nordwärts zur Canfranc-Estación (2,80 €, 35 Min.).

Valle del Aragón

Aragonien ist nach dem Fluss Río Aragón benannt, der von den Pyrenäen zunächst südwärts Richtung Jaca verläuft und dann seine Richtung ändert und weiter westwärts nach Navarra fließt. Im 8. Jh. n. Chr. entstand hier eine kleine christliche Grafschaft, und als daraus ein mächtiges Königreich wurde, wurde der Name beibehalten. Heute führt die Straße N330 nordwärts von den kolossalen Bergen Jacas ins Valle del Aragón und klettert hinauf auf 1640 m am Pass von Puerto de Somport an der französischen Grenze.

Die Route führt nicht nur ins französische Vallée d'Aspe (wo der 8,6 km lange Somport-Tunnel heute eine Alternative zur Gebirgsüberquerung schafft), das Valle del Aragón beherbergt auch den außergewöhnlichen Bahnhof von Canfranc und die Skiresorts Astún und Candanchú (S. 449) sowie viele aussichtsreiche Wanderpfade.

Schöne Sommertage laden zu einem Spaziergang in kleineren Tälern wie dem Valle de Izas östlich der Canfranc-Estación ein; Infos dazu an der Touristeninformation. Der Aufstieg auf den Collado de Izas und zurück ist ein 7-stündiges Unterfangen mit 1000 m Höhenunterschied, doch es gibt auch unzählige kürzere Strecken. (Man kann auch 2 km bergauf über eine unbefestigte Straße bis zur Fuerte de Coll de Ladrones, einem verlassenen Fort, mit dem Wagen zurücklegen.)

Estación Internacional de Canfranc ARCHITEKTUR
(Internationaler Bahnhof von Canfranc; Canfranc-Estación) Der strahlende Jugendstil-Bahnhof von Canfranc steht als Andenken an die transpyrenäische Eisenbahn, die seit beinahe 50 Jahren stillliegt. Mit einem 250 m langen Hauptgebäude wurde der Bahnhof 1928 eröffnet und schloss auch die Zoll- und Einwanderungsbehörde für die damals neue Linie Saragossa–Pau (in Frankreich) mit ein. Bis 1970 herrschte reger Verkehr, bis eine Brücke auf französischer Seite einstürzte, die (bis jetzt) nicht repariert wurde – wobei die beiden Regierungen jetzt die Wiedereröffnung der Bahnlinie besprechen.

Bahnfreaks und allen, die was für Dekadenz übrig haben, wird die 40-minütige Führung gefallen, die die **Touristeninformation von Canfranc** (☎ 974 37 31 41; www.canfranc.es; Plaza del Ayuntamiento, Canfranc-Estación; ⌚ Juli & Aug. 9–20 Uhr, Sept.–Juni Di 16.30–19.30, Mi–Sa 9–13.30 & 16.30–19.30, So 9–13.30 Uhr) organisiert. Dies ist die einzige Möglichkeit, einen Blick auf das inzwischen leider marode Bauwerk zu werfen. Die Führungen finden auf Spanisch mit englischen und französischen Übersetzungen mittels kostenloser Audioguides mehrmals pro Tag statt (außer montags von September bis Juni). Die Zeiten stehen auf der Website der Touristeninformation. Man muss im Voraus buchen.

An- & Weiterreise

Der Kommunalverband Alto Valle del Aragón (www.mavaragon.es) betreibt fünf Busse täglich vom Bahnhof in Jaca nach Astún (2,90 €, 35 Min.) und zurück, mit Halt an der Canfranc-Estación (2,05 €, 20 Min.), in Candanchú und am Puerto de Somport.

Zwei Züge tuckern täglich von Saragossa über Huesca (11 €, 2¾ Std.) und Jaca (2,80 €, 35 Min.) zur Canfranc-Estación (16 €, 4 Std.) und retour.

FRANKREICH

Französische Regionalbusse von Nouvelle-Aquitaine (http://car.aquitaine.fr) fahren mindestens viermal täglich von der Canfranc-Estación nach Bedous in Vallée d'Aspe, Frankreich (6,40 €, 1 Std.) und zurück und schaffen damit Anbindung an Züge von/nach Oloron Sainte Marie und Pau in Bedous. Ein Bus-Zug-Kombiticket von Canfranc nach Pau (2¼ Std.) kommt auf 16 €.

Valle de Tena

Das Valle de Tena wird durch den Río Gállego bewässert und erstreckt sich von der Stadt Sabiñánigo gen Norden bis in die Berge, wo die A136 auf den Puerto del Portalet (1794 m), das Tor zum französischen Vallée d'Ossau, hinaufsteigt.

In den Höhen des Valle de Tena findet man zwei Skigebiete (S. 449): Panticosa (klein) und Formigal (groß, mit Einrichtungen über den Großteil der 6 km langen Hänge bis zur Grenze bei Portalet). Zwischen den beiden Skiorten liegt das entzückende, weitaus ältere Steindorf Sallent de Gállego, ein guter Ausgangspunkt für Wanderungen. Von Panticosa schlängelt sich eine 8 km lange Straße durch die Schlucht Garganta del Escalar bis zum kürzlich renovierten Thermalresort Baños de Panticosa.

Resort Balneario de Panticosa SPA
(☎ 974 48 71 61; www.panticosa.com; Baños de Panticosa; 30 Min. Erw./Kind 36/12 €; ⌚ Juni–Okt. & Weihnachten–Semana Santa 12–20 Uhr; 👪) Seit den 1690er-Jahren steht hier ein Badehaus, obwohl Kuraufenthalte bis Mitte des 19. Jh. nicht gerade hoch im Kurs standen. Heute ist das Balneario ein luxuriöser, ummodellierter Kurort mit vier Vier-Sterne-Hotels und etlichen Restaurants. Doch man muss hier nicht übernachten, um die Einrichtungen zu nutzen. Im Angebot stehen alle möglichen Thermenanlagen, Massagen, Behandlungen und Pakete. Die zentrale *zona de aguas* (Wasserbereich) umfasst fünf verschiedene Becken, eine Sauna, Dampfbad, Eisiglu, Solarium und noch mehr.

Respomuso-Wanderung WANDERN
Eine nette Tagestour, bei der man die mit Anlagen vollbebauten Skigebiete umgeht, folgt dem zurecht benannten Aguas Limpias (Fluss der klaren Wasser) von Sallent de Gállego hinauf zum **Embalse de Respomuso**, ein malerisches Reservoir auf 2200 m, von hohen Gipfeln umzingelt. Die Route verläuft entlang eines Teils des Fernwanderwegs GR11, 12 km von Sallent bergauf (ca. 3½ Std., 900 Höhenmeter), und dann geht's 12 km zurück.

Man erspart sich rund 3,5 km und je eine Stunde, wenn man mit dem Auto bis zum Restaurant Asador La Sarra am Rand von Embalse de la Sarra fährt. Wer in den Bergen übernachten möchte, findet Schlafsäle im **Refugio de Respomuso** (☎ 974 33 75 56; www.alberguesyrefugiosdearagon.com; Embalse de Respomuso; B Erw./Kind 17/9 €, Frühstück 6 €, Mittag- oder Abendessen 16 €; ⌚ Mitte März–Mitte Dez.), doch zur Hochsaison ist die Herberge schnell mal ausgebucht.

Pirineos Sur KULTUR
(www.pirineos-sur.es; ⌚Juli) Sallent de Gállego und das nahegelegene Lanuza veranstalten in der zweiten Julihälfte ein cooles Weltmusikfestival mit nächtlichen Konzerten. In den letzten Jahren traten namhafte Künstler wie die Flamenco-Stars Diego El Cigala und Duquende auf, der Rapper Residente aus Puerto Rico und westafrikanische Musikgrößen wie Youssou N'Dour und Toumani Diabaté.

Hotel Balaitus HOTEL €
(☎974 48 80 59; http://hotelbalaitus.com; Calle Francia 18, Sallent de Gállego; EZ 39–52 €, DZ 52–76 €;) Das Balaitus ist in einem historischen Gebäude aus dem 18. Jh. mit knarrenden Holzdielen mitten in Sallent untergebracht. Die meisten Zimmer sind addrett eingerichtet, einige etwas groß geraten, und die Lounge-Bar serviert *platos combinados, bocadillos* und Salate. Im ummauerten Vorgarten lässt es sich an Sommerabenden gut aushalten.

An- & Weiterreise

Von Jaca fahren täglich ein oder zwei Busse nach Panticosa (5,35 €, 1 Std.), Sallent de Gállego (6,25 €, 1¼ Std.) und Formigal (6,75 €, 1½ Std.). Auch Busse von Alosa (www.avanzabus.com) binden die Dörfer an Saragossa und Huesca an.

Parque Nacional de Ordesa y Monte Perdido

In dieser Gegend rauben einem die Berge schlichtweg den Atem. Der Park breitet sich vom Drachenrücken aus Kalksteingraten entlang der französischen Grenze Richtung Süden hin aus. Auf einem Südostausläufer erhebt sich der Monte Perdido (3355 m), der dritthöchste Berg der Pyrenäen. Tiefe Täler durchschneiden die eindrucksvollen Hochebenen. Viele wurden von Gletschern gebrochen, an deren Enden sich schlüsselähnliche *circos* (Kare, Gletschermulden) mit spektakulären Felsüberhängen gebildet haben. Zu den bedeutendsten Tälern zählen Ordesa (Westen), Añisclo (Süden), Escuaín (Südosten) und Pineta (Osten).

Überwältigende Landschaftsbilder mit herabstürzenden Schluchten, emporragenden Klippen, dichten Wäldern, Flüssen, Wasserfällen, schneebedeckten Gipfeln, Bergseen und Gletschern – das muss man gesehen haben, selbst wenn man nur eine Destination in den spanischen Pyrenäen schafft.

Aktivitäten

Der Nationalpark Ordesa y Monte Perdido bietet fantastische Trekkingmöglichkeiten.

Die besten Wetterbedingungen, auch zum Wandern, herrschen normalerweise von Mitte Juni bis Anfang September. Die tiefer gelegenen Strecken sind länger begehbar, doch sobald Schnee liegt, werden auch einfache Routen schwierig und die von Vornherein schweren Passagen werden gefährlich.

Am besten immer eine gute Karte wie *Parque Nacional de Ordesa y Monte Perdido* (1:25 000) von Editorial Alpina einstecken! Die Informationsstellen im Park geben Grafiken zu den vier Bereichen (Ordesa, Añisclo, Escuaín and Pineta) mit Beschreibungen der Wanderwege aus. Wer mehr wissen will, fragt einfach nach (die meisten Mitarbeiter sprechen neben Spanisch auch Englisch oder andere Sprachen).

★ **Cola de Caballo** WANDERN
Diese beliebte Route verläuft von Pradera de Ordesa 8 km (mit 500 m Anstieg) entlang des Valle de Ordesa durch steile Felsvorsprünge und vorbei an zahlreichen Wasserfällen bis zum Circo de Soaso, einem Amphitheater aus Fels mit dem Wasserfall Cola de Caballo (Pferdeschwanz) im Hintergrund. In der Ferne thront der Monte Perdido. Zurück geht's über dieselbe Strecke. Der 16 km lange Rundweg dauert etwa 5½ Stunden plus Rastpausen.

★ **Faja de Pelay** WANDERN
Diese Strecke ist zunächst anspruchsvoller, aber auch imposanter als die Standardroute Cola de Caballo. Von Pradera de Ordesa führen Zickzacklinien die unerbittliche Senda de los Cazadores (Jägerpfad) in 1½ Stunden über 600 Höhenmeter hinauf. Dann geht's fast den ganzen restlichen Weg sacht bergab bis zum Wasserfall Cola de Caballo.

Vom da läuft man den Hauptpfad durchs Tal entlang zurück zur Pradera. Insgesamt dauert die Tour ca. 6½ Stunden zuzüglich Pausen.

Refugio de Góriz & Monte Perdido WANDERN
Fitte Wanderer können den Circo de Soaso oberhalb der Cola de Caballo über eine Rei-

Parque Nacional de Ordesa y Monte Perdido

he von steilen Serpentinen bis zum Refugio de Góriz (S. 455) in 1½ bis zwei Stunden erklimmen. Die Herberge dient oft als Startpunkt für diverse Besteigungen inkl. Monte Perdido und bildet einen der wichtigen Kreuzungspunkte in den Pyrenäen.

Aufgepasst, denn der Monte Perdido ist nicht ungefährlich: Fast das ganze Jahr über ist die Route von der Herberge vollständig oder teilweise mit Schnee bedeckt und erfordert neben Erfahrung auch Steigeisen und Eispickel. Selbst wenn der Schnee geschmolzen ist (meist von Mitte Juli bis in den September hinein) ist die Strecke immer noch sehr anspruchsvoll und verlangt gute Kondition und Bergsteigerfahrung. Der Aufstieg geht von 2200 m über ein langes, besonders steiles, steiniges Stück auf 335 m – Trittsicherheit erforderlich! Von Góriz sind es etwa vier Stunden bergauf und dann drei Stunden wieder hinab. Man sollte früh aufbrechen.

Cañón de Añisclo
WANDERN

Die klaffende Wunde in der Erdkruste ist stellenweise 500 m tief. Von der Brücke Puente de San Úrbez führt ein Pfad neben der HU631 in etwa 2½ Stunden (450 m Anstieg) den Canyon nach La Ripareta empor, wo der Barranco de la Pardina den Río Bellós kreuzt, und in weiteren zwei Stunden (300 Höhenmeter) gelangt man zu einem anderen Zusammenfluss unter dem mächtigen Wasserfall Fuen Blanca.

★ Balcón de Pineta
WANDERN

Diese anstrengende, lohnende Tagestour (ca. 7-stündiger Rundweg) startet am Parkplatz in der Nähe des Ostrandes des Pineta-Tals und führt 1300 m immer steiler hinauf zum Balcón. Das öde, plateauartige Terrain weit über der Baumgrenze beschert fantastische Ausblicke aufs Tal und die gletscherbeladene Nordseite des Monte Perdido aus nächster Nähe.

Miradores de Revilla VOGELBEOBACHTUNG
Nachdem Naturschützer ganz in der Nähe eine Futterstelle errichtet haben, stehen die Chancen gut, den seltenen Lämmergeier und auch den Schmutz- und den Gänsegeier von den Aussichtspunkten am Miradores de Revilla zu sichten. Die Anreise erfolgt über einen einfachen 1,25 km langen Weg vom Dorf Revilla, das man wiederum über eine 12 km lange, schlangenförmige befestigte Abzweigung von der A138 erreicht.

Schlafen

Im Park gibt's nur eine Berghütte mit Übernachtsungmöglichkeiten, den Refugio de Góriz, aber in den Städten, Dörfern und der restlichen Umgebung warten jede Menge weiterer Optionen wie Campingplätze, Schutzhütten, *hostales*, Ferienapartments, *casas rurales* und Hotels, etwa in Torla, Broto, Aínsa, Escalona, Bielsa und dem Valle de Bujaruelo. Manche Unterkünfte sind von November bis März geschlossen.

Refugio de Góriz HOSTEL €
(☎ 974 341 201; www.goriz.es; B 17 €) Eine der besten Unterkünfte in den spanischen Pyrenäen liegt im Schatten des Monte Perdido, für den sie als inoffizielles Basislager dient. Sie befindet sich in beneidenswerter Lage an einer Kreuzung traumhafter Wege. Die 72 Schlafplätze sind im Juli und August sowie an Juni- und Septemberwochenenden restlos ausgebucht, also besser vorab buchen.

Am schnellsten kommt man nach einer ca. vierstündigen Wanderung von Pradera de Ordesa über den Circo de Soaso hierher. Zelten ist nur zwischen Sonnenuntergang und Sonnenaufgang erlaubt. Die Hütte hat das ganze Jahr geöffnet, die Bar ist den ganzen Tag in Betrieb und es gibt Picknickpakete zu Mittag sowie Frühstück (6 €) und Abendessen (17 €).

Praktische Informationen

Dies sind die wichtigsten Informationsstellen im Nationalpark (wechselnde Öffnungszeiten):

Bielsa (☎ 974 501 043; Casa Larraga, Plaza Mayor, Bielsa; ⏲ Ostern–Okt. 8–15 & 16.15–19, Nov.–Ostern Mo–Fr 8–15 Uhr, Sa & So 9–14 & 15.15–18 Uhr)

Centro de Visitantes de Torla (☎ 974 486 472; Avenida Ordesa, Torla; ⏲ Ostern–Okt. 9–14 & 16.15–19 Uhr, Nov.–Ostern Mo–Fr 8–15, Sa & So 9–14 & 15.15–18 Uhr)

Centro de Visitantes de Tella (Calle La Iglesia, Tella; ⏲ Ostern–Okt. 9–14 & 16.15–19 Uhr, Nov.–Ostern Sa & So 9–14 & 15.15–18 Uhr)

Escalona (☎ 974 505 131; Calle Mayor, Escalona; ⏲ Ostern–Okt. 8–15 & 16.15–19 Uhr, Nov.–Ostern Mo–Fr 8–15, Sa & So 9–14 & 15.15–18 Uhr)

Escuaín (⏲ 9–14 & 15–19 Uhr)

An- & Weiterreise

Die wichtigsten Ausgangspunkte für Parkerkundungen sind das Dorf **Torla** im Westen, mit einfachem Zugang zum Valle de Ordesa; die kleine Stadt **Aínsa**, südöstlich vom Park, welche die Zufahrt zu den Abschnitten Añisclo und Escuaín gewährt; und das Dorf **Bielsa** im Osten, an der Talmündung nach Pineta, 34 km nördlich von Aínsa an der A138. Alle drei Orte sind mit dem Bus erreichbar.

Von **Torla** sind es 8 km Fahrt oder Fußmarsch nach **Pradera de Ordesa**, von da starten zahllose schöne Wanderungen im Valle de Ordesa. Privatfahrzeuge sind nur bis nach Pradera de Ordesa zugelassen und das Valle de Ordesa ist in der Osterwoche, im Juli, August und Anfang September für Autos gesperrt. Zu diesen Zeiten verkehrt ein Shuttelbus zwischen dem **Besucherzentrum** in Torla und Pradera de Ordesa (einfach/hin & zurück 3/4,50 €, Kinder gratis). Maximal 1800 Besucher dürfen sich zur selben Zeit im Ordesa-Parkbereich aufhalten.

Von **Escalona**, 11 km nördlich von Aínsa an der A138, führt eine geteerte Nebenstraße (HU631) Richtung Nordwesten hinüber nach **Sarvisé**. Sie kreuzt den Südzipfel des Parks in einem engen, kurvigen Abschnitt, der sich das dramatische Bellos-Tal hochwindet und Zugang zu Wanderwegen im spektakulären Añisclo-Canyon (die oberen Regionen des Bellos-Tals) ermöglicht. In der Osterwoche, im Juli, August und Anfang September wird ein Teil der Strecke zur Einbahnstraße. Im 13 km langen Abschnitt zwischen Puyarruego und der Abzweigung nach Buerba darf man nur in nordwestliche Richtung fahren. Wer gen Südosten möchte, nimmt die weiter südlich gelegene Parallelstrecke durch Buerba.

Torla

220 EW. / 1040 M

Torla drängt sich geradezu als Tor zum Parque Nacional de Ordesa y Monte Perdido auf, ein reizendes Bergdorf aus Steinhäuschen mit Schieferdächern. Die Häuser liegen oberhalb des Río Ara in einer zauberhaften Umgebung vor der herrlichen Gebirgskulisse des Parks. Im Juli und August drängen sich hier die Touristen.

Aktivitäten

Guías de Torla ABENTEUERSPORT
(☎ 974 486 422; www.guiasdetorla.com; Calle Francia; Halbtagestour Canyoning ab 46 € pro

Pers.) Der Nationalpark Ordesa-Monte Perdido und sein Umland bieten in ihren Schluchten unendlich viele Möglichkeiten für Abenteurer, die die Region beim Abseilen, Springen und Rutschen auf Canyoningausflügen erforschen wollen. Guías de Torla ist eine etablierte, professionelle Firma, die von Ostern bis Oktober verschiedene Touren für jedes Level arrangiert.

Schlafen

Edelweiss Hotel HOTEL €

(☎974 48 61 73; www.edelweisshotelordesa.es; Avenida Ordesa 1; EZ/DZ inkl. Frühstück 44/60 €; ⏲Ostern–Mitte Nov.; P 📶) Die Zimmerdeko hier verdient zwar keinen Preis, aber die Räume sind bequem und viele haben Aussichtsterassen oder -balkone. Das Personal ist besonders freundlich und hilfsbereit, die Preise sind gut, das Frühstück reichhaltig, und die Location ist praktisch: Das Hotel liegt an der Straße nach Ordesa mit ausreichend (gratis) Parkplätzen.

Hotel Villa de Torla HOTEL €

(☎974 48 61 56; www.hotelvilladetorla.com; Plaza Aragón 1; EZ 45–50 €, DZ 58–75 €, 3BZ 85–95 €; @ 📶 🏊) Manche der sauberen Zimmer sind in stilvolle weiß- und cremefarbene gemusterte Tapeten gekleidet, andere haben geblümte Bettüberwürfe und wirken etwas altmodisch. Das Highlight ist zweifellos der Swimmingpool, der mit einem herrlichen Ausblick aufwartet. Ein großzügiges Frühstücksbüffet (6 €) wird aufgetischt.

Hotel Villa Russell HOTEL €€

(☎974 48 67 70; www.hotelvillarussell.com; Calle Francia; EZ 63 €, DZ 88–99 €, 4BZ 165 € inkl. Frühstück; ⏲Ostern–Nov.; P 📶) Das Villa Russell ist nicht gerade für einen Stilwettbewerb gerüstet, aber die Zimmer sind geräumig und mit Sofa, Mikrowelle und Massageduschen ausgestattet. Im Obergeschoss gibt's ein ebenso gut eingerichtetes Familienapartment. Im August steigen die Preise. Parkplätze (8,80 €) sind vorhanden.

Essen

La Brecha ARAGONISCH €

(☎974 48 62 21; www.lucienbriet.com; Calle Francia; Menüs 16 €; ⏲Semana Santa & Juni–Nov. 13.30–15.30 & 20–22.30 Uhr; 📶) Hausmannskost, wie Lammbraten mit Kartoffelkroketten, Kalbsschnitzel und *longaniza*-Würste, sind die Spezialitäten dieses belebten Restaurants im Obergeschoss. Das *menú* enthält auch eine Weinliste, aber man sollte sich den hausgemachten *pacharán* (Schlehenlikör, der bei der Verdauung helfen soll) nicht entgehen lassen.

Café Mondarruego SPANISCH €

(Calle Francia 44; Gerichte 6,50–12 €; ⏲8–23 Uhr) Diese freundliche Café-Restaurant-Bar macht schon mal einiges richtig, indem sie das serviert, wonach sich die meisten hungrigen Wanderer sehnen: sättigendes, gutes Essen zu günstigen Preisen. Die großzügigen *platos combinados* mit Schweinekoteletts und Hühnerschnitzel sind besonders beliebt, aber es gibt auch gute Salate und Burger sowie *raciones* Schinkenkroketten oder Hühnerspieße.

Restaurante El Duende ARAGONISCH €€

(☎974 48 60 32; www.restauranteelduende.com; Calle de la Iglesia; Hauptgerichte 13–26 €, Menüs 22–32 €; ⏲Feb.–Dez. 13.30–15.30 & 20–22.30 Uhr; 📶) Das Duende (Elfe) in dem Haus aus dem 19. Jh., aus Steinen der Region erbaut, ist die beste Option im Ort. Die Speisekarte umfasst erstklassige Fleischgerichte vom Grill und kreative Desserts. Das Haus ist gut besucht, also am besten im Voraus reservieren.

Praktische Informationen

Im Dorf gibt's einige Geldautomaten, Geschäfte für Outdoor-Equipment, Essen und Landkarten.

An- & Weiterreise

Alosa (☎902 21 07 00; www.avanzabus.com) schickt ein oder zwei Busse täglich von/nach Sabiñánigo (4,25 €, 1 Std.), die Anbindung an Busse und Züge nach/von Jaca und Saragossa schaffen. Ein oder zwei Busse touren täglich nach Aínsa (4,35 €, 1 Std.) und von Juli bis Oktober nach Barbastro (10 €, 2 Std.)

Valle de Bujaruelo

Das fotogene Valle de Bujaruelo nördlich von Torla grenzt im Westen an den Parque Nacional de Ordesa y Monte Perdido, dem es landschaftlich in nichts nachsteht, und beherbergt auch erstklassige Wanderwege.

Private Fahrzeuge können bis San Nicolás de Bujaruelo, 10 km nördlich von Torla, fahren. Von Torla führt auch ein Trekkingpfad entlang des GR11, nördlich der Puente de los Navarros, ins Tal.

Viele schöne Tagestouren starten in San Nicolás de Bujaruelo, inkl. leichter Wege ins

Valle de Otal (Westen) und **Valle de Ordiso** (Nordwesten), oder man besucht beide auf einem etwas anspruchsvolleren Rundweg von ca. sechs Stunden. Der atemberaubende Bergsee **Ibón de Bernatuara** befindet sich etwa 3½ Stunden nördlich von San Nicolás (Aufstieg 975 m), der Abstieg dauert 2½ Stunden.

Von San Nicolás geht ein 4,5 km langer Anstieg Richtung Osten auf den Pass **Puerto de Bujaruelo** an der französischen Grenze (ca. 3½ Std., 950 m Anstieg), drei Stunden dauert der Rückweg hinunter. Alternativ wandert man bis nach Frankreich weiter, entweder drei Stunden ins Dorf Gavarnie hinab oder zum Refuge des Sarradets (rund 1½ Std.).

Camping Valle de Bujaruelo CAMPINGPLATZ €
(☎ 974 48 63 48; www.campingvalledebujaruelo.com; pro Erw./Zelt/Auto 4,90/5/5 €, DZ/3BZ/4BBZ mit Gemeinschaftsbad 30/45/58 €, Bungalow 80–105 €; ⌚ April–Okt.; P 📶 🐾) Der gepflegte Campingplatz, 7 km nördlich von Torla, liegt in einer reizenden Umgebung. Neben schattigen Zeltplätzen werden Holzbungalows für bis zu vier Personen mit Küchen und Bädern sowie *refugio*-Zimmer für zwei bis fünf Personen vermietet. Vor Ort findet man auch ein Restaurant und einen Laden.

Aínsa

1640 EW. / 560 M

Das schöne mittelalterliche Aínsa ist ein Meisterwerk aus unebenen Steinen und gehört zu den Perlen Aragoniens. Allerdings wird es im Hochsommer von Touristenmassen überlaufen. Vom Hügel eröffnet sich Besuchern ein grandioses Bergpanorama mit der großartigen Felsbastion der Peña Montañesa. Der moderne Teil von Aínsa erstreckt sich unterhalb um eine geschäftige Kreuzung und an den Flussläufen von Ara und Cinca aus den Pyrenäen.

Sehenswertes

★ **Plaza Mayor** PLATZ
Der alte gepflasterte Hauptplatz in Aínsa ist 80 m lang und von beschaulichen Steinbögen und Häusern gesäumt. Es ist einer der reizendsten Plätze in Spanien. Ursprünglich war dies im 12. und 13. Jh. der Markt- und Festplatz. An der Architektur hat sich seither kaum etwas geändert, obwohl der Rummel heute von den Tischen und Sonnenterrassen der zahlreichen Restaurants anstelle von Marktständen ausgeht.

Castillo BURG
GRATIS Die Burg am nordwestlichen Ende der Plaza Mayor stammt hauptsächlich aus dem 16. und 17. Jh., nur die Torre del Homenaje datiert ins 11. Jh. Von ihren Mauern genießt man eine wunderbare Aussicht.

Die beiden erhaltenen Türme beherbergen recht interessante Museen: Das **Eco Museo** (☎ 974 50 05 97; www.quebrantahuesos.org; Burg; 4 €; ⌚ Mai–Okt. 11–14 & 16–20 Uhr, März, April, Nov. & Dez. Mo, Do & Fr 11–14, Sa & So 11–14 & 16–19 Uhr; 👪) 🌿 zeigt in der Torre del Homenaje die Fauna der Pyrenäen und der **Espacio del Geoparque de Sobrarbe** (www.geoparquepirineos.com; Burg; ⌚ 9.30–14 & 16.30–19 Uhr) GRATIS gibt eine Ausstellung über die faszinierenden geologischen Formationen der Region zum Besten.

AÍNSA, DIE STADT DER ABENTEUER

Aínsa liegt den Pyrenäen und ihren Nebengebirgen und Tälern praktisch zu Füßen, die die Stadt unweigerlich zum Zentrum für alle möglichen Abenteueraktivitäten machen, wie Mountainbiken, Canyoning, Klettern, Rafting und Kajakfahren. Etliche Agenturen arrangieren Ausflüge.

Die Täler, Hügel, Schluchten und Berge im Bezirk Sobrarbe rund um Aínsa sind ein Paradies für Mountainbiker, mit ca. 500 km Geländestrecken, von denen viele für Radfahrer ausgeschildert sind. Das **Projekt Zona Zero** (http://bttpirineo.com) liefert Unmengen an Informationen dazu und bietet eine Plattform für radsportfreundliche Unterkünfte, Reparaturwerkstätten, Guides und Radtransportdienste. **T-T Aventura** (☎ 974 51 00 24; www.ttaventura.com; Avenida Pirenaica 10; ⌚ Bürozeiten 9–14 & 16–21 Uhr) verleiht Enduro-Mountainbikes (halber/ganzer Tag 40/60 €), Preisnachlässe gibt's für mehrtägige Verleihe.

InterSport (Avenida Sobrarbe 4; ⌚ Mo–Sa 9–21, So 9–14 & 16–21 Uhr) verkauft fast alles, was man für Outdoor-Aktivitäten gebrauchen kann, von Schuhen bis zu Rucksäcken, Helmen bis zu Isomatten. Der Shop bietet auch eine Auswahl an Karten.

Iglesia de Santa María KIRCHE
(Turm 1 €; ⌚ Juli–Sept. 7.30–20 Uhr, Okt.–Juni 16–20 Uhr) Aínsas Hauptkirche ist absolut unverfälscht romanisch. Nur wenig Schmuckwerk ist an den dicken, nackten Mauern aus dem 11. Jh. zu sehen. Unbedingt besichtigen: die schmucke Krypta und den kleinen trapezförmig angelegten Kreuzgang, sowie den Glockenturm.

Schlafen

In der Gegend um die Plaza Mayor gibt's ein paar gepflegte altertümliche Unterkünfte, doch die meisten Optionen befinden sich unten im neuen Stadtteil.

Albergue Mora de Nuei HOSTEL €
(☎ 974 51 06 14; www.alberguemoradenuei.com; Calle del Portal de Abajo 2; B/DZ 20/55 €; ⌚ Feb.–Dez.; 📶) Eines der besten Hostels Aragoniens liegt am unteren Ende des alten Ortskerns. Es wartet mit farbenfroh eingerichteten Zimmern und Schlafsälen auf – für zwei, vier oder zehn Personen, alle mit eigenem Bad. Die Bar offeriert gutes, preiswertes Essen und 40 verschiedene Craft-Bier-Sorten, sowie eine angenehme Terrasse, regelmäßige Livemusik und andere Veranstaltungen.

★ **Hotel Los Siete Reyes** BOUTIQUE-HOTEL €€
(☎ 974 50 06 81; www.lossietereyes.com; Plaza Mayor; Zi. 90–120 €; ❄📶) Unter einem Bogengang versteckt an Aínsas Hauptplatz findet sich das Siete Reyes, dessen Stil man am besten mit „historisch-boutique" beschreiben kann. Es gibt sechs Zimmer für Könige und Königinnen. An den alten Steinwänden hängt moderne Kunst, und atmosphärisches Licht strömt von den Holzbalken an der Decke.

Hotel Sánchez HOTEL €€
(☎ 974 50 00 14; www.hotelsanchez.com; Avenida Sobrarbe 10; EZ 41–71 €, DZ 51–105 €, Suite 84–140 €; P❄📶) Das begehrte Hotel liegt in guten Händen und bietet im unteren Teil der Stadt saubere, mittelgroße Zimmer in Pinienholz sowie geräumige, bequeme Suiten und Apartments einer neueren Designlinie in Silbergrau mit Beleuchtungsstufen und diversen Holzveredelungen. Der Wasserdruck in der Dusche lässt nichts zu meckern.

Auch die Gastronomieversorgung ist perfekt. Das elegante Restaurant ist auf Fisch- und Fleischgrillerei spezialisiert, während die viel besuchte Cafeteria verlockende *pinchos* an der Bar aufgereiht hat und Salate, Pizzen und *platos combinados* (meist 6–9 €) anrichtet.

Casa de San Martín HISTORISCHES HOTEL €€€
(☎ 974 50 31 05; www.casadesanmartin.com; San Martín de la Solana; EZ/DZ ab 132/165 €; ⌚ März–Jan.; P❄📶) Ein erstaunliches ländliches Refugium mit grandiosem Blick über das abgelegene Tal. Das stattliche Steinhaus aus dem 18. Jh. wurde schön renoviert und die Zimmer zeugen von viel Geschmack, ohne überladen zu wirken. Das Essen (Menüs 25 €) ist herausragend. Für die Anreise fährt man 16 km auf der N260 von Aínsa westwärts, und dann 5 km über eine unbefestigte Straße, dem Schild „San Martín de la Solana" folgend.

Essen

L'Alfil TAPAS €
(Travesera de la Iglesia; raciones 6,50–10 €; ⌚ Mai–Okt. 11–16 & 19–24 Uhr, Nov.–Apr. kürzere Öffnungszeiten) In einer Seitenstraße gegenüber der Kirche findet man dieses hübsche kleine Café mit Bar und Blumen auf den Tischen draußen. Hier sind die *raciones* ausgefallener als in den anderen Lokalen: Waldpilzaufläufe, Wild oder Schnecken, Entenpastete und geräucherter Wildschweinschinken. Dies ist auch die richtige Adresse für alle, die die famose Wurst *longaniza de Graus* kosten wollen.

Bodegón de Mallacán ARAGONISCH €€
(☎ 974 50 09 77; Plaza Mayor 6; Hauptgerichte 17–21 €; ⌚ 9–16.30 & 19–23 Uhr) Besucher wollen Aragonien nicht *adiós* sagen, ohne die regionale langsam geschmorte Lamm-Spezialität probiert zu haben: *ternasco*. Und Bodegón de Mallacán auf Aínsas alter Plaza ist ideal, um das Gericht zu probieren. Weitere Klassiker auf der Speisekarte sind Ente, Wildschwein, Rindfleisch, Rebhuhn, Froschschenkel und Wildpastete.

★ **Restaurante Callizo** MODERN SPANISCH €€€
(☎ 974 50 03 85; www.restaurantecallizo.es; Plaza Mayor; Menüs Erw./Kind 50/25 €; ⌚ Mi–Mo 12.45–15 & 20.45–22 Uhr) Das Callizo schafft die hohe Kunst, die traditionelle aragonische Küche mit moderner Gastrokultur zu verbinden – und das Ergebnis ist nicht nur einfach ein Essen, sondern ein wahres Genusserlebnis. Im Angebot stehen Forelle aus dem Río Cinca, Rebhuhn und Tournedos vom Kalb, alle fantasievoll aufbereitet. Man sollte reservieren (über die Website möglich) und rechtzeitig kommen!

Praktische Informationen

Städtische Touristeninformation (☎974 50 07 67; www.villadeainsa.com; Avenida Ordesa 5; ⏰10–14 & 16–19.30 Uhr) Im neuen Ortsteil den Hügel hinunter.

Oficina Comarcal de Turismo (Regionale Touristeninformation; ☎974 50 05 12; www.turismosobrarbe.com; Torre Nordeste, Plaza del Castillo 1; ⏰9.30–13.30 & 16.30–19 Uhr) Im Castillo.

An- & Weiterreise

Ein bis zwei Busse von **Alosa** (☎902 21 07 00; www.avanzabus.com) fahren täglich von/nach Barbastro (5,85 €, 1 Std.) und Torla (4,35 €, 1 Std.). In Barbastro gibt's Umstiegsmöglichkeiten nach Huesca, Saragossa und Barcelona.

Autocares Bergua (☎974 50 06 01; www.autocaresbergua.com) bedient im Juli und August einmal täglich die Strecke nach Bielsa (5 €, 1 Std.), in den restlichen Monaten nur montags, mittwochs und freitags.

Die Bushaltestelle befindet sich am Südende der Brücke über den Río Ara.

Benasque

1535 EW. / 1150 M

Aragoniens nordöstlichste Ecke wartet mit den höchsten und formschönsten Pyrenäengipfeln auf, und das sympathische kleine Benasque ist ein toller Ausgangspunkt für Abstecher in die Hochtäler. Selbst im Hochsommer sind die Berge eisbedeckt. Ein Großteil der Region gehört zum Parque Natural Posets-Maladeta und steht unter Schutz.

Die adrette Architektur aus Stein und Schiefer, ganz im alpinen Stil, wirkt recht modern, doch die Stadt blickt auf eine lange Geschichte zurück. Die Kirche ist romanischen Ursprungs und der Palacio de los Condes de Ribagorza an der Calle Mayor stammt aus dem 16. Jh.

Aktivitäten

Die Gegend um Benasque ist genau das Richtige für Abenteurer. Die Täler und Berge laden zum Wandern und Klettern ein und Cerler (S. 449), ein paar Kilometer nordöstlich der Stadt, zum Skifahren, **Castejón de Sos**, 14 km südlich, zum Gleitschirmfliegen und **Campo**, 33 km südlich, zum Rafting. In Benasque organisieren mehrere Agenturen entsprechende Touren.

Wanderfreunden sind hier so gut wie keine Grenzen gesetzt, v. a. im oberen Benasque-Tal (S. 463) und seinen Seitenarmen. Die beste Zeit dafür ist etwa von Mai bis Oktober. Je nach Schneelage sind Wanderungen in den tiefer gelegenen Gebieten eventuell auch länger möglich, während die höheren Regionen schon früher nicht mehr begehbar sein können.

Compañía de Guías Valle de Benasque ABENTEUERSPORT
(☎974 55 16 90; www.guiasbenasque.com; Avenida de Francia, Edificio Els Ibons; ⏰Bürozeiten 10–14 & 16.30–20.30 Uhr) Das Unternehmen hat über 20 Jahre Erfahrung und bietet im Sommer und im Winter eine breite Auswahl an Aktivitäten und Kursen an, darunter Wanderungen, Bergsteigen, Canyoning und Skitouren. Auch die dafür nötige Ausrüstung wird verliehen.

Schlafen

Hotel Avenida HOTEL €
(☎974 55 11 26; www.hotelavenidabenasque.es; Avenida de los Tilos 14; inkl. Frühstück EZ 39–46 €, DZ 62–74 €; 📶) Die Zimmer in diesem Hotel im Skihüttenstil in zentraler Lage sind klein, aber fein, mit Holzdetails und Giebeldach ausgestattet, und obendrein ist das Personal

WILDE WASSER, SANFTE SONNENSTRAHLEN

Am Río Ésera, 33 km südlich von Benasque, liegt eine der wichtigsten Raftingstationen (ideal von April bis Juni) in den Pyrenäen: das Dorf Campo. Anbieter säumen die N260 in Campo. Empfehlenswert ist **Sin Fronteras** (☎974 55 01 77; www.sinfronterasadventure.com; Carretera Benasque 1, Campo; Halbtagestour Rafting 35–45 €; ⏰Ostern–Sept. 10–19 Uhr; 👪), am Kreisverkehr am südlichen Stadtrand. Geboten wird eine ganze Reihe von Sommeraktivitäten wie Kanufahren, Canyoning in der nahegelegenen Schlucht Aigüeta de Barbaruéns, sowie Rafting – jeweils auch familienfreundliche Optionen.

14 km südlich von Benasque wartet Castejón de Sos, eine Topdestination fürs Gleitschirmfliegen in Spanien, mit seinem Abflugpunkt in Liri auf 2300 m. Der Sport kann das ganze Jahr über ausgeübt werden. Einige Schulen und Geschäfte dazu gibt's an der Hauptstraße. 20- bis 30-minütige Tandemflüge kommen auf ca. 70 €.

sehr hilfsbereit. Das Hotel verfügt über ein Restaurant, sowie 3- und 4-Bett-Zimmer für Familien und/oder Gruppen.

★ Hotel Aneto HOTEL €€
(☎ 974 55 10 61; www.hotelesvalero.com; Avenida de Francia 4; EZ/DZ inkl. Frühstück ab 73/106 €; ⊙ Juni–Mitte Sept. & Weihnachten–Ostern; P ❄ 📶 🏊) Das supermoderne Aneto ist etwas besser als eine gewöhnliche Ski-Lodge, denn es bietet eine gute Auswahl verschiedener Zimmer, von schick bis absolut luxuriös. Zu den Boni gehören ein kleines Hallenbad, eine großartige Bar in der Lobby und das reichhaltige Frühstück.

Hotel Vallibierna HOTEL €€
(☎ 974 55 17 23; www.hotelvallibiernabenasque.com; Paseo Campalets; EZ/DZ inkl. Frühstück 50/75 €; P 📶) Die einstige Privatunterkunft liegt in ruhiger Umgebung etwas fernab vom Trubel im Zentrum und ist mit Holzgebälk, Steinmauern oder bunt bemalten Wändern und einigen Jagdtrophäen geschmückt. Die Bäume im Garten verbreiten den Duft nach Pinien. Dazu runden ein gutes Frühstück und gratis Parkplätze die ideale Absteige ab.

Die Preise steigen in den ersten drei Augustwochen. Im November und ein paar Wochen nach Ostern hat das Hotel geschlossen.

Essen

El Veedor de Viandas SPANISCH €€
(www.elveedordeviandas.com; Avenida Los Tilos 6; Tapas 1,80 €, Hauptgerichte 8–13 €; ⊙ Do–Di 12–15.30 & 18–23 Uhr; 📶) Ein einladendes, informelles Lokal, das eine Mischung aus Gourmetladen, Weingeschäft, Tapasbar und Restaurant ist. Die Tapas und *tostadas* haben innovative Garnierungen wie *solomillo* (Lendenstück) mit roter Paprika und Käse oder Entenbrust mit roten Beeren. Außerdem gibt's Salate, Carpaccios, Eiergerichte, sehr sättigende *cazuelitas* (kleine Schmorgerichte/Eintöpfe) und hervorragende Kuchen!

Mesón de Benás ARAGONISCH, BRASSERIE €€
(☎ 692 189 033; Calle Mayor 47; Hauptgerichte 7–20 €, Menüs 15–22 €; ⊙ 13–16 & 20–23 Uhr) Ein gutes angesagtes Restaurant mit Steinwänden und Blick auf den See vom Obergeschoss. Die Spezialität ist alpine Hausmannskost, besonders Grillfleisch, und es gibt preiswerte Menüs.

Restaurante El Fogaril ARAGONISCH €€
(☎ 974 55 16 12; Calle Mayor 5; Hauptgerichte 14–26 €, Menüs 24 €; ⊙ 13–16 & 20.30–23 Uhr; 📶) El Fogaril gehört zum beliebten Hotel Ciria und serviert außergewöhnliche Bergkost. Die Spezialitäten des Hauses sind Bratengerichte aus dem Holzofen, Wild (z. B. Reh, Rebhuhn und Wildschwein) sowie traditionelle lokale Eintöpfe auf Basis von Bohnen oder Ähnlichem.

Für alle, die zwischen den Hauptmahlzeiten oder mit einem schnellen Imbiss ihren Hunger stillen wollen, stehen auch *bocadillos* (gefüllte Baguettes), Salate und umfangreiche *platos combinados* (Gerichte zu 10–18 €) im Angebot.

WANDERWEGE AUF DEM PLAN D'AIGUALLUT

Plan d'Aiguallut ist mit Sicherheit ein herrlicher Ort zum Picknicken: eine große Wiese mit dem höchsten Gipfel der Pyrenäen, Aneto, im Hintergrund und mehreren verzweigten Gebirgsbächen, die sich gemeinsam in einem mächtigen Wasserfall, der Cascada d'Aiguallut, über den Rand des Plateaus hinabstürzen. Zum individuellen Glück reicht schon ein 45-minütiger Spaziergang vom bildhübschen La Besurta aus, sodass das Fleckchen nicht überrannt wird.

Viele meist gut ausgeschilderte Abzweigungen und Fortsetzungen des Weges garantieren Wanderfreudigen einen feinen Tag im Freien. Auf dem Weg von La Besurta bietet sich ein Abstecher hinauf zum **Refugio de la Renclusa** (☎ 974 34 46 46; www.alberguesyrefugiosdearagon.com; B 17 €, Frühstück 6 €, Mittag- oder Abendessen 16 €) an, von da geht's weiter über den kleinen Gebirgssattel Collado de Renclusa zum Plan d'Aiguallut (1½ Std. in eine Richtung). Vom Plateau führt ein 2,5 km Pfad ostwärts (1 Std. in eine Richtung, 200 m Aufstieg) hinauf zum **Ibón-de-Coll-de-Toro-See**; oder man marschiert Richtung Süd-Südosten über das reizende Barrancs-Tal, unter der Ostflanke des Aneto, bis zum **Ibón-de-Barrancs-See** (2 km in eine Richtung, ca. 1½ Std., 300 Höhenmeter) oder auch bis auf den **Collado-de-Salenques-Pass** (4 km, ca. 3 Std., 750 m Aufstieg).

Shoppen

Barrabés SPORT & OUTDOOR
(www.barrabes.com; Avenida de Francia; ⌚10–14 & 17–21 Uhr) Das beste Sportgeschäft des Ortes verkauft Ausrüstung und Sportkleidung für praktisch jede Aktivität, die man sich nur denken kann. Bietet auch eine gute Auswahl an Reiseführern und Karten und hat sogar einen Onlineshop.

Praktische Informationen

Touristeninformation (☎974 55 12 89; www.turismobenasque.com; Calle San Pedro; ⌚Juli–Sept. tgl. 9.30–13 & 16.30–19.45 Uhr, Okt.–Juni Di–Sa)

An- & Weiterreise

Von Alosa (www.avanzabus.com) verkehren zwei Busse pro Tag (einer sonntags) nach/von Huesca (13 €, 2¾ Std.) über Castejón de Sos, Campo und Barbastro.

Oberes Benasque-Tal & Maladeta-Massiv

Nordöstlich von Benasque führt die A139 13 km weiter bis ins Tal des Río Ésera (bekannt als Valle de Benasque), wo die Straße 1,5 km vor jenem Gebirgsrücken endet, der die französische Grenze bildet. Die Nebentäler des Benasque-Tals bilden die herausragendste Szenerie in diesem Gebiet mit mehreren Wander- und Bergsteigpfaden. Kurz vor Ende der A139 zweigt eine 6 km lange, unasphaltierte Straße gen Osten ab, die dem oberen Ésera hinter dem Hotel Hospital de Benasque zu einem Parkplatz bei La Besurta folgt. Von da starten zahlreiche schöne Strecken. Das Maladeta-Massiv – eine Kette von hohen, eisbedeckten Gipfeln, die in Aneto (3404 m) ihren höchsten Punkt und den höchsten Gipfel der Pyrenäen erreicht – erhebt sich südlich von La Besurta. Westlich der A139 streckt sich der zweithöchste Gipfel der Pyrenäen, Posets (3375 m), gen Himmel.

Aktivitäten

Informationen zu Wanderwegen, inkl. Karten, bekommt man in der Touristeninormation in Benasque und an der Endhaltestelle des Sommerbusses am Vado del Hospital. Die Karte von Editorial Alpina, *Parque Natural Posets Maladeta* (1:25 000), ist eine Investition wert.

Ibón d'Escarpinosa Weg WANDERN
Diese Route hält eine der wunderbarsten Tageswanderungen im westlichen Valle de Benasque bereit und führt durch das üppige Estós-Tal zu zwei Bergseen, dem winzigen Ibonet de Batisielles und dem etwas größeren Ibón d'Escarpinosa. Schroffe Bergkämme bilden die Kulisse. Es sind 6 km in jede Richtung und 700 m An- und Abstieg (ca. fünf Stunden plus Pausenstopps).

Zum Ausgangspunkt gelangt man von Benasque 3 km entlang der A139, dann geht's links 700 m über die ausgeschilderte Straße Valle d'Estós zu einem Parkplatz, wo die markierten Trekkingwege beginnen. Die ersten ca. 3 km folgt man dem GR11 auf seinem Kurs zum Refugio de Estós.

Schlafen

Hospital de Benasque HOTEL €€
(☎974 55 20 12; www.llanosdelhospital.com; Llanos del Hospital; DZ inkl. Frühstück 60–128 €; ⌚Dez.–Okt.; P 📶) In den traumhaften oberen Ausläufern des Ésera-Tals, 2 km von der A139 Richtung La Besurta, steht diese luxuriös anmutende Berglodge mit 55 Zimmern. Die „Spezialzimmer" sind neuer und größer und wirken gemütlicher und altertümlicher als die Standardzimmer, aber alle Räume sind in Ordnung und komfortabel. Zum Hotel gehören auch ein Spa, eine Bar und ein Restaurant sowie ein Langlaufskizentrum.

An- & Weiterreise

Von etwa Mitte September bis Ende Juni dürfen Autos bis nach La Besurta fahren; öffentliche Verkehrsmittel verkehren hier nicht. Von Juli bis Mitte September müssen Privatfahrzeuge (außer jene, die zum Hospital de Benasque unterwegs sind) am Vado del Hospital abgestellt werden, 1,5 km die Straße nach La Besurta von der A319 ab. Von da befördert ein Shuttelbus (einfach/hin und zurück 2,80/5 €) die Passagiere die restlichen 4,5 km bis La Besurta und zurück, der mehrmals pro Tag seine Fahrt in Benasque aufnimmt (einfach/hin und zurück 7,90/12 €, 45 Min.). Die **Touristeninformation** in Benasque hat Fahrpläne.

Alquézar

226 EW. / 610 M

Alquézar entdeckt man eher überraschend, so wie viele Dörfer Aragoniens. Ehe man mittendrin steckt im dichten Labyrinth aus Straßen und Gassen unter den Klippen der steil abfallenden Schlucht des Río Vero, kann man seine Schönheit kaum ahnen.

1

2

JOSE ANGEL ASTOR ROCHA/SHUTTERSTOCK ©

1. Aínsa 2. Albarracín 3. Sos del Rey Católico

Die Dörfer Aragoniens

Aragoniens Dörfer stecken voller Überraschungen. Sie sind alle einzigartig, teilen aber zugleich eine exotische Atmosphäre, in der die Zeit stillzustehen scheint. Ihre Lage, vor einer Kulisse von Pyrenäen-Gipfeln oder versteckt in abgelegenen Schluchten, ist gleichermaßen verführerisch.

Albarracín (S. 473)

Nach einer mehrwöchigen Tour durch die Dörfer Aragoniens neigt mancher Reisende dazu, Albarracín zum Sieger zu küren. Der Mix aus gewundenen Straßen mit windschiefen Häusern, mittelalterlichen Wachtürmen in einem gerade noch gefälligen Zustand des Verfalls, restaurierten Monumenten und einer schroffen Kulisse hat einfach das gewisse Etwas.

Aínsa (S. 459)

Ein wunderschönes steinernes Dorf mit den schneebedeckten Gipfeln der Pyrenäen im Hintergrund – das ist Aínsa. Hinzu kommen die vielleicht entzückendste mittelalterliche Plaza Spaniens, eine romanische Kirche und Straßen, die sich kaum verändert haben, seitdem hier Christen und Mauren die Schwerter kreuzten.

Alquézar (S. 463)

Orte, die mit adrenalinreichen Aktivitäten locken, sind selten historisch, doch hinter der Canyoning-Hauptstadt verbirgt sich eine stille sandfarbene Ortschaft, die an ein toskanisches Bergdorf erinnert.

Sos del Rey Católico (S. 445)

Die kopfsteingepflasterten Straßen, die Erinnerungen an die einstigen Könige Aragoniens und die gut erhaltenen Herrenhäuser aus Stein machen Sos zum unvergesslichen Zwischenstopp.

Ansó (S. 447)

Das Labyrinth aus schmalen Gassen und gepflegten Steinhäusern bietet Aussicht auf die Berge und Wälder der Umgebung. Ansó ist das Tor zu einem der magischsten und abgelegensten Pyrenäentäler von Aragonien. Das nur wenige Kilometer entfernte Hecho ist fast genauso malerisch.

Davon abgesehen ist Alquézar die Canyoning-Metropole von Spanien. Hier bieten mehrere Veranstalter Touren zum Springen, Rutschen und Abseilen in den zahlreichen dramatischen Schluchten in der Sierra de Guara an, einem einsamen Kalksteinmassiv am Fuß der Pyrenäen.

Sehenswertes

Colegiata de Santa María KLOSTER, BURG
(3 €; März–Dez. 11–13.30 & 16.30–19.30 Uhr, Jan. & Feb. nur Sa & So) Den Ort krönt eine große Klosterburg. Sie wurde ursprünglich im 9. Jh. von den Mauren als *alcázar* (Festung) erbaut. Dieser wurde später erobert und 1099 durch ein befestigtes Augustinerkloster ersetzt. Auf einigen Säulen im kunstvollen Kreuzgang sitzen perfekt erhaltene geschnitzte Kapitelle mit Tieren, Blumen und Weinranken sowie biblischen Szenen, und an den Wänden hängen beeindruckende Gemälde. In der oberen Ebene ist ein Museum für religiöse Kunst untergebracht.

Aktivitäten

Die Canyoningsaison geht etwa von April bis Oktober, doch die meisten einfachen und mittelschweren Touren starten von Mitte Juni bis Mitte September. Die Preise für kleine Gruppen liegen in der Regel bei 45–50 € pro Person. Etwa vier Stunden dauert die Schluchtbegehung, Ausrüstung, Guide und Versicherung inklusive, aber ohne Transportkosten (ein eigener fahrbarer Untersatz oder ein Taxi ist für fast alle Touren nötig).

Guías Boira ABENTEUERSPORT
(974 31 89 74; www.guiasboira.com; Paseo San Hipólito) Guías Boira ist auf Bergsteigen in den Pyrenäen und Canyoning sowie auf Klettern und Rafting ausgerichtet. Zwei-Tages-Pakete mit zwei Canyoningtouren oder einer Canyoning- und einer Rafting-, Bergsteig- oder Klettersteigtour (90 € pro Person) werden geboten.

Vertientes ABENTEUERSPORT
(974 31 83 54; www.vertientesaventura.com; Paseo San Hipólito) Canyoning (46–52 € por Pers.), ein halber Tag Abseilen *(rápel)*, Klettern (39–48 € pro Pers.) oder Bergsteigen (58–68 € pro Pers.).

Schlafen

Albergue Rural de Guara HOSTEL €
(974 31 83 96; www.albergueruraldeguara.com; Calle Pilaseras; B/DZ 16/48 €;) Das fröhliche Hostel liegt oberhalb des Dorfes und bietet einen schönen Blick auf die Umgebung. Es hat heimelige Doppelzimmer sowie Schlafsäle mit Stockbetten für sechs oder acht Personen, alle mit eigenem Bad. Das Frühstück kostet zusätzlich 5,50 € und die Mitarbeiter können auch Lunchpakete (8 €) arrangieren.

Hotel Maribel BOUTIQUE-HOTEL €€
(974 31 89 79; www.hotelmaribel.es; Barrio Arrabal; DZ mit Frühstück 120–150 €; P) Ein Hotel mit viel Charme. Das Dekor entspricht zwar nicht jedermanns Geschmack (ästhetische, zeitgenössische Kunst mit hie und da einem Anflug von Kitsch), aber die neun Zimmer sind äußerst komfortabel (u. a. mit Jacuzzi). Wenn niemand an der Rezeption ist, kann man es im nahegelegenen Restaurante Casa Gervasio versuchen.

Hotel Villa de Alquézar HOTEL €€
(974 31 84 16; www.villadealquezar.com; Calle Pedro Arenal Cavero 12; inkl. Frühstück EZ 68–84 €, DZ 75–125 €; Feb.–Mitte Dez.; P) In diesem sympathischen großräumigen Hotel warten 34 stilvolle, luftige Zimmer mit antiken Elementen und ein 12 m langer Swimmingpool, der sich besonders im Sommer bewährt. Die teuersten Räume in der obersten Etage sind groß und haben wunderbare überdachte Balkone, auf denen die glücklichen Gäste bei einem Glas Somontano den Sonnenuntergang genießen können.

Essen

L'Artica CAFÉ €
(974 31 88 69; www.panaderialartica.com; Calle Iglesia 1; Pizza 10–16 €, leichte Gerichte 5–11 €; Mo–Fr 8–18, Sa & So 8–19 Uhr;) Die zwei Etagen mit Terrassen, die über der spektakulären Schlucht hängen, sind mit cremeweißen Möbeln im Bistrostil eingerichtet. In Vitrinen werden einige Musikinstrumente ausgestellt. Unten eher Café, oben eher Restaurant. Beide Stockwerke sind reizend und bieten gute Verköstigung von *tostadas* (belegte Toasts), Eiergerichten und Salaten bis zu Burgern und krossen Pizzen.

★ **Casa Pardina** ARAGONISCH €€
(660 399472 www.casapardina.com; Calle Medio; Menü 29–38 €; April–Okt. 13.30–15.30 & 20.30–22.30 Uhr, Nov.–März nur Sa & So) Ein ganz besonderes Restaurant mit moderner kreativer Küche. Es besticht mit freiliegenden Steinmauern, glitzernden Kronleuchtern und atemberaubender Aussicht wie

aus dem Geo-Magazin. Auf der Speisekarte stehen raffinierte erstklassige Gerichte wie Ochsenschwanz mit Maronen und Wildfleisch mit Datteln und Honig. Eine Reservierung ist empfehlenswert.

Praktische Informationen

Touristeninformation (974 31 89 40; www.alquezar.org; Paseo San Hipólito; Sept.–Mai Fr–Di 9.30–14 & 16–19.30 Uhr, Juni–Aug. tgl.) Organisiert zweimal täglich Dorfführungen auf Spanisch (4 €) und bietet Audioguides (6 €) für Spanisch, Französisch, Niederländisch und Deutsch.

An- & Weiterreise

Von Alquézar startet zu Schulzeiten montags bis freitags um 7.30 Uhr ein Bus mit Ziel Barbastro (2,75 €, 40 Min.), zu Ferienzeiten um 9.25 Uhr, Rückfahrt von Barbastro ist ganzjährig um 14.30 Uhr.

Weinregion Somontano

Somontano gilt als die angesehenste Weinregion in Aragonien. Rund um die Stadt **Barbastro** produziert Somontano DO (Denominación de Origen) in über 30 Winzerbetrieben Rot-, Weiß- und Roséweine aus 15 verschiedenen heimischen und auch anderen Rebsorten. Fast alle Weinkeller liegen außerhalb der Stadt, die keine besonders hübsche Kulisse bietet, obwohl die älteren Teile rund um die spätgotische Kathedrale und den Boulevard Paseo del Coso durchaus entzücken. Das schönere Alquézar, 26 km nordwestlich von Barbastro, eignet sich auch gut als Ausgangspunkt für Besuche in den Weinkellern.

Die **Touristeninformation** (974 30 83 50; http://turismosomontano.es; Avenida de la Merced 64, Barbastro; Di–Sa 10–14 & 16–19.30 Uhr) in Barbastro sowie ihre Website, jene der Ruta del Vino Somontano (www.rutadelvinosomontano.com) und die von DO Somontano (http://dosomontano.com) haben jede Menge Informationen zu verschiedenen Bodegas parat, die man zu Weinproben, Besichtigungen und zum Einkaufen besuchen kann. Wer mehr als einen Abstecher im Weinladen plant, sollte telefonisch eine Zeit vereinbaren – die Touristeninformation hilft dabei, wenn man persönlich auftaucht. Drei Weinkeller bieten gratis Verkostungen in ihren Geschäften: Viñas del Vero, **Bodegas Pirineos** nebenan, an der A1232 Richtung Alquézar, und **Bodegas Otto Bestué**, 8 km nördlich von Barbastro an der A138 Richtung Aínsa.

Viñas del Vero WEIN
(974 30 22 16; www.vinasdelvero.es; Carretera Naval, Km 3,7; Mo–Fr 10–14 & 16–19, Sa 10–14 Uhr) Das berühmteste Weingut in Aragonien erstreckt sich 3 km außerhalb von Barbastro an der A1232 Richtung Alquézar und lädt in seinem geräumigen Laden zu Gratis-Verkostungen ein. Die Besucher können das ganze Weinsortiment begutachten. Die Preise liegen bei 5 bis über 68 € für den erstklassigen Blecua.

Führungen durch die Weinkellerei (Reservierung vorab!) kosten ab 7 € pro Person für 1¾ Stunden inkl. Weinprobe von drei Sorten.

Hotel San Ramón BOUTIQUE-HOTEL €€
(974 31 28 25; www.hotelsanramonsomontano.com; Calle Academia Cerbuna 2; inkl. Frühstück EZ 75 €, DZ 90–125 €, Suite ab 144 €; P ❄) Das San Ramón liegt sehr zentral und ist bei Weitem die beste Unterkunft in der Stadt. Das jahrhundertalte Jugendstilgebäude wurde vor einigen Jahren mit 18 eleganten, gemütlichen Zimmern mit Hydromassageduschen oder Jacuzzis eingerichtet. Zudem gibt's ein Spa, eine Bar und eines der besten Restaurants in Barbastro.

An- & Weiterreise

Barbastros **Busbahnhof** (Plaza Aragón 2) liegt mitten im Zentrum, wo mehrere Busse täglich nach/von Huesca (4,60 €, 50 Min.), Saragossa (12 €, 2 bis 2½ Std.), Lleida (6,25 €, 1½ Std.) und Barcelona (14 €, 3 bis 3½ Std.), sowie ein bis zwei Busse nach/von Aínsa (5,85 €, 1 Std.) Anbindung schaffen.

SÜDLICHES ARAGONIEN

Daroca

2070 EW. / 775 M

Hinter den alten Stadtmauern von Daroca treffen zwei unterschiedliche Gesichter Aragoniens aufeinander: der romanische Norden und der Mudejarstil aus dem Süden. Die Gebäude der Stadt zeugen von dem kulturellen Übergang, da sie oft sowohl romanische Elemente als auch solche des Mudejarstils aufweisen.

Die mittelalterlichen brüchigen Stadtmauern hatten einst 114 Türme, doch heute sind nur noch eine Handvoll davon übrig.

Da viele der alten Gemäuer nur von außen besichtigt werden können, ist Daroca heute eine Art riesiges Freilichtmuseum.

Sehenswertes

Basílica de Santa María de los Sagrados Corporales KIRCHE
(Plaza de España; Okt.–Mai Di–So 11–13 & 17.30–19 Uhr, Juni–Sept. Di–So 11–13 & 18.30–20 Uhr) Über der schönen Plaza de España ragt die Kirche im romanischen Mudejar-, Gotik- und Renaissancestil auf. Sie ist prächtig ausgestattet und hat eine kostbare Orgel. Einige original blaue Pigmentreste aus dem Mittelalter sind noch an der Skulptur zum *Jüngsten Gericht* an der Puerta del Perdón im Westen erhalten. Das Tor datiert aus dem 14./15. Jh. Alles in allem eine der interessantesten und überraschendsten Sehenswürdigkeiten in Daroca.

Castillo Mayor BURG
GRATIS Die Burg liegt auf einem Hügel im Norden von Daroca und ist von der Stadt unten aus nicht zu sehen. Der Fußmarsch hinauf wird mit einem Ausblick über die Stadt und auf das idyllisch verfallene Bauwerk sowie die nahegelegenen Stadtmauern belohnt. Die ursprünglich maurische Festung aus dem 8. Jh. durchlebte zahlreiche Belagerungen, Kriege und Wiederaufbauten und wurde bis zu den Karlistenkriegen im 19. Jh. genutzt.

Iglesia de San Miguel KIRCHE
(Plaza de San Miguel) Auf einer Anhöhe im Nordwesten der Stadt erhebt sich die Iglesia de San Miguel aus dem 12. Jh., ein schönes, schlichtes Meisterwerk der Romanik, deren größter Schatz die farbenfrohen gotischen Wandmalereien aus dem 14. Jh. sind. Leider kann man sie nur im Rahmen von Führungen der Touristeninformation besichtigen.

Iglesia de San Juan KIRCHE
(Plaza de San Juan) Eigentlich nicht für die Öffentlichkeit zugänglich, aber wie dem auch sei: Was diese Kirche wichtig (und interessant) macht, ist der Verlauf des Baus. Am Halbkreisbogen der Apsis kann man deutlich sehen, wo die Erbauer vom ursprünglichen romanischen grauen Stein zu Terrakotta-Ziegeln gewechselt haben, um den Bau im Mudejarstil zu vollenden. Der Wechsel kam in der Mitte des 13. Jhs., was diese Kirche zu einem der frühesten Beispiele des Mudejarstils in Aragonien macht.

Geführte Touren

Führungen STADTSPAZIERGÄNGE
Die Touristeninformation arrangiert einige empfehlenswerte Stadtrundgänge. Pluspunkt der 1¾-stündigen Tour **Ruta Monumental** (5 € pro Person, dienstags bis sonntags 11 und 16.30 oder 18 Uhr) ist die Besichtigung der ansonsten geschlossenen Iglesia de San Miguel und des Stadttores Puerta Baja.

Schlafen & Essen

La Posada del Almudí HITORISCHES HOTEL €
(976 80 06 06; www.posadadelalmudi.es; Calle Grajera 7; inkl. Frühstück EZ 45 €, DZ 65–80 €;) Ein charmantes Flair versprüht dieser ehemalige Palast aus dem 16. Jh. Die Zimmer im Hauptgebäude wurden mit Holzdielen restauriert, und sogar die Originalbalken blieben erhalten. Auf der anderen Seite der Gasse befinden sich modernere Zimmer mit stilvollem schwarz-weißem Dekor und Parkettböden. Alle Zimmer bieten genug Platz.

Das Restaurant (Menü 12,50 €) serviert gute regionale Küche und hat außerdem eine hübsche Terrasse in einen ummauerten Garten. Die Hotelbar erwacht einmal pro Woche zum Leben, wenn samstagmittags himmlische frische Tapas aufgetischt werden.

Hotel Cien Balcones HOTEL €€
(976 54 50 71; www.cienbalcones.com; Calle Mayor 88; inkl. Frühstück EZ 56 €, DZ 72–90 €; P) Das moderne familiengeführte Hotel verfügt über große Designerzimmer, moderne Bäder und ein durchgehendes Farbschema. Es hat ein ausgezeichnetes Restaurant (Hauptgerichte 9–20 €, Menü 14–20 €) und ein Café mit schönen Sitzplätzen im Hof, das *raciones, bocadillos* und Pizza serviert.

Praktische Informationen

Touristeninformation (976 80 01 29; http://turismo.comarcadedaroca.com; Calle Mayor 44; 10–14 & 16–20 Uhr) Hier gibt's die informativen Stadtpläne (unbedingt mitnehmen!) mit den Stadtspaziergängen.

An- & Weiterreise

Busse halten vor der Bar Mesón Félix (Calle Mayor 106), außer von Mitte Juni bis Mitte September, da bleiben sie an der Puerta Baja stehen, 70 m die Straße hinunter. Abfahrt nach Saragossa (6,80 €, 2 Std.) ist montags bis freitags um 8 und 16.30 Uhr, samstags und sonntags um 18 Uhr. Teruel (6,80 €, 2 Std.) steuern zwei Busse täglich sonntags bis freitags an, und einer startet samstags um 11.35 Uhr.

Laguna de Gallocanta

993 M

Rund 20 km südwestlich von Daroca erstreckt sich die Laguna de Gallocanta. Sie ist mit einer Fläche von 15 km² Spaniens größter natürlicher See, kann im Sommer allerdings fast völlig austrocknen. Im Winter bietet sie unzähligen Kranichen und vielen anderen Wasservögeln eine Heimat – über 260 Vogelarten wurden hier gesichtet. Viele Zugvögel nutzen sie auch als Zwischenstation. Die Kraniche treffen ab Mitte Oktober ein und brechen Ende Februar oder März wieder zu ihren Brutgebieten in Skandinavien auf. Im Dezember tummeln sich hier die meisten Kraniche, um die 25 000 bis 30 000 – wobei man am 28. Februar 2013 unglaubliche 135 600 zählte.

Um den See führen mehr als 30 km großteils unbefestigte Wege, an denen Vogelbeobachtungsstationen und Aussichtspunkte liegen; außer nach starkem Regen sind sie für normale Autos befahrbar. Ferngläser einstecken!

Es gibt zwei Interpretationszentren: das moderne **Centro de Interpretación Laguna de Gallocanta** (☎ 976 80 30 69; www.facebook.com/oficinaturismo.gallocanta; Erw./Kind 2/1 €; ⌚ Okt.–März 9–13.30 & 15.30–18.30 Uhr, kürzere Öffnungszeiten das übrige Jahr; P) im Dorf Gallocanta beim Nordufer und ein älteres, kleineres **Zentrum** (☎ 978 73 40 31; Carretera A1507, Km 18; ⌚ Nov. & Feb. Di–So 10–14 & 16–19 Uhr, März–Okt., Dez. & Jan. nur wochenends; P) GRATIS in der Tornos-Bello-Straße unweit des Südufers.

Allucant HOSTEL €
(☎ 976 80 31 37; www.allucant.com; Calle San Vicente, Gallocanta; B 13 €, DZ 30–60 €; P 📶) Vogelbeobachter werden sich in dieser einfachen, aber gut geführten Unterkunft im Dorf Gallocanta wohlfühlen. Die Zimmer (einige mit Gemeinschaftsbädern) und Schlafsäle sind hell, farbenfroh und mit Fotos von Vögeln und Blumen geschmückt. Zudem gibt's eine gute Bibliothek und einen lichtdurchfluteten Speisesaal (Frühstück/Mittag-/Abendessen 4,50/9/12 €) sowie eine Bar. Picknickpakete (7 €) und Fernglasverleih (3 €) können arrangiert werden.

ℹ An- & Weiterreise

Wer den See richtig sehen will, braucht ein Auto. Die täglichen Agreda-Busse von Daroca nach Molina de Aragón (Abfahrt montags bis freitags 16.30 Uhr, samstags und sonntags 14.55 Uhr) halten an der Abzweigung nach Gallocanta (Empalme de Gallocanta) an der A211, 3,5 km nördlich vom Dorf Gallocanta (1,45 €, 20 Min.). Rückfahrt ist von Empalme de Gallocanta unter der Woche um 7.30 Uhr und samstags und sonntags um 17.30 Uhr.

Teruel

33 000 EW. / 928 M

Teruel ist synonym mit Mudejararchitektur. Nirgendwo sonst (außer vielleicht in Sevilla) finden sich so viele Nachweise der Fusion von islamischer Handwerkskunst und christlichem Stil. Ihr Markenzeichen – Muster aus Terrakottasteinen und Kacheln und opulent geschnitzte Holzdecken – sind alle sehr kunstvoll in den Türmen und Kirchen der Stadt zu finden, vier davon stehen heute auf der UNESCO-Weltkulturerbeliste.

Teruel ist Spaniens kleinste Provinzhauptstadt, doch unerwartet pulsierend und lebendig, mit mehreren guten Restaurants. Ab dem 10. Jh. stand hier zwar eine Festung der Mauren, aber die Stadt selbst wurde 1171 vom erobernden christlichen König Alfonso II. gegründet. In den folgenden Jahrhunderten wurde Teruel ein vergessener Außenposten in Aragoniens südlichem Hochland. Das berühmteste Ereignis in Teruels Geschichte ist auch das tragischste: Die Schlacht von Teruel im bitteren Winter von 1937–38 war mit rund 140 000 Toten eine der blutigsten im spanischen Bürgerkrieg.

Sehenswertes

★ **Fundación Amantes** MUSEUM, KIRCHE
(www.amantesdeteruel.es; Calle Matías Abad 3; komplette Besichtigung Erw./Kinder, Studierende & Senioren 9/7 €; ⌚ 10–14 & 16–20 Uhr) Teruels faszinierendste Attraktion ist der berühmten Stadtlegende vom Liebespaar *(amantes)* Isabel de Segura und Juan Diego Mártinez de Marcilla gewidmet. Das Mausoleum der Liebenden befindet sich in einer Seitenkapelle der Iglesia de San Pedro. Es gibt mehrere Ticketoptionen für verschiedene Teile des Komplexes, doch die komplette Besichtigung von Mausoleum, Kirche, Kreuzgang, Turm und *ándito* (äußerer Rundgang) lohnt sich.

Die komplette Tour ist mit Führung auf Spanisch, aber es gibt Audioguides für Englisch und Französisch, und sie ist nur für Turm und *ándito* wichtig. Den Anfang macht eine audiovisuelle Ausstellung zur

Teruel

Teruel

Highlights

1 Catedral de Santa María de Mediavilla ... B1
2 Fundación Amantes ... C2
3 Torre de El Salvador ... B2

Sehenswertes

Iglesia de San Pedro ... (siehe 9)
4 La Escalinata ... B3
5 Museo de Arte Sacro ... B1
6 Museo de Teruel ... C1
7 Plaza del Torico ... C2
8 Torre de San Martín ... A1
9 Torre de San Pedro ... C2

Schlafen

10 Fonda del Tozal ... C1
11 Hotel El Mudayyan ... B2
12 Hotel Teruel Plaza ... C3

Essen

13 Bar Gregory ... B3
14 La Barrica – Calle Abadía ... C2
15 La Barrica – Paseo del Óvalo ... B3
16 La Torre del Salvador ... B2

Geschichte der *amantes* und zu Teruel. Weiter geht's mit dem Mausoleo de los Amantes selbst, wo die Überreste der Liebenden in modernen, von Juan de Ávalos gestalteten Alabastergräben liegen. Ihre Hände berühren sich fast. Man erfährt nicht nur etwas über das Leben des Paares, sondern auch über die bizarre Konserivierung der mumifizierten Körper.

Vom Mausoleum geht's weiter in die aus dem 14. Jh. stammende **Iglesia de San Pedro** (Calle Matías Abad) – Teruels einzige Kirche im Mudejarstil (im Unterschied zum Turm), wobei die bunten Wandmalereien und die mit goldenen Sternen geschmückte Decke von Salvador Gisbert, das Ergebnis einer Jugendstilrenovierung um 1900, den größten Eindruck hinterlassen. Der Kreuzgang mit angeschlossenem Garten bildet den dritten Akt. Als Höhepunkt wird man schließlich zum **Torre de San Pedro** aus dem 13. Jh. hinaufgeführt, dem ältesten der vier übrig gebliebenen Mudejartürme in Teruel. Dann spazieren die Besucher noch um den *ándito,* einen eigentümlichen gewölbten Rundgang außen um die obere Etage der Kirche, der einen Blick über Teruel gewährt.

Plaza del Torico PLATZ

(Plaza de Carlos Castel) Wer durch Teruel läuft, gelangt bald zu dem leicht abfallenden, von Cafés gesäumten Platz, dem unbestrittenen Zentrum der Stadt. Am hinteren Ende steht seit 1865 das Wahrzeichen von Teruel, ein klitzekleiner nur 35 cm hoher Bronzebulle namens El Torico auf einem weitaus größeren Sockel. Wer das Kunstwerk geschaffen hat, ist nicht bekannt.

★ **Torre de El Salvador** TURM, MUSEUM

(www.teruelmudejar.com; Calle El Salvador 7; Erw./Kinder & Senioren 2,50/2 €; ⏲ Feb.–Okt. 11–14 & 16.30–19.30 Uhr, kürzere Öffnungszeiten das übrige Jahr) Der beeindruckenste Mudejarturm in Teruel ist der 20 m hohe El Salvador, ein extravagantes Bauwerk aus Ziegeln und Kacheln, das ins frühe 14. Jh. datiert. Er wurde nach dem Vorbild eines Almohaden-Minaretts errichtet, mit einem Turm im anderen und einem Stiegenaufgang dazwischen. Besucher können zur Glockenstube hinaufsteigen, die durch zwei Reihen von Fenstern mit prächtiger Bogenführung das beste Panorama bietet. Am Weg nach oben sind interessante Exponate zur Mudejarkunst und -architektur sowie zur alten Stadt von Teruel zu sehen.

★ **Catedral de Santa María de Mediavilla** KATHEDRALE

(Plaza de la Catedral; inkl. Museo de Arte Sacro Erw./Kind 3/2 €; ⏲ Arpil–Okt. 11–14 & 16–20 Uhr, Nov.–März bis 19 Uhr) Mit ihrem kaleidoskopischen Mauerwerk und den bunten Keramikkacheln ist die Fassade der Kathedrale ein üppiges Beispiel für den fantasievollen Mudejarstil, v. a. der grandiose Glockenturm aus dem 13. Jh. Die beeindruckende, sehr hohe Mudejardecke *(techumbre)* des Kirchenschiffs ist mit Bildern bedeckt, die z. B. Musikinstrumente, Jagdszenen, Wappen und die Kreuzigung Jesu zeigen. Einzelbesucher können sich einer Gruppe anschließen, um die Decke genauer zu betrachten, sofern gerade eine hinaufwandert.

Museo de Arte Sacro MUSEUM

(Museo Diocesano; ☎ 978 61 99 50; Plaza Francés de Aranda 3; inkl. Catedral de Santa María de Mediavilla Erw./Kind 3/2 €; ⏲ April–Okt. Mo–Sa 10–14 & 16–20 Uhr, Nov.–März bis 19 Uhr) Gleich neben der Kathedrale ist das Museo de Arte Sacro im imposanten Palacio Episcopal untergebracht und zeigt auf zwei Etagen hervorragende religiöse Gemälde und Skulpturen aus dem 12. bis 18. Jh., sowie ein paar reich verzierte Bischofsgewänder aus dem 16. Jh.

Museo de Teruel MUSEUM

(Plaza Polanco; ⏲ Di–Fr 10–14 & 16–19, Sa & So 10–14 Uhr) GRATIS Das Provinz-Museum ist in einem Renaissancebau aus dem 16. Jh. untergebracht und wurde 2011–13 rundum erneuert. Auf sechs Etagen werden hier Exponate anschaulich präsentiert – von der Urgeschichte bis zum Mittelalter. Glanzstücke sind die Abteilungen zur Keramik (mit etlichen perfekt erhaltenen mittelalterlichen Stücken) und zur iberischen und römischen Periode, außerdem liegt in der obersten Etage ein riesiges römisches Mosaik aus. Erklärungen gibt's nur auf Spanisch, aber es ist nicht schwer herauszufinden, worum es sich handelt.

Torre de San Martín TURM

(Calle San Martín) Auch wenn man es nicht besteigen kann, ist das nordwestliche Stadttor fast so schön wie der Torre de El Salvador. Vom anderen Ende der Plaza Pérez Prado hat man uneingeschränkte Sicht auf das Tor. Es wurde 1316 fertiggestellt und im 16. Jh. in die Stadtmauer integriert.

Feste & Events

Fiestas del Ángel FERIA

(www.vaquillas.es; ⏲ Juli) Um den 10. Juli herum – Día de San Cristóbal (Tag des hl. Christophorus) – steigt La Vaquilla mit einwöchigen Festlichkeiten anlässlich der Gründung von Teruel.

Zur Fiesta gehören Musik, ausgelassene Menschenmassen und bunte Kostüme, und vier an Seile gebundene Stiere laufen am Montag um die Stadt.

Schlafen

Fonda del Tozal GÄSTEHAUS €

(☎ 649 103411; Calle del Rincón 5; DZ 38–45 €; 📶) Einer der ältesten Gasthöfe Spaniens stammt aus dem 16. Jh. und hat eine Auswahl unterschiedlichster Zimmer, aber alle strahlen das Flair vergangener Zeiten aus – sie sind mit Balken, soliden Möbeln und antiken Bodenfliesen ausgestattet. Sie mögen nicht pompös sein, aber allemal bequem. In einigen Räumen wurde die Wandbemalung teilweise abgetragen, um den kaum noch sichtbaren Originalverputz darunter freizulegen.

Das höhlenartige holzverkleidete Wirtshaus in den ehemaligen Stallungen zeugt vom alten Spanien, wo sich Unterhaltungen zum letzten Barça-Spiel unter das Klackern der Dominosteine mischen. An Decken und Wänden hängt jede Menge antiker Plunder.

ARAGONISCHER MUDEJARSTIL – DIE ULTIMATIVE CHRISTLICH-ISLAMISCHE FUSION

Viele Gebäude in Spanien sind Stilhybriden, aber nur wenige Stadtbilder kommen dem Teruels gleich. Spaniens Hauptstadt des Mudejarstils ist geprägt von einer dynamischen christlich-islamischen Bauweise.

Mudejar ist ein Architekturstil, der sich einmalig in Spanien entwickelt hat, als während der Reconquista (Mitte des 8. Jh. bis 1492) Städte und Dörfer von den Mauren durch die Christen zurückerobert wurden. Muslimische Architekten und Handwerker, die in den neu eroberten Gebieten lebten, arbeiteten nun an christlichen Bauten, wofür sie islamische Bau- und Dekorationstechniken nutzten.

Verschiedene Abstufungen des Mudejarstils sind im Großteil Spaniens zu sehen, doch zwischen dem 13 und 16. Jh. erreichte der Stil seinen Höhepunkt im Dreieck zwischen Teruel, Saragossa und Tarazona. Die Inspiration lieferte wahrscheinlich der Aljafería (S. 436) in Saragossa, ein maurischer Palast, der vom christlichen König Alfonso I. 1118 erobert und befestigt worden war.

Der aragonische Mudejarstil entlehnt sowohl aus der Romanik als auch der Gotik, benutzt allerdings Terrakottaziegel statt grauem Stein als Hauptbaumaterial. In Teruel stehen vier Glockentürme mit Aussichtsplattform, die mit anmutigen Bögen und Kacheln in geometrischen Mustern geschmückt sind. Damit sind sie stilistisch nicht besonders weit von den Almohad-Minaretten in Marokko entfernt.

Mudejar wurde ab dem 17. Jh. ungebräuchlich, hatte aber in Teruel im frühen 20. Jh. ein kurzes Comeback. Zu verdanken war dies Pau Monguió, einem von Gaudí inspirierten Modernista, der auch viele der Art-Nouveau-Gebäude von Teruel entworfen hat. Der ornamentale Portico der Kathedrale und die Escalinata, eine prunkvolle Verbindungstreppe zwischen dem Paseo del Óvalo und dem Bahnhof, stammen beide aus dieser Zeit.

★ **Hotel El Mudayyan** BOUTIQUE-HOTEL €€
(☎ 978 62 30 42; www.elmudayyan.com; Calle Nueva 18; EZ 39–99 €, DZ 59–99 €; ❄ 📶) Das kürzlich erweiterte Mudayyan ist ein wirklich einzigartiges Hotel. Die Zimmer sind bequem und modern, die Mitarbeiter freundlich und effizient, doch das Tüpfelchen auf dem „i" sind das fantastische Frühstücksbüfett mit Speck und Eiern sowie hausgemachten Kuchen (pro Pers. 5,90 €) und der geheime Tunnel aus dem 16. Jh., der zum Pfarrhaus der Kirche nebenan führt. (Das Personal bietet kostenlose Führungen um 10 Uhr).

Hotel Teruel Plaza HOTEL €€
(☎ 978 60 88 17; www.hotelteruelplaza.com; Plaza del Tremedal 3; EZ 40 €, DZ 50–150 €; ❄ 📶) Das herzliche, vor Kurzem renovierte Hotel verfügt über 18 geräumige Zimmer mit Sofas oder Sesseln und Neonspot-Beleuchtung in strahlenden Farben. Die schicken Bäder sind mit Kacheln in Blau und Ocker ausgestattet. Das Haus hat ein Café-Restaurant im Erdgeschoss, das mit witzigen Drucken dekoriert ist, und einen Frühstücksraum im Untergeschoss mit einem angrenzenden Spielezimmer für Kinder als nette Draufgabe für Familien. Das Frühstück kostet 6 €.

Essen

La Barrica – Paseo del Óvalo ARAGONISCH €
(Paseo del Óvalo 10; raciones 7–12 €; ⊙ Di–Sa 9–16 & 20.30–24, So 9–16 Uhr) Barriaca ist ein neues Projekt der **gleichnamigen** Tapas-Bar in Teruel (Calle Abadía 5; Tapas 2–3 €; ⊙ Mo–Fr 9.30–15.30 & 20–23, Sa 12–15.30 & 20–23, So 12–15.30 Uhr, Sept.–Mai Di geschlossen, Juni–Aug. So geschlossen). Das Lokal setzt auf eine erfrischend kühne Verarbeitung klassischer Zutaten, aus denen man etwa gegrillten Oktopus mit Spargel und Romesco-Soße oder Salat aus Spinat, Brie, Schinken und getrockneten Früchten kreiert. Der Innenraum ist schlicht und ordentlich, draußen warten zahlreiche Sitzgelegenheiten.

★ **La Torre del Salvador** ARAGONISCH €€
(☎ 978 60 52 63; Calle El Salvador; Hauptgerichte 12–19 €; ⊙ Di, Mi & So 12–16, Do–Sa 12–16 & 21–23 Uhr; 📶) Das elegante Speiselokal legt die Latte eine Stufe höher mit raffinierter *nueva cocina aragonesa*. Für die Gerichte werden herkömliche Zutaten neu gemischt. Das

Ergebnis: Ente im Saft aus roten Früchten und *pacharán* (Schlehenlikör), Schweinshaxe in Weißwein gebraten oder Seeteufel- und Garnelenbällchen in Safransoße. Der Laden ist gut besucht und nicht sehr groß. Am besten reservieren oder früh kommen.

Bar Gregory ARAGONISCH €€
(Paseo del Óvalo 6; Hauptgerichte 7–14 €; ⏲ 8–24 Uhr) Rasche, professionelle Bedienung, eine umfangreiche Liste guter, großzügiger Gerichte und dazu jede Menge Tische im Freien, um die milderen Jahrezeiten auszukosten, sind die Zutaten des langjährigen Erfolgs von Gregory. Salate, Eiergerichte und viele Meeresfrüchte ergänzen die Fleischoptionen. Hier können die Gäste Schweineohren, -rüssel oder -fuß probieren, ebenso wie weniger außergewöhnliche Varianten von Schinken, Schwein und Lamm.

Praktische Informationen

Städtische Touristeninformation
(☎ 978 62 41 05; www.turismo.teruel.es; Plaza de los Amantes 6; ⏲ Sept.–Juli 10–14 & 16–20 Uhr, Aug. 10–20 Uhr) Hier bekommt man Audioguides in Englisch, Französisch und Spanisch (2 €) für einen Rundgang durch die Altstadt sowie die Broschüre *Teruel Ruta Europea del Modernismo*, die auf dem Stadtplan 17 modernistische und Art-Nouveau-Gebäude aus dem frühen 20. Jh. verzeichnet.

An- & Weiterreise

BUS

Zu den Destinationen mit Anbindung an den **Busbahnhof** in Teruel (☎ 978 61 07 89; www.estacionteruel.es; Ronda de Ambeles) zählen Barcelona (32 €, 5¼ Std., 1-mal tgl.), Cuenca (12 €, 2¼ Std., einmal tgl.), Daroca (6,80 €, 1¾ Std., 1- bis 3-mal tgl.), Madrid (22 €, 3½ bis 4½ Std., 2- bis 4-mal tgl.), Valencia (11 €, 2 Std., 4- bis 5-mal tgl.) und Saragossa (11 €, 2¼ bis 3 Std., 4- bis 6-mal tgl.).

ZUG

Teruel liegt an der Bahnlinie von Saragossa (15–20 €, 2½ Std.) nach Valencia (13–18 €, 2¾ Std.). Drei oder vier Züge verkehren täglich in jede Richtung. Der Bahnhof liegt am Fuß der Escalinata.

Albarracín

940 EW. / 1150 M

Die rosafarbenen mittelalterlichen Häuser von Albarracín sind in Spanien einmalig. In den Gassen und Straßen, die sich so authentisch unter den Holzbalkonen winden, erwartet man geradezu, dass einem Don Quichotte und Sancho Pansa entgegen kommen. Wer will, kann sich natürlich den ganzen Tag darüber streiten, welches das hübscheste Dorf Spaniens ist. Albarracín mit seinen Festungen, Kirchen und Häusern auf einem vom Río Guadalaviar eingekerbten Felssporn liegt in dieser Frage aber definitiv ganz weit vorn. Im Mittelalter war es ein unabhängiger Zwergstaat, und die Geschichte seiner Wiedergeburt, nachdem das Dorf die letzten 60 Jahre so gut wie dem Verfall ausgesetzt war, schaffen einen zusätzlichen Reiz. Die Stadt liegt 38 km westlich von Teruel und lohnt einen Aufenthalt von ein oder zwei Nächten.

Das Rosa kommt übrigens von der eigenen Schattierung des örtlichen Gipses, eine wichtige Bausubstanz in dieser Gegend.

Geschichte

Der berberische Banu-Razin-Familienclan kam im 10. Jh. an die Macht und herrschte als unabhängige maurische Dynastie von 1013 bis 1104 über das Gebiet um Albarracín. Der Zwergstaat kam 1170 unter christliche Aufsicht, bliebt aber de facto bis zu seiner Eingliederung in Aragonien 1284 unabhängig. Das christliche Albarracín hatte einen eigenen Bischof und eine eigene Kathedrale. Eine große Blütezeit versprach die Viehzucht, die bis ins 17. Jh. betrieben wurde, doch bis Mitte des 20. Jh. immer mehr nachgelassen hatte, wodurch Albarracín an den Rand des Ruins geriet. Restaurierungsarbeiten setzten ein, die bis heute andauern.

Sehenswertes

Viele der Sehenswürdigkeiten werden von der **Fundación Santa María de Albarracín** (☎ 978 70 40 35; http://fundacionsantamariadealbarracin.com; Calle Catedral; ⏲ 10–14 & 16–18.30 Uhr) betreut, die Kathedrale und die Burg können nur mit geführten Touren (nur auf Spanisch verfügbar) besichtigt werden. Im Informationzentrum in den alten Bischofsstallungen werden Besichtigungen organisiert. Öffnungs- und Führungszeiten hängen von der Saison ab, generell gibt's im Juli und August mehr, im Winter weniger. Auf der Website der Fundación stehen die aktuellen Pläne.

★ **Catedral del Salvador** KATHEDRALE
(Führung 3,50 €; ⏲ Führungen 10.30, 12 & 16.30 Uhr, Sept.–Juni So nachmittags geschlossen) Nach zwei Jahrzehnten gewissenhafter

Restaurierungsarbeiten erstrahlt Albarracíns Kathedrale aus dem 16. Jh. wieder in dem Glanz, den sie im 18. Jh. genoss, nachdem durch barocke Renovierungen an den originalen gotischen und Renaissancestrukturen gefeilt wurde. Besichtigungen sind nur über eine Führung von der Fundación Santa María de Albarracín – auf Spanisch – möglich. Die Führungen sind absolut empfehlenswert, auch wenn man nicht viel versteht. Highlights sind etwa die Fresken und ein Altarbild aus heimischer Pinie aus dem 16. Jh., das vom Leben des hl. Petrus erzählt.

Museo Diocesano MUSEUM

(Calle Catedral; 2,50 €; ⌚10.30–14 & 16.30–18.30 Uhr, Sept.–Juni So nachmittags geschlossen) Der aus dem 18. Jh. stammende Bischofspalast schließt an die Kathedrale an und zeigt eine Sammlung religiöser Kunst, die jedenfalls einen Tick besser als das Angebot durchschnittlicher Kirchenmuseen ist. Besonders die sechs enormen Gobelins, die die biblische Geschichte von Gideon zeigen, sind großartig, und auch ein italienisches Salz- oder Räucherwerkgefäß aus Bergkristall und Edelsteinen in Form eines Fisches fällt auf.

Museo de Albarracín MUSEUM

(Calle San Juan; 2,50 €; ⌚10.30–13 & 16.30–17.30 Uhr, Sept.–Juni So nachmittags geschlossen) Das im alten Stadtkrankenhaus untergebrachte Museum erklärt Albarracíns fesselnde Geschichte anhand interessanter Details in spanischer Sprache. Zu sehen sind zahlreiche archäologische Funde aus der Burg, die deutlich zum Verständnis der Vergangenheit der Stadt beigetragen haben.

Burg BURG

(Castillo; Führungen 2,50 €) Über dem alten Dorfkern thront die Burg. Sie wurde im 9. Jh. errichtet und bis zum 17. Jh. verlassen. Abgesehen von der Festungsmauer und den 12 Türmen haben Ausgrabungen im Weideland im Laufe der letzten zehn Jahre alles, was man sieht, zutage gebracht – einschließlich der Ruinen der Residenz der maurischen Dynastie der Banu Razin aus dem 11. Jh. Besichtigungen sind im Rahmen einer spanischsprachigen Führung möglich, Treffpunkt ist am Museo de Albarracín.

Muralla STADTMAUER

Albarracíns höchstes Bauwerk, der **Torre del Andador** (Durchgangsturm), stammt aus dem 10. Jh. Damals wurde er als Verteidigungsposten errichtet, als sich die maurische Stadt noch um die Burg scharte. Das Mauerwerk, das sich so harmonisch an den Turm schmiegt, wurde im 11. Jh. im Laufe der Stadterweiterung hinzugefügt. Wer den Fußmarsch nach oben auf sich nimmt, wird mit einem Panorama über die Stadt und einem beispiellosen Areal belohnt, das diese Stelle strategisch hervorhob.

Schlafen

Posada del Adarve HISTORISCHES HOTEL €

(☎978 70 03 04; www.posadadeladarve.com; Calle Portal de Molina 23; EZ 35 €, DZ 50–75 €; @📶) Das tadellos restaurierte Hotel befindet sich in einem Turm in den mittelalterlichen Stadtmauern. Es bietet fünf kleine, aber hübsch eingerichtete Zimmer und freundlichen Service.

★ La Casa del Tío Americano BOUTIQUE-HOTEL €€

(☎978 71 01 25; www.lacasadeltioamericano.com; Calle Los Palacios 9; EZ/DZ mit Frühstück 80/100 €; 📶) „Das Haus des amerikanischen Onkels" ist ein wundervolles kleines Hotel. Gäste werden freundlich und tadellos betreut von den netten Gastgebern Angelines und José Miguel. Die Zimmer sind in hellen Farben gestrichen, einige haben freiliegende Ziegelmauern. Von der Frühstücksterrasse (sowie von Raum Nr. 2 und 3 auf der Galerie) genießt man einen umwerfenden Ausblick aufs Dorf. Zu den angenehmen Extras gehört ein Glas *cava* (Sekt) zur Begrüßung, und das großzügige Frühstück umfasst Käse, Honig und Schinken aus der Region.

Casa de Santiago HISTORISCHES HOTEL €€

(☎978 70 03 16; www.casadesantiago.es; Subida a las Torres 11; EZ 48–54 €, DZ 64–95 €; 📶) Wunderschöne Unterkunft nahe der Plaza Mayor mit viel Holz, Fliesenböden und charmantem Service. Das Haus hat ein eigenes Restaurant und drei Aufenthaltsräume. Frühstück kommt auf 6 €.

La Casona del Ajimez HISTORISCHES HOTEL €€

(☎978 71 03 21; www.casonadelajimez.com; Calle de San Juan 2; EZ/DZ 60/76 €; 📶) Genau wie andere liebevoll restaurierte kleine Hotels überzeugt auch dieses Haus aus dem 18. Jh. mit Wärme und geschmackvoller Einrichtung (sowie fantastischen botanischen Zeichnungen). Von einigen Zimmern ist die Aussicht sehr schön – und nirgendwo sonst findet man eine begrünte Terrasse direkt unter der Festungsmauer. Frühstück beläuft sich auf 5 €.

Essen

Die Öffnungszeiten einiger Lokale sind außerhalb der Hochsaison recht unregelmäßig, das ist zur Semana Santa, von Juli bis Mitte September und an Ferienwochenenden.

★ La Despensa ARAGONISCH €
(Calle del Chorro 18; Gerichte 3,50–8 €; ⌚ Mo & Mi–Fr 19.30–23, Sa & So 12.30–23 Uhr; 📶) Die winzige, bezaubernde Bar an der Ecke lockt mit leckeren Imbissen, für alle, die nach keinem kompletten gesetzten Menü Ausschau halten: diverse *embutidos* (geräuchertes Fleisch und Wurst) und Käsesorten, die man in Form von Tapas, *raciones* (größere Portionen), *bocadillos* (Baguettes) oder *tostas* (auf Toast) serviert bekommt.

★ Tiempo de Ensueño MODERN SPANISCH €€
(☎ 978 70 60 70; www.tiempodeensuenyo.com; Calle Los Palacios 1B; Hauptgerichte 19–20 €, Menüs 39–45 €; ⌚ Mo & Mi 13.30–15.30, Do–So 13.30–15.30 & 20.30–22.30 Uhr) In diesem erstklassigen Restaurant erwarten einen ein eleganter und lichtdurchfluteter Speiseraum, wunderbar aufmerksamer, aber diskreter Service und wechselnde Menüs innovativer, spanischer *nouvelle cuisine*. So ein zartes Reh haben wir noch nie zuvor probiert, die Vorspeise mit *jamón* ist eine riesige Platte und das Rote-Beete-Soufflé und die Apfelcreme sind himmlisch.

Rincón del Chorro ARAGONISCH €€
(☎ 978 71 01 12; http://rincondelchorro.es; Calle del Chorro 5; Hauptgerichte 11–20 €, Verkostungsmenü 23 €; ⌚ Mi–So 13–16 & 20–23 Uhr, Dez.–Juni nur Mo, Fr–So 13–16 Uhr) Traditionelle Gerichte aus Albarracín sind in diesem etablierten Haus die Highlights, wie etwa Lammbraten, Milchkalb *(cabrito lechal)*, sowie Trüffel und Waldpilze nach Saison. In der Bar unterhalb werden auch gute Tapas und *raciones* (größere Portionen) ausgegeben, auch eine (für Albarracín) ausgefeilte Getränkekarte mit 25 Ginsorten wird hier präsentiert.

Praktische Informationen

Touristeninformation (☎ 978 71 02 62; www.turismosierradealbarracin.es; Calle San Antonio 2; ⌚ Mo–Sa 10–14 & 16–20, So bis 19 Uhr) Bei der Hauptstraße, bevor man von Teruel kommend die Altstadt erreicht.

An- & Weiterreise

Von Albarracín fährt montags bis samstags um 8.55 Uhr ein Bus nach Teruel (4,50 €, 45 Min.), Rückfahrt vom Busbahnhof in Teruel ist um 14.10 Uhr.

Das Baskenland, Navarra & La Rioja

3,8 MIO. EW.

Inhalt ➡

Gut essen

- ➡ La Viña del Ensanche (S. 487)
- ➡ Arzak (S. 504)
- ➡ Bar Borda Berri (S. 505)
- ➡ Mesón Arropain (S. 494)
- ➡ Restaurante Amelibia (S. 539)
- ➡ Bar Gaucho (S. 521)

Schön übernachten

- ➡ Hotel Marqués de Riscal (S. 537)
- ➡ Hotel Zubieta (S. 494)
- ➡ Miró Hotel (S. 485)
- ➡ Palacio Guendulain (S. 521)
- ➡ La Casa de los Arquillos (S. 515)
- ➡ Hotel Maria Cristina (S. 502)

Auf ins Baskenland, nach Navarra & nach La Rioja!

Tiefgrüne Hügel und der vom Nieselregen verhangene graue Himmel in der Region bilden starke Kontraste zum allgemeinen Spanienbild. Die Basken legen viel Wert auf ihre Identität. Sie behaupten, die ältesten Europäer zu sein und die ureuropäische Sprache zu sprechen. Ob dies tatsächlich zutrifft, ist unklar, doch zweifellos leben sie in einem Gebiet von außerordentlicher Schönheit und Vielfalt, in dem fast vergessene Götter über die Berge wachen und zahlreiche Museen, gut besuchte Straßenfeste und wahrscheinlich das beste Essen im ganzen Land locken.

Sobald man den zerklüfteten wilden Norden verlässt und die Ebenen südlich von Pamplona erreicht, wird es spürbar wärmer, denn nun gelangt man nach Navarra und La Rioja. Diese Gegend wartet mit großartigem Wein, jeder Menge Sonne, verträumten Landschaften, mittelalterlichen Klöstern und zauberhaften Orten auf.

Reisezeit

Bilbao

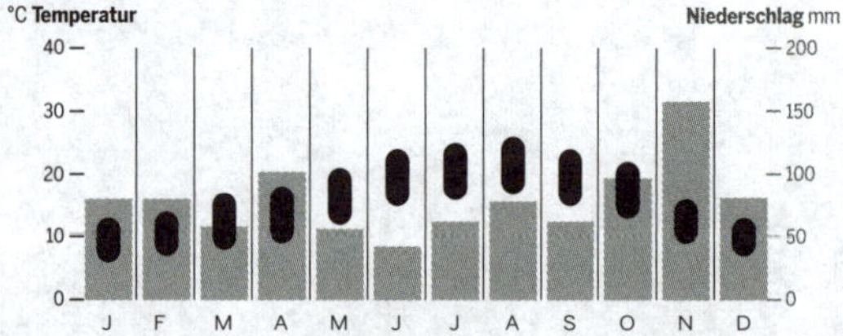

Mai Urlauber strömen her; in Bilbao ist die Szene für Moderne Kunst besonders lebendig.

Juli–Sept. Perfekt für einen Besuch San Sebastiáns und der Pyrenäen (außer für passionierte Skifahrer).

Sept. Erntefeste sorgen für Partystimmung in den Dörfern von La Rioja und der Wein fließt in Strömen.

Highlights

1 San Sebastián (S. 496) An einem perfekten Strand relaxen, großartiges Essen genießen und die Pflasterstraßen dieser stilvollen Stadt am Meer erkunden.

2 Bilbao (S. 478) Sich im Guggenheim, einem der architektonischen Schätze Europas, künstlerische Inspiration holen.

3 Lekeitio (S. 494) Bei Ebbe zu einer malerischen Insel direkt vor der Küste dieses Bilderbuchdorfes spazieren.

4 La Rioja (S. 536) In den Weingärten und Museen von La Rioja den Geheimnissen des Weins auf den Grund gehen.

5 Die Pyrenäen in Navarra (S. 522) In der Gebirgsregion, in der Hexen ihr Unwesen treiben, die Berge erklimmen.

6 Pamplona (S. 518) In Hemingways Fußstapfen treten und den Trubel der Sanfermines genießen.

7 Olite (S. 527) Sich zwischen den Türmchen und Spitzen der ummauerten Altstadt wie in einem Märchen fühlen.

DAS BASKENLAND

Geschichte

Niemand weiß so recht, wo die Basken eigentlich herkommen, aber sie scheinen schon vor den frühesten bekannten Einwanderern da gewesen zu sein. Selbst die Römer überließen das bergige Gebiet mehr oder weniger sich selbst, und erst die expansionsfreudige spanische Krone gewann im Lauf des Mittelalters (1000–1450) die Souveränität über die hiesigen Territorien, allerdings unter großen Schwierigkeiten. Navarra war bis 1512 ein eigenständiges Königreich. Auch nach der Eingliederung in den kastilischen Orbit erkämpften Navarra und die drei baskischen Provinzen (Guipúzcoa, Vizcaya und Álava) umfangreiche Autonomierechte, die sogenannten *fueros* (alte Gesetze der Basken).

Nach dem Zweiten Kastilienkrieg 1876 verloren alle Provinzen außer Navarra ihre begehrten *fueros,* was Öl ins Feuer des erwachenden baskischen Nationalismus goss. Doch trotz der Gründung des Partido Nacionalista Vasco (PNV; Baskische Nationalistische Partei) 1894 kam dafür in den baskischen Provinzen nie volle Unterstützung auf, da alle auch einen beträchtlichen Anteil an kastilischen Einwohnern hatten.

Als die republikanische Regierung in Madrid den Basken 1936 die Selbstverwaltung anbot, nahmen sowohl Guipúzcoa als auch Vizcaya den Vorschlag an. Nach Ausbruch des Bürgerkriegs wurde Franco vom konservativen Navarra und Álava unterstützt, während sich Vizcaya und Guipúzcoa auf die Seite der Republikaner schlugen. Für diese Entscheidung zahlten sie in den folgenden vier Jahrzehnten einen hohen Preis.

Während der Franco-Ära wurde die Euskadi Ta Askatasuna (ETA; Baskenland und Freiheit) gegründet – ursprünglich eine Widerstandsgruppe gegen das Franco-Regime, das die Basken unterdrückte, indem es ihre Sprache und nahezu alle Formen ihrer Kultur verbot. Nach dem Tod des Diktators forderte die ETA die totale Unabhängigkeit und setzte ihren blutigen Krieg gegen die spanische Regierung fort – bis die Gruppe im Oktober 2011 erklärte, ihre „bewaffneten Aktivitäten endgültig zu beenden".

Bilbao

345 200 EW.

Atemberaubende Architektur, eine achtbare gastronomische Szene, grandiose Landschaften gleich außerhalb des Stadtzentrums – Bilbao ist einer der großen Schätze des Baskenlandes.

Bilbao gehört nicht zu jenen traumhaft schönen Städten, deren Anblick einen förmlich umhaut – für diese Art Erlebnis ist San Sebastián die geeignete Kandidatin. Bilbao stiehlt sich langsam in die Herzen der Besucher. Immerhin hat die Stadt eine schwere Kindheit gehabt, inmitten von Schwerindustrie und Einöde. Lange Zeit fielen die Flusslandschaften und die eigenwillige Architektur Touristen auf dem Weg zu netteren Reisezielen kaum ins Auge. Doch Bilbaos Eifer und ein paar clevere Investitionen haben sich ausgezahlt und tragen nun Früchte in Form des beeindruckenden Guggenheim-Museums und einer treuen Schar von Kunstfans auf der ganzen Welt.

Das *boxto* (Loch), wie Bilbao liebevoll von seinen Einwohnern genannt wird, hat sich gemausert und ist zu einem bedeutenden europäischen Kunstzentrum geworden. Im Herzen bleibt es dennoch eine Arbeiterstadt, aber eine mit echtem Charakter. Und gerade das Bodenständige und nicht etwa die zahlreichen Kunstmuseen sind die eigentliche Attraktion dieser lebendigen, spannenden und kultivierten Stadt.

Sehenswertes

★ Museo Guggenheim Bilbao GALERIE

(☎ 944 35 90 16; www.guggenheim-bilbao.es; Avenida Abandoibarra 2; Erw./Stud./Kind ab 16/9 €/frei; ⏱ 10–20 Uhr, Sept.–Juni Mo geschl.) Das mit schimmerndem Titan verkleidete Museo Guggenheim Bilbao ist eines der berühmtesten Bauwerke der modernen Architektur. Es spielte eine bedeutende Rolle dabei, Bilbao aus der postindustriellen Depression hinein ins 21. Jh. zu befördern – und ist eine echte Sensation. So erhielt die Erneuerung der Stadt noch einmal einen ordentlichen Schub für die weitere Entwicklung und Bilbao rückte weltweit ins Rampenlicht der Kunstszene und des Tourismus.

Zwar bemängeln manche Kritiker, dass das beeindruckende Gebäude das Innere in den Hintergrund drängt, aber die geniale Anordnung von wallenden Vordächern, Klippen, Kaps, Schiffsformen, Türmen und fliegenden Flossen durch den kanadischen Architekten Frank Gehry ist schlichtweg unwiderstehlich.

Gehry entwarf das Museum in einem geschichtlichen und geografischen Kontext. Das Baugebiet war industrielles Brachland und ein Teil des ärmlichen, verfallenen Lagerhausdistrikts am Ufer der Ría del Nervión. Sowohl die historische Schiffbau- als auch die Fischerindustrie der Stadt war für die Arbeit des Architekten von Vorteil, denn mit Industriematerialien hatte sich Gehry bereits in seinen früheren Werken beschäftigt. Die glänzenden Titankacheln, die einen Großteil des Bauwerks wie riesige Heringsschuppen überziehen, gehen aber angeblich auf seine Faszination für Fische in seiner Kindheit zurück.

Doch auch andere Künstler haben das Museum geprägt. Zwischen den Glasstreben des zentralen Atriums und der Ría del Nervión liegt ein einfaches Wasserbecken, das in regelmäßigen Abständen eine Nebelinstallation von Fujiko Nakaya ausstößt. In der Nähe des Flussufers erhebt sich Louise Bourgeois' spinnenartige Überdachung *Maman*, die eine schützende Umarmung darstellen soll. Kinder lieben die Brunnenskulptur im Freigelände westlich des Museums – sie schießt wahllos Wasserfontänen in die Luft. An der Stadtseite des Museums sitzt außerdem Jeff Koons kitschiger 12 m hoher Terrierwelpe *Puppy* aus Tausenden Begonien. Bilbao hängt an „El Poop", der eigentlich um die Welt touren und damit eine vergängliche Attraktion sein sollte. Mit selbstironischem Humor erzählen die *Bilbaínos*, El Poop sei zuerst da gewesen, und sie hätten ihm eine Hundehütte bauen müssen ...

Das Innere des Gebäudes ist gewollt weitläufig gestaltet mit einem kathedralenähnlichen, lichtdurchfluteten, 45 m hohen Atrium. Im Erdgeschoss befindet sich eine Dauerausstellung, die u. a. massive, labyrinthische Skulpturen aus Rohstahl von Richard Serra sowie Jenny Holzers neun in den Himmel ragende LED-Säulen mit ununterbrochen laufenden Phrasen und Textfragmenten (auf Englisch, Spanisch und Baskisch) zeigt.

Die Hauptattraktion sind für viele Besucher aber die Sonderausstellungen, deren Spektrum von Retrospektiven des bahnbrechenden zeitgenössischen Künstlers Bill Viola bis zu breit gefächerten Ausstellungen über das Fin de Siècle in Paris umfasst. Hervorragende Audioguides in mehreren Sprachen sind im Eintrittspreis enthalten, und es gibt sogar einen speziellen Audioguide für Kinder.

Kostenlose Führungen (auf Spanisch) finden um 12.30 und um 17 Uhr statt. Wer daran interessiert ist, muss sich eine halbe Stunde vorher am Infoschalter melden, denn pro Führung werden nur 20 Teilnehmer mitgenommen (Mindestteilnehmerzahl: 8). Die Rundgänge sind auch in anderen Sprachen verfügbar (am Infoschalter nachfragen). Nach vorheriger Anmeldung organisiert das Museum private Gruppenführungen auf Deutsch sowie in anderen Sprachen. Das Haus verfügt über speziell adaptierte Magnetic-Loop-PDA-Videoguides für hörgeschädigte Besucher.

Leider sind die Schlangen am Eingang oft lang; vor allem an Regentagen im Sommer und zu Ostern beträgt die Wartezeit mindestens eine Stunde. Das Museum ist rollstuhlgerecht.

★ **Museo de Bellas Artes** GALERIE
(☏ 944 39 60 60; www.museobilbao.com; Plaza del Museo 2; Erw./Stud./Kind 9/7 €/frei, Mi 10–15

STADTFÜHRUNGEN

Unter den verschiedenen Stadtführungen finden sich sowohl allgemeine Rundgänge als auch Touren mit Schwerpunkten wie Architektur oder Essen. Wir empfehlen vor allem folgende Veranstalter:

Bilbao Touristeninformation (S. 490) Organisiert 1½-stündige Rundgänge, die entweder die Altstadt oder die Architektur der neuen Stadtteile abdecken. Wenn viel los ist, starten vielleicht mehr Touren.

Bilboats (☏ 946 42 41 57; www.bilboats.com; Plaza Pío Baroja; Erw./Kind ab 13/9 €) Veranstaltet mehrmals täglich Bootstouren auf dem Nervión.

Bilbao Greeters (www.bilbaogreeters.com; Spende erwünscht) Die Freiwilligenorganisation bietet eine der originellsten und interessantesten Möglichkeiten, die Stadt zu besichtigen. Ein Einheimischer führt die Teilnehmer kostenlos durch Bilbao und zeigt seine liebsten Sehenswürdigkeiten, Freizeitbeschäftigungen und – natürlich – *pintxo*-Bars (baskische Tapas). Wer Interesse an einem solchen Rundgang hat, muss sich mindestens zwei Wochen im Voraus über die Website anmelden.

Bilbao

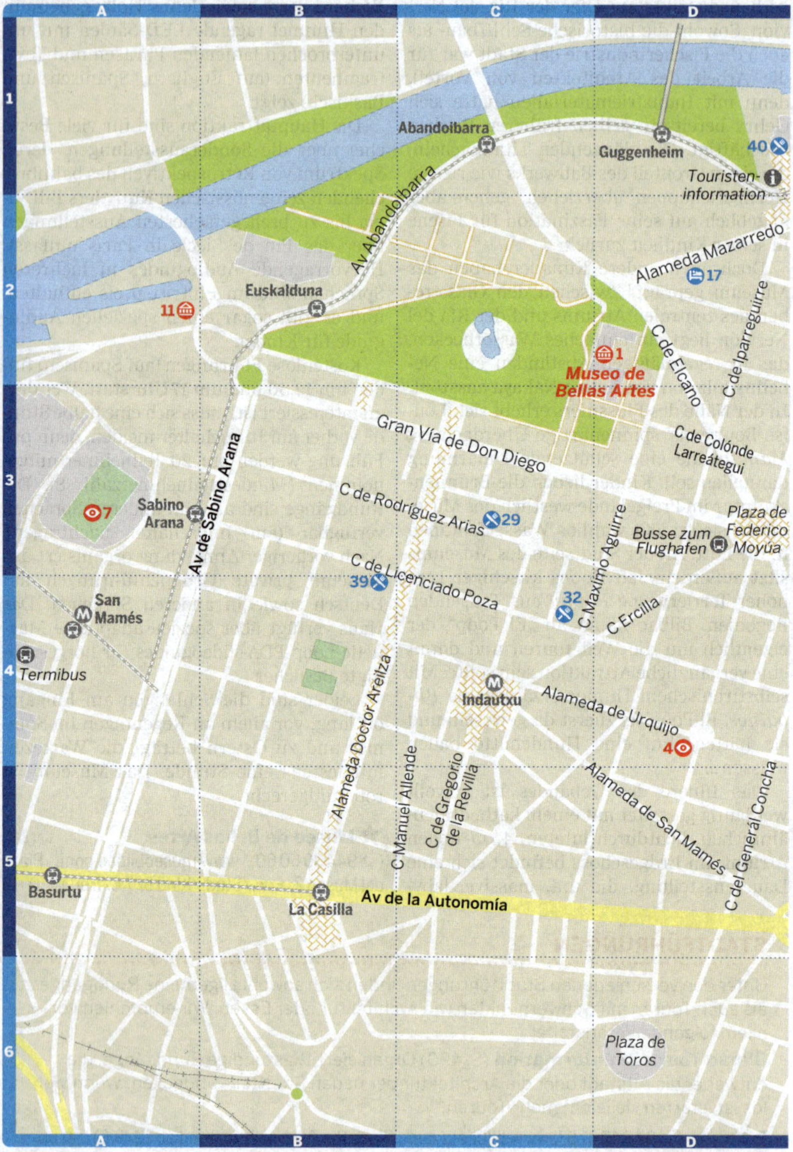

& So 15–20 Uhr frei; ⌚Mi–Mo 10–20 Uhr) Das Museo de Bellas Artes wartet mit einer fesselnden Sammlung von gotischen Skulpturen bis zur Pop-Art des 20. Jhs. auf, darunter klassische Bilder von Murillo, Zurbarán, El Greco, Goya und van Dyck, zeitgenössische Arbeiten von Gauguin, Francis Bacon und Anthony Caro, Werke der großen baskischen Bildhauer Jorge de Oteiza und Eduardo Chillida sowie Gemälde von baskischen Künstlern wie Ignacio Zuloaga und Juan de Echevarría.

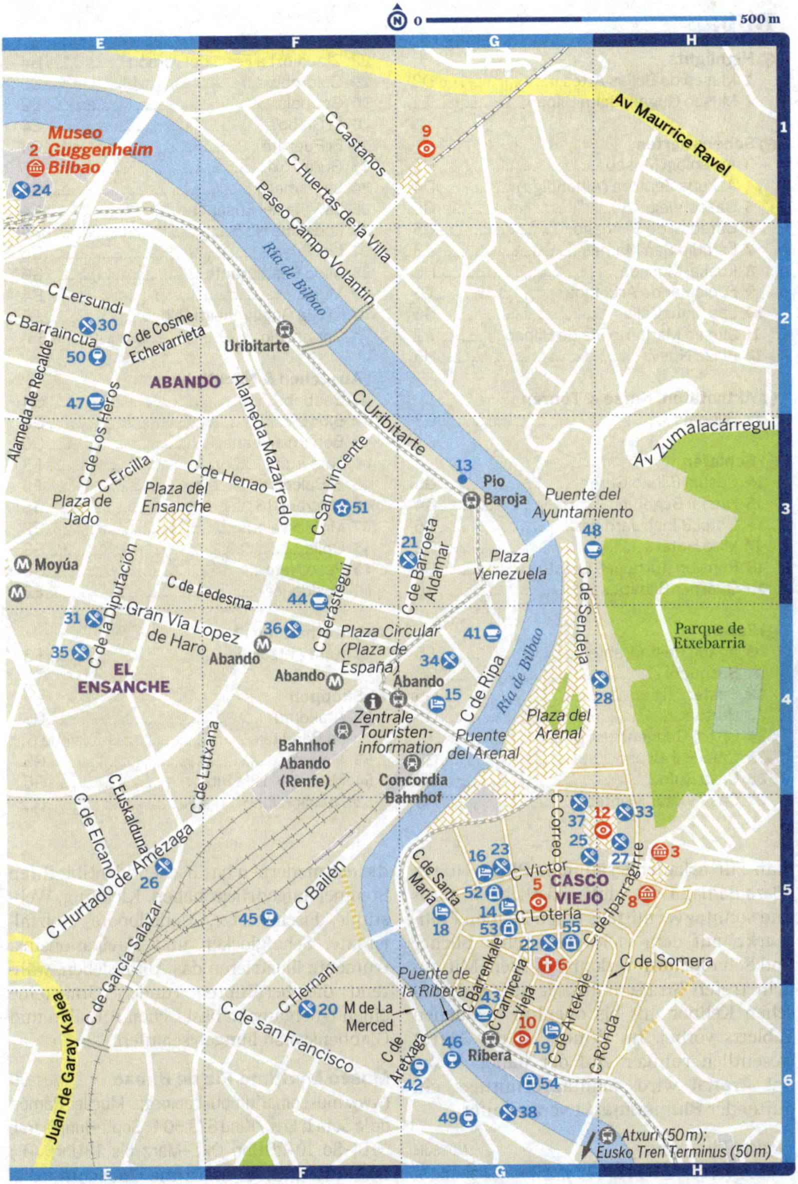

Casco Viejo

ALTSTADT

Bilbaos kompakte Altstadt bietet charmante Straßen, feuchtfröhliche Kneipen und skurrile Lädchen. In ihrem Herzen erstrecken sich die sieben ursprünglichen Straßen der Stadt, **Las Siete Calles** aus dem 15. Jh.

Die im 14. Jh. errichtete gotische **Catedral de Santiago** (www.bilbaoturismo.net; Plaza de Santiago; Erw./Stud. 5/3,50; ⏲ Mo–Sa 10–14 & 16–20 Uhr) hat eine prächtige Pfeilerhalle im Renaissancestil und einen schönen kleinen Kreuzgang. Weiter nördlich gelangt

Bilbao

Highlights
1 Museo de Bellas Artes ... D2
2 Museo Guggenheim Bilbao ... E1

Sehenswertes
3 Arkeologi Museo ... H5
4 Azkuna Zentroa (Alhóndiga) ... D4
5 Casco Viejo ... G5
6 Catedral de Santiago ... G5
7 Estadio San Mamés ... A3
8 Euskal Museoa ... H5
9 Funicular de Artxanda ... G1
10 Las Siete Calles ... G6
11 Museo Marítimo Ría de Bilbao ... A2
12 Plaza Nueva ... H5

Aktivitäten, Kurse & Touren
13 Bilboats ... G3

Schlafen
14 Casual Bilbao Gurea ... G5
15 Hostal Begoña ... G4
16 Hotel Bilbao Jardines ... G5
17 Miró Hotel ... D2
18 Pensión Iturrienea Ostatua ... G5
19 Quartier Bilbao ... G6

Essen
20 Agape Restaurante ... F6
21 Basquery ... G3
22 Baster ... G5
23 Berton ... G5
24 Bistró Guggenheim Bilbao ... E1
25 Café-Bar Bilbao ... G5
26 Casa Rufo ... E5
27 Casa Victor Montes ... H5
28 Claudio: La Feria del Jamón ... H4
29 Colombo ... C3
30 Coppola ... E2
31 El Globo ... E4
32 El Puertito ... C4
33 Gure Toki ... H5
34 La Camelia ... G4
35 La Viña del Ensanche ... E4
36 Ledesma No 5 ... F4
37 Los Fueros ... G5
38 Mina Restaurante ... G6
39 Mugi ... B4
40 Nerua Guggenheim Bilbao ... D1
Sorginzulo ... (siehe 33)

Ausgehen & Nachtleben
41 Baobab ... G4
42 Bihotz ... G6
43 Bohemian Lane ... G6
44 Café Iruña ... F3
45 El Balcón de la Lola ... F5
46 Marzana 16 ... G6
47 Mr Marvelous ... E2
48 Opila ... G3
49 Peso Neto ... G6
50 Residence ... E2

Unterhaltung
51 Kafe Antzokia ... F3

Shoppen
52 Ätakontu ... G5
La Bendita ... (siehe 6)
53 Malmö ... G5
54 Mercado de la Ribera ... G6
55 Nukak Bilbao ... G5

man zur arkadengesäumten **Plaza Nueva** (Plaza Barria). Dort gibt's köstliche *pintxos* und sonntagvormittags einen kleinen **Flohmarkt,** auf dem viele gebrauchte Bücher und Schallplatten verkauft werden. Mittendrin treten Straßenkünstler auf und rauschen Kellner mit bis obenhin beladenen Tabletts vorbei. Im Winter ist der Markt wesentlich ruhiger. Auf der nahen **Plaza del Arenal** wird sonntagvormittags ein duftender **Blumenmarkt** veranstaltet.

Euskal Museoa MUSEUM
(Museo Vasco; ☎944155423; www.euskal-museoa.eus; Plaza Miguel Unamuno 4; Erw./Kind 3 €/frei, Do frei; ⏰Mo & Mi–Fr 10–19, Sa 10–13.30 & 16–19, So 10–14 Uhr) Dieses Museum, das zu den besten Spaniens zählt, widmet sich der baskischen Kultur und nimmt Besucher mit auf eine Reise von der Altsteinzeit bis ins 21. Jh. Es gibt einen Überblick über das Leben der Bootsbauer, Schiffer, Schäfer und Künstler, die der modernen baskischen Identität ihren Stempel aufgedrückt haben. Kleidung, Webstühle, Fischernetze, Modellboote, Holzfälleräxte, Schafglocken und Navigationsinstrumente illustrieren das Alltagsleben, während die berühmten runden Grabsteine einen Übergang zu baskischen Ritualen und Glaubensvorstellungen schaffen.

Museo Marítimo Ría de Bilbao MUSEUM
(www.museomaritimobilbao.org; Muelle Ramón de la Sota 1; Erw./Kind 6/3,50 €, Sept.–Juni Di frei; ⏰Di–So 10–20 Uhr, Okt.–März bis 18 Uhr; 👪) Das interaktive maritime Museum, das passenderweise am Wasser liegt, bringt Besuchern die maritime Geschichte der Stadt und des Baskenlandes näher. Zu Beginn gibt ein zehnminütiges Video einen Überblick über die Geschichte Bilbaos vom 14. Jh. bis zur Gegenwart, anschließend präsentieren Ausstellungen auf zwei Etagen alte Schiffbautechniken, erschütternde

Schiffswracks (und innovative Küstenrettungsstrategien), die Bedrohung durch Piraten und aufwendige Modelle, darunter ein maßstabgerechtes Modell eines 1511 erbauten Schiffs des Konsulats von Bilbao.

Azkuna Zentroa (Alhóndiga) ARCHITEKTUR
(☎ 944 01 40 14; www.azkunazentroa.com; Plaza Alhóndiga 4; ⌚ Mo–Fr 7–23, Sa & So ab 8.30 Uhr) Man nehme ein altes Weinlager, verwandle es in ein Freizeit- und Kulturzentrum, füge etwas Bilbaoer Stil hinzu, und fertig ist das Azkuna Zentroa (Alhóndiga). Es wurde vom bekannten Architekten Philippe Starck entworfen und beherbergt ein Kino, eine Kunstgalerie, einen Swimmingpool mit Glasboden auf dem Dach, ein öffentliches Medienzentrum sowie Cafés und Restaurants. Im Erdgeschoss sind besonders die 43 rundlichen Säulenfüße bemerkenswert, von denen jeder anders gestaltet ist.

Parque de Doña Casilda de Iturrizar PARK
(Paseo de José Anselmo Clavé) Ruhe und Frieden verspricht ein anderes Werk der schönen Künste direkt hinter dem Museo de Bellas Artes: der Parque de Doña Casilda de Iturrizar, der 1920 fertiggestellt wurde. Sein Zentrum bildet ein kleiner Schwanen- und Ententeich.

Arkeologi Museo MUSEUM
(Calzadas de Mallona 2; Erw./Stud./Kind 3/1,50 €/frei, Fr frei; ⌚ Di–Sa 10–14 & 16–19.30 Uhr) Dieses zweistöckige Museum entführt Besucher tief in die Vergangenheit, angefangen bei Fossilien, die in der Sierra de Atapuerca gefunden wurden und sage und schreibe 430 000 Jahre alt sind. Auf der zweiten Etage begegnet man auf der Reise durch die Zeit Modellen alter befestigter Dörfer, keltiberischen Steinmetzarbeiten sowie Statuen und Fragmenten aus der römischen Periode. Dann geht's hinab in die Ära der Westgoten und das anschließende Mittelalter. Weitere interessante Exponate sind Steine für Katapulte, ein trepanierter Schädel aus dem 10. Jh. und Schmuck aus dem 11. Jh.

Zubizuri BRÜCKE
Die auffälligste moderne Brücke über die Ría del Nervión ist die Zubizuri (Baskisch für „Weiße Brücke"). Seit ihrer Fertigstellung 1997 prägt sie das Stadtbild und ist zu einem Wahrzeichen Bilbaos geworden. Der spanische Architekt Santiago Calatrava hat sie mit einem gebogenen Gehweg versehen, der an einer Reihe von Stahlspeichen unter einem fließenden weißen Bügel „hängt".

Estadio San Mamés STADION
(www.athletic-club.eus; Calle de Licenciado Poza) Das lokale Fußballteam Athletic Bilbao ist in diesem modernen Stadion mit Blick auf den Fluss im Osten des Stadtzentrums zu Hause. Von der Metrostation San Mamés kann man locker zu Fuß dorthin laufen. Im Stadion gibt's ein gutes Café mit Tapas-Bar.

Funicular de Artxanda STANDSEILBAHN
(Plaza Funicular; Erw./Kind 0,95/0,31; ⌚ Juni–Sept., Mo–Sa 7.15–23, So 8.15–22 Uhr, Okt.–Mai bis 22 Uhr) Bilbao liegt von Hügeln und Bergen umgeben in einem schmalen Tal. Wer einen atemberaubenden Ausblick auf das alles genießen möchte, unternimmt eine Tour mit der Standseilbahn, die eine gefühlte Ewigkeit lang quietschend und ächzend den Steilhang zum Artxanda-Gipfel hinaufschaukelt.

Feste & Events

Aste Nagusia KULTUR
(⌚ Aug.) Bilbaos größte Fiesta beginnt am ersten Samstag nach dem 15. August und dauert neun Tage. Auf dem Programm stehen viele Kulturveranstaltungen, Musik und Tanz, ländliche baskische Sportarten (wie Holzhacken und Steineheben), Umzüge der Riesen und allabendliches Feuerwerk.

ABSTECHER

PUENTE COLGANTE

Die UNESCO-Welterbestätte **Puente Colgante** (Vizcaya-Brücke; www.puente-colgante.com; pro Pers. 0,40 €, Fußweg 8 €, mit Audioguide 10 €; ⌚ Fußweg Nov.–März 10–19 Uhr, April–Okt. bis 20 Uhr; Ⓜ Areeta, Portugalete) – auch Vizcaya- oder Bizkaia-Brücke genannt – wurde von Alberto Palacio, einem Schüler Gustave Eiffels, entworfen und war die erste Schwebefähre der Welt. Sie wurde 1883 eröffnet. Die Brücke verbindet die Städte Getxo und Portugalete (das zum Großraum Bilbao gehört) und besteht aus einem Überbau mit einer darunter aufgehängten Plattform, auf der Autos und Personen lautlos über die Ría del Nervión gleiten.

Besucher können mit einem Fahrstuhl hoch auf den 46 m hohen Überbau fahren und hinüberlaufen. Die Aussicht ist großartig, wenngleich es sehr windig ist.

Stadtspaziergang
Architektur & Flussblick

START TEATRO ARRIAGA
ZIEL TEATRO ARRIAGA
LÄNGE/DAUER 4 KM; 3 STD.

Bilbao wartet mit beeindruckenden Gebäuden und malerischen Wegen am Fluss auf.

Die Route startet am Rand der Altstadt am barocken ❶ **Teatro Arriaga** (S. 490), das 1890 errichtet wurde, und führt flussaufwärts an der ❷ **Plaza del Arenal** und dem stattlichen ❸ **ayuntamiento** (Rathaus) aus dem späten 19. Jh. vorbei. Dann erreicht man den Paseo Campo Volantín mit unterschiedlichen Bauwerken und geht über die ❹ **Puente Zubizuri,** eine wellenartige, von Santiago Calatrava entworfene Konstruktion. Sie ist die auffälligste Brücke der Stadt.

Auf der anderen Flussseite biegt man rechts ab und schlendert die Uferpromenade entlang zum berühmtesten Gebäude der Stadt, dem ❺ **Museo Guggenheim Bilbao** (S. 478). Es ist schwierig, seinen Blick von dem Bauwerk abzuwenden, aber die spinnenartige Skulptur ❻ **Maman** und ❼ **Puppy**, den wohlriechendsten Hund aller Zeiten, darf man auf keinen Fall verpassen.

Weiter geht's am Ufer entlang und vorbei an vielen Skulpturen. Links liegt der gläserne ❽ **Iberdrola-Turm**, mit 165 m das höchste Gebäude der Region. Am modernen ❾ **Palacio Euskalduna** (S. 489) biegt man links ab, spaziert durch den ❿ **Parque de Doña Casilda de Iturrizar** (S. 483), läuft am ⓫ **Museo de Bellas Artes** (S. 479) vorbei und bummelt die Calle de Elcano entlang zur ⓬ **Plaza de Federico Moyúa**, dem Zentrum der Neustadt. Der Platz ist von imposanten Bauten umgeben: Rechts erhebt sich der ⓭ **Palacio de Chávarri** im flämischen Stil des frühen 20. Jhs., gegenüber das prächtige ⓮ **Hotel Carlton** (S. 485). Anschließend folgt man der Calle Ercilla und biegt rechts in die Alameda Mazarredo ein, die zu den ⓯ **Jardines Albia**, und zur ⓰ **Iglesia San Vicente Mátir** (16. Jh.) führt. Zuletzt geht's bergab zur Calle Lopez de Haro, vorbei an der Art-Nouveau-Fassade des ⓱ **FEVE-Bahnhofs,** und über die Puente del Arenal zurück zum Startpunkt.

Noche Blanca KULTUR

(Juni) An einem Abend im Juni, in der Regel an einem Samstag, verwandeln sich die Ecken und Plätze der Stadt von etwa 20.30 bis 2 Uhr durch farbenfrohe Lichtinstallationen und audiovisuelle Ausstellungen in lebendige Kunstwerke.

Carnaval KARNEVAL

(Febr. oder März) Der Karneval wird in Bilbao ausgelassen gefeiert. Neben Paraden mit Festwagen und Kostümen gibt's Konzerte, Umzüge, Tanz und viele Mitmachaktivitäten für Kinder. Der Trubel beginnt am Donnerstag vor Aschermittwoch und endet sechs Tage später am Fastnachtsdienstag mit der zeremoniellen Verbrennung der Sardine. Am meisten ist in der Altstadt los.

Bilbao BBK Live MUSIK

(www.bilbaobbklive.com; Dreitagespass ab 80 €; Juli) Das größte Musikevent Bilbaos ist das BBK Live, bei dem bekannte Künstler aus aller Welt zu Gast sind. Allein 2017 traten hier Depeche Mode, Brian Wilson, Two Door Cinema Club, Die Antwoord und Naranja auf. Das Festival geht drei Tage (meistens Anfang oder Mitte Juli) und findet im Parque Kobetamendi, einem hügeligen Park 2 km außerhalb des Zentrums, statt.

Schlafen

Quartier Bilbao HOSTEL €

(944 97 88 00; www.quartierbilbao.com; Calle Artekale 15; B/DZ mit Gemeinschaftsbad ab 18/55 €;) Für dieses in der Altstadt gelegene Hostel spricht eine Menge, z. B. die modernen, gepflegten Einrichtungen und die hilfsbereiten Mitarbeiter. Es belegt mehrere Etagen eines sechsstöckigen Gebäudes. Die schönen Gemeinschaftsbereiche eignen sich gut, um andere Traveller kennenzulernen.

Hostal Begoña PENSION €

(944 23 01 34; www.hostalbegona.com; Calle de la Amistad 2; EZ/DZ ab 60/75 €; P) Die Zimmer des freundlichen Begoña sind mit moderner Kunst und schmiedeeisernen Betten ausgestattet. Die Fliesen in den Bädern sind bunt. In den kuscheligen Gemeinschaftsbereichen stehen zahlreiche Bücher und Infos zu hiesigen Kulturveranstaltungen und Attraktionen bereit. Dort trifft man auch immer ein paar andere Reisende.

Pensión Iturrienea Ostatua BOUTIQUE-HOTEL €€

(944 16 15 00; www.iturrieneaostatua.com; Calle de Santa María 14; EZ/DZ 85/95 €;) Die Pensión Iturrienea Ostatua ist eines der exzentrischsten Hotels der Stadt und hat einen einzigartigen Look: Sie ist halb Bauernhof, halb altmodischer Spielzeugladen und bietet einen kuriosen Mix aus Blümchentapeten, bunt bemalten Geländern und schwarz-weiß gefliesten Böden. Klingt schräg, aber ästhetisch ist nichts an dem Design auszusetzen. Hinzu kommt, dass die Unterkunft an einer hübschen Fußgängerstraße im historischen Zentrum liegt. Heiß begehrt bei Reisenden.

Casual Bilbao Gurea PENSION €€

(944 16 32 99; www.casualhoteles.com; Calle de Bidebarrieta 14; EZ/DZ 90/100 €;) Die familiengeführte Pensión Gurea hat kunstvoll aufgemachte, moderne Zimmer mit Holzfußböden und viel Tageslicht sowie außerordentlich freundliche Angestellte. Sie befindet sich im dritten und vierten Stock eines Gebäudes in der Altstadt, und nur wenige Meter vom Eingang gibt's tolle Restaurants.

Hotel Bilbao Jardines BOUTIQUE-HOTEL €€

(944 79 42 10; www.hotelbilbaojardines.com; Calle Jardines 9; EZ/DZ/3BZ/4BZ 60/85/95/125 €;) Sieht ein bisschen wie eine öffentliche Einrichtung aus und die grüne Innenausstattung ist auch nicht mehr ganz frisch, dennoch ist das Bilbao Jardines eine preiswerte Bleibe im Casco Viejo (Altstadt). Die Zimmer sind komfortabel und die Gäste dürfen die Fahrräder kostenlos nutzen.

Miró Hotel DESIGNHOTEL €€€

(946 61 18 80; www.mirohotelbilbao.com; Alameda Mazarredo 77; DZ ab 234 €; @) Das hippe Hotel mit Blick auf das Guggenheim-Museum ist die Herzensangelegenheit des Modedesigners Antonio Miró und passt wunderbar in diese kunstversessene Stadt. Die minimalistische Deko besteht aus moderner Fotografie und Kunst sowie ausgefallenen Büchern.

Hotel Carlton HISTORISCHES HOTEL €€€

(944 16 22 00; www.hotelcarlton.es; Plaza de Federico Moyúa 2; DZ 145–315 €; P @) Stil, Klasse und Raffinesse. Das Hotel Carlton hat eine besonders schöne Lage an der Plaza Federico Moyúa und verströmt den Glamour der guten, alten Zeiten mit einer feinen Retro-Note. Das prächtige Gebäude im Empire-Stil (erb. 1919–1926) wurde von Manuel María Smith entworfen, einem Sohn der Stadt.

PINTXOS ESSEN

Schon allein die genüssliche Aussprache des Wortes *pintxo* (pin-tscho) lässt erahnen, um welch leckeren, kreativen Happen der baskischen Küche es sich dabei handeln muss. Ein perfekter *pintxo* ist außergewöhnlich in Geschmack, Zusammensetzung wie auch im Aussehen. Kenner verspeisen ihn mit zwei Bissen. Die baskische Version übertrifft die gewöhnlichen Tapas, weil sie als kulinarisches Erlebnis einfach jeden mitreißt.

Viele *pintxos* türmen sich auf Brotstückchen oder kleinen halben Baguettes. Einige Bars haben sich auf Meeresfrüchte mit marinierten Anchovis, Krabben und Tintenfischstreifen spezialisiert, die durch unterschiedlichste Leckereien von gehacktem Krebs bis zu Leberpaté verfeinert werden. Andere konzentrieren sich auf Paprika- oder Pilzdelikatessen oder bieten eine Mischung aus allem an. Und die Auswahl beschränkt sich bei Weitem nicht auf das an der Theke ausgestellte Angebot: Viele der besten *pintxos* sind warm und werden nur auf Bestellung zubereitet. Meist sind sie auf einer Kreidetafel an der Wand aufgelistet.

Die Einheimischen ziehen es vor, in jeder Bar nur ein oder zwei *pintxos* zu essen und dann zum nächsten Laden weiterzuziehen. Wer etwas bestellen möchte, muss der Bedienung hinter der Theke erst sagen, was er essen will. Nie selbst ein *pintxo* vom Tresen nehmen!

Essen

Basquery INTERNATIONAL €
(☎944 07 27 12; www.basquery.com; Ibañez de Bilbao 8; Hauptgerichte 10–13 €; ⊙Mo–Do 8–22, Fr & Sa bis 23, So 9–16.30 Uhr) Die Betreiber des gefeierten Bascook eröffneten 2017 ein Stück die Straße hinunter dieses lebhaftere Restaurant im industriellen Stil, und es gewann schnell viele Fans. Das Basquery besteht aus mehreren Räumen und ist teils Café, teils Bäckerei, teils Kleinbrauerei und teils Speiserestaurant. Die Sandwiches mit Pulled Pork oder Pastrami, vegane Burger, Wurstdelikatessen und Appetizer passen gut zu den im Haus gebrauten Indian Pale Ales, Golden Ales und Session Stouts.

El Puertito FISCH & MEERESFRÜCHTE €
(☎944 02 62 54; Calle de Licenciado Poza 22, Ecke Calle Maestro García Rivero; Austern 2–4,50 €; ⊙10–22 Uhr) An warmen Sommerabenden versammeln sich die Leute in dieser kleinen Bar, um Wein zu trinken und dazu ein paar Austern zu schlürfen. Kenner können von einer mit Kreide an die Tafel gemalten Speisekarte wählen (es gibt französische und galicische Austern), Neulinge können sich an die kundigen Mitarbeiter wenden (sie sprechen Englisch) und sich etwas empfehlen lassen.

Baster PINTXOS €
(https://basterbilbao.com; Calle Correo 22; *Pintxos* 2,50–7 €; ⊙Di–Do 10–22, Fr & Sa bis 23, So bis 17 Uhr; 📶) Diese zwanglose und beliebte Bar serviert eine Palette herausragender *pintxos,* darunter Tintenfischspieße mit Kartoffel, Mini-Quiches, hausgemachte Kroketten und köstlichen *jamón.* Ein Glas erfrischender *txakoli* (lokaler Weißwein) passt zu allen Speisen sehr gut. An den Wochenenden herrscht zur Mittagszeit Hochbetrieb, dann füllen von Bar zu Bar ziehende Gäste die Tische auf dem Bürgersteig und im hellen, modernen Innenraum.

★ **Casa Rufo** BASKISCH €€
(☎944 43 21 72; www.casarufo.com; Hurtado de Amézaga 5; Hauptgerichte 16–20 €; ⊙Mo–Sa 13.30–15.30 & 20.30–22.30 Uhr) Versteckt hinter einem kleinen Feinkost- und Weingeschäft wirkt das Casa Rufo wie ein Geheimtipp – der sich aber längst herumgesprochen hat, darum sollte man reservieren. Zwischen mit Spitzenweinen gefüllten Regalen genießen die Gäste köstlichen Spargel aus Navarra und Pilze mit Gänsestopfleber, gefolgt von einer reichhaltigen Ochsenschwanzsuppe, Steaks vom Holzofengrill und aromatischen *chipirones en su tinta* (Tintenfischchen in Tinte).

Colombo INTERNATIONAL €€
(☎944 39 22 45; http://colombobilbao.com; Calle de Rodríguez Arias 32; Hauptgerichte 11–19 €; ⊙13–16 & 20–23 Uhr; 🍷) Mit den großen Nischen, der traditionellen Ausstattung, übergroßen Fenstern und beschwingter Musik verströmt das Colombo lässiges Flair. Doch das Essen spielt hier keineswegs die zweite

Geige: Auf der international inspirierten Karte stehen Wildpilzrisotto mit schwarzem Trüffelöl und Spargel, Schweinrippen vom Holzofengrill und Riesengarnelen in Tempura sowie tolle Appetizer.

La Camelia VEGAN €€
(Calle Villarías 3; Hauptgerichte 6–13 €; ⌚13–22 Uhr; ✎) In einer Gasse in der Nähe der Brücke zur Altstadt, die überwiegend Fußgängern vorbehalten ist, serviert La Camelia hervorragende vegane Speisen, darunter *hijiki*-Salat, Quinoa-Taboulé, Tofu- oder Seitan-Sandwiches und sechs verschiedene Varianten Maki (Reis und Gemüse in Algen gewickelt).

Agape Restaurante BASKISCH €€
(☎944 16 05 06; www.restauranteagape.com; Calle de Hernani 13; Tagesmenü 13 €, Menüs 22–36 €; ⌚Mo & Do 13–16, Mi–Sa 13–16 & 21–23 Uhr; ᯤ) Einheimische loben dieses Restaurant wegen der soliden Preise, die nicht zulasten der Qualität gehen. Wer erleben will, was Bilbao wirklich isst, sollte unbedingt hingehen und z.B. Wolfsbarsch auf Shrimps und Lauchrisotto, Lammconfit mit gerösteten Auberginen und Pfannengemüse mit Mandel- und Sesampesto probieren, alles serviert in stilvollem, aber rustikalem Ambiente.

Los Fueros BASKISCH €€
(☎944 15 30 47; www.losfueros.com; Calle Fueros 6; Tapas 5-6, Hauptgerichte 12–19 €; ⌚Mi–So 12–16 & 20–23 Uhr) In dem Bar-Restaurant in einer Seitenstraße nahe der Plaza Nueva spielen Fisch und Meeresfrüchte die erste Geige. Sie werden in Form altbewährter

DIE BESTEN PINTXO-BARS IN BILBAO

Bilbaos *pintxos* (baskische Tapas) haben zwar nicht den hervorragenden Ruf ihrer Pendants aus San Sebastián, kosten dafür aber weniger (alle ab etwa 2,50 € pro *pintxo*) und können sich von der Qualität her allemal mit den Rivalen messen. Es gibt in der Stadt Hunderte *pintxo*-Bars, doch an der Plaza Nueva am Rand des Casco Viejo (Altstadt) sowie in der Calle de Perro und der Calle Jardines ist die Auswahl am größten. Hier einige der besten Lokale (ohne bestimmte Reihenfolge):

Gure Toki (Plaza Nueva 12; Pintxos ab 2,50 €; ⌚Mo–Sa 10–23.30, So bis 16 Uhr) Kleine, aber feine Auswahl an kreativen *pintxos*, manche mit Straußenfleisch.

Café-Bar Bilbao (Plaza Nueva 6; Pintxos ab 2,50 €; ⌚Mo–Fr 7–23, Sa 9–23.30, So 10–15 Uhr) Kühle blaue Fliesen und warmherzige Atmosphäre.

Casa Victor Montes Leckere *pintxos* und komplette Mahlzeiten.

Sorginzulo (Plaza Nueva 12; Pintxos ab 2,50 €; ⌚10–24 Uhr) Winzige Bar mit großem Angebot. Spezialität des Hauses sind Calamares, allerdings werden diese nur am Wochenende serviert.

Berton (www.berton.eus; Calle Jardines; Pintxos ab 2,10 €; ⌚Mi–Mo 8.30–23 Uhr) Hier kann man informative Filme über die Herstellung der köstlichen *pintxos* ansehen, die man gerade genießt.

Claudio: La Feria del Jamón (Calle Iparragirre 9-18; Pintxos ab 2,50 €; ⌚Mo–Fr 10–14 & 17–21, Sa 10–14 & 18–21.30 Uhr) Eine alte Bar voller Antikmöbel. Der Name und die vielen von der Decke hängenden Schinken machen gleich deutlich, dass sich hier alles um die leckeren Paarhufer dreht.

La Viña del Ensanche (☎944 15 56 15; www.lavinadelensanche.com; Calle de la Diputación 10; kleine Teller 5–15 €, Menü 30 €; ⌚Mo–Fr 8.30–23, Sa 12–1 Uhr) Hunderte Weinflaschen schmücken die Wände dieser herausragenden *pintxo*-Bar. Und herausragend heißt, dies könnte durchaus die beste *pintxo*-Bar der Stadt sein.

El Globo (www.barelglobo.com; Calle de la Diputación 8; Pintxos ab 2,50 €; ⌚Mo–Fr 8–23, Sa 8–24 Uhr) Schlichte, aber beliebte Bar mit Gerichten wie *txangurro gratinado* (Seespinne).

Mugi (www.mugiardotxoko.es; Calle de Licenciado Poza 55; Pintxos ab 2,50 €; ⌚Mo–Sa 9–24 Uhr) In dieser angesagten *pintxo*-Bar wird es oft so voll, dass man draußen stehen muss.

Ledesma No 5 (www.ledesma5.com; Calle de Ledesma 5; Pintxos ab 3,75 €; ⌚Mo–Sa 10–22 Uhr) Diese Bar in der Fußgängerzone Ledesma kann man gar nicht übersehen.

Leibspeisen wie z. B. gegrillte Garnelen, frischer Fisch des Tages oder gefüllte Paprika mit Kabeljau kredenzt. Die Bar ist schicker als viele andere Lokale in der Altstadt. Man beachte die modernen Mosaikfliesen und die kühlen mediterranen Blautöne.

Coppola ITALIENISCH €€
(☎944 24 94 63; Calle Barraincúa 6; Hauptgerichte 13–16 €; ⏲13–16 & 20–23 Uhr; ✎) Das als bestes italienisches Restaurant Bilbaos gepriesene Coppola serviert hervorragende Pizzas mit dünnem Boden und einer erstaunlichen Auswahl an Toppings. Weitere Highlights sind der saftige Caprese-Salat, das vegetarische Risotto und die Pasta mit Pilzen und Trüffelcreme. Die Angestellten sind freundlich, die Preise fair, und manchmal gibt's Livemusik. Es ist ratsam, zu reservieren.

★ **Mina Restaurante** BASKISCH €€€
(☎944 79 59 38; www.restaurantemina.es; Muelle Marzana; Probiermenü 74–110 €; ⏲Mi–Sa 14–15.30 & 21–22.30, So 14–15.30 Uhr) In einem ansonsten sehr bodenständigen Viertel offeriert dieses Restaurant am Fluss, das bei einigen Kritikern als das beste der Stadt gilt, überraschend anspruchsvolle Spitzenküche. Gäste dürfen sich auf kreative kulinarische Genüsse freuen, etwa Seespinne mit Maracuja, Auberginenconfit mit Garnelen oder Knochenmarkkuchen mit saisonalen Pilzen, gefolgt vielleicht von einer Crème brûlée mit Safran.

Nerua Guggenheim Bilbao BASKISCH €€€
(☎944 00 04 30; www.neruaguggenheimbilbao.com; Avenida Abandoibarra 2; Menü mittags/abends ab 80/110 €; ⏲Di–So 13–15 & Mi–Sa

CAFÉS IN BILBAO

Bilbao hat einige nette Cafés, die ein wenig Latte Art und süße Snacks servieren. Von verstaubten altmodischen bis zu schicken modernen Lokalen ist alles dabei. Unsere Favoriten:

Café Iruña (www.cafeirunabilbao.net; Calle de Colón de Larreátegui 13; ⏲Mo–Fr 7–1, Sa & So 10–1 Uhr) Den einzigartigen Charakter des Iruña prägen sein maurisches Dekor sowie der Klatsch und Tratsch eines ganzen Jahrhunderts. Hier kann man wunderbar die vorbeiflanierenden Passanten beobachten und zum Frühstück ebenso wie zum Nachmittagskaffee, Mittagessen oder einem abendlichen Drink herkommen. Unbedingt probieren: die *pinchos morunos* (würzige Kebabs).

Bohemian Lane (www.bohemianlanebilbao.com; Calle Carnicería Vieja 3; ⏲Mo–Fr 10–20.30, Sa 10–14.30 & 16.30–20.30 Uhr) Das einladende, legere Kaffeehaus serviert neben Kaffee, Tee und frischen Säften auch himmlische Kuchen, Cookies und andere süße Köstlichkeiten, die 100 % vegan sind. Die leichte, künstlerische Gestaltung ist die perfekte Kulisse für entspannte Gespräche.

Mr Marvelous (Calle de los Heros; ⏲Mo–Fr 9–22, Sa 10–23, So 11–18 Uhr; 📶) Der Name ist zwar etwas daneben, doch das stilvolle Café, das auch als Bar und Restaurant fungiert, macht ansonsten mit seinen guten (und preiswerten) Weinen, dampfenden Kaffees und leckeren *pintxos* (nicht verpassen: die großartigen Tortillas) alles richtig. Zudem ist der Raum mit seinem auffälligen gekachelten Fußboden und den Ziegelwänden mit wechselnden Kunstwerken ausgesprochen schön.

Baobab (www.baobabteteria.com; Calle Principe 1; ⏲Mo 17–23, Di–Do 11–23, Fr & Sa 12–2, So 12–22 Uhr) Wenn der Regen kommt, bietet das Baobab ein wunderbares Refugium: Die Kombination aus Teehaus und Bar lockt mit warmem, einladendem Ambiente und einem hervorragenden Angebot an Tee, Kaffee, Bier, Wein, Wermut und anderen Getränken. An den Wänden hängen die Werke hiesiger Künstler, und regelmäßig finden Jamsessions, Lyriklesungen sowie spezielle Abendessen mit senegalesischer Küche statt.

Opila (Calle de Sendeja 4; ⏲Mo–Fr 8–22, Sa & So ab 10 Uhr) Ein Besuch dieser Patisserie mit Café lohnt, um sich einen koffeinhaltigen Muntermacher und ein oder zwei der leckeren hausgebackenen Köstlichkeiten (Gebäck ab 1,50 €) zu genehmigen. Der Laden unten ist mit Art-déco-Möbeln und Glasvitrinen eingerichtet. Das Restaurant oben ist ein nettes Fleckchen, um bei cremigen portugiesischen Torten den Blick auf die Gasse und den Fluss zu genießen.

20.30–22 Uhr) Das modernistische weiße und sehr minimalistisch gestaltete Restaurant des Guggenheim-Museums unter Leitung des Michelin-Sterne-Kochs Josean Alija (ein Schüler von Ferran Adria) überzeugt mit atemberaubender *nueva cocina vasca* (baskische Nouvelle Cuisine). An die Menüs mit neun oder achtzehn Gängen wird man sich noch lange nach der Reise erinnern.

Eine Reservierung ist unerlässlich. Wem das Gourmetrestaurant eine Nummer zu groß ist, der kann das **Bistró** (☎ 944 23 93 33; www.bistroguggenheimbilbao.com; Ave Abandoibarra 2; 2-/3-Gänge-Menü ab 22/30 €; ⏲ Sept.–Juni Di–So 13.30–15.30 & Do–Sa 20–22.30 Uhr, Juli & Aug. tgl.) des Guggenheim-Museums besuchen.

Casa Victor Montes BASKISCH €€€

(☎ 944 15 70 67; www.victormontes.com; Plaza Nueva 8; Hauptgerichte 19–27 €, *Pintxos* ab 2,50 €; ⏲ 10.30–23 Fr & Sa bis 24 Uhr) Als eine Kombination aus Bar, Laden und Restaurant ist das Victor Montes in jeder Hinsicht ein Kunstwerk. Es ist zwar recht touristisch, doch auch Einheimische mögen die übertriebene Dekoration, das gute Essen und die etwa 1000 Flaschen Wein. Wer hier ausgiebig essen möchte, sollte reservieren und die Spezialität des Hauses, *bacalao* (gesalzener Kabeljau), probieren.

Ausgehen & Nachtleben

Peso Neto BAR

(www.pesoneto.es; Calle San Francisco 1; ⏲ 11–1 Uhr) Wer in freundlichem, entspanntem Ambiente etwas trinken möchte, wird kaum etwas Netteres finden als diese Bar mit künstlerischem Touch am Südufer. Sie ist drinnen mit Einweckgläsern als Lampen, Lichterketten und originellen Pappmaché-Köpfen an der Wand dekoriert, und aus den Lautsprechern klingt traditioneller Funk. Die Cocktails sind perfekt gemixt, es gibt Paulaner vom Fass und jede Menge kulinarischer Köstlichkeiten.

Bihotz BAR

(Calle de Aretxaga 6; ⏲ Di–Fr 15–23, Sa & So ab 11 Uhr) Der offenkundige Hipster-Treff zieht Liebhaber von Craft-Bier an. Die eklektische Einrichtung besteht aus bunt zusammengewürfelten Möbeln und kunstvoll aufgehängten Fahrradteilen, aus den Boxen kommen wechselnde Soundtracks. Auch das freundliche Publikum, die leckeren Snacks wie Hummus, vegetarische Sandwiches und Kuchen sowie der hervorragende Kaffee tragen zum besonderen Reiz des Bihotz bei.

Residence BAR

(www.facebook.com/residencecafe; Calle Barraincua 1; ⏲ So–Do 16–1, Fr & Sa bis 3 Uhr) In der tollen kleinen Bar finden im Laufe des Monats immer wieder akustische Jamsessions, z. B. mit irischer Folkmusik, Blues oder Roots, statt. Auch wenn gerade nichts Besonderes los ist, kann man hier gut gemixte Cocktails trinken und mit den freundlichen Barmixern schwatzen. Whiskyliebhaber aufgepasst: Das Residence hat über 200 Sorten auf Lager.

Marzana 16 BAR

(Muelle Marzana 16; ⏲ Mo–Fr 16–23, Sa & So ab 12 Uhr) Die hippe kleine Bar mit Blick auf den Nervión ist ein Treffpunkt für fröhliche, unkonventionelle Gäste, die hier abends gern etwas trinken und Leute beobachten. Das Innere der altmodischen Bar ist winzig, darum nehmen die Gäste ihre Getränke an warmen Abenden mit auf die Terrasse und zu den Stufen über der Flussmündung.

El Balcón de la Lola CLUB

(Calle Bailén 10; 12; ⏲ Do & Fr 23.45–6.15, Sa 14–15.30 & 23.45–6.15, So 12–16.30 Uhr) In diesem Club, einem der beliebtesten gemischten Schwulen-/Hetero-Clubs Bilbaos, ist man richtig, wenn man bis in den Morgen feiern will. Er ist im industriellen Stil gestaltet und am Wochenende bis an den Rand mit Tanzwütigen gefüllt. Hier geht's erst spät richtig los. Der Club befindet sich unterhalb der Eisenbahn.

Unterhaltung

★ **Kafe Antzokia** LIVEMUSIK

(☎ 944 24 46 25; www.kafeantzokia.com; Calle San Vicente 2) Hier schlägt das vibrierende Herz des zeitgenössischen baskischen Bilbao mit internationalem Rock, Blues und Reggae, und nicht zuletzt mit baskischem Pop-Rock als Sahnehäubchen. Wochenendkonzerte dauern von 22 Uhr bis 1 Uhr, anschließend legt bis 5 Uhr ein DJ auf. Tagsüber ist das Antzokia Café, Restaurant und Kulturzentrum und bietet interessante Veranstaltungen.

Palacio Euskalduna LIVEMUSIK

(☎ 944 03 50 00; www.euskalduna.net; Avenida Abandoibarra 4) Etwa 600 m flussabwärts vom Museo Guggenheim Bilbao steht dieses modernistische Juwel am Ufer, dessen

Stil an die großen Schiffbauarbeiten des 19. Jhs. erinnert. Hier sind das Bilbao Orkestra Sinfonikoa und das Basque National Orchestra zu Hause. Die Veranstaltungspalette ist groß.

Teatro Arriaga THEATER
(☎ 944 79 20 36; www.teatroarriaga.com; Plaza Arriaga) Die Barockfassade dieses Theaters dominiert die freie Fläche zwischen der Altstadt und dem Fluss. Hier finden Theateraufführungen und Konzerte statt.

Shoppen

Malmö KUNST & KUNSTHANDWERK
(www.facebook.com/malmogallery; Calle Torre 7; ⌚ Mo–Fr 11–14 & 17–20, Sa 11–14 Uhr) Das nach der schwedischen Stadt benannte Malmö hat sich auf gutes skandinavisches Design spezialisiert, das man nirgendwo sonst finden wird. In diesem freundlichen Laden gibt's viel zu entdecken, etwa die schönen Ölend-Rucksäcke, die Tierdrucke auf Holz von Ferm Living oder die bunten Email-le-Becher von Öm Design. Das Angebot an Haushaltswaren, Kunst, Spielzeug und sogar Bekleidung wechselt ständig.

Ätakontu KLEIDUNG
(www.atakontu.es; Calle Jardines 8; ⌚ Mo–Sa 11–14 & 17–20.30 Uhr) Zwei Textilkünstler aus Bilbao haben diesen kleinen Laden geschaffen, der im ganzen Baskenland große Wellen schlägt. Seine Spezialität sind bedruckte T-Shirts mit skurrilen oder von der Naiven Kunst (der Dinosaurierkopf ist schon ikonisch) inspirierten Motiven. Die T-Shirts sind aus Biobaumwolle und werden in Unisex-Größen verkauft. Da hier jedes Motiv nur in beschränkter Auflage produziert wird, kann man sicher sein, dass man es nirgendwo sonst sieht.

BARIK CARD

Mit dem Kauf einer Barik Card für 3 € an Ticketautomaten in der Metro kann man bares Geld sparen. Man lädt ein Guthaben auf (ab 5 €) und kann sie in der Metro, der Straßenbahn und im Bus nutzen. Die Karte kann für mehrere Personen genutzt werden und bereits ab der fünften Fahrt spart man damit. Einzelfahrscheine können ebenfalls an den Ticketautomaten der Metro erworben werden.

Mercado de la Ribera MARKT
(www.mercadodelaribera.net; Calle de la Ribera; ⌚ Mo & Sa 8–14.30, Di–Fr 8–14 & 17–20 Uhr) Der Mercado de la Ribera ist ein großer Lebensmittelmarkt mit Blick auf den Fluss. Zahlreiche Starköche kommen morgens hierher, um frische Lebensmittel für ihre Restaurants auszusuchen. Wer nicht für ein Picknick einkaufen möchte, kann oben zu den *pintxo*-Theken gehen (bis 22 Uhr geöffnet), die ein hervorragendes Angebot und Sitzplätze drinnen und im Freien bieten.

La Bendita ESSEN & TRINKEN
(www.labenditabilbao.com; Carrera de Santiago 1; ⌚ Mo & Sa 10.30–14 & 16.30–20.30, So 12–14.30 & 18.30–20.30 Uhr) La Bendita neben der Kathedrale ist der kleinste Laden Bilbaos, dennoch lohnt der Besuch wegen der einzigartigen Gourmetdelikatessen, die fast ausschließlich aus dem Baskenland kommen, darunter Schokolade, Gänsestopfleber, Olivenöle und Pasteten, sowie tolle Getränke wie *patxaran* (ein Schlehenlikör) und *txakoli* (lokaler Weißwein).

Nukak Bilbao MODE & ACCESSOIRES
(www.facebook.com/nukakbilbao; Calle Correo 25; ⌚ Mo & Sa 11–14.30 & 17–20.30 Uhr) Umweltbewusste Street Fashion verkauft dieser hippe kleine Laden. Alle Produkte sind aus recycelten Materialien hergestellt, darunter bunte Umhängetaschen aus alten Werbebannern, schöne Rucksäcke aus LKW-Reifen, auffällige Gürtel aus früheren Feuerwehr- und Geldbörsen aus Fahrradschläuchen. Das Design ist kraftvoll und farbenfroh und bietet auch ein gutes Gesprächsthema.

Praktische Informationen

Die Mitarbeiter der Touristeninformation sind hilfsbereit, gut informiert und voller Enthusiasmus für ihre Stadt. In allen Filialen bekommt man das kostenlose zweimonatliche Magazin *Guía Bilbao* mit Veranstaltungslisten sowie viele Tipps für Restaurants, Bars und Clubs.

In der neu eröffneten topmodernen **Zentralen Touristeninformation** (☎ 944 79 57 60; www.bilbaoturismo.net; Plaza Circular 1; ⌚ 9–21 Uhr; 📶) gibt's kostenloses WLAN, Infocomputer mit Touchscreen und vor allem einige Mitarbeiter, die Fragen beantworten (beim Hereinkommen eine Nummer ziehen). Filialen befinden sich am **Flughafen** (☎ 944 03 14 44; www.bilbaoturismo.net; Bilbao Airport; ⌚ 9–21 Uhr) und im **Museo Guggenheim Bilbao** (www. bilbaoturismo.net; Alameda Mazarredo 66; ⌚ Juli & Aug. 10–19 Uhr, Sept.–Juni bis 15 Uhr).

An- & Weiterreise

BUS

Bilbaos zentraler Busbahnhof, der **Termibus** (☎ 944 39 50 77; www.termibus.es; Gurtubay 1, San Mamés), befindet sich westlich vom Stadtzentrum. Zu folgenden Zielen bestehen regelmäßige Verbindungen:

ZIEL	PREIS (€)	DAUER (STD.)
Barcelona	36–52	7–8½
Biarritz (Frankreich)	12–20	3
Logroño	10–14	2¾
Madrid	32–43	4½–5½
Oñati	7	1¼
Pamplona	15	2–2½
San Sebastián	7–12	1¼
Santander	7–15	1¼
Vitoria	9	1½

Bizkaibus deckt auch die ländlichen Gebiete der Region ab, darunter Küstengemeinden wie Mundaka und Gernika (2,50 €). Busse von Euskotren bedienen die Strecke nach Lekeitio (6,65 €).

Wer vom Flughafen Bilbao direkt nach San Sebastián weiterreisen möchte, kann den Direktbus (17 €, 1¼ Std.) nehmen, der zwischen 6.45 und 23.45 Uhr stündlich fährt.

FLUGZEUG

Bilbaos **Flughafen** (BIO; ☎ 902 404 704; www.aena.es; Loiu; 📶) befindet sich in Loiu, 12 km nordöstlich der Stadt in der Nähe von Sondika, und wird von mehreren europäischen Airlines angesteuert. Die Billigflieger **EasyJet** (www.easyjet.com) und **Vueling** (www.vueling.com) bieten die meisten Strecken an.

ZUG

Der **Bahnhof Abando** (☎ 902 43 23 43; Plaza Circular 2) liegt von der Plaza Arriaga und der Altstadt aus gleich hinter dem Fluss. In folgende Städte gibt's regelmäßige Verbindungen:

ZIEL	PREIS (€)	DAUER (STD.)
Barcelona	ab 27	6¾
Burgos	ab 12	3
Madrid	ab 27	5-7
Valladolid	ab 21	4

In der Nähe befindet sich der **Bahnhof Concordia** (Calle Bailén 2), mit einer hübschen Jugendstilfassade aus Eisen und Fliesen. Er wird von **Renfe Feve** (www.renfe.com/viajeros/feve) genutzt, das Teil der staatlichen spanischen Eisenbahn Renfe ist und Zugverbindungen Richtung Westen nach Kantabrien anbietet. Außerdem verkehren täglich drei langsame Züge nach Santander (ab 9 €, 3 Std.), wo man zu Zielen in Asturien umsteigen kann.

Etwas weiter von der Altstadt flussaufwärts geht's vom **Bahnhof Atxuri** (☎ 944 01 99 00; Calle Atxuri 6) mit **Eusko Tren/Ferrocarril Vasco** (www.euskotren.es) alle 30 Minuten in folgende Orte:

ZIEL	PREIS (€)	DAUER (STD.)
Bermeo	3,40	1½
Gernika	3,40	1
Mundaka	3,40	1½

Unterwegs vor Ort

VOM/ZUM FLUGHAFEN

Flughafen Der **Flughafenbus** (Bizkaibus A3247; 1,50 €) startet an der Haltestelle ganz rechts, wenn man die Ankunftshalle verlässt. Er durchquert den nordwestlichen Teil der Stadt, passiert das Museo Guggenheim Bilbao, hält an der Plaza de Federico Moyúa und endet am Termibus (Busbahnhof). Die Abfahrt erfolgt zwischen 6.20 Uhr und 24 Uhr alle 20 Minuten im Sommer und alle 30 Minuten im Winter. Außerdem gibt's zwischen 7.45 Uhr und 23.45 Uhr stündlich einen Direktbus nach San Sebastián (17 €, 1¼ Std.).

Taxis vom Flughafen zum Casco Viejo kosten je nach Verkehr zwischen 25 und 35 €.

METRO

An allen wichtigen Punkten in El Ensanche und im Casco Viejo befinden sich Metrostationen. Tickets kosten je nach Länge der Fahrt zwischen 1,60 und 1,90 € (0,90–1,20 € mit Barik Card). Die Metro verkehrt von mehreren Bahnhöfen an beiden Seiten des Flusses bis zur Nordküste, sodass man problemlos nahegelegene Strände erreicht.

STRASSENBAHN

Für Einheimische wie für Besucher ist der Eusko Tren ein wahrer Segen. Er pendelt zwischen Basurt im Südwesten der Stadt und dem Bahnhof und hält u. a. am Termibus, am Guggenheim-Museum und am Teatro Arriaga im Casco Viejo. Tickets kosten 1,50 € (0,73 € mit Barik Card) und müssen vor Antritt der Fahrt im Entwerter neben dem Fahrscheinautomaten abgestempelt werden.

Rund um Bilbao

Gernika

16 900 EW.

Gernika (auf Spanisch „Guernica"), ein Synonym für die Brutalität des Spanischen Bürgerkrieges, litt unter verheerenden Bombenangriffen, die die Stadt am 26. Ap-

DIE BOMBARDIERUNG VON GERNIKA

Es ist ziemlich klar, warum Franco Gernika zerstören wollte. Der Spanische Bürgerkrieg tobte und am Horizont dräute der Zweite Weltkrieg. Francos nationalistische Truppen rückten in ganz Spanien vor, aber die Basken, die ihre eigene autonome Regionalregierung aus Linken und baskischen Nationalisten hatten, leisteten Widerstand gegen Franco, und Gernika war die letzte Stadt, die die Nationalisten von der Eroberung Bilbaos trennte. Nicht so leicht ist zu verstehen, warum Hitler involviert war, aber allgemein wird davon ausgegangen, dass die Nazis Flächenbombardierungen an Zivilisten testen wollten. Als Franco also Hitler um Hilfe bat, wurde diese gerne gewährt.

Am Morgen des 26. April 1937 flogen Flugzeuge der deutschen Legion Condor immer wieder über die Stadt und die Nazis testeten ihr neues Konzept der Flächenbombardierung. Innerhalb weniger Stunden fanden zahlreiche Zivilisten den Tod und nahezu ganz Gernika war zerstört. Die genaue Zahl der Opfer ist schwer in Zahlen zu fassen: Einige Quellen sprechen von mehreren Hundert, andere von weit über 1000 Toten. Das Museo de la Paz de Gernika (siehe unten) behauptet, dass 250 Zivilisten getötet und Hunderte verletzt wurden. Nur Tage vor der Bombardierung hatte die nahegelegene Stadt Durango ein ähnliches Schicksal erlitten, doch da es keine ausländischen Tatzeugen gab, wollte die Welt kein Wort von all dem glauben.

Gernika war nicht bei der Eroberung Bilbaos im Wege, wahrscheinlich wurde es auch zum Ziel, weil es für die Basken eine symbolische Bedeutung hat: Es ist der alte Sitz der baskischen Demokratie. Hier kam seit dem Mittelalter bis 1876 das Parlament am Fuß einer alten Eiche zusammen. Von ihr ist heute nur noch der Stumpf zu sehen, allerdings lebt sie in einer jungen Eiche fort.

Internationale Aufmerksamkeit erregte die Tragödie von Gernika durch Picassos berühmtes Gemälde *Guernica*, das zu einem Symbol der Gewalt des 20. Jhs. wurde. Eine Kopie hängt in der Eingangshalle der UN-Zentrale in New York, während sich das Original im Centro de Arte Reina Sofía in Madrid befindet. In Gernika befindet sich eine lebensgroße Kopie des Gemäldes auf Keramikkacheln an einer Wand in der Calle Pedro Elejalde in der Nähe des Museo de la Paz de Gernika.

ril 1937 weitgehend zerstörte. Dieser grauenvolle Tag hinterließ eine tiefe Narbe in der Identität der Stadt. Nach dem Krieg wurde Gernika rasch wiederaufgebaut, und obwohl die historischen Gebäude für immer verloren waren, sind die kleinen Gassen des Stadtzentrums heute mit Leben erfüllt. Es gibt hier ausgezeichnete Museen, die sich mit der Bombardierung, aber auch mit der Unzerstörbarkeit der baskischen Kultur im Wandel der Zeiten beschäftigen. Zudem ist Gernika ein großartiger, wenn auch bisher wenig bekannter Ort, um *pintxos* zu essen. Es ist auf jeden Fall einen ganztägigen Besuch wert.

Sehenswertes

Museo de la Paz de Gernika MUSEUM
(Friedensmuseum Gernika; ☎946 27 02 13; www.museodelapaz.org; Plaza Foru 1; Erw./Kind 5/3 €, So frei; ⏲März–Sept. Di–Sa 10–19, So 10–14 Uhr, Okt.–Febr. Di–Sa 10–14 & 16–18, So 10–14 Uhr, Jan. geschl.) Die eindrücklichste Erfahrung in Gernika ist ein Besuch im Friedensmuseum. Gut konzipierte, sachliche audiovisuelle Präsentationen zeigen den Albtraum des Krieges im Baskenland und in der ganzen Welt. Das Museum schafft ein bewegendes Bild von den Ereignissen, die sich an jenem Apriltag abspielten, setzt sich aber auch mit dem Thema Frieden und Versöhnung auseinander und präsentiert erhellende Einsichten des Dalai Lama, von Adolfo Pérez Esquivel und anderen.

Museo de Euskal Herría MUSEUM
(☎946 25 54 51; Allende Salazar 5; Erw./Kind 3,50/1,75 €; ⏲Di–Sa 10–14 & 16–19, So 10.30–14.30 Uhr) Das Museum im wunderschönen Palacio de Montefuerte aus dem 18. Jh. wartet mit einer umfassenden Ausstellung zur baskischen Geschichte und Kultur auf. Es präsentiert schöne alte Karten, Kupferstiche sowie eine Reihe weiterer Dokumente und Porträts. Am interessantesten sind die beiden oberen Etagen, die sich der reichen kulturellen Tradition widmen und Exponate zu den Themen Tanz, Folklore, Mythologie und Sport zeigen.

Parque de los Pueblos de Europa PARK
(Allende Salazar) Im Parque de los Pueblos de Europa sind einige der typischen kurvenreichen **Skulpturen** von Henry Moore und ein monumentales Werk des bekannten baskischen Bildhauers Eduardo Chillida zu sehen. Durch die Grünanlage geht's zur hübschen **Casa de Juntas**, in der seit 1979 die Provinzregierung tagt. Ganz in der Nähe befindet sich der berühmte **Baum von Gernika**, unter dem vom Mittelalter bis 1876 das baskische Parlament zusammenkam.

Cuevas de Santimamiñe HÖHLE
(☎ 944 65 16 57; www.santimamiñe.com; Erw./Kind 5/3 €; ⏲ Mitte April–Mitte Okt. 10–17.30 Uhr, Mitte Okt.–Mitte April Di–So 10–13 Uhr) Etwa 50 verschiedene neolithische Zeichnungen bedecken die Wände in diesem Höhlensystem ein kleines Stück nordöstlich von Gernika. Sie zeigen Bisons, Pferde, Rhinozerosse und dergleichen. Um die empfindlichen Kunstwerke zu schützen, werden nur Reproduktionen gezeigt.

Führungen beginnen zur vollen Stunde und dauern 90 Minuten. Einen englischsprachigen Führer kann man im Voraus telefonisch reservieren.

Essen

Viele Bars in Gernika servieren gute *pintxos*, besonders die in der Calle Pablo Picasso und ihren Seitenstraßen. In der Touristeninformation bekommt man Informationen über die Ruta del Pintxo sowie einen Pass (und eine Karte) für 9,90 €, mit dem man in allen der 17 teilnehmenden Bars insgesamt acht *pintxos* bekommt.

Auzokoa PINTXOS €
(Calle Pablo Picasso 5; *Pintxos* ab 2 €; ⏲ 12–15.30 & 19–22.30 Uhr) Das Auzoka befindet sich in der von Restaurants gesäumten Gasse im Zentrum Gernikas und serviert mit die besten *pintxos* der Stadt.

Praktische Informationen

Die freundliche zweisprachige **Touristeninformation** (☎ 946 25 58 92; www.gernika-lumo.org; Artekalea 8; ⏲ April–Okt. Mo–Sa 10–14 & 16–19, So 10–14 Uhr; Nov.–März Mo–Fr 10–14 & 16–18, Sa & So 10–14 Uhr) hat Informationen über Gernika und über Attraktionen in der Umgebung.

An- & Weiterreise

Gernika ist vom Bahnhof Atxuri in Bilbao mit dem ET/VF-Zug (3,40 €, 1 Std.) problemlos im Rahmen eines Tagesausflugs zu erreichen. Die Züge verkehren alle halbe Stunde, die Strecke wird aber auch von Bussen bedient.

Die zentrale baskische Küste

Die Küste zwischen Bilbao und San Sebastián bietet spektakuläre Landschaften: Vor den in der Sonne glitzernden Wellen reiht sich eine Bucht an die andere, und grüne Felder enden abrupt an Klippen, die steil ins Meer stürzen. Manche Besucher unterbrechen ihre Reise hier für ein oder zwei Tage, man könnte aber locker eine ganze Woche damit verbringen, sich an den schönen Stränden zu aalen, eindrucksvolle Wanderungen entlang der zerklüfteten Küste zu unternehmen und in die Geschichte des Gebiets einzutauchen, angefangen bei 110 Mio. Jahre alten Gesteinsformationen bis zu einem futuristischen Museum, das sich der Haute Couture widmet.

Mundaka

1880 EW.

So gut wie jeder Surfer kennt Mundaka, den Ort mit einer der besten linksbrechenden Wellen Europas. Die Wellen brechen an einer perfekt zugespitzten Sandbank, die ihre Form der Strömung des Río Urdaibai ins Meer verdankt, und laufen an guten Tagen auf einer Länge von mehreren Hundert Metern aus. Für erfahrene Surfer ist dies ein Paradies, Anfänger haben hier allerdings in der Regel nichts verloren.

Doch Mundaka ist nicht nur Surferhotspot, sondern auch eine resolute baskische Stadt mit hübschem Hauptplatz und Hafenviertel.

Sehenswertes

Playa de Laida STRAND
Mit seinem wunderbaren goldgelben Sand ist der 1 km lange, landschaftlich reizvolle Strand Laida ein herrliches Fleckchen für einen Tagesausflug von Mundaka. Er liegt direkt gegenüber der Flussmündung. Man erreicht ihn mit den regelmäßig verkehrenden Fähren von **Urdai Ferry** (☎ 622 222919; http://urdaiferry.com; Muelle de Txorrokopunta; hin & zurück 4 €; ⏲ Juni–Sept. tgl. 10–20 Uhr, Okt.–Mai nur Sa, So & Feiertage). In Ufernähe ist das Wasser recht flach und daher bestens für Kinder geeignet. Weiter draußen gibt's gute Wellen zum Surfen.

Schlafen & Essen

Hotel Atalaya HOTEL €€

(☎946 17 70 00; www.atalayahotel.es; Kalea Itxaropena 1; EZ/DZ 100/130 €; P 📶) Dieses prächtige Hotel befindet sich in einem hübschen alten Gebäude in Ufernähe und verfügt über schön eingerichtete Zimmer, vielfach mit Terrasse zum Meer. Die Englisch sprechenden Mitarbeiter und die tolle Lage machen das Hotel zu einer beliebten Optionen, man sollte also rechtzeitig reservieren.

El Puerto CAFÉ €

(www.hotelelpuerto.com; Portu 1; kleine Teller 6–12 €; ⏲11–22 Uhr) Das stattliche blau-weiße Hotel El Puerto am Hafen hat eine schattige Terrasse, auf der man sich wunderbar einen Kaffee, ein Glas Wein oder einen Happen zu essen zu Gemüte führen kann.

Praktische Informationen

Informationen zur Gegend erhält man in der kleinen **Touristeninformation** (☎946 17 72 01; www.mundaka.org; Kepa Deuna; ⏲Di–Sa 10.30–13.30 & 16–19, So 11–14 Uhr) in der Nähe des Hafens.

An- & Weiterreise

Zwischen Bilbao und Bermeo verkehren mehrere Busse und ET/FV-Züge (3,20 €, 1 Std.), die in Mundaka halten. Alternativ nimmt man in Bilbao einen Bus von Bizkaibus (2,50 €, 1 Std.).

Lekeitio

7200 EW.

Das herrlich lebendige Lekeitio besitzt einen schönen alten Ortskern, eine ungewöhnlich lange, etwas seltsam aussehende spätgotische Basílica de Santa María de la Asunción und einen geschäftigen Hafen, gesäumt von bunten Fachwerkhäusern – manche davon mit guten *pintxo*-Bars und Restaurants. Die meisten Besucher zieht es aber vor allem an die beiden Strände. Der Sandstreifen östlich des Flusses mit einer kleinen felsigen Insel vor der Küste gilt als einer der schönsten im ganzen Baskenland. In vielerlei Hinsicht wirkt die Stadt wie eine Miniaturversion von San Sebastián, insgesamt ist Lekeitio jedoch eher ein ziemlich zurückhaltender Ferienort, den vorwiegend Spanier und Franzosen besuchen.

Sehenswertes

Isla de San Nicolás INSEL

Die felsige Insel, auf Baskisch „Garraitz" genannt, ist eine der großen Attraktionen Lekeitios. Sie liegt direkt vor dem Hauptstrand, der Playa Isuntza. Bei Ebbe taucht ein Pfad auf, auf dem man zur Insel gelangt, wo man den 200 m langen Weg nach oben gehen und die schöne Aussicht aufs Meer genießen kann. Man sollte aber die Gezeiten im Blick haben, damit man zurück nicht schwimmen muss! In der Touristeninformation (S. 495) hängen Gezeitentabellen aus.

Schlafen & Essen

★ **Hotel Zubieta** BOUTIQUE-HOTEL €€

(☎946 84 30 30; www.hotelzubieta.com; Atea; EZ/DZ ab 95/110 €; P 📶) Das fantastische romantische Boutique-Hotel, fünf Minuten von der Stadtmitte und voller Erinnerungen an das Leben der oberen Zehntausend im 18. Jh., liegt in einem wunderschönen Blumengarten und ist im Frühling von blühenden Kirschbäumen umgeben.

Hotel Metrokua HOTEL €€

(☎946 84 49 80; www.metrokua.com; Playa de Karraspio; EZ/DZ 96/120 €; 📶) Das einladende Metrokua mit Blick auf den Strand Karraspi hat neun kleine, aber lichtdurchflutete Zimmer mit Holzböden und Minikühlschränken. Die besten Zimmer öffnen sich auf eine Gemeinschaftsterrasse über der Meeresbrandung. Zum Stadtzentrum sind es 1,3 km, etwa 20 Gehminuten.

Taberna Bar Lumentza PINTXOS €

(www.lumentza.com; Buenaventura Zapirain 3; *Pintxos* 2–5 €; ⏲Di–So 12–15.30 & 19–22.30 Uhr) Die schlichte *pintxos*-Bar in einer Seitenstraße ist bei den Einheimischen äußerst beliebt. Besonders lecker sind der auf der *plancha* (Grill) gegarte Tintenfisch, der pikante Kabeljau al *pil-pil* (eine Emulsion aus Knoblauch und Olivenöl) und die erstklassigen Sardellen. Ein oder zwei Gläser Wein schmecken zu allen *pintxos* ausgezeichnet.

★ **Mesón Arropain** FISCH & MEERESFRÜCHTE €€€

(☎946 84 03 13; Iñigo Artieta Etorbidea 5; Hauptgerichte 20–25 €, Fisch pro kg 48–62 €; ⏲13.30–15.30 & 20.30–22.30 Uhr) Etwa 1 km südlich vom Stadtzentrum serviert dieses attraktive, aber entspannte Restaurant die besten Meeresfrüchte im weiten Umkreis. Bei den einfachen, aber wunderbar zubereiteten Gerichten lassen die Köche den Geschmack der hochwertigen Zutaten zur Geltung kommen. Wie wär's mit herzhaften Muscheln und einem Tomaten-Guacamole-Salat, gefolgt von gegrilltem Steinbutt, Seebrasse oder Seeteufel? Gute Weinauswahl.

Praktische Informationen

Die **Touristeninformation** (☎ 946 84 40 17; Plaza Independencia; ⌚ 10–14 & 16–20 Uhr) am Hauptplatz hat Informationen zu selbstgeführten Touren durch die Altstadt.

An- & Weiterreise

Bus A3512 (3,30 €, 1½ Std.) von Bizkaibus startet stündlich am Termibus in Bilbao. Langsamere Busse fahren über Gernika und Elantxobe (2 Std.). Von Lekeitio nach San Sebastián (6,85 €, 1½ Std.) verkehren täglich fünf Busse.

Autofahrer sollten sich darauf gefasst machen, dass es im Sommer schwierig sein kann, einen Parkplatz zu finden. Wenn die Parkplätze am Eingang zur Stadt voll sind, kann man an der Straße hinaus zum Leuchtturm (Faro de Santa Catalina) parken.

Getaria

2820 EW.

Die schöne mittelalterliche Fischersiedlung Getaria scheint vom nahegelegenen kosmopolitischen San Sebastián Lichtjahre entfernt und eignet sich deshalb wunderbar, um ein Gefühl für die baskische Kultur an der Küste zu bekommen. Das alte Dorf neigt sich sanft zu einem winzigen Hafen und einem kurzen, aber hübschen Strand. Er ist fast vollkommen von den Wellen des Atlantiks geschützt und daher ein gutes Ziel für Familien.

An einem Ende des Hafens liegt eine bewaldete Insel namens El Ratón (die Maus), jedwede Ähnlichkeit mit diesem Nagetier erkennt man aber erst nach ein paar starken Drinks. Vielleicht war es ja diese gigantische Maus, die den berühmtesten Sohn der Stadt, Juan Sebastián Elcano, ermutigte, ins Meer zu stechen. Ihm gelang schließlich die erste Weltumsegelung, nachdem der Kapitän seines Schiffes, Ferdinand *Magellan*, auf halbem Weg gestorben war.

Sehenswertes

★ Cristóbal Balenciaga Museoa MUSEUM

(☎ 943 00 88 40; www.cristobalbalenciagamuseoa.com; Erw./Stud. 10/7 €; ⌚ Juli & Aug. 10–20 Uhr, März–Juni & Sept.–Okt. Di–So 10–19 Uhr, Nov.–Febr. Di–So 10–15 Uhr) In Getaria dreht sich das Leben zwar vor allem um Sonne, Sand und Meeresfrüchte, doch einen Besuch im Cristóbal Balenciaga Museoa sollte man nicht verpassen. Der in der Stadt geborene Cristóbal war in den 1950er- und 1960er-Jahren ein Gigant der Modewelt, und dieses beeindruckende Museum präsentiert einige seiner besten Kreationen.

ABSTECHER

SAN JUAN DE GAZTELUGATXE

An der Straße zwischen den kleinen Ortschaften Bakio und Bermeo befindet sich die am meisten fotografierte Attraktion an der baskischen Küste: die kleine, felsige Insel **San Juan de Gaztelugatxe**. Sie ist über einen kurzen, erhöhten Gehweg mit dem Festland verbunden; auf ihrem höchsten Punkt thront eine **Einsiedelei** (⌚ Juli & Aug. Di–Sa 11–18, So 11–15 Uhr). Die Insel ist nach Johannes dem Täufer benannt, der der Legende nach einst hier zu Besuch war.

Schlafen & Essen

Hotel Itxas-Gain HOTEL €€

(☎ 943 14 10 35; www.hotelitxasgain.com; St San Roque 1, Getaria; EZ 50 €, DZ 70–125 €; P Wi-Fi) Das Hotel Itxas Gain ist eine gute Wahl nur einen kurzen Spaziergang von zwei Stränden entfernt. Die unterschiedlichen Zimmer verfügen teilweise über kleine Balkone und Whirlpools mit Blick auf das Meer. Wenn das Wetter es erlaubt, wird das Frühstück (6 €) in den idyllischen Gärten serviert.

Pensión Getariano PENSION €€

(☎ 943 14 05 67; www.pensiongetariano.es; Calle Herrerieta 3, Getaria; EZ 40–75 €, DZ 55–95 €; P Wi-Fi) Ein charmantes gelbes Gebäude mit blumengeschmückten Balkons und komfortablen Zimmern in günstiger Lage nahe der Hauptstraße durch die Stadt; zum gepflasterten alten Stadtzentrum sind es nur wenige Schritte.

Txoko Getaria FISCH & MEERESFRÜCHTE €€

(☎ 943 14 05 39; http://txokogetaria.com; Calle Katrapona 5; Hauptgerichte 17–21 €, gegrillter Fisch pro kg 40–70 €; ⌚ 12.30–16 & 19.30–23.30 Uhr) Der frische Fisch dieses luftigen Restaurants mit Blick auf die Küste hat viele Fans. Meerbrassen, Steinbutt und Flundern werden auf dem Grill vor dem Haus zubereitet. Neben dem Fisch sind auch die Reisgerichte mit Meeresfrüchten (besonders der schwarze Reis mit Aioli und Tintenfisch) herausragend. Einen Tisch im Freien sollte man telefonisch reservieren.

An- & Weiterreise

Am Busbahnhof in San Sebastián fahren regelmäßig Busse nach Getaria (2,45 €, 1 Std.). In Getaria halten die Busse an der Hauptstraße, vor der Touristeninformation, am Rand des historischen Viertels sowie in Laufweite zum Hafen (bergab gelegen) und zum Balenciaga-Museum (bergauf gelegen).

San Sebastián

186 100 EW.

Das von goldenen Stränden und grünen Hügeln eingerahmte San Sebastián (auf Baskisch „Donostia") hat unbestreitbar seine Reize, von der beachtlichen gastronomischen Szene über die grandiose Architektur bis zum prall gefüllten Kulturkalender. Hier leben Genussmenschen, und da die Michelin-Sterne anscheinend direkt vom Himmel über San Sebastián auf die Restaurants herunterfallen und die hiesige *pintxo*-Kultur Maßstäbe für ganz Spanien setzt, steht die Stadt regelmäßig ganz oben auf den Ranglisten der besten Gourmethochburgen der Welt.

Genauso gut wie das Essen ist der Sommer am Strand. Die Playa de la Concha gleicht in Lage, Form und Atmosphäre vielen anderen Sandstränden in Europa und die Playa de la Zurriola lockt zahlreiche Surfer und gut aussehende Menschen an. Wenn die Sonne nach einem glutheißen Tag im Meer versinkt, kann man sich zurücklehnen, seinen Drink und einen kreativen *pintxo* genießen. Und dabei wird man dann wahrscheinlich feststellen, dass man selbst dem Zauber dieser Stadt verfallen ist.

San Sebastián verfügt über vier große Zentren. Die Parte Vieja (Altstadt) erstreckt sich auf der Landenge des Monte Urgull, der östlichen Landspitze der Bucht: Hier befinden sich die beliebtesten *pintxo*-Bars sowie die günstigsten Pensionen. Südlich von der Altstadt lockt der Handels- und Einkaufsdistrikt, die Área Romántica. Dessen Straßennetz mit schönen Gebäuden aus dem 19. Jh. beginnt gleich hinter der Playa de la Concha und zieht sich bis zum Ufer des Río Urumea. An der Ostseite des Flusses breitet sich Gros aus, ein angenehmer, zunehmend hipper Bezirk, der mit entspanntem Ambiente und dem Surferstrand eine fröhliche Alternative zum touristischer geprägten Gebiet westlich des Flusses bildet.

Sehenswertes

★ Playa de la Concha — STRAND

(Paseo de la Concha) Die perfekt geformte Playa de la Concha und die westlich davon gelegene Playa de Ondarreta zählen zu den besten Sandstränden in ganz Europa. In den langen Sommermonaten herrscht an dem Strand absolute Partystimmung und Tausende gebräunter Körper aalen sich in der Sonne. Schwimmen ist hier fast immer sicher.

★ Aquarium — AQUARIUM

(www.aquariumss.com; Plaza Carlos Blasco de Imaz 1; Erw./Kind 13/6,50 €; €; ⏲ Juli & Aug. 10–21 Uhr, Ostern–Juni & Sept. Mo–Fr 10–20, Sa & So 10–21 Uhr, Okt.–Ostern Mo–Fr 10–19, Sa & So bis 20 Uhr) In dem hervorragenden Aquarium kann man leuchtende Quallen und riesige Haie bestaunen. Zu den Highlights gehören der lange Tunnel, um den herum alle möglichen „Tiefseemonster" schwimmen, und die Tiefsee- und Korallenausstellungen in Kinoleinwandformat. Das Gebäude beherbergt zusätzlich ein kleines Meeresmuseum. Für den Besuch sollte man mindestens anderthalb Stunden einplanen.

★ Parque de Cristina Enea — PARK

(www.cristinaenea.eus/es/inicio; Paseo Duque de Mandas; ⏲ Mai–Sept. 8–21 Uhr, Okt.–April 9–19 Uhr) Der Herzog von Mandas hat diesen Park voller Zierpflanzen und offener Rasenflächen zu Ehren seiner Frau angelegt. Er ist der schönste der Stadt und sehr beliebt bei den Einheimischen, aber auch bei Enten und Pfauen. Die baumreichen Wege laden zu einem hübschen Spaziergang vorbei an hohen roten Sequoias und einer prächtigen Libanon-Zeder ein.

San Telmo Museoa — MUSEUM

(☎ 943 481 580; www.santelmomuseoa.com; Plaza Zuloaga 1; Erw./Stud./Kind 6/3 €/frei; ⏲ Di–So 10–20 Uhr) Als eines der besten Museen des Baskenlandes beherbergt das San Telmo Museoa eine zum Nachdenken anregende Sammlung, die die baskische Geschichte und Kultur in ihrer ganzen Komplexität präsentiert. Die Ausstellungen befinden sich in zwei Gebäuden: einem restaurierten Kloster aus dem 16. Jh. und einem bahnbrechenden neuen Flügel, der sich harmonisch in die Landschaft mit dem bewaldeten Monte Urgull im Hintergrund einfügt. Die Sammlung reicht von historischen Exponaten bis zu mutigen Fusionen moderner Kunst. Das Museum zeigt auch herausragende Sonderausstellungen.

Isla de Santa Clara INSEL

Die Insel ist ca. 700 m von der Playa de la Concha entfernt und im Sommer mit **Booten** (☎ 943 00 04 50; www.motorasdelaisla.com; Lasta Plaza; normales Boot 4 €, Glasbodenboot 6 €; ⏲ Juni–Sept. 10–20 Uhr) zu erreichen, die alle halbe Stunde am Fischerhafen starten. Vor Ort gibt's ein paar Picknicktische und ein einfaches Café. Bei Ebbe hat die Insel zudem einen eigenen winzigen Strand und man kann den bewaldeten Pfaden zu dem kleinen Leuchtturm folgen.

Monte Igueldo AUSSICHTSPUNKT

(www.monteigueldo.es; ⏲ Juli & Aug. Mo–Fr 10–21, Sa & So bis 22 Uhr, Juni & Sept. Sa & So bis 20 Uhr, den Rest des Jahres kürzere Öffnungszeiten) Der Ausblick vom Gipfel des Monte Igueldo unmittelbar westlich der Stadt ist einfach großartig. Man fühlt sich fast wie ein Adler, der über der Bahía de la Concha und der Küste und den Bergen der Umgebung kreist. Am besten kommt man mit der altertümlichen **Standseilbahn** (www.monteigueldo.es; Plaza del Funicularhin & zurück Erw./Kind 3,15/2,35 €; ⏲ Juni–Aug. 10–21 Uhr, den Rest des Jahres kürzere Öffnungszeiten) her, die zum kitschigen kleinen „Vergnügungspark" **Parque de Atracciones** (☎ 943 21 35 25; www.monteigueldo.es; Paseo de Igeldo; ⏲ Juli & Aug. Mo–Fr 10–21, Sa & So bis 22 Uhr, Juni & Sept. Mo–Fr 10–19, Sa & So bis 20 Uhr; den Rest des Jahres kürzere Öffnungszeiten) auf dem Gipfel des Hügels gondelt. Die Öffnungszeiten ändern sich im Lauf des Jahres, Einzelheiten stehen auf der Website.

Tabakalera KULTURZENTRUM

(Internationales Zentrum für zeitgenössische Kultur; ☎ 943 11 88 55; www.tabakalera.eu; Andre Zigarrogileak Plaza 1; ⏲ Di–Do 12–20, Fr bis 21, Sa 10–21, So 10–20 Uhr) Eine der umjubeltsten neuen Attraktionen der Stadt ist dieses sonnendurchflutete Kulturzentrum in einer wunderschön umgebauten 90 Jahre alten Tabakfabrik. Es ist nicht nur ein Zentrum für Kunst und Design, hier sind auch kulturelle Institutionen wie das Baskische Filmarchiv, die Stiftung Kutxa und verschiedene Galerien und innovative Firmen ansässig. Auf Besucher warten ein Ausstellungssaal, ein Kino und ein regelmäßiges Programm mit Seminaren, Workshops, Diskussionsrunden und mehr. Irgendetwas ist hier immer los, Genaueres erfährt man online oder vor Ort.

Peine del Viento SKULPTUR

Der *Peine del Viento* („Windkamm") am westlichen Ende der Bahía de la Concha ist ein Wahrzeichen der Stadt. Er wurde von dem berühmten baskischen Bildhauer Eduardo Chillida und dem Architekten Luis Peña Ganchegui entworfen. Das Kunstwerk besteht aus gigantischen Eisenformen, die in rötlichem Granit verankert sind, und erstreckt sich über drei nah beieinander liegende Stätten. Die mächtigen, aber mysteriösen Formen wirken vor den hohen Wellen an der Küste um so eindrucksvoller.

Playa de Zurriola STRAND

Der von den Einheimischen „Zurri" genannte Strand erstreckt sich vor Gros vom Kursaal bis zum Monte Ulía. Wegen der hervorragenden Wellen kommen Surfer aus nah und fern hierher. Zum Schwimmen ist das Wasser meistens zu unruhig, doch man kann hier wunderbar relaxen und das lokale Leben genießen, was in diesem Fall Volleyball, Fußball und Leutebeobachten heißt.

Monte Urgull BURG

Ein Fußweg führt zum Gipfel des Monte Urgull, der von den niedrigen Burgmauern des Castillo de la Mota und einer Christusstatue gekrönt ist und eine wirklich atemberaubende Aussicht bietet. Los geht's an der Plaza de Zuloaga oder hinter dem Aquarium. Der schattige Park, durch den man auf dem Weg nach oben spaziert, stellt eine friedliche Abwechslung zum flotten Stadtrhythmus dar.

Iglesia de San Vicente KIRCHE

(Calle de San Vicente 3; ⏲ Mo–Fr 9–13 & 17–20 Uhr) Diese auffallende Kirche über der Parte Vieja ist das wohl älteste Gebäude in der Stadt. Sie entstand irgendwann im 12. Jh., wurde aber im frühen 16. Jh. im gotischen Stil umgebaut, der bis heute erhalten ist. Hinter der hoch aufragenden Fassade erstreckt sich ein weitläufiger Innenraum mit Gewölbedecke, einem aufwendig gestalteten goldenen Altarbild und einer französischen Orgel aus dem 19. Jh.

Plaza de la Constitución PLATZ

Die Plaza de la Constitución ist einer der hübschesten Stadtplätze im Baskenland. Er liegt im Herzen der Altstadt und wurde 1813 auf einem noch älteren Platz angelegt. Früher wurde er als Stierkampfarena genutzt; Zuschauer konnten die Balkone der umliegenden Häuser anmieten.

San Sebastián

Kursaal SEHENSWERTES GEBÄUDE
(☎ 943 00 30 00; www.kursaal.eus; Zurriola Hiribidea 1) Rafael Moneo gestaltete den Kursaal, eines der am innigsten geliebten und bemerkenswertesten Gebäude von San Sebastián. Es besteht aus zwei „Würfeln" aus durchscheinendem Glas, die zwei gestrandete Felsen darstellen sollen. Der Kursaal dient als Kultur- und Konferenzzentrum, und das ganze Jahr über finden verschiedene Musik- und Kulturveranstaltungen statt.

Aktivitäten & Geführte Touren

Mimo San Sebastián ESSEN
(☎943 421143; http://sansebastian.mimofood.com; Calle Camino 1; ⏲Mo–Fr 9–20, Sa & So 9–13 & 16–20 Uhr) Der sehr empfehlenswerte Anbieter Mimo San Sebastián hat verschiedene *pintxo*-Probiertouren (ab 95 €) und Kochkurse (ab 165 €) in der Stadt und Umgebung im Programm, aber auch Weinproben (ab 60 €). Die Kochkurse finden auf der gegenüberlie-

San Sebastián

Highlights
1 Aquarium B2
2 Parque de Cristina Enea G6
3 Playa de la Concha B6

Sehenswertes
4 Hotel Maria Cristina F2
5 Iglesia de San Vicente D1
6 Kursaal F1
7 Monte Urgull B1
8 Playa de Zurriola G1
9 Plaza de la Constitución B3
10 San Telmo Museoa D1
11 Tabakalera G5

Aktivitäten, Kurse & Touren
12 Catamarán Ciudad San Sebastián C2
Mimo San Sebastián .... (siehe 4)
13 Motoras de la Isla C2
14 Pintxos of San Sebastián D4
15 Pukas Surf Eskola G1

Schlafen
16 Hostal Alemana D6
17 Hotel de Londres y de Inglaterra D4
Hotel Maria Cristina .... (siehe 4)
18 Pensión Aida G3
19 Pensión Aldamar E2
20 Pensión Altair H2
21 Pensión Amaiur A3
22 Pensión Joakina E3
23 Pensión Kursaal F2
24 Pensión Peñaflorida D3
25 Welcome Gros G3

Essen
26 Antonio Bar F4
27 Bar Borda Berri C4
28 Bar Goiz-Argi D3
29 Bar Nestor C3
30 Bergara Bar H1
31 Bodega Donostiarra G2
32 Bodegón Alejandro D3
33 Casa Urola C4
34 Chutney Gastrobar E6
35 Gandarias B3
36 Gerald's Bar G2
37 La Cuchara de San Telmo D1
38 La Fábrica A4
39 La Madame C6
40 La Viña D1
41 Restaurante Kokotxa A4
42 Restaurante Ni Neu F1
43 Sirimiri Atari Akademy A3
44 Txepetxa C3
45 Zeruko C3

Ausgehen & Nachtleben
46 Bataplan Disco C6
47 Dabadaba G5
48 Koh Tao E2
49 Le Bukowski H5
50 Mala Gissona Beer House H1
51 Museo del Whisky E2
52 Pub Drop F6
Terraza Ni Neu .... (siehe 42)

Unterhaltung
53 Altxerri Jazz Bar E2
54 Etxekalte C2
Kursaal .... (siehe 6)

Shoppen
55 Aitor Lasa E2
56 Alboka Artesanía C3
57 Kukuxumusu A4
58 Loreak Mendian E4
59 Mercado de la Bretxa E2
60 Perfumería Benegas D3

genden Straßenseite im **Hotel Maria Cristina** (☎943 43 76 00; www.hotel-mariacristina.com/en; Paseo de la República Argentina 4) statt, wo ein Geschäft Lebensmittel und Getränke verkauft.

Pintxos of San Sebastián GEFÜHRTE TOUREN
(☎943 48 11 66; www.sansebastianturismo.com/en/offers/other; Touren 22 €; ⏲Mai & Juni Mi & Sa, Juli Di, Do & Sa, Sept. Fr & Sa 11.30 Uhr) Wer an dem zweistündigen Stadtrundgang (auf Englisch, auf Nachfrage auch Französisch) der Touristeninformation teilnimmt, lernt einige der besten *pintxo*-Lokale der Stadt kennen. Außerhalb der Hauptsaison wird die Tour seltener durchgeführt (Zeiten bei der Touristeninformation erfragen). Treffpunkt ist vor der zentralen Touristeninformation (S. 506) am Rand der Altstadt.

Catamarán Ciudad San Sebastián BOOTSTOUREN
(☎607 201155; www.ciudadsansebastian.com; Paseo del Muelle 14; Erw./Kind 10/6 €; ⏲Juli & Aug. 12–20 Uhr, Sept.–Juni kürzere Öffnungszeiten) Touren durch die Bucht und aufs offene Meer in einem motorisierten Katamaran starten im Sommer stündlich (außer um 15 Uhr). Die landschaftlich reizvolle Fahrt dauert 40 Minuten und bietet einen schönen Blick auf die Isla de Santa Clara, die Skulptur Peine del Viento, die Playa de Zurriola und mehr.

Pukas Surf Eskola SURFEN
(☎943 32 00 68; www.pukassurf.com; Avenida de Zurriola 24; ⏲Mo–Sa 10–14 & 16–20, So 9–14.30 Uhr) Vor der Playa de Playa de Zurriola

ist das Meer zumeist recht ruhig und eignet sich deshalb wunderbar für erste Surfversuche, an manchen Tagen (hauptsächlich im Winter) kann der Wellengang allerdings sehr stark sein. Pukas bietet Kurse an und verleiht Surfbretter sowie Neoprenanzüge. Die Preise richten sich nach der Anzahl der Teilnehmer und der Länge des Kurses; sie beginnen bei 64 € für einen Wochenendkurs mit täglich 1½ Unterrichtsstunden.

Feste & Events

Semana Grande SOMMERFEST

(https://astenagusia.donostiakultura.eus; Mitte Aug.) Die Semana Grande, auf Baskisch „Aste Nagusia", ist das große Sommerfest der Stadt mit einem vollen Programm, auf dem Straßenfeste, Konzerte, Feuerwerk, ländliche Sportwettbewerbe und ein anspruchsvoller Schwimmwettkampf (von Getaria nach San Sebastián), Aktivitäten für Kinder und Umzüge mit Riesen und Riesenköpfen stehen. Während des Festes geht's in der Stadt lebhafter zu als irgendwann sonst.

Internationales Filmfestival San Sebastián FILM

(www.sansebastianfestival.com; Sept.) Bereits seit den 1950er-Jahren findet in der zweiten Septemberhälfte dieses weltberühmte zweiwöchige Filmfestival statt. In der Regel wird ein hervorragendes Programm mit Filmen aus Europa, den USA und Lateinamerika gezeigt und es finden auch ein paar große Premieren statt.

Heineken Jazzaldia MUSIK

(www.heinekenjazzaldia.com; Juli) Seit über 50 Jahren gibt's dieses traditionsreiche Musikfestival, das fünf oder sechs Tage dauert und meistens Ende Juli stattfindet. Auf über zwei Dutzend Bühnen in der Stadt treten Jazz- und Weltmusiker von Weltrang auf. Zu vielen Konzerten ist der Eintritt frei. Einige der größeren Konzerte finden im **Kursaal** (943 00 30 00; www.kursaal.eus; Zurriola Hiribidea 1) mit 1800 Plätzen statt.

Día de San Sebastián FIESTA

(20. Jan.) An diesem Tag feiert die Stadt mit viel Leidenschaft ihren Schutzheiligen (der hl. Sebastian natürlich). Das Hauptevent ist die Tamborrada, eine Parade durch die Stadt mit Tausenden Trommlern in Militäruniformen des 19. Jhs. Das Fest dauert genau 24 Stunden (vom späten Abend des 19. bis zum späten Abend des 20. Januar) und endet an der Plaza de la Constitución.

Carnaval KARNEVAL

(Febr. oder März) Der Karneval (Febr. oder März, Datum wechselt) ist ein großes Ereignis in San Sebastián. Auf den Straßen finden Umzüge mit verrückten Kostümen und Livemusik statt. Er dauert sechs Tage, vom Donnerstag vor Aschermittwoch bis zum Fastnachtsdienstag. Auch der Karneval im nahen Tolosa ist berühmt.

Schlafen

Pensión Altair PENSION €

(943 29 31 33; www.pension-altair.com; Calle Padre Larroca 3; EZ/DZ 75/110 €;) Eine wunderbare Bleibe in einem schön restaurierten Stadthaus mit ungewöhnlichen Bogenfenstern, die gut in eine Kirche passen würden. Sie besitzt moderne, minimalistisch ausgestattete Zimmer, die Lichtjahre von der muffigen Einrichtung der Altstadtpensionen entfernt sind. Zimmer zur Innenseite haben keine grandiosen Fenster, sind dafür aber wesentlich größer.

Welcome Gros HOTEL €€

(943 32 69 54; www.welcomegros.com; Calle Iparragirre Kalea 3; EZ/DZ/Suite ab 85/130/150 €;) Eine tolle Unterkunft in einem der charmantesten Viertel der Stadt. Das Welcome Gros befindet sich in einem eleganten siebenstöckigen Gebäude und hat schöne, wenn auch kleine Zimmer. Größer und stilvoller sind die sieben Suiten mit hübsch gerahmten Kunstwerken und kleinen Küchen.

Pensión Aida PENSION €€

(943 32 78 00; www.pensionesconencanto.com; Calle de Iztueta 9; EZ/DZ 75/99 €;) Die Besitzer der hervorragenden *pensión* wissen ganz genau, was ein gutes Hotel ausmacht, und richten sich danach. Die neun Zimmer sind sauber, hell und mit unverputztem Mauerwerk versehen. Der Gemeinschaftsbereich mit gemütlichen Sofas und Bergen von Informationen ist ein weiteres großes Plus.

Pensión Kursaal BOUTIQUE-HOTEL €€

(943 29 26 66; www.pensionkursaal.com; Calle Peña y Goñi 2; DZ ab 75 €;) Das Kursaal punktet mit der tollen Lage nur eine Gehminute vom Strand entfernt und in der Nähe einiger ausgezeichneter Restaurants gleich die Straße hoch. Die Zimmer sind zwar klein, doch mit ihren großen Fenstern und der schönen Wandgestaltung (und ein paar Kunstwerken) bieten sie ein für Gros erstklassiges Preis-Leistungs-Verhältnis.

Pensión Joakina PENSION €€
(☎ 656 301 790; www.pensionjoakina.com; Calle de Camino 4; Zi. mit/ohne Bad ab 90/75 €; 📶) Um die Ecke von der Plaza de Gipuzkoa begrüßt diese familiengeführte Pension ihre Gäste mit hellen, makellosen Zimmern mit Holzböden und Farbakzenten sowie kleinen Balkons über dem Rasen. Die Zimmer sind zwar nicht groß, haben aber ein hervorragendes Preis-Leistungs-Verhältnis.

Pensión Peñaflorida PENSION €€
(☎ 943 43 53 31; http://pensionpeñaflorida.es; Calle Peñaflorida 1; EZ/DZ 95/125 €; ❄ 📶) In toller Lage in der Nähe des Strandes und der Altstadt punktet die Pensión Peñaflorida mit gelungenem Design und herzlichen Mitarbeitern. Die zehn Zimmer sind stilvoll mit hellem Holz und in Grautönen gestaltet und haben fantastische moderne Bäder. Einige Zimmer sind recht klein, doch wegen der dekorativen Balkons (teils mit Strandblick) wirken sie nicht beengt.

Hostal Alemana BOUTIQUE-HOTEL €€
(☎ 943 46 25 44; www.hostalalemana.com; Calle de San Martín 53; Zi. 80–150 €; P ❄ 📶) Nur wenige Schritte vom Strand entfernt bietet dieses elegante Hotel schicke Zimmer in gedämpften Farben und mit Schwarz-Weiß-Fotos, die für einen Hauch von Stil in den minimalistischen Räumen sorgen. Eine Belle-Époque-Fassade ziert das Haus.

Pensión Amaiur BOUTIQUE-HOTEL €€
(☎ 943 42 96 54; www.pensionamaiur.com; Calle de 31 de Agosto 44; DZ mit/ohne Bad ab 75/60 €; @ 📶) Eine erstklassige Unterkunft mit Toplage in der Altstadt. Das Amaiur wartet mit fröhlichen Blümchentapeten und andalusisch blau-weiß gekachelten Bädern auf. Am schönsten sind die Zimmer zur Hauptstraße; auf den kleinen Balkonen sitzt man in einem Meer aus roten Blumen. Manche Unterkünfte teilen sich ein Bad.

INSIDERWISSEN

SONNENUNTERGÄNGE IN SAGÜÉS

Wegen der Lage San Sebastiáns gibt's dort zahlreiche Orte, wo man den Sonnenuntergang bewundern kann, doch der allerschönste ist das Viertel Sagüés am östlichen Ende der Playa de Zurriola. Der Monte Ulía direkt östlich von Sagüés ist ein weiterer toller Ort, um den Sonnenuntergang zu erleben (und der Ausgangspunkt der reizvollen, aber hügeligen Wanderung nach Pasajes).

Pensión Aldamar HOTEL €€
(☎ 943 43 01 43; www.pensionaldamar.com; Calle Aldamar 2; DZ ab 130 €; ❄ 📶) Die freundliche *pensión* verfügt über hervorragende moderne Zimmer mit weißem Dekor und Steinmauern und teilweise kleinen Balkonen, von denen man das Leben auf der Straße beobachten kann. Außerdem bietet sie eine weit bessere Qualität als die meisten anderen Pensionen in der Altstadt.

Hotel Maria Cristina HISTORISCHES HOTEL €€€
(☎ 943 43 76 00; www.hotel-mariacristina.com; Paseo de la República Argentina 4; DZ ab 576 €; P ❄ @ 📶) Hier hat schon Audrey Hepburn übernachtet, genauso wie Coco Chanel, Alfred Hitchcock und Mick Jagger, um nur ein paar Berühmtheiten zu nennen. Das Maria Cristina hat etwas von einem Palast und gehört inzwischen zur Starwood Collection. Bei Sonnenuntergang ist es der Blickfang in der Skyline am Fluss. Es ist glamourös, tadellos in Schuss, hat große, luxuriöse Zimmer und ist unverändert beliebt sowohl bei blaublütigen Gästen als auch bei Hollywood-Stars.

Hotel de Londres y de Inglaterra HISTORISCHES HOTEL €€€
(☎ 943 44 07 70; www.hlondres.com; Calle de Zubieta 2; DZ 370 €; P ❄ 📶) Das „Hotel von London und England“ hat eine hübsche Lage am Strand und ist genauso schmuck, wie es sich anhört. Isabella II. prägte vor über 100 Jahren dieses Hotel, das seinen majestätischen Eindruck bis heute erhalten hat. Es verströmt jede Menge Eleganz und bietet in manchen Zimmern einen umwerfenden Blick auf die Playa de la Concha.

Essen

Mit 18 Michelin-Sternen gilt San Sebastián als eine der Gourmethauptstädte der Welt. Und als ob das allein noch nicht genug wäre, wimmelt es hier von Bars, deren Theken sich unter Bergen hervorragender *pintxos* biegen, die nach Meinung fast aller Spanier die besten des Landes sind,

Sirimiri Atari Akademy PINTXOS €
(☎ 943 44 03 14; www.sirimirigastroleku.com; Calle de Mayor 18; *Pintxos* 2,50–5 €; ⏲ Mo & Mi–Fr 18.30–1, Sa & So 12.30–17 & 18.30–1 Uhr) Das zeitgenössische Sirimiri Atari Akademy ist einen Tick eleganter als die meisten Bars in

der Parte Vieja und serviert kunstvolle *pintxos* und fachmännisch gemixte Cocktails in jazzigem, modernem Ambiente. Es kann sehr voll werden, dann kann man sich auch draußen auf den Stufen der nahen Basilika niederlassen. Nebenan befindet sich die traditionellere Schwesternbar Atari.

Chutney Gastrobar FUSION-KÜCHE €
(☎ 943 35 89 39; www.facebook.com/arifyalex; Calle de Egaña 8; *Pintxos* ab 2,50 €; ⏲ Di–Sa 12.30–15 & 19–22 Uhr; ✎) Als sich ein französischer Barmixer und ein englischer Koch mit pakistanisch-saudischen Wurzeln zusammentaten, schufen sie eine der innovativsten *pintxo*-Bars der Stadt. Auf der Karte dieses stilvollen Tempels der kulinarischen Alchemie stehen z. B. würziger Spinat und Bombay-Potato-Wraps, geräucherte Sardinen mit geriebenen Tomaten, Blauschimmelkäse aus Schafsmilch mit roter Zwiebelkonfitüre und Mini-Gemüsetagines.

Belgrado CAFÉ €
(Avenida de Navarra 2; Hauptgerichte 8–13 €; ⏲ So–Do 9–23, Fr & Sa bis 1.30 Uhr; ✎) Das Belgrado gleich gegenüber vom Strand Zurriola ist zugleich Café, Feinkostladen und Boutique. Hier kann man frisch zubereitete Backwaren, Burger und köstliche Sandwiches mit viel Käse essen, bei Bier, Wein oder Tee die Batterien wieder aufladen oder sich in dem kleinen, aber gut sortierten Laden umschauen, der handgemachte Seifen, Weine und Kleidung verkauft.

★ **La Fábrica** BASKISCH €€
(☎ 943 43 21 10; www.restaurantelafabrica.es; Calle del Puerto 17; Hauptgerichte 15–20 €, Menüs ab 29 €; ⏲ Mo–Fr 13–16 & 19.30–23.30, Sa & So 13–15.30 & 20–23.30 Uhr) Die roten Backsteinwände und weißen Tischdecken verbreiten Klasse in diesem Restaurant, dessen moderne Interpretation baskischer Klassiker in den letzten Jahren bei den Einheimischen große Wellen geschlagen hat. La Fábrica bietet nur mehrgängige Menüs an, sodass die Gäste in den Genuss verschiedener Delikatessen wie Wildpilzravioli mit Stopfleber-Creme oder Wildbret in Rotweinsoße kommen.

Bar Nestor BASKISCH €€
(☎ 943 42 48 73; Calle de la Pescadería 11; kleine Teller 5–14 €, Steak pro kg ca. 40 €; ⏲ Di–Sa 13–15 & 20–23, So 13–15 Uhr) Die in die Jahre gekommene Bar übersieht man leicht, dabei gibt's hier hervorragende Steaks, zu denen eine Portion gegrillte grüne Paprikas besonders gut passt. Das Nestor ist sehr beliebt, aber klein, deshalb sollte man gleich herkommen, wenn es öffnet, um noch einen Tisch zu ergattern.

La Viña PINTXOS €€
(☎ 943 42 74 95; www.lavinarestaurante.com; Calle de 31 de Agosto 3; Pintxos ab 2, Hauptgerichte 14–24 €; ⏲ Di–So 10.30–17 & 18.30–24 Uhr) An der Theke dieser traditionellen Bar wird eine wundervolle Auswahl von Meeresfrüchte-*pintxos* und köstlichen Snacks präsentiert, doch das eigentliche Highlight ist der Käsekuchen (5 €). Er wird täglich frisch nach einem speziellen Rezept zubereitet und dann auf Regale über der Bar gestellt und ist cremig und aromatisch – ideal für ein zweites Frühstück oder zum Nachmittagskaffee, oder eigentlich zu jeder Tageszeit. Ein Stück ist üppig genug für zwei Personen.

Bergara Bar PINTXOS €€
(www.pinchosbergara.es; General Artetxe 8; Pintxos ab 2,50 €; ⏲ 10–15 & 18–23 Uhr) Die Bergara Bar ist eine der renommiertesten *pintxo*-Bars in Gros. Angesichts der an der Theke aufgehäuften Köstlichkeiten läuft einem schon das Wasser im Munde zusammen, und an einer Kreidetafel stehen weitere Angebote. Hier kann man nichts falsch machen, ob man sich nun für die reichhaltige Gänsestopfleber mit Mangokonfitüre, die perfekt gegrillten Pilze oder die Portiönchen *fideuá* (Nudeln mit Meeresfrüchten) entscheidet.

Gerald's Bar FUSION-KÜCHE €€
(☎ 943 08 30 01; http://geraldsbar.eu; Calle Iparragirre 13; Hauptgerichte 12–20 €; ⏲ Di–So 13–16 & 19–24 Uhr) Der in Melbourne ansässige Gastronom Gerald Diffey war so sehr von San Sebastián begeistert, dass er beschloss, in der Stadt ein zweites Gerald's zu eröffnen – auch wenn das andere 17 000 km entfernt ist. Statt *pintxos* findet man hier ungewöhnliche Delikatessen wie Taboulé mit Gurke und Feta, Entencurry, Jerk Chicken mit Ananas und andere Gerichte, die es nirgendwo sonst in der Stadt gibt.

La Madame FUSION-KÜCHE €€
(☎ 943 44 42 69; www.lamadamesansebastian.com; Calle San Bortolomé 35; Hauptgerichte 14–20 €; ⏲ Mo & Mi–Fr 18–1, Sa & So 12–17 & 20–1 Uhr) Wer von den *pintxos* und der traditionellen baskischen Küche mal etwas Abwechslung möchte, sollte dieses moderne Restaurant mit Loungebar eine Querstraße hinter dem Strand besuchen. Es ist im New York Style eingerichtet und hat sich auf innovative Fusion-Gerichte wie marokkanisch

gewürztes Lammfleisch oder Furchengarnelen-Tempura mit Seetangsalat sowie kreative Cocktails spezialisiert. An den Wochenenden wird Brunch serviert. Regelmäßige DJ-Auftritte sorgen für gute Stimmung.

Arzak BASKISCH €€€
(☎ 943 27 84 65; www.arzak.info; Avenida Alcalde Jose Elósegui 273; Probiermenü 210 €; ⌚ Di–Sa 13.30–15.15 & 21–22.30, Uhr, Mitte Juni–Anfang Juli geschl.) Mit drei Michelin-Sternen sucht der gefeierte Chefkoch Juan Mari Arzak seinesgleichen, wenn es um die *nueva cocina vasca* (baskische Nouvelle Cuisine) geht. Da überrascht es nicht, dass sein Restaurant eines der besten der Welt ist. Mittlerweile assistiert ihm seine Tochter Elena, und beide werden nicht müde, Neues zu kreieren. Ohne eine Reservierung geht hier nichts.

Es liegt 2,5 km östlich von San Sebastián.

Restaurante Kokotxa MODERN SPANISCH €€€
(☎ 943 42 19 04; www.restaurantekokotxa.com; Calle del Campanario 11; Hauptgerichte 27–35 €, Menüs 65–90 €; ⌚ Di–Sa 13.30–15.30 & 20.30–22.45 Uhr) Versteckt in einer unauffälligen Gasse in der Altstadt befindet sich das mit einem Michelin-Stern gekrönte Restaurant, doch wer die Mühe der Suche auf sich nimmt, wird mit fantastischem Essen belohnt. Die meisten Gäste wählen das *menú de mercado* (65 €) mit geschmacksintensiven Zutaten vom geschäftigen Stadtmarkt. Von Mitte Februar bis Ende März sowie zwei Wochen Ende Oktober bleibt das Restaurant geschlossen.

Bodegón Alejandro FISCH & MEERESFRÜCHTE €€€
(☎ 943 42 71 58; www.bodegonalejandro.com; Calle de Fermín Calbetón 4; Tagesmenü ab 16 €, Hauptgerichte 21–32 €; ⌚ Juni–Mitte Okt. 13–15.30 & 20–22.30 Uhr, Mitte Okt.–Mai Di & So 13–15.30, Mi–Sa 13–15.30 & 20–22.30 Uhr) Schönes Kellerrestaurant in einer Straße mit vielen Fußgängern und wegen seiner kleinen, aber brillanten Karte begeistert gelobt. Auf der wechselnden Karte stehen Delikatessen wie Seespinnensalat mit Fenchelcreme, Seehecht mit knuspriger Haut und pikanter Zitronen-Vinaigrette oder saftiges trockengereiftes Rindfleisch in Knoblauchsoße.

Ausgehen & Nachtleben

Mala Gissona Beer House CRAFT-BIER
(☎ 943 04 56 15; Calle Zabaleta 53; ⌚ Mo 17–23.30, Di–Do 13–23.30, Fr & Sa bis 1.30, So 12–0.30 Uhr) Diese neue Craft-Bier-Bar in Gros, die sehr gut aufgenommen wurde, ist im industriellen Stil eingerichtet und hat eine einladende Vorderterrasse, die das schicke Design des Mala Gissona präsentiert. Es ist eine angemessene Kulisse für die zwölf Qualitätsbiere vom Fass, die aus der gleichnamigen Brauerei in Oiartzun stammen.

Koh Tao CAFÉ
(Calle Bengoechea 2; ⌚ Mo–Do 7.30–22, Fr bis 2, Sa 9–2, So 9–22 Uhr) Ein verführerisches, freundliches Café am Rand der Parte Vieja, das zu jeder Tageszeit zu einem Besuch einlädt. Die legere Einrichtung besteht aus bunt zusammengewürfelten alten Möbeln und bequemen Armsesseln, dazu erklingt gute Musik – der ideale Ort, um bei einem Kaffee die E-Mails zu checken oder am frühen Abend entspannt etwas zu trinken.

Terraza Ni Neu BAR
(☎ 943 00 31 62; www.restaurantenineu.com; Ave de Zurriola 1; ⌚ Di, Mi & So 10–20, Do–Sa bis 23 Uhr) Das Terrassencafé des **Restaurante Ni Neu** (☎ 943 00 31 62; www.restaurantenineu.com; Avenida de Zurriola 1; Hauptgerichte 14–30 €; ⌚ Di, Mi & So 13–15.30, Do–Sa 13.30–15.30 & 20.30–22.30 Uhr) ist ein angenehmes Fleckchen für einen Drink und ein paar *raciones* wie gebratenen Calamari, Thunfisch-Tartar oder Muscheln. Nachmittags lockt der schöne Blick aufs Wasser viele Gäste her.

Dabadaba BAR
(☎ 943 26 58 26; www.dabadabass.com; Calle de Mundaiz 8; ⌚ So–Mi 17–23, Do bis 1, Fr & Sa bis 4 Uhr) In der beliebtesten alternativen Bar der Stadt entkommt man dem Getümmel der Altstadt. Das Ambiente ist leger, es gibt gute Craft-Biere, und an warmen Abenden ist die einladende Terrasse geöffnet. An den Wochenenden gibt's hier tolle Livemusik oder DJs, das Spektrum reicht von Rock über Pop bis zu Afrobeat und mehr.

Pub Drop PUB
(Calle de los Reyes Católicos 18; ⌚ Mo–Do 16–24, Fr bis 4, Sa 12–4, So 12–24 Uhr) Eines von mehreren Pubs an einer beliebten „Trinkmeile" nahe der Kathedrale. Der schäbig-schicke Laden ist der richtige Ort, um sich durch die lokalen Biersorten zu probieren, es werden nämlich bis zu 50 Craft-Biere angeboten, darunter 19 vom Fass. Empfehlenswert sind die starken, hopfigen Sorten des passend benannten Projekts „Basque Brewing".

Le Bukowski CLUB
(www.facebook.com/lebukowski; Calle Egia; ⌚ Mo–Mi 11–23, Do bis 2, Fr bis 4, Sa 19–4, So

DIE BESTEN PINTXO-BARS IN SAN SEBASTIÁN

Welche Bar in der Stadt man auch besucht, die Theke ist garantiert mit kleinen Bergen winziger Teller voller kulinarischer Kunstwerke beladen. Dies sind einige großartige Bars, in denen man die kulinarische Entdeckungsreise beginnen kann:

La Cuchara de San Telmo (☎ 043 44 16 55; www.lacucharadesantelmo.com; Calle de 31 de Agosto 28; Pintxos ab 2,50 €; ⌚ Di 19.30–23, Mi–So 12.30–15.30 & 19.30–23 Uhr) Aus der guten Küche dieser lebhaften Bar kommen Miniaturausgaben von Gerichten der *nueva cocina vasca* (baskische Nouvelle Cuisine). Im Gegensatz zu vielen anderen Bars in San Sebastián präsentiert sie ihre *pintxos* (baskische Tapas) nicht auf der Theke, stattdessen steht das pintxos-Angebot auf einer schwarzen Tafel hinter der Theke.

Bar Borda Berri (☎ 943 43 03 42; Calle Fermín Calbetón 12; Pintxos ab 2,50 €; ⌚ 12.30–15.30 & 19.30–23, So 12–15.30 Uhr) Das unglaublich beliebte Borda Berri ist eine *pintxos*-Bar, die den Hype um sie wirklich verdient. An den senffarbenen Wänden hängen alte Fotos und Knoblauchzöpfe. Die hungrigen Gäste drängen sich um die Spezialitäten der Bar wie geschmorte Kalbsbäckchen in Wein, Risotto mit Pilzen und *Idiazabal* (ein Schafskäse) oder den himmlischen Oktopus.

Gandarias (☎ 943 42 63 62; www.restaurantegandarias.com; Calle 31 Agosto 23; Pintxos ab 2,50 €; ⌚ 12–15.30 & 19–23 Uhr) Ein Muss für alle, die sich für die gastronomischen Hotspots der Stadt interessieren, ist das Gandarias, denn seine kunstvoll zubereiteten *pintxos* haben einen fantastischen Ruf. Hier gibt's alle Klassiker, daneben aber auch Hausspezialitäten wie gebratene Stopfleber, iberischen Joselito-Schinken, leckere *solomillo*-(Lendenbraten-)Sandwiches und köstliche Krabbenpastete.

Txepetxa (☎ 943 42 22 27; www.bartxepetxa.com; Calle Pescadería 5; Pintxos ab 2,50 €; ⌚ Di 19–23, Mi–So 12–15 & 19–23 Uhr) Die bescheidene *antxoa* (Sardelle) wird in dieser altmodischen, bei den Einheimischen beliebten holzverkleideten Bar in den Adelsrang erhoben. Es gibt sie in Dutzenden Varianten, belegt mit den unterschiedlichsten Toppings, von Seeigeleiern bis zu schwarzer Olivenpaste. Wer Meeresfrüchte mag, sollte herkommen.

Zeruko (www.barzeruko.com; Calle Pescadería 10; Pintxos ab 3 €; ⌚ Di–So 13–16 & Di–Sa 19.30–23.30 Uhr) Das Zeruko, eine fröhliche, festliche Bar, hat seinen Teil an Preisen für seine hochwertigen *pintxos* abgeräumt und wird von Gästen begeistert empfohlen. Bekannt ist es für die Räuchermakrele, serviert mit einem eigenen Minigrill und Spargel als Beilage. Doch auch mit der Stopfleber mit Feige, den gegrillten Muscheln, den cremigen Seeigeln und vielen anderen Rennern liegt man garantiert richtig.

Bodega Donostiarra (☎ 943 01 13 80; www.bodegadonostiarra.com; Calle de Peña y Goñi 13; Pintxos ab 2,50 €, Hauptgerichte ab 11 €; ⌚ Mo–Do 9.30–16 & 19–23, Fr & Sa bis 24 Uhr) Steinmauern, Topfpflanzen und Fensterornamente verleihen der Bar einen altmodischen französischen Bistro-Look, doch zu Stoßzeiten ist es oft so voll, dass man dies gar nicht bemerkt. Das Geheimnis? Die *pintxos* gehören zu den besten diesseits des Urumea.

Casa Urola (☎ 943 44 13 71; www.casaurolajatetxea.es; Calle Fermin Calbetón 20; Pintxos ab 2,50 €, Hauptgerichte 22–31 €; ⌚ Mi–Mo 12–15.30 & 19–23.30 Uhr) Das 1956 gegründete Casa Urola hat schon drei Generationen von Gästen verwöhnt. Mittags und abends herrscht hier Hochbetrieb. Am besten gesellt man sich dazu und lässt sich die perfekt zubereiteten *pintxos*, darunter gegrillter weißer Spargel, Stopfleber mit Birnenkompott und Tarte mit Pilzen und Idiazabal-Käse, schmecken.

Bar Goiz-Argi (Calle de Fermín Calbetón 4; Pintxos ab 2,70 €; ⌚ Mi–So 11–15.30 & 18.30–23.30, Mo 11–15.30 Uhr) *Brochetas de gambas* (Garnelenspieße) sind die Spezialität des Hauses – klingt einfach, doch nirgends in der Stadt werden sie so zart und perfekt zubereitet wie hier. Weitere Highlights: die gebratene grüne Paprika mit Meersalz und die *mari juli* (Lachs und Sardellen auf Toast).

Antonio Bar (www.antoniobar.com; Calle de Vergara 3; Pintxos ab 2,50 €; ⌚ Mo–Sa 7.30–16 & 19–23.30 Uhr) Eine der besten *pintxo*-Bars in der Neustadt. Die Gäste strömen in Scharen herbei, angelockt von Spezialitäten des Hauses wie Garnelen-Ravioli oder Paprika. Von außen sieht die kleine Bar mehr wie eine Bahnhofscafeteria aus.

19–24 Uhr; 📶) In diesem alteingesessenen Nachtclub südlich von Gros sorgen DJs für ein breites Musikangebot, das von Funk über Hip-Hop bis zu Soul und Rock reicht. An den meisten Abenden treten Livebands auf. Es befindet sich im Viertel Egia, das im Aufschwung begriffen ist.

Museo del Whisky BAR
(www.museodelwhisky.com; Alameda Boulevard 5; ⌚15.30–23.30 Uhr) Diese Pianobar mit 3400 Whiskyflaschen ist passend benannt, denn sie könnte mit ihrer schönen, verstaubten Atmosphäre und der Deko, die sich rund um Branntwein dreht, tatsächlich glatt als Museum durchgehen.

Bataplan Disco CLUB
(☎943 47 36 01; www.bataplandisco.com; Paseo de la Concha; ⌚Club Do–Sa 1–7 Uhr, Terrasse Juni–Sept. 14–2.30 Uhr) Der beste Club von San Sebastián ist eine klassische Disco, die einen prächtigen Komplex am Meer einnimmt – die perfekte Kulisse für eine legendäre Strandparty. So richtig los geht's erst zu später Stunde, im Sommer kann man aber mit ein paar Drinks auf der ebenerdigen Terrasse vorglühen. Die Kriterien, nach denen die Türsteher Gäste aussortieren, sind nicht immer nachvollziehbar; Gruppen von Männern werden häufig abgewiesen.

☆ Unterhaltung

Altxerri Jazz Bar LIVEMUSIK
(www.altxerri.eu; Blvd Reina Regente 2; ⌚16–3 Uhr) Ein Jazz- und Bluestempel, in dem regelmäßig lokale und internationale Künstler auftreten. In Nächten ohne Konzerte finden oft Jamsessions statt, außerdem wartet der Laden mit einer integrierten Kunstgalerie auf.

Etxekalte JAZZ
(www.facebook.com/etxekaltejazzclub; Calle Mari Igentea 11; ⌚Di–Do & So 18–4, Fr & Sa 18–5 Uhr) In diesem Laden am Hafen geht's erst spät los, hier wird getanzt, gegroovt und gejazzt. Fast jede Woche treten Gast-DJs auf.

Shoppen

Alboka Artesanía KUNST & KUNSTHANDWERK
(www.albokaartesania.com; Plaza de la Constitución; ⌚Mo–Fr 10.30–13.30 & 16–20, Sa 10.30–13.30 Uhr) Dieses schöne Geschäft an einem der hübschesten Plätze der Stadt ist bis unter die Decke mit im Baskenland hergestelltem Kunsthandwerk und Produkten gefüllt, darunter Keramik, Geschirrtücher, Marionetten, Bilderrahmen, T-Shirts, jai-alai-Bälle und natürlich die berühmten übergroßen Baskenmützen.

Loreak Mendian KLEIDUNG
(www.loreakmendian.com; Calle de Hernani 27; ⌚Mo–Sa 10.30–20 Uhr) San Sebastiáns Filiale der baskischen Marke Loreak Mendian hat sich auf bezahlbare stilvolle Kleidung für Männer und Frauen spezialisiert und verkauft von T-Shirts über Kapuzenshirts bis zu Kleidern und leichten Pullovern so ziemlich alles. In der unteren Etage ist ein Frisör, falls man einen Haarschnitt benötigt.

Perfumería Benegas KOSMETIK
(Calle de Garibai 12; ⌚Mo–Sa 10–13.15 & 16–20 Uhr) Der historische Parfümladen hat die führenden internationalen Marken sowie hauseigene Kreationen auf Lager, z. B. Ssirimiri, das von Donostia (der baskische Name von San Sebastián) inspiriert ist und Regen, Sonnenschein und die Meeresbrise in eine hübsche Schachtel packt, die natürlich berühmte Ansichten der Stadt zieren. Außerdem gibt's hier Make-up und Pflegeprodukte für Männer.

Kukuxumusu KLEIDUNG
(Nagusía Kalea 15; ⌚Mo–Sa 10.30–14.30 & 16.30–21, So 11–15 & 16.30–20 Uhr) Das funkigste und bekannteste baskische Kleidungslabel bietet eine breite Palette an originellen T-Shirts mit witzigen Bullen, Schafen und Wölfen in diversen Verkleidungen sowie Taschen, iPhone-Hüllen und anderes Zubehör.

Aitor Lasa ESSEN
(www.aitorlasa.com; Calle de Aldamar 12; ⌚Mo–Fr 8.30–14 & 17–20, Sa 8.30–14.30 Uhr) Dieser Delikatessenladen ist der richtige Ort, um sich qualitativ hochwertige Zutaten für ein unvergessliches Gourmet-Picknick zu besorgen. Die Spezialität des Hauses sind eine herrliche Käsepalette, Pilze und weitere saisonale Produkte.

Mercado de la Bretxa MARKT
(Alameda del Boulevard; ⌚Mo–Sa 8–21 Uhr) Im Mercado de la Bretxa im Osten der Parte Vieja kaufen gefühlt alle Köche aus den Altstadtrestaurants die frischesten Waren ein. Hier kann man wunderbar Zutaten für ein Picknick besorgen; der Markt ist aber auch schon für sich genommen sehenswert.

ℹ Praktische Informationen

Die freundliche **Oficina de Turismo** (☎943 48 11 66; www.sansebastianturismo.

com; Alameda del Boulevard 8; ⌚ Juli–Sept. Mo–Sa 9–20, So 10–19 Uhr, Okt.–Mai Mo–Sa 9–19, So 10–14 Uhr) bietet umfassende Infos zu San Sebastián und zum Baskenland.

An- & Weiterreise

BUS

San Sebastiáns funkelnagelneuer **Busbahnhof** (Estación Donostia Geltokia; www.estaciondonostia.com; Paseo Federico García Lorca 1) liegt 1 km südöstlich der Parte Vieja auf der Ostseite des Flusses und direkt gegenüber vom Renfe-Bahnhof. Alle Busgesellschaften haben in dem unterirdischen Busbahnhof Büros und Ticketschalter.

Folgende Reiseziele werden täglich angesteuert:

ZIEL	PREIS (€)	DAUER (STD.)
Biarritz (Frankreich)	ab 6,75	1¼
Bilbao	ab 7	1¼
Flughafen Bilbao	17,10	1¼
Madrid	ab 37	5–6
Pamplona	ab 8	1
Vitoria	12	1½

FLUGZEUG

San Sebastiáns **Aeropuerto de San Sebastián** (EAS; ☎ 902 404704; www.aena.es) erstreckt sich 22 km außerhalb der Stadt in der Nähe von Hondarribia. Es gibt Linienflüge nach Madrid und Barcelona und gelegentliche Charterflüge zu wichtigen europäischen Zielen. Biarritz, gleich auf der anderen Seite der Grenze in Frankreich, wird von Ryanair und EasyJet sowie zahlreichen anderen Billigairlines bedient. Normalerweise ist es deutlich günstiger, dorthin zu fliegen.

ZUG

Der **Renfe-Bahnhof** (Paseo de Francia) liegt auf der anderen Seite des Río Urumea an der Strecke Paris–Madrid. Von hier aus gibt's jeden Tag mehrere Verbindungen nach Madrid (ab 29 €, 5½ Std.) und zwei Fahrten nach Barcelona (ab 39 €, 6 Std.).

Wer nach Frankreich will, muss zuerst in die französische Grenzstadt Irún fahren (manchmal auch bis Hendaye; 2,25 € 25 Min.) und dort umsteigen. Zwischen Hendaye und San Sebastián pendelt zusätzlich eine Schmalspurbahn von Eusko Tren/Ferrocarril Vasco (www.euskotren.es). Die Züge starten alle halbe Stunden am **Bahnhof Amara** (Easo Plaza 9), etwa 1 km südlich des Stadtzentrums, und halten in Pasajes (ab 1,70 €, 12 Min.) sowie in Irún/Hendaye (2,45 €, 25 Min.). Andere Züge von ET/FV verkehren Richtung Westen über Zarautz, Zumaia und Durango nach Bilbao; sie sind aber so langsam, dass eine Busfahrt gewöhnlich vorzuziehen ist.

Unterwegs vor Ort

Das städtische Busnetz ist DBus (www.dbus.eus). Der Standardfahrpreis beträgt 1,70 € (nachts 2,10 €); gezahlt wird beim Busfahrer.

Busse fahren etwa zwischen 7.30 und 22.30 Uhr. Danach gibt's bis 4 Uhr morgens eingeschränkte Busverbindungen. Am nützlichsten ist Bus Nr. 16, der zwischen dem Stadtzentrum und Monte Igueldo verkehrt.

Rund um San Sebastián

Pasajes

16 200 EW.

Pasajes (auf Baskisch „Pasaia“) liegt dort, wo der Río Oiartzun in den Atlantik mündet, und hat viele Gesichter. Die Stadt ist zugleich ein riesiger Industriehafen (der größte in der Provinz Guipúzcoa) und ein verschlafenes Dorf mit idyllischen mittelalterlichen Häusern direkt am Fluss. Eigentlich besteht Pasajes aus vier ganz unterschiedlichen Distrikten, doch der Charme der Stadt konzentriert sich auf Pasai Donibane und Pasai San Pedro. Diese beiden Dörfer liegen einander zu beiden Seiten des Flusses gegenüber und sind mit Sehenswürdigkeiten gespickt, die an die maritime Geschichte der Region erinnern.

Pasai Donibane am Ostufer ist der hübschere Stadtteil und hat mehrere schöne Plätze und einige bemerkenswerte Meeresfrüchterestaurants. Zwischen beiden Städten fährt häufig ein Schnellboot. Zu den Highlights gehört, abgesehen vom Essengehen, die spektakuläre Einfahrt in den Hafen durch eine schmale Öffnung in den Klippen, was besonders eindrucksvoll ist, wenn ein riesiges Containerschiff hindurchfährt.

Sehenswertes & Aktivitäten

Albaola Foundation MUSEUM

(☎ 943 39 24 26; www.albaola.com; Ondartxo Ibilbida 1, Pasai San Pedro; Erw./Kind 7/5 €; ⌚ Ostern–Sept. Di–So 10–14 & 15–19 Uhr, Okt.–Ostern Di–So bis 18 Uhr) Das großartige Museum erzählt die Geschichte der Walfangindustrie in Pasajes. Im Zentrum steht die Geschichte der *San Juan*, einer Galeone, die 1565 vor der Küste Neufundlands sank. Modelle und Informationstafeln beschreiben das Schiff und erklären, wie ein Team kanadischer Unterwasserarchäologen das Wrack 1978 entdeckte. Das Highlight ist aber die lebensgroße Nachbildung des Schiffes, für dessen Bau die gleichen Techniken und Materialien benutzt werden wie für das Original.

1

Baskische Kultur

Die Basken sind anders. Sie bewohnen ihre Ecke Spaniens und Frankreichs scheinbar schon seit Ewigkeiten. Während viele Aspekte ihrer einzigartigen Kultur Besuchern verborgen bleiben, sind folgende Merkmale für jeden sichtbar.

Pelota

Der Nationalsport des Baskenlands heißt *pelota vasca*, und jedes Dorf hat seinen eigenen Spielplatz, der sich meist hinter der Kirche befindet. Pelota kann auf unterschiedliche Art gespielt werden: mit bloßen Händen, mit kleinen Holzschlägern oder mit einem langen Handkorb (*chistera*), mit dem der Ball mit bis zu 300 km/h geworfen werden kann. Im Sommer gibt es in der ganzen Region Pelotaspiele.

Lauburu

Das sichtbarste Symbol der hiesigen Kultur ist das *lauburu*, das baskische Kreuz. Seine Bedeutung ist nicht bekannt – manche sagen, es repräsentiere die vier alten Regionen des Baskenlands, andere behaupten, es stehe für Geist, Leben, Bewusstsein und Form. Aber heute gilt es vielen als Symbol für Wohlstand, denn es taucht oft in modernem Schmuck und über Haustüren auf. Es wird auch benutzt, um Leben und Tod zu markieren, und findet sich häufig auf alten Grabsteinen.

Traditionelle baskische Spiele

Der baskische Sport beschränkt sich nicht nur auf Pelota: Es gibt auch Spiele wie Holzsägen, Steineheben, Ballenwerfen und Tauziehen. Die meisten basieren auf

LONGJON / SHUTTERSTOCK ©

RICARDO HERNANDEZ / SHUTTERSTOCK ©

TERESA EGUIDAZU URRUTICOECHEA / GETTY IMAGES ©

1. Traditionelle rot-weiße Tracht zu Sanfermines (S. 520)
2. Ein *pelota*-Spieler
3. *Lauburu* (das baskische Kreuz)

Alltagsaktivitäten der Bauern und Fischer. Obwohl viele dieser Fähigkeiten heute nicht mehr täglich benötigt werden, bleiben die Sportarten bei Festen lebendig.

Bullen & Fiestas

Kein anderes baskisches Fest ist so berühmt wie die Sanfermines (S. 520) mit ihrem legendären *encierro* (Stierlauf) in Pamplona. Der ursprüngliche Zweck des *encierro* bestand darin, die Stiere vom Stall zur Arena zu treiben, wo sie kämpfen sollten. Seit dem 14. Jh. wird dafür der schnellste und „einfachste" Weg gewählt, nämlich die Stiere werden aus ihrem Gehege in den Ring gejagt. Von da an war es nur noch ein kleiner Schritt bis zum voll entfalteten Gemetzel von Pamplonas Sanfermines.

Traditionelle Kleidung

Die Feste sind eine gute Gelegenheit, die traditionellen baskischen Gewänder und Tänze zu sehen. Es soll über 400 verschiedene baskische Tänze geben, die meist auch ihre eigene Kleiderordnung haben.

Baskische Sprache

Victor Hugo beschrieb die baskische Sprache als eigenes „Land", und nur wenige Basken würden dem nicht zustimmen. Die Sprache, bekannt als Euskara, ist die älteste Europas und hat keine Verbindung zu anderen indoeuropäischen Sprachen. Von Franco unterdrückt, wurde sie danach als eine der offiziellen Sprachen Spaniens anerkannt. Heute wird Euskara von immer mehr jungen Basken gesprochen.

Casa Museo Victor Hugo MUSEUM
(☎943 34 15 56; Calle Donibane 63, Pasai Donibane; ⌚Juli & Aug. 9–14 & 16–19 Uhr, Sept.–Juni 10–14 & 16–18 Uhr) GRATIS Der französische Schriftsteller Victor Hugo verbrachte den Sommer 1843 in einem lokaltypischen Haus aus dem 17. Jh. am Wasser in Pasajes und arbeitete dort an seinem Reisebericht *En Voyage, Alpes et Pyrénées*. Leider starb im September seine älteste Tochter, sodass er das geplante Buch nicht beendete. Treppauf findet man verschiedene Möbel aus der damaligen Zeit, mehrere Drucke und Erstauflagen sowie Audiokommentare zu Hugos deftiger Ernährung (zum Frühstück Erbsen, Nektarinen, Austern, Cidre und ein Glas Malagawein).

Faro de la Plata LEUCHTTURM
Vom Pasai San Pedro geht's steil bergauf zu diesem Leuchtturm (nicht öffentlich zugänglich), der Ausblick entschädigt aber für die Anstrengung. Besonders eindrucksvoll ist es, wenn ein großes Containerschiff die Felsen passiert, die den Eingang zum schmalen, aber postkartenschönen Hafen von Pasajes bilden. Für den 2 km langen Weg benötigt man etwa 30 Minuten.

Küstenpfad WANDERN
Die schönste Route von San Sebastián nach Pasajes führt entlang des Küstenpfads über die Klippen. Die Szenerie ist bildhübsch und die Felsformationen sind außergewöhnlich. Auf halber Strecke liegt zudem ein versteckter Strand. Infos zur Strecke bietet die Touristeninformation in San Sebastián (S. 506). Die 7,6 km lange Wanderung dauert zweieinhalb bis drei Stunden

Essen

Ziaboga Bistrot FISCH & MEERESFRÜCHTE €€
(☎943 51 03 95; www.ziabogabistrot.com; Calle Donibane 91, Pasai Donibane; Hauptgerichte 18–21 €, Tapas 4–16 €, Menüs 20–50 €; ⌚13–16 & 20–23 Uhr) In Pasajes gibt's zahlreiche exzellente Fischrestaurants, doch das Ziaboga Jatetxea ist eines der besten. Dank des Mittagsmenüs für nur 20 € unter der Woche ist es auch ziemlich preiswert. Außerhalb der Hauptessenszeiten sind Tapas im Angebot (11–23 Uhr).

Casa Cámara FISCH & MEERESFRÜCHTE €€€
(☎943 52 36 99; www.casacamara.com; Calle San Juan 79; Hauptgerichte 18–36 €; ⌚Di–So 13.30–16 & 20.30–23 Uhr) Halb auf Stelzen steht dieses Lokal, das schon seit mehreren Generationen im Besitz einer Familie ist, in der Bucht von Pasajes. Die meisten Gerichte beinhalten Meeresbewohner, die gekonnt und traditionell zubereitet werden. Die Hummer leben in einem Käfig, der durch ein Loch mitten im Speisesaal direkt ins Meer hinabgelassen wird.

Praktische Informationen

Die **Touristeninformation** (☎943 34 15 56; Calle Donibane 63; ⌚Juli & Aug. 9–14 & 16–19 Uhr, Sept.–Juni Di–Sa 10–14 & 16–18 Uhr) in Pasai Donibane hat Informationen über Wanderungen und Attraktionen in der Gegend.

An- & Weiterreise

Pasajes ist praktisch ein Vorort von San Sebastián. Zahlreiche Busse verbinden die beiden Städte (1,70 €, 25 Min.). Autofahrer finden in Pasai San Pedro leichter Parkplätze als in Pasai Donibane.

Eine viel schönere Möglichkeit, hierherzugelangen, ist eine zweieinhalb- bis dreistündige Wanderung über die Klippen von San Sebastián. Unterwegs passiert man Waldstücke, einen idyllischen Strand und bizarre Felsformationen voller Meeresvögel. Anschließend geht's hinunter nach Pasajes, das mit einem kleinen Fährboot zu erreichen ist.

Unterwegs vor Ort

In Pasajes pendelt die winzige **Fähre** (einfach 0,70 €; ⌚Mo–Do 6.30–23, Fr 6.30–24, Sa 7–24, So 7.45–23 Uhr) in wenigen Minuten zwischen Pasai San Pedro und Pasai Donibane.

Hondarribia

16 950 EW.

Das malerische Hondarribia (auf Spanisch „Fuenterrabía"), das durch einen Meeresarm von Frankreich abgetrennt ist, hat deutlich gälisch geprägten Charakter, einen zauberhaften *casco antiguo* (Altstadt) und eine sehr lebendige Strandszene.

Man betritt den *casco* durch einen Torbogen am oberen Ende der Calle San Compostela. Von dort gelangt man zur hübschen Plaza de Guipúzkoa. Weiter geradeaus geht's auf die Calle San Nicolás. Wer dann links abbiegt, stößt auf die Plaza de Armas und die gotische **Iglesia de Santa María de la Asunción** (Calle Mayor).

Der Weg zu Hondarribias malerischstem Viertel La Marina führt vom Torbogen in die andere Richtung. An der Hauptstraße, der Calle San Pedro, stehen typische Fischerhäuser, deren Fassaden in Grün- und Blautönen leuchten und die mit hölzernen Balkonen voller fröhlicher Blumenkästen aufwarten.

Der etwa 1 km von der Stadt entfernte Strand ist vielleicht nicht der hübscheste, dafür aber mit vielen Bars und Restaurants gesäumt, außerdem gibt's hier das ruhigste Meer in der ganzen Region.

Sehenswertes

Casco Histórico STADTVIERTEL

Hondarribias von Stadtmauern umringtes historisches Zentrum stammt zu großen Teilen aus dem 15. und 16. Jh. und ist ein stimmungsvolles Viertel mit eleganten Plätzen, gepflasterten Gassen und faszinierenden Gebäuden mit geschnitzten hölzernen Dachtraufen und schmiedeeisernen Balkons. Das Zentrum des Casco Histórico bildet die **Plaza de Armas**, an der sich die Touristeninformation befindet (S. 512), die malerische **Plaza de Gipuzkoa** ist aber sogar noch hübscher.

Monte Jaizkibel BERG

Der Monte Jaizkibel ist ein gewaltiger 547 m hoher Felsbrocken, der wie ein Verteidigungswall wirkt und die Städte und Felder im Inland von der wütenden, vorpreschenden See schützt. Ein sehr anstrengender Wanderweg (ca. 8 km von Hondarribia) und eine anspruchsvolle Straße winden sich den Berg hinauf zu einer Festungsruine mit spektakulärer Aussicht. Von dort kann man bis Pasajes laufen (weitere 9 km).

Castillo de Carlos V BURG

(Plaza de Armas 14) Heute ist das Castillo de Carlos V ein staatliches Hotel (siehe rechts), aber mehr als ein Jahrtausend waren hier Ritter und Könige zuhause. Die Lage auf dem Altstadthügel verlieh ihm eine strategisch günstige Position über dem Bidasoa, der lange Zeit die natürliche Grenze zwischen Spanien und Frankreich bildete. In der Empfangs-Lobby kann man das mittelalterliche Dekor bewundern.

Hendaye STRAND

(Frankreich) Direkt gegenüber von Hondarribia liegt auf der anderen Seite des Flusses die hübsche französische Stadt Hendaye. Den Hauptgrund für einen Besuch bildet neben dem Genuss der perfekten Croissants der schöne, 3 km lange Strand der Stadt, zu dem es vom Fähranleger nur ein kurzer Fußweg ist. Zwischen beiden Städten verkehrt regelmäßig eine Fähre (S. 512), im Sommer können sich aber lange Schlangen bilden.

Schlafen

Hotel San Nikolás HOTEL €€

(☎ 943 64 42 78; www.hotelsannikolas.es; Plaza de Armas 6; EZ 83 €, DZ 109–127 €; 📶) Das kleine Hotel nimmt ein hübsches altes Gebäude am Hauptplatz im Herzen des historischen Zentrums von Hondarribia ein. Eine nette Unterkunft für ein, zwei Nächte.

Parador de Hondarribia HISTORISCHES HOTEL €€€

(☎ 943 64 55 00; www.parador.es; Plaza de Armas 14; DZ ab 288 €; P ❄ @ 📶) Man bekommt nicht jeden Tag die Chance, in einer tausend Jahre alten Festung zu übernachten, die Spaniens Grenzen bewacht. Dieser prächtige *parador* verfügt über moderne Zimmer mit Hartholzböden, Steinmauern und zum Teil sogar einem tollen Blick aufs Meer. Wenn die Sonne untergeht, sollte man sich in einem der Höfe oder auf einer der Terrassen der Burg einfinden, am besten mit einem Glas Wein in der Hand.

Essen

★ **Gastroteka Danontzat** BASKISCH €€

(☎ 943 64 65 97; Calle Denda 6; kleine Teller 7–17 €; ⏲ Mi–Mo 12–16 & 20–24 Uhr) Der kulinarische Ansatz des Gastroteka Danontzat ist fröhlich und kreativ. Es bereitet marktfrische Gerichte mit einer Prise Exzentrik zu. Wie wär's mit geräucherten Sardinen, Sardellen oder Krabbenpudding, gefolgt von einem zarten Thunfisch-Sashimi mit Kartoffelconfit oder Hähnchenflügel nach jamaikanischer Art. Da die Portionen klein sind, kann man viele Geschmacksrichtungen ausprobieren.

La Hermandad de Pescadores FISCH & MEERESFRÜCHTE €€

(☎ 943 64 27 38; http://hermandaddepescadores.com; Calle Zuloaga 12; Hauptgerichte 18–22 €; ⏲ Di–So 13–15.30 & Do–Sa 20–22 Uhr) Kenner der örtlichen kulinarischen Szene nehmen die Anfahrt aus San Sebastián in Kauf, um in diesem historischen Restaurant zu speisen. Es ist in einem traditionellen weiß-blauen Häuschen untergebracht und verwöhnt die Gäste mit verschiedenen Meeresfrüchteklassikern, besonders bekannt ist aber die *sopa de pescado* (Fischsuppe). Viele sind der Meinung, dass es in der Region kaum eine leckerere gibt.

Gran Sol BASKISCH €€

(☎ 943 64 27 01; www.bargransol.com; Calle San Pedro 65; Pintxos 2,20–4,20 €; ⏲ Di–So 12.30–15.30 & 20.30–22.30 Uhr) Das Gran Sol ist eines der bekanntesten Restaurants Hondarribias. Einfallsreiche *pintxos* wie in der Pfanne gebratene Gänsestopfleber mit karamellisierten Zwiebeln werden in der hölzernen Bar serviert, im angrenzenden Restaurant gibt's ebenso ideenreiche Speisen (Menüs ab 35 €).

Arroka Berri BASKISCH €€
(☎ 943 64 27 12; www.arrokaberri.com; Calle Higer Bidea 6; Hauptgerichte 18–26 €; ⌚ Do–So 13–15.30 & 20–23 Uhr) Wie in vielen angesagten baskischen Restaurants werden auch im Arroka Berri hochwertige lokale Erzeugnisse verwendet, um altmodische Rezepte mit einer innovativen Note zu verfeinern. Zu den Highlights gehören die gefüllte Paprika mit Ochsenschwanz, das Seehechtfilet mit Muscheln und knackigem Gemüse und das Rindersteak mit Idiazabal-Käsesoße.

ℹ Praktische Informationen

Die **Touristeninformation** (☎ 943 64 36 77; www.hondarribia.org; Plaza de Armas 9; ⌚ Juli–Mitte Sept. 9.30–19.30 Uhr, Mitte Sept.–Juni Mo–Sa 10–18, So 10–14 Uhr) befindet sich am Hauptplatz in der ummauerten Altstadt und hat nützliche Informationen über Attraktionen in der Umgebung.

ℹ An- & Weiterreise

Etwa jede halbe Stunde fahren Busse nach San Sebastián (2,45 €, 35 Min.); am besten steigt man in der Sabin Arana ein, einen kleinen Fußweg östlich der Altstadt.

Die **Fähre Hendaye-Hondarribia** (www.transfermuga.eu; einfach 1,90 €; ⌚ Juli–Mitte Sept. 10.15–1 Uhr, Mitte Sept.–Okt. bis 19 Uhr, Nov.–März bis 18 Uhr) setzt etwa alle 15 Minuten nach Frankreich über. Der Fähranleger befindet sich in La Marina ein paar Querstraßen hinter der Calle San Pedro.

ABSTECHER

SANTUARIO DE ARANTZAZU

Etwa 10 km südlich von Oñati stößt man auf das **Santuario de Arantzazu** (☎ 943 78 09 51; www.arantzazu.org; Barrio de Arantzazu 8; ⌚ 9–20 Uhr). Die viel besuchte christliche Pilgerstätte strahlt eine faszinierende Mischung aus Frömmigkeit und avantgardistischer Kunst aus. Das Gebäude wurde in den 1960er-Jahren an der Stelle errichtet, wo ein Schäfer 1468 eine Statue der Jungfrau Maria unter einem Weißdornbusch fand. Dies bildete die Grundlage der Gestaltung des Heiligtums.

Die Atmosphäre von Mysterium und abstrakter Kunstfertigkeit ist überwältigend: Die Säle werden von 14 steinernen Aposteln bewacht, und über dem liegenden Christus erhebt sich eine Jungfrau ohne Gewand – all das bildet zusammen ein monumentales Werk des großen baskischen Bildhauers Jorge Oteiza. Besucher können hinunter in die Krypta steigen und die kraftvollen Wandbilder von Néstor Basterretxea anschauen.

Oñati

11 400 EW.

Dank der vielen bemerkenswerten Bauwerke und einiger interessanter Sehenswürdigkeiten in den grünen Hügeln der Umgebung eignet sich das kleine, resolute Oñati wunderbar, um das ländliche Herzstück des Baskenlandes näher kennenzulernen. Viele Besucher passieren die Stadt auf dem Weg zum nahen Santuario de Arantzazu.

Sehenswertes

Iglesia de San Miguel KIRCHE
(☎ 943 78 34 53; Avenida de Unibertsitate 2; ⌚ variiert) Die spätgotische Iglesia de San Miguel hat einen über den Fluss gebauten Kreuzgang und eine Krypta aus dem 17. Jh., in der sich die Gräber der Grafen von Guevara befinden. Die Kirche blickt auf den Hauptplatz Foruen Enparantza, der vom auffälligen barocken *ayuntamiento* (Rathaus) dominiert wird. Führungen können in der Touristeninformation organisiert werden.

Bidaurreta Monasterioa KLOSTER
(☎ 943 78 34 53; Kalea Lazarraga; ⌚ variiert) Das Kloster wurde 1510 gegründet und besitzt einen wunderschönen Barockaltar. Von der Touristeninformation und der Iglesia de San Miguel aus liegt es am anderen Ende der Stadt. Da es noch immer als Klarissenkloster dient, ist es selten für Besucher geöffnet; die Touristeninformation arrangiert aber manchmal Führungen.

Universidad de Sancti Spiritus HISTORISCHES GEBÄUDE
(Avenida de la Universidad 8) Oñatis größte Attraktion ist die Universidad de Sancti Spiritus, ein Juwel im Renaissancestil. Sie wurde

im 16. Jh. errichtet und war die erste Universität im Baskenland. Bis zu ihrer Schließung 1902 wurden hier Studenten in Philosophie, Recht und Medizin ausgebildet. Der Hof im Mudejarstil ist einen Blick wert.

Schlafen

In Oñati übernachten nur wenige Touristen. Aber in der Umgebung gibt's jede Menge *casas rurales* – die Touristeninformation hat eine Liste.

Torre Zumeltzegi HOTEL €€
(☎943 54 00 00; www.hoteltorrezumeltzegi.com; Calle Torre Zumeltzegi 11; EZ/DZ ab 87/123 €; ❄ 📶) In diesem restaurierten Gebäude aus dem 13. Jh., zu dem man vom Zentrum ein paar Minuten bergauf geht, kann man in einem befestigten Herrenhaus übernachten. Die zwölf einzigartigen Zimmer haben Balkendecken, Steinwände und einen hübschen Blick auf die Stadt. Auf der friedlichen Terrasse kann man nach einem unternehmungsreichen Tag wunderbar entspannen.

Das Zumeltzegi hat auch eines der besten Restaurants Oñatis (Hauptgerichte 16–20 €).

Praktische Informationen

Die **Touristeninformation** (☎943 78 34 53; www.oñatiturismo.eus; Calle San Juan 14; ⏲Juni–Sept. 9.30–14 & 15.30–19 Uhr, Okt.–April Di–So 10–14 & 16–20 Uhr) befindet sich direkt westlich der Iglesia de San Miguel am Fluss. Im Juli (nur am Wochenende) und im August (täglich) veranstaltet sie um 13 Uhr geführte Touren auf Spanisch zur Universidad de Sancti Spiritus und zur Iglesia de San Miguel. Manchmal werden auch Touren in englischer Sprache angeboten; wer eine englischsprachige Führung wünscht, sollte die Touristeninformation aber mindestens 24 Stunden im Voraus kontaktieren.

An- & Weiterreise

PESA-Busse verbinden Oñati mit zahlreichen baskischen Städten, darunter Bilbao (6,85 €, 60–75 Min., 3-mal tgl.).

Vitoria-Gasteiz

245 000 EW. / 512 M

Vitoria-Gasteiz – oft einfach zu Vitoria abgekürzt – findet nur selten Beachtung, dabei ist es nicht nur die Hauptstadt der südbaskischen Provinz Álava (auf Baskisch „Araba"), sondern sogar des ganzen Baskenlands. Mit einem Kunstmuseum, dessen Werke selbst Bilbaos bekanntere Museen oftmals übertreffen, einem schönen Altstadtviertel, gleich Dutzenden erstklassiger *pintxo*-Bars und Restaurants, zahlreichen Studenten und freundlichen Einwohnern braucht sich Vitoria keineswegs zu verstecken.

Sehenswertes

★**Catedral de Santa María** KATHEDRALE
(☎945 25 51 35; www.catedralvitoria.eus; Plaza Santa María; Führungen 8,50–10,50 €; ⏲10–13 & 16–19 Uhr) Am höchsten Punkt der Altstadt beherrscht die mittelalterliche Catedral de Santa María den Horizont. Sie wird schon seit Langem aufwendig renoviert, man kann sie aber im Rahmen von Führungen besuchen und erhält einen faszinierenden Einblick in die komplexe Geschichte, die sich in diesem Meisterwerk aus dem 13. Jh. verbirgt.

Die empfehlenswerte Kathedralen- und Turm-Führung (10,50 €) zeigt die Entwicklung der Bautechniken im Laufe der Jahrhunderte auf und führt zu unterirdischen Kammern sowie hinauf aufs Dach, wo sich ein schöner Blick über die Stadt bietet. Sie endet mit einer großartigen 3-D-Präsentation auf den Wänden, die zeigt, wie farbenfroh diese Kirchen in den vergangenen Jahrhunderten waren – es gab keineswegs nur kalte graue Steine, wie meistens angenommen wird. Schutzhelme werden zur Verfügung gestellt. Die Führungen kann man telefonisch reservieren oder online buchen. Mindestens einmal täglich gibt's eine englischsprachige Führung.

★**Artium** MUSEUM
(☎945 20 90 00; www.artium.org; Calle de Francia 24; Erw./Kind 5 €/frei, Mi & letztes Wochenende im Monat gegen Spende; ⏲Di–Fr 11–14 & 17–20, Sa & So 11–20 Uhr; 👪) Vitorias Palast der modernen Architektur mag zwar nicht mit architektonischer Grandeur daherkommen, zeigt aber die anspruchsvollsten und anregendsten Ausstellungen im gesamten Baskenland. Kunstliebhaber sollten diesen Avantgarde-Tempel nicht verpassen.

Anillo Verde PARK
Rund um die Stadt erstreckt sich der 31 km lange Anillo Verde („Grüner Ring"), Vitorias ganzer Stolz. Er besteht aus mehreren durch Fahrradwege miteinander verbundenen Parks, Teichen und Marschen und ist einer der Gründe dafür, dass Vitoria 2012 zur Grünen Hauptstadt Europas gekürt wurde. Die wichtigste Grünfläche ist der Parque de Salburúa (Salburúa-Park). Mehrere Anbieter vermieten Fahrräder. Capital

Vitoria-Gasteiz

Vitoria-Gasteiz

Highlights
1 Artium D1
2 Catedral de Santa María C1

Sehenswertes
3 Bibat C1
4 Museo de Armería A4
5 Museo de Bellas Artes A4
Museo Fournier de Naipes .... (siehe 3)
6 Paseo de los Arquillos C2

Schlafen
7 Abba Jazz Hotel B3
8 Albergue de la Catedral C1
9 Hotel Dato C3
10 La Casa de los Arquillos C2

Essen
11 Asador Matxete C2
12 Bar El Tabanko B2
13 El Clarete B2
14 La Malquerida B2
15 PerretxiCo B3
16 Saburdi C3
17 Toloño C2

Ausgehen & Nachtleben
18 La Cassette Vitoria C2

Bikes (S. 517) organisiert zudem geführte Radtouren (20–30 €).

Bibat MUSEUM
(☎ 945 20 90 00; Calle de la Cuchillería 54; ⌚ Di–Fr 10–14 & 16–18.30, Sa 10–14, So 11–14 Uhr)

GRATIS Einen Besuch lohnt auch das Bibat, eine Kombination aus dem **Museo de Arqueología** und dem **Museo Fournier de Naipes**. In Ersterem erwecken eine Reihe interaktiver Ausstellungen die Vergangenheit zum Leben, während Letzteres eine wirklich beeindruckende Sammlung historischer Drucke und Kartenspiele präsentiert, darunter einige der ältesten europäischen Spielkarten.

Museo de Bellas Artes GALERIE
(Paseo de Fray Francisco 8; Di–Fr 10–14 & 16–18.30, Sa 10–14 & 17–20, So 11–14 Uhr) GRATIS In einem großartigen Gebäude im Stil der Neorenaissance ist dieses überaus spannende Museum untergebracht, das baskische Skulpturen sowie Gemälde aus dem 18. und 19. Jh. präsentiert. Die hier ausgestellten Werke des Künstlers Fernando de Amaríca aus Vitoria reflektieren eine engagierte Form der Romantik, die Dramatisches mit warmen Farben und Kompositionen verbindet.

Paseo de los Arquillos HISTORISCHES BAUWERK
Der Paseo de los Arquillos ist eine umwerfende überdachte Arkade im neoklassizistischen Stil, die zwischen 1787 und 1802 erbaut wurde.

Museo de Armería MUSEUM
(Paseo de Fray Francisco 3; Di–Fr 10–14 & 16–18.30, Sa 10–14, So 11–14 Uhr) GRATIS Das dezent beleuchtete Waffenmuseum an einem baumbestandenen Boulevard südwestlich des Zentrums zeigt Waffen aus vielen Jahrhunderten, von Speerköpfen aus der Bronzezeit bis zu Musketen aus dem 19. Jh. Die weltumspannende Sammlung umfasst auch afrikanische Waffen, kunstvoll gestaltete Samurai-Trachten aus dem 17. Jh. und eine schimmernde Rüstung auf einem ebenso gut geschützten Pferd.

Feste & Events

Fiestas de la Virgen Blanca STADTFEST
(4.–9. Aug.) Mit Vitorias ruhiger Kultiviertheit ist es während der ausgelassenen Fiestas de la Virgen Blanca (4.–8. August) vorbei. Die Feierlichkeiten umfassen Feuerwerke, Stierkämpfe, Konzerte sowie Straßentänze. Ihnen geht der symbolische Abstieg des Celedón voran, einer baskischen Figur mit Schirm und Baskenmütze, die an Schnüren von der Iglesia de San Miguel herabschwebt.

Jazzfestival MUSIK
(www.jazzvitoria.com; Mitte Juli) Dieses fünftägige Musikfestival ist eines der größten Sommerevents der Stadt. Großartige Bands aus der ganzen Welt sind zu Gast. Neben Konzerten im Teatro Principal und anderen Veranstaltungsorten gibt's auch *jazz en la calle* mit kostenlosen Open-Air-Auftritten in der ganzen Stadt.

Azkena Rock Festival MUSIK
(www.azkenarockfestival.com; 3. Juniwochenende) Bei diesem jährlichen Rockfestival treten Musiker aus Spanien und dem Ausland auf, außerdem gibt's audiovisuelle Events und Freiluftkino.

Schlafen

Albergue de la Catedral HOSTEL €
(945 27 59 55; www.alberguecatedral.com; Calle de la Cuchillería 87; B 18–24 €, DZ 50 €; @ WLAN) Dieses ansprechende Hotel mit 17 Zimmern wurde praktisch in die Mauern der Kathedrale gebaut. Die freigelegten Dachbalken verleihen den sauberen, schmucklosen Zimmern etwas Charakter. Neben den Schlafsälen mit vier bis acht Betten gibt's mehrere schlichte Doppelzimmer, darunter einige Dachkammern.

Hotel Dato HOTEL €
(945 14 72 30; www.hoteldato.com; Calle de Eduardo Dato 28; EZ/DZ ab 40/60 €; WLAN) Das zentral gelegene Hotel Dato ist mit Kunst und Antiquitäten gefüllt. Die 14 Zimmer sind alle individuell gestaltet und mit Ölgemälden oder Jugendstilelementen dekoriert. Die bedeutendsten Werke, darunter Gemälde von Utrillo, schmücken die öffentlichen Bereiche. Sechs Zimmer haben kleine Balkons über der Straße.

La Casa de los Arquillos B&B €€
(945 15 12 59; www.lacasadelosarquillos.com; Paseo Los Arquillos 1; Zi. 120 €; Klimaanlage WLAN) Ein schönes altes Gebäude in toller Lage oberhalb des Hauptplatzes beherbergt dieses makellose Gästehaus. Die acht schönen Zimmer sind mit hellen, edlen Stoffen und hübschen Möbeln, u. a. einem Sofabett, Miniküchen und einer kleine Frühstücksecke, eingerichtet. In einigen Zimmer sind die originalen Steinwände erhalten, die Zimmer im Obergeschoss haben Oberlichter, und fünf Zimmer besitzen einen Balkon.

Abba Jazz Hotel HOTEL €€
(945 10 13 46; www.abbahotels.com; Calle de la Florida 7; EZ/DZ 76/85 €; WLAN) Dieses selbstbewusste kleine Hotel am Rande des hübschen Parque de la Florida verfügt über grellweiße Zimmer, die mit Schwarz-Weiß-Bildern von Klaviertasten, Trompeten und anderen passenden Jazz-Instrumenten dekoriert sind. Die Zimmer variieren in der Größe, also am besten mehrere ansehen, bevor man sich entscheidet.

DIE BEMALTE STADT

Ein Spaziergang durch die kurvigen Gassen der Altstadt von Vitoria-Gasteiz bedeutet zuweilen ein Feuerwerk an Sinneseindrücken – dank der überraschenden Sammlung von Wandbildern, die hoch über den Straßen aufragen. 2007 begannen die beiden Künstlerinnen Verónica und Christina Werckmeister, eine einst kahle Wand der Stadt in ein riesiges Gemälde mit dem Titel *The Thread of Time* zu verwandeln, das sich wie ein farbenfrohes Gewebe ausbreitet. Damit war die Bewegung Itinerario Muralístico Vitoria-Gasteiz (IMVG) geboren, die die kahlen Wände der Stadt als Leinwände benutzte und im Zentrum von Vitoria eine kaleidoskopische Open-Air-Galerie schuf.

In den folgenden sechs Jahren stießen Künstler aus aller Welt dazu, die in der Stadt ihre eigenen dynamischen Bilder hinließen. Heute verteilen sich im Stadtzentrum über zwei Dutzend Wandbilder. Viele beschäftigen sich mit der Geschichte Vitorias und stellen in lebhaften Farben traditionelle Trachten, mittelalterliche Spielleute und baskische Legenden dar.

Besucher können die Wandbilder natürlich auf eigene Faust erkunden, doch Künstler des **IMVG** (☎633 184457; www.muralismopublico.com; Führungen 7 €) veranstalten faszinierende 90-minütige Führungen auf Englisch, Französisch und in anderen Sprachen. Wer eine solche Exkursion unternehmen möchte, sollte sie kontaktieren.

Essen

Vitoria hat international vielleicht nicht das gleiche kulinarische Gewicht wie San Sebastián, aber unter Spaniern, die es wissen müssen, ist das hier eine Stadt mit ernst zu nehmendem kulinarischem Ruf. Wie ernst? 2014 bekam Vitoria den Titel *Capital Nacional de la Gastronomía* (Gastronomische Hauptstadt des Landes) verliehen – wegen seiner hervorragenden *pintxo*-Bars und außerordentlich kreativen Köchen.

Saburdi PINTXOS €

(Calle Eduardo Dato 32; Pintxos ab 2,50 €; ⏲Mo–Sa 8–24, So ab 11 Uhr) Das Saburdi, eine der besten, wenn auch unterschätzten, *pintxos*-Bars der Stadt, serviert Gourmet-Kreationen mit hochwertigen Zutaten, etwa gefüllte Paprika mit Kabeljau, Ibérico-Schinken mit Ei, Thunfisch mit gerösteter Paprika und andere himmlische kleine Delikatessen. Die Einrichtung ist elegant und modern, und an sonnigen Tagen kann man das schöne Wetter an ein paar Tischen im Freien genießen.

Toloño PINTXOS €

(Calle de San Francisco 3; Pintxos ab 3 €; ⏲Mo–Do 9–21, Fr & Sa bis 4, So 10.30–15.30 Uhr) Für ihre kreativen *pintxos* hat diese Bar schon etliche Preise abgestaubt. Die Spezialitäten des Hauses bestehen häufig aus innovativen Kreationen mit lokalen Pilzen. Die Bar ist groß, sodass man normalerweise einen Sitzplatz findet. Der kleine, nette Sitzbereich draußen lädt zum Leutebeobachten ein.

Bar El Tabanko PINTXOS €

(www.eltabanko.com; Calle de la Korrería 46; Pintxos ab 2,50 €; ⏲Di–Do 19–23.30, Fr & Sa 13.30–16 & 19–23, So 12.30–16.30 Uhr) Hier dreht sich alles um das glühend heiße Andalusien, die Deko wie das Essen. Noch eine zuverlässige *pintxo*-Bar, in der immer etwas los ist. Am besten kommt man zeitig, schnappt sich einen Tisch draußen vor der Bar und beoabachtet das Stadtleben.

La Malquerida PINTXOS €

(http://lamalqueridavitoria.com; Calle de la Correría 10; Pintxos ab 3 €; ⏲Mo–Fr 10–16 & 18.30–24, Sa & So 10–1 Uhr) Viele Einheimische behaupten, diese fantastische *pintxo*-Bar sei die beste der Stadt. Sie versteckt sich im Schatten der Kirchtürme.

PerretxiCo PINTXOS €€

(☎945 13 72 21; http://perretxico.es; Calle San Antonio 3; Pintxos ab 2 €, Hauptgerichte 11–13 €; ⏲10–24 Uhr) In diesem preisgekrönten Restaurant drängen sich die Gäste, um die perfekten, kreativen Miniportionen Risotto, gegrillte Gänsestopfleber mit Äpfeln und Pinienkernen oder Kabeljau-Tempura zu genießen. Wer etwas Gehaltvolleres essen möchte, bucht einen Tisch im hinteren Teil und isst geruhsam gebratenen Steinbutt mit Pilzen oder Rinderbacken in Rotweinsoße.

Asador Matxete STEAK €€

(☎945 13 18 21; www.matxete.com; Plaza de Matxete 4-5; Hauptgerichte 15–22 €; ⏲Di–Sa 13–15.45, So 12–15.45 Uhr) Es gibt zwei Arten von *asador* (Grillrestaurants): verrauchte, alte, bauernhofähnliche Lokale, die sich in den vergangenen Jahrzehnten kein Stück verändert haben, und die schicken urbanen Neuauflagen. Dieser hier fällt in die letztere Kategorie. Er liegt an einer ruhigen Altstadtplaza und verfügt über eine tolle Sommerterrasse. Die Steaks und ganzen Fische werden mit viel Esprit auf die Teller gezaubert.

El Clarete BASKISCH €€€

(☎ 945 26 38 74; Calle Cercas Bajas 18; Menü mittags/abends 22/55 €; ⏲ Mo–Sa 13.30–15.30 & Do–Sa 21–23 Uhr, Aug. geschl.) In diesen Außenposten kulinarischer Kreativität, eines der besten Restaurants Vitorias, zieht es echte Feinschmecker. Die Karte wechselt mit dem saisonalen Angebot und könnte z. B. Meeresfrüchterisotto, Gänstestopfleber mit einer reichhaltigen Portweinsoße oder Lammbraten bieten, der Koch kann aber auch besondere Ernährungswünsche berücksichtigen. Das kleine, gemütliche Restaurant hat Steinwände und einen beeindruckenden Weinkeller. Der Service ist aufmerksam.

Ausgehen & Nachtleben

Im Casco Viejo herrscht ein ausgeprägtes politisch-künstlerisches Flair. Die aktive studentische Klientel sorgt mit kreativen Straßenpostern und Aktionen für Abwechslung. Am meisten los ist auf der Calle de la Cuchillería/Aiztogile und der benachbarten Cantón de San Francísco Javier. Beide sind von gut besuchten Bars gesäumt. Altersmäßig ist das Publikum bunt gemischt. In manchen Lokalen spürt man den baskischen Nationalstolz ganz besonders.

La Cassette Vitoria BAR

(www.lacassettevitoria.com/home/english; Calle Nueva Fuera 7; ⏲ So, Mi & Do 18–23, Fr & Sa bis 4 Uhr) In die fröhliche Bar kommen Gäste jeden Alters. Die freundlichen Barkeeper mixen herausragende Mojitos und Gin Tonics. Am Wochenende, wenn DJs sehr tanzbare Musik aus den 70ern, 80ern und 90ern zu Gehör spielen, geht's sehr lebhaft zu.

Praktische Informationen

Die **Touristeninformation** (☎ 945 16 15 98; www.vitoria-gasteiz.org/turismo; Plaza de España 1; ⏲ Juli–Sept. 10–20 Uhr, Okt.–Juni Mo–Sa 10–19, So 11–14 Uhr) liegt am zentralen Platz der Altstadt. Hier können faszinierende geführte Touren zu den vielen riesigen Wandbildern der Stadt oder hinaus in das grüne Umland und in die Vogelbeobachtungsgebiete am Stadtrand organisiert werden.

An- & Weiterreise

Parkplätze befinden sich am Bahnhof, beim Atrium und gleich östlich der Kathedrale.

Vom **Busbahnhof** (www.vitoria-gasteiz.org; Plaza de Euskaltzaindia) bestehen regelmäßige Verbindungen in folgende Städte:

ZIEL	PREIS (€)	DAUER (STD.)
Barcelona	ab 32	7
Bilbao	6.30	1¼
Madrid	27	4½
Pamplona	ab 8	1¾
San Sebastián	ab 7	1¼

Züge verkehren zu folgenden Zielen:

ZIEL	PREIS (€)	DAUER (STD.)	HÄUFIGKEIT (TGL.)
Barcelona	ab 44	5	1
Madrid	ab 42	4–6	5
Pamplona	ab 6	1	5
San Sebastián	ab 13	1¾	bis zu 10

Unterwegs vor Ort

Vitoria-Gasteiz ist eine fahrradfreundliche Stadt. **Capital Bikes** (☎ 691 112292; www.capitalbikes.es; Casa de la Dehesa de Olárizu; Fahrrad pro Std./Tag 5/13 €, E-Bike pro Std./Tag 8/30 €; ⏲ Di–Fr 10–15, Sa 9–14 & 16.30–20.30 Uhr) verleiht Räder und liefert diese auch zur Unterkunft.

NAVARRA

Navarra (auf Baskisch „Nafarroa") hat von allem ein bisschen. Das sanfte Grün und das erfrischende Klima der Pyrenäen liegen wie eine kühle Kompresse über der sonnengegerbten Stirn des Südens, einer Welt aus kahlen Ebenen, Getreidefeldern und Weingärten, zerschnitten von hohen Gebirgszügen mit Kämmen aus grobem Kalkstein. Darüber hinaus ist die Gegend ein Pilgerterritorium: Schon seit Jahrhunderten nutzen Gläubige den Pass bei Roncesvalles, um ihren Weg von Frankreich nach Santiago de Compostela fortzusetzen.

Navarra war das historische Kernland der Basken, doch dynastische Streitigkeiten, eine reaktionäre Politik und die Diktatur Francos haben es als halbautonome Provinz zurückgelassen, deren Norden von Natur aus baskisch ist, während der Süden eher zum kastilischen Spanien hält.

Die Hauptstadt Navarras, Pamplona, sorgt mit ihrem weltberühmten Stierrennen oft für Schlagzeilen, aber den wahren Charme der Region machen die spektakulär unterschiedlichen Landschaften und die malerischen kleinen Orte und Dörfer aus.

Pamplona

201 300 EW. / 456 M

In Pamplona (auf Baskisch „Iruña"), Hauptstadt der autonomen Region Navarra, sind zwischen dem 6. und 14. Juli alle Sinne geschärft. Doch auch wenn die Stiere nicht gerade durch die kopfsteingepflasterten Straßen donnern, ist Pamplona eine geschichtsträchtige, faszinierende Stadt mit stimmungsvollen mittelalterlichen Gassen, einer prächtigen Kathedrale, archäologischen Schätzen und Befestigungsanlagen aus dem 16. Jh. Dazu die grünen Parks, das malerische Stadtzentrum und die lebhaften Restaurants und Bars – kein Wunder, dass so viele Besucher, darunter Hemingway, Pamplonas Zauber erlegen sind. Nach Pamplona kommt zudem ein steter Strom von Pilgern, die zu Fuß auf dem Camino de Santiago unterwegs sind und damit einer jahrhundertealten Tradition folgen.

Sehenswertes

★ Museo de Navarra MUSEUM

(☎ 848 42 89 26; www.cfnavarra.es/cultura/museo; Calle Cuesta de Santo Domingo 47; Erw./Stud./Kind 2/1 €/frei, Sa nachmittags & So frei; ⌚ Di–Sa 9.30–14 & 17–19, So 11–14 Uhr) In einem ehemaligen mittelalterlichen Hospital zeigt dieses ausgezeichnete Museum zahlreiche archäologische Funde wie ein römisches Mosaik aus dem Süden Navarras und eine Auswahl an Kunstwerken wie Goyas *Marqués de San Adrián*. Es gibt nur Beschriftungen auf Spanisch, aber man bekommt Broschüren in weiteren Sprachen.

Catedral de Santa María KATHEDRALE

(www.catedraldepamplona.com; Calle Dormitalería; Erw./Kind 5/3 €; ⌚ April–Sept. Mo–Sa 10–19 Uhr, Okt.–März bis 17 Uhr) Pamplonas Kathedrale steht auf einer Anhöhe innerhalb der Festungsmauern, mitten in einem dunklen Gewirr aus engen Straßen und Gassen. Während unseres Besuchs fanden hier umfangreiche Restaurierungsarbeiten statt, trotzdem war das Gebäude für Besucher geöffnet. Es ist ein spätmittelalterliches gotisches Juwel, allerdings verschandelt die trostlose neoklassizistische Fassade (ein Überbleibsel des 18. Jhs.) den Anblick. Der riesige Innenraum beherbergt einige herrliche Artefakte, darunter eine versilberte Jungfrau und das prachtvolle Grabmal Karls III. von Navarra und seiner Frau Eleonore von Kastilien. Am meisten beeindruckt jedoch der gotische **Kreuzgang** mit erstklassigen Steinmetzarbeiten.

Ciudadela FESTUNG

(Avenida del Ejército; ⌚ Mo–Sa 8–21.30, So ab 9 Uhr) GRATIS Die Mauern und Bollwerke der prächtigen sternförmigen Zitadelle wurden zwischen 1571 und 1645 unter König Felipe II. errichtet. Sie gilt als eines der schönsten Beispiele für Militärarchitektur der spanischen Renaissance. Die ehemaligen Burggräben und Bastionen dienen inzwischen als Ausstellungsort für Künstler, die hier abends von 18.30 bis 21 Uhr sowie an den Wochenenden von 12 bis 14 Uhr ihre Arbeiten zeigen.

Centro de Interpretación de las Fortificaciones de Pamplona MUSEUM

(Informationszentrum Befestigungsanlagen Pamplona; ☎ 948 21 15 54; www.murallasdepamplona.com; Ecke Calle Arrieta & Aralar; Erw./Kind 3/1,50 €; ⌚ April–Okt. Di–So 11–14 & 17–19 Uhr, Nov.–März 10–14 & 16–18 Uhr) Wenn diese Mauern sprechen könnten ... Das Informationszentrum im Fortín de San Bartolomé ist hervorragend. Hier werden das Design und die Funktion der Originalbefestigungsanlagen (16. Jh.) von Pamplona erklärt. Das Bauwerk ist eine der am besten erhaltenen Festungen Europas. Zu den vielen Kuriositäten im Museum gehören jahrhundertealte Graffitis, die wahrscheinlich auf das Konto von Gardisten gehen.

Schlafen

Außerhalb der Sanfermines gibt's im alten Stadtzentrum ein breites Angebot reizvoller Unterkünfte. Während des großen Festes vervier- oder verfünffachen die Hotels gnadenlos ihre normalen Preise, und es kann fast unmöglich sein, ein Zimmer zu ergattern, wenn man nicht wenigstens sechs bis zwölf Monate im Voraus reserviert hat.

Hostel Hemingway HOSTEL €

(☎ 948 98 38 84; www.hostelhemingway.com; Calle Amaya 26; B 17–20 €, EZ/DZ ab 35/42 €; @ 📶) Das gut geführte Hostel ein paar Gehminuten von der Altstadt wurde 2013 renoviert. Es ist sauber, freundlich und hat eine Gemeinschaftsküche sowie eine Lounge,

Pamplona

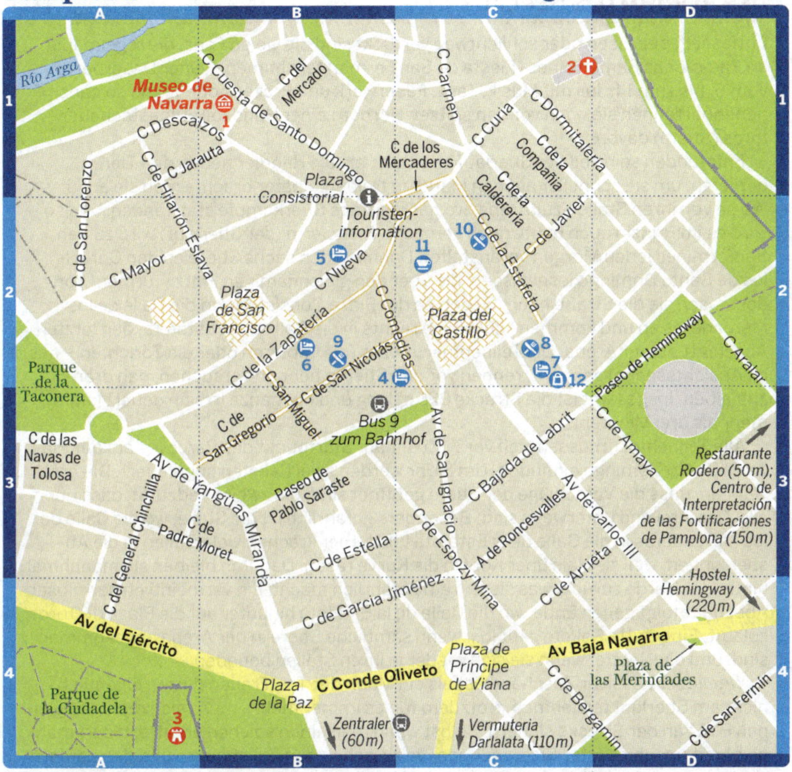

Pamplona

Highlights

1 Museo de Navarra B1

Sehenswertes

2 Catedral de Santa María C1
3 Ciudadela A4

Schlafen

4 Hostal Arriazu C2
5 Hotel Maisonnave B2
6 Palacio Guendulain B2
7 Sercotel Europa C2

Essen

8 Bar Gaucho C2
9 Baserri B2
10 La Cocina De Alex Múgica C2

Ausgehen & Nachtleben

11 Café Iruña C2

Shoppen

12 Kukuxumusu C2

in der man andere Traveller kennenlernen oder lesen, Musik hören oder einen Film schauen kann. Tolle Adresse für Budgetreisende.

Hostal Arriazu HOTEL €
(☎ 948 21 02 02; www.hostalarriazu.com; Calle Comedias 14; Zi. 54–84 €; 📶) Das Hotel in einem ehemaligen Theater liegt irgendwo zwischen den Kategorien günstige Pension und Mittelklassepension und bietet ein gutes Preis-Leistungs-Verhältnis. Die Zimmer sind angenehm altmodisch, die En-Suite-Bäder sind derweil durch und durch modern. Es gibt zudem einen hübschen Hof und einen netten Loungebereich.

DER BERÜHMTE STIERLAUF

Entfesselt, besessen oder schlichtweg verrückt sind die vielen Fans, die regelmäßig an Pamplonas Sanfermines (Fiesta de San Fermín) teilnehmen – einer Dauerparty vom 6. bis zum 14. Juli mit Musik, Tanz, Feuerwerk und Prozessionen. Und so ganz nebenbei rennen sie noch vor den spitzen Hörnern einer Handvoll aufgestachelter *toros* (Stiere) davon.

Entstanden sein soll der Stierlauf im 14. Jh., als die Händler neben den Tieren herliefen, um sie schneller auf den Markt zu treiben. Später brachte man sie auf diese Weise von ihren Ställen zur Arena, wo nachmittags Stierkämpfe stattfanden; und so wird es im Prinzip auch heute noch gemacht. *El encierro* (der Stierlauf) wird zu den Sanfermines jeden Morgen veranstaltet. Dann werden sechs Stiere an den Corralillos de Santo Domingo losgelassen, die über den gleichnamigen Platz stürmen. Von dort rasen sie die Straße hoch, biegen an der Plaza Consistorial in die Calle de los Mercaderes ab und kommen schließlich rechts in die Calle de la Estafeta, den letzten Abschnitt bis zur Arena. Die Teilnehmer, *mozos* (die Tapferen oder die Törichten – das ist Ansichtssache) genannt, rennen vor den Stieren her und versuchen, nah dranzubleiben. Insgesamt ist die Strecke 825 m lang und der ganze Irrsinn dauert kaum mehr als drei Minuten.

Alle Teilnehmer müssen sich vor 7.30 Uhr am Startpunkt des Parcours auf der Plaza de Santo Domingo einfinden. Um 8 Uhr werden zwei Raketen abgefeuert. Die erste zeigt an, dass die Verschläge der Stiere geöffnet sind, die zweite bedeutet, dass nun alle Tiere frei und unterwegs sind. Besonders gefährlich ist die Stelle, wo die Calle de los Mercaderes in die Calle de la Estafeta führt. Hier krachen viele Bullen in die Absperrungen, weil sie Hals über Kopf in die Kurve rasen. Dadurch bleiben sie manchmal hinter der Herde zurück, was sie extrem gefährlich macht. Ein vermeintlich harmloser Abschnitt folgt gegen Ende, wo die Calle de la Estafeta hinunter auf die Plaza de Toros zuläuft. Eine dritte Rakete geht los, wenn sämtliche Stiere in der Arena angekommen sind, und eine letzte, wenn sie sich wieder in ihren Ställen befinden.

Wer lieber passiver Zuschauer ist als ein Mann der Tat (Frauen dürfen eigentlich nicht am Stierlauf teilnehmen, trotzdem tun es immer mehr), muss sich rechtzeitig einen Platz an der Strecke sichern. Selbst wenn man einen solchen ergattert, darf man nicht mit ungehinderter Sicht rechnen, da zwischen den Zuschauern und den Läufern noch ein zweiter „Sicherheitszaun" steht (den Raum zwischen den beiden Zäunen dürfen nur die Polizei, medizinisches Personal und autorisierte Personen betreten). Alternativ kann man einen Platz auf dem Balkon eines der Häuser mit Blick auf den Parcours mieten. Die letzte Möglichkeit besteht darin, ein Ticket für einen Sitz in der Arena zu erwerben, wo man die Stiere aus dem Eingangstunnel hineinrasen sieht. Doch wo auch immer man den Stierlauf verfolgt, nach ein paar chaotischen Sekunden ist schon wieder alles vorbei.

Jeden Abend findet ein traditioneller Stierkampf statt. Die Sanfermines enden am 14. Juli um Mitternacht mit einer Kerzenprozession, die an der Plaza Consistorial beginnt und Pobre de Mí (Ich Armer) genannt wird.

Zunehmende Sorgen bereiten den Organisatoren die hohen Teilnehmerzahlen der letzten *encierros*. Seit Beginn der Aufzeichnungen über den Stierlauf 1924 sind 16 Menschen zu Tode gekommen. Viele Leute, die an dem Lauf teilnehmen, verhalten sich draufgängerisch und waghalsig (und/oder haben zu viel getrunken) und haben keine Ahnung von dem, was sie da tun. Die Zahl der Verletzten schwankt von Jahr zu Jahr, aber schwere Unfälle sind keine Seltenheit (meist werden Personen auf die Hörner genommen, manchmal aber auch in der Menschenmenge eingequetscht). Und, wie gesagt, manchmal gibt's sogar Tote. Abgesehen davon muss man sich klarmachen, dass alle Stiere, die durch die Straßen rennen, später in der Arena sterben werden. Dieser Aspekt des Stierlaufs in Kombination mit dem Stressfaktor für die Tiere und dem Risiko, dass sie beim Laufen ausrutschen und sich verletzen, hat Tierschutzvereine auf den Plan gerufen, die die Tradition als grausames Spektakel verurteilen.

Hotel Maisonnave HOTEL €€
(☎ 948 22 26 00; www.hotelmaisonnave.es; Calle Nueva 20; DZ ab 99 €; ❄ 📶) In toller Lage nahe dem Altstadtzentrum überzeugt das Hotel Maisonnave mit freundlichem Service, schön gestalteten Zimmern mit Holzböden und allen erdenklichen Einrichtungen, darunter ein kleines Fitnesszentrum, eine Sauna und ein gutes Restaurant. Wer ein Superior-Zimmer oder eine Suite bucht, wird mit einem Blick auf die Dächer und Kirchtürme der Altstadt belohnt.

Sercotel Europa HOTEL €€
(☎ 948 22 18 00; www.hoteleuropapamplona.com; Espoz y Mina 11; EZ/DZ ab 80/95 €; 📶) Das schicke Hotel Europa, Teil der Qualitätshotelkette Sercotel, ist eher für sein Restaurant bekannt, bietet aber auch mehrere Stockwerke mit modernen Zimmern. Achtung: Die billigsten Zimmer sind meist winzig und fensterlos, aber die Lage der Unterkunft ist kaum zu schlagen.

★ **Palacio Guendulain** HISTORISCHES HOTEL €€€
(☎ 948 22 55 22; www.palacioguendulain.com; Calle de la Zapatería 53; DZ ab 160 €; P ❄ 📶) Im umgebauten früheren Haus des Vizekönigs von Neu-Granada wartet dieses prächtige Hotel mit den stimmungsvollsten Gästezimmern Pamplonas auf. Bei der Ankunft wird man von einer vergoldeten Kutsche aus dem 17. Jh. begrüßt, die eigentlich in ein Museum gehört, und im Hof versammeln sich unter der Aufsicht der Privatkapelle des Vizekönigs etliche Oldtimer. Die Betten in den Zimmern sind weich, außerdem gibt's riesige Duschen und majestätische Sessel.

Essen

★ **Bar Gaucho** PINTXOS €
(www.cafebargaucho.com; Espoz y Mina 7; Pintxos 2–4 €; ⏲ 8–15 & 18.30–23 Uhr) Diese lebendige Bar serviert mehrfach preisgekrönte *pintxos*. Trotz ernsthafter Konkurrenz behaupten die Einheimischen, es wären die besten der Stadt.

La Cocina De Alex Múgica PINTXOS €
(☎ 948 51 01 25; www.alexmugica.com; Estafeta 24; Pintxos ab 2 €; ⏲ Di–Sa 13–17 & 19–23, So 13–17 Uhr) Man sollte zeitig kommen, um einen Platz in diesem sehr beliebten *pintxos*-Lokal zu erwischen. Das kulinarische Wunderkind Alex Múgica hat viele treue Fans, die seine Kombinationen von traditioneller Küche und innovativen Ideen schätzen, darunter köstliche *anchoas con txangurro* (Sardellen mit Seespinnen), serviert in einer Sardinenbüchse.

Baserri BASKISCH €€
(☎ 948 22 20 21; www.restaurantebaserri.com; Calle de San Nicolás 32; Probiermenü 25–40 €, Pintxos ab 2 €; ⏲ *pintxos*-Bar Di–So 12–23.30, Restaurant Di–So 13.30–15.30 & 20.30–22.30 Uhr) Unter den vielen Bars, Cafés und Restaurants in der belebten Calle San Nicolás ist es das Baserri, das für seine *pintxos* mit zahlreichen Preisen gekrönt wurde. Zu den Highlights gehören Ceviche, Kartoffeln mit rotem Curry und Schinkenkroketten.

Restaurante Rodero SPANISCH €€€
(☎ 948 22 80 35; http://restauranterodero.com; Calle Emilio Arrieta 3; Menüs 65–78 €, Hauptgerichte 26–32 €; ⏲ Mo–Sa 13.30–15.30 & Mi–Sa 21–23 Uhr) Wer einen Tisch in diesem mit Michelin-Sternen gekrönten familiengeführten Restaurant gleich östlich von der Stierkampfarena bucht, darf sich auf ein denkwürdiges Essen freuen. Der gefeierte Koch Koldo Rodero nutzt für seine kreativen Gerichte, die alle Sinne verwöhnen, die erlesensten Zutaten aus Navarra. Zum Charme des Restaurants tragen auch der freundliche Service und der elegante Speiseraum bei.

Ausgehen & Nachtleben

Café Iruña CAFÉ
(www.cafeiruna.com; Plaza del Castillo 44; ⏲ Mo–Do 8–24, Fr ab 9 Uhr) Das am Vorabend der Sanfermines 1888 geöffnete Café Iruña ist mit seiner tollen Lage, der Geschichtsträchtigkeit und der rüschenbeladenen Inneneinrichtung im Belle-Époque-Stil der mit Abstand bekannteste und beliebteste Anlaufpunkt für einen Drink in der Altstadt. Neben zahlreichen Weinen und reichlich Hochprozentigem gibt's eine gute Auswahl an *pintxos* und leichten Gerichten.

Hemingway war hier Stammgast und trug mit seinem Roman Fiesta dazu bei, das Café unsterblich zu machen.

Vermuteria Darlalata BAR
(www.facebook.com/vermuteriadarlalata; Calle Navarro Villoslada 14; ⏲ So–Do 11–23, Fr & Sa bis 2 Uhr) Die hinreißende kleine Eckbar etwas abseits der Hauptrouten versprüht mit ihrer traditionellen Einrichtung, den freundlichen Barkeepern und dem köstlichen Angebot an *pintxos* viel Charme. Ihre Hauptattraktion ist aber die Auswahl an Wermutweinen, die über 80 Sorten umfasst. Es ist eine gesellige, entspannte Bar,

in der jeder willkommen ist und die eine gute Mischung an Einheimischen aus allen Gesellschaftsschichten anzieht.

Shoppen

Kukuxumusu KLEIDUNG
(www.kukuxumusu.com; Estafeta 76; Mo–Sa 10–14 & 17–20 Uhr) Dieses Bekleidungsunternehmen, das im gesamten Baskenland Geschäfte hat, wurde 1989 während der San Fermínes hier in Pamplona gegründet. Es verkauft die berühmten Kukuxumusu-T-Shirts mit witzigen gezeichneten Stieren in verschiedenen Posen sowie Taschen, Portemonnaies, Tassen, Magneten, Sticker und mehr.

Praktische Informationen

Die sehr gut organisierte **Touristeninformation** (948 42 07 00; www.turismo.navarra.es; Plaza Consistorial; Mitte Sept.–Mitte Juni Mo–Sa 10–14 & 15–19, So 10–14 Uhr, Mitte Sept.–Mitte Juni tgl. 9–14 & 15–20 Uhr) liegt gleich gegenüber der Stierstatue in der Neustadt und bietet zahlreiche Infos zu Pamplona sowie zur Region. Im Sommer öffnen in der Stadt verteilt außerdem mehrere kleine Infostände.

An- & Weiterreise

BUS

Vom **zentralen Busbahnhof** (902 02 36 51; www.estaciondeautobusesdepamplona.com; Ave de Yanguas y Miranda 2), der in der Nähe von La Ciudadela clever unterirdisch angelegt ist, fahren Busse in die meisten Städte Navarras. Sonntags sind die Verbindungen allerdings eingeschränkt.

Folgende Orte werden regelmäßig bedient:

ZIEL	PREIS (€)	DAUER (STD.)
Bilbao	15	2–2½
Logroño	10	2
San Sebastián	8	1–1½
Vitoria	9	1¼–2

Regionale Ziele sind u. a.:

ZIEL	PREIS (€)	DAUER (STD.)	HÄUFIGKEIT
Estella	5,25	1	10-mal tgl.
Olite	3,75	¾	16-mal tgl.

FLUGZEUG

Von Pamplonas **Flughafen** (902 40 47 04; www.aena.es;), der 7 km südlich der Stadt liegt, gibt's Linienflüge nach Madrid und Barcelona. Bus 16 fährt etwa alle 15 Minuten vom Busbahnhof im Stadtzentrum zum Vorort Noáin (20 Min.), von dort sind es noch 800 m zu Fuß zum Flughafen. Ein Taxi kostet 15 bis 20 €.

ZUG

Bus 9 startet alle 15 Minuten vom Paseo de Sarasate im Stadtzentrum zum Bahnhof. Fahrkarten kann man online oder am Bahnhof kaufen.

Man sollte aber immer beachten, dass es mit dem Bus wesentlich schneller nach San Sebastián geht. Züge fahren ab/zu den folgenden Orten:

ZIEL	PREIS (€)	DAUER (STD.)	HÄUFIGKEIT
Madrid	42–66	3	4-mal tgl.
San Sebastián	16–22	2	4-mal tgl.
Tudela	9–18	1	5-mal tgl.
Vitoria	7–12	1	4-mal tgl.

Die Pyrenäen in Navarra

Dank der tiefgrünen, oft nebelverhangenen Hügellandschaft, schroffen Abhänge, feuchtkalten Wälder und schneebedeckten Berge ist dies ein echtes Paradies für Outdoor-Begeisterte und Jakobswegpilger. Obwohl die Navarresischen Pyrenäen in Geschichte, Kultur und Aussehen durch und durch baskisch sind, haben sich die Dörfer und Ortschaften einen ganz eigenen Charakter bewahrt. Sie wirken steifer und sauberer als viele andere Städte im Tiefland, was vielleicht an ihrer Nähe zu Frankreich liegt. Das aber macht die Erforschung der wohl schönsten und am wenigsten erschlossenen Bergregion im Westen Europas umso interessanter.

Valle del Baztán

Diese Gegend aus fleckigen Rot- und Grüntönen ist ganz typisch für das ländliche Baskenland. Nebenstraßen führen in bezaubernde Dörfer wie **Arraioz**, das für die befestigte Casa Jaureguizar berühmt ist, und **Ziga** mit einer Kirche aus dem 16. Jh. Gleich hinter Irurita erstreckt sich an der N121B **Elizondo**, der größte Ort des Tals. Von hier aus lässt sich die Region gut erkunden.

Von dem Städtchen führt die NA2600 vorbei an malerischen Bauernhöfen, Weilern und grünen Hügeln, ehe sie plötzlich stark ansteigt zum französischen Grenzpass **Puerto de Izpegui**. Hier oben verwandelt sich die Landschaft in eine spektakuläre Szenerie aus Klippen, Gipfeln und Tälern. Am Pass kann man einen Stopp einlegen und eine steile, kurze Wanderung zur Spitze des **Izpegui** unternehmen.

Die N121B verläuft nordwärts zum Puerto de Oxtondo und nach Dantxarinea an der Grenze zu Frankreich. Unmittelbar vor der Grenze zweigt eine Nebenstraße Richtung Westen ins fast schon kitschige Dorf **Zugarramurdi** ab.

Sehenswertes

La Cueva de Zugarramurdi HÖHLE

(www.turismozugarramurdi.com; Zugarramurdi; Erw./Kind 4/2 €; ⌚ Juli–Sept. 11–19.30 Uhr, Okt.–Juni bis 18 Uhr) Laut der spanischen Inquisition waren diese Höhlen (auch bekannt als die Cuevas de Las Brujas, die „Höhlen der Hexen") einst Schauplatz böser Machenschaften, deshalb ließ man dort Hunderte vermeintlicher Hexen foltern und verbrennen. Die Höhlen liegen einen kurzen Fußweg westlich vom Zentrum des Dorfes Zugarramurdi.

Museo de las Brujas MUSEUM

(www.turismozugarramurdi.com; Calle Beitikokarrika 22, Zugarramurdi; Erw./Kind 4,50/2 €; ⌚ Mitte Juli–Mitte Sept. Di–So 11–19.30 Uhr, Mitte Sept.–Mitte Juli Mi–So 11–18 Uhr) Wer sich nach dem Besuch der Cueva de Zugarramurdi weiter über das Thema Hexen und Hexenverbrennung informieren möchte, kann in diesem Museum einen faszinierenden Einblick in die mysteriöse Welt der Hexenkunst in den Pyrenäen gewinnen. Das Museum befindet sich in der Nähe des Zentrums des Dorfes Zugarramurdi.

Schlafen

Hostal Trinquete Antxitónea HOSTEL €€

(☎ 948 58 18 07; www.antxitonea.com; Braulío Iríarte 16, Elizondo; DZ/3BZ ab 66/91 €; 📶) Das gut geführte *hostal* hat schlichte Zimmer, deren Balkone mit Blumen bepflanzt sind. Z.T. genießt man einen Blick auf den Fluss. Das angrenzende Restaurant (Hauptgerichte 11–16 €) ist eine gute Adresse, um einzukehren.

An- & Weiterreise

Die meisten Touristen reisen mit dem Auto an. Zugarramurdi liegt etwa 80 km nördlich von Pamplona (der N121A folgen).

Burguete

240 EW.

Der Strom der Pilger, die den Jakobsweg laufen und unterwegs durch diese malerische Ortschaft aus dem 12. Jh. kommen, scheint niemals abzureißen. Die Hauptstraße durch Burguete (auf Baskisch „Auritz") verläuft dicht an den sauberen, weiß getünchten Häusern mit Ziegelkanten entlang, die dem Ort ein nüchternes französisches Flair verleihen. Hier kann man besser übernachten als im nahegelegenen Roncesvalles.

Schlafen

Hostal Burguete PENSION €

(☎ 948 76 00 05; www.hotelburguete.com; San Nicolás 71; EZ/DZ/3BZ 44/59/79 €; 📶) Der nette Gasthof an der Hauptstraße im friedlichen Burguete hat 20 einfache Zimmer mit Holzmöbeln und rustikaler Note. Hemingway-Fans sollten versuchen, Zimmer 23 zu buchen, in dem der Dichter während seiner vielen Aufenthalte in der Gegend große Teile des Romans Fiesta geschrieben haben soll.

Camping Urrobi CAMPING €

(☎ 948 76 02 00; www.campingurrobi.com; Stellplatz inkl. 2 Pers. & Auto 30 €, Bungalow für bis zu 3 Pers. 74 €, B ab 12 €; ⌚ April–Okt.; P 📶 🏊) Passionierte Camper werden den Zeltplatz am Fluss ein paar Kilometer südlich der Stadt lieben. Er bietet neben Stellplätzen ein Hostel und Bungalows.

Hotel Rural Loizu HOTEL €€

(☎ 948 76 00 08; www.loizu.com; Calle de San Nicolás 13; EZ/DZ ab 63/87 €; ⌚ April–Dez.; P 📶) Die Zimmer in den oberen Etagen dieses angenehmen Landhotels im verschlafenen Dorf Burguete punkten mit schönen Holzbalken und rustikalen Steinwänden. Unten befindet sich ein gutes Restaurant (Hauptgerichte 12–20 €).

An- & Weiterreise

Die meisten Besucher gelangen mit dem eigenen Auto oder wandernd nach Burguete, es besteht aber auch eine regelmäßige Busverbindung nach Pamplona (5,50 €, 1 Std.).

Roncesvalles

30 EW.

In Roncesvalles (auf Baskisch „Orreaga") herrscht eine geschichtsträchtige Atmosphäre. Der Legende zufolge wurden hier die Armeen Karls des Großen geschlagen und Roland, der Anführer der Nachhut der fränkischen Truppen, 778 von baskischen Stämmen ermordet. Dieses Ereignis wird im epischen Rolandslied aus dem 11. Jh. be-

ABSEITS DER ÜBLICHEN PFADE

SIERRA DE ARALAR

Die schöne Sierra de Aralar ist einer der vielen Naturparks in Navarra und bietet neben tollen Wandermöglichkeiten spektakuläre Straßen für motorisierte Reisende. **Lekunberri**, die größte Stadt der Gegend, ist weit weniger reizvoll. Außer ein paar soliden baskischen Bauernhäusern im alten Ortskern und einem eher einförmigen modernen Wohngebiet dahinter hat sie wenig zu bieten.

Die meisten Traveller besuchen Lekunberri nur, um von dort über die kurvenreiche NA1510 die 21 km Richtung Südwesten durch dichte Laub- und Nadelwälder zum **Santuario de San Miguel de Aralar** (www.aralarkosanmigel.info; Monte Aralar; ⏲10–14 & 16–18 Uhr) GRATIS zu fahren.

In der **Touristeninformation** (☎948 50 72 04; www.plazaola.org; Plazaola 21, Lekunberri; ⏲Di–So 10–14 Uhr) erfährt man alles Wichtige über die fantastischen Trekkingrouten in der Gegend. Die Angestellten sind sehr hilfsbereit.

schrieben, außerdem ist es nach wie vor häufig Thema unter den Basken. Doch nicht nur Gewalt und Blutvergießen prägten die Stadt, die seit Langem eine Schlüsselposition am Jakobsweg innehat. Heute kommen zahlreiche Pilger hierher, um für die erfolgreiche Überquerung der Pyrenäen, einen der härtesten Abschnitte des Jakobswegs, zu danken.

Absolutes Highlight des Ortes ist der **Klosterkomplex** (☎948 79 04 80; www.roncesvalles.es; Führungen Erw./Kind 5/2,50 €; ⏲April–Okt. 10–14 & 15.30–19 Uhr, Nov.–März 10–14 & 15–18 Uhr, Dez. & Febr. Do–Di 10.30–14.30 Uhr) mit mehreren interessanten Gebäuden.

Sehenswertes

Real Colegiata de Santa María KIRCHE
(☎948 79 04 80; ⏲9–20.30 Uhr) GRATIS Diese Kirche aus dem 13. Jh. ist ein gutes Beispiel für die gotische Baukunst Navarras und birgt eine hochverehrte silberbeschlagene Statue der Jungfrau; der Baldachin über ihr im Modernismestil wäre eines Frank O. Gehrys würdig.

Schlafen

Casa de Beneficiados HOTEL €€
(☎948 76 01 05; www.casadebeneficiados.com; Orreaga-Roncesvalles; EZ/DZ/3B 80/90/115 €, Apt. 90–150 €; ⏲Mitte März–Dez.; 📶) Im 18. Jh. war das Haus eine Mönchsresidenz. Heute gibt's hier angenehme Zimmer, teilweise mit schönem Blick auf die Landschaft. Die stimmungsvollen Gemeinschaftsbereiche laden nach einer Tageswanderung zum Entspannen ein. Das Hotel hat ein preiswertes Restaurant, verleiht Räder und arrangiert Ausritte.

An- & Weiterreise

Touristen reisen gewöhnlich mit dem Wagen oder pilgernd an. In Pamplona fahren aber auch Busse nach Roncesvalles ab (5 €, 1 Std.); von Juli bis September verkehren sie zweimal täglich, den Rest des Jahres einmal pro Tag.

Im Sommer fahren täglich vier Busse zwischen Roncesvalles und St-Jean-Pied-de-Port (5 €, 40 Min.).

Ochagavía

540 EW.

Dieses reizende Dorf erstreckt sich an beiden Seiten des schmalen Río Zatoya und wirkt irgendwie anders als die Weiler weiter südlich. Grauer Stein, Schiefer und Kopfsteinpflaster prägen das alte Zentrum, durch das ein munterer Bach fließt. Eine schöne mittelalterliche Brücke führt darüber. Die nüchterne Würde Ochagavías wird von der beeindruckenden **Iglesia de San Juan Evangelista** unterstrichen.

Schlafen & Essen

Hostal Casa Sario HOTEL €
(☎948 89 01 87; www.casasario.com; Llana 11, Jaurrieta; EZ/DZ/3BZ 47/65/80 €; 📶) Dieses hübsche kleine Hotel im Herzen des nahe gelegenen Dorfes Jaurrieta (ca. 8 km südwestlich von Ochagavía) hat sechs einfache Zimmer mit Holzfußböden und ein Bar-Restaurant, in dem immer etwas los ist.

Hotel Rural Auñamendi HOTEL €€
(☎948 89 01 89; www.hotelruralaunamendi.com; Urrutià 23; DZ/3BZ 80/105 €; 📶) Nach umfassenden Renovierungsarbeiten 2014 ist dieses tolle Hotel im friedlichen Ochagavía so ziemlich die erste Wahl vor Ort, denn die elf Zimmer sind hell und groß und die öffentlichen Bereiche komfortabel. Außerdem gibt's eine Kaffeebar mit Sitzplätzen auf der Terrasse.

Das Restaurant ist eine bewährte Adresse für eine Mahlzeit oder ein paar *pintxos*.

Asador Sideria Kixkia BASKISCH €€
(☎ 646 387407; www.kixkia.com; Urrutia 59; Menüs 25–33 €; ⏰13–15.30 & 21–23 Uhr; 🐾) In der näheren Umgebung gibt's zahlreiche Restaurants, aber die bodenständige, ländlich-rustikale Atmosphäre und die sättigenden Portionen lokaltypischer „Bergküche" des Asador Sideria Kixkia sind kaum zu toppen. Es befindet sich am nördlichen Ende des Dorfs.

ℹ An- & Weiterreise

Täglich außer Sonntag um 9 Uhr fährt ein ALSA-Bus von Ochagavía nach Pamplona (9,15 €, 1½ Std.) und von dort um 15 Uhr zurück.

Wer nach Frankreich möchte, folgt der NA140 nordöstlich von Ochagavía in die Sierra de Abodi

DER JAKOBSWEG IN NAVARRA & LA RIOJA

In Navarra, dem Tor zu Spanien, erstreckt sich der erste Teil der spanischen Pilgerroute nach Santiago de Compostela, den Wanderer auf dem Camino Francés zurücklegen. Er überquert die Pyrenäen und ist einer der spektakulärsten Abschnitte des Jakobswegs.

Von Roncesvalles nach Pamplona

Am Puerto de Ibañeta führt der Weg nach Spanien hinein und hinab nach Roncesvalles (S. 523). Die Stadt bietet eine würdige Eröffnung der außergewöhnlichen Strecke. Sie wird von einem imposanten Kloster beherrscht und ist von hohen Buchenwäldern und grünen Wiesen voller Schafe umgeben. Im Inneren der größtenteils restaurierten gotischen Kirche aus dem 13. Jh. befinden sich die erste Statue von Jakobus, die den Heiligen als Pilger gekleidet mit Jakobsmuschel und Stab darstellt, sowie eine schöne silberbeschlagene Skulptur der Jungfrau mit dem Kind aus dem 14. Jh.

Pamplona (S. 518) wurde im 11. Jh. eine offizielle Station auf dem Jakobsweg, was als Grundstein für den Reichtum der Stadt gilt. Das Innere der Kathedrale mit der nichtssagenden neoklassizistischen Fassade ist von den klaren gotischen Linien des 14. Jhs. geprägt.

Von Pamplona nach Logroño & weiter

Westlich von Pamplona hinter Zariquiegui erhebt sich die Sierra del Perdón mit einer langen Reihe von Windrädern. Vom Pass über dem Gebirgszug genießt man eine herrliche Sicht über das längliche Tal, das nach Puente la Reina (S. 529), führt. Dort trifft der von Osten kommende Camino Aragonés auf den Camino Francés.

Estella (S. 530), die nächste Station, wartet mit außergewöhnlich monumentalen Beispielen romanischer Architektur auf, darunter das herausragende Portal der Iglesia de San Miguel, der Kreuzgang der Iglesia de San Pedro de la Rúa und der Palacio de los Reyes de Navarra.

Immergrüne Eichen und Weingüter prägen die hügeligen Landschaften hinter Estella, danach folgt eine lange, karge Strecke durch die schläfrigen Orte Los Arcos, Sansol und Torres del Río. In Letzterem stößt man auf die bemerkenswert gut erhaltene romanische Iglesia del Santo Sepulcro.

Der große Río Ebro bildet den Zugang zu Logroño (S. 532) und ist der Grund für den Wohlstand und die Größe dieser Stadt. In der gotischen Iglesia de Santiago befindet sich ein Renaissance-Altarbild mit ungewöhnlichen Szenen aus dem Leben des Heiligen, darunter Auseinandersetzungen mit dem bösen Geisterbeschwörer Hermogenes.

Nájera wuchs buchstäblich aus den roten Felswänden heraus, nachdem König Ramiro im 11. Jh. in einer der Höhlen eine wundersame Marienstatue entdeckt hatte und an dieser Stelle das Monasterio de Santa María la Real errichten ließ.

Santo Domingo de la Calzada (S. 535) ist einer der reizvollsten Orte an dieser Strecke. Er wurde nach seinem Gründer benannt, der im 11. Jh. die Wälder der Umgegend abholzte, Straßen, eine Brücke, eine Pilgerherberge und eine Kirche baute und viele Wunder vollbrachte, die auf den spanisch-flämischen Gemälden im Innern der Kathedrale meisterhaft dargestellt sind.

Camino Francés in Navarra & La Rioja

und überquert den Puerto de Larrau (1585 m), einen geradezu majestätisch kargen Pass.

Valle del Roncal

Rund um Roncal erstreckt sich Navarras spektakulärste Gebirgsregion. Das Valle del Roncal, das östlichste Tal, besteht aus sieben Dörfern und ist eine tolle Option für die An- oder Abreise in die Navarresischen Pyrenäen.

BURGUI

220 EW.

Burgui dient als Tor zu diesem Teil der Pyrenäen. Der Ort besteht aus hübschen Steinhäusern, die an einem klaren, rauschenden Strom (dem Río Esca) voller Frösche und Fische und mit einer romanischen Bogenbrücke liegen.

Burgui ist nicht sehr gut an das öffentliche Nahverkehrsnetz angeschlossen. Das Dorf befindet sich ca. eine Fahrstunde östlich von Pamplona (über die A21).

Hostal El Almadiero HOSTEL **€€**
(☎ 948 47 70 86; www.almadiero.com; Plaza Padre Tomás de Burgui 1; DZ ab 65 €; ❄📶) Dieses nette *hostal rural* (Landgasthof) im Herzen des Dorfs hat helle, gemütliche Zimmer mit dem Flair des 19. Jhs. sowie ein erstklassiges Restaurant.

RONCAL

210 EW.

Roncal wirkt mit seinen gepflasterten Gassen, die sich zwischen dunklen Steinhäusern zu einem Fluss voller Forellen hinunterwinden, wie ein Dorf, auch wenn es das größte Zentrum entlang dieser Straße ist.

ISABA

440 EW.

Das luftige Isaba thront hoch über den anderen Dörfern im Tal oberhalb des Zusammenflusses des Río Belagua mit dem Río Uztárroz und ist ein beliebter Ausgangspunkt für Wanderer und Skifahrer. Fährt man Richtung Norden aus der Stadt hinaus auf die französische Grenze zu, wird die Landschaft immer spektakulärer. Die Straße drängt sich erst durch enge Berggipfel, ehe sie sich plötzlich zu Hochalpenwiesen öffnet, mit den majestätischsten Bergen der westlichen Pyrenäen im Hintergrund. In der Nähe der französischen Grenze windet sich die Straße höher und höher bis zum Roncalia-Pass, wo ein kleines Skiresort liegt. Dahinter liegt Frankreich mit dem größeren Skiresort Pierre St. Marin. Auf beiden Seiten der Grenze gibt's gekennzeichnete Wanderwege.

Die **Touristeninformation** (☎ 948 89 32 51; www.vallederoncal.es; Barrio Izargentea 28; ⏲ Mitte Juli–Mitte Sept. Mo–Sa 10–13.30 & 17–20, So 10–13.30 Uhr, Mitte Sept.–Mitte Juli nur Sa & So) im Zentrum des Dorfes hat Informationen über Wanderungen und andere Aktivitäten in der Umgebung.

Touristen kommen meist mit dem eigenen fahrbaren Untersatz her. Alternativ nimmt man in Pamplona den La-Tallafesa-Bus ins nahegelegene Uztárroz (10 €, 2 Std.) und fährt dann mit dem Taxi nach Isaba (ab 15 €, 15 Min.).

Onki Xin PENSION €

(☎618 317837; http://onkixin.com; Barrio Izarjentea 25; DZ 55 €, Apt. 110–140 €; 📶) In einem traditionellen Haus im Dorfzentrum bietet das Onki Xin neun nette Zimmer mit Balkendecken, antiken Möbeln und schöner Aussicht. Wer mehr Platz benötigt, kann gleich um die Ecke in eines der geräumigen Apartments der Pension mit zwei oder drei Schlafzimmern ziehen. Die freundlichen Besitzer sprechen Englisch und haben eine Fülle an Informationen über die Region.

Hostal Lola HOTEL €€

(☎948 89 30 12; www.hostal-lola.com; Mendigatxa 17; DZ 75 €; 📶) Das familiengeführte Haus liegt versteckt in einer kleinen Seitengasse und bietet einiges für den Preis. Die Zimmer sind gut ausgestattet mit Schreibtisch, Sofas und großen Betten. Die hübsche Terrasse ist von Blumenkästen umgeben und das Restaurant (*menú del día* 15 €) ist ordentlich.

Ezkaurre Restaurant BASKISCH €€

(☎657 621467; www.restauranteezkaurre.es; Garagardoya 14; Tagesmenü 18 €; ⏲13–15.30 & 19.30–21.30 Uhr) Das schlicht eingerichtete Lokal serviert wunderbar zubereitete Gerichte mit marktfrischen Zutaten. Zu den jüngsten Highlights gehörten gebackene Forelle, Rinderbacken mit Trüffelkartoffeln und Risotto mit Pilzen und Schinken.

Das südliche Navarra

Wer Pamplona auf der A15 Richtung Süden verlässt, erreicht schon nach 15 Fahrminuten eine völlig andere Welt. Innerhalb nur weniger Kilometer verschwindet das tiefe Grün, das für das Baskenland und das nördliche Navarra so typisch ist, und wird durch hellere, mediterrane Ockertöne ersetzt. Die Sonne strahlt heller (und scheint öfter), die zerklüfteten Berge des Nordens flachen aus und verwandeln sich in ruhige Tieflandebenen, und statt feuchter Wälder warten hier sonnige Weingärten und Olivenhaine. Sogar die Menschen sind anders – sie sind geselliger und, wie die Graffitis verraten, teilweise leidenschaftlich antibaskisch eingestellt. Auf Reisende warten in dieser Region mehrere mittelalterliche Dörfer, die direkt einem Märchen entsprungen sein könnten, und die überraschend wüstenartige Landschaft der Bárdenas Reales, dem Ödland Navarras.

Olite

3890 EW. / 365 M

Die Türmchen und Spitzen von Olite stecken voller Geschichten von Königen und Königinnen, tapferen Rittern und hübschen Prinzessinnen – ein Ort wie aus einem Märchenbuch. Heute mag man es kaum glauben, aber einst diente das ruhige Dorf als Heimat der Königsfamilien von Navarra, und der von Mauern umgebene alte Ortskern ist voller Erinnerungen an diese Zeit.

Gegründet wurde Olite von den Römern (Teile der Stadtmauer stammen aus der Römerzeit). 1276 zog es erstmals die Aufmerksamkeit des Königshauses auf sich. Der große Durchbruch kam jedoch, als Karl III. (Karl der Edle) im 15. Jh. Gefallen an dem Ort fand und eine Reihe kühner Bauprojekte anstieß.

Sehenswertes

Palacio Real BURG

(Castillo de Olite; www.guiartenavarra.com; Plaza Carlos III; Erw./Kind 3,50/2 €; ⏲Juli & Aug. 10–20 Uhr, Mai–Juni & Sept. Mo–Fr 10–19, Sa & So 10–20 Uhr, Okt.–April kürzere Öffnungszeiten) Den außergewöhnlichen Palacio Real über dem Dorf haben wir Karl III. (Anfang des 15. Jhs.) zu verdanken. Seinerzeit bewohnten nicht nur Mitglieder des Hofes, sondern auch Löwen, Giraffen und andere exotische Haustiere den Prachtbau, der einen von Babylon inspirierten hängenden Garten besaß. Heute ist die Burg ein wunderbar stimmungsvoller Ort für einen Rundgang. Bei einer Führung oder beim Besuch im eigenen Tempo mit dem praktischen Audioguide (2 €) wird die Vergangenheit wieder lebendig.

Besucher können die malerischen Wachtürme erklettern, durch die prächtigen vergoldeten Säle und auf den Festungsmauern spazieren und sich dabei die mittelalterlichen Turniere, Stierkämpfe und Pelota-Spiele vorstellen, die damals stattfanden. Auf dem Burggelände steht auch die **Iglesia de Santa María la Real** mit einem großartigen, detailreichen gotischen Portal.

Laguna de Pitillas SEE

GRATIS Die Seen und Sümpfe der Laguna de Pitillas gehören zu den besten Stellen in Navarra, um Vögel zu beobachten. In dem Feuchtgebiet von internationaler Bedeutung leben etwa 160 einheimische sowie Zugvogelarten, darunter Rohrweihen, Rohrdommeln und sogar Fischadler.

Museo de la Viña y el Vino de Navarra MUSEUM

(www.guiartenavarra.com; Plaza de los Teobaldos 10; Erw./Kind 3,50/2 €; ⌚ März–Okt. Mo–Sa 10–14 & 16–18, So 10–14 Uhr, Nov.–Feb. kürzere Öffnungszeiten) Dieses Museum, das Besucher auf eine faszinierende Reise in die Welt des Weins und der Weinkultur entführt, sollte man auf keinen Fall verpassen. Auf drei Etagen präsentieren interaktive Ausstellungen und englischsprachige Beschilderungen den Wein in all seiner Komplexität, von den Böden und Weinsorten Navarras bis zu traditionellen Erntetechniken. Es gibt auch Duftkästen (Tiere, Gewürze, Holz etc.), an denen Besucher einige der in vielen Weinen vorkommenden Aromen erschnuppern können.

Schlafen & Essen

★ **Parador de Olite** HISTORISCHES HOTEL €€

(☎ 948 74 00 00; www.parador.es; Plaza de los Teobaldos 2; Zi. ab 135 €; ❄ @) Die spektakulärsten Gästezimmer Olites befinden sich in einem Flügel der restaurierten mittelalterlichen Burg (wobei es auch Zimmer in einem neueren Anbau gibt). Das fotogene Hotel ist Teil der Parador-Kette und ein Nationalmonument. Die schweren Holzmöbel und die Drucke mit Goldrahmen schaffen viel Atmosphäre. Einige Zimmer haben auch Balkons mit Blick über die Landschaft. Das Restaurant ist ebenfalls erstklassig.

Hotel el Juglar BOUTIQUE-HOTEL €€

(☎ 948 74 18 55; www.merindaddeolitehoteles.com; Rúa Romana 39; EZ/DZ/Suite 100/115/155 €; P ❄ 📶 🏊) Das Hotel El Juglar bietet erstklassigen Service und schön gestaltete Zimmer in einer steinernen Villa 800 m (10 Gehminuten) nordwestlich vom Dorfzentrum. Die neun Zimmer unterscheiden sich alle ein wenig voneinander, einige haben runde Whirlpools, andere Balkons, doch alle sind mit eleganten Möbeln ausgestattet. Der Pool ist an heißen Sommertagen sehr verlockend.

Hotel Merindad de Olite HISTORISCHES HOTEL €€

(☎ 948 74 07 35; www.merindaddeolitehoteles.com; Rúa de la Judería 11; EZ 58–68 €, DZ 68–84 €, Suite 104 €; ❄ 📶) Dieses charmante Hotel schmiegt sich an die alte Stadtmauer und bietet kleine, aber komfortable Zimmer in mittelalterlichem Stil. Am besten reserviert man lange vorher, denn es ist immer schnell ausgebucht.

Praktische Informationen

Olite hat eine freundliche und hilfreiche **Touristeninformation** (☎ 948 74 17 03; Plaza de los Teobaldos 10; ⌚ Mo–Sa 10–14 & 16–19, So 10–14 Uhr), die sich im selben Gebäude wie das Weinmuseum befindet.

An- & Weiterreise

Zwischen Olite und Pamplona verkehren täglich bis zu 16 Busse (3,75 €, 45 Min.). Der Bus aus Pamplona hält nahe dem Eingang zum ummauerten Ortskern. In die Gegenrichtung erwischt man den Bus außerhalb des historischen Viertels, an den Bushaltestellen an der Straße nach Pamplona.

Ujué

180 EW.

18 km von Olite stößt man auf Ujué, ein perfekt erhaltenes mittelalterliches Dorf auf einem von terrassierten Feldern überzogenen Hügel mit Blick über die südlichen Ebenen und sehr steilen, engen Straßen.

Am Sonntag nach dem Tag des hl. Markus (25. April) ist Ujué Schauplatz einer faszinierenden *romería* (Wallfahrt). Zu diesem Anlass pilgern Hunderte Menschen nachts von Tudela hierher, um in der Dorfkirche die Messe zu feiern.

Iglesia-Fortaleza de Santa María de Ujué KIRCHE

(San Isidro 8; Eintritt gegen Spende; ⌚ April–Okt. 10.30–18.30 Uhr, Nov.–März bis 17.30 Uhr) Am höchsten Punkt des Dorfes steht diese Kirche in romanisch-gotischem Stil, die im ganzen Tal zu sehen ist. In der Kirche wird eine seltene Statue der Schwarzen Jungfrau aufbewahrt. Angeblich wurde diese von einem Schafhirten entdeckt, der einer Taube folgte. Darüber hinaus befindet sich hier das Herz von Karl II.

Pastas Urrutia BÄCKEREI €€

(☎ 948 73 92 57; www.pastasurrutia.com; San Isidro 41; Tagesmenü 15–18 €; ⌚ Bäckerei Do–Di 10–18 Uhr, Restaurant Di–Do 13.30–15.30 Uhr) Diese Bäckerei gleich nördlich vom Dorfzentrum serviert auch ein köstliches Mittagsmenü mit drei Gängen, zu dem es das berühmte hausgebackene Brot des Urrutia und Wein gibt. Typisch sind Gerichte wie gebackener Kabeljau, Rinderbacken oder saisonal (Dez.–Febr.) Eier mit Trüffeln.

An- & Weiterreise

Reisende kommen gewöhnlich mit dem Wagen hierher. Wer mit dem Bus aus Pamplona anreist, muss in Tafalla oder Olite umsteigen (beide Orte sind ca. 20 km östlich des Dorfes gelegen).

Parque Natural de las Bárdenas Reales

In einer Region, die sonst von feuchten Berghängen dominiert wird, ist eine sonnenverbrannte Wüste das Letzte, womit man rechnet – doch genau das erwartet einen im Parque Natural de las Bárdenas Reales: Ödland; eine karge Landschaft, die von Wasser, Wind und Bodenerosionen geformt wurde.

Das Schutzgebiet ist von Wander- und Radwegen durchzogen, die allerdings nicht immer eindeutig gekennzeichnet sind. Angesichts der Hitze, des Mangels an Schatten und der weiten Entfernungen entscheiden sich die meisten Besucher für die 34 km lange Fahrt auf der Ringstraße des Parks.

Sehenswertes

Parque Natural de las Bárdenas Reales NATURSCHUTZGEBIET
(☎ 948 830 308; www.bardenasreales.es; ⏲ 8 Uhr–Abenddämmerung) GRATIS Der Parque Natural de las Bárdenas Reales, seit 1999 Naturpark und seit 2000 UN-Biosphärenreservat, ist eine 410 km² große dürre Landschaft im Südosten Navarras, die aus kahlen Tafelbergen, offenen Ebenen und gewundenen Schluchten besteht. Nicht nur die Landschaft ist spektakulär, im Park leben auch zahlreiche Vogel- und Tierarten, darunter Großtrappen, Steinadler, Schmutzgeier und Gänsegeier, viele Reptilienarten, Wildkatzen und Wildschweine.

Im Besucherzentrum gibt's gedruckte Informationen über die Highlights des Parks.

Schlafen

Cuevas Rurales Bardenas BUNGALOWS €€€
(☎ 661 846 757; www.bardeneras.com; Palomares 23, Valtierra; ⏲ Apt. ab 150 €; ❄ 📶) In der kleinen Stadt Valtierra können Besucher in einer Höhle übernachten – aber einer mit WLAN, modernen Bädern, komplett ausgestatteten Küchen und fröhlichen Möbeln. Die neun Apartments für zwei bis acht Personen wurden in den Berg gehauen und sind eine prima Option für Familien und größere Gruppen. Der Mindestaufenthalt beträgt zwei bis vier Nächte.

Hotel Aire de Bardenas BOUTIQUE-HOTEL €€€
(☎ 948 11 66 66; www.airedebardenas.com; Carretera de Ejea, Km 1, Tudela; DZ 225–292 €, Suite 418 €; P ❄ 📶 🏊) In einer kargen, einsamen Landschaft stehen diese schlichten Schiffscontainer, die in ein stilvolles Boutique-Hotel verwandelt wurden. Alle Zimmer sind luxuriös ausgestattet, einige haben auch Badewannen im Freien oder Terrassen mit Blick über die Halbwüste. Der Service ist toll. Weitere Extras: ein Swimmingpool und ein sehr gutes Restaurant (Hauptgerichte 15–25 €).

An- & Weiterreise

Es besteht keine Verbindung mit öffentlichen Verkehrsmitteln. Das nahegelegene Tudela ist mit dem Bus oder Zug zu erreichen.

Puente la Reina

2810 EW. / 421 M

Das Markenzeichen von Puente la Reina (baskisch: Gares), 22 km südwestlich von Pamplona an der A12, ist die spektakuläre sechsbogige **mittelalterliche Brücke,** die das westliche Ende der Stadt dominiert, doch es gibt noch mehr in Puente la Reina zu entdecken. Der Ort ist ein wichtiger Zwischenstopp auf dem Jakobsweg und durch seine hübschen Straßen weht der Geist unzähliger Pilger. Ihr erster Halt ist die spätromanische **Iglesia del Crucifijo,** die von Tempelrittern errichtet wurde und eines der schönsten noch erhaltenen gotischen Kreuze beherbergt. Nach einem kurzen Weg aus der Stadt erreichen sie eine der schönsten Kapellen des ganzen Jakobswegs. Dazu kommen noch ein paar gute Unterkünfte, die Ruinen einer römischen Stadt ganz in der Nähe, und schon hat man einen Ort zusammen, an dem sich gut ein oder zwei Tage verbringen lassen.

Sehenswertes

Santa María de Eunate KIRCHE
(www.santamariadeeunate.es; Carretera de Campanas; 1; ⏲ April–Juni, Sept. & Okt. Di–Fr 10.30–13.30 Sa & So 11–13.30 & 16.30–18.30 Uhr, Juli–Aug. Mi–Mo 10.30–13.30 & 17–18.30 Uhr) Die fast vollkommen oktogonale romanische Kapelle Santa María de Eunate ist von Kornfeldern und Wildblumen umgeben und eine der malerischsten Kapellen am gesamten Jakobsweg. Sie wurde im 12. Jh. gebaut und ihr Ursprung sowie der Grund, warum sie mitten im Nichts steht, sind bis heute ein Rätsel. Die Kapelle liegt 2 km südlich von Muruzábal, das 5 km nordöstlich von Puente la Reina liegt.

Schlafen & Essen

Hotel Rural El Cerco BOUTIQUE-HOTEL €€
(☎ 948 34 12 69; www.elcerco.es; Calle de Rodrigo Ximénez de Rada 36; EZ/DZ 50/75 €;) Das Hotel am östlichen Rand des alten Viertels ist eine der schönsten Unterkünfte im Ort. Die Besitzer haben das alte Haus sorgsam restauriert und in ein stilvolles kleines Boutique-Hotel verwandelt, mit Steinwänden und Sichtbalken.

Casa Martija CAFÉ
(www.facebook.com/casamartija; Calle Mayor 104; ⌚8–14 & 16.30–21 Uhr) In einer Kopfsteinpflasterstraße ein kurzes Stück von der Brücke entfernt befindet sich dieser charmante Feinkostladen mit Café und Tischen auf dem Bürgersteig. Hier gibt's Kaffee, Wein und Gebäck, außerdem kann man alles für ein schönes Picknick einkaufen, von Käse über Brot und Olivenöl bis zu anderen Köstlichkeiten.

An- & Weiterreise

Zwischen Pamplonas Busbahnhof und Estella verkehren häufig Busse (5,25 €, 1 Std.); sie halten an der Hauptstraße im Dorf Puente la Reina.

Estella

13 700 EW. / 483 M

Im Mittelalter war Estella (auf Baskisch „Lizarra") wegen seiner prachtvollen Monumente und Bauwerke unter dem Namen „La Bella" bekannt. Obwohl die Stadt einen Teil ihrer Schönheit an die modernen Vororte verloren hat, ist das historische Zentrum unverändert charmant. Im 11. Jh. wurde Estella zur wichtigsten Anlaufstelle der wachsenden Pilgerflut auf dem Jakobsweg und zieht auch heute noch viele Besucher an.

Sehenswertes

Iglesia de San Pedro de la Rúa KIRCHE
(☎ 948 55 00 70; ⌚Mo–Sa 10–13.30 & 18–19, So 10–12.30 Uhr, Nov.–März kürzere Öffnungszeiten) GRATIS Die im 12. Jh. erbaute Kirche ist Estellas wichtigstes Baudenkmal. Ihre wunderschönen Kreuzgänge sind ein schönes Beispiel romanischer Steinmetzkunst.

Museo Gustavo de Maeztu PALAST
(www.museogustavodemaeztu.com; Calle San Nicolás 1, Palacio de los Reyes; ⌚Mai–Sept. Di–Sa 9.30–13.30 & 16–19 Uhr, Okt.–April Di–Sa 9.30–13.30 Uhr) GRATIS Neben der Touristeninformation erhebt sich der **Palacio de los Reyes**, ein seltenes Beispiel romanischer ziviler Baukunst. Er beherbergt ein Museum mit einer herrlichen Sammlung von Gemälden aus der Hand von Gustavo de Maeztu y Whitney (1887–1947), dem Sohn kubanisch-englischer Eltern, der jedoch mit Leib und Seele Baske war. In Maeztus Landschaften, Porträts und Akten von kurvigen Modellen spiegelt sich sein sinnlich-romantischer Stil wider.

Los Llanos PARK
(Paseo los Llanos) Der grüne Park gleich südlich vom Zentrum bietet eine schöne Abwechslung von den vielen mittelalterlichen

ABSTECHER

KLÖSTER RUND UM ESTELLA

In der Gegend rund um Estella gibt's zahlreiche Klöster. Eines der schönsten ist das **Monasterio de Irache** (abseits der Carretera NA-1110, Ayegui; ⌚Mitte Jan.–Mitte Nov.; Mi–So 10–13.15 & 16–18 Uhr) GRATIS, 3 km südwestlich von Estella nahe Ayegui. Dieses alte Benediktinerkloster hat einen wunderschönen Kreuzgang aus dem 16. Jh. im Platereskstil, und seine **Puerta Especiosa** ist mit kunstvollen Skulpturen geschmückt. Wer von so viel Gott gewidmeter Schönheit nicht zu beeindrucken ist, lässt sich vielleicht vom **Fuente de Vino** (Brunnen des Weins) bekehren. Er befindet sich hinter den **Bodegas Irache** (☎ 948 55 19 32; www.irache.com; Monasterio de Irache, abseits der Carretera NA-1110, Ayegui; ⌚Wochenende 10–14 & 16–19 Uhr, im Winter bis 18 Uhr), einem bekannten örtlichen Weingut (gleich vor der Kirche), und ist ein Brunnen, aus dem der Wein tatsächlich in Strömen fließt. Es lohnt sich aber, zeitig da zu sein, denn pro Tag werden nur 100 l herausgelassen.

Etwa 10 km nördlich von Estella in der Nähe von Abárzuza steht das **Monasterio de Iranzu** (abseits der Carretera NA-7135, Abárzuza; 3; ⌚10–14 & 16–18 Uhr). Es wurde ursprünglich im 11. Jh. gegründet und unlängst restauriert. Das sandfarbene Kloster mit schönen Kreuzgängen ist so ruhig und friedlich, dass es den Teufel persönlich zu religiösen Meditationen inspirieren könnte.

Bauten. Der kleine Río Ega bildet die südliche Grenze der Grünanlage. In der Snackbar in der Nähe des Ufers kann man mit Blick auf die Klippen am gegenüberliegenden Ufer entspannen.

Feste & Events

Semana Medieval KULTUR
(Mitte Juli) Mitte Juli findet in Estella eine Woche lang ein überschwängliches mittelalterliches Fest mit kostümierten Darstellern, Turnieren, Straßentheater, Falknereivorstellungen und viel Trubel statt.

Schlafen & Essen

Hotel Tximista DESIGNHOTEL €€
(948 55 58 70; www.sanvirilahoteles.com/en/hotel-tximista; Zaldu 15; EZ/DZ/Suite 87/97/120 €; P) Etwa 1 km nördlich vom Zentrum wurde dieses markante moderne Hotel in und um eine alte Wassermühle gebaut. Es kombiniert die rostigen alten Industriezahnräder der Mühle mit mohnblumenroten Details. Die Zimmer sind bequem, wobei in manchen der Straßenlärm zu hören ist. Vom hübschen Garten blickt man auf den plätschernden Fluss.

Hospedería Chapitel HOTEL €€
(948 55 10 90; www.hospederiachapitel.com; Chapitel 1; EZ/DZ ab 80/105 €; P) In toller Lage im historischen Zentrum Estellas bietet das Hospedería Chapitel komfortable Zimmer mit Holzfußböden, Deckenbalken und kleinen Balkons, teils mit Blick auf die Kathedrale. Trotz der zentralen Lage ist es drinnen sehr friedlich.

Casanellas Taller Gastronómico FUSION-KÜCHE €€
(638 912838; www.tallergastronomico.es; Espoz y Mina 3; Hauptgerichte 16–20 €, Probiermenü wochentags/Wochenende 35/45 €; Di–Sa 13.30–15.30 Uhr) Dieses elegante Restaurant hat sich dem langsamen, schonenden Garen der Speisen verschrieben und nutzt für seine wunderbar zubereiteten Rezepte lokale Produkte mit internationalen Akzenten. Auf der Karte stehen Gerichte mit marktfrischen Zutaten, z. B. Ente mit Ananas und rotem Curry, Lamm mit Rosmarin und perfekt zubereiteter Steinbutt.

An- & Weiterreise

Vom **Busbahnhof** (Plaza Coronación) fahren Busse nach Pamplona (5,25 €, 1 Std., Mo–Fr 10-mal tgl., Sa & So 6-mal tgl.).

Javier

110 EW. / 448 M

11 km nordöstlich von Sangüesa erstreckt sich das winzige Javier (Xavier), ein ruhiges Dorf in schöner Lage mit einer märchenhaften Burg. Die Festung ist so perfekt erhalten, dass man kaum überrascht wäre, wenn plötzlich die Zugbrücke heruntergelassen würde und ein Ritter auf einem weißen Ross herausgaloppiert käme. Darüber erblickte in Javier der Schutzpatron von Navarra, der heilige Franz Xaver, 1506 das Licht der Welt. Xaver verbrachte große Teile seines Lebens damit, in Asien zu reisen, zu beten, zu lehren und zu heilen. Heute ruhen seine auf wunderbare Weise erhaltenen sterblichen Überreste in einer Kathedrale in Goa (Indien).

Sehenswertes

Castillo de Javier BURG
(948 88 40 24; Plaza del Santo, Javier; 2,75 €; März–Okt. 10–18.30 Uhr, Nov.–Febr. bis 16 Uhr) Die Hauptattraktion von Javier ist diese Burg aus dem 10. Jh. in strategischer Lage auf der Grenze zwischen den Königreichen Navarra und Aragonien. Sie beherbergt ein kleines Museum zu Ehren von San Francisco Xavier, dem Schutzpatron von Navarra, der 1506 im Dorf geboren wurde.

Schlafen

Hotel Xabier HOTEL €
(948 88 40 06; www.hotelxabier.com; Paseo de la Abadía 2, Javier; EZ/DZ/3BZ 47/56/71 €; P) Wer in der Nähe der Burg übernachten möchte, trifft mit dem efeubewachsenen Hotel Xabier aus rotem Backstein eine gute Wahl. Durch die Fenster kann man in mondhellen Nächten die Geister rund um die Burg flattern sehen. Das Hotel hat ein gutes Restaurant (*menú del día* 20 €).

An- & Weiterreise

Die meisten Reisenden kommen mit dem Auto nach Javier. Täglich machen sich am Busbahnhof von Pamplona mehrere Busse auf den Weg nach Sangüesa; von dort ist es nur eine kurze Taxifahrt bis Javier. Tafallesa-Busse fahren direkt nach Javier (meist 1-mal tgl., Abfahrt am Busbahnhof Pamplona).

LA RIOJA

Her mit den *copas* (Gläsern) und auf nach La Rioja, wo ein paar der besten Rotweine des Landes locken. Wein passt hervorragend zur ockerfarbenen Erde der Region und zum blauen Himmel, was beides eher an das mediterrane Spanien als an das grüne Baskenland weiter nördlich erinnert. Tatsächlich kann man sich hier wunderbar vorstellen, in einem ganz anderen Land zu sein. Der Großteil der Weinbaugebiete liegt am Río Ebro rund um die Stadt Haro, manche erstrecken sich aber auch bis ins benachbarte Navarra und in die baskische Provinz Álava. Doch die vielfältige Region hat noch eine Menge mehr zu bieten, und wer ein paar Tage hier verbringt, den erwartet eine Mischung aus lebendigen Städten, friedlichen Pilgerkirchen und Überresten gigantischer Reptilien.

Logroño

151 000 EW.

Die prächtige Weinstadt Logroño punktet mit baumbestandenen Plätzen, schmalen Straßen und versteckten Ecken. Es gibt nur wenige Baudenkmäler, aber dafür eine bombastische Auswahl an *pintxo*-Bars. In der Tat ist Logroño dabei, sich einen hervorragenden kulinarischen Ruf zu erarbeiten, der mit allen anderen spanischen Orten konkurrieren kann.

Sehenswertes

★ Museo de la Rioja — MUSEUM

(☎ 941 29 12 59; www.museodelarioja.es; Plaza San Agustín 23; ⏲ Di–Sa 10–14 & 16–21, So 10–14 Uhr) GRATIS Dieses erstklassige Museum im Zentrum von Logroño nimmt die Besucher mit auf eine abenteuerliche Reise durch die Geschichte - in englischer und spanischer Sprache. Zu den Highlights zählen die rätselhaften keltiberischen Steinmetzarbeiten aus dem 5. Jh. v. Chr., schöner Schmuck und Statuen aus der Römerzeit, farbenfrohe Altarbilder aus dem Mittelalter und prächtige Porträts und Landschaftsbilder aus dem 19. Jh.

Catedral de Santa María de la Redonda — KATHEDRALE

(Calle de Portales; ⏲ Mo–Sa 8.30–13 & 18–20.45, So 8.30–14 & 18–20.45 Uhr) Die Catedral de Santa María de la Redonda steht an der Stätte eines Oratoriums aus dem 12. Jh. und wurde zwischen dem 15. und 18. Jh. in verschiedenen Stilen erbaut. Die markanten Türme (*gemelas* oder Zwillinge genannt) und der prächtige Altaraufsatz sind schöne Beispiele für den Barockstil Riojas. Unbedingt sehenswert ist das großartige kleine Gemälde, das Christus am Kreuz darstellt und Michelangelo zugeschrieben wird. Es befindet sich hinter dem Hauptaltar und wird beleuchtet, wenn man eine Münze in den Kasten einwirft.

Iglesia de San Bartolomé — KIRCHE

(Calle de Rodríguez Paterna; ⏲ 11.30–13.15 Uhr) Das eindrucksvolle Hauptportal der ältesten Kirche Logroños (erbaut zwischen dem 12. und 13. Jh.) hat einen prachtvollen Portikus mit tief zurückweichenden Nischen und eine beeindruckende Statuensammlung.

Aktivitäten

Rioja Trek — WEIN

(☎ 941 58 73 54; www.riojatrek.com; Calle Francisco de Quevedo 12) Rioja Trek befindet sich 3 km östlich vom Zentrum und bietet zahlreiche Weintouren, Weinverkostungen und Wanderungen auf den wunderbaren Bergwegen La Riojas an. Eines der Highlights ist eine dreistündige Exkursion (28 € pro Pers.), bei der die Teilnehmer einmal Winzer spielen, einen traditionellen Weingarten und eine Bodega besuchen und sogar selbst Wein herstellen.

Der Anbieter veranstaltet auch Tapas-Touren rund um Logroño, zweistündige Weinverkostungskurse und Aktivitäten für Familien mit Kindern.

Feste & Events

Fiesta de San Mateo — KULTUR

(⏲ Sept.) Logroños einwöchiges Erntefest beginnt am Samstag vor dem 21. September. Menschen aus der ganzen Region strömen dann herbei, um beim Traubentreten auf dem Espolón dabei zu sein und reichlich Wein zu trinken.

Actual — KULTUR

(www.actualfestival.com; ⏲ Jan.) Das Festival mit kulturellen, musikalischen und kreativen Veranstaltungen findet in der ersten Januarwoche statt.

San-Bernabé-Fest — FEST

(⏲ 11. Juni) Das San-Bernabé-Fest wird am 11. Juni im Gedenken an die französische Belagerung Logroños im Jahre 1521 mit Essen, Weinverkostungen, traditionellen Konzerten, Feuerwerken und einer nachgestellten mittelalterlichen Schlacht gefeiert.

Logroño

Schlafen

Hostal La Numantina PENSION €
(☎941251411; www.hostalnumantina.com; Calle de Sagasta 4; EZ/DZ/3BZ ab 35/56/70 €; 📶) Diese preiswerte Unterkunft hat komfortable, gemütliche Zimmer, teils mit großen Badewannen und winzigen Balkons mit Blick auf die Straße unten. Leider ist die Straße laut, leichte Schläfer sollten daher ein Innenzimmer wählen. Unten befindet sich ein Gemeinschaftsbereich mit bequemen Sofas und guten Karten von Logroño und Umgebung.

Hotel Calle Mayor BOUTIQUE-HOTEL €€€
(☎941232368; www.hotelcallemayor.com; Calle Marqués de San Nicolás 71; DZ ab 110 €; P ❄ @ 📶) In einem restaurierten Gebäude aus dem 16. Jh. beheimatet, ist dieses elegante Hotel die Topunterkunft Logroños. Sie hat große, komfortable Zimmer mit viel natürlichem Licht, schöne Fußböden, Systemmöbel und moderne Bäder.

Hotel Marqués de Vallejo DESIGNHOTEL €€€
(☎941248333; www.hotelmarquesdevallejo.com; Calle del Marqués de Vallejo 8; DZ ab 126 €; P ❄ 📶) Mit den Treibholzskulpturen, Strandkieseln und der modernen Kunst an den Wänden hebt sich das Marqués de Vallejo von den traditionelleren Unterkünften Logroños ab. Die Zimmer des Hotels sind recht komfortabel, aber nicht so künstlerisch gestaltet wie die Lobby.

Logroño

Highlights
1 Museo de la Rioja A2

Sehenswertes
2 Catedral de Santa María de la Redonda C2
3 Iglesia de San Bartolomé D1

Schlafen
4 Hostal La Numantina B2
5 Hotel Calle Mayor C1
6 Hotel Marqués de Vallejo C2

Essen
7 Bar Soriano A3
8 Bar Torrecilla B3
9 Camino Vegano C1
10 La Cocina de Ramón B2
11 Tastavin D2
12 Umm C2

Ausgehen & Nachtleben
13 Odeón Mercado Craft Beer C1

Shoppen
14 Félix Barbero Botas Rioja B1
15 La Luci Delicatessen D2

Essen

Tastavin PINTXOS €

(Calle San Juan 25; Pintxos ab 2,50 €; ⌚ Di 20–23, Mi–Do 13–16 & 20–23 Uhr) Das stilvolle, moderne Lokal in der von *pintxos*-Bars gesäumten San Juan bereitet mit die leckersten Häppchen der Stadt zu, darunter geräucherte Forelle, gebratene Artischocken, Thunfisch-*tataki* und geschmorter Ochsenschwanz. Die Weine sind herausragend.

Umm PINTXOS €

(www.ummfoodanddrink.com; Calle San Juan 1; Pintxos ab 2,50 €; ⌚ Di–So 13–16 & 20–23 Uhr) Es ist schwer, sich der Verlockung dieser eleganten modernen Bar an einer belebten Straßenecke zu entziehen. Ein Blick auf die Palette der himmlischen, kunstvollen Häppchen und aller Widerstand ist dahin. Zu den vielen Rennern gehören gegrillte Gänsestopfleber, Pastrami mit Kimchi, Makrele mit Cremesoße und Seetang sowie Pulled Pork.

Camino Vegano VEGETARISCH €

(☎ 941 48 37 33; Plaza del Mercado 25; Hauptgerichte 9–12 €, Mittagsmenü 12,50 €; ⌚ So–Di 13.30–15.30, Mi–Sa 20.30–23 Uhr) In diesem schönen veganen Restaurant am Hauptplatz kann man einmal eine Pause von tierischen Produkten einlegen. Die freundlichen Mitarbeiter, die Englisch sprechen, servieren köstliche Gerichte wie Kroketten aus Pilzen und veganer Béchamel, vegetarische Lasagne, Fajitas mit Pfannengemüse und gegrillte Seitan-Rippchen mit Krautsalat.

Bar Torrecilla PINTXOS €

(Calle Laurel 15; Pintxos ab 2 €; ⌚ Mi–So 13–16 & 20–23 Uhr) Hier gibt's die wohl besten *pintxos* der Stadt. Unbedingt probieren: die im Munde zergehende Gänsestopfleber, die Miniburger – oder das, wonach einem eben gerade der Sinn steht. Die moderne Bar befindet sich in der quirligen Calle del Laurel.

Bar Soriano TAPAS €

(Travesía de Laurel 2; Pintxos ab 2 €; ⌚ Do–Di 11.45–15 & 19–23.45 Uhr) Seit mehr als 40 Jahren serviert diese Bar die gleichen köstlichen Pilz-Tapas mit einer Garnele obendrauf.

La Cocina de Ramón SPANISCH €€€

(☎ 941 28 98 08; www.lacocinaderamon.es; Calle de Portales 30; Menüs 28–55 €, Hauptgerichte 16–25 €; ⌚ Di–Sa 13.30–16 & 20.30–23, So 13.30–16 Uhr) Von außen ist das Restaurant eher unauffällig, aber die Kombination aus qualitativ hochwertigen, regionalen, marktfrischen Produkten und altbewährten Familienrezepten beschert ihm viele Fans. Der erstklassige Service steht der ausgezeichneten Küche in Nichts nach, und Ramón kommt gern an den Tisch, um jedem einzelnen Gast Erläuterungen zu seinem Gericht zu geben.

Ausgehen & Nachtleben

Odeón Mercado Craft Beer BAR

(Plaza del Mercado 27; ⌚ Fr–Mi 18.30–3.30, Sa & So ab 16.30 Uhr) Bierliebhaber kommen von nah und fern in diese entspannte Bar an der Plaza, die 20 verschiedene Craft-Biere vom Fass ausschenkt, darunter gute baskische, katalonische und andere Sorten. Gelegentlich gibt's Livemusik.

Shoppen

La Luci Delicatessen ESSEN & TRINKEN

(☎ 941 44 18 54; Calle Portales 3; ⌚ Di–So 10.30–14 & 17.30–21 Uhr) Gourmet-Geschenke findet man in diesem charmanten kleinen Laden, der mit Wein, Käse, Olivenöl, Craft-Bieren, Wermut und Keksen in hübschen Karusselldosen gefüllt ist.

Félix Barbero Botas Rioja KUNST & KUNSTHANDWERK

(http://botasrioja.artesaniadelarioja.org; Calle de Sagasta 8; ⌚ Mo–Sa 9–13.30 & 16–20 Uhr) Félix Barbero erhält ein aussterbendes Handwerk am Leben und stellt handgearbeitete klassische spanische Weinbeutel aus Tierhäuten her, in denen die Bauern früher ihre Weinration zur Arbeit aufs Feld mitnahmen. Ein hochwertiger 1-l-Weinbeutel kostet ab etwa 20 €.

Praktische Informationen

Die **Touristeninformation** (☎ 941 29 12 60; www.lariojaturismo.com; Calle de Portales 50; ⌚ Juli–Sept. Mo–Fr 9–20, Sa 10–20, So 10–19 Uhr, Okt.–Juni Mo–Fr 10–14 & 16–19, Sa 10–14 & 17–19, So 10–14 Uhr) befindet sich nahe dem westlichen Ende der Altstadt und hat jede Menge Informationen über die Stadt und La Rioja.

An- & Weiterreise

Nach der Ankunft am Bahnhof oder **Busbahnhof** (☎ 941 23 59 83; Avenida de España 1) geht's zunächst die Avenida de España und dann die Calle del General Vara de Rey hinauf bis zum Espolón, einem großen parkähnlichen Platz voller Platanen (und mit einer Tiefgarage). Der Casco Viejo erstreckt sich gleich nördlich davon.

Busse fahren von hier in folgende Städte:

ZIEL	PREIS (€)	DAUER
Bilbao	15	2 Std.
Haro	6,05	40 Min.
Pamplona	10	2 Std.
Santo Domingo de la Calzada	3,50	45 Min.
Vitoria	10	2¼ Std.

Züge steuern regelmäßig folgende Ziele an:

ZIEL	PREIS (€)	DAUER
Bilbao	ab 16	2½ Std.
Burgos	ab 14	2 Std.
Madrid	ab 31	3½ Std.
Saragossa	ab 15	2 Std.

San Millán de Cogolla

290 EW. / 733 M

In San Millán de Cogolla 16 km südwestlich von Nájera wohnen gerade mal ein paar Hundert Menschen. Das kleine Dorf liegt in einem üppig grünen Tal und blickt wie Nájera auf eine faszinierende jüdische Geschichte zurück, die bis ins 10. Jh. zurückreicht. Haupttouristenmagnet sind aber die beiden bemerkenswerten Klöster, in denen die kastilische Sprache mitentwickelt wurde. Aufgrund des sprachlichen Erbes und ihrer großen Schönheit wurden sie in die Liste der UNESCO-Welterbestätten aufgenommen.

Sehenswertes

Monasterio de Yuso KLOSTER

(☎ 941 37 30 49; www.monasteriodesanmillan.com; San Millán de la Cogolla; Erw./Kind 7/3 €; ⏲ April–Sept. Di–So 10–13.30 & 16–18.30 Uhr, Okt.–März bis 17.30 Uhr) Manchmal wird das Monasterio de Yuso auch El Escorial de La Rioja genannt. Es verfügt über ein Museum mit vielen Schätzen und kann nur im Rahmen einer Führung besichtigt werden (auf Spanisch; wer die Sprache nicht beherrscht, bekommt dazu ein Infoblatt auf Englisch oder Französisch). Die Rundgänge dauern 50 Minuten und beginnen etwa alle halbe Stunde. Im August ist das Kloster auch montags geöffnet.

Monasterio de Suso KLOSTER

(☎ 941 37 30 82; www.monasteriodesanmillan.com/suso; San Millán de la Cogolla; 4 €; ⏲ April–Sept. Di–So 9.30–13.30 & 15.30–18.30 Uhr, Okt.–März bis 17.30 Uhr) Das Monasterio de Suso wurde im 10. Jh. geweiht und oberhalb der Höhlen errichtet, in denen einst der hl. Aemilianus lebte. Es heißt, ein Mönch namens Gonzalo de Berceo habe hier im 13. Jh. die ersten kastilischen Worte niedergeschrieben. Das Gebäude kann ausschließlich im Rahmen einer Führung besucht werden. Die Eintrittskarten muss man im Voraus kaufen, sie beinhalten auch die kurze Busfahrt hinauf zum Kloster.

An- & Weiterreise

Die meisten Touristen reisen mit dem Auto an. Über die A12 benötigt man von La Rioja aus ca. eine Stunde.

Santo Domingo de la Calzada

6370 EW. / 640 M

Santo Domingo ist eine typisch spanische Kleinstadt. Viele Einwohner leben nach wie vor im teilweise von einer Mauer umgebenen Altstadtviertel, einem Labyrinth aus mittelalterlichen Straßen, in denen die Vergangenheit deutlich zu spüren und der Gemeinschaftssinn stark ausgeprägt ist. Hier kennt quasi jeder jeden. Seit Langem prägen auch Pilger auf ihrem Weg nach Santiago das Stadtbild. All das macht Santo Domingo zu einem der nettesten Fleckchen in La Rioja.

Sehenswertes

Catedral de Santo Domingo de la Calzada KATHEDRALE

(☎ 941 34 00 33; www.catedralsantodomingo.es; Plaza del Santo 4; Erw./Stud./Kind 5/3 €/frei; ⏲ April–Okt. Mo–Fr 9–20, Sa 9–19, Sp 9–12 & 14–20 Uhr, Nov.–März kürzere Öffnungszeiten) Die gewaltige Kathedrale und das dazugehörige Museum glitzern vor Gold, was beweist, welch großen Reichtum der Jakobsweg den ansonsten vergessenen Dörfern beschert hat. Ein Audioguide zur Kathedrale und ihren Schätzen kostet 1 €. Es gibt auch Führungen, sogar nachts.

In der Kathedrale gegenüber dem Eingang zur Krypta werden ein weißer Hahn und eine Henne hinter einer Glasfront gehalten. Der Legende nach wurde ein junger Mann unschuldig hingerichtet und erwachte wie durch ein Wunder wieder zum Leben, als ein gegrillter Hahn und eine Henne auf dem Teller des Richters plötzlich aufstanden und sich davonmachten.

Schlafen & Essen

Hostal Rey Pedro I HOTEL €
(☎ 941 34 11 60; www.hostalpedroprimero.es; Calle San Roque 9; EZ/DZ ab 45/56 €;) Dieses sorgfältig renovierte Stadthaus mit terrakottafarbenen Zimmern, hölzernen Dachbalken und modernen Bädern hat Zimmer zum Schnäppchenpreis.

Parador de Santo Domingo de la Calzada HISTORISCHES HOTEL €€
(☎ 941 34 03 00; www.parador.es; Plaza del Santo 3; Zi. ab 135 €; P) Der Parador Santo Domingo widerspricht der generell frommen Stimmung im Ort. Er liegt gegenüber der Kathedrale in einem ehemaligen Krankenhaus aus dem 12. Jh. und bietet jeden erdenklichen Luxus. Das hoteleigene Restaurant ist verlässlich und gut.

Parador Santo Domingo Bernado de Fresneda HOTEL €€
(☎ 941 34 11 50; www.parador.es; Plaza de San Francisco 1, Ave Juan Carlos I; DZ ab 90 €; P) Am Rand der Altstadt in einem früheren Kloster und damals schon Pilgerherberge befindet sich der zweite Parador, eine ziemlich luxuriöse Angelegenheit mit himmlischen Betten und überaus opulenten Zimmern.

Los Caballeros SPANISCH €€
(☎ 941 342 789; http://restauranteloscaballeros.com; Calle Mayor 58; Hauptgerichte 18–23 €; ⏲ Mo–Sa 13–16 & 19.30–23, So 13–16 Uhr) In einem eleganten Speiseraum mit Ziegelmauern, Balkendecke und Buntglaselementen serviert das Los Caballeros köstliche Speisen aus Navarra wie Spanferkel und Gerichte mit geräucherten Sardinen und Makrelen. Vorher reservieren!

An- & Weiterreise

Häufig machen sich Busse auf den Weg nach Nájera (2,60 €, 30 Min.) und anschließend weiter nach Logroño. Die Bushaltestelle inkl. Busfahrplänen befindet sich an der Plaza San Jerónimo Hermosilla, gleich abseits der Avenida Juan Carlos I (auch Calle San Roque genannt), vom historischen Zentrum aus auf der gegenüberliegenden Straßenseite.

Weinregion La Rioja

La-Rioja-Weine zergehen auf der Zunge, sowohl vom Klang des Namens als auch vom Geschmack her. Alle echten Weinliebhaber kennen die berühmten Tropfen aus La Rioja, wo schon die Römer Trauben anbauten. Hier überziehen Reben das gesamte Hinterland des Río Ebro. Auf der Nordseite des Flusses gehört die Gegend zum Baskenland und wird La Rioja Alavesa genannt.

Haro

11 300 EW. / 426 M

Trotz seines guten Rufs in der Welt des Weines sucht man in Haro, der Hauptstadt der Region La Rioja, vergeblich ein berauschendes Bouquet. Dafür herrscht im Ort eine heitere Stimmung. An der Plaza de la Paz beginnt das kompakte Altstadtviertel mit interessanten Gassen voller Bars und Weinläden.

Es gibt viele Wein-Bodegas im Umkreis der Stadt, manche davon sind für Besucher geöffnet (fast immer ist vorher eine Reservierung nötig). Die Touristeninformation hat eine vollständige Liste.

Aktivitäten

Bodegas Muga WEIN
(☎ 941 30 60 60; www.bodegasmuga.com; Barrio de la Estación; Weinführungen ab 15 €; ⏲ Mo–Sa nach vorheriger Reservierung) Das Weingut gleich hinter der Eisenbahnbrücke auf dem Weg stadtauswärts ist besonders besucherfreundlich und bietet täglich (außer sonntags) Führungen und Weinverkostungen auf Spanisch an. Die Teilnahme an einer Führung muss man im Voraus buchen.

Feste & Events

Batalla del Vino WEIN
(Weinschlacht; www.batalladelvino.com; ⏲ 29. Juni) Bei der Batalla del Vino (Weinschlacht) am 29. Juni werden Haros sonst friedliche Einwohner zu wahren Berserkern. Dann spritzt und gießt man im Namen von San Juan, San Felices und San Pedro Wein auf alles und jeden und trinkt dabei natürlich auch einiges.

Schlafen & Essen

Hotel Arrope HOTEL €€
(☎ 941 30 40 25; www.hotelarrope.com; Calle Virgen de la Vega 31; EZ/DZ ab 70/80 €;) Im konservativen Haro ist das jugendliche, lässige Hotel im Ortszentrum eine unerwartete Entdeckung. Die schönen, in kräftigen Farben gestalteten Zimmer haben glänzende Parkettböden und teilweise hübsche Balkons mit Blick auf den Hof.

DER REICHTUM DER REBE

Die bescheidenen Reben haben einigen Dörfern in La Rioja großen Reichtum beschert. Das beweisen die extravaganten Bodegas und Hotels, die in den letzten Jahren in eigentlich recht provinziellen Bauerngemeinden aus dem Boden geschossen sind.

Ehe man sich auf die Weinroute begibt, ist vielleicht ein bisschen Basiswissen nützlich: In La Rioja sind die Weine in die Kategorien junge Weine, Crianza, Reserva und Gran Reserva unterteilt. Junge Weine sind ein oder zwei Jahre alt und schmecken „frisch". Crianzas haben ein Mindestalter von zwei Jahren und sind mindestens ein Jahr davon im Fass gelagert worden, gefolgt von ein paar Monaten des Ruhens in der Flasche. Die Reservas werden aus den besseren Trauben gemacht und müssen mindestens drei volle Jahre im Eichenholzfass und der Flasche reifen, davon mindestens ein Jahr im Fass. Für die Gran Reservas werden nur die allerfeinsten Trauben verwendet. Sie reifen mindestens zwei Jahre im Fass und anschließend noch einmal drei Jahre in der Flasche. So entstehen „Weine wie Samt".

Der Besitzer der Bodegas Marqués de Riscal in Elciego beauftragte Frank Gehry damit, das spektakuläre **Hotel Marqués de Riscal** (☎ 945 18 08 80; www.hotel-marquesderiscal.com; Calle Torrea 1, Elciego; Zi. ab 344 €; P ❄ 📶) zu entwerfen, eine extravagante Welle aus vielfarbigen Titanplatten, dessen Baukosten sich auf ca. 85 Mio. Euro beliefen und das einen krassen Gegensatz zum Dorf dahinter bildet. Besucher, die hier nicht übernachten, sieht man im Hotel zwar nicht gern, man kann aber an einer der **Weinführungen** (Vinos de los Herederos del Marqués de Riscal; ☎ 945 18 08 88; www.marquesderiscal.com; Hotel Marqués de Riscal, Calle Torrea 1, Elciego; Führungen 12 €; 🕑 Führungen 10.30–13 & 16–18 Uhr) der Bodega teilnehmen. Täglich gibt's mindestens eine Führung auf Englisch, am besten meldet man sich vorher an. Mit der Weinführung kommt man zwar nicht in das Gebäude hinein, kann es jedoch aus einiger Entfernung zumindest von außen bewundern. Sehr viel näher heran gelangen alle, die in einem der hervorragenden Lokale des Hotels einen Tisch buchen, im mit einem Michelin-Stern gekrönten **Restaurante Marqués de Riscal** (☎ 945 18 08 80; www.restaurantemarquesderiscal.com; Hotel Marqués de Riscal, Calle Torrea 1, Elciego; 14-/21-Gänge-Menü 110/140 €) oder dem **1860 Tradición** (☎ 945 18 08 80; www.hotel-marquesderiscal.com/restaurante-1860-tradicion; Hotel Marqués de Riscal, Calle Torrea 1, Elciego; Hauptgerichte 22–34 €; 🕑 13.30–15.30 & 20–22.15 Uhr). Doch am besten lernt das Hotel natürlich kennen, wer sich dort für eine Nacht einquartiert – dafür muss man allerdings wirklich sehr tief in die Tasche greifen!

Ein paar Kilometer nördlich von Laguardia befinden sich die von Santiago Calatrava als „dem Wein gewidmeter Tempel" entworfenen **Bodegas Ysios** (☎ 902 239 773; www.ysios.com; Camino de la Hoya; Führungen 12 €; 🕑 Führungen Mo–Fr 11, 13 & 16, Sa & So 11 & 13 Uhr). Das wellenartige Dach aus Aluminium und Zedernholz nimmt die Linien der dahinterliegenden felsigen Berge auf und bietet den schönsten Anblick in der Dunkelheit, wenn das Gebäude von vielen Lichtern erhellt wird. Die täglichen Führungen geben einen hervorragenden Einstieg in die Winzerei. Vorher anmelden!

Rund um Laguardia kann man noch etliche andere architektonisch nicht ganz so aggressive Bodegas besichtigen – oft jedoch nur nach vorheriger Buchung. Näheres erfährt man in der Touristeninformation (S. 540) in Laguardia. In den **Bodegas Palacio** (☎ 945 60 01 51; www.bodegaspalacio.com; Carretera de Elciego; Führungen 5 €; 🕑 Führungen 13 Uhr, andere Zeiten nach Vereinbarung), nur 1 km von Laguardia entfernt an der Straße nach Elciego, ist die telefonische Reservierung ebenfalls empfehlenswert. Hier werden zudem hervorragende Weinseminare veranstaltet. Zum Komplex gehört ein Hotel, dem es im Vergleich zu den Unterkünften in Laguardia jedoch etwas an Charakter fehlt.

Unweit von Laguardia stößt man auf das **Centro Temático del Vino Villa Lucía** (☎ 945 60 00 32; www.villa-lucia.com; Carretera de Logroño; Führungen 12 €; 🕑 Di–Sa 9–14 & 16–20, So 9–14 Uhr), ein Weinmuseum mit einem Laden, der hochwertige Weine von kleinen regionalen Herstellern verkauft. Wer das Museum besuchen will, muss an einer Führung teilnehmen, die mit einem 4-D-Film und einer Weinprobe endet.

In der zugehörigen Cafébar mit großer Terrasse kann man sich ein Glas Wein und ein paar Snacks gönnen.

Hotel Los Agustinos HISTORISCHES HOTEL €€
(☎ 941 31 13 08; www.hotellosagustinos.com; San Agustín 2; EZ/DZ ab 99/131 €; P ❄ ☎) Das stattliche Hotel, ein umgebautes Kloster aus dem 14. Jh., atmet Geschichte. Die Zimmer könnten eine Renovierung vertragen, aber der überdachte Hof ist ein wunderbarer Platz, um bei einem Glas Wein zu verweilen. Ebenfalls wärmstens zu empfehlen ist das Hotelrestaurant (Hauptgerichte 16–22 €).

El Rincón del Noble SPANISCH €€
(☎ 941 31 29 32; www.elrincondelnoble.net; Martinez Lacuesta 11; Hauptgerichte 16–20 €; ⏲ tgl. 13–16 Uhr, Fr & Sa auch 21–23 Uhr) Haro ist zwar nicht gerade eine Gourmetstadt, doch dieses legere Restaurant bekommt sehr gute Noten für seine einfachen, aber ausgezeichnet zubereiteten traditionellen Gerichte. Herausragend sind der zarte Ochsenschwanz in einer Rioja-Weinsoße, der dampfende gebackene Barsch und die brutzelnde Entenbrust mit karamellisierten Äpfeln.

Praktische Informationen

In der **Touristeninformation** (☎ 941 30 35 80; www.haroturismo.org; Plaza de la Paz 1; ⏲ Mitte Juni–Sept. Mo 10–14, Di–So 10–14 & 16–19 Uhr, Okt.–Mitte Juni So & Di–Do 10–14, Fr & Sa 10–14 & 16–19 Uhr) gleich abseits des Hauptplatzes gibt's nützliche Informationen über die vielen Weingüter der Gegend.

An- & Weiterreise

Zwischen Haro und Logroño (ab 6 €, 40 Min.) verkehren zahlreiche Züge.

Außerdem fahren Busse nach Logroño, Nájera, Vitoria, Bilbao, Santo Domingo de la Calzada und Laguardia. Der **Busbahnhof** (Calle Castilla) verfügt über einen kleinen Innenbereich mit Café und liegt 4 bis 5 Blocks südlich des historischen Zentrums. Der Avenida de la Rioja folgen.

Briones

810 EW. / 501 M

Es war der große Traum eines Mannes, der das kleine idyllische Briones im Wein- und Tourismusbereich bekannt machte. Das sonnengelbe Dorf zieht sich einen Hang hinauf und bietet einen umwerfenden Blick auf die umliegenden mit Wein bewachsenen Ebenen. Hier befindet sich das fantastische Vivanco (siehe rechts). Auf verschiedenen Etagen und in zahlreichen Räumen erfährt man nahezu alles über Geschichte, Kultur und Herstellung des Weines. Und nachdem man sich die größte Sammlung von Korkenziehern weltweit angesehen hat, steht die Verkostung einiger Rebsorten im Weingut auf dem Programm.

Sehenswertes

Vivanco MUSEUM
(Museo de la Cultura del Vino; ☎ 941 32 23 23; www.vivancoculturadevino.es; Carretera Nacional, Km 232; geführter Besuch mit Verkostung 18–25 €; Di–Fr & So 10–18, Sa 10–20 Uhr) Das exzellente **Museo de la Cultura del Vino** (Museum der Weinkultur) ist ein Muss für Weinliebhaber. Hier lernt man anhand von interessanten Darstellungen und der neuesten Technologie alles über die Geschichte und Kultur des Weins und die verschiedenen Produktionsschritte auf dem Weg zum fertigen Getränk. Zu den Schätzen der Sammlung gehören von Picasso designte Weinkrüge, römische und byzantinische Mosaiken und von Wein inspirierte religiöse Artefakte. Davor oder danach sollte man noch das Weingut besichtigen.

Schlafen

Los Calaos de Briones HOTEL €
(☎ 941 32 21 31; www.loscalaosdebriones.com; San Juan 13; DZ ab 65 €) Ist die Zunge schwer vom Wein und alles dreht sich, kann man den beschwipsten Kopf in diesem netten Hotel betten. Einige Zimmer sind mit romantischen Himmelbetten ausgestattet. In einem alten Weinkeller serviert das zugehörige Restaurant erstklassige lokale Speisen (Hauptgerichte 11–16 €).

An- & Weiterreise

Briones liegt zwischen Haro und Logroño. Autobuses Jiménez schickt zahlreiche Busse von Logroño nach Briones (3,95 €, 50 Min.), die anschließend nach Haro weiterfahren. Die Bushaltestelle ist am Stadtrand von Briones, ganz in der Nähe der Autobahn.

Laguardia

1480 EW. / 557 M

In diesem mittelalterlichen Ort kann man sich prima in alte Zeiten zurückversetzen. Die „Wache von Navarra", wie man Laguardia einst nannte, thront stolz auf einer felsigen Kuppe. Der von einer Mauer umgebene alte Kern ist verkehrsberuhigt, und so macht es viel Spaß, durch die Gassen zu bummeln. Laguardia lockt allerdings nicht nur mit Erinnerungen an die Vergangenheit, sondern auch mit gutem Wein und einer traumhaften Landschaft.

Sehenswertes

Bodega El Fabulista WEINGUT
(☎945 621192; Plaza San Juan; Führungen 7 €; ⊙11.30–13 & 17.30–19 Uhr) Besucher können die mittelalterlichen Keller dieses traditionellen Weinguts, das sich mitten in Laguardia befindet, besichtigen. Die Führung endet mit der Verkostung von zwei Weinen der Bodega. Für eine einstündige englischsprachige Führung muss man sich vorher anmelden.

Bodegas Casa Primicia WEINGUT
(☎945 621 266; www.bodegascasaprimicia.com/en/visits-and-lunches; Führungen 9 €; ⊙ Führungen Di–So 11, 13 & 17.30 Uhr) Die älteste Weinkellerei Laguardias befindet sich 600 m nördlich vom historischen Zentrum. Während der 75-minütigen Führung durch das stimmungsvolle Gebäude aus dem 16. Jh. geben sachkundige Führung einen Überblick über den Prozess der Weinherstellung und das reiche Erbe der Rioja-Weine, und zum Abschluss gibt's eine Weinverkostung. Eine vorherige Reservierung ist unerlässlich.

Torre Abacial TURM
(Calle Mayor 52; 2; ⊙10.30–14.30 & 15.30–19.30 Uhr) Wer die über 100 Stufen des Abt-Turmes – so genannt, weil er einst Teil eines Klosters war – erklimmt, wird mit einem prächtigen Blick über die Stadt und die Weingüter dahinter belohnt. Teile des Bauwerks stammen aus dem 12. Jh.

Iglesia de Santa María de los Reyes KIRCHE
(☎945 60 08 45; Travesía Mayor 1; Führungen 3 €; ⊙Führungen Juni–Sept. 11.15, 13.15, 17.30 & 18.30 Uhr) Die beeindruckende Iglesia de Santa María de los Reyes kommt mit einem atemberaubenden gotischen Portal aus dem späten 14. Jh. daher, das mit wunderschönen Skulpturen der Jünger Jesu und anderen Motiven geschmückt ist. Wenn man vor verschlossenen Türen steht, kann man in der Touristeninformation den Schlüssel holen. Im Sommer finden den ganzen Tag über Führungen in spanischer Sprache statt.

Schlafen

Posada Mayor de Migueloa HISTORISCHES HOTEL €€
(☎945 600 187; www.mayordemigueloa.com; Calle Mayor 20; EZ/DZ inkl. Frühstück 112/124 €; ❄📶) Dieses stattliche Hotel in einem umgebauten Haus aus dem 17. Jh. hat sieben stimmungsvolle Zimmer mit alten Steinwänden, niedrigen Balkendecken und gepflegten Antiquitäten, die an vergangene Zeiten erinnern. Man sollte unbedingt den Weinkeller des Hotels besuchen. Das Restaurant ist ebenfalls erstklassig (Hauptgerichte ab 21 €).

Castillo el Collado HISTORISCHES HOTEL €€€
(☎945 62 12 00; www.hotelcollado.com; Paseo el Collado 1; DZ/Suite 138/193 €; ❄📶) Mit dem zinnenbewehrten Turm, den Wappen und den hübschen Blumengärten wirkt das durch und durch charmante Castillo el Collado wie eine Märchenburg. Die zehn Zimmer sind alle individuell gestaltet, einige mit kunstvollen Decken, andere mit prächtigen Wänden und antiken Betten.

Zum Hotel gehören auch ein tolles öffentliches Restaurant und ein nettes Café mit Blick auf die alten Mauern der Stadt.

Hospedería de los Parajes HISTORISCHES HOTEL €€€
(☎945 62 11 30; www.hospederiadelosparajes.com; Calle Mayor 46-48; Zi. ab 150 €; ❄@📶) Gäste erwarten hier außergewöhnlich vornehme Zimmer, die Altes und Neues mischen. Die 18 Zimmer verfügen über Böden aus poliertem Holz, einzelne Kunstwerke und die Originaldecken sowie bequeme Betten, und die Duschen haben rustikale Steinböden. Auch der Service überzeugt.

Hotel Viura DESIGNHOTEL €€€
(☎945 60 90 00; www.hotelviura.com; Calle Mayor, Villabuena de Álava; DZ ab 209 €; P❄📶) Das Hotel Viura ist ein modernes architektonisches Wahrzeichen inmitten des Weinanbaugebiets. Auf den ersten Blick erscheint es wie eine Ansammlung vielfarbiger metallener Würfel, die windschief an den Hang gebaut wurden. Bei näherer Betrachtung stellt das edle, schnittige Designerhotel einen skurrilen Kontrast zum traditionellen Dorf Villabuena de Álava dar. Service und Einrichtung sind erster Güte; eine absolut einmalige Übernachtungsgelegenheit.

Das Hotel liegt 12 km östlich von Laguardia.

Essen

★**Restaurante Amelibia** SPANISCH €€
(☎945 62 12 07; www.restauranteamelibia.com; Barbacana 14; Hauptgerichte 16–22 €; ⊙Mi–So

13.30–15.30, Fr & Sa auch 21–22.30 Uhr) Entspannt in diesem stilvollen Restaurant sitzen, mit Blick über die karge Ebene bis hin zu den fernen Bergen, und dabei großartige traditionelle spanische Küche genießen – das ist eines der Highlights von Laguardia. Auf der Karte stehen Gerichte wie Ochsenschwanz und Pilze in Rotweinsoße mit saisonalem Gemüse oder Seebarsch mit Kürbiscreme und Trüffelöl.

Castillo el Collado Restaurant SPANISCH **€€**
(www.hotelcollado.com; Paseo El Collado 1; Menüs ab 30 €) Diesem Restaurant haftet das Flair längst vergangener Zeiten an. In der Küche werden klassische Gerichte aus La Rioja auf die Teller gezaubert, z. B. gebratenes Spanferkel, und die Weinauswahl ist natürlich hervorragend. Es gibt eine Speisekarte in englischer Sprache.

Praktische Informationen

Die **Touristeninformation** (☎ 945 60 08 45; www.laguardia-alava.com; Calle Mayor 52; ⏲ 10–14 & 16–19 Uhr) liegt an der Hauptstraße ins Stadtzentrum und hat eine Liste mit Bodegas in der Region, die man besuchen kann.

An- & Weiterreise

Täglich machen sich acht oder neun Busse in Logroño auf den Weg nach Vitoria (8 €, 1½ Std.), die unterwegs in Laguardia (3 €, 25–30 Min.) halten. Einen Busbahnhof gibt's hier nicht; die Busse stoppen an überdachten Haltestellen entlang der Hauptstraße unweit des Aussichtspunkts.

Kantabrien & Asturien

Inhalt ➡

Gut essen

- ➡ Real Balneario de Salinas (S. 579)
- ➡ Tierra Astur (S. 567)
- ➡ La Huertona (S. 576)
- ➡ Bar Javi (S. 552)
- ➡ Agua Salada (S. 547)
- ➡ Arbidel (S. 575)

Schön übernachten

- ➡ Hotel Torre de Villademoros (S. 581)
- ➡ La Casa del Puente (S. 551)
- ➡ Posada del Valle (S. 588)
- ➡ Hotel del Oso (S. 598)
- ➡ 3 Cabos (S. 581)
- ➡ Palacio de Flórez-Estrada (S. 586)

Auf nach Kantabrien & Asturien!

Von Nord nach Süd kann man diese beiden Regionen in gut einer Stunde durchqueren – das sollte man jedoch nicht tun. Kantabrien und Asturien belohnen diejenigen, die bleiben. Entlang der atemberaubenden Küste wechseln sich Felsen mit schönen Stränden und kleinen Fischerhäfen ab. Dahinter steigen herrlich grüne, mit steinernen Dörfern gesprenkelte Flusstäler zu den über 2000 m hohen Bergen der Cordillera Cantábrica an, deren majestätische Gipfel die Picos de Europa bilden.

Die fruchtbaren Landschaften Kantabriens und Asturiens garantieren gutes Essen und Trinken: Hochwertiges Fleisch, lokale Käsesorten und Asturiens bekannter Cidre ebenso wie jede Menge lokaler Meeresfrüchte bestimmen das Angebot. Wer sich für Geschichte interessiert: In Altamira und an anderen Orten schufen die frühen Menschen prähistorische Malereien, und in Covadonga wurde vor 1300 Jahren der Grundstein für die spanische Nation gelegt.

Reisezeit

Oviedo

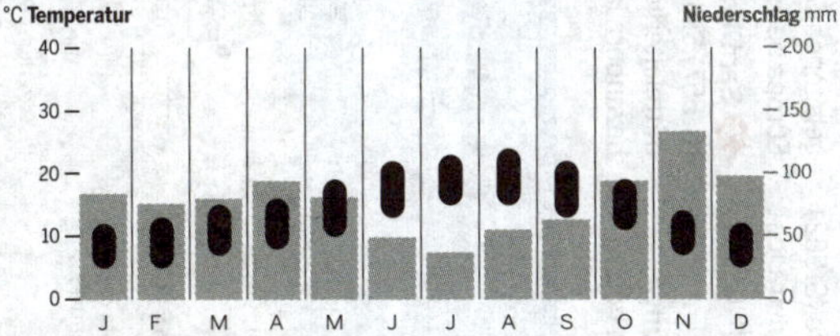

Mai, Juni & Sept. Beste Reisezeit: höhere Temperaturen, niedrigere Preise, kaum Touristen.

Ende Juli Santanders Semana Grande bringt jede Menge sommerlichen Spaß.

Okt. Die Apfelernte in Asturiens Obstgärten und in den geschäftigen *sidrerías* feiern.

Highlights

1 **Playa de Oyambre** (S. 562) Die fantastischen Sandstrände enlang der kantabrischen Westküste anfahren.

2 **Lagos de Covadonga** (S. 591) Zwischen den hochgelegenen Seen der Picos de Europa herumwandern.

3 **Santillana del Mar** (S. 557) Sich vom Charme der mittelalterlichen Schönheit bezaubern lassen.

4 **Santander** (S. 543) Sich in den Tapas- und Surf-Szenen dieser lebendigen Stadt verlieren.

5 **Cueva de Tito Bustillo** (S. 575) In Ribadesella am Meer Höhlenkunst bewundern.

6 **Oviedo** (S. 564) Die Pracht von Oviedos Kathedrale und der vorromanischen Bauwerke bestaunen und das Herz der spanischen Apfelwein-Szene erkunden.

7 **Garganta del Cares** (S. 593) Durch Spaniens berühmteste Schlucht laufen.

8 **Playa de Torimbia** (S. 577) An diesem abgeschiedenen Sandstrand baden.

KANTABRIEN

Kantabrien bietet Besuchern von allem etwas. Grüne Landzungen und wilde Strände mit Felsklippen beherrschen die 150 km lange Küste, dazwischen liegen eingestreut farbige Fischerhäfen und Sandbuchten für einen perfekten Sommertag am Meer. Gleich landeinwärts liegen Kantabriens atemberaubend grünen Berge, die durch tiefe, vielfach verzweigte, über Passstraßen verbundene Täler geteilt werden und in den spektakulären Picos de Europa gipfeln. Diese Binnenlandschaften, über die verschlafene Dörfer verstreut liegen, sind eine Augenweide, gleich ob man auf den Landstraßen fährt oder auf Wanderwegen unterwegs ist.

Die lebendige Hauptstadt Santander verströmt mit ihren quirligen Stränden und Bodegas einen Hauch von urbanem Flair am Meer. Santillana del Mar und Comillas locken mit mittelalterlichem Erbe und Bauten im Stil des Modernisme, während die prähistorischen Kunstwerke der Höhlen von Altamira, El Castillo und Covalanas zu den ältesten und schönsten der Welt zählen. Bei so viel Abwechslung kann man leicht die ganzen Ferien hier verbringen.

Santander

171 951 EW.

Abgesehen von dem Viertel El Sardinero mit seinem eleganten Belle-Epoque-Flair gewinnt das moderne Santander nicht gerade einen Schönheitspreis. Ein großes Feuer zerstörte 1941 das Zentrum und ließ wenig Altes oder Idyllisches übrig. Dennoch ist Kantabriens Hauptstadt ein reizender Ort, der das Beste aus seiner Lage an der Nordseite der hübschen Bahía de Santander macht, und ihre vorwärts gerichtete Grundhaltung wird durch das auffallend modernistische Centro Botín verkörpert, das 2017 am Ufer eröffnete.

Santander ist ein lebendiger Ort, an dem man ein bis zwei Tage an den Stadtstränden, in den belebten Einkaufsstraßen und in der bewegten Bar- und Restaurantszene verbringen kann, zudem locken gute Surfbedingungen und einige faszinierende kulturelle Attraktionen. Für spanische Touristen ist Santander ein sehr beliebter Ferienort.

Sehenswertes

★ Centro Botín KUNSTZENTRUM

(☎ 942 22 60 72; www.centrobotin.org; Jardines de Pereda; Galerien 8 €; ⊙ Juni–Sept. Di–So 10–21 Uhr, Okt.–Mai bis 20 Uhr) Als Santanders neuestes und sensationellstes Wahrzeichen wurde dieses ehrgeizige am Wasser gelegene Kunst- und Kulturzentrum im Juni 2017 mit großem Trara eröffnet. Vom italienischen Architekten Renzo Piano entworfen, umfasst dieses ausgesprochen modernistische Bauwerk auf zwei Etagen eine Ausstellungsfläche von 2500 Quadratmetern. Dazu kommen im Obergeschoss futuristische, dramatisch in die Bahía de Santander hineinragende Aussichtsplattformen. Das einladende Café (☎ 942 04 71 50; www.centrobotin.org/el-muelle; Centro Botín; Mittagsmenüs 13–21 €; ⊙ **Café** So, Di & Mi 9.30–20, Do-Sa bis 24 Uhr, Mittagessen Di–Fr 13–16, Abendessen Do-Sa 21–23 Uhr) im Erdgeschoss ist ebenso schnell zu einem gesellschaftlichen Treffpunkt geworden wie die umliegende Plaza, auf der sich alle, von Skatern bis zu Senioren, treffen.

Für die Galerien im 1. und 2. Stock, in denen Wechselausstellungen internationaler Gegenwartskunst gezeigt werden, muss Eintritt bezahlt werden. Der Zugang zum restlichen Bauwerk ist kostenlos.

★ Museo de Prehistoria y Arqueología de Cantabria MUSEUM

(☎ 942 20 99 22; www.museosdecantabria.es; Calle de Bailén; Erw./Kind 5/2 €, So nachmittags Eintritt frei; ⊙ Juni–Sept. Di–So 10–14 & 17–20 Uhr, Okt.–Mai Di–So 10–14 & 17–19.30 Uhr) Santanders exzellentes, elegantes prähistorisches und archäologisches Museum zeigt Kantabriens umfassenden archäologischen Reichtum, wobei die Exponate mit französischen, englischen und spanischen Erklärungen versehen sind. Die detaillierte interaktive Multimediaausstellung reicht von frühen hominiden Überresten bis hin zu riesigen Stelae (Steinscheiben) der vorrömischen Kantabrier, einem nachgebauten römischen Innenhof, prähistorischer Höhlenkunst und den mittelalterlichen spanischen Königreichen Asturien und León.

★ Península de la Magdalena PARK

(⊙ 8–21 Uhr) Die weitläufige Parkanlage an der östlichen Spitze der Bucht lädt zu Spaziergängen ein und ist als Picknickplatz beliebt. Kinder begeistern sich für die Seelöwen und Pinguine, die Nachbauten spanischer Galeonen sowie den kleinen Zug, der um die Landspitze fährt (Erw./Kind 2,45/1,45 €). Der Ausblick auf die nahegelegenen Strände und die aufgewühlte See ist grandios.

Santander

0
200 m
A
B
C
D
E
F
G
1
2
3
4
C Vista Alegre
C del Sol
Paseo de Menéndez Pelayo
C de San Emeterio
C de Tetuán
Pasaje de Jesús Revaque Garea
C de Valliciergo
C de Santa Lucía
C del Río de la Pila
C de Guevara
C de Gómez Oreña
Plaza de Cañadío
C de Lope de Vega
C de Bonifaz
C de Casimiro Sainz
Península de la Magdalena (2 km); Playa del Sardinero (2,4 km)
C de Cisneros
C de Cervantes
C Cubo
C de San José
C del Arrabal
C del Medio
Sanz de Sautuola
C de Marcelino
C de Daoíz y Velarde
C de la Peña Herbosa
C Gravina
Plaza la Esperanza
C de Rualasal
C de Hernán Cortés
C Gándara
C Castelar
C Gamazo
C de Magallanes
Museo de Prehistoria y Arqueología de Cantabria
Plaza de Pombo
C de Ataúlfo Argenta
Museo Marítimo del Cantábrico (1 km)
Puerto Chico
C de Rubio
C de Juan de Herrera
Plaza del Príncipe
C Aldeana
Pasaje Ana
Pasaje Inés
Bailén
C de
Pasaje Lituca
Pasaje Nieves
Paseo de Pereda
C Túnel Burgos
C de Jesús de Monasterio
C de San Francisco
Av de Calvo Sotelo
Estación Marítima Los Reginas
C de Somorrostro
Plaza Alfonso XIII
Busse nach El Sardinero
Plaza del Obispo José Eguino y Trecu
Centro Botín
C Alta
C de Cádiz
Bahía de Santander
Playa del Puntal (2,5 km); Playa de Somo (5 km)
Bahnhof (Renfe)
Bus-bahnhof
C Navas de Tolosa
C de Méndez Núñez
C de Rodríguez
C Calderón de la Barca
Estación Marítima (Fähre nach GB)
Bahnhof (FEVE)
C de Antonio López
(5 km); Puente Viesgo (28 km); Santillana del Mar (28 km)
C Castilla
1
2
3
4
5
6
7
8
9
10
11
12
13
14
15
16
17
18

Santander

Highlights
1 Centro Botín ... D3
2 Museo de Prehistoria y Arqueología de Cantabria ... D2

Sehenswertes
3 Casa-Museo de Menéndez Pelayo ... B2
4 Catedral de la Asunción ... C3
5 Iglesia del Santísimo Cristo ... C3
6 Jardines & Paseo de Pereda ... D3
7 Mercado La Esperanza ... B2

Schlafen
8 Hostal La Mexicana ... C2
9 Hostel Santander ... E2
10 Hotel Bahía ... D3
11 Jardín Secreto ... A2
12 Los Balcones del Arte ... D2

Essen
13 Agua Salada ... E1
14 Cañadío ... E1
15 Casa Lita ... G2
16 El Machi ... C3
17 El Muelle ... D3
18 La Conveniente ... E1

Palacio de la Magdalena PALAST
(☎ 942 20 30 84; www.palaciomagdalena.com; Península de la Magdalena; Führungen 3 €; ⌚ Führungen Mo–Fr 11–13 & 16–18 Uhr stündl., Sa & So 10–12 Uhr stündl., Mitte Juni–Mitte Sept. nur am Wochenende) Der von verschiedenen Stilrichtungen geprägte, englisch anmutende Palast, der die Península de la Magdalena schmückt, wurde zwischen 1908 und 1912 als Geschenk der Stadt an die Königsfamilie errichtet. Bis 1930 diente es als deren Sommerresidenz. Während der 45-minütigen informativen Führungen (auf Spanisch) geht man über Eichenböden und vorbei an Bronzekerzenleuchtern, erstaunlich einfachen Schlafzimmern, einem Treppenaufgang aus geschnitztem Kastanienholz und dem ehemaligen Arbeitszimmer des Königs. Im Sommer, wenn der Palast die **Universidad Internacional Menéndez Pelayo** (www.uimp.es) beherbergt und zum internationalen Treffpunkt von Spezialisten aller Länder und Fachrichtungen wird, sind die Führungen auf die Wochenenden reduziert.

Jardines & Paseo de Pereda PARK, PROMENADE
(Peredas Gärten; Paseo de Pereda) Die hübschen, kürzlich neu gestalteten Jardines de Pereda sind nach dem kantabrischen Schriftsteller des 19. Jhs. José María de Pereda benannt. Szenen aus dem Leben in den Bergen, die in seinem einflussreichsten Werk *Escenas Montañesas* geschildert werden, sind dort in Stein und Bronze verewigt.

Gegenüber der Grünanlage erstreckt sich entlang der Bucht eine Promenade in östlicher Richtung bis zum **Puerto Chico** (Kleiner Hafen), einem Jachthafen. Im Sommer und teils auch im Winter dreht hier die halbe Stadt abends Spazier- und Joggingrunden. Sowohl den Paseo de Pereda als auch die Calle Castelar gegenüber dem Puerto Chico säumen prachtvolle Gebäude mit den typischen Glasveranden.

Mercado La Esperanza MARKT
(Plaza La Esperanza; ⌚ Mo–Fr 8–14 & 17–19.30, Sa 8–14 Uhr) Untergebracht in einem aus dem 19. Jh. stammenden gusseisernen Gebäude hinter dem Rathaus, bietet dieser geschäftige Mercado ein authentisches Stück örtlichen Lebens. Käufer drängen sich auf 2 Stockwerken mit Buden, in denen es Meeresfrüchte, Fleisch, Käse, Obst und *orujo* (Schnaps aus Kantabriens Liébana-Tal) gibt.

Catedral de la Asunción KATHEDRALE
(☎ 942 22 60 24; Plaza del Obispo José Eguino y Trecu; Spende erbeten; ⌚ Juni–Sept. Mo–Fr 8–13 & 16–20 Uhr, Okt.–Mai 8–13 & 17–20 Uhr) Santanders eindrucksvolle Kathedrale besteht aus zwei übereinander errichteten gotischen Kirchen. Nach einem Feuer 1941 wurde die im 14. Jh. errichtete **obere Kirche** mit einem Kreuzgang aus dem 15. Jh. komplett neu erbaut. Hier liegt das **Grab** des gefeierten hiesigen Gelehrten Marcelino Menéndez Pelayo (☎ 942 23 44 93; Calle de Rubio 6; ⌚ Mo–Fr 10.30–13 & 17.30–20, Sa 10.30–13 Uhr) GRATIS. Direkt darunter befindet sich die **Iglesia del Santísimo Cristo** (Iglesia Vieja; ☎ 942 21 15 63; Calle de Somorrostro; ⌚ Juni–Sept. 8–13 & 16–20 Uhr, Okt.–Mai 8–13 & 17–20 Uhr) aus dem 13. Jh., in der man Reliquien der Schutzheiligen der Stadt und unter Glasböden die Fundamente römischer Gebäude betrachten kann.

Strände

Playa del Sardinero STRAND
Der 1,5 km lange wunderschöne goldene Sandstrand von El Sardinero überblickt das offene Meer nördlich der Península de la Magdalena. Hier findet man einige der teuersten Immobilien von ganz Santander, darunter bedeutende Bauten aus dem frühen 20. Jh. wie das **Gran Casino**. Bei entspre-

ABSTECHER

STRÄNDE RUND UM SANTANDER

Playas de Langre (Langre; P) Die zwei wunderbar wilden goldenen Strände von Langre vor der Kulisse von Klippen mit hügeligen grünen Feldern bieten teils gute Surfbedingungen. Die meisten Besucher steuern **Langre La Grande** an, obwohl der kleinere angrenzende **Langre La Pequeña** besser geschützt ist. Die Strände liegen eine 30 km lange Fahrt östlich von Santander; einfach die Bucht nach Somo umrunden, dann der CA141 4 km ostwärts folgen und schließlich 2 km gen Norden nach Langre fahren. Weitere 500 m in Richtung Nordosten ist man am Ziel (einfach den Schildern folgen).

Playa de Valdearenas (Playa de Liencres; P) Der wunderschöne 3 km lange goldene Strand wird vom pinienbestandenen **Parque Natural de las Dunas de Liencres** geschützt. Er ist wunderbar naturbelassen und erfreut sich bei Surfern und Strandgängern großer Beliebtheit. Die Playa liegt eine 16 km lange Fahrt westlich von Santander. Einfach 11 km auf der A67 in westliche Richtung sowie 4 km auf der CA231 nach Norden fahren und schließlich den Schildern folgen.

chendem Wellengang lockt der Strand jede Menge Surfer an, vor allem im Herbst und im Winter – dann erreichen die Brecher teilweise eine Höhe von 1,5 m. Busse 1 und 2 (1,30 €) fahren von den Jardines de Pereda im Zentrum ostwärts nach Sardinero.

Playa del Puntal STRAND

Etwa gegenüber der Península de la Magdalena erstreckt sich der 2 km lange schmale Strand wie ein Finger in die Bucht hinein. An ruhigen Tagen wirkt er idyllisch, allerdings muss man sich vor der Strömung in Acht nehmen. Wenn das Wetter es erlaubt, verkehren von Mai bis Oktober zwischen 10.30 und 19.30 Uhr etwa alle 30 Minuten Fähren (hin & zurück 4 €) von der Estación Marítima Los Reginas (S. 549).

Playa de Somo STRAND

Jenseits der Bucht von Santander bei der Playa del Puntal (S. 546) erstreckt sich die Playa de Somo, ein toller goldener Strand mit meist guten Surfbedingungen. Das ganze Jahr über verkehrt von 8.30 bis 19.30 Uhr alle 30 bis 60 Minuten eine Fähre (einfach/hin & zurück 2,70/4,85 €, 30 Min.) von der Estación Marítima Los Reginas nach Somo (S. 549).

Kurse

Escuela de Surf Sardinero SURFEN

(☎ 942 27 03 01; www.escueladesurfsardinero.com; Balneario de la Primera Playa del Sardinero; 2-stündiger Gruppenkurs pro Pers. inkl. Brett, Neoprenanzug & Transport 35 €, Leihgebühr Brett/Neoprenanzug pro Tag 25/12 €; ⊙ März–Nov.) In perfekter Lage direkt an der Playa del Sardinero bietet diese professionell geleitete Surfschule mit Shop Surfkurse auf Spanisch, Englisch und Französisch. Je nach Tagesbedingungen findet der Unterricht eventuell in Liencres 10 km westlich statt.

Escuela Cántabra de Surf SURFEN

(☎ 609 48 28 23, 942 51 06 15, www.escuelacantabradesurf.com; Calle Isla de Mouro 12, Somo; Leihgebühr Brett/Neoprenanzug halber Tag 20 €, 2-stündiger Gruppenkurs pro Pers. inkl. Brett & Neoprenanzug 30 €; ⊙ Mitte März–Mitte Nov. Mo–Sa 10.30–20 Uhr, sonst nur am Wochenende) Die renommierte Surfschule in Somo vom Zentrum Santanders aus quer über die Bucht zeigt passionierten Surfern bereits seit 25 Jahren die besten Wellen. Zum Angebot gehören Unterricht auf Englisch, Spanisch und Italienisch sowie verschiedene Surfcamps und Kurse. Außerdem gibt's Stehpaddeln für Gruppen (2 Std. 50 €).

Feste & Events

Festival Internacional de Santander MUSIK

(FIS; www.festivalsantander.com, ⊙ Aug.) Santanders beeindruckendes Musikfestival umfasst eine große Bandbreite von Oper, Klavier und Jazz bis hin zu Ballett.

Semana Grande SOMMERFEST

(www.semanagrandesantander.com; ⊙ Juli) Das große Sommerfest rund um den 25. Juli sind 10 Tage voller Spaß.

Schlafen

Hostel Santander HOSTEL €

(☎ 942 22 39 86; www.hostelsantander.es; Paseo de Pereda 15; B inkl. Frühstück 24–29 €; ✱ 🛜) Dieses ausgezeichnete, moderne und zentral gelegene Hostel wurde in einem alten

Stadthaus mit Blick auf den Paseo de Pereda eingerichtet. Mit Elefanten bedruckte Kissen schmücken die helle Lounge mit Tischen, Fernseher und einem vollverglasten Balkon, der Aussichten aufs Meer gewährt. In den drei einfachen, sauberen, frischen und mit Schließfächern ausgestatteten Schlafsälen, vom rückwärtigen überblickt man die Plaza de Pombo, können sechs bis neun Personen schlafen.

Hostal La Mexicana HOSTAL €
(☎ 942 22 23 54; www.hostallamexicana.com; Calle de Juan de Herrera 3; EZ 41–50 €, DZ 57–65 €; WLAN) Einladendes, gepflegtes und gut geführtes *hostal* (Budgethotel) mit 38 Zimmern an einer größtenteils verkehrsberuhigten Einkaufsstraße im Zentrum von Santander. Die Zimmer im soliden, altmodischen Stil mit jeder Menge Blumenmuster sind sehr gemütlich, zudem gibt's miteinander verbundene Räume für Familien. Frühstück kostet 3 €.

★ Los Balcones del Arte APARTEMENTS €€
(☎ 942 03 65 47; www.losbalconesdelarte.com; Plaza del Príncipe 22; 5. OG, Apt. mit 1 Schlafzimmer 80–140 €, Apt. mit 2 Schlafzimmern 125–190 €; P WLAN) Vier eindrucksvolle Apartments im modernen Stil krönen die obere Etage dieses wunderschön renovierten Gebäudes in sehr zentraler Lage direkt neben der Plaza Porticada. Jedes hat sein eigenes durchdachtes Design und individuell-eleganten Charakter mit antiken Möbeln, fröhlichen Stoffen, frechen Details und voll ausgestatteten Küchen. Die Wohnung „Argenta" mit einem Schlafzimmer schmückt blau schimmernde Schlangenhauttapete, während Gäste des „Puerto" Kissen mit Leopardenprint, ein goldenes Schlafzimmer und ein Balkon mit Meerblick erwarten. Mindestaufenthaltsdauer: 5 Nächte von Juli bis Mitte September, 2 Nächte zu den anderen Zeiten.

Le Petit Boutique Hotel BOUTIQUE-HOTEL €€
(☎ 942 07 57 68; www.lepetithotelsantander.com; Avenida de los Castros 10; DZ inkl. Frühstück 65–168 €; Klimaanlage WLAN) Sieben elegante, individuell gestaltete Zimmer bilden attraktive (wiewohl leicht kuschelige) Unterkünfte in diesem ultramodernen Boutique-Hotel nahe der Playa del Sardinero. Jedes Zimmer wurde von einem anderen internationalen Ort inspiriert und besitzt einen thematischen Touch wie Teakmöbel („Bali") und Tapeten mit Stadtpanorama („New York"); schicke Cremefarben bestimmen die schöne Suite „Paris". Die Einrichtung ist in allen Zimmern geschmackvoll und warm, die Betten sind bequem und die makellosen Badezimmer mit Haartrocknern ausgestattet.

Jardín Secreto BOUTIQUE-HOTEL €€
(☎ 942 07 07 14; www.jardinsecretosantander.com; Calle de Cisneros 37; Zi. 55–80 €; WLAN) Das charmante Hotel mit sechs Zimmern ist nach dem kleinen Garten hinterm Haus benannt und in einem 200 Jahre alten Gebäude in Zentrumsnähe untergebracht. Ein engagiertes Bruder-Schwester-Team leitet das Haus. Ihre Mutter gestaltete die Unterkunft in stilvollen, modernen Silber-, Grau- und Pastelltönen mit freigelegtem Mauerwerk, Ziegelstein und Holz. Die Zimmer 3 und 4 im oberen Stock verfügen über winzige Terrassen mit Gartenblick.

Hotel Bahía HOTEL €€€
(☎ 942 20 50 00; www.hotelbahiasantander.com; Calle de Cádiz 22; EZ 79–169 €, DZ 89–199 €, 4BZ 119–219 €; P Klimaanlage WLAN) Das Top-Hotel im Zentrum von Santander, gleich gegenüber der Anlegestelle mit Fähren von/nach Großbritannien, ist wegen seiner Lage und Annehmlichkeiten kaum zu schlagen. Die großen, komfortablen Zimmer in schimmernden Silber- und Cremetönen sind im elegant-minimalistischen Stil gehalten und haben hochwertige Teppichböden. Teils überblicken sie das Meer, teils die Kathedrale. Die Familienzimmer punkten mit Stockbetten für Kinder, zudem ist der Service professionell und freundlich.

Essen

★ Casa Lita TAPAS €
(☎ 942 36 48 30; www.casalita.es; Paseo de Pereda 37; *pintxos* 2,60 €; ⌚ Di–So 12–24 Uhr) Im „Haus der *pintxos*" (Snacks) drängen sich stylishe *santanderinos* zwischen Backsteinwänden mit Plakaten, die Santander zu Anfang des 20. Jhs. zeigen. Einen Tisch ergattert man nur mit viel Glück. Serviert werden *raciones* mit klassischem Ibérico-Schinken und hiesigem Käse, zudem sorgen innovative moderne Kreationen wie Miniburger und Kürbis-Lauch-Quiche für den gewissen Pepp. Es gibt auch ein paar kantabrische Craft-Bier-Sorten.

★ Agua Salada FUSION-KÜCHE €€
(☎ 942 04 93 87; www.facebook.com/aguasaladasantander; Calle San Simón 2; Mittagsmenü 14 €, Hauptgerichte 11–18 €; ⌚ Mo 13–16, Mi–So 13–16 & 20–24 Uhr) Als Herzensangelegenheit der Besitzer Carlos García and Pilar Montiel

wird in diesem intimen Eckbistro eine superbe preisgünstige Küche mit marktfrischen Zutaten geboten, die den Mittelweg zwischen traditionell und innovativ geht. Hier kann man sich einem superben Tartar aus Thunfisch mit englischem Senfeis, gegrillter Schweineschulter mit hausgemachtem Pfirsich-Ingwer-Chutney oder im Wok gedünsteten Gemüsen mit nativem Olivenöl hingeben. An Werktagen stellt das Mittagsmenü ein hervorragendes Preis-Leistungs-Verhältnis dar.

★ La Conveniente TAPAS €€
(☎ 942 21 28 87; Calle de Gómez Oreña 9; raciones & tablas 7–20 €; ⏲ Mo–Sa 19–24 Uhr) In dieser höhlenartigen Bodega mit hohen Steinwänden und Holzpfeilern stehen mehr Weinflaschen herum, als man vielleicht je zuvor an einem Ort gesehen hat. Man setzt sich entweder an die Tische im engen vorderen Teil, stellt sich für einen der Plätze im weitläufigen Speiseraum an oder bestellt einen Snack an der Bar. Die Gerichte sind einfach, aber großzügig bemessen: Es gibt z. B. *tablas* (Teller) mit Käse, *embutidos* (Wurst), Schinken und Pâtés. Um einen Tisch zu ergattern, sollte man vor 20.30 Uhr kommen.

Machi FISCH & MEERESFRÜCHTE, FRÜHSTÜCK €€
(El Machichaco; ☎ 942 21 87 22; www.elmachi.es; Calle de Calderón de la Barca 9; Hauptgerichte 16–30 €; ⏲ Mo–Fr 8–24 Uhr, Sa & So ab 9 Uhr) In günstiger Lage zu den Verkehrsterminals und zum Stadtzentrum bietet dieser einladende Ort Meeresfrüchte mit einem guten Preis-Leistungs-Verhältnis. Man sollte Tapas wie die Santander-Spezialität *rabas* (frittierter Tintenfisch), die prämierte Meeresfrüchtetortilla, gefüllt mit *pulpo a la gallega* (nach galizischem Vorbild mit Paprika bestreuter Tintenfisch), oder herzhaftere Alternativen wie *arroces*-Meeresfrüchte (verschiedene Reissorten) und gebackenen Fisch des Tages kosten. Auch gut, um zu frühstücken (sogar Eier mit Speck).

Cañadío MODERN KANTABRISCH €€€
(☎ 942 31 41 49; www.restaurantecanadio.com; Calle de Gómez Oreña 15; raciones 9–18 €, Hauptgerichte 18–25 €; ⏲ Mo–Sa 13–16 & 21–24 Uhr; 📶) Ein geschmackvoll modernisiertes Lokal mit Kunst an den roten Wänden, gemütlichen Sitzbereichen, Dielenböden und erstklassiger kreativer, lokal inspirierter Küche. Seehecht wird auf jede erdenkliche Art zubereitet, der Salat mit frittiertem Ziegenkäse ist köstlich und meist gibt's ein traditionelles kantabrisches Spezialgericht. Man kann sich auch an der Bar unters Volk mischen und die verführerischen *pintxos* (Snacks) kosten.

Ausgehen & Nachtleben

Die Plaza de Cañadío, die Calle de Daoíz y Velarde und die Calle Hernán Cortés bieten viele beliebte *bares de copas* (Bars), in denen Gäste gemütlich ein Bier, Cocktail, Schnaps oder Wein trinken können. Rund um die Calle de Santa Lucía, Calle del Sol und insbesondere im oberen Abschnitt der Calle del Río de la Pila findet man einige alternative Bars. Cafés wiederum gibt's am Paseo de Pereda, der gen Osten in die Calle Castelar übergeht.

Praktische Informationen

Oficina de Turismo de Cantabria
(☎ 942 31 07 08; www.turismodecantabria.com; Calle de Hernán Cortés 4; ⏲ 9–21 Uhr) Im Mercado del Este.

Oficina de Turismo Municipal
(☎ 942 20 30 00; www.santanderspain.info; Jardines de Pereda; ⏲ Mitte Juni–Mitte Sept. 9–21 Uhr, sonst Mo–Fr 9–19, Sa 10–19, So 10–14 Uhr). Im Sommer gibt's eine Zweigstelle in **El Sardinero** (☎ 942 20 30 09; Primera Playa del Sardinero; ⏲ Juli–Mitte Sept. 10–21 Uhr, Ostern–Juni & Ende September Sa & So 10–21 Uhr).

An- & Weiterreise

BUS

ALSA (☎ 902 42 22 42; www.alsa.es) ist das größte Unternehmen, das am **Busbahnhof** (☎ 942 21 19 95; Calle Navas de Tolosa) von Santander verkehrt.

ZIEL	PREIS (€)	DAUER (STD.)	HÄUFIGKEIT (TGL.)
Bilbao	6,65 €	1¼–1¾ Std.	16-mal
Madrid	32–39 €	5–6¼ Std.	6-mal
Oviedo	13–28 €	2¼–3¼ Std.	13-mal
San Sebastián	13–30 €	2½–3 Std.	11-mal

FLUGZEUG

Santanders Aeropuerto Seve Ballesteros
(☎ 942 20 21 00; www.aena.es; Avenida de Parayas) befindet sich 5 km südlich von Santander in Parayas. Täglich verkehren von 6.30 bis 23 Uhr alle halbe Stunde Busse zum/ab dem hiesigen Busbahnhof (2,90 €, 10 Min.), ab dem Flughafen jede volle Stunde und 30 Minuten

nach der vollen Stunde, ab der Innenstadt 15 und 45 Minuten nach der vollen Stunde

Fluglinien und Ziele:

Iberia (www.iberia.com) Fliegt nach Madrid.

Ryanair (www.ryanair.com) fliegt nach Barcelona, Berlin (Schönefeld), Brüssel (Charleroi), Budapest, Dublin, Düsseldorf, Edinburgh, London (Stansted), Málaga, Marrakesch, Mailand (Bergamo), Rom (Ciampino), Teneriffa, Valencia.

Vueling (www.vueling.com) fliegt nach Barcelona.

SCHIFF/FÄHRE

Brittany Ferries (www.brittany-ferries.co.uk) bietet an drei Tagen in der Woche Fährverbindungen, darunter eine Billigverbindung, von Portsmouth (24–32 Std.) und eine von Plymouth (20 Std.) in Großbritannien, zur **Estación Maritima** in der Stadtmitte von Santander an. Die Preise variieren beträchtlich. Von jedem der beiden englischen Häfen kostet eine normale im Februar für Juli oder August gebuchte Fahrt hin & zurück für zwei Personen in einer Innenkabine und mit Auto etwa 800 GBP, im Oktober 500 GBP. Bei Buchung einer Billigve bindung ab Portsmouth kostet ein vergleichb rer Abschluss (also mit Innenkabine für 2 Personen) im Juli etwa 600 und im Oktober 400 GBP.

2018 gab Brittany Ferries die Einrichtung ei Fährverbindung (2-mal wöchentlich) zwische Cork/Irland und Santander bekannt.

ZUG

Santanders zwei Bahnhöfe liegen nebeneinander in der Calle de Rodríguez: **FEVE** (Renfe Ancho Métrico; ☎ 912 32 03 20; www.renfe.com/viajeros/feve) bedient Ziele an der spanischen Nordküste, während **Renfe** (☎ 912 32 03 20; www.renfe.com) Städte im Süden anfährt.

Bilbao (8,90 €, 3 Std., 3 FEVE-Züge tgl.)

Madrid (26–52 €, 4–6 Std., 3–5 Renfe-Fernzüge tgl.) Über Reinosa, Palencia und Valladolid.

Oviedo (16,35 €, 5 Std., 2 FEVE-Züge tgl.) Über San Vicente de la Barquera, Llanes, Ribadesella und Arriondas.

ℹ Unterwegs vor Ort

BUS

Die Innenstadt von Santander lässt sich problemlos zu Fuß erkunden. El Sardinero (1,30 €) erreicht man mit den Stadtbussen 1 und 2; sie halten an der **Avenida de Calvo Sotelo** in der Nähe der Hauptpost und bei den **Jardines de Pereda**.

SCHIFF/FÄHRE

2,80/4,95 €) gegenüber der Bucht.

ABSTECHER

CUEVAS DE MONTE CASTILLO

Von den vier zum UNESCO-Weltkulturerbe erklärten Höhlen **Cuevas de Monte Castillo** (☎ 942 59 84 25; http://cuevas.culturadecantabria.com; Erw./Kind pro Höhle 3/1,50 €; ⏲ Mitte Juni–Mitte Sept Di–So 10.30–14.30 & 15.30–19.30 Uhr, sonst kürzere Öffnungszeiten & Di geschl.; Ⓟ) 27 km südwestlich von Santander können zwei – **El Castillo** und **Las Monedas** – im Rahmen von 45-minütigen Führungen (auf Spanisch) besucht werden. Es ist ratsam, im Voraus zu buchen. Das gilt vor allem für die spektakulärere El Castillo, die mit der ältesten Höhlenkunst Europas aufwartet. 500 m im Inneren der Höhle warten Malereien, die fast so eindrucksvoll sind wie die in der berühmten **Cueva de Altamira** (S. 559) in Kantabrien. Anders als in Altamira bekommt man hier zudem das Original zu sehen, nicht nur eine Replik.

1903 entdeckt, datieren die 275 in El Castillo vorgefundenen Malereien und Felsgravuren von Hirschen, Bisons, Pferden, Ziegen, Auerochsen, Handabdrücken, geheimnisvollen Symbolen und eines Mammuts (sehr selten) in die Zeit zwischen 39 000 und 11 000 v. Chr. Ein möglicherweise 40 800 Jahre altes rotes Symbol ist der älteste bekannte Nachweis von Höhlenkunst in Europa. In El Castillo gibt's auch einige grandiose kathedralenartige Felsformationen. In Las Monedas gibt's weniger Kunst (schwarze Umrisse von Tieren, etwa 10 000 v. Chr.), dafür aber ein verblüffendes Labyrinth aus schillernden Stalaktiten und Stalagmiten.

Täglich fahren 5 bis 8 Busse von Santander nach Puente Viesgo (2,30 €, 35 Min.); von hier geht's entweder zu Fuß 2 km bergauf oder man fährt mit dem Taxi zur Höhle. Mit dem eigenen Fahrzeug sind es von Santander 40 Minuten bis zum Parkplatz an der Höhle.

Rund um Santander

Wunderschöne Surfstrände (S. 546), einer der besten Wildtierparks Spaniens und, in der verschlafenen Kleinstadt Puente Viesgo, prähistorische Höhlenkunst, die zur ältesten der Welt zählt: Rund um Santander locken einige lohnenswerte Attraktionen in unmittelbarer Stadtnähe.

Parque de la Naturaleza Cabárceno ZOO
(☎ 902 21 01 12; www.parquedecabarceno.com; Obregón; Erw./Kind 30/17 €; ⏲ März–Okt. 9.30–18 Uhr, Nov.–Feb. Mo–Fr 10–17, Sa & So bis 18 Uhr; Ⓟ) Der Zoo unter freiem Himmel 17 km südlich von Santander ist ein kurioses, aber erfolgreiches Experiment. Das Freigehege auf dem Gelände einer ehemaligen Bergbaumine beherbergt u. a. Nashörner, Wallabys, Gorillas, Dromedare, Luchse und bedrohte kantabrische Braunbären. Für die rund dreistündige Erkundung des 14 km langen Straßennetzes im Park ist ein Auto vonnöten. Alternativ kann man von den zwei neuen *telecabinas* (Drahtseilbahn) eine Aussicht über mehr als 6 km genießen.

Von Santander folgt man der N623 Richtung Burgos, dann der S30 gen Südosten und schließlich den Schildern nach Cabárceno.

Östliches Kantabrien

Der 95 km lange Küstenstreifen zwischen Santander und Bilbao im Baskenland bietet für die Einwohner beider Städte tolle Erholungsmöglichkeiten. Die Orte in dieser Gegend sind zwar nicht ganz so reizvoll wie die an der kantabrischen Westküste, aber es gibt trotzdem einige hübsche Strände. Im Landesinneren wartet in den Valles Pasiegos und dem südostkantabrischen Distrikt Alto Asón ein Naturparadies.

Santoña

11 004 EW.

Der entspannte Hafen von Santoña, 42 km östlich von Santander, ist für seine Sardellen berühmt, die hier in Gläser und Dosen gefüllt und mit Olivenöl konserviert werden. Nördlich der Stadt liegt die wunderschöne Playa de Berria.

Sehenswertes & Aktivitäten

Playa de Berria STRAND
Folgt man der CA141 2,5 km in nördlicher Richtung, gelangt man zur Playa de Berria, einem traumhaften hellen Sandstrand mit sich brechenden Surfwellen im offenen Meer. Regelmäßig verkehren Busse von Santoña hierher (1,45 €, 5 Min.).

Parque Cultural Monte Buciero WANDERN
(www.santona.es/turismo/monte-buciero-0) Der Parque Cultural Monte Buciero liegt auf der sich nordöstlich von Santoña erhebenden Landzunge. Man kann ihn auf einem von fünf Wanderwegen erkunden, darunter der relativ leichte 12 km lange **Sendero de Faros y Acantilados** (4 Std.), der in Schleifen um frühere Leuchttürme, Klippen und Festungen führt.

Schlafen

Hotel Juan de la Cosa HOTEL €€
(☎ 942 66 12 38; www.hoteljuandelacosa.com; Playa de Berria 14; EZ 65–98 €, DZ 70–138 €, 4BZ 104–185 €; ⏲ Ostern–Okt.; Ⓟ ❄ 📶) Von außen sieht das Gebäude des Hotel Juan de la Cosa nicht gerade hübsch aus, aber zwei Drittel der geräumigen in Blautönen gestrichenen, maritim inspirierten Zimmer bieten totalen Meerblick. Das Restaurant serviert leckere Küche mit Schwerpunkt auf Meeresfrüchten, zudem gibt's einfache separate Apartments für Familien.

Praktische Informationen

Oficina de Turismo de Santoña
(☎ 942 66 00 66; www.turismosantona.es; Calle Santander 5; ⏲ Mitte Juni–Mitte Aug. 10–14 & 17–20 Uhr, Sept.–Mitte Juni Mo–Fr 9–16, Sa 10–14 Uhr) Von Mitte Juni bis August gibt's einen Informationsstand an der Strandpromenade.

An- & Weiterreise

BUS

ALSA (S. 548) und **Autobuses Palomera** (☎ 942 88 06 11; www.autobusespalomera.com) bedienen Santoñas **Busbahnhof** (Calle Marinos de Santoña). Montags bis freitags verkehren 16 Busse zwischen Santoña und Santander (4,25 €, 1 Std.); samstags sind es zehn, sonntags acht. Täglich gibt's 13 Verbindungen nach Laredo (1,80 €, 30 Min.) mit Anschluss nach Castro Urdiales.

SCHIFF/FÄHRE

Von März bis November verkehrt eine Shuttlefähre von **Excursiones Marítimas** (☎ 637 584164; www.excursionesmaritimas.com; ⏲ Mitte Juli–Mitte Sept. 9–21 Uhr, März–Mitte Juli & Mitte Sept.–Nov. Mo–Fr 9–19, Sa & So bis 20 Uhr) von Santoña über den Meeresarm zum nordwestlichen Ende vom Strand von Laredo (einfach/hin & zurück 2/3,50 €). Von Juni bis

ABSTECHER

KANTABRIENS ÖSTLICHE TÄLER

Wegen ihres Reichtums an unverfälschter ländlicher Herrlichkeit warten die wenig besuchten Täler Ostkantabriens darauf, entdeckt zu werden. Die folgende Strecke könnte man nach einem Besuch der **Cuevas de Monte Castillo** (S. 549) in Puente Viesgo, 25 km südlich von Santander, nehmen. Vorher bitte die Wetterbedingungen prüfen.

Von El Soto, abseits der N623 ein wenig südich von Puente Viesgo, befährt man die CA270 und CA142 in südöstlicher Richtung nach Selaya. Von hier führen Schilder zur familiengeführten **Quesería La Jarradilla** (☎ 652 77 96 60, 942 59 03 42; www.quesoslajarradilla.com; Barcenilla 246, Tezanos de Villacarriedo; ⏲ Führungen Sa 12 Uhr, Laden Mo–Sa 11–14 & 16.30–18.30, So 11–14 Uhr), wo man alles über die jungen Weichkäse aus einer der traditionellsten ländlichen Gegenden Kantabriens, den **Valles Pasiegos** (die Täler Pas, Pisueña und Miera; www.vallespasiegos.org), erfährt, diese aber auch probieren und kaufen kann.

Weiter geht's entlang der CA262 nach Süden Richtung **Vega de Pas**, der „Hauptstadt" der Valles Pasiegos; die Aussichten vom 720 m hohen Pass **Puerto de la Braguía** sind umwerfend. Von Vega de Pas aus führt die CA631 in südöstlicher Richtung nach Kastilien und León (hier wird sie zur BU570), bevor man nahe Las Nieves wieder nach Norden fährt. Man folgt der BU571 über den 1240 m hohen Pass **Puerto de la Sía** in Richtung Arredondo, auf der CA265 erreicht man Kantabriens südöstlichen Bezirk **Alto Asón** (www.citason.com). Die Straße hat zahlreiche Serpentinen, ein paar Bergpässe und führt an der Quelle des Río Asón, dem Wasserfall **Nacimiento del Río Asón**, vorbei. Alternativ kann man an der Kreuzung kurz hinter dem Pass am Puerto de la Sía rechts abzweigen, um das **Centro de Interpretación Collados del Asón** (☎ 619 89 26 34, 942 67 73 71; www.facebook.com/colladosdelason; Barrio Lavín, La Gándara; ⏲ Mi–Fr 10-15.30, Sa & So bis 18 Uhr) zu besuchen, das Informationen zu den in der Gegend möglichen Aktivitäten bereithält und wo es einen wunderbaren Aussichtspunkt hoch über dem Tal des Río Gándara gibt.

Der Alto Asón beansprucht mehr als die Hälfte von Kantabriens 9000 bekannten Höhlen für sich. Man kann entweder von Arredondo nach Osten fahren oder vom Besucherzentrum in nordöstlicher Richtung nach **Ramales de la Victoria**, einem Talort mit zwei herausragenden Höhlen, die besichtigt werden können. Die **Cueva de Cullalvera** (☎ 942 59 84 25; http://cuevas.culturadecantabria.com/cullalvera-2; Ramales de la Victoria; Erw./Kind 3/1,50 €; ⏲ Mitte Juni–Mitte Sept. Di–So 10.30–14.30 & 15.30–19.30 Uhr, Mitte Sept.–Mitte Juni kürzere Öffnungszeiten) ist eine beeindruckend große Höhle mit Spuren prähistorischer Kunst. Die eher kleine **Cueva de Covalanas** (☎ 942 59 84 25; http://cuevas.culturadecantabria.com/covalanas-2; Erw./Kind 3/1.50 €; ⏲ Mitte Juni–Mitte Sept. Di–So 10.30–14.30 & 15.30–19.30 Uhr, Mitte Sept.–Mitte Juni kürzere Öffnungszeiten), 3 km auf der N629 südlich von Ramales und nach einem Fußmarsch von 650 m, steht wegen der auf etwa 20 000 v. Chr. datierten, in ungewöhnlicher Punktmalerei ausgeführten Darstellung von Hirschen und anderen Tieren auf der UNESCO-Welterbeliste. Besichtigungen mit Führer dauern 45 Minutenund sind im Voraus zu buchen.

An einem ruhigen schattigen Plätzchen neben dem Río Gándara in Regules, 10 km südwestlich von Ramales, findet man das **La Casa del Puente** (☎ 942 63 90 20, 645 820418; www.lacasadelpuente.es; Regulesabajo 3, Regules; Zi inkl. Frühstück 86–154 €; P 📶), eine wunderbar restaurierte *casa de indianos* (von einem aus Lateinamerika oder der Karibik zurückgekehrten Emigranten errichtete Villa). Die Zimmer folgen einem gemütlichen, vielfarbigen modern-rustikalen Stil mit freiliegenden Steinwänden, Stoffen mit Blumenmuster und, in einigen Fällen, einem privaten Spa. Die Zimmer im obersten Stockwerk sind loftartig mit schrägen Holzbalkendecken. Im verglasten Restaurant lässt sich gutes kantabrisches Essen genießen, und Eigentümer Emilio ist eine wahre ortskundige Wissensquelle.

Südlich von Ramales führt die N629 hoch zum 920 m hohen panoramischen Aussichtspunkt **Alto de los Tornos**, bevor sie weiter in Richtung Burgos in Kastilien und León führt.

September gibt's außerdem mehrmals täglich einstündige kommentierte Rundfahrten durch die Bucht, wobei am Zentrum von Laredo und am malerischen Leuchtturm Faro del Caballo Stops eingelegt werden (hin & zurück 10 €).

Castro Urdiales & Umgebung

31 817 EW.

Der betriebsame hübsche Küstenort liegt nur 31 km westlich von Bilbao im Baskenland und 26 km östlich von Laredo. Er hat einen Hafen, einen mittelalterlichen Stadtkern mit einem Wirrwarr aus engen Gassen und eine gotische Kirche, die über der Szenerie thront. Die Stadt spielte eine bedeutende Rolle als Teil der Cuatro Villas de la Costa. Die vier großen mittelalterlichen Häfen – die anderen drei waren Santander, Laredo und San Vicente de la Barquera – schlossen sich 1779 als Provinz Kantabrien zusammen.

Abseits der Schnellstraße A8 zwischen Laredo und Castro Urdiales erstrecken sich die Playas de Oriñón und Sonabia. Die zwei goldenen Strände lohnen einen Zwischenstopp und sind über eine Nebenstraße zu erreichen; Sonabia (nicht ausgeschildert) liegt 1,7 km hinter Oriñón.

Sehenswertes

Iglesia de Santa María de la Asunción KIRCHE
(Mo–Sa 10–13 & 16–18 Uhr) Der stolze gotische Bau thront spektakulär über dem Hafen von Castro Urdiales. Die Kirche wurde 1208 erbaut, Erweiterungen fanden jedoch fast bis zum 20. Jh. statt. Sie teilt sich die kleine Landzunge mit den Ruinen der jahrhundertealten Verteidigungsanlage der Stadt, die heute als Basis für den Leuchtturm dient, und einer umfassend renovierten Bogenbrücke aus dem Mittelalter.

Playa de Sonabia STRAND
(Sonabia) Etwa 14 km östlich von Laredo findet man die kleine wilde Playa de Sonabia unter hohen Klippen versteckt in einer von Felsen gesäumten Bucht, über der seltene Gänsegeier am Himmel ihre Kreise ziehen. Man fährt durch das winzige Dorf Sonabia und biegt direkt nach der Kirche links ab, parkt oberhalb des Strandes und läuft nach unten. Der Strand ist über dieselbe Nebenstraße zu erreichen, über die man auch zur Playa de Oriñón kommt.

Am Parkplatz oberhalb der Playa de Sonabia gibt's ein paar saisonal geöffnete Bar-Restaurants.

Playa de Oriñón STRAND
(Oriñón) Dieser breite Sandstreifen direkt an der A8, 16 km westlich von Castro Urdiales, liegt tief hinter schützenden Landzungen, die dafür sorgen, dass das Wasser ruhig und vergleichsweise warm ist. Die hiesige Siedlung besteht aus hässlichen Ferienwohnungen und Wohnwagenparks. Ein 10 km langer, bergauf und bergab führender **Wanderweg** verbindet Oriñón über die Playa de Sonabia und die noch einsamere **Playa de San Julián** mit Laredo.

Schlafen & Essen

Ardigales 11 BOUTIQUE-HOTEL €€
(☎ 942 78 16 16; www.pensionardigales11.com; Calle de Ardigales 11; EZ 48–56 €, DZ 68–88 €, 4BZ 98–120 €; ❄📶) Hinter einer soliden Steinfassade an der Barmeile der Altstadt versteckt sich dieses etwas futuristische Hotel mit elf schicken, modernen Zimmern in geschmackvollem Schwarz, Weiß und Grau. Unten hellen sanfte Neonlampen den gemütlichen Loungebereich mit Bar auf.

★ **Bar Javi** TAPAS €
(☎ 942 78 35 30; www.barjavi.com; Ardigales 42; *pintxos* 2,50–3 €; ⏲ 11.30–16.30 & 18.30–24 Uhr) ¡Advertencia! Die Warnung auf den Servietten dieser niedlichen kleinen Tapas-Bar sagt alles: „Wir übernehmen keine Verantwortung für die Abhängigkeit von unseren *pintxos*". Tatsächlich fällt es schwer, bei den täglich wechselnden Angeboten, die von knusprig frittierten Kroketten aus kleinen Tintenfischen hin zu geräuchertem Steinbutt oder Dorsch mit Schmorpilzen reichen – zu allen gibt's noch preisgünstigen, hochwertigen Wein – nicht süchtig zu werden.

Praktische Informationen

Oficina de Turismo (☎ 942 87 15 12; www.turismocastrourdiales.net; Parque Amestoy; ⏲ Juli–Mitte Sept. 9–21 Uhr, Mitte Sept.–Juni 9.30–14 & 16–19 Uhr) Am Meer.

An- & Weiterreise

Mindestens achtmal täglich verkehren Busse von **ALSA** (S. 548) von Castros **Busbahnhof** (☎ 942 86 71 45; Calle Leonardo Rucabado 42) über Laredo nach Santander (6,40 €, 1 Std.).

IRB Castro (☎ 942 86 70 26; www.bilbao-castro.es) Busse nach Bilbao (2,75 €, 45 Min.) fahren halbstündlich von 6 bis 22 Uhr (sonntags stündlich); zu den verschiedenen Stopps gehört die **Calle La Ronda 52**, einen halben Block von der Uferpromenade entfernt.

Zu den Playas de Oriñón und Sonabia gibt's keine öffentlichen Verkehrsmittel, deswegen ist man auf einen eigenen fahrbaren Untersatz angewiesen.

Laredo

11 347 EW

Laredo, 46 km östlich von Santander, ist ein in Spanien geradezu lächerlich beliebter Badeort. Den Hintergrund der sandigen 5 km langen Playa de Salvé, die gegenüber der Bucht von Santoña liegt, bilden hässliche Wohnblöcke des 20. Jh. Am Ostende der Stadt jedoch führen die atmosphärischen kopfsteingepflasterten Straßen von Puebla vom Hügel La Atalaya dramatisch abwärts und sind dicht an dicht von geschäftigen Bars und Restaurants gesäumt.

Sehenswertes

Fuerte del Rastrillar FESTUNG

(⌚10–22 Uhr) Die schwindenden Reste dieser Festung aus dem 16. Jh. krönen den Hügel La Atalaya oberhalb von Puebla Vieja und sind über einen steilen, aber schnellen 500 m langen Weg zu erreichen. Hier kann man vom **Mirador de la Caracola** sensationelle Aussichten auf den Strand von Laredo, die in Grün gehüllten Berge dahinter und über die Wellen nach Santoña genießen.

Túnel de Laredo TUNNEL

(⌚10–22 Uhr) Erbaut im Jahr 1885, führt dieser höhlenartige 220 m lange Tunnel am Ostende der Stadt unter dem Hügel La Atalaya hindurch zu einem felsigen Aussichtspunkt am Meer. Ursprünglich geplant, um einen heute zerstörten Hafen zu erreichen, erwies sich der Tunnel während des Spanischen Bürgerkrieges als Zufluchtsort nützlich.

Iglesia de Santa María KIRCHE

(☎942 84 03 17; Calle Santa María; 1 €; ⌚Mo–Fr 10–13 & 16–19, Sa 10–13 Uhr) In der oberhalb von der Puebla Vieja gelegenen beeindruckenden Iglesia de Santa María aus dem 13. Jh., seit 1931 Nationales Kulturdenkmal Spaniens, wird ein wunderbares flämisches *retablo* (Altarbild) aufbewahrt.

Essen

Somera FUSION-KÜCHE €€

(☎942 60 30 19; www.divinocanalla.com; Rua Mayor 17; Hauptgerichte 12–20 €; ⌚Juli–Mitte Sept. Di–So 12–17 & 20–1 Uhr, sonst Do 20–24, Fr–So 13–16 & 20–24 Uhr) Unter Leitung eines ehrgeizigen, aufmerksamen jungen Teams hat sich das Somera auf eine höchst kreative kantabrisch-asiatische Fusion-Küche mit vielen regionalen Zutaten spezialisiert. Zu den leckeren Vorspeisen gehören Spiegelei- und Sushi-Reis-*pintxos* (Snacks) und enorme knackige Salate (etwa mit Riesengarnelen, Obst und Apfeleis). Die Hauptgerichte sind mit Gourmet-Burgern und Thunfischtartar herzhafter, während die bissengroßen Schokoladendesserts die perfekte Krönung darstellen.

Praktische Informationen

Oficina de Turismo (☎942 61 10 96; www.laredoturismo.es; Alameda Miramar; ⌚Juli–Mitte Sept. 9–21 Uhr, Mitte–Sept.–Juni 9.30–14 und 16–19 Uhr). Am Ostende der Stadt.

An- & Weiterreise

BUS

ALSA (S. 548) führt täglich mindestens 17 Busverbindungen zwischen Laredo und Santander (4,25 €, 40 Minuten) und Bilbao (3,60 €, 50 Minuten) vom **Busbahnhof** (Calle Reconquista de Sevilla 1) aus durch. Auch gibt's täglich mindestens 15 Verbindungen nach Castro Urdiales (2,15 €, 20 bis 40 Minuten).

SCHIFF

Von März bis November bietet **Excursiones Marítimas** (S. 550) regelmäßige Überfahrten mit dem Schiff vom nordwestlichen Strandende in Laredo nach Santoña (einfach/hin & zurück 2/3,50 €) an. Dasselbe Unternehmen bietet von Juni bis September auch Sightseeing-Bootsrundfahrten ab Laredo-Mitte nach Santoña an (hin & zurück 10 €).

Südliches Kantabrien

Ein wunderschöner Panoramablick auf hohe Gipfel und tiefe Flusstäler, die von grünen Wiesen gesäumt werden, erwarten Traveller, die in das Innere Kantabriens vordringen. Jeder vorstellbare Grünton ziert die Landschaft, außerdem stößt man auf viele Steindörfer, die ein Netz schmaler Landstraßen umspannt. Reinosa ist der Hauptort der Region.

Reinosa & Umgebung

9331 EW. / 851 M

Südkantabriens Hauptort, 70 km südlich von Santander, hat selbst zwar nichts Ungewöhnliches zu bieten, dafür gibt's jedoch zahlreiche Attraktionen im Umland. Dazu gehören die Überreste der bedeutendsten römischen Siedlung Kantabriens, eine eindrucksvolle Ansammlung von aus Felsen gehauenen romanischen Kirchen. Hier entspringt außerdem der mächtigste Fluss des Landes, der Río Ebro.

Sehenswertes

Nacimiento del Río Ebro QUELLE
(Fontibre; P) Spaniens gewaltigster Fluss, der Río Ebro, entspringt an dieser idyllischen von Bäumen geschützten Quelle 5 km nordwestlich von Reinosa. An dem eindrucksvollen, friedvollen Ort findet man türkisfarbenes Wasser, einen winzigen Schrein und ein paar umherplanschende Enten. Von hier aus schlängelt sich der Ebro über 930 km südostwärts über Logroño (La Rioja) und Zaragoza (Aragonien) bis zum Mittelmeer.

Colegiata de San Pedro KIRCHE
(942 75 02 24; Cervatos; 11–13.30 & 16–19.30 Uhr) Die Colegiata de San Pedro in Cervatos aus dem 12. Jh. mit seltenen erotischen Holzschnitzereien auf den Kragsteinen liegt 5 km südlich von Reinosa. Sie zählt zu den schönsten romanischen Kirchen Kantabriens. Bei Interesse an einer Innenbesichtigung sollte man wegen der aktuellen Öffnungszeiten vorher anrufen.

Julióbriga RUINEN
(942 59 84 25; http://centros.culturadecantabria.com; Retortillo; Erw./Kind 3/1,50 €; Mitte Juni–Mitte Sept. Di–So 10.30–14.30 & 15.30–19.30 Uhr, Mitte Sept.–Mitte Juni kürzere Öffnungszeiten; P) Die Überreste von Kantabriens bedeutendster römischer Stadt befinden sich 5 km östlich von Reinosa. Sie erlebte im 1. und 2. Jh. ihre Blüte und wurde im 3. Jh. verlassen. Es gibt Führungen (45 Minuten, auf Spanisch), Beginn 40 Minuten nach der vollen Stunde, zum **Museo Domus**, einer originalgetreuen Nachbildung eines römischen Hauses. Die restliche Anlage, die u. a. eine **romanische Kirche** aus dem 12. Jh. umfasst, können Besucher auf eigene Faust erkunden.

Schlafen & Essen

Reinosas Innenstadt bietet ein halbes Dutzend Übernachtungsmöglichkeiten. Wer die friedliche und grüne Umgebung eines Dorfes bevorzugt, sollte ins 5 km weiter westlich gelegene Fontibre fahren.

Posada Fontibre GÄSTEHAUS €€
(942 77 96 55; www.posadafontibre.com; El Molino 23, Fontibre; EZ 52–59 €, DZ 69–84 €;) Als ruhige Oase im Herzen des Dörfchens Fontibre bietet diese alte in Stein erbaute *posada* sechs gut gepflegte Zimmer und einen grasbewachsenen, nur wenige Schritte von der Quelle des Río Ebro entfernten Hof. Die Einrichtung ist rustikal mit Balkendecken, Steinwänden, farbenfrohen Teppichen und im Schachbrettmuster gefliesten Badezimmern. Der angrenzende Park eignet sich hervorragend, um zu bummeln.

La Cabaña MODERN KANTABRISCH €€
(942 75 08 37; 637 79 87 31; Calle de Juan José Ruano 4, Reinosa; Hauptgerichte 10–20 €, Menü 13,50 €; Mo 13.30–16, Mi–So 13.30–16 & 21–23 Uhr;) Der Küchenchef dieses freundlichen Lokals wurde in Madrid ausgebildet. Spezialisiert ist es auf originelle lokal inspirierte Kreationen, die einfallsreich und doch nicht zu modern sind. Die liebevoll zubereiteten Gerichte legen den Fokus auf Grillfleisch, riesige Salate und köstliche hausgemachte Pasta (in dieser Gegend eine Rarität!). Die Vierkäse-Ravioli mit aromatischen Sorten von den Picos de Europa sind ein Genuss und die Pilze werden mit Semmelbröseln vom hiesigen Orzales-Brot paniert.

Praktische Informationen

Oficina de Turismo (942 75 52 15; www.surdecantabria.es; Avenida del Puente de Carlos III 23; Mo–Fr 9.30–14.30 & 16–19 Uhr, Sa 9.30–14.30 Uhr)

An- & Weiterreise

BUS

Mindestens sechs Busse von **ALSA** (S. 548) verkehren täglich zwischen dem **Busbahnhof** (942 75 40 67; Avenida de Castilla) von Reinosa und Santander (6,50 €, 1½ Std.). Zweimal pro Tag gibt's Verbindungen südwärts nach Palencia (6,80 €, 2 Std.), Valladolid (9,25 €, 2¾ Std.), Salamanca (15,25 €, 4¼ Std.) und Madrid (30 €, 5 Std.).

ZUG

Fünfmal täglich fahren **Renfe**(S. 549)-*cercanías* (Züge, die in den Vororten verkehren) zwischen Reinosa und Santander (ab 8,10 €, 1¼ Std.). Es gibt auch ein paar tägliche Verbindungen gen Süden nach Palencia, Valladolid, Salamanca und Madrid.

Unterwegs vor Ort

Die Hauptattraktionen der Gegend lassen sich im Grunde nur mit eigenem fahrbaren Untersatz erkunden.

ABSTECHER

FELSENKIRCHEN AM EBRO

Spaniens mächtigster Fluss, der Ebro, entspringt in Fontibre (5 km nordwestlich von Reinosa), füllt den Stausee Embalse del Ebro im Osten und schlängelt sich dann süd- und ostwärts nach Kastilien und León. Unterwegs locken einige faszinierende und pittoreske Ausflugsziele. Von Reinosa kann man ihm auf dem Fernwanderweg GR99 folgen oder – wenn man nicht genug Kondition hat – im Auto auf Nebenstraßen.

Von Reinosa führt die CA730 ostwärts über das römische **Julióbriga** (S. 554), das einen Zwischenstopp lohnt, nach Arroyo. Dort fährt man auf der CA735 nach Süden und folgt den Schildern zum **Santuario de Montesclaros** (☎ 942 77 05 50; Carretera CA741;Montesclaros; ⏲ Öffnungszeiten variieren; P), einem Kloster mit fantastischer romanischer Krypta und hübscher Lage mit Blick über das Ebro-Tal. Von hier folgt man der CA741 Richtung Südwesten nach Arroyal de los Carabeos (über den **Mirador del Cañon**, einen fantastischen Aussichtspunkt mit Blick aufs Kloster), und dann der CA272 nach Süden bis zu einem Verkehrskreisel, wo die Straße auf die CA273 trifft. Neun Kilometer westlich erreicht man auf der CA273 die bemerkenswerte **Iglesia Rupestre de Santa María de Valverde** (Santa María de Valverde; 1 €;, ⏲ Juli–Mitte Sept. Di–So 11–18 Uhr, Messe ganzjährig So 13 Uhr). Die schöne aus dem Fels gehauene Kirche mit mehreren Gewölben ist die beeindruckendste der *iglesias rupestres* (Felsenkirchen) in dieser Gegend. Wahrscheinlich geht sie auf das 7. bis 10. Jh. zurück, die Zeit der frühen Christen in der Region. Neben der Kirche liegt das **Centro de Interpretación del Rupestre** (☎ 942 77 61 46; Santa María de Valverde; Erw./Kind 2 €/frei; ⏲ Juli–Mitte Sept. Di–So 10–14 & 16–19 Uhr, sonst kürzere Öffnungszeiten, P). Mit Fotos, Karten, Videos und multimedialer Technik erzählt es die Geschichte des kuriosen Phänomens Felsenkirchen in der Region und hat viele nützliche Informationen auf Lager; auch wenn man kein Spanisch versteht, lohnt sich ein Besuch. Nun geht's zurück nach Osten nach La Puente del Valle, wo man über den Fluss zur Sammlung anthropomorpher Grabstelen bei der **Ermita de San Pantaleón** kommt, und weiter ostwärts nach Campo de Ebro, wo sich die winzige aus Fels gehauene **Ermita de Santa Eulalia** hinter einer Kirche aus dem 17. Jh. direkt neben der Hauptstraße versteckt. Nur 3 km weiter östlich liegt **Polientes**, das größte Dorf der Gegend, wo es eine Bank, eine Tankstelle (Selbstbedienung, nur Kreditkarte) und ein paar Unterkünfte gibt. Die beste Wahl ist dabei die **Posada El Cuartelillo Viejo** (☎ 942 77 61 51; 619 91 82 81; www.elcuartelilloviejo.com; Carretera General 31, Polientes; inkl. Frühstück EZ 34–37 €, DZ 60–70 €; ⏲ April–Okt.; 📶) im Stadtzentrum.

Östlich von Polientes entlang der CA275 gibt's weitere wunderschöne Felskirchen. Zunächst stößt man auf ein kleines Exemplar an der Straße in **Cadalso**, dann auf die außerordentlich beeindruckende zweistöckige Kirche in **Arroyuelos**. **San Martín de Elines**, von Arroyuelos aus auf der anderen Seite des Ebros, ist wegen seiner hübschen romanischen Kirche einen Abstecher wert. Die kleine, aber herrlich gelegene Felsenkirche von **El Tobazo** ist Teil einer Gruppe von Höhlen im oberen Teil der Ebro-Schlucht östlich von Arroyuelos. Um sie zu finden, überquert man die Brücke nach Villaescusa del Ebro 2,5 km östlich von Arroyuelos, parkt das Auto und folgt dann einem Pfad am Südufer des Flusses. Nach ein paar hundert Metern zweigt rechterhand ein ausgeschilderter Weg nach El Tobazo ab, von hier wandert man 700 m bergauf und passiert auf halbem Weg einen hübschen Wasserfall (nach längerer Trockenheit ist nur moosbewachsener Fels mit vielen Höhlen zu sehen). Die Höhlenkirche liegt ein wenig oberhalb rechts.

Alle Kirchen sind in der Regel geschlossen. Ausnahme ist die Santa María, die von Juli bis Mitte September geöffnet ist. Die Fassaden sind für sich genommen sehr eindrucksvoll. Wer sie dennoch besichtigen möchte, wendet sich vorab an die nützliche **Oficina de Turismo de Valderredible** (☎ 942 77 61 46; www.valderredible.es; Avenida de Cantabria, Polientes; ⏲ Di–So 10–14 Uhr) in Polientes.

Von Villaescusa del Ebro führt die CA275 entlang der Ebro-Schlucht weiter nach Orbaneja del Castillo in Kastilien und León.

NÖRDLICHE ALTERNATIVEN ZUM JAKBOSWEG

Rund 65% aller Jakobswegpilger gelangen über den klassischen Camino Francés nach Santiago de Compostela. Dieser führt über 783 km westwärts von Roncesvalles über Kastilien und León in die Pyrenäen. Mittlerweile interessieren sich Wanderer, denen die Route zu überlaufen ist, jedoch zunehmend für den äußersten Norden Spaniens, wo sich andere *caminos* durch unberührte Landschaften zum spektakulären Ziel der Pilgerfahrt, Santiago de Compostela, und seiner prachtvollen Kathedrale in Galicien winden.

Die nördlichen *caminos* führen durch wunderschöne grüne Landschaften im Baskenland, in Kantabrien und in Asturien. Die rund 181 000 Pilger, die 2017 über den Camino Francés das Pilgerbüro in Santiago erreicht haben, ließen sich also einiges entgehen. 2015 erhielten drei nördliche Wege den UNESCO-Welterbestatus, den der Camino Francés bereits innehat.

Camino de la Costa (Camino del Norte) Die Hauptroute, der Camino de la Costa, wird mittlerweile von rund 6% der Pilger gewählt. Sie beginnt in Irún an der spanisch-französischen Grenze in der Nähe von San Sebastián. Der etwas verwilderte 815 km lange Weg führt an Spaniens zerklüfteter Nordküste entlang gen Westen, passiert San Sebastián, Bilbao, Santander und die asturische Ostküste und teilt sich vor Oviedo in zwei Routen. Eine verläuft südwestlich nach Oviedo, der Costa-Weg wiederum folgt weiterhin der asturischen Westküste über Gijón, Avilés und Luarca. In Ribadeo (Galicien) geht's dann gen Landesinneres, bevor er schließlich in den Camino Francés übergeht und in Santiago endet.

Camino Primitivo Die wunderschön ländliche Route beginnt offiziell in Oviedo, einem bedeutenden Pilgerort. In seiner von mehreren Turmspitzen geschmückten Kathedrale befinden sich heilige Reliquien, darunter das Santo Sudario, ein Tuch, das angeblich das Gesicht Jesu bedeckte. Der 321 km lange Weg führt nach Lugo (Galicien) und vereinigt sich schließlich mit dem Camino Francés. Die Primitivo-Route gilt als ältester *camino* Spaniens: Nach der Entdeckung der sterblichen Überreste des heiligen Jakob im 9. Jh. machte sich König Alfons II. von Asturien, dessen Hof in Oviedo lag, im Jahr 829 auf den Weg nach Santiago. 2016 folgten 4% der *camino*-Pilger (rund 12 000) seinen königlichen Fußstapfen.

Camino Lebaniego Die Route verläuft von Santander oder San Vicente de la Barquera an der kantabrischen Küste zum Monasterio de Santo Toribio de Liébana in den Ausläufern der Picos de Europa (120 km von Santander aus). Der Lebaniego-Weg ist offiziell kein Camino de Santiago, das Monasterio beherbergt jedoch eine Reliquie, bei der es sich angeblich um das größte erhaltene Stück des Jesuskreuzes handelt. Das Kloster gilt deswegen als wichtige Pilgerstätte und bietet wie die Kathedrale von Santiago in Ablassjahren (das nächste ist 2023) Pilgern die Möglichkeit des vollkommenen Ablasses (Erlösung von allen Sünden).

Camino del Interior Vasco-Riojano Die am wenigsten genutzte Route führt 200 km Richtung Südwesten von Irún bis zum Camino Francés in Kastilien und León.

Westliches Kantabrien

Die schönsten (und beliebtesten) Dörfer Kantabriens reihen sich wie Perlen entlang der grünen Küste westlich von Santander aneinander. Zunächst lockt die mittelalterliche Schönheit Santillana del Mar mit den prähistorischen Wundern der Cueva de Altamira in der Nähe, gefolgt von Comillas, das mit modernistischer Architektur überrascht, und dem attraktiven San Vicente de la Barquera mit hübschem Hafen.

Landeinwärts eröffnet sich abseits der ausgetretenen Pfade in den Tälern des westlichen Kantabriens eine völlig neue Welt. Hier finden sich zwischen üppig begrünten Bergen hübsche aus Stein errichtete Dörfer wie Bárcena Mayor und Tudanca, wo man ein Gefühl für die Geschichte und kulturellen Traditionen des ländlichen Kantabrien bekommt.

Santillana del Mar

4154 EW.

Santillana del Mar wird gerne als Stadt der drei Lügen bezeichnet, weil sie weder heilig *(santi)* noch flach *(llana)* und auch nicht am Meer gelegen *(del mar)* ist. Das mittelalterliche Schmuckstück mit den hellen gepflasterten Straßen, Balkons voller Blumen und einem Wirrwarr aus wettergegerbten Fachwerkhäusern erscheint fast zu gut erhalten – handelt es sich am Ende um ein Filmset? Nein, hier leben immer noch Menschen, die ihre großartigen kostbaren Häuser von Generation zu Generation weitergeben. Im Sommer füllen sich die Straßen mit neugierigen Besuchern.

Bereits seit 1575 gelten strenge städtebauliche Vorschriften. Zu den neueren Auflagen gehört, dass nur Einwohner oder Gäste von Hotels mit Garagen ihr Fahrzeug in die Altstadt mitbringen dürfen. Besucher anderer Hotels können zwar vorfahren, um Gepäck auszuladen, müssen ihr Auto aber dann auf dem Parkplatz vor dem Ort abstellen.

Santillana ist nicht nur ein Kleinod für sich, sondern auch ein ausgezeichneter Ausgangspunkt für den Besuch der nahegelegenen Cueva de Altamira (S. 557).

Sehenswertes

Colegiata de Santa Juliana KIRCHE

(Plaza del Abad Francisco Navarro; Erw./Kind 3 €/frei; ⏲10–13.30 & 16–19.30 Uhr, Okt.–Juni Mo geschl.) Ein Bummel über die gepflasterte Hauptstraße vorbei an ehrwürdigen Adelshäusern aus dem 15. bis 18. Jh. führt zu diesem immer noch hübschen einstigen romanischen Kloster aus dem 12. Jh. Größte Attraktion ist der **Kreuzgang**, eine Meisterleistung romanischer Steinmetze mit Säulenkapitellen, die viele unterschiedliche Figuren aufweisen. Das Kloster entstand ursprünglich rund um die Reliquien der heiligen Juliana (deren Name später in Santillana geändert wurde), einer aus der Türkei stammenden christlichen Märtyrerin aus dem 3. Jh., deren Grabkammer sich im Zentrum der Kirche befindet.

Schlafen

Posada de la Abadía PENSION €

(☎942 84 03 04; www.posadadelabadia.com; Calle de Revolgo 26; EZ 48–65 €, DZ 55–75 €; P 📶) Das kleine, freundliche familiengeführte Hotel befindet sich 200 m südlich der Hauptstraße in einem umgebauten, für Kantabrien typischen Haus des 19. Jh. Die zehn hübschen, makellosen und vollkommen komfortablen Zimmer besitzen alle ein Bad mit Wanne. Außerdem gibt's ein herzhaftes Frühstück (im Zimmerpreis inbegriffen).

★**Casa del Organista** HOTEL €€

(☎942 84 03 52; www.casadelorganista.com; Calle de Los Hornos 4; EZ 66–79 €, DZ 82–96 €; ⏲1. Jan.-Hälfte geschl.; P 📶) Lange Zeit diente dieses Haus dem Organisten der Colegiata de Santa Juliana als Residenz. Die 14 Zimmer in dem eleganten Gebäude aus dem 18. Jh. sind dank ihrer weichen Teppiche, antiken Möbel, vielen Eichenbalken und Steinmauern sehr ansprechend. Manche haben Balkons mit Blick auf die *colegiata* oder über die Dächer aus rotem Ziegelstein. Gäste können sich auf ein herzliches Willkommen und exzellentes Frühstück (6,50 €) freuen. Ähnlich eingerichtete Häuser findet man weiter die Straße hinauf.

★**Casa del Marqués** HISTORISCHES HOTEL €€€

(☎942 81 88 88; www.hotelcasadelmarques.com; Calle del Cantón 24; Zi. 99–199 €; ⏲ Anfang März–Anfang Dez.; P ❄ 📶) In dem gotischen Herrenhaus aus dem 15. Jh., das früher dem Marqués von Santillana gehörte, kann man sich noch heute wie ein Großgrundbesitzer fühlen. Freiliegende Holzbalken, trutzige Steinwände und coole Terrakottaböden tragen zur tollen Atmosphäre der 15 luxuriösen Zimmer, alle individuell eingerichtet und teils überraschend modern, bei. Drei Unterkünfte im ersten Stock überblicken den wunderschönen Garten, in dem man nachmittags einen Tee oder Gin Tonic trinken kann.

Ganzer Stolz der Besitzer ist das 700 Jahre alte Treppengeländer, dessen Holz von einem einzigen großen Baum stammt. Parken auf dem eigenen Parkplatz (rar in Santillana) kostet 11 € pro Tag.

Parador de Santillana Gil Blas HISTORICHES HOTEL €€€

(☎942 81 80 00, 942 02 80 28; www.parador.es; Plaza Ramón Pelayo 11; Zi. 135–205 €; 📶) Hier kann man in einem vorzüglich erhaltenen Adelssitz mit Blick auf Santillanas gepflasterten Hauptplatz übernachten. Die 28 Zimmer – komfortabel, elegant, gut ausgestattet und trotzdem mit viel historischem Charakter – übertreffen alle Erwartungen an einen *parador*; der Service ist super. Es gibt Unmengen luxuriöser versteckter Lounges, in denen man sich verlieren kann, und einen eleganten ummauerten Garten, in dem man im Sommer frühstücken kann.

ABSTECHER

DURCH KANTABRIENS WESTLICHE TÄLER

Üblicherweise von den Urlaubern vernachlässigt, die sich auf die weiter westlich gelegenen Picos de Europa konzentrieren, bilden die im westlichen Kantabrien liegenden Täler des Río Saja und, westlich davon, des Río Nansa, einen weichen Kontrast zur schroffen Erhabenheit der Picos. Sie zu entdecken ist ein Genuss.

Eine schöne Fahrt, angefangen an der Ostseite der Picos de Europa, führt von La Hermida auf der sich nach oben schlängelnden CA282 nach Osten zum Río Deva. Das Dorf **Puentenansa** bildet eine Kreuzung. Fünfzehn Kilometer auf der CA181 nach Norden (in Rábago nach Osten abbiegen und 7 km bergauf fahren) führen nach **El Soplao** (☎ 902 82 02 82; www.elsoplao.es; Erw./erm. 12/9.50 €; ⏲ Aug. 10–21 Uhr, Juli bis 19 Uhr, Apil–Juni, Sept. & Okt 10–14 & 15–18 Uhr, Nov.–März 10–14 & 15–17 Uhr, Okt.–Juni Mo geschl; Ⓟ), einer 20 km langen Höhlenstrecke voller Stalaktiten und Stalagmiten, in der bis 1979 Blei und Zink abgebaut wurde.

Südlich von Puentenansa folgt die CA281 dem Río Nansa stromaufwärts. Unterwegs führt ein 2 km langer Umweg zum reizvollen Dörfchen Tudanca, das von der **Casona de Tudanca** (☎ 942 59 84 25; www.museosdecantabria.es; Tudanca; Erw./Kind 3/1,50 €, So frei; ⏲ Mitte Juni–Mitte Sept. Mi–So 11.30–14.30 & 15.30–19.30 Uhr, sonst kürzere Öffnungszeiten), einem strahlend weißen ländlichen Herrensitz aus dem 18. Jh. beherrscht wird. Das mit jahrhundertealten Möbeln gefüllte Haus wurde durch einen *indiano* (einem in den Amerikas, in diesem Fall Peru, reich gewordenen und zurückgekehrten Emigranten) errichtet. Hier befindet sich auch die 18 000 Bände umfassende Bibliothek des Schriftstellers José María de Cossío, dem die Villa im 20. Jh. gehörte. Geführte Besichtigungen dauern 45 Minuten.

Schließlich trifft die CA281 auf die CL627, auf der man Richtung Süden nach Cervera de Pisuerga in Kastilien und León kommt oder in nordwestlicher Richtung zurück zu den Picos.

Alternativ kommt man, wenn man von Puentenansa auf der CA182 Richtung Osten fährt, durch **Carmona**, dessen schöne Steingebäude sich am besten vom hoch darüber gelegenen Aussichtspunkt betrachten lassen. Nach Erreichen des Dorfes Valle de Cabuérniga und des Río Saja geht's auf der CA280 Richtung Süden. Das zauberhafte Dörfchen **Bárcena Mayor**, 9,5 km östlich der CA280 an der CA871, ist eines der ältesten Dörfer in Kantabrien. Es gibt ein paar *casas rurales* (Unterkünfte im Dorf) und wunderbar stimmungsvolle *mesones* (Kneipen) wie **La Jontana** (☎ 942 74 12 11; www.lajontana.es; Calle La Larga, Bárcena Mayor; Hauptgerichte 9–16 €, Tagesmenü 12 €; ⏲ Mi–Mo 10 Uhr–open end; 👪) – das perfekt ist, um die in der Region heißgeliebte *cocido montañés*, serviert in großen Gemeinschaftstöpfen, zu probieren. Es dient als Ausgangsbasis für Wanderungen in den dichten Buchenwäldern, den Tälern und Hügeln des umliegenden **Parque Natural Saja-Besaya**. Das **Centro de Interpretación Parque Natural Saja-Besaya** (☎ 608 06 58 46; Carretera CA280, Km 13, Saja, Los Tojos; ⏲ Juli & Aug. 10–19 Uhr, Sept. Di–So 10–19 Uhr, Okt.–Juni kürzer Öffnungszeiten), 6 km südlich der Abzweigung auf die CA280 an der Bárcena Mayor, bietet Karten, Informationen und geführte Wanderungen an.

Vom Centro aus windet sich die Straße auf dem ganzen Weg nach Reinosa in Südkantabrien an fantastischen Aussichten am schön gelegenen Aussichtspunkt **Balcón de la Cardosa** und dem **Puerto de Palombera** auf 1260 m Höhe mit seinen umherschweifenden Pferden vorbei.

✕ Essen

La Villa KANTABRISCH €€

(☎ 942 81 83 64; www.lavillarestaurante.es; Calle La Gándara; Menü 16,50 €; ⏲ 13–16 & 20–23 Uhr) Für das touristische Santillana stellt das 3-Gänge-Menü, inklusive einer Flasche Wein, mittags oder abends einen guten Deal dar. Im von einer Steinmauer umgebenen Hofgarten kann man nordspanische Klassiker wie *cocido montañes* (kantabrischer Eintopf mit Fleisch und Bohnen) oder Kalbsentrecôte mit Cabrales (Käse) aus Sotres in den Picos de Europa probieren, gefolgt von ausgezeichnetem Reispudding als Dessert.

Restaurante Gran Duque KANTABRISCH €€
(☎ 942 84 03 86; www.granduque.com; Calle del Escultor Jesús Otero 7; Hauptgerichte 15–20 €; ⏲13–15.30 & 20–22.30 Uhr ganzjährig, Sept.–Juni So abends, Mo mittags geschl.) Serviert höchst qualitätvolle lokale Gerichte in einem hübschen, edel herausgeputzten Steinhaus mit dekorativen Elementen wie Fachwerk im Innenbereich. Sowohl Fisch- als auch Fleischgerichte kommen auf den Tisch, auch *mariscadas* (Meeresfrüchteplatten; ab 50 €) für zwei Personen für 50 bis 90 € und ein anständiges *menú del día* (19 €), das mittags und abends serviert wird.

Praktische Informationen

Oficina Regional de Turismo (☎ 942 81 82 51, 942 81 88 12; Calle del Escultor Jesús Otero; ⏲ Juli–Mitte Sept. 9–21 Uhr, Mitte Sept.–Juni 9.30–14 & 16–19 Uhr)

An- & Weiterreise

Autobuses La Cantábrica (☎ 942 72 08 22; www.lacantabrica.net) fährt jeden Tag mindestens dreimal von Santander nach Santillana (2,65 €, 40 Min.) und weiter nach Comillas (1,50 €, 20 Min. von Santillana) sowie San Vicente de la Barquera (2,20 €, 40 Min. von Santillana). Die Busse halten am Campo del Revolgo, unmittelbar südlich der Hauptstraße.

Altamira

1879 entdeckten der kantabrische Historiker und Wissenschaftler Marcelino Sanz de Sautuola und seine achtjährige Tochter María Justina die spektakulärsten prähistorischen Malereien Spaniens: wundervolle Gemälde von Bisons, Pferden, Hirschen und anderen Tieren in der **Cueva de Altamira**, 2,5 km südwestlich von Santillana. Bereits 2002 zog die Höhle von Altamira so viele Besucher an, dass sie geschlossen werden musste, um die Bilder zu schützen. Eine nachgebildete Höhle im Museum vor Ort ermöglicht nun, dass jeder die 13 000 bis 35 000 Jahre alten Motive bewundern kann. Das Besondere an den eindrucksvollen Zeichnungen aus Ocker und Kohle ist die Tatsache, dass sie komplett farbige Tiere und nicht nur Skizzen (wie in anderen kantabrischen Höhlen) zeigen.

Seit 2014 haben die Behörden damit begonnen, jeden Freitagvormittag fünf glücklichen, durch Losentscheid ausgewählten Besuchern den Zutritt zur echten Höhle von Altamira zu erlauben. Museumsbesucher, die freitags vor 10.30 Uhr kommen, können bei Interesse ein Formular ausfüllen, die Ziehung findet um 10.40 Uhr statt.

Sehenswertes

★ **Museo de Altamira** MUSEUM
(☎ 942 81 80 05; http://museodealtamira.mcu.es; Avenida Marcelino Sanz de Sautuola, Santillana del Mar; Erw./Kind, 3 €/frei, Sa ab 14 Uhr & So frei; ⏲ Mai–Okt. Di–Sa 9.30–20 Uhr, Nov.–April Di–Sa bis 18 Uhr, ganzjährig So & Feiertage bis 15 Uhr; Ⓟ ♿) Highlight des Museums ist die **Neocueva**, eine erstaunliche Nachbildung der interessantesten Höhlenkammer der Cueva de Altamira, nämlich der **Sala de Polícromos** (Saal der Malereien) in Originalgröße mit exquisiten 15 000 Jahre alten Bisonmalereien aus Ocker und Kohle auf dem natürlichen Felsrelief. Ergänzt wird das Ganze durch Abteilungen, die in englischer und spanischer Sprache über prähistorische Menschen und Höhlenkunst weltweit von Altamira bis Australien informieren. Das Museum ist sehr beliebt (2017 kamen 288 000 Besucher), sodass man die Tickets am besten im Voraus kauft, besonders für Ostern und die Monate Juli, August und September.

Schlafen

Die praktischste Ausgangsbasis für Ausflüge nach Altamira ist das hübsche kopfsteingepflasterte Santillana del Mar 2,5 km weiter nordöstlich. Hier gibt's eine exzellente Auswahl an Unterkünften, die größtenteils in prachtvollen historischen Häusern untergebracht sind.

An- & Weiterreise

ALSA (S. 548) bietet 4-mal täglich Busverbindungen von Santillana del Mar nach Altamira (1,50 €, 5 Min.) an; Fahrpläne ändern sich saisonbedingt. Ansonsten müssen die, die ohne eigenes Fahrzeug unterwegs sind, laufen (30 Minuten über einen asphaltierten Weg) oder vom 2,5 km nordöstlich liegenden Santillana ein Taxi (5 €) nach Altamira nehmen.

Comillas & Umgebung

2195 EW.

Nach 16 km Fahrt durch grüne Landschaften westlich von Santillana erreicht man Comillas inmitten von Hügeln, die von mehreren der originellsten und schönsten Bauwerke Kantabriens gekrönt werden. Letztere verdankt Comillas dem ersten Marqués de Comillas (1817–1883), der hier als einfacher Antonio López geboren wurde. Er machte

Die Geheimnisse des Nordens

Der Norden Kantabriens und Asturiens hält zahlreiche reizvolle Entdeckungen bereit. Von schneebedeckten Berggipfeln führt der Weg hinab durch grüne Täler bis hin zu wunderschönen Stränden. Es locken Köstlichkeiten wie Cidre, Meeresfrüchte oder Käse, gleichzeitig bieten herausragende Höhlenmalereien Einblick in die Frühgeschichte der Region.

Spektakuläre Gipfel

Nur 15 km landeinwärts erheben sich majestätisch die Picos de Europa. Sie sind eines der beeindruckendsten Massive der Cordillera Cantábrica, und ihre Ehrfurcht gebietenden Gipfel gehören zu den besten Bergwandergegenden Spaniens. Hier passiert man Bergseen, blickt kilometertiefe Steilhänge hinab und durchquert die großartige Schlucht Garganta del Cares (S. 593).

Legendäre Cidre-Bars

Asturien produziert 80 % des spanischen Cidre, dementsprechend sind die wilden, ungezwungenen *sidrerías* (Cidre-Bars) ein Stück Regionalkultur. Einen kunstvoll eingeschenkten, zischenden *culín* (kleines Glas Cidre) zu trinken ist ein echtes Erlebnis (S. 571).

Frühzeitliche Höhlenmalerei

Die älteste bekannte Kunst der Menschheit wurde zwischen 39 000 und 10 000 v. Chr. von steinzeitlichen Jägern und Sammlern an Europas Höhlenwände gezeichnet, gemalt und gemeißelt. In den UNESCO-Welterbestätten Altamira (S. 559), El Castillo (S. 549) und Covalanas in Kantabrien kann man einige der großartigsten Kunstwerke bestaunen.

Traumhafte Strände

Wild, zerklüftet und unberührt – an der 550 km langen Küste von Kantabrien und Asturien liegen Hunderte Sandstrände und Buchten, die zu den schönsten in ganz Spanien gehören. Und wenn die Wellen anrollen, sind die Surfbegeisterten aus der Region nicht weit.

1. Museo de Altamira (S. 559) **2.** Praia As Catedrais (S. 626), Galicien **3.** Garganta del Cares, Zentrale Picos (S. 593)

2

als Tabakplantagenbesitzer, Reeder, Banker und Sklavenhändler auf Kuba ein Vermögen. Nach seiner Rückkehr beauftragte er Ende des 19. Jhs. führende Modernisme-Architekten, seinen Heimatort aufzupeppen. Dies wiederum regte zum Bau weiterer spleeniger Villen an. Zu den Reizen des Ortes gehören noch ein hübscher goldener Strand, ein winziger Fischerhafen und ein charmanter kopfsteingepflasterter Altstadtkern.

Sehenswertes

★Palacio de Sobrellano

HISTORISCHES GEBÄUDE

(☎942 72 03 39; http://centros.culturadecantabria.com; Barrio de Sobrellano; Erw./Kind 3/1,50 €, Gelände frei; ⊙April–Okt. Di–So 9.45–14.30 & 15.30–18.30 Uhr, Mitte Juni-Mitte Sept. bis 19.30 Uhr, Nov.-März kürzere Öffnungszeiten) Der großartige neogotische Palast des Marqués de Comillas steht auf einem Hügel in einer Parkanlage. Mit dem Bau von 1888 lebte der Modernisme-Architekt Joan Martorell den Traum von einem durch und durch gotischen Gebäude aus. Die 25-minütige Führung (auf Spanisch) beinhaltet das prächtige Foyer mit holzgeschnitzten Kaminen samt von Gaudí entworfenen Drachen, den aufwendigen Speisesaal mit einem *artesonado* (kunstvoll verzierte Kassettendecke) aus Gold und Holz, wunderschöne Buntglasfenster und lebendige Originalwandbilder, die die Geschichte des Marquis erzählen. Martorell entwarf auch dessen imposantes **Familiengrab** (Erw./Kind 3/1,50 €) nebenan.

★Capricho de Gaudí

ARCHITEKTUR

(☎942 72 03 65; www.elcaprichodegaudi.com; Barrio de Sobrellano; Erw./Kind 5/2,50 €; ⊙Juli–Sept. 10.30–21 Uhr, März–Juni & Okt. bis 20 Uhr, Nov.–Feb. bis 17.30 Uhr, 1. Jan.-Woche geschl.) Außerhalb von Katalonien hat Antoni Gaudí nur wenige Werke hinterlassen, von denen aber das 1885 erbaute Capricho de Gaudí („Gaudís Laune") eindeutig zu seinen extravagantesten Arbeiten zählt. Das Ziegelsteingebäude an einem Hang südwestlich des Zentrums, eines seiner frühesten Werke, diente ursprünglich als Sommerspielwiese des Schwagers des Marqués de Comillas und ist mit wechselnden Keramikbändern aus grünen Blättern und Sonnenblumen verziert. Das elegante Innere ist eher schlicht und hat originelle Details wie *artesonado*-Decken (kunstvoll verzierte Kassettendecken), Buntglasfenster und schmale Wendeltreppen.

★Playa de Oyambre

STRAND

(Ⓟ) Der 2 km lange weizengelbe Traumstrand Playa de Oyambre 5 km westlich von Comillas wird vom Parque Natural Oyambre geschützt. Neben einigen Surfwellen gibt's ein paar ganzjährig geöffnete Zeltplätze. Zudem ist der Ort geschichtsträchtig: 1929 diente er beim ersten Flug zwischen den USA und Spanien als Notfalllandeplatz.

Fuente de los Tres Caños

BRUNNEN

(Calle de Joaquín del Piélago) Der kunstvolle dreistufige Brunnen mit Laternenmast im Herzen der Stadt wurde 1899 vom Modernisme-Architekten Lluís Domènech i Montaner entworfen und wird von schönen Blumenmotiven geschmückt.

Antigua Universidad Pontificia

ARCHITEKTUR

(☎630 25 67 67; Calle de Manuel Noriega; Erw./Kind 3,50 €/frei, Auto 2 €; ⊙Juni–Sept. 10–13 & 17–20 Uhr, Okt.–Mai 10–13 Uhr; Ⓟ) In dem vielschichtigen einstigen Seminar von 1892 arbeiteten die Jugendstilarchitekten Joan Martorell, Cristóbal Cascante und Lluís Domènech i Montaner Hand in Hand. Letzterem ist das mittelalterlich anmutende Ambiente zu verdanken. Heute befindet sich hier das **Centro Universitario CIESE-Comillas** (☎942 71 55 00; www.fundacioncomillas.es; Gruppenunterricht über 1/2/3/4 Wochen ab 225/430/620/800 €), ein Zentrum für spanische Sprache und Kultur. Die kunstvollen Innenräume und Patios kann man im Rahmen von spanischsprachigen Führungen besichtigen; von Juni bis September ist die Führung um 18 Uhr auf Englisch. Nur das Gelände ist frei zugänglich (außer mit dem Auto).

Schlafen & Essen

Posada Los Trastolillos

GÄSTEHAUS €€

(☎942 72 22 12; www.lostrastolillos.com; Barrio Ceceño, El Tejo; DZ 90–120 €, Suite 120–150 €; 📶) In diesem friedlichen ländlichen Rückzugsort zwischen Comillas und Playa del Oyambre werden 10 Gästezimmer, darunter drei geräumige Suiten, durch einen sonnendurchfluteten Frühstücksraum, einen gemütlichen *salón* mit Holzofen sowie eine Bibliothek und einen Spielraum mit Korbstühlen für Kinder vervollständigt. Draußen gibt's ein Feld mit vielen Kühen sowie Fernblick auf die Hügel, die felsigen Landzungen und das Meer.

Hotel Marina de Campíos

BOUTIQUE-HOTEL €€

(☎607 44 16 47, 942 72 27 54; www.marinadecampios.com; Calle del General Piélagos 12; EZ

75–105 €, DZ 90–160 €; ⌚Juni–Sept. tgl., Okt.–Mai Sa & So; ❄📶) Dieses leuchtend rote Haus aus dem 19. Jh. liegt ein paar Schritte von Comillas' Hauptplatz entfernt. Es wurde in ein stilvolles zeitgenössisches Hotel mit 19 originell gestalteten Zimmern verwandelt, die größtenteils über Betten mit Vorhängen und Tapeten verfügen und nach berühmten Opern benannt sind. Im hinteren Bereich gibt's einen hübschen Innenhof mit angrenzender Piano- und Snackbar. Frühstück kostet 5 €. Außerhalb der Sommermonate ist das Hotel nur an ein paar Wochenenden geöffnet; genauere Infos sollte man im Voraus erfragen.

Restaurante Gurea KANTABRISCH, BASKISCH €
(☎942 72 24 46; Calle Ignacio Fernández de Castro 11; Hauptgerichte 9–15 €, ⌚13–15.45 & 20.15–23 Uhr, Di abends & Mi geschl.) In einer Seitenstraße einige Straßen östlich des Zentrums serviert das freundliche, elegante Restaurant mit geselliger Bar baskische und kantabrische Gerichte, zudem gibt's exzellente Salate und *raciones*. Angeboten werden auch verschiedene Festpreis-Menüs, vom werktäglichen Mittagsmenü bis zum *menú especial* (24 €, mittags oder abends) und dem Menü für zwei Personen (50 €).

Praktische Informationen

Oficina de Turismo (☎942 72 25 91; www.comillas.es; Plaza de Joaquín del Piélago 1; ⌚Juli–Mitte Sept. 9–21 Uhr, Mitte Sept.–Juni Mo–Sa 9–14 & 16–18, So 9–15 Uhr) Direkt beim Hauptplatz..

An- & Weiterreise

Täglich verkehren drei bis vier Busse von **Autobuses La Cantábrica** (S. 559) zwischen Comillas und Santander (4 €, 1 Std.) über Santillana del Mar. Die **Hauptbushaltestelle** befindet sich in der Calle del Marqués de Comillas westlich des Zentrums.

San Vicente de la Barquera & Umgebung

Der Fischerhafen San Vicente de la Barquera ist die letzte Ortschaft an der westkantabrischen Küste, bevor man Asturien erreicht. Er liegt hübsch auf einer Landzunge zwischen zwei langen Meeresarmen vor der dramatischen Bergkulisse der Picos de Europa. Zusammen mit Santander, Laredo und Castro Urdiales gehörte San Vicente früher zu den Cuatro Villas de la Costa, einer Vereinigung aus vier dominierenden mittelalterlichen Häfen, die 1779 zur Provinz Kantabrien umgewandelt wurde. Im Sommer ziehen die langen Sandstrände im Osten viele Feriengäste hierher.

Sehenswertes

Playas El Rosal & de Merón STRAND
Die zwei hübschen Playas an der Ostküste der Stadt verschmelzen im Grunde zu einem breiten 4 km langen goldenen Sandstrand. Am Merón finden Surfer eine gute Brandung vor, während El Rosal vom westlichen Ende die hübscheste Aussicht auf San Vicente bietet. Man sollte die Warnflaggen beachten: Rot bedeutet, man darf nicht baden; bei Gelb ist Vorsicht geboten.

Iglesia de Nuestra Señora de los Ángeles KIRCHE
(☎942 84 03 17; Calle Alta; Erw./Kind 1,50 €/frei; ⌚Juli–Mitte Sept. Di–So 10–14 & 16–20 Uhr, sonst kürzere Öffnungszeiten) Das herausragende Bauwerk in San Vicentes Altstadt ist die Iglesia de Nuestra Señora de los Ángeles, deren Bau Alfons VIII. im Jahr 1210 in Auftrag gab. Obwohl gotisch, ragt ihr beeindruckendes romanisches Doppelportal heraus. Die im Innenraum befindliche, auf unheimliche Weise lebensechte Statue des sich auf einen Ellenbogen stützenden, lesenden Inquistors des 16. Jh., Antonio del Corro, wird als eines der besten Exemplare renaissancezeitlicher Grabmalkunst in Spanien erachtet. Hinter der Kirche hat man wundervolle Aussichten auf die Mündung des Río del Escudo mit Bergen als Hintergrund.

Castillo del Rey BURG
(Calle Padre Antonio; Erw./Kind 2/1 €; ⌚Juli & August 10.30–14 & 16.30–20 Uhr, März–Juni & Sept.–Dez. kürzere Öffnungszeiten, Jan. & Feb. geschl.; Mo geschl.) Die mittelalterliche Burg von San Vicente aus dem 13. Jh., eine der am besten erhaltenen in Kantabrien, thront über der Altstadt. In der Burg selbst gibt's nur wenig zu sehen, und Ausstellungsobjekte werden nur auf Spanisch erklärt. An einem klaren Tag jedoch sind die Aussichten auf die Picos de Europa, die Ría de San Vicente, den Atlantik und die Stadt selbst spektakulär.

Kurse

Escuela de Surf Costa Norte SURFEN
(☎609 282963; www.escueladesurfcostanorte.com; Avenida Francisco Giner de los Ríos 20; Leihgebühr Brett/Neoprenanzug pro Std. 10/5 €, 2-stündiger Gruppenkurs inkl. Brett & Neopren-an-

zug pro Pers. 30 €) Hinter den Playas El Rosal und de Merón bei San Vicente bietet die beliebte Surfschule an der Ostseite des Meeresarms Gruppenunterricht (Board und Neoprenanzug inkl.) und drei- bis siebentägige Surfcamps verschiedener Schwierigkeitsgrade. Zudem gibt's einen Surfbrett- und Neoprenanzugverleih und Stehpaddelkurse.

Schlafen & Essen

Hotel Luzón HOTEL €€
(☎ 608 10 48 00, 942 71 00 50; www.hotelluzon.net; Avenida Miramar 1; EZ/DZ/3BZ/4BZ 45/70/95/115 €; ⏲ Jan. geschl.; 📶) Ein stattliches jahrhundertealtes Steinhaus beherbergt das zentral gelegene Luzón, das mit seinen hohen Decken, langen Fluren, kunstvollen Treppenaufgängen und ruhigen Gemeinschaftsräumen immer noch das Flair alter Zeiten verströmt. Die 36 Zimmer sind einfach, die meisten aber geräumig. Am besten fragt man nach einem auf der Vorderseite mit weiter Aussicht über San Vicente und das Meer.

Boga-Boga FISCH & MEERESFRÜCHTE €€
(☎ 942 71 01 50; www.restaurantebogaboga.es; Plaza José Antonio 9; Hauptgerichte 11–24 €; ⏲ ganzjährig 13–16 & 20–23 Uhr, Sept.–Juni Mo abends & Di geschl.) Hinter einer wenig ansprechenden Fassade versteckt sich dieses beliebte Fischlokal mit einladendem, maritimem Flair und Wänden mit Insignien spanischer Kriegsschiffe. Unbedingt den im Tontopf mit Öl und Knoblauch zubereiteten Seehecht à la Boga-Boga probieren. Zu empfehlen ist auch *marmita de bogavante* (Meeresfrüchteeintopf mit Europäischem Hummer) oder ungewöhnliche Nordseetiere wie *centollo* (Große Seespinne) oder *cabracho* (Großer Roter Drachenkopf).

Praktische Informationen

Oficina Municipal de Turismo (☎ 942 71 07 97; www.sanvicentedelabarquera.es; Avenida del Generalísimo 20; ⏲ Juli & Aug. 10–14 & 16–20 Uhr, Sept. 9.30–14 & 17–20 Uhr, sonst kürzere Öffnungszeiten)

An- & Weiterreise

Der **Busbahnhof** (☎ 942 71 08 33; Avenida Miramar) von San Vicente neben der Puente de la Maza wird von **ALSA** (S. 548), **Autobuses Palomera** (S. 550) und **Autobuses La Cantábrica** (S. 559) bedient.

ZIEL	PREIS	DAUER	HÄUFIGKEIT
Gijón	10,90 €	2½ Std.	4-mal tgl.
Ovideo	9,10 €	2 Std.	5-mal tgl., teils über Llanes, Ribadesella & Arriondas
Potes	3,80 €	1¼ Std.	2-mal tgl.
Santander	5,15 €	1¼ Std.	6-mal tgl., teils über Comillas & Santillana del Mar

ZUG

San Vicentes **Bahnhof** befindet sich in La Acebosa, 2 km südlich der Stadt. Zwei Züge von **FEVE** (S. 549) halten hier täglich auf ihrer Fahrt zwischen Santander (5,15 € 1½ Std.) und Oviedo (11,15 €, 3½ Std.).

ASTURIEN

„Ser español es un orgullo", heißt es im Volksmund, *„ser asturiano es un título"* („Wenn es eine Ehre ist, Spanier zu sein, dann ist es eine Auszeichnung, Asturier zu sein.") – das glauben zumindest die meisten *asturianos*. Asturien ist das einzige Gebiet Spaniens, das nie von den Mauren erobert wurde und, wie von einigen behauptet wird, das echte, ursprüngliche Spanien, denn der Rest sei nur *tierra de reconquista* (rückerobertes Land).

Der wunderbar grüne Norden hat viele Gemeinsamkeiten mit Kantabrien, seinem östlichen Nachbarn. Die zerklüftete, wilddramatische Küste säumen farbenfrohe Fischerhäfen wie Ribadesella und Cudillero sowie über 200 Strände. Im Landesinneren erstrecken sich hoch aufragende Berge (ein großer Teil der Picos de Europa eingeschlossen), tiefe Täler und wunderbar rustikale Dörfer. Für Architekturinteressierte ist dies das Land der Präromanik, die sich am eindruckvollsten an überdauerten Bauten aus dem Frühmittelalter wie der auserlesenen Iglesia de San Salvador de Valdediós oder den zum UNESCO-Welterbe zählenden Denkmälern in Oviedo, der kultivierten Hauptstadt Asturiens, zeigt.

Oviedo

220 301 EW. / 232 M

Der kleine historische *casco antiguo* (Altstadt) der asturischen Hauptstadt verströmt

Oviedo

Oviedo

Highlights

1 Catedral de San Salvador D2
2 Museo Arqueológico de Asturias D2
3 Museo de Bellas Artes de Asturias D3

Sehenswertes

4 Ayuntamiento C3
5 Culis Monumentalibus B2
6 Iglesia de San Isidoro C3
7 La Regenta Statue C2
8 Plaza de Alfonso II C2
9 Plaza de la Constitución C3
10 Plaza de Porlier C2
11 Plaza de Trascorrales C3
12 Plaza del Paraguas D3
13 Plaza Fontán C4
14 Woody-Allen-Statue A2

Schlafen

15 Hotel Fruela B3

Essen

16 Mar de Llanes C2
17 Sidrería El Fartuquín D4
18 Tierra Astur C1
19 Tierra Astur Parrilla C1
20 Veintiséis Grados B4

Ausgehen & Nachtleben

21 La Leyenda del Gallo C3
22 Per Se D3

Unterhaltung

23 Ca Beleño D1

Shoppen

24 Mercado El Fontán C4

jede Menge Flair. Im Westen und Süden bilden elegante Parks und belebte, moderne Einkaufsstraßen ein angenehmes Gegengewicht. Die unterhaltsame, kultivierte Stadt hat faszinierende Attraktionen, einige exzellente Restaurants und eine lebendige

NICHT VERSÄUMEN

PLAZAS & SKULPTUREN

Ein wahres Vergnügen ist es, die Ecken und Winkel der Altstadt von Oviedo zu erkunden. Elegante Paläste aus dem 17. und 18. Jh. säumen die **Plaza de Alfonso II.** vor der Kathedrale und die benachbarte **Plaza de Porlier**. Auf einer kaum wahrnehmbaren Anhöhe nahe beim Zentrum des alten Oviedo liegt die **Plaza de la Constitución**, die von der aus dem 16. Jh. stammenden **Iglesia de San Isidoro** (Messe Mo–Fr 20, Sa & So 12 & 20 Uhr) und dem **ayuntamiento** (Rathaus) aus dem 17. Jh. gesäumt wird. Unmittelbar südlich, hinter dem farbenfrohen Lebensmittelmarkt **Mercado El Fontán** (985 20 43 94; www.mercadofontan.es; Plaza 19 de Octubre; Mo–Fr 8–20, Sa bis 15 Uhr), bietet die von Arkaden geschmückte **Plaza Fontán** verschiedene *sidrerías*. Passagen führen unter den hübschen Häusern hindurch in die umliegenden Straßen.

Weitere hübsche Plätze sind z. B. die **Plaza de Trascorrales** mit einer Milchmädchenstatue und die **Plaza del Paraguas**, ein einstiger Markplatz. Deren Namen geht auf ihre Form – ein umgekehrter Regenschirm – zurück. Heute schützt ein großer Schirm aus Beton Besucher und Stadtbewohner gegebenenfalls vor Regen.

Im Zentrum von Oviedo stößt man auf mehrere sehr moderne Skulpturen, darunter Eduardo Úrculos **Culis Monumentalibus** (Calle Pelayo), einem Paar Beine mit einem großen Hintern, Mauro Álvarez Fernández' **La Regenta** (Plaza de Alfonso II) vor der Kathedrale, eine Hommage an Leopoldo Alas' von Oviedo inspiriertem Roman *La Regenta* aus dem 19. Jh., sowie eine **Statue von Woody Allen** (Calle de las Milicias Nacionales). Woody Allen brachte seine besondere Zuneigung für Oviedo zum Ausdruck, als er hier Szenen für den 2008 erschienenen, als Märchen konzipierten Film *Vicky Cristina Barcelona* drehte.

Studentenschaft zu bieten. Draußen an der Peripherie erinnert das Brummen und Stampfen der Fabriken unmissverständlich daran, dass Oviedo in puncto Produktion von Textilien, Waffen und Lebensmitteln führend ist.

Sehenswertes

★ Catedral de San Salvador — KATHEDRALE

(985 21 96 42; www.catedraldeoviedo.com; Plaza de Alfonso II; Erw./Sen./Stud./Kind 7/6/5 €/frei; Juni–Aug. 10–20 Uhr, Sept. 10–19 Uhr, März–Mai & Okt. 10–13 & 16–18 Uhr, Nov.–Feb. 10–18 Uhr, ganzjährig So geschl.) Mit ihren sich über fast ein Jahrtausend erstreckenden Architekturstilen ist Oviedos atemberaubender Kathedralenkomplex der spirituelle und künstlerische Mittelpunkt der Stadt. Während der Großteil des Komplexes zwischen dem 13. und dem 18. Jh. im gotischen und barocken Stil errichtet wurde, bildet die im 9. Jh. unter Alfons II. als Reliquienstätte errichtete vorromanische Kapelle **Cámara Santa** zugleich den Ursprung und die Hauptattraktion der Kathedrale. 1998 zur UNESCO-Welterbestätte erhoben, beherbergt sie heute einige Schlüsselsymbole des mittelalterlichen spanischen Christentums.

★ Museo Arqueológico de Asturias — MUSEUM

(985 20 89 77; www.museoarqueologicodeasturias.com; Calle de San Vicente 3–5; Mi–Fr 9.30–20, Sa 9.30–14 & 17–20, So 9.30–15 Uhr) GRATIS Asturiens faszinierendes archäologisches Museum ist zum Teil in einem restaurierten Kloster aus dem 16. Jh. untergebracht. Es bringt mit Videos und informativen Präsentationen von Exponaten die geschichtlichen Reichtümer der Region maximal zur Geltung. Die Themen reichen von prähistorischer Höhlenkunst über die eisenzeitliche *castro*-Kultur (mit befestigten Dörfern) bis zur Römerzeit und dem mittelalterlichen Königreich Asturien. Im oberen Stock sollte man auf Überreste von Oviedos einzigartigen vorromanischen Gebäuden (S. 569) und Kalksteinbüsten mittelalterlicher Adliger achten. Alles ist auf Spanisch beschriftet, aber man bekommt eine Broschüre mit englisch- oder französischsprachigen Erläuterungen.

★ Museo de Bellas Artes de Asturias — MUSEUM

(985 21 30 61; www.museobbaa.com; Calle de Santa Ana 1; Juli & Aug. Di–Sa 10.30–14 & 16–20, So 10.30–14.30 Uhr, restliches Jahr kürzere Öffnungszeiten) GRATIS Oviedos Museum für

Schöne Künste ist in zwei der schönsten Paläste der Stadt untergebracht. Die große lohnenswerte und ständig wachsende Sammlung beinhaltet Gemälde von spanischen und europäischen Meistern wie Goya, Zurbarán, El Greco, Ribera, Tizian und Piter Bruegl dem Älteren. Die leuchtend weiße **Ampliación** (Eingang an der Calle de La Rúa), um die das Museum 2015 erweitert wurde, zeigt eine eindrucksvolle Ausstellung spanischer Kunst des 19. bis 21. Jhs. mit Arbeiten von Picasso, Miró, Dalí und Sorolla sowie von den Asturiern Evaristo Valle und Darío de Regoyos.

Feste & Events

Fiestas de San Mateo STADTFEST
(Ende Sept;) Oviedos größtes Fest ist das von San Mateo. Es wird in der dritten Septemberwoche gefeiert und erreicht seinen Höhepunkt um den 21. September herum. 9 Tage lang vibriert es auf den Plätzen und in den Konzertsälen der Stadt nur so vor Livemusik, Theater, Feuerwerken und einem breit aufgestellten Angebot für Kinder.

Schlafen

Hotel Favila HOTEL €
(985 25 38 77; www.hotelfavila.es; Calle Uria 37; EZ 32–45 €, DZ 40–59 €;) Es ist sicherlich nicht das Ritz, aber zwei Dinge sprechen für dieses kleine Hotel: spottbillige Preise und eine äußerst günstige Lage nur einen Steinwurf von Oviedos Bahnhof entfernt. Die Zimmer sind absolut annehmbar, mit zuverlässigem WLAN, und im Erdgeschoss gibt's ein Café-Restaurant, in dem man morgens frühstücken kann.

★ **Barceló Oviedo Cervantes** HOTEL €€
(985 25 50 00; www.barcelo.com; Calle de Cervantes 13; Zi. 75–170 €; Suite ab 260 €; P) Nur zwei Straßen nordwestlich vom zentralen Campo de San Francisco steht das Barceló, das ein restauriertes jahrhundertealtes Herrenhaus und zwei moderne Flügel einnimmt. Der tadellose zeitgenössische Stil prägt das gesamte Hotel, von den verspiegelten Hängekugeln bei der Rezeption über die schicke clubähnliche Lobbybar bis hin zu den 72 geräumigen luxuriösen Zimmern mit Kettenvorhängen, vielen Spiegeln und verglasten Bädern.

Hotel Fruela HOTEL €€
(985 20 81 20; www.hotelfruela.com; Calle de Fruela 3; EZ 57–110 €, DZ 79–140 €; P) Ein hübscher und moderner Stil, Originalkunstwerke, professioneller, freundlicher Service und gemütliches, fast intimes Flair machen das 28 Zimmer umfassende Fruela zur mit Abstand besten Mittelklasseunterkunft im Zentrum Oviedos. Hinter der wunderschön erhaltenen Fassade aus dem späten 19. Jh. verbergen sich helle, einladende Businesszimmer mit Schreibtischen, Hängelampen und vielen Steckdosen. Das Café-Restaurant im Erdgeschoss serviert Frühstück und Tapas..

Hotel de la Reconquista HISTORISCHES HOTEL €€€
(985 24 11 00; www.eurostarshoteldelareconquista.com; Calle de Gil de Jaz 16; Zi. 130–190 €, Suite 240–280 €; P) Seine Karriere begann das schickste Hotel der Stadt im 18. Jh. als Hospiz. Es liegt zwei Blocks nordwestlich vom Campo de San Francisco. Die 142 Zimmer aller Formen und Größen säumen zwei Innenhöfe und verbinden auf perfekte Weise Tradition und Komfort. Dafür sorgen Holzmöbel, wallende Vorhänge und Panoramafenster. Während der alljährlichen Verleihung des Preises Princesa de Asturias logieren hier Angehörige des Königshauses und andere Prominente

Essen

Veintiséis Grados CAFÉ €
(985 73 83 31; www.facebook.com/veintiseisgrados; Calle del Rosal 13; Frühstück 2,10–4,50 €, Hauptgerichte 8–12 €; Mo–Do 8–23, Fr bis 24 Uhr, Sa 9–24, So 9–17 Uhr;) Das gemütliche, modern-rustikale Café mit Bäckerei ist den ganzen Tag über sehr beliebt. Der Eingang ähnelt einem halboffenen Innenhof und die Wände zieren Wandgemälde. Besonders lecker sind der Kaffee, das Gebäck und die Sandwiches zum Frühstück sowie der Brunch. Die Gäste beschäftigen sich gern mit ihren Laptops und die Atmosphäre ist lebendig und urban.

Tierra Astur SIDRERÍA, ASTURISCH €€
(985 20 25 02; www.tierra-astur.com; Calle de la Gascona 1; raciones 10–15 €, Hauptgerichte 9–33 €; Menüs 11–28 € 13–16.30 & 20–24 Uhr;) Diese stimmungsvolle *sidrería* ist für seinen preisgekrönten Cidre und das in einem ausgezeichneten Preis-Leistungs-Verhältnis stehende *menú del día* (10,80 €, mittags Montag bis Freitag) berühmt. Auf einen freien Tisch muss man lange warten, alternativ isst man Tapas an der Bar oder kauft einfach ein paar der traditionellen Spezialitäten zum Mitneh-

men. Zu empfehlen sind die riesigen Salate, das asturische *cachopo* (gefülltes Kalbsschnitzel), die großzügigen Grillgemüseteller, *tortos* (frittierte Maiskuchen) mit allen erdenklichen Belägen, oder *raciones* mit hiesigem Käse. Im einen Häuserblock entfernten Schwesterlokal **Tierra Astur Parrilla** (☎984 84 66 24; www.tierra-astur.com/parrilla; Calle Gascona 9; Hauptgerichte 13–33 €; ⌚13–1 Uhr) gibt's bei längeren Öffnungszeiten ausgezeichnete Grillfleischgerichte.

★ Gloria ASTURISCH €€

(☎984 83 42 43; www.estasengloria.com; Calle de Cervantes 24; Tapas 4,50–6 €, raciones 12–18 €; ⌚Mo–Sa 12.30–18 & 20.30–1 Uhr, So 12.30–18 Uhr; 📶) Der asturische Zwei-Sterne-Koch Nacho Manzano verwöhnt Oviedo mittels seiner eleganten *casa de comidas* (Haus des Essens) mit seinem kulinarischen Talent. Hier kommen exquisit zubereitete traditionelle Leckereien in Form von Tapas, *medias raciones* oder *raciones* sowie an Werktagen ein Mittagsmenü für 20 € auf den Tisch, An der Bar geht's gemütlich zu, während im sinnlich-dunklen Speiseraum Geschäftsleute im Anzug auf Ledersitzen im Kerzenschein ihr Essen genießen. Reservierung empfehlenswert.

Sidrería El Fartuquín SIDRERÍA, ASTURISCH €€

(☎985 22 99 71; www.restauranteelfartuquin.es; Calle del Carpio 19; Hauptgerichte 11,50–22 €, Menüs 10–16 €; ⌚Mo-Sa 13–16 & 20–24 Uhr) Im belebten kleinen Speiseraum des Fartuquín wird eine erstklassige Auswahl an preisgünstigem asturischen Fleisch, Fisch und Meeresfrüchten angeboten, hinzu kommt montag- bis freitagmittags ein hochwertiges Menü (10 €), inklusive Wein. Samstagmittags gibt's ein eher ausgefallenes *menú* für 16 €. Für abendliche Tapas versammeln sich die *Ovetenses* (Menschen aus Oviedo) an der Bar im vorderen Bereich.

Mar de Llanes FISCH & MEERESFRÜCHTE €€€

(☎984 29 22 84; www.mardellanes.es; Calle Águila 11; Hauptgerichte 22–25 €; ⌚Di–So 13.15–15.30 & 20.15–23.45 Uhr) Alle in diesem freundlichen, familiengeführten Restaurant servierten Meeresfrüchte werden von den Eigentümern selbst in Llanes gefangen. Appetitanreger wie *rabas* (frittierter Tintenfisch) und Hauptgänge wie perfekt gegrillter *merluza* (Seehecht) oder *salmonete* (Rote Meerbarbe) werden zusammen mit gedünstetem Gemüse, Kartoffeln, knusprigem Brot und exzellentem Olivenöl in einem einfachen, anspruchslosen Speiseraum mit robusten Holztischen und weißen Tischdecken serviert.

Ausgehen & Unterhaltung

Sidrerías findet man auf der Calle de la Gascona. Am Wochenende füllen sich die engen verkehrsberuhigten Straßen der Altstadt mit zahlreichen Partylöwen. Mittelpunkt des Geschehens bilden die Calle de Mon (hier reiht sich Bar an Bar) und ihre Verlängerung, die Calle Oscura, sowie die angrenzenden Calles del Carpio und Postigo Alto sowie die Plaza del Sol. Unter der Woche schließen die Bars in der Altstadt meist um 1 Uhr und es geht recht ruhig zu. Freitags und samstags herrscht hingegen bis mindestens 3 Uhr Hochbetrieb.

★ La Leyenda del Gallo COCKTAILBAR, CLUB

(☎984 84 06 84; www.facebook.com/laleyendadelgallo; Calle de Altamirano 9; ⌚Di 13–16 & 20–2.30, Mi & Do bis 3.30, Fr & Sa bis 5.30 Uhr) Ein ambitioniertes junges Team hat dieses Haus in der Altstadt in Oviedos heißeste Partyadresse verwandelt. Die facettenreiche Location hat Mosaikböden, gedämpftes Licht und Steinwände. Sehr zu empfehlen sind die köstlichen, von Profis gemixten originellen Cocktails, darunter ein Basilikum-Brombeer-Sling mit Gin. Man sollte im Voraus reservieren, wenn man die innovativen spanisch und international inspirierten Gerichte (10–19 €) kosten möchte. Um Mitternacht verschwinden die Tische und die Party beginnt.

Per Se CAFÉ, BAR

(Calle de la Canóniga 18; ⌚So & Mo 17–1, Di & Mi bis 2.30, Do bis 3.30, Fr. & Sa bis 5.30 Uhr; 🐾) Diese wunderbar gemütliche Café-Bar ist vollgestopft mit Lichterketten, klobigen Spiegeln, freiliegenden Steinwänden, Kissen mit Tropenmustern und Klubsesseln aus Rattan. Bei Kaffee, hausgemachtem Kuchen und in künstlerischen Krügen servierten Cocktails kann man sich zurücklehnen. Die Stimmung ist freundlich, sanft und (meist) studentisch. Regelmäßig finden Unterricht im Swing-Tanz sowie Poesie-Events statt.

Ca Beleño LIVEMUSIK

(www.facebook.com/cabeleno; Calle de Martínez Vigil 4; ⌚So–Mi 16.30–1, Do-Sa bis 3.30 Uhr) Oviedos erste Craft-Bier-Bar schenkt fünf hausgemachte Sorten vom Fass aus und ist ein alteingesessener Veranstaltungsort für keltische Musik, ob mit asturischem, galicischem oder irischem Einschlag. Livejams finden gegen 22 Uhr am Donnerstag statt.

NICHT VERSÄUMEN

DAS VORROMANISCHE OVIEDO

Durch die muslimische Invasion in weiten Teilen vom christlichen Europa abgeschnitten, entwickelte das im 8. Jh. in Asturien entstandene starke und winzige Königreich auf den Gebieten Kunst und Architektur einen einzigartigen als Vorromanik bekannten Stil.

Bei den 15 Bauwerken (sechs von ihnen bilden eine Welterbestätte), die die 2 Jahrhunderte des Königreichs Asturien überdauert haben, handelt es sich zumeist um Kirchen; sie zeigen Einflüsse römischer, westgotischer und karolingisch-fränkischer Bauwerke, ohne echte Parallelen zu besitzen. Sie zeichnen sich aus durch lineare Profile, halbrunde Bogen römischen Stils sowie (bei Kirchen) einen dreischiffigen Grundriss. In vielen Fällen wurden die Säulenbasen und -kapitelle mit ihren korinthischen oder floralen Darstellungen aus älteren Gebäuden geraubt. Die Verwendung von Gitterfenstern als Gestaltungseffekt ist Entwicklungen im muslimischen Spanien zu verdanken.

Einige der besten Beispiele dieses Genres findet man in oder bei Oviedo, darunter die **Cámara Santa** (S. 566) in der Kathedrale. Die **Iglesia de San Julián de los Prados** (Iglesia de Santuyano; ☎ 687 05 28 26, 607 35 39 99; Calle de Selgas 1; Erw./Kind 2/0,50 €; ⌚ Juli–Sept. Mo 10–13, Di–Fr 9.30–13 & 16–18, Sa 9.30–12.30 & 16–18 Uhr, sonst kürzere Öffnungszeiten), 1 km nordöstlich der Stadtmitte direkt an der A66, ist die größte und älteste noch existierende vorromanische Kirche. Im frühen 9. Jh. unter Alfons II. erbaut, wird sie von 2 Vorhallen flankiert – eine weitere asturische Eigenheit –, während der Innenraum von wunderbar erhaltenen geometrischen, floralen und anderen Fresken bedeckt ist.

Am Hang des Monte Naranco, 3,5 km nordwestlich von Oviedos Zentrum, markieren der große, enge **Palacio de Santa María del Naranco** (☎ 638 26 01 63; Monte Naranco; Erw./Kind inkl. Iglesia de San Miguel de Lillo 3/2 €, Mo frei; ⌚ April–Sept. Di–Sa 9.30–13 & 15.30–19, So & Mo 9.30–13, Okt.–März Di–Sa 10–14.30, So & Mo 10–12.30 Uhr) und die restaurierte **Iglesia de San Miguel de Lillo** (Iglesia de San Miguel de Lliño; ☎ 638 26 01 63; Monte Naranco; Erw./Kind inkl. Palacio de Santa María del Naranco 3/2 €, Mo frei; ⌚ April–Sept. Di–Sa 9.30–13 & 15.30–19, So & Mo 9.30–13 Uhr, Okt.–März Di–Sa 10–14.30, So & Mo 10–12.30 Uhr) eine Weiterentwicklung der asturischen Kunst, beide wurden unter Ramiro I. (842–850) errichtet. Ein herausragendes dekoratives Element des wunderbar proportionierten zweigeschossigen Santa Maria (ursprünglich wohl eine königliche Jagdunterkunft) ist der *sogueado*, ein skulpturales Motiv, bei dem an den Säulen umlaufende Seile imitiert werden. Einige der 32 Medaillons sind altiranischen Motiven nachempfunden, die hier durch die Römer bekannt wurden. Von der ursprünglichen Kirche San Miguel ist nur noch ein Drittel erhalten (der Rest ist vor Jahrhunderten eingestürzt), aber dieser Rest ist von einzigartig schöner Gestalt. Ganz besonders sollte man auf die aus einem einzigen Stein gefertigten Gitterfenster achten.

Im direkt darunter liegenden **Centro de Interpretación del Prerrománico** (☎ 902 30 66 00, 985 18 58 60; www.prerromanicoasturiano.es; Monte Naranco; ⌚ Juli & Aug. 10–14 & 15.30–19.30, Feb.–Juni & Sept.–Dez. Mi–So 10–13.30 & 15.30–18 Uhr, Jan. geschl.; P) GRATIS gibt's informative Ausstellungen auf Englisch, Spanisch und Französisch. Hierher gelangt man mit Bus A2 (1,20 €), der zwischen 9.30 und 20.30 Uhr stündlich nordwestlich der Haltestelle Uría Norte am Nordende der Calle de Uría nahe dem Bahnhof abfährt; Bus A1 bringt einen zurück. Wer mit dem Auto unterwegs ist, parkt 300 m unterhalb von Santa María und läuft hoch.

Von diesen beiden Kirchen kann man die letzten 3 km zu Fuß, mit dem Rad oder mit dem Auto zurücklegen, um zum **Monumento al Sagrado Corazón** (Monte Naranco; P) zu gelangen, das den Monte Naranco krönt. Es handelt sich um eine 30 m hohe, 1981 geschaffene Steinskulptur eines mit dem asturischen Cruz de la Victoria (Siegeskreuz) geschmückten Christus. Die Aussichten sind sensationell – auf das sich zwischen zwei oft schneebedeckten Berggipfeln ausbreitende Oviedo und den im Norden funkelnden Golf von Biscaya.

Besichtigungen von San Julián, Santa María and San Miguel erfolgen mit Führung (auf Spanisch), außer montags, wenn keine Führungen für Besucher angeboten werden.

Praktische Informationen

Oficina de Turismo de Asturias
(☎ 902 30 02 02, 984 49 35 60; www.turismoasturias.es; Plaza de la Constitución 4; ⏰ Juni–Sept. Mo–Fr 9–19 Uhr, Okt.–Mai Sa & So 10–18 Uhr) Infos zu ganz Asturien.

Oficina de Turismo El Escorialín
(☎ 985 22 75 86; oficina.turismo@oviedo.es; Calle del Marqués de Santa Cruz; ⏰ 10.30–18 Uhr). Touristeninformation der Stadt Oviedo. Beim Campo de San Francisco.

An- & Weiterreise

BUS

ALSA (☎ 902 42 22 42; www.alsa.es) ist der größte Anbieter, der Oviedos **Busbahnhof** (☎ 985 96 96 96; www.estaciondeautobusesdeoviedo.com; Calle de Pepe Cosmen) bedient. Dieser liegt 700 m nördlich vom zentralen Campo de San Francisco.

ZIEL	PREIS	DAUER	HÄUFIGKEIT
Avilés	2,55 €	30 Min.–1 Std.	alle 15–30 Min., 6.30–22.30 Uhr
Cangas de Onís	7 €	1½ Std.	7–13-mal tgl.
Gijón	2,45 €	30 Min.	alle 10–30 Min., 6.30–22.30 Uhr
Llanes	10,75 €	1¼–2¾ Std.	10–11-mal tgl.
Madrid	34–59 €	5–7 Std.	12–13-mal tgl.
Ribadesella	8,05 €	1¼–2 Std.	6–8-mal tgl.
Santander	13–29 €	2¼–3 Std.	9–12-mal tgl.
Santiago de Compostela	30–43 €	4½–6¾ Std.	3–4-mal tgl.

FLUGZEUG

Der **Aeropuerto de Asturias** (☎ 902 40 47 04; www.aena.es; Santiago del Monte) liegt 47 km nordwestlich von Oviedo und 40 km westlich von Gijón. Direkte Busverbindungen zum Flughafen verkehren von 7 bis 20 Uhr stündlich sowie einmal um 21.30 Uhr ab dem Busbahnhof von Oviedo (8 €, 40 Min.). Am Flughafen gibt's von 7 bis 19 Uhr stündliche Verbindungen sowie Abfahrten um 20.30, 22 und 23.20 Uhr nach Oviedo.

Einige Fluggesellschaften und Ziele:

Air Europa (www.aireuropa.com) Mallorca und Teneriffa.

EasyJet (www.easyjet.com) Genf und London (Stansted).

Iberia (www.iberia.com) London (Heathrow) und Madrid.

Volotea (www.volotea.com) Ibiza, Málaga, Sevilla, Valencia und München.

Vueling Airlines (www.vueling.com) Barcelona und London (Gatwick).

ZUG

Oviedos **Bahnhof** (☎ 912 43 23 43; Avenida de Santander; 📶) wird von beiden Zugunternehmen bedient: **Renfe** (☎ 912 32 03 20; www.renfe.com) fährt Ziele im Süden an, **FEVE** (Renfe Ancho Métrico; ☎ 912 32 03 20) in der oberen Etage Orte an der spanischen Nordküste.

Cudillero (3,30 €, 1¼ Std., 3 FEVE-Direktzüge tgl.)

Gijón (3,30 €, 35 Min., 6.25–22 Uhr halbstündliche oder stündliche Renfe-*cercanías*)

León (10–20 €, 2–2¾ Std., 5–6 Renfe-Züge tgl.)

Llanes (8,55 €, 2¾ Std., 3–4 FEVE-Züge tgl.) Über Arriondas (5,15 €, 1¾ Std.) und Ribadesella (6,65 €, 2¼ Std.).

Luarca (7,40 €, 2½ Std., 2 FEVE-Züge tgl.) Weiter nach Ferrol in Galicien (24,10 €, 7¼ Std.).

Madrid (33–55 €, 4¼–7 ¼ Std., 6–8 Renfe-Züge tgl.)

Santander (16,35 €, 5 Std., 2 FEVE-Züge tgl.) Über Arriondas, Llanes und Ribadesella.

Unterwegs vor Ort

Bus A2 (1,20 €) fährt vom Nordende der Calle Uría in Bahnhofsnähe hinauf zu den Bauwerken auf dem Monte Naranco; zurück in die Stadt geht's mit der Linie A1. **Transportes Unidos de Asturias** (www.tua.es) ist eine gute Informationsquelle für Oviedos städtisches Busnetz..

Gijón

272 365 EW.

Der Küstenort Gijón (chi-*chon*) – Asturiens größte Stadt – ist größer, düsterer und bodenständiger als Oviedo, produziert Eisen, Stahl und Chemikalien und gilt als wichtigste Verladestation für asturische Kohle. Die Stadt bemüht sich, ihr industrielles Antlitz gründlich aufzupolieren, indem sie Fußgängerzonen im Zentrum sowie Parks und Uferpromenaden angelegt hat. Außerdem lockt sie mit kulturellen Attraktionen und lebendigen Restaurants, Bars und Geschäften. Die Stadt ist sehr engagiert und bietet ein tolles Party- und Strandleben sowie jede Menge Urlaubsspaß im Sommer. Gijón ist sicher kein idyllischer asturischer Fischerort, dafür weiß es das Leben zu genießen.

INSIDERWISSEN

CIDRE TRINKEN IST EINE KUNST

Asturischer Cidre wird *escanciada* serviert: Damit er schön sprudelt, hält man die Flasche hoch über dem Kopf und das Glas ganz tief. Keine Angst, man muss das nicht selbst machen. Vielmehr inszeniert das Barpersonal seine Künste: Ohne auch nur einen Blick auf Glas oder Flasche zu werfen, wird eingeschenkt und dabei wird oft nebenher nach hinten über die Schulter noch mit irgendjemandem geplauscht. Beim *culete* oder *culín* wird das Glas nur zu einem Fünftel gefüllt und der Inhalt dann in einem Zug ausgetrunken, solange er noch sprudelt (nur ein winziger Rest bleibt noch im Glas).

Jede asturische Stadt hat zahlreiche *sidrerías*. Als Epizentrum der Cidreszene gilt jedoch Oviedos *El bulevar de la sidra* (S. 568) mit zahlreichen immer gut besuchten *sidrerías*.

Asturien produziert 80 % des spanischen Apfelweins – das sind je nach Ernte ca. 45 Mio. Liter pro Jahr. Rund 95 % davon werden in Asturien konsumiert. Im Herbst werden die Äpfel gepflückt und zu Brei zerstoßen (etwa drei Viertel verarbeitet man zu Apfelsaft). Cidre gärt in *pipes* (Fässern), die während der Wintermonate in *llagares* (Cidrekellereien) lagern. Eine 450-Liter-*pipa* fasst etwa 800 kg Äpfel; diese Menge ergibt 600 Flaschen. Früher wurden die Fässer zu *chigres* (Cidretavernen) transportiert und der Cidre direkt aus den *pipes* in die Gläser gefüllt. Leider gibt's heute kaum noch Tavernen. Inzwischen bietet man Apfelwein in den *sidrerías* (Cidrebars) meist flaschenweise an.

2002 wurde für Cidre ein Herkunftsprädikat (Denominación de Origen Protegida; DOP) bezüglich der technischen und qualitativen Standards eingeführt, den 21 asturische Sorten tragen, bei denen ausschließlich heimische Apfelsorten wie Raxao und Xuanina verwendet werden. Das bedeutet jedoch nicht, das Cidres ohne Prädikat nicht genauso gut sein können. Die Region, die am meisten Cidre produziert, liegt östlich von Oviedo und umfasst Gijon, Nava, Villaviciosa und Siero. Weitere Infos liefern **Comarca de la Sidra** (www.comarcadelasidra.com) und **Consejo Reguladro Sidra de Asturias** (www. sidradeasturias.es).

Die Altstadt konzentriert sich auf die Landzunge Cimadevilla, das alte Fischerviertel. Die harmonische säulenbestandene Plaza Mayor markiert das südliche Ende der Landspitze. Im Westen erstrecken sich der Puerto Deportivo (Jachthafen) und die breite goldene Playa de Poniente. Im Süden liegt das geschäftige Zentrum aus dem 19. und 20. Jh., das östlich von der Playa de San Lorenzo flankiert wird.

Sehenswertes

Plaza de Jovellanos PLATZ

Auf der Landseite von Cimadevilla breitet sich ein Netz schmaler Gassen und einladender kleiner Plätze aus, obwohl die Gegend im Bürgerkrieg stark beschädigt wurde. An der Plaza de Jovellanos steht das Haus des berühmtesten Sohnes der Stadt, Gaspar Melchor de Jovellanos, ein Aufklärer des 18. Jhs. Heute beherbergt es das **Museo Casa Natal de Jovellanos** (☎ 985 18 51 52; http://museos.gijon.es; Plaza de Jovellanos; ⌚ Di–Fr 9.30–14 & 17–19.30, Sa & So ab 10 Uhr) GRATIS. Westlich des Platzes wurde ein Teilstück der **römischen Stadtmauer** rekonstruiert.

Feste & Events

Fiesta de la Sidra Natural ESSEN & TRINKEN

(Festival des naturreinen Cidre, ⌚ August) Bei Gijóns Cidre-Fest stehen Kelterführungen und kostenlose Verkostungen auf dem Programm. Zudem wird versucht, einen Weltrekord zu brechen, indem sehr viele Menschen zeitgleich Cidre in Gläser einschenken (2017 waren es 9403). Das Spektakel findet am vierten Augustwochenende an der Playa de Poniente statt.

Semana Grande SOMMERFEST

(⌚ August) Das größte Fest Gijóns erstreckt sich über die ersten beiden Augustwochenenden und die dazwischenliegende Woche mit Konzerten, Tanzvorführungen, Feuerwerk und jeder Menge Partystimmung an den Plätzen, Straßen und Stränden der Stadt.

Schlafen & Essen

Hotel Central HOTEL €€
(☎ 985 09 86 51; www.hotelcentralasturias.com; Plaza del Humedal 4; EZ 49–59 €, DZ 52–79 €;) Das herzliche Familienunternehmen wirkt teilweise etwas altmodisch. Dennoch zählt es zweifellos zu den stimmungsvollsten Hotels der Stadt. Gäste tauchen hier, nahe dem Busbahnhof 900 m südlich von Cimadevilla, in eine eigene gemütlich-kuschelige Welt ein. Zur Auswahl stehen neun recht kleine, aber heimelige Zimmer in schnörkellosem weiß-cremefarbenem Boutiquestil. Frühstück (6 €) wird in der gemütlichen Lounge serviert.

Hotel Asturias HOTEL €€
(☎ 985 35 06 00; www.hotelasturiasgijon.es; Plaza Mayor 11; Zi. 74–154 €;) In erstklassiger Lage, von der man auf Cimadevillas Hauptplatz sieht, bietet das gastfreundliche Astoria einfache, aber geräumige und behagliche Zimmer. Die „klassischen" Zimmer sind stilistisch eher minimalistischen und altmodischen, doch die Eckzimmer bieten von verglasten Balkons Blick zum Meer und auf die Plaza. Die weniger charaktervollen „modernen" Zimmer sind mit Hydromassagebädern oder -duschen besser ausgestattet.

Restaurante Ciudadela ASTURISCH €€
(☎ 985 34 77 32; www.restauranteciudadela.com; Calle de Capua 7; Tapas 7–15 €, Hauptgerichte & raciones 11–22 €; ⏲ Di–Sa 12.30–16 & 20–24, So 12.30–16 Uhr) Wie die meisten Restaurants in Gijón hat das Ciudadela im vorderen Bereich eine Tapas-Bar, im hinteren Teil einen Speiseraum. Hier jedoch sind beide kombiniert mit einem einzigartigen höhlenähnlichen Keller, der eine kastilianische Bodega aus der Vergangenheit nachbildet. Sorgfältig erdachte Gerichte umfassen das Beste der asturischen Küche, von den täglichen *pucheros* (Aufläufe/Eintöpfe) für 10 € über Salate und *tortos* (Maiskuchen) hin zu hervorragenden Meeresfrüchten und Fleischgerichten. Es gibt sogar eine kalorienarme Auswahl.

La Galana ASTURISCH €€
(☎ 985 17 24 29; www.restauranteasturianolagalana.es; Plaza Mayor 10; Hauptgerichte & *raciones* 16–25 €; ⏲ 13.30–16 & 20–24 Uhr;) In der gesellig-lauten *sidrería* im vorderen Barbereich kann man sich Tapas (8–18 €) und jede Menge Cidre schmecken lassen. Gesetzter geht's im hinteren Raum mit Deckengemälden zu. Fisch wie z. B. wilder Zackenbarsch oder *pixín* (Angelfisch) mit Venusmuscheln sind die Stärke hier. Zur exzellenten vegetarischen Auswahl gehören riesige Platten mit Gemüse im Tempuramantel und wunderschön angerichtete Salate.

Casa Gerardo ASTURISCH €€€
(☎ 985 88 77 97; www.restaurantecasagerardo.es; Carretera AS19, Km 9, Prendes; Hauptgerichte 19–39 €, Menüs 66–115 €; ⏲ Di–So 13–15.45 sowie Fr & Sa 21–22.45 Uhr; P) Etwa 12 km westlich von Gijón werden in diesem Haus mit Natursteinfassade und ländlichem Ambiente schon seit 1882 erstklassige lokale Speisen zubereitet. In fünf Generationen verfeinerte die Familie Morán ihre Gerichte so sehr, dass sie einen Michelin-Stern erkochen konnte. *Fabada*, Fisch und Meeresfrüchte sind besonders lecker und beliebt. Den besten Eindruck von der gelungenen Verbindung aus Tradition und Innovation vermitteln die Menüs.

Ausgehen & Nachtleben

Einen Besuch wert sind die *sidrerías* (Cidrebars) in Cimadevilla an der Cuesta del Cholo (Tránsito de las Ballenas) und in der ganzen Stadt. Außerdem gedeiht in Cimadevilla die Studentenszene an der Plaza Corrada. Südlich von Cimadevilla gibt's jede Menge betriebsame Bars nahe der Playa de San Lorenzo, entlang der *ruta de los vinos* (Calles del Buen Suceso, Santa Rosa und Begoña) sowie an den parallel zur Playa de Poniente verlaufenden Calle Rodríguez San Pedro und Calle Marqués de San Esteban.

Toma3 CAFÉ
(☎ 984 04 70 61; www.facebook.com/toma3gijon; Calle del Marqués de Casa Valdés 27; ⏲ Mo–Mi 11–23, Do bis 1, Fr bis 3, Sa 12–3, So 12–23 Uhr;) Die bequemen, samtweichen Sofas und die zeitgenössische Kunst an den weißgetünchten Wänden machen diese wunderbar gemütliche, familienfreundliche Café-Lounge zum perfekten friedlichen Ort, um beim *café con leche* oder später bei spanischen Weinen und dem merkwürdigen hausgemachten Bier zu entspannen. Ein dynamischer Veranstaltungskalender mit Kunstausstellungen, Kochvorführungen, DJ-Abenden und Livemusik sorgen dafür, dass der Laden rum um die Uhr läuft.

Varsovia COCKTAILBAR
(☎ 984 19 68 42; www.varsoviagijon.com; Calle de Cabrales 18; ⏲ So–Do 16–2, Fr & Sa bis 3 Uhr) In der großartigen, der Uferzone gegenüberliegenden Cocktailbar mit zwei Ebenen und

freigelegten Steinmauern türmen sich Flaschen bis zur Decke. Über ihnen wacht Borja Cortina, der 2015 zum besten Barkeeper Spaniens gekürt wurde. Die riesigen bogenförmigen Fenster geben den Blick auf die Playa de San Lorenzo frei, während man sich ambitionierte Cocktailkreationen wie den „Purple" mit Rum und Veilchenlikör oder konventionellere Varianten wie Wassermelonen-Martini schmecken lassen kann.

Praktische Informationen

Die Haupttouristeninformation, **Gijón Turismo** (☎985 34 17 71; www.gijon.info; Espigón Central de Fomento; ⊙Mai–Okt. 10–20 Uhr, Nov.–April 10–14.30 & 16.30–19.30 Uhr) am Pier des Puerto Deportivo ist sehr nützlich. Im **Sommer** gibt's auch einen **Infostand** (Playa de San Lorenzo, ⊙Mai–Sept.).

An- & Weiterreise

BUS

Busse von **ALSA** (S. 570) schwärmen vom **Busbahnhof** (Calle de Magnus Blikstad) über ganz Asturien und darüber hinweg aus.

ZIEL	PREIS (€)	DAUER	HÄUFIGKEIT
Aeropuerto de Asturias	8 €	45 Min.	6–20 & 21.30 Uhr stündl.
Oviedo	2,45 €	30 Min.–1 Std.	6.30–22.30 Uhr alle 10–20 Min.
Ribadesella	6,85 €	1½ Std.	7–10-mal tgl.
Santander	14,45 €	2¾–3½ Std.	12–15-mal tgl.

ZUG

Alle Züge von **Renfe** (S. 570) und **FEVE** (S. 570) fahren an der **Estación Sanz Crespo** (Calle Sanz Crespo) 1,5 km westlich des Zentrums ab. Zu den Zielen gehören Cudillero (3,30 €, 1¾ Std., 5–10 FEVE-Direktzüge tgl.) und Oviedo (3,30 €, 35 Min., 6–23.30 Uhr 2–3 Renfe-*cercanías* stündlich).

Die meisten anderen Fahrtziele von FEVE erreicht man über Pravia oder Oviedo. Renfe bietet zudem mehrere tägliche Verbindungen nach León (14–23 €, 2½ Std.) und Madrid (40–56 €, 5 Std.).

Asturiens Ostküste

Hauptsächlich spanische Urlauber bevölkern die Strände und Buchten an Gijóns Ostküste, hinter der nur 15 km weiter im Landesinneren die Picos de Europa in die Höhe ragen.

Villaviciosa & Umgebung

6386 EW.

Villaviciosa, rund 27 km östlich von Gijón, macht Nava als Asturiens Cidre-Hauptstadt Konkurrenz. Abgesehen von der romanischen Iglesia de Santa María entstand die hübsche kleine Stadt hauptsächlich im 18. Jh.

Sehenswertes

Playa de Rodiles STRAND

(Ⓟ) Die Mündung des Meeresarms Ría de Villaviciosa 11 km nördlich von Villaviciosa säumt die wunderschöne breite, von goldenem Sand bedeckte 1 km lange Playa de Rodiles, die von Pinien und Eukalyptusbäumen begrenzt wird. Im Spätsommer haben Surfbegeisterte hier die Chance, die eine oder andere Welle zu reiten. Man kommt her über die N632 nordöstlich von Villaviciosa, biegt nach links auf die V 6 ab, durchquert Selorio und folgt den Schildern zum Strand.

Iglesia de San Salvador de Valdediós KIRCHE

(☎670 24 23 72; www.hospederiavaldedios.es; Valdediós; Erw./Kind 4/1,50 €; ⊙April–Sept. Di–So 11–13.30 & 16.30–19, Okt.–März Di–So 11–13.30 Uhr) Rund um Villaviciosa stehen einige alte Kirchen. Nicht verpassen sollte man diese wunderschön erhaltene dreischiffige, im Jahr 983 erbaute Kirche. Der Bau entstand als Teil einer Palastanlage von Alfons III. und weist den vorromanischen Stil (S. 569) auf, der für das frühere Königreich Asturien einzigartig ist. Die Kirche befindet sich etwa 9 km südwestlich von Villaviciosa und ist ab der AS267 nach Pola de Siero gut ausgeschildert.

Museo del Jurásico de Asturias MUSEUM

(MUJA; ☎902 30 66 00; www.museojurasicoasturias.com; Rasa de San Telmo, Colunga; Erw./Sen. & Kind 7,24/4,70 €, Mi frei; ⊙Juli & Aug. 10.30–20 Uhr, Feb.–Juni & Sept.–Dez. Mi–Fr 10–14.30 & 15.30–18, Sa & So 10.30–14.30 & 16–19 Uhr; Jan. geschl.; Ⓟ) Übersät mit jurazeitlichen Fossilien wurde die asturische Küste zwischen Gijón und Ribadesella als *La costa de los dinosaurios* (Dinosaurierküste) bekannt. Das beliebte krallenförmige asturische Dinosauriermuseum 18 km östlich von Villaviciosa und 24 km westlich von Ribadesella führt Besucher durch 4,5 Mrd. Jahre Urgeschichte. Zu sehen sind Dinosaurierspuren,

INSIDERWISSEN

WAS ISST MAN IN KANTABRIEN & ASTURIEN?

Bei traditioneller kantabrischer und asturischer Küche handelt es sich um einfaches Bauernessen mit Zutaten aus dem umliegenden Hochland und dem Meer. Von den grünen Bergwiesen stammt nicht nur hochwertiges Fleisch, sondern auch eine große Auswahl an leckerem Käse, während der Golf von Biskaya jede Menge frischen Fisch liefert. Fleischliebhaber können sich freuen, Vegetarier werden es hingegen nicht ganz einfach haben.

Cocido montañés Ein typisches Gericht aus Kantabriens Landesinnerem ist dieser sättigende Eintopf mit weißen Bohnen, Kohl, Kartoffeln, Chorizo, Blutwurst und manchmal Portwein.

Fabada asturiana Kein Gericht repräsentiert die einfache asturische Küche besser als *fabada*, ein herzhafter Bohneneintopf mit Fleisch und Wurst. Probieren lässt sich der beliebte Klassiker im Casa Cobrana (S. 586) im Parque Natural de Somiedo.

Deftiger Blauschimmelkäse aus den Picos de Europa König der asturischen Käsesorten ist der intensive, jedoch erstaunlich angenehme blau-grüne *queso de Cabrales*, ein unbehandelter Kuhmilchkäse oder eine Mischung aus Kuh-, Ziegen- und Schafsmilchkäse, der in Berghöhlen reift. Er wird gern in Soßenform zu Fleisch oder auf Kartoffeln (*patatas al Cabrales*) gereicht. Um ortstypischen Käse zu probieren, bestellt man am besten eine *tabla de quesos* (Käseplatte) in einem schicken Stadtlokal.

Fisch & Meeresfrüchte Kantabrien und Asturien bieten jede Menge Frisches aus dem Meer, und in den Flüssen im Inland tummeln sich Forellen, Lachse und Aale. Neben hervorragenden klassisch-traditionellen Fischgerichten gibt's im Real Balneario de Salinas (S. 579) bei Avilés eine ganz neue Art der Meeresfrüchteküche zu entdecken.

Cachopo Diese asturische Spezialität von paniertem Kalbfleisch, gefüllt mit Schinken, Käse und Gemüse, ist der Traum jedes Fleischfressers. Im Tierra Astur (S. 567) in Oviedo kann man ordentlich zuschlagen.

Fossilien, Knochen, 20 riesige Dinosauriernachbildungen und ein über 12 m hohes Tyrannosaurus-Paar. Kinder werden diesen „Dinosaurier-Spielplatz" lieben.

Geführte Touren

El Gaitero KELTERFÜHRUNG

(☎985 89 01 00; www.sidraelgaitero.com; La Espuncia; Villaviciosa; ⌚Mitte Mai–Mitte Sept. Mo–Fr 10–12.45 & 16–17.45, Sa 10–12.45 Uhr, Mitte Sept.–Mitte Mai Do–So 10–12.30 & 16–18.30 Uhr) GRATIS Wer in die Welt des Cidre eintauchen möchte, der unternimmt eine kostenlose Führung durch El Gaitero. Die alteingesessenen Bodegas mit Cidre-Kelterei liegen 2 km nordöstlich der Innenstadt von Villaviciosa an der N632 und sind seit 1890 im Geschäft. Heute werden hier pro Jahr bis zu 27 Mio. Flaschen Cidre abgefüllt. Die einstündigen Führungen auf Spanisch beinhalten eine kostenlose Verkostung und einen Besuch des informativen Museums. Am besten im Voraus buchen

Schlafen & Essen

★ **La Casona de Amandi** HISTORISCHES HOTEL €€

(☎985 89 34 11; www.lacasonadeamandi.com; Calle de San Juan 6, Amandi; EZ 65–90 €, DZ 85–130 €, jeweils inkl. Frühstück; P 📶) Ein herzliches Willkommen erwartet die Gäste in diesem von ruhigen Gärten umgebenen Bauernhaus aus dem 19. Jh., die attraktivsten Unterkünfte der Gegend um Villaviciosa. Wunderbar gemütliche Zimmer unterschiedlicher Größe mit eigenem Charakter, antiken Betten, vielen Kissen, handbemalten Möbeln, naturbelassener Seife und Böden aus echtem Kastanienholz erwarten die Gäste. Auf Anfrage wird Abendessen serviert. Liegt 1,5 km südlich von Villaviciosa.

La Cacharrería ASTURIISCH €€

(☎984 84 69 83; www.lacacharreriavillaviciosa.com; Calle del Agua 16, Villaviciosa; Hauptgerichte 12–18 €; ⌚Mi, Do & So 12.30–16 & 20–23, Fr & Sa bis 24 Uhr) Die schachbrettartig gemusterten Böden und ausufernd bunten Tischgedecke erzeugen eine festliche Stimmung in diesem kürzlich in der Stadtmitte von Villaviciosa eröffneten Restaurant. Probieren sollte man von der Fülle an geschmackvollen kleinen Tellergerichten, angefangen bei mit Rotwurst und kandierter Mango belegten *tortos* (Maiskuchen) über frittierten Dorsch mit Limetten-Wasabi-Mayonnaise bis zu einem Steak mit Wildpilzen - für den Käsekuchen als Nachtisch noch etwas Platz freihalten!

Praktische Informationen

Oficina de Turismo de Villaviciosa
(☎ 985 89 17 59; www.turismovillaviciosa.es; Calle Agua 29, Villaciosa; ⏲ April–Sept. Mi–So 10.30–14 & 16–19.30 Uhr, Okt.–März Di–Sa 10.30–14 & 16–19.30 Uhr) In der Casa de los Hevia aus dem 16. Jh.

An- & Weiterreise

Der **Busbahnhof** von Villaviciosa (Calle Ramón Rivero Solares, Villaviciosa) liegt nur wenige Blocks nordwestlich der Stadtmitte. **ALSA** (S. 570) bietet täglich sieben Busverbindungen nach Oviedo (4,30 €, 30 Min.–1 Std.) und Ribadesella (3,90 €, 35 Min.–1 Std.) sowie mindestens 13 nach Gijón (3 €, 25 Min.–1 Std.) an.

Ribadesella & Umgebung

2796 EW. (RIBADESELLA)

Ribadesella, ein unprätentiöses Fischerdorf und lebendiger Strandort, wird vom Meeresarm des Río Sella in zwei Hälften geteilt, die durch die lange, niedrige Sella-Brücke miteinander verbunden sind. Die westliche Hälfte, mit den meisten Hotels, hat mit der Playa de Santa Marina einen weitläufigen goldenen Strand, der ältere Teil des Orts und der Fischereihafen befinden sich auf der östlichen Seite. Zwischen Ribadesella und Llanes 28 km östlich entlang der Küste warten über 20 Sandstrände und hübsche Buchten darauf, entdeckt zu werden.

Wer am ersten Augustwochenende nach Ribadesella kommen möchte, sollte weit im Voraus buchen, denn dann steht die ganze Stadt anlässlich des Kanufestes Descenso Internacional del Sella Kopf.

Sehenswertes

★ Cueva de Tito Bustillo HÖHLE
(☎ 985 18 58 60, Reservierungen 902 30 66 00; www.centrotitobustillo.com; Avenida de Tito Bustillo; mit Centro de Arte Rupestre Erw./Senior, Stud. & Kind 7,34/5,30 €, Mi frei; ⏲ März–Okt. Mi–So 10.15–17 Uhr; Ⓟ) In dieser Höhle, eine UNESCO-Welterbestätte 300 m südlich vom westlichen Ende der Sella-Brücke, kann man einige von Spaniens schönsten Malereien bewundern, darunter Pferde, die vermutlich um ca. 15 000 bis 10 000 v. Chr. entstanden sind. Da die tägliche Besucherzahl begrenzt ist, ist eine Reservierung per Internet oder Telefon erforderlich. Wenn man die Höhle nicht besucht, lohnt 200 m weiter südlich das moderne **Centro de Arte Rupestre Tito Bustillo** (Erw./erm. 5,30/3,16 €, Mi frei; ⏲ Juli & Aug. Mi–So 10–19 Uhr, Feb.-Juni & Sept.–Dez. Mi–Fr 10–14.30 & 15.30–18, Sa & So 10–14.30 & 16–19 Uhr, Jan. geschl.; Ⓟ) wegen seiner Exponate, Videos und Nachbildungen einen Abstecher wert.

Feste & Events

Descenso Internacional del Sella KANUFAHREN
(www.descensodelsella.com; ⏲ Aug.) Am Samstag nach dem 2. August herrscht am Río Sella jedes Jahr große Betriebsamkeit, denn dann machen sich 1500 professionelle Kanufahrer (gefolgt von zahlreichen Hobbypaddlern) anlässlich des Descenso Internacional del Sella auf den Weg von Arrioandas flussabwärts nach Ribadesella. Diese internationale Kajak-/Kanuveranstaltung findet bereits seit 1930 statt.

Schlafen & Essen

Die geschäftigen *sidrerías* am Ostufer des Río Sella tischen ihren Gästen wunderbar zubereitete Meeresfrüchte auf. In Ribadesella gibt's außerdem einige exzellente Luxusrestaurants

Villa Rosario HISTORISCHES HOTEL €€€
(☎ 985 86 00 90; www.hotelvillarosario.com; Calle de Dionisio Ruisánchez 3–6; Zi. 89–275 €; ⏲ März–Mitte Jan.; Ⓟ ❄ @ 📶) Das luxuriöse Hotel in einer 100 Jahre alten geschichtsträchtigen *casa de indianos* (von einem zurückgekehrten Kolonisten erbautes Haus) überblickt die Playa de Santa Marina. Drinnen wartet eine geschmackvolle Inneneinrichtung mit Marmorböden, Teppichen in satten Farben und einer Originaltreppe aus Kirschholz sowie weiße elegante Zimmer in modern-minimalistischem Stil. Die dahinter liegende Villa Rosario II ist zwar billiger, aber ihr mangelt es gänzlich an historischem Charakter.

★ Arbidel MODERNE ASTURISCHE KÜCHE €€€
(☎ 985 86 14 40; www.arbidel.com; Calle Oscura 1; Hauptgerichte 26–32 €, Menüs 50–80 €; ⏲ Di–Fr

13.30–16 & 20.30–23, Mo & Sa 13.30–16 Uhr, Jan. geschl.) Das äußerst beliebte, mit einem Michelin-Stern ausgezeichnete Restaurant ist bekannt für die Kreationen des Küchenchefs Jaime Uz, der klassische asturische Aromen und Zutaten modern interpretiert. Die Preise sind recht fair und zu der exquisiten, lokal inspirierten, regelmäßig wechselnden Speiseauswahl gehören z. B. Gazpacho mit grünem Apfel, gebackener *pixín* (Seeteufel) mit Tintenfischnudeln und ein riesiges Rinderkotelett für zwei. Das Highlight sind die preisgünstigen *menús del degustación*.

★ La Huertona ASTURISCH €€€
(☎ 985 86 05 53; www.restaurantelahuertona.com; Carretera de la Piconera; Hauptgerichte 20–29 €, Degustationsmenü 50 €; ⏲ Mi–Mo 13.30–16, Do–So 21–23.30 Uhr; Ⓟ) Wunderbar zubereitete moderne Kreationen aus Fleisch und Meeresfrüchten, vervollständigt durch eine exzellente Auswahl spanischer Weine, bedeuten, dass man in diesem lässigen, eleganten Restaurant mit weitläufigem Blick über Felder und Gärten wirklich spitzenmäßig speist. In elegantes Weiß gekleidete Kellner servieren glühend heiße Platten für zwei Personen mit brutzelndem Fleisch, das man sich selbst zubereiten kann. Fragen sollte man nach dem Angebot von frischem vor Ort gefangenen Fisch. Liegt 20 km südlich von Playa de Santa Marina.

ℹ Praktische Informationen

Oficina de Turismo de Ribadesella
(☎ 985 86 00 38; www.ribadesella.es; Paseo Princesa Letizia; ⏲ Juli & Aug. 10–14 & 16–20 Uhr, Sept.–Juni Di–Sa 10–14 & 16–18.30, So 11–14 Uhr) Am östlichen Ende der Sella-Brücke.

ℹ An- & Weiterreise

BUS

Busse von **ALSA** (☎ 902 422242; www.alsa.es) starten am **Busbahnhof** (Avenida del Palacio Valdés) 300 m südlich der Sella-Brücke auf der Ostseite des Flusses.

ZIEL	PREIS (€)	DAUER	HÄUFIGKEIT (TGL.)
Gijón	6,85 €	1½–1¾ Std.	mind. 6-mal
Llanes	2,75 €	40 Min.	mind. 7-mal
Oviedo	8,05 €	1–1¾ Std.	mind. 6-mal
Santander	8,05 €	1½–2½ Std.	mind. 2-mal

ZUG

Täglich verkehren drei bis vier **FEVE** (S. 570)-Züge nach /ab Oviedo (6,65 €, 2¼ Std.), Arriondas (1,85 €, 30 Min.) und Llanes (2,55 €, 35 Min.) sowie zwei nach/ab Santander (9,65 €, 2¾ Std.).

Llanes & Umgebung

13 759 EW. (LLANES)

Das seit der Antike bewohnte Llanes war über einen langen Zeitraum eine unabhängige Stadt und ein Walfanghafen mit besonderen Privilegien, die ihm Alfons IX. von León 1206 verliehen hatte. Heute ist der Ort mit seinem kleinen mittelalterlichen Kern, dem geschäftigen Hafen und einigen großartigen Stränden in unmittelbarer Nähe ein beliebtes Ferienziel an der asturischen Küste (Ribadesella liegt nur 28 km in westlicher Richtung). Obwohl für sich genommen wenig interessant, ist das Städtchen ein guter Ausgangspunkt für Ausflüge in die Picos de Europa.

◉ Sehenswertes

Bufones de Arenillas FONTÄNEN
(Puertas de Vidiago) Die Bufones de Arenillas sind ein Dutzend an Geysire erinnernde Meerwasserfontänen, die vom Druck der Tiden durch Löcher in der Erde hochgespritzt werden – bei starkem Seegang können sie sogar eine Höhe von spektakulären 20 m erreichen (zu nah hinzugehen ist allerdings gefährlich!). Bei ruhiger See hört man hingegen nur das zischende gespenstische Geräusch von Luft und Wasser in den Tunneln unten. Von Puertas de Vidiago, 6 km östlich von Llanes an der N634, weisen hinter der Kirche Schilder den (holperigen) Weg zu den 2 km entfernten Bufones.

Cueva del Pindal HÖHLE
(☎ 608 17 52 84; www.artepaleoliticoenasturias.com; Pimiango; Erw./erm. 3,13/1,62 €, Mi frei; ⏲ Führungen Mi–So 10.30, 12 & 13.30, Juli & Aug. auch 15.30 Uhr Das Weltkulturerbe Cueva del Pindal liegt 2 km nordöstlich von Pimiango und birgt 31 altsteinzeitliche Malereien meist in Ocker sowie Felsgravuren von Tieren, die größtenteils aus Ocker gefertigt wurden. Sie zeigen u. a. Bisons, Pferde sowie seltene Darstellungen eines Mammuts und eines Fisches. Mit der Höhle von Altamira (S. 557) in Kantabrien oder der Tito-Bustillo-Höhle in Ribadesella (S. 575) kann sie nicht konkurrieren, dafür ist sie die erste Höhle mit prähistorischer Kunst,

ABSTECHER

STRÄNDE RUND UM LLANES

Über 20 Sandstrände und versteckte Buchten verteilen sich auf die dramatische Küste zwischen Llanes und Ribadesella, 28 km weiter westlich.

Playa de Torimbia (Niembro) Die schöne goldgelbe sichelförmige Bucht, die von grünen Hügeln und einem felsigen Kap begrenzt wird, liegt 9 km westlich von Llanes und ist spektakulär. Sie ist außerdem ein sehr beliebter FKK-Strand. Bei Posada fährt man von der AS263 ab nach Niembro (2 km) und von dort weitere 2 km zum Strand; der Weg führt durch die schmalen Straßen von Niembro und ist gut ausgeschildert. Den letzten Kilometer muss man zu Fuß zurücklegen, deswegen kommen nicht so viele Besucher her.

Playa de Toranda (Niembro) Rund 8 km westlich von Llanes erstreckt sich die Playa de Toranda vor einer dramatischen Kulisse mit Feldern und einer bewaldeten Landzunge. Um hierherzugelangen, verlässt man die AS263 bei Posada und fährt 2 km in nordwestliche Richtung nach Niembro. Der Strand liegt 500 m hinter Niembro und ist gut ausgeschildert.

Playa de Gulpiyuri (Naves) Mehr Sehenswürdigkeit als ein Ort zum Sonnenbaden, ist diese magische, 50 m lange, versteckte und von Klippen und Grün umgebene Bucht einer von Spaniens beliebtesten Inlandstränden. Obwohl er nicht zum Meer hin liegt, kann man die Wellen hören, wie sie durch Unterwassertunnel schwappen. Um den goldfarbenen Strand zu erreichen, biegt man von der AS263 oder A8 am östlichen Ende von Naves nach Norden ab – der Strand liegt dann 500 m nördlich, wobei man die letzten 300 m laufen muss.

Man kann von der Playa de San Antolin hierher laufen, 1,5 km in südöstliche Richtung.

Playa de la Ballota (Andrín) Der besonders hübsche 350 m lange Strand 4,5 km östlich von Llanes wird von grünen Klippen gesäumt. Schilder führen von der LLN2 zwischen Cué und Andrín einen unbefestigten Weg hinab.

die in Asturien entdeckt wurde. Zudem sorgen die Kulisse inmitten bewaldeter Klippen, eine Kapelle aus dem 16. Jh., die Ruinen eines romanischen Klosters und ein Heimatkundemuseum in der Nähe für einen schönen Ausflug.

Wer die Höhle besichtigen möchte, muss sich mindestens einen Tag im Voraus telefonisch anmelden, Höchstteilnehmerzahl einer Gruppe sind 20 Personen. Kinder unter sieben sind nicht zugelassen. Die Höhle ist an der N634, 21 km östlich von Llanes, ausgeschildert. Unterwegs passiert man etwa 1 km vor der Höhle einen **Aussichtspunkt an der Küste**.

Schlafen & Essen

An den Calles Mayor und Manuel Cué finden sich jede Menge lebendiger *marisquerías* (Fisch- & Meeresfrüchterestaurants) und *sidrerías*, sodass es wohl kein Problem sein wird, hier ein Plätzchen zu finden, um sich die Meerestiere schmecken zu lassen und sie mit viel Apfelwein herunterzuspülen.

★ Cae a Claveles DESIGNHOTEL €€
(☎ 985 92 59 81; www.caeaclaveles.com; La Pereda; EZ 95–120 €, DZ 100–140 €; P 📶) Das stilvoll-moderne Designhotel im urbanen Schick mit fünf Zimmern würde man im ländlichen Asturien nun wirklich nicht vermuten. Die äußere Form ist einem kleinen Hügel nachempfunden. Die herzliche Besitzerin, eine Künstlerin, lebt und arbeitet in dem schmalen, kurvigen Bau, dessen Wände ihre Werke schmücken. Die attraktiven, luftigen Doppelzimmer im elegant-minimalistischen Stil haben kräftige Farben und Panoramafenster, durch die jede Menge Licht eindringt. Neben dem Bar-Service gibt's draußen jede Menge Platz, um vor dem Hintergrund einer schönen Bergkulisse zu faulenzen. Liegt 4 km südlich von Llanes.

★ La Posada de Babel DESIGNHOTEL €€
(☎ 985 40 25 25; www.laposadadebabel.com; La Pereda; EZ 75–90 €, DZ 99–128 €, Suite 135–170 €; ⏲ Mitte März–Mitte Dez.; P 📶 🐾) 🍃 Rund 4 km südlich von Llanes bietet dieses einzigartige Hotel eindrucksvolle zeitgenössi-

sche Architektur und ein tolles Design, große Rasenflächen sowie ein relaxtes und gepflegtes Ambiente. Die Besitzer ließen sich bei der Gestaltung von ihren ausgedehnten Reisen durch Asien inspirieren. Die zwölf unterschiedlichen Zimmer verteilen sich auf vier kontrastreiche Gebäude, darunter ein typischer asturianischer *hórreo* (Getreidespeicher) auf Steinstelzen. Die Küche (Frühstück 7,50 €, Abendessen 28 €) legt Wert auf marktfrische und Biolebensmittel.

El Bálamu FISCH & MEERESFRÜCHTE €€€

(☎985 41 36 06; www.facebook.com/elbalamu; Barrio Valles; Tapas 4–14 €, Hauptgerichte 19–29 €; ⏲13–16 & 20.30–23.30 Uhr, Mi geschl.) Von außen erinnert dieses bescheidene Lokal links vom Hafen an ein höhlenartiges, graues Kaufhaus. Die Treppe nach oben führt jedoch zu dem besten Restaurant für Meeresfrüchte in Llanes. Hier landet der Fisch direkt vom Boot auf dem Teller. Man sollte von den *rabas* (frittierter Kalmar) und den *gambas al ajillo* (Shrimps mit Knoblauch) an der Bar naschen, oder im Voraus einen Tisch unter den eleganten, schrägen Fenstern bestellen, durch die man auf den Hafen blicken kann.

Praktische Informationen

Oficina de Turismo (☎985 40 01 64; www.llanes.es; Calle Marqués de Canillejas, Antigua Lonja; ⏲Mitte Juni–Mitte Sept. 10–14 & 17–21 Uhr, Mitte Sept.–Mitte Juni Mo–Sa 10–14 & 16–18.30, So 10–14 Uhr) Die Touristeninformation informiert über zahlreiche gute Wanderwege in der Gegend, so auch über den 5000 km langen Küstenweg E9, der auf dem Weg von Portugal nach Russland durch Llanes führt.

An- & Weiterreise

BUS

ALSA (S. 570) bedient den **Busbahnhof** (☎985 40 24 85; Calle Bolera).

ZIEL	PREIS (€)	DAUER	HÄUFIGKEIT (TGL.)
Arriondas	4,55 €	30–60 Min..	5–7- mal
Gijón	8,75 €	2 Std.	4–5-mal
Oviedo	10,75 €	1¼–2¼ Std.	11–12-mal
Ribadesella	2,75 €	20–40 Min.	7–11-mal
San Vicente de la Barquera	2,25 €	30 Min.	4–7-mal
Santander	5,95 €	1½–2 Std.	4–8-mal

ZUG

Täglich fahren drei bis vier FEVE (S. 570)-Züge von Oviedo (8,55 €, 2¾ Std.), Arriondas (4 €, 65 Min..) und Ribadesella (2,55 €, 40 Min.) nach Llanes. Zwei davon verkehren weiter nach Santander (7,80 €, 2¼ Std.).

Asturiens Westküste

Mit den Klippen des Cabo Peñas 20 km nordwestlich von Gijón erreicht man die westliche Hälfte der asturischen Küste und mit fast 100 m zugleich den höchsten und nördlichsten Punkt der Region. Die Stahl produzierende Industriestadt Avilés bildet einen echten Kontrast zu den idyllischen bunten Fischerhäfen von Cudillero und Luarca weiter westlich. Noch ein Stück weiter gen Westen liegt Galicien. An der gesamten Küste gibt's wunderschöne Sandstrände und hoch aufragende Klippen.

Avilés

744 EW.

Avilés, 29 km westlich von Gijón und 34 km nördlich von Oviedo, ist eine an einem Meeresarm gelegene alte Hafen- und Stahlindustriestadt. Die eleganten von Säulen gesäumten Straßen im historischen Stadtkern und die zentrale Plaza de España mit zwei hübschen Gebäuden aus dem 17. Jh. laden zu einem Spaziergang ein, zudem gibt's einige gute authentische asturische Restaurants. Lohnenswert sind außerdem die innovativ-alternativen spanischen und internationalen Musik-, Theater-, Kino- und Kunstveranstaltungen, die gelegentlich im Centro Cultural Internacional Oscar Niemeyer stattfinden.

Sehenswertes

Centro Cultural Internacional Oscar Niemeyer KULTURZENTRUM

(Oscar-Niemeyer-Kulturzentrum; ☎984 83 50 31; www.niemeyercenter.org; Avenida del Zinc; Führungen Erw./Kind 3/2 €; ⏲Führungen Sept.–Juni Mi–Fr 17, Sa & So 12.30 & 17 Uhr, Juli & Aug. tgl. 12.30 & 17 Uhr) Das facettenreiche internationale Kulturzentrum auf einem ehemaligen Industriegelände östlich vom Zentrum auf der anderen Seite des Flusses wurde 2011 gegründet und von dem brasilianischen Architekten Oscar Niemeyer als Geschenk für Asturien und als kulturelle Verbindung zwischen der Iberischen Halbinsel und Lateinamerika entworfen. In dem auffälligen weißen Komplex finden verschiedene alternativ-avantgardistische Theater-, Musik-, Kino-. Literatur- und Kunstveranstaltungen statt. Die informativen einstündigen **Führungen** auf Spanisch, u. a. zum Auditorium und zur Kuppel, erläutern Niemeyers Arbeit vor Ort und auf der ganzen Welt.

Schlafen & Essen

Hotel Don Pedro HOTEL €€

(☎627 56 17 23, 985 51 22 88; www.hdonpedro.com; Calle de La Fruta 22; EZ 50–70 €, DZ 65–80 €, 3BZ 75–90 €;) In direkter Nähe zur zentralen Plaza de España bietet das Hotel Don Pedro hübsche, gemütliche Zimmer mit freigelegten Mauer- oder Ziegelsteinwänden, Samtsofas, kräftigen Farben und Teppichen auf dem Holzparkett.

Casa Tataguyo ASTURISCH €€

(☎985 56 48 15; www.tataguyo.com; Plaza del Carbayedo 6; Hauptgerichte 12–22 €, Mittagsmenü 16–22 €; ⊙13–16 & 20 Uhr–open end) Das Tataguyo befindet sich an einer betriebsamen von Restaurants gesäumten Plaza und ist seit den 1840er-Jahren im Geschäft. Neben leckeren asturischen Klassikern mit Fleisch und Fisch wie einfachen *cocidos* (Eintöpfen) und *lechazo al horno* (Lammbraten) gibt's auch leichtere Alternativen, darunter Wurst- und Käseplatten sowie großzügige Salate. Das leckere Drei-Gänge-Mittagsmenü (16 € inkl. Wein) ist beliebt.

★ **Real Balneario de Salinas** ASTURISCH, FISCH & MEERESFRÜCHTE €€€

(☎985 51 86 13; www.realbalneario.com; Avenida de Juan Sitges 3, Salinas; Hauptgerichte 25–36 €, Menüs 50–154 €; ⊙Di–Sa 13–15.30 & 20–23.30, So 13–15.30 Uhr, Mitte Jan.–Mitte Feb. geschl.) Echte Feinschmecker sollten sich in den Küstenvorort Real Balneario de Salinas 5,5 km nordwestlich des Zentrums von Avilés aufmachen. Es wurde 1916 von König Alfons XIII. als Badezentrum am Strand eröffnet und ist heute ein erstklassiges Fischrestaurant. Zur Auswahl stehen verschiedene traditionelle oder kreativ-neuartige Gerichte sowie einige sehr verlockende Desserts. Aktuell ist Hummer sehr populär; die eigentliche Spezialität ist jedoch Champagner-Barsch.

Praktische Informationen

Oficina de Turismo (☎985 54 43 25; www.avilescomarca.info; Calle de Ruiz Gómez 21; ⊙Juli–Mitte Sept. 10–20 Uhr, Mitte Sept.–Juni Mo–Fr 10–14 & 16.30–18.30, Sa & So 10.30–14.30 Uhr) Bei der zentralen Plaza de España.

An- & Weiterreise

BUS

Vom **Busbahnhof** (Avenida Telares) 800 m nördlich der zentralen Plaza de España fahren regelmäßig Busse von **ALSA** (S. 570) nach Oviedo (2,55 €, 30–60 Min., mind. 37 Busse tgl.) und Gijón (2,40–3 €, 30 Min., mind. 27 Busse tgl.).

ZUG

Vom **Bahnhof** (Avenida Telares) 700 m nördlich der Plaza de España fahren Züge nach Gijón (1,95 €, 40 Min., mind. 31-mal tgl.); teils haben sie Anschluss nach Oviedo (3,30 €, 1½–2 Std.).

Cudillero

1355 EW.

Cudillero, 60 km nordwestlich von Oviedo, gilt als das malerischste Fischerdorf der asturischen Küste und weiß das auch. Die in verschiedenen Pastelltönen gestrichenen Häuser ziehen sich hinunter bis zum winzigen Hafen in einer schmalen Bucht. Trotz seines touristischen Charakters ist der Ort noch halbwegs relaxt und ein lohnenswerter Zwischenstopp, selbst Mitte August, wenn so ziemlich jedes Zimmer im Ort belegt ist. An der umliegenden dramatischen Küste reihen sich hoch aufragende Klippen und hübsche Strände aneinander.

Sehenswertes

Playa del Silencio STRAND

(Castañeras) Die Playa del Silencio zählt zu den schönsten Stränden Spaniens. Die lange silberne sandige Bucht ist von einem natürlichen Felsamphitheater umgeben und eignet sich wegen der unterirdischen Felsen kaum zum Schwimmen. Dafür kann man vor eindrucksvoller Szenerie einen Spaziergang unternehmen oder ein Sonnenbad nehmen, wenn es das Wetter zulässt. Der Strand liegt 15 km westlich von Cudillero. Um hierherzugelangen, folgt man der A8 in Richtung Westen, nimmt die Ausfahrt 441 nach Santa Marina und fährt auf der N632 westwärts nach Castañeras. Dort ist der Strand ausgeschildert; die letzten 500 m muss man zu Fuß zurücklegen.

Playa de Aguilar STRAND

(Muros de Nalón; P) Die hübsche, sandige Playa de Aguilar, 5 km ostwärts auf der AS317 von El Pito nach Muros de Nalón, liegt Cudillero am nächsten. Vom Parkplatz führt ein kurzer Fußweg zur winzigen unmittelbar östlich liegenden und von Klippen gesäumten **Playa de Xiró**.

Mirador de La Garita-Atalaya AUSSICHTSPUNKT
Ein Gewirr aus engen, abschüssigen, gewundenen Straßen führt hinauf zu diesem etwas ramponierten Aussichtspunkt, der hoch über dem Hafen thront. Von der höchsten Stelle hat man fesselnde Aussichten über die Dächer von Cudillero, die auf dem Wasser tanzenden Boote im Hafen und hinaus auf den offenen Atlantik

Schlafen & Essen

La Casona de Pío HOTEL €€
(☎ 985 59 15 12; www.lacasonadepio.com; Calle del Ríofrío 3; EZ 59–73 €, DZ 73–98 €; ⊙ Mitte Jan.–Mitte Feb. geschl.;) Etwas verborgen direkt hinter dem Hafen liegt dieses in einem 200 Jahre alten Steingebäude untergebrachte, charmante rustikale Hotel. Die vorhandenen elf Zimmer sind sehr bequem, verfügen über Hydromassagebäder, in Erdtönen gehaltene Einrichtungen und manche über blumengeschmückte Holzterrassen. Geboten wird ein grandioses Frühstück (7,70 €) mit jeder Menge hausgemachter Leckereien.

Hotel Casa Prendes HOTEL €€
(☎ 985 59 15 00; www.hotelcasaprendes.com; Calle San José 4; Zi. 65–85 €; 2-Pers.-Apt 65–100 €, 4-Pers.-Apt 90–130 €) Das großartige mit 2 Sternen ausgezeichnete Casa Prendes in einem hellblauen Stadthaus liegt direkt hinter dem Hafen von Cudillero und beherbergt neun gemütliche Zimmer mit Steinwänden, farbenfrohen Vorhängen und Bettwäsche mit Blumendruck. Der Service ist aufmerksam, es gibt ein kleines privates Frühstückscafé. Die freundlichen Besitzer vermieten auch sieben Apartments in der Nähe.

El Faro FISCH & MEERESFRÜCHTE €€
(☎ 985 59 15 32; Calle del Ríofrío 4; Hauptgerichte 14–22 €; ⊙ Do–Di 12–16 & 20–24 Uhr) Trotz des fehlenden Meerblicks ist das kleine elegante Lokal eine Straße hinter dem Hafen eine gute Option. Stein, Holz, farbenfrohe Kunst und schickes beigefarbenes Dekor schaffen eine gastfreundliche Atmosphäre, um sich auf den Fisch des Tages, *merluza* (Seehecht) in verschiedenen Varianten, Salate mit Fisch, *parrilladas de marisco* (gemischte Grillfischplatten) oder *arroz caldoso* (Reiseintopf mit Meeresfrüchten) zu stürzen.

Praktische Informationen

Oficina de Turismo de Cudillero (Touristeninformation; ☎ 985 59 13 77, Rathaus 985 59 00 03; www.turismocudillero.com; Puerto del Oeste; ⊙ Juli & Aug. 10–14 & 16–19.30 Uhr, Juni & Sept. 11–14 & 16–18 Uhr, Okt.–Mai Mo–Sa 10–15 Uhr, sonst kürzere Öffnungszeiten) Am Hafen. In der Nebensaison trifft man die Mitarbeiter unter der Woche im *ayuntamiento* (Rathaus) direkt hinter dem Hafen an.

An- & Weiterreise

AUTO

Die einzigen Parkplätze gibt's am Hafen vor der Touristeninformation.

BUS

Von der **Bushaltestelle** (Calle Juan Antonio Bravo) oben auf einem Hügel, 800 m vom Hafen entfernt, fahren täglich mindestens drei **ALSA**-Busse (S. 570) nach Gijón (5,55 €, 1¼–1½ Std.) und nach Avilés (3,20 €, 50 Min.), wo Anschluss nach Oviedo besteht.

ZUG

Der **Bahnhof** (Camin de la Estación) der **FEVE** (S. 570) liegt vom Hafen aus 2 km weiter im Inland: Von dort starten bis 18 Uhr etwa stündlich (am Wochenende seltener) Züge nach Gijón (3,30 €, 1½–2 Std.). Wer Oviedo (3,30 €, 1½–2¼ Std.) zum Ziel hat, muss in der Regel in Pravia umsteigen.

Luarca & Umgebung

5013 EW.

Luarca ist weniger pittoresk als der konkurrierende Küstenort Cudillero, bietet aber eine ähnliche Lage in einem tiefen Tal, das sich zu einem großen Hafen voller bunter Fischerboote hinunterzieht. Das Städtchen ist eine gute Ausgangsbasis für Ausflüge zu einigen schönen Stränden in der Nähe und der letzte Stopp in Asturien, bevor man das im Westen gelegene Galicien erreicht.

Sehenswertes

Mirador de la Atalaya AUSSICHTSPUNKT
(P) Oberhalb des nordöstlichen Hafenendes geht's rauf zu Luarcas Aussichtspunkt Atalaya mit seiner kleinen Kirche, dem überraschend aufwendigen Friedhof und den spektakulären Aussichten auf die Küste. Über Jahrhunderte traf sich Luarcas Seefahrerinnung an der nahegelegenen **Mesa de Mareantes**, wo farbenfrohe Fliesen die Stadtgeschichte erzählen.

Ermita de la Regalina KAPELLE, AUSSICHTSPUNKT
(Cadavedo) Die hübsche kleine weißblaue Kapelle 16 km östlich von Luarca wartet mit einer spektakulären Lage auf einer grasbewachsenen Landzunge vor der Kulisse zer-

klüfteter Klippen, sandiger Strände und tosender Wellen auf. Der traumhafte Ausblick lohnt für sich genommen einen Besuch. Ein paar typische asturische *hórreos* (Getreidelager) auf Stelzen komplettieren das Bild. Von Luarca aus folgt man der A8 für 13 km in Richtung Osten, nimmt dann die Ausfahrt 451 nach Cadavedo und folgt den Schildern zur Playa de Cadavedo und dann zur Ermita de la Regalina.

Cabo Busto KAP

(Busto) 12 km östlich von Luarca gibt das windgepeitschte Cabo Busto Einblicke in die wilde Seite der asturischen Küste. Die Wellen krachen gegen die felsigen Klippen unter dem Leuchtturm aus dem 19. Jh. und der Ausblick über die Küstenszenerie ist einfach fantastisch. Um hierherzukommen, fährt man 9 km östlich von Luarca von der A8 ab und folgt ein paar gut ausgeschilderten Nebenstraßen 4 km lang nach Norden Richtung Cabo Busto.

Castro de Coaña HISTORISCHE STÄTTE

(☎ 985 97 84 01; www.castrosdeasturias.es; Coaña; Erw./erm. 3,20/1,60 €, Mi frei; ⌚ April–Sept. Mi–So 10.30–17.30 Uhr, Okt.–März bis 15.30 Uhr; P) Die kleine Ortschaft Coaña liegt vom Hafen von Navia 4 km in Richtung Landesinneres und 19 km westlich von Luarca. Das auf einem Hügel gelegene Castro de Coaña 2 km weiter südlich zählt zu den am besten erhaltenen keltischen Siedlungen Nordspaniens. Es geht auf das 4. Jh. v. Chr. zurück und lohnt einen Besuch. Vom Besucherzentrum, wo man auf Spanisch beschilderte Objekte zur keltischen Geschichte betrachten kann, führt ein Fußweg zu einigen gut erhaltenen Fundamenten aus Stein in eindrucksvoller Hanglage, von wo aus sich weite Aussichten bieten.

Playa de Barayo STRAND

(Barayo; P) Die Playa de Barayo gehört zu einem geschützten Naturreservat, ein Sandstrand in einer hübschen Bucht an der Mündung eines Flusses, der sich durch Feuchtgebiete und Dünen windet. Man verlässt 11 km westlich des Zentrums von Luarca die N634, fährt auf der NV2 Richtung Puerto de Vega und dann 800 m weiter nach rechts Richtung Vigo (1,5 km), anschließend weisen Schilder den Weg. Vom Parkplatz geht's 30 Minuten zu Fuß über einen gut ausgeschilderten Pfad.

Playa de Cueva STRAND

(Cueva; P) Die weiche 600 m lange Playa de Cueva 7 km östlich von Luarca an der alten Küstenstraße N634 zählt mit ihren Klippen, Höhlen, dem Fluss und den teils ordentlichen Surfwellen zu den schönsten Stränden der Gegend. Der Weg ist ausgeschildert.

Schlafen & Essen

★ Hotel Torre de Villademoros CASA RURAL €€

(☎ 985 64 52 64; www.torrevillademoros.com; Villademoros, Cadavedo, Valdés; EZ 63–87 €, DZ 88–132 €, Suite 286 €; 📶) Die Krönung dieses fantastischen Landhauses 17 km östlich von Luarca ist sein namengebender mittelalterlicher Turm, der kürzlich in eine dreistöckige Luxussuite umgewandelt wurde. Ebenso ansprechend sind die zehn wunderbar ausgestatteten Hotelzimmer, die geräumigen erholsamen Gemeinschaftsräume und das gute hauseigene Restaurant. Hinterm Haus führen Wege durch die umliegenden Felder zu spektakulären Steilküsten.

★ 3 Cabos HOTEL €€

(☎ 985 92 42 52; www.hotelrural3cabos.com; Carretera de El Vallín, Km 4; inkl. Frühstück DZ 105–125 €, 3BZ 135–155 €; ⌚ Mitte Feb.–Dez., P @ 📶) Das wunderschöne, modern umgebaute 120 Jahre alte Bauernhaus in erhöhter Lage im Landesinneren bietet großartige Aussicht. Die sechs exquisit gestalteten, gut ausgestatteten Zimmer haben Wände mit offenem Mauerwerk, gemütliche Betten und geräumige Bäder. Am besten sind die Mansarden im Obergeschoss mit Meerblick und Originalholzbalken

El Barómetro FISCH & MEERESFRÜCHTE €€

(☎ 985 47 06 62; Paseo del Muelle 5; Hauptgerichte 8,50–19 €; ⌚ 13–16.30 & 20.30–23 Uhr) Fragt man in Luarca die Einheimischen, wo es im Ort die besten Fische & Meeresfrüchte gibt, verweisen sie auf dieses links des Hafens liegende Restaurant mit einem in die Frontmauer eingelassenem Vintage-Barometer. Zu den Spezialitäten gehören *arroz con bogavante* (Reis mit frischem vor Ort gefangenen Hummer) und *calamares en su tinta* (in der eigenen Tinte gekochter Kalmar). Besonders beliebt ist das mittags angebotene *menú especial* (14 €). Im Voraus buchen.

Praktische Informationen

Oficina Municipal de Turismo de Luarca

(☎ 985 64 00 83; www.turismoluarca.com; Plaza Alfonso X; ⌚ März–Aug. 10.30–13.45 & 16–19.15 Uhr, im Winter kürzere Öffnungszeiten)

1

Wildes Spanien

Spanien ist eines der besten Reiseziele in Europa, um wild lebende Tiere zu beobachten. Ein Großteil der Aufmerksamkeit fällt dem Iberischen Luchs, dem Iberischen Wolf und dem Braunbär zu, aber auch Vogelkundler kommen in Spanien auf ihre Kosten. Vor der Südküste, besonders von Tarifa aus, wird außerdem Whalewatching angeboten, und in Gibraltar findet man mit den Berberaffen die einzige in Europa heimische Primatenart.

Iberischer Luchs

Der wunderschöne *lince ibérico* (Iberischer Luchs), die meistgefährdete wild lebende Katzenart weltweit, bevölkerte einst große Teile der Halbinsel. Zu Beginn des 21. Jh. sank die Population jedoch auf weniger als 100 Exemplare. Durch ein Zucht- und Auswilderungsprogramm mit in Gefangenschaft lebenden Tieren ist diese Zahl mittlerweile wieder auf 320 Exemplare angewachsen.

Die beiden verbliebenen Populationen findet man in Andalusien: zum einen im Parque Nacional de Doñana (etwa 80 Tiere) und zum anderen in der Sierra Morena (etwa 250 Exemplare).

Iberischer Wolf

Die Population des *lobo ibérico* (Iberischer Wolf) in Spanien liegt seit einigen Jahren wieder konstant zwischen 2000 und 2500 Tieren, während sie im Jahr 1970 nur noch bedrohliche 500 Exemplare umfasste. Obwohl sie offiziell unter Schutz stehen, betrachten viele Menschen im ländlichen Spanien die Wölfe noch immer als Feinde, und in einigen Gegenden ist die Jagd auf sie bis heute erlaubt. Kleine

ALFREDO GARCIA/SHUTTERSTOCK ©

IVAN VIEITO GARCIA/SHUTTERSTOCK ©

1. *Lobo ibérico* (Iberischer Wolf) **2.** *Oso pardo* (Braunbär) **3.** *Lince ibérico* (Iberischer Luchs)

APPLE2499/SHUTTERSTOCK ©

Populationen des Iberischen Wolfes leben im Norden, u. a. in den Picos de Europa. Am leichtesten findet man die Tiere allerdings in der Sierra de Culebra nahe Zamora. Auch in der Nähe von León, in Riaño, kann man auf Wölfe treffen.

Braunbär

Der charismatische *oso pardo* (Braunbär) bewohnt die Cordillera Cantábrica (in Kantabrien, Asturien und dem nördlichen Kastilien-León) und in kleinerem Umfang die Pyrenäen. Etwa 250 Exemplare verteilen sich auf die beiden Populationen. Der letzte heimische Pyrenäenbär starb allerdings im Oktober 2010. Die heutige Population, welche dank ausgiebiger Schutzmaßnahmen wieder wächst, stammt von slowenischen Bären ab.

Der beste Platz, um Braunbären zu sehen, ist der Parque Natural de Somiedo im Südwesten von Asturien. Eine kleine Chance bieten auch die Picos de Europa. Ein Bärengehege mit Aufzuchtstation bei der Senda del Oso ermöglicht es, Bären aus der Nähe zu sehen.

Touranbieter

Zusätzlich zu den vielen lokalen Anbietern haben auch die folgenden Veranstalter empfehlenswerte Touren zur Wildtierbeobachtung im Programm:

Iberian Wildlife (www.iberianwildlife.com)

Julian Sykes Wildlife Holidays (www.juliansykeswildlife.com)

Nature Trek (www.naturetrek.co.uk)

Wild Wolf Experience (www.wildwolfexperience.com)

Wildwatching Spain (www.wildwatchingspain.com)

An- & Weiterreise

BUS

Vom 150 m westlich der Plaza Alfonso X in der Stadtmitte gelegenen **Busbahnhof** fahren täglich mindestens vier **ALSA-Busse** (S. 570) Richtung Osten nach Oviedo (9,90 €, 1¼–1¾ Std.) sowie nach Westen bis Ribadeo (6,95 €, 1¾ Std.) in Galicien.

ZUG

Der **FEVE** (S. 570)-Bahnhof liegt 800 m südlich vom Zentrum. Von dort starten täglich zwei Züge Richtung Osten nach Cudillero (3,60 €, 1¼ Std.) und Oviedo (7,40 €, 2¾ Std.) sowie Richtung Westen nach Ribadeo (4,75 €, 1½ Std.) und Ferrol (16,35 €, 4¾ Std.) in Galicien.

Westasturiens Hinterland

Der Südwesten dieser Region wartet mit überwältigenden Landschaften auf. Schon die Fahrt nach Kastilien-León über alternative Strecken lohnt sich. Alle Panoramastraßen in den Bergen passieren dramatische Pässe, so verläuft z. B. die AS228 über den 1587 m hohen **Puerto Ventana**, die AS227 über den schönen 1486 m hohen **Puerto de Somiedo** oder die AS213 über den spektakulären 1525 m hohen **Puerto de Leitariegos**.

Beliebt ist der Rad- und Wanderweg Senda del Oso. Die Chancen stehen gut, im dortigen Hanggehege kantabrische Braunbären – insgesamt gibt's vier Stück – zu entdecken. Weiter westlich erstrecken sich die abgeschiedenen grünen Täler des Parque Natural de Somiedo, ein UNESCO-Biosphärenreservat.

Senda del Oso

Die Senda del Oso (Bärenpfad), ein beliebter Rad- und Wanderweg, folgt dem Verlauf einer ehemaligen Minenbahn südwestlich von Oviedo. Der beliebteste Abschnitt verläuft auf einer Länge von 20 km zwischen den Dörfern Tuñón und Entrago. Mit leichten Steigungen führt die Route durch immer spektakulärer werdende Tallandschaften in tiefe enge Schluchten mit Brücken und über 30 Tunneln. In dem Großgehege Cercado Osero kann man mit hoher Wahrscheinlichkeit kantabrische Braunbären beobachten (so nah kommt man den Tieren sonst nirgendwo) – ein schöner Ausflug mit Kindern, aber auch ohne. Durch kürzlich eröffnete Nebenstrecken – im Süden von Entrago nach Cueva Huerta und im Südosten von Caranga nach Ricabo im Valle de Quiros – wurde die Gesamtlänge der begeh- oder befahrbaren Strecke auf 48 km erweitert.

ACHTUNG, EIN BÄR!

Die wilde Bergregion im südwestlichen Asturien und der Nordwesten von Kastilien-Léon mit dem Parque Natural de Somiedo bilden den wichtigsten Rückzugsort für die kantabrischen Braunbären *(oso pardo)*. Ihre Zahl ist in der Cordillera Cantábrica von 70 in den 1990er-Jahren auf über 200 angestiegen, inklusive einer kleineren Population von etwa 40 Tieren in einem separaten Gebiet im Osten, das Südostasturien, Südwestkantabrien und das nördliche Kastilien-Léon umfasst. Bären zu töten ist in Spanien seit 1973 verboten, aber erst seit den 1990er-Jahren greifen Bemühungen um ihre Wiederansiedlung. Experten freuen sich über die Tatsache, dass in jüngerer Zeit mindestens eine Kreuzung von Bären aus dem westlichen und dem östlichen Gebiet zustande kam.

Die Tiere können ein Gewicht von 300 kg erreichen und 25 bis 30 Jahre alt werden. Bei den Bauern sind sie wenig beliebt, obwohl sie sich fast komplett vegetarisch ernähren. Die Unterstützung durch die Öffentlichkeit spielte für die Wiederansiedlung der Bären in der Cordillera Cantábrica eine große Rolle, was auch den berühmten Exemplaren der asturischen Senda del Oso (S. 584) südwestlich von Oviedo zu verdanken ist. Experten warnen, dass die Bärenpopulation noch nicht ganz über den Berg ist – illegale Fallen, die für Wildschweine aufgestellt werden, und vergiftete Köder bedrohen die Tiere, ebenso beschneiden neue Straßen und Skigebiete ihren Lebensraum und ihre Mobilität. Der Wilderei fielen in den letzten Jahren mindestens zwei Bären zum Opfer.

Halbwilde Bären gibt's im **Cercado Osero** (S. 585) an der Senda del Oso zu sehen. Die **Fundación Oso Pardo** (www.fundacionosopardo.org) ist Spaniens größte Stiftung zum Schutz der Braunbären und ihr Centro de Interpretación „Somiedo y El Oso" (S. 586) in Pola de Somiedo gibt interessante Infos zu den Tieren.

Sehenswertes

★ Cercado Osero NATURSCHUTZGEBIET
(☎ 985 96 30 60; www.osodeasturias.es) Etwa 5,5 km südlich von Tuñón (oder einen 1,1 km langen Fußweg südlich von der Área Recreativa Buyera, wo Autos parken können), erreicht der Rad- und Wanderweg Senda del Oso den Cercado Osero, ein 40 000 m² großes Gehege auf einem Hügel, das jetzt Heimat für die drei kantabrischen Braunbärendamen Paca, Tola und Molina ist. Die zwei älteren Tiere, Paca und Tola, hatte ein Jäger 1989 zu Waisen gemacht. Seit 2008 leben sie die meiste Zeit in einer zweiten 7000 m² großen Einfriedung gleich unterhalb des Pfads.

Parque de la Prehistoria MUSEUM
(☎ 902 30 66 00, 985 18 58 60; www.parquedelaprehistoria.es; San Salvador de Alesga; Erw./erm. 6,12/3,57 €; ⊙ Feb.–Juni & Sept.–Dez. Mi–So 10.30–14.30 & 16–20 Uhr, Juli & Aug. 10–20 Uhr, Jan. geschl.; P) Der Museumspark 4 km südlich von Entrago lohnt einen Besuch und vermittelt einen hervorragenden Einblick in die spanische und europäische Höhlenmalerei. Zu sehen sind auch Nachbildungen aus den zum Weltkulturerbe zählenden asturischen Höhlen Tito Bustillo (S. 575) und Candamo sowie der französischen Niaux-Höhle. Die gute Museumsgalerie erklärt das Was, Wann, Wo, Wie und Warum der europäischen Höhlenkunst im Paläolithikum. In Nachbarschaft zum Museum können Besucher heutige Nachfahren prähistorischer Pferde, Kühe und Bisons beim friedlichen Grasen in ihren Gehegen beobachten.

Casa del Oso MUSEUM
(☎ 985 96 30 60; www.osodeasturias.es; Proaza; ⊙ 10–14 & 16–18 Uhr) GRATIS Die Casa del Oso in Proaza ist der Hauptsitz der Fundación Oso de Asturias, die das Bärenschutzprogramm Paca-Tola betreut und eine Ausstellung über Braunbären in Spanien zeigt. Als Touristeninformation gibt sie außerdem Infos zur Senda del Oso und zu anderen Aktivitäten in der Gegend.

Aktivitäten

Am Wegesrand vermieten zahlreiche Ausstatter Fahrräder (9–22 €) für Tagestouren auf der Senda del Oso. Einige bieten auch die Möglichkeit einer einfachen Abfahrt von Entrago nach Tuñon an, inklusive des Rücktransports im Van nach Entrago.

Essen

★ L'Esbardu ASTURISCH €€
(☎ 985 76 11 52; www.lesbardu.es; Calle El Puente, Proaza; Hauptgerichte 8,50–20 €; ⊙ Mi–So 14–16 & Fr & Sa 20.30–23 Uhr;) Man sollte seine Radtour in Proaza in diesem wunderbar rustikalen Restaurant mit Steinwänden und Holzbalkendecken unterbrechen. Wegen der Pfannen mit Hausmannskost (Kartoffeln, Eier, Würstchen, Schinken und Paprika), Bohneneintöpfen und Wildgerichten – Hirsch, Ziege und Wildschwein – drängen sich die Restaurantbesucher um die mit rot-weiß karierten Tischdecken versehenen Tische. Angeboten wird auch eine umfangreiche vegetarische Speisekarte.

Praktische Informationen

Regionale Touristeninformationen gibt's im **Casa del Oso** im Norden von Proaza.

An- & Weiterreise

Drei bis vier Busse von **Pullmans Llaneza** (☎ 985 46 58 78; www.pullmansllaneza.com) fahren täglich vom Busbahnhof in Oviedo nach Tuñón (2 €, 30 Min.), Proaza (2 €, 45 Min.) und Entrago (2,50 €, 1 Std.). Die Endhaltestelle befindet sich in San Martín 1 km hinter Entrago und 3 km vor dem Parque de la Prehistoria.

Parque Natural de Somiedo

Wer eine relativ unberührte, spektakuläre Berglandschaft erleben möchte, sollte dieses 291 km² große UNESCO-Biosphärenreservat an der Nordflanke der Cordillera Cantábrica besuchen. Der Park umfasst fünf Täler mit üppigen Wäldern, Felsklippen und Hochweiden voller *brañas*, Gruppen heute meist verlassener strohgedeckter Schäferhütten *(cabanas de teito)*. Zudem gilt das Gebiet als wichtiger Lebensraum für Spaniens Braunbären.

Der Hauptort ist das einfache **Pola de Somiedo** 70 km südwestlich von Oviedo mit einer Bank, einem Geldautomaten, einem Supermarkt, einer Tankstelle und dem parkeigenen Centro de Interpretación del Parque Natural de Somiedo (S. 585). Als Ausgangsbasis bietet sich außerdem das **Valle de Lago** mit guten Wanderwegen an. Man erreicht es südöstlich von Pola de Somiedo nach einer wunderschönen 8 km langen Fahrt auf einer gewundenen Straße, die auf eine Höhe von 1300 m führt.

Sehenswertes

Centro de Interpretación „Somiedo y El Oso" MUSEUM
(☎ 942 23 49 00, 985 76 34 06; www.fundacionosopardo.org; Calle Flórez Estrada, Pola de Somiedo; Erw./Kind 3/1 €; ⌚ Mitte Juni–Mitte Sept. 11–14 & 17–21 Uhr, Ende April–Mitte Juni & Mitte Sept.–Okt. Sa & So 11–14 & 16–19 Uhr) Das Museum unter Leitung der Fundación Oso Pardo versorgt Besucher mit Wissenswertem über den nordspanischen Braunbären. Informative Ausstellungen und Videos (auf Spanisch) geben u.a. Einblicke in seinen andauernden Überlebenskampf.

Aktivitäten

Eine der besten (und beliebtesten) Wanderregionen Somiedos ist das **Valle de Lago**, dessen Höhen mit Gletscherseen und Sommer-Hochweiden gesprenkelt sind. Hier führt die 6 km lange **Ruta de Valle de Lago** (einfacher Weg ca. 2½ Std.) zum größten See Asturiens. Das Auto bzw. Motorrad muss man im gleichnamigen Dorf stehen lassen.

Weitere gute Wanderwege sind z.B. die Route von **La Peral nach Villar de Vildas** in das obere Pigüeña-Tal (einfache Strecke 13 km, ca. 5 Std.), die zu einer der größten und am besten erhaltenen *brañas* führt, La Pornacal, und der anstrengende Aufstieg zum **Cornón** (2194 m), dem höchsten Gipfel des Parks (hin & zurück 14 km, ca. 9 Std.).

Von Osten aus Somiedo in Richtung der Senda del Oso kommend, gibt's weitere gute Wandermöglichkeiten am **Puerto de San Lorenzo**, einem 1347 m hohen Pass, wo die Straße den **Camín Real de la Mesa** (GR101) kreuzt, einen alten Weg, der Astorga (Castilla y León) mit der asturischen Küste verbindet.

Alto Aragón WANDERN
(☎ 616 45 23 37; www.altoaragon.co.uk) Der erfahrene britische Guide Richard Cash bietet gelegentlich Wandertouren im Parque Natural de Somiedo an, deren Schwerpunkt auf lokaler Botanik, der Tierwelt, Vögeln und Schmetterlingen liegt. Einwöchige Touren kosten etwa 1000 € pro Person, im Preis enthalten sind gute Unterkünfte, Reiseleitung, Transporte sowie Mahlzeiten. Seine Firma bietet auch naturnahe Führungen an anderen Orten in Spanien an, von den Pyrenäen bis zum Nationalpark Coto de Doñana.

Schlafen & Essen

★ **Palacio de Flórez-Estrada** HISTORISCHES HOTEL €€
(☎ 616 17 00 18, 985 76 37 09; www.florezestrada.com; Pola de Somiedo; EZ 60–70 €, DZ 80–90 €, Apt. 70–80 €, Suite 90–110 €; ⌚ Apr.–Okt., Apt. ganzjährig; P) Die wunderschöne historische Villa am Fluss liegt inmitten einer großen Gartenanlage bei der Straße ins Valle de Lago an der Ostseite von Pola de Somiedo. Es gibt einen Turm aus dem 15. Jh. mit gemütlichen Zimmern sowie einfache Mahlzeiten, und der Besitzer organisiert kulturelle Veranstaltungen sowie Yoga-Programme. Die vier Apartments für zwei Personen befinden sich in umgebauten Stallungen auf demselben hübschen Gelände.

Auriz APARTMENTS €€
(☎ 619 32 00 01; www.auriz.es; Calle Álvaro Florez Estrada 8, Pola de Somiedo; 2-/4-/6-Pers.-Apt. 90/125/160 €; ⌚ Mitte Jan.–Anfang Feb. geschl.; P) Die sechs exzellenten zweistöckigen Apartments besitzen drei Schlafzimmer, Küche und Holzöfen sind modern und farbenfroh. Sie liegen neben einem Forellenbach bei der Straße ins Valle de Lago an der Ostseite von Pola de Somiedo.

Casa Cobrana ASTURISCH €€
(☎ 687 48 33 88, 985 76 37 48; Valle del Lago; Hauptgerichte 11–20 €; ⌚ Juni–Sept. Do–Di 8.30–22.30 Uhr, Di abends geschl.) In Sachen traditioneller asturischer Bergküche ist dieses einfache Restaurant in der Dorfmitte von Valle del Lago nicht zu schlagen. Klassiker wie *fabada asturiana* und *cachopo de setas al Cabrales* (Kalbfleisch gefüllt mit Wildpilzen und Cabrales-Käse) werden an robusten Holztischen serviert, während auf dem großformatigen Fernsehgerät Fußballspiele laufen. Delikatessen wie *cabrito guisado* (geschmortes Zicklein) müssen vorab bestellt werden.

Praktische Informationen

Centro de Interpretación del Parque Natural de Somiedo (☎ 985 76 37 58; www.parquenaturalsomiedo.es; Pola de Somiedo; ⌚ Juni–Sept. Mo–Sa 10–14 & 16–10, So bis 18 Uhr, Okt.–Mai kürzere Öffnungszeiten) Hier gibt's reichlich kostenloses Informationsmaterial zum Park und seinen Wanderwegen.

An- & Weiterreise

AUTO

Wer einen Mietwagen hat, kann den Parque Natural de Somiedo vom Senda del Oso entlang der spektakulären AS265 westlich von San Martín nach La Riera über den Pass Puerto de San Lorenzo (1347 m, im Winter oft eingeschneit) erreichen.

BUS

Ein **ALSA-Bus** (S. 570) fährt montags bis freitags um 17 Uhr und am Wochenende um 10 Uhr von Oviedos Bushaltestelle nach Pola de Somiedo (8,65 €, 2 Std.). Von Pola aus geht's um 6.45 Uhr (17.30 Uhr am Wochenende) zurück.

PICOS DE EUROPA

Die gezackten, tief zerklüfteten Picos de Europa, die sich über Asturien, Kantabrien und den Nordosten der Provinz Kastilien-León erstrecken, bieten eines der schönsten Wanderparadiese Spaniens und eine der spektakulärsten Berglandschaften Europas.

Sie bestehen aus drei majestätischen Massiven: dem östlichen Macizo Ándara mit einem 2444 m hohen Gipfel, dem westlichen Macizo El Cornión mit 2596 m und dem felsigen Macizo Central oder Macizo de los Urrieles mit 2648 m. Der 671 km² umfassende **Parque Nacional de los Picos de Europa** schließt alle drei Massive ein. Vor einer wilden Landschaft aus glitzernden Seen und imposanten Kalksteingipfeln im Hintergrund grast Vieh auf offenen Weideflächen in den größeren Höhen des Parks; unten stürzen blanke Felswände in eine Reihe atemberaubender Flussschluchten.

Im Winter ist die Gegend nahezu verlassen, während es hier im August und Juli voll werden kann. Juni und September sind die ruhigsten Monate und fast genauso sonnig wie der August.

Praktische Informationen

KARTEN

Picos de Europa (1:80 000), *Picos de Europa Macizos Central y Oriental* (1:25 000) und *Picos de Europa Macizo Occidental* (1:25 000) von Adrados Ediciones gelten als die besten Karten für die Gegend. Sie kosten zwischen 5 und 6 € und werden in Cangas de Onís, Potes sowie in weiteren Orten verkauft.

TOURISTENINFORMATION

Der Nationalpark hat drei große Informationszentren:

Centro de Información Casa Dago (S. 590) In Cangas de Onís. Informiert über die westlichen Picos, Wanderwege und Ausflüge in die Gegend.

INFOS IM INTERNET

El Anillo de Picos (www.elanillodepicos.com) Nützlich für die Suche nach Berghütten.

Incatur-Picos de Europa (www.picosdeeuropa.com) Infos zu den asturischen Picos.

Liébana y Picos de Europa (www.liebanaypicosdeeuropa.com) Infos zu den östlichen Picos.

Organismo Autónomo Parques Nacionales (www.mapama.gob.es/en/red-parques-nacionales) Offizielle Website der spanischen Nationalparks.

Centro de Visitantes Sotama (S. 596) Informiert über die östlichen Picos und liegt an der N621 in Tama 2 km nördlich von Potes. Zudem gibt's Wanderinfos und exzellente Ausstellungen zu Geologie, Flüssen und Fauna der Picos.

Oficina de Información Posada de Valdeón (☎ 987 74 05 49; www.valdeon.org; El Ferial, Posada de Valdeón; ⏲ Mo–Fr 8–15 Uhr ganzjährig, Juli–Sept. 9–14 & 16–18.30 Uhr) Informiert über die südlichen Picos. Öffnungszeiten können beträchtlich variieren.

Weitere Infostände öffnen vom 1. Juli bis zum 15. September und an Feiertagen an strategisch günstig gelegenen Stellen des Parks. Sie informieren über Wanderungen und Unterkünfte. Mehr über den Park erfährt man auch in den Touristeninformationen der Gegend.

Anreise & Unterwegs vor Ort

Als gute Ausgangspunkte zu den Picos dienen Cangas de Onís im Nordwesten, Arenas de Cabrales im Norden, Potes im Südosten und Posada de Valdeón im Süden. Asphaltierte Straßen führen von Cangas hinauf nach Covadonga und zu den Lagos de Covadonga, von Arenas südlich nach Poncebos und dann nach Osten hinauf nach Sotres und Tresviso, von Potes geht's Richtung Westen nach Fuente Dé und von Posada de Valdeón Richtung Norden nach Caín (diese Straße ist teilweise sehr schmal).

Die vier wichtigsten Zugangsstädte haben ordentliche bis gute Busverbindungen zu anderen Zielen in Kantabrien, Asturien sowie Kastilien und León, jedoch fahren nur wenige Busse (meist im Sommer) von den Zugangsorten in die Berge.

AUTO & BUS

Als gute Ausgangspunkte zu den Picos dienen Cangas de Onís im Nordwesten, Arenas de Cabrales im Norden, Potes im Südosten und Posada de Valdeón im Süden. Asphaltierte Straßen führen von Cangas hinauf nach Covadonga und zu den Lagos de Covadonga, von Arenas südlich nach Poncebos und dann nach Osten hinauf nach Sotres und Tresviso, von Potes geht's Richtung Westen nach Fuente Dé und von Posada de Valdeón Richtung Norden nach Caín (diese Straße ist teilweise sehr eng).

Die vier wichtigsten Zugangsstädte haben ordentliche bis gute Busverbindungen zu anderen Zielen in Kantabrien, Asturien sowie Kastilien und León. Nur wenige Busse (meist nur im Sommer) fahren von den Zugangsorten in die Berge.

TAXI

Neben Unternehmen wie der Kooperative Taxitur (☎ S. 591) in Cangas de Onís gibt's Jeep-Taxis, die auch auf Bergwegen vorankommen. Mehrere Anbieter machen für 50 € pro Person Jeeptouren in die Picos.

Westliche Picos

Nähert man sich den Picos von Asturien (im Westen) aus, stößt man auf den Macizo Occidental (El Cornión) mit verschiedenen wunderschönen Bergseen, grünen Wiesen und kargen Felslandschaften. Im einfachen Cangas de Onís, dem Hauptort der Gegend, gibt's verschiedene Outdoor-Aktivitäten, während sich das unauffällige, 8 km nordwestlich liegende Arriondas als Ausgangsbasis für Kajak- und Kanufahrten entlang dem Río Sella eignet. Das Pilgerdorf Covadonga rund 10 km südöstlich von Cangas war der erste Ort Spaniens, in dem die Mauren besiegt wurden. Von hier windet sich eine Bergstraße hinauf zu den wunderschönen (und sehr beliebten) Lagos de Covadonga, dem Ausgangspunkt verschiedener hübscher Wanderwege.

Arriondas

2413 EW. / 85 M

Die unauffällige kleine Ortschaft Arriondas 8 km nordwestlich von Cangas de Onís ist die Basis für die beliebten, vergnüglichen Kajak- und Kanufahrten den hübschen Río Sella hinunter zu verschiedenen Zielen zwischen Toraño und Llovio (7–16 km, 1½–4 Std.).

Am ersten Samstag nach dem 2. August geht's in Arriondas chaotisch zu, weil hier Zehntausende zum Descenso Internacional del Sella (S. 575) zusammenkommen. Bei der internationalen Kajak- und Kanuveranstaltung starten um 12 Uhr Hunderte versierter Kanufahrer den Fluss hinab nach Ribadesella, etwas später am Tag folgen ihnen viele Hobbypaddler.

Aktivitäten

Örtliche Agenturen vermieten Kajaks, Paddel, Rettungswesten und wasserdichte Behälter, zeigen den Kunden, wie es geht, und fahren sie vom Endpunkt zurück nach Arriondas. Dieser Abschnitt des Sella verfügt über ein paar abwechslungsreiche kleinere Stromschnellen, bietet aber keine schwierigen Wildwasserbedingungen, sodass eigentlich jeder ab acht Jahren viel Spaß haben kann. Der Standardpreis inklusive Picknick am Mittag beträgt 25/15 € (Erw./Kind). Los geht's in der Regel zwischen 11 und 13 Uhr; Teilnehmer sollten Kleidung zum Wechseln mitbringen. Agenturen in Cangas de Onís und nahegelegenen Küstenstädten haben ein fast identisches Angebot, inklusive Rücktransport nach Arriondas.

Schlafen & Essen

★ **Posada del Valle** HOTEL €€

(☎ 985 841 157; www.posadadelvalle.com; Collía; EZ. 62–68 €, DZ 77–94 €; ⏲ April–Okt.; P ≋) Die bemerkenswerte Unterkunft mit zwölf Zimmern unter englischer Leitung in einem bildschönen Tal 3 km nördlich von Arriondas ist nicht nur ein charmanter ländlicher Rückzugsort und eine wundervolle Ausgangsbasis für Wanderer, sondern bietet auch facettenreiche Erfahrungen mit nachhaltiger Lebensweise. Design und Einrichtung heben lokale Kunst und Kunsthandwerk hervor, zudem überblicken alle Zimmer das Tal.

Etwa 35 % der servierten Lebensmittel kommen von der hoteleigenen Biofarm (teilweise zur Rettung der Wildblumen betrieben). Frühstück (9 €) und Vier-Gänge-Menüs (26 €; Nichtgäste nur mit Buchung im Voraus) schließen immer eine vegetarische Option ein.

Informationen für **Wanderungen ohne Führer** gibt's für die Picos de Europa und die asturische Küste ebenso wie für die nähere Umgebung. Ebenfalls im Angebot sind verschiedene **Kurse und Workshops**, darunter Bio-Küche, spanische Konversation und Filzherstellung. Liegt direkt hinter dem Dorf Collía an der AS342.

★ **Casa Marcial** GASTRONOMIE €€€

(☎ 985 840 991; www.casamarcial.com; Calle La Salgar, La Salgar; Menüs 98–148 €; ⏲ Di–Sa 13–15 & 21–23, So 13–15 Uhr) Versteckt in der wunderschönen Landschaft nördlich von Arriondas findet man das mit zwei Michelin-Sternen prämierte Restaurant im Elternhaus des asturischen Küchenchefs Nacho Manzano. Sogar die „kurzen“ Menüs sind

Picos de Europa

12-gängige Spektakel, in denen lokale Meeresfrüchte (Miesmuscheln, Seehecht, Venusmuscheln, Rotbarbe, in Cidre gedünstete Napfschnecken) und Manzanos typische Interpretationen regionaler Klassiker wie *fabada asturiana* (Eintopf aus weißen Bohnen) und *arroz con pitu* (schonend gegrilltes Hähnchen mit Reis) präsentiert werden.

El Corral del Indianu ASTURISCH €€€
(☎985 84 10 72; www.elcorraldelindianu.com; Avenida de Europa 14; Hauptgerichte 28–39 €; ⏲Fr–Mi 13.30–16, Fr, Sa, Mo & Di 21–23 Uhr) Originelle Gourmetversionen traditioneller asturischer Gerichte werden in diesem beliebten Sternerestaurant kredenzt. Neben den sehr kreativen, raffinierten (und umfangreichen) Probiermenüs (60–89 €) gibt's moderne Interpretationen von asturischer *fabada* (Eintopf mit Bohnen, Fleisch und Wurst) oder *tortos de maíz* (Maiskuchen) und Guacamole, gefolgt von gebackenem Seehecht in Cidresoße mit Röstzwiebeln.

ℹ An- & Weiterreise

BUS

Mindestens sieben Busse von **ALSA** (☎902 42 22 42; www.alsa.es) fahren täglich von Oviedo nach Arriondas (6,25 €, 1¼ Std.) und von dort weiter nach Cangas de Onís (1,50 €, 15 Min.) Zudem gibt's mindestens fünf tägliche ALSA-Verbindungen von Llanes nach Arriondas (4,55 €, 30 Min.–1 Std.) sowie mindestens drei weitere ab Ribadesella (1,80 €, 25 Min.) an der asturischen Ostküste.

ZUG

Arriondas liegt an der FEVE-Bahnstrecke zwischen Oviedo, Ribadesella, Llanes und Santander. Täglich bis zu vier Zugverbindungen in jede Richtung.

Cangas de Onís

6368 EW. / 84 M

Diese größtenteils moderne und recht unscheinbare asturische Stadt liegt 30 km westlich von Arenas de Cabrales und war für kurze Zeit die Hauptstadt des mittelalterlichen Königreichs Asturien. Heute ist sie der beliebteste Startpunkt für Ausflüge in die westlichen Picos. Besonders im August tummeln sich in Cangas jede Menge Wanderer, Camper und Urlauber. Dennoch ist der Ort eine anständige und freundliche Ausgangsbasis mit vielen Serviceeinrichtungen und Abenteueraktivitäten in der Nähe.

Sehenswertes

Puente Romano BRÜCKE
Die sogenannte „Römische Brücke" über den Río Sella, deren Bogen an eine erschreckte Katze erinnert, wurde tatsäch-

lich im 13. Jh. erbaut, ist trotz der Namensverwechslung aber nicht weniger eindrucksvoll. Unter dem Bogen hängt eine Kopie des Cruz de la Victoria von 1939, des Symbols für Asturien, das in Oviedos Kathedrale aufbewahrt wird (S. 566).

Capilla de Santa Cruz KAPELLE
(Avenida Contranquil; Erw./Kind 2 €/frei; ⌚ Juli & Aug. Mo–Sa 10–14 & 16–19 Uhr, Sept.–Juni nur morgens) Mitte des 20. Jhs. errichtete man diese kleine Kapelle an der Stelle eines früheren Gotteshauses aus dem 8. Jh. (erbaut von Pelayos Sohn Favila), das während des Spanischen Bürgerkriegs zerstört wurde. Dabei entdeckte man, dass der Hügel, auf dem die Kapelle stehen sollte, künstlich angelegt worden war. In seinem Innern befand sich ein 5000 Jahre altes Megalithgrab, das man sich heute in der Krypta anschauen kann. Es gibt Audioguides auf Spanisch, Englisch und Französisch; einfach bei der Touristeninformation nachfragen.

Schlafen & Essen

Wer typische *sidrerías* – Apfelweinlokale, in denen asturische Spezialitäten wie *fabada asturiana* (Eintopf aus Bohnen, Würstchen und Fleisch) und *cachopo* (gefülltes, paniertes Kalbsschnitzel) – erleben will, sollte sich in die Calles de Constantino González und Ángel Tarano, zwischen der Avenida de Covadonga und Cangas' zweitem Fluss, dem Río Güeña, begeben. Viele weitere Möglichkeiten, etwas zu essen, gibt's an der und um die Calle San Pelayo.

Hotel Nochendi HOTEL €€
(☎ 985 84 95 13; www.elmolin.com/nochendi; Avenida Constantino González 4; Zi. 65–110 €; ⌚ März–Okt; 📶) Über ein Stockwerk eines modernen Apartmentblocks neben dem Río Güeña verteilt, ist das Nochendi eine wunderbare Überraschung und ein Ort, an dem man sich leicht wie zu Hause fühlt. Die 12 geräumigen, makellosen hellen Zimmer bieten bequeme Betten, Spotbeleuchtung, eine Einrichtung ganz in Weiß und einen Hauch moderner Kunst. Von den meisten hat man zudem noch einen Blick auf den Fluss.

Parador de Cangas de Onís HISTORISCHES HOTEL €€€
(☎ 985 84 94 02; www.parador.es; Villanueva de Cangas; Zi. 140–180 €; P ❄ 📶) Cangas' *parador* (luxuriöses staatliches Hotel) liegt am Río Sella 3 km nordwestlich der Stadt. Das Hauptgebäude mit elf Zimmern voller Charakter war ursprünglich ein Kloster, das zwischen dem 12. und 18. Jh. auf dem Palastgelände des frühen asturischen Königs Favila errichtet wurde. Die komfortablen, im klassischen Stil gehaltenen Zimmer sind zum Teil frühere Mönchszellen, allerdings wesentlich luxuriöser. Es gibt ein schickes hauseigenes **Restaurant** (Hauptgerichte 19–25 €, Menü 26–57 €; ⌚ 8–11, 13.30–16 & 20.30–23 Uhr).

La Sifonería ASTURISCH €€
(☎ 985 84 90 55; www.lasifoneria.net; Calle de San Pelayo 28; Gerichte 9–20 €; ⌚ Mi–Mo 12–16 & 20–24 Uhr) Jede Menge alte Siphons zur Cidreherstellung, blauweiß geflieste Wände und Fotos der freundlichen Besitzer beim Ausschenken des Apfelweins schmücken diese wunderbar bodenständige Tapas-Bar. Hier gibt's unkomplizierte asturische Küche zu fairen Preisen, darunter Kroketten mit Cabrales-Käse, *tortos* (Maiskuchen) und verschiedene *revueltos* (Rührreispeisen) sowie herzhaftere Klassiker wie *cachopo*. Sitzen kann man nur an ein paar wenigen Tischen mit Bänken.

★ **El Molín de la Pedrera** ASTURISCH €€€
(☎ 985 84 91 09; www.elmolin.com; Calle Río Güeña 2; Hauptgerichte 17–26 €; ⌚ Do–Mo 12–16.30 & 20.30–23.30, Di 12–16.30 Uhr) Das preiswerte familiengeführte Lokal mit Quader- und Ziegelsteinwänden lockt mit asturischen Gerichten – z. B. *fabada* (Eintopf mit Bohnen, Fleisch und Wurst), *tortos de maíz* (Maiskuchen) sowie Platten mit lokalem Käse – und fantasievolleren Kreationen wie Blätterteigpasteten mit Haselnüssen und Cabrales-Käse oder köstlichen hausgemachten Nachtischen. Exzellente Fleischgerichte, gastfreundlicher Service und gute Weine vervollständigen das Gourmeterlebnis.

Shoppen

Quesos Aquilino ESSEN & TRINKEN
(☎ 985 94 71 06; www.quesosaquilino.com; Calle Ángel Tárano 1; ⌚ 9–22 Uhr) Läden, die asturische Lebensmittel- und Getränkespezialitäten verkaufen, gibt's in Cangas reichlich. In diesem seit 1865 bestehenden Laden stapelt sich vom Boden bis zur Decke die beste Auswahl an regionalen Käsen, Fleischsorten, Apfelweinen, Marmeladen und Likören.

Praktische Informationen

Centro de Información Casa Dago
(☎ 985 84 86 14; Avenida de Covadonga 43, ⌚ Mo–Fr 8–14.30, Sa & So 9–14 & 16–19 Uhr) Wanderinfos und kostenlose geführte Wande-

rungen von Juli bis September (Reservierung empfehlenswert.

Oficina de Turismo (☎ 985 84 80 05; www.cangasdeonis.es; Avenida de Covadonga 1; ⌚ Juli–Mitte Sept. 9–21 Uhr, Mitte Sept.–Juni Mo–Sa 10–14 & 16–19, So 10–14 Uhr)

An- & Weiterreise

Täglich fahren mindestens sieben **ALSA-Busse** von Oviedo nach Cangas (7 €, 1½–2 Std.) und wieder zurück. Alle halten unterwegs in Arriondas. Der Busbahnhof von Cangas befindet sich im Barrio La Pedrera am Nordufer des Río Güeña und ist durch eine Fußgängerbrücke mit dem Zentrum verbunden.

Taxis sind auf den besseren Straßen unterwegs und stellen eine gute Alternative zu den Bussen dar. **Taxitur** (☎ 985 84 87 97) bietet seine Dienste in Cangas an.

Covadonga

54 EW. / 260 M

Obwohl Covadonga, 10 km südöstlich von Cangas de Onís, durch seine spektakuläre Kulisse mit einer eindrucksvollen Basilika aus dem 19. Jh. zwischen hoch aufragenden Bergen beeindruckt, liegt seine Bedeutung in dem, was es repräsentiert. 772 erlitten die Muslime hier durch den westgotischen Adeligen (und späteren König Asturiens) Pelayo ihre erste Niederlage in Spanien. Dieses Ereignis gilt gemeinhin als Beginn der 800 Jahre währenden Reconquista. Der Legende nach erschien vor der Schlacht die Jungfrau Maria Pelayos Kriegern in einer hiesigen Berghöhle – Covadonga ist bis heute ein Pilgerort.

Sehenswertes

Santa Cueva HÖHLE

(⌚ 9–19 Uhr, Öffnungszeiten variieren) GRATIS In dieser Höhle, die heute eine Kapelle beherbergt, soll die Jungfrau Maria Pelayos Kriegern vor ihrem Sieg über die Mauren im Jahr 722 erschienen sein. Am Wochenende und im Sommer bilden sich am Eingang lange Schlangen von Gläubigen und Neugierigen. Die zwei Gräber in der Höhle sollen von Pelayo selbst, seiner Tochter Hermesinda und ihrem Ehemann Alfons I. stammen.

Basílica de Covadonga KIRCHE

(⌚ 9–19 Uhr, Öffnungszeiten variieren) GRATIS Covadongas ursprüngliche Holzkirche brannte 1777 nieder und große Teile der Siedlung wurden im 19. Jh. durch Erdrutsche zerstört. Die Hauptkirche, die Basílica de Covadonga, entstand im neoromanischen Stil zwischen 1877 und 1901.

An- & Weiterreise

Täglich fahren mindestens drei **ALSA-Busse** (S. 589) von Cangas de Onís nach Covadonga (1,50 €, 15 Min.). Ende Juli bis Mitte September verkehrt ein Shuttlebus (1,50 €) zwischen Covadonga und vier Parkplätzen (pro Auto 2 €) in Cangas de Onís (neben dem Busbahnhof).

Lagos de Covadonga

Auf keinen Fall sollte man sich von den zahlreichen Besuchern im Sommer davon abbringen lassen, die 12 km hinter Covadonga zu diesen wunderschönen kleinen Seen vor der Kulisse hübscher, oft schneebedeckter Gipfel hinaufzufahren. Viele Tagesausflügler tätscheln nämlich höchstens ein paar Kühen die Nasen und schießen Fotos nahe der Seen, dabei kann man hier herrlich wandern.

Als Erstes gelangt man zum **Lago de Enol**. Gleich dahinter (bergabwärts) befinden sich der Hauptparkplatz und ein Infostand. Von hier aus führen eine asphaltierte Straße und ein Wanderweg (Teil des PRPNPE2) zum 1 km entfernten **Lago de la Ercina**. Unterwegs passiert man das Centro de Visitantes Pedro Pidal (S. 591) mit Ausstellungen zur heimischen Flora und Fauna.

Wenn es nebelig wird, nehmen die Gewässer, die von grünen Weiden und nacktem Fels umgeben sind, eine ziemlich unheimliche Färbung an. Unterwegs, rund 8 km hinter Covadonga bergaufwärts, lohnt der **Mirador de la Reina** mit seinen dramatischen Ausblicken über die Hügel bis zum Golf von Biskaya einen Stopp.

Aktivitäten

Bei den Lagos de Covadonga beginnen mehrere schöne Wanderungen.

Ein markierter Rundweg, die **Ruta de los Lagos** (PRPNPE2; 5,7 km, ca. 2½ Std.), schließt die beiden Seen, das Centro de Visitantes Pedro Pidal (S. 591) und eine alte Mine, die Minas de Buferrera, mit ein. Etwa 400 m südlich des Lago de Enol führt der Weg am **Refugio Vega de Enol** (Casa de Pastores; ☎ 630 45 14 75; www.facebook.com/refugioenol; Lago de Enol; B 12 €, Halbpension 28 €; ⌚ ganzjährig; 📶🐾) vorbei, der den Seen am nächsten gelegenen Unterkunft. Sie hat 16 Schlafkojen, warme Duschen, serviert gutes Essen (Hauptgerichte 8–15 €) und ist mit dem Auto erreichbar.

Zwei weitere relativ einfache Routen führen von den Seen tiefer in die Berge. Auf dem PRPNPE4 geht's mit 610 m Steigung vom Lago de la Ercina 7,6 km Richtung Südosten zum **Vega de Ario**. Dort bietet das **Refugio Vega de Ario** (Refugio Marqués de Villaviciosa; ☎ 656 84 30 95, 984 09 20 00; www.refugiovegadeario.es; B Erw./Kind 15/8 €, Halbpension 28 €; ⊙ Ostern & Juni–Okt.) 40 Etagenbetten und Mahlzeiten. Nach der drei Stunden dauernden anstrengenden Tour belohnt der fantastische Blick über die Garganta del Cares (Cares-Schlucht) zum Macizo Central der Picos.

Der PRPNPE5 verläuft vom Lago de Enol grob Richtung Süden zum **Refugio de Vegarredonda** (☎ 985 92 29 52, 626 34 33 66; www.vegarredondaremis.com; B Erw./Kind 14/8 €; ⊙ März–Nov.) in einer Höhe von 1410 m mit Mahlzeiten und Platz für 68 Gäste und weiter zum **Mirador de Ordiales**, von dem aus man in das 1 km tiefe Valle de Angón hinunterschauen kann. Einfach ist die Route 10 km lang (rund 3½ Std.); bis zum *refugio* läuft man ziemlich problemlos über einen Maultierpfad, dann folgt ein anstrengender Aufstieg zum Aussichtspunkt. Wenn der Zustand des Wegs es erlaubt, kann man die Wanderung mit dem Auto um ca. 40 Min. verkürzen, indem man bis zum Parkplatz Pandecarmen 2 km südlich vom Lago de Enol fährt.

ℹ Praktische Informationen

Centro de Visitantes Pedro Pidal (☎ 985 84 86 14; www.parquenacionalpicoseuropa.es; ⊙ Ostern & Mitte Juni–Mitte Okt. 10–18 Uhr). Zwischen den zwei Lagos de Covadonga, mit Ausstellungen zur Tierwelt in den Picos, dazu einige Infos zum Wandern.

ℹ An- & Weiterreise

AUTO

Um ein Verkehrschaos zu vermeiden, dürfen Privatfahrzeuge von Ende Juli bis Mitte September und an einigen Feiertagen zwischen 8.30 und 20 Uhr die Straße von Covadonga zum Lago de Enol nicht befahren. Vor 8.30 Uhr und nach 20 Uhr darf man aber zu den Seen hochfahren und jederzeit hinunterfahren.

BUS

Von Juli bis Mitte September und ganzjährig an einigen Ferienwochenenden verkehrt ein Shuttlebus (Tagesticket Erw./Kind 8/3,50 €) zwischen den Lagos de Covadonga und den vier Parkplätzen (pro Auto 2 €) neben dem Busbahnhof in Cangas de Onís sowie entlang der Straße nach Covadonga.

TAXI

Eine einfache Fahrt mit dem Standardtaxi von Cangas de Onís zu den Lagos de Covadonga kostet 30 €; für eine Rundfahrt inklusive einer einstündigen Wartezeit an den Seen werden 48 € fällig, eine Rundfahrt mit einstündigem Aufenthalt an den Seen und 30 Min. in Covadonga kostet 60 €. Von Juli bis Mitte September und zu anderen Hauptbesuchszeiten verlangt **Taxitur** (S. 591) für eine Rundfahrt in Minibussen für acht Personen 11/5 € (Erw./Kind).

Zentrale Picos

Die Hauptattraktion des Zentralmassivs der Picos ist die Schlucht, die es vom westlichen Macizo El Cornión trennt. Der beliebte durch die Garganta del Cares (Cares-Schlucht) verlaufende Weg kann im Sommer ziemlich überlaufen sein, aber die Wanderung ist immer ein aufregendes Erlebnis. Dieser Teil der Picos birgt auch viele weniger stark frequentierte Pfade und bietet Kletterern zahlreiche Herausforderungen. Arenas de Cabrales an der AS114 zwischen Cangas de Onís und Panes ist ein beliebter Ausgangspunkt, aber auch Poncebos, Sotres, Bulnes und Caín bieten Serviceeinrichtungen.

Arenas de Cabrales

782 EW. / 135 M

Arenas de Cabrales (auch Las Arenas genannt) liegt am Zusammenfluss der sprudelnden Flüsse Río Cares und Río Casaño, 30 km östlich von Cangas de Onís. Seine geschäftige Hauptstraße ist von Hotels, Restaurants und Bars gesäumt, gleich dahinter erstreckt sich ein kleines Gewirr aus Plätzen und Seitenstraßen. Arenas ist eine sehr beliebte Ausgangsbasis für Wanderungen durch die spektakuläre Schlucht Garganta del Cares.

◉ Sehenswertes

Cueva-Exposición Cabrales MUSEUM
(☎ 985 84 67 02; www.fundacioncabrales.com; Carretera AS264; Erw./Kind 4,50/3 €; ⊙ Stündl. Führungen April–Sept. 10.15–13.15 & 16.15–19.15 Uhr, Okt.–März bis 18.15 Uhr) Im Cueva-Exposición Cabrales in Arenas, einem Käsemuseum in einer Höhle 500 m südlich des Zentrums an der Straße nach Poncebos,

gibt's Wissenswertes zum feinen geruchsintensiven Cabrales-Käse sowie Kostproben. Geführte Besichtigungen (45 Minuten) sind auf Spanisch und gelegentlich auch auf Englisch.

Aktivitäten

Arenas bietet sich als Ausgangsbasis für Wanderungen in der beliebten Garganta del Cares (S. 593) an. Der Weg beginnt 6 km südlich von Poncebos. Populär sind außerdem Käsereiführungen; die hiesige Touristeninformation (siehe rechts) und die Stelle in Cangas de Onís (S. 589) wissen, welche Käsereien gerade Besucher empfangen.

Schlafen & Essen

La Portiella del Llosu CASA RURAL €
(☎ 646 86 67 80, 984 11 24 34, 646 86 67 80; www.llosu.es; Pandiello; Zi. inkl. Frühstück 65 €; 📶) Vor großartiger Panoramakulisse mit Tälern und Bergen der Picos steht dieses wunderbar rustikal restaurierte Haus aus dem 17. Jh. 10 km nordwestlich von Arenas im idyllischen Pandiello. Die fünf in warmen Farben gehaltenen Zimmer mit Ausblick sind mit Antiquitäten und Familienerbstücken bestückt, darunter handbemalte Schränke und Keramikwaschbecken, die alle von den gastfreundlichen Besitzern hergerichtet wurden. Das Frühstück ist hausgemacht.

Die Unterkunft liegt unmittelbar östlich von Ortiguero, 2 km von der Abzweigung nach Pandiello.

Hotel Rural El Torrejón HOTEL €
(☎ 985 84 64 28; www.hotelruraleltorrejon.com; Calle del Torrejón; Zi. inkl. Frühstück 50–65 €; ⏰ Mitte Jan.–Mitte Dez.; 🅿 📶) Das freundliche, familiengeführte Landhaus begrüßt die müden Reisenden mit vielen Blumen auf den Balkons, herrlichen Gärten, originellen Farbgebungen und geschmackvoll in behaglich-ländlichem Stil ausgestatteten Zimmern. Preisgünstig bei idyllischer Lage am Río Casaño in Richtung des östlichen Endes von Arenas.

Restaurante Cares ASTURISCH €€
(☎ 985 84 66 28; cafecares-ast@hotmail.com; Calle Mayor; Hauptgerichte 8,75–24 €, Menüs 15 €; ⏰ Juli–Mitte Sept. 13–15.30 & 20–23.30 Uhr, Mitte Sept.–Juni Di–Do & So 13–15.30, Fr & Sa 13–15.30 & 20–23.30 Uhr; 🌿 👪) Das an der Hauptstraße neben der Kreuzung nach Poncebos gelegene Cares gehört zu den Restaurants mit dem besten Preis-Leistungs-Verhältnis im gesamten Umland. Neben preisgünstigen Mittags- und Abendmenüs (darunter auch eine in Nordspanien seltene vegetarische Variante) gibt's *platos combinados* (Fleisch-/Eierspeise mit Pommes Frites und Gemüse), Kindergerichte, Fisch und Fleisch von der Karte sowie eine Auswahl an herzhaftem asturischem *cachopo* (gefülltesKalbsschnitzel).

Praktische Informationen

Oficina de Turismo (☎ 985 84 64 84; www.cabrales.es/turismo; Calle Mayor; ⏰ Ostern & Juni–Mitte Sept. Di–Sa 10–14 & 16–20 Uhr, So 10–14 Uhr) Mitten in der Stadt gegenüber der Straßenkreuzung nach Poncebos.

An- & Weiterreise

Mindestens zweimal täglich fahren **ALSA-Busse** (☎ 902 42 22 42; www.alsa.es) von Cangas de Onís nach Arenas (2,95 €, 40 Min.) und wieder zurück. Montags und freitags gibt's außerdem jeweils zwei Verbindungen zwischen Arenas und Llanes (3,40 €, 55 Min., oder 6,45 €, 2 ¼ Std.). Busse halten neben der **Touristeninformation** mitten in der Stadt an der Kreuzung nach Poncebos.

Garganta del Cares

Der Río Cares passiert die großartige 1 km tiefe und 10 km lange Garganta del Cares, die das Westmassiv der Picos von deren Zentralgebirge trennt. Die dramatische Kalksteinschlucht erstreckt sich zwischen Poncebos, 6 km südlich von Arenas de Cabrales in Asturien, und Caín in Kastilien und León. Das ganze Jahr und vor allem im Sommer unternehmen jede Menge Besucher eine Wanderung auf der äußerst populären Ruta del Cares. Sie führt hoch oben durch die zerklüfteten Wände der Schlucht zwischen den zwei Dörfern.

Aktivitäten

★ **Ruta del Cares** WANDERN
(Wanderweg Garganta del Cares; PRPNPE3) Man kann den beliebtesten Wanderweg Spaniens, die 10 km lange Ruta del Cares, in beide Richtungen laufen. Am besten nimmt man sie sich jedoch von Norden (Poncebos) nach Süden (Caín) vor, denn dann spart man sich die schönsten Abschnitte bis zum Ende auf. Zunächst geht's steil hinauf in die weiten, recht kargen unteren Abschnitte. Vom oberen Ende von Poncebos folgt man dem Schild „Ruta del Cares" 700 m bergaufwärts entlang der Straße. Nach 3 km stößt man

auf ein paar verlassene Häuser. Ein wenig weiter und man hat den höchsten Punkt der Wanderung überwunden.

An- & Weiterreise

Von etwa Mitte Juli bis Anfang September schickt **ALSA** morgens zwei bis drei Busse von Cangas de Onís nach Caín (8 €, 2 Std.); zurück geht's am frühen oder späteren Nachmittag. Nachmittags und am frühen Abend fahren zwei bis drei Busse von Cangas über Arenas de Cabrales nach Poncebos (4,50 €, 45 Min.) und wieder zurück. Wer möchte, kann folgende Tagestour unternehmen: Man fährt mit dem Bus von Cangas nach Caín, unternimmt eine Wanderung in der Garganta del Cares von Caín im Norden nach Poncebos und nimmt schließlich den Bus in Poncebos zurück nach Cangas.

Eine Alternative ist der Morgenbus von León über Posada de Valdeón nach Caín; zurück geht's dann die gleiche Strecke am Nachmittag (20 €).

Zahlreiche Agenturen in den Orten der Picos bringen Besucher zu beiden Enden des Wegs und holen sie am jeweils anderen Ende wieder ab. Gegen Aufpreis bieten manche von ihnen auch Jeeptouren in die Picos an.

Bulnes

35 EW. / 647 M

Bulnes liegt südlich von Poncebos hoch oben über einem Seitental der Cares-Schlucht. Das Dörfchen mit seinen rostroten Dächern ist entweder über eine anstrengende 5 km lange Wanderung (ca. 2 Std.) von Poncebos bergauf oder mit dem **Funicular de Bulnes** zu erreichen, einer Tunnelbahn, die von der Station unterhalb von Poncebos über mehr als 2 km steil bergan durch den Berg fährt. Am Ende der aufregenden Reise wartet das winzige Bulnes, das in einem hübschen, abgeschiedenen Tal inmitten hoch aufragender Felsgipfel thront.

Wer aus östlicher Richtung anreist, muss zum Ort vom Collado de Pandébano rund 2,5 km (ca. 1 ¼ Std.) zu Fuß zurücklegen.

Bulnes besteht aus zwei Teilen, dem oberen Barrio del Castillo und dem unteren La Villa. Alle Einrichtungen befinden sich in La Villa.

Aktivitäten

Straßen gibt's in Bulnes nicht, dafür jedoch einige gute Bergwanderrouten.

Die Route PRPNPE19 führt von **Poncebos** recht anstrengende 5 km bergaufwärts. Auf eine Steigung von rund 500 m (ca. 2 Std.) folgt ein noch anspruchsvollerer 4 km langer Abschnitt Richtung Süden. Mit einer Steigung von mehr als 1100 m geht's über oftmals steinige Hänge zum **Refugio Vega de Urriello** (☎ 650 78 03 81, 638 27 80 41, 984 09 09 81; www.refugiodeurriellu.com; B Erw./Kind 15/8 €, Frühstück 5 €, Mittag- oder Abendessen 15 €; ganzjährig) unterhalb des mächtigen **El Naranjo de Bulnes**. Alternativ läuft man von Bulnes 2,5 km nach Osten bergauf zum Pass **Collado de Pandébano**. Dort führt der weniger anspruchsvolle, jedoch ebenfalls nicht einfache PRPNPE21 zum Refugio Vega de Urriello. Von Collado aus kann man außerdem in etwa einer Stunde 4 km bergab nach Sotres im Osten wandern.

Schlafen & Essen

La Casa del Chiflón CASA RURAL €
(☎ 985 84 59 43; www.lacasadelchiflon.com; La Villa; EZ/DZ inkl. Frühstück 45/60 €; Ostern & Juni–Mitte Okt.;) Die hübsche *casa rural* (Landhaus) im unteren Teil von Bulnes beherbergt zwischen ihren Steinwänden sechs gemütliche Zimmer. Zudem gibt's eine professionelle Leitung und ein Restaurant am Fluss (La Casa del Puente) im unteren Bereich von Bulnes.

An- & Weiterreise

Der **Funicular de Bulnes** (☎ 985 84 68 00; einfach/hin & zurück Erw. 17,61/22,16 €, Kind 4,32/6,71 €; Ostern & Juni–Mitte Sept. 10–20, sonst 10–12.30 & 14–18 Uhr) fährt alle halbe Stunde in sieben Minuten von Poncebos nach Bulnes und wieder zurück.

Sotres

113 EW. / 1045 M

Eine Nebenstraße führt von Poncebos 11 km bis ins kleine Örtchen Sotres, dem höchstgelegenen Dorf in den Picos (1045 m) und Startpunkt zahlreicher guter Wanderrouten.

Aktivitäten

Eine beliebte Wanderroute verläuft nach Osten zum Dorf **Tresviso** und weiter nach Urdón an der Straße von Potes nach Panes. Bis Tresviso (10 km) führt eine befestigte Straße, aber die letzten 7 km sind nur über einen spektakulären Wanderweg zu bewältigen, die **Ruta Urdón-Tresviso** (PRPNPE30), die sich 850 m zur Schlucht Desfiladero de la Hermida hinabschlängelt. Die Strecke in umgekehrter Richtung ab Urdón bergauf ist genauso beliebt.

Viele Wanderer entscheiden sich für den **Collado de Pandébano** (Pass, Höhe 1212 m), eine 4 km lange bzw. ein- bis anderthalbstündige Wanderung zur anderen Seite des Duje-Tals. Von Pandébano sieht man den 2519 m hohen Felsfinger namens **El Naranjo de Bulnes** (Pico Urriello), ein Wahrzeichen der Picos de Europa und eine echte Herausforderung für Kletterer. Nur wenige Trekkingfans können der Versuchung widerstehen, so nahe an El Naranjo heranzukommen. Von Pandébano führt über die Route PRPNPE21 ein 5 km langer Weg (ca. 3 Std.) 700 Höhenmeter hinauf zur **Vega de Urriello** (1953 m) am Fuß des Bergs, wo das Refugio Vega de Urriello (S. 594) ganzjährig bewirtschaftet ist, wenn es das Wetter zulässt, und seinen Gästen auch Mahlzeiten serviert. Alternativ kann man 2,5 km (ca. 1 Std.) von Pandébano westlich nach Bulnes hinunterlaufen.

Wer möchte, kann von Sotres Richtung Süden auf den Jeepwegen zum Hotel Áliva (S. 597) oder nach Espinama im südöstlichen Teil des Nationalparks laufen.

Schlafen & Essen

Hotel Peña Castil HOTEL €€
(☎ Hotel 985 94 50 80, Restaurant 985 94 50 49; www.hotelpenacastil.com; CA1; EZ/DZ inkl. Frühstück 40/60 €; ⊙ Jan. oder Feb. geschl.;) Das freundliche Hotel verfügt über zehn eher kleine, dafür aber umso charaktervolle Zimmer, die sich über ein renoviertes Steinhaus mit anmutig gefliesten Böden und Wänden halb aus Stein verteilen. Einige der Zimmer haben auch kleine Balkons, außerdem gibt's ein Bar-Restaurant.

An- & Weiterreise

Nach Sotres gelangt man über die verschlungene 11 km lange asphaltierte Straße ab Poncebos. Alternativ wandert man von Urdón, Tresviso, Bulnes oder einem anderen Ort aus hierher oder man bucht eine Jeeptour aus südlicher Richtung (Hotel Áliva oder Espinama). Eine Taxifahrt ab Arenas de Cabrales kostet rund 20 €.

Östliche Picos

Im verschlafenen Panes trifft die AS114 aus östlicher Richtung von Cangas de Onís und Arenas de Cabrales auf die südlich von der Küste kommende N621. Südlich von Panes folgt die N621 dem Río Deva flussaufwärts durch die beeindruckende Schlucht **Desfiladero de la Hermida**. Nachdem man bei Urdón hinüber nach Kantabrien gelangt ist, 2 km nördlich des Dörfchens **La Hermida**, geht's 18 km südwärts nach **Potes**. Der Ort ist die wichtigste Ausgangsbasis für Ausflüge in die östlichen Picos und bietet entsprechende Aktivitäten. Rund 23 km westlich von Potes liegt **Fuente Dé**. Die dortige Seilbahn ist das wichtigste Transportmittel in die Picos der Gegend.

Potes & Liébana-Tal

1360 EW. / 291 M

Potes ist ein enorm beliebter Ausgangspunkt für Wanderungen in die Südostecke der Picos. In unmittelbarer Nähe erhebt sich der Macizo Ándara (auch Macizo Oriental genannt). Der in der Hauptsaison überlaufene, mit seiner kopfsteingepflas-

SCHNAPS AUS POTES

Der starke Schnaps *orujo* wird aus Pressrückständen von Trauben hergestellt, in ganz Nordspanien getrunken und ist so was wie eine Spezialität in Potes. Einheimische trinken ihn gerne als Aperitif nach dem Abendessen in ihrem Kräutertee *té de roca* oder *té de puerto*. Zahlreiche Geschäfte in der Stadt verkaufen *orujo*, auch mit Honig, Obst und Kräutern aromatisierte Varianten. Viele bieten kaufinteressierten Kunden Kostproben an.

Potes' vergnügliche **Fiesta del Orujo** (www.fiestadelorujo.es) sorgt am zweiten Novemberwochenende für Stimmung. Dabei verkauft fast jede hiesige Bar an Ständen für ein paar Cent *orujo*-Shots; die Erlöse gehen an einen guten Zweck.

Mehrere *orujo*-Brennereien in der Region Potes empfangen mittlerweile auch Besucher. Rund 5 km nordwestlich von Potes bietet der kleine Familienbetrieb **El Coterón** (☎ 942 73 08 76; www.elcoteron.com; Argüébanes; ⊙ Führungen Mo–Fr 10.30 & 16, Sa & So 12 & 16 Uhr) GRATIS informative Führungen (teils auf Englisch) durch die Brennereianlage. Zudem können Besucher die Produkte direkt vor Ort probieren und kaufen. Wer im Oktober oder November kommt, kann beim Ernten und Pressen der Äpfel zusehen. Eine Reservierung ist ratsam.

terten Altstadt jedoch immer noch attraktive Ort ist die Hauptstadt der Liébana, einer herrlich grünen historischen Tallandschaft zwischen den Picos und dem Hauptkamm der Cordillera Cantábrica.

Sehenswertes

Der Ortskern von Potes besteht aus ein paar Brücken, Türmen und charmanten kleinen Straßen, die nach den beträchtlichen Zerstörungen des Spanischen Bürgerkriegs mit traditionellen Materialien wie Schiefer, Holz und roten Ziegeln restauriert wurden. 2 km nördlich von Potes zeigt das Centro de Visitantes Sotama (S. 596) in Tama exzellente Ausstellungen zur Fauna, Geschichte und Geologie der Picos de Europa sowie über den mittelalterlichen Mönch Beatus de Liébana und romanische Architektur.

Monasterio de Santo Toribio de Liébana KLOSTER
(☎ 942 73 05 50; www.santotoribiodeliebana.org; CA885, Camaleño; ⏲ Mai–Sept. 10–13 & 16–19 Uhr, Okt.–April bis 18 Uhr; Ⓟ) GRATIS Im 8. Jh. brachten christliche Flüchtlinge aus dem muslimisch besetzten Spanien das **Lígnum Crucis** nach Liébana, angeblich das größte Bruchstück des Jesuskreuzes. Der Überlieferung nach wurde das Loch darin von dem Nagel verursacht, der durch die linke Hand Jesu geschlagen wurde. Seitdem ist die heilige Reliquie im Kloster Santo Toribio 3 km westlich von Potes untergebracht, das außerdem als Zuhause des mittelalterlichen Mönchs und Theologen Beatus de Liébana bekannt ist, der im 8. Jh. lebte und in Europa für seinen *Kommentar zur Apokalypse* gefeiert wurde.

Iglesia de Santa María de Lebeña KIRCHE
(Lebeña; Erw./Kind 1,50/1 €; ⏲ Juni–Sept. Di–So 10–13.30 & 16–19.30 Uhr, Okt.–Mai bis 18 Uhr; Ⓟ) Die faszinierende Kirche 9 km nordöstlich von Potes geht auf das 9. oder 10. Jh. zurück. Die hufeisenförmigen Bögen zeugen vom mozarabischen Stil, der so weit im Norden selten ist. Die Blumenmotive auf den Säulen sind westgotischen Ursprungs, während das zentrale *retablo* (Altarstück) aus dem 18. Jh. darunter eine keltische Steingravur ziert. Die Eibe vor der Kirche (nach einem Sturm im Jahr 2007 nur noch ein Stumpf) wurde angeblich bereits vor eintausend Jahren gepflanzt.

Aktivitäten

Von Potes und dem Umland aus gelangt man gut nach Fuente Dé. Potes ist die wichtigste Ausgangsbasis für sämtliche Aktivitäten in den östlichen Picos. Mehrere Agenturen vor Ort bieten vielfältige Optionen an, von Mountainbiking und Reiten bis zum Klettern, Canyoning und Tandem-Gleitschirmfliegen. Zudem gibt's Führungen, bei denen die Herstellung von Käse und *orujo* (ein starker einheimischer Likör) vorgeführt wird.

Quesería Alles KÄSE
(☎ 616 29 84 00, 942 73 35 13; wwwquesopicon.es;Calle Mayor 6, Bejes; ⏲ 10–13 & 16–19 Uhr) GRATIS Liebhaber von Picón, dem geschmacksintensiven kantabrischen Blauschimmelkäse, machen sich auf in das 20 km nördlich von Potes gelegene winzige **Bejes** (582 m; ab der N621 ausgeschildert). Dort gibt's Führungen und Verkostungen in einer der erfolgreichsten *queserías* (Käsereien) der Region. Die informativen spanischsprachigen Führungen widmen sich dem Herstellungsprozess, zudem besichtigt man das Gelände. Wer im Voraus nachfragt, kann vielleicht sogar die Höhle, in der der Käse reift, besuchen.

Schlafen & Essen

★ **Posada de Cucayo** HOTEL €
(☎ 942 73 62 46; www.laposadadecucayo.com; Cucayo; DZ inkl. Frühstück 56–73 €; ⏲ Mitte Feb.–Mitte Jan.; Ⓟ 📶) 🌿 Dieses vorzügliche kleine Hotel in Familienbesitz befindet sich nach einer wunderbaren 12 km langen Fahrt von La Vega de Liébana auf einer Höhe von mehr als 900 m. Rundherum gibt's zerklüftete Berggipfel und unten grüne Felder. Elf der 12 geräumigen, geschmackvollen Zimmer gewähren einen weiten Blick. Auch gibt's ein preisgünstiges **Restaurant** (Hauptgerichte 8–15 €; ⏲ Mitte Feb.–Mitte Jan. 14–15.30 & 21–22 Uhr; 📶) 🌿, in dem Produkte des benachbarten Bauernhofes verarbeitet werden.

★ **Posada San Pelayo** HOTEL €€
(☎ 942 73 32 10; www.posadasanpelayo.com; San Pelayo; EZ 50–60 €, DZ 65–80 €; Ⓟ 📶 🏊) Rund 5 km westlich von Potes liegt dieses hübsche, einladende, familiengeführte Landhotel. Es ist in einem recht neuen Gebäude im traditionell rustikalen Stil untergebracht. Die geräumigen modern-ländlichen Zimmer, größtenteils mit Holzterrassen ausgestattet, sind in fröhlichen Erdfarben gehalten; zudem gibt's viele gemütliche Aufenthaltsbereiche, Lagerfeuer im Winter sowie einen großartigen Garten mit Pool und traumhaftem Bergblick. Das Frühstück (6,50 €) ist gut.

La Casa de las Chimeneas APARTMENT €€
(☎ 942 73 63 00, 648 53 15 94; www.lacasadelaschimeneas.es; Plaza Mayor, Tudes; 1-Zi-Apt. 83–116 €, 2-Zi-Apt. 127–170 €; P) In einem am Hang gelegenen hübschen Dörfchen findet man dieses alte Gehöft, das in acht ausnehmend bequeme, gut ausgestattete und charaktervolle Apartments mit meist 2 oder 3 Etagen umgewandelt wurde. Jedes Apartment hat sein eigenes Thema, detailreich dargestellt in wunderschönen, handgemalten vom Mittelalter inspirierten Wandmalereien. Genießen kann man den gekrümmten Infinity-Pool, das Spielezimmer, die grandiosen Panoramen der Picos und leichte Mahlzeiten in der ebenso originellen **Taberna del Inglés** (raciones & Hauptgerichte 4,50–15 €; ⊙ 9–21.30 Uhr, Mai–Okt ganzjährig, Nov.–April nur Fr–So).

Asador Llorente KANTABRISCH €€
(☎ 942 73 81 65; Calle de San Roque 1, Potes; Hauptgerichte 10–19 €; ⊙ Mi–Mo 13–16 & 20.30–23 Uhr) Das einladende, loftähnliche Lokal mit Holzbalken, Picos-Fotos und einem winzigen Brunnen im oberen Stock serviert sehr großzügig portionierte frische lokale Gerichte. Fleischliebhaber sollten die Liébana-Spezialität *cocido lebaniego* (sättigender Eintopf mit Kichererbsen, Kartoffeln, Gemüse, Chorizo, Blutwurst, Speck und Rindfleisch) probieren oder sich das 500 g schwere *chuletón* (riesiges Rinderkotelett) schmecken lassen. Die knackigen Salate sind auch lecker.

Praktische Informationen

Centro de Visitantes Sotama (☎ 942 73 81 09; N621, Tama; ⊙ Juli–Sept. 9–19 Uhr, Okt.–Juni bis 18 Uhr) Informiert etwa 2 km nördlich von Potes über Wanderrouten in den Picos.

Oficina de Turismo (☎ 942 73 07 87; turismopotes@yahoo.es; Plaza de la Independencia; Potes ⊙ Juni–Mitte Sept. 10–14 & 16–20 Uhr, Mitte Sept.–Mai bis 19 Uhr) In der entweihten rustikalen gotischen Iglesia de San Vicente aus dem 14. Jh.

An- & Weiterreise

Von Santander aus verkehrt **Autobuses Palomera** (☎ 942 88 06 11; www.autobusespalomera.com) ein- bis dreimal täglich über San Vicente de la Barquera, Panes, Urdón und Lebeña nach Potes (8,30 €, 2½ Std.) und wieder zurück.

Fuente Dé & südöstliche Picos

9 EW. (FUENTE DÉ) / 1078 M

Das winzige Fuente Dé liegt dramatisch am Fuß der kahlen Südwand des Macizo Central in den Picos und besteht nur aus zwei Hotels und einem Campingplatz, die sich beim äußerst beliebten Teleférico de Fuente Dé (S. 597) zusammendrängen. Von der Bergstation dieser Seilbahn machen sich Wanderer und Kletterer in die Tiefen des Zentralmassivs auf. Die wunderschöne 23 km lange CA185 windet sich von Potes nach Fuente Dé.

Sehenswertes

★ **Teleférico de Fuente Dé** SEILBAHN
(☎ 942 73 66 10; www.cantur.com; Fuente Dé; Erw./Kind hin & zurück 17/6 €, einfach 11/4 €; ⊙ Ostern & Juli–Mitte Sept. 9–20 Uhr, Mitte Sept.–Juni 10–18 Uhr, 2. Jan.-Hälfte geschl.; P) In weniger als vier aufregenden Minuten befördert die Seilbahn Passagiere 753 m hinauf zur steilen Südwand des Zentralmassivs der Picos (1823 m). Von dort aus unternehmen Wanderer und Kletterer Touren ins Gebirge. Die Seilbahn fährt den ganzen Tag, sofern das Wetter es zulässt. Über die aktuelle Lage informiert die Website, verlässlichere Infos erhält man jedoch telefonisch. Während der Hochsaison (insbesondere im August) kann die Wartezeit auf einen Sitz pro Richtung über eine Stunde betragen. An beiden Stationen gibt's Cafés.

Mogrovejo DORF
Als eines von Kantabriens malerischsten Dörfern schmiegt sich das winzige Mogrovejo (44 Einwohner) an einen Berghang 10 km westlich von Potes und 15 km östlich von Fuente Dé. Ein Spaziergang lohnt sich ganz sicher, besonders frühmorgens oder am späten Nachmittag, wenn der mittelalterliche Wachturm, die Häuser aus dem 16. Jh. und die Kirche aus dem 17. Jh. vor dem atemberaubenden Hintergrund der Picos de Europa intensiv beleuchtet werden.

Aktivitäten

Die Bergstation des Teleférico de Fuente Dé ist Ausgangspunkt einiger fantastischer Wanderwege. Hotels in Fuente Dé veranstalten zudem Jeeptouren in die Berge (ca. 100 €).

Vom oberen Ende des Teleférico de Fuente Dé (S. 597) führt ein leicht zu bewältigender 3,5 km langer Weg (1 Std.) bis zum **Hotel Áliva** (☎ 942 73 09 99; www.cantur.com; EZ/DZ/3BZ 50/80/95 €; ⊙ Mitte Juni–Mitte Okt.), wo man Erfrischungsgetränke bekommt. Vom Hotel führen zwei Wege hinab ins Tal, das den Macizo Central und den Macizo Ándara voneinander trennt. Einer verläuft in nördliche Richtung über Vegas de Sotres nach **Sotres** (ca. 9 km bzw. 2 Std.), der andere schlängelt sich 7 km nach Süden hinunter nach **Espinama** an der CA185 (ca. 2½ Std.). Der PRPNPE24 ist für seine abwechslungsreiche Landschaft aus krassen Kalkgipfeln und üppigen Almen bekannt und beginnt beim Weg zwischen dem Hotel Áliva und Espinama, zweigt etwa auf halbem Weg abwärts ab und führt wieder nach Fuente Dé zurück (11 km, ca. 3¼ Std. ab dem Hotel).

Kletterer können eine Tour über das Massiv bis **El Naranjo de Bulnes** (Pico Urriello; das Wahrzeichen der Picos) unternehmen oder die **Peña Vieja** (2613 m) besteigen. Dafür ist unbedingt entsprechende Ausrüstung und Erfahrung im Bergsteigen nötig, denn dieser Berg hat mehr Menschenleben gefordert als jeder andere Höhenzug in den Picos. Als weniger anspruchsvoll gilt der PRPNPE23. Die Route führt vom Teleférico de Fuente Dé 5,5 km und 500 Höhenmeter in nordwestliche Richtung, verläuft unterhalb der Peña Vieja und bis zum Pass **Collado de Horcados Rojos**, der den Blick auf spektakuläre Landschaften wie El Naranjo de Bulnes freigibt. Für Hin- & Rückweg braucht man ungefähr 4½ Stunden.

In Dörfern beim oder in der Nähe vom CA185, wie **Brez** (5 km nördlich von Camaleño), Mogrovejo (S. 597) und Espinama, starten zudem ein paar recht einfache Talwanderwege.

Schlafen & Essen

In Fuente Dé gibt's einen Campingplatz und zwei Hotels, darunter einen hässlichen *parador*. Am 23 km langen CA185 zwischen Potes und Fuente Dé findet man ein paar hübsche Landhotels, *hostales* (Budgethotels) und Zeltplätze. Espinama und Cosgaya, 3,5 km bzw. 10 km südöstlich von Fuente Dé, haben besonders gute Restaurants.

Puente Deva HOSTEL €

(☎ 942 73 66 58; www.hostalpuentedeva.com; Espinama; EZ/DZ/3BZ inkl. Frühstück 36/49/64 €) Mit 16 einfachen, sauberen und charmant rustikalen Zimmern – die meisten mit Blick auf den Fluss – ist das freundliche Puente Deva eine solide Wahl ohne viel Schnickschnack. Liegt direkt an der CA185, 6,5 km südöstlich von Fuente Dé.

★ **Hotel del Oso** HOTEL €€

(☎ 942 73 30 18; www.hoteldeloso.com; Cosgaya; EZ 63–71 €, DZ 78–89 €, ⏲ Feb.–Dez.; P 📶 🏊) Das ehrwürdige Hotel del Oso besteht aus prachtvollen gegenüberliegenden Zwillingshäusern aus Stein, die durch den Río Deva und die Straße voneinander getrennt sind. Die geräumigen Zimmer im rustikalen Stil mit Holzböden und Blumendekor sind sehr einladend, und es gibt einen hübschen Pool. Das **Restaurant** (Hauptgerichte 15–25 €, Menü 21 €; ⏲ Feb.–Dez. 13–15.45 & 20.30–22.30 Uhr; P) gehört mit seinen hochwertigen Fleischgerichten, Eintöpfen und Desserts (Frühstück gibt's für 11 €) zu den besten der Gegend. Die Anlage befindet sich 13 km südwestlich von Potes bzw. 10 km südöstlich von Fuente Dé.

Hotel Rebeco HOTEL €€

(☎ 942 73 66 00; www.hotelrebeco.com; Fuente Dé; DZ 70 €; inkl. Frühstück/HP/VP 82/109/137 € ⏲ Jan. geschl., unterschiedlich; P 📶) Viele der 30 Zimmer in dieser wunderbar gemütlichen, einladenden Steinlodge bieten Bergblick, elf verfügen über eine zweite Ebene, die sich prima für Kinder eignet. Die Wandteppiche der Besitzerin, Conchi Cuesta, sind einfach bezaubernd. Es gibt ein gutes **Restaurant** (☎ 942 73 66 01; www.hotelrebeco.com; Fuente Dé; Hauptgerichte 10–20 €; ⏲ Feb.-Dez 13–22.30 Uhr, 📶) mit fairen Preisen und im Winter ein knisterndes Lagerfeuer, zudem werden Jeeptouren in die Picos angeboten (ca. 100 €, max. 6 Pers.).

Vicente Campo KANTABRISCH €€

(☎ 942 73 66 58; Espinama; Hauptgerichte 10–21 €; ⏲ 13–17 & 20–23 Uhr) An einer Straße im Herzen des winzigen Espinama gelegen, wird in diesem Restaurant ehrliche kantabrische Kost aufgetischt, wobei vom Viehbestand der Besitzerfamilie reichlich Gebrauch gemacht wird. Gerichte reichen von *estofado de añojo al vino tinto* (in Rotwein geschmortes Kalbfleisch) über *cabrito al horno* (geröstetes Zicklein) zu Grillsteak in einer Soße aus heimischen Tresviso-Käse.

An- & Weiterreise

Von Juli bis Mitte September verkehrt ein- bis zweimal täglich ein Bus von **Autobuses Palomera** (S. 597) zwischen Potes und Fuente Dé (2 €, 30 Min.). Die Taxifahrt von Potes nach Fuente Dé kostet rund 25 €.

Santiago de Compostela & Galicien

Inhalt ➜

Gut essen

- Quinta de San Amaro (S. 629)
- O Curro da Parra (S. 608)
- Abastos 2.0 (S. 609)
- Adega O Bebedeiro (S. 619)

Schön übernachten

- Quinta de San Amaro (S. 629)
- Hotel Herbeira (S. 623)
- Hotel Costa Vella (S. 606)
- Casa de Trillo (S. 615)
- Parador Hostal dos Reis Católicos (S. 607)

Auf nach Galicien!

In Galicien, einem einzigartigen Landstrich mit eigener Sprache und besonderer Kultur, liegt die Stadt Santiago de Compostela. Sie ist Jahr für Jahr Ziel von mehr als einer Viertel Million Pilgern, die sich auf den berühmten Jakobsweg begeben, und eine der magischsten und schönsten Städte Spaniens. Grund genug für Traveller, um in Spaniens Nordwesten zu reisen.

Galicien hat aber noch mehr zu bieten als Santiago. Die 1200 km lange, wilde Küste ist geprägt von imposanten *rías* (Meeresarmen), Klippen, Sandstränden, vorgelagerten Inseln und den besten Meeresfrüchten Europas. Das Hinterland fasziniert mit grünen Tälern, halb vergessenen Steindörfern, mittelalterlichen Klöstern und alten Weingärten. Vieles auf dieser Reise erinnert immer wieder an Galiciens einzigartige kulturelle Identität: der Klang der Dudelsäcke, die *cruceiros* (Steinkruzifixe) am Wegesrand und die *castros* (Siedlungen) der keltischen Vorfahren Galiciens.

Reisezeit

Santiago de Compostela

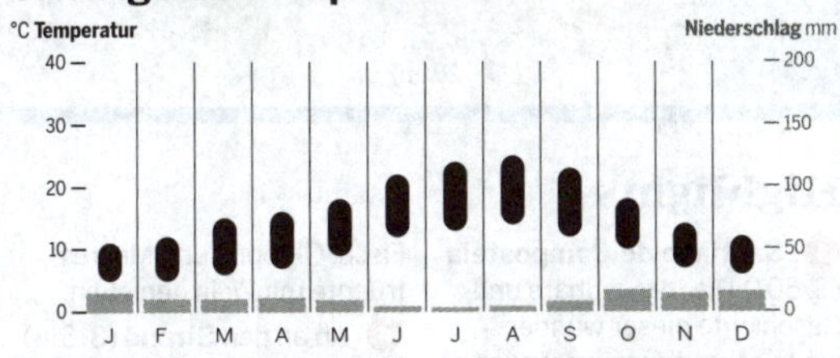

Juni & Sept. Weniger Touristen, niedrigere Zimmerpreise und (hoffentlich) gutes Wetter.

Juli & Aug. Die besten Chancen auf Sonnenschein.

25. Juli Mit einem spektakulären Feuerwerk beginnen in Santiago die Feiern zum Día de Santiago.

Highlights

1 **Santiago de Compostela** (S. 601) Die Atmosphäre und Geschichte dieser wunderschönen und faszinierenden Stadt kennenlernen.

2 **Costa da Morte** (S. 611) Kaps und Leuchttürme nördlich vom Cabo Fisterra erkunden.

3 **Meeresfrüchte und Wein** (S. 639) An der Küste frischen Fisch, Oktopus und Meeresfrüchte mit Wein genießen.

4 Ab an den **Strand** (S. 614) Bei Sonnenschein im Wasser erfrischen, die Landschaft genießen und vielleicht sogar an der Praia de Nemiña surfen.

5 Klippen und Kaps rund um die **Riás Altas** (S. 623) An der Garita de Herbeira auf den höchsten Meeresklippen Europas stehen.

6 **Illas Cíes** (S. 636) Zu den Stränden segeln und auf den Pfaden dieser spektakulären autofreien Inseln wandeln.

7 **Ribeira Sacra** (S. 644) Weingüter besichtigen und in tiefe Schluchten des „heiligen Flussufers“ hinabklettern.

Geschichte

Die Galicier früher Tage errichteten zahlreiche Dolmen (Hünengräber) und in der Eisenzeit *castros* (befestigte Siedlungen aus kreisrunden Steinhütten). Viele dieser Anlagen wurden freigelegt und können heute besichtigt werden. Man geht davon aus, dass die *castros* von den Kelten gebaut wurden. Im 1. Jh. vor Christus befriedeten Römer die Region und schufen Städte wie z. B. Lucus Augusti (Lugo).

Die Sueben, eine germanische Stammesgruppe, ließen sich 409 n. Chr. in Galicien nieder und gründeten das Königreich Galicien, das zumindest dem Namen nach bis 1834 fortbestand. Galicien gehörte im Mittelalter zu León, später dann zu Kastilien. Im 10. und 11. Jh. war es kurzzeitig unabhängig, dabei aber eng mit dem nördlichen Portugal verbunden.

Um 820 herum entdeckte man im späteren Santiago de Compostela das angebliche Grab von Santiago Apóstol (dem Apostel Jakobus), das zu einem Symbol für die christliche Rückeroberung Spaniens wurde. Pilger aus ganz Europa machen sich seither auf nach Santiago und die Stadt wurde zu einem bedeutenden Ort für das Christentum.

Der Rexurdimento, das Erwachen einer galicischen Identität, kam erst spät, im 19. Jh. auf. Dennoch verließen im 19. und 20. Jh. Hunderttausende verarmte Galicier das Land auf dem Seeweg – auf der Suche nach einem besseren Leben in Lateinamerika.

Seitdem in den 1970er-Jahren wieder Demokratie in Spanien einkehrte, ging es in Galicien bergauf. Heute ist es eine wichtige Region für Fischerei, Schiffsbau und Landwirtschaft und hat mehr Häfen als jede andere Region innerhalb der Europäischen Union.

SANTIAGO DE COMPOSTELA

79 800 EW.

Santiago, die letzte Station des legendären Jakobswegs, ist eine einzigartige Stadt mit einer ganz besonderen Atmosphäre. Längst vergangene Jahrhunderte leben in den Straßen mit ihren Säulengängen und in der beeindruckenden Steinarchitektur – vor allem der berühmten Kathedrale – fort.

Heutzutage strömen jedes Jahr mehr als 250 000 Pilger und Tausende weiterer Besucher hierher; sie lassen Santiago internationaler wirken als jemals zuvor. Die Stadt hat aber auch einen ausgeprägten lokalen Charakter – als Hauptstadt der spanischen autonomen Region Galicien. Santiago ist ein Ort, an dem Dudeslsackmusik über die Plazas schallt und wo sich zahlreiche Restaurants und Bars auf tolle galicische Meeresfrüchte und Weine spezialisiert haben.

Die Stadt steckt voller Überraschungen und verzaubert Besucher mit ihrem Charme. Selbst die zahlreichen Niederschläge haben eine gute Seite: Für viele ist Santiago am schönsten, wenn das Kopfsteinpflaster im Regen glänzt.

Die meisten Besucher kommen im Juli und August, aber Santiago verströmt während der ganzen wärmeren Jahreshälfte eine festliche Atmosphäre. Wer weniger Trubel möchte, kommt am besten im Mai, Juni und September hierher.

Geschichte

Der Legende nach hat Santiago Apóstol, der Apostel Jakobus, in Galicien gepredigt. Nach seiner Hinrichtung in Palästina soll er in einem Schiff aus Stein hierher zurückgebracht und beerdigt worden sein. Um 820 entdeckte dann angeblich der religiöse Einsiedler Pelayo das Grab, nachdem ihm ein Stern den Weg gewiesen hatte (der Name Compostela entwickelte sich aus dem lateinischen *campus stellae*, Feld des Sterns). Asturiens König Alfons II. ließ über den Überresten des Heiligen eine Kirche errichten. Daraufhin kamen die ersten Pilger. Um 890 beschloss Alfons III., die ursprüngliche Kirche durch eine größere zu ersetzen, und ab dem 11. Jh. waren Wallfahrten auf dem Jakobsweg ein bedeutendes europäisches Phänomen, das der Stadt enormen Reichtum bescherte. Der Bau der prächtigen Kathedrale von heute begann 1075. Unter Bischof Diego Xelmírez wurde Santiago im Jahr 1100 Erzbistum. Im 12. Jh. ließ er zahlreiche weitere Kirchen in der Region erbauen. Die folgenden Jahrhunderte waren jedoch durch einen vernichtenden Streit zwischen rivalisierenden Adeligen gekennzeichnet, und Santiago versank langsam in Bedeutungslosigkeit.

Erst seit den 1980er-Jahren kann es wieder an den alten Glanz anknüpfen – als Hauptstadt der Autonomen Region Galicien und als wiederentdecktes Touristen- und Pilgerziel.

Santiago de Compostela

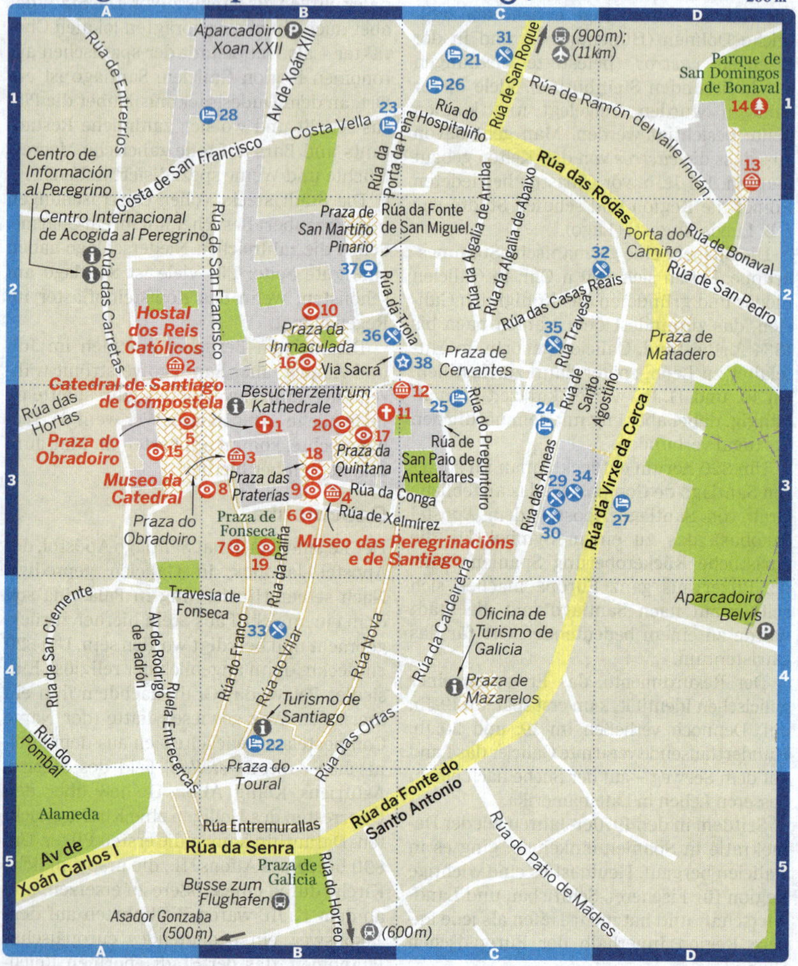

Sehenswertes

Als Ausgangspunkte, um Santiago zu erkunden, bieten sich die prachtvolle Kathedrale und die Praza do Obradoiro an. Fast alle Sehenswürdigkeiten liegen in der Altstadt, dem in etwa oval geformten Gebiet innerhalb der mittelalterlichen Stadtmauer. Dort laden Kopfsteinpflastergassen zum Bummeln ein. Sie werden von zahlreichen Cafés, Bars und Restaurants gesäumt.

Die Praza de Galicia bildet die Grenze zwischen der Altstadt und der modernen Wohn- und Einkaufsgegend im Süden.

★ Catedral de Santiago de Compostela

KATHEDRALE

(http://catedraldesantiago.es; Praza do Obradoiro; ⌚7–20.30 Uhr) Über der Stadt ragt Santiagos großartige Kathedrale auf, ein faszinierendes Sammelsurium aus Turmspitzen und Steinfiguren. Über Jahrhunderte hinweg Stück für Stück errichtet, macht gerade der Mix aus ursprünglichen romanischen (aus der Bauzeit 1075–1211) und späteren gotischen und barocken Stilelementen ihre Schönheit aus. Das Grab des hl. Jakobus unter dem Hauptaltar zieht geradezu magisch alle Kathedralenbesucher

Santiago de Compostela

an. Künstlerisches Highlight ist der Pórtico de la Gloria, der innen hinter dem Westtor 200 meisterhafte romanische Skulpturen aufweist.

Die Zeit ist nicht spurlos an dem Gebäude vorübergegangen; Wasser, Feuchtigkeit und die fortschreitende Besiedelung ringsum hat die Bausubstanz im Verlauf der Jahrhunderte in Mitleidenschaft gezogen. Aufgrund der Restaurierung in letzter Zeit verschwinden die Hauptfassade und der Pórtico de la Gloria möglicherweise hinter Baugerüsten. 2018 sollen die Arbeiten am Pórtico de la Gloria abgeschlossen sein und die Besucher somit wieder einen Blick darauf werfen können. Die Bauarbeiten an anderen Teilen der Kathedrale sollen bis 2020 andauern.

Der dreischiffige Grundriss der Kathedrale hat die Form eines traditionellen lateinischen Kreuzes und wird durch die majestätischen romanischen Rundbögen unterteilt. Die üppige Barockfassade an der Praza do Obradoiro ersetzte im 18. Jh. das wettergeschädigte romanische Kirchentor. Nur an der Fassade am Haupteingang an der Südseite der Praza das Praterías sind noch romanische Originalfiguren erhalten.

Künstlerisches Highlight ist der **Pórtico de la Gloria** (auf Galicisch: Porta da Gloria) innen am westlichen Ende des Hauptschiffs. Der Pórtico trumpft mit 200 romanischen Skulpturen von Maestro Mateo auf, der im späten 12. Jh. die Leitung des Kathedralenbaus übernahm. Die detaillierten, beseelten und erstaunlich lebensechten Figuren stellen wichtige Gestalten aus der Bibel dar. An der Nordseite sind Szenen aus dem Alten Testament und die Propheten zu sehen, an der Südseite Szenen aus dem Neuen Testament und die Apostel. Im zentralen Bogen ist die Auferstehung dargestellt.

Hauptfigur im mittleren Torbogen des Pórtico ist ein thronender wiederauferstandener Christus, umgeben von den vier Evangelisten sowie Engeln und Symbolen mit Bezug zur Jesuspassion. Der Bogen darüber zeigt die 24 Ältesten, die laut der Offenbarung um den himmlischen Thron sitzen. Zu Jesu Füßen befinden sich Jakobus

ENTDECKUNGEN RUND UM DIE KATHEDRALE

In der Nähe der Kathedrale laden einige der schönsten Plätze der Stadt zum gemütlichen Bummeln ein.

Der große Platz vor der Westfassade verdankt seinen Namen, **Praza do Obradoiro** (Werkstattplatz), den Steinmetz-Werkstätten, die sich während des Baus der Kathedrale hier befanden. Frei von Verkehr und Cafés, verströmt er ein einzigartiges Flair.

Am nördlichen Ende der *praza* steht das **Hostal dos Reis Católicos** (981 58 22 00; www.parador.es; Erw./Kind 3 €/frei, Mo frei; So–Fr 12–14 & 16–19 Uhr) im Renaissancestil, welches das Königspaar Isabella und Ferdinand im frühen 16. Jh. als Unterkunft für erschöpfte Pilger bauen ließ. Heute beherbergt es als luxuriöser *parador* (staatseigenes Hotel) gut situierte Traveller; die vier Innenhöfe und weitere Bereiche sind für Besucher geöffnet. Interessant ist der Rundgang auf eigene Faust. Dazu gibt's eine Broschüre und mehr als 40 Infotafeln.

Die westliche Seite des Platzes nimmt der elegante **Pazo de Raxoi** aus dem 18. Jh. ein, in dem heute Santiagos Rathaus untergebracht ist. An der Südseite befindet sich das **Colegio de San Xerome** (Mo–Fr wechselnde Öffnungszeiten), eine ehemalige Armenschule, die inzwischen das Rektorat der Santiago-Universität beherbergt. Das Bauwerk aus dem 17. Jh. hat ein romanisch-gotisches Portal (15. Jh.), ein Element des ursprünglichen Schulgebäudes.

Südlich der Kathedrale an der **Praza de Fonseca** mit ihren vielen Cafés lohnt ein Zwischenstopp im **Colexio de Fonseca** (Kreuzgang Mo–Fr 9–21 Uhr, Ausstellungen Di–Sa 11–14 & 17–20.30, So 11–14 Uhr) mit schönem Renaissance-Innenhof. Ursprünglich war dies der Sitz der Universität von Santiago (1495 gegründet), heute beherbergt es die Universitätsbibliothek. In der gotischen Kapelle und dem Salón Artesonado, zu beiden Seiten des Eingangs, sind Wechselausstellungen zu sehen.

Die **Praza das Praterías** (Platz der Silberschmiede) wird durch den eleganten Brunnen **Fuente de los Caballos** (Pferdespringbrunnen) von 1825 dominiert, ein beliebtes Fotomotiv vor der Treppe zum romanischen Südportal der Kathedrale. Kurioserweise handelt es sich bei der barocken **Casa do Cabido** (Sa 10–14 & 17–20, So 11–14 Uhr) gegenüber lediglich um eine Fassade mit gerade mal 3 m Tiefe. Sie wurde in den 1750ern errichtet, um den Platz zu verschönern.

Die breite **Praza da Quintana** liegt an der Ostseite der Kathedrale. Das Kathedralentor, die **Puerta Santa,** wird nur in Heiligen Jahren geöffnet (das nächste ist 2021). Es wird von 24 romanischen Statuen biblischer Figuren flankiert, die einst zum Original-Chor aus Stein gehörten. Sie stammen aus der Hand von Meister Mateo und seinen Gehilfen und datieren aus dem späten 12. Jh.

Die Ostseite der *plaza* säumen die langen dicken Mauern des **Mosteiro de San Paio de Antealtares**, das vor elf Jahrhunderten für die Mönche gegründet wurde, die über die Reliquien des Apostels Jakobus wachten. Heute beherbergt das Kloster ein **Museum für Sakralkunst** (Vía Sacra 5; 1,50 €; Mo–Sa 10.30–13.30 & 16–19, So 16–19 Uhr), das durch die Klosterkirche erreicht werden kann. Dort ist der Originalaltar untergebracht, der sich über den Reliquien befanden.

Von der **Praza da Inmaculada** an der Nordseite der Kathedrale erblicken die meisten Pilger das Gotteshaus zum ersten Mal. Gegenüber erhebt sich das gewaltige, nüchtern barock gehaltene **Mosteiro de San Martiño Pinario**, heute ein Priesterseminar.

und eine Herkulesfigur (die zwei Löwenmäuler geöffnet hält). Früher verlangte eine alte Tradition, dass Besucher kurz beteten, während sie ihre Finger in die fünf Löcher über Herkules' Kopf steckten. Auf der Rückseite der zentralen Säule entdeckt man eine Statue von Meister Mateo. Über Jahrhunderte hinweg stießen die Besucher ihren Kopf dreimal an den des Meisters, damit sich etwas von seiner Klugheit auf sie übertragen möge. Allerdings führten die vielen Berührungen dazu, dass Mateos Nase inzwischen ziemlich platt ist. Heute sind sowohl er als auch Herkules „hinter Gittern"; die Absperrung gab es schon, bevor die Arbeiten 2013 am Pórtico begannen.

Auffällig ist das breite Lächeln auf dem Gesicht des alttestamentarischen Propheten Daniel, das einem beliebten Volksglauben zufolge daher rührt, dass Königin Esther an der Säule gegenüber ein so enges Kleid trägt. Es heißt weiterhin, dass ihre Steinbrüste ursprünglich wesentlich größer waren, was dem Bischof derart übel aufstieß, dass er sie kurzerhand abfeilen ließ. Die Stadtbewohner reagierten darauf, indem sie Esther zu Ehren den kegelförmigen Käse *tetilla* (Nippel) erfanden.

Im östlichen Teil der Kathedrale ragt der aufwendig gestaltete, churrigueresk **Altar Mayor** (Hochaltar) genau an der Stelle empor, an der die Querschiffe auf den Mittelgang treffen. Das lange Hauptschiff erstreckt sich gen Westen und wird von majestätischen, romanischen Bogengängen gesäumt.

Auf der rechten Seite des Chorumgangs hinter dem Altar Mayor führt eine kleine Treppe zu einer Jakobsstatue hinauf, die seit der Weihe 1211 über die Kathedrale wacht. Gläubige stehen an, um die Figur zu küssen oder zu umarmen. Links davon geht's wieder hinab und danach einige Stufen hinunter zur **Cripta Apostólica**, dem angeblichen Grab des Apostels mit einem großen silbernen Sarg aus dem 19. Jh. Hinter dem Altar befindet sich die **Puerta Santa** (Heiliges Tor), die sich zur Praza da Quintana hin öffnet – allerdings nur in sogenannten Heiligen Jahren (das nächste ist 2021).

Täglich um 12 und 19.30 Uhr, samstags und sonntags zusätzlich um 10 und 18 Uhr und sonntags auch noch um 13.15 Uhr finden Hochaltar-Messen statt. Während der Gottesdienste ist die Kathedrale nicht für Touristen zugänglich.

Durch die Bauarbeiten am östlichen Teil der Kathedrale kann es bis 2020 zu Einschränkungen bei der Besichtigung der Jakobstatue und der Cripta Apostólica sowie bei der Anzahl der Messen und Messebesucher kommen.

Wunderbare Ausblicke auf das Innere der Kathedrale und auf die Stadt bekommt man bei einer Führung auf das Dach der Kathedrale.

★ Museo da Catedral MUSEUM

(Colección Permanente; http://catedraldesantiago.es; Praza do Obradoiro; Erw./ermäßigt/Kind 6/4 €/frei; ⏲ April–Okt. 9–20 Uhr, Nov.–März 10–20 Uhr) Das Museum der Kathedrale nimmt ganze vier Stockwerke ein und wartet mit einem großen Kreuzgang aus dem 16. Jh. im Gotik-Plateresk-Mix auf. Hier kann man den originalen steinernen Chor von Meister Mateo (1604 zerstört, doch 1999 restauriert), eine sehr umfangreiche Sammlung religiöser Kunst (darunter auch die *botafumeiros*, große berühmte Weihrauchfässer, in der Bibliothek im ersten Stock), die üppig dekorierte *sala capitular* (Kapitelsaal) aus dem 18. Jh., ein Raum voller Tapisserien mit Motiven von Goya und (außerhalb des Kreuzgangs) das Panteón de Reyes mit den mittelalterlichen Gräbern der Könige von León besichtigen.

★ Museo das Peregrinacións e de Santiago MUSEUM

(http://museoperegrinacions.xunta.gal; Praza das Praterías; Erw./Pilger & Stud./Sen. & Kind 2,40/1,20 €/frei; ⏲ Di–Fr 9.30–20.30, Sa 11–19.30, So 10.15–14.45 Uhr) Das Pilger- und Stadtmuseum bietet faszinierende Einblicke in das Phänomen Santiago (gemeint sind der hl. Jakob, die Stadt und der Pilgerweg) im Lauf der Jahrhunderte. Viele Erklärungen sind auch ins Englische übersetzt worden. Oben genießt man zudem einen sehr guten Blick auf ein paar Kathedralentürme. Sonntags ist der Eintritt frei, samstags ab 14.30 Uhr ebenfalls.

Mosteiro de San Martiño Pinario KLOSTER

(http://espacioculturalsmpinario.com; Praza da Inmaculada; Erw./Stud., Pilger & Sen. 3/2 €; ⏲ 10.30–18.30 Uhr oder später, Mai–Juni 14–16 Uhr geschl.) Das riesige barocke Kloster mit Blick über die Praza da Inmaculada ist heute ein Priesterseminar. Seine zentralen Bereiche, darunter der große Kreuzgang, sind nicht für die Öffentlichkeit zugänglich, die große Kirche mit ihren beeindruckenden Verzierungen kann aber als Teil des lohnenswerten Museums besichtigt werden (Zugang am oberen Ende der Plaza). Herzstück der Kirche ist der prunkvolle Hauptaltar, der mit geschnitzten Heiligen, Cherubim, Blumen, Pflanzen, Pferden und Bischöfen verziert ist. Der Chor aus Nussbaum ist ebenfalls sehenswert.

Museo do Pobo Galego MUSEUM

(Galicisches Volksmuseum; www.museodopobo.gal; Campo de San Domingos de Bonaval; Erw./Sen. & Stud./Kind 3/1 €/frei, So Eintritt frei; ⏲ Di–Sa 10.30–14 & 16–19.30, So 11–14 Uhr) Dieses Museum in einem ehemaligen Kloster bietet einen faszinierenden Einblick in die traditionelle galicische Lebensart, wie sie auch heute noch in einigen ländlichen Gegenden gelebt wird. Es gibt Ausstellungen zu Musik, Landwirtschaft, Architektur, Fischerei (Fischerboote), Dudelsäcken, Trachten und alten Drucktechniken. Ins obere Stockwerk gelangt man über eine außergewöhnliche Wendeltreppe, die um 1700 von Domingo de Andrade entworfen wurde. Hinter dem Museum liegt der wunderschöne und ruhige **Parque de San Domingos de Bonaval** (Campo de San Domingos de Bonaval; ⌚April–Sept. 8–23 Uhr, Okt.–März 8–20 Uhr) – ein wunderbarer Ort, wenn man sich vom Trubel der Stadt erholen will.

Geführte Touren

★ Führung auf das Kathedralendach GEFÜHRTE TOUREN

(☎881 55 79 45; http://catedraldesantiago.es; Erw:/ermäßigt/Kind 12/10 €/frei, Kombiticket mit Museo da Catedral 15/12 €/frei; ⌚Führungen 10–13 & 16–19 Uhr stdl., ♿) Bei einer Führung über das Kathedralendach genießt man einen einzigartigen Blick aus den oberen Stockwerken ins Innere des Bauwerks sowie über die Stadt. Die Führungen starten im Besucherzentrum (S. 609) und sind so beliebt, dass man sie im Voraus buchen sollte: entweder im Besucherzentrum für Führungen am selben Tag oder mehrere Wochen zuvor auf der Website der Kathedrale. Die Führungen sind auf Spanisch, einige Guides sprechen aber auch etwas Englisch.

Bei den Führungen erfährt man viel über die Geschichte Santiagos und der Kathedrale. Von Ende Oktober bis März beginnt die letzte Führung um 17 Uhr.

Feste & Events

Fiestas del Apóstol Santiago KULTURELL, RELIGIÖS

(Fest des hl. Jakob; ⌚Juli) Zwei Wochen Musik, Umzüge und andere Festlichkeiten rund um den Tag des hl. Jakob (25. Juli), der zugleich Galiciens Nationalfeiertag ist. Das Highlight ist ein wirklich großartiges Laser- und Feuerwerkspektakel, die Fuegos del Apóstol, das am Abend des 24. Juli auf der Praza do Obradoiro gezündet wird.

Schlafen

In Santiago gibt's Hunderte Unterkünfte für jedes Budget, von Hostels für Pilger und Rucksacktouristen bis hin zu schicken Boutique- und historischen Luxushotels. Obwohl das Angebot so groß ist, sind die preiswertesten und zentralsten Bleiben im Sommer oft schon Wochen im Voraus ausgebucht, besonders im Juli und August.

★ Hostal Suso HOSTAL €

(☎981 58 66 11; www.hostalsuso.com; Rúa do Vilar 65; Zi. 48–65 €; ❄@📶) Das freundliche familiengeführte Suso mit seinen 14 Zimmern liegt direkt über einem Café (mit ausgezeichnetem und preiswertem Frühstück) und wurde 2016 komplett renoviert. Die Zimmer sind liebevoll in Grau- und Weißtönen ausgestattet und verfügen über moderne Bäder und gute Betten. Das Preis-Leistungs-Verhältnis ist sehr gut. Die Schallisolierung übrigens auch, denn auf der Straße davor fahren zwar keine Autos, im Sommer kann es aber trotzdem recht laut werden.

O Xardín de Julia HOTEL €

(☎626 004591; www.oxardindejulia.com; Rúa da Virxe da Cerca 20; Zi. 45–90 €; ⌚Jan. & Feb. geschl.; ❄📶) „Julias Garten" wurde 2016 eröffnet und ist ein hübsches kleines Hotel mit zehn Zimmern am Rande der Altstadt. Die hellen Zimmer mit ihren klaren Fomen sind mit viel Holz und Stein, aber ohne unnötigen Schnickschnack eingerichtet. Das Sahnehäubchen ist der Garten mit einer Kamelie, auf den man von einigen Zimmern mit *galerías* blickt.

Last Stamp HOSTEL €

(El Último Sello; ☎981 56 35 25; www.thelaststamp.es; Rúa Preguntoiro 10; B 15–20 €; ⌚Ende Dez.–Ende Feb. geschl.; @📶) Mitten in der Altstadt befindet sich in einem 300 Jahre alten Haus mit fünf Etagen (und einem Aufzug) dieses zweckmäßig gestaltete Hostel. Die clever mit halbprivaten Bereichen aufgeteilten Schlafsäle (Männer und Frauen gemischt) verfügen über stabile Betten, Steckdosen, gute Matratzen und Leselampen an jedem Schlafplatz. Einige Räume bieten sogar Ausblick auf die Kathedrale. Badezimmer und Küche sind groß – und die Wandmalereien zum Thema Jakobsweg sind recht lustig.

★ Hotel Costa Vella BOUTIQUE-HOTEL €€

(☎981 56 95 30; www.costavella.com; Rúa da Porta da Pena 17; EZ/DZ 50–60/55–97 €; ❄@📶) Ein wundervoller Familienbetrieb in einem alten Steinhaus mit ruhigen, durchdesignten Räumen (einige mit den typisch galicischen *galerías*, verglasten Balkonen), einem freundlichen Empfang durch das extrem hilfsbereite Management und Personal und einem zauberhaften Gartencafé (siehe unten); und all das nur 600 m von der Kathedrale entfernt. Das reichhaltige Frühstück kostet 6 €.

★ Altaïr Hotel BOUTIQUE-HOTEL €€
(☎ 981 554 712; http://altairhotel.net; Rúa dos Loureiros 12; EZ/DZ 60–85/75–120 €; ⌚ Jan. geschl.; ❄ 📶) Das Altaïr vereint traditionelle Steinmauern, solide Eichenböden, eine schöne Einrichtung sowie hier und da moderne Designs. Das knallbunte Bild von Carlos Sansegundo im Bar-/Frühstücksbereich ist ein Meisterwerk! Und das Frühstück (8,50 €) ist ein Genuss! Alles vermittelt ein Gefühl von Gemütlichkeit und Komfort, zudem ist das Personal sehr aufmerksam. Von den Zimmern hat man einen netten Blick auf die Stadt.

★ Moure Hotel DESIGNERHOTEL €€
(☎ 981 58 36 37; www.mourehotel.com; Rúa dos Loureiros 6; DZ inkl. Frühstück 60–110 €; ⌚ Jan. geschl.; ❄ @ 📶) Das preisgekrönte Moure nimmt ein umgebautes Haus aus dem 19. Jh. ein und wird all jenen zusagen, die modernes und außergewöhnliches Design mögen. Es ist gemütlich, freundlich und praktisch, verfügt über großzügige Bäder und gute Betten sowie eine schicke minimalistische Einrichtung in Weiß- und Grautönen mit lindgrünen Akzenten und teils freigelegtem Mauerwerk. Ein gutes Frühstück ist im Zimmerpreis inbegriffen.

Hotel Pazo de Altamira BOUTIQUE-HOTEL €€
(☎ 981 55 85 42; www.pazodealtamira.com; Rúa Altamira 18; Zi. 70–120 €; ⌚ Jan. & Feb. geschl.; ❄ @ 📶 🐾) Nur wenige Schritte vom lebhaften Mercado de Abastos entfernt verfügt dieses Steinhaus über 16 schicke, helle, weiße Zimmer mit echten Holzböden, komfortablen Betten und Marmorbädern und über Superior-Zimmer mit eigenen *galerías*. Das Frühstück kostet zwischen 10 und 12 € und die Mitarbeiter geben gute Tipps zu Santiago. Zum Hotel gehört das exzellente **Café de Altamira** (Rúa das Ameas 9; Hauptgerichte 9–18 €, Mo–Fr menú mittags 14 €; ⌚ 13.30–15.45 & 20.30–23.15 Uhr, Nov.–März Sonntagabend & Mi geschl.; 📶).

★ Parador Hostal dos Reis Católicos HISTORISCHES HOTEL €€€
(☎ 981 58 22 00; www.parador.es; Praza do Obradoiro 1; EZ/DZ inkl. Frühstück 146–226/167–392 €; P ❄ @ 📶) 1509 als Pilgerherberge eröffnet, bezeichnet sich dieser palastartige *parador* als ältestes Hotel der Welt. Das wunderbare Gebäude zählt zu den wichtigsten Denkmälern Santiagos. Selbst die Standardzimmer sind prachtvoll, wenn auch etwas altmodisch – mit Holzböden, Originalkunstwerken und geräumigen Bädern, die alle mit einer großen Glasdusche ausgestattet sind. In einigen Zimmern gibt's ein Himmelbett.

> **ℹ GALEGO**
>
> Die meisten Galicier sprechen Spanisch (Kastilisch) und Galicisch (*galego* oder auf Kastilisch auch *gallego*). Das Galicische ist dem Portugiesischen (das sich im Spätmittelalter aus dem Galicischen entwickelte) etwas näher als dem Kastilischen. Wir verwenden die Ortsnamen, die man auf seinen Reisen am wahrscheinlichsten vorfindet, also hauptsächlich die galicischen.

★ San Francisco Hotel Monumento HISTORISCHES HOTEL €€€
(☎ 981 58 16 34; www.sanfranciscohm.com; Campillo San Francisco 3; EZ/DZ inkl. Frühstück 110–138/154–334 €; P ❄ @ 📶 🏊) Die drei innenliegenden Arkadenhöfe und die dezent beleuchteten Gänge mit steinernen Durchgängen erinnern die Gäste daran, dass das Hotel in einem früheren Franziskanerkloster untergebracht ist. Die modernen und großen Zimmer bieten jedoch zeitgenössischen Komfort und es gibt ein tolles Hallenbad, einen großen Garten, ein Café, ein Restaurant im Klosterstil und großzügige Gemeinschaftsbereiche. Ein Parkplatz ist im Zimmerpreis inbegriffen.

Essen

Im Zentrum drängen sich Restaurants für jeden Geschmack und Geldbeutel; von günstigen *menú del día*-Lokalen (Informationen unter www.santiagomenus.es) bis hin zu Feinschmeckerrestaurants. Entlang der Rúa do Franco reihen sich zahlreiche Restaurants und Bars aneinander, die besseren findet man allerdings woanders.

Unbedingt eine *tarta de Santiago*, den berühmten Mandelkuchen der Stadt, probieren!

★ Café-Jardín Costa Vella CAFÉ €
(www.costavella.com; Rúa da Porta da Pena 17; Frühstück 2,70–4,50 €; ⌚ 8–23 Uhr; 📶) Mit seinem Springbrunnen, den vereinzelten Statuen sowie herrlichen Blumen und Obstbäumen ist das Gartencafé des Hotel Costa

Vella (S. 607) der schönste Ort zum Frühstücken (oder um zu späterer Stunde etwas zu trinken). Und wenn es regnet, nimmt man einfach in dem Glaspavillon oder der *galería* Platz.

★ **Mercado de Abastos** MARKT €
(www.mercadodeabastosdesantiago.com; Rúa das Ameas 5-8; Mo–Sa 8–15 Uhr) Santiagos faszinierender Lebensmittelmarkt ist stets gut besucht und sehr sauber. 300 attraktive Stände in der Markthalle präsentieren jede Menge frische Produkte. Hier gibt's *tetilla*-Käse, geräuchertes Fleisch und Wurst, Obst, *empanadas* (gefüllte Teigtaschen) oder die leckeren Gerichte zum Mitnehmen für ein Picknick bei **Cocina María** (Stand C61, Mercado de Abastos; Portion 1,30–14 €; Mo–Sa 9.30–15 Uhr).

Auf der Straße davor und im Markt selbst gibt's jede Menge Bars und Cafés, darunter eine Weinbar im Hauptgang. Im sehr beliebten **Mariscomanía** (Stand 81, Mercado de Abastos; Di–Sa 9–15 Uhr) gibt's Fisch und Fleisch. Das Fleisch bereiten die Angestellten auf Wunsch für 4 € pro Person frisch zu, Oktopus oder Fisch allerdings nicht. Der östliche Teil des Markts ist Dorfbewohnern vorbehalten, und die Standinhaber verkaufen dort die Erzeugnisse aus ihren Obst- und Gemüsegärten.

La Flor FUSION-KÜCHE €
(Rúa das Casas Reais 25; Gerichte 7–10 €; Mo–Sa 12–0.30, So 16–24 Uhr, Küche 13.30–15.30 & 20–23.30 Uhr) Das La Flor ist nicht nur eine quirlige Bar mit guter Musik, in der man etwas trinken kann (Tapas sind gratis), sondern auch eine tolle Anlaufstelle für kreative, leichte Gerichte. Es gibt Hühnchen-*fajitas,* Rucola-Ziegenkäse-Salat, leckere selbstgemachte Burger oder Pita-Brot mit Gemüsesticks und Wasabi gefüllt. Und das alles inmitten eines charmant durcheinandergewürfelten hübschen Dekors aus Kunst und Hängelampen.

O Filandón TAPAS, RACIONES €
(Rúa Acibechería 6; medias raciones 10–12 €; 13–16 & 20–1, Fr & Sa bis 2 Uhr) Wer sich an der Theke des Käsegeschäfts vorbeiquetscht, kommt in den schmalen, kellerartigen Barraum dahinter. Zu den Getränken werden hier großzügig kostenlose *pintxos* (Tapas) gereicht. Man kann auch *empanadas* oder Platten mit Schinken, Wurst, geräuchertem Fleisch, Käse, Anchovis und Paprika bestellen. An den Wänden hängen jede Menge Kommentare und Sprüche von Gästen, und an kühlen Winterabenden lodert ein einladendes Kaminfeuer.

★ **O Curro da Parra** GALICISCH, FUSION-KÜCHE €€
(www.ocurrodaparra.com; Rúa do Curro da Parra 7; Vorspeisen & halbe raciones/Hauptgerichte

TOP FIVE: KULINARISCHE ERLEBNISSE

Mercado de Abastos (S. 608) Santiago de Compostelas faszinierender Lebensmittelmarkt versammelt in seiner Auslage jede Menge Produkte, die Galicien aus dem Meer und vom Land zu bieten hat. Zudem gibt's zahlreiche lebhafte Restaurants und Bars auf dem Markt.

Albariño und Fisch- und Meeresfrüchte in Cambados (S. 629) Galiciens bekanntester Weißwein passt perfekt zu einer Platte mit Jakobs-, Herz- und Miesmuscheln oder zu frisch gefangenem Fisch in den Tavernen in Cambados, der „Hauptstadt" des Albariños.

Pulpo á feira (S. 620) Galiciens berühmtes Oktopusgericht: zarte Tentakelstücke mit Olivenöl und Paprika, mit *cachelos* (geschnittenen gekochten Kartoffeln) schmeckt's noch besser. Besonders köstlich in A Coruñas Pulpeira de Melide, aber auch überall sonst lecker.

Tapas in Lugo (S. 649) Die Tapas-Viertel von A Coruña, Ourense und Pontevedra sind sehr empfehlenswert, unser Favorit in Sachen Tapas ist aber Lugo – wegen der lebendigen Atmosphäre und weil sich hinter fast jeder Tür eine Bar befindet und man zu jedem Getränk zwei Tapas gratis bekommt.

Fisch und Meeresfrüchte in A Guarda (S. 639) Die Promenade des kleinen Fischereihafens in Galiciens Südwesten ist von Restaurants gesäumt, die den Fang des Tages für ihre Gäste zubereiten. Einfach entlangschlendern und Lieblingsessen auswählen.

5–15/15–23 €; ⏲ Di–So 13.30–15.30 & 20.30–23.30 Uhr; 📶) In dem hübschen kleinen Speiseraum im Obergeschoss mit den Steinmauern und in der schmalen Tapas- und Weinbar darunter stehen gut durchdachte Gerichte aus marktfrischen Produkten zur Wahl, die wöchentlich wechseln. Hier ist alles lecker; typische Gerichte sind z. B. frisch gefangener Seehecht mit Herzmuscheln und grünen Bohnen oder Rinderfilet mit Shiitakepilzen. Der Käsekuchen ist seit der Eröffnung 2010 ein Dauerbrenner.

Unter der Woche gibt's hier mittags ein ausgezeichnetes *menú mercado* (Marktmenü) für 13 €. An belebten Sommerabenden kann man entweder für 20.30 oder 22.30 Uhr reservieren.

★ Abastos 2.0 GALICISCH €€
(☎ 654 015 937; www.abastoscompostela.com; Rúa das Ameas; Gerichte/Menü 6–13 /ab 30 €; ⏲ Mo–Sa 12–15.30 & 20.30–23 Uhr) Das sehr originelle und unglaublich beliebte Restaurant neben der Markthalle bringt täglich Gerichte aus frischen Marktprodukten auf den Tisch und hat sich dabei auf Meeresfrüchte und Fisch spezialisiert. Innen kann man sich an einem Tisch mit 12 Plätzen ein täglich wechselndes Menü ab 30 € schmecken lassen. Unbedingt reservieren! Im Außenbereich gibt's ein paar Tische (Reservierungen nicht möglich), an denen kleine bis mittelgroße Gerichte serviert werden. Egal ob drinnen oder draußen, hier schmeckt fast alles köstlich.

María Castaña GALICISCH €€
(Rúa da Raíña 19; raciones 6–22 €; ⏲ 12–15.30 & 19.30–23.30 Uhr) Ein gutes, zentral gelegenes Restaurant mit einer großen Auswahl an Meeresfrüchten, Käse- und Schinkenplatten, Salaten, Rühreivariationen und ein paar Fleischgerichten. Der *pulpo á feira* ist der Hammer. Es gibt einen langen Barbereich und zwei Speisesäle mit gemauerten Wänden im hinteren Bereich.

La Bodeguilla de San Roque SPANISCH €€
(☎ 981 56 43 79; www.labodeguilla.gal; Rúa de San Roque 13; raciones & Hauptgerichte 5–18 €; ⏲ Mo–Fr 9–0.30, Sa & So 10.30–16 & 19–0.30 Uhr) Das Bodeguilla ist ein reizendes zweistöckiges Restaurant mit Weinbar nordöstlich der Altstadt. Auf der Speisekarte stehen vielseitige und leckere Gerichte: vegetarische Salate, Aufläufe mit Garnelen, Waldpilzen und Algen, galicisches Rinderfilet in Portweinsoße, Käse-, Wurst- und Schinkenplatten …

ℹ NIE OHNE REGENSCHIRM

Galicien bekommt im Schnitt doppelt so viel Regen ab wie der Rest Spaniens, denn über dem Atlantik bilden sich immer neue Regenfronten. Deshalb gibt's im Galicischen mehr als 100 Wörter, um verschiedene Niederschlagsarten zu beschreiben, z. B. *babuxa* (eine Art Sprühregen), *xistra* (eine Art Dusche) und *treboada* (ein Gewitter). Am wenigsten Niederschlag wird von Juni bis August verzeichnet. Wer den Knirps zu Hause hat liegen lassen, muss nicht in Panik verfallen. Man ist nie weit von einem Regenschirmfachgeschäft entfernt, einfach nach einer paragüería (pa-ra-gwe-rie-a) fragen.

Ausgehen & Nachtleben

An Sommerabenden gehen die Leute gerne in die Altstadt, sitzen draußen und genießen Tapas. Die lebhaftesten Bars findet man östlich der Kathedrale. Besonders von Donnerstag bis Sonntag ist viel los, denn dann ziehen gegen Mitternacht Santiagos Studenten um die Häuser. Später verlagert sich der Trubel Richtung Ensanche in die Clubs an den Rúas da República Arxentina und Nova de Abaixo.

Pub Atlántico BAR
(☎ 981 57 21 52; Rúa da Fonte de San Miguel 9; ⏲ 17.30–3 Uhr, im Winter kürzere Öffnungszeiten) Bei Kunst- und Kulturbegeisterten von Anfang 20 bis Ende 30 ist diese gut besuchte Bar sehr beliebt. Die Gin-Tonic-Variationen und Cocktails sind fantastisch und dazu läuft coole Musik im Hintergrund (alles von Cajun-Blues bis zu spanischem Indie-Rock).

★ Casa das Crechas LIVEMUSIK
(www.facebook.com/casadascrechas; Vía Sacra 3; ⏲ 18–3 Uhr; 📶) Es gibt keinen besseren Ort für keltische und andere Livemusik! In der dicht gefüllten Kellerbar finden von September bis Mitte Juni fast jeden Mittwoch gegen 22.30 Uhr meist hervorragende galicische Folk-Sessions mit der Banda das Crechas (Eintritt 1 €) statt. An mehreren Abenden die Woche gibt's meist auch Live-Jazz, Folk oder Flamenco und freitags und samstags legt ein DJ auf.

ℹ Praktische Informationen

Besucherzentrum Kathedrale
(☎ 881 55 79 45; http://catedraldesantiago.es;

Praza do Obradoiro; ⌚ April–Okt. 9–20 Uhr, Nov.–März 10–20 Uhr) Hier sind Tickets fürs Museo da Catedral und die Kathedralendachführung erhältlich und hier beginnen die Führungen auch. Anfang 2018 wurde das Besucherzentrum wegen Bauarbeiten an der Obradoiro-Fassade der Kathedrale in den Pazo de Xelmírez an der Nordseite der Kathedrale verlegt. Nach Ende der Bauarbeiten soll es wahrscheinlich wieder an seinen ursprünglichen Ort in der Krypta unter den Stufen der Obradoiro-Fassade verlegt werden.

Centro Internacional de Acogida al Peregrino (Pilgerempfangsbüro; ☎ 981 56 88 46; http://oficinadelperegrino.com; Rúa das Carretas 33; ⌚ Ostern– Okt. 8– 20 Uhr, Nov.–Ostern 10–19 Uhr) Pilger, die aus religiösen oder spirituellen Gründen oder einfach nur auf der Suche nach etwas waren und mindestens die letzten 100 km des Jakobswegs zu Fuß gegangen (bzw. auf dem Pferd geritten) sind oder die letzten 200 km mit dem Fahrrad zurückgelegt haben, bekommen hier zum Beweis ihr Compostela-Zertifikat. Auf der Website stehen viele nützliche Infos für Pilger.

Oficina de Turismo de Galicia (☎ 881 86 63 97; www.turismo.gal; Praza de Mazarelos 15; ⌚ Mo–Sa 10– 17, So 10– 14.30 Uhr) Alles über Galicien.

Turismo de Santiago (☎ 981 55 51 29; www.santiagoturismo.com; Rúa do Vilar 63; ⌚ April–Okt. 9–21 Uhr, Nov.–März Mo–Fr 9–19, Sa & So 9–14 & 16–19 Uhr) Die sehr effiziente städtische Touristeninformation mit einer äußerst informativen mehrsprachigen Website.

ℹ An- & Weiterreise

BUS

Der **Busbahnhof** (☎ 981 54 24 16; Praza de Camilo Díaz Baliño; 📶) liegt ungefähr 20 Gehminuten nordöstlich des Zentrums. **Monbus** (☎ 982 29 29 00; www.monbus.es) steuert zahlreiche Ziele in Galicien an; **Empresa Freire** (www.empresafreire.com) und **ALSA** (☎ 902 422242; www.alsa.es) fahren nach Lugo; ALSA bedient auch Strecken außerhalb Galiciens.

REISEZIEL	PREIS (€)	DAUER (STD.)	HÄUFIGKEIT (TGL.)
A Coruña	6	1–1½	13
Cambados	5,60	1½	2
Ferrol	10	1½	5
Fisterra	13	2–3	4
León	30	6	1
Lugo	9–13	1½–2¾	10
Madrid	20–67	8½–10	3
Muxía	8	1½	2
Ourense	12	2	4
Oviedo	30	5¼–6¾	2
Pontevedra	5,85	1–1½	11
Porto (Portugal)	27–34	4¼	1
Santander	43–50	8–10	2

FLUGZEUG

Santiagos stark frequentierter **Flughafen Lavacolla** (☎ 902 404 704; www.aena.es) liegt 11 km östlich der Stadt. Direktflüge (einige nur in den Sommermonaten) bieten folgende Airlines:

Air Europa (www.aireuropa.com) Ibiza, Menorca, Palma de Mallorca, Sevilla

Aer Lingus (www.aerlingus.com) Dublin

EasyJet (www.easyjet.com) Basel-Mulhouse, Genf, London (Gatwick), Mailand (Malpensa)

Iberia (www.iberia.com) Barcelona, Bilbao, Madrid

Lufthansa (www.lufthansa.com) Frankfurt, München

Ryanair (www.ryanair.com) Alicante, Barcelona, Frankfurt (Hahn), London (Stansted), Madrid, Málaga, Mailand (Bergamo), Palma de Mallorca, Sevilla, Valencia

Swiss (www.swiss.com) Zürich

Vueling Airlines (www.vueling.com) Alicante, Amsterdam, Barcelona, Brüssel, Ibiza, London (Gatwick), Málaga, Palma de Mallorca, Paris (Charles de Gaulle), Rom (Fiumicino), Zürich

ZUG

Der **Bahnhof** (www.renfe.com; Rúa do Hórreo) liegt rund 15 Gehminuten südlich der Altstadt. Sämtliche Züge werden von **Renfe** (☎ 91 232 03 20; www.renfe.com) betrieben. Renfe unterhält ein **Buchungsbüro** (Rúa das Carretas 29; ⌚ Mo 15–19.30, Di–Fr 9.30–14 & 15–19.30, Sa 9.30–14 Uhr) am Rande der Altstadt und am Bahnhof. Hochgeschwindigkeitszüge fahren nach A Coruña und Ourense.

REISEZIEL	PREIS (€)	DAUER	HÄUFIGKEIT (MIND., TGL.)
A Coruña	6,10–16	30–40 Min.	19
Madrid	17–56	5¼ Std.	2
Ourense	6–20	35–45 Min.	9
Pontevedra	6,10–7,35	35 Min.–1 Std.	15
Vigo	9,25–11	50 Min.–1½ Std.	15

ℹ Unterwegs vor Ort

VOM/ZUM FLUGHAFEN

Busse von Empresa Freire (www.empresafreire.com) fahren von 7 bis 1 Uhr nachts alle halbe Stun-

SACKPFEIFEN & FIEDELN

Galicische Volksmusik weist viele Gemeinsamkeiten mit den keltischen Traditionen in der Bretagne, Irland und Schottland auf. Auf vielen Veranstaltungen sind die eingängigen Klänge der *gaita* (Sackpfeife), Geige, *bombo* (eine große Trommel), Flöten und der außergewöhnlichen zanfona (an ein Akkordeon erinnerndes Blas- und Streichinstrument) zu hören.

In dem Durchgang zwischen der Praza do Obradoiro und der Praza da Inmaculada in Santiago de Compostela stehen den ganzen Tag über Straßenmusiker aus der Gegend und spielen galicische Volksweisen. Die beste Adresse für Livemusik ist die Casa das Crechas (S. 609) in Santiago; dort finden regelmäßig Konzerte statt. In den Sommermonaten sorgen mehrere keltische Musikfestivals für Abwechslung. Am größten und besten ist das viertägige **Festival Ortigueira** (www.festivaldeortigueira.com; ⌚Juli) in Ortigueira in den Rías Altas Mitte Juli, das spanische und internationale Musiker und Zehntausende Fans anlockt. Ebenfalls zu empfehlen sind das **Festival Intercéltico do Morrazo** (⌚Juli/Aug.) in Moaña, Ría de Vigo (an einem Wochenende im Juli oder August) und die **Festa da Carballeira** (www.festadacarballeira.com; ⌚Aug.) am ersten Samstag im August in Zas, Costa da Morte.

Begnadete *gaiteros* (Sackpfeifenspieler) und andere Folk-Musiker werden in Galicien wie Helden verehrt. Wer diese bedeutende kulturelle Facette Galiciens kennenlernen möchte, sollte nach Auftritten von Carlos Núñez Ausschau halten (spielt u. a. die Sackpfeife), nach den *gaiteros* Xosé Manuel Budiño und Susana Seivane, der Geigenspielerin Begoña Riobó, der Sackpfeifenspielerin und Sängerin Mercedes Peón oder der Sängerin Uxía, dem Harfenist, *zanfona*- und Busuki-Spieler Roi Casal oder den Bands Luar Na Lubre und Milladoiro.

de von der **Praza de Galicia** zum Flughafen Lavacolla (3 €, 45 Min.). Eine Taxifahrt kostet rund 21 €.

AUTO

Privatfahrzeuge sind in der Altstadt nicht erlaubt. Tiefgaragenparkplätze am Rande der Altstadt kosten rund 16 € für 24 Stunden. Günstiger sind **Aparcadoiro Xoan XXIII** (Avenida de Xoan XXIII; 11 € pro 24 Std.; ⌚24 Std.) und der Freiluftparkplatz **Aparcadoiro Belvís** (Rúa das Trompas; 7,50 € pro 24 Std.; ⌚24 Std.). Beide haben von Juni bis September auch ein Sieben-Tage-Angebot für 30 €. Viele Unterkünfte in der Altstadt bieten ihren Gästen kleinere Rabatte für Tiefgaragenstellplätze an.

COSTA DA MORTE

Felsige Landzungen, mäandernde Meeresarme, Fischerstädtchen, steil abfallende Klippen, weite Buchten und abgelegene Sandstrände prägen die wunderschöne „Todesküste“, den am westlichsten gelegenen Außenposten des spanischen Festlands, um den sich zahlreiche Mythen und Legenden ranken. Der wunderschöne und unberührte Abschnitt erstreckt sich von Caión bis hinunter nach Muros an der Mündung der Ría de Muros y Noia bis nach A Coruña. Im Hinterland winden sich enge Straßen durch Waldgebiete und Ansammlungen kleiner Steinhäuser, die sich um die alten Kirchen am Fuße sanfter Hügel drängen. Entlang der gefährlichen Küste gab es schon des Öfteren Schiffsunglücke, denn wenn vom Atlantik feuchter Nebel aufsteigt, verändert die idyllische Landschaft rasend schnell ihr Gesicht. Dann sollte man sich schnell in eine der Bars vor Ort verziehen, dort erstklassige Meeresfrüchte essen und guten galicischen Wein dazu trinken.

Fisterra & Umgebung

2800 EW. (FISTERRA)

Der kleine Fischerort Fisterra (Kastilisch: Finisterre) hat einen fotogenen Hafen und bietet einen sehr schönen Ausblick über die Ría de Corcubión. In einem Radius von wenigen Kilometern erstrecken sich zudem ein paar gute Strände. Der Hauptgrund für einen Abstecher hierhin ist aber das Cabo Fisterra, ein bildhübsches, windzerzaustes Kap – dem Volksglauben nach der westlichste Punkt Spaniens (tatsächlich ist der westlichste Punkt das 20 km weiter nördlich gelegene Cabo Touriñán) und die letzte Station einer immer beliebter werdenden Verlängerung des Jakobswegs (90 km von Santiago de Compostela entfernt).

Jedes Jahr kommen mehr Reisende nach Fisterra und an sein Kap, Pilger und „normale" Touristen, um diese eigentümlich verzauberte Ecke Spaniens zu erkunden.

Sehenswertes

★Cabo Fisterra GEGEND

(Cabo Finisterre; P) Von der Stadt aus läuft bzw. fährt man 3,5 km in südlicher Richtung bis zum Kap. Dort erwarten einen ein malerischer Rundumblick und ein Leuchtturm, der Faro de Fisterra. Ein Ritual der Pilger ist es, nach der Ankunft auf den Felsen hinter dem Leuchtturm ihre qualmenden Socken, T-Shirts und anderen verschwitzten Kleidungsstücke zu verbrennen. Viele kommen hierher, um den Sonnenuntergang zu sehen, es ist aber zu jeder Tageszeit ein magischer Ort (außer bei Nebel oder Regen). Das ehemalige Haus des Leuchtturmwärters ist heute ein komfortables Hotel mit einer guten Café-Bar und einem Restaurant.

An der Ausfallstraße Fisterras befindet sich die **Igrexa de Santa María das Areas** aus dem 12. Jh. Rund 600 m hinter der Kirche führt ein Pfad mit dem Schild „Conxunto de San Guillermo" hinauf zum **Monte de San Guillermo** – ein Ort, an dem früher heidnische Fruchtbarkeitsriten durchgeführt wurden. Hier startet eine etwas längere (um 2 bis 3 km) und anstrengendere, dafür aber umso aussichtsreichere Wanderroute zum Kap: Verschiedene Wege auf dem oberen Teil des Hügels führen zu den Überresten einer alten Eremitage, der **Ermida de San Guillermo** (oder Guillerme), und zu den **Pedras Santas**. Letztere sind Felsen, die bis ins 18. Jh. hinein von kinderlosen Paaren aufgesucht wurden, um ihre Chancen auf ein Kind zu erhöhen.

Ein Taxi von der Stadt zum Kap kostet 5 € für einen Weg.

Praia da Mar de Fora STRAND

Auf der Meerseite (Westseite) der Fisterra-Halbinsel befindet sich der spektakuläre Strand Praia da Mar de Fora. Vom oberen Ende des Orts läuft man 800 m dorthin. Die Landschaft ist einmalig, aber da Wind und Wellen stark sind, eignet sich der Strand leider nicht zum Baden.

Schlafen

Albergue Cabo da Vila HOSTEL €

(☎ 981 74 04 54; www.alberguecabodavila.com; Avenida A Coruña 13; B/EZ/DZ/4BZ 12/25/30/48 €; ⏲ Mitte März–Mitte Nov.; @ 📶) Die Besitzer dieses äußerst gastfreundlichen Hostels sprechen mehrere Sprachen und vermieten zehn Privatzimmer (mit Gemeinschaftsbädern) sowie 24 gute, solide Betten nebst Spinden in einem großen Schlafsaal. Laken und Handtücher (im Preis inbegriffen) sind aus Baumwolle; es gibt eine Küche sowie eine Waschküche (3/4 € fürs Waschen/Trocknen), einen großen Aufenthaltsbereich im Inneren und hinten einen kleinen Garten. Frühstück ist für 4 € zu haben.

★Hotel Mar da Ardora DESIGNHOTEL €€

(☎ 667 641 304; www.hotelmardaardora.com; Rúa Atalaia 15; EZ/DZ inkl. Frühstück 77–99/85–110 €; ⏲ Mitte Dez.–Jan. geschl.; P @ 📶 ≋) Mit ihren großen Fenstern und Terrassen bieten die Zimmer dieses hübschen kleinen familiengeführten Hotels oberhalb des Orts nach Westen einen fantastischen Meerblick. Alles ist äußerst modern, aber gemütlich gestylt, von der kubistischen Architektur bis zur dezenten Farbgestaltung in Weiß, Grau und Silber. Unten befindet sich ein toller Wellness- und Fitnessbereich mit einem solarbeheizten Pool und einem türkischen Bad.

Hotel Rústico Spa Finisterrae HOTEL €€

(☎ 981 71 22 11; www.hotelspafinisterrae.com; Lugar da Insua 128; EZ/DZ 39–79/49–129 €; ⏲ Jan. & Feb. geschl.; P 📶 ≋) Das Finisterrae verfügt über geräumige, helle Zimmer mit Messingbetten, frischen weißen Laken und Mauerwerkcharme. Das kunstvoll umgebaute ehemalige Bauernhaus – vom Hafen aus rund 700 m den Hügel hinauf – bietet tolle Ausblicke und einen Garten sowie ein gutes Frühstück und Abendessen (29 €; vorbestellen).

O Semáforo de Fisterra BOUTIQUE-HOTEL €€

(☎ 981 11 02 10; www.hotelsemaforodefisterra.com; Cabo Fisterra; Zi. inkl. Frühstück 99–270 €; 📶) Vermutlich ist das O Semáforo de Fisterra das Hotel mit der spektakulärsten Lage in ganz Spanien. Die einstige Unterkunft des Leuchtturmwärters befindet sich direkt neben dem Faro de Fisterra und bietet heute fünf helle, moderne und komfortable Zimmer. Das **Restaurant** (Gerichte 9–22 €; ⏲ 13–16 & 20–22.30 Uhr) und Café hat sich auf traditionelle galicische Gerichte mit – meist vor Ort gefangenem – Fisch und Meeresfrüchten spezialisiert. Der Ausblick ist grandios (wenn es nicht regenet oder neblig ist).

Essen

O Pirata FISCH & MEERESFRÜCHTE €
(Paseo de Calafigueira; raciones 7–12 €; ⌚ Feb.–Mai & Sep.–Nov. 11–17 Uhr, Juni–Aug. 11–23 Uhr, Dez.–Jan. Mo geschl.) Bei O Pirata gibt's nur ein halbes Dutzend Tische, aber der Blick auf den Hafen ist nett und die Speisekarte kurz und knackig. Nirgendwo sonst bekommt man frischeren Fisch und Meeresfrüchte zu einem derartig fairen Preis! Wir empfehlen die *raciones* mit verschiedenen Fischsorten und/oder Meeresfrüchten (15–20 €).

Mesón A Cantina GALICISCH €
(Paseo de Calafiguera 1; raciones & Hauptgerichte 6–15 €; ⌚ 10–1 Uhr, Küche 13–16 & 20–23.30 Uhr; 📶) Ins lebhafte A Cantina kommen Fischer, Pilger, Touristen und Einheimische, um sich *bocadillos* (belegte Baguettes), Oktopus, Fisch, *caldeirada* (Fischeintopf), große Salate, Fleischgerichte und das leckere Bier Estrella Galicia schmecken zu lassen.

O' Fragón GALICISCH €€
(☎ 981 74 04 29; www.ofragon.es; San Martiño de Arriba 22; Hauptgerichte 14–20 €; ⌚ 13.15–15.45 & 20.15–22.45 Uhr) Das O' Fragon steht gastronomisch gesehen einige Stufen über jedem anderen Restaurant der Gegend. Im schicken Speisesaal mit seinen Panoramafenstern kommen wunderbare Fisch- und Meeresfrüchtegerichte aus frischen Marktprodukten auf den Tisch. Der Service ist äußerst aufmerksam und der Ausblick über die Ría de Corcubión sowie das minimalistische Design mit Pinienholzverkleidung machen den Besuch zu einem tollen Erlebnis.

Das O' Fragón ist 2 km nördlich der Stadt in einem kleinen Dörfchen am Hang zu finden. Man verlässt Fisterra Richtung Norden, biegt am Hotel Arenal von der Hauptstraße ab und fährt dann einen Kilometer den Berg hinauf. Das Restaurant liegt unterhalb der Straße und ist nicht leicht zu entdecken. Nach einer kleinen Parkbucht für drei Autos Ausschau halten und von dort aus einen Zickzackweg den Hügel runtergehen.

ℹ Praktische Informationen

Oficina Municipal de Turismo (☎ 981 74 07 81; www.concellofisterra.com; Rúa Real 2; ⌚ 13–21 Uhr) Hilfreiches Büro im städtischen Pilgerhostel, vom größten Hafenparkplatz aus 50 m bergauf.

CAMIÑO DOS FAROS

Nirgends erlebt man die Atmosphäre der Costa da Morte besser als auf einer Wanderung entlang der zerklüfteten Küste. Dank einer kleinen Gruppe von Freunden aus der Gegend, die 2012 einen Weg finden wollten, der so nah wie möglich an der Küste entlangführt, gibt's heute den 200 km langen Wanderweg Camiño dos Faros (Weg des Leuchtturms; www.caminodosfaros.com/en). Er verläuft von Malpica de Bergantiños, rund 40 km westlich von A Coruña, bis zum Cabo Fisterra im Südwesten.

Die Route ist in acht Tagesabschnitte zwischen 18 und 32 km unterteilt und bietet immer wieder spektakuläre Ausblicke, während sich lange, wunderschöne Strände, steile Klippen, hohe Kaps und malerische Fischerdörfer aneinanderreihen. Die Wanderung ist aber kein Sonntagsspaziergang und auch nicht mit dem Jakobsweg zu vergleichen, sondern eher eine Art Bergsteigen am Meer. Es geht häufig bergauf und bergab, das Gelände ist teilweise unwegsam und der Weg schmal und nah an den Klippen. Man sollte abenteuerlustig sein, solide Wanderschuhe mit gutem Halt tragen und äußerst vorsichtig sein. Wer sich unsicher fühlt, sollte lieber umkehren.

Auf der Website gibt's hilfreiche und detaillierte Informationen und man sollte sich die Wikiloc-Tracks herunterladen und auf der Wanderung konsultieren.

Ursprünglich wurde der Weg nur in der Richtung von Malpica nach Fisterra markiert und die kleinen grünen Pfeile und Farbmarkierungen sind manchmal leicht zu übersehen. Er wird gerade in eine offiziell anerkannte GR-Route (Gran Recorrido) umgewandelt, was unter anderem bedeutet, dass die Wege und Markierungen verbessert werden – in beide Richtungen. Bis das abgeschlossen ist, sollte man nicht von Fisterra in Richtung Malpica wandern.

Informationen über Unterkünfte und Restaurants auf dem Weg gibt es ebenfalls auf der Website. Aber nicht immer wartet eine gute Auswahl am Ende einer Etappe. Viele Wanderer gehen nur einzelne Tagesabschnitte und fahren dann mit einem Taxi zurück zu ihrem Ausgangspunkt, falls nötig.

An- & Weiterreise

Monbus (www.monbus.es) fährt täglich vier bis sechs Mal über Cée, O Pindo, Carnota und Muros nach/ab Santiago de Compostela (13 €, 2–3 Std.). Der Anbieter bedient auch die Strecke Fisterra–Muxía; man muss in Cée umsteigen (nur Mo–Fr; die Busse um 9.45 und 11.45 Uhr haben die besten Anbindungen). **Arriva** (www.arriva.gal) bietet fünf Verbindungen (samstags und sonntags weniger) nach/ab A Coruña (15 €, 2¼ Std.).

Lires & Umgebung

150 EW (LIRES)

Von der Küste landeinwärts gesehen, direkt über der kleinen Ría de Lires, findet sich das hübsche, beschauliche Dörflein Lires. Auf dem Straßenweg liegt es 13 km nördlich von Fisterra und 20 km südlich von Muxía. Wanderer erreichen es praktischerweise etwa auf halbem Weg zwischen Fisterra und Muxía, sowohl an der 29-km-Route des Camino de Santiago als auch auf der 51 km langen Route des Camiño dos Faros. Inmitten der grünen bewaldeten Costa da Morte treffen hier zwei Flüsse aufeinander, außerdem gibt es in der Nähe ein paar wunderschöne Strände – ein hübscher Platz zum Verweilen, auch wenn man keinen *camino* entlangpilgert.

Sehenswertes

Praia de Nemiña STRAND

Der malerische Sandstrand Praia de Nemiña erstreckt sich über 1,5 km im Norden der Mündung der Ría de Lires. Von April bis November sind hier viele Surfer zu finden und es gibt einige Surfschulen. Im Sommer kann man die Mündung der *ría* bei Ebbe durchqueren, im Winter muss man aber rund 2,5 km vom Dorf zum Strand laufen (oder rund 9 km mit dem Auto fahren).

Praia do Rostro STRAND

(P) Die Praia do Rostro ist ein spektakulärer 2 km langer und sehr breiter Sandstreifen, der rund 4 km südlich von Lires beginnt. Eine besonders schöne Aussicht bietet sich von den Landspitzen an beiden Ende, wenn die Brandung des Atlantiks aufs Land trifft. Baden kann man hier leider nicht (selbst wenn man dem kalten Wasser trotzen wollte), aber wunderbar spazieren gehen.

Schlafen

As Eiras HOTEL, HOSTEL €

(☎ 981 74 81 80; http://ruralaseiras.com; Lires; B/EZ/DZ 12/35–45/45–65 €; P @ Wi-Fi) Eine tolle Unterkunft, ob man nun einen *camino* wandert oder mit dem Auto unterwegs ist. Das As Eiras ist einerseits ein preisgünstiges Hostel mit guten Betten in Schlafsälen für vier bis neun Personen, gleichzeitig gibt es einen Hotelbereich mit recht großen Zimmern in Pink- und Grautönen, ausgestattet mit gemütlichen Betten und Hydromassage-Duschen (die besten Zimmer haben eine Terrasse mit Meerblick). Das As Eiras liegt mitten in Lires und verfügt auch über ein gutes Café-Restaurant.

Casa Fontequeiroso HOTEL €€

(☎ 617 490851; www.casafontequeiroso.com; Hotel Rural Fontequeiroso, Lugar de Queiroso; Juli–Sept. DZ inkl. Frühstück 75 €, Okt.–Juni 65 €; P Wi-Fi) Das restaurierte, jahrhundertealte Steinhaus liegt nur 2 km über dem Surfstrand Praia de Nemiña (und dem Camiño dos Faros) und 2,5 km vom Jakobsweg entfernt im kleinen Dorf Queiroso. In der reizenden, sehr gastfreundlichen Unterkunft gibt's auch köstliche traditionell-galicische Gerichte aus regionalen, meist Bio-Zutaten.

Muxía & Umgebung

1540 EW. (MUXÍA)

Das Fischerdorf am südlichen Ufer der Ría de Camariñas ist ein beliebter Pilgerort, denn angeblich erschien dem hl. Jakobus die Jungfrau Maria, als er hier predigte.

Sehenswertes

Santuario da Virxe da Barca KIRCHE

(Messe das ganze Jahr So 12 & 19 Uhr, Juni–Okt. Mo–Sa 19 Uhr; P) Am nördlichen Ende der Stadt erhebt sich eine Kirche aus dem 18. Jh. am felsigen Meeresufer und markiert die Stelle, an der (so will es die Überlieferung) die Jungfrau Maria dem hl. Jakobus beim Predigen erschien. Sie befand sich in einem Boot aus Stein.

★ **Cabo Touriñán** NATURPHÄNOMEN

(P) Das malerische und felsige Cabo Touriñán, 17 km südlich von Muxía und erkennbar an einem der vielen Leuchttürme der Gegend, ist ideal für einen windigen Spaziergang. Die nordwestliche Spitze des Kaps, die Punta de Sualba, ist der westlichste Punkt der spanischen Halbinsel (Längengrad 9º18') und außerdem geht hier vom 21. März bis zum 25. April und vom 13. August bis zum 22. September die Sonne später unter als sonst irgendwo auf dem europäischen Festland.

CAMINOS IN DER REGION MUXÍA–FISTERRA

Muxía ist das Ziel mehrerer zunehmend beliebterer Pilgerpfade ab Santiago de Compostela und Fisterra. Der Jakobsweg ab Santiago de Compostela zweigt direkt hinter dem Dorf Hospital (60 km von Santiago entfernt) ab, eine Route führt 27 km Richtung Norden nach Muxía und die andere 30 km Richtung Süden zum Cabo Fisterra. Ein separater 29 km langer Wanderweg verbindet Muxía und Fisterra.

Der Camino de Santiago folgt einer schönen, gut markierten Route zwischen Muxía und Fisterra, durch Wälder und grüne Landschaften. Der Camiño dos Faros (S. 613), der Wanderweg von Muxía nach Fisterra, ist anspruchsvoller und abenteuerlicher. Die 51 km lange Route führt an der spektakulären Küste entlang und passiert beeindruckende Kaps wie das Cabo Touriñán (S. 614) und spektakuläre Strände wie die Praia de Nemiña (S. 614) und die Praia do Rostro (S. 614).

Schlafen & Essen

★ Bela Muxía HOSTEL €

(☎ 687 798222; www.belamuxia.com; Rúa da Encarnación 30, Muxía; B/DZ 12–15/40–50 €; ⌚ Jan. oder Feb. geschl.; @ 📶) Dieses Designerhostel ist sehr komfortabel und stylisch. Hier schlafen Gäste in hellen Privatzimmern (inkl. Bad) wie in einem Hotel oder in geräumigen Mehrbettzimmern mit guten Matratzen, Leselampen, Steckdosen (an jedem Bett) und großen Spinden. Außerdem stehen reichlich Duschen und Toiletten zur Verfügung. Sämtliche Gemeinschaftsbereiche, auch der Küchen-/Essbereich, sind geräumig und nett und in den oberen Etagen hat man zum Teil einen schönen Ausblick.

Albergue Arribada HOSTEL €

(☎ 981 74 25 16; www.arribadaalbergue.com; Rúa José María del Río 30, Muxía; B/EZ/DZ/3BZ 12/40/50/67 €; @ 📶) Das schöne, einladende und moderne Hostel wurde 2015 eröffnet und verfügt über zwei riesige Zimmer mit eigenen Bädern, vier 10-Personen-Schlafsäle sowie gute Gemeinschaftsbäder, Koch- und Waschmöglichkeiten. Es gibt sogar ein Salzwasserfußbad für wundgelaufene Füße!

★ Casa de Trillo HOTEL €€

(☎ 634 759557; www.casadetrillo.com; Santa Mariña; EZ/DZ/ Apt. für 2 Pers. 48–73/60–92/80–95 €, alle inkl. Frühstück; ⌚ Ende Dez.–Jan. geschl.; P @ 📶) 🍃 Das bezaubernde Herrenhaus aus dem 16. Jh. bietet inmitten galicischer Landschaft in Santa Mariña, ca. 8 km südlich von Muxía (entlang der Landstraßen stehen Schilder), historisches Flair, gemütliche und gut eingerichtete Zimmer, einen hellen Speisesaal mit Blick auf den schönen Garten und Essen aus eigenem Anbau. Ein großartiger Ausgangspunkt für Ausflüge in die Umgebung oder auch einfach die richtige Basis für Entspannung pur. Bei Fragen kann man sich vertrauensvoll an die gastfreundlichen Besitzer wenden.

Restaurante A Marina GALICISCH €

(Avenida A Marina 30, Muxía; raciones & Hauptgerichte 6–14 €; ⌚ 8–23 Uhr; 📶) Ein belebtes und freundliches Lokal mit Tischen im Freien und Blick auf den gegenüberliegenden Hafen. Im A Marina gibt's ein herzhaftes Frühstück vor (oder nach) einer langen Wanderung. Später am Tag kommen dann wunderbarer Oktopus (*á feira* oder *flambé*) und andere Meeresfrüchtegerichte, Salate, gegrillte Seezunge, *raxo* (scharf marinierte Schweinefleischstücke) und Rühr- und Spiegeleigerichte auf den Tisch.

An- & Weiterreise

Hefe SL (www.grupoferrin.com) schickt täglich zwei Busse von Santiago de Compostela nach Muxía und umgekehrt. (8 €, 1½ Std.). **Arriva** (www.arriva.gal) betreibt montags bis freitags um 6 Uhr und sonntags um 18.10 Uhr Busse von Muxía nach Camariñas und A Coruña (13 €, 2 Std.) und montags bis samstags um 15 Uhr von A Coruña nach Muxía.

Camariñas bis Camelle: die Ruta do Litoral

2500 EW. (CAMARIÑAS)

Das Fischerdorf Camariñas schmiegt sich an einen farbenfrohen Hafen und ist bekannt für feine traditionelle Spitzenarbeiten, die man in mehreren Geschäften und im **Museo do Encaixe** (Lace Museum; Praza Insuela, Camariñas; 2 €; ⌚ Di–Sa, 11–14 & 16–19, So bis 18 Uhr) betrachten kann.

Die zerklüftete Küste zwischen Camariñas und Camelle im Nordosten gehört zu den schönsten Abschnitten der Costa da Morte. Entlang der **Ruta do Litoral** (teilweise asphaltiert, teilweise Schotterstraße mit Schlaglöchern) kann man ca. 24 km dieses Küstenstreifens abfahren, abreiten oder laufen. Zuerst 5 km von Camariñas zum **Leuchtturm Cabo Vilán** (mit einem Café und einer Ausstellung über Schiffswracks und Leuchttürme) und dann weitere 19 km Richtung Osten nach Camelle. Der Weg führt an einsamen Stränden entlang, über windige Berghänge und vorbei an verwitterten Felsformationen; unterwegs gibt's mehrere sehenswerte Stops. Ein paar Kilometer östlich vom Cabo Vilán liegen die **Praias da Pedrosa, da Balea und da Reira,** malerische kleine Sandstrände, die durch Felsblöcke unterteilt sind. Entlang des Weges trifft man außerdem auf den **Ceminterio dos Ingleses** (Englischer Friedhof; Areal de Trece), den Friedhof für 172 britische Seefahrer, die 1890 bei einem Schiffsunglück starben.

Wer noch näher an der Küste sein will, als die Ruta do Litoral es ist, kann den fünften Teil des Camiño dos Faros (S. 613) Richtung Westen von Arou nach Camariñas wandern.

Weitere Informationen über Wanderrouten in Camariñas findet man unter www.turismocamarinas.net.

Camelle verströmt keinen besonderen Charme, ist aber bekannt für zwei berührende Andenken an „Man" (Manfred Gnädinger), einen exzentrischen deutschen Aussteiger, der hier bis zu seinem Tod 2002 lebte: zum einen das **Museo Xardín de Man,** seinen skurrilen Skulpturengarten neben dem Pier, und zum anderen das **Museo Man de Camelle** (☎ 981 71 02 24; www.mandecamelle.com; Rúa do Muelle 9; Erw./Kind 1 €/frei; ⊙ Mitte Juni–Sep. Di–So 11–14 & 17–20 Uhr, Mitte Sept.–Mitte Juni Sa & So 11–14 & 17–19 Uhr; P) weiter hinten am Flussufer.

Die **Praia de Traba** liegt östlich von Camelle. Man erreicht sie auf einem hübschen Spaziergang entlang der Küste (4 km).

Schlafen

★ **Lugar do Cotariño** CASA RURAL €€

(☎ 639 638634; www.docotarino.com; Camariñas; DZ inkl. Frühstück 75–120 €; P @ 📶) 1 km außerhalb von Camariñas vermietet das von den Besitzern sehr liebevoll und hübsch restaurierte 400 Jahre alte Bauernhaus in üppig grüner Landschaft sieben gemütliche, perfekt im Landhausstil eingerichtete Zimmer. Die zwei im Haupthaus sind besonders groß und attraktiv. Im schönen Garten stehen zwei alte *hórreos* aus Stein.

An- & Weiterreise

Busse von Arriva (www.arriva.gal) fahren montags bis freitags um 6.30 und sonntags um 18.40 Uhr nach A Coruña (12 €, 1½ Std.) Eine direkte Verbindung von A Coruña nach Camariñas besteht nur sonntags (Abfahrt: 15.30 Uhr), an den restlichen Tagen muss man nach Cée fahren und dort umsteigen.

Laxe & Umgebung

1800 EW. (LAXE)

Ein sichelförmiger Strand prägt den Fischereihafen und oberhalb davon thront die gotische Kirche **Santa María da Atalaia** aus dem 15. Jh. Laxes Touristeninformation (☎ 981 70 69 65; www.concellodelaxe.com/turismo; Avenida Cesáreo Pondal 26; ⊙ Mo–Fr 9–15 Uhr) und ihre Website informieren (auf Spanisch und Galicisch) über **Wanderungen** in der Gegend, darunter ein 4,6 km langer Rundweg zum **Leuchtturm** an der Spitze der Halbinsel Insua nördlich der Stadt (Route PRG70) und die 8 km lange Küstenwanderung (in jede Richtung) westlich der **Praia de Traba** über den Strand Praia de Soesto (PRG114).

Eine faszinierende archäologische Tour führt auf der AC429 7 km in östlicher Richtung nach As Grelas und dann 2,4 km auf der AC430 nach Süden bis zur Abzweigung zum **Castro A Cidá de Borneiro,** einem vorrömischen Keltendorf mitten in dichtem Wald. Anschließend folgt man der AC430 für 1 km, biegt rechts ab auf die DP1404 und geht noch 1 km weiter zum **Dolmen de Dombate** (Dombate; ⊙ Juli–Sep. 9–14 & 15–21 Uhr, Okt.–Juni bis 20 Uhr, kostenlose Führungen tgl. Juli–Sept. 10–13.30 & 16–18.30 Uhr, Okt.–Juni Fr–So alle 30 Min.; P) GRATIS. Seit 2011 schützt ein Pavillon das große, gut erhaltene prähistorische Grab, das auch die „megalithische Kathedrale von Galicien" genannt wird.

An- & Weiterreise

Täglich verkehren ein oder mehr Arriva-Busse (9–10 €, 1¼–2 Std.). Außerdem gibt es weitere Verbindungen mit Umsteigen in Carballo.

RÍAS ALTAS

An wenigen Orten treffen Land und Meer mit solch unvermittelter Schönheit aufeinander. Die unberührten Strände, hohen Klippen und mächtigen Wellen der Rías Altas (Galiciens Nordküste östlich von A Coruña) wirken noch dramatischer als die Landschaften der Rías Baixas. Sie sind auch weniger touristisch und weniger besiedelt und ein ideales Ziel für Traveller, die gern abseits ausgetretener Pfade reisen. Wer mittelalterliche Städte wie Betanzos und Pontedeume, das kultivierte A Coruña mit seinem maritimen Flair und ein paar der kleinen Fischerdörfer besucht, hinter denen sich grünes Farmland mit vereinzelten Bauernhöfen erstreckt, dem bietet sich Reisegenuss pur.

A Coruña

213 400 EW.

A Coruña (auf Kastilisch „La Coruña") ist Hafenstadt, Strandmekka, Kulturhochburg und lebhaftes kommerzielles Zentrum, eine historische Stadt und stolze, moderne Metropole mit regem Nachtleben und einer ausgezeichneten kulinarischen Szene – kurz gesagt: Es lohnt sich, diesen faszinierenden Ort zu entdecken, der viel zu oft von Reisenden links liegen gelassen wird.

Die Stadt liegt in einer besonders verwinkelten Ecke der galicischen Küste. Das Zentrum erstreckt sich an einem Isthmus mit dem Hafen an der Südostseite und den größten Stränden an der Nordwestseite. Eine unregelmäßig geformte Halbinsel verläuft Richtung Norden zum Torre de Hércules. Der römische Leuchtturm steht auf der Liste des Weltkulturerbes. Die 13 km lange Fußgänger- und Fahrrad-Promenade Paseo Marítimo führt vom Hafen um die Halbinsel herum, vorbei an den Stränden und weiter nach Westen.

Sehenswertes

★ Torre de Hércules LEUCHTTURM

(www.torredeherculesacoruna.com; Avenida Doctor Vázquez Iglesias; Erw./Sen. & Kind 3/1,50 €, Mo frei; ⌚ Juni–Sept. 10–21, Okt.–Mai 10–18 Uhr; P) Der Herkulesturm an der Nordspitze der Stadt gehört zum UNESCO-Weltkulturerbe und soll der Legende nach ein Werk des mythischen Helden sein, doch tatsächlich waren es die Römer, die den Leuchtturm im 1. Jh. v. Chr. errichteten – damals befand er sich am äußersten Ende der zivilisierten Welt. Wer die 234 Stufen bis ganz nach oben steigt, genießt einen attraktiven Blick auf die Stadt und die Küste. Man erreicht den Turm mit den Bussen 3 und 5 ab der **Puerta Real** nahe der Plaza de María Pita.

★ Aquarium Finisterrae AQUARIUM

(☎ 981 18 98 42; www.mc2coruna.org/aquarium; Paseo Marítimo 34; Erw./Sen. & Kind 10/4 €; ⌚ Juli & Aug. 10–20 Uhr, sonst kürzere Öffnungszeiten; P 👪) Kinder lieben die Robbenkolonie und den Nautilusraum, in dem man von Haien, Rochen und 50 weiteren Fischarten umgeben ist. Das hervorragende Aquarium liegt auf der nördlichen Landspitze der Stadt. Der Fokus liegt auf der maritimen Fauna Galiciens und des Atlantiks.

★ Museo Nacional de Ciencia y Tecnología MUSEUM

(www.muncyt.es; Plaza del Museo Nacional 1; ⌚ Juli–Mitte Sept. Di–Sa 11–20, So 11–15, Mitte Sept.–Juni Di–Fr 10–17, Sa 11–19, So 11–15 Uhr; 👪) GRATIS A Coruñas innovatives Nationalmuseum für Wissenschaft und Technologie ist nicht nur was für Computerfreaks. Ausgestellt sind z. B. Spaniens erster Computer (den monströsen IBM 650 kaufte 1959 die Eisenbahngesellschaft Renfe) und der gesamte vordere Bereich einer Boeing 747. Am spannendsten ist wohl der Raum mit Innovationen aller Jahre des 20. Jhs., darunter ein SEAT 600 aus dem Jahre 1965 (das winzige Auto, das Spanien „auf die Straßen" brachte), eine Sony PlayStation (1994), ein Spitzer von 1946 (ein für die damalige Zeit hochmodernes Modell) und vieles mehr.

Casa Museo Picasso MUSEUM

(Calle Payo Gómez 14, 2°; ⌚ Di–Sa 11–13 & 18–20, So 12–14 Uhr) GRATIS Pablo Picasso lebte von seinem 9. bis 13. Lebensjahr (1892–1895) in dieser großen Wohnung; sein Vater unterrichtete in der Schule Instituto da Guarda an der nahegelegenen Plaza de Pontevedra Kunst. Die Wohnung hat noch immer denselben Grundriss und ist mit Möbeln aus der damaligen Zeit und mit Kopien vieler Bilder und Zeichnungen – die Picasso hier anfertigte und die sein schon damals vorhandenes Talent offenbaren – eingerichtet. Enthusiastische Guides machen den Besuch noch interessanter. Einfach klingeln.

Ciudad Vieja STADTVIERTEL

Schattige Plätze, charmante alte Kirchen und hügelige Pflastersteingassen mit zahlreichen Cafés und Bars prägen A Coruñas ursprüngliches Stadtzentrum am südlichen Ende der nördlichen Landspitze. Die Er-

A Coruña

0 200 m
Aquarium Finisterrae (1,3 km); Torre de Hércules (2,4 km)
Adega O Bebedeiro (300 m)
Torre de Hércules (1,7 km)
Ría de A Coruña
Ensenada del Orzán
Playa del Orzán
Orzán-Riazor-Parkplatz
Museo Nacional de Ciencia y Tecnología (1,25 km)
Av de Pedro Barrié de la Maza
C de Zalaeta
C de la Torre
C de San Roque
C del Hospital
Busse zum Bahnhof & Busbahnhof
Plaza de España
C del Corralón
C del Sol
Rúa Ciega
C Socorro
C del Orzán
C Cancela
C de Cordelería
C Comandante Fontanes
C Barrera
C de San Agustín
C de la Florida
C de la Franja
C de Riego de Agua
C del Capitán Troncoso
Plaza de María Pita
Turismo de A Coruña
Busse zum Flughafen & Busbahnhof
Busse zur Torre de Hércules
Av de Montoto
C de San Andrés
C Álvaro Cebreiro
C de la Galera
C Real
C Olmos
R Nueva
C Estrella
C Santa Catalina
C de San Andrés
C Durán Loriga
C de la Alameda
C Juana de Vega
C Payo Gómez
Plaza Pontevedra
Av de Finisterre
C de Juan Flórez
C de Compostela
Cantón Pequeño
Cantón Grande
Jardines de Méndez Nuñez
Av del Alférez Provisional
Av de la Marina
Dársena de la Marina
Puerta Real
Paseo de la Dársena
Plaza del General Azcárraga
C Zapatería
CIUDAD VIEJA
C de la Maestranza
C de San Francisco
Paseo del Parrote
Paseo Marítimo
Paseo Marítimo
Puerto de A Coruña
Rosaleda
(1,5 km); (1,6 km); (8 km)

A Coruña

Sehenswertes
1 Casa Museo María Pita E2
2 Casa Museo Picasso A4
3 Iglesia de Santiago E3
4 Museo Arqueológico e Histórico G4
5 Plaza de María Pita D2
6 Xardín de San Carlos F3

Schlafen
7 Blue Coruña Hotel B4
8 Lois B3
9 Meliá María Pita C1

Essen
10 A Taberna de Cunqueiro B3
11 Pablo Gallego E2
12 Pulpeira de Melide D1

Ausgehen & Nachtleben
13 Los Cantones Village C4

kundung beginnt man am besten an der prächtigen **Plaza de María Pita.** Anschließend geht's durch das Straßenlabyrinth Richtung Castillo de San Antón. Die Festung aus dem 16. Jh. wacht über den Eingang zum Hafen und beherbergt zudem das **Museo Arqueológico e Histórico** (☎ 981 18 98 50; Paseo Marítimo; Erw./Sen. & Kind 2/1 €, Sa frei; ⏲ Juli & Aug. Di–Sa 10–21, So 10–15, Sept.–Juni Di–Sa 10–19.30, So 10–14.30 Uhr).

Weitere sehenswerte Anlaufpunkte sind die **Iglesia de Santiago** (Calle de Santiago), die **Casa Museo María Pita** (Calle Herrerías 28; ⏲ Di–Sa 11–13.30 & 18–20, So 12–14 Uhr) GRATIS das Zuhause einer Heldin der Stadt, deren Mut 1589 einen Angriff der Engländer niederschlug, und der Xardín de San Carlos (Calle de San Francisco; ⏲ ca. Sonnenaufgang–Sonnenuntergang), in dem der englische General Sir John Moore, der im gemeinsamen Kampf mit den Spaniern 1809 starb, begraben liegt.

Schlafen

Lois HOTEL €

(☎ 981 21 22 69; www.loisestrella.com; Calle Estrella 40; EZ/DZ 46/58–78 €; ❄ 📶) Im Lois ist alles einen Tick besser als in anderen Budget-Hotels. Es hat komfortable, stilvolle Zimmer in modernen Grau- und Weißtönen, ebenso moderne Bäder und ein hauseigenes Restaurant mit unverputzten Steinwänden (Frühstück 8 €). Die wenigen Einzelzimmer sind recht klein, die sieben Doppelzimmer haben eine gute Größe; alle mit eigener *galería* (verglaste Balkone).

Blue Coruña Hotel HOTEL €€

(☎ 881 88 85 55; www.hotelbluecoruna.com; Calle Juana de Vega 7; EZ/DZ 73–110/81–125 €; ❄ 📶) Das Blue ist modern aufgemacht, und jedes Zimmer ist in Anlehnung an unterschiedliche Weltstädte individuell gestaltet (inkl. außergewöhnlichen Wandbildern). Die hellen und komfortablen Räumlichkeiten sind mit modernen Extras ausgestattet, in den Bädern befinden sich Regenduschköpfe und Spiegel, die nicht beschlagen. Zwar sind die Einzelzimmer ein wenig klein, aber die Doppelzimmer dafür RIESIG. Fürs Frühstück werden 11 € berechnet.

Meliá María Pita HOTEL €€

(☎ 981 20 50 00; http://melia.com; Avenida Pedro Barrié de la Maza 3; EZ/DZ inkl. Frühstück 87–166/100–180 €; P ❄ @ 📶) 180 Zimmer zählt dieses klassische Hotel mit einer großen, glitzernden Lobby, netten Restaurants, einem ausgezeichneten Frühstücksbüfett, vielen Parkplätzen und geräumigen Zimmern in Grau-, Silber- und Weißtönen. Am tollsten sind aber die Lage gleich gegenüber der Playa del Orzán, der Blick auf den Strand aus den oberen Stockwerken und die bodentiefen Fenster.

Essen

Tapas, *raciones,* Wein und günstige Mittagsmenüs gibt's in die Straßen westlich der Plaza de María Pita: die Calles de la Franja, Barrera, Galera, Olmos und Estrella. Wenn man sich auf diesen Straßen Richtung Westen bewegt, gelangt man von alten *mesones* (Speisehäuser) und *tabernas* (Tavernen) zu modernen Tapas-Bars.

★ **Adega O Bebedeiro** GALICISCH €€

(☎ 981 21 06 09; www.adegaobebedeiro.com; Calle de Ángel Rebollo 34; Hauptgerichte 16–25 €; ⏲ Di–Sa 13.30–16 & 20–24, So 13.30–16 Uhr) Von außen macht das Restaurant in einer ärmlichen Gasse auf der Landzunge im Norden nicht viel her. Innen entpuppt es sich mit seinen Steinwänden und zu Gesprächen animierendem galicischem Krimskrams aber als rustikal und gepflegt. Auf den Tisch kommt klassische Hausmannskost in großzügigen Portionen und teils mit origineller Note, z. B. Wolfsbarsch mit Jakobsmuscheln im Blätterteig oder galicisches Entrecôte mit Ziegenkäse. Am Wochenende ist hier der Teufel los.

A Taberna de Cunqueiro GALICISCH, TAPAS €€
(www.atabernadecunqueiro.com; Calle Estrella 22; raciones & Hauptgerichte 9–21 €; ⌚12–16 & 19–24 Uhr; 📶) Das Cunqueiro ist eines von mehreren belebten Bar-Restaurants mit Innen- und Außenbereich in der engen Calle Estrella, aber häufig das vollste. Hierher kommen die verschiedensten Leute, um sich die kostenlosen Tapas und die hervorragenden, typisch galicischen Fisch- und Fleischgerichte zu angemessenen Preisen schmecken zu lassen.

Pulpeira de Melide FISCH & MEERESFRÜCHTE €€
(Plaza de España 16; raciones 8–18 €; ⌚Di–So 12.30–16 & 19.30–24 Uhr) Häufig platzt dieses Bar-Restaurant mit der lockeren Atmosphäre aus allen Nähten, denn es ist eine der besten Adressen für das galicische Leibgericht schlechthin, *pulpo á feira* (zarte Oktopusscheiben mit Paprika und Olivenöl, 11 € pro ración); dazu passt perfekt eine Portion cachelos (gekochte Kartoffeln, 2,40 €). Darüber hinaus gibt's noch mehr marktfrische Meeresfrüchteleckerbissen.

Pablo Gallego GALICISCH €€€
(☎981 20 88 88; www.pablogallego.com; Calle del Capitán Troncoso 4; Hauptgerichte 8–25 €; ⌚Mo–Sa 13–16 & 21–24, So 13–16 Uhr) Aus traditionellen galicischen Marktprodukten bereitet das gehobene kleine Restaurant kunstvolle Gerichte des 21. Jhs. zu. Zu empfehlen: die Sardinen mit Guacamole und scharfem mexikanischen *pico de gallo*-Relish, Entrecote in einer Soße aus Gorgonzola- und süßem Pedro Ximénez-Wein oder der Fisch bzw. Schalentiere des Tages.

Ausgehen & Nachtleben

In A Coruñas Tavernen, Bars und Clubs ist einiges los. Vor Mitternacht kann man auf der Plaza de María Pita etwas trinken oder westlich des Platzes durch Kneipen und Tapas-Bars ziehen. Donnerstags bis samstags wird in Dutzenden von Bars in den Straßen hinter der Playa del Orzán bis 3 oder 4 Uhr morgens gefeiert und in den Clubs im **Los Cantones Village** (Avenida del Alférez Provisional; ⌚Do–Sa 24–5 Uhr, ab 22 Uhr Livemusik) mit Blick auf den Hafen noch länger.

Praktische Informationen

Turismo de A Coruña (☎981 92 30 93; www.turismocoruna.com; Plaza de María Pita 6; ⌚Mo–Fr 9–20.30, Sa 10–14 & 16–20, So 10–19 Uhr, Nov.–Jan. verkürzte Öffnungszeiten) Die größte Touristeninformation ist sehr hilfreich und professionell. Infos in mehreren Sprachen.

An- & Weiterreise

BUS

Vom **Busbahnhof** (☎981 18 43 35; www.coruna.gal/estacionautobuses; Calle de Caballeros 21), 2 km südlich des Zentrums, fährt Monbus in südliche Richtung nach Santiago de Compostela (6 €, 1–1½ Std., mind. 12-mal tgl.) und weiter. **Arriva** (☎981 33 00 46, 981 31 12 13; www.arriva.gal) hat Verbindungen zur Costa da Morte, zu den Rías Altas, nach Ferrol, Lugo und Ourense; ALSA steuert Madrid und Orte in Asturien, Kastilien-León, Kantabrien und im Baskenland an.

FLUGZEUG

Von A Coruñas **Flughafen** (Aeropuerto de Alvedro; ☎981 18 72 00; www.aena.es) 8 km südlich des Stadtzentrums fliegen **Iberia** (www.iberia.com) und **Air Europa** (www.aireuropa.com) mehrmals täglich nach Madrid. **Vueling Airlines** (www.vueling.com) bietet täglich Flüge nach London (Heathrow) und Barcelona (3-mal tägl.) und einige Male pro Woche nach Sevilla und Valencia. **TAP Portugal** (www.flytap.com) bedient Lissabon viermal wöchentlich.

ZUG

Der **Bahnhof** (Plaza de San Cristóbal) liegt 2 km südlich des Zentrums. Es gibt folgende Direktverbindungen:

REISEZIEL	PREIS (€)	DAUER	HÄUFIGKEIT (TÄGL.)
Ferrol	6,10–15,40	1¼ Std.	5–6
León	25–44	5–6 Std.	1–4
Lugo	10–15	1½–2 Std.	3–5
Madrid	35–58	5½–11 Std.	1–3
Pontevedra	14–16	1–1½ Std.	12–14
Santiago de Compostela	6,10–16	30–40 Min.	19–26

Die Züge zu den Rías Altas, nach Asturien, Kantabrien und ins Baskenland werden von **FEVE** (www.renfe.com/viajeros/feve) betrieben. Abfahrt ist in Ferrol.

Unterwegs vor Ort

Blaue „Flughafen"-Busse (1,50 €, 30 Min.) verkehren von 7.15 bis 21.45 Uhr halbstündlich (Sa

& So stdl.) zwischen dem Flughafen und der Puerta Real im Stadtzentrum.

Bus 5 fährt vom Bahnhof zur Puerta Real im Zentrum und von der Plaza de España wieder zurück zum Bahnhof. Die Busse 1, 1A und 4 verbinden den Busbahnhof mit der Stadt. Man nimmt Bus 1A von der Puerta Real oder Bus 4 von der Plaza de España. Eine Fahrt kostet 1,30 €.

Der preisgünstigste zentrale Parkplatz ist **Parking Orzán-Riazor** (Avenida de Pedro Barrié de la Maza; 20 € pro 24 Std.; ⏲24 Std.), der sich über 1,3 km unterhalb der Straße am Strand Avenida de Pedro Barrié de la Maza entlang erstreckt und mehrere Einfahrten hat.

Betanzos

10 200 EW.

Einst war der blühende Hafen eine echte Konkurrenz für A Coruña. Betanzos ist berühmt für seine einladenden Tavernen mit leckerem Essen und Wein aus der Region und besitzt eine gut erhaltene Altstadt, in der Häuser mit *galerías*, kleine altmodische Geschäfte und das eine oder andere monumentale Bauwerk zusammen ein stimmiges Ganzes ergeben.

Über die Rúa Castro gelangt man vom zentralen Platz aus in die **Old Town** hinauf. Rund um die hübsche Praza da Constitución locken attraktive Cafés und die romanisch-gotische **Igrexa de Santiago**, deren Hauptportal nach dem Vorbild des Pórtico de la Gloria in Santiago de Compostela gestaltet wurde. Etwas weiter nordöstlich stehen die beiden schönen gotischen Kirchen **Santa María do Azougue** und **San Francisco** (Rúa San Francisco; 2 €; ⏲10.30–13.30 & 16.30–19, So bis 18 Uhr) gegenüber vom städtischen Markt. Letztere bezaubert durch besonders kunstvolle Steingräber.

Schlafen

Hotel Garelos HOTEL €€

(☎981 77 59 30; www.hotelgarelos.com; Calle Alfonso IX 8; EZ/DZ inkl. Frühstück 55–60/66–82; P ❄ 📶) 150 m von der Praza dos Irmáns Garcia Naviera wartet das Hotel Garelos mit nagelneuen Räumen samt komfortablen Betten, Parkettböden, schönen Bädern und attraktiven Aquarellbildern auf. Das Frühstücksbüfett ist gut und reichlich.

O Pote GALICISCH €€

(www.mesonopote.com; Travesía do Progreso 9; raciones 9–18 €; ⏲13.30–15.45 & 20.30–23 Uhr, Sonntagabend & Di geschl.; 📶) Das O Pote ist eine von mehreren Tavernen in den zwei engen Gassen, die von der zentralen Plaza den Hügel hinabführen. Auf der Speisekarte stehen die klassische *tortilla de Betanzos* (die besonders saftige Version des spanischen Kartoffelomeletts) und tolle Oktopus- und andere Meeresfrüchtegerichte.

An- & Weiterreise

Arriva-Busse (S. 620) fahren von montags bis freitags (6.30–21.30 Uhr) und am Wochenende stündlich (6.30–21.30 Uhr) nach/ab A Coruña (2,20 €, 40 Min.). Mindestens drei machen sich auf den Weg nach Pontedeume (2,50 €, 30 Min.). Ferrol und Viveiro werden weniger häufig bedient. Alle Busse halten an der Praza dos Irmáns García Naveira.

Der Bahnhof Betanzos Cidade liegt nordwestlich des Stadtzentrums auf der anderen Seite des Mendo. Mindestens drei Züge starten hier pro Tag nach A Coruña (4,40 €, 40 Min.) und mindestens fünf nach Pontedeume (2,25 €, 15 Min.) und Ferrol (4 €, 40 Min.).

Pontedeume

4500 EW.

An einem Hang über dem Mündungsgebiet des Eume, in dem Fischerboote dümpeln, liegt Pontedeume. Der alte Ortskern wartet mit einem ansprechenden Ensemble schöner Arkadenhäuser, Pflastersteinwegen und ein paar offenen Plätzen mit Tavernen und Tapas-Bars auf. Mehrere Gassen führen von der Hauptstraße hangaufwärts, die zentralste ist die von Arkaden gesäumte Rúa Real.

Der beeindruckende 18 m hohe Torreón dos Andrade (Avenida Torreón; Besucherzentrum Erw./Kind 2/1 €; ⏲11–13.30 & 17–19 Uhr, Mitte Juni–Mitte Sept. bis 20.30 Uhr) wurde Ende des 14. Jhs. von Fernán Pérez de Andrade „O Boo" (Der Gute) erbaut, der in den Kriegen für das kastilische Königshaus kämpfte und zur Belohnung von König Enrique II. zum Herrscher über einen großen Teil des nördlichen Galiciens ernannt wurde. Im Turm gibt's ein lohnenswertes Besucherzentrum mit Informationen über die Familie Andrade, die das Gebiet zwei Jahrhunderte lang beherrschte; die örtliche **Touristeninformation** (☎981 43 02 70; www.pontedeume.gal; ⏲11–13.30 & 17–19 Uhr, Mitte Juni–Mitte Sept. bis 20.30 Uhr) befindet sich ebenfalls hier.

Busse und Züge, die die Strecke A Coruña-Betanzos-Ferrol bedienen, halten auch in Pontedeume.

Es gibt einige mittelmäßige *hostales* in der Stadt, eine bessere Übernachtungsmöglichkeit sind aber die Landhotels (S. 622).

Parque Natural Fragas do Eume

Im Tal des Río Eume östlich von Pontedeume erstreckt sich der am besten erhaltene atlantische Küstenwald Europas mit wunderschönen Laubbäumen und verschiedenen seltenen Farnarten. Zu dem 91 km² großen Parque Natural Fragas do Eume (http://parquesnaturais.xunta.gal/es/fragas-do-eume) gehört auch ein informatives Besucherzentrum, das **Centro de Interpretación** (☎ 981 43 25 28; Carretera DP6902; ⏲ ganzjährig Di–So 10–14 Uhr, wechselnde Öffnungszeiten am Nachmittag, je nach Jahreszeit). Es liegt 6 km von Pontedeume entfernt an der DP6902, die nach Caaveiro führt. Eine gepflasterte Straße sowie ein unbefestigter Pfad (der Camiño dos Encomendeiros) führen durch das dicht bewaldete Tal zu dem malerisch gelegenen alten **Mosteiro de Caaveiro** (⏲ Führungen Mitte Juni–Mitte Sept. tägl. 11.15–14.15 & 16–18 Uhr stdl., Sept.–Dez. Fr–So) GRATIS. Es ist 8 km Richtung Osten vom Besucherzentrum entfernt.

Wer Zeit hat und motorisiert ist, sollte sich in die entlegeneren Ausläufer des Parks aufmachen. In Monfero, ein paar Kilometer außerhalb der südlichen Grenze des Parks, befindet sich das große und beeindruckende Kloster **Mosteiro de Monfero** (Carretera DP5003; ⏲ Mitte Juni–Mitte Sept. Di–So 11–14 & 16–18.30, Fr 15–18.30 Uhr, übriges Jahr Sa & So 11–14 & 16–18.30 Uhr; P) GRATIS mit einem weiteren **Besucherzentrum** (☎ 881 06 39 92; Carretera DP5003; ⏲ Mitte März–Mitte Sept. 10–18 Uhr, Mitte Sept.–Mitte März verkürzte Öffnungszeiten) in der Nähe. Einige Kilometer weiter östlich hat man Zugang zu einigen gut markierten Wanderwegen innerhalb des Parks. Besonders schön: der 6,5 km lange Rundweg **Camiño dos Cerqueiros** oberhalb des Stausees Encoro do Eume.

Schlafen

★ **Casa do Castelo de Andrade** HOTEL €€
(☎ 981 43 38 39; www.casteloandrade.com; Lugar Castelo de Andrade; Zi. 105–130 €; ⏲ Mitte Okt.–März geschl.; P 📶) Das bezaubernde Landhotel liegt 7 km südöstlich der Stadt Pontedeume in den Bergen. In einem hübschen steinernen Bauernhaus auf einem riesigen Anwesen beherbergt das Hotel zehn tadellose, in unterschiedlichen historischen Stilen eingerichtete Zimmer und großzügige Aufenthaltsbereiche. Der Besitzer weiß viel über die Umgebung und ist eine gute Informationsquelle. Die Zimmer sind außerhalb des Sommers günstiger und ein Frühstück gibt's für 11 €.

Anreise & Unterwegs vor Ort

An Ostern und ab Mitte Juni bis Ende September sind die letzten 6 km der Straße zum Mosteiro de Caaveiro für Fahrzeuge gesperrt, aber es gibt kostenlose Busse. Oder man leiht sich ein E-Bike bei **Tour e-bike** (☎ 660 428637; www.tour-ebike.com; pro 1/1½/2 Std. 8/12/16 €, pro Tag 25 €; 👪) in La Alameda (ab hier ist die Straße gesperrt, 1 km nach dem Centro de Interpretación).

Cedeira & Umgebung

4600 EW. (CEDEIRA)

Kleine Städtchen und reizvolle Strände säumen die Küste nördlich der Hafenstadt Ferrol. Die beste Basis, um die Rías Altas zu erkunden, ist der ruhige Fischer- und Ferienort Cedeira, der sich an eine geschützte *ría* (Meeresarm) schmiegt.

Ferrol ist ein wichtiger Verkehrsknotenpunkt. Die Stadt ist z. B. die westliche Endstation der FEVE-Eisenbahnlinie entlang der Küste ins Baskenland. Davon abgesehen hat Ferrol Touristen aber wenig zu bieten.

Sehenswertes & Aktivitäten

Seine reizende, winzige Altstadt liegt am Westufer des kleinen Río Condomiñas und die beliebte **Praia da Magdalena** flankiert den modernen Ostteil. Um die Landzunge in Richtung Süden (7 km Autofahrt) erstreckt sich die noch viel reizvollere **Praia de Vilarrube**, ein langer, sandiger Strand mit flachem Wasser in einem geschützten Dünen- und Feuchtgebiet zwischen zwei Flussmündungen.

Praia de Pantín SURFEN
(👪) Dieser Strand, 12 km südlich von Cedeira, hat einen tollen Righthander für Surfer. An sechs Tagen Ende August oder Anfang September findet dort das **Pantín Classic** (www.pantinclassic.com; ⏲ Aug./Sept.) statt, ein wichtiger internationaler Surfwettbewerb. Von etwa Ende Juni bis Anfang September bieten mehrere Surfschulen Unterricht an (ca. 30 € für 2 Std., 110 € für einen Kurs mit fünf Einheiten à 2 Std.).

Wanderung zur Punta Sarridal WANDERN
Eine wunderschöne ein- bis zweistündige Wanderung an Cedeiras Küste entlang zum Fischereihafen und dann den Hügel hinauf, vorbei am Castelo da Concepción aus dem

18. Jh. bis zur Punta Sarridal mit Blick auf die Mündung der Ría de Cedeira. Die felsige Küste ist voller *percebes* (Entenmuscheln).

Schlafen

In Cedeira gibt's ein gutes Angebot an *hostales* und kleinen Hotels. Zwei Unterkünfte in Cordobelas, 1 km südlich von Cedeira, stechen besonders heraus.

Casa Cordobelas HOTEL €
(☎ 981 48 06 07; www.cordobelas.com; Cordobelas; EZ/DZ 44–55/55–72 €, Apt. mit 1 Schlafz./mit 2 Schlafz. 61–83/83–110 €; ⏲ Mitte Dez.–Mitte Jan. geschl.; P 📶) Ein charmantes steinernes Anwesen, das von einer freundlichen Familie betrieben wird. Die vier umgestalteten historischen Gebäude mit einem Garten beherbergen sieben gemütliche, geräumige und rustikale Zimmer. Frühstück gibt's für 7,70 €.

★ **Hotel Herbeira** DESIGNHOTEL €€
(☎ 981 49 21 67; www.hotelherbeira.com; Cordobelas; EZ/DZ 60–105/70–125 €; ⏲ 22 Dez.–12. Jan. geschl.; P ❄ @ 📶 ≋) Schicker geht's ganz einfach nicht in Galicien! Dieser gastfreundliche Familienbetrieb bietet eine formvollendete Mischung aus Design, Komfort und Zweckdienlichkeit. Geschlafen wird in 16 großen und modernen Zimmern mit verglasten Balkonen, top ausgestatteten Bädern und herrlichem Ausblick über die *ría*. Vorn liegt ein hübscher Pool und es gibt ein helles, großes Café und eine Sitzecke für das gute Frühstück (4 bis 8 €).

Essen

Mit einer eigenen *ría* und einer kleinen Fischfangflotte ist Cedeira ein toller Ort, um frischen galicischen Fisch und Meeresfrüchte zu genießen. Spezialität der Stadt sind *percebes* (Entenmuscheln), eine sehr beliebte (und hochpreisige) Delikatesse.

A Taberna do Jojó FISCH & MEERESFRÜCHTE €€
(Ecke Rúas Ezequiel López & Ferrol; raciones 8–17 €; ⏲ Di–Sa 11–16 & 20–23 Uhr) So sollten Fisch und Meeresfrüchte immer zubereitet werden: beste Zutaten und wenig Schnickschnack. In diesem beliebten Bar-Restaurant bestellt man z. B. *berberechos/almejas/calamares a la plancha* (auf einer heißen Platte gegrillte Herzmuscheln/Venusmuscheln/Tintenfisch) oder *mejillones al vapor* (gedämpfte Muscheln), *pulpo á feira* (Oktopusstücke in Olivenöl und Paprika) und *percebes* (Entenmuscheln). Dazu passt perfekt ein Glas Albariño.

Praktische Informationen

Touristeninformation (☎ 981 48 21 87; http://turismo.cedeira.gal; Avenida Castelao 18; ⏲ Juni–Sept. Mo–Fr 9–21, Sa 10–14, So 11.30–13.30 Uhr, sonst verkürzte Öffnungszeiten) An der Hauptstraße im neuen Ortsteil, sehr hilfreich.

An- & Weiterreise

Wer mit dem Bus aus Süden anreist, muss in Ferrol in einen Monbus-Bus umsteigen. Sie starten von der Praza de Galicia nach Cedeira (1,50 €, 1 Std., Mo–Fr 4-mal tägl., Sa und So 2-mal tgl.). Cedeiras Busbahnhof liegt an der Rúa Deportes, nahe der Avenida Castelao, 700 m südöstlich des Río Condomiñas.

Cabo Ortegal & Umgebung

Oberhalb von Cedeira beginnt der wilde, raue Küstenabschnitt der Rías Altas. Mit dem eigenen Auto kann man Galiciens spektakulären nordwestlichen Landstrich mit seinen schwindelerregenden Klippen, üppigen Wäldern und freilaufenden Pferden erkunden.

Sehenswertes & Aktivitäten

San Andrés de Teixido DORF
Ganze Busladungen von Touristen und Pilgern strömen in das heilige Dorf San Andrés de Teixido mit seiner weithin bekannten Wallfahrtskirche Santo André, das 12 km nördlich von Cedeira in den wunderschönen Hügeln entlang der Küste liegt. In mehreren Cafés kann man die *percebes* probieren, für die die Gegend berühmt ist. Fünf spektakuläre Kilometer des Wanderwegs **Ruta dos Peiraos** führen vom Aussichtspunkt Chao do Monte die Klippenkuppen entlang, 4 km die Straße hinauf in Richtung Cedeira (oder ein steiler 1-km-Marsch).

★ **Garita de Herbeira** AUSSICHTSPUNKT
(P) Von San Andrés de Teixido windet sich die DP2205 bergauf und über die Serra da Capelada Richtung Cariño, entlang einer fantastischen Szenerie. 6 km hinter San Andrés lohnt sich ein Zwischenstopp am Aussichtspunkt Garita de Herbeira, einem Aussichtsposten der Marine aus dem Jahre 1805. Er liegt 615 m über dem Meeresspiegel. Hier kann man den Blick auf die höchsten Klippen Südeuropas besonders gut auf sich wirken lassen.

★ **Cabo Ortegal** AUSSICHTSPUNKT
(P) 4 km nördlich des Fischerortes Cariño erreicht man die Mutter aller spanischen

INSIDERWISSEN

MEERESFRÜCHTE AUS GALICIEN

Meeresfrüchte aus Galicien sind vielseitig und frisch. Viele sind nach einer Kostprobe davon überzeugt, dass sie nie bessere gegessen haben. In fast jeder Bar und jedem Restaurant kann man zahlreiche Seafood-Spezialitäten probieren. Muschelkenner freuen sich über die große Zahl an Schalentieren: *ameixas* (Venusmuscheln), *mexillons* (Miesmuscheln), *vieiras*, *zamburiñas* (kleine Jakobsmuscheln) und *volandeiras* (Kammmuschelarten), *berberechos* (Herzmuscheln), *navajas* (Schwertmuscheln). Galiciens erlesenste Meeresfrüchtedelikatesse sind die teuren *percebes* (Entenmuscheln), die wie Krallen, Hufe oder Klauen aussehen. Um sie zu essen, hält man das harte Ende fest, zieht sie vom anderen Ende her ab und verzehrt dann das weiche Innere.

Weitere Delikatessen sind verschiedene Krebsarten, von kleinen *necoras*, *santiaguiños* und riesigen *centollos* (Seespinnen) bis hin zu dem großen *buey del mar* („Ochse des Meeres") sowie *bogavante* oder *lubrigante (Europäische Hummerart)* mit zwei gewaltigen Scheren.

Den Restaurantpreis für Meeresfrüchte bestimmt meist das Gewicht. Knapp 250 g reichen normalerweise für eine Person. Die beste Art der Zubereitung ist meist einfaches Dünsten oder Grillen (a la plancha), eventuell verfeinert mit einem Hauch Olivenöl, Knoblauch oder Kräutern zum Unterstreichen der natürlichen Aromen.

Während Muscheln, Austern und einige Fischarten gezüchtet werden, fängt man die meisten Krabben wild. Fisch aus dem Meer wird auf den Speisekarten als *salvaje* (wild) oder *del pincho* (mit der Angel gefangen) bezeichnet.

Kaps: Am Cabo Ortegal trifft der Atlantik auf den Golf von Biskaya. Die steilen Klippen sind so hoch, dass die an die Felsen krachenden Wellen fast kümmerlich erscheinen. Vor der Küste bieten die drei felsigen Inselchen **Os Tres Aguillóns** Hunderten Meeresvögeln einen Lebensraum, und wer ein Fernglas dabeihat, erspäht möglicherweise auch Delfine und Wale.

Auf der Straße nach Cariño kann man am ersten Mirador (Miradoiro Gabeira) halten und den gut markierten Weg an den Klippen entlang zur kleinen Kapelle **Ermida de San Xiao do Trebo** nehmen (1,6 km). Der Weg führt durch einen Wald, überquert den Río Soutullo und bietet eine tolle Aussicht. Von der Kapelle geht's wieder zurück zur Straße und dann weitere 1,5 km zum Cabo Ortegal.

Schlafen & Essen

A Miranda HOTEL €€

(☎ 654 341 150; www.hotelamiranda.com; Lugar do Barral; Zi. inkl. Frühstück 80–110 €; ⏲ März–Okt.; P 📶) Fünf der sechs komfortablen Zimmer des modernen kleinen Hotels haben Balkone mit Blick über die Ría de Ortigueira. Es gibt ein gesundes und reichhaltiges Frühstück, einen schönen hellen Aufenthaltsbereich und man kann hier auch zu Abend essen. Das Hotel liegt 6 km südlich von Cariño auf der DP6121, dann geht's 200 m eine Seitenstraße entlang (ausgeschildert).

Muiño das Cañotas HOTEL €€

(☎ 698 138 588; www.muinodascanotas.es; A Ortigueira 10; Zi. inkl. Frühstück 60–90 €; P 📶) Das ansprechende Muiño das Cañotas liegt in einem hübschen kleinen Tal gleich neben der Straße DP6121 und 2 km südlich von Cariño. Die umgebaute Wassermühle aus dem 14. Jh. beherbergt fünf Zimmer im Landhausstil mit viel Holz und Stein und ist von der DP6121 gut ausgeschildert.

Chiringuito de San Xiao GALICISCH €€

(☎ 690 309 968; Lugar San Xiao do Trebo; raciones 6–15 €; ⏲ Di–So 12–23.30 Uhr, Nov.–Feb. verkürzte Öffnungszeiten) Besser als in dieser einladenden kleinen Bar mit ihren Holzbalken kann man in der Gegend kaum essen. Der Speisesaal mit seinen Panoramafenstern und die Terrasse blicken von der Straße Cariño-Ortegal, 1,5 km vor dem Kap, übers Meer. Es gibt allerlei leckere galicische Meeresfrüchtegerichte, Spezialität des Hauses sind aber über Holzkohle gegrillter Fisch und Fleisch sowie *caldeiradas* (Fisch- oder Meeresfrüchteeintopf).

An- & Weiterreise

Arriva (☎ 981 31 12 13; www.arriva.gal) bietet montags bis freitags jeweils drei Verbindungen pro Richtung auf der Strecke Cariño–Mera

(20 Min., 1,40 €), 10 km weiter südlich gelegen. Teilweise besteht in Mera Anschluss an Arriva-Busse, die auf der AC862 zwischen Ferrol und Viveiro verkehren. Der Arriva-Bus, der in Cedeira montags bis freitags um 13 Uhr nach Mera fährt, kommt so in Mera (1,95 €) an, dass man den Bus von Mera nach Cariño- um 13.30 Uhr erwischt.

Halbinsel Bares

Die Halbinsel Bares ist ein traumhaftes Fleckchen Erde, das in den Golf von Biskaya hineinragt. Sie ist durchzogen von Wanderwegen und von Stränden gesäumt und wartet mit ein paar einfachen Unterkünften auf.

In **O Barqueiro** – einem Fischerdorf, wie es im Buche steht – zweigt die Straße, die auf die Halbinsel führt, von der Straße AC862 ab. Weiße schiefergedeckte Häuser ziehen sich den Hang hinunter bis zum Hafen. Wer gern eine noch ruhigere Basis hätte, sollte ein Stück weiter nach Norden ins winzige **Porto de Bares** fahren. Es liegt an einem halbmondförmigen Sandstrand, umspült vom Wasser der *ría*.

Zu Fuß gelangt man zum nördlichsten Punkt Spaniens, der **Punta da Estaca de Bares** am Ende der Halbinsel. Ein paar Kilometer weiter südwestlich kann man den Blick auf die spektakulären Klippen **Acantilados de Loiba** und wenig besuchte Strände wie etwa die **Praia do Picón** (P) von der (Sitz-)Bank genießen, die als „beste Bank der Welt" bekannt ist.

★ El banco más bonito del mundo AUSSICHTSPUNKT
(P) Wer auf den Loiba-Klippen von der Praia do Picón Richtung Westen geht, stößt nach 200 und 400 m auf jeweils eine Bank. Von beiden hat man einen spektakulären Blick über die zerklüftete Küste von der Punta da Estaca de Bares bis zum Cabo Ortegal. Die zweite Bank ist unter dem Namen „beste Bank der Welt" (wie im Deutschen bedeutet das spanische Wort *banco*, gleichzeitig Bank im Sinne von Sitzgelegenheit und Bank im Sinne von Geldinstitut) schon selbst eine kleine Berühmtheit. Oft muss man sich hinter Horden von Touristen mit Selfie-Stick anstellen, um tatsächlich auf der Bank sitzen zu können.

Schlafen & Essen

Hospedaxe Porto Mar HOSTAL €
(☎ 981 41 40 23; www.portomar.eu; Calle Feliciano Armada, Porto de Bares; EZ/DZ 35/45 €; WLAN) Porto de Bares' einzige Unterkunft hat 17 eher kleine, aber saubere und gemütliche Zimmer; die Hälfte gewährt einen Blick aufs Meer. Die liebenswerten Besitzer betreiben auch eines der insgesamt drei Fischrestaurants in der Nähe des Strands, das **O Centro** (Porto de Bares; raciones 7–20 €; ⌚ 9.30–24 Uhr, Juli–Sept. ab 8.30 Uhr).

Semáforo de Bares HOTEL €€
(☎ 981 417 147, 699 943584; www.hotelsemaforodebares.com; EZ/DZ/Suite 56–66/80–150/180–200 €; ⌚ 2. Hälfte Feb. & 2. Hälfte Okt. geschl.; P WLAN) Will man sich etwas gönnen, ist die ehemalige Signalstation eine gute Adresse. Sie wurde in ein modernes Hotel umgewandelt und verfügt über fünf Zimmer; die schönsten davon sind geradezu opulent. Das Gebäude thront 3 km über dem Dorf Porto de Bares auf einem Hügel mit Rundumblick. Frühstück (8 €) und Abendessen (18 bis 30 €) für Hotelgäste.

In die hauseigene Café-Bar können auch Nichtgäste kommen.

La Marina FISCH & MEERESFRÜCHTE €€
(www.lamarinabares.es; Porto de Bares; Hauptgerichte 8–30 €; ⌚ 10–24 Uhr) Auf der Karte des Restaurante La Marina stehen viele Gerichte mit Fisch und Meeresfrüchten und Fleisch, von Spiegelei mit Pommes und galicischem Rind bis zu *percebes* und gegrilltem Fisch; die Meeresfrüchtepaellas sind ein Gedicht. Vom Speisesaal aus blickt man auf den Strand von Porto de Bares.

ℹ An- & Weiterreise

Täglich halten ein paar FEVE-Züge und Arriva-Busse auf der Route Ferrol–Viveiro in O Barqueiro.

Viveiro

7400 EW.

Die an der Mündung des Río Landro gelegene Stadt hat einen gut erhaltenen historischen Stadtkern mit Steinhäusern und Kopfsteinpflastergassen; viele davon sind ver-

TOP FIVE: AUSSICHTSPUNKTE

- Garita de Herbeira (S. 623)
- „Beste Bank der Welt" (S. 625)
- Ruta Monte Faro (S. 636)
- Monte de Santa Trega (S. 638)
- Cabo Fisterra (S. 612)

kehrsberuhigt. Seit der Ort nach einem Brand im Jahr 1540 wiederaufgebaut wurde, hat sich das äußerliche Erscheinungsbild kaum verändert. Auf der 500 m langen Brücke **Puente de la Misericordia** aus dem 15. Jh. rollt immer noch der Verkehr über die *ría* vor der Altstadt.

Die Feiern zur **Semana Santa** (Karwoche) (www.semanasantaviveiro.com; ⌚ März/April) hier sind legendär, denn dann putzen die Einwohner ihre Stadt für die Osterprozessionen heraus. Das **Resurrection Fest** (Resu; www.resurrectionfest.es; ⌚ Juli) im Sommer dauert vier Tage, lockt bis zu 90 000 Heavy-Metal- und Punkmusik-Fans in die Stadt und ist ein Vergnügen ganz anderer Art.

Sehenswertes

Sehenswert sind die gotische **Igrexa de Santiago-San Francisco** (Rúa de Cervantes; ⌚ 11.30–13.30 & 18.30–20 Uhr) und die romanische **Igrexa de Santa María do Campo** (Rúa de Felipe Prieto; ⌚ Mo–Sa 7.30–20.30, So 11–12 Uhr) aus dem 12. Jh. Die 4 km lange Fahrt hinauf zum **Mirador San Roque** lohnt wegen der weit reichenden Aussicht. Entlang der Ría de Viveiro gibt's einige tolle Strände, wenige Kilometer von der Stadt entfernt.

5 km nördlich der Stadt, befindet sich der hübsche 1,2 km lange Sandstrand **Playa de Area** (über die LU862 in nordöstlicher Richtung zu erreichen). Noch 5 km weiter – der LUP2610 folgen, die sich durch Wald windet, oder den gut ausgeschilderten Wanderweg Camino Natural da Ruta do Cantábrico nehmen – erstreckt sich die schöne, weniger frequentierte **Praia de Esteiro**. Dort herrschen gute Bedingungen für Surfanfänger (und manchmal auch für erfahrenere Surfer).

Schlafen & Essen

Viveiro Urban Hotel HOTEL €€
(☎ 982 56 21 01; www.urbanviveiro.es; Avenida Navia Castrillón 2; EZ/DZ 66–100/88–180 €; P ❄ 📶) Das 2017 eröffnete Urban, ein schwarzer Glaswürfel mit Blick über die *ría*, 400 m südlich der Puente de la Misericordia, unterscheidet sich im positiven Sinne von anderen Unterkünften in Viveiro. Die komfortablen Zimmer sind geräumig, hell und mit Spiegeln, Spotleuchten und tollen Bädern ausgestattet. Dank der guten Gastronomie kann man seinen Hunger stillen, ohne das Gelände verlassen zu müssen.

Hotel Ego HOTEL €€
(☎ 982 56 09 87; www.hotelego.es; Playa de Area; EZ/DZ/Suite 77–110/100–165/165–275 €; P ❄ 📶 🏊) 5 km nördlich von Viveiro an der Straße nach Ribadeo liegt das schicke und moderne Hotel Ego mit Blick auf die Playa de Area. Die meisten der 45 großen Zimmer bieten Meerblick und haben Balkone, und das angrenzende **Restaurante Nito** (Hauptgerichte 12–35 €; ⌚ 13.30–16 & 20–24 Uhr), das von denselben Besitzern betrieben wird, ist eines der besten Restaurants in der Gegend.

An- & Weiterreise

Ein paar Arriva-Busse fahren nach Lugo und entlang der Rías Altas bis A Coruña und Ribadeo. Die Bushaltestelle liegt direkt im Norden der Altstadt an der Strandpromenade Avenida Ramón Canosa.

Die FEVE-Züge zwischen Ferrol und Oviedo halten in Viveiro.

Ribadeo

6860 EW.

Im Sommer ist der lebhafte Hafenort ein wahrer Magnet für Sonnenanbeter. Der alte Ortskern zwischen der zentral gelegenen Praza de España und dem Hafen besteht aus hübschen alten Steinhäusern und Häusern mit Glasgalerien. Strände gibt's nur außerhalb der Stadt. Ganz besonders lohnt ein Besuch der 10 km in Richtung Westen entfernt gelegenen Praia As Catedrais. Sie ist einer der schönsten Strände Spaniens.

An der Küste bei Ribadeo verläuft ein sehr schöner, gut markierter Wander- und Fahrradweg auf einer Strecke von 150 km entlang der Küste, der Camino Natural de la Ruta del Cantábrico. Die ersten 3 km von der zentralen Praza de España in Ribadeo bis zum Illa-Pancha-Leuchtturm folgen der *ría*. Von der Illa Pancha führt die Route für 17 km an einem bildhübschen Küstenabschnitt entlang zur Praia As Catedrais. Unterwegs passiert man das winzige Fischerdorf Rinlo. Dort kann man in mehreren guten Restaurants einkehren und kommt auf dem Weg noch an mehreren anderen Stränden vorbei.

★ **Praia As Catedrais** STRAND
(Kathedralenstrand; P 🚻) Die Praia As Catedrais, 10 km westlich von Ribadeo, ist ein spektakulärer 1,5 km langer Sandstrand mit überwältigenden, schaurig-schön anmutenden Steintürmen, Bögen und Kammern, die über Jahrhunderte vom Salzwasser ausgewa-

schen wurden. Ein bis zwei Stunden vor und nach der Flut steht der gesamte Strand unter Wasser. Die Praia As Catedrais ist so beliebt, dass man während der Semana Santa, im Juli, August und September eine Zugangsgenehmigung benötigt. Man bekommt sie aber problem- und kostenlos in Ribadeo.

Schlafen & Essen

Hotel Rolle HOTEL €€

(☎ 982 12 06 70; www.hotelrolle.com; Rúa de Ingeniero Schulz 6; Zi. inkl. Frühstück 60–98 €; ❄ @ ☎) Das Hotel Rolle liegt nur zwei Blocks von der Praza de España entfernt. Seine geräumigen, attraktiven Zimmer sind rustikal, aber gleichzeitig zeitgemäß, und werden dominiert von freiliegenden Steinwänden sowie viel Holz. Auch die Bäder sind modern. Der Besitzer erzählt einem gerne alles über die Highlights der Region.

Casona de Lazúrtegui DENKMALGESCHÜTZES HOTEL €€

(☎ 982 12 00 97; www.hotelcasona.com; Rúa Julio Lazúrtegui 26-28; DZ 50–92 €; ⊙ März–Mitte Dez.; P ❄ @ ☎) Eine wunderschön restaurierte Villa aus dem frühen 20. Jh. beherbergt dieses Hotel. Es ist zwar etwas abgelegen, 500 m nordwestlich von der Praza de España, die komfortablen und modernen Zimmer lassen aber keine Wünsche offen und das Personal ist sehr freundlich und hilfsbereit.

La Botellería FUSION-KÜCHE €€

(https://labotelleriaribadeo.es; Rúa de San Francisco 24; Hauptgerichte 9–18 €; ⊙ 12–16 & 20–24 Uhr, Mo & Do mittags geschl.; ☎) In der gastfreundlichen Bar mit hübschem Restaurant inkl. weißer Tischdecken darf man sich auf guten Wein und sehr leckere, originelle und vielseitige Speisen freuen, z. B. Thunfisch-Tatar mit Guacamole und Mangosoße oder Bananen-Chorizo-Kroketten mit Minzsoße. Es liegt nur 100 m von der Praza de España entfernt.

Praktische Informationen

Touristeninformation (☎ 982 12 86 89; http://turismo.ribadeo.gal; Praza de España; ⊙ 10–14 & 16–19 Uhr, Okt. –Juni So & Mo geschl.) Zentral am Hauptplatz gelegen.

An- & Weiterreise

Mindestens vier Busse verkehren jeden Tag nach Luarca und Oviedo in Asturien. Nach Viveiro gibt's montags bis freitags jeden Tag acht Busse, samstags und sonntags nur zwei. Außerdem fahren täglich Busse nach Lugo, A Coruña und Santiago de Compostela. Die Bushaltestelle liegt an der Avenida Rosalía de Castro, etwa 500 m nördlich der Praza de España.

FEVE-Züge fahren über Asturien nach/ab Oviedo (12 €, 4 Std., 2-mal tgl.) und über Galicien nach/abFerrol (11 €, 3 Std., 4-mal tgl.).

RÍAS BAIXAS

Mit ihren ausgedehnten und breiten Stränden und relativ ruhigem, wenn auch kaltem Wasser ziehen die Rías Baixas (Kastilisch „Rías Bajas") die meisten Feriengäste in Galicien an. Die Rías de Muros y Noia, de Arousa, de Pontevedra und de Vigo – Galiciens vier längste *rías* (Meeresarme) – bieten weit mehr Ortschaften, Hotels und Restaurants als die übrigen Abschnitte der galicischen Küste. Durch den Tourismus hat die Schönheit der Region zwar etwas gelitten, aber es gibt immer noch hübsche Dörfer und Strände sowie gutes Essen (insbesondere Meeresfrüchte). Auf der Zutatenliste für einen verführerischen Reisecocktail stehen zudem das wunderbare alte Pontevedra, Vigos Großstadtflair, die schnuckelige Hauptstadt des Albariño-Weins, Cambados, und Ausflüge zu Inseln wie den Illas Cíes.

Es gibt viele verschiedene Unterkünfte für jeden Geldbeutel, für die zweite Julihälfte und für den August sollte man aber im Voraus buchen. Außerhalb dieser Zeit sind die Zimmer oft wesentlich günstiger.

Ría de Arousa

Cambados

7000 EW.

Cambados ist die Hauptstadt des Albariño-Weinanbaugebiets. Der hübsche Ort in den *rías* ist ein geeigneter Ausgangspunkt für Ausflüge in die Rías Baixas. Die alten Straßen säumen Steinhäuser, und es gibt etliche einladende Kneipen und gute Restaurants. Cambados ist ein Zusammenschluss aus drei mittelalterlichen Dörfern: Fefiñáns am nördlichen Ende der Stadt (um die wunderschöne und breite Praza de Fefiñáns herum), Cambados in der Mitte und das Fischerviertel Santo Tomé im Süden.

Sehenswertes

In Cambados und Umgebung (bis zu 6 km außerhalb der Stadt) kann man zehn verschiedene Weingüter besuchen und an Ver-

Rías Baixas

kostungen teilnehmen (siehe www.cambadosenoturismo.com). Erweitert man den Radius auf 12 km, vergrößert sich die Auswahl um weitere 20 Betriebe (siehe www.rutadelvinoriasbaixas.com). Die bekanntesten Güter befinden sich außerhalb der Stadt, es gibt jedoch zwei kleine interessante Anlaufstellen im Pazo de Fefiñáns, an der breiten Praza de Fefiñáns am nördlichen Ende der Stadt. Die örtliche **Touristeninformation** (☎ 986 52 07 86; www.cambados.es; Edificio Exposalnés, Paseo da Calzada; ⏲ Juni–Sept. 11–14 & 17–20 Uhr, Okt.–Mai Di–Fr & So 10–14, Sa 10.30–14 & 16.30–19.30 Uhr) gibt Infos zu den öffentlich zugänglichen Winzerbetrieben. Bevor man sich aufmacht, sollte man besser bei den Gütern anrufen und seinen Besuch anmelden.

★ **Gil Armada** HISTORISCHES GEBÄUDE, WEINGUT
(☎ 660 078 252; http://bodegagilarmada.com; Praza de Fefiñáns; Führungen 7–15 €; ⏲ Führungen Juni–Sept. 12, 13, 18 & 19 Uhr, Okt.–Mai 12.30 & 17.30 Uhr, So nachmittags geschl.) Der kleine Familienbetrieb im stattlichen Pazo de Fefiñáns (17. Jh.) bietet verschiedene interessante Führungen an. Auf der einstündigen „Basic"-Tour sieht man die Haupträumlichkeiten des historischen Gebäudes mit teilweise faszinierenden Antiquitäten und Kunstwerken sowie die Destillerie und den weitläufigen Garten – manche Weinreben sind 150 Jahre alt und auch bei den Bäumen handelt es sich um uralten Bestand. Die teureren Touren (bis zu 2 Std. lang) umfassen die Besteigung des Panoramaturms und eine Weinprobe. Im Juni und September empfiehlt sich ein Anruf vor dem Besuch.

Bodegas del Palacio de Fefiñanes WEINGUT
(☎ 986 54 22 04; www.fefinanes.com; Praza de Fefiñáns; Besichtigung 3 €, inkl. Verkostung 1/2 Weine 6/10 €, Minimum pro Gruppe 30/40 €; ⏲ Mo–Fr 10–13 & 16–19 Uhr, Jan. geschl.) Der kleine Betrieb im schönen Pazo de Fefiñáns aus dem 17. Jh. produziert hochwertige, teilweise preisgekrönte Albariño-Weine, die man ab 12 € erwerben kann. Die Führer sprechen fließend Englisch.

Igrexa de Santa Mariña Dozo KIRCHE
(Rúa do Castro; ⏲ 24 Std.) GRATIS Die Kirchenruine aus dem 15. Jh. neben dem Weinmuseum hat zwar kein Dach mehr, die vier halbkreisförmigen Dachgewölbebogen sind aber noch intakt. Ein gepflegter Friedhof mit fein gearbeiteten Gräbern umgibt die Kirche – in der Dämmerung bei Flutlicht wirkt er besonders malerisch.

Martín Códax WEINGUT
(☎ 986 52 60 40; www.martincodax.com; Rúa Burgáns 91, Vilariño; Führung inkl. Verkostung von 1/2/3/4 Weinen 3/5/10/15 €, inkl. Weinberg & Verkostung von 3/4 Weinen 15/25 €; ⏲ Führungen Juni–Sept. Mo–Fr 11, 12, 13, 17.30 & 19, Sa 11, 12 & 13 Uhr, sonst weniger Führungen; P) Nur eine 2,5 km lange Autofahrt östlich von Cambados liegt der bekannteste Winzerbetrieb Galiciens. Man kann an verschiedenen Führungen teilnehmen, von 45 Minuten bis zu drei Stunden Länge inkl. Verkostung von bis zu vier Weinen. Manchmal gehört auch eine Begehung der Weinberge dazu.

Feste & Events

Festa do Albariño WEIN
(http://fiestadelalbarino.com; ⏲ Aug.) Konzerte, Feuerwerke, Ausstellungen, die Prämierung der besten Weine des Jahres sowie der

Genuss enormer Mengen Tapas und Wein begleiten die Festa do Albariño am ersten Augustsonntag und an den vier vorausgehenden Tagen.

Schlafen

Hotel O Lagar HOTEL €

(☎ 986 52 08 07; www.hotelolagar.com; Rúa Pontevedra 14; EZ/DZ 40/50–60 €; P 📶) Die hübsche, preiswerte Unterkunft verfügt über 16 geräumige, blitzeblanke Zimmer, alle mit Badewanne. Im dazugehörigen Bar-Café gibt's gute und günstige *raciones*. Wir empfehlen die Zimmer 107, 108, 207 oder 208 mit Blick auf einen hübschen kleinen Platz und eine Kirche.

★ **Quinta de San Amaro** BOUTIQUE-HOTEL €€

(☎ 986 74 89 38; www.quintadesanamaro.com; Rúa San Amaro 6, Meaño; EZ/DZ inkl. Frühstück 95–130/110–190 €; P ❄ 📶 🏊) Inmitten von Weinbergen, 12 km südlich von Cambados, liegt das einzigartige Quinta de San Amaro, ein traumhafter Ausgangspunkt für die Erkundung der Rías Baixas. Das hübsche Interieur des umgebauten und erweiterten Bauernhauses kombiniert traditionelle und moderne Elemente. Es verfügt über 14 Zimmer, mehrere Gemeinschaftsbereiche, einen Pool mit Ausblick, ein (erstklassiges) Restaurant, einen wunderschönen Garten sowie ein Solarium in einem umgebauten *hórreo*!

Die Gäste können kostenlos ein nahegelegenes Weingut besuchen (mit Weinprobe), der Service ist erstklassig (viele Angestellte sprechen Englisch) und das **Restaurant** (☎ 986 74 89 38; Hauptgerichte 14–20 €; ⏲ 13.30–16 & 20.30–23.30 Uhr, Mitte Okt.–März Mo–Do geschl.) mit seinem atemberaubenden Ausblick ist eines der besten in der Gegend. Auf der Speisekarte stehen köstliche und moderne Versionen traditioneller galicischer Gerichte (nicht nur für Hotelgäste; Reservierung erforderlich). Gruppen aus mindestens vier Personen können Kochkurse – galicisch, mexikanisch, japanisch– in einer schönen großen Küche für 50 € pro Person belegen; im Preis inbegriffen ist ein selbst zubereitetes Mittag- oder Abendessen.

Pazo A Capitana HOTEL €€

(☎ 986 52 05 13, 679 282259; www.pazoacapitana.com; Rúa Sabugueiro 46; EZ/DZ inkl. Frühstück 59–70/80–100 €; ⏲ Mitte Dez.–Jan. geschl.; P ❄ 📶) Das Landhaus aus dem 17. Jh. am Stadtrand ist eine bezaubernde Unterkunft mit eleganten Zimmern, großen Gärten und einer angeschlossenen Weinkellerei, in der vier Jahrhunderte alte Steinpressen bis heute erhalten sind.

Hotel Real Ribadomar BOUTIQUE-HOTEL €€

(Hotel Real Cambados; ☎ 986 52 44 04; http://hotelrealcambados.com; Rúa Real 8; EZ/DZ 55–90/70–125 €; ❄ 📶) Ein schön renoviertes und zentral gelegenes Stadthaus mit netten Zimmern, die unverputzte Steinwände mit hübschen Tapeten kombinieren. Auf den weichen Betten liegen frische, weiße Laken, die Bäder blinken und blitzen und Kleinigkeiten wie mit einem Band verschnürte Handtücher und Potpourri-Körbchen sorgen für ein heimeliges Flair.

Essen

Fisch- und Meeresfrüchte werden hier ganz großgeschrieben (Jakobsmuscheln sind eine besondere Spezialität in Cambados) und dazu trinkt man unzählige Sorten von Albariño. In den fußgängerfreundlichen Hauptstraßen des Viertels Fefiñáns, den Rúas Príncipe und Real, gibt's zahlreiche Restaurants mit gutem Essen zu angemessenen Preisen. In den umliegenden Straßen befinden sich noch mehr Lokale.

ABSTECHER

CASTRO DE BAROÑA

In der Ría de Muros y Noia, der nördlichsten der vier größten Rías Baixas, gibt's einige lebhafte alte Städte, darunter Muros und Noia sowie, in südlicher Richtung, gute Strände. Hier befindet sich auch Galiciens spektakulärste prähistorische Siedlung, was die Lage angeht: das **Castro de Baroña** (⏲ 24 Std.) GRATIS. Es thront majestätisch auf einer windumwobenen Landzunge mit Blick auf die Wellen des Atlantiks, 4 km südlich von Porto do Son. Parkmöglichkeiten gibt's in der Nähe der Café-Bar Castro, von dort geht es dann einen felsigen 600 m langen Weg hinab zu den Ruinen. Die exponierte Lage wurde sicherlich aus Verteidigungsgründen gewählt: Ein Graben und zwei Steinmauern schützen den Zugang über eine schmale Landenge. Im Inneren der Siedlung, die im 1. Jh. aufgegeben wurde, finden sich die ausgegrabenen Grundrisse von etwa 20 runden Steingebäuden.

Restaurante Ribadomar GALICISCH €€
(www.ribadomar.es; Rúa Valle Inclán 17; Hauptgerichte/Menüs 13–18/24–30 €; ⌚13.30–16 & 21–23 Uhr, Okt.–Juni So & Do abends geschl.) Das familiengeführte Restaurante Ribadomar ist etwas gehobener als die üblichen Tavernen und man bekommt tolles galicisches Essen, darunter Seezunge mit Jakobsmuscheln oder *chuletón de ternera* (riesiges Rindersteak) in einem eher formellen Ambiente mit Gemälden und Skulpturen.

An- & Weiterreise

Der Busbahnhof liegt recht zentral, 600 m südlich der Praza de Fefiñáns an der Avenida de Galicia. Monbus fährt mindestens zweimal täglich nach/ab Santiago de Compostela (5,60 €, 1½ Std.) und mindestens dreimal pro Tag nach/ab O Grove (1,55 €, 30 Min.). **Autocares Cuiña** (www.autocarescuina.com) macht sich mindestens dreimal täglich auf den Weg nach Pontevedra (3,15 €, 1 Std.).

Pontevedra

6000 EW.

Pontevedra ist eine einladende Stadt am Fluss mit viel Geschichte, Kultur und Stil und eine lebhafte Basis für Erkundungstouren entlang der Rías Baixas. Die verwobenen Gassen und Plätze der kompakten Altstadt beherbergen jede Menge Läden, Märkte, Cafés und Tapas-Bars.

Im 16. Jh. war Pontevedra die größte Stadt Galiciens und ein wichtiger Hafen. Das Flaggschiff von Kolumbus' Flotte, die *Santa María*, wurde hier gebaut. Einige Einheimische sind überzeugt davon, dass Kolumbus gar nicht aus Genua stammte, wie gemeinhin angenommen wird, sondern tatsächlich ein Adeliger aus Pontevedra war und Pedro Madruga hieß. Er soll aus ungeklärten Gründen seinen eigenen Tod vorgetäuscht und eine neue Identität angenommen haben.

Sehenswertes

Zwar lohnt es sich, Zeit in den Besuch des exzellenten Museums und der außergewöhnlichen Kirchen zu investieren, doch die Topattraktion von Pontevedra ist die Altstadt in ihrer Gesamtheit. Es ist ein echtes Vergnügen, durch die schmalen, größtenteils verkehrsberuhigten Straßen zu spazieren, die mehr als ein Dutzend Plätze miteinander verbinden. Besonders niedlich ist die **Praza da Leña**.

Museo de Pontevedra MUSEUM
(☎986 80 41 00; www.museo.depo.es) Pontevedras vielseitiges Museum ist auf fünf Gebäude im Stadtzentrum verteilt. Bei unserem Besuch waren zwei davon wegen Renovierungsarbeiten geschlossen, die neuesten (und spannendsten) Bereiche waren aber geöffnet: das kürzlich erbaute **Sexto Edificio** (Rúa de Padre Amoedo; ⌚Di–Sa 10–21, So 11–14 Uhr) GRATIS, das angrenzende **Edificio Sarmiento** (Rúa Sarmiento; ⌚Di–Sa 10–21, So 11–14 Uhr) GRATIS – untergebracht in einem früheren Jesuitenkolleg aus dem 18. Jh. –, sowie das **Ruínas de San Domingos** (Gran Vía de Montero Ríos; ⌚Mai–Sept. Di–Sa 10–14 & 16–20.30, So 11–14 Uhr, März, April & Okt. bis 19.30 Uhr, Nov.–Feb. geschl.) GRATIS, eine zerstörte Kirche aus dem 14. Jh. mit einer umfassenden Sammlung an Wappenschildern, Grablegen und mittelalterlichen Schnitzarbeiten.

Das Edificio Sarmiento beherbergt eine interessante Sammlung, die neben galicischem Sargadelos-Porzellan, moderner Kunst (darunter ein paar Werke von Picasso, Miró und Dalí) auch prähistorischen galicischen Goldschmuck, Petroglyphen und Ähnliches umfasst. Das Sexto Edificio zeigt auf drei Stockwerken galicische und spanische Kunst aus dem 14. bis 20. Jh. Einige Ausstellungen sind sehr interessant, aber nicht von berühmten Künstlern.

Basílica de Santa María a Maior KIRCHE
(Praza de Alonso de Fonseca; ⌚10–13.30 & 17–21 Uhr, während der Gottesdienste kein Zutritt für Touristen) Pontevedras beeindruckendstes Gotteshaus ist überwiegend gotisch und vor allem wegen seiner Platereskdetails und portugiesisch-manuelischen Stilelemente interessant. Gebaut wurde es im 16. Jh. von Pontevedras Seefahrergilde. Das Rosettenfenster der von dem Flamen Cornelius de Holanda und dem Portugiesen João Nobre kunstvoll im plateresken Stil gestalteten Westfassade flankieren Büsten, die Kolumbus und den anderen großen Eroberer, Hernán Cortés, darstellen.

Praza da Ferrería PLATZ
Die Praza da Ferrería bietet die wohl beste Auswahl an Cafés in der ganzen Stadt und ist so etwas wie ein Dreh- und Angelpunkt des sozialen Lebens in Pontevedra. Hier steht die **Igrexa de San Francisco** (⌚7.30–12.45 & 17.30–18.45 Uhr). Sie soll im 13. Jh. von Franz von Assisi gegründet worden sein, als er auf seiner Pilgerreise nach Santiago hier

Pontevedra

Pontevedra

Highlights
1 Edificio Sarmiento ...D2

Sehenswertes
2 Basílica de Santa María a Maior ...A1
3 Igrexa de San Francisco ...C3
4 Praza da Ferrería ...C3
5 Praza da Leña ...C2
6 Ruínas de San Domingos ...A3
7 Santuario da Virxe Peregrina ...C4
8 Sexto Edificio ...D2

Schlafen
9 Hotel Rúas ...C2
10 Parador Casa del Barón ...B1
11 Slow City Hostel ...A2

Essen
12 Casa Fidel O Pulpeiro ...B1
13 Loaira Xantar ...C2
Restaurante Rúas ...(siehe 9)

Shoppen
14 Mercado Municipal ...C1

vorbeikam – der Hauptportikus stammt noch von der ursprünglichen Kirche. Die auffällig gekrümmte Fassade des **Santuario da Virxe Peregrina** (Praza da Peregrina; 9–14 & 16–21 Uhr) ein wenig abseits von dem Platz kann man eigentlich nicht verfehlen, eine Laune des 18. Jhs. mit einem eindeutig portugiesischen Einschlag.

Schlafen

Hotel Rúas HOTEL €
(986 84 64 16; www.hotelruas.net; Rúa de Figueroa 35; EZ/DZ 34–44/44–62 €;) Nette Zimmer mit polierten Holzböden, schlichten Möbeln und großen, blitzenden Bädern (manche Duschen sind allerdings recht klein), einige mit hübschem Blick auf die Pla-

za. Für die zentrale Altstadt-Lage ein hervorragender Preis! Die Angestellten an der Rezeption sind sehr freundlich, es gibt ein gutes Restaurant und ein Café, das zu den beliebtesten Frühstückscafés der Stadt zählt.

Slow City Hostel HOSTEL €
(☎ 631 062896; www.slowcityhostelpontevedra.com; Rúa da Amargura 5; B/DZ 17,50/40 €; ⏲ Nov. geschl.; 📶) Ein gastfreundliches, weit gereistes Einheimischenpaar betreibt dieses Hostel. Die beiden haben den großen Schlafsaal mit sechs soliden, komfortablen Etagenbetten ausgestattet und vermieten außerdem zwei saubere Doppelzimmer ganz in Weiß. Ihre Unterkunft hat die perfekte Lage in der Altstadt und verfügt über eine nette Küche (Tee, Kaffee und Obst sind gratis). Eine super Adresse für alle Budgetreisenden – Pilger oder Nicht-Pilger.

Parador Casa del Barón HISTORISCHES HOTEL €€
(☎ 986 85 58 00; www.parador.es; Rúa do Barón 19; DZ 80–163 €; P ❄ 📶) Möbel im Antikstil, historische Kunst und ein zauberhafter kleiner Garten neben der Terrasse des Cafés und Restaurants sind die Highlights des eleganten renovierten Palasts aus dem 16. Jh. Die Zimmer sind unterschiedlich groß; die zur Straße hin bekommen zuweilen auch Lärm ab, wenn die Partymäuse am Wochenende nach Hause torkeln.

Essen

Casa Fidel O Pulpeiro FISCH & MEERESFRÜCHTE €
(Rúa de San Nicolás 7; raciones 6–14 €; ⏲ Do–Di 11–15 & 19–24 Uhr) Schon seit mehr als fünfzig Jahren bekommt man bei Fidel perfekt zubereiteten *pulpo á feira*, jenes absolut typische galicische Gericht mit Tintenfisch, der in feine Scheiben geschnitten und mit Paprika und Olivenöl angemacht wird. Am besten bestellt man *cachelos* dazu, gekochte Kartoffelscheiben. Darüber hinaus gibt's in der schlichten, blitzsauberen Casa mit den Kiefernholztischen und weißen Tischdecken aus Papier auch andere Krustentiere, *empanadas* und Omeletts.

Restaurante Rúas GALICISCH €€
(Rúa de Figueroa 35; Hauptgerichte 12–20 €; ⏲ 11–16 & 20–24 Uhr) Eine gute Wahl für leckere und schlichte Fleisch-, Fisch- und Meeresfrüchtegerichte, Salate und Eierspeisen. Es gibt Tische im Freien unter den Bögen der Praza da Leña und einen Speisesaal im Obergeschoss.

Loaira Xantar GALICISCH €€
(Praza da Leña 2; raciones 6–14 €; ⏲ 13.30–16 & 20.30–23.30 Uhr, So abends geschl.; 📶) Entweder genießt man die köstlich-kreativen galicischen Spezialitäten wie Garnelen- und Gemüse-Tempura oder Krabbenspinnen-Kroketten an Tischen auf der hübschen kleinen Plaza oder im Speisesaal im oberen Stockwerk. Das Schweinefleisch und der Fisch stammen von lokalen Erzeugern und es gibt verführerische Desserts und gute galicische Weine. Mittelgroße Portionen.

PRAIA A LANZADA

Tatsächlich ist die Gegend um O Grove und Sanxenxo – am Ende der Landzunge, die die Rías de Arousa und Ponteverdra voneinander trennt – im Sommer Galiciens Strandtourismushochburg. Die Städte sind nicht besonders hübsch, aber immerhin sind die Strände nett, wenn auch alles andere als menschenleer.

An der Westseite des niedrigen Isthmus verläuft die von Dünen geschützte **Praia A Lanzada** (P) 2,3 km bis O Grove. Der Strand, der schönste von ganz Galicien, ist verlockend natürlich, aber nicht gerade einsam, wie schon die riesigen Parkplätze beweisen.

Praktische Informationen

Turismo de Pontevedra (☎ 986 09 08 90; www.visit-pontevedra.gal; Praza da Verdura; ⏲ Juni–Okt. Mo–Sa 9.30–14 & 16.30–20.30, So 10–14 Uhr, sonst kürzere Öffnungszeiten) Die hilfreiche städtische Touristeninformation liegt sehr zentral.

Turismo Rías Baixas (☎ 886 21 17 00; http://turismoriasbaixas.com; Praza de Santa María; ⏲ Mitte Juni–Mitte Sept. Mo–Fr 9–21, Sa & So 10–14.30 & 16.30–21 Uhr, sonst kürzere Öffnungszeiten) Infos zur gesamten Provinz Pontevedra.

An- & Weiterreise

Der **Busbahnhof** (☎ 986 85 24 08; www.autobusespontevedra.com; Rúa da Estación) liegt 1,5 km südöstlich der Altstadt. Monbus fährt täglich mindestens 18-mal nach Vigo (2,50 €, 30 Min.) und mindestens 14-mal nach Santiago de Compostela (5,85 €, 1 Std.). Darüber hinaus werden auch Orte wie Sanxenxo, O Grove, Cambados, Padrón, Bueu, Tui, Ourense und Lugo angesteuert.

Am **Bahnhof** (Rúa Eduardo Pondal) von Pontevedra, vom Busbahnhof gesehen auf der anderen Seite vom Kreisverkehr, machen sich von 7 oder 8 Uhr an bis 22 oder 23 Uhr etwa stündlich Züge auf den Weg nach Santiago de Compostela (6,10–7,35 €, 35–60 Min.), A Coruña (14–16 €, 1–1¾ Std.) und Vigo (3,20–3,65 €, 15–30 Min.).

Ría de Pontevedra

Am oberen Ende der gleichnamigen *ría* liegt das kleine alte Pontevedra, eine der hübschesten Städte der Rías Baixas. Die Ufer der *ría* sind relativ dicht bebaut, zum Ende hin erstrecken sich dann einige brauchbare Strände. Während der Sommermonate bildet die Gegend um Sanxenxo am Nordufer zusammen mit dem ein Stück weiter nördlich gelegenen O Grove Galiciens Touristenhochburg.

Combarro

1270 EW.

Combarro befindet sich in der Nähe von Pontevedra am Nordufer der *ría*. Die Altstadt ist ganz besonders niedlich; auf der Durchreise kann man dort Halt machen, um etwas zu essen. Gleich am Wasser stehen mehrere *hórreos* (traditionelle Kornspeicher aus Stein) und Restaurants, dahinter erstreckt sich ein Netz aus krummen Gassen (ein paar wurden aus dem Felsenbett herausgehauen), die von *cruceiros* (typisch galicische Steinkruzifixe) flankiert werden. Im Hochsommer ist der Ort allerdings mitunter ziemlich überlaufen.

Essen

Bodega O Bocoi FISCH & MEERESFRÜCHTE **€€**

(☎ 986 77 11 42; Rúa do Mar 20; Gerichte 8–18 €, Reisgerichte für 2 Pers. 35–45 €) Es gibt wohl kein Restaurant, das besser darin ist, Meeresfrüchte zuzubereiten. Ob Oktopus, Schalentiere *a la plancha* (auf dem heißen Stein gegrillt) oder frittierter Fisch – im O Bocoi schmeckt alles ganz wunderbar, egal, was man bestellt. Große, frische Salate gibt es auch.

Man kann entweder in der Taverne mit ihren zwei kleinen gemauerten Räumen essen oder im hellen Speisesaal mit karierten Tischdecken und Blick auf die *ría*.

Illa de Ons

67 EW.

Wer dem städtischen Leben im Sommer entkommen möchte, setzt sich einfach in ein Boot und fährt zur autofreien Illa de Ons. Sie liegt an der Mündung der Ría de Pontevedra und ist Teil des Parque Nacional de las Islas Atlánticas de Galicia. Auf der 5,6 km langen Insel gibt's ein kleines Dorf, mehrere Sandstrände, Felsklippen, Ruinen, vier Wanderwege (Rundwege zwischen 1 und 8 km Länge) und sehr viele Vögel. Ruhig geht es hier aber selten zu: Bis zu 1800 Besucher sind auf der Insel erlaubt. Im Mai, Juni und September ist am wenigsten los.

Camping Isla de Ons ZELTPLATZ **€**

(☎ 986 44 16 78; www.campingisladeons.com; Stellplatz für 1 eigenes Zelt 7 €, Standardzelt für 2/4/6 Pers. 30/60/90 €, Superior-Zelt 70/100/120 €, Leihschlafsack oder Schlafmatte 5 €) Nach einer Generalüberholung wurde der Zeltplatz in Chan de Pólvora, ca. 600 m westlich vom Bootsanleger, 2016 wiedereröffnet. Auf dem Gelände ist Platz für mehr als 200 Personen; Zelte und Schlafutensilien können ausgeliehen werden. Glamping ist ebenfalls möglich – in luxuriöseren Zelten mit Betten nebst Bettwäsche auf einem Holzdeck. Zum Zeltplatz gehört ein Imbiss. Unbedingt reservieren.

Casa Acuña HOSTAL **€€**

(☎ 986 44 16 78; www.isladeons.net; DZ inkl. Frühstück 65–90 €, Apt. für 2 Pers./für 4 Pers. 90–110/120–160 €) Übernachtungsmöglichkeiten in hellen Zimmern oder Apartments (Reservierungen notwendig) im Dorf. Das Casa Acuña verfügt über 20 Zimmer und sechs Apartments; im Restaurant gibt's preisgekrönten *pulpo á feira*.

An- & Weiterreise

Im Sommer setzen drei Unternehmen von Sanxenxo und Portonovo an der nördlichen Seite der Ría de Pontevedra und von Bueu an der südlichen Seite der *ría* nach Ons über, Cruceros Rías Baixas (www.crucerosriasbaixas.com), Naviera Mar de Ons (www.mardeons.com) und Nabia Naviera (www.piratasdenabia.com). Von Anfang bis Ende Juni bieten sie am Wochenende Überfahrten an und dann bis Ende September täglich von Sanxenxo und/oder Portonovo (Juli bis August bis zu 12-mal täglich). Pro Strecke nimmt die Überfahrt 45 Minuten in Anspruch. Für Erwachsene kostet die Hin- und Rückfahrt zwischen 12 und 14 €, für Kinder 6 oder 7 €. Es bestehen auch Verbindungen von Bueu während der Semana Santa, an den Mai-Wochenenden und von Juni bis ungefähr Ende September täglich.

Ría de Vigo

Das hintere Ende des Nordufers der *ria* ist eine der am wenigsten bevölkerten und landschaftlich schönsten Gegenden der Rías Baixas. Hauptanziehungspunkt des friedlichen Dorfs Hío ist Galiciens berühmtester *cruceiro* (typisch galicisches Wegkreuz aus Stein), der **Cruceiro de Hío** (P).

Mehrere Sandstrände sind von Hío aus gut zu erreichen, darunter die 3 km nördlich gelegene **Praia Areabrava** (800 m lang).

★**Cabo de Home** GEGEND
(P) Vom kleinen Dorf Donón, 4 km westlich von Hío, erstreckt sich das windige und felsige Cabo de Home 2,5 km in Richtung Süden. Das Kap ist von Wanderpfaden und einigen befahrbaren Wegen durchzogen, es gibt drei Leuchttürme, ein paar Strände und einen wunderbaren Blick auf die Illas Cíes. Auf dem Gipfel des Monte Facho, nur einen 20-minütigen Fußweg den Berg hinauf, befindet sich das teilweise freigelegte keltische *castro* aus der Eisenzeit, das **Berobriga** (ein Teil des Wegs verläuft auf einem Steinweg aus der *castro*-Zeit).

Schlafen

Hotel Doade HOTEL €€
(986 32 83 02; www.hoteldoade.com; Rúa Baixada a Rioesteiro, Hío; DZ inkl. Frühstück 55–77 €; Nov. geschl.; P) Das freundliche und blitzsaubere Doade beherbergt acht gemütliche und geräumige Zimmer mit frischen weißen Bettlaken und Holzdecken. Im guten **Restaurant** (Hauptgerichte/Menü 10–28/10–20 €; Di–So 13–16.30 & 20.30–23.30 Uhr, Nov. geschl.) gibt's frischen Fisch und Meeresfrüchte aus der *ría*; der im Ofen gebackene Fisch ist die Spezialität des Hauses.

Vigo

293 000 EW.

Je nach Blickwinkel ist Vigo entweder eine historische Kulturstadt oder ein düsterer Industriehafen. Der Ort beherbergt Europas größte Fischereiflotte und ist ein wichtiges

GALICISCHE WEINE

Nichts mundet besser zu galicischem Essen als regionale Weine, die alle ihren eigenen Charakter haben. Am bekanntesten sind die fruchtigen Weine aus der Rebsorte Albariño, die mehr als 90 % der Weine in den Rías Baixas Denominación de Origen (DO) ausmachen. Das Gebiet dieser Herkunftsbezeichnung erstreckt sich in der Nähe der galicischen Südwestküste und am unteren Río Miño entlang. Nach Meinung von Kennern sind aufgrund der zunehmenden Beliebtheit der Albariño-Traube die Weine in den vergangenen Jahrzehnten zu süß und fruchtig geworden. Ein guter traditioneller Albariño sollte das Aroma grüner Äpfel und einen leicht säuerlichen Geschmack haben.

Vom Erfolg des Albariño beflügelt, bauen Winzer nun auch in anderen Teilen Galiciens sogar noch bessere Weine an, expandieren und modernisieren. Viele der besten Rotweine werden aus der heimischen Mencía-Traube gewonnen. Die Winzer greifen zudem wieder auf galicische Sorten wie z. B. die weiße Godello-Rebe und die roten Brancellao- und Merenzao-Trauben zurück, die durch die Reblausplage im 19. Jh. fast verschwunden waren. Galicier bestellen Wein häufig nur anhand der Rebsorte: *„un mencía"* oder *„un albariño"* ...

Weitere Anbaugebiete in Galicien:

Ribeiro In der Region Ribadavia in Südgalicien werden gute Weißweine produziert, meist aus der Treixadura-Traube.

Ribeira Sacra Der Südosten bringt reichhaltige Rotweine aus der Mencía-Traube hervor, einige von ihnen gedeihen in den unglaublich steilen Hügeln über dem Río Sil.

Monterrei Im Monterrei, dem wärmsten und trockensten Teil von Südostgalicien an der Grenze zu Portugal, werden Rot- und Weißweine angebaut. Crego e Monaguillo produziert bekömmliche Mencía-Rotweine und fruchtige Godello-Weißweine.

Valdeorras Aus diesem südöstlichen Anbaugebiet an der Grenze zu Kastilien-León stammen u. a. Godello-Weißweine und Rotweine aus der Mencía- und der Brancellao-Traube.

Handelszentrum in Nordspanien. Besucher können im Stadtkern zu Fuß spannende Ecken und Winkel entdecken; außerdem ist die Stadt das Tor zu den wunderschönen Illas Cíes. Ganz davon abgesehen ist Vigo eine freundliche, stolze Stadt, deren Einwohner wissen, wie man das Leben genießt – ganz besonders nach Einbruch der Dämmerung. Dann sind die Tapas-Bars, Restaurants und Clubs der Stadt voller Menschen.

Vom Kreuzfahrtschiffanleger aus hügelaufwärts erstreckt sich die *casco vello* (Altstadt). Das Herz der Neustadt liegt östlich, und ihr Zentrum bildet die grüne parkähnliche Praza de Compostela.

Sehenswertes

Das Herz der faszinierenden, verwinkelten **Altstadt** ist die elegante **Praza da Constitución**, ein perfekter Ort für ein Getränk. Wenn man die von Korbwarengeschäften gesäumte **Rúa dos Cesteiros** hinunterläuft, gelangt man zur **Concatedral de Santa María** (Praza da Igrexa; Mo–Sa 18–20 Uhr), der Hauptkirche im *casco vello*. Gleich unterhalb verläuft die Rúa Pescadería (S. 636), die bekannt ist für ihre Austernhändler.

Parque do Castro PARK

( ) Wer von der Altstadt in Richtung Süden (und den Hügel hinauf) geht, kann durch diesen grünen Park mit seinen fast 100 Kamelien spazieren – ein wahrhaft magischer Ort, wenn die Sonne hinter den Illas Cíes im Meer verschwindet! Man kann das teilweise wieder aufgebaute **Castro de Vigo** (986 81 02 60; Parque do Castro;) GRATIS aus dem 3. Jh. v. Chr. besichtigen und einen Blick auf das **Castelo do Castro** werfen. Es war Teil der Verteidigungsanlagen Vigos und wurde unter Felipe IV. im 17. Jh. erbaut.

Museo de Arte Contemporánea de Vigo MUSEUM

(Marco; www.marcovigo.com; Rúa do Príncipe 54; Di–Sa 11–14.30 & 17–21, So 11–14.30 Uhr) GRATIS Gleich mehrere Museen und Galerien beweisen, dass Vigo eine Art Forum moderner Kunst ist. Das Beste ist das Museum für Zeitgenössische Kunst, seine zum Nachdenken anregenden Ausstellungen umfassen Gemälde und Skulpturen ebenso wie Mode und Design.

Praia de Samil STRAND

( ) Südwestlich der Stadt erstrecken sich mehrere lange Sandstrände. Besonders schön ist die 1,2 km lange Praia de Samil, die ca. 5 km vom Zentrum entfernt beginnt (mehrere Busse fahren von dort aus zum Strand). An ihrer Rückseite verläuft eine lange Promenade, von der man einen herrlichen Blick auf die Illas Cíes hat.

Schlafen

Hotel Compostela HOTEL €

(986 22 82 27; www.hcompostela.com; Rúa García Olloqui 5; EZ/DZ 44–82/48–82 €;) Seine recht gemütlichen, blitzsauberen und ausreichend großen Zimmer machen das Hotel in der Nähe der Praza de Compostela zu einer tadellosen Unterkunft. Im hauseigenen Café kann man gut frühstücken.

Hotel América HOTEL €€

(986 43 89 22; http://hotelamerica-vigo.com; Rúa de Pablo Morillo 6; EZ/DZ inkl. Frühstück 70–110/85–120 €;) Gut ausgestattete, geräumige Zimmer mit geschmackvoller moderner Kunst und elegant gedämpften Farben warten in diesem Drei-Sterne-Hotel. Darüber hinaus besticht es durch freundlichen, effizienten Service und seine ruhige Lage in einer Seitenstraße nahe dem Hafen. Fast alle der 47 Zimmer liegen nach außen. Das großzügige und ausgezeichnete Frühstücksbüfett wird im Sommer auf der Dachterrasse serviert.

★ **Gran Hotel Nagari** LUXUSHOTEL €€€

(986 21 11 11; www.granhotelnagari.com; Praza de Compostela 21; DZ 105–230 €, inkl. Frühstücksbüfett & Spa 140–275 €;) Im luxuriösen Nagari, das erstklassiges modernes Design und ausgezeichneten Service vereint, herrscht eine herzliche, persönliche Atmosphäre. Die wunderschönen Zimmer in Silber-, Gold- und Grautönen und mit dunklem Holz warten mit wechselnder Beleuchtung per Fernbedienung, Duschen mit riesigen Brauseköpfen (Farbe ebenfalls veränderbar), Hightech-Kaffeemaschinen und großen Smart-TVs auf. Zudem gibt's einen beheizten Whirlpool auf dem Dach mit tollem Ausblick sowie ein Restaurant und eine Weinbar im Erdgeschoss.

Essen

Überall im Zentrum und auch darüber hinaus findet man gute Restaurants, Tapas-Bars und Cafés. Sehr viel Auswahl bieten auch die schmalen Altstadtgassen, insbesondere die Gegend um die Praza da Constitución und die Praza de Compostela.

ABSTECHER

ILLAS CÍES

Diese drei spektakulären Inseln mit einigen der schönsten Strände Galiciens sind 14 km von Vigo entfernt und mit der Fähre in 45 Minuten zu erreichen. Der schmale Archipel bildet einen 6 km langen natürlichen Wellenbrecher, der die Ría de Vigo vor der Wucht des Atlantiks schützt, und ist die Hauptattraktion des **Parque Nacional de las Islas Atlánticas de Galicia** (Nationalpark Galicische Atlantikinseln; www.iatlanticas.es).

Man kann auf den Inseln wunderbar an unberührten Sandstränden liegen, so am FKK-Strand Praia das Figueiras oder an der 1 km langen sichelförmigen Bucht **Praia das Rodas**, hinter der sich eine Lagune erstreckt. Die Inseln bieten sich auch wunderbar für Wanderungen und Entdeckungen an. Pfade wie der 7, 4 km lange Rundweg **Ruta Monte Faro** führen zu spektakulären hoch gelegenen Aussichtspunkten. Die Küsten im Osten verlaufen relativ sanft, die westlichen Seiten dagegen fallen in steilen Klippen ab.

Die Inseln sind autofrei und ihre Landschaften fast unberührt, allein ist man jedoch nie. Bis zu 2000 Besucher dürfen gleichzeitig auf die Inseln und diese Obergrenze wird im Juli und August auch oft erreicht.

Übernachten kann man nur auf dem Zeltplatz **Camping Islas Cíes** (986 438 358; www.campingislascies.com; Erw./Kind/Zelt 8,90/6,70/8,90 €, 2-/4-Pers.-Zelt & Bett Leihgebühr pro Nacht 52/79 €; Semana Santa, Ende März–Ende Sept.). Er verfügt über ein Restaurant und einen Supermarkt und bietet Platz für 800 Personen. Im August ist oft jedes Fleckchen belegt. Man muss mindestens zwei Nächte bleiben, wenn man eines der Zelte mieten möchte.

Reservierungen sind online oder direkt im **Campingplatzbüro** (986 43 83 58; Estación Marítima de Ría, Vigo; 8.30 –13.30 & 15.30–19.30 Uhr) möglich. Wer online bucht, zeigt den Ausdruck mit der Reservierung im Campingplatzbüro in Vigo vor, sofern das Boot zur Insel dort abfährt, sonst an Bord der Fähre ab Cangas oder Bueu.

An-und Weiterreise

Ausflugsboote zu den Cíes-Inseln (Juli und August hin und zurück Erw./Kind 18,50/6 €, übriges Jahr 16 €/frei) fahren in der Regel nur in der Semana Santa (Karwoche), an Wochenenden und Feiertagen im Mai, täglich von Juni bis Ende September und an den ersten beiden Oktoberwochenenden. Die meisten Boote legen in Vigo ab, einige aber auch in Cangas und Baiona. Mindestens vier Unternehmen pendeln zu den Inseln. Reservieren (immer ratsam) kann man in der Regel online, telefonisch (mit Kreditkarte) oder an den Abfahrtshäfen.

Naviera Mar de Ons (986 22 52 72; www.mardeons.es) unternimmt täglich mindestens vier Fahrten (im Juli und August sind es zehn) von Vigos **Estación Marítima de Ría** (Fährhafen; Rúa Cánovas del Castillo 3), vier oder mehr von Cangas und vier oder mehr von Baiona. **Nabia Naviera** (986 32 00 48; www.piratasdenabia.com) bietet mindestens fünf Fahrten täglich ab Vigo, drei bis vier ab Cangas und vier (Juli bis Mitte September) ab Baiona; **Cruceros Rías Baixas** (678 491922; http://cruceros riasbaixas.com) verkehrt von Juli bis Mitte September dreimal täglich ab Vigo und **Tours Rías Baixas** (680 733990; www.toursriasbaixas.com) viermal täglich (nur Juli und August) ab Baiona.

Rúa Pescadería FISCH & MEERESFRÜCHTE €
(Rúa das Ostras; 12 Austern 12–15 €) In der kurzen Rúa Pescadería im unteren Teil der Altstadt drängen sich die Menschen, um frische Meeresfrüchte zu essen. Von etwa 10 bis 16 Uhr (im Winter manchmal kürzere Öffnungszeiten) verkaufen die *ostreras* (Stände) Austern – damit kann man sich in eines der Restaurants setzen und sie mit einem Getränk verzehren. Austern und Albariño-Wein sind übrigens traditionell das sonntägliche Katerfrühstück in Vigo.

Othilio Bar GALICISCH €€
(986 19 00 17; Rúa Luis Taboada 9; Hauptgerichte 10–19 €, Mo–Fr Mittagsmenü 12,50 €; Mo–Fr 13.30–15.30 & 20–23, Sa 12–16 & 20–24 Uhr) Der freundliche Service des rührigen Personals trägt zum Genuss der ausge-

zeichneten Fisch-, Fleisch- und Schalentiergerichte (sowie Desserts) bei. Das Essen ist modern galicisch – Rindertartar oder gedünsteter Seehecht mit Kokosmilch – und das Interieur folgt einer klaren Linie (helle Holzmöbel und freigelegte Steinwände). Da das Restaurant sehr beliebt ist, sollte man im Voraus reservieren oder früh herkommen.

Follas Novas GALICISCH €€
(☎ 986 22 93 06; Rúa de Serafín Avendaño 10; Hauptgerichte 12–19 €; ⌚ Mo–Sa 13–15.45 & 20–23.45 Uhr) Für die sensationell gute Küche dieses kleinen, unprätentiösen Restaurants lohnen sich die 400 m östlich von der Praza de Compostela. Man sollte aber besser vorher reservieren, denn die Tische sind heiß begehrt und schnell besetzt. Die aufmerksamen, freundlichen Kellner runden dieses kulinarische Erlebnis aus hochwertigen, frischen Zutaten ab.

Als Vorspeise empfehlen sich gegrillte Schalentiere, Oktopus oder *saquitos rellenos* (eine Kombination aus Schweinefilet, Lauch und Pilzen in einer Art Pfannkuchentasche), und danach eines der perfekten Fisch- oder *ternera* (Rindfleisch)-Gerichte.

Ausgehen & Nachtleben

Nett für eine Runde Getränke am frühen Abend sind die Bars rund um die Praza da Constitución in der Altstadt und die Praza de Compostela. Ab ca. 23 Uhr erwachen dann die Musikkneipen und Bars entlang der Rúa de Areal und der Rúa Rosalía de Castro weiter östlich zum Leben.

Der Bezirk Churruca ca. 1 km südöstlich der Altstadt ist das alternative Ausgehviertel Vigos und Epizentrum des studentischen Nachtlebens. Hier befinden sich zwei der besten kleinen Clubs für Rock- und Indie-Musik in ganz Nordspanien: **La Iguana Club** (www.facebook.com/laiguanaclub; Rúa de Churruca 14; ⌚ Di–Sa 24–5 Uhr, bei Live-Konzerten frühere Öffnungszeiten) und **La Fábrica de Chocolate Club** (http://fabricadechocolateclub.com; Rúa Rogelio Abalde 22; ⌚ Di–Sa 24–4.30 Uhr, bei Live-Konzerten frühere Öffnungszeiten). In beiden Clubs finden jede Woche zwei bis drei Konzerte statt.

Praktische Informationen

Oficina de Turismo de Vigo (☎ 986 22 47 57; www.turismodevigo.org; Estación Marítima de Ría, Rúa Cánovas del Castillo 3; ⌚ 10–17 Uhr) Hilfreiche Touristeninformation im Fährterminal.

An- & Weiterreise

BUS

Der **Busbahnhof** (☎ 986 37 34 11; Avenida de Madrid 57) liegt 2 km südöstlich der Altstadt. **Monbus** (www.monbus.es) steuert mehrmals täglich alle größeren Städte in Galicien an, darunter Pontevedra (2,50 €, 30–60 Min.), Santiago de Compostela (8 €, 1½ Std.) und Ourense (6,55 €, 1½ Std.) **ATSA** (www.auto movilesdetuy.es) steuert Baiona, A Guarda und Tui an. **Avanza** (www.avanzabus.com) fährt mindestens viermal täglich nach/ab Madrid (41–44 €, 7¼–9 Std.). **Autna** (www.autna.com) nimmt mindestens zweimal pro Tag Kurs auf Porto (Portugal, 12 €, 2½ Std.). Dort hat man dann Anschlussmöglichkeiten nach Lissabon.

FLUGZEUG

Der **Flughafen Peinador** (☎ 986 26 82 00; www.aena.es), liegt 9 km östlich vom Zentrum Vigos. Es bestehen Direktverbindungen nach/ab Madrid (Iberia und Air Europa), Barcelona (Vueling und Ryanair), Bilbao (Iberia), Málaga (Air Europa), Dublin (Ryanair) und Bologna (Ryanair). Ryanair bietet je nach Jahreszeit auch Flüge nach/ab Edinburgh, Dublin, Mailand (Bergamo) und Bologna an.

ZUG

Vigo hat zwei Bahnhöfe. Hochgeschwindigkeitszüge (mindestens 10-mal täglich) fahren nach/ab Pontevedra (3,65 €, 15 Min.), Santiago de Compostela (11 €, 50–60 Min.) und A Coruña (18 €, 1½ Std.) vom Bahnhof **Vigo-Urzáiz** (Praza da Estación), 1 km südöstlich der Altstadt. Vom Bahnhof **Vigo-Guixar** (Rúa Areal), 1 km östlich der Altstadt, fahren mindestens fünf langsamere und etwas günstigere Züge in dieselben Städte und nach Ourense (12 bis 23 €, 1½–2 Std., mind. 8-mal tgl.), Porto (Portugal, 15 €, 2½ Std. 2-mal tgl.) sowie in andere Städte wie Ribadavia, Tui, Valença (Portugal), A Coruña, León und Madrid.

Unterwegs vor Ort

Vitrasa (☎ 986 29 16 00; www.vitrasa.es) betreibt die Stadtbusse (1,33 € pro Fahrt). Bus C9A pendelt zwischen der zentralen Rúa Policarpo Sanz und dem Flughafen. Die Linie C2 (zur/von der Porta do Sol) verbindet den Busbahnhof und den Bahnhof Vigo-Guixar mit dem Zentrum. Bus 4C legt die Strecke zwischen Busbahnhof und Rúa Policarpo Sanz zurück.

GALICIENS SÜDWESTEN

Galiciens Südwesten beherbergt drei Städte, die sich bei einer Rundfahrt durch die Region oder auf dem Weg von/nach Portugal für nette Zwischenstopps eignen, der hübsche Fischerort A Guarda, das am Flussufer gelegene Tui mit eigener Kathedrale und der historische Hafen- und Ferienort Baiona. Die ersten beiden liegen am Río Miño, der Galicien von Portugal trennt, und sind besonders hübsch.

Baiona

2780 EW.

(Kastilisch: Bayona) Im beliebten Urlaubsort Baiona (auf Kastilisch „Bayona") wurde ein kleines Stück Geschichte geschrieben: Ein wichtiges Datum für die Stadt war der 1. Mai 1493, als Christoph Kolumbus' Pinta den Hafen erreichte und die Nachricht von der Entdeckung des Seewegs nach Indien überbrachte (tatsächlich handelte es sich um die Westindischen Inseln). Damals war Baiona ein wichtiger Handelshafen, mit dem Aufstieg Vigos gelangte die Stadt jedoch ins Hintertreffen. An die ehemalige Bedeutung Baionas erinnern die starken Befestigungsmauern, Türme und Geschützbatterien auf der Landzunge Monte Boi.

Ein einladendes Gassengewirr sowie Häuser und Kapellen des 16. und 17. Jhs. prägen den **casco histórico** (Altstadt), hinter der Rúa Elduayen am Hafenufer. 4 km östlich der Stadt erstreckt sich bei Nigrán der herrliche Strand **Praia América**.

Fortaleza de Monterreal FESTUNG

(Ende Juni–Mitte Sept. Fußgänger/Pkw 1/5 €, sonst frei; ⏲ Juli & Aug. 10–22 Uhr, Sept.–Juni 10–19 Uhr; P) Nicht zu übersehen ist das von Pinien bestandene Kap **Monte Boi**, dominiert von den Mauern der Fortaleza de Monterreal. Die Wehranlage mit 3 km langem Mauerring, der immer noch steht, in dessen Innerem sich aber nicht mehr viel Altes befindet, wurde zwischen dem 11. und 17. Jh. errichtet. Der nette Rundgang auf der Mauer mit Blick auf die Felsenküste und ein paar kleine Sandstreifen dauert 40 Minuten.

Auf dem Gelände gibt's mittlerweile ein luxuriöses Hotel, das **Parador de Baiona** (☎ 986 35 50 00; www.parador.es; Monterreal; EZ/DZ inkl. Frühstück 111–280/127–339 €; P ❄ 📶 🏊). Auf der Terrasse des Cafés kann man etwas trinken und hat eine tolle Aussicht über die Bucht.

ℹ Praktische Informationen

In der hilfreichen **Touristeninformation** (☎ 986 68 70 67; www.turismodebaiona.com; Paseo da Ribeira; ⏲ Mitte Mai–Mitte Sept. 10–14 & 16–21 Uhr, sonst kürzere Öffnungszeiten) am Zugang zum Kap Monte Boi bekommt man Karten und vieles mehr.

ℹ An- & Weiterreise

Busse von ATSA (www.automovilesdetuy.es) fahren bis 21 Uhr alle 30 oder 60 Minuten von/nach Vigo (2,55 €, 45 Min.). Ein paar andere steuern A Guarda im Süden an (3,25 €, 45 Min.). Sie halten an der Hafenuferstraße Rúa Elduayen.

A Guarda

6050 EW.

A Guarda (Kastilisch: La Guardia) liegt nördlich der Mündung des Río Miño in den Atlantik. Die Stadt hat einen schönen Fischereihafen, sehr gute Fischrestaurants, ein hübsches Hotel in einem ehemaligen Kloster und eine hübsche, wenn auch kleine *casco antiguo* (Altstadt) mit Steinhäusern um die Praza do Reló herum. Das eigentliche Highlight ist aber der Hügel Monte de Santa Trega (S. 563), der sich gleich vor den Toren A Guardas erhebt. Sein Gipfel kann zu Fuß oder mit dem Wagen erstürmt werden; oben lockt eine malerische Aussicht. Ein anderer schöner Spaziergang führt vom Hafen aus entlang der Küste 3 km nach Süden zum Mündungsgebiet des Miño. Der Camino Portugués de la Costa, eine Variante des Pilgerwegs Camino Portugués nach Santiago de Compostela, führt hier durch. A Guarda ist ein unentdecktes Juwel und bietet sich wunderbar für einen ein- oder zweitägigen Aufenthalt an.

Sehenswertes

★ **Monte de Santa Trega** HÜGEL

Erw./Kind im Pkw Feb.–Dez. Di–So 1/0,50 €, Mo & Jan. frei; P 👪) A Guardas wichtigste Attraktion ist der 341 m hohe Monte de Santa Trega. Sein Gipfel ist mit dem Fahrzeug (4 km) oder über einen Wanderweg (2 km über den PRG122) zugänglich. Dabei geht's am teilweise restaurierten eisenzeitlichen Castro de Santa Tegra vorbei. Oben warten eine Kapelle aus dem 16. Jh., ein recht interessantes kleines **archäologisches Museum** (⏲ Juli & Aug. 9–21 Uhr, April–Juni & Sept. 10–20 Uhr, März & Okt. 10–19 Uhr, 2. Hälfte Feb. & Nov.–Dez. 11–17 Uhr; P) GRATIS zur *castro*-Kultur und ein paar Cafés. Trotz Touristenbussen und Souvenirständen lohnt sich der Besuch – vor allem wegen des beeindruckenden Panoramablicks auf den Miño, hinüber nach Portugal und zum Atlantik.

Castelo de Santa Cruz FESTUNG
(Avenida de Santo Domingo de Guzmán; ⌚ April–Sept. 10–21 Uhr, Okt.–März 10–18 Uhr; P 👪) GRATIS Eine sehenswerte Festung mit vier Eckbastionen, die wie Pfeilspitzen geformt sind. Ihre Aufgabe war es, A Guarda im 17. Jh. gegen die Portugiesen zu verteidigen.

Schlafen & Essen

A Guarda ist berühmt für seine Meeresfrüchte, besonders für *arroz con bogavante* (Reis mit Europäischem Hummer). Am Fischereihafen gibt's ein Dutzend Meeresfrüchterestaurants.

★ **Hotel Convento de San Benito** HISTORISCHES HOTEL €€
(☎ 986 61 11 66; www.hotelsanbenito.es; Praza de San Bieito; EZ/DZ 48–61/51–99 €; ⌚ Mitte Dez–Anfang Jan. geschl.; P ❄ 📶) In einem Kloster aus dem 16. Jh. in der Nähe des Hafens befindet sich dieser Leckerbissen von einem Hotel. Es verfügt über 33 elegante, individuell gestaltete Zimmer – romantisch, komfortabel und sehr gepflegt. Die komplette Anlage erinnert an eine Art Minimuseum mit all den faszinierenden Antiquitäten, Gemälden, Büchern und Manuskripten.

Das Frühstück für 7,50 € ist ein toller Start in den Tag und die Karaffe mit Portwein im Aufenthaltsbereich ein toller Abschluss am Abend!

Casa Chupa Ovos FISCH & MEERESFRÜCHTE €€
(☎ 986 61 10 15; Rúa La Roda 24; Hauptgerichte & raciones 7–19 €; ⌚ Do–Di 13.45–16 & 20.30–23.30 Uhr) Von der Hafenstraße Rúa do Porto führen ein paar Stufen zur Casa Chupa Ovos hinauf. Das Restaurant hat zwar keinen Meerblick, aber Einheimische und Touristen lieben es dennoch, denn die frischen Meeresfrüchte werden fachmännisch zubereitet, der Service ist flink und freundlich, die Atmosphäre ist super und es gibt leckeren Wein.

An- & Weiterreise

ATSA-Busse (www.automovilesdetuy.es) fahren bis 19 Uhr alle 30 bis 90 Minuten meist via Tui nach/ab Vigo (6,05 €, 80 Min.), am Wochenende seltener. Zwei oder drei Verbindungen pro Tag nehmen die Route über Baiona. Die Busse halten an der Hauptstraße, die durchs Zentrum führt (Avenida de Galicia).

Ein **Fährboot** (☎ 986 61 15 26, Portugal 258 092 564; www.cm-caminha.pt; Pkw/Motorrad/Fahrrad inkl. Fahrer 3/2/1 €, Pkw-Insasse/Fußgänger 1 €; ⌚ Di–Fr 10.30–13.30 & 15.30–20.15., Sa & So ab 11.30 Uhr stdl.) setzt von Camposancos, 2 km südlich von A Guarda, über den Miño nach Caminha, Portugal, über. Fahrzeiten können je nach Ebbe und Flut oder Jahreszeit variieren. A Guardas **Touristeninformation** (☎ 986 61 45 46; www.turismoaguarda.es; Praza do Reló; ⌚ Mo–Fr 9–14 Uhr) veröffentlicht den aktuellen Fahrplan auf der Website. Die nächste Brücke liegt 13 km den Fluss hinauf in der Nähe von Goián.

Tui

6125 EW.

Über dem majestätischen Río Miño thront 25 km im Inland die Grenzstadt Tui (auf Kastilisch „Tuy"). Mit ihrer lebendigen Café-Szene, dem kompakten mittelalterlichen Stadtkern und der wunderschönen Kathedrale zieht sie viele portugiesische und spanische Tagesausflügler an. Es lohnt sich, einen Spaziergang durch die Altstadt und runter zum Paseo Fluvial zu unternehmen; Letzterer, ein Pfad am Flussufer, führt 1 km am Miño entlang und fast bis zur **Puente Internacional** (Internationale Brücke) aus dem 19. Jh., die zwei Ebenen hat (oben fährt die Eisenbahn, unten der normale Straßenverkehr) und am südwestlichen Ende der Stadt liegt. Die Brücke führt über den Miño. Auf der anderen Seite liegt das ähnlich hübsche portugiesische Valença.

Sehenswertes

★ **Catedral de Santa Maria** KATHEDRALE
(www.catedraldetui.com; Erw./Sen./Stud./Kind 4/3,50/3 €/frei; ⌚ Juli–Mitte Sept. 10.45–20 Uhr, Mitte Sept.–Juni 10.45–14 & 16–19 Uhr) An der Praza de San Fernando liegt das Highlight der Altstadt, die burgartige Catedral de Santa Maria. Ihr Bau wurde im 12. Jh. begonnen; fast die gesamte Konstruktion ist romanisch, das kunstvolle Hauptportal allerdings ist eines der frühesten Werke gotischer Bildhauerei auf der Iberischen Halbinsel. Der Eintrittspreis für das zauberhafte gotische Kloster und das Hauptschiff sowie die Kapellen lohnt sich; ein Audioguide ist im Preis inbegriffen.

Schlafen & Essen

Ideas Peregrinas HOSTEL €
(☎ 986 07 63 30; www.ideas-peregrinas.com; Rúa Porta da Pía 1; B/Zi. 13–15/35–55 €; 📶) Das familiengeführte saubere und einladende Hostel im Herzen der Altstadt ist ein Segen für Wanderer des Camino Portugués, aber auch für alle anderen. Weiße Farbe und helles Holz

dominieren in den Räumen und es gibt Zimmer (einige mit eigenem Bad) sowie Schlafsäle für bis zu vier Personen mit soliden Etagenbetten aus Holz. Die Besitzer betreiben auch noch ein sehr hübsches **Café** (Stückpreis 3–11 €; ⏱7–22 Uhr; 📶) im Erdgeschoss.

Hotel A Torre do Xudeu HISTORISCHES HOTEL €€
(☎ 986 60 35 35; www.atorredoxudeu.es; Rúa Tide 3; Zi. inkl. Frühstück 60–75 €; ⏱ Mitte Dez.–Feb. geschl.; P 📶) Der „Judenturm", ein wunderbar stimmungsvolles Herrenhaus von 1746, hat dicke Steinwände, einen hübschen Garten und sechs schöne Zimmer. Sie sind eher formell ausgestattet, jedoch mit großen Bädern und manche mit Blick über den Miño nach Portugal. Die kostenlosen Parkplätze sind ein tolles Extra.

O Novo Cabalo Furado GALICISCH €€
(Praza do Concello; Hauptgerichte 11–23 €, Meeresfrüchtevorspeisen 6–15 €, menú del día 14 €; ⏱13–15.30 & 20.30–23 Uhr, Juli–Aug. So geschl.) Nur ein paar Häuser von der Kathedrale entfernt, kommen in diesem beliebten Restaurant tolle Fisch- sowie Schalentiergerichte und große Portionen Lammkoteletts auf den Tisch. Es gehört zum *hostal* Novo Cabalo Furado, das ganz in der Nähe liegt.

ℹ Praktische Informationen

Oficina Municipal de Turismo (☎ 677 418405; www.concellotui.org; Praza de San Fernando; ⏱ April–Sept. 8–21 Uhr, Okt.–März kürzere Öffnungszeiten) Hilfreiches Büro vor der Kathedrale.

ℹ An- & Weiterreise

ATSA-Busse (www.automovilesdetuy.es) nach Vigo (3,30 €, 40 Min.) und A Guarda (3,25 €, 40 Min.) fahren bis ungefähr 19.45 Uhr alle 30 bis 60 Minuten (am Wochenende seltener) und halten auf dem Paseo de Calvo Sotelo, vorm Hostal Generosa.Vom Bahnhof Tui, 1 km nördlich des Stadtzentrums, starten täglich zwei Züge nach Vigo (4 €, 45 Min.) und Valença (Portugal; 2,15 €, 10 Min.).

GALICIENS OSTEN

Obwohl Ostgalicien im Schatten der herrlichen Küste und der bekannteren Attraktionen wie Santiago de Compostela steht, ist die Gegend mit ihren verlockenden Provinzstädten, hübschen Landschaften, Weinanbaugebieten und altmodischen ländlichen Enklaven eine echte Fundgrube – ein perfektes Ziel für Traveller, die gern ihre eigenen Juwelen ausgraben.

Ourense

98 900 EW.

Galiciens drittgrößte Stadt betört mit einer herausgeputzten labyrinthartigen Altstadt, einer lebhaften Tapas-Szene und verlockenden Thermen am Flussufer. Ourense (auf Kastilisch „Orense") etablierte sich im 11. Jh. als kastilisches Handelszentrum. Der breite Río Miño fließt in ostwestlicher Richtung durch den Ort und passiert viele Brücken, darunter die elegante, zur Hälfte romanische und zur Hälfte mittelalterliche Ponte Vella („Alte Brücke") aus Stein und eine hohe Konstruktion aus Beton und Metall, die Ponte do Milenio („Millennium-Brücke"), die 2001 eingeweiht wurde. Das Stadtzentrum mit der kompakten Altstadt liegt südlich des Flusses.

Sehenswertes

Die Altstadt ist ein Gewirr aus engen Gässchen und kleinen Plätzen, das zu netten Streifzügen einlädt. Ihr Herz ist die Catedral de San Martiño aus dem 12. Jh. Wenn man auf den gepflasterten, beinahe autofreien Straßen, zwischen Steinhäusern und Bogengängen aus Stein unterwegs ist, kann man kaum glauben, dass man sich im 21. Jh. befindet. Der größte Platz ist die abschüssige **Praza Maior**. Sie wird von alten Steinbauten mit Arkaden eingefasst, in denen sich Cafés angesiedelt haben. Am unteren Ende des Platzes fällt die klassische Fassade des **Casa do Concello** (Rathaus) ins Auge.

Catedral de San Martiño KATHEDRALE
(www.catedralourense.com; Rúa de Juan de Austria; Erw./Kind/Stud./Pilger/Sen. inkl Audioguide 5/2/3/3,50/4,50 €; ⏱ Mo–Sa 11.30–14.30 & 16–18.30, So 13–15 & 16–18.30 Uhr) GRATIS Kunstvolles Highlight der romanisch-gotischen, hauptsächlich im 12. und 13. Jh. erbauten Kathedrale von Ourense ist die vergoldete Kapelle Santo Cristo am nördlichen Eingang. Am westlichen Ende befindet sich der Pórtico do Paraíso, eine nicht ganz so beeindruckende, aber farbenfrohe gotische Kopie von Santiago de Compostelas Pórtico de la Gloria.

Schlafen

Grelo Hostel HOSTEL €
(☎ 988 61 45 64; www.grelohostel.com; Rúa Pena Trevinca 40; B inkl. Frühstück Pilger/andere

THERMALQUELLEN IN OURENSE

Ourenses einstiger Daseinszweck waren seine heißen Quellen, und auch heute noch kann jeder in den schön modernisierten Thermen (http://termalismo.ourense.es) ein Heilbad nehmen, selbst im Winter. Vier große kostenlose Thermalbecken unter freiem Himmel und zwei privat geführte, zum Teil überdachte Becken liegen auf einem 4 km langen Streifen am Nordufer des Miño in wunderschöner Landschaft.

Jedes der Becken ist zu Fuß erreichbar, aber man kann sich auch vom kleinen Zug **Tren das Termas** (www.urbanosdeourense.es; einfache Strecke 0,85 €; ⏲10–13 & 16–20 Uhr stdl., Okt.–Mai seltener) dorthin fahren lassen, der von der Praza Maior alle Becken am Ufer ansteuert. Unbedingt Badesachen, ein Handtuch und Flip-Flops (Badeschuhe) mitnehmen und daran denken, dass das Wasser sehr heiß (ca. 40 °C) und mineralhaltig ist; man sollte also nicht länger als zehn Minuten ohne Pause darin verweilen.

Von den privat betriebenen Thermen liegt die – teils überdachte, teils unter freiem Himmel – **Estación Termal de A Chavasqueira** (www.termaschavasqueira.com; Rúa Feira Nova; 4 €; ⏲Di–So 9–23.30 Uhr oder länger) dem Zentrum am nächsten (20 bis 30 Gehminuten). Sie hat vier warme Becken und eins mit kaltem Wasser, zwei Saunen, ein Café sowie ein Massageangebot.

Direkt am Fluss befindet sich die der Stadt am nächsten gelegene kostenlose Therme unter freiem Himmel, die **Termas de A Chavasqueira** (⏲10–19 oder 20 Uhr). In 20 bis 30 Minuten erreicht man sie zu Fuß von der Altstadt aus.

Die vier recht großen Thermalbecken (bis zu 15 m lang) von **Termas de Muiño da Vega** (⏲10–19 oder 20 Uhr) zählen zu den schönsten kostenlosen Freiluftthermen in Ourense. Sie befinden sich auf einem hübschen Terrain am Miño mit viel Grün und sind ca. 5 km Richtung Nordwesten vom Stadtzentrum entfernt.

15/17 €; ⏲10. Dez. –10. Jan. geschl.; @ 📶) Etwa die Hälfte der Gäste dieses guten und freundlichen Hostels sind Jakobsweg-Pilger auf den Routen des Camino Mozárabe mit Ausgangspunkt in Andalusien. Hier sind aber auch alle anderen willkommen, und zwar rund um die Uhr (keine Sperrstunde oder frühmorgendliche Rauswurfzeit). Die drei Schlafsäle für zehn bis zwölf Personen haben gute Etagenbetten aus Metall nebst Bettdecken, Baumwollbettlaken und Handtüchern (alles im Preis inbegriffen).

Hotel Novo Cándido HOTEL €
(☎988 98 91 25; www.hotelnovocandido.com; Rúa San Miguel 14; EZ/DZ 40/55 €; ❄ 📶) Dieses Hotel gibt es seit 2017 und es legt – verglichen mit preislich ähnlichen Unterkünften im Stadtzentrum – noch eine Schippe drauf. Die 14 hübschen, hellen Zimmer verfügen über dezente Beleuchtung, Holzböden, große Spiegel und weiße, rechteckige Waschbecken. Einige Bäder haben verglaste Duschen, andere Badewannen. Im Erdgeschoss befindet sich eine lebhafte Café-Bar.

Essen

Ir de tapeo („auf Tapas-Tour gehen") ist ein beliebter Zeitvertreib in Ourense. Straßen in der Nähe der Kathedrale wie die Fornos, Paz, Lepanto, Viriato und San Miguel sowie die Praza do Ferro strotzen nur so von Tavernen, in denen sich die Gäste an der Theke drängen – ein untrügliches Zeichen von Qualität. Die Preise für Tapas beginnen bei 1,20 €; zu den leckeren Häppchen genießt man am besten ein Glas lokalen Wein.

Casa do Pulpo GALICISCH €
(Rúa de Juan de Austria; raciones 5–12 €; ⏲12–16 & 20–24 Uhr; 📶) In einer engen Gasse, gleich gegenüber der Kathedralenmauer, liegt eins der Lieblingsrestaurants der Einheimischen. Außer dem perfekt zubereiteten *pulpo* (Oktopus) gibt es auch noch andere köstliche galicische Gerichte, z. B. *zamburiñas* (kleine Jakobsmuscheln), *xoubas* (Sardinen) und *raxo* (scharfe Schweinefleischwürfel), oder Häppchen wie Anchovis mit Käse oder *solomillo* (Lende) mit Käse, Speck und roter Paprika.

Sybaris 2.0 SPANISCH €€
(Rúa Santo Domingo 15, Eingang Rúa Cardenal Quiroga 22; Gerichte/Mittagsmenü 8–16/12 €; ⏲Mo 11–20, Di–Fr 11–23.30, Sa 12–23.30 Uhr) Das Sybaris kredenzt nicht nur spanische Küche mit einer modernen Note. Es ist darüber hinaus auch gut sortierter Weinhandel und Delikatessenladen mit galicischen Spezialitäten (darunter natürlich Käse und

DAS ULTIMATIVE OKTOPUS-FESTMAHL

Die meisten Galicier stimmen darin überein, dass der beste *pulpo á feira* in dem Ort O Carballiño auf den Tisch kommt – weit entfernt vom Meer im Hinterland, 30 km nordwestlich von Ourense. Zehntausende Besucher strömen am zweiten Augustsonntag zur **Festa do Pulpo de O Carballiño** (www.festadopulpodocarballino.es; ⏲ 2. So im Aug.) nach O Carballiño.

Das Rezept entstand im Mittelalter, als das örtliche Kloster von Landbesitztümern an der Küste reichlich mit Kraken beliefert wurde.

Schinken, aber auch Neunaugen in Öl, Krabben-Paté und Seeigel-Kaviar). Die Karte wechselt regelmäßig und umfasst z. B. Rebhuhn- und Artischocken-Risotto oder iberische Schweinelende in Portwein mit glasierten Äpfeln und Kastanien.

Unterhaltung

Café Latino JAZZ, BLUES

(www.cafelatino.es; Rúa Coronel Ceano 7; ⏲ Mo–Sa 7.30–3, So 8.30–2 Uhr; 📶) Im schicken Café Latino mit seiner legendären Eckbühne finden meist donnerstags ab 22 oder 23 Uhr Jazzkonzerte und im Mai ein Jazzfestival statt. Schon seit drei Jahrzehnten bekommt man hier Jazz zu hören, und ein tolles Frühstück gibt's hier auch.

Praktische Informationen

Oficina Municipal de Turismo

(☎ 988 36 60 64; www.turismodeourense.gal; Calle Isabel La Católica 2; ⏲ Mo–Fr 9–14 & 16–20, Sa & So 11–14 Uhr) Nützliche Anlaufstelle unterhalb des Parks Xardinillos Padre Feijóo, ganz in der Nähe der verkehrsberuhigten Rúa do Paseo.

An- & Weiterreise

BUS

Von Ourenses **Busbahnhof** (☎ 988 21 60 27; Carretera de Vigo 1), 2 km nordwestlich des Zentrums, fährt **Monbus** (S. 610) nach Santiago (9 €, 1¾ Std., mind. 4-mal tgl.), Vigo (6,55 €, 1½ Std., mind. 4-mal tgl.), Pontevedra (7,10 €, 1½ Std., mind. 1-mal tgl.) und Lugo (6,05 €, 1¾ Std., mind. 2-mal tgl.). **Arriva** (S. 620) bedient die Strecke nach A Coruña (19–22 €, 2¼–3 Std., 3- oder 4-mal tgl.) und **Avanza** (www.avanzabus.com) steuert Madrid (34–39 €, 6–7 Std., 5-mal tgl.) an.

ZUG

Der **Bahnhof** (Avenida de Marín) liegt 500 m nördlich des Río Miño. **Renfe** (S. 610) bedient Santiago (10–20 €, 40 Min. –1¾ Std., 10-mal tgl.), Vigo (12–24 €, 1¾ –2½ Std., mind. 10-mal tgl.), León (15–35 €, 3¾ –4½ Std., 5-mal tgl.) und weitere Reiseziele.

Unterwegs vor Ort

Die örtlichen Busse 1, 3, 6A und andere (0,85 €) verkehren zwischen dem Bahnhof und dem zentral gelegenen Parque de San Lázaro. Die Busse 6A, 6B und 12 verbinden den Busbahnhof mit dem Parque San Lázaro.

Ribadavia & die Weinregion Ribeiro

3130 EW. (RIBADAVIA)

Ribadavia ist das Zentrum der Ribeiro Denominación de Origen (DO), in der einige der besten galicischen Weißweine hergestellt werden. Der Ort am Río Avia liegt 30 km westlich von Ourense in einer grünen Hügellandschaft voller Weingüter und Dörfer mit alten Gebäuden aus Stein (das Avia-Tal nördlich der Stadt ist besonders hübsch). Die kleine Altstadt von Ribadavia, ein herrliches Gewirr aus engen Straßen mit Arkadengängen und winzigen Plätzen, beherbergte einst Galiciens größtes Judenviertel. Ihr Herzstück ist die Rúa Merelles Caulla.

Sehenswertes & Aktivitäten

In dem Weinanbaugebiet heißen mehr als 20 Winzerbetriebe Besucher willkommen. In fast allen Weingütern muss der Besuch vorab telefonisch angemeldet werden. Am besten redet man mit den Angestellten der Touristeninformation von Ribadavia, die sich gut auskennen und bei der Planung von Weingutbesichtigungen helfen können. Die Websites www.rutadelvinoribeiro.com und www.ribeiro.wine bieten weitere Informationen.

Museo Sefardí MUSEUM

(Centro de Información Xudía de Galicia; Praza Maior 7; Erw./Kind inkl. Castelo dos Sarmento & Audioguide 3,50 €/frei; ⏲ Juni–Sept. Mo–Sa 9.30–14.30 & 17–20, So 10.30–14.30 Uhr, sonst kürzere Öffnungszeiten) Am hübschen Hauptplatz zeigt das Zentrum über der Touristeninformation auf Gallego beschriftete Exponate über die Juden, die in Galicien bis zu ihrer Vertreibung aus Spanien 1492 lebten.

Castelo dos Sarmento BURG

(Castelo dos Condes; Rúa Progreso; Erw./Kind inkl. Museo Sefardí & Audioguide 3,50 €/frei; ⌚ Juni–Sept. Mo–Sa 9.30–14.30 & 17–20, So 10.30–14.30 Uhr, sonst kürzere Öffnungszeiten) Die beeindruckende Burg der Herzöge von Ribadavia (hauptsächlich im 15. Jh. erbaut) ist eine der größten mittelalterlichen Burgen in Galicien. Auf ihrem steinernen Gelände beherbergt sie eine mittelalterliche Nekropolis, die durch den Audioguide (auch auf Englisch) zum Leben erweckt wird. Tickets sind bei der Touristeninformation erhältlich.

Bodega Viña Meín WEINGUT

(☎ 676 358763; www.vinamein.com; Lugar de Meín, San Clodio; ⌚ Besuche tgl. nach vorheriger Reservierung; P) GRATIS Jahr für Jahr bringt der mittelgroße Winzerbetrieb neben dem Landhotel Viña Meín mehr als 100 000 Flaschen guten Rot- und Weißwein hervor. Hergestellt wird er aus hiesigen galicischen Trauben, die auf 16 ha Land im Avia-Tal angebaut werden. Der Verkostungsraum ist hell und modern.

Paseo Fluvial WANDERN

Entspannung bietet der Spaziergang auf dem Uferweg an den Flüssen Avia und Miño: Man erreicht den Pfad, indem man von der Praza Buxán neben der Praza Madalena in Ribadavias Judería (altes jüdisches Viertel) die Stufen hinuntergeht. Es sind 600 m bis zur Mündung des Río Avia in den weit größeren Río Miño. Anschließend verläuft der Weg noch knapp 2 km am Miño entlang.

Wer Lust auf eine längere Wanderung hat, kann sich in Ribadavias Touristeninformation über mehrere markierte Wanderwege im und um das Avia-Tal herum informieren.

Feste & Events

Feira do Viño do Ribeiro WEIN

(http://feiravinoribeiro.com; ⌚ Mai) Am ersten Wochenende im Mai feiert Ribadavia sein großes Weinfest.

Schlafen & Essen

Es gibt nur wenige Unterkünfte in der Stadt, aber einige wunderbare Landhotels in der Gegend, vor allem im hübschen Avia-Tal Richtung Norden.

★ **Casal de Armán** HOTEL €€

(☎ 699 060464; www.casaldearman.net; O Cotiño, San Andrés; Zi. inkl. Frühstück 75–90 €; P 📶) Inmitten von Weinbergen im wunderschönen Avia-Tal bietet dieses altehrwürdige Landhotel ein echtes Komplettpaket. Es hat sechs gemütliche Zimmer mit naturbelassenen Steinwänden und Toilettenartikeln aus Traubenextrakt, außerdem gibt's ein erstklassiges Restaurant (S. 644, fürs Wochenende unbedingt reservieren). Alle Restaurant- und Hotelgäste dürfen das **Weingut** (☎ 638 043335; inkl. Weinprobe 7 €; ⌚ Nov.–Aug. Di–So Besuche nach vorheriger Reservierung; P) kostenlos besichtigen.

Das Hotel liegt 6 km nordöstlich von Ribadavia.

Pazo de Esposende HOTEL €€

(☎ 696 378670; http://pazoesposende.es; Carretera OU211, Esposende; Zi. inkl. Frühstück 50–85 €; P ❄ 📶) Im Avia-Tal, wenige Kilometer nördlich von Ribadavia, findet man diese Villa aus dem 16. Jh., die 2017 von ihren neuen Besitzern vollständig modernisiert wurde. Sie verfügt über sehr ansprechende komfortable und moderne Zimmer mit warmer Beleuchtung und riesigen Wandgemälden mit lokalen Szenerien. Erhalten geblieben sind die dicken Steinwände, der hübsche, von Säulen getragene Innenhof und der tolle Ausblick über das Dorf und die ganze Gegend. Der Empfang ist herzlich und das Frühstück sättigend.

Viña Meín LANDHOTEL €€

(☎ 617 326385; www.vinamein.com; Lugar de Meín, San Clodio; DZ inkl. Frühstück 66 €; P 📶 🏊) Viña Meín, etwa 10 km nördlich der Stadt in einer wunderschönen Ecke des Avia-Tals, ist ein wundervolles Landgasthaus aus Stein mit sechs Zimmern. Zum Gelände gehört auch ein mittelgroßes Weingut, in dem gute Weiß- und Rotweine aus heimischen galicischen Trauben gekeltert werden. Eine prima Ausgangsbasis für eine Erkundung der Region.

O Birrán Gastrobar GALICISCH €

(Praza da Madalena 8; Hauptgerichte 6,50–13 €; ⌚ Di–So 12–15.30 & 20–23 Uhr) Das O Birrán befindet sich in einem mittelalterlichen Haus in der alten Judería (jüdisches Viertel). Auf der Speisekarte stehen leckere Platten mit galicischen Köstlichkeiten – eine gute Wahl sind der *pulpo con tetilla* (Oktopus mit Käse) und die *tortilla abierta* (Omelette mit Gemüse, Käse, Speck und Waldpilzen).

★ **Sábrego** GALICISCH €€

(☎ 988 49 18 09; www.sabrego.es; Casal de Armán, O Cotiño, San Andrés; Hauptgerichte 17–

19 €; ⏲ Di–So 13.15–15.45 & 20.45–23.15 Uhr, Mitte Okt.–Mitte Juni Di–Do abends & So abends geschl.; Ⓟ) Das rustikal-schicke Restaurant in dem wunderbaren Landhotel Casal de Armán serviert ausgezeichnete, saisonal wechselnde und hauptsächlich galicische Gerichte mit kreativer Note. Spezialitäten sind die Lammschulter mit *cachelos* (gekochte Kartoffeln) und Spinat, der Rote Thunfisch mit einer Creme aus San-Simón-Käse und die Oktopus-Dim-Sum. An den Wochenenden sollte man besser reservieren.

ℹ Praktische Informationen

Touristeninformation (☎ 988 47 12 75; http://ribadaviaturismo.weebly.com; Praza Maior 7; ⏲ Juni–Sept. Mo–Sa 9.30–14.30 & 17–20, So 10.30–14.30 Uhr, Okt.–März kürzere Öffnungszeiten) Ein sehr hilfreiches Büro in einem alten Herrenhaus der Herzöge von Ribadavia am bildhübschen Hauptplatz.

ℹ An- & Weiterreise

Mindestens zwei Busse und zwei Züge fahren täglich nach Ourense und Vigo. Sie starten im Osten der Stadt, auf der anderen Seite des Río Avia.

Ribeira Sacra

Nordöstlich von Ourense locken entlang der Flüsse Sil und Miño eine malerische Landschaft und das einzigartige kulturelle Erbe der Ribeira Sacra („Heiliges Flussufer") – so genannt wegen der vielen Klöster, die hier im Mittelalter gegründet wurden, als es christliche Einsiedler und Mönche in die entlegene Gegend zog. Abgesehen von einer malerischen und manchmal schroffen Landschaft – besonders schön ist der Cañón do Sil (Sil-Schlucht) – wartet die Region mit tollen Wander- und Mountainbike-Wegen auf, man kann Weingüter besuchen (Ribeira Sacra ist eines der fünf galicischen DO-Weinanbaugebiete) und Bootsfahrten auf Flüssen unternehmen.

Es fahren nur wenige öffentliche Verkehrsmittel, aber für Selbstfahrer ist Ribeira Sacra ein Traum. Eine gute Route führt von Ourense nach Monforte de Lemos (vorbei am Mosteiro de San Pedro de Rocas, Mosteiro de Santo Estevo, an Parada de Sil und Castro Caldelas). Um sich alles in Ruhe anzuschauen und die Gegend richtig genießen zu können, benötigt man mindestens zwei Tage.

ℹ Praktische Informationen

Die Website Ribeira Sacra (www.ribeirasacra.org) wartet mit sehr nützlichen Hinweisen auf, darunter detaillierte Beschreibungen von Weingütern in der Region und von mehr als 20 Wanderrouten (mit Karten). In vielen Dörfern gibt es Touristeninformationen, ihre Öffnungszeiten sind aber oft begrenzt. Die beste Touristeninformation der Gegend ist im **Centro do Viño da Ribeira Sacra** (☎ 982 10 53 03; www.centrovino-ribeirasacra.com; Rúa Comercio 6; Führung inkl. Glas Wein 2,20 €; ⏲ Juli–Sept. Di–So 10–14 & 17–21 Uhr, Okt. –Juni Di–So 10–14 & 16.30–20 Uhr) in Monforte de Lemos zu finden.

ℹ Anreise & Unterwegs vor Ort

In Monforte de Lemos gibt's recht gute Bus- und Zugverbindungen nach Ourense, Lugo und in andere galicische Städte. Die Dörfer auf der südlichen Seite der Sil-Schlucht werden nur begrenzt mit dem Bus angefahren, nur montags bis freitags, nach/ab Ourense. Busverbindungen zwischen Castro Caldelas und Monforte de Lemos gibt's ebenfalls montags bis freitags.

Luintra & Umgebung

410 EW. (LUINTRA) / 640 M (LUINTRA)

Zwei der beeindruckendsten und gleichzeitig gegensätzlichsten Klöster der Ribeira Sacra stehen zu beiden Seiten des Dorfes Luintra, 25 km nordöstlich von Ourense. Auf einer Tour durch die Ribeira Sacra ab Ourense bieten sie sich als Ausflugsziele an.

Sights

★ Mosteiro de San Pedro de Rocas KLOSTER

(☎ 661 508 243; www.centrointerpretacionribeirasacra.com; ⏲ April–Sept. tgl. 10.30–13.45 & 16–19.45, Okt.–März Di–So 10.30–13.45 & 16–18 Uhr; Ⓟ) GRATIS Das zauberhafte Kloster im Kleinformat inmitten von dichtem Wald und 11 km südlich von Luintra wurde 573 gegründet. Es beherbergt drei Höhlenkapellen, die aus dem Fels herausgehauen wurden und zunächst Eremiten als Rückzugsorte dienten. Ab dem 10. Jh. kamen dann Felsengräber hinzu. Im angrenzenden Besucherzentrum und der Touristeninformation kann man sich über die Ribeira Sacra schlau machen. Wer Lust hat zu wandern: Der 9 km lange Rundweg Camiño Real (PRG4) führt durch eine wunderschöne Landschaft.

Von Ourense aus nimmt man die OU536 in Richtung Osten bis nach Tarreirigo. 500 m nach dem Schild „Km 15" biegt man links auf die OU0509 ab und folgt den

Schildern an den kleinen Straßen 4 km lang durch den Wald bis zum Kloster. Von da aus kann man dann auf der OU0509 Richtung Norden nach Luintra weiterfahren.

★ **Mosteiro de Santo Estevo** KLOSTER
(Monasterio de San Esteban; ⌚ Jan.–Mitte Feb. geschl.; P) GRATIS An der steilen, dicht bewaldeten Talseite über dem Río Sil liegt das stattliche Mosteiro de Santo Estevo. Das riesige Kloster wurde im 12. Jh. erbaut und hat drei herrliche Kreuzgänge (einen romanisch-gotischen, zwei im Renaissancestil), eine romanisch-gotische Kirche sowie eine Barockfassade aus dem 18. Jh. Heute ist es ein luxuriöses **Parador-Hotel** (☎ 988 01 01 10; www.parador.es; Santo Estevo; EZ/DZ inkl. Frühstück ab 108/126 €; ⌚ Jan.–Mitte Feb. geschl.; P ❄ 📶), es kann aber jeder durch die Klosteranlage spazieren und im hauseigenen Café und Restaurant etwas essen.

Schlafen

A Casa da Eira CASA RURAL €
(☎ 696 749493; www.acasadaeira.com; Lugar Albergueria 31, Cerreda; EZ/DZ 45/55 €, Apt. für 2/4 Pers. 90/136 €; P 📶) Das A Casa da Eira in einem ehemaligen Bauernhaus aus Stein und Holz verfügt über großzügige und moderne Zimmer. Es liegt in einem kleinen Dorf, 300 m abseits der OU0508 und 11,5 km östlich von Luintra. Die freundlichen Besitzer halten viele nützliche Informationen über die zahlreichen Wandermöglichkeiten und Aktivitäten in der Gegend bereit und servieren ein großzügiges Frühstück (5,50 €) mit selbstgemachter Marmelade aus ihrem eigenen Obstgarten (keine anderen Mahlzeiten).

Parada de Sil & Umgebung

190 EW. (PARADA DE SIL) / 660 M (PARADA DE SIL)

Auf einem Plateau hoch über dem Cañón do Sil, 22 km östlich von Luintra thront das Dorf Parada de Sil. Von dort aus führen separate Nebenstraßen zum 1 km entfernten (spektakulären!) Aussichtspunkt über die Schlucht **Balcóns de Madrid** und zum 4 km entfernten **Mosteiro de Santa Cristina de Ribas de Sil** (Innenräume 1 €; ⌚ Außenbereich 24 Std., Innenräume Di–So 11–14 & 16–18 Uhr; P) mit seiner romanischen Kirche aus dem 12. Jh., versteckt unter Bäumen über der Schlucht. Ein Teil des Wanderwegs PRG98 beschreibt einen Rundweg von ca. 10 km ab dem Dorf; zunächst geht's hinab zum Kloster und dann wieder hinauf zum Aussichtspunkt.

★ **Ruta Cañón do Río Mao** WANDERN
(PRG177) Der ausgezeichnete Wanderweg beginnt an der Albergue A Fábrica da Luz (siehe unten), 11 km östlich von Parada de Sil. Die komplette Wanderung ist 16 km lang, man kann sie aber zu einer angenehmen Fünf-Kilometer-Rundwanderung (ca. 2½ Std.) abkürzen. Dazu steigt man die schöne Mao-Schlucht (anfangs auf einem Bohlenweg) ins Dorf Barxacova hinab, dann 1,5 km an Weinbergen vorbei ins Dorf San Lourenzo hinauf und wandert dann wieder abwärts nach A Fábrica.

Wer mag, macht in San Lourenzo einen 500 m langen (jede Richtung) Umweg zur interessanten mittelalterlichen Nekropolis von San Vítor.

Der ganze, recht anspruchsvolle 16-Kilometer-Rundweg mit einer Höhendifferenz von über 600 m führt südlich von San Lourenzo in die hochgelegenen Dörfer A Miranda und Forcas und zu der mittelalterlichen Brücke bei Conceliños; dann geht's wieder Richtung Norden hinab zur Mao-Schlucht/-Tal nach San Lourenzo und A Fábrica da Luz.

Schlafen

Reitoral de Chandrexa CASA RURAL €
(☎ 605 867622, 988 20 80 99; www.chandrexa.com; Chandrexa; DZ 48–56 €; ⌚ Mitte Dez.–Jan. geschl.; P 📶) 🍃 Neben der Kirche Santa María de Chandrexa nimmt diese charmante kleine Pension das ehemalige Haus des Vikars ein. In dem gemütlichen Ess- und Wohnzimmer im Bauernhofstil wird exzellentes Bio-Frühstück (5,50 €) und -Abendessen (12–15 €) mit vielen Zutaten aus dem eigenen Garten serviert. Die drei gemütlichen Zimmer haben gute Bäder, und für optische Akzente sorgen Steinwände sowie Holzböden und -decken.

Albergue A Fábrica da Luz HOSTEL €
(☎ 988 98 49 90; http://afabricadaluz.com; OU0605 Km 5.7; B/DZ inkl. Frühstück 17/34 €; ⌚ Juni–Sept. tgl., Mitte März–Mai & Okt.–Mitte Dez. Sa, So & Feiertage; P 📶) Dieses kleine Wasserkraftwerk in der baumbestandenen Schlucht des Río Mao (ein Nebenfluss des Río Sil) wurde umgebaut, und ist jetzt eine gut geführte Unterkunft mit zwei Schlafsälen (jeweils 14 Betten) und zwei Doppelzimmern (Gemeinschaftsbäder). Auf Wunsch wird auch gutes, günstiges Essen serviert. Es liegt 11 km östlich von Parada de Sil an der OU0605.

Der Wanderweg Ruta Cañón do Río Mao (siehe oben) startet genau hier mit einem

850 m langen Bohlenweg, dem Pasarela do Río Mao, der hinab in die Schlucht führt. Das Hostel vermietet auch Kajaks (10 € pro Std.) am Fluss, 1 km enftfernt, am Fuße der Schlucht. Außerdem fungiert es als Centro BTT Ribeira Sacra (Mountainbike-Zentrum Ribeira Sacra), wo man Fahrräder ausleihen kann (15 € pro Tag inkl. Helm) und nützliche Informationen über gute Routen bekommt.

Castro Caldelas & Umgebung

610 EW. (CASTRO CALDELAS) / 780 M (CASTRO CALDELAS)

Auf einem Hügel liegt das Dorf Castro Caldelas und lädt mit seinen Kopfsteinpflasterstraßen, alten Steinhäusern mit typisch galicischen *galerías* und gepflegten Blumenkästen zu einer Übernachtung ein. Am oberen Ende des Dorfs ist die sehenswerte Altstadt, gekrönt von einer malerischen **Burg** (Erw./Kind 2 €/frei; ⏲ 10–14 & 16–19 Uhr; P) aus dem 14. Jh. Das Dorf liegt 52 km östlich von Ourense.

Von Castro Caldelas aus windet sich die OU903 10 km in nördlicher Richtung zur Sil-Schlucht, überquert den Fluss an der Brücke Ponte do Sil und heißt dann LU903. Die Straße frisst sich auf dem Weg Richtung Monforte de Lemos durch beinahe vertikal angelegte Weinberge. Sehenswerte Winzerbetriebe entlang dieser Route sind z. B. Ponte da Boga, **Adega Algueira** (☎ 982 41 02 99; www.adegaalgueira.com; Doade; Führung inkl. Weinprobe auf Spanisch/Englisch 5/7 €; ⏲ Führungen auf Englisch 12 Uhr, auf Spanisch 13 Uhr; P) und **Regina Viarum** (☎ 619 009777; http://reginaviarum.es; Doade; Führung inkl. Weinprobe 1–5 €; ⏲ Juni–Sept. tgl. 10.30–14.30 & 16.30–20 Uhr, Okt.–Mai Do–So 10.30–14 & 16–19 Uhr; P) – die beiden Letzteren befinden sich in Doade, ein paar Kilometer den Hügel hinauf an der Nordseite der Schlucht.

An der Ponte do Sil starten Bootsfahrten an Bord der **Brandán** (☎ 982 41 02 99; www.adegaalgueira.com; Erw./Kind 15/7 €;; ⏲ März–Nov. Do–Di 11, 12.30, 17 & 18.30 Uhr) – Kapazität: 16 Passagiere – oder auf größeren Schiffen der **Diputación de Lugo** (☎ 982 26 01 96; Embarcadoiro de Doade; Erw./Sen. & Kind 9/5 €; ⏲ Juni–Sept. tgl. 11.30 & 16 oder 16.30 Uhr, Okt.–Nov. & April–Mai Mi–So, Juni–Mitte Sept. tgl. auch 19 Uhr).

In der idyllischen Altstadt von Castro Caldelas gibt's vier kleine Hotels.

★ **Ponte da Boga** WEINGUT

(☎ 988 20 33 06; www.pontedaboga.es; Carretera OU903, Km 21,8, O Couto, San Paio; Führung inkl. Weinprobe 45 Min. 5 €; ⏲ Ostern–Okt. 10–14 & 16–22 Uhr, Nov.–Ostern 10–13.30 & 15–19 Uhr; P) GRATIS Das 1898 gegründete Ponte da Boga gehört zu den interessantesten Weingütern in der Gegend von Castro Caldela und zur wachsenden Anzahl derer, die wieder heimische galicische Rebsorten anbauen. Einige der Weine gehören zu den besten der Region Ribeira Sacra; während einer Führung kann man sieben von ihnen probieren. Das Weingut liegt 6 km von Castro Caldelas entfernt, die OU903 hinab in Richtung Sil-Schlucht.

Schlafen

Hotel Casa de Caldelas HOTEL €

(☎ 988 20 31 97; www.hotelcasadecaldelas.com; Praza do Prado 5, Castro Caldelas; EZ/DZ inkl. Frühstück 35–40/45–55 €; WLAN) Das kleine, einladende Hotel in einem hübschen Steinhaus aus dem 18. Jh. befindet sich am Hauptplatz des Dorfes und ist eine tolle Unterkunft. Die Zimmer sind gemütlich und modern, die Bäder klein, aber gut und zeitgemäß ausgestattet.

Monforte de Lemos

16 335 EW. / 300 M

Die Durchgangsstadt ist weder so kompakt noch so ursprünglich wie andere Orte in der Gegend, sie hat aber ein historisches Stadtzentrum und ein Spaziergang vom Zentrum Richtung Norden zum **Monte de San Vicente** ist allemal empfehlenswert. Dort beherbergt das Monasterio de San Vicente aus dem 17. Jh. ein *parador*-Hotel, dessen Hof, Café und Restaurant für die Öffentlichkeit zugänglich sind. Außerdem kann man die **Torre da Homenaxe** (1,50 €; ⏲ Di–So 11–13.45 & 16–18.30 Uhr oder später; P) besichtigen, das letzte Überbleibsel der mittelalterlichen Burg der Grafen von Lemos. Es ist möglich, mit dem Auto zum Monte de San Vicente hochzufahren. Eine Wanderung von der Praza de España im Stadtzentrum an den mittelalterlichen Mauern und Häusern entlang ist aber sehr interessant. Dazu folgt man den Rúas Zapaterías, Pescaderías und Falagueira und geht dann den „Castillo"-Weg, ein paar Meter hinter dem Porta-Nova-Tor, hinauf.

Im Westen der Stadt wurden für das **Pazo Molinos de Antero** (☎ 676 573563; www.pazomolinosdeantero.com; Carretera de Malvarón; Zi./DZ 55–65/105–115 €; P) die alten Ställe eines Herrenhauses aus dem 18. Jh. in gemütliche, moderne Zimmer und Selbstversorger-Apartments umgebaut. Die Führungen durch das Haus runden den Aufenthalt in diesem herzlichen Hotel mit seinen guten und großen Bädern, einem Aufenthaltsbereich mit kostenlosem Kaffee und Tee und einem Garten mit Rasenfläche perfekt ab. Das Haus ist noch immer im Besitz der ursprünglichen Familie.

Lugo

90 000 EW.

Die römische Mauer rund um Lugos Altstadt gilt weltweit als die am besten erhaltene ihrer Art und ist für viele der Hauptgrund für einen Besuch. Innerhalb der Befestigungsanlage erstrecken sich gut gepflegte Straßen und Plätze, viele sind verkehrsberuhigt und eignen sich toll für einen Spaziergang, denn es gibt reichlich interessante Dinge (fast alle kostenlos) zu entdecken, u. a. viele tolle Tapas-Bars. Lucus Augusti war die Hauptstadt des römischen Gallaecia. Das moderne Lugo ist heute ein ruhiger, aber sehr angenehmer Ort. Neben der Stadtmauer sind weitere Zeugnisse aus römischer Zeit erhalten.

Sehenswertes

★ Römische Mauer STADTMAUER

(24 Std.;) GRATIS Für Lugo ist diese UNESCO-Welterbestätte (erb. 3. Jh.) das, was für maritime Orte die Uferpromenade ist: Auf ihr joggt man, geht abends spazieren und trifft seine Nachbarn. Sie verläuft rund um die Altstadt, ist 2,2 km lang, 15 m hoch und hat 85 Türme. Dennoch vermochte sie nicht, die Sueben fernzuhalten; sie eroberten Lugo im Jahre 460. 300 Jahre später nahmen die Mauren die Stadt ein.

Bis weit ins 19. Jh. hinein wurden Zölle auf Waren erhoben, die in die ummauerte Stadt gebracht wurden, und die Tore wurden nachts geschlossen.

Das **Centro de Interpretación de la Muralla** (Praza do Campo 11; Mitte Juni–Mitte Okt. Mo–Mi 11–13.30 & 17–19.30, Do–Sa 11–19.30, So 11–18 Uhr, Mitte Okt.–Mitte Juni Mo–Mi 11–14 & 16–18, Do–So 11–18 Uhr) GRATIS liegt einen Block nördlich der Kathedrale und hält interessantes Hintergrundmaterial über die römische Mauer bereit, mit Videos und einem kostenlosen Audioguide (alles auf Englisch erhältlich).

Catedral de Santa María KATHEDRALE

(982 23 10 38; Praza Pio XII; 8.25–20.45 Uhr) Als Inspiration für dieses Gotteshaus diente die großartige Kathedrale in Santiago de Compostela. Bereits 1129 wurde der Grundstein gelegt, aber die Errichtung zog sich mehrere Jahrhunderte hin, was auch die verschiedenen Stile von der Romanik (in den Querschiffen) bis zum Neoklassizismus (an der Hauptfassade) erklärt. Das harmonische Gebäude verdient eine nähere Betrachtung. Der beeindruckende vergoldete Hauptaltar zeigt Szenen aus dem Leben Christi (geschnitzt von Cornelis de Holanda um 1530 herum) und steht heute zweigeteilt in beiden Querschiffen.

Hinter dem barocken Hochaltar (der von bunt bemalten Glasfenstern umgeben ist) beherbergt eine barocke Kapelle die wun-

Jakobsweg in Galicien

JAKOBSWEGE IN GALICIEN

Alle Jakobswege haben Galicien als Ziel. Etwa 63 % aller Pilger kommen über den **Camino Francés**, der in den Pyrenäen beginnt und bei O Cebreiro Galicien erreicht, überwinden die Hügel an der Grenze von Kastilien-León und wandern dann die letzten 154 km in westlicher Richtung durch wunderbar grüne Landschaft nach Santiago de Compostela. Immer mehr Pilger erreichen Santiago aber auch über den Camino Portugués (und kommen aus Portugal über die Grenzstadt Tui oder über A Guarda nach Galicien), Camino del Norte (entlang der Küste vom Baskenland durch Kantabrien und Asturien), die Vía de la Plata (Silberroute aus Andalusien), den Camino Primitivo (von Oviedo via Lugo) oder den Camino Inglés (von A Coruña oder Ferrol).

Im winzigen Dorf **O Cebreiro** (1300 m hoch) erreicht der Camino Francés Galicien. O Cebreiro liegt 1300 m über dem Meeresspiegel und ist der Endpunkt des längsten und härtesten Anstiegs der Route. Rund die Hälfte der Gebäude sind Bar-Restaurants (viele servieren preiswerte Tagesmenüs), Pensionen oder Pilgerherbergen. Dazwischen stehen auch mehrere *pallozas* (runde Behausungen mit Reetdach, die es im ländlichen Galicien bereits seit prärömischen Zeiten gibt; dort lebten die Familien gemeinsam mit ihrem Vieh). Zu den schönsten Unterkünften gehören die fünf Zimmer mit Steinwänden und Holzbalken im Hauptgebäude des **Hotel Cebreiro** (☎ 982 36 71 82; www.hotelcebreiro.com; O Cebreiro; EZ/DZ 40/50 €; 📶); besser reservieren.

In Triacastela, 19 km hügelabwärts hinter O Cebreiro, teilt sich der Weg; beide Routen treffen später in Sarria wieder zusammen. Die längere südliche Strecke (25 km) führt über das Dorf **Samos** mit dem beeindruckenden Benediktinerkloster **Mosteiro de Samos** (☎ 982 54 60 46; www.abadiadesamos.com; Führungen 4 €; ⏲ Führungen Mai–Okt. Mo–Sa stdl. 9.30–12.30 & 16.30–18.30, So 12.45 & stdl. 16.30–18.30 Uhr, Nov.–April Mo & Mi–Sa stdl. 10–12, 16.30 & 17.30, So 12.45, 16.30 & 17.30 Uhr; P). Zwei wunderschöne große Kreuzgänge (einer gotisch mit entschieden unklösterlichen griechischen Nymphen am Brunnen, der andere neoklassizistsch und voller Rosen) durchziehen das Benediktinerkloster. Samos bietet jede Menge günstige Unterkünfte und eine weitere gute Option ist der gastfreundliche Bauernhof **Casa de Díaz** (☎ 982 54 70 70; www.casadediaz.com; Vilachá; Zi. 35–50 €, Frühstück 6,30 €; ⏲ circa Nov.–März geschl.; P @ 📶 🏊) aus dem 18. Jh., 3,5 km Richtung Westen, der heute ein Landgasthaus mit zwölf gemütlichen, auf alt getrimmten Zimmern ist.

Wer nur die letzten 100 km des Jakobswegs zu Fuß zurücklegen möchte, startet normalerweise in **Sarria** , 12 km westlich von Samos (und 114 km von Santiago entfernt). Von hier schlängelt sich der Pfad von Dorf zu Dorf sowie durch Wälder und Felder und fällt dann steil ab nach Portomarín über dem Río Miño. Nach einem harten 25 km langen Abschnitt nach Palas de Rei führt er die nächsten 15 km durch malerische Landschaften bis Melide. Von Melide geht's die letzten 53 km durch Wälder, Weiler, ländliche Gegenden und schließlich durch die Straßen im Zentrum von Santiago de Compostela. Der Weg verläuft entlang der Rúa de San Pedro bis zur Praza da Inmaculada an der Nordseite der Kathedrale. Viele Pilger steigen am Ende des Platzes noch ein paar Treppen durch einen Torbogen hinunter und erreichen so die großartige Praza do Obradoiro vor der berühmten Westfassade der Kathedrale.

Wer motorisiert und nicht als Pilger in Galicien unterwegs ist, kann von O Cebreiro nach Samos einen wunderbaren 30 km langen Umweg wählen. Mit dem Auto gelangt man von Astorga aus über die A6 nach Galicien und biegt bei Pedrafita do Cebreiro ab. Dann geht's auf der LU633 etwa 4 km Richtung Süden nach O Cebreiro. Von dort schlängelt sich die Straße durch grüne Landschaft mit großartiger Fernsicht bis nach Samos und kreuzt dabei häufig den Jakobsweg.

derschöne gotische Statue der Nosa Señora dos Ollos Grandes (Unsere Dame mit den großen Augen) aus mehrfarbigem Alabaster. An der Außenfassade über dem nördlichen Eingang befindet sich eine Skulptur von Jesus Christus, ein majestätisches Meisterwerk spanisch-romanischer Steinschnitzerei.

Museo Provincial MUSEUM
(http://redemuseisticalugo.org; Praza da Soidade; ⏲ Mo–Fr 9–21, Sa 10.30–14 & 16.30–20, So 11–14 Uhr) GRATIS Lugos bedeutendstes Museum umfasst Teile des gotischen Klosters Convento de San Francisco und ist eines der besten und größten Museen in Galicien. Die hervorragend in Szene gesetzten Exponate reichen von vorrömischem Goldschmuck und römischen Mosaiken bis zu galicischer Sargadelos-Keramik und einer großen Sammlung galicischer Kunst aus dem 19. und 20. Jh.

Casa dos Mosaicos ARCHÄOLOGISCHE STÄTTE
(Rúa de Doutor Castro 20-22; ⏲ Mitte Juni–Mitte Okt. Di–Sa 11–13.30 & 16–19.30, So 11–14 Uhr, Mitte Okt.–Mitte Juni Do–Sa 11.30–13.30 & 17–19, So 11.30–13.30 Uhr) GRATIS Unter einer Altstadtstraße befinden sich die Ruinen einer römischen Villa. Ein paar Mosaiken und Wandbilder sind wunderbar erhalten.

Feste & Events

Arde Lucus FIESTA
(www.ardelucus.com; ⏲ Juni; 👪) An vier Tagen im Juni (manchmal auch in den ersten Julitagen) fällt rund eine halbe Million Menschen in Lugo ein. Dann besinnt sich die Stadt mit Wagenrennen, Gladiatorenkämpfen, jeder Menge römischer Kostüme und vielem mehr auf ihre römischen Wurzeln.

Schlafen

Hotel Méndez Núñez HOTEL €
(☎ 982 23 07 11; www.hotelmendeznunez.com; Rúa da Raíña 1; Zi. 50–135 €; ❄ @ 📶) Das Méndez Núñez verfügt über 69 helle und geräumige Zimmer mit guten Betten und Holzparkettböden. Mit seiner Lage mitten in der Altstadt und Parkplätzen für 6 € in der Nähe ist ist es eine gute Wahl, wenn die Zimmerpreise zwischen 50 und 60 € liegen (was häufig der Fall ist). Der WLAN-Empfang ist auf einigen Stockwerken manchmal etwas schwach.

Hotel España HOTEL €
(☎ 982 81 60 62; hotelespanalugo@hotmail.com; Rúa Vilalba 2 Bis; EZ/DZ 25/35 €; 📶) Mit seiner freundlichen Rezeption und der hübschen Ausstattung in den Zimmern, z. B. orangerote Wände oder Wandmalereien mit Vögeln, bietet das España Gutes fürs Geld. Sieben der 17 Zimmer haben Blick auf die römische Mauer auf der gegenüberliegenden Straßenseite. Frühstück gibt's für 2,50 €.

Orbán e Sangro BOUTIQUE-HOTEL €€€
(Hotel Pazo de Orbán; ☎ 982 24 02 17; www.pazodeorban.es; Travesía do Miño 6; DZ ohne/mit Frühstück 110–220/132–253 €; P ❄ 📶) In einer Villa aus dem 18. Jh. gleich an der Innenseite der römischen Mauer wartet dieses angenehme Hotel über zwölf Zimmer mit klaren Linien, antiken Möbeln, Designerbädern und (in zehn Zimmern) 2,15 m langen Betten auf. Überall findet man interessante Antiquitäten und klassische Kunstwerke, und das „Öko-Frühstück" ist wirklich hervorragend. Zum Haus gehört außerdem eine kuriose Taverne im Stil des frühen 20. Jhs.

Essen

Die Altstadt, insbesondere die Rúa da Cruz, Rúa Nova und Praza do Campo nördlich der Kathedrale, ist gespickt mit einladenden Bar-Restaurants, in denen sowohl Tapas als auch Hauptgerichte serviert werden. Oft gibt's zu jedem Getränk zwei kostenlose Tapas dazu; eine wird von den Barbesitzern bestimmt, die andere darf man aus einer mündlich vorgetragenen Liste (oft in rasantem Tempo heruntergerattert; gut zuhören!) wählen.

Las Cinco Vigas TAPAS €
(Rúa da Cruz 9; raciones 4–12 €; ⏲ Mi–Mo 9–24 Uhr) Stets eine der bestbesuchten Tapas-Bars. Das gemischte Publikum genießt die großartigen Gratis-Tapas, z. B. köstliches *terneira al vino tinto* (Kalb in Rotwein). Das Ganze gibt's auch im *raciones*-Format (einen ganzen Teller voll), wenn einem zwei oder drei leckere Bissen nicht reichen sollten.

Restaurante Paprica GALICISCH €€€
(www.paprica.es; Rúa das Nóreas 10; Hauptgerichte 19–29 €; ⏲ 13.30–15.45 & 20.30–22.45 Uhr, Juni–Sept. Mo abends & So geschl., Okt.–Mai So abends & Mo geschl.) Ein talentiertes junges Team zaubert in diesem Restaurant exzellente, kreative Glücklichmacher auf den Teller. Dabei finden bewährte galicische Zutaten wie frischer Fisch, Krustentiere, Gemüse und hochwertiges Fleisch Verwendung. Das zeitgemäße kulinarische Erlebnis wird durch das geradlinige, schnörkellose Dekor unterstrichen. Für leichte Mahlzeiten gibt's die Bar, Gerichte á la carte und Menüs bekommt man aber auch. Schmecken tut alles von der Vorspreise bis zum Dessert.

Mesón de Alberto GALICISCH €€€
(☎ 982 22 83 10; www.mesondealberto.com; Rúa da Cruz 4; Hauptgerichte 13–30 €; ⌚ So & Mo 13–16, Mi–Sa 13–16 & 20.30–23.30 Uhr) Das Alberto ist das schickste Lokal im Tapas-Viertel und serviert gute sowie traditionell zubereitete Fleisch, Fisch- und Meeresfrüchtegerichte mit kreativer Note. Hauptgerichte gibt's im Speisesaal im Obergeschoss, Tapas im Erdgeschoss. Das Tapas-Probiermenü für 15 € (drei Gerichte und ein Glas Wein) ist sehr zu empfehlen

Praktische Informationen

Oficina Municipal de Turismo
(☎ 982 25 16 58; http://lugo.gal; Praza do Campo 11; ⌚ Mitte Juni–Mitte Okt. Mo–Mi 11–13.30 & 17–19.30, Do–Sa 11–19.30, So 11–18 Uhr, sonst kürzere Öffnungszeiten) Hilfreiche Touristeninformation im Centro de Interpretación de la Muralla.

An- & Weiterreise

Vom **Busbahnhof** (☎ 982 22 39 85; Praza da Constitución) direkt vor der südlichen Stadtmauer verkehrt **Empresa Freire** (www.empresafreire.com) nach Santiago de Compostela (9,45 €, 2 Std., mind. 6-mal tgl.) und **Arriva** (S. 610) bedient A Coruña (9,15 €, 1¼–2 Std., mind. 5-mal tgl.). Weitere Busse fahren nach Monforte de Lemos, Ourense, Pontevedra, Viveiro, Ribadeo, León, Madrid, Asturien und zu weiter entfernten Zielen.

Mindestens drei **Renfe**-Züge (S. 610) starten täglich nach A Coruña (10–12 €, 1¾ Std.) und Monforte de Lemos (6–16 €, 1 Std.). Mindestens einmal pro Tag geht's nach Madrid (28–53 €, 7–9½ Std.).

Extremadura

Inhalt ➡

Gut essen

- Atrio (S. 657)
- Restaurante La Meancera (S. 668)
- La Rebotica (S. 678)
- La Cacharrería (S. 574)
- Villa Xarahiz (S. 667)

Schön übernachten

- Atrio (S. 657)
- El Jardín del Convento (S. 668)
- La Flor de Al-Andalus (S. 674)
- Eurostars Palacio de Santa Marta (S. 661)
- Hos Pedería del Real Monasterio (S. 663)

Auf in die Extremadura!

Die Erkundung dieser Gegend ist wie eine Reise durch Spaniens Geschichte. Hier warten beeindruckende römische Ruinen und geheimnisvolle mittelalterliche Orte. Mérida, Cáceres und Trujillo gehören zu den am schönsten erhaltenen historischen Siedlungen des Landes. Die *extremeño*-Dörfer von den abgeschiedenen Hügeln im Norden über das heilige östliche Guadalupe und zum bezaubernden Zafra am Scheitelpunkt zu Südandalusien verströmen zeitlosen Charme.

Man trifft hier nur wenige ausländische Touristen, aber viele Spanier, die das leckere Essen der Extremadura zu schätzen wissen: gegrilltes Fleisch, den cremigen Torta-de-Casar-Käse und edlen *jamón* (Schinken) aus Monesterio.

Hier erstrecken sich scheinbar endlose Landstriche mit vereinzelten Bauernhöfen und verfallenen Burgen auf Hügelkuppen. Bewaldete Gebirgszüge umrahmen die Region im Norden, Osten und Süden. Die wohl urtümlichste Ecke ist der von Greifvögeln bevölkerte Parque Nacional de Monfragüe.

Reisezeit

Cáceres

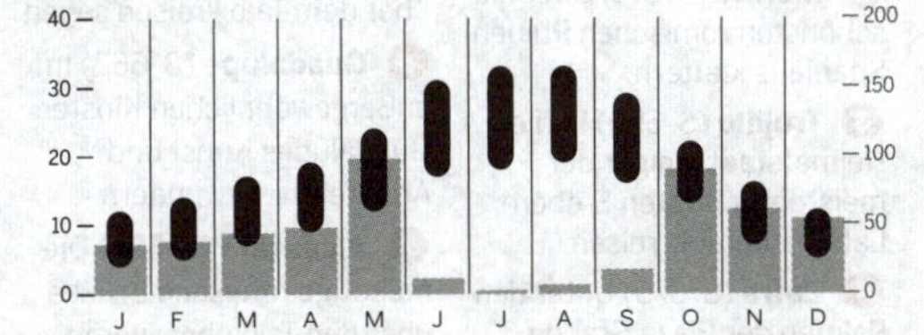

März–April Das Valle del Jerte verwandelt sich in einen weißen Traum aus Kirschblüten.

Juli–Aug. Méridas römisches Theater dient als Bühne für das Festival Internacional de Teatro Clásico.

Sept.–Okt. Die beste Besuchszeit: weniger Touristen und gutes Wetter ohne die intensive Sommerhitze.

Highlights

1 Cáceres (S. 652) Über das Kopfsteinpflaster spazieren und die belebten Tapasbars der Ciudad Monumental besuchen.

2 Mérida (S. 671) Über die schönsten römischen Ruinen Spaniens klettern.

3 Trujillo (S. 659) In die Heimatstadt einiger der meistberüchtigten Eroberer Lateinamerikas reisen.

4 Zafra (S. 676) Unter den Palmen der Plaza Grande Tapas genießen und in einer Burg übernachten.

5 Parque Nacional de Monfragüe (S. 669) Majestätische Raubvögel über dem Tajo kreisen sehen.

6 Guadalupe (S. 662) Im außergewöhnlichen Kloster Guadalupes Kunst und Architektur bewundern.

7 Alcántara (S. 658) Die mächtige römische Brücke über den Tajo überqueren.

8 La Vera (S. 665) Fachwerkdörfer und rauschende Flüsse erkunden und die Kirschblüte im benachbarten Valle del Jerte bestaunen.

9 Granadilla (S. 667) Durch die ruhigen Gassen dieses historischen Museumsdorfes schlendern.

10 Monesterio (S. 677) Im Museo del Jamón alles über das Lieblingsgericht der Spanier lernen.

Cáceres

95 814 EW.

Willkommen in einer der schönsten Städte Spaniens. Während die Vororte von Cáceres wie so viele spanische Städte unscheinbar sind, ist die außergewöhnliche Ciudad Monumental (Monumentale Stadt) der Provinzhauptstadt Cáceres seit ihrer Blütezeit im 16. Jh. fast vollständig erhalten. Sie wartet mit engen, kopfsteingepflasterten Straßen, Palästen, Villen, Arkaden und Kirchen sowie mit einem von Türmen, Wasserspeiern und Storchennestern geprägten Stadtbild auf. Sobald die Sonne untergegangen ist und die vielen Besucher weg sind, fühlt man sich hier wie ins Mittelalter zurückversetzt.

Die arkadengesäumte Plaza Mayor am Rand der Altstadt ist einer der schönsten öffentlichen Plätze Spaniens.

Sehenswertes

Plaza de Santa María & Umgebung

Die meisten Besucher kommen von der Plaza Mayor in die Ciudad Monumental und gehen unter dem Arco de la Estrella (Calle Arco de la Estrella) aus dem 18. Jh. hindurch zur Plaza de Santa María. Zu den Häusern mit sehenswerten Fassaden auf der Plaza de Santa María zählen der Palacio Episcopal (Bischofspalast, Plaza de Santa María), der Palacio de Mayoralgo (Plaza de Santa María) und der Palacio de Ovando (Plaza de Santa María), alle im Renaissancestil des 16. Jhs.

Wer in Richtung Südosten tiefer in die Ciudad Monumental wandert, passiert unterwegs auch den Renaissancepalast Palacio de la Diputación (Plaza de Santa María).

★ Torre de Bujaco TURM
(☎ 927 24 67 89; Plaza Mayor; Erw./Kind 2,50 €/frei; ⏲ Mai–Sept. Di–So 10–14 & 17.30–20.30 Uhr, Okt.–April Di–So 10–14 & 16.30–19.30 Uhr) Auf den Stufen vom Plaza Mayor zur Ciudad Monumental kann man links abbiegen und die 25 m hohe Torre de Bujaco aus dem 12. Jh. erklimmen, in der sich eine Ausstellung zur Geschichte von Cáceres befindet. Oben angekommen, hat man einen fabelhaften Blick auf die Plaza Mayor. Von hier kann man zudem über den im 18. Jh. erbauten Arco de la Estrella spazieren.

Concatedral de Santa María KATHEDRALE
(Plaza de Santa María; Erw./Sen./Stud./Kind 4/3,50/3 €/frei; ⏲ Mai–Sept. Mo–Sa 10–21, So 10–12.30 & 14–19 Uhr, Okt.–April wechselnde Öffnungszeiten) Diese gotische Kathedrale aus dem 15. Jh. vermittelt einen prachtvollen ersten Eindruck der Ciudad Monumental. Im Innern beeindruckt die Kathedrale mit dem prächtigen aus Zedernholz geschnitzten Altarbild aus dem 16. Jh. und einem kleinen kirchlichen Museum. Die Gewölbedecke über dem Altar schmücken schöne, farbenfrohe Wandbilder (darunter Drachen). Vom Glockenturm bietet sich eine tolle Aussicht auf die Altstadt.

Palacio de Carvajal HISTORISCHES GEBÄUDE
(☎ 927 25 55 97; Calle Amargura 1; ⏲ Mo–Fr 8–20.45, Sa 10–13.45 & 17–19.45, So 10–13.45 Uhr) GRATIS Unweit der Nordostecke der Plaza de Santa María steht diese Villa aus dem späten 15. Jh. Nach mehreren Bränden wurde das Gebäude im 19. Jh. aufgegeben. Mittlerweile ist es restauriert und beherbergt eine moderne Ausstellung zu den Sehenswürdigkeiten der Provinz sowie die hilfreiche regionale Touristeninformation (S. 657).

Palacio Toledo-Moctezuma HISTORISCHES GEBÄUDE
(Plaza del Conde Canilleros) Im gewölbten Palacio Toledo-Moctezuma aus dem 16. Jh. gleich westlich der Plaza de Santa María lebte einst

EXTREMADURAS TOP ESSENS- & WEINERLEBNISSE

- Auf der Spur der Torta del Casar, Spaniens vielgerühmtem Käse, im Museo del Queso (S. 657) in Casar de Cáceres.
- Das Museo del Jamón (S. 677) besuchen und den besten *jamón* der Region Monesterio probieren.
- Sich für eines von Spaniens begehrtesten Dinner-Erlebnissen mit gehobener Küche im Atrio (S. 657) in Cáceres in Schale werfen.
- Für ein extremadurisches Picknick in Zafra bei Iberllota (S. 678), **Joaquín Luna** (☎ 924 55 05 37; www.joaquinluna.com; Plaza de España 10; ⏲ Mo–Fr 10–14 & 17.30–20.30, Sa 10–13.30 Uhr) und La Cava del Queso (S. 678) einkaufen.
- Die kräftigen Roten aus der Weinregion Ribera de Guadiana bei Bodegas Medina (S. 676), Palacio Quemado (S. 676) und Bodegas Ruíz Torres (S. 662) probieren.
- Den besten spanischen Käse aufTrujillos Feria del Queso (S. 660) Ende April oder das ganze Jahr bei Zafras **Quesería La Bendita** (☎ 615 266265; Plaza Chica 14; Tapa/Ración ab 4/11 €; ⏲ Di–Sa 12.30–15.30 & 19.30–24, So 12.30–16 Uhr) genießen.

Cáceres

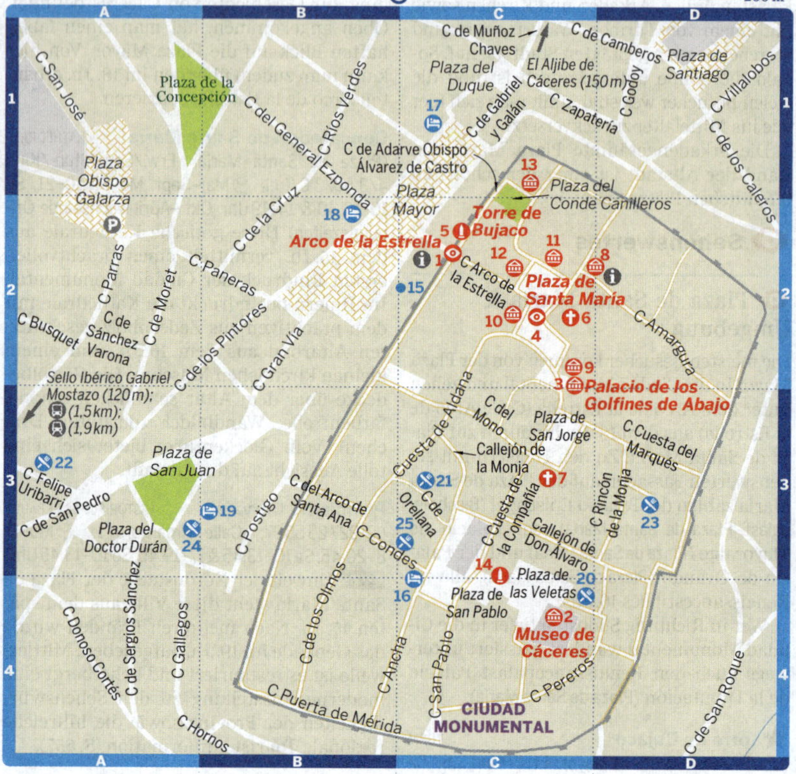

Isabel Moctezuma, Tochter des Aztekenherrschers Moctezuma II., nachdem sie als Braut eines Konquistadors hierhergebracht worden war. Heute befindet sich hier das Stadtarchiv.

Iglesia de San Francisco Javier KIRCHE
(Iglesia de la Preciosa Sangre; Plaza de San Jorge; Erw./Kind 1 €/frei; ⏲ April–Sept. 10–14 & 17–20 Uhr, Okt.–März 10–14 & 16.30–19.30 Uhr) Auf der Plaza de San Jorge steht diese Jesuitenkirche aus dem 18. Jh. mit einer Barockfassade. Man kann den Turm besteigen, um den herrlichen, durch ein Netz aber etwas verdeckten Blick auf die Altstadt zu genießen.

Plaza de San Mateo & Umgebung

★ **Palacio de los Golfines de Abajo** HISTORISCHES GEBÄUDE
(☎ 927 21 80 51; www.palaciogolfinesdeabajo.com; Plaza de los Golfines; Touren Erw./Kind 2,50 €/frei; ⏲ Führungen stündl. Mai–Sept. Di–Sa 10–13 & 17–19, So 10–13 Uhr, Okt–April Di–Sa 10–13 & 16.30–18.30, So 10–13 Uhr) Das prächtige, wunderbar restaurierte Wohnhaus der Familie Golfín aus Cáceres wurde zwischen dem 14. und dem 20. Jh. stückweise errichtet und ist mit historischen Schätzen vollgestopft: Originalwandteppiche und Wandbilder aus dem 17. Jh., eine Büste von Alfons XII. aus dem 19. Jh., eine unterzeichnete Truppenanforderung der Reyes Católicos (Katholische Könige) an ihre Vertreter der Golfín-Familie. Besonders eindrucksvoll ist das Haus wegen der detailreichen theatralischen Führungen (auf Spanisch, Englisch, Französisch und Portugiesisch) durch die vier Wohnräume, eine extravagante Kapelle und ein faszinierendes Dokumentenzimmer.

★ **Museo de Cáceres** MUSEUM
(☎ 927 01 08 77; www.museodecaceres.gobex.es; Plaza de las Veletas; Nicht-EU-/EU-Bürger 1,20 €/

Cáceres

Highlights
1 Arco de la Estrella ... C2
2 Museo de Cáceres ... C4
3 Palacio de los Golfines de Abajo ... C2
4 Plaza de Santa María ... C2
5 Torre de Bujaco ... C2

Sehenswertes
6 Concatedral de Santa María ... C2
7 Iglesia de San Francisco Javier ... C3
8 Palacio de Carvajal ... D2
9 Palacio de la Diputación ... C2
10 Palacio de Mayoralgo ... C2
11 Palacio de Ovando ... C2
12 Palacio Episcopal ... C2
13 Palacio Toledo-Moctezuma ... C1
14 Torre de las Cigüeñas ... C3

Aktivitäten, Kurse & Touren
15 Asociación de Guías Turísticos ... C2

Schlafen
16 Atrio ... C4
17 Hotel La Boheme ... C1
18 Hotel Soho Boutique Casa Don Fernando ... B2
19 NH Collection Palacio de Oquendo ... B3

Essen
20 Alma del Sabor ... C4
Atrio ... (siehe 16)
21 La Cacharrería ... C3
22 La Tahona ... A3
23 Los Siete Jardines ... D3
24 Tapería Yuste ... A3
25 Torre de Sande ... C3

frei; April–Sept. Di–Sa 9–15 & 17–20.30, So 10.15–14.30 Uhr, Okt.–April Di–Sa 9–15 & 16–19.30, So 10.15–14.30 Uhr) Das exzellente Museo de Cáceres erstreckt sich auf zwölf Gebäude eines Herrenhauses aus dem 16. Jh., das über einer eleganten maurischen *aljibe* (Zisterne) aus dem 12. Jh. errichtet wurde. Zur beeindruckenden archäologischen Sammlung gehört ein anmutiges steinernes Wildschwein aus dem 4. bis 2. Jh. v. Chr., und die gleichermaßen ansprechende Kunstsammlung (hinter dem Hauptmuseum, nur vormittags geöffnet) zeigt Werke solcher Größen wie Picasso, Miró, Tàpies und El Greco. Es ist eine von Spaniens meist unterschätzten Sammlungen.

Torre de las Cigüeñas TÜRME
(Storchenturm; Plaza de San Pablo) Zwischen der Plaza de San Mateo und der Plaza de las Veletas steht am höchsten Punkt der Altstadt der einzige Turm der Stadt, der noch Zinnen hat – bei allen anderen wurden sie Ende des 15. Jhs. auf Befehl von Isabella I. entfernt.

Aktivitäten

El Aljibe de Cáceres HAMMAM
(927 22 32 56; www.elaljibedecaceres.com; Calle de Peña 5; Besuch ab 20 €; Di–So 10–14 & 18–22 Uhr) Hier kann man in luxuriösem maurischem Ambiente entspannen – die Architektur ist ebenso wohltuend wie die Auswahl an Anwendungen. Der Grundpreis für ein einfaches Thermalbad beinhaltet Aromatherapie und Kräutertee, verschiedene Massagen kann man hinzubuchen (Bad und Massage ab 27 €).

Geführte Touren

★ **Cuentatrovas de Cordel** STADTFÜHRUNG
(666 836332, 667 776205; www.cuentatrovas.com; Erw. ab 7 €, Kind über/unter 10 J. 5 €/frei) Guides und Schauspieler in historischen Kostümen führen Stadtrundgänge der anderen Art durch die Ciudad Monumental durch. Die Touren sind unterhaltsam, informativ (wenn man Spanisch spricht) und sehr empfehlenswert. Die Startzeiten variieren, und die Spezialität ist ein Nachtspaziergang. Beginn ist am Arco de Estrello.

Asociación de Guías Turísticos STADTFÜHRUNG
(Tourist Guides Association; 927 21 72 37; Plaza Mayor 2; Touren Erw./Kind 6 €/frei) Diese Touristenführer bieten montags bis samstags um 11, 12.30 und 18 Uhr (Oktober bis April 17 Uhr) und sonntags um 11 und 12.30 Uhr 1½ bis 2-stündige Stadtführungen auf Spanisch zu den Highlights der Ciudad Monumental. Die Touren starten am Büro auf der Plaza Mayor. Mindestens 10 Teilnehmer, man kann sich (meist) einer Gruppe anschließen.

Feste & Events

Fiesta de San Jorge FEST DES SCHUTZHEILIGEN
(22–23 Apr) Cáceres feiert zu Ehren seines Schutzheiligen die Fiesta de San Jorge mit Shows, Feuerwerk, Wettkämpfen, einem Schaukampf zwischen Christen und Mauren sowie einem Drachen auf der Plaza Mayor.

WOMAD WELTMUSIK
(World of Music, Arts & Dance; www.womad.org; Mai) Mitte Mai tobt in Cáceres an drei Ta-

ABSTECHER

MALPARTIDA DE CÁCERES & LOS BARRUECOS

Die hübsche weißgetünchte Stadt **Malpartida de Cáceres** (www.malpartidadecaceres.es) südwestlich von Cáceres ist Grund genug, um auf dem Weg von/nach Mérida oder Valencia de Alcántara die N521 für einen Abstecher zu verlassen. Insbesondere von Mai bis September spenden unzählige farbenfrohe Schirme auf der Plaza de los Paraguas Schatten. Malpartida de Cáceres eignet sich auch gut als Ausgangspunkt für Bootsausflüge und andere Aktivitäten auf dem Río Tajo. Doch die wohl größte Attraktion der Region ist das **Monumento Natural Los Barruecos**, eine spektakuläre Felsenlandschaft entlang der Ufer natürlicher Seen mit brütenden Weißstorchkolonien. Die unglaubliche Schönheit dieser Landschaft hat auch die Aufmerksamkeit der Produzenten von *Game of Thrones* erregt – die epischen Schlachtszenen der Episoden vier und fünf der siebten Staffel wurden hier gefilmt.

gen das WOMAD. Zu diesem Anlass treten auf den Plätzen der Altstadt internationale Bands auf.

Schlafen

Hotel La Boheme HOTEL €
(☎ 674 014 060; www.hotellaboheme.com; Plaza Mayor; EZ/DZ/Suite 45/60/80; ❄ 📶) Am unteren nördlichen Ende der Plaza Mayor gelegen, hat das Hotel La Boheme große Zimmer mit wundervoll skuriller Atmosphäre. Sie sind farbenfroh und haben Persönlichkeit, sind aber nicht überladen. Die Terrassensuite ist eine besonders gute Wahl. Zimmer, die zum Platz hinausgehen, sind sehr hell, können aber auch laut sein.

★ **Hotel Soho Boutique Casa Don Fernando** BOUTIQUE-HOTEL €€
(☎ 927 627 176, 927 214 279; www.casadonfernando.com; Plaza Mayor 30; EZ/DZ ab 55/65 €; P ❄ 📶) Direkt gegenüber vom Arco de la Estrelle an der Plaza Mayor befindet sich das schickste Hotel der mittleren Preisklasse. Die Zimmer im Boutiquestil erstrecken sich über vier Etagen und sind geschmackvoll-modern eingerichtet, inklusive glänzenden Bädern mit Glastüren. Von den teureren „Superior"-Zimmern hat man den schönsten Blick auf die Plaza (am Wochenende kann es abends allerdings laut werden), und Familien treffen mit den Mansardenzimmern im Obergeschoss eine gute Wahl. Der Service ist perfekt: professionell, aber freundlich.

NH Collection Palacio de Oquendo HISTORISCHES HOTEL €€
(☎ 927 215 800; www.nh-collection.com; Plaza de San Juan 11; Zi. ab 95 €; ❄ 📶) In diesem wunderschön aufgemöbelten Palast aus dem 16. Jh. erwarten die Gäste elegante, große Zimmer in Cremefarben, die mit Kaffeesets, dicken Matratzen, angenehmem Licht und stilvollen, modernen Bädern eingerichtet sind. Am besten sind die Balkonzimmer mit Blick auf die Plaza de San Juan. In der **Tapería Yuste** (Tapas 4,85 €, raciones 9–19 €, Menüs 21,50–30 €; ⏲ 13–16 & 20–24 Uhr) im Hotel gibt's köstliche innovative Tapas.

★ **Atrio** BOUTIQUE-HOTEL €€€
(☎ 927 242 928; www.restauranteatrio.com; Plaza de San Mateo 1; DZ 270–500 €; P ❄ 📶 🏊) Ein makelloser moderner Stil, sinnliche Zimmer in Weißtönen und mehrere richtig gute originale moderne Kunstwerke prägen diese fabelhafte Kombination aus Fünf-Sterne-Boutique-Hotel und einem der am höchsten gelobten spanischen Restaurants. Die Altstadtlage ist hervorragend: Auf dem von Orangenbäumen gesäumten Dach mit Pool und einer Terrasse hat man einen tollen Panoramablick auf Cáceres. Dazu kommt der erstklassige persönliche Service – kein Wunder, dass das Atrio als eines der besten Hotels der Extremadura gilt.

Essen

Los Siete Jardines CAFÉ €
(☎ 927 217 336; www.lossietejardines.es; Calle Rincón de la Monja 9; Snacks & kleine Gerichte 5 €; ⏲ Mo–Fr 16–open end, Sa & So 12 Uhr–open end) Versteckt im Gewirr der Altstadtgassen liegt das Los Siete Jardines – zugleich eine Galerie für moderne Kunst, kultureller Treffpunkt und unkonventionelles Café. Im Garten kann man sich inmitten der berühmten Bauwerke der Stadt Kaffee und einen Snack oder ein kleines Gericht schmecken lassen; wer im Innenraum aus Ziegeln und Steinen sitzen will, genießt den Altstadtblick durch die Panoramafenster.

★ **La Cacharrería** TAPAS €€
(☎ 927 03 07 23; lacacharreria@live.com; Calle de Orellana 1; Tapas 5 €, raciones 10–18 €; ⏲ Restaurant Do–Mo 12.30–16 & 20.30–24 Uhr, Café Do–Sa 16–1.30, So 16–23 Uhr; ☑) Lokale Aromen und Zutaten vereinen sich in dieser gerammelt vollen, minimalistisch gestalteten Tapasbar in einem Altstadthaus zu exquisiten Speisen mit internationalen Einflüssen. Das *solomillo* (Lendenfilet) in Torta-del-Casar-Käse wird in Martinigläsern serviert, und Köstlichkeiten wie Guacamole, Hummus, Falafel und „Salsiki" sind ein Geschenk für Vegetarier. Reservieren kann man hier nicht; am besten um 13.45 bzw. 20.30 Uhr da sein.

★ **Atrio** MODERN SPANISCH €€€
(☎ 927 24 29 28; www.restauranteatrio.com; Plaza de San Mateo 1; Menüs ab 135 €; ⏲ 14–16 & 20.30–23.30 Uhr; ☑) Cáceres' Gourmetrestaurant Nummer eins hat eine fantastische Lage im Herzen der Altstadt. Elegantes modernes Design und ein zugleich förmlicher und freundlicher Service bilden den Rahmen für wundervolle innovative kulinarische Kreationen. Der Schwerpunkt liegt auf Zutaten aus der Region von bester Qualität, die bei einem Degustationsmenü mit zwölf bis dreizehn Gängen serviert werden. Bei Bestellung im Voraus sind auch vegetarische und glutenfreie Menüs erhältlich. Unbedingt reservieren!

Torre de Sande FUSION-KÜCHE, SPANISCH €€€
(☎ 927 21 11 47; www.castillodelaarguijuela.com; Calle Condes 3; Hauptgerichte 19–26 €, Menüs 28–40 €; ⏲ Di–So 13.30–16 & Mi–Sa 20.30–24 Uhr; ☑) Im Herzen der Ciudad Monumental speist man in dem schönen Hof dieses eleganten Restaurants Spanferkelbraten oder Ziegenkitz oder auch exquisite Gerichte wie Meersfrüchte gefüllt mit *merluza* (Seehecht) oder Tomaten-Basilikum-Suppe mit Ziegenkäse und Feigen. Etwas bescheidener geht es in der angeschlossenen belebten *tapería* (Tapasbar) bei Drinks und Tapas zu.

ℹ Praktische Informationen

Oficina de Turismo (☎ 927 11 12 22, 674 301332; www.turismoextremadura.com; Plaza Mayor; ⏲ Juni–Sept. 10–14 & 17.30–20.30 Uhr, Okt.–Mai 10–14 & 16.30–19.30 Uhr) Auf der Plaza Mayor; konzentriert sich auf die Stadt und Sehenswürdigkeiten in der Umgebung von Extremadura.

Oficina de Turismo (☎ 927 25 55 97; www.turismocaceres.org; Palacio Carvajal, Calle Amargura 1; ⏲ Mo–Fr 8–20.45, Sa 10–13.45 & 17–19.45, So 10–13.45 Uhr) Befindet sich im Palacio de Carvajal.

ℹ An- & Weiterreise

BUS

Der **Busbahnhof** (☎ 927 23 25 50; www.estacionautobuses.es; Calle Túnez 1, ⏲ 6.30–22.30 Uhr) liegt 2 km südwestlich der Altstadt.

ZIEL	PREIS	DAUER	HÄUFIGKEIT (TÄGLICH)
Badajoz	6,30 €	1¼ Std.	3–6
Madrid (normal/ Express)	23/30 €	4½/ 3¾ Std.	5/2
Mérida	6,50 €	1 Std.	2–3
Plasencia	5,90 €	50 min	1–4
Trujillo	3,65 €	45 min	5–6

ZUG

Vom Bahnhof 2,5 km südwestlich der Altstadt fahren mindestens vier Züge täglich von/nach Madrid (28–33 €, 3¾–4¼ Std., 5-mal täglich), Mérida (6,10–7,35 €, 1 Std., 6-mal täglich) und Plasencia (5,20–6,05 €, 1 Std., 4-mal täglich).

Casar de Cáceres

4604 EW.

Eine Freude für Käseliebhaber! Die Extremadura ist zwar eher für ihren *jamón* berühmt, wird aber in kulinarischen Kreisen ebenso für den cremigen Käse Torta del Casar gefeiert. Der Geburtsort des regionalen Schatzes ist Casar de Cáceres, das 12 km nördlich von Cáceres liegt und ab der N630 nach/von Plasencia gut ausgeschildert ist; noch heute wird hier der Käse produziert – von Cáceres ist es ein kurzer Feinschmeckerausflug.

Sehenswertes

Museo del Queso MUSEUM
(☎ 927 290081; Calle Barrionuevo Bajo 7; ⏲ Di–Sa 10–14 Uhr) GRATIS In dem kleinen Museum erfährt man alles zur extremadurischen Torta del Casar. Der kräftige, cremige Käse lagert 40 Tage und wird oft als Belag auf *tostas* (offene Sandwiches), aber auch mit Steaks und heutzutage in kreativen modernen Zubereitungen gegessen. Die meisten Ausstellungen sind nur auf Spanisch, aber sie lohnen sich auch, wenn man kein Spanisch spricht.

ℹ An- und Weiterreise

Wenn man kein Auto hat, nimmt man einen der acht Busse, die von Montag bis Freitag (samstags zwei) zwischen dem Busbahnhof Casar de Cáceres und Cáceres verkehren (2,10 €, 20 Minuten).

Alcántara

1518 EW.

Alcántara ist das arabische Wort für „Die Brücke", und tatsächlich erstreckt sich unterhalb dieser entlegenen Ortschaft eine spektakuläre **römische Brücke** über den Río Tajo. In Alcántara selbst lohnt sich die Besichtigung der alten Stadtmauer, der Ruine der maurischen Burg, verschiedener beeindruckender Gebäude und des gewaltigen **Conventual de San Benito** aus der Renaissancezeit – ein wirklich schöner Umweg über Spaniens Inland.

Sehenswürdigkeiten

Um einen Teil der Puente Romano von oben zu sehen, folgt man 100 m westlich der Iglesia de Santa María de Almocóvar der Calle de Carnicería, dann geht man weiter auf dem Fußgängerweg, der etwa 250 m bergab zu einem *mirador* (Aussichtsturm) führt.

Es gibt allerdings auch noch einen besseren **mirador**, von dem man trotz der Hochspannungsleitungen sowohl die Stadt als auch die Puente Romano sehen kann. Um dort hinzukommen, fährt man über die Puente Romano die EX207 in Richtung Portugal. Nach nur 1 km biegt man bei dem Schild „Embalse" und dem (jetzt geschlossenen) Campingplatz ab. Der Aussichtspunkt befindet sich nach 400 m auf der rechten Seite.

Puente Romano BRÜCKE

Im Nordwesten von Alcántara unterhalb eines riesigen Dammes, der das Embalse de Alcántara (Alcántara-Resevoir) staut, überspannt eine überwältigende römische aus dem 2. Jh. stammende Brücke den Río Tajo – 204 m lang, 61 m hoch, mit sechs Bögen und über die Jahrhunderte mehrfach verstärkt. Durch die Restaurationen sieht man der Brücke zwar ihr Alter nicht mehr ganz so an, aber sie ist immer noch ein umwerfender Anblick. Ab der Brücke verläuft ein wunderschöner 20 km langer Rundwanderweg am Fluss entlang und dann die Hügel hinauf durch ein Dorf und an einem prähistorischen *menhir* (stehender Stein) vorbei.

Conventual de San Benito ABTEI

(☎ 927 39 00 81; Calle Regimiento de Argel; ⊙ stündl. Touren April–Okt. Mo–Fr 10.15–13.15 & 17–19, Sa 11.15–13.15 & 17–19, So 11.15–13.15 Uhr, Nov.–März wechselnde Öffnungszeiten) GRATIS

Welch Überraschung im Hinterland der Extremadura! Erbaut wurde das Kloster im 16. Jh., um den Orden de Alcántara zu beherbergen. Dieser gehört zum Orden der Reconquista-Ritter – teils Mönche, teils Soldaten –, die überwiegend den Westen der Extremadura als privates Lehensgut beherrschten. Diese prachtvolle Abtei wurde im 19. Jh. verlassen. Die Highlights dieses restaurierten Klosters sind der gotische Kreuzgang und die perfekt proportionierte dreigliedrige Loggia. Gratis im Rahmen geführter Besichtigungen (Glocke läuten, wenn die Tür geschlossen ist).

Schlafen

Hospedería Conventual de Alcántara HISTORISCHES HOTEL €€

(☎ 927 390638; www.hospederiasdeextremadura.es; Carretera del Poblado Iberdrola; Zi. inkl. Frühstück ab 75 €; P ❄ 📶 ≋ 🐾) Am Ostrand der Stadt erfreut sich dieses komfortable, stilvolle Hotel einer herrlichen Lage in einem Kloster aus dem 15. Jh., das später zu einer Mehlfabrik umgewandelt wurde. Die hellen limettengrünen Zimmer sind sehr farbenfroh gestaltet. Das Restaurant serviert extremadurische Spezialitäten und allerlei Gerichte mit wilden Pilzen und dem strengen, cremigen Käse Torta del Casar.

Shoppen

Artesanía Pepi ESSEN

(☎ 605 929657, 927 39 09 38; Calle Arco de la Concepción 3; ⊙ 10–14 & 15–20 Uhr) Dieser wunderschöne alte Gebäckladen verkauft das bei Einwohnern allseits beliebte *mormentera*. Es ist gefüllt mit Honig und Mandeln und spiegelt die Vergangenheit der Region mit arabischen und sefardischen Einflüsse wider. Die Öffnungszeiten variieren – wenn es geschlossen ist, an der Touristeninformation nachfragen.

Praktische Informationen

Oficina de Turismo de Alcántara
(☎ 927 39 08 63; www.alcantara.es; Avenida de Mérida 21; ⊙ Mo–Fr 10–14 & 16.30–18.30, Sa & So 10.30–14.30 Uhr)

An- & Weiterreise

Mirat (☎ 927 23 33 54; www.mirat-transportes.es) betreibt von Montag bis Freitag täglich vier Busse von/nach Cáceres (6,80 €, 1½ Std.), aber am Wochenende fahren keine.

Trujillo

9436 EW.

Ob in warmem Sommerlicht gebadet oder in Winternebel eingehüllt – Trujillo strahlt immer eine besondere Magie aus. Das historische Zentrum der Stadt zählt zu den am besten erhaltenen Mittelalterstädten Spaniens. Es beginnt an der Plaza Mayor und zieht sich in seiner Pracht den gesamten Hügel hinauf: Innerhalb der 900 m langen Stadtmauer, die die Oberstadt umschließt, erstreckt sich ein Labyrinth aus Gassen mit Villen, grünen Höfen, Obstgärten, ruhigen Plazas, Kirchen und Klöstern. Die Mauer wurde im 16. Jh. errichtet, nachdem Trujillos Söhne als reiche Eroberer aus Amerika nach Hause zurückkehrten, und was sie ihrem Heimatort vermacht haben, lebt auf wunderbare Weise weiter.

Sehenswertes

★ Plaza Mayor — PLATZ

Trujillos Plaza Mayor, einer der schönsten Plätze des Landes, ist geprägt von steinernen Barock- und Renaissance-Bauwerken mit kunstvollen Fassaden sowie einem von Türmen, Kuppeln, Zinnen und Storchennestern dominierten Stadtbild.

Die Plaza beherrscht eine große bronzene **Reiterstatue** (Plaza Mayor) des Eroberers Francisco Pizarro, ein Werk des amerikanischen Bildhauers Charles Rumsey. Aber nichts ist, wie es scheint: Ursprünglich soll der amerikanische Künstler eigentlich Hernán Cortés abgebildet haben und wollte sein Werk Mexiko übergeben. Weil das Land allerdings nichts für Cortés übrig hatte, lehnte es das Geschenk ab. Und so wurde es schließlich Trujillo als Pizarro überreicht.

An der Südseite des Platzes ist eine Ecke des **Palacio de la Conquista** (Plaza Mayor) aus dem 16. Jh. mit Reliefs von Pizarro und seiner Geliebten Inés Yupanqui (Schwester des Inkaherrschers Atahualpa) geschmückt. Rechts davon sieht man ihre gemeinsame Tochter Francisca Pizarro Yupanqui mit ihrem Mann (und Onkel) Hernando Pizarro. Das Gebäude wurde in den 1560er-Jahren für Hernando und Francisca errichtet, als Ersterer – übrigens Pizarros einziger Bruder, der keines gewaltsamen Todes in Peru starb – nach 20 Jahren aus dem Gefängnis entlassen wurde, wo er wegen Mordes eingesessen hatte. Weiter oben zeigt ein Flachrelief das Wappenschild der Pizarro-Familie (zwei Bären und eine Kiefer), die Mauern von Cusco (im heutigen Peru) und Pizarros Schiffe.

Nicht weit vom nordöstlichen Rand der Plaza steht der **Palacio de los Duques de San Carlos** (Palacio de los Carvajal Vargas; Plaza Mayor) mit einem nüchternen klassischen Patio, einer prächtigen Granittreppe und den markanten Ziegelschornsteinen im Mudejarstil. (Manche sagen, sie repräsentieren die von den Spaniern eroberten Kulturen der Neuen Welt).

Auf der Plaza thront außerdem die **Iglesia de San Martín** (Plaza Mayor; Erw./Kind 1,50 €/frei; ⏲ April–Sept. 10–12 & 17–20 Uhr, Okt.–März 10–14 & 16–19 Uhr) aus dem 16. Jh. Über der einschiffigen Kirche erstreckt sich eine kunstvolle gotische Decke. Sehenswert sind auch die markanten Buntglasfenster, der Altar von 1724 und eine prächtige Orgel aus dem 18. Jh. Den besten Blick hat man von der Chorempore (rechts vom Eingang).

★ Castillo de Trujillo — BURG

(Erw./Kind 1,40 €/frei; ⏲ April–Sept. 10–14 & 17–20 Uhr, Okt.–März 10–14 & 16–19 Uhr) Trujillos märchenhafte Burg aus dem 10. Jh. thront auf der Spitze des 600 m hohen Hügels. Wie man am hufeisenförmigen Tor des Haupteingangs sieht, ist sie muslimischen Ursprungs. Später wurde das Gebäude von den Christen befestigt. Oben von den Zinnen schweift der Blick ungehindert in die Ferne (besonders prächtig ist der Sonnenuntergang). Man kann die verfallene *aljibe* (Zisterne) besuchen und auf einen Turm steigen, der die Klause von Unserer Frau des Sieges, der Schutzpatronin von Trujillo, beherbergt. Wenn man 50 *céntimo* in einen Schlitz einwirft, dreht sie sich in ihrer Nische. Man sieht sie auch über dem Eingangstor, wenn man sich dem Tor nähert.

★ Iglesia de Santa María la Mayor — KIRCHE

(Plaza de Santa María; Erw./Kind 2 €/frei; ⏲ 10.30–14 & 16.30–19.30 Uhr) Diese Kirche aus dem 13. Jh. ist ein grandioses Bauwerk. Sie hat ein überwiegend gotisches Kirchenschiff und zwei Türme, von denen man einen tollen Blick auf Trujillo, die Burg und die weite Landschaft hat. Den prächtigen Altar schmücken 25 Gemälde des spanischen Künstlers Fernando Gallego im spanisch-flämischen Stil, die in brillanten Farben Szenen aus dem Leben von Maria und Jesus darstellen. Die Torre Julia hat 124 Stufen und ist eine romanische Wucht, während man in der Torre Nueva mit 106 Stufen interessante architektonische Besonderheiten auf dem ersten Treppenabsatz findet.

EIN EINZIGARTIGER SWIMMINGPOOL

Hotelswimmingpools sind das eine. In einem alten römischen Steinbruch zu schwimmen aber ist etwas völlig anderes. Die Steine für den Puente Romano wurden von den Römern im **Cantera de Alcántara** abgebaut. In den letzten zwei Jahrtausenden füllte sich dieses tiefe Loch mit Wasser und ist nun ein wunderschöner Ort zum Schwimmen, umgeben von gewaltigen Felswänden, die stufenförmig aufsteigen, und einem kleinen Sandstrand.

Um den Swimmingpool zu erreichen, fährt man auf der EX207 über den Puente Romano in Richtung Portugal. Nach nur 1 km biegt man bei dem ausgeschilderten „Embalse" zum Campingplatz (jetzt geschlossen) ab, verlässt die EX207 und folgt der Straße 2,7 km. Am Ende der asphaltierten Straße befindet sich der Cantera auf der linken Seite.

Centro de Visitantes Los Descubridores MUSEUM
(Cuesta de la Sangre; Erw./Kind 1,50 €/frei; ⌚ April–Sept. 10–14 & 17–20 Uhr, Okt.–März 10–14 & 16–19 Uhr) Dieses Museum wurde 2016 eröffnet und umfasst die aus dem 17. Jh. stammende Iglesia de la Preciosa Sangre de Cristo mit einer Ausstellung zu Spaniens Eroberung des amerikanischen Doppelkontinents und den überlebensgroßen Helden von Trujillo. Die Ausstellung hebt die Rolle der Religion hervor, zeigt eine Zeitachse der Eroberung und widmet sich den Menschen Trujillos in aller Welt. Überraschenderweise werden die amerikanischen indigenen Völker kaum erwähnt, außer der Atahualpa in Form einer hölzernen Büste – es ist fast, als existierten sie nicht.

Casa-Museo de Pizarro MUSEUM
(Calle del Convento de las Jerónimas; Erw./Kind 1,50 €/frei; ⌚ April–Sept. 10–14 & 17–20 Uhr, Okt.–März 10–14 & 16–19 Uhr) Hoch oben in der oberen Altstadt (ausgeschildert von der Puerta de Santiago) befindet sich dieses kleine Museum in einem Wohnhaus aus dem 15. Jh., das der Pizarro-Familie gehört haben soll. Es zeigt historische Möbel, diversen Schnickschnack von den Eroberungszügen Pizarros und im Obergeschoss historische Ausstellungen (auf Spanisch, teils auf Englisch) zur spanischen Eroberung Amerikas.

Geführte Touren

An der Touristeninformation (S. 662) starten täglich um 11 und 17.30 Uhr (Oktober bis März 16.30 Uhr) informative, flotte Führungen (auf Spanisch) durch Trujillo. Tickets kosten 7,50 € (Kinder kostenlos). Die Führung beinhaltet das Castillo de Trujillo, die Iglesia de Santa María la Mayor, die Casa-Museo de Pizarro, die Iglesia de Santiago, die Aljibe Hispano-Musulmán (die sonst nicht zu besichtigen ist) und die Plaza Mayor. Mit den Tickets hat man auch freien Eintritt in die Iglesia de San Martín, das Centro de Visitantes Los Descrubridores und die Torre del Alfiler. Bei vorheriger Buchung sind eventuell auch Führungen in anderen Sprachen möglich.

Feste & Events

Feria del Queso ESSEN & TRINKEN
(www.feriadelquesotrujillo.es; ⌚ Ende April–Anfang Mai) Käsehersteller aus ganz Spanien (und aus dem Ausland) treffen sich an der Plaza Mayor, um Trujillos würzige Feria del Queso zu feiern.

Fiestas de Trujillo STADTFEST
(⌚ Ende Aug.–Anfang Sept.) Die Stadt erwacht während der jährlichen Fiestas de Trujillo mit Musik, Theater und jeder Menge Party zum Leben.

Schlafen

★ **El Mirador de las Monjas** HOTEL €
(☎ 927 65 92 23; www.elmiradordelasmonjas.com; Plaza de Santiago 4; Zi. mit/ohne Frühstück 65/55 €; ❄) Im oberen Teil der Altstadt vermietet diese superfreundliche *hostería* (kleines Hotel) helle, makellose, moderne Zimmer in einem eleganten minimalistischen Stil mit vielen Crème- und Weißtönen und herrlichen, glänzenden Bädern. Die Zimmer im Obergeschoss haben schräge Decken sowie eine schöne Aussicht und sind etwas besser als die im Erdgeschoss, doch das Preis-Leistungs-Verhältnis ist bei allen fantastisch. Außerdem gibt's ein ausgezeichnetes **Restaurant** (☎ 927 65 92 23; www.elmiradordelasmonjas.com; Hauptgerichte 10–19 €, Tagesmenü 20 €; ⌚ Ostern–Aug. 13–15.30 & 20–22 Uhr, Okt. & März Fr & Sa 13–15.30 & 20–22, Mo, Do & So 13–15.30 Uhr, Nov.–Feb. geschl.; 📶).

★ **Posada Dos Orillas** HISTORISCHES HOTEL €
(☎ 927 65 90 79; www.dosorillas.com; Calle de Cambrones 6; DZ 50–70 €; 📶) Dieses geschmackvoll renovierte Haus aus dem 16. Jh. liegt in einer tollen Ecke der Altstadt und verströmt viel Atmosphäre. Die 13 komfortablen Zimmer sind dem Geschmack der spanischen Kolonialzeit nachempfunden und tragen die Namen von Ländern, in denen es Städte namens Trujillo gibt. Vom Badezimmer des Zweibettzimmers „Extremadura" kann man einen Blick auf die Kirche Santa Maria erhaschen. Nachts ist es hier wunderbar ruhig, und der persönliche Service der herzlichen Besitzer könnte nicht besser sein. Am Wochenende kosten die Zimmer 10 € mehr.

★ **Eurostars Palacio de Santa Marta** HOTEL €€
(☎ 927 65 91 90; www.eurostarshotels.com; Calle de los Ballesteros 6; DZ Standard/Premium ab 60/90 €; P ❄ 📶 🏊) Oberhalb der Plaza Mayor wartet der renovierte Palast Santa Marta aus dem 16. Jh. mit schicken Zimmern mit Holzböden (ausgestattet mit Tee-/Kaffeeset und großen Bädern) sowie einigen bildschönen original erhaltenen Elementen wie z. B. freiliegenden Steinwänden und hohen Decken auf. Von dem nur im Sommer geöffneten Pool genießt man einen fabelhaften Blick über die Dächer der Stadt. Wer auf den Platz schauen will, muss ein Premium-Zimmer buchen. Das geräumige Zimmer 208 mit seinem kleinen Säulenbalkon ist herrlich! Herausragendes Frühstück.

Parador de Trujillo HISTORISCHES HOTEL €€
(☎ 927 32 13 50; www.parador.es; Calle Santa Beatriz de Silva 1; Zi. 75–160 €; P ❄ @ 📶 🏊) In Anbetracht der vielen Hotels in historischen Gebäuden ist es keine Überraschung, dass auch dieser *parador* (luxuriöses staatliches Hotel) in einer Abtei aus dem 16. Jh. untergebracht ist. Große Zimmer mit Terrakottafliesen an den Wänden und dezenten historischen Akzenten zweigen von zwei atmosphärischen Gängen ab, die von Orangen- und Olivenbäumen gesäumt werden. Das Frühstück wird in einer restaurierten Kapelle serviert und es gibt einen Sommerpool. Es befindet sich in den verwinkelten Hintergassen der Altstadt 350 m östlich der Plaza Mayor.

Essen

Mesón La Troya SPANISCH €
(☎ 927 32 13 64; www.mesonlatroya.com; Plaza Mayor 10; Hauptgerichte 7–22 €, Menü 16–25 €; ⏲13–16 & 20–23 Uhr; 👪) In dem landesweit für seine großzügigen Portionen bekannten Restaurant in bester Lage an der Plaza Mayor bekommt man bodenständige *comida casera* (Hausmannskost). Das Essen ist gut, aber vor allem reichlich. Mittags wird man in einem von mehreren Gasträumen platziert und noch ehe man das dreigängige Menü bestellt hat, stehen Tortillas, Chorizo und Salat mit Tomaten auf dem Tisch. An den Wochenenden reicht die Schlange bis auf die Straße.

★ **El 7 de Sillerías** SPANISCH €€
(☎ 927 32 18 56; www.el7desillerias.com; Calle Sillerías 7; raciones 9–22 €, Hauptgerichte

WAS ISST MAN IN DER EXTREMADURA?

➡ *Migas extremeñas* (gebratene Brotkrumen mit Knoblauch, Paprikaschoten und Schweinefleisch) im Mesón La Troya (S. 661) oder mit Honig bei Tabula Calda (S. 675).

➡ *Caldereta de cabrito* (Schmortopf vom Zicklein) im Villa Xarahiz (S. 667).

➡ *Cochinillo asado* (gebratenes Spanferkel) im **La Tahona** (☎ 620 389991; www.asadorlatahonadecaceres.com; Calle Felipe Uribarri 4; Tapas ab 4,50 €, raciones 12–22 €, Hauptgerichte 18–28 €, Tagesmenü 15–35 €; ⏲13–16 & 20–23 Uhr).

➡ Torta del Casar (ein kräftiger, cremiger Käse serviert auf einem Toast), in vielen Lokalen, einschließlich **Fusiona Gastrobar** (☎ 924 10 29 36; Calle de José Ramón Mélida, 14; Tapas ab 4,50 €; ⏲ Di-So 12-24 Uhr; 📶) oder **Alma del Sabor** (☎ 927 22 76 82; www.restaurantealmadelsabor.com; Plaza de las Veletas 4; Tapas 5,50 €, Hauptgerichte 12,50–22 €, Tagesmenü 17,50 €; ⏲12–15.30 & 19.30–23.30 Uhr) 🌿.

➡ *Jamón ibérico* (iberischer Schinken), überall, aber vorzugsweise in den Bars von Monesterio (S. 677); das Bergdörfchen Montánchez ist auch für seinen erstklassigen *jamón bekannt.*

10–24 €; ⌚ Mi–Mo 12 Uhr–open end;) Mit der freundlichen Atmosphäre, der schicken Inneneinrichtung mit Holzbalken und dem elegant präsentierten traditionellen Essen ist diese Kombination aus Café, Bar und Restaurant nahe der Südostecke der Plaza Mayor das beste Lokal der Stadt. Geschmackvolle Gerichte von der Karte sind z. B. Käse- und *jamón*-Platten mit Produkten aus der Extremadura, iberisches Schweinefleisch in verschiedenen Varianten und enorme *parrilladas de verduras* (Platten mit gegrilltem Gemüse). Im Café-Bar-Bereich gibt's *raciones* (Portionen auf großen Tellern), *bocadillos* (belegte Brötchen) und *tostas* (belegter Toast).

Restaurante Corral del Rey SPANISCH €€
(927 32 30 71; www.corraldelreytrujillo.com; Plazuela Corral del Rey 2; Hauptgerichte 12–28 €, Menü 25–36 €; ⌚ April–Sept. Mo–Sa 13.30–16 & 21–23.30 Uhr, Okt.–April 13.30–16 & 20.30–23.30 Uhr, Mi & So abends geschlossen) In diesem klassisch eleganten Restaurant an einer Ecke der Plaza Mayor gibt's vier intime Speisezimmer – stimmungsvoll ist das unterirdische Backsteingewölbezimmer. Hier bestellt man eines der ausgezeichneten Menüs oder man wählt aus dem verlockenden Angebot von Grillgerichten, Braten, Fisch und Suppen. Eine Spezialität ist *bacalao Corral del Rey* (gegrillter Kabeljau in Zucchini und gerösteter Knoblauchsoße).

Praktische Informationen

Oficina de Turismo (927 32 26 77; www.turismotrujillo.com; Plaza Mayor; ⌚ April–Sept. 10–14 & 17–20 Uhr, Okt.–März 16–19 Uhr) Direkt an der Plaza Mayor.

An- & Weiterreise

Der **Busbahnhof** (927 32 12 02; Avenida de Extremadura) befindet sich 1 km südlich der Plaza Mayor.

ZIEL	PREIS (€)	DAUER	HÄUFIGKEIT
Badajoz (Normal/ Express)	12/21	2/ 1¾ Std.	4–4-mal tgl.
Cáceres	3,65	45 Min.	5–6-mal tgl.
Madrid (Normal/ Express)	19/31	3½/ 2¾ Std.	10/3-mal tgl.
Lissabon (Normal/ Express)	30/34	4¼/4 Std.	2/1-mal tgl.

Unterwegs vor Ort

Parken ist auf der Plaza Mayor nur auf den ausgezeichneten Parkplätzen von Montag bis Freitag zwischen 10 und 20 Uhr für 30 Minuten erlaubt. Ohne zeitliche Beschränkung kann man nördlich der Plaza Mayor entlang der Calle de García de Paredes und der Avenida de la Coronación stehen.

Guadalupe

1999 EW.

Guadalupe ist das funkelnde Juwel in der grünen Krone der Berge und Höhen der Sierra de Villuercas (Teil des Geoparque Villuercas, Ibores y Jara). Dichte Kastanien-, Eichen- und Korkwälder gehen in diesen Hügeln in Olivenhaine und Weingärten über und lassen die Herzen passionierter Wanderer höher schlagen. Das strahlend weiße Örtchen ist ein überaus beliebtes Pilgerzentrum, aber auch ein lohnenswertes Reiseziel.

Sehenswertes

★ Real Monasterio de Santa María de Guadalupe KLOSTER
(927 36 70 00; www.monasterioguadalupe.com; Plaza de Santa María de Guadalupe; Kirche Eintritt frei, Kloster mit Führung Erw./Kind 5/2,50 €; ⌚ Kirche 9–10.30 Uhr, Kloster 9.30–13 & 15.30–18.00 Uhr) Einer Legende zufolge befindet sich das berühmte Kloster und UNESCO-Weltkulturerbe an der Stelle, wo ein Schäfer im frühen 14. Jh. eine Vision der Jungfrau Maria hatte. Über der Stätte wurde eine prachtvolle Kirche erbaut, die seitdem Pilger aus aller Welt anzieht. Der Klosterkomplex, im dem mittlerweile neun Franziskanermönche leben, ist auch heute noch eine der wichtigsten Pilgerstätten Spaniens, besonders für Katholiken aus Südamerika und von den Philippinen. Das Gebäude ist ein architektonisches Kleinod voller historischer Schätze.

Bodegas Ruíz Torres WEINGUT
(927 36 90 21; www.ruiztorres.com; Carretera EX116, Km 33; ⌚ 10–14 & 17–20 Uhr) Etwa 6 km südlich von Guadalupe in der Nähe von Puertallano produziert dieses angesehene Weingut Weiß- und Rotwein sowie *cavas* (Schaumwein). Es gibt eine wunderschöne Veranda mit Blick auf die Hügel und es werden ausführliche einstündige Besichtigungen der Weinherstellung mit Weinprobe angeboten. Am Ende hat man die Möglichkeit welchen zu kaufen. Das Weingut befin-

UNSERE LIEBE FRAU VON GUADALUPE

Für wenige Schreine in Spanien begeistert man sich so sehr wie für **Unsere Liebe Frau von Guadalupe** (Virgen de Guadalupe). Die Geschichte beginnt im Jahr 712, als Priester auf der Flucht vor den einfallenden Mauren in Sevilla die Statue der Jungfrau Maria in den Bergen über dem Río Guadalupe vergruben. Anhänger behaupten, dass die Statue von dem Evangelisten Lukas gemeißelt wurde. Sechs Jahrhunderte, nachdem sie vergraben worden war, erschien im 14. Jh. einem örtlichen Schäfer namens Gil Cordero die Jungfrau, als er nach einem verloren gegangenen Tier suchte. Laut Cordero trug die Jungfrau ihm auf, Priester zu genau der Stelle zu führen, an der er die Vision gehabt hatte, und dort zu graben. Als die Priester dies taten, fanden sie die Statue, die seit Jahrhunderten verschwunden gewesen war. Man errichtete an der Stelle einen Schrein, der in den Jahrhunderten danach zu dem üppigen Kloster von heute heranwuchs.

Die ersten Pilger kamen 1326, und 14 Jahre später ließ König Alfonso XI dort ein Hieronymiten-Kloster errichten, nachdem er behauptet hatte, dass die Fürbittgebete an die Jungfrau Maria für seinen Sieg über die maurischen Armeen in der Schlacht von Río Salado verantwortlich gewesen seien. Im Jahr 1492 unterschrieben hier die Reyes Católicos, Isabel und Fernando, die offiziellen Dokumente, die die erste Reise von Christoph Kolumbus (Cristobel Colón) nach Amerika bewilligten, und Kolumbus kam an diesen Ort, um sich für seine erfolgreiche Reise zu bedanken. Am 12. Oktober 1928 führte Papst Pius XI eine sogenannte kanonische Krönung mit der mit Diamanten und Saphiren besetzten Krone durch. Sie kann bei der geführten Tour durch das Kloster besichtigt werden.

det sich südlich vom Pass auf der Straße nach/von Navalvillar de Pela.

Feste & Events

Fiesta de la Virgen de Guadalupe RELIGIÖS
(6.–8. Sept.) Der Ort ehrt seine beliebte Virgen de Guadalupe mit einer komplizierten Zeremonie, bei der die Figur der Jungfrau aus ihrem gewohnten *camarín* (Kämmerchen) geholt, mit speziellen Juwelen geschmückt und für eine kurze Zeit der Öffentlichkeit präsentiert wird. Am Abend des 6. und noch einmal am 8. September (zugleich der regionale Feiertag der Extremadura) wird eine Statue in einer Prozession durch die Straßen getragen.

Schlafen

★ **Hos Pedería del Real Monasterio** HISTORISCHES HOTEL €€
(927 36 70 00; www.hotelhospederiamonasterioguadalupe.com; Plaza de Juan Carlos I; EZ 55–62 €, DZ/3BZ 75/103 €; Mitte Jan.–Mitte Feb. geschl.; P) Hier kann man ein Nationaldenkmal erleben, ohne die üblichen *parador*-Preise zahlen zu müssen. Der gotische Kreuzgang des Real Monasterio – heute beherbergt er ein Café und eine Bar – ist der Mittelpunkt dieses altmodischen, wunderbar atmosphärischen Hotels und geschichtsträchtigen Komplexes. Seine hohen Zimmer sind recht dunkel und altehrwürdig, aber komfortabel und voller Charakter. Von der Lobby geht ein opulenter, mit Blumen geschmückter Patio ab, außerdem gibt's ein gutes Restaurant.

Parador de Guadalupe HISTORISCHES HOTEL €€
(927 36 70 75; www.parador.es; Calle Marqués de la Romana 12; Zi. 95–145 €; P) Guadalupes *parador* befindet sich gegenüber vom Kloster in einem umgebauten Krankenhaus aus dem 15. Jh., das im 16. Jh. als religiöse Schule diente. Die geräumigen Zimmer sind geschmackvoll eingerichtet, und der gepflasterte, von einem klosterähnlichen Säulengang umgebene Innenhof wartet mit einem Brunnen in der Mitte und Zitronen- und Orangenbäumen auf. Zudem gibt's einen herrlichen, nur im Sommer geöffneten Pool und ein schickes (leicht überteuertes) Restaurant.

Essen

Hospedería del Real Monasterio SPANISCH €€
(927 36 70 00; www.hotelhospederiamonasterioguadalupe.com; Plaza de Juan Carlos I; raciones 6–21 €, Hauptgerichte 11–24 €; 13–15 & 21–22.30 Uhr, Mitte Jan.–Mitte Feb. geschl.; P) Hier nimmt man entweder unter den Bögen

ABSEITS DER ÜBLICHEN PFADE

GARROVILLAS DE ALCONÉTAR

Ist man zwischen Alcántara und Cáceres oder Plasencia unterwegs, sollte man Zeit für einen Halt im kleinen Garrovillas de Alconétar einplanen. Dieser ansonsten unscheinbare Ort zeichnet sich durch die bemerkenswerte **Plaza Mayor** aus, die von bogenförmigen Säulengängen und zweistöckigen Gebäuden umgeben wird, welche bis in das 15. Jh. zurückreichen. Sie ist eine der schönsten Plazas der Extremadura.

Hospederia Puente de Alconétar (☎927 30 94 25; www.hospederiasdeextremadura.es/hotel/hospederia-puente-de-alconetar; Plaza de la Constitución 18; EZ/DZ 67/75 €; 📶) ist eine der wenigen Unterkünfte im Ort. Direkt an der historischen Plaza de la Constitución gelegen, ist das Vier-Sterne-Hotel in einem restaurierten Palast aus dem 15. Jh. untergebracht. Die Zimmer sind modern und nüchtern, im alten Flügel haben ein paar jedoch schöne Backsteinwände, die ihnen Charakter verleihen.

des prächtigen gotischen Kreuzgangs oder im üppigen Speisesaal mit antiken Keramiken und Holzmöbeln aus dem 17. Jh. Platz. Es gibt leckere Fleisch- und Fischgerichte, klassische *raciones* sowie zahlreiche hausgemachte Desserts. Dreigangmenüs (15 bis 18 €) erleichtern die Wahl.

Parador de Guadalupe EXTREMADURISCH €€€
(☎927 36 70 75; www.parador.es; Calle Marqués de la Romana 12; Hauptgerichte 17–28 €, Menü 23–35 €; ⌚8–11, 13.30–16 & 20.30–23 Uhr) Das elegante, leicht überteuerte Restaurant des *parador* befindet sich in einem umgebauten Krankenhaus aus dem 15. Jh. Auf der saisonal wechselnden Karte stehen anspruchsvolle Gerichte aus der Extremadura. Das *menu tradicional de Guadalupe* ist besonders gut. Im Sommer kann man im Innenhof essen, in dem Orangenbäume wachsen, während im Hintergrund ein Brunnen plätschert.

Praktische Informationen

Oficina de Turismo de Guadalupe
(☎675 286987, 927 15 41 28; www.oficinadeturismoguadalupe.blogspot.co.uk; Plaza de Santa María de Guadalupe; ⌚10–14 & 16–18 Uhr) Am Hauptplatz gegenüber vom Kloster.

An- & Weiterreise

Busse halten in der Avenida Conde de Barcelona in der Nähe des Rathauses, 200 m südlich der Plaza de Santa María de Guadalupe. Von Montag bis Freitag verkehren täglich zwei Busse (sonntags einer) zwischen **Mirat** (☎927 23 33 54; www.mirat-transportes.es) und Cáceres (13 €, 2½ Std.) mit Halt in Trujillo. **Samar** (☎902 25 70 25; www.samar.es) betreibt täglich ein bis zwei Busse von/nach Madrid (18 €, 4 Std.).

Plasencia

40 663 EW.

Diese freundliche, lebhafte Stadt an einer Biegung des Río Jerte ist das natürliche Zentrum der nördlichen Extremadura. Sie verfügt über eine in weiten Teilen erhaltene Festungsmauer, die allerdings schwer zu erkennen ist, wenn man sich erst einmal in der Stadt befindet. Das attraktive Altstadtviertel mit seinen engen Straßen, romanischen Kirchen, prächtigen Steinpalästen und belebten Tapasbars lohnt einen Streifzug. Zudem ist Plasencia ein guter Ausgangspunkt für Ausflüge in die nahegelegenen Täler La Vera, Jerte und Ambroz.

Sehenswertes

Catedral de Plasencia KATHEDRALE
(☎927 42 44 06; www.catedraldeplasencia.org; Plaza de la Catedral; 4 €; ⌚April–Sept. Di–So 11–14 & 17–20 Uhr, Okt.–März Di–So 11–14 & 16–19 Uhr) Plasencias prächtige Kathedrale besteht eigentlich aus zweien. In der **Catedral Nueva** aus dem 16. Jh. verschmelzen Gotik und Renaissance. Sie hat eine schöne platereske Fassade, einen hohen *retablo* (Altar) und ein Walnussholz-Chorgestühl mit kunstvollen Schnitzarbeiten und einigen Sitzen, die den Reyes Católicos (Katholische Könige) vorbehalten waren. In der romanischen **Catedral Vieja** wird ein Garten mit Brunnen und Zitronenbäumen von Kreuzgängen aus dem 13. Jh. umringt. Die achteckige **Capilla de San Pablo** wartet neben einem dramatischen Gemälde von Caravaggio (1569), das Johannes den Täufer darstellt, mit einem religiösen Museum und dem romanischen Bogeneingang vor der Tür auf.

Plaza Mayor PLATZ
Die belebte arkadengesäumte Plaza Mayor, von der zehn Straßen abgehen, gilt als das Herz der Stadt. Hier gibt's viele Bars und Restaurants, außerdem findet hier seit dem 12. Jh. jeden Dienstag ein Bauernmarkt statt. Der kleine Kerl, der auf der Spitze des gotischen **Rathauses** die Stunde schlägt, heißt El Abuelo Mayorga (Opa Mayorga, eine Replik des Originals aus dem 13. Jh.) und ist Plasencias inoffizielles Wahrzeichen. Das Rathaus schmückt ein Wappen von Karl V.

Schlafen & Essen

★ **Palacio Carvajal Girón** HISTORISCHES HOTEL €€
(☎ 927 42 63 26; www.palaciocarvajalgiron.com; Plaza Ansano 1; Zi. 97–117 €; P ❄ 📶 🏊) Aus der früheren Ruine des zerfallenen Prachtbaus Palacio Carvajal Girón in der Altstadt ist durch den massiven Umbau eine wirklich schicke Adresse geworden. Alle Zimmer sind modern eingerichtet, zugleich wurden viele originale Elemente erhalten, darunter auch Kamine. Die mansardenähnlichen Zimmer im obersten Stock haben schräge Decken und Betonbadewannen oder -duschen im Zimmer, und die elegante Suite in der ersten Etage verfügt über ein riesiges Bad mit den Originalfliesen.

Parador de Plasencia HISTORISCHES HOTEL €€€
(☎ 927 42 58 70; www.parador.es; Plaza de San Vicente Ferrer; Zi. 85–175 €; P ❄ 📶 🏊) Mit seinen massiven Steinsäulen, den hohen Decken und einem traditionellen Kreuzgang im Renaissancestil strahlt der *parador*, einer der schönsten der Extremadura, noch die strenge Atmosphäre des im 15. Jh. errichteten ehemaligen Klosters aus. Die 66 Zimmer sind aber wahrlich keine Mönchszellen, stattdessen sind sie luxuriös möbliert und mit Teppichen, edlen Stoffen, Betten mit geschnitzten Kopfteilen, roten Samtvorhängen und lasierten Terrakottaböden eingerichtet. Die Bar des Hotels befindet sich in einer alten Bodega.

Succo MODERN SPANISCH €€
(☎ 927 41 29 32; www.restaurantesucco.es; Calle Vidrieras 7; Hauptgerichte 10–19 €; ⏲ Mo–Sa 9 Uhr–open end, So bis 16 Uhr; 📶) Im Herzen der Restaurantszene von Plasencia, gleich abseits der Plaza Mayor, tischt diese im urbanen Chic gestaltete Tapasbar köstliche innovative Tapas und *raciones* auf, die im mit Bambus gesprenkelten Gastraum auf hohen weißen Tischen kunstvoll präsentiert werden. Die *huevos rotos* (zerbrochene Eier) mit *jamón* und *patatas panaderas* (Kartoffeln mit Tomaten und Zwiebeln) sind klasse, genau wie der freundliche Service.

Casa Juan EXTREMADURISCH €€
(☎ 655 585 146, 927 42 40 42, www.restaurantecasajuan.com; Calle de las Arenillas 2; Hauptgerichte 15–18 €; ⏲ 13.30–16 & 20.30–23 Uhr, Jan. geschl.; 🖉) Hervorragende *extremeño*-Fleischgerichte (wie Spanferkel) sowie köstliche vegetarische und glutenfreie Speisen warten auf Gäste der einladenden Casa Juan, die sich in einer ruhigen Altstadtgasse versteckt. Regionales Olivenöl und Brot bilden den perfekten Einstieg für eine Mahlzeit, und danach probiert man dann das hausgemachte Torta-del-Casar-Gratin oder das fachmännisch abgehangene *retinto*-Rindfleisch. Abgerundet wird das kulinarische Erlebnis durch preiswerte Weine aus ganz Spanien.

Praktische Informationen

Oficina de Turismo (☎ 927 42 38 43; www.plasencia.es; Calle de Santa Clara 4; ⏲ Mo–Fr 8–15 & 16–19, Sa & So 10–14 & 16–19 Uhr) Informationen zu Plasencia und dem Norden der Extremadura.

An- & Weiterreise

BUS

Der **Busbahnhof** (☎ 927 41 45 50; Calle de Tornavacas 2) liegt 1 km östlich der Plaza Mayor. Busse steuern **Cáceres** (6 €, 50 Min., 1–4-mal tgl.), **Madrid** (18–23 €, 3½ Std., 2–3-mal tgl.) und **Salamanca** (11 €, 1½–2¼ Std., 7–8-mal tgl.) an. Busse fahren auch in kleinere Städte im Norden der Extremadura.

ZUG

Der Bahnhof liegt 1 km südwestlich der Stadt abseits der Avenida de España (der Straße nach Cáceres). Täglich fahren bis zu vier Züge von Plasencia nach Madrid (24–28 €, 2¾ Std.), Cáceres (5,20–6,05 €, 1 Std.) und Mérida (13–15 €, 2 Std.).

La Vera

Das üppige La Vera ist von den Sierras de Tormantos und der Sierra de Gredos umgeben, die oft bis in den Mai hinein mit Schnee bedeckt sind. In der Region werden Himbeeren, Spargel und vor allem der für seinen rauchigen Geschmack bekannte und in schönen altmodischen Blechbüchsen verkaufte *pimentón* (Paprika) angebaut. Typisch für La Vera sind auch die schiefen Fachwerkhäuser, deren herausragende obere Stockwerke von Holz- oder Steinsäulen abgestützt werden. La Vera eignet sich mit seinen sprudelnden Flüssen und den guten Straßen bestens für eine schöne Autotour von Plasencia aus.

Sehenswertes

★ Monasterio de Yuste KLOSTER

(☎ 902 04 44 54; www.patrimonionacional.es; Carretera de Yuste, Cuacos de Yuste; Erw./Kind 7/4 €, Audioguide/Guide 3/4 €, Mi & Do Eintritt frei für EU-Bürger in den drei Stunden vor Schließung; ⌚ April–Sept. 10–20 Uhr, Okt.–März 10–18 Uhr; P) In hübscher, schattiger Lage, 1,5 km nordwestlich von Cuacos de Yuste, befindet sich das Monasterio de Yuste. Nachdem Karl I. von Spanien (auch bekannt als Karl V. von Österreich) sich als Herrscher über einen Großteil von West- und Mitteleuropa zurückgezogen hatte, ging er 1557 in das Kloster, um dort seinen Lebensabend zu verbringen. Es ist ein stimmungsvoller Ort inmitten bewaldeter Hügel und bildet damit einen friedlichen Kontrast zur Pracht der vielen königlichen Bauwerke anderswo in Spanien.

Feste & Events

Los Empalaos RELIGIÖS

(Valverde de la Vera; ⌚ März/April) Wenn es in der Nacht zum Karfreitag Mitternacht schlägt, wird Valverde de la Vera Schauplatz der Los Empalaos („Die Gepfählten"), eines der kuriosesten religiösen Feste Spaniens. Reuigen Sündern aus der Gegend werden dabei die Arme an einen Balken gebunden und ihre fast nackten Körper von der Taille bis zu den Fingerspitzen fest mit 60 m langen Stricken umwickelt. Diese „wandelnden Kruzifixe" legen dann barfuß, mit zwei Schwertern auf den Rücken gebunden, verschleiert und mit Dornenkronen versehen einen schmerzhaften Kreuzweg quer durch die Menge zurück.

Schlafen

★ Parador de Jarandilla HISTORISCHES HOTEL €€

(☎ 927 56 01 17; www.parador.es; Avenida de García Prieto 1, Jarandilla de la Vera; Zi. 85–115 €; P ❄ 📶 ≋) In diesem herzlichen, gastfreundlichen Hotel kann man sich wie ein Burgherr fühlen. Schon Karl I. nächtigte ein paar Monate in der stilvollen Burg aus dem 15. Jh., bis die Bauarbeiten in seinem Kloster beendet waren. Innerhalb der dicken Mauern und Türme verbergen sich mit historischen Möbeln eingerichtete Zimmer, die herrlich komfortabel, aber nicht aufdringlich pompös sind, sowie ein typischer Innenhof mit einem erstklassigen Restaurant.

La Vera de Yuste CASA RURAL €€

(☎ 927 17 22 89; Calle Teodoro Perianes 17, Cuacos de Yuste; EZ/DZ inkl. Frühstück 55/75 €; ❄) Ein Kleinod in der Nähe der Plaza Mayor

LA VERAS DÖRFER ERKUNDEN

Zuerst geht's zum hübsch gelegenen **Pasarón** mit seinem aus dem 16. Jh. stammenden Palast der Condes de Osorno. Östlich davon liegt **Jaraíz**, Hauptsitz von *pimentón de la Vera* und ein guter Ort, um etwas zu essen. Wandert man nordöstlich weiter, gelangt man nach **Cuacos de Yuste** mit jeder Menge typischer Fachwerkhäuser und netten Plätzen sowie einem adelig anmutenden Kloster (S. 666) in der Nähe. Östlich befindet sich **Jarandilla**, eines von La Veras schönsten Dörfern. Seine burgähnliche Kirche wurde von den Tempelrittern erbaut und besitzt ein uraltes Taufbecken aus dem Heiligen Land, während in der Burg aus dem 15. Jh. einst Karl V. lebte. Nach Jarandilla folgt **Valverde**, das Zuhause des Osterrituals **Los Empalaos** (S. 666), mit seiner Kirche aus dem 15. Jh. und der hübschen Plaza de España mit ihren Holzbalkonen. Dann führt der Weg das Tal hinauf weiter nach **Madrigal** mit seiner majestätischen **römischen Brücke** (Puente de Alardos; Madrigal de la Vera). Zurück geht's über **Garganta La Olla**, ein malerisches steiles Dorf mit überhängenden Balkonen an der Hauptstraße und jahrhundertealten Inschriften an den Türen. Von hier schlängelt sich die Straße spektakulär über den 1269 m hohen Pass **Puerto de Piornal** (Piornal ist für seinen *jamón bekannt*) und hinab in das mit Kirschbäumen übersäte Valle del Jerte.

von Cuacos de Yuste. Die Zimmer haben Holzbalken und wuchtige Holzmöbel, draußen gibt's einen Garten mit Rosenbüschen, einen kleinen Innenhof sowie ein Gemüsebeet.

Essen

★ Villa Xarahiz SPANISCH €€

(☎ 927 66 51 50; www.villaxarahiz.com; Carretera EX203, Km 32.8, Jaraíz de la Vera; Hauptgerichte 14–22 €; ⊙ Di–Sa 13.30–15.45 & 21–22.45, So 13.30–15.45 Uhr;) Von der Terrasse des gediegenen Hotelrestaurants 1 km nördlich von Jaraíz genießt man einen spektakulären Blick auf die Sierra. Außerdem gilt es als eine der besten Adressen für spanische Weine und gehobene regionale Küche, denn hier gibt's heimische Paprika, Torta-del-Casar-Käse, extremadurischen *jamón* und Schmortopf vom Zicklein sowie andere hochwertige Produkte aus der Extremadura. Das Mittagsmenü für 12 € ist ein Hit!

Parador de Jarandilla SPANISCH €€

(☎ 927 56 01 17; www.parador.es; Avenida de García Prieto 1, Jarandilla de la Vera; Hauptgerichte 18–22 €; ⊙ 13.30–16 & 20.30–23 Uhr; P) Wahrhaft wie ein König speist man innerhalb der dicken Mauern der im 15. Jh. erbauten Burg von Jarandilla: Elegante extremadurische Speisen und edle spanische Weine werden in dem romantischen mit Palmen bestandenen Hof serviert. Spezialitäten des Hauses sind *migas extremeñas* (extremadurische Brotkrumen) und *caldereta de cabra* (Ziegeneintopf). Man sollte aber immer in die Tageskarte schauen.

Praktische Informationen

Oficina de Turismo de Jarandilla de la Vera (☎ 927 56 04 60; www.jarandilla.com; Avenida Soledad Vega Ortiz, Jarandilla de la Vera; ⊙ Di–Sa 10–14 & 16.30–19.30, So 10–14 Uhr) Die hilfreichste von mehreren Touristeninformationen in La Vera.

Oficina de Turismo de Villanueva de la Vera (☎ 639 068544; www.villanuevadelavera.es; Avenida de la Vera, Villanueva de la Vera; ⊙ Mi & Do 9–15, Fr 9–17 Uhr). An der Hauptstraße durch Villanueva de la Vera.

An- & Weiterreise

AUTO

Autofahrer können auf der kurvenreichen CC17 über den 1269 m hohen Pass Puerto de Piornal von La Vera nach Norden hinüber ins Valle del Jerte fahren.

BUS

Montags bis freitags verkehren drei Busse des Unternehmens **Mirat** (☎ 927 23 33 54; www.mirat-transportes.es) zwischen Plasencia und Jarandilla (6,40 €, 1 Std.) mit Halt in Jaraíz (4,25 €, 50 Min.) und weiteren Dörfern im unteren La Vera; sonntags gibt's nur einen Bus. Außerdem fährt täglich außer samstags ein Bus von Cáceres nach Jarandilla (16,50 €, 2¼ Std.).

Valle del Ambroz

Durch das breite, freundliche Tal nordwestlich des Valle del Jerte und nordöstlich von Plasencia führen die Vía de la Plata und die Autobahn A66. Es wartet mit einigen faszinierenden Sehenswürdigkeiten auf, vor allem das Geisterdorf Granadilla, die Ruinen der römischen Stadt Cáparra und das lebhafte Hervás mit seinem gut erhaltenen jüdischen Viertel.

Sehenswertes

★ Granadilla DORF

(☎ 927 01 49 75; Carretera CC168; ⊙ April–Okt. Di–So 10–13.30 & 16–20 Uhr, Nov.–März Di–So 10–13.30 & 16–18 Uhr; P) GRATIS Etwa 25 km westlich von Hervás erstreckt sich das Geisterdorf Granadilla, ein wunderbares Beispiel dafür, wie die Orte der Extremadura in den guten alten Zeiten ausgesehen haben müssen. Nachdem Granadilla im 9. Jh. von den Mauren gegründet und in den 1960er-Jahren nach dem Bau des angrenzenden Staudamms verlassen wurde, hat man seine traditionellen Häuser seit den 1980er-Jahren im Rahmen eines staatlichen Bildungsprojekts penibel restauriert. Zugang zum Ort bietet die schmale Puerta de Villa, über der die wuchtige Burg aus dem 15. Jh. thront. Wer sie besteigt, kommt in den Genuss eines großartiges Panoramas.

Yacimiento Romano de Cáparra ARCHÄOLOGISCHE STÄTTE

(☎ 927 19 94 85; Carretera CC13.3; ⊙ Juni–Sept. Di–Sa 10–14 & 15–20, So 10–14 Uhr, Okt.–Mai Di–Sa 10–14 & 16–19, So 10–14 Uhr; P) GRATIS Die faszinierenden umfangreichen Ruinen der einst prächtigen römischen Stadt Cáparra, die 1929 ausgegraben wurden, stammen überwiegend aus der Zeit um das 1. Jh. Ursprünglich florierte die Stadt wegen ihrer strategisch günstigen Lage an der Vía de la Plata, doch im 4. Jh. begann ihr Zerfall und sie wurde schließlich ganz aufgegeben. Bei einem Spaziergang durch die 14 ha große

ABSEITS DER ÜBLICHEN PFADE

LAS HURDES

Ruhige Bergstraßen verbinden Las Hurdes mit der Sierra de Francia in Kastilien und León.

Eine lohnenswerte Rundfahrt könnte in **Las Mestas** beginnen, wo die wunderschöne Steinkirche **Iglesia de Nuestra Señora del Carmen** aus dem 17. Jh. befindet. Von hier führt eine hübsche Straße in Serpentinen durch das **Valle de Las Batuecas** nach La Alberca (20 km) in Kastilien und León. Wenn man in der Extremadura bleibt, kann man weiter zum idyllischen **Ladrillar** fahren, das einen Gebirgskamm hinabstürzt, und dann zum winzigen **Riomalo de Arriba**, wo sich Las Hurdes schönste Ansammlung originaler Stein- und Schieferhäuser findet. Bei der letzten Zählung lebten hier nur drei Einwohner. Die Straße verläuft dann steil bergauf zum **Mirador de las Carrascas**, von wo man einen weiten Ausblick in die zwei Haupttäler von Las Hurdes hat. Danach geht`s weiter nach **Casares de Las Hurdes** mit seinem Gewirr aus engen Durchgangsstraßen und einer Kirche, die ungewöhnlicherweise einen freistehenden Kirchturm hat, der nicht an das Hauptgebäude angeschlossen ist. Den Abstieg setzt man in Richtung des lebhaften **Nuñomorals** fort und macht anschließend einen 9 km langen gemütlichen Abstecher nach **El Gasco**, wo einen ein paar traditionelle Häuser und das **Restaurante La Meancera** (☎ 927 03 53 68, 674 18 97 92; www.facebook.com/RestauranteCafeteriaMeancera/; Hauptgerichte 14–18 €, Tagesmenü 20–30 €; ⏲ 13–16 & 20–23 Uhr) erwarten. Es ist eines der besten Restaurants der Extremadura. Etwa 1 km, bevor man El Gasco erreicht (oder auf dem Rückweg, denn man muss ohnehin nach Nuñomoral zurückkehren), sollte man beim **Mirador de El Gasco** halten und den tollen Blick in das Tal und auf den bemerkenswerten Flussbogen genießen.

Stätte sieht man die verfallenen Mauern, Tore, das Forum, die Thermalbäder und das Amphitheater. Am beeindruckendsten ist der gut erhaltene **Arco de Cáparra**, ein Granittor mit vier Bögen aus dem späten 1. Jh.

Praktische Informationen

Oficina de Turismo de Hervás (S. 669)

An- & Weiterreise

Ein Cevesa-Bus (S. 669) verkehrt täglich von Montag bis Freitag zwischen Hervás und Plasencia (3,30 €, 1 Std.) und weiter nach Cáceres (8,45 €, 2¼ Std.). Von Hervás fahren täglich Busse nach Baños de Montemayor (1,15 €, 10 Minuten).

Hervás

4120 EW.

Hervás, 45 km nordöstlich von Plascencia, ist ein lebendiger Ort mit einer niedlichen Altstadt und einigen hervorragenden Restaurants. Wer das Valle del Ambroz und auch die ganze nördliche Extremadura erkunden will, findet hier eine geeignete Basis.

Sehenswertes

Barrio Judío STADTVIERTEL

Das Städtchen beherbergt das besterhaltene *barrio judío* (jüdisches Viertel) der Extremadura, dessen enge Straßen bis hinunter zum Fluss führen. Es florierte bis zur Vertreibung der Juden im Jahr 1492, als viele Familien nach Portugal flohen. Besonders sehenswert sind die Calle Rabilero und die Calle Sinagoga.

Schlafen

★ **El Jardín del Convento** HOTEL €€

(☎ 660 452292, 927 48 11 61; www.eljardindelconvento.com; Plaza del Convento 22; Zi. 50–85 €, Bungalow 100–115 €; ❄ 📶) Am Rand des jüdischen Viertels von Valle del Ambroz steht eins der schönsten Hotels der Extremadura. Im herrlichen Garten mit Rosen, Gemüse und ruhigen Sitzgelegenheiten kann man in ländlichem, aber stilvollem Ambiente entspannen. Holzböden, offene Steinwände und elegante historische Möbel geben den individuell gestalteten Zimmern viel Charakter, einige haben auch einen großen Holzbalkon. Das Frühstück (7,50 €) ist ein Traum aus hausgemachten Marmeladen, Kuchen und anderen regionalen Köstlichkeiten.

Hospedería Valle de Ambroz HISTORISCHES HOTEL €€

(☎ 927 47 48 28; www.hospederiasdeextremadura.es; Plaza del Hospital; Zi. ab 75 €; P ❄ 📶 🏊) Untergebracht in einem Kloster aus dem 17. Jh. am südlichsten Rand der Altstadt bietet diese schöne mit vier Sternen ausgezeichnete *hospedería* einen herrlichen Innenhof, etwas altertümliche Zimmer und ein hervorragendes Restaurant (Tagesmenü 15–37 €), das Gerichte wie Kabeljau mit Kürbis, Apfel und einer Rote-Beete-Aioli oder Zucchini-Ravioli mit Ziegenkäse serviert.

Essen

La Bodeguita SPANISCH €

(☎ 676 782828; Calle Relator González 2; raciones 4–8 €; ⏲ Mi–Mo 12–16 & 20–23 Uhr) Mit seinen wunderbaren traditionellen Gerichten ist das geschäftige kleine La Bodeguita eine hervorragende Option für ein unkompliziertes Essen in einer schlichten Location. Hier werden gegrillte Garnelen, Chorizo-Tortilla, *pulpo a la gallega* (Tintenfisch nach galicischer Art) und frische, leichte Salate serviert – aber natürlich erst nach der kostenlosen Tapa. Ein einfaches, lebhaftes Lokal inmitten von Altstadthäusern.

★ **Nardi** EXTREMADURISCH €€

(☎ 927 48 13 23; www.restaurantenardi.com; Calle Braulio Navas 19; raciones 9–15 €, Hauptgerichte 14–22 €; ⏲ Mi–Mo 13.30–16 & 20.30–23 Uhr; 🖉 👪) Das Nardi beeindruckt mit üppigen klassischen Gerichten in einer modernen Note. Man isst in einem warmen eleganten Speiseraum mit Holzbalken, gelben Wänden und rustikalen Kunstwerken. Den Schwerpunkt bilden Fleischgerichte aus der Extremadura wie *solomillo ibérico de bellota* (iberisches Schweinefilet), doch es gibt auch tolle Optionen für Vegetarier, darunter Salate, Kürbissuppe und gebratene *boletus* (Pilze) mit Trüffelschaum sowie ein Kindermenü.

Praktische Informationen

Oficina de Turismo de Hervás

(☎ 927 47 36 18; www.turismodehervas.com; Calle Braulio Navas 6; ⏲ Sept.–Mai Di–So 10–14 & 16.30–19 Uhr, Okt.–April Di–So 10–14 & 17–20 Uhr) Gute Infos zu Hervás und zum Valle del Ambroz.

An- & Weiterreise

Von Montag bis Freitag fährt täglich ein Bus von **Cevesa** (☎ 902 39 31 32; www.cevesa.es) von Hervás nach Plasencia (3,30 €, 1 Std.) und weiter bis Cáceres (8,45 €, 2¼ Std.).

Parque Nacional de Monfragüe

Spaniens 14. und jüngster Nationalpark wurde 2007 eröffnet. Er ist ein dramatisches hügeliges Paradies für Vogel- und andere Naturfreunde, denn in dem 180 km² großen Gebiet beidseits des Tajo-Tals nisten neben Raubvogelkolonien auch 75 % aller geschützten Spezies des Landes. Zu den 175 Arten gehören gut 300 Mönchsgeierpaare (die stärkste Population des größten europäischen Raubvogels) sowie Kolonien von zwei weiteren seltenen Großvögeln: des Spanischen Kaiseradlers (zwölf Paare) sowie des Schwarzstorchs (30 Paare). Im Nationalpark leben auch Rotwild, Otter, Dachse, Kaninchen, Füchse und Wildschweine.

Am besten besucht man das Schutzgebiet zwischen März und Oktober, da viele Vogelarten in Afrika überwintern.

Der günstigste Ausgangspunkt ist das Dörfchen Villareal de San Carlos, wo viele

ABSTECHER

EL MEANDRO DEL MELERO

El Meandro del Melero, eine der schönsten geografischen Verlockungen in der Extremadura, ist der Ort, an dem sich der Río Alagon in einem fast perfekten Mäander um eine bewaldete tränenförmige Insel windet. Am schönsten ist er, wenn der Fluss viel Wasser führt, doch auch während der Dürre ist der Anblick spektakulär. Am besten sieht man ihn vom Mirador de La Antigua.

Zu erreichen ist er über die EX204 (auch bekannt unter SA225 von Kastilien und León aus) nach Riomalo de Abajo. Auf der extremadurischen Seite der Brücke nimmt man die Straße (Calle Escuelas), die südlich am Fluss entlang verläuft. Sie schlängelt sich 1,5 km den Wald hinauf, wo die asphaltierte Straße endet. Entweder fährt man dann über die unbefestigte Straße – was bei Trockenheit mit einem normalen Auto in Ordnung ist, wenn man vorsichtig fährt, aber nach Regen heimtückisch sein kann – oder, die bessere Alternative, man geht die letzten 1,6 km zu Fuß zum Aussichtspunkt. Der Meandro selbst liegt in Kastilien und León, aber der Aussichtspunkt befindet sich in der Extremadura.

Wanderwege beginnen. Auch in **Torrejón el Rubio** auf der Südseite des Parks gibt's einige touristische Einrichtungen.

Sehenswertes

★ Mirador Salto del Gitano AUSSICHTSPUNKT

(P) 5km südlich von Villareal liegt der wohl spektakulärste Fleck des Nationalparks. Man gelangt über die EX208 zu diesem Aussichtspunkt, von dem sich ein grandioser Blick über die Schlucht des Río Tajo bis zum Felsen Peña Falcón mit seiner Gänsegeierkolonie eröffnet. Der 8km lange Wanderweg „Ruta Roja" zwischen Villareal und dem Castillo de Monfragüe führt hier vorbei.

★ Castillo de Monfragüe BURG

Vom auf einer Hügelkuppe gelegenen Castillo de Monfragüe, der Ruine einer maurischen Festung aus dem 9. Jh., genießt man einen weiten Rundblick über den Park, während über und unter einem Vögel durch den Himmel schießen. Es liegt 8km südlich von Villareal de San Carlos und ist über eine steile, kurvige Straße zu erreichen, die von der EX208 abgeht (auf die Schilder achten). Man erreicht die Burg auch in 1½ Stunden zu Fuß auf einem schönen 8km langen Wanderweg namens Ruta Roja (Rote Route).

Centro de Interpretación del Arte Rupestre de Monfragüe MUSEUM

(☎927 45 52 92; www.centrosurmonfrague.com/centro-arte-rupestre-monfrague/; Paseo de la Carrera, Torrejón el Rubio; ⏲Mi & Do 10–14 & 16–19, Fr & Sa 10–14 & 16–20 Uhr) Diese neue ausgezeichnete Einrichtung dient als Interpretationszentrum für die Felsbildkunst, die im Parque Nacional de Monfragüe in der Nähe des Castillo de Monfragüe gefunden wurde. Es wird der historische Kontext, in dem diese jungsteinzeitlichen Kunstwerke geschaffen wurden, erklärt und auf den Entstehungsprozess eingegangen. Das Zentrum leistet dabei eine sehr gute Arbeit.

Geführte Touren

Monfragüe Vivo VOGELBEOBACHTUNG, ABENTEUERSPORT

(☎927 45 94 75, 620 941 778; www.monfraguevivo.com) Vogelbeobachtungsexkursionen und verschiedene Aktivitäten im Park, darunter Wanderungen sowie Kajak- und Jeeptouren, mit einheimischen Führern.

EN-RUTA Rutas por Monfragüe VOGELBEOBACHTUNG

(☎927 40 41 13, 605 898 154; www.rutaspormonfrague.com) Verschiedene Vogelbeobachtungstouren, Wanderungen und Jeepexkursionen im Park.

Iberian Nature VOGELBEOBACHTUNG

(☎676 784 221; www.iberian-nature.com) Örtliche Vogelbeobachtungsexperten bieten geführte Wanderungen (ab 35 € pro Person) und Kurse an.

Birding Extremadura VOGELBEOBACHTUNG

(☎927 31 93 49; www.birdingextremadura.com) Der britische Ornithologe Marin Kelsey leitet diese Vogelbeobachtungsexkursionen.

Schlafen & Essen

★ Casa Rural El Recuerdo CASA RURAL €€

(☎609 684 719, 927 31 93 49; www.casaruralelrecuerdo.com; Calle Aguaperal 8, Pago de San Clemente; EZ/DZ mit Frühstück 59/70 €; P Wi-Fi Pool) Vogelbeobachter sollten sich diese wundervolle *casa rural* mit sechs Zimmern nicht entgehen lassen. Sie liegt nur 12km südöstlich von Trujillo. Die Vogelbeobachtungsexperten Martin und Claudia leiten die Unterkunft sowie Birding Extremadura (siehe oben). Untergebracht in einem ehemaligen Weingut mit Olivenhainen in Hülle und Fülle ist jedes Zimmer anders, aber alle sind schön. Im Weinkeller befindet sich ein Restaurant, das nur Abendessen (20 €) serviert.

★ Hospedería Parque de Monfragüe HOTEL €€

(☎927 45 52 78; www.hospederiasdeextremadura.es; Carretera EX208, Km 39, Torrejón el Rubio; DZ mit Frühstück 75–125 €; P ❄ @ Wi-Fi Pool) Einen tollen Blick über die Ebenen bis zum Nationalpark hat man von diesem ruhigen Viersternehotel 1km nördlich des Torrejón el Rubio, das teilweise mit Solar- und Bioenergie betrieben wird. Die frisch renovierten Zimmer in dunklem Türkis und mit lackiertem Holz haben Schreibtische, knarrende Böden und geflieste Bäder. Die Duplex-Zimmer eignen sich prima für Familien. Auch ein ordentliches Restaurant ist vorhanden.

Paraíso de los Sentidos EXTREMADURISCH €€

(☎927 45 52 78; www.hospederiasdeextremadura.es; Hospedería Parque de Monfragüe, Carretera EX208, Km 39, Torrejón el Rubio; Hauptgerichte 15–22 €, Menü 15–28 €; ⏲13.30–16 & 20.30–23 Uhr) In hellem, ruhigem Ambiete serviert das elegante Hotelrestaurant edle Varianten extremadurischer Gerichte. Es befindet sich 1 km nördlich von Torrejón el Rubio an der EX208.

Praktische Informationen

Centro de Visitantes (☎ 927 19 91 34; Villareal de San Carlos; ⏲ Juli–Sept. tägl. 9.30–19.30 Uhr, Okt.–Juni Mo–Fr 9.30–18, Sa & So 9–18 Uhr) Das Hauptinformationszentrum des Parks hat Informationen zu Wanderungen und guten Orten zur Vogelbeobachtung. Außerdem organisiert es freitags, samstags und sonntags zweistündige geführte Wanderungen (mind. drei Teilnehmer, vorher anrufen).

Centro de Interpretación del Parque Nacional de Monfragüe (Villareal de San Carlos; ⏲ Juli–Sept. 9.30–19.30 Uhr, Okt.–Juni 9.30–18 Uhr, Sa & So ganzjährig ab 9 Uhr) Mit den Ausstellungen zur Regionalgeschichte und zur örtlichen Flora und Fauna ist dies die perfekte Einführung in den Park.

Monfragüe Bird Center (☎ 927 19 95 79; www.centrosurmonfrague.com; Monfragüe Centro de Visitantes Sur, Torrejón el Rubio; ⏲ Di–Sa 10–14, Mi & Do 16–18, Fr & Sa 16–19 Uhr) Karten und Tipps zu Orten, an denen man viele Vögel beobachten kann, sowie Ausstellungen auf Spanisch zu einheimischen Vögeln, zum Verhalten von Wandervögeln und nebenan zur prähistorischen Höhlenkunst im Monfragüe-Gebiet.

Oficina de Turismo de Torrejón el Rubio (☎ 927 45 52 92; www.torrejonelrubio.com; Calle Madroño 1, Torrejón el Rubio; ⏲ Mi–Sa 10–14 & 16.30–19.30 Uhr) An der Hauptstraße; hilfreich, wenn man wandern, Vögel beobachten und andere Aktivitäten im Park unternehmen will.

An- & Weiterreise

Im Park ist der öffentliche Verkehr begrenzt.

Emiz (☎ 607 514078, 927 24 72 21; www.emiz.es) betreibt zwischen Plasencia und Torrejón el Rubio (4,40 €, 45 Min.) von Montag bis Freitag täglich je einen Bus in beide Richtungen, der unterwegs in Villareal de San Carlos hält. Von Montag bis Freitag fährt auch ein Bus zwischen Torrejón el Rubio und Trujillo (45 Min.).

Mérida

58 174 EW.

Mérida, Hauptstadt der Extremadura und einst auch der römischen Provinz Lusitania (25 v. Chr. als Emerita Augusta gegründet), ist für die beeindruckendsten und größten römischen Ruinen ganz Spaniens bekannt. Diese verteilen sich über die komplette lebhafte Stadt, teilweise an ganz unerwarteten Stellen, deshalb wird man sich fragen, was wohl noch alles unter der Erde verborgen sein mag.

Am Rande des heutigen Mérida gründete Kaiser Augustus Emerita Augusta als Kolonie für Veteranen der römischen Legionen in Cantabaria. Der romanische Name bedeutet übersetzt etwa „Junggesellen" oder „entlassene Soldaten" aus der Armee des Augustus. Die Lage der Stadt erfüllte auch den strategischen Zweck, den nahegelegenen Pass und die Brücke über den Río Guadiana zu verteidigen. Die Stadt wuchs und entwickelte sich zur Hauptstadt der römischen Provinz Lusitania. Mit 40 000 Einwohnern in seiner Blütezeit erhob sie sich zu einem der wichtigsten kulturellen und politischen Zentren des Reichs. Nach dem Untergang des westlichen Römischen Reichs wurde sie im 6. Jh. die visgothische Hauptstadt von Hispanien. Ihre Denkmäler blieben weitestgehend erhalten. Im 8. Jh. fiel die Stadt in muslimische Hände, ab 1230 war sie christlich. Während Napoleons Invasion im 19. Jh. wurden viele Baudenkmäler von Mérida zerstört.

Sehenswertes

★ Teatro Romano RUINEN

(Paseo Álvarez Sáez de Buruaga; Erw./Kind inkl. Anfiteatro 12/6 €, Kombiticket für 6 Stätten Erw./erm./Kind 15/7,50 €/frei; ⏲ April–Sep. 9–21 Uhr, Okt.–März 9.30–18.30 Uhr) Das Tetro Romano ist nicht nur das unangefochtene Highlight eines Besuchs von Mérida, sondern das spektakulärste römische Bauwerk der Stadt ist zugleich auch das einzige, das seine Funktion noch immer (bzw. wieder) erfüllt – hier finden während des Festival Internacional de Teatro Clásico (S. 674) im Sommer regelmäßig Vorstellungen statt. Es wurde im Jahre 15 v. Chr. erbaut und fasst über 6000 Zuschauer. Nicht ganz so beeindruckend ist das angrenzende 8 v. Chr. eröffnete **Anfiteatro** (Paseo Álvarez Sáez de Buruaga; Erw./Kind inkl. Teatro Romano 12/6€, Kombiticket für 6 Stätten Erw./erm./Kind 15/7,50 €/frei; ⏲ April–Sept. 9–21 Uhr, Okt.–März 9.30–18.30 Uhr), das 14 000 Menschen aufnehmen konnte und Gladiatoren-Wettkämpfe zeigte. Das Fresko im Museo Nacional de Arte Romano, das gegen Löwen kämpfende Gladiatoren darstellt, stammt von hier.

★ Puente Romano BRÜCKE

Nicht verpassen! Der 792 m lange spektakuläre Puente Romano mit 60 Granitbogen

Mérida

Mérida

Highlights

- 1 Alcazaba B3
- 2 Museo Nacional de Arte Romano D2
- 3 Puente Romano A3
- 4 Teatro Romano D2

Sehenswertes

- 5 Anfiteatro D3
- 6 Arco de Trajano B2
- 7 Casa del Mitreo D4
- 8 Cripta de Santa Eulalia C1
- 9 Los Columbarios D4
- 10 Museo de Arte Visigodo B2
- 11 Pórtico del Foro C2
- 12 Puente Lusitania A2
- 13 Templo de Diana C3

Schlafen

- 14 Capitolio C1
- 15 Hostal Emeritae C2
- 16 La Flor de Al-Andalus C1
- 17 Parador de Mérida B2

Essen

- 18 A de Arco B2
- 19 El Trasiego B3
- 20 Fusiona Gastrobar C2
- 21 Mercado Gastronómico San Albín C4
- 22 Tábula Calda B3

über den Río Guadiana ist eine der längsten Brücken, die von den Römern gebaut wurden. Sie wurde 25 v. Chr. errichtet, als Eremita Augusta (das heutige Mérida) gegründet wurde, und im 17. Jh. teilweise restauriert. Nordwestlich davon erstreckt sich die sehenswerte im 20. Jh. gebaute **Puente Lusitania**, eine schlanke modernere Hängebrücke des Architekten Santiago Calatrava. Den besten Blick auf die römische Brücke hat man von den südwestlichen Mauern der Alcazaba.

★ Museo Nacional de Arte Romano MUSEUM
(☎ 924 31 16 90; www.museoarteromano.mcu.es; Calle de José Ramón Mélida; Erw./Kind 3 €/frei, Sa nach 14 Uhr & So ganztags Eintritt frei; ⌚ April–Sept. Di–Sa 9.30–20, So 10–15 Uhr, Okt.–März 10–15 Uhr) Auch wer nur einen Teil der Sehenswürdigkeiten in Mérida besuchen möchte, sollte dieses fabelhafte Museum nicht verpassen. Auf drei Etagen setzt es seine hervorragende Sammlung von Statuen, Mosaiken, Fresken, Münzen und anderen römischen Artefakten wunderbar in Szene. Dazu gibt's tolle Infotafeln auf Spanisch und Englisch. Das stattliche Ziegelgebäude des Architekten Rafael Moneo aus Navarra, an dessen Wänden einige der größten und schönsten Mosaike hängen, bildet mit seinen riesigen Bögen eine imposante Kulisse für die Exponate.

★ Alcazaba FESTUNG
(Calle Graciano; Erw./Kind 6/3 €, Kombiticket für 6 Stätten Erw./erm./Kind 15/7,50 €/frei; ⌚ April–Sept. 9–21 Uhr, Okt.–März 9.30–18.30 Uhr) Mitte des 9. Jh. wurde die riesige maurische Festung auf einem Terrain errichtet, das bereits von Römern und Westgoten erobert worden war. Goldfische tummeln sich im Zentrum des weitläufigen Komplexes in der hübschen *aljibe* (Zisterne) mit Blumenmotiven, die aus „recyceltem" westgotischem Marmor und Steinplatten besteht. Von der Mauer streift der Blick über die Puente Romano und den Río Guadiana. Im Kloster aus dem 15. Jh. in der Nordostecke befinden sich heute Büros der Regionalregierung.

Circo Romano RUINEN
(Avenida Juan Carlos I; Erw./Kind 6/3 €, Kombiticket für 6 Stätten Erw./erm./Kind 15/7,50 €/frei; ⌚ April–Ende Okt. 9–21.30 Uhr, Okt.–März 9–18 Uhr) Im Circo Romano aus dem 1. Jh. fanden 30 000 Zuschauer Platz. Er wurde im 16. Jh. entdeckt und ist bis heute das einzige erhaltene Hippodrom dieser Art in Spanien. Im Besucherzentrum erfährt man (auf Spanisch) alles über Diocles, einen meisterhaften *auriga* (Rennwagenfahrer), der in Mérida sein Handwerk lernte, bevor er in Rom zu einem Rennstar aufstieg.

Cripta de Santa Eulalia RUINEN, KIRCHE
(Avenida de Extremadura; Erw./Kind 6/3 €, Kombiticket für 6 Stätten Erw./erm./Kind 15/7,50 €/frei; ⌚ April–Ende Okt. 9–21.30 Uhr, Okt.–März 9–18 Uhr) Zu Ehren der Schutzheiligen von Mérida wurde im 5. Jh. diese Basilika erbaut. Der Legende nach soll Santa Eulalia kurz zuvor den Märtyrertod gestorben sein. Im 13. Jh. wurde die Kirche dann neu gebaut. Für Besucher ist die heutige Kirche nicht zugänglich, doch das Museum und die ausgegrabenen Flächen daneben ermöglichen es, ein römisches Haus, einen christlichen Friedhof aus dem 4. Jh. und die ursprüngliche Kirche aus dem 5. Jh. auszumachen.

Acueducto de los Milagros RUINEN
(Calle Marquesa de Pinares) Einst versorgte der zwischen dem 1. Jh. v. Chr. und dem 3. Jh. n. Chr. erbaute, 830 m lange Acueducto de los Milagros das römische Mérida mit Wasser vom Damm des 6 km außerhalb gelegenen Lago Proserpina. Heute ist es ein beliebter Nistplatz von Störchen.

Casa del Mitreo RUINEN
(Calle Oviedo; Erw./Kind 6/3 €, Kombiticket für 6 Stätten Erw./erm./Kind 15/7,50 €/frei; ⌚ April–Ende Okt. 9–21.30 Uhr, Okt.–März 9–18 Uhr) Neben der Plaza de Toros befindet sich dieses römische Haus aus dem späten 1. oder dem 2. Jh. mit einem gut erhaltenen Fresko und mehreren kunstvollen Mosaiken, darunter die Überreste des schönen, farbenfrohen *mosaico cosmológico* aus dem 3. Jh. (mit Allegorien über die Erschaffung der Welt), das bei einem Brand beschädigt wurde. Ein Fußweg verbindet die Casa del Mitreo mit den angrenzenden **Los Columbarios** (Calle del Ensanche; Erw./Kind 6/3 €, Kombiticket für 6 Stätten Erw./erm./Kind 15/7,50 €/frei; ⌚ Ap-

KOMBITICKET

Zu den meisten römischen Stätten erhält man Zutritt mit einem Kombiticket (Erw./Stud. & Sen./Kind unter 12 J. 15/7,50 €/frei). Im Eintrittsgeld sind folgende Sehenswürdigkeiten enthalten: Teatro Romano und Anfiteatro, Casa del Anfiteatro (sobald sie wieder eröffnet ist), Los Columbarios, Casa del Mitreo, Alcazaba, Circo Romano, Cripta de Santa Eulalia und Zona Arqueológica de Morería. Nicht inbegriffen ist das Museo Nacional de Arte Romano. Das Ticket ist unbegrenzt gültig, gestattet den einmaligen Eintritt in jede Sehenswürdigkeit und wird bei allen teilnehmenden Attraktionen mit Ausnahme der Zona Arqueológica de Morería verkauft.

ril–Ende Okt. 9–21.30 Uhr, Okt.–März 9–18 Uhr), einer römischen Begräbnisstätte.

Templo de Diana RUINEN
(Calle de Sagasta) Der Name ist irreführend, denn der Tempel war einst dem Kaiserkult geweiht. Damals gehörte er zum Stadtforum, in dem Méridas Verwaltung saß. Teile des Tempels wurden im 16. Jh. für den Bau einer Villa in seinem Inneren verwendet. Der restaurierte **Pórtico del Foro** (Calle de Sagasta) des Forums befindet sich 100 m weiter nordöstlich in der Calle de Sagasta.

Arco de Trajano RUINEN
(Calle de Trajano) Es ist nicht bekannt, ob dieser imposante, mit Marmor verkleidete 15 m hohe Granitbogen je etwas mit dem römischen Kaiser Trajan zu tun hatte, doch er stand an einer der römischen Hauptstraßen der Stadt und könnte der Eingang zu einer heiligen Stätte gewesen sein.

Museo de Arte Visigodo MUSEUM
(Calle de Santa Julia; ⌚April–Sept. 9.30–20 Uhr, Okt.–März Di–Sa 9.30–18.30, So 10–15 Uhr) GRATIS Das Archäologiemuseum in einem Kloster aus dem 16. Jh. nahe der Plaza de España zeigt viele in Mérida ausgegrabene westgotische Objekte und gibt Einblick (auf Spanisch) in eine wenig bekannte Epoche der Geschichte Spaniens. In einem kleinen Nebenraum befindet sich eine in Stein gemeißelte maurische Inschrift, die die Gründung der Alcazaba auf das Jahr 835 datiert.

Feste & Events

Festival Internacional de Teatro Clásico THEATER
(www.festivaldemerida.es; 15–45 €; ⌚Juli–Aug.) Neben griechischen und neueren klassischen Dramen bietet das renommierte Sommerfestival im römischen Theater und Amphitheater auch Musik, Fotografie und Tanz. Die Vorstellungen beginnen an den meisten Abenden um 22.45 Uhr.

Schlafen

★ La Flor de Al-Andalus HOSTAL €
(☎924 31 33 56; www.hostallaflordeal-andalus.com; Avenida de Extremadura 6; EZ 33–50 €, DZ 45–90 €; ❄📶) Hätten doch alle *hostales* so ein gutes Preis-Leistungs-Verhältnis! Dieses selbsterklärte „Boutique"-*hostal* hat 18 komfortable, bunte wunderschön im andalusischen Stil (mit eleganten Kacheln, aufwendigen Spiegeln und Hängelaternen) eingerichtete Zimmer. Zudem ist der Service freundlich und die Lage in Gehweite zu vielen wichtigen Sehenswürdigkeiten günstig. Die Zimmer im Erdgeschoss bei der Rezeption sollte man aber vermeiden.

Capitolio APARTMENT €
(☎924 30 31 63; www.capitolio.es; Travesía de Cervantes 2; EZ/DZ/Suite ab 50/60/130 €; P❄📶) Wunderbar stilvolle, moderne Miniapartments in zentraler Lage mit komplett ausgestatteten Küchen und viel Platz, Licht und Glanz. Die Farbgebung variiert zwischen nüchtern-elegant und minimalistisch oder luxuriös-farbenprächtig, mit wandhohen Blumenfotografien, asymmetrischen Bettkopfteilen oder mit Aufschriften verzierten Kissen. Egal, welche Option man wählt, das Preis-Leistungs-Verhältnis ist immer hervorragend.

★ Hostal Emeritae HOSTAL €€
(☎924 30 31 83; www.hostalemeritae.com; Calle de Sagasta 40; EZ 30–40 €, DZ 42–70 €, 3BZ 56–70 €; P❄📶) Diese fabelhafte neue Unterkunft eröffnete 2015 und bietet eine entspannte Atmosphäre und gemütliche, moderne Zimmer in frischen Weiß- und Cremetönen. Die „Superior"-Doppelzimmer in der obersten Etage mit dezenten Kunstwerken und eigenen Balkons lohnen die kleine Mehrausgabe. Außerdem gibt's einen geschmackvollen gemeinschaftlichen Patio, in dem Violett und Grau vorherrschen.

Parador de Mérida HISTORISCHES HOTEL €€€
(Parador Vía de la Plata; ☎924 31 38 00; www.parador.es; Plaza de la Constitución 3; Zi. 85–215 €; P❄📶🏊) Es ist zwar nicht Extremaduras schönster *parador*, doch schläft man hier in einem ehemaligen Kloster aus dem 18. Jh., das auf dem Gelände eines römischen Tempels erbaut wurde. Die Lounge befindet sich in der einstigen Kapelle, die sowohl als Krankenhaus wie auch als Gefängnis genutzt wurde. In dem mit römischen, westgotischen und mudejarischen Artefakten bestückten Garten rauscht man durch Méridas architektonische Geschichte.

Essen

★ Mercado Gastronómico San Albín TAPAS €
(☎647 591 261; www.facebook.com/MercadoGastronomicoSanAlbin/; Plaza de Toros, Calle Oviedo; Tapas 4–10 €; ⌚12–16 & 21–24 Uhr) Aus der im 20. Jh. errichteten roten Stierkampfarena der Stadt hat man einen geschäftigen Treff im Tapas-Stil gemacht. In

jeder Nische bietet ein anderer Stand seine Spezialitäten an, die von *jamón* und Kroketten bis zu Cocktails und Kuchen reichen. Man kann sich sein Essen selbst zusammenstellen und sitzen, wo man mag. Es ist eine wundervolle Alternative zu der formellen Atmosphäre von Restaurants.

★ El Trasiego MODERN SPANISCH €€
(☎ 924 48 50 66; Calle Romero Leal 3; Tapas 4–7 €, raciones 9–19 €, Hauptgerichte 9–15 €; ⏲ 13–16.30 & 20.30–23.30 Uhr;) Relativ neu in Méridas kulinarischer Szene ist das El Trasiego, in dem sich Deko im rustikalen Schick mit moderner Atmosphäre und exquisiten kreativen Gerichten aus regionalen Zutaten vermischt. Kellner bringen Brot in Metalleimern und Speisekarten auf Brotschneidebrettern geben der klassischen spanischen Küche einen modernen Touch. Sahnige Pasta, Pilzrisotto und Fetasalat sowie Gourmet-Tapas, meeresfrüchtelastige Leckereien und ausgezeichnete spanische Weine laden zum Schlemmen ein.

★ Tábula Calda SPANISCH €€
(☎ 924 30 49 50; www.tabulacalda.com; Calle Romero Leal 11; Hauptgerichte 12–19 €, Menü 13–25 €; ⏲ 13–16.30 & 20–24 Uhr) In dem einladenden Restaurant mit gelben Wänden, Fliesen und Pflanzen kommen günstige, gute Gerichte der spanischen Küche auf den Tisch. Die Zutaten stammen oft aus dem hauseigenen Garten, oder sonst aus einem Umkreis von nicht mehr als 100 km. Bevor das Essen serviert wird, erhält man eine kostenlose Tapa, einen Haussalat (aus Orangen, Zucker und Olivenöl, was die jüdischen Wurzeln der Familie reflektiert) sowie Oliven. Manuel ist ein warmherziger Gastgeber.

A de Arco SPANISCH €€
(☎ 924 30 13 15; www.adearco.com; Calle Trajano 8; Hauptgerichte 8–19 €; ⏲ 13–16 & 20–24 Uhr) Im Schatten von Méridas gewaltigen römischen Bogen befindet sich dieses ansprechende Lokal, das zahlreiche *extremeño-* sowie allgemeine spanische Gerichte in netter Atmosphäre serviert. Unbedingt *Queso con trufa* (Käse mit Trüffeln) probieren. Es ist die Art von Restaurant, in der man nach dem Essen gerne noch auf einen Drink sitzen bleibt.

ℹ Praktische Informationen

Oficina de Turismo (☎ 924 38 01 91; www.turismomerida.org; Calle Santa Eulalia 64; ⏲ April–Sept. Mo–Mi 9–19.30, Do–So 9.30–14 & 17–20 Uhr, Okt.–März Mo–Mi 9–19.30, Do–So 9.30–14 & 16.30–19.30 Uhr) Am oberen (nordöstlichen) Ende der Haupteinkaufsstraße.

Oficina de Turismo (Teatro Romano) (☎ 924 33 07 22; www.turismomerida.org; Paseo Álvarez Sáez de Buruaga; ⏲ April–Sept. 9–19.30 Uhr, Okt.–März 9–18.30 Uhr) Neben dem römischen Theater.

ℹ An- & Weiterreise

BUS

Busse starten vom **Busbahnhof** (☎ 924 37 14 04; Avenida de la Libertad) auf der anderen Seite des Flusses, zu erreichen über den Puente Lusitania.

ZIEL	PREIS (€)	DAUER	HÄUFIGKEIT
Badajoz	6	50 Min.	3–7 tgl.
Cáceres	6,50	1 Std.	2–3 tgl.
Lissabon (normal/ Express)	26/29	4/3 Std.	1/1 tgl.
Madrid (normal/ Express)	26/39	5/4 Std.	4/4
Sevilla	15	2¾ Std.	5
Zafra	5,75	1¼ Std.	5–10 tgl.

ZUG

Vom Bahnhof gleich abseits der Avenida de Extremadura fahren Züge nach Madrid (31–47 €, 4½–8 Std., 6- oder 7-mal tgl.), Cáceres (6,10–7,35 €, 1 Std., 4- oder 5-mal tgl.), Sevilla (20 €, 3¾ Std., 1-mal tgl.) und Zafra (6,10–7,35 €, 45 Min., 1- bis 3-mal tgl.).

Olivenza

12 032 EW.

27 km südlich von Badajoz liegt das hübsche faszinierende Olivenza, das an seinem portugiesischen Erbe festhält: Es ist nämlich erst seit 1801 spanisch. Den gepflasterten alten Stadtkern prägen weiß getünchte Häuser, beeindruckende Kirchen und Festungen, typische Verteidigungsmauern mit Türmen sowie eine Vorliebe für blaue-weiße Keramikkacheln, die man sofort an den Straßenschildern sieht.

Sehenswertes

Castillo de Olivenza BURG
(☎ 924 49 02 22; Plaza Santa María del Castillo; Erw./Kind 2,50 €/frei; ⏲ Mai–Sept. Di–Fr 10.30–14 & 17–20, So 10–14.15 Uhr, Okt.–April wechseln-

de Öffnungszeiten) Nicht zu übersehen befindet sich mitten im Zentrum der Altstadt diese majästetische Burg aus dem 14. Jh. mit der 36 m hohen **Torre del Homenaje**. Auf dem Dach hat man einen herrlichen Rundumblick über Stadt und Umgebung. Im Eintrittspreis enthalten ist auch das **Museo Etnográfico Extremeño** (www.museodeolivenza.com; Erw./Kind 2,50 €/frei; ⌚Mai–Sept. Di–Sa 10.30–14 & 17–20, So 10–14.15 Uhr, Okt.–April Di–Sa 10.30–14 & 16–19, So 11–14.15 Uhr).

Schlafen & Essen

Hotel Heredero HOTEL €

(☎924 49 08 35; www.hotelheredero.net; Carretera de Badajoz, Km 23,7; EZ/DZ inkl. Frühstück 40/70 €; P ❄ 📶) Angesichts des reizlosen modernen Äußeren dieses Hotels nördlich der Altstadt sind die hübschen, im alten Stil eingerichteten Zimmer eine Überraschung. Die Holzmöbel verleihen ihnen einen altertümlichen Hauch, auch wenn der Eindruck eher verhalten als übertrieben ist.

Casa Maila EXTREMADURISCH, TAPAS €€

(☎924 49 15 05; Calle Colón 3; Tapas 3,50–5 €, Hauptgerichte 12–19 €; ⌚Di–So 12–24, Mo bis 16 Uhr) Am Rand der quirligen Plaza de España serviert die erfrischend bodenständige, freundliche Casa Maila köstlichen Tapas und *raciones*, die ebenso großartig sind wie die aufwendigen Hauptgerichte (vor allem Fleisch).

Praktische Informationen

Oficina de Turismo (☎924 49 01 51; www.olivenzavirtual.com; Plaza Santa María del Castillo 15; ⌚Mai–Sept. Di–Sa 9.30–14 & 17–19 Uhr, Okt.–April Di–Sa 9.30–14 & 16–18, So 10–14 Uhr) Auf dem Hauptplatz der Altstadt im Convento San Juan de Dios.

An- und Weiterreise

Vom **Busbahnhof** (☎924 49 05 31; Calle Avelino Palma Brioa), verkehren Busse von/nach Badajoz (2,20 €, 25 Min.). Von Montag bis Freitag fahren sie fast stündlich, am Samstag nur zweimal.

Zafra

16 855 EW.

Das strahlend weiße Zafra wurde von den Mauren gegründet und ähnelt einem andalusischen *pueblo blanco* (weißes Dorf). Es ist ein schöner friedlicher Stopp an der A66 zwischen Sevilla und Mérida. Die Stadt, die wegen ihrer Ähnlichkeit mit der andalusischen Hauptstadt liebevoll „*Sevilla la chica*" („kleines Sevilla") genannt wird, war ursprünglich eine muslimische Siedlung. Enge Straßen führen an barocken Kirchen, altmodischen Läden und traditionellen Häusern vorbei, die mit verglasten Balkons und hellroten Geranien geschmückt sind. Der neue Teil der Stadt ist nicht gerade hinreißend, doch der historische Kern ist ein Juwel.

Sehenswertes

Zafras Highlight ist die in den *luxuriösen* Parador de Zafra (S. 677) umgewandelte **Burg** aus dem 15. Jh. mit gotischen, Mudejar- und Renaissanceelementen, die das Stadtbild beherrscht. Auf der **Plaza Grande** und der angrenzenden **Plaza Chica**, die von schönen Arkaden und Tapasbars gesäumt werden, spielt sich das tägliche Leben der Stadt ab. Einer der hübschesten Orte der Extremadura ist das südliche palmbestandene Ende der Plaza Grande. Den westlichen Eingang in die Stadt bewacht die **Puerta de Jerez**, die Teil der Stadtmauer aus dem 15. Jh. ist.

★ **Palacio Quemado** WEINGUT

(☎924 12 00 82; www.palacioquemado.com; Carretera Almendralejo-Palomas Km 6,9, Alange; ⌚Mai–Sept. Mo–Fr 10–15 Uhr, Okt.–April Mo–Fr 10–18 Uhr, außerhalb der Zeiten mit Termin) Einer der Stars in der extremadurischen Weinregion Ribera del Guadiana. Palacio Quemado produziert ausgezeichnete Rotweine und bietet geführte Touren (eine sogar mit Traktor), Weinproben und Workshops an. Sie liegt östlich der A66 und nordöstlich von Zafra und man muss vorher anrufen, um einen Termin zu vereinbaren und um die genaue Wegbeschreibung zu erfragen.

Bodegas Medina WEINGUT

(☎924 57 50 60; www.bodegasmedina.net; Carretera de Córdoba (N432); Führung mit/ohne Weinprobe 6/12 €; ⌚Mo–Fr 8.30–14 & 16–19, Sa 10 & 13 Uhr) Extremaduras einzige Weinregion mit D.-O.-Siegel (Denominación de Origen) ist Ribera del Guadiana. Gleich östlich der Stadt kann man an 45- bis 90-minütige Führungen mit Weinprobe in einem der bekanntesten Weingüter im Süden des Landes teilnehmen, den Bodegas Medina, die Rotwein, Weißwein, Rosé und Cava produzieren. Man sollte aber vorher buchen.

Convento de Santa Clara KLOSTER

(☎924 55 14 87; www.museozafra.es; Calle Sevilla 30; ⌚Mitte Juni–Mitte Okt. Di–So 10–14 Uhr, Mitte Okt.–Mitte Juni Di–Sa 11–14 & 17–19, So 11–

ABSTECHER

MONESTERIO

Seit der Fertigstellung der Autobahn A66 sind viele umgangene Städte in Vergessenheit geraten – nicht aber Monesterio: Der Ort ist eines der berühmtesten Produktionszentren Spaniens (und mit Sicherheit der Extremadura) für *jamón*. Die Chance, mehr über dieses spanische Kultobjekt zu lernen und es – noch besser – in einer der zahlreichen Bars zu probieren, ist Grund genug, die Ausfahrt zu nehmen.

Am Südende von Monesterio nimmt das exzellente **Museo del Jamón** (924 51 67 37; www.museodeljamondemonesterio.com; Paseo de Extremadura 314; Mo–Sa 9.30–14 & 17.30–20, So 10–14 Uhr; P), das wohl beste seiner Art in ganz Spanien, einen Sonderplatz ein. Die Ausstellungen, interaktiven Exponate und Videos über Schinkenproduzenten (alle auf Spanisch) führen Besucher durch den gesamten Prozess der *jamón*-Herstellung, von den Arten der iberischen Schweine und ihren idealen Lebensbedingungen über die *matanza* (Schlachtung der Schweine) bis zum Prozess der Trocknung und Reifung. Audioguides in englischer Sprache sind vorhanden.

Los Templarios (924 51 61 88; www.lostempláriosmonesterio.com; Calle de los Templarios 20; Hauptgerichte 13–15 €; 10–24 Uhr) gibt's seit 1980, und das Geheimnis seiner Langlebigkeit ist simpel – der *jamón* und die anderen Schweinefleisch- und Steakgerichte sind erstklassig und preisgünstig. Dazu gibt's noch ein paar Fischgerichte. Es hat sogar den Gastraum aufgepeppt.

An- und Weiterreise

Täglich fahren drei bis sieben Busse von **Leda** (www.leda.es) zwischen Monesterio und Zafra (3,56 €, 40 Min.).

14 Uhr) GRATIS Unweit der Haupteinkaufsstraße versteckt sich ein imposantes Mudejar-Kloster aus dem 15. Jh., das ursprünglich als letzte Ruhestätte der mächtigen hiesigen Feria-Dynastie vorgesehen war. Noch heute leben hier Nonnen. Besucher können das ausführliche Klostermuseum sehen, das einen interessanten Einblick (auf Spanisch) in das Leben der Nonnen und in die Geschichte Zafras gewährt. Der Besuch schließt auch die vergoldete Kapelle ein, in der Jane Dormer (1538–1612), Hofdame von Maria I. von England und Ehefrau des 1. Duque de Feria, begraben ist.

Iglesia de la Candelaria KIRCHE
(Calle Tetuán; Di–Do 11–14 & 18–19, Fr 11–14 & 17–19, Sa 17–19 Uhr) GRATIS Der Altar dieser Kirche aus dem 16. Jh. mit Werken von Francisco de Zurbarán ist einen Besuch wert.

Schlafen

★ **Hotel Plaza Grande** HOTEL €
(924 56 31 63; www.hotelplazagrande.es; Calle Pasteleros 2; EZ 31–38 €, DZ 50 €, inkl. Frühstück; P) Direkt an der Plaza Grande ist dieses freundliche, funkelnde Schmuckstück ein tolles Schnäppchen. Terrakotta mit cremefarbenen Wänden, unverputzte Ziegelsteine, Blumendrucke und sanfte Pastelltöne sorgen für ein elegantes, modern-rustikales Flair. Vom Eckbalkon des Zimmers 108 genießt man einen tollen Blick auf den Platz (Nr. 208 ist ganz ähnlich, hat aber Fenster statt eines Balkons). Das belebte **Café-Restaurant** (924 56 31 63; www.hotelplazagrande.es; Calle Pasteleros 2; Tapas 4,50–6 €, raciones 9–18 €, Hauptgerichte 14–20 €; 12.30–24 Uhr) im Erdgeschoss ist verlässlich gut.

Hotel Huerta Honda HOTEL €€
(924 55 41 00; www.hotelhuertahonda.com; Calle de López Asme 30; EZ/DZ/Superior/Suite 55/65/85/120 €; P) Egal, für welchen Zimmertyp man sich entscheidet: Das in Orange und Gelb leuchtende Huerta Honda ist eine stilvolle Option mit überragendem Service. Zur Auswahl stehen Zimmer in der Kategorie Standard und Superior – schlicht, aber komfortabel und modern, und geschmackvoll in Braun- und Beigetönen dekoriert – sowie „Gran Clase" – prächtige Suiten mit neomaurischem Dekor, verzierten Holzdecken, Himmelbetten, gefliesten Bädern und Antiquitäten. Am schönsten sind die Zimmer mit Blick auf den mit Bougainvilleen bewachsenen Innenhof und die Burg.

Parador de Zafra HISTORISCHES HOTEL €€
(924 55 45 40; www.parador.es; Plaza Corazón de María 7; Zi. 80–100 €, Suite 120–180 €;

(P ❄ 📶 🏊) Durch den fantastischen Innenhof der großartig restaurierten Burg aus dem 15. Jh. mit Marmorsäulen im Renaissance-Stil geht's zu den luftigen Zimmern, die mit burgunderroten Möbeln und Antiquitäten aufwarten. Der abgeschiedene Pool ist von Efeu und Türmchen umringt und das Restaurant (☎ 924 55 45 40; www.parador.es; Plaza Corazón de María 7; Hauptgerichte 12–22 €, Menü 25 €; ⏲ Mitte Dez.–Okt. 7–11, 13.30–16 & 20.30–23 Uhr) ist hervorragend. Die Gäste können auf die Burgmauern klettern und die schönste Aussicht ganz Zafras genießen.

Essen

★ La Casabar TAPAS €

(☎ 924 55 39 72; www.lacasabar.es; Avenida Campo del Rosario 2; Tapas 2,50–4 €, raciones 5–8 €; ⏲ Juli–Aug. Mi–Do 20.30–1, Fr 19–2.30, Sa 13.30–2.30, So 13.30–23 Uhr, Sept.–Juli Do 20.30–1, Fr & Sa 13.30–2.30, So 13.30–23 Uhr; 📶) Ein tolles, freundliches Barrestaurant, das sich spät am Abend zu einer beliebten Location für Drinks verwandelt. Diese ausgezeichnete Wahl ist in einem Haus aus dem 15. Jh. am westlichen Rand der Altstadt untergebracht. Backsteinbögen, offene Steinwände und geflieste Böden dominieren die mordern-rustikale Inneneinrichtung. Das Essen konzentriert sich auf fleischlastige *extremeño*-Tapas und *-raciones* mit leicht modernem Schwung, außerdem gibt's leckere Salate, *tostas* (belegten Toast) und *revueltos* (Rührei).

★ La Rebotica SPANISCH €€

(☎ 924 55 42 89; www.lareboticazafra.com; Calle Boticas 12; Hauptgerichte 16–21 €; ⏲ Di–Sa 13.30–16 & 20.30–24, So 13.30–16 Uhr; 📶) Im Herzen der Altstadt begeistert dieses gehobene Restaurant durch traditionelle Fleischgerichte (man beachte die innovative Note) und ein subtil niveauvolles Ambiente mit Wandspiegeln, Ledersesseln und gelben Wänden. Auf der Karte stehen elegant zubereiteter *rabo de toro* (Ochsenschwanz) und fünf verschiedene Schweinefleischgerichte sowie einige Meeresfrüchte- und vegetarische Optionen. Zur Krönung des Ganzen gibt's fantastische Desserts wie Schokoladenmousse mit Erdbeersorbet. Eine Reservierung ist empfehlenswert.

Shoppen

La Cava del Queso KÄSE

(☎ 924 55 36 95; www.facebook.com/lacavadelquesozafra/; Calle de Huelva 32; ⏲ Mi 11–15, Do & Fr 11–15 & 19–22, Sa 11–15 & 19.30–22, So 12–15 & 19.30–22 Uhr) Dieser verlockende Käseladen ist wie ein Kurztrip durch die extremadurische und spanische Käselandschaft. Der Fokus liegt hier insebesondere auf lokalem Käse. Es gibt jede Menge Gelegenheiten, Käse zu probieren, bevor man welchen kauft.

Iberllota ESSEN

(☎ 924 55 59 95; www.iberllota.com; Calle de López Asme 36; ⏲ Mo–Sa 10–14 & 17–20, So 10–14 Uhr) Mit geräuchertem Fleisch, Käse und ein paar *extremeño*-Weinen ist Iberllota die Adresse für Picknickbesorgungen und lokale Souvenirs. Unbedingt die mit *jamón*-gefüllten *pulguitas* (Mini-*bocadillos* oder gefüllte Röllchen; 1 €) probieren.

Praktische Informationen

Oficina de Turismo (Turismo Zafra; ☎ 924 55 10 36; www.visitazafra.com; Plaza de España; ⏲ Juni–Sept. Mo–Fr 10–14 & 17.30–19.30, Sa 10–14 Uhr, Okt.–Mai Mo–Fr 10–14 & 16.30–18.30, Sa & So 10–14 Uhr) Auf der Plaza España am Südrand der Altstadt.

An- & Weiterreise

BUS

Zafras **Busbahnhof** (☎ 924 55 39 07; Carretera Badajoz-Granada 4) liegt 1 km nordöstlich der Altstadt. Busse bedienen **Badajoz** (6,95 €, 1 ¼ Std., 5- bis 7-mal tgl.), **Cáceres** (10,75 €, 1¾–2¼ Std., 6-mal tgl.), **Mérida** (5,75 €, 1¼ Std., 5- bis 10-mal tgl.) und **Sevilla** (12,90 €, 1¾ Std., 4- bis 6-mal tgl.).

ZUG

Von Zafra fahren Züge nach Mérida (ab 6,10 €, 45 Min., 3-mal täglich), Cáceres (ab 9,50 €, 2 Std., 3-mal tgl.) und Sevilla (15,30 €, 3 Std., 1-mal tgl.)

Rund um Zafra

Von Zafra führen Straßen südwestlich durch die hügelige Sierra Aracena nach Andalusien in die nördliche Provinz Huelva und südöstlich in den Parque Natural Sierra Norte.

Über dem stillen **Burguillos del Cerro**, 19 km südwestlich von Zafra gelegen, wacht auf einem grasbewachsenen Hügel eine **Burg** aus dem 15. Jh.

Einen Besuch wert ist das attraktive **Fregenal de la Sierra** 40 km südwestlich von Zafra mit seinen Kirchen, vornehmen Wohnhäusern, der Stierkampfarena sowie einer Burg aus dem 13. Jh., dem **Castillo Tem-**

plario (Calle El Rollo, Fregenal de la Sierra; Juli & Aug. 10–14.45 & 18–20 Uhr, Sept.–Juni 10–14.45 & 17–19 Uhr) GRATIS. Die (stark umgearbeitete) **Iglesia de Santa María** aus dem s13. Jh. (Plaza de la Constitución, Fregenal de la Sierra) ist an die Burg angeschlossen. Sie ist vor allem wegen ihres barocken Altars aus dem 18. Jh. interessant.

Aus dem ummauerten, hügeligen und hübschen **Jerez de los Caballeros** 42 km südwestlich von Zafra stammen viele Eroberer Lateinamerikas. Sehenswert sind hier z. B. die **Templerburg** (Plaza del Ayuntamiento, Jerez de los Caballeros; 8–22 Uhr) GRATIS aus dem 13. Jh. sowie mehrere beeindruckende Kirchen, drei davon mit Türmen nach dem Vorbild der Giralda in Sevilla. Die aus dem 15. Jh. stammende **Iglesia de San Miguel** (Plaza del Padre Ruíz, Jerez de los Caballeros; 12.25–14.30 Uhr) GRATIS dominiert den Hauptplatz.

Das kleine **Feria** etwa 19 km nordwestlich von Zafra brachte es im 14. Jh als Heimat der einflussreichen lokalen Feria-Dynastie zu Ruhm. Mit seiner sensationellen Lage auf einer Hügelkuppe und der restaurierten **Burg** (685 147292; Feria; Erw./Kind 5/2,50 €; Mitte März–Mitte Sept. 11.30–13.30 & 17.30–20.30 Uhr, Mitte Sept.–Mitte März 11–14 & 16–18 Uhr) aus dem 15. Jh. ist es ein Highlight der Region.

Praktische Informationen

Oficina de Turismo de Frenegal de la Sierra (924 70 00 00; Calle El Rollo 1, Frenegal de la Sierra; Juli & Aug. 10–14.45 & 18–20.15 Uhr, Sept.–Juni 10–14.45 & 17–19.15 Uhr)

Oficina de Turismo de Jerez de los Caballeros (924 73 03 72; www.jerezcaballeros.es; Plaza de San Agustín, Jerez de los Caballeros; Mo–Sa 10–14.30 & 16.30–18.30, So 10–14 Uhr)

An- und Weiterreise

Von Zafra fährt von Montag bis Freitag täglich jeweils ein Bus über Burguillos (2,15 €, 20 Min.) nach/von Fregenal de la Sierre (3,45 €, 50 Min.) und Jerez de los Caballeros (3,70 €, 45 Min. bis 1 Std.). Nach Feria kommt man nur mit eigenem fahrbaren Untersatz.

Badajoz

149 946 EW.

Nicht weit von der portugiesischen Grenze entfernt liegt Badajoz mit einigen guten Museen und dem auf einem Hügel gelegenen Alcazaba. Ansonsten ist Badajoz eine schmuddelige weitläufige Industriestadt, die weder die schönste noch die interessanteste von Extremadura ist. Trotzdem: Wenn man die deprimierenden Randbezirke hinter sich gelassen hat und das historische Zentrum erreicht, lohnt sich der Aufenthalt für ein paar Stunden.

Sehenswertes

★ Alcazaba FESTUNG

(24 Std.; P) GRATIS Oberhalb der Plaza Alta thront diese majestätische 8 ha große Alcazaba aus dem 12. Jh. – die größte in ganz Spanien. Darüber wacht die von den Mauren errichtete **Torre de Espantaperros** (Führung 1. Sa im Monat 10.30 Uhr) GRATIS (Wachturm), das Wahrzeichen von Badajoz. Die Mauren erbauten den Turm im 16. Jh., wobei ein Glockenturm im Mudejarstil um einen bestehenden älteren Turm herum konstruiert wurde. In einem restaurierten Renaissancepalast innerhalb der Festung befindet sich heute das **Museo Arqueológico Provincial** (924 00 19 08; www.museoarqueologicobadajoz.gobex.es; Plaza José Álvarez y Sáenz de Buruaga, Alczaba; Di–Sa 9–15, So 10–15 Uhr) GRATIS, das mit Exponaten aus der Urgeschichte, der römischen und maurischen Zeit und dem christlichen Mittelalter gefüllt ist.

Plaza Alta PLATZ

Am oberen Ende der Altstadt erstreckt sich unterhalb der Alcazaba die ungewöhnliche Plaza Alta, die 1681 angelegt wurde und an der Ostseite von den markanten dunkelrot-weiß gemusterten und maurisch inspirierten Casas Coloradas gesäumt wird.

Museo Extremeño e Iberoamericano de Arte Contemporáneo KUNSTGALERIE

(MEIAC; 924 01 30 60; www.meiac.es; Calle del Museo 2; Di–Sa 9.30–13.30 & 17–19, So 9.30–13.30 Uhr) GRATIS Rund und modern ist das eindrucksvolle Gebäude, in dem man spanische, portugiesische und lateinamerikanische zeitgenössische Kunst betrachten kann. Die weitreichende Sammlung von avantgardistischen Gemälden, Skulpturen und Fotografien ist Badajoz' ganzer Stolz. Das Museum liegt 800 m südlich der zentralen Plaza de España.

Museo de Bellas Artes KUNSTGALERIE

(924 21 24 69; www.dip-badajoz.es/cultura/museo; Calle del Duque de San Germán 3; ganzjährig Di–So 10–14 Uhr, Juni–Aug. Di–Fr 18–20 Uhr,

Sept.–Mai Di–Fr 17–19 Uhr) GRATIS Diese ausgezeichnete Galerie der schönen Künste stellt Kunstwerke von Zurbarán, Morales, Goya, Picasso und Dalí sowie besonders bemerkenswerte Stücke der aus Badajoz stammenden Künstler Felipe Checa (19. Jh.) und Antonio Juez Nieto (20. Jh.) aus.

Aktivitäten

Baraka HAMMAM
(☎ 924 25 08 26; www.barakalasoledad.com; Calle Virgen de la Soledad 14; 90-minütige Sitzung pro Person 23–70 €; ⌚ Sitzungen Di–Do 17.30 & 19.30, Fr & Sa 12, 18, 20 & 22 Uhr) Wunderbare heiße und kalte maurische Bäder in umwerfender Architektur bei beruhigenden Klängen, Minztee, Massageangeboten (Hot Stone, Anit-Stress) und Schönheitsbehandlungen (Gesichtsmasken, Peelings). Im Voraus buchen.

Feste & Events

Carnaval KARNEVAL
(www.carnavalbadajoz.es; ⌚ Feb.) Badajoz' farbenfroher Karneval im Februar findet schon (mindestens) seit dem 19. Jh. statt und zählt mit seinen Straßenpartys zu den aufwendigsten und beliebtesten Spaniens.

Schlafen

Hotel San Marcos HOTEL €
(☎ 924 22 95 18; www.hotelsanmarcos.es; Calle Meléndez Valdés 53; EZ 32–55 €, DZ 38–60 €; P ❄ 📶) Mit seinem geschliffenen Service und den tollen Einrichtungen bietet dieses superfreundliche, nach Vanille duftende Hotel im Stadtzentrum ein fantastisches Preis-Leistungs-Verhältnis. Die recht großen Zimmer sind sehr hell und mit Kühlschrank, Safe und teilweise Balkon ausgestattet. Viele der gepflegten, modernen Bäder haben Massageduschen.

NH Gran Hotel Casino Extremadura HOTEL €€
(☎ 924 28 44 02; www.nh-hotels.com; Avenida Adolfo Díaz Ambrona 11; Zi. 60–125 €; P ❄ 📶) Mehrere der besten Hotels der Stadt befinden sich direkt auf der anderen Seite des Río Guadiana, einen kurzen Spaziergang westlich der Altstadt. Dieser noble, weitläufige Komplex bietet moderne, elegante Zimmer im Stil eines Businesshotels mit Schreibtischen und Espressomaschinen sowie ein eigenes Spa mit Fitnessraum und einen freundlichen, aber professionellen Empfang.

Essen

Papabuey GRILLGERICHTE, SPANISCH €€
(☎ 924 18 15 93; www.papabuey.com; Calle Vicente Barrantes 5; Hauptgerichte 8–16 €; ⌚ Do–So 14–16.30 & 20.30–23, Di–Mi 13–16 Uhr) Perfekt gegrilltes saftiges Fleisch ist der Schlüssel des unglaublichen Erfolgs dieses emsigen kleinen *asador* (auf gegrilltes Fleisch spezialisiertes Restaurant) gleich abseits der Plaza de España. Karnivoren wird beim Anblick der fleischlastigen Karte mit Gerichten wie *chuletón de buey* (riesieges Rinderkotelett) und dem klassischen *extremeño cochinillo asado* (Spanferkelbraten) das Wasser im Mund zusammenlaufen. Los geht's mit dem Drei-Gänge-Mittagsmenü an Wochentagen (15 €).

La Casona Alta TAPAS €€
(☎ 924 24 73 95; Plaza Alta; Tapas 2–5 €, Hauptgerichte 8–16 €; ⌚ Mo–Fr 8.30 Uhr–open end, Sa & So 12 Uhr–open end) Stühle auf dem coolsten Platz von Badajoz und ein lebhafter Barbereich mit Tischen aus Fässern – bei La Casona Alta stehen auf der gesunden Karte normale *raciones* sowie umfangreiche marokkanisch beeinflusste Gerichte. Für faire 11 bis 13 € bekommt man ein *menú del día* (Tageskarte).

Praktische Informationen

Oficina Municipal de Turismo
(☎ 924 22 49 81; www.turismobadajoz.es; Paseo de San Juan; ⌚ Juli–Sept. Mo–Sa 10–14 & 17.30–20, So 10–14 Uhr, Okt.–Juni Mo–Sa 10–14 & 17–19.30, So 10–14 Uhr) Gleich abseits der Plaza de España.

Oficina de Turismo Casas Mudéjares
(☎ 924 29 13 69; www.turismobadajoz.es; Plaza de San José 18; ⌚ Mo–Fr 10–14 & 17–19.30, Sa 10–14 Uhr) Direkt unterhalb der Alcazaba.

An-und Weiterreise

BUS

Busse fahren vom **Busbahnhof** (☎ 924 25 86 61; Calle José Rebollo López) 1,5 km südlich des Hauptplatzes Plaza de España.

ZIEL	PREIS (€)	DAUER	HÄUFIGKEIT
Cáceres	6,30	1¼ Std.	3–6 tgl.
Lissabon (normal/Express)	24/27	2½/2 Std.	2/1 tgl.
Madrid (normal/Express)	31/43	5¾/4¾ Std.	5/4 tgl.
Mérida	6	50 Min.	3-7 tgl.
Sevilla	18	3½ Std.	2-4 tgl.
Zafra	6,95	1¼ Std.	5-7 tgl.

Sevilla & Andalusiens Bergdörfer

Inhalt ➜

Gut essen

- Bar-Restaurante Eslava (S. 706)
- Almocábar (S. 751)
- Casa Pepe de la Judería (S. 771)
- Jesus Carrión (S. 721)
- El Jardín del Califa (S. 754)

Schön übernachten

- Hotel Casa 1800 (S. 702)
- Aire de Ronda (S. 750)
- La Casa del Califa (S. 753)
- Casa Olea (S. 774)
- Hotel Convento Aracena (S. 720)

Auf nach Sevilla & in Andalusiens Bergdörfer!

Mit seiner Mudejar-Architektur, den *pueblos blancos* (weißen Dörfern) in den Bergen und seiner Flamenco-Tradition verkörpert Westandalusien den Geist des sonnenverwöhnten spanischen Südens. Die charismatische Hauptstadt Sevilla ist eines der angesagtesten Reiseziele und beeindruckt mit eleganten Palästen, großartigen Tapas-Bars und ansteckender Leidenschaft. Für einen Tempowechsel reist man nach Süden in die Privinz Cádiz, wo weiße Dörfer die ehemalige Grenze zwischen dem christlichen Spanien und dem islamischen Al-Andalus markieren. Andalusiens maurische Geschichte prägte die Region, wie sich am spektakulärsten in der prachtvollen Mezquita von Córdoba zeigt.

Die Region hat auch jede Menge für Naturfreunde zu bieten, z. B. die vogelreichen Feuchtlandgebiete des Parque Nacional de Doñana, die windgepeitschten Strände von Tarifa und ein Netz aus Wanderwegen durch die wilde Natur.

Reisezeit

Sevilla

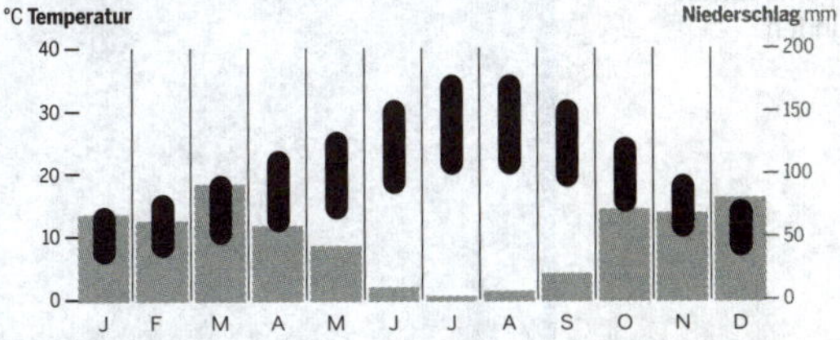

März–April Nach den prachtvollen Osterprozessionen feiern viele Orte fröhliche Frühjahrsfeste.

Mai–Juni Warmes, sonniges Wetter, großartige Wandermöglichkeiten und noch mehr bunte Feste.

Sept.–Okt. Ideale Zeit zum Wandern; die Strände sind nicht mehr überfüllt.

Highlights

1 Sevilla (S. 684) Andalusiens faszinierendste Stadt mit ihren fabelhaften Baudenkmälern, tollen Tapas-Bars und ihrer leidenschaftlichen Seele erkunden.

2 Jerez de la Frontera (S. 734) Eine schillernde Welt mit Flamenco, Pferden, Sherry und Bodegas erleben.

3 Córdoba (S. 760) In der faszinierenden historischen, aber auch quirlig-modernen Stadt die prachtvolle Mezquita und mehr erkunden.

4 Zuheros (S. 774) Das charmante weiße Dorf mit seiner herrlich gelegenen Burg besuchen und gute Wanderungen durch die Felsenschluchten der Umgebung unternehmen.

5 Sanlúcar de Barrameda (S. 732) Am Bajo de Guía fangfrischen Fisch genießen und anschließend den Parque Nacional de Doñana besuchen.

6 Tarifa (S. 755) Die Kitesurf-, Windsurf- und Strandszene der nahe zu Marokko gelegenen Stadt erkunden.

Peñarroya-Pueblonuevo
CÓRDOBA
Río Guadiato
Montoro
Cazalla de la Sierra
Parque Natural Sierra Norte
Parque Natural Sierra de Hornachuelos
Córdoba
3
Medina Azahara
A4
Constantina
Río Huéznar
A431
SEVILLA
Palma del Río
Lora del Río
A4
Baena
Pradollano
Río Corbones
Carmona
Écija
Aguilar de la Frontera
N331
Zuheros
4
A4
1
Sevilla
Alcalá de Guadaira
Parque Natural Sierras Subbéticas
Puente Genil
Lucena
Dos Hermanas
A92
Marchena
Arahal
Río Guadaira
Osuna
A92
Utrera
Los Palacios y Villafranca
Morón de la Frontera
AP4
A92
A384
Antequera
Olvera
Villamartín
A384
Embalse del Conde del Guadalhorce
Zahara de la Sierra
Setenil de las Bodegas
MÁLAGA
Arcos de la Frontera
Embalse de Bornos
A45
Grazalema
Álora
A382
Parque Natural Sierra de Grazalema
Ronda
Vélez Málaga
Cártama
A7
Ubrique
A397
Parque Natural Sierra de las Nieves
Málaga
Torre del Mar
Coín
A374
Río Guadiaro
CÁDIZ
Mijas
Marbella
Fuengirola
Medina Sidonia
A381
Río Genal
Jimena de la Frontera
San Pedro de Alcántara
Playa La Luna
Estepona
Embalse de Barbate
A7
Parque Natural Los Alcornocales
Costa del Sol
Barbate
A7
La Línea de la Concepción
Algeciras
Gibraltar
Bahía de Algeciras
MITTELMEER
6
Tarifa
Straße von Gibraltar
MAROKKO
Ceuta (Spanien)

SEVILLA

690 570 EW.

Manche Städte begeistern einen sofort, andere können nur langsam die Herzen erobern. Sevilla entwaffnet und verführt auf den ersten Blick. Sein historisches Zentrum, das von einer riesigen gotischen Kathedrale bewacht wird, ist eine verlockende Mischung aus prachtvollen Mudejar-Palästen, Barockkirchen und verschlungenen mittelalterlichen Gassen. Flamenco-Clubs halten die Intimität und Intensität der jahrhundertealten Nation am Leben, während aristokratische Villen die Vergangenheit der Stadt als islamische Hauptstadt und später im 16. Jh. als Metropole des Kolonialhandels heraufbeschwören.

Obwohl die ganze Stadt Geschichte atmet, dreht sich in Sevilla jedoch alles ums Hier und Jetzt. Man kann Tapas in quirligen Bars essen oder am Ende des Tages auf einer belebten Plaza einen Drink genießen. Die *sevillanos* sind seit Langem Meister des Feierns, und die großartigen Festivals der Stadt, allen voran die Semana Santa und die Feria de Abril, gehören zu den eindrucksvollsten Festen Spaniens.

Geschichte

Der Legende nach wurde Sevilla von dem griechischen Halbgott Herkules gegründet. Es hat seine Ursprünge aber eher als iberische Stadt, die sich später zu einem wichtigen römischen Hafen (Hispalis) entwickelte. Seine Blütezeit hatte Sevilla jedoch erst unter den islamischen Herrschern. In der Abbasiden-Dynastie im späten 11. Jh. war es ein bedeutendes Kulturzentrum, und im 12. Jh., als die Almohaden die Kontrolle übernahmen, erlebte Sevilla eine weitere Glanzzeit. Neben vielen anderen Bauwerken errichteten die Almohaden an der Stelle, wo heute die Kathedrale steht, eine große Moschee. Doch nach der verheerenden Niederlage bei Las Navas de Tolosa im Jahr 1212 bröckelte die Macht der Almohaden und 1248 wurde Sevilla von Ferdinand III. (El Santo, der Heilige) von Kastilien erobert.

Etwa 240 Jahre später brachte die Entdeckung Amerikas eine weitere Blütezeit. 1503 erhielt Sevilla ein offizielles Monopol für den spanischen Handel mit dem neu gefundenen Kontinent. Reichtümer strömten in die Stadt, und schnell entwickelte sie sich zu einer der größten, reichsten und kosmopolitischsten Städte des Kontinents.

Doch die Blüte sollte nicht von Dauer sein. 1649 büßte die Stadt durch eine Pest die Hälfte ihrer Bevölkerung ein und im 17. Jh. versandete der Guadalquivir immer weiter und wurde so immer schwerer schiffbar. 1717 wurde schließlich die Casa de la Contratación, die den Handel mit Amerika überwachte, nach Cádiz verlegt. Sevilla ging langsam unter.

Die Mitte des 19. Jhs. einsetzende Industrialisierung ging mit vielen Bauprojekten einher. 1852 kam die erste Brücke über den Guadalquivir, der Puente de Triana (oder

SEVILLA IN ZWEI TAGEN

Zunächst erkundet man die hübschen Gassen des Barrio de Santa Cruz. Nach einer ersten Orientierungsrunde geht's zum **Real Alcázar** (S. 690), dem berühmten Palastkomplex von Sevilla. Hier kann man das spektakuläre Mudejar-Dekor, die kühlen Innenhöfe und die herrlichen Gärten bewundern. Anschließend warten zu Mittag Tapas im nahegelegenen **Mamarracha** (S. 704). Nachmittags geht's nach Norden über die **Calle Sierpes** (S. 697) zum **Metropol Parasol** (S. 696), dem riesigen Holzschirm, der in Sevilla auch unter dem Namen *las setas* (Die Pilze) bekannt ist. Oben auf der Spitze (mit dem Fahrstuhl zu erreichen) bieten sich herrliche Rundumblicke über die Dächer der Stadt. Abends locken die Bars und Restaurants auf der Alameda de Hércules.

Tag 2 beginnt mit einem Besuch der **Kathedrale** (S. 685), um die Kunstschätze der kolossalen Kirche zu bewundern und auf den berühmten Glockenturm, die **Giralda** (S. 685), zu steigen. Danach geht's durch den Bezirk Arenal und weiter über den Fluss nach Triana. Im **Centro Cerámica Triana** (S. 698) erfährt man mehr über die traditionelle Keramikindustrie dieses Stadtviertels. Nach einem Mittagessen in der **Casa Cuesta** (S. 705) geht's über den Fluss zum **Parque de María Luisa** (S. 698), um unter den Bäumen eine Pause einzulegen. Anschließend wartet die **Plaza de España** (S. 698), bevor man den Tag mit einer Flamenco-Show in der **Casa de la Guitarra** (S. 707) abschließt.

Puente de Isabel II). Im Jahr 1869 wurden die alten Stadtmauern der Almohaden abgerissen, um der Stadt Raum zum Expandieren zu geben. Als Sevilla 1929 Gastgeber der Exposición Iberoamericana war, wurden in der Stadt viele weitere Gebäude erbaut.

1936, zu Beginn des Spanischen Bürgerkriegs, fiel Sevilla trotz des Widerstands in den Arbeitervierteln, auf den mit harten Vergeltungsmaßnahmen reagiert wurde, sehr schnell an die Nationalisten. In den letzten Jahren erlebte Sevilla eine Art Achterbahnfahrt. 1982 wurde es zur Hauptstadt der autonomen Region Andalusien ernannt, und 1992 war es Gastgeber der Expo-Weltausstellung. Zu Beginn des neuen Jahrtausends sorgte ein Mix aus Tourismus, Handel, Technologie und Industrie für einen wirtschaftlichen Aufschwung. 2008 jedoch wurde die Stadt stark von der Finanzkrise getroffen. Zwar wurden große städtische Projekte wie der Metropol Parasol weitergetrieben, die wirtschaftliche Lage erreichte jedoch 2012 ihren Tiefpunkt. In den letzten Jahren ging es dann wieder etwas bergauf: Die spanische Wirtschaft wuchs, jedoch ist die Arbeitslosigkeit (insbesondere bei jungen Leuten) in der Provinz Sevilla immer noch sehr hoch.

Sehenswertes

Catedral de Sevilla & Umgebung

★Catedral de Sevilla & Giralda KATHEDRALE (Karte S. 692 f.; ☎ 954 21 49 71; www.catedraldesevilla.es; Plaza del Triunfo; Erw./Kind 9 €/frei; Dachtouren 15 €; ⊙ Mo 11–15.30, Di–Sa 11–17, So 14.30–18 Uhr) Sevillas riesige Kathedrale, erbaut zwischen 1434 und 1517, ist in ihren Ausmaßen und ihrer Majestät wirklich Ehrfurcht gebietend. Die größte gotische Kathedrale der Welt erhebt sich auf den Ruinen der alten Hauptmoschee der Stadt. Zu ihren Höhepunkten zählen die Giralda, der mächtige Glockenturm, der das ursprüngliche Minarett der Moschee in sich vereint, das monumentale Grab von Christoph Kolumbus und die Capilla Mayor mit ihrem eindrucksvollen goldenen Altar.

Die Kathedrale wurde im 15. Jh. erbaut, aber die Geschichte christlicher Gottesverehrung an diesem Ort datiert bis ins 13. Jh. zurück. 1248 eroberte Ferdinand III., König von Kastilien, Sevilla von den Almohaden zurück und wandelte die prachtvolle Moschee aus dem 12. Jh. in eine Kirche um. 153 Jahre später, 1401, beschlossen die Kirchenoberhäupter der Stadt, die frühere Moschee, die 1356 bei einem Erdbeben beschädigt wurde, durch eine spektakuläre neue Kathedrale zu ersetzen: „Lasst uns eine Kirche bauen, die so groß ist, dass künftige Generationen uns für verrückt halten", sollen sie angeblich gesagt haben.

Herausgekommen ist die prachtvolle Catedral de Sevilla, die offiziell Catedral de Santa María de la Sede heißt und eine der größten Kirchen der Welt ist. Außerdem ist sie ein wahrer Fundus für wertvolle Kunstwerke weltberühmter Maler wie Zurbarán, Murillo, Goya und anderer Künstler.

➡ Das Äußere

Der gewaltige Bau lässt mit seinen gotischen Verzierungen schon auf die im Innern wartenden Schätze schließen. Die **Puerta del Perdón** (heute der Ausgang der Kathedrale) an der Calle Alemanes ist eines der wenigen Elemente, die noch von der islamischen Moschee übrig sind.

➡ Sala del Pabellón

Ausgewählte Schätze aus der Kunstsammlung der Kathedrale zeigt der erste Raum hinter dem Ticketschalter. Viele hier präsentierte Werke stammen wie andere in der Kathedrale von Sevillaner Meistern des 17. Jhs., des hiesigen Goldenen Zeitalters der Kunst.

➡ Kolumbusgrab

In der Kathedrale angekommen, sieht man auf der rechten Seite das Grab von Christoph Kolumbus (Cristóbal Colón auf Spanisch), das sich direkt vor der **Puerta del Príncipe** (Prinzentor) befindet. Es soll die Gebeine des großen Entdeckers enthalten, aber es wird viel darüber diskutiert, ob seine Knochen wirklich hier liegen.

i TIPP: TICKETS FÜR DIE KATHEDRALE

Wer an der Kathedrale nicht Schlange stehen will, hat zwei Möglichkeiten: Man kann sein Ticket auf der spanischsprachigen Website der Kathedrale buchen oder es an der Iglesia Colegial del Divino Salvador (S. 696) kaufen. An der Kirche, die Kombitickets für die Kirche, die Kathedrale und die Giralda verkauft, gibt's nur selten Warteschlangen.

Die Kathedrale von Sevilla

DIE HIGHLIGHTS

Im Jahr 1402 verkündeten die Architekten Sevillas den Beginn eines der gewaltigsten Bauprojekte des Mittelalters. Ihr Ziel war es, zukünftige Generationen mit der Größe und Pracht des Gebäudes zu beeindrucken. Erst 1506 wurde der Bau abgeschlossen, aber auch 500 Jahre später ist die Kathedrale von Sevilla die größte gotische Kathedrale der Welt.

Um sich leichter zu orientieren, hält man sich am besten an die wichtigsten Attraktionen. Direkt hinter dem Haupteingang befindet sich das ❶ **Kolumbusgrab**. Von dort geht's nach rechts zu den Kunstschätzen in der südöstlichen Ecke, den Gemälden Goyas in der Sacristía de los Cálices, Zurbaráns Werken in der ❷ **Sacristía Mayor** und Murillos hervorragender Inmaculada in der Sala Capitular. An der Ostwand der Kathedrale liegt die (oft geschlossene) ❸ **Capilla Real**, mit einigen Königsgräbern. In die ❹ **Capilla Mayor** mit dem fantastischen Altargemälde muss man einen Blick werfen. Im Nordwesten liegt die ❺ **Capilla de San Antonio** mit einem Gemälde von Murillo. Die große Tür in der Nähe ist die selten geöffnete ❻ **Puerta de la Asunción**. Das hohe Deckengewölbe kann man auf dem Weg zur ❼ **Giralda** bewundern. Hat man die Kathedrale dann von oben betrachtet, geht's hinab und hinaus über den ❽ **Patio de los Naranjos**.

TOP-TIPPS

- ➡ Den Alcázar und die Kathedrale nicht am selben Tag besichtigen. Es gibt einfach zu viel zu sehen.
- ➡ Man sollte sich Zeit nehmen, das Bauwerk von außen zu bewundern. Besonders beeindruckend ist der Anblick bei Dunkelheit von der Plaza Virgen de los Reyes sowie von Triana auf der anderen Seite des Flusses.
- ➡ Die Warteschlange erspart man sich, wenn man vorab online bucht oder Tickets an der Iglesia Colegial del Divino Salvador kauft.

TRABANTOS / SHUTTERSTOCK ©

Capilla de San Antonio
Dieses Juwel muss man zwischen den 80 Kapellen fast suchen. Es beherbergt das Gemälde *Die Vision des heiligen Antonius von Padua* von Murillo aus dem Jahr 1656. Das Werk wurd 1874 von Dieben beschädigt, aber später restauriert.

Patio de los Naranjos
Im kühlen Patio kann man den Duft von 60 sevillanischen Orangenbäumen genießen. Der Hof ist der Überrest einer Moschee aus dem 12. Jh. Durch die hufeisenförmige Puerta del Perdón geht's hinaus.

Puerta de la Asunción
Dieses große, selten geöffnete Kirchenportal an der Westseite der Kathedrale ist auch als Puerta Mayor bekannt. In der Karwoche führen feierliche Prozessionen der katholischen *hermandades* (Bruderschaften) durch die Tür.

DMITRY SHAKIN / GETTY IMAGES ©

Giralda

Nicht über eine Treppe, sondern eine leicht ansteigende Rampe gelangt man auf das Minarett aus dem 11. Jh., das mit einem gotisch-barocken Glockenturm überbaut wurde. Sevillas Wahrzeichen ist 104 m hoch.

CEZARY WOJTKOWSKI / SHUTTERSTOCK ©

Capilla Mayor

An der wichtigsten Stelle der Kathedrale befindet sich auch ihr größter Schatz, ein vergoldetes Altargemälde mit Szenen aus dem Leben Jesu. Es ist das Lebenswerk des flämischen Künstlers Pieter Dancart.

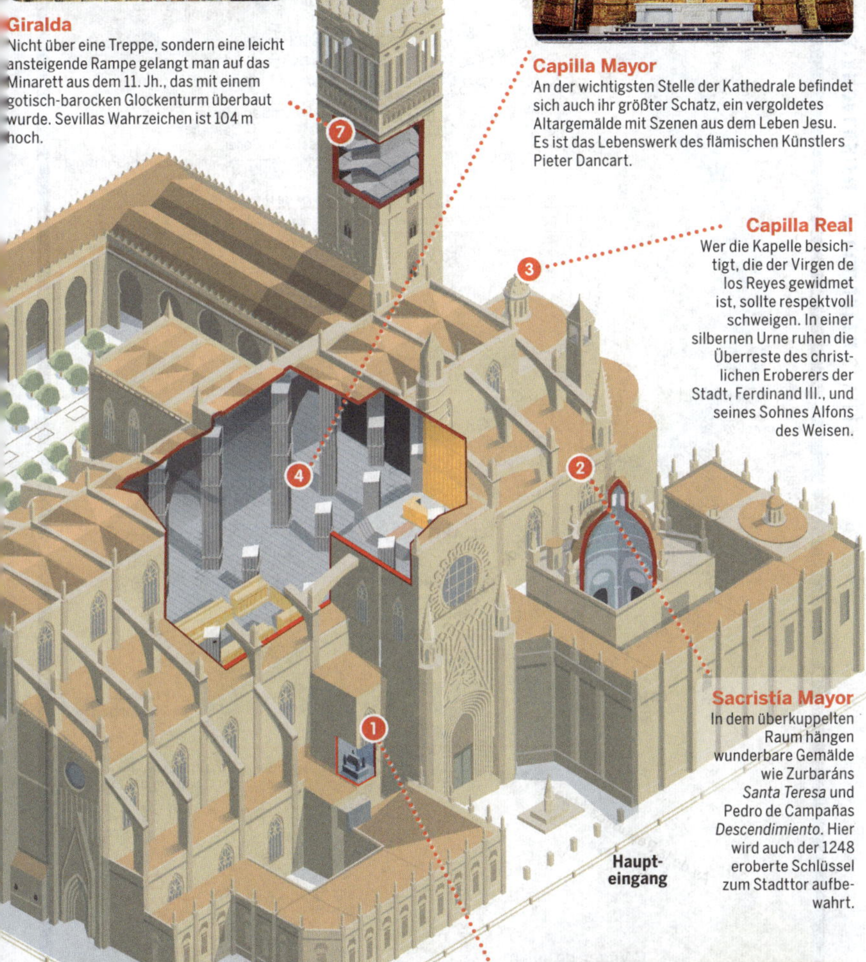

Capilla Real

Wer die Kapelle besichtigt, die der Virgen de los Reyes gewidmet ist, sollte respektvoll schweigen. In einer silbernen Urne ruhen die Überreste des christlichen Eroberers der Stadt, Ferdinand III., und seines Sohnes Alfons des Weisen.

Sacristía Mayor

In dem überkuppelten Raum hängen wunderbare Gemälde wie Zurbaráns *Santa Teresa* und Pedro de Campañas *Descendimiento*. Hier wird auch der 1248 eroberte Schlüssel zum Stadttor aufbewahrt.

Kolumbusgrab

Christoph Kolumbus wurde 1506 in Valladolid beigesetzt, nachdem seine Gebeine viermal umgebettet und 1898 in einem kunstvollen Leichenwagen nach Sevilla gebracht worden waren. Es wird allerdings seit Langem darüber gestritten, ob es sich tatsächlich um seine Überreste handelt oder ob sich diese dank einer posthumen Verwechslung noch immer in der Dominikanischen Republik befinden.

HWA CHO YI / SHUTTERSTOCK ©

Sevilla

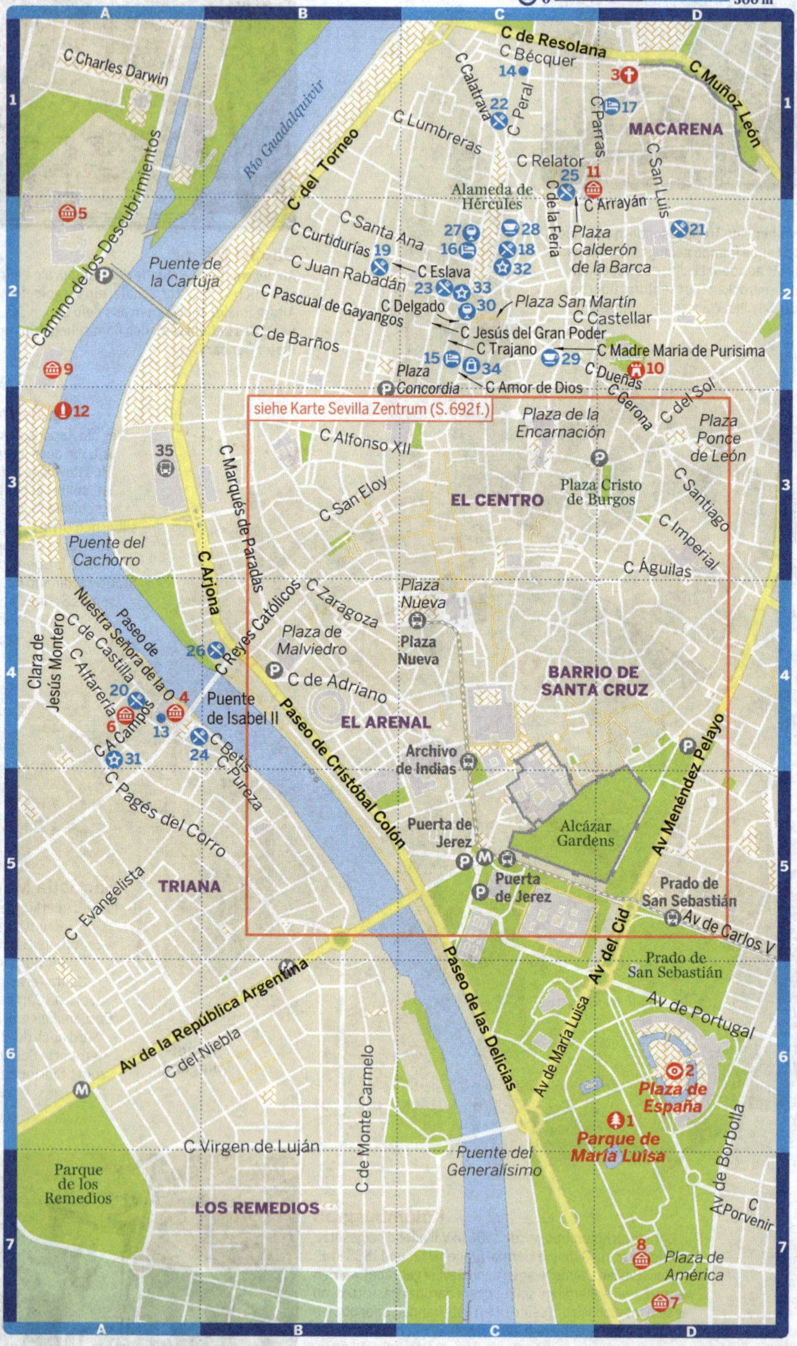
0 500 m
MACARENA
EL CENTRO
BARRIO DE SANTA CRUZ
EL ARENAL
TRIANA
LOS REMEDIOS
siehe Karte Sevilla Zentrum (S. 692 f.)
Río Guadalquivir
C de Resolana
C Bécquer
C Muñoz León
C Calatrava
C Peral
C Parras
C Lumbreras
C Relator
C San Luis
Alameda de Hércules
C de la Feria
C Arrayán
Plaza Calderón de la Barca
C Santa Ana
C Curtidurías
C Eslava
C Juan Rabadán
C Pascual de Gayangos
C Delgado
Plaza San Martín
C Castellar
C Jesús del Gran Poder
C Trajano
C Madre María de Purisima
C Dueñas
C de Barños
Plaza Concordia
C Amor de Dios
C Gerona
C del Sol
C del Torneo
C Charles Darwin
Camino de los Descubrimientos
Puente de la Cartuja
Plaza de la Encarnación
Plaza Ponce de León
C Alfonso XII
C San Eloy
Plaza Cristo de Burgos
C Santiago
C Imperial
C Águilas
Puente del Cachorro
C Marqués de Paradas
C Arjona
C Reyes Católicos
C Zaragoza
Plaza Nueva
Plaza de Malviedro
C de Adriano
Paseo de Cristóbal Colón
Archivo de Indias
Puerta de Jerez
Alcázar Gardens
Av Menéndez Pelayo
Prado de San Sebastián
Av de Carlos V
Av del Cid
Av de Portugal
Av de María Luisa
Plaza de España
Parque de María Luisa
Av de Borbolla
C Porvenir
Plaza de América
Clara de Jesús Montero
C de Castilla
Nuestra Señora de la O
Paseo de
C Alfarería
C A Campos
Puente de Isabel II
C Betis
C Pureza
C Pagés del Corro
C Evangelista
Av de la República Argentina
C del Niebla
C de Monte Carmelo
Paseo de las Delicias
C Virgen de Luján
Puente del Generalísimo
Parque de los Remedios

Sevilla

Highlights
1 Parque de María Luisa D6
2 Plaza de España D6

Sehenswertes
3 Basílica de La Macarena D1
4 Castillo de San Jorge A4
5 Centro Andaluz de Arte Contemporáneo A2
6 Centro Cerámica Triana A4
7 Museo Arqueológico D7
8 Museo de Artes y Costumbres Populares D7
9 Pabellón de la Navegación A2
10 Palacio de Las Dueñas D2
11 Palacio de los Marqueses de la Algaba C1
12 Torre Schindler A3

Aktivitäten, Kurse & Touren
13 Taller Andaluz de Cocina A4
14 Taller Flamenco C1

Schlafen
Corner House .... (siehe 27)
15 Hotel Boutique Doña Lola C2
16 Hotel Sacristía de Santa Ana C2
17 Hotel San Gil D1

Essen
18 Arte y Sabor C2
19 Bar-Restaurante Eslava B2
20 Casa Cuesta A4
21 conTenedor D2
22 Dúo Tapas C1
23 La Azotea C2
24 Manu Jara Dulcería A4
25 Mercado de Feria C1
26 Mercado Lonja del Barranco B4

Ausgehen & Nachtleben
27 Corner House Roof Terrace Bar C2
28 El Viajero Sedentario C2
29 Gallo Rojo C2
30 Maquila C2

Unterhaltung
31 Casa Anselma A4
32 Fun Club C2
33 Naima Café Jazz C2

Shoppen
Cerámica Triana .... (siehe 6)
34 Tarico C2

Transport
ALSA .... (siehe 35)
Damas .... (siehe 35)
35 Estación de Autobuses Plaza de Armas A3
Eurolines .... (siehe 35)

Kolumbus' sterbliche Überreste wurden nach seinem Tod (1506 in Valladolid, Nordspanien) mehrmals an verschiedene Orte überführt, und einige behaupten, dass seine Knochen in Santo Domingo begraben liegen. Sein Leichnam befand sich zwischenzeitlich tatsächlich in der Dominikanischen Republik, nachdem er 1537 von seinem ursprünglichen Grab, dem Monasterio de la Cartuja (S. 790), ins spanisch regierte Hispaniola verschifft wurde. Später wurden seine Gebeine jedoch nach Havanna und 1898 schließlich nach Sevilla überführt.

2006 wurde bei einem DNA-Test eine Übereinstimmung zwischen den angeblichen Knochen von Kolumbus und denen seines Bruders Diego festgestellt. Das konnte das Rätsel zwar nicht endgültig lösen, aber es ist sehr wahrscheinlich, dass Kolumbus tatsächlich in dem Grab liegt, das seinen Namen trägt.

➡ Sacristía de los Cálices

Die Räume rechts von Kolumbus' Grab enthalten viele bedeutende Meisterwerke der Kathedrale. Zuerst betritt man die Sakristei der Kelche. Über ihrem Altar hängt Francisco de Goyas Gemälde der Märtyrer von Sevilla, *Santas Justa y Rufina*, von 1817.

➡ Sacristía Mayor

Der große Raum daneben hat eine kunstvoll verzierte Steinkuppel und entstand zwischen 1528 und 1547. Auf dem Bogen über dem Portal sind Lebensmittel aus dem 16. Jh. dargestellt. Hier hängen zwei der kostbarsten Gemälde der Kathedrale: *El Descendimiento* (Kreuzabnahme) von Pedro de Campaña aus dem Jahr 1547 über dem Zentralaltar am südlichen Ende und Francisco de Zurbaráns *Santa Teresa* rechts davon. Sehenswert ist auch die **Custodia de Juan de Arfe**, eine riesige 475 kg schwere Silbermonstranz, die in den 1580er-Jahren von dem Renaissancegoldschmied Juan de Arfe geschaffen wurde.

➡ Sala Capitular

Der runde, wunderschön überkuppelte Kapitelsaal, auch Cabildo genannt, wurde ursprünglich zwischen 1558 und 1592 als Versammlungsort für die Kirchenhierarchie gebaut. Hoch über dem Thron des Erzbischofs am Südende hängt das Meisterwerk

La Inmaculada (Unbefleckte Empfängnis) von Murillo.

➡Capilla Mayor

Die Capilla Mayor (Hauptkapelle) sticht selbst in einer spektakulären Kirche wie dieser deutlich hervor. Ihr eindrucksvolles gotisches Retabel gilt als größtes Altarbild der Welt. Es wurde 1482 vom flämischen Bildhauer Pieter Dancart begonnen und bis 1564 von anderen Künstlern vervollständigt. Dieses Meer aus vergoldetem und bunt bemaltem Holz zeigt über 1000 geschnitzte biblische Gestalten. Im Zentrum der untersten Ebene befindet sich die winzige versilberte Zedernholzfigur der Virgen de la Sede (Jungfrau des Heiligen Stuhls), der Schutzheiligen der Kathedrale, aus dem 13. Jh.

Westlich der Capilla befindet sich der Chor mit einer riesigen Orgel.

➡Kapellen an der Süd- & Nordseite

Die Kapellen an der Süd- & Nordseite der Kathedrale bergen weitere Kunstschätze. Am westlichen Ende der Nordseite liegt die besonders sehenswerte **Capilla de San Antonio** mit Murillos großformatiger Darstellung der *Vision des heiligen Antonius von Padua* (1656). 1874 fiel das Gemälde einem verwegenen Kunstraub zum Opfer.

➡Giralda

In der Nordostecke der Kathedrale befindet sich der Eingang zum Glockenturm, der Giralda. Der Aufstieg führt über 35 Rampen, auf denen früher die Wachen hinaufritten, und eine kurze Treppe zur Spitze, wo man mit einem grandiosen Ausblick belohnt wird.

Der 104 m hohe dekorative Ziegelturm wurde zwischen 1184 und 1198, auf dem Gipfel der Almohadenherrschaft, errichtet, und war einst das Minarett der Moschee. Seine Proportionen, die kunstvollen Ziegelverzierungen und seine Farbe, die sich mit dem Licht verändert, machen ihn zum vielleicht formvollendetsten islamischen Bauwerk Spaniens. Die obersten Teile der Giralda (ab dem Glockengestühl) wurden im 16. Jh. ergänzt, als die spanischen Christen schwer damit beschäftigt waren, die überlebenden islamischen Bauten „zu verbessern". Auf der Spitze thront El Giraldillo, eine bronzene Wetterfahne aus dem 16. Jh., die den Glauben repräsentiert und ein Symbol von Sevilla geworden ist.

➡Patio de los Naranjos

Dieser Patio vor der Nordseite der Kathedrale war ursprünglich der Haupthof der Moschee. Er ist mit 66 *naranjos* (Orangenbäume) bepflanzt, in seiner Mitte steht ein kleiner westgotischer Brunnen. Über dem Hofeingang hängt die Nachbildung eines ausgestopften Krokodils – das Original war um 1260 ein Geschenk des Sultans von Ägypten an Alfons X.

★Real Alcázar PALAST

(Karte S. 692 f.; ☎ 954 50 23 24; www.alcazarsevilla.org; Plaza del Triunfo; Erw./Kind 9,50 €/frei; ⏲ April–Sept. 9.30–19 Uhr, Okt.–März bis 17 Uhr)

Der Palastkomplex von Sevilla, eine prächtige Verbindung von christlicher und Mudejar-Architektur, steht auf der UNESCO-Welterbeliste und ist ein wahrhaft atemberaubendes Bauwerk. Der Palast wurde 913 ursprünglich als Festung errichtet und im Laufe von elf Jahrhunderten immer weiter ausgebaut, am spektakulärsten im 14. Jahrhundert, als König Peter I. den imposanten Palacio de Don Pedro hinzufügte, der noch heute das Kronjuwel des Alcázar darstellt. In jüngster Zeit wurde der Alcázar als Drehort der TV-Serie *Game of Thrones* genutzt.

Der Alcázar entstand im 10. Jh. als Festung für Córdobas Statthalter in Sevilla, wurde aber erst im 11. Jh. umfassend ausgebaut. Unter den Abbadidenherrschern wurde das ursprüngliche Fort erweitert und um einen Palast namens Al-Mubarak („Der Gesegnete") ergänzt; er befindet sich im heutigen Westteil des Alcázar. Die Almohadenherrscher des 12. Jhs. bauten östlich davon, rund um den heutigen Patio del Crucero, einen weiteren Palast. Nachdem Ferdinand III. Sevilla 1248 erobert hatte, zog er in den Alcázar, und auch spätere christliche Könige nutzten ihn als ihre Hauptresidenz. Ferdinands Sohn Alfons X. ersetzte große Teile des Almohadenpalasts durch einen gotischen Bau. Peter I. schuf zwischen 1364 und 1366 schließlich den nach ihm benannten Palast.

➡Patio del León

Man betritt den Komplex durch die **Puerta del León** (Löwentor) auf der Plaza del Triunfo. Hinter dem von Zinnenmauern flankierten Tor erstreckt sich der **Patio del León** (Löwenhof), der Garnisonshof des Al-Mubarak-Palasts. Auf der linken Seite liegt vor den Gewölbebögen die **Sala de la Justicia** (Saal der Gerechtigkeit) mit reizvollem Mudejarstuckwerk und einem *artesonado* (kunstvolle Kassettendecke mit dekorativen Einlagen). Alfons XI. ließ sie in den 1340er-Jahren bauen, um sich hier mit seiner Geliebten Leonor de Guzmán zu vergnügen, die als die schönste Frau Spaniens galt. Der Raum führt zum überaus hübschen **Patio del Yeso**, der Teil des Almohadenpalasts aus dem 12. Jh. war und im 19. Jh. rekonstruiert wurde.

➡Patio de la Montería

Der von der Fassade des Palacio de Don Pedro dominierte Patio de la Monteria schuldet seinen Namen (Jagdhof) dem Umstand, dass sich die Jagdteilnehmer vor den Jagden hier mit König Peter trafen. Die Räume an der Westseite dieses Hofes gehörten zur **Casa de la Contratación** (Handelshaus), die 1503 zur Abwicklung des Handels mit Spaniens Kolonien in Amerika gegründet wurde. Im **Salón del Almirante** (Admiralssaal) zeigen Gemälde aus dem 19. und 20. Jh. historische Ereignisse und Personen, die mit Sevilla in Verbindung stehen. Am nördlichen Ende des Raums befindet sich eine Ausstellung mit wunderschönen, aufwendig gestalteten Fächern. In der **Sala de Audiencias** (Kapitelhaus) hängen Wandteppiche mit den Schilden spanischer Admiräle und Alejo Fernández' Gemälde *Virgen de los Mareantes* (Madonna der Seefahrer) aus dem Jahr 1530.

➡Cuarto Real Alto

Der Alcázar ist auch heute noch ein Königspalast. 1995 fand hier nach der Eheschließung in der Kathedrale von Sevilla das Hochzeitsfest der Infantin Elena statt, der Tochter von König Juan Carlos I. Die Räume des **Cuarto Real Alto** (oberes Königsquartier), welche die spanische Königsfamilie bei Aufenthalten in Sevilla nutzt, können mehrere Male am Tag bei Führungen (auf Spanisch oder Englisch, 4,50 €, halbstündlich von 10–13.30 Uhr; Buchung erforderlich) besichtigt werden – man sollte auf jeden Fall reservieren. Zu den Highlights der Führungen zählen der **Salón de Audiencias** aus dem 14. Jh., auch heute noch der Audienzsaal des Königs, sowie das Schlafzimmer Peters I. mit seinen wundervollen Mudejarfliesen und -stuckarbeiten.

➡Palacio de Don Pedro

Dieser Palast (auch Palacio Mudejar genannt) ist das überwältigendste Einzelbauwerk in Sevilla.

Zwar lag Peter I. mit vielen seiner christlichen Landsleute über Kreuz, doch unterhielt er eine langjährige Verbindung zu dem muslimischen Emir von Granada, Mohammed V., der zum großen Teil für die schönsten Ausschmückungen der Alhambra verantwortlich war. Ab 1364 ließ Peter innerhalb des Alcázar einen neuen Palast errichten und Mohammed stellte dafür viele seiner besten Handwerker zur Verfügung. Zu diesen stießen weitere aus Sevilla und Toledo. Ihre Arbeit, die sich auf die islamischen Traditionen der Almohaden und des Kalifats von Córdoba stützt, stellt eine einzigartige Synthese iberischer islamischer Kunst dar.

Die Inschriften auf der Palastfassade verkörpern die gemeinschaftliche Natur des Bauprojekts. Während eine Inschrift auf Spanisch verkündet, der Bauherr sei „der höchste, edelste und mächtigste Eroberer Don Pedro, König von Kastilien und Léon von Gottes Gnaden" gewesen, weist eine andere wiederholt auf Arabisch darauf hin, dass es „neben Allah keinen Eroberer" gebe.

Im Zentrum des Gebäudes liegt der wundervolle **Patio de las Doncellas** (Hof der Jungfrauen), der von reizvollen Bogen mit Stuck und Kacheln umringt ist. Der tiefer liegende Garten in der Mitte wurde 2004 von Archäologen unter einem Marmorboden aus dem 16. Jh. entdeckt.

An der Nordseite des Hofes bezaubert die **Alcoba Real** (Königliches Gemach) mit atemberaubend schönen Decken und wunderbaren Stuck- und Kachelverzierungen. Der hintere Raum diente dem König wahrscheinlich im Sommer als Schlafzimmer.

Von hier geht's in den kleinen überdachten **Patio de las Muñecas** (Puppenhof), das Herz der Privatgemächer des Palasts, der filigrane Verzierungen im Stil von Granada aufweist. Seine Stuckornamente wurden im 19. Jh. aus der Alhambra hergeschafft, als man die mittlere und obere Galerie für Königin Isabella II. ergänzte. Der nördlich davon liegende **Cuarto del Príncipe** (Prinzensuite) wird von einer kunstvollen, goldenen Holzdecke überwölbt, die einen Versuch darstellt, den nächtlichen Sternenhimmel nachzubilden.

Der spektakulärste Raum des Palasts, und wohl des gesamten Alcázar, ist der **Salón de Embajadores** (Gesandtensaal) südlich des Patio de las Muñecas. Er war der Thronsaal des Palasts von Peter I. Seine fantastische Holzkuppel mit komplexen Sternmustern, die das Universum symbolisieren, wurde 1427 ergänzt. Der Kuppelform verdankt der Raum seinen zweiten Namen, **Sala de la Media Naranja** (Saal der halben Orange).

An der Westseite des Salón de Embajadores führt der schöne Arco de Pavones, benannt nach seinen Pfauenmotiven, in den **Salón del Techo de Felipe II** mit einer Renaissancedecke (1589–1591), und weiter zum **Jardín del Príncipe** (Prinzengarten).

Sevilla Zentrum

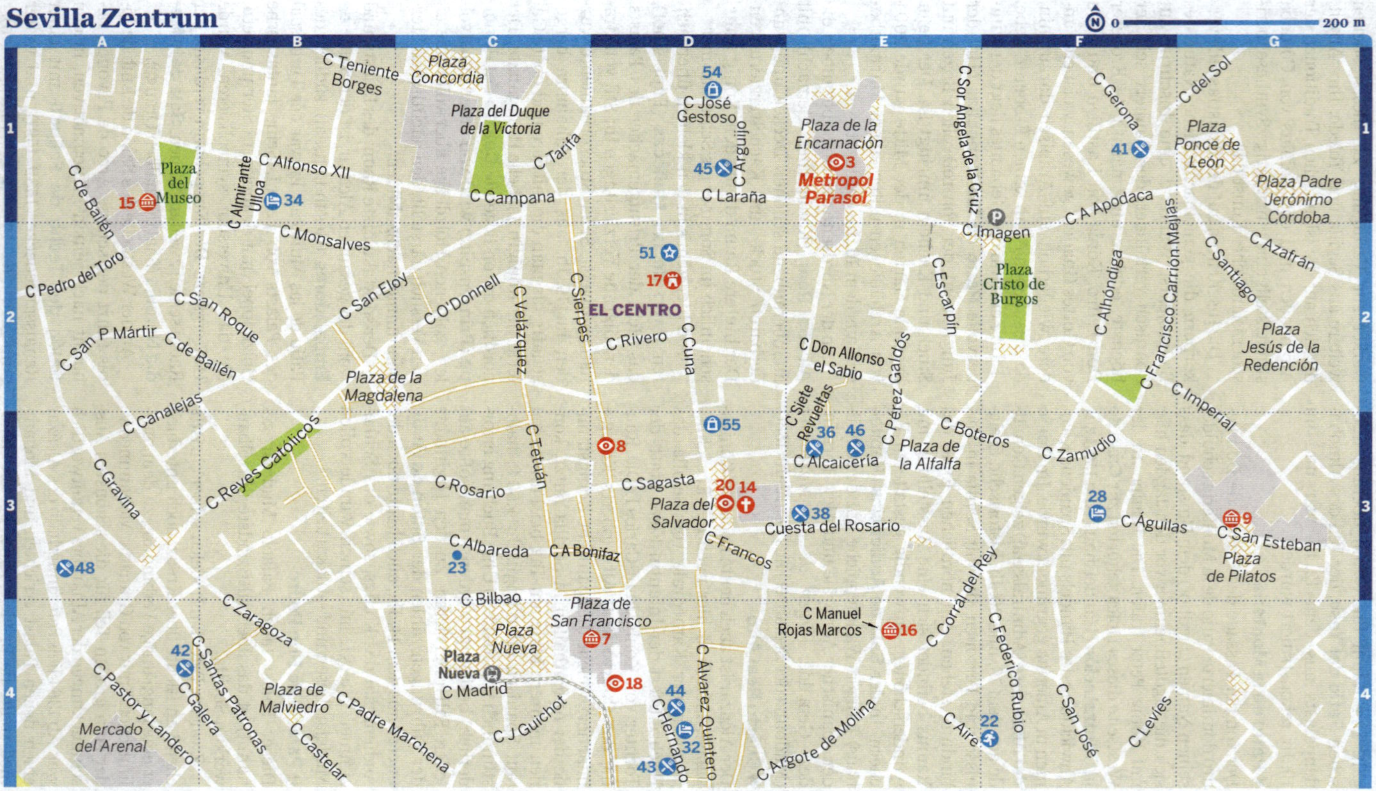

A
B
C
D
E
F
G
5
6
7
8
BARRIO DE SANTA CRUZ
EL ARENAL
TRIANA
Real Alcázar
Catedral de Sevilla & Giralda
Hospital de los Venerables Sacerdotes
Alcázar Gardens
Jardines de Murillo
Archivo de Indias
Teatro de la Maestranza
Patio de los Naranjos
Touristen-information
City Expert-Besucherzentrum
Estación de Autobuses Prado de San Sebastián
Prado de San Sebastián
Puerta de Jerez
Comes
Los Amarillos
Colón
Río Guadalquivir
Av Menéndez Pelayo
Paseo Catalina de Ribera
C San Fernando
Av de Carlos V
Av de Cádiz
Av Málaga
C Capitán Vigueras
Paseo de Cristóbal Colón
Puente de San Telmo
Av de la Constitución
C Tomas de Ibarra
C Santo Tomás
C Miguel de Mañara
Plaza Contratación
Plaza del Triunfo
Plaza de Alianza
C R Caro
Plaza Virgen de los Reyes
C Don Remondo
C Abades
C Alemanes
C García de Vinuesa
C Fernández y González
C Gamazo
C V Leal
C de Adriano
C Antonia Díaz
C Arfe
C San Diego
C Pavía
C Rodo
C Dos de Mayo
C Temprado
C Betis
C Pureza
C Pagés del Corro
Callejón del Agua
Plaza de los Venerables
C Santa Teresa
Plaza de Santa Cruz
Plaza Refinadores
Plaza de las Cruces
C Doncellas
C Puerta de la Carne
C Santa María La Blanca
C Dos Hermanas
C Ximénez de Enciso
C Mesón del Moro
C Mateos Gago
C Segovias
C Fabiola
C Farnesio
1
2
4
5
6
10
11
12
13
19
21
24
25
26
27
29
30
31
33
35
37
39
40
47
49
50
52
53
P
M

Sevilla Zentrum

Highlights
1 Catedral de Sevilla & Giralda ... D5
2 Hospital de los Venerables Sacerdotes ... E6
3 Metropol Parasol ... E1
4 Real Alcázar ... E6

Sehenswertes
5 Antigua Fábrica de Tabacos ... E8
6 Archivo de Indias ... D6
7 Ayuntamiento ... D4
8 Calle Sierpes ... D3
9 Casa de Pilatos ... G3
10 Casa de Salinas ... F5
11 Centro de Interpretación Judería de Sevilla ... F5
12 Hospital de la Caridad ... C6
13 Hotel Alfonso XIII ... D8
14 Iglesia Colegial del Divino Salvador ... D3
15 Museo de Bellas Artes ... A1
16 Museo del Baile Flamenco ... E4
17 Palacio de la Condesa de Lebrija ... D2
18 Plaza de San Francisco ... D4
19 Plaza de Toros de la Real Maestranza ... B5
20 Plaza del Salvador ... D3
21 Torre del Oro ... C7

Aktivitäten, Kurse & Touren
22 Aire Baños Árabes ... F4
23 CLIC ... C3
24 Cruceros Torre del Oro ... B6
25 Fundación Cristina Heeren de Arte Flamenco ... A7
Mimo Sevilla ... (siehe 13)
Past View ... (siehe 3)

Schlafen
26 Casual Sevilla Don Juan Tenorio ... F6
EME Catedral Hotel ... (siehe 49)
27 Hostal Plaza Santa Cruz ... F6
28 Hotel Abanico ... F3
29 Hotel Adriano ... B5
30 Hotel Amadeus ... F5
31 Hotel Casa 1800 ... E5
32 Hotel Casa de Colón ... D4
33 La Banda ... C6
34 Oasis Backpackers' Hostel ... B1
35 Un Patio en Santa Cruz ... G5

Essen
36 Bar Europa ... E3
37 Bodega Santa Cruz ... E5
38 Bolas ... E3
39 Café Bar Las Teresas ... F5
40 Casa Tomate ... E5
41 El Rinconcillo ... F1
42 La Brunilda ... A4
43 laCava.bar ... D4
44 Mamarracha ... D4
45 Perro Viejo ... D1
46 Sal Gorda ... E3
47 Vinería San Telmo ... G6
48 Zoko ... A3

Ausgehen & Nachtleben
49 Rooftop Bar EME Catedral ... D5

Unterhaltung
50 Casa de la Guitarra ... F5
51 Casa de la Memoria ... D2
52 La Casa del Flamenco ... F5
53 Teatro de la Maestranza ... B6

Shoppen
54 Caotica ... D1
55 Libelula Shop ... D3

➡Palacio Gótico

Über eine Treppe in der südöstlichen Ecke des Patio de las Doncellas gelangt man zu diesen oft umgebauten Räumen des gotischen Palasts von Alfons X. aus dem 13. Jh. Highlight des Bauwerks sind die **Salones de Carlos V**, benannt nach König Karl I. von Spanien aus dem 16. Jh., bzw. nach seinem Titel als Kaiser des Heiligen Römischen Reichs, Karl V., sowie der **Salone de los Tapices**, ein riesiger Gewölbesaal mit riesigen Wandteppichen.

➡Patio del Crucero

Der hinter dem Salones de Carlos V gelegene Patio del Crucero war ursprünglich das obere Stockwerk des Patios des Almohadenpalasts aus dem 12. Jh. Ursprünglich bestand er nur aus erhöhten Gehwegen an den vier Seiten sowie zwei Querwegen, die sich in der Mitte trafen. Darunter wuchsen Orangenbäume, deren Früchte die Glücklichen, die auf den Wegen wandeln durften, auf Handhöhe pflücken konnten. Im 18. Jh. wurde der untere Patio nach einem Erdbebenschaden überbaut.

➡Gärten & Ausgang

Auf der anderen Seite des Salone de los Tapices befinden sich die Gärten des Alcázar. Direkt vor dem Gebäude befindet sich eine Reihe kleiner miteinander verbundener Anlagen mit Teichen und Brunnen. Vom **Jardín de la Danza** (Garten des Tanzes) führt ein Durchgang unter den Salones de Carlos V. bis zum idyllischen **Baños de Doña María de Padilla** (Bad der María de Padilla).

Es besteht aus den Gewölben unter dem Patio del Crucero, auf der früheren unteren Ebene des Patios, und einer Grotte, die den ursprünglichen Teich des Hofes ersetzt hat.

Das interessanteste Merkmal der Gärten ist die **Galería del Grutesco**, eine erhöhte Säulengalerie, die im 16. Jh. aus einer Mauer aus muslimischer Zeit erschaffen wurde. Es gibt auch einen Irrgarten aus Hecken, der Kinder begeistern wird. Die östlichen Gärten hinter einer langen Mauer entstanden erst im 20. Jh., sind aber wirklich himmlisch.

Archivo de Indias MUSEUM

(Karte S. 692 f.; ☎ 954 50 05 28; Calle Santo Tomás; ⏲ Mo–Sa 9.30–17, So 10–14 Uhr) GRATIS An der Westseite der Plaza del Triunfo liegt in einem ehemaligen Handelshaus das Archivo de Indias, das einen faszinierenden Einblick in die Kolonialgeschichte Spaniens gibt. Das 1785 gegründete Archiv beherbergt Dokumente und Karten aus dem amerikanischen Reich Spanies – in den Regalen, die eine Länge von insgesamt 7 km aufweisen, werden 43 000 Dokumente und 80 Mio. Dokumentseiten von 1492 bis zum Ende des Reiches im 19. Jh. aufbewahrt. Die meisten Dokumente sind archiviert, aber man kann sich faszinierende Briefe und handgezeichnete Karten anschauen.

Barrio de Santa Cruz

Sevillas mittelalterliche *judería* (jüdisches Viertel) östlich von Kathedrale und Alcázar besteht aus einem Gewirr stimmungsvoller Gassen und zauberhafter begrünter, nach Orangenblüten duftender Plätze. Dazu zählen etwa die Plaza de Santa Cruz, die diesem Stadtteil seinen Namen gab, und die herrlich romantische Plaza de Doña Elvira.

★ Hospital de los Venerables Sacerdotes MUSEUM

(Karte S. 692 f.; ☎ 954 56 26 96; www.focus.abengoa.es; Plaza de los Venerables 8; Erw./Kind 8/4 €, 1. Do im Monat bis 14 Uhr Eintritt frei; ⏲ Sommer Do–Sa 10–14 Uhr, restl. Jahr Do–Sa bis 18 Uhr) Dieses Museumsjuwel befindet sich in einem ehemaligen Hospiz für alternde Priester und zählt zu den interessantesten Museen Sevillas. Sein künstlerisches Highlight ist die Gemäldesammlung der Stiftung Focus-Abengoa, die größtenteils Werke aus dem 17. Jh. umfasst und sich im Centro Velázquez befindet. Die Sammlung ist klein, aber jedes Bild ist ein Meisterwerk seines Genres – zu den Höhepunkten zählen z. B. *Santa Rufina* und *Inmaculada Concepción* von Diego Velázquez sowie ein scharf und lebhaft gezeichnetes Porträt der *Santa Catalina* von Bartolomé Murillo.

Sehenswert sind auch die kunstvoll dekorierte Kapelle und der friedliche Hof des Hospitals – eine klassische Kombination aus Säulengängen, Keramikfliesen und Orangenbäumen, die sich um einen Brunnen reihen.

Casa de Salinas HISTORISCHES BAUWERK

(Karte S. 692 f.; ☎ 618 254 498; www.casadesalinas.com; Calle Mateos Gago 39; Führung 6 €; ⏲ Mitte Okt.–Mitte Juni Mo–Fr 10–18 Uhr, Mitte Juni–Mitte Okt. Mo–Fr 10–14 Uhr) Wer den Alcázar bereits besichtigt hat, sollte sich auch diese unbekannte Mikroversion des Palasts ansehen; sie befindet sich ganz in der Nähe in Santa Cruz und bietet den Vorteil, dass man nicht Schlange stehen muss, um reinzukommen. Die Casa de Salinas ist wie die Casa de Pilatos, der Palacio de Lebrija und der Palacio de Las Dueñas in Privatbesitz; die Inhaberfamilie (die Respekt einflößende 90-jährige Burgherrin und drei ihrer zwölf Söhne) bewohnt bis heute das Herrenhaus. Zu sehen sind Patios aus dem 16. Jh. mit eindrucksvollen Mudejar-Gewölbebögen, ein römisches Mosaik, das Bacchusspiele darstellt, originale Keramikfliesen und die Winter- und Sommer-Malzimmer der Familie, die über wunderschöne bemalte Holzdecken verfügen.

Centro de Interpretación Judería de Sevilla MUSEUM

(Karte S. 692 f.; ☎ 954 04 70 89; www.juderiadesevilla.es; Calle Ximénez de Enciso 22; Erw./reduziert 6,50/5 €; ⏲ 11–19 Uhr) Das Centro de Interpretación widmet sich der jüdischen Geschichte der Stadt. Das kleine, aufrüttelnde Museum nimmt ein altes Sepharden-Wohnhaus im verwinkelten Santa Cruz ein, das sich nie ganz von dem brutalen Pogrom und Massaker im Jahre 1391 erholt hat. Das Pogrom und andere historische Ereignisse wurden katalogisiert und gemeinsam mit ein paar Erinnerungsstücken wie Dokumenten, Kleidung und Büchern in diesem Museum aufbewahrt.

El Centro

Wie der Name schon besagt, ist dies Sevillas Zentrum. Dieser dicht bebaute Bezirk voller schmaler Sträßchen und Plätze nördlich und östlich der Plaza Nueva reiht sich um die Straßen Calle Sierpes und Calle Tetuán/Velázquez. Er bildet das Herz der Einkaufswelt Sevillas und außerdem locken hier einige ausgezeichnete Bars und Restaurants.

★ Metropol Parasol WAHRZEICHEN

(Karte S. 692 f.; ☎ 606 635214; www.metropolsevilla.com; Plaza de la Encarnación; 3 €; ⏲ So–Do 10–22.30, Fr & Sa bis 23 Uhr) Seit seiner Eröffnung im Jahr 2011 hat sich der kontroverse Metropol Parasol, der in Sevilla unter dem Namen *las setas* (Die Pilze) bekannt ist, zu einem Wahrzeichen der Stadt entwickelt. Das Bauwerk wurde als riesiger Schattenspender von dem deutschen Architekten Jürgen Mayer-Hermann entworfen und gilt als größtes Holzgebäude der Welt. Mit seinen 30 m hohen, pilzförmigen Säulen und dem wellenförmigen Wabendach bietet es auf jeden Fall einen stattlichen Anblick. Vom Erdgeschoss bis zur Spitze fahren Fahrstühle; oben kann man einen verschlungenen Steg entlanglaufen und den großartigen Blick auf die Stadt genießen.

Palacio de Las Dueñas PALAST

(Karte S. 688; ☎ 954 21 48 28; www.lasduenas.es; Calle Dueñas 5; Erw./Kind 8/6 €; ⏲ April–Okt. 10–20, Nov.–März 10–18 Uhr) Der Palast aus dem 15. Jh. war einst das bevorzugte Wohnhaus der berühmtesten Adligen der Welt, der verstorbenen Herzogin von Alba, die Villen, Burgen und Anwesen in ganz Spanien besaß. Besonders sehenswert sind der schöne Garten voller Zitronenbäume, der hübsche Arkadenhof, die Gemälde und Wandteppiche sowie die Andenkensammlung der Herzogin, die Gedenkstücke an die Semana Santa, Stierkämpfe und Fußball (die Herzogin war Betis-Fan) umfasst. Sie vererbte den Palast an Carlos, den 18. Herzog von Alba, der das Gebäude im März 2016 öffentlich zugänglich machte.

Palacio de la Condesa de Lebrija PALAST

(Karte S. 692 f.; ☎ 954 22 78 02; www.palaciodelebrija.com; Calle Cuna 8; Erdgeschoss 6 €, ganzes Gebäude 9 €, Erdgeschoss Mo 10 & 11 Uhr frei; ⏲ Sept.–Juni Mo–Fr 10.30–19.30, Sa 10–14 & 16–18, So 10–14 Uhr, Juli & Aug. Mo–Fr 10–15, Sa 10–14 Uhr) Die Aristokratenvilla aus dem 16. Jh. verfügt über einen schönen Innenhof im Renaissance-Mudejarstil. Sie hat eine raffinierte Architektur mit kunstvollen dekorativen Elementen, wie römischen Mosaiken, Mudejar-Verputz und Renaissance-Mauerwerk. Gräfin von Lebrija, die einstige Besitzerin, war Archäologin und ließ das Gebäude 1914 umbauen, um anschließend viele der Räume mit den Schätzen zu füllen, die sie von ihren Reisen mitgebracht hatte.

Plaza del Salvador PLATZ

(Karte S. 692 f.) Diese Plaza mit mehreren Bars, die am frühen Abend besonders beliebt sind, war einst das Forum der antiken römischen Stadt Hispalis. Heute thront hier die große Barockkirche Iglesia Colegial del Divino Salvador. Sie entstand zwischen 1674 und 1712 auf dem ehemaligen Standort der Hauptmoschee des muslimischen Ischbiliya.

Iglesia Colegial del Divino Salvador KIRCHE

(Karte S. 692 f.; www.iglesiadelsalvador.es; Plaza del Salvador; Eintritt 4 €, inkl. Kathedrale & Giralda 9 €; ⏲ Sept.–Juni Mo–Sa 11–18, So 15–19.30 Uhr, Juli & Aug. Mo–Sa 10.30–17.30, So 15–19 Uhr) Die Barockkirche an der Plaza Salvador wurde zwischen 1674 und 1712 am ehemaligen Standort der muslimischen Hauptmoschee Ischbiliya erbaut. Die rote Ziegelfassade ist im Stil des Manierismus erbaut, während die Innenarchitektur reich verzierte Schnitzereien und Vergoldungen aufweist. Bei Sonnenuntergang spielt das Licht, das durch die Buntglasfenster hereinfällt, mit den Schnitzereien, und hebt ihre surreale Schönheit noch hervor.

Casa de Pilatos HISTORISCHES BAUWERK

(Karte S. 692 f.; ☎ 954 22 52 98; www.fundacionmedinaceli.org; Plaza de Pilatos; Erdgeschoss 8 €, ganzes Gebäude 10 €; ⏲ April–Okt. 9–19 Uhr, Nov.–März bis 18 Uhr) Zu den prächtigsten Palästen der Stadt zählt die stimmungsvolle Casa de Pilatos, die noch heute von der herzoglichen Medinaceli-Familie bewohnt wird. Das Bauwerk stammt aus dem 15 Jh. und ist eine wundervolle Mischung aus Mudejarstil, Gotik sowie Renaissance; es weist wunderbare Fliesen und *artesonados* auf. Insgesamt wirkt es wie ein Mini-Alcázar.

Museo del Baile Flamenco MUSEUM

(Karte S. 692 f.; ☎ 954 34 03 11; www.museoflamenco.com; Calle Manuel Rojas Marcos 3; Erw./Sen. & Stud. 10/8 €; ⏲ 10–19 Uhr) Dieses Museum war eine Idee der sevillanischen Flamenco-Tänzerin Cristina Hoyos. Es unternimmt den ehrbaren Versuch, diese mysteriöse Kunst zu präsentieren. Zu sehen sind Skizzen, Gemälde, Fotos einstiger (und zeitgenössischer) Größen des Flamenco sowie eine Sammlung von Kleidern und Tüchern. Noch besser sind die fantastischen Konzerte (19 & 20.45 Uhr; 20 €), die hier allabendlich im Hof stattfinden.

Plaza de San Francisco PLATZ

(Karte S. 692 f.) Seit dem 16. Jh. ist die Plaza de San Francisco Sevillas Hauptplatz. An ihrer Westseite erhebt sich das historische Rathaus von Sevilla, das **Ayuntamiento** (Casa Consistorial; Karte S. 692 f.; www.visitasayto.sevilla.org; Plaza de San Francisco; Führung Mo–Do 4 €, Sa frei; ⌚ Führungen Mo–Do 19 & 20, Sa 10 Uhr), dessen Südostfassade tolle Renaissanceverzierungen aus den 1520er- und 1530er-Jahren schmücken.

Calle Sierpes STRASSE

(Karte S. 692 f.) Die Fußgängerstraße Calle Sierpes, die von der Plaza de San Francisco nach Norden führt, und die parallel verlaufende Calle Tetuán/Velázquez bilden das Herz des Einkaufsviertels von Sevilla. Sie sind von Kaufhausketten, familiengeführten Geschäften, der ein oder anderen unabhängigen Boutique und Eiscafés gesäumt. Von 18 bis 21 Uhr ist am meisten los.

Museo de Bellas Artes MUSEUM

(Museum für Schöne Künste; Karte S. 692 f.; ☎ 955 54 29 42; www.museodebellasartesdesevilla.es; Plaza del Museo 9; 1,50 €, EU-Bürger frei; ⌚ Mitte Sept.–Mitte Juni Di–Sa 9–20, So 9–15 Uhr, Mitte Juni & Mitte Sept. Di–So 9–15 Uhr) Sevillas Museo de Bellas Artes, das sich im wunderbaren ehemaligen Convento de la Merced befindet, bietet eine wunderschöne Kulisse für die umfassende Sammlung von spanischen und sevillanischen Gemälden, die hier ausgestellt ist. Die Bilder stammen aus dem 15. bis 20. Jh., der Schwerpunkt liegt aber auf düsteren, schwermütigen religiösen Werken aus dem *Siglo de Oro* (Goldenen Zeitalter) im 17. Jahrhundert.

El Arenal & Triana

Der kompakte Bezirk El Arenal verläuft westlich von Santa Cruz am Río Guadalquivir entlang. In dem Viertel befinden sich lebhafte Bars und die historische Stierkampfarena der Stadt. Einst stolzierten hier die *caballeros* (Herren), die mit amerikanischem Gold reich geworden waren, über die Straßen, bewacht von spanischen Galeonen, die Schätze aus der Neuen Welt entluden.

Das legendäre Triana-Viertel liegt am Westufer des Guadalquivir. In diesem stimmungsvollen Viertel, das für seine Keramikfliesen bekannt ist, waren einst viele typische Sevillaner – darunter Stierkämpfer und Flamencotänzer – ansässig, und hier finden sich auch heute noch einige der einprägsamsten Sehenswürdigkeiten der Stadt.

Plaza de Toros de la Real Maestranza STIERKAMPFARENA, MUSEUM

(Karte S. 692 f.; ☎ 954 22 45 77; www.realmaestranza.com; Paseo de Cristóbal Colón 12; Führungen Erw./Kind 8/3 €; ⌚ 9.30–21 Uhr halbstündl., an Stierkampftagen bis 15 Uhr) In der Welt des Stierkampfs ist Sevillas Plaza de Toros die Krönung aller Stierkampfarenen. Mit anderen Worten: Wer ausgewählt wird, hier zu kämpfen, der hat es geschafft. Die Arena hat nicht nur eine nahezu religiöse Bedeutung für Fans, sie ist auch die älteste in ganz Spanien (mit dem Bau wurde 1758 begonnen). Außerdem nahm hier wie auch in der Arena in Rondo der Stierkampf zu Fuß seinen Anfang. Bei einem Besuch lernt man viel über diese tief verwurzelte Tradition, ohne sich einen Stierkampf anschauen zu müssen.

Hospital de la Caridad MUSEUM

(Karte S. 692 f.; ☎ 954 22 32 32; www.santa-caridad.es; Calle Temprado 3; 5 €; ⌚ Mo–Sa 10.30–19.30, So 10.30–13 & 14.30–19.30 Uhr) Das Hospital de la Caridad, ein großes, kompaktes Gebäude einen Block östlich vom Fluss, wurde im späten 17. Jh. als Altenheim erbaut. Gegründet wurde es von Miguel de Mañara, der Legende nach ein notorischer Wüstling, der sein Leben komplett umkrempelte, nachdem er eine Vision seines eigenen Leichenzugs gesehen hatte.

Highlight ist die vergoldete Kapelle mit Werken mehrerer Maler und Bildhauer des Goldenen Zeitalters (besonders bekannt: Murillo und Roldán).

Torre del Oro TURM, MUSEUM

(Karte S. 692 f.; Paseo de Cristóbal Colón; Erw./reduziert 3/1,50 €, Mo frei; ⌚ Mo–Fr 9.30–18.45, Sa & So &10.30–18.45 Uhr) Der Wachturm am Fluss wurde im 13. Jh. erbaut und ist eines der markantesten Wahrzeichen Sevillas. Er war das letzte große Bauwerk, das die Muslime in der Stadt errichteten. Er gehört zu einem großen Wehrkomplex und war einst mit goldenen Kacheln verkleidet, daher sein Name „Turm des Goldes" – einige behaupten jedoch, sein Name stammt daher, dass der Turm genutzt wurde, um die Beute zu lagern, die die aus Mexiko und Peru zurückkehrenden Konquistadoren aus dem dortigen Staatssäckel abgeschöpft hatten. Heute beherbergt die Torre del Oro ein kleines **Schifffahrtsmuseum** und auf dem Dach eine Aussichtsplattform.

Castillo de San Jorge MUSEUM
(Karte S. 688; ☎ 954 33 22 40; Plaza del Altozano; ⏲ Di–Sa 11–17.30, So 10–14.30 Uhr) GRATIS Das Castillo de San Jorge neben der Isabel-II.-Brücke im Stadtviertel Triana hat einen berüchtigten Ruf, denn hier hatte die Spanische Inquisition von 1481 bis 1785 ihren Hauptsitz. Als die Spanische Inquisition zu Beginn des 19. Jhs. endlich abgeschafft wurde, ließ man die Burg einstampfen und an ihrer Stelle einen Markt bauen. Das Fundament des Castillo de San Jorge wurde allerdings 1990 wiederentdeckt, und die Überreste der Burg beherbergen heute ein Museum, dass die Aktivitäten der Inquisition und das Alltagsleben im *castillo* dokumentiert.

Centro Cerámica Triana MUSEUM
(Karte S. 688; ☎ 954 34 15 82; Calle Antillano Campos 14; 2,10 €; ⏲ Di–Sa 11–17.30, So 10–14.30 Uhr) Das schicke 2014 eröffnete Museum in Triana stellt einen Versuch dar, die Flammen, die einst unter den Brennöfen der Töpferwerkstätten des Viertels brannten, neu zu entfachen. Dabei werden auf clevere Art Informationen zur Technik und Geschichte des Töpfereiwesens mit der allgemeinen Geschichte von Triana und seinen Bewohnern verbunden.

Südlich des Zentrums

Südlich von Santa Cruz und El Centro weitet sich die Stadt zu großen Parks und breiten Boulevards, die neuerdings wieder von Straßenbahnen, Fahrrädern und Spaziergängern zurückerobert werden. Die Hauptattraktionen des Bezirks sind der Parque de María Luisa, der Hauptpark der Stadt, und die extravagante Plaza de España.

★ **Parque de María Luisa** PARK
(Karte S. 688; ⏲ Sept.–Juni 8–22 Uhr, Juli & Aug. bis 24 Uhr; 👪🐾) Der weitläufige Parque de María Luisa ist mit seinen Ententeichen, dösenden *sevillanos* und sich durch die Bäume schlängelnden Wegen die Lunge der Innenstadt von Sevilla: Hier kann man schön dem Trubel der Stadt entfliehen.

Wer lieber seine Bildung vervollständigen möchte als sich den Blumen zu widmen, findet dafür einige ansprechende Plätze. Hier ist besonders die mit historischen Kachelbildern geschmückte Plaza de España mit ihren Ziegel- und Kachelbauten, Brunnen und kleinen Kanälen zu nennen. Man kann Ruderboote ausleihen und durch die Kanäle schippern (6 €; 35 Min.).

Im Süden des Parks zeigt das **Museo Arqueológico** (Karte S. 688; ☎ 955 12 06 32; Plaza de América, Parque de María Luisa; EU-Bürger frei/1,50 €; ⏲ Mitte Sept.–Mitte Juni Di–Sa 9–20, So 9–15 Uhr, ⏲ Mitte Juni–Mitte Sept. Di–So 9–15 Uhr) einige wundervolle römische Skulpturen, Mosaiken und Statuen – viele stammen von der nahegelegenen archäologischen Ausgrabungsstätte Itálica.

Gegenüber liegt das **Museo de Artes y Costumbres Populares** (Karte S. 688; ☎ 955 54 29 51; Plaza de América 3, Parque de María Luisa; ; EU-Bürger frei/1,50 €; ⏲ Mitte Sept.–Mitte Juni Di–Sa 9–20, So 9–15 Uhr, ⏲ Mitte Juni–Mitte Sept. Di–So 9–15 Uhr), das sich lokalen Bräuchen, Kostümen und Traditionen widmet.

Der Park eignet sich außerdem wunderbar dafür, die Kinder spielen zu lassen und eine Radtour mit der Familie zu unternehmen. Für 12 € pro halbe Stunde kann man 4-Personen-Quads leihen.

★ **Plaza de España** PLATZ
(Karte S. 688; Avenida de Portugal, Parque de María Luisa) Die riesige Plaza im Parque de María Luisa war das größte Bauprojekt, das für die Exposición Iberoamericana von 1929 errichtet wurde. Der riesige Komplex aus Ziegel- und Kachelwerk ist superkitschig, mit seinen Springbrunnen, Minikanälen und venetianischen Brücken, aber trotzdem sehr beeindruckend. Mehrere Fliesengemälde stellen Karten und historische Szenen aus den jeweiligen spanischen Provinzen dar.

Antigua Fábrica de Tabacos HISTORISCHES BAUWERK
(Karte S. 692 f.; ☎ 954 55 10 00; Calle San Fernando; ⏲ Mo–Fr 8–21, Sa bis 14 Uhr, kostenlose Führungen Mo–Do 11 Uhr) GRATIS Sevillas ehemalige Tabakfabrik, der Arbeitsplatz von Bizets Opernheldin Carmen, stammt aus dem 18. Jh. und soll nach El Escorial – einem Klosterkomplex nordwestlich von Madrid – die zweitgrößte Grundfläche aller Gebäude Spaniens haben. Heute ist darin die Universität von Sevilla untergebracht.

Man kann sich einfach ein bisschen umschauen oder auch montags bis donnerstags um 11 Uhr an einer kostenlosen Führung teilnehmen; Treffpunkt ist in der Hauptlobby.

Hotel Alfonso XIII WAHRZEICHEN
(Karte S. 692 f.; Calle San Fernando 2) Das Alfonso XIII ist zugleich lokales Wahrzeichen und Hotel. Als das von Palmen umringte Gebäude 1928 zusammen mit der Plaza de

España für die Weltausstellung von 1929 im klassischen Neo-Mudejarstil mit Fliesen und Terrakotta-Ziegeln ausgestattet wurde, galt es als luxuriöseste Unterkunft Europas.

Nördlich des Zentrums

Nördlich des El Centro liegt der Bezirk Alameda de Hércules, eines der coolsten und lebhaftesten Viertel der Stadt, das jede Menge trendige Bars, schicke Boutiquen und beliebte Restaurants zu bieten hat. Gegenüber liegt die Isla de la Cartuja, auf der 1992 die Expo stattfand; hier befindet sich auch ein historischer Klosterkomplex.

Palacio de los Marqueses de la Algaba
HISTORISCHES BAUWERK, MUSEUM

(Karte S. 688; ☎ 955 47 20 97; Plaza Calderón de la Barca; ⏲ April–Okt. Mo–Fr 10–14 & 18–21, Sa 10–14 Uhr, Nov.–März Mo–Fr 10–14 & 17–20, Sa 10–14 Uhr) GRATIS Einer der klassischen Mudejar-Paläste Sevillas. Das historische Herrenhaus hat einen hübschen zentralen Innenhof und beherbergt heute das Centro de la Interpretación Mudejar, ein kleines Museum, das Mudejarobjekte aus dem 12. bis 20. Jh. zeigt. Leider wirkt die Sammlung in dem prachtvoll restaurierten Gebäude etwas verloren, doch die Erläuterungen (spanisch und englisch) unter den Objekten vermitteln einen wirklich guten Eindruck von der Komplexität und den Feinheiten dieses exquisiten Baustils.

Basílica de La Macarena
BASILIKA

(Karte S. 688; ☎ 954 90 18 00; Calle Bécquer 1; Basilika/Museum Eintritt frei/5 €; ⏲ Mo–Sa 9–14.30 & 18–21.30, So 9–14 & 18–21 Uhr) In der senfgelben Basilika befindet sich die meistverehrte religiöse Ikone Sevillas, die *Virgen de la Esperanza Macarena* (Macarena, die Jungfrau der Hoffnung), die meist einfach Macarena genannt wird. Die prachtvolle Statue, der Star der festlichen Osterfeierlichkeiten Sevillas, steht würdevoll hinter dem Hauptaltar und ist mit einer goldenen Krone, üppigen Gewändern und fünf Diamant- und Smaragdbroschen geschmückt, die von dem im 20. Jh. sehr berühmten Matador Joselito El Gallo gespendet wurden.

Centro Andaluz de Arte Contemporáneo
MUSEUM

(Karte S. 688; ☎ 955 03 70 70; www.caac.es; Camino de los Descubrimientos; gesamtes Gebäude 3 €, Wechselausstellungen 1,80 €, Di–Fr 19–21 & Sa ganzer Tag frei; ⏲ Di–Sa 11–21, So 10–15.30 Uhr) Dieses historische, außergewöhnliche Museum diente einst als Kloster und Porzellanfabrik, heute beherbergt es das Centro Andaluz de Arte Contemporáneo, Sevillas Schrein für moderne Kunst, das neben Wechselausstellungen auch bizarre Dauerexponate zeigt. Das auffälligste Exponat ist *Alicia* von Cristina Lucas, ein massiver Kopf und Arm, die durch zwei alte Klosterfenster ragen. Das Kunstwerk ist wahrscheinlich von *Alice im Wunderland* inspiriert. Durchaus übersehen könnte man hingegen das Werk *Bus Stop* von Pedro Mora, das, genau, wie sein Name schon sagt, wie eine Bushaltestelle aussieht.

Pabellón de la Navegación
MUSEUM

(Karte S. 688; ☎ 954 04 31 11; www.pabellondelanavegacion.es; Camino de los Descubrimientos 2; Erw./Kind 4,90/3,50 €; ⏲ Sept.–Juni Di–Sa 11–20.30, So bis 15 Uhr, Juli & Aug. tgl. 10–15.30 Uhr; 👪) Der kastenförmige Pavillon

INSIDERWISSEN

RADFAHREN IN SEVILLA

Seit 2007 das Bike-Sharing-System **Sevici** (☎ 900 900722; www.sevici.es) eingeführt wurde, ist Radfahren in Sevilla sehr beliebt geworden. Das System war ein Riesenerfolg – mit 2500 Fahrrädern und 250 Dockingstationen ist es eines der größten seiner Art in Europa.

Die meisten Nutzer von Sevici sind Einheimische, aber Besucher können einen Sieben-Tages-Pass (13,33 € plus 150 € Kaution) erwerben. Um sich anzumelden, geht man zu einer der Dockingstationen und folgt den Anleitungen auf dem Bildschirm. Sevilla hat Fahrradwege von insgesamt 130 km Länge (alle Radwege sind grün gestrichen und mit eigenen Verkehrsschildern ausgestattet); die ersten 30 Minuten Nutzung sind kostenlos. Die erste Stunde kostet danach 1,03 €, anschließend werden 2,04 € pro Stunde fällig.

Mehrere Reiseagenturen in Sevilla veranstalten Fahrradtouren, z. B. Pancho Tours (S. 700), das 2½-stündige Radtouren für 25 € bietet.

aus Beton und Glas am Flussufer wurde 2012 eröffnet und erweckt ein früheres Schifffahrtsmuseum, das von der Expo 1992 bis 1999 existierte, wieder zum Leben. Seine Sammlung umfasst vier Bereiche: Schifffahrt, Seefahrer, Alltag an Bord und historische Ansichten von Sevilla. Viele Ausstellungen sind interaktiv und kinderfreundlich, Erwachsene werden sie aber nicht unbedingt fesselnd finden. Im Eintritt ist die Fahrt auf den angrenzenden **Torre Schindler** (Karte S. 688) inbegriffen.

Im Juli und August sind montags nur die Wechselausstellungen geöffnet.

Aktivitäten

Aire Baños Árabes HAMAM

(Karte S. 692 f.; ☎ 955 01 00 24; www.beaire.com; Calle Aire 15; Bad/Badnutzung inkl. Massage ab 33/49 €; ⌚ So–Do 10–22, Fr & Sa bis 24 Uhr) Der schicke Hamam punktet mit seiner ruhigen Atmosphäre, der historischen Lage im Barrio de Santa Cruz und der Gestaltung im Stil eines marokkanischen *riad*. Er bietet verschiedene Bad- und Massagebehandlungen – Details gibt's auf der Website –, die einen Tag im Voraus gebucht werden sollten.

Kurse

In Sevilla kann man bestens ein bisschen verweilen und dabei etwas Neues lernen. Viele ausländische Besucher machen einen der Spanischkurse, die von zahlreichen Sprachschulen angeboten werden. Wer will, kann auch bei einer der vielen Flamenco- und Tanzschulen das Tanzen erlernen oder bei einem Kochkurs seine Kenntnisse der spanischen Kochkunst erweitern.

Taller Andaluz de Cocina KOCHEN

(Karte S. 688; ☎ 672 162 621; www.tallerandaluzdecocina.com; Mercado de Triana, Plaza del Altozano; Kurse 35–55 €) Die Kochschule auf dem Markt von Triana bietet praktische Kurse, bei denen man lernt, klassische spanische Gerichte und Tapas zuzubereiten. Veranstaltet auch Verkostungen und geführte Markttouren. Weitere Details stehen auf der Website.

Taller Flamenco TANZEN, SPRACHKURS

(Karte S. 688; ☎ 954 56 42 34; www.tallerflamenco.com; Calle Peral 49) Bietet Flamenco-, Gesangs- und Gitarrenunterricht sowie Sprachkurse (in der Gruppe oder individuell). Ein einwöchiger Intensivsprachkurs kostet 102 €; ein einwöchiger Flamenco-Kurs für Anfänger ist für 259 € zu haben.

CLIC SPRACHKURS

(Internationales Haus; Karte S. 692 f.; ☎ 954 50 21 31; www.clic.es; Calle Albareda 19) Etabliertes Sprachenzentrum in einem netten Gebäude mit angrenzender Bücherei und geselliger Atmosphäre. Es gibt Kurse für Kinder, Erwachsene und Senioren. Ein einwöchiger Kurs mit 20 Stunden ist ab 190 € zu haben. Die Schule vermittelt auf Wunsch auch Unterkünfte.

Fundación Cristina Heeren de Arte Flamenco TANZEN

(Karte S. 692 f.; ☎ 954 21 70 58; www.flamencoheeren.com; Calle Pureza 76; Workshops 60–80 €) Sevillas bekannteste Flamenco-Schule bietet eine große Auswahl an Kursen und Workshops im Bereich Gesang, Tanz und Gitarrespielen. Ein 90-minütiger Workshop kostet 60 bis 80 €; ein Sommer-Intensivkurs liegt bei 2000 €.

Geführte Touren

★ **Pancho Tours** GEFÜHRTE TOUREN

(☎ 664 642 904; www.panchotours.com) GRATIS Bietet exzellente kostenfreie Stadtführungen, wobei sich die Guides natürlich über ein Trinkgeld freuen. Das haben sie auch verdient, denn sie sind so etwas wie wandelnde Lexika und füttern die Teilnehmer mit zahllosen Informationen und haben zig Anekdoten und Geschichten zu Sevillas Vergangenheit auf Lager. Die Rundgänge finden jeden Tag statt. Gewöhnlich geht's um 11 Uhr los (Genaueres auf der Website). Pancho bietet aber auch Radtouren (25 €), Touren zur Kathedrale und zum Alcázar (15 €) sowie Einführungen in das lokale Nachtleben (10–15 €) an.

Mimo Sevilla ESSEN

(Karte S. 692 f.; ☎ 854 55 68 00; www.sevilla.mimofood.com/en; Calle San Fernando 2; Touren 60–285 €) Das professionelle Unternehmen mit Sitz im Hotel Alfonso XIII (S. 698) bietet Weinverkostungen, Kochkurse, Tapastouren und Tagestrips (z. B. in die Sherry-Stadt Jerez). Eine dreistündige Tapas-Tour kostet 95 €, eine zweistündige Weinverkostung schlägt mit 60 € zu Buche. Im Geschäft gibt's edle Gourmetprodukte wie Extra-Virgin-Olivenöl, Tintenfischtinte und Weißen Kaviar.

Past View GEFÜHRTE TOUREN

(Karte S. 692 f.; ☎ 954 32 66 46; www.pastview.es; Plaza de la Encarnación; Touren 15 €; ⌚ Juni–Sept. Di–So 10.30, Mi, Fr & Sa 20 Uhr, Okt.–Mai

Di–So 11, Mi, Fr & Sa 16.30 Uhr;) Bei diesen genialen Führungen werden den Teilnehmern mittels 3D-Videobrillen Szenen aus der Vergangenheit gezeigt, und zwar genau an den Orten, an denen sie sich tatsächlich ereigneten. Kartenschalter und Startpunkt befinden sich im Metropol Parasol (S. 696). Der zweistündige geführte Rundgang beinhaltet die wichtigsten Sehenswürdigkeiten der Stadt und endet an der Torre del Oro (S. 697).

Cruceros Torre del Oro BOOTSTOUREN
(Karte S. 692 f.; 954 56 16 92; www.crucerostorredeloro.com; Erw./Kind 16 €/frei; Mai–Sept. 11–22 Uhr, Okt.–April 11–19 Uhr;) Bei der Torre del Oro (S. 697) starten ab 11 Uhr alle 30 Minuten einstündige Flusskreuzfahrten auf dem Guadalquivir; die letzte Abfahrt erfolgt gegen 19 Uhr im Winter und 22 Uhr im Sommer.

Feste & Events

Semana Santa RELIGIÖS
(www.semana-santa.org; März/April) Sevillas Osterfeierlichkeiten sind legendär. Von Palmsonntag bis Ostersonntag werden täglich schweigend riesige *pasos* (Altarbühnen mit Szenen aus der Passionsgeschichte) aus Sevillas Kirchen durch die Straßen zur Kathedrale getragen, begleitet von langen Prozessionen marschierender *nazarenos* (Büßer).

Die düstere Atmosphäre wird von den weißen Roben und spitzen konischen Hüte der Büßer noch verstärkt – diese Aufmachung wurde vom amerikanischen Ku-Klux-Klan imitiert, ein inhaltlicher Zusammenhang besteht aber nicht.

Die Prozessionen finden ihren Höhepunkt in der *madrugada* (Morgenstunde) des Karfreitags. Sie werden von mehr als 50 verschiedenen *hermandades* oder *cofradías* (Bruderschaften, zu denen teilweise auch Frauen gehören) organisiert.

Termin- und Streckenpläne der Prozessionen sind während der Semana Santa fast überall erhältlich, und man findet sie auch auf der Website. Für eine besonders gute Sicht sollte man schon frühabends zur Kathedrale kommen.

Feria de Abril FERIA
(www.turismosevilla.org; April) Sevillas einwöchiges Frühjahrsfest, Andalusiens größte und bunteste *feria*, findet in der zweiten Aprilhälfte (manchmal auch bis in den Mai hinein) am El Real de la Feria, im Bezirk Los Remedios westlich vom Guadalquivir, statt.

Sechs Nächte lang kleiden sich die *sevillanos* in kunstvolle Kostüme, paradieren in Pferdewagen und schlemmen, trinken und tanzen bis zum frühen Morgen.

Bienal de Flamenco TANZ
(www.labienal.com; Sept.) Bei diesem wichtigen Flamenco-Festival treten die meisten großen Namen dieses Genres auf. Es findet in allen geraden Jahren im September statt und bietet ein umfangreiches Programm mit Events, zu denen Tanzvorführungen, Ausstellungen und Workshops zählen.

Schlafen

In den drei attraktivsten Stadtvierteln, dem Barrio de Santa Cruz (vom Busbahnhof Prado de San Sebastián fußläufig erreichbar), El Arenal und El Centro (beide bequem vom Busbahnhof Plaza de Armas zu erreichen), warten viele gute Hotels, Hostels and *pensiones*.

In der Hauptsaison von März bis Juni sowie September und Oktober sind die Preise am höchsten. In der Semana Santa und zur Feria de Abril verdoppeln (oder verdreifachen!) sie sich – für diese Zeit sollte man weit im Voraus buchen.

Rund um die Kathedrale

EME Catedral Hotel DESIGN-HOTEL $$$
(Karte S. 692 f.; 954 56 00 00; www.emecatedralhotel.com; Calle de los Alemanes 27; DZ 180–411 €, Suite 274–609 €;) Das EME beeindruckt auf ganzer Linie – es vereint ein modernes Design mit großartiger Lage und einem atemberaubenden Blick auf die riesige gotische Kathedrale. Das Hotel ist in 14 attraktiven alten sevillanischen Häusern untergebracht und bietet 60 schicke, moderne Zimmer – die besten mit Kathedralenblick – und tolle Annehmlichkeiten, z. B. eine Dachbar, einen Pool, ein Wellnesszentrum und mehrere Restaurants.

Barrio de Santa Cruz

Casual Sevilla Don Juan Tenorio HOTEL $$
(Karte S. 692 f.; 955 54 44 16; www.casualhoteles.com/hoteles-sevilla/casual-don-juan-tenorio; Plaza de los Venerables 5; DZ 77–155 €;) In diesem fröhlichen Hotel im Herzen des Barrio Santa Cruz ist jedes Zimmer nach einem anderen Charakter aus *Don Juan Tenorio* gestaltet. Um dies zu erreichen, werden skurrile Lichteffekte und Wandverkleidungen mit Steineffekten eingesetzt. Obwohl es

nur zwei Sterne hat, bietet das Hotel eine großartige WLAN-Verbindung, Hydromassage-Duschen und Wandfernseher; man kann ein geniales Mobil-Paket ausleihen, das einen Router, ein Aufladegerät und einen Selfie-Stick beinhaltet.

Hostal Plaza Santa Cruz HOTEL $$
(Karte S. 692 f.; ☎ 954 22 88 08; www.hostalplazasantacruz.com; Calle Santa Teresa 15; DZ 40–95 €; ❄ @ 📶) Das einfache Hostel im Barrio de Santa Cruz hat eine großartige Lage und ein gutes Preis-Leistungs-Verhältnis. Es verteilt sich über mehrere Gebäude: Die Zimmer im Haupthaus gleich abseits der Plaza Santa Cruz sind sehr schlicht gehalten und verfügen über Böden mit Laminatparkett und bunte Wandtapeten; die Zimmer in den nahegelegenen Apartments sind etwas schicker mit Fliesen, Kunstwerken und schweren Holzmöbeln ausgestattet.

★ **Hotel Amadeus** BOUTIQUE-HOTEL $$$
(Karte S. 692 f.; ☎ 954 50 14 43; www.hotelamadeussevilla.com; Calle Farnesio 6; DZ 92–185 €, 3BZ 121–325 €, 4BZ 180–355 €; P ❄ 📶) Das elegante Hotel ist eine musikalische Oase im Herzen der alten *judería* (Jüdisches Viertel). Mit seiner Lobby, die mit Keramikfliesen ausgestattet ist, den weißen Wänden, Antikmöbeln und kunstvoll platzierten Musikinstrumenten strahlt es eine herrliche Ruhe aus. Die Zimmer sind nach Komponisten benannt und ebenso schick. Es gibt eine kleine Panoramaterrasse, die einen tollen Blick auf die Giralda bietet.

Un Patio en Santa Cruz HOTEL $$$
(Karte S. 692 f.; ☎ 807 31 70 70; www.patiosantacruz.com; Calle Doncellas 15; EZ 55–185 €, DZ 70–200 €; ❄ 📶) Mit seinen frischen weißen Wänden voller Kunstwerke und den vielen Pflanzen ähnelt der Patio eher einer Galerie als einem Hotel. Die sommerlichen Zimmer mit Parkettböden und lilafarbenen Dekoelementen sind überaus komfortabel, die Mitarbeiter freundlich, und es gibt eine coole Dachterrasse mit marokkanischen Mosaiktischen.

★ **Hotel Casa 1800** LUXUSHOTEL $$$
(Karte S. 692 f.; ☎ 954 56 18 00; www.hotelcasa1800sevilla.com; Calle Rodrigo Caro 6; DZ 120–650 €; ❄ @ 📶) Die stattliche *casa* (Haus) im Herzen von Santa Cruz liegt nur einen kurzen Spaziergang von der Kathedrale entfernt. Sie hat ein majestätisches Flair im positiven Sinn: Besonders schön ist die elegante altmodische Einrichtung mit Holzdecken, Kronleuchtern, Parkettböden und viel Gold, aber das ganze Hotel ist großartig, angefangen bei den freundlichen Mitarbeitern bis hin zur Dachterrasse und dem kostenlosen Nachmittagstee.

El Centro

Oasis Backpackers' Hostel HOSTEL $
(Karte S. 692 f.; ☎ 955 26 26 96; www.oasissevilla.com; Calle Almirante Ulloa 1; B 13–40 €, DZ 45–150 €; ❄ @ 📶 🏊) Dieses einladende Hostel ist eine wahre Oase im hektischen Stadtzentrum. Es befindet sich in einer opulenten Villa aus dem 19. Jh. und bietet eine große Auswahl an Zimmern: Von Schlafräumen für 14 Personen bis hin zu Doppelzimmern mit Privatbad ist alles dabei. Die Einrichtungen sind exzellent; es gibt eine nette Café-Bar, eine Gemeinschaftsküche und eine Dachterrasse samt kleinem Pool. Frühstück ist bei den meisten Unterkünften nicht im Preis inbegriffen und kostet 3,50 € extra.

★ **Hotel Casa de Colón** BOUTIQUE-HOTEL $$
(Karte S. 692 f.; ☎ 955 11 78 28; www.hotelcasadecolon.com; Calle Hernando Colón 3; DZ 65–180 €; ❄ @ 📶) Das kleine familienbetriebene Hotel ist etwas ganz Besonderes. Es hat eine großartige Lage zwischen der Kathedrale und dem Rathaus, bietet einen herzlichen, freundlichen Service und verfügt über außergewöhnliche dekorative Architekturelemente, z. B. weiße schmiedeeiserne Säulen im hellen Innenhof und kobaltblaues Buntglas in den Neo-Mudejar-Fenstern. Einige Zimmer haben freiliegende Ziegelwände und bieten einen seitlichen Blick auf die Kathedrale; die *aticos* im Obergeschoss haben Privatterrassen. Ein Kontinentalfrühstück kostet 8 €.

Hotel Abanico HOTEL $$
(Karte S. 692 f.; ☎ 954 21 32 07; www.hotelabanico.com; Calle Águilas 17; EZ 47–95 €, DZ 47–125 €; ❄ 📶) Die wunderschöne Lobby mit Gewölbedecke, die Kacheln, schmiedeeisernen Balkons und die auffälligen religiösen Kunstwerke dieses einladenden Hotels rufen förmlich „Sevilla! Sevilla!". Abanico bietet schlichte Zimmer in bunten Farbtönen, die mit einfachen, altmodischen Möbeln eingerichtet sind.

Hotel Boutique Doña Lola BOUTIQUE-HOTEL $$
(Karte S. 688; ☎ 954 91 52 75; www.donalolasevilla.com; Calle Amor de Dios 19; EZ 36–63 €, DZ 40–135 €; ❄ 📶) Das schwulenfreundliche

Doña Lola versteckt sich in einem ziemlich gewöhnlichen Mietshaus in El Centro. Das kleine Paradies der Moderne ist günstig gelegen für Ausflüge in alle möglichen Richtungen. Von der Rezeption (mit buntem Schachbrettparkett!) führen Treppen zu den Gästezimmern, die zwar eher klein, aber modern und blitzsauber sind.

El Arenal & Triana

★ La Banda HOSTEL $

(Karte S. 692 f.; ☎ 955 22 81 18; www.labandahostel.com; Calle Dos de Mayo 16; B 18–38 €; ❄ ☞) Das La Banda in Arenal erfüllt alle Ansprüche, die man an ein Hostel stellt: Es wird von einem jungen, engagierten Team geführt, bietet gemischte Schlafsäle, die sauber und schön möbliert sind, hat relaxte, gemütliche Gemeinschaftsbereiche und – das Beste von allem – eine großartige Bar auf dem Dach. Ab 21 Uhr wird Abendessen serviert, und das wöchentliche Veranstaltungsprogramm sorgt dafür, dass immer etwas los ist.

Hotel Adriano HOTEL $$

(Karte S. 692 f.; ☎ 954 29 38 00; www.adrianohotel.com; Calle de Adriano 12; EZ 70–80 €, DZ 80–150 €; P ❄ ☞) Im Bezirk Arena liegt in der Nähe der Stierkampfarena das Drei-Sterne-Hotel Adriano mit freundlichen Angestellten, traditionellen, individuell eingerichteten Zimmern und dem tollen Café Pompeia im Erdgeschoss. Ein Stellplatz in der Privatgarage kostet 18 € pro Tag.

Nördlich des Zentrums

Corner House HOTEL $$

(Karte S. 688; ☎ 954 91 32 62; www.thecornerhousesevilla.com; Alameda de Hércules 31; DZ 45–100 €; ❄ ☞) Das freundliche neue Hotel wurde 2016 eröffnet und liegt mitten zwischen den belebten Bars und Cafés auf der Alameda de Hércules. Es hat ein modernes Erscheinungsbild, eine gehobene Atmosphäre und bietet sonnendurchflutete Zimmer mit minimalem, einfachem Dekor und Bädern, die an Nasszellen erinnern. Essen und Trinken kann man im Restaurant El Disparate im Erdgeschoss sowie oben in der relaxten Dachbar (S. 707).

Hotel San Gil HOTEL $$

(Karte S. 688; ☎ 954 90 68 11; www.hotelsangil.com; Calle Parras 28; DZ 65–180 €; ❄ ☞ ☒) Die Nähe zum Nachtleben in der Alameda de Hercules macht die abgeschiedene Lage am nördlichen Ende des Viertels Macarena wieder wett. Hinter der senfgelben Kolonialfassade erstreckt sich eine opulent geflieste Lobby, die zu schlichten, aber modernen, großen Zimmern mit großen Betten führt.

Hotel Sacristía de Santa Ana BOUTIQUE-HOTEL $$$

(Karte S. 688; ☎ 954 91 57 22; www.hotelsacristia.com; Alameda de Hércules 22; DZ 95–250 €; ❄ ☞) Das schicke Hotel auf der von quirligen Bars und Restaurants gesäumten Alameda de Hércules macht einen großartigen ersten Eindruck. Beim Eintreten gelangt man auf einen rot gefliesten, wunderschönen Innenhof mit geschnitzten Holzbalustraden und einem kleinen Springbrunnen in der Mitte. Vom Hof aus führen Korridore zu altmodischen Zimmern, die mit kunstvollen Betten, Balkendecken und Kaskadenduschen ausgestattet sind.

Essen

In Sevilla ist es nicht schwer, gut zu essen. Die Stadt ist voller Bars, Cafés, Restaurants und Märkte, die von jahrhundertealten Kneipen, die traditionelle Tapas servieren, bis hin zu angesagten Gourmetlokalen mit innovativer, moderner Küche reichen. Besonders viele Bars gibt's im Barrio de Santa Cruz sowie auf den Straßen rund um die Plaza de la Alfalfa und die Alameda de Hércules. Einige Restaurants haben im August zeitweilig geschlossen.

Barrio de Santa Cruz

Bodega Santa Cruz TAPAS $

(Karte S. 692 f.; ☎ 954 21 86 18; Calle Rodrigo Caro 1; Tapas 2 €; ⊙ 8–24 Uhr) In der Bodega Santa Cruz geht's herrlich altmodisch zu. Die ganzjährig geöffnete Bar mit mürrischen Kellnern ist bei Einheimischen und Touristen gleichermaßen beliebt. Am besten verspeist man die traditionellen Tapas mit einem kalten Bier draußen, in Sichtweite des nicht abreißenden Touristenstroms.

Vinería San Telmo TAPAS $$

(Karte S. 692 f.; ☎ 954 41 06 00; www.vineriasantelmo.com; Paseo Catalina de Ribera 4; Tapas 2,90–5,80 €, medias raciones 6,90–14,20 €; ⊙ 10.30–16.30 & 20–23.30 Uhr) San Telmos eigene Tapasmarke hat sich bei den Gästen als sehr beliebt erwiesen, und die Tische im orangefarbenen Speiseraum mit Ziegelmauern sind superbeliebt. Wer hier speisen will, muss entweder auf einen freien Tisch warten oder im Voraus buchen. Auf der Karte stehen Köstlichkeiten wie Garnelen mit knusprigen Brotkrumen und Soja-Mayonnaise oder Foie Gras mit Vanilleöl und karamellisierten Erdnüssen.

Casa Tomate TAPAS $$

(Karte S. 692 f.; ☎ 954 22 04 21; Calle Mateos Gago 24; Tapas 3–4,50 €, raciones 8,50–17 €; ⏲ 12–24 Uhr) Von den Deckenbalken hängen Schinken herab, alte Plakate beeindrucken mit Jugendstil- und Art-déco-Designs und draußen verkünden Tafeln, was in der Küche der Casa Tomate an der Touristenmeile von Santa Cruz gerade so vor sich hin köchelt. Das Lokal ist sehr touristisch, aber davon sollte man sich nicht abschrecken lassen: Casa Tomate ist eine großartige Tapas-Bar, die Köstlichkeiten wie frittierte Auberginenstangen mit Honig oder üppige gegrillte Calamari mit Pesto serviert.

Café Bar Las Teresas TAPAS $$

(Karte S. 692 f.; ☎ 954 21 30 69; www.lasteresas.es; Calle Santa Teresa 2; Tapas 3,50 €, Hauptgerichte 8–14 €; ⏲ 10–1 Uhr) Die herabhängenden Schinken wirken so alt wie die Bar mit ihrer gewundenen Rundumtheke, der fröhlichen Inneneinrichtung und den wackligen Holztischen im Freien. Wie erwartet, ist auch die Speisekarte traditionell: Es gibt Gerichte wie gebratenen *bacalao* (gesalzenen Kabeljau) und herzhafte *salchichón ibérico* (Würstchen).

El Centro

Bolas EISCREME $

(Karte S. 692 f.; ☎ 954 22 74 11; www.bolasheladosartesanos.com; Cuesta del Rosario 1; 2,50–4,40 €; ⏲ 13–24 Uhr) Egal, ob man in der Sommerhitze schwitzt oder nicht – ein Eis von Bolas ist immer eine erfrischende Köstlichkeit. Zur Auswahl stehen klassische, aber auch exotische Fruchtaromen, z. B. La Medina, ein Sorbet aus Orangen, Ingwer und Zimt, oder außergewöhnliche Eissorten wie „Ziegenkäse" und „Quittengelee".

Sal Gorda ANDALUSISCH $

(Karte S. 692 f.; ☎ 955 38 59 72; www.facebook.com/SalGordaSevilla; Calle Alcaicería de la Loza 23; Tapas 2,50–8,50 €; ⏲ Mi–Mo 13–16.30 & 20–23.30 Uhr) Das winzige, bescheidene Lokal befindet sich in einem alten Schuhladen – man sitzt im Glasschaufenster – und serviert innovative Versionen andalusischer Gerichte, z. B. Erdbeergazpacho mit Pistazien und eine erstklassige Version des allgegenwärtigen Thunfisch-*tataki*. Eines der beliebtesten Gerichte ist Hühnchen-Kimchi; auf der Weinkarte stehen gute lokale Weißweine wie El Mirlo Blanco aus Constantina.

El Rinconcillo TAPAS $

(Karte S. 692 f.; ☎ 954 22 31 83; www.elrinconcillo.es; Calle Gerona 40; Tapas 2,20–3,50 €, raciones 5,50–13 €; ⏲ 13–1.30 Uhr) Die älteste Bar Sevillas – manche sagen, ganz Spaniens – wurde 1670 eröffnet und hat im Laufe der Jahrhunderte viele Nachahmer gefunden. Die Bar ist heute sehr touristisch, hat sich aber ein authentisches Flair bewahrt, und die Holzeinrichtung mit Fliesendekor schafft eine unvergessliche Kulisse für den Genuss klassischer Tapas.

★ Mamarracha TAPAS $$

(Karte S. 692 f.; ☎ 955 12 39 11; www.mamarracha.es; Calle Hernando Colón 1-3; Tapas 2,20–8 €, Hauptgerichte 6,50–16 €; ⏲ 13.30–24 Uhr) Ideal für ein Mittagessen nach einem morgendlichen Besuch der Kathedrale. Mamarracha ist ein schönes Beispiel für die modernen typisch sevillanischen Tapas-Bars. Die Inneneinrichtung ist eine Mischung aus hellem Holz, Betonflächen und freiliegenden Rohrleitungen. Auf der Speisekarte stehen abenteuerliche Geschmackskombinationen, z. B. ein großartiges Foie Gras mit Orangen.

★ La Azotea FUSION-KÜCHE, ANDALUSISCH $$

(Karte S. 688; ☎ 955 11 67 48; www.laazoteasevilla.com; Calle Conde de Barajas 13; Tapas 3,75–6,50 €, raciones 11–19 €; ⏲ Di–Sa 13.30–16.30 & 20.30–24 Uhr) Das schicke Azotea ist sehr beliebt bei den Einheimischen. Das moderne Restaurant mit kulinarischen Ambitionen hat eine perlgraue skandinavisch inspirierte Inneneinrichtung, die eine perfekte Kulisse für kunstvoll präsentierte Tapas und moderne Kreationen wie Tomaten-*burrata* und Zitronensorbet-Salat bildet. Es gibt noch drei weitere Filialen in der Stadt, darunter eine unweit der Kathedrale an der Calle Mateos Gago 8.

Bar Europa TAPAS $$

(Karte S. 692 f.; ☎ 954 21 79 08; Calle Siete Revueltas 35; Tapas 3,50–4,80 €, media raciones 6,50–15 €; ⏲ 8.30–16.30 & 19.30–0.30 Uhr) Die altmodische Bar mit klassischem Fliesendekor und Tischen im Freien serviert seit 1925 Tapas. Die Köche sind trotzdem sehr experimentierfreudig und kreieren exzellente moderne Tapas wie gegrillte Makrele mit Erdbeeren, Radieschen oder süßes Nussbrot mit Foie Gras, Pilzen und knusprigem Schinken.

laCava.bar TAPAS $$
(Karte S. 692 f.; ☎ 954 53 16 52; www.lacava.bar; Calle Hernando Colón 12; Tapas 3,50–12 €; ⌚ So–Do 12.30–24, Fr & Sa bis 1 Uhr) Originelle Tapas, eine relaxte, ungezwungene Atmosphäre und eine zentrale Lage: LaCava ist eines der besten Tapas-Restaurants im Touristenzentrum der Stadt. Mittags ist hier sehr viel los. Wer sich einen Tisch schnappen kann, wird mit klassischen Tapas und kreativen Kreationen wie Erdbeergazpacho oder Fisch-Ceviche mit Kräutern verwöhnt.

Perro Viejo FUSION-KÜCHE $$
(Karte S. 692 f.; ☎ 955 44 00 30; www.equipompuntor.com/perro-viejo; Calle Arguijo 3; Tapas 4 €, Hauptgerichte 9–19 €; ⌚ 13.30–16.30 & 20–24 Uhr) Das dreistöckige Imperium kombiniert das lebhafte Flair einer typischen sevillanischen Tapas-Bar mit einer schicken New Yorker Loft-Atmosphäre. Es serviert preiswerte asiatische und andalusische Gerichte sowie gutes Craft-Bier und Wein. Zu den ganzjährig beliebten Gerichten zählen z. B. Klößchen mit Schweinefleisch, marinierte Sardinen und Ceviche. Das Restaurant hat eine perfekte Lage auf einer ruhigen Seitenstraße und eine sonnenüberflutete Sonnenterrasse, die sich gut für eine Pause nach dem Shoppingbummel eignet.

El Arenal & Triana

★ **La Brunilda** TAPAS-BAR $
(Karte S. 692 f.; ☎ 954 22 04 81; www.labrunildatapas.com; Calle Galera 5; Tapas 3,20–7,50 €; ⌚ Di–Sa 13–20.30 & 20.30–23.30, So 13–16 Uhr) Die Bar in einer Seitenstraße von El Arenal steht an vorderster Front der neuen Welle moderner Restaurants in Sevilla und findet sich immer wieder auf der Rangliste der besten Tapas-Bars der Stadt. Der Speiseraum ist modern, aber ungezwungen eingerichtet und mit großen blauen Türen, Ziegelgewölben und einfachen Holztischen ausgestattet. Das Essen ist fantasievoll und ansprechend angerichtet. Das Lokal ist sehr beliebt, also sollte man früh herkommen, sonst heißt es Schlange stehen.

★ **Manu Jara Dulcería** GEBÄCK $
(Karte S. 688; ☎ 675 873674; Calle Pureza 5; Backwaren 1,15–2,80 €; ⌚ tgl. 10–15 Uhr plus Mo–Fr 18–21.30 & Sa 16–21.30 Uhr) Tradition, Geschichte, Flamenco – all dies kann man hier getrost vergessen. Der wahre Grund, den Fluss nach Triana zu überqueren, ist ein Besuch dieser exquisiten Patisserie, die wundervolle Kuchen verkauft. Die kleinen Meisterwerke liegen prachtvoll präsentiert im traditionellen, mit Holz und Fliesen dekorierten Schaufenster aus und warten nur darauf, genüsslich verzehrt zu werden. Wir empfehlen die cremigen *milohajas* (Vanillegebäck) mit Chantilly-Creme.

Mercado Lonja del Barranco INTERNATIONAL $
(Karte S. 688; www.mercadodelbarranco.com; Calle Arjona; Snacks ab 2 €; ⌚ So–Do 10–24, Fr & Sa bis 2 Uhr) Der fabelhafte Foodcourt in einem schmiedeeisernen verglasten Pavillon unweit der Isabel-II.-Brücke bietet jede Menge Stände, die von Meeresfrüchte-Salat und Avocado-Wraps bis hin zu Tortillas, Kuchen und Craft-Bier einfach alles verkaufen, was das Herz begehrt. Am besten bummelt man ein wenig herum und genießt sein Essen dann an einem der Gemeinschaftstische. Auf der Rückseite des Marktes kann man Cocktails trinken und die frische Brise genießen.

Casa Cuesta TAPAS $
(Karte S. 688; ☎ 954 33 33 35; www.casacuesta.net; Calle de Castilla 1; Tapas 3 €, medias raciones 7,50–10 €; ⌚ Mo–Fr 8–0.30, Sa 9–0.30, So 12.30–0.30 Uhr) Durch große Fenster blicken die Gäste auf den vollen Platz, während Spiegel die Stierkampfplakate und Flamenco-Bilder vervielfachen. Die schöne Holztheke ist mit glänzenden Zapfhähnen und Flaschen gesäumt, die älter aussehen als die meisten Gäste: Die Casa Cuesta macht einen wirklich authentischen Eindruck. Das Essen ist traditionell: Es gibt eine gute Auswahl an Tapas, Reisgerichten sowie Fleisch- und Fisch-*raciones*.

Zoko ANDALUSISCH $$
(Karte S. 692 f.; ☎ 954 96 31 49; www.facebook.com/zokosevilla; Calle Marqués de Paradas 55; Tapas ab 4,50 €; ⌚ 13–16 & 20–24 Uhr) Das Fischerdorf Zahara de los Atunes an der Küste von Cádiz ist bekannt für seine großartigen, mit nachhaltigen Methoden gefischten Blauflossen-Thunfische *(atun de almadraba)* – das Zoko ist der sevillanische Außenposten des Zokarra, eines der besten Restaurants in diesem Dorf. Das Lokal serviert superzarten Thunfisch, der in Form von Tacos, *tataki* und Empanadas auf den Tisch kommt, sowie ein Garnelen-*satay*, das für Spanien ziemlich ungewöhnlich ist.

Nördlich des Zentrums

Mercado de Feria MARKT $

(Lonja de Feria; Karte S. 688; www.lonjadeferia.com; Plaza Calderón de la Barca; Tapas 3 €, Hauptgerichte 8 €; Mo–Sa 13–24, So bis 18 Uhr) Für eine ungezwungene, preiswerte Mahlzeit in stimmungsvoller Umgebung geht man am besten auf diesen Markt in Macarena, der angeblich der älteste Markt Sevillas ist. In einer kühlen, weiß gestrichenen Speisehalle, die sich um eine große Zentralinsel erstreckt, werden Tapas und üppige Hauptgerichte – größtenteils frische Meeresfrüchte, aber auch andere Speisen – serviert. Um zu bestellen, kauft man ein Ticket und gibt es einer der fröhlichen Damen am Schalter.

Dúo Tapas TAPAS $

(Karte S. 688; 955 23 85 72; Calle Calatrava 10; Tapas 3–4,50 €, medias raciones 8–12 €; 12.30–16.30 & 20.30–24 Uhr) Duo Tapas wird nur selten von Touristen besucht (die meisten lassen die Gegend nördlich der Alameda de Hércules außer Acht) und ist eine lässige Tapas-Bar der „neuen Schule". Sie hat zwar keine *azulejos* (Fliesen) und berühmten Stammkunden zu bieten, serviert dafür aber originelle Tapas mit asiatischem Touch, wie Nudeln mit Gemüse und Frühlingsrollen mit Garnelen.

★ **conTenedor** ANDALUSISCH $$

(Karte S. 688; 954 91 63 33; www.restaurantecontenedor.com; Calle San Luis 50; Hauptgerichte 9–21 €; Mo–Do 13.30–16 & 20.30–23.30, Fr–So 13.30–16.30 & 20.30–24 Uhr, Aug. geschl.) Dieses Slow-Food-Restaurant im unkonventionellen Bezirk Macarena rühmt sich damit, ausschließlich Bioprodukte aus der Region zu verarbeiten. Die Atmosphäre ist lässig und entspannt, mit einer offenen Küche, bunt durcheinander gewürfelten Möbeln und bunten zeitgenössischen Gemälden des Mitinhabers Ricardo. Wir empfehlen den Entenreis – der zu Recht für seinen perfekten Geschmack und seine großartige Konsistenz berühmt ist – oder das Hirsch-*tataki* mit Mangold, Pilzen und Süßkartoffeln.

★ **Bar-Restaurante Eslava** FUSION-KÜCHE, ANDALUSISCH $$

(Karte S. 688; 954 90 65 68; www.espacioeslava.com; Calle Eslava 3; Tapas 2,90–4,20 €, Hauptgerichte im Restaurant 15–22 €; Bar Di–Sa 13–16.30 & 19.30–23.30, So 13.30–16.30 Uhr, Restaurant Di–Sa 13.30–16 & 21–23.30, So 13.30–16 Uhr) Das vielgepriesene Eslava ist beliebt bei Einheimischen und kundigen Besuchern. Es verzichtet auf die traditionellen Kacheln und Stierkampfposter der typischen Tapas-Bars und serviert stattdessen kreative moderne Küche in einem einfachen blauen Speiseraum. Besonders lecker sind die langsam gekochten Eier auf Pilzkuchen und die großartigen Schweinerippchen mit Honig- und Rosmaringlasur, die man so schnell nicht vergisst. Das Restaurant ist immer sehr belebt und hat eine quirlige Atmosphäre. Nebenan befindet sich ein noch schickeres Restaurant, das sich die Küche mit dem Eslava teilt.

Arte y Sabor TAPAS $$

(Karte S. 688; 954 37 28 97; www.arteysabor.es; Alameda de Hércules 85; Tapas 2,90–4,50 €, raciones 7,50–14 €; 13–24 Uhr;) In diesem lässigen Restaurant auf der Alameda de Hércules kann man gut Menschen beobachten und gleichzeitig etwas essen. Am besten schnappt man sich einen Tisch – so früh wie möglich herkommen! – und bestellt ein vegetarisches Gericht (zur Auswahl stehen klassische, nordafrikanisch inspirierte Speisen wie Taboulé und Falafel) oder bleibt bei traditionellen spanischen Kreationen wie Schweinelende mit Serranoschinken.

Ausgehen & Nachtleben

Cafés und Bars sind ein wesentlicher Bestandteil des sevillanischen Lebens, und man wird keine Schwierigkeiten haben, eine Bar oder Kneipe zu finden. Beliebte Gegenden wie die Calle Betis in Triana, die Plaza de Salvador, das Barrio de Santa Cruz und die Alameda de Hércules bieten eine quirlige Gastronomieszene und sind Zentren des schwulen Nachtlebens in der Stadt. Im Sommer schießen am Flussufer Dutzende von *terrazas de verano* (Open-Air-Bars) aus dem Boden.

★ **El Viajero Sedentario** CAFÉ

(Karte S. 688; 677 535512; www.elviajerosedentario.jimdo.com; Alameda de Hércules 77; 9–14 & 18–2 Uhr) Mit seinen bunten Wandbildern, dem schattigen Hof und dem winzigen Innenraum voller Bücher ist das ungezwungene Café ein toller Ort zum Abhängen. Hier ist von morgens bis abends etwas los, und an milden Sommernächten tanzen die Leute oft zu Jazzmusik.

Gallo Rojo CAFÉ, BAR

(Karte S. 688; 628 056489; http://gallorojo.es; Calle Madre Maria de Purisima 9; Di–Do & So

17–24, Fr–Sa bis 2 Uhr) Gallo Rojo ist Bar, Café, Galerie, Kooperations- und Kulturzentrum zugleich, ein lebhafter und doch entspannter Ort in der Nähe der Calle Feria, der jeden Abend Veranstaltungen von Konzerten bis hin zu Dichterlesungen bietet. Am besten setzt man sich auf eines der alten Ledersofas und probiert eines der hausgemachten Craft-Biere (Zurda Golden Ale und Pallaksch IPA); außerdem werden noch viele weitere sevillanische Biere sowie hausgebackene Kuchen und Empanadas serviert.

Maquila KLEINBRAUEREI
(Karte S. 688; ☎955 18 23 20; www.maquilabar.com; Calle Delgado 4; ⏲Di–So 13–16.30 & 20–24 Uhr) Craft-Bier ist in Sevilla gerade sehr angesagt, also warum nicht einmal eine Kleinbrauerei besuchen? Die sechs verschiedenen Biere, die hier gezapft werden, wechseln jeden Monat – zur Auswahl stehen drei hauseigene Son-Biere, darunter fruchtige Tropfen mit Ananas, Kokosnuss oder Brombeere, sowie Gastbiere aus den USA und Europa. Dazu gibt es anständige Tapas, z. B. knusprige, rauchige *patatas bravas* (Bratkartoffeln in würziger Tomatensoße).

Rooftop Bar EME Catedral DACHBAR
(Karte S. 692 f.; www.emecatedralhotel.com; Calle de los Alemanes 27; ⏲So–Do 12–1, Fr & Sa 12–2 Uhr) In der schicken Dachterrassenbar des Fünf-Sterne-Hotels EME Catedral (S. 701) können Gäste einen spektakulären Blick auf den Dom sowie klassische Cocktails (14 €) genießen. Wer die Bar in vollem Glanz erleben will, sollte freitag- oder samstagabends herkommen, wenn DJs für das elegante Publikum Musik auflegen.

Corner House Roof Terrace Bar DACHBAR
(Karte S. 688; ☎954 91 32 62; www.thecornerhousesevilla.com; Alameda de Hércules 31; ⏲Winter Mi–So 17.30–1 Uhr, Sommer ab 20.30 Uhr) Mit ihrer Holzterrasse, den handgefertigten Tischen und dem großartigen Blick auf die lebhafte von Bäumen gesäumte Plaza ist die entspannte Dachterrasse im Corner House (S. 705) ein toller Ort, um sich zurückzulehnen und einen abendlichen Drink zu genießen.

☆ Unterhaltung

★ Casa de la Memoria FLAMENCO
(Karte S. 692 f.; ☎954 56 06 70; www.casadelamemoria.es; Calle Cuna 6; Erw./Kind 18/10 €; ⏲10.30–22.30 Uhr, Shows 18 & 21 Uhr) Das Kulturzentrum ist in den alten Stallungen des Palacio de la Condesa de Lebrija (S. 646) untergebracht und bietet authentische, hochkarätige Flamenco-Shows. Da die Abendvorstellungen sehr beliebt und die Plätze begrenzt sind, müssen Tickets einen oder mehrere Tage im Voraus reserviert werden (telefonisch oder direkt vor Ort.

Naima Café Jazz JAZZ
(Karte S. 688; ☎653 753 976; Calle Trajano 47; ⏲20–3 Uhr) Die beliebte, entspannte und lockere Bar ist ein Allzeitfavorit für Live-Jazz und Blues, der an den meisten Abenden hier gespielt wird. Die Getränke sind preiswert und der winzige Innenraum – der manchmal so überfüllt ist, dass man direkt neben der Band steht und der Schlagzeuger nur einige Zentimeter entfernt von einem ins Becken haut – sorgt für großartige Stimmung.

Teatro de la Maestranza KONZERTHALLE
(Karte S. 692 f.; ☎954 22 33 44; www.teatrodelamaestranza.es; Paseo de Cristóbal Colón 22; Konzerte 8–20 €, Opern 46–125 €) Das moderne Theater wurde 1991 eingeweiht und ist der Sitz des Königlichen Symphonieorchesters von Sevilla. Es bietet ein reichhaltiges Programm mit klassischen Musikkonzerten, Opern und Ballettaufführungen, bei denen spanische und internationale Spitzenkünstler auftreten. Die aktuellen Termine stehen auf der Website.

Casa de la Guitarra FLAMENCO
(Karte S. 692 f.; ☎954 22 40 93; www.flamencoensevilla.com; Calle Mesón del Moro 12; Erw./Kind 17/10 €; ⏲Shows 19.30 & 21 Uhr) Winzige neue Flamenco-Bühne in Santa Cruz (ohne Bewirtung, ohne Getränke). Die zwei Abendshows sind sehr intime Angelegenheiten: Auf der Bühne stehen nur drei Tänzer, und das Publikum quetscht sich in einen kleinen Sitzbereich, der von Vitrinen voller Gitarren gesäumt ist. Um einen Platz zu bekommen, sollte man am besten im Voraus buchen.

La Casa del Flamenco FLAMENCO
(Karte S. 692 f.; ☎954 50 05 95; www.lacasadelflamencosevilla.com; Calle Ximénez de Enciso 28; Erw./Kind 18/10 €; ⏲Shows Herbst & Winter 19 Uhr, Frühjahr & Sommer 20.30 Uhr) Der schöne Patio in einem alten sephardisch-jüdischen Haus in Santa Cruz beherbergt heute die Casa del Flamenco. Die Aufführungen auf einer auf drei Seiten von Sitzplätzen gesäumten Bühne sind sehr fesselnd.

Casa Anselma FLAMENCO
(Karte S. 688; Calle Pagés del Corro 49; ⏲Mo–Sa 23.45 Uhr–open end) Zwar ist die Musik oft

eher folkloristisch als Flamenco, doch der stimmungsvolle Flamenco-Club in Triana ist das Gegenteil eines touristischen *tablao*: Es herrscht dichtes Gedränge, es gibt keine Verstärker, aber viele spontane Tänze. Achtung: Bis die Türen gegen 23.45 Uhr öffnen, herrscht hier keine Spur von Leben.

Fun Club LIVEMUSIK

(Karte S. 688; ☎ 636 669023; www.funclubsevilla.com; Alameda de Hércules 86; 5–12 €; ⏲ Do–Sa 24 Uhr–open end, Konzerte ab 21.30 Uhr) Der legendäre Fun Club, der nach den Standards der Nachtszene uralt ist, sorgt seit Ende der 1980er Jahre auf der Alameda de Hércules für Stimmung. Der immer noch sehr beliebte Club veranstaltet Tanznächte und regelmäßige Konzerte mit Indie-, Rock- und Hip-Hop-Musik.

Shoppen

Sevillas größter Einkaufsbezirk erstreckt sich über die Calle Sierpes, die Calle Velázquez/Tetuán und die Calle Cuna nördlich der Plaza Nueva. Abwechslungsreichere Geschäfte gibt's in Soho Benita, dem Viertel um die Calle Pérez Galdós und die Calle Regina oder auf der Calle Amor de Dios in der Nähe der Alameda de Hércules.

Auf der anderen Seite des Flusses kann man in Triana gut Keramikwaren einkaufen.

Libelula Shop KLEIDUNG

(Karte S. 692 f.; ☎ 954 22 28 19; www.libelulashop.com; Calle Cuna 45-49; ⏲ Mo–Sa 10–19 Uhr) Das große Modeimperium, das sich über zwei Etagen und mehrere Häuser erstreckt, bietet Kleidung und Accessoires für Herren, Damen und Kinder. Vom Kinderpyjama über Fransenschals bis hin zu Feinstrickwaren und Glitzertops decken über 20 verschiedene Designer alle Stilrichtungen und Geschmäcker ab. Das Kaufhaus lädt zum Stöbern ein, hat an Seilen befestigte Regale und traditionelle, lichtdurchflutete Innenhöfe.

Tarico ESSEN & GETRÄNKE

(Karte S. 688; ☎ 954 02 68 03; www.facebook.com/TiendaTarico; Calle Amor de Dios 14; ⏲ 10–14.30 & 18.30–22 Uhr) Der angenehme lichtdurchflutete Laden in der Nähe der Alameda ist vollgepackt mit (meist andalusischen) Waren wie Craft-Bier, Wein, Käse, Olivenöl, Wurstwaren, Pasteten, Honig und anderen Lebensmitteln von Kleinproduzenten. Besonders empfehlenswerte Produkte sind der Ziegenkäse aus Huelva, das preisgekrönte native Supremo-Olivenöl aus Jaén und ein Set zum Kochen von Reis mit Gänsefleisch, das komplett mit konserviertem Fleisch und Brühe angeboten wird.

Caotica BÜCHER

(Karte S. 692 f.; ☎ 955 54 19 66; www.facebook.com/espaciocaotica; Calle José Gestoso 8; ⏲ Mo–Sa 10–14 & 17–21 Uhr) Im Erdgeschoss dieser mehrstöckigen Buchhandlung kann man Kaffee, frischen Saft oder ein gesundes Joghurtfrühstück mit Müsli und Obst genießen; oben gibt es endlose Regale mit dicken Wälzern, die von Romanen über Comics bis hin zu Reise-, Kunst- und Architekturwerken reichen. Im Kinderbereich steht ein Holzbaum mit einer Galerie darüber, wo die Kleinen ganz in ihre eigene Welt eintauchen können. Es gibt auch originelle Geschenke.

Cerámica Triana KERAMIK

(Karte S. 688; ☎ 954 33 21 79; Calle San Jorge 31; ⏲ Mo–Fr 10–21, Sa 10–20, So 11–18 Uhr) Sevilla ist für spezielle Keramikkacheln bekannt, die *azulejos*. Besonders viele Beispiele dafür sind in Triana, dem historischen Zentrum der städtischen Keramikindustrie, zu sehen. Cerámica Triana (das vorher Cerámica Santa Ana hieß) existiert schon seit über 50 Jahren und seine geflieste Fassade ist in der ganzen Stadt bekannt. Drinnen kann man Regale voller dekorativer Keramikwaren, Fliesen, Schilder, Kruzifixe und Tonfiguren durchstöbern.

Praktische Informationen

Traveller können sich in den offiziellen Touristeninformationen der Stadt ausgiebig informieren.

Touristeninformation am Flughafen (☎ 954 78 20 35; www.andalucia.org; Flughafen Sevilla; ⏲ Mo–Fr 9–19.30, Sa & So 9.30–15 Uhr)

Touristeninformation (Karte S. 692 f.; ☎ 954 21 00 05; www.turismosevilla.org; Plaza del Triunfo 1; ⏲ Mo–Fr 9–19.30, Sa & So 9.30–19.30 Uhr)

Touristeninformation am Bahnhof (☎ 954 78 20 02; www.andalucia.org; Estación Santa Justa; ⏲ 9–19.30 Uhr)

Im **Zentrum** (Karte S. 692 f.; ☎ 673 289848; www.cityexpert.es; Avenida de la Constitución 21B; ⏲ 9.30–20 Uhr) und am **Bahnhof** (www.cityexpert.es; Estación Santa Justa; ⏲ Mo–Sa 9.30–18, So 9.30–14.30 Uhr) gibt es auch private City-Expert-Büros, die Informations- und Buchungsdienste anbieten.

Die Mitarbeiter der Touristeninformationen sprechen Englisch.

ABSTECHER

ITÁLICA

In der kleinen Stadt Santiponce, 9 km nordwestlich von Sevilla, befindet sich die eindrucksvollste römische Stätte Andalusiens.

Die Ruinen von **Itálica** (☎ 600 141767; www.museosdeandalucia.es; Avenida de Extremadura 2; EU-Bürger frei, Nicht-EU-Bürger 1,50 €; ⌚ April–Juni Di–Sa 9–21, So 8–15 Uhr, Juli–Mitte Sept. Di–So 9–15 Uhr, Mitte Sept.–März Di–Sa 9–18, So 9–15 Uhr; P) sind unglaublich eindrucksvoll und wunderbar gepflegt. Breite Asphaltstraßen führen zu den Ruinen von Häusern, die sich um wunderschöne Mosaikhöfe reihen, und weiter zum prachtvollen **Amphitheater**, das mit 20 000 Sitzplätzen das größte antike Theater der Welt ist.

Itálica wurde 206 v. Chr. gegründet und war der Geburtsort der Kaiser Trajan und Hadrian (Letzterer ließ die Mauer durch Nordengland erbauen). Es hatte seine Blüte im 2. Jh. n. Chr.; in dieser Zeit wurden die meisten seiner prachtvollen Gebäude erbaut.

Um nach Itálica zu gelangen, nimmt man vom Busbahnhof an der Plaza de Armas in Sevilla Bus 172 nach Santiponce (1,55 €, 25 Min., mind. alle 30 Min.) und steigt an der Endhaltestelle – dem Eingang zur Stätte – aus.

An- & Weiterreise

BUS

Estación de Autobuses Plaza de Armas (Karte S. 688; ☎ 955 03 86 65; www.autobusesplazadearmas.es; Avenida del Cristo de la Expiración) Sevillas zentraler Busbahnhof. Von hier aus verkehrt **ALSA** (Karte S. 688; ☎ 902 422242; www.alsa.es) nach Málaga (18,50–23,50 €, 2¾ Std., 7-mal tgl.), Granada (23–29 €, 3 Std., 8-mal tgl.), Córdoba (12 €, 2 Std., 7-mal tgl.) und Almería (37–45 €, 5½ bis 8½ Std., 3-mal tgl.). **Damas** (Karte S. 688; ☎ 902 114492; www.damas-sa.es) schickt Busse in die Provinz Huelva und **Eurolines** (Karte S. 688; ☎ 902 405040; www.eurolines.es) bietet internationale Verbindungen nach Deutschland, Belgien, Frankreich usw.

Estación de Autobuses Prado de San Sebastián (Karte S. 692 f.; Plaza San Sebastián) Bietet Busse in kleinere Städte Westandalusiens. Zu den Anbietern gehören **Los Amarillos** (Karte S. 692 f.; ☎ 902 210317; http://losamarillos.autobusing.com), das Städte in den Provinzen Sevilla, Cádiz und teilweise auch Málaga ansteuert, sowie **Comes** (Karte S. 692 f.; ☎ 956 29 11 68; www.tgcomes.es), das verschiedene regionale Ziele wie Cádiz und einige schwer zu erreichende *pueblos blancos* (weiße Dörfer) in der Provinz Cádiz anfährt.

FLUGZEUG

Der **Flughafen Sevilla** (Aeropuerto de Sevilla; ☎ 902 404704; www.aena.es; A4, Km 532), 7 km östlich der Stadt, bietet Flüge in spanische Städte und zu Zielen in ganz Europa, z. B. London, Paris, Amsterdam, Dublin, Frankfurt und Rom.

Der Flughafen wird von internationalen Fluggesellschaften wie Ryanair, EasyJet und Vueling Airlines bedient.

ZUG

Sevillas Hauptbahnhof, die **Estación Santa Justa** (Avenida Kansas City), liegt 1,5 km nordöstlich vom Stadtzentrum.

AVE-Hochgeschwindigkeitszüge verkehren nach Madrid (ab 60 €, 2½–3¼ Std., 14-mal tgl.) und Córdoba (ab 21 €, 45 Min.–1¼ Std., 25-mal tgl.), langsamere Züge nach Cádiz (16–23 €, 1¾ Std., 13-mal tgl.), Huelva (12 €, 1½ Std., 4-mal tgl.), Granada (30 €, 3½ Std., 4-mal tgl.) und Málaga (24–44 €, 2–2½ Std., 10-mal tgl.).

Unterwegs vor Ort

Das Zentrum Sevillas ist relativ kompakt und lässt sich am besten zu Fuß erkunden. Man kann die Stadt auch mit dem Fahrrad (S. 699) erkunden – Sevilla ist flach und es gibt überall Fahrradwege. Autofahren im Stadtzentrum ist nicht ratsam.

Das öffentliche Verkehrsnetz umfasst Busse, Straßenbahnen und eine U-Bahn. Busse eignen sich am besten, um die wichtigsten Touristenviertel zu erreichen.

AUTO & MOTORRAD

Sevilla mit dem Auto zu erkunden ist nicht der Mühe wert. Es gelten Verkehrsbeschränkungen und die kleinen Straßen im historischen Zentrum sind nicht autofreundlich. Parkplätze sind oft schwer zu finden.

Die Autovermietungen **Avis** (☎ 902 110283; www.avis.com; Estación Santa Justa; ⌚ 8–24 Uhr) und **Enterprise** (☎ 954 41 26 40; www.enterprise.es; ⌚ 7.30–23 Uhr) befinden sich am Bahnhof Santa Justa; am Flughafen gibt's weitere bekannte Mietgesellschaften.

BUS

Die Busse verkehren von ca. 6.00 bis 23.30 Uhr.

Hilfreiche Routen:

C1 und C2 Externe Route um das Stadtzentrum.

C3 und C4 Interne Route um das Stadtzentrum.

C5 Verkehrt mitten durch das Stadtzentrum.

Tickets können in Bussen, Bahnhöfen und an Kiosken neben den Haltestellen gekauft werden. Ein Standardticket kostet 1,40 €, aber es gibt auch Fahrkarten, die einen/drei Tage (5/10 €) gültig sind.

VOM/ZUM FLUGHAFEN

Der **EA Bus** (☎ 955 010010; www.tussam.es; einfach/hin & zurück 4/6 €) (4 €) verkehrt zwischen Flughafen und Stadtzentrum. Er fährt vom/zum Busbahnhof an der Plaza de Armas und hält unterwegs am Bahnhof Santa Justa, am Busbahnhof Prado de San Sebastián und am Torre del Oro.

Der Bus fährt von 5.20 bis 12.45 Uhr alle 20 bis 30 Minuten vom Flughafen ab; von der Plaza Armas von 4.30 bis 24 Uhr. Sonntags, frühmorgens und spätabends verkehren weniger Busse.

Die Taxis berechnen Festpreise, die bei 22 € (tagsüber von Montag bis Freitag); 25 € (am Wochenende und Montag- bis Freitagnacht) und 31 € (nachts zu Ostern und zur Feria de Abril) liegen. Für jeden Koffer mit über 10 kg Gewicht wird ein Zuschlag von 0,49 € berechnet.

STRASSENBAHN

Die Straßenbahn von Sevilla wird von **Tussam** (☎ 955 01 00 10; www.tussam.es) betrieben und besteht nur aus einer Linie. Die T1 verkehrt zwischen der Plaza Nueva und San Bernado über die Avenida de la Constitución, die Puerta de Jerez und San Sebastián.

Das Standardticket kostet 1,40 €, aber es gibt auch eine Tageskarte, falls man vorhat, häufiger zu fahren.

PROVINZ SEVILLA

Gleich außerhalb von Sevilla liegt eine der eindrucksvollsten römischen Stätten Südspaniens: die wunderbar erhaltenen Ruinen von Itálica. Im Osten der Stadt erstrecken sich die weiten, schimmernden Ebenen von La Campiña, die von mehreren hübschen Städten, z. B. Carmona und Écija, übersät sind.

Carmona

28 595 EW.

Die wunderschöne Stadt Carmona liegt 35 km östlich von Sevilla und thront über einem Meer von goldenen, sonnenverbrannten Ebenen. Die hügelige Altstadt wartet mit edlen Palästen, majestätischen Mudejar-Kirchen und zwei maurischen Festungen auf; in der Nähe erinnert eine römische Nekropole an die uralte Vergangenheit der Stadt.

Der strategisch angelegte Ort hatte seine Blütezeit unter den Römern, die in Carmona ein Straßennetz anlegten, das auch heute noch erkennbar ist: Die Via Augusta von Rom nach Cádiz führte im Osten durch die Puerta de Córdoba nach Carmona hinein und im Westen durch die Puerta de Sevilla wieder hinaus. Die Mauren errichteten später eine robuste Verteidigungsmauer, jedoch fiel die Stadt 1247 an Ferdinand III. Später erbauten Mudejar- und christliche Handwerker großartige Kirchen, Klöster und Herrenhäuser.

Sehenswertes

★ Necrópolis Romana — RÖMISCHE STÄTTE

(Römischer Friedhof; ☎ 600 143632; www.museosdeandalucia.es; Avenida de Jorge Bonsor 9; EU-Bürger/Nicht-EU-Bürger frei/1 €; ⏲ April–Mitte Juni Di–Sa 9–18, So 9–15 Uhr, Mitte Juni–Mitte Sept. Di–So 9–15 Uhr, Mitte Sept.–März Di–Sa 9–18, So 9–15 Uhr) Die antike römische Totenstadt am Südwestrand von Carmona gilt als eine der wichtigsten historischen Stätten Andalusiens. Hunderte von Familiengräbern, einige davon reich geschmückt und mit zahlreichen Kammern, wurden hier im 1. und 2. Jh. n. Chr. in den Fels geschlagen. Die meisten Toten wurden kremiert und in den Gräbern befinden sich Wandnischen für die kastenförmigen Steinurnen. Besucher können die große **Tumba de Servilia** betreten, das Grab einer Familie von hispanisch-römischen Promis, sowie in mehrere andere hinunterklettern.

Alcázar de la Puerta de Sevilla — FESTUNG

(Plaza de Blas Infante; Erw./Kind 2/1 €, Mo Eintritt frei; ⏲ Sommer Mo–Fr 9–15, Sa & So 10–15 Uhr, Winter Mo–Sa 10–18, So 10–15 Uhr) Carmonas größte Festung ist ein beeindruckendes Bauwerk. Sie erhebt sich oberhalb der Puerta de Sevilla, dem imposanten Haupttor der Altstadt von Carmona, und war schon fünf Jahrhunderte alt, als die Römer sie verstärkten und obendrauf einen Tempel errichteten. Die muslimischen Almohaden fügten im oberen Patio eine *aljibe* (Zisterne) hinzu; von hier kann man das typisch andalusische Panorama mit weißen Würfeln und hoch aufragenden Türmen bestaunen.

Prioral de Santa María de la Asunción KIRCHE

(☎954 19 14 82; Plaza Marqués de las Torres; €3; ⏲ Sommer Di–Fr 9.30–14 & 18.30–20, Sa 19–20.30, So 10–12 & 19–20.30 Uhr, Winter Di–Fr 9.30–14 & 17.30–18.30, Sa 9.30–14 Uhr) Diese schöne Kirche wurde größtenteils im 15. und 16. Jh. an der Stelle der früheren Moschee errichtet. In einen Pfeiler des Patio de los Naranjos, der den Eingang bildet, wurde ein **westgotisches Kalendarium** eingraviert. Der Innenraum mit hohen gotischen Gewölbedecken zentriert sich um einen detailreichen **Altar**; die 20 Tafeln mit biblischen Szenen werden von goldumrankten Säulen eingerahmt.

Schlafen

Hostal Comercio HOSTAL $

(☎954 14 00 18; hostalcomercio@hotmail.com; Calle Torre del Oro 56; EZ 35 €, DZ 40–50 €, 3BZ 70 €, 4BZ 90 €; ❄📶) In diesem langjährigen familiengeführten *hostal* gleich hinter der Puerta de Sevilla wird man herzlich empfangen. Die 14 schlichten Zimmer, die sich um einen Patio voller Pflanzen und Bogen im Mudejarstil reihen, sind einfach eingerichtet und mit Steinfußböden und schweren Holzmöbeln ausgestattet.

★El Rincón de las Descalzas BOUTIQUE-HOTEL $$

(☎954 19 11 72; www.elrincondelasdescalzas.com; Calle de las Descalzas 1; inkl. Frühstück EZ 52–62 €, DZ 64–112 €, Suite 134–175 €; ❄📶) Das weitläufige Hotel hat eine elegante Lage in einem renovierten Stadthaus aus dem 18. Jahrhundert. Es bietet 13 farbenfrohe Zimmer und eine idyllische, orangefarbene Terrasse. Jedes Zimmer ist anders, und einige sind besser als andere, aber alle sind in einem raffinierten historischen Stil mit geschnitzten Holzbetten, freiliegenden Ziegel- und Sandsteinwänden, Holzbögen und teilweise sogar Kaminen ausgestattet.

Posada San Fernando BOUTIQUE-HOTEL $$

(☎954 14 14 08, 666 907788; www.posadasanfernando.es; Plaza de San Fernando 6; EZ/DZ/3BZ 55/65/100 €; ❄📶) Dieses exzellente und günstige Hotel hat eine großartige Lage am Hauptplatz von Carmona. Es befindet sich in einem Gebäude aus dem 16. Jahrhundert, ist sehr gemütlich und bietet stimmungsvolle, geschmackvoll gestaltete Zimmer. Die Inneneinrichtung wartet mit Antikmöbeln und handbemalten Badezimmerfliesen auf. Einige Zimmer haben Balkone mit Blick auf den palmengesäumten Platz.

Essen

Cervecería San Fernando ANDALUSISCH $$

(☎661 654960; Plaza de San Fernando 18; Tapas 2,50 €, Hauptgerichte 10–17 €; ⏲ Di–So 12–17 & 20–24 Uhr) Mit seinen ringförmig angeordneten Sitzplätzen am pulsierenden Hauptplatz von Carmona, dem freundlichen Service und der großartigen Küche trifft die Cerveceria San Fernando genau ins Schwarze. Die Speisekarte, die vor allem Tapas und *raciones* umfasst, ist sehr vielseitig und bietet zahlreiche beliebte Gerichte, z. B. Bratfisch, Rührei oder Steaks. Besonders lecker sind die Artischocken mit *jamón* (Schinken) und einer Reduktion aus süßem Wein.

Molino de la Romera ANDALUSISCH $$

(☎954 14 20 00; www.molinodelaromera.es; Calle Sor Ángela de la Cruz 8; Tapas 2,50–4 €, Hauptgerichte 11–20 €; ⏲ Mo–Sa 13–16 & 20.30–24 Uhr) Das beliebte Restaurant residiert in einer gemütlichen Olivenölmühle aus dem 15. Jh. mit eigener Terrasse und wunderbarem Blick über die *vega* (Tal). Es serviert herzhafte, schön ausgeführte Mahlzeiten mit einem Hauch von zeitgenössischem Flair. Wer die traditionelle Küche Carmonas kennenlernen möchte, kann *alboronías* (eine Art Ratatouille) probieren; wer internationale Küche genießen möchte, bekommt hier guten Feigen- und Burrata-Salat.

Praktische Informationen

Touristeninformation (☎954 19 09 55; www.turismo.carmona.org; Alcázar de la Puerta de Sevilla; ⏲ Mo–Fr 9–15, Sa & So 10–15 Uhr) Hilfreiches Büro im Alcázar de la Puerta de Sevilla.

An- & Weiterreise

Casal (☎954 99 92 90; www.autocarescasal.com) bietet Busse nach Sevilla (2,80 €, 1 Std., mind. 7-mal tgl.). Abfahrt ist an der **Haltestelle** am Paseo del Estatuto.

ALSA (☎902 42 22 42; www.alsa.es) bietet täglich drei Busse über Écija (4,70 €, 35 Min.) nach Córdoba (9,70 €, 1½ Std.). Abfahrt ist an der **Haltestelle** unweit der Puerta de Sevilla.

Écija

40 270 EW.

Écija, die am wenigsten bekannte Stadt der Campiña, ist so etwas wie ein unterschätzter Star. Viele Reisende ignorieren die Stadt, was vielleicht auf ihren Ruf als la sartén de

Andalucía (Bratpfanne Andalusiens) zurückzuführen ist – im Juli und August kann es hier bis zu 45°C heiß werden. Wer zu einer anderen Jahreszeit herkommt, wird Écija jedoch als faszinierende Stadt kennenlernen, die reich an architektonischen und historischen Sehenswürdigkeiten ist.

Das kompakte Zentrum Écijas ist von gotischen Mudejar-Palästen, Kirchen und barocken Türmen übersät, die der Stadt ihren zweiten Spitznamen, *la ciudad de las torres* (Stadt der Türme), gaben. Die römischen Ruinen der Stadt hingegen zeugen von ihrer Vergangenheit als wohlhabendes iberisches Zentrum. Das damalige Colonia Augusta Firma Astigi hatte seine Blütezeit im 1. und 2. Jh. und lieferte Olivenöl an Märkte im gesamten Römischen Reich.

Sehenswertes

★ Museo Histórico Municipal MUSEUM
(☎954 83 04 31; http://museo.ecija.es; Plaza de la Constitución 1; ⌚Di–Fr 10–13.30 & 16.30–18.30, Sa 10–14 & 17.30–20, So 10–15 Uhr) GRATIS Das Geschichtsmuseum von Écija ist ein authentisches Kleinod. Es befindet sich im **Palacio de Benamejí** aus dem 18. Jh.; seine Ausstellungsräume widmen sich der Vor- und Frühgeschichte der Region, aber die Hauptattraktion des Museums ist seine großartige Sammlung von lokalen römischen Fundstücken. Dazu gehören z. B. die anmutige Skulptur einer verwundeten Amazone (legendäre Kriegerin) und mehrere außergewöhnlich gut erhaltene Mosaiken, die meist in der antiken Stadt und deren Umgebung freigelegt wurden. Ein besonderes Highlight ist der *Mosaico del Triunfo de Baco*, der die „Geburt" des Weins darstellt.

Palacio de Peñaflor PALAST
(Calle Emilio Castelar 26) Der gewaltige „Palast der langen Balkone" aus dem 18. Jh. 300 m östlich der Plaza de España ist Écijas bekannteste Sehenswürdigkeit. Zwar ist der Palast selbst nicht zugänglich, doch man kann die geschwungene Außenfassade mit ihrem kunstvoll dekorierten Säulenportal, schmiedeeisernen Balkonen und Resten farbenprächtiger Fresken bewundern.

Schlafen & Essen

Hotel Palacio de los Granados HISTORISCHES HOTEL $$
(☎955 90 53 44; www.palaciogranados.com; Calle Emilio Castelar 42; DZ/Suite inkl. Frühstück 99/145 €; P ❄ 📶 🏊) Diese charmante Bleibe, die teilweise aus dem 15. Jh. stammt, wurde von ihrem Besitzer, einem Architekten, sorgsam restauriert. Die Zimmer sind unterschiedlich gestaltet und wirken mit ihren Balkendecken, Mudejar-Bögen, Fußböden aus dem 18. Jh. und teilweise sogar Kaminen äußerst prachtvoll. Der winzige Innenhof mit Tauchbecken und Granatapfelbäumen trägt noch zur romantischen Atmosphäre des Hotels bei.

ÉCIJAS TÜRME

Das auch unter dem Spitznamen *la ciudad de las torres* (Stadt der Türme) bekannte Écija ist berühmt für seine von Türmen geprägte Skyline. Über den Dächern der Stadt erheben sich zahlreiche Barocktürme, die meist aus dem späten 18. Jh. stammen, als nach dem verheerenden Erdbeben von 1755 viele Kirchen der Stadt wiederaufgebaut wurden.

Einer der schönsten Türme gehört zur **Iglesia de Santa María** (Plaza de Santa María; ⌚Mo–Fr 9.30–13.30 & 17.30–20.30, Sa 9.30–13.30 & 17–19.45, So 10–13 Uhr), einer im 18. Jh. erbauten Kirche gleich neben der Plaza de España. Der prachtvolle Barockturm der **Iglesia de San Juan** (Plaza de San Juan; Turm 2 €; ⌚Di–Sa 10.30–13.30 & 16.30–19.30, So 10.30–13.30 Uhr) ein paar Häuserblocks weiter nordöstlich ist als einziger der Glockentürme zu besteigen. Die gotische Mudejarkirche **Iglesia de San Pablo y Santo Domingo** (Plaza de Santo Domingo; ⌚Di–Fr 18.30–19.30, Sa 19–20, So 11.30–12.30 & 19–20 Uhr) nebenan hat einen Ziegelturm aus dem 18. Jh.

Die **Parroquia Mayor de Santa Cruz** (Plazuela de Nuestra Señora del Valle; 1 €; ⌚Sommer Mo–Sa 9–13 & 17–21, So 9–13 & 18–22 Uhr, Winter Mo–Sa 10–13 & 16–20, So 10–13 & 18–20 Uhr) an der hübschen Plaza nördlich der Altstadt war einst die Hauptmoschee der Stadt. Noch heute deuten einige Spuren, z. B. arabische Inschriften, darauf hin. Jenseits des dachlosen Atriums, das zahlreiche gut erhaltene gotische Gewölbebögen von der ursprünglichen Kirche aus dem 13. Jh. aufweist, befindet sich ein Innenraum voller heiliger Utensilien und barocker Silberarbeiten.

★ **Ágora** TAPAS $
(☎ 955 31 70 77; Calle Barquete 38A; Tapas 1,50–2,50 €, raciones 9,50–12,50 €; ⏰ Mo 11–16, Mi & Do 11–23, Fr 11–24, Sa 12–24, So 12–23 Uhr) Das freundliche Ágora wird von einem jungen, engagierten Team geleitet und zählt zu den beliebtesten Tapas-Bars von ganz Écija. Die Tische im Freien werden von einem knorrigen Olivenbaum beschattet und sind sehr begehrt, besonders an den Wochenenden, wenn viele Einheimische hierherkommen, um stark gewürztes Rührei und langsam geschmorte Schweinebäckchen in Weinsoße zu genießen.

Praktische Informationen

Touristeninformation (☎ 955 90 29 33; www.turismoecija.com; Calle Elvira 1; ⏰ ⏰ Mo–Sa 10–14 & 16.30–18.30, So 10–14 Uhr) Hilfsbereite englischsprachige Mitarbeiter.

An- & Weiterreise

Écija liegt 53 km östlich von Carmona an der A4 zwischen Córdoba und Sevilla.

Vom **Busbahnhof** (Avenida del Genil; ⏰ 7–22.30 Uhr) verkehren Busse von **ALSA** (☎ 902 42 22 42; www.alsa.es) nach Carmona (4,70 €, 35 Min., 3-mal tgl.), Córdoba (5 €, 1 Std., 6-mal tgl.) und Sevilla (7,30 €, 1¼ Std., mind. 4-mal tgl.).

PROVINZ HUELVA

Huelva, die abgelegenste Provinz im Westen Andalusiens, bietet eine interessante Mischung aus historischen Intrigen, wunderschöner Natur und Sonne satt, ist aber dennoch ein Urlaubsziel abseits ausgetretener Pfade. Huelva wartet mit verschlafenen Bergdörfern, Relikten von Kolumbus' Entdeckungsreisen sowie endlosen Küsten und Spaniens beliebtestem Nationalpark auf. Feinschmecker können hier preisgekrönte Schweinefleischprodukte genießen, während Festivalfans sich beim ausgelassenen Festival Romería del Rocío den Pilgern anschließen können.

Huelva

147 000 EW.

Die Hauptstadt der Provinz Huelva ist ein moderner, schnörkelloser Industriehafen zwischen den Flussmündungen des Odiel und des Tinto. Fährt man in die Stadt hinein, macht sie einen etwas heruntergekommenen Eindruck, doch das Zentrum ist recht munter und die Einwohner Huelvas – die wegen ihrer angeblichen Vorliebe für *chocos* (Tintenfisch) *choqueros* genannt werden – gelten als sehr warmherzig.

Sehenswertes

Muelle-Embarcadero de Mineral de Río Tinto HISTORISCHE STÄTTE
Ein eindrucksvolles Zeugnis der regionalen Bergbaugeschichte ist der beeindruckende Eisenpier, der ca. 500 m südlich des Hafens in den Odiel hineinragt. Er wurde in den 1870er-Jahren vom britischen Ingenieur George Barclay Bruce für die Rio-Tinto-Gruppe entworfen und verfügt über eine obere und eine untere Ebene, die beide zugänglich sind und zu einem Spaziergang einladen, bei dem man den Hafen und die Schiffe bewundern kann. Etwa 1 km südwestlich der Plaza de las Monjas.

Museo de Huelva MUSEUM
(☎ 959 65 04 24; www.museosdeandalucia.es; Alameda Sundheim 13; Nicht-EU-Bürger/EU-Bürger 1,50 €/frei; ⏰ Mitte Juni–Mitte Sept. Di–So 9–15 Uhr, restl. Jahr Di–Sa 9–20, So 9–15 Uhr) GRATIS
Das vielseitige Stadtmuseum steht in der Alameda, der Bourgeoisie-Adresse im frühen 20. Jh., und ist mit Kunst und Geschichte vollgestopft. Die Dauerausstellung im Erdgeschoss konzentriert sich auf das archäologische Erbe der Stadt und stellt interessante Exponate aus der römischen Vergangenheit und der Bergbaugeschichte aus; in den oberen Räumen befindet sich eine Sammlung von spanischen Gemälden aus sieben Jahrhunderten. Man sollte sich unbedingt auch das eindrucksvolle antike römische *noria* (Wasserrad) ansehen, das zu den besterhaltenen seiner Art in der ganzen Welt zählt.

Feste & Events

Fiestas Colombinas KULTURELL
(⏰ Ende Juli/Anf. Aug.) Bei diesem sechstägigen Fest feiert Huelva mit Musik, Tanz, Kultur und Stierkampf den Aufbruch von Kolumbus nach Amerika am 3. August 1492.

Schlafen

Senator Huelva Hotel BUSINESSHOTEL $
(☎ 959 28 55 00; www.senatorhuelvahotel.com; Avenida Pablo Rada 10; Zi. ab 60 €; ❄ 📶) Das tadellos gepflegte Hotel vorwiegend für Geschäftsreisende ist die beste Unterkunft in Huelva. Die Lobby wird durch knallrote Geländer mit viel Grünzeug aufgelockert und

das Personal ist auf reizende Art effizient. Alle 162 Zimmer sind elegant eingerichtet und mit Schreibtischen aus dunklem Holz sowie frischer weißer Bettwäsche ausgestattet. Huelvas Hauptplatz ist nur fünf Gehminuten entfernt.

Albergue Inturjoven Huelva HOSTEL $
(☎ 959 65 00 10; www.inturjoven.com/albergues/huelva; Avenida Marchena Colombo 14; B/DZ inkl. Frühstück 22/44 €; ❄ @ 📶; 🚌 6) Eine gute, moderne Jugendherberge mit 53 Zimmern in einem angenehm hellen Innenhof. Die Zimmer sind mit zwei bis sechs Betten und Privatbädern ausgestattet; Handtücher und Fahrräder können ausgeliehen werden. Das Hostel liegt 2 km nördlich vom Busbahnhof: Bus 6, der vom Bahnhof durch die Stadt fährt. hält direkt um die Ecke in der Calle JS Elcano.

Essen

Ciquitrake TAPAS $
(☎ 956 25 69 58; www.ciquitrake.com; Calle Rascón 21; Tapas 2,70–8 €, raciones 7,50–14 €; ⏲ Mo–Fr 8.30–24, Sa ab 10 Uhr; 📶) „Zu wissen, wie man gut isst, heißt zu wissen, wie man gut lebt", ist das Motto dieser innovativen Tapas-Bar, die sich auf neue Versionen von *choquero*-Gerichten spezialisiert hat. Die Tapas werden in kühler, minimalistisch gestalteter Umgebung serviert (die Wandtapeten sind mit einem Glossar aus ortstypischen Slangwörtern bedruckt). Ganzjährig beliebte Gerichte sind z.B. *albóndigas* de choco (Tintenfischbällchen) und *salmorejo*.

★ **Azabache** TAPAS $$
(☎ 959 25 75 28; www.restauranteazabache.com; Calle Vázquez López 22; raciones 7–18 €; ⏲ Mo–Fr 8.30–24, Sa bis 16 Uhr) Einen Eindruck von der traditionellen Huelva-Küche vermittelt diese schmale gekachelte Tapas-Bar. Immer gut beschäftigte, aber stets hilfsbereite Kellner versorgen die Gäste mit Käse- und *jamón*-(Schinken-)Tellern oder auch mit Rührei mit *gurumelos* (örtliche Waldpilze), gebratenen *chocos* (Tintenfisch) und frischem Fisch. Hinter der Bar befindet sich ein formelles Restaurant, das teure Menüs serviert (36 € inkl. Wein, Dessert und Kaffee).

Praktische Informationen

Regionale Touristeninformation
(☎ 959 25 74 67; www.turismohuelva.org; Calle Jesús Nazareno 21; ⏲ Mo–Fr 9–19.30, Sa & So 9.30–15 Uhr) Gute Infos zur gesamten Provinz.

Touristeninformation (☎ 959 54 18 17; Plaza de las Monjas; ⏲ Mo–Sa 10–14 Uhr, plus Mo–Fr 17–20 Uhr)

An- & Weiterreise

Die meisten Busse ab dem **Busbahnhof** (Calle Doctor Rubio) werden von **Damas** (☎ 902 11 44 92; www.damas-sa.es; Calle Doctor Rubio) betrieben. Verbindungen gibt's u. a. nach Almonte (nach El Rocío, 4 €, 1¼ Std.), Aracena (10,85 €, 2½–3 Std.), La Rábida (1,65 €, 20 Min.), Moguer (1,65 €, 45 Min.), Palos de la Frontera (1,65 €, 30 Min.), Sevilla (8,65 €, 1¼–2 Std.) und Faro, Portugal (16 €, 2½ Std.). Samstags, sonntags und an Feiertagen verkehren weniger Busse.

Vom **Bahnhof** (Avenida de Italia), gleich südlich des Zentrums von Huelva, bietet **Renfe** (☎ 912 43 23 43; www.renfe.com; Avenida de Italia) drei Zugverbindungen täglich nach Sevilla (12,25 €, 1½ Std.) sowie einen schnellen AL-VIA-Zug nach Córdoba (38 €, 1¾ Std.) und Madrid (38–73 €, 3¾ Std.).

Lugares Colombinos

Als „Kolumbus-Stätten" bezeichnet man die drei Ortschaften La Rábida, Palos de la Frontera und Moguer. Sie liegen am Ostufer der Mündung des Río Tinto und spielten eine entscheidende Rolle bei den Vorbereitungen zu Kolumbus' Amerikareise. Am besten macht man hierher einen Tagesausflug von Huelva, der Doñana oder der Ostküste der Provinz Huelva. Die unzähligen Gewächshäuser deuten schon an, dass dies das wichtigste Anbaugebiet für Erdbeeren in Spanien ist: Die Provinz Huelva liefert 90 % der spanischen Ernte.

An- & Weiterreise

Täglich fahren mindestens 11 Busse von Huelva nach La Rábida (1,65 €, 25 Min.) und Palos de la Frontera (1,65 €, 30 Min.); die Hälfte fährt weiter nach Moguer (1,65 €, 45 Min.). Mit diesen Bussen kann man problemlos zwischen den drei Städten hin- und herpendeln.

La Rábida

500 EW.

Sehenswertes

Monasterio de la Rábida KLOSTER
(☎ 959 35 04 11; www.monasteriodelarabida.com; Paraje de la Rábida; Erw./Student 3,50/3 €; ⏲ Di–Sa 10–13 & 16–19, So ab 10.45 Uhr; 🅿) Im hübschen, stillen Ort La Rábida befindet sich dieses Franziskanerkloster aus dem 14. und

15. Jh., dem Kolumbus vor seiner großen Reise mehrere Besuche abstattete. Zu den Highlights des Klosters zählen die Kapelle mit einer Alabaster-Jungfrau aus dem 13. Jh., vor der Kolumbus betete, und ein mit Fresken verzierter Mudejar-Kreuzgang, der zu den wenigen Originalbauwerken gehört, die das Erdbeben von 1755 überlebt haben.

Muelle de las Carabelas HISTORISCHE STÄTTE
(Werft der Karavellen; 3,60 €; ⌚ Mitte Juni–Mitte Sept. Di–So 10–21 Uhr, restl. Jahr Di–So 9.30–19.30 Uhr; P) Am Ufer unterhalb des Monasterio de la Rábida liegt diese Nachbildung eines Kais aus dem 15. Jh. Hier können lebensgroße Nachbauten der *Niña*, *Pinta* und der *Santa María* besichtigt werden – die drei Schiffe, mit denen Kolumbus zu seiner ersten Transatlantikexpedition aufbrach. Das Einzelticket gewährt Eintritt in alle drei Schiffe sowie ins Museum. Letzteres hat exzellente zweisprachige (Englisch und Spanisch) Infotafeln, die die Geschichte von Kolumbus' Reisen nachzeichnen. Hier kann man sich Navigationsinstrumente anschauen und einen Eindruck davon bekommen, wie die amerikanischen Ureinwohner das Eintreffen der Spanier erlebten.

Palos de la Frontera

5300 EW.

Vom Hafen Palos de la Frontera begaben sich Kolumbus und seine Mitstreiter auf die Reise ins Ungewisse. Das Städtchen lieferte dem Entdecker zwei seiner Schiffe, zwei Kapitäne (Martín Alonso Pinzón und Vicente Yáñez Pinzón) und mehr als die Hälfte der Besatzung.

Sehenswertes

Iglesia de San Jorge KIRCHE
(Calle Fray Juan Pérez; ⌚ wechselnde Öffnungszeiten) Richtung Nordende der Calle Colón steht diese im Stil der Mudejar-Gotik erbaute Kirche aus dem 15. Jh., in der Kolumbus und seine Seefahrer ein letztes Mal die heilige Kommunion empfingen, bevor sie sich auf die große Reise machten. Das Wasser für ihre Schiffe stammte aus dem Brunnen La Fontanilla ganz in der Nähe.

Casa Museo Martín Alonso Pinzón MUSEUM
(☎ 959 10 00 41; Calle Colón 24; Erw./ermäßigt 1/0,50 €; ⌚ Mo–Fr 10–14 & 17–20.30 Uhr) Im früheren Zuhause der Brüder Pinzón (den Kapitänen der *Niña* und *Pinta*) ist heute eine Ausstellung zur wichtigen Rolle untergebracht, die Palos bei der berühmten ersten Entdeckungsreise Kolumbus' spielte.

Essen

El Bodegón ANDALUSISCH $$
(☎ 959 53 11 05; Calle Rábida 46; Hauptgerichte 12–25 €; ⌚ Mi–Mo 12–16 & 20.30–23.30 Uhr) Das stimmungsvolle Restaurant mit Steinfußboden serviert perfekt zubereitete Fisch-, Fleisch- und Gemüsegerichte vom Holzkohlegrill.

Moguer

14 300 EW.

Im verschlafenen weißen Örtchen Moguer 8 km nordöstlich von Palos de la Frontera an der A494 wurde Kolumbus' Schiff *Niña* gebaut.

Das Städtchen kann sich außerdem rühmen, die Heimatstadt des Nobelpreisträgers Juan Ramón Jiménez zu sein.

Sehenswertes

Monasterio de Santa Clara KLOSTER
(☎ 959 37 01 07; www.monasteriodesantaclara.com; Plaza de las Monjas; Führungen Erw./ermäßigt 3,50/2,50 €, So frei; ⌚ Führungen Di–Sa 10.30, 11.30, 12.30, 17.30 & 18.30 Uhr, So 10.30 & 11.30 Uhr) In dem prachtvollen Kloster aus dem 14. Jh. durchwachte Kolumbus nach der Rückkehr von seiner ersten Reise im März 1493 betend die Nacht. DieHöhepunkte der 45-minütigen Führung sind ein wunderschöner Mudejar-Klostergang, eine Küche aus dem 14. Jahrhundert, der weiß getünchte Claustro de las Madres, beleuchtete Manuskripte und ein einzigartiger Nasrid-Chorstuhl aus dem 14. Jahrhundert mit Darstellungen von Löwen, Säulen und arabischen Kapitellen, die von der Alhambra inspiriert sind.

Casa Museo Zenobia y Juan Ramón Jiménez HISTORISCHES BAUWERK
(☎ 959 37 21 48; www.fundacion-jrj.es/servicios/visita-a-la-casa-museo; Calle Juan Ramón Jiménez 10; Erw./ermäßigt 3,50/2,50 €; ⌚ Mitte Juni–Mitte Di–Fr 10–14 & 16–18, Sa & So 10–14.30 Uhr, restl. Jahr Di–Sa 10.15–13 & 15.15–19 Uhr) Das liebevoll gepflegte ehemalige Wohnhaus des berühmten Dichters Juan Ramón Jiménez und seiner Ehefrau und Autorin Zenobia Camprubí Aymar kann im Rahmen einer Führung, aber auch auf eigene Faust besichtigt werden. Zu sehen sind u. a. die Privatbibliothek des Dichters und mehrere

Räume im Obergeschoss, die noch mit Originalmobiliar eingerichtet sind.

Alle Exponate sind mit spanischsprachigen Infotafeln versehen.

Essen

Mesón El Lobito ANDALUSISCH $$

(☎ 959 37 06 60; www.mesonellobito.com; Calle Rábida 31; Hauptgerichte 7–19 €; ⏲ 12–16 & 20.30–24 Uhr) Rund 300 m südwestlich der zentralen Plaza del Cabildo serviert Mesón El Lobito in einer großen *bodega* (Weinkeller) preiswerte große Platten mit traditioneller Landkost. Fisch und Fleisch werden über dem offenen Feuer gegrillt.

Praktische Informationen

Touristeninformation (☎ 959 37 18 98; Calle Andalucía 17, Teatro Municipal Felipe Godínez; ⏲ Di–Sa 10–14 & 17–19 Uhr) Die ausgezeichnete Touristeninformation befindet sich im Teatro Municipal.

Parque Nacional de Doñana

Der Parque Nacional de Doñana, eine Welterbestätte, ist ein Ort von zauberhafter natürlicher Schönheit: Gleich über einem der größten Feuchtgebiete Europas, dem Delta des Guadalquivir, färben Flamingoschwärme den Abendhimmel rosa, große Hirschherden und Wildschweinhorden flitzen durch den *coto* (Jagdrevier) und der scheue Iberische Luchs (Pardelluchs) durchstreift die Landschaft, aber kämpft dabei leider auch ums Überleben. Im größten straßenlosen Gebiet Westeuropas und Spaniens wundervollstem Nationalpark können Besucher die Natur von ihrer wildesten und eindrucksvollsten Seite erleben.

Der 542 km² große Nationalpark erstreckt sich 30 km an der Atlantikküste entlang oder in ihrer Nähe sowie bis zu 25 km weit landeinwärts. An den Nationalpark grenzt größtenteils der separate **Parque Natural de Doñana**, der unter weniger strengem Schutz steht und einen 538 km² großen Puffer für den Nationalpark bildet.

Der Zugang zum Inneren des Nationalparks ist beschränkt, jedoch ist der 28 km lange Atlantikstrand zwischen Matalascañas und der Mündung des Guadalquivir (die ab Sanlúcar de Barrameda in der Provinz Cádiz per Boot überquert werden kann) jedermann zu Fuß oder per Fahrrad zugänglich – allerdings darf man nicht landeinwärts abbiegen.

Aktivitäten

Sendero Charco de la Boca WANDERN

Am Centro de Visitantes La Rocina (S. 717) beginnt der Sendero Charco de la Boca, ein 3,5 km langer Wanderweg, der an einem Fluss entlang und dann durch mehrere Biotope führt. Unterwegs passiert man vier Vogelbeobachtungsplätze.

Sendero Lagunas del Acebuche WANDERN

Vom Centro de Visitantes El Acebuche (S. 717) führen die zwei Wanderwege Senderos del Acebuche (Acebuche-Pfade; hin & zurück je 1,5 km und 3,5 km) zu mehreren Vogelbeobachtungsplätzen, die auf die nahegelegenen Lagunen blicken (die manchmal jedoch ausgetrocknet sind).

TOUREN ZU DEN NATIONALPARKS

Wer von der Westseite ins Innere des Nationalparks vordringen möchte, kann dies nur im Rahmen von vierstündigen Touren in Geländefahrzeugen für 8 bis 30 Personen tun. Buchungen können direkt bei den zugelassenen Agenturen vorgenommen werden: **Doñana Nature** (☎ 959 44 21 60, 630 978216; www.donana-nature.com; Calle Moguer 10; Tour 28 € p. P.), **Cooperativa Marismas del Rocío** (☎ 959 43 04 32, 648 762914; www.donanavisitas.es; Centro de Visitantes El Acebuche; Tour 30 €) und **Doñana Reservas** (☎ 629 060545, 959 44 24 74; www.donanareservas.com; Avenida de la Canaliega; Tour 28 € p. P.). Speziell bei Touren in größeren Fahrzeugen wirkt das Ganze vielleicht ein bisschen freizeitparkmäßig, doch die Führer haben jede Menge über den Park zu erzählen.

Im Frühling, Sommer, zu Ferienzeiten und rund um die Feiertage sollte man sich mindestens einen Monat im Voraus anmelden, ansonsten eine Woche vorher. Ins Reisegepäck gehören Trinkwasser, Insektenschutzmittel gegen die Mücken (außer im Winter) und vielleicht auch ein Fernglas. Wenn man früh genug anfragt, stehen meist auch deutschsprachige Guides zur Verfügung.

Praktische Informationen

Im Park gibt es sieben Besucherzentren. Die wichtigsten vier mit Zugang zum Park von der Provinz Huelva aus sind:

Centro de Visitantes La Rocina
(☎ 959 43 95 69; A483; ⏲ 9–15 & 16–19 Uhr) An der A483, 1 km südlich von El Rocío.

Centro de Visitantes El Acebrón
(☎ 671 593138; ⏲ 9–15 & 16–19 Uhr) 6 km westlich des Centro de Visitantes La Rocina; über eine asphaltierte Seitenstraße zu erreichen.

Centro de Visitantes El Acebuche
(☎ 959 43 96 29; ⏲ Mai–Mitte Sept. 8–15 & 16–21 Uhr, Mitte Sept.–März bis 19 Uhr, April bis 20 Uhr) Zum Hauptbesucherzentrum des Nationalparks geht's von El Rocío 12 km auf der A483 nach Süden und dann 1,6 km nach Westen.

Centro de Visitantes José Antonio Valverde
(☎ 671 564145; ⏲ April–Sept. 10–20 Uhr, März & Okt. bis 19 Uhr, Nov.–Feb. bis 18 Uhr) Am östlichen Rand des Parks. Am einfachsten im Rahmen einer autorisierten Tour ab El Rocío zu erreichen; alternativ kann man auch mit dem Auto von Villamanrique de la Condesa oder La Puebla del Río über holprige Straßen in Richtung Nordosten fahren.

An- & Weiterreise

Mit dem eigenen Fahrzeug darf man nicht in den Nationalpark hineinfahren, obwohl die vier Hauptbesuchszentren mit dem Auto/Motorrad zu erreichen sind. **Damas** (www.damas-sa.es) betreibt acht bis zehn Busse täglich zwischen El Rocío und Matalascañas, die auf Anfrage an der A483 an der Abzweigung nach El Acebuche halten. Bei Vorausbuchung bieten die Tourenveranstalter teils die Abholung ab Matalascañas an.

El Rocío

1340 EW.

El Rocío, der wichtigste Ort in der Nähe des Parque Nacional de Doñana, ist für Erstbesucher immer wieder eine Überraschung. Die mit Sand bedeckten Straßen sind von bunten, einstöckigen Häusern mit weiten Veranden gesäumt, die die meiste Zeit leer stehen. Doch es handelt sich keineswegs um eine Geisterstadt: Die gepflegten Häuser gehören den 115 *hermandades* (Bruderschaften), deren Pilger jedes Jahr zu Pfingsten zur Romería del Rocío (S. 718), Spaniens größtem religiösen Fest, in den Ort kommen.

Nicht nur mit seinem einzigartigen exotischen Ambiente kann El Rocío beeindrucken, sondern auch mit seiner Lage an den Doñana-*marismas* (Feuchtgebieten), wo zur Morgendämmerung Hirsche Wasser trinken und sich zu bestimmten Zeiten des Jahres in großer Zahl Flamingos versammeln.

In den dämmrigen, sandigen Straßen von El Rocío ist immer etwas zu sehen, etwa das Spiel des Lichts auf den Marschen, eine alte Frau, die in der Ermita zur heiligen Jungfrau betet, oder ein Mädchen, das in einem Flamenco-Kleid vorbeiflaniert.

Sehenswertes

Ermita del Rocío KIRCHE
(Calle Ermita; ⏲ April–Sept. 8–21 Uhr, Okt.–März bis 19 Uhr) Die augenfällige weiße Ermita del Rocío im Herzen der Stadt wurde 1964 in ihrer jetzigen Form gebaut und beherbergt die verehrte Nuestra Señora del Rocío (Unsere Frau von El Rocío), eine kleine Holzfigur der Jungfrau in einem langen, juwelenbesetzten Gewand, die normalerweise über dem Hauptaltar steht.

Aktivitäten

Die Marschen vor El Rocío sind nahezu ganzjährig überflutet und so ziemlich das beste Territorium in der gesamten Doñana-Region, um Vögel (und Tiere allgemein) zu beobachten. Hirsche und Pferde grasen in den Senken und mit etwas Glück sieht man auch einen Schwarm Flamingos am Himmel. Fernglas einpacken und die Promenade am Wasser hinunterschlendern!

Francisco-Bernis-Vogelbeobachtungszentrum VOGELBEOBACHTUNG
(☎ 959 44 23 72; www.seo.org; Paseo Marismeño; ⏲ Di–So 9–14 & 16–18 Uhr) GRATIS Diese Einrichtung liegt etwa 700 m östlich von der Ermita am Ufer und grenzt an das Sumpfland. Durch die rückwärtigen Fenster oder von der Aussichtsplattform können Flamingos, Braunsichler, Ibisse und andere Vögel beobachtet werden (gute Ferngläser stehen zur Verfügung). Ornithologen vor Ort helfen gern dabei, die Vogelarten zu bestimmen, und informieren Besucher, welche Zugvögel gerade im Park sind und wo man sie sehen kann.

Doñana a Caballo REITEN
(☎ 674 219568; www.donanaacaballo.com; Avenida de la Canaliega; 1 Std./2 Std./halber Tag 20/30/50 €) Geführte Ausritte auf allen Fertigkeitsstufen durch das Waldland des Coto del Rey östlich von El Rocío.

NICHT VERSÄUMEN

SPANIENS GRÖSSTE WALLFAHRT: DIE ROMERÍA DEL ROCÍO

Jedes Jahr zu Pfingsten (am siebten Wochenende nach Ostern) verwandelt sich El Rocío von einem stillen Provinznest in einen Hexenkessel aus Lärm, Farbe und Leidenschaft. Dies ist der Höhepunkt der größten Wallfahrt Spaniens, der **Romería del Rocío**, die bis zu einer Million feierlustige Pilger anzieht.

Das Fest wird zu Ehren der kleinen Marienfigur Nuestra Señora del Rocío (Unsere Frau von El Rocío) veranstaltet. Ein Jäger aus Almonte soll diese im 13. Jh. in einem Baum gefunden und mitgenommen haben. Als er jedoch auf dem Heimweg eine Pause einlegte, kehrte die Statue auf wundersame Weise zu ihrem Baum zurück. Es dauerte nicht lange, bis an dieser Stelle (im heutigen El Rocío) eine Kapelle erbaut wurde und die ersten Pilger kamen.

Als „ernst und getragen" kann man die urtypische andalusische Veranstaltung wirklich nicht bezeichnen, denn die „Pilger" werfen sich in farbenprächtige Trachten und singen, tanzen, trinken und flirten, was das Zeug hält. Die meisten Pilger gehören den 115 *hermandades* (Bruderschaften) an und kommen zu Fuß, zu Pferd oder in fröhlich bunten Planwagen aus ganz Südspanien nach El Rocío.

Seinen ekstatischen Höhepunkt erreicht das Fest in den frühen Morgenstunden des Montags. Mitglieder der *hermandad* von Almonte, die eine Art Eigentumsanspruch auf die Marienfigur erhebt, stürmen die Kirche und schleppen die Statue auf einem Tragegestell hinaus. Nun folgen chaotische Szenen, weil auch andere um die Ehre rangeln, *La Blanca Paloma* (die Weiße Taube) herumtragen zu dürfen. Er herrscht ein unheimlicher Tumult, aber dennoch wird die Marienfigur zu den Gebäuden jeder einzelnen Bruderschaft gebracht, bevor sie am Nachmittag wohlbehalten in die Ermita zurückkehrt. Die nächsten Termine: 9. Juni 2019, 31. Mai 2020 und 23. Mai 2021.

Das zunehmende Bewusstsein der Spanier für Tierschutzrechte, durch die Intitiativen der Tierschutzorganisation und politischen Partei PACMA (https://pacma.es), hat in den vergangenen Jahren dazu geführt, dass Missbrauch und Vernachlässigung von Tieren (vor allem Pferden und Eseln) bei der Romería del Rocío mehr Aufmerksamkeit geschenkt wird. Trotz der Präsenz freiwilliger Veterinärdienste starben während der Feierlichkeiten von 2017 zehn Pferde und ein Ochse.

Schlafen & Essen

Hotel Toruño HOTEL $$

(☎ 959 44 23 23; www.toruno.es; Plaza Acebuchal 22; EZ 35–59 €, DZ 50–80 €, alle mit Frühstück; P ❄ ☜) Diese strahlend weiße Villa etwa 350 m östlich der Ermita steht direkt an den *marismas* (Feuchtgebieten), wo die Gäste Flamingos bei deren Morgentoilette erblicken können. Drinnen im Haus findet das Thema Tierwelt (von Ottern bis hin zu Ibissen) auf Fliesenbildern eine Fortsetzung – selbst in der Dusche! Die Zimmer sind eher schlicht und inspirationslos gestaltet, vor allem die im Erdgeschoss; am besten lässt man sich eines mit Blick auf das Marschland geben.

Hotel La Malvasía HOTEL $$

(☎ 959 44 27 13; www.hotellamalvasia.com; Calle Sanlúcar 38; EZ 100–110 €, DZ 110–150 €, Suite 160–190 €; ❄ ☜) Das idyllische Hotel befindet sich in einer stattlichen *casa señorial* (Herrenhaus) mit Blick auf das Marschland am östlichen Ortsrand. Die Zimmer verströmen mit ihren rustikalen Kachelböden, den alten Fotos von der Stadt und den Eisenbetten mit Blumenmotiven jede Menge Charme. Von der Sonnenterrasse im obersten Stock kann man prima Vögel beobachten, ebenso von der Suite, die direkt auf die Lagune blickt.

★ **Restaurante Toruño** ANDALUSISCH $$

(☎ 959 44 24 22; www.toruno.es; Plaza Acebuchal; Hauptgerichte 13–25 €; ⊙ 13–16 & 20–23 Uhr; ✎) Mit seiner traditionellen andalusischen Atmosphäre, dem authentisch guten Essen und den großen Portionen ist dies das Top-Restaurant in El Rocío. Ein Highlight auf der Karte ist das Fleisch vom freilaufenden *mostrenca*-Kalb, das es nur in der Doñana gibt. Fantastisch für Fleischverächter ist die große *parrillada* mit Grillgemüse. Die Gäste können auch vor dem Restaurant beim tausend Jahre alten *acebuche*-(Oliven-)Baum oder auf der Rückseite mit Blick auf das Marschland speisen.

Praktische Informationen

Touristeninformation (☎ 959 44 23 50; www.almonte.es/es; Calle Muñoz Pavón; ⌚ 9.30–14 Uhr) Im Rathaus.

An- & Weiterreise

Busse von **Damas** (www.damas-sa.es) fahren von der Plaza de Armas in Sevilla nach El Rocío (6,30 €, 1½ Std., 2-mal tgl.) und weiter nach Matalascañas (1,30 €, 25 Min.). Ab Huelva nimmt man einen Damas-Bus nach Almonte (4 €, 1¼ Std., 1- bis 4-mal tgl.) und dann einen weiteren nach El Rocío (1,30 €, 20 Min.,8-mal tgl.).

Minas de Riotinto

3260 EW. / 420 M

Am südlichen Rand der Sierra Morena liegt eines der ältesten Bergbaugebiete der Welt – so alt, dass schon König Salomon aus dem weit entfernten Jerusalem hier Gold für seinen berühmten Tempel gefördert haben soll. Die Römer bauten im 4. Jh. v. Chr. Silber ab, doch dann lagen die Bergwerke mehr oder weniger brach, bis das britische Unternehmen Rio Tinto das Gebiet in den 1870er-Jahren in eines der weltweit bedeutendsten Gebiete zur Kupferförderung verwandelte – übrigens wurde dann auch der erste spanische Fußballverein gegründet. 1954 wurden die Minen wieder an Spanien zurückverkauft. Der Bergbau wurde zwar 2001 endgültig eingestellt, doch dank einem erstklassigen Museum und der Möglichkeit, die alten Minen zu besuchen und mit der Minenbahn zu fahren, ist dies immer noch ein faszinierender Ort.

Der Río Tinto selbst entspringt ein paar Kilometer nordöstlich der Stadt, sein Name („roter Fluss") stammt von der rotbraunen Farbe seines eisen- und kupferhaltigen Wassers.

Sehenswertes

Peña de Hierro MINE

(☎ 959 59 00 25; www.parquemineroderiotinto.es; Erw./Kind 8/7 €; ⌚ 10.30–15 & 16–19 Uhr) Etwa 3 km nördlich von Nerva und 6 km östlich von Minas de Riotinto liegen die alten Kupfer- und Schwefelgruben. Hier kann man die Quelle des Río Tinto und einen 65 m tiefen Tagebau besichtigen und in einen 200 m langen unterirdischen Stollen „abtauchen". Täglich finden auf jeden Fall drei Touren statt, doch die Zeiten sind unterschiedlich, sodass man am besten im Voraus bucht: über das Museo Minero, telefonisch oder online.

Museo Minero MUSEUM

(☎ 959 59 00 25; www.parquemineroderiotinto.es; Plaza Ernest Lluch; Erw./Kind 4/3 €; ⌚ 10.30–15 & 16–19 Uhr; P) Dieses Bergbaumuseum ist für Freunde der Industriearchäologie im wahrsten Sinne des Wortes eine Goldgrube. Seine Exponate führen Besucher durch die einzigartige Geschichte der Region – von den Megalithgräbern aus dem 3. Jh. v. Chr. über die Römer- und die britische Kolonialzeit bis zum Chaos des *año de los tiros* (Jahr der Schüsse) 1888 und zur Schließung der Kupfergruben 2001. Ein Highlight ist der 200 m lange Nachbau eines römischen Bergbaustollens.

Geführte Touren

Ferrocarril Turístico-Minero BAHNFAHRT

(☎ 959 59 00 25; www.parquemineroderiotinto.es; Erw./Kind 11/10 €; ⌚ Mitte Juli–Mitte Sept. 13.30 & 17.30 Uhr, Mitte Sept.–Mitte Juli 13.30 Uhr, Nov.–Mitte Feb. Mo–Fr geschl.) Eine vergnügliche Art, die Gegend zu sehen, besonders für Kinder, ist die Fahrt mit der alten Bergbaubahn. Mit restaurierten Waggons aus dem frühen 20. Jh. tuckert sie 22 km (hin & zurück) durch surreale Landschaften. Die Bahn fährt auf der gesamten Strecke am Fluss entlang, sodass sich die Fahrgäste am sich stets verändernden Farbenspiel des Wassers erfreuen können. Es muss im Voraus am Bahnhof oder im Museum gebucht werden.

Die Fahrten entlang des rostroten Río Tinto beginnen bei den alten Reparaturwerkstätten 4 km östlich von Minas de Riotinto (abseits der Straße nach Nerva). Die Touren sind spanischsprachig (man bekommt aber englischsprachige Handzettel).

An- & Weiterreise

Täglich pendeln drei bis fünf Busse von **Damas** (www.damas-sa.es) zwischen Minas de Riotinto und Huelva (6,85 €, 1¾ Std.).

Aracena & Umgebung

6700 EW. / 730 M

Der florierende alte Marktflecken Aracena schmiegt sich blendend weiß in einen Bergkessel und ist ein wunderbar lebhafter Ort, der sich wie ein Band um eine mittelalterliche Kirche und eine Burgruine windet.

INSIDERWISSEN

JAMONES EÍRIZ JABUGO

Wer einen Einblick in die iberische Schinkenproduktion der Denominación de Origen Calificada (DOC) erhalten will, sollte unbedingt an den zwei- bis dreistündigen Führungen teilnehmen, die von dem preisgekrönten, in vierter Generation familiengeführten Unternehmen **Jamones Eíriz Jabugo** (www.rutadeljamondejabugo.com; Calle Pablo Bejarano 43, Corteconcepción; inkl. Verkostung 39,50 € p. P.) angeboten werden. Nachdem man eine Stunde mit den eichelverrückten Schweinen in ihrem kleinen Paradies unter den Eichen verbracht hat, geht's weiter in das Labyrinth der Salz- und Pökelkammern, wo Hunderte von baumelnden Schinken hängen, die zu ihrem berühmten Geschmack heranreifen.

Zum Abschluss der Führung werden verschiedene Fleischprodukte (Schinken, *lomito*, *salchicha* und Chorizo) verkostet. Alle Touren müssen im Voraus gebucht werden und können auf Wunsch auch in englischer oder anderen Sprachen durchgeführt werden. Der Betrieb befindet sich 6 km nordöstlich von Aracena.

Sehenswertes

★ Gruta de las Maravillas HÖHLE

(Höhle der Wunder; ☎ 663 937 876; www.aracena.es/es/municipio/gruta; Calle Pozo de la Nieve; Führung Erw./Kind 9/6,50 €; ⏲ 10–13.30 & 15–18 Uhr) Unter dem Burghügel durchzieht ein Netz aus Höhlen und Tunneln den Karst. Ein außergewöhnlicher 1,2 km langer Rundweg führt durch zwölf Kammern und vorbei an sechs unterirdischen Seen, die alle beleuchtet sind. Die zauberhaften und bizarren Felsformationen bildeten die Kulisse für den Film *Reise zum Mittelpunkt der Erde.*

Museo del Jamón MUSEUM

(Gran Vía; Erw./Kind 3,50/2,50 €; ⏲ 10.45–14.30 & 15.45–18.30 Uhr) Dieses moderne Museum würdigt den *jamón*, für den die Sierra bekannt ist. Hier erfahren die Besucher, warum das mit Eicheln gefütterte Ibérico-Schwein solch saftiges Fleisch produziert und welche Bedeutung die hiesigen Weiden haben, auf denen es aufwächst. Es wird auch gezeigt, wie die Schweine früher und heute geschlachtet wurden bzw. werden und wie der Schinken produziert wird. Die Exponate sind mit spanischsprachigen Infotafeln versehen, und es gibt kostenlose Audioguides in vier weiteren Sprachen. Nach der Besichtigung haben Besucher die Möglichkeit, kostenfrei den lokalen *bellota*-Schinken zu probieren.

Plaza Alta PLATZ

Der an einem sanften Hang liegende Platz nahe der höchsten Erhebung Acarenas war einst der Hauptplatz der Stadt. Hier steht das prachtvolle Rathaus aus dem 15. Jh.; im Hintergrund erheben sich auf einem Hügel die imposante Burg und die Kirche.

Castillo BURG

(Cerro del Castillo; Führung Erw./Kind 2,50/1 €) Beherrscht wird das Städtchen durch die auf einem Hügel gelegenen Ruinen des *castillo*, einer stimmungsvollen Burg, die im 12. Jh. von den Königreichen Portugal und Kastilien auf den Überresten einer alten islamischen Siedlung errichtet wurde. Gleich daneben befindet sich die **Iglesia Prioral de Nuestra Señora del Mayor Dolor** (Plazoleta Virgen del Mayor Dolor; ⏲ 10–17 Uhr, Juli & Aug. bis 19.30 Uhr), die einen schönen Gotik- und Mudejarstil aufweist. Beide Bauwerke sind von der Plaza Alta über eine steile Gasse zu erreichen. Bei den Führungen werden die Innenräume der Burg besichtigt, die jedoch von außen viel eindrucksvoller ist.

Aktivitäten

Linares de la Sierra Walk WANDERN

Diese herrliche 5 km (2 Std.) lange Wanderung führt durch ein üppiges Tal ins nett verschlafene Linares de la Sierra. Der beschilderte Weg (PRA48) ist leicht zu finden: Er beginnt am HU8105 im Südwesten von Aracena ca. 500 m hinter dem Schwimmbad.

Schlafen

★ Hotel Convento Aracena

HISTORISCHES HOTEL $$

(☎ 959 12 68 99; www.hotelconventoaracena.es; Calle Jesús y María 19; DZ 98–149 €, Suite 173–234 €; P ❄ 📶 🏊) Die modernen Zimmer bilden in diesem umsichtig renovierten Kloster aus dem 17. Jh. einen netten Kontrast zu den Schnörkeln der ursprünglichen Barockarchitektur – dies ist die nobelste Unterkunft in Aracena. Gäste können das Spa, die gute Bergküche und das ganze Jahr über einen Meerwasserpool genießen, mit schönen Ausblicken aufs Örtchen und einer

Bar (im Sommer). Zimmer 9 beeindruckt mit seiner fabelhaften Lage in der Kirchenkuppel (hat außer einer Dachluke in der Kuppel aber keine Fenster).

Finca Valbono HOTEL $$
(☎ 959127711; www.fincavalbono.com; Carretera Aracena-Carboneras, Km 1; DZ 55–70 €, 2-Pers.-Apartment 65–80 €, 4-Pers.-Apartment 100–200 €; P ❄ 📶 ≋) Das liebevoll geführte Bauernhaus im Grünen liegt nur 1 km nordöstlich von Aracena und bietet eine herrliche Mischung aus ländlichem Charme und praktischer Lage. Es verfügt über 20 *casitas* (Cottages) mit Holzkaminen, Küchenzeilen und extra Schlafsofas (ideal für Gruppen oder Familien); außerdem werden sechs rustikale Zimmer vermietet. Weitere Annehmlichkeiten des Hotels sind der schöne Pool, das freundliche Personal und die vor Ort gelegene **Reitschule** (☎ 959127711; Finca Valbono, Carretera Aracena-Carboneras Km 1; 2-std. Reitausflüge 30 € p. P.).

Essen

★ **Rincón de Juan** TAPAS $
(Avenida de Portugal 3; Tapas 2–3 €, raciones 7–10 €; ⏰ Mo–Sa 7.30–16 & 18.30–24) In der keilförmigen Bar mit Steinwänden gibt's nur Stehplätze, trotzdem ist sie unumstritten die beste Tapas-Bar der Stadt. Im Mittelpunkt steht iberischer Schinken: Er bildet die Grundlage verschiedener *montaditos* (belegte Brötchen) und *rebanadas* (geschnittene Brote für mehrere Personen). Auch der örtliche Ziegenkäse ist immer eine gute Wahl.

★ **Jesús Carrión** TAPAS $$
(☎ 959463188; www.jesuscarrionrestaurante.com; Calle Pozo de la Nieve 35; Tapas 6,50–13 €, Hauptgerichte 12–25 €; ⏰ Mi–So 13.15–16, Do–Sa 20.15–23 Uhr; 📶 ✍) Die kreative Küche dieses wunderbaren von einer Familie geführten Restaurants wird von dem engagierten Koch Jesús geführt, der mit seinen liebevoll zubereiteten modernen Interpretationen traditioneller Gerichte aus Aracena für einiges Aufsehen sorgt. Tipps: das Carpaccio vom Ibérico-Schinken und das Risotto mit den Röhrenpilzen aus der Gegend. Das hausgemachte Brot kommt direkt aus dem Ofen und die Salate sind wunderbar frisch – kein Dosengemüse weit und breit!

ℹ Praktische Informationen

Centro de Visitantes Cabildo Viejo
(☎ 959129553; Plaza Alta; ⏰ 9.30–14.30 Uhr, Öffnungszeiten variieren) Informiert über Wanderungen, verteilt Wanderkarten und bietet eine Ausstellung über den Parque Natural Sierra de Aracena y Picos de Aroche.

Touristeninformation (☎ 663937877; www.aracena.es; Calle Pozo de la Nieve; ⏰ 10–14 & 16–18 Uhr) Gegenüber der Gruta de las Maravillas. Verkauft auch eine gute Wanderkarte.

ℹ An- & Weiterreise

Der **Busbahnhof** (Calle José Andrés Vázquez) liegt 700 m südöstlich von der Plaza del Marqués de Aracena. Busse von **Damas** (www.damas-sa.es) fahren einmal vormittags und zweimal nachmittags (sonntags einmal) von Sevilla (7,40 €, 1¼ Std.) kommend weiter über Alájar oder Jabugo nach Cortegana. Aus Huelva (10,85 €, 3 Std.) kommen täglich nachmittags zwei Busse an, am Wochenende einer. Ein Lokalbus verkehrt zwischen Aracena und Cortegana, die Fahrt führt über Linares de la Sierra, Alájar und Almonaster la Real.

PROVINZ CÁDIZ

Wollte man einen Teil Andalusiens aussuchen, um es in seiner vollen, komplexen Schönheit zu zeigen, dann würde die Wahl wohl auf Cádiz fallen. In der südlichsten Provinz Spaniens warten felsige Berge, ein Meer von Olivenbäumen, grandios gelegene weiße Dörfer, der beste Sherry, jede Menge Festivals, Flamenco in seiner reinsten Form, der Ursprung der andalusischen Pferdezucht und eine traumhafte Küstenlinie mit weißem Sand, die unkommerzielle Costa de la Luz. Inmitten all dieser komprimierten Kultur erstrecken sich außerdem zwei Nationalparks, die ein zusammenhängendes Stück Land einnehmen, das von Olvera im Norden bis nach Algeciras im Süden reicht. Dieselbe Linie markierte einst das ständig wechselnde Grenzland zwischen dem christlichen Spanien und dem maurischen Granada, und entlang dieser alten Grenze liegen von Burgen gekrönte „weiße Dörfer", viele mit dem Zusatz „de la Frontera", der von ihrer wechselhaften, aber faszinierenden Geschichte zeugt.

Cádiz

118 920 EW.

Man könnte mehrere gewichtige Bücher über Cádiz schreiben und würde dem Wesen dieser Stadt dennoch nicht gerecht. Cádiz gilt als die älteste kontinuierlich be-

Cádiz

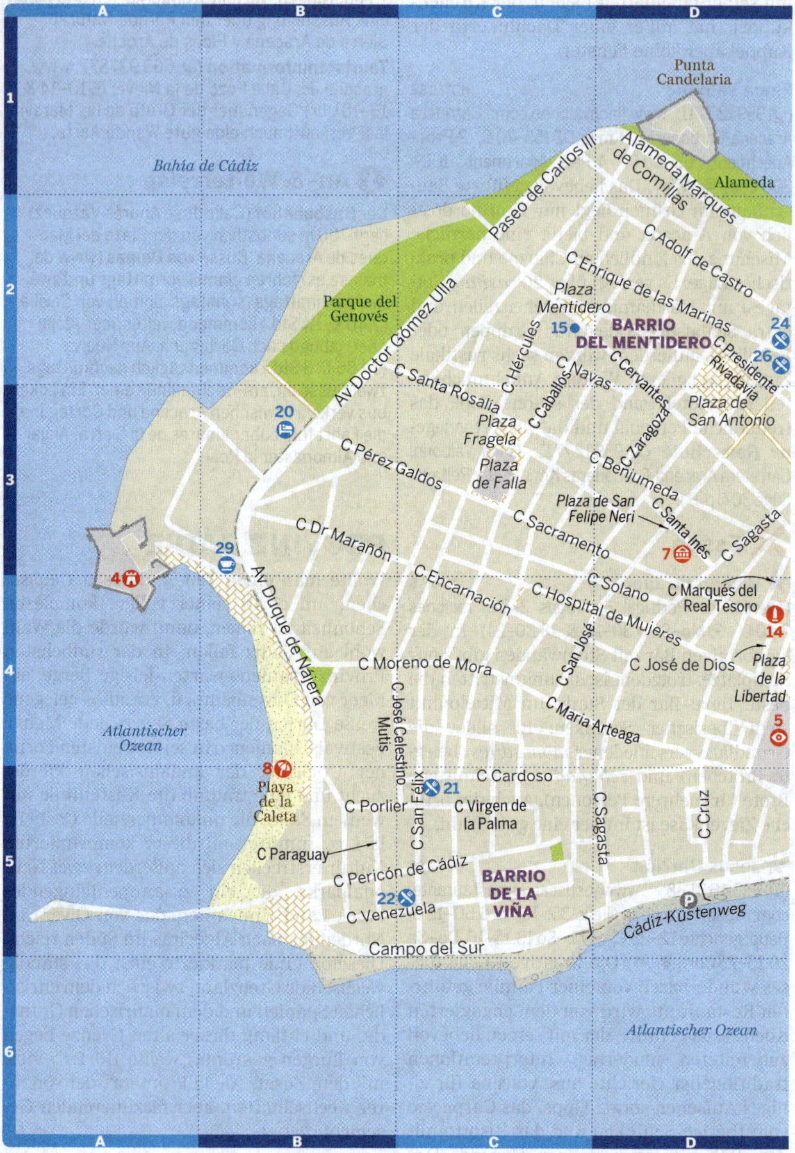

wohnte europäische Siedlung: Es wurde um 1100 v. Chr. als Gadir von den Phöniziern gegründet. Die Altstadt, ein romantischer Irrgarten aus kurvigen Straßen, ist fast ganz vom Meer umgeben und die Wellen des Atlantiks brechen sich an bröckelnden Schutzmauern. Quirlige Tavernen servieren frischen Fisch und an den Stränden tummeln sich die Sonnenanbeter.

In Cádiz wurde 1812 die erste Verfassung Spaniens (La Pepa) unterzeichnet. Hinzu kommt, dass der außergewöhnliche Grund-

riss der Stadt Vorbildcharakter für andere befestigte Siedlungen in den Kolonialgebieten der Spanier auf dem amerikanischen Kontinent hatte.

Viele Besucher verlieben sich in diese Stadt und kommen immer wieder hierher zurück: Sie schwärmen von den Meeresfrüchten, den Stränden und den interessanten Monumenten und Museen, besonders aber auch von den offenen und geselligen *gaditanos* (Einwohner von Cádiz), die den Carnaval mit viel Ironie feiern und einem

Cádiz

Highlights
1 Catedral de Cádiz E5
2 Museo de Cádiz E2

Sehenswertes
3 Ayuntamiento F5
4 Castillo de Santa Catalina A4
5 Mercado Central de Abastos D4
6 Museo Catedralicio F5
7 Museo de las Cortes de Cádiz D3
8 Playa de la Caleta B5
9 Plaza de San Juan de Dios F5
10 Plaza de Topete E4
11 Puerta de Tierra H6
12 Teatro Romano F5
13 Torre del Reloj F5
14 Torre Tavira D4

Aktivitäten, Kurse & Touren
15 K2 Internacional C2
16 Las Bicis Naranjas E2

Schlafen
17 Casa Caracol G5
18 Hotel Argantonio F3
19 Hotel Patagonia Sur F4
20 Parador de Cádiz B3

Essen
21 Casa Manteca C5
22 El Faro de Cádiz C5
23 La Esquina de Sopranis G5
24 La Marmita Centro D2
Rincón Gastronómico .... (siehe 5)
25 Taberna La Sorpresa E5
26 Ultramar&nos D2

Ausgehen & Nachtleben
27 La Colonial E2
28 Nahu Centro E3
29 Quilla B3

Unterhaltung
30 La Cava F2
31 Peña Flamenca La Perla G6

das Herz mit ihren *alegrías* (fröhlicher Flamenco-Gesang) erwärmen.

Sehenswertes

Am besten macht man sich als Erstes mit den *barrios* (Stadtviertel) vertraut. Die Altstadt besteht aus dem Barrio del Pópulo mit der Kathedrale, Herzstück des einst wohlhabenden mittelalterlichen Ortes, und dem Barrio de Santa María, dem alten Roma- und Flamenco-Viertel. Der Barrio de la Viña, ein ehemaliger Weinberg, entwickelte sich zum wichtigsten Fischerviertel und zum Karnevalszentrum der Stadt und dann gibt's im Nordwesten noch den Barrio del Mentidero (dessen Name daher rühren soll, dass hier so viele Gerüchte umherschwirren), der sich um die Plaza de San Antonio im Nordwesten ringt.

★ Catedral de Cádiz KATHEDRALE
(☎ 608 090424; www.catedraldecadiz.com; Plaza de la Catedral; inkl. Museo Catedralicio & Torre del Reloj, Erw./Kind 5 €/frei; ⊙ Juli–Aug. 10–21 Uhr, April–Juni & Sept. 10–20 Uhr, Okt.–März 10–19 Uhr) Die schöne Kathedrale von Cádiz ist mit ihrer gelben Kuppel ein eindrucksvoll proportionierter barocker und klassizistischer Bau – am schönsten wirkt er in der Abendsonne vom Campo del Sur am Wasser aus. 1716 fiel die Entscheidung zum Bau der Kirche, fertiggestellt wurde sie allerdings erst 1838. Bis dahin hatten allerlei klassizistische Elemente, darunter Kuppel, Türme und Hauptfassade, Vicente Aceros ursprünglichen Barockentwurf verwässert. Highlights der Kathedrale sind der kunstvolle holzgeschnitzte Chorstuhl und die Krypta darunter sowie das Grab des berühmten *gaditano*-Komponisten Manuel de Falla aus dem 20. Jh.

Im Ticketpreis inbegriffen sind Audioguides, die religiösen Schätze des **Museo Catedralicio** (www.catedraldecadiz.com; Plaza de Fray Félix; inkl. Catedral de Cádiz & Torre del Reloj Erw./Kind 5 €/frei; ⊙ Juli & Aug. Mo–Sa 10–16.30 Uhr, April–Juni & Sept. bis 15.30 Uhr, Okt.–März bis 15 Uhr), das gleich östlich liegt, und ein Aufstieg auf den östlichen Kathedralenturm, den **Torre del Reloj** (Torre de Levante; ⊙ Juli & Aug. 10–22 Uhr, April–Juni & Sept bis 20 Uhr,Okt.–März bis 19 Uhr), der nach 50 Jahren Schließung nun wieder für Besucher zugänglich ist und einen herrlichen Rundumblick auf die Altstadt bietet.

★ Museo de Cádiz MUSEUM
(www.museosdeandalucia.es; Plaza de Mina; 1,50 €, EU-Bürger frei; ⊙ Mitte Juni–Mitte Sept. Di–So 9–15 Uhr, Mitte Sept.–Mitte Juni Di–Sa 9–20, So bis 15 Uhr) Ja, es ist etwas angestaubt, aber dennoch ist das Museo de Cádiz das beste Museum in der Provinz. Die Highlights der Architekturabteilung im Erdgeschoss sind die beiden phönizischen Marmorsarkophage, die zurechtgemeißelt

wurden, bis sie menschliche Formen angenommen hatten. Dazu kommen noch zahlreiche römische Statuen ohne Kopf und eine riesige Marmorstatue des römischen Kaisers Trajan (mit Kopf, 2. Jh.) aus Bolonias Ruinenstätte Baelo Claudia (S. 759). Die herausragende Kunstsammlung im Obergeschoss umfasst spanische Kunst aus dem 18. bis frühen 20. Jh., die Heilige, Engel und Mönche zeigt, z. B. ein Gemälde des 17. Jhs. von Francisco de Zurbarán.

Teatro Romano ARCHÄOLOGISCHE STÄTTE
(Calle Mesón 12; ⌚ April–Sept. Mo–Sa 11–17, So 10–14 Uhr, 1. Mo im Monat geschl., Okt.–März Mo–Sa 10–16.30, So 10–14 Uhr) GRATIS Auf der Meerseite des Barrio del Pópulo befindet sich das römische Theater von Cádiz. Es wurde im späten 1. Jh. v. Chr. Erbaut und bot Platz für 10 000 Zuschauer. Das Theater selbst ist zwar zwecks Renovierung geschlossen (es soll 2020 wiedereröffnet werden), jedoch sind Teile davon im modernen **Besucherzentrum** zu sehen, dessen interessante englisch- und spanischsprachige Informationstafeln detailliert über die Geschichte des Theaters informieren.

Plaza de San Juan de Dios PLATZ
Die zur Feier des 200. Geburtstags der Verfassung von 1812 aufgehübschte und von Cafés gesäumte Plaza San Juan de Dios wird vom stattlichen klassizistischen **ayuntamiento** (Rathaus) beherrscht, das um 1800 entstand.

Plaza de Topete PLATZ
Dieser dreieckige Platz rund 250 m nordwestlich der Kathedrale ist einer der gemütlichsten der Stadt. Da er stets mit Blumen geschmückt ist, heißt er auch Plaza de las Flores (Platz der Blumen). Direkt daneben befindet sich der renovierte **Mercado Central de Abastos** (Plaza de la Libertad; ⌚ 9–15 Uhr), erbaut 1837 und somit die älteste Markthalle Spaniens. Heute wird das Bauwerk als quirliger Gastromarkt (S. 727) genutzt.

Torre Tavira TURM
(www.torretavira.com; Calle Marqués del Real Tesoro 10; Erw./Kind 6 €/frei; ⌚ 6 €; ⌚ Mai–Sept. 10–20 Uhr, Okt.–April bis 18 Uhr) Nordwestlich der Plaza de Topete erhebt sich der höchste Punkt der Stadt, die Torre Tavira aus dem 18. Jh. Hier öffnet sich ein weiteres dramatisches Panorama von Cádiz, und eine Camera obscura projiziert bewegte Bilder der Stadt live auf eine Leinwand (alle 20 bis 30 Min.).

Museo de las Cortes de Cádiz MUSEUM
(Calle Santa Inés 9; ⌚ Di–Fr 9–18, Sa & So bis 14 Uhr) GRATIS Das umgestaltete Museo de las Cortes de Cádiz dokumentiert die Geschichte der Stadt vom 18. bis 20. Jh. und zeigt viele Exponate zum revolutionären Parlament von Cádiz im Jahr 1812 ausgestellt. Eines davon springt Besucher geradezu an: ein riesiges, fantastisch detailreiches Modell von Cádiz im 18. Jh. aus Mahagoni, Silber und Elfenbein, das Alfonso Ximénez 1777 bis 1779 schuf.

Playa de la Caleta STRAND
Der kleine, beliebte Stadtstrand auf der Westseite des Barrio de la Viña erregt Aufmerksamkeit mit seinem pseudomaurischen *balneario* (Badehaus). Flankiert wird der Strand von zwei Festungen: dem **Castillo de San Sebastián** (Paseo Fernando Quiñones; ⌚ 9.30–17 Uhr) GRATIS und dem sternförmigen **Castillo de Santa Catalina** (☎ 956 22 63 33; Calle Antonio Burgos, Playa de la Caleta; ⌚ März–Okt. 11–20.30 Uhr, Nov.–Feb. bis 19.30 Uhr) GRATIS, erbaut nach der Eroberung und Plünderung der Stadt durch die Engländer 1596. Letzteres verfügt auch über eine Kapelle von 1683.

In bewusster Anlehnung an die berühmte Szene mit Ursula Andress in *James Bond – 007 jagt Dr. No* entstieg Halle Berry im James-Bond-Streifen *Stirb an einem anderen Tag* (2002) hier in einem orangefarbenen Bikini dem Meer.

Puerta de Tierra TOR
(Plaza de la Constitución; ⌚ Di–Sa 9.30–13.30 & 15.30–18.30 Uhr) GRATIS Die beeindruckende Puerta de Tierra (Landtor) aus dem 18. Jh. wacht im Südosten über den (einzigen) schmalen Landzugang zur Altstadt. Man kann die oberen Befestigungsanlagen und den Turm erkunden. Tafeln erklären auf Spanisch und Englisch, was man sieht sowie die Entwicklung der komplexen Verteidigungsanlagen der Stadt.

Playa de la Victoria STRAND
Die Strände der Stadt stehen meist im Schatten des reichen historischen Erbes, doch in Sachen Ausdehnung, Ambiente und Schönheit erinnern sie an die Copacabana. Der schöne, breite Atlantikstrand mit zahlreichen Strandbars (nur im Sommer geöffnet) beginnt 1 km südlich der Puerta de Tierra und erstreckt sich 4 km die Halbinsel entlang.

Um herzukommen, nimmt man Bus 1 (Plaza España-Cortadura) von der **Plaza de**

España oder Bus 7 (Hospital Mora-Ingeniero La Cierva) von der Playa de la Caleta oder dem Campo del Sur to Playa de la Victoria (1,10 €). Alternativ kann man vom Barrio de Santa María auch über die Promenade zum Strand laufen/joggen.

Kurse

K2 Internacional SPRACHKURSE
(☎ 956 21 26 46; www.k2internacional.com; Plaza Mentidero 19) Die Schule im Barrio del Mentidero in der Altstadt bietet spezielle Langzeitkurse für Studenten und Personen über 50 sowie regulären Sprachunterricht. Ein einwöchiger Intensivkurs kostet 175 €. Organisiert auch Stadtführungen, Unterkünfte sowie Flamenco-, Koch- und sogar Surfkurse.

Gadir Escuela de Español SPRACHKURSE
(☎ 956 26 05 57; http://gadir.net; Calle Pérgolas 5) Die alteingesessene Sprachschule 300 m südöstlich der Puerta de Tierra bietet unterschiedlichste Spanischkurse in kleinen Gruppen. Ein einwöchiger Intensivkurs kostet z. B. 170 €.

Geführte Touren

Las Bicis Naranjas RADFAHREN
(☎ 956 22 97 25; https://lasbicisnaranjas.com; Calle Antonio López 5; Leihrad 4/15 € pro Std./Tag, 3-std. Touren 30 €; ⌚10–21 Uhr) Fahrradverleih und mehrsprachige Fahrradtouren rund um Cádiz. Von einfachen dreistündigen Stadtrundfahrten (30 €) über vierstündige Rad- und Tapas-Trips (45 €) bis hin zu vierstündigen Fototouren (60 €) ist alles dabei.

Schlafen

Casa Caracol HOSTEL $
(☎ 956 26 11 66; www.casacaracolcadiz.com; Calle Suárez de Salazar 4; B 22–38 €, DZ 43–55 €, Zi. mit Gemeinschaftsbad 40–50 €, alle mit Frühstück; 📶) 🌿 Die erste Backpackerherberge in der Altstadt wartet mit der für Cádiz typischen Gastfreundlichkeit auf. Sie hat bunte, moderne Schlafräume für vier, sechs oder sieben Personen (inkl. Schließfächer), eine gesellige Gemeinschaftsküche und eine Dachterrasse mit Hängematten sowie drei private Doppelzimmer (eines im Doppelhausstil mit Privatbad). Weitere Pluspunkte sind hausgemachtes Abendessen, Yoga und ein Fahrrad- und Surfbrettverleih. Kein Aufzug.

Hotel Patagonia Sur HOTEL $$
(☎ 856 17 46 47; www.hotelpatagoniasur.es; Calle Cobos 11; EZ 86–113 €, DZ 89–155 €; ❄📶) Eine der jüngeren Unterkünfte in der Altstadt. Das elegante, von Argentiniern geführte Hotel glänzt nur wenige Schritte von der Kathedrale entfernt mit modernem Stil und einem effizienten, aber freundlichen Management. Die 16 Zimmer verfügen allesamt über Gerätschaften zum Tee- und Kaffeekochen und sind schick, hell, frisch und behaglich. Highlights sind die lichterfüllten Dachgeschosszimmer im fünften Stock mit Aussicht auf die Kathedrale und Sonnenliegen auf den Terrassen sowie ein Café mit Glasfront.

Hotel Argantonio HOTEL $$
(☎ 956 21 16 40; www.hotelargantonio.com; Calle Argantonio 3; mit Frühstück EZ 80–90 €, DZ 100–155 €; ❄@📶) Das stilvolle, charmante Hotel in einer Altstadtvilla aus dem 18. Jh. glänzt mit handbemalten Türen mit Schnitzwerk, bunt gekachelten Böden in den Zimmern, Bädern und Fluren sowie einem fein gearbeiteten maurischen Bogen und Brunnen in der Lobby. Die erste Etage ist im Mudejarstil gehalten, die zweite ist „kolonial-romantisch" und die dritte eine Mischung. Oben auf dem Dach gibt's eine Lounge-Terrasse mit Café, das gute Frühstücksgerichte serviert.

★ **Parador de Cádiz** LUXUSHOTEL $$$
(☎ 956 22 69 05; www.parador.es; Avenida Duque de Nájera 9; mit Frühstück DZ 183–268 €, Suite 200–400 €; ❄📶🏊) Direkt an der Playa de la Caleta liegt dieser schöne Parador Atlántico und ist im Gegensatz zu den übrigen *paradores* in Andalusien supermodern und ganz neu. Üppige Rot-, Blau- und Türkistöne verleihen den schicken Zimmern mit Balkon und bodentiefen Fenstern Flair. Außerdem stehen den Gästen vier Pools mit Meerblick und ein Spa zur Verfügung.

Essen

So wie in Jerez der Sherry in der Luft liegt, duftet es in Cádiz nach frischem Fisch. Die beste Adresse für frischen Fisch und Meeresfrüchte ist die Calle Virgen de la Palma im Barrio de la Viña. Straßen für Gourmets sind die Calle Plocia und die Calle Sopranis, die von der Plaza de San Juan de Dios abzweigen. Gute Restaurants gibt's auch nahe der Plaza de Mina im Barrio del Mentidero.

★ **Casa Manteca** TAPAS $
(☎ 956 21 36 03; www.facebook.com/tabernamanteca; Calle Corralón de los Carros 66; Tapas

2,50 €; ⌚12–16 & 20.30–0.30 Uhr, manchmal Nov.–März So & Mo abends geschl.) Die stets belebte Casa Manteca ist das Zentrum des Karnevalvergnügens im Barrio de la Viña und hier sind die Wände rundum mit Flamenco-, Stierkampf- und Karnevalsandenken zugepflastert – ein echter Klassiker mit alten Tapas-Leibspeisen. Wer bei den redseligen Kellnern eine Tapa mit Muscheln oder *chicharrones* (gepresstes Schweinefleisch mit einem Schuss Zitrone) bestellt, bekommt dieses flugs auf Wachspapier serviert.

Rincón Gastronómico TAPAS $

(Mercado Central de Abastos, Plaza de la Libertad; Tapas 2–8 €; ⌚Mo 9–16, Di–Fr 9–15.30 & 19–24, Sa 9–16 & 20–1 Uhr; 🖉) Der neoklassische Markt von Cádiz ist Schauplatz dieses extrem quirligen Gastromarktes, der sich mittags mit *gaditanos* füllt, die an den zahlreichen Ständen Küche aus aller Welt genießen. Hier kann man herrlich einfache Spezialitäten wie *patatas aliñadas*, Bergkäse und Platten mit Ibérico-Schinken schlemmen oder sich einen frischen Fisch aussuchen und zusehen, wie er gegrillt wird; lecker sind auch die veganen Tortillas (wirklich lecker!) und die Spezialitäten vom Sushi-Stand.

Taberna La Sorpresa TAPAS $

(☎956 22 12 32; www.tabernalasorpresa.com; Calle Arbolí 4; Tapas 2,50–5,50 €; ⌚Di–Sa 11.30–16.30 & 20.30–23.30 Uhr, So 11.30–16.30 Uhr) Hinter der Bar der lebhaften, rustikalen Taberna La Sorpresa stapeln sich Holzfässer von Pedro Ximénez sowie flaschenweise *manzanilla* (kamillenfarbener Sherry) und *oloroso* (süßer, dunkler Sherry). Die 1956 eröffnete Taverne wurde sorgfältig umgebaut, um ihren typischen, historischen Cádiz-Stil am Leben zu erhalten. Die Tapas bestehen vorwiegend aus *almadraba*-Thunfisch, aber es gibt noch viele andere leckere Happen, z. B. Muscheln, *chicharrones* und iberischen *bellota*-Schinken, zu denen man Weine der Provinz Cádiz und Wermut vom Fass genießen kann.

Bezahlt wird auf dem Weg nach draußen in dem kleinen Laden, der regionale Produkte verkauft.

La Marmita Centro TAPAS, FUSION-KÜCHE $$

(☎956 21 52 27; www.grupolamarmita.com; Calle Buenos Aires 5-7; Tapas 4,50–10 €, 5-Gänge-Menü 25 €; ⌚13.30–15 & 20.30–23.30 Uhr; 📶🖉) Das schicke minimalistische Altstadtlokal der beliebten La Marmita Group aus Cádiz begeistert seine Gäste mit herrlich fantasievollen, exquisit präsentierten andalusischen und internationalen Tapas. Die internationalen Speisen bestehen vorwiegend aus lokalen Produkten, z. B. der Cádiz-Burger mit *payoyo*-Käse oder *cucuruchos* (Kegeln) aus Avocado und rotem *almadraba*-Thunfisch. Empfehlenswerte vegetarische Gerichte sind z. B. die vietnamesischen Brötchen mit Avocado, Basilikum und Cashewkern-Pesto.

Im schicken Restaurant auf der Rückseite, das preiswerte Fünf-Gänge-Degustationsmenüs (25 €) serviert, kann man Sitzplätze reservieren; das ist in der Tapas-Bar nicht möglich.

Ultramar&nos ANDALUSISCH, FUSION-KÜCHE $$

(☎856 07 69 46; www.ultramarynos.com; Calle Enrique de las Marinas 2; Gerichte 6–15 €; ⌚13.30–16 & 20.30–23 Uhr; 🖉) Das ehemalige Lebensmittelgeschäft (*ultramarinos*) ist sowohl bei Touristen als auch bei *gaditanos* beliebt. Es wurde fachmännisch zu einem Restaurant umgebaut und bietet nun ein modernes Design mit Recyclingmöbeln und einer langen blau gefliesten Bar. Ultramar&nos serviert kreative Versionen regionaler Klassiker sowie innovative Saisonküche aus lokalen Produkten: Auf der Speisekarte stehen Köstlichkeiten wie *chicharrones* mit Limetten, herzhaftes Gemüsecurry, Thunfisch-Sashimi-Salat und Garnelenspieße.

La Esquina de Sopranis TAPAS $$

(☎956 26 58 42; www.sopranis.es; Calle Sopranis 5; Tapas 6–15 €; ⌚Di–Sa 13–16 & 20.45–23.30, So 13–16 Uhr, Juli & Aug. tgl.; 🖉) Sopranis ist einer dieser quirligen modernen Tapas-Läden, in denen man eigentlich für immer bleiben möchte, und verbindet perfekt Lockerheit und Kultiviertheit. Genauso exquisit ist das Essen. Saisonale Zutaten aus der Gegend werden zu schön präsentierten Kombinationen zusammengewürfelt, z. B. beim Miniburger, beim Portobello-Pilz-Carpaccio oder dem Falafel mit Joghurtsoße. Außerdem gibt's Klassiker wie *patatas aliñadas* und Backfisch. Unser Top-Tipp: der zartschmelzende Käse.

El Faro de Cádiz

TAPAS, FISCH & MEERESFRÜCHTE $$$

(☎956 21 10 68; www.elfarodecadiz.com; Calle San Félix 15; Tapas 2,70–3,50 €, Hauptgerichte 17–24 €; ⌚13–16 & 20.30–23.30 Uhr) Die meisten *gaditanos* nominieren wahrscheinlich das El Faro als ihre Lieblings-Tapas-Bar in Cádiz. Die Gäste kommen vor allem wegen der Meeresfrüchte – die *tortillitas de camarones* (frittierten Shrimps) sind göttlich –, wobei auch der *rabo de toro* (Ochsen-

INSIDERWISSEN

KARNEVAL IN CÁDIZ

Keine andere spanische Stadt feiert den **Karneval** (www.turismo.cadiz.es; ⌚ Feb.) mit so viel Begeisterung, Hingabe und Humor wie Cádiz: Die *gaditanos* machen daraus eine zehntägige Party mit Gesang, Tanz und Trinken, die sich im Februar über zwei Wochenenden hinweg ausdehnt. Kaum jemand kann sich dem alkoholreichen Spaß entziehen. Aktuelles zum nächsten Karneval: siehe www.turismo.cadiz.es.

Kostümierte Gruppen von bis zu 45 Personen, die *murgas* genannt werden, ziehen zu Fuß oder auf Festwagen durch die Stadt, tanzen, trinken, singen satirische Liedchen und führen Sketche auf. Am beliebtesten sind die aus zwölf Personen bestehenden *chirigotas* mit ihrem bissigen Spott und ihren zweideutigen Anspielungen, die sich oft gegen Politiker richten. Leider erschließt sich ihr legendärer Wortwitz meist nur dann, wenn man fließend Spanisch spricht.

Zu den rund 300 offiziell zugelassenen *murgas*, die von einer Jury im Gran Teatro Falla bewertet werden, kommen noch die *ilegales* hinzu – Gruppen, die ihre Sangeslust spontan auf der Straße ausleben.

Im Herzen des Karnevals, im Arbeiterviertel Barrio de la Viña zwischen dem Mercado Central de Abastos und der Playa de la Caleta sowie in der Calle Ancha und rund um die Plaza de Topete, den Lieblingstreffpunkten der *ilegales*, herrscht mit das feuchtfröhlichste Treiben.

Am ersten Wochenende fallen gewöhnlich die auswärtigen Feierwütigen ein. Die *gaditanos*, also die Leute aus Cádiz selbst, zieht es meist erst am zweiten Wochenende aus den Häusern zum Feiern. Unter der Woche ist hingegen oft überraschend wenig los.

Wer zum Karneval herkommen will, sollte seine Unterkunft unbedingt schon Monate im Voraus buchen.

schwanz) und die *patatas aliñadas* (Kartoffelsalat) ihre Anhänger haben. Das gehobene Restaurant des El Faro, das mit hübschen Tonwaren dekoriert ist, bekommt hingegen nur durchwachsene Bewertungen.

Ausgehen & Nachtleben

Bevorzugtes Revier der Nachtschwärmer in der Altstadt ist die Gegend rund um die Plazas de Mina, San Francisco und España. So richtig los geht's erst ab Mitternacht. In der ersten Wochenhälfte herrscht meist weniger Andrang. Weitere Bars tummeln sich im Barrio del Pópulo östlich der Kathedrale. Donnerstags bis samstags kann man an der Punta San Felipe (auch kurz La Punta genannt) an der Nordseite des Hafens feiern, allerdings geht's hier erst spät los. Von 3 bis 6 Uhr erobert ein eher junges Publikum die verschiedenen Disco-Bars.

Besonders im Sommer erstreckt sich ein weiteres Ausgehviertel entlang der Playa de la Victoria und am Paseo Marítimo, an der und um die Calle Muñoz Arenillas herum beim Hotel Playa Victoria (2,5 km südöstlich der Puerta de Tierra).

La Colonial COCKTAILBAR
(www.facebook.com/lacolonialalameda; Calle Buenos Aires 20; ⌚ 20–2 Uhr) Die schicke Cocktailbar am Nordrand des alten Cádiz ist ganz in Neonlicht getaucht. Die Gäste sitzen auf der gegenüberliegenden Promenade an Tischen mit Meerblick rund um einen sprudelnden, palmengesäumten Brunnen. Die Profi-Barkeeper mixen jede Menge originelle Cocktails (7 €); man kann aber auch *manzanilla*, *oloroso* und (teurere) Extra-Aged-Sherrys aus der berühmten Bodegas Tradición (S. 735) in Jerez bestellen. Die Öffnungszeiten variieren.

Nahu Centro BAR
(www.facebook.com/NahuCentro; Calle Beato Diego 8; ⌚ Di–Do 20–3, Fr & Sa 18–4 Uhr; 📶) Sehr stylishe Studi-Cocktailbar mit Stimmungsbeleuchtung, marokkanischen Lampen und chilligen Sofas. Am besten mit einem Gin Tonic in der Hand an der Theke, aber auch gut für einen Kaffee und fürs WLAN. Regelmäßig steigen DJ-Sessions; die aktuellen Termine gibt's auf der Facebook-Seite.

Quilla CAFÉ, BAR
(www.quilla.es; Playa de la Caleta; ⌚ So–Do 11–24, Fr & Sa bis 2 Uhr; 📶) Die Café-Bar mit Blick auf

die Playa de la Caleta ähnelt dem rostigen Rumpf eines alten Schiffes. Hier gibt's Kaffee, Gebäck, Tapas, Wein, Kunstausstellungen, Gratis-Sonnenuntergänge und leicht modernisierte andalusische Gerichte (Burger, Salate, *tostas*, Grillfisch; 7–12 €). Im Sommer rund um die Uhr geöffnet.

☆ Unterhaltung

Cádiz spielte eine Rolle bei der Entstehung des Flamenco und nährte auf subtile Weise auch das Talent des bedeutendsten Komponisten Andalusiens, Manuel de Falla. Das musikalische Erbe spiegelt sich in der Unterhaltungsszene der Stadt wider.

★ Peña Flamenca La Perla FLAMENCO
(✆ 956 25 91 01; www.laperladecadiz.es; Calle Carlos Ollero) Romantisch nah an den rauschenden Wellen des Atlantiks veranstaltet die netteste *peña* Andalusiens fast jeden Freitag ab 22 Uhr (im Frühjahr und Sommer häufiger) Flamenco-Nächte. Sie liegt abseits der Calle Concepción Arenal im Barrio de Santa María und im Publikum tummeln sich viele *aficionados* (passionierte Fans). Ein unvergessliches Erlebnis.

La Cava FLAMENCO
(✆ 956 21 18 66; www.flamencolacava.com; Calle Antonio López 16; 22 €) Der wichtigste *tablao* (choreografierte Flamenco-Show) von Cádiz ist eine rustikale Taverne. Shows gibt's dienstags, donnerstags und samstags um 21.30 Uhr. Von November bis Februar ist das Veranstaltungsprogramm stark reduziert.

ℹ Praktische Informationen

Centro de Recepción de Turistas
(✆ 956 24 10 01; www.turismo.cadiz.es; Paseo de Canalejas; ⊙ Juli–Sept. Mo–Fr 9–19, Sa & So bis 17 Uhr, Okt.–Juni Mo–Fr 8.30–18.30, Sa & So 9–17 Uhr) In der Nähe des Busterminals und des Bahnhofs.

Oficina de Turismo Regional (✆ 956 20 31 91; www.andalucia.org; Avenida Ramón de Carranza; ⊙ Mo–Fr 9–19.15, Sa & So 10–14.45 Uhr)

ℹ An- & Weiterreise

AUTO & MOTORRAD

Die AP4 von Sevilla nach Puerto Real östlich der Bahía de Cádiz ist gebührenpflichtig (7,20 €).

BUS

Alle Fernbusse fahren am neuen Ende 2017 eröffneten **Busbahnhof** (Avenida de Astilleros) an der Ostseite des Bahnhofs (am Südostrand der Altstadt) ab. Die meisten Busse werden von **Comes** (✆ 902 64 64 28; www.tgcomes.es) oder **Los Amarillos** (✆ 902 21 03 17; http://losamarillos.autobusing.com) betrieben. **Consorcio de Transportes Bahía de Cádiz** (CMTBC; ✆ 955 03 86 65; www.cmtbc.es) verkehrt vom/zum **Flughafen Jerez** (S. 741).

ZIEL	PREIS (€)	DAUER	HÄUFIGKEIT
Arcos de la Frontera	7,30	1–1½ Std.	3–8-mal tgl.
El Puerto de Santa María	2,70	45 Min.	alle 30–60 Min.
Granada	34	5¼ Std.	4-mal tgl.
Jerez de la Frontera	3,80	50 Min.	2–7-mal tgl.
Flughafen Jerez de la Frontera	3,80	1½ Std.	1–2-mal tgl.
Málaga	28	4½ Std.	4-mal tgl.
Ronda	16	3¼ Std.	1–2-mal tgl.
Sanlúcar de Barrameda	5	1 Std.	5–10-mal tgl.
Sevilla	13	1¾ Std.	9–10-mal tgl.
Tarifa	10	1¼–1¾ Std.	8-mal tgl.
La Barca de Vejer (nach Vejer de la Frontera)	5,85	1–1½ Std.	9–11-mal tgl.

SCHIFF/FÄHRE

Am **Terminal Marítima Metropolitana** (Muelle Reina Victoria) in Cádiz legen täglich 17 bis 19 CMTBC-Katamarane (S. 732) nach El Puerto de Santa María (2,70 €, 30 Min.) ab.

ZUG

Vom Bahnhof (neben dem Busbahnhof am südöstlichen Rand der Altstadt) fahren Züge nach El Puerto de Santa María (4,05–5,05 €, 25–35 Min., 28–38-mal tgl.), Jerez de la Frontera (4,05–6,05 €, 45 Min., 33–42-mal tgl.) und Sevilla (16–22 €, 1¾ Std., 12–15-mal tgl.). Drei- oder viermal täglich fährt ein ALVIA-Hochgeschwindigkeitszug nach Madrid (68–74 €, 4½ Std.).

El Puerto de Santa María

43 890 EW.

Inmitten solcher kultureller Glanzlichter wie Cádiz, Jerez de la Frontera und Sevilla fällt es manchem interessanten Ort schwer, sich bemerkbar zu machen, und genau das ist trotz seiner vielen berühmten kulturellen Traditionen das Schicksal von El Puerto de Santa María. Hier wurde die Firma Osborne, deren weltbekanntes Stier-Logo zu einem typischen Symbol Spaniens geworden ist, gegründet und hat noch heute ihr Hauptquartier in der Stadt. Mit seinen schönen weißen Stränden, den Sherry-Kellereien, der raffinierten Küche und einigen architektonisch interessanten Hinterlassenschaften erscheint El Puerto wie ein Südandalusien im Kleinformat. Die Stadt liegt einen einfachen Tagesausflug von Cádiz und Jerez entfernt.

Sehenswertes

★ Bodegas Osborne — WEINGUT

(☎ 956 86 91 00; www.bodegas-osborne.com; Calle los Moros 7; Führung ab 14 €, Verkostung 8–30 €) Die „Mutter" des legendären schwarzen Bullen-Aufstellers, den man nach wie vor überall in Spanien sehen kann (mittlerweile allerdings ohne Namen), ist Osborne, das wohl bekannteste der Sherry-Güter von El Puerto. Es wurde 1772 von einem Engländer, Thomas Osborne Mann, gegründet und ist eines der ältesten spanischen Familienunternehmen.

Führungen durch die bildschöne weiß getünchte Bodega finden jeweils um 12 Uhr (auf Spanisch), 10 Uhr (auf Englisch) und um 11 Uhr (auf Deutsch) statt. Vorausbuchen!

Von Juni bis Mitte September finden auch 19.30 Uhr spanischsprachige Führungen statt.

Bodegas Gutiérrez Colosía — WEINGUT

(☎ 956 85 28 52; www.gutierrezcolosia.com; Avenida de la Bajamar 40; Führung 10 €) Die Führungen durch diese kleine familienbetriebene Sherry-Kellerei (1830 gegründet) direkt beim Katamaran-Landungssteg müssen nicht vorgebucht werden. Am Ende der Führungen können sechs Weine verkostet werden, auf Wunsch mit Tapas und Flamenco. Die Führungen beginnen montags bis freitags um 11.15 Uhr (auf Englisch) und 12.30 Uhr (auf Spanisch) sowie samstags um 13 Uhr (auf Englisch und Spanisch); von Juli bis September werden zusätzlich auch Abendführungen angeboten.

Castillo de San Marcos — BURG

(☎ 627 569 335; servicios.turisticos@caballero.es; Plaza Alfonso X El Sabio; Erw./Kind 8/4 €, Di frei; ⏲ Führungen stündlich Di 11.30–13.30, Mi–Sa 10.30–13.30 Uhr, Nov.–April Mi & Fr geschl.) Die schöne Burg von El Puerto wurde im 20. Jh. umfassend restauriert. Ursprünglich ließ sie Alfons X. El Sabio über einer islamischen Moschee erbauen, nachdem er die Stadt 1260 eingenommen hatte. Das Highlight der Anlage ist die alte Moschee, die jetzt als Kirche dient. Mittwochs bis samstags enden die Führungen mit einer Verkostung von fünf Sherrys – die Burg gehört den Bodegas Caballero. Alle Führungen um 11.30 Uhr sind auf Englisch; die Führungen am Dienstag müssen im Voraus gebucht werden.

Fundación Rafael Alberti — MUSEUM

(☎ 956 85 07 11; www.rafaelalberti.es; Calle Santo Domingo 25; Erw./Kind €4/2; ⏲ Di–Fr 10–14, Sa & So 11–14 Uhr) Die Stiftung liegt zwei Blocks landeinwärts von der Plaza Alfonso X. El Sabio. Sie befindet sich im Elternhaus von Rafael Alberti (1902–1999) und zeigt eine interessante, gut präsentierte Ausstellung über den großen spanischen Dichter der „Generation von 1927". Den Besuchern werden kostenlose Audioguides in englischer, französischer oder spanischer Sprache bereitgestellt.

Plaza Real de Toros — BEDEUTENDES BAUWERK

(☎ 956 86 11 88; www.visitasplazarealelpuerto.com; Plaza Elías Ahuja; 3 €, Führungen 6 €; ⏲ Juni–Sept. Mo–Fr 10–14 & 18–21, Sa & So 10–14 Uhr, Okt.–Mai Mo–Fr 16–19 Uhr; Ⓟ) Vier Straßen südwestlich der Plaza de España liegt El Puertos eindrucksvolle Plaza de Toros von 1880, die 15 000 Zuschauern Platz bietet und noch heute zu den bedeutendsten Stierkampfarenen Andalusiens zählt. Der Eingang befindet sich in der Calle Valdés. Die Arena zu besichtigen ist nicht dasselbe wie sich einen Stierkampf anzuschauen; wer sich damit vereinbaren kann, eine Stierkampfarena auf diese Weise zu unterstützen (was viele Traveller nicht können), hat hier die Möglichkeit, mehr über die tiefverwurzelte spanische Tradition zu erfahren, ohne einen Stierkampf sehen zu müssen.

Feste & Events

Feria de Primavera y Fiestas del Vino Fino — WEIN

(Frühlingsfest; ⏲ April–Mai) Rund 200 000 kleine Flaschen *fino* (trockener, strohfarbener Sherry) werden bei dieser sechstägigen Fiesta vertilgt.

Festividad Virgen del Carmen — RELIGIÖS

(⏲ 16. Juli) Bei diesem Fest huldigen Fischer in ganz Andalusien ihrer Schutzpatronin. In El Puerto wird ein Bildnis der Jungfrau am Río Guadalete entlanggetragen.

Schlafen

El Baobab Hostel HOSTEL $

(☎956 54 21 23; www.baobabhostel.com; Calle Pagador 37; B 20–35 €, DZ 40–80 €; ⊙Mitte Feb.–Mitte Okt.; 📶) In der Nähe der Stierkampfarena befindet sich die beste Budgetunterkunft der Stadt. Das 10-Zimmer-Hostel in einem umgebauten Gebäude aus dem 18. Jh. hat eine gemütliche, freundliche Atmosphäre und eine schlichte Einrichtung samt Gemeinschaftsküche und Innenhof. Es gibt private Doppelzimmer und 4- bis 8-Bett-Zimmer mit Ventilatoren und Schließfächern; die Hälfte der Räume hat Privatbäder. Zur Zeit der Recherchen wurde das Hostel gerade renoviert: Ab 2018 sollten alle Zimmer mit Klimaanlage und Privatbädern ausgestattet sein.

Casa de Huéspedes Santa María PENSION $$

(☎956 85 36 31; www.casadehuespedessantamaria.com; Calle Pedro Muñoz Seca 38; DZ 58–70 €, DZ mit Gemeinschaftsbad 47–55 €, 3BZ 66–75 €; 📶🐾) Freiliegende Ziegelwände, Fliesenböden und Flamingokissen verleihen dieser gemütlichen, einladenden und schlichten Pension ein schickes Retroambiente. Sie ist in einem stilvoll renovierten Haus aus dem 19. Jh. untergebracht und bietet zehn Zimmer (zwei mit Gemeinschaftsbad), die sich um einen ruhigen Hof reihen. Weitere tolle Extras sind die Tee-/Kaffee-Ecke, die Gemeinschaftsküche und das Frühstück mit hausgemachtem Kuchen; Gäste können sich außerdem Strandtücher und Sonnenschirme ausleihen.

Essen

El Puerto ist berühmt für seine ausgezeichneten Meeresfrüchte und seine Tapas-Bars. Fündig wird man vor allem in der Calle Luna und der Calle Misericordia im Zentrum, der Calle Ribera del Marisco im Norden, in den Avenidas de la Bajamar und Aramburu de Mora im Süden sowie in der Calle La Placilla unweit der Plaza de España.

Am anderen Ende des Spektrums beherbergt El Puerto auch Andalusiens erstes mit drei Michelin-Sternen gekrönte Restaurant: das schicke Aponiente.

Romerijo FISCH & MEERESFRÜCHTE $

(☎956 54 12 54; www.romerijo.com; Ribera del Marisco 1; Fisch & Meeresfrüchte ab 5 € pro 250 g, raciones 4–15 €; ⊙12–23.30 Uhr) Eine echte Institution in der Stadt ist dieses riesige, lebhafte Restaurant, das 1952 eröffnet wurde und nach wie vor sehr beliebt ist. Es besteht aus drei Abteilungen: In der einen werden Fische und Meeresfrüchte gekocht, in einer anderen (gegenüber) frittiert, und die dritte ist eine *cervecería* (Bierlokal). Fisch und Meeresfrüchte werden jeweils in 250-g-Portionen im Pappkegel serviert.

La Taberna del Chef del Mar TAPAS, FISCH & MEERESFRÜCHTE $$

(☎956 11 20 93; Calle Puerto Escondido 6; Tapas & raciones 5–17 €; ⊙April–Okt. Mo–Sa 13.30–16.30 & 20.30–24, So 13.30–16.30 Uhr) Die schicke, moderne Taverne ist mit baumelnden Schnitzereien von Fischen dekoriert und in bunten Farbtönen gehalten. Sie serviert hochinnovative mediterrane Küche – vor allem Meeresfrüchte – in tapasgroßen Häppchen. Die Speisen werden von dem spanischen Spitzenkoch Angel León zubereitet, der in El Puertos Drei-Sterne-Restaurant Aponiente (siehe unten) zu Ruhm gelangte. Die wundervoll präsentierten Gerichte sind für mehrere Personen portioniert und reichen von Tintenfischspießen über *bao*-Brötchen mit rotem Thunfisch bis hin zu cremigem Planktonreis und *ajo blanco*-Meeresfrüchten.

Mesón del Asador SPANISCH, GRILLGERICHTE $$

(☎956 54 03 27; Calle Misericordia 2; Tapas 2–4 €, Hauptgerichte 9–20 €; ⊙13–16 & 20.15–24 Uhr) Dass es in einer so auf Meeresfrüchte ausgerichteten Stadt ein Fleischrestaurant gibt, das locker mit jedem Steakhaus in Buenos Aires mithalten könnte, sagt alles über das kulinarische Niveau von El Puerto. Das Erfolgsgeheimnis von Mesón liegt in den scheinbar einfachen Hühnerspießchen, den *parrilladas* (verschiedene Sorten Grillfleisch) für zwei Personen und dem auf Holzkohle brutzelnden Rind- und Schweinefleisch, das auf Minigrills an den Tisch gebracht wird.

★**Aponiente** FISCH & MEERESFRÜCHTE, FUSION-KÜCHE $$$

(☎956 85 18 70; www.aponiente.com; Molino de Mareas El Caño, Calle Francisco Cossi Ochoa; 21-Gänge-Menü 205 €; ⊙Anf. März–Anf. Dez. Di–Sa 13–13.30 & 20–20.30 Uhr, Juli & Aug. Mo–Sa) Kühn ist das beste Wort für die gewagten Experimente des führenden spanischen Kochs Angel León. Seine *nueva cocina* mit einer Vorliebe für Meeresfrüchte gewann unzählige Auszeichnungen und machte das Aponiente zum ersten Restaurant Andalusiens, das mit drei Michelin-Sternen gekrönt wurde. Das Restaurant, das in einer restaurierten Gezeitenmühle aus dem 19. Jh. untergebracht ist und von Designern gestaltet wurde, scheidet die Geister im traditionellen El Puerto. Manche schimpfen über seine Überheblichkeit, anderen läuft beim Gedanken an das superkreative 21-Gänge-Verkostungsmenü das Wasser im Munde zusammen.

El Faro del Puerto ANDALUSISCH, FISCH & MEERESFRÜCHTE $$$

(☎ 956 87 09 52; www.elfarodelpuerto.com; Carretera de Fuentebravía, Km 0,5; Tapas 5–15 €, Hauptgerichte 18–27 €; ⏲ Mo–Sa 13.30–16.30 & 20.30–23, So 13.30–16.30 Uhr; ✎) Ein Besuch im El Faro lohnt sich wegen der traditionellen, jedoch leicht modernisierten Fisch- und Meeresfrüchtegerichte, der guten Weinkarte und der klassischen Räumlichkeiten in einer alten *casa señorial* (Herrenhaus). Ein Highlight ist das Thunfischtatar *almadraba*. Auf der Tapas-Karte stehen tolle vegetarische und glutenfreie Gerichte. Am Kreisverkehr am nordwestlichen Ende der Calle Valdés.

Ausgehen & Nachtleben

Bodega Obregón BAR

(☎ 956 85 63 29; Calle Zarza 51; ⏲ Mo–Fr 9–14 & 18–23 Uhr, Sa 9 Uhr–open end, So 10–14 Uhr) Wer glaubt, Sherry sei ein Getränk für Großmütter, kann sich in der familiengeführten rustikalen Bodega eines Besseren belehren lassen, wo der hauseigene Likörwein direkt vom Fass ins Glas gefüllt wird. Besonders beliebt sind auch die hausgemachten *guisos* (Eintöpfe), die samstagmittags serviert werden.

Unterhaltung

Peña Flamenca Tomás El Nitri FLAMENCO

(☎ 956 54 32 37; Calle Diego Niño 1) Eine grundehrliche *peña* (kleiner Privatclub), die das Flair einer Flamenco-Bar aus dem 19. Jh. hat. In dem Club treten einige wirklich faszinierende Gitarristen, Sänger und Tänzer vor begeisterten Fans und Stammgästen auf. Die Vorstellungen finden gewöhnlich samstagabends statt – am besten in der Touristeninformation erkundigen.

Praktische Informationen

Oficina de Turismo (☎ 956 48 37 15; www.turismoelpuerto.com; Plaza de Alfonso X El Sabio 9; ⏲ Juni–Okt. Mo–Sa 9–14.50 & 17–20, So 9–14 & 18–20 Uhr, Nov.–Mai So nachmittags geschl.) Befindet sich im Palacio de Aranibar aus dem 16. Jh., der einen Innenhof mit toskanischen Säulen hat.

An- & Weiterreise

BUS

Busse fahren an zwei Stellen ab: Die CMTBC-Busse (S. 729) nach Cádiz (2,70 €, 45 Min., alle 30–60 Min.), Jerez de la Frontera (1,65 €, 20 Min., 2- bis 8-mal tgl.) und Sanlúcar de Barrameda (1,95 €, 25 Min., 5- bis 11-mal tgl.) findet man an der **Haltestelle** (Plaza Elías Ahuja) vor der Stierkampfarena. Die Busse von **Comes** (☎ 902 64 64 28; www.tgcomes.es) nach Sevilla (10 €, 1½ Std., 1- bis 2-mal tgl.) halten vorm Bahnhof.

SCHIFF/FÄHRE

Die **Katamarane** (www.cmtbc.es; ⏲ Mo–Fr 6.45–21.10, Sa & So 9–14 & 15.30–21.25 Uhr) nach Cádiz (2,70 €, 30 Min.) legen montags bis freitags bis zu 18-mal und am Wochenende bis zu 16-mal täglich vor dem Hotel Santa María ab.

ZUG

Vom Bahnhof am nordöstlichen Stadtrand fahren regelmäßig Züge nach Jerez de la Frontera (2,70 €, 8 Min.), Cádiz (5,05 €, 35 Min.) und Sevilla (14 €, 1¼ Std.).

Sanlúcar de Barrameda

46 100 EW.

Sanlúcar gehört zu den weniger bekannten andalusischen Städten, hält jedoch unerwartete Überraschungen bereit: Zuallererst wegen seiner Gastronomie, denn an einer Straße am Meer namens Bajo de Guía werden die besten Meeresfrüchte der Region aufgetischt. Zweitens liegt Sanlúcar am nördlichen Ende des berühmten Sherry-Dreiecks. Die bodenständigen Bodegas in der verschlafenen, mit Monumenten reich gesegneten Altstadt produzieren einen einzigartigen *manzanilla* (kamillefarbener Sherry). Drittens ist der Ort an der Mündung des Guadalquivir ein ruhigeres, weniger überlaufenes Tor zu dem wundervollen Parque Nacional de Doñana (S. 716) als die beliebteren Zugangspunkte in der Provinz Huelva im Westen.

Darüber hinaus blickt Sanlúcar auf eine stolze Seefahrtsgeschichte zurück. Sowohl Kolumbus (auf seiner dritten Seereise) als auch der Portugiese Ferdinand Magellan brachen von dieser Stadt zu ihren Reisen auf.

Sehenswertes

★ **Bodegas Barbadillo** WEINGUT

(☎ 956 38 55 21; www.barbadillo.com; Calle Sevilla 6; Führungen 10 €; ⏲ Führungen Di–So 12 & 13 Uhr, auf Englisch Di–So 11 Uhr, Juli & Aug. Mo–So, Nov.–März So geschl.) Barbadillo füllte als erste Familie Sanlúcars berühmten *manzanilla* ab und produziert zudem einen der beliebtesten *vinos* Spaniens. Die Führungen enden mit einer Verkostung von vier Weinen. Ebenfalls in dem Gebäude aus dem 19. Jh. ist das aufschlussreiche **Museo de la Manzanilla** (⏲10–15 Uhr) GRATIS, das die 200-jährige Geschichte des *manzanilla* zurückverfolgt.

Castillo de Santiago BURG

(☎956 92 35 00; www.castillodesantiago.com; Plaza del Castillo 1; Erw./Kind 7/5 €; ⏲ca. Mai–Okt. Mo & Di 10.15–15 &18.15–21, Mi 10.15–19.30, Do–So 10.15–21 Uhr, ca. Nov.–April Mo–Sa 10–15 & 17–19, So 10–15 Uhr) Von ihrer sechseckigen Torre del Homenaje (Wohnturm) bietet diese restaurierte Burg aus dem 15. Jh. einen großartigen Blick auf das Guadalquivir-Delta. In den Innenräumen sind Militäruniformen und Waffen ausgestellt. Angeblich erblickte Isabel la Católica von hier aus zum ersten Mal das Meer. Die Burg steht zwischen den Gebäuden des Sherry-Produzenten Barbadillo. Die Öffnungszeiten variieren je nach Jahreszeit.

Iglesia de Nuestra Señora de la O KIRCHE

(Plaza de la Paz; empfohlene Spende 2 €; ⏲ ⏲11–13.15 Uhr, Messe Mo, Mi & Do 19, So 12 & 20 Uhr) Diese mittelalterliche Kirche an der Calle Caballeros in der Altstadt sticht aus den vielen anderen Kirchen von Sanlúcar durch ihr schönes gotisches Mudejar-Portal aus den 1360er-Jahren und ihre opulente Innenausstattung hervor, besonders den Mudejar-*artesonado* (kunstvolle Kassettendecke mit dekorativen Einlagen). Der Glockenturm wurde aus den Überresten eines Turms des maurischen *alcázar* (Festung) erbaut, der hier einst stand.

Palacio de los Guzmán PALAST

(☎956 36 01 61; www.fcmedinasidonia.com; Plaza Condes de Niebla 1; Führung 5 €; ⏲Führungen Mi & Do 12, So 11.30 & 12 Uhr) Unmittelbar abseits der Calle Caballeros steht die weitläufige Residenz der Duques de Medina Sidonia, einer Adelsfamilie, die einst einen größeren Teil Spaniens besaß als irgendwer sonst. Das Gebäude wurde ursprünglich im 12. Jh. erbaut, stammt aber überwiegend aus dem 17. Jh. Es birgt zahlreiche Antiquitäten sowie einige Gemälde von Goya, Zurbarán und anderen spanischen Meistern.

Palacio de Orleans y Borbón PALAST

(Ecke Calles Cuesta de Belén & Caballeros; ⏲Mo–Fr 10–13.30 Uhr) GRATIS Am oberen Ende der Calle Cuesta de Belén befindet sich dieser schöne Altstadtpalast im Neo-Mudejarstil. Er wurde im 19. Jh. als Sommerresidenz für die Adelsfamilie Montpensier errichtet. Heute dient das rot-gelb gestreifte Bauwerk als Rathaus (Touristen können nur die Gärten besichtigen).

Geführte Touren

Sanlúcar ist eine gute Basis für die Erkundung des Parque Nacional de Doñana (S. 716), der sich jenseits des Río Guadalquivir erstreckt.

Visitas Doñana (☎956 36 38 13; www.visitasdonana.com; Centro de Visitantes Fábrica de Hielo, Bajo de Guía; ⏲9–19 Uhr) organisiert lizensierte Flussfahrten. Die erste Möglichkeit ist eine 2½-stündige kombinierte Boots- und Jeepfahrt (35 €): Dabei fährt man in einem 21-Sitze-Geländewagen 30 km durch die Dünen, das Marschland und die Kiefernwälder des Parks. Gewöhnlich werden von März bis September zwei Touren morgens und weitere zwei nachmittags geboten; von November bis Februar findet täglich eine Tour statt. Die zweite – weniger interessante – Möglichkeit ist eine Hop-on-hop-off-Fährtour mit ein bisschen Spazierengehen (Erw./Kind 17/9 €), die ebenso häufig stattfindet. Buchungen kann man im Centro de Visitantes Fábrica de Hielo (S. 734) vornehmen.

Viajes Doñana (☎956 36 25 40; http://viajesdonana.es; Calle San Juan 20; ⏲Mo–Fr 10–14 & 17–20.30, Sa 10.30–14 Uhr) bucht dieselben Touren sowie 3½-stündige Ausflüge (Erw./Kind 40/24 €) in den Nationalpark.

Feste & Events

Feria de la Manzanilla WEIN

(⏲Ende Mai/Anf. Juni) Das große *manzanilla*-Fest läutet den Sommer in Sanlúcar ein.

Carreras de Caballos SPORT

(www.carrerassanlucar.es; ⏲Aug.) Diese Pferderennen finden seit 1845 fast jedes Jahr an den Stränden an der Mündung des Guadalquivir statt.

Schlafen

★ **Hostal Alcoba** BOUTIQUE-HOTEL $$

(☎956 38 31 09; www.hotelalcoba.com; Calle Alcoba 26; EZ 65–80 €, DZ 73–90 €; P ❄ 📶 🏊) Das stilvolle Hotel mit 14 Zimmern und elegantem, modernem Hof samt Liegen, Hängematten und Langpool wirkt ein wenig wie ein Gebäude des amerikanischen Architekten Frank Lloyd-Wright. Das ganz in Weißtönen gehaltene Boutique-Hotel ist genial konzipiert, wird gut geführt und ist zugleich wunderbar anheimelnd, funktional und zentral gelegen, nicht weit vom nordöstlichen Ende der Calle Ancha. Es gibt auch ein gutes Frühstücksbüfett (7 €).

La Casa BOUTIQUE-HOTEL $$
(☎ 617 575913; www.lacasasanlucar.com; Calle Ancha 84; Zi. 50–90 €) Das herrlich erfrischende Boutique-Hotel wird von einem freundlichen jungen Team geführt. Die acht Zimmer sind in Blau-, Weiß-, Pink- und Türkistönen gehalten sind und vom Doñana-Nationalpark inspiriert. Sie kombinieren traditionellen Charme (Fensterläden aus dem 19. Jh., Fußböden im Marmor-Look) mit einem modernen Stil (transparente Duschkabinen, geometrische Lampen, rechteckige Waschbecken). Zum Frühstück gibt's Bio-Marmeladen aus Huelva, frischen Orangensaft und andere lokale Spezialitäten.

Hotel Barrameda HOTEL $$
(☎ 956 38 58 78; www.hotelbarrameda.com; Calle Ancha 10; Zi. 80–116 €; ⊙ Mitte Feb.–Mitte Dez.; ❄ 📶) Das glänzende Hotel gleich bei den Tapas-Bars an der Plaza del Cabildo ist mit seinen 40 modernen Zimmern, cremefarbenen Holzdekor, dem Innenhof im Erdgeschoss, den Marmorböden und dem sehr effizienten Service eine ausgezeichnete Wahl im Zentrum. Die 12 Superior-Zimmer sind mit kleinen Terrassen, vier davon sogar mit eigenen Whirlpools ausgestattet.

Essen

Im Vorort **Bajo de Guía**, 1 km nordöstlich des Zentrums, erstreckt sich eine der berühmtesten Fressmeilen Andalusiens. Das einstige Fischerdorf ist heute ein Mekka mit erstklassigen Fischrestaurants, die in ihrer Einfachheit schwelgen. Die unangefochtene Top-Spezialität ist *arroz caldoso a la marinera* (Meeresfrüchtereis); beliebt sind auch die hiesigen *langostinos* (Riesengarnelen). Gute Restaurants gibt's auch auf der Plaza del Cabildo.

★ **Casa Balbino** TAPAS, FISCH & MEERESFRÜCHTE $
(☎ 956 36 05 13; http://casabalbino.es; Plaza del Cabildo 14; Tapas 2–3 €; ⊙ 12–17 & 18–24 Uhr, erste 3 Wochen im Nov. geschl.) Egal, wann man kommt: In der Casa Balbino ist es immer rappelvoll, denn hier gibt's fantastische Meeresfrüchte-Tapas. Ob man nun an der Bar oder in eine Ecke gequetscht sitzt oder sogar einen der Tische draußen auf der Plaza erobert hat: Man muss sich immer nach vorne kämpfen und einem Kellner seine Bestellung zurufen, der dann zurückruft und einem das Gewünschte überreicht.

Taberna Argüeso ANDALUSISCH, SUSHI $$
(☎ 956 36 07 87; http://tabernaargüeso.com; Calle Mar 2; Gerichte 6–16 €; ⊙ Di–Sa 13–15.30 & 20.30–24, So 13–15.30, Sushi Do–Sa ab 21.30 Uhr) Mit ihrer Balkendecke und den Fliesenböden hat die Taberna Argüeso das Flair einer traditionellen Tapas-Bar, aber weiter hinten verwandelt sie sich in eine elegante, verglaste Sushi-Bar und ein andalusisch-japanisches Fusion-Restaurant. Die *nigiri*, *maki* und Sashimi werden aus rotem *almadraba*-Thunfisch hergestellt; außerdem gibt's viele experimentelle Gerichte wie die Sanlúcar-Riesengarnelen und *manzanilla*. Wer lokale Spezialitäten genießen möchte, sollte Tapas bestellen – wir empfehlen die *patatas aliñadas*.

Poma FISCH & MEERESFRÜCHTE $$
(☎ 956 36 51 53; www.restaurantepoma.com; Bajo de Guía 6; Hauptgerichte 12–20 €; ⊙ 13–16.30 & 20–24 Uhr) Würde man am Bajo de Guía einen Fußball kicken, würde er wohl auf einem der Teller mit gutem Fisch landen. Vielleicht im Poma, auf dessen großzügig portionierten *frito variado* (15 €) leicht gebratene Sorten versammelt sind, die alle aus dem Meer und aus Flüssen der Umgebung stammen. Beliebt sind auch die Fischsuppen, der Grillfisch und die *arroz a la marinera* für zwei Personen.

Praktische Informationen

Centro de Visitantes Fábrica de Hielo
(☎ 956 38 65 77; Bajo de Guía; ⊙ April–Sept. 9–20 Uhr, Okt.–März 9–19 Uhr)

Oficina de Información Turística
(☎ 956 36 61 10; www.sanlucarturismo.com; Avenida Calzada Duquesa Isabel; ⊙ ⊙ Mo–Sa 10–14 & 17–19, So 10–14 Uhr)

An- & Weiterreise

Vom **Busbahnhof** (Avenida de la Estación) fahren Busse von **Los Amarillos** (☎ 902 21 03 17; http://losamarillos.autobusing.com) stündlich nach El Puerto de Santa María (2,15 €, 30 Min.), Cádiz (5,10 €, 1 Std.) und Sevilla (8,77 €, 2 Std.), am Wochenende weniger häufig. **Autocares Valenzuela** (S. 741) bietet stündlich Busverbindungen nach Jerez de la Frontera (1,95 €, 40 Min.), am Wochenende weniger häufig.

Jerez de la Frontera

191 550 EW.

Was auch immer andere Städte für sich beanspruchen, Jerez repräsentiert Andalusien, und Spanienkenner wissen das. Allerdings hat es nicht dasselbe Sendungsbewusstsein wie Sevilla und Granada. Jerez ist die Hauptstadt der andalusischen Pferdekultur, die Nummer eins im berühmten Sherry-Dreieck und – auch wenn Cádiz und Sevilla dies bestreiten – die Wiege des spanischen Flamenco. Die *bulería* (Flamenco-Lied), das hiesige witzige, ironische Pendant zu Sevillas tragischer *soleá*, hat ihren Ursprung in den legendären Roma-*barrios* Santiago und San Miguel. Aber Jerez ist auch eine quirlige, schicke moderne andalusische Stadt, in der in alten Palästen Modelabels residieren und stilvoll gewandete Geschäftsleute eine eindeutig zeitgenössische Küche genießen und in quirligen *tabancos* (einfachen Tavernen, die Sherry servieren) edlen *fino* trinken.

Wer dem ewig geheimnisvollen Andalusien auf die Spur kommen will, sollte seine Suche in Jerez beginnen.

Sehenswertes

Die dezenten Sehenswürdigkeiten von Jerez verstecken sich über die Stadt verteilt oft hinter anderen Gebäuden und entfalten ihren Reiz nur Schritt für Schritt. Aber wenn man angebissen hat, ist es wie beim *duende* (Geist des Flamenco) – es gibt kein Zurück mehr.

Jerez – wovon das Wort „Sherry" abgeleitet ist – beherbergt etwa 20 Sherry-Kellereien. Bei den meisten müssen Führungen vorgebucht werden, bei einigen kann man aber auch einfach aufkreuzen. Näheres in der Touristeninformation.

★ Bodegas Tradición WEINGUT, GALERIE

(☎ 956 16 86 28; www.bodegastradicion.com; Plaza Cordobeses 3; Führungen 25 €; ⏲ Juli & Aug. Mo–Fr 8–17 Uhr, Sept.–Juni kürzere Öffnungszeiten) Diese Bodega ist faszinierend, und zwar nicht nur wegen der lange gereiften Sherrys (mindestens 20, meist sogar 30 Jahre). Sie beherbergt die **Colección Joaquín Rivero**, eine private spanische Kunstsammlung mit bedeutenden Werken von Goya, Velázquez, El Greco und Zurbarán. Die Führungen (auch auf Deutsch) müssen vorgebucht werden und sind sehr lohnenswert.

Catedral de San Salvador KATHEDRALE

(Plaza de la Encarnación; Erw./Kind 5/2,50 €, So 10.30–12.30 & Mo 19–21 Uhr kostenfrei; ⏲ Mo–Sa 10–18.30 Uhr) Die prachtvolle Kathedrale von Jerez ruft Erinnerungen an Sevilla wach. Sie wurde in einem überraschend harmonischen Stilmix aus Barock, Neoklassizismus und Gotik gebaut. Besonders herausragend sind die breiten Strebebogen und die kunstvoll verzierten Steindecken. Hinter dem Hauptaltar werden in einigen Räumen und Kapellen Kunstwerke (darunter Arbeiten von Zurbarán und Pacheco), religiöse Gewänder und Silber gezeigt. Auf der anderen Seite des Platzes erhebt sich der Glockenturm, dessen Fundament im 15. Jh. im Gotik- und Mudejarstil erbaut wurde; seine Spitze stammt aus dem 17. Jh.

Alcázar FESTUNG

(☎ 956 14 99 55; Alameda Vieja; ohne/mit Camera obscura 5/7 €; ⏲ Juli–Mitte Sept. Mo–Fr 9.30–17.30 Uhr, Mitte Sept.–Juni tgl. 9.30–14.30 Uhr) Die kraftstrotzende und zugleich elegante Festung aus dem 11. oder 12. Jh. ist eines der besterhaltenen Überbleibsel der Almohadenzeit in Andalusien. Besonders ins Auge fällt ihr achteckiger Turm, ein Musterbeispiel für die Verteidigungsforts der Almohaden. Um zum Turm zu gelangen, läuft man durch die islamischen **Gärten** an der ehemaligen **Moschee (und heutigen Kapelle)** aus dem 12. Jh. sowie am Barockpalast **Palacio Villavicencio** aus dem 17. und 18. Jh. vorbei. Die Öffnungszeiten der Festung variieren.

Man betritt den Alcázar über den **Patio de Armas**. Links steht die schöne *mezquita* (Moschee), die 1264 von Alfons X. in eine Kapelle verwandelt wurde. Der Springbrunnen und die Hufeisenbögen der einstigen Moschee sind erhalten geblieben; das Bauwerk ist die einzig verbliebene von 18 Moscheen, die einst in Jerez standen. Rechts ist der Palacio Villavicencio, der im 18. Jh. über den Ruinen des alten Almohadenpalasts errichtet wurde; er birgt Kunstwerke, doch am berühmtesten ist er für den Blick auf Jerez von ganz oben. Im Palastturm befindet sich auch eine Camera obscura, die ein malerisches Livepanorama von Jerez zeigt.

In den friedvollen Gärten mit den geometrischen Beeten und sprudelnden Brunnen, die hinter dem Patio de Armas liegen, wird die Atmosphäre der maurischen Zeit wieder lebendig. Ein weiteres Highlight sind die gut erhaltenen überkuppelten Baños Árabes (Arabische Bäder) aus der Almohadenzeit mit ihren sternförmigen Lichtachsen.

Iglesia de San Miguel KIRCHE

(Plaza de San Miguel; Erw./Kind 2 €/kostenfrei; ⏲ Mo–Fr 9.30–13.30 Uhr) Die wunderschöne Kirche wurde zwischen dem 15. und 18. Jh. erbaut und ist eine Mischung aus Gotik-, Renaissance- und Barockarchitektur. Der dreistufige, mit kunstvollen Schnitzereien

Jerez de la Frontera

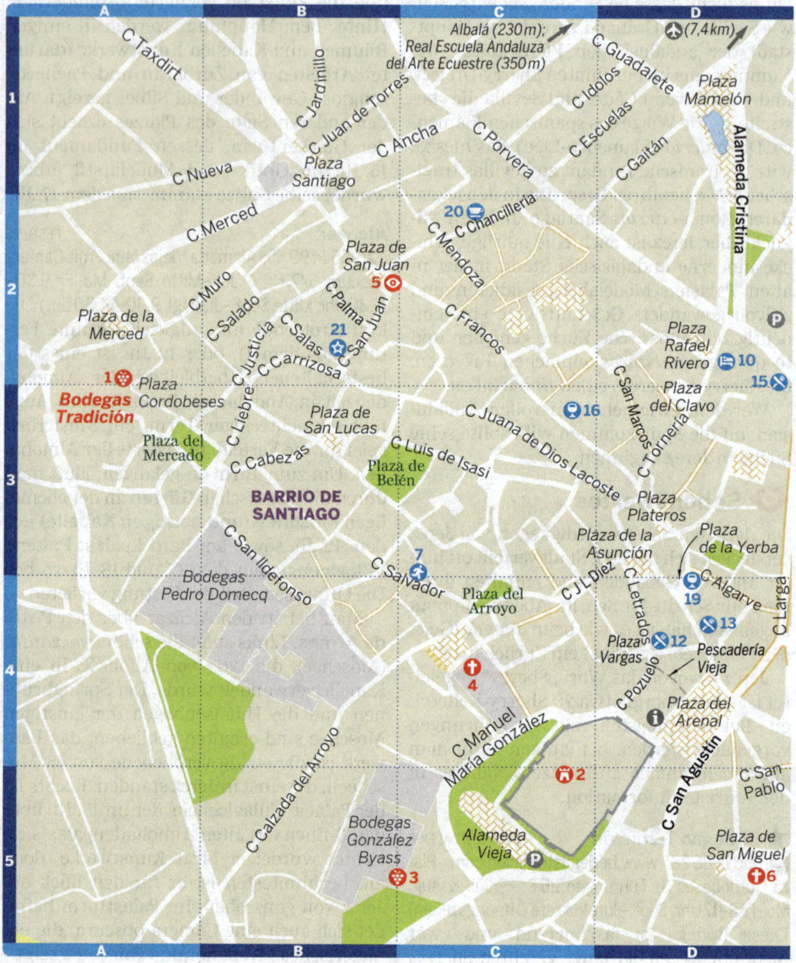

geschmückte Glockenturm im Barockstil hat ein buntes Ziegeldach.

Bodegas González-Byass WEINGUT

(Bodegas Tío Pepe; ☎ 956 35 70 16; www.bodegastiopepe.com; Calle Manuel María González 12; Führungen ab 15 €; ⏲ Führungen Mo–Sa 12–18, So 12–14 Uhr jeweils stündl.) Der Hersteller der Marke Tío Pepe und einer der größten Sherry-Produzenten in Jerez residiert westlich vom Alcázar. Täglich gibt's drei bis fünf Führungen auf Spanisch, drei bis vier auf Englisch und zwei bis drei auf Deutsch. Einfache Führungen beinhalten eine Verkostung von zwei Weinen, bei anderen Touren gibt's Tapas und weitere Sherry-Sorten. Man kann online reservieren, es ist aber nicht unbedingt erforderlich.

Centro Andaluz de Flamenco KUNSTZENTRUM

(Andalusisches Flamenco-Zentrum; ☎ 956 90 21 34, 956 34 92 65; www.centroandaluzdeflamenco.es; Plaza de San Juan 1; ⏲ Mo–Fr 9–14 Uhr) GRATIS Architektonisch interessant – man beachte die Original-*artesonado*-Decke aus dem 15. Jh. im Mudejarstil am Eingang und den barocken andalusischen Hof – und zugleich eine erstklassige Anlaufstelle für Flamenco-Fans ist dieses einmalige Zentrum mit Tausenden von Print- und Musikwerken.

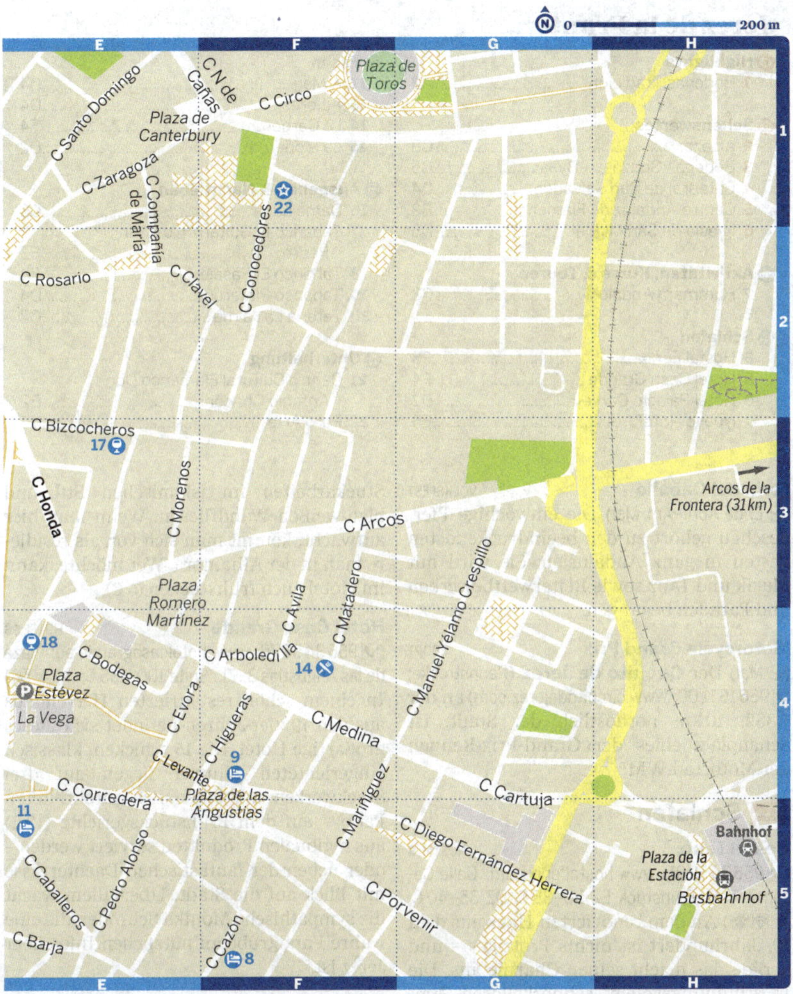

Flamenco-Videos werden halbstündlich zwischen 9 und 13.30 Uhr gezeigt, und die Mitarbeiter verteilen eine Liste mit *tabancos* und 19 *peñas*, die Flamenco-Shows in der Stadt veranstalten. Außerdem haben die Angestellten Infos zu Flamenco-Tanz- und Gesangsunterricht sowie zu den Veranstaltungen der nächsten Tage parat.

Aktivitäten

Hammam Andalusí HAMAM

(956 34 90 66; www.hammamandalusi.com; Calle Salvador 6; Bäder 25 €, mit 15/30 Min. Massage 35/55 €; 10–22 Uhr) In Jerez ist die maurische Vergangenheit vielerorts spürbar, doch nirgends zauberhafter als im Hammam Andalusí. Beim Betreten empfängt einen der Duft von Weihrauch, ätherischen Ölen und frischem Minztee sowie der Klang sprudelnden Wassers. Drinnen warten drei Pools (warm, heiß und kalt) und man kann sich massieren lassen. Besser vorher reservieren.

Feste & Events

Festival de Jerez TANZ, MUSIK

(www.facebook.com/FestivalDeJerez; Ende Feb.–Anfang Mai) Jerez' größtes Flamenco-Fest.

Jerez de la Frontera

Highlights
1 Bodegas Tradición ... A2

Sehenswertes
2 Alcázar ... C5
3 Bodegas González-Byass ... C5
4 Catedral de San Salvador ... C4
5 Centro Andaluz de Flamenco ... B2
6 Iglesia de San Miguel ... D5

Aktivitäten, Kurse & Touren
7 Hammam Andalusí ... C3

Schlafen
8 Hostal Fenix ... F5
9 Hotel Casa Grande ... F4
10 Hotel Palacio Garvey ... D2
11 Nuevo Hotel ... E5

Essen
12 A Mar ... D4
13 Albores ... D4
14 La Carboná ... F4
15 La Moderna ... D2

Ausgehen & Nachtleben
16 Damajuana ... C3
17 Tabanco El Guitarrón de San Pedro ... E3
18 Tabanco El Pasaje ... E4
19 Tabanco Plateros ... D4
20 Tetería La Jaima ... C2

Unterhaltung
21 Centro Cultural Flamenco Don Antonio Chacón ... B2
22 Puro Arte ... F1

Feria del Caballo VOLKSFEST
(Ende April–Anf. Mai) Die einwöchige Pferdeschau gehört zu den beeindruckendsten Festen in ganz Andalusien. Sie wird mit Musik und Tanz sowie Reiterwettbewerben und Paraden begangen.

Motorcycle Grand Prix SPORT
(Mai) Der **Circuito de Jerez** (Rennstrecke; 956 15 11 00; www.circuitodejerez.com) an der A382, 10 km nordöstlich der Stadt, ist Schauplatz eines der Grand-Prix-Rennen der Motorrad-WM.

Schlafen

Hostal Fenix HOSTAL $
(956 34 52 91; www.hostalfenix.com; Calle Cazón 7; inkl. Frühstück EZ 30–35 €, DZ 35–40 €;) An dem renovierten Haus aus dem 19. Jahrhundert ist nichts Protziges – und gerade das macht seinen Charme aus. Die 14 stimmungsvollen, schnörkellosen Zimmer werden von den freundlichen Besitzern – die sogar das Frühstück aufs Zimmer bringen – perfekt gepflegt. Die Räume im Obergeschoss sind größer und heller. Überall befinden sich islamisch inspirierte Innenhöfe. Die beeindruckende Kunst an den Wänden wurde von der Besitzerin und ihrer Cousine angefertigt.

Nuevo Hotel HOTEL $
(956 33 16 00; www.nuevohotel.com; Calle Caballeros 23; EZ 25–30 €, DZ 40–60 €;) Mit seinen komfortablen, schlichten Zimmern zählt das Nuevo zu den schönsten familiengeführten Hotels in ganz Andalusien. Besonders spektakulär ist Zimmer 208 mit Stuckarbeiten im islamischen Stil und blau-weißen Wandfliesen. Wenn man hier aufwacht, kommt man sich vor, als residiere man in der Alhambra. Wer möchte, kann im Hotel auch frühstücken (5 €).

Hotel Casa Grande HOTEL $$
(956 34 50 70; www.hotelcasagrande.eu; Plaza de las Angustias 3; Zi./Suite 100/165 €; P) In einem schön restaurierten Herrenhaus aus den 1920er-Jahren befindet sich dieses großartige Hotel. Die 15 schicken, klassisch eingerichteten Zimmer liegen auf drei Stockwerken um einen lichtdurchfluteten Patio – auf dem Frühstücksgerichte (12 €) aus regionalen Produkten serviert werden – oder neben der fantastischen Dachterrasse mit Blick auf die Stadt. Über allem wacht die sympathische Monika Schröder, die eine wahre Fundgrube an nützlichen Infos über Jerez ist.

Hotel Palacio Garvey HOTEL $$
(956 32 67 00; www.hotelpalaciogarvey.com; Calle Tornería 24; inkl. Frühstück EZ 65–70 €, DZ 77–99 €, Suite 105–110 €; P) Ein sensationell umgebauter Palast aus dem 19. Jh. beherbergt das Garvey, Jerez' Nobelhotel Nummer eins. Teile der alten Stadtmauer sind vom Fahrstuhl aus zu sehen. In den öffentlichen Bereichen dominieren Leopardenfellmuster, afrikanisch anmutende Gemälde und niedrige Tische. Die 16 ganz individuell dekorierten Zimmer warten dagegen mit kräftigen Farben, luxuriösen Ledermöbeln, gefliesten Bädern und schönen glitzernden marokkanischen Mosaikschalen auf.

Essen

La Moderna TAPAS, ANDALUSISCH $

(☎ 956 32 13 79; Calle Larga 67; Tapas 1,80 €; ⏱ 7 Uhr–open end) Die Marmortische des La Moderna sind den ganzen Tag über heiß begehrt und immer voll besetzt – sowohl zum Frühstück (*tostadas*) als auch zum Mittagessen (Tapas, z. B. mit Kabeljau gefüllte Paprika, *patatas aliñadas* oder die berühmten Nierchen *riñones al Jerez*). Hinter seinen knallroten Türen ist das Restaurant in alte Mauern aus der islamischen Ära hineingebaut, die man auf der Rückseite noch gut erkennen kann.

★ **Albores** ANDALUSISCH, FUSION-KÜCHE $$

(☎ 956 32 02 66; www.restaurantealbores.com; Calle Consistorio 12; Tapas 2,50–4,50 €, Hauptgerichte 8–18 €; ⏱ Mo–Sa 8–24, So 12–24 Uhr) Zwischen den alteingesessenen Lieblingsrestaurants im Stadtzentrum bereichert das Albores die örtliche Küche mit seinen originellen Tapas und den Hauptgerichten mit raffinierten modernen Akzenten. Das Highlight ist wohl der Fisch, doch die kunstvoll präsentierte *tosta* (belegtes geröstetes Brot) mit Ziegenkäse ist auch fantastisch. Dies ist außerdem eine der besten Frühstücksadressen der Stadt.

Das Team des Albores steht auch hinter dem stilvollen Fisch- und Meeresfrüchterestaurant **A Mar** (☎ 956 32 29 15; www.a-mar-restaurante.com; Calle Latorre 8; Hauptgerichte 11–22 €; ⏱ ganzjährig Di–Sa 12–16.30 & 20–24 Uhr, Okt.–Mai So 12–17 Uhr, Juni–Sept. So 20–24 Uhr), das fangfrischen Fisch *a la plancha* (gegrillt) mit einer eindrucksvollen Auswahl an Sherrys und anderen Weinen aus Cádiz als Begleitung serviert.

★ **La Carboná** ANDALUSISCH $$

(☎ 956 34 74 75; www.lacarbona.com; Calle San Francisco de Paula 2; Hauptgerichte 15–22 €; ⏱ Mi–Mo 12.30–16.30 & 20–0.30 Uhr) In einer schicken alten Bodega befindet sich dieses höhlenartige, fantasievoll eingerichtete Restaurant, das mit dem „hängenden" offenen Feuer im Winter sehr gemütlich wirkt. Zu den edel präsentierten Spezialitäten, die oft Sherry enthalten, zählen beispielsweise gegrilltes Fleisch, frischer Fisch, Steinpilzreis mit Rasiermuscheln oder rotes *almadraba*-Thunfischtartar mit einer Emulsion aus

NICHT VERSÄUMEN

DIE TABANCOS VON JEREZ

Die berühmten alten *tabancos* von Jerez sind einfache Kneipen, in denen Sherry vom Fass serviert wird. Man findet sie in der ganzen Stadt, die meisten von ihnen stammen aus dem frühen 20. Jh. Zwar ist das Wort *tabanco* eine Zusammensetzung aus *tabaco* (Tabak) und *estanco* (Tabakladen), doch im Mittelpunkt steht eindeutig der heimische Sherry. Noch vor ein paar Jahren waren die *tabancos* vom Aussterben bedroht, doch inzwischen erfreuen sie sich – neu belebt von engagierten neuen Besitzern – wieder großer Beliebtheit als angesagte Treffs, in denen sich schicke junge *jerezanos* genauso tummeln wie ein älteres Publikum. In manchen gibt's regelmäßig Flamenco (oft erwischt man auch eine spontane Darbietung) und neuerdings auch Sherry-Verkostungen. Alle *tabancos* sind fantastische, billige, bodenständige Läden, die das authentische Flair von Jerez verkörpern – zu genießen bei einem Gläschen *fino*.

Die Touristeninformation (S. 741) bietet Auskünfte zur offiziellen **Ruta de los Tabancos de Jerez** (www.facebook.com/rutadelostabancosdejerez), obwohl es noch viele weitere Kneipen gibt. Denn plötzlich nennt sich jede zweite Bar *tabanco*! Wir empfehlen folgende authentische *tabancos*:

Tabanco El Pasaje (☎ 956 33 33 59; www.tabancoelpasaje.com; Calle Santa María 8; ⏱ 11–16 & 20–24 Uhr, Shows 14 & 22 Uhr; 📶) Jerez' ältester *tabanco* (von 1925) serviert zum Sherry passend auch Tapas (2–3 €) und bietet zweimal täglich Flamenco-Shows.

Tabanco El Guitarrón de San Pedro (www.facebook.com/guitarrondesanpedro; Calle Bizcocheros 16; ⏱ Mo–Sa 12–16 & 20–24 Uhr, Shows Do–Sa 22 Uhr) Regelmäßig Flamencotanz (Do) und -Gesang (Fr & Sa). Dazu gibt's Sherry aus eigener Herstellung und ortstypische Tapas (2–4 €).

Tabanco Plateros (☎ 956 10 44 58; www.facebook.com/tabanco.plateros; Calle Algarve 35; ⏱ 12–16 & 20–24 Uhr) Quirlige, stets überfüllte Kneipe mit *fino*, *oloroso* und *amontillado* sowie genial einfachen Tapas (2–3 €).

NICHT VERSÄUMEN

DIE FLAMENCO-SZENE VON JEREZ

Jerez' Ruf als „Wiege des Flamenco" wird von *aficionados* aus Cádiz und Sevilla regelmäßig angezweifelt, doch der Anspruch ist nicht unbegründet. In der vergleichsweise untouristischen Stadt gibt's nicht nur ein, sondern sogar zwei Roma-Viertel, Santiago und San Miguel, die gemeinsam eine Reihe namhafter Künstler hervorgebracht haben, darunter die Roma-Sänger Manuel Torre und Antonio Chacón. Genau wie die rivalisierenden Städte im Norden und Westen hat Jerez seinen ganz eigenen Flamenco-*palo* entwickelt, die überaus beliebte *bulería*, einen schnellen, rhythmischen Musikstil mit den gleichen *compás* (betonte Takte) wie die *soleá*.

Eine Entdeckungstour der Flamenco-Szene von Jerez sollte im Centro Andaluz de Flamenco (S. 736) beginnen, der einzigen echten Flamenco-Bibliothek Spaniens. Dort findet man Informationen zu *peñas* (kleinen Privatclubs), *tabancos*, Aufführungen und Gesangs-, Tanz- und Gitarrenunterricht. Dann geht's weiter die Calle Francos entlang und vorbei an zwei legendären Flamenco-Kneipen, wo sich auch heute noch Sänger und Tänzer treffen. Nördlich vom Centro Andaluz de Flamenco findet man im Viertel Santiago Dutzende Flamenco-*peñas*, die auch Besuchern offenstehen; wenn man ein Getränk erwirbt, ist der Eintritt in der Regel frei. Die *peña*-Szene ist besonders lebendig während des Flamenco-Festivals (S. 737) im Februar. Auch in den wiederbelebten *tabancos* (S. 739) von Jerez – Kneipen, in denen Sherry vom Fass ausgeschenkt wird – kann man fantastische Flamenco-Darbietungen erleben.

Centro Cultural Flamenco Don Antonio Chacón (☎ 605 858371; www.facebook.com/DAChaconFlamencoJerez; Calle Salas 2) Das Centro gehört zu den besten *peñas* der Stadt (also ganz Andalusiens) und hat oft erstklassige Flamenco-Künstler zu Gast. Das aktuelle Programm steht auf der Facebook-Seite.

Puro Arte (☎ 647 743832; www.puroarteflamencojerez.com; Calle Conocedores 28; 30 €, mit Tapas/Abendessen 39/50 €) Der bekannteste *tablao* (Lokal für einstudierte Flamenco-Shows) von Jerez bietet jeden Abend um 22 Uhr beliebte Darbietungen einheimischer Künstler. Reservierung erforderlich.

Damajuana (www.facebook.com/damajuanajerez; Calle Francos 18; Juli–Sept. So–Do 20–3, Fr & Sa 20–4 Uhr, Okt.–Juni Di–Do 20–3, Fr–So 16–3 Uhr) Eine von zwei alteingesessenen Kneipen an der Calle Francos, mit unterschiedlicher Livemusik, Tapas (2–5,50 €) und einer vergnüglichen *movida flamenca* (Flamenco-Szene).

Eigelb und *amontillado* (trockener Sherry) sowie hervorragende lokale Weine. Wer sich nicht entscheiden kann, kann eines der Sherry-Menüs (45 €) wählen.

Albalá ANDALUSISCH, FUSION-KÜCHE $$
(☎ 956 34 64 88; www.restaurantealbala.com; Ecke Calle Divina Pastora & Avenida Duque de Abrantes; Tapas 2–4 €, Hauptgerichte 8–15 €; 12–16 & 20.30–24 Uhr) Inmitten einer minimalistischen orientalischen Einrichtung können die Gäste in Sitznischen aus hellem Holz die schönen und kreativen modernen Fleisch-, Fisch- und Gemüsegerichte von Küchenchef Israel Ramos genießen, die mit typischen andalusischen Zutaten zubereitet werden. Zu den Spezialitäten des Hauses zählen *rabo-de-toro*-(Ochsenschwanz-)Kroketten und roter *almadraba*-Thunfisch mit thailändischem Salat sowie köstlich knusprige Spargel-Tempura mit Soja-Aioli. 1 km nördlich der Plaza del Arenal.

Ausgehen & Nachtleben

In den Gassen nördlich der Plaza del Arenal gibt's ein paar Wein-, Bier- und *copas*-Bars. An der Plaza de Canterbury nordöstlich des Zentrums befinden sich mehrere beliebte Pubs, die bei Leuten in den Zwanzigern beliebt sind. Auch in den *tabancos* von Jerez (S. 739) wird gern gebechert.

Tetería La Jaima TEEHAUS
(Calle Chancillería 10; Mitte Sept.–Mitte Juni Di–Do 16–23.30, Fr & Sa bis 2, Mo & So bis 21 Uhr) In diesem stimmungsvoll schummrigen Teehaus, eingerichtet mit luftigen Vorhängen und marokkanischen Laternen, können sich die Gäste bei einem fruchtigen, aromatischen Gebräu (auch kalte Getränke verfügbar) entspannen. Wer Hunger hat, kann

diesen mit Hummus, gefülltem Pitabrot oder einer vegetarischen Tagine (Gerichte 4–10 €) stillen.

Praktische Informationen

Oficina de Turismo (☎956 33 88 74; www.turismojerez.com; Plaza del Arenal; ⏱Mo–Fr 9–15 & 17–18.30, Sa & So 9.30–14.30 Uhr)

An- & Weiterreise

BUS

Der **Busbahnhof** (☎956 14 99 90; Plaza de la Estación) befindet sich 1,3 km östlich vom Zentrum. Er wird von CMTBC (S. 732), **Comes** (☎902 64 64 28; www.tgcomes.es), **Los Amarillos** (☎902 21 03 17; http://losamarillos.autobusing.com) und **Autocares Valenzuela** (☎956 34 10 63; www.grupovalenzuela.com) bedient.

ZIEL	PREIS (€)	DAUER	HÄUFIGKEIT
Arcos de la Frontera	1,95–3,09	30–40 Min.	18–29-mal tgl.
Cádiz	3,75	1 Std.	3–9-mal tgl.
El Puerto de Santa María	1,65	20 Min.	2–8-mal tgl.
Ronda	13	2¼ Std.	1–2-mal tgl.
Sanlúcar de Barrameda	1,95	40 Min.	7–14-mal tgl.
Sevilla	8,85	1¼ Std.	5–7-mal tgl.

FLUGZEUG

Der **Flughafen Jerez** (☎956 15 00 00; www.aena.es; Carretera A4), der einzige in der Provinz Cádiz, liegt 10 km nordöstlich der Stadt an der A4.

ZUG

Der Bahnhof von Jerez liegt gleich neben dem Busbahnhof.

ZIEL	PREIS (€)	DAUER	HÄUFIGKEIT
Cádiz	4,05–6,05	35–45 Min.	29–42-mal tgl.
Córdoba	21–37	1¾–3 Std.	12-mal tgl.
El Puerto de Santa María	2,70	8 Min.	29–45-mal tgl.
Sevilla	11	1¼ Std.	13–16-mal tgl.

Unterwegs vor Ort

VOM/ZUM FLUGHAFEN

Zwischen dem Flughafen und Jerez (2,45 €, 7 Min.), El Puerto de Santa María (3,65 €, 15 Min.) und Cádiz (6,05 €, 45 Min.) verkehren täglich acht bis zehn Züge.

Flughafenbusse fahren dreimal täglich (samstags und sonntags nur einmal täglich) nach Jerez (1,10 €, 30 Min.) und unter der Woche einmal täglich weiter nach El Puerto de Santa María (1,65 €, 50 Min.) und Cádiz (3,80 €, 1½ Std.).

Ein Taxi vom/zum Flughafen kostet 15 €.

Arcos de la Frontera

22 350 EW.

Arcos de la Frontera 33 km östlich von Jerez ist ein zauberhaftes *pueblo blanco* (weißes Dorf) in strategisch günstiger Lage auf einem hohen Felsrücken mit einem schicken *parador,* der bewegten Geschichte einer Grenzstadt und einer verschlafenen, geheimnisvollen Altstadt mit schmalen, verwinkelten Gassen, die von weiß getünchten Bögen überragt werden. Der gelegentliche Touristenbus und einige von Ausländern betriebene Pensionen tun dem Ganzen keinen Abbruch.

Im 11. Jh. war Arcos für kurze Zeit ein *taifa* (unabhängiges Königreich der Berber), bevor es 1255 von dem christlichen König Alfons X. (dem Weisen) für Sevilla erobert wurde. Bis zum Fall von Granada 1492 lag es buchstäblich an der *frontera* (Grenze).

Sehenswertes

Basílica Menor de Santa María de la Asunción BASILIKA
(Plaza del Cabildo; Eintritt 2 €, inkl. der Iglesia de San Pedro 3 €; ⏱März–Mitte Dez. Mo–Fr 10–12.45 & 16–18.45, Sa 10–13.30 Uhr) Diese gotisch-barocke Kirche zählt zu den schönsten und interessantesten kleinen Kirchen Andalusiens und entstand über mehrere Jahrhunderte an einer Stelle, an der vorher eine Moschee gestanden hatte. Der reich mit Goldblatt verzierte kunstvolle Altaraufsatz, eine kleinere Nachbildung desjenigen in der Kathedrale von Sevilla, wurde zwischen 1580 und 1608 geschaffen. Interessant sind außerdem ein Gemälde von San Cristóbal (hl. Christophorus) – ein restauriertes Wandbild im Gotik- und Mudejarstil aus dem 14. Jh. –, das holzgeschnitzte Chorgestühl aus dem 18. Jh. und das hübsche Deckenmaßwerk im isabellinischen Stil. Der alte Glockenturm stürzte beim Erdbeben von 1755 um; der neue neoklassische Turm ist bis heute unvollendet.

Plaza del Cabildo PLATZ
Die Plaza del Cabildo im Zentrum der Altstadt ist von schönen alten Gebäuden gesäumt. Vom schwindelerregend hohen **mirador** bietet sich ein toller Panoramablick über den Río Guadalete. Der maurische **Castillo de los Duques**, der im 14./15. Jh. neu aufgebaut wurde, ist nicht zu besichtigen, aber seine Außenwände prägen das klassische Bild von Arcos. Der Parador de Arcos de la Frontera (S. 742) an der Ostseite des Platzes ist ein prachtvoller Nachbau des Hauses eines Landvogts aus dem 16. Jh.; drinnen kann man einen Kaffee genießen.

Iglesia de San Pedro KIRCHE
(Calle San Pedro 4; Eintritt 2 €, inkl. der Basílica Menor de Santa María de la Asunción 3 €; ⌚ Mo–Fr 10–12.45 & 16–18.45, Sa 10–13.30 Uhr) Der gotisch-barocke Mixbau besticht mit einer der vielleicht schönsten Innenausstattungen einer kleinen Kirche in Andalusien. Hinter der Fassade aus dem 18. Jh. verbirgt sich ein Hauptaltar aus dem 16. Jh., der der älteste in der Provinz Cádiz sein soll. Die Kirche wurde wahrscheinlich auf den Ruinen einer Festung aus der Almohadenzeit erbaut.

Feste & Events

Semana Santa RELIGIÖS
(⌚ März/April) In der Karwoche ziehen Prozessionen kapuzentragender Büßer durch die engen Gassen der Altstadt.

Velada de la Virgen de las Nieves MUSIK, TANZ
(⌚ Anfang Aug.) Bei dem 1961 gegründeten Fest wird auch eine erstklassige Flamenco-Nacht auf der Plaza del Cabildo veranstaltet.

Feria de San Miguel VOLKSFEST
(⌚ Ende Sept.) Ende September feiert Arcos seinen Schutzpatron mit einem bunten vier- oder fünftägigen Volksfest.

Schlafen

Casa Campana PENSION $
(☎ 600 284928; www.casacampana.com; Calle Núñez de Prado 4; Zi./Apt. 54/78 €; ❄ 📶) Als eine von mehreren reizenden Pensionen in der Altstadt bietet die Casa Campana in einem 600 Jahre alten Haus zwei gemütliche Doppelzimmer und ein großes Apartment für bis zu fünf Personen mit kleiner Küche und viel Flair. Der Blumenpatio ist mit seinen Sonnenliegen ein schöner geschützter Rückzugsort und von der ruhigen Dachterrasse genießt man weite Aussichten. Die kompetenten Betreiber kennen sich bestens aus und halten für ihre Gäste eine ausgezeichnete Broschüre für einen Altstadtrundgang bereit.

★ **La Casa Grande** HISTORISCHES HOTEL $$
(☎ 956 70 39 30; www.lacasagrande.net; Calle Maldonado 10; Zi. 90–118 €, Suite 120–135 €; ⌚ 6.–31. Jan. geschl.; ❄ 📶) Dieses wunderschöne große Herrenhaus am Rand des Felsrückens stammt aus dem Jahr 1729 und gehörte einst dem großen Flamenco-Tänzer Antonio Ruiz Soler. Jedes der sieben Zimmer ist unterschiedlich, aber geschmackvoll, modern und rustikal eingerichtet – und von den meisten hat man herrliche Ausblicke. Das Ganze wirkt eher wie ein Künstlerwohnhaus denn ein Hotel. Abgerundet wird das perfekte Gesamtpaket durch ein tolles Frühstück (10 €), eine gut sortierte Bibliothek, eine Dachterrasse sowie auf Wunsch auch Massagen und Yoga.

Parador de Arcos de la Frontera HISTORISCHES HOTEL $$
(☎ 956 70 05 00; www.parador.es; Plaza del Cabildo; Zi. 85–150 €; ❄ @ 📶) Diese umgebaute Landvogtresidenz aus dem 16. Jh. vereint den typischen Luxus eines *parador* mit einer grandiosen Lage und den schönsten Ausblicken des Ortes. Acht der 24 klassisch eingerichteten Zimmer haben Balkons, von denen man weit ins Land blickt. Die meisten anderen Zimmer schauen auf die Plaza del Cabildo. Das elegante **Restaurant** (Hauptgerichte 13–22 €; ⌚ 8–11, 12–16 & 20.30–23 Uhr) mit seiner herrlichen Terrasse bietet eine Karte mit ausgewählter Regionalkost. Bei Internetbuchung winken gute Rabatte.

Essen

★ **Taberna Jóvenes Flamencos** ANDALUSISCH, TAPAS $
(☎ 657 133552; www.facebook.com/pg/taberna.jovenezflamencos; Calle Deán Espinosa 11; Tapas 2,50–3,50 €; ⌚ Do–Di 12–24 Uhr, 1. Oktoberwoche geschl.; ✎) Eines muss man diesem quirligen, beliebten Restaurant lassen, das mitten in der Wirtschaftskrise eröffnet wurde und dennoch erfolgreich ist: Es hat eine wunderschöne Einrichtung (Flamenco trifft Stierkampf) mit Fliesenböden und handbemalten, knallroten Tischen sowie eine verführerische Speisekarte, auf der Fisch-, Fleisch-, Eier- und vegetarische Gerichte, geschmorte Tapas und *raciones* stehen (z. B. Auberginen und gegrillter Ziegenkäse mit Honig aus der Region). Der Service

Mit dem Auto **durch die weißen Dörfer**

START ARCOS DE LA FRONTERA
ZIEL RONDA
LÄNGE/DAUER 147 KM; ZWEI TAGE

Los geht's in 1 **Arcos de la Frontera** (S. 741) mit seiner römisch-maurisch-christlichen Zitadelle. Nach 32 km erreicht man auf der A372 2 **El Bosque**, das westliche Tor des Parque Natural Sierra de Grazalema. Über die A373 fährt man 13 km südlich nach 3 **Ubrique**, einem Zentrum der Lederproduktion nahe den Naturparks Grazalema und Alcornocales. Bei der 7 km langen Fahrt auf der A2302 ins winzige 4 **Benaocaz** werden die Berge immer höher; hier beginnen mehrere Wanderwege durch den Grazalema-Park. Nach weiteren 7 km ist man in 5 **Villaluenga del Rosario** mit seinem Käsemuseum. An der Westwand der Sierra entlang und über die A372 geht's nach 6 **Grazalema** (S. 744), einer Hochburg für Aktivitäten im Park und bekannt für die hier gefertigten Decken und den Honig. Die CA9104 führt in Serpentinen hinauf zum Puerto de las Palomas mit toller Aussicht und weiter nach 7 **Zahara de la Sierra** (S. 745), einem typischen weißen Dorf. Hier kuscheln sich einige Häuschen um einen von einer Burg gekrönten Felssporn oberhalb des Stausees im Schatten der Grazalema-Berge. Die A2300 führt nördlich nach 8 **Algodonales**, einem weißen Dorf am Rand des Nationalparks mit Gitarrenmanufaktur. Zudem ist es ein Mekka für Drachenflieger und Paraglider. Anschließend geht's auf der A384 19 km nordöstlich am Peñón de Zaframagón vorbei nach 9 **Olvera** (S. 747), das für eine arabische Burg, Olivenöl und den Radweg **Vía Verde** (S. 746) bekannt ist. Die CA9106 führt südöstlich am weißen Dorf 10 **Torre Alháquime** vorbei. Von hier windet sich die CA9120 11 km südöstlich zur Grenze der Provinz Málaga und nach 11 **Setenil de las Bodegas** (S. 750) mit seinen Höhlenhäusern, in denen einst Wein gelagert wurde. Heute bieten sie Schutz vor der Sommerglut und beherbergen einige Tapas-Bars. Von Setenil führt die Straße 17 km nach Süden in die Provinz Málaga zur wunderschönen Schluchtenstadt 12 **Ronda** (S. 747).

ist obendrein höchst professionell und regelmäßig gibt's Musik und Tanz.

Babel MAROKKANISCH, FUSION-KÜCHE $
(☎ 671138256; www.restaurantebabel.es; Calle Corredera 11; Gerichte 5–12 €; ⏲ Mo–Sa 13–16 & 19.30–23.30 Uhr, Juli–Mitte Sept. nur abends geöffnet; 📶 📝) Das marokkanische Fusion-Restaurant von Arcos ist geschmackvoll eingerichtet (rote Wände, gemütliche Sitzecken und kunstvolle Stühle, die mit dem Schiff aus Casablanca eingeschifft wurden) und serviert ebenso geschmackvolle Gerichte. Man hat die Auswahl zwischen perfekt gewürzten Tagines, Couscous, Hummus und *pastela* (gefülltes Gebäck) mit Hühnchenfleisch und Mandeln oder kann sich das volle arabische Programm inklusive Silbergefäßen und süßem Gebäck gönnen. Ein gemütliches, freundliches Lokal. Die Öffnungszeiten variieren.

ℹ Praktische Informationen

Oficina de Turismo (☎ 956 70 22 64; http://turismoarcos.com; Calle Cuesta de Belén 5; ⏲ Mo–Sa 9.30–14 & 15–19.30, So 10–14 Uhr) Dient gleichzeitig als Centro de Interpretación mit Ausstellungen zur Geschichte von Arcos und einem Modell der modernen Stadt.

ℹ An- & Weiterreise

Busse von **Los Amarillos** (☎ 902 21 03 17; http://losamarillos.autobusing.com), **Comes** (☎ 902 64 64 28; www.tgcomes.es) und/oder Consorcio de Transportes Bahía de Cádiz (S. 729) fahren vom **Busbahnhof** (Calle Los Alcaldes) abseits der Avenida Miguel Mancheño in der westlich der Altstadt gelegenen Neustadt. Am Wochenende verkehren die Busse weniger häufig. Wer nach Sevilla reisen will, fährt am besten bis Jerez und steigt dort um.

ZIEL	PREIS (€)	DAUER	HÄUFIGKEIT
Cádiz	5,73–7,30	1 Std.	5–10-mal tgl.
Jerez de la Frontera	1,95–3,09	30–40 Min.	18–29-mal tgl.
Málaga	18	3¾ Std.	Mo–Fr 7.40 & 15.45 Uhr
Olvera	8	1¾ Std.	Mo–Fr 14.35 Uhr
Ronda	10	2 Std.	Mo–Fr 12.20 & 15.20 Uhr, Sa & So 10.20 Uhr
Sevilla	9	2 Std.	tgl. 9 & 16 Uhr

Parque Natural Sierra de Grazalema & Umgebung

Die zerklüfteten, pfeilerartigen Gipfel des Parque Natural Sierra de Grazalema erheben sich urplötzlich aus der Ebene nordöstlich von Cádiz. Hier gibt's tiefe Schluchten, seltene Fichten, wilde Orchideen und vor einer wunderbar grünen Kulisse die höchsten Berge der Provinz (260 bis 1648 m). Dies ist der feuchteste Teil Spaniens, noch vor Galicien und Kantabrien: Der Ort Grazalema verzeichnet jährlich 2200 mm Niederschlag. Das Grazalema-Gebiet eignet sich wunderbar zum Wandern (vor allem im Mai, Juni, September und Oktober), außerdem können sich Furchtlose über zahlreiche Gelegenheiten zu Abenteueraktivitäten freuen.

Der 534 km² große Park, 1977 zum ersten UNESCO-Biosphärenreservat Spaniens ernannt, erstreckt sich bis in den Nordwesten der Provinz Málaga, deren Höhle Cueva de la Pileta ebenfalls noch dazugehört.

Aktivitäten

Wandern, Caving, Canyoning, Kajakfahren, Klettern, Radfahren, Vogelbeobachtung, Reiten, Gleitschirmfliegen – in diesem wundervollen Naturschutzgebiet ist alles möglich. Für die schwierigeren Sachen sollte man sich einen Führer besorgen; renommierte Anbieter von Abenteuertouren sind **Zahara Catur** (☎ 657 926394, 656 986009; www.zaharacatur.com) sowie **Horizon** (☎ 655 934565, 956 13 23 63; www.horizonaventura.com; Calle Las Piedras 1; ⏲ Mo–Sa 10–14 & 17–20 Uhr) in Grazalema.

Grazalema

1635 EW. / 825 M

Nur wenige *pueblos blancos* sind so perfekt wie Grazalema mit seinen makellos weiß getünchten Häusern, die mit rostroten Ziegeln gedeckt und mit schmiedeeisernen Fenstergittern geschmückt sind, verteilt auf die steilen, felsigen Hänge der gleichnamigen Bergkette. Da von hier aus Wanderwege in alle Richtungen führen, ist Grazalema die beliebteste Basis für Erkundungstouren im Parque Natural Sierra de Grazalema. Doch hier werden auch seit langer Zeit Decken, Honig, Käse und Eintöpfe mit viel Fleisch hergestellt. Grazalema hat seinen ganz eigenen Bergcharme.

NICHT VERSÄUMEN

WANDERN IN DER SIERRA DE GRAZALEMA

Die Sierra de Grazalema ist von 20 schönen markierten Wanderwegen durchzogen. Vier der besten – **Garganta Verde**, **El Pinsapar**, **Llanos del Rabel** und **El Torreón** (16. Okt.–Mai) – führen in geschützte Gebiete, für die eine kostenlose Genehmigung erforderlich ist, welche es im **Centro de Visitantes El Bosque** (956 70 97 33; cvel bosque.amaya@juntadeandalucia.es; Calle Federico García Lorca 1, El Bosque; 10–14 Uhr, Juni–Sept. Mo geschl.) gibt. Am besten besorgt man sich diese einen oder zwei Monate (mindestens aber fünf Tage) im Voraus. Das Centro sendet die Genehmigungen auf Wunsch per E-Mail zu; die Kommunikation mit den Mitarbeitern erfolgt teilweise auf Englisch, aber die Genehmigungen sind immer spanisch. Manchmal sind auch vor Ort noch Permits erhältlich; man kann telefonisch oder per E-Mail nachfragen, muss die Genehmigung dann aber am Tag der Wanderung beim Centro oder in der Touristeninformation von Grazalema (S. 745) abholen. Einige Pfade sind wegen der Waldbrandgefahr von 1. Juni bis 15. Oktober komplett oder teilweise gesperrt.

Das Centro de Visitantes El Bosque, der Punto de Información Zahara de la Sierra und die Touristeninformation von Grazalema bieten gute Karten, auf denen die Hauptwege verzeichnet sind. Auf www.ventanadelvisitante.es kann man sich Wanderinformationen und Karten auf Spanisch und Englisch herunterladen.

Schlafen & Essen

Casa de las Piedras HOTEL $

(956 13 20 14; www.casadelaspiedras.es; Calle Las Piedras 32; EZ/DZ 35/48 €, mit Gemeinschaftsbad 15/28 €;) Bergluft und eine gemütliche Atmosphäre gehen in der Casa de las Piedras Hand in Hand. Das ländliche Hotel hat unten eine behagliche Lounge und tonnenweise Infos zu Aktivitäten im Park. Die einfachen, aber gemütlichen Zimmer, die in unterschiedlichen Größen und Formen daherkommen, sind mit den für Grazalema typischen Wolldecken geschmückt. Die Casa liegt 100 m westlich der Plaza de España.

La Maroma TAPAS, ANDALUSISCH $$

(617 543756; www.facebook.com/gastrobarla maroma; Calle Santa Clara; Tapas 2–6 €, Hauptgerichte 6–16 €; 12–17 & 19.30–23 Uhr;) Die Küche dieser gemütlichen Gastrobar ist deutlich aufregender und origineller als ihre rustikalen karierten Tischdecken, Balkendecken und das von Stierkämpfen inspirierte Dekor. Das Lokal wird von einem jungen Familienteam geführt und serviert kreative regionale Spezialitäten. Die Tapas und *raciones* bestehen aus Produkten, die aus den umliegenden Bergen stammen. Zur Auswahl stehen u. a. Pilze in Honig-Thymian-Soße, *huevos rotos* (Spiegeleier mit Kartoffeln), belegte *tostas* (getoastete Sandwiches) oder *payoyo*-Käsesalat mit einem Dressing aus Grazalema-Honig.

Praktische Informationen

Oficina de Turismo (956 13 20 52; www.grazalema.es; Plaza de los Asomaderos; Juni–Sept. Di–So 9–15 Uhr, Okt.–Mai Di–So 10–14 & 15–17.30 Uhr) Informationen zu Wanderungen im Parque Natural Sierra de Grazalema. Erteilt auch kurzfristig Wandergenehmigungen (persönlich erscheinen). Die beste Touristeninformation der ganzen Provinz.

An- & Weiterreise

Los Amarillos (902 21 03 17; http://losama rillos.autobusing.com) bietet zwei Busse täglich nach/von Ronda (2,85 €, 1 Std.), zwei täglich über Benaocaz (1,61 €, 20–30 Min.) nach Ubrique (2,32 €, 30–40 Min.) und montags bis freitags einen täglich nach/von El Bosque (1,45 €, 30 Min.), wo man nach Arcos de la Frontera umsteigen kann.

Zahara de la Sierra

1250 EW. / 550 M

Das zerklüftete Zahara, das sich an einen schwindelerregenden Steilhang am Fuß der Sierra de Grazalema mit Blick auf den glitzernden türkisfarbenen Embalse de Zahara schmiegt, steckt voller maurischer Geheimnisse. Im 14. und 15. Jh. lag es mehr als 150 Jahre lang an der alten mittelalterlichen Grenze zum christlichen Olvera, das man in der Ferne sieht. Der Ort hat alle guten Eigenschaften eines klassischen weißen Dorfes: Die Gassen laden zur Erkundung ein und überall locken schöne Ausblicke zwischen hohen Palmen und rosafarbenen

Bougainvilleen. Zahara ist ein toller Ausgangspunkt für Wanderungen in der **Garganta Verde** – kein Wunder, dass es so beliebt ist. Wer allerdings in der Siesta-Zeit am Nachmittag herkommt, kann eine Stecknadel fallen hören.

Die steile Straße CA9104 über den 1357 m hoch gelegenen Puerto de las Palomas (Pass der Tauben) verbindet Zahara mit Grazalema (17 km südlich). Mutige können die aufregende Fahrt durch viele spektakuläre Serpentinen wagen.

Sehenswertes

Die Hauptschlagader des Dorfs ist die Calle San Juan; an ihrem westlichen Ende steht die **Capilla de San Juan de Letrán** (Calle San Juan; 11–13.30 Uhr) aus dem 20. Jh. mit einem maurischen Glockenturm. Am westlichen Ende erhebt sich die barocke **Iglesia de Santa María de Mesa** (Plaza del Rey; Eintritt gegen Spende; 11–13.30 & 15.30–17.15 Uhr) aus dem 18. Jh.

Schlafen

Al Lago BOUTIQUE-HOTEL **$$**
(956 12 30 32; www.al-lago.es; Calle Félix Rodríguez de la Fuente; inkl. Frühstück EZ 72–82 €, DZ 90–120 €, FZ 110–125 €; Mitte Feb.–Mitte Nov.;) Das wunderschöne britisch-amerikanisch geführte Boutique-Hotel bietet einen herrlichen Blick auf den Stausee von Zahara. Die sechs farbenfrohen, modernen Zimmer wurden von Designerin und Inhaberin Mona individuell gestaltet und strahlen eine dezente, ländlich-schicke Eleganz aus. Alle Räume haben eigene Balkone mit Seeblick, die zwei Superior-Zimmer sind mit Badewannen ausgestattet, und es gibt einen kleinen Terrassen-Alkoven zum Entspannen.

Unten im guten **Restaurant** (Hauptgerichte 12–17 €; Mitte Feb.–Mitte Nov. 13–16 & 20–23 Uhr, Mitte Feb.–Mai & Okt.–Mitte Nov. Mi geschl.;) zaubert Küchenchef Stefan moderne andalusische Gerichte und Verkostungsmenüs aus lokalen Saisonprodukten; dazu gibt's Weine aus der Region Ronda und ganz Spanien.

NICHT VERSÄUMEN

VÍA VERDE DE LA SIERRA

Die 36 km lange **Vía Verde de la Sierra** (www.fundacionviaverdedelasierra.com) zwischen Olvera und Puerto Serrano (im Westen) gilt als schönste *vía verde* („Grüner Weg", alte Eisenbahnstrecken, die in autofreie Wege für Radfahrer, Wanderer und Reiter umfunktioniert wurden) Spaniens. Auf ihrer Strecke fallen nicht nur die wilden, zerklüfteten Landschaften auf, sondern auch vier spektakuläre Viadukte, 30 Tunnel und drei alte Bahnhöfe, die in Hotels/Restaurants verwandelt wurden. Paradoxerweise wurde die Eisenbahnlinie, der dieser grüne Weg folgt, nie fertiggestellt. Der Bau begann in den 1920er-Jahren als Teil der Verbindung von Jerez nach Almargen, kam jedoch im Spanischen Bürgerkrieg zum Erliegen. Anfang dieses Jahrtausends wurde die Strecke dann restauriert.

Die Route (östlicher Startpunkt) beginnt offiziell 1 km nördlich von Olvera am Hotel Estación Vía Verde de la Sierra. Hier verleiht **Sesca** (657 987432, 687 676462; www.sesca.es; Calle Pasadera 4; Leihrad halber/ganzer Tag 9/12 €; 9–14 & 16–18 Uhr) Räder aller Art ab 12 € pro Tag. Außerdem ist hier das **Centro de Interpretación Vía Verde de la Sierra** (www.fundacionviaverdedelasierra.es; Calle Pasadera 4; Erw./Kind 2/1 €; Do–Mo 9.30–16.30 Uhr). Fahrradverleih ist auch an den Bahnhöfen Coripe und Puerto Serrano möglich (Okt.–Mai täglich, Juni–Sept. nur am Wochenende) Außerdem gibt's die **Patrulla Verde** (638 280184; Juni–Sept. Sa & So 8–15.30 Uhr, Okt.–Mai Sa & So 9–17 Uhr), einen hilfreichen Trupp von Straßenprofis und Fahrradexperten.

Ein Highlight der Vía Verde ist der **Peñón de Zaframagón**, ein markanter Steilhang, der als erstklassiger Nistplatz für Gänsegeier dient. Im früheren Bahnhofsgebäude von Zaframagón, 16 km westlich von Olvera, befindet sich das **Centro de Interpretación y Observatorio Ornitológico** (956 13 63 72; www.fundacionviaverdedelasierra.es; Antigua Estación de Zaframagón; Erw./Kind 2/1 €; 9.30–17.30 Uhr): Hier kann man das Geschehen oben auf dem Felsen durch eine hochauflösende Kamera aus der Nähe beobachten.

Die Vía Verde de la Sierra kann in jeder Richtung bereist werden. Wer nur eine Strecke fährt, kann sich (und sein Fahrrad) mit dem Taxi zurück zum Startpunkt bringen lassen; nähere Informationen gibt's in den Informationszentren entlang der Route.

Praktische Informationen

Punto de Información Zahara de la Sierra (956 12 31 14; Plaza del Rey 3; Di–So 10–14 Uhr) Die private Agentur bietet Informationen über Zahara und den Parque Natural Sierra de Grazalema.

An- & Weiterreise

Comes (902 64 64 28; www.tgcomes.es) bietet von Montag bis Freitag täglich zwei Busse nach/von Ronda (4,55 €, 1 Std.).

Olvera

8060 EW. / 643 M

Das von einer maurischen Burg überschattete Olvera 27 km nordöstlich von Zahara de la Sierra lockt schon aus weiter Ferne inmitten einer Landschaft voller Olivenbäume. Die Stadt wurde 1327 von Alfons XI. zurückerobert und war bis Mitte des 19. Jh. ein Zufluchtsort für viele Verbrecher. Heute kommen die meisten Besucher wegen der Vía Verde de la Sierra nach Olvera, doch das schöne weiße Dorf ist auch bekannt für das hier hergestellte Olivenöl, zwei eindrucksvolle Kirchen und eine bewegte Geschichte, die wahrscheinlich bis zu den Römern zurückgeht.

Sehenswertes

Castillo Árabe BURG

(Plaza de la Iglesia; inkl. La Cilla Erw./Kind 2/1 €; Juni–Sept. Di–So 10.30–14 & 16–20 Uhr, Okt.–Mai Di–So 10.30–14 & 16–18 Uhr) Hoch über der Stadt thront auf einem Felsen die arabische Burg aus dem späten 12. Jh., die in späterer Zeit zum Verteidigungssystem des nasridischen Granada gehörte. Man kann den Turm besteigen, von dem sich ein großartiger Blick auf die Stadt und das Umland bietet.

Iglesia Parroquial Nuestra Señora de la Encarnación KIRCHE

(Plaza de la Iglesia; 2 €; Di–So 11–13 Uhr) Olveras klassizistische Kirche hoch oben im Ort wurde über einem gotischen Vorgängerbau mit Elementen des Mudejarstils errichtet. Die Herzöge von Osuna gaben sie in Auftrag, fertiggestellt wurde sie in den 1840er Jahren.

Schlafen & Essen

Hotel Estación Vía Verde de la Sierra HOTEL $

(644 747029; www.hotelviaverdedelasierra.es; Calle Pasadera 4; EZ/DZ/3BZ 45/55/65 €, Apt. für 2/6 Pers. 90/110 €; Di–So; P) Das einzigartige Hotel 1 km nördlich von Olvera ist der offizielle Startpunkt der Vía Verde de la Sierra, der schönsten der spanischen *vías verdes* (in Rad- und Wanderwege verwandelte alte Bahntrassen). Die Unterbringung erfolgt in sieben modernisierten Ein- bis Vier-Bett-Zimmern im umgebauten Bahnhof oder in von Zugwaggons inspirierten Apartments mit Küchen, in denen bis zu sechs Personen übernachten können. Außerdem gibt's einen Fahrradverleih, ein Restaurant und einen Salzwasserpool.

Taberna Juanito Gómez TAPAS $

(956 13 01 60; Calle Bellavista; Tapas 2–3 €; Mo–Sa 13.30–16.30 & 20.30–23.30 Uhr) Köstliche, recht preiswerte Tapas und *montaditos* (belegte Brötchen) mit z. B. Knoblauchgarnelen, gegrillten Pilzen, Manchego-Käse und Ibérico-Schinken werden in diesem kleinen Lokal serviert.

Praktische Informationen

Oficina de Turismo (956 12 08 16; www.olvera.es; Plaza de la Iglesia; Juni–Sept. Di–So 10.30–14 & 16–20 Uhr, Okt.–Mai Di–So 10.30–14 & 16–18 Uhr)

An- & Weiterreise

Los Amarillos (902 21 03 17; http://losamarillos.autobusing.com) betreibt einen Bus täglich nach Jerez de la Frontera (9,11 €, 2½ Std.) und Ronda (5,40 €, 1½ Std.) und ein bis zwei Busse täglich nach Málaga (12 €, 2 Std.).
Comes (902 64 64 28; www.tgcomes.es) fährt montags bis freitags einmal am Tag nach Cádiz (15 €, 3 Std.).

Ronda

34 400 EW. / 744 M

Ronda liegt mitten in einer riesigen Schlucht, die vom Río Guadalevín in die Berge geschnitten wurde. Die wuchtige Stadt hat eine dramatische Geschichte, die von Gesetzlosen, Banditen, Guerillakriegern und Rebellen geprägt ist. Ihre spektakuläre Lage auf der Schlucht El Tajo und ihr Status als größtes weißes Dorf Andalusiens machen sie zu einem beliebten Reiseziel, was angesichts ihrer bescheidenen Größe umso bemerkenswerter ist. Ende des 18. Jahrhunderts wurde in Ronda der moderne Stierkampf erfunden, und der Ruhm der Stadt hat sich durch ihre enge Verbindung zu den amerikanischen Schriftstellern Ernest Hemingway (der Stierkämpfe liebte)

Ronda

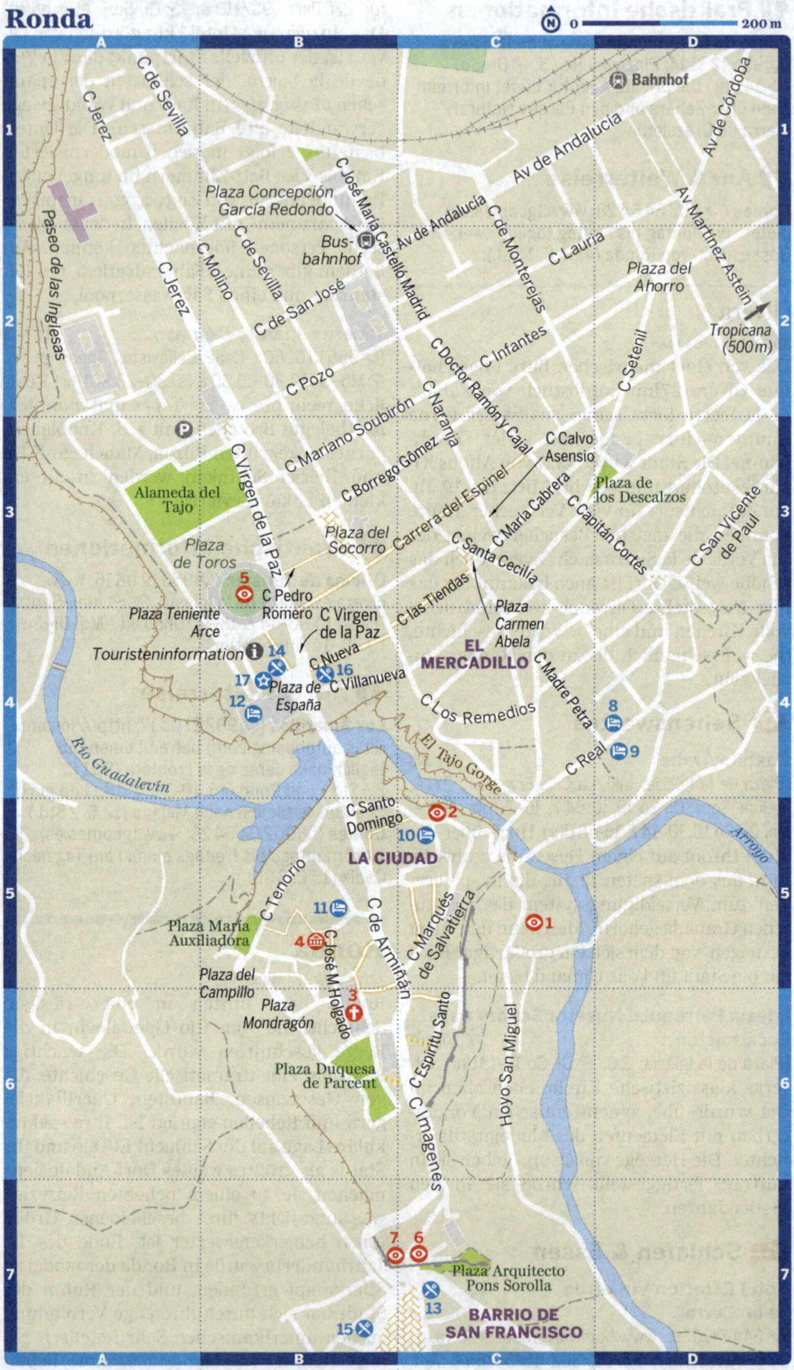
0
200 m
A
B
C
D
1
2
3
4
5
6
7
Bahnhof
C de Sevilla
C Jerez
Av de Córdoba
Av de Andalucía
Plaza Concepción García Redondo
C José María Castello Madrid
Bus-bahnhof
Av de Andalucía
C de Monterejas
C Lauria
Av Martínez Astein
Plaza del Ahorro
Paseo de las Inglesas
C Jerez
C Molino
C de Sevilla
C de San José
Tropicana (500 m)
C Infantes
C Doctor Ramón y Cajal
C Setenil
C Pozo
C Naranja
C Mariano Soubirón
C Borrego Gómez
C Calvo Asensio
Alameda del Tajo
C Virgen de la Paz
Carrera del Espinel
Plaza de los Descalzos
C María Cabrera
C Capitán Cortés
Plaza del Socorro
Plaza de Toros
C Santa Cecilia
C San Vicente de Paul
5
C Pedro Romero
C las Tiendas
Plaza Carmen Abela
Plaza Teniente Arce
C Virgen de la Paz
Touristeninformation
14
C Nueva
EL MERCADILLO
17
16
Plaza de España
C Villanueva
C Madre Petra
12
C Los Remedios
8
El Tajo Gorge
C Real
9
Río Guadalevín
C Santo Domingo
2
10
Arroyo
LA CIUDAD
C Tenorio
11
C de Armiñán
C Marqués de Salvatierra
1
Plaza María Auxiliadora
4
C José M Holgado
Plaza del Campillo
3
Plaza Mondragón
C Espíritu Santo
Hoyo San Miguel
Plaza Duquesa de Parcent
C Imágenes
7
6
Plaza Arquitecto Pons Sorolla
13
15
BARRIO DE SAN FRANCISCO

Ronda

Sehenswertes

1	Baños Árabes	C5
2	Casa del Rey Moro	C5
3	Iglesia de Santa María La Mayor	B6
4	Museo Joaquín Peinado	B5
5	Plaza de Toros	B3
6	Puerta de Almocábar	C7
7	Puerta de Carlos V	B7

Schlafen

8	Aire de Ronda	D4
9	Enfrente Arte	D4
10	Hotel Ronda	C5
11	Hotel San Gabriel	B5
12	Parador de Ronda	B4

Essen

13	Almocábar	C7
14	Bardal	B4
15	Casa María	B7
16	Tragatá	B4

Unterhaltung

17	El Quinqué	B4

und Orson Welles (dessen Asche in der Stadt begraben ist) noch verstärkt.

Südlich der Schlucht erstreckt sich die Altstadt von Ronda. Sie geht größtenteils auf maurische Zeiten zurück: Damals war sie ein wichtiges kulturelles Zentrum voller Moscheen und Paläste. Weiter nördlich liegt auf steilen Klippen die gitterförmige Neustadt, deren Parks und Promenaden einen herrlichen Blick auf die umliegenden Berge bieten.

Sehenswertes

La Ciudad, die historische Altstadt auf der Südseite der Schlucht El Tajo, bietet sich mit ihrem stimmungsvollen und äußerst geschichtsträchtigen Flair, ihren Renaissancebauten und ihren Museen für einen schönen Bummel an. In der Neustadt, wo die Fernbusse und -züge halten, befinden sich eine bekannte Stierkampfarena, die grünen Gärten der Alameda del Tajo und natürlich jede Menge Touristen. Zwischen Alt- und Neustadt überspannen drei Brücken die Schlucht.

Plaza de Toros BEDEUTENDES BAUWERK

(Calle Virgen de la Paz; 7 €, mit Audioguide 8,50 €; ⏲10–20 Uhr) Die seit mehr als 200 Jahren existierende Arena zählt zu den ältesten in Spanien und war auch Schauplatz einiger der bedeutendsten Ereignisse in der Geschichte des Stierkampfs. Hier erfährt man viel über diese tief verwurzelte spanische Tradition, ohne sich einen Stierkampf anschauen zu müssen.

Das dazugehörige Museo Taurino ist mit Erinnerungsstücken vollgestopft, z. B. den blutbespritzten Matadorenkostümen, die Jesulín de Ubrique, der Star der 1990er-Jahre, getragen hat, sowie Kunstwerken von Picasso und Fotos berühmter Fans wie Orson Welles und Ernest Hemingway.

Casa del Rey Moro GÄRTEN

(Haus des maurischen Königs; Calle Santo Domingo 17; Erw./Kind 5/3 €; ⏲10–19 Uhr) Die islamische Treppa La Mina ist über mehrere landschaftlich schön gestaltete Terrassen zu erreichen. Sie führt über 300 in den Fels gehauene Stufen bis ganz hinunter zum Fluss am Fuß der Schlucht. Über diese Treppe konnte sich die Stadt, wenn sie angegriffen wurde, mit Wasser versorgen. 1485 verschafften sich die christlichen Truppen über diese Treppe gewaltsamen Zugang nach Ronda. Die Stufen sind schlecht beleuchtet, steil und teilweise rutschig – vorsichtig gehen!

Die Terrassen wurden 1912 von dem französischen Landschaftsarchitekten Jean-Claude Forestier gestaltet. Forestier zeichnete sich auch für den Parque de María Luisa (S. 698) in Sevilla verantwortlich.

Museo Joaquín Peinado GALERIE

(☎952 87 15 85; www.museojoaquinpeinado.com; Plaza del Gigante; 4 €; ⏲Mo–Fr 10–17, Sa 10–15 Uhr) Der aus Ronda stammende Künstler Joaquín Peinado war ein Freund und Zeitgenosse Picassos, was sich in seinen Werken widerspiegelt, die stark abstrakte Linien, kubistische Elemente und eine Vorliebe für weibliche Akte aufweisen. Die typisch andalusische Galerie zeigt all seine Werke; sie befindet sich in einem historischen Gebäude, das in einem eleganten minimalistischen Stil ausgestattet ist.

Iglesia de Santa María La Mayor KIRCHE

(Calle José M Holgado; Erw./Kind 4,50/2 €; ⏲Mo–Sa 10–19, So 10–12.30 & 14–18 Uhr) Die alte Moschee der Stadt wurde in diese elegante Kirche verwandelt. Gleich hinter dem Eingang befindet sich ein Bogen mit arabischen Inschriften, ein Teil des *mihrab* (Gebetsnische, die nach Mekka zeigt) der Moschee. Die Kirche, die zu einem Nationalmonument er-

ABSTECHER

SETENIL DE LAS BODEGAS

Während sich die meisten anderen weißen Dörfer durch die Lage auf Felsmassiven Schutz versprachen, taten die Bewohner von Setenil (14 km südöstlich von Olvera) das Gegenteil: Sie verbargen sich in den dunklen Höhlen neben den Steilhängen des Flusses Trejo. Ihre Strategie funktionierte recht gut: 15 Tage lang belagerte die christliche Armee 1484 den Ort, bevor die Mauren ihren gut verteidigten Standort aufgaben. Viele der früheren Höhlenwohnungen blieben erhalten, einige werden als Bars und Restaurants genutzt. Setenil ist heute ein beliebtes Ziel von Tagestouren ab Ronda und Grazalema.

Die **Touristeninformation** (☎ 635 365147, 616 553384; www.setenil.com; Calle Villa 2; ⏲ Di–So 10–14 Uhr) befindet sich in der Casa Consistorial aus dem 16. Jh., die eine seltene Holzdecke im Mudejarstil besitzt und geführte Wanderungen durch Setenil und Umgebung veranstaltet. Weiter oben erhebt sich die **Burg** (Calle Villa; ⏲ Mo–Fr 10.30–14 & 17–20, Sa & So 10.30–19 Uhr) aus dem 12. Jh., die die Christen acht Jahre vor Granadas Fall einnahmen; ihr Turm stammt aus dem 13. Jh. und kann auch bestiegen werden.

Setenil beherbergt erstklassige Tapas-Bars, in denen man während der Erkundung des einzigartigen Ortes eine Pause einlegen kann. Wir empfehlen das **Restaurante Casa Palmero** (☎ 956 13 43 60; www.facebook.com/RestauranteCasaPalmero; Plaza de Andalucía 4; Hauptgerichte 8–19 €; ⏲ Fr–Mi 13 Uhr–open end; 📶 👪).

klärt wurde, ist innen eine wahre Orgie der dekorativen Stile und Verzierungen. Das große Chorgestühl aus Zedernholz teilt die Kirche in zwei Teile: einen für die Adligen vorne und einen für den Rest hinten.

Baños Árabes HISTORISCHE STÄTTE
(Arabische Bäder; Hoyo San Miguel; 3,50 €, Mo frei; ⏲ Mo–Fr 10–19, Sa & So bis 15 Uhr) Vom Stadtzentrum ist es ein angenehmer Spaziergang zu den arabischen Bädern am Fluss mit Hufeisenbögen und Säulen aus dem 13. und 14. Jh.. Die warmen und kalten Bäder, die zu den besterhaltenen arabischen Bädern in Andalusien zählen, sind klar voneinander getrennt. Sie zählen zu den besterhaltenen arabischen Bädern in Andalusien. Ein kurzes Video und mehrere Informationstafeln bringen Licht in die Geschichte dieser Stätte.

Puerta de Almocábar TOR
Die Altstadt ist von massiven Festungsmauern umringt, die von zwei alten Toren durchbrochen werden: die maurische Puerta de Almocábar, die im 13. Jh. der Hauptzugang zur Burg war, und die **Puerta de Carlos V.** aus dem 16. Jh. Die maurische Stadtanlage innerhalb der Mauern blieb erhalten, doch das Labyrinth enger Straßen wird heute von den Renaissancevillen mächtiger Familien geprägt, deren Vorfahren 1485 zusammen mit Ferdinand dem Katholischen die Stadt eingenommen hatten.

Feste & Events

Ronda Guitar Festival MUSIK
(www.rondaguitarfestival.com; ⏲ Juni) Das 2016 gegründete fünftägige Festival findet im relativ neuen Ronda Guitar House statt und ist dem berühmtesten spanischen Musikinstrument gewidmet. Das Programm bietet weit mehr als Flamenco-Musik: Es umfasst Konzerte, Konferenzen, Weinproben und Ausstellungen von Gitarrenbauern.

Schlafen

★ **Aire de Ronda** BOUTIQUE-HOTEL $$
(☎ 952 16 12 74; www.airederonda.com; Calle Real 25; Zi. ab 125 €; P 📶) Das Hotel in einem besonders ruhigen Teil der Stadt wirkt von außen uralt, ist drinnen aber supermodern eingerichtet. Es wartet mit schicken minimalistischen Zimmern in Schwarz und Weiß auf. Die fabelhaften Bäder verfügen über glänzende silberne und goldene Mosaikkacheln und bodengleiche Duschen. In einem der romantischen Paarzimmer ist die Dusche vom Zimmer nur durch eine Glaswand getrennt.

★ **Hotel San Gabriel** HOTEL $$
(☎ 952 19 03 92; www.hotelsangabriel.com; Calle José M Holgado 19; EZ/DZ mit Frühstück 72/130 €; ❄ 📶) Das bezaubernde historische Hotel steckt voller Antiquitäten und Fotos, die Rondas Geschichte dokumentieren: Stier-

kämpfe, Berühmtheiten und mehr. Farne zieren das riesige Treppenhaus aus Mahagoni. Es gibt ein Billardzimmer, ein gemütliches Wohnzimmer mit vielen Büchern sowie einen DVD-Filmraum mit zehn samtbezogenen Stühlen, die aus dem Theater von Ronda gerettet wurden.

★ Enfrente Arte HOTEL $$
(☎ 952 87 90 88; www.enfrentearte.com; Calle Real 40; mit Frühstück 99 €; ❄ @ ≋) Wer gesichtslose, durchschnittliche Hotels hasst, wird das Enfrente Arte lieben. Schon die Rezeption ist etwas Besonderes: Sie besteht aus der Karosse eines in zwei Hälften zersägten spanischen SEAT-Wagens. Und da hat man noch nicht einmal die herrlich bunten Zimmer gesehen, die komfortabel, aber gleichzeitig auch skurril eingerichtet sind. Im Zimmerpreis sind alle Getränke (Selbstbedienung) und ein üppiges Frühstücksbüfett enthalten.

Hotel Ronda BOUTIQUE-HOTEL $$
(☎ 952 87 22 32; www.hotelronda.net; Ruedo Doña Elvira; EZ/DZ 53/70 €; ❄ 📶) Das niedliche kleine Hotel mit Blumenkästen voller Geranien und weiß getünchter Fassade überrascht mit (für Ronda) relativ einfachen, modernen Zimmern, die in kräftigen Farbtönen gehalten und mit bunten abstrakten Bildern dekoriert sind. Von einigen Zimmern blickt man auf die schönen Mina-Gärten gegenüber. Preislich ein echtes Schnäppchen!

Parador de Ronda HOTEL $$$
(☎ 952 87 75 00; www.parador.es; Plaza de España; Zi. 134–150 €; P ❄ @ 📶 ≋) Glänzender Marmor und luxuriöse Polstermöbel verleihen diesem modernen *parador* ein schönes Flair, aber sein wahres Highlight ist die herrliche Aussicht. Die Terrasse ist ein schöner Ort, um den Blick auf die Schlucht zu genießen und dabei einen Kaffee oder Wein zu trinken; nachts ist es hier besonders schön.

Essen

Die typische Küche Rondas besteht aus herzhafter Bergkost; der Schwerpunkt liegt vor allem auf Eintöpfen (genannt *cocido*, *estofado* oder *cazuela*), *trucha* (Forelle), *rabo de toro* (Ochsenschwanzsuppe) und Wildfleisch wie *conejo* (Kaninchen), *perdiz* (Rebhuhn) und *codorniz* (Wachtel).

Casa María ANDALUSISCH $
(☎ 951 08 36 63; Plaza Ruedo Alameda 27; Menü 20 €; ⏲ Do–Di 12–15.30 & 19.30–22.30 Uhr; 👪) Wenn man direkt durch die Altstadt und durch die Puerta de Carlos-V. (S. 750) geht, schwinden die Menschenmengen plötzlich auf mysteriöse Weise dahin, und man findet sich nur mit ein paar Einheimischen in der Bar Casa María wieder. Nicht verpassen! Auf der Karte stehen Gerichte wie Steaks, Jakobsmuscheln, Lachs, Kabeljau und Spargel.

Tragatá TAPAS $
(☎ 952 87 72 09; www.tragata.com; Calle Nueva 4; Tapas 2–3 €; ⏲ 13.15–15.45 & 20–23 Uhr; 📶) Tragatá ist ein kleiner Außenposten von Rondas neuem Gourmet-Guru Benito Gómez, der das nahegelegene Bardal (siehe unten) betreibt. In der Tapas-Bar bekommt man die gleiche *cocina alta* (Haute Cuisine) für einen Bruchteil der Preise. Auf der interessanten Speisekarte stehen Tapas wie Kabeljau-Sandwiches und (ob man es glaubt oder nicht) Schweineohren, die für wahre Geschmacksexplosionen sorgen.

Tropicana ANDALUSISCH $$
(☎ 952 87 89 85; Ecke Avenida Málaga & Calle Acinipo; Hauptgerichte 12–20 €; ⏲ Mi–So 12.30–15.30 & 19.30–22 Uhr) Tropicana liegt etwas abseits des Trubels in der Neustadt von Ronda, hat sich aber einen soliden Ruf für seine zertifizierte Bioküche erworben. Das kleine, aber feine Restaurant hat das Flair eines modernen Bistros.

★ Almocábar ANDALUSISCH $$$
(☎ 952 87 59 77; Calle Ruedo Alameda 5; Tapas 2 €; ⏲ Mi–Mo 12.30–16.30 & 20–23 Uhr) Zu den Tapas-Spezialitäten des Hauses gehören *montaditos* (kleine Brotscheiben), die mit Delikatessen wie Entenbrust und Chorizo belegt werden. Die Hauptgerichte werden im eleganten Speiseraum serviert. Fleisch dominiert: Kaninchen, Rebhuhn, Lamm und Rindfleisch werden auf einem heißen Stein direkt am Tisch zubereitet. Im Obergeschoss befindet sich eine Bodega; auf Wunsch können auch Weinverkostungen und Abendessen für mindestens acht Personen (ca. 50 € pro Person) organisiert werden.

Bardal GASTRONOMIE $$$
(☎ 951 48 98 28; Aparicio 1; Verkostungsmenü 60–77 €; ⏲ Di–Sa 13–15.30 & 20–22.30, So 13–15.30 Uhr) Im einst berühmten Restaurant Tragabuches ist heute das ebenso ambitionierte Bardal (einige Mitarbeiter wurden übernommen) untergebracht. Man muss im Voraus reservieren, um das aufregende Menü mit 15 bis 20 Gängen genießen zu kön-

nen. Es beinhaltet Gerichte wie Austernsüppchen, Gazpacho aus gelben Tomaten, gefrorenes Apfelwasser, Foie Gras mit Seeteufel und andere ungewöhnliche Gerichte. Hier kann man sich auf etwas ganz Besonderes gefasst machen!

Unterhaltung

El Quinqué LIVESHOWS

(☎633 778181; www.elquinqueronda.com; Paseo de Blas Infante; Tickets 8–15 €; ⏲Shows Di–So 14 & 20.30 Uhr) Wer eine traditionelle Flamenco-Show mit Gesang, Gitarrenmusik und Tanz erleben will, geht am besten ins El Quinqué. Die Eintrittspreise sind für die kurzen 40-minütigen Mittagsvorstellungen sehr günstig. Die Abendshows sind doppelt so lang. Speisen und Getränke sind im hauseigenen Bar-Restaurant erhältlich.

Praktische Informationen

Touristeninformation (www.turismoderonda.es; Paseo de Blas Infante; ⏲Mo–Fr 10–18, Sa bis 19, So bis 14.30 Uhr) Die hilfsbereiten Mitarbeiter bieten Infos über die Stadt und die Region.

An- & Weiterreise

BUS

Vom **Busbahnhof** (Plaza Concepción García Redondo 2) fahren Busse von **Comes** (www.tgcomes.es) nach Arcos de la Frontera (9,50 €, 2 Std., 1- bis 2-mal tgl.), Jerez de la Frontera (13 €, 3 Std., 1- bis 3-mal tgl.) und Cádiz (18 €, 2 Std., 1- bis 3-mal tgl.). **Los Amarillos** (☎902 21 03 17; www.samar.es) fährt über Algodonales und Grazalema nach Sevilla. **Portillo** (☎952 87 22 62; www.portillo.avanzabus.com) bietet täglich vier Busse nach Málaga (12,25 €, 2¾ Std.) und fünf nach Marbella (6,50 €, 1¼ Std.).

ZUG

Rondas **Bahnhof** (☎952 87 16 73; www.renfe.com; Avenida de Andalucía) liegt an der Strecke Bobadilla–Algeciras und bietet Verbindungen über Gaucín und Jimena de la Frontera nach Algeciras (30 €, 1½ Std., 5-mal tgl.). Diese Zugfahrt ist unglaublich malerisch und lohnt sich schon allein der Aussicht wegen. Zudem fahren Züge nach Málaga (10 €, 2 Std., 1-mal tgl.), Madrid (69 €, 4 Std., 3-mal tgl.) und Granada (20 €, 3 Std., 3-mal tgl.). Nach Sevilla steigt man in Bobadilla oder Antequera um.

Vom Bahnhof ist es zu den meisten Unterkünften weniger als 1 km; ein Taxi kostet normalerweise um die 7 €.

Südliche Costa de la Luz

Die Costa de la Luz ist eine Welt voller grasender Bullen, in der Bauern mit flachen Hüten mittags zu ihren Tapas heimlich trockenen Sherry trinken. Nimmt man noch die schönen windgepeitschten weißen Strände, die pulsierende Surf- und Kitesurf-Szene und die zahlreichen spektakulär gelegenen weißen Dörfer hinzu, dann wird klar: Dies ist Andalusien, wie es leibt und lebt! Die Spanier sind sich dessen wohl bewusst und strömen im Juli und August in Orte wie Tarifa und Los Caños de Meca. Die atemberaubende Costa de la Luz ist längst kein Geheimtipp mehr, bleibt aber dieselbe alte, entspannte Strandregion, die sie schon immer war, heute jedoch mit leicht gehobenen Flair, das sich vor allem in Vejer de la Frontera zeigt.

Vejer de la Frontera

9260 EW.

Für das zauberhafte Vejer gehen einem schlicht und ergreifend die Adjektive aus. Das ruhige, kompakte weiße Dorf, das über der stark befahrenen N340 etwa 50 km südlich von Cádiz auf einem Felsen thront, ist ein ganz besonderes Fleckchen. Natürlich gibt's auch hier ein Labyrinth aus verwinkelten Gassen, ein paar Aussichtspunkte, eine Burgruine, dazu eine überraschend raffinierte kulinarische Szene, traumhafte Luxushotels und einen spürbaren maurischen Einfluss. Aber Vejer hat noch etwas anderes an sich: ein geheimnisvolles Flair und einen kaum wahrnehmbaren Hauch *duende* (Zauber).

Sehenswertes

Plaza de España PLATZ

Mit ihrem kunstvoll mit Kacheln aus Sevilla verzierten Brunnen aus dem 20. Jh. und dem weißen Rathaus ist die von Palmen und Cafés gesäumte Plaza de España ein beliebter Treffpunkt und ein beliebtes Fotomotiv. An der Westseite, zu erreichen über die Calle de Sancho IV El Bravo, befindet sich eine kleine Aussichtsterrasse.

Stadtmauer STADTMAUER

Die imposante Stadtmauer aus dem 15. Jh. umgibt die 40 000 m² große Altstadt von Vejer. Einen besonders schönen Blick auf die Mauer hat man zwischen dem Arco de la Puerta Cerrada (gebaut im 11. oder 12. Jh.) und dem Arco de la Segur (15. Jh.), zwei der ursprünglich vier Tore, die heute noch stehen. Das Viertel um den Arco de la Segur und die Calle Judería war im 15. Jh. die *judería* (das Judenviertel). Am besten beginnt man die Besichtigung neben der Plaza de España an der Puerta de Sancho IV (einem weiteren Tor, das im 10./11. Jh. gebaut wurde und noch erhalten ist).

Castillo BURG
(Calle del Castillo; ⌚ Mai–Sept. ca. 10–14 & 17–21 Uhr, Okt.–April ca. 10–14 & 16–20 Uhr) GRATIS Die stark umgebaute Burg, in der einst die Duques de Medina Sidonia residierten, stammt aus dem 10. oder 11. Jh. Sie ist nicht besonders eindrucksvoll, aber man kann durch den maurischen Torbogen laufen und auf die hibiskusumrankten Mauern klettern, von denen sich ein fantastischer Blick auf die Stadt und die weiße Küstenlinie bietet.

Kurse

★ Annie B's Spanish Kitchen KOCHEN
(☎ 620 560649; www.anniebspain.com; Calle Viñas 11; 1-tägiger Kurs 165 €) Hier kann man sich von einer Expertin des Fachs in die feine Kunst der andalusischen Küche einführen lassen. Annies beliebte Tageskurse mit Schwerpunkt auf andalusischer, marokkanischer und Meeresfrüchteküche umfassen ein Mittagessen am Pool oder auf der fabelhaften Dachterrasse ihres wunderbaren Altstadthauses. Außerdem bietet sie sechstägige Kurse für klassische spanische Gourmetküche sowie Tapas-, Gourmet- und Sherrytouren nach Vejer, Cádiz, Jerez u. a.

La Janda SPRACHE
(☎ 956 44 70 60; http://lajanda.org; Avenida San Miguel 19; pro Woche mit 20 Std. Unterricht 190 €) Wer könnte schon etwas dagegen haben, in Vejer Spanisch zu lernen? Mit den gewundenen Gassen, authentischen Bars und dem zauberhaften Flair ist dieser Ort wie gemacht für längere Aufenthalte, noch dazu, wo man mitten „auf dem Lande" und doch noch nah an der Küste ist. Bei den Kleingruppenkursen von La Janda ist ein „vollständiges Eintauchen in die Kultur" die Parole. Dazu gehören Flamenco-, Yoga-, Reit- und Kochunterricht, Tapas-Touren, aber auch Almodóvar-Filmnächte.

Schlafen

★ La Casa del Califa BOUTIQUE-HOTEL $$
(☎ 956 44 77 30; www.califavejer.com; Plaza de España 16; inkl. Frühstück EZ 92–145 €, DZ 106–155 €, Suite 175–230 €; P ❄ 📶) Jede Menge Flair und Charakter verströmt dieses hübsche mehrstöckige Hotel mit seinen labyrinthhaften Fluren. Es ist in einem Gebäude aus dem 10. Jh. untergebracht und bietet komfortable Zimmer mit marokkanischem Dekor. Besonders schön ist die „Afrika"-Suite im obersten Stockwerk. Der spezielle „Emir"-Service (45 €) beinhaltet frische Blumen, Gebäck und *cava* (Perlwein). Das Frühstück ist klasse und wird im fabelhaften marokkanisch-orientalischen Restaurant serviert.

★ Casa Shelly BOUTIQUE-HOTEL $$
(☎ 639 118831; www.casashelly.com; Calle Eduardo Shelly 6; Zi 105–140 €; ⌚ März–Nov.; ❄ 📶) Mit ihrer dezenten Eleganz und der andalusischen Gemütlichkeit wirkt die Casa Shelly, als sei sie direkt aus einem Interieur-Magazin in die Altstadt von Vejer versetzt worden. Das Hotel kombiniert auf schönste Weise Tradition mit Moderne. Neben einer ruhigen Rezeptionslounge und einer Terrasse mit Springbrunnen bietet es sieben exquisit gestaltete Zimmer, die mit Fliesen im antiken Stil, Holzbalkendecken, Fensterläden und einem frischen Dekor in Rosa-, Blau- und Weißtönen ausgestattet sind.

La Fonda Antigua BOUTIQUE-HOTEL $$
(☎ 625 372616; www.chicsleepinvejer.com; Calle San Filmo 14; Zi. inkl. Frühstück 90–150 €; ❄ 📶) Das kleine Altstadthotel für Erwachsene (Kinder sind nicht erlaubt) wird von einem Paar aus Jerez betrieben, das eine Vorliebe für schickes zeitgenössisches Interieur hat. Die sieben individuell gestalteten Räume verfügen über Betten aus alten Türen, Duschkabinen aus Glas und polierte Betonböden, die von unpassend wirkenden Vintage-Fliesen überzogen sind. Raum 6 hat sogar eine Badewanne mit Krallenfüßen. Die Dachterrasse und -lounge bietet einen weiten Blick über die Altstadt.

★ V... BOUTIQUE-HOTEL $$$
(☎ 956 45 17 57; www.hotelv-vejer.com; Calle Rosario 11-13; Zi 219–329 €; ❄ 📶) Das V... (V steht für Vejer und die drei Punkte gehören zum Namen) ist eine der exquisitesten Adressen Andalusiens. Das brillant geführte Boutique-Hotel mit zwölf Zimmern verbindet trendiges modernes Design (z. B. luxuriöse, offene Bäder mit riesigen Badewannen und großen Spiegeln) mit echten Antiquitäten (z. B. antiken Türen). Auf der Dachterrasse mit herrlicher Aussicht befinden sich ein kleiner Pool und ein sprudelnder Whirlpool.

Essen

Mercado de Abastos

ANDALUSISCH, INTERNATIONAL $

(Calle San Francisco; Gerichte 2–8 €; ⏲12–16 & 19–24 Uhr) Der Mercado de San Francisco ist gerade im modernen Gastrobar-Design aufgehübscht worden und nun eine heiße Adresse für Feinschmecker. Mit einem Glas Wein in der Hand kann man sich an den wunderbar vielfältigen Tapas-Ständen umschauen und sich etwas aus den alten Klassikern und den modernen Neuinterpretationen aussuchen, ob iberische Schinken-*raciones, tortilla de patatas* (Kartoffelomelett), frischen Fisch in Pappbechern oder superbeliebte Sushi.

★ El Jardín del Califa

MAROKKANISCH, FUSION-KÜCHE $$

(☎ 956 45 17 06; www.califavejer.com; Plaza de España 16; Hauptgerichte 12–18 €; ⏲13.30–16 & 20–23.30 Uhr; ✎) Die aufregende Atmosphäre des exotischen Restaurants, das gleichzeitig auch Hotel und *tetería* (Teehaus) ist, passt bestens zum Essen, das hier serviert wird. Das Lokal liegt versteckt in einem riesigen Gebäude – selbst die Suche nach den Toiletten kann zu einem Abenteuer werden. Die Karte bietet marokkanische und orientalische Küche, z. B. Tagine, Couscous, Hummus und Falafel. Die marokkanischen Aromen von Safran, Feigen und Mandeln klingen noch lange im Gedächtnis nach. Die Gäste sitzen im Palmengarten oder im stimmungsvollen Speiseraum. Reservieren!

Mit seinen Tischen auf der Plaza de España versprüht **Califa Exprés** (www.califavejer.com; Plaza de España 16; Gerichte 4–6 €; ⏲12.30–16 & 19.30–23.30 Uhr, Dez.–März manchmal geschl.; ✎) die typische Califa-Magie in einfacher Lage.

★ Corredera 55

ANDALUSISCH, MEDITERRAN $$

(☎ 956 45 18 48; www.califavejer.com; Calle de la Corredera 55; Hauptgerichte 10–19 €; ⏲12–23 Uhr; ✎) Das frischgebackene vegetarierfreundliche Restaurant serviert elegante, innovative Küche aus regionalen Produkten. Die Speisekarte wechselt je nach Jahreszeit. Wir empfehlen gekühlte Grillzucchini mit Zitronensaft und Ziegenkäse-„Päckchen", Blumenkohl-Kroketten mit Honig-Joghurt-Dressing oder in *cava* gebackenen frischen Fisch mit Garnelenfüllung. Die Gäste speisen an Tischen am Gehsteig (an kühlen Tagen werden sogar Decken zur Verfügung gestellt!) oder im gemütlichen, stilvollen Speiseraum, der mit Gemälden von Vejer dekoriert ist.

Unterhaltung

Peña Cultural Flamenca „Aguilar de Vejer"

FLAMENCO

(☎ 606 171 732, 956 45 07 89; Calle Rosario 29) Eines der Highlights von Vejer ist seine wundervolle Flamenco-Szene. Diese stimmungsvolle, 1989 eröffnete Bar und Veranstaltungshalle wartet mit besonders guten Shows auf. Kostenlose Konzerte werden gewöhnlich samstags um 21.30 Uhr geboten; nähere Auskünfte erteilt die Touristeninformation. Man kann aber auch einfach nur zu Abend essen (Hauptgerichte 12–23 €) oder etwas trinken und ein paar Tapas (6 €) genießen.

Praktische Informationen

Oficina Municipal de Turismo (☎ 956 45 17 36; www.turismovejer.es; Avenida Los Remedios 2; ⏲Mo–Fr 10–14.30 & 16.30–21, Sa 10–14 & 16.30–21, So 10–14 Uhr, Mitte Okt.–April kürzere Öffnungszeiten) Etwa 500 m unterhalb des Ortszentrums neben einer Bushaltestelle und einem großen kostenlosen Parkplatz.

An- & Weiterreise

Ab der Avenida Los Remedios bietet **Comes** (☎ 902 64 64 28; www.tgcomes.es) Busse nach Cádiz, Barbate, Zahara de los Atunes, Jerez de la Frontera und Sevilla. Weitere Busse halten in La Barca de Vejer an der N340 am Fuß des Bergs. Von dort sind es 20 anstrengende Gehminuten hinauf zur Stadt; ein Taxi kostet etwa 6 €.

ZIEL	PREIS (€)	DAUER	HÄUFIGKEIT
Algeciras	7,20	1¼ Std.	10-mal tgl.
Barbate	1,40	15 Min.	4-mal tgl.
Cádiz	5,70	1¼ Std.	3- bis 4-mal tgl.
Jerez de la Frontera	7,80	1½ Std.	Mo–Fr 1-mal tgl.
La Línea (nach Gibraltar)	9,10	1¾ Std.	4-mal tgl.
Málaga	22	3¼ Std.	2-mal tgl.
Sevilla	16	2¼ Std.	4-mal tgl.
Sevilla (ab Avenida Los Remedios)	17	3 Std.	Mo–Fr 1-mal tgl.
Tarifa	4,49	40 Min.	8-mal tgl.
Zahara de los Atunes	2,50	25 Min.	2- bis 3-mal tgl.

Los Caños de Meca

120 EW.

Das relaxte kleine Los Caños de Meca 15 km südwestlich von Vejer erstreckt sich entlang spektakulärer weißer Sandstrände. Das einstige Hippie-Mekka lockt mit seiner alternativen hedonistischen Szene, seinen FKK-Stränden und seinen Möglichkeiten zum Kite-, Wind- und normalen Surfen noch immer Strandfreunde jeglicher Couleur aus aller Welt an, besonders im Sommer.

Sehenswertes & Aktivitäten

Caños' **Hauptstrand** liegt direkt vor der Kreuzung der Avenida de Trafalgar mit der A2233 nach Barbate. FKKler zieht es ans Ostende des Strands mit seinen abgeschiedeneren kleinen Buchten und der **Playa de las Cortinas** sowie an die **Playa del Faro** am Cabo de Trafalgar. Die breite **Playa de Zahora** mit einem goldenen Sandstrand erstreckt sich nordwestlich von Caños.

★ **Parque Natural de la Breña y Marismas del Barbate** NATURSCHUTZGEBIET
(www.ventanadelvisitante.es) Dieser 50 km² große Küstenpark wurde eingerichtet, um Marschland, Klippen und Kiefernwald davor zu bewahren, zugebaut zu werden wie die Costa del Sol. Am besten folgt man dem 7,2 km langen (zweistündigen) Wanderweg **Sendero del Acantilado** zwischen Los Caños de Meca und Barbate, der über die Klippen führt – die Landschaft ist ähnlich traumhaft wie am Cabo de Gata.

Cabo de Trafalgar LEUCHTTURM
Am Westende von Los Caños de Meca führt eine Nebenstraße, die oft mit Sand überzuckert ist, zu einem 1860 erbauten Leuchtturm auf einer niedrigen Landzunge. Dies ist der berühmte Cabo de Trafalgar (Kap Trafalgar): Hier bereitete die britische Flotte unter Admiral Nelson 1805 der spanischen Seemacht ein jähes Ende.

Escuela de Surf 9 Pies SURFEN, YOGA
(☎ 620 104241; www.escueladesurf9pies.com; Avenida de la Playa, El Palmar; Leihbrett & Neoprenanzug 12/18 € für 2/4 Std., Gruppenunterricht 28 €) Die professionelle Surfschule beim Nordende des Strands von El Palmar bietet Leihbretter, Surfkurse für alle Fertigkeitsstufen sowie Yogakurse (10 €) und Leih-SUPs (Stehpaddel, 2 Std. für 15 €).

Schlafen & Essen

Casas Karen HOTEL $$
(☎ 649 780834, 956 43 70 67; www.casaskaren.com; Camino del Monte 6; DZ 85–135 €, 4BZ 155–195 €; P WLAN) Das exzentrische, lockere Refugium, das sich im Besitz von Niederländern befindet, wartet auf einem Grundstück voller Blumen und Pinien mit rustikalen Zimmern und Apartments mit viel Flair auf. Die Unterkünfte reichen von einem umgebauten Bauernhaus bis zu reetgedeckten *chozas* (traditionelle Hütten) und modernen zweistöckigen „Studios". Die Einrichtung ist andalusisch-marokkanisch, mit Überwürfen, Hängematten und viel Farbe. 1 km nordöstlich der Abzweigung zum Cabo de Trafalgar.

Las Dunas CAFÉ $
(☎ 956 43 72 03; www.barlasdunas.es; Carretera del Cabo de Trafalgar; Gerichte 4–12 €; ⏲ Sept.–Juni 9–24 Uhr, Juli & Aug. bis 3 Uhr; WLAN) Die Atmosphäre ist relaxt, insbesondere tagsüber, wenn sich die Kitesurfer zwischen zwei „Flügen" am Strand vorn eine Pause gönnen. Ebenfalls im Angebot: Bob-Marley-Sound, tolle *bocadillos* (belegte Brötchen), frische Säfte, *platos combinados*, im Winter ein wärmendes Feuer und das ultimative Strandhütten-Feeling.

An- & Weiterreise

Unter der Woche fahren täglich zwei Busse von **Comes** (☎ 902 64 64 28; www.tgcomes.es) ab Los Caños de Meca über El Palmar (2 €, 15 Min.) nach Cádiz (6,30 €, 1½ Std.). Im Sommer verkehren eventuell zusätzliche Busse nach Cádiz und Sevilla.

Tarifa

13 680 EW.

Tarifas Lage an der Südspitze Spaniens, wo das Mittelmeer auf den Atlantik trifft, sorgt für ein anderes Klima und Flair als im restlichen Andalusien. Der starke Atlantikwind zieht Surfer, Windsurfer und Kitesurfer an, die diesem uralten, aber sehr kleinen Ort eine erfrischend lässige internationale Atmosphäre verleihen. Tarifa ist die letzte spanische Stadt vor Marokko und bietet einen Vorgeschmack auf das, was hinter der Grenze wartet. Mit ihren verwinkelten weißen Straßen und dem spürbar nordamerikanischen Flair könnte die ummauerte windgepeitschte Altstadt durchaus als ein Stadtviertel von Chefchaouen oder Essaoui-

NICHT VERSÄUMEN

STRANDURLAUB IN TARIFA

Die herrlichen hellgelben Strände, die sich nordwestlich von Tarifa entlang der N340 erstrecken, gehören zu den schönsten von ganz Andalusien (und Spanien). Das Meer hier ist gesprenkelt von den bunten Winddrachen und Segeln der Kite- und Windsurfer, die auf den türkisfarbenen Wellen reiten. Im Sommer ist die sonnenverwöhnte Küste voller Strandurlauber und relaxter Bars, obwohl der stürmische Wind ziemlich nervig sein kann. Wer genug vom Faulenzen am Strand hat, kann hier auch wunderbar kitesurfen, windsurfen und reiten.

Playa Chica Die winzige Playa Chica liegt an der Landenge, die zur Isla de las Palomas an der Südspitze Tarifas führt, und ist damit geschützter als die anderen Strände der Region.

Playa de los Lances Der breite schneeweiße Sandstrand erstreckt sich 7 km nordwestlich von Tarifa. Seine flachen Dünen sind ein *paraje natural* (Naturschutzgebiet). Man kann eine Dünenwanderung auf dem 1,5 km langen Sendero de los Lances machen, der ab dem nordwestlichen Ende der Calle Batalla del Salado ausgeschildert ist.

Playa de Valdevaqueros Valdevaqueros liegt zwischen 7 km und 10 km nordwestlich von Tarifa bei der großen weißen Düne von Punta Paloma. Er ist mit feinem alabasterfarbenen Sand und türkisfarbenem Wasser gesegnet und gehört zu den beliebtesten Kitesurf-Stränden Tarifas.

Punta Paloma Punta Paloma, 10 km nordwestlich von Tarifa, gehört zu den schönsten Stränden Andalusiens. Der Küstenstreifen ist für seine riesige gelbe Sanddüne bekannt. Am westlichen Ende des Strandes kann man natürliche Schlammbäder nehmen.

ra durchgehen. Tarifa ist kein Geheimtipp mehr, und im Sommer – besonders im August – sind hier sehr viele Touristen unterwegs (aber gerade das macht den Charme des Ortes aus).

Tarifa ist wahrscheinlich so alt wie das phönizische Cádiz und war einst eine römische Siedlung. Der Name der Stadt stammt von Tarif ibn Malik, der 710 n. Chr. – dem Jahr vor der islamischen Eroberung der Halbinsel – einen muslimischen Aufstand anführte.

Sehenswertes

Tarifas schmale Altstadtstraßen, die meist islamischen Ursprungs sind, erinnern stark an Marokko. Man läuft durch die befestigte im Mudejarstil erbaute **Puerta de Jerez**, die nach der Reconquista erbaut wurde, zum lebhaften **Mercado de Abastos** (Calle Colón; ⌚ Di–Sa 8.30–14 Uhr) und an der weiß gestrichenen neoklassizistischen Barockkirche **Iglesia de San Francisco de Asís** (Calle Santísima Trinidad; ⌚ Mo–Sa 10–13 & 18.15–20.15, So 9.15–11 Uhr) aus dem 18. Jh. vorbei zur **Iglesia de San Mateo** (Calle Sancho IV. El Bravo; ⌚ Mo 8.45–13, Di–Sa 8.45–13 & 18–20, So 10–13 & 19–20.30 Uhr), die hauptsächlich im 16. Jh. entstand. Wenn man südlich die Calle Coronel Moscardó entlang- und dann die Calle Aljaranda hinaufgeht, gelangt man zum **Miramar** (Calle Amargura) (ein Teil der Burgmauern), der spektakuläre Ausblicke auf Afrika und den 851 m hohen Berg Jebel Musa, einen der „Säulen des Herakles" (Gibraltar ist eine weitere), bietet.

Castillo de Guzmán BURG
(Calle Guzmán El Bueno; Erw./Kind 4 €/frei; ⌚ ca. März–Sept. Mo–Sa 11–14.30 & 17–19.30 Uhr, ca. Okt.–Feb. Mo–Sa 11–14.30 & 16–18.30 Uhr, ganzjährig So 11–16 Uhr) Obwohl die restaurierte Festung 960 auf Befehl des Kalifen Córdobas, Abd ar-Rahman III., erbaut wurde, trägt sie den Namen des Reconquista-Helden Guzmán El Bueno. Als die merenidischen Angreifer aus Marokko El Bueno 1294 androhten, seinen Sohn, der in muslimischer Gefangenschaft war, zu töten, falls er die Burg nicht an sie übergäbe, warf er seinen eigenen Dolch vom Turm, mit dem sie seinen Sohn hinrichten sollten. Guzmáns Nachkommen waren die späteren Herzöge von Medina-Sidonia, eine der mächtigsten Familien Spaniens. Über dem Innentor ist eine Inschrift aus dem 10. Jahrhundert zu sehen, die die Gründung der Burg markiert.

Aktivitäten

Reiten

Aventura Ecuestre REITEN
(☎ 956 23 66 32, 626 480019; www.aventuraecuestre.com; Hotel Dos Mares, Carretera N340, Km 79,5) Das gut organisierte, mehrsprachige Reitunternehmen 5 km nordwestlich von Tarifa veranstaltet einstündige Reitausflüge an der Playa de los Lances (30 €), vierstündige Reittouren über die Dünen von Punta Paloma (80 €), vierstündige Touren in den Parque Natural Los Alcornocales (80 €) sowie Kinder-Ponyreiten (30 Min. 15 €) und Privatkurse (5 Tage 300 €).

Molino El Mastral REITEN
(☎ 646 964279; www.mastral.com; Carretera Santuario Virgen de la Luz; 30 € pro Std.) Der Reiterhof 5 km nordwestlich von Tarifa bietet Exkursionen in die hügelige Umgebung der Stadt. Das Unternehmen ist ab der CA9210 (abgehend von der N340) ausgeschildert.

Walbeobachtung

Die Gewässer vor Tarifa gehören zu den besten Orten Europas, um Wale und Delfine zu beobachten, die von April bis Oktober den Atlantik und das Mittelmeer bevölkern; in diesen Monaten sind Sichtungen der Tiere so gut wie garantiert. Neben Streifendelfinen, Großen Tümmlern, Langflossen-Grindwalen, Orcas (Schwertwalen) und Pottwalen sieht man mit etwas Glück auch gefährdete Finnwale und Gemeine Delfine. Pottwale schwimmen von April bis August durch die Straße von Gibraltar; Juli und August sind die besten Monate zur Beobachtung von Orcas. Weitere Informationen gibt's im **Centro de Interpretación de Cetáceos** (www.facebook.com/CICAMTARIFA; Avenida Fuerzas Armadas 17; ⏲ März–Okt.) GRATIS.

FIRMM WALBEOBACHTUNG
(☎ 956 62 70 08; www.firmm.org; Calle Pedro Cortés 4; 2-std. Touren Erw./Kind 30/20 €; ⏲ Ostern–Okt. 10–19 Uhr) Unter den Dutzenden Walbeobachtungs-Anbietern Tarifas ist die gemeinnützige Organisation FIRMM eine besonders empfehlenswerte Option. Schwerpunktmäßig studiert sie Wale und zeichnet Daten auf. FIRMM veranstaltet umweltbewusste drei- bis zweistündige Touren und einwöchige Kurse zur Walbeobachtung.

Kitesurfen & Windsurfen

Die legendären Winde von Tarifa haben die Stadt zu einer der besten Wind- und Kitesurfadressen Europas gemacht. Der beliebteste Küstenabschnitt liegt zwischen Tarifa und Punta Paloma (10 km nordwestlich der Stadt). Es gibt über 30 Surfschulen, die Ausrüstung verleihen und Surfkurse für alle Fertigkeitsstufen bieten. Die besten Monate zum Surfen sind Mai, Juni und September, aber das stürmische Meer eignet sich nicht immer für Anfänger. Einige Schulen bieten auch SUP-Kurse.

ION Club WINDSURFEN, KITESURFEN
(☎ 956 68 90 98; www.ion-club.net; Hurricane Hotel, Carretera N340, Km 78; 2-std. Gruppenkurse im Kite-/Windsurfen 80/60 €; ⏲ Ostern–Dez.) 7 km nordwestlich von Tarifa bietet der ION Club empfehlenswerte Gruppen- und Einzelkurse im Wind- und Kitesurfen (für Anfänger, Fortgeschrittene und Profis), einen Ausrüstungsverleih (90 € pro Tag) sowie Stehpaddel (25 € pro Std.). Die Mitarbeiter sprechen Spanisch, Englisch, Französisch, Italienisch und Deutsch. Dasselbe Angebot hat das 10 km nordwestlich der Stadt gelegene **Valdevaqueros** (☎ 619 340913; www.ion-club.net; Carretera N340, Km 76, Playa de Valdevaqueros; 2-std. Gruppenkurse im Kite-/Windsurfen 80/60 €; ⏲ Ostern–Dez.).

Gisela Pulido Pro Center KITESURFEN
(☎ 608 577711; www.giselapulidoprocenter.com; Calle Mar Adriático 22; 3-std. Gruppenkurse 70 € p. P.) Die angesehene Kitesurf-Schule der Weltmeisterin Gisela Pulido bietet ganzjährig Gruppen- und Einzelunterricht, darunter 6-stündige „Taufkurse" (135 €) und 9-stündige „Komplettkurse" (199 €) auf Spanisch, Französisch, Englisch und Deutsch. Vermietet auch Kitesurf-Ausrüstung (70 € pro Tag).

Spin Out WINDSURFEN, KITESURFEN
(☎ 956 23 63 52; www.tarifaspinout.com; Carretera N340, Km 75.5, Playa de Valdevaqueros; 90-minütige Kurse im Windsurfen 59 € p. P., Verleih von Surf- & Segelausrüstung 30 € pro Std.; ⏲ April–Okt. 10.30–19 Uhr) Das aufgeweckte mehrsprachige Team von Spin Out (11 km nordwestlich der Stadt) veranstaltet täglich Kurse im Windsurfen sowie fünftägige Kurse für Anfänger, Kinder und Profis. Vor Ort befindet sich auch eine Kitesurf-Schule.

Feste & Events

Feria de la Virgen de la Luz VOLKSFEST
(⏲ 1. Woche im Sept.) Dieses Stadtfest, das der Schutzheiligen Tarifas geweiht ist, bietet eine Mischung aus religiösen Prozessionen, schönen Pferden und spanischen Siestapartys.

Schlafen

★ Hostal África HOSTAL $
(956 68 02 20; www.hostalafrica.com; Calle María Antonia Toledo 12; EZ 40–55 €, DZ 55–80 €, 3BZ 80–110 €; März–Nov.;) Hostal África ist eines der besten *hostales* (Budgethotels) der Costa de la Luz (und der gesamten Provinz Cádiz). Es befindet sich in der Altstadt von Tarifa in einem schönen renovierten Gebäude aus dem 19. Jahrhundert. Das Hotel ist mit jeder Menge Topfpflanzen dekoriert und mit blauweißen Gewölbebögen ausgestattet. Es wird von gastfreundlichen Inhabern geführt, die wirklich auf Draht sind. Die 13 individuell gestalteten Zimmer (darunter ein Dreibett-Zimmer) strahlen in leuchtenden Farbtönen. Auf der hübschen Dachterrasse mit gemütlicher Cabana-Lounge und Blick auf das nahe Afrika kann man sich wunderbar entspannen.

Sulok Hostel HOSTEL $
(603 567229; http://suloktarifa.com; Calle Sancho IV El Bravo 23; B 20–40 €; Dez.–Feb. manchmal geschlossen;) Das moderne Hostel ist eine gastfreundliche, verlässliche Budgetunterkunft. Es ist über eine schicke Boutique in der Altstadt zu erreichen und bietet drei blitzsaubere Schlafsäle für je sechs, acht oder zehn Personen mit getrennten Badezimmern für Männer und Frauen; die kapselartigen Etagenbetten sind jeweils mit zwei Steckdosen, Lampen, Schließfächern und einem Vorhang für mehr Privatsphäre ausgestattet.

Hotel Misiana BOUTIQUE-HOTEL $$
(956 62 70 83; www.misiana.com; Calle Sancho IV El Bravo 16; EZ 105–120 €, DZ 125–155 €, Suite 235–310 €;) Mit ihrer privaten Dachterrasse und dem tollen Rundumblick auf das nahe Marokko ist die Penthouse-Suite des Misiana eines der besten Hotelzimmer in ganz Tarifa. Aber auch die Doppelzimmer sind sehr ansprechend: Sie sind in stilvollem Weiß und Blassgrau gehalten, mit Treibholz und maritimen Bildern dekoriert und verfügen über Schreibtische mit Tee- und Kaffeesets. Gäste mit leichtem Schlaf sollten sich einen der ruhigeren Räume im hinteren Bereich des Hotels geben lassen. Das Hotel ist sehr beliebt und muss im Voraus gebucht werden.

Das Frühstück (10 €) wird in der quirligen Cafébar unten an der Straße serviert.

Hotel Convento Tarifa HOTEL $$
(956 68 33 75; www.hotelconventotarifa.es; Calle Batalla del Salado 14; DZ 90–160 €, 3BZ 113–195 €;) Helle Weiß- und Pastelltöne bestimmen das Erscheinungsbild dieses effizienten Hotels, das auf den Mauerresten eines antiken Klosters gleich außerhalb der Altstadt erbaut wurde. Die modernen, ruhigen Zimmer sind mit Power-Duschen, riesigen Spiegeln und Vasen voller Blumen ausgestattet.

★ Riad BOUTIQUE-HOTEL $$$
(856 92 98 80; www.theriadtarifa.com; Calle Comendador 10; Zi. inkl. Frühstück 140–210 €) Das verlockende Hotel befindet sich in einem schick ausgebauten Stadthaus aus dem 17. Jahrhundert. Die Lobby hat einen polierten Betonfußboden und ist mit einem dekorativen Brunnen geschmückt. Überall sind Elemente der Originalarchitektur zu finden: freiliegende Ziegelmauern, Antiktüren, rote Ziegelbögen und Freskenfassaden. Die zehn intimen Zimmer sind vom Innenhof abgetrennt und mit *tadelakt*-Wänden (wasserfester Kalkputz), kräftigen Rot- und Blautönen sowie einem schicken andalusisch-marokkanischen Design ausgestattet.

Essen

★ Café Azul CAFÉ, FRÜHSTÜCK $
(www.facebook.com/cafeazultarifa; Calle Batalla del Salado 8; Frühstück 2–8 €; 9–15 Uhr;) Das langjährige italienische Lokal mit auffälligem marokkanisch inspirierten blauweißen Dekor serviert die besten Frühstücksgerichte der Stadt, wenn nicht sogar ganz Andalusiens. Man wird einfach alles essen wollen! Der frische Fruchtsalat mit Müsli, Joghurt und Kokosnuss sowie die Crêpes mit Obst-Joghurt-Füllung sind wahre Kunstwerke. Azul serviert auch guten Kaffee, Smoothies, Säfte, *bocadillos* (gefüllte Brötchen) und gekochte Frühstücksgerichte; es gibt auch leckere glutenfreie und vegane Speisen.

Tarifa Eco Center VEGETARISCH $
(956 92 74 56; www.tarifaecocenter.com; Calle San Sebastián 6; Hauptgerichte 8,50–12,50 €; 9.30–23.30 Uhr;) Das entspannte Terrassenrestaurant mit Co-Working-Bereich und Cocktail-/Saftbar zieht mit seiner verlockenden vegetarischen und veganen Bioküche alle Register. Die Spezialität des Hauses ist Vollkornpizza aus dem Holzofen mit bunten Gemüsebelägen; es gibt aber noch viele weitere gesunde Gerichte, z. B. Gemüsecurry, Sojaburger, Pasta-Spezialitäten oder grüne „Verdísima"-Salate, die meist kunstvoll präsentiert in Mini-Paellapfannen serviert werden.

ABSTECHER

BAELO CLAUDIA

Die Ruinenstadt **Baelo Claudia** (☎ 956 10 67 96; www.museosdeandalucia.es; Nicht-EU-Bürger 1,50 €, EU-Bürger frei; ⏲ Mitte Juni–Mitte Sept. Di–So 9–15 Uhr, April–Mitte Juni Di–Sa 9–20, So bis 15 Uhr, Mitte Sept.–März Di–Sa 9–18, So bis 15 Uhr) ist eine der bedeutendsten archäologischen römischen Stätten Andalusiens. Die majestätischen Ruinen am Strand – von hier genießt man schöne Ausblicke hinüber nach Marokko – umfassen die stattlichen Überreste eines Theaters, eines Forums und des Markts sowie Ruinen von Thermalbädern, Marmorstatuen und -säulen der Basilika und von Werkstätten, in denen die Produkte hergestellt wurden, die Baelo Claudia in der römischen Welt berühmt machten: Salzfisch und *garum*, eine beliebte Soße aus Fischinnereien. Außerdem gibt's hier ein gutes Museum.

Baelo Claudia erlebte seine Blütezeit während der Regierungszeit von Kaiser Claudius (41–54 n. Chr.). Sein Niedergang setzte nach einem Erdbeben im 2. Jh. ein. 2017 feierte die Stätte den 100. Jahrestag ihrer Wiederentdeckung.

Baelo Claudia liegt in der Nähe des Dorfes Bolonia und ist 15 km nordwestlich von Tarifa ab der N340 ausgeschildert. Im Juli und August verkehren zwischen Bolonia und Tarifa dreimal wöchentlich Busse (2,50 €, 30–40 Min.) von Horizonte Sur (S. 745). Für die übrige Zeit braucht man ein eigenes Fahrzeug.

El Francés TAPAS $

(Calle Sancho IV El Bravo 21; Tapas 2,50–4,80 €; ⏲ Fr–Di 12.30–24 Uhr; 🖉) Mit etwas Glück kann man sich im stets ausgebuchten El Francés einen Platz an der Stehbar oder an einem der Terrassentische erkämpfen. Das Restaurant zaubert überraschend kreative Variationen andalusischer Klassiker. In der beliebtesten Tapas-Bar Tarifas geht es sehr quirlig zu. Serviert werden Gerichte wie *patatas bravas* und *tortillitas de camarones* (Garnelen-Kroketten), aber auch Hühnchen-Gemüse-Couscous oder Garnelencurry. Reservierungen sind nicht möglich; einfach spontan vorbeikommen (Abendessen ab 18.30 Uhr).

La Oca da Sergio ITALIENISCH $$

(☎ 956 68 12 49, 615 686 571; Calle General Copons 6; Hauptgerichte 8,50–19 €; ⏲ Juni–Okt. & Dez. tgl. 13–16 & 20–24 Uhr, Jan.–Mai Mo & Mi–Fr 20–24, Sa & So 13–16 & 20–24 Uhr) Die Gourmetszene Tarifas wird von Italienern regiert. Der freundliche Sergio eilt ganz im italienischen Stil, bewaffnet mit voll beladenen Tellern und unterhaltsamen Geschichten, von Tisch zu Tisch, und serviert seinen Gästen authentische Klassiker aus seiner Heimat. Wer das beliebte Restaurant hinter der Iglesia de San Mateo (S. 756) besucht, kann sich auf *caprese*-Salate, hausgemachte Pasta (unbedingt die Trüffelpappardelle probieren!) und Pizza mit dünner Kruste aus dem Holzofen freuen. Nach dem Essen werden leckere Cappuccinos und Limoncello gereicht.

Mandrágora MAROKKANISCH, ANDALUSISCH $$

(☎ 956 68 12 91; www.mandragoratarifa.com; Calle Independencia 3; Hauptgerichte 11–18 €; ⏲ Ostern–Okt. Mo–Sa 18.30–24 Uhr; 🖉) In einer ruhigen Straße hinter der Iglesia de San Mateo (S. 756) liegt das intime palmenbestandene Restaurant Mandrágora, das andalusische, marokkanische und orientalische Küche serviert – und das Essen ist unglaublich lecker! Man weiß gar nicht, was man zuerst bestellen soll: Die verlockende Auswahl umfasst Köstlichkeiten wie Falafel und Hummus, Lamm mit Pflaumen und Mandeln, marokkanisches Gemüse-Couscous und Hühnchen- oder Seeteufel-Tajine.

Ausgehen & Nachtleben

Aufgrund der vielen Surfer, Kitesurfer und Strandurlauber, die Tarifa bevölkern, hat die Stadt eine quirlige Ausgehszene (besonders im Sommer) und ein paar sehr gute Nachtclubs. Nachts ist vor allem in den Altstadtstraßen Calle Cervantes, Calle San Francisco und Calle Santísima Trinidad sehr viel los. Auf der Playa de los Lances und an den Stränden nordwestlich der Stadt gibt's im Sommer jede Menge *chiringuitos* (Snackbars) mit Musik und DJs (vor allem bei Sonnenuntergang).

Tumbao LOUNGE, BAR

(www.facebook.com/tumbaotarifa; Carretera N340, Km 76, Playa de Valdevaqueros; ⏲ Ostern–Sept. 17–24 Uhr) Tumbao ist die ultimative Strandbar Tarifas. Auf einer grünen mit

Sitzsäcken übersäten Rasenfläche werden bei toller Sonnenuntergangsstimmung und entspannter Loungemusik leckere Cocktails und *tinto de verano* (kaltes weinhaltiges Getränk, das an Sangria erinnert) serviert. Die Bar liegt 10 km nordwestlich der Stadt und bietet einen tollen Blick auf den Kitesurfer-Trubel an der Playa de Valdevaqueros. Auf der Karte stehen Burger, Salate, Nachos, gegrillte *huletones* (riesige Rindfleischkoteletts) und andere leckere Gerichte, die größtenteils auf dem offenen Grill zubereitet werden (Hauptgerichte 7–15 €).

Tangana BAR

(☎ 956 68 51 32; www.tarifaweb.com/tangana; Carretera N340, Km 75,5, Playa de Valdevaqueros; ⏲ Ostern–Okt. 10–21 Uhr;) Die entspannte Strandbar 11 km nordwestlich von Tarifa besteht aus einer unkonventionellen Modeboutique und zwei Chill-out-Lounges. In einer davon stehen Liegestühle, die auf den Strand hinausblicken. Auf den türkis gestrichenen Sitzbänken kann man gemütlich Mojitos und Caipirinhas (6 €) trinken oder *bocadillos* (gefüllte Brötchen), Burger, Nudeln, Paella und selbst zusammengestellte Salate (5–12 €) essen.

Bear House BAR

(www.facebook.com/bearhousetarifa; Calle Sancho IV El Bravo 26; ⏲ So–Do 16–2, Fr & Sa bis 3 Uhr) Die neonbeleuchtete *bar de copas* (Getränkebar) mit niedrigen, gemütlichen Sofas voller Kissen serviert gute Mojitos und weitere Cocktails. Außerdem gibt's eine lange Happy Hour und einen großen Bildschirm, auf dem Fußballspiele (aber keine Bears) übertragen werden. Die Öffnungszeiten wechseln.

ℹ Praktische Informationen

Oficina de Turismo (☎ 956 68 09 93; Paseo de la Alameda; ⏲ Mo–Fr 10–13.30 & 16–18, Sa & So 10–13.30 Uhr)

ℹ An- & Weiterreise

BUS

Der **Busbahnhof** (☎ 956 68 40 38; Calle Batalla del Salado) liegt neben der Tankstelle am nordwestlichen Stadtrand. Von hier schickt **Comes** (☎ 902 64 64 28; www.tgcomes.es) Busse nach ganz Spanien. Im Juli und August bietet **Horizonte Sur** (☎ 699 427644; http://horizontesur.es) montags bis samstags täglich 11 bis 14 Busse nach Punta Paloma, die unterwegs an den Stränden Tarifas halten.

ZIEL	PREIS (€)	DAUER	HÄUFIGKEIT
Algeciras	2,45	30 Min.	13–25-mal tgl.
Cádiz	9,83	1½ Std.	6-mal tgl.
El Puerto de Santa María	10	2 Std.	2-mal tgl.
Jerez de la Frontera	11	2½ Std.	12-mal tgl.
La Barca de Vejer (nach Vejer de la Frontera)	4,49	40 Min.	7-mal tgl.
La Línea (nach Gibraltar)	4,45	1 Std.	6-mal tgl.
Málaga	17	2¾ Std.	3-mal tgl.
Marbella	11	1¾ Std.	3-mal tgl.
Sevilla	20	3 Std.	4-mal tgl.

SCHIFF/FÄHRE

Bis zu achtmal täglich pendeln Fähren von **FRS** (☎ 956 68 18 30; www.frs.es; Avenida de Andalucía 16; Erw./Kind/Auto/Motorrad einfach 41/15/136/33 €) zwischen Tarifa und Tanger (Marokko); die Fahrt dauert eine Stunde. **Inter Shipping** (☎ 956 68 47 29; www.intershipping.es; Recinto Portuario, Local 4; Erw./Kind/Auto/Motorrad einfach 38/14/100/24 €) bietet bis zu siebenmal täglich Fähren nach Tanger; die Fahrt dauert ebenfalls eine Stunde. Alle Passagiere benötigen einen Reisepass.

PROVINZ CÓRDOBA

Die historische Stadt Córdoba, einst das schillernde Leuchtfeuer von Al-Andalus, ist die Hauptattraktion der gleichnamigen Provinz. Außerhalb der Provinzhauptstadt lassen sich jedoch viele untouristische Regionen erkunden. Im Norden erhebt sich die Sierra Morena, eine Berglandschaft, die mit einsamen Dörfern, Burgruinen und geschützten Waldflächen gesprenkelt ist. Die Hügel im Süden der Provinz sind von Olivenhainen und Weinbergen überzogen, die einige der besten Öle und Weine Spaniens liefern.

Córdoba

294 300 EW. / 130 M

Ein einziges Gebäude genügt, um Córdoba bei den meisten Besuchern auf der Liste der Reiseziele ganz oben zu platzieren: die faszinierende Mezquita, eines der prächtigsten islamischen Gebäude der Welt. Sie ist ein Symbol für die weltliche und raffinierte Kultur, die hier vor mehr als tausend Jahren blühte, als Córdoba die Hauptstadt des maurischen Spaniens und die größte und kultivierteste Stadt Westeuropas war. Aber das heutige Córdoba hat viel mehr zu bieten als die Mezquita. Mit ihren zahlreichen Sehenswürdigkeiten, charmanten Unterkünften und ausgezeichneten Restaurants und Bars hat die Stadt weit mehr als den flüchtigen Aufenthalt verdient, den die meisten Touristen hier einlegen. Der wahre Charme von Córdoba entfaltet sich, wenn man die verwinkelten, gepflasterten Gassen der mittelalterlichen Stadt westlich, nördlich und östlich des quirligen Touristenviertels um die Mezquita herum erkundet.

Der wichtigste Fluss Andalusiens, der Guadalquivir, fließt gleich unterhalb der Mezquita vorbei. Am Flussufer lassen sich immer mehr lebhafte Restaurants und Kneipen nieder, welche die Lage voll auskosten. Das Leben der modernen Stadt konzentriert sich auf die Plaza de las Tendillas nördlich der Altstadt, die viel Lokalkolorit sowie ausgezeichnete Restaurants und Bars bietet.

Zu vollem Leben erwacht Córdoba von Mitte April bis Mitte Juni: Dann finden die meisten der großen Feste statt. Zu dieser Jahreszeit erstrahlt ein blauer Himmel, die Temperaturen sind perfekt und die vielen Bäume, Gärten und Höfe der Stadt erblühen in voller Pracht. Wettermäßig sind auch der September und der Oktober toll, während es im Juli und August brütend heiß sein kann.

Geschichte

Die römische Siedlung Corduba wurde im 3. Jh. v. Chr. als Stützpunkt für römische Truppen gegründet. Um 25 v. Chr. machte Kaiser Augustus die Stadt zur Hauptstadt von Baetica, einer der drei römischen Provinzen auf der Iberischen Halbinsel, und leitete eine Zeit des Wohlstands und des kulturellen Aufstiegs ein, die der Welt die Schriftsteller Seneca und Lukan bescherte. Die römische Brücke über den Guadalquivir und der Tempel an der Calle Claudio Marcelo sind nur die augenfälligsten Zeugnisse dieser bedeutenden römischen Stadt, deren Spuren heute einen oder zwei Meter unter dem modernen Córdoba liegen. Als im 3. Jh. das Christentum die Stadt erreichte, war die römische Stadt schon im Niedergang begriffen. 711 fiel Córdoba an die islamischen Eroberer.

Auf die Bühne der Geschichte zurück fand die Stadt 756, als Abd ar-Rahman I. sich hier als Emir von Al-Andalus, dem muslimisch beherrschten Teil der Iberischen Halbinsel, niederließ. Er begründete die Dynastie der Omaijaden, die Al-Andalus für zweieinhalb Jahrhunderte mehr oder weniger vereinen konnte. Abd ar-Rahman I. ließ 785 die große Mezquita erbauen. Ihre Blüte erreichten die Stadt und Al-Andalus unter Abd ar-Rahman III. (reg. 912–961). Die Rivalität zur Fatimidendynastie in Nordafrika veranlasste ihn dazu, sich 929 zum Kalifen zu proklamieren – das ist der Titel der Nachfolger Mohammeds – und somit die Ära des Kalifats von Córdoba zu begründen.

Córdoba war jetzt die größte Stadt Westeuropas mit einer Einwohnerzahl von rund 250 000 und einer florierenden Wirtschaft auf der Grundlage von Landwirtschaft und einer kunstfertigen Handwerkerschaft. Die Stadt beeindruckte mit Hunderten von Moscheen, öffentlichen Bädern, Patios, Gärten und Brunnen. Córdoba war berühmt als „Stadt der drei Kulturen", in der Muslime, Juden und Christen friedlich nebeneinanderlebten; am Hof von Abd ar-Rahman III. verkehrten Gelehrte aller drei Religionen. Die Universität, die Bibliothek und die Observatorien machten die Stadt zu einem Zentrum der Gelehrsamkeit, dessen Einfluss im christlichen Europa auch noch Jahrhunderte später spürbar war.

Gegen Ende des 10. Jhs. übernahm Al-Mansur (Almansor), ein rücksichtsloser General, dessen Ausfälle nach Norden das christliche Spanien in Schrecken versetzten, die Macht im Kalifat. Doch nach dem Tod von Al-Mansurs Sohn Abd al-Malik 1008 brach Anarchie aus. Berbertruppen terrorisierten und plünderten die Stadt und 1031 endete die Herrschaft der Omaijaden schließlich. 1069 wurde Córdoba zu einem Teil der *taifa* (Kleinkönigtum) von Sevilla und steht seitdem im Schatten der andalusischen Metropole.

Im 12. Jh. brachte Córdoba dennoch die beiden berühmtesten Denker von Al-Andalus hervor: den Muslimen Averroës (1126–1198) und den Juden Maimonides (1135–1204). Diese Gelehrten wurden bekannt durch ihr philosophisches Bemühen, den religiösen Glauben mit der aristotelischen Vernunft in Einklang zu bringen. 1236 eroberte Ferdinand III. von Kastilien die

Córdoba

Stadt, die nun allmählich zur unbedeutenden Provinzstadt verkam. Erst mit Beginn der Industrialisierung im 19. Jh. kam es zu einem neuen Aufschwung. Das christliche Córdoba brachte jedoch in der Zwischenzeit einen der größten spanischen Dichter hervor, Luis de Góngora (1561–1627), an den in der Stadt vielerorts erinnert wird.

Sehenswertes

★ **Mezquita** MOSCHEE, KATHEDRALE

(Moschee; ☎957 47 05 12; www.mezquita-catedraldecordoba.es; Calle Cardenal Herrero; Erw./Kind 10/5 €, Mo–Sa 8.30–9.30 Uhr frei; ⊙ März–Okt. Mo–Sa 8.30–9.30 & 10–19, So 8.30–11.30 & 15–19 Uhr, Nov.–Feb. Mo–Sa 8.30–9.30 & 10–18, So 8.30–11.30 & 15–18 Uhr) Die Schönheit der großen Moschee von Córdoba mit ihrer – trotz der Besuchermassen – heiteren Stille und ihrem weitläufigen Inneren ist wirklich umwerfend. Als eines der prächtigsten Bauwerke der islamischen Architektur zeugt die Mezquita mit ihrem opulenten Schmuck von einer kultivierten Zeit, als Muslime, Juden und Christen Seite an Seite lebten und ihre Stadt durch das Zusammentreffen ihrer vielfältigen und lebendigen Kulturen bereicherten.

Córdoba

Highlights
1 Alcázar de los Reyes Cristianos ... B5
2 Centro Flamenco Fosforito ... D3
3 Mezquita ... C4

Sehenswertes
4 Baños del Alcázar Califal ... B4
5 Caballerizas Reales ... A5
6 Casa de Sefarad ... A4
7 Museo Arqueológico ... C3
8 Museo Julio Romero de Torres ... D3
9 Puente Romano ... C5
10 Sinagoga ... A4

Schlafen
11 Balcón de Córdoba ... C3
12 Hospedería Alma Andalusí ... B3
13 Hospedería del Atalia ... B3
14 Option Be Hostel ... B2

Essen
15 Bar Santos ... C4
16 Casa Pepe de la Judería ... B4
17 Garum 2.1 ... D3
18 La Bicicleta ... D4
19 La Boca ... D2
20 Mercado Victoria ... A2
21 Taberna Salinas ... D2

Ausgehen & Nachtleben
22 Bodega Guzmán ... A3
23 El Barón ... C4
24 Sojo Mercado ... A2

Unterhaltung
25 Jazz Café ... D2

Shoppen
26 Meryan ... C3

Arabische Chroniken erzählen davon, wie Abd ar-Rahman I. die Hälfte der westgotischen Kirche San Vicente für die Freitagsgebete der muslimischen Gemeinde erwarb und dann 784 auch die zweite Hälfte kaufte, um eine Moschee zu bauen. Durch drei spätere Erweiterungen verfünffachte sich die Größe der Moschee Abd ar-Rahmans I. fast und es entstand das Gebäude, das auch heute noch zu sehen ist – mit einer Ausnahme: Im 16. Jh. wurde mitten in die Moschee hinein eine Kathedrale gebaut (daher auch die heutige Bezeichnung Mezquita-Catedral).

In der Kathedrale finden montags bis samstags um 9.30 Uhr Gottesdienste statt, sonntags um 12 und 13.30 Uhr.

➡Patio de los Naranjos

Der hübsche Orangenhof bildet mit seinen Orangenbäumen, Palmen und Zypressen wie auch Brunnen den Zugang zur Mezquita. Hier fanden früher vor dem Moscheebesuch die rituellen Waschungen statt. Das eindrucksvollste Portal ist die Puerta del Perdón, ein Mudejarportal aus dem 14. Jh. neben dem Glockenturm. Hier befindet sich außerdem die Kasse für die Mezquita.

➡Glockenturm (Torre Campanario)

Man kann auf den 54 m hohen Glockenturm steigen und von oben einen herrlichen Panoramablick auf das Hauptgebäude der Mezquita genießen. Von 9.30–13.30 Uhr und 16–18.30 Uhr dürfen halbstündlich bis zu 20 Personen auf den Turm steigen (Nov.–Feb. bis 17.30 Uhr; im Juli oder August nachmittags geschl.). Tickets (2 €) werden neben dem Glockenturm hinter der Puerta del Perdón verkauft: Sie sind oft weit im Voraus ausverkauft, daher sollte man so früh wie möglich herkommen, um sich eines zu schnappen. Der ursprünglich von Abd ar-Rahman III. 951 bis 952 als Minarett der Moschee erbaute Turm wurde im 16. und 17. Jh. unter christlicher Herrschaft mit einer stärkeren äußeren Hülle umbaut und gleichzeitig erhöht. In ihrem Innern sind heute noch Gewölbe und Bögen aus der Ära der Kalifen zu sehen.

Das Originalminarett sah in etwa so aus wie die Giralda in Sevilla, bei der es sich mehr oder weniger um einen Nachbau handelte. Córdobas Minarett diente in der Folgezeit allen in der westlichen islamischen Welt erbauten Minaretten als Vorbild.

➡Das Innere der Mezquita

Die architektonische Einzigartigkeit und Bedeutung der Mezquita liegt darin begründet, dass sie hinsichtlich ihrer Struktur zur damaligen Zeit revolutionär war. Frühere große islamische Bauten wie der Felsendom in Jerusalem und die Große Moschee in Damaskus legten den Schwerpunkt auf das Vertikale, während die Mezquita als horizontaler und einfacher Raum konzipiert war, in dem sich der Geist frei entfalten und problemlos mit Gott kommunizieren konnte – als eine Art Prachtversion des ursprünglichen einfachen muslimischen Gebetsraums, gewöhnlich der offene Hof eines Hauses in der Wüste.

Die Männer beteten Seite an Seite auf der *argamasa*, einem Boden aus kompak-

Mezquita

ZEITACHSE

6. Jh. n. Chr. Gründung einer christlichen Kirche, der Basilika von San Vicente, auf dem Gelände der heutigen Mezquita.

786–787 Kalif Abd ar-Rahman I. ersetzt die Kirche durch eine Mezquita (Moschee), wobei er die Ruinen verwertet.

833–848 Unter Abd ar-Rahman II. wird die Moschee erweitert.

951–952 Ein neues Minarett wird unter Abd ar-Rahman III. gebaut.

962–971 Al-Hakam II. vergrößert die Moschee und fügt einen ❶ **Mihrab** hinzu.

991–994 Die Moschee wird von Al-Mansur, der auch den Innenhof (nun ❷ **Patio de los Naranjos**) ausbauen ließ, zum letzten Mal erweitert, womit der gesamte Komplex seine heutige Größe erreicht.

1236 Nach der Eroberung Córdobas durch Ferdinand III. von Kastilien wird die Moschee in eine christliche Kirche umgewandelt.

1271 Anstatt die Moschee zu zerstören, bauen die Christen sie um: Die ❸ **Capilla de Villaviciosa** und die ❹ **Capilla Real** entstehen.

1523 Die Arbeit an einer Kathedrale im Gotik- und Renaissancestil beginnt mit Erlaubnis von Karl I. von Spanien im Inneren der Mezquita. Der Legende nach klagt der König nach dem Umbau darüber, dass etwas Einzigartiges zerstört worden sei.

1593–1664 Das Minarett aus dem 10. Jh. wird in einen ❺ **Glockenturm** im Renaissance- und Barockstil umgebaut.

2004 Die Bitte der spanischen Muslime, wieder in der Mezquita beten zu dürfen, wird vom Papst abgelehnt.

TIPPS

➡ Der Patio de los Naranjos kann jederzeit kostenlos besucht werden.

➡ Von 8.30 bis 9.30 Uhr (außer sonntags) ist der Eintritt zur Mezquita frei.

➡ Vor 10 Uhr sind Gruppenbesuche verboten. Zu dieser Zeit herrscht eine ruhige, stimmungsvolle Atmosphäre.

Der Mihrab
Alles führt zum größten Schatz der Moschee – der wunderschönen Gebetsnische, die im 10. Jh. in die Wand eingefügt wurde und in Richtung Mekka zeigt. Die goldenen Mosaikwürfel sind Arbeiten byzantinischer Bildhauer.

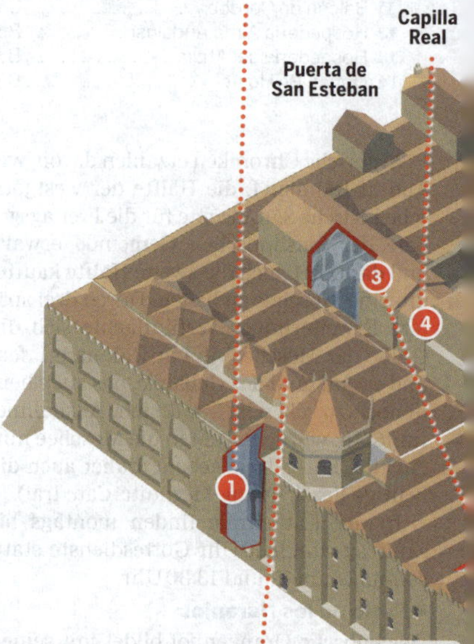

Die Maksura
In diesem separaten Bereich beteten einst die Kalifen und ihr Gefolge. Die edlen Gewölbebogen wurden so gebaut, dass sie den Blick in Richtung des Mihrab und Mekka lenken.

Capilla Mayor

Ein christliches Baudenkmal innerhalb eines islamischen Gebäudes: Die gotische Kathedrale wurde im 16. Jh. von Karl I. von Spanien in Auftrag gegeben und genau in die Mitte der drittgrößten Moschee der Welt gesetzt.

Glockenturm

Nach 24 Jahren Restaurierung wurde der 54 m hohe Glockenturm mit der besten Aussicht der Stadt 2014 wieder für Besucher geöffnet. Im 17. Jh. ersetzte er das Minarett aus dem 10. Jh.

BILL PERRY/SHUTTERSTOCK ©

Die Gewölbebogen der Mezquita

Als charakteristischste Elemente der Mezquita gelten ihre einzigartigen Gewölbebogen mit terrakottafarbenen und weißen Streifen. 856 Säulen, die aus römischen und anderen Ruinen stammen, stützen die Bogen. Im düsteren Licht kommen sie etwas unheimlich daher.

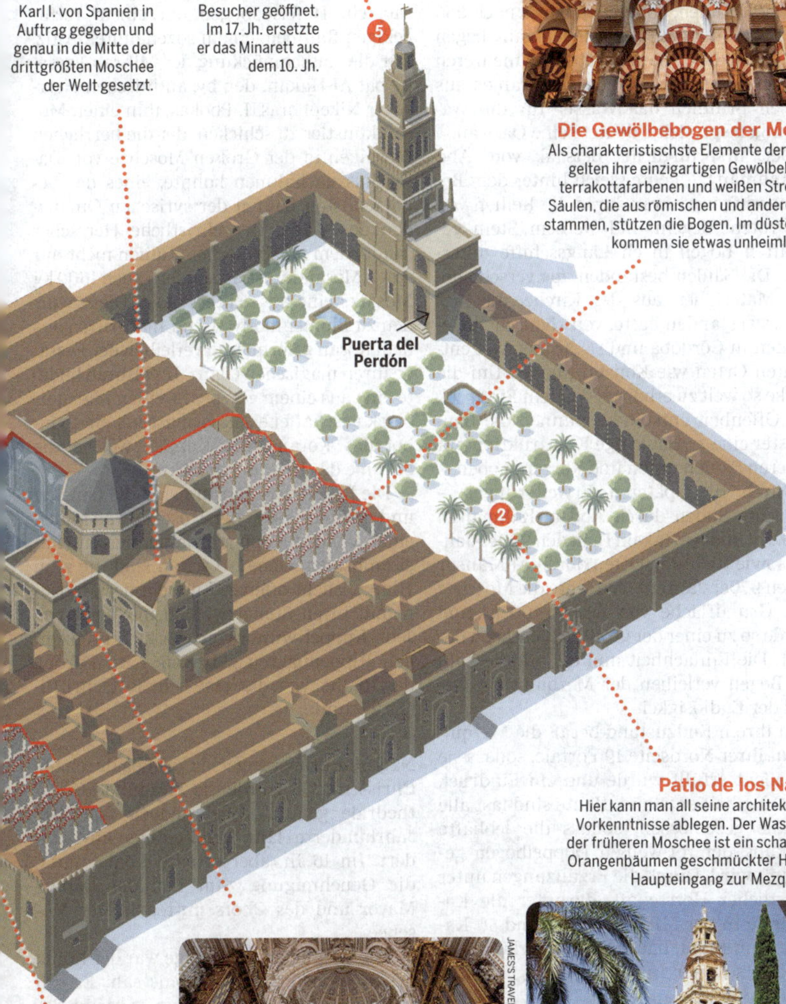

Patio de los Naranjos

Hier kann man all seine architektonischen Vorkenntnisse ablegen. Der Waschbereich der früheren Moschee ist ein schattiger, mit Orangenbäumen geschmückter Hof, der als Haupteingang zur Mezquita dient.

Capilla de Villaviciosa

Die Kapelle, ein früher christlicher Umbau, kombiniert maurische Elemente mit gotischen Gewölbebogen und Säulen. Bis 1607 diente sie als Capilla Mayor.

JAMES'S TRAVEL AND PHOTOS/SHUTTERSTOCK ©

Altarraum der Kathedrale

Der beeindruckende *coro* (Chorraum) entstand im 16. und 17. Jh. Er wartet mit einer herrlichen Decke im plateresken Stil und kunstvoll geschnitzten Chorstühlen aus Mahagoni auf, die einzelne Szenen aus der Bibel darstellen.

MATT TROMMER/SHUTTERSTOCK ©

tem rötlichem Löschkalk und Sand. Das flache Dach, verziert mit Gold und bunten Motiven, wurde von gestreiften Bögen getragen, die an einen Wald aus Dattelpalmen erinnerten. Die Bögen ruhten schließlich auf 1293 Säulen, von denen heute noch 856 stehen. Hinter dem Touristeneingang liegen kostenlose Informationsblätter in mehreren Sprachen aus. Der Patio de los Naranjos, aus dessen Brunnen das Wasser für die Waschungen sprudelte, deutete eine Oase an.

Der ursprüngliche Betsaal von Abd ar-Rahman I. – heute gleich hinter dem Besuchereingang – war durch die Reihen von mit roten Ziegeln und weißem Stein gestreiften Bögen in elf Längsschiffe unterteilt. Die Säulen bestanden aus verschiedenen Materialien aus der Kirche, die hier vorher gestanden hatte, von römischen Gebäuden in Córdoba und sogar aus weit entfernten Orten wie Konstantinopel. Um die Decke so weit zu erhöhen, dass ein Eindruck von Offenheit entstand, ersannen die Baumeister eine zweistöckige Konstruktion mit höheren Säulen unten und kürzeren oben.

Durch die späteren Erweiterungen – Richtung Süden durch Abd ar-Rahman II. im 9. Jh. und Al-Hakam II. in den 960er-Jahren sowie Richtung Osten durch Al-Mansur in den 970er-Jahren – erreichte die Moschee eine Grundfläche von fast 14 400 m² und wurde so zu einer der größten Moscheen der Welt. Die Einfachheit und die schiere Zahl der Bögen verleihen der Mezquita ein Gefühl der Endlosigkeit.

In ihrem Endzustand besaß die Mezquita auf ihrer Nordseite 19 Portale, sodass sie mit Licht erfüllt wurde und ein Eindruck der Offenheit entstand. Heute sind fast alle Portale geschlossen, sodass die lebhafte Wirkung der rot-weißen Doppelbögen gedämpft wird. Durch die Ergänzungen unter christlicher Herrschaft, darunter die Kathedrale in der Mitte und die rund 50 Kapellen am Rand, hat die Raumwirkung des Gebäudes weiter an Offenheit eingebüßt.

➡Mihrab & Maksura

Wie schon Abd ar-Rahman II. ein Jahrhundert zuvor, ließ auch Al-Hakam II. in den 960er-Jahren die Längsschiffe des Betsaals verlängern. So entstanden am Südende eine neue Quibla – die nach Mekka weisende Rückwand der Moschee – und ein neuer Mihrab, die Gebetsnische. Der Raum direkt vor dem Mihrab und die Bereiche daneben bildeten zusammen die Maqsura, wo die Kalifen und die Angehörigen des Hofes beteten. Mihrab und Maqsura sind die schönsten und am aufwendigsten verzierten Teile der gesamten Moschee.

Das größte Ruhmesblatt der Erweiterung durch Al-Hakam II. war das Portal des Mihrab, ein Hufeisenbogen mit einem rechteckigen Rahmen, einem sogenannten Alfiz. Für die Ausschmückung der Mihrab-Fassade bat Al-Hakam den byzantinischen Herrscher Nikephoras II. Phokas, ihm einen Mosaikkünstler zu schicken, der die herrlichen Mosaiken in der Großen Moschee von Damaskus nachahmen konnte, eines der bedeutendsten Bauten der syrischen Omaijaden des 8. Jhs. Der christliche Herrscher sandte dem muslimischen Kalifen nicht nur einen Mosaikkünstler, sondern auch 1600 kg Mosaiksteine aus echtem Gold. Diese wurden zu Blumenmotiven und Inschriften aus dem Koran geformt und verleihen der Fassade ihren magischen Glanz. Im Mihrab bildete eine aus einem einzigen weißen Marmorblock geschaffene Jakobsmuschel, ein Symbol des Korans, die Kuppel, welche die Stimme des Imams verstärkte.

Die Bögen der Maqsura sind die feinsten und raffiniertesten der Moschee und bilden einen Wald aus üppig ornamentierten Hufeisenformen. Genauso schön sind die zum Himmelslicht offenen Kuppeln der Maqsura mit ihren Steingewölben in Sternform. Jede Kuppel wurde von vier sich kreuzenden Rippenpaaren getragen – im Europa des 10. Jhs. war das eine sehr fortschrittliche Technik.

➡Kathedrale

Nach der Eroberung von Córdoba durch die Christen 1236 wurde die Mezquita als Kathedrale genutzt, blieb jedoch fast drei Jahrhunderte lang größtenteils unverändert. Im 16. Jh. aber erteilte König Karl I. die Genehmigung zum Bau der Capilla Mayor und des Chors mitten in der Moschee.

Der Überlieferung zufolge war der König bestürzt, als er das Ergebnis sah: Er soll lautstark die Zerstörung von etwas in der Welt Einzigartigem beklagt haben. An der Kathedrale wurde fast 250 Jahre lang gebaut, von 1523 bis 1766, und so spiegeln sich hier verschiedene architektonische Moden wider, vom Plateresktstil über die Spätrenaissance bis zum extravaganten spanischen Barock. Zu den späteren Merkmalen zählen das Retabel aus Jaspis und rotem Marmor aus dem 17. Jh. in der Capilla Mayor und das kunstvolle Mahagonigestühl im

NICHT VERSÄUMEN

CÓRDOBAS JÜDISCHES VIERTEL

Die *Judería*, das alte jüdische Viertel nordwestlich der Mezquita, besteht aus einem Labyrinth schmaler Sträßchen und kleiner Plätze mit weiß getünchten Häusern, bei denen man durch schmiedeeiserne Tore in Patios voller Pflanzen blicken kann. In einigen Straßen haben sich kitschige Souvenirläden und Touristenrestaurants ausgebreitet, andere wiederum sind nach wie vor still und ursprünglich. Von der Bedeutung der jüdischen Gemeinde im maurischen Córdoba zeugt die Nähe der *judería* zur Mezquita und zu den Machtzentren der Stadt. In Spanien war eine der größten jüdischen Gemeinschaften Europas beheimatet, von der es schon ab dem 2. Jh. n. Chr. Nachweise gibt. Von den Westgoten verfolgt, verbündeten sie sich nach den arabischen Eroberungen mit den Muslimen. Im 10. Jh. zählten sie zu den wichtigsten Teilen der Einwohnerschaft und hatten Posten als Verwalter, Ärzte, Juristen, Philosophen und Dichter inne. Einer der bedeutendsten jüdischen Philosophen, Maimonides, wurde 1135 in Córdoba geboren, verließ die Stadt aber mit seiner Familie in jungem Alter, um der Verfolgung durch die Almohaden zu entfliehen, und ließ sich schließlich in Ägypten nieder. Sein Hauptwerk, die *Mischne Tora*, fasste die Lehren des Judentums zusammen und systematisierte das jüdische Gesetz.

Die im Herzen der *Judería* gelegene und einst durch einen Tunnel mit der **Synagoge** verbundene **Casa de Sefarad** (☎ 957 42 14 04; www.casadesefarad.es; Ecke Calles de los Judíos & Averroes; 4 €; ⏱ Juli–Sept. 10–19 Uhr, Okt.–Juni Mo–Sa 11–19, So 11–14.30 Uhr) beherbergt heute ein interessantes Museum, das sich mit den Traditionen der Sepharden, der Juden der Iberischen Halbinsel, beschäftigt. In verschiedenen Räumen werden Essen, Haushaltsfertigkeiten, Rituale, Musik, prominente Juden aus Córdoba und die Inquisition behandelt. Dazu kommt eine Abteilung zu intellektuellen Frauen – Dichterinnen, Sängerinnen und Denkerinnen – aus Al-Andalus.

Die 1315 erbaute kleine **Sinagoga** (☎ 957 74 90 15; www.turismodecordoba.org; Calle de los Judíos 20; EU-Bürger/Andere frei/0,30 €; ⏱ Mitte Juni–Mitte Sept. Di–So 9–15 Uhr, Mitte Sept.–Mitte Juni Di–Sa 9–20, So 9–15 Uhr), wahrscheinlich eine private oder Familiensynagoge, ist eines der wenigen gut erhaltenen Zeugnisse der jüdischen Präsenz im mittelalterlichen Andalusien. Seit der Vertreibung der Juden 1492 wurde sie nicht mehr als Gotteshaus genutzt. Die mit extravaganten Stuckarbeiten mit hebräischen Inschriften und kunstvollen Stern- und Pflanzenmustern im Mudejarstil verzierte Synagoge verfügt über eine Galerie für die Frauen.

Chor, das im 18. Jh. von Pedro Duque Cornejo geschaffen wurde.

➡Nachtbesichtigung

In der Mezquita werden zweimal pro Nacht einstündige Sound- und Lichtshows (www.elalmadecordoba.com) gezeigt. Die Shows werden in neun Sprachen mit Audioguides übertragen. Tickets kosten 18 € (Rentner und Studenten zahlen 9 €). Von März bis Oktober finden sonntags, von November bis Februar freitags und samstags keine Veranstaltungen statt.

★ **Alcázar de los Reyes Cristianos** FESTUNG
(Festung der christlichen Monarchen; ☎ 957 42 01 51; www.alcazardelosreyescristianos.cordoba.es; Campo Santo de Los Mártires; Erw./Stud./Kind 4,50/2,25 €/frei; ⏱ Mitte Juni–Mitte Sept. Di–Sa 8.30–15, So bis 14.30 Uhr, Mitte Sept.–Mitte Juni Di–Fr 8.30–20.45, Sa bis 16.30, So bis 14.30 Uhr; 👪) Ursprünglich wurde dieser Burgpalast im 13. und 14. Jh. unter kastilischer Herrschaft auf den Ruinen eines maurischen Baus errichtet. Er beherbergte schon die katholischen Monarchen Ferdinand und Isabella, die hier 1486 zum ersten Mal Kolumbus begegneten. In einem Saal befinden sich mehrere bemerkenswerte römische Mosaiken, die in den 1950er-Jahren an der Plaza de la Corredera ausgegraben wurden. Es ist ein Vergnügen, die Terrassengärten des Alcázar mit Fischteichen, Brunnen, Orangenbäumen und Blumen zu durchwandern.

Jeden Abend (außer montags) um 21 Uhr finden im Alcázar die **Noches Mágicas en el Alcázar** (Magische Nächte im Alcázar; Erw./Kind 6,50 €/frei) statt, eine beliebte Multimedia-Show mit Lichteffekten, Flamenco-Musik und Wasserorgeln. Ganz in der Nähe lohnen auch die **Baños del Al-**

cázar Califal (☎ 608158893; www.banosdelalcazarcalifal.cordoba.es; Campo Santo de los Mártires; Erw./Student/Kind 2,50/1,50 €/frei, Do ab 12 Uhr Eintritt frei; ⌚ Mitte Sept.–Mitte Juni Di–Fr 8.30–20.45, Sa bis 16.30, So bis 14.30 Uhr, Mitte Juni–Mitte Sept. Di–Sa 8.30–15, So bis 14.30 Uhr) einen Besuch, das eindrucksvolle Badehaus des maurischen Alcázar aus dem 10. Jh.

Caballerizas Reales STALLUNGEN

(Königliche Stallungen; ☎ 957 49 78 43; www.cordobaecuestre.com; Calle Caballerizas Reales 1; Training Erw./Kind 5/1 €, Show 15/10 €; ⌚ So & Mo 10–13.30, Di 10–13.30 & 16–20, Mi–Sa 10–13.30 & 17–20 Uhr, Shows Mi–Sa 21 Uhr) Die eleganten Stallungen wurden 1570 auf Befehl König Felipes II. als Zentrum zur Zucht von Andalusiern – der großen spanischen Vollblut-Kriegspferde (*caballo andaluz*) – errichtet. Das Zentrum widmet sich bis heute der Züchtung dieser edlen Pferderasse (zurzeit sind 47 Pferde vor Ort) und bildet Pferde und Reiter in verschiedenen Reitsportarten aus. Während der täglichen Öffnungszeiten (Dienstag bis Sonntag) können Besucher ab 11 Uhr morgens beim Training zusehen oder einstündige Shows anschauen, die auf eindrucksvolle Weise Reitkunst mit Flamencotanz und Musik verbinden.

Puente Romano BRÜCKE

Die hübsche 16-bogige römische Brücke überspannt den Guadalquivir gleich unterhalb der Mezquita und war ein Teil der alten Via Augusta von Girona in Katalonien nach Cádiz. Im Verlauf der Jahrhunderte ist die Brücke des Öfteren neu erbaut worden. Heute ist sie für den Autoverkehr gesperrt, sodass sie sich für einen netten Bummel anbietet. Unter Verwendung von CGI-Effekten hatte sie vor einiger Zeit einen Auftritt als „Lange Brücke von Volantis" in *Game of Thrones*.

★ **Centro Flamenco Fosforito** MUSEUM

(Posada del Potro; ☎ 957 47 68 29; www.centroflamencofosforito.cordoba.es; Plaza del Potro; 2 €; ⌚ Mitte Juni–Mitte Sept. Di–So 8.30–15 Uhr, Mitte Sept.–Mitte Juni Di–Fr 8.30–19.30, Sa & So 8.30–14.30 Uhr) GRATIS Das vielleicht beste Flamenco-Museum Andalusiens erzählt anhand von Ausstellungen, Filmen und Informationstafeln auf Englisch und Spanisch die Geschichte der Gitarre und all der Flamenco-Stars. Mithilfe von Touchscreens kann man sich mit den Techniken des Gesangs, des Gitarrenspiels, des Tanzes und der Perkussion des Flamenco vertraut machen – und man kann sich darin versuchen, die *compás* (Rhythmen) der verschiedenen *palos* (Gesangsformen) zu klopfen. Außerdem finden hier (meist sonntags um 12 Uhr) regelmäßig kostenlose Flamenco-Darbietungen statt; das aktuelle Programm steht auf der Website.

Das Museum ist in der wunderbaren Posada del Potro untergebracht, einem legendären Gasthaus, das auch in *Don Quijote* auftauchte: Cervantes beschrieb es als „Räuberhöhle". Der berühmte Platz, an dem das Gebäude steht, war früher ein Pferdemarkt und wartet mit einem hübschen steinernen Brunnen aus dem 16. Jh. mit einem sich aufbäumenden *potro* (Fohlen) auf.

★ **Palacio de Viana** MUSEUM

(www.palaciodeviana.com; Plaza de Don Gome 2; gesamtes Haus/nur Patios 8/5 €; ⌚ Sept.–Juni Di–Sa 10–19, So bis 15 Uhr, Juli & Aug. Di–So 9–15 Uhr) Dieser prächtige Renaissancepalast erstreckt sich über zwölf wunderschöne grün bepflanzte Höfe. Besonders im Frühling ist der Besuch ein echtes Vergnügen. Bis 1980 lebten hier die Marqueses de Viana, heute ist das große Bauwerk randvoll mit Kunst und Antiquitäten. Man kann mit einer Infobroschüre bewaffnet auf eigene Faust durch die hübschen Höfe und den Garten spazieren oder an einer Führung durch die Innenräume des Museums teilnehmen. Der Palast liegt 800 m nordöstlich der Plaza de las Tendillas.

Museo Julio Romero de Torres GALERIE

(Plaza del Potro 1; Erw./Student/Kind 4,50/2,25 €/frei; ⌚ Mitte Juni–Mitte Sept. Di–Sa 8.30–15, So bis 14.30 Uhr, Mitte Sept.–Mitte Juni Di–Fr 8.30–20.45, Sa 8.30–16.30, So 8.30–14.30 Uhr) Das ehemalige Krankenhaus beherbergt das meistbesuchte Museum Córdobas. Hier stehen das Leben und die Arbeit des geliebten Sohns der Stadt, Julio Romero de Torres (1874–1930), im Mittelpunkt. Er ist berühmt für seine Gemälde, die die Schönheit der Andalusierinnen gekonnt einfangen. Außerdem ließ er sich stark vom Flamenco und vom Stierkampf inspirieren.

Museo Arqueológico MUSEUM

(☎ 957 35 55 17; www.museosdeandalucia.es; Plaza de Jerónimo Páez 7; EU-Bürger/Nicht-EU-Bürger frei/1,50 €; ⌚ Mitte Sept.–Mitte Juni Di–Sa 9–20, So bis 15 Uhr, Mitte Juni–Mitte Sept. Di–So 9–15 Uhr) Das ausgezeichnete Archäologische Museum verfolgt die vielfältige Geschichte Córdobas von vorrömischer Zeit bis zur frühen Reconquista. Zu sehen sind einige schöne Statuen, eine eindrucksvolle

Münzsammlung und interessante Ausstellungen zu Alltag und Religion. Die Erläuterungen sind auf Englisch und Spanisch. Im Untergeschoss kann man durch die ausgegrabenen Überreste des römischen Theaters der Stadt gehen.

Feste & Events

Fiesta de los Patios de Córdoba FIESTA
(http://patios.cordoba.es; Mai) Beim Wettbewerb um den „schönsten Patio“ sind viele private Höfe täglich bis 22 Uhr für Besucher geöffnet. Das zweiwöchige Fest beginnt Anfang Mai, wenn die Höfe am schönsten sind. Das kulturelle Begleitprogramm bietet Flamenco- und andere Konzerte in einigen der prächtigsten Patios und auf einigen der hübschesten Plätze der Stadt.

★ **Noche Blanca del Flamenco** MUSIK
(http://nocheblancadelflamenco.cordoba.es; Juni) Das nächtliche Fest mit erstklassigem Flamenco von führenden Songschreibern, Gitarrenkünstlern und Tänzern des Genres wird überall in der Stadt an malerischen Orten wie dem Patio de los Naranjos und der Plaza del Potro der Mezquita gefeiert. Alle Aufführungen sind kostenlos. Das Fest findet an einem Samstagabend rund um den 20. Juni statt.

Festival de la Guitarra de Córdoba MUSIK
(www.guitarracordoba.org; Anf. Juni) Zweiwöchiges Gitarrenfestival mit Livekonzerten in den Sparten Klassik, Flamenco, Rock und Blues in den Konzertsälen der Stadt.

Schlafen

★ **Bed and Be** HOSTEL $
(661 420733; www.bedandbe.com; Calle José Cruz Conde 22; inkl. Frühstück B 17–35 €, EZ 30–50 €, DZ 49–80 €;) Ein außergewöhnlich gutes Hostel 300 m nördlich der Plaza de las Tendillas. Das Personal weiß bestens darüber Bescheid, was in der Stadt gerade so los ist, und jeden Abend wird eine gesellige Veranstaltung angeboten, die oft mit einem Cocktail auf der Dachterrasse beginnt und mit einer Tour durch die Bars oder Tapas-Bars der Stadt endet. Die Privat- und Vier- bis Acht-Bett-Zimmer mit Gemeinschaftsbad sind supersauber und strahlen so weiß wie die *pueblos blancos*.

Option Be Hostel HOSTEL $
(661 420733; www.facebook.com/optionbecordoba; Calle Leiva Aguilar 1; inkl. Frühstück B 18–45 €, DZ 44–99 €;) Option Be ist ein kleines, attraktives, einladendes und modern eingerichtetes Hostel in einer ruhigen Altstadtgasse mit herrlicher Dachterrasse und kleinem Tauchbecken. Es bietet zwei Privatzimmer (mit eigenen Bädern), zwei Schlafsäle, eine helle Küche im Erdgeschoss und eine gepflegte Lounge im Hof. Das Hostel wird von demselben Team geführt, das auch für das hervorragende Bed and Be verantwortlich ist; die Gäste können auf Wunsch auch an den sozialen Aktivitäten von Bed and Be teilnehmen.

Hospedería Alma Andalusí HOTEL $
(957 20 04 25; www.almaandalusi.com; Calle Fernández Ruano 5; Zi. 38–70 €;) Obwohl das kleine Hotel in einem stilvoll umgebauten alten Haus in einem ruhigen Teil der Judería liegt, bietet es extrem günstige Übernachtungspreise. Die kleinen, aber hübschen Zimmer mit schöner Farbgestaltung in Blau und Weiß, sorgfältig ausgewählter Ausstattung, ansprechenden Fotografien von Córdobas Sehenswürdgkeiten und Fußböden aus poliertem Holz oder traditionellen Fliesen schaffen insgesamt eine sehr komfortable Bleibe.

★ **Patio del Posadero** BOUTIQUE-HOTEL $$
(957 94 17 33; www.patiodelposadero.com; Call Mucho Trigo 21; Zi. inkl. Frühstück 95–170 €;) Patio del Posadero liegt in einer ruhigen Gasse 1 km östlich der Mezquita. Das Gebäude aus dem 15. Jahrhundert wurde zu einem ansprechenden Boutique-Hotel umgebaut, das Komfort und ein einzigartiges zeitgenössisches Design mit dem maurischen Stil des alten Córdobas verbindet. Vom charmanten ummauerten Innenhof mit Kopfsteinpflaster führen Treppen zu einer schönen Dachterrasse (mit kleinem Pool!), wo auch das erstklassige hausgemachte Frühstück serviert wird.

★ **Viento10** BOUTIQUE-HOTEL $$
(957 76 49 60; www.hotelviento10.es; Calle Ronquillo Briceño 10; EZ 84–147 €, DZ 100–172 €;) Viento10 befindet sich in einem stimmungsvoll umgebauten Krankenhaus aus dem 15. Jahrhundert und bietet acht relaxte, komfortable Zimmer. Die Räume sind in einem hübschen, hellen und cleanen Stil gestaltet, der perfekt zu den alten Steinsäulen des Innenhofes passt. Das gesamte Hotel ist von Licht durchflutet, vor allem die Dachterrasse mit ihren Liegestühlen und Blick auf die Ziegeldächer und die Mezquita.

ABSTECHER

MEDINA AZAHARA

Acht Kilometer westlich von Córdoba befinden sich die Überreste von **Medina Azahara** (Madinat al-Zahra; ☎ 957 10 49 33; www.museosdeandalucia.es; Carretera Palma del Río Km 5.5; EU-Bürger/Nicht-EU-Bürger frei/1,50 €; ⏲ April–Mitte Juni Di–Sa 9–19 Uhr, Mitte Juni–Mitte Sept. bis 15 Uhr, Mitte Sept.–März bis 18 Uhr, ganzjährig So 9–15 Uhr; Ⓟ), der opulenten Palaststadt, die der Kalif Abd ar-Rahman III. im 10. Jh. erbauen ließ. Der Komplex zieht sich einen Hang hinunter. Der Kalifenpalast – der Bereich, der Besuchern heute offen steht – befindet sich ganz oben mit Blick auf die damaligen Gärten und freien Felder. Die (noch nicht ausgegrabenen) Wohnbereiche befanden sich beiderseits des Palasts. Unterhalb der Stätte gibt es inzwischen ein faszinierendes Museum.

Der Überlieferung zufolge erbaute Abd ar-Rahman III. Medina Azahara für seine Lieblingsfrau, Az-Zahra. Bestürzt über ihr Heimweh und ihre Sehnsucht nach den schneebedeckten Bergen Syriens, ließ er seine Stadt mit Mandel- und Kirschbäumen umgeben, die mit ihren weißen Blüten die Schneeflocken ersetzen sollten. Doch war es wohl eher Abd ar-Rahmans Erklärung seines Reiches zum Kalifat, die ihn 929 dazu veranlasste – wie es sich für einen Kalifen gehörte –, eine neue Hauptstadt zu bauen. Mit dem Bau wurde 840 begonnen und in den Chroniken sind einige atemberaubende Statistiken verzeichnet: 10 000 Arbeiter verbauten 6000 Steinblöcke am Tag und die Außenmauern erstreckten sich 1518 m von Ost nach West und 745 m von Nord nach Süd.

Es ist heute schwer nachzuvollziehen, dass eine solche Stadt, an der über 35 Jahre lang gebaut wurde, nur so kurz bestehen sollte – und zwar bis der Usurpator Al-Mansur 981 den Regierungssitz in seinen eigenen neuen Palastkomplex verlegte. Anschließend wurde Medina Azahara zwischen 1010 und 1013 von Berbersoldaten zerstört. In den folgenden Jahrhunderten wurden die Ruinen wiederholt für Baumaterial geplündert.

Vom Museum, wo man Tickets für die Stätte kauft (und parken muss, wenn man mit dem eigenen Fahrzeug anreist), fährt ein Shuttlebus (*lanzadera*; Hin- & Rückfahrt Erw./Kind & Rentner 2,10/1,50 €) die 2 km hinauf zur Spitze der antiken Stadt. Die Besucherroute führt dann durch das alte Nordtor der Stadt. Zu den Highlights des Bereichs, den man besichtigen kann, zählen der **Edificio Basilical Superior** mit seinen großen Bögen, in dem früher die wichtigsten Amtsräume untergebracht waren, und die **Casa de Yafar**, in der vielleicht der Wesir (erster Minister) des Kalifen residierte. Das Juwel der Stätte, der königliche Empfangssaal, der als **Salón de Abd ar-Rahman III.** (oder Salón Rico) bekannt ist, ist seit 2009 zwecks Renovierung geschlossen (zur Zeit der Recherchen stand noch kein Datum für die Wiedereröffnung fest). Dieser Saal wartet mit exquisiten Stuckarbeiten auf und soll mit Gold- und Silberkacheln, Bögen aus Elfenbein und Ebenholz sowie mehrfarbigem Marmor geschmückt gewesen sein.

Das Museum erzählt die Geschichte von Medina Azahara, von den Planungen über den Bau bis zu seinen Bewohnern und seinem Niedergang. Die einzelnen Abteilungen sind mit schön präsentierten Stücken von der Stätte illustriert und es gibt einige interaktive Exponate sowie englische Übersetzungen.

Wer mit dem Auto unterwegs ist, sollte Córdoba Richtung Westen über die Avenida de Medina Azahara verlassen. Diese wird zur A431, an der nach 6 km die Abzweigung nach Medina Azahara ausgeschildert ist.

Busse nach Medina Azahara (Erw./Kind 9/5 € hin & zurück inkl. Shuttlebus vom Museum zur Stätte & zurück) fahren dienstags bis sonntags um 10.15 und 11 Uhr (Mitte Sept.–Mitte Juni Di–Sa außerdem um 14.45 Uhr) von einer Haltestelle bei der Glorieta Cruz Roja nahe der Puerta de Almodóvar in Córdoba. Die Tickets können direkt im Bus oder im Voraus in den Touristeninformationen gekauft werden. An den Wochenenden und an Feiertage ist es sinnvoll, die Tickets im Voraus zu kaufen. Die Rückfahrt von Medina Azahara erfolgt 3¼ Stunden nach Abfahrt der Busse in Córdoba.

Hospedería del Atalia BOUTIQUE-HOTEL **$$**
(☎ 957 49 66 59; www.hospederiadelatalia.com; Calle Buen Pastor 19; Zi. 50–200 €; ❄📶) Das Atalia, zu erreichen über einen stillen Patio in der *judería*, bietet elegante Zimmer in Weinrot-, Rostbraun- und Olivgrüntönen.

Das gute Frühstück mit großer Auswahl kostet 6 € und die riesige sonnige Dachterrasse lockt mit Stühlen, Tischen und Ausblick auf die Mezquita.

★ Balcón de Córdoba BOUTIQUE-HOTEL **$$$**
(957 49 84 78; www.balcondecordoba.com; Calle Encarnación 8; mit Frühstück EZ 160–320 €, DZ 170–400 €;) Boutique-Hotel-Luxus der Extraklasse bieten die zehn schicken Zimmer des Balcón, in dem natürlich auch der reizende Patio nicht fehlen darf. Die Steinrelikte vermitteln den Eindruck, als hätte man sich in das nahegelegene Archäologiemuseum verirrt. Der Service ist absolut vortrefflich und die Zimmer sind geschmackvoll und modern mit ein wenig Kunst, aber ohne großen Schnickschnack eingerichtet. Das Hotel ist nur einen Steinwurf von der Mezquita entfernt.

Essen

Córdobas Spezialität ist *salmorejo*, eine köstliche und dicke kalte Suppe aus Tomaten, Knoblauch, Brot, Zitrone, Essig und Olivenöl sowie hartgekochtem Ei und Schinkenstreifen. Zusammen mit *rabo de toro* (Stier- bzw. Ochsenschwanz) steht sie auf jeder Speisekarte. Außerdem gibt's hier traditionelle andalusische Fisch- und Fleischküche ohne Ende, jedoch auch immer mehr moderne Speiselokale, in denen spanische Zutaten fantasievoll verarbeitet werden. Unbedingt probieren sollte man den süßen Wein aus dem nahen Weinbaugebiet Montilla-Moriles.

★ Mercado Victoria MARKTHALLE **$**
(http://mercadovictoria.com; Paseo de la Victoria; Produkte 2–19 €; So–Do 10–24, Fr & Sa 10–14 Uhr) Der Mercado Victoria ist zwar ein Food Court, aber er ist ungewöhnlich schick und bietet fast alles, was das Herz begehrt – von argentinischen *empanadas* über mexikanische Burritos und Sushi bis hin zu klassischen spanischen Meeresfrüchten und Grillfleisch. Alle Gerichte werden frisch vor den Augen der Kunden zubereitet. Auch die Lage des Mercado ist einzigartig – er befindet sich in einem schmiedeeisernen Glaspavillon aus dem 19. Jahrhundert in den Victoria-Gärten westlich der Altstadt.

★ La Bicicleta CAFÉ **$**
(666544690; Calle Cardenal González 1; leichte Gerichte 4–13 €; 12–1 Uhr, Juli–Aug. Mo–Do ab 18 Uhr;) Das freundliche, ungezwungene Café verwöhnt seine Gäste mit einer großen Auswahl an Getränken – kühle, frisch zubereitete Multivitaminsäfte, Cocktails, Bier und Wein – sowie leichten Gerichten wie Hummus, Avocado-Schinken-Toasts und köstlichen frisch gebackenen Kuchen.

La Tinaja ANDALUSISCH **$**
(957 04 79 98; http://latinajadecordoba.com; Paseo de la Ribera 12; raciones 8–18 €; 13.30–17 & 19.30–1.30 Uhr) Das Essen einiger Restaurants am Fluss kann nicht mit ihrer tollen Lage mithalten, aber La Tinaja serviert stets leckere, gut durchdachte Küche aus klassischen spanischen Produkten. Die Terrasse ist nach Einbruch der Dunkelheit bei Kerzenlicht einfach wunderschön. Zur Auswahl stehen Gerichte wie Lauch mit Meeresfrüchten, Ravioli mit einer Füllung aus Spinat und Seehecht oder gegrilltes Schweinefleisch mit Kürbis-Hummus. Die Portionen sind nichts für Leute, die großen Appetit haben.

Taberna Salinas ANDALUSISCH **$**
(957 48 01 35; www.tabernasalinas.com; Calle Tundidores 3; raciones 8–9 €; Mo–Sa 12.30–16 & 20–23.30 Uhr, Aug. geschl.) Das historische Bar-Restaurant mit einem Patio und mehreren Räumen besteht seit 1879 und ist im klassischen Stil Córdobas mit Kacheln, Weinfässern, Kunst und Fotos des Stierkämpfers Manolete geschmückt. Zwar ist es sehr beliebt bei Touristen – und bietet daher auch eine Karte in fünf Sprachen –, doch es hat sich ein traditionelles Flair bewahrt und die Kellner sind sehr hilfsbereit. Das Essen ist zudem wirklich ausgezeichnet, vom Salat mit Orange und Kabeljau bis hin zur Schweinelende in Haselnusssoße.

Bar Santos TAPAS **$**
(Calle Magistral González Francés 3; Tortilla 2–5 €; 10–24 Uhr) Die legendäre kleine Bar gegenüber der Mezquita bringt die beste *tortila de patata* (Kartoffelomelett) der Stadt auf den Tisch, und das wissen die *cordobeses*. Von den gigantischen Scheiben werden dicke Stücke (2,30 €) abgeschnitten und normalerweise mit Plastikgabeln auf Papptellern serviert, damit die Kunden sie draußen im Schatten der Mauern der Mezquita essen können. Es stehen noch viele weitere Tapas zur Auswahl. Klasse!

★ Casa Pepe de la Judería ANDALUSISCH **$$**
(957 20 07 44; http://restaurantecasapepedelajuderia.com; Calle Romero 1; raciones 10–26 €; 13–16 & 19.30–23 Uhr;) Mit seiner sorgsam zubereiteten, klassisch andalusischen Küche steht das Pepe (1920 eröffnet) in der Beliebtheitsskala ganz oben. Das Restaurant

hat eine sonnige Dachterrasse und mehrere Speiseräume, die mit traditioneller und moderner cordobanischer Kunst dekoriert sind. Zur Auswahl stehen Gerichte wie *salmorejo* (kalte Tomatensuppe), Gazpacho, *flamenquín* (panierte Schweinelende mit Schinken) sowie Salate, Steinbutt-Meunière und Lammschulter mit Apfelpüree. Die Mitarbeiter sind auch dann aufmerksam und freundlich, wenn das Restaurant vollbesetzt ist.

★ Bodegas Campos ANDALUSISCH $$
(☎ 957 49 75 00; www.bodegascampos.com; Calle de Lineros 32; Hauptgerichte 14–24 €; ⏲ Mo–Sa 13.30–16.30 & 20.30–23.30, So 13.30–16.30 Uhr) Das stimmungsvolle Labyrinth aus Räumen und Patios ist in der Stadt ein echter Klassiker. Es ist bei *cordobeses* und Touristen gleichmaßen beliebt. Das Restaurant und die informellere *taberna* servieren köstliche traditionelle andalusische Gerichte mit leichtem kreativem Dreh wie Raviolo mit Kabeljau und Tintenfisch oder Schweinelende in Traubensoße. Außerdem produziert die Bodega ihren eigenen Montilla.

Garum 2.1 ANDALUSISCH $$
(☎ 957 48 76 73; Calle de San Fernando 122; Tapas 3–9 €, raciones 8–18 €; ⏲ 12–24 Uhr) Das Garum serviert Fleisch, Fisch und Gemüse in allen möglichen kreativen und köstlichen Kombinationen. Tipp: die *presa ibérica con herencia del maestro* (Ibérico-Schweinefleisch mit einer saftigen Mischung aus Kartoffeln, Zwiebeln und Paprika). Die Bedienung ist hilfsbereit und freundlich.

La Boca FUSION-KÜCHE $$
(☎ 957 47 61 40; www.facebook.com/restaurante.laboca; Calle de San Fernando 39; Gerichte 6–15 €; ⏲ Mi–Mo 12–16 & 20–24 Uhr; 📶) Wer Gerichte wie Ochsenschwanz-Tacos, *tataki* aus rotem Thunfisch oder Salat aus Enten-Prosciutto mit Mango in Walnuss-Vinaigrette lecker findet, der wird La Boca lieben. Das kreative Restaurant serviert internationale Küche in sechs ansprechenden, kunstvoll dekorierten und rustikalen „Taberna"-Räumen oder in einem etwas formelleren Restaurantbereich. Die Gerichte sind sehr gut zubereitet, obwohl die Portionen nicht besonders groß sind. Am Wochenende sollte man im Voraus reservieren.

Ausgehen & Nachtleben

El Barón BAR
(Plaza de Abades 4; ⏲ 12.30–24 Uhr) Die Außentische der einfachen lokalen Bar stehen auf einer verkehrsbefreiten, von Orangenbäumen gesäumten Plaza und sind ein toller Ort für einen Drink am Abend. Zur Auswahl stehen Montilla und andere Weine, *cava*, Craft- und andere Biere sowie gute Snacks (z. B. sehr verlockender Schokokuchen).

Sojo Mercado BAR, LOUNGE
(http://sojomercado.com; Mercado Victoria, Paseo de la Victoria; ⏲ So–Do 13–2, Fr & Sa 13–3 Uhr) Die schicke Bar befindet sich an einer Ecke des Gastromarktes Mercado Victoria und hat eine großartige Dachterrasse. An den Wochenenden ist hier sehr viel los, vor allem samstags, wenn die 20- bis 30-jährigen Gäste schon nachmittags zu Pop-/Elektro- und Latinmusik tanzen.

Bodega Guzmán WEINBAR
(Calle de los Judíos 7; ⏲ Fr–Mi 12–16 & 20.30–23.30 Uhr) Einheimische und Touristen zieht es gleichermaßen in diese sehr stimmungsvolle höhlenartige Bar in der *judería*, die mit Stierkampf-Andenken dekoriert ist. Aus drei gigantischen Fässern hinter der Theke wird Montilla-Wein gezapft; außerdem sollte man hier unbedingt einen *amargoso* (Magenbitter) probieren.

Amapola BAR
(www.facebook.com/amapolabarcordoba; Paseo de la Ribera 9; ⏲ 16–2.30 Uhr oder länger, Fr–So ab 12 Uhr) Die künstlerische Kneipe am Fluss wartet mit ausgefeilten Cocktails und einer tollen Terrasse mit Flussblick auf. Freitag- und samstagnachts legen DJs auf oder es steigen Livekonzerte.

Unterhaltung

Córdoba hat eine ziemlich gute Livemusik-Szene mit mehreren Veranstaltungsorten, die regelmäßig Flamenco-, Jazz-, Rock- oder Blueskonzerte geben. Authentischen Flamenco bietet das Centro Flamenco Fosforito (S. 768) mit regelmäßigen Veranstaltungen. Außerdem kann man sich hier nach anderen guten Veranstaltungen in der Stadt erkundigen.

Jazz Café LIVEMUSIK
(www.facebook.com/jazzcafecordoba; Calle Rodríguez Marín; ⏲ 18–3 oder 4 Uhr; 📶) Diese spannende Kneipe voller Musikkram veranstaltet donnerstags Blues-Sessions und dienstags Jazz-Sessions, jeweils ab 22 Uhr, sowie auch andere Konzerte. Hier ist bis in die frühen Morgenstunden etwas los. Freitags und samstags kommen teils DJs zum Einsatz, die elektronische Tanzmusik (EDM) auflegen.

Shoppen

Córdoba ist berühmt für seine bunten geprägten Lederwaren *(cuero repujado)*, für Silberschmuck und attraktive Keramik. Das geprägte Leder ist auch als *guadamecí* (Schaffell) oder *cordobán* (Ziegenfell) bekannt. Einige der nobleren Kunsthandwerksläden findet man in der Calle Cardenal González und der Calle Manríquez.

Meryan KUNST & KUNSTHANDWERK
(☎ 957 47 59 02; www.meryancor.com; Calleja de las Flores 2; ⏲ Mo–Fr 9–20, Sa 9.30–14.30 Uhr) Bietet eine gute Auswahl an geprägten Lederwaren: Portemonnaies, Taschen, Holztruhen mit Lederbeschlag, Kästchen, Notizbüchern und sogar Kopien von Picasso-Gemälden.

Praktische Informationen

Córdoba (www.cordobaturismo.es) Touristeninformation für die Provinz Córdoba.

Centro de Visitantes (Visitors Centre; ☎ 902 201774; www.turismodecordoba.org; Plaza del Triunfo; ⏲ Mo–Fr 9–19, Sa & So 9.30–14.15 Uhr) Die zentrale Touristeninformation wartet mit einer Ausstellung zur Geschichte Córdobas und einigen römischen und westgotischen Relikten auf.

Städtischer Touristeninformationskiosk (☎ 902 201774; www.turismodecordoba.org; Plaza de las Tendillas; ⏲ 9–14 Uhr)

Städtische Touristeninformation (☎ 902 201774; www.turismodecordoba.org; Bahnhof; ⏲ 9–14 & 16.30–19 Uhr) In der Haupthalle des Bahnhofs.

An- & Weiterreise

ZUG

Von Córdobas modernem **Bahnhof** (☎ 91 232 03 20; www.renfe.com; Plaza de las Tres Culturas) 1,2 km nordwestlich der Plaza de las Tendillas fahren sowohl schnelle AVE- als auch langsamere Regionalzüge.

ZIEL	PREIS (€)	DAUER	HÄUFIGKEIT (TGL.)
Andújar	8–16	50 Min.	5-mal
Antequera (Santa Ana)	14–34	30–40 Min.	12–16-mal
Granada			Verkehr soll 2018 wiederaufgenommen werden
Jaén	15	1¾ Std.	4-mal
Madrid	33–63	1¾–2 Std.	24–33-mal
Málaga	20–42	1 Std.	14–18-mal
Sevilla	14–30	45–80 Min.	27–39-mal

Unterwegs vor Ort

AUTO

Córdobas Einbahnstraßensystem ist der Albtraum aller Autofahrer und Autos sind aus dem historischen Zentrum verbannt, es sei denn, sie wollen bei Hotels parken, aus- oder einladen; die meisten Hotels sind relativ gut ausgeschildert. Südlich des Flusses gibt's auf der anderen Seite des Puente de Miraflores kostenlose Parkplätze. Sowohl kostenlose als auch kostenpflichtige Parkplätze findet man am **Paseo de la Victoria**,

BUSSE AB CÓRDOBA

Der **Busbahnhof** (☎ 957 40 40 40; www.estacionautobusescordoba.es; Avenida Vía Augusta) liegt 1,3 km nordwestlich der Plaza de las Tendillas hinter dem Bahnhof.

Alsa (☎ 902 422242; www.alsa.es)
Autocares Carrera (☎ 957 50 16 32; www.autocarescarrera.es)
Autocares San Sebastián (☎ 957 42 90 30; www.autocaressansebastian.es)
Grupo Sepulvedana (☎ 902 119699; www.sepulvedana.es)
Socibus (☎ 902 229292; http://socibus.es)

ZIEL	BUS-UNTERNEHMEN	PREIS (€)	DAUER (STD.)	HÄUFIGKEIT (TGL.)
Baeza	Alsa	12	2¼	2-mal
Granada	Alsa	15	2¾–4	7-mal
Jaén	Grupo Sepulvedana	11	2	5–6-mal
Madrid	Socibus	17–23	5	8-mal
Málaga	Alsa	12	3	4-mal
Sevilla	Alsa	12	2	7-mal
Úbeda	Alsa	12	2½	4-mal

an der **Avenida Doctor Fleming** (Avenida Doctor Fleming) und an den westlich gelegenen Straßen. In Zonen mit Parkuhren (mit blauen Linien auf der Straße) kann von 14 bis 17 und 21 bis 9 Uhr sowie von samstags 14 Uhr bis montags 9 Uhr kostenlos geparkt werden.

BUS

Bus 3 (☎ 957 76 46 76; www.aucorsa.es) (1,30 €, alle 14–20 Min.) fährt von der Avenida Vía Augusta (der Straße zwischen Zug- und Busbahnhof) die Calle Diario de Córdoba und die Calle de San Fernando östlich der Mezquita entlang. Wieder zurück geht's von der **Ronda-de-Isasa**-Haltestelle beim Puente Romano, oder von der **Campo Santo de los Mártires**, der **Glorieta Cruz Roja** oder dem **Paseo de la Victoria**.

Parque Natural Sierras Subbéticas

Der 320 km² große Park im Südosten der Provinz beherbergt zerklüftete smaragdgrüne Kalksteinberge voller Höhlen, Quellen und Bächen und wird am Rand von einigen äußerst reizenden alten Dörfern und gemütlichen kleinen Städtchen gesäumt. Hier bieten sich einige schöne Gelegenheiten zu Erkundungstouren und Wanderungen in Täler, Schluchten und auf hohe Berge – der höchste ist mit 1570 m La Tiñosa. Die meisten Besucher wählen als Basis das malerische Zuheros oder Priego de Córdoba. Die idealen Monate zum Wandern sind April, Mai, September und Oktober.

Das Besucherzentrum des Parks, das **Centro de Visitantes Santa Rita** (☎ 957 50 69 86; Carretera A339, Km 11,2; ⏲ Mai–Juni Mi–Fr 9–14, Sa & So 9–14 & 18–20 Uhr, Juli–Aug Fr–So 8–14 Uhr, Sept. Mi–So 9–14 Uhr, Okt.–April Mi–Fr 9–14, Sa & So 9–14 & 16–18 Uhr), liegt an der Straße Cabra-Priego de Córdoba.

Zuheros

660 EW. / 640 M

Zuheros hat eine äußerst malerische Lage am Nordrand des Parque Natural Sierras Subbéticas: Im Schatten der hoch aufragenden Berge erstreckt sich ein Labyrinth aus weißen Straßenzügen, gekrönt von einer Burg auf einem Felssporn, während sich im Hintergrund endlose Olivenhaine erstrecken. Das Dorf ist von der A318 über kurvenreiche Straßen zu erreichen und verströmt eine wunderbar entspannte Atmosphäre.

Sehenswertes

Castillo de Zuheros BURG

(Plaza de la Paz; Eintritt oder Führung inkl. Museo Arqueológico Erw./Kind 2/1,25 €; ⏲ Di–Fr 10–14 & 17–19 Uhr, Führungen Sa, So & Feiertage 11, 12.30, 14, 17 & 18.30 Uhr, Okt.–März alle Nachmittagszeiten 1 Std. früher) Die auf einem malerischen Felsen thronende Burg ist maurischen Ursprungs (9. Jh.), aber leider sind nur noch die christlichen Ruinen aus dem 13. und 14. Jh. erhalten; es gibt aber auch noch Reste eines Renaissance-Palasts. Die Burg ist klein, bietet aber einen herrlichen Panoramablick. Am Wochenende und an Feiertagen findet die Besichtigung im Rahmen von Führungen statt; an anderen Tagen lässt sich die Burg auf eigene Faust erkunden. Tickets (Eintritt ins Museum inkl.) gibt's im kleinen **Museo Arqueológico** (Archäologisches Museum; ☎ 957 69 45 45; Plaza de la Paz; Erw./Kind inkl. Castillo 2/1,25 €; ⏲ ganzjährig Di–So 10–14 Uhr, April–Sept. Di–Fr 17–19 Uhr, Okt.–März Di–Fr 16–18 Uhr) auf der anderen Seite

ABSTECHER

CASA OLEA

Die in einem eigenen kleinen Olivenhain gelegene **Casa Olea** (☎ 696 748209; www.casaolea.com; Carretera CO7204, bei El Cañuelo; EZ/DZ mit Frühstück 107/121 €; P ❄ 📶 🏊) 🍃 12 km nördlich von Priego ist schön geräumig und verströmt ein entspanntes Flair. Das Landhaus, das Briten gehört, ist ein tolles Refugium und eine gute Basis für Erkundungen in der Region. In unmittelbarer Umgebung wie auch weiter entfernt in den Sierras Subbéticas kann man gut wandern. Außerdem können die Gäste Mountainbikes ausleihen (15 € pro Tag). Córdoba und Granada sind nur 1½ Fahrtstunden entfernt.

Es gibt einen hübschen Pool, und an fünf Abenden in der Woche ist ein ausgezeichnetes Abendessen (2/3 Gänge 20/25 €) erhältlich. Die Gastgeber halten jede Menge Informationen und Tipps für Unternehmungen in der Umgebung bereit. Keine Kinder unter sieben Jahren.

NICHT VERSÄUMEN

VÍA VERDE DEL ACEITE

Der leichteste und am besten gekennzeichnete Weg der Gegend ist die **Vía Verde del Aceite** (www.viasverdes.com;) , eine alte Bahnstrecke, die in einen Rad- und Wanderweg umgewandelt wurde, der sich unterhalb von Zuheros durch die Landschaft windet. Er führt 128 km durch die Provinzen Córdoba und Jaén, von Camporreal bei Puente Genil in die Stadt Jaén und vorbei am West- und Nordrand des Parque Natural Sierras Subbéticas.

Mit ihren nur sehr leichten Steigungen und den alten Brücken, Tunneln und Viadukten ist die Vía eine tolles Ausflugsziel für Reisende jeden Alters. In alten Bahnhöfen entlang der Strecke befinden sich Cafés und Fahrradvermietungen, während informative Übersichtskarten verhindern, dass man sich verirrt – was so gut wie unmöglich ist. Der Abschnitt in der Provinz Córdoba ist weithin noch unter seinem alten Namen – Vía Verde de la Subbética – bekannt.

Subbética Bike's Friends (691 843532, 672 605088; www.subbeticabikesfriends.com; Fahrräder 9/12 € pro halber Tag/Tag, Kindersitz 2 € pro Tag; Sa & So 10–18 Uhr;) am Bahnhof Doña Mencía 4 km westlich bergab von Zuheros vermietet verschiedenste Fahrräder (auch Kinderräder) und kann sie, wenn man vorher anruft, für gewöhnlich auch an jedem Tag der Woche bereitstellen.

des Platzes, in dem auch die Touristeninformation (siehe rechts) untergebracht ist.

Cueva de los Murciélagos HÖHLE
(Fledermaushöhle; 957 69 45 45; Erw./Kind 6/5 €; Führungen Di–Fr 12.30 & 17.30, Sa & So 11, 12.30, 14, 17 & 18.30 Uhr, Okt.–März alle Nachmittagszeiten 1 Std. früher; P) Diese außergewöhnliche Höhle frisst sich 4 km oberhalb von Zuheros in das Kalksteinmassiv. Von der riesigen „Halle" hinterm Eingang aus legt man 415 m (700 Treppenstufen) zurück; es geht durch mehrere „Flure" voller fantastischer Gesteinsformationen. Spuren von Felsmalereien aus dem Neolithikum zeigen abstrakte Figuren. Die Höhle darf nur im Rahmen einer Führung besucht werden. Diese sollte bei der Touristeninformation Turismo Zuheros (siehe rechts) vorab telefonisch (Di–Fr 10–13.30 Uhr) oder per E-Mail reserviert werden.

Schlafen & Essen

★ **Hotel Zuhayra** HOTEL $
(957 69 46 93; www.zercahoteles.com; Calle Mirador 10; inkl. Frühstück EZ 42–48 €, DZ 52–60 €;) Ein kurzes Stück unterhalb der Burg gelegen, bietet das Zuhayra komfortable Zimmer mit atemberaubender Aussicht auf das Umland. Außerdem ist es eine gute Basis zur Erkundung der Gegend. Die Besitzer, die netten Ábalos-Brüder, sprechen Englisch und halten reichlich Infos zu Wanderrouten und Sehenswürdigkeiten parat.

Außerdem ist hier ein gutes **Restaurant** (Hauptgerichte & raciones 7–18 €, medias raciones 4–7,50 €; 13–16 & 20.30–23 Uhr;).

Mesón Atalaya ANDALUSISCH $$
(957 69 45 28; Calle Santo 58; Hauptgerichte 7–19 €; Di–So 13–16 & 21–23 Uhr) Das familiengeführte Restaurant am östlichen Ende des Dorfes bietet exzellente Regionalküche: viel Lamm, Schwein und Schinken, *potajes* und *cazuelas* (Eintöpfe), Käse und hausgemachte Desserts. Drinnen locken zwei schöne Patios voller Pflanzen. Das Restaurant ist sehr beliebt und an den Wochenenden stets überfüllt.

Praktische Informationen

Touristeninformation (957 69 45 45; http://turismodelasubbetica.es/zuheros; Plaza de la Paz 1; ganzjährig Di–So 10–14 Uhr, April–Sept. Di–Fr 17–19 Uhr, Okt.–März Di–Fr 16–18 Uhr) Die hilfreiche Touristeninformation von Zuheros liegt auf dem Gelände des Museums für Archäologie. Hier kann man Tickets oder Führungen für die Burg buchen.

An- & Weiterreise

Die Busse fahren vom Mesón Atalaya ab.

Autocares Carrera (S. 773) Zwei bis vier Busse täglich nach Córdoba (6,45 €, 1¾ Std.).

Autocares Valenzuela (956 70 26 09; www.grupovalenzuela.com) Bietet mindestens zwei Busse täglich nach Sevilla (17 €, 3¾ Std.).

Granada & Andalusiens Südküste

Inhalt ➡

Gut Essen

- El Mesón de Cervantes (S. 817)
- El Bar de Fede (S. 796)
- La Fábula Restaurante (S. 797)
- Palacio de Gallego (S. 840)
- 4 Nudos (S. 854)

Schön übernachten

- Claude (S. 823)
- Santa Isabel La Real (S. 793)
- Hotel Real de Poqueira (S. 807)
- MC San José (S. 854)
- Hostal El Olívar (S. 856)

Auf nach Granada & an die Südküste Andalusiens!

Andalusiens Südosten bietet Küstenorte mit Hochhäusern ebenso wie weiße Bergdörfer, in denen die Zeit stehen geblieben zu sein scheint, sowie eine verführerische Mischung aus Ferienspaß, Kultur und beeindruckender Natur.

Im Herzen der Region verführt Granada mit seinem arabischen Flair und der Alhambra, während das pulsierende Málaga im Süden sich als Dreh- und Angelpunkt zeitgenössischer Kunst und Kultur immer wieder neu erfindet. In der Nähe strömen die Strandurlauber an die Costa del Sol.

Jenseits der Städte und des Ferientrubels zeigt sich die Region von ihrer weniger hektischen Seite. Die imposanten Gipfel der Sierra Nevada erscheinen von Granada aus zum Greifen nah, und ihre weißen Dörfer und atemberaubenden Wanderwege sind grandiose Ausflugsziele. Eine ganz eigene Welt ist die ein Stück weiter entfernte Landzunge Cabo de Gata mit ihrer einnehmenden halbwüstenartigen Landschaft, der erfreulich unbebauten Küste und herrlichen Stränden.

Reisezeit

Granada

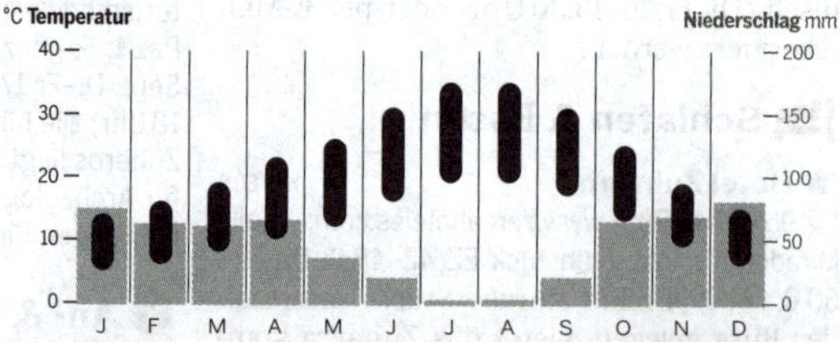

März & April Feste und Osterprozessionen ziehen die Massen an und es gelten Hochsaisonpreise.

Mai & Juni Trubelige sonnige Reisezeit, ideal zum Herumfahren, Wandern und Entdecken.

Nov.–Feb. Weniger Touristen, günstige Preise und in der Sierra Nevada kann man Ski fahren.

GRANADA

234 758 EW. / 680 M

Vom Ruhm der Alhambra angezogen, kommen viele Besucher nach Granada, und wissen gar nicht, was sie erwartet: Eine lebhafte ungeschminkte Stadt mit lichtdurchfluteter islamischer Architektur und Straßen voller maurischem Flair sowie monumentale Kirchen, urige Tapas-Bars und Streetart der Gegenkultur.

Die Stadt am Fuß der Sierra Nevada war das letzte Bollwerk der spanischen Mauren, deren Erbe sich hier überall offenbart: in den hufeisenförmigen Bogen, den würzigen Aromen, die von den Straßenständen aufsteigen, den *teterías* (Teehäuser) des Albaicín, des historischen Maurenviertels. Am spektakulärsten ist das maurische Erbe in der Alhambra, einer erstaunlichen Palastanlage, deren landschaftlich gestaltete Gärten und islamische Ausstattung in Europa einzigartig sind.

Granadas Straßen vibrieren vor Energie. Bars, Studentenkneipen, alternative Cafés und kleine Flamenco-Clubs reihen sich dicht an dicht aneinander und hinterlassen einen ebenso bleibenden Eindruck wie die klassischen Sehenswürdigkeiten.

Geschichte

Von seinen Ursprüngen als iberische Siedlung des 5. Jhs. v. Chr. entwickelte sich Granada zu einer der großen mittelalterlichen Städte des Islams. Erstmals eroberten die Muslime es 711, aber erst im 13. Jh. begann die Stadt richtig aufzublühen. Als Córdoba (1236) und Sevilla (1248) an die Armee der Katholiken fielen, gründete ein unbedeutender Potentat namens Emir Muhammad ibn Yusuf ibn Nasr in Granada ein unabhängiges Emirat, das ein 250 Jahre lang währendes goldenes Zeitalter einläutete.

Unter den Sultanen der Nasriden wurde die Alhambra zu einem spektakulären Festungspalast ausgebaut, und Granada, die letzte Bastion von Al-Andalus, erblühte zu einer der reichsten Städte Europas, in deren Straßen es vor Händlern und Künstlern wimmelte. Unter Yusuf I. (regierte 1333–54) und Mohammed V. (regierte 1354–59 und 1362–91) erlebte Granada zwei Jahrhunderte künstlerischer und wissenschaftlicher Entfaltung.

Ende des 15. Jhs. geriet dann alles ins Wanken: Die Wirtschaft stagnierte und die höfische Politik griff zu Gewalt, als rivalisierende Fraktionen begannen, sich um den Thron zu streiten. Die einen unterstützten Emir Abu al-Hasan und seine christliche Konkubine Zoraya, während die anderen Boabdil (Abu Abdullah), Sohn von Abu al-Hasan und Aixa favorisierten, obwohl Boabdil noch ein Kind war. 1482 brach ein Bürgerkrieg aus und Boabdil erlangte nach dem Tod von Abu al-Hasan 1485 die Kontrolle über die Stadt. Der Sieg währte nicht lange: Das durch Kriege geschwächte Emirat wurde 1491 von den Katholischen Königen Isabella und Ferdinand angegriffen. Nach achtmonatiger Belagerung erklärte sich Boabdil einverstanden, die Stadt aufzugeben und sie bei den Verhandungen gegen die Alpujarras-Täler, 30 000 Goldmünzen sowie die politische und religiöse Freiheit seiner Untertanen einzutauschen. Als er die Stadt zu Fuß verließ, drehte er sich noch einmal wehmütig um und tat „des Mauren letzten Seufzer". Am 2. Januar 1492 zogen Isabella und Ferdinand in Granada ein.

Es folgte eine Zeit religiöser Verfolgungen, denn die christlichen Monarchen wollten die Herrschaft des Katholizismus in den ehemals muslimischen Gebieten wieder etablieren. 1492 wurden die Juden aus Spanien vertrieben, und 1609, nach einer Reihe muslimischer Aufstände, wurden auch die *moriscos* (Muslime, die zum Christentum konvertiert waren) des Landes verwiesen.

Diese grausame Vertreibung fiel jedoch auf Granada zurück: Das einstige Kronjuwel der Reyes Católicos (Katholische Könige) geriet in Vergessenheit und erholte sich erst Mitte des 19. Jhs. von diesem Niedergang. In der Romantik erwachte das Interesse für Granada erneut, und insbesondere Washington Irvings 1832 erschienenes Buch *Die Alhambra* trug dazu bei, den Weg für die Restaurierung des islamischen Erbes der Stadt zu ebnen und sie als Touristenziel wiederauferstehen zu lassen.

Der Weg war alles andere als flach und gerade. Granada erlebte eine weitere düstere Zeit, als die Nationalisten die Stadt zu Beginn des Spanischen Bürgerkriegs besetzten. Schätzungen zufolge wurden 4000 *granadinos* (Bürger Granadas) getötet, die linke oder liberale Kontakte hatten, darunter auch Federico García Lorca, der berühmteste Schriftsteller aus Granada.

Sehenswertes

Die meisten Sehenswürdigkeiten konzentrieren sich in den Vierteln des Stadtzentrums , das man größtenteils zu Fuß erkun-

Highlights

1 Alhambra (S. 780) Spaniens spektakulärstes, majestätisches Bauwerk bestaunen, ein Meisterwerk raffinierter islamischer Architektur- und Gartengestaltung.

2 Parque Natural de Cabo de Gata-Níjar (S. 852) Die himmlischen Strände und steilen Klippen der südostandalusischen Küste erkunden.

3 Málaga (S. 811) In Spaniens außergewöhnlicher, sich stets entwickelnder Stadt der Kunst auf den Spuren von Picasso und modernen Graffitis wandeln.

4 Gibraltar (S. 830) Die Mediterranean Steps in Gibraltar hinaufsteigen und den Blick auf Afrika und die letzten Ausläufer des Mittelmeers genießen.

5 Las Alpujarras (S. 802) Durch die weißen Bergdörfer und schwindelerregenden Schluchten an der Südflanke der Sierra Nevada wandern.

6 Úbeda (S. 840) Die Sinne mit guter Architektur und Küche verwöhnen.

den kann. Nördlich der Plaza Nueva, Granadas Hauptplatz, erstreckt sich das Viertel Albaicín zwischen der Gran Vía de Colón und dem Río Darro. Am anderen Ufer liegt der Alhambra-Hügel, an dessen südwestlicher Flanke sich Granadas früheres Judenviertel Realejo erstreckt. Die Kathedrale und einige lebhafte Plätze, insbesondere die Plaza Bib-Rambla, prägen das Centro im Westen.

Alhambra & Realejo

★ Alhambra ISLAMISCHER PALAST

(☎958 02 79 71, Tickets ☎858 95 36 16; http://alhambra-patronato.es; Erw./12–15 J./unter 12 J. 14/8 €/frei, Generalife & Alcazaba Erw./unter 12 J. 7 €/frei; April–Mitte Okt. 8.30–20 Uhr, Mitte Okt.–März bis 18 Uhr, abendliche Besichtigungen April–Mitte Okt. Di–Sa 22–23.30 Uhr, Mitte Okt.–März Fr & Sa 20–21.30 Uhr) Die Alhambra ist Granadas – und Europas – Liebesbrief an die maurische Kultur. Der Festungspalast vor der Kulisse der Sierra-Nevada-Gipfel war eine von einer Befestigungsmauer umgebene Zitadelle, bevor er zum prächtigen Herrschaftssitz von Granadas nasridischen Emiren wurde. Ihre Vorzeigepalastanlage, die Palacios Nazaríes aus dem 14. Jh., zählt zu den schönsten islamischen Bauten Europas. Mit der herrlichen Gartenanlage des Generalife bildet sie das Kernstück der Alhambra.

Als eine der Top-Attraktionen des Landes zieht die Alhambra in der Hochsaison bis zu 6000 Besucher täglich an. Da die Tickets schnell ausverkauft sind, kauft man sie am besten online oder telefonisch im Voraus. Mit dem Ticketkauf bucht man eine bestimmte Zeitspanne für die Besichtigung der Palacios Nazaríes, deren Zugang streng geregelt ist. Weitere Informationen siehe Tipps für Alhambra-Besucher (S. 784).

Die Ursprünge der Alhambra, deren Name sich aus dem Arabischen von *al-qala'a al-hamra* (Rotes Schloss) ableitet, sind geheimnisumwittert. Die ersten Hinweise auf eine Besiedlung des Gebietes stammen aus dem 9. Jh., aber vermutlich war es bereits in der Römerzeit bebaut. In ihrer heutigen Form entstand die Alhambra größtenteils im 13. und 14. Jh., als Granadas Nasriden-Herrscher sie in eine befestigte Palastanlage verwandelten. Nach der Reconquista (der christlichen Rückeroberung) von 1492 wurde ihre Moschee durch eine Kirche ersetzt, und der habsburgische Kaiser Karl V. ließ einen Flügel des Palasts abreißen, um Platz für sein riesiges Renaissance-Monument zu schaffen, das bis heute nach ihm benannt ist. Anfang des 19. Jhs. zerstörten französische Truppen Napoleons Teile des Palasts und versuchten, die gesamte Anlage zu sprengen. Die Restaurierungsarbeiten begannen Mitte der 1800er-Jahre und dauern bis heute an.

➡ Palacio de Carlos V.

Vom Eingangspavillon (S. 784) führt ein beschilderter Weg in den Kern der Anlage, vorbei an einigen bemerkenswerten religiösen Gebäuden. Das erste ist das Kloster Convento de San Francisco (S. 789), der heutige Parador de Granada (S. 793). Die sterblichen Überreste von Isabella und Ferdinand ruhten hier, während ihre Gräber in der Capilla Real (S. 789) errichtet wurden. Nach kurzem Fußweg erreicht man die **Iglesia de Santa María de la Alhambra** (Di–So 10–13 & 16–18 Uhr), eine Kirche, die im 16. Jh. an der Stelle der ursprünglichen Moschee der Alhambra errichtet wurde.

Oberhalb der Kirche hebt sich der **Palacio de Carlos V.** architektonisch spektakulär von den anderen Bauten ab. Die Errichtung des massiven Palasts begann der Architekt Pedro Machuca aus Toledo im Jahr 1527. Es hat eine monumentale Fassade und runde zweistöckige Innenhöfe, gesäumt von 32 Säulen. Dieser Kreis im Quadrat stellt das einzige spanische Beispiel eines typischen Renaissance-Grundrisses dar, der die Vereinigung von Himmel und Erde symbolisiert.

Im Palast gibt's zwei Museen: Das **Museo de la Alhambra** (☎958 02 79 00; April–Mitte Okt. Mi–Sa 8.30–20, So & Di bis 14.30 Uhr, Mitte Okt.–März So & Di 8.30–18, Mi–Sa bis 14.30 Uhr) GRATIS präsentiert eine faszinierende Sammlung islamischer Artefakte, darunter das Portal der Sala de Dos Hermanas. Das **Museo de Bellas Artes** (Museum für Schöne Künste; ☎958 56 35 08; EU-Bürger/andere frei/1,50 €; Mitte Juni–Mitte Sept. Di–Sa 9–15 Uhr, April–Mitte Juni & Mitte Sept.–Mitte Okt. bis 20 Uhr, Jan.–März & Mitte Okt.–Dez. bis 18 Uhr, So ganzjährig 9–15 Uhr) beherbergt eine Kunstsammlung vom 15. bis zum 20. Jh.

➡ Alcazaba

An der westlichen Spitze der Alhambra befinden sich die trutzigen Überreste der **Alcazaba** (mit Alhambra Erw./12–15 J./unter 12 J. 14/8 €/frei, Generalife & Alcazaba Erw./unter 12 J. 7 €/frei), der ursprünglichen Zitadelle der Anlage aus dem 13. Jh. Die **Torre de la Vela** (Wachturm; Erw. /12–15 J /unter 12 J. 14/8 €/frei, Generalife & Alcazaba Erw./unter 12 J. 7 €/frei) wurde als der Turm berühmt, auf dem im Januar 1492 Kreuz und Flagge der Reconquista aufgestellt wurden. Eine Wendeltreppe führt hinauf. Von oben hat man einen weiten Blick über die Dächer von Granada.

➡Palacios Nazaríes

Den beeindruckenden Mittelpunkt der Alhambra bildet der als Nasridenpaläste bekannte Komplex der **Palacios Nazaríes**, der ursprünglich aus drei Teilen bestand: dem Mexuar, einem Saal, der der Verwaltung und dem Abschluss von Geschäften diente, dem Palacio de Comares, der offiziellen und privaten Residenz des Emirs, und dem Palacio de los Leones, dem privaten Wohnbereich für die Königsfamilie und den Harem.

In die Anlage gelangt man über den **Mexuar**, eine Halle aus dem 14. Jh., wo der Ministerrat zusammenkam und der Emir Rechtsurteile fällte. 200 Jahre später wurde der Saal in eine Kapelle mit einem Gebetsraum am hinteren Ende umgebaut. Wie überall auf dem Gelände lohnt sich der Blick nach oben auf die geschnitzten Holzdecken mit ihren geometrischen Formen.

Der Mexuar führt zum **Patio del Cuarto Dorado**, einem Innenhof, wo der Emir Audienzen gewährte, an den sich links das **Cuarto Dorado** (Goldene Zimmer) anschließt. Gegenüber vom Cuarto Dorado liegt der Eingang zum **Palacio de Comares**. Man durchquert ein schönes Tor mit einer Fassade aus Kacheln, Stuck und geschnitztem Holz. Durch eine abgewinkelte Halle (ein in der islamischen Wohnarchitektur verbreitetes, die Privatsphäre wahrendes Element) geht's direkt weiter zum **Patio de los Arrayanes** (Myrtenhof). Der elegante Hof, benannt nach den Myrtenhecken um das rechteckige Wasserbecken, ist der zentralste Ort des Palasts, der Mitte des 14. Jhs. als Amtssitz für Emir Yusuf I. erbaut wurde.

Das Südende des Patios wird von den Mauern des Palacio de Carlos V. überschattet. Im Norden, im 45 m hohen **Torre de Comares** (Comares-Turm), geht die **Sala de la Barca** (Saal des Segens) in den **Salón de los Embajadores** (Botschaftersaal) über, wo die Emire Verhandlungen mit den Gesandten der Christen führten. In diesem Saal fügen sich mehr als 8000 Zedernholzteile an der prachtvollen Kuppeldecke zu einem kunstvollen Sternenmuster zusammen, das die sieben Himmel des Islams verkörpert.

Der Patio de los Arrayanes führt in den **Palacio de los Leones** (Löwenpalast), der in der zweiten Hälfte des 14. Jhs. unter Mohammed V. erbaut wurde. Die Palasträume zweigen vom **Patio de los Leones** (Löwenhof) ab, in dessen Mitte das Wasser des Brunnens aus dem 11. Jh. durch die Mäuler von zwölf Löwen aus Marmor plätschert. Die Hofanalage folgt dem Goldenen Schnitt und offenbart die Komplexität des islamischen geometrischen Designs: Die 124 filigranen Säulen, die die geschmückten Pavillons stützen, wurden so angeordnet, dass sie entlang mehrerer Achsen symmetrisch sind.

Die eindrucksvollste der vier Hallen, die den Innenhof umgeben, ist die **Sala de los Abencerrajes**. Sie hat eine bezaubernde achteckige Decke mit Stalaktiten und ist der legendäre Schauplatz der Ermordung der adeligen Familie Abencerraj, dessen Oberhaupt, so die Legende, versuchte hatte, mit Zoraya anzubändeln, Abu al-Hasans Lieblingskonkubine. Die rostfarbenen Flecken am Brunnen gelten als das untilgbare Blut der Opfer.

Am östlichen Ende des Patios liegt die **Sala de los Reyes** (Königssaal) mit einer lederbezogenen Decke, die christliche Künstler aus dem 14. Jh. ausmalten. Der Name des Saals stammt vom Gemälde auf dem zentralen Alkoven, das vermutlich zehn nasridische Emire darstellt.

An der Nordseite des Patios liegt die prächtig dekorierte **Sala de Dos Hermanas** (Saal der Zwei Schwestern), offenbar nach den weißen Marmorplatten benannt, die den Brunnen säumen. Er hat eine atemberaubende Kuppel aus *muqarnas* (honigwabenartigen Wölbungen) mit einem Stern in der Mitte und 5000 kleinen Zellen, die den Sternbildern entsprechen. Dies könnte der Raum für die Geliebte des Emirs gewesen sein. Dank der geschnitzten Wandschirme aus Holz konnten Frauen (und vielleicht auch andere, die in Palastintrigen verwickelt waren) von der oberen Galerie nach unten blicken, ohne selbst gesehen zu werden. Der mit Kacheln verzierte **Mirador de Daraxa** (Daraxa-Aussichtspunkt) am hinteren Ende diente den Palastbewohnern als hübscher Ausguck auf den Garten.

Von der Sala de Dos Hermanas führt ein Durchgang durch die **Estancias del Emperador** (Gemächer Karls V.), die in den 1520er-Jahren für Karl I. gebaut und später von dem amerikanischen Autor Washington Irving bewohnt wurden. Von hier geht's hinunter zum **Patio de la Reya** (Hof des

Alhambra

ZEITACHSE

900 Erstmalige Erwähnung der auf Granadas Hügel El Sabika gelegenen *al-qala'at al-hamra* (rote Festung).

1237 Mohammed I., Begründer der Nasriden-Dynastie, zieht mit seinem Hof nach Granada um. Von christlichen Armeen bedroht, lässt er eine neue Festung, die **1 Alcazaba**, errichten.

1302–09 Mohammed III. gibt den Bau des **2 Generalife** in Auftrag, der ursprünglich als Mischung aus Sommerpalast und Landgut konzipiert ist.

1333–54 Yusuf I. beginnt mit dem Bau des **3 Palacios Nazaríes**.

1350–60 Der **4 Palacio de Comares** wird errichtet und treibt die Verschwendungssucht der Nasriden auf die Spitze.

1362–91 Mohammed V. kommt nach Andalusien und gibt den **5 Patio de los Leones** in Auftrag, der architektonisch noch brillanter ist.

1527 Die Christen errichten den **6 Palacio de Carlos V**. Ein inspirierter Renaissancepalast oder ein Verbrechen gegen die maurische Kunst? Das muss jeder Besucher selbst entscheiden.

1829 Washington Irving, ein amerikanischer Schriftsteller, „entdeckt" die fast vergessene Alhambra.

1954 Die Gärten des Generalife werden nach Süden hin erweitert, um Platz für ein Freilufttheater zu machen.

TIPPS

➡ Tickets vorab telefonisch unter ✆858 95 36 16 oder online auf http://alhambra-patronato.es reservieren.

➡ http://alhambra-patronato.es. Die öffentlichen Teile des Palastes kann man durch die Puerta de la Justicia jederzeit kostenlos besuchen.

➡ Für Übernachtungswillige gibt's vor Ort zwei gute Hotels: der Parador de Granada (sehr exklusiv) und das Hotel América (preiswerter).

CHOI HYEKYUNG / SHUTTERSTOCK ©

Sala de la Barca
Die verzierte Decke im Vorraum des Comares-Palasts hat die Form eines aufgestellten Bootes. Sie wurde in den 1890er-Jahren durch ein Feuer zerstört, inzwischen jedoch restauriert.

Palacio de Carlos V.
Die 1527 hinzugefügten stilistischen Vorzüge dieses Renaissancepalasts sind leicht zu übersehen, deshalb sollte man das Museo de la Alhambra im Erdgeschoss besuchen.

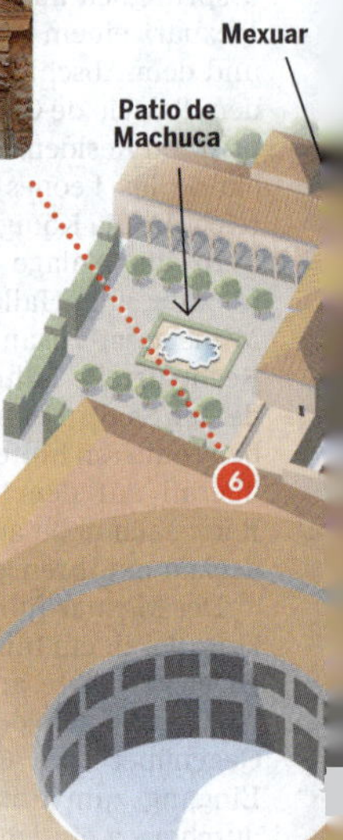

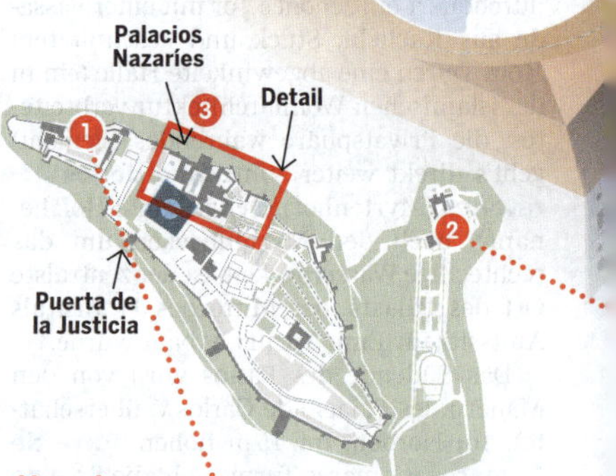

Alcazaba
Für die Türme der ursprünglichen Zitadelle sollte man genug Zeit einplanen. Der bedeutendste, die Torre de la Vela, führt zum schönsten Aussichtspunkt der Alhambra.

EMPERORCOSAR / SHUTTERSTOCK ©

Patio de Arrayanes

Neben den *arrayanes* (Myrtenbüschen) rund um ein rechteckiges Wasserbecken kann man sich wunderbar entspannen. Schattige Säulengänge mit sieben harmonischen Bogen laden zu einem Spaziergang ein.

Palacio de Comares

Der größte Raum im Palast wartet mit einer reich verzierten geometrischen Decke auf. Einst diente der Salón de los Embajadores, ein Meisterwerk der maurischen Architektur, als Verhandlungsraum.

JOSE IGNACIO SOTO / SHUTTERSTOCK ©

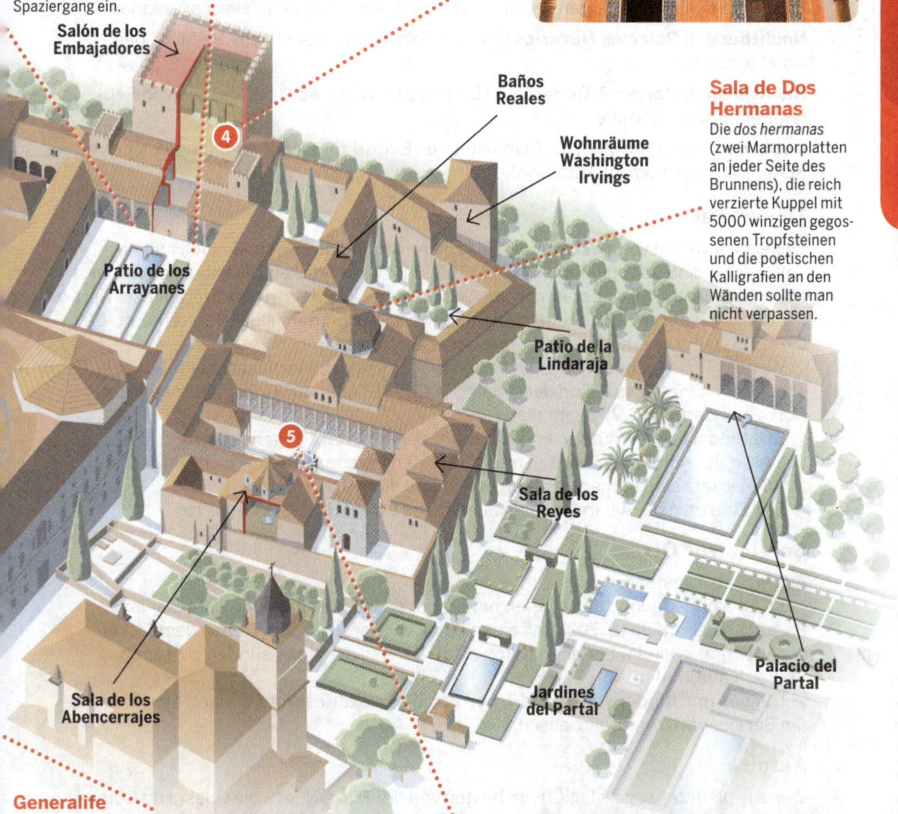

Sala de Dos Hermanas

Die *dos hermanas* (zwei Marmorplatten an jeder Seite des Brunnens), die reich verzierte Kuppel mit 5000 winzigen gegossenen Tropfsteinen und die poetischen Kalligrafien an den Wänden sollte man nicht verpassen.

Generalife

Bei einer Besichtigung der Alhambra wird der „Architektengarten" meistens zuletzt besucht. Er entstand bereits unter den Nasriden, allerdings wurden die Wasserbecken und Arkaden erst Anfang des 20. Jhs. hinzugefügt.

SKANDARAMANA / SHUTTERSTOCK ©

Patio de los Leones

In diesem Hof tragen zwölf Marmorlöwen einen sprudelnden Brunnen. Die grazilen Säulen und Bogen symbolisieren das islamische Paradies.

FOTOGRAFIECOR.NL / SHUTTERSTOCK©

TIPPS FÜR ALHAMBRA-BESUCHER

Die Alhambra, Spaniens meistbesuchte Touristenattraktion, zieht pro Jahr knapp 2,5 Mio. Besucher an. Einfacher wird der Besuch, wenn man das Ticket vorab kauft und sich vorher genauer informiert.

Tickets

Einige Teile der Alhambra können kostenlos besichtigt werden, aber für die Hauptattraktionen braucht man eine Eintrittskarte. Es gibt mehrere verschiedene Tickets:

Allgemein (14 €) Für alle Bereiche.

Gärten (7 €) Gewährt Zugang zu allen Bereichen außer zu den Palacios Nazaríes.

Nachtbesuch Palacios Nazaríes (8 €) Für ganzjährige abendliche Besuche des Nasridenpalasts.

Nachtbesuch Gärten & Generalife (5 €) Erhältlich von April bis Mai und von September bis Mitte Oktober.

Dobla de Oro (11,65–19,65 €) Beinhaltet den Eintritt für die Alhambra und mehrere Sehenswürdigkeiten im Albaicín-Viertel.

Ticketkauf

Tickets kann man von zwei Stunden bis zu drei Monaten vor dem Besuch kaufen, entweder online oder telefonisch (☎ 858 95 36 16; https://tickets.alhambra-patronato.es), oder am Ticketschalter der Alhambra. Je nachdem, wie viele Tickets vorab reserviert wurden, wird dort eine begrenzte Anzahl von Tickets für denselben Tag verkauft. Da diese schnell ausverkauft sind, kommt man am besten früh.

Wer ein Ticket gebucht hat, kann es entweder selbst ausdrucken, beim Ticketschalter im Eingangspavillon der Alhambra (S. 780) oder am Ticketautomaten am Corral del Carbón (S. 790) abholen.

Alle Kindertickets müssen im Ticketbüro der Alhambra abgeholt werden, weil man das Alter der Kinder nachweisen muss. Also den Personalausweis nicht vergessen!

Alle Tickets sind namentlich ausgestellt und nicht übertragbar.

Der Eintritt in die Alhambra ist in der Granada Card (S. 791) inbegriffen.

Service vor Ort

Audioguides kosten 6 €.

Es ist nicht erlaubt, selbst Essen mitzubringen, aber es gibt eine Café-Bar im Parador de Granada (S. 793) und einen Kiosk vor der Alcazaba. Neben dem Ticketschalter und in einem Servicepavillon an der Puerta del Vino befinden sich auch Verkaufsautomaten.

Buggys und Kinderwagen sind in den Palacios Nazaríes nicht erlaubt. Man kann sie am Servicepavillon stehen lassen.

Anreise

Wer zu Fuß unterwegs ist, läuft am besten von der Plaza Nueva die Cuesta de Gomérez hinauf durch den Wald zur **Puerta de la Justicia** (☎ 958 02 79 71; http://alhambra-patronato.es; ⏲ April–Mitte Okt. 8.30–20 Uhr, Mitte Okt.–März bis 18 Uhr, April–Mitte Okt. Di–Sa Nachtbesuche 22–23.30 Uhr, Mitte Okt.–März Fr & Sa 8–21.30 Uhr) GRATIS. Wer bereits ein Ticket hat, passiert diese, ansonsten geht's weiter zum Ticketschalter.

Bus C3 fährt von einer **Bushaltestelle** (Plaza Isabel a Católica; 1,20 €) nahe der Plaza Isabel la Católica zum Ticketschalter der Alhambra.

schmiedeeisernen Gitters) und zum **Patio de la Lindaraja**. In einer Ecke im Südwesten kann man einen Blick in das Badehaus werfen, das durch sternförmige Öffnungen an der Decke beleuchtet wird.

Weiter geht's in die **Jardines del Partal**, eine terrassierte Gartenanlage von Anfang des 20. Jh. Ein spiegelndes Wasserbecken steht vor dem **Palacio del Partal**, einem kleinen Bau mit Säulengang und eigenem Turm (dem Torre de las Damas) aus dem 14. Jh. Man kann die Gärten durch ein Tor gegenüber vom Palacio de Carlos V. verlassen oder auf einem Pfad zum Generalife weitergehen.

➡Generalife

Der Generalife, die prächtige Sommerresidenz der Sultane, stammt aus dem 14. Jh. Der Name der idyllischen Anlage mit Pfaden, Patios, Wasserbecken, Brunnen, Bäumen und – je nach Jahreszeit – Blumen in allen Farben lautet auf Arabisch *jinan al-'arif*, was „Garten der Wachen" bedeutet.

Ein Band eleganter rechteckiger Anlagen, die **Jardines Nuevos**, führt hoch zu dem weiß getünchten **Palacio del Generalife** (Erw./12–15 J./unter 12 J. 14/8 €/frei, Generalife & Alcazaba (Erw./unter 12 J. 7 €/frei), dem Sommerpalast des Emirs. Seine Höfe sind besonders hübsch. Im zweiten Patio, dem **Patio del Ciprés de la Sultana,** lässt der Stumpf einer 700 Jahre alten Zypresse die zarten Schatten erahnen, die sie einst hier warf. Die als **Escalera del Agua** bekannte Treppe außerhalb des Hofs ist ein Meiserwerk der Landschaftsarchitektur: Wasser fließt durch Kanäle die schattigen Treppenstufen hinunter.

Casa-Museo Manuel de Falla MUSEUM

(☎ 958 22 21 88; www.museomanueldefalla.com; Paseo de los Mártires; Erw./ erm. 3/1 €; ⌚ Di–Sa 10–17, So bis 15 Uhr) Manuel de Falla (1876–1946), Spaniens wohl größter klassischer Komponist und ein Künstlerfreund Lorcas, wurde in Cádiz geboren. Seine prägenden Jahre verbrachte er jedoch in Granada, bis ihn der Bürgerkrieg ins Exil zwang. In diesem hübschen kleinen *carmen* (traditionelles Haus mit Garten), das kaum verändert wurde, seit er hier lebte und komponierte, erfahren Besucher alles über den Komponisten. An der Tür klingeln!

Fundación Rodríguez-Acosta MUSEUM

(☎ 958 22 74 97; www.fundacionrodriguezacosta.com; Callejón Niño del Royo 8; Führung Erw./erm. 5/4 €; ⌚ April–Mitte Okt., 10–18.30 Uhr, Mitte Okt.–März bis 16.30 Uhr) Im sogenannten Carmen-Blanco auf dem Realejo-Hügel befindet sich die Rodríguez-Acosta-Stiftung. Ihr Gebäude entwarf der in Granada geborene, moderne Künstler José María Rodríguez-Acosta im Jahr 1914. Es ist ein ungewöhnlich skurriler Ort, inspiriert von mehreren Baustilen. So sind neben Art déco und Barock Stilelemente der Nasriden und Griechen vorhanden. Die einstündige Führung umfasst einen Spaziergang durch die unterirdischen Tunnel des Hauses und den Eintritt zu einem gut kuratierten Museum mit Werken von Francisco Pacheco, Alonso Cano und Francisco de Zurbarán.

Centro de la Memoria Sefardí MUSEUM

(☎ 610 06 02 55; Placeta Berrocal 5; Führung 5 €; ⌚ ganzjährig So–Fr 10–14 Uhr, im Sommer auch 17–20.30 Uhr, im Winter 16–20 Uhr) Seit ihrer massenhaften Vertreibung 1492 leben nur noch wenige sephardische Juden in Granada. Das hielt ein engagiertes Pärchen jedoch nicht davon ab, im Jahr 2013 in ihrem Gedenken ein Museum zu eröffnen. Im selben Jahr begann die Regierung, sephardischen Juden, die ihre iberische Herkunft nachweisen können, die spanische Staatsbürgerschaft in Aussicht zu stellen. Das Museum ist winzig, doch die ausgewählten Artefakte sind ein idealer Rahmen für den mitreißend-faszinierenden historischen Überblick, den die Besitzer geben.

Plaza Nueva & Umgebung

Plaza de Santa Ana PLATZ

Die Plaza Nueva geht im Nordosten in die Plaza de Santa Ana über, überragt von der **Iglesia de Santa Ana** (Plaza Santa Ana; Eintritt 1,50 €; ⌚ Di–Fr 10.30–13.30 Uhr) und ihrem markanten Glockenturm.

Ein kurzer Fußweg über die parallel zum Fluss verlaufende Carrera del Darro führt zu den Baños Árabes El Bañuelo.

Baños Árabes El Bañuelo BADEHAUS

(Carrera del Darro 31; ⌚ im Sommer 9–14.30 & 17–20.30 Uhr, im Winter 10–17 Uhr) GRATIS Das gut erhaltene islamische Badehaus aus dem 11. Jh. steht in Flussnähe an der schmalen Carrera del Darro. Säulen, Kapitelle und Böden aus Marmorfliesen schmücken die schlichten Räume aus Backstein.

Albaicín

Auf dem Hügel gegenüber der Alhambra erstreckt sich Granadas ehemaliges Maurenviertel, der Albaicín. Hier lässt es sich wunderbar ziellos umherstreifen, denn irgendwann verläuft man sich in dem faszinierenden Viertel ohnehin. Für Atmosphäre sorgen steile Kopfsteinpflastergassen, *teterías* (Teehäuser) und weißgetünchte *cármenes*, große Villen mit ummauerten Gärten (das Wort stammt vom arabischen *karm* für „Garten").

★Mirador San Nicolás AUSSICHTSPUNKT

(Plaza de San Nicolás) Ein perfekter Ort für die klassischen Sonnenuntergangsfotos der

Granada

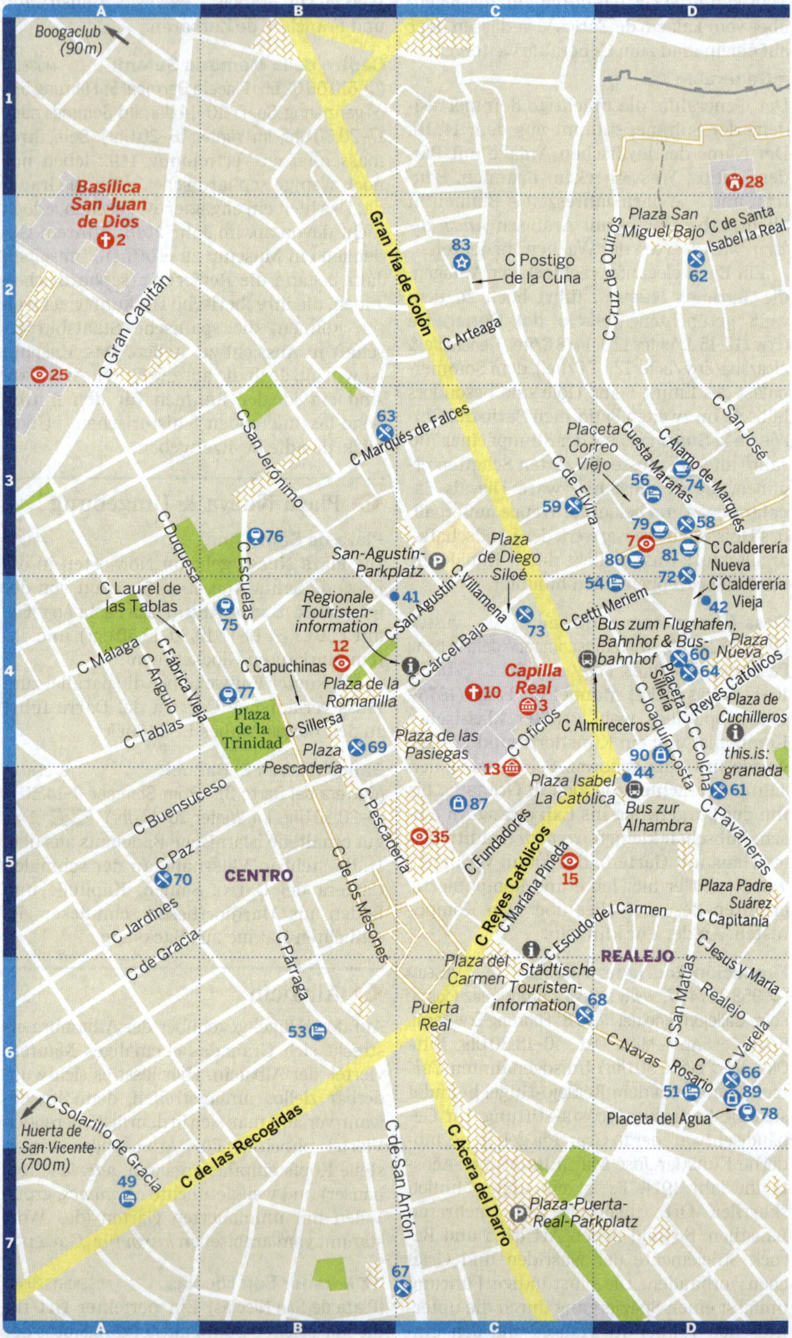

A
B
C
D
1
2
3
4
5
6
7
Boogaclub (90 m)
Basílica San Juan de Dios
2
25
C Gran Capitán
83
C Postigo de la Cuna
Gran Vía de Colón
C Arteaga
28
Plaza San Miguel Bajo
C de Santa Isabel la Real
62
C Cruz de Quirós
63
C Marqués de Falces
C San Jerónimo
Placeta Correo Viejo
Cuesta Marañas
C de Elvira
C Álamo de Marqués
C San José
56
74
59
79
58
7
81
C Calderería Nueva
80
72
54
C Calderería Vieja
42
C Duquesa
76
C Escuelas
San-Agustín-Parkplatz
Plaza de Diego Siloé
C Villamena
C San Agustín
C Laurel de las Tablas
75
Regionale Touristen-information
41
73
C Cetti Meriem
Bus zum Flughafen, Bahnhof & Busbahnhof
Plaza Nueva
60
64
C Reyes Católicos
Plaza de Cuchilleros
this.is: granada
C Málaga
C Fábrica Vieja
C Angulo
12
C Capuchinas
Plaza de la Romanilla
C Cárcel Baja
Capilla Real
10
3
C Oficios
C Almireceros
Placeta Sillería
C Joaquín Costa
C Colcha
77
C Tablas
Plaza de la Trinidad
C Sillersa
Plaza Pescadería
69
Plaza de las Pasiegas
13
90
44
Plaza Isabel La Católica
Bus zur Alhambra
61
C Pavaneras
C Buensuceso
C Pescadería
87
35
C Fundadores
C Reyes Católicos
C Mariana Pineda
15
C Paz
70
CENTRO
C de los Mesones
Plaza Padre Suárez
C Capitanía
C Jardines
C de Gracia
C Párraga
C Escudo del Carmen
REALEJO
C Jesús y María
Plaza del Carmen
Städtische Touristen-information
68
C San Matías
Realejo
Puerta Real
C Navas
Rosario
C Varela
66
89
51
53
78
Placeta del Agua
C Solarillo de Gracia
Huerta de San Vicente (700 m)
49
C de las Recogidas
C de San Antón
C Acera del Darro
Plaza-Puerta-Real-Parkplatz
67

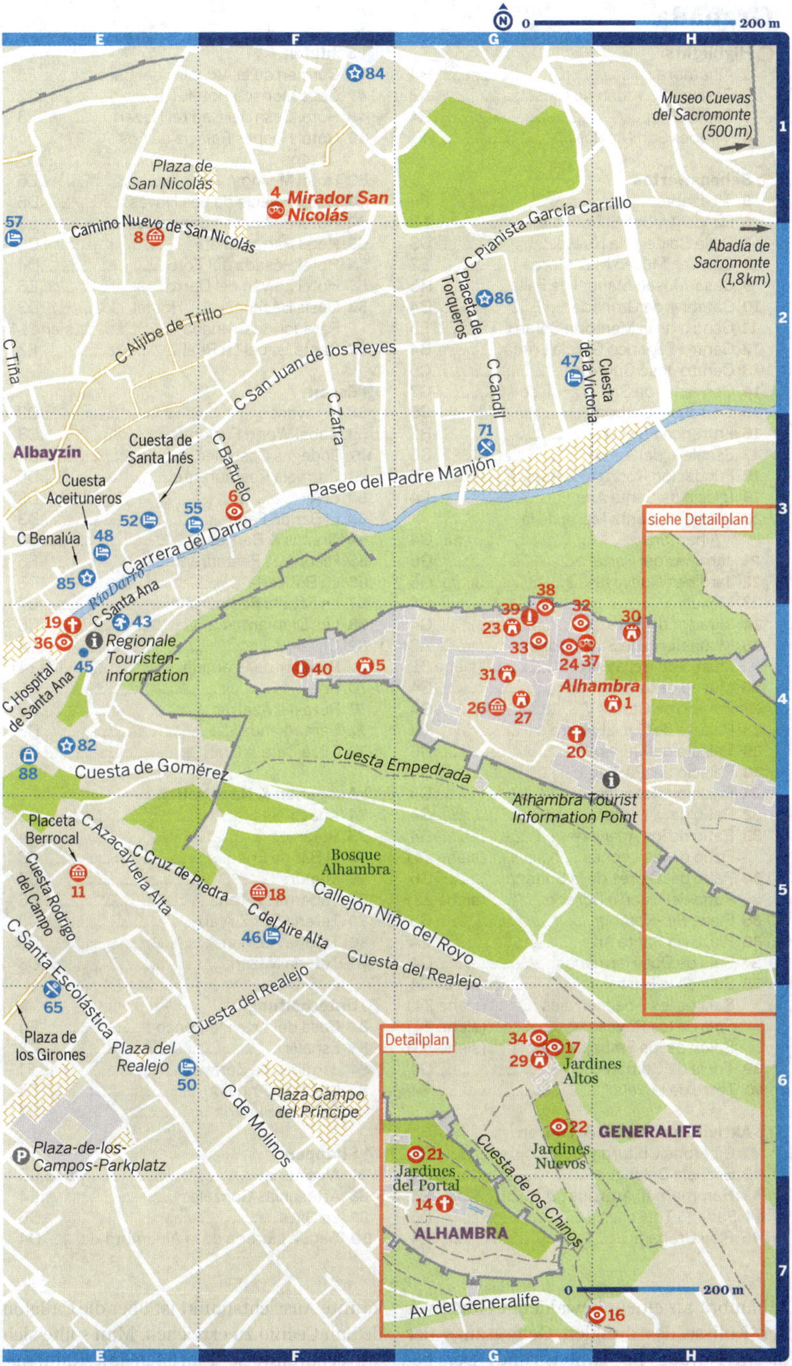
0
200 m
E
F
G
H
1
2
3
4
5
6
7
84
Museo Cuevas del Sacromonte (500 m)
Plaza de San Nicolás
4 Mirador San Nicolás
57
Camino Nuevo de San Nicolás
8
C Pianista García Carrillo
Abadía de Sacromonte (1,8 km)
C Placeta de Torqueros
86
C Aljibe de Trillo
C Tiña
C San Juan de los Reyes
C Zafra
C Candil
47
Cuesta de la Victoria
71
Albayzín
Cuesta de Santa Inés
C Bañuelo
Paseo del Padre Manjón
Cuesta Aceituneros
6
52
55
C Benalúa
48
Carrera del Darro
85
Río Darro
C Santa Ana
siehe Detailplan
38
39
32
30
23
33
24
37
19
43
36
Regionale Touristeninformation
45
40
5
31
Alhambra
1
C Hospital de Santa Ana
26
27
20
82
88
Cuesta de Gomérez
Cuesta Empedrada
Alhambra Tourist Information Point
Placeta Berrocal
C Azacayuela Alta
C Cruz de Piedra
Bosque Alhambra
11
Cuesta Rodrigo del Campo
18
Callejón Niño del Royo
C del Aire Alta
46
Cuesta del Realejo
C Santa Escolástica
65
Plaza de los Girones
Cuesta del Realejo
Plaza del Realejo
50
Detailplan
34
17
29
Jardines Altos
Plaza Campo del Príncipe
C de Molinos
22
GENERALIFE
Plaza-de-los-Campos-Parkplatz
21
Jardines del Portal
Cuesta de los Chinos
Jardines Nuevos
14
ALHAMBRA
Av del Generalife
16

Granada

Highlights
1 Alhambra ... H4
2 Basílica San Juan de Dios ... A2
3 Capilla Real ... C4
4 Mirador San Nicolás ... F1

Sehenswertes
5 Alcazaba ... F4
6 Baños Árabes El Bañuelo ... F3
7 Calle Caldería Nueva ... D3
8 Carmen Museo Max Moreau ... E2
9 Casa-Museo Manuel de Falla ... H6
10 Catedral de Granada ... C4
11 Centro de la Memoria Sefardí ... E5
12 Centro Federico García Lorca ... B4
13 Centro José Guerrero ... C5
14 Convento de San Francisco ... G7
15 Corral del Carbón ... C5
16 Entrance Pavilion ... H7
17 Escalera del Agua ... G6
18 Fundación Rodríguez-Acosta ... F5
19 Iglesia de Santa Ana ... E4
20 Iglesia de Santa María de la Alhambra ... G4
21 Jardines del Partal ... G6
22 Jardines Nuevos ... G6
23 Mexuar ... G4
24 Mirador de Daraxa ... G4
25 Monasterio de San Jerónimo ... A2
Museo de Bellas Artes ... (siehe 31)
26 Museo de la Alhambra ... G4
27 Palacio de Carlos V ... G4
28 Palacio de Dar-al-Horra ... D1
29 Palacio del Generalife ... G6
30 Palacio del Partal ... H4
31 Palacios Nazaríes ... G4
32 Patio de la Lindaraja ... G4
33 Patio de los Arrayanes ... G4
Patio de los Leones ... (siehe 24)
34 Patio del Ciprés de la Sultana ... G6
Patio del Cuarto Dorado ... (siehe 23)
35 Plaza Bib-Rambla ... C5
36 Plaza de Santa Ana ... E4
37 Sala de Dos Hermanas ... G4
38 Sala de la Barca ... G4
Sala de los Abencerrajes ... (siehe 24)
Sala de los Reyes ... (siehe 24)
Salón de los Embajadores ... (siehe 38)
39 Torre de Comares ... G4
40 Torre de la Vela ... F4

Aktivitäten, Kurse & Touren
41 Cicerone Cultura y Ocio ... B4
42 Escuela Delengua ... D4
43 Hammam Al Ándalus ... E4
44 Pancho Tours ... D5
45 Play Granada ... E4

Schlafen
46 Carmen de la Alcubilla del Caracol ... F5
47 Casa Morisca Hotel ... G2
48 Hotel Casa del Capitel Nazarí ... E3
49 Hotel Hospes Palacio de Los Patos ... A7
50 Hotel Molinos ... E6
51 Hotel Palacio de Los Navas ... D6
52 Hotel Palacio de Santa Inés ... E3
53 Hotel Párragasiete ... B6
54 Hotel Posada del Toro ... D4
55 Hotel Zawán del Darro ... E3
56 Oasis Backpackers' Hostel ... D3
Parador de Granada ... (siehe 14)
57 Santa Isabel La Real ... E2

Essen
58 Arrayanes ... D3
59 Babel World Fusion ... C3
60 Bodegas Castañeda ... D4
61 Carmela Restaurante ... D5
62 El Ají ... D2
63 El Bar de Fede ... B3
64 Greens & Berries ... D4
65 Hicuri Art Restaurant ... E6
66 La Botillería ... D6
67 La Fábula Restaurante ... C7
68 Los Diamantes ... C6
69 Oliver ... B4
Parador de Granada ... (siehe 14)
70 Poë ... A5
71 Ruta del Azafrán ... G3
72 Samarkanda ... D3
73 Siloé Café & Grill ... C4

Ausgehen & Nachtleben
74 Abaco Té ... D3
75 Botánico ... B4
76 El Bar de Eric ... B3
77 Mundra ... B4
78 Taberna La Tana ... D6
79 Tetería Dar Ziryab ... D3
80 Tetería Kasbah ... D3
81 Tetería Nazarí ... D3

Unterhaltung
82 Casa del Arte Flamenco ... E4
83 Eshavira ... C2
84 Jardines de Zoraya ... F1
85 Le Chien Andalou ... E3
86 Peña La Platería ... G2

Shoppen
87 Alcaicería ... C5
88 Artesanías González ... E4
89 La Oliva ... D6
90 Tienda Librería de la Alhambra ... D4

Alhambra an einem bewaldeten Hügel vor der Kulisse des dunklen Gebirgszugs der Sierra Nevada im Hintergrund. Der bekannte Aussichtspunkt ist über die Callejón de San Cecilio zu erreichen. Man sollte sich auf scharenweise Touristen mit Kameras,

Studenten und Straßenmusiker einstellen. Beim Genießen der Aussicht wachsam bleiben, denn hier tummeln sich oft Diebe und Leute, die Handtaschen wegschnappen.

Carmen Museo Max Moreau MUSEUM

(☎ 958 29 33 10; Camino Nuevo de San Nicolás 12; ⌚ Di–Sa 10.30–13.30 & 18–20 Uhr) GRATIS Die meisten *cármenes* im Albaicín bleiben ihrem ursprünglichen Konzept treu: ruhige Privathäuser, hinter deren hohen Mauern wunderschöne Terrassengärten verborgen sind. In dem früheren Heim des in Belgien geborenen Porträtmalers und Komponisten Max Moreau haben Besucher jedoch die seltene Gelegenheit, einen (kostenlosen) Blick auf einen dieser geheimen Orte zu werfen. Das hübsche Haus wurde in ein Museum umgestaltet und zeigt neben den früheren Wohn- und Arbeitsräumen eine Galerie mit Moreaus besten Porträtarbeiten.

Palacio de Dar-al-Horra PALAST

(Callejón de las Monjas; 5 €, So frei; ⌚ Mitte März–Mitte Okt. 9–14.15 & 17–20.15 Uhr, Mitte Okt.–Mitte März 10–17 Uhr) In dem Nasridenpalast aus dem 15. Jh., oben im Albaicín in einer kurzen Nebenstraße der Callejón del Gallo, wohnte die Mutter von Boabdil, dem letzten islamischen Herrscher Granadas. Er ist überraschend klein; die Zimmer umgeben einen Patio. Der Blick über das Viertel und zur Alhambra (S. 780) hinüber ist herrlich.

Calle Calderería Nueva STRASSE

Die schmale Straße verbindet den oberen und den unteren Teil des Albaicín und ist vor allem für ihre *teterías* (Teehäuer) bekannt. Zudem gibt's in der Straße viele unterschiedliche Geschäfte, die an einen marokkanischen Suk erinnern und Hausschuhe, Wasserpfeifen, Schmuck sowie nordafrikanische Keramik verkaufen.

Centro

Catedral de Granada KATHEDRALE

(☎ 958 22 29 59; www.catedraldegranada.com; Plaza de las Pasiegas; Erw./erm. 5/3,50 €; ⌚ Mo–Sa 10–18.30, So 15–18 Uhr) Von der Straße aus lassen sich die enormen Dimensionen der höhlenartigen Kathedrale von Granada nur schwer ermessen. Obwohl sie kaum aus den sie umgebenden Bauten herausragt, ist sie ein monumentales architektonisches Meisterwerk. Sie wurde ursprünglich in gotischem Stil über der ehemaligen Moschee der Stadt errichtet. In zwei Jahrhunderten Bauzeit (1523–1704) wurde sie mehrmals verändert. Insbesondere der Architekt Diego de Siloé baute sie im Stil der Renaissance um und Alonso Cano fügte im 17. Jh. die prächtige barocke Fassade hinzu.

Cano zeichnet auch für die beiden Holzbüsten von Adam und Eva auf dem Altar der Capilla Mayor (Hauptkapelle) verantwortlich. Das Innere der Kathedrale ist sehr weitläufig. Vom schwarz-weiß gefliesten Boden erheben sich 20 große weiße Pfeiler zur Decke, gekrönt von einer 30 m hohen Kuppel.

★ Capilla Real HISTORISCHES GEBÄUDE

(Königliche Kapelle; ☎ 958 22 78 48; www.capillarealgranada.com; Calle Oficios; Erw./Student/Kind 5/3,50 €/frei; ⌚ Mo–Sa 10.15–18.30, So 11–18.30 Uhr) Die Königliche Kapelle ist die letzte Ruhestätte von Spaniens Reyes Católicos (Katholische Könige), Isabella I. von Kastilien (1451–1504) und Ferdinand II. von Aragón (1452–1516), die ihr aufwendiges Mausoleum im isabellinisch-gotischen Stil selbst in Auftrag gaben. Fertiggestellt wurde es aber erst 1517. Also wurden sie im **Convento de San Francisco** (www.parador.es; Calle Real de la Alhambra) der Alhambra beigesetzt und blieben dort bis 1521.

Ihre monumentalen Marmordenkmäler (und die ihrer Erben) befinden sich im Altarraum, umgeben von einem eindrucksvollen vergoldeten, schmiedeeisernen Gitter, das Bartolomé de Jaén 1520 schuf. Diese Gräber haben jedoch nur eine repräsentative Funktion, denn die Monarchen liegen in Wirklichkeit in einfachen Bleisärgen in der Krypta unter dem Altarraum. Hier befinden sich auch die Särge ihrer unglückseligen Tochter Johanna der Wahnsinnigen und deren Ehemanns Philipp des Schönen (von Flandern) sowie des Prinzen Miguel von Asturien, der als Kind starb.

Ein kleines, aber sehenswertes Museum in der Sakristei beherbergt Ferdinands Schwert sowie das Zepter, die Silberkrone und die private Kunstsammlung von Isabella. Die Sammlung ist überwiegend flämisch geprägt, aber auch Botticellis *Christus am Ölberg* gehört dazu. Zwei Statuen von Felipe de Vigarni aus dem frühen 16. Jh. zeigen die Katholischen Könige beim Gebet.

Plaza Bib-Rambla PLATZ

Den pittoresken verkehrsberuhigten Platz umgeben Stadtvillen aus dem 19. Jh., Zitronenbäume, Kioske und Cafés. Hübsch verzierte Laternenpfähle reihen sich um den barocken Mittelpunkt des Platzes, einen Brunnen aus dem 17. Jh., dessen eher dezente

INSIDERWISSEN

STREETART IN GRANADA

Großbritannien hat Banksy, Granada hat El Niño de las Pinturas (alias Raúl Ruíz), dessen kreative Graffitis mittlerweile zu einer Art Wahrzeichen der Stadt geworden sind. El Niños riesige Wandgemälde, überlebensgroß, leuchtend und nachdenklich stimmend, schmücken vor allem das Viertel Realejo. Sie zeigen Gesichter voller Emotionen in Nahaufnahme – und stellen ihnen kurze poetische Sprüche in stilisierten Schriftzügen gegenüber. In den letzten 20 Jahren hat sich El Niño zu einer berühmten Persönlichkeit der Untergrundszene Granadas entwickelt und gab bereits Live-Graffiti-Vorführungen an der Universität. Trotz Kritik und gelegentlich drohender Geldstrafen sind die meisten Bewohner Granadas der Meinung, dass seine Straßenkunst die altehrwürdige Stadt mit kreativen Farbtupfern bereichert und ihr ein modern-originelles Antlitz verleiht.

Neptunstatue auf einer obeliskartigen Struktur steht, die wiederum auf einer Scheibe balanciert, die von grotesken Figuren gestützt wird, den sogenannten *gigantones*.

Corral del Carbón INNENHOF
(Calle Mariana Pineda; ⌚9–20 Uhr) Direkt im Osten der Calle Reyes Católicos kommt man durch einen kunstvollen Hufeisenbogen zum Corral del Carbón aus dem 14. Jh., einem kopfsteingepflasterten Innenhof, den eine zweistöckige Backsteingalerie umgibt. Ursprünglich war dies die Getreidebörse aus der nasridischen Epoche, in den folgenden Jahrhunderten wurde sie als Gasthaus für Kohlenhändler (daher der modernere Name Kohlenhof) und später als Theater genutzt.

Centro José Guerrero GALERIE
(☎958 22 01 09; www.centroguerrero.org; Calle Oficios 8; ⌚ Di–So 10.30–14 & Di–Sa 16.30–21 Uhr) GRATIS Ausstellungsraum und Galerie sind nach dem abstrakten Maler José Guerrero (1914–91) benannt, der in Granada geboren wurde und später in die USA auswanderte. Zu sehen sind Wechselausstellungen, meist mit moderner Kunst. Außerdem zeigt die Galerie eine ständige Sammlung mit Bildern ihres Namensgebers. Die typischerweise sehr lebhaften Werke Guerreros füllen einen ganzen Raum.

Außerhalb des Zentrums

★ **Basílica San Juan de Dios** BASILIKA
(www.sjdgranada.es; Calle San Juan de Dios 19; 4 €; ⌚ Mo–Sa 10–13.30, So 16–18.45 Uhr) Die zwischen 1737 und 1759 erbaute historische Basilika ist geradezu blendend mit üppigem barocken Dekor geschmückt. Fast jeder Zentimeter ist opulent und glanzvoll verziert, meist mit funkelndem Blattgold und Silber. Die Decken und Seitenkapellen schmücken Fresken von Diego Sánchez Sarabia und dem neapolitanischen Maler Corrado Giaquinto. Die Kuppel der Basilika ist 50 m hoch. Das Highlight ist jedoch der außergewöhnliche goldene Altar in der Capilla Mayor (Hauptkapelle).

Hat man sich an den faszinierenden Details satt gesehen, sollte man sich von einem Mitarbeiter begleiten lassen und die Treppen hinter dem Altar zu den Überresten des hl. Johannes von Gott hochgehen. Sie ruhen tief in einer Nische, die über und über mit Gold verziert ist.

Monasterio de San Jerónimo KLOSTER
(☎958 27 93 37; Calle Rector López Argüeta 9; 4 €; ⌚10–13.30 & 16–19.30 Uhr) Das Kloster aus dem 16. Jh. mit Kreuzgängen und einem prunkvoll ausgestatteten Inneren zählt zu den beeindruckendsten katholischen Bauwerken in Granada. Die Kirche vereint Stilelemente aus Spätgotik und Renaissance und überrascht mit zahlreichen bemalten Skulpturen und ihren lebhaften Farben, die an dem riesigen, achtstöckigen vergoldeten Retabel in der Apsis am spektakulärsten sind.

Am Fuß der Treppenstufen in der Kirche ist Gonzalo Fernández de Córdoba begraben, der Militärführer der Reyes Católicos (Katholische Könige), der als *El Gran Capitán* bekannt wurde. Skulpturen von ihm und seiner Frau flankieren den Altar.

Monasterio de la Cartuja KLOSTER
(☎958 16 19 32; Paseo de la Cartuja; 5 €; ⌚10–20 Uhr) Das von Kartäusermönchen vom 16. bis 18. Jh. selbst erbaute Kloster hat eine beeindruckende Sandsteinfassade und eine prachtvolle barocke Innenausstattung. Zu den Highlights zählt das *sagrario* (Heiligtum) hinter dem Hauptaltar der Kirche, ein

atemberaubendes Ensemble aus buntem Marmor, Säulen und Skulpturen, überwölbt von einer Kuppel mit schönen Fresken.

Vom Stadtzentrum erreicht man das Kloster mit den Bussen LAC oder N7.

Die *sacristía* (Sakristei) links des Hauptaltars, ebenfalls in der Kirche, mit ihrem Hochzeitstorten-Stuck und braun-weißem Lanjarón-Marmor ist ein weiteres Beispiel spätbarocker Prachtentfaltung. Die Schränke der Sakristei, die im 18. Jh. mit Verzierungen und Intarsien aus Mahagoni, Ebenholz, Elfenbein, Muscheln und Silber versehen wurden, sind Musterbeispiele für die meisterhaften Einlegearbeiten aus Granada.

Der hl. Bruno, der Gründer des Kartäuserordens, ist hier allgegenwärtig; ein paar seiner Knochen ruhen in dem mit Blattgold und Spiegeln verzierten Altar.

Aktivitäten

Hammam Al Ándalus HAMAM

(☎ 902 33 33 34; www.granada.hammamalandalus.com; Calle Santa Ana 16; Bad/Bad & Massage 30/45 €; ⌚10–24 Uhr) Drei verschieden temperierte Becken, eine Dampfsauna und die Möglichkeit, sich die Haut schrubben und massieren zu lassen – dies ist das beste arabische Bad in Granada. Die dunklen gefliesten Räume bieten Luxus und Entspannung. Reservierung erforderlich.

Kurse

Escuela Delengua SPRACHE

(☎ 958 20 45 35; www.delengua.es; Calle Calderería Vieja 20; Einzelstunden 36 €, 2-wöchiger Spanischkurs 260 €) Granada ist mit seiner riesigen Studentengemeinde ein idealer Ort für Spanischlernende. Diese Schule im Herzen des Albaicín bietet eine große Auswahl an Kursen, Einzelunterreicht und zahlreiche Freizeitaktivitäten, z. B. Führungen und Tapas-Abende. Auch Unterkünfte werden auf Wunsch vermittelt.

Geführte Touren

Play Granada KULTUR

(☎ 958 16 36 84; www.playgranada.com; Calle Santa Ana 2; geführte Touren ab 20 €) Ob zu Fuß, mit dem E-Bike oder dem Segway – dieser Veranstalter bietet mehrere geführte Touren im Zentrum und in den historischen Vierteln Granadas sowie Paketangebote für die Alhambra (S. 780). Die Preise liegen bei 20 € für eine 8 km lange zweistündige Segway-Tour und ab 60 € für eine Alhambra-Führung.

Pancho Tours STADTFÜHRUNGEN

(☎ 664 64 29 04; www.panchotours.com) GRATIS Die Jungs in orangen T-Shirts machen hervorragende kostenlose Stadtführungen. Sie beginnen täglich um 10.30 Uhr an der Plaza Isabella la Católica und dauern ca. 2½ Stunden. Angeboten werden zudem Führungen durch den Albaicín und Sacromonte (13 € pro Pers.), und man kann das Schlangestehen für den Eintritt in die Alhambra (S. 780) in der Kombination mit einer Albaicín-Führung (123 €) vermeiden. Online buchbar.

Cicerone Cultura y Ocio WANDERN

(☎ 958 56 18 10; www.ciceronegranada.com; Calle San Jerónimo 10) Bietet eine Reihe von Wanderungen für Individualreisende und

GRANADA CARD

Den City Pass gibt's in zwei Varianten. Beide kann man vorab oder in Granada kaufen:

Granada Card Básica (37 €) Gültig für drei Tage. Beinhaltet den Eintritt zu zehn Sehenswürdigkeiten, darunter Alhambra, Kathedrale und Capilla Real, sowie fünf Fahrten mit den städtischen Bussen.

Granada Card Plus (40 €) Gültig für fünf Tage. Beinhaltet den Eintritt zu denselben Sehenswürdigkeiten wie bei der Card Básica sowie neun Farten mit städtischen Bussen und eine Fahrt mit einem Touristenzug.

Kinderpass (10,50 €) Erhältlich für Kinder zwischen 3 und 11 Jahren. Muss zusammen mit einer regulären Karte für Erwachsene erworben werden, wobei ein Erwachsener höchsten drei Kinderpässe kaufen darf.

Weitere Details erfährt man unter www.granadatur.com. Über die Website oder telefonisch unter 858 88 09 90 sind die Karten auch erhältlich. Beim Kauf einer City Card muss man ein Anfangsdatum angeben, da Teile der Alhambra nur begrenzt zugänglich und in einer vorher festgesetzten Zeitspanne zu besichtigen sind.

INSIDERWISSEN

SACROMONTE

Sacromonte, Granadas historisches Viertel der *gitanos* (Roma), liegt nordöstlich des Albaicín (S. 785). Es ist für seine Flamenco-Tradition bekannt und zieht mit seinen Nachtclubs und Musikschulen Touristen und Flamenco-Liebhaber an, aber man fühlt sich hier wie in einem Randgebiet. Dabei geht ein Teil der Höhlenhäuser, die in dem Hügel ausgegraben wurden, bereits auf das 14. Jh. zurück.

Das Viertel rund um den Camino del Sacromonte lädt zu einem gemütlichen Spaziergang ein und bietet einen tollen Ausblick, insbesondere von der Vereda de Enmedio oberhalb der Alhambra (S. 780) und des Albaicín. Kulturelle Einblicke gewährt das **Museo Cuevas del Sacromonte** (☎ 958 21 51 20; www.sacromontegranada.com; Barranco de los Negros; 5 €; ⌚ Mitte März–Mitte Okt. 10–20 Uhr, Mitte Okt.–Mitte März bis 18 Uhr), in dem man sich ein Bild davon machen kann, wie eine traditionelle Höhlenwohnung früher aussah. Wer die Bergspitze erklimmt, kann die **Abadía de Sacromonte** besichtigen und einige Katakomben und unterirdische Höhlenkapellen entdecken.

Frauen sollten die unbewohnten Teile von Sacromonte weder bei Tag noch bei Nacht ohne Begleitung besuchen.

Gruppen sowie thematische Wanderungen und Ausflüge außerhalb von Granada in die Alpujarras und zur Costa Tropical. Ein zweistündiger Stadtspaziergang kostet 18 €.

Feste & Events

Semana Santa RELIGION
(Karwoche) Die eindrucksvollsten Programmpunkte der Karwoche in Granada sind Los Gitanos (Mi), wenn Mitglieder der *fraternidad* (Bruderschaft) andächtig im Schein von Fackeln zur **Abadía de Sacromonte** (4 €; ⌚ im Sommer Mo–Sa 10–13, So 11–13 & 17–19.30 Uhr, im Winter 16–18 Uhr) ziehen, und El Silencio (Do), ein Schweigemarsch bei Kerzenschein ohne Straßenbeleuchtung.

Feria del Corpus Christi RELIGION
(Fronleichnam; ⌚ Mai/Juni) Das spektakulärste Fronleichnamsfest Andalusiens ist jedes Jahr zugleich ein großes Stadtfest. Es wird etwa 60 Tage nach Ostern gefeiert. Dazu gehören eine Woche Stierkämpfe, Tanz, Straßenparaden und Prozessionen – in der gesamten Stadt und auf dem Messegelände in der Nähe des Busbahnhofs.

Der Stierkampf ist in Andalusiens Tradition tief verwurzelt, aber er hat auch Gegner, und Stadtbesucher möchten die Kämpfe vielleicht lieber vermeiden, die in der Arena an der Plaza de Toros nördlich des Zentrums stattfinden.

Festival Internacional de Música y Danza MUSIK
(www.granadafestival.org; ⌚ Juni & Juli) Im Juni und Juli finden in der Alhambra und an anderen historischen Orten drei Wochen lang tolle Darbietungen klassischer und moderner Musik statt.

Schlafen

In Granada gibt's jede Menge Hotels und Hostels, viele liegen kompakt beieinander im Gebiet um die Kathedrale. Einige der schönsten Unterkünfte findet man im Viertel Albaicín. Deren Gäste müssen jedoch ein Stück bergauf laufen, und viele sind nicht mit dem Taxi zu erreichen. Oben an der Alhambra gibt's eine Handvoll malerischer Unterkünfte, allerdings gestaltet sich das Sightseeing von dort aus schwieriger. Im Frühling und Herbst sind die Preise am höchsten, und über Ostern wird es richtig teuer.

Alhambra & Realejo

Carmen de la Alcubilla del Caracol HISTORISCHES HOTEL €€
(☎ 958 21 55 51; www.alcubilladelcaracol.com; Calle del Aire Alta 12; Zi. 100–180 €; ⌚ Mitte Juli–Aug. geschl.; ❄ 📶) Dieses heißbegehrte kleine Hotel ist in einem traditionellen weißgetünchten *carmen* (Haus aus der maurischen Zeit) an den Hängen der Alhambra untergebracht. Es wirkt eher wie ein B&B als ein Hotel, was an der elegant-heimeligen Inneneinrichtung und den sieben dezent schick in blassen Pastelltönen gehaltenen Zimmern liegt.

Traumhafter Blick vom spektakulären Terrassengarten.

Hotel Molinos HOTEL €€
(☎958 22 73 67; www.hotelmolinos.es; Calle Molinos 12; EZ 35–53 €, DZ 39–85 €; ❄📶) Bloß nicht von der Bezeichnung „schmalstes Hotel der Welt" (bewiesen durch eine Urkunde des *Guinness-Buch der Rekorde*) abschrecken lassen! Die attraktiven, modisch eingerichteten Zimmer des Molinos sind groß genug. Das Hotel liegt am unteren Ende von Realejo und ist eine erschwingliche Option im Zentrum.

Hotel Palacio de Los Navas HISTORISCHES HOTEL €€
(☎958 21 57 60; www.hotelpalaciodelosnavas.com; Calle Navas 1; EZ 65–130 €, DZ 70–165 €; ❄📶) Das Gebäude aus dem 16. Jh. umgibt einen klassischen Patio mit Säulen. Es wartet mit attraktiven Zimmern in Beige- und Weißtönen, Betten mit schmiedeisernen Kopfteilen und terrakottagefliesten Böden auf. Gute Lage an der Calle Navas, die mit ihren lebhaften Tapas-Bars eine der bekanntesten Ausgehstraßen Granadas ist.

Parador de Granada HISTORISCHES HOTEL €€€
(☎958 22 14 40; www.parador.es; Calle Real de la Alhambra; Zi. 220–436 €; P❄@📶) Wenige Hotels liegen eindrucksvoller als dieser luxuriöse *parador* (staatliche Hotelkette), der in einem Kloster des 15. Jh. in der Alhambra (S. 780) residiert. Zu empfehlen für Romantiker oder um in die historische Umgebung einzutauchen. Im Voraus reservieren, denn dieser Parador ist verständlicherweise hochbeliebt.

In der Nähe der Plaza Nueva

Hotel Palacio de Santa Inés HOTEL €€
(☎958 22 23 62; www.palaciosantaines.es; Cuesta de Santa Inés 9; DZ 85–125 €; ❄📶) Das Haus aus maurischer Zeit wurde im 16. und 17. Jh. vergrößert. Den ansprechenden doppelten Patio umgeben Zimmer auf drei Stockwerken, einige mit Alhambra-Blick. Von innen erinnert die Einrichtung mit gebrannten Sienna-Fliesen, alten Holzbalken und schweren alten Möbeln an ein Gasthaus der Postkutschenzeit.

Hotel Zawán del Darro HISTORISCHES HOTEL €€
(☎958 21 57 30; http://hotelzawandeldarro.com; Carrera del Darro 23; EZ 50–70 €, DZ 65–99 €; ❄@📶) Gefälliges Drei-Sterne-Hotel am lebhaften Flussufer im Albaicín, untergebracht in einem geschmackvoll restaurierten Herrenhaus aus dem 16. Jh. Steinfußböden, Holzbalken und 13 Zimmer mit viel Charme erwarten die Gäste. Die besten Zimmer bieten Alhambra-Blick (S. 780). In der Nähe gibt's viele Restaurants und Bars, d. h. abends wird es ein wenig lauter.

Albaicín

Oasis Backpackers' Hostel HOSTEL €
(☎958 21 58 48; https://hostelsoasis.com/granada-hostels/oasis-granada; Placeta Correo Viejo 3; B 11–23 €; ❄@📶) Preiswerte Bleibe in einem alternativen Viertel: Das gastfreundliche Oasis ist nur einen Katzensprung von den *teterías* (Teehäusern) und Bars der Calle Elvira entfernt. Das erste Haus der heutigen Oasis-Hostel-Kette vermietet Betten in Schlafsälen für sechs bis zehn Personen, sowohl gemischt als auch nur für Frauen. Zu den vielen Extras zählen eine voll ausgestattete Küche und eine Dachterrasse.

Hotel Posada del Toro HOTEL €
(☎958 22 73 33; www.posadadeltoro.com; Calle de Elvira 25; EZ/DZ/Suite ab 45/49/71 €; ❄📶) Bezauberndes kleines Hotel im lebhaften Viertel Albaicín. Stierkampfplakate säumen einen schmalen Durchgang zum Hauptgebäude des Hotels, dessen stilvolle Zimmer mit Parkettböden, Stuck im Stil der Alhambra und rustikalen Möbeln ausgestattet sind. Angesichts der zentralen Lage ist es äußerst preiswert.

Hotel Casa del Capitel Nazarí HISTORISCHES HOTEL €€
(☎958 21 52 60; www.hotelcasacapitel.com; Cuesta Aceituneros 6; EZ 52–100 €, DZ 65–125 €; ❄@📶) Albaicín-Zauber in einem Renaissance-Palast, der historische Architektur mit den Vorzügen eines Mittelklassehotels vereint. Im von Säulen umgebenen Patio ist überall das Plätschern von Wasser zu hören, bis in die traditionellen Zimmer mit niedrigen Decken, ausgestattet mit Kacheln, Ziegeln und schwerem Holz. Weiteres Plus: die Lage in der Nähe der Plaza Nueva.

★ **Santa Isabel La Real** BOUTIQUE-HOTEL €€€
(☎958 29 46 58; www.hotelsantaisabellareal.com; Calle de Santa Isabel La Real 19; Zi. 119–199 €; ❄@📶) Das gastfreundliche kleine Hotel auf dem Albaicín-Hügel ist in einem weißgetünchten Haus aus dem 16. Jh. untergebracht. Viele der architektonischen Originalelemente blieben erhalten, darunter die Marmorsäulen und gefliesten Steinfußböden; in den Gemeinschaftsbereichen sorgen ein Kamin und ein Sofa für Gemüt-

lichkeit. Die um einen zentralen Patio angeordneten Zimmer sind individuell mit gestickten Bildern und handgewebten Teppichen eingerichtet.

Am schönsten ist Zimmer 11 mit Blick auf die Alhambra.

★ Casa Morisca Hotel HISTORISCHES HOTEL €€€
(☎ 958 22 11 00; www.hotelcasamorisca.com; Cuesta de la Victoria 9; DZ 129–175 €, Suite 231 €; ❄ 📶) In dieser Villa aus dem späten 15. Jh. im historischen Viertel Albaicín kann man wie ein nasridischer Emir residieren. Holzbalkendecken, Backsteinsäulen und ein bezaubernd mit Kacheln verzierter Patio sorgen für viel Atmosphäre und historisches Flair. Alle Zimmer sind hübsch und einfach eingerichtet; die besten haben Blick zur Alhambra.

Centro

Hotel Párragasiete HOTEL €€
(☎ 958 26 42 27; www.hotelparragasiete.com; Calle Párraga 7; EZ 36–65 €, DZ 48–150 €; ❄ 📶) Mit seinen hellen Holzböden, nüchternen Möbeln und klaren modernen Linien erinnert das smarte Hotel mehr an Skandinavien als an Südspanien. An den Wänden aber erinnern Zeichnungen lokaler Bauwerke daran, dass man in Granada ist, und im Erdgeschoss lädt das schicke Bar-Restaurant namens Vitola Gastrobar zum Frühstücken oder Tapas-Essen ein.

Hotel Hospes Palacio de Los Patos LUXUSHOTEL €€€
(☎ 958 53 57 90; www.hospes.com/en/granada-palacio_patos; Solarillo de Gracia 1; DZ 140–420 €, Suite 344–1456 €; P ❄ 📶 ≋) Es ist eines der Top-Hotels von Granada und in einem palastartigen Gebäude aus dem 19. Jh. untergebracht. Die pfiffig designten, minimalistisch in Weiß und Perlgrau gehaltenen Zimmer verteilen sich auf das historische Haupthaus und den zeitgenössischen Anbau. Entspannen kann man sich bei einem Drink in einem herrlichen arabischen Garten oder man meldet sich für eine Massage im Spa an.

Essen

In Granadas Restaurants werden vorwiegend leckere Tapas und traditionelle andalusische Gerichte serviert. Die Auswahl an Restaurants ist gut, und es gibt Unmengen an Cafés und Bars. Viele sind bei Ein-

FEDERICO GARCÍA LORCA

Spaniens größter Poet und Dramatiker Federico García Lorca (1898–1936) beschäftigte sich mit vielen zentralen Themen Andalusiens – Leidenschaft, Ambiguität, Überschwang und Innovation. Geboren wurde er in dem Dorf Fuente Vaqueros, 17 km westlich von Granada. Internationale Bekanntheit erlangte er 1928 mit *El romancero gitano* (Zigeunerromanzen), einer Verssammlung zu Roma-Themen, die voller eindrucksvoller Metaphern ist und doch mit der Schlichtheit eines Flamenco-Lieds gefertigt wurde. Zwischen 1933 und 1936 schrieb Lorca die drei Tragödien, die wohl seine berühmtesten Werke sind: *Bodas de sangre* (Bluthochzeit), *Yerma* und *La casa de Bernarda Alba* (Bernarda Albas Haus). Die düster-dramatischen Werke handeln von Themen wie Gefangensein und Befreiung. Lorca wurde im August 1936 zu Beginn des Bürgerkriegs getötet. Man weiß bis heute nicht, wo seine sterblichen Überreste geblieben sind, aber es gilt als gesichert, dass er von Franco-treuen Militärs wegen seiner linken politischen Ansichten und seiner Homosexualität exekutiert wurde.

Lorcas Sommerhaus **Huerta de San Vicente** (☎ 958 25 84 66; www.huertadesanvicente.com; Calle Virgen Blanca; 3 €, Mi frei; ⏱ Mitte Sept.–Mitte Mai Di–So 9.30–17 Uhr, Juni–Mitte Sept. 9–14 Uhr) in einem südlichen Vorort Granadas ist heute ein Museum. Im Zentrum beherbergt das **Centro Federico García Lorca** (☎ 958 27 40 62; www.centrofedericogarcialorca.es; Plaza de la Romanilla; ⏱ Di–Sa 11–14 & 17–20, So 11–14 Uhr) GRATIS die Lorca-Stiftung und bietet eine moderne Kulisse für Ausstellungen und kulturelle Events.

Das **Museo Casa Natal Federico García Lorca** (☎ 958 51 64 53; www.patronatogarcialorca.org; Calle Poeta Federico García Lorca 4; 1,80 €; ⏱ ganzjährig Di–Sa Führungen stündl. 10–13 Uhr & Okt.–März 16–17 Uhr, April–Juni & Sept. 17–18 Uhr) in Fuente Vaqueros zeigt Fotos, Plakate und Kostüme für die Dramen von Gárcia Lorca. Von der Avenida de Andaluces in der Nähe von Granadas Busbahnof fahren stündlich Busse von **Ureña** (☎ 953 22 01 71) ins Dorf Fuente Vaqueros (1,70 €, 20 Min.).

heimischen ebenso beliebt wie bei Touristen und Gästen aus anderen spanischen Dörfern oder Städten. Hervorragend ist auch die marokkanische Küche mit vielen authentischen Restaurants im Viertel Albaicín vertreten.

Alhambra & Realejo

Hicuri Art Restaurant VEGAN €

(☎ 858 98 74 73; www.restaurantehicuriartvegan.com; Plaza de los Girones 3; Hauptgerichte 7,50–10 €, Tagesmenü 13,80 €; ⏰ Mo–Fr, 11–23, Sa 12–23 Uhr, Juli & Aug. bis 16.30 Uhr; ✍) Im Hicuri ließ Granadas bedeutender Graffiti-Künstler El Niño de las Pinturas seiner Kreativität freien Lauf. Er schuf eine psychedelische Kulisse für die vegane Küche, die in dem netten legeren Restaurant serviert wird. Knackige Salate, Tofu und Seitan mit Curry stellen eine willkommene Alternative zu den traditionellen Fleischgerichten dar, die auf so vielen Speisekarten in Granada dominieren.

La Botillería SPANISCH €€

(☎ 958 22 49 28; www.labotilleriagranada.es; Calle Varela 10; Hauptgerichte 10,90–18 €; ⏰ Mi–So 12.30–1 Uhr) Seit seiner Eröffnung 2013 hat La Botillería einen guten Ruf. Das liegt an der eleganten Präsentation seiner Gerichte und der ausgesuchten Weinkarte. Es ist auf moderne, legere Art schick; an die Tapas-Bar schließt sich ein Restaurant an, wo man als Vorspeise z. B. kantabrische Anchovis essen kann. Zu den kreativen Hauptgerichten zählen *milhoja de presa ibérica* (Blätterteig mit Schweinefleisch und Avocado).

Los Diamantes TAPAS, FISCH & MEERESFRÜCHTE €

(www.barlosdiamantes.com; Calle Navas 26; *raciones* 10–14 €; ⏰ 12.30–16.30 & 20.30–24 Uhr) Die verlotterte Kneipe, eine Institution in Granada, gehört zu den besten Restaurants an der Barstraße Calle Navas. Da es immer voll ist, bekommt man meist nur einen Stehplatz, doch die Meeresfrüchte – die ersten Tapas bekommt man gratis zum Getränk – sind hervorragend. Das Ambiente ist meist herrlich gesellig.

An der Plaza Nueva gibt's eine zweite, schickere Filiale.

Carmela Restaurante SPANISCH €€

(☎ 958 22 57 94; www.restaurantecarmela.com; Calle Colcha 13; Tapas 7, Hauptgerichte 7,50–16,90 €; ⏰ 8–24 Uhr, Küche 12–24 Uhr) Traditionelle Tapas im Stil und Geschmack des 21. Jhs. sind der Hit in diesem schicken Café-Restaurant mit ganztägiger Küche am Rand des Viertels Realejo. An den Tischen im kühlen Innenraum mit Backsteinwänden oder draußen auf der Terrasse kann man sich z. B. Croquetten mit Blutwurst und karamellisierten Zwiebeln oder Thunfisch in Sojasoße schmecken lassen.

Parador de Granada INTERNATIONAL €€€

(☎ 958 22 14 40; Calle Real de la Alhambra; Hauptgerichte 16–26 €; ⏰ 13–16 & 20–22.30 Uhr) Wegen der einzigartigen Lage in der Alhambra lohnt sich ein Besuch im Hotelrestaurant des Parador de Granada (S. 793). Serviert wird vorwiegend zeitgenössische andalusische Küche. Die Terrasse, die das Hotel mit dem ganztägig geöffneten Bar-Café teilt, ist ein magischer Ort für ein schickes Dinner oder auch einen Snack nach dem Sightseeing. Die Top-Lage treibt die Preise in die Höhe.

In der Nähe der Plaza Nueva

Bodegas Castañeda TAPAS

(☎ 958 21 54 64; Calle Almireceros 1; Tapas 2–5 €; ⏰ 11.30–16.30 & 19.30–1.30 Uhr) In dieser traditionellen Tapas-Bar, in der scharenweise hungrige Gäste unter den von der Decke hängenden Schinken anstehen, wird das Tapas-Essen als eine Art Kontaktsport begriffen. Statt ausgefallener neuer Kreationen kommen hier klassische Tapas (und *raciones*) blitzschnell auf den Tisch, dazu gibt's Wein aus den großen an der Wand gestapelten Fässern.

Greens & Berries FASTFOOD

(Plaza Nueva 1; Snacks ab 2,50 €; ⏰ 9–22 Uhr; ✍) Fastfood nach Granada-Art. Der kleine Imbiss eignet sich für einen kurzen Halt. Es gibt belegtes Toastbrot, Wraps, *bocadillos* (belegte Baguettes), Salate und frische Smoothies aus saftigen sonnenverwöhnten Früchten. Sitzen kann man auf Bänken auf dem Platz.

Ruta del Azafrán INTERNATIONAL €€

(☎ 958 22 68 82; www.rutadelazafran.es; Paseo del Padre Manjón 1; Hauptgerichte 17–21; ⏰ 13–23.30 Uhr) Das Top-Restaurant am Flussufer mit modernem Design und Blcik zur Alhambra (S. 780) bietet eine abwechslungsreiche Speisekarte mit internationalen Gerichten. Marokkanische Vorspeisen lassen sich mit asiatisch inspirierten Thunfisch-Kreationen kombinieren, und es gibt herzhafte andalusische Küche, z. B. langsam in Rotwein gegarte Schweinebacken.

INSIDERWISSEN

TAPAS GRATIS

Granada ist eine der letzten Bastionen, die sich die kulturelle Tradition bewahrt haben, zu jedem Getränk kostenlose Tapas zu kredenzen. Gerade erst hat man einen Drink an der Bar bestellt, schon taucht wie von Geisterhand gebracht eine ordentliche Portion irgendeiner Köstlichkeit auf. Mit dem nächsten Getränk erscheint eine weitere Leckerei. Diese Prozedur wiederholt sich mit jeder neuen Runde. Da viele Bars nur kleine Gläser Bier (*cañas* entsprechen 250 ml) servieren, sorgen die sättigenden Snacks für einen Abend ohne allzu großen Rausch. Manch einer nennt so eine Kneipentour mit Drinks und Gratis-Tapas gar Abendessen. Geeignet dafür sind vor allem die Calle de Elvira und die Calle Navas.

Albaicín

Babel World Fusion TAPAS

(☎958 22 78 96; Calle de Elvira 41; Bier & Tapas 2, Hauptgerichte ab 6,50 €; ⌚12.30–16.30 & 18–2 Uhr;) Entspanntes, bei ausländischen Studenten beliebtes Lokal, das sich von den traditionelleren Nachbarlokalen an der Barstraße Calle de Elvira abhebt. Es interpretiert Tapas-Küche international und serviert neben den typischen andalusischen Kreationen auch Falafel, mexikanische Fajitas und Thai-Nudeln.

Arrayanes MAROKKANISCH €€

(☎619 07 68 62, 958 22 33 53; www.rest-arrayanes.com; Cuesta Marañas 4; Hauptgerichte 9–16 €; ⌚Mi–Mo 13.30–16.30 & 19.30–23.30 Uhr;) Im Vietel Albaicín sollte man unbedingt die marokkanische Küche probieren, und dieses bekannte Restaurant soll weit und breit das beste sein. Keramikkacheln, mit Stuckwerk verzierte Bogen und rote Sitze bilden die Kulisse für klassische nordafrikanische Gerichte wie *bisara*-Bohnensuppe, leckere fruchtige Tagine und fluffige *pastelas* (gefüllte Pasteten). Alkohol wird hier nicht serviert.

El Ají SPANISCH €€

(☎958 29 29 30; Plaza San Miguel Bajo 9; Hauptgerichte 12–20 €; ⌚13–23 Uhr) Das gemütliche Nachbarschaftsrestaurant mit Terrassenstühlen auf einem charmanten Platz auf dem Albaicín-Hügel hat eine herzliche Atmosphäre und bietet etwas für jeden Geschmack. Es gibt Pasta für Fans der italienischen Küche, köstliche Steaks vom Holzkohlegrill und erfinderische Fischgerichte, z. B. Garnelen mit Tequila und Honig oder auch Kabeljau in Limettensoße.

Samarkanda LIBANESISCH €€

(Calle Calderería Vieja 3; Hauptgerichte 8–12 €; ⌚Do–Di 13–16.30 & 19.30–23.30 Uhr;) Trotz der recht faden Deko ist das nette familiengeführte libanesische Restaurant eine gute Wahl. In einer Seitenstraße im Albaicín bereitet es traditionelle Klassiker zu. Man kann z. B. mit Hummus und *mutabal* (Aubergine mit Tahin-Dip) beginnen und dann eine Schüssel *kafta* (gebackenes Rindfleisch mit Kartoffeln und Sesamsoße) bestellen.

Centro

Poë TAPAS

(www.barpoe.com; Ecke Calles Paz & Verónica de la Magdalena; Tapas 1,50 €, *raciones* 5 €; ⌚8–12.30 Uhr) Einladend und mit multikulturellem Ambiente bietet das nette Poë internationale Klassiker wie brasilianische *feijoada* (Eintopf mit schwarzen Bohnen und Schweinefleisch) sowie scharfes Thai-Huhn. Von außen macht es keinen besonderen Eindruck, aber das ändert sich komplett, wenn man es erst einmal betreten hat.

★ **El Bar de Fede** INTERNATIONAL €€

(☎958 28 88 14; Calle Marqués de Falces 1; *raciones* 7,50–16 €; ⌚Mo–Do 9–2, Fr & Sa bis 3, So 11–2 Uhr) Das Fede im Namen spielt auf den in Granada geborenen Dichter Federico García Lorca an, dessen freier Geist über dieser angesagten, gayfreundlichen Bar zu schweben scheint. Mit Mustertapete und hohen Stühlen um eine mit Keramikkacheln geschmückte Insel ist sie attraktiv gestylt, und das Essen ist eine wahre Freude. Besonders gut schmecken z. B. die in Orangensoße servierte Hühnerpastete und die gegrillten Tintenfische, die himmlich zart auf der Zunge zergehen.

Siloé Café & Grill INTERNATIONAL €€

(☎958 22 07 52; http://siloebarygrill.com; Plaza de Diego Siloé; Hauptgerichte 10–20 €; ⌚10–23 Uhr) Das hinter der Kathedrale versteckte Siloé ist sehr vielseitig. Es eignet sich für eine Kaffeepause ebenso wie für ein komplettes Mittag- oder Abendessen. Im Sommer ist die schöne Terrasse der örtliche Treffpunkt schlechthin, während die Gäste in den kühleren Monaten im modernen Innenraum Burger oder gegrillte Chicken Wings verspeisen.

Oliver FISCH & MEERESFRÜCHTE €

(☎ 958 26 22 00; www.restauranteoliver.com; Plaza Pescadería 12; Hauptgerichte 12–22 €; ⏲ Mo–Sa 12.30–15.30 & 20–23.30 Uhr) Eines der besten Bar-Restaurants für Fisch- und Meeresfrüchte an der Plaza Pescadería im Zentrum von Granada. Gut gekleidete Büroangestellte drängen sich hier neben Straßenfegern, um *raciones* mit knoblauchgewürzten Garnelen und gebratene Gerichte an der vollen Bar zu verzehren, während Familien und Touristen komfortabler an den ruhigeren Tischen draußen essen.

★ **La Fábula Restaurante** GEHOBENE KÜCHE €€€

(☎ 958 25 01 50; www.restaurantelafabula.com; Calle de San Antón 28; Hauptgerichte 24–28 €, Degustationsmenü 75–90 €; ⏲ Di–Sa 13–16 & 20.30–23 Uhr) Der Name passt perfekt zu diesem wirklich fabelhaften gehobenen Restaurant im luxuriösen Hotel Villa Oniria. Hier schwingt Küchenchef Ismael Delgado López das Zepter, dessen kunstvoll komponierte zeitgenössische spanische Küche garantiert beeindruckt. Unbedingt vorher reservieren.

Ausgehen & Nachtleben

Granada bietet viele Ausgehmöglichkeiten – von Tapas-Bars alter Schule bis zu historischen Cafés, traditionellen Weinbars und Teehäusern wie aus Tausendundeiner Nacht. Ausgehmeilen sind die etwas schmuddelige Calle de Elvira, der Río Darro am Fuß des Albaicín, die Calle Navas und die Gegend nördlich der Plaza de Trinidad, in der es einige angesagte Hipster-Läden gibt.

Taberna La Tana WEINBAR

(☎ 958 22 52 48; Placeta del Agua 3; ⏲ 12.30–16 & 20.30–24 Uhr) Mit bis zur Decke gestapelten Flaschen, aufgehängten Knoblauchzöpfen und einem kleinen Gastraum aus Holz und Backstein ist das gastfreundliche La Tana ist eine typische Weinbar. Zu spanischen Weinen werden wunderschön präsentierte Tapas serviert. Wer möchte, fragt den Barmann nach den Weinen des Monats oder sagt, ob er seinen Rotwein lieber *suave* (lieblich) oder *fuerte* (schwer) trinkt.

El Bar de Eric BAR

(☎ 958 27 63 01; Calle Escuelas 8; ⏲ Mo–Do 10–14, Fr bis 15 Uhr, Sa 13.30–15, So 13–2 Uhr) Die legere Bar voller alter Poster von Livegigs und gerahmten Fotos von Musiklegenden, von Debbie Harry bis zu Jim Morrison, hat der spanische Drummer Eric Jiménez, ein Mitglied der Band Los Planetas, eröffnet. Hier kommt man mit ein paar Tapas und einem Krug Sangria gut in Stimmung.

Botánico BAR

(☎ 958 27 15 98; www.botanicocafe.es; Calle Málaga 3; ⏲ Mo–Do 13–1, Fr & Sa bis 2, So bis 18 Uhr) Für coole Typen mit Designer-Bärten, Studenten im Endstadium ihrer Lorca-Dissertation und Alternative mit künstlerischen Ambitionen ist das Botánico die erste Adresse. Tagsüber dient es als legeres Snack-Restaurant, zur *merienda*-Zeit (17–19 Uhr) als Café und abends als pulsierende Bar.

Mundra BAR

(Plaza de la Trinidad; ⏲ Mo–Do 20.30–2, Fr & Sa bis 3 Uhr) Als eine der besten Bars an der grünen Plaza de Trinidad verbreitet das Mundra mit seinen offenen Steinwänden, Buddha-Statuen und Chill-Out-Musik ein wenig New-Age-Ambiente. Von den Tischen draußen kann man gut Leute beobachten. Es gibt eine gute Auswahl an Tapas und große Teller zum Teilen.

Boogaclub CLUB

(www.boogaclub.com; Calle Santa Barbara 3; ⏲ Mo–Mi 2–6, Do & So 23–6, Fr & Sa bis 7 Uhr) Der historische Club ist ideal zum Abtanzen. Hier kann man zu House, Funk und Electro chillen und sich später zur Musik internationaler DJs gehen lassen, die Rock, Soul, Latin und Reggae auflegen. Auch Jamsessions und Livekonzerte stehen auf dem Programm. Aktuelle Events stehen auf der Website.

Unterhaltung

Jardines de Zoraya FLAMENCO

(☎ 958 20 62 66; www.jardinesdezoraya.com; Calle Panaderos 32; Tickets 20 €, Abendessen ab 29 €; ⏲ Shows 20 & 22.30 Uhr) Das Jardines de Zoraya in einem Restaurant im Viertel Albaicín wirkt auf den ersten Blick wie ein touristisches *tablao* (choreografierte Flamenco-Vorführung). Faire Eintrittspreise, talentierte Künstler und ein äußerst stimmungsvoller Innenhof machen es jedoch zu einer lohnenden Adresse für alle Flamenco-Fans.

INSIDERWISSEN

GRANADAS TEEHÄUSER

Granadas *teterías* (Teestuben) haben sich in den letzten Jahren beträchtlich vermehrt. Ihre dunklen atmosphärischen Innenräume mit Spitzentüchern, Stuck und Sitzkissen auf dem Boden versprühen allerdings noch immer ein einladendes exotisches Flair. Meist gibt's eine große Auswahl an aromatischen Tees und Kräutertees sowie klebrige arabische Süßigkeiten. Da und dort können Gäste *cachimbas* (Shisha-Pfeife) rauchen.

Die Calle Calderería Nueva im Viertel Albaicín ist Granadas berühmteste *tetería-Straße*.

Abaco Té (958 22 19 35; Calle Álamo de Marqués 5; Mo–Do 15–21.30, Fr–So 13.30–23.30 Uhr) Das minimalistisch arabisch eingerichtete Abaco ist ein wohltuender Ort mit Alhambra-Blick von bequemen Bodenmatten. Man kann etwas von der umfassenden Karte mit aromatischen Tees und Heilkräutertees auswählen oder sich einen frischen Fruchtsaft oder -shake bestellen. Hervorragender Kuchen und eine kleine Karte mit vegetarischen Snacks stillen den kleinen Hunger.

Tetería Nazarí (Calle Calderería Nueva 13; 14–24 Uhr) Dies ist das beste Teehaus in diesem touristischen Teil des Albaicín. Man setzt sich auf einen der Stühle an den kleinen aufwendig bemalten Tischen und sucht sich aus dem großen Angebot an Tees etwas aus, vielleicht einen Pfefferminztee mit Zimt und ein süßes Stück Honiggebäck.

Tetería Dar Ziryab (655 44 67 75; Calle Calderería Nueva 11; 13–1 Uhr) Hier lässt man sich auf den Kissen auf Bänken in dem spärlich beleuchteten Raum nieder, der mit Kacheln und typischen maurischen Gitterbogen geschmückt ist, um eine *cachimba* (Shisha-Pfeife) zu paffen und aus schmucken Gläsern Kräutertee zu trinken.

Tetería Kasbah (Calle Calderería Nueva 4; 12–1 Uhr) Zarte Vorhänge, bemerkenswerte Stuckbogen und abgedunkelte Beleuchtung bilden die stimmungsvolle Kulisse für eine entspannte Teepause in der größten und betriebsamsten *tetería* der Calle Calderería Nueva, was den manchmal langsamen Service wieder wettmacht. Hier gibt's auch eine vollwertige Speisekarte.

Casa del Arte Flamenco FLAMENCO
(958 56 57 67; www.casadelarteflamenco.com; Cuesta de Gomérez 11; Tickets 18 €; Shows 19.30 & 21 Uhr) Der kleine Flamenco-Laden ist weder *tablao* noch *peña* (Privatclub), sondern irgendwas dazwischen. Die durchweg erstklassigen Künstler schaffen es, auf kleinem Raum eine intensive Atmosphäre zu erzeugen.

Le Chien Andalou FLAMENCO
(717 70 91 00; www.lechienandalou.com; Carrera del Darro 7; Tickets 10–12 €; Shows 19.30, 21.30 & 23.30 Uhr) Einst war die kleine höhlenartige Bar ein Schwergewicht der Szene, heute kosten die drei Flamenco-Shows pro Woche nur noch halb so viel wie in den größeren Läden. Die Qualität variiert, allerdings kann man zu dem Preis ruhig sein Glück versuchen.

Peña La Platería FLAMENCO
(958 21 06 50; www.laplateria.org.es; Placeta de Toqueros 7) Die 1949 gegründete Peña la Platería nimmt für sich den Titel „ältester Flamenco-Club Spaniens" in Anspruch. Im Gegensatz zu anderen, exklusiveren *peñas* öffnet sie regelmäßig ihre Türen für Nichtmitglieder (donnerstagabends um 22 Uhr). Es werden Tapas und Getränke serviert. Reservierung ist zu empfehlen.

Eshavira JAZZ, FLAMENCO
(958 29 08 29; https://eshaviraclub.wordpress.com; Calle Postigo de la Cuna 2; 6–15 €; 22–4 Uhr) Das historische Jazz- und Flamenco-Lokal bietet in der Nähe der Calle Azacayas ein regelmäßiges Programm mit Gigs, Jamsessions und Flamenco-Vorführungen – aktuelle Events stehen auf der Website. Die Vorstellungen und Events beginnen allerdings spät, selten früher als 23 Uhr, und die Partystimmung dauert die ganze Nacht an.

Shoppen

Viele Geschäfte in Granada setzen auf das maurische Erbe der Stadt und verkaufen ein breites Spektrum farbenfroher exotischer Waren, von Gewürzsäckchen bis zu vorne spitz nach oben gebogenen Hausschuhen und handgemachten Ledertaschen. Eine Spezialität des lokalen Handwerks sind die *taracea* (Intarsienarbeiten). Bei den besten Arbeiten werden Intarsien aus Muscheln, Silber oder Perlmutt an Schachteln, Tischen, Schachbrettern und vielem mehr angebracht.

La Oliva ESSEN & TRINKEN
(☎958 22 57 54; Calle Rosario 9; ⏲ Mo–Sa 11–14.30 & Mo–Fr 7–22 Uhr) Tagsüber ist La Oliva ein kleiner Lebensmittelladen mit einer Auswahl guter spanischer Weine, Olivenöle und Gourmetprodukte. Am Abend werden die Tische nach draußen gestellt und Besitzer Francisco heißt ein paar Gäste willkommen – Vorausbuchung erforderlich –, die sein Degustationsmenü für 38,50 € probieren.

Tienda Librería de la Alhambra BÜCHER
(☎958 22 78 46; www.alhambratienda.es; Calle Reyes Católicos 40; ⏲9.30–20.30 Uhr) Für Alhambra-Fans hat dieser großartige Laden eine große Auswahl an Büchern zu Architektur, Kunst und Geschichte auf Lager. Man findet hier alles von einfachen Reisebüchern bis zu Hochglanz-Bildbänden über islamische Kunst sowie hochwertige Souvenirs, z. B. handbemalte Fächer, künstlerische Schreibwaren und eindrucksvolle Fotodrucke, die Kunden aus einer riesigen digitalen Bibliothek auswählen.

Alcaicería GESCHENKE & SOUVENIRS
(Calle Alcaicería; ⏲10–21 Uhr) Hier bekommt man alles, von Ledertaschen und marokkanischen Hausschuhen bis zu bunter Keramik, günstigem Schmuck, Schals und Schweizer Taschenmessern. Das Gewühl in der engen Gasse ist ein Überbleibel des früheren großen Basars von Granada. Am besten hingehen, bevor die Reisebusse eintreffen.

Artesanías González KUNST & KUNSTHANDWERK
(Cuesta de Gomérez 12; ⏲11–20.30 Uhr) Das Kunsthandwerksgeschäft ist seit 1920 auf Intarsienarbeiten spezialisiert und eine gute Adresse, um ein Souvenir oder kleines Geschenk zu kaufen. Es bietet eine große Auswahl handgearbeiteter Schachteln mit Intarsien und auch Untersetzer, Schachbretter und schöne Backgammonspiele.

ℹ Praktische Informationen

Informationen bekommt man in mehreren Touristeninfostellen in der Stadt:

Alhambra Tourist Information Point
(☎958 02 79 71; www.granadatur.com; Calle Real de la Alhambra Granada, Alhambra; ⏲8.30–20.30 Uhr) Oben in der Alhambra.

Städtisches Fremdenverkehrsamt
(☎958 24 82 80; www.granadatur.com; Plaza del Carmen 9; ⏲ Mo–Sa 9–20, So bis 2 Uhr) Offizielle Infostelle des Fremdenverkehrsamts.

Touristeninformation der Provinz
(☎958 24 71 28; www.turgranada.es; Cárcel Baja 3; ⏲ Mo–Fr 9–20, Sa 10–19, So 10–15 Uhr) Informationen über die Provinz Granada.

Regionale Touristeninformation
(☎958 57 52 02; www.andalucia.org; Calle Santa Ana 2; ⏲ Mo–Fr 9–19.30, Sa & So 9.30–15 Uhr) Informationen zur gesamten Region Andalusien.

this.is:granada (☎958 21 02 39; www.thisisgranada.com; Plaza de Cuchilleros; ⏲ Mo–Sa 9.30–14 & 16–19, So bis 20 Uhr) Website einer Agentur, die Tickets für Flamenco-Shows, Stadtführungen und Sightseeingtouren mit dem Bus verkauft.

ℹ An & Weiterreise

AUTO

Granada liegt an der Kreuzung von A44 und A92. Die Alhambra ist mit dem Auto über die A395 zu erreichen.

BUS

Granadas **Busbahnhof** (☎958 18 54 80; Avenida Juan Pablo II; ⏲6.30–1.30 Uhr) liegt 3 km nordwestlich des Zentrums. Dorthin gelangt man mit dem Stadtbus SN1 bis **Gran Vía de Colón** (Gran Vía de Colón).

Alsa (☎902 42 22 42; www.alsa.es) betreibt die Busse in der Provinz und in der gesamten Region, außerdem verkehrt ein direkter Nachtbus zum Madrider Flughafen Barajas (47,85 €, 6¼ Std.).

ZIEL	PREIS	DAUER	HÄUFIGKEIT
Almuñécar	8,34 €	1¼–2 Std.	9-mal tgl.
Córdoba	15 €	2¼–4 Std.	8-mal tgl.
Guadix	5,50 €	1 Std.	14-mal tgl.
Jaén	8,87 €	1¼ Std.	15-mal tgl.
Lanjarón	4,27 €	1–1½ Std.	9-mal tgl.
Málaga	10,25–13,70 €	1¾ Std.	17-mal tgl.
Sevilla	23–29 €	3 Std.	8-mal tgl.

FLUGZEUG

Der **Flughafen Granada** (Aeropuerto Federico García Lorca; ☎902 40 47 04; www.aena.es) liegt 17 km westlich des Zentrums in der Nähe der A92. Direktflüge sorgen für Verbindungen nach Madrid, Barcelona, Bilbao, Palma de Mallorca und außerhalb von Spanien nach London, Manchester und Mailand. Granadas Flughafen steuern auch internationale Fluglinien wie easyJet, Vueling, Iberia und British Airways an.

Alsa (☎ 902 42 22 42; www.alsa.es) Bus 245 fährt um 6 Uhr und anschließend von 9.45–23.30 Uhr mindestens stündlich ins Zentrum (2,90 €, 40 Min.). Er hält an mehreren Haltestellen, u. a. an der Gran Vía de Colón in der Nähe der Kathedrale. Die Tickets bekommt man an Bord. Ein Taxi vom Flughafen ins Zentrum (Bushaltestelle) kostet ca. 20–24 €.

ZUG

Der **Bahnhof** (☎ 958 27 12 72; Avenida de Andaluces) liegt 1,5 km nordwestlich des Zentrums. Zum Zentrum geht's geradeaus zur Avenida de la Constitución und dann rechts bis zur Haltestelle von Bus SN1, der zur Gran Vía de Colón fährt.

ZIEL	PREIS	DAUER	HÄUFIGKEIT
Almería	20,10 €	2½ Std.	4-mal tgl.
Madrid	27,65–39 €	4 Std.	5-mal tgl.
Barcelona	40–59 €	7¾ Std.	2-mal tgl.
Córdoba	23,10–36,50 €	2¼–3 Std.	7-mal tgl.
Algeciras	30 €	4¼–5 Std.	3-mal tgl.
Sevilla	30,15 €	3¼ Std.	4-mal tgl.

Unterwegs vor Ort

AUTO

Wie in den meisten andalusischen Großstädten ist das Autofahren auch im Zentrum Granadas eine unangenehme Erfahrung, die man am besten vermeidet. Wer mit dem Mietauto unterwegs ist, parkt es am Stadtrand und steigt auf öffentliche Verkehrsmittel um, die zahlreich vorhanden sind. Wer seinen Wagen dennoch ins Zentrum mitnehmen möchte, findet dort die Parkhäuser: **Parking La Alhambra** (☎ Information 902 44 12 21; Paseo de la Sabika; pro Std./Tag 2,70/18,40 €; ⏲ 24 Std.), **Parking San Agustín** (Calle San Agustín; pro Std./Tag 1,70/25 €; ⏲ 24 Std.) und **Parking Plaza de los Campos** (Plaza de los Campos 4; pro Std./Tag 1,95/19,50 €; ⏲ Mo–Sa 8–1, So 8.30–23 Uhr).

BUS

Einfache Tickets kosten 1,40 € und man kann sie im Bus (nur mit Bargeld) kaufen.

Nützliche Buslinien:

C1 Von der Plaza Nueva hoch zum Albaicín.

C2 Von der Plaza Nueva hoch nach Sacramonte.

C3 Von der Plaza Isabel La Católica zur Alhambra, über das Viertel Realejo.

SN1 Verbindet den Busbahnhof mit dem Bahnhof und der Gran Vía de Colón im Zentrum.

TAXI

Taxis sammeln sich an der Plaza Nueva sowie am Bahnhof und Busbahnhof.

Ein Taxi ruft man z. B. über **Tele-Radio Taxi Granada** (☎ 958 28 00 00; www.granadataxi.com).

PROVINZ GRANADA

Über Granada erheben sich die mächtigen Gipfel der Sierra Nevada. Die etwa die Hälfte des Jahres schneebedeckten steilen Hänge dieses Gebirges bieten tolle Skibedingungen und in den wärmeren Monaten fantastische Wandermöglichkeiten. An der Südseite des Gebirges liegen die Alpujarras, eine grüne Berglandschaft mit Tälern und tiefen Schluchten, gesprenkelt mit weißen Dörfern, die voll von traditionellen Berberhäusern mit Flachdächern sind.

Im Südwesten erstreckt sich die Küste der Provinz, die relativ preiswerte Costa Tropical mit ihren zahlreichen beliebten Strandhotelanlagen zwischen Buchten und steil abfallenden Klippen.

Sierra Nevada

Die Gebirgskette Sierra Nevada bildet Granadas spektakuläre alpine Kulisse. Sie erstreckt sich über 75 km von West nach Ost. Ihre wilden schneebedeckten Gipfel warten mit dem höchsten Punkt des spanischen Festlandes (Mulhacén, 3479 m) auf, und hier befindet sich auch das südlichste Wintersportgebiet Europas in Pradollano. Die niedrigeren südlichen Ausläufer, übersät mit pittoresken weißen Dörfern, heißen Las Alpujarras.

Rund 859 km² gehören zum Gebiet des Parque Nacional Sierra Nevada, dem größten Nationalpark Spaniens, einem Naturschutzgebiet, das 2100 der 7000 Pflanzenarten Spaniens beheimatet, darunter einzigartige Krokus-, Narzissen-, Distel-, Klee-, Mohn- und Enzianarten sowie die größte Steinbockpopulation Andalusiens. In tieferen Lagen grenzt der Parque Natural Sierra Nevada an das Schutzgebiet.

Von Juli bis Anfang September kann man im Hochgebirge wunderbare mehrtägige Trekkingtouren und Tageswanderungen unternehmen. In den restlichen Monaten ist das Wetter hingegen oft zu schlecht. Die niedrigeren Alpujarras sind jedoch immer gut zugänglich; dort ist der meiste Schnee bis Mai geschmolzen.

Praktische Informationen

Centro de Visitantes El Dornajo (☎958 34 06 25; A395, Km 23; ⊙Mi–So 10–17 Uhr) Informationszentrum für die Sierra Nevada; an der A395, ca. 23 km von Granada entfernt.

An & Weiterreise

Von Granada aus ist die A395, auf die man im Südosten der Stadt gelangt, die Hauptzufahrtsstraße in die Sierra Nevada.

Mulhacén & Veleta

Die zwei höchsten Gipfel der Sierra Nevada, der Veleta (3395 m) und der Mulhacén, der mit 3479 m höchste Berg des spanischen Festlandes, liegen am Westende der Gebirgskette. Beide kann man ab einem Infoposten des Nationalparks in **Hoya de la Mora** (2512 m) an der Nordflanke besteigen. Man erreicht den Posten über eine Straße ab Granada und dem Skigebiet Pradollano; er befindet sich am Eingang eines Gebirgspasses, der zu dem Alpujarras-Dorf Capileira an der Südseite hinüberführt. Allerdings ist die Gipfelstraße für Privatfahrzeuge gesperrt, ganz nach oben kommt man nur mit einem Shuttlebus des Nationalparks, der von Ende Juni bis Oktober (je nach Schneeverhältnissen) in Betrieb ist.

Aktivitäten

Um den Mulhacén und den Veleta von Norden aus zu erklimmen, nimmt man den **Shuttlebus** (☎671 56 44 07; einfach/hin & zurück 6/10 €; ⊙Juni–Okt. 8–18 Uhr) ab der Herberge Albergue Universitario in **Hoya de la Mora**. Er lässt seine Passagiere an den Posiciones del Veleta (3100 m) aussteigen. Von hier führen ein 4 km langer Wanderweg (1½ Std.) zum Gipfel des Veleta und ein 14 km langer Wanderweg (4–5 Std.) zum Gipfel des Mulhacén.

Wer den Aufstieg auf den Mulhacén von Süden angehen möchte, nimmt im Sommer den Nationalpark-Shuttle von **Capileira** zum **Mirador de Trevélez**. Von hier führt eine ca. dreistündige Wanderung zum Gipfel (6 km, 800 Höhenmeter).

Wer einen Ausflug mit Übernachtung bevorzugt, kann in der Berghütte **Refugio Poqueira** (☎958 34 33 49; www.refugiopoqueira.com; 17,50 €/Pers.) übernachten, auf 2500 m Höhe unterhalb der Südwestseite des Mulhacén. Für den Rundweg zum Mulhacén vom Mirador de Trevélez mit *refugio* benötigt man sechs bis sieben Stunden. Im Voraus buchen.

Es ist stets besser, sich telefonisch zu erkundigen, wann die Shuttlebusse fahren und ob sie genügend Kapazitäten haben.

Die hier beschriebenen Touren eignen sich für Wanderer mit guter bis mittlerer Kondition. Vor der Wanderung sollte man sich immer über die Wetterprognose informieren und sich auf Wetterbedingungen einstellen, die sich schnell verändern können. Auch starker Wind kann plötzlich aufkommen. Eine gute Informationsquelle ist http://sierranevadaguides.co.uk/information-about-the-sierra-nevada.

NICHT VERSÄUMEN

SKIFAHREN IN DER SIERRA NEVADA

Der moderne Ort Pradollano (2100 m), 33 km von Granada entfernt, liegt in Europas südlichstem Skigebiet **Sierra Nevada Ski** (☎902 70 80 90; www.sierranevada.es; Pradollano; Skipass 1 Tag Erw. 36,50-48 €, Kind 24–35 €; 👪). Der gut ausgestattete Skiort, der bei Tagesausflüglern aus Granada sehr beliebt ist, bietet mit 125 ausgewiesenen Pisten etwas für alle Niveaus. Sie reichen von schwierigen schwarzen Abfahrten bis zu einfachen grünen und Langlaufpisten. Darüber hinaus gibt's eine eigene Piste für Snowboarder, einen Hang für Familien und einen Schneepark für Kinder. Donnerstags und samstags kann man abends bei Flutlicht Skifahren.

Im Sommer kann man im **Sierra Nevada Bike Park** (http://sierranevadabikepark.com; Pradollano; Tageskarte 21 €; ⊙Sessellift 9.45–18 Uhr) statt Ski fahrenmMountainbiken. Er wartet mit acht Strecken auf insgesamt 37 km auf.

Tocina (☎958 46 50 22; www.autocarestocina.es) setzt im Winter täglich drei Busse ein (am Wochenende vier). Sie fahren vom Busbahnhof in Granada (5 €, 1 Std.) nach Pradollano. Wenn keine Skisaison ist, fährt nur ein Bus pro Tag (um 9 Uhr ab Granada, um 17 Uhr ab Pradollano).

ABSTECHER

GUADIX

Guadix (gwah-diks), eine Provinzstadt in den Ausläufern der Sierra Nevada ist für seine Höhlenhäuser bekannt, die teils noch von Einheimischen bewohnt werden. Das Höhlenviertel **Barrio de las Cuevas** ist ein seltsam anmutender Ort am Südrand der Stadt. Etwa 2000 Behausungen sollen hier in den felsigen Untergrund gegraben worden sein. Eine grandiose Aussicht bietet der ausgeschilderte **Mirador Padre Poveda**.

Die prunkvolle **Kathedrale** (☎958 66 51 08; Paseo de la Catedral; Erw./erm. 5/3,50 €; ⏲ Okt.–Mai Mo–Sa 10.30–14 & 16–18 Uhr, April–Mai Mo–Sa 16.30–18.30 Uhr, Juni–Sept. Mo–Sa 17–19.30 Uhr, ganzjährig So 10.30–14.30 Uhr) im Ortszentrum von Guadix ist ein bemerkenswerter Anblick, und die Altstadt lädt mit ihrer prägnanten Architektur aus größtenteils warmem Sandstein zum Bummeln ein..

Für Übernachtungsgäste ist das **Hotel GIT Abentofail** (☎958 66 92 81; www.hotelabentofail.com; Calle Abentofail; EZ 40–63 €, DZ 48–73 €; ❄📶) eine elegante Boutique-Unterkunft im Herzen der Altstadt.

Nach Guadix fahren regelmäßig Busse aus Granada (5,50 €, 1 Std., bis zu 12-mal tgl.), Almería (9,37 €, 2 Std., 3-mal tgl.) und Málaga (18 €, 3–3½ Std., 4-mal tgl.). Von Granada und Alméria gibt's auch tägliche Zugverbindungen.

Las Alpujarras

Die Täler und Schluchten der Alpujarras erstrecken sich auf 70 km Länge an der Südflanke der Sierra Nevada. Felsige Hänge wechseln sich mit Wäldern und terrassierten Feldern ab, die ihre Fruchtbarkeit der Schneeschmelze verdanken. Am bekanntesten sind die Alpujarras wegen der weißen Dörfer. Sie schmiegen sich an grüne Bergflanken, und ihre Flachdachhäuser im Berber-Stil erinnern an die Vergangenheit der Gegend als Zufluchtsort der Mauren, die sich nach der Reconquista hierher zurückzogen. Heutzutage bevölkern Einheimische und Expats (Einwanderer) die Dörfer, und in den tiefer gelegenen Orten leben viele spirituelle Heilssucher, Langzeittraveller und Aussteiger. Viel begangene Fußwege durchziehen die Hügel. Sie verbinden die Dörfer und bieten fantastische Wandermöglichkeiten.

An- & Weiterreise

Von Westen ist die A348 die Hauptzufahrtsstraße zu den Alpujarras. Sie zweigt ca. 34 km südlich von Granada von der A44 ab.

Alsa (☎902 42 22 42; www.alsa.es) betreibt täglich Busverbindungen von Granada in die Städte und Dörfer der Alpujarras.

Lanjarón

3587 EW.

Ein beliebtes Ziel für einen Tagesausflug ist Lanjarón, das Tor zu den westlichen Alpujarras. Das hübsche grüne Gebirgsdorf ist am besten für sein Thermalwasser bekannt. Die Heilwasserquelle erwirtschaftete lange Zeit einen Großteil des lokalen Einkommens und zieht bis heute ganze Busladungen von Besuchern an. Der Ort profitiert zudem von dem reinen Quellwasser, das in Flaschen abgefüllt und in ganz Spanien verkauft wird. Auch der hiesige luftgetrocknete *jamón serrano* (Schinken) hat auf vielen Speisekarten der örtlichen Restaurants einen Ehrenplatz.

Aktivitäten

Balneario de Lanjarón SPA

(☎958 77 04 54; www.balneariodelanjaron.com; Avenida de Madrid 2; Bad ab 18 €) Lanjaróns Thermalwasser ist seit Jahrhunderten eine der Hauptattraktionen des Orts. Seine Heilkraft kann man in diesem Spa auf die Probe stellen, das heute zu einem Vier-Sterne-Hotel gehört. Zum Angebot des Spas zählen Massagen und Schönheitsanwendungen.

Caballo Blanco Trekking Centre REITEN

(☎627 79 48 91; www.caballoblancotrekking.com; 2/4 Std. Ausritt 40/70 €, ganztägig mit Picknick 95 €) Der gut ausgestattete Veranstalter direkt im Osten von Lanjarón bietet Reitkurse und Ausritte in den Hügeln und Bergen der Umgebung an. Englisch, Spanisch, Deutsch und ein wenig Französisch werden gesprochen. Im Voraus buchen.

Essen

El Arca de Noé SPANISCH €€

(☎958 77 00 27; Avenida de la Alpujarra 38; Hauptgerichte 6–18 €; ⏲ Mo–Sa 10–15 & 18.30–

Westliche Sierra Nevada & Las Alpujarras

22.30, So nur 10–15 Uhr) Der Clou sind hier die ordentlich in Reihen aufgehängten Schinken und die mit Weinflaschen, Konserven und marinierten Köstlichkeiten beladenen Regale. Der Feinkostladen mit Restaurant ist eine ideale Adresse, um den berühmten lokalen *jamón* zu probieren und wartet mit vielen weiteren regionalen Delikatessen auf: scharfe Würstchen, Ziegenkäse, Pâtés und Tomatensalate.

An- & Weiterreise

Alsa (☎ 902 42 22 42; www.alsa.es) betreibt Busse nach Lanjarón von Granada (4,27 €, 1–1½ Std., bis zu 9-mal tgl.) und Málaga (12,66 €, 3¼ Std., Mo–Sa 1-mal tgl.).

Órgiva

Órgiva, der Hauptort der westlichen Alpujarras, ist etwas ungepflegter und bedeutend größer als die benachbarten Dörfer. Schon lange wird die Stadt von einer Hippieszene geprägt. Die alternative Kommune Benéficio liegt ganz in der Nähe, und seine Bewohner kommen regelmäßig nach Órgiva, um ihre Waren zu verkaufen oder sich beim Donnerstagsmarkt als Straßenmusiker zu verdingen. Kenner britischer Literatur ist der Ort vielleicht durch Chris Stewarts Bestseller *Unter den Zitronenbäumen* ein Begriff.

Schlafen & Essen

Casa Rural Jazmín CASA RURAL €€
(☎ 958 78 47 95; www.casaruraljazmin.com; Calle Ladera de la Ermita; DZ 53–70 €; P ❄ 📶 🏊) Das friedliche Refugium im oberen Teil der Stadt hat eine sehr herzliche Atmosphäre. Die gemütliche Unterkunft bietet vier heimelige Zimmer. Jedes ist anders eingerichtet und einige sind größer. Im Sommer gibt's das Frühstück draußen in dem schönen Garten, wo man auch in einem Pool planschen kann.

Tetería Baraka INTERNATIONAL €€
(☎ 958 78 58 94; www.teteria-baraka.com; Calle Estación 12; Hauptgerichte 10–15 €; ⏰ Mo–Mi 10–23, Do, Fr & Sa 9–23, So 11–23 Uhr) Eine hochbeliebte lokale Adresse, vor allem donnerstags, wenn mitten am Vormittag scharenweise Marktbesucher hier einkehren. Das Ambiente ist entspannt, und auf der Speisekarte stehen marokkanische Tagines, Couscous, *Shawarmas*, Wraps und natürliche Fruchtsäfte. Über dem städtischen Parkplatz im oberen Teil der Stadt.

Shoppen

Tara MODE & ACCESSOIRES
(Avenida González Robles 19; ⏰ Mo–Sa 10–14 & 17.30–20 Uhr) Das Tara zeugt von Órgivas Hippie-Flair; hier kann man seine Garderobe mit Kleidung, Tüchern, Taschen und Schmuck vervollständigen. Es gibt auch Räucherstäbchen mit verschiedenen exotischen Aromen.

An- & Weiterreise

Busse von **Alsa** (☎ 902 42 22 42; www.alsa.es) fahren an Wochentagen bis zu 9-mal und samstags und sonntags 6-mal von Granada (5,11 €, 1½ –1¾ Std.) nach Órgiva.

La Tahá

In La Tahá, dem Tal östlich der Barranco de Poqueira, ticken die Uhren langsamer und es gibt wesentlich weniger Touristen. La Tahá bezeichnete ursprünglich (auf Arabisch) die Verwaltungseinheiten, in die das islamische Kalifat die Alpujarras unterteilte. Heute besteht es aus der Stadt Pitres und den umliegenden Dörfern – Mecina Fondales, Capilerilla, Mecinilla, Ferreirola und Atalbéitar – in dem Tal darunter.

Zwischen den Dörfchen winden sich alte Wege (als „Sendero Local Pitres-Ferreirola" beschildert) mit plätscherndem Wasser als Geräuschkulisse durch Wälder und Obstplantagen. Etwa 15 Gehminuten hinter Fondales führt eine alte Brücke aus maurischer Zeit über die tiefe Schlucht des Río Trevélez.

Essen

L'Atelier VEGETARISCH €€
(☎ 958 85 75 01; www.facebook.com/lateliervegrestaurant; Calle Alberca 21, Mecina Fondales; Hauptgerichte 10–14 €; ⏰ 13–16 & 19–22 Uhr; 🖉) Das kleine Restaurant mit Kerzenschein in einem traditionellen Haus des Weilers Mecina Fondales widersetzt sich der lokalen Vorliebe für Fleisch und serviert internationale vegetarische und vegane Gerichte (Taboulé, marokkanische Tagine, Miso-Suppe). Besser stets im Voraus reservieren, besonders im Winter. Der Besitzer Miguel organisiert auf Anfrage auch vegetarische Kochkurse.

Zudem werden **Zimmer** (DZ/4BZ 50/56 €; 📶) vermietet.

An- & Weiterreise

Pitres, der größte Ort in La Tahá, liegt an der Hauptstraße A4132. Drei Busse von **Alsa**

ABSEITS DER ÜBLICHEN PFADE

MAUREN & CHRISTEN IN VÁLOR

Das typische Alpujarras-Dorf Válor blickt auf eine bedeutende Geschichte zurück. Es ist der Geburtsort von Aben Humeya. Der *morisco* (konvertierter Muslim) führte 1568 einen Aufstand gegen die Politik von Philipp II. an, der arabische Namen und Kleidung und sogar die arabische Sprache verbieten wollte. Der zweijährige Guerrilla-Krieg in den Bergen endete erst nach der Intervention von Don Juan de Austria, Philipps Halbbruder, der den Aufstand niederschlug, und der Ermordung von Aben Humeya durch seinen Cousin Aben Aboo. Das historische Ereignis wird auf dem großen **Stadtfest** Moros y Cristianos (Mauren und Christen; ⌚ 12.–15. Sept.) von farbenfroh kostümierten „Armeen" nachgespielt.

Täglich fahren zwei Busse von **Alsa** (☎ 902 42 22 42; www.alsa.es) in das Dorf. Sie starten in Granada (10,23 €, 3½ Std.) und halten in Lanjarón, Órgiva, Cádiar und Bérchules.

(☎ 902 42 22 42; www.alsa.es) aus Granada (6,79 €, 2¾ Std.) fahren hierher. Für die anderen Dörfer ist ein eigenes Fahrzeug erforderlich.

Trevélez

776 EW.

Unter Feinschmeckern ist Trevélez für *jamón serrano* berühmt, einen der besten luftgetrockneten Schinken des Landes. In der frischen Bergluft reift er besonders gut. Für Wanderer ist Trevélez das Tor zu einem verzweigten Netz an Wanderwegen im Hochgebirge, darunter einer der Hauptwege zum Mulhacén, dem höchsten Gipfel des spanischen Festlandes. Für Statistiker ist das Dorf das zweithöchste in Spanien, nach Valdelinares in Aragonien.

Es liegt auf 1486 m Höhe an den fast baumlosen Hängen der Barranco de Trevélez (Trevélez-Schlucht) und teilt sich in zwei Abschnitte: *den älteren* labyrinthartigeren *alto*-Bereich, der den besten Ausblick bietet, und den unteren *bajo-Bereich* mit den meisten touristischen Einrichtungen.

Schlafen & Essen

Hotel La Fragua II HOTEL €

(☎ 958 85 86 26; www.hotellafragua.com; Calle Posadas; DZ/3BZ/4BZ 62/78/85 €; 📶 🅿) La Fragua ist eine Art Minikette mit zwei Hotels. Neben diesem zählen das einfachere **Hotel La Fragua I** (Calle San Antonio 4; EZ/DZ/3BZ/4BZ 38/50/65/70 €; 📶) dazu sowie ein gemütliches **Restaurant** (Calle San Antonio; Hauptgerichte 8–14 €; ⌚12.30–16 & 20–22.30 Uhr; 🚭). La Fragua II sieht aus wie ein elegantes Berghotel. Weiß und Naturstein prägen die mit Blumentöpfen geschmückte Fassade, und es hat große sonnendurchflutete Zimmer. Beim Faulenzen draußen im Pool kann man den Bergblick genießen.

Mesón Joaquín ANDALUSISCH €€

(☎ 958 85 85 14; http://jamonestrevelez.com; Carretera Laujar Órgiva, Km 22; Hauptgerichte 8–20 €; ⌚12.30–16.30 Uhr) Dünn geschnittener Schinken als Vorspeise, dann Vermicelli-Suppe mit Eiern und Speck und mit Schinken bedeckte Forelle – Schinken ist die beliebteste Zutat in diesem legeren Restaurant am Südeingang des Dorfes. Als solle dies noch stärker betont werden, hängen in dem mit Kacheln geschmückten Innenraum etliche geräucherte Schinken von der Decke.

Shoppen

Jamones Cano González ESSEN

(☎ 958 85 86 32; www.jamonescanogonzalez.com; Calle Pista del Barrio Medio 18; ⌚ Mo–Fr 10–14 & 17–19, Sa 11–14 & 16–20, So 11–14 Uhr) In dem kleinen Laden voller Schinken, geräucherter Wurst und weiterer lokaler Spezialitäten kann man sich mit dem berühmten Schinken von Trevélez eindecken.

An- & Weiterreise

Jeden Tag legen drei Busse von **Alsa** (☎ 902 42 22 42; www.alsa.es) die lange Strecke von Granada (7,96 €, 3¼ Std.) nach Trevélez zurück.

Mit dem Auto erreicht man das Dorf über die A4132.

Costa Tropical

Die Costa Tropical, die 80 km lange Küste der Provinz Granada, erinnert an Italiens Amalfi-Küste. Ihren Namen verdankt sie dem sub-

BARRANCO DE POQUEIRA

In der Barranco de Poqueira (Poqueira-Schlucht) liegen drei der berühmtesten und meistbesuchten Dörfer der Alpujarras: Pampaneira, Bubión und Capileira, jeweils 14, 18,5 bzw. 20 km nordöstlich von Órgiva. Aus der Ferne ähneln sie weißen Farbtupfern in üppig grüner Landschaft. Aus der Nähe sind sie Paradebeispiele für die steil angelegten weißen Dörfer, für die die Alpujarras so berühmt sind.

Das Tal ist auch für sein Kunsthandwerk bekannt, und viele Läden verkaufen die Lederwaren, gewebten Decken und Kacheln.

Aktivurlauber können die Wanderwege nutzen. Sie verbinden die Dörfer und lassen sich meist gut an einem Tag bewältigen. Weitere Informationen zum Wandern in dieser Gegend bekommt man beim **Servicio de Interpretación de Altos Cumbres** (☎ 671 56 44 06; picapileira@oapn.mma.es; Carretera de Sierra Nevada; ⊙ 10–14 & 17–20 Uhr) in Capileira.

Von Granada aus fahren täglich drei Busse von **Alsa** (☎ 902 42 22 42; www.alsa.es) in das Dorf.

Pampaneira

Estrella de las Nieves (☎ 958 76 39 81; www.estrelladelasnieves.com; Calle Huertos 21; EZ/DZ/Suite 50/75/100 €; P ᯤ ☒) Die blendend weiße Anlage oberhalb des Dorfes verfügt über elegante, dezente, moderne Zimmer, von deren Terrassen man über die Dächer und Berge der Umgebung blickt. Zudem hat sie einen hübschen Garten, einen Pool und einen Parkplatz (5 € pro Tag).

Bodega El Lagar (☎ 673 63 63 94; Calle Silencio; *raciones* 10 €; ⊙ tgl. 11–17 & 8–24 Uhr) Versteckt an einer gewundenen Straße hinter der Plaza de la Libertad liegt diese kleine Bodega, eines der besten Restaurants der Stadt. In rustikaler Einrichtung – landwirtschaftliche Geräte und Weidenkörbe hängen an rohen weißen Mauern – serviert sie große Portionen guter Landküche, darunter fantastische Steaks vom Holzkohlegrill.

Bubión

Casa Alpujarreña (Calle Real; 1,80 €; ⊙ So, Mo, Mi & Do 11–14, Fr, Sa & Fei 11–14 & 17–19 Uhr) Das Volkskundemuseum in einem Haus mit typischer Gebirgsarchitektur neben der

tropischen Mikroklima. Sie ist nach Osten hin wesentlich weniger verbaut als die Costa del Sol und oft ergreifend schön – im Hintergrund dunkelbraune Berge, die kaskadenartig ins Meer abtauchen. An Felsstrände und Buchten schmiegen sich weiße Dörfer. Die größten Touristenorte Almuñécar und Salobreña mit langen Stränden, Burgen auf Hügeln und hübschen Altstädten sind im Sommer beliebte Ferienziele.

Almuñécar & La Herradura

27 397 EW.

Almuñécar ist der Haupturlaubsort der Costa Tropical und brummt im Sommer wie ein Bienenstock, denn dann bevölkern spanische Urlauber und sonnenhungrige Nordeuropäer die langen Kiesstrände und die palmengesäumte Esplanade. Jenseits der Meerespromenade ist der Ort nicht besonders attraktiv, aber wer die tristen Hochhäuser ausblendet, entdeckt ein pittoreskes *casco antiguo* (historisches Zentrum) mit engen Gassen, Plätzen voller Bars und einer Burg als Blickfang auf dem Hügel.

Etwa 7 km westlich zieht das Nachbardorf La Herradura Urlauber an, wirkt jedoch weniger touristisch und ist vor allem bei jungen Windsurfern und Wassersportfans beliebt.

Sehenswertes

Peñón del Santo AUSSICHTSPUNKT
(⊙ Mai–Sept. 7–24 Uhr, Okt.–April bis 22 Uhr) Der Felsvorprung Peñón del Santo, gekrönt von einem großen Kruzifix, bietet einen weiten Ausblick über die Küste vor der Stadt. Die Playa de San Cristóbal im Westen ist der beste Strand von Almuñécar, ein Streifen grauer Kiesel, die lange von der Abendsonne angestrahlt werden. Die Playa Puerta del Mar auf der anderen Seite ist der Hauptstrand im Osten. Dahinter erheben sich Hochhaustürme.

Kirche im unteren Teil des Dorfes bietet einen Einblick in das frühere Alltagsleben in den Alpujarras. Ausgestellt sind Haushaltsgegenstände, landwirtschaftliche Geräte und traditionelle Möbel.

Estación 4 (☎ 651 83 13 63; Calle Estación 4; Hauptgerichte 9–15 €; ⏲ Mo, Di, Do & Fr 19–23, Sa & So 13–16 & 19–23 Uhr) Das bezaubernd rustikale Restaurant findet man an einer kurvigen Straße unterhalb der Hauptstraße. Im gemütlichen Speiseraum mit viel Charme kann man klassische lokale Produkte wie luftgetrockneten *jamón serrano,* Pasta und marokkanisch inspirierte Lammgerichte genießen.

Capileira

Hotel Real de Poqueira (☎ 958 76 39 02; www.hotelpoqueira.com; Doctor Castillas 11; EZ 40–50, DZ 60–70 €; ❄ 📶 🏊) Fantastisches Drei-Sterne-Hotel in einem typischen alten Haus gegenüber der weißen Kirche von Capileira, eine von mehreren Unterkünften im Dorf, die von derselben Familie betrieben werden. Aber mit seinen modernen Zimmern wie in einem Boutique-Hotel, eleganten Designer-Bädern und einem kleinen Pool ist es die beste Wahl.

Taberna Restaurante La Tapa (☎ 618 30 70 30; Calle Cubo 6; Hauptgerichte 9–18 €; ⏲ 12–16 & 20–24 Uhr; ✍) Las Alpujarras sind ein kulinarischer Mikrokosmos mit ganz eigenen Aromen; im La Tapa werden diese fachmännisch mit dem maurischen Erbe der Gegend verbunden. Das Resultat ist z. B. die Wildschwein-Kasserolle mit Gemüse-Couscous. In dem kleinen Restaurant, das sich kuschelig in einem klassischen weiß getünchten Haus eingenistet hat, ist eine Reservierung zu empfehlen.

El Corral del Castaño (Plaza del Calvario 16; Hauptgerichte 8–21 €; ⏲ Do–Di 13–16 & 19.30–22 Uhr) In dem gastfreundlichen Dorfrestaurant kann man sich auf eine herrliche Lage an einem belebten Platz und auf hervorragende Küche freuen. Entweder wählt man eins der in großer Auswahl vorhandenen klassischen Gerichte aus den Alpujarras oder etwas Erfinderischeres, z. B. Hühnerspieß mit Zitrusfrüchten und Ingwer. Italienisches wie Pizza oder Focaccia gibt's auch.

Castillo de San Miguel BURG
(☎ 958 83 86 23; Explanada del Castillo; Erw./Kind 2,35/1,60 €; ⏲ Juli–Mitte Sept. Di–Sa 10–13.30 & 18.30–21 Uhr, April–Juni & Mitte Sept.–Okt. Di–Sa 10–13.30 & 17.30–19.30 Uhr, Nov.–März Di–Sa 10–13.30 & 16–18.30 Uhr, ganzjährig So 10–13 Uhr) Auf dem Hügel über der Stadt thront Almuñécars beeindruckende Burg. Christen errichteten sie im 16. Jh. während ihres Eroberungszugs an der Stelle maurischer und römischer Festungen. Ein heißer Aufstieg führt über Umwege zum Eingang, wo man mit exzellenter Aussicht und einem informativen kleinen Museum belohnt wird. Unbedingt das Skelett im Burgturm anschauen, eine Replik menschlicher Überreste, die hier entdeckt wurden.

Feste & Events

Jazz en la Costa MUSIK
(www.jazzgranada.es; ⏲ Juli) Das größte Jazzfestival an der andalusischen Küste bietet jeden Abend Auftritte spanischer und internationaler Musiker im **Parque Botánico El Majuelo** (Avenida de Europa, Almuñécar; ⏲ 8–22 Uhr) GRATIS.

Schlafen & Essen

Hotel Casablanca HOTEL €€
(☎ 958 63 55 75; www.hotelcasablancaalmunecar.com; Plaza de San Cristóbal 4; EZ 35–86, DZ 42–96 €; ❄ 📶) Von dem typisch andalusisch aussehenden Hotel Casablanca sind sowohl der Strand als auch das Zentrum gut zu erreichen. Es bietet hübsch eingerichtete Zimmer, einige mit Meerblick. Frühstück (ca. 7 €) oder einen Drink in entspannter Atmosphäre am Nachmittag bekommt man in der Bar im Erdgeschoss, die auch Tische draußen auf dem Platz hat.

★ **Los Geráneos** ANDALUSISCH €€
(☎ 958 63 40 20; Placeta de la Rosa 4, Almuñécar; Tagesmenü 15 €; ⏲ Mo–Sa 13–17 & 19.30–23 Uhr)

Das maurische Erbe

Rund 800 Jahre lang, von 711 bis 1492, wurde Andalusien von Nordafrika geprägt. Davon zeugen zahlreiche exotische Bauten, von der prächtigen Alhambra bis zu den Teestuben und Badehäusern in und um Málaga.

Teterías

Andalusiens Koffeinliebhaber treffen sich in exotischen *teterías*. Die verschnörkelten Teestuben im maurischen Stil versprühen das Flair Marrakeschs oder Kairos. Auf der Calle Caldereria Nueva in Granadas Albaicín gibt's die besten, wobei die Auswahl gewachsen ist – sogar in Torremolinos wird man fündig. In den schummerig beleuchteten Cafés voller Kissen werden auf Silbertabletts Kannen mit Kräutertee und arabische Süßigkeiten gereicht.

Andalusische Badehäuser

Andalusiens Badehäuser, eine Mischung aus westlichem Spa und marokkanischem Hammam, versprühen altmodische Eleganz, gepaart mit einem Touch maurischer Opulenz. Gäste können in unterirdischen kerzenbeleuchteten Anlagen einen Minztee genießen und das Baderitual der Mauren in kaltem, lauwarmem und heißem Wasser erleben. In Sevilla, Granada, Almería, Córdoba und Málaga gibt es exzellente Badehäuser im arabischen Stil mit Massageangeboten.

Architektur

Die Alhambra ist der Höhepunkt maurischer Architekturkunst in Andalusien, es gibt jedoch viele weitere Gebäude in der Region, die von den Herrschern von Al-Andalus inspiriert sind. Teils sind die Einflüsse offensichtlich, teils deuten

1. Geometrisch angeordnete Fließen, Alhambra (S. 780)
2. Casa de Yafar in der archäologischen Stätte Medina Azahara (S. 770), Andalusien
3. Innenansicht einer *tetería* (Teestube im maurischen Stil), Granada (S. 798)

Mischbauten im Mudejar- oder neomaurischen Stil die Nasrid-Pracht nur noch an, z. B. mit einer verzierten Holzdecke, ein paar Fliesen mit geometrischen Mustern oder Stuckarbeiten. Granada lockt mit den meisten maurischen Relikten, dicht gefolgt von Málaga, Córdoba, Almería und Las Alpujarras.

Küche

Die andalusische und spanische Küche ist stark von Nordafrika geprägt, wo würzig-süßes Fleisch und körniger Couscous auf mediterrane Aromen treffen. Die Mauren führten viele wichtige Zutaten in Spanien ein: Paella-verfeinernder Safran, Mandeln für spanische Desserts und die Auberginen der beliebten andalusischen *Tapa berenjenas con miel de caña* (Auberginen mit Sirup). Unverfälschte maurische Geschmackserlebnisse bieten jede Menge marokkanische Restaurants in Andalusien, vor allem in Granada und Tarifa.

MAURISCHE HIGHLIGHTS

Granada Alhambra (S. 780), Albaicín (S. 785)

Córdoba Mezquita (S. 762), Medina Azahara (S. 770)

Sevilla Giralda (S. 690), Torre del Oro (S. 770)

Málaga Alcazaba (S. 811), Castillo de Gibralfaro (S. 813)

Almería Alcazaba (S. 847)

Las Alpujarras Häuser im Berberstil im Dorf Capileira (S. 807)

ABSTECHER

WASSERSPORT IN LA HERRADURA

Wer einen entlegeneren Strand als den von Almuñécar sucht oder mehr Action braucht, ist 7 km westlich in der kleinen hufeisenförmigen Bucht von La Herradura richtig, ein Treffpunkt für junge Windsurfer und Wassersportfans. Ein renommierter Anbieter am Strand ist **Windsurf La Herradura** (☎ 958 64 01 43; www.windsurflaherradura.com; Paseo Andrés Segovia 34, La Herradura; Surfbrettverleih/Surfkurs 20/30 €; ⏲ Ostern–Okt. Schule 10.30–20 Uhr, Laden ganzjährig 10.30–14 & 17.30–20.30 Uhr). Hier kann man die Ausrüstung leihen und/oder an Kursen (auch stundenweise) teilnehmen.

Bei La Herradura finden Taucher gute Bedingungen vor, mit einem abwechslungsreichen Meeresgrund aus Seegras, Sand und einer Felsküste voller Höhlen, Spalten und Tunnel. Ein zuverlässiger Tauchanbieter ist **Buceo La Herradura** (☎ 958 82 70 83; www.buceolaherradura.com; Puerto Marina del Este; Tauchgang plus Ausrüstung 48 €; ⏲ Mo, Mi–Fr 10.30–16.30, Sa & So 9.30–16.30 Uhr) im Jachthafen von Punta de la Mona zwischen Almuñécar und La Herradura.

Los Geráneos mit Tischen auf einem sonnigen kopfsteingepflasterten Platz sowie einer Holzdecke im rustikalen Innenraum macht auf den ersten Blick einen guten Eindruck. Der wird bestätigt, sobald das Tagesmenü serviert wird: knackige Salate, frisch gegrillter Fisch, der toll nach Meer schmeckt, und süße reife Melonen. Und das alles für 15 € – klasse!

La Ventura ANDALUSISCH €€
(☎ 958 88 23 78; Calle Alta del Mar 18; Mittagsmenü 10 €, Degustationsmenü 29,90 €; ⏲ Mi–So 13–16 & 20–23.30 Uhr) Bei La Ventura in Almuñécar handelt es sich um eine Art Flamenco-Geheimtipp. Am besten kommt man donnerstag-, freitag- oder sonntagabends, dann sorgen Musik und Tanz in dem kleinen Raum für viel Flair und dienen als denkwürdige Begleitung zu der traditionellen und bodenständigen andalusischen Küche.

ℹ Praktische Informationen

Informationskiosk (☎ 958 61 60 70; Paseo del Altillo; ⏲ Juli–Mitte Sept. 10–13 & 18.30–21 Uhr) Direkt hinter der Uferpromenade. Im Winter kürzer geöffnet.

Touristeninformation La Herradura (☎ 958 61 86 36; Centro Civico La Herradura; ⏲ Juli–Mitte Sept. Di–So 10–13 & 17.45–20.15 Uhr) Informiert über La Herradura und Umgebung. Im Winter kürzer geöffnet.

Zentrale Touristeninformation (☎ 958 63 11 25; www.turismoalmunecar.es; Avenida Europa; ⏲ Juli–Mitte Sept. 10–13 & 18.30–21 Uhr) Ein Block hinter der Uferpromenade in dem pinkfarbenen, neo-maurischen Palacete de la Najarra. Im Winter kürzer geöffnet.

ℹ An- & Weiterreise

Der **Busbahnhof von Almuñécar** (☎ 958 63 01 40; Avenida Juan Carlos I 1) liegt im Norden des Zentrums. **Alsa** (☎ 902 42 22 42; www.alsa.es) betreibt Busse nach/von Granada (8,34 €, 1½ Std., bis zu 12-mal tgl.), Málaga (7,43 €, 1¾–2 Std., bis zu 8-mal tgl.) und Almería (11,80 €, 3½ Std., 5-mal tgl.).

Zudem fahren Busse nach La Herradura (1,16 €, 15 Min., bis zu 17-mal tgl.) und Órgiva (4,68 €, 1¼ Std., 1-mal tgl.).

PROVINZ MÁLAGA

Über Jahrzehnte wurde Málaga vor allem von Besuchern der Küstenorte demonstrativ ignoriert, doch mittlerweile ist die hippe, modernisierte andalusische Stadt in aller Munde. Rund 30 Museen und eine freche urbane Kunstszene ergänzen schicke zeitgenössische Restaurants, einige neue Boutique-Hotels und eine Einkaufsstraße, die als eine der stylishsten Spaniens gilt. Am lebhaftesten geht's in Málaga bei der jährlichen Feria zu, bei der die Partystimmung mit Flamenco, *fino* (trockener, erdbeerfarbener Sherry) und riesiger Feierlust angeheizt wird.

Jede Region der Provinz bietet eine gleichermaßen faszinierende Vielfalt, von den mythischen Bergen von La Axarquía bis hin zur trubeligen Touristenhochburg Costa del Sol. Ins Landesinnere locken die *pueblos blancos* (weiße Dörfer) und die unterschätzte elegante Altstadt von Antequera, mit einer interessanten archäologischen Stätte vor ihren Toren und grandioser *porra antequera* (sämige lokale Knoblauchsuppe).

Málaga

569 000 EW.

Wer die Costa del Sol für seelenlos hält, war ganz bestimmt noch nicht in Málaga. Die vor jugendlichem Elan vibrierende historische Stadt, die stolz auf ihre vielschichtige Vergangenheit ist und der Welt Picasso schenkte, hat sich im letzten Jahrzehnt auf spektakuläre Wese verändert; es eröffneten ein halbes Dutzend neuer Kunstgalerien, das Hafengebiet wurde radikal erneuert und es entstand das aufstrebende Künstlerviertel, das Soho genannt wird. Dabei mangelte es Málaga noch nie an Energie: Die zutiefst spanische Barszene verpasst sogar an Schlaflosigkeit gewöhnten *madrileños* (Madrilenen) müde Augenringe, während die kulinarische Kultur von Sterne-Restaurants bis zu geschmackvoll gestylten Fischerbaracken reicht.

In Málaga trinkt man zu Tapas süße lokale Weine und übernachtet in kreativen Boutique-Hotels, eingekesselt vom romanischen Amphitheater, der maurischen Festung und dem in vielen Farben schillernden Centre Pompidou. All dies macht deutlich, wie intensiv sich Málaga für das 21. Jh. selbst neu erfunden hat. Nimm dich in Acht, Sevilla!

Sehenswertes

★ Museo Picasso Málaga MUSEUM

(☎ 952 12 76 00; www.museopicassomalaga.org; Calle San Agustín 8; 7 €, mit Wechselausstellung 10 €; ⏲ Juli & Aug.10–20 Uhr, März–Juni, Sept. & Okt. bis 19 Uhr, Nov.–Febr. bis 18 Uhr) Dieses unbedingt sehenswerte Museum in Picassos Geburtsstadt bietet einen soliden Überblick über Leben und Werk des großen Malers, obwohl es überraschenderweise erst 2003 eröffnet wurde, nachdem es bereits über 50 Jahre geplant war. Die über 200 Werke der Sammlung spendeten bzw. liehen Christine Ruiz-Picasso, die Frau von Picassos ältestem Sohn Paul, und Bernard Ruiz-Picasso, Picassos Enkel. Sie dokumentieren die brillante Karriere des Künstlers, wenn sie auch einige große Lücken aufweisen – die blaue und die rosa Periode fehlen weitgehend.

Trotzdem schmücken zahlreiche Highlights die weißen Museumwände. Dazu gehören ein Gemälde von Picassos Schwester Lola, das der Künstler schuf, als er erst 13 Jahre alt war, Skulpturen aus Ton, Gips und Blech, etliche Zeichnungen, eine schnelle Reise durch den Kubismus, und einige interessante späte Werke aus der Zeit, als Picasso sich obsessiv für Musketiere interessierte. Das Museum ist im Buenavista-Palast aus dem 16. Jh. untergebracht und hat ein hervorragendes Café. Regelmäßig hochkarätige Wechselausstellungen.

★ Catedral de Málaga KATHEDRALE

(☎ 952 21 59 17; www.malagacatedral.com; Calle Molina Lario; Kathedrale & Ars Málaga 6 €, mit Dach 10 €; ⏲ April–Okt. Mo–Fr 10–21, Sa bis 18.30, So 14–18.30 Uhr, Nov.–März tgl. ab 18.30 Uhr geschl.) Der Bau der Kathedrale von Málaga begann im 16. Jh. am früheren Standort einer Moschee, von der nur der **Patio de los Naranjos** erhalten geblieben war, ein kleiner Innenhof mit duftenden Orangenbäumen.

Die großartige Kuppel ist 40 m hoch und das riesige, von Säulen getragene Kirchenschiff mündet in einen enormen Chor aus Zedernholz. In den Seitenschiffen reihen sich 15 Kapellen mit herrlichen Altaraufsätzen und religiösen Kunstschätzen aus dem 18. Jh. Es lohnt, eine Führung auf das Dach (*cubiertas*) zu buchen, um den Panoramablick auf die Stadt zu genießen.

Der Bau der Kathedrale, ein episches Projekt, nahm rund 200 Jahre in Anspruch. 1782 erreichten die Baukosten ein solches Ausmaß, dass die Arbeiten eingestellt werden mussten. Einer der beiden Glockentürme blieb unvollendet, daher der abgedroschene Spitzname der Kathedrale: La Manquita (die einarmige Dame). Im Eintrittspreis enthalten sind ein Audioguide und der Eintritt zum **Ars Málaga** (www.arsmalaga.es; Plza del Obispo; 4 €, mit Kathedrale 6 €; ⏲ April–Okt. Mo–Fr 10–21, Sa bis 18.30, So 14–18.30 Uhr, Nov.–März tgl. bis 18.30 Uhr), einem Museum für sakrale Kunst und afrikanisches Kunsthandwerk im Bischofspalast gegenüber.

★ Alcazaba BURG

(☎ 630 93 29 87; www.malagaturismo.com; Calle Alcazabilla; 2,20 €, mit Castillo de Gibralfaro 3,55 €; ⏲ Di–So 9.30–20 Uhr) Wer keine Zeit für einen Besuch der Alhambra in Granada hat, bekommt in Málagas Alcazaba eine Kostprobe. Hinein geht's neben dem römischen Amphitheater. Von hier windet sich ein Pfad durch üppiges Grün, purpurrote Bougainvilleen, hohe Palmen, duftende Jasminbüsche und Reihen von Orangenbäumen nach oben. Die palastartige Festung

Málaga

A B C D
1 2 3 4 5 6 7
Plaza Jerónimo Cuervo
C Madre de Dios
C Álamos
22
26
31
29
C Puerta Buenaventura
C Tejón y Rodríguez
C Beatas
C Casapalma
C Marqués de Guadalairo
C Franquelo
9
35
C Tomás
C Nosquera
C Carretería
C Andrés Pérez
C Mosquera
C Comedias
C Juan de Padilla
C Méndez Núñez
Plaza de Uncibay
C Convalecientes
25
C Caldereria
Plaza Mitjana
ALT-STADT
C Denis Belgrano
C Niño de Guevara
32
C Gra
21
12
Plaza Martíres
Regionale Touristen-inforation
8
C Luis de Velázruez
C Granada
23
30
C Compañía
C Sánchez Pastor
C Molina Lario
C San Agustín
Plaza de la Constitución
Pasaje de Chinitas
C Santa María
C Císter
34
C Cisneros
Pasillo de Santa Isabel
Plaza de las Flores
C Moreno Monroy
4
Catedral de Málaga
2
C Cañón
33
36
C Salinas
Plaza del Obispo
C Marqués de Larios
C Nueva
24
C Strachan
C Molina Lario
C Bolsa
16
C Mesón Vélez
C Cortina del Muelle
20
C Sancha de Lara
C San Juan de Dios
6
C Atarazanas
Plaza de la Marina
Busse nach El Palo, El Pedregalejo & Castillo de Gibralfaro
Städtische Touristen-information
13
Alameda Principal
C Córdoba
C Trinidad Grund
17
C Vendeja
C Tomás de Heredia
C Vendeja
5
14
18
(1km);
(1km)
Bushaltestelle Muelle Heredia
Óleo (550m);
Centro de Arte Contemporáneo (500m)

entstand im 11. Jh. und wurde umfassend restauriert. Ihre Hufeisenbogen, Höfe und plätschernden Brunnen sind stimmungsvolle Zeugen der bedeutenden maurischen Periode in Málagas Geschichte.

Castillo de Gibralfaro BURG

(☎ 952 22 72 30; www.malagaturismo.com; Camino de Gibralfaro; 2,20 €, mit Alcazaba 3,55 €; ⏲ April–Sept. 9–21 Uhr, Okt.–März bis 18 Uhr) Ein weiteres Überbleibsel aus Málagas maurischer Vergangenheit sind die schroffen Mauern des Castillo de Gibralfaro in spektakulärer Hügellage mit Blick über die Stadt. Gebaut wurde es unter Abd ar-Rahman I., dem Emir von Córdoba im 8. Jh. Im 14. Jh., als Málaga Haupthafen des Emirats von Granada war, wurde die Burg umgestaltet. Ursprünglich diente sie als Leuchtturm und Militärkaserne.

Von der originalen Bausubstanz ist im Inneren nur wenig erhalten, doch der luftige Gang auf der schützenden Burgmauer bietet eine hervorragende Aussicht auf Málaga.

Römisches Amphitheater WAHRZEICHEN

(☎ 951 50 11 15; Calle Alcazabilla 8; ⏲ 10–20 Uhr) GRATIS Die Geschichte der Ausgrabung des römischen Amphitheaters von Málaga ist fast genauso interessant wie das Theater selbst. Es stammt aus der Zeit von Kaiser Augustus (1. Jh. v. Chr.) und wurde 1951 von Arbeitern wiederentdeckt, die an den Fundamenten für eine neue Casa de Cultura (Kulturhaus) arbeiteten. Heute befindet sich das komplett ausgegrabene Theater unterhalb der Alcazaba-Mauern. Nebenan verdeutlicht ein kleines Informationszentrum seine Geschichte und zeigt einige der Artefakte, die unter seinen bröckelnden Fundamenten ausgegraben wurden.

Museo de Málaga MUSEUM

(☎ 951 29 40 51; Plaza de la Aduana; ⏲ Mitte Juni–Mitte Sept. Di–So 9–15 Uhr, Mitte Sept.–Mitte Juli Di–So bis 20 Uhr) GRATIS Das in Málagas neoklassizistischem Palacio de Aduana im Dezember 2016 nach kompletter Renovierung wiedereröffnete Museum zeigt Kunst und archäologische Sammlungen. Die Kunstsammlung im 1. OG besteht in erster Linie aus Werken der andalusischen Landschafts- und Genremalerei des 19. Jhs., die fast zwei Jahrzehnte im Museumsarchiv gelagert waren, und einigen modernen Werken der „Generation von 1927". Die umfassende archäologische Sammlung, eine Stiftung der adeligen Familie Loring-Heredia an die Stadt, reicht von Scherben aus dem Neolithikum,

Málaga

Highlights
1 Alcazaba ... F3
2 Catedral de Málaga ... D4
3 Museo Picasso Málaga ... E3

Sehenswertes
4 Ars Málaga ... C4
5 MAUS ... B7
6 Mercado Atarazanas ... A5
7 Museo Alborania ... F5
8 Museo Carmen Thyssen ... B3
9 Museo de Arte Flamenco ... D2
10 Museo de Málaga ... E4
11 Roman Amphitheatre ... E3

Aktivitäten, Kurse & Touren
12 Hammam Al-Andalus ... B2
13 Málaga Bike Tours ... C6

Schlafen
Dulces Dreams ... (siehe 21)
14 Feel Málaga Hostel ... A7
15 Hotel Boutique Teatro Romano ... E3
16 Molina Lario ... D5
17 Soho Málaga Boutique Hotel ... B6

Essen
18 Al Yamal ... B7
19 Batik ... E3
20 Casa Aranda ... B5
21 Dulces Dreams Cafeteria ... B2
22 El Mesón de Cervantes ... D1
23 El Piyayo ... D3
24 Gorki ... C4
25 Pepa y Pepe ... C2
26 Tapeo de Cervantes ... D1
27 Uvedoble Taberna ... E4

Ausgehen & Nachtleben
28 Bodegas El Pimpi ... E3
29 La Madriguera Craft Beer ... B1
30 La Tetería ... D3
31 La Tranca ... C1
32 Los Patios de Beatas ... D2

Unterhaltung
33 Clarence Jazz Club ... D4
34 Kelipe ... A3
35 Tablao Flamenco Los Amayas ... D2

Shoppen
36 La Recova ... A4

die in der nahen Höhle Cueva de Nerja (S. 828) gefunden wurden, bis zur Statue einer römischen Adeligen ohne Kopf.

Museo de Arte Flamenco — MUSEUM

(☎ 952 22 13 80; www.museoflamencojuanbreva.com; Calle Franquelo 4; Spende 1 €; ⏲ Mo–Sa 10–14 Uhr) Fächer, Kostüme, Poster und andere Exponate sind Teil der großartigen Sammlung des Hauptsitzes Málagas ältester und renommiertester *peña* (privater Flamenco-Club) und bezeugen das glanzvolle Flamenco-Erbe der Stadt.

Museo Carmen Thyssen — MUSEUM

(www.carmenthyssenmalaga.org; Calle Compañía 10; 6 €, mit Wechselausstellung 9 €; ⏲ Di–So 10–20 Uhr) Der Schwerpunkt der umfangreichen Sammlung, die in einem schön renovierten Stadtpalais aus dem 16. Jh. mitten im früheren Maurenviertel gezeigt wird, liegt auf spanischer und andalusischer Kunst des 19. Jhs. von den Malern Joaquín Sorolla y Bastida und Ignacio Zuloaga.

MAUS — KÜNSTLERVIERTEL

(Málaga Arte Urbano en el Soho; www.mausmalaga.com) MAUS – eine erfrischend bodenständige Bewegung, die ihre Wurzeln im großen Zustrom von Straßenkünstlern in die Gegend hat – ist der Gegenentwurf zu Málagas renommierten Kunstmuseen von Weltrang. Das einst verwahrloste Viertel zwischen Zentrum und Hafen (heute Soho genannt) hat sich komplett gewandelt und bietet heute originelle, zeitgenössische, mehrere Stockwerke hohe Wandbilder, Künstlercafés, Ethno-Restaurants und Straßenmärkte.

Centro de Arte Contemporáneo — MUSEUM

(Zentrum für zeitgenössische Kunst Málaga; www.cacmalaga.org; Calle Alemania; ⏲ Di–So 9–14 & 17–21 Uhr) GRATIS In einem fachmännisch umgebauten Großmarkt aus den 1930er-Jahren an der Flussmündung ist das Museum für zeitgenössische Kunst untergebracht. Beibehalten wurde der ungewöhnliche dreieckige Grundriss des Gebäudes mit kubistischen Linien und Formen, die die moderne Kunst perfekt in Szene setzen. Das komplett weiß gestrichene Museum (Fenster inklusive) zeigt Wechselausstellungen mit Werken bekannter zeitgenössischer Künstler, deren Schwerpunkt deutlich auf Spanien liegt. Meist sind hier jede Menge spektakuläre und schräge Exponate zu besichtigen.

Centre Pompidou Málaga — MUSEUM

(☎ 951 92 62 00; www.centrepompidou.es; Pasaje Doctor Carrillo Casaux, Muelle Uno; 7 €, inkl. Sonderausstellung 9 €; ⏲ Mi–Mo 9.30–20 Uhr) In einem niedrigen modernen Gebäude im

Hafenviertel, auf dessen Flachdach ein verspielter bunter Würfel thront, eröffnete 2015 dieser Ableger des Pariser Centre Pompidou. Teil der Dauerausstellung ist die eindrucksvolle Installation *Ghost* von Kader Attia, die eine Reihe von zum Gebet gebeugten muslimischen Frauen zeigt und aus handelsüblicher Alufolie besteht. Darüber hinaus gibt's Werke zeitgenössischer Größen wie Frida Kahlo, Francis Bacon und Antoni Tàpies sowie audiovisuelle Installationen, sprechende Köpfe und Sonderausstellungen zu sehen.

Muelle Uno HAFEN

(P) Das lange marode Hafengebiet wurde 2013 einer radikalen Neugestaltung unterzogen und der steigenden Zahl an Kreuzfahrttouristen angepasst. Nun verschönern weite Fußwege am Kai das von Palmen gesäumte Muelle 1 und Muelle 2, und in direkter Nachbarschaft locken Geschäfte, Restaurants, Bars und ein kleines, auf Kinder ausgerichtetes Aquarium, das **Museo Alborania** (951 60 01 08; www.museoalborania.com; Palmeral de las Sopresas, Muelle 2; Erw./Kind 7/5 €; Juli–10. Sept., 11–14 & 17–20 Uhr, Sept.–Juni 10.30–14 & 16.30–18.30 Uhr;).

Aktivitäten

Hammam Al-Andalus HAMAM

(952 21 50 18; www.hammamalandalus.com; Plaza de los Mártires 5; Bäder 30 €; 10–24 Uhr) Ein ähnliches Entspannungsprogramm wie entsprechende Einrichtungen in Granada und Córdoba bieten *malagueños* diese Bäder im maurischen Stil mit luxuriöser Marmoreinrichtung. Es gibt auch Massagen.

Geführte Touren

★ **Málaga Bike Tours** RADFAHREN

(606 97 85 13; www.malagabiketours.eu; Calle Trinidad Grund 1; geführte Tour 25 €; April–Sept. 10–20 Uhr, Okt.–März bis 19 Uhr;) Eine der besten Touren der Stadt und ganz sicher die beste für Zweiräder. Málaga Bike Tours war Pionier, als das Radfahren in der City vor etwa einem Jahrzehnt aufkam. Die beliebten, seit mehreren Jahren angebotenen Ausflüge, darunter die klassische **City Bike Tour** gibt's in mindestens fünf Sprachen. Familien können Kindersitze leihen.

Die Touren beginnen täglich um 10 Uhr vor der städtischen Touristeninformation an der Plaza de la Marina. Eine Reservierung ist erforderlich. Man sollte mindestens 24 Stunden im Voraus buchen.

Ersatzweise leiht man sich einfach ein Fahrrad (ab 5 € /4 Std.).

Feste & Events

Semana Santa KARWOCHE

Abend für Abend – von Palmsonntag bis Karfreitag – tragen sechs oder sieben *cofradías* (Bruderschaften) ihre Heiligenfiguren vor den Augen unzähliger Zuschauer stundenlang durch die Stadt.

Feria de Málaga FEST

(Mitte Aug.) Das ausgelassenste Sommerfest Andalusiens wird mit einem riesigen Feuerwerk eingeläutet und bietet jede Menge Flamenco und *fino* (trockener strohfarbener Sherry) in Strömen. Das Ganze dauert neun Tage und erinnert an eine überschwängliche Straßenparty in Rio. Im Stadtzentrum ist am meisten los.

Am Abend finden die Festlichkeiten sowie die allabendlichen Rockkonzerte und Flamenco-Shows auf dem großen Festgelände Cortijo de Torres, 3 km südwestlich des Zentrums, statt. Sonderbusse fahren von überall in der Stadt dorthin.

Schlafen

Hotels gehören ebenfalls zu den Pluspunkten von Málagas Renaissance im 21. Jh. Boutique-Apartments, Dach-Swimmingpools, trendige Hostels und altmodische Gästehäuser im maurischen Stil gibt's in dieser Stadt reichlich.

★ **Dulces Dreams** HOSTEL €

(951 35 78 69; www.dulcesdreamshostel.com; Plaza de los Mártires 6; Zi. inkl. Frühstück 45–60 €;) Im „Süße Träume", das von einem enthusiastischen jungen Team geleitet wird, sind die Zimmer passenderweise nach Desserts benannt. Mit einer Terrasse, die eine imposante Kirche aus rotem Ziegelstein überblickt, ist das „Cupcake" eine gute Wahl. Einen Aufzug gibt's nicht, denn das Gebäude ist schon etwas älter. Die Unterkünfte sind unterschiedlich groß, jedoch hell und originell mit recycelten Materialien (soweit möglich) eingerichtet.

Feel Málaga Hostel HOSTEL €

(952 22 28 32; www.feelhostels.com; Calle Vendeja 25; DZ 45 €, mit Gemeinschaftsbad 35 €, B ab 16 €; @) Sauberes, gut ausgestattetes Hostel in direkter Nachbarschaft zum Bahnhof mit Doppel- und Gemeinschaftszimmern. Der Aufenthaltsbereich im Erdgeschoss mit einem kleinen Fußballfeld

KÜNSTLERISCHER WIEDERAUFSCHWUNG

Wie es sich für den Geburtsort von Picasso gehört, kann Málaga es in Sachen Kunst mit Sevilla und Granada aufnehmen, insbesondere wenn es um moderne und zeitgenössische Kunst geht, denn neue Kunstmuseen und Galerien schieben die Messlatte stets weiter nach oben. Aber das war nicht immer so.

Noch vor wenig mehr als 15 Jahren war Málagas Kunstszene noch wenig ausgeprägt und unterschätzt. Der erste große Coup gelang 2003, als es der Stadt nach 50 Jahren kontroverser Diskussionen endlich gelang, ihrem berühmtesten Sohn mit der Eröffnung des Museo Picasso Málaga (S. 811) Ehre zu erweisen. Bald eröffneten weitere Museen. Einige sind dem Werk bedeutender *malagueños* wie Jorge Rando und Félix Revello de Toro gewidmet, andere – wie das Museo Carmen Thyssen (S. 814), das den *costumbrismo* (die spanische Volkskunst) in Szene setzt – zeigen ein breiteres Spektrum der spanischen Malerei. Ab 2015 verdiente sich Málaga dann den Status einer echten internationalen Kunststadt, und zwar mit der Eröffnung von Ablegern des renommierten russischen Nationalmuseums in St. Petersburg und des Pariser Centre Pompidou. Zeitgleich trieben trendige Graffitikünstler ihr urbanes Stadterneuerungsprojekt MAUS (S. 811) voran, und so entstand im Viertel Soho ein frei zugänglicher kreativer Raum für Graffiti- und Streetart-Künstler.

Das letzte I-Tüpfelchen kam im Dezember 2016 hinzu: Nachdem sie 20 Jahre in dunklen Archiven gelagert war, zog Málagas 2000 Werke umfassende Kunstsammlung in das schön restaurierte ehemalige städtische Zollhaus (S. 813) am Hafen ein.

versprüht dank seiner gestreiften Liegestühle ein fröhlich-maritimes Flair, die Bäder haben hübsche Mosaikfliesen und die Küche im oberen Stock verfügt über alles Notwendige, damit Gäste eine anständige Mahlzeit zuzubereiten können.

★ Hotel Boutique Teatro Romano BOUTIQUE-HOTEL €€

(☎ 951 20 44 38; www.hotelteatroromano.com; Calle Alcazabilla 7; Zi. 117–130 €; ❄ 📶) Dieses Haus mit Blick auf das römische Amphitheater (S. 813) zählt zu der Welle neuer vornehmer Boutique-Hotelangebote in Málaga. Schokoladenbraune Flure führen zu strahlend weißen Zimmern, die so sauber aussehen, als seien sie nie genutzt worden. Das ganze Haus ist modern und voller interessanter Designer-Akzente. Ein Bonus ist das gesunde Frühstück im hellen Café auf dem Gelände.

★ Molina Lario HOTEL €€

(☎ 952 06 20 02; www.hotelmolinalario.com; Calle Molina Lario 20–22; Zi. 125–137 €; ❄ 📶 🏊) Für verliebte Pärchen eignet sich das Hotel perfekt und mit seinen geräumigen Zimmern in schicken Erdfarben versprüht es ein elegantes, modernes Flair. Gäste erwarten frische weiße Bettwäsche, wunderbar weiche Kissen, geschmackvolle Bilder sowie eine großartige Dachterrasse mit Pool und Blick bis zum Meer. Die Kathedrale (S. 811) befindet sich in unmittelbarer Nähe.

Soho Málaga Boutique Hotel BOUTIQUE-HOTEL €€

(☎ 952 22 40 79; https://sohomalaga.sohohoteles.com; Calle Córdoba 5; Zi. 86–118 €; ❄ 📶) Hotels wie dieses sind ein typisches Beispiel für die Wiederbelebung des Künstlerviertels Soho. Das hübsche Gebäude aus dem 19. Jh. wurde durch schicke neue Zimmer erweitert. Gäste können sich über vornehme Bäder und Espresso-Maschinen neben dem Bett freuen, während die großen Fenstertüren und schmiedeeisernen Balkons zum historischen Charme beitragen. In jedem Zimmer hängen plakatgroße Fotoabzüge von Málaga. Im Erdgeschoss gibt's ein großartiges kleines Café.

Parador Málaga Gibralfaro HISTORISCHES HOTEL €€€

(☎ 952 22 19 02; www.parador.es; Castillo de Gibralfaro; Zi. inkl. Frühstück 130–155 €; P ❄ 📶 🏊) Málagas steinerner *parador* (staatliches Luxushotel), der neben der maurischen Burg am pinienbestandenen Gibralfaro-Hügel thront, verströmt ein Flair wie zu Zeiten der Sultane. Wie bei den meisten spanischen *paradores* machen eher Lage und Ausstattung den Reiz aus als die modernen Zimmer, die an ein Businesshotel erinnern. In den meisten hat man von der Terrasse einen spektakulären Blick.

Im exzellenten Restaurant, ebenfalls mit Terrasse, dürfen auch Nichtgäste einkehren.

Essen

Málaga bietet eine bemerkenswerte Auswahl an Tapas-Bars und Restaurants, insbesondere im historischen Stadtkern (nach letzter Zählung über 400), so werden Hungrige schnell fündig.

Dulces Dreams Cafeteria CAFÉ €

(Plaza de los Mártires 6; Frühstück 5–7 €; ⊙ 8–22 Uhr) Das Café an einem kleinen verkehrsberuhigten Platz zählt zu Málagas tollen Frühstücksadressen. Man bekommt Müsli, Fruchtsaft, Kaffee und Tomaten-Toasts. Wer nachmittags zur *merienda* kommt, vergisst wahrscheinlich alle seine guten Vorsätze, denn die Kuchenvitrine ist unwiderstehlich.

Casa Aranda CAFÉ €

(www.casa-aranda.net; Calle Herrería del Rey; churro 0,45 €; ⊙ Mo–Sa 8–15 Uhr;) In einer schmalen Gasse neben dem Markt befindet sich bereits seit 1932 *die* Adresse für heiße Schokolade und Churros (Fettgebackenes, das an röhrchenartige Donuts erinnert). Mittlerweile verteilen sich mehrere Filialen des Cafés über die gesamte Straße. Ein Team überwiegend älterer Kellner in weißen Hemden behandelt Gäste wie alte Freunde (die meisten sind es auch).

Tapeo de Cervantes TAPAS

(www.eltapeodecervantes.com; Calle Cárcer 8; *media raciones* 4,50–20 €, *raciones* 9–16 €; ⊙ Di–Sa 13.30–15.30 & 19.30–23.30, So 19.30–23.30 Uhr) Das Original der Cervantes-Bar-Restaurants, von denen es inzwischen vier gibt, ist etwas lärmiger und überfüllter als das Mesón de Cervantes um die Ecke, aber die Speisekarte ist so gut wie gleich und die Küche zählt zu den besten der Stadt.

★ El Mesón de Cervantes TAPAS, ARGENTINISCH €€

(☎ 952 21 62 74; www.elmesondecervantes.com; Calle Álamos 11; *media raciones* 4,50–8 €, *raciones* 9–16 €; ⊙ Mi–Mo 19–24 Uhr) Früher war das Cervantes eine einfache Tapas-Bar unter Leitung des Argentiniers Gabriel Spatz, der mittlerweile vier Bar-Restaurants besitzt. Sie unterscheiden sich alle ein wenig und liegen etwa einen Block voneinander entfernt. Dieses ist das Hauptrestaurant, in dem so gut wie alles von der Speisekarte hervorragend ist – Lammeintopf mit Couscous, Kürbis-Pilz-Risotto und köstlicher Tintenfisch vom Grill.

★ Óleo FUSION-KÜCHE €€

(☎ 952 21 90 62; www.oleorestaurante.es; Edificio CAC, Calle Alemania; Hauptgerichte 16–22 €; ⊙ Mi–Sa 13.15–16.30 & 20.30–24, Di & So 13.15–16.30 Uhr;) Beim Museum für zeitgenössische Kunst (S. 814) serviert das Óleo in weißer minimalistischer Einrichtung eine ungewöhnliche Auswahl an mediterranasiatischen Gerichten. Zu den originellen Kreationen zählen Entenbrust an Seetang mit Hoisin-Soße sowie puristischere asiatische Leckereien wie kandiertes Spanferkel.

Batik MODERN SPANISCH €€

(☎ 952 22 10 45; www.batikmalaga.com; Calle Alcazabilla 12; Hauptgerichte 9–16 €; ⊙ 12.30–16 & 20–24 Uhr;) In dieses schicke, aber nicht versnobte Restaurant (statt Sesseln kann man Stühle wählen) gehen die *malagueños* gern, wenn sie jemanden bei einem Date beeindrucken möchten. Die Kulisse der Alcazaba (S. 811) präsentiert sich hier im Hintergrund ebenso fotogen wie in Granada die Alhambra. Beim Essen geht's eher um die geschmackvolle und künstlerische Präsentation als um die Menge, aber es macht Appetit: Tintenfisch mit püriertem Kürbis und grüner *mole* zählt zu den skurrilen Kreationen.

Al Yamal MAROKKANISCH €€

(Calle Blasco de Garay 7; Hauptgerichte 13–16 €; ⊙ Mo–Sa 12–15 & 19–23 Uhr) In Málaga gibt's nicht so viele marokkanische Restaurants wie in Granada, aber im Herzen des mittlerweile zum Trendviertel gewordenen Soho bietet diese familiengeführte Adresse echte marokkanische Küche, u. a. Tagines, Couscous, Hummus und *kefta* (Fleischbällchen). Die Fassade zur Straße sieht wenig einladend aus, aber im kleinen Speiseraum gibt's sechs gemütliche Nischen. Zur Dekoration gehören farbenfrohe marokkanische Stoffe und ein sprudelnder Brunnen.

El Balneario de los Baños del Carmen FISCH & MEERESFRÜCHTE €

(www.elbalneariomalaga.com; Calle Bolivia 40, La Malagueta; Hauptgerichte 8–18 €; ⊙ So–Do 8.30–13, Fr & Sa bis 2.30 Uhr ; P) An einem lauen Abend lädt der Außenbereich dazu ein, sich eine Platte mit Garnelen oder gegrillten Sardinen zu teilen. Zur Erfrischung gibt's große Kaltgetränke. Die Anlage wurde 1918 für das hiesige Bürgertum errichtet und hält ihr Erbe als beliebtester gesellschaftlicher Treffpunkt in Ehren.

Ausgehen & Nachtleben

Die internationale Szene hat sich noch mit der Tatsache abzufinden, dass Málagas Nachtleben zum temperamentvollsten in ganz Spanien zählt (und das will etwas heißen!). Die Stadt ist zwar nicht so groß wie Madrid, aber das Ausgehen macht hier genauso viel Spaß. Am meisten los ist in der verkehrsberuhigten Altstadt, insbesondere um die Plaza de la Constitución und die Plaza de la Merced.

★ La Tetería TEEHAUS
(www.la-teteria.com; Calle San Agustín 9; Teespezialitäten 2,50 €; ⌚ Mo–Sa 9–24 Uhr) In Málaga gibt's zahlreiche Teehäuser, aber nur ein *La* Tetería. Das Ambiente ist zwar weniger maurisch als in einigen seiner stimmungsvolleren Pendants, doch dafür bekommt man eine große Auswahl an Früchtetees und viele köstliche Kuchen. Deshalb und wegen seiner Lage neben dem Museo Picasso Málaga (S. 811) ist der Laden in der Regel meist so gut wie voll.

La Tranca BAR
(www.latranca.es; Calle Carretería 93; ⌚ Mo–Sa 12.30–2, So bis 4 Uhr) Um sich den Weg durch die Menge zu bahnen und im La Tranca bedient zu werden, muss man schon mal die Ellbogen gebrauchen. Die Gefolgschaft der schmalen altmodischen Bar gleicht der einer Rock-Band, Servietten liegen auf dem Boden und an den Wänden hängen dunkle Vinylplatten. Es ist nicht ungewöhnlich, wenn die Gäste hier Songs laut mitsingen.

La Madriguera Craft Beer CRAFT-BIER
(☎951 71 62 11; Calle Carretería 73; ⌚ Mo–Do 12–16 & 18–1, Sa & So 12–3 Uhr) Bis vor ein paar Jahren war Craft-Bier in Spanien noch wenig verbreitet, aber diese Kneipe, deren Name sich mit „Hasenloch" übersetzen lässt, schwimmt auf der neuen Welle mit. Täglich stehen ein Dutzend oft wechselnde Craft-Biere auf der Karte und dazu gibt's leichte Häppchen. An der Wand hängen die Charts der Trinkgelage ehemaliger Gäste: der Rekord liegt bei elf Pints.

Bodegas El Pimpi BAR
(www.elpimpi.com; Calle Granada 62; ⌚ Mo–Fr 12–2, Sa & So bis 3 Uhr; 📶) Eine Institution der Stadt. Der weitläufige Innenbereich umfasst verschiedene Räume mit Hof und offener Terrasse mit Blick aufs römische Amphitheater (S. 813). Historische *feria*-Plakate und Fotos von Besuchern zieren die Wände, während die riesigen Fässer von weiteren bekannten Gästen wie Tony Blair und Antonio Banderas signiert sind. Es werden auch Tapas und Gerichte serviert.

INSIDERWISSEN

TAPAS-TOUR

Málaga überzeugt mit genügsamen, einfach zu organisierenden und günstigen Aktivitäten. Ein Highlight ist dabei eine gemütliche Tour durch die vielen Tapas-Bars und alten Bodegas (Keller) der Stadt.

La Tranca In dieser schmalen, immer vollen Bar etwas zu trinken, gleicht einem Kontaktsport. Die kleinen Tapas-Teller werden über die Köpfe der Leute hinweg weitergereicht.

El Piyayo (☎952 22 90 57; Calle Granada 36; *raciones* 6–11 €; ⌚12.30–24 Uhr) Das beliebte Bar-Restaurant mit traditionellen Kacheln ist für *pescaitos fritos* (frittierter Fisch) und ortstypische Tapas bekannt, darunter brüchiger Manchego-Käse, der ideale Begleiter zu einem Glas des vollmundigen Rioja-Weins.

Uvedoble Taberna (www.uvedobletaberna.com; Calle Císter 15; Tapas 2,70 €; ⌚ Mo–Sa 12.30–16 & 20–24 Uhr; 📶) Wer es gerne moderner hat, besucht am besten diese beliebte Bar mit innovativ interpretierten Klassikern.

Pepa y Pepe (☎615 65 69 84; Calle Calderería 9; Tapas 1,30–2 €, *raciones* 3,60–5,50 €; ⌚12.30–16.30 & 19.30–0.30 Uhr) In der gemütlichen Tapas-Bar lassen sich junge Gäste Tapas wie *calamares fritos* (panierte Tintenfischringe) und gebratene grüne Paprika schmecken.

Gorki (☎952 22 70 00; www.grupogorki.com; Calle Strachan 6; Hauptgerichte 10–13 €; ⌚12–16 & 20–24 Uhr) Die geschmackvoll eingerichtete Tapas-Bar serviert raffinierte kleine Leckereien wie Miniburger und Kalbsbries in luftigem Blätterteig.

Los Patios de Beatas WEINBAR
(☎ 952 21 03 50; www.lospatiosdebeatas.com; Calle Beatas 43; ⏲ Mo–Sa 13–17 & 20–24, So 13–16 Uhr; 📶) Zwei Villen aus dem 18. Jh. wurden in eine schicke Bar umgebaut, die wohl größte Auswahl an edlen Weinen der Stadt bietet. Buntglasfenster und wunderschöne mit Mosaiken und Muscheln verzierte Harztische verstärken das Künstlerambiente. Gegen den Hunger helfen innovative Tapas und *raciones* (Tellergerichte).

☆ Unterhaltung

★ Kelipe FLAMENCO
(☎ 692 82 98 85; www.kelipe.net; Muro de Puerta Nueva 10; 25 €; ⏲ Do–Sa Shows 21.30 Uhr) Überall in Andalusien gibt's Flamenco-Clubs in großer Zahl, doch das Kelipe hat ganz besonders viel Atmosphäre. Musiker und Tänzer sind erstklassig, und die talentierten Darsteller stellen ein intimes Ambiente und eine intensive Verbindung zum Publikum her.

Tablao Flamenco Los Amayas FLAMENCO
(☎ 686 93 68 04; www.flamencomalagacentro.com; Calle Beatas 21; 25 €; ⏲ Shows 19 & 21 Uhr) In dem ansprechenden Veranstaltungsraum im 1. OG eines etwas in die Jahre gekommenen Herrenhauses bilden viele grandiose Details die Kulisse für temperamentvolle Musik und Tanz einer alteingesessenen Flamenco-Familie aus Granada.

Clarence Jazz Club LIVEMUSIK
(☎ 951 91 80 87; www.clarencejazzclub.com; Calle Cañón 5; ⏲ Mi & Do 20–2, Fr & Sa 16–4 Uhr, Eintritt variabel, in der Regel 5 €) In dem Jazzclub amerikanischen Stils gegenüber der Kathedrale kann man klassischen Jazz und, meist sonntags, Free Jazz hören. Am Wochenende empfiehlt sich eine Tischreservierung.

Shoppen

An der schicken marmorverkleideten Calle Marqués de Larios siedeln sich immer mehr edle Designerläden und Boutiquen an. In den umliegenden Straßen verkaufen kleine familienbetriebene Geschäfte in hübsch restaurierten alten Häusern ihre Waren, von schönen Flamenco-Kleidern bis hin zu süßem Wein aus Málaga. Man sollte sich auch unbedingt Zeit für einen Besuch des täglichen Markts **Mercado Atarazanas** (Calle Atarazanas; ⏲ Markt Mo–Sa 8–15 Uhr; 🅿) nehmen.

La Recova KUNSTHANDWERK
(www.larecova.es; Pasaje Nuestra Señora de los Dolores de San Juan; ⏲ Mo–Do 9.30–13.30 & 17–20, Fr 9.30–20, Sa 10–14 Uhr) Der bezaubernde Kunsthandwerks- und Antiquitätenladen, der an die Höhle Aladins erinnert, verkauft traditonelle *sevillana*-Kacheln, handgearbeiteten Schmuck, antike Eisenwaren, Textilien und vieles mehr. In einer Ecke versteckt lädt eine lokaltypische Bar dazu ein, während des Herumstöberns ein Bier zu trinken.

ℹ Praktische Informationen

Städtische Touristeninformation (☎ 951 92 60 20; www.malagaturismo.com; Plaza de la Marina; ⏲ März–Sept. 9–20 Uhr, Okt.–Feb. bis 18 Uhr) Hat verschiedene Stadtpläne und Broschüren auf Lager. Es gibt noch zusätzliche Infostände am Eingang der Alcazaba (Calle Alcazabilla), am Hauptbahnhof (Explanada de la Estación), an der Plaza de la Merced und an den östlichen Stränden (El Palo und La Malagueta).

Regionale Touristeninformation (Plaza de la Constitución 7; ⏲ Mo–Fr 9.30–19.30, Sa 10–19, So 10–14 Uhr) Die kleine Touristeninformation ist in einer edlen früheren Jesuitenschule aus dem 18. Jh. untergebracht. Neben Informationen sowie Karten zur gesamten Provinz Málaga gibt's auch das ganze Jahr über Kunstausstellungen.

ℹ An- & Weiterreise

BUS

Der **Busbahnhof** (☎ 952 35 00 61; www.estabus.emtsam.es; Paseo de los Tilos) befindet sich 1 km südwestlich des Zentrums und hat Verbindungen zu allen größeren Städten Spaniens. **Alsa** (☎ 952 34 17 38; www.alsa.es) und **Portillo** (☎ 91 272 28 32; www.avanzabus.com) betreiben die meisten Buslinien.

Busse zur Costa del Sol (Osten und Westen) halten in der Regel auch an dem zentraleren **Busbahnhof Muelle Heredia.**

Im Folgenden sind eine Auswahl der Fahrtziele sowie die Mindestpreise für die jeweilige Route aufgeführt.

ZIEL	PREIS	DAUER	HÄUFIGKEIT
Almería	19 €	4¾ Std.	8-mal tgl.
Cádiz	27 €	4 Std.	3-mal tgl.
Córdoba	12 €	3–4 Std.	4-mal tgl.
Granada	12 €	2 Std.	18-mal tgl.
Jaén	20 €	3¼ Std.	4-mal tgl.
Flughafen Madrid	45 €	10 Std.	5-mal tgl.
Sevilla	19 €	2¾ Std.	6-mal tgl.

FLUGZEUG

Málaga Airport (AGP; ☎952 04 88 38; www.aena.es), über den die meisten ausländischen Besucher nach Andalusien gelangen, liegt 9 km südwestlich des Zentrums. Als wichtiger Verkehrsknotenpunkt in Südspanien wird er von den großen internationalen Airlines sowie von Budgetlinien angeflogen.

ZUG

Der **Bahnhof Málaga María Zambrano** (☎902 43 23 43; www.renfe.com; Explanada de la Estación; ⏲5–0.45 Uhr) liegt in der Nähe vom Busbahnhof, 15 Gehminuten vom Zentrum entfernt. Von hier verkehren u. a. Züge nach Córdoba (27,50 €, 1 Std., 18-mal tgl.), Sevilla (24 €, 2¾ Std., 11-mal tgl.) und Madrid (80 €, 2½ Std., 17-mal tgl.). Nach Córdoba und Sevilla gibt's außerdem tägliche Expressverbindungen, die etwa das Doppelte kosten.

Unterwegs vor Ort

VOM/ZUM FLUGHAFEN

Bus Linie A ins Zentrum (3 €, 20 Min.) fährt von 7 bis 24 Uhr alle 20 Minuten vor der Ankunftshalle ab. Der Bus zum Flughafen verkehrt zwischen 6.30 und 23.30 Uhr etwa alle halbe Stunde ab dem östlichen Ende des Paseo del Parque und vor dem Busbahnhof und Bahnhof.

Von 6.50 bis 23.54 Uhr fahren alle 20 Minuten Züge zum **Bahnhof María Zambrano** und zur Haltestelle Málaga-Centro neben dem Río Guadalmedina. In entgegengesetzter Richtung starten sie von 5.30 bis 23.30 Uhr alle 20 Minuten.

Eine Taxifahrt ins Stadtzentrum kostet etwa 20–25 €.

BUS

Zu den nützlichen städtischen Buslinien (1,35 € für alle Fahrten im Zentrum) gehören Bus 16 zum **Museo Ruso de Málaga**, Bus 34 nach **El Pedregalejo und El Palo** sowie Bus 35 nach **Castillo de Gibralfaro**. Die Abfahrt erfolgt an den Haltestellen des Paseo del Parque.

Costa del Sol

An Spaniens berühmter Sonnenküste, die regelmäßig verspottet wird, aber dennoch das ganze Jahr über beliebt ist, reihen sich gesichtslose Urlaubsorte mit durchgehenden Hotelanlagen aneinander. Alle waren einst Fischerorte, was man sich heute kaum mehr vorstellen kann. Die enorme und nicht immer feinsinnige Entwicklung der vergangenen 60 Jahre schuf ein unzusammenhängendes Geflecht an *urbanizaciones,* die heute alle eigene Nischen gefunden haben. Torremolinos ist als gayfreundlich beliebt, Benalmádena bietet Freizeitparks und Aquarien, Fuengirola zieht Familien und Wassersportfans an, das schrill-reiche Marbella steht für große Jachten und Golf, während Estepona sich ein wenig seiner spanischen Identität bewahrt hat.

Torremolinos & Benalmádena

136 000 EW

In den 1970er-Jahren bekam das einst kleine Küstendorf, in dem es viele *torres* (Türme) und *molinos* (Wassermühlen) gab, den Spitznamen „Terrible Torre", denn es war für preiswerten Pauschalurlaub bekannt und verwandelte sich im Zuge des Massentourismus zu einem Magneten für Lager trinkende Briten, die selten mehr auf Spanisch sagen konnten als *dos cervezas, por favor* („zwei Bier bitte"). Aber die Zeiten ändern sich, Torre ist erwachsen geworden und hat seinen Horizont erweitert. Heute zieht die Stadt ein wesentlich breiteres Publikum an, darunter trendige Clubgänger, Familien, die auf Strandurlaub stehen, Homosexuelle und, ja, sogar spanische Urlauber. Sie erwartet ein turbulentes Nachtleben, 7 km makelloser Sandstrand und eine große Auswahl an Hotels, meist in einem am besten als verheerend zu beschreibenden Baustil.

Benalmádena, Torres Zwillingsstadt im Westen, bietet das Gleiche mit ein paar Extras – wie einem großen Jachthafen, der als eine Art Hommage an Gaudí designt wurde, sowie einen riesigen buddhistischen Stupa.

Sehenswertes

Casa de los Navajas HISTORISCHES GEBÄUDE

(Calle del Bajondillo, Torremolinos; ⏲11–14 & 18–20 Uhr) GRATIS Der schöne Mini-Palast im Mudejarstil ist im Betondschungel von Torremolinos unmöglich zu verfehlen. Er gehörte einst dem örtlichen Zuckerbaron António Navajas. Das ursprünglich 1925 in einem ähnlichen Stil wie die Plaza de España in Sevilla errichtete Haus wurde 2014 renoviert und anschließend sukzessive der Öffentlichkeit zugänglich gemacht. Ein Museum beherbergt es nicht, aber die Terrassengärten, die detailreiche Architektur und der weite Blick von den Balkons im oberen Stockwerk sind beeindruckend.

La Carihuela STRAND

(Torremolinos) La Carihuela, Torremolinos westlichster Strandort, der sich von einem kleinen Felsvorsprung (La Punta) bis Benalmádena erstreckt, war früher das Fischerviertel und gehört heute zu den wenigen Gegenden der Stadt, die nicht von zügelloser Bebauung betroffen sind. An der Strandpromenade mit ihren kleinen Geschäften, Bars und Restaurants lassen sich die *malagueños* am Wochenende gerne frische Meeresfrüchte schmecken.

Buddhistischer Stupa MUSEUM, WAHRZEICHEN
(Benalmádena Pueblo; ⌚ Di–Sa 10–14 & 15.30–18.30, So 10–19.30 Uhr; P) GRATIS Der größte buddhistische Stupa Europas befindet sich in Benalmádena Pueblo. Er erhebt sich am Ortsrand zwischen neuen Wohnhäusern, wirkt in seiner majestätischen Art recht deplatziert und bietet einen weiten Ausblick über die Küste. Das luftige Innere zieren kunstvolle religiöse Bilder.

Aktivitäten

Tivoli World FREIZEITPARK
(www.tivolicostadelsol.com; Avenida de Tivoli, Benalmádena; 8 €, Supertivolino Ticket 15 €; ⌚ im Sommer 18–1 Uhr;) Neben verschiedenen Fahrgeschäften und Rutschbahnen bietet der älteste und größte Freizeitpark der Provinz Málaga auch tägliche Tanz-, Flamenco- und Kinderveranstaltungen. Das preisgünstige „Supertivolino"-Ticket beinhaltet den Eintritt und die unbegrenzte Nutzung von rund 35 Fahrgeschäften.

Schlafen & Essen

★ **Hostal Guadalupe** HOSTEL €€
(☎ 952 38 19 37; www.hostalguadalupe.com; Calle del Peligro 15, Torremolinos; EZ 57–63 €, DZ 66–87 €, Apartment für 3/4/5-Pers. 118/144/171 €;) Das *hostal* an den Treppen, die zu Torres Hauptstrand hinunterführen, ist so etwas wie der Inbegriff des alten Spaniens, ein wundervoller Anachronismus im Betondschungel. Man betritt es durch eine schöne, mit Kacheln verzierte Taverne. Die Zimmer sind schlicht, aber gemütlich, und einige haben Terrassen mit Meerblick. Für längere Aufenenthalte gibt's auch ein paar Apartments mit Küche.

★ **El Gato Lounge** FISCH & MEERESFRÜCHTE
(☎ 951 25 15 09; www.elgatolounge.com; Paseo Marítimo 1; Hauptgerichte 5–10 €; ⌚ 10 Uhr bis spät) Die Gato Lounge ist bemüht, sich etwas von den anderen Adressen am Strand abzuheben, daher bekommt man hier nicht die üblichen Sardinen. Auf der Speisekarte stehen vorwiegend internationale Gerichte mit leicht asiatischem Touch: thailändische Fischkuchen und japanisches Carpaccio. Der legere Innenraum ist zum Strand gewandt und hat ein luxuriöses Ambiente. Die Cocktails und die sehr aufmerksame Bedienung hier veranlassen Gäste zu verweilen.

La Zoca FISCH & MEERESFRÜCHTE €
(☎ 952 38 59 25; www.restaurantelazoca.es; Calle Bulto 61, La Carihuela; Hauptgerichte 15–20 €; ⌚ 12.30–17 & 19.30–24 Uhr;) Ideal für Familien: Gegenüber vom Restaurant auf der anderen Seite der Meerespromenade gibt's einen Kinderspielplatz. Der Schwerpunkt liegt auf Meeresfrüchten, z. B. *gambas pil-pil* (Garnelen in scharfer Ölsoße) und Reisgerichten (es gibt fünf verschiedene zur Auswahl). Sonntags füllt sich das Lokal mit lauten spanischen Familien, für ein romantisches Essen zu zweit ist das also nicht die beste Zeit.

Praktische Informationen

Die **Zentrale Touristeninformation** (☎ 951 95 43 79; https://turismotorremolinos.es; Plaza de Andalucía, Torremolinos; ⌚ 9.30–18 Uhr) befindet sich im Zentrum. Weitere Informationsstände gibt's in **Playa Bajondillo** (Playa Bajondillo; ⌚ 10–14 Uhr) und **La Carihuela** (Playa Carihuela; ⌚ 10–14 Uhr).

An- & Weiterreise

BUS

Portillo (☎ 91 272 28 32; www.avanzabus.com) bietet Verbindungen nach Málaga (2,50 €, 25 Min., 14-mal tgl.), Marbella (5,90 €, 1¼ Std., 24-mal tgl.) und Ronda (13 €, 2½ Std., 6-mal tgl.).

ZUG

Nahverkehrszüge der Renfe-Linie (*cercanías*) fahren von 5.30 bis 22.30 Uhr alle 20 Minuten von Málaga (2,05 €, 18 Min.) nach **Torremolinos** (Avenida Palma de Mallorca 53) und **Arroyo de la Miel-Benalmádena** (Avenida de la Estación 3). Endstation ist Fuengirola (2,05 €, 22 Min.).

Fuengirola

77 500 EW

Fuengirola ist eine überfüllte Küstenstadt mit funktionalen Apartment-Hochhäusern, hat aber trotz eines halben Jahrhunderts ungezügelter Bebauung einige überzeugende Qualitäten. Dazu zählt der gesamte 7 km lange Strand, dessen Schmuckstück die maurische Burg aus dem 10. Jh. ist. Die Stadt hat eine große Ausländergemeinde – einige haben sich bereits in den 1960er-Jahren hier niedergelassen und sind dementsprechend älteren Semesters.

Sehenswertes

Bioparc ZOO
(☎ 952 66 63 01; www.bioparcfuengirola.es; Avenida Camilo José Cela; Erw./Kind 20/15 €; ⏲ 10 Uhr bis Sonnenuntergang; P) Dieser Zoo verfügt über weitläufige Gehege und behandelt seine Tiere sehr gut und artgerecht. Zudem gibt's Schutz- und Aufzuchtprogramme sowie lehrreiche Aktivitäten. Zum Gelände gehören eine Fledermaushöhle, ein Reptiliengehege, Cafés und ein großer Souvenirshop.

Essen

★ **Arte y Cocina** MEDITERRAN €€
(☎ 952 47 54 41; Calle Cervantes 15; Hauptgerichte 11–20 €; ⏲ Di–So 19.30–23.30 Uhr;) Die italienisch geprägte Küche ist so frisch wie die Dekoration. Man kann sich auf hausgemachte Pasta und künstlerische Varianten wie Kaninchen-Ravioli und cremiges Risotto mit Garnelen und Zucchini freuen.

Praktische Informationen

Touristeninformation (☎ 952 46 74 57; Paseo Jesús Santos Rein; ⏲ Mo–Fr 9.30–18, Sa & So 10–14 Uhr;) Umfangreiche Informationen über die Stadt.

An- & Weiterreise

BUS

Portillo (☎ 91 272 28 32; www.avanzabus.com) bietet Busverbindungen nach Málaga (4,25 €, 50 Min., 15-mal tgl.), Estepona (6,70 €, 1¾ Std., 10-mal tgl.) und Marbella (4,25 €, 30 Min., 4-mal tgl.). Fuengirolas **Busbahnhof** liegt einen Block vom Bahnhof entfernt.

ZUG

Züge (Avenida Jesús Santos Rein) der Nahverkehrslinie Renfe (*cercanías*) fahren von 6.20 bis 0.40 Uhr alle 20 Minuten nach Málaga (3,60 €, 45 Min.) und halten u. a. am Flughafen und in Torremolinos.

Marbella

140 750 EW

Wie die meisten Städte an diesem Küstenabschnitt zeigt Marbella, die Bastion des Glamours an der Costa del Sol, zwei Gesichter. Im Herzen des touristischen Showrooms liegt als Bühne die „Goldene Meile", eine extravagante Sammlung exklusiver Clubs, glanzvoller Restaurants und teurer Hotels, die sich bis Puerto Banús erstrecken, dem schicksten Jachthafen der Küste, wo schwarz getönte Mercedeslimousinen an Kais voller Luxusjachten entlangrollen. Aber Marbella hat auch andere, weniger pompöse Attraktionen. Es liegt inmitten einer großartigen Naturkulisse im Schutz der herrlichen Berge der Sierra Blanca und hat einen überraschend hübschen *casco antiguo* (Altstadt) mit engen Gassen und gepflegten Blumenkästen.

Lange bevor Marbella Golfer, Multimillionäre und abgedankte lateinamerikanische Diktatoren anzog, war es die Heimat der Phönizier, Westgoten, Römer und Mauren. Ihr Erbe zu entdecken gehört heute zu den Freuden eines Altstadtbesuchs.

Sehenswertes

Plaza de los Naranjos PLATZ
Im Herzen von Marbellas *casco antiguo* (Altstadt) liegt die sehr hübsche Plaza de los Naranjos. Sie geht auf das Jahr 1485 zurück und wird von tropischen Pflanzen, Palmen, Orangenbäumen und überteuerten Bars gesäumt.

Museo Ralli MUSEUM
(www.museoralli.cl; Urbanización Coral Beach; ⏲ Di–Sa 10–15 Uhr) GRATIS In gut ausgeleuchteten Räumen stellt das tolle private Kunstmuseum vor allem Werke lateinamerikanischer und europäischer Künstler aus. Es ist Teil einer gemeinnützigen Stiftung, die vier weitere Museen betreibt (in Chile, Uruguay und Israel). Zu den Exponaten gehören Skulpturen von Henry Moore und Salvador Dalí, lebhafte moderne Gemälde der argentinischen Surrealistin Alicia Carletti und des Kubaners Wilfredo Lam sowie Arbeiten von Joan Miró, Marc Chagall und Giorgio de Chirico.

Das Museum liegt 6 km westlich von Marbellas Zentrums in der Nähe von Puerto Banús.

Museo del Grabado Español MUSEUM
(Calle Hospital Bazán; 3 €; ⏲ Di–Fr 9–19.30, Sa & Mo bis 14 Uhr) Das kleine Kunstmuseum in der Altstadt zeigt Werke einiger großer Meister wie Pablo Picasso, Joan Miró und Salvador Dalí sowie Arbeiten weiterer vorwiegend spanischer Künstler.

Schlafen

Hotel San Cristóbal HOTEL €€
(☎ 952 86 20 44; www.hotelsancristobal.com; Avenida Ramón y Cajal 3; EZ/DZ inkl. Frühstück 60/85 €;) Das bereits seit den 1960er-Jahren existierende San Cristóbal in guter Lage ist nicht das repräsentativste der schicken Hotelglitzerwelt von Marbella. Doch regelmäßige Renovierungen haben dem Haus eine solide

zeitgenössische Optik verliehen. Die Zimmer sind geschmackvoll in Blassgrau und Cremetönen gehalten und mit schicken Marinestoffen dekoriert. Die meisten haben Balkons.

★ **Claude** BOUTIQUE-HOTEL €€€

(☎952 90 08 40; www.hotelclaudemarbella.com; Calle San Francisco 5; DZ/Suite 265/330 €; ❄ 📶) Als einstiges Sommerhaus der Frau von Napoleon III. würde dieses Hotel mit seiner königlichen Einrichtung heute einer Herrscherin aus dem 21. Jh. Ehre machen. Es liegt im ruhigeren oberen Teil der Stadt. Von Arkadenbogen umgebenen Patios und formschöne Säulen verbinden gekonnt moderne Elemente mit der Originalarchitektur; Klauenfußwannen und Kristallleuchter sorgen für ein nobel-historisches Flair.

Essen

Garum INTERNATIONAL €€

(☎952 85 88 58; www.garummarbella.com; Paseo Marítimo; Hauptgerichte 9–18 €; ⏱11–23.30 Uhr; 📶) Unter finnischer Leitung bietet das Garum in traumhafter Lage, direkt an der „Goldenen Meile" gegenüber vom Strand, eine Speisekarte, die besonders Gourmets auf der Suche nach Abwechslung schätzen. Die Gerichte reichen von Suppe mit geräuchertem Käse bis zu marokkanischen Huhn-Samosas und Falafel mit roten Linsen.

★ **Farm** SPANISCH €€€

(☎952 82 25 57; www.thefarm-marbella.com; Plaza Altamirano 2; 3-gängiges Menü 24–32 €; ⏱12–23 Uhr; 🖉 👪) 🌿 Dies ist keine Farm, sondern ein außergewöhnlich hübsches Restaurant in Marbellas Altstadt. Es besteht aus einem Patio, einer Terrasse und einem Speisesaal, der mit modernen Chill-out-Möbeln eingerichtet ist. Alles wird aus frischen Produkten vom Bauernhof zubereitet, die Menüauswahl ist hervorragend und die Zutaten stammen aus biologischem Anbau – und es gibt auch Gerichte für Vegetarier und Kinder. Günstig? Nicht besonders, schließlich liegt es in Marbella. Lohnenswert? Absolut.

Bonus: An den meisten Dienstagen, Donnerstagen und Samstagen gibt's zwei Flamenco-Shows um 20 und 22 Uhr.

Ausgehen & Nachtleben

Die besten Bars und das stimmungsvollste Nachtleben gibt's am Puerto Banús, 6 km westlich von Marbella. In der Stadt selbst steuert man am besten die Gegend rund um den kleinen Puerto Deportivo an. Während der Sommermonate öffnen außerdem ein paar Strandclubs.

Praktische Informationen

Touristeninformation (www.marbellaexclusive.com; Plaza de los Naranjos; ⏱Mo–Fr 9–20, Sa 10–14 Uhr) Hat viele Broschüren und einen guten Stadtplan auf Lager.

An- & Weiterreise

Der **Busbahnhof** (☎952 82 34 09; Avenida del Trapiche) befindet sich 1,5 km nördlich der Altstadt, direkt an der *autovía* A7.

Portillo (☎91 272 28 32; www.avanzabus.com) bietet Busverbindungen nach Fuengirola (4,25 €, 30 Min., 4-mal tgl.), Estepona (4,30 €, 1 Std., stündl.), Málaga (7,25 €, 45 Min., alle 30 Min.) und Ronda (7,50 €, 1½ Std., 9-mal tgl.).

Estepona

66 500 EW

Estepona gehört zu den ersten Badeorten, die vor rund 45 Jahren ausländische Touristen und Einwanderer anzogen. Vom stark bebauten Stadtbild setzt sich das Zentrum mit seinem gemütlich-altmodischen Flair wohltuend ab. Das hat einen guten Grund: Die Stadtgründung geht auf das 4. Jh. zurück. Jahrhunderte später, zur Zeit der Mauren, war Estepona aufgrund der strategischen Nähe zur Straße von Gibraltar eine bedeutende und reiche Stadt.

Die Promenade von Estepona wird immer weiter gen Marbella erweitert. Ihr Herzstück ist der schöne Strand Playa de la Rada. Der Puerto Deportivo ist Dreh- und Angelpunkt des Nachtlebens, vor allem am Wochenende. Zudem gibt's hier gute Wassersportmöglichkeiten.

Schlafen & Essen

Hotel Boutique Casa Veracruz BOUTIQUE-HOTEL €€

(☎951 46 64 70; www.hotelboutiquecasaveracruz.com; Calle Veracruz 22; DZ/Suite 85/125 €; ❄ 📶) Das Label „Boutique" wird diesem Hotel kaum gerecht. Mit seinem kleinen Patio, dem sprudelnden Brunnen, imposanten Gemälden und stilvollen antiken Möbeln wirkt es wie ein kleines Stück des an die Costa del Sol versetzten historischen Sevillas – und das alles zu sehr günstigen Preisen. Zu den Extras zählen Nespresso-Maschinen und ein üppiges kontinentales Frühstück; Tee, Kaffee und Süßigkeiten sind zudem ganztägig erhältlich.

La Escollera FISCH & MEERESFRÜCHTE
(Puerto Pesquero; Hauptgerichte 8-11 €; ⌚ Di–Sa 13–16.30 & 20–23.30, So 13–16.30 Uhr) Gut informierte Einheimische strömen scharenweise in dieses Lokal am Hafen, das wohl beste Fischrestaurant der Stadt. Es ist sehr einfach mit Plastiktischen und Papierservietten. Das stört angesichts des leckeren Essens und des kalten Biers jedoch niemanden.

Venta García EUROPÄISCH €€
(☎ 952 89 41 91; Carretera de Casares, Km 7; Hauptgerichte 12–18 €; ⌚ Di-Sa 12–22, So bis 17 Uhr; P) Aus lokalen Zutaten zaubert das Venta Garcia wunderschön angerichtete Speisen auf die Teller, und dazu genießt man den Blick über die ländliche Landschaft. Der Schwerpunkt liegt auf Wild (mit Soße aus roten Früchten) und Schweinefleisch. Das Gericht *Montes de Málaga* ist eine lokale Schweinefleisch-Spezialität, serviert mit Paprika, Rührei und Pommes frites. Qualität spricht sich herum, deswegen sollte man vor allem am Wochenende im Voraus reservieren.

Das Restaurant befindet sich an der Straße nach Casares, rund 7 km von Esteponas Zentrum entfernt.

Praktische Informationen

Touristeninformation (www.estepona.es; Plaza de las Flores; ⌚ Mo–Fr 9–20, Sa & So 10–14 Uhr) Dieses Büro an einem historischen Platz hat Broschüren und einen brauchbaren Stadtplan auf Lager.

An- & Weiterreise

Portillo (☎ 91 272 28 32; www.avanzabus.com) betreibt täglich mehr als zwölf Busverbindungen nach Marbella (4,30 €, 1 Std.) und Málaga (9,90 €, 2 Std.).

Mijas

77 750 EW/ 428 M

Die Geschichte von Mijas ist eng mit der Geschichte der Costa del Sol verbunden. Das ursprünglich unscheinbare Dorf ist heute die reichste Stadt der Provinz. Seit es in den 1950er- und 60er-Jahren zu einem Lieblingsort namhafter alternativer Künstler und Schriftsteller wurde, hat Mijas sich auf die Hügel der Umgebung und hinunter an die Küste ausgedehnt und es dennoch geschafft, sich den ländlichen Charme des einstigen *pueblo* (Dorf) zu bewahren.

Sehenswertes

Virgen de la Peña HISTORISCHE STÄTTE
(Avenida Virgen de la Peña) Auf dem Weg am *ayuntamiento* (Rathaus) vorbei erreicht man diese hübsche Grotte, in der die hl. Jungfrau angeblich zwei Kindern erschienen ist, die 1586 einer Taube bis hierher folgten. In der Höhle oben auf der Klippe stehen ein blumengeschmückter Altar vor einem Marienbildnis sowie sakrale Kelche und Wimpel in Glasvitrinen. Trotz des Besucherandrangs ist dies ein anrührender Ort.

Centro de Arte Contemporáneo de Mijas MUSEUM
(CAC; www.cacmijas.info; Calle Málaga 28; Erw./Kind 3 €/frei; ⌚ Di–So 10–18 Uhr) Dieses Kunstmuseum (beherbergt eine außergewöhnliche Sammlung von Keramikarbeiten von Picasso (die zweitgrößte der Welt) sowie einige exquisite Bronzefiguren, Glasarbeiten und ein Basrelief von Dalí. Es gibt auch Sonderausstellungen. Trotz des Namens gehört das Zentrum nicht zu Málagas CAC-Museum.

Schlafen

★ **TRH Mijas** HOTEL €€
(☎ 952 48 58 00; www.trhhoteles.com; Plaza de la Constitución; EZ/DZ 65/85 €; P) Von der langen Terrassenbar, deren Dekoration an die Art-déco-Ära mit einem Touch Empire erinnert, bietet das spektakulär gelegene TRH den wohl besten Blick über die Costa del Sol. Hinzu kommen ein Patio mit Orangenbäumen, ein Spa und ein hübscher Außenpool. In der Rezeption sind sehenswerte Gemälde und Motorrad-Oldtimer ausgestellt.

An- & Weiterreise

Am schnellsten kommt man mit dem Bus M122 nach Mijas, der alle halbe Stunde vom Busbahnhof Fuengirola (1,55 €, 15 Min.) fährt. Zudem gibt's täglich vier **Portillo**-Busse (☎ 91 272 28 32; www.avanzabus.com) von/nach Málaga (2,30 €, 1 Std.).

Das Landesinnere

Das gebirgige Landesinnere der Provinz Málaga wartet mit rauer Schönheit und romantischen weißen Dörfern auf, die die karge felsige Landschaft sprenkeln. Jenseits der Berge münden die grünen Landschaften in weiten schachbrettartig wirkenden Flussauen. Hier scheint die mit Touristen überfüllte Küste Welten entfernt.

Ardales & El Chorro

50 km von Málaga bahnt sich der Río Guadalhorce seinen Weg durch die eindrucksvolle **Garganta del Chorro** (El-Chorro-Schlucht). Die auch Desfiladero de los Gaitanes genannte Schlucht ist rund 4 km lang, ganze 400 m tief und teils nur 10 m breit. Die steilen Wände und andere Felsen in der Nähe locken Kletterer an, die sich entlang Hunderter präparierter Routen die Kalksteinklippen nach oben hangeln.

Ardales (2700 Ew.) ist zwar die größte Stadt der Gegend, aber die meisten Leute nutzen den Weiler El Chorro als Ausgangsbasis. Er hat einen Bahnhof, Wanderwege und ein ordentliches Hotel. Er liegt 6 km westlich des ruhigen **Embalse del Conde del Guadalhorce,** einem riesigen Stausee, der die Landschaft dominiert und für seine Karpfenfischerei bekannt ist. Hier startet auch der legendäre, vor Kurzem wiedereröffnete Wanderweg Caminito del Rey. Die gesamte Gegend steht als Naturpark unter Schutz.

Aktivitäten

★El Caminito del Rey WANDERN

(www.caminitodelrey.info; 10 €; ⏲ April–Okt. Di–So 10–17 Uhr, Nov.–März Di–So bis 15 Uhr) Bekannt ist die Garganta del Chorro vor allem für den Caminito del Rey (Königsweg). Dieser verdankt seinen Namen Alfons XIII., der ihn 1921 bei der Einweihung des Staudamms am Guadalhorce entlanglief. Er besteht aus einem 2,9 km langen Bohlenweg, der sich 100 m über dem Río Guadalhorce um die Felsen schlängelt und in jeder Windung atemberaubende Ausblicke bietet. Die Länge vom/zum nördlichen und südlichen Startpunkt beträgt insgesamt 7,7 km.

Der *caminito* war Ende der 1990er-Jahre stark verfallen und als gefährlichster Fußweg der Welt berüchtigt; offiziell wurde er im Jahr 2000 geschlossen (Wagemutige gingen ihn noch immer). Nach umfassenden 5,5 Mio. € teuren Restaurierungsarbeiten eröffnete er im März 2015 wieder und ist nun sicher. Höhenangst sollte man allerdings nicht haben.

Der Bohlenweg wurde aus Holzbrettern gebaut; in einigen Abschnitten kann man den alten bröckelnden Pfad direkt unterhalb erspähen. Der Weg ist nur in einer Richtung begehbar: von Nord nach Süd. Es ist sehr zu empfehlen, das zeitlich limitierte Ticket online zu buchen. Busse (1,55 €, 20 Min.) fahren alle halbe Stunde vom Bahnhof in El Chorro zum Ausgangspunkt, wo es auch ein paar Restaurants gibt. Von hier muss man 2,7 km zum nördlichen Ausgangspunkt des *caminito* zu Fuß gehen, wo man sein Ticket vorzeigt und einen Helm bekommt, den zu tragen Pflicht ist. Am Ende des *caminito* heißt es, weitere 2,1 km vom südlichen Endpunkt zurück nach El Chorro wandern. Für die gesamte Wanderung sollte man ca. vier Stunden einplanen, da es lohnt, die Ausblicke zu genießen.

An- & Weiterreise

Am bequemsten ist die Anfahrt über El Chorro, das einen Bahnhof hat. Züge nach Málaga (4,85 €, 42 Min.) fahren 2- oder 3-mal täglich. Zudem gibt's Verbindungen in die Gegend nördlich von Ronda.

Alle halbe Stunde pendelt ein Shuttlebus (1,55 €, 20 Min.) zwischen dem Bahnhof und dem Startpunkt des Caminito del Rey (S. 825).

Mit dem Auto kann man an beiden Enden des Caminito parken. Zum Startpunkt fahren Busse.

Antequera

41 000 EW / 577 M

In das als Verkehrsdrehkreuz von Andalusien bekannte Antequera kommen viele Durchreisende, aber nur wenige verweilen hier. Dabei verpasst man einiges, wenn man hier keinen Zwischenstopp einlegt. Die historischen Fundamente der Stadt sind solide: Zwei Grabhügel aus der Bronzezeit bewachen den Zugang im Norden und maurische Legenden umranken ihre große Alcazaba. Doch das zweifellose Highlight ist die prunkvolle Kathedrale im spanischen Barockstil, die der Stadt Charakter verleiht. Die Behörden haben hart daran gearbeitet, sie zu restaurieren und zu erhalten. Des Weiteren gibt's hier erstaunlich viele Kirchen, insgesamt über 30. Viele haben eine wundervolle Innenausstattung. Da ist es kaum verwunderlich, dass Antequera häufig als „Andalusiens Florenz" bezeichnet wird.

Sehenswertes

★Dolmenstätten von Antequera ARCHÄOLOGISCHE STÄTTE

(⏲ Di–Sa 9–18, So bis 15 Uhr) GRATIS Antequeras zwei erdbedeckte Begräbnishügel – der **Dolmen de Menga** und der **Dolmen de Viera** wurden um 2500 v. Chr. von Menschen der Bronzezeit aus Megalithgestein errichtet. Als man sie 1903 wiederentdeckte, bargen sie mehrere Hundert menschliche Körper. Sie gelten als einige der besten neolithischen Bauwerke in Europa und stehen seit 2016 auf der UNESCO-Welterbeliste.

Alcazaba FESTUNG
(Erw./Kind inkl. Colegiata de Santa María la Mayor 6/3 €; ⏲ Mo–Sa 10–19, So 10.30–15 Uhr) In der maurischen Zeit maßen Granadas Emire Antequeras auf einem Hügel thronender maurischer Festung eine große Bedeutung bei. Sie blickt auf eine faszinierende Geschichte zurück und erstreckt sich über stolze 62 000 m². Auf den Komplex gelangt man über die Plaza de San Sebastián, die stufige Cuesta de San Judas hinauf und durch den eindrucksvollen Torbogen **Arco de los Gigantes** von 1585, den einst riesige Herkules-Skulpturen schmückten. Heute sind nur noch die römischen Steininschriften geblieben.

Colegiata de Santa María la Mayor KIRCHE
(Plaza Santa María; Erw./Kind mit Alcazaba 6/3 €; ⏲ Mo–Fr 10–19, So 10.30–15 Uhr) Direkt unter der Alcazaba befindet sich die große Colegiata de Santa María la Mayor aus dem 16. Jh. Die Kollegiatskirche spielte bei der humanistischen Bewegung Andalusiens im 16. Jh. eine bedeutende Rolle und hat eine schöne Renaissance-Fassade. Hinter der wunderschönen Renaissance-Fassade verbergen sich einige hübsch kannelierte Steinsäulen und ein *artesonado* (kunstvoll verzierte Kassettendecke) im Mudejarstil. Hier finden außerdem einige exzellente Konzerte und Ausstellungen statt.

Dolmen del Romeral ARCHÄOLOGISCHE STÄTTE
(Cerro Romeral; ⏲ Di–Sa 9–18, So bis 15 Uhr) GRATIS Die megalithische Begräbnisstätte wurde um 1800 v. Chr. errichtet und ihre Wände bestehen aus vielen kleinen Steinen. Um hierherzukommen, fährt man hinter den beiden anderen Dolmen des Orts 2,5 km weit durch ein Industriegebiet. Dann folgt man linker Hand den Schildern „Córdoba, Sevilla". Nach 500 m biegt man an einem Kreisverkehr links ab und folgt 200 m dem Schild „Dolmen del Romeral".

Museo Conventual de las Descalzas MUSEUM
(Plaza de las Descalzas; obligatorische Führung 3,30 €; ⏲ Di–Sa 10–14 & 17–19.30, So 9–12.30 Uhr) Highlights aus Antequeras reichem Erbe an sakraler Kunst zeigt das Museum im Kloster der Carmelitas Descalzas (Unbeschuhte Karmeliten) aus dem 17. Jh., rund 150 m östlich des städtischen **Museo Municipal** (Museo Municipal; Plaza del Coso Viejo; obligatorische Führung 3 €; ⏲ Di–Fr 10–14 & 16.30–18.30, Sa 9.30–14 & 16.30–18.30, So 9–12.30 Uhr). Zu den herausragenden Arbeiten gehören ein Gemälde von Lucas Giordano, das Teresa von Ávila (Gründerin des Ordens der Unbeschuhten Karmeliten im 16. Jh.) zeigt, eine Marienbüste von Pedro de Mena und die Skulptur *Virgen de Belén* von La Roldana.

Feste & Events

Semana Santa RELIGION
(Karwoche; ⏲ März) Antequeras Feierlichkeiten zählen zu den traditionellsten in Andalusien. Bei den religiösen Umzügen kommen Teile des Stadtschatzes zum Einsatz.

Schlafen

Hotel Coso Viejo HOTEL €
(☎ 952 70 50 45; www.hotelcosoviejo.es; Calle Encarnación 9; EZ/DZ inkl. Frühstück 45/55 €; P ❄ 📶) Gegenüber der Plaza Coso Viejo und dem Stadtmuseum (S. 826) mitten in Antequera thront dieser umgebaute neoklassizistische Palast aus dem 17. Jh. Die einfachen Zimmer säumen einen hübschen Patio mit Springbrunnen. Eine exzellente Tapas-Bar und ein Restaurant nebenan vervollständigen das Angebot.

Parador de Antequera HISTORISCHES HOTEL €€
(☎ 952 84 02 61; www.parador.es; Paseo García del Olmo; EZ/DZ inkl. Frühstück 85/120 €; P ❄ 📶 🏊) In einer ruhigen Parklandschaft nördlich der Stierkampfarena nahe dem Busbahnhof befinden sich inmitten hübscher Gärten komfortabel ausgestattete Zimmer mit tollem Ausblick, vor allem bei Sonnenuntergang.

Essen

Willkommen in einer Hochburg der traditionellen Küche! Zu den Spezialitäten in Antequera gehören *porra antequerana* (leckere sämige Knoblauchsuppe, die Gazpacho ähnelt), *bienmesabe* (bedeutet „Schmeckt-mir-gut"; Biskuitdessert) und *angelorum* (Nachspeise mit Baiser, Biskuit und Eigelb). Ein typisches Frühstück ist leckeres *mollete* (weiches Brötchen) mit verschiedenem Belag.

Baraka TAPAS
(☎ 951 21 50 88; Plaza de las Descalzas; Tapas 2–4 €; ⏲ Mi–Sa & Mo 8–14, So 10–10–14 Uhr) Sombrero ab für das tüchtige Personal des

ABSTECHER

PARAJE NATURAL TORCAL DE ANTEQUERA

Südlich von Antequera erheben sich die wunderschönen skurrilen Felsformationen des Paraje Natural Torcal de Antequera. Dieses 12 km² große Gebiet aus knorrigem, ausgeriffeltem und säulenförmigem Kalkstein entstand vor 150 Mio. Jahren auf dem Meeresboden und ragt heute bis zu 1336 m (El Torcal) in die Höhe. Da ist es kaum verwunderlich, dass diese fremdartige Landschaft, über die frische Gebirgswinde hinwegfegen, 2016 (zusammen mit den Dolmen von Antequera, S. 825) zum UNESCO-Weltkulturerbe erklärt wurde.

Es gibt drei markierte Wanderwege, die man ohne Bergführer gehen kann. Die 1,5 km lange **Ruta Verde** (Grüne Tour) und die 3 km lange **Ruta Amarilla** (Gelbe Tour) beginnen und enden am **Centro de Visitantes** (☎ 952 24 33 24; www.torcaldeantequera.com; ⏰ April–Okt. 10–19 Uhr, Nov.–März bis 17 Uhr) und führen durch die surrealistische Felslandschaft. Man sollte sich auf viel Kletterei von Felsbrocken zu Felsbrocken einstellen. Die 3,7 km lange **Ruta Naranja** (Orange Route) verläuft unterhalb der Straße zwischen dem oberen und unteren Parkplatz. Bequemer zu erreichen sind die Miradors (Aussichtspunkte) in der Nähe des Centro de Visitantes, etwa 500 m die Straße hinunter.

Öffentliche Verkehrsmittel fahren nicht nach El Torcal. Mit dem Auto verlässt man das Zentrum von Antequera über die Calle Picadero, die in die Calle Zalea übergeht. Nach etwa 1 km führen Schilder auf der linken Seite nach Villanueva de la Concepción. Der Straße folgend geht's nach rund 12 km vor dem Ortseingang von Villanueva rechts hinauf zum Informationszentrum, das nach 3,75 km auftaucht.

Baraka, das eine stark befahrene Straße mit beladenen Tabletts überquert und Kopf und Kragen riskiert, um die Gäste in dem kleinen Park gegenüber zu bedienen. Wie alle guten Restaurants in Antequera hält sich das Baraka an die hervorragenden hiesigen Spezialitäten (sehr zu empfehlen ist die *porra antequerana*) und bietet zudem auch baskische *pintxos* (baskische Tapas). Das Brot ist himmlisch.

★ **Arte de Cozina** ANDALUSISCH €€
(www.artedecozina.com; Calle Calzada 27–29; Hauptgerichte 14–17 €, Tapas 2,50 €; ⏰ 13–23 Uhr) Wer sich Antequera nähert, für den sind die Felder in der Umgebung kaum zu übersehen, und in dieser faszinierenden Mischung aus kleinem Hotel und Restaurant kann man probieren, was dort geerntet wird. Die Küche hält sich sklavisch an traditionelle Rezepte und bereitet wenig bekannte Spezialitäten aus Antequera zu, z. B. Gazpacho aus grünem Spargel oder *porra* mit Apfelsinen. Zudem gibt's Fleischgerichte wie *lomo de orza* (eingelegte Schweinelende).

Praktische Informationen

Städtische Touristeninformation
(☎ 952 70 25 05; www.antequera.es; Plaza de San Sebastián 7; ⏰ Mo–Sa 9.30–19, So 10–14 Uhr) Das hilfsbereite Personal informiert über Stadt und Region.

An- & Weiterreise

BUS

Der **Busbahnhof** (Paseo García del Olmo) liegt 1 km nördlich des Zentrums. Busse von **Alsa** (☎ 952 34 17 38; www.alsa.es) fahren nach Sevilla (14 €, 2½ Std., 5-mal tgl.), Granada (9 €, 1½ Std., 5-mal tgl.), Córdoba (11 €, 2 Std. 40 Min., 1-mal tgl.), Almería (23 €, 6 Std., 1-mal tgl.) und Málaga (6 €, 1 Std., 5-mal tgl.).

Weitere Busse pendeln zwischen Antequera und dem Dorf Fuente de Piedra (2,50 €, 30 Min., 2-mal tgl.).

ZUG

Antequera hat zwei Bahnhöfe. Der **Bahnhof Antequera-Ciudad** (www.renfe.com; Avenida de la Estación) liegt 1,5 km nördlich des Zentrums. Zur Zeit der Recherche für dieses Buch gab es Busverbindungen nach Sevilla, Granada und Almería, und es wurde an einer neuen Hochgeschwindigkeitsstrecke gebaut.

Vom **Busbahnhof Antequera-Santa Ana**, 18 km nordwestlich der Stadt, fahren AVE-Hochgeschwindigkeitszüge von/nach Málaga (26 €,30 Min., 12-mal tgl.), Córdoba (33 €, 30 Min., 15-mal tgl.) und Madrid (75 €, 2½ Std., 12-mal tgl.), und es gibt auch Zugverbindungen nach Granada und Sevilla via Córdoba.

Etwa dreimal täglich fährt ein Bus vom Bahnhof Santa Ana nach Antequera (5 €). Alternativ nimmt man ein Taxi (ab 25 €).

Östlich von Málaga

Die Küste östlich von Málaga, auch Costa del Sol Oriental genannt, ist weniger erschlossen als ihr Pendant im Westen. Málagas Außenbezirke gehen in eine Reihe wenig attraktiver Küstenorte mit hohen Betonbunkern über. Danach folgt das hübschere Nerja.

Hauptattraktion der Gegend ist die zerklüftete Region La Axarquía, die genauso eindrucksvoll wie Las Alpujarras in Granada, noch schwieriger auszusprechen (achakia) und kaum bekannt ist. Vor Ort gibt's viele tolle Wanderwege.

Nerja

21200 EW

Nerja, 56 km östlich von Málaga, erstreckt sich vor der Kulisse der Sierra Almijara und hat sich erfolgreich gegen allzu viel touristische Erschließung gewehrt. Trotz der vielen Souvenirläden und großer Besucherzahlen konnte das Zentrum seinen bodenständigen dörflichen Charme bewahren. Mittendrin thront der wunderschöne Balcón de Europa, eine von Palmen gesäumte Plattform, die auf dem Fundament einer alten Festung errichtet wurde. Von hier aus blickt man auf das Panorama des kobaltblauen Meeres, das von honigfarbenen Buchten flankiert wird.

Da sich der Ort bei Pauschal- und Residenztouristen immer größerer Beliebtheit erfreut, erweitert sich das Stadtgebiet stetig. Insbesondere im Osten entstehen neue Siedlungen. Von Juli bis September erreichen die Besucherzahlen und die Verschmutzung des Meeres Höchstwerte, im restlichen Jahr ist es ruhiger.

Sehenswertes

★ Cueva de Nerja HÖHLE

(www.cuevadenerja.es; Erw./Kind 10/6 €, mit Museo de Nerja 12 €, mit Zug zwischen Höhle & Museum 15 €; ⌚ Besucherzeiten ohne Führung Sept.–Juni 10–13 & 16–17.30 Uhr, Juli & Aug. 10–18 Uhr; Besucherzeiten mit Führung Sept.–Juni 13–14 & 17.30–18.30, Juli & Aug. 11–12 & 18.30–19.30 Uhr) Die surreale Welt, die 4 km östlich von Nerja unter den Ausläufern der Berge liegt, lässt sich kaum erahnen, und noch erstaunlicher ist, dass diese riesige Höhle bis 1959 unentdeckt geblieben war. In besagtem Jahr stießen fünf einheimische *chicos* (Jungen) bei der Suche nach Fledermäusen zufällig auf die Öffnung. Das riesige 4 km lange Höhlensystem wurde vor rund 5 Mio. Jahren von Wasser ausgewaschen und einst von Steinzeitjägern bewohnt. Seine Wunderlandkulisse voller ungewöhnlicher Felsformationen, subtiler Farbenspiele sowie Stalaktiten und Stalagmiten beschwört das Bild einer versunkenen Kathedrale herauf.

Balcón de Europa AUSSICHTSPUNKT

Einen fantastischen Panoramablick aufs Meer mitten im Herzen der Stadt hat man von dem berühmten *balcón* auf einem Felsvorsprung, der an einen natürlichen Pier erinnert und eine schöne mit Palmen bestandene Aussichtsterrasse bildet. Der einzige Nachteil: In der Hauptsaison ist sie ziemlich überfüllt.

Playa Burriana STRAND

(P) An Nerjas längstem und bestem Strand hat man viel Platz, um sein Handtuch auszubreiten. Zu Fuß gelangt man über die blendend weiße Calle Carabeo hierher. Stufen führen hinunter nach Burriana. Eine Reihe von *merenderos* (Open-Air-Restaurants) säumen den Strand. Sie vermieten Kajaks und Stand-up-Paddles (5,50 € pro Std.).

Schlafen

★ Hotel Carabeo HOTEL €€

(☎ 952 52 54 44; www.hotelcarabeo.com; Calle Carabeo 34; DZ/Suite inkl. Frühstück ab 90/190 €; ⌚ April–Okt.; ❄ @ 📶 🏊) Oberhalb gepflegter Terrassengärten am Wasser liegt dieses kleine familiengeführte und mit stilvollen Antiquitäten und wunderschönen Gemälden ausgestattete Hotel. Es gibt ein gutes **Restaurant** (Hauptgerichte 16–25 €; ⌚ März–Nov. Di–So 13–15 & 19–23 Uhr; 📶) 🍃 und die Terrasse mit Pool bietet Meerblick. Das ehemalige Schulgebäude liegt an einer der hübschesten – mit pinkfarbenen Bougainvilleen geschmückten – verkehrsberuhigten Straßen der Stadt.

Hotel Balcón de Europa HOTEL €€

(☎ 952 52 08 00; www.hotelbalconeuropa.com; Paseo Balcón de Europa 1; EZ/DZ 82/115 €; 🏊) Das terrassenartig angelegte Hotel steht auf einem schmalen Felsvorsprung wie ein Boot, das nach Afrika ablegt. Draußen herrscht der übliche Trubel (hier ist Nerjas beliebtester touristischer Tummelplatz), aber innen ist es überraschend ruhig; die Balkons der Zimmer blicken über einen lauschigen Strandabschnitt vor der Kulisse des durchscheinenden Mittelmeers, das hat wohl keine Unterkunft zu bieten. Weitere

ABSTECHER

COMARES

Comares thront wie eine Schneeverwehung auf seinem luftigen Hügel. Hierherzugelangen ist ein echtes Abenteuer: Man sieht das Dorf schon Kilometer vorher, gelangt aber erst nach der letzten Biegung einer endlos langen kurvigen Straße zu seinen hängenden Gärten auf dem Felsvorsprung. Von einem kleinen Parkplatz aus führen steile Treppen mit mehreren Windungen ins Dorf. Dann folgt man ganz einfach den Fußabdrücken aus Keramik durch das Geflecht enger, kurviger Gassen. Sie führen an der **Iglesia de la Encarnación** vorbei bis zu den Ruinen der **Burg** von Comares und einem bemerkenswerten **Friedhof** auf dem Gipfel.

Die Geschichte des Dorfes ist von Rebellion geprägt, denn es war einst ein Stützpunkt von Omar ibn Hafsun. Heutzutage genießen Einheimische und viele Zugereiste die isolierte Lage. Die Besucher hier sind meist von der abenteuerlichen Sorte. Das Dorf hat sich zu einem Zentrum für Kletter- und Wandertouren entwickelt und verfügt über Andalusiens wohl längste **Zipline** (1/2 Strecken 15/20 €).

Bus M-360 fährt um 18 Uhr vom Busbahnhof in Málaga (S. 819) nach Comares. Von dort geht's morgens um 7 Uhr wieder zurück (einfach 3,20 €, 1½ Std.). Sonntags fahren die Busse nicht.

Pluspunkte gibt's für den Pool, die Pianobar und das Restaurant mit Ausblick.

Essen

★ **Chiringuito de Ayo** FISCH & MEERESFRÜCHTE
(www.ayonerja.com; Playa Burriana; Hauptgerichte 9–13 €; ⌚ 9–24 Uhr; 🅿 ♿) Die Speisekarte gibt's in neun Sprachen, aber das einzige Wort, dass man im direkt am Strand gelegenen Ayo verstehen sollte, lautet „Paella". Jeden Tag wird das Reisgericht hier in einer riesigen Pfanne auf offenem Holzkohlenfeuer direkt neben dem Sand zubereitet. Eine Portion kostet 7,50 €.

La Piqueta TAPAS
(Calle Pintada 8; Tapas 2 €, *raciones* 4,50–6 €; ⌚ Mo–Sa 10–24 Uhr) Es gibt zwei gute Gründe dafür, warum diese Tapas-Bar die beliebteste der Stadt ist: erstens der exzellente Hauswein und zweitens die Gratis-Tapas zu jedem Getränk, wie es eher in Granada als in der Provinz Málaga Tradition ist. Zur Auswahl stehen solide Klassiker wie Kutteln und *huevos estrellados* („zerschlagene Eier") mit Schinken, Knoblauch, Kartoffeln und Paprika.

Praktische Informationen

Touristeninformation (www.nerja.org; Calle Carmen; ⌚ Mo–Fr 10–14 & 18–22, Sa & So 10–13 Uhr) Hier gibt's viele nützliche Broschüren.

An- & Weiterreise

Busse von **Alsa** (☎ 952 52 15 04; www.alsa.es) verkehren regelmäßig nach/ab Málaga (5,75 €, 1¾ Std., 23-mal tgl.), Marbella (11 €, 2¼ Std., 1-mal tgl.) und Antequera (9 €, 2¼ Std., 2-mal tgl.). Zudem bestehen Verbindungen nach Almería und Granada.

Einen Busbahnhof gibt's nicht, dafür aber einen Fahrkartenschalter und eine **Bushaltestelle** am Hauptkreisverkehr an der Carretera N340.

Cómpeta

3700 EW

Das hübsche Dorf mit großartigem Ausblick, steilen verschlungenen Straßen und einem zentralen Platz mit Bars und Blick auf eine Kirche aus dem 16. Jh. zieht traditionell eine große gemischte ausländische Bevölkerung an. Aus diesem Grund bietet Cómpeta eine aktive Kulturszene und für einen Ort dieser Größe überdurchschnittliche Restaurants mit moderner Küche. Zudem gibt's verschiedene karitative Secondhandläden (eine Seltenheit in Spanien), und Cómpeta ist bei Wandergruppen beliebt. Kein Wunder, denn Cómpeta ist ein guter Ausgangspunkt für Wanderungen und weitere spannende Aktivitäten.

An- & Weiterreise

Dreimal täglich fahren Loymer-Busse von Málaga nach Cómpeta (4,50 €, 1½ Std.). Sie halten unterwegs in Torre del Mar.

La Axarquía

Tiefe Täler – gesäumt von Terrassen und Bewässerungskanälen aus maurischer Zeit – durchziehen die Region Axarquía. Die meisten Dörfer in den Hügeln, an denen

Oliven, Mandeln und Weintrauben gedeihen, gehen ebenfalls auf jene Periode zurück. Die wilde und unzugängliche Landschaft, insbesondere rund um die Sierra de Tejeda, bot einst ein gutes Versteck für *bandoleros*, die furchtlos durchs Hochland zogen. Heute zählen zu den Hauptattraktionen die fantastische Natur, hübsche weiße Dörfer, der starke, süße regionale Wein aus sonnengetrockneten Trauben und (im Frühling und Herbst) die guten Wandermöglichkeiten.

Der Hauptort von La Axarquía, **Vélez Málaga**, 4 km nördlich von Torre del Mar, ist eine geschäftige, aber unspektakuläre Stadt. Die restaurierte Burg auf dem Hügel ist dennoch einen Blick wert.

Mit am dramatischsten präsentiert sich La Axarquía in den höchstgelegenen Dörfern **Alfarnate** (925 m) und **Alfarnatejo** (858 m) mit hoch aufragenden Felsen wie dem Tajo de Gomer und dem Tajo de Doña Ana im Süden.

Praktische Informationen

Informationen zu La Axarquía gibt's bei den Touristeninformationen in Málaga (S. 827), Nerja (S. 829), Torre del Mar und **Cómpeta** (952 55 36 85; Avenida de la Constitución; Mo–Sa 10–15, So bis 14 Uhr). Wanderer sollten sich die Wanderbroschüre zum Parque Natural Sierras de Tejeda, Almijara y Alhama geben lassen. Gute Wanderkarten sind die *Mapa topográfico de Sierra Tejeda* und die *Mapa topográfico de Sierra Almijara* von Miguel Ángel Torres Delgado, beide im Maßstab 1:25 000. Wanderungen in der Region sind auch unter www.axarquia.es und entsprechenden Links beschrieben.

GIBRALTAR

32 700 EW

Rote Briefkästen, Fish-'n'-Chips-Shops und knarrende Hotels aus den 1970-ern am Meer: Gibraltar – so der englische Dichter Laurie Lee – sieht aus, als sei ein Stück Portsmouth aufs Meer geschleppt und 500 Meilen weiter südlich vor der Küste vertäut worden. „The Rock" – wie so viele andere koloniale Außenposten auch – kultiviert seine britische Wesensart absolut. Das mag Fans von Pubverköstigung und Nachmittagstee entgegenkommen, irritiert jedoch jene modernen Briten, die der Meinung sind, ihr Land habe sich seit den Tagen von Lord-Nelson-Nippes weiterentwickelt. Das strategisch zwischen Europa und Afrika gelegene Gibraltar mit seiner palladianischen Architektur und den fotogenen Berberaffen ist eine willkommene Abwechslung zu den Tapas-Bars und den weißen Dörfern der benachbarten Provinz Cádiz (Andalusien). Dazu trägt auch die bewegte lokale Geschichte bei, denn „The Rock" ist bereits länger britisch als die USA amerikanisch!

Der 5 km lange Kalksteinfelsen schraubt sich bis zu 426 m in die Höhe und wird an der Nord- und Ostseite von dramatischen Klippen eingerahmt. Die Bewohner Gibraltars sprechen Englisch, Spanisch und einen kuriosen Singsang, der beide Sprachen mischt und der sich oft mitten im Gespräch einschleicht. Die Schilder sind auf Englisch.

Geschichte

Sowohl die Phönizier als auch die alten Griechen hinterließen hier ihre Spuren, in die Geschichtsbücher schaffte es Gibraltar jedoch erst 711. Damals ging Tariq ibn Ziyad, der muslimische Statthalter von Tanger, mit einer 10 000 Mann starken Armee an Land, um von hier aus die islamische Eroberung der Iberischen Halbinsel zu starten. Der Name Gibraltar leitet sich von Jebel Tariq (Tariqs Berg) ab.

1159 gründeten die muslimischen Almohaden hier eine Stadt, die 1462 von Kastilien erobert wurde. Im Spanischen Erbfolgekrieg nahm dann 1704 eine englisch-niederländische Flotte Gibraltar ein. Mit dem Vertrag von Utrecht trat Spanien „The Rock" 1713 offiziell an Großbritannien ab, übernahm aber bis zum Scheitern der Großen Belagerung (1779–1783) immer neue Versuche, ihn zurückzuerobern. Bis heute ist Spanien an einer Rückgabe interessiert.

1969 schloss Francisco Franco, erbost über ein Referendum, in dem die Bewohner Gibraltars mit 12 138 zu 44 Stimmen für einen Verbleib unter britischer Herrschaft gestimmt hatten, die Grenze zwischen Spanien und Gibraltar. Im selben Jahr trat eine neue Verfassung in Kraft, die Großbritannien verpflichtete, Gibraltars Souveränität zu respektieren und ihm das Recht auf eine eigenständige Regierung und auf ein eigenes Parlament, das House of Assembly, einräumte. Unmittelbar bevor Spanien der Europäischen Gemeinschaft beitrat, wurde die Grenze 1985 nach 16 langen Jahren wieder geöffnet.

2002 sprachen sich die Bewohner in einem Volksentscheid klar gegen die Idee aus, Gibraltar unter britisch-spanische Kontrolle zu stellen. Bis heute wird immer wieder kontrovers über die Zukunft der Halbinsel debattiert, beispielsweise bei Streitigkeiten über die Seehoheit vor „The Rock". Hinzu kommen die bisher noch unklaren Konsequenzen des Austritts der Briten aus der EU.

Sehenswertes

Die meisten Besucher beginnen ihre Erkundungstour am Grand Casemates Square, zu dem der Landport Tunnel führt. Dieser war einst der einzige Landzugang nach Gibraltar. Dann geht's weiter entlang der Main Street, einer britischen Hauptstraße unter mediterraner Sonne.

★ Upper Rock Nature Reserve NATURSCHUTZGEBIET
(Erw./Kind mit Attraktionen 10/5 Gib£, Auto 2 Gib£, Fußgänger ohne Attraktionen 0,50 Gib£, Kombiticket mit Gondelbahn Erw./Kind 22/14 Gib£; April–Sept 9.30–18.45 Uhr, Okt.–März 9–17.45 Uhr) Fast der gesamte obere Felsbereich – aber nicht die Hauptaussichtspunkte – gehört zum Upper Rock Nature Reserve. Die Tickets beinhalten den Eintritt zur **St Michael's Cave** (St Michael's Rd), zur **Apes' Den**, zu den **Great Siege Tunnels**, zur **Maurischen Burg** (Tower of Homage; Willis' Rd), zum **Military Heritage Centre** (Ecke Willis' & Queen's Road) und zu **Nelson's Achorage** (S. 833). Der obere Felsen beheimatet 600 Pflanzenarten und eignet sich perfekt dazu, Zugvögel auf ihrer Wanderung zwischen Europa und Afrika zu beobachten.

Ein rund 1km langer Spaziergang (15 Min.) Richtung Süden auf der St. Michael's Road und O'Hara's Road führt von der oberen Seilbahnstation hinunter zu den Überbleibseln der **O'Hara's Battery** (9.2 Gun; O'Hara's Rd; Erw./Kind 3/2 Gib£; Mo–Fr 10–17 Uhr), einer Geschützstellung mit großen Kanonen auf dem Gipfel des Felsens (nicht im Ticket für das Naturschutzgebiet inbegriffen). Ein paar Minuten bergab befindet sich die **St Michael's Cave**, eine spektakuläre Tropfsteinhöhle voller Stalagmiten und Stalaktiten. Früher hielt man sie für eine mögliche Verbindung nach Afrika, heute zieht sie scharenweise Touristen an. Außerdem finden hier Konzerte, Theateraufführungen und sogar Modenschauen statt. Einen intensiveren Einblick, z. B. sieht man auch den unteriridischen See der Höhle, bietet die dreistündige geführte **Lower St Michael's Cave Tour** (10 Gib£). Die Touristeninformation (S. 834) kann gute Guides empfehlen. Kinder müssen mindestens zehn Jahre alt sein.

KOMBITICKETS (GIBRALTAR)

Am besten lässt sich „The Rock" mit der **Seilbahn** (Lower Cable-Car Station; Red Sands Rd; Erw. einfach/hin & zurück 13/15 Gib£, Kind einfach/hin & zurück 6/6 Gib£, Erw./Kind einfach inkl. Naturschutzgebiet 22/14 Gib£; April–Okt. 9.30–19.45 Uhr, Nov.–März bis 17.15 Uhr) zur **oberen Seilbahnstation** erkunden. Auf dem Weg hinunter kann man dann am Upper Rock Nature Reserve (siehe links) Zwischenstopps einlegen. Bei diesem Ausflug lohnt sich das Kombiticket für die Seilbahn und das Naturschutzgebiet (Erw./Kind 22/14 Gib£). Verkauft wird es bis zwei Stunden vor Schließung des Reservats an der unteren Seilbahnstation. Wer Apes' Den (siehe links) besichtigen möchte, steigt an der mittleren Station (April–Okt. geschl.) aus.

Kombitickets (Erw./Kind 30/16 Gib£) für Delfinbeobachtungstouren und Seilbahn (S. 834) sind über die Delfintour-Anbieter erhältlich.

Nach einem 1,5 km langen Fußmarsch (30 Min.) von der oberen Seilbahnstation in Richtung Norden (bergab) stößt man auf die Princess Caroline's Battery. Von hier führt eine Straße hinunter zur Princess Royal Battery mit weiteren Geschützen, und eine weitere 300 m hinauf zu den Great Siege Tunnels, den Tunneln der Großen Belagerung, einem komplexen Verteidigungssystem. Die Briten hauten es während der Belagerung von 1779 bis 1783 aus dem Felsen, um darin Kanonen zu platzieren. Auch die **Tunnel des Zweiten Weltkriegs** (20 07 16 49; Willis' Rd, Hay's Level; geführte Touren 8 Gib£, inkl. Upper Rock Nature Reserve & Attraktionen 18 Gib£; Mo–Sa 10–16 Uhr), in denen die Alliierten die Invasion Nordafrikas planten, kann man besuchen, aber man muss die Tickets im Voraus buchen. Sie sind nicht im Ticket zum Naturschutzgebiet inbegriffen, für einen Besuch muss man dennoch eines besitzen. Beide Tunnelanlagen (Great Siege Tunnels und Tunnel des Zweiten Weltkriegs) bilden nur einen winzigen Bruchteil der mehr als 50 km langen Tunnel und Gefechtsstände im Felsen. Der größte Teil ist für die Öffentlichkeit gesperrt.

Gibraltar

0 500 m
A
B
C
D
1
2
3
4
5
6
7
Marina Bay
11
12
Touristeninformation (430 m); (500 m); Spanien (550 m); (1,1 km)
Waterport Wharf Rd
Watergardens Quay
OCEAN VILLAGE
Winston Churchill Ave
Devil's Tower Rd
Sir Herbert Miles Rd
siehe Detailplan
Landport-Tunnel
5
4
10
6
Tower of Homage
Line Wall Rd
Main St
Castle Rd
Willis' Rd
Governor's St
Prince Edward's Rd
2
Upper Rock Nature Reserve
Queensway
Main St
Town Range
Flat Bastion Rd
Queensway Quay
19
Old Queen's Rd
Queen's Rd
Sir Herbert Miles Rd
Trafalgar Rd
3
untere Seilbahn-haltestelle
15
Red Sands Rd
Rosia Rd
Alameda Botanical Gardens
Sandy Bay
St Michael's Rd
O'Hara's Rd
9
Europa Rd
Engineer Rd
Queen's Rd
8
7
Bahía de Algeciras
13
Market Pl
Fish Market La
Smith Dorrien Ave
Grand Casemates Sq
Cooperage La
Queensway
Reclamation Rd
Line Wall Rd
Irish Town
18
Parliament La
Engineer La
17
16
Tuckeys La
Turner & Co
Bell La
Market La
Cornwall's Pde
John Mackintosh Sq
Main St
College La
King's St
Governor's Parade
Gibraltar Museum
Bomb House La
Cannon La
1
14
Library St
Governor's St
Cathedral Sq
George La
0 200 m

Gibraltar

Wer die Willis' Road von der Princess Caroline's Battery hinabläuft, stößt auf Gibraltars Maurische Burg. Sie wurde 1333 nach der Rückeroberung durch die Spanier wieder erbaut.

★ Gibraltar Museum MUSEUM

(☎ 200 742 89; www.gibmuseum.gi; 18–20 Bomb House Lane; Erw./Kind 2/1 Gib£; ⏲ Mo–Fr 10–18, Sa bis 14 Uhr) In diesem lohnenswerten Museum erhält man einen guten Überblick über Gibraltars bewegte Geschichte. Ein Labyrinth aus Ausstellungsräumen und Exponaten widmet sich u. a. prähistorischen und phönizischen Zeiten und der berüchtigten Großen Belagerung (1779–1783). Bemerkenswert sind die gut erhaltenen maurischen Bäder aus dem 14. Jh. und eine kunstvoll bemalte ägyptische Mumie aus dem 7. Jh., die Anfang des 19. Jhs. in der Bucht gefunden wurde.

Nelson's Anchorage DENKMAL

(100-Tonne Gun; Rosia Rd; 1 Gib£, inkl. Upper Rock Nature Reserve & Attraktionen Erw./Kind 10/5 Gib£; ⏲ April–Sept. 9.30–18.15 Uhr, Okt.–März 9–17.45 Uhr) Nelson's Anchorage am südwestlichen Ende der Stadt ist der Ort, an dem Nelsons Leiche nach der Schlacht von Trafalgar von der HMS *Victory* angespült wurde, der Legende nach in einem Rumfass. Eine 100 t schwere riesige Kanone der Briten (1870) erinnert daran.

Aktivitäten

★ Mediterranean Steps WANDERN

Der alte schmale Weg mit steilen Stufen, viele davon aus dem Kalkstein gehauen, ist sicher nicht die bekannteste Attraktion Gibraltars, dafür aber die wohl spektakulärste. Er startet beim Parkeingang am Jew's Gate, durchquert das Südende der Stadt und steigt dann steil die Klippe am östlichen Steinhang hinauf bis zum Felskamm und kommt in der Nähe der O'Hara's Battery heraus.

Schlafen

Bristol Hotel HOTEL €€

(☎ 200 768 00; www.bristolhotel.gi; 10 Cathedral Sq; EZ 69–74 Gib£, DZ 86–93 Gib£, 3BZ 99–105 Gib£; ❄ 📶 🏊) Wo sonst gibt's ein Hotel im 1970er-Jahre-Stil, das sich seines Retrodesigns nicht mal bewusst ist? Das in die Jahre gekommene, aber gepflegte Bristol hat eine erstklassige Lage nahe der Main Street knarrende Holzdielen, rot gemusterte Teppiche, einen hübschen ummauerten Garten und einen kleinen Pool. Das Personal ist allerdings leider nicht besonders hilfsbereit. Frühstück kostet extra (6 Gib£).

Rock Hotel HOTEL €€€

(☎ 200 730 00; www.rockhotelgibraltar.com; 3 Europa Rd; inkl. Frühstück, Zi. 120–150 Gib£, Suite 145–240 Gib£; P ❄ 📶 🏊) Gibraltars Grande Dame ist so berühmt wie seine Affen und kommt nach umfassenden Renovierungsarbeiten verjüngt und adrett daher. Die 86 eleganten, aber gemütlichen cremefarbenen Zimmer – einige haben Balkons – warten mit Holzböden, frischen Blumen, Tee- und Kaffeemaschinen und Meerblick auf. Zum Paket gehören außerdem ein Fitnessbereich, ein Willkommensgetränk, Schreibtische, Bademäntel, eine elegante Cafébar und im Winter der Sonntagsbraten (25 Gib£). Im Sommer wird am Pool gegrillt.

Essen

Adiós Tapas, hello Fish 'n' Chips: Gibraltars Küche ist durch und durch britisch und für andalusische Verhältnisse ziemlich teuer. Zum Standard gehören Pubessen, Bier und Sandwiches, Pommes frites und schwer verdauliche Desserts. Ein wenig internationaler geht's in Queensway Quay, Marina Bay

DELFINE BEOBACHTEN

In der Bahía de Algeciras lebt das ganze Jahr über eine recht große Delfinpopulation (Streifendelfine, Große Tümmler und Kurzschnäuzige Gemeine Delfine). Diese zu beobachten ist ein Highlight eines jeden Gibraltar-Besuchs. **Dolphin Adventure** (☎200 506 50; www.dolphin.gi; 9 The Square, Marina Bay; Erw./Kind 25/13 Gib£) und **Dolphin Safari** (Blue Boat; ☎200 719 14; www.dolphinsafari.gi; 6 The Square, Marina Bay; Erw./Kind 25/15 Gib£) veranstalten hervorragende ein- bis anderthalbstündige Delfinbeobachtungstouren. In den meisten Monaten bieten beide täglich zwei bis drei Ausflüge an. Dolphin Adventure veranstaltet im Sommer zudem Whalewatchingtouren in der Meerenge von Gibraltar (Erw./Kind 40/30 Gib£). Man muss im Voraus reservieren.

Von September bis November ist die beste Zeit, Delfine zu beobachten. Im März und April sieht man die wenigsten Tiere.

und Ocean Village zu. Eine Reihe guter Restaurants liegen an der Fish Market Lane, direkt hinter dem Grand Casemates Square.

Clipper PUBFOOD €
(78B Irish Town; Hauptgerichte 5–9 Gib£; ⏲ Mo–Fr 9–22, Sa 10–16, So 10–22 Uhr; 📶) Für viele Einheimische gibt's keinen besseren Pub als das Clipper. Ein Teil des in die Jahre gekommenen Marinedekors ist mittlerweile einer schick-modernen Einrichtung gewichen, doch auf den Tisch kommen noch immer traditionell große Portionen echter Kneipenkost. Zu den britischen Klassikern auf der Speisekarte gehören die Ofenkartoffeln, Hühnchen-Tikka-Masala, fettige Kartoffeln, Sonntagsbraten und das typische Frühstück (5,95 Gib£), das den ganzen Tag über serviert wird.

Star Bar PUBFOOD €€
(www.starbargibraltar.com; 12 Parliament Lane; Gerichte 5–14 Gib£; ⏲ Mo–Sa 8–23, So 10–22 Uhr) Die älteste Bar von „The Rock" (wenn man der Eigenwerbung glauben darf) wurde zwischenzeitlich modernisiert. Mittlerweile umfasst das Angebot der leicht mediterran geprägten Kneipenkost sogar Tapas wie *patatas bravas* (Kartoffeln in scharfer Tomatensoße) und Manchego-Käse. In den beengten Räumlichkeiten kommen leckere Wraps, Burger, Pasteten, Salate, Entrecotes, Pasta mit Butternusskürbis und Ziegenkäse sowie natürlich Fish 'n' Chips auf den Tisch.

Sacarello's INTERNATIONAL, CAFÉ €€
(☎200 706 25; www.sacarellosgibraltar.com; 57 Irish Town; Hauptgerichte 8–15 Gib£; ⏲ Mo–Fr 8.30–19.30, Sa 9–15 Uhr; 📶 🖉) Das Sacarello ist breit aufgestellt: Neben einer guten Auswahl vegetarischer Gerichte (Nudeln, Quiches) serviert es in einem mehrstöckigen früheren Kaffeelager Kneipenküche. Zudem gibt's eine leckere umfangreiche Kaffeeauswahl, jede Menge Kuchen, eine Salatbar und Tagesgerichte. Von 15.30 bis 19.30 Uhr wird der Nachmittagstee (6,20 Gib£) serviert.

The Lounge INTERNATIONAL €€€
(☎200 611 18; 17A & B Ragged Staff Wharf, Queensway Quay; Hauptgerichte 14–19 Gib£; ⏲ Mo–Sa 12–16 & 18–22, So 12–16 Uhr) Die beliebte, stilvolle Gastrobar und Lounge am Wasser gleich im Süden des Zentrums serviert internationale Küche aus frischen Produkten, darunter Salate, Pasta, Risottos, Sandwiches, Fleischgerichte sowie Fish 'n' Chips und kreative Spezialitäten des Hauses je nach Saison. Zu Vorspeisen wie in Gin geräuchertem Lachs mit Roter Bete kann man z. B. Kabeljau in Biersoße oder Entrecote mit Chimichurri-Marinade bestellen, alles mit Blick auf die Megajachten am Queensway Quay.

ℹ Praktische Informationen

Touristeninformation (☎200 450 00; www.visitgibraltar.gi; Heritage Bldg, 13 John Mackintosh Sq; ⏲ Mo–Fr 9–16.30, Sa 9.30–15.30, So 10–13 Uhr)

Touristeninformation (☎200 507 62; www.visitgibraltar.gi; Customs Bldg, Winston Churchill Ave; ⏲ Mo–Fr 9–16.30 Uhr)

ℹ An- & Weiterreise

AUTO & MOTORRAD

Aufgrund der langen Staus ist es empfehlenswert, in La Línea zu parken und die Grenze Richtung Süden zu Fuß zu überqueren (bis zum Casemates Square sind es 1,5 km). Die Einreise mit dem Auto kostet nichts, man benötigt aber einen Versicherungsnachweis, Fahrzeugschein, Führerschein und eine Nationalitätenplakette. In Gibraltar herrscht Rechtsverkehr.

Es gibt Parkmöglichkeiten an der Line Wall Road, an der Reclamation Road und an der Devil's Tower Road (0,50 Gib£/30 Min.). Für das

Parken an der Straße in La Línea werden 1,25 € pro Stunde fällig, einfacher und sicherer sind jedoch die Tiefgaragen (21 €/ 24 Std.) unmittelbar nördlich der Avenida Príncipe de Asturias.

BUS

Es gibt keine direkten Busverbindungen nach Gibraltar, doch der **Busbahnhof** (Avenida de Europa) in La Línea de la Concepción (Spanien) liegt nur 400 m von der Grenze entfernt. Von dort verkehren regelmäßig Busse nach/ab Algeciras, Cádiz, Málaga, Sevilla und Tarifa.

FLUGZEUG

Gibraltars gut angebundener **Flughafen** (☎ 20 012345; www.gibraltarairport.gi) liegt am Nordende von „The Rock", neben der spanischen Grenze.

British Airways (www.britishairways.com) nach/ab London (Heathrow).

EasyJet (www.easyjet.com) nach/ab London (Gatwick), Bristol und Manchester.

Royal Air Maroc (www.royalairmaroc.com) nach/ab Casablanca und Tanger.

SCHIFF/FÄHRE

Freitags um 19 Uhr setzt eine Fähre von **FRS** (www.frs.es) von Gibraltar zum Tanger Med (Marokko; Erw./Kind einfache Fahrt 39/26 Gib£, 1½ Std., zur Zeit der Recherche war offen, ob die Strecke beibehalten wird). Tickets können bei **Turner & Co** (☎ 200 783 05; www.turnershipping.com; 67 Irish Town; ⌚ Mo–Fr 9–16 Uhr) gebucht werden.

Unterwegs vor Ort

Die Buslinie 5 verkehrt alle zehn bis 20 Minuten zwischen der Stadt und der Grenze. Bus 2 bedient Europa Point, Bus 3 den Süden der Stadt. Die Busse 4 und 8 fahren nach Catalan Bay. Alle Linien halten am **Market Place** (Market Pl), unmittelbar nordwestlich des Grand Casemates Square. Einzeltickets kosten 1,50 Gib£, Tageskarten 2,25 Gib£. Die Fahrpläne findet man unter www.gibraltarbuscompany.gi/site.

PROVINZ JAÉN

Wer sich für Kultur, Natur, Geschichte und gutes Essen interessiert, wird von dieser recht spärlich besuchten Provinz begeistert sein. Die Landschaft ist von endlosen Reihen blassgrüner Olivenbäume geprägt, die für ein Sechstel der weltweiten Olivenölproduktion verantwortlich sind. Von Burgen bekrönte Hügel erinnern daran, dass die Gegend einst Grenzland zwischen Christen und Mauren war, während die wunderschöne Renaissance-Architektur der UNESCO-Welterbestätten Úbeda und Baeza vom Reichtum des Reconquista-Adels zeugt.

Jenseits der Städte und Olivenhaine wartet Jaén mit wunderschönen Berglandschaften auf. Der Parque Natural Sierras de Cazorla, Segura y Las Villas, Spaniens größtes Naturschutzgebiet, ist mit seinen zerklüfteten Bergen, tiefen grünen Tälern, der facettenreichen Fauna und Dörfern in spektakulärer Lage ein andalusisches Naturparadies, das aufgrund guter Hotels, Straßen und Wege gut zu entdecken ist.

Jaén

111 000 EW / 575 M

Jaén liegt inmitten weiter Olivenhaine, dem recht wackeligen Fundament seiner Wirtschaft. Die Stadt steht etwas im Schatten der wunderschönen Nachbarn Úbeda und Baeza und wird von Besuchern der Provinz oft übersehen. Diese verpassen jedoch ein charmantes, wenn auch etwas baufälliges historisches Zentrum mit versteckten Vierteln, exzellenten Tapas-Bars und einer grandiosen Kathedrale.

Das muslimische Dschayyan war eine wichtige Stadt, bevor sie 1246 von Kastilien erobert wurde. Das christliche Jaén behielt aufgrund seiner strategischen Lage nahe der Grenze zum nasridischen Granada zweieinhalb Jahrhunderte lang seine Bedeutung. Nach der endgültigen Vertreibung der Mauren aus Granada 1492 erlebte Jaén einen Niedergang. Viele Bewohner wanderten in spanische Kolonien aus, deswegen gibt's in Peru und auf den Philippinen ebenfalls Städte mit dem Namen Jaén.

Sehenswertes

★ **Catedral de la Asunción** KATHEDRALE

(Plaza de Santa María; Erw. inkl. Audioguide 5 €, Kind/Senior 1,50/2 €; ⌚ Mo–Fr 10–14 & 16–20, Sa 10–14 & 16–19, So 10–12 & 16–19 Uhr) Jaéns massive Kathedrale stellt den Rest der Stadt mit Leichtigkeit in den Schatten – insbesondere, wenn man sie hoch oben von der Spitze des Cerro de Santa Catalina aus betrachtet. Ihr Bau dauerte von 1540 bis 1724 und ersetzte eine baufällige gotische Kathedrale, die wiederum am einstigen Standort einer Moschee errichtet worden war. Andrés de Vandelvira, der Meisterarchitekt von Úbeda und Baeza, und sein Vater Pedro entwarfen sie in Perfektion und sorgten damit dafür, dass Jaéns Kathedrale zum Vorbild für viele prächtige Kirchen in Lateinamerika wurde.

Die Fassade an der Plaza de Santa María wurde erst im 18. Jh. fertiggestellt und ist aufgrund der zahlreichen Skulpturen des Sevillaners Pedro Roldán stärker vom Barock als von der Renaissance geprägt. Ansonsten herrscht der Renaissancestil vor, was die riesigen Rundbogen und die Gruppen korinthischer Säulen auf eindrucksvolle Weise unterstreichen. Innen thront eine prachtvolle runde Kuppel über dem Kreuz vor dem Hauptaltar. Vom Vorraum der Sakristei südlich der Vierung führt eine Treppe mit 57 Stufen hinauf zu Gängen, die an der Süd- und Westseite der Kathedrale entlanglaufen und einen beeindruckenden Blick hinab ins Kircheninnere bieten.

★ Castillo de Santa Catalina BURG

(Cerro de Santa Catalina; Erw./Senior, Student & Kind 3,50/1,50 €, Mi 15–18 Uhr; ⌚ Mo–Sa 10–18, So bis 15 Uhr; P ♿) Hoch über der Stadt auf dem von Klippen flankierten Cerro de Santa Catalina thront die Castillo de Santa Catalina. Ihre Lage machte die Festung quasi uneinnehmbar und verhalf Jaén zu seiner bedeutenden Rolle in der maurischen Zeit und in den frühen Reconquista-Jahrhunderten. Am Abgrund erinnert ein großes Kreuz an den Ort, an dem Ferdinand III. nach der endgültigen Eroberung Jaéns 1246 ein Kreuz errichten ließ. Der Ausblick ist traumhaft.

Palacio de Villardompardo BADEHAUS, MUSEUM

(Centro Cultural Baños Árabes; www.bañosarabesjaen.es; Plaza de Santa Luisa de Marillac; ⌚ Di–Sa 9–22, So bis 15 Uhr) GRATIS Dieser Renaissance-Palast beherbergt eine der faszinierendsten Sammlungen historischer, archäologischer und künstlerischer Exponate, die in Andalusien unter einem Dach zu sehen sind: die wunderschönen **Baños Árabes** (arabische Bäder), die zu den größten erhaltenen islamischen Badehäusern Spaniens zählen, das **Museo de Artes y Costumbres Populares**, dessen reichhaltige und vielfältige Ausstellungsstücke das Leben in der Provinz Jaén in vorindustriellen Zeiten veranschaulichen, und das **Museo Internacional de Arte Naïf** (Internationales Museum für Naive Kunst) mit einer großen Sammlung farbenfroher und origineller Naiver Kunst.

Schlafen

Hotel Xauen HOTEL €

(☎ 953 24 07 89; www.hotelxauenjaen.com; Plaza del Deán Mazas 3; inkl. Frühstück EZ 52–56 €, DZ 56–82 €; ❄ @ 📶 🐾) Das Hotel punktet vor allem mit seiner Toplage im Zentrum. Die Zimmer sind in Brauntönen gehalten und recht klein, dafür aber gemütlich und gepflegt. Große Fotos zu vielen Themen zieren die Aufenthaltsbereiche, und die Sonnenterrasse auf dem Dach bietet einen eindrucksvollen Blick auf die Kathedrale. In der Nähe kann man für 11 € parken.

★ Parador Castillo de Santa Catalina LUXUSHOTEL €€

(☎ 953 23 00 00; www.parador.es; Cerro de Santa Catalina; Zi. 100–180 €; P ❄ @ 📶 🏊) Jaéns Parador neben der Burg hoch oben auf dem Cerro de Santa Catalina überzeugt durch eine unvergleichliche Lage und dramatische Gewölbedecken. In den luxuriösen Zimmern stehen noble Möbel und teils sogar Himmelbetten. Auf die Gäste warten außerdem ein exzellentes Restaurant und eine Bar mit Panoramaterrasse.

Essen

In Jaén gibt's wenige schicke Restaurants, doch einige der besten Tapas-Bars Andalusiens, vor allem nördlich der Kathedrale und zwischen den Straßen Calle Maestra and Calle Cerón. Es stehen etliche Bars zur Auswahl, aber in den schmalen Gassen zwischen den beiden Straßen befinden sich ein paar gepflegte Adressen, die schon seit mehr als einem Jahrhundert Institutionen sind.

El Gorrión ANDALUSISCH €

(Calle Arco del Consuelo 7; Tapas ab 2 €, *raciones* 8–18 €; ⌚ Di–So 13.30–16, Fr & Sa 8.30–12.30 & 20.30–0.30 Uhr) Im Hintergrund läuft legerer Jazz, an der Wand hängen alte Zeitungsausschnitte und schiefe Gemälde, und es fühlt sich an, als frequentierten diese Bar seit 1888 (der Eröffnung) dieselben einheimischen Gäste. Tatsächlich kommen Besucher jeden Alters von nah und fern hierher, um die Atmosphäre, die lokalen Weine und das Essen, z. B. Paprikawurst (Chorizo) und mit Meeresfrüchten gefüllte Artischocken zu genießen.

Taberna La Manchega ANDALUSISCH €

(Calle Bernardo López 12; *bocadillos* 2–2,50 €, *platos combinados* & *raciones* 6–12 €; ⌚ Mi–Mo 10–17 & 20–1 Uhr) La Manchega gibt's schon seit den 1880er-Jahren. Zu *bocadillos* (lange belegte Baguettes, u. a. mit fünf Varianten *tortilla*) und *raciones* (Tapas als komplettes Tellergericht) wie *chorizo de ciervo* (Wild-Chorizo), *conejo al ajillo* (Kaninchen in Knoblauch) und *solomillo* (Schweinelende) kann man hier Wein trinken und mit dem Barkeeper alter Schule auf Spanisch plaudern.

★ Casa Antonio SPANISCH €€€
(☎ 953 27 02 62; www.casantonio.es; Calle Fermín Palma 3; Hauptgerichte 19–24 €; ⊙ Di–Sa 13–16 & 20.30–23.30, So 13–16 Uhr, im Aug. geschl.) Dieses elegante kleine Restaurant liegt in einer unattraktiven Straße abseits des Parque de la Victoria. Es serviert gute spanische Klassiker, darunter Rebhuhn in *escabeche* (einer Marinade aus Öl, Essig und Wein), Lamm-Koteletts und geröstete Ziegenlammschulter. Zudem gibt's exzellente Meeresfrüchte. Das Essen ist nicht zu kompliziert, wird jedoch von Experten aus Topzutaten zubereitet. Der Service ist nett und aufmerksam.

ℹ Praktische Informationen

Touristeninformation (☎ 953 19 04 55; www.turjaen.org; Calle Maestra 8; ⊙ Mo–Fr 9–19.30, Sa 10–15 & 17–19, So bis 15 Uhr) Das hilfsbereite mehrsprachige Personal bietet Infos zur Stadt und zur gesamten Region.

ℹ An- & Weiterreise

BUS

Alsa (☎ 902 422242; www.alsa.es), **Grupo Sepulvedana** (☎ 902 119699; www.lasepulvedana.es) und **Autocares Samar** (☎ 902 257025; www.samar.es) bieten Verbindungen ab dem **Busbahnhof** (☎ 953 23 23 00; www.epassa.es/autobus; Plaza de la Libertad).

ZIEL	BUS-GESELL-SCHAFT	PREIS	DAUER	HÄUFIG-KEIT
Baeza	Alsa	4,50 €	1 Std.	10–16-mal tgl.
Cazorla	Alsa	9,25 €	2½ Std.	3-mal tgl.
Córdoba	Sepulvedana	11 €	2 Std.	6–9-mal tgl.
Granada	Alsa	8,90 €	1¼ Std.	11–14-mal tgl.
Madrid	Samar	20 €	4–5 Std.	3–4-mal tgl.
Málaga	Alsa	20–24 €	2¾–4½ Std.	4-mal tgl.
Úbeda	Alsa	5,40 €	1–1¾ Std.	10–17-mal tgl.

ZUG

Am **Bahnhof** (www.renfe.com; Plaza Jaén por la Paz) von Jaén fahren pro Tag vier Züge über Córdoba (15 €, 1¾ Std.) und Sevilla (28 €, 3 Std.) nach Cádiz (38 €, 5 Std.) und vier Züge nach Madrid (35 €, 3¾ Std.).

Baeza

15 400 EW / 760 M

Die Zwillingsstädte Baeza (Ba-äh-sa) und Úbeda gehören zum Weltkulturerbe der UNESCO. Sie liegen 9 km voneinander entfernt. Ihr architektonischer Reichtum räumt mit dem Vorurteil auf, in Andalusien gebe es außer maurischen Bauwerken keine interessanten Gebäude. Diese beiden entlegenen Provinzstädte warten mit einem wahren Schatz im christlichen Renaissancestil auf. Sie stammen aus der Zeit, als ein paar hiesige Familien ein riesiges Vermögen anhäuften und einen Großteil davon für die Verschönerung ihrer Heimatstädte ausgaben. Baeza, die kleinere der zwei, ist im Rahmen eines Tagesausflugs von Úbeda aus zu besuchen, hält jedoch auch ein paar gute Unterkünfte bereit. Hier hinterließ eine Handvoll wohlhabender streitlustiger Familien, die durch den Getreideanbau sowie durch Stoff-und Lederproduktion reich geworden waren, eine wahrhaft überwältigende Fülle perfekt erhaltener Renaissancekirchen und öffentlicher Gebäude.

Baeza war eine der ersten andalusischen Städte, die an die Christen fiel (1227). Von der maurischen Stadt Bayyasa ist nach jahrhundertelangem kastilischem Einfluss heute kaum noch etwas geblieben.

◉ Sehenswertes

Die Hauptattraktionen der Stadt konzentrieren sich auf die schmalen Straßen südlich der zentralen Plaza de España und auf den breiten Paseo de la Constitución, der einst den Markplatz und die Stierkampfarena beherbergte.

★ Oleícola San Francisco OLIVENMÜHLE
(☎ 953 76 34 15; www.oleoturismojaen.com; Calle Pedro Pérez, Begíjar; 1½-stündige Führungen 5 €; ⊙ Führungen 11 & 17 Uhr) Bei den faszinierenden Führungen durch die Olivenmühle nahe Baeza lernen Teilnehmer alles, was sie über die Umwandlung von Oliven in Öl wissen möchten, außerdem wie dieses hergestellt wird und was Extra-Virgin-Sorten von anderen unterscheidet. Zum Schluss darf man ein paar Varianten kosten. Wer möchte, kann außerdem eine oder zwei Flaschen des hochwertigen Produkts erwerben.

★ Catedral de Baeza KATHEDRALE
(Plaza de Santa María; Erw./Kind 4/1,50 €; ⊙ Mo–Fr 11–14 & 16–19, Sa 10–19, So bis 18 Uhr) Wie

in weiten Teilen Andalusiens wurde bei der Reconquista auch die Moschee dieser Stadt zerstört und durch eine Kathedrale ersetzt. Deren Bau legte den Grundstein für die Entstehung eines kleinen kastilischen Juwels. Die Kathedrale ist von verschiedenen Einflüssen geprägt, aber vorherrschend ist der Renaissancestil des 16. Jhs. Davon zeugen die Fassade an der Plaza de Santa María und das einfache Design des dreischiffigen Innenraums (von Andrés de Vandelvira).

★ Palacio de Jabalquinto PALAST

(Plaza de Santa Cruz; ⏲ Mo–Fr 9–14, Sa & So 10–14 & 16–20 Uhr) GRATIS Baezas prachtvollster Palast wurde wahrscheinlich im späten 15. Jh. für ein Mitglied der Adelsfamilie Benavides errichtet. Ihr Prunkstück ist die spektakuläre Fassade im dekorativen isabellinischen Stil mit einer skurrilen Ansammlung nackter Menschen, die an der Zierleiste über dem Eingang hinaufklettern. Den Patio schmücken zweistöckige Renaissance-Arkaden mit Marmorsäulen, ein eleganter Brunnen und ein herrlich geschnitzter barocker Treppenaufgang.

Plaza del Pópulo PLATZ

(Plaza de los Leones) Elegante Gebäude aus dem 16. Jh. flankieren den hübschen Platz. Der zentrale **Fuente de los Leones** (Löwenbrunnen) mit Schnitzarbeiten aus dem iberoromanischen Dorf Cástulo wird von einer Statue gekrönt, die angeblich die iberische Prinzessin Imilce darstellt, eine der Ehefrauen des karthagischen Heerführers Hannibal.

ABSTECHER

FORTALEZA DE LA MOTA

Aus der Ferne ähnelt die **Fortaleza de la Mota** (www.tuhistoria.org; Alcalá la Real; Erw./Kind 6/3 €; ⏲ April–Mitte Okt. 10.30–19.30 Uhr, Mitte Okt.–März 10–17.30 Uhr; P 👪) mit ihrem hohen Kirchturm und dem verwegenen Bergfried, die über den Mauern herausragen, eher einer Stadt als einer bloßen Festung. Kein Wunder, schließlich war der befestigte Hügel über der Stadt Alcalá la Real im Mittelalter tatsächlich Alcalá la Real. Der großartige Bau lohnt einen Zwischenstopp auf der Straße von Granada nach Córdoba durch die südwestliche Provinz Jaén ebenso wie einen kleinen Umweg von anderswo.

Antigua Universidad HISTORISCHES GEBÄUDE

(Alte Universität; Calle del Beato Juan de Ávila; ⏲ 10–14 & 16–19 Uhr) GRATIS Die historische Universität der Stadt wurde 1538 gegründet. Sie entwickelte sich zu einer Quelle progressiver Ideen, die von den konservativen Patrizierfamilien meist nicht gut aufgenommen wurden, sodass es oft Auseinandersetzungen zwischen Gelehrten und Betuchten gab. Seit 1875 beherbergt das Gebäude eine weiterführende Schule. Der zentrale Innenhof mit eleganten Renaissancebogen ist öffentlich zugänglich, ebenso das erhaltene Klassenzimmer des berühmten Dichters Antonio Machado, der hier von 1912 bis 1919 Französisch unterrichtete.

Feste & Events

Semana Santa RELIGION

(www.semanasantabaeza.com; ⏲ März/April) Baezas Osterprozessionen sind feierlich, prachtvoll und tief in den Traditionen der Stadt verwurzelt. Sie finden vom Palmsonntag bis Karfreitag jeden Abend statt.

Feria FEST

(⏲ Mitte Aug.) Ein großer karnevalsähnlicher Umzug mit *gigantones* (riesigen Pappmachéfiguren) und anderen farbenfrohen Figuren läuten das Sommerfest ein. Darauf folgt ein fünftägiges Programm mit Feuerwerk, einem riesigen Rummel, Konzerten und Stierkämpfen.

Schlafen

Hostal Aznaitín HOSTEL €€

(☎ 953 74 07 88; www.hostalaznaitin.com; Calle Cabreros 2; inkl. Frühstück EZ 50–75 €, DZ 60–85 €; ❄ 📶 ✖) Alles andere als ein tristes *hostal*. Das einladende, helle Aznaitín hat stilvolle geräumige Zimmer mit guten Matratzen und großen ansprechenden Fotos von Baezas Sehenswürdigkeiten. An der Rezeption erhalten Gäste jede Menge Infos und Ideen zu Attraktionen und Aktivitäten in und um Baeza.

Hotel Puerta de la Luna HISTORISCHES HOTEL €€

(☎ 953 74 70 19; www.hotelpuertadelaluna.com; Calle Canónigo Melgares Raya 7; EZ 70–130 €, DZ 70–139 €; P ❄ @ 📶 ✖) Würde Baezas Adel aus der Renaissance-Zeit heute leben, wäre dieses Luxushotel sicherlich seine erste Wahl. Es ist in einer Villa aus dem 17. Jh. untergebracht und verfügt über einen eleganten Patio mit Orangenbäumen und Pool sowie wunderschön eingerichtete Salons mit gemütlichen Kaminen. Die geräumigen

ABSTECHER

PARQUE NATURAL SIERRA DE ANDÚJAR

Der 748 km² große Naturpark nördlich der Stadt Andújar wartet mit den größten Flächen natürlicher Vegetation der Sierra Morena sowie mit vielen Stierzuchtfarmen auf. Er ist ein aufregendes Ziel für Tierbeobachter. Hier leben zahlreiche große Säugetiere und Vögel, darunter die fünf prominenten bedrohten Arten Pardelluchs, Iberischer Wolf, Rabengeier, Schwarzstorch und Spanischer Kaiseradler. Mit rund 200 Exemplaren, die hier und im benachbarten Parque Natural Sierra de Cardeña y Montoro (Provinz Córdoba) zu Hause sind, zählt die Pardelluchspopulation zu den größten der Welt. Im Andújar-Park leben auch 25 Brutpaare des Spanischen Kaiseradlers, was einem Zehntel des Gesamtvorkommens dieses majestätischen Vogels auf der Iberischen Halbinsel entspricht.

Die Mitarbeiter des Besucherzentrums **Centro de Visitantes Viñas de Peñallana** (953 53 96 28; Carretera A6177, Km 13; Do 10–14, Fr & Sa 10–14 & 15–18 Uhr, Mitte Juni–Mitte Sept. nachmittags geschl., Juli & Aug. Do geschl.), 13 km nördlich der Stadt Andújar, informieren darüber, wo die Chancen am größten sind, Wildtiere zu entdecken, aber es gehört etwas Glück dazu. Die besten Monate, um Luchse zu sehen, sind Dezember und Januar, ihre Paarungszeit. Lokale Veranstalter geführter Touren können Teilnehmern den Zugang zu privatem Grund und Boden ermöglichen, wo die Chancen, Tiere zu sichten, oft größer sind. Zu diesen Veranstaltern gehören **Iberus Birding&Nature** (680 46 80 98; www.iberusmedioambiente.com; Centro de Visitantes Viñas de Peñallana, Carretera A6177, Km 13), **IberianLynxLand** (636 98 45 15, English 626 70 05 25; www.iberianlynxland.com) und **Turismo Verde** (628 70 94 10; www.lasierradeandujar.com). Ein Ganztagesausflug für zwei/vier Personen kostet rund 150/250 €.

Auf einem Hügel im Herzen des Parks thront das **Santuario de la Virgen de la Cabeza** (Carretera A6177, Km 31, Cerro del Cabezo; P). Die Kapelle steht im Mittelpunkt einer der wichtigsten und emotionalsten religiösen Veranstaltungen Spaniens, der **Romería de la Virgen de la Cabeza** am letzten Aprilwochenende.

Eine gute Ausgangsbasis für Wildtierbeobachter ist das Landhotel **La Caracola** (640 75 82 73; www.lacaracolahotelrural.com; Carretera A6177, Km 13,8; EZ/DZ inkl. Frühstück 40/60 €; P). Es verfügt über helle, moderne Zimmer sowie gemütliche Gemeinschaftsbereiche, außerdem gibt's gute Mahlzeiten (Mittag- oder Abendessen 15 €) und das Frühstück wird so früh serviert, wie es der Gast wünscht. Man kann auch ein Picknick bestellen. Das Hotel liegt 1,4 km von der A6177 entfernt: Die ausgschilderte Abzweigung befindet sich 800 m nördlich vom Besucherzentrum des Parks.

Von Jaén und Córdoba fahren täglich mehrere Züge und Busse nach Andújar, und von Baeza und Úbeda ist der Ort mit dem Bus erreichbar. Samstags und sonntags fahren Busse zur Kapelle.

Zimmer mit klassischen Möbeln und Kunst haben gute große Bäder. Das Frühstücksbuffet kostet 15 €.

Essen

Bars, Cafés und Restaurants säumen den Paseo de la Constitución und die Plaza de España und bieten einen interessanten Ausblick auf das bunte Treiben dort. Die besten Läden verstecken sich allerdings in den schmalen Straßen der Altstadt. Wie in der gesamten Provinz bekommt man in fast jeder Bar eine kostenlose Tapa zum Drink.

Bar Pacos SPANISCH €
(Calle de Santa Catalina; Tapas & medias raciones 4,50–12 €; 13.30–16 & 20.30–24 Uhr) Das Pacos, häufig von Einheimischen und Touristen gut besucht, bietet eine große Auswahl hübsch angerichteter kreativer Geschmackserlebnisse – meist in größeren Portionen als bei Tapas sonst üblich. Zu den Spezialitäten zählen Crêpes (u. a. mit Schweinefleisch und Rührei gefüllt), aber es gibt Dutzende weitere verlockende Optionen, z. B. Spinat mit Garnelen oder Rindstartar mit einer Apfelsoße.

★ **Palacio de Gallego** SPANISCH €€
(☎ 667 76 01 84; www.palaciodegallego.com; Calle de Santa Catalina 5; Hauptgerichte 15–30 €; ⏲ Mi 20–24, Do–Mo 13–16 & 20–24 Uhr) In der wundervoll atmosphärischen Kulisse eines Hauses aus dem 16. Jh. und an Tischen in dem herrlichen Patio oder im Speisesaal unter alten Holzbalken serviert das Gallego fantastische Fleisch- und Fischgerichte, u. a. auch vom Grill. Auf der Weinkarte stehen über 100 spanische Weine, und als Vorspeise ist der Salat mit Ziegenkäse, Orangen und Walnüssen nicht mehr zu übertreffen.

Ausgehen & Nachtleben

★ **Café Teatro Central** BAR
(www.facebook.com/cafeteatrocentral; Calle Barreras 19; ⏲ 16–3 Uhr; 📶) Die originellste und altbewährteste Ausgehadresse der Provinz hat eine faszinierend bunt gemischte Einrichtung und bietet regelmäßig Livemusik. Das Central füllt sich donnerstags bis samstags um Mitternacht mit einem alternativen Publikum aus Baeza und anderen Städten. Livebands spielen von Oktober bis Juni jeden Donnerstag und an den meisten Freitagen für ein begeistertes Publikum zwischen Buddha-Statuen, historischen Musikinstrumenten und unter bunter Beleuchtung.

Shoppen

La Casa del Aceite ESSEN
(www.casadelaceite.com; Paseo de la Constitución 9; ⏲ Mo–Sa 10–14 & 16–18, So bis 14 Uhr) La Casa del Aceite verkauft eine große Auswahl an hochwertigen Olivenölen sowie zahlreiche andere spannende lokale Produkte wie Wildschwein- und Rebhuhnpastete, Oliven und Kosmetik auf Olivenölbasis.

Praktische Informationen

Touristeninformation (☎ 953 77 99 82; www.andalucia.org; Plaza del Pópulo; ⏲ Mo–Fr 9–19.30, Sa & So 9.30–15 Uhr) In der Casa del Pópulo aus dem 16. Jh.

An- & Weiterreise

BUS

Alsa (☎ 902 422242; www.alsa.es) bedient den **Busbahnhof** (☎ 953 74 04 68; Avenida Alcalde Puche Pardo) 900 m nordöstlich der Plaza de España.

ZIEL	PREIS	DAUER	HÄUFIGKEIT
Cazorla	4,85 €	1¼–1½ Std.	3-mal tgl.
Córdoba	11,50 €	2½ Std.	2-mal tgl.
Granada	13 €	2½ Std.	7–9-mal tgl.
Jaén	4,50 €	45 Min.–1 Std.	7–14-mal tgl.
Úbeda	1,15 €	15 Min.	12–19-mal tgl.

ZUG

Der nächste Bahnhof ist Linares-Baeza (www.renfe.com), 13 km nordwestlich der Stadt. Von hier fahren täglich ein paar Züge nach Almería, Córdoba, Jaén, Madrid und Sevilla. Ein Bus von **Alsa** (☎ 902 42 22 42; www.alsa.es) fährt um 17.30 Uhr vom Busbahnhof in Baeza zum Bahnhof (2,70 €, 1 Std.). In die entgegengesetzte Richtung gibt's zwei Verbindungen um 7.10 und 15.45 Uhr. Weitere Busse fahren in Úbeda. Ein **Taxi** kostet 24 €.

Úbeda

33 600 EW / 760 M

Im *casco antiguo* (der Altstadt) des UNESCO-Weltkulturerbes Úbeda schmücken schöne Renaissance-Bauten fast alle Straßen und Plätze. Hotels mit viel Charme in mehreren historischen Stadtpalais sowie einige erstklassige Restaurants und Tapas-Bars machen den Aufenthalt hier rundum zu einem Vergnügen.

Úbedas aristokratische Schwergewichte buhlten im 16. Jh. erfolgreich um Einfluss am Habsburger Hof. Francisco de los Cobos y Molina stieg zum Staatssekretär von König Karl I. auf, und sein Neffe Juan Vázquez de Molina diente unter Karls Nachfolger Philipp II. in derselben Position.

Aufgrund ihrer hohen Ämter kamen sie in Kontakt mit dem Renaissancestil, der damals von Italien nach Spanien gelangte. Ein Großteil des Reichtums, den die Molinas und die blühende hiesige Landwirtschaft nach Úbeda brachten, wurde in Bauten investiert, die heute als Paradebeispiele der Renaissance-Architektur in Spanien gelten. Deswegen zählt Úbeda (gemeinsam mit dem benachbarten Baeza) zu den wenigen Orten in Andalusien, dessen eindrucksvolle Bauwerke nicht auf die Mauren zurückgehen.

Sehenswertes

Plaza Vázquez de Molina PLATZ
Die hübsche Plaza Vázquez de Molina bildet das monumentale Herz der Altstadt von Úbeda und ist ein idealer Ort, die Erkundung

zu beginnen. Das heutige Aussehen des Platzes, einem frühen Beispiel für andalusische Stadtentwicklung, geht auf das 16. Jh, zurück, als Úbedas Adel beschloss, die damalige Bebauung abzureißen, um Platz für ein Ensemble aus großen Renaissance-Palais zu schaffen, die von seinem Reichtum und seiner Macht Zeugnis ablegen sollten.

★ Sacra Capilla de El Salvador KAPELLE
(Hl. Kapelle des Erlösers; www.fundacionmedinaceli.org; Plaza Vázquez de Molina; Erw./Kind inkl. Audioguide 5/2,50 €; ⏲ Mo–Sa 9.30–14.30 & 16.30–19.30, So 11.30–15 Uhr, Okt.–April So auch 16–18 Uhr) Diese berühmte, zwischen 1536 und 1559 erbaute Kapelle ist ein Musterbeispiel für Úbedas Renaissance-Architektur. Francisco de los Cobos y Molina gab sie als Grabkapelle für seine Familie in Auftrag. Auffällig ist der ausgeprägte Kontrast zwischen den relativ nüchternen Proportionen des Innenraums, einem Entwurf von Diego de Siloé, dem Architekten der Kathedrale von Granada, und der wesentlich verzierteren Westfassade. Die Fassade, ein bedeutendes Beispiel des Platereskstils, designte Andrés de Vandelvira, einer der Steinmetze von Siloé, die das Projekt 1540 übernahmen.

★ Sinagoga del Agua HISTORISCHES GEBÄUDE
(✆ 953 75 81 50; www.sinagogadelagua.com; Calle Roque Rojas 2; geführte Touren Erw./Kind 4,50/3,50 €; ⏲ geführte Touren alle 45 Min., 10.30–13.30 & 17–19.15 Uhr, Juli & Aug. 17.45–20 Uhr) Ein überraschend anständiger Immobilienmakler entdeckte die mittelalterliche Sinagoga del Agua 2006, als er hier eigentlich Apartments bauen wollte. Doch mit jedem Schlag der Spitzhacke kam ein neues faszinierendes Teil des archäologischen Puzzles zum Vorschein. Das Ergebnis seiner Entdeckung ist dieser sensible Nachbau der jahrhundertealten Synagoge und der Rabbi-Wohnung. Wo immer möglich, wurde das originale Mauerwerk bewahrt, zudem sind eine Galerie für Frauen, eine Bodega mit riesigen Lagergefäßen und ein rituelles *miqvé*-Bad zu sehen.

★ Palacio de Vázquez de Molina HISTORISCHES GEBÄUDE
(Plaza Vázquez de Molina; ⏲ Mo–Fr 8–20, Sa & So 10–14 & 17–19.30 Uhr) GRATIS Úbedas *ayuntamiento* (Rathaus) zählt zweifelsohne zu den schönsten Rathäusern Spaniens. Es wurde um das Jahr 1562 von Vandelvira als Residenz für Juan Vázquez de Molina erbaut, dessen Familienwappen den Eingang ziert. Die perfekt proportionierte, stark italienisch beeinflusste Fassade wird von schmalen Gesimsen in drei Ebenen unterteilt, wobei die tragenden Skulpturen (Karyatiden) im Obergeschoss die Linien der korinthischen und ionischen Säulen in den unteren Ebenen fortsetzen.

Casa Museo Andalusí MUSEUM
(✆ 953 75 40 14; Calle Narváez 11; 4 €; ⏲ 11–14 & 17.30–20 Uhr) Das faszinierende Privatmuseum umfasst ein Haus aus dem 16. Jh., das von *conversos* (zum Christentum konvertierten Juden) bewohnt wurde, und eine große Sammlung von Antiquitäten des Besitzers Paco Castro. Die informellen Führungen machen Geschichte wieder lebendig. Einen ersten Hinweis auf den besonderen Charakter des Museums gibt die schwere geschnitzte Originaltür aus dem 16. Jh. Ist die Tür verschlossen, muss man klingeln.

Centro de Interpretación Olivar y Aceite KULTURZENTRUM
(www.centrodeolivaryaceite.com; Corredera de San Fernando 32; Erw./Kind 3,50 €/frei; ⏲ Juni–Sept. Di–Sa 10–13 & 18–21, So bis 13, Okt.–Mai Di–Sa 11–14 & 17–20, So bis 14 Uhr) Dieses Besucherzentrum widmet sich der Geschichte des Olivenöls in der Region und erklärt mithilfe von Modellen, Mühlengerätschaften und Videos auf Englisch und Spanisch dessen Herstellung. Besucher können verschiedene Sorten probieren und kaufen.

Schlafen

Hotel El Postigo HOTEL €
(✆ 953 79 55 00; www.hotelelpostigo.com; Calle Postigo 5; EZ/DZ So–Do 51/56 €, Fr & Sa 73/78 €; ❄ @ 🛜 🏊) An einer ruhigen Straße gelegenes, kleines und modernes Hotel mit gemütlichen geräumigen Zimmern in Rot, Schwarz und Weiß. Das Personal ist herzlich, zudem gibt's einen hübschen Hof und einen großen Aufenthaltsraum mit Spotify-Musik und Holzfeuer für Winterabende. Das Frühstück kostet 6,50 € pro Person.

★ Las Casas del Cónsul HISTORISCHES HOTEL €€
(✆ 953 79 54 30; www.lascasasdelconsul.es; Plaza del Carmen 1; DZ So–Do 65–70 €, Fr & Sa 80–90 €; ❄ 🛜 🏊) Ein attraktives ehemaliges Renaissance-Stadtpalais beherbergt das einladende „Haus des Konsuls"; es bietet elegante, vorwiegend weiße Zimmer mit altmodischen Akzenten und große Gemeinschaftsbereiche rund um den zweistöckigen Patio mit Säulen. Doch die herrliche

Panoramaterrasse (mit Pool) und Blick über die Olivenhaine zu den fernen Bergen von Cazorla hebt es von ähnlichen Hotels ab.

★ **Afán de Rivera** HISTORISCHES HOTEL €€
(☎953 79 19 87; www.hotelafanderivera.com; Calle Afán de Rivera 4; EZ/DZ/3BZ inkl. Frühstück So–Do 45/69/89 €, Fr & Sa 52/108/130 €; ❄📶) Das tolle kleine Hotel ist in einem der ältesten Gebäude Úbedas untergebracht – es geht auf die Zeit vor der Renaissance zurück. Für die fachmännische Leitung ist der sympathische Jorge verantwortlich. Die wunderschön restaurierten historischen Gemeinschaftsbereiche und komfortablen Zimmer bieten sehr viel mehr als für diese Preisklasse üblich: Rasierzeug, edle Shampoos und geschmackvolles Dekor, das Tradition und Moderne miteinander verbindet.

Das üppige Frühstück aus lokalen Produkten macht den Aufenthalt zusätzlich sehr angenehm.

Parador de Úbeda HISTORISCHES HOTEL €€€
(Parador Condestable Dávalos; ☎953 75 03 45; www.parador.es; Plaza Vázquez de Molina; Zi. 95–200 €; ❄📶) Als einer von Spaniens ersten *paradores* (1930 eröffnet), der vielen Nachfolgern als Inspiration diente, ist dieses vornehme Hotel in einem historischen Bau, dem **Palacio del Deán Ortega**, an der wunderschönen Plaza Vázquez Molina untergebracht. Es wurde in historischem Stil modernisiert, und seine komfortablen Zimmern und Gemeinschaftsbereiche sind angemessen luxuriös. Das Frühstück kostet 17 €.

Die besten Zimmer haben eigene kleine Garten-Patios.

Essen

Úbeda ist das kulinarische Highlight der Provinz Jaén. Die talentierten Küchenchefs bereiten andalusische Fusion-Küche zu und sind einer der Gründe, warum die Stadt viele spanische Wochenendausflügler anlockt.

★ **Cantina La Estación** ANDALUSISCH €€
(☎687 77 72 30; www.facebook.com/cantinalaestacion; Cuesta Rodadera 1; Hauptgerichte 17–21 €; ⏲ Do–Mo 13–16 & 20–24, Di 13–16 Uhr; 📶) Schon das Design der Cantina überzeugt mit seinem originellen Charme – die drei Räume sind wie Zugwaggons eingerichtet, wobei der Hauptspeisesaal der Luxusklasse entspricht. Und das setzt sich auch bei der saisonalen Auswahl an kreativer Fusion-Küche fort, darunter Wildschwein in Rotweinsoße oder Tintenfisch mit Knoblauchkartoffeln und Paprika. Als Aperitif kann man ein paar Anchovies mit Käse als Olivenersatz probieren.

★ **Misa de 12** ANDALUSISCH €€
(www.misade12.com; Plaza 1º de Mayo 7; *raciones* 10–24 €; ⏲ Mi–So 13–16 & 20.30–24 Uhr) Aus der winzigen Küche dieser kleinen Eckbar erscheinen wie von Geisterhand wunderbar saftige Gerichte – wie wär's mit perfekt gegrillten Scheiben von *presa ibérica* (zartem Iberico-Schwein), saftigem Filet vom *bacalao* (Kabeljau) oder *revuelto de pulpo y gambas* (Rühreiern mit Tintenfisch und Garnelen)?

Llámame Lola ANDALUSISCH €€
(Calle Baja del Salvador 5; Hauptgerichte & *raciones* 9–15 €; ⏲12.30–24 Uhr; 🖉) Das Lola hat eine attraktive Lage unter Bäumen in der Nähe der Sacra Capilla de El Salvador und tischt gute, kreative andalusische Küche auf. Hier wird weniger Aufhebens als anderswo gemacht, und die Preise sind ein wenig günstiger. Das *solomillo ibérico* (Schweinelende), der Tintenfisch und die *revueltos* (Gerichte mit Rührei) sind alle sehr lecker.

Hier werden mehr vegetarische Gerichte angeboten als in den meisten Lokalen von Úbeda, darunter Hummus und verschiedene Salate.

Zeitúm ANDALUSISCH, FUSION-KÜCHE €€
(www.zeitum.com; Calle San Juan de la Cruz 10; Hauptgerichte 10-16 €, menú 25 €; ⏲ Di–Sa 13–16 & 20.30–23.30, So 13–16 Uhr) Ein historisches Gebäude aus dem 14. Jh. beherbergt das Zeitúm. Die Mitarbeiter zeigen Gästen den Originalbrunnen sowie das Mauerwerk und die Balken mit jüdischen Symbolen. Neben Olivenölverkostungen, bei denen man Brot in ausgesuchte Öle tunkt, gibt's erstklassig zubereitete, häufig wechselnde Gerichte wie Wild und Thunfisch-Sashimi, Forellentartar oder Schweinelende in Wildpilzsoße.

Restaurante Antique ANDALUSISCH €€
(☎953 75 76 18; www.restauranteantique.com; Calle Real 25; Hauptgerichte 15–20 €, *raciones* 9–19 €; ⏲12–16 & 20–24 Uhr) Das Antique ist überhaupt nicht antik, sondern verarbeitet traditionelle Zutaten auf hochwertige, moderne Weise. Zu empfehlen sind der Gemüsewok mit Rebhuhn und Reisnudeln oder der Mini-Spieß mit Meeresfrüchten, mariniert in Sojasoße, Olivenöl und gewürztem Joghurt. Die Einrichtung ist dazu passend einfach, aber geschmackvoll.

Shoppen

In den Calles Real und Juan Montilla in der Altstadt verkaufen viele Geschäfte lokales Kunsthandwerk und Produkte wie Öle, Weine, Oliven und Honig. Die Haupteinkaufsstraßen sind die Calles Mesones und Obispo Cobos zwischen der Plaza de Andalucía und dem Hospital de Santiago.

Alfarería Tito KERAMIK
(Plaza del Ayuntamiento 12; 9–14 & 16–20 Uhr) Juan Titos unverkennbarer Stil hat wenig mit der klassisch grünen Glasur gemein, vielmehr ist er an kunstvollen Mustern und leuchtenden Farben (vorwiegend blau) zu erkennen. In seinem Atelier und Verkaufsraum in der Altstadt kann eine breite Auswahl seiner Stücke bestaunt und erworben werden. Ein Zierteller kostet rund 30 € oder mehr, wobei die originellen Designs und die fachmännische Verarbeitung ihr Geld wert sind.

Praktische Informationen

Touristeninformation (953 75 04 40; www.turismodeubeda.com; Plaza de Andalucía 5; Mo–Fr 9–19.30, Sa 9.30–15 & 17–19.30, So 9.30–15 Uhr) Büro am Rand der Altstadt.

An- & Weiterreise

BUS

Alsa (902 422242; www.alsa.es) bedient den **Busbahnhof** (953 79 51 88; Calle San José 6), der im neuen Teil der Stadt liegt, 700 m westlich der Plaza de Andalucía.

ZIEL	PREIS (€)	DAUER	HÄUFIGKEIT
Baeza	1,15	15 Min.	11–17-mal tgl.
Cazorla	4,25	1 Std.	3–5-mal tgl.
Córdoba	12,20	2½ Std.	4-mal tgl.
Granada	13	2¼–3 Std.	6–10-mal tgl.
Jaén	5,40	1–1¼ Std.	9–15 -mal tgl.

ZUG

Der nächstgelegene Bahnhof ist **Linares-Baeza** (www.renfe.com), 21 km weiter nordwestlich, den man mit vier täglichen Busverbindungen erreicht (2,10 €, 30 Min.).

ZIEL	PREIS (€)	DAUER	HÄUFIGKEIT
Almería	20–28	3¼ Std.	3
Córdoba	14–20	1¾ Std	1
Jaén	6	45 Min.	3–4
Madrid	21–33	3–4 Std	5–7
Sevilla	20–29	3 Std	1

Cazorla

7265 EW/ 800 M

Die malerische, betriebsame weiße Stadt wird von hoch aufragenden Felsen flankiert. Hier, 45 km östlich von Úbeda, erhebt sich die Sierra de Cazorla über einem hügeligen Meer aus Olivenbäumen. Cazorla ist die perfekte Ausgangsbasis für Ausflüge in den wunderschönen Parque Natural Sierras de Cazorla, Segura y Las Villas, der sich dramatisch zwischen den Klippen der Peña de los Halcones (Falkenfels) direkt über der Stadt erstreckt.

Sehenswertes

Herzstück der Stadt ist die **Plaza de la Corredera** mit geschäftigen Bars und dem eleganten *ayuntamiento* samt Uhrenturm an der Südostecke. Straßenschluchten führen südwärts zum **Balcón de Zabaleta**. Der kleine Aussichtspunkt, eine Art Fenster in einer kahlen Wand, eröffnet einen eindrucksvollen Blick bis zum Castillo de la Yedra und darüber hinaus. Von hier aus verläuft eine weitere schmale Straße hinab zu Cazorlas hübschestem Platz, der **Plaza de Santa María**.

★ **Castillo de la Yedra** BURG
(Museo del Alto Guadalquivir; EU-Bürger/Nicht-EU-Bürger frei/1,50 €; Mitte Juni–Mitte Sept. Di–So 9–15 Uhr, Mitte Sept.–Mitte Juni Di–Sa 9–20, So bis 15 Uhr) Cazorlas dramatische Efeuburg oberhalb der Plaza de Santa María, die man nach einem 700 m langen Fußmarsch erreicht, bietet einen tollen Ausblick und beherbergt das interessante Museum des oberen Guadalquivir. Die abwechslungsreichen Sammlungen umfassen u. a. traditionelle landwirtschaftliche Geräte und Küchenutensilien, religiöse Kunst, Modelle einer alten Olivenmühle und eine kleine Kapelle mit einer lebensgroßen romanisch-byzantinischen Kreuzigungsskulptur.

Aktivitäten

Cazorla ist der Ausgangspunkt für einige tolle Wanderrouten. Alle führen anfangs bergauf, man wird jedoch mit wunderschönen Waldwegen und tollen Landschaften mit Klippen, Felsen und kreisenden Geiern belohnt. Veranstalter bieten viele weitere Aktivitäten vor Ort, darunter Canyoning im *parque natural,* und im Nachbardorf La Iruela gibt's eine aufregende Via Ferrata für Kletterer.

Via Ferrata La Mocha KLETTERN

(La Iruela) Diese viel Adrenalin freisetzende Herausforderung kombiniert Stahlleitern, Stufen, Drahtseile und Ketten, die an dem steilen kegelförmigen Felsvorsprung La Mocha oberhalb des Dorfes La Iruela direkt vor Cazorla befestigt sind. Die 2016 errichtete Via Ferrata erreicht 130 m Höhe und bietet eine sogenannte tibetische Hängebrücke, mehrere horizontale Drahtseile, die über einen Abgrund gespannt sind. **Tierraventura** (☎953 71 00 73; www.aventuracazorla.com; Carretera A319, Km 16.5, La Iruela; ⏲ Mo–Sa 10–14 & 17–20 Uhr) bietet geführte Klettertouren (36 € pro Pers., ca. 3 Std.).

Geführte Touren

Turisnat WILDTIERE

(☎953 72 13 51; www.turisnat.es; Calle Martínez Falero 11; halbtägige Touren pro Pers. 30–39 €; ⏲ Büro Mo–Sa 10–14 & 17–20, So bis 14 Uhr) Die sehr erfahrene Agentur ist eine verlässliche Adresse für Touren in Jeeps auf den Waldwegen des *parque natural*. Der Schwerpunkt liegt auf Tierbeobachtung. Mit englisch- oder französischsprachigen Führern ohne Zusatzkosten.

Schlafen

Hotel Guadalquivir HOTEL €

(☎953 72 02 68; www.hguadalquivir.com; Calle Nueva 6; EZ/DZ inkl. Frühstück 43/57 €; ❄📶) Das einladende Familienunternehmen vermietet gepflegte, gemütliche und geräumige Zimmer mit Kiefernholzmöbeln. Die Aussicht ist nichts Besonderes, dafür überzeugen die professionelle Leitung, die zentrale Lage nur wenige Schritte von der Plaza Corredera und das anständige Frühstück. Eine geradlinige, schnörkellose und preiswerte Option.

Casa Rural Plaza de Santa María CASA RURAL €€

(☎953 72 20 87; www.plazadesantamaria.com; Callejón Plaza Santa María 5; inkl. Frühstück EZ 39–44 €, DZ 55–77 €; ❄📶🐾) Ein hübscher Innenhof mit Garten und Fischteich gehört ebenso zu diesem mehrstöckigen Haus wie eine Terrasse, von der man einen Traumblick über die Plaza de Santa María, die Burg von Cazorla und die Berge dahinter hat. Ein Teil der hübschen Zimmer, die in Gelb-, Orange- und Blautönen individuell im rustikalen Stil eingerichtet sind, bietet dasselbe tolle Panorama.

Essen

Bar Las Vegas TAPAS

(Plaza de la Corredera; Tapas 1, raciones 4–12 €; ⏲ Di–Sa 10–16 & 20–24, So 10–16 Uhr) Auch wenn die Bar mit Außentischen auf Fässern (bei schlechtem Wetter drängen sich die Gäste drinnen) winzig ist, zählt sie doch zu den besten im Zentrum. Ihre leckere Tapas-Auswahl umfasst *gloria bendita* (gesegneter Ruhm), also Rühreier mit Garnelen und Paprika, und *raciones* lokaler Klassiker wie Käse, Schinken, Wild und *lomo de orza* (würziges eingelegtes Schweinefleisch).

Mesón Leandro SPANISCH €€

(www.mesonleandro.com; Calle Hoz 3; Hauptgerichte 9–19 €; ⏲ Mi–Mo 13.30–16 & 20.30–23 Uhr) Das Leandro ist um eine Klasse gehobener als die meisten anderen Restaurants in Cazorla. Dafür sorgen der professionelle, freundliche Service, der helle Speiseraum mit entspannter Musik und ein Geweih an der Wand. Die große Auswahl an hübsch angerichteten Gerichten reicht von Rebhuhn- und Fasanpâté bis zu *fettuccine a la marinera* (Fettuccine mit Meeresfrüchten) und einem großartigen *solomillo de ciervo* (Wildfilet).

La Cueva de Juan Pedro ANDALUSISCH €€

(Plaza de Santa María; raciones & Hauptgerichte 8–20 €, menú 13 €; ⏲12–22 Uhr; 🖉) In der gemütlichen alten Bar voller Holzbalken hängen ein Hirschgeweih und ausgestopfte Wildschweinköpfe an der Wand. Es gibt zudem einen angrenzenden Speiseraum und Tische draußen auf dem Platz direkt unterhalb. Serviert wird einfache traditionelle Küche aus Cazorla, z. B. Gegrilltes (Lamm, Schwein, Kaninchen, Wildschwein, Wild), Forelle und *rin-rán* (gesalzener Kabeljau, Kartoffeln und getrocknete rote Paprika).

Praktische Informationen

Städtische Touristeninformation
(☎953 71 01 02; www.cazorla.es/turismo; Plaza de Santa María; ⏲ April–Okt. Di–So 10–13 & 16–20 Uhr, Nov.–März bis 19 Uhr) In den Überresten der Kirche Santa María. Bietet Informationen zu Naturpark und Ort.

Punto de Información Cazorla
(☎953 72 13 51; Calle Martínez Falero 11; ⏲ Mo–Sa 10–14 & 17–20, So 10–14 Uhr) Bietet Informationen zum *parque natural* sowie zu Cazorla und Umgebung.

An- & Weiterreise

Drei- bis viermal am Tag verkehren Busse von **Alsa** (www.alsa.es) nach Úbeda (4,25 €, 1 Std.), Baeza (4,85 €, 1¼ Std.), Jaén (9,25 €, 2–2½ Std.) und Granada (17,60 €, 3¾ Std.). Die Bushaltestelle befindet sich an der Calle Hilario Marco, 500 m nördlich der Plaza de la Corredera über die Plaza de la Constitución.

Parque Natural Sierras de Cazorla, Segura y Las Villas

Eine der größten Attraktionen der Provinz Jaén – und für Naturliebhaber ganz Andalusiens – ist der bergige, dicht bewaldete Parque Natural Sierras de Cazorla, Segura y Las Villas. Das größte Naturschutzgebiet Spaniens umfasst eine Fläche von 2099 km² mit zerklüfteten Bergketten, tiefen grünen Flusstälern, Schluchten, Wasserfällen, abgeschiedenen auf Hügeln thronenden Burgen und einer facettenreichen Tierwelt und gut ausgeschilderten Wanderwegen und Forststraßen. Mittendrin schlängelt sich ein 20 km langer Stausee, der Embalse del Tranco, durch die Landschaft. Die abwechslungsreiche Geografie zwischen 460 und 2107 Höhenmetern am Cerro Empanadas sorgt für dramatische Unterschiede in der Landschaft. Der Río Guadalquivir, Andalusiens längster Fluss, entspringt im Süden des Parks und schlängelt sich nordwärts in den Embalse del Tranco, bevor er gen Westen durch Andalusien und in den Atlantik führt.

Frühling und Herbst sind die besten Jahreszeiten für einen Besuch, denn dann ist die Vegetation am farbenfrohesten und die Temperaturen sind am angenehmsten. Der Park erfreut sich bei spanischen Touristen enormer Beliebtheit und zieht pro Jahr mehrere hunderttausend Besucher an. Am meisten los ist in der Karwoche, im Juli und August und an den Wochenenden von April bis Oktober.

An- & Weiterreise

Cazorla ist der dem südlichen Teil des Parks nächstgelegene Ort, den man mit dem Bus erreichen kann. Vom **Busbahnhof Puente de Génave** (☎ 953 43 53 17; Puente de Génave), direkt an der N322, fährt montags bis freitags um 12.15 Uhr ein Bus von Transportes Sierra Segura nach Segura de la Sierra (2,60 €, 45 Min.) im nördlichen Teil des Parks.

Unterwegs vor Ort

Mit einem Mietwagen lässt sich der Park am besten erkunden. Das Netz an asphaltierten und unbefestigten Straßen und Fußwegen erstreckt sich bis in abgelegene Gebiete und lädt zu tollen Tageswanderungen oder Spritztouren ein. Wer keinen Mietwagen hat, kann geführte Wanderungen, Jeepausflüge und Wildtierbeobachtungstouren unternehmen, die von Veranstaltern in Cazorla (S. 843) und an anderen Orten angeboten werden. Busverbindungen gibt's nicht.

Hornos

410 / 867 M

Wie das bekanntere Segura de la Sierra wartet auch das kleine Hornos mit einer großartigen Lage auf. Der Ort thront auf einem Felsen vor der Kulisse weiter Berge mit großartigem Blick auf den schimmernden Embalse del Tranco und die üppig grüne fruchtbare Landschaft mit Oliven-, Pinien- und Mandelbäumen sowie vereinzelten Bauernhöfen.

Die Burg auf dem Felsen wurde Mitte des 13. Jhs. von den Christen erbaut, wahrscheinlich am einstigen Standort einer muslimischen Festung. Bunte Geranien, Souvenirläden oder eine Touristeninformation sucht man hier vergeblich. Stattdessen machen die engen, verschlungenen Straßen und das Panorama von mehreren strategisch platzierten Aussichtspunkten den Charme der Stadt aus.

Sehenswertes

Iglesia de la Asunción KIRCHE

(Plaza de la Rueda) Die Iglesia de la Asunción aus dem frühen 16. Jh. besitzt das älteste (wenn auch etwas baufällige) platereske Portal der Provinz sowie ein lebendiges und farbenfrohes *retablo* (Altarbild) von 1589 mit neun bemalten Paneelen.

Schlafen & Essen

Wer gern in Hornos übernachten möchte, findet einige Ferienapartments, *hostales* und *pensiones*.

Mindestens drei der *hostales* in Hornos haben Restaurants, die einfache, aber schmackhafte Sierra-Küche bieten.

An- & Weiterreise

Um nach Hornos zu gelangen, folgt man der A319 12 km nördlich des Tranco-Damms bis zu einer T-Kreuzung. Dort windet sich die A317 hinauf in das Dorf.

NICHT VERSÄUMEN

WANDERUNG ENTLANG DES RÍO BOROSA

Die beliebteste Wanderroute im Naturschutzgebiet Cazorla, die **Río-Borosa-Wanderung**, führt den kristallklaren Río Borosa entlang stromaufwärts bis zu seiner Quelle durch hübsche Natur, majestätische Landschaften, eine Schlucht, zwei Tunnel und an einem majestätischen Bergsee vorbei. Insgesamt sind 500 Höhenmeter zu überwinden. Für die kompletten 22 km (hin & zurück) mit 600 m Höhenunterschied benötigt man rund sieben Stunden.

Um zum Startpunkt zu gelangen, fährt man auf der A319 am Schild „Sendero Río Borosa" gegenüber dem **Centro de Visitantes Torre del Vinagre** (☎953 72 13 51; Ctra A319 Km 48; ⏲10–14 & 16–19 Uhr, Juli–Mitte Sept. 17–20 Uhr, Nov.–März 16–18 Uhr, Mo geschl.) nach Osten und folgt der Straße 1,7 km. Auf dem ersten Streckenabschnitt führen mehrere Brücken über den schönen sprudelnden Fluss. Nach rund 3 km, dort wo die Hauptroute nach links oben führt, nimmt man die Weggabelung nach rechts (hier stand zur Zeit der Recherche ein wackeliger Wegweiser nach Cerrada de Elías). So gelangt man über einen wunderschönen 1,5 km langen Weg zur **Cerrada de Elías**, wo sich das Tal zu einer Schlucht verengt. Danach passiert man einen Holzsteg und gelangt wieder zur unbefestigten Straße, die nach 4 km zur **Central Eléctrica**, einem kleinen Wasserkraftwerk, führt.

Hinter dem Kraftwerk geht's über eine Fußgängerbrücke, und dahinter folgt man den Schildern „Nacimiento de Aguas Negras, Laguna Valdeazores" weiter bergauf. Der Weg schlängelt sich durch eine immer spektakulärere Landschaft das Tal hinauf und wird immer steiler. Nach etwa einer Stunde kommt man in den ersten von zwei Tunneln, die in den Felsen gehauen wurden, damit Wasser zum Kraftwerk fließen konnte. Für den schmalen Weg durch den ersten Tunnel benötigt man etwa fünf Minuten. Ein Stahlseil trennt den Weg vom Wasserlauf. Dann folgt ein kurzer Abschnitt unter freiem Himmel, bevor es schließlich etwa eine Minute lang durch den zweiten Tunnel geht. Heraus kommt man direkt unter dem Damm des **Embalse de los Órganos** (Laguna de Aguas Negras), einem kleinen Stausee, umgeben von bewaldeten Hügeln. Am Damm folgt man dem Weg nach links und erreicht innerhalb von fünf Minuten die Quelle **Nacimiento de Aguas Negras**, wo der Río Borosa unter einem Felsen entspringt. Hier kann man unter den weit ausgestreckten Ästen eines großen Baums picknicken und beginnt dann den Abstieg auf demselben Weg.

Wegen ihrer großen Beliebtheit sollte man die Wanderung möglichst nicht am Wochenende unternehmen. In den Rucksack gehört eine Wasserflasche; unterwegs gibt's gute Quellen mit Trinkwasser, die letzte befindet sich jedoch an der Central Eléctrica. Für die Tunnel ist eine Taschenlampe nützlich, wenn auch nicht unbedingt notwendig.

Segura de la Sierra

250 EW / 1145 M

Segura de la Sierra, eines der malerischsten Dörfer Andalusiens, thront auf einem steilen Hügel mit einer Burg aus der Zeit der Reconquista. Das Dorf wurde über fünf Jahrhunderte von den Mauren geprägt. Nach der Eroberung durch den Santiagoorden 1214 wurde Segura Teil der christlichen Frontlinie gegen die Almohaden und später des Emirats Granada.

Auf der Fahrt hinauf in das Dorf markiert die Puerta Nueva, eines der vier Tore des islamischen Saqura, den Eingang zur Altstadt von Segura. Die Schilder zum Castillo führen zu einer Kreuzung an der Nordseite bei der kleinen ummauerten Stierkampfarena. Links geht's hoch zur Burg.

Sehenswertes

★Castillo de Segura BURG

(☎627 87 79 19; Erw./Kind & Senior 4/3 €, Audioguide 2,50 €; ⏲ Juli & Aug. 10.30–14 & 17–20.45 Uhr, März–Juni & Sept.–Dez. Mi–So ca. 11–14 & 16.30–19.45 Uhr, April–Mai Mi geschl; 👪) Zwar geht die Burg auf die Mauren zurück, doch nach der christlichen Eroberung im 13. Jh. wurde sie neu erbaut, im 17. Jh. aufgegeben und in den 1960er-Jahren restauriert. Heute beherbergt sie ein Informationszentrum zur maurisch-christlichen Geschichte. Das Ticketbüro dient außerdem als Touristeninformation von Segura.

Schlafen & Essen

La Mesa Segureña APARTMENTS €

(953 48 21 01; Calle Cruz de Montoria; inkl. Frühstück 2-Pers.-Apt. 45–55 €, 4-Pers.-Apt. 80 €;) Sieben gemütliche Apartments direkt unterhalb der Burg von Segura mit einem hübschen Ausblick, ein wenig farbenfroher Kunst, schmiedeeisernen Verzierungen, Kaminen und kleinen Küchenzeilen.

Mirador de Peñalta ANDALUSISCH €€

(953 48 20 71; Calle San Vicente 29; Hauptgerichte 5–18 €; Di–So 13.30–16 & 20–22 Uhr;) An der Straße, die von unten hinauf nach Segura führt, können sich hungrige Besucher hier mit fleischlastigen Gerichten wie Steaks, Lammkoteletts und Schweinefleisch sowie Räucherlachs und Spezialitäten aus den Bergen wie *ajo atao* (sättigendes Pfannengericht mit Kartoffeln, Knoblauch und Eiern) stärken.

An- & Weiterreise

Mehrere Landstraßen treffen hier zusammen: Die Hauptzufahrt erfolgt von der A317 zwischen Cortijos Nuevos und La Puerta de Segura.

PROVINZ ALMERÍA

Stille Täler, herrliche Strände und weite Strecken Buschland mit wüstenähnlichem Klima – die Provinz Almería bezaubert mit natürlicher Schönheit. Dennoch und trotz ihrer 3000 jährlichen Sonnenstunden ist sie außerhalb von Spanien noch verhältnismäßig wenig bekannt. Ihre größter Trumpf ist die eindrucksvolle Küste, und dies gilt insbesondere für die tollen Strände des Parque Natural de Cabo de Gata-Níjar, und der trubelige Ferienort Mojácar mit viel guter Stimmung. Wer sich ins Landesinnere begibt, findet im dünn besiedelten und oft verträumten Hinterland vieles zu erkunden. Man kann die Desierto de Tabernas durchqueren, die wie Badlands aus einem Spaghetti-Western anmutet, und in den Sorbas-Höhlen unterirdische Schätze entdecken. Weiter nördlich bilden die bewaldeten Gipfel von Los Vélez eine majestätische Kulisse für Bergwanderungen. Nach so viel Natur hält die Hafenstadt Alméria mit ihren imposanten Bauwerken, einem hübschen Zentrum und lebhaften Tapas-Bars einen willkommenen Schub urbaner Energie bereit.

Almería

EW 165 180

Almería, die dynamische Hafenstadt mit schillernder Vergangenheit, ist heute eines der aufstrebenden Trendziele in Andalusien. Bis vor Kurzem ließen viele Traveller die Stadt außer Acht, aber jüngere Anstrengungen, sie aufzupeppen, machen sich allmählich bezahlt. Von Palmen gesäumte Plätze und alte Kirchen prägen das hübsche Zentrum, und die Stadt bietet mehrere interessante Museen und fantastische Tapas-Bars in Hülle und Fülle. Schon allein die spektakuläre maurische Alcazaba (Festung), das Highlight schlechthin, ist ein Grund für einen Besuch in Alméria.

Sehenswertes

Die wichtigsten Sehenswürdigkeiten in der Stadt, die Alcazaba und die Kathedrale, kann man an einem Morgen besichtigen. In den verschlungenen Straßen locken jedoch noch viele andere interessante Attraktionen. Ein guter Orientierungspunkt ist der Paseo de Almería, die Hauptstraße, die von Norden nach Süden durch das historische Zentrum verläuft.

★ **Alcazaba** FESTUNG

(950 80 10 08; Calle Almanzor; April–Mitte Juni Di–Sa 9–20 Uhr, Mitte Juni–Mitte Sept. Di–Sa bis 15 Uhr , Mitte Sept.–März Di–Sa bis 18 Uhr, So ganzjährig bis 15 Uhr) GRATIS Almérias düstere Alcazaba mit ihren gewaltigen Mauern, die wie schwere Vorhänge wirken, geht auf die Mitte des 10. Jhs. zurück. Sie entwickelte sich zu einer der bedeutendsten maurischen Festungen in Spanien. Sie ist gut erhalten und ein faszinierender Anblick, wenn sie auch weniger prunkvoll ist als Granadas Alhambra. Für eine komplette Besichtigung sollte man rund 1½ Stunden einplanen. In dem Kiosk beim mit vier Bogen versehenen Eingangstor gibt's Infobroschüren.

Die Alcazaba ist in drei *recintos* (Bereiche) aufgeteilt. Der untere, der **Primer Recinto**, diente früher als Wohnbereich mit Häusern, Straßen, Brunnen, Bädern und anderen notwendigen Einrichtungen – heute ist hier ein üppiger Garten mit Kanälen. Von den Burgzinnen aus blickt man über das Geflecht der Dächer und hinab zur **Muralla de Jayrán**, einer im 11. Jh. erbauten Wehrmauer, die den entlegeneren Nord- und Ostteil der Stadt schützen sollte.

Weiter oben im **Segundo Recinto** befinden sich die Ruinen des maurischen Palasts, den *taifa*-Herrscher Almotacín (regierte 1051–1091) erbauen ließ. Unter seiner Herrschaft erlebte das mittelalterliche Almería seine Blütezeit. Zudem steht hier die **Ermita de San Juan**, eine Kapelle und einstige Moschee. Der höchstgelegenen Bereich, der **Tercer Recinto**, ist eine von den Katholischen Königen errichtete Burg.

★Catedral de la Encarnación KATHEDRALE
(☎950 23 48 48; www.catedralalmeria.com; Plaza de la Catedral 8, Eingang Calle Velázquez; 5 €, Mo–Sa 8.30–9 & So 10.30–11.30 Uhr frei; ⏲ April–Juni Mo–Fr 10–19, Sa 10–14.30 & 15.30–19, So 13.30–19 Uhr, Juli–Sept. Mo–Fr 10–20.30, Sa 10–14.30 & 15.30–19, So 13.30–19 Uhr, Okt.–Dez. kürzere Öffnungszeiten) Almerías ab 1525 erbaute ungewöhnlich wuchtige, sechstürmige Kathedrale sollte nicht nur als Gotteshaus dienen, sondern die Bevölkerung auch vor den regelmäßigen Angriffen nordafrikanischer Piraten schützen. Das hauptsächlich von der Gotik und der Renaissance geprägte Bauwerk wurde im 18. Jh. um barocke und neoklassizistische Elemente erweitert. Ins eindrucksvolle gotische Innere führt ein hübscher neoklassizistischer Kreuzgang. Besonders sehenswert sind die wunderschöne Decke mit geschwungenen gotischen Mustern, das Chorgestühl aus geschnitztem Walnussholz und die monumentale Capilla Mayor (Altarraum).

Museo de la Guitarra MUSEUM
(☎950 27 43 58; Ronda del Beato Diego Ventaja; Erw./erm. 3/2 €; ⏲ Juni–Sept. Di–So 10.30–13.30 & 18–21 Uhr, Fr & Sa 18–21 Uhr, Okt.–Mai Di–So 10–13, Fr & Sa 17–20 Uhr) Zwei Dinge sollte man vor dem Besuch dieses faszinierenden interaktiven Museums wissen. Erstens: Das Wort „Gitarre" leitet sich vom andalusisch-arabischen Wort *qitara* ab, das auf die spanischen Wurzeln dieses Instruments hinweist. Zweitens: Alle modernen Akustikgitarren haben dem aus Almería stammenden Gitarrenbauer Antonio des Torres (1817–1892), dem dieses Museum gewidmet ist, einiges zu verdanken. Das Museum erklärt seinen Besuchern die Geschichte der Gitarre und Torres' Rolle bei ihrer Entwicklung.

Museo de Almería MUSEUM
(Archäologisches Museum; ☎950 17 55 10; www.museosdeandalucia.es; Calle Azorín; ⏲ Mitte Juni–Mitte Sept Di–So 9–15 & Mi–Sa 18–21.30 Uhr, Mitte Sept.–Mitte Juni Di–Sa 9–20, So 9–15 Uhr) GRATIS Almerías hervorragendes Archäologiemuseum in einem großen modernen Gebäude präsentiert zwei lokale prähistorische Kulturen: Los Millares (3200–2250 v. Chr.), die wahrscheinlich erste Kultur auf der Iberischen Halbinsel, die Metall bearbeiten konnte, sowie El Argar (2250–1550 v. Chr.), die sich in der Bronzezeit entwickelte. Artefakte von den nach diesen Kulturen benannten Ausgrabungsstätten sind hier gut ausgestellt und mit informativen Erklärungstafeln auf Englisch und Spanisch versehen.

Refugios de la Guerra Civil HISTORISCHE STÄTTE
(Schutzbunker des Bürgerkriegs; ☎950 26 86 96; Plaza de Manuel Pérez García; Erw./erm. 3/2 €; ⏲ geführte Touren Juni–Sept. 10, 11.30, 12.30, 18 & 19.30 Uhr, Okt.–Mai Di–So 10.30 & 12, Fr & Sa 17 & 18.30 Uhr) Während des Bürgerkriegs war Almería als letzter republikanischer Rückzugsort in Andalusien wiederholten und erbarmungslosen Bombenangriffen ausgesetzt. Diese veranlassten eine Gruppe von Ingenieuren zum Bau der Refugios, einem 4,5 km langen Netz von Betonbunkern unter der Stadt. Die 1¼-stündigen Touren (nur auf Spanisch) führen 1 km in die Tunnel hinein, zum nachgebauten Operationssaal sowie zu den Lagerräumen.

Schlafen

Hotel Nuevo Torreluz HOTEL €
(☎950 23 43 99; www.torreluz.com; Plaza de las Flores 10; Zi. 55–70 €; P ❄ 📶) Glanzvolles Vier-Sterne-Hotel in erstklassiger Lage an einem kleinen Platz im historischen Zentrum. Flure mit Teppichboden führen zu kleinen, aber gemütlichen Zimmern mit Parkett, die in modernen perlmuttgrauen Farben gehalten sind. Das Hotel betreibt drei Cafés und Restaurants rund um den Platz. Fürs Parken bezahlt man 11,90 €.

★Plaza Vieja Hotel & Lounge BOUTIQUE-HOTEL €€
(☎950 28 20 96; www.airehotelalmeria.com; Plaza de la Constitución 5; DZ 69–150 €, Suite 119–175 €; ❄ 📶) Elegantes Hideaway, das zum noblen **Hammam Aire de Almería** (☎950 28 20 95; Mo–Do 1½ Std. 27 €, Fr–So 29 €; ⏲10–22 Uhr) gehört und ideal an der wunderschönen Plaza de la Constitución liegt, nur wenige Schritte von einigen der besten Tapas-Bars der Stadt entfernt. Seine schicken, zeitgenössisch eingerichteten Zimmer haben hohe Decken, polierte Holzböden

INSIDERWISSEN

DIE ALTE MEDINA

Eines der atmosphärischsten Viertel von Almería ist die labyrinthartige Almedina unterhalb der Alcazaba (S. 847). Hier befand sich einst das ursprüngliche Almería, eine ummauerte Medina (Stadt), begrenzt von der Alcazaba im Norden und dem Meer im Süden, also der heutigen Calle de la Reina und Avenida del Mar im Osten und Westen. Ihr Herzstück war die Hauptmoschee der Stadt, deren *mihrab* (Gebetsnische, die die Richtung Mekkas anzeigt) in der **Iglesia de San Juan** (Calle General Luque; April–Sept. geöffnet zur Messe 20 Uhr, Okt.–März 19 Uhr, Di & Fr geschl.) GRATIS erhalten ist. Gesäumt wird die Kirche von einem Geschäftsviertel mit Märkten und Lagerhäusern. Die Calle de la Almedina folgt noch immer der alten Hauptstraße, die diagonal durch die Medina verlief. Für eine Pause bietet sich die Tetería Almedina (S. 849) an, ein gastfreundliches Teehaus-Restaurant. Ebenfalls einen Besuch wert ist der **Markt an der Plaza de Pavía** (Mo–Sa 9–14 Uhr), an dessen Ständen so gut wie alles verkauft wird, von billigen Schuhen bis zu Churros (leckere längliche Krapfen). Samstags geht's hier am betriebsamsten zu.

und Fotos von Attraktionen wie dem Cabo de Gata an den Wänden.

Hotel Catedral BOUTIQUE-HOTEL €€
(☎950 27 81 78; www.hotelcatedral.net; Plaza de la Catedral 8; Zi. 90–150 €; ❄ 📶) Das lässig-elegante Vier-Sterne-Hotel in Toplage mit Aussicht auf die Kathedrale ist in einem hübschen Gebäude aus den 1850er-Jahren untergebracht. Die vornehmen Innendekorationen verbinden Alt und Neu. Im Restaurant treffen klare zeitgenössische Linien auf gotische Bogen und eine *artesonado*-Decke (Kassettendecke). Die großen Zimmer haben hohe Decken, und die Dachterrasse bietet faszinierende Auslicke auf die Kathedrale.

Essen

In Almería lässt es sich großartig speisen. In der Stadt wimmelt es von Restaurants und Tapas-Bars, von altmodischen Bodegas bis zu trendigen modernen Kneipen. Viele der bei Einheimischen und Touristen gleichermaßen beliebten Bars drängen sich in dem kleinen Bereich zwischen Plaza de la Constitución und Paseo de Almería.

★ **Tetería Almedina** MAROKKANISCH €€
(☎629 27 78 27; www.teteriaalmedina.com; Calle Paz 2, nahe Calle de la Almedina; Hauptgerichte 10–15 €, Menü 17–30 €; Di–So 13–23 Uhr; ✍) Einladendes kleines Restaurant mit Teestube, das mal etwas anderes als Tapas bietet. Es verbirgt sich in einer Nebenstraße unterhalb der Alcazaba. Auf der Speisekarte stehen marokkanische Gerichte nach Art des Hauses – u. a. Tagines, Taboulé, Couscous und leicht scharfe Gemüsesuppen. Zu trinken gibt's dazu Kräutertee oder Tee.

Das Restaurant betreibt ein lokaler Verein, der sich der Wiederbelebung der Altstadt mit ihren vielen marokkanischen Immigranten und der Kultur von Al-Andalus verschrieben hat.

El Asador SPANISCH €€€
(☎950 23 45 45; www.elasadoralmeria.com; Calle Fructuoso Pérez 14; Hauptgerichte 18–25 €; Mo–Sa 13.30–16.30 & Di–Sa 20.30–24 Uhr) Das formelle und elegant eingerichtete El Asador ist schicker als die meisten der benachbarten Tapas-Bars. Stühle mit hohen Lehnen und gestärkte Tischdecken geben den Ton an. Die gehobene spanische Küche bietet zur Vorspeise Gänseleber und als Hauptspeise saftige Steaks vom Grill.

Casa Joaquín FISCH & MEERESFRÜCHTE €€
(☎950 26 43 59; Calle Real 111; raciones 12–36 €; Mo–Fr 13.30–16.30 & 21–23.30, Sa bis 15.30 Uhr) In dieser historischen und rustikal eingerichteten Bodega Almerías hängen die typischen Schinken von der Decke, aber das Stargericht sind die frischen Meeresfrüchte. Das Angebot hängt vom Fang des Tages ab, aber fast immer vorhanden und beliebt sind z. B. die saftigen *gambas rojas* (rote Garnelen) *à la plancha* (auf einer heißen Platte gegrillt) und frittierte *calamares* (Tintenfischringe).

Ausgehen & Nachtleben

La Cueva PUB
(☎950 08 25 21; www.lacueva-almeria.com; Calle Canónigo Molina Alonso 23; 16–4 Uhr) In dem entspannten Pub werden zu Craft-Bier Jamsessions und Livemusik geboten. Die dezente Beleuchtung und die mit Postern

INSIDERWISSEN

TAPAS-TOUR

Die Gegend zwischen Paseo de Almería und Plaza de la Constitución säumen jede Menge geschäftige, atmosphärische Tapas-Bars. Viele reichen traditionsgemäß eine Gratis-Tapa zum Getränk. Die Portionen sind in der Regel großzügig und es gibt fast überall *raciones* und *medias raciones* (ganze und halbe Tapas-Portionen) für den großen Hunger oder zum Teilen.

Casa Puga (www.barcasapuga.es; Calle Jovellanos 7; Tapas ab 1,70 €, *raciones* 8–15 €; ⌚ Mo–Sa 12–16 & 20.15–24 Uhr) Diese Tapas-Bar von 1870 zählt zu den ältesten und bekanntesten in Almería. Im kleinen Innenraum mit von der Decke hängenden Schinken, vergilbten Bildern an den Wänden und Weinflaschen geht's sehr lebhaft zu. Hier drängen sich Einheimische und Besucher, um die klassischen Tapas alter Schule zu verspeisen.

Nuestra Tierra (Calle Jovellanos 16; Tapas 2,80–5 €; ⌚ Mo 7.30–12, Di–Do bis 24 Uhr, Fr bis 1 Uhr, Sa 8.30–1, So 12–24 Uhr) Das gutaussehende moderne Restaurant an der von zahlreichen Bars gesäumten Calle Jovellanos lockt mit kreativen Tapas aus andalusischen Zutaten der Saison. Zu den Highlights gehören Lamm in Knoblauch mit Kartoffeln und butterweich gegarter Tintenfisch vom Grill.

El Quinto Toro (☎ 950 23 91 35; Calle Juan Leal 6; Tapas ab 1,50 €, *raciones* 8–15 €; ⌚ Mo–Fr 8–24, Sa 12–17 Uhr) Traditionelle Kost bietet diese altmodische Bar in der Nähe des Markts im Zentrum. Statt kulinarischer Höhenflüge darf man bewährte Gerichte wie *chorizo ibérico* (in scharfer Soße) und *albóndigas* (Fleischbällchen) in Weinsoße erwarten.

La Mala (Calle Real 69; Tortilla 8–12 €, *raciones* 6–22 €; ⌚ 13–17 & 20.30–1.30 Uhr) Die quirlige Eckbar mit alternativer Einrichtung und jungem Publikum, ein beliebter örtlicher Treffpunkt, füllt sich an den Wochenenden abends schnell. Ein großartiger Ort, um eine echte spanische *tortilla* (Omelette) zu probieren, die hier mit allem Möglichen zubereitet wird, von Thunfisch bis zu Garnelen und Chili.

Entrefinos (☎ 950 25 56 25; www.entrefinos.es; Calle Padre Alfonso Torres 8; Tapas 3,50 €, Menü 35–50 €; ⌚ Mo–Sa 13–16 & 20–24 Uhr) Das seit eh und je beliebte Restaurant ist wie eine Weinbar mit viel Holz und einer Balkendecke eingerichtet. Weinfässer dienen als Tische, und die Speisekarte steht auf einer Tafel. Darauf stehen zeitlose Tapas, z. B. gegrillte Pilze und gebratene Anchovis.

Taberna Postigo (Calle Guzmán; Tapas 2,50–3 €; ⌚ Di, Mi & So 11–17 & 19–24, Do–Sa bis 1 Uhr) Entspannt, gastfreundlich und oft sehr voll – diese Taverne versteckt sich in einer grünen Ecke des Paseo de Almería . Am besten setzt man sich draußen an einen Tisch und probiert die beliebten Tapas *a la brasa* (vom Holzkohlegrill), darunter aromatischer Schinkenspeck mit *pimientos* (Paprika). Zahlung mit Kreditkarte nicht möglich.

und Konzertplakaten gepflasterten Wände schaffen eine intime Atmosphäre für alles Mögliche von Blues und Rock bis zu Punk, Rap und Heavy Metal. Die Konzerte sind entweder gratis oder kosten 3–5 € Eintritt.

Bar Hotel Catedral BAR
(Plaza de la Catedral 8; ⌚ 7.30–23 Uhr) Vor der malerischen Kulisse von Almerías Kathedrale serviert die schicke Bar des Hotel Catedral (S. 849) coole Drinks. Man kann draußen auf dem Platz sitzen oder in der eleganten Bar mit riesigen schwarzen Tafeln und flotten minimalistischen Möbeln.

☆ Unterhaltung

MadChester LIVEMUSIK
(☎ 661 69 69 30; www.facebook.com/madchester club; Parque Nicolás Salmerón 9; Verzehr 8–16 €; ⌚ Fr & Sa 11 Uhr–spät, So 18–23 Uhr) In diesem Club legen spanische und international DJs auf und spielen regelmäßig Indie-, Rock- und Electronic-Bands.

Clasijazz JAZZ
(www.clasijazz.com; Calle Maestro Serrano 9; Nichtmitglieder 2–25 €) Das Clasijazz in einem gesichtslosen Einkaufszentrum ist ein

erfolgreicher Musikclub. Viermal pro Woche stehen in der zeitgenössischen Location Gigs auf dem Programm – von Jamsessions bis zu Jazz, Big-Band-Jazz und Klassik. Aktuelle Veranstaltungen stehen auf der Website.

Peña El Taranto FLAMENCO
(☎ 950 23 50 57; www.eltaranto.com; Calle Tenor Iribarne 20) In Almerías führendem Flamenco-Club soll der hiesige Gitarrenstar Tomatito aufgetreten sein. Der Club ist in einer Reihe mittelalterlicher Zisternen untergebracht und zeigt auch Ausstellungen, veranstaltet Kurse und bietet ab und zu Konzerte und Darbietungen.

Praktische Informationen

Städtische Touristeninformation
(☎ 950 21 05 38; www.turismodealmeria.org; Plaza de la Constitución; ⌚ Juli & Aug. 10–14 & 18–20 Uhr, Sept.–Juni Mo–Fr 9–15, Sa & So 10–14 Uhr) Das hilfsbereite Personal spricht Englisch, und man bekommt Stadtpläne und Infos.

Regionale Touristeninformation
(☎ 950 17 52 20; www.andalucia.org; Parque de Nicolás Salmerón; ⌚ Mo–Mi 9–19.30, Do & Fr bis 15, Sa & So 9.30–15 Uhr) Bietet Informationen und Broschüren zu ganz Andalusien.

An- & Weiterreise

BUS

Busse und Züge teilen sich die Estación Intermodal direkt östlich des Zentrums. **Bus Bam** (☎ 902 22 72 72; www.busbam.com) betreibt täglich bis zu sechs Verbindungen (einen Bus sonntags) nach/von Madrid (23 €, 6¾ Std.). Die meisten anderen Busse, die zwischen Städten pendeln, sind von **ALSA** (☎ 902 42 22 42; www.alsa.es).

ZIEL	PREIS	DAUER	HÄUFIGKEIT
Córdoba	29 €	5 Std.	1-mal tgl.
Granada	14–17,50 €	2–4¼ Std.	8-mal tgl.
Guadix	9,50 €	2 Std.	2-mal tgl.
Jaén	19,50 €	4-5 Std.	3-mal tgl.
Málaga	19–22 €	2½–5½ Std.	7-mal tgl.
Murcia	14 €	2¾–4½ Std.	7-mal tgl.
Sevilla	37 €	5½–8½ Std.	4-mal tgl.

FLUGZEUG

Almerías kleiner **Flughafen** (☎ 902 40 47 04; www.aena.es) liegt 9 km östlich des Zentrums.

EasyJet (☎ 902 59 99 00; www.easyjet.com), **Ryanair** (☎ 902 05 12 92; www.ryanair.com) und **Thomas Cook Airlines** (☎ 950 21 39 78; www.thomascookairlines.com), **Iberia** (☎ 901 11 13 42; www.iberia.com) und **Vueling** (☎ 902 80 80 22; www.vueling.com) fliegen ihn an.

Citybus 30 (1,05 €, 35 Min.) von **Surbus** (www.surbus.com) fährt vom Flughafen ins Stadtzentrum und hält u. a. am Hauptbahnhof **Estación Intermodal** (☎ 950 17 36 02; Plaza de la Estación 6). Zwischen ca. 7.15 und 23.20 Uhr (sonntags nicht so lange) fahren die Busse mindestens stündlich und oft alle 30 Minuten.

SCHIFF/FÄHRE

Acciona Trasmediterránea (☎ 902 45 46 45; www.trasmediterranea.es) steuert vom **Passagierhafen** (☎ 950 23 60 33; www.apalmeria.com) mindestens einmal täglich die marokkanischen Häfen Nador (62 €, 6 Std.) und Melilla (35 €, 8 Std.) an und mindestens einmal in der Woche die algerischen Städte Orán (81 €, 9 Std.) und Ghazaouet (81 €, 9 Std.).

ZUG

Von der **Estación Intermodal** fahren Züge nach Granada (20 €, 2½ Std., 4-mal tgl.), Sevilla (41 €, 5¾ Std., 4-mal tgl.) und Madrid (33–83 €, 6½ Std., 3-mal tgl.).

Desierto de Tabernas

30 km hinter Almería erwartet Reisende eine andere Welt. Die Desierto de Tabernas (Tabernas-Wüste) ist ein seltsamer und gespenstischer Ort, ein weites, sonnengebackenes Buschland aus goldgelb schimmernden Hügeln, geprenkelt mit Büscheln von Tussockgras. In den 1960er-Jahren wurden in der Gegend Sergio Leones berühmte Italowestern (*Für eine Handvoll Dollar, Für ein paar Dollar mehr, Zwei glorreiche Halunken und Spiel mir das Lied vom Tod*) gefilmt, und bis heute kommen Filmregisseure zu Dreharbeiten in das zerklüftete dürre Land. Viele der Western-Kulissen wurden mittlerweile in Wild-West-Themenparks verwandelt, die sich für einen Familienausflug eignen.

Die größte Stadt der Gegend ist Tabernas an der N340A.

Sehenswertes

Fort Bravo THEMENPARK
(Texas Hollywood; ☎ 902 07 08 14; www.fortbravooficial.com; Carretera N340A, Km 468; Erw./Kind 19,40/10 €; ⌚ 9–19.30 Uhr; P ♿) In der Wüste vor Tabernas gelegen, hat dieser beliebte Wild-West-Themenpark einen gewissen staubigen Charme. Seine Filmsets werden noch für Dreharbeiten verwendet und täglich werden Cowboy- und Can-Can-Shows veranstal-

ABSTECHER

CUEVAS DE SORBAS

Die seltenen und spektakulären **Cuevas de Sorbas** (☎950 36 47 04; www.cuevasdesorbas.com; Führung Erw./Kind 15/10,50 €; ⏲Führungen ganzjährig, im Frühjahr 16–18 Uhr, im Sommer 10–13 & 15–19 Uhr, im Herbst & Winter 16–17 Uhr; P 👪), 2 km östlich von Sorbas, gehören zu einem weitreichenden Netzwerk unterirdischer Stollen und Tunnel. Bei Führungen durch die labyrinthische Unterwelt entdeckt man funkelnde Gipskristalle, ruhige Seen, Stalaktiten, Stalagmiten und dunkle geheimnisvolle Gänge. Die 1½-stündige Führung eignet sich für jedermann vom Kind bis zum Senior. Führungen müssen mindestens einen Tag im Voraus reserviert werden. Es gibt englisch- und deutschsprachige Guides.

tet. Es gibt einen Pool (nur im Sommer), Buggy-Fahrten und Ausritte, und man kann auch in einer Holzhütte übernachten. Der Park liegt 1 km abseits der N340A und ist vom 31 km entfernten Almería aus ausgeschildert.

Oasys Mini Hollywood THEMENPARK
(☎902 53 35 32; www.oasysparquetematico.com; Carretera N340A, Km 464; Erw./Kind 22,50/12,50 €; ⏲Juni & Sept. 10–19.30 Uhr, Juli & Aug. bis 21 Uhr, Okt.–Mai bis 18 Uhr, Nov.–März Mo–Fr geschl.; P 👪) Der bekannteste und teuerste Wild-West-Themenpark von Tabernas verspricht gute Unterhaltung für Familien. Die Kulissen sind in recht gutem Zustand und im gepflegten Zoo leben rund 800 Tiere, darunter Löwen, Giraffen, Tiger und Nilpferde. Während sich Kinder bei den 20-minütigen Schießerei-Shows vergnügen, können sich ihre Eltern die klischeehafte Can-Can-Vorstellung im Saloon ansehen (oder einfach ein Bier trinken).

Geführte Touren

Malcaminos GEFÜHRTE TOUREN
(☎652 02 25 82; www.malcaminos.com; Avenida de las Angustias, Tabernas) Der lokale Veranstalter bietet hervorragende geführte Touren durch die aus dem Kino bekannten Landschaften von Tabernas. Die begeisterten Guides wissen viel über das Gebiet und kennen neben den Filmschauplätzen auch seine Geschichte und Geologie. Zu den Angeboten gehört eine zweistündige Jeeptour (Erw./Kind 30/18,50 €) zu den Drehorten.

Parque Natural de Cabo de Gata-Níjar

Im **Parque Natural de Cabo de Gata-Níjar** (www.degata.com/en) südöstlich von Almería erstrecken sich einige der schönsten und einsamsten Strände des Landes. Der Park, der von Retamar im Westen bis nach Agua Amarga im Osten reicht, umfasst 340 km² dramatische Felsküste und eine ausgedörrte wüstenähnliche Landschaft, durchsetzt von entlegenen weißen Dörfern und vereinzelten Bauernhöfen. Verlassene Bergwerke und bizarre Felsformationen, die in dieser Landschaft immer wieder anzutreffen sind, tragen zu der manchmal geradezu gespenstischen Atmosphäre bei.

Neben Strandvergnügen und Spaziergängen locken hier viele weitere Aktivitäten: Tauchen, Schnorcheln, Kajakfahren, Segeln, Radfahren, Ausreiten sowie Jeep- und Bootstouren sind allesamt beliebt. Verschiedene Veranstalter in den Küstendörfern bieten diese Aktivitäten an Ostern und von Juli bis September an. Ganzjährig sind nur wenige geöffnet.

Hauptort des Parks ist **San José**, ein beliebter Ferienort an der Ostküste.

Sehenswertes

Faro de Cabo de Gata LEUCHTTURM
(P) An der Südwestspitze des Kaps bietet dieser fotogene Leuchtturm einen tollen Ausblick auf die zerklüfteten Vulkanklippen des **Arrecife de las Sirenas** (Sirenenriff), benannt nach den Mönchsrobben, die sich hier einst tummelten.

Von hier führt eine Landstraße zur **Torre Vigía Vela Blanca** 3 km weiter, einem Wachturm aus dem 18. Jh. mit noch weiterem Blick über die Küste.

Mirador de la Amatista AUSSICHTSPUNKT
(P) Der hohe Aussichtspunkt an der Hauptstraße zwischen La Isleta del Moro und Rodalquilar bietet eine tolle Aussicht über die schwindelerregende und unverbaute Felsküste. Von hier windet sich die Straße hinab ins Becken des Rodalquilar-Tals.

Goldminen RUINE
(P) Die skelettartigen Überreste der Goldminen von Rodalquilar mitten in der

Marslandschaft aus roten Felsbrocken oberhalb des Dorfes sehen gespenstisch aus. Die Anlage, die noch bis Mitte des 20. Jh. komplett in Betrieb war, liegt heute verlassen da. Es steht jedem frei, ihre einstigen Türme und Dekantierungstanks zu erkunden.

Jardín Botánico El Albardinal GARTEN
(971 56 12 26; Calle Fundición; Di–Fr 9–14, Sa & So 10–14 & 16–18 Uhr; P) GRATIS Rodalquilars weitläufiger botanischer Garten präsentiert die für Andalusiens trockenen Südosten typische Vegetation. Er ist gut organisiert – jede Pflanze, jeder Baum und jeder Strauch ist mit botanischem Namen beschriftet. Hinzu kommt ein bezaubernder *huerta* (Gemüsegarten), wo es Marmeladenrezepte und eine Vogelscheuche gibt.

Geführte Touren

El Cabo a Fondo BOOTSTOUREN
(637 44 91 70; www.elcaboafondo.es; 1½-Std.-Tour Erw./Kind 25/20 €) Vom Meer aus bietet sich ein spektakulärer Ausblick auf das Cabo de Gata. Diese Perspektive kann man auf den Bootstouren von Cabo a Fondo genießen. Sie starten bei La Isleta del Moro, Las Negras oder La Fabriquilla. Die Fahrten finden bis zu siebenmal täglich statt und werden – bei entsprechendem Wetter – das ganze Jahr über angeboten (in der Nebensaison gelten teils Mindestteilnehmerzahlen). Reservierung erforderlich.

Schlafen

El Jardín de los Sueños CASA RURAL €€
(669 18 41 18, 950 38 98 43; www.eljardindelossuenos.es; Calle Los Gorriones; inkl. Frühstück DZ 76–98 €, Suite 96–140 €; P) Dieser ganzjährig geöffnete Rückzugsort direkt vor Rodalquilar ist von der Hauptstraße ausgeschildert und ideal, um allem den Rücken zu kehren. Das Hauptgebäude des Bauernhofs steht mitten in einem wunderschönen Garten mit an das trockene Klima angepassten Pflanzen und Obstbäumen, die teils zum reichhaltigen Frühstück beitragen. Die Zimmer punkten mit frischen Farben, Originalkunst und Privatterrassen. Fernseher gibt's nicht.

La Posada de Paco HOTEL €€
(950 38 00 10; www.laposadadepaco.com; Avenida de San José 12; DZ 61–150 €; Nov.–Feb. geschl.; P) Eine zentrale Lage, strahlende gekachelte Zimmer und sonniges Sommerflair – das Paco bietet mehr als den Standard. Die Zimmer in verschiedenen Größen und Farben haben Privatterrassen, einige mit Meerblick. Zum breiten Angebot zählen ein Spa, ein Fitnessraum, ein Frühstückscafé und ein Pool.

Cabo de Gata

NICHT VERSÄUMEN

STRÄNDE AM CABO DE GATA

Die besten Strände am Cabo de Gata säumen die Süd- und Ostküste, einige der schönsten liegen südwestlich von San José. Von dort führt eine Schotterstraße, beschildert „Playas" und/oder „Genoveses/Mónsul", zu den Stränden. Allerdings ist sie von Mitte Juni bis Mitte September gesperrt, sobald die Parkplätze am Strand (5 €) voll sind, was in der Regel ab 10 Uhr der Fall ist. Von 9–21 Uhr fährt dann ein Bus (einfach 1 €).

Der erste Strand außerhalb von San José ist die **Playa de los Genoveses** (P). Auf dem 1 km langen Abschnitt ging 1147 die genuesische Marine an Land, um den Christen bei der Einnahme Almerías zu helfen. 2,5 km weiter erreicht man die grandiose naturbelassene **Playa de Mónsul** (P). Der große freistehende Felsen diente übrigens in *Indiana Jones und der letzte Kreuzzug* als Filmkulisse. Fußwege hinter der großen Düne am Ostende von Mónsul führen hinunter zum FKK-Strand **Playa del Barronal** (600 m von der Straße entfernt). Wenn man kurz vor El Barronal links abbiegt und links des höchsten Hügels einen kleinen Pass überquert, kommt man zum Strand **El Lance del Perro**. Er hat auffällige Felsformationen aus Basaltgestein und ist der erste von vier herrlichen einsamen Stränden, die **Calas del Barronal** genannt werden. Wenn es die Brandung zulässt, kann man am Fuß der Klippen von einem zum nächsten laufen.

Etwas westlich der Playa de Mónsul führen Wege von der Straße zu den beiden weniger häufig besuchten Stränden **Cala de la Media Luna** und **Cala Carbón**.

San José hat seinen eigenen Sandstrand, an dem es lebhaft zugeht, und im Nordosten bieten **Los Escullos** und **La Isleta del Moro** gute Strände. Wesentlich schöner ist die **Playa del Playazo** (P), ein breiter Sandstrand zwischen zwei Landzungen, 3,5 km östlich von Rodalquilar (die letzten 2 km geht's ab der Hauptstraße über eine befahrbare Piste) oder 2,5 km südlich von Las Negras, zu erreichen über einen Fußweg entlang der Küste.

Las Negras hat einen eigenen teilweise sandigen, teilweise steinigen Strand und ist zudem das Tor zur fantastischen **Playa San Pedro**, 3 km weiter nordöstlich. An dem legendären Strand zwischen spektakulären Landzungen gibt's eine kleine neuzeitliche Siedlung. Er ist von Las Negras zu erreichen, aber nur zu Fuß oder mit dem Boot (12 € hin & zurück).

Weiter die Küste hoch bietet der kleine Ferienort **Agua Amarga** einen beliebten Sandstrand. Eine kurze, aber steile, 1,5 km lange Wanderung Richtung Südwesten führt zur **Cala de Enmedio** mit einem schönen abgeschiedenen Strand zwischen bröckelnden Felsen.

Hotel Senderos HOTEL €€
(☎ 950 13 80 87; www.hotelsenderos.com; Calle Pueblecico 1; EZ 59–105 €, DZ 79–135 €; ❄ 📶 🏊) Wie es in Agua Amarga typisch ist, verbirgt sich der Charme des Senderos hinter den kühlen weißen Mauern. Innen überraschen die hellen Zimmer mit polierten Marmorböden und großen stabilen Betten. Direkt vor dem Haus gibt's einen öffentlichen Parkplatz, und der Fußweg zum Strand dauert nur zwei Minuten.

★ **MC San José** BOUTIQUE-HOTEL €€€
(☎ 950 61 11 11; www.hotelesmcsanjose.com; Calle El Faro 2; Zi. inkl. Frühstück 92–220 €; ⏲ Nov.–Febr. geschl.; P ❄ 📶 🏊) Das MC kombiniert das Beste aus zwei Hotelwelten – herzliche Gastfreundschaft und eine schicke Designeroptik. Das Innere bestimmen moderne Möbel, kalte Weiß- und Grautöne, und die von Pflanzen gesäumte Terrasse mit kleinem Pool ist ideal zum Sonnenbaden.

★ **MiKasa** BOUTIQUE-HOTEL €€€
(☎ 950 13 80 73; www.mikasasuites.com; Carretera Carboneras 20; DZ inkl. Frühstück 130–240 €; P ❄ 📶 🏊) MiKasa ist ein bezauberndes romantisches Hideaway. Die hübsche Villa ein paar Häuserblocks vom Strand entfernt (aber immer noch in bequemer Fußnähe) verfügt über hübsche, individuell eingerichtete Zimmer, zwei Pools, ein Spa und eine Strandbar. Außer im August bekommt man ermäßigte Zimmerpreise.

Essen

★ **4 Nudos** FISCH & MEERESFRÜCHTE €
(☎ 620 93 81 60; Club Náutico, Puerto Deportivo; Hauptgerichte 15–20 €; ⏲ Di–So 9–17 & 19.30–

24 Uhr) „Vier Knoten" ist das beste der zahlreichen Meeresfrüchterestaurants von San José. Standesgemäß im Club Náutico im Jachthafen untergebracht, serviert es klassische spanische Gerichte, darunter auch Paella, sowie innovativere Kreationen wie Ceviche aus Babygarnelen und in Sojasoße, Ingwer und Rosmarin marinierten Thunfisch. Reservierung empfohlen, außer in sehr ruhigen Zeiten.

La Gallineta MEDITERRAN €€
(☎950 38 05 01; El Pozo de los Frailes; Hauptgerichte 11–27 €; ⏲13.30–15.30 & 21–23 Uhr, So & Mo abends geschl.) Das elegante Restaurant im Dorf El Pozo de los Frailes, 4 km nördlich von San José, ist bei Stadtflüchtlingen hochbeliebt, die lange Fahrt hierher nehmen sie wegen der innovativen weltoffenen Küche in Kauf. Zu den Highlights zählen mit Gänseleber gefüllte Ravioli und Garnelen-Carpaccio.

Casa Miguel SPANISCH €€
(☎950 38 03 29; www.restaurantecasamiguel.es; Avenida de San José 43–45; Hauptgerichte 10–20 €; ⏲ Di–Sa 13–16.30 & 19.30–23.30 Uhr) Service und Küche sind in diesem seit Langem bestehenden Lieblingslokal in San José zuverlässig gut, einem von mehreren Lokalen mit Terrasse an der Hauptstraße. Die umfangreiche Speisekarte bietet viel Auswahl, aber wer den tagesfrischen Fisch vom Grill bestellt, liegt immer richtig.

★ **Restaurante La Villa** MEDITERRAN €€€
(☎950 13 80 90; Carretera Carboneras 18; Hauptgerichte 15–25 €; ⏲ Juni–Sept. 20–24 Uhr, Okt.–Dez. & März–Mai Mo & Di geschl., Jan. & Febr. geschl.) La Villa ist ein gehobenes Agua-Amarga-Restaurant mit romantisch beleuchtetem Speisesaal und eleganter Außenterrasse. Die Gerichte sind originell und werden kunstvoll präsentiert. Sie reichen von Tex-Mex-Vorspeisen bis zu Steak-Tartar und Gourmet-Burgern mit Black-Angus-Rindfleisch. Reservierung empfohlen.

Praktische Informationen

Centro de Información (☎950 38 02 99; www.cabodegata-nijar.com; Avenida San José 27; ⏲April–Okt. 10–14 & 17.30–20.30 Uhr, Nov.–März bis 14 Uhr) Parkinformationszentrum in San José.

Centro de Interpretación Las Amoladeras (☎950 16 04 35; Carretera Retamar-Pujaire, Km 7; ⏲ Mi–So 10–14 Uhr) An der Hauptstraße ab Almería, 2 km westlich von Ruescas, befindet sich das Hauptbesucherzentrum des Parks.

An- & Weiterreise

Mindestens sechs Busse von **ALSA** (☎902 42 22 42; www.alsa.es) fahren täglich von der Estación Intermodal in Alméria nach San Miguel de Cabo de Gata (2,90 €, 1 Std.) und ein Bus nach Las Negras (2,90 €, 1¼ Std.) und Rodalquilar (2,90 €, 1½ Std.).

Autocares Bernardo (☎950 25 04 22; www.autocaresbernardo.com) betreibt Busse von Almería nach San José (2,90 €, 1¼ Std., 2-mal oder 4-mal tgl.).

Mojácar

6490 EW

Mojácar, zugleich ein hochbeliebter Strandort und eine Stadt mit Charme auf einem Hügel, besteht aus zwei geografisch voneinander getrennten Ortsteilen. Mojácar Pueblo ist das attraktive historische Zentrum, ein malerisches Gewirr würfelförmiger weißer Häuser, die sich an einen Hügel im Inland schmiegen. Etwas 3 km entfernt an der Küste liegt sein junger Ableger Mojácar Playa, ein modernes Strandresort mit niedrigen Bauten an einem 7 km langen Sandstrand.

In den 1960er-Jahren verfiel Mojácar und wurde fast aufgegeben. Aber ein cleverer Bürgermeister belebte es wieder, indem er Künstler und Urlauber in die Gegend lockte, denen er kostenlose Grundstücke anbot. So hielt eine unkonventionelle Atmosphäre hier Einzug und ist bis heute spürbar.

Sehenswertes

Am sehenswertesten ist Mojácars *pueblo* oben auf dem Hügel, mit seinen weißgetünchten Häusern und hübschen Plätzen, Bars und Cafés. Strandliebhaber sollten nach Mojácar Playa hinunterfahren, vor dem sich 7 km vorwiegend Sandstrand erstrecken. Um vom Strand ins *pueblo* zu kommen, fährt man am Kreisverkehr vor dem Parque Comercial, einem großen Einkaufszentrum am Nordende des Strands, ins Landesinnere. Es gibt regelmäßige Busverbindungen.

Mirador del Castillo AUSSICHTSPUNKT
(Plaza Mirador del Castillo, Mojácar Pueblo) Der *mirador* (Aussichtspunkt) oben auf dem Hügel thront am höchsten Punkt des Ortes. Wo einst eine Burg stand, befindet sich heute das Hotel **El Mirador del Castillo** (☎694 45 47 68; www.elmiradordelcastillo.com; Zi. 68–145 €, Suite 136–145 €; ⏲Ostern–Okt.; ❄📶🏊). Der Blick reicht über das Meer und eine dunstige grünbraune Landschaft, ge-

sprenkelt mit weißen Häusern und prägnanten Vulkankegeln, die jenem ähneln, auf dem Mojácar errichtet wurde.

Casa La Canana HAUS
(☎950 16 44 20; Calle Esteve 6, Mojácar Pueblo; 2,50 €; ⏲ Di–Sa 10.30–14 & 17.30–22, So 11–15 Uhr) Das vor Kurzem eröffnete Haus-Museum veranschaulicht, wie ein gut situierter Dorfbewohner in der ersten Hälfte des 20. Jhs. wohnte. Einige der Möbel sind noch original und stehen so wie früher. Informationstafeln, Werkzeuge und Tiermodelle informieren über die damalige Wohn- und Lebenskultur.

Fuente Pública BRUNNEN
(Öffentlicher Brunnen; Calle La Fuente, Mojácar Pueblo) Der historische Brunnen am unteren Ende von Mojácar Pueblo ist ein kleines Wahrzeichen des Dorfes. Einheimische und Besucher füllen hier Behältnisse mit dem Wasser, das aus 13 Fontänen in ein Marmorbecken inmitten eines Hofs unter farbenfrohen Pflanzen rinnt. Laut der Infotafel traf hier 1488 ein Gesandter der Reyes Católicos (der Katholischen Könige Ferdinand und Isabella) auf Alavez, den letzten maurischen Bürgermeister von Mojácar, um über die Kapitulation des Dorfes zu verhandeln.

Schlafen

★ **Hostal Arco Plaza** HOSTEL €
(☎950 47 27 77, 647 846 275; www.hostalarcoplaza.es; Calle Aire 1, Mojácar Pueblo; DZ 39–45 €, Zi. 45–50 €; ❄📶) Mitten im trubeligen Zentrum gibt's in diesem netten günstigen *hostal* attraktive himmelblaue Zimmer mit schmiedeeisernen Betten und terrakottagefliesten Böden. Die besten haben eigene Balkons mit Blick auf die Plaza Nueva, aber den gleichen Blick kann man auch von der gemeinschaftlichen Dachterrasse genießen. Abends kann es auf dem Platz laut werden, aber in der Regel wird es nach Mitternacht wieder ruhig.

★ **Hostal El Olivar** HOSTEL €€
(☎950 47 20 02, 672 01 97 67; www.hostalelolivar.es; Calle Estación Nueva 11, Mojácar Pueblo; inkl. Frühstück EZ 44–59 €, DZ 54–89 €; ❄📶) Das einladene El Olivar, ein geschmackvolles Hotel im historischem Dorfzentrum von Mojácar hat acht perlmuttgraue, cool und modern eingerichtete Zimmer. Einige bieten Blick auf den Platz, andere auf die Berge hinter dem *pueblo*. Das großzügige Frühstück kann man bei gutem Wetter auf der Dachterrasse mit Panoramablick einnehmen.

Essen

★ **Tito's** INTERNATIONAL €€
(☎950 61 50 30; Paseo del Mediterráneo 2, Mojácar Playa; Hauptgerichte 9,50–16 €; ⏲ April–Okt. 10–21 Uhr, Juni–Aug. bis 24 Uhr; 📶) Das Tito's sieht in etwa so aus wie eine Strandbar, die man sich in seinen Träumen vorstellt – mit einem Bambusdach zwischen Palmen lädt es an der südlichen Promenade zum Chillen ein. Ein herrlich entspannter Ort, wo man den Durst mit frischen Fruchtcocktails stillen und sich an internationaler Fusion-Küche erfreuen kann.

Arlequino FUSION-KÜCHE €€
(☎950 47 80 37; Plaza de las Flores, Mojácar Pueblo; Hauptgerichte 10–20 €; ⏲ Mi–So 13–16 & tgl. 19–2 Uhr) Arlequinos gezielt heterogene Einrichtung und die Dachterrasse mit Panoramablick passen gut zur orientalischen Fusion-Küche, die hier angeboten wird. Nach Samosas mit Gemüsefüllung als Vorspeise schmecken Hauptgerichte wie leicht gewürztes Lamm, das elegant auf einem schiefergrauen Teller serviert wird, und die sehr reichhaltigen Desserts.

Praktische Informationen

Städtische Tourismusinformation
(☎950 61 50 25; www.mojacar.es; Plaza Frontón, Mojácar Pueblo; ⏲ Mo–Fr 9.30–14 & 17–20, Sa 10–14 & 17–20, So 10–14 Uhr) Oben auf dem Hügel im *pueblo* Mojàcar.

Tourist Information Point (www.mojacar.es; Playa Villazar, Mojácar Playa; ⏲ tgl. 10–14 & 17–20, So 10–14 Uhr) Unten am Strand gegenüber vom Parque Comercial (Einkaufszentrum).

An- & Weiterreise

Intercity-Busse halten an mehreren Stellen rund um den Kreisverkehr am Parque Comercial in Mojácar Playa und an der **Avenida de Andalucía** in Mojácar Pueblo.

ALSA (☎902 42 22 42; www.alsa.es) betreibt Busse nach/von Almería (7,67 €, 1¼ –1¾ Std., 2–4-mal tgl.) und Murcia (9,18 €, 2½–3 Std., 3-mal tgl.). Tickets verkauft **Mojácar Tour** (☎950 47 57 57; Centro Comercial Montemar, Avenida de Andalucía, Mojácar Playa; ⏲ 10–13.30 & 17.30–20 Uhr), ein Reisebüro im Parque Comercial in Mojácar Playa.

Von Juni bis September von 9.15 bis 23.33 Uhr sowie von Oktober bis Mai bis 21.15 Uhr fährt etwa alle halbe Stunde ein städtischer Bus (1,20 €) von Mojácar Pueblo den gesamten Strand hinab und wieder zurück.

Valencia & Murcia

Inhalt ➜

Gut essen

- Quique Dacosta (S. 893)
- El Portal (S. 891)
- El Granaino (S. 898)
- El Pasaje de Zabalburu (S. 903)
- La Pequeña Taberna (S. 903)
- Magoga (S. 907)

Schön übernachten

- Bajo el Cejo (S. 914)
- Cases Noves (S. 896)
- Caro Hotel (S. 868)
- Hotel Mayarì (S. 908)
- Mont Sant (S. 882)

Auf nach Valencia!

Die Heimat eines der berühmtesten Exportgüter Spaniens, der Paella, ist ein wunderbarer Küstenabschnitt mit schönen Stränden, großartiger Gastronomie und fabelhaften Festen. Dank der anspruchsvollen Kulturszene und der beeindruckenden Architektur Valencias ist es ein beliebtes Reiseziel.

In dieser sonnigen Vergnügungsgegend an der Küste finden jede Menge Feste statt – von Rockkonzerten in Benicàssim über Maskenumzüge und freundschaftliche Rivalität in der Semana Santa in Lórca bis zu nachgestellten Reconquista-Schlachten bei den Moros-y-Cristianos-Festen oder La Tomatina, einem der größten Lebensmittelkämpfe der Welt.

Einige Küstenorte – hallo Benidorm! – sind notorisch überentwickelt, aber es gibt auch viele Gegenbeispiele, darunter Städte wie Dénia und Xàbia, die sich ihren Charme bewahrt haben. Der antike Hafen von Cartagena bietet eine großartige Auswahl an römischen und karthagischen Ruinen und Murcia ist eine pulsierende Provinzhauptstadt mit schönen Parks und innovativer Gastroszene.

Reisezeit

Valencia City

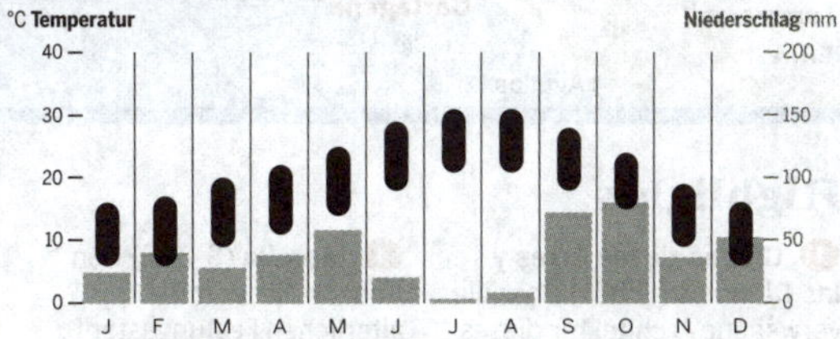

Jan. Dank der warmen Temperaturen ist es ein gutes Winterziel, und die Unterkünfte sind günstig.

März–April Las Fallas, Valencias wildes Frühlingsfest, zieht zwei Millionen Besucher in die Stadt.

Okt. Man kann immer noch im Meer baden und es gibt gutes Wetter, aber weniger Menschen.

Highlights

1 Ciudad de las Artes y las Ciencias (S. 861) Über die verwegene Architektur dieses Gebäudes in Valencia staunen.

2 Russafa (S. 869) In dem beliebten *barrio* die Tapas-, Café- und Barszene erkunden.

3 La Tomatina (S. 880) Bei der Tomatenschlacht von Buñol die Stadt rot einfärben.

4 Morella (S. 886) Den Anblick dieser mittelalterlichen Festungsstadt auskosten.

5 Murcia (S. 901) Durch das schöne Zentrum dieser vollkommen unterschätzten Stadt spazieren, in die Geschichte eintauchen und die tolle Gastroszene genießen.

6 Cartagena (S. 905) Die faszinierenden Stätten der Römer und Karthager und andere historische Orte dieser Hafenstadt erforschen.

7 Lorca (S. 909) Die erhabene Schönheit der Altstadt samt Burg und die Traditionen der Semana-Santa-Feierlichkeiten entdecken.

VALENCIA

790 200 EW.

Spaniens drittgrößte Stadt ist fantastisch. Sie lässt Madrid und Barcelona den Vorrang in den Schlagzeilen und bleibt eine wundervolle, lebenswerte Stadt mit blühender Kultur-, Gastro- und Nightlifeszene. Vor Innovationen hatte Valencia noch nie Angst und verlegte kurzerhand den hochwassergefährdeten Fluss an den Stadtrand. Das alte Flussbett verwandelte sich in einen herrlichen Grüngürtel, der sich parkartig durch die Stadt zieht. Dort stehen die aufsehenerregenden futuristischen Gebäude der Ciudad de las Artes y las Ciencias, designt vom Lokalmatador Santiago Calatrava. Valencia wartet mit weiteren hervorragenden zeitgenössischen Bauten auf und hat auch eine Handvoll berühmter Modernisme-Häuser, tolle Museen, einen langen Strandabschnitt und eine große, stimmungsvolle Altstadt. Valencia ist von der *huerta*, fruchtbaren Gemüsegärten, umgeben, und als Heimat von Reisgerichten wie Paella bekannt, aber die lebhafte Restaurantszene bietet noch viel mehr – ein grandioser Ort für Feinschmecker.

Geschichte

138 v. Chr. gründeten ehemalige römische Legionäre am Ufer des Río Turia „Valentia", doch die erste Stadt wurde während des Sertorianischen Krieges 75 v. Chr. von Pompeius zerstört.

Die Mauren erschufen ein Landwirtschafts- und Gewerbezentrum. Sie führten die Keramik-, Papier-, Seiden- und Lederverarbeitung ein und bauten das Bewässerungsnetz im fruchtbaren Hinterland aus.

1094 n. Chr. wurde die maurische Herrschaft durch den legendären kastilischen Haudrauf und Ritter El Cid mit seinen Mannen unterbrochen. Viel Zeit verging, ehe die christlichen Streitkräfte von Jakob I. die Stadt nach einer Belagerung 1238 endgültig zurückeroberten. Nach der Kapitulation der Stadt wurden Zehntausende Muslime vertrieben.

Valencias goldene Zeit war im 15. Jh. und zu Beginn des 16. Jhs., als sich die Stadt zu einem der bedeutendsten Handelszentren am Mittelmeer entwickelte. Durch die Entdeckung der Neuen Welt nahm Spanien eine Schlüsselrolle im atlantischen Raum ein, was die Vorrangstellung Sevillas als Handelsstadt und den Niedergang Valencias zur Folge hatte. Wirtschaftliche Not führte zur Revolte Germanías von 1519 bis 1522, bei der sich die Zünfte gegen die Krone und den Adel erhoben. Die mageren Jahrhunderte endeten im 19. Jh. mit der Industrialisierung und der Entwicklung des lukrativen Exports von Zitrusfrüchten nach Nordeuropa.

Während des Spanischen Bürgerkriegs diente Valencia teilweise als Hauptstadt der Republik Spanien. Zuvor hatte die Regierung Madrid verlassen – aus Angst, dass es an die Nationalisten fallen würde. In den traumatischen letzten Tagen des Kriegs erklärte die Stadt ihre Kapitulation, und es folgte eine lange Zeit der Unterdrückung. Infolge der schweren Überflutungen von 1949 und 1957 wurde der Río Turia vom Zentrum an den Stadtrand verlegt.

Sehenswertes

Nördliche Ciutat Vella

★ Catedral de Valencia KATHEDRALE

(Karte S. 866; ☎963 918 127; www.catedraldevalencia.es; Plaza de la Virgen; Erw./Kind inkl. Audioguide 7/5,50 €; ⏲ Juni–Sept. Mo–Sa 10–18.30, So 14–18.30 Uhr, Okt.–Mai bis 17.30 Uhr, Nov.–Feb. So geschl.) Valencias Kathedrale wurde nach der Rückeroberung 1238 über der Moschee errichtet. Ihr niedriges, breites, dreischiffiges Ziegelsteingewölbe ist vorwiegend gotisch, die Seitenkapellen sind neoklassizistisch. Zu den Highlights zählen das Museum, die italienischen Fresken über der Altartafel sowie zwei Gemälde von Goya in der **Capilla de San Francisco de Borja**, und natürlich die überladene gotische **Capilla del Santo Cáliz**, die angeblich den **Heiligen Gral** birgt – jenen Kelch, aus dem Jesus beim letzten Abendmahl getrunken hat. Es handelt sich um einen später veränderten Achatkelch aus der Römerzeit, und so stimmt zumindest die zeitliche Einordnung.

Bemerkenswert sind auch verschiedene Reliquien und ein schönes Altarbild in der **Capilla de San Dionisio**.

Links vom Hauptportal befindet sich der Eingang zum Glockenturm **El Miguelete** (Karte S. 866; Erw./Kind 2/1 €; ⏲ Mo–Fr 10–19, Sa bis 19.30, So 10–12.10 & 14–19.30 Uhr). Nach dem Erklimmen der Wendeltreppe mit 207 Stufen wird man mit einem grandiosen Rundumblick belohnt.

Das Tribunal de las Aguas (Wassergericht) tagt seit mehr als tausend Jahren jeden Donnerstag um 12.00 Uhr vor der Puerta de los Apóstoles der Kathedrale. Hier regelt Europas älteste Rechtsinstitution die regionalen

Bewässerungsstreitigkeiten der Bauern auf Valencianisch, der Regionalsprache.

Museo Catedralicio Diocesano MUSEUM
(Karte S. 866; ☎ 963 91 81 27; www.catedraldevalencia.es; Catedral de Valencia; inkl. Eintritt in Kathedrale; ⌚ Juni–Sept. Mo–Sa 10–18.30, So 14–18.30 Uhr, Okt.–Mai Mo–Sa 10–17.30, So 10–14 Uhr, Nov.–Feb. So geschl.) Dieses wiedereröffnete Kathedralenmuseum ist eine gelungene Mischung aus Moderne und Tradition. Hier gibt's ausgezeichnete religiöse Gemälde. Es ist faszinierend, zu sehen, welche enorme Entwicklung sich in nur einer Generation zwischen den Renaissance-Gemälden von Vicente Macip und denen seines Sohnes, des großen Juan de Juanes, vollzogen hat. Die Höhepunkte sind jedoch die wundervollen geschnitzten Apostel aus dem 14. Jh., Vorläufer von denen an der Haupttür der Kathedrale. Im Untergeschoss kann man römische und mittelalterliche Überreste besichtigen.

★ Mercado Central MARKT
(Karte S. 866; ☎ 963 82 91 00; www.mercadocentralvalencia.es; Plaza del Mercado; ⌚ Mo–Sa 7.30–15 Uhr) Valencias riesige Markthalle, die 1928 im Modernismestil erbaut wurde, ist ein Fest für die Sinne mit Tausenden Gerüchen, Farben und viel Trubel. Auf den spektakulären Meeresfrüchtetheken werden jede Menge Kopffüßer und unzählige Fischarten feilgeboten. Die Fleischstände ächzen unter dem Gewicht der Würstchen und riesigen Steaks. Von besonderer Qualität ist das Obst und Gemüse, das größtenteils aus lokalem Anbau rund um Valencias *huerta* (Gebiet mit Gemüsegärten) stammt. Auf sich wirken lassen kann man die Atmosphäre am besten bei einem Glas Wein in einer Tapas-Bar.

★ La Lonja HISTORISCHES GEBÄUDE
(Karte S. 866; ☎ 962 08 41 53; www.valencia.es; Calle de la Lonja; Erw./Kind 2/1 €, So frei; ⌚ Mo–Sa 10–19, So bis 14 Uhr) In diesem herrlichen Gebäude, das zum UNESCO-Welterbe gehört, war einst Valencias Seiden- und Rohstoffbörse untergebracht. Erbaut wurde es zur städtischen Blütezeit im späten 15. Jh. und ist eines der schönsten Beispiele ziviler gotischer Baukunst in Spanien. Um einen Innenhof mit Zitruspflanzen stehen die beiden Hauptgebäude: die Sala de Contratación, eine Art Kathedrale des Handels mit gewundenen, hoch aufragenden Säulen, und der Consulado del Mar, ehemaliger Sitz eines Marinetribunals. Die prachtvolle Kassettendecke im oberen Stock wurde von einem anderen Gebäude hierher verlegt.

★ Iglesia de San Nicolás KIRCHE
(Karte S. 866; ☎ 963 91 33 17; www.sannicolasvalencia.com; Calle Caballeros 35; 5 €; ⌚ Okt.–Juni Di–Fr 10.30–19, Sa 11–18.30, So 13–19 Uhr, Juli–Sept. Di–Fr 10.30–21, Sa 10.30–19.30, So 11.30–21 Uhr) Vor Kurzem nach einer großartigen Restaurierung für die Öffentlichkeit wiedereröffnet ist diese einschiffige Kirche ein Hingucker. Über dem ursprünglichen gotischen Gewölbe bildet die bemalte Decke einen barocken Aufstand ab, mit genügend Engeln für eine ernsthafte Dokumentation über Fettleibigkeit bei Kindern. Das Altarbild ist in einem ähnlichen Stil gehalten, mit Korkenziehersäulen (im solomonischen Stil) rund um die beiden Heiligen, denen die Kirche gewidmet ist: San Nicolás, der Jungen aus der Beizwanne rettet, und San Pedro Mártir, in dessen Kopf ein Entermesser steckt.

La Almoina RUINEN
(Karte S. 866; ☎ 963 08 41 73; www.valencia.es; Plaza Décimo Junio Bruto; Erw./Kind 2/1 €, So frei; ⌚ Mo–Sa 10–19, So bis 14 Uhr) Unter der Plaza gleich östlich der Kathedrale von Valencia kann man die archäologischen Überreste vom Kern des römischen, westgotischen und maurischen Valencia durch ein mit Wasser bedecktes Glasdach bewundern. Wer sich hinunter begibt, den erwartet eine beeindruckende Ausgrabungsstätte – eine stimmungsvolle Mischung aus römischen Bädern, Gebäuden des Forums, einer Fabrik, Teilen des maurischen *alcázar* (Festung) und einem königlichen Friedhof. Spätere Überbleibsel stammen von dem Gebäude, das auf diesem Platz als Armenkrankenhaus diente. Ohne Audioguide sind diese Hintergründe jedoch nur schwer nachvollziehbar.

Südliche Ciutat Vella

★ Museo del Patriarca GALERIE, KIRCHE
(Colegio de San Juan; Karte S. 866; ☎ 692 491769; www.patriarcavalencia.es; Calle de la Nave 1; Eintritt 4 €, Führungen 5–7 €; ⌚ täglich 11–13.30, Mo–Fr auch oft 17–19 Uhr) Gegründet wurde dieses Priesterseminar im späten 16. Jh. von San Juan de Ribera, einer bedeutenden Persönlichkeit der Gegenreformation, die zeitweilig große religiöse Macht in Spanien und über die Landesgrenzen hinaus ausübte. Es bietet einen imposanten, wenn auch etwas

NICHT VERSÄUMEN

CIUDAD DE LAS ARTES Y LAS CIENCIAS

Ciudad de las Artes y las Ciencias (City of Arts & Sciences; Karte S. 862 f.; ☎ 961 97 46 86; www.cac.es; Avenida del Profesor López Piñero;) Dieser ästhetisch beeindruckende Komplex befindet sich auf einem 350 000 m² großen Gelände des alten Turia-Flussbettes. Er beherbergt eine Reihe spektakulärer Gebäude, die größtenteils vom weltberühmten Architekten Santiago Calatrava stammen. Die Hauptgebäude sind ein majestätisches Opernhaus, ein Wissenschaftsmuseum, ein 3D-Kino und ein Aquarium. Für viele Valencianer ist Calatrava eine umstrittene Figur, denn sie beschweren sich über die Kosten und verschiedene Designfehler. Denkt man jedoch nicht als Steuerzahler, ist das Ganze höchst beeindruckend und erfreulich familienorientiert. Die Promenaden und Pools rund um die Gebäude laden zu einem angenehmen Spaziergang ein und man kann Fahrräder, Paddelbretter und andere Geräte ausleihen.

Palau de les Arts Reina Sofía (Karte S. 862 f.; ☎ Touren 672 062523; www.lesarts.com; Avenida del Professor López Piñero 1; Führung Erw./Kind 10,60/8,10 €; Führung tgl. 10.45, 12 & 13.30 sowie Mo–Sa 15.45 & 17 Uhr) Wie ein riesiger Käfer hockt dieses ultramoderne Gebäude mit einer schillernden Hülle aus lichtdurchlässigen Mosaikfliesen – die allerdings einige Probleme verursacht – über dem Flussbett in der Ciudad de las Artes y las Ciencias. Es bietet vier Säle und faszinierende Ebenen mit Pflanzen, die unter dem Außenskelett aus Keramik wachsen. Außerhalb der Vorführungszeit ist es nur im Rahmen von Führungen zu besichtigen. Diese finden auf Spanisch statt, doch es gibt in der Regel eine englische Zusammenfassung.

Museo de las Ciencias Príncipe Felipe (Karte S. 862 f.; ☎ 961 97 47 86; www.cac.es; Ciudad de las Artes y las Ciencias; Erw./Kind 8/6,20 €, mit Hemisfèric 12,60/9,60 €; Mitte Sept.–Juni 10–18 oder 19 Uhr, Juli–Mitte Sept. 10–21 Uhr;) Das interaktive Wissenschaftsmuseum erstreckt sich wie ein gigantisches Walskelett in der Ciudad de las Artes y las Ciencias und bietet Kindern jede Menge Exponate zum Anfassen sowie Maschinen und Ausstellungsstücke für alle Altersgruppen. Es bietet wirklich ein paar hervorragende Bereiche, die das Konzept „Lernen macht Spaß" Realität werden lassen. In jeder Abteilung bekommt man Flyer mit den wichtigsten Informationen auf Englisch.

Oceanogràfic (Karte S. 862 f.; ☎ 960 47 06 47; www.oceanografic.org; Camino de las Moreras; Erw./Kind 29,10/21,85 €, Audioguide 3,70 €, Kombiticket mit Hemisfèric & Museo de las Ciencias Príncipe Felipe 37,40/28,40 €; Mitte Sept.–Mitte Juni So–Fr 10–18, Sa 10–20 Uhr, Mitte Juni–Mitte Juli & Anf. Sept. 10–20 Uhr, Mitte Juli–Aug. 10–24 Uhr;) Das berühmteste Aquarium Spaniens ist das südlichste Gebäude der Ciudad de las Artes y las Ciencias. Es bietet eine eindrucksvolle Ausstellung und ist in verschiedene Klimazonen unterteilt, die ober- und unterirdisch über das zentrale Hauptgebäude erreichbar sind. Zu den Publikumslieblingen gehören natürlich die Haie, die man von einem Tunnel betrachten kann. In verschiedenen Becken sind Fische aus seichten Gewässern, dem Mittelmeer, dem Roten Meer und der Tropenwelt zu sehen. Weniger schön ist der Anblick von gefangenen Delfinen und Weißwalen: Die Forschung hat bestätigt, dass es abträglich für ihr Wohlergehen ist.

Hemisfèric (Karte S. 862 f.; ☎ 961 97 46 86; www.cac.es; Sitzungen Erw./Kind 8,80/6,85 €, mit Museo de las Ciencias Príncipe Felipe 12,60/9,60 €; ab 10 Uhr) Das starre Auge über dem schweren Lid des Hemisfèric ist Planetarium, IMAX-Kino und Lasershow zugleich. Vorführungen gibt's ungefähr stündlich, mit einer Pause zur Mittagszeit, und es sind mehrsprachige Soundtracks verfügbar. Im Sommer lohnt es sich vorzubuchen, da die Kapazität begrenzt ist und es oft ausgebucht ist.

kargen Renaissance-Kreuzgang im Innenhof, doch die Hauptattraktion ist zweifellos das kleine, aber hervorragende Museum religiöser Kunst. Caravaggio, El Greco sowie die Lokalmatadore José de Ribera und Juan de Juanes sind alle vertreten. Die größte Überraschung stellt jedoch das Manuskript dar, das Thomas Morus beim War-

Valencia

A
B
C
D
1
2
3
4
5
6
7
Garbi
Av Burjassot
C Dr Nicasio Benlloch
Av Juan XXIII
Av de las Cortes Valencianes
Benicalap
Beniferri
Neues Stadion des Valencia CF
Tránsits
Av Dr Peset Aleixandre
C La Safor
C de San Pancracio
Marxalenes
Parque de Marxalenes
Reus
Av Constitución
6
C Reus
Av General Aviles
Campanar-La Fe
C Padre Ferris
Av Burjassot
Av Maestro Rodrigo
Av Campanar
C Joaquín Ballester
C de Llano de Zaídía
Puente de San José
Av de Pio XII
Puente de las Artes
C de Blanquerías
Av Menéndez Pidal
siehe Karte Valencia Zentrum (S. 866)
C Valle de la Ballestera
Bioparc
1
Av de Tirso de Molina
Puente Ademuz
Turia
C del Turia
Av de Pío Baroja
Paseo de la Pechina
12
16
Puente de Campanar
C de Quart
Parque de Cabecera
Puente 9 de Octubre
C Castan Tobenas
C de Lepanto
C de Valencia
Av Perez Galdos
C de Juan Llorens
C Gabriel Miró
C Brasil
Ángel Guimerà
C de Calixto III
C Ángel Guimerà
C de Buen Orden
C Linares
Av del Cid
C Santa Cruz de Tenerife
Plaza de España
C San José de Calasanz
C Musico Ayllón
C Enguera
C de Jesús
C Albacete
20
C Tres Forques
C José María Mortes Lerma
Av Salavert
C Cuenca
Av Giorgeta
Haltestelle Joaquín Sorolla
Touristeninformation
C Archiduque Carlos
C Fontanares
Av Tres Cruces
C Beato Nicolás Factor
Jesús
Estación Joaquín Sorolla
C San Vicente Mártir
Patraix
C Venezuela
Hospital
Av Tres Cruces

0
500 m
E
F
G
H
1
2
3
4
5
6
7
C San Bruno
C San Vicente de Paul
C Porta Coeli
Camino Viejo de Alboraya
C Dolores Marqués
Av de Emilio Baro
C del Músic Belando
25
C Albocácer
C Benicarló
C Maximiliano Thous
Sagunt
Primado Reig
BENIMACLET
C Mistral
Benimaclet
C del Barón de San Petrillo
C Ruaya
C Piatero Suarez
C Molinell
C Jaca
26
C Sagunto
C Almazora
C Alboraya
C Pintor Genaro
C Cavanilles
C Jaime Roig
C Bachiller
Vincente Zaragozá
Camí de Vera
Universitat Politècnica
Pont de Fusta
Puente de Serranos
Pont de Fusta
Puente de la Trinidad
Museo de Bellas Artes
4
C de San Pío V
C General Elio
Facultats
C Menéndez Pelayo
Av Primado Reig
Av de Cataluña
C Clariano
La Pascuala (2,5km)
Av de Blasco Ibáñez
C de Gorgos
C Artes Gráficas
Puente del Real
Paseo de la Alameda
C Micer Mascó
Av de Suecia
Plaza Xúquer
14
Plaza Tetuán
Alameda
31
C de Amadeo Saboya
Aragón
Puente de la Exposición
Touristeninformation Valencia-Paz
Jardines del Turia
3
C Polo y Peyrolón
Av Cardenal Benlloch
C Doctor Manuel Candela
32
Colón
C de Colón
13
C de Sorní
Puente de las Flores
Puente del Mar
Av de Aragón
C Antonio Suárez
22
Amistat
L'EIXAMPLE
7
C de Cirilo Amorós
Puente de Aragón
Bodega Casa Montaña (1,4km); Bar La Paca (1,5km)
Xàtiva
Estación del Norte
Gran Vía del Marqués del Turia
C del Conde de Altea
Paseo de la Alameda
Av del Puerto
& Playa de las Arenas (3km)
C del Maestro Gozalbo
C del Dr Ciscar
C de Salamanca
Av Jacinto Benavente
30
23
33
Gran Vía Germanías
28
Mercado de Russafa
Av Reino de Valencia
Puente del Ángel Custodio
C Padre Tomás Montañana
C de Denia
15
17
C del Dr Sumsi
11
Av Baleares
34
27
19
18
RUSSAFA
C de Puerto Rico
21
C del Pintor Salvador Abril
C de Cádiz
C Pedro Aleixandre
Av de Francia
C del Literato Azorín
C Sueca
C de Cuba
Av Peris y Valero
C General Urrutia
Puente de Monteolivete
8
10
Ciudad de las Artes y las Ciencias
C Filipinas
29
2
Puente del Assut d'Or
5
Av Dr Waksman
Av de la Plata
Av Instituto Obrero de Valencia
24
Museo de las Ciencias Príncipe Felipe
Av Ausiàs March
Av Hermanos Maristas
Camino de las Moreras
9

Valencia

Highlights
1 Bioparc ... A3
2 Ciudad de las Artes y las Ciencias ... H7
3 Jardines del Turia ... F4
4 Museo de Bellas Artes ... E3
5 Museo de las Ciencias Príncipe Felipe ... H7

Sehenswertes
6 Bombas Gens ... C2
7 Mercado de Colón ... F5
8 Museo Fallero ... G6
9 Oceanogràfic ... H7
10 Palau de les Arts Reina Sofía ... G6

Aktivitäten, Kurse & Touren
11 Gulliver ... G6
12 Valencia Bikes ... C3

Schlafen
13 Hospes Palau de la Mar ... F4
14 Purple Nest ... E4
15 Russafa Youth Hostel ... E6

Essen
16 Bar Ricardo ... C4
17 Canalla Bistro ... F6
18 Copenhagen ... E6
19 Dos Estaciones ... E6
20 El Pederniz ... D6
21 El Rodamón de Russafa ... E6
22 Gran Azul ... G5
23 La Gallineta ... E5
Ricard Camarena ... (siehe 6)
24 Sólo del Mar ... G7

Ausgehen & Nachtleben
25 Chico Ostra ... G1
26 Deseo 54 ... E2
27 La Fustería ... E6
Mercado de Colón ... (siehe 7)
28 Slaughterhouse ... E6

Unterhaltung
29 Hemisfèric ... H7
30 Palau de la Música ... G5
31 Valencia Club de Fútbol ... G4
32 Wah Wah ... H4

Shoppen
33 Abanicos Carbonell ... E5
34 Madame Mim ... E6

ten auf seine Hinrichtung im Tower of London verfasste.

★ Museo Nacional de Cerámica MUSEUM
(Karte S. 866; ☎ 963 08 54 29; www.mecd.gob.es/mnescultura; Calle del Poeta Querol 2; Erw./Kind 3 €/frei, Sa nachmittag & So frei; ⌚ Di–Sa 10–14 & 16–20, So 10–14 Uhr) Im Inneren eines prächtigen Palasts widmet sich dieses Keramikmuseum einem wichtigen Industriezweig der Region Valencia. Im Erdgeschoss, wo eine dekadente, handbemalte Kutsche aus dem Jahr 1753 zu sehen ist, erfährt man mehr über die Geschichte der Keramik vom Barock bis zur Moderne. Allerdings lassen sich die vielen Informationen manchmal nur schwer mit den ausgestellten Tonwaren in Verbindung bringen. Im Obergeschoss wird historische Keramik kunstvoll mit modernen Werken kombiniert, doch allein schon das überaus prachtvolle Rokoko-Interieur mit verziertem Stuck, Chinoiserie, Damastpaneelen und edlen Polstermöbeln ist überaus beeindruckend.

Museo de la Seda MUSEUM
(Colegio del Arte Mayor de la Seda; Karte S. 866; ☎ 697 155299; www.museodelasedavalencia.com; Calle del Hospital 7; Erw./Kind 6/4,50 €; ⌚ Mitte Sept.–Mitte Juni Di–Fr 10–14 & 16–19, Sa 10–19.30, So 10–15 Uhr, Mitte Juni–Mitte Sept. Di–Fr 10–14.30 & 17–19.30, Sa 10–19.30, So 10–15 Uhr) Dieses optisch elegante moderne Museum profitiert von seiner schönen Lage im Palast aus dem 15. Jh. (mit barocken Ergänzungen), dem ehemaligen Sitz der Seidenherstellerzunft. Seide war ein bedeutender valencianischer Industriezweig, und die kompakte, überschaubare Ausstellung führt einen durch den Herstellungprozess – von den Raupen bis zu in Samt gekleideten Höflingen. Im Obergeschoss befinden sich einige liebevoll restaurierte Räume. Der Höhepunkt ist ein fabelhafter Rokoko-Fliesenboden, der den Erfolgsweg der Seide abbildet: hier in weiblicher Form, auf vier Kontinente verteilt und von geografisch bedeutenden Ungeheuern verkörpert.

Barrio del Carmen

Der nordwestliche Teil der Altstadt, Valencias ältestes Viertel, bietet ein künstlerisches Nachbarschaftsflair und mehrere gute Museen. El Carme ist ein verwinkeltes mittelalterliches Gassenlabyrinth, das mit vielen kleinen Bars und Restaurants zum Essen und Ausgehen einlädt.

★ Torres de Quart TOR
(Karte S. 866; ☎ 618 803907; www.valencia.es; Calle de Guillem de Castro; Erw./Kind 2/1 €, So frei; ⌚ Di–Sa 10–19, So bis 14 Uhr) Von der Neu-

stadt aus hat man einen tollen Blick auf das wohl prachtvollste Stadttor Spaniens. Wer dieses Bauwerk aus dem 15. Jh. erklimmt, blickt in Richtung Madrid und Sonnenuntergang. Dort oben sind noch die Einschusslöcher von französischen Kanonenkugeln aus der Zeit von Napoleons Einmarsch im 19. Jh. zu sehen.

Torres de Serranos TOR
(Karte S. 866; ☎963 919 070; www.valencia.es; Plaza de los Fueros; Erw./Kind 2/1 €, So frei; ⌚Mo–Sa 10–19, So bis 14 Uhr) Einst bildeten die eindrucksvollen Torres de Serranos aus dem 14. Jh. das Haupttor nach Barcelona und in den Norden, heute thronen sie über dem ehemaligen Flussbett des Río Turia. Sie und die Torres de Quart sind die einzigen Überreste von Valencias alter Stadtmauer. Oben eröffnet sich ein toller Blick auf das Barrio del Carmen und das Flussbett.

Institut Valencià d'Art Modern GALERIE
(IVAM; Karte S. 866; ☎963 176 600; www.ivam.es; Calle de Guillem de Castro 118; Erw./Kind 6/3 €, Fr abends & So frei; ⌚Di–Do, Sa & So 11–19.30, Fr bis 21 Uhr) Neben den hervorragenden Wechselausstellungen hat diese beeindruckende Galerie auch eine kleine, doch sehenswerte Sammlung spanischer Kunst aus dem 20. Jh. zu bieten. Ihre Dauerausstellung ist Julio González gewidmet – einem katalanischen Bildhauer (1876–1942), der in Paris lebte und außergewöhnliche Werke aus Eisen herstellte, die spätere Künstler wie David Smith und Eduardo Chillida beeinflussten.

Centro del Carmen KULTURZENTRUM
(Karte S. 866; ☎963 152 024; www.consorciomuseos.gva.es; Calle del Museo 2; ⌚Okt.–Mitte Juni Di–So 11–19 Uhr, Mitte Juni–Sept. Di–So bis 21 Uhr) GRATIS Hinter der Kirche am Wahrzeichen Plaza del Carmen befindet sich dieses Zentrum, das den schönen gotischen Kreuzgang und die Räume des ehemaligen Klosters beherbergt. Es ist in einem ziemlich strengen Zisterzienserstil gebaut und widmet sich wechselnden Ausstellungen. Normalerweise gibt's mehrere gleichzeitig. Es lohnt sich schon allein, durch den Kreuzgang zu bummeln.

L'Eixample & Südliches Valencia

Mercado de Colón MARKT
(Karte S. 862 f.; www.mercadocolon.es; Calle de Cirilo Amorós; ⌚7–1.30 Uhr) Seinerzeit war dieses prachtvolle Bauwerk von 1916 ein Markt für das aufstrebende Bürgertum im neuen Vorort L'Eixample. Heute beherbergt es mehrere Cafés und Boutique-Gourmetlokale. Zusammen mit den modernistischen Verzierungen bildet das hübsche Metallgerüst eine herrliche Einheit. Es ist ein idealer Ort, um *horchata* (ein süßes Getränk aus Erdmandeln) zu probieren. Sonntags ist es besonders nett, denn dann gibt's mittags meistens kostenlose Konzerte.

Museo Fallero MUSEUM
(Karte S. 862 f.; ☎963 525 478; www.valencia.es; Plaza Monteolivete 4; Erw./Kind 2 €/frei, So frei; ⌚Mo–Sa 10–19, So bis 14 Uhr) Jedes Jahr wählt die Stadtbevölkerung während des Las-Fallas-Festivals (S. 870) die schönste von Tausenden *ninots* (Figuren), die stolz vor den *fallas* (riesige Statuen aus Pappmaschee und Styropor) posieren: Sie wird als Einzige nicht verbrannt. Figuren, die über die Jahre so begnadigt wurden, sind hier ausgestellt. Es ist faszinierend, ihre Entwicklung im Laufe der Zeit nachzuvollziehen und diese komisch-grotesken – manchmal bewegenden – Gestalten aus der Nähe zu betrachten.

Nördliches & Östliches Valencia

★ **Jardines del Turia** PARK
(Karte S. 862 f.; 🚻) Im ehemaligen Flussbett des Río Turia erstreckt sich auf 9 km die grüne Lunge der Stadt. Dieser Park bietet eine fabelhafte Mischung aus Sport- und Spielplätzen, Rad-, Wander- und Joggingwegen sowie Wiesen. Er windet sich durch den östlichen Teil der Stadt und ist auch eine angenehme Wegstrecke. Kleine Kinder klettern sehr gern auf dem riesigen, stets geduldigen **Gulliver** (Karte S. 862 f.; ⌚Sept.–Juni 10–20 Uhr, Juli & Aug. 10–14 & 17–21 Uhr; 🚌19, 95) GRATIS südlich des Palau de la Música.

★ **Museo de Bellas Artes** GALERIE
(San Pío V; Karte S. 862 f.; ☎963 870 300; www.museobellasartesvalencia.gva.es; Calle de San Pío V 9; ⌚Di–So 10–20 Uhr) GRATIS Diese helle, geräumige Galerie ist eine der besten in Spanien. Zu ihren Highlights gehören eine Sammlung wunderschöner spätmittelalterlicher Altarbilder und Werke von verschiedenen spanischen Maestros, darunter ein paar hervorragende Goya-Porträts, ein fesselndes Selbstporträt von Velázquez, *Johannes der Täufer* von El Greco, Werke von Murillo und Ribera sowie Gemälde vom Vater-Sohn-Gespann Ri-

Valencia Zentrum

balta. Im Erdgeschoss wird in einigen exzellenten Räumen ein Schwerpunkt auf den großen, vielseitig begabten valencianischen Maler Joaquín Sorolla (1863–1923) gelegt, der zu seinen Glanzzeiten mit seiner einfühlsamen Porträtmalerei den Geist seiner Epoche einzufangen schien.

Westliches Valencia

★ Bioparc ZOO

(Karte S. 862 f.; ☎ 902 250340; www.bioparcvalencia.es; Avenida Pío Baroja 3; Erw./Kind 24/18 €; ⏰ 10 Uhr–Abenddämmerung;) Einen relativ ungewöhnlichen Ansatz verfolgt die-

Valencia Zentrum

Highlights
1 Catedral de Valencia ... C2
2 Iglesia de San Nicolás ... B2
3 La Lonja ... B3
4 Mercado Central ... B3
5 Museo del Patriarca ... D4
6 Museo Nacional de Cerámica ... C4
7 Torres de Quart ... A2

Sehenswertes
8 Ayuntamiento ... C5
9 Centro del Carmen ... B1
10 El Miguelete ... C2
11 Estación del Norte ... C6
12 Institut Valencià d'Art Modern ... A1
13 La Almoina ... D2
14 Museo Catedralicio Diocesano ... C2
15 Museo de la Seda ... B4
Palacio del Marqués de Dos Aguas ... (siehe 6)
16 Torres de Serranos ... C1

Aktivitäten, Kurse & Touren
17 Escuela de Arroces y Paella Valenciana ... B2

Schlafen
18 Ad Hoc Carmen ... C2
19 Ad Hoc Monumental ... D2
20 Caro Hotel ... D2
21 Home Youth Hostel ... B3
22 Hostal Antigua Morellana ... C3
23 Hostal Venecia ... C4
24 Hotel Plaza del Mercado ... C3
25 Hotel Sorolla Centro ... C5
26 One Shot Mercat 09 ... B4
27 Quart Youth Hostel ... A3

Essen
28 Cinnamon ... D3
29 Delicat ... C2
30 El Celler del Tossal ... B2
31 El Encuentro ... C4
32 El Poblet ... D5
33 El Tap ... C1
34 Entrevins ... D3
35 La Pilareta ... B2
36 La Salvaora ... C2
L'Ostrería del Carme ... (siehe 50)
37 Navarro ... C5
38 Refugio ... B1
39 Tasca Ángel ... B3
Vuelve Carolina ... (siehe 32)

Ausgehen & Nachtleben
40 Café de las Horas ... C2
41 Café Museu ... B1
42 Café Negrito ... C2
43 Horchatería de Santa Catalina ... C3
44 L'Ermità ... C2
45 Radio City ... A3
46 Tyris on Tap ... B3

Unterhaltung
47 Jimmy Glass ... B2

Shoppen
48 Cestería El Globo ... B4
49 Lladró ... D4
50 Mercado de Mossén Sorell ... B2

ser auf afrikanische Tiere spezialisierte Zoo mit Bildungs- und Umweltanliegen. Auch wenn die Haltung von Lebewesen wie Gorillas in begrenzten Räumen immer gemischte Gefühle hervorruft, sorgt die innovative Landschaftsgestaltung auf jeden Fall für Begeisterung. Da es keine offensichtlichen Zäune gibt, streifen die Tiere scheinbar frei herum, während man durch unterschiedliche Landschaften läuft – von Savanne bis Äquator. Erdferkel, Leoparden und Flusspferde ziehen die meisten Besucher an, doch am zauberhaftesten ist Madagaskar, wo zwischen Wasserfällen und Gras großäugige Lemuren um einen herumtollen.

Estación del Norte BEMERKENSWERTES GEBÄUDE
(Karte S. 866; Calle de Xàtiva; ⌚5.30–24 Uhr) 1917 tuckerten die Züge erstmals in dieses reich geschmückte Modernista-Terminal. Sein Hauptfoyer ist mit Keramikmosaiken, Wandgemälden und Bon-Voyage-Wünschen im Mosaikstil in den wichtigsten europäischen Sprachen geschmückt. Draußen gibt's Orangen und Grünpflanzen und die hölzernen Ticketstände im Inneren sind besonders schön. Nicht versäumen sollte man die Keramikgemälde von Gregorio Muñoz Dueñas in einem Raum auf der rechten Seite.

Valencias Strände

Valencias Stadtstrände sind 3 km vom Zentrum entfernt. Die Playa de las Arenas geht nördlich in die Playa de la Malvarrosa und die Playa de la Patacona über, die zusammen einen breiten, etwa 4 km langen Sandstreifen ergeben. Er wird von der Promenade Paseo Marítimo und verschiedenen Restaurants und Cafés gesäumt. Der für den America's Cup 2007 renovierte Jachthafen und Hafenbereich befindet sich südlich von hier und wird vom faszinierenden und zunehmend trendigen Fischerviertel El Cabanyal belebt, das sich ideal für Erkundungstouren eignet.

Aktivitäten & Kurse

Valencia Bikes RADFAHREN
(Karte S. 862 f.; ☎ 650 621 436; www.valenciabikes.com; Paseo de la Pechina 32; ⏲ 9.30–20 Uhr) Jeden Tag veranstaltet dieser angesehene Anbieter dreistündige geführte und mehrsprachige Radtouren (25 € inklusive Verleih und Snack). Hochwertige Fahrräder werden hier und an zwei anderen Standorten verliehen.

Escuela de Arroces y Paella Valenciana KOCHEN
(Karte S. 866; ☎ 961 04 35 40; www.escueladearrocesypaellas.com; Calle Obispo Don Jerónimo 8; 50–75 €) Wenn man erst einmal weiß, wie es geht, ist Paella gar nicht mehr so schwierig wie gedacht – dieser gesellige, lustige und freundliche Kurs soll genau das vermitteln. Nach einem Marktbesuch lernt man in einer Restaurantküche, wie man ein typisches Reisgericht zubereitet, und anschließend wird natürlich gegessen. Dazu gibt's jede Menge Wein.

Schlafen

Nördliche Ciutat Vella

Home Youth Hostel HOSTEL €
(Karte S. 866; ☎ 963 91 62 29; www.homeyouthhostel.com; Calle de la Lonja 4; Bett 24–27 €, DZ 59–67 €; ❄ @ ≋) Gute Lage, gute Ausstattung und vieles mehr spricht für dieses Hostel direkt gegenüber der Lonja, wenige Schritte vom Zentralmarkt entfernt. Die Zimmer im Retrodekor verfügen über ordentliche Betten mit angenehmer Bettwäsche und sorgen für ein Minimum an Mitbewohnern. Ein tolles Budget-Hostel dank Küche, Filmsammlung und fröhlicher Mitarbeiter. Außerhalb der Hochsaison sind die Schlafsäle wesentlich günstiger.

Purple Nest HOSTEL €
(Karte S. 862 f.; ☎ 963 53 25 61; www.nesthostelsvalencia.com; Plaza de Tetuán 5; Bett 17–24 €, DZ 65–79 €; ❄ @ ≋) Eine angenehme, gut ausgestattete Bleibe mit vielen Veranstaltungen, um Kontakte in Valencia zu knüpfen. Es gibt eine Bar, eine Küche und eine Terrasse sowie geräumige farbenfrohe Zimmer für vier bis zehn Personen. Wer etwas Privatsphäre will, für den lohnt sich ein Upgrade auf einen Vier-Bett-Schlafsaal. Frühstück 3 € extra.

★ **Hostal Antigua Morellana** HOSTEL €€
(Karte S. 866; ☎ 963 91 57 73; www.hostalam.com; Calle En Bou 2; EZ/DZ 55/65 €; ❄ @ ≋) Dieses einladende familiengeführte, günstige Hostel liegt in einer renovierten *posada* (einstige Unterkunft von wohlhabenden Händlern, die ihre Waren zum nahen Markt brachten) und verfügt über 18 gemütliche, geräumige Zimmer, viele mit Balkon. Von den zu Recht stolzen Besitzern wird das Haus hervorragend in Schuss gehalten, und es gibt zahllose tolle Annehmlichkeiten, darunter Memoryschaum-Matratzen, edle Stoffe und eine Kaffee-Lounge. Auf den oberen Etagen hat man mehr Tageslicht. Tolles Preis-Leistungs-Verhältnis.

Ad Hoc Carmen HOTEL €€
(Karte S. 866; ☎ 960 45 45 45; www.adhochoteles.com; Calle Samaniego 20; EZ/DZ/4BZ 54/84/134 €; @ ≋) In strategisch günstiger Lage für Erkundungstouren zu den historischen Gebäuden im Zentrum sowie den Bars und Restaurants im Barrio del Carmen besitzt dieses Hotel verschiedene hübsche und moderne Zimmer mit sauberer Bettwäsche und weißgetünchtem Holz. Es gibt viele Maisonette-Räume mit guten Schlafmöglichkeiten für Familien, Gruppen oder streitende Paare. Kein Frühstück und keine Parkplätze verfügbar. Klasse Preise.

Ad Hoc Monumental HOTEL €€
(Karte S. 866; ☎ 963 91 91 40; www.adhochoteles.com; Calle Boix 4; EZ/DZ ab 71/83 €; ❄ ≋) Außer Komfort und Charme bietet das sympathische Ad Hoc tief in der Altstadt auch noch ein hervorragendes kleines Restaurant. Das Gebäude aus dem späten 19. Jh. wurde mit viel Fingerspitzengefühl restauriert und strahlt jetzt endlich wieder in altem Glanz – mit Originaldecken, anheimelndem Mauerwerk und soliden Holzbalken. Gäste der Superior-Zimmer im Obergeschoss können auf einer tollen privaten Balkonterrasse frühstücken.

Hotel Plaza del Mercado APARTMENTS €€
(Karte S. 866; ☎ 963 15 33 67; www.myrhotelplazamercado.com; Plaza del Mercado 45; Zi. 134–179 €; P ❄ @ ≋) Schicke Zimmer in modischen Grautönen und mit ordentlicher Küche in superzentraler Lage. Direkt gegenüber dem Markt bietet es einen Spa-Komplex, einen lebhaften Café-Restaurantbereich und – als eine der wenigen Unterkünfte in dieser Gegend – einen Parkplatz. Viele der Zimmer bieten Platz für bis zu zwei Kinder – eine gute Wahl für Familien.

★ **Caro Hotel** HOTEL €€€
(Karte S. 866; ☎ 963 05 90 00; www.carohotel.com; Calle Almirante 14; Zi. 160–330 €; P ❄ ≋)

Unter dem prunkvollen Herrenhaus aus dem 19. Jh., das dieses Hotel beherbergt, schlummern über 2000 Jahre valencianischer Geschichte. Bei der Renovierung wurden ein beachtliches Stück der arabischen Stadtmauer, Sockel römischer Säulen und gotische Steinbogen freigelegt. Sämtliche Zimmer sind in angenehm dunklen Farbtönen gehalten, haben Kingsize-Betten und versiegelte Zementböden. Die Bäder sind spitze. Für besondere Anlässe ist der frühere Ballsaal, heute eine prachtvolle Suite auf der ersten Etage, genau das Richtige.

Südliche Ciutat Vella

Quart Youth Hostel HOSTEL €
(Karte S. 866; ☎ 963 27 01 01; www.quarthostel.com; Calle Guillem de Castro 64; Bett 12–24 €, DZ mit Gemeinschaftsbad ab 42 €;) Dieses hübsche, zeitgenössische Hostel hat seinen festen Platz in der Flashpacker-Szene mit Einrichtungen wie einem Fitnessstudio, hochwertigen Betten und einer quirligen urbanen Atmosphäre. Die Schlafsäle sind großartig, die Etagenbetten haben Treppenaufgang, und es gibt viel Privatsphäre. Das Frühstück für 2 € ist ein Schnäppchen und die Angestellten sind motiviert und hilfsbereit. Ein Vorhängeschloss für die Schließfächer mitbringen.

★ **Hotel Sorolla Centro** HOTEL €€
(Karte S. 866; ☎ 963 52 33 92; www.hotelsorollacentro.com; Calle Convento Santa Clara 5; EZ/DZ 77/99 €;) Komfortable, durchdacht eingerichtete, moderne Zimmer mit kräftigen Duschen und guter Ausstattung zu soliden Preisen warten in diesem gepflegten zeitgenössischen Hotel ohne protzige Design-Gimmicks. Das Personal ist extrem hilfsbereit, und die Lage an einer Fußgängerzone nahe am Hauptplatz ist top.

Hostal Venecia HOSTEL €€
(Karte S. 866; ☎ 963 52 42 67; www.hotelvenecia.com; Plaza del Ayuntamiento 3; Zi. 97–147 €;) Direkt am Hauptplatz von Valencia gibt das zweckmäßige Interieur dieses prächtigen Gebäudes nicht viele Hinweise auf die edle Fassade, doch es bietet kompakte, moderne Zimmer, viele davon mit kleinem Balkon. Preise variieren erheblich; ein gutes Angebot liegt bei etwa 80 €. Trotz des *hostal*-Namens entsprechen die Einrichtungen einem Mittelklassehotel. Pluspunkte sind der freundliche Service und die erstklassige Lage.

NICHT VERSÄUMEN

RUSSAFA

Der Bezirk **Russafa** (S. 873), die bezauberndste Ecke der Neustadt, ist zwar vergleichsweise kompakt, hat aber vieles zu bieten. Das *barrio* in der Innenstadt ist trendy geworden; tagsüber strömen die Menschen in die schrulligen Galerien und Vintage-Läden und abends ist es das beste Viertel für Restaurants und Café-Bars mit pulsierendem Nachtleben – ein lebhafter Ort mit hochwertigen Tapas, modernen Wermutbars, literarischen Cafés und innovativen Kulturangeboten. Dieser Bezirk hat seine ganz eigene, unverwechselbare Atmosphäre. Wer sich abends in Valencia aufhält, sollte ihn nicht versäumen – besonders am Wochenende.

★ **One Shot Mercat 09** BOUTIQUE-HOTEL €€€
(Karte S. 866; ☎ 963 11 00 11; www.hoteloneshotmercat09.com; Calle Músic Peydró 9; Zi. 100–180 €;) Dieses hübsche Hotel wurde 2017 eröffnet und befindet sich in strategischer Lage in einer ruhigen Gegend nahe dem Markt. Mit nur 22 Zimmern ist es eine persönliche, gemütliche Unterkunft mit Kunstausstellungen in der Lobby und einem schönen Dachpool. Die vier Zimmerkategorien unterscheiden sich in Bezug auf Größe und Aussicht; die Executive- und Junior-Suite-Kategorien liegen zur Straße. Mit ausgezeichnetem Restaurant.

L'Eixample & Russafa

★ **Russafa Youth Hostel** HOSTEL €
(Karte S. 862 f.; ☎ 963 31 31 40; www.russafayouthhostel.com; Carrer del Padre Perera 5; Bett 18–20 €, EZ mit Gemeinschaftsbad 30 €, DZ mit Gemeinschaftsbad 40–54 €;) In diesem super einladenden, süßen Hostel auf verschiedenen Etagen eines ehrwürdigen Gebäudes im Herzen des pulsierenden Russafa kann man sich wie zu Hause fühlen. Es gibt keine Etagen-, sondern gewöhnliche Betten und mit maximal drei Personen pro Zimmer kein Gedränge. Dank der hübschen Zimmer und makellosen Bäder für einen angenehmen Aufenthalt geeignet.

★ **Hospes Palau de la Mar** HOTEL €€€
(Karte S. 862 f.; ☎ 963 16 28 84; www.hospes.com; Avenida Navarro Reverter 14; Zi. 170–255 €;

(P ❄ @ ☎ ✈) Durch den Zusammenschluss von zwei eleganten Herrenhäusern aus dem 19. Jh. entstand dieses Boutique-Hotel in Schwarz-Weiß sowie mit dunklen und beigefarbenen Tönen in coolem, zeitgenössischem Ambiente. Es gibt einen großen Innenhof mit Garten, eine Sauna, einen Whirlpool und ein Tauchbecken. Die Zimmer sind komfortabel, ohne zu begeistern, und die Mitarbeiter extrem höflich.

Essen

Valencia ist von seiner *huerta* umgeben, einer fruchtbaren Küstenebene, die die Stadt mit köstlichem Obst und Gemüse beliefert.

In Bezug auf die zahlreichen Restaurants steht man wirklich vor der Qual der Wahl. In Valencia wird weniger Tapas-Hopping betrieben als im Rest von Spanien. Anwohner setzen sich eher an die Bar oder an einen Tisch, um eine Mahlzeit mit verschiedenen Tapas-Portionen zu essen.

Nördliche Ciutat Vella

Tasca Ángel TAPAS €

(Karte S. 866; ☎963 91 78 35; Calle de la Purísima 1; Sardinen 4 €; ⏲Mo–Sa 10.30–15 & 19.30–23.30, So 11.30–15 Uhr) Dieser schnörkellose Laden ist seit 70 Jahren in Betrieb und für seine Fisch-Tapas berühmt, vor allem für köstliche gegrillte Sardinen. Mit einem kalten Bier oder Weißwein genießen und zu innerer Ruhe finden.

La Pilareta TAPAS €

(Bar Pilar; Karte S. 866; ☎963 91 04 97; www.barlapilareta.es; Calle del Moro Zeit 13; Muscheln 7,10 €; ⏲12–24 Uhr) Im bodenständigen, jahrhundertealten und kaum veränderten La Pilareta gibt's von Mai bis August tolle herzhafte Tapas und *clóchinas* (saftige, kleine regionale Muscheln). Das restliche Jahr über werden *mejillones* (Miesmuscheln) serviert, die fetter und weniger geschmackvoll sind. Sie schwimmen in einer würzigen Brühe, die man mit einer leeren Muschel löffelt. Sehr viel Atmosphäre.

★**La Salvaora** SPANISCH €€

(Karte S. 866; ☎963 92 14 84; www.lasalvaora.com; Calle de Calatrava 19; Hauptgerichte 13–19 €; ⏲Sept.–Mai Mi 13.30–15.30, Do–Mo 13.30–15.30 & 20.30–24 Uhr, Juni–Aug. tgl. 20.30–24 Uhr) Gehoben, elegant, aber nicht teuer. Das gemütliche Lokal ist mit zahlreichen Schwarz-Weiß-Porträts von Flamenco-Stars geschmückt. Auf den ersten Blick sieht die Speisekarte mit spanischen Favoriten vertraut aus, darunter Rinderbacken, Ochsenschwanz, Schinken, Kroketten. Doch die moderne Präsentation und die erlesene Qualität lassen schnell erkennen, dass es sich um keine gewöhnliche *tasca* handelt. Tolles Preis-Leistungs-Verhältnis für diesen Standard. Das Tapas-Degustationsmenü ist ein Schnäppchen.

LAS FALLAS

Wer Mitte März in Spanien unterwegs ist, sollte sich nicht die **Las Fallas de San José** (www.fallas.com; ⏲März), eine ausschweifende, zügellose Party mit Feuerwerk, Musik, Freudenfeuer und Partys bis zum Morgengrauen, entgehen lassen. *Fallas* sind riesengroße Skulpturen aus Pappmaché auf Holzgestellen, die von regionalen Künstlerteams hergestellt werden.

Jedes Viertel treibt das Geld für seine eigene *falla* auf, und wenn die Stadt nach der *plantà* (dem Aufbau der *fallas* über Nacht) am Morgen des 16. März erwacht, stehen hier mehr als 350 Figuren herum. Die grotesken, farbenfrohen Gestalten sind bis zu 15 m hoch und die teuersten kosten mehrere Hundertausende Euro. Sie karikieren Prominente, aktuelle Ereignisse sowie lokale Bräuche und muten teilweise satirisch, teilweise berührend an. Der Brauch entstand im Verlauf des 19. und 20. Jhs.

Während des Festes wird rund um die Uhr gefeiert, und zwar mit Straßenpartys, Paella-Kochwettbewerben, Umzügen, Open-Air-Konzerten, Stierkämpfen und natürlich Feuerwerk. Valencia behauptet von sich selbst, die Feuerwerkshauptstadt der Welt zu sein. Vom 1. bis zum 19. März erschüttert jeden Tag um 14 Uhr eine *mascletà* (über fünf Minuten ohrenbetäubender Knall und Explosionen) die Fensterscheiben an der Plaza del Ayuntamiento.

Am letzten Tag werden die *fallas* nach Mitternacht verbrannt – selbstverständlich begleitet von einem Feuerwerk. Per Abstimmung wird der beliebteste *ninot* (Figur) verschont und für die Nachwelt im Museo Fallero (S. 865) aufbewahrt.

★ Cinnamon FUSION-KÜCHE €€
(Karte S. 866; ☎ 963 15 48 90; Calle de las Comedias 5; Gerichte 9–16 €; ⌚ Mo 13.30–16, Di–Sa 13.30–16 & 20.30–23 Uhr; 📶 📝) Der Raum dieses familiären Lokals ist so klein, dass man sich nur wundert, wie sie es hier schaffen, etwas Komplizierteres als Rührei zuzubereiten. Doch aus der offenen Küche kommen Gerichte voller Geschmack und Frische. Zu den kreativen Gerichten gehören knackiger Haussalat, eine leckere Tagesspezialität und eine gute Auswahl für Vegetarier. Falls man einen Platz findet, erwartet einen hier ein sehr lohnenswertes kulinarisches Erlebnis.

Delicat TAPAS €€
(Karte S. 866; ☎ 963 92 33 57; Calle Conde Almodóvar 4; Gerichte 8–18 €; ⌚ Di–Sa 13.45–15.30 & 20.45–23.30, So 13.45–15.30 Uhr; 📶) In diesem außergewöhnlich netten Laden mit gemütlicher Atmosphäre bietet die offene Küche ein unschlagbar günstiges Degustationsmenü zum Mittagessen (14,50 €) und köstliche Tapas zum Abendessen. Hier kommen verschiedenen Einflüsse zusammen. Das Dekor ist nichts Besonderes, dafür ist das Essen absolut hervorragend. Am besten vorab buchen, da sich das kleine Lokal schnell füllt.

★ Entrevins SPANISCH €€€
(Karte S. 866; ☎ 963 33 35 23; www.entrevins.es; Calle de la Paz 7; Hauptgerichte 19–23 €; ⌚ Di–Sa 13.30–15.45 & 20.30–23.30 Uhr) Mit ruhiger, zurückhaltender Eleganz ist dieses Restaurant im Obergeschoss mittags ein schöner Rückzugsort von der Hektik der Straße, er befindet sich in praktischer Lage in der Nähe einiger Sehenswürdigkeiten. Einen Tisch am Fenster ergattern, um die Passanten unten zu beobachten und das sehr leckere Essen genießen. Das Mittagsmenü (20 €, nur an Wochentagen) bietet einen klasse Preis für die Qualität und beinhaltet zwei Vorspeisen zum Teilen.

Südliche Ciutat Vella

★ Navarro VALENCIANISCH €€
(Karte S. 866; ☎ 963 52 96 23; www.restaurantenavarro.com; Calle del Arzobispo Mayoral 5; Reisgerichte 14–17 €, Menü 22 €; ⌚ Mo–Fr 13.30–16, 13.30–16 & Sa 20.30–23 Uhr; 📶) Seit Jahrzehnten gilt das Navarro in der Stadt als Inbegriff von hochwertigen Reisgerichten. Es wird von den Enkeln der ursprünglichen Gründer geleitet und bietet eine große Auswahl an Speisen, Sitzmöglichkeiten im Freien und ein festes Menü, darunter eines mit Reisgerichten als Hauptspeise.

El Encuentro SPANISCH €€
(Karte S. 866; ☎ 963 94 36 12; www.restauranteelencuentro.es; Calle de San Vicente Mártir 28; Hauptgerichte 9–18 €; ⌚ Mo–Sa 13.30–16.30 & 20.30–0.30 Uhr; 📶) Dieses Lokal hat eine sehr sympathische altmodische Atmosphäre und serviert unverfälschte spanische Küche zu fairen Preisen, darunter viele Eintopfgerichte wie Bohnen und Chorizo. Die Fleisch- und Fischplatten sind auch immer gut. Auf dem Weg zum Tisch die Weine anschauen, um nicht wieder aufstehen zu müssen. Die angenehme Sommerterrasse liegt abseits der Straße.

Vuelve Carolina MEDITERRAN €€
(Karte S. 866; ☎ 963 21 86 86; www.vuelvecarolina.com; Calle de Correos 8; Gerichte 10–20 €; ⌚ Mo–Sa 13.30–16.30 & 20.30–23.30 Uhr; 📶) Das hippe Bar-Restaurant wird aus der Ferne vom angesehenen Koch Quique Dacosta geführt und hat viel Stil, auch wenn die modischen Barhocker etwas bequemer sein könnten. Es serviert eine inspirierende Auswahl an Tapas und größeren Speisen – von exquisiten, japanisch beeinflussten Kreationen über Tacos bis zu Reisgerichten. Die Bedienung ist engagiert, und es ist immer unterhaltsam, die offene Küche unter dem wohlwollenden Blick von Papphirschköpfen zu beobachten.

★ El Poblet GEHOBENE KÜCHE €€€
(Karte S. 866; ☎ 961 11 11 06; www.elpobletrestaurante.com; Calle de Correos 8; Degustationsmenüs 85–120 €, Hauptgerichte 25–35 €; ⌚ Di 13.30–15.30, Mo & Mi–Sa 13.30–15.30 & 20.30–22.30 Uhr; 📶) Dieses Restaurant im Obergeschoss, das vom berüchtigten Quique Dacosta und Luis Valls als Küchenchef geleitet wird, bietet Eleganz und gehobene Küche. In Anbetracht der Qualität sind die Preise hier sehr günstig. Moderne französische und spanische Einflüsse zeichnen die köstlichen Degustationsmenüs aus. Die hübsche Präsentation der Speisen ist unwahrscheinlich fantasievoll, und die Kellner sind sehr herzlich und zuvorkommend.

Barrio del Carmen

★ L'Ostrería del Carme FISCH & MEERESFRÜCHTE €
(Karte S. 866; ☎ 629 145 026; www.laostreriadelcarmen.com; Plaza de Mossén Sorell; Austern 2–4 €; ⌚ Mo–Sa 11–15 sowie Do & Fr 17–20.30 Uhr)

INSIDERWISSEN

REISGERICHTE AUS VALENCIA

Valencia ist die Heimat von Reisgerichten, die weit über das hinausgehen, was der Rest der Welt als Paella betrachtet. Für Valencianer ist Reis ausschließlich ein Mittagsgericht, obwohl einige Lokale zum Abendessen Reisgerichte für Touristen anbieten.

An Wochenenden ist es in der Region Tradition, an den Strand, zur *huerta* oder in die Albufera-Dörfer wie Pinedo oder El Palmar zu fahren, um dort Reisgerichte zu genießen. Aber die Valencianer lieben es auch, sich bei jemandem zu treffen und selbst ein Reisgericht zuzubereiten.

In Valencia gibt es alle möglichen Reisvarianten. Paella besteht aus trockenem Reis, der die Flüssigkeit verdunsten lässt. Es gibt auch *caldoso*(suppigen)-Reis oder *meloso* mit Brühe. Die Reisgerichte spiegeln die Jahreszeiten wider; je nach Monat kommen Winter- und Sommerzutaten auf den Teller. Fast jede Zutat wird verwendet, darunter alle Gemüsearten, Fisch, Meeresfrüchte und Fleisch.

Paellas sind typisch für die valencianische Küste. Paellas mit Fleisch enthalten in der Regel Huhn und Kaninchen und im Sommer gibt man grüne Bohnen und anderes Gemüse hinzu und im Winter dicke Bohnen und Artischocken.

Reisgerichte mit Fisch sind in der Regel flüssiger und umfassen Calamari oder Tintenfische für den Geschmack sowie Garnelen oder Langustinen zur Dekoration. Wenn man Garnelen zu einer Fleisch-Paella hinzufügt, erhält man eine *paella mixta*. *Arroz negro* (schwarzer Reis) ist ein weiterer typischer Küstenreis, der mit Tintenfischtinte und Fischbrühe zubereitet wird.

Fideuà ist der Paella ähnlich, wird aber mit feinen Nudeln zubereitet und bietet Fischbrühe aus frischem Steinfisch. Das Gericht ist schneller zu kochen, da die Nudeln nicht so lange brauchen wie Reis.

Zu den beliebten winterlichen Reisgerichten mit Meeresfrüchten gehört die Salz-Kabeljau-Paella mit Blumenkohl.

Im Inland werden schwerere Reisgerichte zubereitet. In Alcoy und Xàtiva wird der Reis im Ofen gebacken und kann Schweinefleisch, Wurst, Bohnen und Blutwurst enthalten. Im Hinterland von Alicante gibt's ein leckeres Reisgericht mit Schnecken, Kaninchen und Kichererbsen und in der Umgebung von Orihuela isst man *arroz con costra* (knusprigen Reis), der im Ofen mit einer Kruste aus geschlagenem Ei gebacken wird.

Dieser kleine Stand in der Halle des **Markts Mossén Sorell** (Mo–Sa 7.30–15 plus Do & Fr 17–20.30 Uhr, außer im Aug.) ist ein herzlicher und fabelhafter Imbiss. Es gibt Austern von ausgezeichneter Qualität aus Valencia und anderswo. Hinsetzen, ein paar Austern aus der Schale lösen lassen und mit Weißwein hinunterspülen.

★ El Tap TAPAS, VALENCIANISCH €€

(Karte S. 866; 963 91 26 27; www.facebook.com/restauranteeltapvalencia; Calle de Roteros 9; Hauptgerichte 10–18 €; Di–Sa 13.30–16 & 19.30–23.30, So 13.30–16 Uhr;) El Tap zählt zu den kleinen, aber feinen Restaurants der Szene von Barrio del Carmen und ist sehr einladend. Das originelle Essen stammt vom Markt und wird schön präsentiert. Die Gerichte mit regionalen Tomaten sind außergewöhnlich und es gibt eine sorgfältig zusammengestellte Auswahl an Weinen und Bieren. Ausgezeichnetes Preis-Leistungs-Verhältnis.

Refugio FUSION-KÜCHE €€

(Karte S. 866; 690 617018; www.refugiorestaurante.com; Calle Alta 42; Hauptgerichte 14–22 €, Menü 13–16 €; 14–16 & 21–23.30 Uhr;) Das nach dem gegenüber gelegenen Versteck aus Bürgerkriegszeiten benannte Refugio bietet eine schlichte Einrichtung mit weiß getünchten Ziegelsteinen und hat sich etwas vom revolutionären Geist, der einst durch das *barrio* Carmen wehte, erhalten. Die Mittagsmenüs von überraschender Qualität bestehen aus hervorragender mediterraner Fusion-Küche: Es gibt ein paar brillante Gerichte zur Auswahl, auch wenn die vegetarischen Optionen nicht immer ganz so schmackhaft sind. Das Abendessen überzeugt durch hohe Qualität und Einfallsreichtum.

El Celler del Tossal VALENCIANISCH €€

(Karte S. 866; 963 915 913; www.elcellerdeltossal.com; Calle de Quart 2; Hauptgerichte 16–24 €; So–Mi 14–16, Do–Sa 14–16 & 21–23 Uhr) Eine der besten Anlaufstellen für ein Mittagsmenü (20 €) in Carmen. Hier gibt's auch ein hervorragendes Abendessen à la carte mit hochwertigen Reisgerichten. Es ist ein gemütliches, elegantes Lokal auf zwei Ebenen, das großen Wert auf seine Küche legt und hochwertige Zutaten mit Flair und ausgefallener Verzierung kombiniert. Es schmeckt alles gut.

Russafa

Mit einer eindrucksvollen Vielfalt an Lokalen auf kleinem Gebiet stellt Russafa (S. 869) die beste Anlaufstelle zum Abendessen in Valencia dar. Die meisten Restaurants tendieren zu moderner Fusion-Küche oder zu internationalen Spezialitäten. An den Wochenenden geht's hier sehr geschäftig und umtriebig zu.

Copenhagen VEGETARISCH €

(Karte S. 862 f.; ☎ 963 28 99 28; www.grupocopenhagen.com; Calle del Literato Azorín 8; Gerichte 8–12 €; ⌚ Do–Mo 13.30–16 & 20.30–23.30, Di & Mi 13.30–16 Uhr; 📶 ✎) Die fröhliche, lebhafte Atmosphäre dieses beliebten vegetarischen Restaurants scheint sich auf die ganze Straße auszubreiten. Hier gibt's einen sehr leckeren Soja-Burger sowie hervorragende hausgemachte Pasta, aber im Grunde ist alles lecker.

★ **Dos Estaciones** SPANISCH €€

(Karte S. 862 f.; ☎ 963 03 46 70; www.2estaciones.com; Calle del Pintor Salvador Abril 28; Hauptgerichte 17–23 €, Degustationsmenüs 35–48 €; ⌚ Di–Sa 13.30–16 & 20.30–23 Uhr) Zwei talentierte Köche führen dieses kleine Restaurant mit kleinen Tischen und einem Bartresen, hinter dem das Essen auf begrenztem Raum zubereitet wird. Trotzdem werden hier außergewöhnliche Kreationen zu sehr annehmbaren Preisen gezaubert; Frische und Innovation sind garantiert.

El Rodamón de Russafa FUSION-KÜCHE, TAPAS €€

(Karte S. 862 f.; ☎ 963 21 80 14; www.elrodamon.com; Calle Sueca 47; Tapas 6–12 €; ⌚ Mo & Di 19.30–24, Mi–So 14–16 & 19.30–24 Uhr, Juli–Mitte Sept. nur abends; 📶) Der Clou dieses Lokals besteht darin, dass verschiedene Speisen aus aller Welt ausgewählt wurden, um eine valencianische Tapas-Version daraus zu kreieren. So hat man die Wahl zwischen einer großen Palette an bunt gemischten Häppchen aus unterschiedlichen Ländern, darunter Spanien. Modern und geschäftig mit hervorragender Bedienung und stets mit sehr hoher Qualität. Es stehen ein paar Dutzend Weine im Glas zur Verfügung.

Canalla Bistro FUSION-KÜCHE €€

(Karte S. 862 f.; ☎ 963 74 05 09; www.canallabistro.com; Calle del Maestro José Serrano 5; Hauptgerichte 10–17 €; ⌚ 13.30–15.30 & 20.30–23.30 Uhr; 📶) Schick, aber bequem! Das Interieur besteht aus Lattenkisten, Comic-Hühnern und anderen schrulligen Dingen. Hier kann der valencianische Spitzenkoch Ricard Camarena (S. 875) alles etwas unbekümmerter angehen. Die toll präsentierten Gerichte sind von der Straßenküche aus aller Welt inspiriert. Kreativ, komisch und köstlich.

L'Eixample & Südliches Valencia

★ **La Gallineta** SPANISCH €€

(Karte S. 862 f.; ☎ 963 36 36 64; www.lagallineta.es; Calle del Conde de Altea 7; Hauptgerichte 10–19 €; ⌚ Mo–Do 8–18, Fr & Sa bis 24 Uhr) Dieses einladende, moderne Lokal bietet eine kurze, hochwertige Speisekarte mit Gerichten, inspiriert von frischen, saisonalen Lebensmitteln: Hier ist die Macht des Marktes am Werk. Gemütliche, helle Atmosphäre mit großem Porträt von einem Fisch, von dem es seinen Namen hat. Das Mittagessen bietet ein gutes Preis-Leistungs-Verhältnis und mit den *tostadas* hat man einen herrlichen Start in den Tag.

★ **Sólo del Mar** FISCH & MEERESFRÜCHTE €€

(Karte S. 862 f.; ☎ 963 74 40 45; www.solodelmar.com; Calle Poeta Josep Cervera i Grifol 12, abseits Avenida Instituto Obrero de Valencia; Gerichte 7–14 €; ⌚ Di–Do & So 12–16, Fr & Sa 12–16 & 20–24 Uhr, Aug. geschl., Juli & Sept. Do abends geöffnet & So geschl.) Dieses innovative Lokal in einem Wohnkomplex ist eine tolle Anlaufstelle fürs Mittagessen während eines Besuchs der Ciudad de las Artes y las Ciencias – dieser Fischladen ist zu den Essenszeiten ein Restaurant und eine Tapas-Bar. Die einfach und köstlich zubereiteten Meeresfrüchte sind von ausgezeichneter Qualität und zu sehr fairen Preisen erhältlich. Es gibt keine Speisekarte; doch Empfehlungen vom hilfreichen Chef.

Nördliches & Östliches Valencia

★ **Gran Azul** VALENCIANISCH €€€

(Karte S. 862 f.; ☎ 961 47 45 23; www.granazulrestaurante.com; Avenida de Aragón 12; Hauptgerich-

Stadtspaziergang
Bauwerke des Modernisme

START MERCADO CENTRAL
ZIEL MERCADO CENTRAL
LÄNGE/DAUER 3,25 KM; 1½ STD.

Nach einem Besuch des 1 **Mercado Central** (S. 860) bewundert man die Stuckfassade an der 2 **Calle Ramilletes 1** mit ihren neogotischen Säulen über Allegorien zu Valencias Fruchtbarkeit. Dann geht's zur Plaza del Ayuntamiento mit dem 3 **Rathaus** und dem 4 **Hauptpostamt**, einem weniger strengen neoklassischen Bauwerk mit Verzierungen aus den 1920er-Jahren. Innen kann man die bleiverglaste Kuppel betrachten.

Ein Abstecher am Ende der Calle Ribera führt zur 5 **Estación del Norte** (S. 867) mit einer Schalterhalle aus dunklem Holz im Modernismestil und einem gekachelten Saal. Über die Calle de Russafa und dann nach links geht's zur 6 **Casa Ortega** (Gran Vía 9) mit floraler Dekoration und einem Balkon, der von Karyatiden getragen wird. Durch die Calle de Félix Pizcueta gelangt man in die Calle de Cirilo Amorós, wo man hochschauen sollte, um die Originalstrukturen der Gebäude zu betrachten. Für eine Pause eignet sich die mit Stuckrosen und Keramikkacheln verzierte 7 **Casa Ferrer** (Nr. 29). Nordwärts geht's zum 8 **Mercado de Colón** (S. 865). Von dort schlendert man zur 9 **Casa del Dragón** (Calle de Jorge Juan 3), benannt nach ihren Drachenmotiven.

Am Reiterstandbild von Jakob I. vorbei kommt man zur Calle de la Paz und dem 10 **Hotel Vincci Palace** aus dem 19. Jh., das auch „Palace Hotel" genannt wird und einst als bestes Hotel der Stadt galt. Sowohl hier als auch an der 11 **Hausnummer 31** gegenüber findet man *miradors* (Eckbalkone). Im 12 **Red Nest Hostel** (Nr. 36) warten zierliche Eisengeländer. An der Ecke Calle Comedias weisen die Häuser mit der 13 **Hausnummer 21 und 23** prunkvolle Fenster und Balkone sowie einen *mirador* mit Säulen auf.

Am Ende der Calle de la Paz geht's geradeaus. In der 14 **Horchatería de Santa Catalina** (S. 877) gibt's eine *horchata*, dann biegt man an der Plaza Lope de Vega links ab und kehrt zurück zum Mercado Central.

te 17–23 €; Di–Sa 13.30–18 & 20.30–1, So 13–18.30 Uhr;) In diesem geräumigen, stilvollen Lokal an einer Hauptstraße kann man hervorragend speisen. Der Fokus liegt auf Reis- und Grillgerichten mit Premium-Steaks von reifen Kühen sowie ausgezeichnetem frischem Fisch, kunstvoll garniert. Als Vorspeise die *molletes* probieren – Mini-Burger mit Steak-Tartar oder Stierschwanz.

Ricard Camarena GEHOBENE KÜCHE €€€
(Karte S. 862 f.; 963 35 54 18; www.ricardcamarenarestaurant.com; Bombas Gens, Avenida de Burjassot 54; Degustationsmenü 98–150 €; Di–Sa 13.30–15.30 & 20.30–22.30 Uhr;) Valencias derzeit am höchsten gehandelter Chefkoch beweist sein Können an einem neuen Standort, einer **ehemaligen Fabrik und heutigem Kunstzentrum** (963 46 38 56; www.bombasgens.com; Avenida de Burjassot 54; Mi 17–21, Do & Fr 11–14 & 17–21, Sa 11–21, So 12–21 Uhr) GRATIS in der Bombas Gens. Verschiedene Degustationsmenüs legen einen Schwerpunkt auf das valencianische Ideal frischer Lebensmittel vom Markt, die hier auf innovative Art und Weise präsentiert werden und mit außergewöhnlichen, subtilen Geschmackserlebnissen einhergehen. Wochentags gibt's ein Mittagsmenü für 55 €.

Westliches Valencia

★ Bar Ricardo TAPAS €€
(Karte S. 862 f.; 963 22 69 49; www.barricardo.es; Calle de Doctor Zamenhof 16; Hauptgerichte 10–18 €; Di–Sa 8–24 Uhr) Eiskaltes Bier – die mitunter besten *cañas* in Valencia – und eine fabelhafte Auswahl an Tapas und anderen Gerichten bietet dieser herrlich traditionelle Laden mit Zwischengeschoss im altmodischen Stil und schöner Terrasse. Er lockt mit Schnecken, hochwertigen Meeresfrüchten und vielen anderen Köstlichkeiten. Die Küche ist den ganzen Tag geöffnet – gute Anlaufstelle für eine Mahlzeit außerhalb der üblichen spanischen Essenszeiten.

El Pederniz SPANISCH €€
(Karte S. 862 f.; 963 32 41 06; www.elpederniz.com; Pasaje de Ventura Feliú 20; Hauptgerichte 11–22 €; Mo & Mi–Sa 10.30–16.30 & 20.30–23, Di 10.30–16.30 Uhr;) Ein warmer, authentischer Empfang und gute Laune machen gleich einen angenehmen ersten Eindruck in diesem behaglich eingerichteten Restaurant, einen Katzensprung vom Bahnhof entfernt. Köstliche Meeresfrüchte und Wildgerichte sorgen für ein stets herausragendes kulinarisches Erlebnis. Es eignet sich auch gut für ein entspanntes Mittagessen, bevor es mit dem Zug weitergeht. Doch ein Besuch lohnt sich so oder so.

Valencias Strände

Bar La Paca TAPAS €
(637 860 528; Calle del Rosario 30; Tapas 3–8 €; 13–1 Uhr) In diese gemütliche, quirlige Bar mit fröhlicher Atmosphäre strömt ein vielseitiges Publikum. Mit seinen Schachbrettfliesen und dunklen Rottönen ist es ein wahrer Blickfang. Hier genießt man einfache, leckere Tapas (darunter vegetarische Gerichte) und Craft-Bier zu fairen Preisen. Es ist die Art von Lokal, über dem man gerne wohnen würde.

★ Bodega Casa Montaña TAPAS €€
(963 67 23 14; www.emilianobodega.com; Calle de José Benlliure 69; Tapas 4–14 €; Mo–Fr 13–16 & 20–23.30, Sa 12.30–16 & 20–23.30, So 12.30–16 Uhr) Zu den typischen Lokalen gehört dieses Restaurant von 1836 mit altehrwürdigen Fässern und einer Atmosphäre aus früheren Zeiten. Es gibt eine wechselnde Spitzenauswahl an Weinen und eine lange Karte mit exquisiten Tapas, darunter viele eingelegte Meeresfrüchte. Uns hat es hier besonders der geräucherte Aal angetan, aber es schmeckt alles klasse.

Ausgehen & Nachtleben

Nördliche Ciutat Vella

★ Café Negrito BAR
(Karte S. 866; 963 91 42 33; Plaza del Negrito; 15–3.30 Uhr;) Die lokale Institution El Negrito wurde in den letzten Jahren etwas aufgepäppelt und besitzt jetzt ein recht hübsches Interieur. Am Flair hat sich allerdings nichts geändert: Hier verkehrt hauptsächlich ein intellektuelles, gesellschaftlich engagiertes linkes Publikum, und die Kunstausstellungen orientieren sich oft an nachhaltiger Entwicklung oder NGOs. Die große Terrasse lädt zu einem abendlichen Drink ein.

★ Radio City NACHTCLUB
(Karte S. 866; 963 91 41 51; www.radiocityvalencia.es; Calle de Santa Teresa 19; 23–4 Uhr) Fast ebenso ein kleines Kulturzentrum wie ein Nachtclub – im Radio City wird es ab ca.

1 Uhr nachts voll und es finden Aktivitäten wie Sprachaustausch, DJ- oder Livemusikabende statt. Hier gibt's alles von Flamenco (Dienstag) bis Reggae und Funk, sowie ein bunt gemischtes, fröhliches Publikum.

Tyris on Tap MIKROBRAUEREI

(Karte S. 866; ☎ 961 13 28 73; www.cervezatyris.com; Calle Taula de Canvis 6; ⏲ Di–So 18–1 oder 1.30 Uhr; 📶) Weiß gestrichene industrielle Ziegelsteine, tiefe Hängelampen und ein nüchternes Dekor kreieren in dieser Bar ein Kaufhausambiente. In dieser Zweigstelle einer örtlichen Mikrobrauerei wird aus zehn Zapfhähnen schmackhaftes Bier ausgeschenkt. Man kann es hier zusammen mit ein paar einfachen Kneipengerichten wie Nachos auf unserer Lieblingsterrasse im Zentrum genießen.

Café de las Horas BAR

(Karte S. 866; ☎ 963 91 73 36; www.cafedelashoras.com; Calle Conde Almodóvar 1; ⏲ Mo–Fr 10–2, Sa & So 11–2, Aug. ab 16 Uhr; 📶) Bietet Hochbarock, Wandteppiche, Musik aller Genres, Kronleuchter, Blumensträuße und eine lange Liste exotischer Cocktails. Es gibt thematische Sonntagsbrunchs (11–16 Uhr). Der Service könnte besser sein, aber es ist immer ein faszinierender Ort für einen Kaffee oder eine *copa* (Mixgetränk).

Barrio del Carmen

L'Ermità BAR

(Karte S. 866; ☎ 963 91 67 59; www.facebook.com/lermitacafe; Calle Obispo Don Jerónimo 4; ⏲ Mi–Sa 19–1.30 Uhr) In einer sehr zentralen Seitenstraße gelegen; Top-Adresse für einen Drink mit anständiger Musik, regelmäßigen kulturellen Veranstaltungen, einem freundlichen Stammpublikum und herzlichen Mitarbeitern. Das schrullige Innere ist gemütlich, aber das Beste sind die Tische auf der Straße, die an einem lauen Abend zum Verweilen einladen.

Café Museu CAFÉ

(Karte S. 866; ☎ 960 72 50 47; Calle del Museo 7; ⏲ Di–Do 9–23, Fr bis 1.30, Sa 11–1.30, So 11–23 Uhr; 📶) Ein echtes Forum für Künstlerseelen im Carmen-Viertel – dieser schmuddelige, ausgefallene Laden hat ein beeindruckendes Kulturprogramm, einschließlich Englisch-/Spanisch-Sessions, regelmäßige Livemusik, Theater und vieles mehr. Die Terrasse eignet sich ideal, um ein paar Bier zu trinken.

Nördliches & östliches Valencia

★ Chico Ostra BAR

(Karte S. 862 f.; ☎ 960 71 99 44; www.chicoostra.com; Calle del Músico Belando 15; ⏲ So–Do 18–24, Fr & Sa bis 1.30 Uhr; 📶) Diese reizende Café-Bar in Benimaclet ist unser Favorit im *barrio*. Vom grottenähnlichen Eingang gelangt man in ein kühles weißes Interieur, wo einen leckere Snacks (2–9 €), zum Verkauf stehende Secondhand-Klamotten und -Bücher sowie zahlreiche Kulturveranstaltungen erwarten.

Deseo 54 LGBT

(Karte S. 862 f.; ☎ 697 699166; www.deseo54.com; Calle de la Pepita 13; ⏲ Fr & Sa abend 1.30–7.30 Uhr; 📶) Es zieht vor allem die Jungen und Schönen in diese gehobene und berühmte *discoteca* mit gutem Elektro, in der größtenteils, aber nicht nur ein LGBT-Publikum verkehrt. Die Preise variieren je nach Nacht und DJ, aber günstigere Vorverkaufskarten sind auf der Website erhältlich.

Russafa

★ La Fustería BAR

(Karte S. 862 f.; ☎ 633 100428; www.lafusteriaruzafa.com; Calle de Cádiz 28; ⏲ Mo–Do 7–23.30, Fr & Sa bis 2.30 Uhr; 📶) Diese ehemalige Schreinerwerkstatt ist heute eine Restaurant-Bar mit angenehmem Durcheinander, bunt zusammengewürfelten Möbeln und unverputzten Ziegelsteinmauern. Eine tolle Adresse für einen Digestif mit einer guten Mischung an Leuten. Bei unserem letzten Besuch fanden im hinteren Bereich außerdem regelmäßig Flamenco-Events statt.

Slaughterhouse BAR

(Karte S. 862 f.; ☎ 963 28 77 55; Calle de Denia 22; ⏲ 18–1.30 Uhr; 📶) Einst eine Metzgerei (daher der Name, auch inspiriert vom Roman von Kurt Vonnegut mit ähnlichem Namen), bietet das Slaughterhouse jede Menge Bücher (sogar auf den Toiletten) – neue, alte, zum Kaufen und Stöbern. Es gibt eine begrenzte Auswahl an Burgern, Salaten und Käse, wobei jedes Gericht (7–10 €) eine literarische oder popkulturelle Referenz aus den 1970er-Jahren hat.

☆ Unterhaltung

★ Jimmy Glass LIVEMUSIK

(Karte S. 866; www.jimmyglassjazz.net; Calle Baja 28; ⏲ Mo–Do 20–2.30, Fr & Sa 21–3.30 Uhr; 📶)

Das atmosphärische Jimmy Glass ist genau das, was eine Jazzbar sein sollte und bietet gedämpfte Beleuchtung sowie stark gemixte Cocktails. Es gibt vier Live-Auftritte pro Woche, viele davon kostenlos, und auch ein jährliches Jazz-Festival im Oktober/November, das einige Top-Musiker anzieht. Zu anderen Zeiten werden Tracks aus der umfangreichen CD-Sammlung des Besitzers gespielt. Tapas sind von Donnerstag bis Samstag erhältlich.

★ Valencia Club de Fútbol FUSSBALL
(Estadio de Mestalla; Karte S. 862 f.; ☎ 963 37 26 26; www.valenciacf.com; Avenida de Aragón) Das größte Team der Stadt und einer der wichtigsten und erfolgreichsten Vereine des spanischen Fußballs. Die Fans des Clubs sind für ihren hohen Anspruch berühmt. Ein Umzug zu einem neuen Stadion im Nordwesten der Stadt wird seit Jahren geplant, doch bisher spielt er noch im stimmungsvollen, steil gestuften Mestalla-Stadion in Zentrumsnähe. Über die Website kann man mehrere Wochen vorab Tickets kaufen.

Wah Wah LIVEMUSIK
(Karte S. 862 f.; www.wahwahclub.es; Calle Campoamor 52; ⏲ Do–Sa 22.30–3 Uhr; 📶) Für viele Clubgänger ist und bleibt das Wah Wah Valencias angesagteste Adresse für Livemusik, vor allem in puncto Underground und internationale Indie-Musik, wobei auch viel klassischer spanischer Garage Rock zu hören ist. Per Vorkasse werden auf der Website manchmal günstigere Tickets angeboten.

Palau de la Música DARSTELLENDE KÜNSTE
(Karte S. 862 f.; ☎ 902 010284; www.palaudevalencia.com; Paseo de la Alameda 30) Auf dem trockenen Flussbett gelegen; ein attraktiver Veranstaltungsort, wo hauptsächlich Konzerte klassischer Musik stattfinden. Hier ist Valencias Hauptorchester zu Hause. Die lange Glasröhre sieht gut aus, aber an einem Sommertag kann es hier sehr heiß werden.

Shoppen

★ Madame Mim VINTAGE, KLEIDUNG
(Karte S. 862 f.; ☎ 963 25 59 41; www.facebook.com/madame.mim.shop; Calle de Puerto Rico 30; ⏲ Di, Do & Fr 11–14.30 & 17.30–21.30, Sa 11–14.30 & 18–22 Uhr) Viele Valencianer sagen, dies sei der beste Vintage-Laden der ganzen Stadt. Für uns ist es immer wieder spannend, was er im Angebot hat. Neben Kleidung gibt's auch eine Reihe schrulliger und sehr interessanter Gegenstände, für die es sich immer lohnt, vorbeizuschauen.

HORCHATA

Es gibt eine valencianische Spezialität, die im Sommer in ganz Spanien beliebt ist: die horchata *(orxata)*, ein zuckerhaltiges Getränk aus zerstampften *chufas* (Erdmandeln), in das große „Gebäckfinger" namens *fartons* getunkt werden. Eine traditionsreiche Adresse, um im Stadtzentrum *horchata* zu probieren, ist die **Horchatería de Santa Catalina** (Karte S. 866; ☎ 963 91 23 79; www.horchateriasantacatalina.com; Plaza de Santa Catalina 6; ⏲ 8.15–21.30 Uhr; 📶). Im **Mercado de Colón** (Karte S. 862 f.; www.mercadodecolon.es; Calle de Cirilo Amorós; ⏲ 7–1.30 Uhr; 📶) gibt's mehrere Anlaufstellen. Auf einer Tour mit **Horta Viva** (☎ 691 093721; www.hortaviva.net) kann man mehr über *chufas* und den Herstellungsprozess der *horchata* erfahren.

★ Cestería El Globo KUNST & KUNSTHANDWERK
(Karte S. 866; ☎ 963 52 64 15; www.facebook.com/cesteriaelglobo; Calle del Músico Peydró 16; ⏲ Mo–Fr 9.45–13.30 & 16.30–20, Sa 10–14 & 17–20.15 Uhr) Dieser charmante Laden aus dem Jahr 1856 bietet stapelweise traditionelle Korbwaren – wie wäre es mit einem Fahrradkorb? Auch Schaukelpferde und andere solide Holzspielzeuge sind erhältlich.

Abanicos Carbonell KUNST & KUNSTHANDWERK
(Karte S. 862 f.; ☎ 963 41 53 95; www.abanicoscarbonell.com; Calle de Castellón 21; ⏲ Mo–Fr 9.30–13.30 & 16–20Uhr) Dieser historische Fächerproduzent ist seit 1810 im Geschäft und bietet handbemalte Fächer in allen Preisklassen – von erschwinglichen 10 € für einfache, aber schöne Fächer bis zu Werken von berühmten Fächermalern, die Tausende Euro kosten. Seit fünf Generationen im Besitz derselben Familie.

Lladró KERAMIK
(Karte S. 866; ☎ 963 51 16 25; www.lladro.com; Calle del Poeta Querol 9; ⏲ Mo–Sa 10–20 Uhr) Vor mehr als 50 Jahren stellten drei Brüder aus Lladró die ersten ihrer berühmten Porzellanskulpturen her. Heutzutage beschäf-

RADFAHREN IN VALENCIA

Radfahren ist eine großartige Möglichkeit, die Umgebung zu erkunden: Der Flussbettpark bietet einfachen Zugang zu den meisten Teilen der Stadt und es gibt mittlerweile ein ausgezeichnetes Radwegenetz. Es gibt zahlreiche Mietstationen, und auch die meisten Unterkünfte können ein Leihfahrrad organisieren. **Valenbisi** (www.valenbisi.es) ist das Fahrradverleihsystem der Stadt – für einen einwöchigen Vertrag (13,30 €) kann man sich an den Automaten bei den Fahrradständern oder online anmelden.

tigt ihre Fabrik am nördlichen Stadtrand Hunderte von Menschen und exportiert ihre Figuren weltweit. Das Geschäft wurde absichtlich in die eleganteste Straße der Stadt gelegt. Es erinnert beinahe an ein kleines Museum, in dem man schöne Figuren ansehen und kaufen kann.

Praktische Informationen

Die Tourismus-Website der Stadt ist www.visitvalencia.com. Es gibt eine Touristeninformation am Flughafen und drei in der Stadt:

Ayuntamiento Touristeninformation (Karte S. 866; ☎ 963 52 49 08; Plaza del Ayuntamiento 1; ⏲ Mo–Sa 9–18.50, So 10–13.50 Uhr) Im Rathaus.

Bahnhof Joaquín Sorolla Touristeninformation (Karte S. 862 f.; ☎ 963 80 36 23; Valencia Joaquín Sorolla; ⏲ Mo–Fr 10–17.50, Sa & So bis 14.50 Uhr) Am Schnellzugbahnhof.

Paz Touristeninformation (Karte S. 862 f.; ☎ 963 98 64 22; Calle de la Paz 48; ⏲ Mo–Sa 9–18.50, So 10–13.50 Uhr; 📶)

An- & Weiterreise

BUS

Valencias **Busbahnhof** (Karte S. 862 f.; ☎ 963 46 62 66; Avenida Menéndez Pidal) befindet sich am alten Flussbett. Die Buslinie 8 fährt von der Plaza del Ayuntamiento hierher.

Avanza (www.avanzabus.com) verkehrt stündlich von/nach Madrid (30–36 €, 4–4½ Std.).

ALSA (www.alsa.es) betreibt täglich bis zu zehn Busse von/nach Barcelona (29–36 €, 4–5 Std.) und mehr als zehn nach Alicante (21–25 €, 2½–5¾ Std.) – die meisten fahren über Benidorm.

FLUGZEUG

Valencias **Flughafen** (VLC; ☎ 902 404 704; www.aena.es) erstreckt sich 10 km westlich des Stadtzentrums an der A3 in Richtung Madrid. Die Fluggesellschaften, darunter viele Billigfluglinien, steuern große europäische Ziele wie London, Paris und Berlin an.

SCHIFF/FÄHRE

Trasmediterránea (S. 881) und Baleària (S. 894) betreiben Auto- und Passagierfähren nach Ibiza und Mallorca. Weniger häufige Fähren bieten Verbindungen nach Menorca und Algerien.

ZUG

Alle Schnellzüge fahren derzeit über den **Bahnhof Valencia Joaquín Sorolla** (www.adif.es; Calle San Vicente Mártir 171), 800 m südlich der Altstadt. Es soll vorübergehend sein, scheint jedoch langfristig so zu bleiben.

Über einen kostenfreien Shuttlebus ist er mit der nahen **Estación del Norte** (S. 867) in 500 m Entfernung verbunden. An der Estación del Norte verkehren langsame Züge nach Gandia, Alicante und Madrid sowie die örtlichen *cercanía*-Züge.

Manche *cercanía*-Linien fahren von der Estación del Norte ab, doch die in den Westen verkehren von **Valencia San Isidro/Sant Isidre** im Westen der Stadt.

Zu den größeren Zielen gehören:

ZIEL	PREIS (€)	FAHRZEIT (HR)	HÄUFIGKEIT (TGL.)
Alicante	17–30	1½–2	12-mal
Barcelona	29–45	3¼–5¾	14-mal
Madrid	27–73	1¾–7	18-mal

Unterwegs vor Ort

Valencia verfügt über ein gutes Bus-, Straßen-bahn- und U-Bahn-Netz. In den Touristeninformationen wird die **Valencia Tourist Card** (☎ 900 701818; www.valenciatouristcard.com; 24/48/72 Std, 15/20/25 €) verkauft. Mit ihr kann man sämtliche innerstädtischen Verkehrsmittel kostenlos nutzen und bekommt zusätzlich Rabatte und Werbegeschenke.

ÖFFENTLICHE VERKEHRSMITTEL

Fast alle Busse verkehren bis etwa 22 Uhr, außerdem gibt's mehrere Nachtlinien, die bis ca. 1 Uhr fahren. Tages-/Zweitages-/Dreitageskarten für Bus, Metro und Straßenbahn kosten 4/6,70/9,70 €.

Mit der Straßenbahn gelangt man entspannt zum Strand und zum Hafen. Haltestellen befinden sich am Pont de Fusta und bei der Metrostation Benimaclet.

Die Metro (www.metrovalencia.es) fährt quer durch die Stadt und bedient die Vororte. Zu den am nächsten am Zentrum gelegenen Stationen gehören Ángel Guimerá, Xàtiva, Colón und Pont de Fusta.

DIE PROVINZ VALENCIA

La Albufera

La Albufera liegt 15 km südlich von Valencia und ist eine riesige Süßwasserlagune, die ein dünner Streifen aus Sanddünen mit Kiefernwäldern vom Meer trennt. Bekannt ist sie für den hier angebauten Reis. Zudem stellt sie ein wichtiges Ökosystem mit Dünen und Feuchtgebieten dar. Über große Teile des Gebiets erstreckt sich der **Parque Natural de la Albufera** (www.parquealbufera.com) GRATIS, ein herrliches Gebiet, um Vögel zu beobachten.

Zu den interessanten Orten von Albufera gehören **El Palmar** an der Lagune und **El Saler**, das sowohl über einen Strand mit kiefernbewachsenen Dünen als auch einen Lagunenabschnitt verfügt. Wegen des Strands und seiner Reisgerichte ist **Pinedo** auf der Valencia gegenüberliegenden Seite der Flussmündung ein weiteres beliebtes Reiseziel.

Der Sonnenuntergang ist hier bisweilen spektakulär. Man kann die Lagune auf einer Bootstour von El Palmar oder El Saler aus erkunden und sich unter die Fischer aus der Gegend mischen, die mithilfe von Flachbodenbooten und Netzen Aale und andere Fische aus dem seichten Wasser ziehen.

Von Valencias Innenstadt fährt der Bus 25 etwa alle 20 Minuten nach El Saler und El Palmar. Die Busse 14 und 15 bieten Verbindungen nach Pinedo; diese Linien gehören alle zum städtischen Netz von Valencia. Andere Busse nach El Saler werden von Autocares Herca betrieben.

Fahrradwege verlaufen von Valencia bis nach El Saler, so dass man die Gegend gut mit dem Rad erkunden kann.

Sagunto

64 400 EW.

In der Hafenstadt Sagunto (auf Valencianisch: Sagunt) 25 km nördlich von Valencia hat man von der riesigen, doch zerfallenen Burganlage auf dem Hügel einen herrlichen Panoramablick auf die Küste, die Balearen und ein Meer aus Orangenhainen. Von Valencia kann man bequem einen halbtägigen Ausflug hierher unternehmen.

Sehenswertes

★ **Castillo de Sagunto** BURG
(☎ 962 617 167; www.aytosagunto.es; ⏲ Di–Sa 10–18 oder 20, So 10–14 Uhr) GRATIS In majestätischer Lage thront Saguntos Burg mit ihren Steinmauern, die sich über einen knappen Kilometer zwischen zwei Bergkuppen erstrecken. Die sieben großflächigen Areale der Anlage sind größtenteils Ruinen und erzählen jeweils von verschiedenen Abschnitten der Geschichte Saguntos. Die Festung könnte etwas besser instand gesetzt werden und eignet sich derzeit am besten für einen Spaziergang zwischen den Ruinen, bei dem man den herrlichen Blick auf die Küste genießen kann, ohne jedoch ein detailliertes Verständnis für die lange Geschichte zu gewinnen. Es gibt keine Infotafeln, doch die Tour-Sagunto-App steht zum Download bereit und umfasst einen Audioguide.

Die fabelhafte Geschichte der Burg begann mit einer blühenden iberischen Gemeinde (namens Arse), die mit Griechen und Phöniziern Handel trieb. 219 v. Chr. belagerte und zerstörte Hannibal die Stadt und löste damit den Zweiten Punischen Krieg zwischen Karthago und Rom aus. Rom gewann, nannte die Stadt Saguntum und machte sich an den Wiederaufbau. Die Mauren verliehen der Burg ihre heutige Form; sie wurde später von den Christen verschönert und beim Feldzug Napoleons auf der Iberischen Halbinsel heftig umkämpft.

Der Eingang liegt auf dem östlichen Hügel, wo sich die römische Stadt befand. Rund um die ausgegrabenen Ruinen des Forums kann man die Treppen und Fundamente eines republikanischen Tempels sehen – ein Säulenkapitell und einige Steinschriftreste sind erhalten. Dieser Bereich ist die Plaza de Armas, das Herz der mittelalterlichen Burg. Von hier führt die Puerta de Almenara zum befestigten östlichen Teil.

Oben auf dem westlichen Hügel lag die ursprüngliche iberische Stadt, doch bei den Überresten handelt es sich hauptsächlich um spätere Befestigungen aus dem 18. und 19. Jh. mit einer besonders starken Bastion, die den eindrucksvollsten Anblick bietet. Die Aussicht ist atemberaubend.

Zwischen den beiden Hügeln befindet sich das **Museo de Epigrafía**, eine Sammlung von gravierten Steinen, die auf dem Gelände gefunden wurden. Es gibt lateinische Begräbnis- und Ehreninschriften, Säulenkapitelle und hebräische Steine aus dem Mittelalter. Man kann sich über interessante römische Bräuche informieren, jedoch nur auf Spanisch und Valencianisch.

Unterhalb der Burg lädt das **römische Theater** zu einem Besuch ein. Einer über-

NICHT VERSÄUMEN

LA TOMATINA

La Tomatina (www.latomatina.info; Tickets 10 €; ⏲ Ende Aug.) findet in Buñol, 40 km westlich von Valencia, statt und ist ein wichtiges Sommerereignis:

Am letzten Mittwoch im August startet Spaniens chaotischstes Fest. La Tomatina ist eine Tomatenschlacht, die mehr als 20 000 Besucher in die 9000-Einwohner-Stadt lockt. Um 11 Uhr werden mehr als 100 t matschiger Tomaten von Lastwagen vor die wartende Menge gekippt. Eine Stunde lang machen alle bei einem fröhlichen, anarchischen Tomatenkampf mit.

Die örtliche Feuerwehr spritzt anschließend die triefenden Teilnehmer mit Schläuchen ab.

Die Teilnahme kostet 10 € und erfolgt über die offizielle Website, obwohl es zahlreiche Reiseveranstalter gibt, die Tickets und Pakete für Valencia, Alicante und andere Orte bieten. Es gibt eine Garderobe vor Ort, da man weder Taschen oder Kameras auf das Festivalgelände mitnehmen darf. Frische Kleidung zum Wechseln mitbringen. Bei der Tomatina setzen sich manche Leute Schutzbrillen auf. Flip-Flops sind keine gute Idee; am besten trägt man Schuhe, die nicht wieder sauber werden müssen.

Wer ein Paket kaufen will, sollte von den „Paella & Sangría"-Angeboten Abstand nehmen, da diese für weniger Geld auf der Straße in Buñol erhältlich sind. Auch wenn die meisten Besucher speziell für diese Veranstaltung aus Valencia kommen, kann es sich lohnen, in der Nacht davor und danach zu bleiben. La Tomatina gehört zur Hauptfiesta der Anwohner und es herrscht eine ganze Woche lang eine tolle Atmosphäre mit Konzerten.

Am Samstag vor der Tomatina gibt's eine Kinderversion für 4- bis 14-Jährige, an der man kostenlos teilnehmen kann.

eifrigen Restaurierung sind das gigantische Bühnengebäude und die Marmorbestuhlung geschuldet, die ohne Zweifel schön für die Aufführungen sind, aber nicht zur historischen Atmosphäre beitragen.

Praktische Informationen

Touristeninformation (☎ 962 65 58 59; www.sagunto.es/turismo; Plaza Cronista Chabret; ⏲ April–Okt. Mo–Fr 10–14.30 & 16.30–19.30, Sa & So 9–14.30 & 16.30–18.30 Uhr, Nov.–März Mo–Fr 9.30–14.30 & 16–18.30, Sa & So 9–14 Uhr) Einen 15-minütigen Spaziergang vom Bahnhof entfernt. Im Sommer eröffnet ein zusätzliches Büro am Strand.

An- & Weiterreise

Die beste Verbindung von Valencia nach Sagunto bieten die *cercanía*-Züge C5 und C6 (einfach 3,70 €, 30 Min., regelmäßige Abfahrten).

Gandia

74 800 EW.

In der angenehmen weitläufigen Stadt Gandia (Spanisch: Gandía) war früher ein Zweig des Adelsgeschlechts der Borja zuhause, besser bekannt unter dem italienischen Namen Borgia. Es ist ein blühendes Handelsstädtchen mit lebhafter Atmosphäre. Und dann ist da noch der Spaß- und Strandort mit Hafen, 6 km entfernt. Der angrenzende Hafenbereich bietet neue Fährverbindungen zu den Balearen.

Sehenswertes

★ **Palacio Ducal dels Borja** SCHLOSS
(☎ 962 87 14 65; www.palauducal.com; Calle Duc Alfons el Vell 1; Erw./Kind 6/4 €, Audioguide 2 €; ⏲ Nov.–März Mo–Sa 10–13.30 & 15–18.30, So 10–13.30 Uhr, April–Okt. Mo–Sa 10–13.30 & 16–19.30, So 10–13.30 Uhr) Gandias prachtvoller Palast wurde im frühen 14. Jh. erbaut und war jahrhundertelang die Heimat der Borja-Herzöge von Gandia, zu denen auch der Jesuitenheilige Francis Borgia gehörte. Obwohl das Gebäude im 19. Jh. aufwendig umgebaut wurde, blieben manche ursprüngliche Details erhalten. Der Salón de las Coronas ist einer von mehreren prunkvollen Räumen, doch das Highlight ist die Galería Dorada, eine Suite dekorierter Räume mit einem Fliesenboden, der die Welt der vier Elemente darstellt.

Bemerkenswert sind auch das niedrige Oratorium mit herrlichen Holzböden und die Grisaille-Gemälde an den Wänden. Schöne Fliesenarbeiten und Decken sind überall vorhanden. Geführte Touren (auf Spanisch, mit englischer Broschüre) finden mehrmals täglich statt und kosten 1€ zusätzlich.

Essen

★Telero VALENCIANISCH €€

(☎ 962 86 73 18; www.telero.es; Calle Sant Ponç 7; Hauptgerichte 13–19 €; ⌚ Di–Sa 13.30–15.30 & 20.30–23.30 Uhr) Dieses gemütliche Restaurant mit einem Schwerpunkt auf hochwertigen Zutaten befindet sich in versteckter Lage, doch ein Besuch lohnt sich. Man kann den behaglichen Speisesaal mit unverputztem Ziegelstein im traditionellen Haus bewundern, sich erkundigen, was neben den Gerichte von der Speisekarte erhältlich ist, und sich eine Mahlzeit mit erstklassigem Gemüse und Fisch aus der Region auswählen.

Praktische Informationen

Playa de Gandia Touristeninformation (☎ 962 84 24 07; www.visitgandia.com; Paseo de Neptuno; ⌚ Mitte Sept.–Juni Mo–Fr 9.30–14 & 15.30–18.30, Sa & So 9.30–13.30 Uhr, Juli–Mitte Sept. Mo–Sa 9.30–20.30, So bis 13.30 Uhr) Am Strand.

Städtische Touristeninformation (☎ 962 87 77 88; www.visitgandia.com; Avenida Marqués de Campo; ⌚ Mitte Sept.–Juni Mo–Fr 9.30–13.30 & 15.30–19.30, Sa 9.30–13.30 Uhr, Juli–Mitte Sept. Mo–Fr 9.30–14.30 & 16–20, Sa 9.30–13.30 Uhr) Gegenüber dem (Bus-)Bahnhof.

An- & Weiterreise

Zwischen Gandia und Valencia (5,80 €, 1 Std.) verkehren werktags alle halbe Stunde und am Wochenende jede Stunde *cercanía*-Züge. Der Bahnhof und der Busbahnhof befinden sich gegenüber der Touristeninformation in Gandia. Auch am Strand gibt's eine Haltestelle.

ALSA betreibt regelmäßige Busse nach Dénia (3,60 €, 30 Min.) und in andere Küstenstädte.

Trasmediterránea (☎ 902 454645; www.trasmediterranea.es) bietet Schnellfähren nach Ibiza Sant Antoni (Passagier/Auto 82/119 €, 2 Std., 1- oder mehrmals täglich) und im Sommer nach Formentera (Passagier/Auto 60/120 €, 4 Std., 1-mal pro Woche).

Unterwegs vor Ort

Die Busse von La Marina Gandiense halten an der Touristeninformation der Stadt und fahren alle 20 Minuten zur Playa de Gandia.

Requena

Requena, 65 km westlich von Valencia, hat seinen früheren Reichtum der Seidenherstellung zu verdanken. Heute wird in der Gegend jedoch vorwiegend Weinbau und Viehzucht betrieben. Von hier kommen kräftige Rotweine – man sollte den lokalen Bobal-Wein probieren –, *cavas* (Schaumweine), reichhaltige Wurst und scharf gewürztes Fleisch. Im Zentrum erstreckt sich der mittelalterliche Ortskern La Villa mit seinen verwinkelten Straßen und Sackgassen. Ein Bummel macht großen Spaß, denn das Dorf hat viel Flair und ist nicht für den Tourismus herausgeputzt. Sehenswert sind der Wachturm aus dem 15. Jh., die hübschen gotischen Fassaden, die kleinen Museen und die engen Gassen des einstigen Judenviertels.

Zwei Anlaufstellen für Weinliebhaber sind das **Museo del Vino** (☎ 962 30 32 81; Carrer Somera 13; Erw./Kind 2/1,50 €; ⌚ Mi–Fr 12–14, Sa 12–14 & 17–19 Uhr), ein Weinmuseum im schönen Palacio del Cid aus dem 15. Jh. und der Ausstellungsraum **Ferevin** (☎ 962 30 57 06; www.ferevin.com; Cuesta de las Carnicerías; ⌚ Mo–Fr 11–14 & 16–19, Sa 11–14.30 & 16–19, So 11–14.30 Uhr) für Weinproduzenten aus der Region. Ende August findet ein Weinfest statt. Eine nützliche Website ist www.rutavino.com.

Von/nach Valencia fahren regelmäßig Busse (5,47 €, 1 Std.) und *cercanía-Züge* (5,80 €, 1½ Std.). Teurere Schnellzüge halten an einem anderen Bahnhof, 6 km von der Stadt entfernt.

Xàtiva

29 000 EW.

Xàtiva (auf Spanisch „Játiva"), etwa 50 km von Valencia, kann wunderbar im Rahmen eines Tagesausflugs oder bei einem Zwischenstopp auf dem Weg nach Norden oder Süden erkundet werden. Die Stadt hat einen kleinen historischen Kern und eine mächtige Burg, die oben auf dem Kamm der Sierra Vernissa thront. Am Fuß der Burg erstreckt sich die Stadt.

Vor Ort errichteten die Mauren die erste Papierfabrik Europas, darüber hinaus wurden hier die Päpste Kalixt III. und Alexander VI. aus dem Adelsgeschlecht der Borgia sowie der Maler José de Ribera geboren. Xàtivas Glanzzeit ging allerdings im Jahr 1707 jäh zu Ende, als Philipp V. mit seinen Truppen den größten Teil der Stadt in Schutt und Asche legte.

Sehenswertes

Die Altstadt liegt südlich und bergaufwärts von der Alameda. In der Touristeninformation nach der englischsprachigen Broschüre *Xàtiva: Monumental Town* fragen. In der Stadt gibt's mehrere Prachtbauten, die einen Spaziergang wert sind. Bemerkenswert sind die schöne Fassade des Renaissance-Krankenhauses gegenüber der Hauptkirche und die historische Apotheke in der Nähe.

★ **Castillo de Xàtiva** BURG

(☎ 962 27 42 74; www.xativaturismo.com; Erw./Kind 2,40/1,20 €; ⊙ Nov.–März Di–So 10–18 Uhr, April–Okt. Di–So bis 19 Uhr) Xàtavias Burg thront auf einem Hügel mit zwei Gipfeln und blickt von dort auf die Altstadt hinunter. Sie ist die wohl eindrucksvollste und interessanteste Festungsanlage in der Region Valencia. Heute verbergen sich hinter den zerfallenen Mauern Blumengärten (toll für ein Picknick), angefressene Zinnen und Türmchen und weitere Gebäude (durch die Nutzung im 20. Jh. wurden manche stark verändert), darunter Kerker und eine schöne gotische Kapelle. Der Aufstieg zur Festung ist lang, aber dafür entschädigt einen die Aussicht.

Wer die Burg heute für groß hält, stelle sich einmal vor, wie sie vor 300 Jahren ausgesehen haben muss. Leider wurde sie 1748 durch ein Erdbeben stark beschädigt und nie richtig saniert.

Vor dem heutigen Bau war der Burgberg schon immer wegen seiner strategischen Lage ein wichtiger befestigter Punkt und spielte in den Kriegen zwischen Rom und Karthago sowie im römischen Konflikt des 1. Jhs. v. Chr. eine wichtige Rolle.

Auf dem Weg nach oben findet man zu seiner Linken die **Ermita de Sant Josep** aus dem 18. Jh. und zu seiner Rechten die schöne romanische **Iglesia de Sant Feliu** (1269), die älteste Kirche von Xàtiva. Man kommt auch an den zerschmetterten Überresten eines Teils der alten **muslimischen Stadt** vorbei. Ein Touristenzug fährt mehrmals täglich von der Touristeninformation den Hügel hinauf (4,20 €).

Verschiedene beschilderte Wanderwege führen über den Burgberg und durch die Umgebung.

Schlafen & Essen

★ **Mont Sant** HOTEL €€

(☎ 962 27 50 81; www.mont-sant.com; Subida al Castillo; inkl. Frühstück EZ 104–137 €, DZ 112–144 €; ⊙ Feb.–Dez.; P ❄ ≋) Das engagierte Management sorgt für einen fantastischen Aufenthalt in diesem bezaubernden Haus. Es steht zwischen Altstadt und Burg, umgeben von der Stadtmauer, den Ruinen eines Klosters und einem Garten mit Palmen und Zitronenbäumen. Man hat den Eindruck, als befände man sich mitten auf dem Land und nicht bloß ein paar Gehminuten von der Stadt entfernt. Hier übernachtet man entweder im Hauptgebäude (früher ein Bauernhaus) oder in einer der geräumigen modernen Holzhütten.

Alle Unterkünfte verfügen über einen Balkon-/Terrassenbereich und es gibt eine Suite mit privatem Pool. Das Restaurant serviert gehobene Gourmetküche und es stehen verschiedene Verpflegungsoptionen zur Verfügung. Nicht zu versäumen ist die erstaunliche mittelalterliche Zisterne.

La Picaeta de Carmeta VALENCIANISCH €€

(☎ 619 511 971; Plaça de Mercat 19; Hauptgerichte 13–18 €; ⊙ Di–Do & So 13.30–16, Fr & Sa 13.30–16 & 20.30–24 Uhr) An einem schönen Platz in der Altstadt (eine gute Anlaufstelle für Getränke und Tapas) liegt dieses edle Restaurant mit kühlem, nüchternem Dekor, unverputztem Ziegelstein und gut ausgewählter Kunst. Es gibt Fleischgerichte sowie einfach zubereitete Fischgerichte und schmackhafte kreative Salate. Alles schmeckt köstlich und die Speisen werden von erlesenen Weinen begleitet.

ℹ Praktische Informationen

Touristeninformation (☎ 962 27 33 46; www.xativaturismo.com; Alameda Jaime I 50; ⊙ Di–Do 10–17, Fr bis 18, Sa & So 10.15–14 Uhr) Auf der Alameda, Xàtivas schattiger Hauptstraße.

ℹ An- & Weiterreise

Häufige *cercanía*-Züge der Linie C2 verbinden Xàtiva mit Valencia (4,35 €, 45 Min., alle 30 Min.), und die meisten Züge der Strecke Valencia–Madrid halten ebenfalls hier, sind allerdings teurer. Weitere Züge fahren von Xàtiva nach Alicante (13–17 €, 1¼ Std., 7-mal tgl.).

DIE PROVINZ CASTELLÓN

Castellón

171 000 EW.

Castellón de la Plana (Valencianisch: Castelló) ist eine Provinzhauptstadt, die nicht viele Touristen ansteuern. Obwohl es nicht übermäßig viele Sehenswürdigkeiten gibt, ist es ein angenehmer Ort mit preiswerten Unterkünften und einer lebhaften Restaurantszene im Zentrum. Vier Kilometer vom Zentrum entfernt befindet sich am Fischereihafen der Grao-Distrikt und weiter nördlich liegen die Strände der Stadt.

Schlafen & Essen

Tryp Castellón Center BUSINESS-HOTEL €€
(☎ 965 34 27 77; www.melia.com; Ronda del Millars; Zi. 52–74 €; P ❄ 📶) Da Castellón vergleichsweise wenige Touristen anzieht, ist das Hotelangebot auf den Geschäftsbereich am Rande der Innenstadt beschränkt. Dieses Hotel bietet sehr geräumige Zimmer, glänzend neues Parkett und einen liebevollen persönlichen Touch. Tolle Preise sind Standard.

★ **Bodega La Guindilla** TAPAS €€
(☎ 964 22 88 94; www.grupolaguindilla.com; Calle Asarau 2; Hauptgerichte 13–17 €; ⏲ Mo–Sa 13–16 & 19–1 Uhr) In diesem hellen Esslokal, einer weiteren Filiale der überfüllten Tapas-Bar in der Calle Barracas, kann man auf Fässern sitzen, einen Tisch im Freien ergattern oder nach unten in den Speisesaal gehen. Der Schwerpunkt liegt auf Meeresfrüchten, aber alles ist köstlich und hervorragend präsentiert. Hier genießt man Tintenfische auf Schieferplatten, cremige Kabeljaubällchen und wunderbare Tagesgerichte. Bei unserem letzten Besuch gab's Spanferkel-Jiaozis und gebratene Seeanemonen.

Praktische Informationen

Touristeninformation (☎ 965 35 86 88; www.castellonturismo.com; Plaza de la Hierba; ⏲ Mo–Fr 10–18, Sa bis 14 Uhr) Mitten im Geschehen an der Kathedrale. Es gibt ein anderes Büro im Hafenbereich.

An- & Weiterreise

BUS & ZUG

Castellón ist ein regionaler Verkehrsknotenpunkt für Busse mit Verbindungen in die gesamte Provinz, die größtenteils von **Autos Mediterráneo** (☎ 964 22 00 54; www.autosmediterraneo.com) betrieben werden. Busse nach Valencia fahren fünf- oder mehrmals täglich (6,35 €, 1¼ Std.).

Castellón ist die nördliche Endstation der *cercanías*-Regionalbahn C6 nach Valencia (5,80 €, 1–1½ Std., halbstündl.).

Sehr häufig verkehrende Schnellzüge (6–20 €, 45–60 Min.) fahren auf dem normalen Schienennetz nach Valencia. Es gibt auch häufige Verbindungen nach Barcelona (24–40 €, 2½–4 Std.) über Tarragona.

FLUGZEUG

Eine berühmte Fehlinvestition aus der Zeit des spanischen Baubooms – in einem Jahr gab es auf dem Mars mehr Landungen als hier. Castellóns **Flughafen** (☎ 964 57 86 00; www.aeropuerto-castellon.com; Carretera CV13, Benlloch), 33 km nördlich der Stadt, bietet mittlerweile einige Billigflüge nach Großbritannien und in mehrere osteuropäische Länder. Es gibt Bus- und Minibusverbindungen nach Castellón (12 €, 1 Std.) und in andere Küstenorte; die Busse werden von Autos Mediterráneo betrieben und müssen vorab online reserviert werden.

Benicàssim

18 000 EW.

Das charmante Benicàssim zieht sich über 6 km an der Küste entlang. Seit dem 19. Jh. ist es ein beliebter Ferienort. Damals ließen hier wohlhabende valencianische Familien Sommerresidenzen errichten. Noch heute ist es ein Ort, an den eher regionale als ausländische Touristen strömen; und es wird viel Valencianisch gesprochen. Der Ort ist auch für sein Musikfestival im Sommer bekannt.

Sehenswertes

Desierto de les Palmes NATURSCHUTZGEBIET
Die kurvenreiche CV147 führt hinauf zu dieser 6 km landeinwärts gelegenen Bergkette, die manchmal nebelverhangen ist und wo es kühler ist als an der Küste. In ihrem Herzen befinden sich ein Karmeliterkloster und ein erstklassiges **Restaurant** (☎ 964 30 09 47; CV147, Km 9; Hauptgerichte 13–22 €; ⏲ März–Dez. Mi–Mo 9.30–17.30 Uhr, Juni–Anfang Sept. bis 24 Uhr). Das Gebiet steht unter Naturschutz und ist trotz seines Namens alles andere als eine trockene Wüste – die Bezeichnung kommt vielmehr daher, dass es für die Mönche ein Ort mystischer Einkehr war. Die grüne Gegend eignet sich ideal für Outdooraktivitäten. Vom höchsten Punkt, dem **Monte Bartolo** (728 m), bietet sich ein grandioser Ausblick. In der Touristeninformation erhält man eine gute Broschüre mit Beschreibungen verschiedener Bergwanderungen.

Aktivitäten

Aquarama WASSERPARK
(☎ 902 998711; www.aquarama.net; N340, Km 987; Erw./Kind/Kleinkind Tagesticket 26/19/15,50 €; ⏲ Mitte Juni–Anf. Sept. 11–19 Uhr; 👪) Dieser riesige Wasserpark befindet sich südwestlich der Stadt, an der N340. Auf Online-Buchungen gibt's eine Ermäßigung.

Feste & Events

★ Festival Internacional de Benicàssim MUSIK

(FIB; www.fiberfib.com; ⌚ Mitte Juli) Jedes Jahr strömen Zehntausende von Fans zu diesem viertägigen Event, einem der größten Open-Air-Festivals in ganz Europa. In den vergangenen Jahren traten hier große Namen auf, doch bei den meisten handelt es sich um brandaktuelle Acts, die beim Publikum, das vorwiegend aus Leuten ab 20 besteht, beliebt sind. Da es spätnachmittags beginnt, kann man den Tag am Strand verbringen.

Schlafen & Essen

★ Hotel Voramar HOTEL €€

(☎ 964 30 01 50; www.voramar.net; Paseo Pilar Coloma 1; EZ/DZ inkl. Frühstück 105/130 €, mit Meerblick 145/170 €; P ❄ 📶) Dieses altehrwürdige Hotel befindet sich bereits seit vier Generationen in Familienbesitz und hat sich auch während stürmischer Zeiten bewährt: Im Spanischen Bürgerkrieg diente es als Lazarett. Das charakteristische Haus trumpft mit einer spektakulären Lage am nördlichsten Rand des Strandes auf. Die Zimmer mit Balkon (und Hängematte) bieten einen herrlichen Meerblick mit Wellenrauschen. Das erstklassige Restaurant ist ebenfalls nicht zu verachten. Ein Fahrrad- und Kajakverleih ist verfügbar (für Gäste kostenlos).

El Charquito TAPAS €€

(☎ 964 30 27 04; Calle Santo Tomás 3; Hauptgerichte 8–14 €; ⌚ Mo–Sa 18–1.30 Uhr) Wer eine spanische Bar aus dem Gedächtnis malen will, sieht hier das Ergebnis: Von der Decke hängende Schinken, Knoblauchzehen und Paprika, der übliche Familienwahnsinn hinter der Theke, Meeresfrüchte auf Eis und gemütliche Geselligkeit. Das Essen ist sehr lecker, die Leute sind nett, der Preis stimmt. Ein Klassiker in Benicàssim.

Praktische Informationen

Touristeninformation (☎ 964 30 01 02; http://turismo.benicassim.es; Calle Santo Tomás 74; ⌚ Okt.–Mai Mo–Fr 9–14 & 16–19, Sa 10.30–13.30 & 16–19, So 10.30–13.30 Uhr, Juni–Sept. Mo–Fr 9–14 & 17–20, Sa & So 10.30–13.30 & 17–20 Uhr) Landeinwärts, im Stadtzentrum. Es gibt ein zusätzliches Sommerbüro am Strand.

An- & Weiterreise

Täglich fahren neun Züge von Benicàssim nach Valencia (7,15–13,10 €, 1–1½ Std.) und Richtung Norden nach Tortosa, Tarragona und Barcelona. Busse starten alle 15 Minuten nach Castellón, wo es mehr Möglichkeiten zur Weiterreise gibt.

Peñíscola

7400 EW.

Peñíscolas Altstadt auf einer felsigen, ins Meer hineinragenden Landzunge drängt sich mit ihren kopfsteingepflasterten Straßen und weiß getünchten Häusern zwischen schützende Steinmauern. Der Ort ist ein schönes Postkartenmotiv mit vielen Souvenir- und Keramikläden, doch er mutet nicht minder kommerziell an. Die höher gelegenen Küstenbereiche in nördlicher Richtung sind hingegen etwas schäbig und reizlos, doch die Promenade **Paseo Marítimo** bietet sich als schöner Spazierweg an. Auch der über 5 km lange Sandstrand, der sich bis zum benachbarten Benicarló erstreckt, ist top. In der Nebensaison geht's in Peñíscola sehr ruhig zu – jedoch nicht so ruhig, dass es unheimlich wird. Dennoch hat man die Altstadt für sich allein.

Sehenswertes

Castillo de Peñíscola BURG

(☎ 964 48 00 21; www.dipcas.es; Calle Castillo; Erw./9–16-Jährige 5/3,50 €; ⌚ Mitte Okt.–Ostern 10.30–17.30 Uhr, Ostern–Mitte Okt. 9.30–21.30 Uhr) Die weitläufige Burg aus dem 14. Jh. wurde von Tempelrittern auf maurischen Fundamenten errichtet und später als Wohnstätte von Pedro de Luna („Papa Luna", der abgesetzte Papst Benedikt XIII.) genutzt. Es gibt verschiedene Ausstellungen zur Geschichte von Burg und Stadt sowie einen ehemaligen Kanonenstützpunkt, der in einen Garten mit schöner Aussicht verwandelt wurde.

Schlafen & Essen

Pensión Chiki PENSION €

(☎ 605 280295; www.restaurantechiki.es; Calle Mayor 3–5; DZ 55–70 €; 📶) Direkt in der Altstadt bereitet einem diese Bleibe mit sieben tadellosen modernen Zimmern und Aussicht einen herzlichen Empfang. Ab acht Uhr läuten die Glocken der nahen Kirche. Heimelig, gemütlich, und der Preis ist in Ordnung. Von März bis Oktober serviert ein Restaurant preiswerte *menús* mit drei Gängen. Der freundliche Besitzer ist nicht immer da, man sollte vorher anrufen.

Hotel La Mar BOUTIQUE-HOTEL €€€

(☎ 964 48 00 57; www.hotelboutiquelamar.com; Calle Porteta 16; Zi. 220–260 €; P ❄ 📶) Dieses elegante, moderne Hotel in schöner Altstadtlage am Wasser und mit Blick auf den Strand und die Bucht bietet exzellenten Komfort, ein gehobenes Restaurant und einen herzlichen Empfang. Die Zimmer sind elegant und modern, einige blicken auf die Altstadt, andere aufs Meer. Die herrliche Dachterrasse bietet einen Rundumblick. Die Preise fallen außerhalb des Hochsommers. Keine Kinder.

La Taverneta de Sant Roc SPANISCH €€
(☎ 964 48 21 70; Calle San Roque 15; Hauptgerichte 11–18 €; ⌚11–16 & 19–24 Uhr) Im touristischen Herzen von Peñiscola schwant einem nichts Gutes, wenn man die vielen Fotos von Mahlzeiten vor den Lokalen sieht. Aber dieses geräumige, freundliche Restaurant ist eine echte Ausnahme: Es setzt alles daran, dass die Kunden satt und glücklich nach Hause gehen. Es gibt eine ausgezeichnete Auswahl an Speisen – von großartigen Kroketten bis zu gut zubereiteten Meeresfrüchten und leckeren Steaks.

Praktische Informationen

Zentrale Touristeninformation
(☎ 964 48 02 08; www.peniscola.es; Paseo Marítimo; ⌚Mitte Juni–Mitte Sept.10–20 Uhr, April–Mitte Juni & Mitte Sept.–Mitte Okt. 10–19 Uhr, Mitte Okt.–März Mo–Sa 9.30–17.30, So 10–14 Uhr) Am südlichen Ende des Paseo Marítimo. Informationen zur Stadt kann man hier bekommen oder von der Website downloaden.

An- & Weiterreise

Busse verkehren mindestens halbstündlich zwischen Peñíscola, Benicarló und Vinaròs, von wo man Anbindung an Valencia oder Castellón hat. Von Juli bis Mitte September gibt's eine stündliche Verbindung zum Bahnhof Peñíscola/Benicarló, 7 km von der Stadt entfernt.

El Maestrazgo

Im Nordwesten von Valencia und Südosten von Aragón liegt die Gebirgsregion El Maestrazgo (auf Valencianisch: El Maestrat), die scheinbar Welten vom Küstenstreifen trennen. Hier liegen spektakuläre alte *pueblos* (Dörfer) auf felsigen Landzungen und Höhenrücken. Der Maestrazgo ist ein riesiges, wildes Wandergebiet, das man gut auf eigene Faust erkunden kann.

Am schönsten ist es, den Maestrazgo auf eigene Faust zu Fuß, mit dem Fahrrad oder dem Auto zu erkunden. Es gibt zahlreiche einsame Landschaften und schöne Dörfer zu entdecken.

Anreise & Unterwegs vor Ort

Es gibt begrenzte Busverbindungen von Castellón zu den großen Städten des Maestrazgo. Kleinere Dörfer haben wenig oder gar keine Anbindung und so lässt sich die Region insgesamt am besten mit dem eigenen Fahrzeug erkunden.

Sant Mateu

2000 EW. / 325 M

Sant Mateu, die einstige Hauptstadt des Maestrazgo, ist aus der Ferne nicht so pittoresk wie die Dörfer auf den Hügeln weiter im Inland der Region, hat aber ein schönes Ortszentrum. Die massiven Herrenhäuser und die reich verzierten Fassaden lassen den vergangenen Glanz des Ortes und den Reichtum aus dem Wollhandel erahnen.

Sehenswertes

Ermita de la Mare de Déu dels Àngels KIRCHE
(☎ 605 382 935; ⌚11–19 Uhr) Von der Plaza Mayor weisen Schilder den Weg zu dieser reizenden Kapelle, die sich an einen felsigen Berghang drängt. Mit dem Auto sind es 2,5 km, zu Fuß etwas weniger. Bis zum Bürgerkrieg diente das Gebäude als Kloster, von dem eine barocke Kapelle mit typischen regionalen Fliesenboden und ein Altarbild voller Engel erhalten sind. Der großartige Ausblick und ein gutes Restaurant (S. 886) erfreuen die Gäste. Unter der Woche etwas unregelmäßig geöffnet; einen Besuch kann man vorab telefonisch arrangieren.

Iglesia Arciprestal KIRCHE
(http://turismosantmateu.es/iglesia-arciprestal; Calle Santo Domingo 6; Erw./Jugendl./Kind 1,50/1,20 €/frei; ⌚Juni–Sept. tgl. 10–14 & 16–19 Uhr, tägliche Führungen nur Okt.–Mai) Diese gotische Dorfkirche direkt am Platz hat ein romanisches Portal und ein schönes Interieur. Die mit Fresken geschmückte neoklassizistische Seitenkapelle bietet ein makabres Reliquiar mit einem Skelett, das offensichtlich für ein örtliches Moros-y-Cristianos-Fest gekleidet ist. Die Führungen sind im Sommer optional und zu anderen Jahreszeiten die einzige Möglichkeit, in die Kirche zu gelangen. Sie umfassen die Sakristei und ein kleines Museum mit Schmuck, Prozessionskreuzen und zwei Teilen des echten Kreuzes. Das Kircheninnere ist jederzeit durch eine Glasscheibe sichtbar.

Museo de Valltorta MUSEUM
(964 33 60 10; www.ceice.gva.es; Pla de l'Om, Tirig; Di–So 9.30–14 & 16–19 Uhr oder 17–20 Uhr) GRATIS Ein informatives Museum, 2 km von Tirig entfernt und 10 km südwestlich von Sant Mateu. Es bietet einen detaillierten Überblick über prähistorische Kunst und die UNESCO-geschützten Felsmalereien von El Maestrazgo (Informationen in verschiedenen Sprachen verfügbar). Es gibt eine Reproduktion des interessantesten Bildes: eine Jagdszene. Von hier starten täglich mehrere kostenlose geführte Spaziergänge zu den Malereien.

Schlafen

L'hostal de Cabrit HOTEL €€
(964 41 66 21; www.hostaldecabrit.com; Plaza Mare de Déu de la Font 19; EZ/DZ/Suite inkl. Frühstück 45/75/115 €;) In diesem gut aussehenden Haus an der zentralen Plaza bekommt man etwas für sein Geld. Gemütliche, unterschiedlich große Zimmer sind mit Safe und Kühlschrank ausgestattet. Die Suite wartet mit einem Kingsize-Bett und einer Dusche im Zimmer auf. Werktags und im Winter fallen die Preise beträchtlich. Das mit Steinen verkleidete Café-Restaurant serviert u. a. sehr gute Reisgerichte (Hauptgerichte 12–16 €).

Essen

★ **Farga** VALENCIANISCH €€
(663 909586; fargarestaurant@gmail.com; Ermita de la Mare de Déu dels Àngels; Menüs 25–35 €; Mi–So 12–16 Uhr, plus Mai–Okt. Di, anrufen für Abendessen) Das gehobene Restaurant in einem früheren Kloster (S. 885) in Hügellage, 2,5 km vom Ort entfernt, bietet von seiner Terrasse eine einzigartige Aussicht auf die umliegende Ebene und ein charakteristisches gewölbtes Interieur. Es wird von einem freundlichen jungen Paar geführt, das köstliche, raffinierte Küche anbietet. Sie öffnen in der Regel für Buchungen zum Abendessen, also vorher anrufen.

La Perdi SPANISCH €€
(964 41 60 82; www.laperdi.es; Calle de Historiador Betí 9; Hauptgerichte 8–15 €; 13–16 & 19.30–23 Uhr) Unser Lieblingslokal für ein traditionelles Essen im Zentrum von Sant Mateu – das Perdi wird seit Generationen von der gleichen Familie geführt. Es serviert wärmende regionale Küche, einschließlich Menüs und herzhafte Gerichte à la carte, in einem angenehm rustikalen Ambiente.

SPAZIERGÄNGE IN DER UMGEBUNG

Vom Dorf aus führen markierte Rundwanderwege von 2½ bis 5 Stunden durch die umliegenden Hügel. In der Touristeninformation gibt's die kostenlose Broschüre *Senderos de Sant Mateu* (auf Spanisch). Die Website (http://turismosantmateu.es) bietet mehr Informationen (zum Zeitpunkt des Verfassens nicht auf Englisch, aber verständlich: nach „Senderismo" suchen).

Praktische Informationen

Touristeninformation (964 41 66 58; http://turismosantmateu.es; Calle de Historiador Betí 13; Mo 10–14, Di–So 10–14 & 16–18 Uhr) Sehr hilfreich. Direkt abseits des Hauptplatzes in einem großen Gebäude.

An- & Weiterreise

Busse von Autos Mediterráneo (S. 883) verbinden Sant Mateu mit folgenden Zielen:

ZIEL	PREIS (€)	DAUER	HÄUFIGKEIT
Castellón	5,20	1½ Std.	Mo–Fr 3, Sa 2
Morella	3,40	45 Min.	Mo–Fr 2, Sa 2
Vinaròs	2,70	1 Std.	Mo–Fr 4

Morella

2500 EW. / 984 M

Im erstaunlichen Morella, dem Hauptort des valencianischen Maestrazgo, herrschen im Winter bitterkalte und im Sommer erfrischend kühle Temperaturen. Dieses außergewöhnliche Beispiel einer mittelalterlichen Festungsstadt auf einem Hügel, die von einer Burg dominiert und einer 2 km langen Befestigungsmauer umgeben ist, raubt einem beim ersten Anblick den Atem. Der ehemalige Hauptort von Els Ports („die Bergpässe") liegt in einer zerklüfteten Landschaft mit einigen umwerfend schönen Straßen und anspruchsvollen Radstrecken. Wandern kann man hier auch sehr gut.

Sehenswertes

Castillo de Morella BURG
(Erw./Kind 3,50/2,50 €; Okt.–April 11–17 Uhr, Mai–Sept. bis 19 Uhr) Die Festung wurde zwar übel zugerichtet, lohnt aber trotzdem den

langen wackeligen Aufstieg. Hier eröffnet sich ein atemberaubender Blick auf den Ort und die Landschaft. Die von den Mauren errichtete Burg wurde mehrmals umgebaut und spielte im Napoleonischen Krieg und in den Karlistenkriegen des 19. Jhs. eine Rolle. Die Karlisten nahmen sie 1838 ein, indem sie durch den langen Schacht des Plumpsklos kletterten. Am Fuß der Burg befinden sich die schmucklose Kirche und der Kreuzgang des **Convento de San Francisco**, wo der Eingang liegt.

Torres de San Miguel TOR
(Plaza San Miguel; 1,50 €; ⏲ Di–So 10–13 & 16–18 Uhr) Die Zwillingstürme dieses imposanten Stadttors sind ein guter Ausgangspunkt, um die Stadt zu erkunden. Mit ihrer soliden achteckigen Form wurden sie erstmals im 14. Jh. errichtet. Sie bieten eine Ausstellung im Inneren und eine schöne Aussicht.

Basílica de Santa María la Mayor KIRCHE
(☎ 964 16 03 79; Plaza Arciprestal; Erw./Kind 2,50/2 €; ⏲ Mo–Sa 10–14 & 15–18 oder 19, So 12.15–18 Uhr) An der Südseite dieser gotischen Basilika erheben sich zwei mit Skulpturen geschmückte Portale. Eine reich mit Schnitzereien versehene, mehrfarbige Steintreppe führt zum aufwendig verzierten Hochchor, auf dem Cherubim herumklettern und verstohlen auf das vergoldete Altarbild schauen. Es gibt ein Museum mit den Schätzen der Kirche und ein paar religiösen Kunstwerken.

Schlafen & Essen

Hotel Cardenal Ram HOTEL €€
(☎ 964 16 00 46; www.hotelcardenalram.com; Cuesta Suñer 1; EZ 62 €, DZ 82–112 €; P ❄ 📶) Der elegante Renaissancepalast mitten im alten Kern von Morella wurde renoviert und bietet nun eine reizvolle Mischung aus historischem Flair und modernen Annehmlichkeiten. Die Hälfte der Zimmer verfügt über eine herrliche Aussicht (und kostet etwas mehr), alle anderen sind sehr groß. Es gibt auch ein hübsches Restaurant und unter der Woche Rabatte.

Hotel del Pastor HOTEL €€
(☎ 964 16 10 16; www.hoteldelpastor.com; Carrer San Julián 12; EZ/DZ inkl. Frühstück 56/74 €; P ❄ 📶) Ein tolles Schnäppchen in der Innenstadt mit tollem Service und hübschen altmodischen Zimmern (teils mit Ausblick) auf vier Etagen ohne Aufzug – das ist aber auch der einzige Nachteil. Die Einrichtung ist traditionell mit viel poliertem Holz und warmen Ockerfarben gestaltet. In den Bädern mit großen Spiegeln stehen Waschtische aus Marmor und Wannen.

ABSEITS DER ÜBLICHEN PFADE

DEN MAESTRAZGO ERKUNDEN

Wer Zeit hat, sollte eine Erkundungstour von den größeren Dörfern in die kleineren unternehmen. **Ares**, ein 30 km südlich von Morella über einem Fels hängendes Dorf, gehört zu den spektakulärsten. 13 km von hier bietet **Vilafranca** (del Cid) das **Museo de la Pedra en Sec** (☎ 964 44 14 32; www.ajuntamentdevilafranca.es; Calle de la Iglesia, Villafranca del Cid; Erw./Kind 2/1,50 €; ⏲ Fr & Sa 10–13.30 & 16–19, So 10.30–13.30 Uhr), das der Tradition der Trockenmauern gewidmet ist. Der Schlüssel ist bei der Touristeninformation gegenüber erhältlich. Einen Abstecher in die angrenzende Provinz Teruel sollte man sich nicht entgehen lassen; Cantavieja und Mirambel gehören zu den schönsten Dörfern.

★ **Daluan** SPANISCH €€
(☎ 964 16 00 71; www.daluan.es; Carreró de la Presó 6; Hauptgerichte 13–20 €, Degustationsmenü 42 €; ⏲ Di–Do 13–15.30, plus Fr & Sa 9–22.30 Uhr, Jan. geschl.) Das Daluan wird von Avelino Ramón, einem leidenschaftlichen Kochlehrer, und seiner Frau Jovita geführt – ein sehr freundliches Team! Das kleine Interieur im Obergeschoss ist angenehm zeitgenössisch und die Terrasse in einer ruhigen Gasse lädt zum Entspannen ein. Man darf sich auf freundlichen Service und eine überaus kreative, regelmäßig wechselnde Speisekarte der Saison freuen. Ein verstecktes Juwel mit hervorragenden Preisen für diesen Standard.

Praktische Informationen

Touristeninformation (☎ 964 17 30 32; www.morellaturistica.com; Plaza San Miguel 3; ⏲ April–Mitte Okt. Mo–Sa 10–14 & 16–19, So 10–14 Uhr, Mitte Okt.–März Di–Sa 10–14 & 16–18, So 10–14 Uhr) Direkt in den eindrucksvollen San-Miguel-Türmen und dem Tor zur Altstadt.

An- & Weiterreise

Morella erreicht man mit einer Zugfahrt ab Castellón.

Werktags betreibt Autos Mediterráneo (S. 883) zwei Busverbindungen (9,70 €, 2¼ Std.) und samstags eine zum/vom Bahnhof Castellón. An Wochentagen fahren auch Busse nach Vinaròs an der Küste und nach Alcañiz in der Provinz Teruel.

Wer mit dem Auto anreist, ignoriert am besten den ersten Ortseingang von Puerta San Mateo und fährt weiter auf der Hauptstraße bis oberhalb der Stadt zum Eingang der Puerta San Miguel, wo sich vor den Toren ein öffentlicher Parkplatz befindet.

PROVINZ ALICANTE

Alicante

330 500 EW.

Von allen Provinzhauptstädten des spanischen Festlands hat der Tourismus Alicante (Valencianisch: Alacant) dank des nahen Flughafens und seiner Pauschalhotels am stärksten beeinflusst. Dennoch ist es eine attraktive, dynamische Stadt mit einer Burg, einer Altstadt und einer langen Meerespromenade. Sie hat auch eine aufregende Restaurantszene und ein legendäres Nachtleben. Schon um 19 Uhr kann man sein Bier bei Junggesellenabschieden trinken oder man wirbelt sieben Stunden später mit den Einheimischen über die Tanzfläche eines Clubs. Das ganze Jahr über geht's am Wochenende rund.

Sehenswertes

★ Museo de Arte Contemporáneo de Alicante GALERIE

(MACA; www.maca-alicante.es; Plaza Santa María 3; Di–Sa 10–20 Uhr, Sommer ab 11 Uhr, So 10–14 Uhr) GRATIS Zu der hervorragenden in der Casa de la Asegurada (17. Jh.) untergebrachten Sammlung spanischer Kunst aus dem 20. Jh. gehören Werke von Dalí, Miró, Chillida, Sempere, Tàpies und Picasso. Die ausgestellten Stücke rotieren regelmäßig, da die Sammlung sehr umfangreich ist. Die Grundlage der Sammlung war eine Schenkung des bekannten abstrakten Künstlers Eusebio Sempere, gebürtig aus Alicante, dem ein eigener Bereich gewidmet ist.

★ Museo Arqueológico de Alicante MUSEUM

(MARQ; 965 14 90 00; www.marqalicante.com; Plaza Dr Gómez Ulla; Erw./Kind 3/1,50 €; Mitte Sept.–Mitte Juni Di–Fr 10–19, Sa 10–20.30, So 10–14 Uhr, Mitte Juni–Mitte Sept. Di–Sa 10–14 & 18–22, So 10–14 Uhr) Das Museum zeigt Keramik und iberische Kunst. Die Präsentation der Exponate bietet Besuchern ein sehr visuelles Hightech-Erlebnis. Es gibt auch anspruchsvolle Wechselausstellungen.

Museo Volvo Ocean Race MUSEUM

(965 13 80 80; http://museovolvooceanrace.esatur.com; Muelle de Levante; Sept.–Juni Mo 17–20, Di–Fr 10–14 & 17–20, Sa 10–14 Uhr, Juli & Aug. Mo 18–21, Di–Fr 11–14 & 18–21, Sa 11–14 Uhr) GRATIS Am Anleger macht dieses Museum die hammerharten Bedingungen der Segelregatta Volvo Ocean Race lebendig, die einmal um die Welt verläuft, mit einem Simulator, Videos, Fotos und einer Ausstellung der Ausrüstung an Bord. Hier kann man sich auch eine der teilnehmenden Jachten ansehen: Lust, für 10 Monate an Bord zu gehen?

Castillo de Santa Bárbara BURG

(965 92 77 15; www.castillodesantabarbara.com; Calle Vázquez de Mella; April–Sept. 10–22 Uhr, Okt.–März bis 20 Uhr) GRATIS Die große Burg aus dem 16. Jh. mit tollem Ausblick von den Befestigungsmauern beherbergt ein **Museum** (MUSA; 965 15 29 69; 10–14.30 & 16–20 Uhr) GRATIS, das über die Stadtgeschichte informiert, sowie mehrere Räume mit zeitgenös-

Alicante

Highlights
1 Museo de Arte Contemporáneo de Alicante F2

Sehenswertes
2 Castillo de Santa Bárbara F1
3 Museo de la Ciudad de Alicante F1

Aktivitäten, Kurse & Touren
4 Kon Tiki D4

Schlafen
5 Guest House A1
6 Hotel Hospes Amérigo E3
7 La City Hotel Mercado B2
8 Les Monges Palace E2
9 Pensión San Nicolás E2

Essen
10 Cervecería Sento D3
11 El Portal D3
12 La Barra de César Anca D4
13 OneOne C4

Ausgehen & Nachtleben
14 El Coscorrón D2
15 Söda Bar C2

Alicante

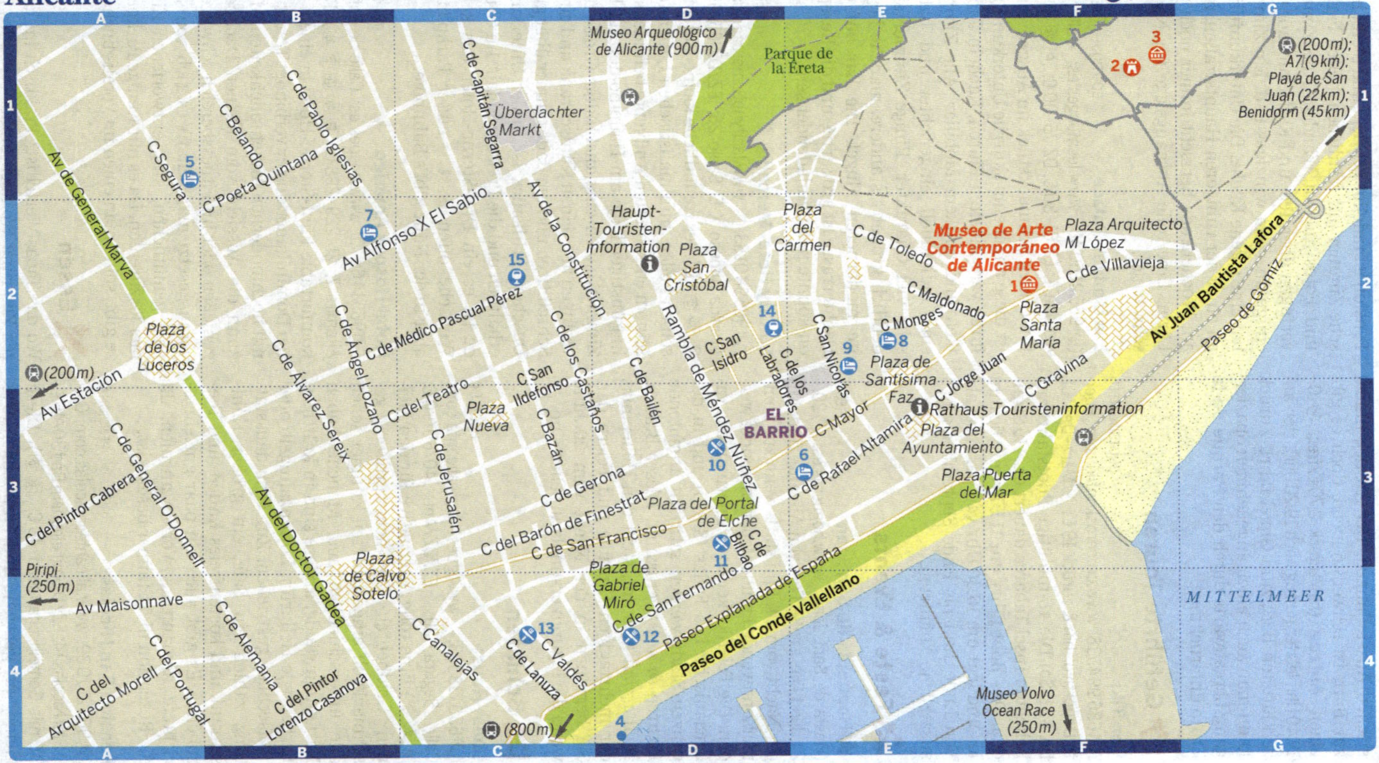
0
200 m
A
B
C
D
E
F
G
1
2
3
4
Museo Arqueológico de Alicante (900 m)
Parque de la Ereta
(200 m); A7 (9 km); Playa de San Juan (22 km); Benidorm (45 km)
Überdachter Markt
C de Capitán Segarra
C de Pablo Iglesias
C Belando
C Segura
C Poeta Quintana
Av de General Marva
Av Alfonso X El Sabio
Av de la Constitución
Haupt-Touristen-information
Plaza San Cristóbal
Plaza del Carmen
C de Toledo
Museo de Arte Contemporáneo de Alicante
Plaza Arquitecto M López
C de Villavieja
Av Juan Bautista Lafora
Paseo de Gomiz
C Maldonado
Plaza Santa María
C Monges
Plaza de Santísima Faz
C Jorge Juan
C Gravina
Rathaus Touristeninformation
Plaza del Ayuntamiento
Plaza Puerta del Mar
C San Nicolás
C de los Labradores
C San Isidro
Rambla de Méndez Núñez
C de Bailén
C de los Castaños
C de Médico Pascual Pérez
C de Ángel Lozano
C de Álvarez Sereix
Plaza de los Luceros
(200 m)
Av Estación
C del Teatro
C San Ildefonso
Plaza Nueva
C Bazán
C de Jerusalén
EL BARRIO
C Mayor
C de Rafael Altamira
C de Gerona
Plaza del Portal de Elche
C del Barón de Finestrat
C de San Francisco
C de Bilbao
Plaza de Gabriel Miró
C de San Fernando
Paseo Explanada de España
Paseo del Conde Vallellano
C del Pintor Cabrera
C de General O'Donnell
Av del Doctor Gadea
Plaza de Calvo Sotelo
Piripi (250 m)
Av Maisonnave
C de Alemania
C del Portugal
C del Arquitecto Morell
C del Pintor Lorenzo Casanova
C Canalejas
C de Lanuza
C Valdés
(800 m)
MITTELMEER
Museo Volvo Ocean Race (250 m)
1
2
3
4
5
6
7
8
9
10
11
12
13
14
15

sischen Ausstellungen. Der Anstieg hinauf zur Burg ist schweißtreibend, doch es gibt einen **Aufzug** (hin/zurück 2,70 €/frei; ⌚10–19.40 Uhr, letzter Aufzug hoch 19.20 Uhr), der am zerklüfteten Berg zum Gipfel fährt. Zurück kann man auch einen angenehmen Spaziergang bergabwärts durch den **Parque de la Ereta** unternehmen.

Geführte Touren

Kon Tiki BOOTSFAHRTEN
(☎686 994538; www.cruceroskontiki.com; Puerto Deportivo; hin & zurück 19 €; ⌚März–Dez. Di, Do, Sa & So) Die 45-minütige Bootsfahrt zur beliebten Insel Tabarca dauert ca. 4½ Stunden. Das Boot fährt um 11 Uhr in Alicante los und legt um 16.30 Uhr von der Insel ab. Von Ende Juni bis Ende September gibt's zusätzliche Abfahrten.

Feste & Events

★**Hogueras de San Juan** FIESTA
(Fiesta de Sant Joan; www.hogueras.es; ⌚20.–24. Juni) Das große Fest von Alicante findet in der Nacht vom 24. Juni statt, wenn zur Sommersonnwende Freudenfeuer entzündet werden. Die Feierlichkeiten erinnern an das valencianische Las Fallas (S. 870) und in der ganzen Stadt werden satirisch anmutende Figuren *(ninots)* verbrannt. Dieser Brauch, auch *cremà* genannt, stellt den Höhepunkt der mehrtägigen Umzüge und Feiern dar. Sie beginnen in der Nacht vom 20. Juni, wenn die Figuren erstmals zu sehen sind.

Schlafen

Guest House HOSTEL €
(☎650 718353; www.guesthousealicante.com; Calle Segura 20; EZ/DZ/Apt. 40/60/90 €; P ❄ 📶) Eine tolle Alternative für den kleinen Geldbeutel: Die acht großen, geschmackvoll eingerichteten Zimmer sehen alle unterschiedlich aus. Manche haben Natursteinwände, andere sind in kräftigen Farben wie Hellgrün, Löwenzahngelb oder Tiefseeblau gestrichen. Zur Grundausstattung zählen ein Safe, ein großer Kühlschrank und kostenfreies Kaffee- und Teezubehör. Es gibt auch ein paar gut eingerichtete Apartments. Vorher anrufen, da die Rezeption nicht immer besetzt ist.

Pensión San Nicolás PENSION €
(☎965 21 70 39; www.alicantesanicolas.com; Calle San Nicolás 14; EZ/DZ mit eigenem Bad 30/45 €, DZ mit Gemeinschaftsbad 40 €; ❄ 📶) Diese kleine, gut gelegene und familiengeführte Pension ist tadellos gepflegt und bietet hübsche Zimmer mit fröhlichen, hellen Farben und Fotos an den Wänden. Alle Zimmer verfügen über Tee- und Kaffeezubehör und einige über ein winziges Bad. Ein Zimmer hat eine eigene Küche. Die Unterkunft liegt an einer der ruhigeren Hauptstraßen, aber am Wochenende herrscht immer noch viel Lärm. Eine tolle Ausgangslage für Nachtschwärmer.

Les Monges Palace BOUTIQUE-HOTEL €€
(☎965 21 50 46; www.lesmonges.es; Calle San Agustín 4; EZ 61–80 €, DZ 75–90 €; P ❄ @ 📶) Ein echtes Schmuckstück im Ausgehviertel ist diese angenehm skurrile Unterkunft mit ihren verwinkelten Fluren, Kacheln, Mosaiken und antikem Mobiliar. Alle Zimmer sind individuell eingerichtet und haben sehr viel Charakter. Einige Zimmer sind deutlich größer als andere, manche liegen im moderneren Flügel. Die Bar auf der Dachterrasse ist großartig, und die Rezeption könnte nicht einladender sein.

La City Hotel Mercado HOTEL €€
(☎965 98 01 53; www.lacityhotelmercado.com; Avenida Alfonso X El Sabio 26; EZ/DZ 65/95 €; ❄ @ 📶) Dieses freundliche kleine Hotel mit seinen hellen, minimalistischen Linien und seinem entspannten Ambiente befindet sich in günstiger Lage am Hauptboulevard. Die Zimmer haben eine anständige Größe und verfügen über einen Kühlschrank und einen Schreibtisch und die Badezimmer über gute Duschen. Frühstück ist in der Unterkunft erhältlich und die Preise sind fair. Im Grunde ist es ein Drei-Sterne-Hotel, das keine Wünsche offen lässt – außer Parkplätze, aber in der Nähe gibt's Bahnhöfe.

Hotel Hospes Amérigo HOTEL €€€
(☎965 14 65 70; www.hospes.es; Calle de Rafael Altamira 7; Zi. 229–298 €; P ❄ @ 📶 🏊) Das komfortable Fünf-Sterne-Hotel in einem alten Dominikanerkloster verbindet Tradition mit hochmodernen Annehmlichkeiten. Man kann die Aussicht vom kleinen Dachpool genießen oder im Fitnessbereich schwitzen, vorausgesetzt man schafft es, sich von seinem gemütlichen, klug entworfenen Zimmer loszureißen. Da es nur wenige Parkplätze gibt, sollte man einen im Voraus buchen.

Essen

Wo das Tapas-Viertel ist? Praktisch im ganzen Zentrum: Wo auch immer etwas los ist, ein paar Straßen weiter sieht's vermutlich nicht anders aus. Es gibt viele gute Lokale.

Viele Restaurants und Tapas-Bars haben ganztägig geöffnet, was ungewöhnlich für Spanien ist. Mehrere Gourmet-Eisdielen sorgen für Abkühlung in der Stadt.

★ Cervecería Sento TAPAS €
(www.somossento.com; Calle Teniente Coronel Chápuli 1; Tapas 2–10 €; ⌚ 8–24 Uhr) Die super leckeren *montaditos* (belegte Baguettescheiben) und die innovativen gegrillten Tapas (die „Chupachups" mit *turrón* und Schweinefleisch probieren) sind der Grund, sich in diese tolle kleine Bar zu quetschen. Die ununterbrochen umherwirbelnden Kellner zu beobachten ist ebenfalls ein Erlebnis. Dank ihnen ist jeder Besuch faszinierend. Das Restaurant hat eine größere Zweigstelle in der Nähe, doch hier ist es stimmungsvoller.

OneOne BISTRO €€
(☎ 965 20 63 99; Calle Valdés 9; Hauptgerichte 12–20 €; ⌚ Di–Sa 12–17 & 21–24 Uhr, Mitte Aug.–Mitte Sept. geschl.) Es hilft, wenn man in diesem herrlich exzentrischen Lokal mit den zahlreichen Stammkunden ein wenig Spanisch spricht, doch der überschwängliche Gastgeber wird so oder so sicherstellen, dass man nur das Beste vom Besten bekommt. Dies ist ein echtes Bistro, die Wände sind vor Fotos und Postern kaum zu erkennen, und eine Karte gibt's auch nicht, also sollte man gut zuhören, wenn Bartólome aufzählt, was er zu bieten hat. Charaktervoll und unvergesslich.

La Barra de César Anca SPANISCH €€
(☎ 965 20 15 80; www.grupocesaranca.com; Calle Ojeda 1; Gerichte 3–20 €; ⌚ Mo 8–16, Di–Fr 8–16 & 20–23.30, Sa 12–16 & 20–24, So 12–16 Uhr; 📶) Dieses gehobene, lebhafte Restaurant lädt zum Verweilen an der Theke ein. Es bietet erstklassige Gourmet-Kreationen mit exzellentem Fisch und toller Präsentation. Es gibt immer etwas Neues zu entdecken. Im Restaurant stehen Sitzgelegenheiten zur Verfügung, doch an der Bar ist es lustiger. Ein beliebter Ort für einen Kaffee und einen Happen am Vormittag.

★ El Portal SPANISCH €€€
(☎ 965 14 32 69; www.elportaltaberna.com; Calle Bilbao 2; Hauptgerichte 18–30 €; ⌚ 13–1.30 Uhr; 📶 ✍) Dieses in jeder Hinsicht ausgezeichnete, exklusive Ecklokal setzt bewusst auf ein OTT-Dekor, das sich halbjährlich ändert, aber immer interessant ist. Man kann sich an einen Tisch oder an die Bar setzen und einige der besten Produkte Spaniens genießen. Pralle Dénia-Garnelen, exzellenter Thunfisch, frischer Fisch, köstlicher Schinken – ein wahres Fest für die Sinne. Ausgezeichnete Weine sind im Glas erhältlich.

Es ist nicht günstig, doch die Qualität ist hervorragend. Die Atmosphäre ist elegant, aber entspannt. Ein DJ reagiert auf die Stimmung, sobald am Nachmittag und später am Abend Meeresfrüchteplatten von Gin Tonics abgelöst werden.

Piripi VALENCIANISCH €€€
(☎ 965 22 79 40; www.noumanolin.com; Avenida Oscar Esplá 30; Hauptgerichte 12–30 €; ⌚ 13–16.15 & 20.15–24.15 Uhr; 📶) Dieses Qualitätsrestaurant serviert hervorragende Reis- und Fischgerichte sowie Meeresfrüchte, die täglich frisch von den Großmärkten in Dénia und Santa Pola kommen. Es gibt eine riesige Auswahl an Tapas und eine valencianische Spezialität, die sich täglich ändert. Einen kurzen Spaziergang westlich vom Zentrum oder hügelabwärts vom Bahnhof.

🍷 Ausgehen & Nachtleben

Alicantes beeindruckendes Nachtleben wird einem in Erinnerung bleiben. Im Altstadtviertel („El Barrio" genannt) rund um die Catedral de San Nicolás stößt man auf viele kleine Wochenendbars. Alternativ kann man mehrere Läden am Meer ansteuern. Am tagsüber so friedlichen Paseo del Puerto sind nachts auf zwei Etagen ein Casino, Restaurants, Bars und Nachtclubs geöffnet. In der Calle Castaños findet man die ganze Woche über eine ruhigere Szene vor.

★ El Coscorrón BAR
(☎ 965 21 27 27; Calle Tarifa 5; ⌚ 21–3.30 Uhr) Wer diese faszinierende Kellerbar betritt, sollte auf seinen Kopf achten, bzw. sich extra tief bücken. Sie trägt den passenden Namen „Schlag auf den Kopf". Im Inneren findet man eine gemütliche Atmosphäre mit angenehmer Musik, freundlichen Stammgästen und Wänden mit Graffiti und Notizen. Die Mojitos (4 €) werden aus einer mit Minze gefüllten Teekanne an der Bar serviert und schmecken super.

Söda Bar BAR
(☎ 639 918836; www.facebook.com/sodabar; Calle de Médico Pascual Pérez 8; ⌚ Fr 19–2, Sa 17–2.30 Uhr; 📶) Spitzendrinks und gut zusammengestellte Musik in einladender, entspannter, aber stilvoller Atmosphäre genießt man in dieser Bar abseits des hektischen

Treibens im Barrio. Hier verkehrt ein freundliches Publikum aus der Gegend und so mancher Hipster. Zu regelmäßigen Events zählen DJs, Literaturlesungen und Tanzunterricht.

Praktische Informationen

Zentrale Touristeninformation
(☎965 20 00 00; www.alicanteturismo.com; Rambla de Méndez Núñez 41; ⏲Mo–Fr 10–18, Sa bis 14 Uhr) Es gibt auch Filialen in der Nähe des **Rathauses** (☎965 14 92 19; Plaza del Ayuntamiento 1; ⏲Sept.–Mai Mo–Sa 10–14 & 16–19, So 10–14 Uhr, Juni–Aug. tgl. 10–14 & 17–20 Uhr) sowie am **Bahnhof** (☎965 12 56 33; Avenida de Salamanca; ⏲Sept.–Mai Mo–Sa 10–14 & 16–19, So 10–14 Uhr, Juni–Aug. tgl. 10–14 & 17–20 Uhr), Strand und Flughafen.

An- & Weiterreise

BUS

Vom **Busbahnhof** (Avenida de Salamanca) werden u. a. Murcia (6–7,50 €, 1–2 Std., 11- bis 17-mal tgl.) und Valencia (21 €, 2½–5¾ Std., 18- bis 21-mal tgl.) angefahren:

FLUGZEUG

Alicantes **Flughafen** (☎902 404704; www.aena.es; L'Altet), das Tor zur Costa Blanca, liegt etwa 12 km südwestlich vom Stadtzentrum. Hier landen Billigflieger, Charter- und Linienmaschinen aus ganz Europa.

TRAM

Die Straßen-/Stadtbahn an der Küste ist eine praktische Option – Infos stehen auf der Website der TRAM (www.tramalicante.es). Die Panoramalinie 1 verkehrt nach Benidorm mit Anschluss nach Dénia. Sie fährt neben der Markthalle ab.

ZUG

Zu den wichtigsten Zielen ab dem Hauptbahnhof gehören die folgenden. Nach Murcia fahren auch sehr regelmäßig *cercanía*-Züge (5,75 €, 1¼ Std.). Sie halten in Elche und Orihuela.

ZIEL	PREIS (€)	DAUER (STD.)	HÄUFIGKEIT (TGL.)
Barcelona	53	4¾–5¾	8
Madrid	66	ab 2¼	11
Murcia	10–18	1¼	5
Valencia	17–30	1½–2	12

Dénia

41 500 EW.

Dénia (Spanisch: Denia) gilt als bedeutender Passagierhafen zu den recht nahen Balearen, aber der quirlige Ort hat noch mehr als nur Tourismus zu bieten. Die Altstadt schmiegt sich an einen kleinen Hügel, auf dem eine Burgruine thront, und in den Straßen herrscht emsiges Treiben und eine gute Auswahl an Restaurants. Auch die Sandstrände bei La Marina im Nordwesten sind sehr schön. In südöstlicher Richtung wartet die zerklüftete Küste ab Les Rotes mit Felsbuchten auf, an denen weniger Andrang herrscht. Mit seiner hervorragenden Auswahl an Hotels und Restaurants sowie dem Mix aus lokalem und touristischem Flair stellt Dénia den vielleicht besten Ausgangspunkt an der Costa Blanca dar.

Sehenswertes

Castillo de Dénia BURG
(☎966 42 06 56; www.denia.net/castillo-de-denia; Calle San Francisco; Erw./Kind 3/1 €; ⏲10–18 Uhr oder später, Juli & Aug. bis 24.30 Uhr) Von der Plaza de la Constitución führen Treppenstufen zur Burgruine von Dénia hinauf, wo ein herrlicher Rundblick auf die Stadt und die Küste lockt. Zur Anlage gehört auch das **Museo Arqueològic de Denia**, dessen eindrucksvolle Tonscherbensammlung auf die lange Geschichte der Stadt hinweist. Die Burg schließt je nach Jahreszeit; die genauen Uhrzeiten stehen auf der Website.

Schlafen

★ **Hotel Chamarel** BOUTIQUE-HOTEL €€
(☎966 43 50 07; www.hotelchamarel.com; Calle Cavallers 13; DZ/Suite inkl. Frühstück 102/120 €; P ❄ 📶) Dieses herrliche, geschmackvoll eingerichtete Hotel im antiken Stil ist in einem hübschen bürgerlichen Herrenhaus aus dem 19. Jh. untergebracht. Die großen, individuell eingerichteten Zimmer mit viel Flair verteilen sich um den ruhigen Innenhof. In den Bädern ist moderner Komfort kunstvoll mit alten Bodenfliesen kombiniert. Entspannung bietet auch der Salon mit Marmortheke. Alles zusammen wirkt wie eine geräumige Galerie für die Werke des Künstlers und Besitzers.

Hotel Nou Romá BOUTIQUE-HOTEL €€
(☎966 43 28 43; www.hotelnouroma.com; Calle Nou 28; inkl. Frühstück EZ 78 €, DZ 90–144 €; P ❄ 📶) 🍃 In perfekter Lage für Ausflüge zur Restaurantmeile Calle Loreto befindet sich diese Bleibe in einer ruhigen Seitenstraße der Innenstadt. Die Mitarbeiter sind wirklich toll und die geräumigen, fantastischen Zimmer bieten hell geflieste Bä-

der. Ein Besuch im hoteleigenen Restaurant lohnt sich ebenfalls. Viele liebevolle Details sorgen für das gewisse Etwas und einen wirklich fabelhaften Gesamteindruck.

Hostal L'Anfora HOSTEL €€
(☎ 966 43 01 01; www.hostallanfora.com; Esplanada de Cervantes 8; EZ/DZ 55/72 €; ❄ 📶) Der geniale Direktor ist zu Recht stolz auf sein *hostal* an der Strandpromenade. Zwar sind die sauberen Zimmer recht klein, aber mit den bunten Bettbezügen und tadellosen Bädern wirken sie wie neu. Außerhalb des Hochsommers sind die Preise fair und runden das Bild einer erstklassigen Budgetunterkunft ab. Zimmer mit Meerblick kosten ein paar Euro extra.

★ El Raset HOTEL €€€
(☎ 965 78 65 64; www.hotelelraset.com; Calle Bellavista 1; EZ/DZ inkl. Frühstück 130/157 €; P ❄ @ 📶) Das moderne Designerhotel in einem schönen, historischen viereckigen Gebäude bietet Blick auf den Hafen. Die 20 Zimmer warten mit Spotstrahlern, bunten Bettdecken und Bildern an den Wänden auf. Es geht hier höchst lebendig zu, und das Personal ist sehr freundlich. Direkt vor der Haustür bietet eine Reihe von Restaurants viel Auswahl. Vor und nach August fallen die Preise enorm.

Essen

Bar Bus FISCH & MEERESFRÜCHTE €
(☎ 965 78 11 37; Plaza del Archiduque Carlos 4; Gerichte 4–10 €; ⏱ 12–22 Uhr; 📶) An Bushaltestellen gelegene Bars werden normalerweise nicht für ihre kulinarische Raffinesse gelobt, doch dieses muntere Lokal bricht mit dieser Tradition. Hier kann man nicht nur schnell einen Kaffee trinken, sondern auch einfache, hochwertige Meeresfrüchte probieren, die täglich auf dem Markt ausgewählt werden. Austern, Sepia und andere Köstlichkeiten schmecken stets hervorragend.

El Baret de Miquel Ruiz TAPAS €€
(☎ nur WhatsApp 673 740 595; www.miquelruizcuiner.com; Carrer Historiador Palau 1; Tapas 4–16 €; ⏱ Di–Sa 13.30–15.30 & 20–22.30 Uhr) Eine echte Fundgrube für Gourmets. Der Koch besaß ein Restaurant mit Michelin-Stern, hat sich jedoch gegen diese abgehobene Welt und für ein normaleres Leben entschieden. Seine köstlichen, höchst dekorativ präsentierten, frischen Leckerbissen vom Markt sind sensationell. Auch das einfache Retroflair im Vorraum eines historischen Hauses tut seine Wirkung. Monate im Voraus reservieren.

Els Tomassets TAPAS €€
(☎ 966 43 25 60; www.tascaelstomassets.com; Calle Loreto 35; Hauptgerichte 7–15 €; ⏱ 9–24 Uhr; 📶) Dieses ungezwungene, lebhafte Lokal bietet eine offene Küche und serviert köstliche Gerichte. Im Winter sind die gegrillten Artischocken (*alcachofas a la brasa*) ein wahrer Genuss und das ausgeprägte Aroma von Seeigeln eignet sich ideal für alle, die ihr Essen gerne stachelig mögen. Die Meeresfrüchte hier sind hervorragend, doch auch die Fleischgerichte liegen über dem Durchschnitt an der Küste. Die streitenden Mitarbeiter könnten es besser machen.

★ Quique Dacosta MODERN SPANISCH €€€
(☎ 965 78 41 79; www.quiquedacosta.es; Calle Rascassa 1, El Poblet; Degustationsmenü 210 €, Weinprobe 99 €; ⏱ Feb.–Juni & Sept.–Nov. Mi–So 13.30–15 & 20.30–22.30 Uhr, Juli & Aug. tgl.) In gepflegt weißer Location mit coolem Schick in Strandnähe, 3 km westlich von Dénia, residiert einer der kulinarischen Tempel der Iberischen Halbinsel. Der gleichnamige Küchenchef verwendet Molekulartechnik und andere zeitgenössische Methoden, um ständig neue Überraschungen in Sachen Geschmack und Beschaffenheit auf die Teller der Gäste zu zaubern.

Aitana FISCH & MEERESFRÜCHTE €€€
(☎ 965 78 60 69; Calle de Sandunga 53; Meeresfrüchte 10–60 €; ⏱ Di–Do 13.30–16, Fr & Sa 13.30–16 & 20.30–23.30 Uhr) Vielleicht der beste Ort in Dénia, um die berühmten Garnelen der Region und andere Krustentiere zu probieren. Diese unscheinbare Bar in versteckter Lage wird schnell rappelvoll; also versuchen, einen Tisch zu reservieren oder früh anzukommen, und auf einen Platz an der Bar warten. Der ruppige Chef macht das seit Jahren und kennt seine Meeresfrüchte in- und auswendig. Köstlich.

Praktische Informationen

Touristeninformation (☎ 966 42 23 67; www.denia.net; Plaza Oculista Buigues 9; ⏱ Sept–Mitte Juni Mo–Sa 9.30–13.30 & 16–19 Uhr, So 10–14 Uhr, Mitte Juni–Aug. tgl. 9.30–13.30 & 17–20 Uhr) Nahe dem Wasser, der Fähre und der Straßenbahn-/Stadtbahnstation.

An- & Weiterreise

Baleària (☎902 160180, aus dem Ausland 912 66 02 14; www.balearia.com; Moll de la Pansa) betreibt das ganze Jahr über Fähren von/nach Mallorca (Passagier 70–100 €, Auto 100–150 €, 5–7 Std., tgl.) und Ibiza (Passagier 70–105 €, Auto 120–160 €, 2–3½ Std., tgl.) und von Mai bis September direkt nach Formentera (Passagier 70–100 €, Auto 80–110 €, 2½ Std., 5-mal pro Woche).

Stündlich fahren Stadtbahnen über die landschaftlich schöne Strecke Richtung Süden via Calp und Altea nach Benidorm, wo man Anschluss an die Straßenbahn nach Alicante hat.

ALSA-Busse (www.alsa.es) verkehren täglich etwa zwölfmal nach Valencia (11,05 €, 1½–2 Std.) und Alicante (11,40 €, 1½–3 Std.). Es gibt Verbindungen nach Benidorm und zu anderen Städten an der Costa Blanca.

Xàbia

27 200 EW.

Xàbia (Spanisch: Jávea) hat einen hohen Bevölkerungsanteil an Zuwanderern und ist ein netter, familienfreundlicher Ort, denn hier gibt's noch nicht so viele Bettenburgen, die andere Abschnitte der Costa Blanca verschandeln. Angenehm, entspannt und pittoresk präsentieren sich gleich drei Stadtteile: die kleine Altstadt, etwa 2 km vom Meer entfernt, der Hafen (El Puerto) östlich davon und das Strandviertel El Arenal, ein paar Kilometer südlich. Für malerische Landzungen und Buchten lohnen sich weitere Erkundungstouren an diesem Küstenabschnitt.

Aktivitäten

Montgó WANDERN

Ein beliebter Wanderweg führt auf den Montgó, den zerklüfteten Berg, der über die Stadt ragt. Am besten beginnt man diesen Aufstieg am Morgen oder späten Nachmittag, da man viel der Sonne ausgesetzt ist. Der Weg nach oben ist steinig und anstrengend, aber nicht schwierig. Man gelangt von der Straße zwischen Xàbia und Dénia dorthin; vom Parkplatz läuft man etwa 8 km hin und zurück.

Schlafen & Essen

Hotel Triskel BOUTIQUE-HOTEL €€

(☎966 46 21 91; www.hotel-triskel.com; Calle Sor María Gallart 3; DZ 110 €; P ❄ 📶 🐾) Das sympathisch geführte Hotel am Markt in der Altstadt ist etwas Besonderes. Seine fünf hübschen Zimmer sind subtil und ansprechend nach Themen dekoriert, mit durchdachten Details, Kunstwerken und schönen handgemachten Holzmöbeln. Alles hier hat einen warmen persönlichen Touch, und die gemütliche Bar im Erdgeschoss mixt super Gin Tonic. Haustiere sind willkommen, und in der Nebensaison sinken die Preise um 50 %.

Hotel Jávea HOTEL €€

(☎965 79 54 61; www.hotel-javea.com; Calle Pio X 5; DZ 75 €, mit Meerblick 120 €; ❄ 📶) Dieses besonders freundliche kleine Hotel liegt im Herzen des Hafenviertels mit Bars und Restaurants vor der Haustür. Dank des außergewöhnlichen Dekors und der schicken modernen Zimmer ist es eine Top-Location. Für den Meerblick zahlt man extra, aber man hat einen schönen Blick über die gesamte Bucht. Das Restaurant auf der obersten Etage bietet die beste Aussicht.

Sotavent SPANISCH €

(☎660 341226; Calle Cristo del Mar 8; Gerichte 5–13 €; ⏲12–23 Uhr) Dieses einladende Lokal in der Nähe der Uferpromenade im Hafenbereich macht mit seinen köstlichen Meeresfrüchten, Reis- und Lebergerichten sowie äußerst günstigen Preisen alles richtig. Es gibt einen Terrassenbereich, der an einem milden Abend in Xàbia zum Verweilen einlädt.

★ **La Renda** VALENCIANISCH €€

(☎965 79 37 63; www.facebook.com/rendajavea byjoseluis; Calle Cristo del Mar 12; Hauptgerichte 10–22 €; ⏲Di–Sa 13–16 & 19–23, So 13–16 Uhr) Eine Paella ist deutlich anspruchsvoller, als man denkt, und in diesem günstigen, doch klassischen und gastfreundlichen Lokal am Hafen werden verschiedene Reisgerichte zubereitet, darunter köstlicher *meloso*-Reis mit Brühe und Hummer. Die meisten Speisen gibt's erst ab zwei Personen, aber ein Reisgericht ist immer Teil des Tagesmenüs.

Ausgehen & Nachtleben

Taverna Octopus KNEIPE

(Paseo del Tenista David Ferrer; ⏲11–3 Uhr; 📶) Diese schmuddelige Location ist seit Jahrzehnten im Geschäft und hält die Dinge angenehm einfach: eiskaltes Bier in Miniaturkrügen und Rock-Musik. Einen Tisch im Freien ergattern und die Fußgänger auf der Strandpromenade beobachten. Die wohl beste Bar in Arenal.

Praktische Informationen

Es gibt Touristenbüros in **El Arenal** (☎ 966 46 06 05; www.xabia.org; Avenida del Pla; ⌚ Mitte Sept.–Mitte Juni Mo–Fr 9.30–13.30 Uhr, Mitte Juni–Mitte Sept. tgl. 10–14 & 17–21.30 Uhr), der **Altstadt** (☎ 965 79 43 56; Plaza de la Iglesia; ⌚ Mo–Fr 9–13.30 & 16–19 Uhr (Juni–Sept. 17–20 Uhr), Sa 10–13.30 Uhr) und am **Hafen** (☎ 965 79 07 36; Plaza Presidente Adolfo Suárez 11; ⌚ Mo–Fr 9.30–13.30 & 16–19 Uhr (Juni–Sept. 17–20 Uhr), Sa 10–13.30 & 16–19 Uhr (Juni–Sept. 17–20 Uhr), So 10–13.30 Uhr).

An- & Weiterreise

ALSA (www.alsa.es) betreibt mindestens sechs Busse täglich nach Valencia (12 €, 2–3 Std.) und Alicante (10,20 €, 2¼–2¾ Std.). Es gibt auch Verbindungen nach Dénia, Madrid, Benidorm, Gandia und Calp sowie Direktbusse zu den Flughäfen Valencia und Alicante. Letzterer wird von **Beniconnect** (☎ 965 85 07 90; www.beniconnect.com) betrieben.

Unterwegs vor Ort

Man kann ein Fahrrad bei **Xàbia's Bike** (☎ 966 46 11 50; www.xabiasbike.com; Avenida Lepanto 5; pro Tag/Woche ab 13/56 €; ⌚ Mo–Fr 9.30–13.30 & 16.30–20.30, Sa 9.30–13.30 Uhr) im Hafenbereich ausleihen. Es werden auch Wochenendausflüge und geführte Radtouren geboten. In der Touristeninformation gibt's eine Broschüre mit Radausflügen. Busse verbinden die verschiedenen Stadtviertel.

Calp

19 600 EW.

Der auffällige Kalksteinvorsprung Peñon de Ifach, der wie ein riesiger Backenzahn aus dem Meer ragt, beherrscht die Kulisse des Seebads Calp. Zwei große Buchten erstrecken sich zu beiden Seiten des Peñon: Die Playa Arenal auf der westlichen Seite wird von der Innenstadt gesäumt, die Playa Levante (La Fossa) im Norden ist ein herrlicher Strand mit touristischen Apartments.

Aktivitäten

Peñon de Ifach SAPZIERGÄNGE

Vom Aula de Naturaleza (Naturzentrum) am Peñon führt ein ziemlich anstrengender Wanderweg, für den man zwei Stunden hin und zurück einplanen sollte, durch einen Tunnel und dann den 332 m hohen Gipfel mit fantastischem Meerblick hinauf. Es dürfen zu jeder Jahreszeit nur 150 Personen auf den Berg, weshalb es im Juli und August zu kurzen Wartezeiten kommen kann.

Schlafen & Essen

Hostal Terra de Mar BOUTIQUE-HOTEL €€

(☎ 629 665124; www.hostalterrademar.com; Calle Justicia 31; Zi. 79–129 €; ❄📶🐕) In diesem ausgesprochen originellen, künstlerisch angehauchten Hotel schafft die Mischung aus verschiedenen Einflüssen eine wunderschöne Wirkung. Jedes Stockwerk ist individuell dekoriert: Man braucht nur die Treppe hochzugehen, um von Japan nach Marokko, Afrika oder Paris zu reisen. Manche Zimmer haben winzige Balkone mit Blick auf die Altstadtgasse. Es gibt viele liebevolle Details wie kunstvoll gefaltete Handtücher und ein persönliches Tee-Set.

★ **El Bodegón** SPANISCH €€

(☎ 965 83 01 64; Calle Delfín 8; Hauptgerichte 8–16 €; ⌚ Mo–Sa 12–16 & 19–23 Uhr) Dieses traditionelle altbewährte spanische Restaurant hat sich seit Jahrzehnten nicht geändert und ist daher besonders gut. Dank zuverlässig guter klassischer Gerichte wie Kaninchen, Meeresfrüchte und herzhafter Steaks ist es sowohl bei Anwohnern als auch Besuchern beliebt.

Praktische Informationen

Touristeninformation am Strand (☎ 965 83 69 20; www.calpe.es; Avenida Ejércitos Españoles 44; ⌚ Juli & Aug. Mo–Fr 9–21, Sa 10–15 Uhr, Sept.–Juni Mo–Fr 9–16.30, Sa 10–14 Uhr) Nahe der Lagune.

Touristeninformation in der Altstadt (☎ 965 83 85 32; www.calpe.es; Plaza del Mosquit; ⌚ Mo–Fr 8–15.30 Uhr)

An- & Weiterreise

Busse verkehren von Calp nach Alicante (7,25 €, 1½ Std., 6- bis 10-mal tgl.) und Valencia (13,55 €, 2¾– 3¾ Std., 6- bis 7-mal tgl.). Es gibt auch regelmäßige Verbindungen zu anderen nahen Zielen an der Küste, darunter Benidorm und Altea. Der **Busbahnhof** (Avenida de la Generalitat Valenciana) liegt gleich neben der Ringstraße.

Täglich fahren Straßenbahnen in Richtung Norden nach Dénia (2,50 €, 40 Min.) und Richtung Süden nach Benidorm (2,50 €, 30 Min.), wo man Anschluss an die Straßenbahn nach Alicante hat.

Benidorm

66 600 EW.

Benidorms Schokoladenseite ist die Altstadt, die auf einem Hügel zwischen den beiden Stränden liegt. Von der Plattform, wo früher die Burg stand, können Abend-

ABSTECHER

GUADALEST

Über dem kleinen Dorf (El Castell de) Guadalest, das durch einen natürlichen Tunnel erreichbar ist, thront das **Castillo de San José** (☎ 965 88 53 93; Erw./Kind 4/2 €; ⏲10–18, 19 oder 20 Uhr). Die Ortschaft ist wunderbar malerisch und bietet einen herrlichen Blick über das Tal bis zum Meer und über einen türkisfarbenen Stausee. Es ist längst kein Geheimtipp mehr – aus den Bussen, die von den Ferienorten an der Costa Blanca anreisen, steigen jährlich Millionen von Besuchern aus. Wer jedoch früh ankommt oder hierbleibt, nachdem der letzte Bus abgefahren ist, wird den Ort fast für sich allein haben.

Es gibt etwa ein halbes Dutzend neuer Museen, darunter das verrückte **Museo de Saleros y Pimenteros** (Avenida de Alicante 2; Erw./Kind 3/1 €; ⏲11–18 Uhr, im Sommer bis 20 Uhr), ein Museum mit Salz- und Pfefferstreuern, davon mehr als 20 000 Exemplare.

Das **Cases Noves** (☎ 965 88 53 09; www.casesnoves.es; Calle Achova 1; Zi. mit Frühstück Standard 85–98 €, Superior 105–145 €; ❄ @ ≋) ist eine außergewöhnliche Unterkunft. Von den brillanten Gastgebern Sofia und Toni geführt, hebt es B&B auf ein ganz neues Niveau und die lange Anreise lohnt sich. Die fünf durchdacht gestalteten Zimmer sind mit frischen Blumen und zahlreichen schönen Details ausgestattet, darunter ein Tablet mit Netflix-Zugang oder Lieferservice. Die wunderschöne Terrasse bietet einen Blick auf das ferne Meer und das beleuchtete Dorf.

Busse von Llorente (www.llorentebus.es) fahren an Wochentagen morgens von Benidorm nach Guadalest (3,75 €, 1 Std.) und kehren am frühen Nachmittag zurück. Ein Tagesausflug ist möglich. Im Juli und August verkehren sie auch am Samstag und Sonntag. Wer mit dem Auto anreist, muss 2 € für den Parkplatz bezahlen.

licht und Sonnenuntergang wunderschön sein. Im Sommer wird Benidorm rappelvoll; dann strömen jede Menge Sonnenanbeter und Partyhungrige in die Stadt, darunter eine große Szene. Bei Familien ist Benidorm auch wegen seiner hervorragenden Themenparks beliebt.

Benidorm ist ein berüchtigtes Beispiel für den Massentourismus, insbesondere an den beiden breiten Sandstränden mit Hotelhochhäusern im Rücken. Bingo, Karaoke, Fish 'n' Chips, Frühstück ganztägig – das alles plus ein Überangebot an Expat-Bars, in denen kein Wort Spanisch gesprochen wird, lassen Benidorm wie eine ganz eigene Welt wirken.

Aktivitäten

Terra Mítica VERGNÜGUNGSPARK
(☎ 902 020220; www.terramiticapark.com; Erw./4–12-Jährige 39/28 €; ⏲ Ostern & Mitte Mai–Mitte Sept. 10.30–21 oder 24 Uhr, Mitte Sept.–Okt. Sa & So; 👪) In Benidorm ist alles größer und auffälliger. Daher sollte es nicht überraschen, dass Terra Mítica der größte Vergnügungspark Spaniens ist. Vor allem mit Kindern kann man einen Tag lang Spaß haben. Der in gewisser Hinsicht mediterrane Themenpark bietet etliche Angst einflößende Rutschen, Straßenunterhaltung und Bereiche, die dem Alten Ägypten, Griechenland, Rom, Iberien und den Inseln gewidmet sind.

Die Öffnungszeiten variieren stark; außerhalb der Hochsaison auf der Website nachsehen.

Aqualandia WASSERPARK
(☎ 965 86 01 00; www.aqualandia.net; Erw./Kind 38/29 €; ⏲ Mitte Mai–Sept. 10 Uhr–Abenddämmerung; 👪) Aqualandia ist der größte Wasserpark Europas; hier kann man sich leicht den ganzen Tag über vergnügen. Online-Buchungen sind ein bisschen billiger und es gibt ermäßigte Kombitickets auch für andere Attraktionen in der Gegend.

Schlafen

Hostal Irati HOSTEL €€
(☎ 965 84 96 07; Calle Condestable Zaragoza 5; Zi. inkl. Frühstück 60–80 €; ❄ ≋) Unterkunft über einer netten Bar in der Altstadt mit gemütlichen, sauberen Zimmern inklusive schönen Fliesenbädern. Ein echtes Schnäppchen. Es gibt einen Parkplatz, den man aber nur mit Glück ergattert.

★ **Villa Venecia** BOUTIQUE-HOTEL €€€
(☎ 965 85 54 66; www.hotelvillavenecia.com; Plaza San Jaime 1; EZ 205–308 €, DZ 356–510 €; P ❄ @ ≋ ≈) Gegenüber der Kirche in der Altstadt und hoch oben über den Son-

nenanbetern am Strand wartet dieses Fünf-Sterne-Hotel mit allen möglichen Annehmlichkeiten auf. Jedes Zimmer verfügt über herrlichen Meerblick und ein ultramodernes Bad. Beim Entspannen nach einem Spa-Aufenthalt am kleinen Pool auf der Dachterrasse hat man das Gefühl, meilenweit von Benidorm entfernt zu sein. Die Bar und das hervorragende Restaurant sind für alle geöffnet.

Essen

La Cava Aragonesa TAPAS €€
(☎ 966 80 12 06; www.lacavaaragonesa.es; Plaza de la Constitución; Hauptgerichte 10–18 €; ⏲ 12–24 Uhr, Juni–Sept. bis 1.30 Uhr) Diese einst winzige Bar bietet heute eine riesige Auswahl an Tapas, dicken Canapés und Aufschnittplatten – alles auf der Theke präsentiert und beschildert. Nebenan im Restaurant mit Sitzgelegenheiten gibt's Holzplatten mit unterschiedlichen Gerichten und eine riesige Weinkarte. Es liegt in einer Gegend mit vielen Tapas-Bars, sodass man von einem Lokal zum nächsten ziehen kann.

Praktische Informationen

Touristeninformation in der Altstadt
(☎ 965 85 13 11; www.benidorm.org; Plaza de Canalejas; ⏲ Mo–Fr 9–21, Sa 10–17, So 10–14 Uhr) In der Altstadt, am Ende des Oststrandes, liegt die zentrale Zweigstelle der Touristeninformation Benidorm.

An- & Weiterreise

Vom Busbahnhof Benidorm (der von den örtlichen Bussen 41 und 47 angefahren wird) bietet ALSA (www.alsa.es) Verbindungen zu folgenden Zielen:

Alicante (4–6 €, 45 Min–1 Std., häufig)
Flughafen Alicante (9,45 €, 40–50 Min., stündl.)
Valencia (16,55–16,90 €, 1¾–3¾ Std., häufig)

Manche Busse starten auch von der zentraler gelegenen Haltestelle Avenida Europa 8, ein paar Blocks vom Strand entfernt.

Die Straßen-/Stadtbahn verkehrt nach Alicante (3,75 €, 1¼ Std., alle 30 Min.) und in die entgegengesetzte Richtung nach Altea, Calp und Dénia.

Elche

227 700 EW.

Elche (auf Valencianisch „Elx") ist dank der Bewässerungssysteme der Mauren ein bedeutendes Obstanbaugebiet und eine Stadt, die gleich in zweifacher Hinsicht zum UNESCO-Welterbe gehört: zum einen wegen des jährlich stattfindenden mittelalterlichen Stücks *Misteri d'Elx* und dann wegen der herrlichen größten Palmenhaine Europas, die ursprünglich von den Phöniziern gepflanzt wurden. Die Palmen, die moscheeartigen Kirchen und die historischen Gebäude aus wüstenfarbenem Stein lassen das Gefühl aufkommen, diese Stadt, 23 km südwestlich von Alicante, sei in Nordafrika.

Sehenswertes

Etwa 200 000 Palmen mit einer Lebenserwartung von etwa 250 Jahren verwandeln das Zentrum der hektischen Industriestadt in eine echte Oase. Vom **Museu del Palmerar** (☎ 965 42 22 40; Porta de la Morera 12; Erw./Kind 1/0,50 €, So gratis; ⏲ Di–Sa 10–14 & 15–18, So 10–14 Uhr) führt ein 2,5 km langer beschilderter **Wanderweg** durch die Haine. In der Touristeninformation gibt's dazu eine Broschüre.

★ **Huerto del Cura** GÄRTEN
(☎ 965 45 19 36; http://jardin.huertodelcura.com; Porta de la Morera 49; Erw./Kind 5/2,50 €, Audioguide 2 €; ⏲ Mo–Sa 10 Uhr–Sonnenuntergang, So 10–15 oder 18 Uhr) Im Islam werden Gärten als eine Art Paradies betrachtet. Elches Kultur und Geschichte zeigen sich nirgendwo deutlicher als in diesem privaten Park gegenüber dem gleichnamigen Hotel, in dem Mensch und Natur ihr Möglichstes getan haben, um an die muslimische Idealvorstellung heranzureichen. Besonders sehenswert sind die Wasserspiele und Kaktusgärten.

Parque Municipal PARK
(Paseo Estación; ⏲ Nov.–März 7–21 Uhr, April–Juli, Sept. & Okt. bis 23 Uhr, Aug. bis 23.45 Uhr) Dieser schöne Park an der Nordseite des Zentrums von Elche ist einer von mehreren schönen Orten, an denen man zwischen raschelnden Palmen spazieren gehen kann. Ein kleines Besucherzentrum (tgl. 10–15 & Fr–So 16–19 Uhr) bietet eine Multimedia-Präsentation.

Museo Arqueológico y de Historia de Elche MUSEUM
(MAHE; ☎ 966 65 82 03; www.elche.es/museos/mahe; Calle Diagonal del Palau 7; Erw./Kind 3/1 €, So frei; ⏲ Mo–Sa 10–18, So bis 15 Uhr) Dieses Museum ist eine hervorragende Einführung in die lange, bewegte Geschichte der Stadt. Alles ist hervorragend ausgeschildert und beschriftet und das Museum liegt sowohl in einem zweckmäßigen Neubau als

ABSTECHER

ALTEA

Nur durch die Sierra Helada von Benidorm getrennt, ist **Altea** ein ruhigerer Ort mit einem Fischerhafen und Stränden, die hauptsächlich aus Kieselsteinen bestehen. Der moderne Teil ist ein angenehmer Ferienort an der Küste mit relativ niedrigem Standard. Im Gegensatz dazu ist die weiß getünchte Altstadt auf einem Hügel mit Meerblick ein schönes kleines *pueblo*.

Die **Altstadt von Altea** ist nur einen 10-minütigen Spaziergang vom Strand entfernt und liegt auf einem Hügel mit weiß getünchten Häusern. Sie ist sehr schön, und obwohl die Hauptstraße und der Platz sehr touristisch sind, kann man ruhigere Ecken finden. Von drei Aussichtspunkten hat man unterschiedliche Aussichten auf die Küste.

auch in der Burg der Stadt. Ausgehend von archäologischen Funden aus der Jungsteinzeit arbeitet man sich in der Geschichte zur muslimischen Besatzung und Reconquista vor. Im Burgfried befindet sich eine stolze Nachbildung der berühmten *Dama de Elche*-Statue; die Anwohner hoffen, dass das Original eines Tages aus Madrid zurückkehren wird.

Feste & Events

★ Misteri d'Elx THEATER
(www.misteridelx.com; 14.–15. Aug., plus 1. Nov. in geraden Jahren) Ein lyrisches Drama aus dem Mittelalter, das jährlich in der **Basílica de Santa María** (965 45 15 40; Plaza de Santa María 2; Turm Erw./Kind 2/1 €; Juni–Sept. 7–13 & 17.30–21 Uhr, Turm 11–19 Uhr, Okt.–Mai 10.30–15 Uhr) aufgeführt wird. Die zwei Akte des Mysteriums, *La Vespra* (der Vorabend des Todes der Jungfrau Maria) und *La Festa* (die Feier ihrer Himmelfahrt), werden am 14. und 15. August auf Valencianisch von den Einwohnern Elches aufgeführt (mit öffentlichen Proben an den drei vorherigen Tagen).

In geraden Jahren gibt's nur am 1. November eine Aufführung mit zwei Proben an den Tagen davor.

Der Legende nach wurde einst ein Sarg an Elches Mittelmeerküste gespült. Darin befanden sich eine Statue der Jungfrau und das *Consueta*, Textbuch und Musik eines Mysterienspiels, das den Tod der Gottesmutter, die Himmelfahrt und die Krönung beschreibt.

Die Geschichte erzählt, wie sich die Jungfrau ihres bevorstehenden Todes gewahr wird und Gott bittet, die Apostel ein letztes Mal sehen zu können. Sie kommen nach und nach aus fernen Ländern und in ihrer Gesellschaft stirbt sie schließlich in Frieden. Im Paradies wird sie bei anschwellender Musik, Glockenläuten, Jubelschreien und einem spektakulärem Feuerwerk zur Königin des Himmels und der Erde gekrönt.

Eine Multimedia-Präsentation und Informationen über das *Misteri* gibt's im **Museu de la Festa** (965 45 34 64; Carrer Major de la Vila 25; Erw./Kind 3/1 €; Di–Sa 10–14 & 15–18, So 10–14 Uhr).

Schlafen & Essen

★ Hotel Huerto del Cura BOUTIQUE-HOTEL €€
(966 61 00 11; www.hotelhuertodelcura.com; Porta de la Morera 14; Zi. 90–165 €;) Das edle Hotel verfügt über stilvolle weiße Zimmer und antike Holzmöbel in schönen Bungalows, die in einem üppigen, von Palmen beschatteten Garten liegen. Darüber hinaus wartet die familienfreundliche Unterkunft mit einem Spielplatz, einem großen Pool und einer Baby-/Kinderbetreuung auf. Ein Abendessen im renommierten Hotelrestaurant Els Capellans macht das Verwöhnpaket in Elches ältestem Luxushotel komplett. Bei eingeschränkter Mobilität kann man auch ein Zimmer nahe der Rezeption anfordern.

★ El Granaino SPANISCH €€
(966 66 40 80; www.mesongranaino.com; Carrer Josep María Buck 40; Hauptgerichte 14–22 €; Mo–Sa 10–16 & 20–24 Uhr;) Der zehnminütige Spaziergang vom Zentrum über den Fluss lohnt sich: An der Bar scharen sich Gäste, die hier schnell ein hochwertiges Mittagessen verzehren möchten. Erstklassige Meeresfrüchte, köstlicher Eintopf und eine gute Tapas-Auswahl repräsentieren die klassische, durch und durch spanische Küche. Draußen oder im Speisesaal nebenan kann man auch ausgiebigere Mahlzeiten genießen. Service und Qualität sind wirklich hervorragend.

Dátil de Oro VALENCIANISCH €€
(966 45 34 15; www.datildeoro.com; Paseo de la Estación; feste Menüs 12–31 €; 9–23 Uhr;) Innerhalb des Parque Municipal ist die „Goldene Dattel" auf Hochzeiten ausgerichtet und verfügt über eine eigene Kapelle

und Platz für 800 Gäste. Ansonsten ist es ein schöner Ort, um im von Palmen umgebenen Glaspavillon zu speisen. Hier kann man regionale Gerichte wie *arroz con costra* (Reis mit Eikruste) probieren. Es gibt auch Dattelpudding und -eis.

Praktische Informationen

Touristeninformation (☎ 966 65 81 96; www.visitelche.com; Plaza Parque 3; ⌚ Mo–Fr 9–18 oder 19, Sa 10–18 oder 19 Uhr, Mai–Dez. auch So 10–14 Uhr) Am Palmenhain, dem Parque Municipal.

An- & Weiterreise

Elche befindet sich an der Strecke für Nahverkehrszüge (*cercanía*). Jeden Tag halten hier etwa 20 Züge, die nach Alicante (2, 70 €) oder via Orihuela (2,70 €) nach Murcia (3,70 €) fahren. Bahnhof und Busbahnhof liegen nebeneinander in der Avenida de la Libertad (Avenida del Ferrocarril).

Vom Busbahnhof starten u. a. Busse zu folgenden Zielen:

ZIEL	PREIS (€)	DAUER	HÄUFIGKEIT
Alicante	2,25	35 Min.	alle 30 Min.
Murcia	4,51	45 Min.– 2 Std.	12- bis 13-mal tgl.
Valencia	13,22	2½–4 Std.	10- bis 12-mal tgl.

Busse fahren auch zum Flughafen Alicante. Mehr Informationen unter www.aerobusalicante.es.

Villena

34 200 EW.

Das angenehme Villena zwischen Alicante und Albacete ist die hübscheste Stadt im Val de Vinalopó. Die Plaza de Santiago bildet das Herz der Altstadt, über der sich eine Burg erhebt. Besondere Erwähnung verdient das archäologische Museum der Stadt. Mit ihrer eher kastilischen Atmosphäre fühlt sich die Stadt weit von der Costa Blanca entfernt an.

Sehenswertes

★ Museo Arqueológico MUSEUM

(www.museovillena.com; Plaza de Santiago 1; Erw./Kind 2/1 €; ⌚ Di–So 10–14 Uhr) Die Plaza de Santiago liegt im Herzen der Altstadt von Villena. Im imposanten Palacio Municipal aus dem 16. Jh., dem Sitz des Stadtrats, befindet sich das archäologische Museum. Zur Dauerausstellung gehören einige prachtvolle Exponate, an denen man vorbeikommt, bevor man die Museumsschätze aus der späten Bronzezeit erreicht, darunter zahlreiche Gefäße, Armbänder und Broschen aus massivem Gold – die eindrucksvollste Attraktion der Stadt.

Castillo de la Atalaya BURG

(www.turismovillena.com; Calle Libertad; Erw./Kind 3/1,50 €; ⌚ geführte Touren Di–Sa 11, 12, 13, 16 & 17, So 11, 12 & 13 Uhr) Über der Altstadt thront diese Burg aus dem 12. Jh., die hübsch saniert wurde und nachts wunderschön angestrahlt wird. Man kann sie im Rahmen einer Führung auf Spanisch betreten, die meistens noch von englischen Nebenbemerkungen begleitet wird. Die Tickets sind in der städtischen Touristeninformation oder im Besucherzentrum nahe dem Fuß der Burg erhältlich. Ein doppelter Wall umgibt den zentralen Innenhof *patio de armas*, der von einem hohen Turm dominiert wird.

Schlafen & Essen

La Casa de los Aromas B&B €

(☎ 666 475612; www.hotelcasadelosaromas.com; Calle Arco 1; EZ/DZ 30/47 €; ❄ 📶) Im Herzen der Altstadt bietet dieses B&B einen wahrhaft herzlichen Empfang und fünf niedliche Zimmer mit unterschiedlichen individuellen Aromen. Es verfügt über viel Charme und es werden Weintouren und andere Aktivitäten arrangiert. Ein Kühlschrank und eine Mikrowelle stehen zur Verfügung – ebenso wie ein ansprechender Gemeinschaftsraum mit einer Plattensammlung, die man abspielen kann. Frühstück kostet 3 € extra pro Person. Zwei der Zimmer eignen sich ideal für Familien.

La Despensa VALENCIANISCH, SPANISCH €€

(☎ 965 80 83 37; www.mesonladespensa.com; Calle Cervantes 27; Hauptgerichte 12–20 €; ⌚ Mo 9–17 & 20–23, Di 9–17, Mi–Sa 9–24, So 13–17 Uhr; 📶) Nicht weit vom Bahnhof entfernt hat das La Despensa ein schönes traditionelles Dekor und eine hervorragende valencianische Küche. Hier gibt's ein paar sehr leckere Reisgerichte, darunter ein überaus schmackhaftes mit Kaninchen und Schnecken, sowie eindrucksvolle Fleischspezialitäten vom Grill. In Sachen Tapas empfiehlt sich ganz besonders die Spezialität des Hauses mit Schinken, Wachteleiern und *sobrasada* (eine luftgetrocknete, streichfähige mallorquinische Rohwurst aus Schweinefleisch und Speck mit Paprika-Gewürz).

Praktische Informationen

Touristeninformation (☎ 966 15 02 36; www.turismovillena.com; Plaza de Santiago 5; ⌚ Mo–Fr 9–14, Sa & So 11–14 Uhr) Villenas Touristeninformation liegt am Hauptplatz gegenüber dem Rathaus.

Besucherzentrum (☎ 965 80 38 93; www.turismovillena.com; Calle de General Prim 2; ⌚ Di–Sa 10–14 & 16–18, So 10–14 Uhr) Nahe der Burg.

An- & Weiterreise

Täglich fahren neun Züge zwischen Alicante und Villena (6–10 €, 35–50 Min.) und auch nach Valencia. Auch Busse fahren in diese Städte. Hinweis: Der Bahnhof Villena AV mit Anbindung an die Schnellzüge liegt 10 km südwestlich der Stadt.

Orihuela

34 000 EW.

Orihuelas historisches Zentrum am Río Segura und am Fuß eines kahlen Felsenbergs lohnt mit seinen wundervollen Bauten im Gotik-, Renaissance- und vor allem Barockstil einen Abstecher. Die Altstadt erstreckt sich zwischen dem Fluss und einem Hügel mit einer Burgruine auf dem Gipfel. Die wichtigsten Sehenswürdigkeiten sind hier mehr oder weniger auf einer Linie aufgereiht und alle gut ausgeschildert.

Mitte Juli feiert Orihuela ein ausgelassenes **Moros-y-Cristianos-Fest** (http://moroscristianosorihuela.es; ⌚ Mitte Juli) und Ende Januar sorgt ein riesiger Mittelaltermarkt für Atmosphäre.

Sehenswertes

★ Catedral de San Salvador KATHEDRALE
(☎ 965 30 48 28; Calle Doctor Sarget; Erw./Kind 2/1 €; ⌚ Mo–Fr 10.30–14 & 16–18.30, Sa 10.30–14 Uhr) Diese Kathedrale aus hellem Stein ist zwar niedrig, doch von einer subtilen Schönheit. Im Zentrum der Altstadt verfügt sie über drei schön geschnitzte Portale. Kurioserweise wird der Altar vorn von einer verzierten Renaissance-*reja* (filigranem Gitter) umschlossen (die anderen drei Seiten sind gotisch), eine weitere sperrt den Altarraum ab und eine frühere gotische Version mit Pflanzenmotiven schirmt eine Kapelle hinter dem Altar ab. Das Highlight stellt jedoch der kleine, elegante und zweistöckige Renaissance-Kreuzgang auf der Straße hinten dar.

Museo Diocesano de Arte Sacro GALERIE
(☎ 966 74 36 27; Calle Mayor de Ramón y Cajal; Erw./Kind 4/2 €; ⌚ Mo–Sa 10–14 & 16–19 Uhr) Dieser bedeutende und nüchterne bischöfliche Palast neben der Kathedrale beherbergt heute eine Sammlung religiöser Kunst. Es gibt einige schöne Werke, aber das Highlight ist die meisterhafte *Versuchung des hl. Thomas* von Velázquez. Das beachtliche Frühwerk, das um 1632 gemalt wurde, stellt den Heiligen als jungen Mann dar, der ohnmächtig wird, nachdem er den Versuchungen einer Prostituierten widerstanden hat, die im Hintergrund zu sehen ist. Engel belohnen ihn mit einem weißen Keuschheitsband.

Convento de Santo Domingo KLOSTER
(☎ 965 30 02 40; http://colegio.cdsantodomingo.com; Calle Adolfo Clavarana; Erw./Kind 2/1 €; ⌚ Di–Sa 10–13.30 oder 14 & 16–19 oder 17–20, So 10–14 Uhr) Das Kloster mit der Universität Santo Domingo aus dem 16. Jh. bietet zwei schöne Renaissance-Kreuzgänge und ein Refektorium mit Kacheln aus dem 18. Jh.. Es wurde im monumentalen Stil erbaut und beherbergt eine Schule. Die strengen, aber eleganten Linien des Gebäudes erstrecken sich zu einem der Stadttore.

Essen

★ Bodega La Venganza TAPAS €
(☎ 661 542 220; www.facebook.com/bodegalavenganzaorihuela; Calle Togores 3; Tapas 4–15 €; ⌚ Mi–Sa 12.30–16.30 & 19.30–23 oder später, So 11.30–17 Uhr) Es ist unmöglich, dieses kleine, freche Tapas-Restaurant nicht zu lieben. Es bietet schattige Tische unter Bäumen auf einem schönen Platz hinter der Iglesia de las Santas Justa y Rufina und serviert ausgezeichnete Meeresfrücht – Krabben, Herzmuscheln, Thunfisch, Makrelen. Auf der Tafel stehen Tagesgerichte oder man wählt eine Tapas-Degustation.

Praktische Informationen

Touristeninformation (☎ 965 30 46 45; www.orihuelaturistica.es; Plaza de la Soledad; ⌚ Mo 8–14 oder 15, Di–Fr 8–14 oder 15 & 16–19 oder 17–20, Sa 10–14 & 16–19 oder 17–20, So 10–14 Uhr) Im Herzen der Altstadt, nahe der Rückseite der Kathedrale. Es gibt auch ein Büro am Bahnhof.

An- & Weiterreise

Orihuela befindet sich auf der *cercanía*-Linie C1 zwischen Murcia (2 €, 20 Min.) und Alicante (4,20 €, 1 Std., stdl.). Der Bahnhof und der Busbahnhof liegen 1 km südlich der Altstadt.

NICHT VERSÄUMEN

MOROS Y CRISTIANOS

In über 80 Städten und Dörfern im Süden der Region Valencia feiern die Menschen mit der Fiesta de Moros y Cristianos (Fest der Mauren und Christen) die Reconquista, also die Befreiung von der muslimischen Herrschaft.

Das größte und bekannteste Fest wird im Ort **Alcoy** veranstaltet (22.–24. April). Zu diesem Anlass legen Hunderte Einwohner aufwendige traditionelle Gewänder an, die verschiedene Gruppen repräsentieren: maurische und christliche Heere, Sklaven, Gilden, Ausrufer, Boten, Spielleute. In ihrer Tracht marschieren sie durch die Straßen und stellen Kämpfe nach. Auf dem Hauptplatz von Alcoy, wo eine riesige Festung aus Holz aufgebaut ist, kommen sie schließlich alle zusammen und liefern ein mitreißendes Spektakel für Augen und Ohren.

Jede Stadt begeht das Fest auf ihre eigene Art, immer durchdrungen von den alten Überlieferungen der Ereignisse während der Reconquista. So finden beispielsweise beim **Fest in Villena** (www.turismovillena.com; ⏲5.–9. Sept.) mitternächtliche Umzüge statt, während in La Vila Joiosa (24.–31. Juli) bei Benidorm die Landung maurischer Schiffe am Strand nachgestellt wird. In einigen Orten finden die Feste schon im Februar statt. Egal, wann man die Region besucht – man hat immer gute Chancen, sie einmal mitzuerleben.

PROVINZ MURCIA

Murcia

441 000 EW.

Murcia ist die Partnerstadt von Miami, hat mit der US-Metropole jedoch wenig gemein. Es ist eine recht große, entspannte Provinzhauptstadt mit einer Handvoll interessanter Sehenswürdigkeiten und einem hübschen Zentrum, das man gut zu Fuß erkunden kann. Wie Valencia ist die Stadt für ihre *huerta* berühmt, eine umliegende Gegend mit Gemüsegärten aus der maurischen Zeit, die die Restaurants der Stadt mit exzellenten frischen Produkten versorgen. Zudem gibt's eine blühende Tapas-Szene. Eine Top-Adresse für einen mehrtägigen Aufenthalt.

Sehenswertes

★Real Casino de Murcia HISTORISCHES GEBÄUDE

(www.casinodemurcia.com; Calle de la Trapería 18; Erw./Kind 5/3 €; ⏲10.30–19 Uhr) Das stattliche Casino von Murcia wurde 1847 als Herrenclub eröffnet. Dank seiner liebevollen Restaurierung erstrahlt es heute wieder in seinem früheren Glanz. Das Gebäude vereint auf fantastische Weise historisches Design mit Opulenz und ermöglicht dabei auch noch einen Einblick in die vergangenen Zeiten aristokratischer Pracht. Hinter der hübschen Fassade verbergen sich ein traumhafter maurischer Patio, eine klassische Bibliothek im englischen Stil mit 20 000 Büchern, ein Tanzsaal mit funkelnden Kronleuchtern und ein unwiderstehlicher *tocador* (Damenzimmer), dessen Deckenfresko Cherubim, Engel und eine geflügelte, in Flammen stehende Frau zeigt.

Catedral de Santa María KATHEDRALE

(☎968 35 87 49; Plaza del Cardenal Belluga; ⏲Sept.–Juni Di–Sa 7–13 & 17–20, So & Mo 7–13 & 18.30–20 Uhr, Juli & Aug. Mo–Fr 7–13 & 18.30–20, Sa & So 7–13 & 19–21 Uhr) GRATIS Murcias Kathedrale wurde 1394 auf dem Gelände einer Moschee errichtet. Der anfänglich gotischen Architektur wurde 1748 eine verspielte barocke Note mit einer herrlichen Fassade an der Plaza verpasst. Die **Capilla de los Vélez** aus dem 15. Jh. ist ein Highlight – die Kanneluren und Verzierungen sehen aus wie Zuckerguss. Das **Museo Catedralicio** (Plaza de la Cruz 1; Erw./Kind 3/2 €; ⏲Di–Sa 10–17, So 10–13 Uhr) zeigt religiöse Artefakte, ist jedoch vielmehr wegen der ausgestellten Ausgrabungen sehenswert.

Museo Arqueológico MUSEUM

(☎968 23 46 02; www.museosregiondemurcia.es; Avenida Alfonso X El Sabio 7; ⏲Juli & Aug. Di–Fr 10–14, Sa & So 11–14 Uhr, Sept.–Juni Di–Sa 10–14 & 17–20, So 11–14 Uhr) GRATIS Das Museo Arqueológico verfügt auf zwei Etagen über außergewöhnlich gut ausgewählte und dokumentierte Exponate, beginnend mit der Altsteinzeit, sowie audiovisuelle Technik. Das trendige Café mit angenehmen Sitzgelegenheiten im Freien ist ein beliebter Treffpunkt.

Murcia

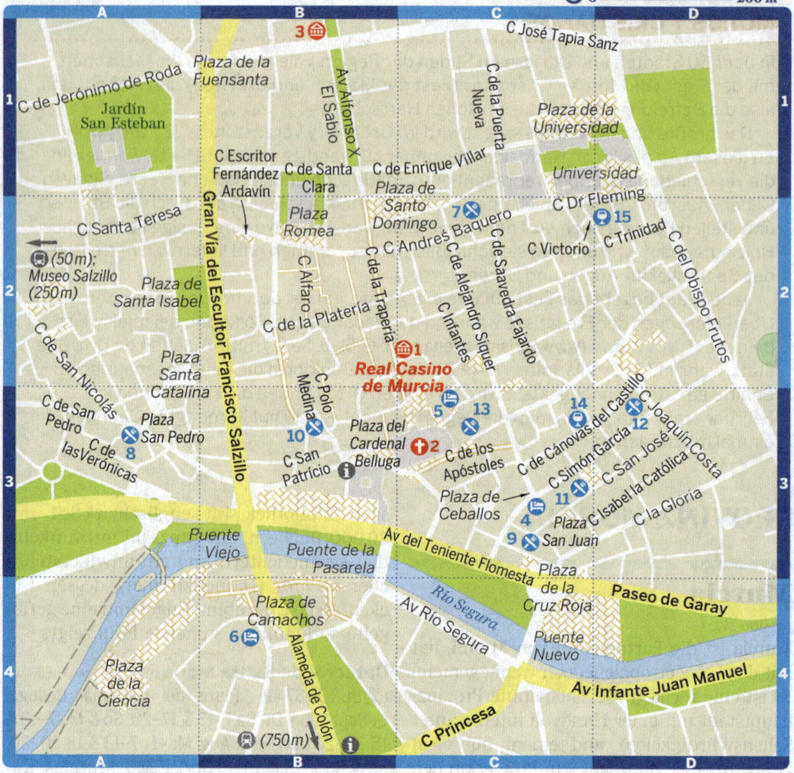

Murcia

Highlights
1 Real Casino de Murcia C2

Sehenswertes
2 Catedral de Santa María C3
3 Museo Arqueológico B1
Museo Catedralicio .... (siehe 2)

Schlafen
4 Arco de San Juan C3
5 Hotel Cetina C3
6 Pensión Segura B4

Essen
7 Alborada C2
8 El Pasaje de Zabalburu A3
9 La Pequeña Taberna C3
10 Los Zagales B3
11 Pura Cepa C3
12 Salzillo D3
13 Vacanal C3

Ausgehen & Nachtleben
14 La Ronería y La Gintonería C3
15 Sala Revolver D2

Feste & Events

Semana Santa
RELIGIÖS

(März/April) Die traditionellen Osterumzüge der Stadt zählen, vor allem wegen ihrer ausgezeichneten Skulpturen, die von mehreren bemerkenswerten Barockkünstlern stammen und voller Leben und Gefühl sind, zu den besten Spaniens.

Bando de la Huerta
FIESTA

(März/April) Zwei Tage nach Ostersonntag legt die gesamte Stadt einen Schalter um und wechselt in den Partymodus: Dann wird das jährliche Frühlingsfest mit jeder Menge Paraden, Essensständen, Folklore und natürlich auch massenweise Alkohol gefeiert.

Schlafen

★ **Pensión Segura** HOSTEL €

(☎ 968 21 12 81; www.pensionsegura.es; Plaza de Camachos 14; Zi. 38–48 €; ❄ 📶) Zum Zentrum gegenüber braucht man von dieser Budgetunterkunft nur eine Brücke zu überqueren. Das Personal ist entgegenkommend und die Zimmer sind sauber und ordentlich. Einziger Wermutstropfen sind die kleinen Bäder.

★ **Hotel Cetina** HOTEL €€

(☎ 968 10 08 00; www.hotelcetina.com; Calle Radio Murcia 3; Zi. 55–80 €; ❄ 📶) Dieses historische Hotel im Stadtzentrum ist nach einer kompletten Renovierung nicht mehr wiederzuerkennen. Es bietet jetzt einen unschlagbaren Preis für seine geräumigen, stilvollen Zimmer mit auffälligen Farbschemata, Smeg-Kühlschränken und eleganten Pflegeprodukten. Die Mitarbeiter sind sehr hilfsbereit. Einziger Nachteil: Zum Parkplatz der Unterkunft muss man recht weit laufen (Paseo del Teniente Flomesta).

Arco de San Juan HOTEL €€

(☎ 968 21 04 55; www.arcosanjuan.com; Plaza de Ceballos 10; DZ 60–80 €; P ❄ @ 📶) In einem ehemaligen Palast aus dem 18. Jh. erinnert dieses Hotel mit einer massiven 5 m hohen Originaltür und ein paar gewaltigen Säulen an seine Vergangenheit. Die klassischen, gemütlichen Zimmer umfassen Hartholzelemente und edle Stoffe. Große Pluspunkte sind die niedrigen Preise und die gute Lage, um die Sehenswürdigkeiten im Zentrum und das beste Restaurantviertel zu erreichen. Professioneller, herzlicher Service.

Essen

★ **El Pasaje de Zabalburu** TAPAS €

(☎ 622 622167; www.facebook.com/elpasajedezabalburu; Plaza San Pedro 3; Tapas 4–10 €; ⏲ Mo–Sa 12–17 & 20–24, So 12–17 Uhr; 📶) Kaum vorstellbar, dass es bessere Tapas als die innovativen Kreationen in dieser Bar im westlichen Zentrum gibt. An der langen Theke setzt man sich auf die Bank und genießt fabelhafte Speisen, die originell präsentiert werden. Die Meeresfrüchte, wie etwa die sternförmigen gegrillten Calamari, sind besonders gut und man sollte unbedingt die Spezialität des Hauses probieren: *pelochos* – Schinkenkroketten mit stachelförmiger Nudelhülle … lecker!

Los Zagales SPANISCH €

(☎ 968 21 55 79; www.facebook.com/barloszagales.murcia; Calle Polo de Medina 4; Gerichte 3–12 €; ⏲ Mo–Sa 9.30–16 & 19–24 Uhr) Das altmodische traditionelle Los Zagales bietet eine praktische Lage, um nach einem Besuch der Kathedrale vorbeizuschauen. Es serviert hervorragende, preiswerte Tapas, *raciones, platos combinados* (gemischte Platten) und hausgemachte Desserts (sowie hausgemachte Pommes). Es ist bei den Anwohnern beliebt; womöglich muss man auf einen Tisch warten. Es lohnt sich.

★ **La Pequeña Taberna** SPANISCH €€

(☎ 968 21 98 40; www.lapequenataberna.com; Plaza San Juan 7; Hauptgerichte 10–21 €; ⏲ Mo–Sa 13–17 & 20–24 Uhr, So 13–17 Uhr) Auf der Suche nach diesem Qualitätsrestaurant, das nicht ganz so klein ist, wie der Name andeutet, hält man am besten nach den Stapeln von Marktgemüse vor der Eingangstür Ausschau. Die Bedienung ist hervorragend und die Tische sind durch Tomaten- und Melonenkisten voneinander getrennt. Hier genießt man Gerichte wie Fischcarpaccio, *huevas de mújol* (konservierte Fischeier), *codillo* (Schweinshaxe) sowie leckere Salate und Gemüseplatten. Die Weine sind ebenfalls ein Genuss.

NICHT VERSÄUMEN

TAPAS IN MURCIA

Umgeben von einer *huerta* (Gegend mit Gemüsegärten) bietet Murcia viele frische Produkte und eignet sich hervorragend für Tapas. Es gibt eine große Vielfalt an Gerichten, großzügige Portionen und eine beträchtliche vegetarische Auswahl. Viele Restaurants der Stadt liegen gegenüber von Tapas-Bars oder servieren *raciones* (große Tapas/ganzer Teller), die sich hervorragend zum Teilen eignen. Insgesamt sind *murciano*-Tapas innovativer als die Norm und spiegeln mit ihren frischen saisonalen Zutaten die breit gefächerte Landwirtschaft der Provinz wider. Ein regionaler Klassiker ist die *marinera*, eine Kugel aus russischem Salat, serviert auf einer Schöpfkelle und gekrönt von einer Sardelle. Köstlich.

Das Straßennetz im Nordosten der Plaza San Juan ist besonders empfehlenswert, und auch um die Plaza Santa Catalina und die Plaza de las Flores westlich der Altstadt gibt's eine lebhafte Szene.

★ **Vacanal** ARGENTINISCH, GRILL €€
(☎968 715 893; www.vacanal.es; Plaza de los Apóstoles 5; Hauptgerichte 11–28 €; ⏲Mo–Sa 13–23, So 13–19 Uhr) Dieses argentinische Restaurant ist elegant, geräumig und modern und legt einen Schwerpunkt auf Fleisch. Es gibt tolle gemischte Grillspezialitäten, aber die wahren Highlights sind die großen, perfekt über Kohle zubereiteten Steaks. Mit seinem tadellosen Service, scharfen Messern, handgeschnittenen Pommes und vielen anderen Details macht dieses Lokal alles richtig. Die große Speisekarte bietet genügend Auswahl für eine gute Mahlzeit in fast allen Preislagen. Auch eine große Terrasse ist vorhanden.

Pura Cepa TAPAS €€
(☎968 217 397; www.puracepamurcia.com; Plaza Cristo del Rescate 8; Gerichte 6–15 €; ⏲Di–Sa 13–16.30 & 20–24, So 13–16.30 Uhr; 📶) Auch wenn auf der Speisekarte die typischen spanischen Zutaten stehen, haben die Qualitätsgerichte hier immer einen innovativen Touch. Artischocken, Tintenfisch und andere regionale, leckere Häppchen sind in allen möglichen Varianten zu finden – von Pfannengerührtem über Salate bis zu exquisiten Vorspeisen. Man kann auf der beheizten Terrasse, an einem hohen Tisch im Barbereich oder im eleganten Speisesaal essen.

Alborada SPANISCH €€
(☎968 232 323; www.alboradarestaurante.com; Calle Andrés Baquero 15; Hauptgerichte 15–22 €; ⏲Mo–Sa 12–16.30 & 20–23.30, So 12–16.30 Uhr) Das von außen nicht sonderlich auffällige Lokal mit hohen Decken und minimalistischer Einrichtung serviert stets hervorragende Küche und verwendet sorgfältig ausgewählte natürliche Produkte. Die Präsentation ist modern, ohne Avantgarde zu sein, und die Geschmackskombinationen sind alle angenehm. Werktags kann man für nur 12 € im hellen Barbereich auf der Vorderseite speisen. Es kommt regelmäßig Lufterfrischer zum Einsatz.

Salzillo SPANISCH €€€
(☎968 220 194; www.restaurantesalzillo.com; Calle de Cánovas del Castillo 28; Hauptgerichte 20–24 €; ⏲Mo–Sa 13–17.30 & 21–24, So 13–17.30 Uhr) Bei gut situierten konservativen Einwohnern von Murcia ist das elegante und gemütliche Lokal beliebt. An der Bar ist immer viel los und das Essen in der Restaurantebene auf einer anderen Etage ist wahrhaft hervorragend. Die Vorspeisen bestehen z. B. aus raffinierten Kreationen mit Artischocken aus lokalem Anbau, und die Qualität der Hauptspeisen mit Fleisch ist himmlisch: Wer richtigen Grillgeschmack haben möchte, sollte *a la brasa* bestellen.

Ausgehen & Nachtleben

La Ronería y La Gintonería BAR
(☎968 900 005; www.la-roneria-y-la-gintoneria.com; Calle de Cánovas del Castillo 17; ⏲Di–Sa 15–3, So & Mo 15–2 Uhr) Beim Betreten dieser Bar fällt einem als Erstes die schier unglaubliche Auswahl an Rum ins Auge. Fast 1000 verschiedene Sorten stehen zur Verfügung und karibische Reisevideos versetzen einen in die richtige Stimmung. Nachdem man sich durch die Auswahl probiert hat, geht man die Treppe hoch zum Gin-Tonic-Bereich. Dort findet man sich inmitten einer Auswahl von Hunderten Gins und Dutzenden Tonics wieder.

Sala Revolver BAR
(☎868 124 917; www.facebook.com/salarevolver.murcia; Calle Victorio 36; ⏲15.30–3.30 Uhr; 📶) Das Interieur dieser Bar im Herzen des studentisch geprägten Nachtlebens steht für klassischen Rock'n'Roll mit roten Sitzmöbeln, Kuriositäten und Fotos an den Wänden sowie regelmäßiger Livemusik. Dank des Rockbar-Feelings geht's sehr stimmungsvoll zu.

Praktische Informationen

Floridablanca Touristenkiosk (www.turismodemurcia.es; Jardín Floridablanca; ⏲Mo–Fr 16.30–20.30, Sa 10–14 & 16.30–20.30, So 10–14 Uhr) In einem Park am anderen Flussufer gegenüber der Altstadt.

Touristeninformation (☎968 358 749; www.murciaturistica.es; Plaza del Cardenal Belluga; ⏲Mo–Sa 10–14 & 17–20, So 10–14 Uhr; 📶) Am Kathedralenplatz.

An- & Weiterreise

Der **Flughafen Murcia-San Javier** (☎913 211 000; www.aena.es; Carretera del Aeropuerto, Santiago de la Ribera) befindet sich neben dem Mar Menor und liegt somit näher an Cartagena als an Murcia. Hierher fliegen zahlreiche Billigairlines aus Großbritannien und andern europäischen Ländern. Von Madrid gibt's Direktflüge von Iberia. Ein Taxi vom Flughafen nach Murcia kostet 65 € (40 Min.). Der Flughafen wird voraussichtlich 2019 durch den **Aeropuerto Internacional de Murcia** (Aeropuerto de Corvera; www.aeropuertointernacionalmurcia.com; Avenida de España, Lo Jurado) abgelöst, 27 km südlich der Stadt abseits der A30.

Mindestens zehn Busse pro Tag starten von Murcias Busbahnhof, 1 km westlich des Zentrums nach Cartagena (4,75 €, 45 Min.–1¼ Std.) und Lorca (5,75 €, 1½ Std.).

Bis zu sechs Züge fahren täglich von/nach Madrid (47 €, 4¼ Std.). *Cercanía*-Züge pendeln regelmäßig nach Alicante (5,75 €, 1¼ Std.) und Lorca (5,75 €, 50 Min.).

Unterwegs vor Ort

Mehrere Buslinien, die auf einer kreisförmigen Strecke verkehren und am Busbahnhof halten, bieten Verbindungen ins Zentrum. Die Linie 14 ist die schnellste Option. Vom Bahnhof kann man den Bus C5 nehmen.

Murcia verfügt über eine Straßenbahnlinie, aber für Besucher ist sie nicht von großem Nutzen. Sie wird hauptsächlich von Anwohnern genutzt, die von der Stadt in die weitläufigen nördlichen Vororte fahren.

Cartagena

214 800 EW.

Cartagenas fantastischer natürlicher Hafen wurde Tausende von Jahren genutzt. Wenn man von den Burgzinnen auf diese alte Stadt hinabblickt, entdeckt man Überreste aus all jenen Epochen, die Cartagena geprägt haben. An der Werft legten phönizische Händler mit ihren Schiffen an. In der einen Straße marschierten dereinst römische Legionäre und an der Plaza stand in maurischer Zeit eine Moschee. Da sind die Hügel, die die Armeen bei der christlichen Reconquista überwinden mussten, die Fabriken aus dem Industriezeitalter, die Modernisme-Bauten und die modernen Kriegsschiffe des bis heute bedeutenden Marinestützpunkts.

Archäologen graben immer wieder neue faszinierende Stätten der Römer und Karthager aus und Cartagena bekommt nun endlich die Aufmerksamkeit, die es als einer der historisch und kulturell bedeutendsten Orte Spaniens verdient. Die vielen Fußgängerstraßen und das schöne Küstengebiet laden zum Spazieren ein.

Geschichte

223 v. Chr. marschierte der karthagische General Hasdrubal der Schöne mit seinem Heer in die iberische Siedlung Mastia ein und taufte sie in Qart Hadasht um. Während der römischen Besatzung florierte die Stadt als Carthago Nova und unter muslimischer Herrschaft wurde daraus das unabhängige Emirat Cartadjanah, das 1242 von den Christen zurückerobert wurde. Obwohl Cartagena – der wichtigste Marinehafen der Republikaner – während des Spanischen Bürgerkriegs stark zerstört wurde, konnte die Stadt in den 1950er- und 1960er-Jahren erneut eine blühende Wirtschaft und eine wachsende Bevölkerung verzeichnen.

Sehenswertes

★ Museo Nacional de Arqueología Subacuática MUSEUM

(ARQUA; ☎ 968 12 11 66; http://museoarqua.mcu.es; Paseo de Alfonso XII 22; Erw./Kind 3 €/gratis, Sa nachmittag & So frei; ⌚ Di–Sa 10–20 oder 21, So 10–15 Uhr) Dieser faszinierende Komplex widmet sich der Unterwasserarchäologie. Zunächst wird die Arbeit der Wissenschaftler erklärt, dann geht's mit der maritimen Geschichte und der Mittelmeerkultur weiter. Zu sehen gibt's alte Tonwaren, grelle Beleuchtung, Knöpfe, Filme und die Nachbildung eines phönizischen Handelsschiffs. Samstagnachmittags und den ganzen Sonntag über ist der Eintritt kostenlos.

Museo del Teatro Romano MUSEUM, RUINEN

(www.teatroromanocartagena.org; Plaza del Ayuntamiento 9; Erw./Kind 6/5 €; ⌚ Okt.–April Di–Sa 10–18, So 10–14 Uhr, Mai–Sept. Di–Sa 10–20, So 10–14 Uhr) Für die Gestaltung dieses beeindruckenden Museums zeichnet sich Spaniens Toparchitekt Rafael Moneo verantwortlich. Führungen beginnen an der Plaza del Ayuntamiento, von dort geht's über Rolltreppen und eine Passage unter den Ruinen der Kathedrale zum wunderschönen, kürzlich restaurierten römischen Theater aus dem 1. Jh. v. Chr. Das Museum ist minimalistisch gehalten und führt durch Cartagenas faszinierende Stadtgeschichte mit einer sorgfältigen Auswahl an Statuen, Töpferwaren und anderen Artefakten.

Barrio del Foro Romano RUINEN

(www.cartagenapuertodeculturas.com; Calle Honda; Erw./Kind 5/4 €; ⌚ Nov.–März Di–So 10–17.30 Uhr, April–Juni & Mitte Sept.–Okt Di–So 10–19 Uhr, Juli–Mitte Sept. tgl. 10–20 Uhr) Am Hügel Molinete liegen die fantasieanregenden Ruinen eines ganzen Wohnblocks und einer Straße aus dem 1. Jh. v. Chr., die vom Hafen zum Forum führte. Dazu zählen auch ein Bogengang und Thermalbäder. In einem der Häuser sind ein Innenhof und bedeutende Fragmente von Wandmalereien erhalten.

Casa de la Fortuna RUINEN
(Plaza Risueño; Erw./Kind 2,50/2 €; ⏲ Di–So 10.30–15.30 Uhr, Dez.–März nur Sa & So.) Die Casa de la Fortuna besteht aus den faszinierenden Überresten einer aristokratischen römischen Villa aus dem 1. Jh. v. Chr. Hier findet man ein paar gut erhaltene Wandbilder und Mosaike sowie einen Teil einer ausgegrabenen Straße. Um es zu erreichen, geht man an der Plaza ein paar Treppenstufen hinunter.

Museo Refugio de la Guerra Civil MUSEUM
(www.cartagenapuertodeculturas.com; Calle de Gisbert; Erw./Kind 3,50/2,50 €; ⏲ April–Juni & Mitte Sept.–Okt. Di–So 10–19 Uhr, Juli–Mitte Sept. tgl. 10–20 Uhr, Nov.–März Di–So 10–17.30 Uhr) Cartagena, einst Stützpunkt der republikanischen Flotte mit bedeutender Rüstungsindustrie, war während des Spanischen Bürgerkrieges das Ziel schwerer Bombenangriffe. Dieser atmosphärische Luftschutzkeller im Burghügel war einer von vielen, der die Bürger der Stadt schützte, und eweckt diese Zeit mit persönlichen Zeitzeugenberichten, Postern, guten spanischen und englischen Informationen sowie einem Charlie-Chaplin-Video zum Leben.

Castillo de la Concepción BURG
(www.cartagenapuertodeculturas.com; Erw./Kind 3,75/2,75 €; ⏲ Nov.–März Di–So 10–17.30 Uhr, April–Juni & Mitte Sept.–Okt. Di–So 10–19 Uhr, Juli–Mitte Sept. tgl. 10–20 Uhr) Wer einen tollen Ausblick auf die Stadt genießen will, sollte das Castillo de la Concepción ansteuern, das man entweder zu Fuß oder mit dem **Aufzug** (Calle de Gisbert; Erw./Kind 2/1 €, mit Castillo de la Concepción 4,25/3,75 €) erreicht. Inmitten der Schlossgärten, in denen prächtige Pfauen herumstolzieren, befindet sich das **Centro de Interpretación de la Historia de Cartagena**. Hier wird mittels Bildschirmen und eines zehnminütigen Films (auf Englisch oder Spanisch) ein Überblick zu Cartagenas Geschichte vermittelt.

> **ℹ ERMÄSSIGTER EINTRITT**
>
> Alle archäologischen Stätten und Museen in Cartagena zu besichtigen geht ganz schön ins Geld, doch glücklicherweise gibt's verschiedene Pässe (Eintritt zu 4/5/6 Museen Erw. 12/15/18 €, Kind 9/12/14 €) für einen ermäßigten Eintritt. Eine Eintrittskarte für alles kostet 22 €. Sie ist 15 Tage lang gültig. Die Tickets sind in der Touristeninformation oder den jeweiligen Museen und Stätten erhältlich. Bei Besichtigung des Museo del Teatro Romano (S. 905) werden zwei Eintritte abgestempelt. Zu den weiteren Optionen gehören ein Touristenboot und/oder eine Busfahrt.

Muralla Púnica RUINEN
(www.cartagenapuertodeculturas.com; Calle San Diego 25; Erw./Kind 3,50/2,50 €; ⏲ Nov.–März Di–So 10–17.30 Uhr, April–Juni & Mitte Sept.–Okt. Di–So 10–19 Uhr, Juli–Mitte Sept. tgl. 10–20 Uhr) Die Muralla Púnica, die um einen Teil der alten punischen Stadtmauer errichtet wurde, legt einen Schwerpunkt auf das karthagische und römische Erbe der Stadt. Sie umfasst auch die zerfallenen Gemäuer einer Einsiedelei aus dem 16. Jh. mit Gräbern voller menschlicher Gebeine.

Museo Arqueológico Municipal MUSEUM
(☎ 968 12 89 68; www.museoarqueologicocartagena.es; Calle Ramón y Cajal 45; ⏲ Di–Fr 10–14 & 17–20, Sa & So 11–14 Uhr) Einst erstreckte sich an dieser Stelle ein römischer Friedhof, doch heute sind hier karthagische, römische, westgotische und islamische Artefakte ausgestellt. Um zum Museum zu gelangen, geht's vom Zentrum aus Richtung Nordwesten die Calle La Palma entlang.

Feste & Events

Semana Santa RELIGIÖS
(http://semanasanta.cartagena.es; ⏲ März/April) Während der Osterwoche sind die fesselnden, aufwendigen Prozessionen von Cartagena ein Anblick für sich.

Carthagineses y Romanos FIESTA
(Cartagineses y Romanos; www.cartaginesesyromanos.es; ⏲ Sept.) Immer im September spielen die Stadtbewohner zehn Tage lang Krieg und stellen im Rahmen einer bunten Fiesta verschiedene Schlachten zwischen den rivalisierenden Karthagern und Römern während des Zweiten Punischen Krieges nach.

Schlafen

★ **Pensión Balcones Azules** HOSTEL €
(☎ 968 50 00 42; www.pensionbalconesazules.com; Calle Balcones Azules 12; EZ 36–42 €, DZ Economy/Superior 50/60 €; ❄ 📶) An einer ruhigen Straße mitten in der Innenstadt erhalten Gäste in dieser modernen Bleibe mit Blick auf die Ruinen des Forums jede Qualität für ihr Geld. Die Superior-Zimmer ha-

ben größere Badezimmer, aber es gibt auch einige geräumige Economy-Zimmer. Es ist alles sehr komfortabel und die engagierten Mitarbeiter halten die Unterkunft, die eigentlich ein kleines Hotel ist, makellos sauber. Im Februar einen Monat geschlossen.

NH Cartagena HOTEL €€
(☎ 968 12 09 08; www.nh-hotels.com; Calle Real 2; Zi. 85–125 €; P ❄ @ 📶) Die Lage dieses Businesshotels direkt hinter der Stadtmauer könnte besser nicht sein – es ist nur wenige Schritte von der Küste und dem römischen Theater entfernt. Die Unterkünfte sind alle geräumig und die Superior-Zimmer verfügen außerdem über einen Balkon oder eine große Terrasse. Einziges Manko: Wie für diese Hotelkette üblich, ist das WLAN extrem langsam. Wer es gerne schneller mag, zahlt dafür ein kleines Vermögen. Auf das überteuerte Frühstück sollten Gäste besser verzichten.

Essen

La Fuente TAPAS €
(☎ 868 04 73 22; www.bodegalafuente.com; Calle Jara 17; 1 Drink & Tapas 1,90 €; ⏲ Mo–Fr 10–17 & 19.30–24, Sa 11–17 & 19.30–24, So 11–17 Uhr; 📶) Dieses helle und geschäftige Lokal macht seinem Namen alle Ehre und verfügt tatsächlich über einen Brunnen. Top-Adresse für einen schnellen Drink und Tapas. Die Spezialität sind lange, schmackhafte Sardellen aus dem Golf von Biskaya. Ähnliche Bars in der Gegend bieten günstige Getränke und Snacks. Die Hausnummer 17 ist verwirrenderweise als 27 nummeriert.

El Barrio de San Roque SPANISCH €€
(☎ 968 50 06 00; www.elbarriodesanroque.es; Calle Jabonerías 30; Hauptgerichte 12–2 €; ⏲ Mo–Sa 13.30–16 & 20.30–23 Uhr) Fertig mit dem Sightseeing und Lust auf eine anständige Mahlzeit? Ein Großteil der Fußgängerzone ist von relativ mittelmäßigen Restaurants gesäumt, die Kreuzfahrttouristen mit gefrorener Paella anlocken, doch dieses diskrete, elegante Lokal bietet echte Qualität. Das Mittagsmenü (20 €) ist ausgezeichnet und dank der unverputzten Ziegel, der großen Tische und des höflichen Services ist es ein angenehmer Rückzugsort.

★ **Magoga** SPANISCH €€€
(☎ 968 50 96 78; www.restaurantemagoga.com; Plaza Doctor Vicente García Marcos; Hauptgerichte 15–26 €; ⏲ Di–Sa 13.30–16 & 20.30–23.30, So 13.30–16 Uhr; 📶) Elegante Essbereiche und eine offene Küche bietet dieses edle Restaurant mit weißer Fassade in unscheinbarer Lage in der Fußgängerzone abseits der Calle Carlos III. Die kulinarische Begeisterung der jungen Besitzer spiegelt sich in den Mahlzeiten wider, die weit über dem Durchschnitt des Gastro-Angebots von Cartagena liegen. Neben günstigen Reisgerichten und Eintöpfen gibt's hervorragend zubereitete und präsentierte Fisch- und Fleischgerichte.

La Marquesita SPANISCH €€€
(☎ 968 50 77 47; www.lamarquesita.net; Plaza Alcolea 6; Hauptgerichte 13–24 €; ⏲ Di–Sa 13–16.30 & 20–23.30, So 13–16.30 Uhr; 📶) An einem versteckten Platz direkt an der Fußgängerzone befindet sich dieses Lokal, das man leicht an den vielen Topfpflanzen erkennt. Die hochwertigen Fischgerichte und andere traditionelle Gerichte kann man im Innen- oder Außenbereich genießen. Authentisch freundlicher Familienbetrieb.

Shoppen

Centro para la Artesanía
KUNST & KUNSTHANDWERK
(www.carm.es; Calle Honda 10; ⏲ Mo–Fr 10–14 & 17–20.30, Sa 11–13.30 Uhr) 🍃 Dieser staatlich finanzierte Laden zeigt die Erzeugnisse lokaler Kunsthandwerker. Hier gibt's alles Mögliche – von Gemälden bis hin zu Honig. Ein großartiger Ort zum Stöbern.

ℹ Praktische Informationen

Bei den meisten römischen Stätten erhält man einen Stadtplan und Informationen; praktisch, wenn man außerhalb der Öffnungszeiten des Tourismusbüros ankommt.

Touristeninformation Ayuntamiento
(☎ 968 12 89 55; www.cartagenaturismo.es; Plaza del Ayuntamiento 1; ⏲ Mo–Sa 10–13.30 & 16–18 Uhr (Mai–Sept. 17–19 Uhr), So 10.30–13.30 Uhr) Nahe dem Hafengebiet im Herzen der Stadt.

Touristeninformation Puertas de San José
(☎ 968 12 89 55; www.cartagenaturismo.es; Plaza Basterreche; ⏲ Okt.–April Mo–Fr 10–14 & 16–18, Sa 10–13.30 Uhr, Mai–Sept. Mo–Fr 10–14 & 17–19, Sa 10–13.30 Uhr) Viele ausgezeichnete Informationen in der Nähe des Busbahnhofs. Falls geschlossen, zur **Muralla Púnica** (S. 906) gegenüber gehen.

ℹ An- & Weiterreise

Täglich fahren vom **Busbahnhof** (Avenida Trovero Marín) sechs- bis siebenmal Busse nach Alicante (9 €, 2¾ Std.) und etwa stündlich nach Murcia (4,75 €, 45 Min.–1¼ Std.).

Wer einen Ort am Renfe-Schienennetz erreichen möchte, muss meistens in Murcia umsteigen (ab 5,45 €, 50 Min., 8- bis 11-mal tgl.), doch es gibt auch ein paar Direktzüge. Wer in Murcia aussteigt, nimmt besser den Nahverkehrszug als den Altaria-/Talgo-Express, der wesentlich teurer ist.

Ein Taxi vom/zum Flughafen Murcia-San Javier kostet ca. 50 € (30 Min.).

Costa Cálida

In westlicher Richtung zur andalusischen Grenze erstreckt sich die Costa Cálida („warme Küste"), die ihrem Namen alle Ehre macht. Mit mehr als 300 Sonnentagen im Jahr bietet sie ein heißes, trockenes Klima. Im Gegensatz zum ausgedehnten Ferienort La Manga, den man lieber meidet, versprechen die ruhigeren Küstenorte einen angenehmen Aufenthalt.

Águilas

34 700 EW.

Nahe der andalusischen Grenze und 30 km von Mazarrón aus weiter an der Küste entlang erreicht man das bescheidene Águilas. Hier geht's entspannter und angenehmer zu. Der schöne Hafen beherbergt noch immer eine kleine Fischerflotte. Dahinter liegt die hübsche Plaza de España mit ehrwürdigen Bäumen. Eine niedrige Landzunge, auf der eine **Festung** aus dem 18. Jh. thront, trennt die Stadtstrände voneinander. Die wirklich charmanten Strände sind jedoch die **Cuatro Calas**, ein paar Kilometer weiter südlich der Stadt.

Feste & Events

★ Carnaval de Águilas KARNEVAL
(www.carnavaldeaguilas.org; ⌚ Feb./März) Vier Figuren stellen verschiedene Aspekte von Menschlichkeit, Tugendhaftigkeit und Lasterhaftigkeit dar. Umzüge finden von Freitag bis Fastnachtsdienstag sowie am Wochenende darauf statt.

Schlafen

Pensión Rodríguez PENSION €
(☎ 968 41 06 15; http://aguilaspensionrodriguez.blogspot.com; Calle Ramón y Cajal 7; EZ mit Gemeinschafts-/eigenem Bad 23/27 €, DZ mit Gemeinschafts-/eigenem Bad 37/42 €; WLAN) Die Pensión Rodríguez liegt in einem recht zentralen Teil der Stadt und einen kurzen Spaziergang vom Strand entfernt. Sie bietet tadellose Zimmer zu günstigen Preisen. Die Chefin Matilde ist sehr hilfsbereit und freundlich. Guter Deal.

★ Hotel Mayarì HOTEL €€
(☎ 964 41 97 48; www.hotel-mayari.com; Calle Río de Janeiro 14, Calabardina; EZ/DZ inkl. Frühstück 65/98 €; ⌚ März–Nov.; P ❄ WLAN) Im Küstenort Calabardina, 7 km von Águilas entfernt, verspricht diese geräumige Villa außergewöhnliche Gastfreundschaft in einer trockenen schönen Hügellandschaft. Die Zimmer sind einfach und komfortabel und unterschiedlich eingerichtet. Sie bieten ein cooles, frisches Dekor. Einige haben Meerblick und das hausgemachte Abendessen (auf Bestellung) ist hervorragend. Außerdem bekommen Gäste hilfreiche Tipps zum Bergwandern und Fahrräder, um die Gegend zu erkunden.

Hotel Puerto Juan Montiel HOTEL €€
(☎ 968 49 34 93; www.hotelpuertojuanmontiel.com; Avenida del Puerto Deportivo 1; Zi. inkl. Frühstück 90–176 €; P ❄ @ WLAN Pool) Diese Bleibe liegt in einem unansehnlichen Gebäude am Jachthafen, ist wesentlich besser als die Hotels im Zentrum. Der Strand ist wenige Schritte entfernt und die zweckmäßigen Zimmer sind geräumiger und modern. Es gibt gute Einrichtungen, einen Sommerpool, ein hoteleigenes Restaurant und viel Platz zum Entspannen. Meerblick kostet etwas mehr. Außerhalb des Hochsommers fallen die Preise beträchtlich.

Essen

El Pimiento SPANISCH €
(Calle Joaquín Tendero 1; Tapas 1–12 €; ⌚ 18.30–1 Uhr) Dank des fröhlich super-spanischen Dekors mit Pferde-Fanartikeln, Fliesen und herabhängenden Schinken ist dieses Lokal seit jeher ein toller Anlaufpunkt. Die farbenfrohen Tische drinnen und draußen auf den Stufen sind immer voll, was für eine schöne Atmosphäre sorgt. Die Tapas sind einfach – große Stücke Fleisch, Brot, Kartoffeln, Tomaten. Es ist alles sehr lecker und sehr günstig. Ein angenehmer Ort.

★ El Poli FISCH & MEERESFRÜCHTE €€
(☎ 968 41 34 21; www.facebook.com/elpolirest; Calle Floridablanca 23; Gerichte 5–15 €; ⌚ Mi–Mo 13.30–16 & 20.30–23 Uhr) Mit seinem traditionellen lackierten Holzinterieur sieht dieser Laden trotz seines Schiffambientes wie ein weiteres Café im *barrio* aus, bis man feststellt, dass die Speisekarte nur aus regional gefangenem Fisch und Meeresfrüchten be-

steht. Am besten sucht man nicht zu lange auf der Karte, da nur erhältlich ist, was auf dem Fischmarkt angeboten wird. Die Speisen sind einfach zubereitet und köstlich und werden von brillanten Kellnern serviert. Tolle Preise.

Praktische Informationen

Touristeninformation (☎ 968 49 32 85; www.aguilas.es; Plaza Antonio Cortijos; ⊙ Mitte Sept.–April Mo–Sa 10–14 & 17–19, So 10–14 Uhr, Mai & Juni bis 20 Uhr, Juli–Mitte Sept. Mo–Fr 9.30–14 & 17–21, Sa 10–14 & 17–21, So 10–14 Uhr) Nahe der Küste in der Altstadt.

An- & Weiterreise

Es fahren Busse nach Lorca (3 €, 30 Min., 3- bis 7-mal tgl.), Murcia (8,90 €, 1½ Std., 2- bis 4-mal tgl.) und Cartagena (7,20 €, 1¾ Std., 2- bis 3-mal tgl.) und Almería (9,60 €, 2¼ Std., 2- bis 3-mal tgl.).

Cercanía-Züge der Linie C2 fahren dreimal täglich über Lorca nach Murcia (7,95 €, 1¾ Std.).

Lorca

91 700 EW.

Die Marktstadt Lorca ist für ihre hübsche Altstadt bekannt, über der eine Burg aus dem 13. Jh. thront, und als Schauplatz der farbenprächtigsten Semana-Santa-Prozessionen Spaniens. 2011 gab es ein Erdbeben. Neun Menschen kamen ums Leben, viele weitere Einwohner trugen Verletzungen davon und verloren ihr Zuhause. Die Stadt wurde stark beschädigt, insbesondere die Altstadt war sehr stark betroffen. Mittlerweile hat sich Lorca wieder erholt und es herrscht eine gewisse Aufbruchsstimmung in der Stadt – ein großartiges Reiseziel.

Sehenswertes

★ Plaza de España — PLATZ

Absolutes Highlight in der Altstadt sind ein paar Barockgebäude an der Plaza de España, darunter der **Pósito**, ein ehemaliger Getreidespeicher aus dem 16. Jh., die **Casa del Corregidor** aus dem 18. Jh. und das **Rathaus**. Über den Platz erhebt sich die goldene aus Kalkstein errichtete **Colegiata de San Patricio**, die nach erheblichen Schäden durch das Erdbeben von 2011 im Jahr 2017 endlich wiedereröffnet wurde.

★ Colegiata de San Patricio — KIRCHE

(☎ 968 46 99 66; Plaza de España; Erw./Kind 2 €/frei; ⊙ Mo–Sa 11–13 & 18–19 Uhr) Dieses stattliche und wunderschöne Schmuckstück von einer Kirche erhebt sich in golden-steinernem Antlitz auf Lorcas zentralem Platz. Hinter der nüchternen, schönen und dreistufigen Barockfassade verbirgt sich ein dreischiffiges Renaissance-Interieur mit einem schönen Altarbild und anderen Gemälden. Die Kirche wurde beim Erdbeben von 2011 schwer beschädigt und erst kürzlich wiedereröffnet. Die Bauarbeiten dauern noch an; es wurden Untersuchungen durchgeführt, da durch die Katastrophe bisher unbekannte Gemälde und Krypten entdeckt wurden. Tickets sind in der benachbarten Touristeninformation (S. 913) erhältlich.

Museo de Bordados del Paso Azul — MUSEUM

(MASS; ☎ 968 47 20 77; www.pasoazul.com; Calle Cuesta de San Francisco; Erw./Kind 3 €/frei; ⊙ Mo–Sa 10.30–14 & 17–20, So 10.30–14 Uhr) Dieses moderne an das San-Francisco-Kloster angeschlossene Museum der Bruderschaft Azul („Blau") bietet einen guten Eindruck davon, was die Semana Santa (S. 912) für die Anwohner bedeutet. Neben interessanten Videos und Hintergrundinfos kann man sich die wunderbaren Kostüme ansehen. Wochentags sind vielleicht Leute in der Stickereiwerkstatt im Obergeschoss bei der Arbeit – eine tolle Chance, um die Arbeit aus der Nähe zu sehen.

Die aus Seide angefertigten farbenfrohen Roben sind zum Teil bis zu 5 m lang, wurden alle sorgfältig von Hand bestickt und bilden religiöse und historische Szenen ab.

Einer der Museumsbereiche führt zu den Galerien der Kirche mit interessanten Werken. Für den Eintritt in die Kirche über das Erdgeschoss zahlt man 1 € extra.

Museo de Bordados del Paso Blanco — MUSEUM

(muBBla; ☎ 968 46 18 13; www.mubbla.org; Calle Santo Domingo 8; Erw./Kind 2,50 €/frei; ⊙ Mo–Sa 10.30–14 & 16.30–19 oder 17–20, So 10.30–14 Uhr) Das zur Kirche Santo Domingo zugehörige Museum ist im Besitz der Semana-Santa-Bruderschaft Blanco („Weiß"). Hier kann man eine Sammlung der aufwendigen Roben sehen, die während der mit viel Leidenschaft zelebrierten Semana-Santa-Prozessionen getragen werden. Die außergewöhnlichen Gewänder zeigen Szenen aus der Bibel und der Antike. Eventuell benötigt man eine Sonnenbrille angesichts des glänzenden barocken Golds der angrenzenden Virgen-del-Rosario-Kapelle.

DIE BALEAREN

Die Balearen (Illes Balears auf Katalanisch) schmücken das glitzernde Mittelmeer vor der Ostküste Spaniens. Jede der Inseln ist ein Strandurlaubsziel par excellence und bietet eine eigene Identität. Sie alle haben es geschafft, viel von ihrem individuellen Charakter und ihrer Schönheit zu bewahren. Alle verfügen über unvergleichliche Strände am Mittelmeer, aber auf jeder Insel lädt auch das Landesinnere zu Erkundungstouren ein.

Anreise & Unterwegs vor Ort

Charter- und Linienflüge steuern Mallorca und Ibiza aus ganz Europa an. Fähren sind das andere Hauptverkehrsmittel für den Transfer zu und zwischen den Inseln. Barcelona, Dénia, Gandia und Valencia sind die Häfen am Festland, von denen die Schiffe von Baleària (S. 894) und Trasmediterránea (S. 881) ablegen.

Mallorca

Der stets beliebte Star des Mittelmeers – das sonnenverwöhnte Mallorca hat eine fröhliche Persönlichkeit mit hinreißenden Stränden, azurblauen Aussichten, abgelegenen Bergen und beseelten Bergstädten.

PALMA DE MALLORCA

Diese atemberaubende Stadt erhebt sich in honigfarbenen Steinen vor dem Wasser der Badia de Palma und geht auf die christliche Rückeroberung der Insel im 13. Jh. sowie auf die Mauren, Römer und Talayotiker zurück. Das funkelnde Palma bietet viele historische Stätten sowie eine große Auswahl an Galerien, Restaurants und Bars – ohne Zweifel Mallorcas größter Schatz.

SEHENSWERTES

Catedral de Mallorca (La Seu; www.catedraldemallorca.org; Carrer del Palau Reial 9; Erw./Kind 7 €/frei; Juni–Sept. Mo–Fr 10–18.15 Uhr, April, Mai & Okt. bis 17.15 Uhr, Nov.–März bis 15.15 Uhr, ganzjährig Sa 10–14.15 Uhr) Palmas riesige Kathedrale („La Seu" auf Katalanisch) ist das wichtigste architektonische Wahrzeichen der Stadt. Abgesehen von seiner unglaublichen Größe und unbestrittenen Schönheit ist diese Kathedrale dank der beeindruckenden Inneneinrichtung, die von Antoni Gaudí und dem renommierten zeitgenössischen Künstler Miquel Barceló entworfen wurde, einzigartig auf der Welt. Die ehrfurchtgebietende Struktur ist überwiegend gotisch, abgesehen von der überraschenden wunderschönen Hauptfassade, die viele verschiedene Stile vermischt.

Palau de l'Almudaina (https://entradas.patrimonionacional.es; Carrer del Palau Reial; Erw./Kind 7/4 €, Audioguide 3 €, Führung 4 €; ganzjährig Di–So 10–20 Uhr) Ursprünglich eine islamische Festung, wurde dieser mächtige Bau gegenüber der Kathedrale am Ende des 13. Jhs. in eine Residenz für die mallorquinischen Monarchen umgewandelt. Der König von Spanien residiert hier immer noch, zumindest symbolisch. Abgesehen von gelegentlichen Zeremonien hält sich die königliche Familie selten in der Residenz auf, da sie den Sommer lieber im Palau Marivent (in Cala Major) verbringt. Zu anderen Zeiten kann man durch verschiedene höhlenartige Räume mit Steinwänden laufen, die üppig dekoriert wurden.

Palau March (971 71 11 22; www.fundacionbmarch.es; Carrer del Palau Reial 18; Erw./Kind 4.50 €/frei; April–Okt. Mo–Fr 10–18.30 Uhr, Nov.–März bis 17 Uhr, ganzjährig Sa bis 14 Uhr) Dieses palastartige Haus war eine von mehreren Residenzen der unglaublich reichen March-Familie. Skulpturen von Größen des 20. Jhs., darunter Henry Moore, Auguste Rodin und Barbara Hepworth, zieren die Terrasse. Im Inneren befinden sich weitere Schätze von Salvador Dalí und Josep Maria Sert. Nicht zu versäumen sind die kunstvollen Figuren einer neapolitanischen *belén* (Weihnachtskrippe) aus dem 18. Jh.

PRAKTISCHE INFORMATIONEN

Consell de Mallorca Touristeninformation (971 17 39 90; www.infomallorca.net; Plaça de la Reina 2; Mo–Fr 8.30–18, Sa bis 15 Uhr;) Deckt die ganze Insel ab.

WEITERE ZIELE AUF MALLORCA

Mallorcas Nordwestküste liegt abseits der Hochhäuser auf der anderen Seite der Insel. Die von der Serra de Tramuntana dominierte wunderschöne Region bietet Olivenhaine, Pinienwälder und kleine Dörfer. Für Autofahrer gibt's ein paar Highlights: die haarsträubende Straße hinunter zum kleinen Hafen von Sa Calobra und die Fahrt zur nördlichen Spitze der Insel, dem Cap Formentor.

Menorca

Das ruhige Menorca ist für seine unberührten Strände und archäologischen Stätten bekannt und wurde 1993 von der UNESCO zum Biosphärenreservat erklärt. **Maó** absorbiert den größten Teil des Touristenverkehrs. Nördlich von hier gelangt man bei einer Fahrt durch eine mondähnliche Landschaft zum Leuchtturm am Cap de Faváritx. Südlich des Kaps erstrecken sich sandige Buchten und Strände, darunter Cala Presili und Platja d'en Tortuga, die zu Fuß erreichbar sind. **Ciutadella** mit seinem kleineren Hafen und historischen Gebäuden hat eine ausgeprägte spanische Atmosphäre. Eine schmale Straße führt von hier nach Süden zu einigen schönen Stränden, für die man ein eigenes Fahrzeug benötigt. In der Mitte der Insel bietet der 357 m hohe **Monte Toro** eine herrliche Aussicht. In einer großen Bucht an der Nordküste, die bei Windsurfern beliebt ist, befindet sich die malerische Stadt **Fornells**.

Ibiza

Ibiza (Eivissa auf Katalanisch) ist eine Insel der Extreme. Ihr Ruf als Party-Location ist berechtigt, denn einige der größten Clubs der Welt ziehen Hedonisten von überallher an. Das Innere und der Nordosten der Insel sind jedoch eine andere Welt. Friedliche Wege, grüne Hügel, entspannte Strände und Buchten sowie einige wundervolle Unterkünfte und Gaststätten im Landesinneren sind Lichtjahre von den vibrierenden Beats des Westens entfernt.

IBIZA-STADT

Das Herz und die Seele der Insel – die lebhafte, stilvolle Hauptstadt hat eine magische, befestigte Altstadt, die zum UNESCO-Weltkulturerbe gehört. Sie wird von einer Burg und einer Kathedrale dominiert und liegt an einem spektakulären Naturhafen. Sie ist auch ein Traum für Shoppingfans und ein weltberühmtes Partyziel.

SEHENSWERTES

Dalt Vila Die Dalt Vila, deren eindrucksvolle Bastionen aus dem 16. Jh. von ganz Süd-Ibiza aus sichtbar sind, ist ein befestigte Bergkuppe, die zuerst von den Phöniziern besiedelt und später von verschiedenen anderen besetzt wurde. Sie bietet eine ruhige Atmosphäre und viele der gepflasterten Gassen sind nur zu Fuß erreichbar. Sie ist hauptsächlich ein Wohngebiet, beherbergt aber auch mittelalterliche Villen und wichtige kulturelle Sehenswürdigkeiten. Der Eintritt erfolgt über das Portal de Ses Taules. Danach geht man bergauf: Alle Wege führen zum Gipfel.

Befestigungsmauern Ibizas gewaltige Schutzmauern rund um die **Dalt Vila** sind mehr als 25 m hoch und umfassen sieben Bastionen. Nachts werden diese Befestigungen mit Flutlicht beleuchtet. Sie wurden gebaut, um die Ibizaner vor nordafrikanischen Plünderern und der türkischen Marine zu schützen. In weniger als einer Stunde kann man den gesamten Umkreis von 2 km ablaufen und dabei den herrlichen Blick über den Hafen und den Süden bis nach Formentera genießen.

AUSGEHEN & NACHTLEBEN

Sa Penya ist das Zentrum des Nachtlebens von Ibiza-Stadt. Dutzende Bars sorgen am Hafen von Sonnenuntergang bis in die frühen Morgenstunden für Stimmung. Später in der Nacht besucht man weltberühmte Nachtclubs wie das **Pacha** (www.pachaibiza.com; Avinguda 8 d'Agost; Eintritt ab 20 €; ⏲ Mai–Sept. 24–6.30 Uhr). Etwas südlich der Stadt findet man am Platja d'en Bossa etliche Bars und Clubs.

PRAKTISCHE INFORMATIONEN

Oficina d'Informació Turística (☎971 30 19 00; http://ibiza.travel; Avinguda de Santa Eulària; ⌚Mo–Sa 9–20, So bis 15 Uhr, Mitte Okt.–April kürzere Öffnungszeiten) Büro für die ganze Insel neben dem Fährhafen nach Formentera.

WEITERE ZIELE AUF IBIZA

Auf Ibiza gibt's zahlreiche unberührte und relativ unbebaute Strände. Cala de Boix an der Nordostküste ist der einzige schwarze Sandstrand der Insel. Weiter nördlich liegen die schönen Strände von S'Aigua Blanca. An der Nordküste bei Portinatx befindet sich die Cala Xarraca in einer malerischen, einsamen Bucht und in der Nähe von Port de Sant Miquel liegt die hübsche Cala Benirrás. Im Südwesten lockt die Cala d'Hort mit einer spektakulären Lage mit Blick auf zwei zerklüftete Felseninseln.

Das Beste am lauten Sant Antoni, der zweitgrößten Stadt der Insel, ist die Fahrt zu dem kleinen Fels- und Sandstrand am Nordufer, wo man zusammen mit Hunderten anderen einen Drink bei Sonnenuntergang in einer der entspannten Bars genießen kann. Die bekannteste ist das **Café del Mar** (☎971 80 37 58; www.cafedelmaribiza.es; Carrer de Lepant 27; ⌚Mai–Mitte Okt. 17–24 Uhr) etwas weiter nördlich.

Formentera

Von der Südküste von Ibiza nur eine halbe Stunde mit der Schnellfähre entfernt liegt die Insel Formentera – ein wunderschöner Zufluchtsort, der sich für einen entspannten Urlaub an den schönsten Stränden Europas eignet. Der weiße Sand wird von azur-, türkis- und lapislazulifarbenem Wasser umspült. Der Tourismus hier basiert auf einem ausgeprägten Umweltbewusstsein. Die Hotelzahlen sind beschränkt, das Bauwesen wird kontrolliert und die meisten Besucher erkunden die Insel auf zwei Rädern. Es gibt wenige Sehenswürdigkeiten und wenig Nachtleben, was Formentera zu einem perfekten Ort macht, um ein paar Tage barfuß zu laufen und die Seele baumeln zu lassen.

Castillo Fortaleza del Sol BURG

(Castillo de Lorca; ☎968 47 90 03; www.lorcatallerdeltiempo.com; Carretera de la Parroquia; Erw./Kind 5/4 €; ⌚10.30 Uhr–Dämmerung; 👪) Die städtische Burg hoch über Lorca ist eindrucksvoll: ein riesiger, mittelalterlicher Komplex mit zwei charakteristischen Türmen. Der einfache Eintritt umfasst einen Audioguide und den Zugang zur Torre del Espolón, die nach dem Erdbeben wiederaufgebaut wurde, sowie zu verschiedenen Zisternen, Wällen und Ausstellungsräumen. Die **Torre Alfonsina**, die wiederaufgebaute Synagoge und die **Ruinen des jüdischen Viertels** können mindestens zweimal täglich im Rahmen einer Führung (4 €) besichtigt werden. Im Kombiticket von 10 € sind beide Touren enthalten.

Feste & Events

★Semana Santa RELIGIÖS

(http://semanasantalorca.com; ⌚März/April) Wer aus Lorca kommt, ist wahrscheinlich entweder leidenschaftlich *blanco* (weiß) oder *azul* (blau) – die Farben der beiden größten Bruderschaften, die schon seit 1855 gegeneinander antreten, um zu sehen, wer die prächtigste Semana-Santa-Darbietung vollbringt. Die Osterprozessionen von Lorca sind sehr eigentümlich. Zwar sind sie von Ehrfurcht geprägt, jedoch voller Farben und Lebensfreude und verbinden Geschichten aus der Antike und dem Alten Testament mit der Passion Christi.

Jede Bruderschaft hat eine Statue der Heiligen Jungfrau (die eine in einem blauen Umhang und die andere – natürlich – in einem weißen), eine Fahne und ein spektakuläres Museum (Museo de Bordados del Paso Azul und Museo de Bordados del Paso Blanco). Das Ergebnis dieses intensiven, unglaublich genialen und ganzjährigen Wettbewerbs ist eine Semana Santa, die in puncto Dramatik alle anderen in Spanien übertrifft. Zu den eindrucksvollen Prozessionen gehören Pferde, Theaterstücke, farbenfrohe Charaktere – Götter, Kaiser und Helden – mitreißende Musik und jede Menge Emotionen.

Schlafen & Essen

★Parador de Lorca

HISTORISCHES HOTEL €€

(☎968 40 60 47; www.parador.es; Castillo de Lorca; Zi. 90–170 €; P ❄ @ 📶 🏊) In unvergesslicher Lage am Weg zur Burganlage über dem Ort befindet sich dieser moderne *parador* (luxuriöses staatliches Hotel, das für gewöhnlich in einem historischen Gebäude liegt). Die Zimmer sind tipptopp, es gibt einen Innenpool und ein Spa und der Ausblick ist einfach umwerfend. Verschiedene archäologische Bruchstücke sind in das Hotel integriert, darunter eine wieder-aufgebaute Synagoge neben dem Parkplatz.

Die Preise liegen normalerweise um die 90 €, sind aber an Samstagen meist viel höher.

Jardines de Lorca HOTEL €€

(☎ 968 47 05 99; www.hoteljardinesdelorca.com; Alameda de Rafael Méndez; Zi. 65–80 €; P ❄ @ 🛜 🏊) Dieser große Komplex erinnert an ein Resort mit praktischer Anbindung an (Bus-)Bahnhöfe und liegt nur einen kurzen Spaziergang vom Zentrum entfernt. Die geräumigen, komfortablen Zimmer bieten Marmorfliesen, doch die hallenden Flure können etwas laut sein. Die Zimmer sind mit einem Balkon ausgestattet. Zu den ausgezeichneten Einrichtungen gehören ein Spa, ein nur im Sommer geöffneter Pool, ein Fitnessraum und Tennisplätze. Die Preise sind unterschiedlich, aber sehr angemessen.

Albedrío TAPAS €

(☎ 660 409702; http://albedrio.es; Plaza Calderón de la Barca 2; Tapas 1–7 €; ⏲ 11–12.30 Uhr, Küche geschlossen 16.30–20 Uhr; 🛜) Unterhalb des Platzes liegt dieses helle und lebhafte Lokal – eine willkommene Ergänzung für die Gastroszene Lorcas. Ein Wandgemälde von Bogart und Hepburn hängt über klobigen Holztischen, wo man aus einer großen Auswahl an regionalen Tapas bestellt. Sie sind außergewöhnlich preiswert und umfassen hausgemachte Kroketten, würzige *morcilla* (Blutwurst) und kleine Fischgerichte.

Casa Roberto SPANISCH €€

(☎ 968 44 25 58; Calle Corredera 21; Hauptgerichte 12–18 €; ⏲ 12–16 & 20–23 Uhr) In einem schönen rosafarbenen Haus in der Fußgängerzone befindet sich dieses sympathische, bodenständige familiengeführte Restaurant. Es gibt verschiedene Zimmer, die in gemütliche Essbereiche umgewandelt wurden, und einen schönen Innenhof. Die Gerichte umfassen eine gute Auswahl an traditionellen und zeitgenössischen spanischen Zutaten und die Preise sind fair.

Shoppen

★ Centro para la Artesanía KUNST & KUNSTHANDWERK

(☎ 968 46 39 12; www.carm.es; Calle Lope Gisbert; ⏲ Mo–Fr 10–14 & 17–20.30, Sa 11–13.30 Uhr) Hinter der Tür wartet eine Überraschung. Man findet sich in einem riesigen Betonbau voller Kunsthandwerk – von farbenfrohen Teppichen über Weine bis zu wunderbarer Keramik – wieder. Das auf Initiative der Regierung betriebene Centro eignet sich ideal zum Stöbern und Bummeln. Es hat keine Hausnummer und liegt gegenüber der Nummer Sieben und neben dem Palacio de Guevara.

Praktische Informationen

Centro de Visitantes (☎ 968 44 19 14; www.lorcatallerdeltiempo.es; Puerto de San Ginés; ⏲ 10–14 Uhr) Am Rande der Altstadt bietet dieses Besucherzentrum touristische Informationen und verkauft Besucherkarten – ein praktischer Ort zum Parken.

Touristeninformation (☎ 968 44 19 14; www.lorcaturismo.es; Plaza de España; ⏲ Mo–Fr 10–14 & 16–18.30, Sa 10–14 & 16–18, So 10–14 Uhr, im Sommer bis 19 oder 19.30 Uhr) Auf der Plaza de España im Herzen der Altstadt.

An- & Weiterreise

Zwischen Lorca und Murcia pendeln stündlich Busse (5,95 €, 1½ Std.) und *cercanía*-Züge der Linie C2 (5,75 €, 50 Min.). Außerdem fahren verschiedene Busse bis in die Provinz Almería und weiter.

Parque Regional de Sierra Espuña

Die Sierra Espuña liegt gute 40 Fahrminuten südwestlich von Murcia in Richtung Lorca, gleich nördlich der N340. Wie eine Insel aus Kiefernbäumen erstreckt sie sich hoch oben über einem Meer aus Hitze und Staub. Der Naturpark schützt auf einer Fläche von 250 km² unberührtes Hochland, eine wunderschöne, fragile Landschaft voller Trekkingwege. Wanderer, Kletterer, Radfahrer und Bergsteiger lieben diese Gegend. Über den ausgedehnten Wäldern erheben sich Kalksteinformationen und im Nordwesten stößt man auf 26 *pozos de la nieve* (Eishäuser), in denen bis zur Erfindung des Kühlschranks Schnee zu Eis gepresst und dann im Sommer in benachbarte Orte gebracht wurde.

Der beste Zugang zum Park besteht über **Alhama de Murcia**. Das sehr informative **Centro de Visitantes Ricardo Codorniu** (☎968 43 14 30; www.sierraespuna.com; ⊙Okt.–Mai Di–Sa 9–14 & 15–17.30, So 9–15.30 Uhr, Juni–Sept. So & Di–Do 9–15.30, Fr & Sa 9–15.30 & 17–20 Uhr) liegt mitten im Park. Von diesem Besucherzentrum beginnen außerdem einige Wanderwege und es gibt gute Karten, auch für einige andere pittoreske Wanderungen.

Das Dorf **El Berro** eignet sich gut als Basis für Ausflüge in die Sierra. Neben guten Rundwegen, auf denen man ein paar Stunden wandern kann, findet man im Dorf einige Restaurants und den netten **Campingplatz Sierra Espuña** (☎968 66 80 38; www.campingsierraespuna.com; Calle de Juan Bautista; Zeltplatz pro Pers. 5 €, Zelt 5 €, Auto 5 €, 2-/6-Personen-Bungalows 55–106 €; P 📶 🏊). Wer es luxuriöser mag, sollte im **Bajo el Cejo** (☎968 66 80 32; www.bajoelcejo.com; Calle El Paso; Zi. inkl. Frühstück 116–143 €; P ❄ 📶 🏊) vorbeischauen.

Für Besuche der Sierra und des Nordens der Region Murcia ebenfalls günstig gelegen ist **Mula**. Der Ort besteht aus verzweigten alten Straßen am Berggipfel einer kargen Felsformation, auf dem eine sehr mitgenommene **Burg** thront. Aus der Ferne sieht es aus, als entstamme Mula einem Märchen aus dem Nahen Osten. Hervorragende Unterkünfte bietet **El Molino de Felipe** (☎968 66 20 13; www.hotelruralmula.com; Carretera Ribera de los Molinos 321, Mula; DZ 48 €, Apt. für 2/4/6 Pers. 70/106/142 €; P ❄ 📶 🏊) in 4 km Entfernung von der Stadt.

ℹ An- & Weiterreise

Am besten erreicht man den Park mit dem Auto. Die Stadt Alhama de Murcia ist bequem mit dem Bus von Murcia (3,50 €, 45 Min.) aus zu erreichen, doch von hier sind es 19 km bis zum Besucherzentrum im Herzen des Parks. Mula ist auch mit dem Bus ab Murcia (3,30 €, 45 Min.) erreichbar.

Spanien verstehen

Spanien aktuell

Tiefgreifende Umbrüche haben den politischen Status quo, der seit der Rückkehr Spaniens zur Demokratie in den 1970er-Jahren Bestand hatte, beendet. Die traditionelle Zwei-Parteien-Landschaft ist durch das Aufkeimen neuer politischer Gruppierungen aufgemischt worden. Dass die Katalanen nach Unabhängigkeit streben, lässt die Einheit Spaniens fraglich erscheinen, und die Korruption erreichte 2018 ihren Höhepunkt, als die konservative Regierungspartei Partido Popular (PP; Spanische Volkspartei) ihres Amtes enthoben wurde.

Top-Filme

Jamón, Jamón (1992) Dunkle Komödie, die Penélope Cruz und Javier Bardem berühmt machte.

Alles über meine Mutter (1999) Klassiker von Pedro Almodóvar über Sex und Tod.

Acht Namen für die Liebe (2014) Erfolgreiche Komödie voller Seitenhiebe auf Spanien und das Baskenland.

Das Meer in mir (2004) Alejandro Amenabars Studie über einen Querschnittsgelähmten in Galicien, gespielt von Javier Bardem.

Top-Bücher

Stücke (Federico García Lorca) Die drei berühmten Stücke des bedeutenden spanischen Dramatikers handeln von Leidenschaft und vom Dasein in einem (gefühlten) Käfig. Sie entstanden in den 1930er-Jahren.

Wem die Stunde schlägt (Ernest Hemingway; 1941) Erzählung über den spanischen Bürgerkrieg, emotionsgeladen und voll spanischem Flair.

¡Comida! Eine kulinarische Reise durch Spanien (Paul Richardson; 2007) Bildungsreise durch die faszinierende kulinarische Kultur Spaniens.

Don Quijote (Miguel de Cervantes; 1605) Der bekannteste spanische Roman über einen sympathischen, aber verblendeten Ritter wird einen immer wieder zum Lachen bringen.

Krise in Katalonien

Viele Katalanen haben schon seit Längerem das Gefühl, dass der vom Staat gepflegte Zentralismus ihrer besonderen Kultur und Geschichte nicht gerecht wird. Als in Katalonien die Rufe nach Unabhängigkeit laut wurden, entwickelte sich daraus eine direkte Konfrontation mit der Zentralregierung in Madrid – und stürzte das moderne, demokratische Spanien in seine bis dato größte Krise.

Katalonien ist die wohlhabendste Region des Landes. Ihre Bewohner monieren vor allem, dass sie Schätzungen zufolge jährlich 8 bis 10 Mrd. Euro mehr an Steuern einzahlen, als an Investitionen zurückkommt. 2015 gelangte in der Region eine Koalition unter der Führung von Carles Puigdemont an die Macht, das ein verbindliches Referendum zur Unabhängigkeit ankündigte. Es fand am 1. Oktober 2017 trotz massivem Widerstand aus Madrid und einem Verbot durch das spanische Verfassungsgericht statt. Die Regierung entsandte Nationalpolizisten, die die Wahlen in verschiedenen Wahllokalen verhindern sollten, was gewalttätige Auseinandersetzungen nach sich zog. Mehrere Menschen wurden verletzt. Laut der katalanischen Regierung lag die Beteiligung am Referendum bei 43 %, davon stimmten 90 % für die Unabhängigkeit.

Daraufhin ergriff eine Welle der Solidarität für die nationale Einheit Spaniens einen Großteil des Landes. In Barcelona fanden friedliche Demonstrationen statt. Am 27. Oktober verkündete die Regionalregierung Kataloniens Unabhängigkeit, woraufhin Madrid Kataloniens Autonomie vorübergehend aufkündigte und die katalanische Regierung suspendierte. Ein paar Tage später erhob die Generalstaatsanwaltschaft Anklage gegen Puigdemont und 13 seiner (inzwischen ehemaligen) Minister wegen Rebellion und Volksverhetzung; Puigdemont und vier weitere Angeklagte waren unterdessen freiwillig ins Exil gegangen.

Bei den Regionalwahlen im Dezember 2017 gewannen separatistische Parteien 70 der 135 Sitze und bildeten die neue katalanische Regierung. Ende März 2018 war diese aber noch immer nicht einsatzbereit, da sich alle Präsidentschaftskandidaten (auch Puigdemont) entweder im Ausland oder in Untersuchungshaft befanden. Am 23. März holte der Oberste Gerichtshof zum nächsten Schlag gegen die Separatisten aus: Er befand, dass sich 25 der Angeklagten wegen Rebellion und Veruntreuung öffentlicher Gelder im Rahmen des Referendums vor Gericht verantworten müssen. Bei einem Schuldspruch wären Haftstrafen von bis zu 30 Jahren möglich. Zwei Tage später nahm man Puigdemont in Deutschland fest. Die Gerichte dort mussten binnen 60 Tagen entscheiden, ob Spaniens Auslieferungsantrag stattzugeben sei.

Während die großen spanischen Volksparteien verlauten ließen, dass eine Verfassungsreform möglich wäre, verwahrte sich die Regierung in Madrid gegen Zugeständnisse an die Anhänger der Unabhängigkeitsbewegung. Wohl in der Hoffnung, dass sie Unterstützer verlieren und irgendwann verschwinden wird.

Politikwechsel

Jahrzehntelang steuerten abwechselnd die links der Mitte angesiedelte PSOE und die konservative PP das Land. 2015/2016 änderte sich das, als sich der angestaute Frust der Bevölkerung über die Wirtschaftskrise Bahn brach und zwei neue Parteien entstanden, die Position gegen Korruption bezogen: die radikale Podemos („Wir können"), die gegen die Fortführung des Sparkurses ist, und die unternehmensfreundliche Zentrumspartei Ciudadanos („Bürger"). Beide gewannen bei den nationalen Wahlen eine Vielzahl an Sitzen. Die PP bildete eine Minderheitsregierung, die jedoch im Juni 2018 aufgrund eines Misstrauensvotums entmachtet wurde. Vorausgegangen war das Urteil des Obersten Gerichtshofes in einem von mehreren bereits länger andauernden Korruptionsfällen: Im Caso Gürtel („Gürtel-Fall") wurden mehr als ein Dutzend ehemalige PP-Mitglieder verurteilt, weil sie u. a. Schmiergelder angenommen hatten. Die Richter deklarierten die Verstrickungen der Partei als „institutionalisierte Korruption".

Der neue Premierminister, Pedro Sánchez von der PSOE, signalisierte früh, auf Stabilität zu setzen, doch seine Partei hat nur 84 der 350 Parlamentssitze. Es bleibt also spannend in Spaniens Politik, da viele unterschiedliche Gruppen motiviert werden müssen.

Auf dem aufsteigenden Ast

Ende 2017 war die Arbeitslosenquote auf 17% gesunken. Zwar waren noch immer 3,7 Mio. Menschen ohne Arbeit, doch das war ein großer Fortschritt angesichts der gravierenden Wirtschaftskrise, die fünf Jahre zuvor mit einer Quote von 27% ihren Höhepunkt erreicht hatte. Spanien war die am schnellsten wachsende große Volkswirtschaft Europas – Tourismus, Autoindustrie und digitale Start-ups boomten. Dennoch ist der Weg noch lang. Kritiker mahnen, dass viele der neuen Jobs unsicher seien, doch es sieht aktuell weit rosiger für die spanische Wirtschaft aus als noch vor ein paar Jahren.

FLÄCHE: **505 370 KM²**

BEVÖLKERUNG: **48,96 MIO.**

BIP PRO KOPF: **36 400 US$**

ARBEITSLOSENQUOTE: **16.7 %**

INFLATIONSRATE: **2 %**

Gäbe es nur 100 Spanier, würden…

74 Kastilisch sprechen
17 Katalanisch sprechen
7 Galicisch sprechen
2 Baskisch sprechen

Religiöse Gruppen

(% der Bevölkerung)

Bevölkerung pro km²

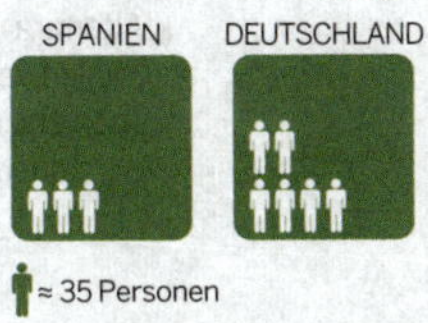

Geschichte

Spaniens Geschichte ist ein wahrhaftiges Epos. Sie reicht von den Kämpfen zwischen Mauren und Christen im Mittelalter über die Kolonialzeit, als Spanien zu den größten Mächten der Welt gehörte, bis zum Spanischen Bürgerkrieg im 20. Jh., der Franco-Diktatur und der Rückkehr zur Demokratie. Bei Reisen durch das Land kommt man heute erfreulich leicht mit Spaniens faszinierender Vergangenheit in Kontakt, denn sehr viele Bauten und historische Stätten sind gut erhalten und es gibt hervorragende Museen.

Spanien & die antiken Kulturen

Spanien kann überzeugend für sich beanspruchen, die Wiege der Menschheit in Westeuropa zu sein: In Atapuerca in der Nähe des nordspanischen Burgos wurden im Jahr 2007 die mit 1,2 Mio. Jahren nachweislich ältesten Überreste der Gattung *Homo* entdeckt. Aber der Hauptteil der Geschichte Spaniens begann erst vor rund 3000 Jahren.

Tolle prähistorische Stätten

- *Cueva de Altamira*
- *Atapuerca (bei Burgos)*
- *Cueva de Tito Bustillo (Ribadesella)*
- *Dolmen (Antequera)*
- *Cueva de la Pileta (bei Ronda)*
- *Siega Verde (bei Ciudad Rodrigo)*

Phönizier, Kelten & Griechen

Die Phönizier waren die erste große Zivilisation der Antike, die Spanien ihren Stempel aufdrückte. Ihr Reich, dessen Machtzentrum sich an der heutigen südlibanesischen Küste befand, währte von 1500 bis 300 v. Chr. Sie waren die vermutlich erste Seemacht der Welt und vorwiegend Händler, keine Eroberer. Der Handel führte sie um 1000 v. Chr. auch nach Spanien. Sie hatten Parfums, Ebenholz, Schmuck, Öl, Wein und Textilien geladen, die sie gegen Silber und Bronze tauschten.

Die Phönizier waren zwar keine Eroberer, trotzdem wuchs zusammen mit ihrem Einflussgebiet auch ihr Bedarf an sicheren Häfen entlang der Mittelmeerküste. Dazu gehörten Karthago (gegr. 814 v. Chr.) auf dem Gebiet des heutigen Tunesien und die Handelskolonien in Cádiz (Gadir), Almuñécar (Ex oder auch Sex genannt) und Málage (Malaka). Daher kann Cádiz, die windumwehte, durch und durch andalusische Stadt ganz im Süden Spaniens, also mit Fug und Recht behaupten, eine der ältesten kontinuierlich bewohnten Siedlungen Europas zu sein.

Etwa zur selben Zeit, als die Phönizier ihre Handwerkskunst der Eisenbearbeitung in den Süden mitbrachten, gelangte mit den Kelten, die

ZEITACHSE

ca 39 000–10 000 v. Chr.

Im Paläolithikum (Altsteinzeit) verzieren Jäger die Höhlenwände in Altamira und anderen Höhlen der Nordküste Spaniens mit schönen anspruchsvollen Tierbildern.

218 v. Chr.

Mit der Ankunft römischer Legionen während des Zweiten Punischen Kriegs gegen die Karthager beginnt Roms 600 Jahre dauernde Besatzung der Iberischen Halbinsel.

1.–3. Jh. n. Chr.

Die Pax Romana (Römischer Friede) ist eine Phase der Stabilität und des Wohlstands. Die Iberische Halbinsel wird in drei Provinzen aufgeteilt: Baetica, Lusitania und Tarraconensis.

ursprünglich aus Zentraleuropa stammten, dasselbe technische Knowhow – und das Bierbrauen – in den Norden. Im Nordwesten Spaniens lebten die Kelten in befestigten Bergdörfern, den *castros*, deren Überreste man heute in Galicien und Nordportugal besichtigen kann. In der *meseta* (dem Hochplateau in der Mitte Spaniens) mischten sich die Kelten mit den Iberern – in dieser Zeit wurden alle Bewohner der Iberischen Halbinsel als Iberer bezeichnet –, woraus die sogenannten Keltiberer erwuchsen.

In Madrids Museo Arqueológico Nacional (Nationales Museum für Archäologie) bekommt man einen guten Einblick in die profunde spanische Geschichte. Die Sammlungen decken die Zeit der Iberer, Römer und Westgoten bis zum Mittelalter ab.

Die Römer

Ab dem 6. Jh. v. Chr. verdrängten die unabhängig gewordenen Karthager die Phönizier und Griechen aus der westlichen Mittelmeerregion. Die Siedler einer ehemaligen phönizischen Kolonie errichteten zunächst eine blühende Siedlung auf Ibiza. Die nächste Macht, die am Mittelmeer ihren Aufschwung nahm, waren die Römer. Sie besiegten die Karthager im Ersten und Zweiten Punischen Krieg, und kämpften seit dem 3. Jh. v. Chr. um die Vormachtstellung im Mittelmeerraum. Zwischen den beiden Kriegen eroberten die Karthager für kurze Zeit den Süden Spaniens. Im Zweiten Punischen Krieg (218–201 v. Chr.) marschierte der Elefantentrupp des karthagischen Generals Hannibal über die Alpen Richtung Rom, aber mit dem Sieg der Römer in Ilipa bei Sevilla 206 v. Chr. erhielten diese letztendlich doch die Kontrolle über die Iberische Halbinsel. Die erste römische Stadt in Spanien, Itálica, wurde schon bald darauf in der Nähe des Schlachtfelds gegründet.

Die Römer beherrschten die Iberische Halbinsel zwar insgesamt über 600 Jahre lang, doch es gelang ihnen erst nach 200 Jahren, die stärksten Stämme zu unterwerfen. Ein Großteil der Bewohner Hispaniens (der römische Name der Halbinsel) hatte um 50 n. Chr. bereits die Lebensart der Eroberer angenommen.

Die Hinterlassenschaften der Römer in Spanien sind kaum zu ermessen. Dazu gehörten ein Straßennetz, Aquädukte, Tempel, Amphitheater, Badehäuser und natürlich das Christentum. Mit den Besatzern kamen auch zahlreiche jüdische Bewohner in die Region, die in den nächsten 1000 Jahren eine bedeutende Rolle spielen sollten. Außerdem basieren die heute auf der Halbinsel gesprochenen Sprachen – Spanisch, Katalanisch, Galicisch und Portugiesisch – auf dem von römischen Legionären und Kolonisten verwendeten umgangssprachlichen Latein. Davon ausgenommen sind die Basken: Sie wurden zwar unterworfen, aber nie „romanisiert" wie die restlichen Völker auf der Halbinsel. Deshalb hat sich ihre Sprache frei von lateinischen Einflüssen entwickelt.

Die Römer waren die Ersten, die mit der Abholzung der weitläufigen Wälder der *meseta* für Häuser, Waffen und als Brennmaterial begannen. Hispanien versorgte Rom mit Gold, Silber, Getreide, Wein, Soldaten,

4.–7. Jh.

Germanische Stämme beenden die Pax Romana. Die Westgoten sichern sich im 6. Jh. die Kontrolle und bringen 200 Jahre lang relative Stabilität, in der die hispanorömische Kultur überleben kann.

711

Muslime aus Nordafrika dringen nach Iberien vor und erobern das Gebiet. Sie bestimmen fast 800 Jahre lang die Geschicke der Halbinsel mit, die ersten 400 Jahre davon als Machthaber.

718

Pelayo, ein westgotischer christlicher Adliger, gründet das Königreich Asturien. Mit dem Sieg über maurische Streitkräfte bei Covadonga um das Jahr 722 beginnt die Reconquista.

756

Abd ar-Rahman I. ernennt sich zum Emir von Córdoba und beherrscht von dort aus Al-Andalus, die islamischen Gebiete der Halbinsel. Córdoba bleibt fast drei Jahrhunderte lang das Zentrum der Macht.

Die schönsten römischen Ruinen

- *Mérida*
- *Segovia*
- *Itálica (Santiponce, bei Sevilla)*
- *Tarragona*
- *Baelo Claudia (Bolonia, bei Tarifa)*
- *Lugo*
- *Villa Romana La Olmeda (Montaña Palentina)*
- *Villa Romana La Dehesa (bei Soria)*

Kaisern (Trajan, Hadrian, Theodosius) sowie den Schriften von Seneca, Martial, Quintilian und Lucan.

Die Jahrhunderte unter römischer Herrschaft waren eine Art goldenes Zeitalter für Spanien, doch als germanische Stämme im 3. und 4. Jh. über die Pyrenäen auf die Halbinsel gelangten, begann die Pax Romana (Römischer Friede; eine lange Zeit des Wohlstands und der Stabilität unter den Römern) zu bröckeln. Die germanischen Westgoten nahmen Rom 410 ein, wurden später aber zu Verbündeten der Römer. Nachdem sie im 6. Jh. von den germanischen Franken aus Gallien verdrängt wurden, ließen sie sich auf der Iberischen Halbinsel nieder und erkoren Toledo zu ihrer Hauptstadt.

Während ihrer Herrschaft hielten die nur etwa 200 000 Westgoten die millionenstarken, weitaus kultivierteren Hispanorömer nur schwer unter Kontrolle. Kulturell eiferten die neuen Besatzer den Römern nach, deren Ära war jedoch unwiederbringlich zu Ende gegangen.

Das maurische Spanien & die Reconquista

In der frühen spanischen Geschichte war das Land wiederholt Invasionen durch fremde Mächte ausgesetzt. Diese Imperien stiegen auf und gingen wieder unter, kamen jedoch stets aus der Fremde. Mit der Zeit führten diese sich wiederholenden Muster zu einem Kampf auf der Suche nach der spanischen Identität.

Die Ankunft der Muslime

Die Schockwelle nach dem Tod des Propheten Mohammed 632 im weit entfernten Arabien war bis nach Spanien zu spüren. Unter seinen Nachfolgern, den Kalifen (vom arabischen Wort für „Anhänger"), verbreitete sich die neue Religion in rasantem Tempo. Bis 656 hatte der Islam einen Großteil des Nahen Ostens erobert und 682 die Atlantikküste in Marokko erreicht. Nun war Spanien – und damit Europa – zum Greifen nah.

Die Mauren hatten den Zeitpunkt ihrer Ankunft gut gewählt: Als das westgotische Reich durch Hungersnöte, Krankheiten und Streitigkeiten des Adels zusammengebrochen war, bot Spanien eine ideale Angriffsfläche.

Der Legende nach waren an der Ankunft der Muslime in Spanien übrigens die erotischen Abenteuer des letzten westgotischen Königs Roderich schuld. Angeblich hatte er im nordafrikanischen Ceuta Florinda, die Tochter des westgotischen Statthalters Julian, verführt. Daraufhin soll sich deren rachsüchtiger Vater mit den Muslimen verbündet haben. So landete 711 der muslimische Statthalter von Tanger, Tariq ibn Ziyad, mit 10 000 Mann (darunter vor allem nordafrikanische Berber) in Gibraltar und vernichtete Roderichs Armee. Der Herrscher selbst soll auf der Flucht ertrunken sein. Überlebende Westgoten flohen gen Norden. Nach

Die schönsten maurischen Baudenkmäler

- *Alhambra (Granada)*
- *Mezquita (Córdoba)*
- *Albayzín (Granada)*
- *Alcázar (Seville)*
- *Giralda (Seville)*
- *Aljafería (Saragossa)*
- *Alcazaba (Málaga)*

929

Abd ar-Rahman III. gründet das Kalifat von Córdoba. Die Stadt zählt fast eine halbe Million Einwohner und ist Europas größte sowie kulturell am höchsten entwickelte Metropole.

1031

Das Kalifat von Córdoba zerfällt nach einem verheerenden Bürgerkrieg in Dutzende *taifas* (kleine Königreiche): Zu den mächtigsten gehören Sevilla, Granada, Toledo und Saragossa.

1035

Kastilien, ein Gebiet des nördlichen christlichen Königreichs von León (Nachfolger des Königreichs Asturien), erreicht seine Unabhängigkeit und wird zur führenden Kraft der Reconquista.

1085

Zwistigkeiten zwischen den *taifas* schwächen die maurischen Kräfte. Kastilien nutzt die Gunst der Stunde und nimmt Toledo, eine wichtige Bastion der Mauren, ein.

nur wenigen Jahren hatten die Muslime bis auf einige Flecken in den asturischen Bergen die gesamte Iberische Halbinsel erobert. Lediglich die Franken boten ihnen bei ihrem Vormarsch durch Europa 732 in der Schlacht von Poitiers die Stirn.

Interessant zu lesen: *Homage to al-Andalus: The Rise and Fall of Islamic Spain* von Michael B. Barry, und *The Ornament of the World* von Maria Rosa Menocal.

Al-Andalus: Die Anfänge

Das Territorium, das die hochentwickelte islamische Gesellschaft jahrhundertelang kontrollierte, trug den Namen Al-Andalus.

Anfänglich gehörte Al-Andalus zum Kalifat von Damaskus, das damals die muslimische Welt beherrschte, und Spanien war damit einmal mehr ein entlegener Außenposten für ein fremdes Reich. Doch 750 wurden die Omaijaden vom rivalisierenden Clan der Abbasiden gestürzt, die das Kalifat nach Bagdad verlegten. Ein adeliger Omaijade entkam dem Gemetzel, schlug sich nach Spanien durch, behauptete sich 756 als unabhängiger Emir von Al-Andalus in Córdoba und ließ hier die Mezquita errichten, eines der beeindruckendsten Bauwerke der muslimischen Welt. Zudem war Córdoba die Hauptstadt eines Reiches, das keine Hilfe von außen benötigte. Zum ersten Mal in der Geschichte war Spanien (oder besser gesagt: Al-Andalus) sowohl mächtig als auch eigenständig.

Córdobas Goldenes Zeitalter

Von der Mitte des 8. Jhs. bis zur Mitte des 11. Jhs. zog sich die Grenze durch den Norden der Halbinsel, etwa von Südkatalonien bis zum Norden Portugals, mit einem Hakenschlag in die zentralen Pyrenäen. Südlich dieser Linie entstanden wunderschöne Paläste, Moscheen und Gärten, Universitäten, öffentliche Bäder und lebhafte *zocos* (Märkte) in maurischen Städten wie Córdoba, Sevilla und Granada. Juden und Christen (Mozaraber genannt) durften ihren Glauben unter den neuen Herrschern frei ausüben. Da Christen aber eine Sondersteuer zahlen mussten, traten viele entweder zum Islam über oder flohen in den christlich geprägten Norden. Die muslimischen Siedler waren auch keine homogene Gruppe. Zur herrschenden Schicht der Mauren gehörte eine größere Zahl nordafrikanischer Berber, und es kam nicht selten zu Berberaufständen.

929 verlieh sich der damalige Herrscher Abd ar-Rahman III. selbst den Titel eines Kalifen und begründete somit das Kalifat Córdoba (929–1031), das Al-Andalus Glanz und Glorie verlieh. Zu seiner Zeit wurde Córdoba die größte und strahlendste Stadt im westlichen Europa. Astronomie, Medizin, Mathematik und Botanik gediehen, zudem befand sich hier eine der besten Bibliotheken der muslimischen Welt.

Gegen Ende des 10. Jhs. sorgte der grausame Feldherr Al-Mansur (Almanzor) mit mehr als 50 Raubzügen 20 Jahre lang für Furcht und Schrecken im christlichen Norden. 997 zerstörte er die Kathedrale von

Jüdische Stätten aus dem Mittelalter

- *Judería (Toledo)*
- *The Call (Gerona)*
- *Ribadavia (Galicien)*
- *Judería (Córdoba)*
- *Hervás (Extremadura)*
- *Centro Didáctico de la Judería (Segovia)*

1091

Die muslimischen Almoraviden aus Nordafrika besetzen und vereinen Al-Andalus, regieren es von Marrakesch aus und stoppen die christliche Ausbreitung. In den 1140er-Jahren zerfällt Al-Andalus wieder in *taifas*.

1160–73

Die Almohaden, ein strikt muslimisches Volk aus Nordafrika, erobern Al-Andalus. Sie machen Sevilla zu ihrer Hauptstadt und beleben Kunst und Wissenschaft.

1195

Die Almohaden schlagen Alfons VIII. von Kastilien in der Schlacht von Alarcos nahe Ciudad Real vernichtend – es ist die letzte Niederlage der Christen während der Reconquista.

1212

Gemeinsam besiegen die nördlichen christlichen Königtümer die Almohaden bei Las Navas de Tolosa in Andalusien. Es ist ein bedeutender Sieg im Konflikt zwischen Christen und Moslems.

Im 12. Jh. war das Goldene Zeitalter des Kalifats von Córdoba zwar schon vorbei, aber die Stadt brachte die beiden berühmtesten Gelehrten von Al-Andalus hervor: den Muslim Averroës (1126–98) und den Juden Maimonides (1135–1204). Die vielseitig talentierten Männer wurden für ihre Verdienste bei der Vereinigung von Religion und aristotelischer Vernunft berühmt.

Santiago de Compostela im Nordwesten des Landes und zwang christliche Sklaven, deren Tore und Glocken nach Córdoba zu schleppen, wo sie in die große Moschee eingebaut wurden. Die Macht Córdobas schien grenzenlos.

Al-Andalus: Der Niedergang

Gerade als es den Anschein hatte, dass das Goldene Zeitalter Córdobas ewig währen würde, begann schleichend der allmähliche Niedergang von Al-Andalus.

Nach Al-Mansurs Tod setzte bald ein vernichtender Bürgerkrieg der Herrschaft der Omaijaden ein Ende. 1031 zersplitterte das Kalifat in etliche *taifas* (Kleinkönigreiche).

1091 sorgte die Ankunft der Almoraviden, einer fundamentalistischen muslimischen Sekte von Berbernomaden aus Nordafrika, für politische Einheit in Al-Andalus. Ursprünglich kamen die Almoraviden als Unterstützer der *taifa* von Sevilla gegen die zunehmende christliche Bedrohung aus dem Norden.

70 Jahre später wurden die Almoraviden in Marokko durch die Almohaden gestürzt, ein ebenso strenggläubiges Berbervolk, das nun seinerseits auf die Halbinsel vordrang. Beide Stämme schlugen die christlichen Armeen vernichtend und sorgten so dafür, dass die südliche Hälfte der Halbinsel unter muslimischer Herrschaft blieb. Anfang des 13. Jhs. verloren die Almohaden nach und nach wegen interner Kämpfe und fortwährender Angriffe der Christen aus dem Norden ihre Macht. 1248 eroberten die Christen Sevilla, und das Kalifat von Granada (über die Hälfte des heutigen Andalusiens) blieb das letzte von den Mauren regierte Gebiet

DAS ERBE DER MAUREN

Die Herrschaft der Mauren drückte Spanien einen unauslöschlichen Stempel auf. Großartige architektonische Monumente wie die Alhambra in Granada und die Mezquita (Moschee) in Córdoba sind die Glanzstücke des maurischen Erbes. Die typischen engen, verschlungenen Straßen in vielen spanischen Städten und Dörfern, insbesondere im Süden, können auf die Mauren zurückgeführt werden. Zudem verbesserten die Besatzer die hispanorömische Landwirtschaft durch Bewässerung und indem sie neue Obstarten sowie Feldfrüchte einführten. In der spanischen Sprache gibt's viele geläufige Wörter arabischen Ursprungs, etwa die Namen der neuen Nutzpflanzen: *naranja* (Orange), azúcar (Zucker) und arroz (Reis). Den Flamenco in seiner heutigen Form prägten zwar die Roma, doch er geht eindeutig auf die Mauren zurück. Über Al-Andalus erreichten darüber hinaus die Lehren der alten Griechen und Römer, aufgegriffen von den Arabern im östlichen Mittelmeerraum, das christliche Europa, wo sie einen enormen Einfluss auf die Renaissance ausüben sollten.

1218

Alfonso IX, König von León, gründet die Universität Salamanca, die älteste und bis heute renommierteste Universität des Landes.

1229–38

König Jakob I. (Jaime) aus dem Königreich Aragón, zu dem Katalonien gehört, erobert die Balearen und Valencia von den Mauren zurück und macht sein Reich zum wichtigsten Machtzentrum im westlichen Mittelmeerraum.

1248

Ferdinand III. von Kastilien nimmt Córdoba ein und erobert 1260 Sevilla. So bleibt das Nasriden-Emirat von Granada als letzter muslimischer Staat der Halbinsel übrig.

1469

Die Heirat der 18-jährigen Isabella, Erbin Kastiliens, mit dem ein Jahr jüngeren Ferdinand, Erbe von Aragonien, vereint Spaniens mächtigste christliche Staaten.

auf der Iberischen Halbinsel. Das von der Nasridendynastie aus dem prächtigen Palast Alhambra regierte Granada erlebte die letzte kulturelle Blütezeit islamischer Herrschaft in Spanien, bis die christlichen Armeen der Reconquista (Rückeroberung) es belagerten.

Die Reconquista

Die christliche Rückeroberung der Iberischen Halbinsel begann um 722 bei Covadonga in Asturien und endete 1492 mit dem Fall Granadas. Dazwischen lagen fast acht Jahrhunderte voller Niederlagen, aufwühlender Siege und verpasster Gelegenheiten, wobei die Königreiche der Christen fast ebenso oft gegeneinander Kriege führten wie gegen die Mauren.

Der Kult um Santiago (Jakobus), einen der zwölf Apostel, spielte bei der Rückeroberung eine wesentliche Rolle. Etwa in den 820er-Jahren wurde in Galicien das angebliche Grab des Heiligen entdeckt. Daraufhin entstand rund um Jakobus' letzte Ruhestätte die Stadt Santiago de Compostela, die nach Rom und Jerusalem zum drittbeliebtesten Pilgerort des mittelalterlichen Christentums wurde. Bei bevorstehenden Schlachten gegen die Muslime hatten christliche Feldherren häufig Visionen mit dem Heiligen. Jakobus wurde zum Quell der Inspiration und zum Schutzpatron der Reconquista-Soldaten, was ihm den Beinamen *matamoros* (Maurenschlächter) eintrug. Heute ist er der Schutzheilige Spaniens.

Burgen der Reconquista im Internet

www.castillosnet.org

www.castlesofspain.co.uk

Der Aufstieg Kastiliens

Nach der Eroberung durch die Muslime suchten zahlreiche westgotische Adlige im asturischen Covadonga Zuflucht. Christliche Berichte über die Schlacht von Covadonga (722) erzählen in der Regel von einer kleinen Gruppe Kämpfer unter dem Anführer Pelayo, die eine riesige Streitmacht besiegte. Muslimische Darstellungen deuten eher auf ein nebensächliches Scharmützel hin. Wie auch immer es wirklich gewesen sein mag: 757 hatten die Christen jedenfalls fast ein Viertel der Iberischen Halbinsel erobert.

Das asturische Königreich verlegte seinen Hauptsitz daraufhin nach León, der Speerspitze der Reconquista, bis im 10. Jh. Al-Mansur die Christen in die Defensive drängte. Kastilien spaltete sich als kleines Fürstentum vom Königreich León ab und wurde zur vorherrschenden Macht der Reconquista, als das Niemandsland des Duero-Beckens von Abenteurern besiedelt werden konnte. Als Alfons VI. von Kastilien 1085 Toledo einnahm, riefen die Muslime von Sevilla die Almoraviden aus Nordafrika zu Hilfe.

Eine unterhaltsame Zeitreise in die maurische Geschichte Spaniens bietet Jason Webster in *Andalus: Unlocking the Secrets of Moorish Spain*.

1212 besiegten die vereinten christlichen Streitkräfte bei Las Navas de Tolosa (in der Nähe des heutigen Santa Elena) in Andalusien eine gewaltige Almohadenarmee. Das war der Anfang von Al-Andalus' Ende: León

1478
Isabella und Ferdinand, die Katholischen Könige, führen in ihrem blinden religiösen Eifer die spanische Inquisition ein, durch die bis zu ihrer Abschaffung 1834 Tausende den Tod finden.

Januar 1492
Isabella und Ferdinand erobern Granada und schließen so die Reconquista ab. Boabdil, der letzte muslimische Herrscher in Spanien, wird der Legende nach von seiner Mutter getadelt, den Verlust wie eine Frau zu beweinen.

April 1492
200 000 Juden werden von Isabella und Ferdinand vertrieben und gründen im Mittelmeerraum neue Gemeinden. Spaniens Wirtschaft leidet unter dem Verlust des jüdischen Know-hows.

Oktober 1492
Christoph Kolumbus landet auf den Bahamas und ebnet den Weg für die spanische Kolonisierung Amerikas. Der größte Teil des Seehandels wird vom Mittelmeer an die Häfen des Atlantiks verlegt.

DIE KATHOLISCHEN KÖNIGE

Nur wenige Persönlichkeiten, gleich welcher Zeitepoche, hatten einen so starken Einfluss auf die Geschichte ihres Landes wie Spaniens Reyes Católicos (Katholische Könige) Isabella von Kastilien und Ferdinand von Aragonien. Spanien verdankt seine Existenz ihrer Heirat im Jahr 1469, wodurch die beiden großen christlichen Königreiche der Iberischen Halbinsel vereint wurden. 1492 eroberte das Königspaar Granada und annektierte 1512 Navarra.

Während Isabella der Überlieferung nach fromm, aufrichtig, tugendhaft und sehr entschlossen war, galt Ferdinand als cleverer politischer Stratege. Vor ihrer nahezu heimlich geschlossenen Ehe mit Ferdinand in Valladolid, den sie kurz zuvor erst kennengelernt hatte, konnte sich Isabella immer wieder ihrer Familie widersetzen, die sie mit einem halben Dutzend Prinzen in Europa verheiraten wollte. Ferdinand und Isabella waren Cousins zweiten Grades, sie war 18, er 17 Jahre alt. Isabella übernahm die kastilische Krone 1474, Fernando die aragonische 1479. Als Isabella 1504 starb, hatten sie Folgendes erreicht:

- die spanische Inquisition eingeführt (1478),
- die Reconquista mit der Einnahme Granadas abgeschlossen (1492),
- alle Juden (1492) und Muslime (1500), die nicht zum Christentum konvertierten, des Landes verwiesen,
- die Reise von Kolumbus nach Amerika finanziert (1492) und damit für Spanien den Zugang zu einem gewaltige Gebiet in Übersee eröffnet,
- die Macht des rebellischen Hochadels in Kastilien gebrochen.

Isabella und Ferdinand fanden ihre letzte Ruhe in der Capilla Real, einer schönen gotischen Kirche in Granada, die sie zu ihrem Mausoleum erkoren hatten.

Im Mittelalter war das Königreich von Aragòn eines der einflussreichsten Spaniens. Es entstand 1137 durch die Heirat Raimund Berengars IV., des Grafen von Barcelona, mit Petronilla, der Erbin Aragoniens. Barcelona war die Hauptstadt des neuen christlichen Machtzentrums im Nordosten.

bemächtigte sich 1229 und 1230 der Schlüsselstädte in der Extremadura, Aragonien nahm in den 1230er-Jahren Valencia ein und Ferdinand III. El Santo (Ferdinand der Heilige) von Kastilien eroberte 1236 Córdoba und 1248 Sevilla. 1249 wurden die Muslime aus Portugal vertrieben. Der einzig verbliebene muslimische Staat der Halbinsel war nun das Emirat von Granada.

Der Fall von Granada

1476 verweigerte Granadas Emir Abu al-Hasan weitere Tributzahlungen an Kastilien, was die Reyes Cathólicos (Katholischen Könige) – Isabella (die Königin von Kastilien) und ihr Ehemann Ferdinand (der König von Aragonien) – dazu veranlasste, den letzten Kreuzzug der Reconquista gegen Granada zu starten. Ihr Heer finanzierten sie überwiegend mithilfe jüdischer Kredite und der katholischen Kirche. Das Königspaar machte sich einen Bürgerkrieg innerhalb des Emirats von Granada zunutze und

1494
Im Vertrag von Tordesillas (bei Valladolid) wird die Aufteilung Amerikas zwischen Spanien und Portugal geregelt und den Spaniern die Kontrolle über weite Teile des neu entdeckten Kontinents zugesprochen.

1512
Ferdinand, der nach Isabellas Tod im Jahr 1504 allein regiert, nimmt Navarra ein. Damit ist Spanien erstmals seit den Römern wieder unter einer Herrschaft vereint.

1517–56
Die Regierungszeit Karls I., dem ersten Habsburger auf dem spanischen Thron. Sein europäisches Reich ist das größte seit dem 9. Jh. Hinzu kommen rasch wachsende Gebiete in Süd- und Zentralamerika.

zog schließlich am 2. Januar 1492 in die Stadt ein. Später sollte sich dies als folgenschwerstes Jahr der spanischen Geschichte herausstellen.

Die Kapitulationsbedingungen waren recht großzügig. Boabdil, der letzte Emir, erhielt die Bergregion der Alpujarras südlich von Granada sowie 30 000 Goldstücke. Die Geschichtsschreibung war weniger gnädig: Als sich Boabdil auf dem Weg ins Exil noch einmal umdrehte, um einen tränenerfüllten letzten Blick auf sein geliebtes Granada zu werfen, soll seine Mutter geschimpft haben: „Weine nicht wie ein Weib um das, was du nicht wie ein Mann zu verteidigen vermochtest!" Den verbliebenen Muslimen sicherte man zu, ihre Religion, Kultur und ihren Besitz zu respektieren – doch dieses Versprechen wurde schnell gebrochen.

Acht Jahrhunderte nach seiner Gründung hatte Al-Andalus aufgehört zu existieren.

Spaniens Kolonialreich

Nachdem die Katholischen Könige sich die Iberische Halbinsel gesichert hatten, konzentrierten sie sich auf andere Dinge. Die Eroberung Granadas fiel zeitlich genau mit der Öffnung einer gänzlich neuen Welt an Möglichkeiten für das selbstbewusste christliche Spanien zusammen. Kolumbus' Reise nach Amerika im Jahr des Falls von Granada erschloss einen komplett neuen Kontinent, auf dem die spanische Armee und die Kreuzfahrer sich weiter betätigen konnten.

Eroberung der neuen Welt

Im April 1492 bewilligten die Katholischen Könige dem aus Genua stammenden Seefahrer Christoph Kolumbus (auf Spanisch Cristóbal Colón) die Mittel für seine Reise über den Atlantik, um eine neue Handelsroute nach Indien zu finden.

Am 3. August 1492 legte Kolumbus mit drei kleinen Schiffen und 120 Mann im andalusischen Palos de la Frontera ab. Nachdem es an Bord zunächst beinahe zu einer Meuterei gekommen wäre, weil das erhoffte Land einfach nicht in Sicht kam, landete Kolumbus schließlich auf der Bahamas-Insel Guanahaní und entdeckte Kuba sowie Hispaniola. Acht Monate nach seiner Abfahrt kehrte er als gefeierter Held nach Barcelona zurück. Auf drei weiteren Reisen gründete er die Stadt Santo Domingo auf Hispaniola, stieß auf Jamaika, Trinidad und andere karibische Inseln und erreichte die Mündung des Orinoko sowie die Küste von Mittelamerika. Trotzdem starb Kolumbus 1506 verarmt in Valladolid – noch immer im Glauben, den Seeweg nach Asien ausfindig gemacht zu haben.

Skrupellose Eroberer wie Hernán Cortés und Francisco Pizarro nutzten Kolumbus' Route und annektierten weite Teile des amerikanischen Festlandes für Spanien. Schon 1600 beherrschte Spanien fast das gesamte Gebiet des heutigen Mexikos und Mittelamerikas sowie einen großen

Zeugnisse aus Spaniens amerikanischen Kolonien

- *Trujillo (Extremadura)*
- *Lugares Colombinos (bei Huelva)*
- *Casa-Museo de Colón (Valladolid)*
- *Grab von Kolumbus (Kathedrale von Sevilla)*
- *Tordesillas (bei Valladolid)*
- *Palacio de Sobrellano (Comillas)*
- *Museo de América (Madrid)*

Catherine of Aragón: The Spanish Queen of Henry VIII von Giles Tremlett zeigt das Ränkeschmieden und die Intrigen in europäischen Königshäusern des 16. Jhs. anhand der Geschichte der Tochter von Isabel und Fernando.

1521
Hernán Cortés aus Medellín in der Extremadura erobert mit einer kleinen Gruppe Konquistadoren im Namen der spanischen Krone das Azteken-Reich im heutigen Mexiko und Guatemala.

1533
Francisco Pizarro aus Trujillo in der Extremadura unterwirft mit einer kleinen Gruppe *conquistadores* im Namen der spanischen Krone das Inka-Reich in Südamerika.

1556–98
Herrschaft von Philipp II.; Zenit der spanischen Macht. Das amerikanische Territorium reicht von Florida bis Chile und der dort gewonnene Reichtum wird in die Errichtung monumentaler Bauwerke investiert.

1561
Der König macht die ländliche Kleinstadt Madrid zur Hauptstadt seines Reichs. Obwohl viele neue Stadtpalais für den Adel gebaut werden, macht ein Großteil der neuen Hauptstadt einen verarmten Eindruck.

DIE SPANISCHE INQUISITION

Die neuen katholischen Herrscher machten sofort deutlich, dass die islamische Politik der friedlichen religiösen Koexistenz der Vergangenheit angehörte.

Die Katholischen Könige gaben sich nicht mit der Rückeroberung der Ländereien zufrieden; ihr christlicher Eifer führte zur Gründung der Spanischen Inquisition, die all jene ausrotten sollte, die eine Bedrohung der Katholischen Kirche darstellten. Ihr wichtigster Vertreter, der Großinquisitor Tomás de Torquemada wurde 1479 zum persönlichen Beichtvater Königin Isabellas ernannt. Sein Einfluss ist auch Jahrhunderte später noch unbestritten: Dostojewski diente er als Vorbild für den wortgewandten Großinquisitor, der in *Die Brüder Kasamarow* Jesus selbst den Prozess macht, und die britische Komikertruppe Monty Python verspottete ihn in ihrer Show Flying Circus.

Zunächst konzentrierte sich die Spanische Inquisition auf die *conversos* (zum Christentum konvertierte Juden), denen man vorwarf, dass sie heimlich weiter den jüdischen Glauben praktizieren würden – dabei war Torquemada selbst der Sohn konvertierter Juden.

Wenn die „Sünder" Glück hatten, nahm die Inquisition ihnen ihre Habe ab (vor dem Fall Granadas wurden so die Reconquista-Krieg finanziert) und trieb sie anschließend im *sambenito*, einem gelben mit Kreuzen verzierten Hemd, das so kurz war, dass man die Genitalien sehen konnte, durch die Städte zur Kirche, wo sie dann ausgepeitscht wurden.

Andere mussten unvorstellbare Folterqualen erleiden, um zuletzt öffentlich auf dem Scheiterhaufen verbrannt zu werden; dieses Ritual wurde *auto de fé* genannt. Die Opfer, die widerriefen und das Kreuz küssten, wurden vor Entzünden des Feuers garrottiert (mittels einer Vorrichtung erdrosselt). Wer nur widerrief, wurde auf trockenem Holz verbrannt; ein schnellerer Tod als für diejenigen, die nicht widerriefen. Für sie nutzte man junges, feuchtes Holz, was einen sehr langsamen und sehr qualvollen Tod bedeutete.

In seiner 15-jährigen Amtszeit als Großinquisitor der Kastilischen Inquisition leitete Torquemada um die 100 000 Prozesse und verurteilte ca. 2000 Menschen zum Tod. Auf sein Drängen hin erließen Ferdinand und Isabella am 31. März 1492 das Alhambra-Edikt, demzufolge alle Juden, die sich nicht christlich taufen ließen, unter Androhung der Todesstrafe binnen zwei Monaten das Land zu verlassen hatten. Um die 100 000 traten zum christlichen Glauben über, 200 000 weitere – die ersten Sepharden – verließen Spanien und ließen sich in anderen Ländern im Mittelmeerraum nieder. Die bankrotte Monarchie bemächtigte sich der jüdischen Besitztümer und Spanien verlor eine talentierte, gebildete Mittelschicht.

Kardinal Cisneros, Torquemadas Nachfolger als Kopf der Inquisition, wollte auch die gesamte muslimische Kultur ausrotten. Im einstigen Emirat von Granada zwang er die Bevölkerung zu Massentaufen, verbrannte islamische Bücher und verbot die arabische Sprache. Nach einem Aufstand in Andalusien im Jahr 1500 mussten die Muslime entweder zum Christentum konvertieren oder das Land verlassen. Viele von ihnen (um die 300 000) ließen sich taufen – allerdings oft nur zum Schein – und blieben. Sie wurden *moriscos* genannt. Weil ihre Assimilation fehlschlug, jagte man sie zwischen 1609 und 1614 schließlich doch noch aus dem Land.

1571

Die Flotte der Heiligen Liga, angeführt von Spanien und Venedig, besiegt unter dem Oberbefehl von Don Juan de Austria die osmanische Flotte der Türken bei Lepanto und beendet so den Vorstoß der Osmanen nach Europa.

Ca. 1580–1660

Spanien erlebt mit Literaten wie Cervantes und Künstlern wie Velázquez, Zurbarán und El Greco eine kulturelle Blütezeit. Zugleich wird der Niedergang des spanischen Weltreichs eingeläutet.

1609–14

Im Zuge einer letzten gegen Nichtchristen gerichteten Säuberungsaktion vertreibt man die *moriscos* endgültig aus Spanien, wodurch die taumelnde Wirtschaft weiter geschwächt wird.

1676

Die verheerenden Auswirkungen der dritten großen Pestwelle innerhalb eines Jahrhunderts werden durch schlechte Ernten noch verschlimmert. Im 17. Jh. erliegen über 1,25 Mio. Spanier dem Hunger oder dem „Schwarzen Tod".

Teil Südamerikas, alle großen karibischen Inseln und Florida. Aus den neuen Kolonien wurden gewaltige Ladungen Silber, Gold und andere Reichtümer ins Heimatland verschifft. Die Krone hatte das Recht, ein Fünftel der Barren (*quinto real* oder königliches Fünftel) einzukassieren. Sevilla besaß das Handelsmonopol und entwickelte sich zu einer der reichsten Städte Europas.

Europäische Verwicklungen

Die Katholischen Könige waren der Meinung, dass ihnen noch mehr zustand als „nur" die Neue Welt. Ferdinand und Isabella banden Spanien durch Einheirat ihrer vier Kinder in die Königshäuser von Portugal, Burgund und England in die europäische Geschichte ein. Nach dem Tod Isabellas 1504 und Ferdinands 1516 übernahm ihr Enkel Karl I. den Thron, der 1517 siebzehnjährig von Flandern nach Spanien kam. 1519 erbte er auch die habsburgische Krone in Österreich und wurde zum Kaiser des Heiligen Römischen Reichs gewählt (als Karl V.). Nun herrschte er über ganz Spanien, die Niederlande, Österreich, mehrere italienische Fürstentümer und Teile von Frankreich und Deutschland sowie über die wachsenden spanischen Kolonien auf dem amerikanischen Kontinent.

Spaniens Macht und Einfluss waren offenkundig, doch die Finanzierung europäischer Auseinandersetzungen schluckte den Großteil des neuen Reichtums. Kriegsmüde dankte Karl kurz vor seinem Tod 1556 ab und zog sich in das Kloster Yuste in der Extremadura zurück. Er teilte seine zahlreichen Besitztümer zwischen seinem Sohn Philipp II. (reg. 1556–1598) und dessen Bruder Ferdinand auf.

Philipp erhielt mit Spanien, den Niederlanden und den amerikanischen Kolonien den Löwenanteil. Unter seiner Herrschaft erreichte Spanien den Zenit seiner Macht, auch wenn seine Regentschaft von inneren Gegensätzen gekennzeichnet war. Er erweiterte die amerikanischen Kolonien und erhob 1580 nach dem Tod des portugiesischen Königs Anspruch auf dessen Reich, verlor aber Holland nach einer langwierigen Rebellion. Seine Flotte besiegte 1571 bei Lepanto die Osmanen, doch die Spanische Armada wurde 1588 von England vernichtet. Philipp war ein fanatischer Katholik, der Inquisitoren zu erneuten Verfolgungen anspornte. Gleichzeitig verband er sich ohne Skrupel mit dem protestantischen England gegen das katholische Frankreich. Und obwohl ihm mehr amerikanisches Silber denn je zufloss, ging er bankrott.

Ein gespaltenes Land

Spaniens Regenten säten in der Blütezeit des Landes, als es große Teile der Welt beherrschte, bereits die Saat, die zum Verfall führen sollte. Ein großer Teil des in den Kolonien in Amerika und an anderen Orten angehäuften Reichtums wurde für den ausschweifenden Lebensstil der Kö-

Literatur: Spanien vor dem Bürgerkrieg

As I Walked out One Midsummer Morning von Laurie Lee

South from Granada von Gerald Brenan

The Spanish Labyrinth von Gerald Brenan

Sketches of Spain: Impressions and Landscapes von Federico García Lorca

Zeugnisse der Napoleonischen Kriege

Cabo de Trafalgar (Los Caños de Meca)

Trafalgar Cemetery (Gibraltar)

Museo de las Cortes de Cádiz (Cádiz)

Xardín de San Carlos (A Coruña)

Cementerio de la Florida (Madrid)

1700

Nach dem Tod Karls II. wird Philipp V. Spaniens erster bourbonischer König. Er steht an zweiter Stelle in der französischen Thronfolge, was in ganz Europa Besorgnis auslöst.

1702–13

Spanischer Erbfolgekrieg: England unterstützt Karl, Erzherzog von Österreich. 1713 bestätigt der Vertrag von Utrecht den Thronanspruch Philipps V., doch Spanien verliert Gibraltar und die Niederlande.

1793

Spanien erklärt Frankreich nach der Enthauptung Ludwig XVI. den Krieg, doch schon wenige Jahre später unterstützt es das Nachbarland im Kampf gegen die Briten.

1805

Die spanisch-französische Armada wird von der englischen Flotte bei Trafalgar geschlagen. Spanien verliert seine Stellung als Seemacht. Die Unzufriedenheit über die pro-französische Politik Karls IV. wächst.

nige und des Klerus verschwendet, sodass sich die Lebensbedingungen des spanischen Volks nicht verbesserten. Das Ergebnis war ein tief gespaltenes Land, in dem es über Jahrhunderte wiederholt zu Kriegen um die königliche Erbfolge und zu Konflikten mit anderen Ländern kam, während die Bevölkerung allmählich immer mehr verarmte.

Mit Europa auf Kriegsfuß

Spaniens blühende Kunstszene des 17. Jhs. beschwor die Illusion von einer modernen europäischen Nation herauf. Legendäre Maler wie Velázquez, El Greco, Zurbarán und Murillo und Schriftsteller und Dichter wie Miguel de Cervantes (der Autor von *Don Quixote*) oder Lope de Vega machten das Land unsterblich.

In der Ersten Republik ernannten sich einige Städte selbst zu unabhängigen Staaten. Einige Orte wie Sevilla und Utrera erklärten sich nun sogar gegenseitig den Krieg.

Gleichzeitig ließen die schwachen, rückwärtsgewandten Könige, die konservative Kirche und der träge Adel zu, dass die Wirtschaft stagnierte, was Hungersnöte zur Folge hatte. Spanien verlor Portugal und musste sich mit Revolten in Sizilien, Neapel und Katalonien auseinandersetzen. Die Silberlieferungen aus Amerika nahmen drastisch ab. Der kränkliche Karl II. (reg. 1665–1700), El Hechizado (Der Verhexte) genannt, hatte keine Kinder, ein Umstand, der zum Spanischen Erbfolgekrieg führte. Felipe V. (Philipp V. , reg. 1700–1746) folgte dem kinderlosen Karl II. auf den spanischen Thron, doch im Erbfolgekrieg verlor Spanien seine letzten niederländischen Besitzungen an Österreich und musste Gibraltar und Menorca an England abtreten. Felipe V. war der Erste aus der Dynastie der Bourbonen, die auch heute noch amtiert.

Trotz des damaligen Vormarsches der europäischen Aufklärung sperrten sich Spaniens mächtige Kirche und die Inquisition gegen den Rationalismus aus Frankreich. Zwei Drittel des Landes waren in der Hand des Adels und der Kirche und soziale Ungleichheit und Unruhen waren an der Tagesordnung.

Die Franzosen kommen

Als Ludwig XVI. von Frankreich, ein Cousin Karls IV. von Spanien (reg. 1788–1808), 1793 infolge der Französischen Revolution enthauptet wurde, erklärte Spanien Frankreich den Krieg, schloss jedoch bereits zwei Jahre später wieder Frieden. 1805 wurde die spanisch-französische Flotte von den Briten unter Admiral Nelson vor dem Cabo de Trafalgar (Kap Trafalgar, südlich von Cádiz) in Andalusien geschlagen. Spaniens Seemacht war am Ende.

1807 marschierten französische Truppen auf ihrem angeblichen Weg nach Portugal in Spanien ein. Tatsächlich besetzten sie jedoch Spanien selbst, sodass Karl 1808 zugunsten von Napoleons Bruder Joseph Bonaparte zur Abdankung gezwungen wurde.

1808–13
Karl IV. dankt ab. Es beginnt die französische Besetzung unter König Joseph I., Napoleons Bruder. Aus dem Unabhängigkeitskrieg gegen Frankreich geht Spanien mithilfe britischer Streitkräfte siegreich hervor.

1809–24
Viele Kolonien Spaniens erlangen die Unabhängigkeit, da Spanien sich auf den Kampf gegen die französische Besatzung konzentriert.

1814
Ferdinand VII. wird König und widerruft die Verfassung von Cádiz – ein Versuch, konstitutionelle Reformen einzuführen – nur wenige Wochen nach seinem Versprechen, sich nach dieser zu richten.

1833–39
Thronfolgestreitigkeiten zwischen den Anhängern Isabellas, der Tochter des Königs Ferdinand VII., und Don Carlos', dem Bruder des Königs, lösen die Karlistenkriege aus. Isabella wird 1843 Königin.

In Madrid rebellierte das Volk (Goya bannte diesen Moment auf Leinwand; *El dos de mayo* und *El tres de mayo* können im Museo del Prado (S. 96) in Madrid bewundert werden) und im ganzen Land schlossen sich Einheimische den Guerillakriegern an, verstärkt von englischen und portugiesischen Truppen unter Führung des Herzogs von Wellington. Ein nationales Cortes (Parlament) in Cádiz legte 1812 eine neue liberale Verfassung für Spanien fest, gestützt auf den Prinzipien der Amerikaner und Franzosen. 1813 wurden die Franzosen nach ihrer Niederlage bei Vitoria schließlich vertrieben.

Der Niedergang Spaniens

Der Kampf gegen die Franzosen einte das Land kurz, doch die spanische Gesellschaft blieb unverändert tief gespalten und überdies zunehmend rückständig und isoliert. Fast das gesamte 19. Jh. war von internen Konflikten zwischen Liberalen (die halbherzig Demokratisierungsprozesse vorantrieben) und Konservativen (Kirche, Adel und andere Anhänger des früheren Status quo) gekennzeichnet.

Die Ungewissheit bezüglich der Erbfolge löste den Ersten Karlistenkrieg (1833–1839) aus. Während des Kriegs brach der Antiklerikalismus mit aller Gewalt hervor. Religiöse Orden wurden geschlossen, ihre Besitztümer 1836 im Rahmen der Säkularisierung von Kircheneigentum und -ländereien eingezogen und von der Regierung versteigert. Aus diesem Zwist ging einzig die Armee siegreich hervor. Auch im Zweiten Karlistenkrieg (1872–1876) standen sich nicht nur zwei, sondern drei Anwärter auf den Thron gegenüber.

1873 erklärte das überwiegend liberale Parlament das Land zur föderalistischen Republik. Doch der Ersten Republik gelang es nicht, die verschiedenen Regionen zu kontrollieren, und die Armee setzte in Koalition mit Kirche und Großgrundbesitzern Alfons XII. (reg. 1874–1885), den Sohn von Königin Isabella II., auf den Thron.

Das geschwächte Spanien war kaum in der Lage, das eigene Land zusammenzuhalten. Entsprechend schwer war es, die wenigen verbleibenden Kolonien zu verteidigen. 1898 verlor Spanien nach der Niederlage im Spanisch-Amerikanischen Krieg gegen die USA seine Kolonien Kuba, die Philippinen, Guam und Puerto Rico.

Für ein Land, das einst eines der größten Imperien seiner Zeit war, kamen diese Niederlagen einem schmachvollen Prestigeverlust gleich.

Die Ruinen des Dorfes Belchite in Zentral-Aragonien, das 1937 bei einem heftigen Kampf im Spanischen Bürgerkrieg zerstört wurde, blieben nach dem Krieg zur Erinnerung erhalten. Zu den erschreckenden Kriegszeugnissen, die man heute täglich im Rahmen von Führungen des Tourismusamts besichtigen kann, zählen auch die Überreste von vier Kirchen.

Der Spanische Bürgerkrieg

Der Spanische Bürgerkrieg (1936–39) war die Folge einer langwierigen Entwicklung. Die Saat der Zwietracht war in vielerlei Hinsicht schon Jahrhunderte zuvor durch das enorme Ungleichgewicht entstanden, die die Reichtürmer aus den spanischen Kolonien geschaffen hatten. Au-

1872–76

Nach der kurzen chaotischen Ersten Republik von 1873 bringt der Zweite Karlistenkrieg zwischen den Lagern dreier Könige Alfonso XII., den Sohn Isabellas II., auf den Thron.

1898

Spanien verliert im Spanisch-Amerikanischen Krieg seine restlichen Kolonien. Die USA begründen ihre Kriegserklärung mit der Unterstützung der kubanischen Unabhängigkeit.

1923–30

General Miguel Primo de Rivera gelingt mithilfe von Alfons XIII. ein Putsch. Er ernennt sich selbst zum Diktator. 1930 zieht er sich zurück und stirbt.

1931

Alfons XIII. geht ins Exil, nachdem die Republikaner bei Kommunalwahlen Gewinne erzielen. Spaniens Zweite Republik wird eingeführt und linksgerichtete Parteien gewinnen die landesweiten Wahlen.

ßerdem war er das Resultat der tiefen Spaltung der Gesellschaft, die im 19. Jh. an die Oberfläche trat.

Wie es dazu kam

Zu Beginn des 20. Jhs. war Spanien hin- und hergerissen zwischen den rivalisierenden Kräften der Linken und Konservativen. Es gelang aber keinem der beiden politischen Lager, dauerhaft die Oberhand zu behalten.

Eine Zeit lang schien sich die Linke durchzusetzen. Anarchismus und Sozialismus gewannen viele Anhänger und gründeten einflussreiche Gewerkschaften. In den 1890er- und 1900er-Jahren zerbombten Anarchisten das Opernhaus Liceu in Barcelona, ermordeten zwei Premierminister und töteten im Mai 1906 auf der Hochzeit von Alfons XIII. und Victoria Eugénie von Battenberg mit einer Bombe 24 Menschen. Zeitgleich mit dem Aufstieg der Linken wuchsen der baskische und der katalanische Separatismus. In Katalonien waren geschäftliche Interessen maßgeblich und man forderte eine von Madrid unabhängige Politik. Im Baskenland erstarkte der Nationalismus in den 1890er-Jahren als Reaktion auf eine Flut kastilischer Arbeiter, die in baskischen Betrieben Beschäftigung suchten. Ein Teil der Einheimischen sah in den Migranten eine Bedrohung ihrer Identität. 1909 töteten Berber im spanischen Marokko mehrere Soldaten, woraufhin die Regierung katalanische Reservisten einberief, die dort kämpfen sollten. Das löste die sogenannte Semana Trágica (Tragische Woche) in Barcelona aus, die mit einem Generalstreik begann und in einem Gewaltrausch endete. Die Regierung ließ daraufhin zahlreiche Arbeiter exekutieren.

Im Ersten Weltkrieg blieb Spanien neutral, war aber unverändert zerrüttet. 1921 wurden etwa 10 000 spanische Soldaten im marokkanischen Anual von einer Berberstreitmacht getötet und zwei Jahre später führte Miguel Primo de Rivera, ein exzentrischer andalusischer Aristokrat, einen militärischen Staatsstreich an und etablierte eine milde Diktatur. Er trat 1930 ab, mitten in der Wirtschaftskrise nach dem amerikanischen Börsencrash an der Wall Street. König Alfons XIII. floh 1931 ins Exil und Spaniens Zweite Republik begann.

Die Wahlen 1931 brachten eine Regierung aus Sozialisten, Republikanern und Zentristen hervor. Eine neue Verfassung verlieh Frauen im gleichen Jahr das Wahlrecht, gestand dem autonomiebestrebten Katalonien ein eigenes Parlament zu, legalisierte die Scheidung, schaffte den Katholizismus als offizielle Staatsreligion ab und verbot Priestern die Lehrtätigkeit. Aber bei den Wahlen 1933 bekamen erneut rechtsgerichtete Parteien die Mehrheit. Zu den neuen rechten Kräften gehörte auch die faschistische Falange von José Antonio Primo de Rivera, dem Sohn des Diktators der 1920er-Jahre.

Bücher über den Spanischen Bürgerkrieg

- *Wem die Stunde schlägt* von Ernest Hemingway
- *Mein Katalonien* von George Orwell
- *The Spanish Civil War* von Hugh Thomas
- *Spain in Our Hearts* von Adam Hochschild

1933–35

Die nächste Wahl entscheiden rechtsgerichtete Parteien für sich. Als die Armee rücksichtslos gegen asturische Arbeiter vorgeht, ist Spanien unwiderruflich in ein linkes und ein rechtes Lager gespalten.

1936

Die linksgerichtete Popular Front kommt an die Macht. Nationalistische Rebellen unter General Francisco Franco erheben sich, der Spanische Bürgerkrieg bricht aus.

1936–39

Die nationalistischen Rebellen unter Franco erhalten Unterstützung von Deutschland und Italien und besiegen die von der UdSSR unterstützen Republikaner. 350 000 Spanier sterben.

1938

Die Nationalisten schlagen die letzte große Offensive der Republikaner im Ebro-Tal nieder, dabei sterben 20 000 Spanier. Die UdSSR stellt die Hilfe für die Republikaner ein.

1934 eskalierte die Gewalt. Katalonien erklärte seine Unabhängigkeit (innerhalb der vermeintlich föderalen Republik) und Arbeiterräte ergriffen die Macht in der Bergbauregion Asturien. Die spanische Fremdenlegion (in den 1920er-Jahren zur Bekämpfung kriegerischer Volksgruppen in Marokko gegründet) ging unter der Führung der Generäle Francisco Franco und José Millán Astray gewaltsam gegen die asturischen Arbeiter vor und spaltete das Land in Linke und Rechte.

Bei den Wahlen vom Februar 1936 wurde die rechte Nationale Front nur knapp von der Volksfront, einer Linkskoalition unter kommunistischer Führung, geschlagen. So wurde der Weg für den Spanischen Bürgerkrieg geebnet.

Beginn des Bürgerkriegs

Am 17. Juli 1936 revoltierte die spanische Garnison im nordafrikanischen Melilla gegen die linke Regierung, am Tag darauf gefolgt von Garnisonen im Mutterland. Fünf Generäle führten das Komplott an, darunter auch Francisco Franco. Der Bürgerkrieg hatte begonnen.

Der Krieg entzweite Gemeinden, Familien und Freunde und kostete schätzungsweise 350 000 Spaniern (laut einiger Quellen sogar bis zu 500 000) das Leben. Das Land erlitt schier unbeschreibliche Not. Beide Seiten verübten grauenhafte Massaker und Vergeltungsaktionen. Die Rebellen, die sich Nationalisten nannten, erschossen oder erhängten Zehntausende Anhänger der Republik. Diese wiederum taten das Gleiche mit Franco-Sympathisanten und töteten mehr als 7000 Priester, Mönche und Nonnen.

Zu Kriegsbeginn schloss sich ein großer Teil des Militärs und der Guardia Civil den Nationalisten an, deren Kampf rasch den Beigeschmack eines Kreuzzugs gegen Nichtkatholiken hatte. In den republikanischen Gebieten übernahmen Anarchisten, Kommunisten oder Sozialisten die Führung in etlichen Städten; eine Sozialrevolution war die Folge.

Vormarsch der Nationalisten

Viele Garnisonsstädte fielen sofort in die Hand der Nationalisten: Dazu zählten fast das gesamte Gebiet nördlich von Madrid – mit Ausnahme von Katalonien und der Nordküste – sowie Teile Andalusiens. Francos Truppe aus Legionären und marokkanischen Söldnern wurde im August von der deutschen Luftwaffe nach Sevilla geflogen. Sie marschierte gen Norden durch die Extremadura nach Madrid, was maßgeblich für den Erfolg der Revolte war, und schlug unterwegs Widerständler nieder. Im Oktober brachte Franco in Salamanca alle Nationalisten auf seine Linie.

Mithilfe der ersten Bataillone der Internationalen Brigaden (von Kommunisten organisierte bewaffnete ausländische Idealisten und Abenteurer) schlug Madrid im November Francos ersten Angriff zurück und er-

1939

Im Januar nehmen die Nationalisten Barcelona ein. Die Regierung flieht, ihre republikanischen Truppen lösen sich auf und die Nationalisten marschieren am 28. März in Madrid ein. Franco verkündet am 1. April das Kriegsende.

1939–50

Franco etabliert eine rechtsgerichtete Diktatur und lässt Hunderttausende von Menschen inhaftieren. Spanien bleibt im Zweiten Weltkrieg neutral, wird aber später von der NATO und der UNO ausgeschlossen.

1955–65

Spanien akzeptiert die US-Basen im Land und wird von der UNO wieder aufgenommen. Die Wirtschaft boomt durch US-Hilfsleistungen sowie den Massentourismus an der Costa Brava und der Costa del Sol.

1959

Die ETA wird gegründet. Ihr Ziel ist die Schaffung eines unabhängigen baskischen Staats. Die Terrororganisation tötet über 800 Menschen, darunter 1973 Francos Premierminister. 2011 löst sie sich selbst auf.

In *The Spanish Holocaust: Inquisition and Extermination in Twentieth-Century Spain* beschreibt Paul Preston die Brutalität des Bürgerkriegs und die daran anschließende lange Phase der Unterdrückung

duldete, inspiriert durch die Kommunisten, eine zweijährige Belagerung. Die Internationalen Brigaden setzten sich aus gerade einmal 20 000 Mann zusammen und konnten das Blatt gegen die besser bewaffneten und organisierten Nationalisten kaum wenden.

Hitler und Mussolini unterstützten die Nationalisten mit Flugzeugen, Waffen und Kämpfern (75 000 aus Italien, 17 000 aus Deutschland) – ein Testlauf für den Zweiten Weltkrieg. Die Republikaner erhielten Flugzeuge, Panzer, Artillerie und Berater von den Sowjets, doch der Rest der internationalen Gemeinschaft verweigerte jegliche Beteiligung (und das, obwohl 25 000 Franzosen auf der Seite der Republikaner kämpften).

Republikanische Querelen

Ende 1936 veranlasste Madrids Belagerung die republikanische Regierung im Bemühen, die unterschiedlichen politischen Gruppen – Anarchisten, Kommunisten, gemäßigte Demokraten und regionale Separatisten – unter einen Hut zu bekommen, zum Umzug nach Valencia.

Im April 1937 bombardierten deutsche Flugzeuge die baskische Stadt Guernica (auf Baskisch „Gernika"), ein Angriff, der viele zivile Opfer forderte (Picasso machte dies zum Thema seines berühmten Pazifismusgemäldes, das im Centro de Arte Reina Sofía in Madrid hängt). Im selben Jahr fiel die gesamte Nordküste an die Nationalisten, die somit die Kontrolle über die baskische Industrie erlangten. Republikanische Gegenangriffe bei Madrid und in Aragonien schlugen fehl. Im Mai 1937 entluden sich die Spannungen unter den Republikanern in erbitterten Straßenkämpfen in Barcelona, wobei sowjetisch orientierte Kommunisten die Anarchisten und Trotzkisten, die fast ein Jahr lang die Kontrolle über die Stadt gehabt hatten, komplett zerschlugen. Daraufhin zog die republikanische Regierung im Herbst 1937 nach Barcelona.

Filme über Francos Spanien

- *Pan's Labyrinth* (2006)
- *Der Geist des Bienenstocks* (1973)
- *¡Bienvenido, Mr Marshall!* (*Willkommen, Mr Marshall!*; 1953)
- *Las 13 rosas* (2007)

Sieg der Nationalisten

Anfang 1938 schlug Franco in Teruel in Aragonien eine republikanische Offensive zurück, eilte anschließend mit 100 000 Mann, 1000 Flugzeugen und 150 Panzern ostwärts und schnitt Barcelona von Valencia ab. Im Juli starteten die Republikaner im Ebro-Tal eine letzte Offensive gegen die Nationalisten. Letztere gewannen das blutige Gefecht, das 20 000 Tote zur Folge hatte. Nachdem sich die UdSSR im September 1938 aus dem Krieg zurückzog und die Nationalisten im Januar 1939 Barcelona kampflos einnehmen konnten, flohen die republikanische Regierung und Hunderttausende ihrer Anhänger nach Frankreich. Obwohl die Republikaner Valencia und Madrid hielten und noch 500 000 Mann unter Waffen hatten, lösten sich ihre Truppen letztendlich einfach auf. Am 28. März 1939 hielten die Nationalisten in Madrid Einzug und Franco erklärte am 1. April das Ende des Kriegs.

1960-er Jahre
Nach zwei Jahrzehnten extremer wirtschaftlicher Notlage beginnt das als *años de desarollo* (Jahre der Entwicklung) bekannte Jahrzehnt. Investitionen und Zuwanderer strömen nach Madrid und in andere Städte.

1975
Franco stirbt, sein Nachfolger ist König Juan Carlos I. Franco hatte den Monarchen instruiert, seine Politik fortzusetzen, doch schon bald zeigt sich Juan Carlos' Wille zu einem Wandel.

1976
Juan Carlos ernennt Adolfo Suárez zum Premierminister, der die Rückkehr zur Demokratie möglich macht. Das Verbot linksgerichteter Parteien wird aufgehoben und 1977 gibt's freie Wahlen.

1978
Die neue Verfassung wird per Referendum von einer großen Mehrheit angenommen. Spanien bekommt eine parlamentarische Demokratie ohne Staatsreligion und mit dem König als Oberhaupt.

Diktatur unter Franco

Das ausgeblutete und geschlagene Spanien hatte zwar den Bürgerkrieg hinter sich, aber Frieden war nicht in Sicht. Spaniens neuer Herrscher, General Francisco Franco, machte so weiter, wie er begonnen hatte.

Die frühen Jahre der Diktatur

In den Jahren unmittelbar nach dem Krieg wurden schätzungsweise 100 000 Menschen getötet oder starben im Gefängnis. Weil sich unter den Hunderttausenden Gefangenen viele Intellektuelle und Lehrer befanden und zahlreiche andere Spanier ins Ausland flohen, fehlte dem Staat bald eine ganze Generation an Wissenschaftlern, Künstlern, Schriftstellern, Lehrenden usw.

Obwohl Franco Hitler ein Bündnis versprochen hatte, spielte Spanien während des Zweiten Weltkriegs keine aktive Rolle. 1944 startete die spanische Linke von Frankreich aus einen Angriff auf den spanischen Diktator, der aber scheiterte. Kleine Guerillaeinheiten setzten im Norden, in der Extremadura und in Andalusien bis in die 1950er-Jahre einen hoffnungslosen Kampf fort.

Nach dem Zweiten Weltkrieg wurde Spanien aus der UNO und der NATO ausgeschlossen und litt unter einem von der UNO veranlassten Handelsboykott, der in den 1940er-Jahren zu Spaniens *años de hambre* (Hungerjahren) beitrug. Mit dem Beginn des Kalten Krieges forderten die USA Militärbasen in Spanien; vier davon wurden unter Zustimmung Francos gegen Zahlungen üppiger Hilfsgelder errichtet. 1955 durfte das Land schließlich der UNO beitreten.

Paul Preston lässt in der lesenswerten Biografie *Franco. Caudillo de España* kaum ein gutes Haar an dem Diktator. Wer Verschwörungstheorien mag, sollte Peter Days *Franco's Friends: How British Intelligence Helped Bring Franco to Power in Spain* lesen.

Francos Spanien

Franco war ein absolutistischer Herrscher, der keine andere Macht neben sich duldete, weder die Kirche noch die Armee, das Movimiento Nacional (die einzige legale politische Partei) oder das Finanzwesen. Bestrebungen nach regionaler Autonomie wurden nicht geduldet. Viele Mitglieder des Kabinetts stammten aus den Reihen des Militärs und erhielten großzügige Budgets. Die Vormachtstellung des Katholizismus wurde vollständig wiederhergestellt.

1959 erarbeitete eine neue Gattung von Technokraten, die mit der katholischen Gruppe Opus Dei verbunden und an der Regierung beteiligt waren, einen Stabilisierungsplan, der einen Wirtschaftsaufschwung zur Folge hatte. Moderne Maschinen, Technologien und Marketingmethoden wurden eingeführt und das Transportwesen modernisiert. Zudem ermöglichten neue Dämme Bewässerung und Wasserkraftwerke.

Der Wirtschaftsboom wurde teilweise durch US-Finanzhilfen und Geldsendungen von mehr als einer Million im Ausland arbeitenden Spaniern, hauptsächlich aber durch den Tourismus finanziert, der zunächst

1981
Am 23. Februar initiieren Mitglieder der Guardia Civil unter Antonio Tejero einen Putschversuch und besetzen das Parlamentsgebäude. Der König verurteilt ihr Vorgehen und die Gruppe scheitert.

1982–96
Unter der Führung von Felipe González' PSOE, einer Mitte-Links-Partei, erlebt das Land einen Wirtschaftsboom, doch die Regierung steht zunehmend für Skandale und Korruption.

1986
Spanien tritt der EG bei. Zusammen mit der NATO-Mitgliedschaft seit 1982 ist dies eine Wende für das Land: Erstmals seit der Franco-Ära ist Spanien international rehabilitiert.

1992
Die Olympischen Spiele in Barcelona rücken das Land in den Fokus des internationalen Interesses und unterstreichen seine Entwicklung seit 1975 . Madrid ist Europäische Kulturhauptstadt und Sevilla Schauplatz einer Weltausstellung.

Extravaganz der Bourbonen

Palacio Real (Madrid)

Palacio Real (Aranjuez)

La Granja de San Ildefonso (bei Segovia)

an der andalusischen Costa del Sol und der katalanischen Costa Brava gefördert wurde. 1965 kamen jährlich bereits 14 Mio. Touristen nach Spanien. Dies waren die sogenannten *años de desarrollo* (Jahre der Entwicklung). Die Industrie startete durch, Auslandsinvestitionen stärkten die Wirtschaft und der Dienstleistungs- und Bankensektor florierte. 1960 waren noch weniger als 70 000 Autos auf den Straßen von Madrid unterwegs, zehn Jahre später waren es schon mehr als eine halbe Million.

Der Lebensstandard der Spanier hatte sich zwar verbessert, aber die Gefängnisse waren noch immer voll mit politischen Gefangenen. Darüber hinaus wurde jede größere Stadt von bereitstehenden Garnisonen beobachtet. Ab 1965 wurde der Widerstand gegen Franco immer lauter. An den Universitäten kam es wiederholt zu Aufständen und die Gewerkschaften meldeten sich aus dem Untergrund zurück. Im Baskenland

LA MOVIDA

Nach den langen dunklen Jahren, die durch Diktatur und konservativen Katholizismus geprägt waren, holten junge *madrileños* die '60er, '70er und frühen '80er sozusagen in einem Zug nach. Es war eine Zeit ohne Tabus, die als *La Movida* (die Bewegung) oder auch als *La Movida Madrileña* (die Madrider Bewegung) bekannt wurde. Durchzechte Nächte wurden die Norm und öffentlicher Drogenkonsum stand nicht mehr unter Strafe. Die Terrassen vibrierten in den Sommernächten geradezu von den Gesprächen und dem Gelächter feiernder Spanier, und junge Menschen aus ganz Europa sowie kulturelle Ikonen wie Andy Warhol besuchten das Land, um an der neuen Entwicklung teilzuhaben.

Das Besondere an *La Movida* in Madrid war, dass an seiner Spitze Enrique Tierno Galván stand, ein alternder früherer Universitätsprofessor, der einer der führenden Oppositionellen unter Franco gewesen war und liebevoll „der alte Professor" genannt wurde. Nach der Wahl des Sozialisten zum Bürgermeister im Jahr 1979 gab dieser nach Meinung vieler den Startschuss für die Bewegung mit dem Satz „*a colocarse y ponerse al loro*", was so viel heißt wie „ Macht so viel Party, wie ihr könnt!". Er war einer der beliebtesten Bürgermeister aller Zeiten und nach seinem Tod 1986 kamen eine Million *madrileños* zu seiner Beerdigung.

Doch während der *movida* entfalteten auch viele Musiker, Designer und Filmemacher ihre Kreativität. Der berühmteste unter ihnen war der Regisseur Pedro Almodóvar, in dessen farbenfrohen Filmen herausragende Charaktere gegen Grenzen angingen. Obwohl er mit späteren Werken weltweit berühmt wurde, sind es seine frühen Filme wie *Pepi, Luci, Bom y otras chicas del montón* (*Pepi, Luci, Bom und der Rest der Bande*; 1980) und *Laberinto de pasiones* (*Labyrinth der Leidenschaften*; 1982), in denen die Bewegung wirklich zum Leben erweckt wird. Wenn er nicht gerade Filme drehte, tauchte Almodóvar in die Welt von *La Movida* und trat als Transvestit auf in Bars voller Gleichgesinnter. Weitere wichtige Figuren der Bewegung sind auch der Schauspieler Antonio Banderas, die Modedesignerin Agatha Ruiz de la Prada, und der Regisseur Fernando Trueba.

1996

Die Mitte-Rechts-Partei Partido Popular (PP) gewinnt unter José María Aznar die Wahl und es beginnt eine Dekade des Wirtschaftswachstums.

11. März 2004

In Madrid detonieren zehn Sprengsätze in Pendlerzügen. 191 Menschen sterben. Am Folgetag gehen in ganz Spanien 11 Mio. Menschen auf die Straße.

14. März 2004

Der PSOE unter José Luis Rodríguez Zapatero gewinnt die Wahlen. Die siebeneinhalbjährige Regierungszeit bringt umfassende Sozialreformen mit sich.

Oktober 2008

In nur einem Monat steigt die Arbeitslosenquote von unter 6 % auf 12,3 %. Der spanische Finanzminister spricht von „der schlimmsten Krise seit 50 Jahren".

begann die terroristische Organisation Euskadi Ta Askatasuna (ETA; „Baskenland und Freiheit") für die Unabhängigkeit zu kämpfen. Ihr erster bedeutender Schlag außerhalb des Baskenlandes war die Ermordung von Admiral Carrero Blanco 1973 in Madrid. Er war Premierminister und Francos designierter Nachfolger gewesen.

Franco wählte anschließend Prinz Juan Carlos, den in Spanien erzogenen Enkel von Alfons XIII., zum Nachfolger. 1969 leistete dieser den Treueeid auf Franco und den Movimiento Nacional. Vorsichtige Reformen durch den letzten Premierminister unter Franco, Carlos Arias Navarro, riefen bei den rechten Extremisten heftigen Widerstand hervor, und Spanien schien im Chaos zu versinken. Am 20. November 1975 starb Franco.

Ein demokratisches Spanien

Nach Francos Tod zeichnete sich zunächst kaum eine Weiterentwicklung ab – das Land blieb gespalten wie eh und je und seine Führung hatte ein unerprobter Franco-Schützling inne. Aber nicht zum ersten Mal in Spaniens Geschichte täuschte das scheinbar Offensichtliche.

Der Übergang

Am 22. November 1975, zwei Tage nach Francos Tod, bestieg der damals 37-jährige Juan Carlos I. den Thron. Die Verbindung des neuen Königs mit dem Diktator flößte dem Volk, das nach Demokratie schrie, wenig Vertrauen ein. Juan Carlos hatte jedoch mit verdeckten Karten gespielt. Im Juli 1976 ernannte er Adolfo Suárez zum Premierminister, einen 43-jährigen ehemaligen Franco-Apparatschik mit blendendem Aussehen. Zur allgemeinen Überraschung gelang es Suárez, die Zustimmung des franquistischen Parlaments zu einem parlamentarischen System mit zwei Häusern zu erlangen. 1977 legalisierte man schließlich alle politischen Parteien sowie Gewerkschaften und Streiks. Francos Movimiento Nacional wurde abgeschafft.

Adolfo Suárez' gemäßigte Partei, die UCD (Demokratische Zentrumsunion), errang 1977 im neuen Parlament fast die Hälfte der Sitze. 1978 verabschiedete das Parlament eine neue Verfassung, die Spanien zur parlamentarischen Monarchie ohne Staatsreligion erklärte. Als Reaktion auf die Autonomiebestrebungen, vor allem in Katalonien, im Baskenland und in Galicien, gestand die Verfassung den spanischen Regionen außerdem Unabhängigkeit von der Zentralregierung zu. 1983 war das Land in 17 „autonome Gemeinschaften" mit eigenen Regionalregierungen aufgeteilt, die über eine Reihe politischer Maßnahmen entschieden. Nach Franco erfuhr das persönliche und soziale Leben eine rasante Emanzipation. Verhütungsmittel, Homosexualität und Scheidung wurden legalisiert und die madrilenische Party- und Kunstszene, *la movida* genannt,

Juli 2010

Das erste Mal seit Jahrzehnten gewinnt Spaniens Fußballnationalmannschaft die Weltmeisterschaft, und dies zwei Jahre nach dem ersten Sieg bei der Europameisterschaft.

November 2011

Der konservative Partido Popular, angeführt von Mariano Rajoy, gewinnt die Nationalwahlen. Angekündigt waren Sparmaßnahmen, um die Wirtschaftskrise in Spanien zu bekämpfen.

2014

Das erste Mal seit 2007 verzeichnet die spanische Wirtschaft wieder ein Jahr des Wachstums. Die Arbeitslosenquote sinkt auf unter 25%.

Juni 2014

Nach einer Reihe von Skandalen rund um die königliche Familie dankt König Juan Carlos, der das Land seit 1975 regiert hatte, ab. Daraufhin besteigt sein Sohn als Felipe VI. den Thron.

avancierte zum Epizentrum eines hemmungslosen Hedonismus, der noch heute in Spanien spürbar ist.

Die erste Verordnung der neuen Regierung unter Suárez war eine Generalamnestie für alle Taten, die im Bürgerkrieg und unter Francos Diktatur begangen worden waren. Es gab weder Tribunale noch Prozesse für die Gewalttäter. In den folgenden drei Jahrzehnten blickte das Land kaum auf seine Vergangenheit zurück.

Literatur: Das moderne Spanien

- *Ghosts of Spain von Giles Tremlett*
- *The New Spaniards von John Hooper*
- *Spanien heute: Politik, Wirtschaft, Kultur von Walther L. Bernecker*
- *Juan Carlos: Steering Spain from Dictatorship to Democracy von Paul Preston*
- *Der Umweg nach Santiago von Cees Nooteboom*
- *Unter den Zitronenbäumen von Chris Stewart*

Eine gereifte Demokratie

1982 brach Spanien endgültig mit seiner Vergangenheit, als der Partido Socialista Obrero Español (PSOE; Spanische Sozialistische Arbeiterpartei) bei den Wahlen die klare Mehrheit errang. Für die nächsten 14 Jahre war Felipe González Premierminister. Die junge und gebildete Parteiführung des PSOE entstammte jener Generation, die Ende der 1960er- und Anfang der 1970er-Jahre die Brüche des Franco-Regimes erweitert hatte. Die Arbeitslosigkeit stieg 1986 von 16 auf 22 %, aber im gleichen Jahr trat Spanien der Europäischen Gemeinschaft (heute EU) bei, was einen fünf Jahre andauernden Wirtschaftsboom mit sich brachte. Die Mittelschicht wuchs, der PSOE führte eine nationale Gesundheitsfürsorge ein und verbesserte das öffentliche Bildungssystem; spanische Frauen konnten endlich höhere Bildungswege einschlagen und bessere Jobs ergattern.

1992, zum 500. Jahrestag der Eroberung Granadas und Kolumbus' erster Reise nach Amerika, war Spanien mit der Ausrichtung der Olympischen Spiele in Barcelona und der Expo in Sevilla in der modernen Welt angekommen. Die Wirtschaft befand sich zu diesem Zeitpunkt aber bereits in der Rezession und der PSOE wurde von Skandalen geschüttelt. Dass der PSOE in diesem Jahr die Wahl verlor, war daher keine große Überraschung.

Stattdessen kam die Mitte-Rechts-Partei Partido Popular (PP; Volkspartei) mit dem Spitzenkandidaten José María Aznar, einem ehemaligen Finanzbeamten aus Kastilien-León, an die Macht. Aznar kündigte eine etwas eintönige Politik an, die er schließlich auch umsetzte, aber unter seiner Führung machte die Wirtschaft solide Fortschritte. So gewann er schließlich auch die Wahlen im Jahr 2000. Der PP kürzte öffentliche Investitionen, privatisierte Staatsunternehmen und liberalisierte verschiedene Bereiche wie die Telekommunikation. Während der Regierung Aznars war das jährliche Wirtschaftswachstum weit höher als der EU-Durchschnitt und die Zahl der Arbeitslosen ging deutlich zurück.

Schwierige Zeiten

Am 11. März 2004, drei Tage vor den Parlamentswahlen, explodierten zur Hauptverkehrszeit insgesamt zehn Bomben in vier verschiedenen Pendlerzügen, die alle auf dem Weg zum Madrider Bahnhof Atocha waren.

Dezember 2015	Juni 2016	Oktober 2017	Dezember 2017
Der Partido Popular verliert die Mehrheit bei den Landeswahlen, während die linksgerichtete Podemos und die zentristische Partei Ciudadanos zulegen. Keine Partei oder Koalition ist in der Lage, die Regierung zu bilden.	Bei den Neuwahlen kristallisiert sich kein klarer Gewinner heraus. Im Oktober enthält sich der PSOE bei einem Vertrauensvotum im Parlament und ermöglicht dem Partido Popular, eine Minderheitsregierung zu bilden.	Katalonien führt ein Unabhängigkeitsreferendum durch, das von Nationalpolizisten unterbrochen wird. Das Regionalparlament erklärt die Unabhängigkeit, wird daraufhin aber von der Nationalregierung abgesetzt.	Bei Kataloniens Regionalwahlen gewinnen Parteien, die für die Unabhängigkeit sind, die Mehrheit. Die Katalonienkrise ist damit noch immer nicht gelöst.

191 Menschen kamen ums Leben und 1755 wurden verletzt, viele von ihnen schwer. Der Terroranschlag einer islamistischen Gruppe mit Verbindungen zu al-Qaida war der schlimmste in der Geschichte des Landes.

Die regierende Volkspartei machte die ETA verantwortlich. Dadurch verärgerte sie einen beträchtlichen Teil der Wählerschaft, die anschließend stattdessen den PSOE wählte.

Die neue Regierung unter José Luis Rodríguez Zapatero verpasste Spanien mittels eines Sozialreformkatalogs eine Generalüberholung. Darüber hinaus legalisierte sie die gleichgeschlechtliche Ehe und modernisierte die obskuren Scheidungsgesetze. Fast eine Million illegale Einwanderer erhielt eine Aufenthaltsgenehmigung, und ein Gesetz zur Wiedergutmachung der Verbrechen während des Bürgerkriegs sowie der Franco-Diktatur wurde verabschiedet. Obwohl die einflussreiche Katholische Kirche bei vielen Reformen Zeter und Mordio schrie, waren die meisten Spanier zufrieden mit den Veränderungen. Die Wirtschaft boomte, und ganz Europa blickte voller Neid nach Spanien.

Und dann brach alles zusammen:

Ende 2008 geriet Spaniens Wirtschaft durch die globale Bankenkrise, die geplatzte Immobilienblase im Land und den internationalen Börsensturz in einen freien Fall. Die spanische Wirtschaft war stark von zwei Industriezweigen abhängig, die in Krisenzeiten besonders anfällig sind: Tourismus und Bauwesen. In der Folge stieg die Arbeitslosigkeit bis 2013 auf über 27 % (6 Mio. Menschen) und die Jugendarbeitslosigkeit erreichte katastrophale 60 %. Nie zuvor verließen so viele junge Erwerbstätige das Land. Eine Welle der Empörung über Korruptionsskandale und die politische und finanzielle Elite erfasste das Land, entfacht von einer Protestbewegung, die als Los Indignados (Die Empörten) bekannt wurde. Ab dem 15. Mai 2011 campierten deren Anhänger monatelang mitten in Madrid und wurden zu einem Vorbild für viele ähnliche Bewegungen in der ganzen Welt, darunter auch Occupy Wall Street.

Zapateros Kabinett hatte den Ernst der Krise nicht rechtzeitig erkannt und wurde deswegen im November 2011 abgewählt. Die neue PP-Regierung von Mariano Rajoy beschloss einen strikten Sparkurs, der die großzügigen staatlichen Sozialleistungen beschnitt, an die sich die Spanier inzwischen gewöhnt hatten. Die EU gewährte den spanischen Banken Bürgschaften in Höhe von 600 Mrd. Euro. Außerdem machte die konservative Regierung viele der Sozialreformen des PSOE wieder rückgängig, führte ausgesprochen strenge Abtreibungsgesetze ein und gab der katholischen Kirche ihren Einfluss im Erziehungs- und Bildungssektor zurück.

Kunst & Architektur

Die spanische Kunst- und Architekturlandschaft zählt zu den großartigsten Europas. Die vielen Stars der Malerei – El Greco, Velázquez, Goya, Picasso, Miró, Dalí – gehören zu den kulturellen Markenzeichen dieses Landes, dessen Architektur seine bewegte Geschichte widerspiegelt: von glorreichen maurischen Bauwerken in Andalusien über hoch aufragende Kathedralen bis hin zu der einzigartigen Fantasie von Gaudí und der verrückten Kreativität der Moderne.

Architektur

Durch den großen römischen Aquädukt in Segovia sieht man praktisch die Zenturios marschieren, während die Alhambra das muslimische Zeitalter vor das geistige Auge ruft und man sich in den romanischen Kreuzgängen von Santo Domingo de Silos ins Mittelalter zurückversetzt fühlt. Darüber hinaus ragen von Katalonien bis zur Extremadura Burgen aus der Landschaft, prächtige gotische Kathedralen stehen in Burgos, Palma de Mallorca und Toledo. Und wer ist nicht von Gaudís Schöpfungen im Modernismestil in Barcelona hingerissen? Willkommen in Spanien mit seiner einmalig faszinierenden Architekturgeschichte.

Römische Relikte

- *Aquädukt in Segovia*
- *Teatro Romano (Mérida)*
- *Stadtmauern (Lugo, Galizien)*
- *Museu d'História de Tarragona (Katalonien)*
- *Itálica (Santiponce, bei Sevilla)*
- *Baelo Claudia (Bolonia, Andalusien)*

Der Islam hält Einzug

784 n. Chr. war Córdoba schon länger als neue Hauptstadt der Omaijaden etabliert, die im Jahre 750 in Damaskus von den Abbasiden als Kalifen (oberste Herrscher der muslimischen Welt) abgesetzt worden waren. Syrische Architekten begannen mit dem Bau der grandiosen Mezquita – Details wie delikate Hufeisenbogen und kunstvoll verzierte Fliesen mit Blumenmotiven, die denen der Omaijaden-Moschee in Damaskus ähnelten, sollten an die Bauwerke in der Heimat erinnern. Das auffälligste Merkmal der Moschee sind jedoch die über 500 Säulen im Innern, die aus römischen und westgotischen Ruinen stammen.

In den folgenden Jahrhunderten nahm die maurische Architektur Trends aus der gesamten islamischen Welt auf. Die Technik der überaus fein gearbeiteten Stuckverzierungen wurde im 9. Jh. im Irak entwickelt und die *muqarnas* (wabenartige Gewölbe) kamen im 10. Jh. aus Ägypten. Minarette mit quadratischem Grundriss wie die Giralda in Sevilla (heute der Turm einer Kathedrale) gelangten im 12. Jh. mit dem Eroberungszug der Almohaden aus Marokko ins Land.

Die eindrucksvollsten Überbleibsel der islamischen Ära findet man in Andalusien; die Aljafería in Saragossa bildet eine schöne Ausnahme. Das vielleicht prächtigste Bauwerk ist das Kernstück der Alhambra in Granada, der Palacio Nazaríes. Bei seinem Bau vom 13. bis zum 15. Jh. schwangen sich die Architekten und Kunsthandwerker zu ganz neuen Höhen der Eleganz auf und schufen ein Meisterstück der Balance zwischen innen und außen, Licht und Schatten, Schlichtheit und Komplexität. Sie vermieden Innovationen und verfeinerten stattdessen bewährte Formen – als ob die Zeit angehalten und die Macht der Mauren erhalten werden sollte, die bereits auf ein Gebiet zurückgedrängt worden waren, das kleiner war als das heutige Andalusien.

Hybridstile: Mozarabischer & Mudejarstil

Bis zum 10. Jh. hatte die maurische Herrschaft eine Volksgruppe namens Mozaraber hervorgebracht – praktizierende Christen, die auf islamischem Gebiet lebten und Arabisch sprachen. Als mozarabische Kunsthandwerker ins christliche Spanien reisten oder umzogen, brachten sie Elemente der klassischen islamischen Bauart mit.

Das Monasterio de San Miguel de Escalada östlich von León imitiert zum Beispiel die Mezquita, mit Hufeisenbogen auf bewachsenen korinthischen Kapitellen, die aus römischen Gebäuden wiederverwendet wurden. Viele Bögen umgibt im oberen Teil ein *alfiz* (rechteckiger Zierrahmen), der zu einem charakteristischen Merkmal der mozarabischen Architektur wurde.

Später, als die Reconquista an Boden gewann, entstand eine weitere grenzüberschreitende Volksgruppe: die Mudejaren (Muslime, die im heutigen katholischen Teil Spaniens geblieben sind). Mudejar-Handwerker, die weitgehend entrechtet waren, boten billige Arbeitskräfte und großes Talent. Der Mudejarstil, der seit dem 12. Jh. bekannt ist, zeichnet sich vor allem durch die Verwendung von relativ preiswerten Materialien aus – die Zeiten der aufwendigen Regierungsaufträge waren vorbei und die römischen Steine alle verbraucht. Stattdessen wurden Ziegel, Fliesen und Putz mit unglaublichem Geschick zu opulenten Meisterwerken verarbeitet. Vor allem Teruel in Aragón ist mit filigranen Backsteintürmen übersät, die mit glasierten Ziegeln bedeckt sind.

Ein weiteres eindeutiges Merkmal des Mudejarstils sind die extravagant verzierten Holzdecken, die im sogenannten *artesonado*-Stil ausgeführt sind. Manchmal sind es Tonnengewölbe, aber am typischsten sind die flachen Holzdecken aus ineinandergreifenden Balken, die sich mit mehrfarbigen Holzplatten in geometrischen Mustern abwechseln.

Die Muslime konnten nur einige kleine Teile Nordspaniens nicht erobern. Im 9. Jh. entwickelte sich in einem dieser Gebiete, Asturien, ein einzigartiger Baustil, der als präromanisch bezeichnet wird und der die westgotischen Traditionen noch übertrieb. Der Palacio de Santa María del Naranco in Oviedo z. B. weist dramatisch verlängerte Proportionen, kunstvolle Reliefschnitzereien und hohe, dünne Bogen auf.

Romanik & Gotik

Während sich das Schicksal gegen die Muslime wendete, eroberte die Romanik das mittelalterliche Europa. In Spanien fasste sie zum Teil deshalb Fuß, weil sie das ästhetische Pendant zum islamischen Stil darstellte. Laut dem katalanischen Architekten und Kunsthistoriker Josep Puig i Cadafalch war jedes romanische Detail eine systematische Entgegnung auf ein islamisches Detail. Die Bauwerke waren schlicht, eckig und streng und von den Proportionen der klassischen Bauten beeinflusst.

Typisch für die Romanik sind die perfekt halbrunden Bogen der romanischen Gebäude – ein Gegenstück zu den stilvollen Hufeisenbogen aus der Zeit davor. In den Kirchen zeigen sie sich in der halbzylindrischen (oft auch dreifachen) Apsis, deren Form schon in byzantinischen Kirchen vorkommt. Die Bogen schmückten auch Türen, Fenster, Kreuzgänge und Kirchenschiffe. Eingänge trugen zahlreiche konzentrische Bogen, die umso mehr auffielen, als sie oft das einzige schmückende Element waren. Die Wallfahrtskathedrale von Santiago de Compostela ist wohl das größte romanische Bauwerk Spaniens. Großartige weniger bekannte Beispiele sind die Iglesia de San Martín in Frómista sowie Sant Climent de Taüll, eines der vielen schönen romanischen Bauwerke in den katalanischen Pyrenäen.

Im 12. Jh. begannen die spanischen Architekten die Halbkreise zu modifizieren und näherten sich dabei dem gotischen Stil an, indem sie Spitzbogen und Kreuzrippengewölbe hinzufügten. In den Kathedralen von Ávila, Sigüenza und Tarragona sind einige Übergangselemente sichtbar.

In anderen Teilen Europas ging der Trend hin zu hoch aufragenden Kathedralen, was durch neumodische Strebepfeiler ermöglicht wurde. Diese Idee setzte sich in Spanien während des 13. Jhs. durch, als der Bau der neuen Kathedralen in Burgos, León und Toledo begonnen wurde. Ei-

Der Jakobsweg war eine der Hauptstraßen, über die die romanische Architektur nach Spanien gelangte, um dort Meisterwerke wie die Abadía de Santo Domingo de Silos, den kleineren Kreuzgang im Monasterio de las Huelgas in Burgos und schließlich die Kathedrale in Santiago de Compostela hervorzubringen.

Ildefonso Falcones' historischer Bestseller *La catedral del mar* (Die Kathedrale des Meeres) erzählt die pikante Geschichte vom Bau der Kathedrale Santa María del Mar in Barcelona im 13. Jh.

nige Veränderungen waren sehr subtil, etwa die Platzierung des Chorgestühls im Zentrum des Kirchenschiffs, eine andere hingegen konnte gar nicht übersehen werden: der hoch aufragende dekorative *retablo* (Altaraufsatz). Spanische Architekten der Gotik entwickelten auch das Sterngewölbe, eine Methode zur Gewichtsverteilung über Rippengewölbe, die von einem zentralen Punkt ausgehen. Viele große Bauwerke, deren Errichtung in der Hochphase der Romanik begann, wurden erst lange nach dem Siegeszug der Gotik fertiggestellt. Die Kathedrale in Burgos war z. B. 1221 als recht nüchternes Bauwerk begonnen worden, doch ihre Türme aus dem 15. Jh. sind das Ergebnis spätgotischer Ideen aus Deutschland. Auch Mudejareinflüsse machten sich geltend. In Toledo gibt's viele original erhaltene großartige Gebäude im Gotik-Mudejar-Mischstil.

Die Gotik ist überall in Andalusien zu finden, wo die Reconquista begann, als dieser Baustil gerade in Mode kam. Die massive, hauptsächlich aus dem 15. Jh. stammende gotische Kathedrale von Sevilla ist eine der größten Kirchen der Welt. Auch die meisten der unzähligen Burgen im Land stammen aus der gotischen Ära – die prächtige Burg in Coca in der Nähe Segovias ist ein schönes Beispiel dafür.

Ende des 15. Jhs. spiegelte die isabellinische Gotik, inspiriert von der Königin Isabella, deren Vorliebe für Exotisches und Wappenbilder wider. Sehen kann man den Stil in der Capilla Real in Granada, wo Isabella und ihr Mann Ferdinand begraben sind. Die gotische Periode dauerte bis ins 16. Jh., in dem die reine Gotik noch einmal eine Renaissance erlebte. Salamancas neue Kathedrale ist das vielleicht beste Beispiel hierfür, wobei die Kathedrale in Segovia wohl das letzte und wahrscheinlich makelloseste gotische Gebäude sein dürfte, das in Spanien je errichtet wurde.

Renaissance bis Barock

Der aus der europaweiten Renaissance entstandene einzigartige spanische platereske Baustil ist teilweise durch italienische Stile geprägt und entstand in Anlehnung an die isabellinische Gotik. Dieser Stil heißt so, weil die Fassadendekoration so kunstvoll war, dass sie aussah, als wäre sie von *plateros* (Silberschmieden) gefertigt worden. Wer Salamanca besucht, wo die spanische Renaissance ihren Anfang nahm, bekommt die geballte Ladung mit den prachtvollsten Vertretern dieses Genres.

In Andalusien herrschte ein eher puristischer Renaissancestil vor, der die in Italien und Frankreich bereits etablierten klassischen Proportionen und Stile widerspiegelt, wie z. B. im Palacio de Carlos V in Granadas Alhambra. Stellvertreter dieser Renaissance war Juan de Herrera, dessen Kunst fast nicht mit anderen Werken in dieser Zeit vergleichbar ist, weil sie so schlicht ist. Sein Glanzstück ist der Palast-Kloster-Komplex von San Lorenzo de El Escorial.

Die schönsten Barockbauten

- *Monasterio de la Cartuja (Granada)*
- *Plaza Mayor (Salamanca)*
- *Westfassade der Kathedrale, (Santiago de Compostela)*
- *Catedral de Santa María (Murcia)*
- *Real Academia de Bellas Artes (Madrid)*

Abgesehen von der Kathedrale in Cádiz aus dem späten 18. Jh. gibt es in Spanien nur sehr wenige echt barocke Gebäude. Aber die üppige barocke Dekoration ist so auffällig, dass sie die eher nüchternen früheren Bauwerke, die sie gewöhnlich schmückt, problemlos in den Schatten stellt. Die führenden Vertreter dieses oft überbordenden Stils waren die Brüder Churriguera, drei Söhne eines angesehenen Bildhauers, der sich auf *retablos*, die riesigen geschnitzten Holzaltaraufsätze, spezialisiert hatte.

Das Markenzeichen des Churriguerismus ist die sogenannte salomonische Säule, die wunderschön gedreht ist und sich, vor allem wenn sie mit Blattgold oder Reben bedeckt ist, scheinbar bis in den Himmel windet.

Herausragende Beispiele des Churriguerismus findet man im Palacio de los Cepeda in Osuna, in der Iglesia del Carmen in Antequera, im Antiguo Cuartel del Conde Duque in Madrid sowie in der Catedral Nueva, an der Plaza Mayor und im Convento de San Esteban in Salamanca.

Modernisme & Art déco

Ende des 19. Jhs. ging Barcelonas Blütezeit mit einer der innovativsten Epochen der spanischen Architektur einher. Die hiesigen Baumeister, „Modernistas" genannt, ließen sich von vorherrschenden Trends des Jugendstils, aber auch von früheren spanischen Stilformen inspirieren. Ihr führender Kopf war Antoni Gaudí, der Barcelona mit den Glanzstücken seiner einzigartigen Fantasie geradezu spickte. Diese reichen von der riesigen Sagrada Família (die noch immer im Bau ist) bis zur skurrilen Casa Batlló und der kaum weniger ausgefallenen La Pedrera. Gaudís struktureller Ansatz basiert stark auf der nüchternen Ära der katalanischen Gotik, die seine eigene erfindungsreiche Arbeit mit parabelförmig gekrümmten Bogen beeinflusste. Die Werke zweier weiterer katalanischer Architekten, Lluís Domènech i Montaner und Josep Puig i Cadafalch, sind weitere Markenzeichen von Barcelona.

Während sich in Barcelona alles um Wellen drehte, machte sich Madrid den starren Glanz des Art déco zu eigen. Dieser weltweit sich entfaltende Stil erreichte Spanien gerade, als in Madrid die Gran Vía angelegt wurde. Eine der überwältigendsten Vertreter dieser Ära ist der Palacio de Comunicaciones an der Plaza de la Cibeles.

Der Bürgerkrieg 1936–39 und die darauffolgenden 30 Jahre der Diktatur setzten derlei Frivolitäten ein abruptes Ende.

Barcelona von Robert Hughes ist eine fundierte, anspruchsvolle Darstellung der Geschichte der Stadt mit besonderem Fokus auf der Architektur. Das Kapitel zu Gaudí bietet interessante Einblicke in die erstaunlich konservative Haltung des Architekten.

Zeitgenössische Innovation

Nach der Ära Franco hat Spanien die verlorene Zeit aufgeholt. Vor allem seit den 1990er-Jahren scheint „Alles geht!" das verbindende Motto zu sein.

Zu den Lokalmatadoren zählt Santiago Calatrava, der sich seinen Ruf mit schrägen knochenweißen Brücken aufgebaut hat. 1996 entwarf er den futuristischen Komplex Ciudad de las Artes y las Ciencias in Valencia. 2000 baute er den Sondika Airport in Bilbao, der wegen des flügelartigen Bogens seiner Aluminiumwände den Spitznamen La Paloma (die Taube) erhielt. Der Katalane Enric Miralles starb schon im Jahr 2000 im Alter von 45 Jahren an einem Hirntumor, aber sein Mercat de Santa Caterina in Barcelona zeigt brillante Farben und den erfinderischen Einsatz von Bögen. Sein Gebäude für Gas Natural befindet sich auch in Barcelona und ist ein poetischer Wolkenkratzer, der sich sowohl zur Seite als auch gen Himmel streckt.

1996 erhielt Rafael Moneo den Pritzker Prize, die größte internationale Auszeichnung für lebende Architekten, vor allem für seine langjährigen Verdienste um das Stadtbild Madrids sowie für die Neugestaltung des Bahnhofs Atocha.

Seitdem entwickelte sich Spanien zu einer Art Pritzker-Spielplatz. Vielleicht ist es diese Offenheit für – ja sogar der Hunger nach – Kreativität von außen, die die heutige bautechnische Gestaltung des Landes ausmacht. Norman Foster entwarf das 1995 fertiggestellte U-Bahn-System in Bilbao; die transparenten, wurmartigen Treppenhäuser werden heute *fosteritos* genannt. Aber es war Frank Gehrys Museo Guggenheim Bilbao von 1998 in derselben Stadt, das das Fieber für skurrile Gebäude endgültig zum Ausbruch brachte. Auf der Liste der zeitgenössischen Wahrzeichen stehen nun Jean Nouvels gurkenförmiger mit Pailletten besetzter Torre Glòries in Barcelona; Richard Rogers' verträumter wellenförmiger Terminal 4 am Flughafen Barajas in Madrid und Jürgen Mayers Metropol Parasol in Sevilla.

Obwohl er vor der Blüte des goldenen Zeitalters wirkte, zählt Doménikos Theotokópoulos aus Kreta, bekannt als El Greco (Der Grieche; 1541–1614), wegen seiner genialen, unkonventionellen, bunten Bilder voller magerer Menschen zu den großen Künstlern Spaniens. Seine markanten Werke sind im Museo del Prado und in der Umgebung von Toledo, wo er arbeitete, zu bewundern.

Kunst

Spaniens künstlerisches Erbe sucht in ganz Europa seinesgleichen. Das eindrucksvolle Portfolio vergangener Jahrhunderte (besonders geprägt von Goya und Velázquez) ist vor allem dem großzügigen Mäzenatentum spanischer Könige zu verdanken, die große Maler ihrer Zeit förderten. Das 20. Jh. war dann die Epoche der großen, rastlos kreativen Künstler wie Pablo Picasso, Salvador Dalí und Joan Miró, die sich alle gegen das Establishment und künstlerische Konventionen wendeten.

Velázquez wünschte sich so sehr, Ritter des Santiagoordens zu werden, dass er sich in seinem Gemälde Las Meninas verschmitzt mit dem Jakobskreuz auf der Weste porträtierte – lange, bevor sein Wunsch schließlich in Erfüllung ging.

Das Goldene Zeitalter: Velázquez & Freunde

Der Star der Kunstszene im 17. Jh., heute als „Goldenes Zeitalter" bekannt, war Diego Rodríguez de Silva Velázquez (1599–1660) aus Sevilla. Er arbeitete als Hofmaler in Madrid und schuf dort faszinierende Gemälde (Landschaften, Königsporträts, religiöse Motive, Darstellungen aus dem Alltagsleben), die ihre Vitalität nicht nur Velázquez' fotografischem Blick für Licht, Kontraste und Details verdanken, sondern auch seinem leidenschaftlichen Interesse für die Menschlichkeit der Motive, die auf der Leinwand förmlich zu leben scheinen. Mit Velázquez verschwanden alle Spuren der idealisierten Steifheit, die den seelenlosen Manierismus des 16. Jhs. geprägt hatte. Zu seinen Meisterwerken gehören *Las meninas* (Die Hoffräulein) und *La rendición de Breda* (Die Übergabe von Breda), die beide im Museo del Prado in Madrid hängen.

Der mystisch veranlagte Francisco de Zurbarán (1598–1664), ein Freund und Zeitgenosse von Velázquez, beendete sein Leben verarmt in Madrid – erst nach seinem Tod wurde ihm die Anerkennung zuteil, die seine Meisterwerke verdienen. Berühmt ist er vor allem für die faszinierende Klarheit und das großartige Licht in seinen Mönchsporträts. Eine Serie dieser Bilder hängt in der Real Academia de Bellas Artes de San Fernando in Madrid, andere Werke befinden sich im Museo del Prado.

Weitere große Maler dieser Ära, deren Werke im Museo del Prado hängen, sind José (Jusepe) de Ribera (1591–1652), der von Caravaggio beeinflusst war und schöne Chiaroscura-(Hell-Dunkel)-Bilder schuf, sowie Bartolomé Esteban Murillo (1618–1682) aus Sevilla, dessen weichgezeichnete Bettlerbilder und barocke Gemälde der Unbefleckten Empfängnis den Nerv der Zeit trafen.

Außerhalb von Spanien ist der Architekt Rafael Moneo vor allem wegen seiner Cathedral of Our Lady of Angels aus dem Jahre 2002 im Zentrum von Los Angeles, Kalifornien, bekannt.

Goya & das 19. Jh.

Nichts an der provinziellen Herkunft von Francisco José de Goya y Lucientes (1746–1828), der aus einem winzigen Dorf in Aragonien stammt, hätte je erahnen lassen, dass er einmal zu den bedeutendsten Malern der europäischen Kunst zählen würde. Goya begann seine Karriere als Zeichner in Madrids Real Fábrica de Tapices (Königliche Teppichwerkstatt). 1792 wurde er nach einer schweren Krankheit taub, was nach Ansicht vieler Kritiker für seinen wilden Stil verantwortlich war, mit dem er sich immer stärker von den Konventionen befreite. 1799 ernannte Karl IV. ihn zum Hofmaler.

Mehrere herausragende Serien und Einzelbilder zeigen die Entwicklung Goyas. In den letzten Jahren des 18. Jhs. schuf er Meisterwerke wie *La maja vestida* (Die bekleidete Maja) und *La maja desnuda* (Die nack-

GOYA-MUSEEN

Robert Hughes ermöglicht dem Leser in seiner fesselnden Biografie *Goya. Der Künstler und seine Zeit* einen Einblick in die gequälte Seele von einem der größten spanischen Maler. Wer seine Arbeiten bewundern möchte, findet in Madrid im Museo del Prado die umfangreichste Sammlung. Großartige Werke Goyas sind in Madrid auch in der Real Academia de Bellas Artes de San Fernando zu sehen, und die Ermita de San Antonio de la Florida schmücken fantastische Deckengemälde des Malers. Andernorts verfügt das Museo Goya – Colección Ibercaja in Saragossa über eine herausragende Sammlung von Drucken, und in Fuendetodos, Goyas Geburtsort südlich von Saragossa, gibt es die Casa Natal de Goya und das Museo del Grabado de Goya.

te Maja), zwei identische Porträts einer unbekannten Frau, die sich nur dadurch unterscheiden, dass diese einmal bekleidet und einmal nackt ist. Die Inquisition war von den Bildern nicht begeistert und ließ sie verhüllen. Heute sind sie in all ihrer Pracht im Museo del Prado in Madrid zu bewundern.

Der Einmarsch der Franzosen und der Krieg 1808 beeinflussten die Arbeit des Künstlers stark. *El dos de mayo* (Der zweite Mai) und das noch dramatischere *El tres de mayo* (Der dritte Mai), das die Hinrichtung von Madrider Rebellen durch französische Truppen darstellt, sind erbarmungslose Darstellungen der Brutalität des Krieges.

Goyas verstörendste Bilder entstanden erst in der letzten Phase seines Schaffens. Nachdem sich der Künstler in der *Quinta del Sordo* (Haus der Tauben) in Madrid zur Ruhe gesetzt hatte, malte er die albtraumhaften *Pinturas negras* (Schwarze Bilder), die heute im Museo del Prado (S. 89) zu sehen sind. *Saturno devorando a su hijo* (Saturn verschlingt eines seiner Kinder) fängt das ganze Wesen seines Genies ein. *La romería de San Isidro* (Eine Pilgerreise nach San Isidro) und *El akelarre (El gran cabrón;* Der große Ziegenbock*)* sind ausgesprochen beunruhigende Werke. Ersteres zeigt einen gequälten, sich krümmenden menschlichen Körper, Letzteres wird von den fesselnden individuellen Gesichtern verdammter Seelen beherrscht.

Picasso, Dalí & Miró

Wie ein Blitz schlug in den 1920er-Jahren das unkonventionelle Genie des *malagueño* (Einwohner Málagas) Pablo Ruiz Picasso (1881–1973) ein, der als Teenager nach Barcelona zog und dort von der avantgardistischen Freiheit des Modernisme geprägt wurde.

Picasso muss einer der rastlosesten Künstler aller Zeiten gewesen sein. Während er sich von einer Schaffensphase zur nächsten weiterentwickelte, revolutionierte er sein Werk immer wieder aufs Neue. Von der melancholischen Blauen Periode über die heiterere Rosa Periode bis zum Kubismus an der Seite des Künstlers Juan Gris (1887–1927) aus Madrid steckte Picasso immer wieder voller Überraschungen. Zum Kubismus, seinem bekanntesten Stil, inspirierte ihn seine Faszination mit dem Primitivismus, besonders mit afrikanischen Masken und frühen iberischen Skulpturen. Dieser hochkomplexe Stil erreicht mit *Guernica*, das im Centro de Arte Reina Sofía in Madrid hängt, seinen Höhepunkt. Bis zu seinem Tod schuf Picasso mit unermüdlicher Energie Gemälde, Skulpturen, Keramiken und Skizzen. Eine schöne Auswahl seiner frühen Arbeiten ist in Barcelonas Museu Picasso (S. 256) zu sehen. Das Museo Picasso Málaga besitzt über 200 Werke des Künstlers.

Zwei andere Künstler, die nur eine Generation von Picasso trennte, verstärkten die Reihen der Katalanen als Avantgarde der Kunst des 20. Jhs.: Dalí und Miró. Salvador Dalí (1904–89) experimentierte zwar anfangs mit dem Kubismus, identifizierte sich jedoch rasch mit den Surrealisten. Die „handgemalten Traumfotografien“, wie der komplexe Künstler selbst sie nannte, sind virtuose Bilder mit zahlreichen kunstvollen Details und albtraumhaften Motiven, die sich aus Fieberträumen und von Freud inspirierten Visionen speisten. Picassos Ruhm ließ Dalí keine Ruhe, und so erwarb er sich einen Ruf als exzentrischer Unterhalter sowie schamloser Selbstdarsteller. Das Teatre-Museu Dalí (S. 334) in Figueres stellt seine besten Werke aus. Bedeutende Arbeiten werden auch im Centro de Arte Reina Sofía in Madrid und bei häufigen Ausstellungen im Museu de Cadaqués gezeigt. Die Casa Museu Dalí im nahegelegenen Port Lligat gibt faszinierende Einblicke in das exzentrische Privatleben dieses Mannes.

Der in Barcelona geborene Joan Miró (1893–1983) fasste in der Kunstwelt nicht ganz so schnell Fuß. Er entwickelte einen fröhlichen, fast

Jedes Jahr im Februar findet im Messezentrum IFEMA (www.ifema.es) in Madrid die ARCOmadrid statt, eine der weltweit größten Messen für zeitgenössische Kunst, an der rund 200 spanische und internationale Galerien teilnehmen.

PICASSOS GUERNICA

Es war Markt in der kleinen baskischen Stadt Gernika (Baskisch: Guernica) am Morgen des 26. April 1937. Zur gleichen Zeit, als die Marktbesucher aus den umliegenden Dörfern herbeiströmten, machte sich eine Flugzeugstaffel auf den Weg zu der Stadt. In den nächsten Stunden warf Hitlers Legion Condor mit Francos Zustimmung Hunderte von Bomben auf die Stadt und tötete je nach Quelle zwischen ein paar Hundert und weit über 1000 Zivilisten.

Nach dem Ausbruch des Spanischen Bürgerkriegs im Jahre 1936 wurde Picasso von der republikanischen Regierung in Madrid beauftragt, ein großformatiges Gemälde für den Spanischen Pavillon bei der Weltausstellung 1937 in Paris anzufertigen. Als die Nachrichten über die Bombardierung Guernicas durchsickerten, brachte Picasso seinen Zorn auf der Leinwand zum Ausdruck. Um den unglaublichen Aufruhr zu verstehen, den das Gemälde damals auslöste, muss man bedenken, dass bei dem Angriff auf Guernica zum ersten Mal Waffen aus der Luft eingesetzt wurden – und das mit verheerenden Auswirkungen. So wurde dieses charakteristische Beispiel für die kubistische Entstellung der menschlichen Form zu einem mächtigen Symbol des weltweiten Entsetzens über die Gräueltaten, die die moderne Kriegsführung über unschuldige Menschen gebracht hatte.

Guernica ist seit jeher ein umstrittenes Werk und wurde anfangs von vielen verspottet, mehr Propaganda als Kunst zu sein. Das 3,5 m x 7,8 m große Gemälde wurde irgendwann in die USA umgesiedelt und befindet sich erst seit 1981 wieder in Spanien. Picassos Wunsch lautete, dass das Bild nach Spanien zurückkehren sollte, sobald dort die Demokratie wiederhergestellt war (zuerst hing es im Museo del Prado, Picassos erster Wahl, jetzt in Madrids Centro de Arte Reina Sofía). Die Basken betrachten das Baskenland als die wahre Heimat des Gemäldes und setzen sich unermüdlich für eine Heimkehr ein. Ein solcher Umzug ist in naher Zukunft jedoch unwahrscheinlich, da das Reina Sofía argumentiert, das Gemälde sei zu anfällig, um noch mal bewegt zu werden.

kindlichen Stil, der ihm zu dem vom französischen Schriftsteller André Breton verliehenen Attribut „der Surrealistischste von uns allen" verhalf. Am bekanntesten ist seine späte Periode, die sich durch die einfache Verwendung leuchtender Farben und klarer Formen in Verbindung mit Symbolen, die Frauen, Vögel (als Bindeglied zwischen Himmel und Erde) und Sterne (die den unerreichbaren Himmel und die Quelle der Fantasie verkörpern) repräsentierten, auszeichnet. Die besten Museen, um seine Werke zu bewundern, sind die Fundació Joan Miró (S. 275) in Barcelona und die Fundació Pilar i Joan Miró in Palma de Mallorca, weitere befinden sich im Centro de Arte Reina Sofía in Madrid.

Menschen & Kultur

Die berühmten spanischen Formen der Unterhaltung und der öffentlichen Kultur spiegeln die mächtigen Leidenschaften des Landes wider. Der Flamenco ist einer der markantesten Musikstile der Welt, eine mitreißende Kombination aus Leid und Freude. Den kontroversen und typisch spanischen Stierkampf mag man abscheulich oder faszinierend finden, doch gleichgültig lässt er niemanden. Und schließlich ist da noch der Fußball, die Leidenschaft der meisten Spanier. Zusammen bilden sie ein Fenster in die spanische Seele.

Flamenco

Die Leidenschaft des Flamenco versteht jeder, der einmal in einer überfüllten spanischen Bar oder bei einer bewegenden Darbietung den melancholischen Klängen dieser Musik gelauscht hat. Für andere ist er hingegen oft ein Rätsel. Wer Glück hat, erlebt den erhebenden Moment, in dem man plötzlich von der Leidenschaft und dem Rhythmus des Flamenco in eine andere Welt (*duende* genannt) versetzt wird, in der einen Freude und Trauer gleichermaßen zu überwältigen drohen. Wer diese Erfahrung macht, bleibt dem Flamenco ein Leben lang treu.

Die grundlegenden Elemente

Flamenco-Sänger nennt man *cantaor* oder *cantaora* (männlich oder weiblich), die Tänzer *bailaor* oder *bailaora*. Fast alle Lieder und Tänze werden von mitreißenden Gitarrenklängen des *tocaors* oder der *tocaora* begleitet und der Rhythmus wird durch stampfende Füße, Klatschen, den *cajón* (Kiste, auf die mit den Händen geklopft wird) und manchmal auch durch Kastagnetten erzeugt.

Jason Websters Buch *Duende (2013)*: Der Autor unternimmt hier eine fesselnde Reise in die verborgene Welt des Flamenco.

Es gibt verschiedene Typen von *coplas* (Lieder), von der wütenden *soleá* und der abgrundtief verzweifelten *siguiriya* bis zur lebhafteren *alegría* oder der fröhlichen *bulería*. Gemeinsam ist ihnen allen die große Emotionalität und Leidenschaft. Als Frühform des Flamenco gilt der sogenannte *cante jondo* (tiefer Gesang), der dem Leid und der Klage einer Gruppe von Menschen am Rande der Gesellschaft Ausdruck verlieh. *Jondura* (Tiefgang) ist noch immer das wesentliche Element des unverfälschten Flamenco.

Das traditionelle Kostüm dieser Kunstform stammt aus dem Andalusien des späten 19. Jhs. Bei den Frauen besteht es aus einem Schal, einem Fächer und einer langen, mit Rüschen besetzten *bata de cola* (Schleppenkleid), während die Männer einen flachen Hut und enge schwarze Hosen tragen.

Die Ursprünge

Die Wurzeln des Flamenco liegen im Dunkeln. Die meisten Musikhistoriker sind sich aber einig, dass der Flamenco auf einer sagenhaften Verschmelzung beruht: Die Lieder, welche von den Roma nach Spanien mitgebracht wurden, verbanden sich demnach mit der Musik und den Versen, die von Nordafrika ins mittelalterliche muslimische Andalusien kamen.

Der Flamenco, wie wir ihn heute kennen, entwickelte sich erst im 18. und frühen 19. Jh. bei den Roma im unteren Guadalquivir-Tal im Westen Andalusiens. Auch heute noch gilt die Gegend rund um Sevilla, Jerez de la Frontera und Cádiz als Kernland des Genres. Puristen zufolge erlebt man nur hier wirklich authentischen Flamenco.

Legenden des Flamenco

Silverio Franconetti und La Niña de los Peines aus Sevilla sowie Antonio Chacón und Manuel Torre aus Jerez de la Frontera waren die großen Sänger des 19. und frühen 20. Jhs. Es heißt, Torres Gesang habe die Leute dazu gebracht, sich die Kleider aufzureißen und Tische umzuwerfen.

In der Mitte des 20. Jhs. erlebte der Flamenco einen Tiefpunkt; *tablaos* (Touristenshows, die sexuelle und Showaspekte betonen) schienen den *flamenco puro* zu verdrängen. Doch in den 1970er-Jahren erweckten Sänger wie Terremoto, La Paquera, Enrique Morente und vor allem Camarón de la Isla (S. 947) aus San Fernando nahe Cádiz die Kunstform zu neuem Leben.

Paco de Lucía (1947–2014) aus Algeciras war der Altmeister der Flamenco-Gitarristen. 1968 begann de Lucía mit seinem Freund Camarón de la Isla die wohl aufregendste Partnerschaft des Flamenco. Zusammen nahmen die beiden neun legendäre Alben auf. De Lucía entwickelte die Flamenco-Gitarre mit neuen Techniken, Tonleitern, Melodien und Harmonien, die weit über die traditionellen Grenzen hinausgingen, zu einem Soloinstrument mit eigenem Ausdruck weiter.

Flamenco zum Hören

- *Camarón de la Isla, La leyenda del tiempo (1979)*
- *Pata Negra, Blues de la frontera (1987)*
- *Paco de Lucía, Antología (1995)*
- *Chambao, Flamenco chill (2002)*
- *Diego El Cigala & Bebo Valdés, Lágrimas negras (2003)*
- *Paco de Lucía, Cositas buenas (2004)*
- *Enrique Morente, Sueña la Alhambra (2005)*
- *Diego El Cigala, Indestructible (2016)*

Flamenco heute

Der Flamenco war selten so populär wie in heutiger Zeit – und niemals so innovativ.

Für manche gilt der in Madrid geborene Diego El Cigala (1968) als Nachfolger von Camarón de la Isla, jedoch macht er nicht nur reine Flamenco-Musik, sondern bringt auch Elemente der Latinomusik in seinen Flamenco ein. Der kraftvolle Sänger eroberte die große Bühne mit dem herausragenden Album *Lágrimas negras* (2003), einem wunderbaren Gemeinschaftswerk mit dem kubanischen Virtuosen Bebo Valdés.

Ein von der Kritik und vom Publikum uneingeschränkt gefeierter Künstler ist der Sänger José Mercé (1955) aus Jerez. Die Sängerin Estrella Morente aus Granada *und* Miguel Poveda (1973) aus Barcelona sind junge Künstler, die sich schon ihren Platz in den Reihen der Spitzenkünstler gesichert haben.

In Form des Tanzes konnte der Flamenco oft am leichtesten Grenzen überwinden und neue Wege beschreiten. Joaquin Cortés, 1969 in Córdoba geboren, mischt den Flamenco mit zeitgenössischem Tanz, Ballett und Jazz und zeigt diesen Stilmix in spektakulären Shows weltweit mit Musik in Rockkonzertlautstärke. Puristische Tänzer der Spitzenklasse sind u. a. Sara Baras (die weltweit mit ihrem eigenen Ensemble auftritt) und Antonio Canales.

Zu den bemerkenswertesten Flamenco-Gitarristen zählen Manolo Sanlúcar aus Cádiz, Vicente Amigo aus Córdoba und Moraíto Chico aus Jerez, die die besten Sänger der Gegenwart begleiten.

Flamenco-Festivals

- *Festival de Jerez, Jerez de la Frontera*
- *Suma Flamenca, Madrid*
- *Noche Blanca del Flamenco, Córdoba*
- *Bienal de Flamenco, Sevilla*

Flamenco erleben

Sevilla, Jerez de la Frontera, Granada und Madrid sind gute Städte, um Flamenco-Shows zu besuchen.

Ihr Besuch kann teuer sein – in den *tablaos* (Restaurants mit Flamenco-Aufführungen, oftmals für Touristen) muss man allein für die Show und ein Getränk mit 20 bis 30 € rechnen. Diese Shows sind oft großartig und ergreifend, doch manchmal fehlt ihnen etwas vom rauen Gefühl des echten Flamenco.

Die beste Adresse für günstige Flamenco-Shows sind Bars, in die die Einheimischen gehen, wobei die Musik und der Tanz bei diesen Veranstaltungen oft eher verrückte Jam-Sessions als echter *cante jondo* sind. In bekannten Flamenco-Vierteln wie Triana in Sevilla oder Santiago in Jerez kommen Tänzer und Musiker zum Plaudern und Trinken zusammen, und wenn man Glück hat, treten sie auch auf.

Die besten Orte für einen Liveauftritt sind in der Regel *peñas* (Clubs, in denen sich Flamenco-Fans treffen). Dort ist die Atmosphäre authentisch und oft sehr intim, was verdeutlicht, dass der Flamenco von einer kenntnisreichen Anhängerschaft lebt. In den meisten andalusischen Städten gibt's mehrere *peñas*, und viele Touristeninformationen haben Listen von den Clubs, die öffentlich zugänglich sind.

Fußball

Fútbol zu schauen scheint das liebste Hobby von manchem Spanier zu sein. Hunderttausende Fans verfolgen live oder am Fernseher die Spiele der *primera división* – „La Liga" –, die zwischen August und Mai stattfindet. Als Spanien 2010 die Weltmeisterschaft und in den Jahren 2008 und 2012 die Europameisterschaft gewann, war das Land wie in Ekstase.

Spanien hat eine der besten Fußballligen der Welt. Fast jedes Spiel lohnt einen Besuch, und sei es nur, um einmal das spanische Publikum zu erleben.

Partien zwischen den ewigen Erzrivalen Real Madrid und FC Barcelona, bekannt als El Clásico, sind sehr emotionsgeladen – nicht nur, weil es die beiden größten Clubs Spaniens sind, sondern auch wegen der politischen Beziehung zwischen Katalonien und der spanischen Zentralregierung. Real Madrid und der FC Barcelona haben eine Art Duopol aufs Edelmetall: Die beiden Mannschaften haben den Ligagewinn bis 2018 immerhin 58 Mal unter sich ausgemacht. Real Madrid wurde 33-mal Meister, Barcelona 25-mal. Barça erlebte, inspiriert durch den Argentinier Lionel Messi, Mitte der 2000er-Jahre eine traumhafte Siegesserie und holte in neun von 14 Jahren zwischen 2005 und 2018 den Titel.

Flama (www.guiaflama.com) ist eine gute Quelle für Livekonzerte, Festivals und Hintergrundinformationen.

DIE GARNELE VON DER INSEL

Der vielleicht bedeutendste Flamenco-Sänger aller Zeiten, José Monge Cruz (1950–92) alias Camarón de la Isla (Garnele von der Insel), trug in der zweiten Hälfte des 20. Jhs. mehr als irgendjemand sonst dazu bei, dieses Genre bekannt zu machen. Geboren als eines von acht Kindern einer Roma-Familie – sein Vater war Schmied, seine Mutter Korbflechterin –in der Stadt San Fernando (auch bekannt als La Isla) bei Cádiz, trat Camarón schon sehr jung in Bars auf. Schließlich begegnete er dem anderen berühmten Flamenco-Künstler seiner Zeit, dem Gitarristen Paco de Lucía. Die beiden nahmen zwischen 1969 und 1977 neun hochgelobte Alben auf. Später in seiner Karriere arbeitete Camarón mit einem von Pacos Schülern, Tomatito.

Camarón war ausgesprochen introvertiert und scheute die Öffentlichkeit, doch sein Talent war so groß, dass die Menschen ihn verfolgten, wo immer er auftauchte. Viele sagen, das war der Grund für seinen wilden Lebensstil nach dem Motto „Live fast, die young", der zu seinem frühen Tod führte. Wegen seiner Stimme war er das Idol von Flamenco-Fans auf der ganzen Welt, seine Roma-Gefährten erhoben ihn fast zu einem Gott. Es heißt, *gitano*-Frauen hätten ihre Kinder zu ihm gebracht in der Hoffnung, dass er sie berühren und etwas von seiner Magie auf sie übertragen würde.

Leider mündete Camaróns Leben in eine Abwärtsspirale aus Drogen und Selbstzerstörung. 1992 starb er mit nur 42 Jahren an Lungenkrebs. Über 100 000 Menschen sollen zu seiner Beerdigung gekommen sein. Zu seinen besten Aufnahmen zählen *La leyenda del tiempo*, *Soy gitano* und *Una leyenda flamenca*.

Mit dem portugiesischen Superstar Cristiano Ronaldo – er kämpfte in den vergangenen Jahren mit Messi um die Auszeichnung des besten Spielers der Welt (zwischen 2008 und 2017 gewannen sie jeweils fünf Ballons d'Or) – hat Real den Katalanen in letzter Zeit aber wieder einen harten Wettkampf geboten und bleibt weiterhin der erfolgreichste Verein in der Geschichte des europäischen Fußballs: 13-mal haben die Madrilenen die UEFA Champions League und den Europacup gewonnen, u.a. 2014, 2016, 2017 und 2018.

Madrids zweiter Fußballclub Atlético Madrid ist Spaniens dritterfolgreichster Fußballverein und hat in den letzten Jahren einen Aufschwung erlebt. 2014 konnte Atlético zum zehnten Mal La Liga gewinnen, 2014 und 2016 kam der Verein ins Finale der UEFA Champions League, verlor allerdings beide Spiele gegen den Stadtrivalen Real.

Stierkampf

Ein episches Drama mit Blut und Heldenmut oder eine grausame Foltermethode, die im modernen Europa keinen Platz mehr hat? Der Stierkampf, die hartnäckigste und umstrittenste Tradition des Landes, ist irgendwie beides und gleichzeitig viel mehr: für manche ein uraltes Ritual, ein wesentlicher Bestandteil der spanischen Kultur und fesselndes Theater, für andere ein gewalttätiges, blutiges und barbarisches Spektakel, bei dem in Spanien jährlich Tausende Tiere öffentlich getötet werden. Ernest Hemingway, der selbst begeisterter Stierkampfanhänger war und sich dem Thema in einigen Werken widmete, fasste die Zwiespältigkeit des Spektakels treffend zusammen und bezeichnete es als einen „wundervollen Albtraum".

Bücher zum Thema Stierkampf

- *Tod am Nachmittag von Ernest Hemingway*
- *Death and Money in the Afternoon: A History of the Spanish Bullfight von Adrian Shubert*
- *On Bullfighting von AL Kennedy*
- *Into the Arena: The World of the Spanish Bullfight von Alexander Fiske-Harrison*
- *Making Sense of Bullfighting von Reza Hosseinpour*

Grundlagen

Der Matador ist der unangefochtene Star der Veranstaltung. In seinem glitzernden *traje de luces* (Lichteranzug) reißt er mit gekonnter Beinarbeit, Geschicklichkeit und Mut gegenüber dem Stier das Publikum zu Beifallsstürmen oder Wutausbrüchen hin, je nach seiner (bzw. sehr selten ihrer) Leistung. Die einzelnen Kämpfe können etwa 20 bis 30 Minuten dauern und folgen einem ziemlich komplizierten Ablauf. *Peones* (Helfer der Matadore, deren Job es ist, die Stiere immer wieder zu reizen) springen mit großen Umhängen vor dem Tier umher, während berittene *picadores* (Zureiter) Lanzen in seine Nackenmuskulatur treiben und *banderilleros* den Stier direkt angreifen und versuchen, ihm *bandilleras* (mit Bändern versehene kurze Spieße samt harpunenartigen Widerhaken) in den Hals zu stechen. Schließlich tötet der Matador den Stier, falls er nicht zuvor von diesem außer Gefecht gesetzt wird, was durchaus gelegentlich vorkommt. In einigen tragischen, aber sehr seltenen Fällen endete der Stierkampf auch schon tödlich für den Matador. Im Juli 2016 wurde in Teruel der spanische Matador Víctor Barrio als erster Stierkämpfer seit Jahrzehnten von einem der Tiere in der Arena getötet.

Wer vorhat, einen Stierkampf zu besuchen, sollte wissen, worauf er sich einlässt. In den Rücken und Nacken des Tieres werden wiederholt Spieße gestochen, sodass es stark blutet und beträchtliche Schmerzen und Stress erleidet. Der Blutverlust schwächt den Stier immer mehr, bevor der *torero* schließlich zum letzten Stich mit dem Schwert ansetzt. Wird der Degenhieb richtig ausgeführt, stirbt das Tier sofort, jedoch nachdem es zuvor schon recht lange aus seinen ganzen anderen Wunden geblutet hat. Wird der Gnadenstoß nicht gut gesetzt, erleidet es einen langsamen Tod und dieser Anblick kann wirklich extrem verstörend sein.

Debatte um den Stierkampf

Ob man einen Stierkampf besucht oder nicht, ist letzten Endes eine sehr persönliche Entscheidung. Die Anhänger der Tradition sind der Meinung, dass der Stier besser dran ist, wenn er von der Hand eines Matadors anstatt im *matadero* (Schlachthof) stirbt. Die Gegner hingegen sagen, dass der Stier dabei im Prinzip zu Tode gefoltert wird.

Während der Stierkampf in einigen Regionen Spaniens nach wie vor hoch im Kurs steht, vor allem in Andalusien, Madrid und Kastilien-La Mancha sowie Kastilien und León, ergab eine Umfrage im Dezember 2015, dass nur 19 % der Spanier zwischen 16 und 65 Jahren für den Stierkampf und 58 % dagegen sind.

Im 21. Jh. ist der Widerstand gegen den Stierkampf massiv gewachsen, aber die Pro-Stierkampflobby ist stark. Die regierende Volkspartei (Partido Popular) unterstützt ausdrücklich den Stierkampf als Teil von Spaniens kulturellem Erbe. Ein Verbot des Stierkampfs in Katalonien im Jahr 2012 wurde 2016 vom spanischen Verfassungsgericht für ungültig erklärt, aber in Katalonien wurden die Stierkämpfe nicht wieder aufgenommen. Eine Reihe überwiegend linker Gemeinden in mehreren Regionen hat den Stierkampf in ihrer Region eingestellt. 2017 billigte das Regionalparlament der Balearischen Inseln Maßnahmen, die Stierkämpfe unmöglich machten, und auf den Kanarischen Inseln ist Stierkampf seit 1991 de facto verboten.

Die Zahl der Stierkämpfe in den spanischen Arenen ist laut Zahlen der Regierung dramatisch gesunken: fanden 2007 noch 3651 Stierkämpfe statt, waren es 2016 nur noch 1598. Die Stierkampfindustrie erklärt dies unter anderem mit der wirtschaftlichen Rezession. Dafür ist die Zahl günstiger *festejos populares* gestiegen – anderer Feierlichkeiten, bei denen Stiere häufig ebenso gequält werden, etwa die *toros embolados* (bei dieser Feierlichkeit wird leichtentzündliches Material, das an den Hörnern von Stieren befestigt ist, in Brand gesetzt).

Viele Organisationen gegen den Stierkampf stammen aus dem Ausland, u. a. PETA (www.peta.org.uk). Doch auch inländische Organisationen sind aktiv wie nie, darunter die politische Partei PACMA (www.pacma.es), die Vereinigung der Tierärzte gegen den Stierkampf AVATMA (https://avatma.org) und die nichtstaatliche Tierrechtorganisation NGO ADDA (www.addaong.org).

Praktische Informationen

Allgemeine Informationen

Arbeiten in Spanien

EU-Bürger, Schweizer und Liechtensteiner können in Spanien arbeiten. Oft kümmert sich der Arbeitgeber um den nötigen Papierkram.

Wer die Sprache gut beherrscht, kann sein Glück als Übersetzer oder Dolmetscher versuchen.

Sprachunterricht

Deutsch ist zwar nicht die allererste Wahl vieler Spanier, aber gerade in Tourismusgebieten recht wichtig. Wenn man bereits Deutsch als Fremdsprache unterrichtet hat, ist es sicher einen Versuch wert. Wer lieber Privatstunden anbieten will, muss sich auf eine längere Durststrecke einstellen.

Informationen für angehende Deutschlehrer (ob an einer Sprachschule oder privat) bekommt man im Goethe-Institut, in internationalen Buchläden sowie in den Unis und den Schulen selbst. Oft hilft dort auch das Schwarze Brett weiter.

Job in Ferienorten

Im Sommer kann man auch an der Mittelmeerküste jobben. Wer gleich zu Beginn der Saison auftaucht und genügend Zeit mitbringt, hat die besten Chancen.

Zahlreiche Bars, Restaurants und andere Läden sind in ausländischer Hand. Kleinanzeigen für Kellner, Babysitter, Köche, Putzhilfen usw. findet man zudem oft in fremdsprachigen Zeitschriften, wie *Sur In English* (www.surinenglish.com) an der Costa del Sol, in der *Mallorca Zeitung* und im *Mallorca Magazin*.

Bootspersonal

Man kann z. B. auf Jachten und Kreuzfahrtschiffen unterkommen, vor allem in den Häfen von Palma de Mallorca, Gibraltar und Puerto Banús (in dieser Reihenfolge).

Im Sommer sind die meisten Schiffe nur auf dem Mittelmeer unterwegs, verkehren aber zwischen November und Januar manchmal auch in Richtung Karibik.

PRAKTISCH & KONKRET

Maße & Gewichte Metrisches System.

Rauchen In geschlossenen öffentlichen Räumen verboten.

Zeitungen Die Mitte-links gerichtete *El País* (www.elpais.com, auf Spanisch), die Mitte rechts gerichtete *El Mundo* (www.elmundo.es, auf Spanisch) und die rechts orientierte *ABC* (www.abc.es, auf Spanisch). Die auflagenstarke englischsprachige Zeitung *New York Times* enthält eine achtseitige Beilage mit ins Englische übersetzten Artikeln aus *El País*. Man kann sich auch unter www.checkelpais.com/elpais/inenglish.html informieren.

Radio Das staatliche Radio Nacional de España (RNE) betreibt Radio 1 mit einem massentauglichen Programm und aktuellen Nachrichten; Radio 5 mit Sport und Entertainment; und Radio 3 (Radio d'Espop). Übers Zeitgeschehen berichten u. a. die linksgerichtete Cadena und der rechtsgerichtete Kanal COPE. Die angesagtesten kommerziellen Sender sind 40 Principales, Kiss FM, Cadena 100 und Onda Cero.

TV Auf dem Fernsehschirm laufen die staatlichen Sender von Televisión Española (TVE1 und La 2) und die unabhängigen Kanäle Antena 3, Tele 5, Cuatro und La Sexta. Die Regionalregierungen haben ihre eigenen Stationen, z. B. Telemadrid (Madrid), TV-3 und Canal 33 (Katalonien, die Sendungen werden auf Katalanisch ausgestrahlt), TVG (Galicien), ETB-1 und ETB-2 (Baskenland), Canal 9 (Valencia) und Canal Sur (Andalusien). Kabel- und Satellitenfernsehen verbreiten sich immer mehr.

Weil es für diese (normal unbezahlte) Arbeit keine Vermittlungsstelle gibt, sollte man sich einfach an den Docks durchfragen. Bezahlt wird man üblicherweise nur für Reparatur- und Reinigungsarbeiten bzw. für die Instandhaltung eines Bootes im Hafen. Der Verdienst ist gering, und viele tun es nur, um günstig um die Welt zu segeln.

Botschaften & Konsulate

Alle Botschaften befinden sich in Madrid. Konsulate gibt's in einigen größeren Städten wie Barcelona.

Deutsche Botschaft (☎91 557 90 00; www.spanien.diplo.de; Calle de Fortuny 8; Ⓜ Rubén Darío)

Deutsches Konsulat (☎93 292 10 00; www.spanien.diplo.de; Torre Mapfre, Calle de Marina 16-18, Barcelona; ⏲Mo–Do 8.30–12 & 14–15.30, Fr 8.30–12 Uhr; Ⓜ Ciutadella Vila Olímpica) Weitere Konsulate in Málaga und Palma de Mallorca.

Marokkanische Botschaft (☎91 563 10 90; www.embajada-marruecos.es; Calle de Serrano 179, Madrid; Ⓜ Santo Domingo) Weitere Generalkonsulte in Algeciras, Almería, Bilbao, Sevilla, Tarragona und Valencia.

Österreichische Botschaft Madrid (☎91 556 56 05; www.bmeia.gv.at/botschaft/madrid.html; Paseo de la Castellana 91) Weitere Vertretungen in Barcelona, Bilbao, Málaga, Palma de Mallorca, Sevilla und Valencia.

Schweizer Botschaft Barcelona (☎93 409 06 50; Gran Via de Carlos III 94); Madrid (☎91 436 39 60; www.eda.admin.ch/madrid; Calle Núñez de Balboa 35).

Ermäßigungen

In Museen bekommen Studenten, junge Erwachsene, Kinder, Familien und Senioren oft Rabatte. Am besten fragt man einfach nach.

Senioren Verschiedene Museen und andere Sehenswürdigkeiten gewähren Senioren ab 60, 63 oder 65 Jahren Ermäßigungen (teilweise gilt dies aber nur für EU-Bürger). Manchmal bekommen sie auch in Bussen und Bahnen Rabatte.

Studenten Der Studentenrabatt beträgt meist die Hälfte des normalen Eintrittspreises, wobei ein Nachweis wie eine International Student Identity Card (www.isic.org) gefordert wird; diese ist allerdings nicht überall gültig.

Jugendkarten Mit einer European Youth Card (www.eyca.org), die in Spanien als Carné Joven bekannt ist, erhält man Ermäßigungen in Verkehrsmitteln, Sehenswürdigkeiten und Jugendherbergen.

Feiertage

Urlaub machen viele Spanier vor allem während der Semana Santa (Karwoche) und im Juli/August. Dann herrscht in den Ferienorten oft Mangel an freien Betten, zudem sind die Züge voll. Gegenden außerhalb der klassischen Urlaubsgebiete verwaisen allerdings zu diesen Zeiten regelrecht.

In Spanien gibt's offiziell 14 Feiertage pro Jahr – manche davon gelten im ganzen Land, andere nur in einzelnen Orten. Fällt ein Feiertag auf einen Dienstag oder Donnerstag, nehmen sich viele Spanier einen Brückentag (der auf Spanisch *puente*, Brücke, heißt; nimmt man eine ganze Woche frei, in der mehrere Feiertage liegen, sagt man dazu *acueducto*, Aquädukt). Landesweit gelten folgende Feiertage:

Año Nuevo (Neujahr) 1. Januar

Viernes Santo (Karfreitag) März/April

Fiesta del Trabajo (Tag der Arbeit) 1. Mai

La Asunción (Mariä Himmelfahrt) 15. August

Fiesta Nacional de España (Spanischer Nationalfeiertag) 12. Oktober

La Inmaculada Concepción (Fest der Unbefleckten Empfängnis) 8. Dezember

Navidad (Weihnachten) 25. Dezember

Dazu kommen fünf Feiertage, die von den Regionalregierungen festgelegt werden; für zwei weitere sind die Kommunen zuständig. In vielen Gegenden handelt es sich dabei um folgende Termine:

Epifanía (Epiphania) oder **Día de los Reyes Magos** (Dreikönigstag) 6. Januar

Jueves Santo (Gründonnerstag) März/April. Wird nicht in Katalonien und Valencia gefeiert.

Corpus Christi Juni. Der neunte Donnerstag nach Ostersonntag.

Día de Santiago Apóstol (Fest des Apostels Jakob) 25. Juli

Día de Todos los Santos (Allerheiligen) 1. November

Día de la Constitución (Tag der Verfassung) 6. Dezember

Frauen unterwegs

Spanien ist für Touristinnen genauso unkompliziert zu bereisen wie alle anderen westlichen Länder.

Allerdings können ausländische Frauen unerwünschte männliche Aufmerksamkeit erregen, vor allem wenn sie allein oder an abgelegenen Orten unterwegs sind.

Auch die Wahl der Unterkunft sollte überdacht werden, wenn es sich z. B. um

PREISKATEGORIEN: ESSEN

Die folgenden Preisangaben beziehen sich auf Hauptgerichte:

€ unter 12 €

€€ 12–20 €

€€€ über 20 €

eine verwanzte Billigabsteige handelt, wo nur Männer zu sehen sind. In der Nacht ist umsichtiges Verhalten auch in der Stadt geboten – einsame Straßen und Gassen sollte frau besser meiden. Auf keinen Fall sollten allein reisende Frauen trampen.

Männer unter 40 wuchsen nach der Franco-Ära auf. Ihre Vorstellungen von Geschlechterrollen sind nicht mehr so starr wie bei ihren älteren Geschlechtsgenossen. Allerdings herrscht in dieser Frage nach wie vor ein Nord-Süd- und ein Stadt-Land-Gefälle.

Freiwilligenarbeit

Über Möglichkeiten der Freiwilligenarbeit in Spanien informieren:

Earthwatch Institute (www.earthwatch.org) Manchmal hat die Organisation Umweltschutzprojekte in Spanien im Programm.

Go Abroad (www.goabroad.com) Dutzende Links zu Projekten in Spanien.

Raus von zu Haus (www.rausvonzuhaus.de) Portal von Eurodesk mit vielen Infos zu Programmen und Ländern, Online-Datenbank und weiterführenden Links.

TravelWorks (www.travelworks.de/freiwilligenarbeit-spanien.html) Dieser Anbieter von verschiedenen Auslandsprogrammen kooperiert mit lokalen Partnerorganisationen.

Geld

Am einfachsten hebt man in Spanien Geld mit einer Karte am Automaten ab. Für Notfälle sollte man immer ein wenig Bargeld in Reserve haben.

Mit den meisten Kredit- und Geldkarten kann man Geld von *cajeros automáticos* (Geldautomaten) abheben. Symbole zeigen an, welche Karten (Visa, MasterCard, Cirrus etc.) akzeptiert werden. Im Ausland fallen dafür meist Gebühren an, deshalb sollte man sich vorab bei seiner Bank über die Konditionen und eventuellen Limits für Geldabhebungen informieren.

Bargeld

Fast alle Banken tauschen ausländische Währungen wie Schweizer Franken und bieten die besten Wechselkurse. Traveller sollten sich nach den Kommissionsgebühren erkundigen und einen Ausweis mitbringen.

Kredit- & Debitkarten

Kredit- & Debitkarten werden fast überall akzeptiert. Oft wird ein Ausweis verlangt. Am weitesten verbreitet sind Visa, MasterCard, American Express, Cirrus, Maestro, Plus, Diners Club und JCB.

Falls eine Karte verloren geht (oder vom Geldautomaten verschluckt wird), sollte sie sofort gesperrt werden. Von Spanien aus geht das unter den folgenden (meist kostenlosen) Nummern: **Amex** (☎900 814500), **Diners Club** (☎902 401112), **MasterCard** (☎900 971231) und **Visa** (☎900 991124).

Der kartenübergreifende deutsche Sperr-Notruf (☎0049 116 116) ist rund um die Uhr erreichbar, allerdings vom Ausland aus gebührenpflichtig.

Geldwechsel

Wechselstuben (*cambios*) haben längere Öffnungszeiten und den besseren Service, tauschen aber zu schlechteren Kursen und berechnen mehr Gebühren.

Steuern

- Die spanische Mehrwertsteuer heißt IVA *(i-wa; impuesto sobre el valor añadido)*.

Gesundheit

Spanien bietet eine sehr gute medizinische Versorgung.

Medizinische Versorgung & Kosten

Die Ambulanz erreicht man unter der Nummer 061 oder unter der allgemeinen Notrufnummer 112. Bei Notfällen macht man sich zur *urgencias* (Notaufnahme) des nächsten Krankenhauses auf.

Farmacias (Apotheken) bieten nützliche Informationen und verkaufen rezeptfreie Medikamente. Wie in vielen Ländern Europas gibt's auch in Spanien überall Bereitschaftsapotheken (*farmacias de guardia*); die entsprechenden Adressen hängen an jeder Apotheke aus.

Die medizinischen Kosten sind in Spanien etwas niedriger als in vielen anderen Ländern Europas. Seit 2004 gilt die Europäische Krankenversicherungskarte in allen EU-Staaten sowie weiteren Ländern (u.a. der Schweiz), seit 2006 ist sie in Deutschland bei gesetzlich Versicherten in die übliche Versicherungskarte integriert. Sie garantiert medizinische Versorgung in der gesamten EU. Wer möchte, kann noch eine zusätzliche Auslandskrankenversicherung abschließen.

Höhenkrankheit

- Bei Wandertouren in großer Höhe kann diese Krankheit zu einem Problem werden. Viele Menschen spüren ab 2500 m Folgen des Sauerstoffmangels.
- Symptome entwickeln sich meist während der ersten 24 Stunden, die man sich in der Höhe aufhält, können aber auch noch bis zu drei Wochen danach auftreten.
- Zu den leichten Anzeichen gehören Kopfschmerzen, Trägheit, Schwindel, Schlafstörungen und Appetitlosigkeit.
- Ganz plötzlich kann sich der Zustand des Betroffenen jedoch dramatisch verschlechtern, dann treten eventuell Atemnot, trockener, irritativer Husten (in schweren Fällen von rosa-farbenem, schaumigem Auswurf begleitet), starke Kopfschmerzen, Koordinations- und Gleichgewichtsstörungen, Desorientiertheit, irrationales Verhalten,

Brechanfälle, Benommenheit, sogar bis hin zur Bewusstlosigkeit auf.

- Bei leichten Symptomen sollte man auf der erreichten Höhe bleiben, bis man sich erholt hat (ein bis zwei Tage).
- Gegen Kopfschmerzen helfen Paracetamol oder Aspirin.
- Halten die Symptome an oder verschlechtern sie sich, ist ein Abstieg notwendig; manchmal helfen bereits 500 m.
- Man sollte niemals Medikamente einnehmen, um den Abstieg zu vermeiden bzw. um weiter aufzusteigen.

Bisse & Stiche

- Hüten muss man sich vor der haarigen rotbraunen Raupe des Prozessionsspinners. Eine Berührung mit ihren Härchen ruft eine starke allergische Hautreaktion hervor.
- Die Bisse einiger Tausendfüßler sind ebenfalls äußerst unangenehm.
- Quallen werden an der Mittelmeerküste zunehmend zu einem Problem.
- Die einzige Giftschlange, auf die man häufiger stößt, ist die Stülpnasenotter. Sie hat einen herzförmigen Kopf, wird bis zu 75 cm lang, weist eine graue Färbung mit Zickzackmuster auf und lebt in trockenen felsigen Gebieten, weit von Menschen entfernt. Ihr Biss kann tödlich sein und muss mit einem Antiserum behandelt werden, das staatliche Krankenhäuser in größeren Städten auf Lager haben.

Unterkühlung

- Im spanischen Gebirge kann das Wetter jederzeit und urplötzlich umschlagen.
- Die richtige Vorbereitung vermindert die Gefahr der Unterkühlung. So sollte man stets wasserfeste Kleidung bei sich haben und andere über seine Reisepläne informieren.
- Die ersten Symptome einer Unterkühlung sind Muskelzittern, Beeinträchtigung des Urteilsvermögens und Ungeschicklichkeit. Werden keine Gegenmaßnahmen getroffen, reagiert der Betroffene zunehmend teilnahmslos und verwirrt und fällt schließlich ins Koma.
- Um Schlimmeres zu verhindern, helfen ein Unterschlupf, warme trockene Kleidung, süße Heißgetränke und Körperkontakt.

Leitungswasser

Normalerweise lässt sich das Leitungswasser in Spanien bedenkenlos trinken, aber es gibt einige Ausnahmen (z. B. Ibiza). Wer Zweifel hat, kann folgende Frage stellen: *¿Es potable el agua (del grifo)?* (Kann man das (Leitungs-) Wasser trinken?).

Fluss- oder Meerwasser sollte man nicht trinken, denn es könnte Bakterien oder Viren enthalten, die Durchfall oder Brechanfälle auslösen.

Internetzugang

Fast alle Hotels sowie einige Cafés, Restaurants und Flughäfen verfügen über WLAN, das von Gästen normalerweise (aber nicht immer) kostenlos genutzt werden kann.

Die Geschwindigkeit variiert oft schon von einem Hotelzimmer zum anderen (und manchmal ist der Empfang nur auf die Hotellobby beschränkt), man sollte sich also vor der Buchung oder beim Einchecken danach erkundigen, wenn man eine gute Verbindung benötigt.

Einige Touristeninformationen halten Listen mit WLAN-Hot-Spots in der Umgebung bereit.

Karten

Es gibt hervorragende Karten, mit denen man Spanien mit dem Auto erkunden kann – viele davon sind an Tankstellen verfügbar. Topografische und Wanderkarten gibt's in Fachgeschäften.

Straßenkarten

Zu den besten Karten gehören die von Michelin: Neben der Übersichtskarte von Spanien und Portugal im Maßstab 1:1 000 000 sind sechs Regionalkarten im Maßstab 1:400 000 auf dem Markt, die zusammen das ganze Land abdecken. Sie werden regelmäßig aktualisiert, sind recht detailgenau (bis hin zur Beschaffenheit von Nebenstraßen). Ebenfalls empfehlenswert ist die GeoCenter-Reihe des deutschen RV-Verlags.

Península Ibérica, Baleares y Canarias gilt als beste physische Karte. Sie wird vom **Centro Nacional de Información Geográfica** (☎91 597 95 14; www.cnig.es; Calle del General Ibáñez de Ibero 3; Ⓜ Guzmán El Bueno) für das Instituto Geográfico Nacional (www.ign.es) herausgegeben und in guten Buchläden verkauft.

Wanderkarten

Für mehrere Gegenden, vor allem für die Pyrenäen, haben sich die Serien *Guía Cartográfica* und *Guía Excursionista y Turística* von Editorial Alpina bewährt.

Die detaillierten Karten im Maßstab zwischen 1:25 000 und 1:50 000 beinhalten Miniführer auf Spanisch (und manchmal Katalanisch). Trotz der einen oder anderen Ungenauigkeit sind sie für Wanderer unverzichtbar(und teilweise auch auf Englisch und Deutsch erhältlich).

Wer im katalanischen Teil der Pyrenäen wandert, ist mit den Karten des Institut Cartogràfic de Catalunya oft besser beraten als mit denen von Alpina.

Wenn man die Karten ausschließlich zum Wandern nutzen möchte, ist der Maßstab von 1:25 000 am sinnvollsten. Karten vom **CNIG** (www.cnig.es) in diesem Maßstab gibt's fast für ganz Spanien.

Buchhandlungen in der Nähe von Wandergebieten haben meist sowohl Karten von Editorial Alpina als auch von CNIG vorrätig, die man normalerweise ebenfalls in spezialisierten Buchläden erhält, etwa bei:

Altaïr (Karte S. 292 f.; ☎93 342 71 71; www.altair.es; Gran Via de les Corts Catalanes 616; ⊙Mo–Sa 10–20.30 Uhr; 📶; Ⓜ Catalunya) In Barcelona.

De Viaje (Karte S. 106; ☎91 577 98 99; www.deviaje.com; Calle de Serrano 41; ⊙Mo–Fr 10–20.30, Sa 10.30–14.30 & 17–20 Uhr; Ⓜ Serrano) In Madrid.

La Tienda Verde (☎91 535 38 10; www.tiendaverde.es; Calle de Maudes 23; ⊙Mo–Fr 10–14 & 17–20, Sa 10–14 Uhr; Ⓜ Cuatro Caminos) In Madrid.

Librería Desnivel Karte S. 90 f.; ☎91 429 12 81; www.libreriadesnivel.com; Plaza de Matute 6; ⊙Mo–Fr 10–20.30, Sa 11–20 Uhr; Ⓜ Antón Martín) In Madrid.

LGBT-Reisende

Spanien ist das vielleicht schwulenfreundlichste Land in Südeuropa. Homosexualität ist legal und die gleichgeschlechtlich Ehe wurde 2005 legalisiert – ein Schritt, der sehr begrüßt wurde, aber auch auf Widerstand durch die mächtige katholische Kirche des Landes stieß.

In ländlichen Gegenden sind Schwule und Lesben in der Öffentlichkeit kaum sichtbar. Lebhafte Szenen gibt's in Madrid, Barcelona, Sitges, Torremolinos und Ibiza.

Viele Schwule auf der ganzen Welt sind Fans von Sitges und bei den dortigen ausschweifenden **Karnevalsfeiern** (www.carnavaldesitges.com; ⊙Feb./März) im Februar oder März ganz vorn mit dabei.

Ende Juni oder Anfang Juli findet in Madrid der Umzug zum **Christopher Street Day** (www.orgullolgtb.org; ⊙Juni) statt, und auch in anderen Städten gehen um diesen Termin herum Schwule und Lesben auf die Straße.

In Madrid findet außerdem jedes Jahr das Festival **Les Gai Cine Mad** (☎915 930 540; www.lesgaicinemad.com; ⊙Ende Okt. oder Anfang Nov.) statt, auf dem das schwule, lesbische und transsexuelle Kino gefeiert wird.

Nützliche Infoquellen

Neben der folgenden Auswahl veröffentlicht die Touristeninformation in Barcelona zweimal jährlich *Barcelona – The Official Gay and Lesbian Tourist Guide*. Auf der Website der Madrider Touristeninformation (www.esmadrid.com/lgtb-madrid) gibt's ebenfalls gute Informationen.

Chueca (www.chueca.com) Nützliches Portal für Schwule mit vielen Links.

GayBarcelona (www.gaybarcelona.com) Meldungen, Meinungen und ein großer Adressbereich mit Bars, Saunas, Läden usw. in Barcelona und Sitges.

Gay Iberia (www.gayiberia.com) Gay-Führer für Barcelona, Madrid, Sitges und 26 weitere spanische Städte.

Gay Madrid 4 U (www.gaymadrid4u.com) Überblick über die Madrider Bars und Nachtclubs der Schwulenszene.

Gay Seville (www.patroc.com/seville) Gay-Führer für Andalusiens Hauptstadt.

NightTours.com (www.nighttours.com) Gute Infos über das Nachtleben der Schwulenszene und weitere Attraktionen in Madrid, Barcelona und 18 weiteren Zielen in Spanien.

Shangay (www.shangay.com) Aktuelles, Veranstaltungen und Kontakte. Zudem veröffentlicht Shangay alle zwei Wochen das Magazin *Shanguide* mit Adressen in Madrid (u. a. von Saunas und Hardcore-Clubs) sowie Kontaktanzeigen. In dem Ableger *Shangay Express* findet man eher Artikel sowie eine Handvoll Adressen und Kontaktanzeigen. Beide Zeitschriften sind in Buchläden und Bars für Schwule erhältlich.

Universo Gay (www.guia.universogay.com) Von allem etwas.

Organisationen

Casal Lambda (Karte S. 278; ☎93 319 55 50; www.lambda.cat; Avinguda del Marquès d'Argentera 22; ⊙Mo–Sa 17–21 Uhr; Ⓜ Barceloneta) Kulturelles Infozentrum und Treffpunkt in La Ribeira in Barcelona, für Schwule und Lesben.

Colectivo de Gais y Lesbianas de Madrid (Cogam; ☎91 523 00 70, 91 522 45 17; www.cogam.es; Calle de la Puebla 9; ⊙Mo–Fr 17–21, Sa 18–20 Uhr; Ⓜ Callao, Gran Vía) Organisiert Aktivitäten und hat ein Informationsbüro und einen Treffpunkt.

Federación Estatal de Lesbianas, Gays, Transexuales & Bisexuales (☎91 360 46 05; www.felgtb.org; 4. OG, Calle de las Infantas 40; ⊙Mo–Do 8–20, Fr 8–15.30 Uhr; Ⓜ Gran Vía) Die Vereinigung mit Sitz in Madrid setzte sich für die Einführung der gleichgeschlechtlichen Ehe ein.

Fundación Triángulo (☎91 593 05 40; www.fundaciontriangulo.org; 1. OG, Calle de Meléndez Valdés 52; ⊙Mo–Fr 10–14 & 16–20 Uhr; Ⓜ Argüelles) Eine von mehreren praktischen Infoquellen für Schwule und Lesben in Madrid.

Post

Die spanische Post, **Correos** (☎902 197197; www.correos.es), arbeitet normalerweise zuverlässig, ist allerdings manchmal etwas langsam.

Normalerweise ist ein Brief ins westeuropäische Ausland drei Tage bis eine Woche unterwegs.

➜ *Sellos* (Briefmarken) bekommt man in fast allen *estancos* (Tabakläden, die man an einem „Tabacos"-Schild mit gelben Buchstaben auf braunem Hintergrund erkennt) sowie in Postämtern.

➜ Eine Ansichtskarte oder ein Brief bis 20 g ins europäische Ausland kostet 1,25 €, in den Rest der Welt 1,35 €.

➜ Eine Preisliste für Einschreiben (*certificado*) und Expressversand (*urgente*) gibt's auf www.correos.es unter dem Button „Tarifas".

Rechtsfragen

Jeder, der festgenommen wird, bekommt einen kostenlosen Pflichtanwalt *(abogado de oficio)* gestellt. Es kann allerdings sein, dass dieser nur Spanisch spricht. Wenn ein deutscher oder österreichischer Staatsbürger verhaftet wird, muss außerdem umgehend das Konsulat informiert werden. Auch ein Anruf, etwa um Angehörige zu benachrichtigen, ist gestattet. Kommt es zum Richtertermin, wird ein Dolmetscher organisiert.

Seinen Personalausweis oder Reisepass sollte man theoretisch ständig dabeihaben, falls man ihn bei einer Polizeikontrolle vorzeigen muss. Viele Traveller lassen ihren Ausweis allerdings lieber im Hotelsafe, was nur selten ein Problem darstellt.

Auf lokaler Ebene kümmert sich die Policía Local oder Policía Municipal um Verkehrssünder und kleinere Gesetzesübertretungen.

Die Policía Nacional (☎091), also die staatliche landesweite Polizei, ist für die Verbrechensbekämpfung zuständig und vor allem in größeren Städten zu finden.

Gegen das organisierte Verbrechen wurde im 19. Jh. die militärisch organisierte Guardia Civil gegründet. Heute überwacht sie Landstraßen sowie Staatsgrenzen und ist für Sicherheit, Bekämpfung von schweren Verbrechen und Terrorismus zuständig. Manche Regionen haben noch eine eigene Regionalpolizei, z. B. die Mossos d'Esquadra in Katalonien und die Ertzaintza im Baskenland.

Cannabis ist eine legale Droge, das gilt allerdings nur für den Eigenbedarf in sehr kleinen Mengen. In der Öffentlichkeit darf man keine Drogen konsumieren.

Wer aus Marokko einreist (vor allem mit einem Fahrzeug), muss sich auf strenge Kontrollen an der Grenze einstellen.

Reisen mit Behinderung

Spanien hat nicht überall Einrichtungen für Behinderte, aber langsam ändert sich die Situation. Beispielsweise führt ein grundsätzliches Umdenken dazu, dass manche Museen, Behörden und Hotels nachträglich mit barrierefreien Zugängen ausgestattet werden.

In den großen Städten stellt man sich darüber hinaus allmählich im öffentlichen Nahverkehr und bei den Taxis auf Fahrgäste mit Behinderung ein, so gibt's mancherorts behindertengerechte „Eurotaxis".

Neue Hotels verfügen größtenteils über behindertengerechte Zimmer.

Weisen sich ältere Hotels auf ihren Websites als rollstuhltauglich aus und werben damit, ist allerdings ein wenig Vorsicht geboten, denn mitunter handelt es sich dabei nur um breitere Zimmer- oder Badtüren oder um ähnliche eher symbolische Anstrengungen.

Manche Touristenbüros – vor allem in Madrid und Barcelona – bieten Stadtführungen für Reisende mit Behinderungen.

Inout Hostel (☎93 280 09 85; www.inouthostel.com; Major del Rectoret 2; B 22 €; @📶✻; 🚉FGC Baixador de Vallvidrera) ✎ Positiv erwähnenswert ist besonders das Inout Hostel in Barcelona. Es ist behindertengerecht ausgestattet, und fast alle Angestellten haben ebenfalls Behinderungen. Die Einrichtungen und der Service sind erstklassig.

Museo Tifológico (Blindenmuseum; ☎91 589 42 19; www.museo.once.es; Calle de la Coruña 18; ⏲Di–Fr 10–14 & 17–20, Sa 10–14 Uhr, Aug. geschl.; Ⓜ Estrecho) GRATIS Diese Attraktion speziell für Sehbehinderte wird von der Organización Nacional de Ciegos Españoles (Nationaler Blindenbund (ONCE) betrieben. Zu den Ausstellungsstücken (die alle berührt werden dürfen) gehören Gemälde, Skulpturen, Bildteppiche sowie mehr als 40 maßstabsgetreue Modelle von weltberühmten Denkmälern wie Madrids Palacio Real, Cibeles Springbrunnen, die Alhambra in Granada und der Aquädukt in Segovia. Darüber hinaus gibt's Infos in Blindenschrift und Audioguides für das Museum.

ONLINE-QUELLEN ZU BARRIEREFREIEM REISEN

Lonely Planets kostenloser *Accessible Travel*-Guide kann unter http://lptravel.to/AccessibleTravel heruntergeladen werden.

Organisationen

Madrid Accesible (Barrierefreies Madrid; www.esmadrid.com/madrid-accesible) Auf der Website gibt's unter „Madrid Accesible" ein PDF des hervorragenden *Guia de Turismo Accesible* auf Englisch oder Spanisch. Es enthält eine Liste der Sehenswürdigkeiten und Verkehrsmittel mit detaillierten Beschreibungen ihrer Barrierefreiheit sowie eine Liste barrierefreier Restaurants. Die meisten Touristenbüros in Madrid verfügen über eine *mapa turístico accesible* auf Spanisch, Englisch und Französisch.

Barcelona Turisme (☎93 285 38 34; www.barcelona-access.com) Diese Website informiert über das Reisen mit Behinderung in Barcelona.

ONCE (Organización Nacional de Ciegos Españoles; Karte S. 110 f.; ☎91 532 50 00, 91 577 37 56; www.once.es; Calle de Prim 3; Ⓜ Chueca, Colón) Der spanische Blindenbund bringt Madrid-Stadtführer in Blindenschrift heraus, allerdings werden sie nicht jedes Jahr aktualisiert.

Transport

Seit den späten 1990er-Jahren gebaute oder renovierte Metro- und Bahnhaltestellen verfügen meist über Fahrstühle, doch auf vielen älteren Strecken ist der Zugang für Rollstuhlfahrer nur schwer (oder gar nicht) möglich. Zu Letzteren zählen auch viele Linien in Madrid (eine Karte gibt's auf www.metromadrid.es).

Selbst in Haltestellen, die barrierefrei sind, funktionieren die Rolltreppen und Fahrstühle nicht immer.

Piso-bajo-Busse (Niederflurbusse) sind in den meisten spanischen Städten inzwischen die Norm. Sie haben keine Stufen und in manchen Fällen auch Rampen für Rollstuhlfahrer.

Wer ein rollstuhlgerechtes Taxi benötigt, verlangt nach einem „Eurotaxi".

Sicherheit

Im Großen und Ganzen ist Spanien sicher. Touristen müssen sich in erster Linie vor Kleindiebstählen in Acht nehmen (aus Sicht der Bestohlenen handelt es sich um keine „Kleinigkeit", wenn Ausweis, Geld oder Kamera futsch sind). Viele Besucher machen nur gute Erfahrungen, aber es kann selbstverständlich immer irgendetwas passieren.

- In Städten, besonders in Madrid und Barcelona, hält man sich besser an Orte mit vielen Menschen und meidet einsame Straßen.
- Wertsachen sollte man im Hotelzimmer verstecken oder einschließen.
- Es ist ratsam, sich nicht offen als Tourist zu erkennen zu geben (z. B. keine Karten in überfüllten Touristengebieten zücken).
- Achtung vor Taschendieben in Gegenden mit vielen anderen Touristen.

Abzocke

Wahrscheinlich gibt's mehr als 50 Möglichkeiten, im Urlaub sein Geld zu verlieren. Taschendiebe haben diesbezüglich einige Tricks auf Lager: Sie arbeiten meistens zu zweit oder in Gruppen (manchmal lenken attraktive Frauen männliche Opfer ab). Während einer die Aufmerksamkeit auf sich zieht, leert der andere dem Opfer die Taschen.

> **REISEHINWEISE**
>
> Die folgenden Regierungswebsites geben Reise- und Sicherheitshinweise:
>
> **Deutschland** (www.auswaertiges-amt.de)
>
> **Österreich** (www.bmeia.gv.at)
>
> **Schweiz** (www.eda.admin.ch)

Besonders einfallsreiche Gauner lassen von einem Balkon aus einen Klacks Milchbrei auf ihr Opfer fallen. Sofort kommt ein „hilfsbereiter" Zeitgenosse daher, um den vermeintlichen Vogeldreck wegzuwischen. Dass dabei auch die Jackentasche gründlich gereinigt wird, geht in der ganzen Aufregung unter.

Nicht allen Dieben steht ihr „Beruf" ins Gesicht geschrieben. Ein Klassiker sind z. B. alte Frauen, die versuchen, Blumen zu verkaufen: Bei einem scheinbar netten Gespräch plündern sie einen gleichzeitig aus.

An manchen Autobahnen treiben Banden ihr Unwesen, vor allem an der AP7 von der französischen Grenze nach Barcelona. Vorsicht bei Leuten, die auf Rastplätzen ein Gespräch anfangen wollen. Manche fahren auch neben arglosen Touristen her und fuchteln mit den Händen herum, als ob sie etwas signalisieren wollten. Dann nicht in Panik verfallen und anhalten, weil etwas mit dem Auto nicht in Ordnung sein könnte. Denn während einer der „Helfer" zusammen mit dem Opfer das Heck inspiziert, räumen seine Kameraden den Wagen aus.

Einige stechen auf Rastplätzen einen Reifen an, folgen dem Auto dann und bieten auf dem Standstreifen ihre „Hilfe" beim Reifenwechsel an. Bevorzugtes Ziel sind Mietwagen und solche mit ausländischem Nummernschild. An Rastplätzen sollte man immer möglichst nahe am Gebäude parken und keine Wertsachen offen liegen lassen. Wer anhält, um einen Reifen zu wechseln, und unerwünschte Hilfe bekommt, sollte sichergehen, dass alle Türen geschlossen sind und man sich nicht ablenken lässt.

Auch das Parken birgt Gefahren. In einigen Stadtzentren sind zwielichtige selbst ernannte Parkwächter unterwegs. Sie versuchen, Ortsfremde auf Teufel komm raus irgendwohin zu lotsen, wo sie parken können. Am besten ist es, sie zu ignorieren und selbst weiterzusuchen. Aber wenn es gar nicht anders geht, ist ein kleiner Geldbetrag beim „Parkwächter" gut angelegt, damit das Auto hinterher nicht zerkratzt oder sonstwie beschädigt ist.

Auf gar keinen Fall sollte dann irgendetwas sichtbar im Wagen herumliegen. Auch den Kofferraum zu öffnen, weil man einen Koffer drin verstauen will, ist keine gute Idee.

Diebstahl

Am gefährdetsten sind Touristen in den Urlaubsorten und großen Städten. Kritisch ist auch die erste Zeit im Land oder in der neuen Stadt, denn so mancher passt vor lauter Eindrücken nicht richtig auf. Wer mit seinem ganzen Gepäck Richtung Hotel unterwegs ist (oder von dort wieder abreist), gibt ein besonders leichtes Opfer ab. Den schlimmsten Ruf in puncto Diebstahl haben Barcelona, Madrid und Sevilla, wo Touristen auf der Straße vereinzelt auch richtig ausgeraubt werden.

Am Strand verschwinden Dinge manchmal in Sekundenschnelle. Nachts hält man sich besser von zwielichtigen, menschenleeren Gassen fern – und überhaupt von allem, was einem nicht geheuer vorkommt.

Für eine Anzeige *(denuncia)* wegen Diebstahls ist die Landespolizei zuständig – eine Liste von *comisarías* (Polizeiwachen) im ganzen Land gibt's unter www.policia.es. Zwar bekommt man die Sachen kaum zurück, aber die Versicherung braucht die Anzeige als Beleg.

Die Anzeige kann auch telefonisch (☎902 102112; mehrsprachig) oder im Internet unter www.policia.es (Link „Denuncias", nur auf Spanisch) erstattet werden. Am nächsten Tag liegt sie dann zur Unterschrift beim gewünschten Polizeirevier bereit, Anstehen ist nicht mehr nötig.

Sprachkurse

Zu den beliebtesten Orten, um Spanisch zu lernen, gehören Barcelona, Granada, Madrid, Salamanca und Sevilla. In diesen und anderen Städten bieten spanische Universitäten preiswerte und gute Sprachkurse an.

Die **Escuela Oficial de Idiomas** ist eine landesweite Sprachschule, in der man Spanisch und andere lokale Sprachen lernen kann. Die Kurse sind mitunter groß und laut, aber sie sind im Allgemeinen recht günstig. In vielen größeren Städten gibt es Niederlassungen.

Private Sprachschulen sowie Universitäten bieten alle möglichen Niveaus, Intensitäten und Sonderthemen sowie unterschiedlich lange Kurse zu den verschiedensten Jahreszeiten an. Viele Kurse beschäftigen sich neben der Sprache auch mit der Kultur des Landes. Universitätskurse gehen oft über ein Semester, aber es gibt auch Optionen über zwei Wochen oder ein ganzes Jahr.

Private Hochschulen sind flexibler. Einen guten Ruf genießt **donQuijote** (www.donquijote.com), mit Filialen in Barcelona, Granada, Madrid, Salamanca und Valencia.

Es lohnt sich auch herauszufinden, ob man für den Abschluss des Kurses einen formalen Befähigungsnachweis erhält. Die Diplomas de Español como Lengua Extranjera (DELE) werden vom spanischen Bildungsministerium anerkannt.

Strom

In Spanien werden die für Europa typischen zweipoligen Steckdosen benutzt. In Gibraltar gibt's sowohl diese als auch die britische rechteckige Variante mit drei Steckern. Letztere kommt häufiger vor.

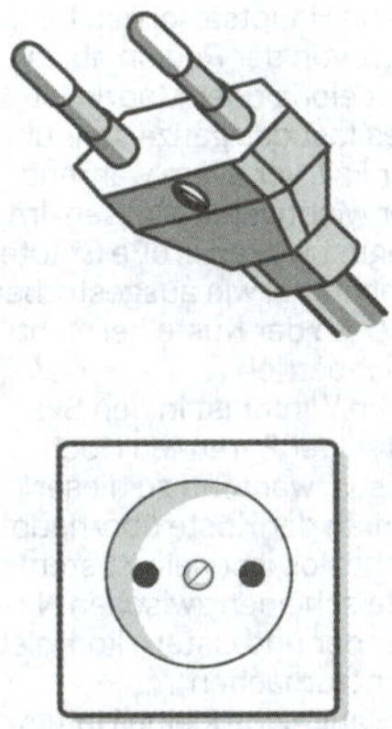

Type C
230V/50Hz

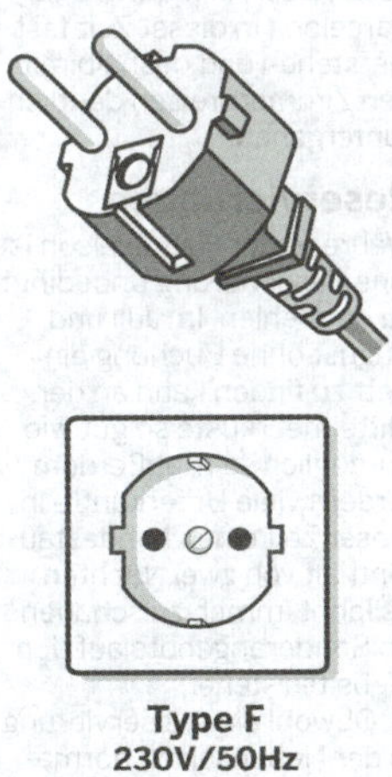

Type F
230V/50Hz

Telefon

In europäischen Handys kann man seine SIM-Karte von zu Hause verwenden.

R-Gespräche

Für internationale R-Gespräche (*llamadas a cobro revertido*) wählt man einfach 99 00 und die jeweilige Ländervorwahl.

Handys

In Spanien gilt wie im restlichen Europa der GSM-900/1800-Standard.

Man kann für sein eigenes Mobiltelefon (Dual- oder Tribandhandy mit GSM-Standard) SIM- und Prepaid-Karten erwerben. Dies funktioniert allerdings nur bei Handys ohne SIM-Lock.

Alle spanischen Mobilanbieter (Telefónicas MoviStar, Orange und Vodafone) bieten *prepagado*-(Prepaid-)Tarife an. SIM-Karten gibt's ab 10 € in Telefonläden im ganzen Land. Aufladen kann man die Karten in den jeweiligen Handyshops oder in anderen Verkaufsstellen wie Tabakläden *(estancos)* oder Zeitungskiosks.

Eine weitere Option ist **Pepephone** (www.pepephone.com).

EU-Bürger können mit ihrem Handy dank des EU-weiten Roamings Anrufe und Datentransfers ohne weitere Roaminggebühren tätigen. Wer aus einem anderen Land kommt, sollte sich vorher bei seinem Anbieter über die Roamingkosten informieren.

Vorwahlen

Bei Handynummern steht die 6 an erster Stelle. Nummern, die mit 900 beginnen, sind kostenlos; bei 901 bis 906 fallen unterschiedliche Kosten an. Die 902 kommt recht häufig vor, kann allerdings nur von Spanien aus gewählt werden. Ähnlich ist es bei den Nummern 800, 803, 806 und 807.

Internationale Telefonvorwahl 00

Spanische Ländervorwahl 34
Es gibt keine Ortsvorwahlen.

Telefonkarten

Verbilligte Telefonkarten sind eine preiswerte Alternative für Auslandsgespräche. Sie werden in *estancos* (Tabakläden), kleinen Lebensmittelläden, *locutorios* (Callshops) und Zeitungskiosken in größeren Städten und Urlaubsorten verkauft.

Ein Preisvergleich lohnt sich. Angebote von Privatanbietern kosten oftmals weniger als die von Telefónica. *Locutorios*, in denen man auch günstig ins Ausland telefonieren kann, schießen in den Innenstädten wie Pilze aus dem Boden.

In den zunehmend verschwindenden blauen Telefonhäuschen sind Inlands- und Auslandsgespräche problemlos möglich. Es gibt sowohl Münz- als auch Kartentelefone. Einige funktionieren auch mit Kreditkarten. *Tarjetas telefónicas* (Telefonkarten) werden von dem spanischen Konzern Telefónica vertrieben.

Toiletten

Öffentliche Toiletten gibt es in Spanien so gut wie nicht. Es ist nicht üblich, eine Bar oder ein Café zu betreten, nur um dort das WC zu benutzen, deswegen sollte man zumindest eine Tasse Kaffee bestellen.

In größeren Läden mit viel Betrieb funktioniert es vielleicht eher.

Ansonsten sind in größeren Städten auch die Filialen von El Corte Inglés eine Option.

Touristeninformation

In jeder größeren Stadt (und in vielen kleineren) gibt's eine *oficina de turismo* oder *oficina de información turística*. Einige Provinzhauptstädte haben sogar mehrere davon: eine für die Stadt selbst und eine andere mit Informationen zur Provinz oder Region.

Zahlreiche National- und Naturparks warten zudem mit Besucherzentren auf.

Turespaña (www.spain.info), das staatliche Tourismusamt, ist in vielen Ländern der Welt vertreten. Die Adressen findet man auf der Website.

Unterkunft

Reisezeit

Wann Hauptsaison ist, hängt ganz von der Region ab. In Barcelona oder Madrid ist dies fast das ganze Jahr über der Fall, vor allem während der wichtigsten Messen. Im August wirken große Städte manchmal wie ausgestorben, aber an der Küste herrscht Hochbetrieb.

Im Winter ist in den Skiorten der Pyrenäen Hochsaison, während zu dieser Zeit an der Küste überhaupt nichts los ist (viele Küstenorte scheinen zwischen November und Ostern komplett dichtzumachen).

Zahlreiche kleine Hotels und *casas rurales* (ländliche Unterkünfte) platzen an Wochenenden aus allen Nähten, während die Business-Hotels in Madrid und Barcelona in dieser Zeit fast leerstehen und deshalb mit den Zimmerpreisen deutlich runtergehen.

Reservierungen

Während der Hauptsaison ist eine Reservierung unbedingt zu empfehlen. Im Juli und August ohne Buchung ein Bett zu finden kann an der Mittelmeerküste so gut wie unmöglich sein, außerdem fordern viele Unterkünfte in dieser Zeit einen Mindestaufenthalt von zwei Nächten. Es lohnt immer, zu schauen, ob Sonderangebote auf den Websites stehen.

Obwohl eine Reservierung in der Nebensaison normalerweise nicht notwendig ist (außer in Barcelona), kann es trotzdem nicht schaden, allein schon um sich die ermüdende Suche nach einem geeigneten Quartier zu ersparen. Meist ist zum Reservieren eine Kreditkartennummer vonnöten, manche Unterkünfte geben das gebuchte Zimmer auch ab 18 Uhr wieder frei, es sei denn, man hat eine Kreditkartennummer als Sicherheit angegeben oder rechtzeitig angekündigt, dass man später kommt.

Online-Buchungsservices wie Airbnb (www.airbnb.com) decken eine Reihe verschiedener Unterkunftstypen ab – von Apartments und Häusern bis hin zu Privatzimmern bei Familien.

Preise

Unterkünfte in Spanien sind für europäische Verhältnisse sehr günstig. Das gilt allerdings nicht während der großen Feste, wenn die Preise in die Höhe schnellen – bei Großveranstaltungen wie dem Fest San Fermín in Pamplona vervierfachen (oder vervielfachen) sie sich sogar.

Im untersten Preissegment erwarten einen Schlafsäle (ab 12 €/Pers.) in Hostels oder Privatzimmer mit Gemeinschaftsbädern. Für ein paar Euro mehr gibt's gute gemütliche Zimmer mit eigenem Bad, meist in *hostales*. In untouristischen oder ländlichen Gegenden locken einige Boutique-Hotels und andere schickere Nachtquartiere mit niedrigen Preisen, insbesondere in der Nebensaison.

Im mittleren Preissegment findet man generell jede Menge ausgezeichnete Hotels. Die Zimmer verfügen über eigene Bäder und manchmal ist im Preis ein Frühstück inbegriffen. Boutique-Unterkünfte, viele davon in kunstfertig umgebauten historischen Gebäuden, sind größtenteils in der mittleren Preiskategorie anzusiedeln und fast immer eine hervorragende Wahl.

Luxushotels reichen von umwerfenden einzigartigen Tempeln bis hin zu hochkarätigen internationalen Ketten.

Zum Schluss noch eine Anmerkung zur Terminologie: In einer *habitación doble* (Doppelzimmer) stehen oft zwei getrennte Betten, die man häufig einfach zusammenschieben kann. Wer auf ein richtiges Doppelbett Wert legt, sollte ausdrücklich eine *cama matrimonial* verlangen.

Unterkunftstypen

HOTELS

Spaniens *hoteles* decken die ganze Qualitätsskala ab: vom schlichten, faden, aber sauberen Etablissement an der Landstraße über schnucklige kleine Läden bis hin zum superluxuriösen Schuppen. Selbst in den billigsten Unterkünften haben die Zimmer normalerweise ein eigenes Bad und es gibt ein Restaurant oder wenigstens einen Frühstücksraum im Haus.

Reizvoll für alle mit einer etwas dickeren Brieftasche sind die rund 90 **paradores** (☎in Spanien 902 547979; www.parador.es). Sie gehören zur gleichnamigen staatlichen Hotelkette und sind oft in beeindruckenden Gebäuden wie einem hohen Turm oder einem mittelalterlichen Kloster untergebracht. Einige restaurierte Landsitze und alte Stadtvillen beherbergen ebenfalls hübsche Hotels, die nicht einmal besonders teuer sein müssen.

Die ganze Palette topmoderner eleganter Designerunterkünfte findet sich in den großen Städten und den wichtigsten Urlaubszentren am Meer. Gehobenere Häuser verlangen mehr für ein Zimmer mit Aussicht, insbesondere bei Meerblick und wenn man einen *balcón* hat. Oft kann man außerdem Suiten mieten.

Schön für Familien ist, dass sie für Dreibett-, Vierbett- und Familienzimmer pro Person häufig weniger zahlen müssen als für ein Einzel- und Doppelzimmer.

UNTERKÜNFTE ONLINE BUCHEN

Weitere Vorschläge für Unterkünfte durch Autoren von Lonely Planet stehen auf der Verlags-Website http://lonelyplanet.com/hotels/. Hier finden sich neutrale Beschreibungen, aber auch Vorschläge für die besten Übernachtungsplätze. Alle genannten Einrichtungen können online gebucht werden.

Viele der Agenturen in der Kategorie „Apartments, Villen & Casas Rurales" (S. 962) haben auch Hotels im Programm.

CAMAS, FONDAS & HOSPEDAJES

Budgetunterkünfte benutzen eine Reihe von Begriffen, um ihr Angebot zu beschreiben, die aber leider nicht immer dasselbe bedeuten. Im Allgemeinen ist es dort am billigsten, wo nur *camas* (Betten), *fondas* (traditionell ein Gasthaus mit Übernachtungsmöglichkeit, wobei heute oft nicht mehr beides angeboten wird), *casas de huéspedes* oder *hospedajes* (Gästehaus) angeschrieben steht.

Die meisten dieser Bleiben sind schlicht und schmucklos und haben oft ein Etagenbad, wobei einige auch Zimmer mit einem eigenen Waschbecken *(lavabo)* anbieten. Im Winter wird man wahrscheinlich Extradecken benötigen.

PENSIONES

Eine *pensión* ist meistens eine Stufe besser und teurer als *camas*, *fondas* und *hospedajes*. Billige Einrichtungen vergessen schon mal, Seife, Toilettenpapier oder Handtücher zur Verfügung zu stellen (einfach beim Personal nachfragen). Viele sind charmante familienbetriebene Unterkünfte mit sauberen Zimmern und gutem Service.

HOSTALES

Hostales sind eine kleine Stufe über den *pensiones* einzuordnen und funktionieren wie einfache kleine Hotels. Es gibt sie überall im Land und die besseren *hostales* sind freundlich und angenehm. Zu den Zimmern gehört ein richtiges Bad (*baño privado*, größtenteils mit einer *ducha*, Dusche, aber ohne Badewanne) und meist ein Fernseher sowie eine Klimaanlage und/oder Heizung.

HOSTELS

Es gibt in Spanien mehr als 350 Hostels. Für Alleinreisende sind sie oft die günstigste Option, aber zu zweit findet man anderswo meist bessere Alternativen zu einem ähnlichen Preis.

Die Qualität der Unterkünfte variiert stark. Manche sind nur in Maßen ihr Geld wert: Sie bieten keine Privatsphäre, werden häufig von Schulklassen bevölkert und haben eine Sperrstunde. Zudem gibt's in einigen Häusern keine Kochgelegenheit (allerdings ist dann meistens eine Cafeteria vorhanden). Doch wir kennen auch Gegenbeispiele in günstiger Lage, die rund um die Uhr geöffnet haben und mit kleineren Schlafsälen aufwarten, die in der Regel auch noch mit eigenem Bad ausgestattet sind. Immer häufiger werden auch behindertengerechte Zimmer angeboten. Einige Jugendherbergen sind darüber hinaus sogar in schönen alten Gemäuern untergebracht.

Oft sind die Kosten saisonabhängig; sie bewegen sich zwischen 15 und 30 €. Manchmal ist dann das Frühstück schon dabei. In ein paar Häusern müssen Gäste, die keinen eigenen Schlafsack mitbringen, Bettwäsche mieten (etwa 2–5 € pro Aufenthalt).

PREISKATEGORIEN: SCHLAFEN

Die folgenden Preisangaben beziehen sich auf ein Doppelzimmer mit eigenem Bad:

€ unter 65 €

€€ 65–140 €

€€€ über 140 €

In Madrid und Barcelona sind die Preise unvermeidlich etwas höher:

€ unter 75 €

€€ 75–200 €

€€€ über 200 €

Einige spanische Hostels sind dem **Red Española de Albergues Juveniles** (www.reaj.com) angeschlossen, und man braucht dort einen internationalen Jugendherbergsausweis oder einen Ausweis des heimischen Verbands. Ersterer ist in den meisten Hostels in Spanien erhältlich.

Für ausländische Reisende sind im Allgemeinen hostelartige Unterkünfte interessanter, die nichts mit HI oder REAJ zu tun haben. Diese verfügen häufig über individuelle Räume sowie Schlafsaalbetten. Die Website von **Hostel World** (www.hostelworld.com) führt Herbergen unabhängig davon auf, ob sie im HI bzw. REAJ organisiert sind oder nicht.

Außerdem gibt's ein paar unabhängige *albergues*, in denen die einfache Übernachtung im Schlafsaal zwischen 10 und 20 € kostet. Oftmals befinden sie sich in Gegenden, in denen viele einheimische Wanderer und Bergsteiger unterwegs sind. Diese Häuser sind keine echten Jugendherbergen (auch wenn die Gäste meist die 35 noch nicht erreicht haben), sondern eine Mischung aus Hostel und *refugio*. Einige verleihen gegen eine kleine Gebühr Bettwäsche.

REFUGIOS

Wo viele Bergwanderer und Bergsteiger unterwegs sind (vor allem in den Pyrenäen), ist das nächste *refugio* (Hostel) meist nicht weit; außer in Andalusien, denn dort gibt's nur eine Handvoll dieser Unterkünfte. Ein Großteil der Hütten wird von Wander- oder Alpenvereinen betrieben.

In ein paar *refugios* kann man zwar einen Schlafplatz reservieren (häufig Stockbetten), aber ansonsten gilt das Motto „Wer zuerst kommt, mahlt zuerst". Zur Hauptsaison (Juli/August) sind die Hütten schnell voll, daher sollte man versuchen, zu dieser Zeit vorab zu buchen oder schon am frühen Nachmittag aufzutauchen. Pro Person kostet die Übernachtung zwischen null und 15 €.

Viele Hütten bieten etwas zu essen und zu trinken an; ein Abendessen gibt's für 10–16 €. Oft ist auch eine Kochgelegenheit (ohne Kochgeschirr!) vorhanden. Decken werden gestellt, Laken oder Schlafsäcke müssen die Gäste selbst mitbringen (oder im *refugio* ausleihen). Eine Taschenlampe kann von Vorteil sein.

In den Pyrenäen verteilen sich zahlreiche *refugios*; bei der Suche sind folgende Adressen hilfreich:

Albergues & Refugios de Aragón (www.alberguesyrefugiosdearagon.com) Reservierungsmöglichkeiten für *refugios* und *albergues*.

Katalanische Pyrenäen Hilfreiche Organisationen für Infos und Buchungen: Federació d'Entitats Excursionistes da Catalunya (FEEC; www.feec.cat), Centre Excursionista de Catalunya (CEC; http://cec.cat) und La Central de Refugis (www.la centraldere fugis.com).

APARTMENTS, VILLAS & CASAS RURALES

Apartments und Ferienhäuser kann man fast überall für nur eine einzige Nacht mieten. An den touristisch geprägten Küsten und in den beliebten Urlaubsgebieten im Landesinneren findet man zahlreiche Villen und Ferienhäuser.

Ein schlichtes Apartment in einem Küstenort mit einem Schlafzimmer für zwei bis drei Personen ist teils schon für 40 € zu haben, aber oftmals läuft es auf das Doppelte hinaus – zur Hauptsaison wird es sogar noch teurer.

Luxuriösere Alternativen mit Swimmingpool kosten 200–400 € (für 4 Pers.).

In den letzten Jahren wurde der Landtourismus immer beliebter. Viele neue und teils sehr heimelige *casas rurales* nehmen Gäste auf; in der Regel handelt es sich dabei um renovierte komfortable Bauernhäuser oder Dorfhäuschen mit einer Handvoll Zimmer – man sollte immer fragen, ob man ein Zimmer oder (typischer) das ganze Haus mietet.

Casas rurales werden oft unter anderen Namen geführt, etwa *cases de pagès* in Katalonien, *casas de aldea* in Asturien oder *posadas* und *casonas* in Kantabrien. Manchmal bieten die Eigentümer nur Zimmer an, gelegentlich ist auch die Verpflegung inbegriffen oder die Gäste können die Küche benutzen.

Am unteren Ende der Preisskala werden um die 30/50 € für ein Einzel-/Doppelzimmer pro Nacht fällig, während stilvolle kleine Häuser gut und gerne 100 € oder mehr fürs Doppelzimmer verlangen. Häufig vermieten die Besitzer nur wochenweise.

Agenturen, die Apartments anbieten:

Associació Agroturisme Balear (www.rusticbooking.com)

Casas Cantabricas (www.casas.co.uk)

Cases Rurals de Catalunya (www.casesrurals.com)

Escapada Rural (www.escapadarural.com)

Fincas 4 You (www.fincas4you.com)

Owners Direct (www.ownersdirect.co.uk)

Ruralka (www.ruralka.com)

Rustic Rent (www.rusticrent.com)

Rusticae (www.rusticae.es)

Secret Places (www.secretplaces.com)

Top Rural (www.toprural.com)

Traum Ferienwohnungen (www.traum-ferienwohnungen.de)

Villas 4 You (www.villas4you.co.uk)

Vintage (vintagetravel.co.uk)

CAMPING & CARAVAN PARKS

Spanien hat rund 1000 offizielle *campings* (Campingplätze). Einige liegen schön im Wald oder in der Nähe von Stränden und Flüssen. Andere wiederum zwängen sich am Stadtrand an eine Fernstraße. In Innenstadtnähe gibt's nur wenige Plätze, und wer auf öffentliche Verkehrsmittel angewiesen ist, für den ist Campen keine besonders komfortable Angelegenheit.

Fremdenverkehrsbüros informieren über die nächstgelegenen Plätze. Die offizielle Klassifizierung für Campingplätze kennt drei Kategorien: erste, zweite und dritte Klasse (1 ªC, 2 ªC, 3 ªC). Manche fallen in überhaupt keine offizielle Einteilung; sie entsprechen dann zumeist der dritten Klasse.

Die Ausstattung reicht von passabel bis sehr gut, allerdings werden einige Plätze in der Hauptferienzeit ziemlich voll und sind dann entsprechend laut (vor allem im Juli und August). Selbst Campingplätze der dritten Kategorie bieten meist Warmwasserduschen, Stromanschluss und eine Cafeteria. Die besten *campings* warten mit beheizten Swimmingpools, Supermärkten, Restaurants, Wäschedienst, Kinderspielplätzen und Tennisplätzen auf.

Zeltplätze rechnen in der Regel nach Anzahl der Personen, Zelte und Autos ab (üblich sind jeweils etwa 5–10 €). Kinder müssen häufig weniger zahlen.

Viele Plätze schließen zwischen Oktober und Ostern. Hier und da findet man eine *zona de acampada* oder *área de acampada* – ländlich gelegene Campingplätze mit minimaler Ausstattung (beispielsweise fließendes Wasser und ein paar Grillstellen). Sie sind kaum beaufsichtigt und kosten wenig oder gar nichts.

Manche liegen in einem Naturschutzgebiet, deshalb braucht man unter Umständen vorher die Erlaubnis der örtlichen Umweltbehörde. Wildes Zelten ist mit Einschränkungen gestattet – Verbote gelten an vielen Stränden, in Naturschutzgebieten, in manchen Gemeinden und überall dort, wo ein offizieller Zeltplatz weniger als 1 km entfernt liegt.

Üblicherweise stößt man in diesen Fällen auf Verbotsschilder. Im Zweifel hilft aber auch die Touristeninformation weiter. Wer auf Privatgrund campen möchte, braucht dazu eine Erlaubnis.

Nützliche Websites:

Campings Online (www.campingsonline.com/espana) Buchungsservice.

Campinguía (www.campinguia.com) Bewertungen (meist auf Spanisch) und Links.

Guía Camping (www.guiacampingfecc.com) Onlineversion des jährlich erscheinenden Guía Camping (15 €), der in Buchläden im ganzen Land erhältlich ist.

KLÖSTER

Wer das Ungewöhnliche liebt, kann in einem Kloster übernachten. Zwar wurden die Orden im 19. Jh. enteignet und haben im 20. Jh. teilweise ziemlich schlecht gewirtschaftet, trotzdem konnten sich einige von ihnen halten.

Ein paar bieten Besuchern auch einfache Übernachtungsmöglichkeiten in kargen Mönchszellen.

In den Gebäuden herrscht eine strenge Geschlechtertrennung. Außerdem sind die Klöster in der Regel Orte der stillen Besinnung und der Meditation. Dort, wo noch nach alter Tradition Ackerland, Obstgärten und/oder Weinberge bestellt werden, hat man eventuell die Möglichkeit, mitzuarbeiten.

Zu den nützlichen Quellen zählen Folgende:

Alojamientos en Monasterios (www.alojamientomonasterios.com)

Alojamientos Monásticos de España Führer zu spanischen Klöstern von Javier de Sagastizabal und José Antonio Egaña, der allerdings dringend ein Update nötig hätte (die letzte Ausgabe erschien 2003).

Versicherung

Eine Reiseversicherung, die den Diebstahl und Verlust von Wertsachen sowie Gepäck genauso abdeckt wie medizinische Notfälle und Reiseausfälle oder Schäden durch Verspätungen, kann nicht schaden.

Flugtickets, die per Kreditkarte bezahlt wurden, beinhalten oft schon eine begrenzte Reiseunfallversicherung. Außerdem ist es dann einfacher, sein Geld zurückzufordern, wenn der Veranstalter seinen Verpflichtungen nicht nachkommen sollte.

Unter www.lonelyplanet.com/travel-insurance kann man jederzeit online eine Versicherung abschließen, erweitern und, wenn etwas passiert ist, sofort in Anspruch nehmen – auch wenn man schon unterwegs ist.

Visa

EU-Bürger und Schweizer brauchen für die Einreise nur einen Personalausweis oder Reisepass. Da Spanien dem Schengener Abkommen beigetreten ist, finden bei der Einreise über Frankreich oder Portugal keine Grenzkontrollen mehr statt. Wer aus Gibraltar oder Marokko einreist, muss allerdings seinen Ausweis vorzeigen.

Zeit

Zeitzone In Spanien gilt die Mitteleuropäische Zeit; auch die Sommer- und Winterzeit wird gleichzeitig mit Deutschland, Österreich und der Schweiz umgestellt.

Marokko In Marokko gilt ganzjährig die Westeuropäische Zeit (Greenwich Mean Time); es liegt also während der mitteleuropäischen Sommerzeit zwei Stunden hinter Spanien zurück, im Winter jedoch nur eine Stunde.

Zoll

Wer aus Nicht-EU-Ländern einreist, darf 2 l Wein (oder 1 l Spirituosen und 1 l Wein) und 200 Zigaretten, 50 Zigarren oder 250 g Tabak mitbringen.

Für die Einfuhr von zollpflichtigen Waren für den persönlichen Gebrauch aus anderen EU-Ländern nach Spanien gibt's keine Beschränkungen. In Flughafenshops kann man bei Reisen zwischen EU-Ländern steuerfreie Artikel kaufen.

Verkehrsmittel & -wege

AN- & WEITERREISE

Spanien ist eines der beliebtesten Ferienländer Europas und per Flugzeug, Zug und Auto gut zu erreichen.

Zwischen Spanien und Marokko verkehren regelmäßig Autofähren und Tragflügelboote und es gibt Fährverbindungen vom spanischen Festland nach Großbritannien, Italien, Algerien und zu den Kanaren.

Flüge, Autos und Touren können online unter www.lonelyplanet.com/bookings gebucht werden.

Einreise nach Spanien

Einreise und Zollkontrollen (gewöhnlich nur bei Ankunft aus einem Nicht-EU-Land) sind abgesehen von ein paar Ausnahmen schnell erledigt.

Andorra gehört nicht zur EU, deshalb gibt's nach wie vor Grenzposten. Wenn man aus dem kleinen Fürstentum anreist, kontrollieren spanische Zollbeamte den Wagen eventuell auf der Suche nach geschmuggelten Duty-Free-Waren, die in Spanien illegal weiterverkauft werden sollen. Bei Reisenden, die zuvor in Marokko oder den spanischen Enklaven Ceuta und Melilla waren, wird nach Drogen gesucht. An diesen Grenzen muss man sich auf lange Wartezeiten einstellen, insbesondere im Sommer.

Reisepässe

Bürger der Europäischen Union (EU) und der Schweiz benötigen zur Einreise nur ihren Personalausweis. Staatsangehörige anderer Länder brauchen einen gültigen Reisepass.

In Spanien ist man gesetzlich verpflichtet, ständig seinen Personalausweis oder Pass bei sich zu tragen.

Flugzeug

Von vielen deutschen, österreichischen und Schweizer Städten gibt's Direktverbindungen nach Spanien.

Als Hauptsaison wird die Zeit rund um Weihnachten und Neujahr, Ostern sowie von Juni bis September bezeichnet. Je nach gewähltem Reiseziel schwanken die Tarife saisonal sehr stark. Manchmal bekommt man z. B. im August relativ günstige Flüge zu Zielen wie Madrid, da es dort zu dieser Zeit sehr heiß ist und viele Einwohner in die Berge oder ans Meer flüchten. Im Allgemeinen muss man zwischen November und März (mit Ausnahme von Weihnachten und Silvester) am wenigsten für Flüge nach Spanien zahlen. Die restlichen Monate gelten als Zwischensaison.

Flughäfen & Airlines

Alle spanischen Flughäfen verfügen über benutzerfreundliche Websites. Die nationale Flugbehörde **Aena** (☎902 404704, 91 321 10 00; www.aena.es), gibt telefonisch Auskünfte über Verbindungen und listet auf ihrer Homepage sämtliche Flughä-

KLIMAWANDEL & REISEN

Fast jede Art der motorisierten Fortbewegung erzeugt CO_2 (die Hauptursache von globaler Erwärmung), doch Flugzeuge sind mit Abstand die schlimmsten Klimakiller – nicht nur wegen der großen Entfernungen und der entsprechend großen CO_2-Mengen, sondern auch weil sie diese Treibhausgase direkt in hohen Schichten der Atmosphäre freisetzen. Auf vielen Websites wie www.atmosfair.de kann man mit speziellen „CO_2-Rechnern" ermitteln, wie das persönliche Emissionskonto nach einer Reise aussieht, und mit einer Spende für Umweltprojekte eine Art Wiedergutmachung leisten. Auch Lonely Planet spendet Gelder, wenn Mitarbeiter und Autoren auf Reisen gehen.

fen des Landes auf („English" wählen und auf „Airports" klicken). Außerdem bekommt man dort detaillierte Informationen über Parkplätze und den öffentlichen Verkehr, eine komplette Liste und Links aller Airlines, die den jeweiligen Flughafen nutzen, und aktuelle Infos zu den Flügen.

Iberia (www.iberia.com) ist Spaniens nationale Fluggesellschaft mit vielen internationalen Verbindungen und guten Sicherheitsstandards.

Madrids **Adolfo Suárez Madrid-Barajas Airport** (☎902 404704; www.aena.es; Ⓜ Aeropuerto T1, T2 & T3, Aeropuerto T4) war im Jahr 2016 Spaniens verkehrsreichster Flughafen und auf Platz 6 in Europa, während Barcelonas **Aeropuerto El Prat** (☎902 404704; www.aena.es) den siebten Platz einnimmt. Ebenfalls recht groß sind die Flughäfen von Málaga, Palma de Mallorca, Alicante, Girona, Valencia, Sevilla, Vigo und Bilbao.

Auf dem Landweg

Spanien grenzt an Frankreich, Portugal und Andorra.

Eurolines (www.eurolines.com) und Partnerbusunternehmen wie die **Deutsche Touring GmbH** (www.deutsche-touring.de) bieten zahlreiche Verbindungen in viele westeuropäische Länder und nach Marokko.

Informationen zu Zugverbindungen zwischen Spanien und Frankreich oder Portugal sowie zu weiterführenden Verbindungen zwischen Frankreich und anderen Ländern gibt's unter Viajes Internacionales (internationale Reisen) auf www.renfe.com, der Website von Renfe, dem nationalen Eisenbahnunternehmen Spaniens.

Andorra

Von Andorra gibt's regelmäßige Busverbindungen nach Barcelona (z. B. Skibusse im Winter und direkte Zubringer zum Flughafen) und in zahlreiche andere spanische (z.B. Madrid) sowie französische Städte. Darüber hinaus verkehren mehrere Busse zwischen Andorra und dem Busbahnhof Estació d'Autobusos de Sants in Barcelona (31 €, 3 Std.) oder Barcelonas Aeropuerto El Prat (34 €, 3½ Std.).

Frankreich

AUTO & MOTORRAD

Die Hauptroute von Frankreich nach Spanien hinein ist die französische Autobahn A9 am Ostrand der Pyrenäen. Sie setzt sich in Spanien als mautpflichtige AP7 fort und führt an der Küste entlang nach Süden. Bei Barcelona zweigt die AP2 ab, die über Saragossa nach Madrid verläuft. Es gibt noch weitere Strecken von Frankreich (und Andorra) nach Spanien über die Pyrenäen, etwa ganz im Westen die Autobahn von Biarritz ins spanische Baskenland.

BUS

Eurolines (www.eurolines.fr) bietet Verbindungen von Paris und 20 weiteren französischen Städten nach Spanien. Es gibt Fahrten von Paris nach Madrid (ab 84 €, 17¾ Std.), Barcelona (ab 72 €, 14¾ Std.) und zu vielen weiteren Zielen. Zu den wichtigsten fährt mindestens ein Bus pro Tag.

ZUG

Die bedeutendsten Grenzübergänge an der französisch-spanischen Grenze sind Port Bou an der Mittelmeerküste sowie Irún im Baskenland. Eine weitere Bahnstrecke verläuft im Landesinneren durch die Pyrenäen von Latour-de-Carol nach Barcelona.

Neben den unten genannten Möglichkeiten verkehren außerdem zwei oder drei TGVs (Hochgeschwindigkeitszüge) täglich vom Pariser Bahnhof Montparnasse nach Irún, wo man in einen normalen Zug in Richtung Baskenland und nach Madrid umsteigen kann. Bis zu drei TGVs befördern Fahrgäste nach Barcelona (von der Pariser Gare de Lyon) mit Umstieg in Montpellier oder Narbonne. Weitere Informationen über Zugverbindungen von Frankreich aus findet man auf der Website der **OuiSNCF** (https://en.oui.sncf/en/).

Ein Schnellzug zwischen Madrid und Paris ist geplant. Bis zur Eröffnung der Strecke verkehren Schnellzüge über Barcelona. Folgende Verbindungen sind am gängigsten:

➡ **Von Paris nach Barcelona** (ab 39 €, 6½ Std., 2- bis 4-mal tgl.) Ein Schnellzug verkehrt über Valence, Nîmes, Montpellier, Beziers, Narbonne, Perpignan, Figueres und Girona. Weitere Expressverbindungen gibt es ab Lyon (ab 39 €, 5 Std.) und Toulouse (ab 35 €, 3–4 Std.).

➡ **Von Paris nach Madrid** (ab 185 € bis 210 €, 9¾–12½ Std., 8-mal tgl.) Der Bummelzug verkehrt über Les Aubrais, Blois, Poitiers, Irún, Vitoria, Burgos und Valladolid. Schneller ist man mit den französischen Hochgeschwindigkeitszügen (TGV), die zwischen Paris und Barcelona verkehren, wo man in einen spanischen Hochgeschwindigkeitszug (AVE) nach Madrid umsteigen kann.

Portugal

AUTO & MOTORRAD

Von Lissabon führt die A6 gen Badajoz in Spanien; von dort verläuft die mautfreie A5 weiter nach Madrid. Entlang der Grenze zwischen Spanien und Portugal gibt's jede Menge Straßenverbindungen.

BUS

Avanza (☎902 020999; www.avanzabus.com) bietet jeden Tag drei Busverbindungen zwischen Lissabon und Madrid (41–45 €, 7 Std., 2- bis 3-mal tgl.) an.
Eine andere Verbindung führt Richtung Norden über Porto nach Tui, Santiago de Compostela und A Coruña in

Galicien. Nahverkehrsbusse fahren von Städten wie Huelva in Andalusien, Badajoz in der Extremadura und Ourense in Galicien über die Grenze nach Portugal.

ZUG

Von Lissabon aus geht's durch die Extremadura nach Madrid.

➡ **Von Lissabon nach Irún** (Sitzplatz/Schlafwagen 69/94 €, 13½ Std., 1-mal tgl.)

Von Lissabon nach Madrid (Sitzplatz/Schlafwagen ab 61/84 €, 10½ Std., 1-mal tgl.)

Von Porto nach Vigo (15 €, 2½ Std., 2-mal tgl.)

Auf dem Seeweg

Eine nützliche Website mit Informationen zu den Strecken und Links zu den Fährenbetreibern ist www.ferrylines.com

Algerien

Algérie Ferries (www.algerieferries.dz) Verbindet das ganze Jahr über Alicante mit Oran (11 Std., 1–3-mal pro Woche) sowie im Sommer auch Alicante mit Algiers und Barcelona mit Mostaganem.

Trasmediterránea (☎902 454645; www.trasmediterranea.es) Pendelt ganzjährig zwischen Almería und Ghazaouet (zweimal wöchentlich) sowie Oran (wöchentlich).

Großbritannien

Brittany Ferries (☎in GB 0871 244 0744; www.brittany-ferries.co.uk) bietet folgende Verbindungen:

Von Plymouth nach Santander (20 Std., wöchentlich) Mitte März–Nov.

Von Portsmouth nach Bilbao (24–32 Std., 2-mal wöchentlich)

Von Portsmouth nach Santander (24–32 Std., 3-mal wöchentlich)

Italien

Die meisten Strecken nach Italien werden von **Grimaldi Lines** (www.grimaldi-lines.com) oder **Grandi Navi Veloci** (www.gnv.it) bedient.

Civitavecchia (bei Rom) nach Barcelona (20 Std., 6-mal wöchentlich)

Von Genua nach Barcelona (19 Std., 3-mal wöchentlich)

Von Livorno (19,5 Std., 3-mal wöchentlich)

Von Porto Torres (Sardinien) nach Barcelona (12 Std., tgl.)

Von Savona (bei Genua) nach Barcelona (20 Std., 2-mal wöchentlich)

Marokko

Vom spanischen Festland verkehren Fähren nach Marokko, viele von der staatlichen spanischen Fährgesellschaft **Acciona Trasmediterránea** (☎902 454645; www.trasmediterranea.es). Auf den meisten Strecken kann man ein Fahrzeug mitnehmen. Weitere Unternehmen, die Spanien mit Marokko verbinden:

Baleària (www.balearia.com)

FRS Iberia (www.frs.es)

Grandi Navi Veloci (www.gnv.it)

Grimaldi Lines (www.grimaldi-lines.com)

Naviera Armas (www.navieraarmas.com)

Es bestehen regelmäßige Verbindungen zwischen den folgenden Städten in Spanien und Marokko:

Von Al-Hoceima nach Motril (3½ Std., wöchentlich)

Von Nador nach Almería (4–7 Std., tgl.)

Von Nador nach Motril (3½ Std., wöchentlich)

Von Tanger nach Algeciras (1½ Std., bis zu 12-mal tgl.) Aus mehreren marokkanischen Orten fahren Busse nach Tanger, setzen mit der Fähre nach Algeciras über und steuern dann die großen spanischen Städte an.

Von Tanger nach Barcelona (26–35 Std., 1–2-mal wöchentlich)

Von Tanger nach Motril (8 Std., tgl.)

Von Tanger nach Tarifa (35–40 Min., bis zu 15-mal tgl.)

UNTERWEGS VOR ORT

Spaniens Zug- und Busnetz gehört zu den besten Europas, und so erreicht man mit diesen Verkehrsmitteln beinahe jedes Ziel im Land. Auch das Netz des spanischen Hochgeschwindigkeitszuges wird weiter ausgebaut. Viele Inlandsflüge sind auf längeren Strecken

INTERRAIL

InterRail (www.interrailnet.eu) Die Pässe von InterRail werden in verschiedenen Varianten in den meisten größeren Bahnhöfen, Studentenreisebüros und online verkauft.

Es gibt Pässe für Jugendliche (12–25 Jahre) und für Erwachsene (ab 26 Jahren). Kinder bis zum elften Lebensjahr fahren bei einem Familienticket kostenlos mit.

Global Pass Deckt 30 Länder ab und ist in sieben verschiedenen Versionen (z. B. für fünf Reisetage innerhalb von 15 Tagen oder für tägliche Fahrten über einen Monat) erhältlich. Die Preise stehen auf der Website.

One Country Pass Kann in Spanien für drei, vier, sechs oder acht Tage in einem Monat verwendet werden. Der 8-Tage-Pass kostet Erwachsene 339/255/192 € in der ersten/zweiten Klasse, Jugendliche zahlen 216 € in der zweiten Klasse.

unkomplizierter als der Weg über Land.

Auto & Motorrad

Wer sein eigenes Auto dabeihat, muss unbedingt dafür sorgen, dass alle Papiere in Ordnung sind und es eine gültige Versicherung hat. Ein Warndreieck und eine reflektierende Jacke (bei Pannen) sind Pflicht.

Benzin

Gasolina (Benzin) ist in Spanien ein bisschen billiger als in Deutschland und in Österreich ; Diesel heißt *gasóleo*. In Gibraltar bekommt man Benzin 10 % günstiger als in Spanien, in Andorra 15 %.

An vielen Tankstellen werden die gängigen Kreditkarten akzeptiert.

Führerschein

In Spanien werden die nationalen Führerscheine der EU-Mitgliedsstaaten anerkannt. Wer den eines anderen Landes besitzt, sollte sich beim Straßenverkehrsamt einen zwölf Monate gültigen Internationalen Führerschein besorgen, auch wenn Autovermietungen und die Polizei nur selten danach fragen.

Wer seit mehr als einem Jahr in Spanien lebt, kann auch einen spanischen Führerschein beantragen. Man sollte außerdem prüfen, ob Spanien vielleicht ein Abkommen mit dem eigenen Herkunftsland hat, durch welches auch der heimische Führerschein in Spanien gültig ist.

Mietwagen

Wer in Spanien ein Auto mieten möchte, muss einen Führerschein haben, mindestens 21 Jahre alt sein und am besten eine Kreditkarte besitzen. Achtung, einige Autovermietungen akzeptieren keine EC-Karten.

In Gegenden, wo besonders viele Fahrzeuge gemietet werden, verzichten kleinere Anbieter manchmal auf die Kreditkarte. Hier eine Auswahl internationaler und spanischer Autoverleiher; im Internet gibt's zudem zahlreiche Mietwagenportale, darunter z. B. die Websites www.holidayauto.de, www.cardelmar.de, www.sunnycars.de.

Bei einigen günstigen Anbietern muss man vorsichtig sein bei den „Extras", die nicht im Standardpreis enhalten sind.

Avis (☎902 180854; www.avis.es)

Enterprise Rent-a-Car (☎902 100101; www.enterprise.es)

Europcar (☎902 105030; www.europcar.es)

Firefly (www.fireflycarrental.com)

Hertz (☎91 749 77 78; www.hertz.es)

Pepecar (☎807 414243; www.pepecar.com)

Sixt (☎902 491616; www.sixt.es)

Weitere Möglichkeiten sind:

BlaBlaCar (www.blablacar.com) Car-sharing Website, die in abgelegenen Orten sehr nützlich sein kann. Wer gut Spanisch spricht, kann darüber auch Leute kennenlernen.

Holiday Autos (☎900 838014; www.holidayautos.com) Eine Zentrale für große internationale Firmen.

Ideamerge (www.ideamerge.com) Leasing-Angebote, Wohnmobilverleih und einiges mehr.

Versicherung

Eine Kfz-Haftpflichtversicherung ist in ganz Europa Pflicht. Es lohnt sich, bei seiner Versicherung einen Europäischen Unfallbericht zu besorgen, der die Abwicklung eines Unfalls sehr erleichtern kann. Auch ein Schutzbrief eines der Automobilclubs im Heimatland gilt als gute Investition.

Alle Autovermieter bieten die mindestgeforderte Haftpflichtversicherung, außerdem haben einige Unternehmen eine Vollkaskoversicherung ohne Selbstbeteiligung bei einem Schadensfall im Angebot. Traveller sollten sich unbedingt über die genaue Höhe der Schadensdeckungssumme und der Selbstbeteiligung sowie die Mietdetails informieren.

Verkehrsregeln

➡ Die **Blutalkoholgrenze** liegt bei 0,5 Promille. Kontrollen werden recht häufig durchgeführt. Wer zu viel getrunken hat, kann innerhalb von 24 Stunden zu einer Geldstrafe verurteilt werden und seinen Führerschein verlieren. Für schwere Verstöße gibt's Bußgelder bis zu 600 €. Nicht in Spanien ansässige Ausländer müssen eventuell sofort zahlen (mit 30 % Rabatt auf den vollen Bußgeldbetrag). Mangelnde Sprachkenntnisse vorzuschieben hat keinen Zweck, denn der Verkehrspolizist hält den Sündern daraufhin eine Liste mit Verstößen und Strafen in allen möglichen Sprachen vor die Nase.

➡ **Geschwindigkeitsbegrenzung:** Innerhalb geschlossener Ortschaften beträgt die zulässige Höchstgeschwindigkeit 50 km/h (in einigen Fällen wie in der Innenstadt von Barcelona 30 km/h), außerhalb von Ortschaften 90 km/h, auf gut ausgebauten Landstraßen 100 km/h und auf den *autovías* und *autopistas* (gebührenfreie bzw. gebührenpflichtige Autobahnen) 110 km/h. Für Wohnwagengespanne gilt eine Höchstgeschwindigkeit von 80 km/h.

➡ **Kreisverkehr:** Wer sich im Kreis befindet, hat Vorfahrt.

➡ **Mindestalter für den Autoführerschein**: 18 Jahre.

➡ **Mindestalter für Fahrten mit Motorrädern & Rollern**: 16 (80 ccm und mehr) oder 14 Jahre (50 ccm und weniger). Ein Führerschein ist Vorschrift.

➡ **Motorräder**: Ab 125 ccm müssen die Scheinwerfer beim Fahren immer leuchten und ein Helm getragen werden.

➡ **Überholen**: Spanische Lkw-Fahrer zeigen oft mit ihrem rechten Blinker an, dass die Straße vor ihnen für ein Überholmanöver frei ist (und mit dem linken, dass sie nicht frei ist, falls man zum Überholen ansetzt). Man sollte aber sicher sein, dass der Lkw nicht einfach rechts abbiegen will.

Bus

Nur wenige Orte in Spanien sind nicht mit dem Bus erreichbar. Es gibt zahlreiche Unternehmen, die von Nahverkehrslinien zwischen einzelnen Dörfern bis hin zu Schnellbussen zwischen den Großstädten alles abdecken. Häufig – besonders auf längeren Strecken – reist man mit dem Bus preiswerter als mit dem Zug, wenn auch weniger komfortabel.

Mit Nahverkehrsbussen erreicht man so gut wie jedes Ziel, allerdings sind zahlreiche Linien, die Dörfer und Provinzstädte ansteuern, nicht auf die Bedürfnisse von Touristen eingestellt. Am Wochenende verkehren sie oft deutlich seltener oder es fährt zwischen zwei kleineren Orten an Werktagen nur ein Bus und sonntags gar keiner. Normalerweise muss man nicht reservieren, sondern nur früh genug da sein, um einen Platz zu bekommen.

Bei vielen regelmäßigen Verbindungen wie der von Madrid nach Toledo gilt das gekaufte Ticket für den Bus, der als Nächstes abfährt, und kann *nicht* für eine spätere Verbindung benutzt werden. In solchen Fällen ist auch der Kauf einer Fahrkarte im Voraus für einen späteren Bus nicht möglich. Für längere Strecken wie beispielsweise die von Madrid nach Sevilla oder an die Küste sowie während der Hochsaison kann und sollte der Fahrschein im Voraus gekauft werden. Auf einigen Routen hat man die Wahl zwischen Expressbussen und solchen, die überall halten.

EUROLINES-BUSPÄSSE

Für alle Traveller, die eine größere Europatour inklusive Spanienfahrt planen, könnte dieser Buspass interessant sein:

Eurolines (www.eurolines.com) hat einen Hauptsaisonpass für 15 Tage (Jugendliche/Erw. unter 26 Jahren 320/270 €) oder 30 Tage (425/350 €) im Programm. Mit diesem Pass kann man in diesem Zeitraum unbegrenzt zwischen 51 europäischen Städten reisen, darunter auch einige in Spanien.

In den meisten größeren Orten und Städten gibt's einen Busbahnhof *(estación de autobuses)*. In kleineren Orten fahren die Busse häufig an einer bestimmten Straße oder einem bestimmten Platz ab, der aber nicht immer als Abfahrtspunkt gekennzeichnet ist. Einheimische können in diesen Fällen weiterhelfen und wissen gewöhnlich auch, wo die Fahrkarten verkauft werden.

Busfahren ist einigermaßen erschwinglich, aber die Preise können variieren. Eine einfache Fahrt von Madrid nach Barcelona kann man für etwa 21 € bekommen, sie kann aber auch doppelt so teuer sein. Von Barcelona nach Sevilla – mit 15 bis 16 Stunden eine der längsten Strecken – zahlt man 88 €.

Bei längeren Fahrten sollten sich Traveller unter 26 Jahren nach Ermäßigungen erkundigen.

Unter den zahlreichen Busgesellschaften in Spanien sind dies die wichtigsten:

ALSA (☎902 422242; www.alsa.es) Die größte Busgesellschaft ist mit ihren Partnerunternehmen im ganzen Land unterwegs. Wenn man vorab online bucht, gibt's manchmal Rabatt.

Avanza (☎902 020999; www.avanzabus.com) Verbindungen von Madrid in die Extremadura, ins westliche Kastilien-León und nach Valencia über das östliche Kastilien-La Mancha (u. a. Cuenca), häufig in Verbindung mit anderen Busunternehmen.

Socibus (☎902 229292; www.socibus.es) Bietet Busverbindungen zwischen Madrid, Westandalusien und dem Baskenland an.

Fahrrad

In den letzten Jahren wurde das Straßennetz gründlich verbessert, deshalb ist das Radfahren in Spanien heute viel angenehmer als früher, ausgezeichnete Radwege sind aber nach wie vor die Ausnahme. Auf den *autopistas* (Autobahnen) haben Radfahrer auch in Spanien nichts zu suchen. Auf den Landstraßen sind Autofahrer meist relativ rücksichtsvoll, doch wer sich in den Großstadtverkehr wagt, braucht ein robustes Nervenkostüm.

Wer des Tretens müde ist, kann sein Rad oft mit in den Zug nehmen. Alle Regionalbahnen verfügen über Plätze für Fahrräder (der entsprechende Waggon weist ein Fahrradsymbol auf). Auch in den meisten *cercanías* (Vorortzüge im Umkreis großer Städte wie Madrid oder Barcelona) ist die Mitnahme erlaubt. In Fernzügen gibt's allerdings mehr Beschränkungen. Normalerweise muss man über Nacht in einem Schlaf- oder Liegewagen reisen, damit das (auseinandergebaute) Rad als normales Gepäck akzeptiert wird. Ansonsten kann es nur separat als Paket geschickt werden. Auch in Bussen können Räder oft mitgenommen werden – in der Regel muss man nur das Vorderrad abschrauben.

Leihräder & Bike-Sharing

In Spanien gab es bislang weniger Fahrradverleihstellen als in manch anderem europäischen Land, doch das ändert sich langsam, insbesondere in Andalusien, Barcelona und belebten Badeorten. Immer beliebter werden vor allem Mountainbikes (*bicis todo terreno*). Die Kosten schwanken erheblich. Durchschnittspreise liegen bei etwa 8 bis 10 € pro Stunde, 15 bis 20 € pro Tag oder 50 bis 60 € pro Woche.

Einige Städte verfügen über ein öffentliches Fahrradsystem mit Dutzenden automatisierten Stationen. Gegen eine kleine Gebühr kann man das Fahrrad an einer Stelle mitnehmen und woanders wieder abstellen.

Madrid (☎010, 91 529 82 10; www.bicimad.com; 1/2 Std. 2/4 €; ⏲24 Std.)

Sevilla (☎900 900722; www.sevici.es)

Flugzeug

Spanien hat ein umfassendes Streckennetz für Inlandsflüge. Betreiber sind sowohl spanische Airlines als auch eine Handvoll günstiger internationaler Gesellschaften, darunter:

Air Europa (www.aireuropa.com) Flüge von Madrid nach A Coruña, Vigo, Bilbao und Barcelona sowie Verbindungen zwischen weiteren spanischen Städten.

Iberia (www.iberia.com) Die größte spanische Fluglinie und ihre Tochterfirma Iberia Regional-Air Nostrum haben ein umfangreiches nationales Flugnetz.

Ryanair (www.ryanair.com) Diverse Inlandsverbindungen.

Volotea (www.volotea.com) Die Billiglinie fliegt ins In- und Ausland. Zu den Zielen innerhalb Spaniens zählen Alicante, Bilbao, Málaga, Sevilla, Valencia, Saragossa, Oviedo und die Baelaren (jedoch nicht Madrid oder Barcelona).

Vueling (www.vueling.com) Spanische Billigfluglinie mit vielen Inlandsflügen, insbesondere ab Barcelona.

Nahverkehr

In den meisten größeren Städten ist der öffentliche Nahverkehr sehr gut ausgebaut. Madrid und Barcelona haben z. B. ein dichtes Bus- und Metronetz. Im europäischen Vergleich sind die Preise recht günstig.

Bus

Groß- und Provinzhauptstädte verfügen über halbwegs gute Busnetze. Einzelfahrkarten (je nach Stadt zwischen 1 und 2 €) bekommt man in den Bussen selbst oder in *estancos* (Tabakläden). In Städten wie Madrid oder Barcelona lohnt es sich allerdings, eine Zehnerkarte zu kaufen, die man in Bussen und Metros nutzen kann und die pro Fahrt billiger kommen als Einzeltickets. Man erhält sie an allen Metrostationen, in ein paar Tabakwarenläden und an manchen Zeitungskiosks.

Normale Busse fahren von 6 Uhr bis kurz vor Mitternacht und einige sogar bis 2 Uhr morgens. In den Großstädten verkehren in den frühen Morgenstunden Nachtbusse auf ausgewählten Linien. In Madrid werden diese *búhos* (Uhus) genannt, in Barcelona prosaischer *nitbusos* (Nachtbusse).

Metro

Madrid hat das ausgedehnteste U-Bahn-Netz Spaniens, und das in Barcelona ist ebenfalls vernünftig. Die Metro- und Stadtbahnnetze in Valencia, Saragossa, Bilbao und Sevilla sind begrenzt, aber nützlich. Fahrkarten erhält man an den Metrostationen (am Schalter oder an Automaten) und manchmal auch in *estancos* (Tabakläden) oder an Zeitungskiosken. Einzelfahrscheine kosten dasselbe wie für Busse, also rund 1,50 €. Für Besucher, die einige Tage in diesen Städten herumfahren möchten, sind die Zehnerkarten am günstigsten: In Madrid heißen sie Metrobús (12,20 €), in Barcelona T-10 (11 €). Darüber hinaus gibt's Monats- und Saisonkarten.

KNÖLLCHEN VERMEIDEN

Nicht verzagen, wenn nach der Rückkehr zum Wagen ein Knöllchen an der Windschutzscheibe prangt. Hat man die erlaubte Parkzeit nur mäßig überschritten (der Zeitrahmen ist Interpretationssache, umfasst aber selten mehr als ein paar Stunden), sollte man sich zum nächsten Parkautomaten aufmachen.

In fast allen Städten kann man an den Automaten ein kleines Bußgeld um die 5 € zahlen und damit den Strafzettel ungültig machen (für den Fall der Fälle beide Zettel aufbewahren). Im Zweifelsfall einen Einheimischen um Hilfe bitten.

Einige Straßenabschnitte sind Parkzonen (*zonas azules*, zu erkennen an den blauen Linien auf der Straße), Hier kann man zu den folgenden Zeiten umsonst parken (man sollte aber dennoch stets die Schilder beachten):

- Von ca. 14–16/17 Uhr
- Nachts von etwa 20–9/10 Uhr
- Samstagnachmittag und -abend
- Sonntags und an Feiertagen ganztägig

Straßenbahn

Straßenbahnen wurden vor Jahrzehnten aus den spanischen Städten verbannt, aber inzwischen wagen einige ein verhaltenes Comeback. In Barcelona verkehren ein paar Vorortbahnen sowie die für Touristen betriebene Tramvia Blau nach Tibidabo. Valencia betreibt einige Straßenbahnen, mit denen man praktischerweise zum Strand gelangt. In Sevilla, Bilbao, Saragossa und Murcia gibt's ebenfalls mehrere kurze Strecken.

Taxi

Taxistände findet man an Bahn- und Busbahnhöfen. Alternativ bestellt man telefonisch eines. In vielen Metropolen gibt's zusätzlich Stände im Zentrum oder man hält einfach ein Taxi an der Straße an, wobei ein grünes Licht und/oder ein *Libre*-Zeichen auf der Beifahrerseite der Windschutzscheibe die Verfügbarkeit anzeigen. In größeren Orten stehen ausreichend Taxis zur Verfügung, obwohl es freitag- oder samstagabends eventuell etwas länger dauert, eines zu ergattern. Es dürfen nicht mehr als vier Personen gleichzeitig befördert werden.

In Madrid beträgt die Grundgebühr bis 21 Uhr 2,40 € und danach oder auch am Wochenende und an Feiertagen bis zu 2,90 €. Hinzu kommen je nach Tageszeit etwa 1,05 bis 1,20 € pro Kilometer. Außerdem gibt's Flughafen- und (manchmal) Gepäckzuschläge. Eine Fahrt quer durch eine größere Stadt kostet wahrscheinlich 10 € (erstaunlich günstig für europäische Verhältnisse), eine Fahrt zwischen Innenstadt und Flughafen in Madrid oder Barcelona mit Gepäck etwa 30 €.

Wie überall in Europa hat Uber in Spanien für Kontroversen, Taxi-Streiks und einen Gerichtsbeschluss, der das Geschäftsmodell untersagte, gesorgt. Bei Redaktionsschluss war Uber jedoch in Madrid und Barcelona aktiv (als Uber oder UberX).

Schiff/Fähre

Fähren und Tragflächenboote verbinden das Festland (La Península) – oder genauer gesagt Barcelona, Valencia und Denia – mit Palma de Mallorca und/oder Ibiza. Es gibt auch Verbindungen zu den nordafrikanischen spanischen Enklaven Ceuta und Melilla.

Baleària (www.balearia.com) Verbindet das Festland mit Palma de Mallorca. In den Nachtfähren haben die Passagiere die Wahl zwischen Sitzplätzen und Kabinenschlafplätzen.

Trasmediterránea (☎902 454645; www.trasmediterranea.es) Die größte staatliche Fährgesellschaft unterhält eine Flotte aus langsameren Autofähren sowie modernen, schnellen Personenfähren und Tragflächenbooten.

Trampen

Trampen ist nie wirklich sicher und deshalb nicht empfehlenswert. Wer es trotzdem tut, muss sich darüber im Klaren sein, dass er ein kleines, aber potenziell ernsthaftes Risiko eingeht. Etwas sicherer ist das Ganze, wenn man nicht alleine unterwegs ist und jemanden über seine Reisepläne in Kenntnis setzt.

Auf *autopistas* und *autovías* ist Trampen verboten und auf anderen größeren Fernstraßen schwierig. Wenn es schon sein muss, sollten sich Anhalter auf Schnellstraßen Stellen an den Auffahrten aussuchen, wo Autofahrer sicher halten können, oder alternativ auf kleinere Straßen ausweichen. Allerdings kann auf Letzteren das Vorankommen langwierig werden, da oft nur wenig Verkehr herrscht.

Zug

Die staatliche Eisenbahngesellschaft **Renfe** (☎91 232 03 20; www.renfe.com) bedient den Großteil der Strecken im Inland. Daneben gibt's eine Handvoll kleiner Privatbahnen.

Alle größeren Bahnhöfe haben *consignas* (Gepäckschließfächer); sie sind meist von 6 bis 24 Uhr zugänglich und kosten pro Gepäckstück zwischen 4 und 6 €.

In Spanien sind verschiedene Züge unterwegs. Vor allem die Langstreckenzüge (*largo recorrido* oder *Grandes Líneas*) haben unterschiedliche Namen.

- **Alaris, Altaria, Alvia, Arco & Avant** Langstrecken-Schnellzüge.
- **Cercanías** Betreibt Nahverkehrszüge für Strecken zu den Außenbereichen und Satellitenstädten von Madrid, Barcelona sowie elf weiteren Orten. In Katalonien *rodalies* genannt.
- **Euromed** Ähnlich dem AVE (Hochgeschwindigkeitszug). Verbindet Barcelona mit Valencia und Alicante.
- **FEVE (Ferrocarriles de Vía Estrecha)** Netz von Schmalspurbahnen entlang Spaniens Nordküste zwischen Bilbao und Ferrol (Galicien); eine Strecke führt hinunter nach León.
- **Regionales** Züge innerhalb einer jeweiligen Region mit vielen Haltestellen.
- **Talgo & Intercity** Langsamere Langstreckenzüge.
- **Tren de Alta Velocidad Española (AVE)** Hochgeschwindigkeitszug mit Verbindungen zwischen Madrid und Albacete, Alicante, Barcelona, Córdoba, Cuenca, Huesca, Léon, Lleida, Málaga, Palencia, Salamanca, Saragossa, Sevilla, Valencia und Valladolid. Es gibt auch Verbindungen zwischen Barcelona und Sevilla, Barcelona und Málaga sowie Valencia und Sevilla. In

den kommenden Jahren soll die Strecke Madrid–Bilbao eröffnet werden, und die Fahrten nach Galicien sollen schneller werden. Dasselbe gilt für Madrid–Granada und Madrid–Badajoz.

➜ **Trenhotel** Nachtzug mit Schlafkojen.

Klassen & Preise

Alle Fernzüge verfügen über eine erste und zweite Klasse, *preferente* bzw. *turista*. Die erste Klasse ist etwa 20 bis 40 % teurer.

Fahrpreise hängen stark von der Zugart ab und bei manchen Zügen wie dem AVE auch vom Reisetag und von der Reisezeit. Tickets für den AVE sind am teuersten. Eine einfache Fahrt in der zweiten Klasse kostet von Madrid nach Barcelona (kein anderer Zug bedient diese Strecke) bis zu 108 € (es lohnt sich, weit im Voraus zu buchen).

Kinder im Alter von vier bis zwölf Jahren bekommen eine Ermäßigung von 40 %, unter vier Jahren fahren sie kostenlos mit (außer in Hochgeschwindigkeitszügen, wo ein Einheitspreis für alle bis zu zwölf Jahren gilt). Wer eine Rückfahrkarte kauft, spart 10 bis 20 %. Studenten und Personen unter 27 Jahren, die eine European Youth Card (in Spanien Carnet Joven) besitzen, erhalten auf zahlreiche Fahrkarten einen Nachlass von 20 bis 25 %.

Wer mit der Familie reist, fragt bei der Reservierung am besten nach einer Sitzgruppe mit vier Plätzen samt Tisch.

Bei Fahrten mit innerspanischen Nachtzügen *(trenhoteles)* lohnt es sich, ein wenig mehr für einen *litera* (Liegewagenplatz in einem Vier- oder Sechsbettabteil) auszugeben. In machen Nachtzügen gibt's auch Einzel- und Doppelkabinen der Klassen *preferente* oder *gran clase*. Preise hängen von Zugart und Reiselänge ab. Die Züge verkehren auf den Strecken Madrid–A Coruña, Barcelona–Granada, Barcelona–A Coruña-Vigo und Madrid–Lissabon. Nach Frankreich gibt's ebenfalls Verbindungen.

Reservierungen

Für längere Strecken sind Platzreservierungen auf

Zugstrecken

DENKWÜRDIGE ZUGFAHRTEN

Auf Romantiker warten opulente, gemütlich-nostalgische Bahnabenteuer auf der gesamten Halbinsel.

Al-Andalus (☎902 555902; www.renfe.com/trenesturisticos) Dieser luxuriöse Zug windet sich durch Andalusien und passiert dabei Sevilla, Ronda, Granada, Córdoba und andere Stationen. Das Angebot reicht von drei bis sechs Übernachtungen. Die Preise für eine siebentägige Reise (sechs Übernachtungen) beginnen bei 3600 € pro Person in der Hochsaison, der Einzelabteilzuschlag beträgt 1800 €.

Transcantábrico (☎902 555902; www.renfe.com/trenesturisticos) befährt eine malerische Schmalspurstrecke von Santiago de Compostela über Oviedo und Santander an der Küste entlang nach Bilbao und dann eine lange Strecke im Landesinneren nach León. Die achttägige Fahrt kostet in der Hauptsaison pro Person ab 3600 € mit einem Einzelabteilzuschlag von 1800 €. Sie kann auch in entgegengesetzter Richtung oder in kleineren Teilabschnitten unternommen werden. Von April bis Oktober starten 13 Bahnen. Man sollte überprüfen, ob im Paket Stopps bei verschiedenen Sehenswürdigkeiten enthalten sind, darunter das Guggenheim-Museum in Bilbao sowie des Museo de Altamira, Santillana del Mar und die Covadonga-Seen in den Picos de Europa. Das Essen ist hervorragend, einige Mahlzeiten werden an Bord des Zuges eingenommen, die meisten aber in Restaurants.

jeden Fall ratsam; sie können an den Bahnhöfen, in den Büros von **Renfe** (☎91 232 03 20; www.renfe.com), in Reisebüros und übers Internet getätigt werden (allerdings ist Letzteres manchmal ein bisschen kompliziert). In immer mehr Bahnhöfen besteht die Möglichkeit, an Maschinen vorgebuchte Tickets zu ziehen.

Sprache

Spanisch (*español*) bzw. Kastilisch (*castellano*) wird in ganz Spanien gesprochen. Daneben gibt's drei offizielle Regionalsprachen: Katalanisch (*català*; in Katalonien, auf den Balearen und in Valencia), Galicisch (*galego*; in Galicien) und Baskisch (*euskara*; im Baskenland sowie in Navarra).

Viele Laute in unserer blauen Aussprachehilfe sind dem Deutschen ähnlich. Das ch ist ein kehliger Laut wie in „Loch", das r wird stark gerollt und das th wie im englischen „thanks" ausgesprochen. In Andalusien wird man bei genauem Hinhören feststellen, dass das th dort wie ein stimmloses s klingt. Betonte Silben sind in der Aussprachehilfe kursiv geschrieben.

Wo es nötig ist, werden maskuline und feminine Formen durch den Zusatz „m/f" kenntlich gemacht. Die Höflichkeitsform erkennt man an der Abkürzung „höfl.", die informelle Anrede an der Abkürzung „inf.".

GRUNDLAGEN

Hallo.	*Hola.*	*o*·la
Tschüs.	*Adiós.*	a·*djos*
Ja./Nein.	*Sí./No.*	si/no
Entschuldigung.	*Perdón.*	per·*don*
Tut mir leid.	*Lo siento.*	lo *sjen*·to
Bitte.	*Por favor.*	por fa·*wor*
Danke.	*Gracias.*	*gra*·thjas
Gern geschehen.	*De nada.*	de *na*·da
Wie geht's?	*¿Qué tal?*	ke tal

NOCH MEHR SPANISCH?

Wer sich noch weiter in die Sprache vertiefen möchte und auch einige praktische Wendungen erlernen will, besorgt sich am besten den *Reise-Sprachführer Spanisch* von Lonely Planet. Man findet ihn im Buchhandel oder unter **shop.lonelyplanet.de**.

FRAGEWÖRTER

Wann?	*¿Cuándo?*	*kuan*·do
Warum?	*¿Por qué?*	por ke
Was?	*¿Qué?*	ke
Wer?	*¿Quién?*	kjen
Wie?	*¿Cómo?*	*ko*·mo
Wo?	*¿Dónde?*	*don*·de

Gut, danke. *Bien, gracias.* bjen *gra*·thjas

Wie heißen Sie/heißt du?
¿Cómo se llama Usted? *ko*·mo se *lja*·ma u·*ste* (höfl.)
¿Cómo te llamas? *ko*·mo te *lja*·mas (inf.)

Ich heiße ...
Me llamo ... me *lja*·mo ...

Sprechen Sie/sprichst du Deutsch?
¿Habla alemán? *a*·bla ale·*man* (höfl.)
¿Hablas alemán? *a*·blas ale·*man* (inf.)

Ich verstehe nicht.
No entiendo. no en·*tjen*·do

ESSEN & TRINKEN

Was empfehlen Sie?
¿Qué recomienda? ke re·ko·*mjen*·da

Was ist in dem Gericht?
¿Que lleva ese plato? ke *lje*·wa *e*·se *pla*·to

Ich esse kein ...
No como ... no *ko*·mo ...

Ich hätte gern einen Tisch für ...	*Quisiera reservar una mesa para ...*	ki·*sje*·ra re·ser·*war u*·na *me*·sa *pa*·ra ...
(acht) Uhr	*las (ocho)*	las (*o*·tscho)
(zwei) Personen	*(dos) personas*	(dos) per·*so*·nas

Zum Wohl!
¡Salud! sa·*lu*

Das war köstlich!
¡Estaba buenísimo! es·*ta*·ba bue·*ni*·si·mo

Die Rechnung bitte.
Por favor, nos trae la cuenta. — por fa·wor nos tra·e la kuen·ta

Schlüsselbegriffe

Abendessen	*cena*	the·na
Essen	*comida*	ko·mi·da
Flasche	*botella*	bo·te·lja
Frühstück	*desayuno*	de·sa·ju·no
Gabel	*tenedor*	te·ne·dor
Glas	*vaso*	wa·so
heiß (warm)	*caliente*	ka·ljen·te
Hochstuhl	*trona*	tro·na
(zu) kalt	*(muy) frío*	(muj) fri·o
Löffel	*cuchara*	ku·tscha·ra
Markt	*mercado*	mer·ka·do
(Kinder-) Menü	*menú (infantil)*	me·nu (in·fan·til)
Messer	*cuchillo*	ku·tschi·ljo
Mittagessen	*comida*	ko·mi·da
Restaurant	*restaurante*	res·tau·ran·te
Teller	*plato*	pla·to
vegetarisches Essen	*comida vegetariana*	ko·mi·da we·che·ta·rja·na

Fisch & Fleisch

Ente	*pato*	pa·to
Garnelen	*camarones*	ka·ma·ro·nes
Huhn	*pollo*	po·ljo
Kalb	*ternera*	ter·ne·ra
Lamm	*cordero*	kor·de·ro
Languste	*langosta*	lan·gos·ta
Pute	*pavo*	pa·wo
Rindfleisch	*carne de vaca*	kar·ne de wa·ka
Schwein	*cerdo*	ther·do
Thunfisch	*atún*	a·tun

Obst & Gemüse

Ananas	*piña*	pi·nja
Apfel	*manzana*	man·tha·na
Aprikose	*albaricoque*	al·ba·ri·ko·ke
Banane	*plátano*	pla·ta·no
Bohnen	*judías*	chu·di·as
Erbsen	*guisantes*	gi·san·tes
Erdbeere	*fresa*	fre·sa
Gemüse	*verdura*	wer·du·ra
Gurke	*pepino*	pe·pi·no
Karotte	*zanahoria*	tha·na·o·rja
Kartoffel	*patata*	pa·ta·ta
Kirsche	*cereza*	the·re·tha
Kohl	*col*	kol
Mais	*maíz*	ma·ith
Nüsse	*nueces*	nue·thes
Obst	*fruta*	fru·ta
Orange	*naranja*	na·ran·cha
Paprika	*pimiento*	pi·mjen·to
Pfirsich	*melocotón*	me·lo·ko·ton
Pflaume	*ciruela*	thir·ue·la
Pilz	*champiñón*	tscham·pi·njon
Salat	*lechuga*	le·tschu·ga
Spinat	*espinacas*	es·pi·na·kas
Tomate	*tomate*	to·ma·te
Trauben	*uvas*	u·was
Wassermelone	*sandía*	san·di·a
Zitrone	*limón*	li·mon
Zwiebel	*cebolla*	the·bo·lja

Sonstiges

Brot	*pan*	pan
Ei	*huevo*	ue·wo
Honig	*miel*	mjel

ZAHLEN

1	*uno*	u·no
2	*dos*	dos
3	*tres*	tres
4	*cuatro*	kwa·tro
5	*cinco*	thin·ko
6	*seis*	seys
7	*siete*	sye·te
8	*ocho*	o·tscho
9	*nueve*	nwe·ve
10	*diez*	dyeth
20	*veinte*	veyn·te
30	*treinta*	treyn·ta
40	*cuarenta*	kwa·ren·ta
50	*cincuenta*	thin·kwen·ta
60	*sesenta*	se·sen·ta
70	*setenta*	se·ten·ta
80	*ochenta*	o·tschen·ta
90	*noventa*	no·ven·ta
100	*cien*	thyen
1000	*mil*	mil

KATALANISCH

Die Anerkennung des Katalanischen als offizielle Sprache ist das Ergebnis einer Kampagne der Regionalregierung, die begann, als die Provinz Ende der 1970er-Jahre den Status einer Autonomen Gemeinschaft erhielt. Bis zur Schlacht von Muret 1213 erstreckte sich Katalonien bis nach Südfrankreich und umfasste das Roussillon sowie Teile der Provence. Die Sprache wurde dort sowie im heutigen Katalonien und Andorra gesprochen oder zumindest verstanden. In den folgenden Jahrhunderten trugen die Katalanen ihre Sprache bis nach Valencia im Süden, Aragonien im Westen, auf die Balearen und sogar nach Sizilien und Neapel. In der sardischen Stadt Alghero spricht noch heute ein Teil der Bevölkerung català. Insgesamt zählt die katalanische Sprachgemeinschaft an die 10 Mio. Mitglieder.

In Barcelona hört man genauso oft Spanisch wie Katalanisch. Außerdem stehen die Chancen gut, dass man sich auf Englisch verständigen kann. Andernorts in der Provinz passiert es nicht selten, dass auf Spanisch gestellte Fragen auf Katalanisch beantwortet werden. Generell haben die Katalanen aber kein Problem damit, sich auf Spanisch zu verständigen, insbesondere wenn sie merken, dass sie es mit einem Ausländer zu tun haben. Trotzdem kann es nicht schaden, ein paar Sätze auf Katalanisch zu lernen.

Hallo.	*Hola.*
Tschüs.	*Adéu.*
Ja.	*Sí.*
Nein.	*No.*
Bitte.	*Sisplau./Si us plau.*
(Vielen) Dank.	*(Moltes) gràcies.*
Gern geschehen.	*De res.*
Entschuldigung.	*Perdoni.*
Darf ich?/ Erlauben Sie?	*Puc?/Em permet?*
Es tut mir leid.	*Ho sento./Perdoni.*
Wie heißen Sie/ heißt du?	*Com es diu?* (höfl.) *Com et dius?* (inf.)
Ich heiße ...	*Em dic ...*
Woher kommen Sie?	*D'on ets?*
Sprechen Sie Englisch?	*Parla anglès?*
Ich verstehe.	*Ho entenc.*
Ich verstehe nicht.	*No ho entenc.*
Könnten Sie bitte Kastilisch sprechen?	*Pot parlar castellà sisplau?*
Was heißt ... auf Katalanisch?	*Com es diu ... en català?*
Ich suche nach ...	*Estic buscant ...*
Wie komme ich nach ...?	*Com puc arribar a ...?*
Biegen Sie links ab.	*Giri a mà esquerra.*
Biegen Sie rechts ab.	*Giri a mà dreta.*
nahe	*a prop de*
weit	*a lluny de*
Montag	*dilluns*
Dienstag	*dimarts*
Mittwoch	*dimecres*
Donnerstag	*dijous*
Freitag	*divendres*
Samstag	*dissabte*
Sonntag	*diumenge*

1	*un/una* (m/f)
2	*dos/dues* (m/f)
3	*tres*
4	*quatre*
5	*cinc*
6	*sis*
7	*set*
8	*vuit*
9	*nou*
10	*deu*
11	*onze*
12	*dotze*
13	*tretze*
14	*catorze*
15	*quinze*
16	*setze*
17	*disset*
18	*divuit*
19	*dinou*
20	*vint*
100	*cent*

Käse	*queso*	ke·so
Marmelade	*mermelada*	mer·me·*la*·da
Reis	*arroz*	a·*roth*
Salz	*sal*	sal
Zucker	*azúcar*	a·*thu*·kar

Getränke

Bier	*cerveza*	ther·*we*·tha
Kaffee	*café*	ka·*fe*
Milch	*leche*	*le*·tsche
Rotwein	*vino tinto*	*wi*·no *tin*·to
(Orangen-) Saft	*zumo (de naranja)*	*thu*·mo (de na·*ran*·cha)
Tee	*té*	te
(Mineral-) Wasser	*agua (mineral)*	*a*·gua (mi·ne·*ral*)
Weißwein	*vino blanco*	*wi*·no *blan*·ko

NOTFALL

Hilfe!	*¡Socorro!*	so·*ko*·ro
Gehen Sie weg!	*¡Vete!*	*we*·te
Rufen Sie ...!	*¡Llame a ...!*	*lja*·me a ...
einen Arzt	*un médico*	un *me*·di·ko
die Polizei	*la policía*	la po·li·*thi*·a

Ich habe mich verlaufen.
Estoy perdido/a. es·*toj* per·*di*·do/a (m/f)

Ich bin krank.
Estoy enfermo/a. es·*toj* en·*fer*·mo/a (m/f)

Es tut hier weh.
Me duele aquí. me *due*·le a·*ki*

Ich bin allergisch gegen (Antibiotika).
Soy alérgico/a a (los antibióticos). soj a·*ler*·chi·ko/a a (los an·ti·*bjo*·ti·kos) (m/f)

Wo sind die Toiletten?
¿Dónde están los servicios? *don*·de es·*tan* los ser·*wi*·thjos

SHOPPEN & SERVICE

Ich würde gern ... kaufen.
Quisiera comprar ... ki·*sje*·ra kom·*prar* ...

Ich schaue mich nur um.
Sólo estoy mirando. *so*·lo es·*toj* mi·*ran*·do

Kann ich das mal sehen?
¿Puedo verlo? *pue*·do *wer*·lo

Das gefällt mir nicht.
No me gusta. no me *gus*·ta

Wie viel kostet das?
¿Cuánto cuesta? *kuan*·to *kues*·ta

GALICISCH

Galicisch, die offizielle Sprache der Autonomen Gemeinschaft Galicien, wird auch in den benachbarten Regionen Asturien und Kastilien-Léon verstanden und ist dem Portugiesischen sehr ähnlich. Die Galicier sprechen Fremde, insbesondere Ausländer, meist auf Spanisch an, mit ein paar Brocken des hiesigen Dialekts kann man aber auf jeden Fall punkten.

Hallo.	*Ola.*
Guten Tag.	*Bon dia.*
Tschüs.	*Adeus./Até logo.*
Vielen Dank.	*Moitas grácias.*
Sprechen Sie Englisch?	*Fala inglés?*
Ich verstehe nicht.	*Non entendo.*
Könnten Sie bitte Kastilisch sprechen?	*Pode falar en español por favor?*
Was heißt das auf Galicisch?	*Como se chama iso en galego?*

Das ist zu teuer.
Es muy caro. es muj *ka*·ro

Können Sie mit dem Preis runtergehen?
¿Podría bajar un poco el precio? po·*dri*·a ba·*char* un *po*·ko el *pre*·thjo

In der Rechnung ist ein Fehler.
Hay un error en la cuenta. ai un e·*ror* en la *kuen*·ta

Geldautomat	*cajero automático*	ka·*che*·ro au·to·*ma*·ti·ko
Internetcafé	*cibercafé*	thi·ber·ka·*fe*
Postamt	*correos*	ko·*re*·os
Touristeninformation	*oficina de turismo*	o·fi·*thi*·na de tu·*ris*·mo

UHRZEIT & DATUM

Wie spät ist es?	*¿Qué hora es?*	ke *o*·ra es
Es ist (10) Uhr.	*Son (las diez).*	son (las djeth)
Halb (zwei).	*Es (la una) y media.*	es (la *u*·na) i *me*·dja
Wann?	*¿A qué hora?*	a ke *o*·ra
Um ...	*A la(s) ...*	a la(s) ...
Morgen	*mañana*	ma·*nja*·na
Nachmittag	*tarde*	*tar*·de
Abend	*noche*	*no*·tsche

gestern	*ayer*	a·*jer*
heute	*hoy*	oj
morgen	*mañana*	ma·*nja*·na

Montag	*lunes*	*lu*·nes
Dienstag	*martes*	*mar*·tes
Mittwoch	*miércoles*	*mjer*·ko·les
Donnerstag	*jueves*	*chue*·bes
Freitag	*viernes*	*wjer*·nes
Samstag	*sábado*	*sa*·ba·do
Sonntag	*domingo*	do·*min*·go

UNTERKUNFT

Hotel	*hotel*	o·*tel*
Jugendherberge	*albergue juvenil*	al·*ber*·ge chu·we·*nil*
Pension	*pensión*	pen·*sjon*

Ich hätte gern ein ...-zimmer.	*Quisiera una habitación ...*	ki·*sje*·ra *u*·na a·bi·ta·*thjon* ...
Einzel-	*individual*	in·di·wi·*dual*
Doppel-	*doble*	*do*·ble

Badezimmer	*baño*	*ba*·njo
Fenster	*ventana*	wen·*ta*·na
Klimaanlage	*aire acondicionado*	*ai*·re a·kon·di·thjo·*na*·do

Wie viel kostet es pro Nacht/Person?
¿Cuánto cuesta por noche/persona? — *kuan*·to *kues*·ta por *no*·tsche/per·*so*·na

Ist das Frühstück inklusive?
¿Incluye el desayuno? — in·*klu*·je el de·sa·*ju*·no

WEGWEISER

Wo ist ...?
¿Dónde está ...? — *don*·de es·*ta* ...

Wie lautet die Adresse?
¿Cuál es la dirección? — kual es la di·rek·*thjon*

Können Sie das bitte aufschreiben?
¿Puede escribirlo, por favor? — *pue*·de es·kri·*bir*·lo por fa·*wor*

Können Sie mir das (auf der Karte) zeigen?
¿Me lo puede indicar (en el mapa)? — me lo *pue*·de in·di·*kar* (en el *ma*·pa)

an der Ampel	*en el semáforo*	en el se·*ma*·fo·ro
an der Ecke	*en la esquina*	en la es·*ki*·na
gegenüber ...	*frente a ...*	*fren*·te a ...
geradeaus	*todo recto*	*to*·do *rek*·to
hinter ...	*detrás de ...*	de·*tras* de ...
links	*izquierda*	ith·*kjer*·da
neben ...	*al lado de ...*	al *la*·do de ...
rechts	*derecha*	de·*re*·tscha
vor ...	*enfrente de ...*	en·*fren*·te de ...

VERKEHRSMITTEL & -WEGE

Öffentliche Verkehrsmittel

Bus	*autobús*	au·to·*bus*
Flugzeug	*avión*	a·*wjon*
Schiff	*barco*	*bar*·ko
Zug	*tren*	tren

erster	*primer*	pri·*mer*
letzter	*último*	*ul*·ti·mo
nächster	*próximo*	*prok*·si·mo

ein ... Ticket	*un billete de ...*	un bi·*lje*·te de ...
1. Klasse	*primera clase*	pri·*me*·ra *kla*·se
2. Klasse	*segunda clase*	se·*gun*·da *kla*·se

BASKISCH

Baskisch wird am westlichen Ende der Pyrenäen und am Golf von Biskaya gesprochen, also zwischen dem französischen Bayonne und dem spanischen Bilbao sowie landeinwärts fast bis Pamplona. Vermutlich ist es der einzige „Überlebende" einer Sprachfamilie, die einst in ganz Europa verbreitet war, dann aber durch die Sprachen der Kelten, Germanen und Römer verdrängt wurde.

Hallo.	*Kaixo.*
Tschüs.	*Agur.*
Wie geht's?	*Zer moduz?*
Gut, danke.	*Ongi, eskerrik asko.*
Entschuldigung.	*Barkatu.*
Bitte.	*Mesedez.*
Danke.	*Eskerrik asko.*
Gern geschehen.	*Ez horregatik.*
Sprechen Sie Englisch?	*Ingelesez ba al dakizu?*
Ich verstehe nicht.	*Ez dut ulertzen.*

einfaches	*ida*	i·da
hin & zurück	*ida y vuelta*	i·da i *wuel*·ta
Bahnhof	*estación*	es·ta·*thjon*
Fahrplan	*horario*	o·*ra*·rjo
Fensterplatz	*asiento junto a la ventana*	a·*sjen*·to *chun*·to a la wen·*ta*·na
Gangplatz	*asiento de pasillo*	a·*sjen*·to de pa·*si*·ljo
Ticket-schalter	*taquilla*	ta·*ki*·lja

Ich möchte nach ...
Quisiera ir a ... ki·*sje*·ra ir a ...

Wann fährt/kommt er/sie/es an?
¿A qué hora sale/llega? a ke *o*·ra *sa*·le/*lje*·ga

Hält er/sie/es in (Madrid)?
¿Para en (Madrid)? *pa*·ra en (ma·*dri*)

Welche Haltestelle ist das?
¿Cuál es esta parada? kual es *es*·ta pa·*ra*·da

Können Sie mir sagen, wann wir in (Sevilla) ankommen?
¿Puede avisarme cuando lleguemos a (Sevilla)? *pue*·de a·wi·*sar*·me *kuan*·do lje·*ge*·mos a (se·*wi*·lja)

Ich möchte hier aussteigen.
Quiero bajarme aquí. *kje*·ro ba·*char*·me a·*ki*

Autofahren & Radfahren

Ich möchte ein(en) ... mieten	*Quisiera alquilar ...*	ki·*sje*·ra al·ki·*lar* ...
Allradwagen	*un todo-terreno*	un to·do·te·*re*·no
Auto	*un coche*	un *ko*·tsche
Fahrrad	*una bicicleta*	*u*·na bi·thi·*kle*·ta
Motorrad	*una moto*	*u*·na *mo*·to
Benzin	*gasolina*	ga·so·*li*·na
Helm	*casco*	*kas*·ko
Kindersitz	*asiento de seguridad para niños*	a·*sjen*·to de se·gu·ri·*da* *pa*·ra *ni*·njos
Mechaniker	*mecánico*	me·*ka*·ni·ko
Tankstelle	*gasolinera*	ga·so·li·*ne*·ra

Wie viel kostet das pro Tag/Stunde?
¿Cuánto cuesta por día/hora? *kuan*·to *kues*·ta por *di*·a/*o*·ra

Ist das die Straße nach (Barcelona)?
¿Se va a (Barcelona) por esta carretera? se wa a (bar·the·*lo*·na) por *es*·ta ka·re·*te*·ra

SCHILDER

Abierto	Offen
Cerrado	Geschlossen
Entrada	Eingang
Hombres	Männer
Mujeres	Frauen
Prohibido	Verboten
Salida	Ausgang
Servicios/Aseos	Toiletten

BASKISCHE SCHILDER

In vielen Städten des Baskenlands werden spanische Straßennamen und Beschilderungen durch baskische ersetzt. Da die neuen Bezeichnungen nicht konsequent verwendet werden und viele Karten weiterhin auf Spanisch verfasst sind, haben Ortsfremde manchmal ein großes Fragezeichen im Gesicht. In diesem Band sind entweder der gebräuchlichste Name oder beide Bezeichnungen angegeben. Hier ein paar baskische Wörter, die man häufiger auf Schildern lesen wird, inklusive der spanischen Version und der Übersetzung:

aireportua	*aeropuerto* (Flughafen)
erdialdea	*centro* (Stadtzentrum)
jatetxea	*restaurante* (Restaurant)
kalea	*calle* (Straße)
kale nagusia	*calle mayor* (Hauptstraße)
komunak	*servicios* (Toiletten)
kontuz	*atención* (Vorsicht)
nekazal turismoak	*casas rurales* (Unterkunft auf dem Land/in einem Dorf)
ongi etorri	*bienvenido* (Willkommen)
turismo bulegoa	*oficina de turismo* (Touristen-information)

(Wie lange) Kann ich hier parken?
¿(Por cuánto tiempo) Puedo aparcar aquí? (por *kuan*·to *tjem*·po) *pue*·do a·par·*kar* a·*ki*

Das Auto ist (in Valencia) liegen geblieben.
El coche se ha averiado (en Valencia). el *ko*·tsche se a a·we·*rja*·do (en wa·*len*·thja)

Ich habe einen Platten.
Tengo un pinchazo. *ten*·go un pin·*tscha*·tho

Mir ist das Benzin ausgegangen.
Me he quedado sin gasolina. me e ke·*da*·do sin ga·so·*li*·na

GLOSSAR

Soweit nicht anders angegeben, handelt es sich bei den folgenden Begriffen um kastilisches Spanisch. Maskuline und feminine Formen erkennt man an den Abkürzungen „m/f".

ajuntament – Katalanisch für *ayuntamiento*
alameda – Allee
albergue – Herberge
albergue juvenil – Jugendherberge
alcázar – maurische Festung
aljibe – Zisterne
artesonado – Kassettendecke (die sich kreuzenden Balken lassen gleich große Zwischenräume, die dekorativ gefüllt werden können)
autopista – Autobahn
autovía – gebührenfreie Schnellstraße
AVE – Tren de Alta Velocidad Española; Hochgeschwindingkeitszug
ayuntamiento – Rathaus

bailaor/bailaora – Flamenco-Tänzer/in
baile – Tanz (einer der drei Bestandteile des Flamenco)
balneario – Badeort, Kurort, Therme
barrio – Stadtviertel
biblioteca – Bibliothek, Bücherei
bici todo terreno (BTT) – Mountainbike
Bodega – ein Weinkeller, ein Weingut oder eine traditionelle Weinbar, in denen der Wein aus Fässern eingeschenkt wird
búhos – Nachtbusse

cabrito – Kitz, Zicklein
cala – Bucht
calle – Straße
callejón – Gasse
cama – Bett
cambio – Tausch; auch Geldwechsel
caña – kleines Glas Bier
cantaor/cantaora – männlicher/weibliche Flamenco-Sänger/in
capilla – Kapelle
capilla mayor – Kapelle, in der sich der Hochaltar einer Kirche befindet
carmen – eingezäunte Villa mit Garten (in Granada)
Carnaval – traditionelle Festzeit, die den Beginn des Frühlings ankündigt; Karneval
carretera – Schnellstraße
carta – Speisekarte
casa de huéspedes – Pension; siehe auch *hospedaje*
casa de pagès – *casa rural* in Katalonien
casa rural – Land- oder Bauernhaus mit Zimmervermietung
casco – wörtlich „Helm"; häufig verwendeter Ausdruck für Altstadt; genauer: *casco antiguo/histórico/viejo*
castellano/a (m/f) – Kastilisch; bevorzugter Ausdruck für *español,* die Nationalsprache Spaniens
castellers – Katalanisch für Gruppen, die Pyramiden aus Menschen bauen
castillo – Burg
castro – befestigte keltische Siedlung
català – Katalanisch; Katalane
catedral – Kathedrale
cercanías – Nahverkehrszüge
cervecería – Bierkneipe
Churriguerismus – schnörkelhafter Barockstil in der Architektur, benannt nach den Brüdern Alberto und José Churriguera
ciudad – Stadt
claustro – Kreuzgang
CNIG – Centro Nacional de Información Geográfica; stellt qualitativ hochwertige Landkarten her
cofradía – siehe *hermandad*
colegiata – Stiftskirche
coll – Katalanisch für *collado*
collado – Gebirgspass
comarca – Stadtteil; Landstrich, der sich aus mehreren Gemeinden *(municipios)* zusammensetzt
comedor – Speisesaal
comunidad – feste Gebühr für die Pflege von Unterkünften (manchmal in der Miete enthalten); Gemeinde
conquistador – Eroberer
copa – Getränk; wörtlich „Glas"
cordillera – Bergkette
coro – Chor: Teil einer Kirche, der sich normalerweise in der Mitte befindet
correos – Postamt
Cortes – Parlament
costa – Küste
cruceiro – Kruzifixe, die an vielen Wegkreuzungen in Galicien stehen
cuesta – Weg an einem Abhang oder Gefälle
custodia – Monstranz

Dolmen – prähistorische Megalithanlage

embalse – Stausee
encierro – das Treiben von Stieren in die Stierkampfarenen von Pamplona und vielen anderen Orten in Spanien
entrada – Eingang
ermita – Einsiedelei oder Kapelle
església – Katalanisch für *iglesia*
estació – Katalanisch für *estación*
estación – Station, Bahnhof
estación de autobuses – Busbahnhof
estación de esquí – Skistation, Skigebiet
estación marítima – Fährhafen
estany – Katalanisch für *lago*
Euskadi Ta Askatasuna (ETA) – baskische Terrororganisation; der Name bedeutet „Baskenland und Freiheit"
extremeño/a (m/f) – Einwohner der Extremadura

fallas – riesige, kunstvolle, aus Kunststoff oder Pappmaschee gefertigte Figuren, die zum Las-Fallas-Festival in Valencia hergestellt werden
farmacia – Apotheke
faro – Leuchtturm
feria – Messe, Jahrmarkt; kann sich auch auf einen Stierkampf oder ein mehrtägiges bzw. mehrwöchiges Festival beziehen

ferrocarril – Eisenbahn
festa – Katalanisch für *fiesta*
FEVE – Ferrocarriles de Vía Estrecha; private Eisenbahngesellschaft der Schmalspurbahn in Nordspanien
fiesta – Fest, Feiertag
fútbol – Fußball

gaditano/a (m/f) – Einwohner von Cádiz
gaita – traditioneller galicischer Dudelsack
gallego/a (m/f) – Einwohner von Galicien
gitanos – Angehörige des Roma-Volks
glorieta – großer Kreisverkehr
Gran Vía – Hauptstraße
GRs – *(senderos de) Gran Recorrido;* Fernwanderweg
guardia civil – Gendarmerie

hermandad – Bruderschaft (Frauen sind aber ebenfalls zugelassen), die u. a. an religiösen Prozessionen teilnimmt
hórreo – traditioneller Maisspeicher in Galicien oder Asturien
hospedaje – Pension
hostal – günstiges Hotel
huerta – Obst- und Gemüsegarten

iglesia – Kirche
infanta/infante – Prinz/essin
IVA – *impuesto sobre el valor añadido;* spanische Mehrwertsteuer

jamón – Schinken
jardín – Garten
judería – jüdisches *barrio* im mittelalterlichen Spanien

lago – See
librería – Buchhandlung
lidia – Stierkampf
locutorio – privates Telefoncenter

madrileño/a (m/f) – Einwohner von Madrid
malagueño/a (m/f) – Einwohner von Málaga
manchego/a (m/f) – Einwohner von La Mancha
marcha – Action, Leben, „die Szene"
marismas – Feuchtgebiete, Sumpfland
marisquería – Meeresfrüchterestaurant
medina – enges, labyrinthartiges Viertel in einer arabischen oder nordafrikanischen Stadt
mercado – Markt
mercat – Katalanisch für *mercado*
meseta – Hochebene in Zentralspanien
Mihrab – Gebetsnische in einer Moschee, die nach Mekka ausgerichtet ist
mirador – Aussichtspunkt
Modernisme – vom Art Nouveau beeinflusster architektonischer und künstlerischer Stil, der auch als katalanischer Jugendstil bezeichnet wird; sein Hauptvertreter war Antoni Gaudí
monasterio – Kloster
morería – früheres islamisches Viertel einer Stadt
movida – ähnlich wie *marcha;* die *zona de movida* ist das Viertel, in dem sich die meisten Bars, Clubs und Discos befinden
mozárabe – Mozaraber; Christ unter islamischer Herrschaft im mittelalterlichen Spanien
mozarabischer Stil – ein von Mozarabern entwickelter Baustil, der christliche und maurische Elemente miteinander verbindet
Mudejar – Muslim unter christlicher Herrschaft im mittelalterlichen Spanien; namensgebend für den dekorativen Architekturstil der Mudejaren
muelle – Kai, Mole
municipio – Gemeinde, Gemeindebezirk, unterste kommunale Verwaltungseinheit in Spanien
muralla – Stadtmauer
murgas – verkleidete Gesangsgruppe
museo – Museum
museu – Katalanisch für *museo*

nitbus – Katalanisch für Nachtbus
oficina de turismo – Touristeninformation; auch *oficina de información turística*

parador – Haus der staatlichen Luxushotelkette Paradores Nacionales; oft handelt es sich dabei um historische Gebäude
parque nacional – Nationalpark; streng kontrolliertes Schutzgebiet
parque natural – Naturpark; geschützter Umweltbereich
paseo – Promenade oder Boulevard
paso – Gebirgspass
pasos – Heiligenfiguren, die während der Karwochenprozessionen umhergetragen werden
pelota vasca – baskischer Nationalsport, auch einfach als Pelota oder unter der baskischen Bezeichnung *jai-alai* bekannt
peña – Club, meistens für Flamenco-Fans oder für Fußballfans von Real Madrid oder Barcelona; manchmal auch ein Debattierclub
pensión – kleine private Unterkunft
pinchos – Tapas
pintxos – baskische Tapas
piscina – Swimmingpool
plaça – Katalanisch für *plaza*
Plateresk – Architekturstil aus der Frührenaissance mit besonders aufwendig verzierten Fassaden
platja – Katalanisch für *playa*
playa – Strand
plaza – Platz
plaza de toros – Stierkampfarena
port – Katalanisch für *puerto*
PP – Partido Popular (Volkspartei)
PRs – *(senderos de) Pequeño Recorrido;* Kurzstreckenwanderweg
PSOE – Partido Socialista Obrero Español (Sozialistische Arbeiterpartei Spaniens)
pueblo – Dorf
puente – Brücke; außerdem ist dies die Bezeichnung für einen Brückentag zwischen einem Feiertag und dem Wochenende

puerta – Tor, Tür
puerto – Hafen, Bergpass
punta – Spitze oder Kap
rambla – Boulevard, Flussbett
rastro – Flohmarkt; Verkauf aus dem Kofferraum
REAJ – Red Española de Albergues Juveniles; Spanisches Jugendherbergswerk
real – königlich
Reconquista – Wiedereroberung der von den Muslimen beherrschten Iberischen Halbinsel (8.–15. Jh.) durch die Christen
refugi – Katalanisch für *refugio*
refugio – Schutzhütte mit einfacher Schlafmöglichkeit
Renfe – Red Nacional de los Ferrocarriles Españoles; staatliche Eisenbahn Spaniens
retablo – Altaraufsatz
Reyes Católicos – Katholische Könige; Isabella von Kastilien und Ferdinand von Aragonien
ría – trichterförmige Flussmündung
río – Fluss
riu – Katalanisch für *río*
rodalies – Katalanisch für *cercanías*
romería – festliche Pilgerfahrt oder Prozession
ronda – Umgehungsstraße
sacristía – Sakristei; Raum innerhalb einer Kirche, in dem Gewänder und andere wertvolle Dinge aufbewahrt werden
sagrario – Altarraum
sala capitular – Kapitelsaal
salinas – Salzlagunen, Salinen
santuario – Schrein oder Heiligtum
Semana Santa – Karwoche
sephardische Juden – Juden mit spanischen Wurzeln
seu – Katalanisch für Kathedrale
sidra – Apfelwein, Cidre
sidrería – Cidre-Bar
sierra – Gebirgszug

tablao – touristische Flamenco-Vorführung
taifa – kleines muslimisches Königreich im mittelalterlichen Spanien
tasca – Tapas-Bar
techumbre – Dach
teleférico – Seilbahn; auch *funicular aéreo* genannt
terraza – Terrasse; Straßencafé
terrazas de verano – Open-Air-Bars, die normalerweise bis spät in die Nacht geöffnet haben
tetería – Teehaus im orientalischen Stil mit niedrigen Sitzen und Tischen
torero – Stierkämpfer
torre – Turm
trascoro – Raum hinter dem *coro*
turismo – kann sowohl den Tourismus als auch eine Limousine meinen; mit *el turismo* bezeichnet man auch eine Touristeninformation

urgencia – Notfall

vall – Katalanisch für *valle*
valle – Tal
villa – kleine Ortschaft
VO – Abkürzung für *versión original;* ausländischer Film mit spanischen Untertiteln

zarzuela – volkstümlicher spanischer Mix aus Theater, Musik und Tanz

Hinter den Kulissen

WIR FREUEN UNS ÜBER FEEDBACK

Post von Travellern zu bekommen ist für uns ungemein hilfreich – Kritik und Anregungen halten uns auf dem Laufenden und helfen, unsere Bücher zu verbessern. Unser reiseerfahrenes Team liest alle Zuschriften genau durch, um zu erfahren, was an unseren Reiseführern gut und was schlecht ist. Wir können solche Post zwar nicht individuell beantworten, aber jedes Feedback wird garantiert schnurstracks an die jeweiligen Autoren weitergeleitet, rechtzeitig vor der nächsten Auflage.

Wer uns schreiben will, erreicht uns unter **www.lonelyplanet.de/kontakt**.

Hinweis: Da wir Beiträge möglicherweise in Lonely Planet Produkten (Reiseführer, Websites, digitale Medien) veröffentlichen, ggf. auch in gekürzter Form, bitten wir um Mitteilung, falls ein Kommentar nicht veröffentlicht oder ein Name nicht genannt werden soll. Wer Näheres über unsere Datenschutzpolitik wissen will, erfährt das unter www.lonelyplanet.com/privacy.

DANK AN UNSERE LESER

Wir danken unseren Lesern, die mit der letzten Ausgabe unterwegs waren und hilfreiche Hinweise, Tipps und interessante Geschichten beigetragen haben:
Alfonso Iturbe, Andres Ceuterick, Darius Pavri, Elyas Rouhban, Jackie Gurrie, John Cushing, Jorge Marina, Lucia Carrera, Maureen O'Leary, Megan Holmstrom, Michael Kraus, Michael Leonesio, Peter Stoppa, Ross Marquardt, Ross Whamond, Simon Mansfield, Steve Lamming, Steve Weisberg, Vince Calderhead.

DANK DER AUTOREN

Gregor Clark

Muchísimas gracias an die vielen Spanier und Auswanderer vor Ort, die ihre Liebe zum Land und ihr Insiderwissen mit mir geteilt haben, vor allem Isabella, Eneida, Nigel, Emma, Domingo, Lucy, Ángel, Peter Jan, Monica, Charles, Justine, Aideen und Marcel. In der Heimat *besos y abrazos* an Gaen, Meigan und Chloe, die das Heimkommen immer zum besten Teil der Reise machen.

Sally Davies

Danke an alle, die vor Ort meine Fragen beantwortet haben – in keiner bestimmten Reihenfolge: Maria Parrilla, Dolors Bas, Vera de Frutos, Stefanie Roth, Mónica Homedes, Enrichetta Cardinale, Cristina Rodenas, Gustavo Sánchez und Vanessa Ferrer. Danke an Mary-Ann Gallagher für die Tipps, an Tom Stainer für seine Geduld und ganz besonders an meine unermüdliche Reisebegleiterin Tess O'Donovan.

Duncan Garwood

Ich möchte mich bei vielen bedanken, allen voran bei meinen liebsten Reisebegleitern Lidia, Ben und Nick. Danke auch an Mitautor John Noble für seine großzügigen Tipps und Tom Stainer von Lonely Planet für seine Unterstützung. In Spanien *gracias* an Carmen Prado, Vincente del Moral, María April, Paco Parra, Antonia Requena, Yolanda Magán, Encarni Gutiérrez, Carmen Plazas, Mercedes Aguilar Pérez, Paula, Alcayada García, Irene Godoy, Paula Dominguez und das Team vom Touristenbüro in Mojácar.

Anthony Ham

Ein Leben in Spanien birgt so viele Beziehungen, die weit über eine einzelne Reise hinausgehen. Ein herzliches Dankeschön an Sandra, Javi, Dani, Lucia, Marina, Alberto, Jose, Bea und so viele andere. *Gracias* auch an Eli Morales. Bei Lonely Planet bedanke ich mich bei meinem Lektor Tom Stainer und unzähligen Redakteuren, die das Buch mit gutem Auge und viel Weisheit bereichert haben. An meine Familie – Marina, Carlota und Valentina – die Madrid immer zu einem wahren Herzensort gemacht haben: *con todo mi amor*. Und an Jan: Wir hoffen, dich bald wieder in Madrid begrüßen zu dürfen.

Catherine Le Nevez

Moltes gràcies/muchas gracias/merci beaucoup an erster Stelle an Julian und alle Einheimischen, Tourismus-Profis und Mitreisenden, die für Einblicke,

Inspiration und eine gute Zeit gesorgt haben. Ein großer Dank gilt auch dem Verantwortlichen Redakteur Tom Stainer, meiner Autorenkollegin für Barcelona Sally Davies, allen anderen Autorenkollegen für diesen Band und Lonely Planet. Wie immer *merci encore* an meine Eltern, meinen Bruder, *belle-sœur*, *neveu* und *nièce*.

Isabella Noble

Ich danke Sally und Damien in Katalonien, Javi und Olga in Girona, Josep und Ana in Espot, Llucia in Deltebre und dem Team, das in Begur meine Autobremsen repariert hat. Für Ibiza *gracias* an Louis, Andrew, Becky, Doug, Val, Andy, Martin und Iain. Zurück in Andalusien danke ich Jack, Dan, Annie, Pepi, Helen, Eugenia, Monika, Tessa und den Tourismusteams in Grazalema und Tarifa. Ein ganz besonderes *gracias* an meine großartigen Ko-Autoren, vor allem John, Gregor, Duncan und Brendan.

John Noble

Ich bin so vielen Leuten dankbar für ihre Hilfe, aber mein ganz spezieller Dank gilt Isabella Noble, Iain Colquhoun, Colin Richardson, Pablo und Manolo Canosa, Adrián Costa García und der Familie Liñares.

Josephine Quintero

Mein spezieller Dank geht an die besonders hilfsbereiten Touristenbüros in Cuenca und Almagro sowie an die Ortskundigen in Toledo, die mir einige großartige Fleckchen zeigten und unschätzbare Tipps gaben. Ein riesiges *gracias* an das Redaktionsteam von Lonely Planet, besonders an Tom Stainer, die die ganze Sache auf die Beine gestellt haben.

Brendan Sainsbury

Muchas gracias an alle Busfahrer, Touristeninformationen, Hoteliers, Köche, Wanderführer und netten Reisenden, die mir – wissentlich oder nicht – auf meiner Reise halfen.

Regis St Louis

Ich bin den vielen Menschen dankbar, die mir Ratschläge und Einblicke in eine der faszinierendsten Regionen Spaniens gaben. Ich bedanke mich bei Aitor Delgado und Carlos in Bilbao, Veronica Werckmeister von IMVG, bei den zahlreichen Angestellten in den Touristenbüros und bei den Gastwirten und Restaurantbediensteten, die mit hilfreichen Tipps um die Ecke kamen. Herzlichen Dank an Cassandra, unsere Töchter Magdalena und Genevieve und an meine Nichte Anna, die mich auf dem tollen Roadtrip durchs Baskenland begleitete.

Andy Symington

Ich habe das Glück, tolle Freunde in Valencia zu haben, die mir mit großem Enthusiasmus bei meiner Recherche geholfen und mich fantastisch aufgenommen haben. Ich bin jedem einzelnen dankbar, aber besonders Rosa Martínez Sala, Delfina Soria Bonet, Dolors Roca Ferrerfabrega und Enrique Lapuente Ojeda, die keine Mühen scheuten, mich zu unterstützen. Mein Dank gilt auch Gloria López Carro und Richard Prowse für einen tollen Aufenthalt in Alicante und Vik Kritharelis und Rob Davies für die ausgezeichnete Gesellschaft. Außerdem bin ich auch allen anderen dankbar, die mir auf meinem Weg hilfreich zur Seite standen.

QUELLENNACHWEISE

Klimakartendaten: Peel MC, Finlayson BL & McMahon TA (2007) 'Updated World Map of the Köppen-Geiger Climate Classification', Hydrology and Earth System Sciences, 11, 163344.

Illustrationen S. 100–101, 274–275, 290–291, 304–305, 686–689, 764–765, 782–783 von Javier Zarracina

Coverbild: Alhambra, Richard Taylor/ 4Corners ©

DIESES BUCH

Dies ist die 7. deutsche Auflage von Spanien, basierend auf der mittlerweile 12. englischen Ausgabe von *Spain*, die von Gregor Clark, Sally Davies, Duncan Garwood, Anthony Ham, Catherine Le Nevez, Isabella Noble, John Noble, Josephine Quintero, Brendan Sainsbury, Regis St Louis und Andy Symington bearbeitet und verfasst wurde.

Dieser Reiseführer wurde von folgenden Personen produziert:

Verantwortlicher Redakteur Tom Stainer

Leitende Produktmanagerin Genna Patterson

Produktmanager Grace Dobell, Heather Champion, Alison Ridgway

Leitender Kartograf Anthony Phelan

Layout Virginia Moreno

Redaktionsassistenz Sarah Bailey, Andrew Bain, Samantha Forge, Emma Gibbs, Carly Hall, Trent Holden, Gabrielle Innes, Anita Isalska, Ali Lemer, Jodie Martire, Rosie Nicholson, Christopher Pitts, Sarah Reid

Kartografieassistenz Anita Banh, Laura Bailey, Mark Griffiths, James Leversha

Umschlagrecherche Naomi Parker

Dank an Ronan Abayawickrema, Katie Connolly, Gemma Graham, Shona Gray, Sandie Kestell, Tanya Parker, Joe Bindloss, Fiona Flores Watson, Rachel Rawling, Kathryn Rowan, Jessica Ryan, Maja Vatrić, Sam Wheeler, Amanda Williamson

Register

Kartenseiten **000**
Fotoseiten 000

REGISTER K

L

M

Kartenseiten **000**
Fotoseiten 000

Kartenseiten **000**
Fotoseiten **000**

R

Kartenseiten **000**
Fotoseiten **000**

Kartenlegende

Sehenswertes

- Strand
- Vogelschutzgebiet
- Buddhistisch
- Burg/Festung
- Christlich
- Konfuzianisch
- Hinduistisch
- Islamisch
- Jainistisch
- Jüdisch
- Denkmal
- Museum/Galerie/Hist. Gebäude
- Ruine
- Shintoistisch
- Sikhistisch
- Taoistisch
- Weingut/Weinberg
- Zoo/Tierschutzgebiet
- Andere Sehenswürdigkeit

Aktivitäten, Kurse & Touren

- Bodysurfen
- Tauchen
- Kanu-/Kajakfahren
- Kurs/Tour
- Sentō/Onsen
- Skifahren
- Schnorcheln
- Surfen
- Schwimmen/Pool
- Wandern
- Windsurfen
- Andere Aktivität

Schlafen

- Unterkunft
- Campingplatz
- Hütte/Schutzhütte

Essen

- Restaurant

Ausgehen & Nachtleben

- Bar/Kneipe/Club
- Café

Unterhaltung

- Theater/Kino/Oper

Shoppen

- Geschäft/Einkaufszentrum

Praktisches

- Bank
- Botschaft/Konsulat
- Krankenhaus/Arzt
- Internet
- Polizei
- Post
- Telefon
- Toilette
- Touristeninformation
- Noch mehr Praktisches

Landschaften

- Strand
- Schranke
- Hütte/Unterstand
- Leuchtturm
- Aussichtspunkt
- Berg/Vulkan
- Oase
- Park
- Pass
- Rastplatz
- Wasserfall

Städte

- Hauptstadt
- Landeshauptstadt
- Stadt/Großstadt
- Ort/Dorf

Transport

- Flughafen
- Grenzübergang
- Bus
- Seilbahn/Standseilbahn
- Fahrradweg
- Fähre
- Metro/MRT-Bahnhof
- Monorail
- Parkplatz
- Tankstelle
- S-Bahn-/Skytrain-Station
- Taxi
- Bahnhof/Eisenbahn
- Tram/Straßenbahn
- U-Bahn-Station
- Anderes Verkehrsmittel

Verkehrswege

- Mautstraße
- Autobahn
- Hauptstraße
- Landstraße
- Verbindungsstraße
- Sonstige Straße
- Unbefestigte Straße
- Straße im Bau
- Platz/Fußgängerzone
- Stufen
- Tunnel
- Fußgängerbrücke
- Spaziergang/Wanderung
- Wanderung mit Abstecher
- Pfad/Wanderweg

Grenzen

- Staatsgrenze
- Bundesstaaten-/Provinzgrenz
- Umstrittene Grenze
- Regionale Grenze/Vorortgrenz
- Meeresschutzgebiet
- Klippen
- Mauer

Gewässer

- Fluss/Bach
- Periodischer Fluss
- Kanal
- Gewässer
- Trocken-/Salz-/Periodischer See
- Riff

Gebietsformen

- Flughafen/Start- & Landebahn
- Strand/Wüste
- Christlicher Friedhof
- Sonstiger Friedhof
- Gletscher
- Watt
- Park/Wald
- Sehenswertes Gebäude
- Sportanlage
- Sumpf/Mangroven

Hinweis: Nicht alle Symbole kommen in den Karten dieses Reiseführers vor.

UNSERE AUTOREN

Gregor Clark
Asturien, Kantabrien, Provinz Huelva, Picos de Europa Die Leidenschaft für Fremdsprachen und seine Neugierde, was es hinter der nächsten Ecke zu entdecken gibt, motivierten den US-Amerikaner Gregor zu Reisen in Dutzende Länder auf fünf Kontinenten. Seit dem Jahr 2000 arbeitet Gregor an den Lonely-Planet-Reiseführern mit, vor allem zu Europa sowie Nord- und Südamerika. Zu den vielen Titeln, an denen er beteiligt war, gehören *Frankreich*, *Portugal* und *Mexico*. Bevor Gregor sich mit seiner Frau und seine beiden Töchtern in Vermont niederließ, lebte er in Kalifornien, Frankreich, Spanien und Italien.

Sally Davies
Barcelona 1992 landete Sally mit einer Handvoll *pesetas* und fünf Wörtern Spanisch in Sevilla. Trotz mangelnder Sprachkenntnisse fand sie sofort einen lukrativen Job als Flyer-Verteilerin auf der Expo. Im Jahr 2001 ließ sie sich in Barcelona nieder, wo sie ihren Alltag damit verbringt, sich durch die Restaurants zu schnuppern und zu futtern, sich in Museen zu verlieren und Wege zu finden, um diese wunderschöne Stadt zu erkunden.

Duncan Garwood
Provinz Almería, Provinz Granada, Provinz Sevilla Duncan hatte bei seinen Reisen viele einzigartige Erlebnisse, von der Begegnung mit Fast Bowlern beim Cricket in Barbados bis zur Flucht vor hungrigen Schweinen in Goa. Inzwischen hat er sich weitgehend auf Spanien und Italien spezialisiert, wo er seit 1997 wohnt. Er arbeitete an über 30 Lonely Planet Titeln mit, u. a. *Rom*, *Sardinien*, *Sizilien*, *Bilbao* und *San Sebastián*. Zudem schrieb er Beiträge für Bücher über das Kochen und über landschaftlich schöne Autotouren.

Anthony Ham
Kastilien und León, Extremadura, Madrid & Umgebung Spanien, Ost- und Südafrika, die Arktis und der Nahe Osten gehören zu den Spezialgebieten des Autors und Fotografen Anthony. Nach jahrelangen Reisen durch die Welt verliebte er sich 2001 unsterblich in Madrid. Als er die Stadt zehn Jahre später verließ, war er mit einer Madrilenin verheiratet und die Stadt war zu seiner zweiten Heimat geworden. Inzwischen wohnt er wieder in Australien und reist auf der Suche nach Geschichten weiter um die Welt. In diesem Band schrieb Anthony u. a. an den Kapiteln Unterwegs und Allgemeine Informationen mit.

Catherine Le Nevez
Barcelona Catherines Reiselust erwachte schon mit vier Jahren, als ihre Eltern sie aus Paris mit auf Reisen nach Europa nahmen. Seither nutzt sie jede Gelegenheit, um auf Achse zu sein. Sie hat um die 60 Länder bereist und unterwegs ihre Doktorarbeit in Kreativem Schreiben und ihren Master in professionellem Schreiben fertiggestellt sowie zusätzliche Qualifikationen im Herausgeben und Veröffentlichen von Texten erworben. Sie arbeitete an etlichen Lonely Planet Titeln und schrieb Artikel, vor allem zu Paris, Frankreich und Europa, aber auch zu weiteren Zielen.

Isabella Noble
Andorra, Provinz Cádiz, Katalonien, Formentera, Gibraltar, Ibiza, Menorca Isabella, laut Pass englisch-australisch, im Herzen aber Spanierin, ist seit ihrer ersten Weltreise im Alter von einem Jahr Globetrotterin geblieben. Sie wuchs in einem andalusischen Dorf auf und arbeitet heute als Reisejournalistin mit Hauptaugenmerk auf Spanien, schreibt aber auch ausgiebig für Lonely Planet über Indien, Thailand, Großbritannien und weitere Ziele sowie für den Daily Telegraph etc. Auf Twitter und Instagram findet man Isabella unter @isabellamnoble.